国家重点出版项目

PEKING UNIVERSITY ENCYCLOPEDIA OF JURISPRUDENCE

北京大学法学百科全书

民事诉讼法学 刑事诉讼法学 行政诉讼法学
司法鉴定学 刑事侦查学

北京大学法学百科全书编委会

北京大学出版社

国家重点出版项目

北京大学法学百科全书

民事诉讼法学 刑事诉讼法学
行政诉讼法学 司法鉴定学
刑事侦查学

《北京大学法学百科全书》编委会

民事诉讼法学主编　刘家兴
刑事诉讼法学主编　王国枢
行政诉讼法学主编　刘家兴
司　法　鉴　定　学主编　张若羽
刑　事　侦　查　学主编　张玉镶

北京大学出版社
北　京

图书在版编目（CIP）数据

北京大学法学百科全书：民事诉讼法学 刑事诉讼法学 行政诉讼法学 司法鉴定 刑事侦查学学/北京大学法学百科全书编委会　刘家兴等主编－北京：北京大学出版社，2001．7
ISBN 7-301-04951-X

Ⅰ．北…　Ⅱ．①刘…　②王…　③刘…　④孙…　⑤张…　Ⅲ．①法学－百科全书 ②民事诉讼法学 ③刑事诉讼法学 ④行政诉讼法学 ⑤司法鉴定学 ⑥刑事侦查学　Ⅳ．D90-61

中国版本图书馆 CIP 数据核字（2001）第 23654 号

书　　　名：北京大学法学百科全书　民事诉讼法学 刑事诉讼法学 行政诉讼法学 司法鉴定学 刑事侦查学
著作责任者：北京大学法学百科全书编委会
责　任　编　辑：张晓秦　刘延寿　刘金海　冯益娜
封　面　设　计：张　虹
标　准　书　号：ISBN-7-301-04951-X/D·526
出　版　者：北京大学出版社
地　　　址：北京市海淀区中关村北京大学校内　100871
网　　　址：http://cbs.pku.edu.cn/cbs.htm
电　　　话：出版部 62752015　发行部 62754140　编辑部 62752027
电子信箱：zpup@pup.pku.edu.cn
排　版　者：北京艺海打字服务社
印　刷　者：北京大学出版社印刷厂
发　行　者：北京大学出版社
经　销　者：新华书店
　　　　　787×1092 毫米　16 开本　54.75 印张　2000 千字
　　　　　2001 年 7 月第 1 版　2001 年 7 月第 1 次印刷
定　　　价：130.00 元

凡购买北京大学出版社图书，如有缺页、倒页、脱页等
质量问题，请在所购图书销售部门联系调换。

版权所有　侵权必究

《北京大学法学百科全书》编委会

主任委员　陈守一

顾　　问　（以姓氏笔画为序）
　　　　　王铁崖　甘雨沛　芮　沐　沈宗灵　张国华　赵理海　龚祥瑞

委　　员　（以姓氏笔画为序）
　　　　　马小红　马忆南　王　哲　王　慧　王小能　王以真
　　　　　王存厚　王守渝　王国枢　田大忠　由　嵘　付子堂
　　　　　朱苏力　朱启超　刘升平　刘延寿　刘凯湘　刘家兴
　　　　　刘瑞复　孙东东　孙孝垄　李仁玉　李志敏　李宝珍
　　　　　李贵连　汪　劲　杨春洗　杨联华　杨紫烜　杨敦先
　　　　　杨殿升　肖蔚云　吴志攀　张　文　张玉镶　张若羽
　　　　　张建国　张晓秦　张潇剑　陈兴良　陈瑞华　邵　津
　　　　　武树臣　罗玉中　金瑞林　周旺生　郑成思　郑胜利
　　　　　孟宪伟　宝音胡日雅克琪　赵昆坡　赵国玲　赵震江
　　　　　郝晓峰　饶戈平　饶鑫贤　姜明安　贾俊玲　钱明星
　　　　　郭明瑞　阎丽萍　龚刃韧　康树华　彭松建　程味秋
　　　　　程道德　储槐植　蓝绍江　蒲　坚　魏定仁　魏振瀛

《北京大学法学百科全书》编辑部主任、副主任

主　任　魏振瀛　吴志攀
副主任　金瑞林　王存厚　张　文　武树臣　周旺生　刘瑞复　张晓秦

《北京大学法学百科全书》编委会

主任委员 陈守一

顾　问　（以姓氏笔画为序）

王铁崖　甘雨沛　芮沐　张友渔　张国华　龚祥瑞

委　员　（以姓氏笔画为序）

本卷学科主编、副主编、撰搞人

民事诉讼法学

主　编　刘家兴
副主编　阎丽萍
撰稿人　（以姓氏笔画为序）
　　　　于爱红　万云芳　王彩虹　丛青茹　刘家兴　宋小庄　何　畏
　　　　李红春　俞灵雨　阎丽萍　彭　伶　潘剑峰

刑事诉讼法学

主　编　王国枢
副主编　王以真　程味秋　陈瑞华
撰稿人　（以姓氏笔画为序）
　　　　王存厚　王国枢　王以真　王　新　刘广三　许永俊　朱一心
　　　　汪建成　陈　敏　陈光中　陈瑞华　陈一云　孙晓宁　张美英
　　　　项振华　黄　永　程味秋　蒲硕棣　熊秋红

行政诉讼法学

主　编　刘家兴
副主编　姜明安
撰搞人　（以姓氏笔画为序）
　　　　王振清　刘家兴　江必新　江家喜　牟信勇　姜明安　湛中乐
　　　　谭　兵

司法鉴定学

主　编　张若羽
副主编　蓝绍江　李宝珍　孙东东
撰稿人　（以姓氏笔画为序）
　　　　王彦吉　孙东东　张玉洁　李宝珍　吴正鑫　柴景秀　蓝绍江

刑事侦查学

主　编　张玉镶
副主编　文盛堂
撰稿人　（以姓氏笔画为序）
　　　　文盛堂　刘克鑫　张玉镶　张新威　杨凤瑞　杨明辉　肖英侠
　　　　罗　辑　傅政华

本卷主要编辑与出版工作人员

特约执行编辑　王存厚　刘瑞复
责 任 编 辑　张晓秦　刘延寿　刘金海　冯益娜
版 式 设 计　吴孝彦　刘延寿
装 帧 设 计　张　虹

前　言

　　数千年来各国所创造的法律文化，是人类社会的宝贵财富。不独西方法律文化自古希腊以来弥漫久远，从一个广阔侧面促成了西方文明的繁衍进化。二千年间绵延不绝的中华法系，源远流长，为我们中华民族文化增添了光辉，对东亚以至更大范围的文化发展产生了重大影响。新中国法制尤其是近二十年法制建设与法学探索的路程，蕴涵着丰富的法律文化经验。为汇聚人类法律文化的精粹，扩大海内外法律文化的交流，为推进我国法治建设，适应社会变革对法学教育和研究不断增长的需求，以北京大学命名的多卷本《北京大学法学百科全书》，陆续面世。

　　北京大学作为五四运动的发源地和新文化运动的传播中心，深具爱国、进步、民主、科学的光荣传统，勤奋、严谨、求实、创新的优良学风。北大在迎接人类纪元以来第三个千年转换的时刻，将继续肩负光荣的使命。而这种传统、学风和使命，正是我们编纂《北京大学法学百科全书》的巨大动力源泉。创设于清末京师大学堂时期的北京大学法学学科，合中外学术之文采，开现代法学之新风，百载薪传，而至今日。鲁迅先生说过，北大是常为新的、改进的运动的先锋，要使中国向着好的、往上的道路走。如今，我们充满信心地预期：北京大学将伴随国家的日益富强昌盛而加速迈向世界一流大学的行列，本书的编纂出版，或将在法学教育和研究方面为此作出贡献。

　　《北京大学法学百科全书》的编纂者以北京大学法学院及北京大学知识产权学院、北京大学经济法研究所、北京大学国际法研究所、北京大学立法学研究中心、北京大学科技法研究中心、北京大学犯罪问题研究中心、北京大学港澳台法律研究中心的教授、学者为主体，延揽曾经在北大学习和工作过的专家、学者及兼职教授参加。

　　《北京大学法学百科全书》设理论法学卷、历史法学卷、宪法学行政法学卷、民商知识产权法学卷、刑事法学卷、经济法学卷、劳动环境科技法学卷、诉讼法学卷、国际法学卷共9卷。内分27个新老结合的分支学科：法理学、立法学、法律社会学；中国法律思想史、中国法制史、外国法律思想史、外国法制史；宪法学、行政法学；民法学、商法学、知识产权法学；刑法学、犯罪学、监狱法学；经济法学、国际经济法学；劳动法学、环境法学、科技法学；民事诉讼法学、刑事诉讼法学、行政诉讼法学、司法鉴定学、刑事侦查学；国际法学、国际私法学。

《北京大学法学百科全书》着力于对古今中外尤其是中国和世界上有代表性的国家的法学和法律制度给予全面、系统的总结性研究。力求学科齐全、体系完整，对各家学说兼容并蓄，充分反映各学科研究的新发展、新成果，解说周密、确当、深刻。《北京大学法学百科全书》适合从事法学研究、法制实践和法律实务的人员各方面的需用。

《北京大学法学百科全书》编纂和出版过程中，蒙海内外学界同仁、社会贤达广为关切和垂注。谨致谢忱。

在文化的积累与传播上，百科全书被誉为思想与智慧的殿堂，其编纂工作被认为是充满了史诗般的创造性的劳动。对于这样一项复杂艰巨的系统工程，仰之愈高，行之愈艰，北大学人不敢懈怠。尽管如此，疏误之处仍恐不免。敬待读者惠教，俾再版匡正。

《北京大学法学百科全书》编辑部

1999年12月

凡 例

全书按学科分卷出版,相邻近的数门学科合为一卷,共9卷。全书另设辞条总目索引,自成1卷,总计10卷。

一、辞条分类目录

1. 每卷卷首都列有本卷各学科的辞条分类目录,以便读者了解该学科所收辞条的全貌及其体系,并可供按类检索。
2. 分类目录中的辞条名称,除中国法律思想史和中国法制史两门学科以及日本、朝鲜、越南等国人名外,均括注外文,以资对照。
3. 分类目录中的"提示标题"(加括六角号)本身不是辞条,只对有关辞条起分类集合的提示作用。
4. 同一卷学科之间相互交叉的辞条,在各该学科的分类目录中分别列出,但在正文中,同名辞条只有一个释文。

二、释　文

1. 各卷辞条释文按辞条名称的汉语拼音字母顺序编排,辞条名称上方加注汉语拼音。
2. 除中国法律思想史、中国法制史辞条以及日本、朝鲜、越南等国人物辞条外,辞条标题均括注外文,所注外文,一般用英文;括注其他外文的,注明语种;同时括注英文和其他外文的,其他外文在前,中间用分号隔开。
3. 人物辞条标题括注生卒或在位年代。
4. 法规、条约、著作、刊物类辞条标题加括书名号;与现行法规同名的历史上的法规,括注其制定年代,以资区别。
5. 释文开始一般不重复辞条标题,直接写定义或定性表述。辞义解释,以法学领域或与法学相关为限。一辞多义的辞条,用阴文序号❶、❷等标示,分项解释。
6. 释文中出现的外国人物、法规、条约、著作、刊物、组织,未设辞条的,酌注外文和生卒、制定、出版、建立年代。
7. 释文中出现的法规、机构或组织,一般用全称;多次出现时,在不致产生误解的情况下,从第二次出现起用简称或略称。
8. 释文中引文的出处括注于引文后面,同一著作被多次引用时,从第二次引用起,引文出处中的该著作名称写作"同前"。
9. 释文中的数字,除中国法律思想史、中国法制史辞条以及某些习惯用汉字表示的以外,一般用阿拉伯数字。
10. 辞条释文较长的,根据需要设层次标题,但不超过两层。只设一层标题的,标题用楷体字;设两层标题的,分别用黑体字和楷体字。

三、参见辞条和释文中的"参见"

1. 只列辞条标题,不写释文,释义见其他辞条的,是参见辞条。所参见辞条名称用楷体字排印。参见辞条与所参见的辞条的关系分别为：①名称不同但含义相同；②对应关系；③包容或交叉关系。

2. 释文内容涉及到其他辞条时，采用释文内标注"参见"的方式。所参见的辞条名称在本释文中直接出现的，用楷体字排印；所参见的辞条名称未直接在本释文中出现的，在需要参见处另用括号加"见"字并用楷体字标注该辞条名称。所参见的辞条名称在本释文中多次出现时，一般只在第一次出现时标注一次。

四、索　引

各卷除设学科辞条分类目录外，正文按汉语拼音字母顺序编排，为便于读者按汉语拼音和汉字笔画检索辞条，每卷均附有本卷辞条的汉语拼音索引和汉字笔画索引。

五、其　他

1. 本书所用汉字，除个别必须用繁体字的以外，一律用1964年出版的《简化汉字总表》所列的简体字。

2. 本书辞条的设立和释文的审订，实行学科主编负责制。编辑部负责对各卷书稿进行统编。

3. 本书各卷所收辞条数及引用的文件、资料的截止时间，在各卷"编后记"中分别予以说明。

目　　录

前　　言	1—2
凡　　例	1—2
民事诉讼法学辞条分类目录（中外文对照）	1—12
刑事诉讼法学辞条分类目录（中外文对照）	1—14
行政诉讼法学辞条分类目录（中外文对照）	1—5
司法鉴定学辞条分类目录（中外文对照）	1—12
刑事侦查学辞条分类目录（中外文对照）	1—7
辞条汉语拼音索引	1—24
正　　文	1—763
辞条汉字笔画索引	764—787
本卷编后记	788

民事诉讼法学辞条分类目录(中外文对照)

民事诉讼法学(science of civil procedure law) ······ (298)
  民事诉讼法(law of civil procedure) ······ (296)
  民事诉讼法律关系(legal relationships in civil action) ······ (297)
    一面关系说(doctrine of unilateral relationship) ······ (623)
    二面关系说(doctrine of bilateral relationship) ······ (99)
    三面关系说(doctrine of trilateral relationship) ······ (371)
  诉讼主体(subject of litigation) ······ (452)
  诉讼权利(right of litigation) ······ (448)
  诉讼义务(duty of litigation) ······ (451)
  诉讼行为(act of litigation) ······ (450)
  涉外民事诉讼(foreign-related civil lawsuit) ······ (379)
  司法协助(judicial assistance) ······ (429)
  诉讼担保(assurance of litigation) ······ (444)
  民事诉讼(civil action) ······ (295)
  民事纠纷(civil dispute) ······ (293)
  诉讼系属(under action) ······ (449)
  诉讼机制(mechanism of litigation) ······ (446)
  诉讼告知(information of litigation) ······ (446)
  诉讼救助(relidf of action) ······ (447)
  集体诉讼(class action or representative action) ······ (210)
  团体诉讼(representative action)(见集体诉讼) ······ (477)
  专利诉讼(patent litigation) ······ (746)
  选定当事人诉讼(action by selected parties) ······ (611)
  衡平诉讼(equity actions) ······ (197)
  对人诉讼(actio in personam) ······ (93)
  对物诉讼(actio in rem) ······ (96)
  互诉(interplead) ······ (199)
  交互诉讼(interpleader) ······ (227)
  证书诉讼(litigation based written document) ······ (691)
  票据诉讼(commercial paper litigation) ······ (315)
  支票诉讼(check litigation) ······ (693)
  职权主义诉讼(inquisitorial system) ······ (760)
  姊妹船诉讼(sister action in rem) ······ (750)
  固有之必要共同诉讼(necessary joinder) ······ (169)

〔民事诉讼法基本原则〕
  当事人诉讼权利平等原则(litigant's equity of rights in litigation) ······ (62)
  同等原则(national treatment) ······ (468)
  对等原则(principle of reciprocity) ······ (90)
  辩论原则(principle of debate by parties in court) ······ (19)
  处分原则(principle of parties' autonomy in disposition of their legal right) ······ (47)
  调解原则(principle of mediation in litigation) ······ (465)
  公正原则(principle of justice) ······ (158)

效益原则(principle of economic efficiency) …… (517)
国家干预原则(principle of governmental intervention) …… (190)
检察监督原则(principle of procuratorial supervision) …… (219)
支持起诉原则(principle of supporting individuals to bring an action) …… (692)
涉外民事诉讼主权原则(principle of sovereignty in foreign civil action) …… (380)
适用我国民事诉讼法原则(principle of application of civil procedure law of the P.R.C.) …… (408)
信守国际条约原则(principle of adherence to international treaties) …… (521)
司法豁免权原则(principle of judicial immunity) …… (424)
使用我国通用的语言文字原则(principle of using Chinese language in litigation) …… (405)
委托中国律师代理诉讼原则(principle of representation by the P.R.C. licensed lawyer) …… (483)

〔民事诉讼法基本制度〕
合议制度(principle of panel hearing) …… (195)
回避制度(principle of disqualification of a judge) …… (201)
公开审判制度(principle of public trial) …… (156)
两审终审制度(system of the court on second instance being that of last instance) …… (271)
管辖制度(jurisdiction system) …… (178)
当事人制度(rules on the parties to a litigation) …… (63)
证据制度(evidence rules) …… (687)
形式证据制度(statutory evidence) …… (606)
庭审制度(rules on court hearing) …… (466)
陪审制度(jury system) …… (313)
陪审团(jury) …… (312)
裁判制度(rules on the exercise of judicial power by court) …… (35)
上诉制度(system of appeal) …… (377)
三级三审制度(system of the court of third instance being that of last instance) …… (371)
再审制度(system of retrial) …… (658)
破产制度(system of bankruptcy) …… (326)
诉讼费用制度(rules on litigation costs and expenses) …… (446)

〔民事诉讼程序〕
一审程序(procedure of first instance)(见一审) …… (624)
普通程序(common procedure) …… (326)
简易程序(summary procedure) …… (224)
二审程序(procedure of second instance)(见二审) …… (100)
特别程序(special procedure) …… (460)
选民资格案件审理程序(procedure for cases concerning the voting eligibility) …… (611)
宣告失踪、宣告死亡案件审理程序(procedure for cases concerning the declaration of a person as missing or dead) …… (610)
认定公民无行为能力或限制行为能力案件审理程序(proceeding for cases concerning the affirmation of legal capacity of citizens) …… (365)
认定财产无主案件审理程序(procedure for deciding property to be ownerless) …… (365)
审判监督与申请再审程序(procedure for trial suneryision and application for a retria)(见再审、审判监督再审、检察监督再审、再审之诉) …… (391)
督促程序(procedure for application to count to issue an order urging debt repayment) …… (80)
公示催告程序(procedure for count notice calling for assertion of claims) …… (157)
破产程序(procedure of bankruptcy) …… (318)
执行程序(procedure of enforcement of judgments) …… (696)
涉外民事诉讼程序(civil procedure for cases involving foreign element) …… (379)

上告程序(procedure for appeal to the court of third instance)……(373)
　　抗告程序(procedure for appeal on procedural error)……(255)
　　人事诉讼程序(procedure of personal-relationship action)……(364)
　　家庭事件程序(procedure of farmily dispute)……(213)
　　亲子事件程序(filiation proceedings)……(345)
　　禁治产事件程序(proceedings for declaration of incapacity)……(233)
　　发现程序(procedure of discovery)……(101)
　　陪审员的预先甄别程序(voir dire)……(313)
　　古罗马的法律诉讼程序(legal procedure at ancient Roman law per legis actions)……(168)
　　古罗马的程式诉讼程序(formal procedure at ancient Roman law jormula)……(167)
　　古罗马的非常诉讼程序(extraordinary procedure at ancient Roman law cognifis extraordianria)……(168)
管辖(jurisdiction)……(175)
　　级别管辖(jurisdiction by forum level)……(208)
　　地域管辖(regional jurisdiction)……(70)
　　移送管辖(transfer of cases)……(628)
　　指定管辖(designation of jurisdiction)……(707)
　　选择管辖(choice of jurisdiction)……(612)
　　共同管辖(co-jurisdiction)……(166)
　　合并管辖(merger of jurisdiction)……(193)
　　管辖异议(objection of jurisdiction)……(177)
　　管辖恒定(continuing jurisdiction)……(177)
　　长臂管辖(long-arm jurisdiction)……(38)
　　职务管辖(jurisdiction by function of court)……(706)
　　牵连管辖【涉外民诉】(connected jurisdiction)……(333)
　　协议管辖(jurisdiction agreement)……(518)
　　专属管辖(special jurisdiction)……(748)
　　应诉管辖(jurisdiction arising from the defendant's answer)……(640)
　　管辖权的转移(transfer of jurisdiction)……(177)
　　审判籍(judicial jurisdiction)……(389)
　　专利审判籍(patent jurisdiction)……(746)
　　沿海国管辖权(jurisdiction of the coastal state)……(621)
〔诉讼参加人〕
　　民事诉讼当事人(parties to civil action)……(296)
　　民事诉讼权利能力(capacity of being a party)……(300)
　　民事诉讼行为能力(capcaity to bring an action)……(300)
　　原告和被告(plaintiff and defendant)……(652)
　　两造(both parties)……(272)
　　正当当事人(proper parties)……(682)
　　利害关系人(an interested party in the case)……(267)
　　辅佐人(non-lawyer litigation representative)……(139)
　　法定代表人(legal representatives)……(102)
　　非法人团体(unincorporated association)……(134)
　　诉讼代表人(litigation representative)……(443)
　　共同诉讼人(co-litigant)……(166)
　　诉讼中的第三人(third party in litigation)……(451)
　　主参加人(main participant)(见诉讼中的第三人)……(743)
　　从参加人(ancillary participant)(见诉讼中的第三人)……(51)

当事人的更换(replacement of parties) …………………………………………… (61)
当事人的追加(addition of parties) ……………………………………………… (62)
当事人恒定(parties to an action cannot be changed at will) ………………… (62)
诉讼权利承担(assumption of rights in a lawsuit) ……………………………… (448)
民事诉讼代理人(representative in civil procedure) …………………………… (295)
法定代理人(statutory representative) …………………………………………… (102)
指定代理人(court-appointed representative) …………………………………… (707)
委任代理人(party-appointed representative) …………………………………… (481)
部分代理(partial representative) ………………………………………………… (32)
越权代理(unauthorized representative) ………………………………………… (653)
转委托(sub-delegation) …………………………………………………………… (748)
强制律师主义(mandatory representative by a lawyer in litigation) …………… (343)

〔诉与诉权〕
民事诉讼之诉(civil action) ……………………………………………………… (301)
诉之声明(statement of claim) …………………………………………………… (453)
诉讼请求(claims) ………………………………………………………………… (447)
确认之诉(declaratory action) …………………………………………………… (352)
给付之诉(action for performance, compensation or restitution) ……………… (146)
变更之诉(action to change existing legal relationship) ……………………… (16)
诉讼行为的瑕疵(defects in the act litigation) ………………………………… (450)
本诉(original claim) ……………………………………………………………… (11)
反诉(counterclaim) ………………………………………………………………… (124)
本诉讼(principle action) ………………………………………………………… (11)
参加诉讼(joinder) ………………………………………………………………… (35)
参加之诉(joinder) ………………………………………………………………… (36)
诉讼标的(subject matter of a litigation) ………………………………………… (442)
诉讼标的之恒定(subject matter of an action cannot be alerted at will) …… (443)
单一之诉(single claim action) …………………………………………………… (57)
诉的合并(joinder of action) ……………………………………………………… (440)
诉的分离(separation of action) ………………………………………………… (440)
形成之诉(action regarding formalication) ……………………………………… (605)
再审之诉(action regarding retrial) ……………………………………………… (657)
撤销除权判决之诉(action to remove an invalidation judgment) …………… (40)
执行异议之诉(action regarding objection to enforcement of a judgment) … (702)
中间确认之诉(interlocutory declaration) ……………………………………… (731)
中间争点(interlocutory issues) ………………………………………………… (731)
违约损害赔偿之诉(action for contract default damages) …………………… (480)
申报权利(asserting rights) ……………………………………………………… (381)
诉权(rights of action) …………………………………………………………… (441)
诉权私法说(doctrine of private right) ………………………………………… (442)
诉权公法说(doctrine of public power) ………………………………………… (442)
二元诉权说(doctrine of dual sources for rights of action) …………………… (100)
一元诉权说(doctrine of single source for right of action) …………………… (626)
权利保护请求权说(doctrine of petition to redress) …………………………… (350)
司法行为请求说(doctrine of petition to judicial action) ……………………… (430)
起诉和受理(sue and hear) ……………………………………………………… (330)
不予受理(refusal to hear a complainint) ……………………………………… (29)

撤诉(withdrawal of complaint)	(39)
民事书状(civil pleadings)	(294)
起诉状(complaint)	(331)
答辩状(answer)	(55)
两剂(pleadings)	(271)

民事诉讼证据(civil evidence) (301)

书证(documentary evidence)	(416)
普通书证(normal documentary evidence)	(327)
报道性书证(non-legally-binding documentary evidence)	(5)
物证(real evidence)	(490)
视听资料(audio-visual material)	(407)
证人证言(testimony of witness)	(691)
证言拒绝权(testimonial privileges)	(692)
证人资格(qualification of witness)	(691)
见证人(attestor)	(225)
当事人陈述(statement of parties)	(61)
鉴定结论(expert conclusion)	(225)
专家证人(expert witness)	(746)
勘验笔录(site investigation record by a court)	(254)
证据材料(evidence material))	(683)
证据能力(credbility of evidence)	(685)
证据保全(perservation of evidence)	(683)
本证(evidence to prove a fact)	(11)
反证(evidence to disprove a fact)(见本证)	(126)
直接证据(direct evidence)	(705)
间接证据(indirect evidence, collateral evidence)*	(216)
原始证据(original evidence)	(653)
派生证据(secondary evidence)	(310)
辅助证据(auxiliary evidence)	(139)
诉讼上的法律事实(facts affecting the relationship in lawsuit)	(449)
系争事实(facts in question)	(495)
举证责任(burden of proof)*	(246)
举证责任倒置(reversion of burden of proof)	(247)
主观举证责任(subjective burden of proof)	(743)
原告举证说(plaintiff's burden of proof)	(653)
待证事实分类说(德文 Themenvertheilungs Theonie)	(56)
法律要件分类说(classification fo elements to Law)	(114)
证明责任(burden of proof)	(689)
释明(prove the probability of a fact)	(409)
事实上推定(presumption of facts)	(406)
印证(corroboration)	(640)
查对证据(examination of evidence by court)	(37)
质证(examination of evidence)	(714)
单独询问(separate examination)	(57)
反询问(cross-examination)	(125)
诉讼上承认(judicial admission)	(448)
诉讼外承认(extra judicial admission)	(449)

证据分离主义(offer of evidence is limited to a certain period of time in litigation) ……… (684)
  最佳证据及其规则(best evidence rule) ……… (762)
  证据可采性法则(admissibility of evidence) ……… (684)
  可采证据(admissible evidence) ……… (256)
  证据共通原则(general principle of evidence) ……… (684)

〔期间、送达〕
  期间(term) ……… (328)
  期日(date) ……… (329)
  法定期间(statutory term) ……… (103)
  指定期间(designated term) ……… (208)
  送达(service of process) ……… (437)
  直接送达(direct service) ……… (704)
  留置送达(service by leaving) ……… (274)
  委托送达(service by the plaintiff's agent) ……… (482)
  邮寄送达(service by mail) ……… (647)
  公告送达(service by publication) ……… (156)
  通过外交途径送达(service through diplomatic channel) ……… (467)
  使领馆代为送达(service through embassy) ……… (405)
  向代收人送达(service upon a designated agent) ……… (516)
  当事人送达(delivery by parties) ……… (62)
  职权送达主义(service by court) ……… (706)
财产保全(preservation of property) ……… (33)
  先行扣押(advance distrainment) ……… (495)
  先行给付(advance performance) ……… (495)
  先予执行(advance enforcement) ……… (495)
  假扣押(attachment) ……… (214)
  假处分(advance enforcement) ……… (213)
  假扣押之执行(execution of attachment) ……… (214)
  假执行之宣告(declaration of interlocutory enforcement) ……… (215)
  英国马利化禁令(Mareva Injunction) ……… (642)
对妨害民事诉讼的强制措施(court-ordered forcible measures against obstruction of civll procedure) ……… (90)
  妨害民事诉讼行为的构成(constitutive element of the obstruction of the civil procedure) ……… (131)
诉讼费用(expenses in litigation, litigation costs and expense) ……… (445)
  其他诉讼费用(other expense and costs in litigation) ……… (329)
  案件受理费(court charge for hearing a case) ……… (1)
  诉讼费用的负担(allocation of litigation expenses and costs) ……… (445)
  一造负担(one party bearing the litigation cost) ……… (626)

〔审理和裁判〕
  民事审判权(judicial power in civil cases) ……… (294)
  诉讼指挥权(power to direct a trial) ……… (451)
  审理(trial, hearing) ……… (387)
  开庭审理(hold hearing in an open court session) ……… (253)
  公开审理(public trial) ……… (156)
  马锡五审判方式(the trial fashion of Ma-Xiwu) ……… (280)
  巡回审理(judgels travelling from place to hear cases) ……… (614)
  就地办案(hearing cases on the spot) ……… (242)
  言词审理(hearing by trail) ……… (619)

书面审(hearing without trail) ……(416)
事实审(hearing including factual and legal issues) ……(407)
法律审(hearing including legal only) ……(113)
延期审理(adjournment of hearing) ……(619)
庭审笔录(record of trial) ……(466)
诉讼中止(stay of proceeding, suspension of litigation) ……(452)
诉讼终结(termination of litigation) ……(452)
审理行为(act of hearing) ……(387)
调解行为(act of mediation) ……(464)
斯图加特模式(Stuttgarter Model) ……(433)
两造审理主义(doctrine of bilateral hearing) ……(272)
一造审理主义(doctrine of ex parte hearing) ……(626)
法定顺序原则(doctrine of legal sequence) ……(103)
自由顺序原则(principle of free sequence) ……(753)
言词原则(principle of orai argument) ……(620)
辩论主义(doctrine of debate) ……(19)
更新辩论(afresh debate) ……(147)
职权主义(inquisitorial system) ……(706)
直接审理原则(principle of direct hearing) ……(704)
直接审理(direct hearing) ……(704)
更新审理(renew hearing) ……(147)
间接审理原则(principle of indirect hearing) ……(215)
当事人进行主义(parties controlled litigation) ……(62)
一事不再理(res judicata) ……(625)
民事判决(civil judgement) ……(293)
判决的内容(content of judgement) ……(311)
判决的效力(legal effect of judgement) ……(311)
除权判决(invalidation judgement) ……(47)
缺席判决(default-judgement) ……(351)
判决更正(correction of a judgement) ……(312)
判决之补充(supplement to a judgement) ……(312)
裁定(ruling) ……(33)
决定(decision) ……(249)
命令(order) ……(302)
调解书(mediation agreement approved by court) ……(464)
调解行为(act of mediation) ……(464)
一审(first instance) ……(623)
一审案件(cases of first instance) ……(624)
案由(cause of action) ……(2)
一审判决(judgement of first instance) ……(624)
一审裁定(ruling of first instance) ……(624)
一审终审制(system of one trial without right to appeal) ……(625)
二审(second instance) ……(99)
二审案件(cases of second instance) ……(99)
上诉(appeal) ……(374)
部分上诉(partial appeal) ……(32)
特别上诉(special appeal) ……(461)

附带上诉(ancillary appeal) …………………………………………………………………… (141)
上诉人(appellant) ………………………………………………………………………… (375)
被上诉人(appellee) ……………………………………………………………………… (10)
上诉期间(time limit for appeal) ………………………………………………………… (375)
上诉审审理(appellate hearing/review) ………………………………………………… (376)
二审判决(appellate judgement) ………………………………………………………… (100)
二审裁定(appellate ruling) ……………………………………………………………… (99)
发回重审(reward) ………………………………………………………………………… (101)
更审(afresh hearing) …………………………………………………………………… (146)
全部改判(reversal) ……………………………………………………………………… (349)
一部改判(partial change of a judgement) …………………………………………… (622)
驳回上诉(dismissal of an appeal) ……………………………………………………… (23)
控诉审(instance of complaint) ………………………………………………………… (258)
抗告(appeal on procedure error) ……………………………………………………… (254)
即时抗告(immediate appeal) …………………………………………………………… (210)
驳回抗告(dismissal of an appeal on procedure error) ……………………………… (23)
上告(appeal to court of third instance) ……………………………………………… (373)
再审(retrial) …………………………………………………………………………… (656)
审判监督再审(court-initiated retrial of a case after a final judgment was rendered) …… (391)
检察监督再审(procuratorial-initiated retrial of a case after a final judgment was rendered) …… (221)
再审法院(court of retrial) ……………………………………………………………… (657)
再审案件(cases under retrial) ………………………………………………………… (656)
再审提审(upward removed) …………………………………………………………… (657)
指令再审(designated rehearing) ……………………………………………………… (708)
再审裁判(judgement and order of retrial) …………………………………………… (657)
执行(enforcement) …………………………………………………………………… (694)
执行法院(enforcement jurisdiction) …………………………………………………… (698)
执行当事人(parties to the enforcement of a judgment) …………………………… (698)
执行组织(enforcement organization) ………………………………………………… (703)
执行标的(subject matter of enforcement) …………………………………………… (695)
执行根据(basis of enforcement) ……………………………………………………… (698)
执行原则(principles of enforcement) ………………………………………………… (702)
执行申请(application for enforcement) ……………………………………………… (701)
移送执行(transfer of enforcement) …………………………………………………… (629)
委托执行(delegated enforcement) …………………………………………………… (483)
执行措施(enforcement measures) …………………………………………………… (696)
保障执行措施(enforcement measures) ……………………………………………… (4)
执行中止(suspension of enforcement) ……………………………………………… (703)
执行终结(termination of enforcement) ……………………………………………… (703)
执行回转(revocation of enforcement based on an erroneous judgment) ………… (699)
执行异议(objection to enforcement) ………………………………………………… (701)
执行担保(security provided for postponed enforcement) ………………………… (697)
执行和解(reconciliation in enforcement) …………………………………………… (699)
对外国法院判决的执行(enforcement of a foreign judgement) …………………… (95)
对外国仲裁裁决的执行(enforcement of a foreign arbitration award) …………… (95)
公证(notarization) …………………………………………………………………… (159)
公证处(public notary office) …………………………………………………………… (160)

书面审(hearing without trail) …… (416)
事实审(hearing including factual and legal issues) …… (407)
法律审(hearing including legal only) …… (113)
延期审理(adjournment of hearing) …… (619)
庭审笔录(record of trial) …… (466)
诉讼中止(stay of proceeding, suspension of litigation) …… (452)
诉讼终结(termination of litigation) …… (452)
审理行为(act of hearing) …… (387)
调解行为(act of mediation) …… (464)
斯图加特模式(Stuttgarter Model) …… (433)
两造审理主义(doctrine of bilateral hearing) …… (272)
一造审理主义(doctrine of ex parte hearing) …… (626)
法定顺序原则(doctrine of legal sequence) …… (103)
自由顺序原则(principle of free sequence) …… (753)
言词原则(principle of orai argument) …… (620)
辩论主义(doctrine of debate) …… (19)
更新辩论(afresh debate) …… (147)
职权主义(inquisitorial system) …… (706)
直接审理原则(principle of direct hearing) …… (704)
直接审理(direct hearing) …… (704)
更新审理(renew hearing) …… (147)
间接审理原则(principle of indirect hearing) …… (215)
当事人进行主义(parties controlled litigation) …… (62)
一事不再理(res judicata) …… (625)
民事判决(civil judgement) …… (293)
判决的内容(content of judgement) …… (311)
判决的效力(legal effect of judgement) …… (311)
除权判决(invalidation judgement) …… (47)
缺席判决(default-judgement) …… (351)
判决更正(correction of a judgement) …… (312)
判决之补充(supplement to a judgement) …… (312)
裁定(ruling) …… (33)
决定(decision) …… (249)
命令(order) …… (302)
调解书(mediation agreement approved by court) …… (464)
调解行为(act of mediation) …… (464)

一审(first instance) …… (623)
一审案件(cases of first instance) …… (624)
案由(cause of action) …… (2)
一审判决(judgement of first instance) …… (624)
一审裁定(ruling of first instance) …… (624)
一审终审制(system of one trial without right to appeal) …… (625)

二审(second instance) …… (99)
二审案件(cases of second instance) …… (99)
上诉(appeal) …… (374)
部分上诉(partial appeal) …… (32)
特别上诉(special appeal) …… (461)

附带上诉(ancillary appeal) ……………………………………………………………… (141)
　上诉人(appellant) ………………………………………………………………………… (375)
　被上诉人(appellee) ……………………………………………………………………… (10)
　上诉期间(time limit for appeal) ………………………………………………………… (375)
　上诉审审理(appellate hearing/review) ………………………………………………… (376)
　二审判决(appellate judgement) ………………………………………………………… (100)
　二审裁定(appellate ruling) ……………………………………………………………… (99)
　发回重审(reward) ………………………………………………………………………… (101)
　更审(afresh hearing) ……………………………………………………………………… (146)
　全部改判(reversal) ……………………………………………………………………… (349)
　一部改判(partial change of a judgement) …………………………………………… (622)
　驳回上诉(dismissal of an appeal) ……………………………………………………… (23)
　控诉审(instance of complaint) ………………………………………………………… (258)
　抗告(appeal on procedure error) ……………………………………………………… (254)
　即时抗告(immediate appeal) …………………………………………………………… (210)
　驳回抗告(dismissal of an appeal on procedure error) ……………………………… (23)
　上告(appeal to court of third instance) ……………………………………………… (373)
再审(retrial) ………………………………………………………………………………… (656)
　审判监督再审(court-initiated retrial of a case after a final judgment was rendered) … (391)
　检察监督再审(procuratorial-initiated retrial of a case after a final judgment was rendered) … (221)
　再审法院(court of retrial) ……………………………………………………………… (657)
　再审案件(cases under retrial) ………………………………………………………… (656)
　再审提审(upward removed) …………………………………………………………… (657)
　指令再审(designated rehearing) ……………………………………………………… (708)
　再审裁判(judgement and order of retrial) …………………………………………… (657)
执行(enforcement) ………………………………………………………………………… (694)
　执行法院(enforcement jurisdiction) …………………………………………………… (698)
　执行当事人(parties to the enforcement of a judgment) …………………………… (698)
　执行组织(enforcement organization) ………………………………………………… (703)
　执行标的(subject matter of enforcement) …………………………………………… (695)
　执行根据(basis of enforcement) ……………………………………………………… (698)
　执行原则(principles of enforcement) ………………………………………………… (702)
　执行申请(application for enforcement) ……………………………………………… (701)
　移送执行(transfer of enforcement) …………………………………………………… (629)
　委托执行(delegated enforcement) …………………………………………………… (483)
　执行措施(enforcement measures) …………………………………………………… (696)
　保障执行措施(enforcement measures) ……………………………………………… (4)
　执行中止(suspension of enforcement) ……………………………………………… (703)
　执行终结(termination of enforcement) ……………………………………………… (703)
　执行回转(revocation of enforcement based on an erroneous judgment) ………… (699)
　执行异议(objection to enforcement) ………………………………………………… (701)
　执行担保(security provided for postponed enforcement) ………………………… (697)
　执行和解(reconciliation in enforcement) …………………………………………… (699)
　对外国法院判决的执行(enforcement of a foreign judgement) …………………… (95)
　对外国仲裁裁决的执行(enforcement of a foreign arbitration award) …………… (95)
公证(notarization) ………………………………………………………………………… (159)
　公证处(public notary office) …………………………………………………………… (160)

公证员(public notary)	(164)
公证员助理(assistant to public notary office)	(165)
公证权(right of notarization)	(162)
公证行为(act of public notary)	(164)
公证申请人(applicant for notarization)	(162)
公证申请书(application for notarization)	(163)
公证事项(notarized matters)	(163)
公证管辖(jurisdiction of notarization)	(161)
公证原则(principle of notarization)	(158)
公证程序(procedure of notarization)	(159)
公证书(notary deed)	(163)
公证效力(legal effect of notarization)	(163)
公证费用(charge of notarization)	(161)
涉外公证(foreign-related notarization)	(379)
身份关系公证(notarization regarding identification)	(384)
收养关系公证(notarization of adoptive relcationship)	(410)
遗嘱公证(notarization of a will)	(629)
合同公证(notarization of a contract)	(194)
委托行为公证(notarization of act of delegation)	(482)

破产(bankruptcy) (317)
破产案件(bankruptcy case)	(317)
破产申请(bankruptcy petition)	(322)
债权人会议(meetings in bankruptcy)	(661)
破产清算组织(liquidation organization)	(322)
破产管理人(bankruptcy trustee)	(319)
破产责任(responsibility for bankruptcy)	(324)
破产能力(ability of bankruptcy)	(321)
破产原因(cause of bankruptcy)	(324)
破产宣告(adjudication of bankruptcy)	(323)
破产财产(bankruptcy estate)	(318)
破产清偿(bankruptcy distribution)	(322)
破产债权(claims by creditors in the bankruptcy proceedings)	(325)
破产债权表(list of creditors' claims)	(325)
优先债权(priority creditors, claims)	(647)
劣后债权(inferior creditors' claims)	(273)
别除权(right of exclusion from bankruptcy estate)	(20)
抵消权(right of offsetting a debt)	(70)
取回权(right of take back)	(348)
破产免责主义(doctrine of bankruptcy discharge)	(321)
非破产免责主义(doctrine of bankruptcy discharging no debt)	(135)
破产普及主义(general eligibility to bankruptcy)	(321)
破产救济(bankruptcy relief)	(320)
破产救济基金(fund of bankruptcy relief)	(321)
破产罚则(bankruptcy penalty rule)	(319)
遗产破产(legacy going bankruptcy)	(629)
破产和解(composition with creditors in bankruptcy)	(319)
破产整顿(bankruptcy reorganization)	(325)

仲裁(arbitration) ……(734)
 仲裁制度(arbitration system) ……(740)
 仲裁程序(arbitration arbitrcion proceeding) ……(735)
 仲裁协议(arbitration agreement) ……(739)
 仲裁管辖(arbitration jurisdiction) ……(737)
 仲裁申请(application for arbitration) ……(738)
 仲裁委员会(arbitration commission) ……(739)
 仲裁员(arbitrtor) ……(740)
 首席仲裁员(chief arbitrator, chief arbitration judge) ……(414)
 仲裁庭(arbitration tribunal) ……(738)
 仲裁保全(preservation measures in arbitration) ……(734)
 仲裁费用(costs of the arbitration) ……(736)
 仲裁裁决(arbitration awards) ……(735)
 仲裁调解(mediation in arbitration) ……(736)
 联合调解(joint mediation) ……(267)
 仲裁监督(judicial supervision of arbitration) ……(737)
 国际商事仲裁(international commercial arbitration) ……(182)
 国际经济贸易仲裁(international economic and trade arbitration)(见国际商事仲裁) ……(180)
 技术合同纠纷仲裁(arbitration of dispute concerning technological contract) ……(212)
 经济合同纠纷仲裁(arbitration of dispute under economic contract) ……(233)
 劳动争议仲裁(arbitration of labor dispute) ……(263)
人民调解(people's mediation) ……(354)
 人民调解学(study of people's mediation) ……(357)
 人民调解方针(guiding principles for people's mediation) ……(356)
 人民调解原则(principles of people's mediation) ……(357)
 人民调解程序(procedure of people's mediation) ……(355)
 人民调解委员会委员(member of people's mediation commission) ……(356)
 人民调解协议(people's mediation agreement) ……(357)
〔法律、法规〕
《中华人民共和国民事诉讼法》(Civil Procedure Law of the People's Republic of China) ……(722)
《中华人民共和国民事诉讼法(试行)》(Civil Procedure Law of the People's
  Republic of China, tentative version) ……(721)
《中华人民共和国企业破产法(试行)》(Bankruptcy Law of the People's Republic of China, on trial) ……(723)
《中华人民共和国仲裁法》(Arbitration Law of the people's Republic of China) ……(729)
《民事诉讼收费办法(试行)》(Procedures for Payment of litigation Cost, tentative version) ……(300)
《中华人民共和国公证暂行条例》(Interim Regulations of the People's
  Republic of China on Notarization) ……(718)
《人民调解委员会组织条例》(Regulations on People's Mediation Commission) ……(356)
《司法助理员工作暂行规则》(Interim Provision on the Working of Judicial Assistant) ……(430)
旧中国的民事诉讼法规(civil procrdure laws of China before 1949) ……(243)
〔香港法律、法院、诉讼程序〕
《香港高等法院条例》(Hong Kong Supreme Court Ordinance) ……(504)
《香港破产条例》(Hong Kong Bankruptcy Ordinance) ……(505)
香港高等法院(Supreme Court of Hong Kong) ……(507)
香港高等法院职权(duty and power of Supreme Court of Hong Kong) ……(511)
香港高等法院审判庭(panel of Supreme Court of Hong Kong) ……(510)
香港高等法院注册官和其他官员(registered officers of Supreme Court of Hong Kong) ……(512)

香港高等法院对案件的审理(hearing of cases by Supreme Court of Hong Kong) ……… (508)
香港高等法院裁判(decision by Supreme Court of Hong Kong) ……………………… (507)
香港高等法院诉讼费用(court charges in Supreme Court of Hong Kong) …………… (511)
香港高等法院调查取证及有关程序(evidence collection and procedures of Supreme
　　Court of Hong Kong) ……………………………………………………………………… (508)
香港高等法院民事诉讼程序(civil procedure of Supreme Court of Hong Kong) …… (509)
香港破产程序(procedure of bankruptcy of Hong Kong) ………………………………… (514)
香港国际商事仲裁(international commercial arbitration in Hong Kong) ……………… (513)

〔外国法律〕
法国民事诉讼法(Civil Procedure Law of France) ……………………………………… (107)
德国民事诉讼法(Civil Procedure Law of Germany) …………………………………… (66)
日本民事诉讼法(Civil Procedure Law of Japan) ………………………………………… (367)
俄罗斯民事诉讼法(Civil Procedure Law of Russia) …………………………………… (98)

〔国际公约〕
《民事诉讼法公约》(Convention on Civil Procedure Law) ……………………………… (297)
《统一船舶碰撞若干法律规定的国际公约》(1910)(International Convention for the Unification
　　of Certain Rules of Law in Regard to Collisions between Vessels) ………………… (475)
《关于扣押海运船舶的国际公约》(1952)(International Convention Relating
　　to the Arrest of Seagoing Ships) ………………………………………………………… (171)
《船舶碰撞中民事管辖权方面若干规则的国际公约》(1952)(International Convention on Certain
　　Rules Concerning Civil Jurisdiction in Matters of Collision) ……………………… (50)
《关于承认和执行外国仲裁裁决公约》(1958)(Convention on the Recognition and Enforcement
　　of Foreign Arbitral Awards) ……………………………………………………………… (169)
《国际复兴开发银行公约》(Articles of Agreement of the International Bank for Reconstruction
　　and Development) ………………………………………………………………………… (179)
《关于向国外送达民事或商事司法文书和司法外文书公约》(海牙,1965)(Convention on the Service
　　Abroad of Judicial and Extra-judicial Documents in Civil or Commercial Matters) ……… (172)
《相互承认和执行判决的公约》(1968)(Convention on Jurisdiction and the Enforcement of Judgement
　　in Civil and Commercial Matters1968) ………………………………………………… (503)
《国际油污损害民事责任公约》(International Convention in Civil Liability for Oil Pollution Damage) …… (187)
《关于在民商事案件中从国外提取证据公约》(Convention on the Taking of Evidence Abroad in
　　Civil or Commercial Matters) …………………………………………………………… (174)
《民商事外国判决承认与执行公约》(海牙,1971)(Convention on the Recognition and Enforcement of
　　Foreign Judgement in Civil and Commercial Matters) ……………………………… (292)

〔仲裁规则、机构〕
《解决投资争议国际中心调解和仲裁程序规则》(International Center for the Settlement of investment
　　Dispute Rules of Procedure for the Institution of Conciliation and Arbitration Proceedings) ……… (230)
《联合国国际贸易法委员会仲裁规则》(United Nations Commission on International Trade
　　Law Arbitration Rules) …………………………………………………………………… (268)
《欧阿商会调解、仲裁及评价规则》(Euro-Arab Chambers of Commerce Rules of Conciliation,
　　Arbitration and Expertise) ………………………………………………………………… (309)
《伦敦仲裁院仲裁规则》(London Court of Arbitration-Arbitration Rules) …………… (278)
《联合国国际商事仲裁示范法》(United Nations Commission on International Trade Law
　　Model on International Commercial Arbitration) …………………………………… (269)
《国际商会调解与仲裁规则》(International Chamber of Commerce Rules of Conciliation
　　and Arbitration) …………………………………………………………………………… (181)
《斯德哥尔摩商会仲裁院规则》(The Arbitration Institution of the Stockholm chamber of

Commerce Arbitration Rules) ……………………………………………………… (433)
《美国仲裁协会仲裁规则》(American Arbitration Association International Arbitration Rules) ……… (288)
伦敦国际仲裁院(London Court of International Arbitration) ……………………………… (278)
苏黎世商会仲裁院(Court of Arbitration of the Zurich Chamber of Commerce) ……………… (440)
斯德哥尔摩商会仲裁院(Court of Arbitration of Stockholm Chamber of Commerce) …………… (432)
国际商会仲裁院(ICC Court of Arbitration) ……………………………………………… (182)
美国仲裁协会(America Arbitration Association) ………………………………………… (288)
日本商事仲裁协会(Commercial Arbitration Association of Japan) ………………………… (368)
解决投资争议国际中心(International Center for Settlement of Investment Dispute) ………… (229)

刑事诉讼法学辞条分类目录(中外文对照)

刑事诉讼法学(science of criminal procedure) ……………………………………………… (528)
 刑事诉讼(criminal procedure) ……………………………………………………………… (526)
 刑事诉讼程序(criminal process) …………………………………………………………… (526)
 刑事诉讼职能(criminal procedural functions) …………………………………………… (534)
 刑事诉讼阶段(the stages of criminal proceeding) ……………………………………… (530)
 刑事诉讼形式(criminal procedural form) ………………………………………………… (532)
 刑事诉讼方式(criminal procedural pattern) ……………………………………………… (530)
 刑事诉讼条件(the conditions of criminal procedure) …………………………………… (531)
 刑事诉讼历史类型(the historical types of criminal procedures) ……………………… (530)
 刑事诉讼本质的历史类型(the historical types of criminal procedure in essence) … (526)
 刑事诉讼形式的历史类型(the historical types of criminal procedural forms) ……… (532)
  弹劾式(accusatorial system) ……………………………………………………………… (460)
  纠问式(inquisititonal system) …………………………………………………………… (241)
  混合式(mixed system) …………………………………………………………………… (203)
 当事人主义(adversarial system)(见辩论主义) ………………………………………… (64)
 对抗式(adversarial system)(见当事人主义) …………………………………………… (93)
 职权主义(inquisitorial system) …………………………………………………………… (706)
 审问式(inquisitorial system)(见职权主义) ……………………………………………… (393)
刑事诉讼法(criminal procedure law) ……………………………………………………… (526)
 刑事诉讼法的指导思想(the guiding principles of criminal procedure law) ………… (528)
 刑事诉讼法的效力(the effect of criminal procedure law) ……………………………… (527)
 刑事诉讼法的目的(the objectives of criminal procedure law) ………………………… (527)
 刑事诉讼法的任务(the tasks of criminal procedure law) ……………………………… (527)
 刑事诉讼法律关系(criminal procedural legal relatives) ……………………………… (528)
  刑事诉讼主体(criminal procedural subject) …………………………………………… (534)
  刑事诉讼客体(criminal procedural object) …………………………………………… (530)
  刑事诉讼权利(criminal procedural rights) …………………………………………… (531)
  刑事诉讼义务(criminal procedural duties) …………………………………………… (532)
  刑事诉讼行为(criminal procedural acts) ……………………………………………… (531)
法院(court) …………………………………………………………………………………… (122)
 审判机关(adjudication organ) ……………………………………………………………… (389)
 人民法院(people's court) …………………………………………………………………… (358)
 基层人民法院(basic people's court) ……………………………………………………… (207)
 人民法庭(people's tribunal) ………………………………………………………………… (358)
 中级人民法院(intermediate people's court) ……………………………………………… (731)
 高级人民法院(high people's court) ……………………………………………………… (145)
 最高人民法院(The Supreme People's Court) …………………………………………… (759)
  特别法庭(special tribunal) ……………………………………………………………… (461)
  专门人民法院(special people's court) ………………………………………………… (748)
  海事法院(maritime court) ………………………………………………………………… (193)
  铁路运输法院(railway transportation court) ………………………………………… (465)
  军事法院(military court) ………………………………………………………………… (250)

巡回法庭(court of assize) ……………………………………………………………… (614)
　　审判人员(adjudication personnel) …………………………………………………… (392)
　　法院院长(president of court) ………………………………………………………… (122)
　　庭长(president of adjudication division) …………………………………………… (466)
　　审判员(judge) …………………………………………………………………………… (392)
　　助理审判员(assistant judge) ………………………………………………………… (746)
　　人民陪审员(people's juror) …………………………………………………………… (362)
　　司法警察(bailiff) ………………………………………………………………………… (425)
　　书记员(clerk) …………………………………………………………………………… (416)
　　审判长(chief judge) …………………………………………………………………… (387)
　　陪审制(jury system) …………………………………………………………………… (313)
检察机关(procuratorial organ) …………………………………………………………… (219)
　　检察权(procuratorial power) ………………………………………………………… (221)
　　检察制度(procuratorial system) ……………………………………………………… (223)
　　人民检察院(people's procuratorate) ………………………………………………… (360)
　　最高人民检察院(The Supreme People's Procuratorate) ………………………… (760)
　　　　特别检察厅(special procuratorial office) ……………………………………… (461)
　　省级人民检察院(provincial people's procuratorate) ……………………………… (399)
　　省级人民检察院分院(branch of provincial people's procuratorate) …………… (400)
　　自治州、省辖市人民检察院(the people's procuratorate of autonomours prefecture, the people's procuratorate
　　　　of the city under the jurisdiction of the provincial govemment)(见省级人民检察分院) ……… (755)
　　县级人民检察院(people's procuratorate at county level) ………………………… (497)
　　专门人民检察院(special people's procuratorate) ………………………………… (748)
　　　　铁路运输检察院(railway transportation procuratorate) …………………… (465)
　　　　军事检察院(military procuratorate) …………………………………………… (252)
　　人民检察院派出机构(detached office of people's procuratorate) ……………… (362)
　　检察委员会(procuratorial committee) ……………………………………………… (223)
　　检察人员(procuratorial personnel) …………………………………………………… (222)
　　检察长(chief procurator) ……………………………………………………………… (219)
　　检察员(procurator) …………………………………………………………………… (223)
　　助理检察员(assistant procurator)(见检察员) ……………………………………… (745)
　　法律监督职能(function of legal supervision) ……………………………………… (112)
　　侦查监督(supervision to investigation) ……………………………………………… (668)
　　审判监督(adjudication supervision) ………………………………………………… (389)
　　执行监督(supervision to execution) ………………………………………………… (700)
侦查机关(organs of investigation) ……………………………………………………… (667)
　　侦查权(power of investigation) ……………………………………………………… (673)
　　主管机关(competent authorities) …………………………………………………… (743)
　　公安分局(the branch bureau of public security) ………………………………… (155)
　　公安派出所(police post) ……………………………………………………………… (155)
　　看守所(house of detention) …………………………………………………………… (254)
　　公安机关负责人(person in charge of public securainy organs) ………………… (155)
　　侦查人员(investigator) ………………………………………………………………… (673)
　　侦查员(investigator) …………………………………………………………………… (678)
　　预审员(preliminary investigator) ……………………………………………………… (652)
　　国家安全机关(the national security organs) ……………………………………… (189)
　　军队保卫机关(military security organ) ……………………………………………… (250)

2

警察(police) ……………………………………………………………………………………… (239)
律师(lawyer) ………………………………………………………………………………… (275)
　律师制度(the counsel system) …………………………………………………………… (278)
　法律顾问(legal adviser) …………………………………………………………………… (111)
　律师协会(bar association) ………………………………………………………………… (276)
　律师法(lawyer law) ………………………………………………………………………… (276)
　诉讼代理(act as process agent) …………………………………………………………… (444)
　非诉讼代理(act as agent outside proceedings) ………………………………………… (136)
　代书(drawing legal document for client) ………………………………………………… (56)
　律师职业道德(professional morality of lawyer) ………………………………………… (277)
　律师业务(professional work of lawyer) ………………………………………………… (277)
　事务律师(solicitor) ………………………………………………………………………… (407)
　出庭律师(barrister) ………………………………………………………………………… (46)
　咨询(advice) ………………………………………………………………………………… (750)
　律师事务所(lawyer office) ………………………………………………………………… (276)
　法律顾问处(office of legal adviser) ……………………………………………………… (111)
　律师职务(professional title of lawyer) …………………………………………………… (277)
　实习律师(lawyer on probation) …………………………………………………………… (404)
　专职律师(full-time lawyer) ………………………………………………………………… (748)
　兼职律师(part-time lawyer) ……………………………………………………………… (216)
诉讼参与人(participant in criminal proceeding) ……………………………………… (443)
　当事人(party) ……………………………………………………………………………… (60)
　自诉人(private prosecutor) ………………………………………………………………… (752)
　被告人(defendant) ………………………………………………………………………… (9)
　犯罪嫌疑人(suspected offender) ………………………………………………………… (127)
　附带民事诉讼的当事人(parties in supplementary civil action) ……………………… (140)
　被害人(victim) ……………………………………………………………………………… (9)
　诉讼行为能力(capality to action) ………………………………………………………… (450)
　法定代理人(logal roproscntativc) ………………………………………………………… (103)
　诉讼代理人(process attorney) …………………………………………………………… (444)
　当事人的近亲属(close relatives of parties) ……………………………………………… (62)
　监护人(guardian) …………………………………………………………………………… (216)
　辅佐人(assistor) …………………………………………………………………………… (139)
　保佐人(guardian) …………………………………………………………………………… (5)
　证人(witness) ……………………………………………………………………………… (690)
　专家证人(expert witness) ………………………………………………………………… (746)
　鉴定人(expert) ……………………………………………………………………………… (226)
　翻译人员(interpreter) ……………………………………………………………………… (123)
　见证人(eyewitness) ………………………………………………………………………… (225)
刑事诉讼原则(principle of criminal procedure) ……………………………………… (533)
　不告不理(拉丁文 nemo judex actor;no trial without complaint) ……………………… (24)
　国家追诉主义(principle of state prosecution) …………………………………………… (191)
　私人追诉主义(principle of private prosecution)(见国家追诉主义) ………………… (431)
　独立行使审判权(principle of judicial independence) …………………………………… (88)
　未经人民法院依法判决不得定罪原则(not to convict anyone without the adjudication under
　　law of the people's court) ……………………………………………………………… (484)
　刑事司法协助原则(principle of mutual criminal judicial co-opeation) ……………… (525)

3

法律监督原则(principle of legal supervision) …………………………………………………… (112)
独立行使检察权(principle of exercising independently procuratorial authority) …………… (88)
审判公开(open trial) ……………………………………………………………………………… (388)
　不公开审判(not to be in public)(见审判公开) ………………………………………………… (25)
对不能追究刑事责任的不予追诉(not to prosecute without criminal liability in certain circumstances) ……… (90)
两审终审(the second instance is the final instance) …………………………………………… (271)
人民陪审员参加审判(people's juror take part in adjudicating) ……………………………… (362)
公民有权用本民族语言文字进行诉讼(citizens have the right to conduct proceedings
　　in the native spoken and written languages) …………………………………………… (157)
专门机关与广大群众相结合(cooperation between judicial organs and masses) …………… (747)
对公民适用法律一律平等(the law should be equally applicable to all citizens) ……………… (92)
以事实为根据,以法律为准绳(principle of taking facts as the basis and the law as criterion) …… (630)
告诉才处理(handled only upon complaint) …………………………………………………… (145)
九条方针(nine policy) …………………………………………………………………………… (242)
不枉不纵(not to treat unjustly, not to make the criminal at large) …………………………… (29)
有反必肃,有错必纠(all counterrevolutionary elements must be cleared out, all errors must be corrected) … (647)
正当程序(due process) …………………………………………………………………………… (681)
公益原则(principle of public benefit) …………………………………………………………… (158)
一事不再理(拉丁文 non bis in idem) …………………………………………………………… (625)
起诉垄断主义(principle of monopoly prosecution) …………………………………………… (331)
起诉法定主义(拉丁文 Legalitatsprinzip;principle of legal prosecution) …………………… (330)
起诉便宜主义(doctrine of prosecuting discretion) …………………………………………… (329)
起诉状一本主义(principle of only bill of prosecution) ……………………………………… (332)
告诉不可分(德文 Unteilbarkeit des Strafantrages;non-separation of complaint) ………… (145)
公诉不可分(non-separation of public prosecution) ………………………………………… (158)
言词原则(Mundlichkeitsprinzip, principle of verbal trial) …………………………………… (620)
言词审理主义(principle of verbal trial)(见言词原则) ………………………………………… (620)
言词辩论主义(principle of verbal debate)(见言词原则) …………………………………… (619)
直接原则(德文 Grundsatz der Unmittelbarkeit;principle of direct trial) …………………… (705)
不间断原则(principle of uninterrupted trial) …………………………………………………… (25)
不更易原则(principle of non-alteration) ………………………………………………………… (25)
实质真实发现主义(德文 Prinzip der materiellen wahrheit;principle of substantive truth) …… (405)
形式真实发现主义(德文 Prinzip der formellen wahrheit;principle of formal truth)
　　(见实质真实发现主义) ……………………………………………………………………… (606)
裁判中心主义(principle of centre on judgement) ……………………………………………… (35)
公判中心主义(principle of centre on public trial) …………………………………………… (157)
不干涉主义(principle of no intervention)(见当事人主义) …………………………………… (24)
干涉主义(principle of intervention)(见职权主义) …………………………………………… (144)
三审终审(the third instance is the final instance) …………………………………………… (372)

管辖(jurisdiction) ………………………………………………………………………………… (176)
立案管辖(jurisdiction for filing a case) ………………………………………………………… (266)
主管(competent authority) ……………………………………………………………………… (743)
审判管辖(trial jurisdiction) ……………………………………………………………………… (388)
级别管辖(hierarchical jurisdiction) …………………………………………………………… (209)
事物管辖(subject matter jurisdiction) ………………………………………………………… (407)
地域管辖(district jurisdiction) …………………………………………………………………… (72)
专门管辖(special jurisdiction) ………………………………………………………………… (747)

- 法定管辖(legal jurisdiction) (103)
- 指定管辖(designative jurisdiction) (708)
- 管辖的转移(transfer of jurisdiction) (176)
- 牵连管辖(involve jurisdiction) (333)
- 竞合管辖(concurrent jurisdiction) (241)
- 专属管辖(exclusive jurisdiction) (748)
- 连带管辖(joint jurisdiction) (267)

回避(withdrawal) (201)
- 自行回避(withdrawal of one's own accord) (753)
- 申请回避(withdrawal by petition) (382)
- 当然回避(principal challenge) (60)
- 任意回避(challenge for favor) (366)
- 无因回避(peremptory challenge) (488)
- 有因回避(challenge for cause) (648)

辩护(defence) (17)
- 辩护权(right of defence) (18)
- 辩护人(advocate) (18)
- 辩护律师(defending lawyer)(见律师、辩护人) (19)
- 公设辩护人(public advocate) (157)
- 委托辩护(advocate by mandate) (482)
- 指定辩护(advocate by designation) (706)
- 强制辩护(mandatory advocacy) (341)
- 任意辩护(optional advocacy) (366)
- 无罪辩护(advocacy of innocence) (488)
- 从轻辩护(advocacy of less punishment) (51)
- 答辩(plea) (54)
- 辩护词(speech of defence) (18)
- 拒绝辩护(refusal of defence) (248)
- 不在现场之主张(the defence of alibi) (29)

强制措施(coercive measures) (341)
- 传唤(summon) (48)
- 拘传(summon for detention) (244)
  - 拘传通知书(notice of summon for detention) (245)
- 拘提(force somebody before court) (245)
- 取保候审(obtain a guaantor and await trial out of custody) (348)
  - 取保候审决定书(written decision to obtain a guarantor and await trial out of custody) (348)
- 财物保(property-related bail) (33)
- 人保(personality-related bail) (353)
- 保释(bail) (4)
- 监视居住(live under surveillance) (216)
  - 监视居住决定书(written decision to live under surveillance) (217)
- 拘留(detention) (244)
  - 拘留通知书(notice of detention) (245)
- 现行犯(active criminal) (503)
- 准现行犯(quasi-active criminal) (750)
- 重大刑事案件(important criminal case) (741)
- 逮捕(arrest) (57)

拘捕(capture,arrest)(见逮捕) .... (244)
人犯(defendant) .... (354)
未决犯(prisoner awaiting trial) .... (485)
审查批捕(review and approve the arrest of an offender) .... (385)
 提请批准逮捕书(application for approval of arrest) .... (463)
 批准逮捕决定书(written decision of approving an arrest) .... (314)
 不批准逮捕决定书(written decision of disapproving an arrest) ... (27)
 执行逮捕通知书(arrest notice) .... (697)
 撤销逮捕通知书(notice of quash an arrest) .... (40)
 决定逮捕通知书(drrest notice) .... (250)
不批准逮捕的复议(reconsideration of disapproving an arrest) .... (27)
 复议决定书(written decision of reconsideration) .... (142)
不批准逮捕的复核(review of disapproving an arrest) .... (27)
 复核决定书(written decision of review) .... (142)
扭送(seize and deliver) .... (306)
羁押(custody) .... (208)
提审证(inquest warrant) .... (464)
释放证明书(release certificate) .... (409)
紧急逮捕(emergency arrest) .... (231)
暂时逮捕(emergency arrest) .... (658)
无证逮捕(arrest without warrant) .... (488)
人身保护状(writ of habeas corpus) .... (363)
刑事附带民事诉讼(supplementary civil action in criminal procedure) ... (523)
 物质损失(material losses) .... (493)
期间(time period) .... (328)
 期日(date) .... (329)
 不能抗拒的原因(irresistible causes) .... (26)
 耽误期间(delay of duration) .... (58)
 期间的计算(count length) .... (328)
 重新计算期间(recount longht) .... (45)
送达(service) .... (437)
 间接送达(indirect service) .... (215)
 直接送达(direct service) .... (704)
 留置送达(lien service) .... (274)
 送达回证(certificate of service) .... (437)
 诉讼文书(document of action) .... (449)
 笔录(record of words) .... (15)
 副本(duplicate copy) .... (143)
 正本(authentic writing) .... (681)
 原本(original document) .... (652)
刑事证据学(science of criminal evidence) .... (539)
 证据(evidence) .... (682)
 证据资料(evidentiary material) .... (687)
 证据来源(source of evidence) .... (685)
 证据体系(system of proof) .... (686)
 证据能力(credibility of evidence) .... (685)
 证明力(weight of proof) .... (689)

证据力(weight of proof)(见证明力) ……………………………………………… (685)
证据的相关性(relevancy of evidence) ……………………………………………… (683)
证据的可采性(admissibility of evidence) ………………………………………… (683)
证据种类(kinds of evidence) ……………………………………………………… (687)
证据分类(classification of evidence) ……………………………………………… (684)
人证(testimony of a person) ……………………………………………………… (364)
物证(material evidence) …………………………………………………………… (490)
书证(documentary evidence) ……………………………………………………… (417)
证人证言(witness' testimony) ……………………………………………………… (691)
临终陈述(dying declaration) ……………………………………………………… (274)
具结(to make a written declaration) ……………………………………………… (249)
作证不得中止(giving testimony continuously) …………………………………… (763)
作证宣誓(oath of witness) ………………………………………………………… (763)
伪证的责任(responsibility of giving false evidence or testimony) ……………… (481)
询问(examination) ………………………………………………………………… (614)
   询问笔录(record of question) ………………………………………………… (615)
诱导询问(leading question) ………………………………………………………… (648)
交叉询问(cross-examination) ……………………………………………………… (227)
质证(examining testimony) ………………………………………………………… (715)
对质(confrontation) ………………………………………………………………… (97)
对质权(right of comfrontation) …………………………………………………… (97)
被害人陈述(statement of victim) ………………………………………………… (10)
犯罪嫌疑人、被告人供述和辩解(statement and exculpation of suspect and defendant) ……… (127)
口供(oral statement of suspect and defendant)(见犯罪嫌疑人、被告人供述和辩解) ……… (259)
自认(admissions) …………………………………………………………………… (751)
不利益自供(self-incrimination) …………………………………………………… (26)
非任意自白(involuntory confession) ……………………………………………… (136)
连续自白(consecutive confession) ………………………………………………… (267)
攀供(to implicate somebody in a crime) ………………………………………… (310)
串供(statement based on collusion) ……………………………………………… (50)
翻供(overthrow a confession) …………………………………………………… (122)
刑讯(use torture to coerce a statement) ………………………………………… (539)
拷问(use torture to coerce a statement) ………………………………………… (256)
刑具(instrument of torture) ……………………………………………………… (522)
诱供(inducement leading to confession) ………………………………………… (649)
指名问供(interrogation of containing answer) ………………………………… (709)
讯问(interrogation) ………………………………………………………………… (616)
   讯问笔录(interrogation record) ……………………………………………… (616)
沉默权(right to remain silence) …………………………………………………… (44)
测谎器(lie detector) ………………………………………………………………… (36)
栽赃(frame somebody) …………………………………………………………… (656)
鉴定(expert evaluation) …………………………………………………………… (225)
鉴定结论(conclusion of expert evaluation) ……………………………………… (225)
鉴定证人(witness of making expert evaluation before filing a case) ………… (227)
勘验笔录(record of inspection) …………………………………………………… (254)
   现场勘验笔录(record of inspecting scene) ………………………………… (500)
   物体检验笔录(record of inspecting thing) ………………………………… (490)

尸体检验笔录(record of inspecting dead body) ………………………………………… (402)
人身检查笔录(record of examining body) ………………………………………… (363)
视听资料(video and audio recording material) …………………………………… (407)
直接证据(direct evidence) …………………………………………………………… (705)
间接证据(indirect evidence) ………………………………………………………… (216)
事前证据(evidence before the fact) ………………………………………………… (405)
事后证据(evidence after the fact) …………………………………………………… (405)
当时证据(evidence at that time) ……………………………………………………… (60)
原始证据(original evidence) ………………………………………………………… (653)
传来证据(derivative evidence) ………………………………………………………… (49)
有罪证据(evidence of guilt) ………………………………………………………… (648)
无罪证据(evidence of innocence)(见有罪证据) …………………………………… (490)
控诉证据(evidence for the prosecution) …………………………………………… (258)
辩护证据(evidence for the defense)(见控诉证据) ………………………………… (19)
攻击证据(evidence of attack)(见控诉证据) ……………………………………… (165)
防御证据(evidence of defense)(见控诉证据) …………………………………… (131)
不利于犯罪嫌疑人、被告人的证据(evidence unfavorable for suspect or defendant)(见控诉证据) ………… (26)
有利于犯罪嫌疑人、被告人的证据(evidence favorable for suspect or defendant)(见控诉证据) ………… (648)
积极证据(affirmative evidence) ……………………………………………………… (207)
消极证据(negative evidence) ………………………………………………………… (517)
主要证据(substantive evidence) ……………………………………………………… (744)
补强证据(corroborative evidence) …………………………………………………… (23)
独立证据(independent evidence) ……………………………………………………… (89)
补助证据(auxiliary evidence) ………………………………………………………… (24)
态度证据(demeanor evidence) ………………………………………………………… (458)
供述证据(testimonial evidence) ……………………………………………………… (165)
情况证据(circumstantial evidence) …………………………………………………… (346)
传闻证据(hearsay evidence) …………………………………………………………… (50)
推定证据(presumptive evidence) ……………………………………………………… (477)
反驳证据(rebuttal evidence) ………………………………………………………… (123)
主证(substantive evidence)(见本证、主要证据) ………………………………… (744)
本证(assertive evidence) …………………………………………………………… (11)
反证(counter-evidence)(见本证) …………………………………………………… (126)
旁证(collateral evidence) …………………………………………………………… (312)
佐证(corroborative evidence)(见补强证据) ……………………………………… (763)
证据制度(evidence system) ………………………………………………………… (686)
重证据不轻信口供(emphasis placed on evidence and credence not readily given to oral statement) ………… (742)
神示证据制度(the evidence system based on Gods' inspiration) ………………… (385)
神明裁判(trial by ordeal) …………………………………………………………… (384)
以五声听狱讼(hearing lawsuit through five sense organs) ……………………… (630)
法定证据制度(legal evidence system) ……………………………………………… (104)
司法决斗(judicial combat) …………………………………………………………… (425)
刑讯逼供(torture to coerce statement) …………………………………………… (540)
自由心证(free evaluation of evidence) …………………………………………… (754)
内心确信(inner conviction)(见自由心证) ………………………………………… (304)
证明(proof) …………………………………………………………………………… (688)
释明(prove the probability of a fact) …………………………………………… (409)

严格证明(strict proof) ……………………………………………………………………… (619)
　自由证明(free proof)(见严格证明) ……………………………………………………… (754)
　证明程度(degree of proof) ………………………………………………………………… (688)
　证明标准(standard of proof) ……………………………………………………………… (688)
　证明责任(burden of proof) ………………………………………………………………… (689)
　举证责任(burden of producing evidence) ………………………………………………… (246)
　证明对象(object of proof) ………………………………………………………………… (688)
　司法认知(judicial notice) …………………………………………………………………… (425)
　主要犯罪事实(main fact of crime) ………………………………………………………… (744)
　案件主要事实(main fact of case) …………………………………………………………… (1)
　证据确实、充分(evidence is reliable and complete) …………………………………… (686)
　收集证据(collecting evidence) ……………………………………………………………… (409)
　保全证据(preserving evidence) ……………………………………………………………… (4)
　审查判断证据(examine and ascertain the evidence) …………………………………… (385)
　无合理怀疑(beyond reasonable doubt) …………………………………………………… (487)
　实质真实(substantial truth) ………………………………………………………………… (404)
　形式真实(formal truth)(见实质真实) …………………………………………………… (606)
　推定(presumption) …………………………………………………………………………… (477)
　法律上的推定(legal presumption) ………………………………………………………… (113)
　事实上的推定(factual presumption) ……………………………………………………… (406)
　有罪推定(presumption of guilt) …………………………………………………………… (648)
　无罪推定(presumption of innocence) ……………………………………………………… (489)
　特权规则(privilege rules) …………………………………………………………………… (462)
　拒绝作证权(right of refusing to be a witness) …………………………………………… (248)
　守秘权(right to secret) ……………………………………………………………………… (414)
　免予自证有罪权(privilege against self-incrimination) ………………………………… (292)
　排除规则(rules of excluding illegal evidence) …………………………………………… (310)
　意见证据及其规则(opinion evidence and its rules) …………………………………… (637)
　品格证据及其规则(moral character evidence and its rules) ………………………… (315)
　最佳证据及其规则(best evidence and best evidence rules) ………………………… (762)
　非法取得证据的排除规则及其例外(rules of excluding illegal evidence and its exceptions) …… (133)
立案(filing a case, putting on record) ……………………………………………………… (265)
　提起刑事案件(initiation of criminal case) ………………………………………………… (463)
　控告(charge) ………………………………………………………………………………… (257)
　检举(accusation) ……………………………………………………………………………… (223)
　告发(accusation) ……………………………………………………………………………… (145)
　告诉(accusation) ……………………………………………………………………………… (145)
　错告(erroneous accusation) ………………………………………………………………… (53)
　受理(accepting the case) …………………………………………………………………… (416)
侦查(investigate) …………………………………………………………………………… (663)
　侦查行为(acts of investigation) …………………………………………………………… (676)
　勘验(inquisition) ……………………………………………………………………………… (253)
　检查(inspeetion) ……………………………………………………………………………… (218)
　搜查(search) ………………………………………………………………………………… (437)
　　搜查笔录(record of search) ……………………………………………………………… (439)
　扣押(detention) ……………………………………………………………………………… (259)
　搜索(search) ………………………………………………………………………………… (440)

非法搜索与扣押(illegally search and detain) …………………………………… (135)
讯问犯罪嫌疑人(interrogate a suspect) ………………………………………… (617)
询问证人(examine a witness) …………………………………………………… (615)
误导询问(misleading examination) ……………………………………………… (493)
侦查实验(investigative experiments) …………………………………………… (674)
有伤风化(offending public morals) ……………………………………………… (648)
通缉(wanted orders) ……………………………………………………………… (468)
预审(preparatory examination) …………………………………………………… (650)
侦查终结(conclusion of investigation) …………………………………………… (678)
起诉意见书(an opinion recommending prosecution) …………………………… (331)
撤销案件(quash a case) …………………………………………………………… (40)
免予起诉意见书(an opinion recommending exemption from prosecution) …… (292)
侦查羁押期限(the period of custody for investigation) ………………………… (668)
提起公诉(presenting public prosecution) …………………………………… (462)
起诉(proscution) …………………………………………………………………… (329)
起诉书(bill of prosecution) ……………………………………………………… (331)
审查起诉(review and make a decision of prosecution) ………………………… (386)
审查起诉期限(time period for reviewing and making a decision of prosecution) … (386)
补充侦查(supplementary investigation) …………………………………………… (23)
  退回补充侦查决定书(decision to return the case to the public security organ or the state security organ for supplementary investigation) ……………… (478)
自行侦查(investigation by procuratorate) ……………………………………… (753)
免予起诉(exempt from prosecution) …………………………………………… (290)
  免予起诉决定书(decision to exempt from prosecution) …………………… (291)
  撤销免予起诉决定书(quash the decision to exempt from prosecution) …… (40)
不起诉(non-prosecution) ………………………………………………………… (27)
公诉人(public prosecutor) ……………………………………………………… (158)
支持公诉(support public prosecution) ………………………………………… (692)
公诉词(a public prosecuting speech) …………………………………………… (158)
纠正违法通知书(notice to rectify illegal act) ………………………………… (242)
撤回起诉(withdraw prosecution) ………………………………………………… (39)
  撤回起诉决定书(decision of withdrawing prosecution) …………………… (39)
答辩程序(procedure on pleas) …………………………………………………… (54)
认罪答辩(plea of guilty) ………………………………………………………… (365)
辩诉交易(plea bargaining) ………………………………………………………… (19)
审判(adjudication; trial) ……………………………………………………… (387)
裁判(judgement) …………………………………………………………………… (34)
审判权(power to adjudicate) …………………………………………………… (391)
审判制度(system of adjudication) ……………………………………………… (392)
审判组织(judicial organization) ………………………………………………… (393)
合议庭(collegiate bench) ………………………………………………………… (194)
独任庭(adjudication division by one judge) …………………………………… (89)
审判委员会(judicial committee) ………………………………………………… (392)
法庭(court) ………………………………………………………………………… (114)
非常审判庭(special adjudication division) ……………………………………… (133)
第一审程序(procedure of first instance) ……………………………………… (73)
开庭公告(announcement of court session) ……………………………………… (253)

开庭通知书(notice of court session) ……………………………………………… (253)
传唤(summon) …………………………………………………………………… (48)
法庭调查(inquiry by tribunal) …………………………………………………… (115)
辨认(identification) ……………………………………………………………… (16)
直接发问(direct examination) …………………………………………………… (704)
反对询问(cross examination) …………………………………………………… (123)
受陪审团陪审之权(right to jury trial) ………………………………………… (416)
法庭辩论(debate in court) ……………………………………………………… (115)
被告人最后陈述(final statement by defendant) ……………………………… (9)
休庭(recess) ……………………………………………………………………… (609)
评议(deliberation) ………………………………………………………………… (316)
评议秘密(to deliberate confidentially)(见评议) ……………………………… (316)
 评议笔录(record of deliberation) …………………………………………… (316)
宣告判决(announcement of judgement) ………………………………………… (610)
 宣判笔录(record of announcement of judgement) ………………………… (611)
法庭笔录(court record) ………………………………………………………… (114)
一审期限(periods of first instance) ……………………………………………… (624)
自诉(private prosecution) ………………………………………………………… (752)
诉状(petition) ……………………………………………………………………… (453)
撤回自诉(withdrawal of private prosecution) ………………………………… (39)
反诉(counter claim) ……………………………………………………………… (124)
法庭规则(rules of court) ………………………………………………………… (116)
责令退出法庭(enforce somebody to get out of court) ………………………… (660)
延期审理(postponement of the hearing) ………………………………………… (619)
中止诉讼(discontinuation of action) …………………………………………… (732)
终止诉讼(abatement of action) ………………………………………………… (733)
判决(judgement;sentence) ……………………………………………………… (310)
 案由(matter of case) ………………………………………………………… (2)
 主文(brief decision) ………………………………………………………… (744)
有罪判决(guilt of judgement) …………………………………………………… (648)
判罪(conviction) …………………………………………………………………… (312)
无罪判决(no guilt of judgement) ………………………………………………… (488)
免刑判决(exempt from punishment of judegement) …………………………… (290)
免诉判决(exonerative judgement) ……………………………………………… (290)
缺席判决(judgement of default) ………………………………………………… (351)
不待陈述的判决(judgement without statement) ……………………………… (24)
判决的确定力(fixation of judgement) …………………………………………… (311)
判决的既判力(unchangeableness of judgement) ……………………………… (310)
判决的拘束力(binding force of judgement) …………………………………… (311)
裁定(verdict) ……………………………………………………………………… (33)
裁定书(written verdict) ………………………………………………………… (34)
概括裁定(general verdict) ……………………………………………………… (144)
特别裁定(special verdict) ……………………………………………………… (460)
决定(determination) ……………………………………………………………… (250)
免予刑事处罚(exemt from criminal punishment) ……………………………… (292)
前科(record of previous crime) ………………………………………………… (334)
胜诉(carry the case) …………………………………………………………… (399)

11

败诉(lose the case)……………………………………………………………………(4)
　　简易程序(summary procedure)……………………………………………………(224)
　第二审程序(procedure of second instance)………………………………………(72)
　　上诉(appeal)………………………………………………………………………(374)
　　上诉人(appellant)…………………………………………………………………(376)
　　被上诉人(appellee)…………………………………………………………………(10)
　　上诉状(appeal petition)……………………………………………………………(377)
　　上诉权(right to appeal)……………………………………………………………(375)
　　舍弃上诉权(abandon right to appeal)……………………………………………(378)
　　抗诉(protest)………………………………………………………………………(255)
　　抗诉权(right to protest)……………………………………………………………(255)
　　抗诉书(protest document)…………………………………………………………(256)
　　撤回抗诉决定书(decision to withdraw protest)……………………………………(38)
　　抗告(appeal)………………………………………………………………………(254)
　　事实审(trial of fact)………………………………………………………………(406)
　　法律审(trial of law)………………………………………………………………(113)
　　原审(original instance)……………………………………………………………(653)
　　维持原判(affirm original judgement)……………………………………………(481)
　　改判(revise judgement)……………………………………………………………(144)
　　量刑不当(inappropriate punishment)……………………………………………(273)
　　上诉不加刑(in adjudicating a case appealed by a defendant, his crimianl punishment
　　　　may not be increased)…………………………………………………………(375)
　　撤销原判(quash original judgement)………………………………………………(43)
　　发回重审(remand for new adjudication)…………………………………………(101)
　　更审(retrial; rehear)………………………………………………………………(146)
　　终审判决(final judgement)…………………………………………………………(733)
　　终审裁定(final verdict)……………………………………………………………(732)
　　二审期限(time limits of second instance)…………………………………………(100)
　复审程序(retrial procedure)………………………………………………………(142)
　三审程序(procedure of third instance)……………………………………………(371)
　　再抗告(re-appeal)…………………………………………………………………(656)
　死刑复核程序(procedure for review of death sentences)………………………(434)
　　报请复核(submit for approval after review)………………………………………(6)
　　提审(bring sb. before the court remove case for trial)…………………………(463)
　　死刑核准权(power to approve the death sentences)……………………………(435)
　　死刑缓期执行案件核准权(power to approve cases of sentence of death with a two-year
　　　　suspension of execution)………………………………………………………(436)
　审判监督程序(procedure for adjudication supervision)…………………………(390)
　　申诉(petition)………………………………………………………………………(383)
　　再审(re-adjudicate)………………………………………………………………(656)
　　指令再审(direct to re-adjudicate)…………………………………………………(708)
　　非常上告(special appeal)…………………………………………………………(132)
　　非常上诉(special appeal)(见非常上告)…………………………………………(133)
　　非常审判(special trial)……………………………………………………………(133)
　执行程序(procedure for execution)………………………………………………(695)
　　执行机关(executing organ)………………………………………………………(700)
　　刑事执行通知书(notice of criminal execution)…………………………………(539)

12

死刑判决的执行程序(procedure for execution of death sentence) …… (436)
　执行死刑命令(warrant to execute the sentence of death) …… (701)
　执行死刑笔录(record to execute death sentence) …… (701)
就地正法(execute the criminal on the spot) …… (243)
死刑缓期执行判决的执行程序(procedure for execution of death sentence with reprieve) …… (436)
宣告缓刑判决的执行程序(procedure for execution of sentence with reprieve) …… (609)
减刑程序(procedure for reduce of sentence) …… (218)
假释程序(procedure of parole) …… (214)
监外执行(serving sentence outside the prison under surveillance) …… (217)

〔法律〕
《中华人民共和国刑事诉讼法》(Criminal Procedure Law of the People's Republic of China) …… (725)
《中华人民共和国人民法院组织法》(The People's Court Organizational Law of the People's Republic of China) …… (724)
《中华人民共和国人民检察院组织法》(The People's Procuratorate Organizational Law of People's Republic of China) …… (724)
《中华人民共和国律师法》(The Lawyer Law of the People's Republic of China) …… (719)
《中华苏维埃共和国裁判部暂行组织及裁判条例》(Interim Act of Organization and Judgement of the Judgement Ministry of the Soviet Republic of China) …… (730)
《中华苏维埃共和国司法程序》(The Judicial Procedure of the Soviet Republic of China) …… (730)
《最高人民检察署试行组织条例》(The Proposed Organic Rules of The Supreme Procuratorial Office) …… (759)
《中华人民共和国人民法院暂行组织条例》(Interim People's Court Organization Act of the People's Republic of China) …… (723)
《各级地方人民检察署组织通则》(The Organic Rules of Local People's Procuratorial Office at Different Levels) …… (145)
《中华人民共和国逮捕拘留条例》(Arrest and Detention Regulation of the People's Republic of China) …… (718)
《关于刑事案件办案期限的补充规定》(Supplementary Provision Regarding the Time Limits for Handling Criminal Cases) …… (173)

〔港、澳、台法律及司法组织、制度〕
香港刑事诉讼法(the criminal procedure law of Hong Kong) …… (515)
香港法院体系和检察机构(court system and procuratorate of Hong Kong) …… (506)
香港律师制度(lawyer system in Hong Kong) …… (514)
澳门法院体系和检察机构(court system and procuratorate of Macau) …… (2)
台湾刑事诉讼法(criminal procedure law of Taiwan) …… (457)
台湾法院组织体系(court system of Taiwan) …… (456)
台湾检察机关组织体系(procuratorate system of Taiwan) …… (456)
台湾律师法(lawyer law of Taiwan) …… (457)

〔外国法律及司法组织、制度〕
《人身保护法》(Habeas Corpus Act) …… (362)
权利法案(Bill of Rights) …… (350)
英国刑事诉讼法(criminal procedure law in the United Kingdom) …… (643)
英国证据法(law of evidence in the United Kingdom) …… (645)
英国法院组织体系(organization of the court system in the United Kingdom) …… (640)
英国检察机关体系(organization of the prosecution system in the United Kingdom) …… (641)
英国律师制度(lawyer system in the United Kingdom) …… (641)
美国刑事诉讼法(the criminal procedure law of the U.S.A) …… (284)
美国刑事证据法(criminal evidence law of the U.S.A) …… (286)
美国法院组织体系(organization of the court system in the United States of America) …… (282)

美国律师制度(lawyer system in the United States of America) ……………………… (283)
《法国刑事诉讼法典》(The Criminal Procedure Code of France) ……………………… (108)
法国法院组织体系(organization of the court system in France) ……………………… (105)
法国检察机关体系(organization of the prosecution system in France) ……………… (106)
法国律师制度(lawyer system in France) ……………………………………………… (106)
《德国刑事诉讼法典》(court system of Germany) …………………………………… (67)
德国法院组织(court system of Germany) …………………………………………… (65)
德国检察院组织(procuratorate system of Germany) ………………………………… (66)
德国律师制度(lawyer system in Germany) …………………………………………… (66)
《意大利刑事诉讼法典》(The Criminal Procedure Code of Italy) …………………… (634)
《意大利律师和检察官法》(Lawver and Prosecutor Law of Italy) …………………… (633)
荷兰法院组织体系(organization of the court system in Netherlands) ……………… (195)
瑞典法院组织体系(organization of the court system in Sweden) …………………… (370)
日本刑事诉讼法(the criminal procedure law of Japan) ……………………………… (368)
日本法院组织体系(organization of the court system in Japan) ……………………… (366)
日本律师制度(lawyer system in Japan) ……………………………………………… (367)
菲律宾证据规则(evidence rules of Philippines) ……………………………………… (136)
肯尼亚法院体系和刑事诉讼(court system and criminal procedure of Kenya) ……… (257)

〔国际公约〕
《关于司法机关独立的基本原则》(Basic Principles on the Independence of the Judiciary) … (172)
《执法人员行为守则》(Code of Conduct for Law Enforcement Official) ……………… (694)
《关于检察官作用的准则》(Guidelines on the Role of Prosecutor) …………………… (170)
《关于律师作用的基本原则》(Basic Principles on the Role of officicd) ……………… (171)
《囚犯待遇最低限度标准规则》(Standard Minimum Rules for the Treatment of Prisoners) … (347)
《禁止酷刑和其他残忍、不人道或有辱人格的待遇或处罚公约(Convention Against Torture and
　　Other Cruel, Inhuman or Degrading Treatment or Punishment) …………………… (232)
《联合国少年司法最低限度标准规则》(北京规则)》(United Nations Standard Minimum Rules for the
　　Administration of Juvenile Justice, The Beijing Rules) ……………………………… (270)

〔事件〕
纽伦堡审判(Nuremberg Trial) ………………………………………………………… (306)
东京审判(Tokyo Trial) ………………………………………………………………… (76)
伯力审判(Boli Trial) …………………………………………………………………… (22)
对日本战争罪犯的国内审判(the domestic trial on the Japanese war criminals) …… (94)
对林彪、江青反革命集团案件的审判(trial of Linbiao-Jiangqing counter-revolutionary group) … (93)

〔团体〕
中国法学会诉讼法学研究会(The Procedure Law Branch of China Law Society) …… (717)
中华全国律师协会(National Bar Association of China) ……………………………… (718)

行政诉讼法学辞条分类目录（中外文对照）

行政诉讼法学(science of administrative litigation law) ……………………………… (577)
  行政诉讼(administrative litigation) ………………………………………………… (553)
  行政诉讼法(administrative litigation law) ………………………………………… (572)
  行政诉讼程序(procedure of administrative litigation) …………………………… (557)
  《中华人民共和国行政诉讼法》(Administrative Litigation Law of People's Republic of China) ………… (728)

行政诉讼法的基本原则(fundamental principles of administrative litigation law) ……… (573)
  人民法院依法独立行使行政审判权原则(the principle of the people's court exercising judicial authority over administrative independently) ………………………… (359)
  人民法院审理行政案件，以事实为根据，以法律为准绳原则(the principle of people's court hearing administrative case based on facts and taken law as the criterion) ………………… (359)
  人民法院对具体行政行为的合法性进行审查原则(the principle of reviewing the legality of concrete administrative action) …………………………………………… (359)
  行政诉讼中当事人法律地位平等原则(the principle of equality of party's legal status in administrative litigation) ……………………………………………………………… (595)
  行政诉讼中使用民族语言文字原则(the principle of equality of party's legal status in administrative litgation) ……………………………………………………………… (595)
  行政诉讼的辩论原则(the principle of debating in administrative litigation) ……… (559)
  行政诉讼的检察监督原则(the principle of procuratorial supervision in administrative litigation) ……… (562)

行政诉讼法的基本制度(fundamental institution of administrative litigation law) ……… (573)
  行政诉讼的合议制度(collegiate system in administrative litigation) ……………… (561)
  行政诉讼的回避制度(challenge system in administrative litigation) ……………… (561)
  行政诉讼的公开审判制度(public trial system in administrative litigation) ……… (560)
  行政诉讼的两审终审制度(the system of two instances, the first and the final, in administrative litigation) ……………………………………………………………… (562)
  行政诉讼的管辖制度(jurisdictional system in administrative litigation) ………… (560)
  行政诉讼的诉讼参加人制度(the system of participant in administrative litigation) … (563)
  行政诉讼的证据制度(evidence system of administrative litigation) ……………… (565)
  行政诉讼的庭审制度(court hearing system of administrative litigation) ………… (565)
  行政诉讼的执行制度(execution system of administrative litigation) ……………… (565)

行政诉讼中的诉(suit in administrative litigation) ……………………………………… (566)
  行政诉讼的诉讼请求(petition of suit in administrative litigation) ………………… (566)
  行政诉讼的诉权(the right to sue in administrative proceeding) …………………… (567)

行政诉讼受案范围(scope of review able agency actions in administrative litigation) …… (585)
  行政纠纷(administrative dispute) ……………………………………………………… (545)
  行政案件(administrative cases) ……………………………………………………… (540)
  行政处罚案件(law suit concerning administrative punishment) …………………… (542)
  行政强制措施案件(lawsuit concerning administrative compulsory measures) …… (553)
  经营自主权案件(lawsuit concerning right to independent business operation) …… (234)
  许可证照案件(lawsuit concerning administrative licensing) ……………………… (609)
  申请履行保护人身权法定职责案件(lawsuit concerning application for agency protection of life) ………… (382)
  申请履行保护财产权法定职责案件(lawsuit concerning application for ageney protection of proper) ……… (381)
  抚恤金案件(lawsuit concerning pension) ………………………………………… (139)

1

不服要求履行义务案件(lawsuit concerning disagreement on agency-imposed duties) …… (24)
计划生育案件(lawsuit concerning birth contnl cdministration) …… (212)
行政赔偿案件(administrative compensationlawsuit) …… (548)
行政补偿案件(administrative compensationlawsuit) …… (542)
法律、法规另定的可诉行政案件(additional agency actions prescribed by laws other than the ALL) …… (111)
可诉性行政行为(judicially reviewable agency actions) …… (256)
不能提起行政诉讼的行为(non-judicially review able actions) …… (27)
  国家行为(act of state) …… (190)
  抽象行政行为(abstract administrative action) …… (45)
  内部行政行为(internal administrative action) …… (304)
  终局行政行为(final administrative action) …… (732)
行政诉讼管辖(jurisdiction in administrative litigation) …… (578)
 行政诉讼级别管辖(jurisdiction by level of court) …… (580)
 行政诉讼地域管辖(territorial jurisdiction) …… (568)
 行政诉讼选择管辖(alternative jurisdiction) …… (586)
 行政诉讼专属管辖(exclusive jurisdiction) …… (605)
 行政诉讼移送管辖(transfer of jurisdiction to authorized court) …… (587)
 行政诉讼指定管辖(designated jurisdiction) …… (595)
 行政诉讼移转管辖(transfer of jurisdiction) …… (587)
 共同管辖(concurrent jurisdiction) …… (166)
 行政诉讼管辖原则(principles of jurisdiction in administrative litigation) …… (579)
  行政诉讼管辖的便民原则(the principle of jurisdiction for convenience of litigants) …… (579)
  行政诉讼管辖有利于法院审判原则(the principle of jurisdiction conducive to judicial review) …… (580)
  行政诉讼管辖有利于执行原则(the principle of jurisdiction conducive to judicial review) …… (580)
  行政诉讼管辖有利于诉讼公正原则(the principle of jurisdiction conducive to fairness) …… (580)
  行政诉讼管辖有利于法院合理分工原则(the principle of jurisdiction conducive to reasonable allocation of caselocad among courts) …… (579)
行政诉讼法律关系(legal relations of administrative litigation) …… (574)
 行政诉讼法律关系主体(subject of legal relations of administrative litigation) …… (576)
 行政诉讼法律关系客体(object of legal relations of administrative litigation) …… (576)
 行政诉讼法律关系的过程(process of legal relations of administrative litigation) …… (575)
 行政诉讼当事人的权利和义务(rights and duties of both parties of administrative litigation) …… (558)
行政诉讼参加人(participant of administrative litigation) …… (557)
 行政诉讼原告(plaintiff of administrative litigation) …… (589)
 行政诉讼被告(defendant of administrative litigation) …… (554)
 行政诉讼第三人(third party of administrative litigation) …… (568)
 行政诉讼共同诉讼人(joint litigant of administrative litigation) …… (578)
 行政诉讼其他参与人(other participants of administrative litigation) …… (583)
行政诉讼证据(evidence in administrative litigation) …… (590)
 行政诉讼证据提供规则(rules for presenting evidence in administrative litigation) …… (593)
 行政诉讼举证责任规则(rules for carrying the burden of providing evidence in administrative litigation) … (581)
 行政诉讼证据收集规则(rules for collecting evidence in administrative litigation) …… (593)
 行政诉讼证据保全规则(rules for preserving evidence in administrative litigation) …… (591)
 行政诉讼证据审查规则(rules for examining evidence in administrative litigation) …… (592)
行政诉讼一审程序(procedure for first instance trial of administrative litigation) …… (587)
 行政诉讼一审形式(form of the first instance of administrative litigation) …… (587)
 行政诉讼一审步骤(procedural steps for first instance trial in administrative litigation) …… (586)

起诉与受理(impleading and acceptance) ……………………………………………… (331)
行政诉讼与行政复议(administrative litigation and administrative reconsideration) ……… (588)
行政复议前置原则(principle of exhausting administrative reconsideration) ……………… (543)
行政诉讼与行政复议选择原则(principle of options between administrative reconsideration
　　and judicial review)………………………………………………………………………… (589)
行政诉讼起诉期限(time limit to implead) ………………………………………………… (583)
　不经行政复议的起诉期限(time limit to implead for cases not administratively reconsidered) ……… (26)
　经行政复议的起诉期限(time limit to implead for cases administratively reconsidered)……… (234)
　申请延长行政诉讼的起诉期限(time limit for cases applied to be extended)……………… (382)
　对行政机关未告知诉权的当事人的起诉期限的计算(calculating of time limit in case of agency's
　　failure to inform affected party of the right to sue)………………………………………… (96)
行政诉讼起诉条件(conditions for impleading)……………………………………………… (583)
　对行政起关不制作、不送达决定书具体行政行为的起诉(impleading against agency inaction of
　　making and service of decision) ………………………………………………………… (96)
　对行政机关重新作出具体行政行为的起诉(impleading against agency's re-making of the original
　　concrete administrative action) …………………………………………………………… (96)
　被害人对复议机关撤销治安处罚决定行为的起诉(impleading of victim against agency's action to
　　repeal administrative punishment decision) ……………………………………………… (10)
行政诉讼的受理(acceptance) ……………………………………………………………… (563)
行政诉讼的合并审理(amalgamation of cognizance in administrative litigation) …………… (560)
不停止被诉行政行为执行原则(the principle of not stopping to implementagency action) …… (28)
不停止被诉行政行为执行原则的例外(exceptions to the principle of not stopping to implement
　　agency action) …………………………………………………………………………… (29)
行政诉讼不调解原则(principle of no inter mediation in administrative litigation) ………… (555)
行政诉讼的撤诉(withdrawal of suit applied by plaintiff) ………………………………… (556)
行政诉讼的视为申请撤诉(withdrawal of suit deemed by the court) ……………………… (557)
行政诉讼的缺席判决(judgment by default) ……………………………………………… (562)
妨害行政诉讼行为(activities impeding judicial review) …………………………………… (131)
　妨害行政诉讼行为的构成(component elements of activity impeding judicial review) ……… (131)
　对妨害行政诉讼行为的强制措施(compulsory measures taken by court to punish activity impeding
　　judicial review) ………………………………………………………………………… (92)
行政诉讼有关案件材料的移送(transfer of relevant documents to authoritative organs) …… (555)
行政诉讼的财产保全(saving of property in administrative litigation) …………………… (559)
行政诉讼的先予执行(enforcement previous to the making of judgment) ………………… (560)
行政诉讼中止(abatement of action in administrative litigation) …………………………… (605)
行政诉讼终结(termination of action in admistrative litigation) …………………………… (605)
行政诉讼二审程序(procedure for second instance trial) ………………………………… (570)
行政诉讼二审形式(forms of the final instance of administrative litigation) ……………… (571)
行政诉讼二审书面审(review of record as the form of reviewing second instance trial)
　　(见行政诉讼二审形式) …………………………………………………………………… (571)
行政诉讼二审步骤(procedural steps for second instance trial in administrative litigation)……… (569)
行政诉讼再审程序(procedure for judicial supervisory proceeding) …………………… (590)
行政案件再审条件(prerequisite to initiate judicial supervisory proceeding) ……………… (541)
行政案件再审步骤(procedural step of judicial supervisory proceeding) ………………… (541)
行政诉讼判决(court judgment) ………………………………………………………… (582)
维持判决(court judgment supporting agency aetion) ……………………………………… (480)
撤销判决(court judgment repealing agency action) ……………………………………… (40)

3

  变更判决(court judgment changing agency action) …… (15)
  强制履行判决(court judgment commanding agency to perform duties) …… (342)
  行政诉讼二审判决(court judgment made in second instance trial) …… (570)
  行政判决书(administrative litigation judgment) …… (545)
  行政诉讼中的裁定(adjudication made in administrative litigation) …… (596)
   行政裁定书(court ruling) …… (542)
  行政诉讼中的决定(decision made by court in administrative litigation) …… (599)
行政诉讼中法律规范的适用(application of law in administrative litigation) …… (600)
  行政诉讼中的法律规范冲突(conflict of laws in administrative litigation) …… (598)
  行政诉讼中的法律规范冲突选择适用规则(rules to resolve conflict of laws in administrative litigation) … (598)
行政诉讼执行程序(procedure for enforcing judgment) …… (594)
  申请执行行政判决期限(time limit for applying court to enforce judgment) …… (383)
  行政判决执行条件(prerequisite for enforcement of judgment) …… (547)
  行政判决不予执行的情形(refusal of enforcing judgment) …… (546)
  行政判决执行措施(compulsory measures for enforcing judgment) …… (546)
  行政判决执行原则(principles of enforcing judgment in administrative litigation) …… (547)
  行政判决执行中止(abatement of enforcement of judgment) …… (547)
  行政判决执行终结(termination of enforcement of judgment) …… (548)
  行政机关申请执行(application to enforce judgment by agency) …… (544)
  行政机关依法执行(enforcement of judgment by agency) …… (544)
  行政相对人申请执行(application to enforce judgment by private party) …… (544)
行政赔偿诉讼(administrative compensation litigation) …… (549)
行政附带民事诉讼(civil litigation attached to administrative litigation) …… (551)
涉外行政诉讼(administrative litigation relating to foreign elements) …… (380)
  涉外行政诉讼的期间(time limit in administrative litigation relating to foreign elements) …… (381)
  行政诉讼涉外送达(service in administrative litigation relating to foreign elements) …… (584)
行政诉讼的诉讼费用(legal fare in administrative litigation) …… (564)
〔外国行政诉讼〕
  法国行政诉讼(法文 le contentieux administratif) …… (110)
   法国国家行政法院(法文 Conseil d'Etat) …… (105)
   法国上诉行政法院(法文 les cours administratifs d'appel) …… (108)
   法国地方行政法院(法文 les tribunauk administratifs regionaux) …… (104)
   权限冲突法庭(法文 tribunaux des conflits) …… (350)
   法国行政责任(法文 responsibility administration) …… (111)
   勃朗戈判例(the Blancocase) …… (23)
   卡多判例(the Cadotcase) …… (253)
   迦卖判例(the Cames case) …… (213)
   法国行政法院撤销行政行为的标准(standards for repealing administrative action by court in France) … (110)
  美国行政诉讼(administrative proceedings in USA) …… (288)
   美国司法审查(judicial review of administrative action) …… (283)
   美国行政裁判(administrative adjudication in USA) …… (287)
   美国司法审查的标准(standards of judicial review of agency action) …… (283)
   初审权原则(primary jurisdiction) …… (46)
   穷尽行政救济原则(exhaustion of administrative remedies) …… (346)
   成熟原则(ripeness) …… (44)
   纳税人行政案件(taxpayer's administrative case) …… (304)
   消费者行政案件(consumer's administrative case) …… (517)

竞争人行政案件(competitor's administrative case) ……………………………………………………（241）
〔英国行政诉讼〕
　　《英国王权诉讼法》(The Crown Proceeding Act) ……………………………………………………（642）
　　英国行政裁判所(administrative tribunals) ……………………………………………………………（644）
　　调卷令(拉丁文 certiorari) ………………………………………………………………………………（76）
　　执行令(mandamus) ……………………………………………………………………………………（701）
　　禁止令(prohibition) ……………………………………………………………………………………（232）
　　职权根据追查令(拉丁文 quo warranto) ………………………………………………………………（706）
　　阻止令(injunction) ……………………………………………………………………………………（759）
　　人身保护状(拉丁文 habeas corpus) ……………………………………………………………………（363）

司法鉴定学辞条分类目录(中外文对照)

司法鉴定学(science of judicial expertise) ……………………………………………………… (424)
    法庭科学(forensic science) ………………………………………………………………… (116)
    法庭科学实验室(crime laboratory) ……………………………………………………… (116)
    刑事技术(criminal technique) …………………………………………………………… (524)
    鉴定人(expert) …………………………………………………………………………… (226)
    鉴定权(expertise authority) ……………………………………………………………… (226)
    鉴定书(expertise report) ………………………………………………………………… (226)
    委托鉴定(committed identification) ……………………………………………………… (482)
    复核鉴定(review identification) ………………………………………………………… (142)
    检验报告(expertise report) ……………………………………………………………… (224)
    同一认定(identification) ………………………………………………………………… (470)
    造型体(objects of making prints) ……………………………………………………… (659)
    承受体(objects of bearing prints) ………………………………………………………… (44)
    检材(material to be examined) …………………………………………………………… (218)
    样本(comparative samples) ……………………………………………………………… (621)
    种类认定(kind identification) …………………………………………………………… (733)
    言语识别(identification by speech) …………………………………………………… (620)
    声纹鉴定(voiceprint identification) ……………………………………………………… (398)
    警犬(police dog) ………………………………………………………………………… (240)
    气味鉴别(smell identification) ………………………………………………………… (333)
    《刑事技术鉴定规则》(Criminal Technology Expertise Regulations) ………………… (525)
    《刑事科学技术工作细则》(Criminal Technology Working Regulations) ……………… (525)
    《刑事案件现场勘查规则》(Crime Scene Investigation Regulations) ………………… (522)
    北京大学司法鉴定室(The Office of Expert Testimony, Reking University) …………… (8)

痕迹(vestige) …………………………………………………………………………………… (195)
    形象痕迹(formal vestige) ………………………………………………………………… (606)
    动作习惯痕迹(traces of moving habit) …………………………………………………… (79)
    整体分离痕迹(traces of separating a whole) …………………………………………… (680)
    外围作用痕迹(peripheral traces) ………………………………………………………… (479)
    立体痕迹(three-demensional traces) …………………………………………………… (267)
    平面痕迹(plane mark) …………………………………………………………………… (315)
    潜在痕迹(latent mark) …………………………………………………………………… (334)
    动态作用痕迹(moving state traces) ……………………………………………………… (78)
    静态作用痕迹(still state traces) ………………………………………………………… (241)
    痕迹鉴定(trace expertise) ……………………………………………………………… (196)
    犯罪心理痕迹(criminal psychology traces) …………………………………………… (129)

指纹学(dactylography) ………………………………………………………………………… (713)
    手纹(handprints) ………………………………………………………………………… (410)
    指纹(fingerprints) ………………………………………………………………………… (709)
    指纹登记(fingerprint registration) ……………………………………………………… (709)
    指纹纹型(basic fingerpint patterns) …………………………………………………… (712)
    指纹特征(characteristics of fingerprints) ……………………………………………… (711)

指纹分析(fingerprints analysis) …… (710)
指纹纹线系统(system of fingerprint ridges) …… (712)
指纹中心点(cove points of fingerprint) …… (714)
指纹外角点(outer corner of fingerprint) …… (712)
指纹三角(delta of the fingerprint ridges)(见指纹外角点) …… (711)
指纹管理(management of fingerprints) …… (711)
指纹自动化识别系统(automatic system of fingerprints recognition) …… (714)
手印(fingerprints) …… (411)
手印鉴定(handprint identification) …… (411)
潜手印(latent fingerprint) …… (334)
手印显现(fingerprint visualization) …… (413)
手印显现程序(fingerprint visualization procedure) …… (413)
肤纹(skinprints) …… (138)
汗孔检验(examination of sweat pores) …… (193)

足迹(footprints) …… (756)
足迹各部位名称(every parts name of footprints) …… (757)
鞋印(shoeprints) …… (519)
赤足印(barefootprints) …… (45)
足纹(footprints) …… (759)
足迹提取(footprints evidence collection) …… (758)
足迹鉴定(footprint identification) …… (758)
鞋底常态磨损特征检验(common wearing individualisation examination of soles) …… (518)
足迹定量化检验(fixed quantity examination of footprint) …… (756)
足迹动力形态检验(examination of footprints formal) …… (757)
足迹分析(footprint analysis) …… (757)
步法(footstep) …… (30)
步法特征(characteristics of footstep) …… (31)
步法追踪(following footstep) …… (31)
步法检验(footstep examination) …… (30)

动力定型(dynamic stereotype) …… (78)

工具痕迹(tool marks) …… (148)
工具痕迹鉴定(identification of tool marks) …… (151)
工具撬压痕迹(pry tool mark) …… (154)
工具打击痕迹(hitting tool mark) …… (148)
工具擦划痕迹(striated tool mark, scratch tool mark) …… (147)
工具剪切痕迹(cutting tool mark, shering tool mark) …… (152)
工具痕迹检验样本(examinatiorial sample of tool morks) …… (150)
工具痕迹的记录和提取(record and collection of tool marks) …… (149)
运输工具痕迹(tire mark) …… (654)
运输工具痕迹检验(tire mark examination) …… (654)

司法弹道学(judicial bullistics) …… (418)
枪弹痕迹检验(firearm cartridge mark examination) …… (334)
枪支同一认定(firearms identification) …… (338)
枪支各部位名称(every parts name of firearm and bullet) …… (337)
枪支种属判别(kinds distinguishing of firearm) …… (338)
弹壳发射痕迹(marking on fired cartridge cases) …… (58)
弹头发射痕迹(marking on fired bullets) …… (59)

缠度与缠角(rifling twist and rifling twist angle) ……… (37)
枪管口径(firearms caliber) ……… (337)
弹着痕迹(impact marks) ……… (60)
附带射击痕迹(powder residues, shot subsidiary) ……… (141)

文件检验(document examination) ……… (486)
笔迹(handwriting) ……… (12)
笔迹特征(handwriting characteristics) ……… (14)
笔迹鉴定(handwriting verification) ……… (13)
笔迹检验样本(examination samples of handwriting) ……… (13)
文书物证检验(documents inspection of evidence) ……… (487)

司法摄影(judicial photography) ……… (426)
刑事照相(criminal photography) ……… (536)
刑事现场照相(criminal photography) ……… (535)
物证照相(photography of material evidence) ……… (492)
辨认照相(photography of identification) ……… (16)
脱影照相(recording photography) ……… (478)
比例照相(scale photography) ……… (12)
实物大照相(same ratio photography) ……… (404)
直接扩大照相(direst enlargement photography) ……… (704)
显微照相(microphotography) ……… (496)
激光照相(laser photography) ……… (207)
偏振光照相(polarized light photography) ……… (314)
反差照相(contrast photography) ……… (123)
分色照相(colour photography) ……… (137)
蓝光照相(blue light photography) ……… (263)
红外线照相(infrared photography) ……… (198)
紫外线照相(ultraviolet photography) ……… (750)
X光照相(x-ray photography) ……… (1)

法医学(legal medicine, forensic medicine) ……… (121)
法医病理学(forensic pathology) ……… (117)
法医现场勘验(medico-legal investigation of crimescene) ……… (120)
法医尸体检验(forensic postmortem examination) ……… (119)
《解剖尸体规则》(Rule of Autopsy) ……… (231)
法医文证审查(forensic appraisal of document) ……… (120)
法医学鉴定(medico-legal expertise) ……… (122)
法医鉴定人(forensic expert Witness) ……… (118)
法医学鉴定书(documentary evidence of medico-legal expertise) ……… (122)
临床法医学(clinical forensic medicine) ……… (273)
法医毒理学(forensic toxicology) ……… (117)
法医人类学(forensic anthropology) ……… (119)
法医物证学(forensic medicine appraisal of material eridence) ……… (120)
法齿学(forensic odontology) ……… (101)
法医骨学(forensic osteology) ……… (118)
法医放射学(forensic radiology) ……… (117)
死亡(death) ……… (434)
  心脏死(heart death) ……… (520)
  呼吸死(lung death) ……… (199)

脑死亡(brain death) …… (305)
死亡过程(course of death) …… (434)
　濒死期(agonal stage) …… (21)
　临床死亡期(clinic death) …… (273)
　生物学死亡期(biological death) …… (397)
暴力死亡(violent death) …… (6)
非暴力死亡(nonviolent death) …… (132)
假死(apparent death) …… (214)
尸体现象(postmortem phenomena) …… (403)
　肌肉松弛(muscular flaccidity) …… (207)
　尸冷(algor mortis) …… (402)
　尸体局部干燥(loca desiecation) …… (402)
　角膜混浊(turbidity of the cornea) …… (228)
　尸斑(livor mortis) …… (400)
　尸僵(rigor mortis) …… (401)
　尸体痉挛(cadaveric spasm) …… (402)
　自溶(autolysis) …… (751)
　腐败(putrefaction) …… (140)
　白骨化(decompse to bony skeleton) …… (4)
　干尸(mummification) …… (144)
　尸蜡(adipocere) …… (401)
　泥炭鞣尸(tanned cadanen in peat togs) …… (305)
机械性窒息(mechanical asphyxia) …… (205)
　机械性窒息过程(course of mechanical asphyxia) …… (206)
　机械性窒息尸体征象(postmortem phenomena of mechanical asphyxia) …… (206)
　缢死(death by hanging) …… (638)
　勒死(strangulation by ligature) …… (264)
　扼死(mannual strangulation, throttling) …… (98)
　闷死(suffocation) …… (289)
　哽死(ehoking) …… (147)
　溺死(drowning) …… (305)
　性窒息(sexual asphyxia) …… (608)
机械性损伤(mechanical injury) …… (205)
　表皮剥脱(abrasion) …… (20)
　皮下出血(subcutaneous hemorrhage) …… (314)
　挫伤(contusion, bruise) …… (53)
　创(wound) …… (51)
　骨折(fracture) …… (169)
　脏器损伤(viscera injury) …… (659)
　钝器伤(biunt instrument injury) …… (97)
　　徒手伤(bare handed injury) …… (476)
　　打击伤(a contused injury) …… (55)
　　挤压伤(crush injury) …… (212)
　　坠落伤(injury by falling) …… (749)
　　交通工具致伤(traffic injury) …… (227)
　锐器伤(sharp instrument injury) …… (370)
　　切创(incised wound) …… (344)

砍创(chop wound) ……………………………………………………………………… (254)
　　刺创(stab wound) ……………………………………………………………………… (51)
　　剪创(stab wound) ……………………………………………………………………… (218)
　　火器伤(firearm injury)(见枪弹伤、爆炸伤) ………………………………………… (204)
　　枪弹伤(gunshot wound) ………………………………………………………………… (336)
　　爆炸伤(explosions wound) ………………………………………………………………   (7)
损伤生活反应(living reaction of injury) ………………………………………………… (455)
机械性损伤致死(injured to death) ……………………………………………………… (205)
致命伤(a deadly injury) …………………………………………………………………… (715)
〔高温、低温以及电流所致的死〕
烧死(death from burning) ………………………………………………………………… (377)
冻死(death from cold) …………………………………………………………………… (80)
电击死(death from electricity) ………………………………………………………… (75)
雷击死(death from lightning) …………………………………………………………… (265)
猝死(sudden death) ……………………………………………………………………… (51)
〔引起猝死的常见疾病〕
　　冠状动脉性心脏病(coronary arterial heart disease) ……………………………… (174)
　　主动脉瘤破裂出血(aortal tumor rupture and bleeding) ………………………… (743)
　　心包炎(pericarditis) ………………………………………………………………… (519)
　　心肌炎(myocarditis) ………………………………………………………………… (519)
　　急性细菌性心内膜炎(acute bacterial endocarditis) ……………………………… (210)
　　支气管肺炎(bronchopneumonia) …………………………………………………… (693)
　　大叶性肺炎(lobar pneumorlia) ……………………………………………………   (56)
　　急性喉阻塞(acute larngeal obstruction) …………………………………………… (210)
　　肺动脉栓塞(pulmonic embolism) …………………………………………………… (137)
　　自发性气胸(spontaneous pneumothorax) …………………………………………… (751)
　　脑出血(cerebral hemorrhage) ………………………………………………………… (304)
　　蛛网膜下腔出血(suharachnoid hemorrhage) ………………………………………… (742)
　　流行性脑脊髓膜炎(epidemic cerebrospinal meningitis) …………………………… (274)
　　流行性乙型脑炎(epidemic encephalitis B) ………………………………………… (274)
　　急性出血性胰腺炎(acute hemorrhagic pancrcatitis) ……………………………… (210)
　　中毒型细菌性痢疾(baeillary dysentery) …………………………………………… (717)
　　食道静脉曲张破裂出血(esophagus varicotomy rupture and bleeding) ………… (405)
　　胃、十二指肠溃疡穿孔及大出血(gastric duodenal uleer perforation and massive ha　emorrhage) ……… (485)
　　子宫外孕(extrauterine pregnancy) …………………………………………………… (750)
　　妊娠高血压综合征(edema proteinuria hypertension syndrome) ………………… (366)
　　前置胎盘(placenta previa) …………………………………………………………… (334)
　　产后出血(postpartum hemorrhage) ………………………………………………… (37)
　　羊水栓塞症(amniotic fluid embolism) ……………………………………………… (621)
　　青壮年急死综合征(sudden manhood death syndrome, SMDS) ………………… (345)
　　婴幼儿急死综合征(sudden infant death syndrome, SIDS) ……………………… (647)
　　胸腺淋巴体质(status of thymicolymphatic) ………………………………………… (608)
法医活体检验(forensic examination of living) ………………………………………… (118)
　　损伤程度鉴定(identification of injury degree) …………………………………… (454)
　　《人体重伤鉴定标准》(The Standard for Identifying the Major Injury on Human Boy) ……… (364)
　　《人体轻伤鉴定标准(试行)》(The Standard for Identifying the Minor Injury on Human Body) ……… (364)
　　劳动能力鉴定(the identification of working ability) ……………………………… (263)

5

造作伤(artificial disease) ……………………………………………………………… (659)
亲子鉴定(paternity test) ………………………………………………………………… (344)
性成熟鉴定(certification of sexual maturity) ………………………………………… (607)
两性畸形(hermaphroditism) …………………………………………………………… (272)
性交不能(impotence, apareunia) ……………………………………………………… (607)
生殖不能(agenesis) ……………………………………………………………………… (397)
强奸(rape) ………………………………………………………………………………… (339)
猥亵(obseene, salacious) ………………………………………………………………… (484)
杀婴(infanticide) …………………………………………………………………………… (373)
非法堕胎(criminal abortion) …………………………………………………………… (133)
法医学个人识别(personal identification) ……………………………………………… (121)
  颅像重合(photographic superimposition) …………………………………………… (275)
  颅骨复容(restoration of facial features) …………………………………………… (275)
  激光扫描颅骨面像复原(laser scanning for restoration of facial features) …… (207)
医疗纠纷(medical tangle) ………………………………………………………………… (626)
  医疗事故(medical accidents) ………………………………………………………… (627)
  《医疗事故处理办法》(Disposing Methods of Medical Accidents) ……………… (628)
  医疗差错(medical mistakes) ………………………………………………………… (626)
法医物证检验(legal medical material evidence examination) ……………………… (120)
  血痕检验(examination of blood stain) ……………………………………………… (612)
    血痕预备试验(preliminary test for blood) ……………………………………… (613)
    血痕确证试验(comfirmatory test for blood) …………………………………… (612)
    血痕种属试验(test of blood stain genus) ……………………………………… (614)
    血痕血型检验(grouping of blood stain) ………………………………………… (613)
    血痕出血部位判断(position of bleeding) ……………………………………… (612)
    血痕性别鉴定(determination of sex by blood stain) ………………………… (613)
  精斑检验(examination of seminal stain) …………………………………………… (235)
  唾液斑检验(examination of saliva stain) …………………………………………… (478)
  毛发检验(examination of hair) ……………………………………………………… (281)
  骨骼检验(examination of skeleton) ………………………………………………… (168)
  DNA 技术(DNA technology) ………………………………………………………… (70)
  多聚酶链反应(polymerase chain reaction, PCR) ………………………………… (97)

〔司法精神医学〕
  精神医学(psychopathology) …………………………………………………………… (236)
  精神病学(psychopathology)(见精神医学) ………………………………………… (236)
  精神病(mental disorder, psychosis, insanity) ……………………………………… (235)
  精神病人(mentally ill person, psychopath) ………………………………………… (235)
  精神障碍(mentales)(见精神病) ……………………………………………………… (239)
  间歇性精神病(intermittent psychosis) ……………………………………………… (216)
  周期性精神病(periodic psychosis) …………………………………………………… (742)
  自限性精神障碍(self restrictive psychonosema) ………………………………… (753)
  内源性精神病(endogenous psychosis) ……………………………………………… (304)
  精神病发病期(stage of a disease come on psychosis) …………………………… (235)
  精神病缓解期(stage of a remission come on psychosis) ………………………… (235)
  精神病间歇期(stage of a intermittent come on psychosis) ……………………… (235)
  精神病不全缓解期(stage of a incomplete remission come on psychosis) …… (235)
  司法精神医学鉴定(authentication of judicial psychiatric) ………………………… (425)

6

麻醉分析(narcoanalysis) …………………………………………………………………(280)
无病推定(presumption of not mental disorder)……………………………………(487)
泛精神病人论(pan psychoiatrism) ………………………………………………………(130)
现实动机(reality motivation) ……………………………………………………………(503)
病理动机(pathological motivation) …………………………………………………………(21)
不明动机(not clear motivation) …………………………………………………………(26)
混合动机(mixed motivation) ……………………………………………………………(203)
诉讼能力(procedural capacity) …………………………………………………………(447)
    证人能力(competence of witness) …………………………………………………(690)
    服刑能力(competence of serving a sentence) ……………………………………(139)
自卫能力(competence of self preservation) …………………………………………(752)
不法行为能力(peliktfhig keit) ……………………………………………………………(24)
性愚昧(sexual benighted) ………………………………………………………………(608)
精神伤害(mental injury) …………………………………………………………………(238)
选举权利和被选举权利能力(capacity for rights to be elective and elected) ………(611)
婚姻能力(marital capacity) ……………………………………………………………(203)
生育能力(capacity to bear children) ……………………………………………………(397)
赡养能力(competence to raise one's parents) ………………………………………(373)
抚养能力(competence to foster) ………………………………………………………(139)
收养能力(competence to adopt children) ……………………………………………(410)
遗嘱能力(competence to testament) …………………………………………………(630)
继承能力(competence to heirdom) ……………………………………………………(213)
合同能力(contractual capacity) …………………………………………………………(194)
知识产权能力(competence to technical property claim) ………………………………(693)
服兵役能力(capacity of performing military service) …………………………………(138)
接受学校教育能力(capacity to be school education) …………………………………(229)
就业能力(employment capacity) ………………………………………………………(243)
精神症状(psychic symptom) ……………………………………………………………(239)
现实检验能力(real test capacity) ………………………………………………………(503)
感觉障碍(sensory disturbance) …………………………………………………………(144)
知觉障碍(disturbance of perception) …………………………………………………(693)
  错觉(illusion) ……………………………………………………………………………(53)
  幻觉(hallucination) ……………………………………………………………………(199)
  幻听(auditory hallucination) …………………………………………………………(199)
  妄想性知觉(delusional perception) …………………………………………………(480)
  感知觉综合障碍(psychosensory disturbance) ……………………………………(144)
思维障碍(disturbance of thought) ……………………………………………………(432)
  思维奔逸(flight of ideas) ……………………………………………………………(431)
  思维迟缓(slowness in thinking) ……………………………………………………(432)
  思维贫乏(poverty of thought) ………………………………………………………(432)
  思维松弛和破裂(asyrdetin thinking and splitting of thought) ……………………(432)
  思维云集(pressure of thought) ………………………………………………………(432)
  诡辩症(sophistry) ………………………………………………………………………(178)
  象征性思维(symbolic of thought) …………………………………………………(516)
  逻辑倒错(paralogism) …………………………………………………………………(279)
  妄想(delusion) …………………………………………………………………………(479)
  缄默(mutism) …………………………………………………………………………(217)

魔术思维(magic thinking)	(303)
超价观念(overvalued idea)	(38)
强迫观念(obsessive idea)	(341)
注意障碍(disturbance of attention)	(746)
记忆障碍(disturbance of memory)	(212)
遗忘(amnesia)	(629)
错构(peramnesia)	(53)
虚构(comfabulation)	(609)
智能障碍(disturbance of intellgence)	(715)
智力商数(intelligent quotient)	(715)
自知力(insight)	(755)
定向力(orientation)	(76)
情感障碍(affective disturbance)	(346)
心境(mood)	(520)
激情(affect)	(208)
情感高涨(elation)	(346)
情感低落(depression)	(346)
欣快(euphoria)	(520)
焦虑(anxiety)	(228)
情感爆发(emotional outburst)	(345)
情感淡漠(apathy)	(346)
销魂状态(costasy)	(517)
病理性激情(empathema insane)	(22)
心境恶劣(dysthymia)	(520)
意志障碍(disturbance of volition)	(637)
意志增强(hyperbulia)	(637)
意志减弱(abulta)	(637)
意向倒错(parabulia)	(637)
行为障碍(disturbance of behavior)	(540)
精神运动性兴奋(psychomotor excitement)	(239)
木僵(stupor)	(303)
违拗(negativism)	(480)
被动服从(passive negativism)	(9)
衣着反常(strange clothing)	(626)
出走行为(run away)	(46)
冲动行为(impulsive behavior)	(45)
意识障碍(disturbance of consciousness)	(637)
朦胧状态(twilight state)	(290)
漫游自动症(ambulatory automatism)	(281)
谵妄状态(delilium)	(662)
精神错乱状态(amemtia)	(236)
双重人格(double personality)	(417)
交替人格(alternating personality)	(227)
人格解体(depersonalization)	(354)
精神病综合征(psychiatria syndrome)	(236)
类妄想性幻想综合征(fancy syndrome of similar delusion)	(265)
戒断综合征(abstinence syndrome)	(231)

紧张综合征(getatonic syndrome)	(232)
精神分裂症(schizo pbrenia)	(237)
分裂情感性精神病(schizo-affective psychosis)	(137)
情感性精神病(affective psychosis)	(346)
躁狂抑郁性精神病(manic-depressive psychosis)	(659)
更年期精神障碍(in volutional psychosis)	(146)
老年性精神障碍(senile psychosis)	(264)
偏执性精神病(paranoid disorder)	(315)
感应性精神病(induction psychosis)	(144)
传染性精神病(folie communiguee)(见感应性精神病)	(50)
反应性精神病(reactive psychosis)	(125)
拘禁反应(reaction after in custody)(见反应性精神病)	(244)
监狱精神病(prison psychosis)(见反应性精神病)	(217)
神经官能症(neurosis)	(384)
癔病(hysteria)	(638)
假死(pseudodeath)	(214)
诉讼性神经官能症(neurosis of action)(见神经官能症)	(450)
索赔性神经官能症(claims neurosis)(见神经官能症)	(455)
脑器质性精神障碍(brain-organic psychosis)	(305)
癫痫(epilepsy)	(74)
精神发育迟滞(mental retardation)	(237)
嫁接性精神病(propfschizophrenia)(见精神发育迟滞)	(215)
精神活性物质所致精神障碍(mental disorder associated with intoxication)	(238)
药物依赖(drug dependence)	(622)
麻醉剂狂(narcomania)	(280)
毒品依赖(narcotic drugs dependence)	(82)
醉酒(intoxication)	(763)
普通醉酒(general intoxication)	(327)
病理性醉酒(pathological intoxication)	(22)
复杂性醉酒(complicated mtoxication)	(143)
间发性酒狂(diposmania)	(215)
酒癖(alcoholophilia)	(242)
酒精中毒性幻觉症(alcoholic hallucinosis)(见酒癖)	(242)
酒精中毒性妄想症(alcoholic delusion)(见酒癖)	(242)
醉酒实验(experimentation of drunkenness)	(763)
人格障碍(personality disorders)	(354)
病态卑劣(psychopathic inferiority)(见人格障碍)	(22)
偏执型人格障碍(paranoid personality)	(315)
循环型人格障碍(cyclothymic personality)	(616)
分裂型人格障碍(schizoid personality)	(137)
分裂病型人格障碍(schizotypical personality disorder)	(137)
爆发型人格障碍(explosive personality disorder)	(6)
发作性控制不良综合征(episodic dyscontrol syndrome)(见爆发型人格障碍)	(101)
强迫型人格障碍(obsessive-compulsive personality)	(341)
癔病型人格障碍(hysteric personality disorder)	(639)
戏剧化型人格障碍(见癔病型人格障碍)(histrionic personality disorder)	(495)
悖德型人格障碍(delinquent personality disorder)	(8)

反社会型人格障碍(antisocial personality disorder)(见悖德型人格障碍) ……………… (124)
　　违纪型人格障碍(illegal personality disorder)(见悖德型人格障碍) …………………… (480)
　　道德卑劣(moral imbecile)(见悖德型人格障碍) ……………………………………………… (65)
　不适当型人格障碍(inadequate personality disorder) ………………………………………… (28)
　被动攻击型人格障碍(passive personality disorder) …………………………………………… (9)
　自我恋型人格障碍(narcissistic personality disorder) ……………………………………… (753)
　边缘型人格障碍(borderline personality disorder) …………………………………………… (15)
　依赖型人格障碍(dependent personality disorder) ………………………………………… (628)
　回避型人格障碍(avoidant personality disorder) …………………………………………… (201)
　易变型人格障碍(labile personality disorder) ……………………………………………… (631)
　单次爆发控制障碍(isolated explosive disorder) …………………………………………… (57)
　　激情危象(cotathymic crisis)(见单次爆发控制障碍) ……………………………………… (208)
　非典型冲动控制障碍(atypical impulse lontrol disorder) ………………………………… (133)
　谎言癖(pseudonomania) ……………………………………………………………………… (200)
　盗窃癖(kleptomania) …………………………………………………………………………… (65)
　纵火癖(pyroania) ……………………………………………………………………………… (756)
　漫游癖(dromomania) ………………………………………………………………………… (281)
　病理性赌博(pathological gambling) …………………………………………………………… (22)
性心理障碍(psychosexual disorder) …………………………………………………………… (608)
　同性恋(homosexuality) ……………………………………………………………………… (469)
　手淫(masturbation) …………………………………………………………………………… (411)
　口淫(orality) …………………………………………………………………………………… (259)
　性别认同障碍(sexual identification) ………………………………………………………… (607)
　易性癖(transsexualism) ……………………………………………………………………… (631)
　异装癖(transvestism) ………………………………………………………………………… (631)
　裸露癖(exhibitionism) ………………………………………………………………………… (279)
　露阴癖(exhibitionism) ………………………………………………………………………… (274)
　窥淫癖(voyeurism) …………………………………………………………………………… (262)
　摩擦癖(frotterism) …………………………………………………………………………… (303)
　恋物癖(fetishism) ……………………………………………………………………………… (271)
　施虐狂(sadism) ………………………………………………………………………………… (403)
　受虐狂(masochism) …………………………………………………………………………… (416)
　恋童癖(pedophilia) …………………………………………………………………………… (271)
　恋兽癖(zoophilia) ……………………………………………………………………………… (271)
　恋尸癖(necrophilia) …………………………………………………………………………… (271)
　恋老癖(geronlophilia) ………………………………………………………………………… (271)
　淫语癖(lalo-obsceneophilia) ………………………………………………………………… (639)
　淫书淫画癖(pornography) …………………………………………………………………… (639)
　乱伦(commit incest) …………………………………………………………………………… (278)
　性缢死(sexual hanging) ……………………………………………………………………… (608)
暂短性精神障碍(temporary psychogenia) …………………………………………………… (658)
　病理性半醒状态(patholgishe schlaftruukenheit) …………………………………………… (22)
　一过性精神模糊(transient confusion) ……………………………………………………… (622)
　旅行性精神病(traveling psychosis) ………………………………………………………… (275)
　衰竭性精神障碍(exhaustion psychosis)(见旅行性精神病) ……………………………… (417)
　梦呓性精神病(oneirophrenia) ……………………………………………………………… (290)
儿童多动综合征(hyperkinetic syndrome) ……………………………………………………… (99)

问题儿童(problem child) ……………………………………………………………………… (487)
躯体疾病伴发精神障碍(somalopsychosis) ……………………………………………… (348)
月经期前紧张症(catatomia before menstrual period) ………………………………… (653)
产后精神病(puerperal psychosis) …………………………………………………………… (37)
心身疾病(psychosomatic disorder) ………………………………………………………… (520)
防御机制(defence mechainism) …………………………………………………………… (131)
精神病人诬告(the lodge a false accusation against of psychopath) …………………… (235)
精神病人自我诬告(the lodge a false accusation against by ego of psychopath) …… (236)
法律性精神错乱(legal insanity) …………………………………………………………… (114)
病理性谎言(pathological lying) ……………………………………………………………… (22)
幻想性谎言(pseudologia lying)(见病理性谎言) ………………………………………… (200)
异律性(psychological follow blindly) ……………………………………………………… (630)
　心理盲从(psychological follow blindly)(见异律性) …………………………………… (520)
　社会遵从(in compliance with the society) …………………………………………… (378)
　宗教徒特殊精神状态(particular mental state in believer of a religion) ………… (755)
民俗信念(folk belief) ………………………………………………………………………… (302)
驱魔技术(exorcism) ………………………………………………………………………… (347)
非妄想性巫术观念(non-delusional witch-craft idea) …………………………………… (136)
神媒活动(spirit medium ship) ……………………………………………………………… (384)
自我认同障碍(disorder of self identification) …………………………………………… (753)
诈病(simulation) ……………………………………………………………………………… (660)
　伪装精神病(pseudo insanity)(见诈病) ………………………………………………… (481)
瞒病(conceal psychosis) …………………………………………………………………… (281)
精神病自杀(suicide) ………………………………………………………………………… (236)
精神病卫生法(law of mental health) ……………………………………………………… (239)
《麦克·诺顿法案》(Mac Naughton Act) …………………………………………………… (280)
国家之父(parents patriae) ………………………………………………………………… (191)
《"野兽测验"规则》("Wild Beast Tests"Rules) ……………………………………………… (622)
《一九六一年麻醉品单一公约》(Unitary Convention for the Narcotic Drugs 1961) … (623)
《一九七一年精神药物公约》(Convention for the Psychotropic Drugs 1971) ……… (623)
《禁止非法贩运麻醉药品和精神药物公约》(Convention for the Suppression of Unlawful
　Trafficking of Narcotic Drugs and Psychotropic Drugs) ………………………… (232)
《政治宣言》(Declaration of Politics) ……………………………………………………… (692)
《全球行动纲领》(Global Guideline) ……………………………………………………… (350)
《麻醉药品管理办法》(Manage ment Rules of Narcotic Drugs) ……………………… (280)

〔司法化学〕

毒物(poison) …………………………………………………………………………………… (82)
　毒物在体内的过程(going of poison in body) …………………………………………… (86)
　毒性(toxicity) ………………………………………………………………………………… (86)
　毒物学与毒理学(toxicology) ……………………………………………………………… (85)
　毒物的分离提取(seperation and extraction of poison) ……………………………… (83)
　毒物的分析鉴定(analysis and identification of poison) ……………………………… (84)
中毒(poisoning) ……………………………………………………………………………… (716)
　气体毒物中毒(gaseou poison poisoning) ……………………………………………… (332)
　金属毒物中毒(metallico poison poisoning) …………………………………………… (231)
　生物碱中毒(alkaloid poisoning) ………………………………………………………… (396)
　水溶性毒物中毒(water soluble poison poisoning) …………………………………… (417)

挥发性毒物中毒(volatile poison poisoning) ……………………………………………… (200)
　　动物毒素中毒(animal toxin poisoning) ………………………………………………… (78)
　　催眠安定药中毒(hypnotic poisoning) …………………………………………………… (52)
　　农药中毒(pesticide poisoning) …………………………………………………………… (307)
　毒品(illikit drugs) ……………………………………………………………………………… (81)
　塑料(plastics) ………………………………………………………………………………… (453)
　粘合剂(adnesive) …………………………………………………………………………… (662)
　颜料(pigment) ………………………………………………………………………………… (621)
　涂料(paint) …………………………………………………………………………………… (477)
　染料(dyes) …………………………………………………………………………………… (353)
　纤维(fiber) …………………………………………………………………………………… (496)
　油(oil) ………………………………………………………………………………………… (647)
　爆炸物(explosive) …………………………………………………………………………… (7)
　文件材料(document materials) ……………………………………………………………… (485)
　化妆品(cosmetics) …………………………………………………………………………… (199)
　橡胶(rubber) ………………………………………………………………………………… (517)
　物证与物证分析(evidence and evidence analysis) ………………………………………… (490)
司法会计学(judicial accounting) …………………………………………………………… (423)
　司法会计鉴定(judicial accounting expert) ………………………………………………… (418)
　　司法会计鉴定书(expertise report of judicial accounting) ……………………………… (422)
　　司法会计鉴定管辖(jurisdiction of judicial accounting export) ………………………… (421)
　　司法会计鉴定人(expert of judicial accounting) ………………………………………… (421)
　　司法会计鉴定法律关系(law relation of judicial accounting expert) ………………… (420)
　　司法会计鉴定资料(judicial accounting expert data) …………………………………… (423)
　　司法会计鉴定时限(time limit of judicial accounting expert) ………………………… (421)
　　司法会计鉴定复核(check of judicial accounting expert) ……………………………… (420)
　　司法会计鉴定书的变更与无效(expertise report of judicial accounting modify and invalid) ……… (423)
　　司法会计鉴定档案管理(manage ment file of judicial accounting expert) …………… (419)
　会计师事务所(accounting office) …………………………………………………………… (261)
　司法审计学(judicial auditing) ……………………………………………………………… (428)
　　司法审计(judicial audit) …………………………………………………………………… (426)
　　司法审计报告(judicial audit report) ……………………………………………………… (427)
　　司法审计管辖(jurisdiction of judicial audit) …………………………………………… (427)
　　司法审计人员(judicial auditor) …………………………………………………………… (428)
　　司法审计法律关系(law relation of judicial audit) ……………………………………… (427)
　　司法审计资料(judicial audit data) ………………………………………………………… (429)
　　司法审计时限(time limit of judicial audit) ……………………………………………… (428)
　　司法审计档案(file of judicial audit) ……………………………………………………… (427)
　　刑事司法审计(judicial audit of criminal) ………………………………………………… (525)
　　民事司法审计(judicial audit of civillaw) ………………………………………………… (295)
　　行政诉讼司法审计(judicial audit of administrative action) …………………………… (586)
　国际审计准则(International Auditing Guideline) ………………………………………… (183)
　　国际审计标准(international auditing standard) ………………………………………… (182)
　　审计法院(auditing court) ………………………………………………………………… (686)

12

刑事侦查学辞条分类目录(中外文对照)

刑事侦查学(criminalistics, science of criminal investigation) ·················· (538)
 犯罪侦查学(criminalistics, science of criminal investigation) ·················· (130)
 犯罪对策学(countermeasure of crime) ·················· (126)
 刑事侦察学(science of criminal reconnaissance) ·················· (538)
 预审学(science of pretrial) ·················· (651)
 预审心理学(psychology of preliminary interrogation) ·················· (651)
 侦查逻辑学(investigative logic) ·················· (671)
 侦查思维学(science of investigative thinking) ·················· (675)
 侦查心理学(investigation psychology) ·················· (676)
 侦查情报学(science of investigative information) ·················· (672)
 警犬学(technique of patrol dog) ·················· (240)
刑事侦查(criminal investigation) ·················· (536)
 侦查(investigation) ·················· (663)
 侦察(espionage, scout, inspect) ·················· (680)
 刑事侦察(criminal espionage)(见侦察) ·················· (536)
 侦查机关(organ of investigation) ·················· (667)
 刑事侦查机关(organ of criminal investigation) ·················· (537)
 刑警队(criminal police team) ·················· (521)
 侦查人员(investigators) ·················· (673)
 刑事侦查人员(criminal investigators) ·················· (538)
 刑警(criminal police) ·················· (521)
 侦探(detective) ·················· (680)
 侦查管辖(jurisdiction of investigation) ·················· (667)
 侦查主体(subject of investigation) ·················· (679)
 侦查对象(investigative target) ·················· (665)
 侦查行为(investigatory activity) ·················· (676)
 侦查任务(investigative task) ·················· (673)
 侦查原则(principle of investigation) ·················· (678)
 侦查终结(conclusion of investigation) ·················· (678)
 侦查监督(supervision of investigation) ·················· (668)
 侦查决策(investigative policy decision) ·················· (669)
 犯罪信息(criminal information) ·················· (129)
 侦查思维(investigative thinking) ·················· (675)
 侦查逻辑(investigation logic) ·················· (671)
 侦查推理(calculation of investigation) ·················· (676)
刑事技术(criminal technique) ·················· (524)
 侦查技术(investigative technique)(见刑事技术) ·················· (668)
 〔刑事记录技术〕
  刑事测量(criminal measurement) ·················· (522)
   长度测量(measurement of length) ·················· (38)
   重量测量(measurement of weight) ·················· (742)
   比重测量(measurement of density) ·················· (12)

1

现场测量(measurement at the scene) ……… (497)
　刑事照相(criminal photography) …………… (536)
　　现场照相(scene photography) ……………… (503)
　　物证照相(photography for material evidence) …… (492)
　　辩认照相(photography for identification) ……… (16)
　　人犯辩认照相(photography for criminal identification) …… (354)
　侦查录音录像(audio and video recording for investigation) …… (670)
　　侦查录音(audio recording for investigation) …… (670)
　　侦查录像(video recording for investigation) …… (670)
　计算机记录(computer record) ……………… (212)
　刑事登记(criminal registration) ……………… (523)
　　人体测量登记(registration of body measurement) …… (364)
　　指纹登记(fingerprint registration) ………… (709)
　　十指指纹登记(fingerprint registration of ten fingers) …… (403)
　　罪犯体貌登记(registration of criminal appearance) …… (762)
　　不知名尸体登记(nameless dead registration) …… (30)
　　失踪人登记(the missing registration) ……… (403)
　　失物登记(lost goods registration) ………… (403)
　　赃物登记(stolen goods registration) ……… (658)
　　鞋底花纹登记(sole print registration) ……… (519)
　　现场遗留物登记(registration of the lost objects on the scene) …… (502)
　　枪支登记(firearms registration) …………… (337)
〔刑事勘验技术〕
　痕迹勘验(inspection of traces) ……………… (197)
　　形象痕迹勘验(inspection of formal vestige) …… (606)
　　　手印勘验(inspection of hand print) ……… (412)
　　　脚印勘验(inspection of foot print) ……… (228)
　　　牙印勘验(inspection of bite marks) ……… (618)
　　　工具痕迹勘验(inspection of tool marks) …… (152)
　　　车辆痕迹勘验(inspection of tire marks) …… (38)
　　　牲畜蹄迹勘验(inspection of animal marks) …… (399)
　　　断离痕迹勘验(inspection of separating traces) …… (89)
　　枪弹勘验(inspection of cartridge marks) …… (336)
　　文书勘验(inspection of documents) ……… (486)
　　会计资料勘验(inspection of accounting data) …… (262)
　　法医勘验(forensic inspection) ……………… (119)
〔刑事鉴定技术〕
　同一鉴定(identification) ……………………… (469)
　　被同一鉴定客体(object of identification) …… (11)
　　供同一鉴定客体(subject for identification) …… (166)
　种属鉴定(identification of classification) …… (733)
　事实鉴定(identification of the facts) ………… (406)
侦查措施(investigative measures) ……………… (664)
　现场勘查(crime scene investigation) ………… (499)
　　犯罪现场(crime scene) ……………………… (128)
　　　主体现场(main scene) …………………… (743)
　　　关联现场(relative scene) ………………… (169)

原形现场(original scene) …………………………………………………………………………… (653)
　　变动现场(changed scene) …………………………………………………………………………… (15)
　　第一现场、第二现场(primary crime scene、second crime scene) ……………………………… (74)
　　中心现场(central scene) …………………………………………………………………………… (732)
　　外围现场(surrounding scene) ……………………………………………………………………… (479)
现场访问(crime scene interview) ……………………………………………………………………… (498)
现场勘验(crime scene investigation) ………………………………………………………………… (499)
　　现场勘验笔录(record of crime scene investigation) …………………………………………… (500)
　　现场绘图(crime scene sketch) …………………………………………………………………… (498)
　　　现场平面图(crime scene plane map) …………………………………………………………… (501)
　　　现场立面图(three-clemensional map of crime scene) ………………………………………… (500)
　　　现场展开图(stretch map of crime scene) ……………………………………………………… (502)
　　　现场透视图(transparent map of crime scene) ………………………………………………… (502)
　　　现场比例图(scale map of crime scene) ………………………………………………………… (497)
　　　现场示意图(sign map of crime scene) ………………………………………………………… (501)
　　　现场比例、示意结合图(combined map of scale and sign in crime scene) …………………… (497)
现场录像(on-the-spot video recording) ……………………………………………………………… (501)
现场急救(on-the-spot emergency treatment) ………………………………………………………… (498)
现场搜索(on-the-spot search)(见搜查) ……………………………………………………………… (501)
现场实验(crime scene experiment)(见侦查实验) …………………………………………………… (501)
现场追踪(crime scene pursuit hunt down the scene)(见追缉堵截) ……………………………… (503)
现场讨论(crime scene discussion) …………………………………………………………………… (501)
　　现场分析(crime scene analysis)(见现场讨论) …………………………………………………… (498)
　　临场讨论(on-the-spot discussion)(见现场讨论) ………………………………………………… (273)
结束现场勘查(ending crime scene investigation) …………………………………………………… (229)
现场勘查后处理(disposal after the crime scene investigation) …………………………………… (499)
询问证人(inquire of witness) ………………………………………………………………………… (615)
　　询问证人笔录(record of inquire of witness) …………………………………………………… (616)
　　证人保护(witness safeguard) …………………………………………………………………… (690)
询问被害人(inquire of victim) ………………………………………………………………………… (614)
侦查实验(investigative test, investigative experiment) ……………………………………………… (674)
　　侦查实验记录(record of investigative experiment) …………………………………………… (675)
侦查辨认(investigative identification) ………………………………………………………………… (663)
　　侦查辨认规则(rules of investigative identification) …………………………………………… (664)
〔侦查辨认类型〕
　　犯罪嫌疑人辨认(identification of criminal suspect) …………………………………………… (128)
　　不知名尸体辨认(identification of nameless body) ……………………………………………… (30)
　　物品辨认(identification of object) ……………………………………………………………… (490)
　　场所辨认(identification of scene) ………………………………………………………………… (38)
　　语音辨认(identification by voice) ……………………………………………………………… (650)
　　录像辨认(identification by video) ……………………………………………………………… (275)
　　照片辨认(identification by photography) ……………………………………………………… (663)
　　公开辨认(open identification) …………………………………………………………………… (156)
　　秘密辨认(secret identification) ………………………………………………………………… (290)
　　侦查辨认记录(record of investigative identification) ………………………………………… (664)
搜查(search) …………………………………………………………………………………………… (437)
　　人身搜查(search of body) ………………………………………………………………………… (363)

住宅搜查(perquisite domestic) …………………………………………………………… (744)
室外搜查(outdoor search) ………………………………………………………………… (408)
搜查证(search warrant, document of search) …………………………………………… (439)
搜查记录(search record) …………………………………………………………………… (439)
扣押物证、书证(seizure of the material evidence and the documentary evidence) …… (260)
扣押物品清单(disposal list of abandum) ………………………………………………… (259)
处理扣押物品清单(disposal of detailed list of abandum) …………………………… (48)
扣押邮件、电报(seized postal matter and telegram) …………………………………… (260)
扣押邮件、电报通知书(notice of seized postal matter and telegram) ……………… (261)
停止扣押邮件、电报通知书(ending notice of seized postal matter and telegram) … (466)
追缉堵截(pursuing and intercepting) …………………………………………………………… (749)
守候(waiting for) …………………………………………………………………………………… (414)
控制赃物(control of stolen goods) ……………………………………………………………… (258)
通缉(order the arrest of a criminal at large) ………………………………………………… (468)
通缉令(wanted order, order for arrest) ……………………………………………………… (468)
通报(circulating a notine) ………………………………………………………………………… (467)
侦查强制措施(investigative coercive measure) ……………………………………………… (671)
传唤(summon) ……………………………………………………………………………………… (48)
传唤通知书(notice of summon) ……………………………………………………………… (49)
拘传(summon for detention) …………………………………………………………………… (244)
拘传通知书(notice of summon for detention) ……………………………………………… (244)
取保候审(obtain a guarantor and await trial out of custody) …………………………… (348)
监视居住(live under surveillance) ……………………………………………………………… (216)
拘留(detention) …………………………………………………………………………………… (244)
逮捕(arrest) ………………………………………………………………………………………… (57)
审讯犯罪嫌疑人(interrogation of criminal suspects) ………………………………………… (395)
侦查讯问(investigative interrogation) ………………………………………………………… (677)
预审(pretrial, antecedent trial) ………………………………………………………………… (650)
预审机关(organ of antecedent trial) …………………………………………………………… (650)
预审员(examining justice, investigative magistrate) ………………………………………… (652)
审讯策略(tactics of interrogation) ……………………………………………………………… (394)
审讯笔录(hearing record, interrogation record) ……………………………………………… (393)
结束审讯(ending of interrogation) ……………………………………………………………… (229)
测谎器(lie detector) ……………………………………………………………………………… (36)
语言分析仪(linguistically analytic machines) ………………………………………………… (649)
侦查方法(investigative methods) ………………………………………………………………… (665)
侦查一般方法(general methods of investigation) …………………………………………… (677)
立案(file a case, put on record) ………………………………………………………………… (265)
犯罪案件(criminal case) ………………………………………………………………………… (126)
刑事案件(criminal case) ………………………………………………………………………… (522)
自侦案件(case under investigation by the prosecutorial organization itself) ………… (754)
一般刑事案件(ordinary criminal case) ………………………………………………………… (622)
重大刑事案件(important criminal case) ……………………………………………………… (741)
特大刑事案件(specially important criminal case) …………………………………………… (461)
大案要案(important criminal case) …………………………………………………………… (56)
报案(report a case) ……………………………………………………………………………… (5)
报案人(reporter) ………………………………………………………………………………… (5)

举报人(informer) …………………………………………………… (245)
控告人(provocator) …………………………………………………… (258)
自首人(confession) …………………………………………………… (752)
目睹人(eye witness, witness) ……………………………………… (303)
知情人(person who knows the circumstances of crime, insider) … (693)
事主(the victim of a crime) ………………………………………… (407)
被害人(victim) ………………………………………………………… (9)
犯罪人(criminal) ……………………………………………………… (126)
犯罪嫌疑人(suspected offender, criminal suspect) ……………… (127)
侦查计划(investigation plan) ………………………………………… (668)
侦查方案(investigative scheme) ……………………………………… (665)
专案侦查(exemplary case investigation) …………………………… (746)
并案侦查(mixed cases investigation) ………………………………… (21)
案情分析(analysis of fact) …………………………………………… (1)
  刻画案犯(figure out the criminal) ………………………………… (257)
  摹拟画像(portaiture) ………………………………………………… (303)
侦查方向(the way for investigation) ………………………………… (666)
侦查范围(scope of investigation) …………………………………… (665)
犯罪线索(criminal clue) ……………………………………………… (128)
侦查访问(investigative interview) …………………………………… (666)
破案(solve a case) …………………………………………………… (316)
  破案条件(conditions for solving a case) ………………………… (317)
  破案时机(occasion for solving a case) …………………………… (317)
  破案计划(plan for solving a case) ………………………………… (317)
  破案后处理(disposal after solving a case) ……………………… (316)
侦查特殊方法(special inrestigative methods) ……………………… (675)
〔公安机关管辖的几类案件的侦查〕
  放火案件侦查(investigation of arson case) ……………………… (132)
  爆炸案件侦查(investigation of explosions case) ………………… (6)
  投毒案件侦查(investigation of spreading poisons case) ………… (475)
  重大责任事故案件侦查(investigation of major liability accident case) … (741)
  走私案件侦查(investigation of smuggling case) ………………… (756)
  偷税、抗税案件侦查(investigation evading and resisting taxes case) … (475)
  杀人案件侦查(investigation of homicide case) …………………… (372)
  强奸案件侦查(investigation of rape case) ………………………… (340)
  抢劫案件侦查(investigation of robbery case) …………………… (343)
  盗窃案件侦查(investigation of larceny case) …………………… (64)
  诈骗案件侦查(investigation of cheating case) …………………… (660)
  贩毒案件侦查(investigation of manufacturing, selling or transporting narcotics case) … (130)
〔检察机关管辖的几类案件的侦查〕
  贪污案件侦查(investigation of corruption case) ………………… (458)
  贿赂案件侦查(investigation of bribery case) …………………… (202)
  受贿案件侦查(investigation of taking bribes case) …………… (415)
  挪用公款案件侦查(investigation of misappropriation of state funds case) … (308)
  私分国有资产案件侦查(investigation of distributing state funds of one's own accord case) … (431)
  私分罚没财物案件侦查(investigation of distributing fines and confiscated property of one's own accord case) …………………………………………………… (430)

巨额财产来源不明案件侦查(investigation of case involving a huge amount of property with unidentified sources) ……………………………………………………………………… (248)
　　隐瞒境外存款案件侦查(investigation of concealing deposits abroad) ……………… (639)
　　渎职案件侦查(investigation of malfeasance) …………………………………………… (87)
国际侦查协助(international investigational assistance) ……………………………………… (188)
　国际侦查协助类型(category of international investigational assistance) ……………… (188)
　国际侦查协助条件(condition of intermational investigational assistance) …………… (189)
　国际侦查协助限制(limits of international investigational assistance) ………………… (189)
　国际侦查协助程序(procedure of international investigational assistance) …………… (188)
　国际通告(international announcement) …………………………………………………… (183)
　国际追捕(international arrest) …………………………………………………………… (189)

〔侦查相关组织及会议〕
　公安部(Ministry of Public Security of PRC) …………………………………………… (154)
　　公安部刑事侦查局(Criminal Investigation Department, CID) ……………………… (155)
　　公安部经济犯罪侦查局(Economic Crime Investigation Department) ……………… (154)
　　公安部禁毒局(Bureau of Narcotics Control) ………………………………………… (154)
　　公安部物证鉴定中心(Expertise Center of Material Evidence) ……………………… (155)
　　海关总署走私犯罪侦查局(Bureau of Smuggling Investigation of China Customs Corruption Commission) ……………………………………………………………… (192)
　国家安全部(Ministry of Sate Security of PRC) ………………………………………… (189)
　最高人民检察院(The Supreme People's Procuratorate) ……………………………… (760)
　　最高人民检察院反贪污贿赂总局(General Bureau of Anti Corruption and Bribery) …… (761)
　　最高人民检察院法纪检察厅(Prosecutorial Department for Dereliction of Duty and Infringement of Citizen's Right) …………………………………………………… (761)
　　人民检察院举报中心(informant center of people's procuratorate) ………………… (362)
　　最高人民检察院个案协查办公室(Case-auxiliary Finves Tigation Office of Supreme People's Procuratorate) ………………………………………………………………………… (762)
　　最高人民检察院技术科学研究所(Institute of Technique and Science of Supreme People's Procuratorate) ………………………………………………………………………… (762)
　中国检察官协会(Association of Chinese Procurator) ………………………………… (717)
　中国刑事科学技术协会(Forensic Science Association of China) …………………… (718)
　中国法医学会(Academic Association of Legal Medicine of China) ………………… (717)
　国家禁毒委员会(National Narcotics Control Committee) …………………………… (190)
　北京大学司法鉴定中心(Center of Judicial Expertise, Peking University) ……………… (8)
　全国政法工作会议(National Working Meeting of Politics and Law) ………………… (349)
　全国公安工作会议(National Working Meefing of Public Security) ………………… (349)
　全国检察工作会议(National Procaratorial Working Meeting) ……………………… (349)
　反贪污贿赂侦查工作会议(Investigation Working Meeting Against Corruption and Bribery) …… (124)

　香港廉政公署(Hong Kong Independent Commission Against Corruption) ………… (513)
　香港刑事侦查总部(Headquarters of Crminal Investigation of Hong Kong) ………… (516)
　澳门反贪公署(Macao Office of Senior Commissioners Against Corruption and Administrative Irregularities) ………………………………………………………………………… (2)
　澳门司法警察局(Macao Judicial Pdice Department) …………………………………… (3)
　台湾法务部调查局(Investigation Bureau of Law Affairs in Taiwan) ………………… (456)

　英国警察机构(Police Organs of Great Britain) ………………………………………… (641)

美国联邦调查局(Federal Bureau of Investigation of US) ……………………………………… (282)
法国司法警察总局(General Bureau of Judicial Police of Frarce)……………………………… (108)
德国刑事警察总局(General Bureau of Criminal Police of Germany) ………………………… (67)
意大利刑事警察中央局(Central Bureau of the Criminal Police of Italy) …………………… (631)
意大利检察机关(Procuratorial Organization of Italy) ………………………………………… (631)
意大利反黑手党调查局(Italian Investigation Bureau Against Mafia) ……………………… (632)
意大利反黑手党检察局(Italian Procuratorial Bureau Against Mafia) ……………………… (632)
日本国家警察厅(National Police Department of Japan) ……………………………………… (367)
日本特别搜查部(Department of Special of Japan) …………………………………………… (368)
新加坡反贪污调查局(Investigation Bureau Against Corruption of Singapore) …………… (520)

联合国禁毒署(United Nations Commission on Suppression of Illikit drugs) ……………… (269)
联合国麻醉品委员会(United Nations Commission on Narcotic Drugs) …………………… (270)
国际麻醉品管制局(International Narcotics Control Board, INCB) ………………………… (180)
国际刑事警察组织(International Criminal Police Organization, INTERPOL, ICPO)……… (186)
　国际刑事警察委员会(International Criminal Police Committee) ………………………… (186)
　国际刑警组织全体大会(General Assembly of INTERPOL) ……………………………… (185)
　国际刑警组织国家中心局(Central Bureau of States of INTERPOL) …………………… (184)
　国际刑警组织中国国家中心局(National Central Bureau in China of INTEPROL) …… (185)
　国际刑警组织会员国(Member of INTERPOL) …………………………………………… (185)
国际刑警组织反国际犯罪职能(Function of INTERPOL Anti-International Crime) ……… (184)
国际鉴定协会(Association of Internaticnal Expertise) ……………………………………… (180)
国际检察官联合会(International Association of Prosecutor) ……………………………… (179)
国际警察局长协会(International Association of Chiefs of Police) ………………………… (180)
反腐败国际(Transparency International) ……………………………………………………… (123)
万国禁烟会(International ssociation of Suppression of pium) ……………………………… (479)
国际反贪污大会(General Assembly of International Anti-corruption) …………………… (178)
贪污相关罪行地区性研讨会(Regional Research Forum on Crime Related to Corruption) … (459)
亚太地区洗钱问题研讨会(Forum on Launclering Probcem in Asia-pacific Areas) ……… (618)
亚太地区打击国际犯罪部长级会议(Minister Mecting Against International Crime in Asia-pacific)……… (618)

辞条汉语拼音索引

A 类

X 光照相 …………………………… (1)
案件受理费 ………………………… (1)
案件主要事实 ……………………… (1)
案情分析 …………………………… (1)
案由 ………………………………… (2)
澳门法院体系和检察机构 ………… (2)
澳门反贪公署 ……………………… (2)
澳门司法警察局 …………………… (3)

B 类

白骨化 ……………………………… (4)
败诉 ………………………………… (4)
保全证据 …………………………… (4)
保释 ………………………………… (4)
保障执行措施 ……………………… (4)
保佐人 ……………………………… (5)
报案 ………………………………… (5)
报案人 ……………………………… (5)
报道性书证 ………………………… (5)
报请复核 …………………………… (6)
暴力死亡 …………………………… (6)
爆发型人格障碍 …………………… (6)
爆炸案件侦查 ……………………… (6)
爆炸伤 ……………………………… (7)
爆炸物 ……………………………… (7)
北京大学司法鉴定室 ……………… (8)
北京大学司法鉴定中心 …………… (8)
悖德型人格障碍 …………………… (8)
被动服从 …………………………… (9)
被动攻击型人格障碍 ……………… (9)
被告人 ……………………………… (9)
被告人最后陈述 …………………… (9)
被害人 ……………………………… (9)
被害人陈述 ………………………… (10)
被害人对复议机关撤销治安处罚决定行为
　　的起诉 ………………………… (10)
被上诉人 …………………………… (10)
被同一鉴定客体 …………………… (11)
本诉 ………………………………… (11)
本诉讼 ……………………………… (11)
本证 ………………………………… (11)
比例照相 …………………………… (12)
比重测量 …………………………… (12)
笔迹 ………………………………… (12)
笔迹检验样本 ……………………… (13)
笔迹鉴定 …………………………… (13)
笔迹特征 …………………………… (14)
笔录 ………………………………… (15)
边缘型人格障碍 …………………… (15)
变动现场 …………………………… (15)
变更判决 …………………………… (15)
变更之诉 …………………………… (16)
辨认 ………………………………… (16)
辨认照相 …………………………… (16)
辩护 ………………………………… (17)
辩护词 ……………………………… (18)
辩护权 ……………………………… (18)
辩护人 ……………………………… (18)
辩护律师(见律师、辩护人) ……… (19)
辩护证据(见控诉证据) …………… (19)
辩论原则 …………………………… (19)
辩论主义 …………………………… (19)
辩诉交易 …………………………… (19)
表皮剥脱 …………………………… (20)
别除权 ……………………………… (20)
濒死期 ……………………………… (21)
并案侦查 …………………………… (21)
病理动机 …………………………… (21)
病理性半醒状态 …………………… (22)
病理性赌博 ………………………… (22)
病理性谎言 ………………………… (22)
病理性激情 ………………………… (22)
病理性醉酒 ………………………… (22)
病态卑劣(见人格障碍) …………… (22)
伯力审判 …………………………… (22)
驳回抗告 …………………………… (23)
驳回上诉 …………………………… (23)
勃朗戈判例 ………………………… (23)
补充侦查 …………………………… (23)
补强证据 …………………………… (23)

1

补助证据	(24)
不待陈述的判决	(24)
不法行为能力	(24)
不服要求履行义务案件	(24)
不干涉主义(见当事人主义)	(24)
不告不理	(24)
不更易原则	(25)
不公开审判(见审判公开)	(25)
不间断原则	(25)
不经行政复议的起诉期限	(26)
不利益自供	(26)
不利于犯罪嫌疑人、被告人的证据(见控诉证据)	(26)
不明动机	(26)
不能抗拒的原因	(26)
不能提起行政诉讼的行为	(27)
不批准逮捕的复核	(27)
不批准逮捕的复议	(27)
不批准逮捕决定书	(27)
不起诉	(27)
不适当型人格障碍	(28)
不停止被诉行政行为执行原则	(28)
不停止被诉行政行为执行原则的例外	(29)
不枉不纵	(29)
不予受理	(29)
不在现场之主张	(29)
不知名尸体辨认	(30)
不知名尸体登记	(30)
步法	(30)
步法检验	(30)
步法特征	(31)
步法追踪	(31)
部分代理	(32)
部分上诉	(32)

C 类

财产保全	(33)
财物保	(33)
裁定	(33)
裁定书	(34)
裁判	(34)
裁判制度	(35)
裁判中心主义	(35)
参加诉讼	(35)
参加之诉	(36)
测谎器	(36)
查对证据	(37)
缠度与缠角	(37)
产后出血	(37)
产后精神病	(37)
长臂管辖	(38)
长度测量	(38)
场所辨认	(38)
超价观念	(38)
车辆痕迹勘验	(38)
撤回抗诉决定书	(38)
撤回起诉	(39)
撤回起诉决定书	(39)
撤回自诉	(39)
撤诉	(39)
撤销案件	(40)
撤销除权判决之诉	(40)
撤销逮捕通知书	(40)
撤销免予起诉决定书	(40)
撤销判决	(40)
撤销原判	(43)
沉默权	(44)
成熟原则	(44)
承受体	(44)
赤足印	(45)
冲动行为	(45)
重新计算期间	(45)
抽象行政行为	(45)
出庭律师	(46)
出走行为	(46)
初审权原则	(46)
除权判决	(47)
处分原则	(47)
处理扣押物品清单	(48)
传唤	(48)
传唤通知书	(49)
传来证据	(49)
传染性精神病(见感应性精神病)	(50)
传闻证据	(50)
《船舶碰撞中民事管辖权方面若干规则的国际公约》(1952)	(50)
串供	(50)
创	(51)
刺创	(51)
从参加人(见诉讼中的第三人)	(51)
从轻辩护	(51)
猝死	(51)
催眠安定药中毒	(52)

挫伤	(53)
错告	(53)
错构	(53)
错觉	(53)

D 类

答辩	(54)
答辩程序	(54)
答辩状	(55)
打击伤	(55)
大案要案	(56)
大叶性肺炎	(56)
代书	(56)
待证事实分类说	(56)
逮捕	(57)
单次爆发控制障碍	(57)
单独询问	(57)
单一之诉	(57)
耽误期间	(58)
弹壳发射痕迹	(58)
弹头发射痕迹	(59)
弹着痕迹	(60)
当然回避	(60)
当时证据	(60)
当事人	(60)
当事人陈述	(61)
当事人的更换	(61)
当事人的近亲属	(62)
当事人的追加	(62)
当事人恒定	(62)
当事人进行主义	(62)
当事人送达	(62)
当事人诉讼权利平等原则	(62)
当事人制度	(63)
当事人主义(见辩论主义)	(64)
盗窃案件侦查	(64)
盗窃癖	(65)
道德卑劣(见悖德型人格障碍)	(65)
德国法院组织	(65)
德国检察院组织	(66)
德国律师制度	(66)
德国民事诉讼法	(66)
德国刑事警察总局	(67)
《德国刑事诉讼法典》	(67)
DNA 技术	(70)
抵消权	(70)
地域管辖【民诉】	(70)
地域管辖【刑诉】	(72)
第二审程序	(72)
第一审程序	(73)
第一现场、第二现场	(74)
癫痫	(74)
电击死	(75)
调卷令	(76)
定向力	(76)
东京审判	(76)
动力定型	(78)
动态作用痕迹	(78)
动物毒素中毒	(78)
动作习惯痕迹	(79)
冻死	(80)
督促程序	(80)
毒品	(81)
毒品依赖	(82)
毒物	(82)
毒物的分离提取	(83)
毒物的分析鉴定	(84)
毒物学与毒理学	(85)
毒物在体内的过程	(86)
毒性	(86)
渎职案件侦查	(87)
独立行使检察权	(88)
独立行使审判权	(88)
独立证据	(89)
独任庭	(89)
断离痕迹勘验	(89)
对不能追究刑事责任的不予追诉	(90)
对等原则	(90)
对妨害民事诉讼的强制措施	(90)
对妨害行政诉讼行为的强制措施	(92)
对公民适用法律一律平等	(92)
对抗式(见当事人主义)	(93)
对林彪、江青反革命集团案件的审判	(93)
对人诉讼	(93)
对日本战争罪犯的国内审判	(94)
对外国法院判决的执行	(95)
对外国仲裁裁决的执行	(95)
对物诉讼	(96)
对行政机关不制作、不送达决定书具体行政行为的起诉	(96)
对行政机关未告知诉权的当事人的起诉期限的计算	(96)
对行政机关重新作出具体行政行为的起诉	(96)

对质 …………………………………… (97)	法律顾问处 …………………………… (111)
对质权 ………………………………… (97)	法律监督原则 ………………………… (112)
钝器伤 ………………………………… (97)	法律监督职能 ………………………… (112)
多聚酶链反应 ………………………… (97)	法律上的推定 ………………………… (113)
	法律审 ………………………………… (113)
E 类	法律性精神错乱 ……………………… (114)
	法律要件分类说 ……………………… (114)
俄罗斯民事诉讼法 …………………… (98)	法庭 …………………………………… (114)
扼死 …………………………………… (98)	法庭笔录 ……………………………… (114)
儿童多动综合征 ……………………… (99)	法庭辩论 ……………………………… (115)
二面关系说 …………………………… (99)	法庭调查 ……………………………… (115)
二审 …………………………………… (99)	法庭规则 ……………………………… (116)
二审案件 ……………………………… (99)	法庭科学 ……………………………… (116)
二审裁定 ……………………………… (99)	法庭科学实验室 ……………………… (116)
二审程序(见二审) …………………… (100)	法医病理学 …………………………… (117)
二审判决 ……………………………… (100)	法医毒理学 …………………………… (117)
二审期限 ……………………………… (100)	法医放射学 …………………………… (117)
二元诉权说 …………………………… (100)	法医骨学 ……………………………… (118)
	法医活体检验 ………………………… (118)
F 类	法医鉴定人 …………………………… (118)
	法医勘验 ……………………………… (119)
发回重审 ……………………………… (101)	法医人类学 …………………………… (119)
发现程序 ……………………………… (101)	法医尸体检验 ………………………… (119)
发作性控制不良综合征(见爆发型	法医文证审查 ………………………… (120)
人格障碍) …………………………… (101)	法医物证检验 ………………………… (120)
法齿学 ………………………………… (101)	法医物证学 …………………………… (120)
法定代表人 …………………………… (102)	法医现场勘验 ………………………… (120)
法定代理人【民诉】 ………………… (102)	法医学 ………………………………… (121)
法定代理人【刑诉】 ………………… (103)	法医学个人识别 ……………………… (121)
法定管辖 ……………………………… (103)	法医学鉴定 …………………………… (122)
法定期间 ……………………………… (103)	法医学鉴定书 ………………………… (122)
法定顺序原则 ………………………… (103)	法院 …………………………………… (122)
法定证据制度 ………………………… (104)	法院院长 ……………………………… (122)
法国地方行政法院 …………………… (104)	翻供 …………………………………… (122)
法国法院组织体系 …………………… (105)	翻译人员 ……………………………… (123)
法国国家行政法院 …………………… (105)	反驳证据 ……………………………… (123)
法国检察机关体系 …………………… (106)	反差照相 ……………………………… (123)
法国律师制度 ………………………… (106)	反对询问 ……………………………… (123)
法国民事诉讼法 ……………………… (107)	反腐败国际 …………………………… (123)
法国上诉行政法院 …………………… (108)	反社会型人格障碍(见悖德型人格障碍) … (124)
法国司法警察总局 …………………… (108)	反诉【刑诉】 ………………………… (124)
《法国刑事诉讼法典》 ……………… (108)	反诉【民诉】 ………………………… (124)
法国行政法院撤销行政行为的标准 … (110)	反贪污贿赂侦查工作会议 …………… (124)
法国行政诉讼 ………………………… (110)	反询问 ………………………………… (125)
法国行政责任 ………………………… (111)	反应性精神病 ………………………… (125)
法律、法规另定的可诉行政案件 …… (111)	反证(见本证) ……………………… (126)
法律顾问 ……………………………… (111)	犯罪案件 ……………………………… (126)

犯罪对策学 (126)	附带上诉 (141)
犯罪人 (126)	附带射击痕迹 (141)
犯罪嫌疑人 (127)	复核鉴定 (142)
犯罪嫌疑人、被告人供述和辩解 (127)	复核决定书 (142)
犯罪嫌疑人辨认 (128)	复审程序 (142)
犯罪现场 (128)	复议决定书 (142)
犯罪线索 (128)	复杂性醉酒 (143)
犯罪心理痕迹 (129)	副本 (143)
犯罪信息 (129)	
犯罪侦查学 (130)	

G类

泛精神病人论 (130)	
贩毒案件侦查 (130)	改判 (144)
防御机制 (131)	概括裁定 (144)
防御证据(见控诉证据) (131)	干涉主义(见职权主义) (144)
妨害民事诉讼行为的构成 (131)	干尸 (144)
妨害行政诉讼行为 (131)	感觉障碍 (144)
妨害行政诉讼行为的构成 (132)	感应性精神病 (144)
放火案件侦查 (132)	感知觉综合障碍 (144)
非暴力死亡 (132)	高级人民法院 (145)
非常上告 (132)	告发 (145)
非常上诉(见非常上告) (133)	告诉 (145)
非常审判 (133)	告诉不可分 (145)
非常审判庭 (133)	告诉才处理 (145)
非典型冲动控制障碍 (133)	《各级地方人民检察署组织通则》 (145)
非法堕胎 (133)	给付之诉 (146)
非法取得证据的排除规则及其例外 (133)	更年期精神障碍 (146)
非法人团体 (134)	更审 (146)
非法搜索与扣押 (135)	更新辩论 (147)
非破产免责主义 (135)	更新审理 (147)
非任意自白 (136)	哽死 (147)
非诉讼代理 (136)	工具擦划痕迹 (147)
非妄想性巫术观念 (136)	工具打击痕迹 (148)
非律宾证据规则 (136)	工具痕迹 (148)
肺动脉栓塞 (137)	工具痕迹的记录和提取 (149)
分裂病型人格障碍 (137)	工具痕迹检验样本 (150)
分裂情感性精神病 (137)	工具痕迹鉴定 (151)
分裂型人格障碍 (137)	工具痕迹勘验 (152)
分色照相 (137)	工具剪切痕迹 (152)
肤纹 (138)	工具撬压痕迹 (154)
服兵役能力 (138)	公安部 (154)
服刑能力 (139)	公安部禁毒局 (154)
抚恤金案件 (139)	公安部经济犯罪侦查局 (154)
抚养能力 (139)	公安部物证鉴定中心 (155)
辅助证据 (139)	公安部刑事侦查局 (155)
辅佐人 (139)	公安分局 (155)
腐败 (140)	公安机关负责人 (155)
附带民事诉讼的当事人 (140)	公安派出所 (155)

公告送达	(156)
公开辨认	(156)
公开审理	(156)
公开审判制度	(156)
公民有权用本民族语言文字进行诉讼	(157)
公判中心主义	(157)
公设辩护人	(157)
公示催告程序	(157)
公诉不可分	(158)
公诉词	(158)
公诉人	(158)
公益原则	(158)
公正原则	(158)
公证	(159)
公证程序	(159)
公证处	(160)
公证费用	(161)
公证管辖	(161)
公证权	(162)
公证申请人	(162)
公证申请书	(163)
公证事项	(163)
公证书	(163)
公证效力	(163)
公证行为	(164)
公证员	(164)
公证员助理	(165)
公证原则	(165)
攻击证据（见控诉证据）	(165)
供述证据	(165)
供同一鉴定客体	(166)
共同管辖【民事诉讼】	(166)
共同管辖【行政诉讼】	(166)
共同诉讼人	(166)
古罗马的程式诉讼程序	(167)
古罗马的法律诉讼程序	(168)
古罗马的非常诉讼程序	(168)
骨骼检验	(168)
骨折	(169)
固有之必要共同诉讼	(169)
关联现场	(169)
《关于承认和执行外国仲裁裁决公约》(1958)	(169)
《关于检察官作用的准则》	(170)
《关于扣押海运船舶的国际公约》(1952)	(171)
《关于律师作用的基本原则》	(171)
《关于司法机关独立的基本原则》	(172)
《关于向国外送达民事或商事司法文书和司法外文书公约》(海牙,1965)	(172)
《关于刑事案件办案期限的补充规定》	(173)
《关于在民商事案件中从国外提取证据公约》	(174)
冠状动脉性心脏病	(174)
管辖【民诉】	(175)
管辖【刑诉】	(176)
管辖的转移	(176)
管辖恒定	(177)
管辖权的转移	(177)
管辖异议	(177)
管辖制度	(178)
诡辩症	(178)
国际反贪污大会	(178)
《国际复兴开发银行公约》	(179)
国际检察官联合会	(179)
国际鉴定协会	(180)
国际经济贸易仲裁（见国际商事仲裁）	(180)
国际警察局长协会	(180)
国际麻醉品管制局	(180)
《国际商会调解与仲裁规则》	(181)
国际商会仲裁院	(182)
国际商事仲裁	(182)
国际审计标准	(182)
国际审计准则	(183)
国际通告	(183)
国际刑警组织反国际犯罪职能	(184)
国际刑警组织国家中心局	(184)
国际刑警组织会员国	(185)
国际刑警组织全体大会	(185)
国际刑警组织中国国家中心局	(185)
国际刑事警察委员会	(186)
国际刑事警察组织	(186)
《国际油污损害民事责任公约》	(187)
国际侦查协助	(188)
国际侦查协助程序	(188)
国际侦查协助类型	(188)
国际侦查协助条件	(189)
国际侦查协助限制	(189)
国际追捕	(189)
国家安全部	(189)
国家安全机关	(189)
国家干预原则	(190)
国家禁毒委员会	(190)
国家行为	(190)

国家之父	(191)
国家追诉主义	(191)

H 类

海关总署走私犯罪侦查局	(192)
海事法院	(193)
汗孔检验	(193)
合并管辖	(193)
合同公证	(194)
合同能力	(194)
合议庭	(194)
合议制度	(195)
荷兰法院组织体系	(195)
痕迹	(195)
痕迹鉴定	(196)
痕迹勘验	(197)
衡平诉讼	(197)
红外线照相	(198)
呼吸死	(199)
互诉	(199)
化妆品	(199)
幻觉	(199)
幻听	(199)
幻想性谎言（见病理性谎言）	(200)
谎言癖	(200)
挥发性毒物中毒	(200)
回避	(201)
回避型人格障碍	(201)
回避制度	(201)
贿赂案件侦查	(202)
婚姻能力	(203)
混合动机	(203)
混合式	(203)
火器伤（见枪弹伤、爆炸伤）	(204)

J 类

机械性损伤	(205)
机械性损伤致死	(205)
机械性窒息	(205)
机械性窒息过程	(206)
机械性窒息尸体征象	(206)
肌肉松弛	(207)
积极证据	(207)
基层人民法院	(207)
激光扫描颅骨面像复原	(207)
激光照相	(207)
激情	(208)
激情危象（见单次爆发控制障碍）	(208)
羁押	(208)
级别管辖【民诉】	(208)
级别管辖【刑诉】	(209)
即时抗告	(210)
急性喉阻塞	(210)
急性出血性胰腺炎	(210)
急性细菌性心内膜炎	(210)
集体诉讼	(210)
挤压伤	(212)
计划生育案件	(212)
计算机记录	(212)
记忆障碍	(212)
技术合同纠纷仲裁	(212)
继承能力	(213)
迦卖判例	(213)
家庭事件程序	(213)
假处分	(213)
假扣押	(214)
假扣押之执行	(214)
假释程序	(214)
假死	(214)
假执行之宣告	(215)
嫁接性精神病（见精神发育迟滞）	(215)
间发性酒狂	(215)
间接审理原则	(215)
间接送达	(215)
间接证据	(216)
间歇性精神病	(216)
兼职律师	(216)
监护人	(216)
监视居住	(216)
监视居住决定书	(217)
监外执行	(217)
监狱精神病（见反应性精神病）	(217)
缄默	(217)
减刑程序	(218)
剪创	(218)
检材	(218)
检查	(218)
检察长	(219)
检察监督原则	(219)
检察机关	(219)
检察监督再审	(221)
检察权	(221)

7

检察人员 (222)	精神病人诬告 (235)
检察委员会 (223)	精神病人自我诬告 (236)
检察员 (223)	精神医学 (236)
检察制度 (223)	精神病学(见精神医学) (236)
检举 (223)	精神病自杀 (236)
检验报告 (224)	精神病综合征 (236)
简易程序 (224)	精神错乱状态 (236)
见证人 (225)	精神发育迟滞 (237)
鉴定 (225)	精神分裂症 (237)
鉴定结论 (225)	精神活性物质所致精神障碍 (238)
鉴定权 (226)	精神伤害 (238)
鉴定人 (226)	精神病卫生法 (239)
鉴定书 (226)	精神运动性兴奋 (239)
鉴定证人 (227)	精神障碍(见精神病) (239)
交叉询问 (227)	精神症状 (239)
交互诉讼 (227)	警察 (239)
交替人格 (227)	警犬 (240)
交通工具致伤 (227)	警犬学 (240)
焦虑 (228)	竞合管辖 (241)
角膜混浊 (228)	竞争人行政案件 (241)
脚印勘验 (228)	静态作用痕迹 (241)
接受学校教育能力 (229)	纠问式 (241)
结束审讯(见侦查终结) (229)	纠正违法通知书 (242)
结束现场勘查 (229)	九条方针 (242)
解决投资争议国际中心 (229)	酒精中毒性幻觉症(见酒癖) (242)
《解决投资争议国际中心调解和仲裁	酒精中毒性妄想症(见酒癖) (242)
程序规则》 (230)	酒癖 (242)
《解剖尸体规则》 (231)	就地办案 (242)
戒断综合征 (231)	就地正法 (243)
金属毒物中毒 (231)	就业能力 (243)
紧急逮捕 (231)	旧中国的民事诉讼法规 (243)
紧张综合征 (232)	拘捕(见逮捕) (244)
《禁止非法贩运麻醉药品和精神药物公约》 (232)	拘传 (244)
《禁止酷刑和其他残忍、不人道或有辱人格的	拘传通知书 (244)
待遇或处罚公约》 (232)	拘禁反应(见反应性精神病) (244)
禁止令 (232)	拘留 (244)
禁治产事件程序 (233)	拘留通知书 (245)
经济合同纠纷仲裁 (233)	拘提 (245)
经行政复议的起诉期限 (234)	举报人 (245)
经营自主权案件 (234)	举证责任【刑诉】 (246)
精斑检验 (235)	举证责任【民诉】 (246)
精神病 (235)	举证责任倒置 (247)
精神病不全缓解期 (235)	巨额财产来源不明案件侦查 (248)
精神病发病期 (235)	拒绝辩护 (248)
精神病缓解期 (235)	拒绝作证权 (248)
精神病间歇期(见精神病缓解期) (235)	具结 (249)
精神病人 (235)	决定【民诉】 (249)

决定【刑诉】 … (250)	老年性精神障碍 … (264)
决定逮捕通知书 … (250)	勒死 … (264)
军队保卫机关 … (250)	雷击死 … (265)
军事法院 … (250)	类妄想性幻想综合征 … (265)
军事检察院 … (252)	立案 … (265)
	立案管辖 … (266)

K 类

卡多判例 … (253)	立体痕迹 … (267)
开庭公告 … (253)	利害关系人 … (267)
开庭审理 … (253)	连带管辖 … (267)
开庭通知书 … (253)	连续自白 … (267)
勘验 … (253)	联合调解 … (267)
勘验笔录 … (254)	《联合国国际贸易法委员会仲裁规则》 … (268)
砍创 … (254)	《联合国国际商事仲裁示范法》 … (269)
看守所 … (254)	联合国禁毒署 … (269)
抗告 … (254)	联合国麻醉品委员会 … (270)
抗告程序 … (255)	《联合国少年司法最低限度标准规则（北京规则）》 … (270)
抗诉 … (255)	
抗诉权 … (255)	恋老癖 … (271)
抗诉书 … (256)	恋尸癖 … (271)
拷问 … (256)	恋兽癖 … (271)
可采证据 … (256)	恋童癖 … (271)
可诉性行政行为 … (256)	恋物癖 … (271)
刻画案犯 … (257)	两剂 … (271)
肯尼亚法院体系和刑事诉讼 … (257)	两审终审 … (271)
控告 … (257)	两审终审制度 … (271)
控告人 … (258)	两性畸形 … (272)
控诉审 … (258)	两造 … (272)
控诉证据 … (258)	两造审理主义 … (272)
控制赃物 … (258)	量刑不当 … (273)
口供（见犯罪嫌疑人、被告人供述和辩解） … (259)	劣后债权 … (273)
口淫 … (259)	临场讨论（见现场讨论） … (273)
扣押 … (259)	临床法医学 … (273)
扣押物品清单 … (259)	临床死亡期 … (273)
扣押物证、书证 … (260)	临终陈述 … (274)
扣押邮件、电报 … (260)	流行性脑脊髓膜炎 … (274)
扣押邮件、电报通知书 … (261)	流行性乙型脑炎 … (274)
会计师事务所 … (261)	留置送达 … (274)
会计资料勘验 … (262)	露阴癖（见裸露癖） … (274)
窥淫癖 … (262)	颅骨复容 … (275)
	颅像重合 … (275)

L 类

	录像辨认（见犯罪嫌疑人辨认） … (275)
	旅行性精神病 … (275)
蓝光照相 … (263)	律师 … (275)
劳动能力鉴定 … (263)	律师法 … (276)
劳动争议仲裁 … (263)	律师事务所 … (276)
	律师协会 … (276)
	律师业务 … (277)

律师职务	(277)
律师职业道德	(277)
律师制度	(278)
乱伦	(278)
伦敦国际仲裁院	(278)
《伦敦仲裁院仲裁规则》	(278)
逻辑倒错	(279)
裸露癖	(279)

M 类

麻醉分析	(280)
麻醉剂狂	(280)
《麻醉药品管理办法》	(280)
马锡五审判方式	(280)
《麦克·诺顿法案》	(280)
瞒病	(281)
漫游癖	(281)
漫游自动症	(281)
毛发检验	(281)
美国法院组织体系	(282)
美国联邦调查局	(282)
美国律师制度	(283)
美国司法审查	(283)
美国司法审查的标准	(283)
美国刑事诉讼法	(284)
美国刑事证据法	(286)
美国行政裁判	(287)
美国行政诉讼	(288)
美国仲裁协会	(288)
《美国仲裁协会仲裁规则》	(288)
闷死	(289)
朦胧状态	(290)
梦呓性精神病	(290)
秘密辨认	(290)
免诉判决	(290)
免刑判决	(290)
免予起诉	(290)
免予起诉决定书	(291)
免予起诉意见书	(292)
免予刑事处罚	(292)
免予自证有罪权	(292)
《民商事外国判决承认与执行公约》(海牙,1971)	(292)
民事纠纷	(293)
民事判决	(293)
民事审判权	(294)

民事书状	(294)
民事司法审计	(295)
民事诉讼	(295)
民事诉讼代理人	(295)
民事诉讼当事人	(296)
民事诉讼法	(296)
《民事诉讼法公约》	(297)
民事诉讼法律关系	(297)
民事诉讼法学	(298)
民事诉讼权利能力	(300)
《民事诉讼收费办法(试行)》	(300)
民事诉讼行为能力	(300)
民事诉讼证据	(301)
民事诉讼之诉	(301)
民俗信念	(302)
命令	(302)
摹拟画像	(303)
摩擦癖	(303)
魔术思维	(303)
木僵	(303)
目睹人	(303)

N 类

内部行政行为	(304)
内心确信(见自由心证)	(304)
内源性精神病	(304)
纳税人行政案件	(304)
脑出血	(304)
脑器质性精神障碍	(305)
脑死亡	(305)
泥炭鞣尸	(305)
溺死	(305)
扭送	(306)
纽伦堡审判	(306)
农药中毒	(307)
挪用公款案件侦查	(308)

O 类

《欧阿商会调解、仲裁及评价规则》	(309)

P 类

排除规则	(310)
派生证据	(310)
攀供	(310)

判决	(310)
判决的既判力	(310)
判决的拘束力	(311)
判决的内容	(311)
判决的确定力	(311)
判决的效力	(311)
判决更正	(312)
判决之补充	(312)
判罪	(312)
旁证	(312)
陪审团	(312)
陪审员的预先甄别程序	(313)
陪审制	(313)
陪审制度	(313)
批准逮捕决定书	(314)
皮下出血	(314)
偏振光照相	(314)
偏执型人格障碍	(315)
偏执性精神病	(315)
票据诉讼	(315)
品格证据及其规则	(315)
平面痕迹	(315)
评议	(316)
评议笔录	(316)
评议秘密(见评议)	(316)
破案	(316)
破案后处理	(316)
破案计划	(317)
破案时机	(317)
破案条件	(317)
破产	(317)
破产案件	(317)
破产财产	(318)
破产程序	(318)
破产罚则	(319)
破产管理人	(319)
破产和解	(319)
破产救济	(320)
破产救济基金	(321)
破产免责主义	(321)
破产能力	(321)
破产普及主义	(321)
破产清偿	(322)
破产清算组织	(322)
破产申请	(322)
破产宣告	(323)
破产原因	(324)

破产责任	(324)
破产债权	(325)
破产债权表	(325)
破产整顿	(325)
破产制度	(326)
普通程序	(326)
普通书证	(327)
普通醉酒	(327)

Q 类

期间	(328)
期间的计算	(328)
期日	(329)
其他诉讼费用	(329)
起诉	(329)
起诉便宜主义	(329)
起诉法定主义	(330)
起诉和受理【民诉】	(330)
起诉垄断主义	(331)
起诉书【刑诉】	(331)
起诉意见书	(331)
起诉与受理【行政诉讼】	(331)
起诉状【民诉】	(331)
起诉状一本主义	(332)
气体毒物中毒	(332)
气味鉴别	(333)
牵连管辖【刑诉】	(333)
牵连管辖【涉外民诉】	(333)
前科	(334)
前置胎盘	(334)
潜手印	(334)
潜在痕迹	(334)
枪弹痕迹检验	(334)
枪弹勘验	(336)
枪弹伤	(336)
枪管口径	(337)
枪支登记	(337)
枪支各部位名称	(337)
枪支同一认定	(338)
枪支种属判别	(338)
强奸	(339)
强奸案件侦查	(340)
强迫观念	(341)
强迫型人格障碍	(341)
强制辩护	(341)
强制措施	(341)

强制履行判决 …………………… (342)
强制律师主义 …………………… (343)
抢劫案件侦查 …………………… (343)
切创 ……………………………… (344)
亲子鉴定 ………………………… (344)
亲子事件程序 …………………… (345)
青壮年急死综合征 ……………… (345)
情感爆发 ………………………… (345)
情感淡漠 ………………………… (346)
情感低落 ………………………… (346)
情感高涨 ………………………… (346)
情感性精神病 …………………… (346)
情感障碍 ………………………… (346)
情况证据 ………………………… (346)
穷尽行政救济原则 ……………… (346)
《囚犯待遇最低限度标准规则》 … (347)
驱魔枝术 ………………………… (347)
躯体疾病伴发精神障碍 ………… (348)
取保候审 ………………………… (348)
取保候审决定书 ………………… (348)
取回权 …………………………… (348)
全部改判 ………………………… (349)
全国公安工作会议 ……………… (349)
全国检察工作会议 ……………… (349)
全国政法工作会议 ……………… (349)
《全球行动纲领》 ………………… (350)
权利保护请求权说 ……………… (350)
权利法案 ………………………… (350)
权限冲突法庭 …………………… (350)
缺席判决【民诉】 ………………… (351)
缺席判决【刑诉】 ………………… (351)
确认之诉 ………………………… (352)

R 类

染料 ……………………………… (353)
人保 ……………………………… (353)
人犯 ……………………………… (354)
人犯辨认照相 …………………… (354)
人格解体 ………………………… (354)
人格障碍 ………………………… (354)
人民调解 ………………………… (354)
人民调解程序 …………………… (355)
人民调解方针 …………………… (356)
人民调解委员会委员 …………… (356)
《人民调解委员会组织条例》 …… (356)
人民调解协议 …………………… (357)

人民调解学 ……………………… (357)
人民调解原则 …………………… (357)
人民法庭 ………………………… (358)
人民法院 ………………………… (358)
人民法院对具体行政行为的合法性进行
　　审查原则 ……………………… (359)
人民法院审理行政案件,以事实为根据,以法律
　　为准绳原则 …………………… (359)
人民法院依法独立行使行政审判权原则 … (359)
人民检察院 ……………………… (360)
人民检察院举报中心 …………… (362)
人民检察院派出机构 …………… (362)
人民陪审员 ……………………… (362)
人民陪审员参加审判 …………… (362)
《人身保护法》 …………………… (362)
人身保护状【行政诉讼】 ………… (363)
人身保护状【刑事诉讼】 ………… (363)
人身检查笔录 …………………… (363)
人身搜查 ………………………… (363)
人事诉讼程序 …………………… (364)
人体测量登记 …………………… (364)
《人体轻伤鉴定标准(试行)》 …… (364)
《人体重伤鉴定标准》 …………… (364)
人证 ……………………………… (364)
认定财产无主案件审理程序 …… (365)
认定公民无行为能力或限制行为能力案件
　　审理程序 ……………………… (365)
认罪答辩 ………………………… (365)
任意辩护 ………………………… (366)
任意回避 ………………………… (366)
妊娠高血压综合征 ……………… (366)
日本法院组织体系 ……………… (366)
日本国家警察厅 ………………… (367)
日本律师制度 …………………… (367)
日本民事诉讼法 ………………… (367)
日本商事仲裁协会 ……………… (368)
日本特别搜查部 ………………… (368)
日本刑事诉讼法 ………………… (368)
锐器伤 …………………………… (370)
瑞典法院组织体系 ……………… (370)

S 类

三级三审制度 …………………… (371)
三面关系说 ……………………… (371)
三审程序 ………………………… (371)
三审终审 ………………………… (372)

杀人案件侦查 …………………… (372)	审判机关 …………………………… (389)
杀婴 ……………………………… (373)	审判籍 ……………………………… (389)
赡养能力 ………………………… (373)	审判监督 …………………………… (389)
上告 ……………………………… (373)	审判监督程序 ……………………… (390)
上告程序 ………………………… (373)	审判监督与申请再审程序(见再审、审判监督
上诉【民诉】 ……………………… (374)	再审、检察监督再审、再审之诉)……… (391)
上诉【刑诉】 ……………………… (374)	审判监督再审 ……………………… (391)
上诉不加刑 ……………………… (375)	审判权 ……………………………… (391)
上诉期间 ………………………… (375)	审判人员 …………………………… (392)
上诉权 …………………………… (375)	审判委员会 ………………………… (392)
上诉人【民诉】 …………………… (375)	审判员 ……………………………… (392)
上诉人【刑诉】 …………………… (376)	审判制度 …………………………… (392)
上诉审审理 ……………………… (376)	审判组织 …………………………… (393)
上诉制度 ………………………… (377)	审问式(见职权主义) ……………… (393)
上诉状 …………………………… (377)	审讯笔录 …………………………… (393)
烧死 ……………………………… (377)	审讯策略 …………………………… (394)
舍弃上诉权 ……………………… (378)	审讯犯罪嫌疑人 …………………… (395)
社会遵从 ………………………… (378)	生物碱中毒 ………………………… (396)
涉外公证 ………………………… (379)	生物学死亡期 ……………………… (397)
涉外民事诉讼 …………………… (379)	生育能力 …………………………… (397)
涉外民事诉讼程序 ……………… (379)	生殖不能 …………………………… (397)
涉外民事诉讼主权原则 ………… (380)	声纹鉴定 …………………………… (398)
涉外行政诉讼 …………………… (380)	牲畜蹄迹勘验 ……………………… (399)
涉外行政诉讼的期间 …………… (381)	胜诉 ………………………………… (399)
申报权利 ………………………… (381)	省级人民检察院 …………………… (399)
申请履行保护财产权法定职责案件 … (381)	省级人民检察院分院 ……………… (400)
申请履行保护人身权法定职责案件 … (382)	尸斑 ………………………………… (400)
申请回避 ………………………… (382)	尸僵 ………………………………… (401)
申请延长行政诉讼的起诉期限 … (382)	尸蜡 ………………………………… (401)
申请执行行政诉讼判决期限 …… (383)	尸冷 ………………………………… (402)
申诉 ……………………………… (383)	尸体检验笔录 ……………………… (402)
身份关系公证 …………………… (384)	尸体痉挛 …………………………… (402)
神经官能症 ……………………… (384)	尸体局部干燥 ……………………… (402)
神媒活动 ………………………… (384)	尸体现象 …………………………… (403)
神明裁判 ………………………… (384)	失物登记 …………………………… (403)
神示证据制度 …………………… (385)	失踪人登记 ………………………… (403)
审查判断证据 …………………… (385)	施虐狂 ……………………………… (403)
审查批捕 ………………………… (385)	十指指纹登记 ……………………… (403)
审查起诉 ………………………… (386)	实物大照相 ………………………… (404)
审查起诉期限 …………………… (386)	实习律师 …………………………… (404)
审计法院 ………………………… (386)	实质真实 …………………………… (404)
审理 ……………………………… (387)	实质真实发现主义 ………………… (405)
审理行为 ………………………… (387)	食道静脉曲张破裂出血 …………… (405)
审判 ……………………………… (387)	使领馆代为送达 …………………… (405)
审判长 …………………………… (387)	使用我国通用的语言文字原则 …… (405)
审判公开 ………………………… (388)	事后证据 …………………………… (405)
审判管辖 ………………………… (388)	事前证据 …………………………… (405)

事实鉴定	(406)
事实上的推定	(406)
事实上推定	(406)
事实审【刑诉】	(406)
事实审【民诉】	(407)
事务律师	(407)
事物管辖	(407)
事主	(407)
视听资料【民诉】	(407)
视听资料【刑诉】	(407)
室外搜查	(408)
适用我国民事诉讼法原则	(408)
释放证明书	(409)
释明	(409)
收集证据	(409)
收养关系公证	(410)
收养能力	(410)
手纹	(410)
手淫	(411)
手印	(411)
手印鉴定	(411)
手印勘验	(412)
手印显现	(413)
手印显现程序	(413)
守候	(414)
守秘权	(414)
首席仲裁员	(414)
受贿案件侦查	(415)
受理	(416)
受虐狂	(416)
受陪审团陪审之权	(416)
书记员	(416)
书面审	(416)
书证【民诉】	(416)
书证【刑诉】	(417)
衰竭性精神障碍(见旅行性精神病)	(417)
双重人格	(417)
水溶性毒物中毒	(417)
司法弹道学	(418)
司法会计鉴定	(418)
司法会计鉴定档案管理	(419)
司法会计鉴定法律关系	(420)
司法会计鉴定复核	(420)
司法会计鉴定管辖	(421)
司法会计鉴定人	(421)
司法会计鉴定时限	(421)
司法会计鉴定书	(422)
司法会计鉴定书的变更与无效	(423)
司法会计鉴定资料	(423)
司法会计学	(423)
司法豁免权原则	(424)
司法鉴定学	(424)
司法精神医学鉴定	(425)
司法警察	(425)
司法决斗	(425)
司法认知	(425)
司法摄影	(426)
司法审计	(426)
司法审计报告	(427)
司法审计档案	(427)
司法审计法律关系	(427)
司法审计管辖	(427)
司法审计人员	(428)
司法审计时限	(428)
司法审计学	(428)
司法审计资料	(429)
司法协助	(429)
司法行为请求说	(430)
《司法助理员工作暂行规则》	(430)
私分罚没财物案件侦查	(430)
私分国有资产案件侦查	(431)
私人追诉主义(见国家追诉主义)	(431)
思维奔逸	(431)
思维迟缓	(432)
思维贫乏	(432)
思维松弛和破裂	(432)
思维云集	(432)
思维障碍	(432)
斯德哥尔摩商会仲裁院	(432)
《斯德哥尔摩商会仲裁院规则》	(433)
斯图加特模式	(433)
死亡	(434)
死亡过程	(434)
死刑复核程序	(434)
死刑核准权	(435)
死刑缓期执行案件核准权	(436)
死刑缓期执行判决的执行程序	(436)
死刑判决的执行程序	(436)
送达【民诉】	(437)
送达【刑诉】	(437)
送达回证	(437)
搜查	(437)
搜查笔录	(439)
搜查记录	(439)

搜查证	(439)
搜索	(440)
苏黎世商会仲裁院	(440)
诉的分离	(440)
诉的合并	(440)
诉权	(441)
诉权公法说	(442)
诉权私法说	(442)
诉讼标的	(442)
诉讼标的之恒定	(443)
诉讼参与人	(443)
诉讼代表人	(443)
诉讼代理	(444)
诉讼代理人	(444)
诉讼担保	(444)
诉讼费用	(445)
诉讼费用的负担	(445)
诉讼费用制度	(446)
诉讼告知	(446)
诉讼机制	(446)
诉讼救助	(447)
诉讼能力	(447)
诉讼请求	(447)
诉讼权利	(448)
诉讼权利承担	(448)
诉讼上承认	(448)
诉讼上的法律事实	(449)
诉讼外承认	(449)
诉讼文书	(449)
诉讼系属	(449)
诉讼行为	(450)
诉讼行为的瑕疵	(450)
诉讼行为能力	(450)
诉讼性神经官能症(见神经官能症)	(450)
诉讼义务	(451)
诉讼指挥权	(451)
诉讼中的第三人	(451)
诉讼中止	(452)
诉讼终结	(452)
诉讼主体	(452)
诉之声明	(453)
诉状	(453)
塑料	(453)
损伤程度鉴定	(454)
损伤生活反应	(455)
索赔性神经官能症(见神经官能症)	(455)

T 类

台湾法务部调查局	(456)
台湾法院组织体系	(456)
台湾检察机关组织体系	(456)
台湾律师法	(457)
台湾刑事诉讼法	(457)
态度证据	(458)
贪污案件侦查	(458)
贪污相关罪行地区性研讨会	(459)
弹劾式	(460)
特别裁定	(460)
特别程序	(460)
特别法庭	(461)
特别检察厅	(461)
特别上诉	(461)
特大刑事案件	(461)
特权规则	(462)
提起公诉	(462)
提起刑事案件	(463)
提请批准逮捕书	(463)
提审	(463)
提审证	(464)
调解书	(464)
调解行为	(464)
调解原则	(465)
铁路运输法院	(465)
铁路运输检察院	(465)
庭长	(466)
庭审笔录	(466)
庭审制度	(466)
停止扣押邮件、电报通知书	(466)
通报	(467)
通过外交途径送达	(467)
通缉	(468)
通缉令	(468)
同等原则	(468)
同性恋	(469)
同一鉴定	(469)
同一认定	(470)
《统一船舶碰撞若干法律规定的国际公约》	(475)
偷税、抗税案件侦查	(475)
投毒案件侦查	(475)
徒手伤	(476)
涂料	(477)
团体诉讼(见集体诉讼)	(477)

推定	(477)
推定证据	(477)
退回补充侦查决定书	(478)
脱影照相	(478)
唾液斑检验	(478)

W 类

外围现场	(479)
外围作用痕迹	(479)
万国禁烟会	(479)
妄想	(479)
妄想性知觉	(480)
违拗	(480)
违纪型人格障碍(见悖德型人格障碍)	(480)
违约损害赔偿之诉	(480)
维持判决	(480)
维持原判	(481)
伪证的责任	(481)
伪装精神病(见诈病)	(481)
委任代理人	(481)
委托辩护	(482)
委托鉴定	(482)
委托送达	(482)
委托行为公证	(482)
委托执行	(483)
委托中国律师代理诉讼原则	(483)
猥亵	(484)
未经人民法院依法判决不得定罪原则	(484)
未决犯	(485)
胃、十二指肠溃疡穿孔及大出血	(485)
文件材料	(485)
文件检验	(486)
文书勘验	(486)
文书物证检验	(487)
问题儿童	(487)
无病推定	(487)
无合理怀疑	(487)
无因回避	(488)
无证逮捕	(488)
无罪辩护	(488)
无罪判决	(488)
无罪推定	(489)
无罪证据(见有罪证据)	(490)
物品辨认	(490)
物体检验笔录	(490)
物证【刑诉】	(490)
物证【民诉】	(490)
物证与物证分析	(490)
物证照相	(492)
物质损失	(493)
误导询问	(493)

X 类

戏剧化型人格障碍(见癔病型人格障碍)	(495)
系争事实	(495)
先行给付	(495)
先行扣押	(495)
先予执行	(495)
纤维	(496)
显微照相	(496)
县级人民检察院	(497)
现场比例、示意结合图	(497)
现场比例图	(497)
现场测量	(497)
现场访问	(498)
现场分析(见现场讨论)	(498)
现场绘图	(498)
现场急救	(498)
现场勘查	(499)
现场勘查后处理	(499)
现场勘验	(499)
现场勘验笔录	(500)
现场立面图	(500)
现场录像	(501)
现场平面图	(501)
现场实验(见侦查实验)	(501)
现场示意图	(501)
现场搜索(见搜查)	(501)
现场讨论	(501)
现场透视图	(502)
现场遗留物登记	(502)
现场展开图	(502)
现场照相	(503)
现场追踪(见追缉堵截)	(503)
现实动机	(503)
现实检验能力	(503)
现行犯	(503)
《相互承认和执行判决的公约》(1968)	(503)
《香港高等法院条例》	(504)
《香港破产条例》	(505)
香港法院体系和检察机构	(506)
香港高等法院	(507)

香港高等法院裁判	(507)
香港高等法院调查取证及有关程序	(508)
香港高等法院对案件的审理	(508)
香港高等法院民事诉讼程序	(509)
香港高等法院审判庭	(510)
香港高等法院诉讼费用	(511)
香港高等法院职权	(511)
香港高等法院注册官和其他官员	(512)
香港国际商事仲裁	(513)
香港廉政公署	(513)
香港律师制度	(514)
香港破产程序	(514)
香港刑事诉讼法	(515)
香港刑事侦查总部	(516)
向代收人送达	(516)
象征性思维	(516)
橡胶	(517)
消费者行政案件	(517)
消极证据(见积极证据)	(517)
销魂状态	(517)
效益原则	(517)
协议管辖	(518)
鞋底常态磨损特征检验	(518)
鞋底花纹登记	(519)
鞋印	(519)
心包炎	(519)
心肌炎	(519)
心境	(520)
心境恶劣	(520)
心理盲从(见异律性)	(520)
心身疾病	(520)
心脏死	(520)
欣快	(520)
新加坡反贪污调查局	(520)
信守国际条约原则	(521)
刑警	(521)
刑警队	(521)
刑具	(522)
刑事案件	(522)
《刑事案件现场勘查规则》	(522)
刑事测量	(522)
刑事登记	(523)
刑事附带民事诉讼	(523)
刑事技术	(524)
《刑事技术鉴定规则》	(525)
《刑事科学技术工作细则》	(525)
刑事司法审计	(525)
刑事司法协助原则	(525)
刑事诉讼	(526)
刑事诉讼本质的历史类型	(526)
刑事诉讼程序	(526)
刑事诉讼法	(526)
刑事诉讼法的目的	(527)
刑事诉讼法的任务	(527)
刑事诉讼法的效力	(527)
刑事诉讼法的指导思想	(528)
刑事诉讼法律关系	(528)
刑事诉讼法学	(528)
刑事诉讼方式	(530)
刑事诉讼阶段	(530)
刑事诉讼客体	(530)
刑事诉讼历史类型	(530)
刑事诉讼权利	(531)
刑事诉讼条件	(531)
刑事诉讼行为	(531)
刑事诉讼形式	(532)
刑事诉讼形式的历史类型	(532)
刑事诉讼义务	(532)
刑事诉讼原则	(533)
刑事诉讼职能	(534)
刑事诉讼主体	(534)
刑事现场照相	(535)
刑事照相	(536)
刑事侦察(见侦察)	(536)
刑事侦查	(536)
刑事侦查机关	(537)
刑事侦查人员	(538)
刑事侦察学	(538)
刑事侦查学	(538)
刑事证据学	(539)
刑事执行通知书	(539)
刑讯	(539)
刑讯逼供	(540)
行为障碍	(540)
行政案件	(540)
行政案件再审步骤	(541)
行政案件再审条件	(541)
行政补偿案件	(542)
行政裁定书	(542)
行政处罚案件	(542)
行政复议前置原则	(543)
行政机关申请执行	(544)
行政机关依法执行	(544)
行政相对人申请执行	(544)

行政纠纷	(545)
行政判决书	(545)
行政判决不予执行的情形	(546)
行政判决执行措施	(546)
行政判决执行条件	(547)
行政判决执行原则	(547)
行政判决执行中止	(547)
行政判决执行终结	(548)
行政赔偿案件	(548)
行政赔偿诉讼	(549)
行政附带民事诉讼	(551)
行政强制措施案件	(553)
行政诉讼	(553)
行政诉讼被告	(554)
行政诉讼有关案件材料的移送	(555)
行政诉讼不调解原则	(555)
行政诉讼的撤诉	(556)
行政诉讼的视为申请撤诉	(557)
行政诉讼参加人	(557)
行政诉讼程序	(557)
行政诉讼当事人的权利和义务	(558)
行政诉讼的辩论原则	(559)
行政诉讼的财产保全	(559)
行政诉讼的先予执行	(560)
行政诉讼的公开审判制度	(560)
行政诉讼的管辖制度	(560)
行政诉讼的合并审理	(560)
行政诉讼的合议制度	(561)
行政诉讼的回避制度	(561)
行政诉讼的检察监督原则	(562)
行政诉讼的两审终审制度	(562)
行政诉讼的缺席判决	(562)
行政诉讼的受理	(563)
行政诉讼的诉讼参加人制度	(563)
行政诉讼的诉讼费用	(564)
行政诉讼的庭审制度	(565)
行政诉讼的证据制度	(565)
行政诉讼的执行制度	(565)
行政诉讼中的诉	(566)
行政诉讼的诉讼请求	(566)
行政诉讼的诉权	(567)
行政诉讼地域管辖	(568)
行政诉讼第三人	(568)
行政诉讼二审步骤	(569)
行政诉讼二审程序	(570)
行政诉讼二审判决	(570)
行政诉讼二审书面审(见行政诉讼二审形式)	(571)
行政诉讼二审形式	(571)
行政诉讼法	(572)
行政诉讼法的基本原则	(573)
行政诉讼法的基本制度	(573)
行政诉讼法律关系	(574)
行政诉讼法律关系的过程	(575)
行政诉讼法律关系客体	(576)
行政诉讼法律关系主体	(576)
行政诉讼法学	(577)
行政诉讼共同诉讼人	(578)
行政诉讼管辖	(578)
行政诉讼管辖原则	(579)
行政诉讼管辖的便民原则	(579)
行政诉讼管辖有利于法院合理分工原则	(579)
行政诉讼管辖有利于法院审判原则	(580)
行政诉讼管辖有利于诉讼公正原则	(580)
行政诉讼管辖有利于执行原则	(580)
行政诉讼级别管辖	(580)
行政诉讼举证责任规则	(581)
行政诉讼判决	(582)
行政诉讼其他参与人	(583)
行政诉讼起诉期限	(583)
行政诉讼起诉条件	(583)
行政诉讼涉外送达	(584)
行政诉讼受案范围	(585)
行政诉讼司法审计	(586)
行政诉讼选择管辖	(586)
行政诉讼一审步骤	(586)
行政诉讼一审程序	(587)
行政诉讼一审形式	(587)
行政诉讼移送管辖	(587)
行政诉讼移转管辖	(587)
行政诉讼与行政复议	(588)
行政诉讼与行政复议选择原则	(589)
行政诉讼原告	(589)
行政诉讼再审程序	(590)
行政诉讼证据	(590)
行政诉讼证据保全规则	(591)
行政诉讼证据审查规则	(592)
行政诉讼证据收集规则	(593)
行政诉讼证据提供规则	(593)
行政诉讼执行程序	(594)
行政诉讼指定管辖	(595)
行政诉讼中当事人法律地位平等原则	(595)
行政诉讼中使用民族语言文字原则	(595)
行政诉讼中的裁定	(596)

行政诉讼中的法律规范冲突	(598)
行政诉讼中的法律规范冲突选择适用规则	(598)
行政诉讼中的决定	(599)
行政诉讼中法律规范的适用	(600)
行政诉讼中止	(605)
行政诉讼终结	(605)
行政诉讼专属管辖	(605)
形成之诉	(605)
形式真实(见实质真实)	(606)
形式真实发现主义(见实质真实发现主义)	(606)
形式证据制度	(606)
形象痕迹	(606)
形象痕迹勘验	(606)
性别认同障碍	(607)
性成熟鉴定	(607)
性交不能	(607)
性心理障碍	(608)
性缢死	(608)
性愚昧	(608)
性窒息	(608)
胸腺淋巴体质	(608)
休庭	(609)
虚构	(609)
许可证照案件	(609)
宣告缓刑判决的执行程序	(609)
宣告判决	(610)
宣告失踪、宣告死亡案件审理程序	(610)
宣判笔录	(611)
选定当事人诉讼	(611)
选举权利和被选举权利能力	(611)
选民资格案件审理程序	(611)
选择管辖	(612)
血痕出血部位判断	(612)
血痕检验	(612)
血痕确证试验	(612)
血痕性别鉴定	(613)
血痕血型检验	(613)
血痕预备试验	(613)
血痕种属试验	(614)
巡回法庭	(614)
巡回审理	(614)
询问	(614)
询问被害人	(614)
询问笔录	(615)
询问证人	(615)
询问证人笔录	(616)
循环型人格障碍	(616)
讯问	(616)
讯问笔录	(616)
讯问犯罪嫌疑人	(617)

Y 类

牙印勘验	(618)
亚太地区打击国际犯罪部长级会议	(618)
亚太地区洗钱问题研讨会	(618)
延期审理【刑诉】	(619)
延期审理【民诉】	(619)
严格证明	(619)
言词辩论主义(见言词原则)	(619)
言词审理	(619)
言词审理主义(见言词原则)	(620)
言词原则	(620)
言语识别	(620)
沿海国管辖权	(621)
颜料	(621)
羊水栓塞症	(621)
样本	(621)
药物依赖	(622)
《"野兽测验"规则》	(622)
一般刑事案件	(622)
一部改判	(622)
一过性精神模糊	(622)
《一九六一年麻醉品单一公约》	(623)
《一九七一年精神药物公约》	(623)
一面关系说	(623)
一审	(623)
一审案件	(624)
一审裁定	(624)
一审程序(见一审)	(624)
一审判决	(624)
一审期限	(624)
一审终审制	(625)
一事不再理【民诉】	(625)
一事不再理【刑诉】	(625)
一元诉权说	(626)
一造负担	(626)
一造审理主义	(626)
衣着反常	(626)
医疗差错	(626)
医疗纠纷	(626)
医疗事故	(627)
《医疗事故处理办法》	(628)

| 依赖型人格障碍 …………………… (628)
| 移送管辖 ……………………………… (628)
| 移送执行 ……………………………… (629)
| 遗产破产 ……………………………… (629)
| 遗忘 …………………………………… (629)
| 遗嘱公证 ……………………………… (629)
| 遗嘱能力 ……………………………… (630)
| 以事实为根据,以法律为准绳 ……… (630)
| 以五声听狱讼 ………………………… (630)
| 异律性 ………………………………… (630)
| 异装癖 ………………………………… (631)
| 易变型人格障碍 ……………………… (631)
| 易性癖 ………………………………… (631)
| 意大利刑事警察中央局 ……………… (631)
| 意大利检察机关 ……………………… (631)
| 意大利反黑手党调查局 ……………… (632)
| 意大利反黑手党检察局 ……………… (632)
| 《意大利律师和检察官法》 …………… (633)
| 《意大利刑事诉讼法典》 ……………… (634)
| 意见证据及其规则 …………………… (637)
| 意识障碍 ……………………………… (637)
| 意向倒错 ……………………………… (637)
| 意志减弱 ……………………………… (637)
| 意志增强 ……………………………… (637)
| 意志障碍 ……………………………… (637)
| 缢死 …………………………………… (638)
| 癔病 …………………………………… (638)
| 癔病型人格障碍 ……………………… (639)
| 淫书淫画癖 …………………………… (639)
| 淫语癖 ………………………………… (639)
| 隐瞒境外存款案件侦查 ……………… (639)
| 印证 …………………………………… (640)
| 应诉管辖 ……………………………… (640)
| 英国法院组织体系 …………………… (640)
| 英国检察机关体系 …………………… (641)
| 英国警察机构 ………………………… (641)
| 英国律师制度 ………………………… (641)
| 英国马利华禁令 ……………………… (642)
| 《英国王权诉讼法》 …………………… (642)
| 英国刑事诉讼法 ……………………… (643)
| 英国行政裁判所 ……………………… (644)
| 英国证据法 …………………………… (645)
| 婴幼儿急死综合征 …………………… (647)
| 优先债权 ……………………………… (647)
| 邮寄送达 ……………………………… (647)
| 油 ……………………………………… (647)
| 有反必肃,有错必纠 ………………… (647)

有利于犯罪嫌疑人,被告人的证据
　（见控诉证据）……………………… (648)
有伤风化 ……………………………… (648)
有因回避 ……………………………… (648)
有罪判决 ……………………………… (648)
有罪推定 ……………………………… (648)
有罪证据 ……………………………… (648)
诱导询问 ……………………………… (648)
诱供 …………………………………… (649)
语言分析仪 …………………………… (649)
语音辨认（见犯罪嫌疑人辨认）…… (650)
预审 …………………………………… (650)
预审机关 ……………………………… (650)
预审心理学 …………………………… (651)
预审学 ………………………………… (651)
预审员 ………………………………… (652)
原本 …………………………………… (652)
原告和被告 …………………………… (652)
原告举证说 …………………………… (653)
原审 …………………………………… (653)
原始证据【刑诉】……………………… (653)
原始证据【民诉】……………………… (653)
原形现场 ……………………………… (653)
月经期前紧张症 ……………………… (653)
越权代理 ……………………………… (653)
运输工具痕迹 ………………………… (654)
运输工具痕迹检验 …………………… (654)

Z 类

栽赃 …………………………………… (656)
再抗告 ………………………………… (656)
再审 …………………………………… (656)
再审案件 ……………………………… (656)
再审裁判 ……………………………… (657)
再审法院 ……………………………… (657)
再审提审 ……………………………… (657)
再审之诉 ……………………………… (657)
再审制度 ……………………………… (658)
暂短性精神障碍 ……………………… (658)
暂时逮捕 ……………………………… (658)
赃物登记 ……………………………… (658)
脏器损伤 ……………………………… (659)
造型体 ………………………………… (659)
造作伤 ………………………………… (659)
躁狂抑郁性精神病 …………………… (659)
责令退出法庭 ………………………… (660)

诈病	(660)
诈骗案件侦查	(660)
债权人会议	(661)
粘合剂	(662)
谵妄状态	(662)
照片辨认(见犯罪嫌疑人辨认)	(663)
侦查	(663)
侦查辨认	(663)
侦查辨认规则	(664)
侦查辨认记录	(664)
侦查措施	(664)
侦查对象	(665)
侦查范围	(665)
侦查方案	(665)
侦查方法	(665)
侦查方向	(666)
侦查访问	(666)
侦查管辖	(667)
侦查机关	(667)
侦查羁押期限	(668)
侦查计划	(668)
侦查技术(见刑事技术)	(668)
侦查监督	(668)
侦查决策	(669)
侦查录像	(670)
侦查录音	(670)
侦查录音录像	(670)
侦查逻辑	(671)
侦查逻辑学	(671)
侦查强制措施	(671)
侦查情报学	(672)
侦查权	(673)
侦查人员	(673)
侦查任务	(673)
侦查实验	(674)
侦查实验记录	(675)
侦查思维	(675)
侦查思维学	(675)
侦查特殊方法	(675)
侦查推理	(676)
侦查心理学	(676)
侦查行为	(676)
侦查讯问	(677)
侦查一般方法	(677)
侦查员	(678)
侦查原则	(678)
侦查终结	(678)
侦查主体	(679)
侦察	(680)
侦探	(680)
整体分离痕迹	(680)
正本	(681)
正当程序	(681)
正当当事人	(682)
证据	(682)
证据保全	(683)
证据材料	(683)
证据的可采性	(683)
证据的相关性	(683)
证据分类	(684)
证据分离主义	(684)
证据共通原则	(684)
证据可采性法则	(684)
证据来源	(685)
证据力(见证明力)	(685)
证据能力	(685)
证据确实、充分	(686)
证据体系	(686)
证据制度【刑诉】	(686)
证据制度【民诉】	(687)
证据种类	(687)
证据资料	(687)
证明	(688)
证明标准	(688)
证明程度	(688)
证明对象	(688)
证明力	(689)
证明责任【刑诉】	(689)
证明责任【民诉】	(689)
证人	(690)
证人保护	(690)
证人能力	(690)
证人证言【民诉】	(691)
证人证言【刑诉】	(691)
证人资格	(691)
证书诉讼	(691)
证言拒绝权	(692)
《政治宣言》	(692)
支持公诉	(692)
支持起诉原则	(692)
支票诉讼	(693)
支气管肺炎	(693)
知觉障碍	(693)
知情人	(693)

知识产权能力	(693)
《执法人员行为守则》	(694)
执行	(694)
执行标的	(695)
执行程序【刑诉】	(695)
执行程序【民诉】	(696)
执行措施	(696)
执行逮捕通知书	(697)
执行担保	(697)
执行当事人	(698)
执行法院	(698)
执行根据	(698)
执行和解	(699)
执行回转	(699)
执行机关	(700)
执行监督	(700)
执行令	(701)
执行申请	(701)
执行死刑笔录	(701)
执行死刑命令	(701)
执行异议	(701)
执行异议之诉	(702)
执行原则	(702)
执行中止	(703)
执行终结	(703)
执行组织	(703)
直接发问	(704)
直接扩大照相	(704)
直接审理	(704)
直接审理原则	(704)
直接送达	(704)
直接原则	(705)
直接证据【民诉】	(705)
直接证据【刑诉】	(705)
职权根据追查令	(706)
职权送达主义	(706)
职权主义	(706)
职权主义诉讼	(706)
职务管辖	(706)
指定辩护	(706)
指定代理人	(707)
指定管辖【民诉】	(707)
指定管辖【刑诉】	(708)
指定期间	(708)
指令再审【刑诉】	(708)
指令再审【民诉】	(708)
指名问供	(709)
指纹	(709)
指纹登记	(709)
指纹分析	(710)
指纹管理	(711)
指纹三角(见指纹外角点)	(711)
指纹特征	(711)
指纹外角点	(712)
指纹纹线系统	(712)
指纹纹型	(712)
指纹学	(713)
指纹中心点	(714)
指纹自动化识别系统	(714)
质证【民诉】	(714)
质证【刑诉】	(715)
致命伤	(715)
智力商数	(715)
智能障碍	(715)
中毒	(716)
中毒型细菌性痢疾	(717)
中国法学会诉讼法学研究会	(717)
中国法医学会	(717)
中国检察官协会	(717)
中国刑事科学技术协会	(718)
中华全国律师协会	(718)
《中华人民共和国逮捕拘留条例》	(718)
《中华人民共和国公证暂行条例》	(718)
《中华人民共和国律师法》	(719)
《中华人民共和国民事诉讼法(试行)》	(721)
《中华人民共和国民事诉讼法》	(722)
《中华人民共和国企业破产法(试行)》	(723)
《中华人民共和国人民法院暂行组织条例》	(723)
《中华人民共和国人民法院组织法》	(724)
《中华人民共和国人民检察院组织法》	(724)
《中华人民共和国刑事诉讼法》	(725)
《中华人民共和国行政诉讼法》	(728)
《中华人民共和国仲裁法》	(729)
《中华苏维埃共和国裁判部暂行组织及裁判条例》	(730)
《中华苏维埃共和国司法程序》	(730)
中级人民法院	(731)
中间确认之诉	(731)
中间争点	(731)
中心现场	(732)
中止诉讼	(732)
终局行政行为	(732)
终审裁定	(732)
终审判决	(733)

终止诉讼	(733)	转委托	(748)
种类认定	(733)	追缉堵截	(749)
种属鉴定	(733)	坠落伤	(749)
仲裁	(734)	准现行犯	(750)
仲裁保全	(734)	咨询	(750)
仲裁裁决	(735)	子宫外孕	(750)
仲裁程序	(735)	姊妹船诉讼	(750)
仲裁调解	(736)	紫外线照相	(750)
仲裁费用	(736)	自发性气胸	(751)
仲裁管辖	(737)	自认	(751)
仲裁监督	(737)	自溶	(751)
仲裁申请	(738)	自首人	(752)
仲裁庭	(738)	自诉	(752)
仲裁委员会	(739)	自诉人	(752)
仲裁协议	(739)	自卫能力	(752)
仲裁员	(740)	自我恋型人格障碍	(753)
仲裁制度	(740)	自我认同障碍	(753)
重大刑事案件	(741)	自限性精神障碍	(753)
重大责任事故案件侦查	(741)	自行回避	(753)
重量测量	(742)	自行侦查	(753)
重证据不轻信口供	(742)	自由顺序原则	(753)
周期性精神病	(742)	自由心证	(754)
蛛网膜下腔出血	(742)	自由证明(见严格证明)	(754)
主参加人(见诉讼中的第三人)	(743)	自侦案件	(754)
主动脉瘤破裂出血	(743)	自知力	(755)
主观举证责任	(743)	自治州、省辖市人民检察院(见省级人民检察院分院)	(755)
主管	(743)		
主管机关	(743)	宗教徒特殊精神状态	(755)
主体现场	(743)	纵火癖	(756)
主文	(744)	走私案件侦查	(756)
主要犯罪事实	(744)	足迹	(756)
主要证据	(744)	足迹定量化检验	(756)
主证(见本证、主要证据)	(744)	足迹动力形态检验	(757)
住宅搜查	(744)	足迹分析	(757)
助理检察员(见检察员)	(745)	足迹各部位名称	(757)
助理审判员	(746)	足迹鉴定	(758)
注意障碍	(746)	足迹提取	(758)
专案侦查	(746)	足纹	(759)
专家证人	(746)	阻止令	(759)
专利审判籍	(746)	最高人民法院	(759)
专利诉讼	(746)	《最高人民检察署试行组织条例》	(759)
专门管辖	(747)	最高人民检察院	(760)
专门机关与广大群众相结合	(747)	最高人民检察院法纪检察厅	(761)
专门人民法院	(748)	最高人民检察院反贪污贿赂总局	(761)
专门人民检察院	(748)	最高人民检察院个案协查办公室	(762)
专职律师	(748)	最高人民检察院技术科学研究所	(762)
专属管辖	(748)	最佳证据及其规则	(762)

罪犯体貌登记	(762)	佐证(见补强证据)	(763)
醉酒	(763)	作证不得中止	(763)
醉酒实验	(763)	作证宣誓	(763)

aikesi guang zhaoxiang

X光照相(X-ray photography) 以X射线为光源的一种物证检验照相技术。由于X光具有较强的穿透力,可用于检验物品内部损伤,也可拍摄某些特殊的痕迹物证,如用于检验、拍摄射击残留物、指印。X光照相方法主要有透射检验摄影、显微检验摄影、衍射检验摄影、光电子摄影、荧光摄影等。它应当使用专用X感光片,在具有防护设备的专门实验室进行。 (蓝绍江)

anjian shoulifei

案件受理费(court charge for hearing a case) 当事人进行民事诉讼,依法向法院交纳的费用。有的国家称为国家规费。案件受理费是按照法律规定进行诉讼时必须交纳的费用,是诉讼费用中最主要的一部分。一般来说,案件情况不同,案件受理费的征收标准和办法也有所不同。在我国,依照1989年最高人民法院制定的《人民法院诉讼收费办法》,案件受理费分为财产案件受理费和非财产案件受理费两部分。

财产案件受理费 通常是按争议财产的价额或金额,依一定比率征收。我国采取的是比率递减法,即当事人争议数额或金额越大,征收费用比率越低。具体征收标准为:不满1000元的,每件交50元;超过1000元至5万元的部分,按4%交纳;超过5万元至10万元的部分,按3%交纳;超过10万元至20万元的部分,按2%交纳;超过20万元至50万元的部分,按1.5%交纳;超过50万元至100万元的部分,按1%交纳;超过100万元的部分,按0.5%交纳。财产案件受理费的计算方法是按上述标准对诉讼标的额分段计算后,相加的总数即为应收额。

非财产案件受理费 通常是按件征收。具体规定为:离婚案件,每件交纳10元至50元。涉及财产分割的,财产总额不超过1万元的,不另收费。超过1万元的部分,按1%交纳。侵害姓名权、名称权、肖像权、名誉权、荣誉权的案件,每件交纳50元至100元。侵害专利权、著作权、商标权的案件,每件交纳50元至100元,有争议金额的,按财产案件收费标准交纳。其他非财产案件,每件交纳10元至50元。在上述非财产案件受理费的征收幅度内,各省、自治区、直辖市高级人民法院可根据当地的实际情况分别规定具体的收费标准。此外,根据最高人民法院《关于适用〈中华人民共和国民事诉讼法〉若干问题的意见》的规定,申请支付令的案件和适用公示催告程序的案件,也采用按件征收的办法。向法院申请支付令的,每件交纳申请费100元;向法院申请公示催告的,每件交纳申请费100元。督促程序和公示催告程序终结后,另行向法院起诉的,按照《人民法院诉讼收费办法》另行交纳诉讼费用。

申请执行费 申请人如果向法院申请执行非法院制作的其他法律文书,如仲裁裁决书、经过公证的债权文书,应当向法院交纳申请执行费用。申请执行费相当于案件受理费,具体标准为:申请执行金额或价额在1万元以下的,每件交纳50元;超过1万元至50万元的部分,按0.5%交纳;超过50万元的部分,按0.1%交纳。当事人申请执行法院制作的发生法律效力的民事判决书、裁定书和调解书以及具有财产执行内容的刑事判决书、裁定书,不交纳申请执行费。

申请财产保全费和申请扣押船舶费 其性质类似于案件受理费,也是依照规定应当交纳的费用。向法院申请财产保全和申请扣押船舶应当按下列标准交纳申请费:保全财产的金额或价额不满1000元的,每件交纳30元;超过1000元至10万元的部分,按1%交纳;超过10万元的部分,按0.5%交纳。海事海商案件中申请扣押船舶的,每件交纳1000元至5000元申请费。 (阎丽萍)

anjian zhuyaoshishi

案件主要事实(main fact of case) 构成该案件全部事实、情节中的对确定罪与非罪、此罪与彼罪和罪责轻重具有决定意义的事实。案件主要事实可能是犯罪事实,也可能是非犯罪事实,如被控强奸的,经查,确定为通奸,这一案件的主要事实虽是非法的性行为,却不是犯罪事实。当确定案件的犯罪事实确已发生,有关犯罪行为是何人所实施,犯罪的目的、手段,是故意犯罪还是过失犯罪,犯罪所造成的危害等,均是案件主要事实。这种构成犯罪的案件主要事实,也就是主要犯罪事实,是对被告人定罪量刑的基本根据。案件主要事实是进行刑事诉讼必须重点核查的部分,司法机关对其作出认定的结论,必须要有确实的证据。

(陈一云)

anqing fenxi

案情分析(analysis of fact) 侦查人员通过对犯罪结果的勘查、初查研究,从认识上恢复犯罪实施过程的原状,以确定事件的性质和实施犯罪的有关情况的活动。侦查人员对案情的分析自受案开始并随着调查研究的进展逐渐深化,一直持续到侦查终结为止。对于正确判定侦查计划,确定侦查方向,界定侦查范围,搜集案件证据,追缴赃款赃物,查缉犯罪嫌疑人,选准破案时机等,极为重要。案情分析的最初依据是报案、举报、控告或自首的材料以及经过审查核实的勘查、调查询问的资料等。在侦查初期,案情分析的重点是:①判断案件的性质,即是犯罪问题还是违法、违纪、违章或意外事件;如果是犯罪问题还要进一步分析是何罪的问题。②分析案件情节,推断犯罪时间、地点、工具、手段等。③分析判断作案人的人身形象、职业、身份和生活习惯及与社会环境、物质环境的关系等;如果是已有明确犯罪嫌疑人的职务罪案或经济罪案,则要分析其作案的条件、方式方法、赃款赃物如何得手、怎样掩盖犯罪事实、已经和将会采取哪些反侦查活动等。随着侦查工作的进展,应通过各种侦查手段和措施,不断收集和调取有关犯罪事实的新情况、新线索、新证据,要不断地对案情进行深入的分析,以推动侦查工作的开展。

案情分析要建立在足够的案情资料基础上,要有仔细的思考研究精神和正确的思想方法,以及正确运用侦查经验和逻辑思维规则。由于事先收集、调取证据,一切涉案资料都受到时空和主客观因素的影响,侦查人员应从事物的发展、运动、变化中去研究事件的原貌,认清犯罪事实的真相。而要做到这一点,又必须在分析判断案情的过程中符合形式逻辑的思维规则。如据以分析判断案情的前提条件必须真实,推断出的确定性结论的根据必须穷尽一切可能等等。 (文盛堂)

an you
案由(matter of case) ❶法院根据原告的诉讼请求和案件事实对案件的类别和性质所作的概括和归纳。案由一般在立案时予以确定,但在诉讼过程中,随着案件事实的逐渐明朗,案由有可能发生变更,以便与案件事实本身相一致。

❷指特定诉讼事件的事由。在刑事诉讼中一般指案件的名称,且多以犯罪的具体罪名而定,例如,伤害、抢劫、强奸等。法院开庭审理案件时,必须由审判长宣布案由,庭审前的法庭公告中也必须公告案由。此外,案由还是许多法律文书的重要组成部分,在一些重要的法律文书,例如判决书,裁定书中,都必须写明案由。
(万云芳 汪建成)

aomenfayuan tixi he jiancha jigou
澳门法院体系和检察机构(court system and procuratorate of Macau) 《澳门司法组织纲要法》生效以前,澳门法院系统包括澳门法院和审计评政院。澳门法院为隶属于里斯本中级法院的初级法院,负责审理在澳门发生的一切刑事、民事案件,涉及总督和政务司的案件除外。对澳门法院判决不服,可上诉到里斯本法院,直至葡萄牙最高法院。审计评政院即行政法院,负责审查处理澳葡行政诉讼方面的事宜,受葡萄牙最高评政院和审计院领导。根据《澳门司法组织纲要法》,原有的法院系统发生变动。澳门的现有法院系统可分为三个层次,即第一审法院,第二审法院和终审法院。①第一审法院。根据《澳门司法组织纲要法》,澳门原有的普通管辖法院、刑事预审法院、行政法院为澳门第一审法院,负责澳门刑事、民事、行政案件的初审工作。②第二审法院。1993年4月,澳门组建了第二审法院——澳门高等法院。高等法院以全会和两个分庭运作。全会受理重大案件及对其分庭一审裁判的上诉案件。两个分庭其中一个负责审理一般的民、刑案件,另一个负责审理行政、税务及海关诉讼案件。与高等法院平级的是澳门审计法院,享有审判权及财政控制权。③终审法院。1999年12月20日前,葡萄牙最高法院、最高行政院、宪法法院和审计法院是澳门地区的终审法院,受理澳门高等法院、审计法院的上诉案件。根据1993年通过的《中华人民共和国澳门特别行政区基本法》,除因终审权发生变化外,基本保留原有的法院系统。澳门特别行政区设初级法院(包括行政法院)、中级法院和终审法院。初级法院可根据需要设立若干专门法庭。终审法院是设在澳门的最高法院,行使终审权,其作出的判决为终局判决,不得上诉到最高人民法院。

澳门现行的司法体制中,有独立的检察机构——澳门检察院,代表澳门政府提起刑事诉讼,维护法制及法律保障的权益,其前身为葡萄牙共和国驻澳门检察官公署。澳门检察院由一名助理总检察长、三名检察长、八名检察官组成,实行垂直领导制。1999年12月20日前,受葡萄牙总检察长公署领导。澳门检察院的职权主要包括:①代表澳门地区、公钞局、市政厅以及在行为能力、不确定、失踪的人士;②对刑事案件有起诉权,并领导对刑事案件的侦查;③无偿提供法律援助、法律咨询等。根据《中华人民共和国澳门特别行政区基本法》的规定,澳门特别行政区成立后,保留检察署是澳门特别行政区司法机关的属性,规定检察院独立行使检察职能,不受任何干涉。检察长必须由澳门特别行政区永久性居民中的中国居民担任。
(丛青茹)

aomen fantan gongshu
澳门反贪公署(Macao Office of Senior Commissioners Against Corruption and Administrative Irregularities) 澳门地区的反贪污及反行政违

法性的独立调查机构。全称是"澳门反贪污暨反行政违法性高级专员公署"。1990年7月17日，澳门立法会通过了《反贪污暨行政申诉高级专员公署法案》。该法案规定：①高级专员公署的职能是调查有充分理由怀疑涉嫌贪污或欺诈、侵害公共财产、滥用公职权力或任何损害公共利益等行为的有关事实的迹象或报道，并对上述罪行进行起诉，但不直接影响基本权利、也不抵制法律赋予其他机构的权力；并维护人的权利、自由、保障和合法利益，通过非正式手段确保公共行政机关的公正、守法和有效性。②该署的调查对象包括澳门总督、立法会主席、各政务司、立法会全体议员、咨询会全体委员、本地区中央和地方行政机关、公众权益的法人等等。③该署可以向总督和立法会建议审议影响人的权利、自由、保障或合法权益的违宪或不符合准则的非法行为；建议采取立法措施改善机关的运作和遵守行政活动的合法性，特别是消除对贪污、不适当或在道德上受谴责等行为的有利因素方面等等。④凡对抗高级专员公署执行职务者，除负民事或纪律责任外，还要受相当于加重但不以犯罪论的处分。

高级专员公署是一个独立的部门，其职位主要设置：高级专员、助理专员、秘书长、秘书、顾问和协调员、专家、技术辅助部门主任、部门主任助理、高级技术员等等。专员公署于1992年正式运作，目的是为了扑灭贪污，打击行政违法，提倡廉洁的风气，令政府能更有效地运作。它是一个独立的公共机关，不受任何命令或指示约束，亦不受任何团体或政府的影响，仅按法律规定办事。公署有治标、治本、根除三管齐下的工作方式。

反贪专员公署的刑事侦查范围所涉类别主要有：滥用信用、滥用职权、恐吓、协助偷渡及非法工作、诈骗、走私、行贿及受贿、提供假证明、伪造文件、伤害他人身体、公务上之侵占、包庇非法赌博及放债利、财富与官职收入不相称等等。

(文盛堂)

aomen sifa jingchaju
澳门司法警察局(Macao Judicial Police Department) 成立于1961年，原名司法警察厅，初期归葡萄牙海外部司法警署管辖，后来转归澳门保安司管辖，再后来又转归司法事务政务司管辖。司法警察司由一名司长领导及两名副司长辅助。为执行其职责，所设附属单位有：刑事事务厅、行动资源厅、国防刑警公署、司法鉴定化验所、管理计划厅、司法学校。司法警察司的职责为预防及侦查犯罪并向司法当局提供协助，职掌维护法治及司法公正、调查犯罪，并有权对酒店、公寓、海关、边境及赌区进行巡查和问讯。在刑事侦查方面，它的权限是：进行法律规定许可的调查；按照刑事诉讼法的规定，协助法官及检察官进行调查；协调国际间的合作；进行司法鉴定；管理和计划侦查活动，并进行警察培训。

(文盛堂)

B

baiguhua

白骨化(decompose to bony skeleton) 尸体高度腐败后,全身软组织溃烂,溶解,消失,最后仅剩骨骼。尸体腐败后,由于软组织溃烂,液化,所以使毛发、指甲、趾甲脱落,肢体分离,腐败液体流向低处,被衣服、棺木、泥土等物体吸收并蒸发,剩下不易腐败的骨骼,埋葬六七百年尸骨尚可保持完整。形成白骨化的时间与周围的温度、湿度和空气等埋葬条件有很大关系。一般情况下,地上尸体约经1年,地下尸体约经5年以上。此外,动物的破坏可加速白骨化的形成。骨质上的伤痕可永久存在。某些金属毒物中毒,可取骨质作为化验检材。更有价值的是骨骼在个人识别方面有重要意义。在法医检验中,可根据骨骼的结构特征,判断死者年龄、性别和种属等。这一领域所涉及的内容、系统的理论和特殊技术,已形成法医学的一门分支学科,即法医人类学。

(李宝珍)

baisu

败诉(lose the case) 诉讼中的一方当事人得到不利于自己的判决。判决全部不利于一方当事人的,为该当事人全部败诉;部分不利于一方当事人的,则为部分败诉。在我国,败诉与否常用于民事诉讼中。在刑事诉讼中,只有自诉案件和有附带民事诉讼时,才有一方当事人败诉问题。公诉案件不存在双方当事人,也就没有是否败诉的问题。

(汪建成)

baoquan zhengju

保全证据(preserving evidence) 司法机关在刑事诉讼过程中,对于可能灭失、失真或以后难以取得的证据,及时采取相应的措施予以固定和收集,以保持其真实性和证明力的活动。保全证据在于保持证据被发现时的原状,防止因时过境迁和人为的干扰而不能或难以取得或发生变化。保全证据应根据不同情况采取相应的措施,如证人病危或将出国定居的,应及时询问和记录其证言;可用作证的物品容易腐坏的,应在检验后记明其各种特征并拍照;对应扣押的物证不能取走的,则应封存。

《中华人民共和国刑事诉讼法》虽然没有像《中华人民共和国民事诉讼法》那样明确规定保全证据,但遇有需要保全证据时,司法机关都应依职权主动采取保全措施,而不管当事人等是否提出了申请,以利于诉讼的顺利进行和为定案提供确实、充分的证据。

《日本刑事诉讼法》第179条对保全证据的程序作了如下的明确规定:"被告人、被疑人或辩护人如不预先保全证据就会在使用证据上遇到困难时,以在第一次公审期日前为限,可以请求审判官作出扣押、搜索、勘验、讯问证人或鉴定等处分。"

(陈一云)

baoshi

保释(bail) 英美刑事诉讼法中由被羁押待侦查、审判的人提供担保,并履行必要的手续后予以释放的制度,又称具体释放或取保释放。可以提供的担保一般有两种:保人担保和金钱担保。英国1976年《保释法》明文对保释作了系统的规定,各诉讼阶段都可以保释,警察局、治安法院和刑事法院都有保释的权利和义务,高等法院也有权干预各级法院的保释。但保释也有例外情况,叛国犯、逃犯、有所控罪行相同的前科、曾被保释但违反保释规定而不按时到庭受审等情况下无权取得保释。美国自1978年实行《联邦司法条例》以来,在联邦法院中除被控犯死罪的人外,其他人犯均有权获得保释。大部分州的宪法中也规定除死罪以外,每个公民均有权获得保释,但司法实践中对犯罪证据确凿的重罪案件,法官通常有权拒绝保释。由于法律传统不同,各国关于保释制度的规定均存在差异。如在法国,被告人或他的律师在任何时候均可向预审法官申请保释,即使在法无明文规定的情形下,预审法官同检察官协商后,也可自行决定保释。但是被告人必须随传随到,并向预审法官报告全部活动情况。《日本刑事诉讼法》中也规定了保释制度,但1953年的修改对保释的例外情况作了较大的补充。

对于保释需交纳的保释金数额,各国立法一般只作原则性规定。如英国1689年《权利法案》(Bill of Rights)规定:"在任何案件中不得收取过多的保证金"。《日本刑事诉讼法》规定:"保证金数额应当考虑犯罪的性质和情节、证据的证明力以及被告人的性格和财产;规定足以保证被告人到场的相当数额的金额"(第93条)。在保证金数额方面,法官享有自由裁量权。

(黄永)

baozhang zhixing cuoshi

保障执行措施(enforcement measures) 为保障执行机关实施执行行为而设立的辅助性措施。保障执行措施与执行措施都是为实现执行的目的而设立的,但二者在执行过程中所起的作用不同。执行措施的实施能够直接使权利人的权利得以实现,而保障执行措施的实施是促进执行措施作用的发挥,进而保障权利人权利的实现。我国现行民事诉讼法规定了三项保障执行措施。

签发搜查令 在执行过程中,如果义务人逾期不履行法律文书确定的义务并且隐匿转移财产的,人民法院有权签发搜查令,对义务人及其住所或财产隐匿地进行搜查。搜查的目的在于保证封、扣押措施的顺利实施。采取搜查措施,应具备如下条件:①搜查必须由人民法院院长签发搜查令;②搜查必须在义务人没有其他财产可供用于履行法律文书确定的义务,仅有的财产又被隐匿的情况下才能适用;③搜查应当遵守法定程序:应当出示搜查令;应有被搜查人或其成年家属、邻居或其他证人在场;搜查妇女身体,应当由女执行员进行;搜查到的义务人的财产应依法予以扣押;搜查情况笔录应由执行员和被搜查人或见证人签名盖章。

责令支付延期利息、迟延履行金 这是对义务人没有按法律文书确定的期间履行义务时所采取的保障性措施。义务人如果没有按生效法律文书确定的期间履行金钱债务,人民法院要责令其支付延期利息;如果义务人没有按生效法律文书确定的期间履行其他义务,人民法院要责令其支付迟延履行金。迟延履行的延期利息和迟延履行金由执行员在执行通知中告知义务人,由义务人与法律文书确定的义务一并履行,义务人拒不履行的,可依法强制执行。

继续执行 在执行程序中,如果人民法院采取了查询、冻结、划拨被执行人存款,扣留、提取被执行人的收入及查封、扣押、冻结、拍卖、变更被执行人的财产等执行措施后,义务人仍不能履行生效法律文书确定的义务的,可以中止执行,如果债权人发现义务人还有其他财产时,可以随时请求人民法院继续执行,直至清偿全部债务。 (阎丽萍)

baozuoren
保佐人(guardian) 日本等国法律规定的重要诉讼参与人,即为保护当事人的利益而辅助其进行诉讼行为的人。根据日本刑事诉讼法的规定,保佐人可以随时担任被告人的辅佐人,并可以在不违反被告人明示的意思时,协助被告人进行诉讼行为。 (陈瑞华)

bao'an
报案(report a case) 向司法机关报告所知的犯罪事实或犯罪嫌疑人的行为。广义的报案泛指刑事诉讼法上规定的报案、举报、控告等各种向司法机关报告有关犯罪事实或犯罪嫌疑人的行为。狭义的报案不包括控告和举报,仅指单位和个人(包括被害人)向司法机关报告发现有涉案情况的行为。刑事侦查上所讲的报案通常是从广义的含义使用这一概念的。因此,报案的主体包括任何单位和个人。《中华人民共和国刑事诉讼法》(1996年3月17日八届全国人大四次会议审议通过了修改本法的决定)第84条规定:"任何单位和个人发现有犯罪事实或者犯罪嫌疑人,有权利也有义务向公安机关、人民检察院或者人民法院报案或者举报。""被害人对侵犯其人身、财产权利的犯罪事实或者犯罪嫌疑人,有权向公安机关、人民检察院或者人民法院报案或者控告。"关于报案的形式,《刑事诉讼法》第85条第1款中规定:"报案、控告、举报可以用书面或者口头提出。"报案应当反映真实情况,如果诬告应当负法律责任。但是,只要不是捏造事实,伪造证据,即使是控告、举报的事实有出入,甚至是错告的,也不是诬告。报案时,如果不愿公开自己的姓名,应向司法机关说明,司法机关有义务为报案人、举报人、控告人保守秘密和保障其本人及其近亲属的安全。但保密的范围仅限于报案,如果是要作为证人提供证言的,则应当依法作证。报案时不知道本案归哪个司法机关管辖或到管辖本案的司法机关报案不便的,可选择任何司法机关报案。口头报案时可以面报也可以电话报案,但应尽可能地将犯罪的时间、地点、方法、后果、死人或犯罪嫌疑人等有关情节讲清楚。书面报案的可以面交,也可以采用电报、电传或邮寄等方式。报案时,如果有破坏现场、毁灭证据的危险或报案人及其他人的生命财产安全受到严重威胁等情形的,可要求接受报案的司法机关及时采取紧急措施。 (文盛堂)

bao'anren
报案人(reporter) 向司法机关报告发现有犯罪事实或者犯罪嫌疑人的单位和个人。包括:①发现有犯罪事实或者犯罪嫌疑人而向司法机关报告的法人和非法人单位;②发现有犯罪事实或犯罪嫌疑人而向司法机关报告的自然人,即任何个人;③合法权益受到犯罪嫌疑人或者其犯罪行为所侵犯而向司法机关报告的法人和非法人单位;④人身、财产权利受到犯罪嫌疑人或其犯罪行为侵犯而向司法机关报告的被害人。 (文盛堂)

baodao xingshuzheng
报道性书证(non-legauy-binding documentary evidence) 文书记载的内容不是以产生一定的法律效果为目的,而是制作人一般性地记载或报道已发生的或了解的具有法律意义的事实。例如商业账簿、会议记录等。报道性书证与处分性书证相对称。处分性书证是指书证中记载的或表述的内容与一定的法律后果相联系,即制定文书的目的是为了设立、变更或消灭某些法律关系或确定某些法律事实,例如合同、委托书、遗嘱等。报道性书证和处分性书证的证据力即证据得为证明的价值与法律上有所不同。对于报道性书证,只要认为文书成立,是真实的,便具有了实质的证据力,但由于文书制作人的观察力、文化程度以及与报道事实有无利害关系等能左右其实质证据力,因此其证据力是薄弱的。处分性书证只有具备了形式要件和实质要件并符合法律的规定才有证据力。对于处分性书证,当事人对文书的内容性质上不能提出反证,只能够证明制作人没有权限或主张处分性书证的内容意思表示有欠缺,可以取消或主张消灭其效果的全部或一部分。

(丛青茹)

baoqing fuhe
报请复核(submit for approval after review) 依照死刑复核程序的规定,对判处死刑(包括死刑缓期二年执行)的案件报请高级人民法院和最高人民法院复查核准的诉讼活动。根据我国刑事诉讼法的规定,死刑立即执行案件报请复核的情形有三种:一是中级人民法院判处死刑的一审案件,被告人没有上诉、人民检察院没有抗诉的,应将全部案卷立即报送高级人民法院复核;高级人民法院复核后,如果同意判处被告人死刑,应当提出审核意见,连同中级人民法院移送来的案卷,一并报请最高人民法院核准。二是中级人民法院一审判处死刑的案件,如果被告人提出上诉或者人民检察院提出抗诉,高级人民法院要按第二审程序进行审理,只有高级人民法院用裁定维持死刑判决的,才由高级人民法院将全部案件材料及死刑判决、裁定,报请最高人民法院核准。三是高级人民法院一审判处死刑的案件,被告人未提出上诉、人民检察院未提出抗诉的,应当将全部案卷材料报送最高人民法院核准死刑。如果被告人提出上诉或者人民检察院提出抗诉的,则应当按照第二审程序的规定,将全部案卷材料报送最高人民法院依照第二审程序进行审理。但此种情形已不属于死刑复核程序,而是普通的上诉审程序。下级法院报请复核时,应当报送死刑案件综合报告、各种诉讼文书、全部证据等诉讼案卷材料。共同犯罪的案件,应当报送全案的诉讼案卷和证据。呈请复核的报告,应当说明案由、简要案情、审理过程及意见,并要坚持一案一报原则。

中级人民法院一审判处死刑缓期二年执行的案件,被告人没有上诉、人民检察院没有抗诉的,应当将该案件主动报请高级人民法院复核。中级人民法院在报送案件时,也应写出死缓案件综合报告,连同各种诉讼文书及全部证据等案卷材料,一并送交高级人民法院。报请复核时,也要坚持一案一报原则,不能多案一报。

(刘广三)

baoli siwang
暴力死亡(violent death) 又称非自然死亡或非正常死亡或外因性死亡。由于外部因素侵害人体引起的死亡,亦称暴力死亡。外部因素包括物理性、化学性和生物性三种暴力。在物理性暴力致死中有各种机械性损伤死、各种机械性窒息死、烧死、冻死、电击死、雷击死、放射能致死和气压改变致死。在化学性暴力致死中有各种外源性化学毒物所致的中毒死。在生物性暴力致死中,有各种生物(动物、植物、微生物)和生物活性物质(如破抗疫苗、蛇毒等)致死。暴力死亡按死亡情节和性质的不同,可分以下三类:①自杀死,即用暴力手段结束自己的生命。②他杀死,即被他人用暴力手段杀害致死。③意外死,即因意外的暴力损害人体所致的死亡,又称灾害死。可发生于日常生活、工作、生产过程中。常见的有工伤事故、交通事故、失足落水、煤气中毒、误服毒物、触电、火灾、高处坠落以及医疗事故等。暴力死亡一般都要进行法医学检验,查明死因,分清性质,是法医学研究的重点内容。(李宝珍)

baofaxing renge zhangai
爆发型人格障碍(explosive personality disorder) 又称发作性控制不良综合征。这种人表现为发作性的情绪不稳,常为一些细微小事爆发非常强烈的愤怒,合并实施强烈的暴力行为,自己完全不能控制。行为的后果往往是对他人和对自己都构成灾难性的结局。虽然事后悔恨不已,但当再次遇到挫折时,仍不能理智地对待,再次爆发。在发作间期,精神活动基本正常,但自控能力差。在司法精神医学鉴定中,对行为人的刑事责任能力不能因这种非病理性的控制能力减弱而减免。

(孙东东)

baozha anjian zhencha
爆炸案件侦查(investigation of explosions case) 公安机关在办理爆炸案件过程中,依照法律进行的专门调查工作和有关的强制性措施。爆炸案件,是指我国现行《刑法》第114条所规定的爆炸罪,即故意用爆炸的方法,杀伤不特定多数人的性命、健康或者破坏公私财产,危害公共安全的案件。同其他刑事案件相比,爆炸案件的特点是:犯罪人具有使用爆炸物品的知识和取得爆炸物品的条件;作案前有较长时间的预谋准备阶段;现场易遭破坏,但有爆炸残留物可供提取和检验;案件发现及时。爆炸案件的侦查要点是:①仔细勘验爆炸现场,搜集残留物品。勘验人员应运用科学知识和实践经验,采取多种方法,对现场进行认真、细致、全面的勘验、筛选、拼接、搜集和采取爆炸残留物,为分析案情,确定侦查方向提供线索和物质依据。通过勘验,查明爆炸发生的时间和地点、爆炸物品的种类和当量、引爆物种类和引爆方式等,确定爆炸性质。②认真搞好现场调查访问,了解发案的详细情况。应重点访问爆炸的发现人、报告人、目击者、受伤人及死者家属和周围群众,详细了解爆炸发生的经过及爆炸过程中产生的各种现象,爆炸前后现场物品和人员位置的变动、变化情况,了解事主及死伤人的个人表现及社会关系等情况。③排查因果关系,发现重点嫌疑对象。如果被炸地点是私人住宅,则作案人与被害人之间往往有着利害冲突,可围绕被害人与犯罪分子相互之间的关系排查线索。④开展物证调查,确定犯罪分子。爆炸案件现场大多留有各种爆炸残留物,有时还可发现死于爆炸的或已逃离的犯罪分子遗留在爆炸现场的随身物品残片。对这些重要物证加以修整复原和鉴定,可以发现和认定犯罪分子。⑤采取侦查手段和措施,获取犯罪证据。主要应运用公开或秘密搜查的方式,发现罪证,进行检验,揭露犯罪,认定犯罪人。

(傅政华)

baozha shang

爆炸伤(explosions wound) 可爆物发生爆炸时造成的人体损伤。可爆物有化学性和物理性两类。化学性可爆物主要是火药、炸药及由其制成的雷管、手榴弹、炸弹等。物理性可爆物有锅炉、氧气瓶、煤气管道、高压钢瓶、电视机显像管等。爆炸伤多见于灾害事故,他杀和自杀也有。法院实践中最常见的爆炸伤多数是炸药和雷管引起的。发生爆炸时,由于飞散的弹片,灼热的火焰,强大的冲击波,爆炸抛出物,建筑物倒塌,放出有毒气体等原因,常造成相当复杂的损伤。离爆炸中心越近,损伤越严重,可造成肢体断离,体腔开放,颅骨崩溃,内脏破裂,多发性骨折,皮肤烧伤及烟熏窒息等。如人体处于爆炸中心部位,肢体或人体组织碎块可飞出数米乃至数百米,应注意全面仔细搜寻和检验。

(李宝珍)

baozhawu

爆炸物(explosive) 在外界作用(如热、冲击等)的影响下,能发生高速化学反应而急剧地释放出大量的能量或高热的气体之物。爆炸使其周围介质的压力和温度急剧地升高,发生瞬间气体膨胀和音响,造成周围介质的破坏。凡是能够发生化学爆炸,即在爆炸过程中有化学反应发生的爆炸的物质均可称为炸药。炸药按用途可分为起爆药、猛炸药和火药三大类。

起爆药是用来对其他炸药诱爆与点火的药剂。成分中大多数含有重金属元素,如雷汞、迭氮化铝、斯蒂酚酸铝等。这类炸药非常敏感,用火花点燃或轻微撞击即可爆炸。少量起爆药爆炸可引起大量猛性炸药爆炸。用它可单独或与其他炸药混合制作雷管、火帽、引信等起爆器材。雷管为一种起爆工具。用铜或铝制成圆筒外壳,内装一种起爆药或混合起爆药(如迭氮化铅和三硝间苯二酚铝)作为第一装药;为了获得较高的猛度,雷管内还装有高猛度炸药(特屈儿、黑索金)作为第二装药。雷管能被导火索的火焰或电点火。目前常用的是8号雷管,它适用于所有实际场合,其第一装药约0.3克,第二装药1.2克,长40—45毫米,外径7.0毫米。

猛炸药是具有猛烈爆炸性能和破坏力的药剂。同起爆药相比,其感度低,使用时须用起爆药起爆。按化学成分可分为两类:一类是单体猛炸药,如黑索金、太安、特屈儿、梯恩梯等;一类是混合猛炸药,如黑梯炸药由黑索金和梯恩梯混合而成,其比例(梯/恩)有70/30、60/40、50/50等,主要用于军事上的弹体装药。刑事技术中常见的为硝铵炸药,这类炸药是指由硝酸铵、敏化剂(如梯恩梯、硝化甘油、三硝基甲苯等)和某些易燃物质(如木炭、木屑、油等)组成的机械混合炸药,因用途不同,组成配比略有差异。可分为:①铵梯炸药,由硝酸铵、梯恩梯、木粉组成,按用途又分为露天硝铵炸药、岩石硝铵炸药和煤矿硝铵炸药等,其中煤矿硝铵炸药还含有15%～20%的氯化钠为消焰剂。②铵油炸药,由硝酸铵及轻柴油、重油、机油等混合而成的不含敏化剂的炸药,为提高炸药感度,还加入木粉、松香、铝粉等。③铵沥蜡炸药,由硝酸铵、沥青、石蜡、木粉混合而成,也不含敏化剂。硝铵类炸药主要用于装填手榴弹、炮弹、地雷及爆破药包等,主要用于土壤、岩石、煤矿的爆破。作案分子为增加爆炸威力,常加入少量黑索金、太安等。该类炸药因用途广泛,配制简单,是刑事爆炸案件中一类常见的炸药。

火药主要用于发射枪弹或炮弹及用于作点火药和延期药。常用的为黑火药,是含有硝酸钾或硝酸钠火药的总称。黑火药中各成分配比不同,其性能不同。常见的是硝酸钾75%、木炭15%和硫黄10%的粉状或粒状混合物。黑火药对火焰和火花的作用异常敏感,极易燃烧或爆炸。对冲击和摩擦等机械作用感度高。最大特点是爆炸时有火焰、冒白烟、且爆炸威力小,其包装物有烧痕等。主要用于制造导火索、猎枪弹的发射药和引燃剂。无烟火药,应称"微烟火药",是燃烧时仅呈现微烟火药的总称。分为单料药和双料药两种:单料药以硝酸纤维素为主要成分;双料药以硝酸纤维素和硝化甘油为主要成分。是军事上最常用的发射药。一般由硝酸纤维素用挥发性的有机溶剂(乙醇、乙醚、丙酮等)或硝化甘油胶化后除去溶剂而成,往往加工成片状、蒂状、短管状或多孔圆柱形。机械作用的敏感度比起爆药小,但比猛炸药大。

爆炸残留物是爆炸后产物以外的物质,即未反应或反应不完全的物质。爆炸物的种类不同,其残留物也不同。如炸药爆炸,其残留物是指在现场残存的原形炸药及不完整的捆绑物、起爆装置、引爆装置、包装物等。通过对炸药爆炸现场的勘察及残留物的分布、采取和检验可认定炸药种类、数量及包装物、捆绑物、起爆装置、引爆装置的种类等。炸药残留物一般混在现场的泥土中或沾附在物品上,不易分辨。但由于组装爆炸装置的技术问题,总会造成少量炸药没有进行化学反应而以炸药原形物残留;罪犯在组装爆炸装置时,其装置表面、制造爆炸装置的地点、制作者的手和衣服上,都会沾染微量炸药原形物;而进行爆炸反应的炸药则生成了新物质,其中既有气体成分,也有固体成分。如黑火药爆炸后,除有 CO、CO_2、N_2、H_2S 等气体生成外,还有 K_2SO_4、K_2S、K_2CO_3 等固体物质生成,这些物质都是炸药残留物。爆炸装置残留物一般为肉眼可见的物质,多为炸药包壳、引爆装置、能源物、填加物及伪装物的残片。由于这些材料距炸药位置不同,受到的作用力和方向不同,故被抛掷和飞散的部位也不同。应在现场照相、爆炸尘土采取和爆炸痕迹勘验后仔细寻找。

在爆炸残留物检验中,首先应用感官或显微镜观察其颜色气味、残片的形态及有无原形炸药的颗粒,然后进行提取,再进行炸药成分检验。检验的方法有微量化学法、仪器分析法等。 (王彦吉)

beijing daxue sifa jiandingshi
北京大学司法鉴定室(The Office of Expert Testimony, Peking University) 经中华人民共和国司法部和国家教育委员会批准,于1991年1月成立的司法鉴定专门机构。北京大学司法鉴定室以充分发挥北京大学文理渗透、学科齐全、人才济济和设备条件先进等的优势,坚持公正、求实、严谨、科学的原则,服务于司法实践、教学和科学研究工作为宗旨。其任务是:为维护国家法律的正确实施,维护国家、集体和公民的合法权益,依法接受有关部门的委托,承办司法鉴定业务,出具具有证据效力的鉴定结论;从事司法鉴定学的教学和科学研究工作,为本学科的繁荣与发展做出贡献。

北京大学司法鉴定室的业务范围是:①接受国内各政法部门和其他机关、团体以及境外机构、团体的委托或聘请,进行手印、脚印、工具痕迹、枪弹痕迹等痕迹鉴定;笔迹、印章印文、票证、文件材料、人像等文书鉴定;法医学鉴定;司法精神医学鉴定;物证的物理学鉴定和化学鉴定等司法鉴定。②为社会各界提供有关司法鉴定问题的咨询。③进行司法鉴定学的教学和科学研究,为国家培养专门人才。

北京大学司法鉴定室会同北京大学法学院、物理学系、化学与分子工程学院、生命科学学院、电子显微镜室、信息科学中心等校内有关单位的负责人组成北京大学司法鉴定室鉴定工作协调委员会,以保证多学科鉴定工作顺利进行。该室的鉴定人员由本校法学、物理学、化学、生物学、医学和心理学等相关学科的专家学者担任。同时,还聘请了政法部门领导的有关教学科研单位有名望的专家担任顾问,为该室的鉴定工作提供咨询指导。

北京大学司法鉴定室的行政主管部门为北京大学,业务指导部门为国家司法部。 (孙东东)

beijingdaxue sifa jianding zhongxin
北京大学司法鉴定中心(Center of Judicial Expertise, Peking University) 又称北京大学司法鉴定室。是经原国家教育委员会、司法部等批准成立的司法鉴定专门机构。北京大学是一所文理渗透、科技力量雄厚、仪器设备先进的综合性大学。鉴定中心充分发挥这一优势条件,同北京大学法学院、物理学系、化学与分子工程学院及生命科学学院等单位密切合作,共同承办各项司法鉴定业务,从事司法鉴定学的教学与研究工作。鉴定中心除有一批法学、物理学、化学、生物学和医学等学科的专家学者为专职或兼职鉴定人员外,还聘请政法及有关部门和教学科研单位的专家担任顾问,为中心的鉴定工作提供咨询指导。

北京大学司法鉴定中心的任务是:维护国家法律的正确实施,保障国家、集体和公民的合法权益,对所承接的鉴定项目以客观、公正、科学、严谨的态度,依法进行鉴定,切实保证鉴定结论准确可靠,具有证据能力。主要承办:国内各司法、执法机关和其他机关、团体以及境外机构、团体委托或聘请进行的痕迹鉴定(包括:手印、脚印、工具痕迹、枪弹痕迹等鉴定)、文书鉴定(包括:笔迹、印章印文、票证、文件材料及人像等鉴定)、法医学鉴定以及有关物质的物理学鉴定、化学鉴定和生物学鉴定等;为社会各界提供有关司法鉴定问题的咨询;进行司法鉴定学及相关学科的教学和研究,为国家培养专门人才。

此外,中国人民大学、中国政法大学、西南政法大学等单位也成立了司法鉴定室或司法鉴定中心。 (张玉镶)

beidexing renge zhangai
悖德型人格障碍(de linquent personality disorder) 又称反社会型人格障碍、违纪型人格障碍。这种人不真诚、不坦率、不可依赖,极端利己;对人冷酷无情，动辄冲动攻击；行为受偶然动机驱使，行为的结果损人不利己，甚至触犯刑律。事后无悔恨之意，不能从中吸取教训。对所受挫折耐受性差，强词夺理，把责任推给别人，自己力求开脱。在司法精神医学鉴定中，因此类人对自己行为的性质、后果有充分的辨认能力，主观上无自觉控制自己行为的动意，应评定为完全责任能力。其他法律能力也不应因此而减免。 （孙东东）

beidong fucong
被动服从（passive negativism） 精神病患者缺乏自由的意志，完全服从他人的吩咐和指挥的现象。例如吩咐其伏地学狗爬、学狗叫，则一一照做。属意志自主性的障碍。 （孙东东 吴正鑫）

beidong gongjixing renge zhangai
被动攻击型人格障碍（passive personality disorder） 人格障碍之一种。以被动的方式表现其强烈的攻击倾向。这种人表面上唯唯诺诺，背地里却故意不合作，顽固执拗、不听调动、拖延时间，暗地破坏或阻挠他人的行为。这种仇视情感与行为攻击倾向十分强烈，但又不敢直接表露于外，虽然满腹牢骚，但又依赖权威。 （孙东东）

beigaoren
被告人（defendant） 依法被检察机关提起公诉或被自诉人提起自诉而参与刑事诉讼的当事人。无论是在公诉案件或者自诉案件中，被告人都是作为辩护一方参加诉讼的当事人，是主要的诉讼参与人。长期以来，受刑事追诉者在审判前阶段通常被称为"被告人"或者"人犯"，"被告人"与"犯罪嫌疑人"在称谓上一直没有得到区分。这种情况在1996年3月《中华人民共和国刑事诉讼法》修正以后发生了变化：在检察机关提起公诉前的整个审判前阶段中，受刑事追诉者都被称为"犯罪嫌疑人"；只有在检察机关向人民法院提起公诉或自诉人提起自诉，从而使案件进入法庭审判阶段之后，受刑事追诉者才能被称为"被告人"，并具有相应的诉讼地位。被告人除了享有当事人所共有的诉讼权利以外，还拥有下列权利：有权自行或在辩护人的帮助下进行辩护；在自己是聋、哑、盲、未成年人或者可能被判处死刑而没有委托辩护人的情况下，有权获得法院指定的承担法律援助义务的律师的免费辩护；有权在法庭调查开始之前就起诉书指控的犯罪向法庭作出陈述；有权在法庭辩论终结后进行最后陈述；有权对第一审法院所作的判决、裁定提起上诉，等等。另外，自诉案件的被告人还有权对自诉人提出反诉。但被告人同时也负有一些特有的诉讼义务：接受人民法院的审判并按时出庭受审；承受依法实施的刑事强制措施，等等。 （陈瑞华）

beigaoren zuihou chenshu
被告人最后陈述（final statement by defendant） 被告人在法庭辩论终结后，审判人员退庭评议、制作判决之前所作的陈述。它是人民法院开庭审理案件过程中的一个法定必经程序，也是被告人享有的一项重要的诉讼权利。审判长在宣布辩论终结后，应当告知被告人有最后陈述的权利。被告人作最后陈述，可以对法庭所调查的事实和证据、自己有罪或无罪、罪重或罪轻等问题进一步发表意见，充分地进行辩解；也可以说明犯罪的动机、原因以及对危害后果的认识；还可以提出合理的要求。赋予被告人最后陈述的权利，是使其辩护权得以充分行使的重要保障，有利于审判人员全面分析案情，作出正确的判决。审判人员应当认真听取和研究被告人的最后陈述，一般不要限制被告人作最后陈述的时间，但如果被告人陈述的内容与本案无关，或者涉及国家机密，或者多次重复等，审判长应当制止。被告人在最后陈述中，如果提出新的事实或新的证据，足以影响认定案件事实和定罪量刑的，法庭可以根据具体情况决定恢复法庭调查或者延期审理。 （汪建成）

beihairen
被害人（victim） ❶人身权利、财产权利等合法权益遭受犯罪行为或不法行为直接侵害的人。我国现行《刑事诉讼法》第82条规定，被害人是刑事诉讼的当事人之一，具有广泛的诉讼权利。如《刑事诉讼法》第42条规定，被害人陈述是刑事诉讼证据之一；第84条规定，被害人有权向司法机关报案或者控告；第145条规定，被害人有依法申诉、起诉的特定权利；第155条规定，在法庭上被害人经审判长许可可以向被告人发问等。被害人在对侵犯其人身、财产权利的犯罪事实向司法机关依法报案时，他又同时成为报案人；被害人在对侵犯其人身、财产权利的犯罪嫌疑人依法向司法机关提出控告时，他同时又成为控告人；被害人在因犯罪嫌疑人的犯罪行为而遭受物质损失而依法提起刑事附带民事诉讼时，他同时又成为附带民事诉讼的原告人。
❷因其人身权利或财产权利遭受犯罪行为的直接损害而参加刑事诉讼的诉讼参与人。被害人的诉讼地位因其所参与的诉讼活动性质的不同而有所区别：在刑事自诉案件中，被害人具有自诉人的身份和地位；被害人如果在刑事诉讼过程中提出了附带民事诉讼，则成为附带民事诉讼的原告人（见附带民事诉讼的当事人）；在刑事公诉案件中，被害人是一个具有独立诉讼地位的当事人。长期以来，公诉案件的被害人在中国

一直被视为一种与证人有所区别的独立的诉讼参与人,而不具有当事人的诉讼地位。但这种情况在1996年3月《刑事诉讼法》修改以后发生了变化:被害人在刑事公诉案件中开始拥有当事人的地位。这具体表现在:被害人有权在案件被移送审查起诉之日起委托诉讼代理人;有权对具有法定回避情形的审判人员、检察人员、侦查人员申请回避;有权对公安机关所作的不立案决定(见立案)请求检察机关进行审查并作出纠正;对于自己有证据证明对被告人侵犯自己人身、财产权利的行为应当追究刑事责任,而公安机关或者检察机关不予追究的案件,有权直接向人民法院提起自诉;有权参加法庭调查和法庭辩论,向法庭提出自己一方的证据,并对其他各方的证据进行质证;对于人民法院已生效的判决和裁定不服,有权依法向人民法院或者人民检察院提出申诉,等等。但是,公诉案件的被害人与其他当事人在行使诉讼权利方面又不完全相同。例如,被害人如果对一审法院所作的判决不服,不能像其他当事人那样提出上诉,而只能请求检察机关提出抗诉。检察机关在接到这种请求以后,应审查判决是否确有错误,并就是否提起抗诉作出独立的决定,而不受被害人意志的左右。当然,被害人在刑事诉讼中也要承担一些特有的诉讼义务,如向司法机关如实提出控告,并如实陈述案件情况;接受人民法院的通知,按时出庭作证,并遵守法庭秩序,等等。(陈瑞华 文盛堂)

beihairen chenshu
被害人陈述(statement of victim) 犯罪行为的直接受害者就其了解的案件情况向司法人员所作的叙述。我国现行《刑事诉讼法》第42条将被害人陈述规定为法定证据种类之一。被害人直接受到犯罪行为侵害,一般对犯罪地点、犯罪经过、犯罪分子的体貌特征有较多的了解,其陈述对揭露犯罪、查获犯罪人、认定案情有重要作用。但是,由于被害人与案件的结局有切身的利害关系,他可能因为个人怨恨而夸大事实;也可能因为突然遭受犯罪行为的侵害,精神高度紧张、情绪激动而发生认识上、记忆上的错误;还可能因为受到威胁、利诱或出于自身名誉、利益的考虑,而不敢或不愿陈述真实情况。因此,对被害人的陈述既要认真听取也要注意审查核实。 (熊秋红)

beihairen dui fuyijiguan chexiao zhi'an chufa jueding xingwei de qisu
被害人对复议机关撤销治安处罚决定行为的起诉(impleading of victim against agency's action to repeal administrative punishment decision) 《中华人民共和国行政复议法》规定,行政复议机关对复议申请进行审理后,应当根据不同情况分别作出以下四种内容不同的决定:①决定维持具体行政行为。此种决定适用于具体行政行为认定事实清楚,证据确凿,适用依据正确,程序合法,内容适当的情况。②决定被申请人在一定期限内履行法定职责。此种决定适用于被申请人不履行法律、法规和规章规定的职责的情况。③决定撤销、变更或者确认被申请人的具体行政行为违法;决定撤销或者确认该具体行政行为违法的,可同时责令被申请人在一定期限内重新作出具体行政行为。此种决定适用于:主要事实不清、证据不足的;适用依据错误的;违反法定程序的;超越或者滥用职权的;具体行政行为明显不当的等情况。④被申请人不在法定期限(10日)内对复议申请提出书面答复,并提交当初作出具体行政行为的证据、依据和其他有关材料的,视为该具体行政行为没有证据、依据,决定撤销该具体行政行为。上述四种复议决定对治安行政案件同样适用。在治安处罚行政案件中,既可以因被处罚人不服原处罚决定而引起行政复议程序的发生或者不服行政复议决定而引起行政诉讼程序的发生,也可以因被害人不服原处罚决定而引起行政复议程序发生或者不服行政复议决定而引起行政诉讼程序的发生。对于被处罚人不服原处罚决定而引起行政复议的,如果复议机关撤销了原处罚决定,必然影响或者损害被侵害人的利益。在这种情况下,应当允许被侵害人向法院提起行政诉讼。因此,最高人民法院在《关于贯彻执行〈中华人民共和国行政诉讼法〉若干问题的意见(试行)》中明确规定:"治安行政案件中,复议机关撤销了原处罚决定的,被侵害人不服而依法起诉的,人民法院应予受理。" (谭 兵)

bei shangsu ren
被上诉人(appellee) ❶在诉讼案件的当事人中,因一方不服原审法院的判决或裁定而提出上诉所指向的对方当事人。在上诉程序中,上诉人的对称。被上诉人可以是原审案件的原告人,也可以是原审案件的被告人。在我国刑事诉讼程序中,只有自诉案件和附带民事诉讼程序中有被上诉人的称谓。没有附带民事诉讼的公诉案件中,则没有被上诉人的称谓。因为检察机关认为一审判决、裁定有错误时提起的是抗诉,而不是上诉,原审被告人不能称为被上诉人;被告人提出上诉的,因代表国家提起公诉的检察机关在诉讼地位上不处于与被告人相对应的原告人的地位,所以不能称检察机关为被上诉人。

❷上诉人的对称。即不服一审法院的裁判而提起上诉的人的对方当事人。被上诉人与上诉人的诉讼地位是由上诉行为确定的。享有上诉权、提起上诉的人为上诉人,被提起上诉的人则是被上诉人。在我国,被

上诉人与上诉人的范围是一致的,能够成为上诉人的人,也有可能成为被上诉人。一审程序中的原告、被告、共同诉讼人、诉讼代表人、有独立请求权的第三人(见诉讼中的第三人)、一审法院判令其承担实体义务的无独立请求权的第三人(见诉讼中的第三人),都可以成为被上诉人。在必要共同诉讼人(见共同诉讼人)中,基于其诉讼行为的统一性和一致性,只要其中一人被提起上诉,则其他共同诉讼人亦成为被上诉人。在普通共同诉讼人(见共同诉讼人)中,基于其诉讼行为的独立性,每个人都可以因对方当事人的上诉而单独成为被上诉人。被上诉人和上诉人的诉讼地位仅仅是由上诉行为以及上诉行为的先后顺序而决定的。在一审程序中的双方当事人都提起上诉的情况下,应以提起上诉的时间先后来确定上诉人和被上诉人,先提起上诉的为上诉人,后提起上诉的为被上诉人。

(刘广三 万云芳)

bei tongyi jianding keti
被同一鉴定客体(object of identification) 通过同一鉴定所要解决是否同一的客体。分为两个:一个是曾在犯罪现场上留下痕迹和其他物证的客体,一个是被怀疑曾在犯罪现场上留下痕迹和其他物证的客体。前者是侦查机关需要寻找的客体,因而称为"被寻找客体";后者是侦查机关正在审查的嫌疑客体,因而称为"受审查客体"。同一鉴定就是要解决这二者是否为同一个客体的问题。被寻找客体是特定的、不能更换的客体;受审查客体是假定的、可以更换的客体。把被同一鉴定客体区分为被寻找客体和受审查客体,对于保证同一鉴定的科学性和客观性具有重要意义。因为受审查客体可能就是被寻找客体,也可能不是。经过科学鉴定,如果证明受审查客体和被寻找客体是同一个客体,两者的区分是思想上的区分,是一种假设。如果证明受审查客体和被寻找客体不是同一个客体,两者的区分就是实际的区分。所以,鉴定人在最后认定被同一鉴定客体同一之前,应当把假定与事实区分开来,把受审查客体和被寻找客体区分开来。

(张玉镶)

bensu
本诉(original claim) 诉的表现形式之一。原告就一定的法律关系对被告提起的独立之诉。通常将本诉作为反诉之对称,即原告提起独立之诉后,被告反过来对原告提起独立之诉,对前者之诉称为本诉,对后者之诉称为反诉,二者对应又相区别,故有本诉与反诉对称之说。但是,这只是从形式上的表现,相对诉之名称来解释本诉,而未全面揭示本诉之含义和本诉与反诉之实质关系。凡一方当事人对另一方当事人向法院提起之诉,都是本诉,其特点是独立形成的诉,不以其他诉之发生而发生,不以其他诉之存在而存在,独自引起诉讼程序的发生,运行于诉讼的全过程。这种独立之诉,在诉的诸多表现形式中是主要形式,也是诉的典型表现形式,如一个原告对一个被告向法院提起诉讼之诉;一个原告对几个被告或者几个原告对一个被告或者几个原告对几个被告提起的共同诉讼之诉;众多当事人的诉讼代表人进行诉讼之诉。没有这些诉的形式存在,不可能有反诉之诉的表现形式,因此本诉与反诉不仅只是相应的不同名称,而有其各自的含义,各自形成具体的起诉、反诉制度。提出反诉之诉虽然仍应具备起诉的要件,但反诉之诉只能在起诉之诉成立之后提出,反诉之诉与起诉之诉必须存在一定的牵连关系,这是二者在程序上和实体上主要的实质关系。

(刘家兴)

ben susong
本诉讼(principal action) 诉讼形式之一。依照起诉和受理制度,在法院已经成立的诉讼。即有作为诉讼主体的双方当事人,当事人之间有发生争议而要求法院作出裁判的法律关系,可按法定程序进行诉讼活动的独立诉讼。如原告与被告一对一的诉讼,共同诉讼人的诉讼,诉讼代表人代表同一方当事人的诉讼。通常将本诉讼作为"参加诉讼"之对称,将已经成立并开始的诉讼,称为本诉讼,将在他人已经开始的诉讼之后,依法参加进去所进行的诉讼,称为参加诉讼。本诉讼是双方当事人之间的诉讼,不论当事人的任何一方是一人、二人以上,双方是二人以上,还是一方的人数众多,他们都只是双方当事人。本诉讼双方当事人之间的诉讼标的,有的是一个,如双方只有单一法律关系的争议;有的是两个或者两个以上,甚至是众多的,如原告基于二个或者二个以上的法律关系对被告提出不同诉讼请求的诉讼,二个或者二个以上的原告对被告提起的各自独立的普通共同诉讼(见共同诉讼人),众多原告基于相同法律关系争议以诉讼代表人代为诉讼的诉讼。本诉讼双方当事人之间有两个或者两个以上诉讼标的的,其中任何一个诉讼标的之事实清楚后,即可作出部分判决。

(刘家兴)

benzheng
本证(evidence to prove a fact) ❶学理上对证据的一种分类,与反证相对。证据理论上,根据证据与当事人所主张的事实之间的关系,将证据划分为本证和反证。凡是对当事人所主张的事实有肯定性作用的证据,称为本证。本证能加强当事人所主张的事实的真实性和可靠性。凡是对当事人所主张的事实有否定性作用的证据,称为反证。反证能削弱甚至推翻当事人所主张的某事实。本证与反证是相对的,即相对于不同的当事人所主张的不同的事实,一项证据的性质可能是完全不同的。例如,在关于合同价款的纠纷中,原告主张合同总价款为2万元,并出示写有这一条款的书面合同;而被告反驳合同最后确定的总价款为1.5万元,并出示双方达成的修改原合同价款至1.5万元的协议。在本例中,原告所提供的合同对于原告的主张而言是本证,对于被告的主张而言是反证;而被告提供的协议对于原告的主张而言是反证,对于被告的主张而言是本证。本证与反证的划分,意在对当事人的举证活动和法院收集调查证据的活动进行指导。

❷"反证"的对称。对本证和反证的分类有三种理解:①本证和反证在刑事诉讼中是有罪证据和无罪证据的另一种称谓,本证即有罪证据,反证即无罪证据。②本证和反证在刑事诉讼中是控诉证据和辩护证据的另一种称谓,本证即控诉证据,反证即辩护证据。③是证据学理论对诉讼证据所进行的分类之一。通常在民诉事讼和行政诉讼中适用。这种分类的根据是证据是否为负有举证责任的当事人所提出及其所能证明的事实是否为其所主张的事实。凡是由负举证责任的当事人所提出,用以证明其主张的事实存在的证据,称为本证。与本证相对称的反证,是指当事人一方为否定对方当事人所主张的事实而提出其他的事实,为证明该事实存在而提出的证据。反证不同于证据答辩。证据答辩是一方当事人对另一方当事人举出的证据,指出其不合法、不真实,从而不得据以作为司法机关裁判案件的基础。由于它并没有证明别的事实存在,不一定能推翻对方主张的事实。反证则是一方当事人另行提出证据,用以证明有相反的事实存在,从而否定、推翻对方当事人的主张。划分本证与反证,是为了明确两类不同证据的证明作用,以便公安司法机关全面收集证据和正确审查判断证据,防止主观片面性。同时,这种分类也有利于促使提出诉讼主张的当事人履行举证责任,有利于诉讼的顺利进行,便于查明案件的客观事实。

(于爱红 熊秋红)

bili zhaoxiang

比例照相(scale photography) 能够在底片和照片上反映被摄物大小与比例关系的照相方法,是拍摄物证的常用方法之一。在案件中作为物证的许多物品或痕迹,其总体及各局部的大小,表面形态特征的大小及相互距离等,都是在物证辨认或物证检验中所要测量和运用的重要量化特征。但普通照相方法只能反映被摄物形态,不能确切反映其大小。当拍摄供辨认或供比较检验的物证,必须反映其大小比例时,应在与被摄物平面一致的部位放置有明显刻度的对照比例尺,与被摄物证摄入同一画面。在底片或照片上,被摄物证影像与比例尺影像是同倍缩放,所以可以根据比例尺数值计算物证及其形态特征的大小,亦可根据比例尺大小精确地按要求缩放照片。照片图像的纸性放大率=照片上图像测量长度÷照片上比例尺标示长度。

(蓝绍江)

bizhong celiang

比重测量(measurement of density) 刑事测量内容之一。对能够说明犯罪情况的某一物体的比重的测定。测定某物体的比重,根据"物体单位体积的重量为比重"的比重定理,必须先测定其重量与体积。重量可由称量直接求出,而测量外形复杂的物体的体积,则要运用阿基米德定理,即先测出被该物体所排开的水的重量,然后根据水在该测试条件下的比重,计算出其体积。测量固体的比重,常用的方法有静液称量法、比重瓶法和浮力法。测量液体的比重,可采取比重计法。对于比重测量的结果,在分析时,要考虑到量具的精度、读数的精度和测量的精度等因素。

(张玉镶)

biji

笔迹(handwriting) 亦称"字迹"。手写文字的外观形态。笔迹具有人各不同、相对稳定的重要特性,是人的书写习惯的外在表现。

人的书写活动是在书写器官——臂、肘、腕、指及视觉器官的自律性协调下完成的。而书写器官和视觉器官的自律活动是在大脑皮层书写运动中枢支配下实现的。人从开始习字时起,经过长时间模仿、练习,各书写器官在大脑皮层有意识控制下,多次配合,逐渐在大脑皮层形成条件反射。一系列条件反射在反复不断中逐渐形成稳定的联系,书写器官从有意识的强制协调渐变为下意识的自律性协调,从而减轻了大脑的疲劳强度。这是大脑皮层固有的自我保护机制。这种大脑皮层中一系列固定联系的条件反射,即称为"动力定型",它的外在表现就是个人书写习惯的固定与形成。这一习惯表现为字迹形状、大小、基本写法和运笔规律,以及压力、速度的个性特点,同时也使语言思维习惯或障碍自然流露。在大脑皮层书写动力定型的形成过程中,每个人的心理素质(记忆、注意、感知、想象、思维、气质以及性格等)和生理素质(视觉、大脑反应、书写器官发育形态、内分泌特点等),以及环境因素(家庭、教师、同学等)综合发生作用。由于这些内、外因素的不同组合,就形成了动力定型的个性特征,外在表现为笔迹的不同。动力定型形成之后,具有很强的稳定性,在相当长期内不会发生重大变化;因而人的书写习惯及所表现的笔迹特征具有稳定性。这种稳定性是相对的,随着人年龄的增长逐渐发生变化;在改变书写条件或故意伪装时也会产生变化;但这种变化也不是绝对的,变化中仍会寓存着书写人的固有习惯,从而被人识别。笔迹是文件检验中笔迹鉴定的物质基础,而笔迹鉴定是认定文字书写人的重要证据。 （蓝绍江）

biji jianyan yangben

笔迹检验样本(examination samples of handwriting) 在笔迹鉴定中,用以同证据字迹(检材)进行特征比较的嫌疑人字迹材料。它是由委托鉴定部门收集和提供给鉴定人的比较样本,并且可以根据鉴定工作的需要予以重新收集和补充。笔迹检验样本可分为平时样本和实验样本两大类:①平时样本:是由送检部门在办案中收集到的、嫌疑人在平时工作、学习或人际交往的自然状态下书写的字迹材料,也称"自然样本"。这种样本可以真实反映嫌疑人的书写习惯,是笔迹鉴定中的首选样本。平时样本若形成于检材字迹之前,称"案前样本";若形成于检材字迹之后,称"案后样本"。无论是案前还是案后,均以同检材字迹书写时间相近之字迹为佳。②实验样本:是在收集不到嫌疑人平时自然样本字迹的情况下,由案件承办人在不暴露真实意图的情况下,让嫌疑人书写所需的字迹材料。在获取实验样本时,应尽量利用与检材相同相近的书写工具,并在样本中出现可供比对的相同字。鉴定人在使用这种样本时,要了解获取样本的手段、情节,分析嫌疑人有无觉察、字迹有无故意伪装。此外,为了验证笔迹检验中某些差异点的产生原因,以便作出合理的科学的解释,必要时还可以收集"验证样本"。例如,收集嫌疑人几年前或某个时期遗留的历史字迹,研究分析其书写习惯的变化和一个字的多种写法(此又称"历史样本");又如,在嫌疑人已承认作案事实后,令其完全模仿作案时的环境、条件,重新写出检材中的文字,以验证其供述的真实性和鉴定结论的可靠性。

（蓝绍江）

biji jianding

笔迹鉴定(handwriting verification) 通过对提交检验的证据文字与嫌疑人样本文字中的笔迹特征分析和比较,查明书写人是否同一的过程。笔迹鉴定在司法实践中具有重要而广泛的意义,它可以查明作为证据的文字材料是否由某人书写,可以查明签名或其他重要文字有无模仿、修改、添加等伪造、变造情节,从而为查明案件事实,正确适用法律提供重要依据。笔迹鉴定程序包括:

分别检验 分别查验检材和样本,并进行初步选择与分析。①对检材的选择和分析。检材是指同犯罪有关联、具有物证意义的送检文字材料。在分别检验中,首先要查验检材的来源和形成条件,因为书写条件的改变、精神状态的变化都会对笔迹特征造成一定的影响。查清来源和条件,目的在于审查笔迹特征是否稳定可靠,并便于选择合适的比对样本。提交鉴定的检材应当是原件;因为照片和复印件均可造成部分细节特征的损失。在不能提交原件时(如刻画在墙上的字),鉴定人必须了解字迹的形成和提取条件,必要时可以亲自勘验。第二步要认真分析检材中的字迹是否正常,有无变化。这主要是全面观察检材,看字形、字体是否均匀一致,笔划是否流畅自然,前后重复出现的特征是否稳定,书写速度是否正常,以及字迹同语言水平是否相应等,综合进行分析。②对样本的选择和分析。样本是提交鉴定人供比较分析的、取自受审查嫌疑人的书写字迹材料。查验和选择样本时,应考虑书写工具、书写条件、书写速度尽量同检材一致,而且样本字迹应当有一定的量,并充分包括检材中的相同字。这样才便于把握书写人的稳定习惯特征,做出正确的鉴定结论。一般还应选择与检材书写时间相近的样本。③笔迹特征的选取和编排。在对检材和样本分别进行审查后,在统览全篇、对整体书写水平和基本特征有个初步了解的基础上,分别选择最正常、最稳定、最具代表性的段落进行笔迹特征分析。从一般特征入手,逐渐深入到细节,最后将相同的字、相同或相近的笔划归类编排成"特征对照表"。可以通过剪裁或描绘的方法,将检材与样本的相同字、相同偏旁部首、特殊写法和笔顺以及其他相同书写特征编排在一起,以便于详尽对照比较。

比较检验 在分别检验的基础上,再以检材特征为基础,从样本选出可比的相同字、相同偏旁部首一一进行对照比较,分析归纳异同特征。在比较检验中要坚持:①可比性原则。同一个人写相同的字或写出现在相同部位上的同样的偏旁部首或笔划,其表现的个性特征应当是相同的,因而具有可比性。不同的字或不同部位上出现的偏旁部首或笔划,可比性差,或根本不可比。例如,"瑞"字中的偏旁"王"和"皇"字中的下部"王",出现在不同部位,不具可比性。不可比或可比性差的字或笔划,其写法上的差异是很大的,无法作为鉴定结论依据。②客观全面的原则。在鉴定中必须排除主观印象或侦查因素的干扰,客观地评断笔迹特征的异同点。③防止机械性的形态比对。一定要从笔迹的形态特征深入揭示书写人内在习惯,进行综合比较。机械比对容易被模仿他人字迹所欺骗,或对略有变化的同一人的字予以否定。④要坚持反复验证的原则。可以从检材中找出稳定的特征到样本中去寻找异同,也可以从样本中发现特殊的稳定特征,到检材中去寻找异同,如此反复验证。

综合评断 将比较检验中归纳出的异同特征进行综合分析,从若干相互吻合的特征中分析书写习惯规律,对差异点进行合理解释,最后作出鉴定结论。鉴定结论以鉴定书形式表达,并附以作为鉴定结论依据的笔迹特征对照表。

从事笔迹鉴定的人必须是经过专门训练并且具有一定实践经验的专业人员。鉴定人在接受委托时,可以了解有关案情,有权查阅案卷,有权要求补充检验样本;在不具备鉴定条件时,可以拒绝受理。鉴定人在检验后,应当在鉴定书上签字,对鉴定书的真实性和科学性负责;并应当按照法庭要求,出庭就鉴定中的具体问题加以说明。

(蓝绍江)

biji tezheng

笔迹特征(handwriting characteristics) 在手写体文字中,能反映人的书写水平和书写习惯特点的笔迹形态总和。它是通过笔迹检验认定(或否定)书写人的客观依据。笔迹特征包括:

一般特征 或称总体特征。属于种类特征,是书写文件的通篇字迹所反映出的书写水平与文字类型、布局等特点。

书写的熟练程度 指书写技能的高低程度,可以从三个方面予以综合分析:观察笔划是否连贯流畅;笔划的搭配是否匀称和有个性规律;字迹大小是否安排合理、美观、恰当。书写的熟练程度可分高、中、低三个等次,是书写水平高低的重要标志,但同文化程度并不完全成正比。

字形 即通篇文字外部轮廓的基本类型。可以分为方形、圆形、长形、扁形及不规则形。

字体 各种笔划的写法与搭配规律的综合形态。如汉字的真、草、隶、篆四种基本字体,而每一种中又有许许多多写法。经过专门训练的人,在自己的字迹中表现出某种字体的基本规律。但多数人为反映自身特点的自由体,可以在不同人的字迹间或同一人的字迹样本与字迹检材间进行笔划写法、连笔动作及笔划的搭配中对照比较,把不同的字体加以区分。

字的大小 通篇字迹的大小是个人长期形成的习惯,但并不特别稳定。字迹的大小可以从钢笔字迹的绝对高度划分:1公分以上者称为大字,0.5公分以下者为小字,介于二者之间的为中等字。字迹的大小也可以从字迹占纸面上格或线的大小划分:字迹占格之1/2以上者为大字,1/2以下者为小字,占1/2为中等字。

字的整体布局 指文字在纸面上有规律性的排布。它包括五个方面特征:①字距和行距。字距指单字间的距离,行距指前后两行字迹间的距离。间距在1/2字高的称为中等型,不足1/2者称为紧挤型,距离在1个字高以上者称为松散型。②字与书写纸上格、线的关系,可分为居中、偏上、偏下三种。③字迹四周留边特点。字迹四周留空白纸边的大小,依书写人的习惯而有差异。④单字倾斜。有部分人书写字迹的纵轴线不与字行垂直,习惯于倾斜。字的上端向右或向左呈规律性倾斜,倾斜程度亦有大小之分。⑤字行倾斜。有人在书写时,字行之末端呈习惯性向上或向下偏斜(尤其是在没有格线限制的纸张上),使字行之间间距呈不规则状。

书写格式 主要指每个段落开头空格("缩头")的长短、程式语安排位置,以及信封书写位置等。

个别特征 亦称细节特征,是单字书写中的个性特征,笔迹鉴定的最重要依据。

单字的基本写法 汉字的规范写法一般并不具备重要的个性;而有许多人在汉字现行规范写法之外,形成特殊的不规范习惯写法,且轻易不会改变,这是一种很好的细节特征。这些常见不规范写法可以归纳为主要的六类:①习惯性异体字,指与现行汉字同音同义,但早已被淘汰不再通行的写法。②习惯性繁体字,是应当简化而没有简化的习惯写法。③不规范简化字。一般是自造,或在某些地区或人群中约定俗成,但尚不为社会公众认可的简化字。④习惯性行书、草体写法。⑤习惯性缩写字,是由一字或二字代表一词或词组的自造字。⑥习惯性错别字。

单字笔划的搭配关系 汉字由若干基本笔划或几个部分组成,这些构成元素之间的位置关系是书写习惯中个性特征的典型表现,很难改变。主要从如下几方面进行观察研究:①交叉笔划的交叉点位置,可有偏上、偏下、偏左、偏右或居中等不同类别;②相邻笔划或前后两个笔划间的距离,可有远、近、分、合的差异;③偏旁和部首的大小比例及高低远近的搭配关系;④单字的上下左右或各组成部分的大小比例搭配关系。

笔顺特征 指各笔划书写的先后顺序。汉字笔划的书写顺序是有规则的,如先左后右、先上后下、先外后内、先进门后封口等。但不同的人并不都遵循一个模式,而表现出不同的个人特点。在笔迹检验中通常观察相邻笔划间笔锋的照应关系,以确定先后顺序,有时也借助放大或显微观察。

运笔特征 是各个具体笔划在书写过程中的起笔、收笔、行笔、连笔等笔锋运行规律,是最稳定的特定特征。①起笔可分为直起(无锋)、侧起(露锋)、回转(藏锋)等几种形式。②收笔可分为直收(收笔不顿)、顿压(收笔时有顿压动作)、回锋(收笔时回转带锋呈勾状)。③行笔,是笔在纸上运行时用力方向、大小及变化,使汉字基本笔划呈不同的若干形态,甚至产生笔划变异。④连笔。在快速书写时必然产生笔划连接动作;要比较连笔的部位、方向及连笔构成的形状。此外,在观察分析运笔特征时,不能忽视笔尖的压力,疾缓是否有度、抑扬顿挫是否得当,这是一个人书写习惯特征的内在特征。抓住上述特征综合分析,做到"形神统一"。常有人模仿他人笔迹,外形相同相近,而在速度、压力、顿挫等内在细节上露出破绽。

其他书写特征 主要是指各种标点及其他符号的用法和写法。

（蓝绍江）

bilu
笔录（record of words） 公安司法人员在刑事诉讼中依法对某些诉讼活动所作的文字记载。笔录是反映立案来源、侦查行为、开庭审判以及判决、载定的执行等活动的诉讼文书,对于证实诉讼活动的有关情况和犯罪的有关事实,具有重要意义。笔录应由法定的人员在场制作,制作完毕应交由被录者查看或宣读并由其在认定无误时签名盖章。笔录记载的内容要准确、清晰地反映情况,所使用的纸张、墨汁应符合长期保存的要求。刑事诉讼中的笔录主要有:①接受口头控告、检举的笔录;②讯问笔录;③询问笔录;④勘验、检查笔录;⑤搜查、扣押笔录;⑥侦查实验笔录;⑦公诉案件开庭审判活动情况的笔录;⑧法庭笔录;⑨评议笔录;⑩检察人员对执行死刑临场监督笔录;⑪人民法院执行死刑笔录等。

（朱一心）

bianyuanxing renge zhang'ai
边缘型人格障碍（borderline personality disorder） 人格障碍之一种。以反复无常的心境变化和行为不稳定为主要特点。时而生气、大发脾气或忧郁空虚;时而又恢复正常。在此背景下常做出一些冲动性的、无法预料的破坏行为。在司法精神医学鉴定中,对这种人实施危害行为,应评定为完全责任能力。

（孙东东）

biandong xianchang
变动现场（changed scene） 现场形成之后,勘查人员未到达现场之前,由于非人为主观故意或者因自然因素使现场的原形状态受到部分或全部改变的现场。这类现场,由于在不同程度上改变了犯罪行为所造成的被侵害对象及其物质环境的客观变化情况,犯罪分子遗留的痕迹物品受到了种种破坏,一些与犯罪行为并无关系的痕迹物品增添了进来,对于侦查人员发现搜集犯罪痕迹与物品,分析判断犯罪事实带来一定的困难,甚至因一些偶然因素的介入,会导致侦查工作误入歧途。在侦查实践中,原形现场的比例少,多数都是变动过的现场,这需要勘查人员采取科学的态度,不断总结现场变动的规律特点,认真做好对无关因素介入的排除工作,善于从变动中去寻找没有变动的部分,在破坏中寻找那些尚未被破坏的痕迹和其他物证。

（张玉镶）

biangeng panjue
变更判决（court judgment changing agency action） 人民法院经审查认为行政处罚显失公正,依法予以变更的判决。《中华人民共和国行政诉讼法》(1989年4月4日七届全国人大二次会议通过,1990年10月1日起施行)第54条第1款第4项规定:"行政处罚显失公正的,可以判决变更。"这就是说,人民法院判决变更具体行政行为,必须具备两个条件:一是具体行政行为系行政处罚行为,对非行政处罚的具体行政行为,人民法院不能直接变更;二是行政处罚有显失公正的情况。这里的"可以"不是说对"显失公正"的行政处罚,人民法院可以变更,也可以维持,而是说可以判决变更,也可以撤销行政机关的行政处罚,由行政机关重新处罚。由于"显失公正"是滥用职权的一种表现,人民法院在撤销时,可以援引《行政诉讼法》的规定,即以"滥用职权"为由加以撤销,由行政机关重新进行处罚。

显失公正的认定 要认定某一行政处罚是否显失公正,需要对具体案件作全面分析,同时,还须考察与被诉具体行政行为相关的一些情况。概括地说:行政处罚只有在任何具有一般公平观念的人都不会采取时才是显失公正的行政处罚,也就是说,行政机关的行政处罚已经违背了通常的平等、相称、对等、比例规则,以至于使任何有一般意识的人都不认为行政机关在公平地行使权力。显失公正的外在表现通常是畸轻畸重,但畸轻畸重并非是显失公正的惟一表现。显失公正的实质,是由于不良的动机或认识上的某些错误,或者由于恶意、恶感或偏见,使行政处罚违背了同等条件同等对待的原则。

变更判决的效力 从实质上讲,变更判决是人民法院用判决的形式重新确定争议中的当事人之间的行政法律关系,从而使被诉行政机关的行政处罚决定部分或全部丧失法律效力或不发生任何法律效力。因此,变更判决一经生效,当事人不得就已决事项重新向法院起诉,被告行政机关也不得就已决事项重新作出决定,即使当事人认为变更判决确有错误,也只能向人民法院或人民检察院提出申诉,通过审判监督程序解决。变更判决一经生效,法院已经裁决的具体行政行为、行政法律关系已成定局,只能依判决所认定的行政法律关系行事,不容再争执。就法院而言,当事人如以所重新形成的行政法律关系为标的提起诉讼,法院应本着一事不再理的原则,驳回不合法的起诉,其他诉讼涉及判决所形成的行政法律关系时,不得为与该判决意旨相反的判决。人民法院的变更判决一经宣告或送达,原告不得申请撤诉,被告不得改变或撤销受法律制裁的具体行政行为,也不得征得原告同意,由原告申请撤诉;作出判决的人民法院不能随意撤销、变更或废弃,也不能对已作出的判决置之不理,重新审理判决终结的案件。变更判决发生法律效力之后,一方当事人不履行义务时,他方以判决为根据,申请人民法院强制执行,或者由行政机关依法强制执行(如果行政机关依法拥有强制执行权的话),以国家强制力保证判决的内容付诸实现。 (江必新)

biangeng zhi su
变更之诉(action to change existing legal relationship) 诉的表现形式之一。双方当事人就其现存的某种法律关系是否保持存续而发生争议,诉诸法院,要求法院作出变更判决之诉。民事法律关系可基于一定的行为或者事实而成立,也可以基于一定的行为或者事实而结束。变更之诉正是当事人以一定行为或者以一定事实为基础,要求法院对现存法律关系判决予以变更之诉。变更之诉中的一定行为,是要求变更法律关系的权能行为,如要求变更合同内容或者要求解除合同的行为。变更之诉中的一定事实,是指违背或者不适合法律关系存在的事实,如离婚之诉中双方当事人感情确已破裂的事实,共有财产分割之诉中,有的共有人有损害其他共有人利益的事实。变更之诉的诉讼标的,是双方当事人之间现存的法律关系,其诉讼理由,是已经发生或者现已存在的,法律所认可的变更条件,变更是符合当事人利益的。变更之诉的特点是:双方当事人对现存的法律关系无争议,只是对是否变更或者如何变更有争执;双方当事人争执的主要是有法律意义的事实,而不是权利的享有与义务的承担;法院判决生效之前,双方当事人间的法律关系处于不变状态,法院变更判决生效之后,当事人之间的法律关系消灭或者原有的法律关系发生变更。 (刘家兴)

bianren
辨认(identification) 法庭调查过程中,将案件的物证当庭出示,让被告人进行辨别和认可。其目的在于确定该物证与犯罪活动中所使用的工具和遗留的物品的同一性,使其对案件事实具有证明作用。物证应由公诉人、辩护人向法庭出示。进行辨认前,应当先向被告人问明物证的特征,然后将物证交由法警向被告人出示,由被告人进行辨认。审判长要向被告人问明辨认的意见。出示物证,尤其是犯罪工具等危险物品,让被告人进行辨认时,要注意安全,一般不宜让被告人手执物证。 (汪建成)

bianren zhaoxiang
辨认照相(photography for identification) ❶刑事照相的一种。利用照相方法识别与案件相关的人体的专门技术。包括:①犯罪嫌疑人辨认照相。利用犯罪嫌疑人照片来识别案犯、嫌疑人和在逃犯,进行相貌的同一鉴定。其基本要求是影像清晰,相貌真实。②不知名尸体辨认照相。是刑事照相中的经常性拍照。其作用是通过不知名尸体照片的查询和辨认,查清死者的身份及其生前的活动情况。不知名尸体辨认照相通常与法医勘验同时进行。拍照的内容包括尸体全貌、姿态、相貌、衣着情况以及身体上具有辨认特征的部位等,有时还要拍照经过整容后的面部照片。不知名尸体辨认照相,无论整体、局部或面貌,都力求清晰、逼真、无变形。对于死者身体上的某些辨认特征,应安放比例尺,拍照比例照片。采用分色或彩色照相,可使这些特征得到更明显的反映。为了方便辨认,制作照片时可对正、负片加以适当修饰。③颅像重合辨认照相。又称颅像重合照相。是运用照相技术,将不知名的死者颅骨与失踪人生前的照片置于相同视场内,通过专门的叠合照相方法,加以同一鉴定的技术手段。拍照的方法是:首先将不知名死者的颅骨和被检人的照片分别拍照为负片,然后按照一定的相互位置将两幅负片叠合在一起制成颅像重合照片,再依据重合的照片进行同一鉴定。如果两者重合后的照片图像清晰,特征轮廓相称,五官与颅骨齿裂均完全吻合,即可作出不知名的死者与被检人是同一个人的结论。④人像模拟合成辨认照相。简称人像模拟合成照相。是指根据被害人或目睹人对所见过的特定的人的描述,利用计算机人像合成器组合成完整的模拟人像,采用照相方法制作成人像模拟合成照片,进行辨认、通缉和查找。人像模拟合成辨认照相需要某些专用设备,用以记录计算机屏幕显示的图像。采用视频图像打印机可以代替人像模拟合成辨认照相。

❷运用照相手段记录或显示人或物的形态特征,为同一认定提供形象依据的专门技术。按照拍摄对象的不同可分为:①人像辨认照相。为辨认、查找、侦缉犯罪分子,或为查明可疑人员身份而采取的特别照相方法。要求对被拍摄人进行正面和侧面(一般为左侧面)两次拍照。要清晰地反映出脸型、发际、前额、眉、眼、耳、鼻、口、须及痣、斑、疤等特征。拍照时要求在底片上的成像高度为实际高度的 1/24。根据成像公式推导:

拍摄距离 = 物镜焦距 × 24 + 物镜焦距

即:$I = f \times \dfrac{y}{y} + I$

按照人像检验的要求，正片应为 4.5×6 厘米（纹为原大的 1/10）。拍摄在押案犯照片时，还要在人身后衬以标有身高尺度的背幕以及标有姓名或编号的胸牌。②物证辨认照相。客观记录和反映物证形态及特征，以供辨认识别的拍照方法。一般采用翻拍技术，例如翻拍文字材料、图表、照片、痕迹以及行为物证的工具、赃物等。辨认照相的目的除了组织辨认、通缉以查清物证来源外，还具有参与诉讼的意义。

（蓝绍江　杨明辉　张新威）

bianhu

辩护（defence）　犯罪嫌疑人、被告人为了维护自己的合法权益，由自己及其辩护人针对控诉进行的在事实和法律方面论证其无罪、罪轻、减轻或者免除其刑事责任的反驳和辩解。辩护是重要的刑事诉讼职能之一，辩护权是刑事诉讼的被追诉者所享有的最基本、最关键的一项诉讼权利，是其全部诉讼权利的核心。

辩护制度最早起源于古罗马共和国时期，当时国家实行弹劾式诉讼模式，刑事指控由受害人提出，法庭允许被告人针对控诉进行答辩和反驳，双方实行平等辩论。为了保护当事人的合法权益，允许双方当事人聘请具有专门法律知识和法律技巧的人担任辩护人，给予法律指导并为其辩护，从而形成初期的律师辩护制度。但在封建社会里，这种原始的辩护制度遭到无情扼杀。为了专制与集权的需要，封建国家废除了弹劾式诉讼，改为纠问式诉讼模式，进行秘密审判、刑讯逼供，将被告人视为诉讼客体，即审讯和拷问的对象，被告人只有招供的义务，没有辩护的权利。近代辩护制度，是资产阶级反抗封建制度，特别是同封建的司法制度作斗争的产物。在斗争的过程中，资产阶级启蒙思想家，如英国的李尔本（John Lilburne 约 1614～1657）、洛克（John Locke 1632～1704），法国的狄德罗（Denis Diderot 1713～1784）、伏尔泰（François-Marie de Voltaire 1694～1744）等明确提出用辩论式诉讼代替纠问式诉讼，被告人应该是诉讼的主体，有权辩护或请别人协助辩护。资产阶级夺取政权以后，相继建立了律师辩护制度。1679 年英国颁布了《人身保护法》，首先规定了诉讼中的辩护原则，承认被告人有权获得辩护。1808 年《法国刑事诉讼法典》更系统、详尽地规定了刑事诉讼中的辩论原则和律师辩护制度。从此，律师辩护制度迅速在资本主义国家普遍建立和发展起来。资本主义的辩护制度，在历史上具有进步的意义，但它是资产阶级意志和利益的集中体现，是为资产阶级的统治服务的，贫困的被告人并不能真正有效地行使其辩护权。

我国漫长的封建社会历史上，并没有律师辩护制度，被告人也没有辩护权。真正现代意义上的辩护制度是清末从西方引进的。1906 年清朝制定《大清刑事民事诉讼法》，第一次赋予当事人聘请律师辩护的权利。1912 年，中华民国北京政府制定的《律师暂行条例》和《律师登录暂行章程》，开始了我国的律师制度。国民党政府也制定了有关辩护和律师制度的法律，但这些制度都带有浓厚的半殖民地半封建色彩，也没有在刑事诉讼中得到真正的贯彻落实。中国共产党领导的人民政权，早在第二次国内革命战争期间，就在革命根据地实行了辩护制度。中华苏维埃执行委员会颁布的《中华苏维埃共和国裁判部暂行组织及裁判条例》规定，"被告人为本身的利益，可派代表出席辩护，但须经法庭的许可"。在抗日战争期间，各抗日民主根据地实行公开审判制度，不仅允许群众旁听和发言，而且准许当事人请其家属或有法律知识的人出庭充任辩护人，人民团体对于所属成员的诉讼也可派人出庭参加诉讼。中华人民共和国成立以后，保护被告人的辩护权更成为我国刑事诉讼的一项重要原则。1954 年《宪法》将"被告人有权获得辩护"规定为宪法原则。为贯彻这一宪法原则，我国《人民法院组织法》和 1979 年 7 月第五届全国人民代表大会第二次会议通过的《中华人民共和国刑事诉讼法》都详细规定了辩护制度。1982 年《宪法》继续把"被告人有权获得辩护"（第 125 条）规定为宪法原则。1996 年 5 月 15 日通过的《中华人民共和国律师法》更系统、更详尽地规定了我国的律师辩护制度。1996 年 3 月 17 日第八届全国人民代表大会第四次会议审议通过了《关于修改〈中华人民共和国刑事诉讼法〉的决定》，对辩护制度作了重大的改革和完善。

辩护贯穿于刑事诉讼的整个过程。公安司法机关应当确保被告人有效地行使辩护权。犯罪嫌疑人、被告人既可自行辩护，也可由他人协助自己进行辩护。我国的辩护可分为三种：①自行辩护，指犯罪嫌疑人、被告人自己针对指控进行反驳、申述和辩解。根据《刑事诉讼法》的规定，自行辩护贯穿于刑事诉讼法各个阶段。犯罪嫌疑人在辩护人为其辩护的同时，可以同时进行自行辩护；②委托辩护，指犯罪嫌疑人、被告人为维护自己的合法权益，依法委托律师或其他公民为协助自己进行辩护；③指定辩护，指司法机关为被告人指定辩护人协助其进行辩护。根据辩护所主张的内容，辩护也可分为无罪辩护和从轻辩护。

我国现行的辩护制度，具有坚实的理论基础和很强的实践操作性，体现了理论与实际、社会主义民主与社会主义法制的高度统一，有利于公安司法机关严格执法，提高办案质量；有利于维护犯罪嫌疑人、被告人的合法权益；有利于教育犯罪分子认罪服判，接受改造；有利于加强对群众的法制宣传教育，提高公民的守法观念和同犯罪作斗争的积极性。

（黄　永）

bianhuci

辩护词（speech of defence） 刑事诉讼中辩护人在法庭辩论阶段系统表述对案件的意见，阐述理由而发表的演说词。辩护词的中心内容是从认定事实和适用法律两个方面，对被告人是否犯罪及犯罪性质、是否应免除或减轻处罚提出要求和建议。在辩护词中，也可说明辩护人参加诉讼的法律依据是被告人的委托还是人民法院的指定、辩护人的庭前的活动等。辩护人不同，其辩护词的风格也不一样，格式也并不强求一致。

（黄 永）

bianhuquan

辩护权（right of defence） 法律赋予犯罪嫌疑人、被告人的对控诉进行反驳、辩解，以维护其合法权益的诉讼权利。辩护权是犯罪嫌疑人、被告人最核心的诉讼权利，被告人享有辩护权是我国刑事诉讼的一项基本原则。犯罪嫌疑人、被告人的辩护权是在历史发展的过程中逐渐形成、丰富和完善的。特别是第二次世界大战以后，1948年联合国大会通过的《世界人权宣言》(Universal Declaration of Human Rights)和1966年通过，1976年生效的《公民权利和政治权利国际公约》(International Convention on Civil and Political Rights)，都对改善刑事诉讼被告人的诉讼地位作了规定，世界各国在扩大和保障被告人的辩护权方面都有一些新的规定和措施，被告人的辩护权呈现不断扩大的国际趋势。

根据我国《宪法》和《刑事诉讼法》的规定，犯罪嫌疑人、被告人有权获得辩护。犯罪嫌疑人、被告人除在接受审讯时享有对指控直接提出反驳、申辩和解释的权利外，还可以行使以下权利为自己辩护，如向法庭提出证据或申请通知新的证人到庭、调取新的物证或书证的权利；请求审判长许可对证人、鉴定人直接发问的权利；参加法庭辩论的权利；在法庭上作最后陈述的权利（见被告人最后陈述）；沉默的权利以及对判决裁定提出上诉、申诉的权利。辩护权行使的方式是多样的，犯罪嫌疑人、被告人既可以自行辩护，也可以在审查起诉阶段和审判阶段委托辩护人为其辩护。人民法院、人民检察院和公安机关应当保障被告人辩护权的行使，对犯罪嫌疑人、被告人及其辩护人的意见，应当认真听取。在审判阶段，人民法院有义务保证被告人获得辩护。在法律规定的情况下，人民法院可以或应当为没有委托辩护人的被告人指定一名辩护律师，协助其行使辩护权。但辩护是犯罪嫌疑人、被告人的权利，犯罪嫌疑人、被告人可以放弃辩护权，也可以拒绝辩护人为其辩护。

（黄 永）

bianhuren

辩护人（advocate） 接受犯罪嫌疑人、被告人的委托或者人民法院的指定，协助犯罪嫌疑人、被告人行使辩护权的诉讼参与人。根据我国《刑事诉讼法》的规定，犯罪嫌疑人、被告人除自己行使辩护权以外，还可以委托1至2人作为辩护人。下列的人可以被委托为辩护人：①律师；②人民团体或者犯罪嫌疑人、被告人所在单位推荐的人；③犯罪嫌疑人、被告人的监护人、亲友。正在被执行刑罚或者依法被剥夺、限制人身自由的人，不得担任辩护人（第32条）。人民法院指定的辩护人，必须是承担法律援助义务的律师。根据《中华人民共和国律师法》的规定，曾担任法官、检察官的律师，从人民法院、人民检察院离任后两年内，不得担任诉讼代理人或者辩护人（第36条）；律师担任各级人民代表大会常务委员会组成人员期间不得执业（第13条）。

在刑事诉讼中，辩护人是独立的诉讼参与人，他既不受公诉人意见的支配，也不受犯罪嫌疑人、被告人的无理要求的约束，独立履行辩护的职责。我国《刑事诉讼法》规定，辩护人的责任是根据事实和法律，提出证明犯罪嫌疑人、被告人无罪、罪轻或者减轻、免除其刑事责任的材料和意见，维护犯罪嫌疑人、被告人的合法权益（第35条）。为了保证辩护人充分行使辩护职能，正确履行职责，刑事诉讼法和律师法明确规定了辩护人的权利和义务。辩护人的权利主要有：独立辩护，不受国家机关、社会团体和个人非法干涉和限制的权利；查阅、摘抄、复制本案的诉讼文书，技术性鉴定材料的权利；同在押的犯罪嫌疑人、被告人会见和通信的权利；辩护律师经证人或有关单位和个人同意，收集、调取证据的权利；向法庭出示书证、物证和其他证据文书，向本方证人、鉴定人发问的权利；申请通知新的证人到庭，调取新的物证、书证，申请重新鉴定和勘验的权利；经审判长同意，向对方证人、鉴定人发问的权利；法庭辩论的权利；拒绝辩护的权利；获取出庭通知书及司法文书的权利及其他权利。另外，辩护人还应履行忠于职守，维护委托人合法权益、保守秘密、遵守法庭规则、宣传法制等义务。辩护人应本着忠实于事实和法律、忠实于委托人合法权益的原则进行辩护，没有法律规定的事由，辩护人不得拒绝辩护。

辩护人参加诉讼的时间，各国规定略有差异。辩护人一般在诉讼开始即可参加诉讼。有些国家规定被告人可随时委托辩护人或请求指定辩护人，如《日本刑事诉讼法》规定，"被告人或被疑人可以随时选任辩护人。"（第30条）《德国刑事诉讼法典》规定："被告人可以在诉讼程序的任何阶段选定辩护人，协助自己辩护。"（第137条）英国和美国则规定被告人在被逮捕后即可请求律师帮助。我国现行《刑事诉讼法》规定：自诉案件的被告人有权随时委托辩护人;公诉案件自案件移送审查起诉之日起,犯罪嫌疑人有权委托辩护人(第33条)。犯罪嫌疑人在被侦查机关第一次讯问后或者采取强制措施之日起,可以聘请律师为其提供法律咨询,代理申诉、控告。犯罪嫌疑人被逮捕的,聘请的律师可以为其申请取保候审。涉及国家秘密的案件,犯罪嫌疑人聘请律师,应当经侦查机关批准(第96条)。

(黄 永)

bianhu lüshi

辩护律师(defending lawyer) 在刑事诉讼中接受被告人委托或者人民法院指定参加诉讼,为被告人进行辩护,维护其合法权益的律师。见律师、辩护人。

bianhu zhengju

辩护证据(evidence for the defence) "控诉证据"的对称。又称为"防御证据"或"有利于犯罪嫌疑人、被告人的证据"。见控诉证据。

bianlun yuanze

辩论原则(principle of debate by parties in court) 当代民事诉讼法的重要原则之一。民事诉讼当事人双方就所争议的案件事实和法律关系的问题相互进行辩驳,称为辩论。辩论贯穿于诉讼的全过程,当事人通过辩论证明自己主张的事实,法院通过当事人的辩论查明案件的事实,经辩论质证核实的事实才能作为判决的根据,此为诉讼上的辩论原则。在民事诉讼中贯彻辩论原则是多方面多形式的:其内容可以是实体的,如民事法律关系是否成立、变更、消灭,可以是程序的,如当事人是否适格、代理人的代理条件是否欠缺、受诉法院对案件是否有管辖权;其形式可以是书面的,如原告以起诉状提出主张及事实和理由、被告以答辩状反驳其主张及事实和理由,可以是口头的,如法庭上的言词辩论。

辩论原则是基于民事实体当事人权利平等,民事程序当事人地位平等而建立的诉讼原则。同时,法院在审判民事案件中指导双方当事人进行辩论,保障当事人双方平等地行使辩论权利,则辩论原则又是诉讼上的一项民主原则。

辩论原则是现代意义上辩论式诉讼的一项重要原则。古罗马审判民事案件,曾实行过辩论式诉讼,原告一方首先陈述案情,提出证据和请求,如被告一方不同意原告的请求,可以进行抗辩。后来辩论式诉讼被纠问式诉讼代替,直至资产阶级革命胜利后,才重新确立辩论式诉讼。纠问式诉讼与辩论式诉讼的根本区别在于,前者将双方当事人作为被审问、被调查的对象,不作为诉讼主体看待。后者将双方当事人均作为民事诉讼主体,在相互对抗中可以在法庭上进行辩论。法国1806年《民事诉讼法典》、德国1877年《民事诉讼法典》确立了辩论式诉讼之后,其他诸多国家的民事诉讼法也确立了辩论式诉讼。《中华人民共和国民事诉讼法》将辩论原则作为其重要的基本原则之一,并为贯彻这一原则,在系列的诉讼程序制度中作了相应的规定。

(刘家兴)

bianlun zhuyi

辩论主义(doctrine of debate) 亦称当事人主义。职权主义的对称。作为裁判基础的事实和证据,完全由当事人负责,法院只根据当事人申明的范围以及提供的诉讼资料进行裁判。根据辩论主义,关于权利保护的范围,法院受当事人声请的拘束。当事人没有声请时,法院不能进行裁判;当事人有声请时,法院不能超过当事人声请的范围进行裁判。同时,当事人没有提出的事实和证据,法院不得进行裁判。如《日本民事诉讼法》第186条规定:"法院不可以就当事人没有声请的事项作出判决。"《法国民事诉讼法》第7条规定:"没有经过辩论的事实,不能被法官用来作为判决的根据。"在日本,对于通常的诉讼程序,采取辩论主义;而对于人事诉讼(见人事诉讼程序),则采取职权主义。由于采用辩论主义,作为裁判基础的事实及证据,均以当事人所提出的为限,因而在事实不清楚,当事人不提出证据或不能提出证据的情况下,案件事实便无从查清,因此,有的国家规定了法院的释明处分。如《日本民事诉讼法》第131条规定:"法院为了明确诉讼关系,可以进行下列处分:①命令当事人本人或其法定代理人到场;②命令当事人提出其所持有的诉讼文书或在诉讼上引用过的文书或其他物件;③将当事人或第三人提出的文书或其他物件留存于法院;④进行勘验或命令鉴定;⑤委托进行必要的调查。"在我国,关于权利保护的范围,人民法院裁判不受当事人声请的限制。关于证据,我国《民事诉讼法》第64条规定:"当事人对自己提出的主张,有责任提供证据。当事人及其诉讼代理人因客观原因不能自行收集的证据,或者人民法院认为审理案件需要的证据,人民法院应当调查收集。"

(万云芳)

biansu jiaoyi

辩诉交易(plea bargaining) 又称辩诉谈判。指刑事案件中的检察官与被告律师或被告人于法律许可的前提下,为达成被告人承认有罪而检察官减少或降低起诉罪行或减轻量刑建议的协议而进行的不公开协商。如果辩诉双方协商成功便以辩诉协议的形式记录下来。辩诉协议的内容一般包括:被告人承认有罪,检察官表示将重罪以轻罪起诉,或放弃对被告人所犯其他犯罪行为的起诉,或者向法庭建议从轻量刑。根据情况,检察官还可以决定暂缓起诉或采取适当矫正措施的同时暂缓起诉。被告律师在辩诉交易中尽量争取在减轻或免除处罚方面获得于被告人更为有利的条件,而检察官则通过辩诉交易获得其他更为重大案件的线索,减少积案和羁押人数,同时避免了沉重的刑事案件举证责任。

辩诉交易产生于 20 世纪 30 年代的美国,当时主要适用于个别轻罪、违警罪、偶犯和财产犯等。后来案件范围扩大到重罪,地域范围也越来越广,到 70 年代初获得美国联邦最高法院认可。目前,美国 90% 以上的刑事案件是通过辩诉交易结案的。

法律对辩诉交易在案件范围和类型方面几乎没有限制,但进行辩诉交易必须遵循如下基本准则:除无条件取消指控或经过一个观察期后取消指控可由检察官自行决定外,对被告人实行强制矫正、降低刑罚和放弃对其他犯罪行为追究责任的协议条件均须获得法官同意,否则无效;如果检察官提出的条件未能兑现,被告人有权撤回有罪供认,其供认完全失去效力;被告人的有罪供认必须出于自愿并且是理智地作出的,被告人本人清楚地知道作出这种供认的后果,否则无效。

辩诉交易可由被告律师或检察官任何一方提议,一般在被告律师和检察官之间直接进行,除非在被告人打算提出其他犯罪的情报以换取检察官作出更多让步的情形下,被告人很少直接参加协商。根据美国联邦刑事证据规则,联邦法官不得参加辩诉交易的谈判,但各州法律在这一问题上作法不一,有的明令禁止,有的却予以鼓励,认为法官参加可以使协商规范化,使结果更公平,而且有助于统一刑罚。辩诉协议达成后,若需要审查,一般采取非正式的程序进行,控辩审三方参加,但没有陪审团在场。如果法庭接受辩诉协议,则依据双方商定的罪名和刑罚判决,该案件即告终结。

辩诉交易在美国虽然十分普遍,但却一直是一个有争论的问题,与检察官的自由裁量权在其他国家所面对的情形相似。持否定意见的一方认为,辩诉交易将国家法律过多地置于检察官的个人意志之下;辩诉交易缺乏公开性,它破坏了对抗式的诉讼程序模式;检察官在辩诉交易中对犯罪过于宽容;辩诉交易背离了定罪全凭证据的刑事程序基本准则,使宪法所赋予被告人的诉讼权利受到威胁甚至被完全剥夺;辩诉交易致使存在对不肯认罪的人判处更加严厉的刑事惩罚的可能性,而如果被告人坚持法庭审判可能被判决无罪等。

支持辩诉交易的观点认为,辩诉交易并不违反宪法,宪法并不禁止被告人自愿理智地承认有罪;辩诉交易减少了诉讼环节,可以大大提高司法审判的效率和质量,使检察官和法庭能集中精力处理危害性更大更严重的刑事犯罪,减轻了法庭压力,避免了审判制度在堆积如山的案件重压下全面崩溃;辩诉交易还消除了对抗式程序本身的痼疾,消除程序拖沓、案件结论受法律规定过于原则、律师和检察官以及陪审员水平参差不齐及其个人好恶有别、被告人运气不一等不确定因素影响的可能性;辩诉交易避免了传统刑罚本身的缺陷,使检察官和法庭能更多地根据案件具体情况处理案件,有助于刑罚的合理化、个别化、非刑事化,给予大量的偶犯、初犯因社会给其带来痛苦而产生的犯罪行为人有改过自新的机会,降低累犯惯犯率,提高刑罚的社会效果。

辩诉交易的产生和发展与其说是刑事理论演变改进的产物,勿宁说是实践中强烈的客观需要所导致的必然结果。

除美国外,采用辩诉交易的国家还有英国。

(陈 敏)

biaopi botuo

表皮剥脱(abrasion) 又称擦伤。物体擦过或撞击人体时,使局部表皮剥离而造成的浅表性损伤。表皮剥脱可呈点状、线状或片状。表皮剥脱后如露出真皮,会有少量黄色透明的液体渗出,干燥后呈黄色的痂,时间稍久变黄褐色的痂。如伤及真皮组织,则有血液流出,干燥后呈红色的痂。表皮剥脱愈合后不留疤痕。表皮剥脱检验在法医学上很重要,根据所在的部位,可以推断损伤形成的原因,如颈部的表皮剥脱,常考虑扼颈所致;口鼻部的表皮剥脱,常考虑被闷压所致;女尸大腿内侧的表皮剥脱,常考虑被强奸所致;额、鼻、颧弓部的表皮剥脱,常考虑坠落、跌倒所致。另外,表皮剥脱的形态可以推断凶器的特征,如条形的表皮剥脱,可能是鞭子抽打所致,长约 1 厘米、宽 1-3 毫米的半月形表皮剥脱,常常是指甲压痕。

(李宝珍)

biechuquan

别除权(right of exclusion from bankruptcy estate) 享有财产担保债权的债权人,就破产债务人的特定财产,可不依破产程序而先于一般债权人受偿的权利。世界上多数国家在破产法中都对别除权的适用作了规定。中国的破产法中未明确设立别除权的概念,但《中华人民共和国企业破产法(试行)》却同样有关于实际上也就是别除权内容的规定(见该法第 32 条)。别除权产生的基础是民法、商法、担保法中规定的质权、抵押权和留置权。上述这些权利一经设定,当保证人未按约定履行有关义务时,享有上述权利的人即可依法从相关的财产中获得优先受偿的权利。一旦保证人作为破产人进入破产程序,若其曾向有关权利人设立上述权利,享有上述权利的权利人的优先受偿权,就自然转化为别除权,即权利人在保证人成为破产当事人时,可以要求从有担保的财产中优先受偿,以保证担保债权的实现。法律上设立别除权的目的,主要就是使财产担保制度能在民事、商事、经济活动中始终得到保障。

别除权的特征主要有两个:第一个特征是,该权利的行使是限于对破产财产中的特定财产,这是因为别除权的产生是因别除权人在破产宣告前在破产债务人的财产上设立的担保权,别除权只能针对这些作为担保物的财产来行使,这也就意味着:第一,一旦作为担保物的财产在别除权人行使别除权之前消失,别除权人也就无法行使别除权;第二,若别除权人对特定财产行使别除权后,该财产仍无法满足别除权人的债权时,别除权不得就剩余的债权再对破产债务人的其他破产财产主张优先受偿权。但别除权人可在担保财产不足以清偿别除的债权时,将剩余债权作为一般破产债权按破产程序来受偿。第二个特征是,别除权是项不依破产程序优先受偿的权利,这也就意味着:没有担保债权的财物应当优先用于清偿别除权人的担保债权,破产管理人不应将该财物列入破产财产,但若该财物在清偿别除债权后还有剩余,则剩余部分应列入破产财产。

为了保证所有破产债权人的合法权益,防止破产债务人与他人恶意串通损害债权人利益,各国法律对作为别除权基础的担保债权的产生期限作了严格规定,例如中国《企业破产法(试行)》第35条规定:在人民法院受理破产案件前6个月至破产宣告之日的期限内,破产企业对原来没有财产担保的债务提供的财产担保无效。据此,若破产企业是在上述期限内违法为原来没有担保的债务提供了担保,别除权就不能成立。

别除权依法行使的法律后果是:别除权人的别除债权从担保财产中优先得到清偿;如果担保物的价值大于担保债权的,别除债权得到清偿后,剩余部分应退还给破产企业;如果担保物价值不足以清偿担保债权的,未受偿部分的债权可作为破产债权,依照破产程序受偿。 （潘剑锋）

binsiqi
濒死期(agonal stage) 又称死战期或临终状态。死亡过程的最初阶段,即死亡开始到心跳和呼吸停止之前的这个阶段。此时中枢神经系统脑干以上的部位处于深度的抑制状态,生命重要器官的功能发生障碍和衰竭。表现为意识模糊或消失,各种反射消失或迟钝,血压和体温下降,呼吸不规则,心跳减弱,有的大小便失禁,面容苦闷以及昏迷抽搐等。由于死亡原因以及死前的机体状态不同,濒死期的表现也各不相同,有的神经系统先兴奋后抑制,表现为躁动不安、肢体抽搐或强烈痉挛,继而逐渐减弱直至麻痹。有的神经系统一开始就处于抑制状态,表现为死亡进行缓慢而平静,生命机能逐渐陷入极度衰竭状态。濒死期的持续时间,短则数秒钟,长则数小时。这与死因、年龄、生前健康状况等因素有密切关系。一般情况下,病死亡者,尤其慢性消耗性疾病死亡者(如高度贫血、肝硬化腹水、癌症等)濒死期较长。而非正常死亡者(如伤及脑干的颅脑损伤、颈部切断、心脏和主动脉严重破裂、氰化物中毒等)死亡迅速,濒死期短而不明显。在同样的死因中,壮年人和体格健壮者濒死期长,表现明显,而年老体弱者濒死期短,表现不明显。 （李宝珍）

bing'an zhencha
并案侦查(mixed cases investigation) 将可能是同一个或同一伙犯罪人作案的若干起案件合并侦查。是侦破刑事案件采取的一项重要对策。需要并案侦查的案件主要有两类。一类是犯罪意识定向及其犯罪活动趋于专门化的案件,其特征是采用相同的手段在同一地区连续作案,或利用现代化交通工具跨地区跳跃式流窜作案,其具体表现为:①作案手段和案件性质相同或相似;②犯罪人的体貌特征相同或相似;③作案的时间、地点及侵害的目标相同、相似或大同小异;④性质相同或相似的案件连续发生并趋严重。这类案件的客观特征从各个不同的侧面反映出同个或同伙犯罪人所作的若干起案件之间存在着内在的本质联系,应将所收集的线索、信息和资料集中起来进行科学分析,必要时应对各案发现的痕迹和物质、物品进行鉴定,对有关物证组织有关人员辨认,从而揭示各案之间的内在联系,各案并侦、及时破案。另一类是多种犯罪集于一体的案件,其特征是:多种不同性质的案件或有某种联系的案件都涉嫌同一个或同伙犯罪人作案。如同一犯罪主体既行贿又受贿,还有玩忽职守、重大责任事故等犯罪行为;又如犯罪人用贪污、受贿、挪用的款物进行走私、购买假币和赌博等犯罪活动。对这类多罪一体的案件也应合并侦查,以利于及时全面地查清各种犯罪事实,对犯罪主体实行数罪并罚。 （文盛堂）

bingli dongji
病理动机(pathological motiuation) 行为人以幻觉、妄想、意向倒错等病理性精神活动作为驱使其行为的力量。行为人在这种动机驱使下,可对社会造成严重的危害结果,但由于行为人的行为是受病理性精神活动的驱使,其主观上不能通过现实环境来修正自己的精神活动,对自己行为的性质和后果不能正确的认识,导致对自己行为的启动、幅度、进程、终止缺乏控制能力。因此,即使行为人的行为结果造成严重的社会危害,也不能按刑事犯罪论处,应免除刑事责任。在司法精神医学鉴定中,病理动机是评定行为人无刑事责任能力的必要条件。 (孙东东)

binglixing banxing zhuangtai
病理性半醒状态(pathologishe schlafkenheit) 一种在深度睡眠以后至清醒过程中,出现意识觉醒与运动觉醒不同步的醒觉障碍,即运动先于意识觉醒。此时,行为人因意识障碍而对周围环境歪曲感知,或受残余梦境的影响,发生盲目的冲动行为,甚至造成伤人、杀人等恶性危害结果,清醒后不能回忆。受害人主要见于与行为人同居者,即以配偶、父母、子女、兄弟姐妹等为多。处于病理性半醒状态的行为人,因意识障碍,无辨认和控制自己行为的能力,应评定为无刑事责任能力。 (孙东东)

binglixing dubuo
病理性赌博(pathological gambling) 西方精神医学的一个诊断分类。指一种见于青少年的赌博行为,赌博的动机不以输赢钱财为目的,而是为了满足心理上的愉快感。在日常生活、司法实践和司法精神医学鉴定中,病理性赌博与非病理性赌博很难区别。
(孙东东)

binglixing huangyan
病理性谎言(pathological lying) 又称幻想性谎言。一些精神病患者或人格障碍者,在没有客观基础的情况下,编造的一些具有夸大性质的幻想故事。这种人说谎的目的是为了获得变态心理的满足,行为人主观上仍有对自己的言行的辨认和控制能力,在涉及法律问题时,应承担完全法律责任。 (孙东东)

binglixing jiqing
病理性激情(empathema insane) 在意识障碍状态下突然出现的强烈而为时短暂的情感发作。表现为十分凶猛的情感冲动、紧张、兴奋、不满,同时可伴有杀人、放火、毁物等极其残忍的行为。患者此时伴有意识障碍,对其冲动行为不能辨认和控制。发作时间一般在1~2小时,少数可持续1~2日。见于癫痫、颅脑损伤伴发精神障碍、慢性酒精中毒、精神分裂症、爆发型人格障碍、癔病和躁狂抑郁性精神病等。在司法精神医学鉴定中,由于病理性激情下的危害社会行为属意识障碍状态下不可辨、不可控的行为,为无责任能力评

定的充分条件。 (孙东东 吴正鑫)

binglixing zuijiu
病理性醉酒(pathological intoxication) 一种发生于极少数人的、极其特殊的醉酒。一般无饮酒史,当饮用了一般人不致醉酒的少量酒类饮料后,即出现深度的意识障碍,同时伴有冲动行为,造成危害结果的发生。此时醉酒者血液中乙醇含量并不高,而且醉酒者的精神状态也没有一个由兴奋到抑制过程。醉酒状态以深睡数小时而告终。醉酒者清醒后对自己的所为不能回忆,精神活动完全恢复正常。醉酒者能从一次醉酒事件中吸取教训,终生不再饮酒。因此,病理性醉酒也被称为人生中精神活动的一次例外状态。由于这类人在饮酒前并不知道自己对酒精的耐受量,对饮酒行为的后果不能预见,而且仅仅是在饮用了极少量的酒类饮料之后,即出现深度的意识障碍。故病理性醉酒不属自限性精神障碍的范畴。其性质是急性酒精过敏性脑炎,其精神障碍表现为与严重精神病的性质和程度相当的精神病等位状态。对这种醉酒状态下实施危害行为者,应评定为无责任能力。对于既往有过病理性醉酒史的人再度自觉饮酒,并且出现了同样的醉酒症状,并造成危害结果的刑事责任能力,应以普通醉酒论。原因是饮酒者对饮酒行为的主观心态已发生改变,所以责任能力的性质也就发生了改变。 (孙东东)

bingtai beilie
病态卑劣(psychopathic inferiority) 人格障碍的早期名称。参见人格障碍。

boli shenpan
伯力审判(Boli Trial) 苏联滨海军区军事法庭在伯力对前日本关东军731部队为主的12名日本战犯实施准备和使用细菌武器案的审判。自1949年12月6日起,法庭对山田乙三等战犯进行预审。根据预审结果,检察官于1949年12月16日签署起诉书。起诉书指出伯力审判是东京审判的继续;并且指控日本帝国主义早在1935年就成立特种部队,准备和进行细菌战,为了检查细菌武器的效能,有系统地和大规模地用活人进行惨无人道的罪恶实验;在对中国侵略战争中已经使用细菌武器,加紧对苏联进行细菌战的准备工作;以及各被告人的个人罪状。法庭于1949年12月25日至30日公开审判了山田乙三等12名战犯。在听取了证人证言、被告人供述、法医专家委员会确认的鉴定书、检察官和辩护律师的发言以及战犯的最后陈述之后,法庭宣判12名被告人有罪,判处25年以下长短期限不等的有期徒刑。 (王以真)

bohui kanggao
驳回抗告(dismissal of an appeal on procedure error) 抗告法院对抗告人不合法的抗告予以驳回的诉讼行为,是抗告法院对抗告人的抗告所采取的处理方式之一。在德、日等大陆法系国家,抗告是当事人不服法院的裁定和命令,向抗告法院提起的上诉。《德国民事诉讼法》第574条规定:"抗告法院应依职权调查:抗告本身是否准许,是否依法定方式在法定期间内提起。欠缺以上要件之一的,以其抗告为不合法而驳回之。"对驳回抗告的裁定不服,有的国家规定可以再抗告,如《日本民事诉讼法》第419条之二规定:"对于不得声明不服的裁定及命令,只限于以该裁判有错误解释宪法或有其他违背宪法的事项为理由,才可以向最高法院提起特别抗告。"我国民事诉讼法没有抗告的规定,自然也无"驳回抗告"一说。在我国,对一审法院不予受理、驳回起诉、管辖异议的裁定,当事人不服的也可以上诉。上诉审法院经过审理后,认为原裁定认定事实清楚、证据充分、适用法律正确的,则以裁定驳回上诉,维持原裁定。
(万云芳)

bohui shangsu
驳回上诉(dismissal of an appeal) 二审裁判的一种,即上诉审法院对上诉人缺乏正当理由和合法根据的上诉请求予以驳回的诉讼行为。当事人不服一审法院的判决向上级法院提起上诉,上诉审法院对上诉案件进行审理后,认为原判决认定事实清楚、适用法律正确的,则应作出驳回上诉的判决。在我国,驳回上诉的判决,属于终审判决,当事人不得再行上诉。二审法院驳回上诉是用判决而不是用裁定,其理由是:裁定一般是用以解决程序问题的,而驳回上诉并不解决程序问题。众所周知,民事案件的当事人起诉,是因为与对方当事人之间存在民事权利义务之争,法院的一审判决就是对当事人之间民事权利义务关系的确定。当事人不服一审法院的这种确定,即说明双方当事人之间仍存在权利义务之争,这种争执并未得到最终解决。当事人上诉后,二审法院对上诉案件的审理即是继续解决双方当事人之间对权利义务的争执。如果一审法院所作的判决认定事实清楚,适用法律正确,则上诉法院应维持原审法院的判决。原判决是确定实体问题的,肯定其实体内容的法律文书当然应采用判决而不是裁定。
(万云芳)

bolangge panli
勃朗戈判例(The Blanco Case) 法国权限冲突法庭在1873年2月8日作出的一项重要判例。该案原告阿涅斯·勃朗戈是一名小孩,在一次交通事故中,被波尔多国营卷烟厂的货车撞伤,其父向普通法院提起诉讼,要求国家承担民事赔偿责任。普通法院认为,该案与公共权力的行使无关,故受理了该案。但原告所在省的省长认为,该案涉及国家作为债务人的问题,应该由行政法院管辖,便向权限冲突法庭提起了权限冲突争议。权限冲突法庭受理了这一争议案,通过审理,确定了两项重要原则:①行政法院与普通法院的分工标准,应以"公务"为标准,即凡涉及公务的案件应归行政法院管辖,不涉及公务的案件则归普通法院管辖;②国家应为公务人员执行公务过错侵权行为承担赔偿责任,且有关这种赔偿责任的案件应由行政法院管辖。
(姜明安 江家喜)

buchong zhencha
补充侦查(supplementary investigation) 国家侦查机关在原有侦查工作的基础上,就案件中某部分事实、情况重新进行侦查的诉讼活动。依据我国现行《刑事诉讼法》的有关规定,人民检察院对公安机关移送起诉的案件进行审查后,认为犯罪事实不清、证据不足,或者遗漏重要罪行或其他应当追究刑事责任的人,需要补充侦查的,可以将案件退回公安机关补充侦查。对于补充侦查的案件,应当在1个月以内补充侦查完毕,补充侦查以两次为限。公安机关补充侦查完毕以后,如果案件主要事实发生变化,应当重新制作起诉意见书,连同证据交由人民检察院审查;对于补充或变更个别犯罪事实和情节的,可以将补充或变更的情况写成书面材料,送交人民检察院;如果案件主要事实失实,需要撤销案件的,应当通知人民检察院撤销原起诉意见书。对于补充侦查的案件,人民检察院仍然认为证据不足,不符合起诉条件的,可以作出不起诉的决定。补充侦查是我国刑事诉讼中的一项重要诉讼活动,其目的是为案件的处理提供足够的证据材料,保证案件质量,防止发生偏差或错漏,它对于揭露和证实犯罪,圆满完成刑事诉讼法的任务具有十分重要的意义。
(王 新)

buqiang zhengju
补强证据(corroborative evidence) 又称为"佐证",相对于"主要证据"而言。能够用来补充主要证据,增强主要证据的可靠性和证明力的证据。在英美证据法中,补强证据是可以在某些重要情节上确认另一证据的真实性的证据。一般说,陪审团可以根据某独立证据作出裁断,而不必要求佐证。但是,有些情况下,必须有另一证据做佐证,才能证明事实的存在。比如,少年儿童未经宣誓的证言,就要求有佐证;同案审理而共犯所提出的证据,往往有意推脱或减轻自己的责任,因此也要求有佐证;其他如伪证罪、容留妇女卖淫罪和某些破坏交通罪,法律规定应有两个以上证人的证明。法官应当向陪审团说明佐证的意义。关于某一证据是否需要佐证,除法律有明文规定者外,由陪审团裁定。
(熊秋红)

buzhu zhengju
补助证据(auxiliary evidence) 相对于"独立证据"而言。证据本身不能证明犯罪事实是否存在,而仅能证明其他证据的真实性、可靠性,加强其他证据的证明力的证据。如证明证人品行端正、从不说谎的证据;证明某种证物的发现确实可信的证据。 (熊秋红)

budai chenshu de panjue
不待陈述的判决(judgment without statement) 我国台湾刑事诉讼法规定的,法院在被告人或者自诉人未到庭陈述,或者到庭而拒绝陈述时对刑事案件所作的判决。如果当事人双方均未到庭陈述,则不能作出这种判决。可以不待陈述径行判决的情形有:①被告人拒绝陈述的;②被告人未经许可中途退庭的;③法院认为应科拘役、罚金或应判处免刑或无罪的案件,被告人经合法传唤无正当理由不到庭的;④被告人在第二审上诉程序中受合法传唤无正当理由不到庭的;⑤非告诉或请求乃论之罪的案件,自诉人经合法传唤无正当理由不到庭或者到庭不作陈述的;⑥自诉人于辩论终结前丧失行为能力或者死亡的。 (汪建成)

bufa xingwei nengli
不法行为能力(peliktfhig keit) 日本国刑法用语。行为人有责任地实施违法行为,从而侵犯了受到法律保护的个人的权利。是一种与中国刑法及世界上大多数国家刑法中适用的刑事责任能力相似的行为能力。 (孙东东)

bufu yaoqiu lüxing yiwu anjian
不服要求履行义务案件(lawsuit concerning disagreement on agency-imposed duties) 公民、法人或者其他组织认为行政机关违法要求履行义务的具体行政行为(见可诉性行政行为),侵犯其合法权益,向人民法院提起诉讼,经审查,符合法定条件,由人民法院立案处理的行政案件。公民、法人或者其他组织应当自觉地履行法定义务,对不履行法定义务的行政管理相对人,可以采取行政处罚或行政执行等强制性手段促其履行或代其执行。但是行政机关无权要求行政管理相对人承担法律、法规规定之外的义务,因为义务法定,这是我国社会主义法制的一项基本原则。行政机关关于法定义务之外要求当事人再承负义务,属于违法之行政行为,受到该具体行政行为侵害者,有权依法向人民法院提起行政诉讼。人民法院依法有权对行政机关所作的违法要求履行义务的具体行政行为予以撤销。造成损害的,还可以判决该行政机关作出行政赔偿。

违法要求履行义务通常包括以下几种基本情况:①超过法律规定的范围要求当事人履行人身或财产义务。②在无法律依据的情况下要求当事人履行人身或财产义务。③依据无权要求当事人履行义务的法律文件(包括行政决定和行政命令)要求当事人履行人身或财产义务,这种无权要求当事人履行义务的法律文件应当包括规章以下的各种规范性文件。违法要求履行义务的常见情形有,违法要求纳税、以各种名目向有关当事人乱摊派、滥收费以及非法征用劳役等等。国务院对此类问题十分重视,早在1986年4月就曾发布了《关于坚决制止向企业乱摊派的通知》,对于违法摊派的行为加以禁止。在此前后也曾多次下发文件不准对公民、法人或其他组织非法设定义务。在有关法规中还明确规定,行政机关违法设定义务,有关当事人可以向人民法院提起诉讼,或者向人民政府或其他行政主管机关提出控告。我国《行政诉讼法》在第11条中,十分明确地将违法要求履行义务的具体行政行为纳入行政诉讼受案范围。这对于制止行政机关及其工作人员滥用职权,巧取豪夺,侵犯行政管理相对人合法权益的行为,显然是一种积极有效的措施。 (王振清)

buganshe zhuyi
不干涉主义(principle of no intervention) 与干涉主义相对。指证据资料的收集和事实的调查由控辩双方自行主导进行,法院不予干涉或协助的诉讼原则。见当事人主义。 (陈瑞华)

bugao buli
不告不理(nemo judex actore; no trial without complaint) 法院对未经起诉的事项不予审理的诉讼原则。根据这一原则,刑事案件必须有公诉人或自诉人起诉,民事案件必须有原告提出诉讼请求,法院才可以开始审判程序;法院在审判过程中要受公诉人、自诉人或者民事原告提出的请求范围的限制,而不得就未被起诉的人和事项进行审理和判决。在刑事诉讼法中确立这一诉讼原则的意义在于,确保控诉和审判这两项诉讼职能的合理区分和相互制衡,使法院的审判活动受到起诉范围的严格限制,保证法庭审判的公正性。

不告不理原则在古罗马共和国时期实行的弹劾式诉讼中即已产生。所谓"没有告诉人就没有法官"，就是对这一原则的典型表述。在这种诉讼活动中，每个公民在履行过法定的手续以后，均可作为原告人就某一案件提起控诉，法院则根据其控诉在指定的日期进行审判。如果告诉人届时不到庭或者撤销控诉，法院就放弃对案件的审判。到了中世纪的中后期，欧洲各国实行纠问式诉讼制度，法院集侦查、起诉和审判等多项权力于一身，积极主动地承担起追究犯罪的职责，并可以为此而随意突破追究的范围，不告不理原则实际上遭到废弃。18～19世纪的欧洲资产阶级革命导致各国刑事司法制度的深刻变化。法国率先进行了刑事司法改革。在1808年《法国刑事诉讼法典》的影响下，欧洲大陆法系国家相继颁布了刑事诉讼法典，在废弃纠问式诉讼制度的基础上建立了一种新的诉讼制度。在这种新的制度中，代表国家对犯罪进行刑事追诉的权力由法院之外设立的检察机关专门负责行使，法院则专门负责对案件进行审判；法院的审判以检察官正式提起公诉为前提，并局限于检察官起诉书记载的范围之中。至此，罗马法中的不告不理原则就在大陆法中得到了重新确立，并建立在国家追诉制度的基础上。例如《德国刑事诉讼法典》第151条规定："法院开始调查，以提起公诉为条件。"《日本刑事诉讼法》第249条也规定："公诉的效力不及于检察官所指定的被告人以外的人。"英国虽然没有系统的成文法，但其习惯法、判例法中也确立了不告不理原则：如果没有个人、团体或者国家机关提出了列出明确罪状并附有誓言的控诉书，法院则不能进行审判。英国1985年通过的《犯罪起诉法》明确规定，对犯罪的起诉权由新设立的检察机构专门负责行使；未经检察官的合法起诉，法院不得开始进行审判活动。

中国法律确立不告不理原则始于清朝末年。为挽救日趋衰败的专制政权，清政府进行了以吸收、移植西方国家法律制度为特征的"改制"运动，采纳了包括不告不理在内的一系列西方刑事诉讼基本原则。1907年制定的《各级审判厅试办章程》第107条规定："刑事其未经起诉者，审判庭概不受理。"这一原则后来被南京国民政府颁行的《刑事诉讼法》所吸收。该法第245条规定："起诉的效力不及于检察官所指被告人以外之人。"同法第247条规定："法院不得就未经起诉的犯罪审判。"

《中华人民共和国刑事诉讼法》吸收了不告不理原则的精神，但对其适用范围作出了限制。该法将起诉作为审判的前提和依据，法院的审判只有在检察机关提起公诉或者自诉人提起自诉以后才能开始进行；没有起诉，法院一般不得主动对任何刑事案件进行审判活动。但是，不告不理原则通常只适用于第一审程序，法院按照第二审程序、死刑复核程序以及审判监督程序进行的诉讼活动，则不受不告不理原则的制约。这主要体现在以下方面：①第二审法院在审判中应当就第一审法院认定的事实和适用法律进行全面审查，不受上诉或抗诉范围的限制。共同犯罪的案件，只有部分被告人上诉的，应当对全案进行审查，一并处理。②对于中级人民法院判处死刑的第一审案件，被告人不上诉的，对于高级人民法院判处死刑的第一审案件被告人不上诉的及其处死刑的第二审案件，都应当主动报请最高人民法院核准。中级人民法院判处死刑缓期两年执行的案件，则由高级人民法院核准。③各级法院院长对本院已经发生法律效力的判决和裁定，最高法院对各级法院已经发生法律效力的判决和裁定，上级法院对下级法院已经发生法律效力的判决和裁定，如果发现在认定事实和适用法律上确有错误，可以主动提起审判监督程序，使已决案件得到重新审判的机会。

（陈瑞华）

bugengyi yuanze

不更易原则（principle of non-alteration） 又称为不更换原则。基本含义是，作为裁判者的法官、陪审员除法定的情形之外，应自始至终地参加法庭审判，而不得中途退出或中途更换。但宣告判决时，不受此限制。如果因法定事由（如法官或陪审员在审判过程中生病或死亡等）而不得不更换法官或陪审员时，一般应当重新组成审判庭，并重新开始法庭审判程序。如《德国刑事诉讼法典》第226条规定，审判应在裁判人员、检察官和法院书记处的一名书记官始终在场的情况下进行。《日本刑事诉讼法》第315条规定："在开庭后更易审判官时，应当更新公审程序。"

（陈瑞华）

bugongkai shenpan

不公开审判（not to be in public） 公开审判原则的例外。指在法律明确规定的情况下，法院可以对案件进行不公开审理。见审判公开。

bujianduan yuanze

不间断原则（principle of uninterrupted trial） 又称审判集中原则。基本含义是，法庭审判活动一旦开始，除法定特殊情形之外，应当按照法定的程序持续而不间断地进行，直至法庭作出裁判为止。即使法庭因特殊理由而不得不中断审理，也必须在较短的时间内迅速恢复进行。如《德国刑事诉讼法典》第229条规定："中断审判期间总计不超过10日的，可以恢复审判的进行；中断期间超过10日的，法庭应重新开始审判程序。"

（陈瑞华）

bujing xingzheng fuyi de qisu qixian
不经行政复议的起诉期限（time limit to implead for cases not administratively reconsidered） 行政管理相对人不服行政机关的处理决定直接向法院提起行政诉讼的时间要求。超过了法定的起诉期限，相对人便丧失了请求法院依诉讼程序强制义务人履行义务的权利。我国《行政诉讼法》第39条规定："公民、法人或者其他组织直接向人民法院提起诉讼的，应当在知道作出具体行政行为之日起3个月内提出。法律另有规定的除外。"据此规定，相对人不服行政机关的处理决定直接向法院提起行政诉讼的期限，分为一般起诉期限和特殊起诉期限。一般起诉期限为3个月，它是行政诉讼法规定的适用于通常情况的起诉期限。特殊起诉期限是指其他法律另有规定的起诉期限。目前我国法律规定的特殊起诉期限主要有两种情况：①起诉期限为15日。如《中华人民共和国食品卫生法》第28条规定："当事人对食品卫生监督机构给予的行政处罚决定不服的，可以在接到处罚决定通知书之日起15日内，向人民法院起诉。"又如《中华人民共和国商标法》第36条规定："对工商行政管理部门根据本法第31条、第33条、第34条的规定做出的罚款决定，当事人不服的，可以在收到通知15天内，向人民法院起诉。"②起诉期限为30日。如《中华人民共和国土地管理法》第53条规定："侵犯土地的所有权或者使用权的，由县级以上地方人民政府土地管理部门责令停止侵犯，赔偿损失；当事人对处理决定不服的，可以在接到处理决定通知之日起30日内向人民法院起诉。"

不论是一般起诉期限还是特殊起诉期限，都是从应当知道作出具体行政行为之日起计算。"应当知道"是指法律上的一种推定，即相对人在客观上存在着知道的条件和可能，而不管相对人实际上是否知道有关的行政机关已经作出具体行政行为。如果相对人应当知道而基于主观上的过错而未能知道并不影响起诉期限的计算。超过法定起诉期限未起诉的，除法律有特别规定的情况外，应认为起诉无效，法院不应当受理。在一般起诉期限与特殊起诉期限中，应当优先适用特殊起诉期限的规定；无特殊起诉期限的，适用一般起诉期限的规定。
(谭 兵)

buliyi zigong
不利益自供（self-incrimination） 英美证据法中的概念。又可译为"自证有罪"、"自我归罪"。被告人作出不利于己的陈述或提供其他不利于己的证据。美国联邦宪法修正案第5条规定：被告人享有"不得在任何刑事案件中被迫自证其罪"的权利。即司法官员不得强迫被告人作不利于己的供述或提供其他不利于己的证据。理由是，要求被告人作不利益自供，势必违背其自由意志，并有诱使被告人犯伪证罪的可能；而且，获得被告人的不利益自供，往往需采取威胁、引诱等不正当的方式，这样将会违背公正原则。不利益自供不包括心理和生理试验，不包括搜查和扣押。被告人可以放弃仅对自我归罪的特权，自愿充当证人提供于己不利的证据。
(熊秋红)

buli yu fanzui xianyiren beigaoren de zhengju
不利于犯罪嫌疑人、被告人的证据（evidence unfavorable for suspect or defendant） "有利于犯罪嫌疑人、被告人的证据"的对称。又称为"控诉证据"或"攻击证据"。见控诉证据。

buming dongji
不明动机（not clear motivation） 驱使行为人实施行为的内心驱动不明确。不明动机常见于有意识障碍症状的疾病患者，如各种原因所致昏迷的病人、脑器质性精神障碍者、短暂性精神障碍发作者等。行为人由于意识障碍，丧失了心理活动运行的基本生理保障，主观上丧失了对自己行为的辨认和控制能力。因此，不明动机是司法精神医学鉴定中评定行为人无刑事责任能力的一项必要条件。
(孙东东)

buneng kangju de yuanyin
不能抗拒的原因（irresistible causes） 造成当事人不能在法定期间内依法进行某种诉讼行为的、无法克服和排除的障碍。我国现行《刑事诉讼法》第80条规定："当事人由于不能抗拒的原因或者有其他正当理由而耽误期限的，在障碍消除后5日以内，可以申请继续进行应当在期满以前完成的诉讼活动。前款申请是否准许，由人民法院裁定。"因此，不能抗拒的原因是当事人逾期要求恢复诉讼行为的一种主要的正当理由，如地震或水灾造成交通中断，当事人或其家庭成员发生人身伤亡，因传染病或其他疾病住进医院，意外事故以及其他足以影响当事人不能按期进行某种诉讼活动的原因。法律规定当事人在有不能按期进行某种诉讼活动的正当理由的条件下允许申请恢复诉讼行为，这是实事求是精神和保护诉讼当事人合法权益的体现。当事人必须在妨碍他遵守期间的原因消除后5日以内申请恢复诉讼行为。在不能抗拒的原因或其他妨碍当事人遵守期间的情况消失前，申请的正当理由存在；上述特殊情况消失后，当事人应当及时进行有关的诉讼活动。法律规定5日的期限不得超过，超过法定期限的申请，人民法院可不予批准恢复期间。
(朱一心)

buneng tiqi xingzheng susong de xingwei
不能提起行政诉讼的行为（non-judicially reviewable actions） 根据现行《行政诉讼法》第12条的规定，一些行政事项被排除在行政诉讼受案范围之外。这些由行政机关作出的行政事项，虽然也是行政机关的行为，但是由于这些行为存在一定的特殊性或涉及特殊效力范围，在行政诉讼上不能与纳入行政诉讼受案范围的具体行政行为（见可诉性行政行为）同等对待，故此将这些行政事项加以排除。公民、法人或其他组织对行政机关的这些行为不服提起的行政诉讼，人民法院依法不予受理。具体讲有如下四种事项：①国防、外交等国家行为；②行政法规、规章或者行政机关制定、发布的具有普遍约束力的决定、命令（见抽象行政行为）；③行政机关对行政机关工作人员的奖惩、任免等决定（见内部行政行为）；④法律规定由行政机关最终裁决的具体行政行为（见终局行政行为）。

（王振清）

bupizhun daibu de fuhe
不批准逮捕的复核（review of disapproving an arrest） 上一级人民检察院根据公安机关申请，对下一级人民检察院不批准逮捕的复议决定进行审查并作出决议的行为。公安机关要求人民检察院对不批准逮捕的决定进行复议，如果意见不被接受，认为需要复核的，应当在5日内制作《提请复核意见书》，报经县级以上公安机关负责人批准后，连同人民检察院的《复议决定书》，一并提请上一级人民检察院复核。上一级人民检察院应当在收到提请复核意见书和案件材料后的15日内由检察长或者检察委员会作出决定，通知下级人民检察院和公安机关执行。如果需要改变原决定，应当通知作出不批准逮捕决定的人民检察院撤销原决定，另行制作《批准逮捕决定书》。必要时，上级人民检察院也可以直接作出批准逮捕决定，通知下级人民检察院送达公安机关执行。

（黄 永）

bupizhun daibu de fuyi
不批准逮捕的复议（reconsideration of disapproving an arrest） 人民检察院对公安机关不服其不批准逮捕决定，要求重新考虑的申请进行审查并作出决议的行为。公安机关对人民检察院不批准逮捕的决定，认为有错误需要复议的，应当在5日内制作要求复议的意见书，报经县级以上公安机关负责人批准后，送交原作出不批准逮捕决定的同级人民检察院复议。人民检察院应当更换办案人员进行审查，并在收到复议申请及案卷材料后7日内作出是否变更的决定，通知公安机关。对已作出的不批准逮捕决定发现确有错误，需要批准逮捕的，人民检察院应当撤销原不批准逮捕决定，并重新作出批准逮捕决定，送达公安机关执行。

（黄 永）

bupizhun daibu juedingshu
不批准逮捕决定书（written decision of disapproving an arrest） 人民检察院对公安机关及其他依法具有侦查权的机关提请批准逮捕的犯罪嫌疑人进行审查后，认为不符合逮捕条件（见逮捕），依法作出不批准逮捕的决定时所制作的法律文书。《不批准逮捕决定书》首部应写明制作文书的人民检察院的名称，文书名称，文书编号即"检不捕[ ]号"，空格依次填写人民检察院简称、具体的案件简称、年度及序号。正文部分包括送达机关、案件来源、审查意见、作出不批准逮捕决定的法律依据、决定事项即"决定不批准逮捕犯罪嫌疑人×××"，并写明"请依法立即执行，并在3日内将执行情况通知本院。"文书中审查意见部分应根据具体案件的特点，有针对性地、准确地说明不批准逮捕的事实和法律依据，不能笼统地写"不符合逮捕条件"。文书尾部应填注制作文书的日期并加盖印章。如果需要补充侦查的，应在附项注明"附：补充侦查提纲"，并同时制作补充侦查提纲，连同《不批准逮捕决定书》送达公安机关。公安机关收到《不批准逮捕决定书》后应立即执行，并将执行情况填写《不批准逮捕决定书（回执）》，退回检察机关附卷。犯罪嫌疑人已被羁押的，应立即释放。

（黄 永）

buqisu
不起诉（non-prosecution） 人民检察院对公安机关、国家安全机关侦查终结移送起诉的案件，或者自行侦查终结的案件，经审查认为犯罪嫌疑人具有法定的不应当追究刑事责任的情形，或者犯罪情节轻微，依照刑法规定不需要判处刑罚或者免除刑罚的，从而依法决定不向人民法院提起公诉的诉讼活动。从实质上看，不起诉是作为法律监督机关的人民检察院对依法不应当追究刑事责任而已经错误地进行了刑事追究的犯罪嫌疑人，所作出的一种终止诉讼的决定，它体现了"有错必纠"的刑事政策，对于保护无罪或者不应追究刑事责任的人不受刑事追究，具有重要的意义。

适用情形 根据现行《刑事诉讼法》的规定，人民检察院适用不起诉决定的情形，主要有以下三种：①犯罪嫌疑人具有《刑事诉讼法》第15条规定的情形之一的，这些情形就是：第一，情节显著轻微、危害不大，不认为是犯罪的；第二，犯罪已过追诉时效期限的；第三，经特赦令免除刑罚的；第四，依照刑法告诉才处理的犯罪，没有告诉或撤回告诉的；第五,犯罪嫌疑人死亡的;第六,其他法律规定免予追究刑事责任的。②犯罪嫌疑人的犯罪情节轻微,依照刑法规定不需要判处刑罚或者免除刑罚的。这种情形原本是免予起诉的适用条件,但现行《刑事诉讼法》取消了免予起诉制度,便将这种原先适用于免予起诉的情形列入不起诉的适用范围。所谓"不需要判处刑罚",主要是现行《刑法》第37条规定的情形,即"犯罪情节轻微不需要判处刑罚"。所谓"免除刑罚",是根据《刑法》总则的规定,犯罪嫌疑人具有下列情形时,可以考虑免予刑事处罚:在我国领域外犯罪,但在外国已经受过刑罚处罚的(第10条);又聋又哑的人或者盲人犯罪的(第19条);正当防卫过当的(第20条);紧急避险过当的(第21条);预备犯罪的(第22条);中止犯罪,没有造成损害的(第24条);共同犯罪中的从犯(第27条);被胁迫参加犯罪的(第28条);犯罪后自首且罪行较轻的(第67条);犯罪虽较重,但在犯罪后自首并有立功表现的(第8条)。③对于经过补充侦查的案件,人民检察院仍然认为证据不足,不符合起诉条件的(《刑事诉讼法》第140条第4款)。

处理程序 关于不起诉的适用,现行《刑事诉讼法》第142条至第146条作出以下处理程序的规定,人民检察院必须严格遵守:①人民检察院决定不起诉的案件,如果被不起诉人在押,应当立即释放,同时对侦查中扣押、冻结的财物解除扣押、冻结。对被不起诉人需要给予行政处罚、行政处分或者需要没收其违法所得的,人民检察院应当提出检察意见,移送有关主管机关处理。有关主管机关应当将处理结果及时通知人民检察院。②人民检察院决定不起诉的案件,应当制作不起诉决定书。不起诉决定书除写明被不起诉人的姓名、职业等有关身份的事项外,还应当写明不起诉的理由和根据。如果有赃物、违禁物品和扣押的财物,还应写明如何处理。不起诉决定书,应当公开宣布,并且将不起诉决定书送达被不起诉人和他的所在单位。③对于公安机关移送起诉的案件,人民检察院决定不起诉的,应当将不起诉决定书送达公安机关。公安机关认为不起诉的决定有错误时,可以要求复议,如果意见不被接受,可以向上一级人民检察院提请复核。④对于有被害人的案件,决定不起诉的,人民检察院应当将不起诉决定书送达被害人。被害人如果不服,可以自收到决定书后7日以内向上一级人民检察院申诉,请求提起公诉。人民检察院应当将复查决定告知被害人。对人民检察院维持不起诉决定的,被害人可以向人民法院起诉。被害人也可以不经申诉,直接向人民法院起诉。人民法院受理案件后,人民检察院应当将有关案件材料移送人民法院。⑤对于犯罪情节轻微,依照刑法规定不需要判处刑罚或者免除刑罚的案件,人民检察院决定不起诉后,被不起诉人如果不服,可以自收到不起诉决定书后7日内向人民检察院申诉。人民检察院应当作出复查决定,通知被不起诉人,同时抄送公安机关。

(王 新)

bushidingxing rengezhang'ai
不适当型人格障碍(Inadequate personality disorder) 又称被动型人格障碍。人格障碍之一种。这种人对社会交往和情绪刺激缺乏有效的反应,为人处事缺乏动力、计划性和判断力,不能适应生活挑战,不与周围人建立正常关系,与世无争,常在社会生活中被忽略。

(孙东东)

butingzhi beisu xingzheng xingwei zhixing yuanze
不停止被诉行政行为执行原则(the principle of not stopping to implement agency action) 行政机关的处理决定不因原告的起诉失去效力而停止执行。我国现行《行政诉讼法》第44条规定:"诉讼期间,不停止具体行政行为的执行。"行政机关的处理决定不因提起诉讼而停止执行,不仅是我国行政诉讼法所确立的一项原则,也是当今世界各国行政诉讼立法的通例。1976年12月通过的《南斯拉夫行政诉讼法》第17条规定:"对行政文件提起诉讼,一般不应妨碍行政文件的执行。"1962年5月通过的《日本行政案件诉讼法》第25条规定:"取消诉讼之提起,不妨碍处分的效力、处分的执行或程序的继续履行。"此外,我国台湾省1975年公布的《行政诉讼法》第12条也规定:"原处分或决定之执行,除法律另有规定外,不因提起行政诉讼而停止。"不停止被诉行政行为执行原则,是由行政行为具有先定力的特点所决定的。所谓行政行为的先定力,是指国家行政机关及其工作人员依职权所为的行政行为一经作出,即推定为合法,具有国家决定的法律效力,非经法定机关依法定程序不得改变,即使被起诉到了法院也不例外。如果行政机关的处理决定一经起诉到法院就失效,就会影响行政机关的权威性和行政管理活动的连续性、稳定性,从而导致行政管理活动的混乱甚至瘫痪,使社会共同利益遭到破坏。不停止被诉行政行为执行原则,正是基于这些因素而确立的,但不停止被诉行政行为执行也不是绝对的,有原则必有例外。因此,我国《行政诉讼法》第44条又同时规定,在下列三种情形下停止具体行政行为的执行:①被告认为需要停止执行的;②原告申请停止执行,人民法院认为该具体行政行为的执行会造成难以弥补的损失,并且停止执行不损害社会公共利益,裁定停止执行的;③法律、法规规定停止执行的。

(谭 兵)

butingzhi beisu xingzheng xingwei zhixing yuanze de liwai

不停止被诉行政行为执行原则的例外（exceptions to the principle of not stopping to implement agency action） 不停止被诉行政行为执行原则的对称。在行政诉讼中，基于行政管理活动的特点，在通常情况下，被诉具体行政行为不因原告的起诉而停止执行，但基于行政管理活动的复杂性，在某些特殊情况下，原告起诉后则应停止被诉具体行政行为的执行。根据我国《行政诉讼法》第44条规定，应当停止被诉具体行政行为执行的情况包括以下三种：①被告认为需要停止执行的。在行政诉讼中，当被告行政机关认为停止具体行政行为的执行不会给行政管理活动带来影响而又有停止执行必要时，则可停止具体行政行为的执行。例如，行政机关对相对人所作的罚款决定，可以在相对人起诉后暂时停止执行，而听候法院的判决结果。②原告申请停止执行，人民法院认为该具体行政行为的执行会造成难以弥补的损失，并且停止执行不损害社会公共利益，裁定停止执行的。这种停止执行的情况根据法院的裁定而发生，必须同时具备三个条件：一是有原告的申请；二是不停止执行会给原告造成难以弥补的损失；三是停止执行不会损害社会公共利益。③法律、法规规定停止执行的。例如，《治安管理处罚条例》第40条规定："对治安管理处罚提出申诉或者提起诉讼的，在申诉和诉讼期间原裁决继续执行。被裁决拘留的人或者他的家属能够找到担保人或者按照规定交纳保证金的，在申诉和诉讼期间，原裁决暂缓执行。裁决被撤销或者开始执行时，依照规定退还保证金。"在这里，"找到担保人或者按照规定交纳保证金"是停止执行拘留处罚决定的前提条件。

（谭 兵）

buwang buzong

不枉不纵（not to treat unjustly, not to make the criminal at large） 刑事司法工作的指导方针之一。基本含义是，公安机关、检察机关和人民法院进行刑事诉讼，应当忠实于案件的事实真相，既不使无罪的公民受到追诉、定罪或判刑，也不使有罪的人逃脱法网，逍遥法外。为实现不枉不纵的目标，公安司法人员应当以事实为根据，以法律为准绳，全面、客观、充分地调查证据，力求使自己对案件事实的主观认识符合客观真相，在做出追诉、定罪、判刑等决定时应使自己所作的决定、裁定和判决尽可能建立在已由确实充分的证据加以证实的事实基础上。同时，对于错误的决定或裁判，一经发现，即应予以纠正，以防止冤枉无辜，或使有罪者逃脱法律的制裁。

（陈瑞华）

buyu shouli

不予受理（refusal to hear a complaint） 依照民事诉讼法规定，有些争议当事人起诉的，法院不接受对其进行审理，谓之不予受理。不予受理的争议有如下几种情形：①不应适用民事诉讼法处理的，如系行政行为争议以及其他非民事权益的争议。②当事人选择其他途径解决的，如双方当事人约定仲裁，对争议排除了司法管辖。③向其提起诉讼的法院无管辖权的，如属于其他法院管辖的案件。④经司法程序最终解决了的，如判决、裁定已发生既判力、拘束力的案件。⑤法律规定在法定期间内或者未到法定期限，不得起诉的，如女方怀孕期内或分娩后一年内，男方不得提出离婚。判决、调解未离婚和维持收养关系的案件，无新情况、新理由，原告又起诉的（《民事诉讼法》第111条）。法院不予受理，有的可用告知的方式，有的可用裁定。告知是使当事人知晓争议到何处去求得解决，或者通过其他何种途径解决。裁定是法院对此作出的裁定，这是用于对不合格的起诉。

基于上述情形的不予受理，与对一般起诉之不予受理既有相同之处，又有不同之处。其相同之处是，对当事人提起的诉讼，法院依法不接受对其进行审理，起诉不发生诉讼上之法律效力。其不同之处是：①对一般起诉之不予受理，主要是当事人的起诉不符合起诉的条件，或者说是不符合受理的条件，并非是不得提起的诉讼，而上述之不予受理，是法律规定不得提起、不应向该法院提起、法律禁止起诉期间提起的诉讼。②对一般起诉之不予受理，法院是依照程序法的规定所作之意思表示，而对上述之不予受理，法院既有依照程序法之规定，又有依照实体法之规定，决定不予受理。③程序法上规定之不予受理，是对某些起诉情况的一定规范性，实体法上规定的不得起诉之不予受理，是对某些争议起诉的排除性。《民事诉讼法》第111条之规定，是相对第108条规定之规定，属起诉和受理制度中之排除内容，也是我国在起诉上的特殊立法体例。

（刘家兴）

buzai xianchang zhi zhuzhang

不在现场之主张（the defence of alibi） 刑事被告人及其辩护人说明自己在指控的犯罪发生时处于犯罪现场以外的地方，不可能实施所指控犯罪的一种辩由，是一种有力的无罪辩护。在英美证据法中，不在现场之主张的提出具有特定的规则，辩方如果准备提出不在现场之主张，须在庭审之前向控方展示证明被告人不在现场的证据，未经展示的不在现场证据，不得在法庭上提出。大陆法系国家的证据法则规定，被告人及其辩护人在审判前和审判中的任何时候都可以提

出不在现场之主张,以进行无罪的辩护。 （黄 永）

buzhiming shiti bianren
不知名尸体辨认（identification of nameless body） 对侦查中发现的不知名尸首的辨认。对不知名尸体的辨认需经过整容后再组织辨认,这常在杀人案件侦查中采用。辨认时应充分利用尸体外貌特征;肢体各部位的特别记号,如伤疤、手术痕、胎记等;牙齿特征;内脏呈现的病理特征;衣着特征;随身物品特征等。辨认的方法有:①直接辨认尸体。即根据尸体的生理、病理特征,通过直接辨认确定死者身份。直接辨认尸体的地区范围应先近后远,现场附近群众不能确认死者身份时,可在较远范围内组织辨认。②辨认尸体照片。在现场附近不能查明死者身份的情况下采用。除拍摄外貌照片进行辨认外,还要注意拍摄特殊记号及生理、病理特征照片进行辨认。③辨认衣物和遗物。在尸体已经腐烂,或者外貌毁损严重,无法利用尸体或尸体照片进行辨认时采用,以利用死者衣物及遗物确认死者身份。 （张玉镶）

buzhiming shiti dengji
不知名尸体登记（nameless dead registration） 利用卡片对不知名尸体进行登记,并建档储存。目的在于为尸体辨认提供依据。登记的主要内容有:发现尸体的时间、地点、过程;死者的衣着、携带的物品及尸体状态;死者的性别、大致年龄、致死原因、判断的死亡时间、伤害情况;死者的体貌特征及其他可供识别个人人体的材料等。登记时要特别注意那些特别明显的记号,如镶牙、文身、骈指、骈趾、斑痣、疤痕等。登记卡片上要捺印死者的十指指纹并粘贴整容后的死者的辨认照片。如果对尸体进行了解剖检验,应简要记载解剖所见的情况。 （张玉镶）

bufa
步法（footstep） 人的行走运动习惯,其实质是在行走运动中足底对地面作用力的方式和变化规律。步法是从长期重复练习过程中逐渐形成的。在这个渐进的过程中,由于运动器官先天因素的制约和后天的训练模仿因素的影响,各种重复信号反复刺激大脑皮层,逐渐形成行走运动的系列条件反射。这一系列条件反射在不断强化过程中逐渐完善和定型,形成一长久固定联系的条件反射——大脑皮层的"动力定型"。动力定型一经形成,就把运动中枢自觉协调各运动器官的高度兴奋状态减轻为低兴奋状态的自律性协调,从而大大减轻了大脑皮层的兴奋程度,这是大脑皮层的一种自我保护机能。人的行走运动在大脑皮层动力定型的支配下,各运动器官自律协调,表现为行走运动的各种习惯动作。由于每个人的步法形成条件都是诸多内因与外因的组合,表现出诸多差异,因而就如同书写习惯一样,人的步法也千差万别,在步幅、步频、步态上具有个人特征;而且步法形成以后具有很强的稳定性,它只随身体机能的变化和运动器官的病变而变化。据统计,人的体力在20岁以前不断增强,20～25岁达到顶点并维持至30岁左右,30岁以上人的体力逐渐下降。体力衰减速度约等于增长速度的1/5～1/6。所以在研究步法变化规律时,通常以5岁为一个年龄段。人到中、老年,随体力下降,运动力减弱,步法开始出现消极特征。由于步法具有相对稳定性和个人特征,所以在侦查刑事案件活动中,利用足迹中表现出的步法特征对犯罪人进行追踪和鉴别。步法追踪和鉴别技术,最早在我国北方牧区民间流传,称为"码踪"。50年代,我国公安机关曾邀请马玉林等民间能手协助破案;后来又组织力量对此项技术进行了专门考察和归纳,在全国推广,逐渐形成了我国特有的步法追踪与步法检验技术,在打击刑事犯罪中发挥了重要作用。 （蓝绍江）

bufa jianyan
步法检验（footstep examination） 根据每个人走路习惯规律的特殊性与稳定性原理,对现场足迹和嫌疑人足迹中的步法特征进行比较与评断的过程。它按两个步骤进行:

步幅检验 通过对现场连续足迹与嫌疑人连续足迹中步长、步宽、步角的测量,从种类上把不同人的步法予以区分。在实践中把成年男性的步长划分为长步、中步、短步三种:一个自然步长超过80公分的称为长步,70～80公分的称为中步,70公分以下的称为短步。成年男性的步宽划分为四种:分离步（步宽为正值）、并跟步（步宽为0）、搭跟步（步宽为负数,但绝对值不超过鞋后跟宽度的1/2）、交错步（步宽为绝对值超过1/2后跟宽度的负数）。步角依展开的大小分为五种:向外展开20°以上为大外展步,向外展开10～20°为中外展步,向外展开5～10°为小外展步,外展角度5～0°为直行步,足尖向内收的为内收步。依照上述分类,可按步角、步宽、步长的顺序组合成60种不同的步幅类型。步幅类型不同。一般即可视为步法不同而予以排除;但在故意伪装、奔跑或受环境与心理条件制约情况下,步幅可出现暂时性变化,需要仔细慎重识别。

步态检验 在步幅检验相符的前提下,需进一步对各个足迹中所反映的步态特征比较异同。对于同一个人来说,相同的步态特征会在足迹中重复出现,具有的稳定性。从稳定的步态特征分析人的行走姿势及其他习惯特点,经综合评断可做出是否认定的结论。在步态检验中要注意考虑积极步态与消极步态间的不相容关系:积极步态指作用力强、爆发力大的动作特征,如落脚时的磕、踏特征,支撑时的拧动特征,起脚时的抬、蹬、挖、抠特征;消极步态指作用力弱、缺少爆发力的特征,如落脚时的擦痕特征,起脚时的划、扫、秸等特征。一般来说,消极步态与积极步态不会在同一人的足迹中出现。在步态检验中对各种步态特征出现的位置、角度和作用力方向亦应具体分析,并做综合分析。

步法检验是在总结民间经验基础上发展起来的一项技术检验手段,在操作中对技术人员经验的依赖性较大,尚有待于理论上的充实和检验手段的科学化,我国痕迹检验技术人员在这方面的研究已经取得了一定的进展。　　　　　　　　　　　　　　　　(蓝绍江)

bufa tezheng
步法特征(characteristics of footstep)　人在行走运动中的习惯动作表现于足迹中的形象化反映。它主要包括步幅特征和步态特征两个类别。

步幅特征　指在行走运动中的两脚间展开的幅度。其中两脚纵向展开的幅度称为步长,两脚横向展开的幅度为步宽,两脚中线对于前进方向展开的角度称为步角。测量步长时,以一个自然步中的前后两足迹后跟对应点之间的纵向距离计算;左脚在前的称左步长,右脚在前的称右步长。步宽的测量可沿步行前进方向(步行线)作前后两足迹内侧边缘的切线,两足迹内侧切点间垂直于步行线的距离即为步宽。步角的测量应先作足迹中心线,中心线延长同步行线的夹角即为步角;左足迹的步角称左步角,右足迹的步角称右步角。(见附图)

步态特征　在行走运动中,从脚开始接触地面到抬离地面的整个过程中,足底用力的方向、大小、角度及变化在足迹中的形象反映。按照落脚、支撑、起脚三个运步阶段划分,步态特征大致表现为17种形态:落脚阶段的步态特征有磕痕、踏痕、推痕、擦痕、跄痕;支撑阶段的步态特征有压痕、拧痕、追痕、坐痕;起脚阶段的步态特征有抬痕、蹬痕、挖痕、抠痕、挑痕、秸痕、扫痕、划痕等。这些特征的出现部位、方向与角度、面积大小与形状等,在不同人的足迹间存在差异。

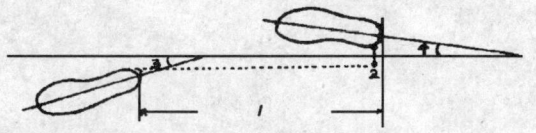

附图:步幅测量图示

1.(左)步长　2.步宽　3.左步角　4.右步角

步法特征与形象痕迹特征的区别　①同是反映形象,但反映的具体内容不同。形象痕迹特征反映的是足底外表结构形态,而步法特征反映的是行走运动中作用力的特性。②通过检验认定的客体不同。形象痕迹特征认定的对象是直接与承受客体接触的造型客体,包括对鞋印检验认定留痕的鞋,通过赤足印检验认定留痕的人;而步法特征检验无论足迹是由鞋子遗留还是赤足遗留,无论是哪双鞋子所遗留,其认定的对象都是人。③影响痕迹特征变化的因素不同。形象痕迹特征受鞋子本身穿用时间长短、穿用方式或人为破坏的影响;而步法特征不受鞋底变化影响,只受人体机能或病变的影响。步法特征在足迹检验中占有重要位置,在侦查活动中,步法检验可以起到排除嫌疑、缩小审查范围的作用;在部分省、区,步法鉴定结论已经可以起到诉讼证据的作用。
　　　　　　　　　　　　　　　　(蓝绍江)

bufa zhuizong
步法追踪(following footstep)　根据罪犯遗留足迹中的步法特征追缉犯罪分子的一项及时有效的侦查措施。由20世纪50年代总结内蒙古牧区民间"码踪"经验而来,60年代开始在全国公安机关的刑事侦查部门推广普及。现在一般采取步法特征、形象特征及足迹中的人体气味特征综合识别的方法追踪罪犯,统称为追踪。通过追踪可以确认犯罪分子的来去方向、发现沿途遗留的痕迹物证和新的侦查线索,有时还可以直接追捕犯罪人。

组织追踪的程序和要领包括:①首先准确地判明"底踪"(也称"原踪"),即根据勘验和调查把犯罪人遗留的足迹定准,这是保证追踪正确的前提。②全面准确地观察和熟记罪犯足迹的步法特征与形象特征,以便于中途鉴别。在实践中常以绘制现场足迹简图的方式帮助记忆。③在追踪途中要展开对附近群众、过路行人的调查访问和盘查工作,随时扩大线索、掌握犯罪人的特征和动态。④当中途足迹间断时,要认真结合周围环境,分析犯罪人可能的去向,采取迂回搜索或跳跃搜索方法寻找衔接足迹,继续追踪;同时也要注意判断罪犯有无改乘车、船的可能性。⑤在追踪过程中应当提高警惕,注意搜寻犯罪分子丢弃的其他物证,识别罪犯故意变化伪装的足迹;同时防止在接近罪犯时发生意外或错过及时捕获的良机。⑥要做好追踪的组织工作,合理分工,预先制定追踪中的应急方案。在条件允许时,应尽可能使用警犬配合。

在实施追踪结束后,应当制作追踪记录。追踪记录是重要的侦查文书,属于现场勘验笔录的补充部分,它应当包括文字和绘图两部分内容。文字记录的内容是:发案时间、地点,案件性质,报案时间及现场勘验时间;现场发现罪犯足迹的数量和特征;参加追踪的人员;追踪的起始与结束时间,天气状况,追踪的起点、经由路线及终点,终止追踪的原因;追踪途中发现和提取痕迹物证情况及其他新的线索等;最后由参加追踪的指挥员、侦查员签字。绘图部分应当以示意图方式概括绘出追踪路线、沿途主要建筑物或标识物、发现新的痕迹物证的地点等。对于在追踪中发现的痕迹、物证,应当依照现场物证照相的要求予以拍照,并附在追踪记录内。

(蓝绍江)

bufen daili
部分代理（partial representative） 在民事诉讼中,诉讼代理人在处分被代理人一般诉讼权利的权限范围内进行代理活动,也称一般代理,是相对于全权代理而言的。全权代理是指诉讼代理人在民事诉讼中,既可代理当事人进行处分一般诉讼权利的诉讼行为,如代为收集证据,代为进行辩论等等;也可代理当事人进行处分实体权利的诉讼行为,如代为提起上诉、进行和解、接受调解或代为承认、放弃或变更诉讼请求等。部分代理的诉讼代理人只能代理当事人进行处分一般诉讼权利的诉讼行为,超越其代理权限进行代理是越权代理,其诉讼行为是无效的行为。中国现行民事诉讼法规定,诉讼代理人代为承认、变更或放弃诉讼请求,进行和解,提起反诉或上诉,必须有委托人的特别授权。授权委托书是表明诉讼代理人代理权限的重要书面文件,如果当事人授权诉讼代理人代为行使上述涉及处分当事人实体权利的诉讼权利,必须在授权委托书中一一加以明确列举。否则就视为诉讼代理人只具有部分代理权。部分代理的情况下,当事人能够在诉讼中充分体现自己的意志,对重大事项的处理自主做出决定;全权代理的情况下,虽然将处分实体权利的诉讼权利授权于诉讼代理人行使,但诉讼代理人特别是由律师充任的诉讼代理人能够更好地运用各种诉讼权利,使当事人的实体权益得到更全面的保护。在民事诉讼中,是授予诉讼代理人部分代理权还是授予诉讼代理人全权代理权,取决于当事人自己的意愿。

(阎丽萍)

bufen shangsu
部分上诉（partial appeal） 当事人对一审法院判决部分内容不服,向上诉审法院提起之上诉。部分上诉在民事和刑事诉讼的实践中都存在,因为在民事诉讼中有诉的合并,在刑事诉讼中有数罪并罚,当事人对判决内容的一部分不服提出上诉,均应视为部分上诉。刑事诉讼中,被告对所判之数罪中的一罪或者两罪不服,而不是对判决所判之罪都不服,所提出的上诉都属于部分上诉。民事诉讼中,反诉与本诉合并审理和合并判决之后,当事人对反诉或者本诉之判定不服,所提出的上诉;原告对被告以两个诉讼标的提出的诉讼,法院一同判决后,当事人只对其中一个诉讼标的之权利、义务判定不服,所提出的上诉,也都属于部分上诉。民事诉讼中部分上诉,一则是尊重当事人行使处分权的意愿,再则可以减少一些诉讼程序。在"私权自治"为原则的民事诉讼立法中,部分上诉与其上诉审的审判职能相一致,即二审法院的审判不得超出当事人上诉请求的范围。同时,第二审法院的言词辩论,也仅在当事人请求变更第一审判决的范围内进行。

我国民事诉讼法虽未规定部分上诉,但在普通程序中规定有部分判决,在第二审程序中规定,第二审人民法院应当对上诉请求的有关事实和适用法律进行审查。据此,如部分判决属于全部判决之一部,如只就其中部分内容提出上诉,二审法院也可予以受理。

(刘家兴)

C

caichan baoquan

财产保全(preservation of property) 人民法院为了保证将来的民事判决能够得到实际执行,或者为了避免利害关系人的合法权益受到难以弥补的损害,在法定条件下对另一方当事人或者利害关系人的财物采取的临时性保障措施。财产保全是民事诉讼法上的一项重要制度,是确保人民法院审判权得以实现的重要措施之一。根据实施的时间不同,财产保全可分为诉前财产保全和诉讼财产保全两种。诉前财产保全是指在起诉前,利害关系人为避免其合法权益遭受难以弥补的损害,于紧急情况下向人民法院申请采取的财产保全措施。诉讼财产保全则指在民事诉讼进行中,可能因一方当事人的行为或其他原因,使人民法院的判决不能执行或难以执行的,人民法院根据他方当事人的申请或者依职权对当事人的财产或争执的标的物采取一定的强制性措施。诉前财产保全与诉讼财产保全都是对财产的强制性保全措施,但二者的适用条件有所不同。诉前财产保全必须是在起诉前因相对人的不当行为或者其他原因,使争议的财产或者相对人控制的财产有转移或灭失的可能,从而可能使利害关系人的合法权益遭受难以弥补的损失时采用,并且这种情况必须紧急,不能等到起诉后申请诉讼财产保全。诉前财产保全应由利害关系人向保全财产所在地或者有管辖权的人民法院提出申请,同时必须提供与保全财产相应的担保。不提供担保的,人民法院应驳回其申请。诉讼财产保全一般是在诉讼进行中遇有因当事人的不当行为(如隐匿、毁损、转移争执标的物等)或者因客观原因(如气候恶劣、易使争执标的物变质、灭失等)而使法院将来的生效判决难以执行或不能实际执行的情况时采取。诉讼财产保全主要适用于给付之诉。在遇有需要采取保全措施的情况时,当事人可以向受诉人民法院提出申请,对于当事人的申请,法院可以根据情况责令其提供担保,申请人不提供担保的,人民法院应驳回其申请。法院认为确有必要时,也可以依职权裁定采取诉讼保全措施,而不以当事人申请为必要前提。人民法院接受利害关系人的诉前财产保全申请及情况紧急的诉讼财产保全申请后,必须在48小时内作出裁定;裁定采取保全措施的,应当立即开始执行。

财产保全限于请求的范围或者与本案有关的财物。超过请求的金额或者与本案无关的财物,均不应予以保全。

财产保全的措施主要有:查封、扣押、冻结及法律规定的其他方法。人民法院冻结财产后,应立即通知被冻结财产的人;财产已被查封、冻结的,任何单位或者个人不得重复查封、冻结。人民法院根据申请人的申请采取财产保全措施后,如果因申请人申请有错误而给被申请人造成损失的,应由申请人负责赔偿。人民法院作出财产保全裁定或采取保全措施后,如果情况发生变化,据以采取财产保全的原因或条件不复存在,应当解除财产保全。如被申请人提供担保的,申请人放弃请求的,或者采取诉前财产保全后,申请人在15日内未起诉的,人民法院应依被申请人、申请人的请求或者依职权解除财产保全。当事人对财产保全的裁定不服,不得提起上诉,但可以向作出裁定的人民法院申请复议一次,复议期间不停止裁定的执行。

涉外民事诉讼的财产保全基本上适用《民事诉讼法》总则部分关于财产保全的规定,但涉外财产保全与国内财产保全又有一些区别。主要有两点:一是涉外财产保全措施只能依当事人或者利害关系人的申请而采取,人民法院不能依职权主动采取;二是采取涉外诉前财产保全措施后,申请人的起诉期限为30日,而非总则中规定的15日。

(王彩虹)

caiwubao

财物保(property-related bail) 司法机关责令犯罪嫌疑人、被告人交纳一定数量的保证金或其他财物,从而对其取保释放或取保候审的一种强制措施。外国刑事诉讼法中不仅可用金钱取保,而且可用债券或其他财产取保,但目前我国刑事诉讼法中规定,只能使用金钱取保候审,所以又称保证金取保。根据我国《刑事诉讼法》规定,公安司法机关决定对犯罪嫌疑人、被告人采取取保候审措施,或者犯罪嫌疑人、被告人及其法定代理人或者近亲属申请取保候审的,可以责令其交纳一定数额的保证金。在犯罪嫌疑人、被告人交纳保证金以后,公安司法机关应当制作《取保候审决定书》,交由公安机关执行。在取保候审期间,犯罪嫌疑人、被告人没有违反规定的行为,已交纳的保证金应在取保候审期满后退还;如果犯罪嫌疑人、被告人违反有关规定的,其交纳的保证金应当予以没收,并应区别情况对其作出不同处理,如责令具结悔过、重新交纳保证金、提出保证人或者监视居住、予以逮捕等。 (黄 永)

caiding

裁定(ruling) ❶法院用以解决程序问题的断定,或者是为保障实体问题顺利解决而作出的特殊断定。裁定是法院基于诉讼指挥权作出的,是法院指挥诉讼、保证诉讼程序顺利进行的法定方式。裁定在什么范围内适用，即哪些程序上的问题及特殊问题适用裁定的方式解决，各国民事诉讼法规定的不尽相同。我国民事诉讼法规定，裁定适用于下列情况：①不予受理。当事人向法院起诉，经法院审查后，如果不符合起诉条件的，法院应当裁定不予受理。对不予受理的裁定，当事人可以上诉。②对管辖权有异议的。一方当事人向法院起诉，法院予以受理后，另一方当事人认为受诉法院对该案无管辖权的，有权提出异议。法院对此异议进行审查，如果异议不成立用裁定驳回；如果异议有理由的，裁定将案件移送有管辖权的法院。③驳回起诉。法院受理当事人的起诉后，在审理过程中，发现当事人无权起诉的，裁定驳回起诉。对驳回起诉的裁定当事人有权上诉。④财产保全和先予执行。财产保全和先予执行是在诉讼过程中，为保证诉讼顺利进行而设立的应急制度，它直接关系着诉讼的进程，与程序问题密切相关。因此对财产保全和先予执行，法院适用裁定。当事人对裁定不服有权申请复议，但复议期间不停止裁定的执行。⑤准许或不准许撤诉。当事人向法院起诉后，有权提出撤诉，但是是否准许撤诉，由法院决定。由于是否准许撤诉关系到诉讼程序的进程，因此，法院对撤诉申请的处理用裁定。⑥中止或终结诉讼。在诉讼进行过程中，由于出现特殊情况，会使诉讼暂时停止或无继续进行，从而导致诉讼中止或诉讼终结。对于诉讼中止或诉讼终结的处理，法院以裁定表示。⑦补正判决书的笔误。即法院在制作判决书过程中出现笔误需要补充或更正的，适用裁定。⑧不予执行仲裁裁决。仲裁机关的仲裁裁决是法院的执行根据之一。如果在执行过程中，被申请执行人提出证据证明仲裁裁决有法定不予执行情形的，法院查证属实后，应裁定不予执行。⑨不予执行公证债权文书。公证机关赋予强制执行效力的债权文书是法院的执行根据之一。如果债权文书确有错误的，法院应裁定不予执行。⑩其他需要裁定解决的事项。除上述各项适用裁定外，在诉讼过程中，如果出现需要用裁定解决的事项，法院有权作出裁定。

裁定作出后，依法产生法律效力。对于法律规定有权上诉的裁定，按我国民事诉讼法规定，上诉期为10天，超过上诉期不上诉的裁定即发生法律效力，上诉审法院作出的裁定即为具有法律效力的裁定。其他的裁定，一经宣布或送达，即发生法律效力。裁定的效力一般表现为对当事人及其他诉讼参与人的拘束力和对法院的拘束力。对社会一般无拘束力。因为程序问题是当事人进行诉讼和法院审理案件过程中发生的，通常对案件以外的人和事不会发生影响。但是，如果在特定情况下，裁定内容涉及到当事人以外的单位和个人，则会对所涉及的单位或个人产生拘束力。裁定的拘束力一般只存在于诉讼期间。随着诉讼结束或裁定涉及问题的解决，裁定的效力就会自行消失。但是，有些裁定因其不具有独立性，因而其效力不因诉讼结束而丧失，如补正判决书中失误的裁定，属于判决书的附件，其效力随判决书的效力而存在，不受诉讼结束的影响。

裁定一般以书面形式作出，由审判员、书记员署名，加盖法院印章。但有时也可以是口头裁定，裁定内容记入笔录。裁定的内容一般包括三个部分：①事实，即案件在程序上发生的或客观上出现的事实；②理由，法律中规定的需要作出裁定的情形；③结论，根据事实，适用法律作出的判断。此外，裁定的首部应写明法院的全称，裁定书的编号及当事人的基本情况。允许上诉的，在尾部应告知上诉期间及上诉法院，不允许上诉的，应写明本裁定为终审裁定。

❷法院在审理或判决执行过程中，对诉讼程序问题和某些实体问题所作的一种处理决定，是裁判的一种。根据我国《刑事诉讼法》的规定，裁定主要用于解决诉讼过程中的程序问题，如当事人耽误诉讼期限后，申请继续进行应于期间届满前完成的诉讼行为，由人民法院裁定是否准许。裁定还可用于解决案件的某些实体问题，如减刑、假释的裁定。有的认为裁定有时也可用于解决整个案件的实体问题，如法院认为自诉案件缺乏罪证或者被告人的行为不构成犯罪，驳回自诉的裁定。但有的认为裁定不能用于解决整个实体问题。裁定可以用书面或口头的形式，口头裁定应制作笔录，书面裁定应制作裁定书。地方各级人民法院作出的第一审裁定，可依照上诉程序提出上诉、抗诉。第二审的裁定和判决执行过程中所作的裁定，不能依照上诉程序提出上诉、抗诉。

(俞灵雨　汪建成)

caidingshu

裁定书（written verdict）　诉讼文书的一种。法院在审理或判决执行过程中，为解决诉讼程序问题或某些实体问题所作的裁定的书面表现形式。按照审判程序的不同，裁定书可分为一审裁定书、二审裁定书、死刑复核裁定书及再审裁定书。裁定书的格式与判决书基本相同，包括当事人等的姓名和其他身份事项、需要处理的问题、查明的事实、作出处理决定的理由和如何处理等。对准予上诉的裁定，应写明上诉的期限和上诉的法院。如果是终审裁定，应写明"本裁定不得上诉"。最后还应写明制作裁定书的日期，并由审判人员和书记员签名并加盖法院印章。

(汪建成)

caipan

裁判（judgement）　判决和裁定的统称。判决是法院对案件经过审理后，就其实体问题依法作出的处理决定,判决是法院审判权的具体体现。判决一经发生法律效力,则具有以下特点:①稳定性。对法院发生法律效力的判决,其他任何机关、团体或个人都无权变更或撤销。②强制性。对法院发生法律效力的判决,应按其内容的要求无条件地执行。③排他性。对法院发生法律效力的判决,如果未经法定程序撤销,任何审判机关和组织不得再对该判决所解决的实体问题作出其他裁判。裁定是法院解决程序问题和部分实体问题所作的一种决定。刑事裁定从内容上分,有实体问题的裁定和程序问题的裁定;从审判程序上分,有一审裁定、终审裁定和再审裁定,以及核准死刑判决的裁定和核准类推判决的裁定;从表现形式上分,有书面裁定和口头裁定。判决和裁定虽然都是法院所作的决定,但二者又有区别:①裁定主要解决程序问题或部分实体问题,判决只解决实体问题;②一个案件能够成立并被执行的判决只有一个,裁定则可以有若干个;③裁定可以是书面形式,也可以不是书面形式,判决则必须是书面形式;④裁定的上诉、抗诉期限较判决的上诉、抗诉期限短。 (孙晓宁)

caipan zhidu

裁判制度(rules on the exercise of judicial power by court) 审判制度之一。法院在审判民事案件中,就程序和实体问题作出判定的制度。裁判是裁定和判决的统称,一般将其作为两种形式的法律文书,对其含义、种类、内容和格式以及效力等进行阐述,较少作为统一的制度来看待。但是,裁定和判决有其建立的统一基础,具有共通的功能,存在密切的关系,因此有必要将其作为制度来研究。因为,裁判制度是基于法院对案件的审判权和诉讼的指挥权而建立的制度,审判权和指挥权不仅同属于法院的职能权,而且法院对案件的审判必须要对诉讼进行指挥,以发挥其主导作用,这是其一。其二,法院以裁定的方式行使诉讼上的指挥权,解决程序上的某些问题,其目的主要在于保证对案件的审判,使对案件的审判按法定程序正常进行。其三,裁定和判决都是法院对事实的判定,虽然前者侧重于在案件的审理过程中对某些事实的判定,而后者一般是在案件审结后对事实的判定,但二者都是在认定事实的基础上作出的意思表示。因此,裁判制度是法院实现其职能的完整制度,裁定和判决只不过是这个制度的两个不同的组成部分。

裁判制度的科学性与民主性 审判活动和诉讼活动是在协调和配合中进行的,协调和配合既是履行程序的要求,又是程序机制运行的客观规律,如何组织好二者的协调和配合,关键在于裁判制度的科学性与民主性。在某些环节和某种情况下,该用裁定的用裁定,不能以判决的形式来代替,允许上诉的裁定应赋予当事人上诉权,不应以复议的方式来解决;该用判决的用判决,不能以裁定的形式来代替,可用部分判决和中间判决的,则用部分判决和中间判决,不必一律待全案审结后作出判决。凡涉及程序问题和当事人的诉讼权利问题应用裁定,凡涉及案件的实体问题应一律用判决。裁判制度的科学性在于推移诉讼的有效性和作出判定的客观公正性,裁判制度的民主性在于当事人行使诉讼权利的充分性和社会的效应性。 (刘家兴)

caipan zhongxin zhuyi

裁判中心主义(principle of centre on judgement) 大陆法系各国采纳的刑事诉讼原则。其含义是,刑事诉讼活动应把达到公正的裁判结果作为中心目标,判断刑事诉讼程序的主要价值标准在于它是否具有产生公正裁判结果的能力。为实施这一原则,法官和陪审官应积极主动地搜集证据,全面客观地查明案件事实真相,不受控辩双方在法庭上提出的证据范围的限制,必要时可以在法庭之外实施调查;同时,检察官在提起公诉时应将侦查卷宗及其所掌握的证据一并移送法院,使法院有机会在开庭前进行充分的准备活动。一般而言,裁判中心主义是与职权主义的诉讼结构相结合而存在的。

(陈瑞华)

canjia susong

参加诉讼(joinder) 本诉讼之对称。在他人之间的诉讼开始之后,基于与该诉讼法律上的利害关系,而参加该诉讼之诉讼。他人之间的诉讼为本诉讼,第三人(见诉讼中的第三人)参加他人之间的诉讼为参加诉讼。参加诉讼与本诉讼是两个诉讼,本诉讼是原告起诉与被告应诉的诉讼,参加诉讼是第三人与本诉讼原告和被告之间的诉讼,或者是第三人与本诉讼的原告、被告之间的诉讼。两个诉讼发生的原因不同、时间不同,诉讼的程序与方式不同。本诉讼是基于原告与被告之间民事权益争议发生的诉讼,是原告和被告按照起诉和应诉的程序和方式开始进行的诉讼。参加诉讼是第三人基于他人之间的诉讼可能损害自己的权益,以对本诉讼的双方当事人起诉的方式,或者以参加到本诉讼的原告、被告一方去的方式进行诉讼活动的诉讼。参加诉讼与本诉讼既是有联系的诉讼,又是各自独立的诉讼。二者的联系在于,有本诉讼的存在才有参加诉讼之发生;本诉讼与参加诉讼在事实上和判决结果上往往密切相连,法院对两个诉讼的相关事实作出统一认定,对其相关的权利义务关系一并作出判决。参加诉讼之独立性在于,有独立诉讼地位的第三人与相对方的当事人;有独立于本诉讼的诉讼标的,第三人在参加诉讼中有独立处分诉讼权利和实体权利之权利。

(刘家兴)

canjia zhi su
参加之诉(joinder) 诉的表现形式之一。在他人之间的诉讼开始之后,第三人(见诉讼中的第三人)以该诉讼的双方当事人为被告提起的独立之诉,或者该诉讼的一方当事人对第三人提起独立之诉,第三人提起独立之诉,或者对第三人提起独立之诉,是因为第三人对已开始的诉讼之诉讼标的有着直接或者间接的法律上之利害关系。比如,甲乙二人为一买卖关系问题发生争议进行诉讼,其诉讼标的是买卖法律关系,甲提起的是交付货款的给付之诉,但第三人认为该货物为他所有,则以甲乙二人为被告,向该诉讼的受诉法院提起停止侵权之诉,这就是第三人提起的参加之诉。比如,甲将一注有名牌优质商标的产品卖给乙,乙又将该产品卖给丙,后因丙发现该产品并非名牌优质,要求乙赔偿损失而向法院提起赔偿之诉,但乙认为责任不在自己而在甲,要求甲承担赔偿责任。甲不是乙、丙之间诉讼的当事人,乙要求甲承担赔偿责任之诉,就是该诉讼的一方当事人对第三人提起的参加之诉。参加之诉与他人之间诉讼之诉,既是相互牵连的,又是各自独立的,牵连性在于事实上的联系性,独立性在于法律上权利义务争议的区别性,他人之间诉讼之诉是他人之间的权利义务关系之争,参加之诉是第三人与该诉讼的双方当事人或者一方当事人之间的权利义务关系之争。 (刘家兴)

cehuangqi
测谎器(lie detector) 一种记录被审讯人受讯时意识中所产生的心理活动过程的生理反应以检验其供述是否真实的仪器,又称多电图仪。根据生理学医学原理,当人体的感受器官受到内外环境的各种刺激作用时,就会诱发情绪活动并伴发植物神经功能、躯体功能和内分泌方面的一系列生理变化。而植物性神经又可分为交感神经和副交感神经,生理反应是这两者对立统一活动的结果。植物性神经主要是管理心跳、胃肠蠕动、血管张缩、腺体分泌等内脏活动的。在审讯过程中,犯罪分子的犯罪意识导致的惧怕心理是一种较强的情绪冲动,尤其是对审讯人提出的与犯罪有关的问题很容易引起他的内心刺激冲动。在受讯人答问时,如果他说谎,自然会产生一定的心理压力,而这种心理压力又会引起一系列的生理反应,主要是体内神经系统会产生有意识的或无意识的反应,其内部器官表现出有规律的变化:在呼吸系统表现为呼吸异常,如呼吸增减和呼吸率变化;在消化系统表现为唾液、胃液等消化液减少;在循环系统表现为心跳加快或减慢,脉搏和血压发生变化,如血压升高、血量增大、手掌出汗;在肌肉系统表现为肌肉微颤,抖动超过标准值等等。生理学原理还表明:有意识的反映受大脑控制,而无意识的反映则不受大脑控制。基于一系列的和多学科的科学原理而研制的综合性检测和显示人体的心理压力产生的瞬间生理变化的科学仪器,于20世纪之初在美国兴起并首先投入使用,随后在日本等国也逐步投入应用,这就是测谎器。它有3个组成部分或波道,即:呼吸描记器,记录呼吸的速度和深度;心动描记器,记录脉搏速度、频率和血压的变化;电流描记器,记录皮肤对电流的灵敏度和皮肤电阻的变化。这些生理反应与心理活动的联系是有科学根据的。

测谎器测谎方法 根据人在进行欺骗活动时体内出现的诸如血压升高、呼吸加速、汗腺活动增强等等一系列生理变化,运用多极性的气动机械记录仪器画出血压、脉搏、呼吸变化曲线。也就是用测谎器的人体接触器来记录血压、脉搏和出汗情况。测量时先把气动管(弹性呼吸记录管)围绕在被测验者胸部或放置其腹部上,当被检测人呼吸发生变化而引起气动管变化传到仪器之上即画出呼吸曲线。将血压/脉搏套(通常医用血压计)缠置被检测人上臂(胳膊)上,对扎紧的血压套充气它随着被检测人脉搏跳动成正比例地扩张和收缩,由另一支笔画出血压/脉搏曲线。将电极接到(附在)被检测人手掌或手指上记录电极反映,根据皮肤电流反射反映手指汗毛孔的活动变化,即接触到被检测人手上的电极把其心理痉挛所引起的皮肤反射的抖动传到GSR笔上,画出GSR曲线。但人体接触器通常不记录肌肉的压力和运动,这种记录是靠绑在被检测人坐的椅子上的膨胀电极来完成。测验人员将测试到的各种曲线图同正常的标准值相比对,以判断被检测人是否说谎。

测谎器测谎程序 测谎人员应预先向被测验人解释测验的性质和目的。测谎试验涉及三种类型的问题:①相关性问题。即有关那些正在侦查中的问题。②控制性问题。是指与侦查无直接关系的问题。虽然这类问题不是正规的问题,但与相关性问题却有着相类似性的性质。③无关的问题。即与侦查的问题无关。测谎时将审问中获得的相关性问题的生理反应记录(或无生理反应记录)与获得的控制性问题的生理反应记录(或无生理反应记录)作反应对比。而无关性问题则是用来在测验中安定被测验人情绪的。以这样三类问题为1组,完整的测谎试验提问至少需要3组以上的类似问题。提问的间隔是15秒至20秒之间。整个测验将持续大约1小时。因为在测验前所有要问的问题都简要地告诉了被测验人,所以被认为测谎结果与被测人是否紧张没有关联。一般认为如果被测验人正在说谎他就会对控制性问题反应较大。

测谎器应用的争议 测谎器作为侦查工具首先在美国使用。1921年加利福尼亚州的伯克利市警察局在调查案件中率先应用测谎器,后来该州法院将测谎器的测试结果采纳为法庭证据。但在美国也有一些法院反对使用测谎器。尽管警方的侦查员对测谎试验的信任程度不断增长,但诸多法院认为这种证据仍存在着许多司法障碍。然而,测谎结论也与其他许多证据标准一样,从开始被完全否定逐步转向为有条件地肯定,该条件主要是两个认可证据的组织之间签订协议。很多法院认为这种协议应有一系列保证条款,如应有被告和他的律师签字的书面文字;如果测验人员不称职和试验条件恶劣,审判法院可以拒绝接受测谎证据;可以就测验条件,测验人员的培训情况,可能出现的技术错误等有关问题询问测验人员;可建议法官帮助确定证据价值等等。如果被告与政府签有协议并遵行其保证条款的测谎证据,法院认为一般可以采纳。如 1962 年亚利桑那州最高法院在审理公众国诉瓦尔德斯一案中,法院根据适当的条款裁定测谎原理的论证具有先进性。事实上,在美国自从 1921 年加利福尼亚州的伯克利警察局首次运用测谎器进行案件调查以来,美国各地的警察机构已普遍把测谎器作为犯罪调查的一种辅助手段,至少已有 22 个州的州法院也明确规定可以把测谎器测试结论作为证据。测谎器作为一种科学的侦查手段,它所获取的证据之所以长期以来在美国的法院难以普遍应用,更难以在欧洲大陆各国被采纳,是因为对测谎器记录的生理反应的解释尚未被生理学家和心理学家所普遍承认。在我国对此也有两种不同的观点:其一是认为犯罪嫌疑人处于受追诉和可能被科刑的特殊地位,即使是无罪的人,如用测谎器进行测试,生理上也可能出现异常现象。一个狡猾、老练的惯犯和一个年轻的初犯,在同样条件下用测谎器测试,其生理变化可能大不相同。尤其是间谍、特务分子都受过审讯的特殊训练,在受审时即使说谎,其生理上也可能无异常表现。因此,使用测谎器审查被嫌疑人、被告人的供述,其可靠性是值得怀疑的。其二是认为尽管测谎技术还存在不完善和有待进一步强化其准确性、可靠性的大量复杂的科学技术问题,但应当承认测谎技术已发展到了相当的水平,不能轻易地去否定它。

(文盛堂 熊秋红)

chadui zhengju
查对证据(examination of evidence by court) 审判人员在当事人、证人和其他诉讼参与人的参加下,对当事人提供的证据和人民法院依职权调查收集的证据进行审查判断核实,鉴别其真伪,从而确定其是否可以作为定案依据的诉讼活动。查对证据是在庭审过程中进行的,一方面是人民法院行使职权的活动,另一方面也是其他人的一项诉讼活动。这一活动是建立在全面、客观的收集证据的基础上进行的,这里的证据不仅包括当事人提供的证据,而且还包括人民法院依职权调查收集的证据。在庭审过程中,审判人员运用综合分析判断和逻辑推理等方法,通过双方当事人相互质证以及对证人进行询问等手段,对所有的证据进行审查判断,使认识由感性上升到理性,以确认证据是否真实可靠,是否可以用来作为认定事实的根据。查对证据是审判人员正确处理案件的基石,只有经查对的证据才能作为定案的依据,并据此作出正确的裁决。

(丛青茹)

chandu yu chanjiao
缠度与缠角(rifling twist and rifling twist angle) 近代制式枪,为了增加弹丸在空气中飞行的稳度,提高射击精度,在枪管内壁设计了与枪管纵轴线呈一定倾斜角度的膛线,赋予弹丸以导转力,使弹丸围绕自己纵向轴心旋转飞行。膛线的倾斜角度即膛线上任意点的切线与平行于枪管轴线的任何直线的夹角,被称为缠角(α);膛线沿枪管内壁旋转一周时沿枪管轴向所通过的长度被称为缠距,亦称导程(L);以枪管口径 d 的倍数来表示缠距,即称为缠度($\eta = \frac{L}{d}$)。例如:国产六四式手枪口径 d 为 7.62 毫米,膛线缠角 5°40′,缠距 L 为 240 毫米,缠度($\eta = \frac{L}{d}$)为 31.5。膛线的缠角与缠度是按枪支性能要求,根据内弹道理论进行设计的。膛线的缠度小,弹头飞行稳,射击精度高,但要求枪管抗磨性能高。缠度大对有机体的杀伤力加大,可延长枪管寿命,但飞行不稳定。膛线缠度的大小,一般是在保证弹头飞行稳定的前提下,取最大值。

(张玉洁)

chanhou chuxue
产后出血(postpartum haemorrhage) 胎儿娩出后的 24 小时内阴道出血量达 400 毫升以上者。如短时间内大量出血,则情况最严重。有时血液可不外流而积滞在子宫腔或阴道内,即所谓隐性出血。隐性出血往往被忽视,耽误了抢救,会迅速引起休克而死亡。引起产后出血的原因很多,绝大多数是由于子宫收缩乏力。此外,还有胎儿娩出后胎盘滞留产道损伤,凝血机制障碍(原发性血液病、胎盘早期剥离、羊水栓塞、死胎滞留过久等原因所致)。临床症状与一般出血一样,轻重程度主要决定于出血量多少。当出血量大时就出现一系列休克症状。如不能及时纠正休克状态,即昏迷死亡。尸体解剖可见:全身脏器呈贫血状态。子宫收缩乏力引起产后出血者,子宫壁松软,变薄,色苍白。胎盘滞留引起产后出血者,子宫腔内或子宫壁上有胎盘组织。产道裂伤引起产后出血者,产道有裂创,并有较多的血管损伤。凝血机制障碍引起的产后出血者,流出的血液无凝血块,并有原发病的特征。

(李宝珍)

chanhou jingshenbing
产后精神病(puerperal psychosis) 妊娠妇女在分

娩后三个月内,因内分泌功能的失调而引起的反应性精神病、躁狂抑郁性精神病、精神分裂症等精神疾患。患者在此状态下,易发生杀死亲生婴儿的事件。在司法精神医学鉴定中,应视患者的具体情况,参照所患精神病的有关司法鉴定原则进行鉴定。

(孙东东)

changbi guanxia

长臂管辖(long-arm jurisdiction) 美国民事诉讼中对授予法院域外管辖权的有关法律的统称。在对人诉讼中,一般均以当事人所在地的法院为有管辖权的法院。但是随着经济活动的日益活跃,当事人活动的区域不断扩大,美国联邦法院及各州法院都更加关注这个问题,即被告不在州(美国)境内,州(联邦)法院能否行使管辖权?因此在20世纪50年代,各州及联邦立法中都相继制定了扩大法院域外管辖权的法律,即长臂法律。各州规定的长臂法律的适用条件不完全相同。有些州在法律上详细列举了法院行使域外管辖权的目录,如在州内订立供应货物或劳务的合同,在州内实施侵权行为,在州内持有不动产等都可以成为法院管辖的事实依据。有些州则只要求被告与该州有最低限度的联系,法院就可以在"正当程序限度内"行使管辖权,这种联系由法院来确定。在联邦法律中也有关于长臂管辖的规定。反托拉斯法规定:如果要以在外国设有子公司而本身在美国营业的公司为被告,并在美国法院提起诉讼,其诉讼理由是被告公司的子公司在外国的行为违反了美国的反托拉斯法,其效果及于美国,美国法院对此有管辖权。美国法院可以判决被告公司承担一定的处罚。并可以判决撤销其子公司在外国的法律行为。长臂管辖的适用,必然会形成需要在域外执行的判决。从而导致州际或国际间的法律冲突。长臂管辖的设立,旨在保护法院地原告的利益,扩大法院的管辖权。但法院管辖权的过分扩大也招致了原告与被告诉讼权利的悬殊地位以及在涉外诉讼中影响别国管辖权的不利后果。

(阎丽萍)

changdu celiang

长度测量(measurement of length) 刑事测量内容之一。对能够说明犯罪情况的某一线段长度的测量。如侦查中要知道尸体上的伤口的长度,一支手枪的口径等,就需要进行精确的测量。测量的方法是直接丈量。测量的工具主要有:普通直尺、卷尺、游标卡尺、千分尺、测线规、测径尺、锥形测径规、测隙规、测量放大镜、测微目镜、圆盘测长仪、曲线规等。由于量具以及测量者的感官(首先是眼睛),在测量中总会或多或少地出现误差,这就使得任何测量只可能具有一定的精度。所以,在分析测量结果时,必须考虑到量具的精度、读数的精度和测量的精度等因素。

(张玉镶)

changsuo bianren

场所辨认(identification of scene) 侦查中组织辨认人对有关场所的指认。对于确定侦查范围和发现犯罪嫌疑人都有重要意义。常在诈骗、绑架、抢劫、强奸、拐卖妇女、儿童等案件侦查中采用。包括犯罪现场辨认和相关场所辨认。相关场所主要是指犯罪人在作案前后曾带领或劫持被害人去过的场所。可根据被害人、目睹人的陈述,带领他们到可疑场所辨认。

(张玉镶)

chaojia guannian

超价观念(overvalued idea) 部分人格缺陷者和部分偏执型精神分裂症患者,对某些事物的评价超出人们通常评价的水平,而且这种评价在其思维活动中占主导地位,并影响其行为,如偏见、成见、迷信等。这些人在超价观念的驱使下,可实施危害社会行为,甚至触犯刑律。在司法精神医学鉴定中,对因超价观念实施危害行为者的刑事责任能力评定,首先应确定超价观念的性质,即是否为精神病性的,若是,则应视具体情况减免责任;若是由于文化等因素所致的非精神病性的,则应评定为完全刑事责任能力。

(孙东东)

cheliang henji kanyan

车辆痕迹勘验(inspection of tire marks) 形象痕迹勘验的一种。对车辆形成或遗留的痕迹的勘察、检验。车辆痕迹,是指案犯在犯罪活动中使用或盗窃车辆留下的行车痕迹,以及交通事故的肇事车辆在事故中留下的痕迹,是交通车辆各部件物质的反映形象。车辆痕迹主要是车轮轮胎印。有时还有车辆其他部位的痕迹,如号码牌、保险杠、挡泥板遗留的痕迹,以及从车身脱落下来的车灯罩碎片、玻璃屑、油漆和其他细小物质。在勘验车辆痕迹的过程中,如发现车辆运行痕迹,可通过测量左右车轮间距和车轮痕迹的宽度,检查轮胎的数量、规格、花纹等特点,分析轮胎的种类和型号,以判断车辆的种类和型号(如轮式交通工具、人力车、兽力车、雪橇等)。根据车轮痕迹,还能判断车辆的行驶方向和行驶速度。根据车辆遗留的痕迹和车身脱落的物质,可以鉴定某一痕迹是否为特定的嫌疑车辆所遗留,或者认定某一车辆是否与案件或事故有关,以及事故的责任。车辆痕迹通常可采用照相、制模和提取原物等方法提取。

(张新威 杨明辉)

chehui kangsu juedingshu

撤回抗诉决定书(decision to withdraw protest) 人民检察院撤回本院的抗诉,或者上级人民检察院撤回下级人民检察院提出的抗诉时使用的诉讼文书。各级人民检察院发现本院提出的抗诉（包括第二审程序的抗诉和审判监督程序的抗诉）确有错误时，应当决定撤回抗诉，并向同级人民法院出具撤回抗诉决定书。我国刑事诉讼法还规定，上级人民检察院如果认为下级人民检察院对其同级人民法院的第一审判决、裁定所提出的抗诉不当，可以向同级人民法院撤回抗诉，出具撤回抗诉决定书，并且将撤回抗诉的情况通知下级人民检察院。撤回抗诉决定书的主要内容包括：①作出决定的机关名称、文书的名称、编号；②文书送达的机关名称；③原抗诉机关、日期、文书编号、案由；④撤回抗诉理由和法律根据；⑤决定事项；⑥机关公章、文书签发日期。

（刘广三）

chehui qisu

撤回起诉（withdraw prosecution） 人民检察院将刑事案件提起公诉后，在人民法院进行审查期间，发现被告人的犯罪情节轻微，不需要判处刑罚或可以免除刑罚，或者依法不应追究刑事责任时，决定撤销起诉的诉讼活动。撤回起诉是人民检察院在刑事诉讼中的权力和职责，其他任何机关、团体、企事业单位或个人均无权行使。根据我国司法实践经验，在人民法院对提起公诉的案件进行审查后，如果发现被告人的犯罪情节轻微不需要判处刑罚，或者具有免除刑罚的情节，或者依法不应追究刑事责任时，可以以人民法院的名义要求人民检察院撤回起诉。人民检察院经审查，如果发现上述情况属实，可以作出撤回起诉的决定，终止诉讼活动。如果人民检察院不同意撤回起诉，人民法院就应决定开庭审理，依照事实和法律作出无罪或免予刑事处罚的判决。

（王 新）

chehui qisu juedingshu

撤回起诉决定书（decision of withdrawing prosecution） 人民检察院在提起公诉后，经审查，决定予以撤回所制作的法律文书。根据我国的司法实践经验，当人民检察院接到人民法院要求撤回起诉的书函后，经过审查，发现被告人的犯罪情节轻微不需要判处刑罚，或具有免除刑罚的情节，或者依法不应追究刑事责任时，可以作出撤回起诉的决定，从而终结诉讼活动。另外，当人民检察院在提起公诉后，又发现了新的罪行，或原起诉书遗漏了同案犯或错定了罪名时，需要将原起诉书加以修改或重新制作，也可以作出撤回起诉的决定。撤回起诉决定书的内容一般包括：送交的人民法院名称；原起诉书的制作时间、编号、案由、犯罪嫌疑人的姓名；需要撤回的理由、法律根据，并且要加盖人民检察院的印章。

（王 新）

chehui zisu

撤回自诉（withdrawal of private prosecution） 自诉人在诉讼过程中放弃对被告人的指控。法律将自诉案件的起诉权赋予自诉人，自诉人提起诉讼以后，当然可根据自己的意志撤回自诉，放弃自己的诉讼请求。自诉人撤回自诉，应向人民法院提出申请，经人民法院准许后，案件的诉讼程序即告终结。在人民法院宣告判决以前，自诉人在任何时候都可主动提出撤回自诉。同时我国现行《刑事诉讼法》还明确规定，遇有下列情形，人民法院应说服自诉人撤回自诉：①自诉缺乏罪证，自诉人提不出补充证据的；②人民法院对自诉案件进行审查后，认为被告人的行为不构成犯罪的。人民法院对自诉人申请撤回自诉，如果是告诉才处理的案件，应当准许撤诉；如果是其他自诉案件，可根据具体情况决定是否准许。自诉人撤回自诉的案件，如无正当理由不得再行起诉。

（汪建成）

chesu

撤诉（withdrawal of complaint） 起诉（见起诉和受理）之对称，亦称诉之撤回。当事人起诉之后，又撤销其起诉，谓之撤诉。当事人有权依法起诉，也有权依法撤诉，撤诉权是起诉权相应之权，撤诉行为是起诉行为之相应行为，只有行使起诉权的人才能提请撤诉。起诉具有诉讼请求，撤诉则放弃诉讼请求。诉讼因依法起诉而开始，也因依法撤诉而终止。这是撤诉的一般原理。撤诉与起诉一样是诉讼上的制度，是相对起诉的一项具体的独立制度，它包括提出撤诉的方式、时间、效力，以及法院对撤诉的处理等内容。撤诉一般应以书面的方式提出，在法庭言词辩论中声明撤诉的，也可以口头的形式提出，以记入法庭笔录。提出撤诉的时间，一般是在起诉之后，至一审判决之前提出，有的民事诉讼法规定，案件虽到上诉审后，在作出裁定、判决之前也可以提出。撤诉一般是在当事人向法院明确表示后即可成立，但被告已进行言词辩论的，有的规定必须取得被告的同意才能有效，撤诉后在撤诉前的一切行为视为无效。法院对撤诉合法者自当允许，以终结诉讼，对撤诉不合法，可裁定不予允准，或者在判决中加以说明。

我国《民事诉讼法》基于当事人有权依法处分诉讼权利和实体权利的原则，确立了撤诉制度，第131条规定："宣判前，原告申请撤诉的，是否准许，由人民法院裁定。"是否准许之意，是指原告是否有明确和自由的意思表示，撤诉是否具有一定的事实和理由，在实体上有无规避法律的行为。此外，还有"按撤诉处理"和"按自动撤诉处理"的区别。原告经传票传唤，无正当理由拒不到庭的，或者未经法庭许可中途退庭的，法院可以按撤诉处理（第129条）。原告应当预交而不预交案件受理费,或者申请减、缓、免诉讼费而未获准,仍不预交的,裁定按自动撤诉处理(见最高人民法院《关于适用〈中华人民共和国民事诉讼法〉若干问题的意见》)。按撤诉处理是按第 131 条之规定处理。按自动撤诉处理是按当事人自动放弃起诉,视为未起诉之处理,因前者已开始诉讼,而后者是诉讼尚未开始。

(刘家兴)

chexiao anjian

撤销案件(quash a case) 侦查机关在侦查过程中,发现不应对犯罪嫌疑人追究刑事责任,对案件加以撤销、注销的处理决定。不应对犯罪嫌疑人追究刑事责任的情形有:犯罪嫌疑人不构成犯罪或者有我国《刑事诉讼法》第 15 条规定的六种情形之一的:①情节显著轻微、危害不大,不认为是犯罪的;②犯罪已过追诉时效期限的;③经特赦令免除刑罚的;④依照刑法告诉才处理的犯罪,没有告诉或者撤回告诉的;⑤犯罪嫌疑人、被告人死亡的;⑥其他法律规定免予追究刑事责任的。侦查机关撤销案件后,犯罪嫌疑人已被逮捕,应当立即释放,发给释放证明,并且通知原批准逮捕的人民检察院。

(项振华)

chexiao chuquan panjuezhisu

撤销除权判决之诉(action to remove an invalidation judgment) 诉的表现形式之一,形成之诉的一种。受法院除权判决所及之利害关系人,依法以公示催告程序的申请人为被告,向作出该判决之法院要求撤销其判决之诉。除权判决是基于申请公示催告程序之申请人的申请,法院依法作出确认票据和其他事项无效之判决。但该票据或者其他事项是否确系无效,决定于该票据或者其他事项的利害关系人对其是否依法享有权利。因此,除权判决所及之利害关系人,如因正当理由不能在该判决作出之前申报权利,可以在判决宣告后的一定法定期间之内主张权利,而提起撤销该除权判决之诉。撤销除权判决之诉,是要求法院撤销原判决,作出新判决,对票据和其他事项的权利重新加以确认,而具有再审的补救性质,属于形成之诉一种。利害关系人能提起这种形成之诉,一是基于对票据或者一定事项依法主张权利;二是基于权利平等原则,申请人既可请求宣告一定的票据或者事项无效,也可以请求确定一定的事项或者票据有效;三是法院既可基于一定的事实作出除权判决,也可以基于新的事实撤销除权判决。因此,这种形成之诉的诉讼主体是原申请人和利害关系人;其诉讼标的是原申请人和利害关系人之间在票据或者一定事项上的法律关系,以及利害关系人请求撤销该除权判决之权利;其诉讼理由是法律规定和法院依法予以确认之事实。

在哪些情形下利害关系人可以提起撤销除权判决之诉,亦即具有哪些诉讼理由所提起之诉才能成立,不同的民事诉讼法则有其不尽相同的规定,但比较一致的有如下几种情形:①没有法律规定可以适用公示催告程序宣告无效的;②法院没有依照法定的程序和方式进行公示催告的;③在公示催告法定期限届满前作出除权判决的;④作出判决的法官应行回避而未回避的;⑤利害关系人申报权利后未获得依法确认的;⑥具有法定之其他理由的。

(刘家兴)

chexiao daibu tongzhishu

撤销逮捕通知书(notice of quash an arrest) 在 1996 年 3 月 17 日我国《刑事诉讼法》修改前,人民检察院发现已经作出的批准逮捕的决定不当时,通知公安机关撤销原批准逮捕决定而制作的法律文书。自 1997 年 1 月 1 日现行《刑事诉讼法》施行起,已改称《撤销批准逮捕决定通知书》。

(黄 永)

chexiao mianyu qisu juedingshu

撤销免予起诉决定书(quash the decision to exempt from prosecution) 原先适用于我国刑事诉讼中审查起诉程序的一种法律文书。指上级人民检察院在直接受理和复查处理不服下级人民检察院免予起诉决定的申诉后,经审查,认为原免予起诉决定确有错误,决定予以撤销而制作的文书。由于现行《刑事诉讼法》废除了免予起诉制度,撤销免予起诉决定书也就相应废止。

(王 新)

chexiao panjue

撤销判决(court judgment repealing agency action) 人民法院经审查认为被诉具体行政行为违法,其无效的判定方式。它意味着人民法院对被诉行政行为的否定评价,是司法机关纠正违法行政行为最有效的手段之一,集中体现着人民法院对行政机关的监督和制约。

撤销判决的基本类型及其效力 根据撤销判决的内容,撤销判决可分为以下几种类型:①全部撤销具体行政行为,使具体行政行为向前向后均失去其效力,行政机关不得基于同一事实或理由重新作出行政决定。如经过当事人双方质证和法院的调查,行政机关处罚相对人没有事实根据,或者经查相对人没有违法行为,或者行政行为没有法律依据等等,人民法院应当判决全部撤销行政机关的具体行政行为。这种判决生效以后,一方面,具体行政行为对相对人自始无效,具体行政行为给相对人造成损害的,相对人有权请求赔偿;另一方面,被诉行政机关应承担败诉的法律后果,并不得就该事项重新作出具体行政行为。②部分撤销具体行政行为,使部分具体行政行为向前向后均失去其效力。这种判决通常适用于行政行为具有可分性,且行政行为部分合法、部分违法的情况。例如,行政机关在同一裁决中对两个以上的相对人给予处罚,或者对同一对象适用两个不同的处罚,或者基于若干个不同的法律事实作出若干个不同的决定,而在这些决定中,有的部分违法、有的部分合法。在这种情况下,人民法院应当维持正确合法的部分,撤销错误违法的部分。部分撤销的判决,根据不同情况又可分为可重新作出决定的部分撤销和不可重新作出决定的部分撤销。其效力分别与可重新作出决定的撤销和不可重新作出决定的撤销的效力相同。③可以重新作出具体行政行为的撤销。可以重新作出具体行政行为的撤销的判决是指人民法院的撤销判决生效之后,行政机关应当根据判决的旨意和精神重新对该事项作出具体行政行为。这种判决通常适用于具体行政行为事实不清,适用法律、法规错误,违反法定程序,显失公正等情况。人民法院判决撤销被诉具体行政行为并责令被诉行政机关重新作出具体行政行为,应根据具体情况,分别确定重新作出具体行政行为的条件或期限。一般说来,涉及到事实不清,宜作附条件的判决;如果事实已经清楚,只涉及定性或适用法律方面的问题,宜作附期限的判决。这类判决生效后,行政机关虽然可以就该事项重新作出具体行政行为,但不得以原撤销的具体行政行为所依据的同一事实、理由或法律重新作出决定,即使作出了也是无效的。

适用撤销判决的条件 适用撤销判决的一般的或概括的条件是具体行政行为违法。即是说,凡是具体行政行为违反法律、法规或者其他具有法律效力的规范性文件的,人民法院均可以判决撤销。根据我国《行政诉讼法》第54条的规定,适用撤销判决的条件有主要证据不足、适用法律法规错误、违反法定程序、超越职权、滥用职权。只要具备上述五种情形中之一种,人民法院即可作出撤销判决。

主要证据不足 行政机关作出影响相对人合法权益的行政行为,必须满足法律所确定的事实要件。而一定的事实要件是否存在,需要一系列的证据加以证明。如果主要证据不足,就意味着该事实要件不存在或者该事实的性质不能确定,同时也就意味着该具体行政行为没有满足法律所设定的事实要件,正是在这个意义上,主要证据不足就成为具体行政行为违法的一种表现。这里所说的"主要证据"是相对次要证据而言的,在行政诉讼法学上,又称为"基本证据"、"可定案证据"。主要证据是能够证明案件基本事实的证据,也就是足以确认具体行政行为所必须具备的事实的证据,它是行政机关认定基本事实的必不可少的证据,如果缺少了它,基本事实就不能认定。因此,主要证据不足就意味着行政机关作的具体行政行为缺乏基本事实根据。从证据学的观点来讲,证明某一事实是否存在,没有必要将所有与该事实相关联的事实全部列举出来。但是,必须将能够确定该事实是否存在或认定该事件性质的事实列举出来。能否证明某一待证事实,不在于证据材料的多少,而在于这些证据材料是否能够证明待证事实。例如,某药品管理部门以某甲销售假药为由,对某甲实施了处罚。本案所涉及的基本待证事实是:①销售的物品是否假药;②被认定为假药的物品是否为某甲所销售。如果药品管理部门所提供的证据足以证明以上两个事实的存在,主要证据也就具备了。至于该假药的来源一时查不清,并不影响对法律所设定的事实要件的认定。"主要证据不足"这一法定撤销条件的设定,不仅仅是对证据量的要求,而且也包括对证据质的要求。即是说,证据不仅要充分,而且要确实。不确实的证据本身不能作为定案根据。因此,不能认为只要行政机关提供了证据材料就可以推定具体行政行为有了事实根据。"主要证据不足"这一法定撤销条件的设定,一方面要求人民法院在审查具体行政行为所赖以成立的事实根据时,应从大处着眼,抓住主要方面,不要机械套用刑事诉讼证据标准;另一方面,又要求人民法院对决定事件真假虚实或事件性质的证据材料从严审查,严格把关。因此,"主要证据不足"这一法定条件的设定,并不意味着行政机关可以根本不考虑次要证据,可以在搜集证据上"偷工减料",相反,是对行政机关搜集证据的工作提出了更高的要求。

适用法律法规错误 行政机关作出具体行政行为,应当依据法律、法规,或者根据符合法律、法规并由有权机关制定、公布的规章。如果行政机关为具体行政行为时,适用法律、法规错误,就意味着具体行政行为法律根据错误,或者说缺少必要的法律根据。不同的法律、法规以及法律、法规中不同的条文,是根据不同性质的情况和事实而设定的不同的规范,因而,应当适用于不同的情况和事实。只有当特定的情况和事实出现之后,才能适用特定的法律、法规或特定的条款。如果适用错了,就会导致处理结果或者定性上的不同。适用法律、法规错误,从总体上来说是指行政机关在作出具体行政行为时,适用了不应该适用的法律、法规规范,或者没有适用应当适用的法律、法规规范。从形式上说,适用法律、法规错误,是指本应适用这一个法律或法规,而适用了另外的法律或法规;本应适用法律或法规中的某个条文而适用了另外的条文。但从实质上讲,适用法律、法规的错误,除了某些技术性的错误以外(这种错误一般也导致定性和处理结果上的差错),通常表现为行政机关对事实的定性错误,或者对法律、法规的原意、本质含义或法律精神理解或解释的错误。

违反法定程序 指行政机关的具体行政行为违反了法律、法规或具有法律效力的行政机关的规范性文件所确定的,旨在保障相对人合法权利的行政程序。行政程序是由行政活动(包括行政行为)的方式和步骤构成的行政行为的过程,它与行政行为的实体内容相对称。所谓方式,是行为过程的空间表现形式;所谓步骤,是行为过程的时间表现形式,包括先后顺序和时间限制。法定行政程序,是指由法律、法规或具有法律效力的其他规范性文件所设定的行政程序。我国目前尚未制定统一的行政程序法典,有关行政程序的规定,散见于有关行政管理的法律、法规之中。如《专利法》规定的有关专利的申请、审查和批准的程序;《治安管理处罚条例》规定的处罚程序等等。对于法律、法规有关行政程序的规定,行政机关必须遵守。因为它是保障相对人合法权利,防止行政机关渎职、失职、越权或滥用职权,提高行政效率的重要保障,是保证行政机关依法行政的必要条件。这种事先或事中保障手段,比事后纠正的手段,在一定意义上更为重要。因此,《行政诉讼法》将违反法定程序的行为也纳入违法的范畴。是否所有违反法定程序的具体行政行为都必须撤销,或者撤销后,同时判决被告重新作出具体行政行为? 从形式上看,《行政诉讼法》没有给予灵活的余地,因为《行政诉讼法》第54条第1款第2项的规定是:"判决撤销或者部分撤销",而不是"可以判决撤销或者部分撤销"。这就是说,从形式上看,法院对违反法定程序的行政行为,只能撤销而不能维持。但是,有时某些具体行政行为虽然违反了某种法定程序,并不影响具体行政行为在实体上的正确性,如果予以撤销,将会使违法者逃脱法律责任,或者使公共利益受到损害。例如,公安机关在5日以外作出复议裁决,超过了法定复议期间,但该裁决在实体上是正确的,在这种情况下如果撤销该裁决,违反治安管理的人将会逃脱法律责任;如果让公安机关重新裁决,岂不是需要花费更多时间? 这种情况下,可以不撤销具体行政行为,但要在判决中明确超过法定时限的行为是非法的,并根据具体情况使超过复议时限的公安机关承担相应的法律责任。这种处理方法虽然在形式上与《行政诉讼法》稍有不协调,但符合《行政诉讼法》保障相对人合法权利,维护和监督行政机关依法行使行政职权的宗旨。有些程序法律虽没有规定,但这些程序是具体行政行为生效的必备条件,违反这些程序,从理论上说,行政行为就不能生效。例如,将行政决定文书送达给当事人,这是行政行为生效的必备要件,行政机关如违反这一程序,该具体行政行为就不能对当事人发生拘束力。行政机关如违反这类程序,应当视为违反法定程序。

超越职权 指特定机关行使了法律法规没有赋予它的权力,对不属于其职权范围内的人和事进行了处理,或者逾越了法律法规所设定的必要的限度等情况,简言之,是指行政机关的行政行为没有法律根据。行政机关的权力是人民通过权力机关制定的法律授予的,行政机关应当在宪法、法律规定的范围内行使自己的职权,或者说,行政机关的权力只能在法律明白地或默示地规定范围以内。如果超过法律的规定,事实上是行使了法律所没有规定的权力。可见,超越职权实际上也就是无权限。行政权是一种由国家强制力保证其行使的支配力或影响力,它的行使直接关系到相对人的权利和义务,涉及到国家利益和公共利益。行政权反映着政府和人民的关系,规定着政府和人民各自的权力边界。因此,行政机关不能单方面超越。如果认可行政机关单方面超越法律、法规而行使权力的行为,那就是承认行政机关可以违法,可以自己最后决定自己的权力范围。这样,法律对于行政机关权力范围的规定,就变得毫无意义,法治将不复存在。正是由于上述原因和理由,越权无效是法治国家的基本规则,是行政法的基本原则。超越职权可以依据不同的根据进行分类。①根据超越职权的程度,超越职权可分为职权僭越和逾越权限两种类型。职权僭越,是指行政机关在没有法律依据的情况下,行使了权力机关的立法权、审判机关的审判权、检察机关的检察权,或者不属于本部门职权范围内的权力等情况。例如,公安机关在未经检察机关或人民法院批准的情况下逮捕公民;行政机关对民事争议进行终局裁决;海关行使了工商行政管理部门的职权等等。逾越权限,是指行政机关对某类事项有主管权,但超越了必要的限度等情况,例如,罚款超过了法定幅度,没收超过了应有的范围等等。②根据超越职权的内容,超越职权可分为对象上的越权、事务上的越权、空间上的越权、时间上的越权、条件上的越权、手段上的越权等类型。对象上的越权,是指行政机关对不属于其管辖的对象实施了行政行为。事务上的越权,是指行政机关未受委任或无法律上的原因,行使其他行政机关的职权,管理不属于本单位管理之事务。即是说,为行政行为的机关虽是行政主体,但并非该事务的主管机关,无权对该项事务作出行政决定。空间上的越权,是指行政机关对其管辖区域以外的人和事为行政行为。时间上的越权,是指行政机关超出法定的行使职权的有效时间或在法定时间之外行使职权。条件上的越权,是指行政机关无视或不顾法律、法规设定的行使职权的条件,在条件不充分或不具备的情况下行使职权。手段上的越权,是指行政机关在行使职权时,采用了法律法规没有规定或明令禁止采用的手段和方式。程度上的越权,是指行政机关在行使职权时超过法定幅度或限度。主体上的越权,是指行政机关行使了其他行政机关的职权,包括上级行政机关行使了下级行政机关的职权,下级行政机关行使了上级行政机关的职权。甲部门行使了乙部门的职权,某一个行政机关单独行使了应由几个部门共同行使的职权等等。③根据超越职权的主观状态,超越职权又分因过错引起的超越职权和因故意引起的超越职权。因过错引起的超越职权,指构成行使职权的前提条件的事实本来不存在,行政机关误认为是存在的,而超越职权。因故意引起的超越职权,指行政机关明知构成行使职权的前提条件的事实本来不存在,而行政机关有意去行使该种职权。无论是因故意引起还是因过错引起的超越职权的行为,都是无效的行政行为,因为行政机关不能由于自己的错误而取得法律所未给予的权力。此外,行政机关主张某种权限的事实存在,但不能提出足够的证明时,行政机关根据这个主张所采取的行为也是越权行为。

滥用职权 指行政机关作出的具体行政行为虽然在其权限范围以内,但行政机关不正当地行使职权,不符合法律授予这种职权的目的。与超越职权不同,滥用职权须是作出行政行为的人或组织具有行政工作人员的身份或有一定的行政职权,只是为行政行为的主体没有根据法律、法规的原则、目的来执行法律,而表现了相当程度的个人意志和武断专横。滥用职权往往与行政自由裁量权相联系,通常出现在法无具体或详尽规定或限制,或虽有规定但允许执行者裁量选择等场合。超越职权是针对被审查的违法的具体行政行为的外部特征而言的,而滥用职权是针对被审查的违法的具体行政行为的内容(或内部特征)而言的。判断某一具体行政行为是否滥用职权,必须深究行政机关行使权力的意图。滥用职权主要有以下几种表现方式:①不符合法律规定的目的。这是指行政行为的目的不符合其所根据的法律授权行政机关实施该行为的目的。通常有以下几种表现形式:行政机关行使权力的目的不是出于公共利益,而是出于私人利益和所属集团的利益,例如某镇长决定拆除某一违章建筑不是为了扩大耕地面积,而是为其亲属安排宅基地;行政机关行使权力的目的符合公共利益,但不符合法律授予这种权力的特别目的,例如,税收部门增加对某甲的罚款,目的不是为了惩罚纳税人的偷税行为,而是为了对纳税人欲向法院起诉的行为实施报复。判断行政行为的目的是否符合法律规定的目的需要注意以下几点:不符合法律规定的目的的行为,不一定出于不良的动机,只要行政机关行使权力的目的不符合法律的规定,不问动机如何,即使出于善意,也是滥用职权;当符合法律规定的目的和不符合法律规定的目的混在一起的时候,应当根据真正的目的或主要的目的来决定行政行为是否符合法律的规定,如果行政机关在一个行政行为中追求几个目的,只要其中有一个目的合法,其他不合法的目的如果不是这个行政行为的主要目的的话,不能认为该行政行为无效;对于羁束权限的行政行为,行政机关只能按照法律的规定为具体行政行为,没有其他选择的可能,在这种情况下,只要行政决定的内容符合法律规定,即使具有滥用职权的因素,也不能因此而撤销该行政行为;当法律未明文规定特定法律所要达到的目的或者规定得相当模糊时,应当根据具体情况,明确在特定情况下什么是公共利益,或者根据立法的记录草案说明权力本身的性质以及具体情况而确定法律的目的;确定被诉行政行为的目的,除了依据行政行为的档案材料外,还须根据与该行政行为有关的全部文献和全部情况作出综合判断。②不适当的考虑。指行政机关为行政行为时,考虑不应当考虑的因素,或者不考虑应当考虑的因素。判断某一因素是否应当或必须考虑的因素,应注意以下一些问题:一般说来,只有在以下两种情况下才是滥用职权。第一,行政机关所考虑的因素与特定法律所追求的目的风马牛不相及;第二,行政机关所没有考虑的因素是法律明示或默示要求行政机关考虑的因素。不是任何不适当的考虑都是滥用职权,如果不适当的考虑不影响具体行政行为的内容,或者不对当事人产生不利影响,就不构成滥用职权。③明显不合理或显失公正。指行政机关所作出的决定违背一般人的理智、违反平等适用原则、违反通常的比例法则,或违反一般公平观念的情况。例如,对同一法律概念或术语因对象不同而作出前后矛盾的解释;在没有充分理由的情况下,不遵循既成的先例和惯例;对两个或几个在主要方面相同的案件作出截然不同的裁决;在特定案件中行使自由裁量权的方式,不同于它在先前其他案件中的行使方式,而不能提出令人信服的理由等等。④武断专横。指行政机关的具体行政行为严重违背"尽其最善"的原则,或者无视具体情况或对象,带有明显任性倾向的情况。例如,权力的行使受个人恶意、恶感、偏见、歧视所支配;采用极其粗暴的方式对待当事人;对当事人实施处罚拒绝说明任何理由;无故拖延、刁难等等。

(江必新)

chexiao yuanpan

撤销原判(quash original judgment) 法院依照法定程序撤销确有错误的原判决。我国《刑事诉讼法》规定,第二审人民法院对不服第一审判决的上诉、抗诉案件,经过审理后,如认为原判决事实不清楚或者证据不足的,可以裁定撤销原判。在发现第一审人民法院的审理有违反法律规定的诉讼程序的情形之一的,应当裁定撤销原判,发回原审人民法院重新审判。在死刑复核程序中,上级人民法院在复核下级人民法院的死刑案件时,如认为原判决事实不清楚或者证据不足的,或者原判决认定事实没有错误,但是适用法律有错误的,可以裁定撤销原判,发回原审人民法院重新审判。上述撤销原判,均由上级法院所决定,同发回重审联系。在审判监督程序中,最高人民法院对地方各级人民法院、上级人民法院对下级人民法院,以及各级人民法院对本院已经发生法律效力的判决,如果发现确有错误,决定提审、指令再审或者自行再审时,可先裁定撤销原判,也可由进行再审、提审的人民法院或者本院另行组成的合议庭经再审后,在再审判决中撤销原判,重新判决。

(刘广三)

chenmoquan

沉默权(right to remain silence) 犯罪嫌疑人、被告人的一项诉讼权利。指犯罪嫌疑人、被告人在司法人员讯问他的时候,可以始终一言不发。世界各国刑事诉讼法比较普遍地规定犯罪嫌疑人、被告人享有沉默权。17世纪,关于告知沉默权的规则已在英国确立。美国宪法修正案第5条规定:任何人不得被迫自证其罪。《法国刑事诉讼法典》第114条、《德国刑事诉讼法典》第136条、《日本刑事诉讼法》第311条、《意大利刑事诉讼法典》第64条,均有关于沉默权的规定。此外,《联合国少年司法最低限度标准规则(北京规则)》(United Nations Standard Minimum Rules for the Administration of Juvenile Justice, The Beijing Rules)第7条以及世界刑法学协会第十五届代表大会《关于刑事诉讼中人权问题的决议》第17条也对犯罪嫌疑人、被告人的沉默权予以确认。赋予犯罪嫌疑人、被告人以沉默权,旨在保障犯罪嫌疑人、被告人的供述自由,给予犯罪嫌疑人、被告人针对指控事实,可以按照本人的自由意志,选择进行供述或者保持沉默,体现了对犯罪嫌疑人、被告人人格尊严和自由意志的尊重。但是,沉默权的规定隐含着鼓励犯罪嫌疑人、被告人拒不陈述之弊,可能导致可靠的和有价值的证据的丧失,从而制约了国家在追究犯罪时的控制力。我国刑事诉讼法没有赋予犯罪嫌疑人、被告人沉默权,而是要求他如实陈述。

(熊秋红)

chengshu yuanze

成熟原则(ripeness) 美国司法审查的原则之一。其含意是:被指控的行政行为只有对相对人发生了实际不利影响并适于法院审查时,才能接受司法审查。美国在20世纪60年代以前,成熟原则不仅注重行政行为的内容,还注重行政行为的形式:所指控的行政行为必须是"正式的",如正式决定(非正式决定"不成熟")、正式裁决(非正式裁决"不成熟")、正式肯定性裁决令(40年代以前,否决性裁决令亦视为"不成熟",不受审查)等。如行为处在非正式行为阶段,均视为司法审查时机不成熟。有这样一个案例,联邦食物药品管理委员会制定了一项规章,规定化妆品制造商使用颜色剂必须得到该委员会的批准,该委员会职员可自由检查厂商与颜色剂有关的制造设备、制作程序、配方等。如其拒绝,委员会可立即中止其批准证书。化妆品制造商以该规章侵犯其利益为由向法院起诉,请求审查。法院认为该规章尚未适用,在适用前并不会对当事人产生不可弥补的不利后果,因而审查时机不成熟,拒绝予以审查。

60年代以后,成熟原则的要求逐渐放宽了。法院认为,审查时机成熟的关键因素是对当事人造成了不利影响。如果规章要求立即改变人们的行为规则,不服从规章则予以惩罚。那么受此规章管辖的人一提起诉讼,审查时机就成熟了。有这么一个案例:联邦食物药品委员会发布了一项规章,规定有关说明药品的标签、广告和其他印刷品,如用其商号名称,必须载明特定药品的既定名称,否则将受到刑事或民事处罚。药品制造商以委员会制定该规章"越权"为根据提起请求发布宣告令和禁止令的审查诉讼。政府提出在规章适用以前,审查时机尚未成熟,因为规章尚未实际影响原告人。法院驳回了政府的抗辩,指出,成熟原则既要求我们考虑对争议作司法裁决是否合适的问题,也要求我们考虑不予司法审查将给当事人带来的麻烦。在这个案子中,相对人如不服从规章,就要冒受到严厉刑事或民事处罚的风险。现在,成熟原则完全不以"正式行为"和"非正式行为"划界。即使行政行为尚非正式行为,只要它已经给当事人造成了某种不利影响,法院即可受理对这种行为的审查诉讼。有这么一个案例:联邦工资工时管理局局长发出一封信,在信中应自动洗衣店工会的请求作出一个解释性裁定:自动洗衣店受合理劳动标准法管辖。洗衣店对该咨询性裁定提请法院审查。行政机关提出该裁定是非正式性的,审查时机未成熟,法院不应予以审查。法院驳回了行政机关的抗辩,指出这种咨询性裁定是由行政首长作出的,对原告产生了不利影响,法院可以予以审查。

成熟原则不同于穷尽行政救济原则,穷尽行政救济原则强调的是对相对人在有可能取得行政救济以前不能取得司法救济,而成熟原则强调的是争议案件是否适于法院审查和相对人是否受到了实际不利影响。穷尽了行政救济的相对人,审查时机未必成熟。法院在受理司法审查诉讼时,既要考虑穷尽原则,也要考虑成熟原则,还要考虑初审权原则。

确定成熟原则的理由是:①保证联邦法院司法权不超越宪法规定的范围。宪法第3条规定联邦法院司法权限于解决案件(cases)和争议(controversies),成熟原则正是排除法院受理不适于法院解决的有关纯抽象理论性的问题的审查请求。②避免法院过早干预行政程序,防止法院卷入有关政策的理论争议之中。③有利于更切实地保障公民权益,对于将因行政行为受到实际的、紧急的、不可弥补的损害的当事人,给予及时的司法救济。

(姜明安)

chengshouti

承受体(objects of bearing prints) 痕迹形成三要素之一,指在痕迹形成过程中,由于另一客体的作用使自身表面形态发生变化而保留了反映形象的客体。例如：留有指印的水杯或纸张；留有足迹的地面；留有射击痕迹的弹壳或弹头等（详见痕迹）。　　（蓝绍江）

chizuyin

赤足印（barefootprints）　赤脚形成的痕迹，是人的脚掌直接与承受客体接触而留下的反映形象。人脚在生长发育过程中受遗传因素和各种生理与环境因素的影响，其各部位的形态产生个体间的差异，这些个体差异又构成了赤足形态特征的个性。在足迹检验中，根据赤足印反映的个体形态特征可以直接对人进行同一认定。人的赤足依其生理结构，分为趾、掌、弓、踵四个区域。赤足印的形态特征是指上述几个区域的形状、大小、及其组合排列关系。我国痕迹学者针对中国人的脚型特点，对赤足印各区域形态特征作了归纳：①趾区：包括各脚趾印的大小、形状，各脚趾分布间隔，五趾印顶端连线的形态，趾节区的形状及脚趾的畸型特征。②掌区：主要表现为前掌印四个边缘的具体形状，有平直形、弧形、外凸形、内凹形、波浪形、倾斜形等。③弓区：表现为脚弓的高低（从脚弓印痕的宽度判断），脚弓印痕内缘与外缘的形状。④踵区：表现为踵区的整体形状差别，呈现出圆形、椭圆形、柱形、类方形等不同形态。此外，在赤足印检验中还可以利用蜕皮、鸡眼、脚疗等临时出现的特征。人的脚掌皮肤表面亦生长着乳突线，构成形态各异的乳突线花纹，称为"脚纹"，亦称足纹。脚纹同手纹一样，具有"人各不同、终生不变"及"修复再生"的特性，在人身识别中的作用与检验方法均同于手纹。

（蓝绍江）

chongdong xingwei

冲动行为（impulsive behaviour）　精神病患者无明确动机和目的的暴发性行为。是一种难以自制或抗拒的侵袭性或自伤性行为。行为的后果往往很严重，但患者却完全丧失了对此行为的辨认和控制能力。多见于精神分裂症。在司法精神医学鉴定中，这种病理性的冲动行为是构成影响行为人责任能力的一项医学要件。

（孙东东　吴正鑫）

chongxin jisuan qijian

重新计算期间（recount length）　在刑事诉讼进行过程中，由于发生了某一法定情况，原来已进行的期间不予计算，而从发生新的情况开始重新计算办案期限。我国《刑事诉讼法》规定的可以重新计算期间的情况有：①在侦查期间，发现犯罪嫌疑人另有重要罪行的，从发现之日起重新计算侦查羁押期限。②人民检察院审查起诉的案件或者人民法院审理公诉案件，改变管辖的，从管辖改变后的人民检察院或人民法院收到案件之日起重新计算审查起诉期限或审理期限。③人民检察院审查起诉过程中退回公安机关补充侦查的案件，或者人民法院审理过程中人民检察院提出补充侦查的案件，从补充侦查完毕移送人民检察院或人民法院之日起重新计算审查起诉期限或审理期限。④第二审人民法院发回原审人民法院重新审判的案件，原审人民法院从收到发回的案件之日起，重新计算审理期限。　　（朱一心）

chouxiang xingzheng xingwei

抽象行政行为（abstract administrative action）　具体行政行为的对称。行政机关依照宪法和法律的规定，针对不特定多数对象或具有普遍意义的行政事项，所作出的行政行为。这种行为一般表现为行政机关制定和发布法规、规章以及其他具有普遍约束力规范性文件的行为，故此，有的国家又称该种行为"条例行为"或"法规行为"。我国有称这类行政行为为"行政立法行为"的。抽象行政行为有两个基本特征：①针对的是不特定多数对象，具有普遍约束力特征。它不是针对具体的人或事作出的行为，而是针对一类人或一类事，规定行政机关对何种人在怎样的情况下将作出何种行为。②效力特征。自其发布生效至废止的所有时间内有效，而且可以对一定范围内的任何人反复发生效力。

对于抽象行政行为法院是否受理，各国作法不一。如日本等国只受理具体行政行为，但英、美、法等国则与之不同，对于抽象行政行为，法院也可以受理。我国在《行政诉讼法》第12条第2项中则规定，公民、法人或者其他组织对行政法规、规章或者行政机关制定、发布的具有普遍约束力的决定、命令提起的行政诉讼，人民法院不予受理。

对于抽象行政行为人民法院不予受理，而由上级行政机关、权力机关去解决问题，主要是由我国政权组织形式和国家各机关职责权限所决定，同时也是从我国的实际出发，如人民法院现阶段的审查能力等。但是法院不受理并不等于国家对抽象行政行为不予监督。根据我国宪法和有关组织法的规定，行政机关制定法规、规章或其他规范性文件，都要接受权力机关、国务院或上级行政机关的审查。如果抽象行政行为违法或有人依法提出异议，即应按下列监督程序加以解决：①全国人大常委会行使监督权。如《宪法》第67条规定，全国人大常委会有权"撤销国务院制定的同宪法、法律相抵触的行政法规、决定和命令"。②国务院行使监督权。如《宪法》第89条规定，国务院有权"改变或者撤销各部、各委员会发布的不适当的命令、指示和规章"，有权"改变或者撤销地方各级国家行政机关的不适当的决定和命令"。③县级以上各级人大常委会行使监督权。如《宪法》第104条规定，县级以上的地方各级人民代表大会常务委员会有权"撤销本级人民政府的不适当的决定和命令。"④县级以上各级地方人民政府行使监督权。如《宪法》第108条规定,县级以上各级地方人民政府有权"改变或者撤销所属各工作部门和下级人民政府的不适当的决定"。

值得注意的是,我国《行政诉讼法》规定,人民法院对部分抽象行政行为亦有一定的监督权。这一精神主要体现在《行政诉讼法》第53条第2款之中。该款规定:"人民法院认为地方人民政府制定、发布的规章与国务院部、委制定、发布的规章不一致的,以及国务院部、委制定、发布的规章之间不一致的,由最高人民法院送请国务院作出解释或者裁决。"这项规定,对于行政管理中大量的规章,可以实施积极的司法监督。从一定意义上说,人民法院可以在一定程度上对抽象行政行为实施审查与监督。

(王振清)

chuting lüshi
出庭律师(barrister) 与事务律师相对,又称专门律师、高级律师,英国两种主要开业律师中的一种。出庭律师与事务律师的划分,始于16世纪,是英国律师制度的重要特点。这两种律师在执行职务方面是相互独立的,一个人一旦成为出庭律师,就不能再从事事务律师的业务。获得出庭律师资格的条件十分严格,包括具有大学学历或同等学力,出具品格良好的证明书,进入英国四大律师学院中的任何一个,并完成一定的聚餐次数,通过有关的考试。取得出庭律师资格以后还必须在出庭律师事务所实习一年,才能执业。出庭律师的主要业务是出庭辩护,并在英国的上诉法院和高等法院(见英国法院组织体系)享有出庭辩护的垄断权。同时,出庭律师还为事务律师就某些专业性问题提供法律咨询和帮助。当事人一般不能直接委托出庭律师,也不能与出庭律师进行直接接触,而必须通过事务律师获得出庭律师的帮助。出庭律师听取事务律师对案件情况的介绍,阅读事务律师事先准备好的法律文件,然后出庭进行辩护。出庭律师的报酬包括两部分:一是接受案件时获得的费用,二是每次出庭所获得的费用,这些报酬一般须通过事务律师领取。此外,在进行管理、实施惩戒等方面,出庭律师与事务律师也不相同(见英国律师制度)。

(陈瑞华)

chuzou xingwei
出走行为(run away) 精神病人受病理性妄想或幻觉的支配,以离家出走的方式来"保护"自己或达到幻觉、妄想中的目的。这种情况多见于精神分裂症。病态人格患者可因寻求病态欲望而出走。癫痫性精神病在其发作时可表现为漫游症。

(孙东东 吴正鑫)

chushenquan yuanze
初审权原则(primary jurisdiction) 美国司法审查的原则之一。其含意是:在司法审查中,遇到依法应由行政机关首先解决的问题时,应先由行政机关对该问题作出裁决,再进行司法审查。确定这一原则的理由是:①便于行政机关运用其专门知识和技能解决必须依赖此种专门知识和技能解决的问题;②便于行政机关运用统一的政策解决行政管理过程中需适用统一政策的问题,防止政策的不统一和不连贯;③便于行政机关运用自由裁量权解决行政管理过程中需自由裁量的问题,防止以司法裁量代替行政裁量。

初审权原则,首先适用于行政机关有排他性管辖权的问题,但也不限于适用这类问题,它也适用于行政机关和法院均有管辖权的问题。甚至还适用于只能由法院首先管辖的案件。法院在审查这种案件的过程中,如果发现有只能运用行政机关特定知识和技能解决的问题,便停止审理,待行政机关先行审理和作出结论后,再继续其审查。1887年州际商业委员会成立以前,关于铁路运价的争议诉讼是由法院受理的。州际商业委员会成立后,法律授权它受理控告运输人渎职的案件,授权它解决有关铁路运输方面的赔偿争议等,但是法律也没有明确取消法院对这些案件和争议的管辖权。于是当事人有的仍向法院起诉和请求赔偿。对此最高法院指出,法律建立行政机关,授权行政机关专门管理这类案件,就意味着法院不再有管辖权了,根据法律,"索赔的托运人……必须通过州际商业委员会寻求赔偿。只有这个委员会才有初审权。"在一个有关"双重运价"的案件中,一家轮船运输公司对仅与自己订立合同的托运人收取较低的运费,而对其他托运人则收取较高的运费。美国政府依反垄断法提起对该公司的诉讼。但法院驳回了政府的起诉,认为这种问题首先应由联邦海事委员会审理。因为法律授权海事委员会管理航运价格,对于"双重价格"的合理性问题,自然应由海事委员会行使初审权。法院指出:"如果案件中提出的事实争议不是法官常见的争议,或案件本身需要运用行政权予以解决,那就不应超越国会为了管理此类问题而设立行政机关。"

适用初审权原则也带来了一些问题,例如行政机构对于某些问题存有偏见,法院明知其难以作出公正的裁决,但却仍让他们履行一个完全不必要的形式,以至造成大量的时间和金钱的耗费。适用初审权原则的另外的问题是:一些行政机关对于其所管辖的问题没有完全管辖权,例如,没有判付损害赔偿的权力。这样,凡涉及损害赔偿的案件,就不可避免地要进行两次诉讼,造成了不必要的耽搁和耗费。对此,有些州开始在行政机关无权给予所请求之救济的案件中放弃适用初审权原则,以解决双重诉讼的问题。当然,这样做并不意味着在美国各州有在所有案件中放弃初审权原则的趋势。初审权原则毕竟利大于弊,在某些州的某些案件中放弃这一原则的适用只是例外。

(姜明安)

chuquan panjue

除权判决(invalidation judgement) 公示催告程序中一种特有的判决形式。也称无效判决。它是法院依公示催告程序进行公告后,在公告期间没有利害关系人申报权利或申报无效情况下,依据当事人的申请,作出的宣告票据无效的法律文书。公示催告的申请人可据此向票据债务人行使票据权利。简言之,除权判决就是除去票据权利的判决,除去权利后,票据便成为了一纸空文,亦即无效票据。依照中国现行民事诉讼法规定,除权判决必须依当事人的申请作出,并明确宣告丧失的票据无效;除权判决应当进行公告,并通知支付人,自判决公告之日起,申请人有权依据法院的判决向支付人请求支付。除权判决一经公告,会产生如下法律后果:①票据失去了效力,即票据不再具有正常状态下与票据权利不分离的特性。在票据丧失后取得票据的人不能据以享有票据权利,即使善意取得的人亦不例外。②丧失票据的权利人,即公示催告的申请人虽然不持有票据,但因除权判决却取得了行使票据上权利的根据。③票据债务人与不持有票据的权利人之间产生了债权债务关系,除权判决成为公示催告申请人行使债权的依据。④公示催告即告终结。利害关系人因正当理由不能在判决前申报权利的,自知道或应当知道判决公告之日起1年内,可以向作出判决的人民法院起诉。

对除权判决,各国都规定不得提起上诉。但为了保障因除权判决蒙受不利的人的利益,有的民事诉讼法规定了以撤销除权判决之诉作为救济手段。如德国民事诉讼法规定,有下列情形之一时,对除权判决,可以以申请人为被告,向管辖公示催告法院所在地区的州法院提起撤销之诉:①没有法律准许公示催告的情形;②对公示催告未予公告或未按法律规定的方式予以公告;③未遵守规定的公示催告期间;④作出判决的法官依法应该回避;⑤已有申报的请求权或权利,但在判决中未依法予以考虑;⑥具备根据犯罪行为提起回复原状之诉的要件。撤销之诉应于1个月的不变期间内提起。自除权判决宣告之日起经过10年的,不得提起撤销之诉。日本及我国台湾地区的民事诉讼法中也有类似的规定。我国现行民事诉讼法没有规定撤销之诉,而是原则规定,利害关系人因正当理由不能在判决前向人民法院申报权利的,自知道或应当知道判决公告之日起1年内,可以向作出判决的人民法院另行起诉。确立了以另行起诉的方式为利害关系人的救济方式。

(俞灵雨)

chufen yuanze

处分原则(principle of parties autonomy in disposition of their legal right) 民事诉讼法的重要原则之一。民事诉讼当事人在法律规定的范围内,有支配自己民事权利和诉讼权利的自由,谓之处分。民事诉讼的开始、进行、终了,当事人的处分行为起着重要作用,如民事纠纷发生后,当事人是否起诉,起诉后是否撤诉,原告是否增加、减少、放弃诉讼请求,被告是否承认诉讼请求、提出反诉,双方当事人是否以和解、调解的方式结束诉讼,一概任当事人之自由。当事人的自由处分贯穿于诉讼的全过程,决定诉讼程序的推移和结束,而成为诉讼上的处分原则。权利主体处分自己的主体权利,既可以行之于诉讼之外,也可以行之于诉讼之中,但在诉讼中处分实体权利,必须同时处分诉讼权利,以处分诉讼权利实现其对实体权利的处分。

处分原则的确立与发展 最早源于资产阶级的"私权自治",表现为人人都有处分自己民事权利的自由。法国1806年《民事诉讼法典》为保障当事人这一自治权,在其第1条规定:"除法律另有规定外,惟有当事人可以提出诉讼。在诉讼因取得审判结果或者根据法律规定而终止之前,当事人有停止诉讼的自由。"由此开始形成诉讼上的处分原则,其后为诸多国家民事诉讼立法所仿效。苏联十月革命后,列宁提出了国家干预民事关系和民事案件的理论,基于这一理论,1923年的《俄罗斯联邦民事诉讼法典》将当事人处分自己民事权利和诉讼权利的行为,置于法院的监督之下,并规定检察机关可以起诉或者参加民事诉讼,对法院的审判活动和当事人的诉讼行为进行法律监督。从而处分原则在一些国家民事诉讼立法中,具有了新的内容,对当事人的处分权利设立了监督机制,将当事人之自由处分权确定为"依法处分",在此,民事诉讼中的处分原则发生了重要的变革。

依法处分原则 我国民事诉讼法将处分原则作为其重要的基本原则之一,规定当事人有权在法律规定的范围内处分自己的民事权利和诉讼权利,并在系列的民事程序制度中相应规定了当事人依法行使处分权的诸多权利。但依法处分不同于自由处分,它是依照法律规定进行处分,处分行为应受法律制约和法院监督,如民事诉讼以法院受理而开始;宣判前,原告申请撤诉的,是否准许,由人民法院裁定;诉讼中调解协议的内容不得违反法律规定;人民检察院有权对民事审判活动实行法律监督。依法处分不同于自由处分,其权能是相对的,而不是绝对的,其行为是有限制的,而不是不受限制的,其目的是维护权益的实质,而不仅是处分行为的形式。

(刘家兴)

chuli kouya wupin qingdan

处理扣押物品清单(disposal of detailed list of abandum) 记载司法机关依法处理被扣押物品、文件的法律文书。世界各国的刑事诉讼法对侦查扣押的物品如何处理，一般都有明确具体的规定。如《意大利刑事诉讼法典》第262条规定了被扣押物品的返还，即不需要继续为证明的目的维持扣押时，将被扣押物返还给权利人，返还可在判决前进行；但根据公诉人或民事当事人的要求对属于被告人或民事负责人的物品应继续扣押以保障法定债权时，由法官决定不实行返还；对法定预防性扣押的对象由法官决定继续为预防目的实行扣押；判决生效后应将被扣押物返还给权利人，除非决定对其加以没收。该法第263条对返还被扣押物的程序作了专门规定。第264条还对在未返还情况下的处置作了具体规定：判决生效一年之后，如返还请求未提出或被驳回，负责执行的法官裁定将由国家发行或担保的钱款、凭票付款票据和有价证券保存在当地的登记办公室。在其他情况下裁定根据物品的性质在公共交易所或拍卖行变卖被扣押物，具体的执行工作由文书室负责。但如这些物品具有学术价值、历史价值或艺术价值，则决定将其交给司法部。司法机关也可决定判决生效一年之前或在扣押之后立即变卖因易腐坏或易消耗而不能被保存的被扣押物。变卖的价款应在当地邮局实行司法寄存。这种钱款和保存在登记办公室中的有价证券，在扣除为保存和保管被扣押物的费用后，如两年内无人证明自己对其拥有权利，则划归罚款基金会。我国现行《刑事诉讼法》第118条规定："对于扣押的物品、文件、邮件、电报或者冻结的存款、汇款，经查明确实与案件无关的，应当在3日以内解除扣押、冻结，退还原主或者原邮电机关。"第198条又规定："公安机关、人民检察院和人民法院对于扣押、冻结犯罪嫌疑人、被告人的财物及其孳息，应当妥善保管，以供核查。任何单位和个人不得挪用或者自行处理。对被害人的合法财产，应当及时返还。对违禁品或者不宜长期保存的物品，应当依照国家有关规定处理。"第2款规定："对作为证据使用的实物应当随案移送，对不宜移送的，应当将其清单、照片或者其他证明文件随案移送。"第3款规定："人民法院作出的判决生效以后，对被扣押、冻结的赃款赃物及其孳息，除依法返还被害人的以外，一律没收，上缴国库。"在刑事诉讼中，对被扣押的书证、物证、赃款及其他有关的物品和文件，依照上述法律规定进行处理时，要逐件详细填写《处理扣押物品清单》。填制《处理扣押物品清单》时，要将扣押的物品、文件的处理情况逐条写清楚，填写的要求与《扣押物品清单》相同，其主要内容包括：①处理机关的名称；②文书标题；③编号；④物品名称；⑤数量；⑥特征；⑦处理情况；⑧批准人、承办人、领物人签名；⑨处理日期；⑩处理机关公章。本清单为表格式。对做证据使用的物品、文件随案移送时，应制作《移交赃、证物清单》；对退还原主的制作《发还扣押(调取)物品清单》；对没收的制作《没收物品清单》。

(文盛堂)

chuanhuan

传唤(summon) ❶司法机关通知当事人等到案的措施。广义的传唤指侦查机关和审判机关通知犯罪嫌疑人、刑事被告人或其他特定诉讼参与人于指定时间自行到案接受讯问或询问的措施。而刑事侦查学所指的传唤是狭义的，即专指侦查机关通知犯罪嫌疑人或其他特定当事人于指定时间到案接受讯问或询问的措施。传唤虽然不具有直接的强制力，但它具有命令的性质，即指示被传唤人应负到案的义务，否则将受到强制。所以，它又被认为是一种间接强制措施。在刑事侦查中传唤主要用于犯罪嫌疑人，但也适用于证人、鉴定人等其他特定诉讼参与人。传唤是一种古老的诉讼措施。在国外，传唤是各国刑事诉讼法中的具体诉讼措施之一。在英国，传唤是任何诉讼或公诉中的程序，特别是指案当事人用传票传到法庭。在普通法里，《1832年统一传唤法》颁布前，旧时的王座法庭、高等民事法院、理财法院和大法官法庭的高级法庭的传唤程序是极不相同的。现在，传唤包括令状和开始传票。它包括对被告人的传唤和对诸如证人等第三人的传唤，还包括对刑事案件中的起诉书控告之人的传唤。

我国古代审判案件早有传唤的作法，但有关传唤的法律规定已知最早的是清律。如清末1911年沈家本呈奏的《大清刑事诉讼律》第70条规定："侦查中得按其情形传唤被告人；预审中及起诉后为讯问起见应传唤被告人。许可代理人到场者，得不传唤被告人。"后来在国民党政府于1928年制定的《刑事诉讼法》中也有用传票传唤被告人的规定。中华人民共和国成立后，在第一部《刑事诉讼法》和《民事诉讼法》中，都对传唤当事人作了详细规定。其目的是使诉讼能按计划进行，使案件得到正确、及时处理。传唤需用传票(或通知书)，并依法先期送达。被传唤人如无正当理由而拒绝到案的，要承担法律后果，如司法机关可采取拘传的强制措施强制其到案。在民事诉讼中还可对原告人依法按撤诉处理其起诉的案件；对被告人可依法缺席判决。经1996年修改后的现行《刑事诉讼法》第92条规定："对于不需要逮捕、拘留的犯罪嫌疑人，可以传唤到犯罪嫌疑人所在市、县内的指定地点或者到他的住处进行讯问，但是应当出示人民检察院或者公安机关的证明文件。"该条第2款还规定，传唤持续的时间最长不得超过12小时。不得以连续传唤的形式变相拘禁犯罪嫌疑人。第97条又规定，侦查人员询问证人在必要的时候也可以通知证人到人民检察院或者公安机关提供证言。第99条规定，询问被害人适用询问证人的规定。第151条规定人民法院决定开庭审理的公诉案件可以传唤当事人(第82条规定当事人指被害人、自诉人、犯罪嫌疑人、被告人、附带民事诉讼的原告人和被告人)。第171条规定,自诉人经两次依法传唤无正当理由拒不到庭的按撤诉处理。在刑事侦查过程中,国家安全机关、军队保卫部门、监狱根据刑事诉讼法第4条和第225条的规定也可以依法对犯罪嫌疑人等采取传唤措施。

❷司法机关通知当事人自行到指定的地点接受讯问或出庭参加法庭审理的诉讼行为。目的在于保证诉讼能够按时进行和当事人可以有效地行使自己的诉讼权利。传唤需用传票(见附表),其中应载明受传唤人的姓名、性别、年龄、住址、传唤的事由、到达(或开庭)的时间和地点。传票须依法先期送达(出庭的传票送达期限与开庭通知书相同)。受传唤人接受传票以后应准时到达指定地点(或出庭)。传唤与拘传不同,不是限制人身自由的强制措施,而是只具有通知的性质。拘传是指,当事人无正当理由而拒不接受传唤,拒绝到场(或出庭),司法机关可以拘传。拘传就具有了强制措施的性质。

附表:人民法院《传票》格式

人民法院				
传 票				
( )传字第 号				
案由:	卷号:	年	字第	号
被传唤人姓名		单位或住址		
被传事由				
应到时间	月 日 午 时	应到处所		
注意事项	1.被传唤人必须准时到达应到处所 2.此票由被传唤人带院报到兼作入门证用 3. 4.			
签发人		送达人 年 月 日		

(院印)

(文盛堂 汪建成 黄永)

chuanhuan tongzhishu
传唤通知书(notice of summon) 又称传票、传唤状。传唤当事人按指定的时间、地点到案的一种书面通知。各国法律都大致相同地规定传票应写明被传唤人姓名、年龄、住址、案由、应到案时间和地点以及无正当理由不到案的后果等。各国法律还不尽相同地规定了传票的送达方式,如《法国刑事诉讼法》第123条规定,传票应派法警送达。美国《纽约州刑事诉讼法》第123条规定,传票可由警察送达,或者由年龄不低于18岁的原告人送达,或者由法院指定的年龄不低于18岁的其他人送达。《日本民事诉讼法》第162条规定,传票由执行官或交邮局送达,《刑事诉讼法》第54条规定,传票送达的方法原则上准用关于民事诉讼法令的规定。《罗马尼亚刑事诉讼法》第175条规定,刑事检察机关或法院应通过书面的传票传唤当事人,也可以通过电话或电报传唤。在英国,传票是为了特定的目的传唤某人出席法庭的文件。如在高等法院,法官或书记官常以传票的方式就诉讼程序及其他事项发布命令。大法官法院的传票可以在待决案件中使用,如命令继续诉讼;也可用来开始诉讼,如以传票的方式传唤对某座房地产有利害关系的人到庭,以便确定他们之间的权利义务关系。

中国古代将传唤当事人到案所用之书状称为"传唤状"。如在《周礼政要·狱讼》中有这样的记载:"凡原被告人自用,及传唤状堂判所用罫纸。"清末立宪变法时期,光绪三十二年(公元1906年)4月草拟的《大清刑事民事诉讼法》第89条规定:"凡民事案件,如索债、索赔、索回房屋或田地等案,宜用传票往传,俱不准用拘票。"宣统三年(公元1911年)3月公布的《承发吏职务章程》第1条规定:"承发吏……承审判检察厅之命令而发送之事件:甲、发送传票。"中华人民共和国成立后,在刑事和民事诉讼法中都具体规定了发送传票的制度。如现行《刑事诉讼法》第81条规定:"送达传票、通知书和其他诉讼文件应当交给收件人本人;如果本人不在,可以交给他的成年家属或者所在单位的负责人员代收。"该条第2款又规定:"收件人本人或者代收人拒绝接收或者拒绝签名、盖章的时候,送达人可以邀请他的邻居或者其他见证人到场,说明情况,把文件留在他的住处,在送达证上记明拒绝的事由、送达的日期,由送达人签名,即认为已经送达。"我国侦查机关在实践中通常对犯罪嫌疑人使用《传唤通知书》,而对证人、被害人等使用《询问通知书》。人民检察院制作的《传唤通知书》为填空式一式三联,包括存根联、回执联和通知联。主要内容包括:侦查机关名称、文书标题、文书字号、被传唤人姓名、年龄、性别、民族、住址、工作单位、送达处所及时间、被传唤人签名、候讯的时间地点、文书日期、侦查机关印章等,并注明"被传唤人须持此件报到,无故不到,得予拘传。"

(文盛堂)

chuanlai zhengju
传来证据(derivative evidence) 又称"派生证据",是"原始证据"的对称。从案件事实的间接来源获得的证据,通常称为"第二手"或"第二手以下"证据。原始证据与传来证据是证据学理论对诉讼证据所进行的分类之一。这种分类的根据是证据是否直接来源于案件事实。刑事诉讼中的传来证据包括：被害人对间接了解的有关案件事实的陈述；书证的副本和物证、视听资料的复制品等。传来证据来源于原始证据的转述、复制和传抄。在这一过程中可能产生差错。这一过程重复的次数越多，产生差错的可能性越大。因此，传来证据的可靠性一般不如原始证据。司法人员应力求取得原始证据。如果收集不到原始证据，应尽力获取最接近原始证据的传来证据。传来证据主要有以下作用：①依靠传来证据可以发现原始证据；②可借以审查原始证据；③依据我国法律的规定，在收集不到原始证据时，经过查证属实的传来证据也可以作为定案的根据。 （熊秋红）

chuanranxing jingshenbing
传染性精神病（folie communiquee） 见感应性精神病。

chuanwen zhengju
传闻证据（hearsay evidence） 英美证据法中的术语。证人在法庭上所提供的证言不是就亲身感知的事实进行陈述，而是就从他人处听来的事实进行陈述。英美证据法规定，原则上传闻不得作为证据采用。原因有以下几点：①对方当事人没有机会对原陈述人的陈述进行反询问，无法审查证言的真实性；②原陈述人陈述案件事实时，未经当庭宣誓，缺乏说真话的良心基础；③陪审团和法官无法观察原陈述人陈述时的表情，不易判断其可信性；④原陈述被误传或被伪造修改的危险性极大。传闻仅在特定情况下才能作为证据采用：如杀人案的被害人关于其死亡情况的临终陈述；在陈述令人惊讶的事件或情形时，由于受此事件或情形的刺激，陈述人处于十分激动的紧张状态中的陈述；以诊断并治疗疾病为目的所作的陈述；第三方作出的反对某人利益的陈述；说明陈述人意志状态的陈述；可以证明争议事实的正规的日常工作记录和官方记录；先前的有罪判决；为使证人恢复记忆并正确表述所知情形而宣读记录的内容；为认定出生、死亡日期、年龄、婚姻状况等情况而提供的个人或家庭的历史情况等。此属排除传闻证据规则的例外。日本现行刑事诉讼法由于受英美法的影响，对于传闻证据的采用与英美法系国家基本相同。大陆法系国家对传闻证据的采用，一般未予限制。 （熊秋红）

chuanbo pengzhuang zhong minshi guanxiaquan fangmian ruogan guize de guoji gongyue
《船舶碰撞中民事管辖权方面若干规则的国际公约》（1952）（International Convention on Certain Rules Concerning Civil Jurisdiction in Matters of Collision 1952） 1952年5月10日在布鲁塞尔举行的第九届海洋法外交会议上签订的，旨在确立船舶碰撞中民事管辖权的统一规定的公约。公约是在1937年5月国际海事委员会巴黎会议上草拟的"碰撞案件民事管辖权公约草案"的基础上补充修订的。公约有16条条文，主要规定了以下几方面内容：①规定了对于船舶碰撞案件具有民事管辖权的法院是：被告经常居住地或营业场所所在地的法院；扣留过失船舶或得依法扣押属于被告的其他任何船舶的法院，或者可进行扣留并准许提交保证金或其他保全地的法院；碰撞发生于港口或内河水域内时，则在碰撞发生地的法院。②原告有权选择在上述法院中的任一法院起诉。③双方当事人有权协议选择管辖法院，或有权选择将争议提交仲裁。④本公约中的任何规定，都不得改变目前或此后在各缔约国实行的关于军用船舶或国有船舶或为国家使用的船舶碰撞方面的法律规定。⑤如果全体利害关系人与审理该案的法院属于同一国家，则应适用该国国内法，而不适用本公约。⑥本公约对因运输契约或其他契约引起的请求，不发生影响。

截至1971年1月1日为止，批准本公约的国家有：比利时、埃及、法国、英国、希腊、梵蒂冈、葡萄牙、西班牙、南斯拉夫；加入本公约的国家有阿尔及利亚、阿根廷、柬埔寨、刚果、哥斯达黎加、法国（包括海外属地）、多哥及喀麦隆、英国及斐济等28个英联邦国家及属地、马达加斯加、尼日利亚、巴拉圭、瑞士等国。

（阎丽萍）

chuangong
串供（statements based on collusion） 犯罪嫌疑人、被告人与证人、被害人或者共同犯罪案件中的犯罪嫌疑人、被告人相互串通，约定在刑事诉讼中作内容一致的虚假口供或陈述的行为。在刑事诉讼中，有罪的犯罪嫌疑人、被告人有时为了逃避罪责，而与其他共同犯罪人或证人，甚至被害人串通一气，统一口径，约定在刑事诉讼中作内容一致的虚假口供和陈述；无罪的犯罪嫌疑人、被告人有时为了掩盖事实真相，也有可能与他人事先沟通进行串供。在刑事诉讼中为了防止犯罪嫌疑人、被告人串供，对共同犯罪案件中的犯罪嫌疑人、被告人应分别羁押，禁止他们进行接触，讯问犯罪嫌疑人、被告人应分别进行，禁止犯罪嫌疑人、被告人与证人、被害人进行串通。司法人员在办案过程中对犯罪嫌疑人、被告人有无串供行为要进行认真审查，不能看到有关陈述似乎一致，就轻信其是真实的。

（熊秋红）

chuang

创（wound） 又称开放性损伤。指皮肤全层裂开的损伤。创有六个组成部分，即创口、创缘、创角、创底、创腔、创壁（见附图）。皮肤哆开形成创口，其断缘称创缘，双侧创缘相连构成的夹角称创角，深部未断裂组织称创底（贯通性创则无创底），创口到创底的裂隙称创腔，创腔周围的断面称创壁。钝器造成的创伤两壁之间有未断的组织，称组织间桥。创口的长度指创口闭合时两端点的距离。创口的宽度指创口哆开时两创缘的距离。创的种类很多，钝器可造成挫创、裂创和挫裂创。锐器可造成切创、砍创、刺创和剪创。火器可造成枪弹创和爆炸创。如果钝器对人体仅有挫压作用，且着力部位的皮肤贴近骨骼，所形成的创称挫创。挫创创缘不整，呈锯齿状，伴有表皮剥脱和皮下出血，创角较钝，创底不平，创底可以大于创口，创腔呈囊状，创腔内有组织间桥。如果钝器沿切线方向作用于机体表面，局部组织受牵扯、撕拉，皮肤沿着皮纹线裂开，所形成的创称裂创。裂创创缘较整齐，无表皮剥脱，皮下出血不明显，创角较锐利呈鞭裂状，创底小于创口，创腔内有组织间桥。单纯的挫创和裂创较少见，大部是兼有挫创和裂创的特点，即同时发生挫压和牵引所致的创，称挫裂创。如斧锤或砖石打击头部，摔倒时头部撞击地面，汽车撞击头部或四肢等，都能造成挫裂创。关于锐器和火器所致的创，具体内容详见切创、砍创、刺创、剪创、枪弹伤和爆炸伤。

附图：创各部位名称

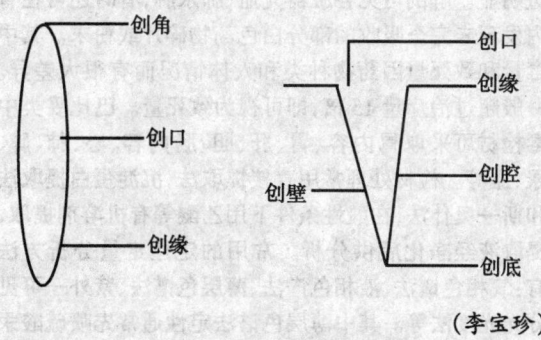

（李宝珍）

cichuang

刺创（stab wound） 用长而尖的锐器（即刺器）刺入人体所致的创伤。刺器分无刃刺器和有刃刺器两种。无刃刺器只有尖端而无刃口，如针、锥子、螺丝刀、钉子、通条等，对人体组织只能起分离作用，而没有切断的作用。有刃刺器不但有尖端而且有刃口，如水果刀、匕首等，既能分离组织又能切断组织。刺创多见于他杀，损伤处相应部位的衣服亦被刺破，且与身上创口完全一致；常有抵抗伤。在自杀案件中，刺创部位均在本人两手所触及的部位，如颈、胸、腹等部位，常有试探伤而无抵抗伤。

刺创的一般特征：①创口小而创腔深，常伤及深部组织，有的造成内脏破裂，往往导致大出血而死亡。②创口的形态能反映刺器刺入部位横断面的形态。如单面刃器（水果刀）造成的创口常呈"▲"形，双面刃器（匕首）造成的创口常呈"◆"形，三角形刺器（如三棱刮刀）造成的创口常呈"丫"或"▲"形。③创口的大小主要决定于刺器的形状以及作用于人体组织的方式。无刃刺器形成的刺创，创口比刺器横断面小，有刃刺器刺入人体后，被害人往往挣扎抵抗，身体扭动或斜向拔出时，形成刺创的同时常合并切创，其创口大于刺器的横断面，或在刺创的边缘出现分支。④刺创的深度与刺器的长度和用力的大小以及受伤部位的组织结构有很大的关系。一般情况下，刺器长则形成的刺创深，反之则浅，可以根据刺创的深度来推断刺器的长度。但有些情况下就不能完全根据刺创的深度来推断刺器的长度，如腹部被刺时，由于腹壁软而富于弹性，被刺时受压下陷，刺器到达深部组织再拔出后，腹壁恢复原状，则刺创的深度可长于刺器的长度；如果刺在骨质上，刺器受阻，刺创可以很浅，大大短于刺器的长度。有时骨质上可残留刺器的断端，这对认定凶器有很大价值。

（李宝珍）

cong canjiaren

从参加人（ancillary participant） 见诉讼中的第三人。

congqing bianhu

从轻辩护（advocacy of less punishment） 刑事被告人及其辩护人承认被起诉的罪名，但主张应对被告人从轻处罚的辩护。在我国司法实践中，对于论证自己犯了较被控之罪更轻的罪名的辩护，也称为从轻辩护。从轻辩护是刑事诉讼中最常见的辩护，被告人及其辩护人可以列举法定从轻情节或酌定从轻情节，要求人民法院从轻处罚。如果具有法定从轻处罚情节，人民法院应当从轻处罚；对于酌定从轻情节，人民法院可结合案件情况决定是否从轻处罚，法官享有自由裁量权。

（黄 永）

cusi

猝死（sudden death） 又称急死。生前健康或貌似健康的人，由暴发疾病或体内潜在性疾病所引起的突然非暴力性死亡。猝死占自然死亡的10%～15%。关于猝死的时间限度，按世界卫生组织规定，凡症状出现后，在24小时内死亡者，均称猝死。其中发病后几十秒钟死亡者,称即时死。猝死者生前的情况不一样,有的虽然有慢性疾病的症状,但毫无死亡的预兆而突然死亡;有的虽然有急性症状,但很轻微,病人及其家属根本没有在意,而突然死亡;也有的生前体质外貌完全缺乏任何疾病的感觉或不适,且几乎不经过濒死期而突然死亡。引起猝死的疾病很多,常见的有心血管疾病、脑疾患、急性胃肠出血、急性胰腺炎、宫外孕等。根据国内外的统计,成人的心血管疾病最多见,尤其是冠心病最多见,小儿的呼吸道感染疾病最多见。

猝死的诱因 引起猝死的根本原因是死者本身的疾病,然而某些外界因素能促使疾病急剧恶化而发生死亡,称猝死的诱因。这些诱因对于真正身体健康的人来说,不会有重大影响,更不可能造成死亡。常见的诱因有以下几方面:①精神因素。狂喜、愤怒、恐惧、悲伤、紧张等精神刺激会引起大脑皮层高度兴奋,从而影响皮层下的中枢神经活动,使内脏机能紊乱,尤其会导致原有的心血管疾病或颅脑疾病恶化而死亡。②剧烈运动或过度疲劳。赛跑、爬山、登高、游泳、性交和强体力劳动及缺乏睡眠、休息、会使血压升高,心脏负担加重,这对患有心血管病的人有严重影响。如血压升高可致粥样硬化的内囊动脉破裂发生脑出血而死亡;血压升高可致原有的动脉瘤破裂致大出血而死亡;心脏负担加重可使有病变的心脏发生心力衰竭,使有病变的冠状动脉供血不足,造成心肌缺氧而死亡。③暴饮暴食。暴饮暴食会刺激胰腺分泌过多,诱发急性胰腺坏死;暴饮暴食能促使消化道溃疡穿孔。酗酒常常会使原有的高血压和心脏病病情加重。④轻微的外力或感染。慢性脾肿大患者腹部受到轻微外力时,可致脾破裂而死亡。有动脉瘤的患者,病变部位受到轻微外力时,可使动脉瘤破裂大出血而死亡。轻微的感染可使体弱的人机体抵抗力下降,使原有的疾病加剧而死亡。

判明猝死的目的 ①排除犯罪,正确处理民事纠纷。因为猝死都是突然发生的,死前多没有预兆,或者死时根本没有人知道,所以常常被死者的家属、亲友、邻居等怀疑为中毒或其他暴力死亡;尤其是死前曾与别人发生过纠纷,往往引起误会,发生不必要的纠纷甚至诉讼。②揭露犯罪活动。司法实践中有时遇到罪犯趁对方有病时采用投毒等手段杀害后,假报猝死。③发展医学事业。通过探讨猝死的机理,有利于丰富和发展医学科学的内容及提高猝死的防治水平。

(李宝珍)

cuimian anding yao zhongdu
催眠安定药中毒(hypnotic poisoning) 催眠安定药中毒常见有巴比妥类催眠药、吩噻嗪类及泰尔登安定药,苯并二氮杂䓬类弱安定药,还有导眠能、安眠酮、眠尔通等其他催眠安定药。催眠安定药的毒性主要表现在对中枢神经系统的抑制,量大时对循环系统和呼吸系统也产生抑制,最后能麻痹呼吸中枢致死。

巴比妥类安眠药,是一种常用的安眠药。其分子结构通式为:

$$\begin{array}{c} R_1 \\ R_2 \end{array} C \begin{array}{c} C(OH)=N \\ C(OH)=N \end{array} C=O$$

式中的 R_1 和 R_2 为取代烃基,一般多为烷烃、不饱和烃、卤烃、环烯烃或芬香烃。不同的取代烃基,构成各种各样的巴比妥类安眠药。它的品种很多,但在国内生产使用的只有巴比妥、苯巴比妥、戊巴比妥、异戊巴比妥、速可眠和硫喷妥等10多种。医疗上常用作催眠、镇静、抗惊厥和基础麻醉等。由于这些药物使用面广,应用较多,一般易于获得,因而用以自杀和他杀及服用过量造成药物中毒等事件时有发生。巴比妥类安眠药,多为白色结晶或结晶性粉末,无臭(硫喷妥钠呈浅黄色、略有蒜样臭味)、味苦,显弱酸性。一般多为口服药,但也有注射用的。如硫喷妥就常用于静脉注射,做手术麻醉用。巴比妥类安眠药的中毒症状主要是:头晕、四肢无力、嗜睡、运动失调、逐渐昏迷、呼吸慢而弱、血压和体温下降,尿量减少甚至尿闭,最后知觉消失,出现休克,进而呼吸麻痹死亡。急性中毒死亡者,尸体皮肤多呈青紫色,嘴唇颜面与指甲多为浅蓝色,尸斑明显。解剖可见各脏器充血,肺水肿,有时还可在胃内发现未完全吸收的部分白色药物碎片或粉末。其中毒量和致死量因药物种类和人体情况而有很大差异。一般超过治疗量15倍,即可视为致死量。巴比妥类中毒检材可采取胃内容、胃、肝、胆、肠内容、心、肺、脾、尿、血等。检材处理常用直接提取法,沉淀蛋白提取法和斯—奥什法,在酸性条件下用乙醚等有机溶剂提取,提取液经净化后供分析。常用的定性定量分析方法有:气相色谱法、液相色谱法、薄层色谱法、紫外—可见分光光度法等。其中薄层色谱法定性通常先喷硫酸汞水溶液,则巴比妥类显白斑,再喷二苯偶氮碳酰肼乙醇液,则白斑变成紫斑。

吩噻嗪类药物在临床上是安定剂,具有镇静、镇痛和镇吐的作用。常见的有盐酸氯丙嗪(冬眠灵)、盐酸异丙嗪(菲那根)、奋乃静(羟呱氯丙嗪)、盐酸三氟拉嗪(盐酸三氟呱嗪)等。与吩噻嗪类药物相似的还有泰尔登。该类药物中毒症状与巴比妥类药物相似。与其相比,吩噻嗪类药物较不稳定,易被氧化,中毒后在体内可代谢为多种代谢物,主要代谢物为硫氧化合物(亚砜和硫砜)。

苯并二氮杂䓬类药物是一类抗焦虑药,亦称弱安定药,常见的有利眠宁、安定、硝基安定、去甲羟基安定等。该类药物中毒与巴比妥类药物相似。这类药物中毒后,可在体内代谢为多种代谢物。与巴比妥类药物比较,这类药物毒性较轻、安全范围较大、较长时间服用无明显中毒症状,但有成瘾性,大剂量服用可致中毒。利眠宁致死量大约为2克,致死血浓度为2毫克/100毫升,安定致死量约0.1~0.5克/公斤,致死血浓度大于2毫克/毫升。

导眠能、安眠酮与眠尔通等临床上主要用于催眠,中毒症状与其他催眠药相似。导眠能中毒量为5克,中毒血浓度为1~8毫克/100毫升,致死量为10~20克,致死血浓度为3—10毫克/100毫升。眠尔通10~20克可引起死亡。安眠酮中毒死亡者血中浓度为3.8~5.8毫克/100毫升。

(王彦吉)

cuoshang

挫伤(contusion, bruise) 又称闭合性损伤或非开放性损伤。人体受钝力撞击或挤压,使深部组织受伤,而皮肤未哆开的损伤。形成挫伤的致伤物一般表面较光滑,质地不很坚硬,接触面较大,且机体受力部位的软组织较丰富。在通常情况下,挫伤的体表仅有轻度的擦伤,而皮内及皮下则发生出血,甚至形成血肿,严重时可形成内脏破裂以及骨折。如拳打、脚踢胸腹部,或汽车轮胎从臀部或腹部辗压,或高坠时臀部着地等情况,皮肤可以不哆开,但可发生皮下广泛性损伤,常发生骨折及内脏多处破裂。

(李宝珍)

cuogao

错告(erroneous accusation) 控告人或者检举人对犯罪事实或者犯罪嫌疑人,向司法机关所作的不符合事实的错误的控告或者检举。错告表现为控告人或者检举人没有陷害他人的主观故意,也不是捏造事实、伪造证据,仅由于控告人或者检举人对犯罪事实或者犯罪嫌疑人了解不实或者有片面性而造成。司法机关对于错告,必须要和诬告严格加以区别。诬告是意图使他人受到刑事处分,而捏造事实、伪造证据的行为。诬告应该负法律责任,错告不负法律责任。司法机关对于控告或者检举,经过审查后,认为是错告的,可以要求控告人或者检举人提供新的材料或者作新的说明,不能提供新的材料或者作新的说明的,或者新的材料、新的说明不符合立案条件的,司法机关不予立案。

(项振华)

cuogou

错构(peramnesia) 精神病患者回忆过去实际经历过的事物,在时间、地点、情节上错位,张冠李戴,并坚信不疑,可伴有相应的情感反应。常见于脑器质性精神障碍、中毒性精神障碍等。

(孙东东 吴正鑫)

cuojue

错觉(illusion) 精神病患者把客观存在的事物歪曲地感知为与原事物完全不相符的事物,并且对此坚信不疑,不能通过现实检验来纠正,持续时间也较长,正常人在紧张、恐惧或光线不足等情况下也可出现类似的现实感知变形,但这种现象持续时间很短,一经自身现实检验便可立即纠正。在精神病学中,根据感觉器官的差异将错觉分为错听、错视、错嗅、错味、错触和内脏感受性错觉。主要见于有意识障碍的疾病、癔症和精神分裂症。

(孙东东 吴正鑫)

D

dabian
答辩（plea） 在我国,指控诉一方或辩护一方在法庭辩论阶段就对方的问题或论点所做的回答、辩解或反驳。在英美刑事诉讼中,指被告人所作出的是否认可起诉书所指控犯罪的答复,一般分无罪答辩、部分认罪答辩和认罪答辩。被告人作认罪答辩的,只要是被告人自愿、理智作出的,就不再召集陪审团进行听证,直接由法官作出判决;无罪答辩和部分认罪答辩则必须召集陪审团进行听证,由陪审团对被告人是否有罪进行裁决,然后由法官作出判决。 （黄 永）

dabian chengxu
答辩程序（procedure on pleas） 英美法系国家在法院开庭传唤或押解被告人到庭以后,首先对被告人进行传讯（arraignment）,即讯问被告人姓名、身份等情况,接着向其宣读起诉书,然后由被告人对起诉书所指控的内容进行答辩,是为答辩程序。只有被告人对起诉书作出答辩而结束传讯之后,才由法庭确定是否继续进行审判和如何进行审判。英国的法律规定被告人可作答辩的种类及其程序如下:

第一种是认罪答辩（plea of guilty,又译作有罪答辩）。这种答辩必须由被告人本人作出,不能由其辩护律师代为提出,而且法庭必须确信被告人作的认罪答辩系出于自愿,不是出于恐惧、恐吓、胁迫而作出的,即可接受,否则不能视为认罪答辩。如果法庭接受被告人的认罪答辩,就不再召集陪审团,不再经过听证和辩论,径由法庭判决。在被告人作了认罪答辩以后,法官有权允许其改变答辩,但只能在判决宣布之前撤回。

第二种是无罪答辩（plea of not guilty）。这是被告人表示不认罪的答辩。对此,法庭应召集陪审团,进行听证和辩论,继续进行审判,于是起诉人便负有证明所控之罪的事实的责任。如果起诉人表示不准备提证,法庭可宣布无罪释放。这种答辩也可以是被告人对起诉书中某一罪状表示认罪,而对另一项罪状表示不认罪;也可以是只接受某一罪状所述的部分罪行,而不接受其他部分。此外,在往后的庭审程序中,被告人也可以改变态度,表示认罪。

第三种是对管辖权提出异议的答辩（plea to the jurisdiction）。被告人在答辩中提出法院没有审判该罪或没有对该被告人的管辖权,比如被告人提出其行为发生在国外、追诉时效已过,或者享有豁免权,因而法院对该案无管辖权。

第四种是法律上无罪的答辩（demurrer）。被告人在答辩中提出,即使起诉书中所指控的事实全都是真实的,但就法律而言,却不构成犯罪。实际上,这种答辩是对起诉书的一种否定,不过现在已很少使用,因为被告人可以直接作无罪答辩。

第五种是"一事不再理"的答辩（拉丁文为 autrefois）。这种答辩源于英国普通法的一个原则,即"任何人不得因同一罪行而遭受多于一次的生命危险"（"No man is to be brought into jeopardy of his life, more than once, for the same offence"）。所谓生命一词,现在是指定罪和判刑。这种答辩又分两种,即曾宣告无罪的一事不再理答辩（autrefois acquit）和曾被定罪的一事不再理答辩（autrefois convict）。被告人提出上述答辩,法庭应召集陪审团就被告人的答辩进行审查,此时,被告人负有举证责任,即必须用证据证明现在所被指控的罪行,与自己曾被宣告无罪或曾被定罪的罪行是相同的,而且该判决是由有管辖权的法院作出的;但是由于预审并非审判,故曾被预审法庭驳回起诉的,则不属于曾被宣告无罪,因此起诉人仍然可以重新起诉。

第六种是特赦答辩（pardon）。被告人提出符合英王特赦敕令,因此刑事犯罪就不应予以追究。在不同的诉讼阶段获赦,及时提出这种答辩,可能获得不予追诉、停止判决或者停止判决的执行等不同的后果。

第七种是保持沉默（standing mute）。被告人在法庭上不直接回答或者只字不讲,法庭应召集陪审团对此加以确定。如果陪审团确定被告人是拒绝答辩,法庭可视为被告人已表明不认罪,庭审仍按正式的程序继续进行。

第八种是不适于答辩和受审（unfitness to plead and to be tried）。这种答辩主要是指被告人有精神病患。对此,法庭应召集陪审团加以确定,是否适于受审,标准在于是否有能力要求陪审员回避,与其辩护律师交换意见,理解诉讼的进程,进行正当的辩护。如果陪审团裁决被告人无能力答辩,则庭审不再进行,但应将被告人送入医院。如果裁决被告人有能力答辩,则庭审继续进行。

美国《联邦刑事诉讼规则》第11条规定:"被告人可以作无罪答辩、认罪答辩或不愿抗辩（拉丁文为 nolo contendere）的答辩"。前两种与英国基本相同,如果被告人作无罪答辩,法院应尽快安排开庭和作好开庭前的准备。如果被告人作认罪答辩,意味着被告人放弃由陪审团或法庭审判的权利,对此,法官应查明该答辩系出于被告人自愿,并且被告人明了其后果和意义,法院则不再开庭,可径行对被告人作出判决。所谓不愿抗辩的答辩,即不愿辩护也不承认有罪,对于这种答辩视同认罪答辩记录在卷,其性质和后果与认罪答辩相同,二者所不同的是,不愿抗辩的答辩不能作为以后提起要求损害赔偿的民事诉讼中的承认。同时,美国法律对该种答辩还规定了一些限制,即被告人只有在法庭允许下才能作该种答辩,并且法庭只有在充分考虑双方当事人的意见和有效司法方面的公共利益后,才能接受这种答辩。　　　　　　　　　　　(程味秋)

dabianzhuang

答辩状(answer) 起诉状之对称,诉讼文书之一种。被告针对原告起诉状中提出之诉讼请求和所根据之事实、理由,向人民法院提出的、对其进行回答和辩驳之书状。有起诉就有应诉,有诉讼请求就有反驳诉讼请求,随起诉状之后,答辩状相应而生,这是当事人权利平等之需要,也是诉讼机制构成的因素。答辩状之意义在于:①被告运用诉讼的程式,行使诉讼权利,以求法院对争议作出公正的裁判。②被告应诉,运用答辩状的内容与起诉状相对抗,使原告的诉讼请求一部或者全部不能成立。③使答辩之内容与起诉之内容,置于同等之平面,为法院对案件的审理提供必要的诉讼资料。④应诉、答辩,同样发生诉讼之法律关系。答辩状的内容,法律不作明文规定,其理由有二:一是答辩状并非被告应诉之必要书状,被告是否提出答辩状,是他具有的权利,不提交答辩状,仍然有其答辩的方式;二是答辩状是针对起诉状之书状,其内容多系随起诉状内容而定,可以从事实上、理由上、实体和程序上对原告进行反驳,这只能决定于被告所持之主张。根据民事诉讼法的规定,答辩状与起诉状一样,亦应由法院向对方当事人送达,使对方当事人了解答辩状的内容和被告所提出的诉讼主张。　　　　　(刘家兴)

daji shang

打击伤(a contused injury) 用钝器敲打或撞击人体所致的损伤。在法医实践中,最常见的是棍棒伤、斧背伤、锤面伤和砖石伤等。

棍棒伤 棍棒的种类很多,有木质、竹质、塑料、藤条、皮条、金属等。其横断面的形态也是多种多样的,有圆形、方形、三角形、扁形以及不规则形等。由于棍棒的形状、质地、长短、粗细以及表面光滑程度不同,以及打击部位和用力大小不同,所以造成损伤的程度和形态是复杂多样的。常见的损伤有以下几种情况:①用重量轻质地软的棍棒(如藤条、细竹竿、皮条等)打击时,在受伤部位出现条状皮下出血,若打击在肌肉丰满的部位(如背部、臀部、面部、大腿部)可形成中空性皮下出血或竹打中空,即一次打击出现两条平行的皮下出血,中间空白。如反复抽打臀部、两大腿后面及腰背部,即出现大片的条状皮下出血,皮肤明显红肿,会导致损伤部位皮下组织和肌肉组织多数小血管破裂出血。常因大量内出血及局部坏死组织的分解产物被吸收,致休克而死亡。②因硬质棍棒(如金属棍、硬木棍)打击头部时,常形成条状挫裂创,弧度大的部位形成弧形挫裂创,创像极不整齐,呈锯齿形,创缘常伴有与其平行的表皮剥脱和皮下出血所构成的镶边状挫伤带,皮下组织挫伤较为严重。有时创内留有棍棒上附有的铁锈屑、泥土、树皮屑等异物。棍棒所致的颅骨损伤多呈线状骨折,严重时可形成舟形凹陷性骨折。骨折方向与棍棒的长轴方向一致。重复打击形成粉碎性骨折,常伴有脑外伤。③若棍棒一端击中人体时,往往形成圆形、半圆形、方形或"凵"形等不同形态的皮下出血或挫裂创。这取决于棍棒顶端的形状。

斧背伤 损伤以头部最多,损伤程度严重,常伴有脑外伤。由于着力部位、着力方向和用力大小的不同,造成损伤的形态和程度复杂多样。斧背打击头部常见的损伤有以下几种情况:①斧背平面垂直打击头部较平坦的部位(如颞部),常形成与斧背形状一致的皮下出血或挫裂创。重击时弹性较小的颅骨可形成与斧背形状相类似的凹陷性骨折和孔状骨折。②斧背如打击在头部弧度大而且软组织较薄的部位(如额结节、顶结节、枕骨粗隆),常形成类圆形皮下出血和类圆形凹陷性骨折,并常形成"+"字形或星芒状挫裂创。若打击在眶上缘的弓形隆起部位(眉弓),可形成弧形的挫裂创。③斧背的一端着力即三边两夹角,常形成"凵"形挫裂创或皮下出血,其底边的长度可反映出凶器的一边长。④斧背的一角着力,可形成"L"形挫裂创。重击时可形成三角形凹陷性骨折。⑤斧背的一棱边着力即偏击,可形成条形挫裂创。⑥反复打击时,着力部位可形成粉碎性骨折及脑挫裂伤,颅底也常引起骨折。

锤面伤 损伤以头部为主,损伤程度多严重,常伴有脑外伤。损伤形态能反映出锤面着力部位的形态。锤面品种繁多,形状各异,最常见的是圆形锤面,也有方形、八角形、六角形或其他形状的。方形或长方形锤面形成的损伤与斧背伤相似,圆形和类圆形锤面打击头部的损伤,常见有以下几种情况:①锤面垂直打击在头部平坦部位,常形成圆形或半圆形表皮剥脱和皮下出血或挫裂创。锤面垂直打击在头部弧度大的部位,可形成"丫"或星芒状挫裂创。若暴力超过颅骨弹性限度时,可形成圆形或套环状凹陷性骨折或孔状骨折,能反映出锤面的基本形态。②锤面的一边打击头部,往往形成弧形挫裂创和弧形凹陷性骨折。③反复打击时,着力部位形成粉碎性骨折,骨折线相互交叉,头部表面有较多的环形或弧形挫伤或挫裂创。颅底也常引起骨折,并伴脑挫裂伤。

砖石伤 砍伤方式有手握砖石直接打击或以一定的距离投击。砖石伤的特征是:①击伤部位绝大多数在头面部,往往多处击伤。一次打击同时可形成多个损伤,损伤程度不一,从表皮剥脱、皮下出血、挫伤、挫裂伤甚至骨折可同时出现。一般的破砖乱石击伤后,损伤的形态都不规则,相当复杂,很少出现相似的创形。②组织挫伤严重时,由于深部组织被挫碎,可形成口小底大的囊状创腔。创缘有挫伤带,创内有组织间桥,有时可发现砖块、石头的碎屑。③建筑用的方砖和鹅卵石形状较固定,可形成形态规则的损伤。如方砖的一边着力时,可形成条纹状挫裂创;方砖的一角着力时,可形成三角形挫裂创;方砖的一端着力时,可形成"L"形挫裂创,有时也可形成"凵"形的挫裂创。鹅卵石常形成中间重而周围轻的类圆形"月晕"状挫伤。有时不管方砖还是鹅卵石,还能形成星芒状或不规则的挫裂创。 (李宝珍)

daan yaoan

大案要案(important criminal case) 有关经济犯罪与渎职犯罪中的重大、特大案件与县处级以上干部犯罪案件的并称。大案是指经济犯罪与渎职犯罪中犯罪数额巨大或特别巨大、情节恶劣或特别恶劣、后果严重或特别严重的刑事案件。要案是指经济犯罪与渎职犯罪中犯罪主体为县处级以上官员的刑事案件。大案要案这一称谓是我国在反腐败斗争的司法实践中逐渐约定俗成的,关于这一概念的定义目前尚无统一的思考,人们往往在不同层次、不同范围上去使用它。最广义的大案要案的含义,不仅泛指司法机关立案侦查的有关经济犯罪与渎职犯罪案件,而且泛指党的纪律检查机关、行政监察、执法机关查办的违纪违规数额大的案件和县处级以上有关违反党纪政纪或行政法规的案件。广义上的大案要案一般是指司法机关立案查办的有关经济、渎职案件和县处级以上官员的犯罪案件。狭义的大案要案仅指检察机关直接立案侦查的以国家工作人员职务犯罪为主的有关经济、渎职大案和县处级以上官员的贪污贿赂、侵权渎职等刑事案件。最狭义的大案要案专指检察机关反贪污贿赂部门直接立案侦查的贪污、贿赂、挪用公款三类案件中的大案和县处级以上干部犯这三类罪的刑事案件。 (文盛堂)

dayexing feiyan

大叶性肺炎(lobar pnecumonia) 一个肺段或整个肺大叶受肺炎双球菌感染而引起的疾病。本病患者均是成人。如有发热、咳嗽、胸痛、咳铁锈色痰等典型症状,则容易确诊和治疗。但有两种情况易发生猝死:①老年人和酗酒者,因抵抗力差,反应性差,症状不明显,能在照常活动的情况下而突然死亡,即所谓逍遥型大叶性肺炎。②起病急骤,进展迅速,出现严重毒血症,因中毒性休克而死亡,指暴发型或休克型大叶性肺炎。尸体解剖可见:肺脏的一叶或数叶有实质性改变。暴发型大叶性肺炎为红色肝变期,逍遥型大叶性肺炎为灰色肝变期。 (李宝珍)

daishu

代书(drawing legal document for client) 律师业务的一种。律师以委托人的名义,依法代为委托人书写法律文书的一种法律服务活动。代书主要包括诉讼法律文书的代书和非诉讼法律文书的代书两大类。前者包括代写各种诉状、答辩状、上诉状、申诉状以及其他诉讼文书,后者则包括代写遗嘱、赠与书、委托书、收养协议书、分产协议书以及各种合同,等等。 (陈瑞华)

daizheng shishi fenleishuo

待证事实分类说(德文 Them envertheilungs Theonie) 德、日两国现代民事诉讼理论关于举证责任分配原则的学说之一。根据待证事实本身的性质和内容分配举证责任,对于具有不可能证明或难以证明其性质的事实,不必举证。该学说又分为两种:

消极事实说 将事实划分为积极事实,即肯定性事实和消极事实,即否定性事实两种。凡主张积极事实的人,就该积极事实负举证责任;凡主张消极事实的人,无需就该消极事实负举证责任。该种学说的立论根据有两种,一种认为,消极事实为未发生之事实,无法证明。另一种认为,根据事物间的因果关系,只有积极事实才可能引起某种结果的发生,而消极事实不会引起某种后果的发生,据此,消极事实不可能成为引起法律关系发生、变更或消灭的原因。因此在诉讼上对于消极事实无证明之必要。

外界事实说 将事实划分为可被感知的外界事实和不可被感知的内界事实。前者如意思表示,合同的订立和履行、侵权行为的发生和后果等,后者如意思表示的动机,侵权行为人的故意或过失等。由于外界事实总会表现为一定的外部形式,易于证明,因此凡主张外界事实的人须负举证责任;而内界事实由于难以被感知,无法证明,因此凡主张内界事实的人不必负举证责任。

待证事实分类说的可取之处在于它认识到了消极事实和内界事实不易证明的特点,但目前坚持该学说的人已为数不多,原因在于其自身的不能自圆其说之处。其一,消极事实与内界事实并非绝对不能证明,在很多时候可以通过间接证据加以证明。其二，积极事实与消极事实的划分偏于形式化，当事人可以通过改变用语而将所主张的事实由积极变为消极。其三，该学说与某些实体法规定相抵触，如法律在规定推定过错责任时，通常都规定被推定过错的人对自己的无过错负举证责任。

（于爱红）

daibu
逮捕（arrest） 公安机关、人民检察院、人民法院对犯罪嫌疑人、被告人实行羁押、看管，暂时剥夺其人身自由以迫使其接受审查的一种强制措施，是刑事诉讼强制措施中最严厉的一种。我国现行《刑事诉讼法》规定，对证据证明有犯罪事实，可能被判处徒刑以上刑罚的犯罪嫌疑人、被告人，采取取保候审、监视居住等方法，尚不足以防止发生社会危险性，而有逮捕必要的，应即依法逮捕（第60条）。我国《宪法》和《刑事诉讼法》规定，逮捕犯罪嫌疑人、被告人，必须经过人民检察院批准或者人民法院决定，由公安机关执行。这一规定体现了我国刑事诉讼中公、检、法三机关分工负责、互相配合、互相制约的原则。公安机关认为需要逮捕犯罪嫌疑人时，应当写出《提请批准逮捕书》，连同案卷材料、证据一起移送同级人民检察院审查。人民检察院对公安机关依法提请批准逮捕的案件进行审查后，对于符合刑事诉讼法规定、够逮捕条件的，依法作出批准逮捕的决定，制作《批准逮捕决定书》，通知公安机关执行；对于不符合逮捕条件的，应当作出不批准逮捕的决定，并制作《不批准逮捕决定书》，写明不批准逮捕的理由。决定补充侦查的，应写出补充侦查决定书。对于人民检察院的决定，公安机关应当执行。人民检察院不批准逮捕的，公安机关应在接到通知后立即释放被拘留的人或变更强制措施。公安机关如果认为人民检察院的不批准逮捕决定有错误，可以申请复议，对于人民检察院的复议决定仍不服的，可以向上一级人民检察院提请复核。

人民检察院在办理直接受理的案件的过程中，认为需要逮捕犯罪嫌疑人的，由人民检察院作出决定，由公安机关执行；对已被拘留的人，认为需要逮捕的，应当在10日以内作出决定；在特殊情况下，决定逮捕的时间可以延长1日至4日。人民法院审理刑事案件过程中，对在侦查、起诉中未被逮捕的被告人，认为符合逮捕条件而应予逮捕的，可以自行决定逮捕，并交由公安机关执行。

公安机关接到人民检察院的《批准逮捕决定书》或者人民检察院、人民法院的《执行逮捕通知书》后，应即执行逮捕。执行逮捕时，应持有县级以上公安机关负责人签发的《逮捕证》，并向被逮捕的人出示，宣布对其实行逮捕。被逮捕人应在《逮捕证》上签名并按手印。拒绝签名和按手印的，执行逮捕的人员应予注明。执行逮捕的人员不得少于2人。被逮捕人如果拒捕，公安人员有权使用适当的强制方法，必要时可以使用戒具、武器。逮捕犯罪嫌疑人、被告人后，除有碍侦查或者无法通知的情形以外，公安机关应在24小时内把逮捕的原因和羁押的处所通知被逮捕人的家属或者他的所在单位。人民检察院和人民法院自行决定逮捕的，由人民检察院和人民法院通知。人民法院、人民检察院对于各自决定逮捕的人，公安机关对于经人民检察院批准逮捕的人，依法逮捕后，必须在24小时内进行讯问。发现不应逮捕的，应立即释放或采取其他强制措施。

（黄永）

danci baofa kongzhi zhangai
单次爆发控制障碍（isolated explosive disorder） 又称激情危象。一种一次性的极其严重的激情发作。这种人的人格类型多为偏执型、爆发型等。当其欲望与社会发生矛盾时，行为冲动不能控制，实施某种指向性明确的暴力行为，后果严重。如借助于交通工具、武器装备等工具滥杀无辜，同时也可实施毁灭性自杀行为。其精神活动不符合任何一种病理性的精神症状。在司法精神医学鉴定中，应评定为完全刑事责任能力。

（孙东东）

dandu xunwen
单独询问（separate examination） 也称个别询问。同一案件事实同时有几个证人时，审判人员收集证人证言时个别、单独进行收集的一种诉讼活动。对同一案件同时有几个证人时，应该分别对他们进行询问，其他证人不应在场，不能采用开座谈会或集体询问的方法询问证人。证人证言是证人对其所了解的案件事实所作的陈述，是其自己感受的反映，但是由于证人各自的年龄，受教育程度以及对事物的感受均不相同，各自内心已经对这一案件事实形成自己独特的观点、看法，如果不采用单独询问的方式，难免互相影响，从而影响其陈述的真实性，既不利于证人独立地提供自己所了解的情况，也不利于审判人员审查判断证据的真伪。采用单独询问的方式，可以比较准确地反映证人各自的观点、看法，以便于审判人员将收集的证人证言互相印证，审查判断其真伪，从而得出有关案件事实真相的结论。单独询问应制作笔录，交证人核实无误后由证人签名、盖章。

（丛青茹）

danyi zhisu
单一之诉（single claim action） 复数之诉之对称。典型的诉之表现形式。单一的原告，以单一的法律关系为诉讼标的,向法院对单一的被告提起之诉。单一之诉在诉讼中具有普遍性,许多民事权利义务关系发生在单一的主体之间,许多单一的主体之间只存在一种法律关系,因此民事诉讼实践中常见的是一个原告对一个被告的诉讼。单一之诉对诉讼机制构成具有代表性,许多诉讼程序制度都是以单一的原告、被告和单一的法律关系为构想的,尽管双方当事人并非各方仅一人,一个案件不仅是一个诉讼标的,但一般是以双方各一人和一个诉讼标的出发构思的。单一之诉对某些诉讼具有特定性,如撤销婚姻之诉,停止某人侵权之诉,仅是双方离婚之诉,以及其他有关身份关系之诉。复数之诉是在一定条件下诉的合并,但在一定条件下合并了的诉也有分离(见诉的分离),分离之后有的即成为单一之诉,如一个原告对一个被告基于两种法律关系,向法院提起两个独立之诉的分离;一个原告与一个被告之间本诉与反诉的分离。同时,有些诉讼开始是复数之诉,后来变成单一之诉,如两个原告以同一法律关系对一个被告提起的诉讼,之后其中一个原告因故放弃请求,退出诉讼,该诉则成为单一之诉。

(刘家兴)

danwu qijian

耽误期间(delay of duration) 司法、公安机关或者诉讼参与人没有在法定的期间内进行某种诉讼活动。在一般情况下,只有在法定期间内从事诉讼活动和行为,才能具有法律效力,在诉讼期间期满以后就不能再进行该项诉讼活动。耽误期间,按照耽误的主体划分,可以分为司法机关的耽误和诉讼参与人的耽误;按照耽误的理由划分,可以分为有正当理由的耽误和无正当理由的耽误。诉讼期间原则上应由法律规定。过了期限,一般不能再进行某种诉讼行为。但在某种特殊情况下,经人民法院裁定,也可以允许当事人在法定期间期满后继续进行某种诉讼行为。根据我国《刑事诉讼法》的规定,当事人由于不能抗拒的原因或者其他正当理由而耽误期限的,在障碍消除后5日以内,可以申请继续进行应当在期满以前完成的诉讼活动(第80条)。这一条规定使有正当的理由或不能抗拒的原因而耽误期间的当事人有申请恢复期间的权利,经人民法院裁定批准,即可引起诉讼期间的恢复。

(朱一心)

danke fashe henji

弹壳发射痕迹(marking on fired cartridge cases) 枪支在发射过程中,有关机件在弹壳表面形成的各种反映形象。分布在弹壳底面、底槽、壳体、斜肩、底火等不同部位。弹壳发射痕迹主要形成于装弹、击发、退壳三个阶段。在弹壳上形成的痕迹特征主要有:

击针头痕迹 击针击发子弹底火时在弹壳底部形成的凹陷痕迹。由于不同枪支击针头部形状、尺寸和端面细节特征及打击位置的不同,在底火表面形成的痕迹特征也呈现差异,这对认定发射枪支具有重要价值。由于枪管的固定方式不同,某些枪支(如五四式手枪)在射击过程中枪管颤动,击针头在击针凹痕的上方又形成半圆形擦划痕迹,形似舌状,故称"舌痕",它也是击针头形成的次生痕迹。不同型号的枪管后移位置不同,形成的痕迹大小和清晰度也不一样,但不是所有的枪支都会遗留有"舌痕",即使同一枪支有时形成明显的"舌痕",但有时就不遗留"舌痕"。然而"舌痕"中的细微线条特征具有稳定性和特定性。

弹底窝痕迹 又称后膛痕迹或枪机前表面痕迹。在射击过程中,位于弹膛底部的枪机前表面在弹壳底部形成的痕迹。射击过程中由于膛内高温、高压的火药气体的作用,使弹壳底面与弹底窝紧紧贴在一起,枪机前表面在弹壳底上遗留有印压痕迹。由于枪机表面生产加工方法不同和使用、擦拭等过程产生的各种形态特征,所以形成的细微线条类别也就各有不同。痕迹面积大,特征多,比较清晰稳定。弹底窝表面加工类别较多,归纳形成痕迹的形状有纵线痕、横线痕、左或右倾线痕、同心圆痕、弧形痕、交错线痕、点块形痕等。弹底窝表面在使用过程中产生的锈蚀和机械性损伤形成的痕迹分布不规则,多偏布在某处呈不对称形。

弹膛内壁痕迹 枪弹在膛内击发后,由于膛内产生的高压气体,使弹壳受压膨胀,与弹膛内壁紧密相贴,因而弹膛内壁的加工特征和锈蚀、擦拭留下的点块或条带状形态,在弹壳体表面形成印压痕;在退壳过程中,由于壳体和膛内壁之间相对运动产生的摩擦而留下擦划痕迹。这类痕迹的位置、形状、大小、数量及其相互距离、凹凸方向等均具有特定性。

拉壳钩痕迹 在射击过程中,弹壳和枪机在火药气体压力的作用下向后运动并抛壳,枪机上的拉壳钩抓住了弹壳的边缘,在弹壳底缘上留下的痕迹。拉壳钩的形态与形成痕迹的宽窄、形状有密切关系,有的拉壳钩痕迹呈长凹形,有的呈点块形。由于火药的性能变化、保管时间长短等原因,有时不易观察到拉壳钩痕迹,必须细心反复比对才能予以区别。

抛壳挺痕迹 又称排除器痕迹。枪弹击发后,弹壳被拉退并与拉壳钩对侧机匣上的抛壳挺碰撞,形成力偶,使弹壳翻转抛出,此时在弹壳底面边缘形成痕迹。抛壳挺痕迹是印压形成的,一般比较明显,其位置、形状和大小,以及抛壳挺边缘痕迹的长短,夹角的大小,缺损程度,内部凹凸等特征均具有检验价值。由于药量、枪支的新旧程度的差异,所以同一型号枪支抛壳挺痕迹的形态、面积、受力部位均可发生变化,清晰程度会有不同，但只要认真观察仍可发现其细小特征与击针、拉壳钩等相互关系。检验抛壳挺痕迹时应与拉壳钩痕迹相结合。抛壳挺与拉壳钩痕迹相互位置的表达有时位法和弧度法。如拉壳钩痕迹在三时位，抛壳挺在八时位。

抛壳口痕迹 弹壳最后脱离拉壳钩抛出枪外时，枪机上的抛壳口在弹壳身、斜肩、壳口附近形成的撞击痕迹。这种痕迹多呈横斜形短线或点状。抛壳口痕迹位置的高度、偏度、方向、宽度、形状、大小、数量以及痕迹中的细节特征，检验时均可利用，但抛壳口痕迹易受子弹品种、枪支新旧程度和发射条件的影响，特征的位置、形状等会发生变化。

弹膛指示杆痕迹 枪机闭锁后指示弹膛内有无子弹的标志杆叫弹膛指示杆。当膛内有子弹，枪机复进到位时，枪机与弹壳底部的撞击力很大，因而指示杆对弹壳底的惯性力也较大，在弹壳底12点位处形成一圆形压痕，故而可以作为枪支的种类认定和特征认定的依据。

上述几种痕迹只有在正常使用枪支、弹药的情况下进行射击才能形成。若使用非制式枪械或等外级枪弹时，有时只会产生部分痕迹。除上述七种痕迹外，弹壳上尚有弹匣口痕迹、推弹突榫痕迹、弹膛口部的碰撞痕迹等，但因这些痕迹的稳定性较差，在实际检验中很少应用。

（张玉洁）

dantou fashe henji

弹头发射痕迹（marking on fired bullets） 在枪弹发射过程中，弹头在膛内运动，枪管在弹头复被上摩擦而产生的线形或带状痕迹。它主要反映了枪管内壁的结构形态特征，通过对这些痕迹的检验可以认定发射枪支或发射枪支的种类。检验中主要被利用的是膛线痕迹。枪管中凸起的膛线称阳膛线，凹入的膛线称阴膛线。在弹头上阳膛线痕迹呈凹陷的线带；两条阳膛线中间的区域为阴膛线痕迹。阳阴膛线的数量是恒等的。膛线有右旋和左旋，从枪膛向枪口看，膛线呈顺时针旋转的为右旋，反之为左旋。右旋膛线在弹头上形成的痕迹是自右上向左下倾斜；左旋膛线在弹头上形成的痕迹是自左上向右下倾斜。膛线特征有：①阳膛线的数量。各国枪支膛线的数量不同，最少2条，多则达12条。我国生产枪支的膛线多为4条，右旋；"公安"式手枪为6条、"五六"式四联高射机枪为8条等。在弹头上察看膛线数量一般情况下并不难，但枪管磨损严重，或子弹直径过小，或因弹头碰撞障碍物遭到损坏时，造成阳膛线痕迹模糊不清，不易分辨其数量。此时可观察阳膛线主要棱线的数量。②棱线痕迹，是由阳膛线两侧边棱形成的。由于弹头向左侧或右侧旋转，使两侧边棱受到的作用力不同，弹头向右转动，膛线导转作用于弹头的力在右边，并形成粗大明显的痕迹，称"主棱线"；弹头阳线相对一侧受力较轻、棱线细，称"次棱线"。弹头左旋则左侧为"主棱线"，右侧为"次棱线"。③阳膛线痕迹的斜度，又称缠角。指膛线痕迹轴线与枪管轴线的交角度数。在弹头上形成的痕迹是指阳膛线的棱线与弹头轴线交角。④阳膛线痕迹的宽度。各种不同枪支的阳膛线宽度各异。阳阴膛线的宽度大致比例为1:2。即一般是要求阴线宽度不少于阳线宽度的两倍，阴线过宽，阳线变窄，膛线强度变低、易破裂或受损；阳线过宽，弹头嵌入膛线困难、受阻力大、外壳易变形。测量阳膛线的宽度，应选择弹头颈部直径最宽的部分（一般距弹头底面约3～4毫米处），测量时要使刻度尺与膛线痕迹轴线垂直。⑤阳膛线起点、末端痕迹。弹头上阳膛线痕迹靠弹头尖端的一侧称起点痕迹，靠弹底的一端称末端痕迹。一般情况是起点痕迹与膛线起始处的表面结构特征相应；末端痕迹与枪口处膛线边沿磨损形态相吻合。每个起点、末端痕迹的形状各异，有直线形、斜形、波浪形和弧形等；各端点的位置有高低相互距离不同。⑥阳线磨损痕迹特征。枪管磨损主要是弹头外壳与枪管内壁磨擦、火药气体烧蚀、枪管锈蚀和细屑脱落的残渣沉积所造成。按照枪管的磨损程度可分为轻度磨损、中度磨损和高度磨损。由于这些区域的表面情况各有不同，所以根据弹头上的痕迹状态可以作为认定枪支的个体特征。⑦膛线表面线形特征。枪管内表面（阳膛线和阴膛线）由于制造工艺过程中加工本身的原因，会留下许多细小的粗细不均的凸凹点或线。当弹头通过膛线区时相应的特征反映在弹头的表面，形成了不同形状、位置、大小的线状特征，对于认定枪支有很重要的价值。⑧弹头离开枪管时，飞行速度十分快，当遇到障碍物时，因受阻会撞击或穿透障碍物，在这个作用过程中，弹头上会留下各种痕迹，这些痕迹经常会破坏弹头上原有的痕迹特征。

除膛线痕迹外，在弹头表面还有"初生痕迹"，它是由枪管的坡膛区形成的线状痕迹。枪管共分为三个主要的区域，即弹膛区、坡膛区和线膛区。子弹在弹膛区进入待击发状态，然后子弹被击发使弹头、弹壳发生脱离。弹头在火药气体的推动下首先进入坡膛区，然后进入线膛区。弹头在进入坡膛的瞬间运动方向与枪管平行，弹头自身没有旋转。所以弹头在坡膛区形成的痕迹与弹头轴线平行，称为初生痕迹。当弹头从坡膛区进入线膛区后，弹头则按阳膛线的旋转方向进行旋转前进运动形成倾斜的膛线痕迹，也称次生痕迹。阳膛线为右旋的枪支，其射击弹头的初生痕迹位于膛线痕迹的左侧，阳膛线为左旋的，其初生痕迹位于次生痕迹的右侧。初生痕迹的线状痕迹是特定的和稳定的，亦是认定枪支的重要检验依据。

（张玉洁）

danzhuo henji

弹着痕迹(impact marks) 又称主要射击痕迹,与附带射击痕迹相对。弹头在空间飞行时与被击客体相接触的部位。主要包括弹孔、弹痕和擦带痕迹。弹孔是弹头浸彻目的物后所形成的孔洞;弹痕是弹头射击客体时遗留的第一次撞击痕迹和改变方向后所遗留的第二次撞击痕迹;擦带痕迹是弹头表面的附着物质在弹孔、弹痕周围或表面形成的带状痕迹。弹着痕迹的形态特征与弹头直径大小、弹头形状、弹头抛射角度、方向、距离等具有密切关系。因此,利用弹着痕迹对判明案件性质、分析犯罪情节、推断发射角度、距离等均有重要意义。

弹孔分为"贯通型弹孔"和"盲管型弹孔",前者是弹头穿透客体贯通而过,形成射入口和射出口;后者是弹头未穿透客体,只形成射入口而无射出口。被破坏客体上的孔洞是否为弹孔可根据以下几点进行分析:①被射物上的痕迹特征。实践中常见枪弹击中玻璃形成的弹孔痕迹比较规则,近似圆形,孔径大于弹头直径;入口孔洞直径小,出口孔洞直径大;出口一侧被剥离呈细小而有规则的鱼鳞片状碎屑;入口边缘有明显破碎的细小玻璃碎末;从孔洞周边向外延伸呈辐射状裂纹;孔洞周边形成比较明显而密集的同心圆状裂纹。②孔洞周围有无射击残留物。在较近距离发射弹头时,会在弹孔入口的周围留有褐黑色烟垢、火药微粒、金属屑等残渣。③孔洞处有无弹头分离物。在孔洞周围或内壁有弹头或它的披甲、弹心或弹头碎块、散弹弹塞等物时即为弹孔。④弹头穿透力的大小。飞行的弹头动能很大,穿透力很强,在木质、金属、橡胶、塑料等许多材料上,其他投掷物难以形成孔洞。根据弹孔形态可以判断弹击方向。一般情况是射入口小而射出口大;入口边缘内凹而出口边缘向外翻卷;入口边缘平滑而出口有物质材料剥离、劈裂等现象;入口有黑色射击残留物,出口一般少见。人体上的弹孔,一般也是入口小于出口;入口多呈圆形、光滑;弹头穿入人体造成表皮擦伤,皮肤边缘呈齿形收缩、内凹,称"冲撞轮";在入口"冲撞轮"内缘因人体组织炭化形成红褐色"擦拭圈";近距离射击的入口处有灼伤特征;贴近射击时,入口常炸裂并大于出口。纺织品、竹木、金属等客体上弹头入射口特征亦较明显,易与出口相区别。

弹痕分一次弹痕、二次弹痕,甚至有第三次弹痕出现,明确区分弹痕次数对外弹道的分析具有重要意义。弹头在弹着点形成第一次弹痕时,由于弹头撞击坚硬物(如混凝土、砖石块等)容易改变飞行方向产生跳弹而形成第二次弹痕。一般是被射物硬度大而入射角小时,则弹头反跳的概率就越大;入射角大,弹速高,被射物硬度不大时,就不易产生跳弹;入射角很小,弹速较高,弹头撞击到松软物体上(如泥土、水面等)也会产生跳弹。发现反跳点应对第二次形成的弹痕进行观察和研究,以便判明射入角和跳弹方向,弹头反跳出去的一侧客体表面破裂面积较大,可以根据弹痕的反跳方向去搜寻现场弹头。

擦带痕迹的形态特征常用于判断射击方向或角度。弹孔边缘擦带痕迹的宽度大致相等,分布比较均匀,呈圆形的,弹头多为正射方向;擦带痕迹宽窄不均匀,呈椭圆形时,弹头多为斜射方向。当弹头呈一定角度射击时,射击角度越小,形成的擦带痕迹越长;擦带较长的一侧是弹头射入的一侧,擦带较短的一侧为弹头射出的一侧,对不同客体,从不同角度射击,擦带分布形态可能有所差异。对擦带中的附着物质要注意保护并及时提取送交检验。

(张玉洁)

dangran huibi

当然回避(principal challenge) 审判人员、检察人员、侦查人员等是法律明确规定的应回避的人员,在遇有法定的应当回避的情形(见回避)时,不管其主观意向如何,当然不能继续参加刑事诉讼活动。当然回避包括自行回避、申请回避和指令回避(见回避)。

(朱一心)

dangshi zhengju

当时证据(evidence at that time) 相对"事前证据"及"事后证据"而言,是犯罪行为发生之时形成的证据。如犯罪现场遗留的指纹、抛弃的物件、目睹犯罪嫌疑人、被告人实施犯罪行为的证人提供的证言等,均属当时证据。

(熊秋红)

dangshiren

当事人(party) 与刑事案件事实和诉讼的结局有着直接的利害关系,在诉讼中处于原告或被告地位的诉讼参与人。当事人是主要的诉讼参与人,是十分重要的刑事诉讼法律关系主体。根据我国现行《刑事诉讼法》的规定,当事人包括被害人、自诉人、犯罪嫌疑人、被告人、附带民事诉讼的当事人(原告人和被告人)。与其他诉讼参与人相比,当事人一般具有以下特点:①与案件事实和诉讼结局有着直接的利害关系。刑事诉讼的开始和进行使得当事人的实体权益处于待判定的状态,而刑事诉讼的终结和诉讼结局的形成则往往会使一部分当事人的自由、财产乃至生命等权益受到剥夺,同时使其他当事人的权益得到维护。②处于原告或被告的地位。基于与案件结局存在的利害关系,各方当事人一般都会为维护其实体权益而进行积极的攻击或防御行为,在诉讼中承担控诉或辩护的职能。例如,被告人为防止自己受到定罪、判刑的结局,会自行或在辩护人的协助下进行辩护,以使控诉一方的指控无法成立;而自诉人则作为自诉案件的原告,担当指控者的角色,以使被告人受到定罪、判刑为目的。③在任何案件中都是不可或缺的诉讼参与人。作为刑事案件的原告或被告,当事人是构成完整的刑事诉讼法律关系所不可缺少的主体。尽管并非所有当事人在每一刑事案件中都参与刑事诉讼的进程,但在每一刑事案件中至少要有一方当事人(如被告人)参与诉讼的进程。

在中国,公诉案件的被害人是重要的当事人。根据修正后的《中华人民共和国刑事诉讼法》(1997年1月1日起生效)的规定,被害人在案件进入审查起诉阶段之后,有权委托诉讼代理人;对于有证据证明对被告人侵犯自己人身、财产权利的行为应当依法追究刑事责任,而公安机关或检察机关不予追究的案件,被害人有权直接向人民法院提起自诉;对于符合法定情形应当回避的审判人员、检察人员、侦查人员,被害人有权提出回避要求;在法庭审判过程中,被害人有权提出自己一方的证据并对其他各方的证据进行质证;对一审法院所作的判决不服,被害人有权要求检察机关提出抗诉。被害人诉讼地位的提高,有助于确保其在诉讼中获得公证的待遇,也符合有关加强被害人在刑事司法活动中权利保障的世界性趋势。

与德、日等国刑事诉讼法的有关规定不同,中国刑事诉讼中的公诉人不是当事人,其诉讼地位也高于当事人。根据刑事诉讼法的规定,人民检察院有权对刑事诉讼实行法律监督(见法律监督职能)。作为检察机关的代表,公诉人在刑事审判中同时承担着双重诉讼职能:一方面承担着提出证据证明被告人被控罪行成立的责任;另一方面要对刑事诉讼活动的进行是否合法进行监督,对于在诉讼中出现的非法行为或决定有权通过法律许可的方式予以纠正。因此,作为指控一方,公诉人享有与当事人相同的诉讼权利,但也拥有一些作为法律监督者所特有的权利和便利。

在刑事诉讼中,当事人一般享有下列共同的诉讼权利:有权委托诉讼代理人或辩护人;有权申请审判人员、检察人员或侦查人员回避;有权申请人民法院通知新的证人到庭,调取新的物证,申请重新鉴定或者勘验;有权参加法庭调查,申请向证人、鉴定人发问,了解未到庭的证人的证言笔录、鉴定人的鉴定结论、勘验笔录和其他作为证据的文书的内容并发表意见;有权对证据和案件情况发表意见并且可以互相辩论;对于已经发生法律效力的判决、裁定,有权向人民法院或者人民检察院提出申诉,等等。在享有诉讼权利的同时,当事人也负有下列共同的诉讼义务:向审判机关、检察机关、侦查机关如实陈述案情;接受人民法院的调查和审判;遵守法庭秩序,不得聚众哄闹、冲击法庭或者侮辱、诽谤、威胁、殴打司法工作人员或者其他诉讼参与人;执行已生效的法院判决和裁定,等等。当然,当事人除了享有上述共有的诉讼权利、负有上述共有的诉讼义务以外,还拥有与其各自的诉讼地位相适应的诉讼权利和义务(见自诉人、被告人、犯罪嫌疑人、被害人)。

(陈瑞华)

dangshiren chenshu

当事人陈述(statement of parties) 民事诉讼证据的一种。当事人向法庭所作的关于案件事实的叙述。当事人陈述具有相互矛盾的双重特点。一方面,因为当事人是所争议的民事法律关系的参加者,他们对该民事法律关系的发生、变更、消灭,纠纷的起因、过程以及其他重要的案件事实,有较清楚的了解,是最直接的知情者。但是另一方面,当事人与案件的利害关系使其陈述极具利己性。由于当事人在诉讼中有着各自不同的甚至完全对立的利益要求,因此他们对案件事实的陈述,极有可能是有选择的,对于有利于己的事实进行夸大甚至编造,而对于不利于己的事实则缩小甚至隐瞒、歪曲,作虚假陈述。当事人陈述包括当事人在诉讼上的承认(见诉讼上承认)。我国民事诉讼法将当事人的陈述规定为证据的一种。事实上应当注意的是当事人陈述本身更多地属于论证事实,当然它对案件的其他事实有印证作用。

(于爱红)

dangshiren de genghuan

当事人的更换(replacement of parties) 在民事诉讼中,将非正当当事人(不适格当事人)换成正当当事人(适格当事人)的行为。民事诉讼当事人必须是与案件有着法律上的利害关系,即必须是案件所涉及的实体法律关系的权利享有者或义务承担者,否则,民事诉讼就失去了其基本的意义,因此,当事人更换是保障民事诉讼正确、顺利进行的一项必要制度。

当事人的更换既可能发生于审查起诉阶段,也可能发生于案件审理过程中。在审查起诉阶段,如果法院发现起诉者或被诉者为非正当当事人,即应更换当事人,只有在确定参加诉讼的是正当当事人后,才能正式立案;如果在案件审理过程中发现当事人需要更换,则原来已进行的诉讼程序无效,诉讼在更换当事人后重新开始。

当事人的更换既可能是原告的更换,也可能是被告的更换。法院发现原告非正当当事人需要更换时,应令其退出诉讼,并通知正当原告参加诉讼。如果不正当原告拒绝退出诉讼,法院则裁定驳回起诉;如果正当原告经通知后不愿参加诉讼,法院则终结审理。法院发现被告非正当当事人需要更换时,应通知原告更换被告,如果原告拒绝更换则驳回起诉;如果不正当被告退出诉讼后,正当被告不愿参加诉讼,则法院可依法拘传或缺席判决。

(阎丽萍)

dangshiren de jinqinshu
当事人的近亲属(close relatives of parties) 与当事人有夫、妻、父、母、子、女、同胞兄弟姊妹关系的人。一般而言,为保障当事人的诉讼权利,法律允许其近亲属协助其进行一些特定的诉讼行为。例如,在审查起诉和法庭审判阶段,犯罪嫌疑人、被告人可以委托其近亲属担任辩护人;未成年或其他无诉讼行为能力的当事人的近亲属还可以担任法定代理人;告诉才处理的案件的被害人由于受到强制、威吓而无法告诉的,其近亲属也可以代为告诉。另一方面,法律也禁止那些与当事人有近亲属关系的人担当特定的诉讼角色或进行特定的诉讼行为,以保证刑事诉讼活动的公正性。例如,审判人员、检察人员、侦查人员以及书记员、翻译人员和鉴定人如果与本案的当事人有近亲属的关系,就应当自行回避,当事人及其法定代理人也有权要求他们回避。

(陈瑞华)

dangshiren de zhuijia
当事人的追加(addition of parties) 民事诉讼中,应当参加诉讼的人没有参加诉讼时,法院应依法通知其参加诉讼,使其成为案件的当事人。民事诉讼当事人是否应当参加诉讼,参加诉讼后处于什么样的诉讼地位,是由它与诉讼标的关系决定的,如果基于诉讼标的所涉及的实体权利义务关系,实体权利的享有者或实体义务的承担者有数人而参加诉讼者不是其全部时,应当参加诉讼而没有参加者就会被法院通知参加诉讼,以使实体权利义务争议得到全面正确的解决。追加当事人制度就是基于民事诉讼的这一客观需要而设立的,追加当事人既有助于法院全面审理案件,作出正确裁判,也有助于全面保护当事人的合法权益。在现行《中华人民共和国民事诉讼法》中规定,必须共同进行诉讼的当事人没有参加诉讼的,人民法院应当通知其参加诉讼。追加当事人一般发生在法院对案件的一审程序中,主要基于必要共同诉讼(见共同诉讼人)引起的,追加的当事人可能处于原告的地位,也可能是处于被告的地位;追加的当事人可能是一人,也可能是数人;追加既可以由原参加诉讼的当事人向法院提出申请,也可能由法院依照职权主动进行;追加当事人后,诉讼程序继续进行,原参加诉讼的当事人所进行的一切诉讼行为对新加入诉讼的当事人都有约束力。

(阎丽萍)

dangshiren hengding
当事人恒定(parties to an action cannot be changed at will) 诉讼开始后,当事人不因本案诉讼标的发生变化而变化,即诉讼一旦开始便产生当事人恒定的效力。如某甲对某乙提起确认抵押权的诉讼,在诉讼进行过程中,某乙将抵押物转移给了第三人某丙,但某甲作为原告,某乙仍作为被告,只有在诉讼双方当事人都同意的情况下,受转移的第三人才可以代替当事人承担诉讼,或者作为第三人参加诉讼。

(万云芳)

dangshiren jinxing zhuyi
当事人进行主义(parties controlled litigation) 职权进行主义的对称。民事诉讼程序的开始、进行及终结,均依当事人的意思表示而决定。它是民事诉讼的重要理论原则。依据当事人进行主义,民事诉讼程序因当事人的起诉而启动,二审程序因当事人的上诉而开始,当事人可以通过撤回起诉、上诉或和解而终结民事诉讼程序。当事人进行主义是资产阶级革命胜利的产物,它是在批判封建诉讼制度和原则的基础上形成的,是对封建时期法官主宰整个审判过程,当事人只听从法官指挥的审判方式的否定。当事人进行主义于19世纪首先出现于法国、德国,以后被各国民事诉讼法所借鉴和规定。各国在采用当事人进行主义的同时,也不同程度地兼采职权主义。在我国民事诉讼中实行处分原则,即当事人有权处分自己的诉讼权利和实体权利,如撤诉、和解、上诉等,但是,当事人的处分行为必须符合法律的规定,即当事人的处分行为不能损害国家、集体和他人的利益。

(万云芳)

dangshiren songda
当事人送达(delivery by parties) 根据当事人的意思所进行的送达。国外民事诉讼法中关于送达的一项原则,与"职权送达"(见职权送达主义)相对。目前各国一般都以职权送达为原则,当事人送达为例外。例如《法国民事诉讼法》规定:"因当事人的申请而为送达,由法院执达员实施之。""当事人要让执达员送达法律文书,只需以言词授权书记科委托执达员送达即可。由执达员送达者,如果没有相反的证明,这种送达视为是受当事人委托而实施的。"我国民事诉讼法未规定当事人送达。

(何 畏)

dangshiren susong quanli pingdeng yuanze
当事人诉讼权利平等原则(litigant's equity of rights in litigation) 我国民事诉讼法的基本原则之一。民事诉讼当事人诉讼权利平等,一是指有些诉讼权利当事人双方都有，如有权委托代理人代为诉讼、有权申请回避、提供证据、进行辩论、请求调解；一是指有些诉讼权利是相互对等的，如原告起诉有权提出诉讼请求，被告应诉有权反驳诉讼请求；原告行使起诉权，被告可以行使反诉权。民事诉讼法赋予双方当事人共同的诉讼权利，是基于他们都是平等的诉讼主体，赋予各方当事人对等的诉讼权利，是基于适应不同称谓之各方当事人的客观需要，双方当事人诉讼权利的共同性和对等性，构成当事人诉讼权利的平等性。当事人诉讼权利平等，以自始至终协调当事人的诉讼活动，保证诉讼的开始、推移和终结，而成为诉讼上的一项原则。

平等原则建立的基础 一是基于当事人民事实体法律关系的平等，一是渊源于宪法公民民主权利的平等，而建立的一项诉讼原则。诉讼权利是当事人请求司法保护，维护其民事权益的手段，民事实体权利的平等，必然要求与其相应的诉讼权利平等。诉讼权利是民主权利在诉讼上的体现，民主权利的平等，必然反映民事诉讼当事人的诉讼权利平等。民事诉讼当事人，不论是公民、法人和其他组织，还是外国人、外国企业和组织，都依法享有平等的诉讼权利。如果当事人的诉讼权利不平等，一方诉讼权利多一些，另一方诉讼权利少一些，就会形成一方强一些，而另一方弱一些，其权利机制产生失调，违背平等原则，影响诉讼有序地进行和实体权利义务纠纷的解决。

权利平等与义务平等 诉讼权利平等相应的是诉讼义务的平等，不论当事人在诉讼上是何不同的称谓，也不论在诉讼上处于何阶段，既享有平等的诉讼权利，也相应地承担平等的诉讼义务。平等的诉讼义务，不仅是当事人地位平等的要求，而且是协调诉讼机制的需要。同时，承担诉讼义务是进行诉讼的方式，与享有的诉讼权利密切相关，只有认真履行诉讼义务，才能充分行使诉讼权利，如法庭审理，当事人应当出庭，这是一项遵守诉讼秩序接受法庭调查的诉讼义务，履行了这项诉讼义务，就能在法庭上充分行使提供证据和进行辩论的诉讼权利。民事上基于权利与义务一致的原则，权利的平等伴之以义务的平等，平等的义务既是平等权利的条件，又是平等权利的保障。作为民事诉讼的当事人，不可能只享有诉讼权利，而不承担诉讼义务，也不可能一方当事人的诉讼义务少一些，而另一方当事人的诉讼义务多一些，双方当事人在诉讼权利与诉讼义务上是平等的。

权利平等的保障 当事人诉讼权利平等，一是靠民事诉讼立法的科学机制，二是靠法院在审判活动中的维护，三是靠当事人及其他诉讼参加人的相互尊重。在民事诉讼立法中，首先应赋予当事人充分的诉讼权利，使诉讼程序制度与审判程序制度相协调；其次，除对双方当事人应当都有的、共同性的诉讼权利加以规定外，对不同称谓的当事人，在确定其不同的诉讼权利时，赋予一方当事人诉讼权利，就应同时赋予另一方当事人同等的诉讼权利，以相互对等保持平等；再次，对双方当事人的诉讼权利，不论是共同都有的，还是互相对等的，立法上确定其权利的同时，相应地应规定其实现和行使的保障条件，如只有诉讼权利的确立，而无实现和行使诉讼权利的保障条件，或在某些诉讼权利有保障条件，而另一些诉讼权利缺乏保障条件，就势必影响当事人行使诉讼权利的真正平等，影响诉讼权利平等原则的正确贯彻。法院审判民事案件应依法保障当事人充分行使诉讼权利，为此，一是应对当事人一视同仁，不论是原告，还是被告，均应同等对待；二是在诉讼的不同阶段应告知不同方当事人的不同诉讼权利与义务；三是应为双方当事人行使诉讼权利提供同等的机会。当事人及其他诉讼参加人，相互之间应持平等的态度，除自己正确行使诉讼权利与认真履行诉讼义务外，应对对方当事人及其诉讼参加人行使诉讼权利予以尊重，不应有任何妨害诉讼程序的行为。

《中华人民共和国民事诉讼法》全面系统地确立了当事人诉讼权利平等的原则，在第2条将保护当事人行使诉讼权利，作为民事诉讼法的第一项任务。第8条将民事诉讼当事人有平等的诉讼权利，以及人民法院审理民事案件，应当保障和便利当事人行使诉讼权利，对当事人在适用法律上一律平等，作为重要的基本原则之一。其后在系列的诉讼程序制度之中，为贯彻这一基本原则，均作了相应的规定，以保障双方当事人诉讼权利的真正平等。

(刘家兴)

dangshiren zhidu
当事人制度(rules on the parties to a litigation) 民事诉讼的主体制度，诉讼制度中的基本制度之一。该制度是基于民事主体享有主体权利，国家为保障其主体权利而建立的制度。因此公民、法人和其他组织，当其民事权益受到侵犯或者在民事权利义务关系上发生争执时，都可以向人民法院提起诉讼，请求司法保护，而成为民事诉讼的当事人。民事诉讼当事人的界定、称谓，当事人构成的不同形式，当事人的诉讼权利能力(见民事诉讼权利能力)与诉讼行为能力(见民事诉讼行为能力)，当事人的诉讼权利和诉讼义务，当事人的变更、追加和诉讼权利的享有等内容，构成民事诉讼当事人制度。民事诉讼当事人制度的功能在于，引起诉讼程序的开始，与审判主体的协调配合推移诉讼的进行，缓解和消除因民事权益发生的社会冲突与矛盾，维护民事权利和正当的民事权益。

民事诉讼案件主体与非讼案件主体 前者是诉讼程序制度中的主体，如普通程序和简易程序中的原告和被告、共同诉讼人、诉讼代表人、诉讼中的第三人;第二审程序中的上诉人、被上诉人;审判监督程序中适用第一审程序时在第一审程序中称谓不同的当事人,适用第二审程序时在第二审中不同称谓的当事人。后者是非诉程序制度中的主体,如特别程序中选民资格案件的起诉人、其他非讼案件的申请人;督促程序中的债权人、债务人;公示催告程序中申请公示催告的当事人、利害关系人;破产程序中的债权人、债务人。非讼程序制度中的主体虽与诉讼程序制度中的主体有所不同,如有的与案件无利害关系,有的称谓有其特定涵义,他们在程序上有其各不相同的权利义务,但是他们同样是民事案件的主体,同样具有启动法定程序和推移程序进行的功能,因此仍属于当事人制度研究的范畴。

民事执行主体与当事人制度执行 主体包括法院的执行员、申请执行人、被申请执行人。申请执行人和被申请执行人多是法院裁判中的当事人,也有其他法律文书的权利人和义务人。除执行人员在执行程序中依法行使司法执行权利外,申请执行人和被申请执行人都是执行程序中的当事人。基于程序上的连接性与诉讼主体和执行主体的连续性,执行程序中的当事人属于当事人制度研究的范围。　　(刘家兴)

dangshiren zhuyi
当事人主义(adversarial system)
又称对抗式。法庭审理阶段诉讼的进行、证据的调查以当事人为主,法院以消极仲裁者姿态出现,听取当事人双方的举证和辩论后作出判断和裁决的一种混合式诉讼形式。采用这种刑事诉讼形式的,主要是美国、英国等英美法系国家。所谓当事人主义,就是对英、美等国家所采用的刑事诉讼形式的一种理论概括。与当事主义相对应的是职权主义。当事人主义与职权主义是当今世界最具有代表性的两种不同的混合式诉讼形式。当事人主义不同于职权主义的主要特点是:①法庭调查证据的范围一般取决于当事人双方,对证据的调查采取交叉询问的方式,即由检察官和辩护律师对彼此传唤到庭的证人交替进行直接询问和反复询问。法庭的调查始终以控、辩双方为主进行,法庭审理过程始终贯穿着控、辩双方之间的辩论和对抗。②法院开庭审判这个环节,在刑事诉讼过程中居于核心地位,法庭上的活动及其法律上的后果,具有决定性的意义。③实行起诉状一本主义,全部案卷材料和证据连同诉状一起一并移送法院。法官在开庭审理前只了解诉状中所列举的内容,对全部案件材料和证据则不清楚。④有比较详细的形式证据规则,用以限制或约束对证据的提出和采用(见辩论主义)。　　(王国枢)

daoqie anjian zhencha
盗窃案件侦查(investigation of larceny case)
公安机关在办理盗窃案件过程中,依法进行的专门调查工作和有关的强制性措施。盗窃案件,是指我国现行《刑法》第264条所规定的盗窃罪,即以非法占有为目的,秘密多次窃取或者窃取数额较大公私财物的案件。盗窃案件的犯罪人作案的方式比较隐蔽,事主对犯罪人的面貌和活动很少了解,犯罪人作案后一般都会遗留下各种痕迹和其他物证;惯犯盗窃手法具有习惯性;犯罪人多持有被窃去的赃款、赃物;犯罪成员青少年居多。侦查盗窃案件一般采取以下方法:

勘验现场 通常是:①勘验盗窃分子出入的道口和现场处所。勘验中,注意发现和提取犯罪分子遗留的手印、脚印、破坏工具痕迹、运输工具痕迹和其他物品。②勘验被盗财物的保管处所。要查明保管财物的箱柜等是否牢固,注意在保管这些财物的箱柜上和犯罪分子接触、翻动过的物体上,去发现和提取手印和其他痕迹。③勘验现场周围环境。主要是勘验现场四周的地形、地物(如树林、沟渠、道路、院墙、山坡、防空洞等),注意发现犯罪分子作案前后逗留和作案后隐藏赃物的迹象。

询问事主和访问群众 应查明以下问题:①发现被盗的时间、地点和经过;②被盗物品的名称、数量、用途及特征;③发现被盗时的现场情况及变动情况;④被盗物品的保管方法;⑤怀疑对象及根据;⑥现场有无不是事主的东西。

严密控制赃物 侦查盗窃案件的紧急措施。一般做法:应立即查清被盗物品的名称、数量、性能、用途、价值及详细特征,开列失物通知单,分别送往盗窃分子可能前往销赃或隐匿赃物的行业和场所,请其协助发现赃物,抓获盗窃分子。有些盗窃分子将被盗物品改头换面或化整为零,在检查赃物时,应特别注意观察物品是否被改头换面或化整为零,以识破犯罪分子的诡计。如果被盗财物是支票、存折及其他有价证券,应将这些证券的账号、号码及其他特征及时通知银行、储蓄所、邮局及各有关机关,当犯罪分子前去取款时,当场查获。如果判定犯罪人是流窜犯或是某些具有甲地作案、乙地销赃、丙地藏身的惯犯,还应利用通缉、通报等形式请求有关地区的公安部门协助侦缉犯罪人和查找赃物。

分析案情,确定侦查范围 一般来说,内盗或内外勾结作案有作案目标比较准确,行动比较迅速,遗留的痕迹、物品比较集中,作案时间比较恰当等特点。尤其是内外勾结的案件,事先往往经过充分的策划和准备。外盗作案,目标一般不够准确,到处乱撬、乱翻,盗窃的物品有随意性,在现场上停留的时间比较长,遗留的痕迹、物品多而分散。监守自盗案件,现场有违反常规现象,事主陈述有矛盾及其他反常表现。除上,还应对犯罪人实施的犯罪时间,盗窃的手段、方法,犯罪的人数,犯罪人的个人特点等问题进行分析判断。

运用适当的侦查方法开展侦查 侦查内盗案件的主要方法是:在内部调查摸底,根据时间、知情情况、日常表现、案后态度及其他条件,发现犯罪嫌疑人;有目的地公布案情,发动群众揭发检举;追查和检验作案工具,对手印、脚印和其他现场遗留物进行分析检验。侦查外盗案件的主要方法:根据已掌握的情况和线索,在重点区域内调查访问,发现嫌疑线索;控制赃物的去处;查对犯罪前科;对本地区和邻近地区先后发生的同类案件联合侦查和并案侦查;充分利用犯罪情报资料和各种侦查手段,将群众工作与专门工作有效地结合。侦查监守自盗案件的主要方法:反复询问财物保管人,从中发现矛盾;搜索事主伪造现场使用的工具;调查事主经管的物资、现金的周转情况,必要时亦可清点物资和清查账目;调查事主的社会关系和发案前后的动态。经查如有充分的证据证明是监守自盗,则应撤销盗窃案件,若犯罪主体是国家工作人员,窃取的是自己经管的数额较大的公共财物则应移送检察机关,按贪污罪立案侦查;若犯罪主体是不属于国家工作人员的自然人,或虽是国家工作人员但窃取的是由其个人代为他人保管的数额较大的财物,则应按侵占罪立案侦查;若犯罪主体是不属于国家工作人员的公司、企业或其他单位的人员利用职务之便,即管理、经手本单位财物的便利,窃取本单位数额较大的财物,则应按职务侵占罪立案侦查。

发现和认定犯罪嫌疑人 对经侦查调查发现的犯罪嫌疑人进行审查时,应着重查明:有无进入犯罪现场作案的时间条件;是否持有或曾经持有被盗的款、物和作案工具;举行技术鉴定,确定现场提取的痕迹、物品与犯罪嫌疑人的关系;是否有人目睹其实施盗窃行为。

讯问犯罪嫌疑人 通过讯问,将已掌握的证据材料与犯罪嫌疑人的口供逐一对照核实,通过吻合的印证,消除供证矛盾,确证盗窃犯罪。对于涉嫌惯窃、多次盗窃或盗窃团伙的分子,还要注意挤净余罪和发现并查清未曾掌握的线索和证据,追查一切新的涉案情况和同案犯。要从犯罪的时间、地点、方法、手段、经过、动机、目的、后果等方面讯问其全部盗窃犯罪活动,查清全案犯罪事实。

(张玉镶 傅政华)

daoqiepi
盗窃癖(klepto mania) 又称盗窃狂、病理性偷窃。这种人经济状况良好,也不贪财,但却反复实施不能自制的偷窃他人财物的行为。窃取的物品与其经济状况不相适应。偷来的财物,或者毁弃,或者赠与他人,或者送还主人,或者藏匿,而不将这些物品变卖、挥霍。这种人实施盗窃行为的目的,是为了变态心理上的满足。在拿到物品之前可有情感极度焦虑的过程,一旦物品到手,心情立即平静,有些人事后对此行为不以为然,而有些人则自责,悔恨,然而一旦又看到某种物品时,却又控制不住自己,继续实施偷窃行为。在司法精神医学鉴定中,对于无焦虑反应的单纯盗窃癖应评定为完全责任能力,而对有焦虑反应的盗窃癖(病理性偷窃)者,视具体情况评定为限制责任能力。

(孙东东)

daode beilie
道德卑劣(moral imbecile) 悖德型人格障碍的早期名称。见悖德型人格障碍。

deguo fayuan zuzhi
德国法院组织(court system of Germany) 德国法院组织由宪法法院、普通法院、劳工法院、行政法院、社会法院和财政法院等六种法院组成,每一种法院都自成系统。

宪法法院 设联邦宪法法院和州宪法法院两级,分别审理有关联邦宪法和各该州宪法的案件。普通法院在审理具体案件时,若认为某一法律违宪亦可将该案移交有关宪法法院审理。各宪法法院在审理具体案件的同时,审查有关法律。凡经审查被宣告为违宪的法律,一律无效。

普通法院 审理专门法院管辖外的一切民、刑事案件。分联邦法院、州高级法院、州法院和地方法院四级。联邦法院是审理民、刑事案件的最高审级,管辖权及于全国。州法院机构既执行州法律,又执行联邦法律,并直接隶属于联邦法院。州设一个州高级法院,一所或数所州法院及若干地方法院。具体组成与管辖分列如下:

地方法院 是小额诉讼标的的民商事案件及法定刑在3年以下有期徒刑的刑事案件的初审法院,民事案件由1名法官独任审理;刑事案件视案情轻重分别独任审理或由1名法官和2名陪审员组成的陪审庭审理。

州法院 负责审理属于它管辖的初审案件和不服地方法院裁决的上诉案件。民事案件由3名法官审理,刑事初审案件由3名法官和2名陪审员组成的大审判庭审理。上诉审则视案件分别由小审判庭和大审判庭审理。由1名法官和2名陪审员组成的小审判庭负责审理不服独任庭裁决的上诉案件;大审判庭则审理不服陪审庭裁决的上诉案件。

州高级法院 是受理间谍、恐怖及反政府等侵犯国家利益的案件的初审法院,但主要是受理不服下级法院裁决的上诉案件。初审案件由 5 名法官合议审理；上诉案件由 3 名法官合议审理。

联邦法院 主要审理不服州各级法院判决的上诉案件，也初审有全国性影响的刑事案件。均由 5 名联邦法官合议审理。联邦法院在全国分设 5 个刑事合议庭和 9 个民事合议庭。在卡尔斯鲁尔市的本部分别设有一个由 9 名联邦法官组成的刑事大合议庭和民事大合议庭，负责疑难案件的审理。民、刑事两大合议庭共同组成的大合议庭联席会议，是普通民、刑事案件的最高审判组织形式。

专门法院 劳工法院负责审理劳资纠纷、工会与其成员间的纠纷及关于工人参加决定权的纠纷。行政法院负责审理除涉及宪法、社会保险和财政诉讼以外的一切行政诉讼。社会法院负责审理有关社会保险方面的纠纷。财政法院负责审理有关财政税收方面的诉讼。

(许永俊)

deguo jianchayuan zuzhi
德国检察院组织（procuratorate system of Germany） 德国检察院的组成和管辖权限也由《法院组织法》所规定，分联邦、州高级和州三级，分别设在相应级别法院(见德国法院组织)内。地方法院的检察业务也由州检察院负责。联邦检察院由 1 名联邦检察长和若干副检察长组成，受联邦司法部长领导。州及州高级检察院由 1 名或数名检察官组成，受州司法部长领导。上级检察院领导下级检察官，可以发布有约束力的指示，接收案件或指定移交等。但因实行联邦制的关系，联邦检察长对各州的检察机构只是协调关系，不具有领导权。检察机构的主要职责是指挥或领导侦查、提起公诉、支持公诉、审判监督，必要时提起上诉和申诉。检察院同时是刑罚执行机关，根据州的法律，也可以是赦免机关。在有限的几种情况下，也有权干预和参加民事诉讼，即：认为一方或双方当事人的利益不曾得到有效的保护的案件，涉及到重大国家利益的案件等。

(许永俊)

deguo lüshi zhidu
德国律师制度（lawyer system in Germany） 德国有关律师的最早的法律是 1878 年的《律师条例》。希特勒攫取了权力以后，包括律师条例在内的具有民主性的法律，实际上被弃置一旁。第二次世界大战以后，1959 年 8 月 1 日由联邦议院通过的《联邦律师条例》，是现行的有关律师的主要法律。

德国对律师的学历和专业条件的要求，同对法官、检察官和公证人是一样的，即在大学经过三年半(7个学期)以上的学习，参加第一次国家考试并通过以后，在法院、检察机关、地方政府和律师事务所实习两年半，再参加第二次国家考试，合格者即取得候补文官资格。如果拟选择作律师，由州司法行政机关批准；也可以选择在政府机关、司法部门或外交机构中工作。

根据德国的法律规定，只有律师才能为他人提供专业性的法律服务，包括提供法律咨询、替他人追讨债务、代表当事人出席仲裁程序以及为了得到清偿而受让债权等。律师只能在其获准从事代理业务的法院，代理有关的诉讼事项，而不能在其他任何法院进行诉讼代理，但是，除联邦法院的民事庭以外，律师可以在全国的任何法院出庭辩护。德国于 1964 年确认，刑事案件的被指控人从侦查阶段开始，就享有与律师进行通信联系的权利。此外，德国的律师还可以担任税务顾问、私人或企业的法律顾问、审计人和在某些州担任公证人。

德国共有 23 个地区律师协会，每个律师都是其所在的地区律师协会的会员，此外还有一个联邦律师协会，即由 23 个地区律师协会组成。地区律师协会由选举产生的 7 名理事组成执行理事会，任期 4 年。执行理事会的主要任务如下：①保证会员履行律师职责，监督会员完成指定的任务；②调处会员之间以及会员与当事人之间的纠纷；③向联邦律师协会反映律师提出的建议；④负责实习律师的培训。联邦律师协会设在波恩，负责处理涉及整个律师界的问题，如规定各个地区律师协会的福利政策；代表全国律师界向司法机关、政府部门反映和交涉律师职业共同利益的问题；解答有关立法和司法问题的咨询；安排律师的继续教育和对拟从事律师职业者的培训。

关于纪律惩戒，执行理事会的权力极为有限，只有训诫权。在德国，对律师给予其他的纪律惩戒处分要由名誉法庭决定，惩戒处分有警告、训诫、1 万马克以下的罚款和除名，不服处分可向名誉上诉法庭上诉。

(程味秋)

deguo minshi susongfa
德国民事诉讼法（Civil Procedure Law of Germany） 德国现行民事诉讼法是在 1877 年《德国民事诉讼法典》基础上修改完善的。1877 年《德国民事诉讼法典》是在德意志国内统一后，参照德意志普通法中的民事诉讼法、德意志各邦联邦民事诉讼法及法国民事诉讼法制定的，它于 1877 年 1 月 30 日公布，1879 年 10 月 1 日施行。历经一百多年，虽然多次进行修改，其内容发生了很大变化，但始终未将整个法律彻底废除。德国民事诉讼法不仅逻辑严谨、概念精确、结构完整，而且其内容既继承了罗马教会法与日耳曼固有法的传统，同时又受法国法的影响。由于它形成于 19 世纪末期，更明显地反映了自由资本主义向垄断资本主义发展的经济特征,因而其影响也远远超出了 1806 年的《法国民事诉讼法典》,成为日本、匈牙利等大陆法系国家立法的蓝本。

德国现行民事诉讼法共 10 编 1048 条。第一编总则,规定了法院当事人及诉讼程序;第二编第一审程序,规定了州法院诉讼程序和初级法院的程序;第三编上诉,规定了控诉、上告和控告;第四编再审,规定了取消之诉和回复原状之诉两种引起再审的形式;第五编证书诉讼与票据诉讼;第六编家庭事件、亲子事件、抚养事件、禁治产事件,规定了家庭事件的程序、亲子事件程序、抚养未成年人的诉讼及禁治产事件的程序;第七编督促程序;第八编执行程序,规定了执行通则,对金钱债权的强制执行,对不动产的强制执行,关于物之交付与作为、不作为的强制执行以及代宣誓的保证与拘留,假扣押与假处分;第九编公示催告程序;第十编仲裁程序。

德国民事诉讼法从结构体系到具体内容都极大地发展和完善了民事诉讼制度。其特点主要表现为:①确立了法院在诉讼中的重要地位。德国民事诉讼法制定之初曾仿效法国民事诉讼法实行当事人主义,一切程序问题听任当事人自由支配。但在以后的不断修改中逐步加强了对当事人民事诉讼处分权的限制,并使法院的职权作用日益提高。如传唤当事人以法院依职权进行取代了由当事人进行,期日的决定也规定为由法院依职权决定。诉状的送达也逐步改为依职权进行。整个诉讼法体现了这样的观念:即法官的主要任务是寻找案件的真情,而不是仅仅决定哪一方当事人提出最佳的证据,为此,法官在言词辩论之前必须知道当事人之间事实争执点究竟是什么,而且要求法官在讯问证人之前,必须用证据裁定说明它认为哪些是争执点以及它将调查的证据。为了实现这样的目的,这个阶段的诉讼工作实际上分为三步,第一步由当事人提出诉讼文件,第二步由法院作出证据裁定,第三步双方当事人议论证据,法院评估证据的价值,直至法院认为已取得其所要求的全部材料为止。其中诉讼文件的作用是非常重要的,它必须说服法院确认当事人建议的证据是和争议有关的,建议的证据方式是合适的。基于此,德国民事诉讼的言词辩论不可能是一次即告终结。一个诉讼进行多次言词辩论,也是德国民事诉讼的特色之一。②在证据制度中采取法官自由心证。德国民事诉讼中,法官不受任何证据规则的约束,法官能用自己的、合乎情理的自由裁量权评价当事人的证据,证据有无价值、有多大价值全由法官决定。法律规定,法官应该考虑言词辩论的全部内容以及已有的调查证据的结果,经过自由心证,以判断事实上的主张是否可以认为真实。作为法官心证根据的理由,应在判决中记明。③德国民事诉讼法中规定了一些特有的诉讼制度,如诉讼代理中的强制律师主义,再审程序中取消之诉与回复原状之诉的区分(取消之诉是以原审判决违背程序上的规定为理由要求对原诉讼案件重新进行审理;回复原状之诉是以原审判决损害当事人的实体权利为理由要求对原诉讼案件重新进行审理),以及证书诉讼与票据诉讼、督促程序与公示催告程序的规定,特别是假扣押与假处分的规定,都体现出与别国民事诉讼法的不同或较其他民事诉讼法中的同类规定更为完善之处,而成为其后的各国民事诉讼立法仿效的蓝本。

总体而言,德国民事诉讼法更多地反映出了资本主义从自由到垄断时期法律不断适应经济和社会情势的发展而演变更新的过程。它的完整的法律体系和完善的诉讼制度更对世界各国,尤其是大陆法系国家的民事诉讼立法发生了重大影响。因此,对于德国民事诉讼法,不仅可以学习它有益的诉讼制度,而且可以通过对它的研究发现和总结民事诉讼的基本原理和基本规律。

(阎丽萍)

deguo xingshi jingcha zongju
德国刑事警察总局(General Bureau of Criminal Police of Germany) 德国侦查系统的核心机构。隶属于内政部。其基本职责是:侦破跨州、跨国的刑事犯罪案件;协调各州刑事侦查机构的工作;对各州刑警部门进行业务指导和援助;掌握和积累全国刑事犯罪活动情况;管理全国犯罪档案;负责政府重要人员和国宾的安全保卫;培训全国刑警;同国际刑警组织开展业务联系;收集全国犯罪活动的情报等。为侦查犯罪的需要,德国刑事警察总局设置了 12 个业务部。其主要任务是打击有组织犯罪,贩卖毒品、武器、军火犯罪,恐怖组织犯罪,伪造假币犯罪等。这 12 个业务部门是:技术部、保卫部(安全部)、国家保卫部、反恐怖部、侦查处理部、现场勘查处理部、禁毒部、痕迹辨认部、数据处理部、刑事技术研究所、刑侦研究所、中心任务和管理部。由于德国各州的法律不同,因而各州的刑事警察机构的设置、权限等方面差异较大,并且各自均具有相对的独立性,既不从属于德国刑事警察总局,相互之间也没有从属关系。根据德国刑事诉讼法的规定,刑警在刑事侦查活动中受检察官的指挥,但是,只要遇有紧急情况,任何一名警察,不论其职别、隶属,都有立即采取有关措施的权力。

(张玉镶)

deguo xingshi susong fadian
《德国刑事诉讼法典》(The Criminal Procedure Code of Germany) 由德意志帝国于 1877 年 5 月 15 日制定,1879 年生效。100 余年来经过无数次修

改。东西德合并后,自 1991 年,结合东部 9 个联邦刑事诉讼法的规定又进行了修改。现行的法典是依据基本法及欧洲联盟国家于 1950 年颁布的《保护人权与基本自由公约》,于 1994 年 10 月 28 日修改颁布、1994 年 12 月 1 日生效,共 8 编 477 条。第一编是通则,第二编规定第一审程序,第三编是对法律救济的一般规定,第四编规定对已结束审理并发生法律效力的判决的再审,第五编规定自诉、附诉、对被害人补偿及被害人享有的其他权利,第六编规定保安处分程序、简易程序、没收、扣押财产程序及对法人、社会团体处以罚款等特别程序,第七编规定刑罚的执行与诉讼费用,第八编规定跨越联邦州的检察院程序数据库。

侦查与公诉　《德国刑事诉讼法典》没有以侦查为标题的独立章节,而是将侦查措施规定于第一编"通则"中,将侦查行为规定于第二编"第一审程序"的第二章"公诉之准备"中。在立法上,侦查行为被视为准备公诉的一个组成部分。在理论上,将包含侦查在内的公诉称为"前程序",这是相对于"中间程序"的庭审预备阶段和"主要程序"的庭审阶段而言的。侦查活动由检察官领导,刑事警察具体实施,也可由检察官自行侦查。采用强制措施一般由法官决定,只是在紧急情形下检察官才有权采取临时性强制措施。进行侦查必须贯彻客观全面原则,正如《德国刑事诉讼法典》第 160 条第 2 款规定的,检察院不仅要侦查证明有罪的情况,而且还要侦查证明无罪的情况。检察机关在侦查与处罚有重要意义的情节时,可以请求法院协助。检察机关在侦查时还可要求所有的公共机关提供情况。检察机关认为属于法官职权范围的调查行为时,应当向主管的地方法院申请,经法院准许,则由法院进行调查。在延误就有危险的情形下,如不能与检察官取得联系,法官也可在检察官未申请时就实施必要的调查行为。法官在询问证人、鉴定人和讯问被指控人、勘验时,检察官员和辩护人均可在场。依照法律规定,系属州高级法院初审的案件,应由地方法院法官侦查的事务也可由州高级法院的侦查法官处理。由联邦最高检察官主持侦查时,由联邦最高法院的侦查法官负责处理。有权管辖案件的州高级法院侦查法官,也可以命令在其他法院辖区内实施调查行为。

侦查终结后,根据侦查结果检察机关可以作出提起公诉或终止诉讼的决定。对于查明嫌疑人无罪、行为不构成刑法规定的犯罪、已逾追诉时效以及出于便宜原则的考虑,可以作出终止诉讼的决定。该《法典》规定便宜原则的情形如对于轻微案件的行为人责任轻微、不存在追究责任的公众利益时,可以不予追究(第 153 条);如果启动诉讼程序将给联邦德国造成严重的不利情况或者有其他重大公众利益与追诉相抵触时,联邦最高检察官可以对法院组织法有关规定的犯罪行为不予追诉,业已起诉的,可在任何诉讼阶段撤回起诉,终止诉讼。此外,在法律规定的情形下,经主管的法院同意,检察机关可以不提起公诉。如《法典》第 153 条 b 规定的法院可以免于刑罚时,《法典》第 153 条 e 规定的某些犯罪的行为人,在行为后并在得知行为被发觉前,为消除对联邦德国的存在、安全或法定秩序的危险有所贡献的,经法定的州最高法院同意,联邦最高检察官可以对此行为不予追诉。

检察机关的终止诉讼的决定没有法律效力,可以再次提起诉讼。被害人认为终止诉讼的案件应继续诉讼的,有权作为刑事追究请求人向州高级法院申请法庭审查并作出决定。法院决定驳回申请的,诉讼终结;决定提起公诉的,检察官必须执行决定,正式提起公诉,这就是"强行起诉程序"。在此程序中,刑事追究请求人应作为附带诉讼原告人参与提起公诉、诉讼程序的任何阶段甚至参与初审判决后的法律救济诉讼活动。

《法典》第 152 条规定,提起公诉权专属检察院行使。在侦查结果表明具有足够理由提起公诉时,检察机关应向有管辖权的法院递交起诉书以提起公诉。《法典》第 151 条规定,法院开始调查以提起公诉为条件,即起诉书是法院审判活动的根据,法院的调查与裁判应以起诉书写明的范围为限,但是在起诉书写明的范围内法院有自主权,尤其在刑法的适用方面法院不受起诉书中申请的约束。提起公诉后,犯罪嫌疑人被称为"被诉人"或"被指控人"。

有管辖权的法院在收到起诉书后应进行阅卷、评议。评议认为被诉人有足够的犯罪嫌疑时,裁定开始审判程序;基于事实或法律原因可以裁定拒绝开始审判。不服拒绝开始审判的裁定,检察院有权立即抗告。抗告由上级法院审查。接受抗告时,上级法院应将案卷交原法院的另一审判庭或同一州的同级法院开始审判程序。以不能撤销的裁定拒绝开始审判程序后,只有依据新的事实、证据才能再行起诉。

法庭审判　法庭审理的准备工作齐备后即进入法庭审判阶段。法庭审判实行直接原则。即在初审时法官及陪审员只能根据在法庭上提供的一切证据直接获得的亲身印象作出判决。因此,可以完全排除仅凭案卷内容作出判决的做法,以及来自庭审以外的情况和意见的干预,从而为法庭独立评价证据提供保证。根据直接原则,法庭审判必须不间断地以言词方式连续进行。在必要时,审判长才能安排最长不超过 10 天的中断时间。需要超越 10 天中断时间的,则法庭应以决定的形式延期审判,但随后的审判程序必须完全重新开始。根据直接原则,法庭必须询问以其感觉亲自了解案情事实的证人本人,除法律规定允许的情形外,不得以宣读以前的询问笔录或书面证言而取代。庭审时实行职权调查原则,即法庭应依职权主动查明对裁判有意义的事实而不是被动地根据申请调查证据,更不受被告人认罪供述的限制。在要求法官依职权调查的同时,《法典》还保障被告人、辩护人和检察官在调查证据方面的权利,如证据申请权。除符合《法典》规定可以拒绝接受的情形外,法庭一般应当接受申请。被告人有权要求传唤证人、鉴定人出席法庭或收集其他证据。审判长拒绝传唤某人的申请时,被告人可以直接传唤。

正式审判程序包含庭审开始、法庭调查、法庭辩论、评议和表决以及宣判。审判程序由审判长指挥。但是参加审理的某位成员认为审判长的实体指挥命令为不准许时可以提出异议,此时应由法庭裁定。在宣布案件、查明被告人及其辩护人、证人、鉴定人是否到庭,证据是否调取后,检察官宣读诉状,随后告知被告人可以自行决定是否答辩。被告人愿作答辩时,则可就案情事实进行讯问。之后,进行证据调查。在法庭调查过程中,检察官和辩护人经允许可以进行交叉询问。审判长和陪审法官都可以向各方证人、鉴定人提问。在交叉询问过程中,对滥用询问权的人员,审判长可以剥夺其询问权,也可以制止不适当的或与案件无关的问题。

在对每个被告人讯问后及在每次提供证据后,法庭应询问被告人对此是否陈述,并依要求给予检察官、辩护人对此发表意见的机会。调查证据终结后,先由检察官后由被告人发言阐述本方的意见请求、双方辩论,被告人有最后陈述权。

被告人最后陈述后,审判庭退庭在评议室秘密评议。对证据的评定,法官应当根据其独立的、从整个诉讼过程中获得的信念得出结论。在评议过程中,负责事先阅卷的法官首先发言,然后是陪审员和另外二名法官发言,最后是首席法官发言。评议结束后进行表决。表决通过的要求因内容不同而各异。诉讼前提问题要求简单多数,罪过和刑罚问题各要求2/3多数,费用问题也只是简单多数即可通过。作出的判决或裁定在评议室即应写成文字。然后由审判长在庭上公开宣读并解释判决理由。此后,审判长说明上诉、申诉的权利和程序,法庭审判遂告终结。判决发生法律效力后,不得就本案的同一罪行对被告人再次进行刑事追究。但提起再次审判联邦宪法法院对宪法申诉的肯定判决,根据欧洲《保护人权公约》第25条提起的有效申诉等5种情形下,可中断已生效判决的效力,否则判决发生法律效力。

上诉审程序 被告或起诉方对判决、裁定不服时可以运用法律手段使不当判决不发生法律效力或在已生效的情况下中断其效力。法律手段分为普通手段和特别手段。普通手段指申诉、上诉、二次上诉和对逮捕命令的抗议。特别手段包含中断已生效判决和裁定的5种情形。申诉、上诉和二次上诉都要向上级法院移交案件。上诉和二次上诉在移交后可以使判决暂时不能生效,而申诉则无此效力。申诉的对象是法庭作出的决定和命令,上诉的对象是法庭作出的判决。申诉和上诉都要进行事实和法律审查,二次上诉只进行法律审查。有权提起申诉、上诉和二次上诉的人是被告人及其辩护人、代理人,除法定代理人可以违背被告人意愿,其他代理人和辩护人均不得违背被告人的意愿。检察官有权提起上诉和二次上诉。自诉人和附诉人或者判决的内容直接涉及到的其他人员,包括证人,也都有权提起上诉审程序。申诉、上诉和二次上诉应在宣判后一周内提起,提起后先由原判决法院受理,然后再行移送。享有提起申诉、上诉和二次上诉的人可以宣布放弃这些权利,在提出后可以收回。上诉审实行上诉不加刑原则。

上诉是对地方法院的判决提起的,不必说明上诉理由。不服独任法官制作的判决的上诉,由州法院小审判庭受理。不服有陪审员参加的混合庭制作的判决的上诉,由州法院大陪审法庭受理。上诉的审判程序与初审程序基本相同。初审时已询问的证人、鉴定人,只有在无必要时才可不再传唤,可以采用新证据。上诉庭开庭时,在阅卷法官报告后先由上诉人发言,原审的被告人仍然有最后陈述权。上诉审可以上诉理由未被证明为由而驳回上诉。在认定初审程序存在错误时,也可发还原审法院重新审理。在检察官和被告人同时提起上诉时,上诉审法庭必须分别作出判决。上诉人不服上诉审判决的,可向州高级法院再次上诉,即二次上诉。二次上诉是以原审判决认定的事实为基础,仅就适用法律是否有误进行审查。对地方法院的判决还可越过州法院而直接向州高级法院提起二次上诉,这种上诉亦可称为越级上诉。对州法院、州高级法院的初审判决,只限于就法律问题提出上诉,因为法律推定其判决认定的事实是正确的。

再审程序 是特别法律手段中最重要且应用最普遍的一种程序,其目的是保证解除不当判决的法律效力。再审原则上只涉及原判决依据的事实问题,法律问题则依宪法权利的申诉及依据保护人权宣言的申诉途经解决。再审的理由如因证人作伪证、法官有违法行为等法定情形的,则不论是否有利于被判决者都可以要求再审;作为刑事判决依据的民事判决已被另一判决撤销的,则可进行有利于被判决有罪人的再审;被宣告无罪的人在法庭内、外作了可信的犯罪供述时,可以进行不利于被判决人的再审。再审程序分为接受申请、审查申请理由及再次审判。再审的法庭程序与初审程序完全相同。对再审作出的判决和决定也可适用上诉审程序。对无罪判决或从轻判决,被判决者可依

法要求赔偿。　　　　　　　（王以真　张美英）

di en ei jishu
DNA 技术（DNA technology） 又称 DNA 指纹图谱。利用 DNA（脱氧核糖核酸）的多态图像进行个体识别的方法。个体的一切性状均由染色体上的一定基因所控制。染色体主要由 DNA 和蛋白质组成。DNA 是细胞基本遗传物质，基因是 DNA 分子中具有一定碱基段的片段。人类的各种血型及其他遗传特征均源于 DNA 的遗传信息。DNA 没有组织特异性，即人体任何组织的 DNA 都是一样的，但不同个体的 DNA 碱基排列顺序不同，此即 DNA 多态性。法医学应用白细胞、血痕、精斑、口腔上皮细胞和毛根为检材，将有效细胞的 DNA 提取出来，称 DNA 指纹图谱或基因的个体性纹图，这是因为它与人的指纹一样，具有高度的个体性。这一图谱从形态上看是一系列不等距离、相互间隔的多条带组成，其中每一条带代表一个或数个等位基因片段，即代表一定长度的 DNA 片段。不同个体之间的差异主要表现于谱带数目和位置及密度强弱的差异。DNA 指纹图，除了有个体的特异性，还有体细胞稳定性（没有组织差异）和遗传稳定性（按孟德尔遗传规律以均等的机会传给子代），所以对亲子鉴定和个人识别具有极重要的意义。

1985 年英国遗传学家亚历克·杰弗里斯（Alec Jeffreys）首先报道了 DNA 指纹图，并对一起英国移民纠纷案成功地鉴定了亲权关系，以后又经彼得·吉尔（Peter Gill）和戴维·沃雷特（David Werrett）将该技术应用于法庭科学，取得了令人瞩目的成果。它突破了常规法庭物证检验只能排除而不能认定的局限。目前我国公安部第二研究所、辽宁省公安厅刑事科学研究所、天津市公安局、北京市公安局、上海市公安局等已应用到实际案例中。但 DNA 指纹图对检材要求量大，至少需要 0.3 微克以上完整的 DNA，一般需 50 微升血液，5 微升精液，带毛囊的毛发 3～5 根，而且操作复杂，实验周期长，费用昂贵，所以在应用上受到限制。（李宝珍）

dixiaoquan
抵消权（right of offsetting a debt） 破产人被宣告破产时，对破产人负有债务的破产债权人，可以不依破产程序而将其所欠破产企业的债务与其享有的破产债权予以抵消的权利。破产制度中的抵消权制度起源于民法上的债权抵消制度，但又具有如下显著特征：第一，享有抵消权的只有破产债权人，破产债务人及清算组织均不享有抵消权。这一特征与民法抵消权制度中的双方当事人均有权主张抵消权有明显差别。这种差别的形成，是基于破产法律制度全面保护全体债权人合法权益的需要。因为如果赋予破产人及清算组织主张抵消的权利，虽然有利于保护相对债权人的利益，但这显然对其他债权人的利益有所损害，不利于公平保护全体债权人的利益。第二，破产债权人用来抵消债务的债权，不受债权种类、期限的限制，均可以在破产人被宣告破产时主张抵消权。这一特征与民法抵消权制度所要求的抵消的债权应是已到期的并且与被抵消的债务应属同种类也是有差异的。这种差异的形成，是基于破产法律制度对债权人合法权益的切实保护的要求。因为，如果不允许不同种类的债权或未到期的债权与欠破产人的债务进行抵消，一旦破产程序进行终结，破产财产处理和分配完毕，不同种类或未到期的债权将永远无法与破产人的债权进行抵消，有关破产债权人将因此而受到不应有的损失。

破产债权人主张抵消权虽然不受债权种类、债权是否已经到期的限制，但抵消权行使不适用于下列情况：①破产债权人在破产宣告后对破产财团所负的债务；②破产债权人已知破产债务人停止支付或已申请破产而对其负担债务；③破产人的债务人在破产宣告后对破产人取得的债权或取得他人的破产债权的。破产抵消权的限制，其目的在于保证抵消权行使的公正合理。

抵消权由破产债权人在破产人被宣告破产时向破产管理人提出。如果破产债权人提出的是给付种类不同的债权债务的抵消、或是未到期的债权与债务的抵消，应当由有关组织对不同种类的债权进行评估，确定债权数额，或对未到期的债权进行推算，确定其可抵消的数额。抵消权的有效行使，产生相应的法律效力：在抵消数额范围内，破产债权人与破产人的债权债务于破产宣告时归于消灭。　　　　　　　　（潘剑锋）

diyu guanxia
地域管辖【民诉】（regional jurisdiction） 诉讼管辖制度之一。根据法院的辖区和当事人所在地或诉讼标的所在地的关系，确定同级法院之间受理第一审民事案件的权限和分工的管辖制度。又称土地管辖或区域管辖。地域管辖与级别管辖有着密切的联系：级别管辖是从纵向上对不同级别的法院之间的管辖权限和分工加以划分的，所明确的是不同级别的法院各自管辖民事诉讼案件的范围以及民事诉讼的当事人应向哪一级法院提起民事诉讼；而地域管辖则是在横向上对同级法院之间的权限和分工加以划分，所明确的是每级法院的不同法院之间各自管辖民事诉讼案件的范围以及民事诉讼的当事人应向某级法院的哪一个法院提起诉讼。因此级别管辖是地域管辖的前提和基础，而地域管辖则是级别管辖的进一步具体化。

地域管辖的划分标准是法院辖区和当事人所在地或诉讼标的所在地的联系，这种划分标准已为世界很多国家和地区所采纳。法院的辖区是法院行使审判权的地域范围,当事人所在地即当事人住所地、居所地等或诉讼标的所在地,即引起争议的法律关系发生、变更或消灭地在法院的辖区内,是法院行使审判权的依据和标志。法院辖区和当事人所在地、诉讼标的所在地的这种隶属性关系,在日本、德国以及我国台湾地区的民事诉讼法中称为裁判籍或审判籍。审判籍分为两种:一是普通审判籍,即以法院辖区和被告人所在地的联系来确定管辖法院,我国民事诉讼理论称之为一般地域管辖;另一种是特别审判籍,即以诉讼标的和法院辖区的联系来确定管辖法院。我国民事诉讼理论中称之为特殊地域管辖。

地域管辖一般可分为一般地域管辖、特殊地域管辖和专属管辖。

一般地域管辖 又称普通管辖。通常采用"原告就被告"的原则确定管辖法院,即原告应向被告所在地的法院提起诉讼。适用这一原则,既有利被告参加诉讼,有利于法院审理案件;也有利于法院采取保全和执行措施及防止原告滥用诉权。依照中国民事诉讼法,"被告所在地"就公民而言是指被告住所地或经常居住地。住所地是公民的户籍所在地;经常居住地是公民离开住所地至起诉时连续居住满一年以上的地方;被告住所地与经常居住地不一致的,由经常居住地的人民法院管辖。就法人而言,法人的住所地是指法人主要营业地或主要办事机构所在地。但是"原告就被告"原则的适用,也有例外,即:对不在中华人民共和国领域内居住的人提起的有关身份关系的诉讼,对下落不明或宣告失踪的人提起的有关身份关系的诉讼,对被劳动教养的人提起的诉讼,应由原告所在地的人民法院管辖。德国、日本等国的民事诉讼法及一些国际条约中也对普通管辖作了类似的规定。《德国民事诉讼法》第 13 条、第 16 条、第 17 条规定:人的普通审判籍,依其住所定之;无住所人的普通审判籍,依其在国内的现在居留地定之,如现在居留地不明时,依其最后住所地定之;地方团体、公共团体,及得为被告的公司、合作社或其他社团以及得为被告的基金会、公益组织和财产集合体的普通审判籍,依其所在地定之。在无其他情况时,其事务所所在地即为其所在地。《巴斯塔曼特法典》也确认了:一般民事和商事案件由被告住所地国法院管辖;对动产物权诉讼,应受被告财产所在地法院管辖,如不知财产所在地,被告的住所地国法院也有管辖权;关于遗嘱检证或法定继承的案件,受死者最后住所地国的法院管辖;关于破产案件,由债务人住所地国法院管辖。

特殊地域管辖 也称特别管辖,是根据诉讼标的与法院辖区的联系确定管辖法院的。它和一般地域管辖是相辅相成的,对一些特殊类型的案件适用特殊地域管辖,更有利于案件的审理和纠纷的解决。许多国家的民事诉讼法都做了规定,但情况比较复杂,适用特别管辖的案件类型各有不同。依照中国民事诉讼法,适用特殊地域管辖的主要有:因合同纠纷提起的诉讼,由被告住所地或合同履行地人民法院管辖;因保险合同纠纷提起的诉讼,由被告住所地或者保险标的物所在地人民法院管辖;因票据纠纷提起的诉讼,由票据支付地或被告住所地人民法院管辖;因铁路、公路、水上、航空运输和联合运输合同纠纷提起的诉讼,由运输始发地、目的地或者住所地人民法院管辖;因侵权行为提起的诉讼,由侵权行为地或被告住所地人民法院管辖;因铁路、公路、水上和航空事故请求损害赔偿提起的诉讼,由事故发生地或车辆、船舶最先到达地、航空器最先降落地或被告住所地人民法院管辖;因船舶碰撞或其他海损事故请求损害赔偿提起的诉讼,由碰撞发生地、碰撞船舶最先到达地、加害船舶被扣留地或被告住所地人民法院管辖;因海难救助费用提起的诉讼,由救助地或者被救助船舶最先到达地人民法院管辖;因共同海损提起的诉讼,由船舶最先到达地、共同海损理算地或者航程终止地的人民法院管辖;在涉外民事诉讼中,因合同纠纷或其他财产权益纠纷,对在中华人民共和国领域内没有住所的被告提起的诉讼,如果合同在中华人民共和国领域内签订或者履行,或者诉讼标的物在中华人民共和国领域内,或者被告在中华人民共和国领域内有可供扣押的财产,或者被告在中华人民共和国领域内没有代表机构,可以由合同签订地、合同履行地、诉讼标的物所在地、可供扣押财产所在地、侵权行为地或者代表机构所在地人民法院管辖。

专属管辖 也是地域管辖制度之一,它是以案件的特殊性质为标准将案件与法院的联系专属化、特定化的。某类案件只能由法律规定的特定法院管辖,其他法院无管辖权,当事人也不得通过协议加以变更。它表明在国内民事诉讼中,某类案件只能由法律确定的法院管辖而排除其他法院的管辖权;或表明在涉外民事诉讼中,对一定的民事案件只能由本国法院具有独占的管辖权而排除别国法院的管辖权。专属管辖具有管辖上的排他性,它既排除一般地域管辖和特殊地域管辖的适用,也排除协议管辖的适用。在民事诉讼中规定专属管辖,以保证裁判的正确性和诉讼的顺利进行,已为大多数国家的民事诉讼立法所采纳,但专属管辖在各国适用的范围并不完全相同。比较而言,大陆法系各国规定的范围宽一些,而且规定的范围明确。而普通法系各国的判例法确定的范围窄一些,且在立法上赋予法官以自由裁量权。我国民事诉讼法对专属管辖作了明文规定,具体的范围是:因不动产纠纷提起的诉讼,由不动产所在地人民法院管辖;因港口作业发生纠纷提起的诉讼,由港口所在地人民法院管辖；因继承遗产纠纷提起的诉讼，由被继承人死亡时住所地或主要遗产所在地人民法院管辖；涉外民事诉讼中，因在中华人民共和国履行中外合资经营企业合同、中外合作经营合同、中外合作勘探开发自然资源合同发生纠纷提起的诉讼，由中华人民共和国法院管辖。

(阎丽萍)

diyu guanxia
地域管辖【刑诉】(district jurisdiction) 审判管辖的一种，又称地区管辖。指同级法院之间受理第一审刑事案件的权限划分。地域管辖与级别管辖有着密不可分的关系。级别管辖解决第一审刑事案件审判管辖纵的方面的划分，地域管辖则解决第一审刑事案件审判管辖横的方面的划分。只有规定了地域管辖，才能使各个法院审判第一审刑事案件的权限分工得到最终解决。就一个具体案件而言，级别管辖解决该案件应由哪一级法院审判的问题，而地域管辖则解决在众多的同级法院中，该案件应由哪一个法院审判的问题。

根据我国《刑事诉讼法》第24条、第25条的规定，确定地域管辖的原则有以下两个：①以犯罪地人民法院管辖为主，被告人居住地人民法院管辖为辅的原则。犯罪地包括犯罪预备地、犯罪行为实施地、犯罪结果发生地和销赃地。犯罪地在几个人民法院辖区内的，这几个人民法院对案件都有管辖权。法律这样规定有利于调查取证、查明案件、及时审判，也有利于传唤和通知诉讼参与人出庭，便于群众旁听。但又考虑到案件情况千变万化，针对被告人流窜作案、在居住地民愤很大以及被告人可能判处有期徒刑、拘役、服刑或管制而应在被告人居住地进行监督改造和考察的案件等情况更适宜在被告人居住地审判的，也可以由被告人居住地的人民法院管辖。被告人居住地包括被告人的户籍地、住所地。②以最初受理的人民法院审判为主、主要犯罪地人民法院审判为辅的原则。在几个犯罪地法院都有管辖权的时候，案件由最初受理的人民法院管辖有利于及时、顺利地审理案件，同时也可以避免相互争管或推诿，延误审判的进行。但是，对于被告人的主要罪行较之于其他罪行危害严重，影响大的案件，也可以移送主要犯罪地的人民法院审判，以有利于全面查清案件事实，正确处理案件。管辖的移送可在同级人民法院之间直接进行，无需报上级人民法院批准或指定。但当两个以上同级人民法院对管辖权发生争议时，则应报争议各方共同的上级人民法院指定管辖。

(朱一心)

di'ershen chengxu
第二审程序(procedure of second instance) 又称上诉审程序。是上级法院根据当事人的上诉或者检察机关的抗诉，对下一级法院尚未发生法律效力的判决或裁定进行再次审理时所应当遵循的步骤、方式和方法。它是刑事诉讼中一个独立的诉讼阶段，也是一项重要的诉讼制度。其目的是使下级法院的错误判决、裁定得到及时的纠正。必须注意的是，首先，不能简单地认为第二审程序就是对同一案件进行第二次审理的程序。因为对同一案件的第二次审理可能是第二审程序，也可能是第一审程序，甚至可能是审判监督程序。比如上一级法院认为下一级法院审理、裁判了应该由它作为第一审审理的案件，有权依法撤销原裁判，变更管辖，将该案收归自己作第一审审判。变更管辖后的审理，从审理次数说是第二次，但从审判程序上说仍是第一审程序。其次，第二审程序并不是审理刑事案件的必经程序。一个案件是否经过第二审程序，关键在于有无当事人上诉或检察机关是否依法提起抗诉。提起上诉、抗诉的，该案就应由上一级人民法院依第二审程序再次审理，否则即不产生第二审程序。

在实行两审终审制的国家，第二审程序即为终审程序，当事人或检察机关不得就第二审法院作出的判决、裁定再行上诉或抗诉；在实行三审终审制的国家，第二审程序仅为上诉审程序的一部分，对第二审裁判不服，还可以再上诉，提起三审程序，第三审才是终审。实行三审终审制的国家，第二审程序通常是从事实和法律上审查第一审判决是否正确，第三审只审查原判决的法律适用是否适当。因此，第二审又称事实审，第三审又称法律审。为了体现这二者的区别，有的国家(如日本)将第二审称为上诉审，而将第三审称为上告审。

多数西方国家的第二审法庭由法官3人以上组成合议庭，没有陪审团参加。第二审的审理范围，有的国家(如德国)限于上诉的部分，如上诉没有指明具体事项，即认为对裁判全部内容不服。有的国家(如日本)规定除必须调查上诉的事项外，还可依职权调查其他有关事项。第二审审理时，当事人、辩护人一般要到庭。第二审法庭审理后，可作出三种处理：维持原判；直接改判；撤销原判，发回原审法院重新审理(见发回重审)。为了保护被告人的上诉权，大多数国家都规定了上诉不加刑原则，即上诉审法庭在被告人单方上诉的情况下不得加重其刑罚。

根据我国刑事诉讼法的规定，第二审人民法院审判上诉和抗诉案件，由审判员3人至5人组成合议庭进行。第二审人民法院应当就第一审判决认定的事实和适用法律进行全面审查，不受上诉或者抗诉范围的限制。共同犯罪的案件只有部分被告人上诉的，应当对全案进行审查，一并处理。第二审人民法院对上诉案件，应当组成合议庭开庭审理。合议庭经过阅卷，讯问被告人、听取其他当事人、辩护人、诉讼代理人的意见，对事实清楚的，可以不开庭审理。对人民检察院抗诉的案件，第二审人民法院应当开庭审理。第二审人民法院开庭审理上诉、抗诉案件，可以到案件发生地或者原审人民法院所在地进行。第二审人民法院开庭审理的案件，同级人民检察院都应当派员出庭。第二审人民法院必须在开庭10日以前通知人民检察院查阅案卷。第二审人民法院经过审理后，认为原判决认定事实和适用法律正确、量刑适当的，应当裁定驳回上诉或者抗诉，维持原判；原判决认定事实没有错误，但适用法律有错误，或者量刑不当的，应当改判；原判决事实不清楚或者证据不足的，可以在查清事实后改判，也可以裁定撤销原判，发回原审人民法院重新审判。第二审人民法院发现第一审人民法院的审理有下列违反法律规定的诉讼程序的情形之一的，应当裁定撤销原判，发回原审人民法院重新审判：①违反法律有关公开审判的规定的；②违反回避制度的；③剥夺或者限制了当事人的法定诉讼权利，可能影响公正审判的；④审判组织的组成不合法的；⑤其他违反法律规定的诉讼程序，可能影响公正审判的。第二审人民法院审判被告人或者他的法定代理人、辩护人、近亲属（见当事人的亲近属）上诉的案件，不得加重被告人的刑罚。但是人民检察院提出抗诉或者自诉人提出上诉的，即使被告人同时提出上诉，也不受这项规定的限制。第二审人民法院对不服第一审裁定的上诉或者抗诉，经过审查后，分别情形用裁定驳回上诉、抗诉，或者撤销、变更原裁定。第二审人民法院受理上诉、抗诉案件后，应当在一个月以内审结，至迟不得超过一个半月。对几类特殊的案件，不能在此期限内办结的，经高级人民法院批准或者决定，可以再延长一个月。但是最高人民法院受理的上诉、抗诉案件，由最高人民法院决定。第二审的判决、裁定是终审的判决、裁定，宣告后，立即发生法律效力，交付执行。　　　　　　　　　　（刘广三）

diyishen chengxu

第一审程序（procedure of first instance） 法院审判第一审案件所必须遵守的方式、方法、步骤和法律手续。在现代刑事诉讼中，各国法院都实行审级制度，即案件须经若干级法院审判才能终结。第一审就是法院对刑事案件进行的初次审判。每个法院审理第一审案件的范围，是根据刑事诉讼法关于审判管辖的规定来划分的。各级各类法院只要它是作为第一审对案件进行初次审判，都必须遵循第一审程序。

第一审程序，是刑事诉讼中一个极其重要的诉讼阶段。刑事案件经过公诉机关提起公诉或者由自诉人直接向法院提起自诉以后，就进入第一审程序。在第一审程序中，法院要对案件进行实体审理，对事实作出认定，并依照法律对被告人的定罪量刑问题作出裁判。第一审法院的判决、裁定，如果在法定的期限内，没有上诉或者抗诉，或者在提出上诉、抗诉以后，没有被上诉审法院撤销，即发生法律效力，依法予以执行。

第一审程序是审判程序中的最基本的程序，从立法技巧上看，第一审程序的规定，相对于其他审判程序而言，具有通则的性质。即有关审判程序中的一些基本的原理和制度，如审判组织、庭审程序、法庭秩序、法庭笔录等，均在第一审程序中规定，其他审判程序中没有特别规定的，应当参照第一审程序中的有关规定进行。我国《刑事诉讼法》对公诉案件的第一审程序、自诉案件的第一审程序以及简易程序分别作了规定。

公诉案件一审程序　依照下述顺序进行：

庭前审查程序　为了保证开庭审理的顺利进行，人民法院在对案件进行开庭审理前，要对提起公诉的案件进行程序性审查。根据我国现行《刑事诉讼法》的规定，庭前审查主要是审查提起公诉的案件是否符合下列条件：①起诉书中有明确的指控犯罪事实；②起诉书附有证据目录、证人名单和主要证据复印件或者照片；③案件属于本院管辖。对于符合上述条件的案件，人民法院应当作出开庭审判的决定；对于不符合上述开庭条件的，人民法院不应作出开庭审判的决定。

开庭前的准备　决定开庭审判的案件，应做好下列准备工作：由合议庭审判的，确定合议庭组成人员；将人民检察院的起诉书副本至迟在开庭10日以前送达被告人，并告知被告人可以委托辩护人，或者在必要时为被告人指定承担法律援助义务的律师作其辩护人；将开庭的时间、地点在开庭3日以前通知人民检察院；传唤当事人，通知被害人及其诉讼代理人、辩护人、证人、鉴定人和翻译人员，传票和开庭通知书至迟在开庭3日以前送达；公开审判的案件，应当在开庭3日以前公布案由、被告人姓名、开庭时间和地点。上述活动情形均应写入笔录，由审判人员和书记员签名。

法庭审判　公诉案件一审程序的中心阶段，人民法院从实体上解决被告人是否有罪、应否处刑问题的基本形式和必经程序。法庭审判由审判长主持，按照开庭、法庭调查、法庭辩论、被告人最后陈述、评议和宣告判决的顺序进行。正式开庭审理前，先由书记员查点公诉人和诉讼参与人是否已到齐，并宣读法庭规则。开庭程序包括：审判长宣布开庭；传当事人入庭；宣布案由；宣布合议庭组成人员的名单；告知当事人有权对上述人员（辩护人、代理人除外）申请回避；告知当事人享有的诉讼权利，特别是被告人享有辩护权。法庭调查是在法庭的主持下，由控、辩双方提供证据，并对这些证据进行质证、核实。法庭调查是为了查明案件的事实，因而是法庭审判的中心环节。法庭调查结束后，应进行法庭辩论。由控诉和辩护双方就案件的事实问题和法律问题发表意见,并且可以互相辩驳。在辩论过程中,如发现案件事实尚未查清,证据尚需进一步调查核对,应暂停辩论,恢复法庭调查。合议庭认为案情已辨明,罪责已分清,即由审判长宣布法庭辩论终结,并告知被告人有最后陈述的权利。被告人最后陈述完毕,由审判长宣布休庭,合议庭成员退庭评议作出判决。宣告判决应当一律公开进行,可以当庭宣告,也可以另定日期宣告。判决一经宣告,第一审程序即告终结。法庭审判的全部活动,应由书记员写成法庭笔录。公诉案件一审程序,有严格的法定期限。人民法院应当在受理后一个月内宣告判决,至迟不得超过一个半月。交通十分不便的边远地区的重大复杂案件,重大的犯罪集团案件,流窜作案的重大复杂案件和犯罪涉及面广,取证困难的重大复杂案件,经省、自治区、直辖市高级人民法院批准或者决定,可以再延长一个月。

自诉案件一审程序 指第一审人民法院审判自诉人直接向法院起诉的案件所采取的形式、方法和步骤。除参照公诉案件程序外,具有如下特点:①人民法院收到自诉人的起诉后,应当审查是否属于自诉案件的范围和是否具备起诉的条件。经过审查后应当分别情形作出相应的决定:对于犯罪事实清楚,有足够证据的案件,应当开庭审判;对于必须由人民检察院提起公诉,即超出了自诉案件范围的,应当移送有管辖权的人民检察院;对于缺乏罪证的自诉案件,如果自诉人提不出补充证据,应当说服自诉人撤回自诉或者裁定驳回。②可以进行调解。人民法院审理自诉案件,在查明事实、分清是非的基础上,可以进行说服教育,促使当事人双方进行协商,自愿达成调解协议。经过调解达成协议的,人民法院应制作调解书。调解书一经合法送达即发生法律效力。调解未达成协议或者调解书送达前当事人一方反悔的,人民法院应当继续审判或者再行开庭审判。③可以和解。自诉人在宣告判决前,可以同被告人自行和解。和解是当事人双方在没有审判人员参与下,互相协商以期达成终结诉讼的协议。和解达成协议的,自诉人须向人民法院申请撤回自诉以结束诉讼。④可以撤回自诉。自诉人撤回自诉,应于宣判前向人民法院提出申请。是否准许由人民法院审查后裁定。⑤被告人在诉讼过程中可以对自诉人提出反诉。对反诉案件,人民法院应同对自诉案件一样,首先必须进行审查,分别情形作不同的处理:对于符合反诉条件,而且犯罪事实清楚,有足够证据的,应将反诉案件同自诉案件合并审理,当事人双方互为自诉人和被告人;对于超出自诉案件范围的反诉,应移送人民检察院;如果被告人提起反诉的行为不构成犯罪,或缺乏证据,人民法院经过调查也未能收集到必要的证据,可以说服被告人撤回反诉或者裁定驳回反诉。⑥对自诉案件没有明确规定审判期限(见一审期限),但如果被告人已被羁押,应参照公诉案件的审判期限。

简易程序 根据《刑事诉讼法》第147条和第174~179条的规定,简易程序具有如下特点:①简易程序只适用于基层人民法院。②简易程序只适用于第一审。③适用简易程序,由审判员一人独任审判。④简易程序所适用的案件范围是:对依法可能判处3年以下有期徒刑、拘役、管制、单处罚金的公诉案件,事实清楚、证据充分,人民检察院建议或者同意适用简易程序的;告诉才处理的案件;被害人起诉的有证据证明的轻微刑事案件。⑤适用简易程序审理公诉案件,人民检察院可以不派员出席法庭。被告人可以就起诉书指控的犯罪进行陈述和辩护。人民检察院派员出席法庭的,经审判人员许可,被告人及其辩护人可以同公诉人互相辩论。⑥适用简易程序审理自诉案件,宣读起诉书后,经审判人员许可,被告人及其辩护人可以同自诉人及其诉讼代理人互相辩论,在程序上不受法庭调查规则的限制。⑦适用简易程序审判案件,在判决宣告前应当听取被告人的最后陈述意见。⑧适用简易程序审理案件,人民法院应当在受理后20日以内审结。⑨人民法院在适用简易程序审理案件过程中,发现不宜适用简易程序的,应当改用普通程序对案件进行重新审理。

(汪建成)

第一现场、第二现场(primary crime scene, second crime scene)

第一现场是指犯罪分子着手实施犯罪行为的场所,即案件的发生地点,亦即主体现场。第二、第三等现场,是指与第一现场前后关联的其他主要地点,亦称关联现场。多现场的案件,不仅要把所有现场都找到,而且要判明这些现场的先后顺序。这样有助于判明犯罪分子的作案时间、过程、来去路线以及犯罪分子可能隐藏的地区,从而划定侦查范围。在划分现场先后时,要注意容易混淆的几种情况:①不能把犯罪分子在一个场所作案所侵犯的不同部位看成是第一、第二、第三等几个现场。②不能把在一个地区之内连续发生的几起案件看做是同一案件的几个现场,即使是同一个或同一伙人所为,也不能这样看。因为它们不是同一起案件。③不能把原形现场称之为第一现场。因为原形现场是相对于变动现场而言的,第一现场既可能是原形现场,也可能是变动现场。④应注意1号现场、2号现场等与第一、第二现场等的区别。1号、2号等现场是指发现现场的顺序,而不是犯罪分子的活动顺序。

(张玉镶)

癫痫(epilepsy)

一种阵发性的短暂脑动能失调。

多因脑部肿瘤、炎症、创伤、寄生虫、血管疾病、发育不全、中毒或某些未明病因引起。突然发生，自然终止，反复发作。由于癫痫病灶部位、范围以及引发的病因不同，癫痫发作的形式也不同。如有肌痉挛性发作（大发作）、失神发作（小发作）、局限性发作和癫痫性精神障碍发作。长期反复发作可导致患者智能衰退、人格改变。

癫痫是一种常见病、多发症。涉及法律问题的案件，屡见不鲜。特别是癫痫性精神障碍的患者更为突出。所谓癫痫性精神障碍是指以精神活动异常作为癫痫的发作形式，或在癫痫发作后继发精神障碍。癫痫性精神障碍的类型主要为癫痫性精神运动性发作，即以意识、感知觉、情感和行为障碍为主要表现的癫痫发作状态。其具体表现形式为：

癫痫性意识障碍 患者意识状态突然处于朦胧状态、谵妄状态或精神错乱状态，不能感知周围事物，定向障碍，同时伴有恐怖性的片断幻觉和妄想体验，情感活动恐惧、焦虑，行为冲动、富攻击性，甚至对周围人乱杀乱砍，自杀、自伤，形成癫痫性狂暴状态。持续时间数小时至数日。突然清醒，事后不能回忆。

癫痫自动症 患者在意识模糊状态下，作出一系列意思不明的行为，如咀嚼、伸舌、点头、脱穿衣服以及神游或梦游等。

癫痫性精神发作 患者在轻度意识障碍状态下，行为障碍不明显，而是以诸如幻觉、妄想、思维联想障碍以及情感不稳、欢快等精神活动障碍为突出表现，持续时间一般以数十秒至数十分钟多见。

癫痫性情感障碍 也称病理性心境恶劣。是指患者在意识清醒状态下，出现原因不明的情绪低沉、焦虑、郁闷等不良心境，并可因此而自杀或攻击他人。有些人则借酒消愁、狂饮大醉，呈现间发性酒狂。有的则无目的地出走、流浪。这种情绪状态突然终止，病人事后能够回忆。

癫痫性精神病 癫痫性精神障碍的又一种类型。这种患者的癫痫发作以酷似精神分裂症样的病理性精神症状的突然出现为主要形式。患者在此状态下可实施冲动、伤人、杀人等危害行为。急性病人一般持续数日或数周后自行缓解，精神活动完全恢复正常，但对发病时的状态不能回忆。少数慢性病人，这种状态可伴随终生。

癫痫性人格改变 一部分癫痫病患者，在长期反复发作后，人格发生改变。如变得心胸狭窄、自私自利、固执挑剔、凶残记仇，多合并智能障碍。这种人社会适应能力差，易与社会发生冲突，报复伤人、杀人；而有些人则变得过分温良恭顺。这两种情况也可表现在同一个人的不同时刻。此状态伴随终生。

癫痫智能障碍 部分癫痫病患者，在长期反复发作后，脑组织受到广泛的侵害，逐渐表现出智能退行性变化，直至痴呆，并且常合并人格障碍。这种人社会适应能力极差，不能对客观事物作出正确的评价，易实施如杀人、纵火等严重危害社会行为。

有关癫痫病人的法律能力问题，无论是在司法实践中，还是在司法精神医学鉴定工作中，都是最常见、最复杂的问题之一，应视具体病症类型，区别对待。危害行为若是在意识障碍、类精神分裂症样状态、严重的智能障碍状态下，受不明动机或病理性动机驱使而实施的，因其主观上已丧失了对自己行为的辨认或控制能力，应评定为无刑事责任能力。对于单纯的人格障碍、病理性心境恶劣和部分轻度智能障碍者，若其实施危害行为时意识清醒、动机现实，而且行为的结果与动机一致，应评定为完全刑事责任能力。若其精神障碍确实在一定程度上干扰了对自己行为的辨认或控制能力，行为结果与动机不完全一致，则应评定为限制刑事责任能力。其他发作性的癫痫性精神障碍者对刑事法律能力一般不受影响，但以刑事责任能力为先决条件的除外。而对慢性癫痫性精神障碍者、人格障碍者和智能障碍者，应受到限制。

在民事法律事务中，多数发作性癫痫性精神障碍者的民事行为能力不受影响，而癫痫性精神病、人格障碍、智能障碍等持续性的癫痫性精神障碍者，因缺乏对自己行为的辨认能力，应评定为无或限制民事行为能力。对有明显遗传倾向的癫痫病人以及持续性的癫痫性精神障碍者，应认定为患有医学上认为不应当结婚的疾病。

(孙东东)

电击死 (death from electricity)

电流通过人体造成组织器官破坏或机能障碍而导致的死亡。电击死多见于意外事故，其次是自杀，也有他杀。在他杀案件中凶手往往将死因伪装成触电自杀或不幸事故。

电击死的主要机制 ①电流通过心脏常发生心室纤颤或心脏骤停而死亡。②电流通过延脑引起呼吸麻痹；或电流通过呼吸肌，使呼吸肌发生强直性痉挛而造成窒息死亡。③电流作用于脑，可发生全身性神经麻痹而死亡。此外，广泛性电烧伤会引起继发性休克而死亡。

尸表征象 ①电流斑，又称电流标记。在电流通过的皮肤上，由于电流的热作用形成的一种特殊的轻度电烧伤。这种损伤发生在角质层较厚的部位（如手掌、足底）以及触电时间短，电热小于120℃时，形态特征最为典型。典型的电流斑呈圆形或椭圆形，表面呈灰白色或灰黄色，这与产生的热量有关。直径以6～8毫米为最多见，质硬而干燥，中央凹陷，边缘隆起，高约1～3毫米，形似火山喷口。损伤与周围组织皮肤有明显的界限,无炎症现象。有的周围有水泡,易破裂,以致皮肤松弛,起皱或片状剥离。电流斑也可呈犁沟形、条形、弧形或长方形等。②电烧伤。在高电压、大电流和电流作用时间长的情况下,皮肤出现三度、四度烧伤,创面呈褐色,有组织烧焦炭化现象。损伤的面积较大时,可留下导体接触面的形态,称电烙样变。严重的电烧伤可深达肌肉和骨骼,有时造成肢体断离。骨中的无机盐熔化成白色颗粒小球,称骨珍珠。电流高热还可使毛发、衣服烧毁,鞋钉、金属扣等发生熔化。③皮肤金属化。当人体遭受电击时,金属导体发生电解作用,金属微粒沿着在电击处的皮肤表面及深部分布,称皮肤金属化。电压高、电击时间长,皮肤金属化越明显。如接触铜导体,皮肤呈淡绿色或蓝褐色;接触铁导体,皮肤呈褐色;接触铝导体,皮肤呈灰白色,这是证明电击伤和电流入口较特殊的征象。

内部征象 与窒息死的一般征象相似,各脏器充血、水肿,粘膜、浆膜上有出血点,血液呈暗红色流动状。可有心肌纤维断裂,有时可见血管内血栓。电流通过头颅时,可发生脑裂伤,蛛网膜下腔出血,脑组织充血、水肿、出血、眼白内障、视网膜萎缩等。

电击死的鉴定 检验电击死尸体,应邀请具有丰富电学知识的技术人员一起详细勘验现场。勘验时首先切断电源,以免发生意外,对触电者尚未确认死亡时应尽力抢救。勘验重点部位是电源、导线、接触部位。了解电流种类和电压等情况,结合案情和尸体现象作全面的分析。意外电击死多发生在家庭或工业用低压电时。意外低压电击死者,因为只是意外瞬间接触,没有人为操纵,常有典型的电流斑。电流斑多发生在四肢或身体露出部位。高压电所致的意外电击死,多因直接碰到高压线,或在高压电下工作感应电击所致。高压电击死亡有明显的室外现场,尸体上有明显的电烧伤。

(李宝珍)

diaojuanling
调卷令(certiorari) 美英等普通法国家法院运用的一种公法救济手段。这种令状的功能是保障上级法院对下级法院以及法院对行政机关一定行为的监督。其运作程序是,法院应当事人的申请,命令被申请人将有关裁决及其案卷移送审查;通过审查,如确认相应裁决违法、越权,法院可予撤销,或同时发布执行令或禁止令,命令作出裁决的机关实施一定行为或停止实施一定的行为。在英国,调卷令主要用于高等法院对下级法院和行政机关行使监督权。高等法院王座法庭根据当事人的申请,命令下级法院或其他司法机构或行政机关将已判决的案件或已作出的行政裁决移送高等法院核查或重审。在美国,联邦法院自20世纪以来已不使用调卷令审查行政行为,但在州法院,调卷令仍被广泛使用。

(姜明安)

dingxiangli
定向力(orientation) 人对自我及其与周围环境的相互关系的认识能力。包括对本人姓名、性别、年龄、职业、服务单位、家庭地址等自身状况的自我定向力和对周围所处时间、空间及人物的客观定向力。若上述能力有损,则提示此人有意识方面的障碍。多见于脑器质性精神障碍,部分癔病和精神分裂症患者中也可见类似表现。

(孙东东 吴正鑫)

dongjing shenpan
东京审判(Tokyo Trial) 远东国际军事法庭审判第二次世界大战中日本甲级战争犯罪嫌疑人,因审判地在日本东京,故简称东京审判。东京审判的战争犯罪嫌疑人是当年日本法西斯政府中对策划、准备、发动或执行侵略战争负有最高或主要责任的人。由正式组织的国际法庭依照法律程序审判、制裁,是第二次世界大战后国际生活中的一件大事,也是人类历史上的一个创举。

东京审判依据的国际文件主要是《波茨坦公告》、《日本投降文书》,苏、美、英三国外长莫斯科会议决议等。依据这些文件,作为盟军统帅的美国麦克阿瑟将军制定并核准《远东国际军事法庭宪章》(以下简称《宪章》)、《远东国际军事法庭程序规则》(以下简称《程序规则》),设置远东国际军事法庭,任命出任远东国际军事法庭各国法官等。依据《宪章》及《程序规则》的规定,东京审判经历了逮捕、起诉、法庭审判及执行等各诉讼阶段。

逮捕 依据麦克阿瑟将军发布的逮捕令,以犯有共谋侵略他国、以战争破坏或威胁世界和平、违反战争法规及战争惯例、违反人道等罪行分4批逮捕118名甲级日本战犯嫌疑人。当时实行的逮捕制度是在逮捕令发布之日起10日内未自动投案者,才对其执行逮捕。实际上自动投案者是少数,多数是捉拿归案,个别有顽抗自杀的,如前日本首相东条英机自杀未遂。

起诉的准备与起诉书 起诉的准备与起诉工作由盟国最高统帅部所属国际检察处负责。任国际检察处处长的美国人季楠,后又被任命为远东国际军事法庭检察长。按照《宪章》规定,检察组织实行首长制,检察长对于各被控告人员有调查和起诉的完全责任,其他各盟国派遣的1名陪席检察官只起协助作用。

当时的中国政府派任向哲浚为代表中国的检察官,裘劭恒、刘子健为秘书,后增任倪征燠(yù)、吴学仪、鄂森、桂裕为中国检察团顾问。他们在开庭前的起诉准备工作,在法庭上出示证据、对证人的询问和诘问以及辩论陈述,对于法庭的定罪和判刑起到了重要的作用。

鉴于案件牵涉的地域广泛,实施犯罪的年代长久,罪行种类繁多,在押的重要战犯人数众多,决定了侦讯犯罪嫌疑人工作的异常艰巨性。书面证据的资料来源主要是日本政府的公文档案及各同盟国提供的政府文件、调查报告,某些犯罪嫌疑人的个人日记等。其中,日本政府最机密的文件是证明日本政府侵略政策的形成、侵略战争的发动及曾任首相、大臣的犯罪嫌疑人在决策过程中发言的内容、扮演的角色等事实极端可靠的证据。各国检察官按其分工从中搜集有用的书证。如证明被告人土肥原贤二和坂垣征四郎罪行的有力证据是倪征暊、吴学仪、刘子健等中国检察官员搜集摘录的。鉴于日本战犯的罪迹遍及全东亚和太平洋区域,对于大规模屠杀平民、虐待俘虏、烧劫罪行、强奸妇女等暴行,采用了实地采访和调查的方式。中国南京大屠杀事件、芦沟桥事件是季楠检察长亲自率员进行实地调查的,在法庭上提证的效果较佳。

在搜集证据工作告一段落后,草拟起诉书前,首先应确定首批起诉对象及其犯罪年代的起止时间。经过国际检察处内部研究决定,确定对太平洋战争的发动者、前日本首相东条英机,老牌外交官、法西斯军人等28名犯罪嫌疑人从1928年4月日军在中国东北皇姑屯炸死张作霖事件起至1945年日本投降时至17年期间实施的罪行提起诉讼。在确定被告人及其罪行后,即草拟起诉书。

起诉书由前言、55项罪状和5个附件构成。55项罪状分三大类:破坏和平罪(即侵略罪)、杀人罪及其他普通战争犯罪。起诉书中未专列违反人道罪。有些罪状是对全体被告,而另一些罪状是对一部分被告提出的。法庭接受了起诉书,但是认为55项罪状过于庞杂、繁琐,有重叠甚至抵触之处,且检察处提供的证据不能充分支持每项罪状的控诉。因而法官们内部决定减缩成10项,在判决书中公开宣布。法庭在庭审各阶段中都以此10项罪状的控诉为标准与尺度。法庭减缩后的10项罪状,归纳起来是:全体被告人总的共同阴谋的目的是通过对各国发动侵略战争、并串通其他有野心的国家使日本对东亚、太平洋、印度洋及其附近各国取得支配地位;全体被告人曾参与对中国、美国、英联邦各国及其领土和属地等实行侵略战争;部分被告人对法国、苏联、蒙古实行侵略战争,等等。

法庭审判 法庭自1946年5月3日正式开庭,于1948年11月12日宣读判决书。由于11位法官来自于用英语和实行英美法律制度的国家,法庭审判事实上是按照英美对抗式模式(见当事人主义)进行的。依据《宪章》及《程序规则》的规定,法庭由对日本受降签字国的中国、苏联、美国、英国、澳大利亚、加拿大、法国、荷兰、新西兰、印度和菲律宾各国派遣的11名法官组成。除苏联、美国2名为军人法官外,其他均为文人法官。庭长由澳大利亚威勃爵士兼任。法庭席位经过中国法官据理力争,最后终于决定按日本受降签字国的次序排列,庭长居中,右席为美国法官,左席为中国法官。

法庭审理大体上是依据《宪章》和《程序规则》的规定进行的。但是为了简单迅速,在细节上略有变通。实际上法庭审判经历了以下程序:起诉方宣读起诉书;庭长讯问各被告人是否承认自己有罪,28名被告人当时全作"不认罪"或"无罪"答辩;检察长致开始陈述词,概括说明起诉主旨及要点,结束后,被告律师提出抗议,但被法庭驳回。此后,起诉方分若干部分提供证人和证件,被告方对每一证人或证件都可提出抗议,并可向起诉方证人反询问;然后,被告方也分若干部分提供证人和证件,起诉方可提出抗议并向被告方证人反询问。起诉方反驳被告方提供的证据,被告方反驳起诉方对本方的反驳证据,在此阶段双方都提出一些本方的新证据。至此,综合性的审讯阶段告一段落,接着是每一被告对其个人被诉部分进行辩护、提证及反询问程序,对全体被告的综合性部分的审讯;起诉方亦可对每一被告所提证人和证件进行辩论或向被告方证人进行反询问。最后,起诉方、被告方先后进行总结陈述;在检察长致最终陈述词后,法庭进行判决并宣读判决书。

出示证据是法庭审理的重要阶段。起诉方的证据大致由对所调查情节关系密切的国家的检察官负责出示。中国起诉方出庭作证的中国籍证人有伍长德、秦德纯和溥仪。伍长德是南京大屠杀事件的目睹者和受害人之一,证明日军对众多难民及其本人先扫射后逐个捅刺刀,再用煤油焚烧的凶残罪行。秦德纯在1937年"芦沟桥事变"事变发生时任中国华北驻军第27军副军长,证实日军策划发动"芦沟桥事变"的侵略罪行。伪"满洲国"皇帝溥仪出庭证明并阐明日帝奴役满洲的计划和实施过程。为起诉方出庭作证的证人共109名,提供的书面证言561件,法庭接受起诉方的各种书面证据2485件,法庭用时约160日。

各被告方出庭作证的证人,含被告本人及被告人以外的证人,共310名,其中被告人本人作证者16名,土肥原贤二等9名被告人拒绝作证。法庭接受被告方提供的各种书面证据1527件,书面证言214件,法庭用时约187日。被告人作为证人提供的证言因人而异。许多被告人在口供中竭力掩盖犯罪事实,推卸自己的责任。另一些被告人则交待了日帝从事侵略战争的内幕。如宫廷内大臣木户幸一根据其从1931至1945年所写日记的口供书,交待了对审判很有价值的日本发动侵略战争过程的犯罪事实。又如铃木贞一、东乡茂德等被告人供述了日本前首相东条英机反对从中国撤兵、坚持对美国开战等犯罪事实。东条英机虽将战争责任承担下来，但将日本发动的侵略战争诡辩成"自卫战争"，从根本上否定战犯的罪行。

提证程序结束后，法庭进入综合性辩论阶段。每名被告人拥有二三名至五六名日籍律师及一二名美籍律师，共计辩护律师130名。辩护律师众多，又都采取拖延庭审的策略，是东京审判进行缓慢的原因之一。双方辩论的焦点主要集中在法庭有无管辖权、对日本发动的侵略战争个人应否负责、战争的性质是侵略或是自卫三个问题上。管辖权问题由法庭明确解决。其他问题则通过双方提证辩论逐一解决。

判决与执行 在草拟判决书的过程中，除印度法官主张全部被告人都应无罪释放外，其他法官都主张各被告人都有罪，只是对刑事责任的轻重程度有分歧。按投票结果，以多数通过25名被告人有罪判决。判处被告人东条英机等7人绞刑，荒木贞夫等16人无期徒刑，判处有期徒刑者2名。审判开始时被告人有28名，其中1人在审判过程中患病身亡，另1人因丧失行为能力而中止受审，因而判决书只列举25名被告人。1948年11月4日至12日法庭宣读了判决。盟军最高统帅麦克阿瑟于11月24日核准此判决。

正在准备执行判决时，若干被告人的美籍律师向美国最高法院提出非法的上诉，有罪判决被迫延期执行。在多方的压力下，美国最高法院否决重审，驳回上诉。1948年12月23日凌晨，东条英机等7名被判处死刑的被告人在监狱内执行绞刑。被判处无期徒刑或有期徒刑的被告人均在监狱服刑。

自1946年5月3日至1948年11月12日止，远东国际军事法庭审判日本甲级战犯的工作历时约两年半，开庭818次，纪录4.8万余页，出庭作证的证人419名，书面作证者779名，受理书面证据4300余件，判决书长达1213页，可谓历史上罕有的工程浩大的国际审判，为国际军事法庭的组织、审判原则和程序创造了宝贵的财富。

（王以真）

dongli dingxing
动力定型（dynamic stereotype） 来源于巴甫洛夫的"高级神经活动"学说，系指在长期重复性运动中，形成于大脑皮层的一系列固定联系的条件反射。它按照既定的传导顺序协调人体各运动器官，使人的某些运动具有自律的习惯和熟练的技巧。这既是大脑皮层的自我保护机能，也是人的各种技能、技巧及习惯产生的基础。人在重复某项运动的过程中，开始总是不熟练的，总要自觉地去限制、规范各运动器官按照一定的方式去配合协调，大脑皮层运动中枢总是处于兴奋状态。在长期重复练习中，各种刺激反复作用于大脑皮层，逐渐形成条件反射，并且不断地得到强化和完善，最终成为一种有规律的自我协调，从而减轻大脑皮层的兴奋状态。人的运动也就从强制性的自觉协调转为轻松的自律运动，形成了固定的习惯或技巧，譬如人的步法和书法。动力定型的形成条件包含着来自人体机能、运动器官形态和功能、强制性的模仿训练、外界环境的制约等诸多方面的刺激，因而形成了个人的特性；而动力定型一经形成即成为相对稳定的模式。动力定型的特定性和相对稳定性是司法鉴定中进行笔迹鉴定和步法检验的科学基础。

（蓝绍江）

dongtai zuoyong henji
动态作用痕迹（moving state traces） 在痕迹形成过程中，造型体与承受体的相互接触部位发生相对位移（错动）而形成的带状或线状反映形象。动态作用的原因是造型体施加于承受体的荷载方向同法线呈一定的角度，切向分力发生主导作用，使造型体沿承受体表面发生滑动。滑动的结果使造型体表面分布的若干凸起质点分别在承受体表面划出粗细各异、间距不等的若干线痕；这些线痕的形态及分布动态地反映了造型体表面凹凸结构的固有特征。当两类客体的相对角度不变、作用力的方式与作用力强度不变时，多次形成的线痕形态与分布是稳定的。因此，根据动态痕迹的检验可以对留下痕迹的客体进行同一认定。在犯罪现场上常见且有价值的动态痕迹，是犯罪分子使用工具破坏目的物或障碍物时形成的剪切痕迹与擦划痕迹，枪支在发射过程中留在弹头表面的膛线痕迹与初生痕迹等。影响动态痕迹特征的因素比较复杂，由于压力大小、接触部位和角度不同，即使是同一物体所形成的痕迹也会发生很大差异。所以在检验动态痕迹时，必须结合现场分析，把痕迹形成的具体条件（力的大小、方向、工具的角度等）研究透彻；然后以被审查的客体（工具）在模仿现场痕迹形成条件下，通过反复实验获得稳定可靠的实验样本，再同现场痕迹进行比较检验。比较检验的方法主要采用同倍放大照片的线痕拼接和在专用比较显微镜下的线痕重合或拼接。目前，国内外应用的最新检验手段是高精度的线状痕迹自动识别系统，它可以通过高精度的触针与电路放大系统，把线痕的横向起伏转换成直流缓变信号，再经计算机系统转换成特征变化曲线，由计算机进行自动化数据测量和鉴别。它不仅提高了检验效率和检验科学性，而且可以实现动态痕迹的建档存储与自动查询。

（蓝绍江）

dongwu dusu zhongdu
动物毒素中毒（animal toxin poisoning） 动物

毒素侵入人体，引起机体损害甚至死亡的过程。自然界中常引起中毒的含有有毒物质的动物有蟾蜍、斑蝥(mao)、河豚鱼、毒蛇四类。

蟾酥是由蟾蜍(俗称癞蛤蟆)耳下腺及皮脂腺内的白色浆液加工而成的棕黑色固体物，属于中药，用于治疗痈疖、咽喉肿痛及抗癌等。化学成分复杂，主要结构为类似强心甙元的蟾酥配基以及由蟾酥配基和精氨酸、辛二酸结合而成的蟾酥毒素等成分。能兴奋迷走神经及直接作用于心肌，引起心率变慢、产生心脏窦房传导及房室传导阻滞、异位节律、室性心动过速及心室颤动。此外，尚可刺激胃肠道并有催吐、局部麻醉及引起惊厥作用。蟾酥药用一次口服剂量一般为3~5毫克，最大不超过135毫克。误服过量或误食蟾蜍可导致中毒，中毒表现主要为呕吐、腹泻、心悸、心律不齐、肢麻、抽搐、昏迷、呼吸及循环衰竭。中毒检材(胃内容等)中有毒成分可用氯仿萃取，用薄层色谱、液相色谱检验。蟾酥配基遇硫酸、醋酐—硫酸等呈现颜色反应，亦可用于检验。

斑蝥素为斑蝥等昆虫体内的有毒物质。可用于治疗疥癣、黄疸、腰腿痛和风湿病以及用于皮肤发赤、起泡，治疗癌症等。中毒多发生于口服斑蝥用于堕胎、预防狂犬病、壮阳等。亦曾发生过用于投毒谋杀。斑蝥素对皮肤粘膜有发赤、发泡作用。进入机体后，对泌尿系统及消化道系统有强烈的刺激作用，可引起严重急性肾功能衰竭、消化道溃疡等。口服过量可改急性中毒，主要表现为口腔粘膜溃疡、呕吐、腹痛、便血、尿频、尿道灼烧感等。口服0.03克可致死，一般半小时内死亡。中毒检验用检材以呕吐物、胃内容最好，胃、肝亦能检出。检材酸化后用氯仿或乙醚萃取本品，萃取液净化、浓缩后用薄层色谱和气相色谱进行定性定量检验。

河豚是一种有毒鱼类，我国有七十多种，常见引起中毒的有9种。河豚毒素是河豚鱼中所含的有毒物质，剧毒，0.5毫克即可使人致死，毒性为氯化钠的1000倍。对胃肠道有局部刺激作用，吸收后迅速地作用于神经末梢和神经中枢，使神经传导障碍呈麻痹状态。河豚毒素主要含于河豚卵巢内，肠道和血液次之，肉鲜美无毒(繁殖季节有少量毒素)。中毒多为误食，症状主要为口、舌、指头麻木、头痛、腹痛、呕吐、言语不清、血压下降、瘫痪、呼吸困难。可取胃内容萃取物注入青蛙体内观察是否发生麻痹状态进行中毒检验。

蛇毒是由毒蛇毒腺分泌的一种粘稠液体，中毒途径主要由毒蛇牙齿注入被咬生物体内。世界毒蛇已知有五百余种，我国已知有49种，主要分布于长江以南地带。眼镜蛇科、海蛇科及一些蝰科蛇含神经毒，此种毒是毒蛋白或毒性多肽，作用结果是使骨骼肌麻痹。尖吻蝮、竹叶青等蛇的蛇毒为血循毒，此种毒蛋白或多肽可损坏心肌，促成或抗血凝等。眼镜王蛇、蝮蛇等的蛇毒含有以上两类毒素。蛇毒中毒症状因蛇毒种类及被咬者体质等而异。除意外被蛇咬外，近些年已见故意利用毒蛇咬伤他人案件。罪犯常选含神经毒的毒蛇(如银环蛇)，其牙痕小、无渗透、局部症状轻、死亡快。检案中应取被咬部的组织、血液及内脏观察病理变化，检测蛇毒抗原。

(王彦吉)

dongzuo xiguan henji
动作习惯痕迹(traces of moving habit) 个人在行走、书写等某些运动行为中的用力习惯在承受体上的形象化反映。例如：在文学书写中的运笔习惯在字迹中形成的"藏锋"、"回锋"、特定的笔划搭配结构等；在走路时的身体扭动习惯在足迹中形成的"拧痕"等。

每个人在经常从事的某项运动或工作中，都会形成自己相对稳定的习惯性动作。这些习惯形成的先天条件是运动器官生理结构和机能的特殊差异；形成的后天条件是长时间练习和模仿的结果。在长时间的锻炼中，内在的与外界的、先天的与后天的各种刺激讯号，反复地、有规律地传导到大脑，逐渐形成条件反射。这种条件反射继续在长时间的反复运动中得到强化，形成臻于完善的一长系列的条件反射。"人类活动中的各种知识、技能和技巧都是在复杂的、暂时性联系的发生和强化过程中形成起来和臻于完善的，它们本身就是一长系列的条件反射。"(克列斯托夫尼科夫著：《人体生理学》，1956年体育出版社版，第384页)这种臻于完善的、具有相对稳定性的一长系列条件反射被巴甫洛夫称为大脑皮层的"动力定型"。动力定型的形成，在生理上是大脑皮层自我保护机能，它可以减轻大脑皮层的经常兴奋状态。在各种运动过程中，动力定型支配人的各个器官在时间和空间上自动协调配合，成为习惯性自律运动。由于动作习惯形成过程中各种制约条件的错综复杂，习惯动作表现出个人特性，具体体现在用力的大小、方向与角度、作用部位、动作频率等若干细节方面。在犯罪调查的证据检验鉴定中，利用动作习惯痕迹中的个人特性对留下痕迹的人进行识别和认定。

痕迹中的动作习惯特征同形象特征有如下区别：①内涵信息不同。形象痕迹反映的是造型体外部形态结构的特征；动作习惯痕迹反映的是来自造型体方面的作用力特性。②检验结果不同。形象痕迹检验是根据形态特征对留痕的客体(人或物)进行认定；动作习惯痕迹检验是专门从力的特性上研究人的习惯，进而对行为人进行识别。③影响制约的因素不同。形象痕迹形成的质量受造型体与承受体客观物理属性的影响很大；而动作习惯痕迹可以人为地伪装变化，并受到人的年龄增长、运动器官病变、自觉地模仿练习等因素的影响和制约。

动作习惯形成的因素很多,诸多因素的随机组合构成了动作习惯的不同类型,呈现出人各不同的特殊性。而习惯一经形成,在相当长阶段内是稳定的。所以从理论上讲,动作习惯痕迹特征既具有特定性、亦具有稳定性,可以作为人身识别的重要物证。但是,由于形成痕迹时外界条件的影响和目前检验手段的局限,对某些鉴定结论(如步法鉴定)用于诉讼仍持慎重态度。然而这并不影响它在侦查犯罪中的重大意义;而且随着理论研究的深化和检验手段的科学化,动作习惯痕迹检验的发展前景是广阔的。

(蓝绍江)

dongsi

冻死(death from cold) 寒冷的刺激超过了人体体温调节的限度,使体温下降而导致的死亡。

冻死的过程及症状 ①兴奋期。当身体受低温作用时,由于体温调节中枢的调节作用,使产热加强、散热减少,来实现代偿适应。此时出现进行性寒战,心跳和呼吸加快,血压上升,代谢增高,精神处于兴奋状态。②抑制期。身体长时间受寒冷刺激,引起代谢失调,体温调节发生障碍,使产热少,散热多,体温不断下降。约下降至30℃时寒战停止,肌肉僵直,心跳和呼吸减慢,血压下降,皮肤苍白,代谢降低,感觉迟钝,处于嗜睡、昏睡状态。③麻痹期。体温下降至25℃以下时,体温调节功能衰竭,心跳和呼吸抑制,意识丧失,反射消失,处于深昏迷状态,最后代谢停止而死亡。

尸表征象 冻死尸体常呈卷缩状,尸体皮肤呈苍白色,尸僵强硬不易缓解,尸斑呈鲜红色。尸体表面的这些改变并非冻死的特异征象。有的冻死者在死前脱去部分或全部衣服,使身体裸露,称冻死脱衣现象。这种现象的出现,有人认为是人体在长时间的寒冷刺激下,体温调节中枢麻痹,有幻觉热感所致。也有人认为是由于体温调节中枢麻痹,周围血管突然扩张,深部的血液充盈了周围血管,从而产生反常的热感觉所致。

内部征象 ①胃粘膜有广泛性出血点。这是冻死最常见的现象,约85%~90%有此现象。出血点分布在血管周围,大小不等,多少不一,小的如针尖,大的如豌豆,呈褐色或深褐色。形成出血点的原因,有人认为是腹腔神经受寒冷刺激,引起血管痉挛所致。也有人认为是中枢神经系统受寒冷刺激,使内脏血管发生痉挛所致。②左心血液明显呈鲜红色。由于冻死者生前肺内吸入低温空气,使左心血液较右心血液的温度低1~2℃,在低温情况下,氧合血红蛋白不易分解,故左心血液明显呈鲜红色,右心血呈暗红色。③各内脏淤血。特别是脑、心、肺淤血最明显。④颅盖骨骨缝裂开。颅内脑组织因冻结而体积膨胀,可使颅盖骨骨缝裂开。这是死后现象,不可误认为生前损伤。

冻死的鉴定 冻死尸体一般无特殊性改变可作诊断依据,故需作尸体解剖。观察胃粘膜有无弥漫性出血点,左心血是否明显呈鲜红色,能否排除其他原因所致的暴力死亡。再结合案情,如环境温度,气候变化,有无忍饥挨饿或患精神病,有无饮酒、衣着单薄以及死者年龄、营养状况等进行综合判断。冻死大多是由于寒冷或风雪袭击引起的意外灾害事故,或酒醉后受冻致死,以及精神病发作受冻致死。

(李宝珍)

ducu chengxu

督促程序(procedure for application to count to issue an order urging debt repayment) 债权人请求法院督促债务人履行一定给付义务的程序,属于非讼程序的一种。在债权债务关系明确并符合法定条件时,债权人可以依督促程序向法院提出特定的请求,法院仅依债权人的主张,不经过开庭审理,径行向债务人发出附条件的支付令,责令其在一定期限内履行债务或者提出异议,如果债务人既不履行债务又没有提出异议,该支付令即取得与确定判决同等的法律效力,法院可以根据债权人的申请对支付令强制执行。

督促程序的适用范围 各国的规定有所不同。在德国,督促程序的适用范围被修改过多次。如1877年《民事诉讼法》第628条第1款规定:"以支付一定的金额或一定的其他代替物,或给付一定数量的有价证券为标的的请求,如经债权人申请,应发出附条件的支付命令。"1898年修改时,在上述规定的基础上又增加了"根据抵押权、土地债务、定期土地债务的请求,视为以支付一定金额为标的的请求"的规定,这次修改扩大了督促程序的适用范围。1940年的修改又将适用范围予以扩充,即在1898年的基础上增加了"船舶抵押权的请求"。但1976年的修改却大大缩小了督促程序的适用范围,只限于"以支付一定金额的本国货币为标的的请求",这种规定一直延续至今。在我国,督促程序只适用于债权人请求债务人给付金钱和有价证券的案件。

督促程序的特点 第一,督促程序是一种迅速实现债权的非讼程序。第二,法院对债权人的请求不作实质性审查。债权人依督促程序提出申请后,只要债权人提出申请的程序合法、证据充分,债权债务关系明确、合法,法院对债权债务的内容不作实质性审查,即可直接发出支付令,督促债务人履行义务。第三,督促程序对被申请人的态度尤为注重。在督促程序中,支付令是否能够生效,取决于债务人的态度。支付令发出后,如果债务人在法定期间内对支付令提出异议,则支付令自动失效;反之,如果债务人在支付令送达后,既不履行债务,又没有在法定期间内提出异议,则支付令发生与生效判决同等的法律效力。

审理程序 债权人依照督促程序申请支付令，以债权人与债务人没有其他债务纠纷以及支付令能够送达债务人为限。债权人应以书面形式向债务人所在地的法院提出申请。法院经过审查，认为申请不符合受理条件的，即应在5日内通知债权人不予受理；认为符合受理条件的，即应在5日内立案受理。通过对债权人提出的事实、证据的审查，对债权债务关系明确、合法的，即应在受理后15日内向债务人发出支付令。债务人应当在收到支付令之日后15日内清偿债务，或者向人民法院提出书面异议。债务人在法定期间内提出书面异议的，法院应裁定终结督促程序，支付令自行失效，债权人可以依通常程序起诉；债务人在法定期间内不提出异议又不履行支付令的，债权人可以向人民法院申请执行。

(万云芳)

dupin

毒品（illicit drugs） 鸦片、海洛因、吗啡、大麻、可卡因以及国务院规定管制的其他能够使人形成瘾癖的麻醉药品和精神药品。当今世界，毒品种类繁多，不仅传统的毒品予以保存，而且翻新、创造出许多新品种。联合国《麻醉品单一公约》和《精神药物公约》中规定的麻醉药品有128种，精神药物有99种，人们从不同的角度对毒品进行分类。医学家们根据毒品对人体的不同效果，将其分为麻醉剂、致幻剂、兴奋剂和镇静剂四大类；生产者们根据毒品的来源和生产方法，通常把毒品分为天然毒品、精制毒品和合成毒品；吸毒者根据吸毒后的承受程度，习惯把毒品分为软性毒品和烈性毒品；法学家则根据法律的规定，将毒品分为麻醉药品类和精神药物类。

麻醉药品和精神药品

麻醉药品 根据来源，可分为四类：①吗啡类，主要包括生鸦片、精制鸦片、吗啡、海洛因及含鸦片成分的制剂。其原料来自罂粟植物。罂粟是一种草本植物，适于在温暖地区生长，夏季开花，花落后结果，果实未熟时的浆液风干凝固后为棕色或近黑色即为生鸦片；生鸦片与水混合经加热、发酵、过滤等可制成精制鸦片(亦称熟鸦片)；吗啡是从鸦片中提取出来的一种生物碱，具有很强的麻醉性，在非法毒品交易中常遇到的是粗制吗啡、吗啡碱、吗啡的硫酸盐或盐酸盐。现发现有压缩成块状、粉末状及片状的吗啡；海洛因是在吗啡中加入醋酸酐、三氯甲烷等化学物品，经化学反应制得的产物。常见的有3号海洛因和4号海洛因。3号海洛因一般呈颗粒状，也有粉末状的，颜色从浅棕色到深灰色。因地区不同，别名也不同，如"香港石"、"棕色糖"、"白龙珠"等。其中二乙酰吗啡的含量为25%～45%，咖啡因的含量为30%～60%。4号海洛因为白色或米色的细粉末，俗称"白面"，由于在生产过程中进行了提纯，其二乙酰吗啡的浓度可高达98%，但在零售给吸食者时，常常掺入大量类似乳酸盐类物质，将此种海洛因稀释。②大麻类，主要有大麻草、大麻树脂、大麻油以及含有四氢大麻酚的物品。大麻类毒品通常称为大麻，其原料来自大麻植物。大麻是一年生草本植物，本为纺织及制绳之原料，但由于该植物的某些部分含有四氢大麻酚，具有精神活性作用，因而被用作毒品。大麻草是将大麻植物的叶子、花顶部晒干制成，一般压成砖块状或搓成枝条状，颜色呈淡绿或绿色，类似于烟丝，其中四氢大麻酚的含量为0.25%～8%。大麻树脂(也称哈希什)是将大麻植物花顶部的树脂分泌物晒干或烧干，然后压成粉末状或与蜡混合制成硬厚片状，颜色有浅棕色、绿色、深棕色或黑色等，四氢大麻酚含量一般为4%～12%。大麻油是采用溶剂浸出方法反复提取大麻草或大麻树脂而制得，是大麻的浓缩物，呈黑色粘稠状，其中四氢大麻酚含量为20%～60%，也有更高比例的。③可卡类，包括可卡叶、可卡糊、可卡因及含有可卡生物碱的制剂。其原料为古柯灌木的树叶。古柯是一种常绿灌木，主要生长在南美洲，每年3月、6月及10月至11月间可收获可卡叶3次。可卡叶中含有0.5%～1.5%的可卡生物碱(亦称可卡因碱)，具有加快新陈代谢，刺激循环系统的作用，当地居民常嚼含可卡叶以解除疲劳，提高情绪。可卡糊是在可卡叶中加入煤油或纯碱加工制成，主要含可卡生物碱，将可卡糊用乙醚、丙酮、盐酸等化学试剂加工提炼，可制得可卡因。可卡因是一种无味白色结晶粉末，常见的有盐酸可卡因，一般用鼻吸，也可静脉注射。④合成类，该类麻醉药品不是以天然植物为原料，而是由其他物质化学合成而得，主要有美沙酮、杜冷丁、安侬痛及含有这些成分的制剂。

精神药品 指直接作用于中枢神经系统，使之兴奋或抑制，连续使用能产生依赖性的药品。根据对人体的作用，可将其分为三类：①抑制剂，是对中枢神经系统产生抑制作用的药物，应用范围从镇静、催眠到麻醉。包括巴比妥酸盐和非巴比妥酸盐类。前者主要有异戊巴比妥、烯丙异巴比妥、巴比妥、仲丁巴比妥等；后者主要有导眠能、安眠酮、甲喹啶酮、利眠宁等。在我国，这类药物以安眠酮、眠尔通、利眠宁为主，其中安眠酮的慢性中毒和戒断症状相当严重，可能伴发严重精神障碍。②兴奋剂，是引起中枢神经兴奋作用的药物，其中最主要的是苯丙胺类，如苯丙胺、石旋苯丙胺、甲基苯丙胺等。苯丙胺的特点是心理依赖性强，容易产生耐药性，而躯体依赖性不明显。其他兴奋剂包括二乙胺苯丙酮、苯丁胺和麻黄素。③致幻剂，为天然的或合成的物质。使用者使用后知觉、视觉变得很不正常，会产生幻觉。最常见的有麦角酰二乙胺(LSD)、二甲苯色胺(DMT，是从南美洲一种植物种子中分离出来的,地下实验室也能合成)、苯环己呱啶(PCP)、西洛西宾(从墨西哥的某种蘑菇中分离出来)。

毒品犯罪中的毒品

在种类繁多的毒品中,鸦片、海洛因、吗啡、大麻、可卡因5种毒品在毒品犯罪中最为常见。

鸦片 一历史久远的毒品,早在17世纪期间,远东地区就有人种植罂粟,并有人从吸食鸦片中寻求快乐。19世纪末20世纪初,鸦片开始流行世界。鸦片在医学上称作阿片,具有镇痛、止咳、止泻等作用,但经常使用产生躯体和心理双重依赖,使人骨瘦如柴,丧失劳动能力,思维能力减弱,不能做任何创造性工作。

吗啡 发明于1840年,是一种具有强烈毒性的毒品。少量使用可有麻醉、镇痛、催眠作用,使服用者产生一种超脱舒适感,但亦造成精神上的不安、苦闷。吗啡成瘾性很强,其心理依赖表现为:感情迟钝、情绪多变,记忆力下降,注意力不集中等;躯体依赖表现为食欲不振、体力衰弱、心悸、头昏、多汗、协调运动障碍、性无能等症状。吗啡还产生耐药性,须不断地增大使用量。

海洛因 发明于1898年。其性能与吗啡相同,但比吗啡强约数倍。成瘾比吗啡快,使用二三次,便可上瘾。成瘾者一旦停止使用,就会产生严重的戒断症状,主要表现为:肌肉、骨骼以及颅内疼痛、胸闷、烦躁、极度疲倦、时寒时热、甚至抽搐、神志不清、呼吸困难、精神恍惚、昏昏欲睡等,严重者还可因呼吸中断而死亡。

可卡因 于1855年首次从可卡叶中提炼成功,是一种烈性毒品。最初在美国使用,后蔓延至世界许多地方。可卡因可亢进交感神经末梢之兴奋性,作用于循环系统可导致脉博加快、血压升高、瞳孔放大,随即出现周身舒适温暖、心身均觉愉快之感。在兴奋期,愿与人交往,毫无疲倦之意,但兴奋期只有几十分钟,随后转入抑制状态,疲乏、头痛并处于极度痛苦之中。连续使用后慢性中毒,可致脉速、耳鸣、幻听等症状,还可感到皮肤上似有小动物在爬动,十分难受,同时对事物思考能力受损,心理失去平衡,严重者可丧失意识,呼吸麻痹而死亡。

大麻 世界上使用人数最多、传播范围最广的毒品,有较强的心理依赖性,但躯体依赖性和耐药性不明显,因而被称作"软性"毒品或"温和"毒品。吸用少量大麻,可引起多言善谈,兴致勃勃,感到周身松弛和舒适。当吸毒者为单独一人时,则表现为昏昏嗜睡。吸量较大时,可引起感觉变化,如对时间和距离判断失真,控制平衡能力降低。长期吸用,可致慢性中毒,表现为幻觉昏睡、记忆力减弱、情绪不稳、易激怒,容易冲动与出现残暴攻击行为,或者兴趣索然,孤独退缩,道德观与责任感下降,最后表现为言语不清与痴呆状态。

毒品的成瘾性和违法性 医学上称之为"药物依赖性"。是由于重复使用某种药物而产生的心理依赖或躯体依赖,或兼而有之的状态,有的还产生耐药力。心理依赖是指使用者在心理上强烈渴望使用某类药物,以引起快感或避免不舒服感;躯体依赖是指由于反复用药,使中枢神经系统发生了某种变化、生理改变,需要药物持续在体内存在,才能使身体维持正常的功能。当成瘾药物被停用后,使用者就会发生戒断症状:轻者头昏头痛、烦躁不安、恶心呕吐、全身不适与神经功能障碍;重者可引起意识障碍、谵妄、昏迷、肢体抽搐,甚至虚脱至死。当再度使用该药物时,戒断症状随之消失。耐药性是指有些药物重复使用后,药效逐渐减低,须不断增加使用量,才能达到同等效果。毒品成瘾性的后果导致了它的危害性,成瘾者长期吸毒,造成使用者个人身体损害,使其生产能力和社会服务能力下降,更有甚者,使用者在毒品的影响下,丧失正常的理智与思维,可能导致各种异常行为发生,危害社会。违法性是毒品的法律特征。成瘾性引起危害性,因而被法律加以规定,任何违反有关成瘾性药品管理法规的行为都是违法的,而违反成瘾性药品管理法规的药品,如用于非医疗、科研目的而制造、运输、贩卖、走私和使用的麻醉品和精神药品,才能作为刑法意义上的毒品。

(王彦吉)

dupin yilai

毒品依赖(narcotic drugs dependence) 对麻醉药物和致幻药、植物等形成的癖好,旨在获得心理和生理上的满足,若停止使用即可出现戒断症状。参见精神活性物质所致精神障碍。

(孙东东)

duwu

毒物(poison) 进入人体或动物体内能与机体发生化学作用,引起机体损害的物质称为毒物。主要指化学毒物和有毒动植物。毒物是一个相对概念,它与中毒是相关的。能否与有机体发生化学作用,引起机体损害(即中毒),这是判断某物质是否为毒物最基本的条件。某些物质是不是毒物,还同进入机体的数量有关。临床上正常剂量使用的药物,如安眠药、生物碱等虽不属于毒物,但使用超过正常剂量,也会导致中毒或致死而转化为毒物。此外,判断毒物还要看机体的耐受能力,如有人对酒精过敏,容易中毒;而经常饮酒的人,则对酒精的耐受量大,就不易中毒。

毒物种类繁多,分类各异。法庭分析化学中,常按毒物的理化性质、分析方法及用途分为:①水溶性毒物。主要是指易溶于水,并只宜用水浸取,用离心过滤和透析的方法分离的强酸、强碱及某些毒性较大的无机盐类。常见的有硫酸、盐酸、硝酸、氢氧化钠、氢氧化钾、亚硝酸钠、亚硝酸钾、盐卤等。②气体毒物。常温常压下以气体状态存在的毒物,如一氧化碳、硫化氢等。③挥发性毒物。指分子量较小,结构比较简单,自然环境下能够自行挥发扩散的一类毒物。最常见的有氰化物、酚类、甲醇、乙醇等。并不是所有具有挥发性的毒物都属于挥发性毒物一类,像氢氯酸、硝酸、尼古丁及挥发性有机农药,虽具有挥发性,但不属于挥发性毒物;氰化钠、氰化钾一般不具挥发性,但因它们的有毒成分在酸性条件下可以通过蒸馏或扩散的方法分离出来而归属于挥发性毒物。④不挥发性有机毒物。指分子量较大,结构较为复杂的有机药物。这类毒物不能进行蒸馏,而是采用有机溶剂提取分离。常见的此类毒物有安眠药类、生物碱类、强心贰(dai)类及其他(如斑蝥素、异烟肼、大麻酚皂贰等)。尼古丁,虽具有挥发性,但在很多方面都与不挥发性有机毒物相似,因此被公认为不挥发性有机毒物。⑤金属毒物。毒性较大、易引起急性中毒的金属、类金属及其化合物。常见的有砷、汞、钡、硒、镉、铬等的化合物,这些化合物中的金属元素、类金属元素及其基因为主要有毒成分。不是所有有毒金属元素及其化合物都属于金属毒物类,如磷化锌、氰化钾等,它们分属农药类和挥发性毒物类。⑥农药类毒物。在农、林业中用于防治作物病虫害及杂草的药剂。包括杀虫剂、杀螨剂、杀菌剂、杀鼠剂、除草剂等。杀虫剂常见的有:有机磷类、氨基甲酸酯类、拟除虫菊酯类、有机氯类等;杀鼠剂常见的有磷化锌、氟乙酰胺敌鼠等抗凝血杀鼠药;杀菌剂有代森铵;除草剂有五氯酚钠等。

此外,还有其他分类方法:如按化学组成分为无机毒物和有机毒物;按来源分为天然毒物和化学毒物,天然毒物又分为植物类毒物和动物类毒物;按用途分为工业毒物、农药、药物、杀鼠药;按元素分为有机磷、有机氯、有机汞、有机氮、有机氟、有机砷等;按结构分为巴比妥类、吩噻嗪类、氨基甲酸酯类、拟除虫菊酯类等。

司法鉴定中多数案件的毒物检材都是与其他物质共存的混合物,不经分离无法进行检验。毒物的性质不同,分离提取的方法也不同。水溶性毒物常采用水浸法、透析法、沉淀蛋白法从检材中分离;挥发性毒物常采用蒸馏、扩散、抽吸的方法从检材中分离;金属毒物常采用破坏有机质的方法从检材中分离;不挥发及挥发较差的有机毒物常用有机溶剂乙醇、乙醚、氯仿等萃取方法从检材中分离。

毒物自检材中分离提取后,亦有少量的蛋白质、脂肪、色素等杂质。将这些杂质除去的操作称毒物净化。常用的净化方法有:液液分配法,将提取出的毒物和少量杂质转入有机相,经过酸洗或碱洗、水洗、反提等操作,将杂质除去,再用有机溶剂将水相中毒物提取出来。柱净化法,将提取出的毒物和少量杂质,经过层析柱中吸附剂,毒物被淋洗出柱,而杂质保留在柱中。薄层净化法,将提取出的含有杂质的毒物点在薄层板上,经展开剂展开后,使毒物和杂质在薄层板上得到分离,将毒物从薄层板上刮取下来,再用有机溶剂提出。

(王彦吉)

duwu de fenli tiqu
毒物的分离提取(seperation and extraction of poison) 将毒物从混合物的毒物检材中分离并提取的过程,是毒物定性定量分析的前处理阶段。毒物的性质不同,采用的分离提取方法不同,常用的分离提取方法有8种。

蒸馏提取法 利用液体混合物中各组分挥发度的不同,将液体加热至沸点以分离毒物或其他组分的一种方法。常用的方法有直接蒸馏法和水蒸气蒸馏法。直接蒸馏法一般加热至400℃左右,适应于提取沸点较高的挥发性毒物,如酚硝基苯等。水蒸气蒸馏,检液受热均匀,可防止某些有机物遇高热分解,常用于甲醇、乙醇及氰化物的提取。

微量扩散提取法 亦称吸收提取法或微量吸收提取法,利用挥发性组分分子的随机布朗运动或浓差移动的原理扩散提取挥发性组分的方法。毒物分析中常用此方法提取分离生物检材中的挥发性毒物成分,如氢氰酸、一氧化碳、乙醇及酚类等。扩散提取通常是在密闭的扩散盒中进行。扩散法提取得到的组分纯度极高,可直接用于光谱检测仪器分析,如紫外、红外光谱分析。

抽吸法 利用气体扩散原理,抽吸分离挥发性组分的方法,其装置如图所示。

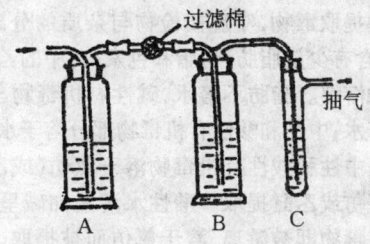

操作:取检材(固体检材破碎后加水)置于A瓶中,加少量消泡剂(如正辛醇),B瓶中放入2/3量洗液(吸收杂质),C瓶放入吸收液,抽吸,并控制气泡流速在200个/分钟左右,抽吸1~2小时,吸收液备检。此法适用于各种挥发毒物,如一氧化碳、氰化物、乙醇及其他挥发物证检材的提取。

水解提取法 利用水解的方法,使与体内蛋白质等结合的毒物游离出来,再进行提取。水解提取法有:①酸水解法,通常在生物检材中加浓盐酸,经煮沸一定时间，过滤后用乙醚提取酸性和中性有机毒物，滤液再经碱化、氨碱化，用乙醚等有机溶剂提取碱性和两性有机毒物，常用于安眠药、生物碱类毒物的提取分离，具有除蛋白杂质好、毒物提取率高等优点；②酶水解法，将生物检材匀浆调至一定PH值，加入蛋白水解酶，在一定温度下水解数小时，用乙醚提取滤液中酸性有机毒物，滤液再经碱化或弱碱化后可提取碱性或两性有机毒物，应用的酶有胃蛋白酶、胰蛋白酶和枯草杆菌蛋白酶等。

有机质破坏法 亦称破机或消化法，是毒物分析中利用氧化剂、氧化性酸及高温高压等手段，达到破坏有机质杂质纯化检材的方法。该法适用于在上述条件中稳定的金属及金属化合物等。常见的有机质破坏法有3种：①消化罐破机，由聚四氟乙烯或不锈钢等材料制成密封罐，使用时将检材放入罐中密封，置高温下受热使其内部产生高温高压，达到破坏有机质的目的，此方法适用于分离200℃以上受热不易破坏分解的毒物；②湿式破机，又称"湿式消化"，利用硫酸、硝酸、高氯酸及过氧化氢等氧化剂，炭化和水解有机质达到消化杂质的目的，常见的有硝酸—硫酸法、硝酸—高氯酸法、硝酸—硫酸—高氯酸法、硝酸—硫酸—过氧化氢法、硫酸—高锰酸钾法；③干式灰化，又称干式破机，将检材置坩埚内，放入高温炉中于200～400℃间进行灼烧，使有机质炭化，此法适用于高温稳定的金属及其化合物的破机。

斯奥什提取法 用于不挥发性有机毒物的提取和分离。检材用酒石酸酸化后，其中性有机毒物不与酸作用，酸性有机毒物呈游离状态，碱性有机毒物与酸结合成盐。不挥发性有机毒物溶于乙醇，而多数蛋白质、脂肪、碳水化合物和无机盐不溶于乙醇。因此酸化后用乙醇提取毒物，实现被检物与杂质的分离。将提取液(仍含有少量脂肪、树脂和色素等)中的乙醇蒸发，残渣加水溶解。脂肪不溶水，碱性有机毒物与酸生成盐可溶于水，中性和酸性有机毒物部分溶于水，经过滤除杂质。中性和酸性有机毒物溶于氯仿(或乙醚)，因此可用氯仿或乙醚提取。酸性水溶液加碱呈碱性后，碱性有机毒物即被游离，溶于氯仿而被提取。两性有机毒物在酸性或强碱性水溶液中都形成盐，而溶于水，不为氯仿提取。但将强碱性水溶液中和后，再加氨水变为弱碱性，则溶于氯仿。乙醇(9:1)混合液，不溶于水，可被提取。

直接提取法 检材经匀浆化后，加少量无水乙醇疏松凝聚蛋白，然后酸化。用乙醚等有机溶剂提取酸性和中性有机毒物。检材再经碱化或氨碱化，用有机溶剂提取碱性或两性有机毒物。该法适用于新鲜组织检材的提取，对含蛋白较少的尿等液体检材可不加无水乙醇，酸化或碱化后直接用有机溶剂提取各类不挥发性有机毒物。直接提取法快速简便。该法过去仅适用于尿等液体检材，现在由于仪器分析方法的普及，检材可取1克或1毫升，在有塞试管中进行提取，微量的毒物被提取出来，提取的杂质也很少，再经净化就可进行各类不挥发性有机毒物的分析。

液固萃取法 亦称"固相萃取法"。将待分离毒物的样品通过色谱柱，被吸附剂吸附后，先用极性较大的溶剂(如水)将样品中的杂质洗出柱，再用极性较小的有机溶剂将毒物从柱中洗出，从而达到分离毒物的操作。目前常用的吸附剂是大孔网状吸附树脂，如XAD-2型树脂(苯乙烯、二乙烯苯共聚物)，这是一种中性树脂，使用前先用丙酮、甲醇、蒸馏水等经搅拌洗涤除去杂质，贮存于蒸馏水或甲醇中再装柱。液—固萃取时先用蒸馏水洗去吸附剂中甲醇，再加入样品，用水洗去样品中杂质，再用有机溶剂如甲醇洗出毒物。用后的树脂可用水—甲醇再生。除XAD-2型树脂外，还有十八烷基键合相硅胶等。

(王彦吉)

duwu de fenxi jianding

毒物的分析鉴定(analysis and identification of poison) 运用分析化学和仪器分析的原理与方法，对生物环境、人和生物体内的有毒物质进行定性分析和定量分析的一门学科，它研究毒物分析的原理、方法及其应用。根据分析对象不同，分为工业毒物分析、食品毒物分析、环境毒物分析、临床毒物分析、军事毒物分析、刑事毒物分析等。毒物分析亦称为毒物鉴定。

毒物分析前应对中毒案件、中毒现场、中毒尸体、中毒者及嫌疑人等有关情况进行调查研究，以便缩小和确定毒物的检验范围。在此基础上，要对检材进行一般检查，如气味、颜色、异物等。接着进行初步实验和预实验，即采取简便、快速的试验方法，对某类毒物进行初步试验。毒物分析中常用的预实验方法有点滴反应、金属毒物铜片反应、薄层斑点预试、紫外光谱法等。预试验可以否定某类毒物的存在或有可能存在某类毒物。如果预试验为阳性则需进一步进行确证试验。具体分析方法主要有化学分析法和仪器分析法。化学分析是通过化学反应检测物质的化学性质，来确定物质成分或组成。仪器分析是利用某些机械和光电仪器，通过测定物质的理化性质，来对物质进行定性定量分析。根据具体检案的不同可采用某种方法，或几种方法并用。毒物分析主要是对中毒生物检材中微量毒物进行分析，因此仪器分析是现代毒物分析鉴定中的主要手段。

色谱分析 一种重要的分离分析技术。利用不同物质在固定相和流动相中具有不同的分配系数(或吸附系数、渗透性等)，当两相作相对运动时，这些物质在二相中反复多次分配从而使各物质得到完全分离，然后再分别进行分析鉴定。色谱分析种类很多,按流动相的状态可分为气相色谱和液相色谱两大类。①气相色谱用气体作流动相,称作载气。常用于各类有机毒物的分析。如巴比妥、有机磷、挥发性毒物等。顶空气相色谱分析是气相色谱分析方法的一个特殊的应用。即将被检试样装入密闭容器中,然后置一恒温下加热使试样中易挥发组分与检样分离扩散至密闭容器的空气中,抽取容器中的气体进行气相色谱分析,即可对混合物中的易挥发组分进行定性定量分析。常用于生物检材中乙醇、甲醇等的分析,具有操作简便、分析速度快,对色谱柱污染小等优点。②液相色谱是用液体作流动相的色谱法,样品在常温下分离鉴定,适用于高沸点、热稳定性差的毒物分析,如各种药物、代谢物及农药等。薄层色谱是液相色谱的一种,为平板色谱;流动相借助毛细管渗透作用沿薄层板上升,以展开后斑点的 Rf 值比照定性,用薄层扫描仪进行定量。该法简便、实用,在毒物分析中应用极广。

原子光谱分析 分为原子吸收和原子发射光谱分析。元素的原子结构不同,受光激发后,电子能级跃迁吸收和释放的能量不同,因而可用于无机元素的定性定量分析。毒物分析中主要用于微量金属元素的测定。

分子光谱分析 利用分子受光激发后,电子能级、振动能级及转动能级的跃迁特性对组分进行定性定量及结构分析的方法。分为紫外及可见光谱分析、荧光光谱分析、红外光谱分析,是毒物成分确定和含量测定的常用方法。

气质联用分析 气相色谱与质谱联用分析方法。质谱是鉴定复杂化合物和分子结构分析的一种方法。先将被分析的物质转变成离子,然后使离子按照质荷比(m/z)进行分离,再进行收集检测,得出质谱图。根据质谱图可对组分进行组成及结构分析。气质联用分析是将混合样品注入色谱柱,经色谱柱分离后的各个组分依次经过接口进入质谱仪进行分析鉴定。同时利用了色谱质的高分离效能和质谱法的高鉴别能力。尤其适用于组分未知或无标准品情况下的复杂混合物的分离与鉴定。与之类似的还有液相色谱与质谱的联用分析。

此外,电化学分析、中子质化分析等仪器分析方法也用于毒物分析。 (王彦吉)

duwuxue yu dulixue
毒物学与毒理学(toxicology) 毒物学是研究毒物的来源、性状、毒物进入体内后所起的作用,中毒后的治疗、预防及毒物鉴定的科学。按照研究的范围分为法医毒物学、工业毒物学、食物毒物学和军事毒物学。毒理学是研究中毒的一门科学。即研究毒物对生物体中毒作用的性质和机理,对机体发生中毒作用的严重程度和频率进行定量的评价,阐明有毒物质剂量——反应关系,评价有毒物质的危害程度。毒理学分为药理毒理学、法医毒理学、工业毒理学、环境毒理学等。

毒物对机体的作用,一方面和毒物用量有关,另一方面和进入体内的毒物形状、作用部位、机体条件、吸收情况和输入途径有关。能引起中毒的毒物剂量称为中毒量。一般说来,毒物剂量越大,其毒性越大,作用越快。但毒物作用的增加,比剂量的增加更大。如毒物剂量增加 2 倍,毒理作用可增加 10~20 倍,甚至更多。毒物对机体产生的作用,主要取决于毒物在机体中被吸收量的大小,如果毒物在机体内引起剧烈呕吐,而将胃内毒物大量排出,使机体吸收的量小于致死量,则不致引起死亡。

机体对毒物吸收的快慢与毒物的物理性质及存在状态有关。一般气体毒物较液体毒物易被吸收,固体毒物吸收较慢。毒物的酒精溶液在机体中被吸收的最快,水溶液次之,油溶液最慢。年龄和体质不同,机体对毒物的感受也有所不同。年老体弱的人,因抵抗力低,一般对毒物的反应较严重;但在中毒事件中也经常出现恰好相反的现象,即年老体弱者因消化吸收不良及食量较少,不发生中毒或轻微中毒,而体强力壮者因消化吸收好,食量也大,多数中毒或死亡。另外,机体的状态影响毒物对机体的作用。机体处于兴奋状态,出现中毒的症状要比精神处于抑郁状态时要长;饱腹状态时,由于毒物被稀释和食物对机体的机械保护作用,则出现中毒较慢,症状较轻。空腹状态时,毒物很快被消化吸收,则会迅速出现中毒和死亡;机体处于运动状态毒物发作较快,处于休息状态则毒物发作较慢。有些人因长期服用少量毒物,成为习惯,而使组织细胞对该种毒物的敏感性减低;也有人由于具有特殊体质,对毒物的抵抗力特别显著。机体对毒物的吸收还与毒物进入机体的途径有关。按照毒物作用出现的早晚为:静脉注射最快、呼吸吸入次之,再其次为腹腔注射、肌肉注射、皮下注射、口服、直肠灌注。

毒物在未被吸收前,首先在接触部位发生作用,引起不同的毒性反应,如刺激流泪与腐蚀作用等。毒物被吸收后,便对机体的组织或器官产生毒性作用。由于机体的各种组织和细胞不仅形态上不同,而且其生化过程也各有特点,这些特点便使毒物对机体的组织或器官发生选择性侵害作用。如氰化物中毒,氰离子与细胞色素氧化酶作用而使氧化酶失去氧化还原作用,致使组织呼吸不能进行,陷于内窒息状态,而血中氧不能消耗。酚可作用于毛细血管和心肌,引起心血管机能的障碍。

毒物引起机体中毒的机理有六种:①局部刺激与腐蚀作用,强酸、强碱对皮肤与粘膜的强烈刺激与腐蚀作用,是由于这些化学性质活泼的物质,损害了皮肤的保护性屏障所致。②阻止氧的吸收和利用,惰性气体大量存在时,可使空气中氧分压降低而造成窒息;刺激性气体引起肺水肿,使肺泡气体交换受阻;CO与血红蛋白结合而阻止后者的携氧功能;亚硝酸盐、芳香族硝基与氨基化合物使血红蛋白的Fe^{2+}转变成Fe^{3+},形成高铁血红蛋白,失去释放氧的功能等。③神经传导干扰,有些毒物可干扰神经突触或神经效应器之间冲动的传导。如有机磷农药在体内抑制乙酰胆碱酯酶,使乙酰胆碱降解速度减缓。④对酶活性抑制,毒物可对酶系统的结构和功能起破坏作用。如CO与氰化氢都能对细胞色素氧化酶起抑制作用,前者与Fe^{2+}结合,后者与Fe^{3+}结合,两者都使酶的功能受影响而发生细胞窒息。⑤对生物膜的损害,如低浓度汞化合物,可抑制肾小管细胞膜对氨基酸的重吸收,使之排出增加。SO_2可改变淋巴细胞上的糖蛋白,使其丧失免疫特异性等。⑥结合作用,如大多数毒物可与细胞内的特殊部位结合,从而改变酶的活性,产生酶抑制或酶诱导,从而影响解毒和增毒的过程。

剂量—效应关系与剂量—反应关系是毒理学研究中的一个基本问题。是从量的角度阐明毒物作用的规律性。剂量—效应关系主要表示不同剂量毒物在个体或群体中的生物学改变以量效应来表示大小之间的关系,如摄入一定量的铅可引起δ—氨基—铜戊酸在尿中排泄量增加。由于毒物对机体所引起的生物效应强度取决于剂量,随着毒物剂量的增大,其毒物应也在增强,二者之间的规律性变化形成了所谓剂量—效应关系。剂量—反应关系主要表示不同剂量与质效应发生率之间的关系。以"反应"表示某种质效应在群体中的发生率。如半数致死量的测定结果即是质效应的反应率与作用剂量之间的关系。

(王彦吉)

duwu zai tinei de guocheng
毒物在体内的过程(going of poison in body)

毒物进入有机体后,经历了吸收、分布、代谢与排泄及积蓄等过程。

毒物的吸收 毒物经呼吸道、消化道、皮肤或粘膜进入机体内的过程。无论毒物经历何种途径侵入体内,都必须透过生物膜。所有的生物膜都是由嵌入蛋白质的双层类脂分子构成的。因此,毒物的脂溶性、离解程度、粒子大小和空间结构是毒物透过生物膜难易的决定因素。毒气通过肺泡壁的吸收程度主要取决于毒物的血/气分配系数;毒物经皮肤或粘膜吸收要求毒物具有脂溶性,即具有较高的油/水分配系数。一些较大的有机离子和极性化合物的消化道吸收则靠主动转运(需膜上的载体参与并消耗能量)。注射投毒毒物吸收很快,甚至直接人血。了解毒物吸收途径特点、规律及影响因素,对于判断中毒案件的性质,了解潜伏期长短,提取检材和评定毒物生化分析结果均有重要意义。

毒物的分布 毒物被有机体吸收后,进入淋巴和血液系统,然后转运到体内各处的过程。毒物在体内的分布通常有选择性,这些选择分布的器官和组织,是中毒案件中毒物检材提取的重点部位。如冬眠灵在脑组织中含量最高,汞在肾中含量高,铅和氟主要贮存在骨组织中。

毒物的代谢 狭义的毒物代谢是指毒物进入有机体后,在酶的作用下进行生物转化的过程。转化方式包括氧化、还原、水解及结合。转化结果可能是解毒、活化(增毒)、毒物分子减小或增大。

毒物的排泄 毒物及其代谢物从体内消除的过程。肾脏是大多数毒物的主要排出器官。在胆汁、汗液、皮脂、唾液、乳汁、消化液、呼出气体、毛发及指甲中也可随之排出毒物及代谢物。

毒物的蓄积 某些化学有毒物质以较少的剂量接触生物机体后,不能尽快地代谢排出体外,而以原形物或有毒结合物的形式保留在体内,产生长期的慢性损害或累积引起急性损害的状况。能够产生毒物蓄积的毒物一般为化学结构稳定的化合物及一些亲脂性化合物,常见的有各种有毒金属及其化合物,如砷、汞、铅等及其化合物,以及一些卤代有机化合物,如滴滴涕、氯丹、毒杀芬及氟乙酰胺等。

(王彦吉)

duxing
毒性(toxicity)

化学物质侵入生物体内所引起的生物体损害的程度。毒性的大小可通过临床方法、动物试验或其他方法测定。毒性指标可以是整体的、器官的、组织的、细胞的、亚细胞的或分子水平的,而且与测定方法有关。评价某物质的毒性时,按染毒时间长短分为急性毒性、亚急性毒性、亚慢性毒性、慢性毒性,这些称为一般毒性。物质的致敏性、诱变性、致癌性、致畸胎性,称为特殊毒性。毒性作用即指毒物进入或接触生物体后所造成的正常生理机能的损害。毒物的毒性作用是一个十分复杂的生理生化过程,目前认为毒性作用都是由毒物或其代谢物与机体的某些分子结构产生生化反应而引起的。这些分子结构可分为特异性结构(如受体)和非特异性结构(如任何组织细胞)。大多数毒物的毒性作用属特异性的。通常依据毒物的作用部位将毒性作用分成两类:①局部作用,如腐蚀性毒物(酸、碱对皮肤、胃肠道的腐蚀作用)、刺激性气体对呼吸道粘膜的作用等。②全身作用,毒物经吸收分布后,使正常的生理机能受到损害。

毒物的毒性强弱用毒性等级来衡量。毒性等级依据致死量来表示:足以引起试验生物群体中90%左右的生物死亡的毒物剂量称致死量;仅能引起个别生物死亡的最低剂量叫最小致死量；引起全部生物死亡的剂量叫绝对致死量；最常用的为"半数致死量"（简称∠D_{50}），即在试验的生物群体中能引起半数生物死亡的剂量。毒物种类较多，毒性各不相同，为了便于研究毒物对人或动物的损害程度，依据毒物对人或动物致死剂量或半数致死量（∠D_{50}）的大小，将毒物的毒性分成六个等级：①极毒，系指对人致死量小于 0.01 克/公斤体重，大鼠∠D_{50} 小于 0.5 毫克/公斤体重的毒物；②剧毒，系指对人致死量小于 0.05 克/公斤体重，大鼠∠D_{50} 小于 1 毫克/公斤体重的毒物；③高毒，系指对人致死量为 0.05～0.5 克/公斤体重，大鼠∠D_{50} 为 1～50 毫克/公斤体重的毒物；④中等毒，系指对人致死量为 0.5～5 克/公斤体重，大鼠∠D_{50} 为 50～500 毫克/公斤体重的毒物；⑤低毒，系指对人致死量为 5～15 克/公斤体重，大鼠∠D_{50} 大于 500 毫克/公斤体重的化学毒物；⑥微毒，系指对人的致死量大于 15 克/公斤体重，大鼠∠D_{50} 大于 5000 毫克/公斤体重的毒物。

（王彦吉）

duzhi anjian zhencha
渎职案件侦查（investigation of malfeasance） 检察机关在办理渎职案件过程中，依照法律进行的专门调查工作和有关的强性措施。渎职案件，是指我国《刑法》第九章所规定的渎职罪，即国家机关工作人员在履行自身职务过程中，违反职责义务，侵犯国家机关的正常活动，致使国家和公民的利益遭受重大损失的案件。包括我国《刑法》第九章规定的滥用职权罪、玩忽职守罪、国家机关工作人员徇私舞弊罪等 34 种国家机关工作人员的职务罪案和《刑法》第 248 条规定的虐待被监管人罪等刑事罪案。

渎职案件的立案条件 除要符合《刑事诉讼法》第 86 条所规定的应当立案的条件外，还应根据《刑法》第九章对每个具体罪名的规定掌握具体的立案条件。其中，有些具体的罪名立案时涉及到数额和数量标准问题，要按照最高人民检察院《关于检察机关直接受理立案侦查案件中若干数额、数量标准的规定（试行）》中，对渎职罪有关罪名的立案数额和数量标准的具体规定执行。如对《刑法》第 397 条规定的滥用职权罪、玩忽职守罪、国家机关工作人员徇私舞弊罪的立案数额、数量标准规定为：造成死亡 1 人以上，或者重伤 3 人以上，或者轻伤 10 人以上的，应予立案；造成直接经济损失 10 万元以上的，应予立案；直接经济损失、人员伤亡虽然不足规定的数额或数量标准，但具有其他严重情节的，应予立案。对《刑法》第 404 条规定的徇私舞弊、不征、少征税款罪的立案数额标准规定为：不征或者少征税款达 5 万元以上的，应予立案。对《刑法》第 405 条规定的徇私舞弊，发售发票、抵扣税款、出口退税罪，违法提供出口退税凭证罪的立案数额标准规定为：致使国家税收损失在 5 万元以上的，应予立案。对《刑法》第 406 条规定的国家机关工作人员签订、履行合同失职被骗罪的立案数额标准规定为：失职被骗造成直接经济损失 10 万元以上的，应予立案。

渎职案件的侦查难点 主要有：①作案方式通常表现为作为或不作为两种形式，查证行为人主观上的故意或过失难度较大。②渎职案件有严重的危害后果，有些案件发案后危害性尚未控制住，侦查人员既要设法控制危害性，又要勘验现场，侦查取证，情况复杂。③发案领域广泛，并带有明显官僚主义腐败特性，侦查取证难度大。④在具体案件性质上，法律规定大都较为原则笼统，罪与非罪界限较难区分。⑤侦查过程干扰阻力大，行为人反侦查能量大，案件本身侦查难度大。

渎职案件的现场勘查 应注意：正确研究现场的种类，根据不同类型的现场特点，觅获重要证据；判明事件的性质，确定是否需要立案侦查；发现和收集可疑痕迹、物品，为侦破案件提供线索和证据；了解和研究行为人在现场上的活动情况、人数、个人特点、主观责任及周围群众耳闻目睹的情况等。

渎职案件的搜查与扣押 搜查是侦查渎职案件的一项不可缺少的措施，特别是对于侦查枉法追诉、裁判案等有重要作用。搜查中应注意那些不引人注目的部位和物品，冷静观察，细心沉着，发现破绽，全面查获证据。搜查时应同步进行录音录像，全面记录和多方固定证据。对搜查发现可以作为证据使用的各种物品，应依法扣押。

渎职案件的侦查策略 渎职案件行为人多想方设法逃避侦查，或设置阻力和障碍、隐匿毁灭证据、伪证陷害、嫁祸于人等。还因为行为人具有职务权势，往往使知情人不敢举报、证人不敢作证，因而渎职案件虽有明显的犯罪嫌疑人，但其侦查工作却相当艰难。故在侦查策略方法上应注重以下几点：①利用矛盾，各个击破。渎职案件的责任往往涉及数人，有的是共同犯罪，有的是证人或知情人也有一定的责任，这些人之间的责任性质和责任大小均不相同，故在承担责任上也会有矛盾，而且行为人与被害人、证人等相互之间也存在各种矛盾。侦查中要注意发现各种矛盾，利用矛盾、分化瓦解、各个击破。②避实就虚，攻其不备。渎职案件的行为人往往利用职务和特权，破坏犯罪现场、威胁或利诱知情人、证人进行串证、伪证活动，掩盖犯罪，给侦查造成困难。侦查时应先避实就虚，攻其不备的薄弱环节，打开缺口后再乘虚深入地进行侦查取证。③迂回进攻，步步进逼。渎职案件的行为人几乎都在发案后为自己充分准备好了开脱罪责的辩解，并对直接证据精心设置了反侦查的障碍,故侦查时一般不应急于先取直接口供和其他证据。一般宜采用迂回进攻的策略,先易后难、先外后内,先查次要问题、再查主要问题,先尽可能收集各种间接证据,一环紧扣一环、一步紧追一步地逐步缩小包围圈,最后逼取直接证据。④重点进攻,全面查证。即对全案性问题的重点或某一情节、某一方面案件事实的关键性问题和证据,要作为进攻的重点目标尽一切可能地短期突破,然后紧紧抓住战机全面收集证据,以快制胜。 (张玉镶 文盛堂)

duli xingshi jianchaquan
独立行使检察权(principle of exercising independently procuratorial authority) 我国刑事司法的基本原则之一。根据我国宪法、人民检察院组织法以及刑事诉讼法的有关规定,人民检察院依法独立地行使检察权,不受行政机关、社会团体和个人的干涉。该原则有以下含义:①检察机关作为一个整体,在行使检察权方面具有独立性和自主性,不受任何行政机关、社会团体或者个人的干涉或者阻挠。②检察机关在行使检察权时应当严格遵守宪法、刑法、刑事诉讼法以及其他有关法律的规定。③在从事检察活动方面具有独立自主权的是检察机关这一整体,而不是某一级检察机关或者某一检察官个人。最高人民检察院领导全国地方各级人民检察院和专门检察院的工作;上级检察机关领导下级人民检察院的工作,并且可以直接参与和指挥下级检察机关的办案活动;各级人民检察院的检察长统一领导本检察院的工作。④检察委员会作为检察机关内部的集体领导组织,实行民主集中制,即在检察长组织下讨论决定重大的案件以及其他重大问题,检察长与多数委员的意见不一致时,可以报请同级人大常委会决定。实行这一原则,可以确保检察机关依法统一、正确地行使检察权,有效地抵御其他机构、团体或者个人对检察工作的法外干预,保证国家法律的统一实施。 (陈瑞华)

duli xingshi shenpanquan
独立行使审判权(principle of judicial independence) 又称为审判独立、司法独立,现代司法活动的基本原则之一。基本含义是:法院或者法官应当独立自主地代表国家审理案件,制作司法裁判,只服从宪法和法律,而不受其他任何机构、团体或者个人的法外干涉、影响或者控制。实行这一原则,可确保法院或法官公正无私地进行审判,有效地抵御外来的干涉和阻挠,维护审判过程及其裁判结果的公正性和合法性。

从历史上看,独立行使审判权原则是与三权分立学说一起产生的。法国启蒙思想家孟德斯鸠(Montesquieu 1689~1755)认为,国家权力应划分为司法、立法和行政三个部分,并由三个不同的机构分别独立地行使。如果司法权不与立法权和行政权分立,自由也就不存在了。如果司法权与立法权合而为一,则将是对公民的生命和自由施行专断的权力,因为法官就是立法者。如果司法权与行政权合而为一,法官便将握有压迫者的力量。孟德斯鸠等人提出的分权学说为司法独立原则在宪法和法律上的确立奠定了思想基础。在18~19世纪欧洲各国进行宪政改革和司法改革以后,司法独立开始被确立在各国宪法中。如1789年法国宪法规定,在任何情况下,司法权不得由议会和国王行使,而应由法院独立行使。1797年美国宪法规定,"司法权属于最高法院及国会随时规定及设立的下级法院。"到了20世纪,司法独立原则已得到西方各国宪法和法律的普遍确立,成为各国现代司法活动的基本准则。1919年的德国基本法和1949年德意志联邦共和国基本法都规定:法官独立,只服从法律。1946年日本宪法规定:法官依良心独立行使职权,只受宪法和法律的约束。1947年意大利宪法及其他国家的宪法和法律也都有类似的规定。

第二次世界大战结束以来,西方国家进行了重大司法改革,其中一个重要方面就在于加强对司法独立原则的制度保障,使宪法确立的司法独立原则在具体的司法活动中得到切实的贯彻和实现。各国为此制定了一系列法律规则。一些国际组织也开始了制定所谓"最低限度司法独立标准"的努力,以推动各国司法改革的深入进行。1982年,国际律师协会通过了《关于司法独立最低标准的规则》;1983年,在加拿大的蒙特利尔举行的第一届世界司法独立大会通过了《世界司法独立宣言》;1985年联合国大会通过了《关于司法机关独立的基本原则》。根据这些国际法律文件的规定,现代司法独立的核心在于作为裁判者的法官个体上的独立,即在进行审理和制作裁判方面具有独立性和自主性,只服从法律的要求及其良心的命令,而不受任何外界的法外干涉和控制。这被称为所谓的"实体独立"。为保障这一核心要求的实现,法官的任职期限和任职条件应依法得到充分保障,如其升迁、转调、惩戒等事项应由一个独立于行政机构和立法机构并且有法官参与的机构按照事先制定的客观标准作出决定,其薪俸应在国家公职人员中处于较高的水平,其退休年龄应比其他国家公职人员适当提高,等等。同时,法官在行使审判权方面还必须独立于其同事、行政主管和上级法院的法官;法院作为一个整体,在决定其司法行政事务,如人事管理、财务预算、基础设施建设等方面拥有较大的参与权,而不受其他机构的完全控制。

独立行使审判权原则在我国宪法和法律中也得到了确立。1954年《宪法》第78条规定:"人民法院独立进行审判,只服从法律。"1982年《宪法》第126条规定:"人民法院依照法律规定独立行使审判权,不受行政机关、社会团体和个人的干涉。"1983年修订的《人民法院组织法》和1996年修订的《刑事诉讼法》也作出了与1982年宪法相一致的规定。从整体上看,我国实行的独立行使审判权原则具有以下特点:①这一原则建立在人民代表大会制度的基础上。这主要表现在,各级人民法院的院长由同级人民代表大会选举产生,副院长、庭长、副庭长和审判员由同级人大常委会任免,人民法院对同级人民代表大会及其常务委员会负责并报告工作。因此,法院独立行使审判权只是独立地履行宪法和法律规定的司法职能,而不能独立于国家权力机关之外。这是与西方国家实行的三权分立制度的不同之处。②我国实行的是人民法院独立审判。即强调人民法院作为一个统一的整体,根据民主集中制原则独立从事审判活动,不受行政机关、社会团体和个人的干涉。这与西方国家实行的法官独立不同。③我国人民法院内部实行集体领导原则。人民法院审判案件的形式有三种,即审判委员会、合议庭和独任庭。审判委员会是对法院审判工作实行集体领导的组织,它有权讨论和决定重大、疑难和复杂的案件。对于审判委员会所做的决定,合议庭和独任庭应当服从。

目前,随着我国司法改革的日益深入,独立行使审判权原则正逐步得到较为完善的实现。1995年通过的《中华人民共和国法官法》对法官的任职条件、法官等级、任免、考核、薪俸、退休、惩戒等事项,作出了不同于一般公务员的特殊规定,设立了专门负责对法官进行培训、考核和评议的法官考评委员会。这在一定程度上使法官的任职条件得到法律的保障。1996年修正的《刑事诉讼法》又规定,对于疑难、复杂、重大案件以外的其他刑事案件,合议庭开庭审理并且评议后,有权作出判决。这使得合议庭与审判委员会的关系得到了较为合理的调整,合议庭在行使审判权方面具有越来越大的独立性。(陈瑞华)

duli zhengju
独立证据(independent evidence) 补助证据的对称。证据本身的证明力足以使犯罪事实的有无得以认定。刑事诉讼中常见的独立证据有犯罪嫌疑人、被告人供述和辩解、被害人陈述、证人证言、物证、书证等。(熊秋红)

durenting
独任庭(adjudication division by one judge) 人民法院审判案件的一种组织形式。它的基本特点是由一名审判员对案件进行审理并作出裁决。我国《人民法院组织法》规定,在法院审判的第一审案件中,凡简单的民事案件,轻微的刑事案件,以及法律另有规定的案件,都可以由审判员一人独任审判。法院组织法的这一规定具体体现在《刑事诉讼法》第174条和《民事诉讼法》第40条、第161条中。《刑事诉讼法》第174条规定,人民法院对于下列案件,可以适用简易程序,由审判员一人独任审判:①对依法可能判处3年以下有期徒刑、拘役、管制、单处罚金的公诉案件,事实清楚、证据充分,人民检察院建议或同意适用简易程序的;②告诉才处理的案件;③被害人起诉的有证据证明的轻微刑事案件。《民事诉讼法》第40条和第161条分别规定,适用简易程序审判的第一审民事案件和适用特别程序审判的案件(除选民资格案件和重大、疑难案件由审判员组成合议庭外)均由审判员一人独任审判。独任审判虽然只有审判员一人主持进行,但他是代表法院行使审判权,其所作的裁判与合议庭所作的裁判具有同等的法律效力。(孙晓宁)

duanli henji kanyan
断离痕迹勘验(inspection of separating traces) 痕迹勘验中一类特殊痕迹的勘验。对物体被某种行为分制成若干部分时形成的痕迹的勘察、检验。可以为推断犯罪人实施犯罪的情况和犯罪人的某些职业特点提供材料,可以为鉴定被断离的物体是否原为同一个整体提供依据。断离痕迹是断裂痕迹和分离痕迹的合称。断裂痕迹,是指某一同质单体物因受外力作用被分裂为若干部分,在分裂处形成断裂线或断裂面(例如撕碎的布片、折断的刀尖等)。分离痕迹,是指某一完整的合体物在外力作用下被分离为若干部分,在分离处形成分离线或分离面(例如,仪器上零部件被盗窃,形成分离痕迹)。断离痕迹上所反映的特征,包括固有特征、附加特征和断离线(或面)特征,反映出两个断离部分之间的关系。

断离痕迹勘验遵循痕迹勘验的一般程序和原则。通过在现场中心和周围部位寻找各种被破坏的物体,发现断离痕迹。对于发生断裂和分离的物品,应尽力搜集断裂和分离后的所有残留部分,尤其要收集微小的物质碎片。勘验断离痕迹要注意发现断离缘(含断离线、断离面)的特征、物质本身的结构特征和物体在使用过程中及在受到破坏时形成的污迹、破损、擦划附加特征,并注意研究物体产生断离的机理,分析是自然因素形成还是人为破坏形成。例如,根据痕迹的类型、形态、大小及物体本身的物理、化学特性,可以判断造成物体断离的外来作用力种类、大小、作用条件等,有时还能分析断离工具的种类,发现其外表结构特征。

采用照相、制模和提取原物的方法,可对发现的断离痕迹进行固定和提取。提取断裂或被分离的物体时,保持物体原来的形态和保护好断裂缘或分离缘,对于鉴定被断离的物体是否原为同一个整体至关重要。

(张玉镇 张新威)

dui buneng zhuijiu xingshi zeren de buyu zhuisu
对不能追究刑事责任的不予追诉(not to prosecute without criminal liability in certain circumstances) 中国刑事诉讼法的基本原则之一。其含义是,对法律明确规定不对嫌疑人或被告人的刑事责任予以追究的情况,公安机关、检察机关和人民法院应在刑事诉讼的各个阶段作出法定的决定、裁定或判决,以终止诉讼活动的进行。根据《中华人民共和国刑事诉讼法》第15条的规定,不追究刑事责任的情况有:①情节显著轻微、危害不大,不认为是犯罪的;②犯罪已过追诉时效期限的;③经特赦令免除刑罚的;④依照刑法告诉才处理的犯罪,没有告诉或者撤回告诉的;⑤犯罪嫌疑人、被告人死亡的;⑥其他法律规定免予追究刑事责任的。遇有上述6种情形之一的,公安司法机关在不同的诉讼阶段应作出不同的处理:在立案审查中,应当作出不立案的决定;在侦查过程中,应作出撤销案件的决定;在审查起诉中,应作出不起诉的决定;在审判过程中,应作出终止审理的裁定,或宣告无罪。

(陈瑞华)

duideng yuanze
对等原则(principle of reciprocity) 《中华人民共和国民事诉讼法》基本原则之一,是与同等原则相应的诉讼原则。在主权国家之间,处理相互之间的有关事务,应该以平等互惠为基础。在诉讼上,一国法院应根据同等原则,依法保障他国公民、企业和组织的诉讼权利,不应加以任何歧视和限制。如果一国法院违背同等原则,对他国公民、企业和组织的诉讼权利有某种歧视或加以某种限制,他国法院则有权采取相应的措施,以歧视对歧视,以限制对限制,这种反歧视和反限制,以对待歧视和限制的原则,在国际上称之为对等原则。

此原则一般不适用,因依同等原则,一国法院依法保障他国公民、企业和组织的诉讼权利,他国法院一般也是持相同的态度,保持相互之间平等对待。但是,如某国法院在对待他国公民、企业和组织的诉讼权利上加以限制,违背了国际上普遍采用的同等原则,破坏了国家之间的平等对待关系,他国法院则适用对等原则,对限制国的公民、企业和组织的诉讼权利采取对等的限制措施。因此,诉讼上适用对等原则,国际上承认采取对等措施,其目的在于通过以限制抵制限制,达到互相尊重,维护其平等对待的关系。我国在处理涉外诉讼中,一向是按照我国法律规定和国际惯例办事,依法保护外国人、外国企业和组织的诉讼权利,从未也从不首先对外国人、外国企业和组织的诉讼权利加以限制,法律上不仅未赋予人民法院首先限制外国人、外国企业和组织诉讼权利的权力,而且对涉外诉讼中的当事人,本着国家间的互惠原则,规定在答辩和上诉期限等方面,授权人民法限根据情况为他们提供方便。只是在外国法院对我国公民、法人和其他组织的诉讼权利加以限制时,人民法院才能适用对等原则,对限制国的公民、企业和组织的诉讼权利采取相应的限制措施。《中华人民共和国民事诉讼法》第5条第2款关于"外国法院对中华人民共和国公民、法人和其他组织的民事诉讼权利加以限制的,中华人民共和国人民法院对该国公民、企业和组织的民事诉讼权利,实行对等原则"的规定,正是基于上述原则所确立的。为了维护我国国家主权,保护我国公民、法人和其他组织的正当权益,在法律上确立对等原则是完全必要的,也是完全符合国际惯例的。

(刘家兴)

dui fanghai minshi susong de qiangzhi cuoshi
对妨害民事诉讼的强制措施(court-ordered forcible measures against obstruction of civil procedure) 人民法院在民事诉讼过程中,为保证审判和执行活动的正常进行,对有妨害民事诉讼行为的人所依法采取的强制手段。妨害民事诉讼的行为是指故意扰乱或破坏民事诉讼秩序,阻碍人民法院工作人员正常执行职务,影响民事诉讼正常进行的行为。规定民事强制措施的目的在于排除诉讼中的妨害,教育行为人听从法庭指挥,遵守诉讼秩序,履行法律规定的义务,从而保证民事诉讼的正常进行。

民事强制措施是为保证民事诉讼立法的贯彻实施而设立的保障性手段。世界各国的民事诉讼立法,在确定审判程序制度、诉讼程序制度和执行程序制度的同时,也都考虑并制定了保证其贯彻实施的保障性手段。但不同国家的民事诉讼法体例不同,保障性手段的规定在其法律体系中亦有不同的安排和表现形式。我国《民事诉讼法》将对妨害民事诉讼的强制措施集中起来,用专章作了规定,又因为它既适用于案件的审判阶段,也适用于法律文书的执行阶段,而列入总则篇中。这种立法方法是我国民事诉讼立法体例的一个突出特点,使诉讼机制更加合理。同时,既便利人民群众了解这一强制措施的意义,增强自觉维护民事诉讼秩序的积极性,又便利人民法院正确认定不同的妨害民事诉讼的行为,选择适用与妨害民事诉讼行为相适应的强制措施。

民事强制措施不同于法律制裁。法律制裁是根据一定的实体法律规范对违反实体法的行为人所作的处罚,包括刑事制裁、民事制裁和行政制裁等。民事强制措施则是根据民事诉讼法的规定,对妨害民事诉讼秩序的人采取的一种临时性强制手段。民事强制措施具有如下特征:其一,强制措施是针对民事诉讼过程中发生的故意妨害诉讼的行为采取的;其二,强制措施是对所有妨害诉讼正常进行的人采用的,不论是诉讼参与人还是案外人,只要其行为妨害了诉讼,就可以成为强制措施适用的对象;其三,是否采取强制措施,同案件的处理结果不发生联系,即被采取强制措施的当事人可能是案件审理终结的胜诉人,也可能是败诉人,且强制措施不能折抵当事人依照法院裁判应当履行的义务。

对妨害民事诉讼的强制措施尽管在民事诉讼过程中实施,在适用强制措施时应遵循一定的程序,执行其措施时也有一定的程序,但对妨害民事诉讼的强制措施并不是民事诉讼活动的程序,它既不属于审判程序、诉讼程序的范围,也不属于执行程序的范围。其一,在正常的诉讼活动中,不存在妨害民事诉讼的行为,也就不需要采取强制措施;其二,法律程序应以一定的权能作基础,审判程序以审判权为基础,诉讼程序以诉权为基础,执行程序以法院的强制执行权和当事人的申请执行权为基础,而对妨害民事诉讼的强制措施,除法院排除妨害的处分权之外,任何接受强制措施的行为人对此无任何权能;其三,程序的运行应推移着诉讼的进程,审判程序、诉讼程序、执行程序无不如此,而民事强制措施的适用,只是排除妨害以保障诉讼的正常秩序,而不是直接作用于诉讼的进展。因此,对妨害民事诉讼的强制措施是保障性的法律机制,而不是程序性的法律机制。

我国《民事诉讼法》规定的民事强制措施包括以下五种:

拘传(summon to detention) 在民事诉讼中,人民法院派出司法警察强制被传唤人到庭参加诉讼的措施。根据《民事诉讼法》第100条之规定,人民法院适用拘传应符合以下条件:①拘传的对象是必须到庭的被告。必须到庭的被告,一般是指追索赡养费、扶养费、抚育费、抚恤金、劳动报酬案件中的被告,以及不到庭就无法查清案情的被告。这里的被告除指作为被告的公民本人外,还包括作为被告的法人或者其他组织的法定代表人或者主要负责人,以及作为被告的未成年人的法定代理人。对上述人适用拘传措施,目的在于查明案情,分清是非,正确确定当事人间的权利义务关系。其他类型案件中的被告若不到庭,法院可以进行缺席审理和裁判,而不能适用拘传。②必须经过两次传票传唤。这一条件内含两个要求:一是必须由人民法院以发送传票的方式,通知被告人在指定的时间、地点参加诉讼活动,其他方式(如打电话)通知则不符合此要求;二是传票传唤的次数在两次以上。③必须是无正当理由拒不到庭的。如果被传唤人有正当理由,如出于不可抗力不能到庭,则不应适用拘传。适用拘传措施,首先由合议庭或者独任审判员提出意见,报经人民法院院长批准,然后填写拘传票,交司法警察执行。司法警察执行时,应向被告出示拘传票,再次责令其到庭,并说明拒不到庭的后果。被传唤人仍拒绝到庭的,可以强制其到庭。

训诫(admonish) 人民法院审判人员对妨害民事诉讼行为情节较轻的人,以口头方式予以严肃批评教育,指出其行为的违法性,并责令其不得再作出妨害民事诉讼秩序行为的一种强制措施。训诫主要适用于违反法庭规则情节轻微的人。无论是当事人还是旁听的人,都可以适用训诫。适用训诫,须经合议庭或者独任审判员作出决定,由审判长或者独任审判员口头宣布,指出行为人的错误,并责令其立即改正。训诫的内容,由书记员记入笔录。人民法院对行为人采取训诫措施后,如果行为人拒不改正,并继续进行妨害诉讼秩序的行为,人民法院可根据情节轻重,采取其他相应的强制措施。

责令退出法庭(order to leave the court) 人民法院对违反法庭规则情节较轻的人,在予以训诫后仍不能制止其妨害行为时,责令其退出法庭的一种强制措施。适用责令退出法庭,须经合议庭或者独任审判员决定,由审判长或者独任审判员口头宣布,指出行为人违反法庭规则的错误,并责令其退出法庭,以维护法庭的秩序。行为人如不自动退出法庭,可由司法警察强制其退出法庭。

罚款(forfeit) 人民法院对妨害民事诉讼秩序的人,根据情节轻重,强制其在一定的期限内缴纳一定数额金钱的措施。它是对行为人采取的经济制裁性质的强制手段,适用于妨害民事诉讼行为情节较重的人。罚款的目的在于教育行为人不再实施妨害民事诉讼的行为,从而保证民事诉讼活动的顺利进行。根据《民事诉讼法》的规定,对个人的罚款金额,为人民币1000元以下,对单位的罚款金额,为人民币1000元以上3万元以下。适用罚款,首先由合议庭或者独任审判员提出意见,报请人民法院院长批准,然后制作罚款决定书,并将决定书送达被罚款人。被罚款人对罚款决定不服的,可以向作出决定的人民法院的上一级人民法院申请复议一次,复议期间不停止决定的执行。

拘留(detain) 人民法院对妨害民事诉讼情节严重的行为人,在一定期间内限制其人身自由的强制措施。拘留是对妨害民事诉讼行为实施的最严厉的强制措施,必须是对有严重妨害民事诉讼行为的人。在经过说服教育仍不改正的情况下方可适用。拘留的期限为15日以下。适用拘留,由合议庭或者独任审判员提出意见,报经人民法院院长审查批准后,制作拘留决定书,并交司法警察执行。执行拘留时,应向被拘留人出示并宣读拘留决定书,然后将被拘留人交公安机关看管。在宣布拘留决定书后,被拘留人当场悔过的,可报经人民法院院长决定暂缓拘留或者解除拘留。在拘留期间,被拘留人承认并改正错误的,人民法院可以决定提前解除拘留。被拘留人对拘留决定不服的,可以向作出决定的人民法院的上一级人民法院申请复议一次,复议期间不停止决定的执行。

人民法院在确定所采取的强制措施时,应使强制措施与妨害民事诉讼行为的严重程度相适应,适用较轻的强制措施即可排除妨害的,则不采取过于严厉的强制措施。但强制措施的适用不是一次性的,如果妨害民事诉讼的人在被采取强制措施后仍不改正,并继续实施妨害诉讼的行为的,人民法院应及时采取更为严厉的措施,以便有效地排除对民事诉讼的妨害。如果妨害诉讼的行为情节严重,已经构成犯罪的,还应追究行为人的刑事责任。

(王彩虹)

dui fanghai xingzheng susong xingwei de qiang zhi cuoshi

对妨害行政诉讼行为的强制措施(compulsory measures taken by court to punish activity impeding judicial review) 在行政诉讼过程中,人民法院为了保证审判活动和执行活动的顺利进行,而对妨害行政诉讼的行为人依法采取的强制性手段。行政诉讼强制措施就其性质而言,是一种诉讼上的强制性教育手段,其目的在于排除对诉讼的妨害,保证审判活动和执行活动的顺利进行,它不是一种法律制裁。因为,法律制裁有民事制裁、刑事制裁和行政制裁三种,它们都由实体法加以规定。而行政诉讼强制措施规定于行政诉讼法之中,是行政诉讼法的重要组成部分。行政诉讼强制措施具有以下特点:①它的适用以有妨害行政诉讼的行为存在为前提,以排除现实存在的妨害行为为目的;②它不仅对妨害行政诉讼的诉讼参与人适用,而且对案件以外妨害行政诉讼的人也适用;③它的适用不需要什么人提出申请,而由人民法院依职权主动采取。法律规定行政诉讼强制措施的意义是:①可以维护正常的诉讼秩序,保证审判活动和执行活动的顺利进行;②可以保证人民法院的工作人员正常执行职务,维护法律的尊严;③可以保护诉讼参与人的合法权益;④可以教育公民自觉遵守法律。

根据《行政诉讼法》第49条规定,行政诉讼中的强制措施有以下四种:①训诫。指人民法院对实施妨害行政诉讼行为情节轻微的人,以口头或者书面方式予以严肃的批评教育和警告,指出其妨害行政诉讼的事实和危害性,责令其认识错误并改正错误的一种强制措施。②责令具结悔过。指人民法院对实施妨害行政诉讼行为情节较轻微的人进行批评教育后,责令其写出悔过书,保证今后不再重犯的一种强制措施。③罚款。指人民法院对实施妨害行政诉讼行为情节较重的人,强制其在一定期限内缴纳一定数额的金钱的一种强制措施。罚款的金额为人民币1000元以下。④拘留。指人民法院对实施妨害行政诉讼行为情节严重的人,在一定期间内限制其人身自由的一种强制措施。它是行政诉讼四种强制措施中最严厉的一种强制措施。拘留的期限为15日以下。被拘留的人由法院交公安机关看管。被拘留的人承认并改正错误的,法院可以决定提前解除拘留。

行政诉讼中强制措施的种类与民事诉讼中强制措施的种类和刑事诉讼中的强制措施的种类有所不同。行政诉讼与民事诉讼中的强制措施,有拘传、训诫、责令退出法庭、罚款和拘留五种;刑事诉讼中的强制措施,有拘传、取保候审、监视居住、拘留和逮捕五种。在行政诉讼中正确适用强制措施,要注意以下几点:第一,应当严格遵守法律的规定。如罚款的金额为人民币1000元以下,拘留的期限为15日以下,这些规定均不得违反。第二,应当使所适用的强制措施与行为人妨害行政诉讼的程度相适应。只有这样,才能体现出法律的严肃性和公正性,使强制措施发挥其应有的作用。第三,应当符合法定程序。参照民事诉讼法的规定,适用行政诉讼强制措施的法定程序主要是:①罚款、拘留必须经过法院院长批准;②罚款、拘留应当用决定书;③对罚款、拘留决定不服的,可以向上一级人民法院申请复议一次,复议期间不停止执行。根据《行政诉讼法》规定,妨害行政诉讼构成犯罪的,应当依法追究行为人的刑事责任。

(谭兵)

dui gongmin shiyong falü yilü pingdeng

对公民适用法律一律平等(the law should be equally applicable to all citizens) 《中华人民共和国刑事诉讼法》规定的基本原则之一。其含义是,公安机关、人民检察院和人民法院在进行刑事诉讼活动过程中,对一切公民,无论其民族、种族、性别、职业、家庭出身、宗教信仰、教育程度、财产状况等有何不同,既不能歧视,也不能使其有任何特权,而应当平等地适用法律的有关规定。这一原则有两方面的要求:①平等地适用实体法。即对所有其行为已构成犯罪的公民,均应依法追究刑事责任;对犯有相同罪行的公民,应依法判处相应的刑罚。同时,对所有无罪的公民,均不能追究刑事责任。②平等地适用程序法。即对所有公民的诉讼权利均应平等地加以保障,使属于相同情形的人拥有相同的程序保障。当然,这一原则也允许在法定范围内对公民予以差别对待,但前提是这种对待不违背形式正义的要求。

(陈瑞华)

duikang shi

对抗式(adversarial system) 当事人主义的别称。见当事人主义。

dui Lin Biao Jiang Qing fangeming jituanan jian de shenpan

对林彪、江青反革命集团案件的审判(trial of Linbiao-Jiangqing counter-revolutionary group) 1980 年 11 月 20 日至 1981 年 1 月 25 日由中国最高人民法院特别法庭对林彪、江青反革命集团 10 名主犯进行的审判。1980 年 2 月,中共中央纪律检查委员会根据中共中央十一届三中全会的决议,对林彪、江青反革命集团一案进行审查后认为,他们已触犯国家刑律,应提交司法部门依法追究刑事责任。1980 年 4 月,公安部正式决定对林彪、江青反革命集团案件进行立案、侦查。1980 年 9 月 22 日,公安部在此案侦查终结后,认为犯罪事实清楚、证据确实、充分,因此将制作的起诉意见书连同案卷材料、证据一并移送最高人民检察院审查起诉。1980 年 9 月 29 日,第五届全国人民代表大会常务委员会第十六次会议决定成立最高人民检察院特别检察厅和最高人民法院特别法庭,负责对林彪、江青反革命集团案件进行检察起诉和审判,任命最高人民检察院检察长黄火青兼任特别检察厅厅长,最高人民法院院长江华为特别法庭庭长;决定特别法庭设两个审判庭,任命了特别检察厅副厅长、检察员和特别法庭审判员;决定对案件进行公开审判。特别法庭的判决为终审判决。

1980 年 11 月 5 日,最高人民检察院特别检察厅将起诉书正式移送最高人民法院特别法庭,对林彪、江青反革命集团 10 名主犯提起公诉,指控他们分别犯有颠覆政府、分裂国家罪,武装叛乱罪,反革命杀人、伤害罪,组织领导反革命集团罪,反革命宣传煽动罪,刑讯逼供罪,非法拘禁罪等,要求对其追究刑事责任。起诉书同时指出,此案主犯林彪、康生、谢富治、叶群、林立果、周宇驰已经死亡,依照《中华人民共和国刑事诉讼法》第 11 条第 5 项的规定,不再追究刑事责任,本案其他人犯另行处理。最高人民法院特别法庭于 1980 年 11 月 6 日接受起诉书,经过对案件进行审查后认为犯罪事实清楚,证据确实、充分,决定开庭审判。特别法庭在开庭审判前向 10 名主犯送达起诉书副本时,告知各被告人有权委托辩护人。被告人姚文元、陈伯达、吴法宪、李作鹏、江腾蛟分别委托律师为其辩护,被告人江青、张春桥、王洪文、黄永胜、邱会作没有委托辩护人,也拒绝特别法庭为其指定辩护人。最高人民法院特别法庭按照刑事诉讼法规定的诉讼程序,于 1980 年 11 月 20 日至 1981 年 1 月 25 日对此案进行了公开审判。特别法庭先后开庭达 33 次,对 10 名被告人进行了 45 人次法庭调查;法庭调查结束后又进行 9 次法庭辩论。在此案开庭审判期间,先后有 49 名证人和被害人出庭作证,对 873 件证据进行了调查。法庭查证属实的大量证据证明,林彪、江青反革命集团的 10 名主犯犯罪事实清楚,证据确实、充分。

1981 年 1 月 25 日,最高人民法院特别法庭对林彪、江青反革命集团 10 名主犯进行了公开宣判,以组织、领导反革命集团罪,阴谋颠覆政府罪,策动武装叛乱罪,反革命杀人、伤害罪,反革命宣传煽动罪,积极参加反革命集团罪,诬告陷害罪,分别判处江青、张春桥死刑,缓期两年执行,剥夺政治权利终身;判处王洪文无期徒刑,剥夺政治权利终身;判处姚文元有期徒刑 20 年,陈伯达 18 年,黄永胜 17 年,吴法宪 17 年,李作鹏 17 年,邱会作 16 年,江腾蛟 18 年,上述 7 名罪犯还均被剥夺政治权利 5 年。对林彪、江青反革命集团一案的审判在国内外产生了巨大影响,被认为是中国社会主义民主和社会主义法制建设史上的里程碑。

(陈瑞华)

duiren susong

对人诉讼(actio in personam) 相对于对物诉讼而言。源于罗马法,在古罗马法定诉讼时期已经存在。这是以债权为起诉标的的诉讼。在这种诉讼中,原告人根据自己的债权权利,要求被告人必须履行给予义务,或对原告人满足其他需要。对人诉讼随着当事人的死亡而终止,这是罗马法中建立的一种规则。但在近现代,各国法律对其适用多加以限制。1934 年英格兰《法律改革(混合条款)法》基本上废止了这项规则,多数债权之诉,当事人死亡后诉讼继续进行。在苏格兰法律中,有关感情伤害的诉讼请求仍适用这项规则,但财产损失方面的诉讼请求不适用这项规则,当事人死亡,可由继承人继续诉讼。在《中华人民共和国民事诉讼法》中,也限制使用这项规则。除法律有明确规定外,诉讼不因当事人死亡而终止,可以由其继承人承受诉讼。在英国法中,对人诉讼和对人之诉(action in personam)相区别。对人之诉是一种民事诉讼权利请求,其结果是对败诉当事人的命令性或者直接禁止性的判决,这种判决仅仅对其财产生效,败诉当事人可能遭受财产被拍卖以满足判决要求的后果。对人诉讼与对物诉讼的区别在于前者是依据债权而提起的诉讼,而后者是依据所有权而提起的诉讼。

(彭 伶)

dui riben zhanzheng zuifan de guonei shenpan
对日本战争罪犯的国内审判（the domestic trial on the Japanese war criminals） 亦称沈阳审判和太原审判。第二次世界大战期间的日本甲级战争罪犯，首先由远东国际军事法庭对他们进行审判（见东京审判），其余关押在我国境内实施侵华罪行的日本战犯，我国又组织了特别法庭对之专门进行审判。

中华民国时期的国民党政府于1946年2月组织了"国防部审判战犯军事法庭"，开始了对侵华日军乙、丙级战争罪犯两千余人的审判工作。当时分别在南京、上海、北平、汉口、广州、沈阳、徐州、济南、太原、台北等10处成立军事法庭以审判各地区所在的日本战犯。南京审判战犯军事法庭先后对亲自指挥攻陷南京中华门并屠杀南京人民的刽子手谷寿夫等罪大恶极的战犯进行了审判。1947年3月10日，法庭根据大量罪证，判处谷寿夫死刑，并于同年4月26日在南京执行枪决。1947年12月18日，法庭判处田中军吉等战犯死刑，在南京执行枪决。

中华人民共和国建立时，关押在中国境内的日本战争罪犯尚有1109名，其中除死亡47名外，至1956年6月尚余1062名。为了彻底清算日本帝国主义的侵华罪行，1956年4月25日第一届全国人民代表大会常务委员会第三十四次会议通过了《关于处理在押日本侵略中国战争中战争犯罪分子的决定》，宣布对日本战犯实行宽大处理及区别对待的政策。根据这一决定，最高人民法院组织了由贾潜任庭长、袁光和朱耀堂任副庭长、张向前等8人任审判员的特别军事法庭，并且在沈阳和太原两地都设立了审判庭。

最高人民检察院根据这一决定以及侦查结果，于1956年6、7、8月分三批对次要的或悔罪表现较好的1017名日本战犯宣布免予起诉并立即释放。对罪行比较严重的45名战犯分别向设于沈阳和太原的审判庭提起公诉。

沈阳审判 沈阳特别军事法庭于1956年6月9日至19日审判了前日本陆军第117师团中将师团长铃木启久等8名战犯实施的侵华战争罪、违反战争法和人道原则一案。审判此案的审判庭，由袁光少将任审判长，张向前、牛步东任审判员。出席法庭的首席检察官为王之平少将，被告人的辩护律师有徐平等4人。在开庭期间，法庭对被告人的犯罪事实进行了调查，律师为被告人进行了辩护，在确凿的证据和证人证言面前，8名被告人都当庭服罪。证明铃木启久罪行的证据有被害人及其亲属的控诉书181件、证人证词45件、笔录89件、调查报告1件、照片38张等。铃木启久在法庭上陈述道："这完全是事实，我诚恳地谢罪。"通过评议，法庭宣判：判处被告人铃木启久20年徒刑，判处其他被告人分别为18、16、14、13年徒刑。

沈阳特别军事法庭组成的另一个审判庭于1956年7月1日至20日审判了武部六藏等28名日本战犯组织和操纵伪满傀儡政权、侵略中国罪一案。审判长由最高人民法院特别军事法庭庭长贾潜担任，审判员是杨显之和王许生。出庭的首席检察官是李甫山，检察员9名。被告的辩护律师有19名。公诉人在宣读起诉书后，出示了档案、书证等材料315件、证人证词360件、被害人及其亲属的控诉书642件及被告人的供词等大量证据。法庭调查证实，这28名被告人在日本帝国主义侵略我国的战争期间，在伪满洲国行政、司法、警察等机关和宪兵队中担任各种职务。他们分别犯有积极执行日本帝国主义侵略我国的政策，支持日本帝国主义对我国的侵略战争，操纵或参与操纵"满洲国"傀儡政府，企图夺取我国国家主权，违反国际法准则和人道原则等各种严重罪行。各被告人都当庭服罪。主要被告人武部六藏因病未能到庭，法庭派员前往其驻地讯问。武部六藏供认，在1940年7月至1945年8月任伪"满洲国"国务院总务长官期间，其实际权力超越伪"满洲国"政府。由其主持的伪"满洲国"国务院各部日本人次长等人组成的"火曜会"，实际上是伪"满洲国"政府的最高决策机构。其所任总务长官领导的总务厅，总揽伪"满洲国"傀儡政府的一切行政权力，支配整个政治、经济和文化事务。在其策划并操纵下所制定的"治安维持法"、"思想矫正法"等法令导致疯狂地抓捕、囚禁和屠杀我国东北人民；同时，在意识形态上推行毒化政策和文化侵略政策，强行将日语规定为"满洲国国语"。总之，武部六藏当时实际上是日本帝国主义侵略政策的重要执行者。其对所犯罪行供认不讳。经过法庭辩论、评议，于7月20日法庭宣判：判处武部六藏等2人20年徒刑，其余被告人分别判处18、16、15、14、13、12年徒刑。武部六藏因身患重病，并且在关押期间表现尚好，予以假释，提前回国。

太原审判 最高人民法院特别军事法庭在太原组成了审判庭，朱耀堂任审判长，殷建中、张剑任审判员。检察员由丁明担任，王乃堂等2人任被告辩护律师。于1956年6月10至11日审判了富永顺太郎间谍案。经过法庭审理，认定：富永顺太郎是一个长期对中国进行间谍活动的日本特务骨干分子，自1933年起就一直依托东北和华北的日伪铁路机构，参与策划、组织、领导对中国人民的警察特务统治和间谍活动。日本投降后，被告人仍然潜伏在中国境内，企图为日本帝国主义卷土重来作内应。他和蒋介石集团军统特务分子马汉三等相勾结，组成国民党国防部第二厅北平工作队进行间谍活动。被告人还向国民党特务头子戴笠提供我解放区的通讯网图表。被告人对其罪行当庭认罪。法庭判处富永顺太郎有期徒刑20年。

设于太原的军事审判庭还于1956年6月12日至20日审判了前伪山西省政府顾问辅佐官、阎锡山太原绥靖公署教导总队少将总队副兼政工部长城野宏等8名被告人案。法庭通过审理证实：被告人城野宏参与制定"民国三十三年度山西省施政大纲"，按照此大纲规定的方针，城野宏操纵伪山西省保安队、警务厅和剿共委员会等机构，扩充伪保安队，并且组成了20多个以消灭各县边区抗日根据地为目的的联防区，"以中国人杀中国人"。城野宏还主谋策划和亲自指挥省直属保安大队进行多次"扫荡"。日本帝国主义投降后，城野宏主谋发动煽动日本军政人员留在山西的"残留运动"，1945年，组成协助阎锡山反共的日阎合组的"合谋社"。被告人一方面煽动日本人的复仇主义，另一方面组织变相的侵略武装部队，亲自担任少将总队副兼政工部长。直至1949年4月24日太原解放，这支部队被全部歼灭时止，城野宏一直参与指挥这支部队对中国人民解放军作战。被告人对自己的罪行表示服罪。法庭通过对8名被告人罪行的调查和认定，判处城野宏有期徒刑18年，判处其他被告人分别为15、13、11、8年徒刑。

通过沈阳审判、太原审判以及东京审判、伯力审判等一系列公开审判，将日本帝国主义侵略战争的罪恶行径展示在世界人民面前，使得世界各国人民更全面、更深刻地了解到侵略战争的残酷性和破坏性，从而有利于激发并坚定世界各国人民、日本人民、被侵略国的人民抵御侵略战争的信心和决心。同时，远东国际军事法庭和国内军事法庭对此案的审判，为审判战争罪犯积累了宝贵的经验。　　　　（王以真）

dui waiguo fayuan panjue de zhixing
对外国法院判决的执行（enforcement of a foreign judgment） 一国法院依照本国的执行制度，实施执行措施，要求义务人履行外国法院的生效判决。执行外国法院的判决是以承认其效力为前提的，承认与执行外国法院的判决是司法协助的重要内容，各国法律对此都有慎重的规定。我国现行民事诉讼法对承认与执行外国法院判决的条件、方式和程序作了如下具体规定：

申请 外国法院的判决需要在我国领域内执行的，由当事人直接提出申请或由外国法院提出请求。

执行法院 我国有权接受当事人申请或外国法院请求的法院是有管辖权的中级人民法院，即被执行人住所地或被执行财产所在地的中级人民法院。它对申请或请求进行审查后，有权协助执行。

审查条件 ①作出判决的法院其所在国和我国应当存在共同缔结或参加的国际条约或依照互惠原则，存在事实上的互惠关系；②外国法院的判决应当是发生法律效力的确定判决，并且是具有给付内容需要在我国领域内执行的判决；③判决不应当违反我国法律的基本原则及国家主权、安全和社会公共利益。我国人民法院根据上述条件审查外国法院的判决，符合条件的，即予承认。

承认与执行 人民法院承认外国法院判决的效力应当作出裁定，具有给付内容的判决需要执行的，依照裁定发出执行令。承认裁定是我国法院的执行根据。如果对外国法院的判决进行审查后，认为不符合上述条件的，人民法院有权拒绝承认与执行。此外，按照我国与一些国家之间签订的双边司法协助条约，在下列情况下也可拒绝承认与执行外国法院的判决：①按照被请求的缔约一方的法律关于管辖的规定或按照条约中有关管辖的规定，作出判决的法院对案件无管辖权；②根据作出判决的缔约一方的法律，要求执行的判决尚未生效或不具有执行力；③根据作出判决的缔约一方的法律，缺席判决是在败诉一方当事人未经合法传唤，因而未能出庭参加诉讼，或者是没有行为能力时没得到合法代理的情况下作出的；④被请求的缔约一方法院对于相同当事人之间同一诉讼标的的案件已经作出了生效判决或已经承认了第三国法院对该案的生效判决；⑤被请求的缔约一方法院对于相同当事人之间同一诉讼标的的案件正在进行审理之中，并且这一审理是在向作出需给予承认的判决的法院提起诉讼之前开始的；⑥判决的承认和执行有损于被请求的缔约一方的主权、安全或公共秩序。

（阎丽萍）

dui waiguo zhongcai caijue de zhixing
对外国仲裁裁决的执行（enforcement of a foreign arbitration award） 一国执行机关按照本国执行法规定的执行措施，要求义务人履行外国仲裁机构作出的仲裁裁决。随着国际经济贸易争议的双方当事人越来越普遍地选择通过仲裁解决他们之间的争议，执行外国仲裁裁决作为司法协助的内容也日益得到国际社会的重视。各国不仅在本国的有关法律中对此作出规定，而且力求通过国际公约和双边条约对执行外国仲裁裁决的条件和程序加以统一和协调。我国现行民事诉讼法对此作了如下规定：国外仲裁机构的仲裁裁决，需要中华人民共和国法院承认和执行的，应当由当事人直接向被执行人住所地或其财产所在地的中级人民法院申请，人民法院应当依照中华人民共和国缔结或参加的国际条约，或者按照互惠原则办理。我国已于1986年12月2日加入了《承认与执行外国仲裁裁决的公约》（简称《纽约公约》），1987年4月22日该公约对我国生效，根据我国所作的保留声明，我国仅对在另一缔约国领土内所作出的仲裁裁决承认与执行时适用该公约。因此,目前对于外国仲裁裁决当事人向我国法院申请执行的,如果仲裁机构所在国是《纽约公约》的成员国,法院应当按照公约规定的方式、程序办理;如果仲裁机构所在国不是《纽约公约》的成员国,但同我国订有双边司法协助条约的,法院应当按照条约规定办理;如果仲裁机构所在国既不是《纽约公约》成员国,又与我国没有司法协助条约,则按互惠原则处理。 （阎丽萍）

duiwu susong
对物诉讼（actio in rem） 相对于对人诉讼而言。源于罗马法,在古罗马法定诉讼时期已经存在。这是以物权为起诉标的的诉讼。在这种诉讼中,原告人根据财产权利向其他人主张某些属于原告人的物品。在法院行使海事管辖权的时候,对物诉讼特指一种原告人寻求使一项对于他享有权利的财产（例如船舶和货物）的权利请求得以实现的诉讼。在某些情况下,原告人可使该物品被扣留或抵押。在英国法中,对物诉讼和对物之诉（action in rem）有区别。对物之诉特指在具有海事管辖权的法院提起的诉讼。在这种诉讼中,原告人力图以诸如船舶或货物等财产来满足他的权利请求,原告人的请求就是针对此种财产或此种财产所造成的损害而提出的。对物诉讼和对人诉讼的区别在于前者是依据所有权提起的诉讼,而后者是依据债权而提起的诉讼。 （彭伶）

dui xing zhengjiguan bu zhizuo bu songda jue dingshu juti xingzheng xingwei de qisu
对行政机关不制作、不送达决定书具体行政行为的起诉（impleading against agency inaction of making and service of decision） 行政诉讼是基于行政管理相对人不服行政机关的具体行政行为（见可诉性行政行为）引起的,而行政机关的具体行政行为一般应当以行政机关作出的书面处理决定为标志。这就要求行政机关在作出具体行政行为时,必须向管理相对人送达决定书,便于相对人不服,向法院起诉时有依据。但在实践中,有的行政机关在作出具体行政行为时,不制作或者不向相对人送达决定书。为了保护行政管理相对人的诉权,最高人民法院在《关于贯彻执行〈中华人民共和国行政诉讼法〉若干问题的意见（试行）》中明确规定:行政机关作出具体行政行为时,不制作、不送达决定书,当事人对具体行政行为不服,向人民法院起诉时,只要能证实具体行政行为的存在并符合其他条件的,人民法院应予受理。 （谭兵）

dui xingzheng jiguan wei gaozhi suquan de dang shiren de qisu qixian de jisuan
对行政机关未告知诉权的当事人的起诉期限的计算（caculating of time limit in case of agency's failure to inform affected party of the right to sue） 行政诉讼原告行使起诉权必须遵守法定的起诉期限。根据《行政诉讼法》规定,经过复议的案件与不经复议直接起诉的案件的起诉期限不同。为了保证行政管理相对人有效地行使诉权,不至于超过法定起诉期限,要求行政机关在作出具体行政行为（见可诉性行政行为）时,应当向相对人告知诉权或者起诉的期限。对于行政机关不尽上述告知义务的,最高人民法院在《关于贯彻执行〈中华人民共和国行政诉讼法〉若干问题的意见（试行）》中明确规定:"行政机关作出具体行政行为时,未告知当事人诉权或者起诉期限,致使当事人逾期向人民法院起诉的,其起诉期限从当事人实际知道诉权或者起诉期限时计算,但逾期的期间最长不得超过一年。"这一规定对于促使行政机关依法行政,保护管理相对人的诉讼权利具有重要作用。 （谭兵）

dui xingzheng jiguan chongxin zuochu juti xing zheng xingwei de qisu
对行政机关重新作出具体行政行为的起诉（impleading against agency's re-making of the original concrete administrative action） 在行政诉讼中,人民法院对行政机关的具体行政行为（见可诉性行政行为）进行审理后,可以作出维持性判决、撤销性判决、履行职责性判决和变更性判决等四种不同形式的判决。其中的撤销性判决,包括在判决撤销行政机关的具体行政行为的同时,可以判决行政机关重新作出具体行政行为。而《行政诉讼法》第55条规定:人民法院判决被告重新作出具体行政行为的,被告不得以同一事实和理由作出与原具体行政行为基本相同的具体行政行为。可见,法律不允许被告在其具体行政行为被判决撤销后又作出与原具体行政行为基本相同的具体行政行为。但在实践中,这种情况又不可能完全杜绝。为了维护行政管理相对人的合法权益和人民法院的审判权威,应当允许相对人对此再次向法院起诉。因此,最高人民法院在《关于贯彻执行〈中华人民共和国行政诉讼法〉的若干问题的意见（试行）》中明确规定:当事人对人民法院判决撤销行政机关的具体行政行为后行政机关重新作出的具体行政行为仍不服的,可以作为新的行政案件向人民法院起诉。如果行政机关以同一事实和理由重新作出与原具体行政行为基本相同的具体行政行为的,人民法院应根据《行政诉讼法》第54条第2项和第55条的规定判决撤销,并根据第65条第3款的规定进行处理。所谓《行政诉讼法》第65条第3款的规定,是指人民法院对此可以以行政机关拒绝履行判决为由,对其适用强制措施,以排除对行政诉讼活动的妨害,维护法院判决的严肃性和权威性。

（谭兵）

duizhi

对质(confrontation) 司法人员就同一事实组织两人或两个以上已经被分别讯问过、而他们的陈述存在矛盾的人当面质询诘问的诉讼活动。对质是诉讼中的一种特殊讯问形式,是司法人员取得证据或检验证据的方法之一。对质一般在证人与证人之间、当事人与当事人之间、证人与当事人之间进行。对质前,司法人员应仔细分析对质双方曾经作过的陈述,拟订需要向对质双方提出的问题;对质时应先令对质双方分别就有关的事实情况作出陈述,每一对质者可就对方的陈述提出质问,指出矛盾并进行辩驳,澄清疑点。对质的过程和结果应记入笔录,经宣读无误后,令对质双方在笔录上签名或盖章,主持对质的司法人员也应在笔录上签名。

（熊秋红）

duizhi quan

对质权(right of confrontation) 法律赋予被告人的请求进行对质的权利。如美国联邦宪法第6条修正案规定:被告人享有与对方证人对质的权利。《台湾刑事诉讼法》第97条规定:"被告人有数人时,应分别讯问之,其未经讯问者,不得在场。但因发见真实之必要,得命其对质。被告亦得请求对质。对于被告之请求对质,除显无必要者外,不得拒绝。"第184条规定:"证人有数人者,应分别讯问之,其未经讯问者,不得在场。因发见真实之必要,得命证人与他证人或被告对质,亦得依被告之申请,命与证人对质。"依上述规定,共同犯罪案件中的被告人有申请与同案其他被告人进行对质的权利,被告人有申请与证人进行对质的权利。

（熊秋红）

dunqi shang

钝器伤(blunt instrument injury) 由钝器(有钝棱、钝角而无锐利刃口和尖端的物体)作用于人体所致的损伤。钝器伤可因运动的钝器作用于人体(如打击、辗压、倒塌)或运动的人体撞击静止的钝体(如跌倒、高坠),也可以由运动的钝体与运动的人体互相对撞(如撞车)而形成。钝器伤有时能反映出钝器接触面的形态特征(如斧背、轮胎、棍棒等所致的损伤),故可以根据钝器伤的形态推断致伤物的种类。钝器伤多见于他杀和意外事故,自杀者亦有,但较少。钝器致伤可有表皮剥脱、皮下出血、挫伤、挫裂创、骨折、脏器破裂和肢体断离等。

（李宝珍）

duoju meilian fanying

多聚酶链反应(palymerase chain reaction, PCR) 简称PCR。是一种快速的特定DNA片段体外扩增技术。该技术只要有合适的试剂和普通的实验室,可以在几小时内将特定的DNA片段扩增几百万倍,使极微量的DNA扩增到检测分析所需要的量。PCR技术的应用弥补了DNA指纹图的不足之处,使极微量的DNA和已降解的DNA中残存的DNA片段扩增起来,供DNA多态分析用,能获得准确的结果。因此,该项技术已广泛用于基础研究、生物工程、医学等多项领域。它在法医学上应用于性别鉴定、种属鉴定、人类个体识别。PCR灵敏度高,故可检测一个个体细胞、一个精子或一根毛发;特异性强;扩增的DNA不会失真;操作简单,省时。但目前由于国内提供的探针系统和能扩增的基因数少,个人识别能力仍不如DNA指纹图谱分析。随着该项技术的不断完善,可望不久的将来能应用于常规检验中。

（李宝珍）

E

eluosi minshi susongfa

俄罗斯民事诉讼法(Civil Procedure Law of Russia) 俄罗斯民事诉讼法是在 1923 年原苏联《苏维埃民事诉讼法典》基础上发展完善起来的。《苏维埃民事诉讼法典》是由列宁主持制定和颁布的,它是世界上第一部社会主义民事诉讼法。1961 年原苏联为统一各加盟共和国的民事诉讼立法,通过总结民事诉讼经验制定了《苏联和各加盟共和国民事诉讼纲要》,1964 年根据《纲要》精神,制定了《俄罗斯苏维埃联邦社会主义共和国民事诉讼法典》。

《俄罗斯苏维埃联邦共和国民事诉讼法典》分为 6 编,42 章,共有条文 436 条。第一编总则部分,包括基本原则、审判组织与回避、主管、案件参加人、诉讼代理、证据、诉讼费用、诉讼罚金、诉讼期间、法院的通知和传唤 10 章;第二编第一审法院诉讼程序:①诉讼程序,包括管辖、起诉、诉讼保全、民事案件审理的准备、法院审理、法院裁决、案件程序的中止、案件的终止、决定不予审理、法院的裁定、笔录 11 章;②行政关系案件的诉讼程序,包括一般原则、对选民名单错误提出的申诉案件、对行政机关行为的申诉、向公民追索国家和地方税收、税捐、强制定额保险金和公益捐款的拖欠案件的诉讼程序 4 章;③特别程序,包括一般原则、具有法律意义的事实的确认、认定公民失踪和宣告失踪人死亡、认定公民行为能力受限制或无行为能力、对财产无主的认定、对产权登记错误的确定、对公证行为或拒绝实施公证行为的申诉、丧失不记名证书的复权 8 章。第三编上诉程序,包括对法院判决的上诉和抗诉、对法院裁定的上诉和抗诉 2 章。第四对已发生法律效力的判决、裁定和决定的再审,包括监督审程序、对已发生法律效力的判决、裁定和决定进行再审 2 章。第五编执行程序,包括一般原则、对公民判决的执行、对国家机关、企业、集体农庄、其他合作社和社会组织判决的执行、追索金额在各追索人之间的分配、执行法院判决时对追索人、债务人和其他人权利的保护 5 章。第六编涉外诉讼。

俄罗斯民事诉讼法中所确立的一些立法原则和制度,如国家干预原则,它是基于列宁不承认民事法律为私法,不承认绝对排斥国家干预的个人权利的存在的思想确立的,并以此为指导建立了检察机关监督民事诉讼的制度;社会干预原则,由此确立了工会、户籍登记机关等社会组织为保护其成员或其他有关人员的利益,直接向法院起诉的制度等对一些东欧国家,如保加利亚、匈牙利、波兰等国,以及我国的民事诉讼理论和立法都曾产生过很大的影响。目前在原苏联解体后,随着原各加盟共和国的纷纷独立,已不存在统一的民事诉讼法了。

(阎丽萍)

esi

扼死(manual strangulation, throttling) 俗称掐死。用手或前臂扼压颈部引起的窒息死亡。扼死几乎都是他杀,偶有意外扼死,自杀实属罕见。因为自扼者扼颈后,当意识丧失时,其扼压的手即会松开,就不能继续压迫颈部,很快又苏醒过来,所以一般不能达到死亡的目的(亦曾有极罕见的扼颈自杀报告,自杀者蹲在狭窄的地方,两手压迫颈部,当意识丧失时两手借助外力支撑未离开,继续压迫至死亡)。扼死的机制与勒死类同,但主要是因颈部气管受压引起呼吸障碍,其次是颈部血管受压引起脑循环障碍以及少数因刺激迷走神经和颈动脉窦,引起反射性心跳停止而死亡。

尸表征象 除具有机械性窒息的一般征象(见机械性窒息尸体征象)外,还有:①颈部扼痕。颈部扼痕是扼死的重要特征。扼痕可以由手指和指甲分别形成。手指压迫颈部形成圆形、椭圆形、条形或片状皮下出血。如果凶手指甲较长,还可以在手指压痕附近有指甲伤痕,为半月形,长约 1 厘米,宽 1～3 毫米,严重时可形成挫裂创口。典型的扼痕多在喉头两侧,拇指痕与其余四指痕对称,其附近可见表皮剥脱和皮下出血。但在实际案例中,这种典型的扼痕极为少见。因为被害人要挣扎抵抗,扼压的手指不断移动摩擦,使扼压形状很不规则。扼痕开始为鲜红色,逐渐变为紫红色,12～14 小时后为褐色皮革样化,某些扼死者,如体质特别衰弱或扼压时颈部垫有衣服、围巾等物,或罪犯戴手套作案,扼痕很不明显,有的仅有轻微的皮肤变色。对这种情况,需用高倍放大镜观察或用酒精棉球擦拭可使反映清楚,亦可通过解剖观察颈部软组织损伤情况加以确定。②颜面窒息征象明显。因扼死窒息过程长,所以颜面青紫肿胀及眼结合膜出血现象特别明显,有时舌尖微露出于齿列外。③挣扎搏斗伤。因为扼死几乎都是他杀,而且窒息过程长,死亡缓慢,所以在窒息前和窒息中,必然会引起强烈的挣扎搏斗。有很多案件因被害者高喊呼救,罪犯就捂嘴或在上腔内堵手巾、纸团或泥土等物,常造成口腔粘膜擦伤,牙齿松动脱落。有的罪犯先打击被害者头面部或胸腹部,或把被害者打倒在地,压在被害者胸腹部上扼颈。因此,在头部、颜面、口、鼻、胸、腹、背、四肢都可出现损伤。有的手中抓有罪犯的毛发、衣片、钮扣,指甲内嵌有罪犯的皮肉组织和血迹等。

内部征象 除具有机械性窒息的一般征象（见机械性窒息尸体征象）外，颈部皮下组织、肌肉组织、甲状腺、唾液腺、喉头粘膜有斑块状或广泛性出血。甲状软骨、环状软骨、舌骨大角有时发生骨折。

（李宝珍）

ertong duodong zonghezheng
儿童多动综合征（hyperkinetic syndrome） 又称脑损害综合征、轻微脑功能失调、注意缺损障碍。发生在儿童期的，因脑功能发育不全导致的多动、注意分散、易激动、冲动等一组征候群。其智能正常，但因注意不集中使学习困难和运动功能不协调以及技巧能力发育延迟。由于学习不良，经常受到家长和老师的批评、指责，易使患儿的人格向畸形方向发展。随着年龄增长，脑功能发育完善，多动症状可逐渐消失。

（孙东东）

ermian guanxi shuo
二面关系说（doctrine of bilateral relationship） 民事诉讼法律关系理论的一种学说。该学说认为，民事诉讼法律关系存在于法院与当事人之间，即法院与原告一方存在民事诉讼法律关系和与被告一方存在民事诉讼法律关系，双方当事人之间不存在民事诉讼法律关系。其理由是，民事诉讼法律关系是公法上的法律关系，是当事人之间私权发生争议后因诉诸法律解决，他们分别与法院发生的法律关系。这种学说重视了公法的意义，避免了一面关系说的一些难以解释的问题，也在一定程度上揭示了民事诉讼法律关系与民事法律关系之间的关系，因而为大多数民事诉讼法学者所接受。但是，这种学说仍然存在两个方面的问题未获得解决，一是诉讼中是否只存在法院与当事人之间的民事诉讼法律关系，法院与证人、鉴定人之间是否也存在民事诉讼法律关系。二面关系说存在的第二个问题是，未能揭示在诸多的民事诉讼法律关系中，法院与当事人之间民事诉讼法律关系的主要性，以及法院在民事诉讼法律关系中的主导地位。事实上任何诉讼参与人依法参与诉讼，都要与法院发生诉讼法律关系，只不过他们参加诉讼的原因不同，法律关系的内容和作用不同而已。

（刘家兴）

ershen
二审（second instance） 一审的对称，亦称上诉审。原审法院的上一级法院按照二审程序对当事人不服一审法院裁判而提起的上诉案件进行第二次审理的审级制度。二审是以当事人的上诉权和上级法院的审判监督权为基础而建立的法定程序。在我国，当事人不服一审法院的裁判，在法定期限内提起上诉，即引起二审程序的发生。第二审人民法院对上诉案件进行审理时，必须采用合议制，并由审判员组成合议庭，不允许有陪审员参加。二审是对案件的续审，它是以当事人的上诉请求为基础的，即二审所要解决的是一审已经审理、但仍存在争议的问题，而不是一审的简单重复。二审既是事实审，又是法律审。二审审查的内容是与上诉请求有关的事实和法律问题。二审法院对案件进行审理后，可以依情况不同作出不同的处理：原判决认定事实清楚、适用法律正确的，判决驳回上诉，维持原判决；原判决认定事实清楚、但适用法律错误的，依法改判；原判决认定事实错误，或者原判决认定事实不清，证据不足，裁定撤销原判决，发回原审人民法院重审（见发回重审），或者查清事实后改判；原判决违反法定程序，可能影响案件正确判决的，裁定撤销原判决，发回原审人民法院重审。二审法院依照二审程序审理后作出的判决、裁定，是终审的判决、裁定，当事人不得再行起诉或上诉。但在实行三审终审制度的国家，二审法院依照二审程序审理后作出的判决，当事人不服的依法可以上告。

（万云芳）

ershen anjian
二审案件（cases of second instance） 亦称上诉案件。当事人不服第一审法院的判决或裁定而提起上诉，第二审人民法院依照二审程序进行审理的案件。除依照法律规定实行一审终审（见一审终审制）的案件以外，其他民事案件都可以因当事人的合法上诉而成为二审案件。在我国，人民法院对二审案件进行审理时，必须由审判员组成合议庭进行。同时，对不服判决的上诉案件，人民法院应当在第二审立案之日起3个月内审结，有特殊情况需要延长的，由本院院长批准。对不服裁定的上诉案件，人民法院应当在第二审立案之日起30日内作出终审裁定。在实行两审终审制度的国家，法院对二审案件所作的判决、裁定，是终审的判决、裁定，当事人不得再行提起上诉。

（万云芳）

ershen caiding
二审裁定（appellate ruling） 第二审法院审理上诉案件所作出的裁定。在我国，二审裁定的适用范围包括：①撤销一审判决发回原审人民法院重审（见发回重审）；②撤销一审裁定；③驳回不服一审裁定的上诉；④采取财产保全或先予执行措施；⑤准予或者不准予上诉人撤回上诉；⑥中止或者终止诉讼；⑦补正二审判决书中的失误；⑧其他需要以裁定解决的事项。二审裁定为终审裁定。

（万云芳）

ershen chengxu
二审程序(procedure of second instance) 当事人不服第一审法院作出的裁判,向上一级法院提出上诉,二审法院审理上诉案件所适用的程序(见二审)。

ershen panjue
二审判决(appellate judgement) 第二审法院对上诉案件审理终结后作出的判决。在实行两审终审制度的国家,二审判决为终审判决,当事人不能上诉;而在实行三审终审制(见三级三审制度)的国家,对二审判决可以依法提起上告。我国《民事诉讼法》规定,二审法院对上诉案件进行审理后,可以分别情况作出不同的判决,即对于原判决认定事实清楚、适用法律正确的,二审法院判决驳回上诉、维持原判;对于原判决认定事实清楚、但适用法律错误的,或者原判决认定事实错误,或者认定事实不清、证据不足的,对于前者,二审法院可以依法改判,对于后者,只有在少数情况下才可以在查清事实后依法改判;对于原判决违反民事诉讼法规定的程序,可能影响案件正确判决的,二审法院可以撤销原判决,发回原审人民法院重审(见发回重审)。对于原判决认定事实错误,或者认定事实不清、证据不足的,二审法院原则上也应发回重审。在我国,二审判决为终审判决,送达后即发生法律效力,当事人不得对裁判再行上诉,也不得就同一诉讼标的、以同一事实和理由重新起诉,同时,二审判决有给付内容的,对方当事人还有权向人民法院申请强制执行。 (万云芳)

ershen qixian
二审期限(time limits of second instance) 二审法院依上诉审程序审理刑事案件时应当遵守的法定期限。我国刑事诉讼法规定,第二审人民法院受理上诉、抗诉案件,应当在一个月以内审结,至迟不得超过一个半月。期间应当从第二审人民法院收到原审人民法院移送的上诉状、抗诉书之日起计算。如果属于下列案件,经省、自治区、直辖市高级人民法院批准或者决定,可以再延长一个月:①交通十分不便的边远地区的重大复杂案件;②重大的犯罪集团案件;③流窜作案的重大复杂案件;④犯罪涉及面广,取证困难的重大复杂案件。最高人民法院受理的上诉、抗诉案件的审理期限,由最高人民法院决定。 (刘广三)

eryuan suquan shuo
二元诉权说(doctrine of dual power for rights of action) 苏联十月革命后开创的一种诉权学说。该说认为,诉权有程序意义上的诉权和实体意义上的诉权。前者为诉讼程序的启动权,即原告的起诉权。后者为获得法院对实体权利的保护权,即诉讼之胜诉权。起诉权是引起法院对具体案件进行审理并予以解决的权利,胜诉权是对义务人能强制执行的权利。只有程序意义上的诉权而无实体意义上的诉权,不可能胜诉,只有实体意义上的诉权而无程序意义上的诉权,实体意义上的诉权不可能实现,两者必须同时具备。因此,人们称这种学说为二元论诉权说。按照这种学说,诉权集中表现在起诉与胜诉上,起诉权与胜诉权密切相联,诉权即为原告之权。这种诉权学说在原苏联成为定论之后,在一些东欧国家具有普遍的影响。新中国成立初期移植于我国,在一段较长的时间里它同诉的两层含义(即程序意上的诉和实体意义上的诉)一样,成为我国民事诉讼界的通说。近些年来由于我国民事诉讼立法和民事诉讼理论的发展,对诉与诉权的理论有了新的思考,提出了各种不同的理论观点,对诉权作了各种不同的界定,有的对二元诉权说进行评析之后,提出了一元诉权说的主张。 (刘家兴)

F

fahui chongshen
发回重审（remand for new adjudication） 上级法院依照法定程序经过审理，发现原审判决事实不清楚或者证据不足以及有违反法律规定的诉讼程序的情形的，发回原审人民法院重新审判的诉讼活动。我国刑事诉讼法规定，第二审人民法院对不服第一审判决的上诉、抗诉案件，经过审理后，如认为原判决事实不清楚或者证据不足的，可以裁定撤销原判，发回原审人民法院重新审判。第二审人民法院发现第一审人民法院的审理有违反法律规定的诉讼程序的情形之一的，应当裁定撤销原判，发回原审人民法院重新审判。对不服第一审裁定的上诉或者抗诉，如认为原裁定认定事实不清楚的，应当裁定撤销原裁定，发回原审人民法院重新审判。此外，上级法院在审判监督程序、死刑复核程序的核准程序中均可裁定撤销原判，发回重审。

将案件发回原审法院重新审理，是上诉审法院对上诉案件的处理方式之一。很多国家的民事诉讼法都规定了发回重审（有的是发回更审），如《德国民事诉讼法》第359条规定："第一审的诉讼程序有重大欠缺时，控诉法院可以将判决与有欠缺的部分程序予以撤销，将案件发回第一审法院。"在日本，发回重审分为必要的发回和任意的发回。《日本民事诉讼法》第388条规定了必要的发回，即"在对于第一审以不合法为理由所做的驳回诉讼的判决进行撤销时，控诉法院应当将案件发回第一审法院。"第389条规定了任意发回的两种情形，即：①在前条情况以外，控诉法院撤销第一审判决时，如就案件尚有进行辩论必要的，可以将案件发回第一审法院。②以第一审法院违背诉讼程序为理由而将案件发回时，视为该诉讼程序已因之而被撤销。在我国，二审法院对上诉案件进行审理后，认为原判决违反民事诉讼法规定的程序，可能影响案件正确判决的，可以撤销原判，发回原审人民法院重审。另外，二审法院对上诉案件进行审理后，认为原审法院的判决认定事实错误，或者认定事实不清、证据不足的，原则上也应发回重审，只有在少数情况下才可以在查清事实后改判。案件发回原审法院重审时，应另行组成合议庭，适用一审程序进行审理，审理后作出的裁判仍为一审裁判，当事人不服的，可以提起上诉。

（刘广三 万云芳）

faxian chengxu
发现程序（procedure of discovery） 英美法系国家规定的一种民事案件审理前的程序。美国联邦法及大多数州的民事诉讼法规定供当事人使用的发现方式有笔录证言、答复书面问题的笔录证言、对书面问题的书面答复、发现书面材料与物件、自认等。通过发现程序，保全审理时不能出庭的证人的证言，把证言冻结起来防止伪造，暴露事实，明确双方当事人的争执点。如果双方当事人的惟一争执点为法律争执点时，便于援用简易判决程序。同时，明确了案件事实和双方的争执点，便于当事人和解。即使必须进行审理，也可以通过发现程序为审理做好准备。对于使用除检查身体或精神状态以外的其他发现方式时，除有争执外，都不需要法院的干预。对方如有异议，可以采取两种方式：一是答复他没有异议的问题，对拒绝答复的问题提出异议；二是申请法院作出保护裁定，即允许他不答复。命令或限制发现的裁定属于中间裁定，因此，对该裁定不服的，必须在法院作出终局判决之后才能上诉。但在某些情形下，当事人可以借助非常上诉程序，即命令令状。美国学理认为发现程序起着补充诉讼程序的作用，但批评者指出发现程序得到的只是一堆无用的书面材料，浪费了时间和金钱。况且，一些资金雄厚的大公司还利用复杂的发现程序折磨个人当事人，以迫使其进行和解。因此，法学界、律师界及法官都要求对发现程序进行改革，如限制发现程序的范围，加强法院对发现程序的控制。

（万云芳）

fazuoxing kongzhi buliang zonghezheng
发作性控制不良综合征（episodic dyscontrol syndrome） 见爆发型人格障碍。

fachixue
法齿学（forensic odontology） 亦称法牙科学。应用牙科学（口腔学）及其他相关自然科学的理论与方法，研究解决侦查、检察、审判工作中涉及人身伤亡的有关牙科问题的一门科学。法齿学是为法律服务的牙科学，它是法医学的一个分支，也是社会牙科学的一个组成部分。法齿学有三个重要的特点：首先是具有个体之间的差异性。它是以牙齿、牙列、咬合、牙科修补、口腔内骨骼结构、硬腭皱纹和唇纹等特征因人而异来作为鉴定的科学基础。由于上述因素不同结合，彼此有差异，相同概率极少，据计算世界上不存在口腔完全相同的两个人，因此不少学者认为，法齿学的识别价值仅次于指纹。其次，牙科物证具有稳定性。牙齿是人体最坚硬的组织，上下颌、牙齿、牙齿的填充物和附属物，最不易受到外伤、高低温、腐败的影响和破坏，是灾害事故中,特别是航空器失事、爆炸事故中,牙齿和颌骨是人体死亡后最易保存的物证部分,是提供个人识别的最重要材料。第三,法齿学是一门实用性很强的科学。根据牙齿和口腔其他组织的特征,可以提供性别、年龄、种族、职业、习惯、风俗等个人识别方面的重要资料。根据牙齿颜色的改变和色素沉着,可以推断疾病种类和腐败速度。根据咬痕特征,可以区分是人还是动物所咬,以及是哪个人造成的。法齿学由于有以上的特点,在侦查、检察、审判中发挥重要作用,越来越受到人们重视。

法齿学研究的范围主要有以下三个方面:①检查和鉴定牙齿、颌和口腔组织损伤情况,如检查尸体或活体的口腔,发现损伤,检验损伤部位、形态、大小、损伤严重程度,作出损伤形成原因、损伤性质、致伤方式、致伤工具方面的判断。②检查和鉴定咬伤情况,以确定罪犯和排除嫌疑分子。③检查和鉴定由无名尸体提取的有关牙科物证,进行个人识别,查明死者的身份。研究内容包括根据牙科物证鉴别人种(及种族);确定死者经济地位;判定死者性别;推断死者年龄;估计死者的风俗、习惯;检验血型、DNA 和口腔范围的其他重要特征。研究对象包括活体、尸体、物体和书证等方面。活体:对伤害事故当事人的咬伤和齿痕的检查和鉴定,确定咬痕的形状、部位、形成方式、严重程度和预后,对活体进行年龄、职业的推断。尸体:检验皮肤的咬伤和颌面部的损伤,检验无名尸体的唇纹、牙齿、牙列、咬合状态、牙科疾病、牙齿填充物、假牙等,进行个人识别。对白骨化的尸体,通过法齿学的检验确定死者的年龄、性别、种族、职业以及口腔的其他个人特征,为个人识别提供依据。物体:主要是对食物上遗留的牙印、咬痕的检验,唾液斑迹的检验,对玻璃、纸上的唇纹检验,为确定罪犯提供证据。书证(文书):包括对牙科医疗记录、诊断书和 X 光照片的审查,以确定有无医疗事故和提供个人识别的可能性。

法齿学的形成有个漫长的过程,公元 66 年罗马王朝尼禄允诺了情妇萨宾娜的要求,处决了他的皇后,而萨宾娜怀疑尼禄是否真的把皇后杀死,于是,她令侍从将割下的皇后头颅装在银盘里进行检查。最后,萨宾娜辨认了一颗黑色的中切牙,才断定尼禄所杀的确是皇后。近代法医牙科学的奠基人是巴黎牙科大学教授阿莫道(Oscar, Amoedo)博士,他在 1898 年发表了论文《论法医学的牙科技术》。1900 年日本野口英世博士翻译了阿莫道的著作,1903~1904 年东京牙科医学专门学校开设法医牙科学课。1946 年小南又一郎教授编写了《牙科法医学讲义》。据报告,1972 年世界上各地共有 40 个法齿学研究机构。我国早在春秋战国时期就有牙齿与年龄相关的记载;《太平御览》中提到"男子八月生齿,八岁而齿……"等。新中国成立后,上海法医研究所率先对牙齿进行法医学的鉴定,在出版的法医学著作中叙述了牙齿鉴定的内容。北京大学出版社 1992 年 1 月出版的陈世贤编著的《法齿学概论》,是国内第一次系统论述法齿学内容的专著。　(张玉洁)

fading daibiaoren

法定代表人(legal representative)　法人的主要负责人,即实体法上的法人代表,在诉讼中代表法人实施具体的诉讼行为。在民事诉讼法中,法人一经成立即具有诉讼权利能力和诉讼行为能力(见民事诉讼权利能力、民事诉讼行力能力),因而在其实体权益发生争执时,既有资格成为民事诉讼当事人,也有能力亲自进行诉讼行为;但是,法人毕竟仅具有法律上拟制的人格,具体的诉讼行为必须通过真实的有生命的人来实施,作为法人主要负责人的法人代表就成为了民事诉讼中代表法人进行诉讼行为的法定代表人,从而使法人的意志得以具体化。法定代表人的诉讼行为就是法人的诉讼行为,其法律后果必然由法人承担。法定代表人既不同于诉讼中为保护无诉讼行为能力的公民而设立的法定代理人,也不同于基于委托关系而形成的委托代理人,更不同于既代表自己意志又代表其他众多当事人起诉、应诉的诉讼代表人。法定代表人在诉讼中具有独特的地位和作用,法定代表人的更换不是当事人的更换,它不产生任何诉讼中的法律后果,原法定代表人进行的诉讼行为对新更换的法定代表人当然有效。一般情况下,法人的正职负责人是法人的法定代表人;没有正职负责人的,由主持工作的副职负责人担任法定代表人;设有董事会的法人,以董事长为法定代表人,没有董事长的法人,经董事会授权的负责人可作为法人的法定代表人。非法人团体参加诉讼,其主要负责人或管理人具有与法人的法定代表人同样的地位和作用。

(阎丽萍)

fading dailiren

法定代理人【民诉】(statutory representative)
民事诉讼中,依照法律规定行使诉讼代理权,代理当事人进行诉讼的诉讼代理人。法定代理是为无诉讼行为能力的当事人设立的一种诉讼代理制度。民事诉讼中的法定代理与民事实体法上的法定代理是相适应的,在实体法中规定,"无民事行为能力人、限制民事行为能力人的监护人是他的法定代理人。"无民事行为能力人和限制民事行为能力人在诉讼中均无民事诉讼行为能力,它们的民事法定代理人就是诉讼中的法定代理人。正如中国《民事诉讼法》中规定,"无诉讼行为能力人由它的监护人作为法定代理人代为诉讼"。

法定代理人的诉讼代理权的产生,既不是基于法院的指定,也不是基于当事人的委托,而是以亲权和监护权为基础,由法律直接加以规定的。法定代理人在诉讼中的地位相当于当事人的地位,法定代理人在诉讼中的行为视为当事人的行为,与当事人在诉讼上的行为具有同等法律效力;法定代理人既有权处分当事人的诉讼权利,也有权处分当事人的实体权利。正由于此,在日本和德国的民事诉讼法中,法定代理人和当事人是规定在同一章节中的,它们的诉讼代理人仅指基于当事人和法定代理人委托而代理诉讼的人。但是法定代理人毕竟不是实体法律关系的主体,代理人代理诉讼行为的法律后果直接及于被代理的当事人,因此,诉讼中如果发生法定代理人丧失诉讼行为能力或死亡的情况,诉讼只是暂时中止,在当事人有了新的法定代理人后,诉讼便可继续进行。法定代理人的代理权一般在无诉讼行为能力的当事人具备或恢复了诉讼行为能力,监护权丧失,法定代理人丧失了诉讼行为能力或被代理人死亡等情况下归于消灭。

在我国台湾地区的民事诉讼中,法定代理人除了指代理无诉讼行为能力的当事人进行诉讼的人之外,法人或非法人团体参加诉讼时的法定代表人也称为法定代理人。

(阎丽萍)

fading dailiren

法定代理人【刑诉】(legal representative) 因对无诉讼行为能力的当事人负有法定的监督和保护义务而参加刑事诉讼的诉讼参与人。根据中国《刑事诉讼法》的规定,有资格担任法定代理人的是被代理人的父母、养父母、监护人和负有保护责任的机关、团体的代表。在刑事诉讼中,法定代理人的主要职责是代表无诉讼行为能力的被代理人行使诉讼权利,承担诉讼义务,进行诉讼行为,以保护被代理人的合法权益。为此法定代理人享有一些本为被代理人所享有的诉讼权利,如申请回避权,上诉权,申诉权等。法定代理人在行使这些权利时具有独立性,不须取得被代理人的同意。同时,法定代理人还可以代表被代理人承担诉讼义务。例如,司法人员在对不满18岁的未成年犯罪嫌疑人、被告人进行讯问和审判时,后者的法定代理人可以在场;在刑事附带民事诉讼中,法定代理人还应对被代理人的犯罪行为所造成的物质损失承担赔偿责任。但是,法定代理人不能代替被代理人陈述案情和作证,也不能代替被代理人承担与人身自由相关联的义务。

(陈瑞华)

fading guanxia

法定管辖(legal jurisdiction) 由法律明文规定的公安机关、人民检察院和人民法院在直接受理刑事案件范围上的分工以及人民法院系统内在审判第一审刑事案件上的权限划分。法定管辖是相对于裁定管辖而言的。在刑事诉讼中,就管辖的实质而言,无论哪一种管辖,都是经法律规定和确认后才固定下来的。只不过有的是由法律直接明文规定的,即法定管辖;有的是由法律间接规定的即裁定管辖。法定管辖与裁定管辖互为补充,以满足审判实践的需要,充分体现了我国刑事诉讼法在管辖上的原则性与灵活性的结合。

依据我国《刑事诉讼法》,我国的法定管辖主要有以下几种:①立案管辖,指公安机关、人民检察院和人民法院在直接受理刑事案件范围上的分工。②级别管辖,指各级人民法院在审判第一审刑事案件上的权限划分。③地域管辖,指同级人民法院之间在审判第一审刑事案件权限上的划分。④专门管辖,指专门人民法院与普通人民法院之间、各类专门人民法院之间以及各专门人民法院系统内就第一审刑事案件受理范围的分工。

(朱一心)

fading qijian

法定期间(statutory term) 期间的一种,与指定期间相对。由法律明文规定的期间,亦称作不变期间。事实上它包括绝对不变期间和相对不变期间。绝对不变期间,是指一经法律规定,法院和诉讼参与人不得对此作任何改变,如答辩期间、上诉期间等。相对不变期间,是指通常情况下不可改变,但遇有法定事由时,法院可以根据法律的规定进行改变。这里的法定事由,一般指影响或妨碍法院或者诉讼参与人在法定期间内进行诉讼行为的客观因素。如人民法院审理对判决的上诉案件,应当在第二审立案之日起3个月内审结。有特殊情况需要延长的,由本院院长批准。又如被告在我国领域内没有住所的,对起诉的答辩期为30日,被告申请延期的,由人民法院决定是否允许。由此可见,对相对不变期间的改变,必须是法律明文规定的情况。相对不变期间,也称为一般法定期间或者通常期间;绝对不变期间,则相应地被称为不变期间。受法定期间限制的诉讼行为,必须在法定的时限内进行或者完成,超越法定期间进行的诉讼行为,在法律上属于无效的行为。如不服法院的一审判决,法定上诉期间为15天,超过15天后再提起的上诉,上诉法院不予受理。

(何畏)

fading shunxu yuanze

法定顺序原则(doctrine of legal sequence) 自由顺序原则的对称。当事人的诉讼行为必须按照法律规定的顺序进行,否则不发生效力。法定顺序主义分为证据分离原则和同时提出原则。证据分离原则,即将诉讼行为的实施分为若干阶段,在某一阶段只能为某些诉讼行为,如将陈述阶段与举证阶段完全分开,在陈述阶段不能举证,在举证阶段亦不能为事实陈述。同时提出原则,即当事人为达到同一目的的陈述与举证,必须同时提出或者在一定的期限内提出,逾期提出则无效。采用法定顺序原则,可以保证诉讼的有序化以及诉讼程序的法定化,并使诉讼顺利迅速进行。但是,当事人不遵从法定顺序,就会丧失提出攻击防御方法的机会,最终将导致诉讼材料的减少,并且不利于权利保障制度的实施。我国民事诉讼法规定的普通程序与法定顺序原则相似。

(万云芳)

fading zhengju zhidu
法定证据制度(legal evidence system) 又称形式证据制度。指法律对不同形式的各种证据的证明力和采用规则都作出明确规定,法官必须依据这些规定来计算证据的效力并据以作出能否认定案件事实的结论,而无权按照自己的见解去判断证据的一种证据制度。

在欧洲大陆的各封建王国,随着社会文明的提高,君主专制制度的形成和发展,一些法学者根据某些具体的司法实践经验,认为法官裁判案件,不应凭借神意的显示或听命于各个封建主,而应有客观的根据,遵循统一的法定规则,从而创立了法定证据理论。这一理论认为,不同形式的证据具有不同的意义,对各种证据可以区分为完全的(或完善的)和不完全的(或不完善的);不完全的证据可分为半完全的、多一半完全的和少一半完全的。完全的证据是具有充分可靠性的证据,足以使法官信服,据以认定犯罪事实。不完全的证据虽有一定的可靠性,但尚不足以证明案件事实,只能据此说受审人有犯罪嫌疑。但是,将几个不完全的证据相加,可以构成一个完全的证据,成为法官据以定案的根据。对于各种证据的证明力和采用规则应当由法律作出明确规定,使其成为法官们办案必须遵守的统一准则。欧洲大陆各个王国的君主,为了强化和巩固中央集权的专制制度,根据上述理论,在诉讼立法上对各种证据的证明力和采用规则,均予以规定,从而创立了法定证据制度。神圣罗马帝国皇帝查理五世于1532年制定的《加洛林纳刑法典》(拉丁文 Conztitution Criminalis Carolina),就是一部规定了法定证据制度的具有代表性的法律。

根据法定证据制度的规定,完全的证据主要有:被告人在法官面前的自白,经对方承认的书证、勘验,某些专门知识人员的证明。不完全的证据包括:被告人的攀供,被告人在法院外的自白经两个证人确认的、传闻证人的证言,间接证据等。关于证人证言的证明力,则依证人与案件的关系,由谁举出,是否值得信任,是否经过宣誓,证言内容是否一致等,而有不同的规定。有的法律还规定,几个合法证人的可靠性程度相等,而彼此的证言矛盾时,男子优于妇女,显贵人优于普通人,学者优于非学者,僧侣优于世俗人。

法定证据制度与纠问式诉讼是紧密相联的,在这种诉讼形式中,嫌疑人、被告人没有诉讼权利,只是被追究的对象。法官为了获得足以定案的完全的证据,可以依法刑讯,采用暴力手段逼迫嫌疑人、被告人招供。所以,刑讯是法定证据制度的重要内容,是使法官获得被告人自白这一被称为"证据之王"的根本保障。

在证据理论中,把作为法定证据制度基础的法定证据理论分为积极理论和消极理论。法定证据的积极理论,要求法官在刑事案件具有法定的完全的证据时,无论法官对犯罪事实是否形成确信,都必须作出有罪判决。法定证据的消极理论则认为,在没有法律规定的必要证据的时候,即使法官认为被告人有罪,也不得对其作出有罪判决。长期对法定证据制度起支配作用的则是法定证据的积极理论。

法定证据制度取代神示证据制度,使法官办案从迷信浓雾中解脱出来,并且不受各地封建领主的控制,限制了法官的随意性和专横,是证据制度发展中的一大进步。但是,法定证据制度不管案件的多样性和各种证据的复杂性,对证据证明力的大小都作出规定,要求法官据此进行判断和决定取舍,认定案情,因而是非科学的。刑讯与法定证据制度的紧密结合,又使其具有野蛮性和落后性。所以,法官按照法定证据制度所认定的案件情况,虽然能达到法律所要求的真实即"形式真实",但却难以符合客观事实。随着资本主义生产关系的发展,欧洲大陆的资产阶级思想家和法学家在抨击封建制度时,也揭示了法定证据制度的种种弊端,提出必须建立反映新思想的、有利于查明实质真实的证据制度。18世纪末到19世纪初,由于资产阶级政权在欧洲大陆各国先后建立,法定证据制度就被自由心证证据制度所取代。

在我国封建王朝时期的证据制度,虽然也有几项形式主义的规则,如"断罪必取输服供词",被告人不合拷讯时,"据众证定罪",是指应有"三人以上明证其事",但这种明确规定证据证明力,法官必须据此定罪的,终究是个别情形。就当时的整个证据制度而言,法官判断证据,都是由其依据"五听",斟情酌理,自由决断。因而,它虽有法定证据制度的因素,但并非法定证据制度。

(陈一云)

faguo difang xingzheng fayuan
法国地方行政法院(法文 les tribunauk administratifs regionaux) 又译"省际行政法庭"、"省际裁判所"。法国审理第一审行政案件的基层行政法院。

法国地方行政法院与国家行政法院(见法国国家行政法院)一样,创建于18世纪末19世纪初,有着很长的发展历史,1953年进行重大改革,建立现制。目前法国共设30个地方行政法院,一个地方行政法院管辖几个省域。法国本土设25个地方行政法院,海外设5个,其中3个设在安的列斯群岛和圭亚那,1个设在留尼旺岛,1个设在圣比埃尔和密喀农。地区行政法院是法国主要的初审行政法院,不服其裁决可向上诉行政法院或国家行政法院上诉。地方行政法院除了行政审判外,也负责行政咨询。此外,地方行政法院还具有其他行政法院所没有的行政权。纳税人认为应由市镇提起诉讼,经申请市镇起诉遭到拒绝时,可以请求地方行政法院批准纳税人以市镇的名义提起行政诉讼。地方行政法院的法官经院长同意,可同时兼任某些行政工作。 (姜明安 江家喜)

faguo fayuan zuzhi tixi
法国法院组织体系(organization of the court system in France) 法国有两个法院系统,即普通法院系统和行政法院系统。一般民事、刑事案件,归普通法院受理。涉及国家机关之间或公民对国家机关、官员行使行政权而发生的诉讼,统归行政法院受理,普通法院不得干预。普通法院与行政法院之间的权限冲突,由争议法庭解决。法国普通法院系统如下:

初审法院,负责审理诉讼标的为5000法郎以下的民事案件。

违警法院(又译警察法院),负责审理法定刑为2个月以下徒刑或1万法郎以下罚金的违警罪案件和少年实施的一至四级违警罪案件。由1名法官独任审理。

大审法院,负责审理诉讼标的超过1万法郎以上的民事案件,还受理不服初审法院判决的上诉案件。

轻罪法院(又译矫正法院),负责审理法定刑为2个月至5年徒刑或1万法郎以上罚金的轻罪案件。通常由3名法官合议审理,自1973年起,对某些案件经被告人同意,可由法官独任审理。

重罪法院(又译巡回法院),负责审理法定刑为5年以上徒刑或苦役的重罪案件。重罪法院设在每个省的省会,一般一季度一个开庭期。它是法国审理刑事案件时惟一设陪审团的法院。对于一般重罪案件由3名法官和9名陪审员组成的合议庭进行审判。但对于恐怖分子的案件,仅由7名职业法官组成的合议庭进行审判。重罪法院只受理经过上诉法院起诉庭审查后批准起诉的案件。对重罪法院作出的判决不许可上诉,但可就法律问题申请最高法院复议。

上诉法院是除重罪案件以外的民事和刑事案件的上诉审法院,设在大区,由3名法官根据原审笔录和律师陈述进行审理,可以撤销原判决,制作新判决。

最高法院(法文La Cour de Cassation,直译为撤销法院),于1790年成立,原称最高法庭,1804年改为现名。它是法国普通法院系统中的最高审级,下设五个民事庭和一个刑事庭。审理刑事案件由9名法官组成合议庭,只复议法律问题,不审理事实。审理后如认为下级法院没有错误,就维持原判,案件即告终结;如发现原判决有重大法律错误时,则撤销原判决,并将案件交给与原审法院同级的另一个法院重审。 (程味秋)

faguo guojia xingzheng fayuan
法国国家行政法院(法文Conseil d'Etat) 又译"国政院"、"平政院"、"国家参事会",审理行政案件、裁决行政争议,并提供行政咨询的法国最高行政法院。法国国家行政法院成立于法国资产阶级革命时期,是资产阶级革命的产物。在法国资产阶级夺取政权以后,司法权曾一度仍然掌握在封建时代的那些旧法官的手中。由这些旧法官把持着的皇家法院,利用它们手中的审判权,阻碍和破坏革命政府政策的实行和各种革命措施的实现,它们任意宣布革命政府的革命政策和措施"违法"、"无效",阻碍改革的进行,维护旧的封建制度的特权。对此,资产阶级非常恼火,决心清除这一障碍。于是,国民议会于1790年8月通过一项法律,规定"司法职能和行政职能不同,现在和将来永远分离,法官不得以任何方式干预行政机关的活动,也不得因其职务上的原因,将行政官员传唤到庭,违者以渎职罪论"。从而剥夺了普通法院的行政司法权,使普通法院的法官再也不能任意干预行政和阻碍改革。在剥夺了普通法院的行政司法权后,行政案件便由行政机关自己处理。国民议会于1790年10月通过一项专门法律,规定在任何情况下,要求撤销行政机关作出的行政行为的案件都不属于普通法院的管辖范围,这类要求应向国家行政机关首脑(即政府首脑)提出。但是行政案件的数量很多,政府首脑根本处理不过来,这样就要求有一个专门机关来协助政府首脑处理这些案件。此外,随着资本主义的发展,国家行政事务增多,从而政府要经常起草发布有关的行政法规和命令,为使这些法规和命令尽量地做到严密、适当、合法,不至于在执行中引起争议,导致行政纠纷,亦需要有一个专门机关对这些法规和命令进行事先的审查和斟酌。正是在这种情况下,拿破仑于1799年12月,在他担任第一执政的时候,设立了国家行政法院(成员29人)。当时的宪法规定,国家行政法院具有两方面的职能:一方面,是就法案、规章、命令和其他方面的问题向政府提供咨询;另一方面,是审理行政争议,提出处理行政争议的意见和建议。对于行政争议作出最后裁决仍然是第一执政的权限。不过,在一般情况下,第一执政(以后的国王)总是根据国家行政法院的意见和建议,而不是违反它的意见和建议作出裁决。国家行政法院在它建立后一个很长的时期内,一直没有对于行政争议的最后裁决权。因此,它还不能算一个独立的名副其实的行政法院。国家行政法院正式作为一个独立的名副其实的行政法院是1872年以后的事情。1872年5月24日,第三共和国的国民议会通过一项法律,规定"行政法院有权裁决所有关于要求宣告各级行政机关的违法行为无效的请求",即授予它以正式的司法权。此后它便可以独立地作出有约束力的裁决,从而成为审理行政案件的名副其实的法院——行政法院。

1872年以后,法国行政法院又进行了几次较重要的改革,使其制度更趋完善和更适于形势发展的需要,这些改革包括:①1889年废除部长裁决前置程序。当事人不服从行政机关的决定,1889年以前必须先经相应部长裁决,然后才能向行政法院起诉。1889年以后,当事人不服行政决定,可直接向行政法院起诉,无须部长先行裁决。②1953年确定最高行政法院除受理重大一审行政案件外,主要为上诉审法院;地方行政法院(见法国地方行政法院)为一般行政案件的初审法院。1953年以前,地方行政法院仅管理特定行政案件,而最高行政法院管理一般行政案件。③1987年设立上诉行政法院(见法国上诉行政法院)。当事人不服地方行政法院的判决,1987年以前只能向最高行政法院上诉,1987年以后,除某些特定案件(如关于行政决定意义和合法性的解释案件,行政条例的越权案件,省、市议会的选举案件)仍然保留向最高行政法院上诉外,均向上诉行政法院上诉。上诉行政法院共有五个,分别设于全国的几个大城市。

国家行政法院设有五个厅:四个行政厅、一个裁判厅。四个行政厅分别是内部事务厅、公共工程厅、财政监督厅和社会事务厅。它们的职责主要是审议政府交付它们审议的有关的法律案和法令案,对之提出建议和意见。裁判厅是最高行政法院中最大的一个厅,它本身又分成九个小组,其职责主要是审理和裁决行政案件。对于受理的行政案件,行政法院先交付裁判厅一个小组审理,提出意见,如该案属于一般案件,则在原小组审理和提出的意见的基础上,再由两个或两个以上的小组,联合作出裁决;如该案属比较重大的案件,则由裁判厅全厅会议,或由各行政厅代表(各厅派行政法官两名为代表)参加,联合作出裁决;如属最重大案件,则由全院会议(会议由行政法院副院长主持,各厅厅长以及具体办案人员参加)作出裁决。

(姜明安)

faguo jiancha jiguan tixi
法国检察机关体系(organization of the prosecution system in France) 法国全国检察机关的设置系统。12世纪末叶,法国国王指派代理人为其处理私人事务,其后代理人逐渐发展为代表国王向审判机关提起民事诉讼。到13世纪末叶,代理制度扩大到刑事案件,罪案不由被害人起诉,而由代理人起诉,即近似现代检察机关提起公诉,代理人也从此成为国家的官吏。随着王权的加强,为了监督各封建领主,到14世纪初,正式设立检察官,最早建立了检察制度。检察官一方面代表国王对各封建领主和地方当局实行监督,一方面以国家公诉人的身份对罪犯进行侦查,并指导法院进行诉讼。

法国检察官是由司法部长提名、总统任命的职业法官。检察机关与法院实行审检合署制。在司法部长的指挥下,法国检察机关分成两个系统,各自分别行使其职权,即最高法院检察官系统与上诉法院检察官系统。前者受最高法院总检察长的指挥,后者受上诉法院检察长的指挥。

法国检察官一般派驻于法院内,最高法院设总检察长1人,检察官若干人,其主要职权是:根据司法部长的命令,向刑事庭揭露违法的判决、裁定和司法文书;为维护法律,对当事人未上诉的法院裁决,可依职权提出上诉;有权向刑事庭申请再审。上诉法院设检察长1人和检察官若干人。其主要职权是:有权直接使用警察;在本辖区内具有起诉权;对轻罪法院、违警法院的判决有权上诉;监督本辖区内适用刑法的情况等。重罪法院和轻罪法院分别设检察官若干人;违警法院不设检察官,通常由司法警察主管人员或驻大审法院的检察官担任,其主要职权是:接受对犯罪的举报;指挥司法警察进行初步侦查;提起公诉;支持公诉;广泛的上诉权等。在刑事诉讼中,法国实行检察官一体原则,即同一个检察官系统的检察官,在诉讼进行过程中可以相互调换。

(程味秋)

faguo lüshi zhidu
法国律师制度(lawyer system in France) 法国关于律师组织、律师资格等法律制度的统称。法国于1790年曾一度废除律师这一职业,当时只要是持有公民责任感证件的人,都可以为当事人辩护。1799年至1804年又逐渐恢复这一职业。

关于律师资格,法国1971年12月31日第1130号法令规定,律师应具备下列有关国籍、能力及品行等条件:①必须是法国国民。根据法国《国籍法》第81条的规定,具有5年以上的法国国籍才能在法国取得律师资格,但是国际条约另有特别规定的除外。②必须具有法学学士或法学博士的资格。③取得律师资格考试合格证书。法国认为,律师是维护正义的堡垒,并以此为己任,是自由、名誉、财产的维护者。律师不单是一种职业，而且还要求具有诚实的品德，廉洁和解的愿望，对真实与正义的爱，以及负有对弱者和被压抑者从学识上给予指教的热忱等使命。

关于律师组织，法国的律师职业团体在1801年才恢复。其时的律师公会理事会由总检察长任命，律师公会要受到法官的监督。到1803年律师组织才获得独立的地位。法国旧的律师组织分为三种，即上诉法院的律师、大审法院的律师和商事法院的律师。1971年至1972年，法国对律师组织进行了一次重大的改革，将上述三种律师合并成统一归属大审法院的律师团体，即每个大审法院辖区内建立律师团体。因此，同在一个大审法院登记的律师和见习律师就组成一个律师公会。在法国，没有全国性的律师公会。每个独立的律师公会，由公会的大会选举理事长和理事。理事长的任期为2年，理事的任期为3年，每年改选1/3的成员。

根据法国的规定，律师不能从事任何形式的商业活动，即使作中间人也不行。律师也不得担任公职或政府官员，不得从事司法鉴定工作、会计工作和专业簿记工作。

(程味秋)

faguo minshi susongfa
法国民事诉讼法（civil procedure law of France） 法国现行民事诉讼法是1976年制定并实施的，这是法国第一次实现了全国范围民事诉讼法的统一。该法是在对1806年《法国民事诉讼法典》重大革新的基础上制定的。1806年《法国民事诉讼法典》是法国资产阶级革命后，拿破仑进行法典编纂的成果之一，是最早的一部资产阶级民事诉讼法典，为西欧各国民事诉讼立法提供了雏形和框架。它在近代民事诉讼制度发展史上具有重要地位。该法典在法国使用了一百多年没有重大修改。直到1971年法国才开始酝酿全面修改民事诉讼法典。1976年颁布的《民事诉讼法典》废止了1806年《民事诉讼法典》的大部分条文，只保留了1042条条文中的541条，体现了明显的革新精神。新的《民事诉讼法典》共1037条，分为两部分。第一部分为21章，749条，包括民事、商事、社会法院共同适用的规定；第二部分为7章，288条，分述每一类法院专用的规定，包含了第一审法院、上诉法院和最高法院的程序。

法国民事诉讼法的原则及主要特点：①处分原则。即诉讼的进行由当事人掌握，诉讼当事人有发动、推动和放弃诉讼及同意对方主张的权利。1976年《法国民事诉讼法典》规定，除法律另有规定外，只有当事人能起诉；当事人能在诉讼因判决的效力或依法律规定终止前结束诉讼；当事人应按规定的形式并在规定的期间内完成诉讼行为。并规定当事人得就其能自由处分的权利，以明示的合意把辩论的范围限于某些法律定性和法律点，约束法官。在现行民事诉讼法中既保留了当事人处分原则这一传统法国民事诉讼的特征，但在其具体规定中又加强了法院的作用，使处分原则受到了一定的限制。具体表现为两方面，一是加强了法官调查证据的权限。第一审法院的准备程序，法官有权决定当事人提出诉讼文件的期限，监督当事人交换书面材料，命令第三人参加诉讼，命令第三人出示与案件有关的书面材料并授权法官使用持续罚金迫使恶意的或疏忽的当事人以及拒绝与法院合作的第三人提供书面材料。一是赋予了法官在确定事实和法律因素上的主动权。法官有权对当事人为支持其主张没有具体提出的事实采取调查措施。法官权力和作用的加强增加了民事诉讼法中的职权主义色彩，也是现代民事诉讼的一个发展趋势。②辩论原则。即一方当事人有权就对方提出的主张、论点和证据进行争论，具体表现为当事人有攻击、防御的自由，能见到对方出示的文书、证言并就此进行争论，参与某些证据程序。对于没有听取其陈述或没有传唤过的当事人不得作出判决。这一原则既要求当事人依法履行义务，行使辩论权，也要求法官尊重这一原则，法官采纳的当事人的理由、解释和出示的书面材料必须经过双方的对立辩论。这一原则在资产阶级革命后就在法国民事诉讼中得到确认，直至现代仍是各国民事诉讼中特有的原则之一。③讼争一成不变原则。即诉讼程序一经开始，程序的各个因素（当事人、诉讼标的、原因）及其框架不得改变。起诉以及交换诉讼文件产生的诉讼关系从诉讼开始直至判决不应该有变动。并且法官的判决不得超过当事人的请求，也不能不包括所有的请求。大陆法系民事诉讼法中有的称之为诉讼恒定（见诉讼标的之恒定、管辖恒定）。④开庭审理与书面审理并用。开庭审理主要是通过当事人进行口头辩论来实现程序的功能，书面审理则是通过对诉讼文件的审查来进行。传统上法国民事诉讼相对重视口头辩论，但同时也采用书面审理的形式，主要是在最高法院审查下级法院对法律的适用是否正确的情况采用。但在现行法国民事诉讼法中，由于准备程序法官的出现以及对调查证据程序的规定，更加削弱了口头辩论的作用。这一原则也体现了法国民事诉讼审理程序的特点。⑤三级三审。法国民事诉讼实行三级三审的审级制度。法国民事诉讼法规定了上告制度并对通常上告和非常上告作了区分。法国的最高法院具有监督各法院判决是否符合法律的职能，对案件事实不进行审理。法国民事诉讼法的原则体现了法国民事诉讼的性质和特点，它决定着诉讼的结构及诉讼程序运行的状态，并对大陆法系各国民事诉讼立法起了先导和示范作用。

(阎丽萍)

faguo shangsu xingzheng fayuan

法国上诉行政法院(les cours administratifs d' appel) 法国专门审理不服地方行政法院(见法国地方行政法院)裁决的上诉行政案件的行政法院。法国上诉行政法院始建于1989年(根据法国国民议会1987年12月31日的法律),全国共设5个,分别设在巴黎、里昂、波尔多、斯特提斯堡和南特五大城市。上诉行政法院的职权是受理不服地方行政法院裁决的上诉行政案件,但下列三类上诉行政案件不由其管辖而直接由国家行政法院(见法国国家行政法院)受理:①关于解释、审查行政决定的意义、合法性的上诉案件;②关于行政规程的越权之诉的上诉案件;③关于市镇议会和省议会选举诉讼的上诉案件。对于上诉行政法院的裁决,当事人不服,还可向国家行政法院再上诉。法国上诉行政法院的法官由国家行政法院诉讼厅厅长为首的选任委员会选任,并通过公开竞争考试招聘。各上诉行政法院的院长在国家行政法院的普通高级行政法官中选任,或在大区行政法院的法官中选拔。

(姜明安)

faguo sifa jingcha zongju

法国司法警察总局(General Bureau of Judicial Police of France) 法国国家警察总局中设立的最重要的侦查机构,也是国际刑警组织的法国国家中心局。下辖刑事侦查局、财政调查局和技术支援局。刑事侦查局负责对付常见的刑事案件,如贩毒、有组织犯罪、偷盗艺术品、贩运武器、恐怖活动等。财政调查局负责重大经济和财政案件、伪造货币和"洗钱"以及造假等案件的调查。技术支援局设有法医实验室、犯罪档案中心、通缉犯档案资料库和被盗机动车辆档案资料库等。三个局在法国各地都分别设有办事处。此外,司法警察总局在法国的19个上诉法院管辖区都建立有地区司法警察大队,主要负责对该地区内的集团犯罪、流窜犯罪和职业犯罪案件的侦查。地区司法警察大队既要和司法警察总局有关部门联络,也要与地方警察局的侦查部门合作。根据法国刑事诉讼法典的规定,司法警察又分为:①司法警察官。可以行使司法警察的一切权力,对管辖区享有刑事案件管辖权。遇有紧急情况,根据检察官的指示或者依自己的职权,对案件进行预侦,包括讯问、现场勘查、搜查、扣押和拘留任何有迹象表明有犯罪行为或者企图犯罪的人。还可以依预审法官的特别嘱托,或者根据检察官在侦查现行轻罪的过程中所签发的命令,在全国范围内进行所指定的查缉行动,有权直接动员公众力量。对于现行犯罪案件,检察官亲临现场时,司法警察官即丧失对案件的权力,检察官有权指挥所在法院辖区范围内的司法警察官或司法警察官助手的一切侦查活动,可以指示司法警察官继续查缉,并有权直接征用警察。②司法警察官助手。负责查明违反刑事法律的罪行,收集犯罪证据,以及在案件未破获前确认犯罪嫌疑人。案件破获后,则执行预审法官的命令,并听从其要求。③依法具有司法警察某些职务的官员。只有在遇到危害国家安全的重罪和轻罪,且处于紧急情况下,才可以自行采取一切必要行动,以确认重罪和轻罪。 (张玉镶)

faguo xingshi susong fadian

《法国刑事诉讼法典》(The Criminal Procedure Code of France) 1808年12月16日公布的《刑事诉讼法典》,计643条,又称旧刑事诉讼法典。该法典在法国沿用了150年,直到1957年法国着手刑事诉讼程序的改革,1958年底完成。经修改后的《刑事诉讼法典》,又称新刑事诉讼法典,也就是现行的《法国刑事诉讼法典》,1959年颁布,由卷首和其他5卷共802条组成。卷首为公诉和私诉(系由犯罪造成的民事损害赔偿诉讼),其他5卷分别是:公诉与预审;审判法庭;非常上诉;特别诉讼程序;执行程序。新法典生效以来,又陆续修正过多次,凡被修改的条文均在其后括注修改的年月日。

侦查 法国的侦查包括初步侦查和预审。对于现行重罪和轻罪的初步侦查权由司法警官、检察官和预审法官行使。一旦预审法官到场,检察官和司法警官便都丧失全部侦查权。非现行犯罪则由司法警察官或司法警察依职权或按检察官的指令进行初步侦查,但受检察官的监督。初步侦查结束后必须预审的案件统一由检察官行使预审的动议权,即使预审法官已受理的案件也不例外。预审法官应以检察官的预审动议为预审的前提。重罪必须预审;轻罪除特别规定外由检察官自行决定;违警罪只在检察官认为需要正式侦查的情形下才进行预审。

法国的预审分为初级预审和二级预审两级。前者是在初步侦查的基础上进行正式侦查以查明被控告人的行为是否构成指控的犯罪。后者由上诉法院审查庭行使,目的有三:一是对不服初级预审的裁定而提起的上诉进行审查;二是审查重罪案件的预审;三是宣布有无效因素的侦查行为无效。预审遵循秘密、合法、保障被控告人权利的原则进行。被控告人预审时有不供述的自由、被告知权和获得辩护人帮助权。侵犯被控告人权利的诉讼行为无效。预审法官有权以预审需要为理由或以保安措施的名义依法对被控告人实行司法监管或先行拘留。预审的期限法律未明文规定,由预审法官决定。预审结束后,预审法官可作如下决定:法定追诉时效已过时,无权管辖;不构成犯罪、未查明犯罪人或不存在所指控的罪行时,应裁定终止诉讼；案件应予起诉时，发出案件移送令。对于预审法官拥有的预防性拘留的决定权，法国争议很大，近年来改为对某些案件必须由2名预审法官合议决定预防性拘留的期限。

起诉 法国没有自诉，对不同性质的刑事案件实行不同的公诉程序。对于未经预审的违警罪、轻罪案件，由检察机关直接向违警罪法院、轻罪法院提起诉讼；经过预审的非重罪案件，检察官以自己制作的最终起诉书和预审法官的案件移送令将案件移送至有管辖权的违警罪、轻罪法院审理；对预审过的重罪案件，由驻上诉法院的检察长将其制作的最终公诉书与案卷一并移送上诉法院审查庭。审查庭决定起诉的则制作起诉裁定书，并向重罪法庭宣告。若检察机关未起诉或不起诉，被害人有权向预审法官提出刑事控告。控告如符合法律要求的，检察官应当接管起诉。对于发生在非重罪法院且认为是自己有权管辖的罪行，法官可以当庭处理而不必起诉。

审判 不同性质的刑事案件由不同的法院（见法国法院组织体系）实行不同的审判程序。重罪案件由非常设的重罪法庭审理。重罪法庭一般由3名专职法官与含有9名成员的陪审团组成。但审判恐怖罪行的案件时仅由7名专职法官组成的合议庭进行。审判程序包括法庭调查、辩论、评议和判决等阶段。经审判长许可，陪审员、检察官有权询问受审人和证人，受审人、民事当事人及其律师有权询问证人。在最后陈述后，审判长应当根据移送书中列举的各项事实及庭审得知的情节逐个提出问题，并以法定方式提问："受审人是否犯有这种罪行？"在退庭前，审判长应当宣读法律规定的训词（见自由心证）。法院将这段训词用大号字书写并张贴在评议室最明显的地方，作为法官和陪审员评议的座右铭。评议由法官和陪审员共同秘密进行。首先评议受审人是否构成重罪，表决时8票以上多数并无反对票时，有罪评议成立。然后评议量刑并进行表决，直至获得绝大多数同意的一种刑罚，投票才结束，依此作出并宣告刑事判决。判处无罪或免予处罚时，立即释放受审人。附带民事诉讼中民事赔偿的裁判在宣告刑事判决后由法官单独进行。

轻罪案件由轻罪法院审判，法庭由3名法官组成，不实行陪审制。审判经历法庭调查、辩论、评议和判决程序。辩论结束后，法庭认为有补充侦查必要时，可要求检察官或指定合议庭的法官补充侦查。法庭认为被告人构成轻罪或违警罪时则宣告判决，必要时对附带的民事诉讼作出决定。法庭认定不构成犯罪、犯罪事实未经证实或不得归罪于被告人时，应释放被告人，撤销案件。被告人原则上必须出庭受审，但是在一定情形下可以缺席。

违警罪案件一般由违警法院的一名法官审判。对违警案件有正规程序与简易程序之分。正规程序与轻罪法庭的审判程序基本相似，在某些方面有所区别，如笔录和报告对轻罪只有参考价值而无证据价值，对违警罪却有证据价值；证人可以不出庭等。除法律规定不适用简易程序者外，违警罪可按简易程序受理。

上诉 指对轻罪法院、违警罪法院作出的判处5日以上监禁或160法郎以上罚金的判决不服而向上诉法院提起的上诉。重罪法庭的判决是一审终审，不得上诉。享有上诉权的人有被告人、检察长或检察官，公用行政机构对其自身提起公诉的案件有权上诉，民事负责人和民事当事人就民事利益有权上诉。上诉一般在判决宣布之日起10日内提出，检察长的上诉自判决宣布之日起2个月内提出。上诉程序原则上适用轻罪法庭的法定程序，但法律有特别规定者除外。经过审理，法庭认定不存在任何犯罪、犯罪事实不能认定或不能归罪于被告人时，改为无罪判决；认定案件事实构成重罪时，应当宣布上诉法庭无权受理，案件发回检察机关，由检察机关处理；对轻罪法庭的轻罪判决提起的上诉，上诉法庭认定仅构成违警罪，或者对违警法庭的违警罪判决提起的上诉，上诉法庭认定构成轻罪时，撤销原判决并宣告刑罚，必要时对民事赔偿请求作出决定。由于违反法定形式或存在不可弥补的遗漏而撤销原判决时，上诉法庭应当提审案件并作出决定。上诉法庭处理的原则是，对检察机关上诉的案件宣告原判决无效时，可以作出有利于或不利于被告人的处理；对被告人或附带民事负责人、民事当事人上诉的案件，不得作不利于上诉人的处理。

非常上诉 有可以声明不服的裁判的非常上诉和为维护法律的利益的非常上诉。可以声明不服的裁判的非常上诉是指认为审查庭、重罪法庭、轻罪法院及违警罪法院作出的终审裁判违法而向最高法院刑事庭提出的上诉。有权提起的人为检察机关和所有的当事人。重罪法院的无罪判决只有是为了维护法律的利益而不影响无罪部分时，才允许提出非常上诉。民事当事人的利益因重罪法院宣布的判决而受损害时，也可以提出非常上诉。为维护法律的利益的非常上诉是由驻最高法院的总检察长根据司法部长的命令，对违法的司法文件、裁定和判决向最高法院刑事庭揭露以及当各级法院所作的判决、裁定可以被撤销，而法定期间当事人都未上诉，为了维护法律的利益而向最高法院提出的上诉。合议庭通常由1名庭长和8名法官组成。法庭合议前，应当先查明上诉方式的合法性，然后由1名法官在公开报告。必要时，在报告后听取当事人律师的意见，检察官经申请同意也可提出意见。通过审理，最高法院可以作出如下处理：①驳回。适用于上诉理由不足的案件。②撤销。认定审查庭或审判庭所作出的终审裁判违反法律时适用。对于总检察长向刑事庭揭露的违法的司法文件、裁定和判决也可撤销。③宣告无效。主要适用下列情形：裁判不是由法定的法官作出的；未听取检察机关意见就作出裁判的；未在公开庭上公开审理而作出的裁判；裁判不附理由或所附的理由不充分，从而使最高法院无从监督和辨明是否合法时及遗漏、拒绝当事人的要求和检察机关的申请而作出的裁判。

申请再审 为维护重罪、轻罪案件中被告人的利益，享有申请再审权的人对于任何一级法院的判决，具有法定情形之一时均可向最高法院申请再审。法国《刑事诉讼法典》第622条规定可以申请再审的情形是：①判定杀人罪后，证明认定被杀死的人依然活着；②在判决某被告人重罪或轻罪后，就同一事实又对另一个人判处有罪，两个判决之间的矛盾证明两个被判刑人中定有一人有罪、一人无罪时；③定罪后，原作证的证人因对该被告人作伪证而被起诉、判刑，因而在重新审理时不能作证时；④定罪后，出现或揭露出的新事实或新证据，足以认定被判刑人无罪时。司法部长、被判刑的人、被判刑人的法定代理人、被判刑人的配偶、儿女、亲属、受遗赠人或明示委托人在法典规定的情形下有权申请再审。最高法院接受申请后，案件已经准备就绪的，立即进行审查。审查后根据不同情形作出不同的处理。

(王以真 许永俊)

faguo xingzheng fayuan chexiao xingzheng xingwei de biaozhun
法国行政法院撤销行政行为的标准（standards for repealing administrative action by court in France） 法国行政法院通过对被诉行政行为的审查，确定相应行为无效和作出撤销判决的根据。综合分析法国行政法院长期以来的审判实践，其作出撤销判决的主要标准有4项：①无权限。行政机关作出的行为或决定是它无权作出的。这包括两种情况：一是行政机关无此权限；二是权限不被适当的机关行使。在第一种情况下，可能是行政机关超越了其地域管辖范围，即根据法律，某行政机关本来只对A地域范围有管辖权，但是它的行为和决定却涉及了B地域范围；此外，也可能是行政机关超越了权限的时间范围，即根据法律，某行政机关只能在某种期限内行使某种权力，但它在过了此种期限后仍然行使此种权力。"无权限"还可能是由于行政决定的内容越权所引起。例如，某行政机关所决定的问题属于立法或司法的范围，或者应属于另外的行政机关管辖。第二种情况的"无权限"，多由"不适当的授权"所引起。例如，根据法律，某种权限只能由某行政机关行使，如果该行政机关将之委托其他机关行使，即为"不适当的授权"，或者该权限虽可转授，但被授权的机关在法律上是无权行使此种权限的。这种情况亦为"不适当的授权"。②"形式上的瑕疵"。指行政决定或行政行为违反了程序上或形式上的要求。行政决定或行政行为违反程序或形式上的要求，并不必然导致所为行为或决定的无效。如果所违反的程序或形式要求是不重要的、轻微的，例如决定遗漏注明日期，可责成行政机关自行纠正即可。只有违反了重要的实质性的程序要求，例如法律规定某一行为或决定应由某一机关批准而未经批准，或要求事先征求某一方面的意见而未予征求，方导致行为和决定的无效。③"滥用权力"。指行政机关违反所授权力的目的而行使权力。例如，某新任市长出于过去的某种仇隙或厌恶而解雇某一公务员的职务；某当局为了有意使某人遭受物质上的损失而强制征收其不动产等。行政法院曾撤销一项开办学校的行政决定，理由是该决定纯粹是为了个人利益—为了任命某人为学校总监——而作出的。④"违法"。指违反宪法规则和立法机关通过的法律以及违反行政法规。此外，违反司法裁决也被认为是违法。违法必然导致所为行为和决定的无效，为行政法院所撤销。法国行政法对于被撤销的行政行为和决定，一般以"曾未有过这种行为或决定，自始即不具有效力"看待。例如，一项解雇某一公务员的决定，如果被撤销，即视为这项决定不存在，解雇机关应重新任命该公务员担任原来的职位。不过这一规则在司法裁决的适用上并不是那么严格的。就赔偿来说，请求者不一定能得到他在解雇期间的全部薪水。如果请求者在离任期间被另行雇佣而又有收益，那么这种收益就要在计算补偿时予以考虑，减少补偿额。此外，请求者如果回到他原来的工作岗位上有困难，完全可以分配另外的相当工作。

(姜明安)

faguo xingzheng susong
法国行政诉讼（le contentieux administratif） 法国行政法院（见法国国家行政法院、法国地方行政法院、法国上诉行政法院）审理行政案件、裁决行政争议的制度。法国行政诉讼制度是世界最早建立的行政诉讼制度，它是欧洲大陆行政诉讼制度的典范，与英美行政诉讼制度有完全不同的体系和运作方式。其主要特点是：①行政诉讼案件由独立于普通法院系统之外的行政法院负责审理。这是法国行政诉讼的一个重要特点。在英美法系国家，一切诉讼，包括行政诉讼，均由普通法院审理，没有独立的行政法院系统。而法国自上而下形成了独立的、完整的行政法院审判体系，专门受理相对人对行政行为不服的起诉案件。法国之所以会产生独立的行政法院系统，是有其理论基础和深刻的历史背景的。从理论基础上看，主要是资产阶级的分权学说。18世纪法国启蒙运动思想家孟德斯鸠认为,在国家内部有立法、行政和司法三种权力,三者必须独立,由不同的机关行使,互相制衡,这样才能保障公民的自由。为了防止权力滥用和保障公民的自由,政府的组织必须根据分权原则,以权力制约权力,行政机关和司法机关应当相互独立。当时的法学家认为,行政诉讼也是一种行政,要禁止司法干涉行政,也要禁止普通法院受理行政诉讼。因此,普通法院不能受理行政诉讼,而应在行政部门内部建立行政法院以解决行政争议。从法国的历史背景看,资产阶级革命发生后,和代表封建阶级利益的保守的法院产生了矛盾。政府为了充实力量、开拓财源,积极扶持资本主义的发展,制定了一系列的法令和措施。但当时的司法权主要掌握在保守、落后的封建贵族手中,他们为了封建阶级的利益,常常抵制进步法令,或以审判方式宣布某一法令为非法,这就在某种程度上干扰了行政权的行使。为了防止和摆脱司法权对行政权的干扰,1790年的制宪会议通过决议,规定司法权与行政权永远分离,互不干涉。②行政审判适用独立的法律规则。行政法院在解决行政争议时,不适用解决私人相互间争议的民法规则,而是在这些规则之外,创立和适用一些独立的行政法规则。而英美法系国家行政诉讼所适用的法律规则,原则上与民事诉讼所适用的规则相同。③行政法院是对行政机关的全部行政活动的合法性进行审查,而不仅是对行政机关具体行政行为的审查。这不同于我国的行政诉讼制度,我国的行政诉讼法规定,公民只能对行政机关的具体行政行为(见可诉性行政行为)不服提出起诉,而不能对行政法规、规章等抽象行政行为提出诉讼。

(姜明安 牟信勇)

faguo xingzheng zeren

法国行政责任(responsabillite administratif)
法国行政机关实施行政侵权行为,依法对行政相对人应承担的损害责任。法国行政责任的构成要件有三:①行政侵权行为导致的损害具有可赔偿性;②损害的发生源于行政方面的过错;③承担责任有法律或判例的根据。根据权限冲突法庭1873年对勃朗戈案件的判决(见勃朗戈判例),行政赔偿案件由行政法院管辖。

(姜明安)

falüfagui lingding de kesu xingzheng anjian

法律、法规另定的可诉行政案件(additional agency actions prescribed by laws other than the ALL) 指我国《行政诉讼法》第11条第2款规定的人民法院受理法律、法规规定可以提起诉讼的其他行政案件。《行政诉讼法》在第11条第1款列举了人民法院应受理的八类案件后,又在第2款中作出上述规定,其原因在于,我国是社会主义国家,人民享有广泛的民主和自由,享有多方面的权利。除人身权、财产权外,还有言论、出版、集会、结社、游行、示威、宗教信仰、选举与被选举等政治权利,还有劳动权、休息权、受教育权等。国家行政机关在进行职务活动中,有可能侵犯当事人的这些权利。目前,我国《行政诉讼法》尚未直接将影响上述权利的行政行为纳入人民法院的受案范围。但是该款规定为进一步扩大对当事人合法权利的保护,为行政诉讼的发展和健全,提供了发展的余地。也就是说,当法律、法规规定对人身权、财产权之外的某项政治或其他权利可以提起诉讼时,人民法院即可以受理这类行政案件。这样的规定,是从我国实际出发,也符合逐步拓宽受案范围的立法原则。随着我国民主与法制建设的不断发展,我国行政诉讼的受案范围势必会不断扩大。在受案范围方面,这种由窄到宽的做法也是国外一些法制比较健全的国家所经过的历程。

(王振清)

falü guwen

法律顾问(legal adviser) 接受公民、法人和其他组织的聘请,为其提供法律服务、维护其合法权益的律师。担任法律顾问是律师的一项重要业务。法律顾问可以是常年的,也可以是短期或专项的。根据中国律师法的有关规定,法律顾问的主要业务有:为聘请人就有关法律问题提供意见,草拟、审查法律文书,代理参加诉讼、调解或者仲裁活动,办理聘请人委托的其他事务。

(陈瑞华)

falü guwenchu

法律顾问处(office of legal adviser) 1980年颁布的《中华人民共和国律师暂行条例》确立的律师执行职务的工作机构。"法律顾问处"的名称源于20世纪50年代,沿用的是原苏联律师工作机构的称谓。1983年,深圳等地的律师工作机构开始改名为律师事务所。1984年8月全国司法行政工作会议以后,全国各地大部分律师工作机构改称"律师事务所",但"法律顾问处"的称谓在一些地方仍然保留。由于"律师事务所"一词能准确体现律师工作机构的性质及其所担负的任务,也易于与一些企事业单位内部设立的法律顾问机构相区别,又与世界上多数国家律师工作机构的称谓相一致,因而得到了普遍接受。1996年通过的《中华人民共和国律师法》正式将"律师事务所"规定为律师工作机构的法定称谓。

(陈瑞华)

falü jiandu yuanze
法律监督原则（principle of legal supervision）

我国刑事诉讼法的基本原则之一。基本含义是，人民检察院有权依照宪法和法律的规定，对各项刑事诉讼活动是否合法进行监督；对于立案、侦查、审判、执行等活动中出现的违法行为和违法决定或裁判，有权依法加以纠正。根据我国宪法、人民检察院组织法的规定，人民检察院是国家的专门法律监督机关，其职责在于通过实行法律监督，保障国家宪法和法律的正确实施，维护社会主义法律的统一和尊严。对刑事诉讼活动是否合法进行监督是人民检察院法律监督职能的重要组成部分，也是由其法律监督机关的性质所决定的。实行这一原则，可以有效防止或者减少刑事诉讼中的违法现象，保证刑事诉讼法的正确实施，确保刑事诉讼法所规定的惩罚犯罪、保障无罪的人不受追究等任务的顺利实现。

根据我国刑事诉讼法的规定，人民检察院对刑事诉讼的法律监督主要体现在以下方面：①对于公安机关所作的不立案决定，可以要求其说明不立案的理由；认为不立案的理由不成立的，就应通知公安机关立案。公安机关在接到通知后应当立案。②对于公安机关侦查的刑事案件，进行审查，决定是否逮捕，是否起诉；对于公安机关实施的违法侦查活动，有权提出纠正意见；人民检察院批准逮捕后，公安机关对于逮捕的执行情况应及时通知检察院；公安机关释放被逮捕的人或者变更强制措施时，应通知原批准的人民检察院。③对于第一审法院作出的未生效裁判认为确有错误的，可以提起抗诉，第二审法院对这种案件应当开庭审判；对于人民法院所作的已生效裁判认为确有错误的，可以依法向法院提起抗诉，人民法院对这种案件应当开始再审程序；对于人民法院审判案件违反法律规定的诉讼程序的，有权提出纠正意见。④对于执行机关执行刑罚的活动，发现有违法情况的，应当通知执行机关纠正。但是，人民检察院对刑事诉讼活动的法律监督，必须依照法律的规定进行，而不能违背或者超越法律的规定和授权。同时，人民检察院自身作为负有侦查和提起公诉权的办案机关，它所进行的诉讼活动是否合法也要接受公安机关和人民法院的制约，接受当事人和其他诉讼参与人的监督。

（陈瑞华）

falü jiandu zhineng
法律监督职能（function of legal supervision）

人民检察院对是否严格遵守和执行法律进行检察的职权与功能。我国宪法赋予人民检察院的基本职能。1954年第一部《宪法》第81条规定："中华人民共和国最高人民检察院对于国务院所属各部门、地方各级国家机关、国家工作人员和公民是否遵守法律，行使检察权。地方各级人民检察院和专门人民检察院依照法律规定的范围行使检察权。"1982年现行《宪法》第129条规定："中华人民共和国人民检察院是国家的法律监督机关。"这两条规定的差别在于：前者规定了法律监督职能的实质内容，但未明确提出"法律监督"这一概念；后者明确提出了"法律监督"的概念，并界定人民检察院的性质是"国家的法律监督机关"，但未具体规定法律监督职能的实质内容。可以得出的结论是：前后相隔近30年的两部宪法的表述方法虽然不同，但其精神实质是贯通的、一致的，而法律监督是人民检察院的基本职能。

根据宪法和有关法律的规定，人民检察院的法律监督职能具有以下特点：①国家强制性。人民检察院的法律监督权直接来源于国家权力机关，并受它的监督，是国家权力机关进行法律监督的一种间接形式。人民检察院的法律监督活动以国家的名义进行，代表和维护的是国家和全社会的整体利益，而不仅仅是所在地区或某一部门的局部利益。人民检察院进行法律监督过程中依法作出的决定和采取的措施，以国家强制力作后盾，具有普遍的约束力，任何组织和个人都不能规避。②专门性。人民检察院是专司法律监督的国家机关，不兼有行政职能和审判职能。对于是否严格遵守和执行法律，具有监督权，但不具有处罚权或处分权。对于犯罪行为，它有追诉权，但无定罪量刑权；对于违法的裁判或处理决定，它有提诉权、督促纠正权，但无权直接撤销或变更。实行监督权与处分权相分离的法律监督原则，既有利于保证法律监督的客观性、公正性，提高其权威性，又可以防止监督者越权行事。③独立性。这就是"人民检察院依照法律规定独立行使检察权，不受行政机关、社会团体和个人的干涉。"（1982年《宪法》第131条）同时，在组织设置上，检察机关独立于行政机关和审判机关，自成系统。在领导体制上，上下级检察机关是"领导"关系，而不是"监督"关系；地方各级人民检察院不仅要对产生它的本级国家权力机关负责，同时要对上级人民检察院负责（1982年《宪法》第132条、第133条）。在人员任免权限上，省级人民检察院的检察长的任免，须由最高人民检察院检察长提请全国人民代表大会常务委员会批准；省级以下人民检察院检察长的任免，须由上一级人民检察院检察长提请该级人民代表大会常务委员会批准；各级人民检察院的检察长还有权建议本级人民代表大会常务委员会撤换下级人民检察院的检察长、副检察长和检察委员会委员（1983年修改后的《人民检察院组织法》第22条、第23条、第26条）。宪法和法律的这些规定，都是为了从组织体制上保证人民检察院能够依法独立地行使法律监督职能,维护法制的统一。④全面性。即人民检察院的法律监督职能所涉及的部门法的门类是全面的,既对刑事法律的实施进行监督,也要对民事、行政法律的实施进行监督;既对实体法的实施进行监督,也要对程序法的执行进行监督。对刑事法律的实施进行监督,历来是人民检察院传统的、主要的职能,但是民事法律、行政法律的实施是否属于人民检察院法律监督职能的范围,在立法上则有过反复。新中国成立初期,1951年颁布的《中央人民政府最高人民检察署暂行组织条例》和《各级地方人民检察署组织通则》都规定,检察机关"代表国家公益参与有关社会和劳动人民利益之重要民事案件及行政诉讼。"1954年颁布的《中华人民共和国人民检察院组织法》则改为检察机关"对于有关国家和人民利益的重要民事案件有权提起诉讼或者参加诉讼"(第4条),取消了检察机关参与行政诉讼的职权。1979年修改后的《人民检察院组织法》进一步取消了检察机关提起或参与民事诉讼的职权,规定检察机关的监督"只限于违反刑法,需要追究刑事责任的案件。"(彭真:《关于七个法律草案的说明——1979年6月26日在第五届全国人民代表大会第二次会议上》)1982年颁布的《中华人民共和国民事诉讼法(试行)》规定:"人民检察院有权对人民法院的民事案件活动实行法律监督。"(第12条)1989年颁布的《中华人民共和国行政诉讼法》规定:"人民检察院有权对行政诉讼实行法律监督。"(第10条)从而又恢复了人民检察院对民事、行政法律的实施实行监督的职能,体现了法律监督职能的全面性。

1954年的《人民检察院组织法》规定,人民检察院对国务院所属各部门和地方国家机关发布的决议、命令和措施是否合法,实行监督;对于违法的决议、命令和措施,有权依法要求纠正或者提出抗议(第2条、第8条)。人们称之为"一般监督"职能。但是,1979年修正通过的《人民检察院组织法》没有规定一般监督的职权,因为行政机关发布决议、命令等规范性文件,属于行政立法行为,应由国家权力机关进行监督。

对于法律监督职能与公诉权、侦查权的关系,人们的认识不尽一致。有的认为,公诉与法律监督是检察机关的两项基本职能,有些西方国家的检察机关只具有公诉职能,并不具有法律监督职能。有的认为,检察机关的各项具体职权,归根结底都是对是否严格遵守和执行法律的监督。公诉与法律监督不是平行的两项职能,公诉是实行法律监督的一种形式,而且是一种重要的形式。西方国家的检察机关虽然主要职能是公诉,但不能因此而否定其法律监督机关的性质,何况除去公诉职能外,还在不同领域内和不同程度上具有某些其他的法律监督职能。关于法律监督职能与侦查权的关系,有的认为,人民检察院是法律监督机关,它只应当对公安机关的侦查活动是否合法实行监督,而不应当同时并有侦查的权力。有的则认为,检察机关的自行侦查权与法律监督职能不仅不相矛盾,而且是它的必要组成部分。理由是:①从侦查权与公诉权的关系来看,侦查权是从属于公诉权的,同属于控诉职能。为了保证公诉权的行使,检察机关应当有必要的自行侦查权。世界各国的检察机关无不具有一定范围的自行侦查权。②对于国家工作人员的职务犯罪和利用职权实施的侵犯公民人身权利、民主权利的犯罪,作为国家法律监督机关的检察机关有必要直接立案侦查,这本身就是对国家工作人员是否遵守法律实行监督的内容。当然,检察机关不应当也不可能担负过多的侦查任务,否则也会影响其他法律监督职能的行使。

(王存厚)

falü shang de tuiding
法律上的推定(legal presumption) 法律上规定,当存在某一事实时,就假定存在另一事实,不需用证据进行证明。法官在诉讼过程中,根据法律上推定的规定,当确认作为推定基础的事实存在时,就应依法认定假定的事实存在。这是法官适用这种法律规定的必然结果,而不是依据证据进行推论作出的结论。

在法学理论中,有一种观点认为,法律上的推定可分为可以争议或反驳的推定与不可争议或反驳的推定。前者是指推定的事实于其不利的一方当事人,可以争议、反驳推定的事实存在,并承担举证责任,如无罪推定,经本人签字的文书推定为真实的等。后者是指推定的事实不允许争议、反驳,当确认作为推定基础的事实存在时,就必须认定推定的事实存在,认为于己不利的当事人不能提出反证来否定。如英国1933年《青少年法》中关于"未满10岁之儿童被推定为无刑事责任能力"的规定,就被认为是不可争议或反驳的推定,有时又被称为决定性推定或结论性推定。持相反观点的则认为,法律上的推定既然是一种假定,推定的事实也可能不符合实际,理应准许争议、反驳,如果提出的证据是以否定推定的事实存在,就不应适用推定的规定。至于某些法律中关于不可争议或反驳的推定的规定,"实无推定的性质","只是以推定术语表述的实体法规则",或"为法律拟制的规定"。

(陈一云)

falü shen
法律审(hearing including legal only) ❶与事实审相对。仅就法律适用问题进行的审理。由于各国民事诉讼制度不同,对上诉审的审理范围亦有不同规定,从而形成了事实审与法律审的区分。大陆法系国家及我国台湾省的民事诉讼实行三审终审制(见三级三审制度),其中第一审、第二审程序为事实审,可以就案件事实进行审查,而第三审则只就第二审判决适用法律是否正确进行审查,不再对原判认定的案件事实进行审理,因此第三审为法律审。当事人对第二审判决提出上诉(告),必须以其适用法律上的错误为理由,原则上不允许当事人提出新事实及新证据。英美法系国家第一审审查的案件事实由陪审团认定,因此上诉审主要是审查第一审裁判适用的法律问题,即以法律审为主,只有在一审记录所涉及的有限范围内才可以对案件事实进行事后审查。法律审的目的,一方面在于审查原审判决是否正确,另一方面在于求得法律适用上的统一。

我国实行两审终审制度,上诉审程序不采取事实审与法律审分开的方式。《民事诉讼法》第151条规定:第二审人民法院应当对上诉请求的有关事实和适用法律进行审查,即第二审仍为事实审。

❷指古罗马普通诉讼程序的第一阶段,也称法律审理。其第二阶段是事实审。法律审的主要内容是由大法官依法审查当事人的讼案能否成立,原告的请求是否合法,被告有无抗辩,并根据原、被告的陈述作成程式书状。而事实审理则是由承审员或仲裁人根据事实作出判决。在上诉审程序中,上级法院只对案件适用法律是否正确进行审查,称为法律审。西方国家大多采取三审终审制,第二审从认定事实和适用法律上审查第一审判决是否正确,第三审只审查原判适用法律是否正确。因此,第二审称为事实审,第三审称为法律审。在法律审程序中,当事人对第二审判决提出上诉必须以原判决违背法律为由,法庭审理案件以第二审判决所确定的事实为基础,审理程序中没有法庭调查阶段,当事人也不得提出新的事实和证据,法庭仅就第二审判决是否适用法律及适用法律是否正确进行审查。法律审多数采取书面审理方式。

(王彩红 刘广三)

falüxing jingshen cuoluan
法律性精神错乱(legal insanity) 英美法系国家刑法用语。精神病人在幻觉、妄想等病理性精神活动驱使下,实施冲动、伤人、毁物、自伤以及自杀等危害行为。行为人因病理性精神阻碍的影响,导致其主观上丧失了对自己行为的辨认和控制能力,应免除刑事法律责任。

(孙东东)

falü yaojian fenlei shuo
法律要件分类说(classification of elements to law) 德、日两国现代民事诉讼理论关于举证责任分配原则的学说之一。与结证事实分类说不同之处在于,法律要件分类说把诉讼中的结证事实与这些结证事实所引起的法律效果相联系,称之为引起某种法律效果的案件事实。如合同关系的成立是一种法律效果,构成这种法律效果的要件事实有:主体合格、当事人意思表示一致、内容合法、形式合法。根据当事人各自所主张的不同法律效果而将相关要件事实的举证责任分配于各当事人之间。该学说又分为多数说与少数说,区别在于对要件事实的分类不同。多数说中又以特别要件事实说为通说。

(于爱红)

fating
法庭(court) 有以下几种含义:①与"法院"同义,指国家的审判机关。②指法院内部负责审理具体案件的组织机构,为民事审判庭、刑事审判庭、独任庭、合议庭、执行庭等。③指国家对特种案件所设立的临时性的审判机构。如根据我国最高人民法院的建议,1980年9月29日全国人民代表大会常务委员会决定成立最高人民法院特别法庭,对林彪、江青反革命集团案进行审判。审判任务完成后,1981年3月全国人大常委会随即决定撤销。④指我国基层人民法院的派出庭。我国《人民法院组织法》规定,基层法院可以根据地区、人口和案件情况设立若干人民法庭。人民法庭的判决和裁定,就是其所属基层法院的判决和裁定。

(孙晓宁)

fating bilu
法庭笔录(court record) 又称审判笔录。是对法庭全部审判活动所作的文字记载。法庭笔录应按法庭审判活动的顺序记载,其内容一般包括:案由;开庭的起止时间、地点;合议庭组成人员和书记员的姓名;公诉人、当事人和其他诉讼参与人的到庭情况;是否公开审理及不公开审理的理由;当事人是否申请回避和对回避申请所作的决定;审判人员审问被告人、公诉人讯问被告人和被告人的供述、辩解,以及辩护人、被害人等向被告人发问和被告人的回答;证人的陈述,当事人等向证人、鉴定人发问和他们回答的内容;向被告人出示物证和他辨认的情况;当事人等对书证、勘验笔录等发表的意见;公诉人、被害人和被告人、辩护人辩论发言的主要内容;被告人的最后陈述;宣告判决的情况和当事人在宣判时提出的意见和要求等。

法庭笔录是记载法庭审判活动的重要诉讼文书,有利于对案件的分析研究和审查法庭审判活动是否依照法定程序正确进行。制作法庭笔录要求内容准确、全面,字迹清楚,段落分明,力求按照原话记录。法庭笔录应当由书记员制作，经审判长审阅后，由审判长和书记员签名。还应当交给当事人阅读或者向他宣读。当事人认为记载有遗漏或者有差错时，可以请求补充或者改正。当事人承认没有错误后，应当签名或者盖章。法庭笔录中的证人证言部分应当宣读或者交给证人阅读，证人如认为记载有遗漏或者有差错，可以要求补充或者改正，认为没有错误的，应当签名或者盖章。

（汪建成）

fating bianlun
法庭辩论（**debate in court**） 在审判长或独任审判员的主持下，控诉和辩护双方根据法庭调查的情况，就指控的犯罪事实是否得到证实，被告人的行为是否构成犯罪，构成何种犯罪，罪责轻重，以及如何依法处刑等问题阐述自己的意见，并互相辩驳的活动。法庭辩论是人民法院开庭审理案件过程中，继法庭调查之后的一个重要庭审阶段，也是被告人及其辩护人行使辩护权的主要形式，是诉讼程序民主性的重要体现。其目的是让控诉和辩护双方对案件的实体问题充分发表意见，以利于人民法院全面查明案情，正确适用法律，作出公正判决。

根据我国《刑事诉讼法》第160条的规定，法庭辩论的发言顺序是：先由公诉人发言，被害人及其诉讼代理人发言，然后由被告人供述和辩解，辩护人进行辩护，对证据和案件情况发表意见。第一轮发言后，还可以针对对方的观点互相辩论。有附带民事诉讼的案件，在就刑事部分辩论后，应由附带民事诉讼的原告人、被告人和他们的代理人就附带民事诉讼部分进行辩论。在法庭辩论过程中，如果发现新的事实或证据，审判长可宣布暂停辩论，恢复法庭调查，待查清后继续辩论。审判长应当积极引导法庭辩论正确地进行。控诉和辩护双方对于与定罪量刑有影响的犯罪事实、情节和法律的适用，如果存在分歧，应当对自己的观点进行有理有据的论证，针对对方的错误观点准确地予以反驳，而不应回避矛盾。另一方面，对于与案情的认定和定罪量刑并无影响的枝节性问题，则不应争执不休，更不能在辩论中进行人身攻击或纠缠于对方的语言失误。如果出现这些情形，审判长应及时引导和制止。对双方的辩论发言，审判人员应当认真听取和研究，并采纳他们的正确意见，防止先入为主。

在法庭辩论中，如果被告人拒绝辩护人继续为他辩护，或者辩护人提出拒绝担任辩护人时，审判人员应予准许。被告人要求另行委托辩护人或者需由人民法院为他另行指定辩护人的，审判长应宣布休庭，延期审理。

经过法庭辩论，法庭认为案件事实已辨明，责任已清楚，即可由审判长宣布辩论终结，由被告人作最后陈述。

（汪建成）

fating diaocha
法庭调查（**inquiry by tribunal**） 法庭审理的一个阶段。它是法庭审理的中心环节，在这一阶段，法庭要在当事人及其他诉讼参与人的参加下，当庭审查侦查、起诉阶段所收集的证据，并确定新证据，以查明案情，从事实方面为正确判决奠定基础。

英美法系和大陆法系中，因诉讼结构不同，法庭调查的程序也有很大区别。英美法系中的法庭调查的主要特点是：①法官不积极审理案件，只负责掌握法庭调查的规则。②实行陪审团制（见陪审制），一切事实和证据都由控辩双方向陪审团提出，并由陪审团对事实做出结论。③起诉书由法院书记官宣读，然后，让被告人进行答辩。④被告如作"有罪答辩"，法庭一般即不再听证，审理即告结束，并可径行判决。被告人如作"无罪答辩"，则法庭审理继续进行。⑤证言和诉讼证据由控辩双方提出，而且要以盘诘的方式进行审查。⑥法庭调查和法庭辩论并不是严格分开的，实际上在法庭调查的过程中，控辩双方律师在对证据进行盘诘时已经展开了辩论。

大陆法系中的法庭调查的主要特点是：①法官在庭审中起主导作用，他主持法庭，指挥审判，收集、调查证据，决定案件审理的范围和方式，决定证据的取舍。②实行混合陪审制，陪审员同职业法官共同组成合议庭，陪审员在法庭调查阶段协助法官调查案情。③起诉书由检察官宣读，自诉案件的起诉书由自诉人宣读。④实行庭审不间断原则，不管被告人是否承认自己有罪，法庭调查都要进行下去。⑤法庭调查阶段的主要工作是审问被告人和调查、核实各种证据，这些活动由审判长统一组织、指挥进行，控、辩双方可以对被告人发问，也可以对各种证据提出异议，但要经过审判长许可。⑥法庭调查和法庭辩论是严格分开的，只有在审判长宣布法庭调查结束后，才开始法庭辩论程序。

我国1979年《刑事诉讼法》中规定的法庭调查同大陆法系国家的做法比较接近，但1996年修改后的现行《刑事诉讼法》则对法庭调查进行了改革，引进了英美刑事诉讼中当事人对抗式的诉讼机制。根据现行《刑事诉讼法》第155～159条的规定，法庭调查的主要内容是：①宣读起诉书。先由公诉人宣读起诉书，没有公诉人出庭的，由审判人员代为宣读。一案有数名被告人的，宣读起诉书时可以同时在场。但审问被告人一般应分别进行。②讯问被告人。宣读起诉书后，应当先由被告人、被害人就起诉书指控的犯罪进行陈述，然后由公诉人讯问被告人。公诉人讯问被告人后，被害人、附带民事诉讼的原告人（见附带民事诉讼的的当事人）和辩护人、诉讼代理人，经审判长许可，可以向被告人发问。审判人员也可以讯问被告人。审判人员开始审问被告人。③询问证人、鉴定人。询问时,审判人员应当先核对其身份,告知他应当如实提供证言和有意作伪证或隐匿罪证应负的法律责任,然后当事人和辩护人、诉讼代理人经审判长许可,可以对证人、鉴定人发问。审判长认为发问的内容与案件无关的时候,应当制止。控辩双方询问证人、鉴定人后,审判人员也可以询问证人、鉴定人。④出示物证和其他证据。物证应当由公诉人、辩护人向法庭出示,并让当事人辨认,并应听取当事人和辩护人的意见。对未到庭的证人的证言笔录、鉴定人的鉴定结论、勘验笔录和其他作为证据的文书,应当当庭宣读。审判员应当听取公诉人、当事人和辩护人、诉讼代理人的意见。此外,在法庭调查过程中,除了公诉人和当事人、辩护人、诉讼代理人应积极举证外,法庭也应积极审查、核实证据。在法庭审理过程中,合议庭对证据有疑问的,可以宣布休庭,对证据进行调查核实。人民法院调查核实证据,可以进行勘验、检查、扣押、鉴定、查询、冻结等活动。在法庭调查过程中,当事人、诉讼代理人和辩护人有权申请通知新的证人到庭,调取新的物证,重新勘验或者鉴定,法庭应对此作出是否同意的决定。如果同意申请,审判长应当宣布休庭,延期审理。如果认为他们的申请无正当理由,审判长应当宣布不予接受,继续审理。

法庭调查的上述活动内容,是法律的一般性规定,并不是每个案件都要进行全部活动,究竟应进行哪些活动,要视案件的证据情况而定。例如,没有鉴定结论的,就不会当庭审查鉴定结论。

经过法庭调查,合议庭认为案情已经查清,即由审判长宣布调查结束,进行法庭辩论。　　　　(汪建成)

fating guize

法庭规则(rules of court)　人民法院开庭审理案件时,一切出庭人员均应遵守的行为准则。制定法庭规则的目的,是为了维护法庭秩序,保证审判活动的正常进行。法庭规则由人民法院根据我国《人民法院组织法》、《刑事诉讼法》的有关规定制定,其主要内容包括:审判人员、书记员、公诉人、律师应当遵守法定诉讼程序,审判人员应当保障诉讼参与人的诉讼权利;诉讼参与人的发言、陈述和辩论,须经审判长许可,不得违反法庭秩序;旁听人员和采访的新闻记者应当遵守的纪律等。在宣布开庭前,书记员应当宣读法庭规则的主要内容,特别是旁听人员必须遵守的纪律,如不准录音、录像、摄影;不准进入审判区;不得鼓掌、喧哗和吵闹;不准发言、提问等。根据《刑事诉讼法》第161条的规定,在法庭审理过程中,如果诉讼参与人或者旁听人员违反法庭秩序,审判长应当警告制止。对不听制止的,可以强行带出法庭;情节严重的,处以1000元以下的罚款或者15日以下的拘留。罚款、拘留必须经院长批准。被处罚人对罚款、拘留的决定不服的,可以向上一级人民法院申请复议。复议期间不停止执行。对聚众哄闹、冲击法庭或者侮辱、诽谤、威胁、殴打司法工作人员或者诉讼参与人,严重扰乱法庭秩序,构成犯罪的,依法追究刑事责任。　　　　(汪建成)

fating kexue

法庭科学(forensic science)　运用自然科学的理论与技术成果,研究犯罪遗留物证的特征及发生、变化规律,并通过检验、鉴定向侦查机关和法庭提供科学证据的专门技术学科。它包括法医学及其分支学科、司法弹道学、指纹学、痕迹学、司法会计学、司法精神病学、司法文书检验、司法化验和物证分析、司法摄影等若干门类。在我国称为刑事科学技术或司法鉴定学。它是伴随近代自然科学技术的发展而诞生的,对近代司法制度彻底摆脱唯心主义和形而上学具有重大意义。法庭科学引起世界各国警察机关和司法界的高度重视。1966年在丹麦的哥本哈根召开的第四届法医学年会上,宣布成立"国际法庭科学协会(IAFS)",确定每三年召开一次年会,并将前三届国际法医年会(1957、1960、1963)合并计算。当前,许多大型分析仪器、计算机等现代化设备和最新科技成果引进法庭科学领域,使法庭科学成为多门类学科综合构成的、具有坚实理论基础和现代化手段、为司法实践服务的重要边缘学科。　　　　(蓝绍江)

fating kexue shiyanshi

法庭科学实验室(crime laboratory)　运用科学技术手段从事物证检验、鉴定和研究的专门工作机构。世界各国称谓不同,如犯罪实验室、司法鉴定室或刑事侦查实验室等,我国称刑事科学技术研究所(室)或司法鉴定研究所(室)。它主要包括如下几个部门:①痕迹检验部门。主要承担显现、提取、检验和鉴定各种同犯罪相关的遗留痕迹,如手印、足迹、枪弹痕迹、工具痕迹及其他痕迹。有的把手印(指纹)、枪弹痕迹分出,单独设立指纹工作机构和验枪机构。②文件检验部门。主要承担笔迹鉴定,伪造或变造文件、票证及印章的检验,显现、整复被掩盖、消蚀或破坏的文字与文件,语言分析和声纹鉴定,文书物证材料的分析、检验。③法医检验部门。主要承担对各类案件中涉及的人体(活体或尸体)损伤、死亡及机能鉴定,作为证据的各种人体分离物、排泄物的检验鉴定。④理化分析部门。主要承担对各种犯罪遗留物质的理化定性和定量分析,如毒品分析、毒物分析、爆炸物分析、涂料分析及泥砂、矿物、植物、金属物、粉尘、纤维等物质的分析和鉴别。⑤司法摄影部门。主要承担犯罪现场和物证的拍摄记录，为认定犯罪事实和技术检验提供图像资料，也可以独立地对某些物证进行检验或鉴别。此外，法庭科学实验室还设立物证档案资料管理机构，如指纹档案、枪弹档案、鞋底花纹档案、物证样本库等；有的还设立科学研究管理与技术人员培训机构。规模较大的法庭科学实验室拥有许多大型分析仪器，如各种光谱仪、色谱仪、质谱仪、中子活化分析仪、核磁共振仪、扫描电流、语图仪、电子计算机、激光器等。
（蓝绍江）

fayi binglixue

法医病理学（forensic pathology） 应用病理学的理论和方法，研究涉及法律问题的死亡原因、死亡性质及其规律的一门科学。是法医学的主干学科之一。其研究对象，主要是涉及法律问题的死因不明的尸体，通过尸体检验以及对人体组织检材进行组织学、生物化学和毒物分析等检验，进行综合判断，为法律诉讼提供科学的证据。法医病理学的研究范围包括：①暴力性人身伤亡，包括物理性、化学性及某些生物因素所引起的各种可能涉及法律问题的死亡现象；②非暴力死亡中的猝死，即突然发生、被误认或怀疑为暴力所致的死亡；③涉及医疗诉讼的死亡；④工、农业事故造成的中毒、伤亡或危害公众的烈性传染病死亡。法医病理学的任务是：①确定死因。即导致死亡的某一疾病或外来的暴力。若在一具尸体上有多处暴力损伤，应确定何者为致命伤。②确定死亡性质。即自杀、他杀或意外。③推断死亡时间。④推断或认定致伤工具。⑤进行个人识别。即通过尸体检验查明无名尸体的年龄、性别、种族及身份，为认定死亡人身源提供依据。
（李宝珍）

fayi dulixue

法医毒理学（forensic toxicology） 应用医学和分析化学的理论与方法，对中毒、中毒毒物进行收集和定性定量分析，向法庭提供证据的一门鉴定科学，是法医学的分支学科。法医毒理学研究的内容包括毒物的分类、中毒的原因、中毒条件、毒物在机体内吸收、分布、代谢和排泄的规律、中毒症状及病理变化等。

疑为中毒案的法医学鉴定要做以下工作：①了解案情和临床症状。在收集物证前，要了解死者或患者的有关情况，如生活环境、社会关系、思想情绪、性格特点、职业性质、文化程度、夫妻感情以及与邻居、亲友的关系，有无宿疾以及发病经过（包括与饮食或近期药物治疗的关系）等。②现场勘验。进入现场后要注意有无特殊气味，要认真检查器皿、药瓶、药包、药渣、剩饭、剩汤、呕吐物和排泄物，并提取送检。怀疑气体毒物中毒时，要检查现场通风情况，查找有毒气体的来源，最好采取现场空气，测定有毒气体的含量。③怀疑中毒者的检验。检验的对象可能是中毒未死的活体，也可能是尸体。首先检查怀疑中毒者的前胸两肩、颈项有无药物流注、腐蚀或呕吐物，口腔内和口唇粘膜有无泡沫和粘液，以及有无腐蚀现象，口鼻腔有无特殊气味，皮肤、口唇、尸斑的颜色是否特殊。测量瞳孔的大小也很重要，还要检查齿缝内有无可疑药物颗粒，皮肤上有无注射痕迹。如果是女性，还要注意阴道内有无药物以及腐蚀现象。怀疑中毒尸体的解剖与一般尸体相同，但应注意以下事项：所用器械、手套、器皿以及解剖台，事先要冲洗晾干，不沾任何毒物，包括某种消毒液；解剖过程中，在未取完化验检材之前，严禁用水冲洗尸体及器官；怀疑何种毒物中毒，该取什么检材，取多少，解剖时必须心中有数。在充分留取检材以及保留标本外，所余部分应当归回尸体。在化验结果出来之前，尸体应低温保存。④检材的采取、包装、送验。供毒物化验的检材，应采取含毒量最高的部分。提取的检材要装在清洁的容器内，各种检材分别盛装。原则上不加防腐剂，然后密封并贴上标签，注明案件名称、死者姓名，取样部位、数量及日期，然后经手人签名盖章。⑤对化验结果的评断。化验结果是中毒案件鉴定的重要依据，若化验结果与现场情况、死前症状及尸体所见一致，则可以做肯定性鉴定；若化验结果为弱阳性、阴性，或化验结果与现场、症状、尸检不一致时，不得勉强做出肯定或否定性鉴定结论。
（李宝珍）

fayi fangshexue

法医放射学（forensic radiology） 应用放射学的理论和方法，研究解决法医检验实践中有关问题的一门新兴学科。是法医学的一个分支，也是放射学的一门分科。研究对象是活体、尸体和骨骼。研究内容包括：活体骨骼及组织脏器的正常值、损伤和疾病；不便解剖的尸体内损伤、疾病、异物的确定；骨骼 X 光影像观察，确定生理和病理现象（包括骨骼的年龄、性别推断，骨骼的病理改变）；两张不同时期、不同地点所摄的 X 光片是否同一个人，或无名尸体或骨骼是否与病案里 X 光片所摄的为同一个体等等。研究方法是应用 X 光技术、CT 技术、核磁技术、放射骨密度仪等，对研究对象（骨骼或软组织）进行摄像观察，比对测量。法医放射学在个人识别方面有它独特作用，如年萨索尼（Sassouni）对头部正位 X 片 24 项指标进行测量，然后以多元函数判别分析，用于两张 X 光片的比较，其肯定结论的判别率可达 97%，两张以上 X 光片交叉核对，其个体同一识别率可达 100%。额窦在个体识别中的作用尤为显著，1931 年托马斯（Thomas）指出额窦没有任何两个人是相同的。1978年奥克森尼(Oksanen)强调指出颅骨内板上血管压迹的深浅度、宽度及行走方向可供个体识别,特别是脑膜中动脉及其分枝价值最大。1960年格罗伊利希(Greulich)研究了腕及手部X光片,认为青年后期手部有个人识别的特征开始出现,直到40岁以后不变,即使单卵孪生子女,彼此也有明显不同。此外,胸片在个体识别上也有重要意义。

(张玉洁)

fayi guxue
法医骨学(forensic osteology) 应用医学、人类学以及其他相关自然科学的理论和方法,研究并解决公安、司法实践中提出的有关问题的一门科学。它所研究的对象是人的骨骼(包括牙齿)。主要内容包括两大部分,即骨质损伤检验和骨骼的个人识别。前者是研究损伤形成的机制,生前伤抑或死后伤,损伤的性质,分析暴力损伤的着力点、打击次数、顺序、方向,以及从损伤推断凶器的可能性和损伤可能造成的后果;后者是从骨质认定是否人骨,骨骼的性别,死者年龄,推测死者身高,生前的面貌特征,为侦查、审判提供重要的线索和科学证据。

法医骨学的历史十分悠久,最先开展这方面工作的是我国。早在东汉(公元25~220)时代,处理案件时就有审察皮伤、肉创、骨折的记载。到宋朝宋理宗淳祐七年(公元1247年),著名法医学家宋慈在总结前人经验的基础上,编著《洗冤集录》,专门列有验骨和检骨两个章节,分述骨骼个人识别和骨骼损伤检验。元朝武宗至大元年(公元1308年),王与著的《无冤录》中,亦有棍棒殴打造成骨质损伤的记载,并指出对头部骨折"须用手捏着其骨损与不损"的检验方法。骨骼的测量方面我国古代也已开始,中国最古的医书《内经》(约公前475年左右)的"灵枢"中有"骨度篇",论述骨骼的尺寸。西方的法医学至1835年法国的奥菲拉(Orfila),1887年德国托尔德(Toldt)的著作中,才出现有骨质检验的内容。由于近代法医学和体质人类学的发展,现代实验设备不断出现,法医骨学才得到较大发展,有代表性的是1978年M.克鲁格曼编著的《人骨骼的法医学检验》,1988年日本铃木和男著的《法齿学》。我国陈世贤著的《法医骨学》(1980年),是国内最早系统研究法医骨学的专著。 (张玉洁)

fayi huoti jianyan
法医活体检验(forensic examination of living) 在涉及法律问题时,依法对活人身体进行的某些生理、病理状态、损伤程度及人身特征的检查,它是临床法医学的重要内容。各种活体检验应有司法机关的委托才能进行。对犯罪分子和重大嫌疑人可强制检查,对被害人的检验应征得本人同意。检查妇女的身体,应由女工作人员或医师进行。活体检验应注意工作方法,遵守各项有关规定,以免造成不良影响。活体检验通常在法医机构的人证室里进行。如被检者健康状况不良,行动不便,也可在被检者所在医疗单位或家里进行检查。伤害案的活体检验,要求法医人员行动迅速,接到报案后立即赶赴现场,到达现场后争取时间抢救,千方百计挽救受伤者的生命,并抓紧时间对损伤进行检查。如果受伤者已送医院,法医人员应与医生密切配合,在不影响抢救的情况下,尽早对损伤进行检查。检查内容详见临床法医学。 (李宝珍)

fayi jiandingren
法医鉴定人(forensic medicol expert witness) 具有法医专门知识和经验,接受司法机关指派或聘请进行检验和鉴定,作出具有法律证据效力的鉴定结论的人。

法医鉴定人的条件 公安、司法机关的专职法医、高等院校法医教师以及有经验的医生专家均可聘为法医鉴定人。尤其涉及临床各科的疑难问题,必须委托有关专科医生进行鉴定。专职法医分主任法医师、副主任法医师、主检法医师、助理法医师和法医技术员五级。根据我国卫生部公布的《医师暂行条例》第三章职责及义务中"医生受人民政府询问或委托检验、鉴定时不得拒绝"的规定,医师有接受司法机关委托检验和鉴定的责任。法医鉴定人必须实事求是,认真负责,遵守职业道德,依法办事。我国《刑法》第305条规定,鉴定人故意作虚假鉴定,故意陷害他人或者隐匿罪证的,要受刑事处分。法医鉴定人如与本案有某种利害关系,或是当事人的近亲属,或是本案的证人、辩护人、代理人以及与本案当事人有其他关系的人,应根据《刑事诉讼法》的规定请求回避,不参加鉴定工作。当事人及其法定代理人也有权要求鉴定人回避。

法医鉴定人的权利 为了鉴定工作的需要,鉴定人有权审阅本案的全部案卷资料,了解案情,询问被害人的受伤情况(公安机关的法医应参加现场勘验),并在必要时要求补充材料。如果材料不足,可拒绝鉴定。两名以上法医鉴定人可以互相研讨,提出共同的鉴定结论或意见。若意见不一致,可以分别提出自己的鉴定结论或意见。

法医鉴定人的义务 法医鉴定人对涉及侦查中的证据要严格保密;对所作的鉴定结论应签名盖章,对其科学性和真实性负责;法医鉴定人应当承担出庭的义务,必须依照人民法院的要求出庭对所作的鉴定结论予以说明,并对在本鉴定范围内提出的质疑,予以答复和解释。 (李宝珍)

fayi kanyan

法医勘验(forensic inspection)　应用法医学知识及特殊的实验室方法,对与案件有关的尸体、活体及有关法医物证的勘察、检验。在刑事诉讼中的立案审查和立案后的侦查阶段,法医勘验必须在侦查人员的主持下由法医具体进行,或者经侦查部门聘请的临床专科医师进行检验,并应邀请两名与案件无关、为人公正的普通公民到场见证。法医勘验包括:①尸体勘验。勘验的对象是刑事案件中的尸体,不知名尸体,死亡原因和性质不清的尸体,急死而怀疑他杀或自杀的尸体,以及中毒或烈性传染病死亡、医疗纠纷或交通事故等需要判明法律责任的尸体。对于各种尸体,除对其进行尸表检验外,为查明死因和死亡性质,侦查机关有权决定尸体解剖检验。②活体勘验。为了确定被害人、犯罪嫌疑人和被告人的某些特征、伤害情况或者生理状态,依法对其身体进行的检查。犯罪嫌疑人和被告人如果拒绝检查,侦查人员认为必要的时候,可以强制检查。检查妇女的身体,应当由女工作人员或者医师进行,见证人也必须是女性。检查的内容包括:体貌特征,非致命损伤,诈病,匿病,劳动能力的丧失程度,人体的生理状态,妊娠,分娩,亲子关系及精神是否异常等。③法医物证勘验。指对与事件有关的人体组织、体液、分泌物、排泄物等物证的检验。一般在现场进行。对于发现的各项法医物证要分别提取和包装。尸体勘验、活体勘验和法医物证勘验的情况应用照相、绘图、笔录等方法当场加以记录。笔录还要记明检验的时间、地点、过程及检验对象的数量、大小、形状等,并由检验人、参加人和见证人签名或盖章。

(张玉镶　张新威)

fayi renleixue

法医人类学(forensic anthropology)　应用体质人类学的理论和方法研究解决有关法律问题的一门应用科学。体质人类学研究不同类型的人群在时间上和空间上发展变化的规律,法医人类学是借助体质人类学的知识研究人体和骨骼的种属、人种、民族、性别、年龄、身高、面貌特征、体表特征等问题。它是体质人类学的一个分支,也是法医学的一个分科。

法医人类学研究的对象是不同种类、不同性别、不同年龄人的活体、尸体及其骨骼。研究内容包括:骨骼的测量,现场骨骼的发现、收集、处理,骨骼的种属鉴定,一人骨或多人骨的鉴定,骨骼的病变和烧灼的检查,骨骼的性别、年龄、身高的推断,骨骼种族的确定,颅骨面貌特征的判定、复原及颅相重合鉴定,X光摄影在法医人类学中的应用,遗骨经过时间(入土时间)的推定,牙齿的法医学鉴定,肤纹的鉴定,毛发的检验,分子遗传学的检查等等。法医人类学研究的中心内容是个人识别。基本方法是观察对比和测量统计,由于近代科学技术的飞速发展,法医人类学也不断采用先进的仪器设备和实验手段充实自己。如用X线骨密度仪测量骨骼密度,判断检材的年龄、性别;用计算机三维图像处理系统研究颅像重合和颅骨面貌复原;用X光摄影鉴定人骨的年龄和性别;用DNA技术研究陈旧骨骼、毛发的个体识别;应用氨基酸消旋化法推断骨、牙的年龄等等。目的是采用最先进、最有效的方法对研究对象的种属、种族、性别、年龄及体貌特征等问题作出科学的判断。在侦查、审判中需要法医人类学解决的案件有无名尸骨案、无名尸体案的身源鉴定,未成年犯的年龄鉴定,竞技项目中涉及法律问题的性别鉴定及婚姻破裂、性犯罪中当事人、被告人的性别检查等。

人体的测量和观察是法医人类学重要的研究方法。我国早在2000多年前就已进行这方面工作,现存最早的祖国医学经典著作《内经·灵枢》中的《骨度篇》,对活体测量就有较详细而科学的阐述。系统的人体测量方法是18世纪法国的道本顿(L. J. Daubenton 1716~1799)开始用测量方法研究头骨;到了18世纪末叶,布鲁门巴赫(Blumenbach 1752~1840)开始研究人类比较解剖学的特点。20世纪初,人类学得到迅速发展,最有代表性的是德国人类学家马丁(R. Martin)《人类学教科书》的出版,在统一人体测量标准方面做出重要贡献。20世纪中叶,我国出版的法医学著作中分列的物证检验章节,亦零散地叙述骨骼检查方面的内容。1955年后,上海司法部法医研究所物证定率设专人从事骨骼和毛发方面的研究与鉴定。1980年9月群众出版社出版的陈世贤著的《法医骨学》,是国内最先系统研究现代法医人类学的专著,推动了我国法医人类学的发展,不少法医工作者和人类学家纷纷投入法医人类学方面的研究,发表了大量的学术论文。1993年辽宁科学技术出版社出版的贾静涛主编的《法医人类学》,对近10余年来的法医人类学的研究,作了较好的归纳和总结,成为一本为较好的参考书。

(张玉洁)

fayi shiti jianyan

法医尸体检验(forensic postmortem examination)　根据法律规定,法医对死因不明的尸体进行的检验。法医尸体检验是法医学鉴定中一项极其重要的工作。其检验对象是暴力死或怀疑暴力死者,以及其他不明原因的死亡者,其中包括猝死、无名尸体、碎尸、与医疗纠纷有关的尸体。通过尸体检验弄清死亡原因,分析死亡过程,推断和认定致伤工具,判明死亡性质,认定无名尸体,为侦查审判工作提供科学依据。如果是非暴力死亡,法医尸体检验能有助于查明死因,为医学研究提供资料,丰富医学科学的内容,推动医学科学的发展。如果是发生了医疗纠纷的案件,则法医尸体检验能查明有无医疗差错和医疗事故,为医疗工作作出正确的评价,有利于正确处理民事纠纷。

法医尸体检验分尸表检验和解剖检验两种。尸表检验一般在发现尸体的现场进行,首先逐件检查死者的衣着,查看是否凌乱,有无撕扯和附着物,钮扣有无解开和脱落,衣袋内有无票证、证件、笔记本、信件及财物等。对无名尸体尤其要详细记载,以便查明死者身份。然后将衣服脱掉,仔细检查尸体外表的一般情况,如测量尸体身高、体重,检查体格发育和营养状况;测量尸温,检查尸僵、尸斑、角膜混浊程度、局部干燥和腐败程度等尸体现象;检查尸体颜色和尸体各部分的伤痕特征以及指甲缝内有无毛发、血肉等异物。

经过尸表检验如果不能明确地判明死因,就需要进行解剖检验。尸体解剖通常在法医机构和医院的解剖室里进行。对发掘出来的尸体,一般在埋葬的地方进行。对无名尸体和碎尸,要详细检查死者的生理、病理特征,推断其性别、年龄、职业、居住地区,以便为侦查部门查明和认定死者身份提供科学依据。解剖后可以根据检验工作需要提取有关组织或器官,以备病理或毒理检验。解剖时必须有见证人在场,主剖人员必须对各部位认真检查,详细观察和描述,并有专人如实记录和摄像。最后由法医检验人员、见证人和记录人在法医检验记录上签名。　　　　　　(李宝珍)

fayi wenzheng shencha
法医文证审查(forensic appraisal of document) 在不具备法医复核检验条件的情况下,法医鉴定人员按照司法机关委托和要求,对有关鉴定和技术资料进行审查评断,以判明死因或伤情的工作。需要文证审查的情况,一般是由于尸体已处理,伤者已治愈,现场已不存在,物证已破坏,而又需要对死因和伤情等作出评断的案件。通常情况下,大多数法医鉴定结论是正确的,但由于受技术水平、设备条件和检验客体条件的影响,有时可能作出不正确的结论。因此,当法医学鉴定结论与案件其他材料出现矛盾时,既可能是罪犯口供和调查材料不实,也可能是鉴定结论有误,需要通过文证审查认真分析矛盾的原因。文证审查一般由司法机关委托有丰富经验的法医鉴定人办理。应将案件的全部材料,如现场勘验材料,调查访问材料,法医学鉴定书及其他有关医学文件和被告人的供词,证人的证言一起交给所委托的法医鉴定人,研究原法医鉴定人的解释是否科学,依据是否充分,结论是否可靠,与审查材料是否矛盾。此外,涉及诉讼的医疗纠纷,应提取原始病历(包括各种辅助检验报告单),交法医鉴定人审查,研究诊断和治疗有无错误,抢救是否及时,以便查明原因,确定性质。总之,鉴定人必须研究全部材料后才能作出结论,然后答复司法机关提出的问题。如文证材料不足,可要求补充材料。　　(李宝珍)

fayi wuzheng jianyan
法医物证检验(legal medical material evidence examination) 对涉及诉讼的人体组织(血痕、毛发、指甲、牙齿、骨骼、脏器碎块等)、分泌物(精斑、唾液斑、乳斑等)和排泄物(汗斑、尿斑、粪便等)进行的检验。通过检验确定其类别、种属、血型和性别。物证检验的结果在刑事案件中,可为揭露和证实或否定犯罪提供科学依据。如在杀人嫌疑人的衣、帽、鞋、袜上发现了血迹,经检验与被害人的血型相同,或在嫌疑人家中发现了被害人的血衣,常可以揭露并证实嫌疑人的罪行。相反地,如果发现的血迹,经检验不是人血或与被害人的血型不同,常可以排除嫌疑。在民事案件中,也常须以物证检验的结果作为办案的依据。如亲子鉴定时,要鉴定亲代与子代血型有无遗传关系,或进行DNA指纹图谱及PCR试验。法医物证主要由法医鉴定人和侦查人员提取和包装,然后送法医物证检验室,由专人进行检验,检验后要出具检验报告。检验内容详见法医物证学。　　　　　　(李宝珍)

fayi wuzhengxue
法医物证学(forensic medicinc appraisal of material evidence) 应用组织学、生物学、免疫学和遗传学的理论和方法,研究、鉴定与案件有关的人体组织、分泌物及排泄物的一门科学。是法医学的分支学科。其研究对象是被害人、犯罪嫌疑人或民事案件中的原告人、被告人的人体组织,如骨骼、皮肤、毛发、指甲、血液(斑)、羊水、脏器组织等;分泌物,如唾液(斑)、阴道分泌物(斑)、乳汁(斑)等;排泄物,如汗液(斑)、尿(斑)、粪便等。法医物证学研究的内容:①确定检材的种类。在现场或侦查过程中提取的可疑斑痕,经过专门检验,查明其系何物。②确立检材的种属。即通过免疫方法进行种属试验,确定检材是否属于人体物质。③检材的性别检验。对有些检材如血痕、毛发、唾液斑、骨骼以及组织碎块等,在一定条件下可区别其性别。④确定检材的血型。⑤DNA指纹图谱及PER试验。即分析DNA多态性,进行个人识别和亲子鉴定。
　　　　　　(李宝珍)

fayi xianchang kanyan
法医现场勘验(legal medical investigation of crime scene) 根据刑事诉讼法由侦查人员聘请或指派法医专业人员对死亡、伤害、强奸等案件现场所进行的实地调查。在现场勘验前,应先了解案件发生经过,询问现场有无变动,然后进行现场勘验。在勘验过程中,着重研究尸体或伤者躺卧的位置、姿势及其与周围物体的关系,血迹喷溅或滴落的形状等;检查损伤的部位、性状、数量及其严重程度;检查衣着特点和提取现场可疑的凶器、毒品、血痕、毛发、精斑、牙齿、骨骼、尿斑、粪便、呕吐物等犯罪痕迹。通过现场勘验,要判断死亡性质、死亡过程、死亡原因、死亡时间、致伤工具、刻画罪犯等,为侦查工作提供线索和证据。要详细地做好记录,包括笔录、绘图、摄影和录像。最后由现场勘验人员、见证人及当事人签字。 (李宝珍)

fayi xue
法医学(legal medicine, forensic medicine) 应用医学、生物学、化学及其他自然科学的理论和技术,研究并解决法律实践中人身伤亡、精神状态、生理状态、亲子关系等有关医学问题的一门应用科学。它是社会医学的重要组成部分,也是为法律科学服务的重要鉴定科学。前者注重研究法医学的基础理论;后者注重法医学的实际应用,包括:①司法上的应用。如对杀人、伤害、投毒、事故、强奸、亲子关系等案件的鉴定。②立法上的应用。如制定重伤、轻伤以及轻微伤的鉴定标准,劳动能力鉴定标准,医疗事故处理办法,剧毒药品管理、尸体处理、人身保险赔偿、精神病人强制治疗等规定。③行政上的应用。通过法医检验尽早发现因工、农业事故发生的中毒、伤亡或危害公众的烈性传染病,以便适当处理。

法医学的任务是:①为刑事案件的侦破与审理提供线索和证据;②为正确处理涉及人身伤害、机能、亲缘关系等民事、财产纠纷和灾害、事故提供科学依据;③为国家制定有关法规、条例提供医学依据。法医学研究对象包括:尸体,活体,有人身伤亡的现场,与人体关联的物证,以及与医学关联的文证。法医学研究内容包括 死亡与尸体现象,机械性窒息,机械性损伤,高低温伤,电流及放射线伤亡,中毒,猝死,性机能及性犯罪、损伤程度及劳动能力鉴定,亲子鉴定,个人识别,医疗事故鉴定,法医物证检验等。随着科学的发展及实际工作的需要,法医学逐渐建立了许多分支学科,如法医病理学、临床法医学、法医毒理学、法医血清学、法医物证学、法医人类学等等。

我国的法医学历史悠久,最早的有关法医学检验制度可追溯到战国时期。《礼记》和《吕氏春秋》都记载:"命理瞻伤、察创、视折、审断,决狱讼,必端平。"后汉人蔡邕解释说:"皮曰伤,肉曰创,骨曰折,骨肉皆绝曰断。"这里说的瞻、察、视、审是检验方法,伤、创、折、断是损伤程度。大多数史学家认为前者是收集我国春秋战国时代的遗文,这说明我国的祖先早在战国末期(公元前252~前221年),甚至更早的时代,就把医学知识应用于解决狱讼问题了。1975年在湖北云梦县睡虎地出土的秦代竹简中载有《贼死》、《经死》、《穴盗》等案例,有力地证明在战国末期,在现场勘验,尸体检验方面已取得了一定的成就,并有"令史"、"隶臣"从事尸体检验和活体检验工作。以后有多种汇集检验疑难案件和侦破经验的著作问世。如后晋和凝、和蒙父子撰写了《疑狱集》四卷。宋代有赵仝所著的《疑狱集》、王䞇所著的《续疑狱集》、元绛所著的《谳狱集》、无名氏所著的《内恕集》、《结案式》等书。继而有郑克所著的《折狱龟鉴》、桂万荣所著的《棠阴比事》等书。南宋浙西提刑郑兴裔绘制了《检验格目》,江西提刑徐以道通过朝廷颁发了《检验正背人形图》,随同《检验格目》,供检验官吏使用。南宋淳祐七年(公元1247年),湖南提点刑狱官宋慈(字惠父,1186~1249)集前人著作,结合自己的丰富经验,撰写了驰名中外的经典著作《洗冤集录》。此书问世后,成了当时及后世司法官吏、检验人员解难求教的指南和随身携带的权威著作,流传了数百年。它是世界上第一部较完整的法医学著作,先后被翻译成多国文字在国外出版,对世界法医学发展起了重要作用。

但是,由于我国长期处于封建社会,受封建思想的束缚,检验尸体被认为贱业,儒不愿从事,由缺乏医学知识的"仵作"检验。在封建伦理的束缚下,解剖尸体被视为"大逆不道"。所以我国法医学在《洗冤集录》问世后的几百年中,长期陷入停滞状态。直到1894年以后,我国开始建立法学院校和医学院校,引进了西方的法学和医学教育,司法机关也开始应用现代法医学检验方法办案。中国近代法医学创始人林几于1930年首创北平大学医学院法医学科,1932年在上海建立法医研究所。他为我国发展法医教育事业,培养法医人才,开展法医学检验工作等作出了卓越的贡献。 (李宝珍)

fayixue geren shibie
法医学个人识别(personal identification) 根据人体生理、病理特征进行人身同一认定。检验对象是人体、尸体以及人体组织和分泌物等。它是以认定性别,推断年龄,掌握个人特征(身高、肤色、相貌、牙齿、疤痕、纹身、黑痣、色斑、各种畸形、残疾、血型、基因等)和恢复容貌为重点。通过这几方面分析比对,认定某人是否确系某人,某尸体、某尸骨、组织碎块、分泌物、排泄物、血液、毛发、牙齿等是否属于某人的,从而为认定可疑人或辨认无名尸体提供科学依据。活体的个人识别常见于对犯罪后伪报姓名者,冒名顶替从事某种诈骗活动者和精神异常者;更多见的是尸体的个人识别,主要是无名尸体和碎尸,如飞机失事、意外火灾、爆炸、海滩事故及凶杀案等,尸体外表严重毁坏,难以辨认时,都需进行法医学个人识别。其次对人体组织、分泌物等也是个人识别的重要内容,如杀人案、强奸案中,在凶器上的血痕,阴道内及尸体上的精液,以及现场上的毛发、牙齿等,通过血型检验及 DNA 分析,确定其归属。法医学个人识别常用的手段主要包括:牙齿检验、骨骼检验、血型检验、DNA 检验、颅像重合、颅骨面貌复原等。

(李宝珍)

fayixue jianding
法医学鉴定(legal medical expertise) 在案件中遇到有关医学问题时,为查明案件真实情况,法医鉴定人按照法律程序,运用法医专业知识,对案件材料(尸体、活体、物证及文证)进行检验并以事实为依据,所作出的判断性结论。鉴定结论以鉴定书的形式提供为证据。它是诉讼证据的一种,在法律上具有独立的证据作用。在司法实践中,结合案件的其他证据加以审查,若发现所作结论不够完善,或发现与案件有关的新材料、新问题时,可请原鉴定人进行补充检验,对原鉴定书作补充和修改,称补充鉴定。如果委托机关、当事人或辩护人对鉴定和补充鉴定有不同意见,或几个鉴定人的意见不一致时,委托机关可以重新聘请新的鉴定人进行鉴定,称再鉴定或重新鉴定。也可以聘请高一级法医对原鉴定进行复核,称复核鉴定。再鉴定和复核鉴定对提高鉴定质量,防止和纠正错案,起到一定的作用。

(李宝珍)

fayixue jiandingshu
法医学鉴定书(decumentary evidence of legal medical expertise) 法医鉴定人对案件材料进行检验之后,将检验情况和鉴定结论,按一定格式制成的法律文书。法医学鉴定书是一种诉讼证据,要客观、准确地反应检验所见,鉴定的内容不但要确定事实,而且要解释事实。要求用词精确,文字简洁,通俗易懂,结论明确,不允许有含糊不清、模棱两可的不肯定之词。如果由于检材不够充分或条件不具备,不能作出明确的结论时,可把检验结果如实反映,不勉强作出肯定或否定的结论。此种情况可做成法医学检验报告或法医学意见书,供司法机关参考。

法医学鉴定书由文字和照片两部分组成。文字部分包括:①绪言。记载委托机关的名称、日期、鉴定事项,如是活体或尸体,应载明姓名、性别、年龄、职业、单位、住址等。如检验对象是物证或书证,应注明名称、数量及来源等。②简要案情。客观地摘录有关案情和调查材料(临床法医学鉴定主要摘录病历记载)。③检验所见。详细记载检验的全部过程和发现的全部事实(包括检验方法和步骤)。这是组成鉴定书的核心部分。④评断。根据检验所见,结合案情材料和现场勘验结果,对于要求鉴定的问题,应用科学原理,加以客观分析评断。⑤结论。根据检验所见和评断对应解决的主要问题,作出科学的结论。结论只能以原始记录的事实为依据。所附照片必须反映客观事物的本来面目,要求准确清晰,文图一致。

(李宝珍)

fayuan
法院(court) 依法行使审判权的国家机构的通称。有的国家另有称谓,如日本称为裁判所,英国的最高审判机构为枢密院司法委员会(又称为上议院),泰国的最高审判机构称为大理院。法院的职责主要是依照宪法和法律,对有关机构或者个人依法向其提交的刑事、民事、商事、经济、行政等诉讼案件进行审理,并制作权威的法律裁判。

(陈瑞华)

fayuan yuanzhang
法院院长(president of court) 审判机关的负责人。根据《中华人民共和国人民法院组织法》的规定,凡有选举权和被选举权、没有被剥夺过政治权利的年满 23 岁的公民,可以被选举为人民法院院长或者被任命为副院长。地方各级人民法院院长由本级人民代表大会选举和罢免,副院长由同级人民代表大会常务委员会任免。在省、自治区内按地区设立的以及在直辖市内设立的中级人民法院的院长由省、自治区、直辖市人民代表大会选举和罢免,副院长由同级人民代表大会常务委员会任免。最高人民法院院长由全国人民代表大会选举和罢免,副院长由全国人民代表大会常务委员会任免。各级人民法院院长的任期与本级人民代表大会任期相同。各级人民法院院长负责领导该院审判工作,指定合议庭的审判长,决定审判人员的回避问题,批准对妨碍民事诉讼的人员采取拘传、罚款、拘留等强制措施,应合议庭的请求,对重大、疑难、复杂的案件提交审判委员会讨论决定,将本院确有错误的生效判决和裁定提交审判委员会处理,主持本院审判委员会会议,担负人民法院的日常行政管理工作。各级人民法院的副院长协助院长从事上述工作。

(陈瑞华)

fangong
翻供(overthrow a confession) 犯罪嫌疑人、被告人全部或部分地推翻自己先前供述的行为。在刑事诉讼中,由于犯罪嫌疑人、被告人是被追究刑事责任的人,案件的处理结果与他有直接的利害关系,所以,其供述往往存在虚假成分,屡供屡翻的情况比较常见。翻供的原因多种多样,如有罪的犯罪嫌疑人、被告人为了逃避惩罚,对已供述的罪行又反悔;由于法律知识的缺乏，误认为将自己的罪行说的越严重，越能得到宽大处理，一旦明白这是错误的之后，推翻原先的虚假供述；由于受到刑讯逼供、威胁、引诱、欺骗等非法手段的影响或者出于包庇、掩盖其亲友、同伙的犯罪行为等动机，原先供认了自己并没有实施的罪行，后来又承认自己说的是假话。因此，对于翻供，应当认真地分析，查明犯罪嫌疑人、被告人翻供的动机和原因，并结合全案其他证据，对原供和翻供进行严格的审查。经查证，原供真实，翻供无理，应否定翻供的证据价值；原供虚假，翻供有理，应确认翻供的证据价值，不能把翻供一概视为是抗拒的表现。犯罪嫌疑人、被告人翻供，为司法人员进一步收集证据、审查判断证据、查明案件的真实情况提供了新的机会和线索。通过认真审查犯罪嫌疑人、被告人的翻供，会使定案证据更加确实、充分，甚至能避免或纠正认定案情上的根本性错误。 (熊秋红)

fanyi renyuan

翻译人员（interpreter） 刑事诉讼中的诉讼参与人之一，即接受司法机关的委派或聘请，为不通晓当地通用语言文字的诉讼参与人进行语言文字翻译工作的人员。翻译人员参加刑事诉讼的主要目的在于，通过为那些不通晓当地语言文字的诉讼参与人提供翻译，使其了解其他各方诉讼行为的内容和意义，有效地行使其诉讼权利，以充分而富有意义地参与刑事诉讼的每一进程，从而确保刑事诉讼活动的有效和顺利进行。为保证翻译工作的客观性和准确性，刑事诉讼法规定的回避制度也适用于翻译人员。 (陈瑞华)

fanbo zhengju

反驳证据（rebuttal evidence） 英美证据法中的术语。包括两个方面：①一方当事人提出的用于解释、驳斥或否定对方当事人用证据加以证明的事实的证据。简言之，在刑事诉讼中，提出反驳证据的既可能是控诉方，也可能是被告方。②用以反驳事实推定或初步认定，使之不能发生法律效力的证据。从这种意义上讲，反驳证据不仅具有对抗性，而且具有确实充分性，足以推翻事实推定或初步认定。 (熊秋红)

fancha zhaoxiang

反差照相（contrast photography） 通过调整摄影布光角度和强度，及选择适宜的感光片，使与背景色调相同、相近的痕迹增强反差，以显示其形态特征的一种物证照相方法。常用的反差照相方法主要有：①阴影照相法。对于有微弱凹凸立体感的痕迹，在普通配光条件下拍照，其凹凸特征难以清晰显示。此时可加大光线入射角度，通过斜侧光或平射光使痕迹中的微弱凹凸产生阴影，增强立体感，再从正面予以拍照，可以观察到痕迹的凹凸特征。这种方法可适用于拍摄无明显色调对比的工具痕迹、立体指印、压痕文字、枪弹痕迹等。②透射光照相法。对于透明或半透明物体内部结构特征或其表面的遗留痕迹，在反射光条件下难以显示；此时可以采用透射光的方法拍照，由于不同部位透过光线能力差别，使物质或痕迹的特征得以显示并拍摄下来。此方法适用于检验和比较纸张、货币、印文以及拍摄透明客体上的指印、足迹等痕迹。③反射光增强反差照相法。有些痕迹的形成物质与承受体虽无明显色泽反差，但二者吸收或反射光线的能力存在差别，可以通过调整光线强度或变换光线颜色的方法，使痕迹与背景增强反差，从而拍摄下清晰的影像。如拍摄透明玻璃上的汗液指印，可采取垂直照明方法，玻璃下面一定距离上衬以吸收光线的黑纸，由于玻璃透射大部分光线被黑纸吸收，而汗液指印反射光线形成明显反差。使用这种方法时的光照强度、颜色可以通过试验的方法加以选择和调整。此外，增强反差照相法可以使用分色胶片或盲色胶片，使摄取的影像进一步增强反差。 (蓝绍江)

fandui xunwen

反对询问（cross examination） 亦称反询问。英美刑事诉讼中的一个概念，相对于直接发问而言。指法庭调查过程中，控辩双方律师对对方所举出的证人进行的盘问，意在发现该证人证言的不真实性，削弱该证据对案件的证明力。举出证据方，为第一顺序，他对证人所进行的盘问为直接发问。对方为第二顺序，他对证人所进行的盘问便是反对讯问。我国刑事诉讼中，证人是由法庭传到法庭作证的，证人的身份由法庭核实，所以严格讲不存在反对讯问。但对证人的提问也有两种形式，一种是控辩双方经审判长许可，对证人发问；另一种是控辩双方申请审判长对证人发问。因此有的学者将前者称为直接发问，将后者称为间接发问。 (汪建成)

fan fubai guoji

反腐败国际（Transparency International） 反腐败活动国际性非政府间组织。又称"透明国际"、"廉政与反腐败国际"。1993年5月在德国首都柏林成立，并根据德国法律作为非赢利性的社团注册。其主要职能是在国际贸易领域并通过其分支机构在世界各国开展反腐败活动。设在柏林的反腐败国际总部设有理事会负责领导该机构的工作。理事会设主席、副主席主持反腐败国际的工作。由理事会成员选举产生的首任主席是德国人彼得·艾根，是前世界银行的高级官员;另两位副主席也由选举产生,一名为孟加拉国人卡尔马·侯赛因;另一名为美国人弗兰克瑟沃格尔。理事会下设执行委员会负责日常工作,首任执行委员会主任是新西兰人杰里米·波普。反腐败国际还设立了顾问委员会,主席是尼日利亚前国家元首、非洲领导论坛主席奥卢塞贡·奥巴桑乔。反腐败国际已设立分支机构的国家有英国、美国、德国等40多个国家。其经费主要来源于政府资助和法人、基金会的赞助。

反腐败国际的主要活动是开展舆论宣传和学术研究。另一项重要活动是公布廉政座次,即根据德国亨廷根大学经济学家约哈纳·格莱夫·朗斯道夫的领头,建立由反腐败国际编制的腐败印象指数(CPI)。该指数是一种"调查的调查"。它是根据许多专家的个别调查报告和一般公众对于世界各地许多国家的腐败程度认识状况、对国际商人和国际财经记者的问卷等进行测算和统计排定的座次。廉政座次的记分办法是将腐败印象指数分为0到10级,根据各国和地区的廉政状况在0到10分之间打分,分数值高低与廉洁度成正比,即0表示最低廉洁度即高度腐败,10表示最高廉洁度。但由于反腐败国际至今尚未掌握世界上所有国家的资料,故还不能仅凭该廉政排位的座次来宣告某国是世界上最廉洁或最腐败的国家,它只是一种腐败印象指数。1995年开始每年公布一次廉政座次,当年公布的为41个国家与地区,到1998年公布的国家与地区达85个。中国的排位年年上升,得分也呈上升趋势。中国香港、中国台湾也在公布之列。上述活动的目的是通过国际合作和国家联手,促进各国政府运用法治控制腐败,促进国际贸易和公共采购活动公开透明与合理合法,促使国际贸易各参与方遵守反腐败国际制定的《行动准则》和遵守国际惯例。 (文盛堂)

fanshehuixing renge zhangai
反社会型人格障碍(antisocial personality disorder) 见悖德型人格障碍。

fansu
反诉【刑诉】(counter claim) 自诉案件的被告人,在诉讼过程中控告自诉人犯有与本案相联系的犯罪行为,要求人民法院追究其刑事责任所提起的诉讼。它是同自诉相对应的一个独立的诉讼,不是被告人对自诉的答辩。提起反诉必须符合下列条件:①只能以自诉案件的自诉人作为被告人;②要求追究自诉人的刑事责任并且有足够的证据证明犯罪事实;③所指控的犯罪是与自诉案件有关联的犯罪行为;如果被告人控告自诉人的犯罪行为与自诉案件根本无关,就只能作为另一个独立的自诉看待;④反诉案件是人民法院依法可以直接受理的;⑤至迟应在第一审法院对自诉案件宣告判决以前提出,以便能将反诉与自诉案件合并审判。在诉讼中,当事人双方都既是自诉人,又是被告人,享有相同的诉讼权利。为了维护法律的严肃性,人民法院对这种互诉案件,在确定刑事责任时应当分别判决,不能互相抵消刑罚。自诉人撤回自诉,不影响继续审理反诉案件。被告人撤回反诉的,也不影响自诉案件的继续审理。 (汪建成)

fansu
反诉【民诉】(counter claim) 诉的表现形式之一。在诉讼亲属中,被告对原告提起的独立之诉。其特点是,依原告之起诉而发生被告之反诉,如无原告之起诉,则无被告之反诉;反诉与本诉虽各为独立之诉,但二者存在一定的牵连关系,如在主体或者客体上不存在一定的牵连关系,则不构成反诉之诉。反诉是基于民事诉讼双方当事人权利地位平等原则(见当事人权利平等原则),以及诉讼经济的取向而建立的制度。其功能在于通过反诉之诉,依法对本诉之诉进行对抗,以抵消或者吞并本诉之诉的诉讼请求,平衡双方当事人之间的权益关系,同时借以减少诉讼,将反诉与本诉容于同一诉讼程序加以解决。

反诉制度与起诉制度,既有共同点又有不同点。其相同点是,二者都是为当事人的民事权益提供保护的诉讼制度,对当事人的起诉、反诉的要求是一致的,反诉只不过是另一方当事人在特定情况下的起诉,因此起诉和反诉都应具备相同的起诉条件。其不同点是,反诉制度是相对起诉制度的诉讼制度,运用反诉制度就有其相应的特殊规则。比如,反诉只能在本诉的亲属中提出;只能以本诉的原告为被告提出;只能在不违背专属管辖的前提下向本诉的受诉法院提出;反诉之诉与起诉之诉只能是适用同一诉讼程序的诉讼。反诉之诉与起诉之诉都是独立之诉,本诉的撤回不影响反诉的成立,反诉与本诉合并审理中不影响反诉者在反诉中的原告地位。 (刘家兴)

fantanwu huilu zhencha gongzuo huiyi
反贪污贿赂侦查工作会议(Inrestigation working meeting against Corruption and Bribery) 全国检察机关为强化反贪侦查工作而专门组织的总结侦查工作、交流侦查经验、研讨侦查对策的会议。于1989年召开第一次会议,尔后原则上每两年举行一次,特殊情况可提前或推迟召开。会议的主要任务是围绕贪污、贿赂、挪用公款、巨额财产来源不明、隐瞒境外存款等案件的侦查工作,总结成绩、交流经验和研讨新的对策,强化侦查工作力度,提高侦破案件的能力,推动反贪侦查工作的深入进行。

第一次反贪污贿赂侦查工作会议。1989年9月20日至28日在北京召开。参加会议的有各省、自治区、直辖市人民检察院和军事检察院主管贪污贿赂检察工作的副检察长和经济检察处长,计划单列市和部分沿海开放城市检察院主管贪污贿赂检察工作的副检察长等,共113人。中纪委、全国人大法制工作委员会、国家计委、公安部、监察部等有关单位派员参加了会议。会议认为增强侦查意识是提高侦查水平的首要问题,要求侦查人员学会熟练运用法定各种手段侦查取证,应不断研究犯罪的新情况新特点,及时总结侦查工作的新经验,完善侦查工作体制,加强侦查设施建设,培养一支实事求是、依法办事、廉洁奉公、秉公执法的侦查队伍。

第二次反贪污贿赂侦查工作会议。1990年10月12日至17日在北京召开。会议总结了反贪侦查工作经验,提出要不断提高侦查水平,加强反贪专门侦查机构和队伍建设,逐步建立和完善具有中国特色的反贪侦查体制。会议讨论了最高人民检察院《关于加强侦查业务指导工作的意见》、《关于加强贪污、贿赂犯罪案件初查工作的意见》和《人民检察院侦查贪污贿赂犯罪案件细则》等文件草案。中纪委、全国人大法工委、财政部、国家计委、监察部、公安部和在京的各大新闻单位也应邀派代表参加了会议。

第三次反贪污贿赂侦查工作会议。1992年3月14日至19日在北京召开,参加会议的有各省、自治区、直辖市人民检察院和军事检察院主管贪污贿赂检察工作的检察长、反贪污贿赂局局长或贪污贿赂检察处处长,29个计划单列市、沿海开放城市和经济特区、经济开发区人民检察院主管贪污贿赂检察工作的检察长,20多个介绍经验的单位代表,会议还邀请了中央政法委员会、中央纪律检查委员会、国家计委、国家安全部等中央国家机关有关部门的领导等,共140人。会议总结交流了反贪侦查工作经验,特别是侦查大案要案的经验,讨论修改了《关于加强涉外案件查办工作的几点意见》、《关于加强贪污贿赂检察信息工作的意见》、《人民检察院侦查贪污贿赂犯罪案件工作细则(试行)》等文件。

第四次反贪污贿赂侦查工作会议。1994年10月11日至16日在安徽省黄山市召开,各省、自治区、直辖市人民检察院、军事检察院主管反贪侦查工作的检察长和反贪局长、贪污贿赂检察处处长,计划单列市及省会市检察院的代表参加了会议,中央有关部委的代表和人民日报等大新闻单位的记者应邀参加了会议。会上总结了第三次反贪污贿赂侦查工作会议以来的反贪侦查工作,分析了反贪污贿赂侦查工作的新情况、新特点,广泛交流了反贪侦查工作的新经验。这些新经验重点是:侦破贪污贿赂大案要案的经验,突出交流侦破要案的经验;侦破党政机关、司法机关、行政执法机关和经济管理部门发生的贪污贿赂案件的经验,突出交流侦破担任实职的领导干部犯罪案件的经验;侦破跨地区、跨境涉外贪污贿赂等案件的经验,突出交流侦破这类大案要案的经验;侦破窝案、串案、群案、家族受贿案的经验,突出交流领导干部参与犯罪案件的侦破经验;侦破金融证券、房地产、期货商贸、涉税、烟草等经济热点部位发生的带行业特征的案件的经验,突出交流新型犯罪、利用科技手段犯罪等案件的侦破经验;还重点交流了追捕逃犯的经验等等。会议还讨论了关于加强反贪信息工作、加强侦查技术装备建设和加强跨省市、跨地区重大罪案侦查指挥与侦查协作的意见等文件草案。会议提出要加强初查工作,以证据为核心展开侦查活动,讲究侦查谋略和技巧,用足用活各种侦查措施等等;还提出了加强侦查工作建设、建立健全有中国特色的反贪污贿赂侦查工作体制的要求。

(文盛堂)

fan xunwen

反询问(cross-examination) 也称交叉询问。英美法上,一方当事人对对方当事人所提供的证人或案件中主询问人以外的人对主询问人所提供的证人的询问。反询问紧接在主询问之后,目的在于对证人在主询问过程中提供的证言进行质证。关于反询问的范围,英国法院只要求反询问的内容具有关联性,除此之外无任何其他限制。美国多数州法院也采用了这一原则。但是联邦法院对此作法却予以拒绝,主张反询问的内容应当仅限于直接询问中所涉及的事项,否则会导致举证顺序的混乱和内容的混淆。

(于爱红)

fanyingxing jingshenbing

反应性精神病(reactive psychosis) 又称心因性反应。由重大精神因素或持久的心境不良引起的精神障碍。本病呈急性或亚急性发病,男女老少均可发生,但以青中年人为多。当精神因素消除或随时间推移而淡化,精神状态可自行恢复正常,不留任何痕迹,且罕见复发。反应性精神病的病程较短,少则几小时至几天,多则几周至几个月,一般不超过半年。根据反应性精神病的症状表现,可将其分为反应性兴奋状态、反应性抑郁状态、反应性偏执状态、反应性意识障碍。另外,在被羁押的人员当中,还有一种特殊的反应状态,即拘禁反应或称监狱精神病。这种人由于处于被羁押状态,与外界隔绝,自由被剥夺,在多种复杂精神因素作用下,产生心因性幻觉,妄想观念和假性痴呆的症状。在司法审判工作中,涉及刑事案件的反应性精神病人并不多见。若一旦发生,则应根据具体诊断情况和精神障碍对患者主观辨认或控制能力的干扰情况,评判刑事责任能力。由于反应性精神病病程短,预后良好,罕见复发,当涉及受审能力或服刑能力时,应先予以必要的治疗,待精神康复后继续诉讼或服刑。按照《刑事诉讼法》等法律的规定,治疗时间不计入诉讼时限,但计入刑期。反应性精神病患者因病程短暂,一般不涉及民事法律问题。

(孙东东)

fanzheng

反证(evidence to disprove a fact) "本证"的对称。见本证。

fanzui anjian

犯罪案件(criminal case) 行为人实施的具有社会危害性并被刑法所禁止的犯罪行为而引起国家司法机关追究刑事责任的刑事诉讼案件。各个犯罪行为都有其主、客观相结合的犯罪构成,而一切犯罪案件中都具有犯罪构成的四个方面的要件:①犯罪客体,即被侵害的、为刑事法律所保护的某种社会关系。犯罪客体通常分为一般客体、同类客体和直接客体。犯罪案件中所反映的客体是犯罪的直接客体,它是犯罪行为直接侵犯的刑法所保护的具体社会关系,如杀人犯罪案件中所反映的是杀人行为直接侵犯的刑法所保护的他人的生命权利。在犯罪案件中查明犯罪客体是确定犯罪行为和追究刑事责任的基础。②犯罪客观方面,是国家以刑事法律规定为危害社会的应受刑罚惩罚的行为。它包括刑法规定的社会危害性行为的诸客观事实特征。犯罪客观方面要件通常又分为犯罪构成客观方面的必要要件和选择要件:如行为、结果、行为和结果的因果关系等犯罪客观方面的事实特征,是犯罪构成的必要条件;而犯罪的时间、地点、方法等在一般情况下对是否构成犯罪不具有决定意义而只对量刑有意义,但它对某些犯罪案件,如非法捕捞水产品、破坏野生动物资源等犯罪案件来说,又是必须具备的必要要件,因为它不是一切犯罪案件犯罪构成客观方面的必要要件,故称之为犯罪构成客观方面的选择要件。按照我国认定犯罪必须主客观统一的原则,缺乏犯罪客观方面的必要要件就不能认定为犯罪案件。因此,在侦查犯罪案件时,必须全面细致地查清其行为和以行为为中心的其他客观事件特征,以利于正确区分犯罪案件的性质和确认是否属于罪案。③犯罪主体,指由于实施危害社会的行为,依法应负刑事责任的人,包括自然人和法人。自然人作为犯罪主体,通常又分为一般主体与特殊主体。一般主体的条件是:达到法定责任年龄的、具有责任能力的即精神正常能辨认或控制自己的行为有承担责任的能力的、有生命的自然人。而特殊主体除了应具备一般主体的条件外,还要具备一定的身份条件,有些犯罪案件的主体只能由特殊主体构成,如渎职犯罪案件中的主体必须具备国家工作人员的身份。犯罪主体是犯罪案件罪名成立的必要条件之一,故侦查犯罪案件时一定要认真查清实施危害社会性行为的主体是法人还是自然人,以及该自然人的责任能力、责任年龄、是否精神障碍或障碍的状态与程度、是否又聋又哑或盲人、是否具备特定身份等等,这些对定案、定罪、定性和量刑都具有非常重要的意义。④犯罪主观方面,即行为人实施危害社会行为时的心理状态。如故意、过失、动机、目的等。故意有直接故意与间接故意之分;过失有轻信过失与疏忽大意过失之分;动机可分为政治方面的、个人方面的、宗教方面的等;目的在犯罪案件中是选择性要件,凡直接故意犯罪案件都必须查清其犯罪目的,但不是每个犯罪案件都具有犯罪目的。与犯罪主观方面要件有密切联系的还有认识上的错误,它通常分为对法律认识上的错误和对事实认识上的错误。这些都是犯罪案件中必须查清的重要内容。以上犯罪构成的四个方面,是一切犯罪案件的共同要件。此外,共同犯罪、犯罪集团、犯罪阶段等,也是构成一些特殊犯罪案件的要件。

(文盛堂)

fanzui duicexue

犯罪对策学(countermeasure of crime) 我国20世纪50年代研究侦查机关揭露、证实、预防犯罪的对策和方法的一门实用性的法律分支学科的名称。当时我国刑事侦查工作刚刚开始建立,在和平建设时期与普通刑事犯罪作斗争的经验还比较少,受前苏联社会主义革命和社会主义建设的影响,1957年8月中国人民大学法律系将柯尔金的关于罪行调查的讲稿翻译定名为《犯罪对策学》,对这一概念的使用起了促进的作用。随着我国刑事侦查学的崛起,许多学者感觉到此名称的含义过宽,不能用它来概括我国现行的刑事侦查学的内容。现在使用的"犯罪对策学"一词,有广狭两种不同的含义。广义的犯罪对策学指研究一切与预防、证实、惩罚犯罪相关领域的学科,如刑法学、刑事诉讼法学、刑事侦查学、犯罪心理学、犯罪学、司法鉴定学等。狭义的犯罪对策学指专门研究犯罪产生的根源、犯罪现象对社会的破坏作用、犯罪的综合治理以及针对某类犯罪的具体对策等内容的科学。

(张玉镶 刘克鑫)

fanzuiren

犯罪人(criminal) 其行为触犯刑事法律应承担刑

事责任的人。在刑事诉讼的不同阶段,犯罪人的称谓各不相同,如在立案和侦查阶段通常称为犯罪嫌疑人;在法院审理阶段称为被告人;在判决有罪后及执行阶段称为罪犯。从刑事侦查学的角度和刑事侦查实践的习惯来讲,对犯罪人在侦查的各个阶段中的称谓又有所不同:立案后的侦查中,在没有特定的怀疑对象时,称为犯罪人或作案人;在收集、调取可以证明有犯罪事实的证据并用以确认作案人和破案时,通常称为犯罪嫌疑人或作案嫌疑人,如将用证据确认作案人的工作称为"认定犯罪嫌疑人";在预审阶段通常称为人犯或案犯。

刑事侦查学及侦查实践中所使用的"犯罪人"这一概念,在现行立法中也是有根据的。如我国《刑事诉讼法》第61条在列举可以先行拘留的对象时规定:"正在预备犯罪、实行犯罪或者在犯罪后即时被发觉的";"被害人或者在场亲眼看见的人指认他犯罪的",等等。第63条在列举公民可以扭送司法机关的人时规定:"正在实行犯罪或者在犯罪后即时被发觉的",等等。这里都间接地使用了"犯罪人"的概念,如"指认他犯罪的",实质就是指认他是犯罪人;"正在实行犯罪",也就是指正在实行犯罪的人。而在第84条第4款中,法条则直接地使用了"犯罪人"的概念;"犯罪人向公安机关、人民检察院或者人民法院自首的"。上述法条中间接或直接使用"犯罪人"概念的,均是在处于有证据证明有犯罪事实,依法应当对行为人采取强制措施或即将采用强制措施的特定情形和环节,这与侦查学上在破案环节使用"犯罪人"的概念基本吻合。可见,犯罪人这一概念有广义和狭义两种含义,广义上的犯罪人是指实行犯罪行为触犯刑律依法应承担刑事责任的人,是对犯罪嫌疑人、刑事被告人和罪犯的习惯称谓。狭义的犯罪人专指在侦查破案环节,侦查机关用证据确认的实行了犯罪行为的作案人。

(文盛堂)

fanzui xianyiren
犯罪嫌疑人(suspected offender, criminal suspect) 因涉嫌犯罪被侦查机关追查的人。有证据证明其可能实施了某一犯罪行为并因此受到调查,但检察机关并未对其提起公诉、自诉人并未对其提起自诉的诉讼参与人。在刑事侦查活动中,首先要确定应被追查的人。构成犯罪嫌疑人必须具备一定的条件,如被害人或者目击者指认他犯罪的;在其身边或住处发现有犯罪证据的;身份不明有流窜作案重大嫌疑的,等等。犯罪嫌疑人可以被列为侦查对象进行调查。根据中国《刑事诉讼法》的规定,受刑事追诉者在检察机关提起公诉以前被称为"犯罪嫌疑人",而在检察机关提起公诉、自诉人提起自诉以后则称为"被告人"。犯罪嫌疑人是法定当事人,是刑事诉讼主体,他所特有的诉讼权利有:在被侦查机关第一次讯问后或者采取强制措施之日起,有权聘请律师为其提供法律咨询、代理申诉、控告、申请取保候审;自案件被移送审查起诉之日起,有权委托辩护人提供辩护;对于检察机关、公安机关采取的强制措施超过法定期限的,有权要求解除或变更强制措施;对于检察机关认定其犯罪情节轻微,依照刑法不需要判处刑罚或者免除刑罚而作出的不起诉决定,有权向检察机关提起申诉,等等。但是,犯罪嫌疑人也负有下列特有的诉讼义务:对侦查人员的讯问,应当如实回答;接受公安机关、检察机关依法采取的强制措施和实施的调查,等等。

世界大多数国家在进行初期侦查时将被追查人称之为被嫌疑人,当正式确定对被追查人追究刑事责任后又称其为刑事被告人。但也有的国家在侦查阶段始终称其为嫌疑人(日本称之为被疑人),到起诉、审判阶段才称其为被告人。大陆法系国家一般是在预审法官受案侦查或对被追查人拘捕羁押之前称其为犯罪嫌疑人,之后则称其为被告人。英美法系国家一般是在被传讯之前称其为嫌疑人,传讯时起称其为被告人。如在英国,由警察侦查阶段将被追查人称为嫌疑人,从被逮捕和治安法院预审或传讯时起称被告人。在美国,侦查阶段和被逮捕后一般都称为嫌疑人,但从逮捕到初次到案时限很短,联邦和多数州的法律规定为6个小时。从司法官主持的初次到案和传讯乃至被控重罪的预审阶段,均称被追查人为被告人。习惯法和联邦最高法院对侦查阶段保障嫌疑人的诉讼权利提出了严格要求,即侦查官员应保障嫌疑人在侦查阶段享有被告知保持沉默、获得律师帮助、不得迫使自证有罪等诉讼权利。由于被嫌疑人是否是犯罪人、他是否单独或参与共同作案尚未确定,仅仅是侦查机关根据某种迹象而怀疑为犯罪人,故各国法律一般都对保障嫌疑人的诉讼权利作了大同小异的严格规定。

(陈瑞华 文盛堂)

fanzui xianyiren beigaoren gongshu he bianjie
犯罪嫌疑人、被告人供述和辩解(statement and exculpation of suspect and defendant) 又称"犯罪嫌疑人、被告人口供"。犯罪嫌疑人、被告人在刑事诉讼中就其被指控的犯罪事实以及其他案件事实向司法人员所作的陈述。我国现行《刑事诉讼法》第42条将犯罪嫌疑人、被告人供述和辩解规定为法定证据种类之一。犯罪嫌疑人、被告人供述和辩解包括两个方面的内容:①犯罪嫌疑人、被告人供述,即犯罪嫌疑人、被告人承认自己犯罪以及检举他人犯罪的陈述;②犯罪嫌疑人、被告人辩解,即犯罪嫌疑人、被告人否认自己犯有罪行,或者在承认犯罪的同时说明自己的犯罪情节较轻或指出应当减轻、免除刑事责任的申辩和解释。由于犯罪嫌疑人、被告人对自己是否犯罪以及如何实施犯罪最清楚,因此,他的供述和辩解对查明案情具有重要作用。但是,又因犯罪嫌疑人、被告人是被追诉的对象,案件的处理结果对其有直接的利害关系,所以,其陈述虚假的可能性较大。《刑事诉讼法》对如何收集和运用犯罪嫌疑人、被告人供述和辩解作了明确规定。犯罪嫌疑人、被告人供述和辩解可以通过讯问犯罪嫌疑人、被告人的方法获得。严禁刑讯逼供和以威胁、引诱、欺骗等非法方法获取犯罪嫌疑人、被告人的口供。对一切案件的判处都要重证据,重调查研究,不轻信口供,证据、口供都要经过查对。只有被告人供述,没有其他证据的,不能认定被告人有罪和处以刑罚;没有被告人供述,证据充分确实的,可以认定被告人有罪和处以刑罚。

(熊秋红)

fanzui xianyiren bianren

犯罪嫌疑人辨认(identification of criminal suspect) 对侦查中发现的有犯罪嫌疑而未经证实的人的辨认。辨认的主体是被害人或亲眼目睹犯罪过程的人。可以确定供辨认的人是否犯罪嫌疑人。按辨认的方法分为:

直接辨认法 即辨认人通过对供辨认人的直接观察或感知而进行的辨认。例如,直接观看供辨认人的外貌和动作姿势所进行的辨认;直接听供辨认人的谈话声音所进行的辨认等。直接辨认对供辨认人特征的感知比较真实全面,因此大多数辨认都采用直接辨认的方法。

间接辨认法 即辨认人通过某种中介物了解供辨认人的特征所进行的辨认。按中介物分为:

①照片辨认。 指利用供辨认人的照片进行的辨认。主要是在侦查人员已经发现了重点嫌疑人,但是,不具备直接辨认的条件下采用。一般把侦查范围内凡有作案嫌疑的人的照片收集起来让辨认人从中查认;或者把重点嫌疑人的照片按混杂辨认规则放在一起让辨认人辨认。照片辨认的关键是照片本身的条件。辨认照片应尽可能准确地反映供辨认人的特征,拍摄的时间应尽可能接近辨认人与辨认客体接触的时间。一般来说,彩色照片优于黑白照片;单体照片优于多体照片;正面照片优于侧面照片;标准照片优于艺术照片。

②录像辨认。 指辨认人通过观看有关嫌疑人的录像片进行的辨认。它既具有直接辨认的直观性,又具有照片辨认的方便性,而且有利于消除辨认人的顾虑和紧张心理。其做法是侦查人员对案件中的犯罪嫌疑人进行录像,然后让被害人或目睹人就录像进行辨认。摄制辨认录像时要保证画面清晰,防止影像失真。

③录音辨认。 指辨认人通过录音进行的辨认,辨认的客体主要是犯罪嫌疑人及其他有关人员。录音辨认的运用主要有两种情况:一种情况是在绑架、敲诈勒索等案件的侦查过程中,让有关群众对犯罪人作案时的电话录音进行辨听,以查明犯罪人的身份;另一种情况是在被害人或证人对犯罪人的语音特征印象较深的案件中,侦查人员发现嫌疑人后将其讲话声音录下来,供被害人或目睹人辨听。制作辨认录音时,要注意录音的清晰度和录音条件的一致性。例如,犯罪人是通过电话传递声音的,辨认录音也应通过电话录制。

(张玉镶)

fanzui xianchang

犯罪现场(crime scene) 由犯罪行为所引起的变化的有关客观环境的总称,包括罪犯作案的地点和其他遗留有同犯罪有关的痕迹、物品的场地和处所。按其有无破坏,分为原形现场和变动现场;按罪犯活动先后,分为第一现场(亦称主体现场)、第二现场(亦称关联现场)等;按现场与犯罪活动的联系,分为中心现场和外围现场;按现场所处的空间,分为露天现场和室内现场;按现场有无伪装,分为伪装现场和非伪装现场;按案件的性质,分为杀人现场、盗窃现场等。由于每一种犯罪行为都必然要受一定的时间和空间所限制,必然要受一定空间中的一定客体所制约,所以任何一种犯罪现场都必须具备犯罪人的犯罪行为、犯罪的时间和空间以及被侵犯的物质实体的变化三种要素。犯罪现场与犯罪活动联系最早、最直接,能够反映犯罪行为的客观过程和犯罪的主观特点,因此,它是获取与犯罪有关的痕迹、物品的最重要场所,是研究案情最实际的依据之一。对犯罪现场必须采取有效的措施加以保护,及时、细致、全面、客观地进行勘验、访查和研究。

(张玉镶)

fanzui xiansuo

犯罪线索(criminal clue) 侦查中发现的与犯罪案件有关联的人、事、物。一个犯罪线索,在犯罪事实没有查清之前,只能是调查和侦查工作的对象。在初期侦查阶段,广泛开辟线索来源,使犯罪线索源源不断地反映上来,是推进侦查工作的关键所在。常见的犯罪线索来源的渠道有:被害人、目睹人提供的情况;被害人的情况;群众的检举、揭发;知情人提供的情况;派出所、基层保卫组织提供的材料;犯罪人的自首;犯罪团伙成员的交待;收容教养工作中发现的情况;控制赃物中发现的疑点;阵地控制、堵卡中发现的可疑迹象;通报的有关内容;巡查辨认中发现的问题;摸底排队中发现的情况;外线控制的发现;特情情报;技术侦察中发现的可疑问题;犯罪情报资料的有关显示。对于搜集来的犯罪线索,要运用公开或秘密调查的方法,逐个调查核实,以便从中发现犯罪嫌疑分子。查证犯罪线

索,要从提出的犯罪线索的根据入手,只有提出的犯罪线索的根据属实,才有深入调查的可能。 （张玉镶）

fanzui xinli henji
犯罪心理痕迹（criminal psychology traces） 在广义的犯罪遗留痕迹中,对罪犯心理活动、心理状态及个性心理特征的反映。人的犯罪行为是在其犯罪心理活动的支配下完成的。不同的心理会产生不同特点的行为,在形成物质痕迹的过程中,通过痕迹的分布、状态及变动得到反映。如偶犯、惯犯或流窜犯具有不同的心理状态和心理特征,他们在犯罪现场上所遗留的痕迹无论从数量、分布位置、痕迹特点上都不完全相同,分别有一定的规律;又如犯罪的动机和目的不同,他们在犯罪现场上的侵害目标、作案手段、破坏程度也有区别;对现场环境是否熟悉的不同心理、伪造假案的心理特征等也会在遗留痕迹中得到反映。从犯罪痕迹研究犯罪人心理活动,要以现场变动情况、现场遗留物质或痕迹作为基础,结合犯罪的时间、地点、环境、犯罪手段、侵害目标、破坏程度等进行综合分析。分析的内容包括:犯罪动机和目的、个人习惯和兴趣爱好、性格、能力;进一步研究犯罪人是否惯犯或流窜犯、与被害人或事主的关系以及性别、年龄、职业等个人特征,为侦查工作提供线索、范围及并案侦查的依据。对心理痕迹的分析研究,早在实践中加以应用,通常是在现场勘查和案情分析中,结合研究痕迹的形成过程,对犯罪人进行分析刻画,以制定侦查方案。随着痕迹检验理论研究的深化,人们把心理学原理引入痕迹检验,在20世纪80年代中期针对传统的物质痕迹理论提出了心理痕迹的概念,并探讨了科学依据、检验内容和方法,它是痕迹学理论与检验实践中的一种新观点。还有人提出了建立犯罪痕迹心理学的构想,它包括研究犯罪痕迹形成过程中的犯罪主体心理活动和犯罪痕迹利用过程中的侦查主体心理活动两大体系。 （蓝绍江）

fanzui xinxi
犯罪信息（criminal information） 与犯罪行为有联系的一切表现形式。犯罪信息有三个基本特征:①犯罪信息源于犯罪人实施的犯罪行为,但它不是犯罪行为本身,而是脱离犯罪行为的相对独立的客观存在。犯罪分子实施犯罪行为是犯罪信息产生的根源,犯罪分子只要实施犯罪行为,作为一种客观存在的物质运动形式,就必然地在一定的时间、空间与一定的人、事、物产生某种联系,其结果是在有关人员的头脑中留下这样或那样的印象,在犯罪现场上引起相关物质的变化,使之呈现出一定的形态。②犯罪信息表现出与犯罪行为之间的广泛联系性。犯罪行为一旦发生,就会破坏与犯罪行为有关事物的存在状态和联系形式,因而任何与犯罪行为存在关联的事物,都会或多或少、或隐或现地以不同联系形式反映着犯罪行为。犯罪信息所表现出的与犯罪行为之间的联系形式是多种多样的,可以是直接的和间接的联系形式、内在的和外在的联系形式、原因的和结果的联系形式、必然的和偶然的联系形式、现象的和本质的联系形式,等等。凡与犯罪行为有一定相关程度联系的信息,不论以何种联系形式显示出来,均可作为犯罪信息。③犯罪信息可以被感知、收集、处理、判明和运用。犯罪信息虽然相当抽象,然而并不是虚无缥缈的幻影,作为犯罪行为的诸种表现形式,必然存贮在犯罪现场以及相关人的记忆之中,虽然侦查人员没有直接目睹犯罪人实施的犯罪行为,但通过侦查活动,可以感知到这些犯罪信息,并且对此能够进行有目的的有计划的收集。在此基础上,犯罪信息可以被分类存储、统计汇总、登记报告等一系列的处理,把犯罪信息从一种表现形式转换成另一种表现形式,实现犯罪信息的共享,以便供不同层次、不同性质的侦查决策所运用。

对于犯罪信息,可以按照不同的标准进行分类:①按照人们对犯罪信息的认识程度为标准,可以将犯罪信息分为自在犯罪信息、自为犯罪信息和再生犯罪信息。自在犯罪信息是指处在未被认识、未被把握的那种初始状态的犯罪信息。自为犯罪信息是指被感知、被把握或被认识的犯罪信息。再生犯罪信息是指从自为犯罪信息中开发出来的具有新的内容和使用价值的犯罪信息。②按照侦查人员获取犯罪信息的行为方式为标准,可以将犯罪信息分为直接犯罪信息和间接犯罪信息。直接犯罪信息是指侦查员直接观察到的、直接获取的犯罪信息,其特点在于获取犯罪信息行为方式的直接性。间接犯罪信息是指相对于作出决策的侦查人员而言,由其他侦查人员发现或获取的犯罪信息,其特点在于获取犯罪信息行为方式的间接性。③按照犯罪信息被表述的准确程度,可以将其分为精确犯罪信息与模糊犯罪信息。精确犯罪信息是指反映准确、表述准确的的犯罪信息,即犯罪信息中准确的成分。模糊犯罪信息是指反映不分明、表述不清楚的犯罪信息,即犯罪信息中的混淆成分。④按照犯罪信息能否在审判阶段作为证据使用划分,可以将其分为主要犯罪信息与辅助犯罪信息。主要犯罪信息是指能够作为犯罪证据使用的犯罪信息,即完全等同于犯罪证据的犯罪信息。辅助犯罪信息是指不能作为犯罪证据使用的犯罪信息,即不等同于犯罪证据的犯罪信息。⑤按照犯罪信息被收集过程为标准,可以将其分为现有犯罪信息和反馈犯罪信息。现有犯罪信息是指在侦查决策之前已收集到的犯罪信息。反馈犯罪信息是指在侦查决策之后收集到的犯罪信息。

犯罪信息是对犯罪行为特性的真实反映,是侦查决策赖以进行的基础或先决条件。近几十年来,随着信息科学与信息技术的迅速发展,各国刑事侦查部门相继认识到了犯罪信息在侦查决策中的巨大价值,纷纷建立了能够及时传递犯罪信息和迅速作出相应的侦查决策的各级指挥中心。为了提高存储、检索犯罪信息的能力,在原有以手工为主要处理手段的刑事登记或犯罪档案基础上,逐渐发展为电子计算机为主要处理手段的各级犯罪信息中心。为了对付国际性的犯罪,世界各国的警察部门联合组成了国际刑警组织,通过其常设机构——秘书处来交换各会员国之间的犯罪信息。所有这些变革,都毫无疑问地表明犯罪信息在侦查决策中的可贵价值。犯罪信息在侦查决策中的价值是多重的。在战术性的侦查决策中,犯罪信息是具体的、特定的。反映的是具体的特定的犯罪人实施的具体特定的犯罪行为,表现出犯罪信息的具体价值。在战役、战略性的侦查决策中,犯罪信息是抽象的、一般的。反映的是社会一定发展阶段上存在的某种犯罪现象,表现出犯罪信息的抽象价值。在确定型的侦查决策中,犯罪信息显示出精确不变的内容成分,可以使侦查人员准确的预见到决策后的结果,表现出犯罪信息的精确价值。在非确定型的侦查决策中,犯罪信息有不分明不清楚的内容成分。侦查人员据此能概率性预见到决策后的可能结果,表现出犯罪信息的模糊价值。在较低层次的侦查决策中,犯罪信息是现实的,不需要追溯到很远的过去,表现出犯罪信息的现实价值。在较高层次的侦查决策中,所需要的犯罪信息不仅为现实的,而且需要追溯到很远的历史阶段,表现出犯罪信息的历史价值。在有时效性的侦查决策中,犯罪信息需要被迅速收集、加工、存储、传递与反馈,失去了时效性就失去了时间价值。在这种情况下,表现出犯罪信息的时间价值。

(刘克鑫)

fanzui zhenchaxue
犯罪侦查学(criminalistics' science of criminal investigation) 研究刑事犯罪活动的行为规律,揭露、证实和制止犯罪,查缉犯罪人的基本原理及策略方法、技术方法、组织方法的一门科学。犯罪侦查学与刑事侦查学概念的内涵与外延基本相同。有所不同的方面主要在于:首先,犯罪侦查学概念的产生时间晚于刑事侦查学。从1978年开始,随着我国1979年《刑事诉讼法》的即将颁布,我国高等院校的法律学系陆续开设了刑事侦查学课程。北京大学出版社出版的《刑事侦查学》,就是这一时期的有代表性的专业教材。而犯罪侦查学是1982年6月法律出版社出版的、高等院校法学试用教材的名称,两者的产生在时间上有差距。其次,犯罪侦查学概念的产生背景不同于刑事侦查学。我国1979年《刑事诉讼法》颁布后,其中的法律条文使用了"侦查"的概念,受其影响和制约,在普通高等院校开设的刑事侦查学课程与公安部门开设的"刑事侦查学"课程不完全相同。此后不久,刑事犯罪活动比较猖獗,促使国家采取了严厉打击的刑事政策。如1982年3月8日第五届全国人大常委会第22次会议通过了《关于严惩严重破坏经济的罪犯的决定》。在这种社会背景下,由司法部组织编写的关于侦查法学统编教材,取名为《犯罪侦查学》。最后,犯罪侦查学的限制词是"犯罪",是从打击犯罪的角度来修饰侦查学,表明了这一学科与犯罪的密切关系;刑事侦查学的限制词是"刑事",是从刑事诉讼程序的角度来修饰侦查学,表明了这一学科与刑事诉讼的密切关系。

(张玉镶 刘克鑫)

fan jingshenbingren lun
泛精神病人论(pan-psychoiatrism) 存在于部分临床精神科医生观念中的一种偏激认识,即在刑事诉讼和司法精神医学鉴定中,首先将被鉴定人推定为精神病人,而后单纯运用病理心理学的理论和方法,分析、诊断和鉴别被鉴定人的精神状态,解释其危害行为的成因,甚至将符合一般犯罪心理特征的行为认定为精神病理性症状。这种观点使精神病的诊断扩大化,导致一些如醉酒后犯罪等本应承担刑事责任的犯罪人被当成精神病人而免除刑事责任。

(孙东东)

fandu anjian zhencha
贩毒案件侦查(investigation of manufacturing, selling or transporting narcotics case) 公安机关在办理贩毒案件过程中,依照法律进行的专门调查工作和有关的强制性措施。有广义和狭义之分。狭义专指非法销售鸦片、海洛因、可卡因、吗啡、大麻等毒品和毒品原生物案件侦查,广义还包括非法制造、加工、提炼、运输、携带毒品及受到国家卫生行政部门明令控制使用的精神类药物案件侦查。根据全国人民代表大会通过的法律决议和公安部《关于刑事侦查部门分管的刑事案件及其立案标准和管理制度的规定》,制贩毒品属于违法行为,情节严重的应当立为刑事案件。这类案件包括以牟利为目的,制造、加工、合成、提炼毒品和精神类药物的行为;非法贩卖毒品和精神类药物的行为;非法运输、携带毒品和精神类药物的行为。贩毒案件的特点是:多以牟利为目的,只有少数是供违法犯罪人员个人吸食的;多由犯罪集团或团伙进行,有些还同国际贩毒集团有牵连;犯罪活动有组织,大多有固定的制毒据点、运输渠道和贩卖网络;经常同其他类型的犯罪活动(如走私、贩枪、非法持有和使用枪支等)相伴随;常具有武装保护;具有隐蔽性,行为诡秘,一般不易发现;犯罪分子贩运的毒品有相对固定的流向,在部分地区拥有较为固定的消费人群。侦查贩毒案件主要可采取下列方法:①加强查控。在海关、机场、车站、码头和重点地区的交通要道部署查缉,采用抽检行李包裹或者警犬和仪器探查等方法,发现和收缴非法运输、邮寄和携带的毒品或毒品原生物。②加强对毒品消费群体的监控。通过对吸毒人员的控制和调查了解,掌握贩毒分子的活动情况,查缉毒品销售渠道和贩毒网络。③对查扣收缴的毒品进行技术检验。根据毒品及原生物的种类、成分、纯度、添加剂和加工杂质等方面的差异,以及加工工艺、设备等的不同,分析判断毒品的产地或来源地,发现毒品制造据点,部署对毒品贩运路线和通道的查控。④加强国际合作。掌握国际毒品市场动态和国际贩毒集团的动向,堵塞跨国贩毒活动的通道。

(杨明辉 傅政华)

fangyu jizhi

防御机制 (defence mechanism) 人精神活动中的一种主动使自己摆脱困境、抵御外来威胁、自我保护的本能机制。当人遇到挫折、危险或陷入困境时,主观上有一种摆脱不利处境,使自己得到保护的企图。在此防御机制的支配下,可付诸相应的防御行为。根据防御行为的方式,将防御机制分为攻击型防御、退却型防御和妥协型防御三种类型。不论何种防御类型,只要超过法定允许的界限,均可导致危害社会的后果。

(孙东东)

fangyu zhengju

防御证据 (evidence of defence) 又称为"辩护证据"或"有利于犯罪嫌疑人、被告人的证据"。与"控诉证据"、"攻击证据"或"不利于犯罪嫌疑人、被告人的证据"相对。见控诉证据。

fanghai minshi susong xingwei de goucheng

妨害民事诉讼行为的构成 (constitutive elements of the obstruction of the civil procedure) 构成妨害民事诉讼行为必须具备的要件。妨害民事诉讼的行为是指故意扰乱或破坏民事诉讼秩序,阻碍人民法院工作人员正常执行职务,影响民事诉讼正常进行的行为。构成妨害民事诉讼的行为,必须具备以下三个要件:①必须有妨害民事诉讼的行为,并在客观上造成了妨害民事诉讼秩序的后果。这是构成妨害民事诉讼行为的行为要件。妨害行为包括作为和不作为两种方式,前者指实施法律所禁止的行为,如哄闹、冲击法庭,指使他人作伪证等;后者指拒不实施法律规定应当作为的行为,如必须到庭的被告,经人民法院两次传票传唤,无正当理由拒不到庭,有义务协助执行的单位拒绝协助执行等。无论是作为的行为还是不作为的行为,只要其在客观上妨害了民事诉讼的正常进行,就可以构成妨害民事诉讼的行为。如果行为人仅有妨害民事诉讼的意图,但并未付诸实际行动,或者着手实施后又自动中止,没有造成妨害诉讼秩序的后果,就不能构成妨害民事诉讼的行为。②必须是在民事诉讼进行过程中实施的行为。这是构成妨害民事诉讼行为的时间要件。民事诉讼过程包括审判程序和执行程序的进行过程,在此期间实施的行为,无论是行为人在法庭内实施的行为,还是在法庭外实施的行为(如在法庭外殴打证人),均构成妨害民事诉讼的行为。如果行为人在诉讼开始前或者诉讼结束后实施与妨害民事诉讼行为相类似的行为,只能由有关机关依据其他相应的法律法规(如《治安管理处罚条例》)进行处理,而不能以妨害民事诉讼的行为对其采取民事强制措施。③必须是行为人的故意行为。这是构成妨害民事诉讼行为的主观要件。过失行为,即使在客观上妨害了诉讼秩序,也不能认定为妨害民事诉讼的行为(如行为人因过失毁灭了重要证据)。诉讼参与人、其他人以及有关单位的行为,只有同时具备上述三个要件,才能认定为妨害民事诉讼的行为。

(王彩虹)

fanghai xingzheng susong xingwei

妨害行政诉讼行为 (activities impeding judicial review) 发生于行政诉讼过程之中的,故意扰乱和破坏诉讼秩序,妨害和阻碍诉讼活动正常进行的违法行为。它既可以由诉讼参与人实施,也可以由案件以外的单位和个人实施。根据我国现行《行政诉讼法》第49条规定,妨害行政诉讼的行为主要有以下六种表现形式:①有义务协助执行的人,对人民法院的协助执行通知书,无故推拖、拒绝或者妨碍执行的;②伪造、隐藏、毁灭证据的;③指使、贿买、胁迫他人作伪证或者威胁、阻止证人作证的;④隐藏、转移、变卖、毁损已被查封、扣押、冻结的财产的;⑤以暴力、威胁或者其他方法阻碍人民法院工作人员执行职务或者扰乱人民法院工作秩序的;⑥对人民法院工作人员、诉讼参与人、协助执行人侮辱、诽谤、诬陷、殴打或者打击报复的。在审判实践中,妨害行政诉讼的行为十分复杂,必须根据它的构成要件正确认定(见妨害行政诉讼行为的构成)。根据《行政诉讼法》规定,凡是行为人实施了妨害行政诉讼的行为,应由人民法院根据其妨害行政诉讼的不同程度,分别适用不同的强制措施予以排除(见对妨害行政诉讼行为的强制措施)。

(谭 兵)

fanghai xingzheng susong xingwei de goucheng
妨害行政诉讼行为的构成(component elements of activity impeding judicial review) 构成妨害行政诉讼行为必须具备的条件,也称妨害行政诉讼行为的构成要件。它是正确适用行政诉讼强制措施的前提。在审判实践中,不论妨害行政诉讼的行为如何复杂,表现形式有什么不同,都可以根据其是否具备妨害行政诉讼的构成要件来认定。妨害行政诉讼行为的构成要件是:①行为人已经实施了妨害行政诉讼的行为。也就是说,妨害行政诉讼的行为必须是已经发生、客观存在的行为,而不是意图实施,处于计划阶段的行为。它包括作为和不作为两种形式。②妨害行政诉讼的行为是在行政诉讼过程中实施的。所谓行政诉讼过程,是指从原告起诉开始到执行程序终结前的整个期间,包括第一审程序、第二审程序、审判监督程序和执行程序。如果行为人是在起诉前或者在执行程序终结后实施的行为,则不属于妨害行政诉讼的行为。这里应当注意的是,行政诉讼过程中实施的妨害行为,既包括在法庭内实施的妨害行为,也包括在法庭外实施的妨害行为。③妨害行政诉讼的行为是行为人故意实施的。也就是说,妨害行政诉讼只能是故意的,不存在因过失行为妨害行政诉讼的问题。所谓故意,是指行为人明知自己的行为会妨害行政诉讼的正常进行,而有意识地去实施或者放任这种妨害行为发生。虽然在某些情况下,过失行为也会影响行政诉讼的正常进行,但过失行为不能认定为妨害行政诉讼的行为。只有同时具备上述三个条件,才能认定为妨害行政诉讼,从而对行为人适用强制措施。 (谭 兵)

fanghuo anjian zhencha
放火案件侦查(investigation of arson case) 公安机关在办理放火案件过程中,依照法律进行的专门调查工作和有关的强制性措施。放火案件(又称纵火案件),是指我国现行《刑法》第114条所规定的放火罪,即故意放火焚烧公私财物,危害公共安全的案件。在侦查实践中,放火与失火及放火与自然起火一般不易区别,特别是火灾报警后,在未对火场进行勘验和分析之前,很难确定起火的性质。只有经过勘验与调查,认定有故意放火行为存在,才属于刑侦部门立案侦查的范围。如属失火和自然引发的火灾,则应以治安、消防部门为主进行调查处理。侦破放火案件应着重抓好以下环节:①认真勘验起火现场,发现可疑痕迹、物品。可在消防人员的配合下,确定重点,认真清理,逐层挖掘,细致筛选,重点在于寻找起火点和发现、提取引火物,发现破案的嫌疑线索。②分析判断案情,确定案件性质。侦查人员应在现场勘验和访问群众的基础上,综合研究获得的案情事实材料,重点解决犯罪分子的放火动机和目的,判定是纵火破坏,还是私仇报复,或是为掩盖其他犯罪行为而纵火销毁犯罪现场。根据放火破坏的目标、现场物品变化、现场尸体状态及现场残留物,在分析检验的基础上判断案件性质,正确地确定侦查方向和范围。③从因果关系入手,发现和审查犯罪嫌疑人。主要应了解被害人的政治态度、工作情况、生活作风、经济状况,从中发现其与他人之间可能存在的矛盾宿怨,还可直接询问被害人,了解可能具有放火嫌疑的人和线索。④搜集证据,揭露和认定犯罪分子。对火场勘验时收取的痕迹、引火物和其他燃烧残留物,有些可以送交科学鉴定,有些可以请有关人员辨认。对重大嫌疑人的人身、住所和其他有关场所应进行搜查,搜查时,需注意发现与现场提取的引火物相类似的物品和物质,以揭露和认定犯罪。 (傅政华)

feibaoli siwang
非暴力死亡(nonviolent death) 又称自然死亡或正常死亡或内因性死亡,包括生理性死亡和病理性死亡。生理性死亡包括衰老死和无生活能力的新生儿死亡。衰老死是由于老年人生理机能逐渐衰退,分解代谢大大超过合成代谢,使机体的能量逐渐消耗,最后使生命活动结束。这是生命过程中不可抗拒的必然结果。但单纯的衰老死是极少的,多数是由于老年人抵抗力下降,伴随症状和体征不明显的疾病而引起的死亡。因此,衰老死和病死难于严格区别。无生活能力的新生儿死亡,主要是指早产儿和先天性发育不良的新生儿,由于这种新生儿各种器官或某些器官机能低下,诞生后不能适应新环境而死亡。病理性死亡是疾病引起的死亡,也就是人体内某些器官或组织发生了病理变化和功能障碍。一般情况下,能得到检查、诊断和治疗,不会涉及法律问题,所以无需法医检验。但也有少数病死者,症状和体征隐蔽,貌似健康,死亡过程短促,甚至未及诊治便意外死亡,称猝死。猝死者往往死时无人知晓,死后才被发现,常常被人们怀疑为暴力死亡而申诉。为澄清死因,判明性质,有时也需进行法医学检验。 (李宝珍)

feichang shanggao
非常上告(special appeal) 也称非常上诉。对已生效的违法的刑事判决声明不服的一种特殊程序。日本刑事诉讼法对非常上告作了专门规定。中华民国时期南京国民党政府1935年施行的刑事诉讼法,仿效法国和日本的某些法律原则和规定曾设立了这一特殊程序,其目的在于统一法令的适用和保护被告人的利益。提起非常上告的理由必须是原已生效的判决违背实体法或程序法,检察官发现这一情况,应出具意见书连同该案案卷提交最高法院的检察长,由检察长向最高法院提出非常上告,时间没有限制。最高法院对非常上告案件,可根据不同情况分别作出驳回上告、撤销违背法令的部分、撤销原判发回更审、撤销诉讼程序等判决。但依非常上告程序所作出的判决,其效力除有利于被告人或撤销诉讼程序外,不及于被告人,如原确定判决不利于被告人的,应就该案另行判决。 (刘广三)

feichang shangsu
非常上诉(special appeal) 见非常上告。

feichang shenpan
非常审判(special trial) 我国台湾省刑事诉讼中的一个概念。对于违背法令的军事案件的确定判决而设立的救济方法。其目的在于统一法令适用,并兼保护被告利益。具体作法是:判决确定后,发现该案件的审判违背法令的,最高军事审判机关的主任军事检察官以书面叙述理由,向最高军事审判机关提起非常审判。非常审判由最高军事审判机关组织非常审判庭以书面方式进行审理。经审理,认为非常审判的提起无理由的,以判决驳回。认为有理由的,如果原审判程序违背法令的,撤销其程序;如果原判决违背法令的,将其违背之部分撤销,其效力不及于被告。但原审判决不利于被告的,应就该案件另行判决,其效力则及于被告。 (汪建成)

feichang shenpanting
非常审判庭(special adjudication division) 审理特别重大案件的审判机构。如我国1980年9月设立的审判林彪、江青反革命集团案的最高人民法院特别法庭;再如第二次世界大战结束后,在联合国的组织下,在纽伦堡和东京设立的专门审理战争罪犯的特别法庭。非常审判庭是临时性的审判机构,随着其所审案件的结束,非常审判庭也随即被撤销。 (孙晓宁)

fei dianxing chongdong kongzhi zhangai
非典型冲动控制障碍(atypical impulse control disorder) 一种触境性的行为控制障碍。即行为人当接触到某种特定情境时,不能控制自己心境而实施某种特殊的行为。如不能控制剪她人的发辫,刀割她(他)人的外衣,犯罪的排便等。在司法精神医学鉴定中,应评定为完全刑事责任能力。 (孙东东)

feifa duotai
非法堕胎(criminal abortion) 又称非法人工流产。违法地在胚胎发育时期,利用药物、物理性刺激或手术等方法中止妊娠并使胎儿脱离母体。正常人工流产是因计划生育或孕妇有某种疾病不能继续妊娠,由医务人员施行的妊娠终止手段,是受法律保护的。而非法堕胎多因不正常的男女关系,甚至强奸致孕,因怕承担法律责任,而秘密地由非妇产科专业人员或非医务人员,甚至孕妇本人、情人或强奸犯滥施的堕胎行为。有的孕妇不同意堕胎,由他人强迫或欺骗堕胎。非法堕胎的方法很多,有些是利用土方、秘方,如:外力强刺激诱发子宫收缩,导致胎盘剥脱;土法扩张宫颈,将某些药液导入子宫;服用催产的或其他孕妇禁忌药物,导致流产或胎儿死亡。

非法堕胎不论是否成功,大多母体受到不同程度的损害,常造成产道及子宫损伤,导致继发感染、不孕症或严重贫血甚至休克。有的造成药物中毒或血管栓塞等,严重的均可导致死亡。对可疑非法堕胎的案例,法医鉴定的任务是:①确定是否施行了堕胎。②查明非法堕胎的手段。③确定堕胎的后果。 (李宝珍)

feifa qude zhengju de paichu guize jiqi liwai
非法取得证据的排除规则及其例外(rules of excluding illegal evidence and its exception) 法律实施官员使用违反宪法、法律规定的手段取得的有罪证据,不得用为定罪的事实依据,应予排除。这项规则是美国联邦最高法院在威克斯诉美国案件(1914年)中,依据联邦宪法修正案第4条和第14条关于非经正当法律程序不得剥夺人民的生命、自由和财产的规定而确立的。确立这项排除规则旨在制止政府官员不按正当法律程序进行非法逮捕、搜查或扣押等行为,以保障人民的自由、生命、住宅和财产权不受官员的非法侵犯。

排除规则的实质 美国联邦和各州的制定法和习惯法详尽规定了逮捕、搜查、扣押等取证程序、法律实施官员在执行时必须遵守,否则就是违法的取证行为。违法的搜查物如超越搜查证指定的物品,被告律师可以在法庭审理前向法院提出禁止该搜查物在法庭上出示的申请,在开庭审理后被告方仍有权申请。一旦起诉方在法庭上出示了非法取得的有罪证据,被告律师就有权抗议,法官准于该抗议时,应指示陪审团依据非法取得证据的排除规则不得采用该项物品。由此可见,相关的有罪证据即使符合其他的采用规则,但是只要违反了取证的法定程序,审判时就不能采用。此时,证据之能否被法庭采用,取证程序的合法性就起了决定性作用,这就是非法取得证据排除规则实质之所在。

对排除规则的评论 美国各界对于非法证据排除规则一直存在着不同的评论。赞同者中的一种意见认为这是联邦宪法修正案第4条和第14条关于正当程序条款固有的规则,而另一种意见则认为这是保证实现联邦宪法上述规定的一种司法补救措施。赞同者都认为这项规则对法律实施官员侵犯人民人身自由和财产权起到了防止和威慑作用,只是所起作用程度的估价略有不同。持异议者和反对者认为这项排除规则既不是宪法固有的也不是司法补救措施,它的存在只能使美国社会受到实际损失。在适用这项排除规则的案件中,往往由于拒绝采用非法取得但是能够证明案件真实情况的证据,却使罪犯逍遥法外。有时警察的错误行为很轻微,而获释的罪犯的罪行却很严重。这项排除规则使罪犯与刑罚之间失去平衡,放纵了真正的罪犯,引起了公众极大的不满。因此有人建议彻底废除排除规则,通过民事赔偿、行政或其他措施以解决法律实施官员在执行职务时的非法取证行为。相当一部分人主张作为宪法保障措施的排除规则应予保留,但可以增加例外规定限制排除规则的适用范围。

排除规则的例外 美国联邦最高法院在近年来的一系列判例中增加了以下例外:

"独立来源"的例外 简言之就是对非法手段以外的独立合法行为取得的证据可以不予排除。如某物品在首次或前一次非法搜查过程中已被发现但当时没有采集,而在事后通过独立于前一次的合法手段予以采集。起诉方将取得的这些物品向法庭提供以证明被告人有罪。法庭可以排除规则独立来源的例外采用为认定被告人有罪的证据。根据联邦最高法院有关案例的裁决,适用排除规则独立来源的例外必须具备以下要素:执法人员在同一案件中对同一个被告人进行了两次或两次以上的搜查、逮捕或讯问;在后行为独立于在先行为,其中一个行为必须是非法的而另外的行为是有效的、合法的。两次或两次以上行为所发现并得到的证据是同一的。这项例外适用于违反联邦宪法修正案第4条、第5条、第6条的违法行为。

"不可避免"或"必然"发现的例外 就是对以非法手段取得的证据,通过合法手段必然能够发现时,该证据可以作为排除规则的例外予以采用。如某案例中,通过非法讯问被告人而获知5名证人的身份。被告方向法院提交禁止起诉方向法庭出示该证据的申请,法院未予准许。这5名证人的身份终究必然地会被合法手段所获知为理由而予以采用。

"因果联系减弱"的例外 美国学者将非法手段取得的证据视为"受污染的证据"或"证据有了污点"。"因果联系减弱"的例外是指官员的非法取证行为与取得的证据之间的因果联系,由于另外因素的影响而被削弱或打断以致消除了被污染证据的污点,这些证据作为排除规则的例外仍然可以采用。如某案例的被告人在非法逮捕后隔了18小时作了认罪供述,本应予以排除。但是由于在非法逮捕与讯问这段期间内,警察没有实施侵犯行为,因而法院认为因果联系减弱以致消除了证据的污点,被告人的认罪供述可作为排除规则的例外而予采用。

"真诚"或"善意"的例外 美国联邦最高法院在1984年8月美国诉里昂等人案件的裁决中确定"真诚"例外的基本含义是,执法人员真诚地相信其持有的实际无效的搜查证有效,凭此证搜查的所得物可以按排除规则的"真诚"例外而予采用。在适用这一例外时法官应当依据签证申请书的真实性、签证官的公正和中立性等因素认定执法人员相信许可证的有效性是"客观合理的"。假若签证官依据的申请书是故意伪造或不是站在公正和中立立场签署时,则不能认定执法人员对许可证的信任是客观合理的,从而依此取得的搜查物不得采用。美国联邦最高法院在以后案件的裁决中扩大了"真诚"例外的适用范围,对基于非法搜查行为发现的可疑物品申请到的搜查证是有效的,依据该搜查证取得的物品可予采用。

美国司法界对扩展适用范围的裁决存在争议,有些州的法院坚持拒绝将非法搜查的所得物用作证据。亚利桑那州上诉法院认为,事后取得的许可证不能洗刷尽先前行为的违宪性,从而不能使先前的非法搜查行为有效。因而不应作为证据采用。新泽西州最高法院坚持如下理念:排除规则的价值是防止执法官的不当行为以使个人权利免遭不合理搜查的侵犯,为了有"所得"必须付出"代价"。康涅狄格州最高法院坚持"真诚"例外的"价值"并未超越排除规则的"所得",其法律正当程序条款硬性要求法院必须实行排除规则。路易斯安那州认为州宪法可以使本州公民享有比联邦宪法赋予的更广泛的权利。依据州宪法的精神,不认为联邦最高法院确立的排除规则的这一例外是正确的,再者,不允许以联邦法院的裁决取代路州人民执行本州宪法的独立判决。

"质疑"例外 起诉方可以在法庭上提供非法手段取得的证据向被告人证言的可信性进行质疑,就是排除规则的"质疑"例外。依据美国联邦最高法院的判例,"质疑"例外适用于以下情形:被告律师对被告人主询问过程中对其所作的虚伪陈述进行质疑;在关押期间未被告知诉讼权利、律师不在场时所作的认罪供述,可用于对被告人与法庭外陈述不一致的法庭上陈述进行质疑;被告律师对被告人进行主询问时未提及的非法取得的物证,起诉方在反询问被告人时予以出示,以质疑在反询问中与以前不一致的陈述。

(王以真)

fei faren tuanti

非法人团体(unincorporated association) 不具备法人条件,没有取得法人资格的独立社会组织。它是民事诉讼中相对于法人而言的一个特定概念。非法人团体一般具有如下特征：①不具备法人条件，没有法人资格；②具有一定的团体性，以及一定的超越成员个人目的之上的团体目的；③具有一定的名称，并有一定的事务所或营业所为其活动中心；④具有一定的独立财产；⑤设有代表人或管理人，对外以团体名义为法律行为。

在民事诉讼中，民事诉讼当事人主体资格的确定是以当事人能力的有无为惟一条件的，而当事人能力又是与实体权利能力相一致的。法人具有实体权利能力，因而具有实质上的当事人能力。非法人团体不同于法人，不具有法律上之人格，但是在社会生活中却大量存在并大量从事各种民事活动和经济活动。因而在诉讼中，是否承认非法人团体的主体资格，必然会影响到社会关系的稳定以及合法权益的保护。随着社会经济和诉讼制度的发展，各国在立法上基本上都对非法人团体的诉讼主体资格予以承认，只是承认的范围和程度各有不同。在大陆法系中，德国早在1877年《民事诉讼法》中就规定："无权利能力的社团可以被诉；在诉讼中，该社团具有有权利能力的社团的地位。"其后1897年的《德国商法典》又确定无限公司、两合公司虽然不是法人，但法律允许其为诉讼主体。日本现行民事诉讼法中规定的更为广泛，"非法人的社团或财团，设有代表人或管理人的，可以其名义起诉或应诉。"在英美法系中，20世纪初英国的民事诉讼立法确定，"非法人团体，以无法律上的人格为原则"，但"其财产受到刑法规定的保护"，"就其财产之限度内，对于职员与雇佣人，因执行职务上的过失行为，致他人以损害时，负赔偿责任。"美国在法律上也承认非法人团体，认为具备一定条件的非法人团体为事实上的公司，这种公司有起诉或应诉的资格。

在《中华人民共和国民事诉讼法》中没有直接使用"非法人团体"的概念，其规定"公民、法人和其他组织可以作为民事诉讼的当事人"，这里的"其他组织"是存在于法人之外的组织，这一规定实质上是对非法人团体诉讼地位的承认。最高人民法院《关于适用〈中华人民共和国民事诉讼法〉若干问题的意见》对此作了进一步解释，民事诉讼法中规定的其他组织是指合法成立、有一定组织机构和财产，但又不具备法人资格的组织，包括：①依法登记领取营业执照的私营独资企业、合伙组织；②依法登记领取营业执照的合伙型联营企业；③依法登记领取我国营业执照的中外合作经营企业、外资企业；④经民政部门核准登记的领取社会团体登记证的社会团体；⑤法人依法设立并领取营业执照的分支机构；⑥中国人民银行、各专业银行设在各地的分支机构；⑦中国人民保险公司设在各地的分支机构；⑧经核准登记领取营业执照的乡镇、街道、村办企业；⑨其他符合条件的组织。上述组织的代表人或管理人的诉讼地位适用法人的法定代表人的有关规定。

在法律上承认非法人团体的诉讼地位体现了立法上的务实精神，不仅有利于诉讼的顺利进行，有利于法院对案件的审理，也有利于对双方当事人合法权益的保护。但是，非法人团体毕竟不同于法人，它不具有独立的实体权利能力，不能完整的享有实体权利，也不能最终完全承担民事责任。如果在民事诉讼中，判定非法人团体应对外承担民事责任，法院的裁判首先只能是以非法人团体所拥有的一定数额的财产，如举办非法人团体的法人投入的财产、法人划拨给分支机构的资金和非法人团体的公共积累，以及组成非法人团体的成员的投资来偿付；不足的部分则应由举办非法人团体的法人负责偿付或由组成非法人团体的成员根据法律规定或约定来承担。

(阎丽萍)

feifa sousuo yu kouya
非法搜索与扣押（illegally search and detain）中华民国时期刑事诉讼法的概念。违反刑事诉讼法的规定进行的搜索、扣押。非法搜索主要指：搜索无必要搜索的被告；搜索与案件无关的第三人；无急迫情形下由男性搜索员搜索妇女；未经该主管军事长官允许搜索军事秘密处所；对于搜索行为未保守秘密；未保护被搜索人的名誉；除径行搜索外，未用搜索票搜索等。非法扣押主要指：未经该主管监督公署或公务员的允许扣押秘密公文书及特件的；扣押与刑事案件无关、非被告所发或者寄交于被告或者被告与辩护人往来的邮件电报；扣押邮件电报未通知该邮电的发送人或者收受人；未依法制作扣押收据；未依法处置扣押物等。非法搜索与扣押主要指：无关系人在场；禁止夜间搜索与扣押而搜索与扣押的；把另案应行扣押之物摒置不顾等。(项振华)

fei pochan mianze zhuyi
非破产免责主义（doctrine of bankruptcy discharging no debt） 债务人被宣告破产后，债权人经破产清偿程序，其对破产人所拥有的债权未能得到清偿的部分，破产人仍然对此负有清偿的义务，即破产人的清偿义务并不因破产程序的终结而得到免除。非破产免责主义作为一项原则在法律中予以规定，以德国的破产法最为典型，该国破产法规定，破产程序终结后，未受到清偿的债权人，可就其债权对破产人无限制地主张权利；在破产程序中列入破产债权而未得到清偿的债权，债权人在破产程序终结后，可就该部分债权对破产人新发现的财产申请强制执行。破产人在破产程序终结后，他日资力得以恢复，仍然负有对未清偿的债务予以全部清偿的义务。目前，在法律中确定非破产免责主义的国家已经很少了，多数国家的破产法均采用破产免责主义。

(潘剑锋)

fei renyi zibai
非任意自白(involuntary confession) 与任意自白相对而言。犯罪嫌疑人、被告人因外界压力承认并陈述其被指控的犯罪事实,此种陈述即为非任意自白。在英美证据中,自白用作不利于被告人的证据是以自白的自愿性为前提的。任意自白才是适格的证据,可以用作定罪的根据;非任意自白是不适格的证据,不得采用。自愿与非自愿的界限在于供述人在供述时的意志是否自由,理智是否正常,自我判断和自我控制的能力是否健全。在外界强迫力量的压制下,意志自由可能丧失,自我判断、自我控制能力也可能遭受严重损害。在这种情况下,作出的自白就是非自愿的。自白自愿性的标准有一个从低到高的发展过程。过去仅以是否施用肉体上的压制手段为标准。供述前或供述时,司法官员对供述人施用肉体上的暴力行为的,所取得的自白被认为是非自愿的。现在,除了供述人在肉体受折磨的情况下所作自白属非任意自白外,其在精神上受压制的情况下所作自白也被认为是非任意自白。在英国,以下三种情形下作出的自白为非任意自白:①供述时受到压迫;②侦查人员的语言或行为导致被告人自白不可信,如以关押被告人或指控其妻子犯罪相威胁、以许诺保释为引诱等;③在羁押期间不允许被告人与其律师会晤商谈。在美国,非任意自白包括:①使用肉体和精神的高压手段取得的自白;②以宽大处理相许诺取得的自白;③以不公正的手段取得的自白;④非法逮捕后被告人所作的自白;⑤被告律师不在场所作的自白;⑥未被告知沉默权、获得律师帮助权所作的自白。其他一些国家和地区刑事诉讼法也有关于排除非任意自白的规定,如《日本刑事诉讼法》第319条规定:由于强制、拷问或胁迫而作的自白,不适当地被长期扣押或监禁后的自白以及其他并非任意作出的或有疑问的自白,都不得作为证据。《德国刑事诉讼法典》第136条、《台湾刑事诉讼法》第156条作了与此类似的规定。 (熊秋红)

fei susong daili
非诉讼代理(act as agent outside proceedings) 律师业务的一种,指律师接受公民、法人和其他组织的委托,代为不必或无须经过诉讼程序的法律行为的业务活动。非诉讼代理的例子有:代理参加仲裁,代办公证,代理企业登记,代理证券业务,代为资信调查,代理清欠债务,等等。 (陈瑞华)

fei wangxiangxing wushu guannian
非妄想性巫术观念(non-delusional witch-craft idea) 一些迷信观念严重的人,在巫婆、神汉、术士等人的暗示下,深信自己的亲人所患的某种病症是"鬼魔附体"或本身就是"鬼魔",于是采用暴力手段"驱魔",残酷迫害其亲人的身心健康,造成其亲人严重伤害,甚至死亡。这种危害行为的动机酷似精神病人的妄想症状,但实质上不是妄想,而是在社会文化背景下的超价观念。在司法精神医学鉴定中,对此类人实施危害行为应评定为完全刑事责任能力。 (孙东东)

feilübin zhengju guize
菲律宾证据规则(evidence rules of Philippines) 1989年7月1日,菲律宾修改了原来的证据规则,制定了新的证据规则。该证据规则共分7节,包括一般规定,不需要证明的事项,可采性规则,证明责任和推定,证据的提出,证据的衡量和充分性,证言的保全。该证据规则适用于在菲律宾进行的除法律或该规则本身排除在外的所有的法院庭审和听审,其中包含刑事和民事诉讼中证据的提出、衡定和证明规则。根据菲律宾证据规则,证据是指该规则认可的、在司法程序中确定事实真相的手段。可产生对系争事实是否存在的信念的证据为相关证据,相关而并非法律及该规则排除的证据为可采证据。

证据的种类 证据分为物证、书证和言词证据三类。物证是指审判人员用其感官感知的物体。书证是指书写成的材料或含有字母、单词、数字、图画、符号以及其他方式凭其内容参与证明的书面材料。言词证据是指有证人资格的自然人所作的对系争事实具有证明价值的言词。

可采性规则 可采性规则包括物证可采性规则、书证可采性规则和言词证据可采性规则。只要某物与系争事实相关,该物即可作为物证向法庭出示,由法庭审查或查验。书证的可采性规则主要是指以必须出示原始书证为原则的最佳证据规则。非原始材料只有在法律有特别规定的有限情形下才能作为书证提出,主要包括并非为举证方恶意毁损、丢失或对方控制、原件数量过大、为政府文书、经鉴定后的一式数联的账单等。对于非原始证据,即使在法律允许采用的情况下,举证一方也必须首先证明原件的存在,经鉴定或经官员签署证明后方可用作证据。规则规定,文件应按其履行地的法律,根据当时环境,追寻双方当事人的意图;依据惯例,按词汇通用的意义进行解释,必要时作出有利于天赋人权的解释,而且特定文件应由专家或翻译人员予以解释。言词证据的可采性规则包括证人资格、证人特权、承认和认罪区别对待的可采性原则和先前行为、传闻证据、意见证据、品格证据的不可采原则及规定例外。根据规则,凡能感知且已经感知并能使其为人所知的人,无论宗教政治信仰、与本案有无利害关系、是否曾被定罪,只要不属于该规则禁止之列,均可成为证人。丧失意志能力、年幼、系配偶、对方死亡或精神失常以致不能提供有损对方利益的证言者或律师、医生、牧师、政府官员对基于信任获取的情况均无资格作证。直系亲属间有不被强迫作证的特权。和解提议不能用作证据，撤回的认罪答辩不得用作证据。行为、特定情形下的默认和合伙人及共犯陈述均可作为证据。传闻证据除规则规定的已死亡人先前于己不利的陈述和争议产生于家谱的陈述、争议产生于已存在的家族名誉或公共名誉等方面的传闻证据之外均不得作为证据。言词证据可经举证人申请，由法院予以保全。

证据提出的规则 言词证据除证人无语言能力者外，应以口头方式在公开的法庭上提出，并以速记或录音等适当方式记录。证人享有不受侮辱、不被超期隔离、不受再次传唤以及不回答自证有罪的提问的权利。询问证人按照主询问、反询问、再主询问及再反询问的程序进行。原则上不准许诱导性提问和禁止导致错误的提问。对不一致的证言应允许解释。私人文书只有符合法定条件或经鉴定方可作为证据。公共文书表面确凿即可作为证据，其复制件必须由有证明官员正式印章的证明书证明无异，且均允许对方质疑。

证明规则 国家的存在、国籍标志及政体以及常识等勿需举证证明。当事人对其主张或辩护的成立应当举证证明。法律规定的绝对的推定不许反驳，而对可反驳推定则可举证予以推翻。绝对推定，如已诱使对方产生信任并依其行事者不得否定原陈述的真实性，房客不得在租赁关系开始时否认房东对房产的所有权。可反驳的推定，如一个人是无罪或无错的，故意隐瞒的证据若被提出定于隐瞒者不利，交还给债务人的借据是已经偿还过的等37种推定。未经正式出示的证据法庭应认为不是证据。对已经提出的证据可以提出异议，但应说明理由，并且对于言词证据应立即表示，对书证应在3天内表示异议。

证据的充分性 在民事案件中，负有证明责任的一方当事人应以优势证据证明他主张的案件事实。在刑事案件中，除非无合理疑点地证明了被告人有罪，否则，被告人应被判决无罪。在法庭外的有罪供认本身不得被认为是已能证明被告人有罪的充分证据。情况证据在特定条件下，即其数量不是单一的、赖以得出结论的各项事实均得到了证明且所有情节的结合体可无合理疑点地定罪，则情况证据同样是充分的。

经修订的菲律宾证据规则是亚洲国家英美法系中内容比较丰富、全面、系统的一部成文证据法规。

（陈 敏）

fèidòngmài shuānsè
肺动脉栓塞（pulmonic embolism） 大块血栓阻塞于肺动脉。常见于手术后、产后、外伤或因慢性病长期卧床后，下肢或盆腔静脉可形成血栓，如果血栓脱落，则随血流运行，可阻塞肺动脉及其分支。由于肺动脉阻塞使肺动脉压力增高，导致右心衰竭而引起急死。死亡过程极其短促，多有尖叫，突然胸痛，脸色苍白，脉搏频数，呼吸困难，紫绀，大小便失禁，休克等症状。尸体解剖可见：肺动脉及主要分支有栓子，静脉系统特别是下肢静脉或盆腔静脉有血栓形成。

（李宝珍）

fēnlièbìngxíng réngé zhàng'ài
分裂病型人格障碍（schizo-typical personality disorder） 人格障碍之一种。这种人的观念、思维方法、知觉、言语和行为等精神活动中有多种奇异的表现，如观念离奇、具有魔术思维和众多的迷信禁忌、玄幻的想象、荒唐的推理，令他人意想不到的异端邪说层出不穷。但这种精神状态不是发作性改变，不具备精神分裂症的诊断特征。在日常生活中，一些巫师、术士、气功师的人格类型以及部分精神分裂症患者的病前人格类型为此型人格。

（孙东东）

fēnliè qínggǎnxìng jīngshénbìng
分裂情感性精神病（schizo-affective psychosis） 一种兼有精神分裂症和躁狂抑郁性精神病两种病症的精神病。这种病的病因不明，发病年龄多为青壮年，女性患者多于男性，呈急性或亚急性发病。此病病程呈阵发性，有明显的间歇期。在缓解期精神状态可完全恢复正常。参见精神分裂症、躁狂抑郁性精神病。

（孙东东）

fēnlièxíng réngé zhàng'ài
分裂型人格障碍（schizoid personality） 人格障碍之一种。这种人沉默寡言，孤僻、退缩，社交面极窄，胆小、害羞，敏感多疑，经常沉湎于幻想之中，依赖性较强，表情冷漠，进取心差，思维和行为模式怪异。

（孙东东）

fēnsè zhàoxiàng
分色照相（colour photography） 物证照相的常用手段之一。利用滤色镜对透过光线的选择特性，使被摄物体上的某种颜色在影像中获得增强或抑制的一种特殊照相方法。滤色镜是由不同颜色的光学玻璃制成的摄影器材，它对各种不同波长的光线有限制、吸收、通过三种作用。当把某种颜色的滤色镜附加在摄影镜头前，它只允许同自身颜色相同、相近的色光通过，在感光底片上曝光获得高密度，在反转成正片后呈现为浅色调，从而使该种颜色得到有效抑制；而与滤色镜颜色相反（互补）的色光被滤色镜吸收或部分吸收，不能在感光底片上曝光而呈现低密度，在反转成正片后呈现为深色调,从而使该颜色得到增强。这就是滤色镜自身的"同色通过、异色吸收"的特性和照相效果上的"同色抑制、补色增强"规律。不同颜色的滤色镜所能通过、限制或吸收的色光如下表所示:

滤色镜颜色	通过色光	限制色光	吸收色光
黄	黄、橙、红	绿	青、蓝、紫
橙	橙、红、黄	绿	青、蓝、紫
红	红、橙	黄、紫	蓝、青、绿
绿	绿	黄、橙、青、蓝	红、紫

在分色照相时,按照"同色抑制、补色增强"的规律,根据拍摄目的选用适当颜色的滤色镜附加在摄影镜头前即可。例如蓝色字迹和红色印章印文重叠时,若单独突出蓝色字迹,可以选用红色或橙色滤色镜,取得消除红色印文干扰,只拍下蓝色字迹的效果;若要单独突出红色印文以供检验,则选用蓝色或绿色滤色镜即可。

由于滤色镜要吸收部分光线,而且感光片对不同色光的感受能力存在差异,所以在使用滤色镜进行分色照相时,应增加曝光时间。滤色镜的补偿曝光倍数称为滤色镜的因数。将不加滤色镜时测得的正常曝光时间乘以滤色镜因数,即为加用该滤色镜时的曝光时间。如中黄滤色镜的因数在日光条件下是 2.5,倘在这种光照条件下正常曝光时间为 1/125 秒,加滤色镜后的曝光时间应为 $1/125 \times 2.5 = 1/50$ 秒。滤色镜的曝光因数同其自身颜色深浅、光照条件及感光片性能均有关联。部分常用滤色镜在不同条件下的因数如下表所示。曝光因数通常在滤色镜上标明,如未标明或选用不常用的滤色镜时,应事先通过试拍,测准因数后使用。

滤色镜颜色		全色片		分色片		盲色片	
		日光	灯光	日光	灯光	日光	灯光
黄	浅	2	1.5	2	3	3	4
	中	2.5	2	3.5	3	20	15
	深	4	2.5	5	3		
红	浅	3	2				
	中	7	4				
	深	8	6				
绿	浅	2	2	5	3	10	8
	中	3	3	10	8	20	15
	深	8	8				

(蓝绍江)

fuwen

肤纹(skinprints) 也称"皮纹"。人体皮肤表面各种纹理的总称。狭义的肤纹应该仅指皮肤表面的乳突线纹,解剖学中称之为"嵴纹";但刑事侦查实践已逐渐将其扩展,包含了各种屈肌纹、褶皱纹、唇纹及其他部位皮肤的表面纹络。手纹和足纹在侦查与审判实践中具有人身识别的意义,是认定犯罪人的重要物证(见手纹、足纹)。近些年来研究表明,唇纹和其他肤纹亦具有个人识别意义,已引起各国刑事侦查与司法鉴定机关的高度重视,并有成功案例的报道。唇纹特征包括唇的轮廓线(唇线)形状,唇的长、宽及形状等种类特征和唇印中的折痕(唇纹)的分布、方向等细节特征。对现场唇印的提取和检验的基本方法类似于指印提取检验方法。中国、日本及其他一些国家的法庭科学专家已经开始对唇纹进行系统的归类研究,并已取得较大成果。皮肤其他部位的纹络多呈网状形态。这些纹络分布形态各异,但由于表浅细小,加之汗毛的阻隔干扰,因而留下印痕的机会较少。但在个别案件中,犯罪人体暴露部位的皮肤(如面部、肘、膝部等)接触犯罪现场上的光滑客体(如玻璃),可能留下清晰的印痕,可以通过提取、放大,同嫌疑人皮纹比对,作为认定犯罪人的重要证据使用。

(蓝绍江)

fubingyi nengli

服兵役能力(capacity of performing military service) 公民依法应征入伍,履行法定义务的资格。军队是保卫国家免受侵略的武装力量。为了保持其良好的战斗力,除须有精良的装备和科学的管理外,还要求每一位成员具备优良的生理、心理、文化以及政治素质。作为一名军人,不仅需要身体健康、没有疾病和缺陷,还须充分了解自己作为军人的义务和职责。有些精神病患者(如精神分裂症、严重的情感性精神病、脑器质性精神病、各种原因所致的智商低于 70 分的真性智能障碍等),由于病理性精神活动或智能障碍的影响,其主观上丧失了对履行兵役义务的理解,甚至可因此而丧失对自己行为的辨认能力,动用军事装备对社会造成极其严重的危害结果。因此,这些精神病人就应属兵役法规定免服兵役者。服兵役能力包括应征服现役能力和继续服现役能力。现役军人患诸如反应性精神病、暂短性精神障碍发作等病程短暂、预后良好以及无复发倾向的精神障碍者,经治疗痊愈后,只要符合其他有关服兵役条件,可以继续留在军队中服现役,而对于如精神分裂症等病程冗长、症状严重,预后较差的精神病患者,应终止服现役,予以治疗。

(孙东东)

fuxing nengli
服刑能力(competence of serving a sentence) 又称承受刑罚能力。刑事诉讼中的被告人或已经判决的正在服刑人员,能够通过承受法庭对其处以剥夺部分权益的惩罚,认识到自己所实施的犯罪行为的性质、危害程度、危害结果,理解刑罚的性质、目的和意义的生理及心理条件。有些精神病人由于病理性精神活动的干扰或精神缺陷,丧失了对刑罚意义的理解,即使这类人在监禁场所中遵守监规、服从管教,但往往使其不能通过刑罚达到惩罚犯罪、教育本人和预防犯罪的目的。这类人便为无服刑能力人。对已被确认为对自己所实施的危害行为具有完全刑事责任能力或者限制刑事责任能力,但却又因精神障碍而无服刑能力的犯罪人,应由司法部门根据其所患精神病的类型、性质和预后等因素,参考鉴定人的建议,在判决之后,或正在服刑期间,将其送往政府治安部门开办的精神病人收容管理医院或监狱设立的精神病犯监管医院等特设精神卫生机构监管医疗,直至服刑能力恢复。按照《刑事诉讼法》规定,精神病症被监管医疗的时间计入刑期。

(孙东东)

fuxujin anjian
抚恤金案件(lawsuit concerning pension) 公民、法人或者其他组织认为行政机关没有依法发给抚恤金,侵犯其合法权益,向人民法院提出起诉,经审查,该起诉符合法定条件,由人民法院立案处理的行政案件。抚恤金是军人、国家机关工作人员、参战民兵、民工等因公或因病致残、死亡时,依照法律、法规规定,由行政机关发给本人或者家属一定数额的费用,以维持本人及家属的正常生活。我国《行政诉讼法》在受案范围中规定,如果行政机关未依法发给抚恤金,当事人有权依法提起行政诉讼。人民法院在查明案件事实后,可判决有关行政机关在一定期限内履行其法定职责。在执行这一规定时,须注意三个问题:①依法获得抚恤金,是相关当事人应当享有的权利,并非某一行政机关的"施舍"。不依法发给当事人抚恤金,属于违反法律,侵害当事人合法权益的行为。②抚恤金的发给,必须是法律、法规明文规定的,没有法律、法规的规定,当事人无法得到人民法院的支持。如1988年6月国务院颁发的《军人抚恤优待条例》中,对军人因公或者因病致残、死亡时发给抚恤金的标准等事项作了明确规定。如果军人或其家属符合该项法规规定的抚恤条件,而有关行政机关未依法发给抚恤金时,该当事人可以向人民法院提起行政诉讼。③未发给抚恤金的行为,必须是行政机关的行为。要注意区分行政机关与企事业单位发给抚恤金的界限。企事业单位也有可能发放抚恤金,如企业依照《中华人民共和国劳动保险条例》中有关规定发给伤残职工抚恤金。若企事业单位不依法发给抚恤金,同样会产生争议,但这种争议是劳动争议,当事人为此提起的诉讼也不属于行政诉讼。

(王振清)

fuyang nengli
抚养能力(competence to foster) 父母或长辈对子女或晚辈履行抚育和教养义务的资格。父母或长辈对子女或晚辈履行抚养义务须通过自己实施在物质上的抚育行为和在德育、智育以及体育上的教养行为,作出履行抚养义务的意思表示来实现。有些精神病人因受病理性精神活动的影响,丧失了对自己行为的辨认能力,在家庭生活中,不能尽抚养子女的义务,甚至实施危害子女身心健康的行为。这部分人便不具备抚养子女或晚辈的能力。夫妻离婚后,若一方患有精神病,并且已被认定为无抚养行为能力人,无论其是否有再婚的可能,或其经济状况如何良好,其未成年的子女(包括哺乳期的)均应判给精神健康一方抚养。但患者本人与子女的关系和对子女应承担的义务不能因此而终止,其监护人应依照协议或判决代理其向抚养子女方支付必要的子女生活费和教育费等物质和经济上的抚育。

(孙东东)

fuzhu zhengju
辅助证据(auxiliary evidence) 与案件的发生没有因果关系,本身并不能证明案件事实,而只能证明通常证据是否真实可靠的证据。通常证据是指与案件事实有关联的,能够证明案件事实的人证、物证等主要证据。辅助证据虽然与案件的发生没有直接的因果关系,不能证明案件事实,但是与案件有一定的关联性,有助于查明案情,可以起到从旁辅助证明的作用。凡是那些与案情、当事人有一定关联性的事实都可以作为辅助证据,例如对当事人陈述这一通常证据来说,能证明当事人的个人经历、职业、性格的证据是辅助证据;对证人证言来说,证人精神是否正常的证据是辅助证据;对鉴定结论这一证据来说,证明鉴定人与案件无利害关系,以及鉴定人技术水平等证据是辅助证据。

(丛青茹)

fuzuoren
辅佐人(assistor) ❶中国台湾地区刑事诉讼法规定的重要诉讼参与人,即为保护被告人或自诉人的利益而辅助其进行诉讼行为的人。根据台湾刑事诉讼法的规定,被告人或自诉人的配偶,直系或三亲等内旁系血亲、家长、家属,以及被告人的法定代理人等,在起诉后可以用书状或者在审判时以言词的方式向法院说明愿意担任被告人或自诉人的辅佐人，从而取得辅佐人的身份和地位。辅佐人的诉讼权利有固有权利和代理权利之分，前者包括：在法院陈述有关案件事实和适用法律方面的意见，在法庭上请求调查证据，询问证人、鉴定人和被告人，并就各项证据的证明力进行辩论，等等。辅佐人的代理权则包括：申请具保停止羁押，以言词请求执行羁押的公务员或其所属机关给付羁押票的缮本，等等。日本刑事诉讼法中也有关于辅佐人的规定。

❷在大陆法系民事诉讼中，经法院许可，于期日由当事人或诉讼代理人偕同到场，辅佐当事人进行诉讼行为的人。辅佐人参加诉讼是以自己的名义进行的，并且必须与当事人或诉讼代理人同时到场；辅佐人所做的陈述，如果当事人没有即时更正或撤销，即视为当事人本人的陈述。但辅佐人与案件没有任何利害关系，他参加诉讼仅仅是为了辅佐当事人。辅佐人既不是当事人又不同于诉讼代理人，辅佐人制度是诉讼代理制度的补充。大陆法系一些国家对辅佐人制度作了具体的规定。如《德国民事诉讼法》规定："不必要律师代理诉讼时，当事人可以以任何有诉讼能力的人为辅佐人而与之共同到场"。"辅佐人的陈述，如未经当事人即时对之撤回或更正，视为当事人的陈述。"《日本民事诉讼法》也规定："当事人或诉讼代理人得到法院的准许，可以与辅佐人一起出庭。该项准许可以随时撤销"。"对于辅佐人的陈述，当事人或诉讼代理人不即时撤销或更正时，视为其自己所做。"我国台湾地区的民事诉讼法也有类似的规定。在我国现行《民事诉讼法》中没有辅佐人的规定。

（阎丽萍　陈瑞华）

fubai
腐败（putrefaction）　尸体中的蛋白质受腐败菌的作用，分解为简单的有机物和无机物，并产生大量的腐败气体，使尸体逐渐液化失去原有形态的过程。人死后，体内的腐败菌迅速生长繁殖，进入血管和淋巴管，并使蛋白质分解，产生大量的腐败气体，如氨、硫化氢、甲烷、氮、二氧化碳等，这些腐败气体从口、鼻、肛门排出，使尸体有一种恶臭味，这种恶臭味称尸臭。尸臭一般在死后24小时以后发生，冬天可在2~3天后发生。腐败气体中的硫化氢与血液中的血红蛋白相结合，形成绿色的硫化血红蛋白；硫化氢与血液中游离出来的铁离子相结合，形成绿色的硫化铁，使皮肤表面呈现出污绿色的斑块，这种绿色斑块称尸绿。尸绿首先出现在右下腹四盲部腹股沟和季肋部，然后很快扩散到全腹以至全身。尸绿通常在死后24~36小时开始出现。随着腐败的进展，约2~4天后血管内的血液也腐败溶血，并产生大量腐败气体，使血管膨胀、血管壁变薄，通透性增高，血管里已溶血的血液沿着血管壁渗透到管外，在皮肤上呈现出污褐色的网状结构，这种现象称腐败静脉网，多见于胸、腹壁及四肢的皮肤。在腐败过程中产生的腐败气体，有的会窜入表皮与真皮之间，形成大小不等的气泡，称腐败气泡。皮下毛细血管内的腐败液体，如果压渗到血管外，在皮肤表面会出现水泡，称腐败水泡。肝、肾等实质脏器内因腐败气体而形成大小不等海绵样空泡，称泡沫脏器。腐败继续进展，腐败气体逐渐增多，全身各部软组织都充满腐败气体，使整个尸体膨胀变大，称巨人观。此时颜面膨大，眼球突出，口唇肿胀外翻呈漏斗状，舌肿大且舌尖突出口唇外，尸体容貌不易辨认，腹部膨隆如鼓，阴囊可膨大数倍。腹腔内大量的气体使横隔抬高，并压迫胃肠，使胃肠内容物挤出，经食道和咽部流入口、鼻，即所谓死后呕吐。腐败气体还可以压迫小骨盆底，使直肠中粪便排出，有时使肛门脱出。若为妇女，可使子宫和阴道受压而脱垂。孕妇死后，腐败气体压迫子宫，可将胎儿压出，即所谓死后分娩。影响尸体腐败的因素主要是环境温度、湿度、空气，个人体质和死因。温度在25~35℃时，腐败进展迅速，温度过高或过低都影响其发展，如在0℃以下或50℃以上腐败则停止。一般尸体含65%~70%的水分，最适宜细菌的生存，所以有利于腐败。过湿、过干燥的环境均能使腐败延缓或停止。尸体在空气中腐败最快，水中慢些，土中特别是密封的棺材中最慢。高度瘦弱、贫血、脱水的尸体因体内缺乏蛋白质和水分，比强壮、肥胖者的尸体腐败得慢。大面积烫伤、烧伤、创伤的尸体细菌容易进入创口内；机械性窒息和猝死的尸体，因血液具有流动性，故细菌容易繁殖扩散；化脓性疾病、败血症、产褥热而死的尸体，生前已有大量细菌存在。因此，上述种种死因的尸体腐败较快。而下列死因的尸体腐败较慢：大出血和慢性消耗性疾病死者，因体内缺乏蛋白质和水分；霍乱和砷中毒尸体，因死前剧烈地呕吐、腹泻，造成严重脱水肠管空虚，细菌不易生存；某些中毒死者，如石炭酸、升汞、浓酒精、氯仿等本身对细菌有杀菌作用，腐败菌难以生存。

（李宝珍）

fudai minshi susong de dangshiren
附带民事诉讼的当事人（parties in supplementary civil action）　刑事附带民事诉讼中的原告人和被告人。附带民事诉讼的原告人是指因犯罪行为而遭受物质损失，依法在刑事诉讼过程中提出附带民事诉讼请求的人。在通常情况下，刑事案件的被害人可以成为附带民事诉讼的原告人。如果被害人已经死亡，他的近亲属（见当事人的近亲属）也可以作为原告人提起附带民事诉讼。如果被害人是未成年人或者其他无诉讼行为能力的人，他可以成为附带民事诉讼的原告人，但应由其法定代理人代为诉讼行为。因犯罪行为而遭受物质损失的法人或其他非法人团体，也有权以原告人的身份提起附带民事诉讼。如果犯罪行为给国家财产、集体财产造成损失的，人民检察院在提起公诉的时候可以提起附带民事诉讼。附带民事诉讼的原告人在诉讼过程中享有下列权利：有权委托诉讼代理人；有权要求司法机关采取保全措施以保证民事赔偿要求得以实现；有权参加法庭调查和法庭辩论；有权与附带民事诉讼被告人就附带民事诉讼达成和解或撤回告诉；有权就一审法院判决的附带民事诉讼部分提出上诉；有权放弃附带民事诉讼请求，等等。

附带民事诉讼的被告人是指因被指控应对犯罪行为给附带民事诉讼的原告人所造成的物质损失负有赔偿责任而参加诉讼活动的人。在一般情况下，刑事诉讼的被告人也就是附带民事诉讼的被告人。但是，在一些特殊的情况下，附带民事诉讼的被告人也可以是对刑事诉讼的被告人造成的物质损失负有赔偿责任的其他公民、法人或非法人团体。例如，在刑事被告人为未成年人的案件中，被告人的监护人即为附带民事诉讼的被告人；在因执行公务而发生的过失犯罪案件中，被告人的所在单位也可以成为附带民事诉讼的被告人。附带民事诉讼的被告人享有下列诉讼权利：有权委托诉讼代理人；有权参加法庭调查和法庭辩论；有权反驳原告人的经济赔偿要求；有权对一审法院判决中的附带民事诉讼部分提出上诉，等等。

附带民事诉讼的当事人在诉讼过程中一般要承担下列诉讼义务：如实向司法机关陈述案情；遵守法庭秩序；接受人民法院的调查和审判；执行已发生法律效力的有关附带民事诉讼的判决和裁定，等等。另外，附带民事诉讼的原告人还有义务对其诉讼请求提出证据进行证明。

(陈瑞华)

fudai shangsu

附带上诉（ancillary appeal） 一审判决之一方当事人向第二审法院提起上诉之后，另一方当事人或者承担其诉讼的人，也向此二审法院提起上诉，基于二者有先后与从属关系，称后者为附带上诉。简言之，附带上诉是被上诉人对上诉人提出的上诉之诉。法律上设立附带上诉，其原因有三：①一审判决有的是双方当事人互有胜败，而双方当事人都可能对自己所败之处的判决不服。②一方当事人上诉时可能扩大其不服一审判决之范围，而影响被上诉人在一审判决中之胜诉。③对于有重大错误的第一审判决，使双方当事人都有同等的机会要求二审法院予以变更或者撤销。附带上诉的要件，不同的民事诉讼法之规定不尽相同，但主要的有：只能是被上诉人对上诉人提出；只能因一审判决有败诉之处提出；必须在上诉人上诉之后，二审言词辩论终结之前提出；必须符合一定的法定程序，如在言词辩论前提出应具附带上诉之上诉书状。被上诉人人如果舍弃附带上诉，或者撤回附带上诉之后，不得再提起附带上诉。上诉人不得对被上诉人人提起的附带上诉，向其提起附带上诉。基于附带上诉与本上诉之从属关系，本上诉之撤回或者被驳回，附带上诉则失去效力。但是，附带上诉是在上诉期之内提出的，而且具备上诉之要件者，则视为独立之上诉，此种附带上诉亦称之为独立的附带上诉。

(刘家兴)

fudai sheji henji

附带射击痕迹（powder residues, shot subsidiary） 又称射击残留物痕迹。区别弹头击中目标后附着于客体表面的射击残留物质。伴随着枪支的射击过程，枪管口喷出瓦斯气体烟垢、未完全燃烧的火药颗粒、金属屑等微量物质，这些物质统称为射击残留物，射击残留物在一定条件下附着于客体之上。附带射击痕迹一般遗留在近距射击形成的弹孔和弹痕周围。附带射击痕迹的发现、提取、检验是枪弹痕迹检验的重要组成部分。通过对嫌疑人或被害人手上有无附带射击痕迹的检验，可以确定其是否握枪射击过。对被破坏物体表面的孔洞周围进行附带射击痕迹检验，可以确认其是否为弹着点。根据射击残留物在射入孔周围扩散形态的分析，可以判断射击距离的远近。随着科学技术的发展，先进的仪器设备不断引进刑事科学领域，对射击附带痕迹的检验精度正在不断提高。

射击残留物的成分组成 射击残留物的金属成分主要来自弹头披甲和弹壳，其元素成分依不同材质而变化。目前国内外手枪弹、步枪弹弹头披甲和弹壳是采用黄铜或复铜钢，元素成分主要是铜（Cu）、铁（Fe）及少量的锌（Zn）和镍（Ni）。在未完全燃烧的火药颗粒中可检测的元素有铅（Pb）、钡（Ba）、锑（Sb）、氮（N）、硫（S）以及少量的氯（Cl）、钾（K）。在火药颗粒中，检测的主要成分有雷汞、迭氮化铅、三硝基间苯二酚铅、硝酸钡、硝酸铅过氧化钡、硫化锑、硅化钙、硝酸锌等物质。

附带射击痕迹的分布 射击过程中从枪口喷出的残留物随着射击距离的改变，其分布形态也有所变化，并具有一定的规律。分布部位主要有：①持枪者的手部，主要在拇指及食指之间的虎口部位，呈V字形分布。②持枪者所处的射击位置附近的地面或其依靠的墙壁上。③目标客体上的弹着点和弹着点周围。附带痕迹的分布面积与射击距离密切相关，射击距离近，弹着点附近残留物分布范围小，比较密集；射击距离远，弹着点周围残留物分布范围大，比较稀甚至不出现。这是判断射击距离远近的主要依据。

附表：附带射击痕迹残留物的检测方法、类别和对象

方法名称	方法类别	检测对象
硝基盐检测法	化学显色	底火中的硝酸根
8-羟基喹林法	化学显色	金属元素荧光反应
中子活化分析	定量分析	元素分析
原子吸收光谱	定量分析	元素分析
扫描电镜	微粒分析	观察显微形态并进行成分分析
扩散印痕法	化学显色	金属粒子
红外照相法	物理	烟晕分布

(张玉洁)

fuhe jianding

复核鉴定（review identification） 对刑事技术鉴定结论所采取的复查审核制度。它是保障刑事技术手段可靠无误地服务于打击犯罪、保护人民，做到不枉不纵的慎重而有效的措施。需要采取复核鉴定措施的有以下几种情形：①由于案情特别重大，或者受技术水平与设备条件限制，对所作出的鉴定结论的可靠性不能确认，尚须慎重分析的，可送上级刑事技术部门或聘请有关专家予以复核。②依照刑事诉讼法规定，诉讼当事人或辩护人对鉴定结论提出有根据的疑义并要求复核时，可由法庭决定进行复核鉴定、补充鉴定或重新鉴定。复核鉴定一般采取逐级复核制，下一级刑事技术部门的鉴定结论送交上一级刑事技术部门复核。在鉴定中遇到重大、疑难问题，或产生重要分歧时，可以邀请若干专家人员进行"会诊式"鉴定。复核鉴定应按规定办理委托鉴定手续，由送检单位提供检材、样本及原鉴定书，说明要求复核的原因。受理单位的鉴定人员就提交的原鉴定结论的可靠性进行审查，包括审查检验方法和手段是否科学，所发现的特征是否准确，作出结论的依据是否充分，结论是否确切，结论与论据是否一致。必要时可以进行重新鉴定。复核的结果可能有三种情况：①维持原鉴定结论；②否定原鉴定结论；③认为原结论依据不充分，需补充材料后重新鉴定。复核鉴定后，应由复核人拟出"复核鉴定意见书"。复核鉴定书的绪论部分应注明原鉴定机关、鉴定书文件号数、鉴定结论、送交复核的单位和理由；在检验和论证部分提出肯定或否定原结论的依据，或对原结论的依据提出更正或补充；最后是复核鉴定的结论意见。

(蓝绍江)

fuhe juedingshu

复核决定书（written decision of review） 人民检察院根据下一级公安机关的提请，对下一级人民检察院作出的不批准逮捕、不起诉决定进行复核后，答复下一级公安机关、通知下一级人民检察院时所制作的法律文书。复核决定书是制式法律文书，人民检察院应填写下述内容：①首部。包括制作文书的人民检察院名称；文书名称及文书编号。②正文。包括案件来源、据以作出复核决定的事实、理由、法律依据及决定事项。③尾部。注明送达机关、制作日期并在年、月、日上加盖院印。复核决定书一经送达，下一级人民检察院无论是否同意，均应执行。但复核决定书只是对争议事项的裁决文书，不能代替《批准逮捕决定书》等诉讼处理文书，经复核改变或撤销原决定的，下一级人民检察院执行时，应当撤销原决定文书并制作新的文书。

(黄 永)

fushen chengxu

复审程序（retrial procedure） 第二审法院对已经过第一审程序审理的起诉指控事实再重新进行一次审理，然后据此作出裁判的程序。只是在实行复审制的国家才有这种复审程序。在复审程序中，第一审判决并不是审理的对象，只是第二审裁判的参考。第二审裁判的基础不是来自对第一审裁判的审查，而是来自对起诉指控事实的重新审理。复审程序要求第二审完全重复第一审的审判程序，实质上是第二次"一审"，只不过法院的审级有所不同。

(刘广三)

fuyi juedingshu

复议决定书（written decision of reconsideration） 人民法院、人民检察院或者公安机关受理复议申请之后，经审查作出维持原决定或撤销、变更原决定所制作的法律文书。人民法院、人民检察院、公安机关复议决定书的格式大致相同。复议决定书应当送达申请或要求复议的机关、单位或个人。本决定书的内容和写法：①首部写明制作文书的机关、文书名称和文书编号。②正文写申请或要求复议的机关、单位名称或个人姓名，申请复议的事项、理由及复议请求，作出复议决定的理由及依据的法律条款，复议结果。复议结果有两种，维持原决定的，写"驳回申请，维持原决定"；撤销原决定的，应写明撤销的原决定书的名称、制作日期及编号。如果撤销后作出变更处理的，还应写明变更处理的内容。③尾部注明制作日期并加盖印章。如

果撤销原决定或变更处理的,还应分别制作相应的撤销原决定书的文书和新的处理决定书。　　　（黄　永）

fuzaxing zuijiu

复杂性醉酒（**complicated intoxication**）　有饮酒史和普通醉酒史的人,在不愉快情绪体验或躯体疾病影响下,饮酒量远未达到本人已往醉酒量时即出现醉酒状态。短时间内即可出现意识障碍、幻觉、妄想等病理性精神活动;行为动机含有现实内容,并有一定的指向性。此时,饮酒者对自己行为的辨认和控制能力减弱,但又未达完全丧失的程度。对其所实施的危害行为,应评定为限制责任能力。　　　（孙东东）

fuben

副本（**duplicate copy**）　正本的对称。依法按照原本制作发给主受件人以外的其他人员或受件单位的诉讼文书。副本出自原件,它和正本一样具有与原件相同的内容和法律效力。副本须发送给主受件人以外的有关人员或受件机关,以便使之知晓诉讼文件的内容和处理结果。　　　（朱一心）

G

gaipan
改判(revise judgment) 上级法院依照法定程序变更原审法院裁判的诉讼活动。是上级法院对下级法院错误判决直接进行纠正,以实现其审判监督职能的一种方式。我国《刑事诉讼法》规定,第二审人民法院对不服第一审判决的上诉、抗诉案件,经过审理后,如认为原判决认定事实没有错误,但适用法律有错误,或者量刑不当的,应当改判;如认为原判决事实不清楚或者证据不足,可以查清事实后改判。对不服第一审裁定的上诉或者抗诉,如认为原裁定认定事实没有错误,但适用法律有错误的,应当变更原裁定。在审判监督程序中,如认为原判决、裁定认定事实没有错误,但适用法律有错误,或者量刑不当的,应当判决撤销原判,予以改判。对原判决主文内容部分维持,部分变更的,为部分改判;对原判决主文内容全部变更的,为全部改判。此外,上级法院在死刑复核程序和类推判决的核准程序中,均可依法改判。 (刘广三)

gaikuo caiding
概括裁定(general verdict) 英国诉讼中陪审团的一种处理决定,又译为"一般裁断"。陪审团参加法庭审理应当就诉讼中的事实通过评议向法官作出明确的回答,肯定刑事被告人有罪或无罪。这种裁定和英国诉讼中的特别裁定恰恰相反。 (汪建成)

ganshe zhuyi
干涉主义(principle of intervention) 与不干涉主义相对。法院不论控辩双方意见如何而都积极主动地收集和调查证据,查明案件事实真相的诉讼原则。见职权主义。 (陈瑞华)

ganshi
干尸(mummification) 又称木乃伊。尸体在非常干燥的环境中,水分蒸发,腐败停止,呈保持外形的干瘪状态。干尸都在干燥通风、土质疏松的环境中形成。近年来,我国新疆吐鲁番地区出土的干尸较多,就是因为当地气候酷热干燥,雨量稀少,地下水位低,新的尸体水分迅速蒸发。如果尸体较瘦小或生前有脱水或有大出血的情况,则尸体更容易干化。干化的尸体皮肤和软组织皱缩,全身体积缩小,体重可减轻70%以上。皮肤颜色变深,呈淡褐色乃至黑色。眼球塌陷,内脏干涸缩小,变硬变脆。干尸有全身干枯和局部干枯两种。局部干枯常见于尸体暴露部位,如四肢和头部。全身干枯也是开始于暴露部位,然后扩展到全身。成年人尸体全身干枯至少需2~3个月的时间,婴儿或儿童的尸体水分容易蒸发,两周以上即可形成。干尸能保存很长时间,并能保留某些个人特征和暴力痕迹(如创口、骨折、索沟等),这对识别死者和揭露犯罪有重要意义。有的还保留尸体的某些病变,如动脉粥样硬化、结核结节以及肠中的寄生虫卵等。 (李宝珍)

ganjue zhangai
感觉障碍(sensory disturbance) 人脑对直接作用于人的感觉器官的客观事物个别属性的异常反应。主要表现为:对一般客观刺激的感受性增强或减退;不以神经解剖分布定位的界限分明的感觉缺失;对客观刺激产生与正常人相反的体验以及在身体内部无器质性损害的情况下,产生身体内部各种不适的内感性体验。主要见于神经衰弱、癔病、诉讼性神经官能症、抑郁症、更年期综合征及颅脑损伤后精神障碍等疾患。在司法鉴定中,特别是在法律关系鉴定中,可见到上述表现。 (孙东东 吴正鑫)

ganyingxing jingshenbing
感应性精神病(induction psychosis) 又称传染性精神病、二联性精神病或感应性被害妄想。一个家族中的权威人物在患偏执狂或偏执型精神分裂症后,其家中与患者最亲密的人在患者妄想症状的感应下,逐渐相信患者的妄想内容是事实,于是也出现同样内容的妄想症状。感应者与被感应者均可因妄想症状实施防御、攻击、反复控诉等行为。感应性精神病患者只要与感应者隔离,失去妄想的继续支持和影响,一般都能自行缓解,不留任何痕迹。由于感应性精神病的精神症状的出现,系受他人感应而致,其性质为自限性精神障碍,在司法精神医学鉴定中,一般不能或不能完全免除其相关法律能力。 (孙东东)

ganzhi juezonghe zhangai
感知觉综合障碍(psychosensory disturbance) 精神疾患者对客观事物的本质属性能够正确认识,但对其部分属性产生歪曲的感知。如视物变形,视物错位,时间阵发性流逝,运动和形体感知综合障碍等。主要见于癫痫性精神障碍、急性中毒性精神障碍、脑器质性疾病伴发精神障碍、精神分裂症、抑郁症及部分神经

症者。　　　　　　　　（孙东东　吴正鑫）

gaoji renmin fayuan
高级人民法院（high people's court）　我国地方人民法院的组成部分之一，是设立在省、自治区、直辖市一级的国家审判机关。根据《中华人民共和国人民法院组织法》的规定，高级人民法院由院长一人、副院长、庭长、副庭长和审判员若干人组成，并设有审判委员会。高级人民法院一般设有刑事审判庭、民事审判庭、经济审判庭、行政审判庭、告诉申诉庭和执行庭。高级人民法院审判的第一审案件，一般都是在全省、自治区、直辖市内有重大影响的刑事、民事、经济或者行政案件。高级人民法院有权审判中级人民法院移送的第一审案件，对中级人民法院所作的第一审判决和裁定提出上诉或者抗诉的案件，以及人民检察院按照审判监督程序提出的抗诉案件。对于被告人被判处死刑缓期两年执行的案件以及最高人民法院依法授权的部分死刑立即执行的案件，高级人民法院有权予以核准。对高级人民法院所作的第一审判决和裁定，当事人不服或者检察机关认为确有错误，可依法向最高人民法院提起上诉或者抗诉。高级人民法院所作的第二审判决和裁定，是终审判决和裁定，一经宣判，即发生法律效力。高级人民法院还监督下级人民法院的审判工作，对于辖区内基层人民法院、中级人民法院和专门人民法院已经发生法律效力的判决和裁定，如果发现确有错误，有权依照审判监督程序提审或者指令下级法院再审。　　　　　　　　　　　（陈瑞华）

gaofa
告发（accusation）　中华民国时期国民党政府刑事诉讼法概念之一。指与本刑事案件无利害关系的第三人向侦查机关报告犯罪事实的诉讼行为。告发人只须报告犯罪事实，不须知悉犯人，更无须提起追诉的请求。告发既是知悉犯罪第三人的权利，又是其义务。《刑事诉讼法》第 221 条规定，不问何人，知有犯罪之嫌疑者，均得为告发。第 222 条规定，公务员因执行职务而知有犯罪之嫌疑者，应为告发。但侦查机关或其辅助机关不在此列。告发有口头和书面两种形式。告发只是侦查的根据之一，检察官进行侦查、起诉与否，不受其拘束。　　　　　　　　　　　（项振华）

gaosu
告诉（accusation）　❶被害人或者被害人的法定代理人对犯罪事实和犯罪嫌疑人，向人民法院提出控告并要求人民法院追究犯罪嫌疑人刑事责任的诉讼行为。我国 1997 年修正后的《刑法》第 246 条第 1 款规定的侮辱、诽谤罪，第 257 条第 1 款规定的暴力干涉婚姻自由罪，第 260 条第 1 款规定的虐待罪属于告诉才处理的案件，即只有告诉，人民法院才能受理的案件。对于告诉才处理的案件，如果被害人或者被害人的法定代理人因受强制、威吓无法告诉的，人民检察院或者被害人的近亲属（见当事人的近亲属）也可以告诉。　❷中华民国时期国民党政府刑事诉讼法概念之一。犯罪的被害人或其他代被害人行使告诉权的人向侦查机关报告该犯罪事实的诉讼行为。告诉的内容一般只指陈述犯罪事实。被害人往往同时提出追诉的请求，但追诉的请求并非告诉的必要内容。通常情况告诉是侦查的根据之一，只有告诉乃论案件，才成为起诉的条件。告诉均无拘束检察官的法律效力。（项振华）

gaosu bukefen
告诉不可分（Unteilbarkeit des Strafantrages; non-separation of complaint）　德国、日本刑事诉讼规则的原则之一。指在告诉才处理的案件中，告诉人对同一犯罪事实之一部分提出告诉或撤回告诉，其效力及于犯罪事实之全部（客观不可分）；同时，告诉人对共同犯罪的一人或数人提出告诉或撤回告诉，其效力对于其他共犯也产生法律效力（主观不可分）。
　　　　　　　　　　　　　　　　　（陈瑞华）

gaosu cai chuli
告诉才处理（handled only upon complaint）　又称告诉乃论。法律规定某些刑事案件的起诉权只能由刑事被害人及其法定代理人直接行使时，法院只能在他们提起诉讼后才能审理这些案件。一般而言，告诉才处理的案件属于自诉案件的范围；法律对这些案件在受理和审判方面规定了与公诉案件不同的程序和方式。根据我国刑法和刑事诉讼法的规定，这些案件包括：侮辱、诽谤案（严重危害社会秩序和国家利益的除外）；暴力干涉婚姻自由案（引起被害人死亡的除外）；虐待家庭成员案（引起被害人重伤、死亡的除外）。人民法院对告诉才处理的案件，可以进行调解；告诉人在宣告判决前，可以同被告人自行和解或者撤回告诉。另外，被告人在诉讼过程中，可以对告诉人提起反诉。
　　　　　　　　　　　　　　　　　（陈瑞华）

geji difang renmin jianchashu zuzhi tongze
《各级地方人民检察署组织通则》（The Organic Rules of Local People's Procuratorial Office at Different Levels）　1951 年 9 月 3 日中央人民政府委员会第十二次会议通过的一个有关建立各级地方检察机关的法律文件。根据该《通则》的规定，在国家各大行政区和其他区域,设立最高人民检察署分署;省、行署和直辖市设立省级人民检察署;专区设立省人民检察署分署;县设立人民检察署。据此,各级地方人民检察署逐步建立,成为独立的地方国家机关。同时,《通则》重新确立了各级地方人民检察署的领导体制,将原来在《最高人民检察署试行组织条例》中规定的垂直领导制改为双重领导制,即各级地方人民检察署既受上级检察署的领导,又是同级人民政府的组成部分。此外,《通则》还明确了地方各级检察署检察反革命案件的职权,增加了对违法或不当裁定的抗诉权。

(陈瑞华)

gei fu zhi su

给付之诉(action for performance, compensation or restitution) 诉讼表现形式之一。一方当事人基于某种法律关系,要求对方当事人履行一定义务而发生争议,诉诸法院,请求判决对方为一定给付行为之诉。民事法律行为一经成立,或在民事法律事实一旦发生,当事人之间就存在或者发生一定的实体权利义务关系,任何一方当事人都应正确行使权利,认真履行义务。当一方当事人不履行义务时,对方当事人就有权要求他履行义务,如因此发生争议,诉诸法院,就是请求为一定的给付行为之诉。请求给付的行为多种多样,依民事法律关系的不同而不同,有的是请求付款、交货、赔偿损失、返还财物,有的是要求对方为一定行为,不为一定行为。给付之诉的诉讼,在实践中是经常发生的,大量存在的,正因为如此,民事诉讼法律机制的建立也大多以此为基点。

给付之诉的诉讼标的,是双方当事人之间的民事法律关系和一方当事人的请求。只有法律关系而无一方当事人的请求,不构成给付之诉。只有一方当事人的给付请求,而无所依托的法律关系,也不构成给付之诉。给付之诉的诉讼理由,是法律上确定和保障的实体权利义务关系,以及行使权利的条件。不是法律上确定和保障的权利义务关系,或在不具备行使权利的条件,如未到义务履行期,应对待给付而未实现的,则给付之诉不能成立。给付之诉的特点是:一方当事人依法享有实体请求权,另一方当事人依法应承担相应的实体义务;双方当事人之间有权利义务关系之争;法院判决是在确认权利义务的基础上,责令承担义务的一方当事人履行其义务。

在给付之诉中,有些是一方的给付,如侵权行为的赔偿损失;有些是双方当事人之间存在对待给付,如双务合同;有的是此种法律关系与彼种法律关系相牵连,不是单一法律关系中的给付,如有第三人之给付义务。有的以给付之诉开始,而以确认之诉告终,如给付之诉不能成立或在原告不具有请求权,法院以确认判决而不是以给付判决结案。

(刘家兴)

gengnianqi jingshen zhangai

更年期精神障碍(involutional psychosis) 在人的更年期,由体内性腺内分泌功能紊乱而引起的一类精神障碍。发病缓慢,病程较长,女性多于男性。精神症状可随更年期的生理变化而波动,自行痊愈的可能性很小。根据精神症状表现,分为更年期忧郁症和更年期偏执狂。

更年期忧郁症 精神症状为进行性情感抑郁、焦虑、紧张、恐惧、哭泣、烦躁不安、搓手顿足、撕扯衣物或头发,可有自责自罪、被害等妄想观念,同时也可伴有幻听和意识缩窄等异常表现。在这些病理性精神活动驱使下,患者可实施自伤、自杀、伤人以及大打性自杀等危害行为。

更年期偏执狂 精神症状以嫉妒、被害妄想、自责自罪以及疑病妄想为突出表现。特别是嫉妒妄想最为常见。同时可伴有幻听、紧张、焦虑等精神异常表现。妄想内容固定、系统。患者愿意向周围人倾诉自己的内心体验,以求得别人的同情。虽经他人解释或现实验证其内心体验属并不存在的妄想,但其仍坚持。患者在此状态下自控能力差,情感易激动,在冲动下可伤人、毁物、自杀或杀人。受害人多为其妄想的对象。

在司法精神医学鉴定中,对于在更年期精神状态下,受病理性精神症状驱使而实施危害行为的人,通常评定为无责任能力,民事行为能力也应受到限制。对患者应采取积极的监护医疗,以争取尽可能好的疗效。

(孙东东)

gengshen

更审(retrial, rehear) ❶也称重审。指原审法院因本院的判决、裁定在第二审程序中被上级法院撤销,而对该案进行的重新审判。根据我国刑事诉讼法的规定,上级法院通过二审程序发现原审判决、裁定事实不清楚或者证据不足的,可以裁定撤销原判,发回原审人民法院重新审判;发现第一审人民法院的审理有违反法律规定的诉讼程序的情形之一的,应当裁定撤销原判,发回原审人民法院重新审判。重审时,原审人民法院应当依照第一审程序进行审判。当事人对重审的判决、裁定,可以上诉,同级人民检察院可以抗诉。

❷对案件的变更审理。是某些国家将案件发回原审法院审理的用语,其意是变更原来的审理。二审法院将案件发回原审法院审理,在我国不称更审,而称重审(见发回重审)。二者不同之处在于,重审是要求原审法院按一审程序对案件重新审理,并无要求原审变更判决内容之意,是否变更,由原审审结后决定。更审

之涵义则有所不同,它包括程序上、实体上或者程序和实体上的变更。 (刘广三 万云芳)

gengxin bianlun
更新辩论（afresh debate） 参与言词辩论的法官变更时,当事人应当陈述在此之前的辩论。更新辩论与言词原则和直接审理原则密切相联。根据言词原则和直接审理原则的规定,判决必须由参与辩论的法官作出,如果法官未参与作为裁判基础的辩论,则不得就该案件作出判决。因此,参与言词辩论的法官如有变更,则当事人应当陈述以前辩论的结果。如《日本民事诉讼法》第187条第2款规定："审判官有更换时,当事人应当陈述以前口头辩论的结果。"我国没有更新辩论的规定。 (万云芳)

gengxin shenli
更新审理（renew hearing） 在审理过程中审判官更换时,以一定方式让新法官了解以前口头辩论的内容的诉讼活动。在实行直接审理原则和言词原则的国家,判决只能由参与基本口头辩论的法官作出。如果法官未参与基本的口头辩论,则无权作出判决。因此,在审判官有变更时,就要采取一定的方式,让新法官了解以前口头辩论的内容,如让当事人陈述以前口头辩论的结果等。审判长可以自行宣读以前的笔录,认为适当时,也可以令书记员宣读以前的笔录,以代替当事人的陈述,据此而进行的审理,即为更新审理。 (万云芳)

gengsi
哽死（choking） 又称堵死。由于异物堵塞呼吸道,使气体交换受阻而窒息死亡。异物的种类很多,如棉花团、布团、软纸团、泥团、钮扣、玻璃球、食团、药片、果核、瓜子、花生米、糖块、豆粒、硬币、假牙、肉冻块、呕吐物等。哽死多见于意外事故,如儿童在哭泣、打闹、说笑、惊吓时不慎将口中的物体吸入呼吸道而哽死;老年人边说话边进餐或匆忙进餐时,有时可将大块食物嵌顿在咽喉部哽死;有的在睡眠中假牙落到喉腔内或昏迷、酒醉者因会厌神经反射活动迟钝将呕吐物、假牙吸入呼吸道而哽死。蛔虫钻入气管也能哽死。他杀哽死主要见于杀婴或作为一种辅助手段。自杀哽死极少见,偶有用手帕、布片、纸团塞进自己口腔深部,引起窒息死亡的案例。尸体机械性窒息征象（见机械性窒息尸体征象）明显。呼吸道内有异物及呼吸道粘膜损伤是最重要的征象。他杀哽死,由于异物的摩擦可在口腔、咽喉部、气管等处出现粘膜剥脱及粘膜出血。喉腔内的异物可刺激粘膜发生喉头水肿或声门水肿。头面部、胸腹部、四肢等处常有挣扎抵抗伤。意外哽死或自杀哽死者,形态学改变不明显。 (李宝珍)

gongju cahua henji
工具擦划痕迹（striated tool mark, scratch tool mark） 加载客体沿承载客体切线方向滑动时,在被破坏客体表面上所形成的凹凸线条。工具在承载客体表面擦划的实质是摩擦作用,痕迹中的每一条凹或凸线都是工具边棱或刃口上的每一个凸或凹点所摩擦的踪迹。工具上的凸点形成凹线条,凹点形成凸线条。但由于承载客体表面常有覆盖层,如金属氧化膜、油漆或材料的物质颗粒,可能将凹点堵塞形成两者凸凹不相吻合的擦划痕迹。工具上许多凸凹点之间,其高低或大小差别越大、排列越无规则,形成的擦划痕迹质量越高。在形成擦划线形痕迹过程中,可以将作用力分解为法向分力和切向分力。法向分力克服承载客体的抗压强度,使工具接触面、线或凸凹点压入承载客体表面;法向分力的大小对形成凹凸线条的粗细、深浅、线条数量及连贯性均起重要作用。切向分力的作用是克服两客体产生的最大静摩擦力,使工具在承受客体表面产生相对位移。在位移过程中两客体之间又产生滑动摩擦力,因此,切向分力还必须克服滑动摩擦力,使工具在承受客体表面连续向前位移。使工具沿客体表面位移形成擦划痕迹必备的条件是切向分力要大于摩擦力。擦划线形痕迹中的线条形象并不是工具表面上一个个凸凹点的孤立反映,而是综合作用的结果,在工具后部的凸点或凹点,可能把前部凸或凹点已形成的线条掩盖或破坏。为此,痕迹常常保留的是工具表面上粗大凸出或凹陷质点形成的明显、连贯、粗大的凹凸线条。并在检验中作为比较稳定、可靠的特征加以利用。

工具与承载客体发生相对位移过程中,两者间的几种接触角度不同或作用方向的改变,都会影响擦划痕迹的形态变化。

前角 又称"正面角"或"迎面角"。工具前进方向的切削面与承载客体未被破坏表面的夹角。前角大于90°时,工具是沿承载客体表面被推动向前;前角小于90°时,工具沿客体表面被拉动向前。同一工具在推或拉时是以不同的两个部位与承载客体接触,因而线条痕迹所反映的特征是工具两个不同部位上的结构形态。前角变化愈大线形痕迹的差异点愈多,但线带总宽度以及每个凸凹点形成的凹凸线宽度变化不大。

偏角 又称"倾斜角"。工具接触线或切削刃在承载客体平面上与工具前进方向的夹角。偏角为90°时,工具以非偏斜状态前进,形成的线带最宽,各凹凸线条之间的宽窄、间距、数量等特征真实、可靠。偏角大于或小于90°时,线带总宽度变窄,各凹凸线条痕迹的间距也随之减小,甚至出现某些线条重合,引起线条粗细和数量上的改变。在形成擦划痕迹过程中偏角常会发生变化,可能造成线带起始缘与终止缘的不同。

侧角 又称"侧面角"。工具的侧面与承载客体表面的夹角。侧角为90°时,能反映工具切削刃上全部的凹凸点结构形态,当偏角小于90°,即工具倾斜时,作用力向倾斜的一侧集中,形成的线痕向倾斜的一侧渐深,而向对侧渐浅。倾斜角越大工具只能以某一侧局部与承载客体接触,甚至以某侧面形成擦划痕迹。

楔角 又称"工作角"或"交叉角"。工具两个切削面的夹角。楔角的大小决定刃口或边棱的宽窄,楔角愈小愈锐利,侵入客体越深,切削刃上的凸凹点能全部与承载客体接触,易形成明显、清晰的凹凸线条痕。楔角大时,尤其是旧工具易形成弧形边棱或刃口,形成的凹凸线条特征就不稳定。工具楔角的大小常与工件材料相配合,如分割金属用的剪刀其楔角为75°～80°;而家用剪刀的楔角为5°～10°。

后角 工具的后切削面与承载客体已被破坏表面的夹角。如前角太大或后角为零时,后切削面与承载客体表面产生摩擦阻力,易破坏已形成的凹凸线条痕迹。某些工具刃口的一侧有2°～3°的斜坡作为切削面使其构成后角,就是减小阻力达到切削目的。

擦划线形痕迹多遗留在金属承受客体表面上,表面光滑的金属材料易形成质量好的凹凸线条。金属材料结构愈细密,形成的凹凸线条愈清晰、连贯,实践中利用率最高。木制客体因纤维结构和弹性的影响,形成凹凸线条的质量一般比金属较差,工具上的细微特征不会被反映。

擦划线形痕迹特征与凹陷痕迹特征相比有根本区别,它不是直接反映工具接触部位凹凸结构的大小及排列等,而是通过凹凸线条反映工具上的凸凹结构移动的轨迹。擦划痕迹特征分为种类特征和细节特征。种类特征可归纳为:反映擦划工具接触部位的总宽度;各凹凸线条的方向、粗细、数量和密度;起点、终点、痕壁和痕底处反映擦划工具接触局部的一般形状,如平面、弧面、直线、斜线、弧线等。细节特征可归纳为:各条连贯、明显、粗大凹凸线条的位置、形状、宽度和深度以及与其他线条的互相关系;各条稳定线条之间的分布特点、相互位置及距离,罕见斜线、短线、弧形线等出现的部位、形态及与其他特征的相互关系。(张玉洁)

gongju daji henji
工具打击痕迹(hitting tool mark) 承受客体受法线方向冲击载荷作用,在与工具相接触的部位发生的凹陷变形。冲击载荷属动载荷,工具首先有一定的速度或高度,在与承载客体接触的短暂时间内,其储存的动能快速释放出来转化为对承载客体作功,从而使客体变形或破坏。打击的实质是加载客体与承载客体的碰撞,当工具以较大的速度冲击承载客体时,它就具有很大的动量,而碰撞作用的时间是瞬间接触,在极短的时间内使工具的动能转移,对承载客体作功可产生相当大的冲击力。根据动量守恒原理,冲击力的大小与工具所具有的动量(质量×速度)成正比;与碰撞作用的时间成反比。罪犯在作案过程中常采用较重的工具从远距离快速打向被破坏客体,以便取得最佳效果。工具作用在较薄承载客体上易出现孔洞,有些韧性差的材料会发生破裂。个别弹性、韧性极强的承载客体,受冲击力作用后不会形成明显的凹痕。打击凹陷痕迹多出现在金属、木质、骨质等客体上,除承载客体自身机械性能影响凹陷痕迹的形成及特征反映程度外,使用的工具和作用方式不同,可以形成各种形象的凹陷痕迹。斧锤等专用打击工具,因在使用过程中反复承受很强的反作用冲击力,易使局部破坏和变形,特别是在打击面上及边沿常出现许多细节特征。所以,当斧锤垂直打向承受客体时,不仅可以反映出完整的打击面轮廓,而且在痕底上和周围痕止缘部位,常常留有斧、锤打击面和边沿的凹凸点或线、裂纹或沟痕、缺损或卷边等细节特征。当斧锤与承载客体呈一定角度作用,或者因承载客体倾斜、或呈弧形时,只能反映出工具某局部的结构形态,形成不同的凹陷形状,如方形锤可能遗留角形凹痕、圆形锤可能遗留弧形凹痕等。棍、棒、锹、镐等代用打击工具,因种类、形状繁多,在打击过程与承载客体的接触面又经常变化不定,所以多次重复打击形成的凹痕轮廓、特征多少及其分布不尽相同。这类工具的打击力多数不如专用工具强,而且作用力较分散,形成的凹痕面积广、表浅、不连贯。其他代用工具(如砖石)形成的凹痕较凌乱,不规则,凹痕内及边缘常留有打击物脱落的残渣和碎末。

打击凹陷痕迹特征与撬压凹陷痕迹大致相同,但也有自身的特点。种类特征可归纳为:痕迹反映出工具打击面的一般形状,如圆形、方形、长方形、弧面、条状等;痕迹反映工具打击面部位的尺寸,如各边长度、两边夹角度数、宽度或直径大小等;凹痕中反映工具接触部位花纹或图案的类型、布局等。细节特征可归纳为:痕迹反映出工具打击面上凸凹不平、裂纹、缺损、划痕的形状、大小、方向、数量、分布等;痕起或痕止缘上反映工具打击面边棱和尖角弯曲、磨损、卷边、缺角、伤残的形状、部位、方向、布局等;工具打击面附带物(如钉帽、木楔)形成凹陷痕迹的形状、大小、位置等;各细节特征之间的互相分布关系。

(张玉洁)

gongju henji
工具痕迹(tool marks) 工具在机械力的作用下,使承载客体在与其接触的部位发生塑性变形而形成的立体反映形象。它是痕迹学的一个重要研究对象,是刑事案件中经常被利用的一种痕迹。

工具痕迹的分类 按形成痕迹的工具可分为一般工具(如钳、剪、刀、斧)痕迹、专业工具(如电工工具、农林工具)痕迹、代用工具(如砖石、棍棒)痕迹;按形成痕迹的方式可分为撬压痕迹、打击痕迹、擦划痕迹等等;按加载工具与承载客体的接触状态可分为静态接触形成的工具痕迹和动态接触形成的工具痕迹。任何加载工具(如罗丝刀)的某部位作用于承载客体表面M(见附图)时,接触点受到机械外力F的作用,从力学原理分析,作用力F可以分解为两个分力,即垂直于承载客体表面的法向力(垂直分力)P和平行于承载客体表面的切向力(水平分力)F_1。在任何工具痕迹形成过程中,法向力与切向力合成为具有一定角度的机械合力加载于承载客体上。作用力角度在90°或接近90°时,力F主要呈现在法向作用,形成凹陷痕迹;当作用力角度趋向0°或180°时,力F主要呈现在切向作用,形成线形痕迹。有时两者又兼容在一个整体工具痕迹之中。上述分析显示出作用力角度与工具痕迹形象之间有密切关系。所以对工具痕迹的分类,首先是以力的不同作用结果为第一层次的分类标准,即分为凹陷痕迹和线形痕迹两大类,其次是以力的不同作用方式为第二层次的分类标准,又分为撬压凹陷痕迹、打击凹陷痕迹和擦划线形痕迹、剪切线形痕迹四种。

工具痕迹学的任务 以各种加载工具形成的立体反映形象为研究对象,应用各种科学相关理论与成果,深入、系统地研究其形成和变化的规律;研究和改进工具痕迹的发现、提取、固定、检验和鉴定方法,提高现场工具痕迹的提取率和利用率,保证鉴定结论的及时性、准确性和科学性,并建立本专业较为系统、完整的理论体系。

工具痕迹的作用 通过对工具痕迹的鉴定,对送检嫌疑工具做出认定结论,可以证实某种类或某个工具曾在犯罪活动过程被使用过,从而为诉讼提供证据;通过对工具痕迹分析,推断工具种类,划定侦察范围,使侦察、调查工作的重点更加突出,为迅速寻找嫌疑工具或作案人发挥重要作用;还可以分析案件性质,帮助识别真伪,揭露各种伪装。因工具痕迹形成过程比较复杂,特征表现具有多种形式,它的发生和变化遵守客观物质自身的规律,不以作案人的意志为转移,能真实地反映作案过程和手段。利用工具痕迹,提供并案依据,可以达到集中力量,利用更多线索和物证,加速案件侦破的目的。在若干起案件中,如发现作案人使用相同的工具,采用同样的手段、技巧和方法,可将多起案件综合分析。根据罪犯在作案过程、遗留工具痕迹的位置、作用力大小、方向和角度等,可以分析作案人身高、体力和动作习惯;根据罪犯使用工具种类、技巧和熟练程度,还能分析罪犯的职业。

工具痕迹的特点 首先是具有不易被破坏、出现率高、易于发现、提取等特点。它是立体反映形象,明显易见,一般不需特殊物理和化学方法进行处理。其次是工具痕迹中存有大量信息可以开发利用。除当前主要利用的工具形态特征外,其性能特征在痕迹中亦常见,如工具硬度、强度等机械性能特征,重量、导磁或导电等物理性能特征。痕迹中反映的罪犯人身特征更为普遍存在。如技巧、技能习惯、身高、体力等。此外,工具痕迹中的物质转移特征(如金属碎末、漆皮、染料等物质),亦可为侦查工作提供重要线索和物证。

加载工具与承载客体接触作用力示意图

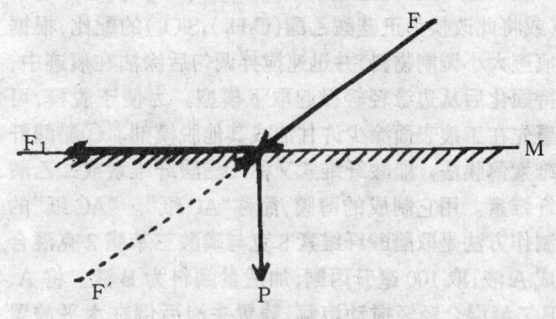

F. 工具加载力　　M. 承载客体接触面
F_1. 水平分力　P. 垂直分力　F′. 反作用力

(张玉洁)

gongju henji de jilu he tiqu
工具痕迹的记录和提取(record and collection of tool marks) 在勘验犯罪现场时对已发现的作案工具痕迹作为物证予以收集、保全的程序和采取的技术措施。提取痕迹是工具痕迹鉴定的前提,也是提供诉讼证据的物质基础;提取工具痕迹必须按法律程序进行,要有见证人在场。对工具痕迹采取任何提取方法之前,都必须先以文字及摄影手段将它所在的位置、原始状态分布与特征加以记录,以便客观反映现场工具痕迹状况和勘验结果,以及与犯罪事件的联系,向法庭提供科学、合法的证据。记录首先要全面,对所发现的全部工痕经分析确定是罪犯所遗留,都应按顺序编号,逐一记录,防止遗漏和相互混淆。其次是要客观,应将工痕所在客体名称、位置与周围客体的关系,工痕所在方向、角度、形状等均应准确无误的记录。最后是要完整,对工痕各项勘验内容、技术方法、提取数量、分析的问题等,都要全面、完整的记录,特别是重要环节更不能遗漏。

提取工痕通常采用的方法有:①原物提取。对于小件客体上的工痕,或能拆卸、分割物体上的工痕,提取原物可以最完整、最客观地保存现场工痕的细节特征,有助于日后根据承受材料的机械性能分析形成痕迹的机理及制作理想的实验样本。提取原物须征得事主同意，并逐件登记，同时要出具收据，用毕送还。在保存原物时要注意根据其物理、化学性质，选择适宜的环境条件（如温度、湿度、防锈、防霉变等）。水果、奶制品可存放在冰箱中；对木质客体或树枝等要防止风干或吸湿；对金属可涂防锈层或真空镀膜保存。②硅橡胶制模法。硅橡胶为白色粘稠状液体，塑型细腻，固化之后弹性和韧性较强，不发生断裂，可适用深浅不同、大小不等、形状各异的工具痕迹。制模方法是按硅橡胶 100 毫克、月桂酸二丁基锡（$C_{32}H_{64}O_5Sn$）2.5 毫升、二氯甲基三乙氧基硅烷（$Cl_2CH_2Si(OC_2H_5)_3$）4 毫升（或将此改换为正硅酸乙酯（$C_2H_5)_4SiO_4$）的配比，根据痕迹大小调制物料，并迅速搅拌调匀后涂沾在痕迹中，待固化后从边缘轻轻掀起取下模型。为便于脱模，可事先在工痕表面涂少许甘油或其他脱模剂。③醋酸纤维素薄膜法。醋酸纤维素又称二醋酸纤维素或二乙酸纤维素。用它制成的薄膜，简称"AC 纸"。"AC 纸"的制作方法是取醋酸纤维素 8 克与磷酸三苯脂 2 克混合成 A 液；取 100 毫升丙酮，加适量颜料为 B 液。将 A、B 二液混合轻轻搅动溶解，静置去泡后倒在水平放置的玻璃板上，使其自然流动摊平（厚度为 0.5mm），取略大器皿罩住，仅底部留一狭缝挥发丙酮，待 12 小时后干涸成纸状，取下后切割成适当大小的片块，以供备用。用时取稍大于工痕的"AC 纸"一片，用镊子夹住浸入丙酮中 3 至 4 秒使其软化后取出贴在工痕上，然后再将干"AC 纸"附其上压紧，使两块"AC 纸"粘合在一起，待 20 分钟左右将干透的"AC 纸"取下，工痕即在"AC 纸"上印制成模。印模前仍需在工痕表面涂脱模剂。该方法适用于提取表浅的工具痕迹，如线形痕迹。提取较深的凹陷痕迹或表面粗糙的客体效果不佳。④硬塑料制模法。硬塑料又称打样膏，是牙科制模用品。使用时先在工痕表面涂以甘油脱模剂，然后将打样膏浸入热水（60℃左右）中泡软，取出后甩掉表面水珠，用力压入痕迹中，待冷却硬化后取下。此方法简便易行，但不适用于粗糙客体和形状复杂的痕迹，而且由于用力挤压易使质软的承载客体变形而影响痕迹特征。

在工具痕迹中或嫌疑工具上常常会发现有微量附着物质，如油漆、泥土、金属、碎粒、毛发、纤维等，亦属重要物证，可采取相应方法提取，送技术部门检验。提取前应拍照固定附着物所在位置。常用提取方法有：①利用磁铁对导磁金属碎屑吸引提取，如颗粒较小可用显现手印磁性笔吸引。②拨离法。将发现的附着物用竹签轻轻挑或拨下，操作时注意因用力过猛会使附着物远跳而丢失。③敲拍法。对纸团里、织物袋内、物品缝隙中的微量附着物，可放在白纸上方，用洁净的玻璃棒轻轻反复敲击使附着物质脱落在白纸上。④粘取法。取两克硝化火棉素，亦称硝化素，溶于 98 毫升的醋酸戊酯中。使用时在附着物处滴上上述配制好的火棉胶溶液，挥发后火棉胶形成一个薄膜覆盖在附着物上，然后再将透明胶纸贴在火棉胶膜上，用手压实后轻轻一并撕下保存。也可用胶纸直接粘取，或用"AC 纸"粘取。⑤擦抹法。用酒精或丙酮棉球在附着斑痕上轻轻擦拭，使附着物沾附在脱脂棉上，然后将其放入洁净的玻璃瓶内。提取附着物时应注意不用嫌疑工具进行直接接触试验，以免形成新的附着痕迹；取到的附着物或分离物要装入洁净的瓶内或纸袋内，防止遗失，在包装物上注明发案地点、时间、提取部位、提取方法及被提取物的种类；附着物不能混装，避免污染或与其他物质成分相混淆；无论采取何种方法提取，都不能破坏工具及痕迹。提取到附着物之后，必须注意寻找、发现同类可疑物比对样本，以便一并送交检验。

（张玉洁）

gongju henji jianyan yangben
工具痕迹检验样本（examinational sample of tool marks）　在进行工具痕迹鉴定时，为同犯罪遗留痕迹进行特征比对而制作或收集的嫌疑工具痕迹。工具痕迹检验样本分为实验样本和自然样本，前者是鉴定人使用送检嫌疑工具制作的比对痕迹，后者是侦察人员收集发案前后某人在使用可疑工具过程中，自然遗留的比对痕迹。检验样本能真实地反映嫌疑工具表面的结构形态特征，它具有与现场工具痕迹凹凸形态一致的反映形象，检验时的可比性科学、可靠。检验样本是鉴定过程中进行比较和评断的根据，但它不具有物证意义，在检验过程中可以根据比对工作的需要加以选择和更换。

制作实验样本时应尽量选择与现场承载客体物理性质相同或接近的物质材料，如硬度、塑性、弹性、干湿度、表面光洁度等。为了保证送检工具在实验中不被严重磨损和破坏，可先选用较软的实验材料如铅丝、铝片、石膏、肥皂等取代较硬的实验材料；待初步检验确定工具遗留痕迹的可疑部位后，再进行材料接近或相同的实验，避免由于形成痕迹的物质材料不同而使比对痕迹出现差异。在不影响痕迹反映的客观性时，软性材料制作的实验样本痕迹，并可作为比对的依据，并不影响鉴定结论的客观、准确。判定送检工具的可能留痕部位，是制作实验样本痕迹的重要环节。现场工具痕迹多数是作案工具的某一局部所形成，根据现场痕迹形象结合痕迹分布及工具自身特征分析工具留痕部位，可缩小实验范围、减少工作量、加快检验速度。

正确地研究工具痕迹形成过程，判断形成工具痕迹作用力的大小、方向和作用点、工具的作用方式和角度，对制作样本痕迹具有重要意义。实验前必需结合现场犯罪遗留痕迹形象作出准确判断，在与其条件一致的前提下进行模拟实验，取得理想的实验样本。现场工具痕迹特征和样本工具痕迹特征的相同或差异都是通过反复制作和检验实验样本查明的。在几次样本中都能出现的特征，即反映嫌疑工具上该形态具有稳定性，可作为比对时利用的可靠特征，当第一次制作的实验样本发现特征有差异时，可改变某些实验条件，另取得几次实验样本，以便为观察特征重复出现情况和评断两者差异提供条件。

自然样本常常是在受审查嫌疑工具丢失或者损坏而失去鉴定条件，无法取得可靠的检验样本时加以利用的。收集自然样本必须在深入调查访问的基础上，及时发现某人在发案前后使用作案工具加工某部件或制作某器具时遗留有工具痕迹，同时要通过调查证实该遗留痕迹与某嫌疑人及其工具的关系，从而确定自然样本的可靠性和合法性。在广泛收集自然样本的基础上，通过分析比对，要严格加以选择。因自然样本的形成不是模仿形成现场工痕的一切条件制作的，有些自然样本对比较检验可能是毫无意义的。（张玉洁）

gongju henji jianding
工具痕迹鉴定（identification of tool marks）
为确认现场工具痕迹是否为送检嫌疑工具所形成，即作案工具与嫌疑工具是否同一而进行的一系列技术检验并作出结论的过程。工具痕迹鉴定的一般原理是根据工具的特定性和稳定性。所谓特定性，是指某一工具与其他任何工具之间都有绝对的区别，不存在两个完全一样，互相同一的工具；即使类型、牌号、品种或式样相同，它们之间由于在制造和保管、使用及维修中诸多因素的影响，每个工具上所有特征组合，不可能在另一工具上重复再现。但形成工具痕迹过程中，因两客体接触部位、作用方式和物质材料等均有所不同，所以每个工具上的所有特征在工具痕迹中不会全部得到反映。加之人们的认识能力或仪器设备的限制，对已反映出的特征也不一定都能认识和加以利用。因此，对工痕鉴定结果不可能均做出同一认定结论，有时只是种类认定或提出检验意见供参考。所谓稳定性，就是指工具和它所形成的痕迹在一定时间内保持自身的重要特征相对不变的能力。人们就是利用物质的这一相对稳定性，认识和区别各个工具及其形成的痕迹。每个工具在使用中不断磨损变钝，或者造成卷刃、缺口等，但只要它不发生质的变化，或者被转化成为另一物体，那么这支工具仍然可以保留许多重要特征，使其与自身同一而区别于其他任何工具。但工具的稳定性比皮肤乳突纹线较差，且每支工具的使用时间、保存条件各有不同，稳定性也不等同。一般来说，搜取送检工具的时间与发案时间愈接近，使用次数愈少，保存条件愈好，该工具的特征反映愈强，进行同一认定的可能性就愈大。因此，对已提取到的工具痕迹必须采取相应的保护措施，使其不发生变形或破坏。

工具痕迹鉴定虽然有其特点，但检验程序仍由预备检验、分别检验、比对检验、综合评断和编写鉴定书等几个阶段组成。

预备检验 主要任务是了解有关情况，查验送检材料和选定检验设备及材料。对工具痕迹的提取、固定方法、所在部位、形成痕迹条件、形成过程、提取前的原始状态等均应详细了解；对嫌疑人的职业、健康状况、使用工具范围和使用时间长短，尤其是发案前后的使用情况和存放及保管条件，需全面掌握。对所有送检物证和嫌疑工具及其实验痕迹，鉴定人必须亲自清点验收；详细检查提交的嫌疑工具或样本种类、数量是否相符，有无差错、被破坏或损伤；为防止差错，对送检材料要严格区分现场痕迹与实验痕迹。根据工痕质量、送检要求，选用实验设备和材料。选择实验材料要尽量与现场承受客体的性能，如硬度、干湿度、光洁度等相一致或接近，以有助于对工痕特征的发现、认识、比对和记录。

分别检验 是通过对现场工痕和样本工痕的检验，正确认识作案工具和嫌疑工具的特征。检验现场工具痕迹主要是发现、寻找、研究和评断特征。不同工具所形成的各类痕迹特征的位置和形态均不同，需借助仪器全面观察寻找种类和细节特征；澄清是否因提取、包装、运送及保管方法不当，使原有特征被破坏或产生新的痕迹；对重叠或模糊、紊乱的，必须通过反复研究，确定特征的数量和位置。对已发现所有特征的利用价值应进行评断，确定稳定、可靠的特征。检验嫌疑工具，一般是通过它形成的实验样本痕迹或自然样本痕迹进行。如送检工具种类较多，要准确判定实验工具和形成痕迹的部位，缩小实验范围，减少工作量，加快检验速度。制作实验样本时要反复验证痕迹特征是否稳定、可靠，必要时可直接观察嫌疑工具，验证有关特征的有无或变异程度。

比对检验 对现场痕迹和实验痕迹进行分别检验之后，必须对两者已发现的稳定、可靠特征进行比较，查明符合特征和差异特征数量、形状、位置等，为解决是否同一问题提供依据。常用的检验方法有特征对照法、特征接合法、特征重叠法、特征测量法、特征拼联法和自动识别法。

综合评断 是对比较检验中发现的两者特征符合点和差异点进行全面、客观的分析，为做出鉴定结论提供依据。对发现的差异点，通过反复实验和认真分析研究可以得到解释，并根据符合特征的数量和质量，肯定其特征组合在其他客体上绝对不可能重复再现时，就可做出同一认定结论。如果两者种类特征不符，或者虽然种类相同，但细节特征有差异，并通过反复实验研究无法给予科学解释的，不能认定同一。

编写鉴定书　鉴定书是法律文件,具有证据作用。文字叙述部分必须精炼、客观、准确、科学;照片部分要求清晰、真实、整洁、美观。

（张玉洁）

gongju henji kanyan
工具痕迹勘验（inspection of tool marks）　形象痕迹勘验的一种。对现场破坏工具痕迹的勘察、检验。可以为分析判断案犯实施犯罪的方法、手段和作案过程,分析判断案犯的职业习惯、作案工具的种类以及鉴定痕迹是否为某一工具所遗留提供依据。工具痕迹,是指案犯在实施犯罪过程中使用某种工具或器械破坏障碍物或目的物时留下的痕迹。它是工具、被破坏客体和作用力三种因素的相互作用的结果。

根据造型工具和破坏方法的不同,工具痕迹大体分为六种:①撬压痕迹。使用手持工具,利用杠杆作用破坏客体时形成的凹陷状痕迹。②打击痕迹。利用工具敲击障碍物或目的物时形成的凹陷痕迹。③擦划痕迹。案犯用一定的工具破坏客体时,在客体表层形成的凹凸条状痕迹。④剪切痕迹。使用钳、剪等有刃口的剪切工具破坏客体时形成的痕迹。⑤刺切痕迹。利用刀、斧、凿、锹、铲等工具,采取刺、切、砍、剁、割、凿、劈等方法,在被破坏客体上形成的痕迹。⑥锯锉钻痕迹。使用锯条、锉刀、钻头等工具在被破坏客体上形成的痕迹。工具痕迹中有些是静态痕迹,有些属动态痕迹。工具痕迹有立体、平面之分,多数工具痕迹为立体痕迹。

作案现场工具痕迹,主要是从案犯作案过程中破坏的障碍物和目的物上去寻找发现,并注意区别和排除下列三种情况:①动物造成的痕迹;②由于自然因素而形成的痕迹;③生产加工或使用过程中造成的痕迹。对于已经发现的工具痕迹,首先应照相固定,然后根据痕迹的所在位置和状况采取适宜的方法采取之。常用的采取方法是:①提取带有痕迹的物体。这是采取工具痕迹最好的方法。具体做法是带走原物或拆卸、割下留有痕迹的部分。这样可以保全痕迹的细微特征。②制作痕迹模型。制模材料一般可用硅橡胶、硬塑料（打样膏）、软塑料（橡皮泥）、醋酸纤维素薄膜（简称AC纸）、易熔合金或石膏溶液等。硅橡胶对深浅不同、面积大小不等的痕迹均适用。硬塑料适于采取较深、面积较大的痕迹。软塑料适于采取较浅的痕迹或鉴定时制作实验样本用。AC纸最初用于工业部门复制金属断口表面结构,经试验调整配比后引用制作工具痕迹模型效果良好,特别是对线形痕迹的采取,效果更佳。易熔合金适合采取金属客体表面的工具痕迹。石膏溶液适用于采取面积大的和粗糙、边沿不整齐的凹陷痕迹。

采取工具痕迹应注意以下问题:①凡是被发现或确定的犯罪工具痕迹都应该采取,不能遗漏和有意取舍。②提取之前,对拟用的采取方法应首先在制作的痕迹中试用成功后,再提取现场工具痕迹,且务必小心谨慎,严防损坏。③提取工具痕迹的同时,应注意在现场或现场周围提取可能为犯罪人遗留的嫌疑工具,以便与采取的现场工具痕迹一并送交鉴定。④提取工具痕迹之前,对痕迹中某种附着物质必须加以收集并妥善保管。以便采用高倍光学显微境或其他现代化仪器设备观察或鉴定细微物质的特征。⑤如发现被破坏客体的物质材料有被工具粘附带走的可能,应就地收集足够数量的已知样品,以供比对鉴定用。

在采取现场工具痕迹时,必须全面、详细、准确地加以记录。记录的方法主要是笔录。记录的内容主要包括:案件发生的日期、单位和地点;简要案情;工具痕迹所在客体的名称、大小以及与周围物体的关系,被破坏的部位和程度;痕迹所在的位置、方向、数量及相互关系;痕迹的种类、大小、形状及特征表现;提取痕迹的方法及提取日期、提取人等。

（张玉镇　杨明辉）

gongju jianqie henji
工具剪切痕迹（cutting tool mark, shearing tool mark）　使用工具分割某客体时,在客体被分割的截面上形成的凹凸线带。利用双刃工具（如钳子或剪刀）的相对咬合作用分割客体的,称为钳断或剪断。利用单刃工具（如刀、斧）和多刃工具（如锯、锉、钻）分割客体时,称为切削。

双刃工具分割客体主要是剪切作用的结果,但在形成痕迹过程中常常是剪切、挤压、摩擦和拉伸等几种受力方式的综合作用。双刃工具种类较多,常分为钳和剪两大类别。钳类工具,如常见的钢丝钳和断线钳,上下刃口相对,使客体承受大小相等、方向相对、作用力在同一直线上的两个力,达到分割目的,称"对口咬合";而剪类工具上下刃口错开,客体承受大小相等、方向相对、平行但不在同一直线的两作用力,达到分割目的,称"错口咬合"。当双刃工具以相对方向切入客体时,由于压力的作用,在断面两边缘形成光滑浅窄的切入面,待两侧刃口和刃口斜面继续深入客体时,在挤压的同时因向下滑动使其与被剪截面发生相对位移,形成带有凹凸线条的剪切面;最后在刃口斜面向两侧推挤的作用下,使被截面中间在尚未受工具剪切时就被拉断,形成不光滑、又无凹凸线条的拉断面。

利用单刃工具分割客体的机理是"劈"的机械作用。一般单刃工具的切削面（刃侧）长于刃背厚度,所以作用在被劈客体两截面上的分力是主要作用力。两分力对客体截面是垂直的挤压作用,使工具切削面与截面互相压紧并随劈力压入客体,致使工具刃口在先,切削面在后,在被截面上形成线条痕迹。单刃切削工具的结构比较简单,均以刃口行使切削功能,刃口处的卷刃、缺口、弯曲以及刃口斜面上的凹凸点等形态特征,都会在客体截面上形成凹凸线条痕迹。

多刃工具主要指各类锯、锉、钻,这类工具的共同特点是多刃或多齿,各刃齿的作用等于一排同样的楔形工具连续切削客体,前位刃齿形成的痕迹依次被后位刃齿破坏,宏观切削面可见线形痕迹或类似凹凸线条状的梯纹痕迹。对多刃工具形成的痕迹进行同一认定难度较大,实践中利用钻屑表面上线形痕迹对钻进行同一认定的成功案例较多。近年来有利用万能工具显微镜检验被锯断面上遗留的各个齿形痕,通过测量齿距、齿形角以及锯路宽度等,对锯进行同一认定的成功案例。也有利用扫描电镜根据第一行程齿痕,即锯齿"打滑"形成的擦痕、切削停止痕、最后切入和切出齿痕等,对钢锯进行同一认定的研究成果。还有根据不同齿锯、齿的高低、齿的展开角度和不同齿尖形态所组合的齿列关系,利用被锯断面上形成的不同线条状痕迹和锯口底部各异的痕迹形象,对木锯进行同一认定的技术手段已普及和应用。利用锉痕进行同一认定的科学理论和有效方法正在研究中。

剪切线形痕迹特征分为种类特征和细节特征。种类特征可归纳为:客体被分离断面的一般形状,如宏观断面呈角状、平面或凹面等,峰角大小,有无"台阶"、"小勾"特征,拉断面位置及宽度;剪切面上线形痕迹的方向,如双刃剪切呈纵向平行线条,锯断呈横向不平行条纹;线形痕迹的粗细、数量和密度,断面上鳞状花纹、斜向线、弧向线、条纹、停顿线的有无、数量及分布特点。细节特征可归纳为:被分离断面上明显、稳定的各条线形痕迹或条纹的宽度、间距、排列特点和相互位置关系;断面上排列不规则的粗大、横向、弧状、鳞状线条或条纹的位置、形状、深度和长度,以及与其他特征的相互关系;断面上特殊的凹凸点状、短线状特征的具体形状、位置及相互分布关系。

附图1:钢丝钳刃口剖面图

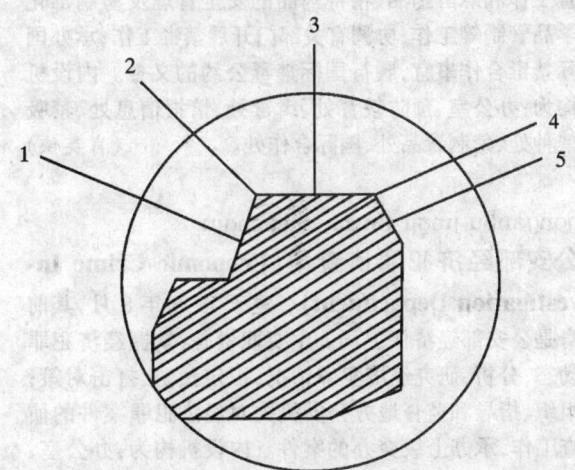

1. 内侧刃口斜面　2. 内侧刃口　3. 刃顶
4. 外侧刃口　　　5. 外侧刃口斜面

附图2:单刃工具截断物体痕迹形态

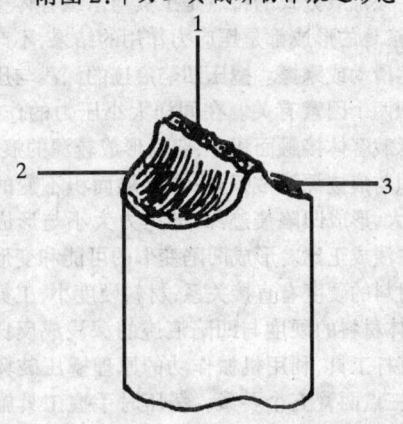

1. "立顶"(拉伸断裂带)　2. 斜截面A
3. 斜截面B

附图3:钳子的对口咬合

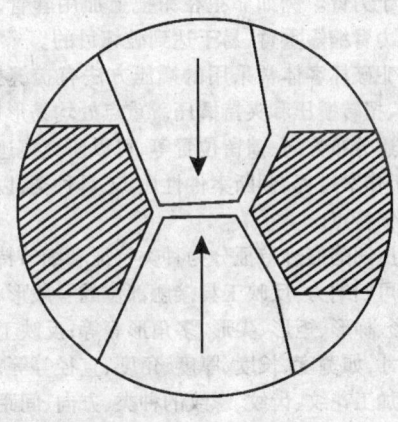

附图4:剪刀的错口咬合

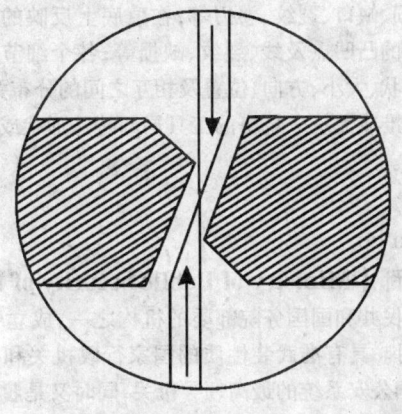

(张玉洁)

gongju qiaoya henji

工具撬压痕迹(**pry tool mark**) 承受客体在法线方向受静载荷作用后在与工具相接触的部位发生的凹陷变形。该加载方式的特点是工具与承载客体接触时间较长，痕迹的形成都是压应力作用的结果，不产生或很少产生滑动或摩擦。撬压凹陷痕迹的深浅与压力和受力面积两个因素有关。在同样大小压力的作用下，工具与承载客体接触面积小，容易形成较深的痕迹，即受力面积与痕迹深浅成反比；在接触面积不变的条件下，压力大，形成凹陷痕迹深，即压力大小与形成凹陷痕迹的深浅成正比。形成凹陷变形的可能和变形程度与承载材料的硬度有直接关系，材料硬度小，工具易压入，即客体材料的硬度与凹陷痕迹的深浅成反比。罪犯使用杠杆工具，利用机械作功的原理撬压破坏客体时，具备三点两臂五个要素。撬压时手握工具施力的一点，称力点；达到破坏目的使客体受力变形的一点，称重点；在破坏客体过程中支撑工具的一点，称支点。支、重点之间的距离为重臂；支、力点之间的距离为力臂。在外力值固定时，要想省力达到破坏目的，其重臂必须短于力臂。例如罪犯在钳把上加用套管，就是为了加长力臂缩短重臂，易于达到破坏目的。

罪犯破坏客体常采用的撬压方法有扩缝撬压、拆离撬压、扭转撬压和夹持撬压。重点处均易形成痕迹，根据痕迹分布方向、遗留位置等，可以研究痕迹形成规律，分析作案过程，判断案件性质、工具种类，以及罪犯行为习惯特点。

撬压凹陷痕迹特征分为种类特征和细节特征。种类特征可归纳为：反映工具接触部位的一般形状，如圆形、弧形、梯形、矩形、尖形、多角形等等；反映工具某部位的尺寸，如宽度、长度、厚度、角度、直径等等；反映工具表面加工花纹、齿纹、螺纹的种类、方向、间距以及数量和布局等等。细节特征可归纳为：在痕起缘和痕止缘上反映的工具刃口、边棱上的砂眼、沟纹、弯曲、凸棱、磨损、缺口、裂纹、卷刃等；在痕底上反映的工具接触面上的凸凹点及线、裂纹、缺损等；各个细节特征的具体形状、大小、方向、位置及相互之间的分布关系；自制不标准或无统一规格的工具局部特殊形状或其他细节特征。　　　　　　　　　　　　　(张玉洁)

gongan bu

公 安 部（**Ministry of Public Security of PRC**） 中华人民共和国国务院部委的机构之一，成立于1949年11月。具有准武装性质的国家行政机关和执法机关，全国公安系统的最高领导机关，同时又是履行侦查职能的具有法定司法性质的机关，是中华人民共和国最高一级侦查机关之一，担负全国社会治安稳定的任务。其具体职责为：研究拟定公安工作的方针、政策，起草有关法律、法规草案，指导、监督、检查全国公安工作；组织、指导侦查和调查工作，协调处置重大案件、治安事故和骚乱；指导、监督地方公安机关依法查处危害社会治安秩序行为，依法管理户口、居民身份证、枪支弹药、危险物品和特种行业等工作；指导、监督消防工作；指导、监督地方公安机关管理交通秩序、机动车辆等；指导、监督地方公安机关对公共信息网络的安全检查工作；指导、监督地方公安机关承担的执行刑法、劳动教养工作以及对看守所、拘役所、治安拘留所、强制戒毒所、收容教育所等的管理工作；组织开展同外国、国际刑警组织和香港特别行政区、澳门特别行政区及台湾地区警方的交往与业务合作，履行国际条约和合作协议；制定公安机关人员培训、公安教育、宣传方针和措施；制定公安队伍监督管理工作规章制度，组织、指导公安机关督察工作，查处或督办公安队伍重大违纪案件等。依据上述职责，1998年公安部机构改革后，设立了22个职能厅(局)：警务监督局、办公厅、政治部暨人事训练局、宣传局、国内安全保卫局(一局)、经济犯罪侦查局(二局)、治安管理局(三局)、边防管理局(四局)、刑事侦查局(五局)、出入境管理局(六局)、消防局(七局)、警卫局(八局)、公共信息网络安全监察局(十一局)、行动技术局(十二局)、监所管理局(十三局)、交通管理局(十七局)、法制局(十八局)、外事局(十九局)、装备财务局(二十局)、禁毒局(二十一局)、科技司(二十二局)、信息通讯局(二十三局)等。

　　　　　　　　　　(文盛堂　肖英侠)

gonganbu jinduju

公安部禁毒局（**Bureau of Narcotics Control**） 建于1998年8月，其前身是原刑事侦查局的一部分。主要职责是：掌握毒品违法犯罪活动动态，研究、拟定预防、打击对策；组织、指导、监督对毒品犯罪案件的侦查工作和麻醉药品、精神药品的安全管理及易制毒化学品管制等工作；协调有关部门开展禁毒工作；承办国际禁毒合作事宜，履行国际禁毒公约的义务。内设机构为：办公室、预防教育处、缉毒处、情报信息处、禁吸禁种处、禁制毒品处、国际合作处。　　　(肖英侠)

gonganbu jingji fanzui zhenchaju

公安部经济犯罪侦查局（**Economic Crime Investigation Department**） 建于1998年8月，其前身是公安部经济保卫局。主要职责是：掌握经济犯罪动态，分析、研究经济犯罪情况，拟定预防、打击对策；组织、指导和监督地方公安机关对经济犯罪案件的侦查工作，承办上级交办的案件。内设机构为：办公室、公司犯罪侦查处、市场秩序和知识产权犯罪侦查处、反洗钱和经济犯罪情报处、侦审指导处、金融诈骗犯罪侦查处、破坏金融管理秩序犯罪侦查处、证券犯罪侦查处、假币犯罪侦查处、出口退税犯罪侦查处、偷逃抗税犯罪侦查处、行动队。 （肖英侠）

作处、刑侦基础工作指导处、刑事特情工作处、国际刑警工作处、办案指导处、有组织犯罪侦查处、爆炸恐怖案件侦查处、涉枪案件侦查处、侵犯人身案件侦查处、侵犯财产案件侦查处、行动队。 （傅政华　肖英侠）

gonganbu wuzheng jianding zhongxin
公安部物证鉴定中心（expertise center of material evidence）　中国最具权威的司法鉴定机构之一。位于北京市西城区木樨地南里。1972年12月6日，经国务院批准，公安部在原三局（治安局）技术处的基础上组建专门从事刑事科学技术研究机构，起名一二六研究所。1984年更名为公安部第二研究所。1996年1月11日，经公安部研究，报中央编制委员会办公室批准，决定以公安部第二研究所为基础成立公安部物证鉴定中心。中心机构设置全面，其业务主要有：法医病理损伤鉴定、法医物证鉴定、DNA（分子遗传）鉴定、毒物和麻醉药品鉴定、微量物证鉴定、痕迹鉴定、指纹鉴定、枪弹鉴定、文书鉴定、特种化学鉴定、血清研制以及计算机应用、司法鉴定技术器材研制、防伪技术器材研制等。该中心的任务主要是：承办中央国家机关、公安部交办的刑事案件、民事案件和行政诉讼案件中的物证鉴定及现场勘查工作；承办各省、自治区、直辖市公安机关提交的刑事案件的物证鉴定及复核，以及经最高人民法院、最高人民检察院、司法部授权，受理法院、检察院、司法行政系统的刑事案件、民事案件和行政诉讼案件的物证鉴定及复核工作；承担对各省、自治区、直辖市公安机关技术侦查指导工作；承担物证鉴定人员培训工作等。 （张玉镶）

gonganbu xingshi zhenchaju
公安部刑事侦查局（Criminal Investigation Department, CID）　建于1983年10月，其前身是治安局的一部分。建局后十几年间职责业务发展为包括刑事案件侦查、经济案件侦查、反走私工作、禁毒工作和国际刑警工作等在内的综合侦查业务。1998年公安部机构改革后，职责集中为刑事侦查任务，主要有：掌握刑事犯罪动态，收集、通报、交流新式犯罪信息，研究预防打击对策；组织、指导和监督地方公安机关打击刑事犯罪的侦查工作；承办上级交办的案件；规划刑事技术工作的发展，组织刑事技术推广应用，为重大疑难刑事案件提供技术支援；承担国际刑警组织中国国家中心局职能，负责与国际刑警组织、境外警开展情报交流、协作办案；组织并直接办理跨国（境）案件的侦破和重要案犯缉捕工作。内设机构为：办公室、刑事技术工

gongan fenju
公安分局（the branch bureau of public security）　❶我国直辖市、省会市、自治区首府市、省（自治区）辖市所属市区人民政府设置的依法管理本行政区域内治安、保卫、侦查公安工作的一级公安机关。公安分局隶属于市区人民政府，受市区人民政府领导，同时受上级公安机关领导。公安分局行使县级公安机关的职权，其内部按科级建制设立政保、内保、治安、交通、刑侦、户籍等业务机构。根据工作需要，公安分局在其辖区内设立若干公安派出所、治安派出所作为派出机构。❷直辖市、省会市、自治区首府市、省（自治区）辖市的公安局在其辖区内的大型厂、矿企业和重点工程单位派驻的公安机构，也称公安分局。 （项振华）

gongan jiguan fuzeren
公安机关负责人（person in charge in public security organs）　我国各级公安机关中，承担公安工作领导职责的行政官员。公安机关负责人包括公安部部长、副部长、部长助理，公安厅（局）长、副厅（局）长，公安局长、副局长，公安分局局长、副局长等。我国《刑事诉讼法》第30条规定，公安机关侦查人员的回避，由公安机关负责人决定；公安机关负责人的回避，由同级人民检察院检察委员会决定。第108条规定，为了查明案情，在必要的时候，经公安局长批准，可以进行侦查实验。在刑事诉讼活动中，公安机关负责人除承担刑事诉讼法明文规定的领导职责外，还对立案、侦查活动负领导责任。如果公安机关负责人以侦查人员的身份参与刑事诉讼的立案、侦查活动的，刑事诉讼法对侦查人员的规定同样适用于公安机关的负责人。 （项振华）

gongan paichusuo
公安派出所（police post）　我国城市区公安分局、县（市、旗）公安局派出的公安机构，是公安机关的基层组织。公安派出所一般根据地区大小、人口多寡、社会治安情况以及工作需要的因素在城镇、街道办事处、乡、港口、车站、码头、口岸、繁华地段设置。公安派出所设所长、副所长、指导员、副指导员、警长、户籍警察、治安警察和内勤警察等。依照1954年12月31日第一届全国人民代表大会第四次会议通过的《公安派出所组织条例》，公安派出所的

职权是：保障有关公共秩序和社会治安的法律的实施；镇压反革命分子的现行破坏活动，预防和防止各种刑事犯罪分子的破坏活动；管理户口；管理特种行业和爆炸物品、易燃及其他危险物品；保护刑事案件现场，协助有关部门破案；指导治安保卫委员会工作，在居民中进行有关提高革命警惕、遵守法律、遵守公共秩序、尊重社会公德的宣传工作；积极参加和协助进行有关居民福利的工作。 （项振华）

gonggao songda
公告送达（service by publication） 法院将需要送达的法律文书登载在有关报纸上或者张贴于法院的公告栏中以通知受送达人。公告送达是一种特殊的送达方式。根据《中华人民共和国民事诉讼法》的规定，公告送达适用于以下两种情况：①受送达人下落不明；②采用其他法定送达方式无法送达。由此可见，公告送达是不得已而采用的一种送达方式，只有在采用其他法定送达方式都无法送达的情况下才能使用。公告送达须指定一定期限，指定期限届满后，无论受送达人是否出现，即视为送达。根据《中华人民共和国民事诉讼法》的规定，公告送达的期限，对居住在国内的当事人为3个月，对居住在国外的当事人为6个月。采用公告送达时，法院对应送达的法律文书应妥为保存。以备受送达人随时领取。法院还应当在案卷中记明公告送达的原因和经过，附卷存查。 （何 畏）

gongkai bianren
公开辨认（open identification） 侦查人员组织辨认人在供辨认人或供辨认物的持有人知晓的情况下进行的辨认。对犯罪嫌疑人的公开辨认应在其被采取强制性措施后进行。对物品的公开辨认要请见证人参加。对不知名尸体的辨认一般都采用公开的方式。公开辨认结束后，应制作正式的辨认笔录，并可以作为案件的证据在刑事诉讼中公开使用。 （张玉镶）

gongkai shenli
公开审理（public trial） 与秘密审理相对。依照法律规定，将民事案件的审理过程向群众公开，向社会公开。公开审理是对诉讼案件进行审理的主要方式。除依法应当或者可以不公开审理的案件外，其他案件一律公开进行审理，允许群众旁听，允许新闻报道。公开审理是资产阶级大革命时期，为了反对封建司法中的私设公堂、专横擅断、秘密审判而提出的审判原则，是诉讼制度文明化、民主化的标志之一，我国宪法、诉讼法和人民法院组织法都规定了这一审判制度。公开审理是法院审理民事案件的基本形式，但也有例外。根据我国《民事诉讼法》的规定，凡涉及国家秘密、个人隐私或者法律另有规定的案件，应当不公开审理；离婚案件、涉及商业秘密的案件，当事人申请不公开审理的，可以不公开审理。但是任何诉讼案件，无论是否公开审理，宣判时应一律公开。实行公开审理制度可以将审理活动置于群众的监督之下，既有助于审判人员严格依法办案，提高案件的审判质量，也可以对当事人和其他诉讼参与人进行一定的约束，促使他们依法行使诉讼权利，据实陈述案情和提供证据。同时，实行公开审理能够使群众直观、形象地接受法制教育，增强法制观念，对提高整个社会的法律意识具有重要意义。 （王彩虹）

gongkai shenpan zhidu
公开审判制度（principle of public trial） 人民法院依照法律规定，对民事案件的审理和宣判向群众、社会公开的制度。它是基于社会主义民主和法制原则建立的审判制度。其内容是，凡依法公开审理的案件，一是开庭审理前公告于众，二是开庭审理时允许公民旁听，三是案件的审理过程允许新闻报道，四是依法定程序公开宣判。其功能在于，将案件的审判活动置于群众、社会的监督之下，使法庭的审判活动严格按照法定程序进行，保证法庭对案件的公开审判；使当事人及其他诉讼参与人充分、正确地行使诉讼权利，据实陈述案情和提供证明；以实际的案例教育公民，增强法律意识，提高其知法、守法和用法的能力。

制度的原则与例外 民事案件除法律另有规定应当不公开审理或者可以不公开审理的以外，原则上均应公开审判，不公开审理或者可以不公开审理而未公开审理的案件，宣判时也均应一律公开。根据我国《民事诉讼法》的规定，涉及国家秘密、个人隐私，法律另有规定的案件应当不公开审理；离婚案件，涉及商业秘密的案件，当事人申请不公开审理的，可以不公开审理。应当不公开审理是限制性的规定，可以不公开审理是灵活性的规定，可以不公开审理不等于不公开审理，应视个案情况而定。应当不公开审理和可以不公开审理，并非与公开审理并列，而是公开审理的例外。

制度的贯彻与保障 首先在认识上必须明确公开审理不只是一个审案方式问题，它是审判民事案件的一项基本制度；案件应当开庭审理的必须开庭审理，以保障对案件的公开审理，开庭审理虽不等于公开审理，但公开审理必须是开庭审理；公开审理必须正确运用法定程序；以充分体现民事审判活动的民主性；公开审判不仅要立足于对公民的法制教育，更重要的是接受群众、社会对民事审判活动的公正性进行监督。 （刘家兴）

gongmin youquan yong ben minzu yuyan wenzi jinxing susong

公民有权用本民族语言文字进行诉讼（citizens have the right to conduct proceedings in the native spoken and written languages） 中国《刑事诉讼法》的基本原则之一。其含义是：①在少数民族聚居或者多民族共同居住的地区，使用当地通用的语言进行审理，起诉书、判决书、裁定书、布告和其他诉讼文书使用当地通用的文字。②各民族公民有使用本民族语言文字进行诉讼的权利。③对于不通晓当地通用语言文字的诉讼参与人，人民法院、人民检察院和公安机关应当为他们翻译。这一原则是"中华人民共和国各民族一律平等"以及"各民族都有使用和发展自己的语言文字的自由"的《宪法》（第4条）原则在诉讼法中的具体体现，它是诉讼参与人充分有效地行使诉讼权利的必要保证，是案件得到公正、客观、合法处理的保障。实行这一原则，还有利于公民对诉讼活动进行监督，有利于公安司法机关对公民进行法制宣传教育。

（陈瑞华）

gongpan zhongxin zhuyi

公判中心主义（principle of centre on public trial） 采取当事人主义诉讼结构的国家所确立的刑事诉讼原则。其基本要求是，法官或陪审官应在公开进行的法庭审判过程中通过直接调查证据并听取控辩双方的陈述和辩论后形成对案件事实的主观判断；同时，必须切断由国家追诉机关主导进行的侦查程序与审判程序之间的直接联系，避免法官或陪审官在庭审前因单方面接触控诉方的证据材料而产生预断。英美法系国家和日本的刑事诉讼制度均采用公判中心主义，并在起诉方式方面实行了起诉状一本主义，确立了传闻证据排除规则。意大利1988年《刑事诉讼法典》也采取了当事人主义的诉讼结构，对检察官在向审判法庭正式提起公诉时所移送的证据材料的范围进行了较大限制，使控辩各方的大部分证据都在法庭审判过程中提出和调查，这有助于法官和陪审官对案件事实的认定形成于法庭审判过程中，从而保障公判中心主义的实行。

（陈瑞华）

gongshe bianhuren

公设辩护人（public advocate） 世界一些国家为帮助刑事被告人行使辩护权而设置于法院或政府内部，由法院指定为被告人免费出庭辩护的律师或专门法律人员。是法律援助制度的一种。强制辩护的案件，被告人没有委托辩护人的，法院应当指定公设辩护人为其出庭辩护；非强制辩护的案件，被告人因经济困难无力委托辩护人而要求法院指定，经法院审查符合条件的，法院也应为其指定辩护人。有些国家没有公设辩护人，但法律也规定了类似的法律援助制度，对符合法律条件的被告人，由法院指定律师免费为其辩护或由国家补偿被告人聘请律师的部分或全部费用。我国的法律援助制度规定，法院在必要的时候可以为被告人指定辩护人（见指定辩护），费用由国家负担，或者由律师事务所减收或免收。

（黄　永）

gongshi cuigao chengxu

公示催告程序（procedure for court notice calling for assertion of claims） 对于票据持有人丧失票据或者法律规定可以申请公示催告的其他事项，人民法院根据权利人的申请，以公告的方式，告知并催促利害关系人在指定期限内向法院申报权利。逾期不申报的，依申请，作出除权判决的程序。

公示催告程序的适用范围 各国的规定有所不同，德国民事诉讼法规定的范围最为广泛，分为以下几种：死亡宣告的公示催告，排除土地所有人的公示催告，排除各种债权人的公示催告，宣告证券无效的公示催告。大多数国家都规定有死亡宣告的公示催告和宣告证券无效的公示催告。我国民事诉讼法规定公示催告程序适用于按照规定可以背书转让的票据和其他法律事项。这里的票据主要是指汇票、本票和支票。

公示催告程序的特点 ①公示催告程序是一种非讼程序。在公示催告程序中，不存在民事权益之争，只是通过法院认定丧失票据或其他事项之事实。②公示催告程序是一种除权程序，即通过对丧失票据或其他事项事实的认定，宣告票据无效，使申请人申请行使的权利与已丧失的票据相分离，从而保护权利人的权利。③公示催告程序中利害关系人不明确。适用公示催告程序的案件，只有申请人一方是确定的，而另一方即利害关系人却无法确定。④公示催告程序实行一审终审。

公示催告的审理程序 在我国，公示催告程序的申请人必须是票据或其他事项的持有人或权利人。申请人向票据支付地的基层法院提出申请，必须采用书面方式。人民法院对申请经过审查后，认为不符合申请条件的，裁定驳回申请；认为符合受理条件的，则立案受理，并通知支付人停止支付，同时，在立案后的3日内发出公示催告的公告，以催促不明确的利害关系人申报权利。利害关系人在公示催告期间向法院申报权利，法院认为申报符合条件的，应当裁定终结公示催告程序。如果利害关系人没有在公示催告期间申报权利，或者申报后被法院裁定驳回的，人民法院可以根据申请人的申请，作出除权判决，宣告票据等无效。除权判决应当公告。对于除权判决，利害关系人不得上

诉，判决公告后即发生法律效力。 （万云芳）

gongsu bukefen

公诉不可分（non-separation of public prosecution） 又称诉讼物体不可分原则。德国、日本刑事诉讼法确立的原则。其含义是，检察官对同一刑事案件的一部分事实提起公诉，其效力及于全部。但前提是公诉事实必须同时具有单一性和同一性。根据这一原则，法院对于检察官起诉书虽未记载但与公诉事实有牵连的犯罪事实，也应纳入审判的范围；同时，法院对属于公诉事实的一部分所作的生效裁判，其既判力（见判决的既判力）也及于整个刑事案件。 （陈瑞华）

gongsuci

公诉词（a public prosecuting speech） 公诉人在法庭辩论开始时，对案件带有总结性的发言和评论。公诉词应以起诉书的内容为基础，但非起诉书的简单重复，而是对它的补充和论证。公诉词应在法庭调查得到证实的犯罪事实和证据的基础上，进一步从事实、证据、法律、法理等方面，对犯罪进行更加详尽、有力的揭露，分析犯罪的根源和对社会产生的危害，指明被告人的行为所触犯的法律条款，以及从宽或从严惩处的理由和根据，进行法制宣传教育。而且，公诉词要做到客观、全面、恰当、有理有力、论点明确、证据充分，避免发表抽象的议论或者言过其实，真正起到揭露犯罪、教育群众、宣传法制的作用。 （王 新）

gongsuren

公诉人（public prosecutor） 检察机关指派出席法庭，负有支持公诉和监督审判活动是否合法的职能之检察人员。对于公诉案件，公诉人的任务具有双重性：一是支持公诉，具体包括宣读起诉书、参与法庭调查、发表公诉词、参加法庭辩论等任务；二是进行审判监督，即对法庭审判程序是否合法，裁判是否正确进行监察督促。这就决定了公诉人无论在一审还是在二审，在法庭审判中的地位都是一样的：一方面以国家的名义对犯罪嫌疑人提起控诉，执行控诉职能，享有控诉者的诉讼地位；另一方面对法庭的审判活动是否合法进行监督，享有法律监督者的地位。因而，公诉人是站在国家和法律的立场上来支持公诉和对审判活动实施法律监督的，具有双重的诉讼地位。 （王 新）

gongyi yuanze

公益原则（principle of public benefit） 前苏联刑事诉讼中的一项原则。基本含义是，法院、检察院、侦查机关和调查机关为了维护国家和社会的公共利益，在发现犯罪现象时，都有责任在自己的职权范围内提起刑事诉讼。采取法律规定的一切措施和方法来查明犯罪事件和犯罪人，并使犯罪人受到惩罚，而不以个别人或个别组织的意志为转移。公益原则并不禁止司法机关在刑事诉讼中考虑诉讼参与人的愿望和利益、满足他们的合法要求，而是要求将国家利益与公民个人利益有机地结合起来。公益原则贯穿于刑事诉讼活动的全过程。 （陈瑞华）

gongzheng yuanze

公正原则（principle of justice） 民事程序制度重要的价值原则。民事程序制度是在民事权益发生争议的情况下，用以协调民事权利义务关系，解决民事权益争议的程序制度。民事权益争议存在于平等主体之间，解决平等主体之间的争议，必须有客观公正的程序制度。民事权益问题之争，又多求助于第三者居间解决，第三者在其间必须是处于客观公正的地位。对待平等主体的客观公正性与解决争议者的客观公正性，构成民事程序制度的客观公正原则。客观是正确反映争议的事实，公正是正确确认事实以解决争议的态度，因此，客观公正原则，在程序制度中亦简称公正原则。

公正原则客观基础 公证原则既是与民事法律关系相适应的原则，又是与民事争议主体意愿相适应的原则。民事法律关系是平等主体之间的权利义务关系，在其关系中决定因素是公平交易、正当往来，因此，民事争议的内容本身就要求公正。民事权利义务关系发生纠纷，不论采用何种程序制度加以解决，也不论各方当事人提出何种不同的主张，但其共同的意愿是要求得公正的解决。民事法律关系性质的特征与民事争议主体愿望的共性，决定了民事程序制度的公正性。解决民事争议的公正原则，对保证民事实体法律的贯彻实施，保障当事人的民事权益，以及增强人们对民事程序制度公正性的认识，抑制和预防某些民事冲突和纠纷的发生，均具有重要价值，因而成为重要的价值原则。

民事程序法律中公正原则的体现 我国《民事诉讼法》和《仲裁法》，均以公正为主要的价值取向，在其各自的系列程序中贯彻公正原则，保证程序的公正性。如《民事诉讼法》赋予当事人双方平等的诉讼权利；确定外国人、外国企业和组织在我国法院起诉、应诉，同我国公民、法人和其他组织有同等的诉讼权利义务；规定审判人员应当依法秉公办案；为了保证审判的公正性，在规定当事人对自己的主张有责任提供证据的同时，还规定了为审理案件的需要，人民法院应当调查收集证据以及在一审、二审诉讼程序之后，还规定了审判监督程序等等。我国《仲裁法》第1条首先规定，其立法宗旨是为保证公正、及时地仲裁经济纠纷；规定提交

仲裁必须有双方当事人意思表示一致的仲裁条款或协议，规定仲裁委员会应当从公道正派的人员中聘任仲裁员；任何一方当事人提出证据证明裁决有撤销的法定情形之一的，均可申请撤销仲裁裁决等等，都是公正原则的具体体现。

(刘家兴)

gongzheng

公证（notarization） 经国家认可的公证人（见公证员），对申请人（见公证申请人）申请证明的事项依法予以客观地证明。公证处是国家行使公证权的机关，公证处的公证人员是办理公证事务的人员。可申请公证事项的是法律行为，有法律意义的文书和事实，以及公证机关认为可公证的事项。调整公证的法律规范是国家制定的公证法。

公证的本质特征 客观公正地证明可公证事项的真实性和合法性，公证因其不涉及争议的事项而不同于诉讼，因其只证明当事人有关签章的真实性，不证明公证文书签章的属实性，而不同于外事机关的认证；因其只证明合同的真实性和合法性，不审查和核实合同的可行性，而不同于合同管理机关的鉴证；因其只是对出入境的人需要办理身份证明的予以公证，不是在出入境人所持证件上办理签证或盖章的证明，而不同于出入境主管机关的签证。

公证的规范制度 包括公证的管理制度，程序制度和规则制度。公证的管理制度是指公证处的组织、管理、职能制度；公证的程序制度是指申请公证和受理公证申请、审查申请公证事项、签发公证文书等程序制度（见公证程序）；公证的规则制度是指办理公证事务时公证人员和当事人应当遵守的，具有一定制约性的制度。公证管理制度和程序制度由法律、法规规定，公证的规则制度由公证的主管机关根据有关法律、法规的原则和客观实际需要制定。上述三个方面规范制度的统一和协调，构成国家完整的公证制度。

公证的法律关系 其主体为公证处和公证人员、申请公证的当事人，客体为需要公证的事项，内容是主体申请和办理公证的权利、义务。这种法律关系调整的是公证处和公证员与当事人之间的特定社会关系，其特点是协调性，不具有行政性与抗辩性。

公证的社会功能 对从事法律行为具有养成遵纪守法习惯的功能；对当事人的合法权益具有提供保障的功能；对债权文书具有赋予强制执行力的功能；对某些纠纷的发生具有预防性功能。 (潘剑锋)

gongzheng chengxu

公证程序（procedure of notarization） 法律规定的公证机关办理公证事项或公证当事人进行的公证活动应当遵循的基本步骤和规则。狭义的公证程序仅指公证的一般程序，广义的公证程序则包括公证的一般程序、特别程序和监督程序。

公证的一般程序

申请与受理 公证申请是指公民、法人向公证机关提出办理公证的请求行为及其过程，它是公证活动的最初环节。公证申请由公证申请人提出或其代理人代为提出，提出公证申请应当向公证机关提交公证申请书、申请人身份证明、公证事项的证明材料及法律规定的其他材料，以便于公证机关对公证申请进行审查，决定是否受理。公证受理是公证机关接受公证申请人的公证申请，同意为公证申请人办理公证的行为，其法律后果是：公证申请人获得公证当事人的地位，公证机关与公证当事人形成公证法律关系，该项公证活动依法律规定形式、程序进行。

审查 公证审查是指公证机关受理公证申请之后，依法对公证事项及相关的证明材料进行调查、核实的行为及其过程，它是公证活动的重要环节。公证机关进行审查活动时，应当遵循真实合法和及时迅速的原则。审查的内容主要有：公证申请人的身份；申请人是否具备当事人的资格；当事人所作的意思表示是否真实、确切；需公证的法律行为、法律事实和法律文书内容是否真实、合法；当事人提供的与公证事项有关的材料是否真实、充分，等等。在审查过程中，公证机关在必要的时候有权进行调查活动，有关机关或公民个人有义务协助调查。

出具公证书 出具公证书是指公证机关根据审查的结果，对符合公证条件的公证事项依法制作公证书的行为及其过程，它是公证程序一般程序中的最后一道环节。出具公证书以当事人请求的公证事项符合公证条件为前提。在中国，根据《公证程序规则（试行）》的规定，法律行为公证应符合下列条件：①行为人具有相应的民事行为能力；②意思表示真实；③行为的内容和形式不违反法律、法规、规章或者社会公共利益。有法律意义的事实或文书应符合下列条件：①该事实或文书对公证当事人具有法律上的利害关系；②事实或文书真实无误；③事实或文书的内容不违反法律、法规、规章。赋予债权文书具有强制执行效力的公证，应当符合下列条件：①债权文书经过公证证明；②债权文书以给付一定货币、物品或有价证券为内容；③债权文书中载明债务人不履行义务应受强制执行的意思表示。对符合公证条件的公证事项，由承办公证的公证人员拟定公证书报公证机关的主任或副主任审批，决定是否出具公证书。经审批同意出具公证书的，由承办公证的公证人员制作公证书。公证书制作完毕，由公证机关将公证书送达当事人或其代理人，至此，公证程序归于完结。

在公证程序进行过程中，还应当根据公证过程中遇到相关的问题，适用下列制度：

公证期限 公证机关办理公证事项应当遵循的时间要求。在中国，公证的一般期限是1个月。遇有特殊情况的，公证期限可以经公证机关的主任或副主任批准后适当延长，但最长不得超过6个月。

终止公证 公证机关受理公证后，因法律上规定的原因出现，而使得该公证事项不能继续办理或办理下去已无实际意义，因而结束公证程序的制度。在中国，终止公证的法定情形有：①因当事人原因致使在6个月内不能办结的；②公证书生效前当事人撤回申请的；③因当事人死亡（法人终止）不能继续办理或继续办理已无意义的。

拒绝公证 公证机关在公证过程中发现公证事项具有法定情形或在公证过程中出现其他法定原因时，决定不予公证的制度。在中国，拒绝公证的法定原因有：①请求公证的公证事项中所涉及的行为、事实或文书不真实、不合法；②当事人有妨害公证机关工作的行为，如弄虚作假、提供伪证、阻挠公证人员正常工作等。

公证的特别程序 公证机关办理特殊类型的公证事项所适用的程序。中国法律在公证程序中设立特别程序，其主要目的是为了适应某些特殊事项公证的需要。特别程序只适用于法律规定的特殊事项的公证，法律未规定的事项，不得适用特别程序。依中国法律适用特别程序的公证事项有：招标、投标、开奖、拍卖、遗嘱、公证调解等。

招标、投标、开奖、拍卖的公证程序 鉴于此类公证活动当事人的不特定性和整个活动的无法恢复原状和不可重复性，法律要求对该类事项的公证，公证员必须亲临现场，对活动的真实性、合法性进行审查、监督，对符合条件的行为，当场宣读公证词，并在7月内向当事人送达公证书。公证证明从宣读公证词之日起生效。

遗嘱的公证程序 遗嘱的确立，往往涉及到立遗嘱人和遗嘱受益人合法权益的保护，而遗嘱是否真实、合法，对相关利害关系人利益的影响是至关重大的。为了确保遗嘱的真实、合法，法律要求遗嘱公证要由两名公证人员共同办理，由其中一名公证员在公证书上署名。在特殊情况下，遗嘱公证可以由一名公证员办理，但要求在办理公证时，应由一名与公证事项无利害关系并能签署姓名的公民作为见证人在场，见证人应当在遗嘱和公证笔录上签名。

提存的公证程序 由债务人向债务履行地的公证机关提出提存审查，公证机关对申请依法予以审查，对符合提存条件的，公证机关同意办理提存公证。接受提存后，由公证机关以通知书或公告的方式通知债权人在一定的期限内到公证机关领取提存标的物。对不易保存的物品或债权人到规定期限不领取的提存物品，公证机关有权拍卖，并保存其价款。通常情况下，办理提存手续后，申请人不得取回提存物，但如果申请人有法院的裁判书或其他能证明提存之债已清偿的证明，则可据此要求取回提存物而取回提存的，在此种情况下，视为没有发生提存。从提存之日起，超过20年无人领取的提存物，视为无主财产，交归国库。

公证调解程序 依《公证程序规则》规定，当事人对经公证机关公证的公证事项发生了纠纷，可以请求公证机关调解，经调解达成协议的，公证机关给予公证，调解未达成协议的，公证机关应停止调解，告知当事人到有关司法机关或组织请求解决。

公证的监督程序 为保证公证申请人的合法权益能得到维护和公证机关的公证行为的合法性、正确性而设立的一种程序制度。在中国，公证监督程序包括公证复议和申诉两个程序。

公证复议 根据公证当事人的申请，有关司法行政机关对公证处或下一级的司法行政机关作出的有关公证活动的决定的正确性、合法性进行复核，并作出相应决定的活动。其基本程序是：公证当事人对公证处作出的不予受理、拒绝公证的决定以及公证处或司法行政机关作出的撤销公证书的决定有异议的，可以在接到决定之日起10日内向有关司法行政机关申请复议；对公证处的决定有异议的，应向公证处的本级司法行政机关申请复议；对司法行政机关的决定不服的，应向上一级司法行政机关申请复议。司法行政机关接受当事人的复议申请后，应当对当事人的申请所指向的决定予以审查，并在收到申请之日起2个月内作出复议决定。复议决定根据审查结果的不同情形而作出。原有关决定正确的，决定维持原决定；原有关决定有错误的，则决定予以受理公证申请或公证处应对有关公证事项予以公证，或维持原公证书的法律效力，或撤销原公证书等等。复议决定作出后，应当立即送达申请人。如果申请人对复议决定不服，可以在接到复议决定书后15日内向人民法院提起行政诉。

公证申诉 公证当事人对公证机关的决定不服或认为公证人员的公证行为违法而向司法行政机关请求纠正公证机关的错误决定或错误行为的活动。申诉权是公民的一项民主权利，公证申诉是公民该项权利在公证程序中的运用。公证申诉没有严格的程序，申诉人在任何时候均可提出申诉请求，司法行政机关对当事人的请求应当复核、审查，但法律上未规定受理申诉的机关在多长时间之内应作出复核决定，也未赋予申诉人可就申诉复核的决定提出诉讼的权利。（潘剑锋）

gongzhengchu

公证处（public notary office） 由国家设立的，专门负责办理公证事务，代表国家行使公证权的公证机关。在西方国家与公证处类似的机构是公证人事务所。《中华人民共和国公证暂行条例》第3条规定:"公证处是国家公证机关。"公证机关的职责是办理公证事务和相关的法律事务,其主要任务是依法证明法律行为,具有法律意义的文书和事实的真实性和合法性,以保护国家的公共财产,保护公民身份上、财产上的权利和合法利益。在中国,公证处原则上是以市、县为基本单位,按地域设置,公证处分为直辖市公证处,市、县公证处,市辖区公证处。经主管司法行政机关的批准,省、自治区、自治州、特别经济区也可以设立公证处,公证处之间没有隶属关系。各公证处在各自的辖区内行使公证权,独立办理公证业务,所出具的公证书具有同等的法律效力。行政上,公证处受司法行政机关的领导、管理和监督。

公证处的公证人员包括 公证员和助理公证员(见**公证员助理**)。根据行政上的需要,公证处可以设主任、副主任,由具有公证员资格的人担任,负责公证处的行政管理事务。公证处的主任、副主任在办理公证业务时,得以公证员的身份;助理公证员协助公证员办理公证事务,若需要其出具公证书时,得以代理公证员的名义。公证处除了上述人员外,还可以根据公证处的需要,聘任办事员、打字员、秘书和其他行政人员,这些人员均不办理公证业务,他们的主要任务是辅助公证员办理公证业务。

(潘剑锋)

gongzheng feiyong

公证费用(charge of notarization) 公证当事人申请公证按规定应当向公证机关交纳的费用。在西方国家,公证费用通常包括有公证人为当事人进行公证而应得到的报酬。在中国,公证费用基本上不包括公证人员的劳动报酬,而属于国家法律规定应当收取的一种司法规费。依据中国的《公证费收费规定》,公证费用的征收方法主要有:①按件征收,即每件公证事项按规定收取相对固定的公证费,如委托、遗嘱、身份、出生等公证事项,每件征收10元。②按标的金额的比例征收,即按公证事项所涉及的标的金额,确定一定的比例征收公证费用,如房屋转让或买卖合同的公证,按房屋价格的3‰征收公证费。③按年度收费,即按公证事项所涉及的时间、经历的年度来征收公证费用,如保管遗嘱或其他文件,每年征收5~10元。此外,办理外国人、外侨、港澳台同胞的公证,加倍收费。《办理公证费收费标准》未直接规定征收数额的公证事项,可比照类似公证事项的收费标准征收。在中国,公证费用的征收统一由公证机关负责,公证员个人不得私自收取费用;收取公证费得向当事人出具收据;对一定范围内的公证事项,当事人交纳公证费确有困难的,经公证处主任或副主任决定,可以减收或免收公证费。因公证机关的过错造成公证书被依法撤销的,公证机关应当将已收取的公证费退回当事人;因当事人的过错而撤销公证书的,公证费用不予退还;因当事人与公证机关双方过错而撤销公证书的,公证费用酌情退还一部分。

(潘剑锋)

gongzheng guanxia

公证管辖(jurisdiction of notarization) 各公证机关之间在受理公证事务方面的权限范围的划分。公证机关在法律规定的范围内办理公证事务的职权,称为公证管辖权。只有对享有管辖权的公证事务作出的公证,才会产生公证的法律效力。公证管辖的确立,一方面明确了各公证机关之间受理公证事务的权限范围,另一方面也确定了公证申请人应就申请的公证事项到哪个公证机关去申请公证。世界上多数国家的公证法律、法规就管辖问题作了比较原则的规定,一般将公证机关的辖区限定于相关司法机关的辖区,如德国、意大利的法律均规定公证人的辖区与其住所地法院的辖区一致,公证人原则上只可在其辖区范围内行使公证权;韩国的法律则规定公证人的职务辖区与地方检察厅的辖区一致,公证人也只有在辖区内行使公证权方能有效。中国的公证法规对公证管辖作了比较详细的规定,依不同的标准,确立了不同种类的管辖制度。

地域管辖 根据公证机关的辖区(即公证机关所在地的行政区)与公证当事人住所地、请求公证的法律行为或事实的发生地以及不动产所在地的关系划分公证事务的管辖。它是中国公证管辖中最主要、最基本的一种管辖。根据《中华人民共和国公证暂行条例》和《公证程序规则(试行)》的规定,一般公证事项,由当事人住所地的公证处管辖;公证事项为法律行为或事实的,由法律行为或事实发生地公证处管辖,但涉及不动产转让的公证事项,则由不动产所在地公证处管辖;收养公证由收养人或被收养人住所地公证处管辖,涉外及涉港、澳、台地区的收养公证,由被收养人住所地公证处管辖;财产(动产)转移的公证事项,由申请人户籍地或主要财产所在地的公证处管辖。

协商管辖 两个以上的公证机关对同一公证事项均有管辖权,根据当事人的协商或公证处之间的协商而确定由某一个公证处对该公证事项行使管辖权的一种管辖制度。协商管辖形成的前提条件是依地域管辖的规定,两个或两个以上的公证处对同一公证事项都有管辖权,因此需通过协商来确定管辖。在中国,协商管辖有两种形式,一是当事人协商管辖。申请办理同一公证事务的若干当事人的户籍所在地不在一个公证处辖区,或者财产所在地跨几个公证处辖区时,由当事人协商,确定一个享有管辖权的公证处行使管辖权。二是公证处协商管辖。在当事人就哪个公证处行使管辖权协商不成时，由有关的公证机关从便民原则出发，协商确定管辖。

指定管辖 由上级司法行政机关指定某类或某个公证事项由某一公证处行使管辖权而确定的管辖。指定管辖发生在下列两种情况：①两个以上的公证处因管辖权的行使问题发生争议，由他们的共同上级司法行政机关指定管辖；②某项公证业务的特殊需要或公证处的意外情况，而由有关司法行政机关指定管辖。《公证暂行条例》第14条规定："司法部和省、自治区、直辖市司法行政机关有权指定某项事务由某一公证处办理。""直辖市、省（自治区）辖市公证处与该市所辖区、县（市）公证处之间的管辖划分，由省、自治区、直辖市司法厅（局）确定。"此外，若某个公证处因意外原因如火灾、地震，导致该公证处暂时无法办理公证事务时，由其上级司法行政机关指定其他的公证机关行使管辖权。

特殊管辖 根据国际条约、双边协定以及法律的有关规定，在某些特殊情况下，由特定的组织、机关或人员行使公证职责的管辖。这类管辖主要有三种情况：①使、领馆管辖。根据国际公约或条约（如《维也纳领事公约》、《中美领事条约》、《中蒙领事条约》）的规定以及国内法律（如《公证暂行条例》的规定），中国驻外使、领馆有权办理驻在国的中国公民申请的公证事务。②经司法行政部门授权行使公证权的委托公证人。如中国司法部在香港委托香港律师作为公证人，这些委托公证人因此而有权办理香港发往内地使用的文书的公证证明。③法律赋予有关机构或人员所作出的有关证明与公证文书有同等效力。这主要是针对某些特殊情况的规定，目的在于保证相关利害人的合法权益。依国际惯例及国内有关法律规定，国家商检机关签发的各种鉴定证明书、国家卫生部门出具的健康检查证明书、死亡证明书、出生证明书，商标管理机关出具的商标注册证，某些公职人员（如远洋船的船长、登山队的队长、军队首长）对其所属人员在特殊情况下（如远洋、登山、作战过程中）所作出的遗嘱证明与公证书具有同等的法律效力。　　　　　　　　（潘剑锋）

gongzheng quan
公证权（right of notarization） 对公证事项进行审查及决定是否出证的权力。国家法律赋予公证机关或公证人（见公证员）享有公证权，以便他们开展公证活动，实现公证的基本任务。

公证权具有以下几个特征：①公证权只有公证机关或公证人依法享有，其他国家机关、社会团体或个人不享有该项权力。②公证权由公证机关或公证人独立行使，其他任何机关、社会团体或个人不得非法干涉。公证权的独立行使，是证明公证事项客观真实性的基本保证。③公证结果的有效性。公证权行使结果的主要表现是公证机关或公证人对公证事项出具公证书，证明其客观真实性，该证明具有法律效力（见公证效力）。

公证权的具体内容主要包括：①受理公证申请权。公证机关或公证人有权依法决定是否受理当事人的公证申请。②对公证事项的审查权。公证机关或公证人有权对当事人提出的公证事项予以审查，审查当事人所提供的有关材料是否足以说明该公证事项的客观真实性。③对公证事项的出证权。在审查的基础上，公证机关或公证人有权决定是否对公证事项出具公证书。出证的表现形式是向当事人出具公证书，其实质是公证机关或公证人对公证事项的客观真实性予以确认，因此，出证权是否依法行使，对公证是否客观真实具有决定性意义。

公证权的主要功能是：①公证权是公证机关或公证人进行公证活动的基础。它确定了公证机关或公证人在公证活动中的法律地位，决定了公证机关或公证人在公证活动中享有什么权力和应履行什么职责。②公证权是公证活动有效进行的保障。公安机关或公证人如何受理公证审查，如何对公证事项的有关材料进行审查，以及公证申请人如何进行有关活动，均与公证权的正确行使有密切的关系。③公证权为当事人的正当权利和合法权益的保护提供了有效的法律手段。公证的主要任务是证明有法律意义的法律行为、法律文书和法律事实的客观性和真实性。这一任务的实现，实质上是公证机关或公证人依法行使公证权的必然结果，当事人通过申请公证，由公证机关或公证人行使公证权，为自己的正当权利和合法权益的维护提供了保障。公证权的实现，得通过公证机关或公证人的公证活动，而公证权行使是否合法，决定了公证结果是否产生真正的法律效力。　　　　　　　　　（潘剑锋）

gongzheng shenqingren
公证申请人（applicant for notarization） 以自己名义向公证机关提出办理公证请求的人。公证申请人应当是具有民事权利能力的自然人或法人。亲自到公证机关申请，还应当具有民事行为能力。限制行为能力、无行为能力的申请人申请公证，应当由其法定代理人代为进行。公证申请人申请公证，既可以自己向公证机关提出，也可以委托他人代为申请，但根据中国有关法律、法规和有关文件规定，办理遗嘱、遗赠扶养协议、赠与、认领亲子、收养、解除收养、委托、声明、生存及其他与当事人人身有密切关系的公证事项，公证申请的提出，应当由申请人本人亲自提出，不能委托他人代为提出申请。居住在国外或港、澳、台地区的公证申请人委托他人代为申请公证的，其委托书要求采用公证的形式,即须由当地公证机关或我国委托的公证人或我国使、领馆公证。公证申请人提出公证申请,符合公证条件的,公证申请人即取得公证当事人的法律地位,享有公证当事人的权利和履行公证当事人的义务。 (潘剑锋)

gongzheng shenqingshu
公证申请书(application for notarization) 公证申请人向公证机关提出办理有关事项公证的请求的书面形式。公证申请书的内容一般包括:申请人及代理人的基本情况;请求公证的事项;支持公证请求的理由及根据的有关材料;公证书的用途及其他需说明的问题;申请人签名及申请公证的时间。在中国,为了方便公证申请人及公证处的档案管理,公证机关印制了公证申请表。公证申请表是表格化了的公证申请书,因此,公证申请人申请公证,只需填写公证申请表而不需另外再写公证申请书。公证申请表的内容与上述公证申请书的内容基本相同。公证申请书既是公证申请人申请公证时提出公证请求所作的书面意思表示,同时也是公证机关办理相关的公证事项的重要根据。公证申请书的形式是否符合要求,其记载的内容是否符合申请公证的条件并与实际情况相符,决定了公证机关是否受理公证申请。 (潘剑锋)

gongzheng shixiang
公证事项(notarized matters) 公证机关根据法律规定和公证机关的职权可以办理公证的法律事务,公证事项的内容及范围,通常是在公证法中予以规定,但是,随着公证实践的发展和社会经济形势的变化,一些在公证法中未予规定的内容,在公证机关的主管部门制定的有关规章中作了规定。在中国,根据《中华人民共和国公证暂行条例》和司法部有关规章的规定,公证事项主要有:①法律行为的证明,主要包括:国内经济合同的证明;涉外经济合同的证明;民事合同的证明;收养关系的证明;遗嘱的证明;继承权的证明;委托关系的证明;招标、投标、拍卖、抽奖等法律行为的证明,等等。②有法律意义的事实的证明,主要包括:法律事件的证明,如出生、死亡、自然灾害、意外事件等的证明;非争议的法律事实的证明,如亲属关系、学历、经历、居住地址、健康状况、国籍、民族等事实的证明。③具有法律意义的文书的证明,包括专利证书、商标注册证书、成绩单、营业执照等文书的证明,主要证明文件内容的真实,或文件的印章、签名属实,或文件副本、复印件、译本等与原本内容相符等。④无疑义的债权文书的证明,并赋予其强制执行力。⑤其他公证事项。《中华人民共和国公证暂行条例》第4条第14项规定:

"根据当事人的申请和国际惯例办理其他公证事务。"这方面的公证事务,主要是随着经济形势的发展,根据社会的需要而在公证实践中予以确定。

公证机关在办理公证事项的同时,依法律规定,还办理一些与公证事务有关的辅助性事务,如保全证据、保管遗嘱等法律文件,代当事人书写有关法律文书等。 (潘剑锋)

gongzhengshu
公证书(notary deed) 又称公证证书。公证机关依法定程序和格式制作的并发给当事人使用的一种法律文书。获得并使用公证书是当事人申请公证的主要目的,出具公证书,是公证机关行使公证权的结果,公证书的内容与质量直接关系到公证的法律效力。影响到公证的职能在社会生活中的作用。因此,各国公证法或公证法规均要求公证书得依法定程序和格式制作。

公证书只能由公证员在进行了有关公证活动之后制作并签署,其他不享有公证权的人员无权制作公证书,更无权签署公证书。依《公证程序规则(试行)》规定,公证员制作的公证书应包括如下内容:①公证书编号。记明年度、公证处代码、公证书类别、公证书编码。②当事人基本情况。包括当事人姓名、年龄、性别、职业、住址等;当事人是法人的,记载法人名称、地址。③公证证词。主要说明公证的具体事项、证明的范围和内容、证明的法律根据等,此部分为公证书的核心内容。④承办公证员的签名或签名章,出证日期。有的国家法律还规定,若公证书有若干页的,得在公证书中说明公证书的页数(如日本),或必须在公证书的每页装订线加盖骑缝章(如韩国)。公证书不得随意涂改、修补,必须修改的,修改处应加盖公证处校对章。

多数国家的法律都规定制作公证书应当适用本国通用的文字,在少数民族聚居或者各民族共同居住的地区,也可以适用当地民族通用的文字。根据当事人的要求,公证书可附外文译本。在中国,公证书制作后,公证书原本及正本一份由公证处负责存档保存,公证书正本和若干份副本送发给当事人供当事人使用,公证书副本一般应加盖副本章。公证书一般情况下自公证书出具之日起生效。 (潘剑锋)

gongzheng xiaoli
公证效力(legal effect of notarization) 公证证明产生的法律后果。公证证明的内容是由公证书来表现的,因此,公证效力也就是公证书的效力。公证的效力主要表现为下列三个方面:

证明效力 公证书具有证明公证书中所证明的事

项真实、合法的证明力。世界上不少国家都在有关法律中赋予了公证文书在诉讼中通常可以直接作为有效证据予以适用的效力(如法国、德国)。在中国,《民事诉讼法》对公证书的证明作用作了如此规定:"经过法定公证程序证明的法律行为、法律事实和文书,人民法院应当作为认定事实的根据。但有相反证据足以推翻公证证明的除外。"这一规定表明,在诉讼中,公证书较其他文书具有更强的证明力。在通常情况下,公证证明所确认的事实,即被认为是客观存在、合法的事实。在国际上,公证书的证明作用得到普遍的认可,进行国际民事、经济、文化、体育以及各方面的交往,公证机关出具的公证书所证明的事实,一般都会被有关机关、团体、组织认可为真实、合法的事实。

强制执行力 经公证机关出具的公证书证明并依法赋予执行力的有关债权文书,具有在债务人不履行义务时,债权人可以向法院申请强制执行的效力。在中国,目前具有执行力的公证书只限于公证机关赋予执行力的债权文书,而在世界上的其他一些国家,如德国、法国,具有强制执行力的公证书范围是相当广泛的,《法国公证法》第10条规定,"公证证书不仅具备裁判上的证明力,而且在法兰西共和国的全部领域内具有执行力。"公证书的强制执行力是基于公证书确认的事实是真实、合法这一基础上的,如果公证书有错误或公证书是伪造的,则该公证书不具有强制执行力。

作为法律行为成立的法定要件的效力 即依法律、法规的规定,某一法律行为的成立,应当依该行为已经经过公证为条件,否则,该法律行为不能成立。在世界上,许多国家都在民法中将公证作为有关民事法律行为成立的要件之一,如《法国民法典》规定,"对不动产的强制出卖,仅得根据公证及执行证书进行。"《德国民法典》规定,"法律规定得用书面方式时,文件必须由书面作成人亲自签名或以画押方式签署并由公证人公证","契约需要公证证明订立"等等。在中国,有关法律、法规、地方性法规也规定了一些法律行为得经公证方能成立,这些法律行为主要包括:抵押担保贷款;土地使用权的出让、转让、赠与、抵押、交换;房产、股权、产权和票据的转让;招标、拍卖、提存;收养关系的确立;公证遗嘱的变更;房屋拆迁协议的订立等等。随着国家法律制度的逐步完善,公证作为重大的法律行为成立的要件之一,已在越来越多的法律或规章中作了明确规定。　　　　　　　　　　　(潘剑锋)

gongzheng xingwei

公证行为(act of public notary) 公证机关依公证权在公证过程中所进行的活动。有狭义与广义之分。狭义的公证行为是指公证机关对某一具体公证事项予以证明,赋予其公证效力的行为,如证明某一文书上签字属实的行为。广义的公证行为则包括公证机关为证明公证事项依公证权而进行的一系列活动,具体包括:①公证受理。公证机关接受公证申请人的公证申请,并同意对公证事项予以办理的行为。公证受理通常标志着公证机关公证行为开始。②公证审查。公证机关受理公证之后,在制作公证书之前,对公证申请人申请的公证事项及提供的有关证明材料进行调查和核实的行为。公证审查是公证活动中最重要的公证行为之一,其内容又可分为对公证事项及其有关证据的调查和对证据的核实两项。公证审查的目的是为了明确公证申请人的身份及其与申请的公证事项的关系,查明申请公证的事项是否真实合法,有关的证明材料是否完备和真实,为公证机关决定是否出证奠定基础。③出具公证书。公证机关根据公证审查的结果,对符合公证条件的公证事项,依法定程序予以出具公证书的行为。该行为是公证机关依法行使公证权的结果,通常也是公证行为中的最终行为。上述行为,是最主要的一些公证行为,在公证活动中发生的其他一些行为,如公证机关所进行的委托其他公证机关调查、拒绝公证、公证复议、公证调解等行为,也属于广义上的公证行为。　　　　　　　　(潘剑锋)

gongzhengyuan

公证员(public notary) 在公证机关专门负责办理公证事项的人员。其主要职责是受理、承办具体的公证事项,草拟、出具公证文书并在公证书上署名。在西方国家,称为公证人。作为公证员,应符合国家法律规定的有关条件。一般而言,多数国家都要求公证员必须是成年的本国公民,有完全的行为能力,有选举权和被选举权,身体健康,具备良好的职业道德,具有大专或大本以上文化程度。有的国家(如日本、法国)要求必须是法律专业本科毕业,经国家有关部门考试合格,由有关部门或人员任命。符合上述条件者,一般还得通过一定时期的业务实习,才可以正式取得公证员资格。依《中华人民共和国公证暂行条例》第8条的规定,在中国可以被任命为公证员的人,应当具有选举权和被选举权,并符合下列条件之一:①经见习合格的高等法律专业毕业生,并从事司法工作、法律教学工作或者法学研究工作1年以上的;②在人民法院、人民检察院曾任审判员、检察员职务的;③在司法行政机关从事司法业务工作2年以上,或者在其他国家机关、团体、企业事业单位工作5年以上,并具有相当中等法律学校毕业的法律知识的;④曾任助理公证员2年以上的。

公证员履行职责,应当遵守国家法律的有关规定,依公证程序进行。公证员承办公证业务,原则上应当在公证处或公证事务所进行,只有对某些特殊事项,如招标、拍卖等的公证,可以依法律规定在其他场合进行。公证员无正当理由,不得拒绝当事人的公证申请。公证员对自己承办的公证事项,有义务保守秘密。公证员在职期间,原则上不得兼任其他机构或组织的职务。在西方及拉美的一些国家,如法国、德国、阿根廷、秘鲁等,他们的公证人法中均规定,公证人在职期间,不得长期离开公证人办公所在地。公证员在职期间,未能履行公证员职责或违反法律规定办理公证事项或严重违背公证员职业道德的,有关机构或人员有权免除公证员的职务。 （潘剑锋）

gongzhengyuan zhuli

公证员助理（assistant to public notary office） 协助公证员办理公证事项的公证业务人员。依《中华人民共和国公证暂行条例》的规定,称助理公证员,由直辖市、县、市人民政府依照干部管理的有关规定任免;《公证员职务执行条例》颁布后,改称公证员助理。在中国,公证员助理的任职条件是:有选举权和被选举权;高等法律专业毕业生或中等法律学校毕业生,见习1年期满,经考试合格,初步掌握必要的法律基础知识和公证业务知识,基本了解公证程序,能办理公证业务中的有关事务性工作。公证员的岗位职责是:处理群众来信、来访;代写公证的有关材料,收发、管理、发送文件和公证文书,整理、装订和保管公证案卷;接待公证申请人,审核当事人的资格和所提交的材料,制作谈话笔录;协助公证员调查、取证;负责证后回访、立案归档等辅助性工作。公证员助理不得以公证员助理的名义出证,在特殊情况下,公证员助理不得不出公证书时,得以代理公证员的名义出具。 （潘剑锋）

gongzheng yuanze

公证原则（principle of notarization） 公证机关进行公证活动时必须遵守的基本准则。该准则对公证活动具有指导意义,并作用于公证过程中。公证原则在公证活动中的作用,决定了公证原则在公证法或公证法规中的重要地位,其效力高于一般的公证制度和公证的一般规定,在同部法律或法规中,公证原则若与一般的公证制度或公证的一般规定相冲突时,则以公证法中确定的公证原则为行为准则。纵观世界各国公证法规,多数国家并未在公证法或公证规章中就公证原则设专章予以专门规定,但在公证的相关制度中,则或多或少的就公证原则作了规定,以确定有关公证活动的行为准则。

根据《中华人民共和国公证暂行条例》的规定,我国公证法规中所确立的公证原则主要有:①客观真实原则。要求公证人员必须审查当事人申请公证的事实和文书以及有关文件是否真实,以保证公证证明的内容是客观真实的。②合法原则。要求公证机关办理公证事项的内容、形式和程序都必须符合国家的法律规定。③公证机关独立办理公证原则。公证机关是国家设立的专门负责办理公证事务的证明机关,公证权由公证机关独立行使,其他任何机关、团体和公民个人不得非法干涉。④自愿公证与必须公证相结合原则。在通常情况下,国家机关、社会团体及公民个人均不得强迫他人申请公证。尊重当事人意愿,自愿办证是公证活动的基本准则之一。但另一方面,国家为了保证某些重要的法律行为的有效性,在法律法规中要求进行这些重要的法律行为时必须进行公证。因此,在国家法律的要求下,某些法律行为必须经过公证。⑤公证员亲自办理公证事务的原则。要求公证员亲自进行一系列公证活动,掌握与公证事项相关的第一手材料,并根据事实情况依法作出出具公证书或拒绝公证或终止公证的决定。⑥回避原则。要求公证人员不能办理与其本人、配偶和他们的近亲属有利害关系的公证事项,以保证公证的客观真实性。⑦保密原则。要求公证人员必须保守在办理公证事项过程中所了解到的国家秘密和当事人的秘密,以维护国家利益和当事人的合法权益。⑧便民原则。要求公证机关办理公证事项要注意方便群众,提高公证机关的工作效率,为群众申请公证及办理相关的公证手续提供便利条件。⑨使用中文或民族文字原则。要求公证员在办理公证及制作公证文书时,通常应当使用中文,在少数民族聚居地,应当使用当地通晓的语言文字。

（潘剑锋）

gongji zhengju

攻击证据（evidence of attack） 又称为"控诉证据"或"不利于犯罪嫌疑人、被告人的证据"。与"防御证据"、"辩护证据"或"有利于犯罪嫌疑人、被告人的证据"相对。见控诉证据。

gongshu zhengju

供述证据（testimonial evidence） 以人的陈述形式证明案件真实情况的证据,包括证人证言,被害人陈述,犯罪嫌疑人、被告人供述和辩解,鉴定结论。供述证据一般应用言词形式表达,只有在法律另有规定的情况下,才可以用书面形式提出。供述证据必须在法庭上经过控、辩双方询问、质证,才能作为定案的根据。供述证据根据其内容的不同,可以分为体验供述和意见供述,前者系供述人对自己亲身感知的事实的陈述;后者系供述人表达自己对案件有关情况的意见。

（熊秋红）

gong tongyi jianding keti
供同一鉴定客体（subject for identification） 作为解决被同一鉴定客体是否同一的客体。分为两个：一个是现场物证材料，一个是嫌疑样本材料。前者是被寻找客体在现场遗留的物质反映形象，是从现场上提取的、具有证据意义的、不能更换的材料；后者是特意从受审查客体那里取得的，仅供鉴定之用，不具有证据意义，可以随意更换。所以鉴定中绝对不能将两者混淆起来。同一鉴定的目的是解决被同一鉴定客体，即受审查客体和被寻找客体是否同一，而不是认定被同一鉴定客体与它的物质反映形象是否同一，也不是认定物质反映形象之间是否同一。被同一鉴定客体与它的物质反映形象之间是不可能同一的，只能自身和自身同一。被同一鉴定客体与它的物质反映形象之间虽然存在着反映和被反映的关系，同一客体的各物质反映形象虽然具有某种共性，但它们毕竟不是同一个事物，因而是绝对不可能等同的。所以，鉴定时，还必须把供同一鉴定客体和被同一鉴定客体区别开来，以保证同一鉴定的科学性和客观性。 （张玉镶）

gongtong guanxia
共同管辖【民事诉讼】（co-jurisdiction） 几个法院对同一民事案件都具有管辖权。又称多数管辖、竞合管辖。共同管辖是民事诉讼中，在适用法定管辖制度时所形成的积极管辖冲突。依照一般地域管辖（见地域管辖），由被告所在地法院行使对案件的管辖权，如果一个案件的被告有数人，并且其所在地（一般为住所地或居所地）各不相同时，就会出现数被告所在地法院对该案均可行使管辖权的情况。依照特殊地域管辖（见地域管辖），侵权纠纷引起的诉讼，由侵权行为地即行为发生地或结果所在法院管辖，如果一个案件的侵权行为发生地或侵权结果地的法院分属不同的区域，也会形成几个法院对该案都有管辖权的情况。此外，被告所在地、侵权行为地或不动产所在地等确定法院管辖的某一个联系点还可能连续跨越或散布于数法院的管辖区域内，同样也会引起数个法院对同一案件都有管辖权的情况。解决这种积极的管辖权冲突，一般是通过赋予案件的原告以一定的选择权来解决，即通常规定的选择管辖。共同管辖与选择管辖是相辅相成的。共同管辖是选择管辖的前提，没有共同管辖的形成，就没有选择管辖的必要；选择管辖则是共同管辖的落实，共同管辖形成后必须通过选择管辖确定对案件的管辖法院。因此，我国民事诉讼法中有如下的规定：两个以上人民法院都有管辖权的诉讼，原告可以向其中一个人民法院起诉；原告向两个以上有管辖权的人民法院起诉的，由最先立案的人民法院管辖。 （阎丽萍）

gongtong guanxia
共同管辖【行政诉讼】（concurrent jurisdiction） 两个以上人民法院对同一个行政诉讼案件共同具有管辖权。共同管辖是行政诉讼特殊地域管辖（见行政诉讼地域管辖）的又一种界定形式。行政诉讼中遇有下述情况时，发生共同管辖：①经过行政复议的案件，复议机关改变了原具体行政行为（见可诉性行政行为）的，既可以由最初作出具体行政行为的行政机关所在地人民法院管辖，也可以由行政复议机关所在地人民法院管辖。②当事人对限制人身自由的行政强制措施不服而提起的诉讼，既可以由原告所在地人民法院管辖，也可以由被告所在地人民法院管辖。这是《行政诉讼法》在立法中，为便利原告诉讼规定的特殊共同管辖。③因不动产提起的诉讼，由不动产所在地人民法院管辖，如果不动产所在地跨越两个人民法院辖区，也会发生共同管辖。归纳上述，有两种基本情况可能造成共同管辖：第一，同一行政诉讼的被告不止一个，而且被告不在同一个人民法院辖区。第二，同一行政诉讼的财产所在地或侵权行为发生地不在同一个人民法院的辖区，以致几个人民法院都有管辖权。

发生共同管辖的情况，应依照《行政诉讼法》第20条的规定："两个以上人民法院都有管辖权的案件，原告可以选择其中一个人民法院提起诉讼。"这一规定，是为了解决共同管辖冲突问题，其出发点是原告有选择权，而不是人民法院选择管辖。为了进一步解决管辖冲突，《行政诉讼法》第20条又规定："原告向两个以上有管辖权的人民法院提起诉讼的，由最先收到起诉状的人民法院管辖。"因为先行收到起诉状的人民法院已经开始进入诉讼程序，如此规定，有利于诉讼的进行，从而正确地解决了管辖冲突。如果两个人民法院同时收到了起诉状，那么就应通过指定管辖（见行政诉讼指定管辖）来解决问题了。 （王振清）

gongtong susongren
共同诉讼人（co-litigant） 在民事诉讼中，当事人一方或双方为2人以上的诉讼，称为共同诉讼。原告一方为2人以上，称为共同原告；被告一方为2人以上，称为共同被告。共同原告和共同被告均为共同诉讼人，大陆法系中有的国家称之为多数当事人。共同诉讼是诉（见民事诉讼之诉）的主体合并，从而使法院对数个当事人之间的诉讼一并审理、裁判，既有利于简化诉讼程序，节省当事人和法院的时间和费用，提高诉讼效益，也有利于法院避免在同一事件或同类诉讼事件上作出相互矛盾的判决。

共同诉讼制度在各国民事诉讼法中得到了普遍承认，尤其在大陆法系国家的民事诉讼法中对共同诉讼制度都作了具体规定。《德国民事诉讼法》规定："数当事人对于诉讼标的有共同权利,或根据同一的事实上及法律上的原因而享有权利负担义务时,可以作为共同诉讼人共同起诉或共同被诉"。"为诉讼标的的请求或义务是同种类的并且是由基本上同种类的事实上及法律上原因发生的,数当事人也可以作为共同诉讼人共同起诉或被诉。"《日本民事诉讼法》也有类似的规定:"诉讼标的的权利或义务,为数人所共同或因同一事实上或法律上原因时,该数人可以作为共同诉讼人起诉或应诉;诉讼标的的权利或义务为同一种类而且基于事实上及法律上同一种类的原因时,亦同。"我国现行《民事诉讼法》也规定了共同诉讼:"当事人一方或双方为2人以上,其诉讼标的是共同的,或者诉讼标的是同一种类,人民法院认为可以合并审理并经当事人同意的,为共同诉讼。"

共同诉讼人在诉讼理论上可分为必要共同诉讼人和普通共同诉讼人。必要共同诉讼人是当事人一方或双方为2人以上,其诉讼标的是同一的共同诉讼。必要共同诉讼要求共同诉讼人必须一同起诉或一同应诉,未一同起诉或应诉的,应予以追加。并且人民法院必须合并审理,作出同一判决。因而必要共同诉讼是一种不可分的共同诉讼。诉讼标的是同一的,即对诉讼标的有共同的权利或义务。它的形成基于两种情况:一种是必要共同诉讼人基于实体法上的共有关系或连带责任关系而形成对诉讼标的的共同权利或共同义务。另一种是基于一定的事实或法律上的原因而形成共同诉讼人对诉讼标的的共同权利或共同义务。必要共同诉讼人在诉讼中不仅存在与对方当事人之间的外部关系,还存在必要共同诉讼人之间的内部关系,即共同诉讼人一人的行为对其他共同诉讼人的影响。在外国民事诉讼法中,一般采取"有利说"原则,即必要共同诉讼人中一人的行为,有利于共同诉讼人的,对全体共同诉讼人有效,不利于全体共同诉讼人的无效。如《日本民事诉讼法》规定:"在全体共同诉讼人必须合一才能确定诉讼标的的情况下,其中一人的诉讼行为,只有有利于全体时,发生效力。"我国《民事诉讼法》采取的是协商一致的原则:"共同诉讼的一方当事人对诉讼标的有共同权利义务的,其中一人的诉讼行为经其他共同诉讼人承认,对其他共同诉讼人发生效力"。

当事人一方或双方为2人以上,其诉讼标的是同一种类的,法院将其合并审理的诉讼是普通共同诉讼。普通共同诉讼中的共同诉讼人即为普通共同诉讼人。普通共同诉讼人之间对诉讼标的不存在共同的权利或义务,将它们联系在一起是由于诉讼标的属于同一种类。因此普通共同诉讼人既可以共同起诉、应诉。也可以单独起诉、应诉。法院对于诉讼标的属于同一种类的诉讼,如果认为可以合并审理并经当事人同意后,可以作为共同诉讼予以合并,反之则可分别进行审理。即使法院作为共同诉讼合并审理的,也应当分别就双方当事人之间的权利义务作出裁判,因此普通共同诉讼是一种可分的共同诉讼。正由于普通共同诉讼人之间对诉讼标的不存在共同的权利义务关系,因此普通共同诉讼人中一人的诉讼行为,不会对全体共同诉讼人发生效力。并且普通共同诉讼人中个人遇到诉讼中止或终结的原因,只对个人的诉讼活动发生中止或终结的后果,不影响其他共同诉讼人诉讼活动的正常进行。

(阎丽萍)

guluoma de chengshi susong chengxu
古罗马的程式诉讼程序(formal procedure at ancient Roman law formula) 古罗马帝国初期实行的一种诉讼程序。罗马进入帝国初期,经济出现了繁荣局面。罗马在向外扩张并征服了地中海区域后,商品生产逐步发达起来,货币活动剧增,这又推动着罗马的对外贸易往来,同时,海陆交通的发展,使东西方商品交换日益频繁。商业和对外贸易的日益发达,使形式严格、程序繁琐的法律诉讼程序(见古罗马的法律诉讼程序)不能适应经济发展的需要,此时,程式诉讼程序应运而生。与法律诉讼程序相比,程式诉讼程序呈现出很大的民主性。首先,程式诉讼程序摒弃了法律诉讼程序重形式而忽视实质的古板的形式主义,是由当事人双方合意接受裁判官制定的程式。其次,它克服了法律诉讼程序只适用于罗马市民的狭隘民族性的弊端,而适用于所有涉讼的罗马人和外国人。再次,程式诉讼程序舍弃了法律诉讼程序中当事人必须亲自到庭的规定,允许有正当理由不能到庭的被告委托他人代理自己出庭。如果原告没有正当理由不出庭,若没有被告的申请,裁判官是无权传唤的,只能是原告自动丧失自己的权利。如果被告申请法庭传唤原告而原告仍不出庭,可以缺席判决,缺席的一方当事人不能对此判决提起上诉。最后,在一定的条件下,程式诉讼程序还对不服判决的当事人给予救济,即当事人因某种法律关系而蒙受显不公平的损害时,在别无其他救济方法的情况下,如果有正当理由,蒙受不公平损害的当事人在一定时间内予以请求后,裁判官可以撤销该项行为,回复过去的原状。另外,程式诉讼程序提高了裁判官的司法职权,这给予宗教僧侣垄断司法权一个重大打击。程式诉讼程序在改进法律诉讼程序的同时,仍然保留了法律诉讼程序的一些旧的规定,如沿用了法律审理和事实审理两段审理的旧制(见古罗马的法律诉讼程序);裁决仍由原告自己执行,而不是由国家机关执行。

(万云芳)

guluoma de falü susong chengxu
古罗马的法律诉讼程序(legal procedure at ancient Roman law per legis actions) 古罗马时期实行的一种诉讼程序。该诉讼程序主要适用于罗马建国至公元前 1 世纪的罗马共和国时期。这种程序非常拘泥于手续形式,要求诉讼必须合乎法定的模式,具有浓厚的形式主义。当事人不仅要严格使用既定的法律套路,而且履行法律手续必须遵循严格的公开的诉讼方式,完成特定的复杂行为,既不能错误,也不允许变更,否则就会败诉。同时,法律诉讼的进行应采取法律规定的方式,例如当事人在诉讼进行中提供保证金作为担保;债权人对确定的债务以拘押债务人而求得补偿的实施拘押式;不必等到法院作出确定判决,债权人就可以对债务人的财物进行扣押的实施扣押式;由原告向裁判官陈述,通知被告 30 天后到案,共同指定承审员以审判其讼争案件的通知返还式;当事人直接请求裁判官指定承审员解决讼争的请求指定承审员式等。由古罗马城邦历史环境及国与国之间经济交往的不发达所决定,法律诉讼程序仅仅适用于罗马市民,而在罗马居住的外国人则得不到司法保护。另外,法律诉讼程序还要求诉讼当事人双方必须亲自到庭,不能委托他人代为进行诉讼。同时,由于没有缺席判决的规定,所以,如果一方当事人不到庭,法院就不再对案件进行审理。诉讼程序分为"法律审理"和"事实审理"两个阶段。法律审理的内容为:审理权利人的诉权是否为法律所承认;请求权属于什么性质;适用法律的情节等。该阶段到主审官认为有理由并将案件交由承审员审理时结束。事实审理阶段,主要是由承审员对证据进行审查,并按照主审官指示的法律要点进行判决。随着古罗马经济的不断发展,法律诉讼程序的局限性越来越明显,此后便为程式诉讼程序(见古罗马的程式诉讼程序)所取代。 (万云芳)

guluoma de feichang susong chengxu
古罗马的非常诉讼程序(extraordinary procedure at ancient Roman law cognifis extraordianria) 古罗马帝国后期实行的一种诉讼程序。古罗马帝国后期,社会矛盾日益尖锐,经济日渐衰落,专制进一步被加强。适应罗马皇权加强以及社会经济条件复杂化的需要,非常诉讼程序应运而生。该程序具有下列特点:①取消了法律审理和事实审理两个阶段结合才能完成诉讼程序的规定(见古罗马的法律诉讼程序),案件自始至终由裁判官进行审理。②裁判官的审判权加强了,如审判权由裁判官统一行使,他可以独立作出判决,不受其他人的牵制和约束。③契约性因素大多被取消,对诉讼中所进行的各种问题,都采取自由主义。④出现了"辩护士"。非常诉讼程序对辩护士即诉讼代理人的资格、选任等规定了比较硬性的规定,如必须是受过 5 年高等法律教育的、有行为能力的品质端正的男性公民,才有资格充任诉讼代理人。同时,选任诉讼代理人时,必须是在法庭上进行,还要使用一定的术语,另外,被代理人的对方当事人必须到场,否则,如果对方当事人并不知晓选任代理人之事,则选任代理不成立,被选任的人没有代理人的资格。当然,随着商业的发达,代理制度舍弃了一些不甚合理之处,如选任时不一定要用一定的术语,对方当事人也不必到场,但是,代理人出庭应诉时,依然是用自己的名义,而不是用被代理人的名义。⑤非常诉讼程序确立了上诉制度。当时,司法官是由行政官吏兼任的,诉讼的审级是按行政系统划分的,所以,上诉的管辖机关很多,也没有审级的限制,只要对判决不服,当事人就可以向原审法院声明,或者在判决后 10 天内具状申诉,并且可以一直上诉到皇帝。后来,法律规定了某些案件不能上诉,同时,当事人不能滥用上诉权,否则将比照被上诉人诉讼费用对上诉败诉的一方科以 4 倍的罚金,后来又规定罚金数额由裁判官斟酌决定。⑥执行权专属原审裁判官,原告人不得自己执行。 (万云芳)

guge jianyan
骨骼检验(examination of skeleton) 对尸骨进行的种属、性别、年龄、身高、血型、损伤等法医学检验。骨骼检验多用于无名尸体、无名尸骨和碎尸案件的鉴定。检验步骤分为:

人骨与兽骨的鉴别 常用的方法可用肉眼观察,将被检验的骨骼排成人形,比对骨骼的形态、大小、长短、粗细、牙齿等特征来判断。若有头骨时,则人骨与兽骨极易识别。有时骨骼不全,仅为骨片和碎骨,这时需做组织学检查,将骨磨成骨片或制成骨组织切片进行镜检,一般都易识别。人骨哈佛氏管形态规则,多呈圆形,管径大;兽骨哈佛氏管不规则,管径小,内层板发达。此外,还可用抗人血清沉淀反应,如阳性结果,即为人骨。

一人骨与多人骨的鉴别 如果发现许多尸骨,可按解剖学的骨骼形态特征,按顺序将骨骼排成人形,比对各骨的数目、大小、形态,各骨之间的连接关系是否吻合,左右两侧是否对称,是否有重复的骨骼出现,则一般不难识别是一人骨还是多人骨。如骨为碎片或残缺不全时,可做骨的血型检验以鉴别一人骨还是多人骨。

骨的性别鉴定 一般男性骨粗大,骨面粗糙,肌峰明显,骨质重,骨板厚。女性骨纤细,骨面光滑,骨峰微小,骨质轻。但最明显可靠的方法,是根据颅骨和骨盆的形态特征进行鉴定。男性颅骨粗大而重,前额倾斜度大，眉弓发达突出，鼻骨大而宽，乳突发达，颜骨粗壮发达近于方形，枕外隆起明显。女性颅骨小而轻，前额倾斜度小，眉弓不发达较平坦，鼻骨小而窄，乳突不发达，颜骨呈弧形，枕外隆起不明显。男性骨盆高而窄，入口纵径小于横径，呈心形，出口狭小，髂翼高而陡，耻骨联合高，耻骨弓呈倒V型，闭孔呈卵圆形。女性骨盆宽而短，入口横径大于纵径，呈横椭圆形，出口宽大，髂翼低而向外张开，耻骨联合低，耻骨弓呈倒U型，闭孔呈三角形。

  骨的年龄推断 可以根据颅骨骨缝的愈合情况，四肢骨骨骼愈后情况，耻骨联合面的形态变化，牙齿的生长情况，牙齿磨损程度或制骨磨片在显微下观察哈佛氏管的大小来判断年龄。

  骨的身高测定 把全身骨骼以解剖学位置排成人形，所量长度加5厘米，即为死者身高。若知一骨之长，也可以推测身高，如大约肱骨的5倍，股骨的3.7倍，再加5厘米即为身高（根据统计材料，人体某些长骨的长度乘上一定的系数，即得该人身高的概数）。近年来又推出长骨多元回归方程和颅周多元回归方程来计算身高。

  骨的血型鉴定 骨骼含有血型物质，因此可以鉴定其血型。先将骨磨成或砸成粉末，粘在胶纸上，然后按血痕血型检验的方法进行检验。

  此外，有时还需鉴别骨损伤属生前伤还是死后伤，如有骨荫和板障出血，即为生前伤。确定为生前伤后，根据损伤形态，还可以判断出致伤凶器。（李宝珍）

guzhe
骨折（fracture） 骨骼在承受外力作用超出自身强度极限时而发生的断裂。骨折的分类：按皮肤是否破裂分为开放性骨折和闭合性骨折；按骨折的性状分为完全骨折和不完全骨折；按着力部位分为直接骨折和间接骨折；按骨折的形态分为骨质缺损、线形骨折、凹陷性骨折、孔状骨折和粉碎性骨折。法医学鉴定中最常见的是颅骨骨折，其次是肋骨骨折、脊柱骨折、四肢骨折及骨盆骨折。骨折断端常常会刺破周围组织，甚至危及生命。如颅骨骨折可引起脑损伤；肋骨骨折可能引起胸膜甚至心肺损伤；脊柱骨折可引起脊髓损伤；四肢骨折可引起脂肪栓塞；骨盆骨折可引起膀胱、子宫等损伤。（李宝珍）

guyou zhi biyao gongtong susong
固有之必要共同诉讼（necessary joinder） 我国台湾现行民事诉讼法中必要共同诉讼的一种。就诉讼标的之权利或法律关系，必须数人一同起诉或一同被诉，且诉讼标的对于数人必须各一确定诉讼而言。共同诉讼人一同起诉或应诉，是法院对该诉讼进行审理并作出判决的条件。即原告起诉应与己方之共同诉讼人共同提起，或应对对方的共同诉讼人一并提起，否则，即为当事人之适格有欠缺，法院有权以原告之诉无理由而驳回起诉。在固有之必要共同诉讼中，共同诉讼人中一人的诉讼行为，有利于全体共同诉讼人的，对全体发生效力；对方当事人对于共同诉讼人中一人的行为，其效力及于全体共同诉讼人；共同诉讼人中一人出现了中止诉讼的情况，其效力及于全体共同诉讼人。根据台湾现行民事诉讼法的有关规定，可以提起固有之必要共同诉讼的情形有：债权人依台湾民法第244条第2项行使撤销权之诉时，应以债务人及受益人为被告；请求分割共有物之诉，应由同意参与起诉之人一同起诉，而以不参与起诉之其他共有人为共同被告；第三人提起撤销婚姻之诉，应以夫妻为共同被告；就母再婚后所生子女确定其父之诉，应以母之配偶及前配偶为共同被告，等等。（彭伶）

guanlian xianchang
关联现场（relative scene） 主体现场以外同犯罪行为相关联的地点。犯罪分子在关联现场进行的活动，是其整个犯罪活动的组成部分，如犯罪分子实施犯罪行为之前窥视、踩点、逗留的地方，作案后隐藏赃物、抛掷尸块、毁坏或抛弃犯罪工具或其他物证的场所。关联现场是整个案件现场的有机组成部分，从不同角度不同侧面反映了犯罪的发展过程。侦查实践中常常可以见到犯罪分子对主体现场想方设法进行伪装和破坏，而对关联现场却往往不予注意，因而关联现场也能够提供一些真实情况，甚至提供某些重要的痕迹、物品。注意寻找并加强关联现场的勘验，对于收取证据、查明案情，同样具有重要作用。（张玉镶）

guanyu chengren he zhixing waiguo zhongcai caijue gongyue
《关于承认和执行外国仲裁裁决公约》（1958）（Convention on the Recognition and Enforcement of Foreign Arbitral Awards 1958） 1958年在联合国国际商事仲裁会议上缔结的公约。联合国国际商事仲裁会议，是根据联合国经济和社会理事会1956年5月3日604号决议，于1958年5月20日至6月10日在联合国会址纽约召开，有45个国家正式出席了会议。会议在联合国经济及社会理事会特别委员会提出的草案的基础上，经讨论研究，形成了《关于承认和执行外国仲裁裁决公约》，1958年6月10日通过，1959年6月10日正式生效，也称《纽约公约》，从此取代了1927年的《关于执行外国仲裁裁决的公约》。

《纽约公约》共16条,前7条是实质性条款,后9条是程序性条款。主要规定了缔约国承认与执行外国仲裁裁决的义务和条件,主要内容如下:

要求所有各缔约国应当承认当事人之间签订的仲裁协议或契约中之仲裁条款在法律上的效力;仲裁裁决,因自然人或法人之间争议而产生且在声请承认及执行地所在国以外之国家领土内作成者,其承认及执行适用本公约。公约亦适用于经声请承认及执行地所在国认为非内国裁决的仲裁裁决。但任何缔约国可在互惠的基础上声明,本国只对在另一缔约国领土内所作成的仲裁裁决的承认和执行适用该公约。缔约国也可声明,本国只对根据本国法律属于商事法律关系所引起的争执适用该公约(公约第1条);各缔约国应承认仲裁裁决具有拘束力,并依援行裁决地之程序规则及公约所载条件执行之。承认和执行适用本公约之仲裁裁决时,不得较承认或执行内国仲裁裁决附加过苛之条件或征收过多之费用(公约第3条);声请承认和执行裁决的当事人应当提供:原裁决之正本或其正式副本;仲裁协议或载明仲裁条款之契约的原本或其正式副本。如果上述仲裁裁决或仲裁协议不是用被请求承认或执行的国家的正式文字作成,则申请人应提供译文,该译本应由官方或经宣誓的译员或外交、领事人员认证;如果一方当事人能够提供证据证明有下列情形之一时,可依其请求拒绝承认及执行仲裁裁决:①签订仲裁协议的当事人依对其适用之法律有某种无能为力情形者;或该协议依当事人作为协议的准据法律属无效者;或未指明以何法律为准时,依裁决地所在国法律属无效者。②作为裁决执行对象的当事人,没有被给予指定仲裁员或者进行仲裁程序的适当通知,或由于其他情况而不能对案件提出意见。③裁决涉及仲裁协议所没能提到的,或者不包括在仲裁协议规定之内的争执;或裁决内含有对仲裁协议范围以外事项的决议。④仲裁庭的组成或仲裁程序与当事人之间的协议不符,或无协议而与仲裁地所在国法律不符。⑤裁决对当事人各方尚无拘束力,或已经由裁决地所在国或裁决所依法律之国家的主管机关撤销或停止执行。

此外,如果申请承认和执行仲裁裁决地国家的主管机关认定有下列情形之一时,也可拒绝承认和执行仲裁裁决:依该国法律,争执事项系不能以仲裁方法解决者;承认和执行仲裁裁决有违该国公共政策者。

截至目前,已有84个国家批准或加入了《纽约公约》,并且该公约对许多国家的国内法、双边公约以及一些区域性公约的确立都产生了广泛的影响。

1986年12月2日,我国第六届全国人大常委会第十八次会议作出了加入该公约的决定。1987年4月22日,公约对我国生效。我国在加入《纽约公约》时,提出两项保留声明:①中华人民共和国只在互惠基础上对在另一缔约国领土内作出的仲裁裁决的承认和执行适用该公约;②中华人民共和国只对中华人民共和国法律认定为属于契约性和非契约性商事法律关系所引起的争议适用该公约。所谓"契约性和非契约性商事法律关系",指的是由于合同、侵权或者根据有关法律规定而产生的经济上的权利和义务关系,例如货物买卖、财产租赁、工程承包、加工承揽、技术转让、合资经营、合作经营、勘探开发自然资源、保险、信贷、劳务、代理、咨询服务和海上、民用航空、铁路、公路的客货运输以及产品责任、环境污染、海上事故和所有权争议等,但不包括外国投资者与东道国政府间的争端。为了执行《纽约公约》,我国最高人民法院还专门发布了《关于执行我国加入的〈承认及执行外国仲裁裁决公约〉的通知》,对执行该公约的若干问题作出了明确规定。

(阎丽萍)

guanyu jianchaguan zuoyong de zhunze
《关于检察官作用的准则》(Guidelines on the Role of Prosecutors) 联合国制定的有关检察官的资格、甄选、培训及其在刑事诉讼中的作用的国际法律文件。1990年8月27日至9月7日,在古巴首都哈瓦那召开的第八届联合国预防犯罪和罪犯待遇大会上获得一致通过,并经同年联合国大会批准。这一国际法律文件由序言和执行两部分组成,共24条。

关于检察官的资格、甄选和培训,该准则规定:"获选担任检察官者,均应为受过适当的培训并具备适当资历、为人正直而有能力的人"。"各国政府应确保检察官受过适当的教育和培训,应使其认识到其职务所涉的理想和职业道德,宪法和其他法规中有关保护嫌疑犯和受害者的规定,以及由国家法律和国际法所承认的各项人权和基本自由"。

关于地位和服务条件,该准则规定:"检察官作为司法工作的重要行为者,应在任何时候都保持其职业的荣誉和尊严","各国应确保检察官得以在没有任何控制、阻碍、侵扰、不正当干预或不合理地承担民事、刑事或其他责任的情况下履行其专业职责"。

关于在刑事诉讼中的作用,该准则强调检察官的职责应与法院的审判职能严格分开,"检察官应在刑事诉讼(包括提起诉讼)中和根据法律授权或当地惯例,在调查犯罪、监督调查的合法性、监督法院判决的执行和作为公众利益的代表行使其他职能中发挥积极作用"。检察官在履行职责时应"不偏不倚地履行其职能,并避免任何政治、社会、文化、性别或其他形式的歧视";"保证公众利益,按照客观标准行事,适当考虑到嫌疑犯和受害者的立场,并注意到一切有关的情况,无论是否对嫌疑犯有利或不利"。该准则第14条规定:"如若一项不偏不倚的调查表明起诉缺乏根据,检察官不应提出或继续检控,或应竭力阻止诉讼程序"。第15条规定:"检察官应适当注意对公务人员所犯的罪行,特别是对贪污腐化、滥用权利、严重侵犯人权、国际法公认的其他罪行的起诉和依照法律授权或当地惯例对这种罪行的调查"。第16条规定:"当检察官根据合理的原因得知或认为其掌握的不利于嫌疑犯的证据是通过严重侵犯嫌疑犯人权的非法手段,尤其是通过拷打或者残酷的、非人道的或有辱人格的待遇或处罚或以其他违反人权办法而取得的,检察官应拒绝使用此类证据来反对采用上述手段之外的任何人或将此事通知法院,并应采取一切必要的步骤确保将使用上述手段的责任者绳之以法"。

关于酌处职能,该准则规定:"有些国家规定检察官拥有酌处职能,在这些国家中,法律或已公布的法规或条例应规定一些准则,增进在检控过程中作出的裁决包括起诉和免予起诉的裁决的公正性和连贯性"。此外,该准则还对准则的遵守和纪律处分程序等问题作了规定。

(程味秋)

guanyu kouya haiyun chuanbo de guojigongyue
《关于扣押海运船舶的国际公约》(1952)(International Convention Relating to the Arrest of Seagoing Ships(1952))　1952年5月在布鲁塞尔召开的第九届海洋法外交会议上签订的,一项旨在确立为保全海事请求而扣押船舶的某些统一法律规定的国际条约,简称《扣船公约》。公约共18条。其主要内容为:①确定了海事请求的含义和范围,条约详细列举了17项原因,海事请求是基于条约所列一个或一个以上原因引起的请求。缔约国得因公约规定的任何请求而在其管辖区域内扣押悬挂其他缔约国旗帜的船舶。②规定了扣船的范围,适用公约扣押的船舶只能是引起海事请求的当事船舶,或是在发生海事请求时属于该当事船舶所有人的任何其他船舶。如系光船租赁,则承租人而非登记船舶所有人,应对与该船有关的海事请求负责。光船租赁即船壳租赁,船舶所有人将一艘空船交付于承租人,船员的安排、经营方式、保险、维修等都由承租人负责。请求人得在不违反本公约规定的条件下扣留该船,或为该光船承租人所有的任何其他船舶,但登记船舶所有人的其他船舶不得因此种海事请求而被扣。③扣留船舶只能由执行扣留的缔约国法院或适当的司法机关进行。在当事者提供足够的保证金或其他担保之后,扣留船舶的法院或其他适当司法机关应允许释放在其管辖区域内扣留的船舶。并且一艘船舶在任何缔约国的任何一个或一个以上的管辖区内,不得因同一海事请求而被同一请求人扣留一次以上,亦不得提交一次以上的保证金或其他担保。④扣留船舶之后,如果扣船国家的法律赋予法院以管辖权,或有条约规定的情形时,扣船国家的法院得就该扣船案件的实体问题作出判决。

《扣船公约》于1955年11月20日生效。在公约上签字的国家有:西德、比利时、巴西、丹麦、西班牙、法国、希腊、意大利、墨西哥、尼加拉瓜、英国、南斯拉夫。截至目前,批准公约的国家有:比利时、埃及、法国、英国、希腊、梵蒂冈、葡萄牙、西班牙、南斯拉夫。加入本公约的国家有:阿尔及利亚、柬埔寨、刚果、哥斯达黎加、法国(包括海外属地、多哥及喀麦隆)、英国(包括斐济、直布罗陀等29个英联邦国家及属地)、海地、马达加斯加、尼日利亚、巴拉圭、瑞士。1984年该公约进行了修改,扩大了船舶扣押的范围。目前中国还没有加入该公约。

(阎丽萍)

guanyu lüshi zuoyong de jiben yuanze
《关于律师作用的基本原则》(Basic Principles on the Role of Lawyers)　联合国制定的有关律师在刑事诉讼中的作用的国际法律文件。1990年8月27日至9月7日,在古巴首都哈瓦那召开的第八届联合国预防犯罪和罪犯待遇大会上获得一致通过,并经同年联合国大会批准。这一国际法律文件由序言和执行两部分组成,共29条。

关于被告人有权获得辩护,该基本原则第1条规定:"所有的人都有权请求由其选择的一名律师协助保护和确立其权利,并在刑事诉讼的各个阶段为其辩护"。第5条进一步规定:"各国政府应确保由主管当局迅速告知遭到逮捕或拘留,或者被指控犯有刑事罪的所有的人,他有权得到自行选定的一名律师提供协助"。第7条规定:"各国政府还应确保,被逮捕或拘留的所有的人,不论是否受到刑事指控,均应迅速得到机会与一名律师联系,不管在何种情况下至迟不得超过自逮捕或拘留之时起的48小时"。

关于法律援助,该基本原则第3条规定:"各国政府应确保拨出向穷人并在必要时向其他处境不利的人提供法律服务所需的资金和其他资源。律师专业组织应在安排和提供服务、便利和其他资源方面进行合作"。第4条规定:"应特别注意对穷人和其他处境不利的人给予帮助,使他们得以维护自己的权利并在必要时请求律师协助"。

关于律师职务秘密,该基本原则第8条规定:"遭逮捕、拘留或监禁的所有的人应有充分机会、时间和便利条件,毫无迟延地、在不被窃听、不经检查和完全保密情况下接受律师来访和与律师联系磋商。这种协商可在执法人员能看得见但听不见的范围内进行"。第22条进一步规定:"各国政府应确认和尊重律师及其委托人之间在其专业关系内所有联络和磋商均属保密关于保障律师合法权益，第 16 条至第 22 条集中规定了律师履行职责"而不受到恫吓、妨碍或不适当的干涉"、"自由地同其委托人进行磋商"，依法履行职责而不会"受到或者被威胁会受到起诉或行政、经济或其他制裁"，律师执行职务发表的言论"应享有民事和刑事豁免权"，"主管当局有义务确保律师有充分的时间查阅当局所拥有或管理的有关资料、档案和文件，以便律师能向其当事人提供有效的法律协助。应该尽早在适当时机提供这种查阅机会"。

关于律师的义务和责任，该基本原则规定："律师应随时随地保持其作为司法工作重要代理人这一职业的荣誉和尊严"。具体规定律师对其委托人负有的职责应包括："对委托人的法定权利和义务，以及在与此种权利和义务有关的范围内，对法律系统的运作，提出咨询意见；以一切适当的方法帮助委托人，并采取法律行动保护他们的利益；在法院、法庭或行政当局面前给委托人以适当的帮助"。

关于律师的资格和培训，该基本原则规定："各国政府、律师专业组织和教育机构应确保律师受过适当教育和培训，具有对律师的理解和道德义务以及对国内法和国际法所公认的人权和基本自由的认识"。此外，该基本原则还对律师的专业组织以及纪律处分等问题作了规定。

(程味秋)

guanyu sifa jiguan duli de jiben yuanze
《关于司法机关独立的基本原则》(Basic Principles on the Independence of the Judiciary)

联合国制定的有关保证司法机关独立的国际法律文件。1985 年 8 月 26 日至 9 月 6 日，在意大利米兰召开的第七届联合国预防犯罪和罪犯待遇大会上获得一致通过，并经同年联合国大会批准。这一国际法律文件由序言和执行两部分组成，共 20 条。

关于司法机关的独立，该基本原则规定："各国应保证司法机关的独立，并将此项原则正式载入其本国的宪法或法律之中。尊重并遵守司法机关的独立，是各国政府机构及其他机构的职责"。"司法机关应不偏不倚、以事实为根据并依法律规定来裁决其所受理的案件，而不应有任何约束，也不应为任何直接或间接不当的影响、怂恿、压力、威胁或干涉所左右，不论其来自何方或出于何种理由"。"司法机关应对所有司法性质问题享有管辖权，并应拥有绝对权威就某一提交其裁决的问题按照法律是否属于其权力范围作出决定"。

关于司法人员的言论自由和结社自由，该基本原则规定："司法人员与其他公民一样，享有言论、信仰、结社和集会的自由；但其条件是，在行使这些权利时，法官应自始至终本着维护其职务尊严和司法机关的不偏不倚性和独立性的原则行事"。

关于资格、甄选和培训，该基本原则规定："获甄选担任司法职位的人应是受过适当法律训练或在法律方面具有一定资历的正直、有能力的人。任何甄选司法人员的方法，都不应有基于不适当的动机任命司法人员的情形。在甄选法官时，不得有基于种族、肤色、性别、宗教、政治或其他见解、民族本源或社会出身、财产、血统或身份的任何歧视，但司法职位的候选人必须是有关国家的国民，这一点不得视为是一种歧视"。

关于服务条件，该基本原则规定："法官的任期，法官的独立性，保障、充分的报酬，服务条件、退休金和退休年龄应当受到法律保障"。"如有法官晋升制度，法官的晋升应以客观因素，特别是能力、操守和经验为基础"。

关于职业保密和豁免，该基本原则规定："法官对其评议和他们在公开诉讼外履行职责时所获得的机密资料，应有义务保守职业秘密，并不得强迫他们就此类事项作证"。"在不损害任何纪律惩戒程序或者根据国家法律上诉或要求国家补偿的权利下，法官个人应免予因其在履行司法职责时的不行为或不当行为而受到要求赔偿金钱损失的民事诉讼"。

关于纪律处分、停职和撤职，该基本原则规定："除非法官因不称职或行为不端使其不适于继续任职，否则不得予以停职或撤职"。"一切纪律处分、停职或撤职均应根据业已确立的司法人员行为标准予以实行"。

(程味秋)

guanyu xiang guowai songda minshi huo shang shi sifa wenshu he sifa wai wenshu gongyue
《关于向国外送达民事或商事司法文书和司法外文书公约》(海牙，1965)(Convention on the Service Abroad of Judicial and Extra-judicial Documents in Civil or Commercial Matters 1965)

1965 年海牙国际私法会议上制定的司法协助公约。公约共 3 章 31 条，主要对民商事案件中需向国外送达司法文书或司法外文书的方式和程序做了规定，并以此公约取代了 1905 年和 1954 年《民事诉讼法公约》的第 1~7 条。

公约规定的送达方式有：①通过外交人员或领事代表直接将司法文书或司法外文书送达受送达人。②通过外交途径送达，每一缔约国都有权使用领事途径为送达的目的将文件转交给另一缔约国指定的机关。③在受送达人所在地国不反对的情况下，也可采取邮寄送达，或直接请求受送达所在地国的司法人员、司法官员或其他主管人员协助送达,或由诉讼当事人直接交由受送达人所在地国的司法人员、司法官员或其他主管人员送达。依公约提出的送达请求,只有在被请求国认为此项请求的执行有损其主权和安全时,才得被拒绝。被请求国不得仅以根据其国内法对诉讼案件有专属管辖权,或者以其国内法不允许该请求所依据的诉讼行为为理由拒绝送达。如果拒绝了某项请求,中央机关应立即通知请求人并说明拒绝的理由。

目前,该公约的参加国已有30多个。1991年3月20日,中国全国人民代表大会常务委员会通过了《关于批准加入〈关于向国外送达民事或商事司法文书和司法外文书公约〉的决定》,该决定主要作了如下说明:①根据公约第2条、第9条的规定,指定中华人民共和国司法部为中央机关和有权接受外国通过领事途径转递的文书的机关。②只有在受送达人是文书发出国国民时,才能采取公约第8条第1款规定的方式,即通过外交代表或领事人员送达的方式送达。③反对采用公约第10条规定的方式在中国境内进行送达。④根据公约第15条第2款声明,在符合该款规定的各项条件的情况下,即使未收到任何送达或交付的证明书,法官仍可不顾该条第1款的规定,作出判决。⑤根据第16条第3款的声明,被告要求免除丧失上诉权效果的申请只能在自判决之日起1年内提出,否则不予受理。

中国全国人大常委会上述《决定》的"说明"中涉及的该公约的有关条文的内容如下:公约第2条:每一个缔约国应指定一个中央机关,负责根据第3条至第6条的规定,接受来自其他缔约国的送达请求书,并予以转递;该中央机关应依其本国法律组成。

公约第8条:每一缔约国均有权直接通过其外交或领事代表机构向身在国外的人完成司法文书的送达,但不得采取任何强制措施。任何国家均可声明其对在其境内进行此种送达的异议,除非该文书须送达给文书发出国国民。

公约第10条:如送达目的地国不表示异议,本公约不妨碍:①通过邮寄途径直接向身在国外的人送交司法文书的自由;②文书发出国的司法助理人员、官员或其他主管人员直接通过送达目的地国的司法助理人员、官员或其他主管人员完成司法文书的送达的自由;③任何在司法程序中有利害关系的人直接通过送达目的地国的司法助理人员、官员或其他主管人员完成司法文书送达的自由。

公约第15条:如须根据本公约向国外递送传票或类似文书,以便送达,而被告没有出庭,则在确定以下情况之前,不得作出判决:①该文书已依文书发往国的国内法所规定的在国内诉讼中对其境内的人送达文书的方式予以送达或②该文书已依本公约规定的其他方式被实际交付被告或其居所;并且,在上述任何一种情况下,送达或交付均应在能保证被告进行答辩的足够时间内完成。每一缔约国均可声明,只要满足下述条件,即使未收到送达或交付的证明书,法官仍可不顾本条第1款的规定,作出判决:①已依本公约所规定的一种方式递送该文书;②法官根据具体案件认为自递送文书之日起不少于6个月的适当期间已满;③尽管为获取证明书已通过文书发往国的主管机关尽了一切合理的努力,但仍未收到任何种类的证明书。

虽有上述各款规定,法官仍可在紧急情况下决定采取任何临时性或保护性的措施。

公约第16条:如须根据本公约向国外递送传票或类似文书,以便送达,且已对未出庭的被告作出败诉判决,则在满足下述条件的情况下,法官有权使被告免于该判决因上诉期间届满而产生的丧失上诉权的效果:①被告非因自己的过失,未能在足够期间内知悉该文书,以便提出答辩,或未能在足够期间内知悉该判决,以便提起上诉,并②被告对该案的实质问题提出了表面可以成立的答辩理由。被告只能在其知悉该判决的合理期间内提出免除丧失上诉权效果的申请。

每一缔约国均可声明对在该声明中所指明的期间届满后提出的申请不予受理,但这一期间在任何情况下均不得少于自判决之日起的1年。

本条不适用于有关人的能力或身份的判决。

(阎丽萍)

guanyu xingshi anjian banan qixian de buchong guiding

《关于刑事案件办案期限的补充规定》(Supplementary Provision Regarding the Time Limits for Handling Criminal Cases） 原适用于我国刑事诉讼活动中的一部关于司法机关办理刑事案件的法定期限的单行法律。1984年7月7日第六届全国人民代表大会常务委员会第六次会议通过,1984年7月7日由中华人民共和国主席令第15号公布,于1984年7月7日起施行,共有10条。1996年3月17日第八届全国人民代表大会第四次会议通过的《关于修改〈中华人民共和国刑事诉讼法〉的决定》规定,自1997年1月1日该《决定》施行之日起,该《补充规定》即行废止。

为了解决司法机关在办理刑事案件中的一些特殊的、具体的问题,我国立法机关针对1979年通过的《中华人民共和国刑事诉讼法》第92条、第97条、第125条和第142条中关于被告人在侦查中的羁押期限、人民检察院审查、起诉的期限,以及人民法院审判第一审案件、第二审案件的期限等规定,进行了修改和补充性规定。其主要内容有：①对于重大的犯罪集团案件、流窜作案的重大复杂案件和交通十分不便的边远地区的重大复杂的刑事案件，在《刑事诉讼法》有关条文规定的侦查羁押期限、一审期限、二审期限内不能办结的，侦查羁押期限经省、自治区、直辖市人民检察院批准或者决定，可以延长2个月，一审期限、二审期限经省、自治区、直辖市高级人民法院批准或者决定，可以延长1个月。②在侦查期间，发现被告人另有重要罪行，可以经人民检察院批准或者决定补充侦查，重新计算侦查羁押期限。③对被羁押正在受侦查、起诉、一审、二审的被告人，不能在法定期限内办结，采取取保候审、监视居住的办法对社会没有危险性的，可以取保候审或者监视居住。取保候审或者监视居住期间，不计入法定的办案期限，但是不能中断对案件的审理。④人民检察院审查起诉和人民法院审理的公诉案件，被告人没有被羁押的，不受《刑事诉讼法》有关条文规定的办案期限的限制，但是不能中断对案件的审理。⑤人民检察院和人民法院改变管辖的公诉案件，从改变后的办案机关收到案件之日起计算办案期限。⑥人民法院退回人民检察院补充侦查的案件，人民检察院补充侦查完毕移送法院后，人民法院重新计算审理期限。⑦第二审人民法院发回原审人民法院重新审判的案件，原审人民法院从收到发回案件之日起，重新计算审理期限。⑧对被告人作精神病鉴定的期间不计入办案期限。

(王新)

guanyu zai minshangshi anjian zhong cong guo wai tiqu zhengju gongyue

《关于在民商事案件中从国外提取证据公约》(Convention on the Taking of Evidence Abroad in Civil or Commercial Matters) 1970年3月18日在海牙国际私法会议上制定的一项司法协助公约，旨在协调各国不同的取证制度，便利司法程序中域外取证的进行，促进缔约国在民事或商事方面的司法合作。截至1992年5月31日，批准或加入本公约的国家有：阿根廷、塞浦路斯、捷克斯洛伐克、丹麦、芬兰、法国、德国、以色列、意大利、卢森堡、墨西哥、荷兰、挪威、葡萄牙、西班牙、英国、瑞典、美国、巴巴多斯、摩纳哥、新加坡；签署本公约的是瑞士。

该公约简称为《海牙取证公约》，共3章42条，确立了以请求书方式取证为主的取证制度，即一国司法机关通过请求书请求另一国主管机关代为取证。并详细规定了请求书的提出和执行程序。公约规定：在民事和商事方面，每一缔约国的司法机关可以根据其法律规定，通过请求书要求另一缔约国的主管机关调取证据或履行某些其他司法行为。请求书不得用来调取不是旨在用于已在进行或将进行的审判程序的证据(第1条第1款、第2款)。请求书的内容应包括：请求机关，被请求机关(如知道)；当事人及其代理人的姓名、地址；诉讼的性质，以及所有有关的必要情况；需调取的证据或其他需履行的司法行为；必要时，还应包括：被调查人的姓名和地址；需向被调查人提出的问题或需向其调查的事项；需检查的文件或其他需检查的不动产或动产；证言需经宣誓或确认以及使用任何特殊方式的要求；依据公约第9条提出的特殊方式和程序(第3条)。每一个缔约国应指定一个中央机关负责接收来自另一缔约国司法机关的请求书，并将请求书转交给执行请求的主管机关。中央机关根据每个缔约国本国的法律组成。请求书应直接送交被请求国的中央机关，无需通过该国的任何其他机关(第2条)。执行请求书的司法机关应根据其本国法律规定的方式和程序进行。但是，也可以应请求机关的请求，依特殊方式进行，除非这一请求与被请求国的法律不相容，或因被请求国的司法实践和程序或因有实际困难而不能执行(第9条)。请求书被拒绝执行的情况是：请求书的执行不属于被请求国司法机关的职责范围；或者被请求国认为请求书的执行将会损害其主权和安全(第12条)。此外，公约还对外交官员、领事人员和特派员调取证据做了规定：在民事或商事方面，缔约国的外交官员或领事人员可以在另一缔约国领土上，在其行使职权的区域内，为其本国法院受理的诉讼向其本国国民调取证据，但不得采取任何强制措施。缔约国可以声明外交官员或领事人员调取证据只有在上述人员或其代表向声明国指定的主管机关提出申请并得到该机关的许可后，方得进行。

目前，我国尚未加入《海牙取证公约》，但在我国现行民事诉讼法中对我国与外国相互协助进行域外取证的规定与公约的内容也相类似(见司法协助)。

(阎丽萍)

guanzhuang dongmaixing xinzangbing

冠状动脉性心脏病(coronary arterial heart disease) 简称冠心病。由冠状动脉病变引起的心脏病。是引起猝死的最常见疾病。冠状动脉是主动脉的第一个分支，供给心脏血液，如果发生病变，引起狭窄或闭塞，即产生冠状循环障碍，使心脏供血不足，导致心脏病变。

冠心病的基本原因 ①冠状动脉粥样硬化，是冠心病最常见的原因，亦称冠状动脉粥样硬化性心脏病。本病占冠心病的95%左右，故一般称的冠心病就是冠状动脉粥样硬化性心脏病。多见于40～50岁的人。②梅毒性主动脉炎引起的冠状动脉狭窄或闭塞。③其他原因,如风湿性脉管炎、血栓性脉管炎引起冠状动脉栓塞以及冠状动脉先天性畸形等。

冠心病的临床类型 ①隐性冠心病。指病理上冠状动脉已有病变,但临床上无症状。②心绞痛。由于冠状动脉狭窄、痉挛,造成心肌供血不足,使心肌缺氧。表现为阵发性心前区疼痛,常发生于劳动或兴奋时,持续时间短,仅数分钟。③心肌梗死。由于冠状动脉急性闭塞,常有血栓形成,使部分心肌严重持久的缺血而发生的局部坏死。表现为持久的剧烈的胸骨后疼痛,休克,发热等。常在安静或睡眠时发病。这是由于迷走神经紧张度增高,冠状动脉痉挛,发生急性闭塞所致。④心肌硬化。由于冠状动脉粥样硬化,管腔狭窄,使心肌供血长期受到障碍,心肌纤维发生营养障碍与萎缩,导致心肌硬化。在疾病发展的过程中,如有心绞痛发作病史,能加重心肌营养障碍,使心肌硬化进展得更快。如有心肌梗塞的病史,则梗塞后形成疤痕,即引起局限性心肌硬化。表现为心率失常,心力衰竭。冠心病所致的猝死,大多数在发病后10分钟左右,长达几小时内死亡。有的主诉心绞痛,胸闷,有的来不及说话就死亡。冠心病猝死病例中,直接死于心肌梗死者不多,大多数病例的猝死机理是心室纤颤,即心力衰竭所致。

尸体解剖所见 冠状动脉壁增厚,甚至钙化,管腔狭窄至少达二级。心肌梗死者,有心肌坏死性改变,有时冠状动脉内有血栓。心肌硬化者,心肌纤维营养不良,萎缩,有疤痕。

(李宝珍)

guanxia

管辖【民诉】(jurisdiction) 司法机关审理案件的权限范围和分工,可分为刑事诉讼管辖、民事诉讼管辖和行政诉讼管辖。民事诉讼管辖是指法院之间审理民事案件的分工和各自的权限范围。任何法院系统都是由不同层次且数量众多的法院构成的,并且诉讼案件的类型众多而性质各异。因此,在法院系统内部,就必然存在着哪类案件或具有何种性质的案件具体应由哪一级、哪一个法院行使审判权的问题。法院依照法律规定的分工,在其管辖范围内对具体民事案件行使审判权,称为行使管辖权。管辖权的行使是以审判权的存在为前提的,同时管辖权又是审判权的具体化和进一步落实。纠纷发生之后,当事人只能向有管辖权的法院提起诉讼,请求审判;各个法院也只能就自己有管辖权的案件行使审判权。诉讼管辖,就法院而言,是明确对某个具体案件应当由哪一级、哪一个法院审理的问题;就当事人而言则是明确自己应当向哪一级、哪一个法院寻求司法保护的问题。管辖制度是诉讼法律制度的首要内容。

确定管辖的原则 各国的法院体系由于传统和历史发展的不同而各自呈现出自己特有的构成和类型,但在确定诉讼管辖这一诉讼制度的首要问题上却体现了一些共有的指导原则。

结合法院职能分工的原则 各国法院系统有的体现为单一的法院体系,有的体现为几套平行的法院体系并存,但都是自上而下有一定层次区分的,并且都有自己明确的职能。因此,各国的诉讼管辖都在考虑法院职能的基础上通过纵向和横向的分工将民事案件分配于不同的法院,尽管在分配时考虑的标准各有所不同。以英国和德国为例,英国的法院系统分为高级法院和低级法院。高级法院主要包括上议院、上诉法院、高等法院和王冠法院。尽管它们管辖权的行使不受诉讼标的额和地理范围的限制,但由于各自的权力职能不同,对民事案件管辖的范围也不同,其中只有高等法院有对一定的民事案件的管辖权,上议院和上诉法院则审理的是不同的民事上诉案件,王冠法院则没有任何民事管辖权。低级法院主要是郡法院和治安法官法院。郡法院主要管辖成文法明确规定的民事案件,一般是2000英镑以下的民事案件。由于郡法院众多,因此各个郡法院之间,又以诉讼与郡法院之间的一定联系因素确定各自的管辖范围。德国体现得更为明显,它有五套平行的内部层次严整的法院组织系统。民事管辖权主要由普通法院系统行使。普通法院由联邦高级法院、州高等法院、州法院和初级法院四级组成。在管辖权的划分上,一方面通过事物管辖(见级别管辖)确定不同级别的法院对民事案件的管辖范围,另一方面又通过地域管辖进一步确定某一级的哪一个法院对具体的案件有管辖权。从而使法院在明确分工的基础上更好地实现自己的职能。

便利诉讼和便利审判的原则 不同的国家尽管其疆域范围不同,但其法院的设置都必然与一定的地理位置相联系,而这一位置也必然会对其权力的行使产生影响。就当事人而言,其诉讼又必然因某种因素和一定的法院相关联,如其住所在某个法院的辖区内或争议的标的物在其辖区内。这在客观上就要求在确定诉讼管辖制度时应把某些因素考虑在内,以达诉讼便利和审判便利。各国民事诉讼管辖制度规定的类型和具体内容尽管各不相同,但在不同层次法院的分工划分上,都体现了将基层法院或低级法院作为管辖民事第一审案件的重点,以便当事人进行诉讼的特点;并且各国都规定了根据当事人所在地或诉讼案件的类型确定管辖法院的地域管辖制度。而这些制度的确立都包含了便利诉讼和审判的意旨。

维护主权的原则 司法权是国家主权的重要体现。在国际民事诉讼中,管辖权是一个很敏感的问题,因此在涉外民事案件中,如何能够使内国法院依法取得诉讼管辖权,从而实现对案件的审理,也是各国民事诉讼管辖制度的一项重要原则。在我国民事诉讼法中设专章规定了牵连管辖、应诉管辖、协议管辖和专属管辖等制度以明确人民法院对涉外民事案件的管辖权,别国民事诉讼法中也有类似的规定。美国各州通过确立"长臂管辖"制度以实现州法院对州境外的人行使诉讼管辖权更是一个典型的例证。

管辖恒定原则 管辖权是对案件行使审判权的前提,只有对案件享有管辖权,才能进一步实现对案件的审理,因而在民事诉讼中首先要通过一定的标准和某些牵连因素确立各个法院的管辖权限。但这些参照点在实际生活中又可能会发生变更,如当事人住所变更。为了使法院对案件的管辖相对稳定,对案件的审理顺利进行,在具体案件的诉讼中,法院管辖权的有无,一般都以当事人起诉时的情况依法予以衡量,一旦法院受理了案件,即使发生影响确定管辖因素变更的情况也不再予以考虑。这也是各国民事诉讼管辖制度中公认的一项原则(见管辖恒定)。

诉讼管辖的种类 各国民事诉讼管辖制度规定的种类各不相同,从不同的角度划分,主要可分为以下几类:①以当事人或诉讼标的所在地为标准划分,可分为普通管辖和特别管辖。普通管辖是指以当事人的住所或居所、经常居住地为标志确定管辖法院。通常采用的是"原告就被告",即以被告所在地的法院为原告提起诉讼的法院。我国民事诉讼中称之为一般地域管辖,德国、日本民事诉讼法中则称之为"普通审判籍"(见审判籍)。特别管辖是指以诉讼标的所在地为标准确定管辖法院,即以诉讼标的物所在地或侵权行为地或合同缔结地、履行地等因素来确定管辖法院。我国民事诉讼中称之为特殊地域管辖,德国、日本民事诉讼法中则称之为特别审判籍(见审判籍)。②以法律强制规定和当事人合意约定为标准,可分为专属管辖和协议管辖。专属管辖是指依照国际条约和法律规定,对某些类型的案件、某国的法院或特定的法院具有排他的管辖权,别国的法院和一国的其他法院无权审理这类案件,当事人也不得以协议合意变更。各国民事诉讼中都规定了专属管辖,只是适用的具体案件类型不完全相同。协议管辖是指双方当事人在纠纷发生之前或纠纷发生之后,以协议的方式确定他们之间的纠纷提交哪国法院或国内的哪个法院管辖。协议管辖体现了在民事诉讼中对当事人意愿的尊重,各国民事诉讼中普遍接受了这一制度,只是适用的条件和范围有所不同(见专属管辖、协议管辖)。③以诉讼关系为标准,可分为共同管辖和合并管辖。共同管辖是指同一民事案件几个法院都有管辖权;合并管辖是指对某个案件有管辖权的法院,可以管辖与该案有牵连的其他案件。共同管辖和合并管辖制度在各国民事诉讼法和一些国际条约中都有规定。

诉讼管辖制度的确立,有助于明确法院对一定民事案件的审理权限,从而使其充分正当地行使审判权,以确保裁判的合法性和有效性;同时明确法院间的权限与分工,也有助于保障对当事人合法权益有效保护的实现,避免因法院间的争夺或推诿导致当事人诉权和实体权益受损。

(阎丽萍)

guanxia

管辖【刑诉】(jurisdiction) 公安机关、人民检察院和人民法院之间立案受理刑事案件以及人民法院系统内审判第一审刑事案件的分工制度。建立管辖制度,有利于公安司法机关依法行使职权,及时有效地打击犯罪,保护国家和人民的利益;有利于司法资源的合理配置,更好地贯彻分工负责、互相配合、互相制约的基本原则;有利于诉讼参与人参加诉讼和群众参加旁听。

划分刑事诉讼管辖所依据的主要原则是:①有利于准确及时查明案件事实,保证案件质量,实现刑事诉讼法的任务;②合理,均衡分工,充分发挥公安司法人员的积极性;③便于诉讼参与人参加诉讼活动;④原则性和灵活性相结合;⑤保证案件公正审判。

根据我国《刑事诉讼法》的规定,我国的刑事管辖分为两类:公安机关、人民检察院、人民法院之间的立案管辖;各人民法院之间的审判管辖。审判管辖又分为级别管辖、地域管辖、专门管辖和指定管辖等。立案管辖是指人民法院、人民检察院、公安机关关于刑事案件受理、侦查权限上的分工。审判管辖是指人民法院在审判第一审刑事案件上的权限划分。级别管辖是指各级人民法院之间受理第一审刑事案件的权限划分,解决的是哪些案件应由哪一级人民法院进行第一审审判。地域管辖是指同级人民法院之间按照各自的辖区在审理第一审刑事案件上的权限划分。专门管辖是指专门人民法院之间,以及专门人民法院与普通人民法院之间在受理第一审刑事案件上的分工。指定管辖是指上级人民法院在管辖不明或管辖争议等特殊情况下将某一案件指定由某下级人民法院管辖。 (朱一心)

guanxia de zhuanyi

管辖的转移(transfer of jurisdiction) 又称移送管辖,是对管辖的一种变更规定。指没有管辖权的公安司法机关将案件移送至有管辖权的机关立案或审判,以及人民法院将虽有管辖权但不宜由自己审判的案件移送给其他人民法院审判。管辖的转移体现了我国管辖制度的原则性和灵活性的结合。管辖的转移既体现在立案管辖上也体现在审判管辖上。在立案管辖上的移送是指公安机关、人民检察院、人民法院对于控告、检举和犯罪人的自首,都应当接受,对于不属于自己管辖的,应当移送至主管机关处理。体现在审判管辖上的移送有以下几种情形:①人民法院经过审查,将不属于自己管辖的刑事案件,移送给有管辖权的人民法院审判。②我国《刑事诉讼法》第25条规定:"几个同级人民法院都有权管辖的案件,由最初受理的人民法院审判。在必要的时候,可以移送主要犯罪地的人民法院审判。"③我国《刑事诉讼法》第23条规定:"上级人民法院在必要的时候,可以审判下级人民法院管辖的第一审刑事案件;下级人民法院认为案情重大、复杂需要由上级人民法院审判的第一审刑事案件,可以请求移送上一级人民法院审判"。　　(朱一心)

guanxia hengding

管辖恒定(continuing jurisdiction)　在民事诉讼中,法院对案件有无管辖权,以原告起诉时的情况为依据加以确定,法院受理案件后,无论案件情况如何变化,法院对案件的管辖不会受到影响。管辖恒定旨在防止因管辖权变更引起诉讼迟延,并确保诉讼的相对稳定性,保证案件的及时审理,因而,是诉讼效益原则的具体体现。管辖恒定在民事诉讼理论和实务上都得到了认同。有的在民事诉讼法中直接作了规定,如日本民事诉讼法及我国台湾地区民事诉讼法均明确规定:法院之管辖,以起诉时为准。诉讼系属发生后,受诉法院如有管辖权,即使其后确定管辖的情事变更,也不影响受诉法院的管辖。我国民事诉讼法虽然没有作出明确规定,但在诉讼实务中却要求:案件受理后,受诉人民法院的管辖权不受当事人住所地、经常居住地变更的影响。有管辖权的人民法院受理案件后,不得以行政区域变更为由,将案件移送给变更后有管辖权的法院。判决后的上诉案件和依审判监督程序提审的案件,由原审人民法院的上级人民法院进行审判;第二审人民法院发回重审或者上级人民法院指令再审的案件,由原审人民法院重审或者再审(见最高人民法院《关于适用〈中华人民共和国民事诉讼法〉若干问题的意见》)。正是管辖恒定内容的反映。　　(阎丽萍)

guanxiaquan de zhuanyi

管辖权的转移(transfer of jurisdiction)　在民事诉讼中,经上级法院决定或同意,将案件的管辖权由上级法院移交给下级法院,或者由下级法院移交给上级法院。管辖权的转移是级别管辖的调节制度,其实质是管辖权的变更。它与移送管辖有根本的区别。设置这一制度的目的在于保障法院更好地行使审判权,更充分地保护当事人的合法权益,体现了诉讼管辖原则性与灵活性的结合。适用管辖权的转移制度应符合以下条件:①依照法定管辖制度,移送案件的法院必须对案件享有管辖权;②依照法定管辖制度,受移送的法院不具有对案件的管辖权,它对案件的管辖权是因移送法院的移送行为而取得的;③管辖权的转移必须在有隶属关系的上、下级法院之间进行,因此管辖权的转移是在上、下级法院之间纵向进行的而不可能出现同级法院之间的横向转移。根据我国现行《民事诉讼法》的规定,管辖权的转移,发生于下列几种情况:①上级人民法院对下级人民法院管辖的案件,认为应当由自己审理的,可以决定上调由自己审理,从而使案件的管辖权由下级人民法院转移至上级人民法院;②上级人民法院对自己管辖的案件认为可由下级人民法院审理时,可以决定将案件交给下级人民法院审理,案件的管辖权也因此由上级人民法院转移至下级人民法院;③下级人民法院对自己管辖的案件认为需要由上级人民法院审理,报请上级人民法院同意后,管辖权由下级人民法院转移至上级人民法院。　　(阎丽萍)

guanxia yiyi

管辖异议(objection to jurisdiction)　民事诉讼中,当事人提出的关于案件的审理法院对案件无管辖权的意见或主张。提出管辖异议,是法律赋予当事人的一项诉讼权利。管辖异议是为督促人民法院正确行使管辖权,进而保护当事人的合法权益而设立的一项法律保障制度。管辖异议,一般是在法院受理一方当事人的起诉后,另一方当事人认为受诉法院无管辖权时提出的;此外在移送管辖中,当事人对受移送的法院也有权提出管辖异议。

在1991年颁布的《中华人民共和国民事诉讼法》中,参照他国的立法及司法实践经验,对管辖异议制度作了规定。人民法院受理案件后,当事人对管辖权有异议的,应当在提交答辩状期间提出。人民法院对当事人提出的异议,应当进行审查,并根据案件的情况依法作出裁定,即异议成立的,裁定将案件移送有管辖权的人民法院;异议不成立的,裁定驳回。对驳回管辖异议的裁定,当事人不服的,可以在接到裁定书10日内提起上诉。

对管辖异议在大多数国家的民事诉讼法中都有规定,只是在适用范围及对异议的处理上规定各有不同。日本的民事诉讼法规定当事人既可以在默示协议管辖中提出管辖异议,也可以在移送管辖中,对移送的裁判及驳回声请移送的裁判提出即时抗告。法国的民事诉讼法则规定,当事人认为受理案件的法院由于案件的性质或由于法院的地理位置没有管辖权,可以提出无管辖权抗辩,这项抗辩应在对案件的实质性防御方法提出之前提出,并说明抗辩的理由及他要求哪一个法院审理。法院应对此抗辩尽快作出裁决。对于管辖权问题的裁决,当事人不服可以提出异议或上诉。　　(阎丽萍)

guanxia zhidu
管辖制度(jurisdiction system) 法院对民事案件行使审判权的基本制度之一。确定法院主管的民事案件在各级法院和同级法院之间的受诉权限的制度。法院是国家对民事案件行使审判权的机关,但不同级别的法院和同一级别的不同法院,各自受理哪一些第一审民事案件,对哪一些案件行使审判权,这就需要运用管辖制度来加以划分,只有确定了对不同案件的具体管辖权,对具体案件有管辖权的法院才能对其行使审判权。因此,管辖制度是基于审判权与管辖权相结合而建立的制度。管辖制度的内容包括确定管辖的原则,划分管辖的基础,不同管辖的分类,管辖权的转移,管辖异议。

不同国家对确定管辖有不尽相同的原则,但大多着重于法院对案件审判权的行使和对法院裁判的执行。我国确定管辖权的原则是,有利于对案件的公正审判,便于法院行使审判权,便于当事人行使诉权,便于人民法院裁判的执行,这些原则贯穿于不同种类的管辖之中。划分管辖以人、物、事的不同情况为基础,凡涉及人身权益和与人身有关的财产权益诉讼,以当事人所在地法院管辖,其中又主要是以被告所在地的法院管辖;凡涉及诉讼标的物争议的诉讼,特别是有关不动产争议的诉讼,以标的物所在地的法院管辖;其他诉讼标的之诉讼,以民事法律关系发生、变更、消灭之事实所在地的法院管辖。管辖的种类因具体的管辖制度不同,各国立法分类不同,名称也不同,界说纷繁复杂,但不外以法律规定和法院裁定为标准,分为法定管辖和裁定管辖;以法律强制规定和任意规定为标准,分为专属管辖和协议管辖;以诉讼标的的牵连关系不同为标准,分为共同管辖和合并管辖。管辖权的转移是在某些特殊情况下,对案件的管辖权由一个法院转移到另一个法院,使原来对该案无管辖权的法院获得管辖权,这种调节性的制度是管辖制度中的补充性制度,属于管辖制度的组成部分。管辖异议是当事人对受诉法院管辖权提出异议,不认为受诉法院对已受理的案件有管辖权,这是管辖制度中的民主性制度,对于正确执行法定管辖制度具有重要意义,因而属于管辖制度的组成部分。

(刘家兴)

guibianzheng
诡辩症(sophistry) 患者常以日常生活中无意义的琐事为题,发表无实际意义的、无具体目的的长篇大论,甚至作独白式的辩论性演说,言语结构基本正确。但内容空洞,只是反复说明最简单的内容。常给人一种牵强附会、似是而非、强词夺理和胡搅蛮缠的印象。多见于精神分裂症偏执型和癫痫性精神障碍。

(孙东东 吴正鑫)

guoji fan tanwu dahui
国际反贪污大会(General Assembly of International Anti-corruption) 为共同探讨预防和侦破公职人员贪污贿赂案件而交流各国和各地区反贪污的经验,探讨在反贪污领域的国际合作的途径与方法的国际性专业研讨会。自1983年举行第一届以来,每两年举行一次,参加者主要为政府代表、法官、检察官、警官、律师、学者、教授等。"国际反贪大会"这一概念是1981年底在香港廉政公署举办的一次机构间反贪研讨会上提出来的,并就此进行了充分讨论,这是举办国际反贪污大会条件基本成熟的标志。国际反贪污大会自创始至今规模越来越大、影响越来越广,日益受到国际社会的普遍关注。

第一届国际反贪污大会 1983年10月在美国华盛顿召开,由华盛顿哥伦比亚特区政府监察署主办,会议主席为该署监察厅厅长乔西·贝莱治克。会议主题是"关于政府部门中的贪污和其他经济犯罪"。来自13个国家和地区的21个反贪污机构的代表出席了会议。

第二届国际反贪污大会 1985年10月在美国纽约召开,由纽约市调查署主办,会议主席为该署专员帕特雷克·麦金雷。出席此次会议的共有200多名代表,其中来自美国以外的32个国家的代表有60多名。这次大会受到世界各国的重视,与会代表对以后召开国际反贪污大会表示了浓厚的兴趣。

第三届国际反贪污大会 1987年11月在香港召开,由香港廉政公署举办,会议主席为廉署专员G.E.斯道伟。会议主题是:"不同社会中遏制贪污蔓延的必要性。"共有32个国家的72个组织的250余名代表出席了会议。我国最高人民检察院经济检察厅厅长应邀率团参加了会议,取得了很好的效果。

第四届国际反贪污大会 1989年11月在澳大利亚的悉尼召开,由澳大利亚总检察院主办。会议主席为澳大利亚政府副总理兼总检察长莱昂内尔·鲍恩。会议主题是:"90年代的反贪防贪战略。"我国监察部派观察员参加了大会。

第五届国际反贪污大会 1992年3月在荷兰阿姆斯特丹召开,由荷兰警察与社会基金会主办,会议主席为该基金会主任冯·德·斯泰格。会议主题是:"面向未来,控制贪污的国际化趋势。"出席会议的有67个国家和地区以及联合国、欧共体委员会等国际组织的共284名代表。我国组成以最高人民检察院贪污贿赂检察厅厅长为团长的五人代表团与会。

第六届国际反贪污大会 1993年11月在墨西哥坎昆召开,由墨西哥监察部主办,会议主席为墨西哥监察部部长巴斯克斯·纳瓦。会议主题为:"确定反贪污国际合作的形式与方法。"出席会议的有来自60多个国家和地区的340多名代表,其中有部长级代表20余人,我国组成以监察部部长为团长、最高人民检察院贪污贿赂检察厅厅长为副团长的代表团参加会议。本次大会决定第七届会议于1995年10月在北京召开。

第七届国际反贪污大会 1995年10月在中国北京召开,由我国最高人民检察院和监察部联合主办。大会主席为最高人民检察院检察长张思卿、第一副主席为监察部部长曹庆泽、副主席兼秘书长为最高人民检察院副检察长梁国庆。大会主题是:"反贪污与社会的稳定和发展。"它继承了历届反贪污大会的基本精神,体现了时代特征和各界人士的共识。大会的宗旨是:根据当今世界贪污与反贪污的特点和发展趋势,围绕大会主题,探讨和交流预防、惩治贪污的方法和经验,促进和加强反贪污的国际合作。在10月6日上午第七届国际反贪污大会开幕式上,我国国家主席江泽民发表了重要讲话,并代表中国政府和中国人民对前来参加会议的各国、各地区的嘉宾表示热烈的欢迎。参加本届大会的有来自89个国家和地区的900多名政府官员、法官、检察官、律师、专家和教授,大会共收到论文252篇。第七届国际反贪污大会在规模上、代表规格上、学术论文数量和质量上都超过了以前历届大会。

第八届国际反贪污大会 1997年9月7日在秘鲁利马开幕。秘鲁总统藤森主持了大会的开幕式。中国代表团团长、监察部副部长冯梯云在开幕式上向与会代表介绍了中国反腐败斗争的措施和成果,表示中国愿意同世界各国的反腐败机构进行合作与交流。包括中国在内的80多个国家和地区的代表团以及一些国际机构的代表出席了会议,大会于9月11日结束。会议期间,与会代表通过举办专题讨论会交流反腐败斗争的经验,并研讨和制定反腐败的措施。 (文盛堂)

guoji fuxing kaifa yinhang gongyue
《国际复兴开发银行公约》(Articles of Agreement of the International Bank for Reconstruction and Development) 1965年,在国际复兴开发银行(又名世界银行)的倡议和主持下,由发达国家和发展中国家共同参与和制定的用于解决不同国家的国民之间投资争议的国际公约,又称《解决国家与他国国民之间投资争议公约》。这是国际上第一个专门规定解决国际投资争议程序的公约,也是国际投资保护的国际法规中第一个付诸实现的多边公约。该公约于1966年10月4日开始生效,目前已有近百个成员国,在世界范围内的影响正在不断扩大。

该公约除序言外,共有10章75条,规定了公约的宗旨、中心组织、中心管辖、调解与仲裁程序规则、缔约国之间争议以及公约的修改等问题。其中最主要的是以下两个方面的内容:①为了实现公约有效解决国际投资争议,促进资本合理流动的宗旨,公约规定了在国际复兴开发银行下设解决投资争议的国际中心,作为解决国际投资争议的常设仲裁机构,并确定了中心组织和中心管辖权(见解决投资争议国际中心)。②公约规定了解决投资争议的两种方法:调解和仲裁,并对调解程序、仲裁程序作了规定。调解程序和仲裁程序各自独立,分别由调解委员会和仲裁庭进行;同时制定了《调解程序规则》和《仲裁程序规则》(见《解决投资争议国际中心调解和仲裁程序规则》)。

公约在实践中运用的结果表明,它不仅有助于为解决国际投资争议提供便利,而且也有助于在世界范围内尤其在发展中国家内改善投资环境并通过增进投资者与东道国之间相互信任的气氛,推动私人国际资本的流动。中国目前尚未加入该公约,但在某些双边投资条约中我国已同意参照该公约的规则解决我国政府同他方缔约国投资者之间的争议,或允诺将来加入公约后考虑利用解决投资争议国际中心的可能。

(阎丽萍)

guoji jianchaguan lianhehui
国际检察官联合会(International Association of Prosecutor) 国际性检察官组织。是由匈牙利、荷兰、奥地利等国的检察官联合会在本国政府的支持下,根据联合国预防犯罪与罪犯待遇大会通过的《检察官作用的指导原则》而发起成立的。该会宗旨是加强世界范围内的刑事司法工作,增进各国检察官之间的交流与合作,促进联合国《检察官作用的指导原则》在各国的实施。

国际检察官联合会成立大会暨首届会员代表大会于1996年9月19日至21日在匈牙利首都布达佩斯举行。联合国和46个国家派团共136名代表出席了会议。出席大会的代表团约一半是由总检察长或副总检察长率领的,如中国、俄罗斯、荷兰、丹麦、芬兰、波兰、爱尔兰等。亚洲地区参加会议的有中国、蒙古、韩国、日本、泰国、马来西亚等国家检察机关的代表。会议的主题是:"在变化的世界中如何捍卫公正——论检察官的作用"。中国代表团的代表在大会上分别就"中国检察机关在国家中的地位和作用"、"中国公诉制度的特点"、"中国检察官制度"作了发言,引起了与会代表的浓厚兴趣,获得了普遍的好评。会议通过了国际检察官联合会章程,选举爱尔兰总检察长巴恩斯为联合会主席,亚洲预防犯罪基金会主席敷田念(日本人)和匈牙利布达佩斯市检察长鲍茨为联合会副主席,荷兰高级检察官舒尔茨为秘书长,选举了包括中国代表团在内的由25人组成的执委会。本次会议决定:第二次会员代表大会将于1997年9月在加拿大首都渥太华召开。国际检察官联合会是世界上第一个国际性的检察官组织。在成立大会之前中国检察官协会就被邀请加入国际检察官联合会,并被邀请参加国际检察官联合会执行委员会。加入国际检察官联合会的组织均为各国检察官协会。　　　　　　　(文盛堂)

guoji jianding xiehui
国际鉴定协会(Association of International Expertise) 国际性的法庭鉴定专业技术团体。1915年成立。总部设在美国。是世界上历史最长、规模最大的法庭鉴定协会。该会的鉴定项目有:指纹鉴定、测谎器鉴定、可疑文件鉴定、法庭摄影、火器与工具痕迹鉴定、法庭实验室分析、声音鉴定与声学分析、犯罪现场勘查、法庭摹像艺术等。该协会还出版学术刊物《法庭鉴定杂志》。

国际鉴定协会的宗旨是:①使积极从事于法庭鉴定、侦查和物证检验的人员能够有组织地相互联系,以便使多个领域都能科学而有效地、标准化地开展工作;②扩大法庭鉴定科学的检验范围,改进犯罪侦查的方法;③促进犯罪侦查方法的科学研究;④使协会会员能及时了解法庭鉴定和犯罪侦查的最新技术和方法;⑤利用鉴定人员集体的智慧,提高法庭鉴定和犯罪侦查的科技水平。

申请加入国际鉴定协会应填写一份正式申请表,由协会一名会员推荐,连同会费一并寄给协会秘书。会费为每年40美元。协会会员共分四种:①正式会员,是积极从事法庭鉴定的人员或是该部门的领导人员。②准会员,即所有声誉良好的职业或业余从事法庭鉴定科学和犯罪侦查工作,但不具备正式会员资格的人员可成为准会员。除不能担任协会主席或副主席外享有同正式会员一样的权利。③终身会员,仅限于所有缺任的协会主席和已经缴纳会费等款项达25年之久的会员。终身会员享有与正式会员一样的权利,在其有生之年可免除缴纳会费等一切款项。④荣誉会员,是为协会提供过特殊服务,或曾经以某种方式为执法部门做出过贡献的人员。国际鉴定协会的会员分布于44个国家,现有会员3000多人。　　(文盛堂)

guoji jingji maoyi zhongcai
国际经济贸易仲裁(international economic and trade arbitration) 见国际商事仲裁。

guoji jingcha juzhang xiehui
国际警察局长协会(International Association of Chiefs of Police) 国际性的警察专业学术团体,成立于1893年。总部设在美国马里兰州盖瑟堡,是历史最悠久的一个警察组织,通常又称为国际警长协会。该协会的宗旨是:①促进全世界警察部门的合作;②加强信息和经验的交流;③发展各地警察机构的办案工作实践;④提高警察业务的管理水平和技术水平;⑤向各会员提供咨询服务、出版国际性警察业务刊物、编写警察训练教材、举办各种专业培训班和国际警察运动会、组织会员游览和休假。协会设一名主席、六名副主席,领导机构是由会员通讯表决,经年会通过产生,两年改选一次。每年召开年会讨论与协会工作有关的各项问题。根据协会章程规定,只有在职的警察局长或分局长以及相当于这一级别的警察机构的领导人才有资格申请入会。申请入会时填写协会专门印制的申请表,要有两名会员推荐。入会申请经年会通过后才能办理入会手续。各会员均以个人身份参加协会的活动,不设团体会员。会员根据其资历、工作经验、职位及对协会贡献大小等分为积极会员、联系会员、赞助会员、终身会员四种。除终身会员和赞助会员外,其他会员每年应缴纳会费50美元。国际警长协会会员分布于67个国家和地区,现有会员1.4万多名。中国的代表也参加了国际警长协会。　　　　　　(文盛堂)

guoji mazuipin guanzhiju
国际麻醉品管制局(International Narcotics Control Board, INCB) 负责麻醉药品管制的国际性组织。通常称麻管局,简称INCB。由联合国经济及社会理事会选出的13名成员组成。他们以个人的身份工作,而不作为政府的代表,具有医疗、药理或制药经验的3名成员系根据卫生组织的提名选举产生,而另外10名成员则根据条约缔约国的提名选举产生。其主要任务是根据国际禁毒条约与各国政府合作,努力做到:①将麻醉药品和精神药物的种植、生产、制作和使用限制到医疗和科学方面;②保证合法用途的药品在数量上得到满足;③防止这些物品的非法种植、生产、制造、贩运和使用。另外,随着1988年联合国关于控制麻醉药品和精神药物贩运公约的生效,管制局还具体负责经常用于麻醉药物和精神药物非法制作的物品的管制。

麻管局具体负责范围是:①管理一个麻醉药品的评估系统和精神药物的自动预测系统,通过数据反馈系统监督国际毒品贸易,以协助各国政府取得供需平衡。②监督和促进各国政府为防止常用于麻醉药品和精神药物的非法制作的物品流入非法渠道,并对1988年公约的控制范围作出可能的调整。③分析各国政府、联合国组织、专业机构和其他有关国际组织提供的情况,以保证国际禁毒公约的各项条款在各国得到充分的执行,并提出一些改进的建议。④与各国政府保持长久对话关系,以帮助他们在国际禁毒公约下完成义务,并在合适的时候提出技术和财政方面的建议和帮助,协助它们履行根据各项药物条约所承担的义务,并为药物管制行政人员举办区域研讨会和培训班。

国际麻醉药品管制局每年集会两次。每年发布一期工作报告,伴以麻醉药品、精神药物和常用于非法的制造麻醉药品和精神药物的前体和化学品的技术报告。在国际禁毒活动中,国际麻醉药品管制局与国际刑警组织保持着密切的业务合作关系。　　(杨凤瑞)

《国际商会调解与仲裁规则》(International Chamber of Commerce Rules of Conciliation and Arbitration)

guoji shanghui tiaojie yu zhongcai guize

1988年1月1日生效。本规则含引言、正文及附录三部分。

引言 引言指出,从1923年该会仲裁院设立至1988年共审理7000余案,后10年审案相当于以前全部案件,遍及90余国,其中1/3是发展中国家。强调调解并非仲裁的先决条件或必经程序。建议合同加上"有关合同的争议最终将据国际商会调解与仲裁规则,并由该规则委任的仲裁员裁决"的标准条款,并明确合同适用法律、仲裁员人数、仲裁地点和语言。

正文 分自愿调解规则和仲裁规则两方面。自愿调解规则11条。规定国际商事纠纷可由国际商会委任的一名调解员调解。申请应向国际商会仲裁院秘书长提出,由他尽快通知另一方,15日内答复,不答复视为否决。双方愿意调解,秘书长应委任一名调解员,由他决定提交争议时限、调解地点,并以独立、公平和正义原则进行保密调解。当事人可自聘律师协助。调解协议有约束力。达成协议,调解失败或不愿继续调解均为调解终止。调解员应向秘书长报告终止事由。调解费用由秘书长决定,双方平均分担,调解协议另定除外。双方其他开支自负。调解员不得有司法或仲裁行为。调解员无作证义务。调解事项不作为诉讼或仲裁证据。

仲裁规则共26条,其中第1条国际仲裁院和第2条仲裁庭。规定国际仲裁院附属国际商会每月例会自定规则。争议应提交本院委任或确认的独任庭或三人庭审理。申请人可在要求仲裁的30日内指定一名仲裁员,经该院确认,或由本院委任。三人庭时双方各委一名,首席仲裁员经当事人协议由本院确认,或由本院委任。本院委任时应征询有关国家委员会的意见。独任或首席仲裁员国籍应与当事人有别,仲裁员应通知秘书长有无妨碍独立性事由。对仲裁员的质疑应在委任或确认30日内向秘书长提出,由本院终局决定。仲裁员死亡、辞职、质疑成立或无力履责,均应替换。

第3条仲裁要求、第4条答辩、第5条反诉、第6条通讯。规定申请人可直接或通过本国委员会向秘书长要求仲裁,附当事人名称住所、案情、有关协议、仲裁员人数及所指定仲裁员。被申请人应在30日内提供辩解,有关文件、仲裁员人数及所指定的仲裁员,并可提出反诉,要求对方30日内答复。一切通讯应致另一方、各仲裁员及秘书长。期限从收件次日起算。

第7条无仲裁协议和第8条仲裁协议效力。规定无仲裁协议或有仲裁协议但未指定本会,或被申请人在30日内不答复或拒由本会仲裁,则不能仲裁。协议由本会仲裁应据本规则。一方未参加或质疑仲裁协议不影响仲裁。仲裁员应决定本身管辖权。案卷交付前或有特殊情由,当事人可自行要求中期司法裁决或保全,经秘书长转告仲裁员。

第9条预交费用和第10条案卷交付。规定预交仲裁费用由本院决定,双方分担。收款是案卷交付仲裁员的先决条件。

第11条审理规则、第12条仲裁地点、第13条审查说明和第14、15、16条审理。规定审理依本规则、双方协议、适用法律、合同规定和行规进行。除双方协议外,本院决定仲裁地点。审理前仲裁员应列出当事人名称住所、索赔摘要、争议事项、仲裁员姓名、住所、仲裁地、仲裁规则等审查事项,经双方和仲裁员签署,2个月内提交本院。当事人不愿签署,本院可延期;延而未署,仲裁可继续。当事人自行选择适用法律。未选择则由仲裁员依冲突法决定。仲裁员应尽快确认案情,通知秘书长审理日期和地点。仲裁可作书面审理,亦可委任专家提供意见。当事人在期限内可提出新索赔或反诉。

第17条自愿裁决、第18条期限、第19条三人庭裁决和第20条仲裁费用。规定双方和解应在裁决中记录。仲裁期限为签署审查事项后6个月,本院可予延长或决定解决方式。三人庭裁决按多数原则,无多数时由首席决定。仲裁费用包括本院决定的仲裁员费用和行政费,据案情难易调整。仲裁员应据案情决定费用的承担或分担。

第21条裁决审查、第22条裁决要件、第23条裁决通知、第24条执行、第25条存放和第26条一般规定。规定本院有仲裁裁决审查权,提醒仲裁注意事项并认可格式。裁决应在仲裁地作出,经签署,并注明日期,付费后由秘书长交当事人。裁决具终局性。原件存放秘书处。本规则未明示按其精神确保裁决的执行。

附录 有三件。附录一规定国际仲裁庭成员的委任、组成、职权、议事规则。附录二规定国际仲裁庭的职能、保密性、参与仲裁的限制、与成员国委员会关系、仲裁院委员会、无仲裁协议的处理、索赔的合并、预交费用、裁决格式以及仲裁员费用等事项。附录三规定

调解和仲裁费用、行政费预交以及仲裁员的委任。行政费和仲裁员费用列表如下:

争议金额(美元)	行政费(美元)	仲裁员费用(最低)	仲裁员费用(最高)
0~50000	2000	1000	争议金额的10%
50001~100000	3.00%	1.50%	6.00%
100001~500000	1.50%	0.80%	3.00%
1000001~2000000	0.50%	0.30%	2.00%
2000001~5000000	0.20%	0.20%	0.60%
5000001~10000000	0.10%	0.10%	0.30%
10000001~50000000	0.05%	0.05%	0.15%
50000001~100000000	50500	0.02%	0.10%
100000000 以上	50500	0.01%	0.05%

(宋小庄)

guoji shanghui zhongcaiyuan
国际商会仲裁院(ICC Court of Arbitration) 解决国际商事争议的一个常设国际仲裁机构。附属于国际商会(ICC 即 International Chamber of Commerce),1923年成立,总部设于法国巴黎。该仲裁院设主席1人,副主席5人,秘书长1人,技术顾问若干人;其主要任务是保证该院所制定的仲裁规则和调解规则的适用,指定仲裁员和确认当事人所指定的仲裁员,决定对仲裁员的异议是否正当,批准仲裁裁决的形式。提请该仲裁院仲裁的争议应是商事争议,既包括有关买卖契约的争议和许可证贸易中所发生的争议,也包括其他国际贸易及经济合作等因契约关系而发生的各种争议。其仲裁程序依据1975年在国际商会主持下制定的《国际商会调解与仲裁规则》和《国际商会仲裁院仲裁规则》进行,1981年经过必要修改和补充,又推出了新的《国际商会调解与仲裁规则》,使其仲裁程序规则更加完整。国际商会仲裁院在国际社会具有广泛的影响,随着国际经济贸易的发展,国际商事争议的当事人越来越多地选择国际商会仲裁院作为解决争议的仲裁机构。

(阎丽萍)

guoji shangshi zhongcai
国际商事仲裁(international commercial arbitration) 主要指国际经济贸易仲裁,但其范围更广,包括了各种商业关系引起的仲裁,除国际经济贸易仲裁外,运输、海事等专业仲裁,也属于国际商事仲裁的范围。在中国,中国国际经济贸易仲裁委员会和中国海事仲裁委员会所受理的仲裁案件,均属于广义的国际商事仲裁的范围。对国际商事仲裁含义的解释,各国立法和各仲裁机构存在一定差异。英国1979年的仲裁法将国际商事仲裁概括解释为是双方当事人具有不同国籍的仲裁;法国1981年颁布的有关法律则将其解释为涉及国际商事利益的仲裁。联合国1985年通过的《联合国国际商事仲裁示范法》则规定:仲裁如有下列情况即为商事仲裁:①仲裁协议的当事各方在缔结协议时,他们的地点位于不同的国家;或②下列地点之一位于当事各方营业地点所在国之外:A.仲裁协议中确定的或根据仲裁协议而确定的仲裁地点,B.履行商事关系的大部分义务的任何地点或与争议标的关系最密切;或③当事各方明确地同意,仲裁协议的标的与一个以上的国家有关。此外,该法还对"商事"一词作了如下解释:商事一词应给予广义的解释,以包括所有商业性质关系所发生的争议,而不论该商事是契约性的还是非契约性的。商事性质的关系包括但不限于下列交易:任何供应或交换商品或服务的交易、销售协议、商业代理、租赁、建筑工程、咨询、工程、许可、投资、金融、银行、保险、代理、勘探协议或许可、合资企业和其他形式的工业商业合作、空中、海上、铁路或公路的货运或客运。

由于国际商事仲裁具有有利于保守当事人商业秘密、程序较简便、结果较快等诸多优点,该解决争议的方式已越来越受到各国商业机构的欢迎,但由于各国立法和各仲裁机构做法各一,在实践中国际商事仲裁也存在一定问题。为了解决各国仲裁立法上的分歧和各仲裁机构实践上的差异的问题,在联合国的主持下,有关国家或国际组织签订或通过了几个重要的有关仲裁的国际公约或法规,其中主要有:1958年在纽约签订的联合国《关于承认及执行外国仲裁裁决公约》,该公约目前已有100多个国家参加;1976年制定的《联合国国际贸易法委员会仲裁规则》,该规则被许多仲裁机构采用;1985年通过的《联合国国际贸易法委员会仲裁示范法》,该法对许多国家的仲裁立法有着极大的影响。

伴随着国际商事仲裁的产生和发展,应运而生的国际商事仲裁机构也逐渐发展起来。目前,世界上在国际商事仲裁发挥较大作用并对该制度的发展有较大影响的仲裁机构主要有:国际商会仲裁院、伦敦国际仲裁院、美国仲裁协会、日本国际商事仲裁协会、解决投资争议国际中心、香港国际仲裁中心、斯德哥尔摩商会仲裁院。此外,中国国际经济贸易仲裁委员会在国际商事仲裁中也发挥了巨大作用,其影响也越来越大。

(潘剑锋)

guoji shenji biaozhun
国际审计标准(international auditing standard) 审计标准是对审计事项进行评价的依据。离开审计标准,审计人员无法对被审计事项的合法性、真实性和有效性进行审查和评价。国际审计标准又称"最高审计机关国际组织审查标准"。它是以《利马宣言》、《东京宣言》为框架拟定的。1984年5月成立了国际审计机关国际组织审计标准委员会,其宗旨是:研究和制定政府审计标准,促进各成员国之间的信息交流。该委员会由下列国家最高审计机关的代表组成:奥地利、阿根廷、澳大利亚、巴西、哥斯达黎加、日本、菲律宾、沙特阿拉伯、瑞典、英国和美国。1985年3月,在悉尼举行的理事会,通过了该委员会的工作计划,确定了政府审计标准的基本框架。1989年6月在德国柏林举行的第31次理事会通过了该委员会提交的审计标准最后征求意见稿。1991年6月,在美国华盛顿举行的第35次理事会批准了该委员会的工作报告,同意颁布《审计标准》。该审计标准共分下列四章:

第一章:政府审计的基本要求,包括标准的适用性、公正不倚、公共经济责任、管理责任、标准的制定、标准的一致性、内部控制、信息查询和索取、被审单位的活动、改进审计技术、利益冲突。

第二章:一般标准,包括独立性、胜任能力、职业审慎、其他一般标准。

第三章:现场工作标准,包括计划、监督和评价、内部控制、与法律和机构相结合、取证、报表分析。

第四章:报告标准,包括报告形式之标题、日期、签署;报告内容之完整性事项、法律依据、与标准相符合、与法律法规相符合、时间性。

审计标准是一个庞大的评价体系。不同的审计事项、审计人员仅仅使用其中的某一部分。某些审计标准用于评价其真实性,某些审计标准用于评价合法性,而某些审计标准用于评价有效性、或者兼而有之。审计标准的分类很多,不同的标准有不同的性质和用途。按性质和内容可分为五大类:①法律、法规和政策;②会计准则和会计制度;③规章制度;④预算、计划和经济合同;⑤业务规范和经济技术标准。按审计种类和适用分为:财务、审计标准和经济效益审计标准。审计标准的选用,对于保证审计工作质量关系十分重大,审计人员的评价失误,审计人员承受的审计风险也大大增加。运用审计标准时,必须选择与审计目的相关最紧密的作为依据,注意标准选用的合法性和合理性。特别要注意选用标准的法律效力。　(柴景秀)

guoji shenji zhunze

国际审计准则(International Auditing Guideline) 亦称"国际审计指南"。由国际会计师联合会的"国际审计实务委员会"自1979年7月份起,陆续发布的文件。国际审计准则的目的,在于提高各国审计实务的一致性程度。由于跨国公司的发展,这种一致性程度被认为是必要的。国际审计准则不具有法律的约束力当国际审计准则与各国颁布的审计法规或审计准则发生矛盾时,各国的审计实务,必须遵守本国的规定,但必须将不一致的情况在报告书中加以说明。国际审计实务委员会的工作程序是选定专题,交给专门小组进行详细研究和拟订草案。如果,国际审计实务委员会以3/4多数票通过,这一草案即被分发给国际会计师联合会各会员团体征求意见,同时也发给国际审计实务委员会指定的国际机构。修改后的草案再经国际审计实务委员会,以3/4多数票通过,即作为正式的国际审计准则予以公布,并自公布3日起生效。它主要用于民间审计。截至1986年6月止已颁布23种,它们是:①财务报表审计的目的和范围;②审计委托书;③审计基本原则;④审计计划的编制;⑤其他审计师工作的利用;⑥在审计中对会计制度和有关内部控制制度的调研和评价;⑦审计工作质量的控制;⑧审计证据;⑨文件编辑;⑩内部审计师工作利用;⑪欺诈和差错;⑫分析性审核;⑬财务报表审计的审计报表;⑭包括在已审财务报表文件中的其他信息;⑮在电子数据处理案件下的审计;⑯利用电子计算机的审计技术;⑰各种关系;⑱专家工作的利用;⑲审计抽样;⑳电子数据处理环境,对调研和评价会计制度及有关内部控制制度的影响;㉑审计报告日期,资产负债表编制以后的事项,发表财务报表以后发现的事实;㉒管理方面的申述;㉓持续经营。按用途划分,世界多数国家分三种,即一般准则、现场工作准则(或外勤准则)、报告准则。我国审计署制定了七项准则,即:①国家审计基本准则;②审计方案编制准则;③审计证据准则;④审计工作底稿准则;⑤审计事项评价准则;⑥审计报告编制准则;⑦审计人员职业道德准则。目前,我国审计工作已经基本实现标准化操作。　(柴景秀)

guoji tonggao

国际通告(international announcement) 国际侦查协助的一种重要方式。国际刑警组织为了交流情报、审查和追捕刑事犯罪案犯,经常发出国际通告。除发出大量关于拘留、犯罪手段及技术等方面的通告外,更主要的是关于人员方面的国际通告,按通告右上角的标记色分为五种:①红色通告。该通告上有法官签发的逮捕令的细节,警察可以据此进行逮捕。红色通告实质上就是逮捕令。其目的在于将被通缉的案犯逮捕后引渡给通缉他的国家。②蓝色通告。目的是审查某人的身份而不是为了逮捕,主要是查明那些不明原因而离开国家的人。③绿色通告。提醒国际刑警组织各成员国对国际犯罪分子采取预防性措施,注意他们的活动,实质上是关于危险犯罪分子的通告。④黄色通告。涉及情况不明的失踪者和因精神不正常等原因可能出现危险的人,要求各国发现其下落后立即通知发出通告的国家中心局或总秘书处。⑤黑色通告。关于不明身份的尸体或伪造身份的死者的通告。

(文盛堂)

guoji xingjing zuzhi fan guoji fanzui zhineng
国际刑警组织反国际犯罪职能(Function of INTERPOL Anti-International Crime) 国际刑事警察组织在预防和打击跨国刑事犯罪斗争中所发挥的重要职能作用。国际刑警组织始终致力于预防和镇压普通刑事犯罪的斗争,对于国际刑警组织有权管辖的由国内普通犯罪(非政治、军事、宗教、种族等方面的犯罪)逐渐演变成国际社会公认的国际犯罪,诸如国际走私、国际贩毒、海盗、非法贩运国家珍贵文物、伪造货币、国际经济诈骗、暴力、恐怖、劫持民用航空器、侵害应受国际保护人员、劫持人质以及涉外贪污贿赂等等跨国刑事犯罪,进行了长期卓有成效的斗争,确立了其国际犯罪情报中心和国际刑事警察合作中心的地位,已经并将在反国际犯罪斗争中发挥着日趋重要的职能作用。

搜集和传递犯罪情报 国际刑警组织利用搜集和传递情报对付国际犯罪日益发挥其显著作用。如不间断地监控伪币犯罪的类型、动向、趋势等,并及时通报情报,供会员国的银行和警察机关参考。还经常召集反伪币专题会议,提出各种对策。又如重点搜集有关贩毒案犯的相片、指纹及作案手段等资料,注视国际性走私麻醉品案件,与国际麻醉品管制局互通贩毒情报。总秘书处还发布缉毒周报,及时反映世界性的麻醉品犯罪的状况、特点和动向。再如1985年在秘书处内专设反恐怖主义小组,专门负责搜集各国恐怖主义情报,分析研究其动向和特点,向会员国传递各种恐怖犯罪的情报资料,发送各种预防性通报,并根据各会员国的授权有针对性地对某些恐怖犯罪实行管辖,协调各国侦查破案,在反国际恐怖主义的斗争中充分发挥了其情报优势的职能作用。

协助送达侦查文书 国际刑警组织与大部分会员国建立了先进的现代化通讯联络网,总部的通讯系统24小时不间断工作,接受来自世界各国的请求和传递来自各会员国的各种文书,广泛地为各国预防和查处国际犯罪提供卓有成效的服务。尤其在传送有关贩毒案、劫机案、劫持人质案等协查文书方面不遗余力、成绩卓著。

通缉查控在逃国际案犯 国际刑警组织利用其国际通缉制度,能迅速有效地在世界范围内追捕某些特定的贩毒、海盗、劫持、伪币等国际刑事案犯,及时缉拿归案。正因如此,对犯罪分子利用先进的交通工具流窜各国进行跨国犯罪又起到一定的遏制作用,并为引渡和移送罪犯奠定基础。

协调引渡和移送囚犯 国际刑警组织在协调引渡和移送囚犯方面的职能作用,一是协调临时逮捕。请求国在提出正式引渡之前都要提出临时逮捕的请求,由于情况紧急,请求国通常是立即通报国际刑警组织由其将该通报发给各有关国家,请求予以查控被通缉的人,一经发现立即逮捕。临时逮捕是引渡的前提,而只有国际刑警组织居间斡旋的特殊地位和职能,才能更有效地协调临时逮捕。二是协调安排引渡和移送囚犯的警察行动。执行引渡或移送囚犯的警察的出入境、过境、押解案犯、人身安全保障等等问题,请求国和被请求国之间均可以通过国际刑警组织进行协调和妥善安排。

预防国际犯罪 国际刑警组织在遏制国际犯罪方面取得了广泛的成效。尤其是经常组织和召集有关贩毒、劫机、伪币、恐怖、国际经济犯罪等专题性的工作会议、专家会议或区域性会员国会议,研讨各种国际犯罪的规律、特点、手段、寻求解决途径和方案,提出和制定各种有针对性的对策,在预防国际犯罪方面发挥了极为重要的职能作用。

(文盛堂)

guoji xingjing zuzhi guojia zhongxinju
国际刑警组织国家中心局(Central Bureau of Stafes of INTERPOL) 国际刑事警察组织的职能部门,各会员国进行刑事警察事务合作的法定机构。国际间警察合作受到种种因素的阻碍,例如:不同国家警察机构的组成不同,使局外人不了解究竟哪一个具体部门有权处理某某案件或提供信息;不同国家的警察之间合作存在着语言障碍;各国实施的法律不同。将不同的任务交由一个统一的机构来管理,特别是使犯罪情报统一归口管理,会大大有利于各国的协查与合作。为了有效地解决这些问题,国际刑警组织决定,每个成员国指定一个永久性的警察部门来充当国际合作的联络点,该部门便被称为该国的国际刑警组织国家中心局。

国家中心局,简称NCB。国际刑警组织章程及有关文件规定,作为国际刑警组织整体机构的一部分,它应当是由高水平的专业官员组成,具有广泛的权力,能够及时准确地回复国际刑警组织总秘书处和各个国家中心局提出的业务合作要求,并在必要时动员和协调本国的有关执法部门采取一定规模的警察行动。为了确保国家中心局完成自己的使命,其设立、职能及权限应当由各成员国官方以法律的形式作出规定。

国家中心局的官员来自各国国内的警察部门和政府机构。他们依照本国的法律条件来办事。中心局的工作大致如下:在需要的时候,将国内有关部门与国际警务合作有关的资料和刑事犯罪情报通报各国家中心局和总秘书处;确保各国国家中心局要求协查的案件在国内得以落实;从其他国家中心局接收协查要求并在落实后及时作出回复;将本国警察部门和其他执法部门需要进行国际合作的案件与材料及时通报其他国家中心局,并以书面形式提出相关的协助请求;国家中心局局长必须作为本国的国际刑警代表团成员参加国际刑警组织全体大会并在回国后监督和确保决议在其国内得以有效地执行;国家中心局之间的合作与联系通常抄报总秘书处,以便其统一资料并协调合作。

由于历史和地理方面的原因,为了便于管理和扩大国际联系的覆盖面,有的国家除了国家中心局外还设立支局和联络处。在一个成员国只有一票的原则下,支局的代表作为所属国家代表团的当然成员,可以参加国际刑警组织全体大会。

(杨凤瑞)

guoji xingjing zuzhi huiyuan guo
国际刑警组织会员国(Member State of INTERPOL) 加入国际刑事警察组织的主权国家。《国际刑警组织章程》第4条规定:"任何国家均可派出官方警察机构作为本组织的成员,其职权限于本组织的活动范围。要求加入本组织应由适当的政府当局向秘书长提交申请。成员资格应经全体大会2/3多数的批准。"由于国际刑警组织未按一般的国际组织法的规则在章程中设定创始会员国,故所有的会员国都要纳入会员国对待,入会要按上述规定符合一定的条件和履行法定的程序。任何申请加入国际刑警组织的主体应当是主权国家,非主权国的属地没有资格申请加入国际刑警组织。而且,入会申请还应由主权国家主管刑事警察事务、具有对外代表本国法律上的资格的中央机关提出,并与国际刑警组织的秘书长商定有关待解决的事项后,由出席国际刑警组织全体大会的各国代表团投票表决,获2/3以上票者即被吸收为会员国。如果第一次投票未获通过,还可进行第二次表决;若本次大会未获批准,在下次大会上还可再次提出。

根据《国际刑警组织总规则》第53条规定,当会员国不能履行自己的义务,特别是拒绝支付会费时,国际刑警组织执行委员会可以暂停其在大会会议期间的表决权以及拒绝给予它可以要求的其他权利。此外,任何会员都可根据本国的政治或法律等方面的原因退出国际刑警组织,在获得同意后其会员国的资格即可中止。会员国享有三个方面的权利:一是基于国际法而享有国家主权不受干涉的权利和在本组织内部的权利不受非法剥夺的权利;二是享有国际刑警组织章程赋予的代表权、表决权、请求权、协调权、联络权等;三是基于本国法享有独立司法权。同时,会员国应承担以下义务:一是善意履行国际刑警组织章程的义务;二是履行本国在该组织中应承担的财政义务和行政性义务等;三是遵守国际刑警组织所通过的决议、规则和大会或执委会所制订的规章制度。

(文盛堂)

guoji xingjing zuzhi quanti dahui
国际刑警组织全体大会(General Assembly of INTERPOL) 国际刑事警察组织的最高权力机构。每年召开一次会议。由各成员国派出的代表组成。每个成员国可以派一个代表或几个代表参加,但是每个成员国只能由该国政府主管当局委派一个代表团参加大会。在投票表决中每个成员国都只有一票。鉴于国际刑警组织的技术性质,组织章程要求成员国考虑在其代表团中包括:警察部门的高级官员;其正式职责和本组织活动有关的政府官员;会议所涉及的各项议题的专家。全体大会的职权主要包括:①履行组织章程中规定的各项职责;②为达到章程规定的组织宗旨,确定适当的原则和制定总的措施;③审议和批准秘书长制定的下一年度活动计划;④决定其他必要的规章制度;⑤选举履行各项职责的人员;⑥制定和调整财政政策;⑦审查和批准拟与有关国家或其他国际组织达成的各项协议;⑧接纳新的成员国。

国际刑警组织的全体大会经常在各国轮流择地举行,每年一次。在每次大会的最后一次会议时,选择下次大会的会议地点。具体日期由邀请国和国际刑警组织主席与秘书长协商确定。

1995年10月在北京举行的国际刑警组织第64届全体大会,是中国历史上规模最大的执法界国际会议。

(杨凤瑞)

guoji xingjing zuzhi zhongguo guojia zhongxinju
国际刑警组织中国国家中心局(National Center Bureau in China of INTERPOL) 国际刑事警察组织设在中国的职能机构。1984年9月,在卢森堡召开的国际刑警组织第53届全体大会上,本组织按照中华人民共和国参加国际刑警组织申请书的全部内容接纳其为正式成员国。同年11月,在北京成立国际刑警组织中国国家中心局。根据第53届国际刑警组织全体大会的决定和第82届执委会的决议,中国加入国际刑警组织以后,台湾作为中国的一个地区,可以继续留在该组织中参与业务合作,其地区名称为"中国台湾"(Taiwan,China)。出于对付刑事犯罪不留空白地区的需要,国际刑警组织国家中心局也明确表示,台湾在严格遵守大会决议和国际刑警组织章程的基础上参加业务合作,可以派代表参加国际刑警组织的会议,但无表决权,不能派团长。台湾可以"中国台湾警察局"(China Taiwan Police Administration)的联络名称与国际刑警组织总部和有关成员国进行联系。

中国国家中心局在国际刑事合作业务上的主要任务是与境外和国外警方进行通信、联络与交流犯罪情况,协查办案、取证、传递法律文书等。据不完全统计,中国国家中心局已经通过国际刑警组织总秘书处发出了 70 多份红色通缉令。组织、协调并参与了从多哥、菲律宾、哥伦比亚、匈牙利、日本、泰国、美国、俄罗斯、柬埔寨、新加坡等国以及港、澳、台地区将几十名重大案犯押解回国,依法审判。通过国际刑警组织的渠道,中心局办理过一些有重大影响的国际案件。例如,1988 年 3 月上海市公安局根据情报在虹桥机场截获了一批即将由中国民航航班运往美国旧金山市的锦鲤鱼,发现鱼肚内有用乳胶套包装的海洛因。在香港和美国警方的配合下,采取控制下交付的方法,一举在上海、香港和旧金山分头捕获了多名同案犯。此案的成功侦破成为中国警方开展国际缉毒合作的良好开端。

20 世纪 80 年代,中国遇到了形形色色的国际刑事犯罪的严峻挑战。经济诈骗、贩毒、伪造货币、国际恐怖活动、偷盗和贩卖中国珍贵文物等新型犯罪开始渗透进来,而香港和澳门则成了国际犯罪向内地渗透的跳板。1985 年 2 月,经公安部同意,国际刑警组织中国国家中心局邀请香港警务处长到北京与公安部刑事侦查局领导会面,商定此后每年两次轮流在北京和香港举行工作会晤,交流维护社会治安和稳定的合作意见和预防、打击刑事犯罪的措施。商定由中国国家中心局在广东成立联络处,以协调广东及其周围地区发生涉及香港的刑事案件时的紧急接触和联系。从此形成了内地与香港的国际刑警工作会晤制度,打破了两地从无实际性接触的僵局。1985 年年底,内地派侦查员赴港,在港方配合下查清了两起内地待审的重大贪污受贿案。一年以后,国际刑警组织中国国家中心局又将通缉在逃的重大案犯押回内地依法处理。

1987 年初,中国国家中心局在广东省公安厅设立驻广东联络处,负责广东与香港和澳门警方的业务交流。双方经常互通情报信息,交流对策并付诸实施,取得明显成效。1995 年 5 月,中国国家中心局又在上海成立驻上海联络处,委托其办理国外警方要求调查的涉及上海及其周围地区的国际性刑事案件和线索。1992 年 8 月,中国国家中心局向香港派驻联络官,1993 年 8 月向澳门派驻联络官,1996 年 9 月向法国里昂国际刑警组织总秘书处派驻联络官。1997 年 7 月,随着香港回归祖国,原属英国国家中心局的香港支局成为中国国家中心局的支局。

在国际刑警组织和中国公安机关中,中国国家中心局是预防和打击国际刑事犯罪的一支不可缺少的重大力量。

(杨凤瑞)

guoji xingshi jingcha weiyuanhui
国际刑事警察委员会(International Criminal Police Committee) 国际刑警组织的前身,是非政府间组织。第一次世界大战前夕,欧洲利益不同的国家各自结成军事同盟,战争阴云密布,跨国犯罪也日渐频繁,各国政治家、法学家、社会学家们不停地寻找防控犯罪的措施与方法。于是,1914 年摩纳哥公国普林茨·阿尔贝特一世倡议召开一次国际刑事警察会议以便实现各国际刑警的合作。此议立即得到英国、法国、奥地利、比利时、普鲁士 17 个国家的官员和法学家、犯罪学家、律师的响应,于 1914 年 4 月 14 日至 18 日在欧洲的摩纳哥公国召开首次国际刑事警察会议,重点讨论了制定快速而简化的缉捕罪犯制度、改进个人识别方法、设立国际档案中心、统一引渡方法四个问题,提出加强国际刑警间合作的问题。会议还决定 1916 年 8 月在布加勒斯特举行第二次会议,因世界大战爆发设想未能实现。战后,1923 年奥地利维也纳警察局长约翰·斯索贝尔博士旧话重提,在其倡议下于 1923 年 9 月 3 日至 7 日在奥地利首都维也纳正式召开了第二次国际刑事警察会议,中国、埃及、匈牙利、德国、丹麦、法国、英国等派代表参加了会议,会议于最后一天通过决议,正式建立"国际刑事警察委员会",常设机构设在维也纳,制定了组织章程,决定以后每年召开一次会议。到 1983 年其成员国由原 17 个发展到 38 个。但自 1939 年到二战结束期间该组织处于停顿状态,1939 年以后德军占领奥地利,1942 年纳粹德国把该组织的总部搬到柏林,使其名存实亡。

1946 年 6 月 6 日至 9 日,国际刑事警察委员会原有的会员国在比利时的布鲁塞尔召开会议,决定全面恢复该组织的工作并加快发展新成员国。1956 年 6 月 7 日至 13 日,又在维也纳召开重要会议,决定更名为"国际刑事警察组织",修改章程,制定新的《国际刑事警察组织章程》和《总规则》,并确定了会旗和会徽。这是国际刑警组织发展史上的一个转折点,它使非政府间的组织国际刑事警察委员会变成了政府间的刑事警察合作的国际组织,为其未来的发展壮大奠定了可靠的法律基础。从此,申请加入国际刑警组织的国家逐渐增多。

(杨凤瑞)

guoji xingshi jingcha zuzhi
国际刑事警察组织(International Criminal Police Organization,INTERPOL,ICPO) 通常称为国际刑警组织。简称 ICPO—INTERPOL。以协助预防和打击国际性的刑事犯罪为宗旨的政府间国际组织。国际刑警合作的产物。前身是国际刑事警察委员会,1956 年改称现名。现有成员国 177 个,总部设在法国里昂。该组织的宗旨是,在各国现行法律的限度之内,本着《世界人权宣言》的精神,保证和促进各国刑事警察当局之间最广泛的相互支援与合作。建立和发展可能有助于有效地预防和打击一般刑事犯罪的各种机构和制度。国际刑警组织章程明确规定:严禁该组织从事任何政治、军事、宗教和种族性质的干预和活动。

国际刑警组织在国际合作中所遵循的工作原则是：①尊重国家主权，即依靠成员国警方在其领土范围内按照本国的法律采取行动。②实施普通刑法，即其活动范围仅限于对一般刑事犯罪的预防与执法。③合作的普遍性，即各成员国一律平等。④与其他机构的合作，即出于对付刑事犯罪的需要，通过国家中心局可以与任何国家的有关部门进行合作。⑤采取灵活多样的工作方法。

国际刑警组织主要通过其全体大会和执行委员会、总秘书处、国家中心局来推行政策、开展工作。全体大会由各成员国所派出的代表团出席，每年集会一次。它是该组织的决策机构，以每个成员国只有一票的投票方式来作出有关总政策及其工作方法、财政预算、合作方式和活动计划等的决定，并选举产生秘书长。

执行委员会13名成员按照欧洲、美洲、非洲、亚洲和大洋洲平均分配的原则，从成员国的代表中选举产生。主席任期4年，负责主持大会及执行委员会会议，监督决议的贯彻执行，并与秘书长和成员国的主管部门保持密切联系。3名副主席和9名执行委员各任期3年。执行委员会每年集会三次，准备大会议程、通过活动计划、起草重要文件交全体大会讨论通过。

总秘书处由各国选派的警官、行政技术人员和专家组成。是该组织的常设领导机构与技术管理机构。通过它来具体贯彻和落实各项政策，监督与协调国际执法及对跨国犯罪的斗争，统筹安排有关犯罪与罪犯的情报，对各国及有关国际组织保持密切的业务联系。总秘书处由秘书长协调所属四大业务处的处长共同领导和管理。四大业务处是人事与管理处、联络与刑事情报处、通讯与技术处和法律事务处。该组织的活动经费主要是来自各国所交纳的会费。

国际刑警电讯网是该组织的重要活动工具，通过这一手段，可以及时准确地将有关部门犯罪讯息传播到各个成员国的中心局和支局。同时发出各种形式的国际犯罪通报，例如，为了协助将已经由成员国警方签发了逮捕令的案犯引渡回国，发出红色通报。其内容包括逮捕令的细节情况和犯罪事实与缉捕和引渡的要求，而且因为通报的右上角红色方块内镶有国际刑警组织的标志，所以又被称为红色通缉令。通常各国警方可以依据红色通报对有关国际犯罪的嫌疑分子实行临时逮捕。国际刑警组织的通报涉及了国际刑事犯罪的所有领域。

为了更加有效地开展国际合作，国际刑警组织鼓励各大洲及其所属地区充分发挥各自的优势，自谋财源，广泛地开展地区合作与交流。同时强调国际刑警的业务培训工作。

从成员国的参与范围来看，国际刑警组织是仅次于联合国的第二大国际组织，在国际范围内对预防和打击刑事犯罪发挥着日益重要的作用。1996年10月15日，在美国纽约召开的第51届联合国大会上，国际刑警组织被授予永久观察员组织的地位。　（杨凤瑞）

guoji youwu sunhai minshi zeren gongyue
《国际油污损害民事责任公约》（International Convention in Civil Liability for Oil Pollution Damage）　1969年11月29日联合国及海事协商委员会在布鲁塞尔召开的国际会议上制定的公约，以确定油污损害民事责任及赔偿的统一国际规则和程序。简称《私法公约》或《民事责任公约》。船舶油污是造成海洋环境污染的一大污染源，1967年3月18日利比亚超级油轮"Torry. Canyou"号在英吉利海峡触礁沉没，致使大量原油溢出，造成大面积污染，英、法沿岸地带因此遭受的损失达1000多万英镑。这一事件是促使国际社会制定《国际油污损害民事责任公约》的直接动因。该公约共21条。主要内容包括以下几个方面：

公约的适用范围　公约所指的"船舶"是指装运散装油类货物的任何类型的远洋船舶和海上船艇。"油污损害"是指由于船舶逸出或排放油类（不论这种逸出或排放发生在何处）后，在运油船本身以外因污染而产生的灭失或损害。并包括预防措施的费用以及由于采取预防措施而造成的进一步灭失或损害。公约仅适用于在缔约国领土和领海上发生的油污损害和为防止或减轻这种损害而采取的预防措施（公约第1条、第2条）。

船舶所有人的赔偿责任　如果船舶所有人能够证明油污损害：①是由于战争行为、敌对行为、内战或武装暴动，或特殊的、不可避免的和不可抗拒性质的自然现象所引起的；或②完全是由于第三者有意造成损害的行为或不作为所引起的；或③完全是由于负责灯塔或其他助航设备的政府或其他主管当局在执行其职责时的疏忽或其他过失行为所造成的，船舶所有人则不承担油污损害责任。如果船舶所有人能够证明，污染损害完全或部分地是由于遭受损害人有意造成损害的作为或不作为引起的，或是由于该人的疏忽所造成的，则该船舶所有人即可全部或部分地免除对该人所负的责任（公约第3条）。

船舶所有人对油污损害的责任为有限责任　船舶所有人有权将他依照本公约对任何一个事件的责任，限定为按船舶吨位计算的赔偿总额每1吨2000法郎，但这种赔偿总额绝对不得超过2.1亿法郎。为取得此项责任限制的权利，船舶所有人应在按公约第9条规定提出诉讼的任一缔约国的法院或其他主管当局设立相当于其责任限制总数的基金。该项基金应在索赔人之间依其确定的索赔额比例分配(公约第5条)。

强制保险 公约规定,在缔约国登记的载运2000吨以上散装货油船舶的船舶所有人,必须进行保险或取得其他财务保证,以便按公约规定承担其对油污损害的赔偿责任。缔约国有关当局应颁发证书以证明该项保险或其他财务保证具有实效(公约第7条)。

油污损害赔偿的诉讼时效 公约规定,请求赔偿的诉讼应在损害发生之日起3年内提出,否则按公约要求赔偿的权利即告失效。如果该事故包括一系列事故,则诉讼时效为6年,6年的期限应自第一个事故发生之日起算(公约第8条)。

管辖法院 如已在一个或若干个缔约国领土(包括领海)内发生油污损害事件,或已在上述领土(包括领海)内采取了防止或减轻油污损害的预防措施,赔偿诉讼便只能向上述一个或若干个缔约国的法院提出(公约第9条)。

判决的承认与执行 依据公约具有管辖权的法院作出的任何判决,如可在原判决国实施而不再需通常的复审手续时,应为各缔约国承认。下列情况例外:①判决是以欺骗取得的;②未给被告人以适当的通知和陈述其立场的公正机会。承认的判决,一经履行各缔约国所规定的各项手续之后,便应在各国立即实施。在各项手续中不得允许重提该案的是非(公约第10条)。

公约不适用于军舰或其他为国家所有或经营的,在当时仅用于政府的非商业性服务的船舶。

《国际油污损害民事责任公约》于1975年6月19日生效。中华人民共和国已加入该公约,其对中国的生效期为1980年4月30日。　　　　　　(阎丽萍)

国警力获取本国无法查到的侦查结果,又可节省开支。各国通过侦查协助活动,在无形中形成并强化了对犯罪侦查的有序化,促使侦查手段国际化,对有效地反国际化犯罪活动和震慑跨国犯罪分子,通过预防和遏制国际犯罪,在一定程度上维护世界安全,都具有重要的现实意义。
　　　　　　　　　　　　　　　　　(文盛堂)

guoji zhencha xiezhu chengxu
国际侦查协助程序(procedure of international investigational assistance) 实施国际侦查协助所必须履行的手续和步骤。在国际侦查协助程序的选择上,国际上通行的原则是:①简便易行原则。即力求避免当事国之间陷入繁琐的程序而贻误侦查时机造成被动。②快速及时原则。③直接联系原则。即在可能的情况下尽量不经过中介环节,以此保证顺利而快速地完成侦查协助任务。

国际刑警组织在长期实践中建立了相对完整和较为科学的协查程序,从总体上分为协查提出程序和实施协查程序两大部分。请求国的提出程序是:①由本国办案单位根据各国刑事诉讼法中所规定的立案管辖权分工和办案程序逐级向本国国家中心局提出具体协查要求,并附送协查文件。②本国国家中心局经审查后认为有必要向有关国家请求协查时,由国家中心局负责起草协查文书,将协查请求事项逐一注明,然后由国家中心局负责签发。③本国国家中心局将该协查文件通过国际刑警组织的渠道或外交途径发送到有关国家,同时报送国际刑警组织总秘书处。如果需要国际刑警组织转达时,则直接发往总秘书处,请其代为转达。被请求国的协查程序是:①接到请求国送达的协查文书后,由本国国家中心局审查他国送达的协查文书,如果决定给予协助,则直接将该文书转给本国有关侦查部门,要求其予以落实办理;对决定不予协助的可以拒绝。②被请求国的协查单位查证之后,逐项写清查证结果,报告本国的国家中心局。③被请求国的国家中心局通过国际刑警组织的通讯系统或外交途径将协查结果告知请求国的国家中心局,随后办理有关的具体事宜。
　　　　　　　　　　　　　　　　　(文盛堂)

guoji zhencha xiezhu leixing
国际侦查协助类型(category of international investigational assistance) 具有共同性质和特点的国际侦查协助活动所形成的种类。按侦查协助的级别和层次可分为:①国家级侦查协助。仅在两个双方认为有必要的任何国家之间进行的侦查协助。②区域侦查协助。在位置相近或毗连、文化背景相同或相似的各个国家之间的侦查协助。③洲际侦查协助。在各

guoji zhencha xiezhu
国际侦查协助(international investigational assistance) 国与国之间拥有刑事事务管辖权的机关在犯罪侦查领域互相给予支持、便利、援助的活动。是一国侦查机关根据外国当局委托,在国内代为一定的侦查的一种措施。是国际刑事司法协助的重要组成部分。犯罪是一个世界性的问题,单靠一国警察难以对付,要求国际社会作出协调一致的反映。正是这种客观现实的基础和需要,才使得以"互利互惠"原则和"国际礼让"的规则协调一致对付国际性犯罪的国际侦查协助得以迅速发展。国际侦查协助的范围包括:协助提供作为侦查对象的犯罪嫌疑人的有关情况;协助提供对请求国刑事案件的侦查必需的证据;协助送达各种侦查文件;帮助缉捕被通缉而已逃往被请求国的案犯;将已逮捕的刑事案犯依法引渡给有关国家等等。在国际侦查协助中,请求国无需派员出境侦查,借助他

大洲内各国之间的侦查协助。④国际级别的侦查协助。具有世界意义的侦查协助。如1973年12月3日联合国大会第3074号决议通过的《关于侦查、逮捕、引渡和惩治战争罪犯和危害人类罪犯的国际合作原则》中,阐述了侦查方面的国际合作问题。各国遵循该原则所进行的侦查合作活动,就是国际级的侦查协助。按侦查协助的模式和方式可分为:①直接的侦查协助。指参与侦查协助的各当事国不经中介而直接进行侦查协助。②间接的侦查协助。指参与侦查协助的当事国不直接接触而是通过中介来实现其协助意图。如当事国之间没有双边条约或其他原因不能直接进行侦查协助,而寻求国际刑警组织或其他中介居间协调,从而实现其侦查协助的目的。按侦查协助的内容和对象可分为:①现场勘查协助。②检验鉴定协助。③调查取证协助。④搜查物证协助。⑤扣押赃物协助。⑥采用其他措施和手段的侦查协助。 （张玉镶 文盛堂）

guoji zhencha xiezhu tiaojian
国际侦查协助条件（condition of international investigational assistance） 国际侦查协助需要满足的最基本的相关条件。包括:①协助范围的协商一致性。由于国际侦查协助的涉外性,其协助范围必须与当事国协商解决,即请求国必须取得被请求国的同意才能确定侦查协助的范围。国际通行的解决办法是缔结双边条约。②遵循双重犯罪原则。这是国际社会普遍公认的司法协助原则。按其要求需要诉讼侦查协助的犯罪行为必须是在请求国与被请求国双方的法律中都规定为犯罪的行为,方可予以侦查协助。如果任何一方当事国法律规定不属犯罪行为的,即不予侦查协助。 （文盛堂）

guoji zhencha xiezhu xianzhi
国际侦查协助限制（limits of international investigational assistance） 国际侦查协助所受到的限制。包括:①犯罪性质的限制。首先是限制对政治犯罪采取任何形式的国际侦查协助。其次是对于军事、宗教、种族等性质的犯罪一般也不予以侦查协助,但在军事同盟国之间和信奉同种宗教的国家之间也有特殊的例外。②司法程序的限制。任何国际侦查协助的请求,都必须以符合条约或国内法所规定的程序进行,都应由有管辖权的警察司法当局通过适当途径提出,否则将不予协助。但国际法庭所提出的侦查协助可以作为特别的例外情形。 （文盛堂）

guoji zhuibu
国际追捕（international arrest） 国际侦查协助的一项重要措施。其目的是为了有效地打击国际刑事犯罪活动。国际追捕的对象主要是暴力犯罪、恐怖主义犯罪、麻醉品犯罪、盗窃犯罪、伪造犯罪等跨国刑事犯罪的案犯。在国际追捕中,国际刑警组织有一个通讯联络中心站连接各区域站和各国家站的专用无线电通讯联络网。在国际侦查协助中,为了把图像在极短时间内传递出去,中心站与许多国家站建立了电报传真,可在几秒钟内交换彼此掌握的照片和指纹等。再加上国际刑警组织利用国际通报及时传递犯罪分子的行踪或犯罪活动情况,通过协调手段在世界范围内通缉、查控、搜捕犯罪分子,然后根据引渡的有关规定将所缉捕的犯罪分子协调引渡给请求国归案。 （文盛堂）

guojia anquanbu
国家安全部（Ministry of State Security of PRC） 中华人民共和国国务院部委级机构之一,国务院负责维护国家安全和反间谍工作的职能部门。1983年6月第六届全国人民代表大会第一次会议决定设立。1983年9月2日第六届全国人民代表大会常务委员第二次会议的一项《决定》指出:国家安全机关,承担原由公安机关主管的间谍、特务案件的侦查工作,是国家公安机关的性质,因而可以行使宪法和法律规定的公安机关的侦查、拘留、预审和执行逮捕的职权。 （文盛堂）

guojia anquan jiguan
国家安全机关（the national security organs） 我国各级人民政府中专门负责对外情报、反间谍、反特务工作、保卫国家安全,维护国家主权和利益的行政机关,是各级人民政府的组成部分,其性质与公安机关相同。国家安全机关原来隶属于公安机关。1983年6月第六届全国人民代表大会第一次会议决定设立国家安全机关。其组织设置是:中央人民政府即国务院下设国家安全部;省（自治区、直辖市）人民政府设国家安全局;省辖市人民政府或者大中城市人民政府根据实际需要也设有国家安全局或者相应的机构。国家安全局受人民政府的领导,同时接受其上级国家安全机关的领导。根据1983年9月2日第六届全国人民代表大会常务委员会第二次会议通过的《全国人民代表大会常务委员会关于国家安全机关行使公安机关的侦查、拘留、预审和执行逮捕的职权的决定》和《刑事诉讼法》第4条的规定,国家安全机关,办理危害国家安全的刑事案件,行使与公安机关相同的职权:侦查、拘留、预审、执行逮捕。国家安全机关享有的上述诉讼权利,同样也是其义务。

作为侦查机关的国家安全机关，在刑事诉讼中行使国家法律赋予的侦查权，执行诉讼的控诉职能，是刑事诉讼中的主要诉讼主体，特别在其负责立案侦查的诉讼阶段，始终处于指挥者和主持者的地位，是这个阶段刑事诉讼得以成立和刑事诉讼法律关系得以形成的不可缺少的重要方面。国家安全机关进行刑事诉讼必须严格遵守刑事诉讼法和其他法律的有关规定，必须忠实于事实真相，忠于法律，忠于人民的利益。

（项振华）

guojia ganyu yuanze
国家干预原则（principle of governmental intervention） 社会主义民事诉讼法的重要原则之一。苏联十月革命胜利后，根据列宁否认"私权自治"而主张国家干预民事关系和民事案件的思想，1923年《俄罗斯联邦民事诉讼法典》确立了这一原则。其后在东欧一些国家民事诉讼立法中也相继确立了国家干预原则。国家干预原则在不同国家的民事诉讼中，其具体内容不尽相同，但主要包括两个方面，一是法院的干预，一是检察机关的干预。前者干预的方式是在诉讼中对当事人处分民事实体权利和诉讼权利的行为实行监督，后者干预的方式是对民事诉讼实行监督，即以参加诉讼或者提起诉讼的方式，对当事人的处分行为和法院的审判行为实行监督。

我国《民事诉讼法》在其基本原则及其他一些章节中确立和贯彻了国家干预原则。如第13条规定的依法处分原则（见处分原则），第14条规定的检察院对民事审判活动的监督原则（见检察监督原则），第64条规定的人民法院认为审理案件需要的证据应当调查收集，第92条规定的人民法院在必要时可以裁定采取财产保全措施，以及审判监督程序中第177条人民法院决定对案件再审的规定，第185条至188条关于人民检察院抗诉的规定，执行程序中第216条民事裁判可以由审判员移送执行的规定等。我国的国家干预与其他国家的国家干预，既有其共同点，又有其不同点。其共同点是，都是法院和检察院代表国家依职权实行干预，都是对民事关系和民事案件实行干预。其不同点是，我国检察机关的干预是通过对人民法院的审判活动实行法律监督的方式来实现的，其监督仅限于对人民法院生效的裁判提出抗诉，除抗诉案件检察院派员出席法庭参加诉讼活动外，一般不参加民事诉讼活动，更不提起民事诉讼。

国家司法干预原则与大陆法系一些国家民事诉讼法中规定法院依职权进行（干预）有原则的区别。依职权进行是基于职权主义（亦称干涉主义），它系作用于某些程序上的问题，如关于裁判权、当事人能力、案件的专属管辖等，法院一般以职权作出判断，而不依职权对民事实体关系加以干涉。国家司法干预既可以依职权在程序上加以干预，使当事人的诉讼行为符合程序法的规定，又可依职权在实体上加以干预，使当事人处分实体权利的行为符合实体法的规定。

（刘家兴）

guojia jindu weiyuanhui
国家禁毒委员会（National Narcotics Control Committee） 中华人民共和国负责全国禁毒工作的领导机构。为了加强对禁毒工作的领导，国务院于1990年12月15日决定成立全国禁毒工作领导小组，负责研究制定禁毒方面的重要政策和措施，协调有关重大问题，统一领导全国的禁毒工作。对外称国家禁毒委员会。其成员单位有：国务院办公厅、公安部、外交部、卫生部、海关总署、中央宣传部、国家教委、民政部、司法部、财政部、化工部、农业部、林业部、对外经贸部、广电部、国家工商管理局、国家医药管理局、解放军总参谋部。国家禁毒委员会办公室设在公安部。办公室的主要业务包括：禁种铲毒、禁吸戒毒、缉毒执法、预防宣传教育、法制建设、合法药品管理、易制毒化学品管制、禁毒国际合作和办公室日常事务。

（杨凤瑞）

guojia xingwei
国家行为（act of state） 也称"政治行为"或"政府行为"。政府在涉及国家之间关系、国家安全等国家重大政治问题或重大事件、重大政策上以国家名义作出的代表国家意志的行为。国家行为主要分为两大类：一类是有关国防的国家行为；另一类是有关外交的国家行为。由有关国家机关所作出的不论哪一类国家行为，都是经过国家特别授权的行为，例如政府向权力机关作出的政府工作报告、国家预算、法律议案、本国政府与外国政府签约、实行国内部分地区戒严、政府在紧急状态下的战争和国防方面的紧急措施等等，都应当属于国家行为的范畴。

我国《行政诉讼法》在第12条第1项中规定，因国防、外交等国家行为提起的行政诉讼，人民法院不予以受理。这是因为，从行为的性质上分析，属于一国政治上的重大问题、重大政策、重大措施等行为，已经超出了行政行为的范畴。它们不同于行政机关在日常行政管理中所作出的行政行为。因此对国家行为是否合法、是否妥当，不应由人民法院的审判来决定。对于国家行为的监督和控制，一般都是通过政治途径去解决，这是世界各国的通例。例如，在处理国内关系上，由政府向权力机关承担相应责任，在处理国际关系上，则是通过协商解决外交方面争端。

人民法院虽然依照法律，不受理诉国家行为的行政案件，但遇有此类情况，应告知起诉人可以向人民代表大会及其常务委员会反映和处理；或者向作出该项行为的国家机关或特别授权的国家机关及其上级机关反映和处理；或者通过外交途径去解决。

(王振清)

国家之父（parents patriae）

古罗马法律中对族长在丧失管理家族财产的行为能力或挥霍浪费其家族财产时，由国家授权宣布他为精神不正常的人并将其关押，其财产交由国家指定的专人管理的处理原则。随着社会的发展，这一原则应用的范围逐渐扩大，其基本思想也得到引申。在现代西方许多国家有关精神病人的医疗与监护的法律中仍体现着这种精神。

(孙东东)

国家追诉主义（principle of state prosecution）

又称公诉原则，与私人追诉主义相对。刑事诉讼活动的基本法律准则之一。该原则的基本含义是：对犯罪行为的追诉权应当由法定的国家机关依法行使。这种代表国家对涉嫌实施犯罪的人向法院提起诉讼的机构通常为检察机关，它们所提起的诉讼称为公诉，代表检察机关提起并出庭支持公诉的检察官称为公诉人。

从历史上看，国家追诉主义是在废除私人追诉主义的基础上得到确立的，人类早期的刑事诉讼曾实行私人追诉原则，即由被害人、被害人的近亲属或者其他公民行使刑事起诉权，他们依法提起的控告构成刑事诉讼活动开始的前提，国家不承担对侵害他人权益的人提出控诉的责任。但随着社会的进步和人类理性意识的增强，人们逐渐认识到，犯罪行为不仅侵害了被害人个人的权益，而且对国家和社会的整体利益构成了破坏和危害，国家只有统一地行使对犯罪的追诉权，才能使国家和公民个人的利益同时得到有效地维护。同时，随着犯罪活动的日益复杂化，那种建立在私人追诉主义基础上的刑事诉讼制度出现了各种弊端，如被害人过于关注个人利益的满足而忽视了公共利益的维护，被害人仅靠个人的力量难以充分及时地揭露犯罪，收集犯罪的证据。而由国家专门机构代替被害人承担起查获犯罪人、调查犯罪事实并提起公诉的责任，则可以避免上述弊端的发生。这些因素成为国家追诉主义取代私人追诉主义的重要原因。起初，国家追诉主义是与纠问式诉讼制度相结合而得到确立的，即追诉犯罪的权力与裁判权一起由法院集中加以行使。到了19世纪，各国相继完成了刑事司法制度的重大改革，建立了检察机构，确立了控审分立的诉讼制度，使国家追诉主义与不告不理原则一起，成为其现代刑事诉讼制度的基础。

法国没有建立自诉制度，被害人及其近亲属无权向任何法院提起刑事诉讼，对于无需预审的违警罪和轻罪案件，检察机构有权直接向违警罪法院和轻罪法院提起刑事诉讼；对于需要预审的违警罪和轻罪案件，检察机关须向预审法官提出正式侦查请求并且征得其同意后，才能向违警罪和轻罪法院分别提起刑事诉讼；对于重罪案件，检察机关须在上诉法院审查庭作出起诉裁定书以后向重罪法院提起公诉。德国实行以国家追诉主义为主、以私人追诉主义为辅的原则，即由检察机关依法对绝大多数刑事案件提起公诉，而对于诸如非法侵入、轻微的侮辱、侵犯通信秘密、轻微伤害、损坏财产等犯罪案件，被害人可以直接向法院提起自诉。但是，如果被害人对这些自诉案件放弃追诉权，检察机关在法律允许的情况下可以向法院提起公诉。在日本，所有犯罪行为均由国家专门机构——检察机关负责提起公诉，被害人或者其他公民无权就任何刑事案件提起自诉。这又被称为检察官的"起诉垄断主义"。

我国刑事诉讼法确立的是国家追诉主义与私人追诉主义相结合的原则。对于告诉才处理的案件，被害人有证据证明的轻微刑事案件，以及被害人有证据证明对被告人侵犯自己人身、财产权利的行为应当依法追究刑事责任，而公安机关或者人民检察院不予追究的案件，被害人或者其近亲属可以直接向人民法院提起自诉。对于上述自诉案件以外的其他刑事案件，检察机关均有权代表国家向人民法院提起公诉。

(陈瑞华)

H

haiguan zongshu zousi fanzui zhenchaju

海关总署走私犯罪侦查局（Bureau of Smuggling Investigation of China Customs Commission） 中国海关境内走私案件的侦查机关。经中华人民共和国国务院批准由海关总署、公安部于1999年1月5日组建成立，纳入公安部编制机构序列，设在海关总署，既是海关总署的内设局，又是公安部的一个序列局。实行海关与公安双重垂直领导，以海关领导为主的体制，按照海关对缉私工作的统一部署和指挥，部署警力，执行任务。在机构的设置上，走私犯罪侦查局在广东分署和全国各直属海关设立走私犯罪侦查分局，分局原则上在隶属海关设立走私犯罪侦查支局。各级走私犯罪侦查机关负责其所在海关业务管辖区域内的走私犯罪案件的侦查工作。1999年1月5日，海关总署走私犯罪侦查局、北京海关走私犯罪侦查分局揭牌暨首次授予缉私警察警衔仪式在海关大楼举行，标志着中国第一支缉私警察队伍正式成立。根据国务院的部署，广东省内海关及上海、南京等海关的18个侦查分局随之陆续正式挂牌办公，另有23个直属海关的侦查分局于当年6月底以前全部建立。全国缉私警察队伍编制为1万人。国务院要求：缉私警察从海关、公安、军队、有关部门的专业人员、大中专院校毕业生中选拔录用，重点从海关系统和公安部门挑选。录用人员必须符合人民警察的条件。据此，海关总署和公安部提出了"统一规定、归口推荐、考核挑选、集体讨论、分级管理、把关进人、培训上岗"的28字进人方针，严把进人关。首批组建单位成立时有6000人到位。

缉私警察是对走私犯罪案件依法进行侦查、拘留、执行逮捕、预审的专职刑警队伍，既是海关的一支专司缉私的队伍，又是公安机关的一个警种，是实行"联合缉私，统一处理，综合治理"的反走私斗争新体制。因此，各级缉私警察机构在新组建初期首先重点抓三个方面的工作：一是以新的机制和强有力的手段，常备不懈，严防猛打，保持对走私违法犯罪活动的高压态势，绝不允许出现走私回潮；二是狠抓缉私警察队伍的思想建设、作风建设和廉政建设，建立健全缉私警察监督制约机制；三是坚持各级地方党政领导与各有关部门、特别是公安部门密切合作。为了保证缉私警察队伍依法履行职责，与各行政执法部门、司法机关密切配合，切实加大打击走私犯罪活动的力度。

在走私犯罪侦查局成立前夕，最高人民法院、最高人民检察院、公安部、司法部、海关总署就走私犯罪侦查机关办理走私案件适用刑事诉讼程序的若干问题联合作出了统一的规定，并于1998年12月3日正式以《关于走私犯罪侦查机关办理走私犯罪案件适用刑事诉讼程序若干问题的通知》下发执行。该《通知》规定：

走私犯罪侦查机关在中华人民共和国海关关境内，依法查缉涉税走私犯罪案件和发生在海关监管区内的走私武器、弹药、核材料、伪造的货币、文物、贵重金属、珍贵动物及其制品、珍稀植物及其制品、淫秽物品、固体废物和毒品等非涉税走私犯罪案件，接受海关调查部门、地方公安机关（包括公安边防部门）和工商行政等执法部门查获移送的走私犯罪案件。

走私犯罪侦查机关在办理走私犯罪案件过程中，依法采取通缉、边控、搜查、拘留、执行逮捕、监视居住等措施，以及核实走私罪嫌疑人身份和犯罪经历时，需地方公安机关配合的，应通报有关地方公安机关，地方公安机关应予配合。其中在全国范围通缉、边控走私犯罪嫌疑人，请求国际刑警组织或者境外警方协助的，以及追捕走私犯罪嫌疑人需要地方公安机关调动警力的，应上报公安部批准。走私犯罪侦查机关决定对走私犯罪嫌疑人采取取保候审的，应通知并移送走私犯罪嫌疑人居住地公安机关执行。罪犯因走私罪被人民法院判处剥夺政治权利、管制以及决定暂予监外执行、假释或者宣告缓刑的，由地方公安机关执行。走私犯罪侦查机关因办案需要使用技术侦察手段时，应严格遵照有关规定，按照审批程序和权限报批后，由有关公安机关实施。

走私犯罪侦查分局、支局在查办走私犯罪案件过程中进行侦查、拘留、执行逮捕、预审等工作，按《公安机关办理刑事案件程序规定》（以下简称《程序规定》）办理。

走私犯罪侦查机关依照刑事诉讼法的规定出具和使用刑事法律文书，适用公安部统一制定的文书格式，冠以"×××走私犯罪侦查（分、支）局"字样并加盖"×××走私犯罪侦查（分、支）局"印章。

走私犯罪侦查机关在侦办走私犯罪案件过程中，需要提请批准逮捕走私犯罪嫌疑人时，应按《程序规定》制作相应的法律文书，连同有关案卷材料、证据，直接移送走私犯罪侦查机关所在地的分、州、市级人民检察院审查决定。

走私犯罪侦查机关对犯罪事实清楚，证据确实、充分，已侦查终结的案件，应当制作《起诉意见书》，连同案卷材料、证据，一并移送走私犯罪侦查机关所在地的分、州、市级人民检察院审查决定。

人民检察院认为走私犯罪嫌疑人的犯罪事实已经查清，证据确实、充分，依法应当追究刑事责任的，应当依法提起公诉。对于基层人民法院管辖的案件，可以依照刑事诉讼法第23条的规定，向当地中级人民法院提起公诉，人民法院应当依法作出判决。

律师参加刑事诉讼活动，应严格按《中华人民共和国刑事诉讼法》、《中华人民共和国律师法》、《最高人民法院、最高人民检察院、公安部、国家安全部、司法部、全国人大常委会法制工作委员会关于刑事诉讼法实施中若干问题的规定》以及本通知等有关规定办理。

对走私犯罪案件的侦查、提起公诉、审判的其他程序，依照《中华人民共和国刑事诉讼法》以及其他相关法律的规定办理。

对经侦查不构成走私罪和人民检察院依法不起诉或者人民法院依法免予刑事处罚的走私案件，依照《中华人民共和国海关法》的规定，移送海关调查部门处理。

海关调查部门、地方公安机关（包括公安边防部门）和工商行政等执法部门对于查获的需移送走私犯罪侦查机关的案件，应当就近移送。走私犯罪侦查机关应及时接受，出具有关手续，并将案件处理结果书面通报移送部门。

（文盛堂）

haishi fayuan

海事法院（maritime court） 中国负责审判第一审海事案件和海商案件的专门人民法院。全国人民代表大会常务委员会1984年11月14日通过的《关于在沿海港口城市设立海事法院的决定》规定，在沿海港口城市设立的海事法院负责管辖第一审海事案件和海商案件，不受理刑事案件和其他民事案件，其设置、变更、撤销由最高人民法院决定；海事法院向所在地的市人民代表大会常务委员会负责，后者有权任免海事法院的院长、副院长、庭长、副庭长和审判员；海事法院的审判工作受所在地的高级人民法院监督，对海事法院所作判决和裁定的上诉案件，要由所在地的高级人民法院负责审判。根据这一决定，最高人民法院先后决定在6个港口城市设立海事法院，并规定海事法院设海事审判庭、海商审判庭，其受案范围是：国内和涉外的海损事故引起的索赔诉讼，港口和海上作业及运输过程中发生的事故引起的诉讼，海域污染引起的索赔诉讼，因追索海难救助或打捞费用提起的诉讼以及各种因海上运输与船舶等有关的合同纠纷而提起的诉讼，等等。

（陈瑞华）

hankong jianyan

汗孔检验（examination of sweat pores） 根据皮肤乳突线表面汗孔的形状、大小及分布特点进行人身同一认定的痕迹学检验方法。它是指纹检验的一种补充手段。人体皮下组织中分布着许多汗腺，并有螺旋状汗腺导管伸向皮肤表层，在乳突线上呈凹陷状开口，即为汗孔。人体不断地通过汗孔向体表分泌汗液，以调节体温、润泽皮肤和排泄代谢物。成人汗孔的外缘直径约在0.05～0.8毫米范围，大多数在0.1～0.2毫米。汗孔外缘形状呈圆形、椭圆形或不规则形；汗孔在乳突线上的分布也不规则，有的居乳突线中间，有的偏左或偏右，个别分布在乳突线边缘；汗孔之间的间距不均匀，在0.2～1.0毫米之间不等。每个人皮肤表面汗孔分布具有个人特征，且相对稳定。因此，当现场遗留手印的纹线较少、细节特征量小，难以作出准确的鉴定结论时，可以利用纹线中的汗孔分布特征做为乳突线特征的重要补充，达到准确地认定或否定目的。汗孔检验的一般程序和方法是：①首先要精确判明现场手印纹线是手的哪个具体部位所遗留，以便在收取样本痕迹时取其相同纹线进行比对；②将现场手印和捺印样本手印的相同部位纹线同倍放大，在观察比较二者纹线边缘形态和曲率相同的情况下，细致地比较二者汗孔痕迹的分布、形态及大小是否相互吻合一致；③在进行特征比较时，可以把汗孔依顺序用线段连结成特征曲线，观察检材与样本的曲线形态是否一致。汗孔检验是有条件的，遗留纹线印痕必须清晰，能很好地反映出一定量的汗孔特征。由于汗孔很小，皮肤自身具有弹性，在手印形成过程中会因皮肤变形或汗孔堵塞而不能留下清晰的汗孔痕迹，那么汗孔检验就无法进行。

（蓝绍江）

hebing guanxia

合并管辖（merger of jurisdictions） 对某个案件有管辖权的法院，可以管辖与该案有牵连的其他案件。就某个案件而言，其受诉法院必需具有法定管辖权，因而受诉法院对本案的管辖权是合并管辖形成的前提；就与本案有牵连的其他案件而言，本案的受诉法院并不具有法定管辖权，只是由于本案与其他案件之间的牵连存在，需要合并审理，才形成了本案受诉法院对其他案件的管辖，因而合并管辖必须以本案与其他案件之间的牵连和合并审理的需要为其形成的必要条件。合并管辖的本案和其他案件是可分的，合并管辖有利于彻底解决当事人之间的纠纷，有利于简化诉讼程序，提高诉讼效益。

合并管辖在许多国家民事诉讼法中都有规定，但规定方式并不相同。法国民事诉讼法规定的最为概括：数项未决诉讼案件，如果它们之间有足够的联系而有必要放在一起审理判决，法官根据一方当事人的要求或自动地将数项诉讼合并审理。德国民事诉讼法的规定较为明确具体：在关于抵押权、土地债务或定期土地债务的诉讼中,附带提起债务诉讼时;在关于抵押权、土地债务或定期土地债务的注销登记或权利消灭的诉讼中,附带提起对人义务免除的诉讼时;在关于确认物上负担的诉讼中,附带提起请求迟延给付的诉讼时,都可以向不动产审判籍的法院提起,但以附带的诉讼是同一被告提起的为限。反诉,可以向本诉的法院提起,但以反诉请求同本诉中主张的请求或者同对本诉请求提出的防御方法有牵连关系者为限。在中国《民事诉讼法》中则采取了列举的方法规定了合并管辖的适用范围。该法第126条规定:"原告增加诉讼请求,被告提出反诉,第三人提出与本案有关的诉讼请求,可以合并审理。"

(阎丽萍)

hetong gongzheng

合同公证(notarization of a contract) 公证机关依法证明合同的真实性、合法性的活动。公证机关的主要公证业务之一。合同是平等主体的自然人、法人、其他组织之间为实现一定的民事目的、经济目的,设立、变更、终止民事权利义务关系的协议。依合同所确立的权利义务关系是受民事法律规范调整还是受经济法律规范调整,可将合同分为民事合同和经济合同两大类。公证实践中,合同的公证也分为民事合同公证和经济合同公证。民事合同公证,是指公证机关依法证明民事合同的真实性、合法性的活动。如公民个人之间的买卖合同公证、互易合同公证、赠与合同公证、房屋租赁合同公证等,都属民事合同公证。经济合同公证,是指公证机关依法证明经济合同的真实性、合法性的活动。如购销合同公证、建设工程承包合同公证、联营合同公证等,都属经济合同公证。

  合同公证一般由合同当事人的住所地、合同签订地的公证机关管辖;涉及不动产转让的合同由不动产所在地的公证机关管辖。合同公证,由合同当事人向公证机关提出申请,并向公证机关提交如下材料:①申请表;②合同当事人的身份证明,如果当事人是法人的,应当提交法人营业执照或法人资格证明、法定代表人的身份证明;③需公证的合同文本;④与需公证的合同有关的法律文件和证明材料,如房屋买卖合同,得提交出卖人对房屋享有所有权的证明;专利技术转让合同,得提交专利权人对该项技术享有专利权的专利证书,等等。公证机关对合同公证申请予以审查,经审查确认当事人具有签订合同的行为能力,意思表示真实,合同的内容和形式合法的,予以出具公证书。

  合同公证的主要作用是证明合同的真实性、合法性。在法律有规定或当事人有约定的情况下,合同公证还是合同生效的必要条件。目前,在中国的民法和合同法中,并未把合同公证作为合同生效的条件来规定,但是,在有些国家的法律或地方性法规中,则规定某些合同的成立,必须经过公证。如抵押贷款合同、土地使用权转让合同、企业承包合同、企业租赁合同等重要的经济合同,有关法律就规定须经公证机关公证后才具有法律效力。世界上不少国家都在实体法中明文规定,公证是合同成立的必要条件,如《法国民法典》规定,公证书在契约当事人双方之间,应当作为契约所包含的事项的确证;对不动产的强制出卖,仅得根据公证及执行证书进行。《德国民法典》规定,契约需要公证证明订立。从各国立法例上看,许多国家将公证这一法定形式与合同订立这一常见的法律行为有机地结合起来,将公证作为重要合同成立的必备形式,这有利于规范合同主体的重大法律行为,也符合社会生活、经济生活有序发展的要求。可以预见,公证作为重要合同订立的必要形式,是公证法律制度立法的发展趋势。

(潘剑锋)

hetong nengli

合同能力(contractual capacity) 又称契约能力。合同各方当事人在订立合同时能够平等的、充分的表达意志,并能够按协议享有民事权利、承担民事义务的主体资格。即合同各方当事人均能够充分地了解合同的内容、性质、后果,了解自己作为合同一方当事人在合同中所处的地位、享有的权利以及应承担的义务,在与其他方面当事人协商中能够准确地表达自己内心意志,具备完整的自我保护能力。精神病人在病理性精神活动的影响下,对自己的行为丧失了辨认能力,缺乏正确的、合乎本意的意志表示,缺乏自我保护能力,甚至可在精神症状的支配下,滥买滥赠,乱签对自己和家庭构成危害的协议,即这些人在主观上丧失了签订和履行合同的基本条件,为无合同能力人。若这些人已签订了合同,则属无效合同。

(孙东东)

heyiting

合议庭(collegiate bench) 按合议制组成的法庭。合议制是指由审判人员数人组成法庭进行审判的制度。合议庭是法院审判案件的基本组织形式。因为除一审适用简易程序的案件,可以实行独任审判外,绝大多数一审案件,以及所有的二审案件、死形复核案件、再审案件,均必须由合议庭进行审判。根据《中华人民共和国刑事诉讼法》第147条规定,合议庭的组成,因审判程序和法院级别的不同而有所不同:①基层人民法院、中级人民法院审判第一审案件,应当由审判员3人或者由审判员和人民陪审员共3人组成合议庭进行,但是基层人民法院适用简易程序的案件可以由审判员2人独任审判。②高级人民法院、最高人民法院审判第一审案件,应当由审判员3人至7人或者由审判员和人民陪审员共3人至7人组成合议庭进行。③中级以上人民法院审判上诉、抗诉案件，由审判员3人至5人组成合议庭进行。

根据法律的有关规定，合议庭的组成及其工作原则可以概括为以下几点：①合议庭的组成人数应当保持单数，以便评议表决时容易形成决议，避免出现因票数相等而拖延诉讼的现象。②合议庭的组成人员，只能由经过合法程序任命的本院的审判员和在本院执行职务的人民陪审员充任。③合议庭应由院长或庭长指定审判员一人担任审判长；院长、庭长参加合议庭审判案件时，应当自己担任审判长。④合议庭进行评议时，参加合议庭的每个成员都享有平等的发言权和表决权；如果意见发生分歧，应当少数服从多数，但是少数人的意见应写入笔录；评议笔录应由合议庭全体成员签名。⑤人民陪审员参加合议庭审判案件时，同审判员享有同等的权利。

（孙晓宁）

heyi zhidu
合议制度（principle of panel hearing） 法院审判案件的组织制度。人民法院审判案件，除依法由1名审判员独任审判外，原则上由3名以上的审判人员组成审判集体对案件进行审判，前者称为独任制，后者称为合议制。合议制用于法庭，以3名以上审判人员集体审判案件，则称为合议庭。合议制作为一种制度，有其建立的基础，包含的内容，具有的功能。其基础，一是决定于案件的性质、情况，二是决定于案件的审级、法院的级别，这些因素的协调反映组织形式与案件适应性，分别由不同的诉讼法作出规定。其内容，包括合议庭组成人员的资格、人数、集体活动的规则、对内对外的关系等，比如，什么人可以成为合议庭的成员，合议庭是由3人、5人、7人等何种单数所组成；此审判集体在诉讼的不同阶段，以何种不同的方式面向当事人及其他诉讼参与人，在何种情形下可以由其1名成员代表集体从事某些审理上的活动，或者只能是由集体进行活动；合议庭成员之间如何协调指挥诉讼，作出决定、裁定、发布命令，以及对案件审理后的评议和作出判决；合议庭如何协调与本法院审判委员会、上级法院之间的接受监督与监督的关系，以及与人民检察院抗诉的关系。其功能是，代表人民法院实现审理功能，作为诉讼法律关系主体根据法定的程序行使诉讼权利和履行诉讼义务，保障当事人诉权和行使诉讼权利，保证对案件的客观公正审判。

根据我国《民事诉讼法》的规定，除适用简易程序、特别程序审理的简单民事案件，实行独任制外，审理民事案件一律实行合议制。适用普通程序审理的案件，由审判员、陪审员共同组成合议庭或者由审判员组成合议庭；适用特别程序审理的非简易案件，适用二审程序审理的上诉案件，适用审判监督程序审理的再审案件，以及二审法院发回一审法院重审的案件，一律由审判员组成合议庭。根据最高人民法院《关于贯彻执行〈中华人民共和国行政诉讼法〉若干问题的意见（试行）》第114条意见，审判行政案件的审判组织，可以参照民事诉讼法的有关规定。根据我国刑事诉讼法的规定，基层人民法院、中级人民法院审判第一审案件的合议庭，应当由审判员1人、人民陪审员2人组成；高级人民法院和最高人民法院审判第一审案件的合议庭，由审判员1人至3人，人民陪审员2人至4人组成；人民法院审判上诉和抗诉案件的合议庭，由审判员3人至5人组成。合议庭评议案件，实行少数服从多数的原则，评议中的不同意见，如实记入评议笔录。

（刘家兴）

helan fayuan zuzhi tixi
荷兰法院组织体系（organization of the court system in Netherlands） 荷兰的法院组织系统是由1838年《司法组织法》所规定。普通法院由四级法院组成，即县法院、地区法院、上诉法院和最高法院，这四级法院都是民事和刑事案件兼理。荷兰不实行陪审团制度。县法院为最基层的法院，受理轻微的民事案件和违法的刑事案件。多数县法院只有1名法官。现在全国共有62所县法院。地区法院，是第二级法院，辖区为3至4个县。受理在该辖区内的一切刑事案件，以及不服县法院一审判决的上诉案件。视情况由3名法官组成合议庭审理或者由法官独任。几乎所有的经济犯罪和环境犯罪都由法官独任审理。大的地区法院有50余名法官，最小的只有12名法官。现在共有19所地区法院。上诉法院，受理不服地区法院一审判决的上诉案件，由3名法官组成合议庭进行审理。现在共有5所上诉法院。最高法院，为最高审级，设在海牙。最高法院有权复议适用法律错误或者违反正当程序规则和诉讼程序公正性的下级法院的裁决。最高法院院长由资历最深的法官担任。最高法院下设3个庭，审理案件时必须由5名法官合议。第一庭受理民事案件，第二庭受理刑事案件，第三庭受理有关税务和强制执行的案件，各庭所作的判决即为终审判决。在荷兰，法律上没有确认遵循判例的原则，但在审判实践中，下级法院均遵循最高法院的判例。

（程味秋）

henji
痕迹（vestige） 一切曾经发生或存在过的事物特征的一种表现形式。任何曾经发生或存在过的事、物或现象，都会对周围环境与人产生作用和影响，这种作用和影响的结果采取一定的表现形式而存在，均可称为痕迹。它在不同的学科领域有着不同的内涵和意义。譬如：一种旧的社会制度会在政治、经济、思想文化等范畴对新的社会制度产生影响；外界的信号刺激会在人的大脑皮层形成记忆；图像和声音讯号可以通过电磁转换而在磁带、磁盘上留下痕迹；古生物化石中寓存着古代生物形态与活动的信息；带电粒子会在一定条件下显示出其运行的"经迹"等等。这些内涵各异的痕迹有个共同的特性：它们都寓存着过去事物的某些特征，证明着某种物质或现象曾经发生过或存在过。因此，广义的痕迹就是某种信息的"寓所"，它能帮助人们去揭示那些已在时间或空间上消失的物质的特征与发展变化规律；痕迹是在不同时空之间架起的桥梁。

在犯罪调查与司法活动中所研究的痕迹也有广义与狭义之分。广义的痕迹泛指由犯罪活动引起的一定范围内物质与环境的变化。它包括：①由犯罪活动造成的、并能揭示犯罪性质与过程的物质变动迹象。如：犯罪人在实施盗窃活动中对现场物品的翻动和破坏；在杀人或抢劫过程中的搏斗迹象等。②在犯罪过程中遗留在现场上的各种关联物质。如强奸案件中遗留的精斑；交通肇事案件中脱落的漆片；犯罪人遗留在现场的烟头、纸屑及其他物品。③各种有形客体在犯罪现场上形成的反映形象。如手印、足迹、工具破坏痕迹。④其他能揭示犯罪情节的物质或现象。这些变化或由犯罪行为直接造成，或由预备犯罪、掩盖犯罪的行为所引起，或由犯罪行为间接关联而形成。它们反映了犯罪的时间、性质、手段、过程、危害结果、犯罪人或犯罪工具的特征，故又称之为"犯罪痕迹"。在刑事犯罪调查过程中，可以通过对犯罪痕迹的勘验与分析，判断侦查方向，据以制定侦查计划，还可以通过对犯罪痕迹的检验为证实犯罪，认定犯罪人提供证据。

狭义的痕迹仅指在两个有形客体相互接触作用中，其中一客体在另一客体表面造成局部形态变化而形成的反映形象。这种形态变化包括颜色的改变、表面介质的增减、表面结构的破坏等；这种局部的形态变化反映着前一客体接触局部的外部结构形态特征和作用力的特性。例如：手指触摸物体时，皮肤表面汗液物质转移在物体表面而形成手印；使用工具撬压物体时，由于工具局部使物体局部发生塑性变形而形成工具痕迹；人在走路过程中，在地面留下反映鞋底表面形态特征和脚底用力特征的足迹等。这种狭义痕迹的形成必须具备三个基本要素：①"造型客体"。指在相互作用过程中将自身形态的反映形象留在另一客体表面的物体。②"承受客体"。指在自身表面保留着承受客体反映形象的物体。③作用力。指使两类客体相互发生作用的外力。

狭义的痕迹有许多种，按照形成痕迹的机理可以将痕迹分成如下种类：

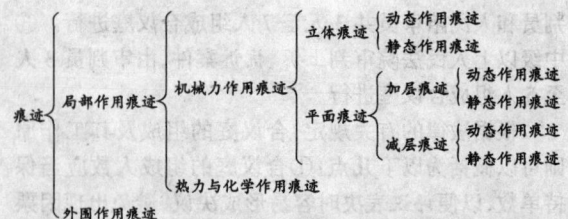

按照痕迹中所反映的特征内涵，分类如下：形象痕迹、动作习惯痕迹、整体分离痕迹。

按照造型客体的类别不同，痕迹分为：手印、足迹、工具痕迹、枪弹痕迹、其他痕迹。

犯罪过程中，痕迹的形成具有普遍性、客观性、直观性及与犯罪行为的密切关联性。它不仅对分析、研究犯罪过程具有重要意义，而且可以通过比较检验，对犯罪人或犯罪工具进行鉴定，提供刑事诉讼证据。因此，在对刑事犯罪的侦查、起诉活动中，把发现、提取、分析、检验各种遗留痕迹作为获取证据的重要途径。随着司法实践的发展和科学技术的进步，痕迹学检验的新对象和新手段正在逐渐扩展；痕迹学检验理论工作者也正在更深入地探求痕迹的本质，以待更全面、科学地揭示它的内涵和外延。

(蓝绍江)

henji jianding

痕迹鉴定（trace expertise） 司法鉴定之一种。在同一认定理论指导下，运用形态比较的方法，为查明犯罪现场痕迹是否为某嫌疑客体所形成而进行的比较、鉴别与判断的过程。主要包括：手印鉴定、足迹鉴定、工具痕迹鉴定、枪弹痕迹鉴定、牙齿咬痕鉴定、车辆痕迹鉴定、牲畜蹄迹鉴定、整体分离痕迹鉴定等。痕迹鉴定结论以"鉴定书"的形式表达，是重要的刑事诉讼证据。痕迹鉴定的科学基础是留痕客体外表形态结构的特定性。特定性是某一具体客体同自身以外任何其他客体相区别的那些特征的总和；它是客体自身发生与发展过程中，由各种特定条件制约而形成的若干细节形态特征的组合；这些特征的组合无论在客体自然发生过程或是在人们制造使用过程中，都不可能以同样的组合形态重复出现在另外的客体上。在鉴定过程中，要认识这种特定性，必须依据痕迹的形象对造型体外表形态结构特征进行充分细致的分析。例如，指纹鉴定，必须在纹型相符的前提下，有足够数量的细节特征的一致，才能对两枚指纹痕迹的遗留人做同一认定结论。痕迹鉴定的必要条件是造型体外表形态结构的稳定性及承受体对造型体形态特征的反映能力和保留能力。只有那些具有固定的外表形态，并在一定时期内（从留下痕迹到接受审查）能保持这种形态不发生重大质的变化的客体，才具备痕迹鉴定的可能性。另一方面，如果承受体因自身条件或外部条件影响，不能足够清晰地反映造型体的细节形态特征,或不能将这一反映形象保存下来,那么痕迹鉴定也是不可能的。

痕迹鉴定的一般方法是形态特征比较,既可以通过现场痕迹与受审查客体直接比较,也可以将现场痕迹与受审查客体的实验样本痕迹进行对照比较。痕迹鉴定结论依据其认定的可靠性程度,分为肯定结论、否定结论及或然性结论。肯定性结论确认某受审查客体即是在犯罪现场上留下痕迹的客体,或认定二者种类一致;前者称为"同一认定结论",后者称为"种类认定结论"。同一认定结论明确地证明被审查客体同犯罪事件的客观联系,成为揭露和证实犯罪的重要诉讼证据;种类认定结论只能证明受审查客体与要寻找的犯罪关联客体属同种属关系,在刑事诉讼中只能起辅助证明作用。否定性结论则明确否定被审查客体同犯罪事件的联系,在侦查中具有确定的排除嫌疑意义。或然性结论是在鉴定客观条件不足、根据不充分的条件下,无法区分相似与同一而做出的不置可否的分析意见,严格讲它并不具备证据意义。痕迹鉴定中的肯定结论和否定结论,均应以鉴定书的形式加以记录和表述。

(蓝绍江)

henji kanyan

痕迹勘验(inspection of traces) 刑事勘验技术的组成部分。应用专门技术方法,对与犯罪事件有关的人或物留下或造成的形象痕迹和断离痕迹的勘察、检验。多用于犯罪现场勘验。根据需要和可能,经批准和有关事主同意,也可以将痕迹的承受体(即痕迹载体)带回实验室勘验。从最广泛的意义上说,痕迹是事物自身运动、发展及其相互作用所引起的客观物质的一切变化的总称。对痕迹的研究,在不少的科学领域内有着特殊重要的意义。考古学、古生物学、地质学、人类学等科学部门,之所以能科学地揭示和认定历史上曾经发生过某些事实及其发生、演变的过程和原因,其主要依据,就是过去事物所遗留的某种痕迹。

刑事侦查学中痕迹这一概念有其独特的含义,通常又有广义和狭义之分。就广义而论,凡由于犯罪行为或与犯罪有关的活动所引起客观物质环境的一切变化,统称为犯罪痕迹。例如,犯罪人遗留在犯罪现场上的手印、脚印、工具痕迹、枪弹痕迹等反映造型体(那个在另一个客体上形成自己反映形象的客体)外表结构形态的种种形象痕迹,犯罪人分割整体物时遗留下的各种断离痕迹,犯罪人书写的文书,杀人现场上的血迹、尸体状态,强奸现场上的精斑,及至各种物质微粒、特殊气味等等,都可称之为犯罪痕迹。就狭义而言,痕迹仅指上述犯罪痕迹中的形象痕迹和断离痕迹。

不同形态的痕迹,其勘验的方法不尽相同。痕迹勘验仅指侦查技术勘验的一个组成部分,其中,"痕迹"一词仅指狭义即形象痕迹和断离痕迹而言。其他种类或形态的犯罪痕迹,则分别是文书勘验、法医勘验、理化检验、警犬鉴别等的对象,不属于痕迹勘验的研究范围。

痕迹勘验的主要任务是:发现、固定、提取和保全与犯罪案件有关的种种形象痕迹和断离痕迹,与案件无关的痕迹不能擅自进行勘验;研究种种形象痕迹和断离痕迹产生、发展的过程,验明痕迹与犯罪的具体联系(即痕迹是否犯罪人实施犯罪行为时所遗留或造成的,以及犯罪人是在什么时间、什么情况下遗留或造成的);分析判断遗留痕迹的犯罪人或物的情况,如犯罪人的性别、年龄、身高、体态、职业等特点及犯罪使用物(包括破坏工具、凶器、交通工具等)的种类、性能等。在侦查犯罪中,痕迹勘验占有非常重要的地位,是侦查犯罪的一项重要的技术手段。它可以为分析案件情况,确定侦查范围,查缉犯罪人提供重要的线索,也是进行痕迹鉴定的一个前提条件。

利用痕迹来揭露和证实犯罪,自古以来就是侦查和审判案件的一个不可缺少的要素。中国古代的签字画押,早在周代就出现了。秦简上有穴盗记载,上面记有手迹六处。至于供侦查利用的追踪探索的技能,在许多世纪当中,民间就已经积累了丰富的经验。例如在中国、日本、印度、高加索等地,民间就积累了供侦查利用的追踪探索的技能。

揭露犯罪和研究痕迹,人们早就注意到了它们之间的联系。在中国古代就把侦查解释为"据实迹考知"。在俄文中,"侦查"(саедствие)同"痕迹"(саед)具有共同的词根。按"侦查"一词的原意,就是根据"痕迹"进行侦缉,也就是指"追究"(преседование)。"侦查"一词的起源在英文中也是如此。英文里的"调查、侦缉"(investigation)就是从拉丁文 vestige(痕迹)派生的。

根据我国刑事诉讼法关于勘验、检查的规定,痕迹勘验只能由侦查人员负责进行。在必要的时候,可以指派或聘请具有专门知识的人,在侦查人员的主持下进行勘验;侦查人员单独临场执行痕迹勘验,必须持有侦查机关的证明文件,并邀请两名与案件无利害关系、为人公正的普通公民作为见证人到场见证;对痕迹勘验的情况应制作笔录,由参加勘验的人和在场见证人签名或盖章;人民检察院审查案件时,对公安机关的勘验,认为需要复验、复查时,可以要求公安机关复验、复查,并且可以派检察人员参加;为了验明痕迹产生、发展的过程及原因,在必要的时候,经侦查部门的负责人批准,可以进行临场实验。

(张玉镶)

hengping susong

衡平诉讼(equity actions) 英美法上的一种民事诉讼程序制度。它最早出现在英格兰。14世纪,尽管普通法早已出现且发展迅速,但是,由于普通法程序局限于某些公认的诉讼形式的结构中,在这些规定的诉讼形式范围之外就不能依法提起诉讼和取得补偿，致使许多当事人的利益得不到普通法的保护。因此，国王委托大法官根据公平正义原则审理这些需要特别补偿者的请求，由此出现衡平诉讼作为司法救济。衡平法逐渐发展起来弥补普通法的不足和纠正普通法的不公正之处，进而还产生衡平法院专门审理衡平诉讼。15、16世纪，衡平法在内容和形式上均有所进步，由于普通法所具有的种种弊端，使衡平诉讼大量涌现，促进了衡平法的发展。到16世纪，各地普通法院常常采用衡平法的某些原则。尽管在17世纪出现了普通法和衡平法的相互之间的倾轧，但是到18世纪，普通法和衡平法的关系是融合的，双方在内容上相互渗透，同时又在某种程度上相互协助。衡平诉讼也像普通诉讼一样，成为英国重要的诉讼形式。到1873年，英国司法制度法将普通法院和衡平法院并入新的最高法院，统一了普通法与衡平法的管辖权，使高等法院的各个法庭都可以做出相应的不论是普通法还是衡平法的任何补偿的判决，但它没有规定在权利、财产及收益等方面衡平法与普通法处理原则的归并和统一。现在英国已没有衡平法院，但仍存在衡平诉讼，不过范围较窄小，仅指无效或解除婚姻的诉讼。美国的衡平法院源于英国，1798年宪法修正案规定，衡平诉讼由各州管辖，现在仅有密西西比等三个州还有衡平法院，但衡平诉讼仍然存在。

（彭 伶）

hongwaixian zhaoxiang
红外线照相（infrared photography） 一种拍摄物体红外线图像的特殊照相技术，在司法实践中主要用于物证检验。红外线是波长范围排列于可见光红光以外区域（760~420000nm）的不可见辐射线，它具有不同于可见光的一些特殊性质，用于物证照相中可以发现和区分在可见光下不易发现或难以区分的痕迹、物证。目前应用于照相的红外线是感光较灵敏的区段，波长在760~1350nm，称为近红外，也称感光区段。

红外线照相可分为三种：①红外反射照相。以红外线作为摄影光源，用照相技术拍摄被物体反射回来的红外线图像。许多物质对红外线的反射、吸收和透过能力与对可见光不同，如可见光不能穿透的物质，红外线可以穿过，从而显现并拍照下面被掩盖的字迹或其他痕迹。红外反射照相主要应用于文件技术检验和验枪技术，再现被涂抹、掩盖、消蚀或自然褪色的文字和图案，辨别由不同书写材料添加的字迹或笔划，再现被烧毁文件上的字迹，拍摄射击过程遗留的残留火药微粒、油渍或烟晕等痕迹。红外反射照相应在摄影镜头前附加阻止可见光通过的红外滤色镜，也可用红、橙滤色镜代替。②红外荧光照相。使用激发光源使物质发生红外荧光，并将红外荧光图像拍摄下来的照相技术。不同物质受激后产生荧光的波长和强度存在差异，通过照相和比较，可以对某些可见光下不易辨别的痕迹、物证进行显现或比较。它主要应用于文检技术中对涂改、污损、消褪字迹的再现。红外荧光照相的常用激发光源是单色蓝光（峰值460nm），摄影镜头前附加阻止可见光的红外滤色镜。在实践中常见背景荧光掩盖或干扰被拍摄痕迹物证的荧光图像；为增强被检验物质的荧光强度，减弱或消除背景与环境红外辐射干扰，可采用液氮降温的方法，称"低温红外摄影"。通常是将一不锈钢盘放在保温槽内，在盘内放不锈钢支架支撑一块不锈钢板。将待检物证放在支架的钢板上，不锈钢盘内倒入液氮，以不漫过检材表面为限。在低温环境下，红外荧光强度增加，从而增强红外影像效果。③红外辐射照相。所有物质在常温下都有红外辐射，自身温度越高，辐射红外线的波长越短、能量越大。在不附加其他光源情况下，直接拍摄来自物体的红外辐射图像，经过冲洗加工可获得可见图像的负片和正片；这也称为"被动红外摄影"。它主要用于夜间秘密拍摄或监控。为了增强拍摄效果，也可配以红外光源，称为"主动红外摄影"。这是在侦查活动中的秘密侦察手段，也是一种技术防范手段。

附图：红外线照相与普通照相效果对比
纺织物上的模糊字迹

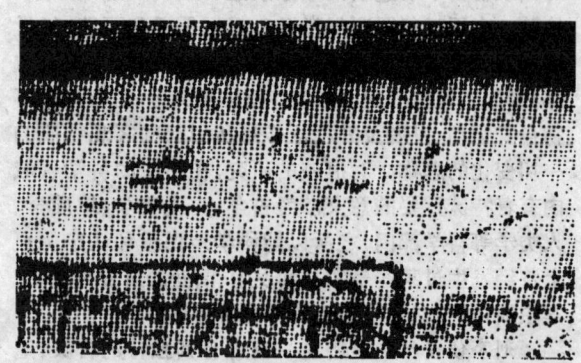

图1 普通照相效果

图2 低温红外照相效果

红外线照相均须使用专门的红外感光胶片或红外干板。它比普通感光材料要敏感,而且不同型号的感光片感受波长范围也不同,应当根据需要恰当选用。红外感光片应在低温条件下保存,且不宜保存时间过长。

(蓝绍江)

huxisi
呼吸死(lung death) 又称肺死亡。呼吸先于心跳停止所引起的死亡。呼吸死主要发生于机械性窒息(缢死、勒死、扼死、闷死、溺死、胸部受压死)、肺部疾患、麻醉过深、触电、各种原因引起的呼吸麻痹以及呼吸运动神经损害等。呼吸死者共同的特征表现为三方面,即低血氧症、高碳酸血症和酸碱平衡紊乱。呼吸停止后,心跳尚能持续数分钟,极个别的可达数十分钟。

(李宝珍)

husu
互诉(interplead) 亦称交互诉讼。普通法系国家民事诉讼中的一种诉讼制度。一项债权或者一宗财产,两人以上分别对债务人或者财产持有人提出相互对立之不同权利的主张,债务人或者财产持有人不知谁是真正的权利人,则将所争之财产提存法院,或者对应承担之债务向法院提供担保,请求法院在不同主张者之间确定正当的权利人,使诉讼在不同权利主张者之间进行,从而自己退出诉讼。这种将争议交给不同权利主张者相互之间去进行诉讼,称之为互诉。互诉成立的条件,不同的民事诉讼法规定不尽相同,但主要相同点是:①债务人应承担履行义务,财产持有人应交出财产。②有两人以上的人主张权利,而主张又各自相反。③债务人或者财产持有人应对债权提供担保,应将争议之财产提存于法院。互诉之意义有二:一是避免债务人、财产持有人双重诉讼之负担;二是可以减少诉讼,使诉讼在真正有争议的当事人之间进行。

我国民事诉讼法无互诉制度之规定,对实践中出现类似的情况,可以根据具体情况分别适用共同诉讼制度和第三人制度加以解决,如二人分别对债务人、财产持有人提起诉讼,另一人又起诉者,可以作为有独立请求权的第三人参加诉讼。事实上债务人、财产持有人不向任何一个主张权利者履行债务,交付财产,就是与他们客观上存在着争议,应一并纳入诉讼。

(刘家兴)

huazhuangpin
化妆品(cosmetics) 施行化妆的用品。其种类繁多,根据化妆的作用不同可分为霜膏、唇膏、指甲油、香粉、防汗剂、防晒品及染发剂、定型剂等。其成分随类别各异。多数化妆品中都含有香料。香料是具有挥发性的有香味物质的总称,分天然和合成二类。天然香料中来自动物的叫动物性天然香料,主要有麝香、灵猫香、海狸香、龙涎香等;来自植物的称植物性天然香料,可以从植物的花、果、根、茎、皮、脂等部位中提取,各种天然香料一般都是混合物。合成香料是以石油和煤为原料经化学合成制得的,都是单纯物质。

指甲油是用于染染指甲的一种液体。多数是硝化纤维素、增塑剂和树脂在易挥发混合有机溶剂中的液体。色泽和不透明性是悬浮在指甲油中的颜料引起的。颜料通常是有机沉淀色料、2-氨基-6-羟脲环、二氧化钛等。溶剂通常为甲苯、乙酸乙酯、乙醇、丁醇等混合物。增塑剂主要是磷酸二苯酯、邻苯二甲酸、二正丁酯和樟脑等。树脂为氨磺酰芳基-甲醛聚合物等。通常采用外观观察法、差减法、红外光谱法、色谱法等进行检验。

头发固型剂,也叫定型剂,指能在一定时间内保持所需发型的发用药剂。可在头发上形成一层软硬适宜的薄膜,主要是气溶胶型。成膜物质常见的有聚乙烯吡咯烷酮乙烯吡咯烷酮和醋酸乙烯酯共聚物及虫胶等。成膜,物质的溶媒常用乙醇,喷射剂为卤代烃。此外,通常加入一些像羊毛脂、硅酮、邻苯二甲酸酯、烷基醇胺、蛋白质等,以中和树脂或使树脂改性。定型剂是常见的司法鉴定物证检材之一,可采用外观观察、红外光谱法、差减法、色谱法等进行检验。

染发剂是用于人发染色的药剂。主要成分为用于人发染色的毛皮染料。常用的有氧化染料、自动氧化染料、金属配合染料、阳离子染料和天然染料等。要求染料分子直径为 6×10^{-10} 米,若太小很快被水洗掉,若太大染料扩散很慢。还要求无毒,牢度好。氧化染料是在氧化剂过氧化氢(H_2O_2)存在下形成的染料。自动氧化染料只要遇空气中氧接触形成染料。金属配合染料中的金属有镍、钴、铜等。其中毛皮黑 D 是最常用的一种,人发染料检验是司法鉴定物证分析内容之一。通常采用颜色反应、熔点、薄层色谱、气相色谱、红外光谱和电化学分析法来鉴别。

(王彦吉)

huanjue
幻觉(hallucination) 精神疾患者将客观不存在的事物感知为现实。按照感觉器官分为幻听、幻视、幻嗅、幻味、幻触及内脏感受性幻觉。在临床精神医学和司法精神医学鉴定中,幻觉是最常见的精神症状,也是导致精神病人实施危害行为的主要原因。

(孙东东)

huanting
幻听(auditory hallucination) 精神疾患者将客

观不存在的声音感知到并且坚信不疑。幻听内容各异。若仅为单纯的噪声、枪声、轰鸣声音，则属于原始性幻听，这种幻听多为慢性病人的残余症状，无特殊的诊断意义。若患者能听到具有语言特征的声音，特别是能感知到存在于主观空间的并与情感反应无关的言语声音，即非情感性假性幻听，则为精神分裂症的特征性症状，在临床精神医学和司法精神医学鉴定中有特异性的诊断意义。根据言语性幻听的具体内容形式，可将幻听分为评论性幻听、命令性幻听、对话性幻听等。幻听是临床精神医学和司法精神医学鉴定中最常见的症状之一。

（孙东东　吴正鑫）

huanxiangxing huangyian
幻想性谎言（pseudologia lying）　见病理性谎言。

huangyanpi
谎言癖（pseudonomania）　又称人格障碍性谎言、非妄想性谎言癖。这种人虚构个人的出身、履历、作为等内容来吹嘘自己，其目的仅是为获取个人心理满足。这种人主观上对自己的谎言有清楚的认识能力，也知道是假的，但就是不能控制说谎。长此已往，可以将自己的谎言付诸相应的行为。行为人因此涉及法律事务，应评定为完全法律能力。

（孙东东）

huifaxing duwu zhongdu
挥发性毒物中毒（volatile poison poisoning）　挥发性毒物侵入人体，引起机体损害甚至死亡的过程。挥发性毒物是指挥发性较强，主要用蒸馏或扩散法分离的毒物。包括氰化物、甲醇和乙醇、酚和来苏儿、苯胺和硝基苯及水合氯醛等。这些毒物主要用作工业生产原料及中间体等。

常见的氰化物有氢氰酸、氰化钾、氰化钠。氢氰酸为易挥发无色液体，民间不易得到；氰化钾、氰化钠为白色固体或粉末，民间用于捕杀野兽。他杀、自杀、误食均有发生。氰离子抑制细胞内大约40种酶的活性，但最主要的是与机体组织的细胞色素氧化酶结合，使整个呼吸链的电子传递无法继续进行，导致细胞呼吸急速停止。入体剂量大时，意识迅速丧失，痉挛，可于数分钟内死亡，甚至发生"闪电式"死亡。较小剂量入体时，初有咽喉紧缩感，头疼、眩晕、恶心、胸闷、视野发黑，心跳呼吸加快，而后意识丧失、肌肉痉挛，最后转入麻痹，呼吸、心跳停止而死亡。氰化物致死量为0.15～0.25克，氢氰酸致死量为0.05～0.1克。某些植物如杏、桃、李果仁中含有一种苦杏仁甙，我国南方还有一种木薯含木薯甙，这二种甙均为氰甙，经体内酶的作用，或经酸水解，都能产生氢氰酸而致中毒或中毒死亡。

常见醇类中毒有甲醇和乙醇。工业生产中接触甲醇，易吸入中毒或误服中毒。工业酒精中含有少量甲醇，服用后易中毒或中毒致死。乙醇中毒多为大量饮用酒精饮料中毒。甲醇毒性较大，对视神经和视网膜有特殊的选择作用，可使视神经萎缩、视力减退，严重者可导致双目失明。一般误服5～10毫升，可致严重中毒。口服30毫升可致死，也有报道70～100毫升才致死的。中毒主要症状是眼球疼痛，视力模糊，以致失明。乙醇毒性较甲醇小，能严重抑制中枢神经系统，抑制大脑皮层功能，继而皮层下中枢和小脑活动受累。最后因延髓血管运动中枢和呼吸中枢麻痹而导致死亡。乙醇的中毒量和致死量因个体差异而有较大差别。一般饮用75～80克可致中毒，250～500克可致死。严重中毒时，血醇浓度一般为200～400毫克/毫升；中毒致死者血醇浓度在400～500毫克/毫升。中毒症状可分为兴奋、共济失调和昏睡期。昏睡期为乙醇严重中毒象征，深睡之后可完全失去知觉，颜面苍白，皮肤湿冷，体温下降，口唇微紫，呼吸缓慢，最后因呼吸中枢麻痹而死。甲醇或乙醇中毒，均可闻到其气味。

酚类中毒主要由酚和来苏儿引起。酚也称苯酚或石碳酸，是制造染料、炸药、合成树脂等重要化工原料，也用于医院等卫生系统消毒防腐。来苏儿为粗制甲酚的肥皂溶液，用于医院、家庭等消毒防腐。两者均具有强烈的特殊气味。中毒多见于自杀，偶见于误服。酚和甲酚能迅速凝固细胞蛋白，使局部组织坏死，并抑制呼吸中枢、血管舒缩中枢及体温调节中枢，造成呼吸麻痹或循环衰竭而死亡。口服酚致死量为10～15克，口服来苏儿的致死量为50～100毫升，15～30毫升可致中毒。口服酚或来苏儿后，口腔、咽喉及胃有烧灼感，并发生呕吐，吐出物有酚的气味，呼吸亦有酚味。

苯胺和硝基苯是染料、香料、制药等工业的重要原料，有特殊气味，中毒主要发生于吸入蒸汽，也可通过皮肤吸收中毒。苯胺与硝基苯都能使氧合血红蛋白变成高铁血红蛋白，使机体组织缺氧而形成内窒息。口服苯胺致死量为10～25克，硝基苯为0.5～1克。急性苯胺及硝基苯中毒者，皮肤、粘膜常呈紫绀，以口唇、指甲和耳壳为最明显。严重者颜面呈灰蓝色，口唇暗紫近于黑色。

水合氯醛系水合三氯乙醛，为一种人工合成催眠药。对人有中等毒性，吸入体内后对大脑皮层、延髓及心脏有抑制作用。对局部有强烈的刺激作用。大剂量时对中枢神经系统有强烈的抑制作用，可造成呼吸衰竭而死亡。成人口服中毒量为4～5克；致死量为10克以上。本品常被吸毒者使用，有麻醉兴奋作用，可产生幻觉、幻想及快感等。

挥发性毒物检材用蒸馏法、水蒸汽蒸馏法、扩散法、抽吸法及顶空法分离。用化学法及仪器分析法，如分子光谱法，气相色谱等进行定性定量检验。

（王彦吉）

huibi
回避（withdrawal） 与案件或案件的当事人具有某种利害关系或其他特殊关系，可能影响刑事案件的公正处理的人，而不得参加该案的诉讼活动的一项诉讼制度。我国的回避制度不仅适用于审判人员，而且也适用于检察人员、侦查人员，甚至适用于书记员、鉴定人、翻译人员等。这些人员在侦查、起诉、审判等各个诉讼阶段如果有法定的可能影响诉讼公正进行的情形的，均不得主持或参与诉讼的进行。

在诉讼法学理论上，回避一般分为自行回避、申请回避和指令回避三种。自行回避是指审判人员、检察人员、侦查人员等在诉讼过程中遇有法定回避情形时，自行主动地要求退出刑事诉讼活动的制度。申请回避是指案件当事人及其法定代理人认为审判人员、检察人员、侦查人员等具有法定回避情形，而向他们所在的机关提出申请，要求他们回避。指令回避是指审判人员、检察人员、侦查人员等遇有法定的回避情形而没有自行回避，当事人及其法定代理人也没有申请其回避，法院、检察机关、公安机关等有关组织或负责人有权作出决定，令其退出诉讼活动。

我国《刑事诉讼法》第28条对回避的理由作了以下规定：①是本案的当事人或者是当事人的近亲属（见当事人的近亲属）的；②本人或者他的近亲属和本案有利害关系的；③担任过本案的证人、鉴定人、辩护人、诉讼代理人的；④与本案当事人有其他关系，可能影响公正处理案件的。此外，《刑事诉讼法》第29条还规定，司法人员接受当事人及其委托的人的"请客送礼"，或违反规定会见当事人及其委托的人的，当事人及其法定代理人有权要求他们回避。

对回避的审查和决定，根据《刑事诉讼法》的规定："审判人员、检察人员、侦查人员的回避，应当分别由院长、检察长、公安机关负责人决定；院长的回避，由本院审判委员会决定；检察长和公安机关负责人的回避，由同级人民检察院检察委员会决定（第30条）。回避审查决定程序不仅适用于当事人申请回避的情形，也适用于审判人员、检察人员、侦查人员等自行回避的情况。对当事人申请回避作出决定后，应当通知当事人；当事人对驳回申请回避的决定不服的，可以申请复议一次，复议期间不停止决定的执行。在对回避的申请作出决定前，除了因考虑刑事侦查工作的紧迫性和特殊性，侦查人员不能停止对案件的侦查外，其余审判人员、检察人员等都应暂时停止诉讼活动。

（朱一心）

huibixing renge zhangai
回避型人格障碍（avoidant personality disorder） 人格障碍的一种。表现为心理自卑，行为退缩；想与人来往，又怕被人拒绝、嫌弃；想得到别人的关心和体贴，又害羞不敢亲近，防御机制成分过高。

（孙东东）

huibi zhidu
回避制度（principle of disqualification of a judge） 使案件得以公正审判的制度。一个案件由哪些人参加和参与审理，是法院行使职权的问题，具有一定情形的人不能参加或者参与案件的审理，则是对参加和参与的制约问题，因此回避制度既是法院行使职权的制度，又是对其实行制约的制度。回避制度是基于法院有权对案件进行审判，但又必须公正进行审判而建立的制度。其内容包括回避的情形（即应行回避的事实和理由），回避的适用对象，回避的种类，回避的申请和回避的决定。这些内容在不同国家的法律中有不同的规定，即使在同一个国家的有关法律中的规定也不尽相同，其原因是不同国家有其不同的制度，不同的诉讼法有其不同的特点和不同的参与案件审理的人员。

关于应行回避的情形，我国民事诉讼法和刑事诉讼法的规定基本相同。《民事诉讼法》规定，审判人员有下列情形之一的，必须回避：是本案当事人或者当事人、诉讼代理人的近亲属；与本案有利害关系；与本案当事人有其他关系，可能影响对案件公正审理的。《刑事诉讼法》规定的情形中，没有是诉讼代理人近亲属的规定，但有担任过本案的证人、鉴定人、辩护人或者附带民事诉讼的当事人的代理人的规定。回避的对象即回避适用的范围，我国《民事诉讼法》规定适用于审判人员、书记员、翻译人员、鉴定人、勘验人员。《刑事诉讼法》规定中，还适用于侦查人员、检察人员。回避的种类有：依职责回避，亦称自行回避，即具有法定回避之情形的人员主动提出不参加、参与对案件的审理；依职权指令回避，即依法有权决定回避者，指令应回避人回避；申请回避，即当事人申请参加、参与案件审理者的回避。回避的申请和回避的决定，依照我国民事诉讼法、刑事诉讼法的规定，当事人、法定代理人有权依法申请有关人员回避。院长担任审判长时的回避由审判委员会决定，审判人员、检察人员、侦查人员的回避分别由院长、检察长、公安机关负责人决定，检察长、公安机关负责人的回避由同级人民检察院检察委员会决定，其他人

员的回避由审判长决定。　　　　　　（刘家兴）

huilu anjian zhencha
贿赂案件侦查（investigation of bribery case）
检察机关在办理贿赂案件过程中，依照法律进行的专门调查工作和有关的强制性措施。贿赂案件，主要是指我国现行《刑法》第385条至第393条所规定的各种受贿罪、行贿罪和介绍贿赂罪的统称。我国《刑法》第163条所规定的公司、企业人员受贿罪，第164条所规定的对公司、企业人员行贿罪，按刑法修订后的管辖分工，由公安机关负责侦查。在国际上，贿赂案件有的也称之为贪污案件，但大多称为贿赂犯罪案件。在贿赂案件的分类上，有些国家和地区更细更具体，如有的还区分事前受贿罪、事后受贿罪、间接受贿罪、索贿罪、斡旋受贿罪；有的还区分议员的贿赂、公共机构人员的贿赂、公司与合作社职员的贿赂、银行职员的贿赂、公务人员贿赂、司法官员贿赂；有的还区分政府事务中的贿赂、签订合同中的贿赂、投标中的贿赂、拍卖中的贿赂，等等。通观形形色色的贿赂犯罪案件，都有两个最基本的特征：其一是具有对合性，即有行贿就有受贿，反之有受贿即有行贿。虽然介绍贿赂罪案表面上似乎没有这种直观的对合性，但其行为的实质正是撮合行贿与受贿之间对合性的实现。其二是索贿和受贿的渎职性，凡索贿受贿行为，都利用了职务上、工作上、业务上的便利条件，这一点也是在侦查活动中务必仔细查证的，否则就无以证实构成本罪。

国际上关于贿赂案件的侦查机构有的设在司法机关内，但已越来越趋于建立专门的侦查机构。如尼日利亚的"腐败行为调查局"、文莱的"反贿赂局"、巴西的"反贪污调查委员会"，等等。反贪污贿赂机构除依法行使对贿赂案件的初查权、审查权、询问权以及写信查询、签发传票、讯问、调查财务账册、提取资料等一般调查权外，还依法行使无证搜查权、强行搜查权、查封权、扣押权以及检查、复制银行账目、要求嫌疑人申报财产、要求有关人员提供犯罪证据、进行无证拘捕犯罪嫌疑人、限制转移财产、收缴嫌疑人旅行证件、限制出境、要求获得协助权等等。此外，新加坡、马来西亚、文莱等国家的法律还专门赋予检察长、检察官、国家公诉人、调查署长等官员对贪污贿赂案件的特别侦查权，如依照特别法的规定，侦查贪污贿赂案件时不受其他法律的约束和限制，如果其他法律有相反的规定时，有特别侦查权的人员仍有权决定对有关场所或事项进行特别侦查；有贪污贿赂案件特别侦查权的公安人员只要有充分理由怀疑或确信贪污贿赂犯罪已发生，他们就可以发令授权或指定有关人员进行侦查；享有特别侦查权的人员在侦查中可以对任何地方和任何场所进行检查或搜查，调查所涉及的单位或个人都必须予以协助，任何单位和个人不得妨碍特别侦查权的依法实施。

我国法律规定，贿赂案件由检察机关立案侦查。

检察机关侦查贿赂案件可使用的主要权力和采用的措施有：讯问犯罪嫌疑人；询问证人、被害人（没有谋求更没有获得不正当利益而被勒索给予索贿者以财物的人）；勘验、检查；搜查；扣押物证、书证（包括涉案的邮件、电报）；鉴定（采用较多的是司法会计鉴定、笔迹鉴定、痕迹鉴定、物品鉴定、货币及有价证券的鉴定等等）；通缉；拘传；取保候审；监视居住；拘留；逮捕。

检察机关在办理贿赂案件的过程中要注重侦查艺术、运用侦查谋略，针对案件的不同情况将被勒索给予受贿者财物的人、行贿人、介绍贿赂人、证人、知情人作为工作的重点对象。对于公款行贿、单位行贿案件，由于这种行贿不仅大多有账可查，而且行贿方的单位领导人、财会人员、行贿活动的实施人员及有关司机、领导的秘书等人员往往都是直接或间接的责任人员和知情人、证人，故这也是侦查贿赂案件应当充分了解、掌握和利用的条件。在普通贿赂（即公务贿赂）案件的侦查中，要重点围绕受贿嫌疑人的职务与行贿人谋求的利益之间的联系展开侦查。在公司、企业人员贿赂犯罪案件的侦查中，要重点查明利用职务之便收受他人财物的情况。在商业贿赂案件的侦查中，要重点查明经营者在购销活动中账外暗中接受回扣的情况。在侦查中还应注意：贿赂作为类罪，它所侵犯的共同客体是国家公职人员职务行为的廉洁性或不可收买性。因此，应当尽力全面地和多渠道搜集这方面的证据。

关于贿赂案件犯罪主体的侦查问题。对受贿案件应重点查明嫌疑人是否依法担任一定职务，行使特定的管理或业务职能，具有多种受贿罪所要求的法定职务或职业；对行贿和介绍贿赂案件，只要查明是否符合一般犯罪主体条件即可；对法人行贿、受贿案件则应查明是否符合具体刑法条款规定的要求，并不一定要具有民法意义上的法人资格。

侦查贿赂案件的客观方面行为时，应重点查明受贿嫌疑人是否利用本人或他人职务上的便利，所利用的是现在职务还是过去或将来职务上的便利，以及是否主动索取或被动收受了他人贿赂，有无承诺或已经为请托人谋利的行为；应查明行贿嫌疑人是否实施了行求、期约与交付贿赂的行为；对介绍贿赂嫌疑人应主要侦查其是否在行、受贿人之间进行沟通、传递要求、转送财物、安排双方会见等撮合活动。

在侦查贿赂案件的犯罪主观故意时，应查明受贿嫌疑人是否认识到自己的取财行为利用了职务、职业或工作之便，违背了自己的职务规范；查证行贿嫌疑人是否具有意图使有关从事公务的人员利用职务、职业之便为自己谋取不正当利益的目的；查明介绍贿赂嫌疑人是否明知行、受贿双方具有贿赂意图而从中进行沟通与撮合。

在贿赂案件侦查中还应特别注重收集视听资料证据，包括收缴已形成的涉案视听资料和运用视听技术手段对侦查活动进行同步录音录像，尤其是搜查、扣押、讯问的全过程和情况应用视听技术固定和强化证据。

(文盛堂)

hunyin nengli
婚姻能力（marital capacity） 婚姻双方当事人依法成立或者解除婚姻的主体资格之统称。包括结婚能力和离婚能力。婚姻双方当事人依法成立婚姻关系的婚姻主体资格为结婚能力。《中华人民共和国婚姻法》规定，男子年满22周岁，女子年满20周岁，男女双方本人完全自愿，并都不患有医学上认为不应结婚的疾病者，可以结婚。已达到法定结婚年龄的精神病人能否结婚，则应根据患者所患精神病的性质、遗传倾向、症状表现、病程、愈合、治疗经过以及其对婚姻家庭的责任和义务等意义的理解等生物学、医学、心理学、社会学和法学多方面因素综合分析而定。如各种以精神病性症状为特征的精神病发病期、慢性迁延期、精神衰退期、由于病理性精神活动的影响，致使患者在男女两性性爱上不能作出真正的意思表达，也不能正确地理解婚姻家庭所包含的责任和义务；另外，由于患者行为乖张，也往往不能适应婚后正常的夫妻生活，这些精神病人便不具备结婚能力。有些如精神分裂症、精神发育迟滞、癫痫性精神病以及遗传代谢性疾病等有明显疾病遗传证据的精神病，为了对患者本人和对社会负责，这部分人也应评定为患有医学上认为不应结婚的疾病者。若必须结婚，则应先行必要的绝育措施。各种轻性精神病患者经治疗精神症状缓解两年以上的，重性精神病患者、处于间歇期的间歇性精神病患者以及遗传倾向不明显的各种精神障碍者，达到法定结婚年龄、男女双方完全自愿，可以登记结婚。

夫妻双方因感情破裂，都有依法向对方、婚姻登记机关和人民法院提出解除目前婚姻状况的权利资格即为离婚能力。若夫妻一方为精神病人，并且在病理性精神活动支配下，行为乖张，使家庭失去了应有的安定、和睦，甚至危及家人的生命安全，精神健康一方以此作为夫妻感情破裂的理由提出离婚诉讼，原则上应准予离婚，但在具体操作上可视具体情况而定。即婚前精神病人或其亲属向对方隐瞒了真实病情，使对方作出了非真正自觉自愿的选择，以致婚姻的内涵中包含有欺诈和强迫的特质，婚后精神健康一方以此为由提出离婚要求的，应准予离婚；在婚后夫妻生活期间一方患精神病，经过多年的系统抗精神病治疗无效，夫妻感情名存实亡，精神健康一方提出离婚，应准予离婚；婚前明知对方患有精神病，而自愿与其结婚，婚后不久又以对方患有精神病作为夫妻感情破裂理由提出离婚诉讼的，通常先令精神健康一方送患者一方到精神病专科医疗机构接受系统的抗精神病治疗，确为久治不愈，可以视为夫妻感情破裂，准予离婚。在离婚诉讼活动中，作为一方当事人的精神病人，能够正确地理解离婚诉讼行为的性质、意义和后果，明确知道自己在诉讼活动中的地位、法律赋予自己的权利和法律规定应承担的义务，并能就此作出与其内在意思一致的意思表示，为完全离婚诉讼行为能力人，可以其独立的民事主体资格参加离婚诉讼活动。否则，为无离婚诉讼行为能力人，应由其法定代理人代理其参加离婚诉讼活动。在判决离婚后，应妥善安排好精神病人的监护医疗和日常生活；未成年子女应判给精神健康一方抚养，以利于未成年子女的身心健康。

婚姻登记管理机关和人民法院在认为有必要时，可委托或聘请司法精神医学鉴定专家对婚姻当事人就有关婚姻能力问题进行司法精神医学鉴定。 (孙东东)

hunhe dongji
混合动机（mixed motivation） 在驱使行为人实施行为的内心驱动中，既有行为人生理、心理以及社会的现实需要，又有幻觉、妄想、意向倒错等病理性精神活动的内容。因行为人主观鉴别能力不完整及病理性精神活动的影响，对自己行为的启动、幅度、进程和终止的控制能力减弱或缺损，所以，在司法精神医学鉴定中，混合动机是评定行为人限制刑事责任能力或无责任能力的必要条件（参见现实动机、病理动机）。

(孙东东)

hunheshi
混合式（mixed system） 是既有弹劾式特点，又有纠问式特点，而且主要是结合了弹劾式与纠问式的优点或长处的一种新型的刑事诉讼形式。混合式也称折衷式，即弹劾式与纠问式的折衷。混合式是现代刑事诉讼的基本形式。混合式明显地分为审判和审判前的追诉两个大的诉讼阶段。在审判前的追诉阶段，纠问式诉讼的特点体现得多些：①普遍采取国家追诉（见国家追诉主义）为主的原则，对凡涉及国家、公共利益的犯罪，即使没有受害人或其他人告诉，国家侦查机关发现后也会予以追究。对于一些严重危害国家安全、危害公共利益的犯罪，侦查机关还会主动了解情况，主动侦查破案。②在审判前的追诉阶段，被告人在法律上虽然也具有诉讼主体的地位，享有诉讼权利，但与审判阶段相比，被告人享有的诉讼权利要相对少些。③审判前的追诉活动，一般是不公开的，而且一般也不采取言词辩论的形式。在审判阶段，则主要是反映了弹劾式诉讼的特点：①均实行不告不理原则。不管是依法应当由国家专门机关负责侦查、起诉的案件，还是依法应当由受害人和其他有告诉权人起诉的案件，如果不存在合法的起诉，法院就不会对案件进行审判。②控诉职能与审判职能由不同的国家专门机关行使。对一些轻微的、只侵犯公民个人权益的案件，可以由公民个人行使控诉职能。法院只负责审判，只行使审判职能。③审判一般公开进行，并且采取言词辩论的形式。

混合式是一种新型的刑事诉讼形式，而不是弹劾式和纠问式优点的简单相加或简单综合。混合式有其自身的许多独特点，如赋予被告人以法律上主体的地位和相应的诉讼权利；实行法律面前人人平等、无罪推定等全新的诉讼原则；将诉讼过程明确区分为侦查、起诉和审判等诉讼阶段，并有负责进行不同阶段诉讼的不同专门机关；以及新的侦查、起诉的方式、方法和法律手续等等。这些都决定了混合式是一种新型的刑事诉讼形式，是弹劾式和纠问式诉讼所没有、也不可能有的。当今世界各国的刑事诉讼形式，基本上是混合式。各国之间在刑事诉讼形式上也都存在差异，甚至比较明显的差异。但是，不管存在多少差异，其性质仍应属于混合式，即应当是同属于混合式下的差异，而不应当是混合式与非混合式的差异。目前具有代表性的混合式诉讼，主要有两种：当事人主义的混合式与职权主义的混合式。另外，还有界于这两者之间的混合式。日本现行的形事诉讼形式，就属于界于两者之间的混合式，属于以职权主义为背景，同时又有浓厚的当事人主义色彩的混合式。

（王国枢）

huoqi shang

火器伤（firearm injury） 发火武器作用于人体所致的损伤。包括枪弹所致的枪弹伤和可爆物引起的爆炸伤两种。火器损伤多很严重，常引起死亡或残废。详见枪弹伤、爆炸伤。

（孙东东）

J

jixiexing sunshang

机械性损伤（mechanical injury） 人体受到外界机械力作用而引起的组织结构破坏和功能障碍。例如打击、刺切或爆炸引起的开放性损伤或闭合性损伤。机械性损伤是法医检验中最常见的暴力损伤，常造成身体伤残或死亡，涉及民事赔偿和刑事责任，因而需进行损伤性质及程度鉴定。机械性损伤按损伤的部位分，有内部损伤和外表损伤；按损伤的程度分，有重伤、轻伤和轻微伤；按损伤的形态学改变分，有表皮剥脱、皮下出血、挫伤、创、骨折、脏器破裂和肢体断离等；按致伤物的种类分，有钝器伤、锐器伤和火器伤。机械性损伤鉴定应解决：是生前伤还是死后伤；机械性损伤致死的原因；判断损伤的性质等级以及推断和认定凶器的种类等。

（李宝珍）

jixiexing xunshang zhisi

机械性损伤致死（injured to death） 各种机械性损伤均可导致人体死亡，但可以区分为直接的死因和间接的死因两大类。

损伤直接导致死亡 损伤直接造成重要器官的破坏或机能丧失，导致人体立即或很快死亡。主要包括：①生命重要器官（如脑、心、肺等脏器）遭到严重破坏，可立即死亡。延脑、脑桥、肾上腺等微小的损伤也能引起死亡。②生命重要器官受到压迫，能引起机能障碍而死亡。如颅脑出血达100～150毫升，血液压迫脑组织，使颅内压增高而致死。心包内积血达150～200毫升，血液压迫心脏，使心脏活动受限，致心跳停止而死亡。③大量出血是损伤致死最常见的原因。身体受伤后血液流出体外，称外出血；血液聚积在体内，称内出血。出血量若超过人体的1/3时，因全身循环衰竭而死亡。④损伤导致窒息而死亡。颈部切伤或砍伤时，血管破裂，血液被吸入呼吸道和肺，会造成窒息而死亡。颈部广泛性创伤时，气管、喉头周围或内部可发生出血、水肿，使呼吸道闭塞而死亡。外伤性气胸引起肺萎缩，也可发生窒息而死亡。⑤外伤性栓塞。人体损伤后，如空气、脂肪或组织碎屑进入血液循环，使心脏和血管受到阻塞，称栓塞。栓塞发生后就影响血液循环，使重要器官缺氧，可迅速死亡。外伤性栓塞有空气栓塞、脂肪栓塞和组织栓塞三种。损伤后空气从破裂的静脉进入血液循环，会堵塞右心，导致右心衰竭而死亡；长骨骨折或脂肪广泛性损伤时，脂肪组织进入破裂的静脉，可堵塞肺毛细血管而死亡；肝脏挫碎时，其组织碎屑可通过肝静脉和下腔静脉进入血液循环，引起肺动脉栓塞而死亡。⑥外伤性休克。休克是生命重要器官的微血管灌注不足，导致组织缺氧、代谢障碍而发生的一系列综合症状，主要表现为颜面苍白，出冷汗，瞳孔散大，凝视，血压和体温下降，心搏微弱，心音不整，呼吸浅而不规则，反射机能减退等，严重者可立即死亡。损伤性休克主要是有丰富神经感受器的部位，受到强烈刺激造成的。如打击颈部，撞击胸腹部，伤及睾丸及孕妇的子宫等，剧烈的疼痛可引起反射性中枢神经抑制，使循环和呼吸功能障碍。⑦震荡。严重的脑震荡、延髓震荡、脊髓震荡及心脏震荡均可导致死亡。

损伤间接导致死亡 指机械性损伤引起的并发症而导致的死亡。主要包括：①中毒。组织广泛性损伤后，可以出现组织坏死，蛋白质的分解产物被吸收进血液循环，引起全身机能障碍和中毒性休克而死亡。②感染。感染是外伤后最常见的并发症。如腹部创伤或胃肠破裂引起腹膜炎；头部创伤引起脑膜炎和脑脓肿；胸部创伤引起胸膜炎、肺脓肿。甚至并不严重的皮肤创伤引起破伤风、丹毒或败血症而死亡。对损伤进行及时准确的诊断和治疗，可以避免间接性死亡发生。

（李宝珍）

jixiexing zhixi

机械性窒息（mechanical asphyxia） 由外界机械作用引起呼吸障碍，使机体缺氧和二氧化碳蓄积，产生机体代谢与生理功能紊乱的现象。机械性窒息的原因有以下几种：①压迫颈部所致的窒息，如缢死、勒死、扼死等；②压迫胸腹部所致的窒息，如人群挤压、房屋倒塌、活埋或被土、砂、雪崩埋没等；③呼吸道口闭塞所致的窒息，如用手或各种柔软物体（衣服、被褥、毛巾、棉团等）压闭口鼻腔而闷死；④呼吸道梗阻所致的窒息，即各种固体异物阻塞咽喉所致的窒息；⑤液体浸入呼吸器官所致的窒息，如溺死、呛死。窒息并非都造成死亡，一般在呼吸受阻40～50秒钟后开始出现症状，之后随着窒息时间的延长，症状也逐渐加重直至死亡。如窒息未死常常留有后遗症，如头痛、头晕以及逆行性健忘症，甚至成植物人。对于严重窒息而偶然被救活者，会留有声门水肿，声音嘶哑，眼结膜充血，吞咽困难，两眼发胀，语言困难等后遗症，多数因症状再度恶化而死亡。

（李宝珍）

jixiexing zhixi guocheng

机械性窒息过程(course of mechanical asphyxia) 从机械力作用引起呼吸障碍开始,一直到窒息死亡的全部经过。机械性窒息一般都有窒息发生和发展的过程。窒息的症状以及最后死亡,都是由于体内缺氧和二氧化碳蓄积引起的。机械性窒息的过程实际上是一个连续的过程,为了便于观察和描述,一般以呼吸系统的障碍为主要根据,人为地分为5个阶段:①窒息前期。呼吸运动发生障碍的初期,虽然氧气吸入受阻,但体内仍有部分余氧可供给组织使用,故暂时不产生任何症状。此期大约30秒钟左右,视各人的身体素质而耐受力不同。②吸气性呼吸困难期,又称紫绀期。呼吸运动受阻后,体内缺氧,二氧化碳蓄积过多,刺激血管运动中枢和延髓呼吸中枢,反射性地引起血压升高,心搏加快,呼吸加快加深,吸气强于呼气,呈喘气状态。此时颜面发绀,指甲青紫,眼球突出,颈静脉怒张,大约持续1~1.5分钟。③呼气性呼吸困难期,又称惊厥期。由于肺泡内二氧化碳增多,刺激了迷走神经肺枝,引起反射性呼气加剧,使呼气强于吸气,由于中枢神经过度缺氧,出现意识丧失,全身肌肉痉挛,由阵发性痉挛发展到强直性痉挛,甚至出现角弓反张现象。骨骼肌的痉挛可导致四肢碰撞周围物体,会在身体突出部位造成生前碰撞伤。平滑肌痉挛可引起排便、排尿、排精等现象。此期持续时间最短,一般在10~30秒钟,最多不超过1分钟。④呼吸暂停期,又称假死期。由于呼吸中枢的过度兴奋转变为保护性抑制,呼吸暂时停止,全身痉挛消失,肌肉松弛。心搏慢而弱,血压显著下降,状如假死。此期大约持续1分钟左右。⑤终末呼吸期。被抑制的延髓呼吸中枢由于缺氧和二氧化碳增高的刺激再度出现兴奋,使呼吸运动暂时恢复。此时口张很大,鼻翼扇动,颈部肌肉亦作辅助运动,呈深吸气的间隙性呼吸,又称潮式呼吸。经数次间隙性呼吸运动后,就发生呼吸麻痹。此时,神经中枢衰竭,反射消失,瞳孔散大,肌肉弛缓。在呼吸停止后,心搏尚能维持数分钟,但频而微弱。此期持续时间长短不一,大约1至数分钟。

上述各期窒息症状的强弱和经过时间的长短,与窒息者的年龄和生前健康状况有很大关系。年老、体衰以及婴幼儿对缺氧特别敏感,各期持续时间较短,症状也不明显;深度麻醉者不发生痉挛现象,持续时间也短;心脏病患者在窒息过程中,可因心搏骤停而死亡;还有某些对神经刺激特别敏感的人,若迷走神经受到刺激,可因反射性心跳停止而死亡。后三种情况死者可无窒息症状。而年轻力壮者,尤其是经过长期锻炼的人,如飞行员、登山运动员,能较长时间的耐受缺氧,故窒息的经过时间长,症状也较明显。此外,窒息原因不同其窒息程度也不同,如勒颈所发生的窒息过程,一般比缢颈者长,窒息症状也较明显。

整个窒息经过时间,通常情况是3~5分钟。在呼吸暂停期前,只要抢救得当(除掉呼吸障碍、施行人工呼吸、心脏按摩、使用心搏器、氧气吸入等)大多数能救活。处于终末呼吸期获救机会很少。 (李宝珍)

jixiexing zhixi shiti zhengxiang

机械性窒息尸体征象(postmortem phenomena of mechaical asphyxia) 机械性窒息的尸体征象包括一般共有的征象和特殊的征象。其特殊征象因不同类型的机械性窒息而不同,如缢死有缢沟,勒死有勒沟,扼死有扼痕,溺死有蕈形泡沫以及消化道、呼吸道内有溺液等。其一般共有的征象有:

尸表征象 ①颜面发绀肿胀。这是由于窒息造成肺循环障碍,导致右心及静脉淤血,出现颜面、指甲发绀,颈静脉怒张。这种现象在扼死、勒死和侧位缢死的尸体上尤为明显。②尸斑出现早呈暗红色。因窒息尸体血液不凝固呈流动状态,容易沉降到尸体低下部位,因此尸斑出现早且范围广,严重时出现尸斑性出血点。由于机体缺氧,血液中氧合血红蛋白少,还原血红蛋白多,所以尸斑呈暗红色。③眼、结合膜有出血点。由于头面部血液淤积和缺氧,使毛细血管内压增高,所以眼结合膜常有出血点,多见于睑结合膜和睑结合膜与球结合膜的交接处即穹窿部,以及球结合膜的内外眦部,呈红色或红褐色的点状出血,数目有多有少,严重时可融合成斑块状。头部高度淤血时,颜面及颈部皮肤上有时也有出血点。有的甚至在外耳道、鼓膜、鼻腔等处发生出血现象。④有分泌物、排泄物流出。在呼气性呼吸困难期发生惊厥时,可致平滑肌收缩或痉挛,所以常有排便、排尿和排精现象,有时有流涎、流涕现象。⑤碰撞伤痕。在窒息过程中,因肌肉痉挛,手足乱动,易与身体周围物体碰撞,在身体突出部位会造成表皮剥脱,皮下出血甚至挫伤等伤痕。

内部征象 ①血液暗红色流动状。由于窒息机体缺氧,血液中还原血红蛋白多,所以呈暗红色。同时血液中含有丰富的纤维蛋白溶解酶,使纤维蛋白溶解,阻止血液凝固,所以血液呈流动状。②浆膜和粘膜下有出血点。在窒息过程中,由于机体缺氧,使毛细血管通透性增高,加之毛细血管内压增高使其破裂而发生出血。最常见肺胸膜和心外膜有数量不等的出血点。这种出血点最早有法国医生塔雕(Tardieu)于1879年描述,故称塔雕氏斑。③右心及内脏淤血。在窒息过程中,由于肺循环发生障碍,静脉回流入右心的血液不能经肺到左心,使右心及内脏淤血。内脏淤血现象在肝、肾为最明显。④肺气肿和肺水肿。在剧烈的吸气性呼吸困难期,由于胸膜负压增高,可出现肺气肿。肺高度淤血时,可导致淤血性肺水肿。

上述尸体征象仅是窒息死的一般改变，并非机械性窒息的特有征象，如某些急死、中毒死、电击死等，也可有类似的征象。因此有机械性窒息的一般征象，还必须结合某种机械性窒息特有的暴力征象，才能确定为机械性窒息。

（李宝珍）

jirou songchi
肌肉松弛（muscular flaccidity） 人死后肌张力消失，肢体变软的现象。此时面部沟纹变浅，下颌下垂，瞳孔散大，眼微睁，口微张，肢体软，各关节易屈曲，尿便失禁。由于皮肤失去弹性，肌肉松弛，受压部位的组织间液被挤压到周围，因此在受压部位（如仰卧位时在背侧，俯卧位时在腹侧）的皮肤上会留下接触物体的压痕，此种压痕不易消失，可在尸体上保留相当长一段时间。因此，根据尸体上的压痕可判断尸体是否被翻动或移动，并提示死亡当时尸体所处的位置。还可以推知尸体停放处的表面形态特征。如席子、钢丝床、石子路面等。但少数尸体肌肉松弛不明显或根本没有松弛，不经肌肉松弛即进入肌肉痉挛状态。 （李宝珍）

jiji zhengju
积极证据（affirmative evidence） "消极证据"的对称。证据区分为积极证据和消极证据，其根据是证据对起诉的犯罪事实起积极的肯定作用，还是起消极的否定作用。积极证据是指能够证明起诉的犯罪事实存在的证据，消极证据是指能够否定起诉的犯罪事实存在的证据。这种证据的分类与有罪证据和无罪证据的分类标准是相同的，因此积极证据即有罪证据，消极证据即无罪证据。 （熊秋红）

jiceng renmin fayuan
基层人民法院（basic people's court） 中国地方人民法院的基本组成部分之一，是按照行政区划设在县级的国家审判机关。按照其所在行政区域的不同，基层人民法院又包括县、自治县（旗）、市以及市辖区设立的人民法院。根据《中华人民共和国人民法院组织法》的有关规定，基层人民法院由院长一人、副院长、庭长、副庭长和审判员若干人组成，并设有审判委员会。基层人民法院一般设有刑事审判庭、民事审判庭、经济审判庭、行政审判庭、执行庭和告诉申诉庭。基层人民法院根据其所在行政区区域内的人口、案件及其他具体情况，可以设若干人民法庭。人民法庭是基层人民法院的组成部分，它的判决和裁定要以其所在的基层人民法院的名义作出。基层人民法院审判除上级人民法院和专门人民法院管辖以外的普通刑事、民事、经济、行政案件，处理不需要开庭审判的民事纠纷、经济纠纷和轻微的刑事案件，并指导人民调解委员会的工作。对于基层人民法院的判决和裁定，当事人如果不服或者人民检察院如果认为确有错误，可以按照法定的程序向中级人民法院提起上诉或者抗诉。上级人民法院有权对基层人民法院的审判工作进行监督。

（陈瑞华）

jiguang saomiao lugu mianxiang fuyuan
激光扫描颅骨面像复原（laser scanning for restoration of facial features） 利用三维激光扫描成像技术，对无名颅骨面像复原，进行个人识别的一种方法。传统的颅骨复容技术主要采用模型法，制作过程比较复杂。目前英国科学家采用三维激光扫描成像技术对颅骨进行360度旋转扫描，在配套计算机上显示三维颅骨影像，并对颅面特征进行统计研究，获取各标志点参数，从而在三维颅骨影像上初步复原面像，并通过大量同种类人面部三维激光扫描，获取平均面容，再对初步复原的面像进行修正以接近正常人面容，再利用面像合成软件，结合辨认人提供的信息，在复原面像上添加头发、面部细节特征、衣饰等，最后打印出该颅骨的复原面像。 （李宝珍）

jiguang zhaoxiang
激光照相（laser photography） 以激光作为光源的物证照相方法。激光是一种用现代科技手段产生的人造光源。激光的单色性极好，它的谱线宽度$\triangle\lambda<10^{-7}$Å；而且目前气体激光器的光谱线已可调制从紫外到远红外的广泛波段；刑事物证照相利用激光的这一特性，可对反差特强或特弱的客体及颜色与衬底相近的痕迹拍照，取得其他照相法（如分色照相）所达不到的效果。激光的方向性极强，它的发散角仅为毫弧度（10^{-3}）数量级，基本上是平行光束；在刑事照相中利用其这一特性，拍照那些反光极强的物证，可以避开反射光，消除反光干扰。激光的亮度很高，能量集中，在刑事照相中用它作荧光照相的激发光源或强反差照相光源，可明显提高拍照效果。激光还具有极好的相干性，可用于全息照相拍摄物证，获得极强立体感的照片。目前在刑事照相中用得最广泛的是激光荧光照相：以激光作为激发光源，激发物证中微量物质产生荧光，再采用匹配的滤色镜将荧光图像拍照下来。如激光致荧光法拍照指印及精斑、血迹等痕迹；还用于检验、鉴别不同成分的物质，显现人眼无法直接观察的密写、涂改、消蚀字迹等。激光照相需要用专门的激光器、扩束镜或光导纤维、滤光镜。目前，激光器分为气体激光器、固体激光器、半导体激光器和染料激光器四大类别。在刑事照相中常用的激光器主要有气体激光

器中的氦氖激光器和氩离子激光器、固体激光器中的倍频掺钕钇铝石榴石激光器。前两种可产生连续波激光,功率大,波谱可调,便于对物证观察检验,但体积大,只能在实验室应用;后一种产生脉冲激光,能量较小,但激光器体积小、重量轻、价格低廉,便于携带现场使用。在激光照相中,应注意防护皮肤和眼睛;曝光时间一般应通过试验的方法确定。 （蓝绍江）

jiqing
激情（affect） 由于生活中的重大事件刺激,引起个体短暂的、爆发式的、非常强烈的情感体验,如:暴怒、狂欢、恐怖、绝望的悲哀等都是激情状态。常伴有剧烈的表情动作、剧烈的植物神经系统与内脏活动的变化。激情对其他心理过程如感知、注意、记忆、思维、意志行为过程都有强烈的影响。激情状态下个体往往对事物的辨认或控制能力削弱,实施危害性的冲动行为。
（孙东东　吴正鑫）

jiqing weixiang
激情危象（cotathymic crisis） 见单次爆发控制障碍。

jiya
羁押（custody） 司法机关依法将被逮捕或拘留的犯罪嫌疑人、被告人关押在一定处所,以剥夺其人身自由的一种措施。羁押是为了防止犯罪嫌疑人、被告人逃跑、串供、毁灭证据、继续犯罪或自杀,保全证据并使侦查、审判工作顺利进行。它不是一种刑罚,也不是一种独立的强制措施。一般国家的刑事诉讼法把羁押视为拘留或逮捕的结果或者处置方式,两者有机统一。但也有些国家则把逮捕和羁押规定为剥夺人身自由的强制措施的两个阶段,如《日本刑事诉讼法》规定,检察官对于根据逮捕证逮捕的犯罪嫌疑人,认为有羁押必要时,应当在犯罪嫌疑人身体受到拘束后的48小时内向审判官请求羁押犯罪嫌疑人。如果在限制的时间内已经提起公诉,就不需要请求羁押。审判官在接到请求后应根据有无羁押理由,迅速签发羁押票或命令释放犯罪嫌疑人。对犯罪嫌疑人、被告人羁押以前,必须告知犯罪嫌疑人、被告人案由并听取有关陈述。

羁押一般都有法定的期限,在法定情形下,羁押期限可适当延长,但不同诉讼阶段对犯罪嫌疑人、被告人的羁押期限不同。如我国《刑事诉讼法》规定,对于犯罪嫌疑人逮捕后的侦查羁押期限不得超过2个月,案情复杂、期限届满不能终结的案件,可经上一级人民检察院批准延长1个月。交通十分不便的边远地区的重大复杂案件,重大的犯罪集团案件,流窜作案的重大复杂案件以及犯罪涉及面广、取证困难的重大复杂案件,在上述3个月侦查羁押期限内不能办结的,经省级人民检察院批准或决定,可以延长2个月。在审查起诉、一审、二审程序中,对犯罪嫌疑人、被告人的羁押期限,不能超过法定的审查起诉、一审、二审期限以及在法定情形下可以再延长的期限（《刑事诉讼法》第138条、第168条、第196条）。因为特殊原因,在较长时间内不宜交付审判的特别重大复杂的案件,由最高人民检察院报请全国人民代表大会常务委员会批准延期审理。《刑事诉讼法》第74条还规定:"犯罪嫌疑人、被告人被羁押的案件,不能在本法规定的侦查羁押、审查起诉、一审、二审期限内办结,需要继续侦查、审理的,对犯罪嫌疑人、被告人可以取保候审或监视居住。"

羁押的期限通常可以折抵刑期,我国《刑法》规定,在执行人民法院判决之前对刑事被告人先行羁押,判处管制的,羁押1日折抵刑期2日;判处拘役或有期徒刑的,羁押1日折抵刑期1日;宣告无罪的,应立即释放。
（黄　永）

jibie guanxia
级别管辖【民诉】（jurisdiction by forum level） 诉讼管辖制度之一。民事诉讼中,在一国法院体系内确立各级法院之间审理第一审民事案件的权限与分工的制度。一般而言,法院体系是由不同层次的法院自下而上构成的。不同层次的法院,其管辖权限有多大,对哪些民事案件有权审理,这是诉讼管辖首先要解决的问题。级别管辖制度正是为解决这一问题而设置的。就法院而言,级别管辖的意义在于明确各级法院受理第一审民事案件的权限范围;就当事人而言,级别管辖的意义则是明确民事纠纷发生后应向哪一级法院提起诉讼。

级别管辖是依照案件的性质和影响大小将民事案件的管辖权分配于不同级别的法院。案件的性质是由诉讼标的来决定的;影响大小则是由案件的难易程度、案件涉及和波及的范围及社会影响几个方面决定的。中国民事诉讼法,在四级法院体系中,根据其职能的不同,对各自的民事诉讼管辖权限作了如下划分:①基层人民法院是我国法院体系中的基层单位,数量多且分布广。我国《民事诉讼法》第18条规定:"基层人民法院管辖第一审民事案件,但本法另有规定的除外"。因此除法律规定由中级人民法院、高级人民法院和最高人民法院管辖的第一审民事案件外,其余民事案件均由基层人民法院管辖。②中级人民法院由于具有指导和监督基层人民法院的职能,因此它审理的第一审民事案件主要有:重大涉外案件,即争议标的额大或案情复杂或居住在国外的当事人人数众多的涉外案件;在本辖区内有重大影响的案件;最高人民法院确定由中级人民法院管辖的案件。目前,最高人民法院指定由中级人民法院管辖的案件有三种：第一种是海商、海事案件。凡国内和涉外第一审海商、海事案件由海事法院管辖。海事法院相当于中级人民法院。我国已在上海、天津、大连、青岛、广州、武汉、海口、厦门设立了海事法院，具体受理我国法人、公民之间，我国法人、公民同外国或地区法人、公民之间，外国或地区法人、公民之间的海事侵权纠纷案件、海商合同纠纷案件，其他海事海商案件、海事执行案件以及请求海事保全案件（参照1989年5月13日最高人民法院《关于海事法院受案范围的规定》）。第二种是专利案件。目前关于是否应当授予专利权的纠纷案件、宣告授予发明专利权无效或者维持发明专利权的纠纷案件、实施强制许可的纠纷案件和实施强制许可使用费的纠纷案件由北京市中级人民法院管辖。关于专利申请公布后，专利权授予前使用发明、实用新型和外观设计的费用的案件、关于专利侵权的纠纷案件、关于转让专利申请权或专利权的合同纠纷案件由各省、自治区、直辖市人民政府所在地的中级人民法院和各经济特区的中级人民法院管辖，各省、自治区高级人民法院根据实际需要，可以指定经最高人民法院同意的中级人民法院管辖。第三种是商标侵权案件。侵犯他人注册商标专用权而发生纠纷的案件也由中级人民法院管辖。③高级人民法院由于其主要职能是审理不服中级人民法院裁判的上诉案件以及对下级法院的工作进行指导和监督，因此只管辖在本辖区内有重大影响的第一审民事案件。④最高人民法院作为最高审判机关，它既要对地方各级人民法院的工作进行指导和监督，又要就审判实践中具体适用法律的有关问题作出司法解释，同时还审理一些上诉案件。因此，最高人民法院管辖的第一审民事案件，是只有在全国有重大影响的案件和认为应当由本院审理的案件两种。可见，在级别管辖的划分上，我国民事诉讼法体现了分级管辖，即各级人民法院都分别行使部分对一审民事案件的管辖权，同时又将对第一审民事案件管辖的重点放在基层法院的特点。

在外国民事诉讼中，也有与级别管辖相类似的制度，一般称之为事物管辖（subject matter jurisdiction），它是按照诉讼标的划分管辖权限的。即按照案件的类型或诉讼标的金额确定某种类型诉讼由哪一级法院管辖。但各级法院的权限划分又不同于我国的做法。一种类型是依照事物管辖，对第一审民事案件有管辖权的法院主要是基层法院及其上一级法院，如德国、日本。《德国法院组织法》规定，德国普通法院的初级法院、州法院、州高等法院和联邦高等法院四级法院中，初级法院对1500马克以下的一切案件以及出租人与承租人的大部分争执等6类案件有管辖权，州法院则对不属于初级法院管辖的第一审民事案件有管辖权，特别法院有管辖权的除外，州高等法院和联邦高等法院不管辖第一审民事案件。《日本法院法》也规定，日本四级法院体系中，简易法院管辖诉讼标的额不超过90万日元的民事请求，地方法院（简易法院的上一级法院）管辖90万日元以上的民事请求及性质上不存在数额的请求。另一种类型是依照事物管辖只有基层法院具有对第一审民事案件的管辖权，美国、法国等国的规定即是。以美国为例，美国存在联邦和州法院两套系统。联邦法院中的第一审法院是联邦地区法院，它对一切金额或价值超过1万美元（不包括利息和诉讼费）的诉讼，以及其争议事项是从美利坚合众国的宪法、法律或条约所产生的所有民事诉讼，都有第一审管辖权。州法院系统中，一般也是由治安法院或郡法院审理不同的第一审民事案件，只是管辖划分的诉讼金额和具体案件类型各州规定不同。

我国的台湾地区对各级法院管辖权限范围的划分采取的也是上述第二种类型的做法，但不同的是其划分的标准是不同级别法院的职能，因此称之为职务管辖（或审级管辖），第一审民事案件均由地方法院管辖，因此地方法院也称为初审法院或起诉法院。高等法院和最高法院则按其级别分别审理第二审案件和第三审案件。

(阎丽萍)

jibie guanxia

级别管辖【刑诉】（hierarchical jurisdiction） 各级人民法院在审判第一审刑事案件上的权限划分。确定级别管辖的主要依据是：①案件的性质。危害国家安全的案件因性质严重，最低应由中级人民法院管辖；普通刑事案件一般由基层人民法院管辖。②罪行的轻重及可判刑期的长短。可能判处无期徒刑、死刑的普通刑事案件最低应归中级人民法院管辖；一般或轻微的刑事案件则归基层人民法院管辖。③影响的大小。具有全省（直辖市、自治区）性、全国性的重大案件，应分别由高级人民法院、最高人民法院管辖。④与各级人民法院在人民法院体系中的地位和职责相适应，平衡其工作负担。据此，愈是高级别人民法院，管辖的第一审案件的数量愈少，以保证其充分履行对下级法院审判工作的监督、指导职能。依据以上标准，各级人民法院审判第一审刑事案件的权限范围如下：

基层人民法院管辖的第一审刑事案件是绝大多数的普通第一审刑事案件。基层人民法院是人民法院系统中的基层审判机关，它最接近犯罪行为发生地，与人民群众联系最密切。这样规定有利于诉讼参与人参加诉讼，也便于人民法院及时审判案件。

中级人民法院管辖的第一审刑事案件是：①危害国家安全案件；②可能判处无期徒刑、死刑的普通刑事案件；③外国人犯罪的刑事案件；这三类案件有的性质严重，有的案情复杂、重大，有些案件的处理涉及到国家的外交政策和国际关系,因此,宜由级别较高的人民法院进行第一审审判。

高级人民法院管辖的第一审刑事案件是全省(自治区、直辖市)性的重大刑事案件。高级人民法院是地方各级人民法院中级别最高的一级人民法院,为保障高级人民法院能集中精力解决审判中的重大复杂问题,监督、指导中级、基层人民法院的审判工作,法律只将影响大、涉及面广但数量不多的全省(自治区、直辖市)性重大案件划归高级人民法院管辖。

最高人民法院管辖的第一审刑事案件是全国性的重大刑事案件。最高人民法院是国家最高审判机关,主要负责监督全国地方各级人民法院和专门人民法院的审判工作,并负责对适用法律问题的司法解释,还要审判对高级人民法院判决、裁定的上诉、抗诉案件以及核准死刑案件。因此法律只把犯罪性质极其严重、案情十分复杂、在国际、国内都有重大影响的刑事案件划归最高人民法院管辖,为第一审法院。　　(朱一心)

jishi kanggao
即时抗告(immediate appeal) 通常抗告的对称。某些国家民事诉讼法所规定的抗告的一种,即有抗告权的人不服原审法院作出的裁定和命令,在法定期间内提请原审法院或上级法院撤销或者变更原裁定、命令之方法。即时抗告是基于需要从速决定的事项在抗告期内的抗告。它不同于通常抗告而有法定期限,通常抗告没有特别规定的期间,只要有请求撤销原裁判的实际利益,即可随时提出。关于即时抗告的客体,各国民事诉讼法的规定不尽相同。如《日本民事诉讼法》第410条规定:"关于对未经口头辩论的诉讼程序提出的申请所做的驳回裁定或命令,可以抗告"。第411条也规定:"就不得以裁定或命令进行裁判的事项而以裁定或命令进行裁判时,当事人对之可以进行抗告。"关于即时抗告期间,国民党政府民事诉讼法和日本民事诉讼法规定的期限均为一周,德国民事诉讼法规定的期限则为两周。关于抗告法院,各国大多规定抗告法院为作出原裁定和命令的法院及其上级法院。如在日本,对简易法院的裁定及命令的抗告,抗告法院为地方法院;对地方法院的裁定及命令的抗告,抗告法院为高等法院。但是,关于作出原裁定和命令的法院是否有权变更原裁定和命令的问题,各国规定有所不同。如在德国,法院对自己所为的裁定和命令,在受到即时抗告后不得予以变更。而在日本,作出原裁定和命令的法院认为抗告有理由时,有权更正该裁定和命令。关于即时抗告的效力,各国大多规定当事人提出即时抗告后,原裁定或命令停止执行,并对当事人不发生拘束力。　　(万云芳)

jixing houzuse
急性喉阻塞(acute laryngeal obstruction) 又称急性喉梗阻。各种病变引起咽喉部狭窄甚至闭塞的总称。本病有多种原因造成,如化脓性咽喉炎、咽喉壁脓肿、咽部损伤、吞服腐蚀性毒物、吸入强烈刺激性化学气体及药物讨敏等,都能引起喉头水肿及喉痉挛。由于喉头水肿或痉挛,使空气难以进入气管,便出现严重的呼吸困难,数分钟内可发生窒息而急死。尸体解剖可见:声带粘膜高度水肿,喉腔明显狭窄,甚至闭塞。
　　(李宝珍)

jixing chuxuexing yixianyan
急性出血性胰腺炎(acute hemorrhagic pancrcatitis) 又称出血性胰腺坏死。由于胰酶消化胰腺本身所引起的急性炎症。本病女性多于男性。酗酒和暴饮暴食能诱发本病的发作,有诱因的占60%。临床上表现为上腹部持续性疼痛,阵发性加剧,并有发热、恶心、呕吐等症状。少数病人有明显的黄疸,继而四肢发冷,脉搏细弱,血压下降,皮肤呈大理石样斑状青紫。严重者因胰腺末梢和腹腔神经受到剧烈的刺激,导致休克或反射性心跳停止而急死。尸体解剖可见:腹腔内有浆液性血样液体,胰腺肿大,质软,呈灰红色,无光泽。包膜下及间质弥散性出血,分叶结构模糊。胰腺、大网膜及肠系膜等处有散在混浊的灰白色小块状或斑点状的脂肪坏死灶。胰腺周围有局限性腹膜炎。
　　(李宝珍)

jixing xijunxing xinneimoyan
急性细菌性心内膜炎(acute bacterial endocarditis) 由于大量化脓性细菌侵入血液循环而引起的心内膜(包括心瓣膜)感染。有时也可能是身体其他部位的病原菌侵入心内膜而引起,如产褥热引起的溶血性链球菌性心内膜炎,或并发肺炎球菌性心内膜炎。急性细菌性心内膜炎大多发生于原有风湿性心瓣膜病或先天性血管缺损的基础上,也可发生于正常的心脏。主要症状为毒血症,有高热、寒战、乏力等,常被原有疾病的症状所掩盖,诊断易于忽略。由于心内膜受细菌的侵入,引起心瓣及腱索的急剧损害,并可附着大而脆的赘生物,脱落成为栓子可致栓塞。所以有时会发生心力衰竭或多发性栓塞而急死。尸体解剖可见:心瓣膜可有溃疡或穿孔,腱索可断裂。有的脏器里发现栓塞,并引起相应脏器的梗塞。　　(李宝珍)

jiti susong
集体诉讼(class action) 共同利害关系人人数众多时,由其中一人或数人代表其他共同利害关系人进行的诉讼。集体诉讼最早可追溯至17世纪英国衡平法院。当时按照英国传统习惯，采煤教区的居民必须将其所采集的煤向教士交纳什一税，维纽姆村的几名居民因此而向衡平法院提起诉讼，法院判决废除该村居民向教士交纳什一税的习惯。该判决不仅对参加诉讼的几名居民具有法律效力，而且对当地教区的全部居民具有法律效力。到18世纪初，随着英国工业革命的兴起，商品经济飞速发展，出现了新的资本组织形式——股份有限公司，由此而产生的纠纷使集体诉讼更类似于现代意义上的集团诉讼。作为维护股东利益的集体诉讼案件，最早是1843年英国的佛斯诉赫伯特一案。赫伯特是一家股份有限公司的董事，但他却将公司的部分不动产卖给属于自己的另一家公司，于是股东佛斯便代表全体股东提起诉讼，请求追还。1873年至1875年英国司法改革后，普通法院与衡平法院合为一体，为衡平法所承认的集体诉讼开始得到较为普遍的运用。英国关于集体诉讼制度的成文规则最早见于英国《最高法院规则》，该规则第15条第12项规定："在案件涉及的利害关系人为多数的情况下，诉讼程序可由其中一人或数人代表全体或代表除一人或数人以外的全部开始，除法院另有命令外，诉讼不得中断。"

美国的集体诉讼制度源于英国，但却得到了更普遍的发展。19世纪初，美国引入英国的集体诉讼制度，《菲尔德法典》确立了该制度，从此，从美国州法院到联邦最高法院，普遍采用集体诉讼制度。1938年《美国地区法院联邦民事诉讼规则》第23条规定了集体诉讼的构成要件，并将诉讼分为真实的集体诉讼、混合的集体诉讼和虚假的集体诉讼三种类型，不同类型的拘束力范围与对象均有所不同。1964年和1966年美国又两次对有关集体诉讼的规定进行了修改，进一步规定了集体诉讼的构成要件、适用范围和应审查的事项，增补了集体诉讼的要件和进行集体诉讼的可能性，更加详尽地规定了对集体诉讼成员诉讼程序的保障措施，使集体诉讼的规定更加详尽和具体。《联邦民事诉讼规则》第23条规定，集体诉讼的构成要件为：第一，集团人数众多，集体成员不可能全部到庭参加诉讼；第二，利益是共同的，即所有集团成员在诉讼中存在共同的事实问题或法律问题；第三，请求或抗辩是同种类的，即代表人提出的诉讼请求或抗辩与集团其他成员的请求或抗辩属于同一类型；第四，代表人合格，即代表人能公正地、充分地代表和维护集团全体成员的利益。集体诉讼的适用范围：第一，如果集体中个别成员提起单独诉讼或被诉，将导致以下危险：①对集体的个别成员所作的不一致或不同的判决，将对集体的对方当事人规定出相互矛盾的行为标准；②对集体的个别成员所作的判决，从事实上看将处分那些没有作为该判决的当事人的其他成员之利益，或在实际上损害并妨碍集体成员保护其利益的能力。第二，集体的对方当事人可以以一般适用于整个集体为理由，实施或拒绝实施某个行为，因此，要针对集体的全部成员作出最终的恰如其分的禁令性补助办法或相当的宣告性补偿办法。第三，法院判定集体成员共同的法律问题要优于仅影响集体个别成员的任何问题，并且以集体诉讼方式比其他方式更便利地对争议进行公正、有效的判决。集体诉讼的审查事项包括：第一，整个集体成员的利益是否包括那些个别成员在单独诉讼中可提起诉讼和抗辩的利益；第二，由集体成员提起诉讼或被诉的并已经开始诉讼的争议，是否考虑到了诉讼的性质和诉讼进行的程序；第三，集体成员是否愿意将请求集中到一个特定的法院进行审理；第四，在集体诉讼审理过程中可能遇到的困难。《联邦民事诉讼规则》扩充了法院在诉讼中的权限，使法院在集体诉讼中比在一般诉讼中有更多的权限积极干预整个诉讼过程，这些权限和干预体现在：法院对于是否构成集体诉讼有裁决权，不经法院批准，在通知集体全部成员计划采取终止诉讼或和解以前，不得终止或通过和解协议结束诉讼；法院对诉讼代表的更换和集体成员的退出有审查批准的权限；法院有权根据诉讼进展情况发出各种命令，以保证最合理地进行诉讼；法院有权裁定是否需要把诉讼中的重要事项通知某些和全体利害关系人等等。继《联邦民事诉讼规则》修改后，美国大多数州的民事诉讼规则也作了修改和补充。全美各州的集体诉讼规则有五种情况：第一种是以最初的衡平规则为模式的集体诉讼规则，其特点是法院不积极干预诉讼，持中立态度，并规定在损害赔偿中不适用集体诉讼。第二种是以《菲尔德法典》为根据，特点是要求明确集体全体成员，基本接近第一种。第三种是仍采用1938年未经修改的联邦民事规则的模式，仍然保留着集体诉讼的三种类型。第四种是以1966年修改后的联邦民事规则为模式的州诉讼规则，大多数州都采用这种规则。第五种是20世纪70年代中期制定的一种更新的集体诉讼模式，包括两个诉讼规则：《纽约州民事诉讼法规》和《集团诉讼统一规则》。

在加拿大，除不列颠哥伦比亚省外，均允许提起集体诉讼。加拿大《普通法院实务规则》第75条规定了集体诉讼的一般规则，但远不如美国规定得详细，尤其缺乏对集团成员利益的程序保障规定，使集体诉讼的运用受到了一定的限制。由于集体诉讼所具有的特殊功能，简化了诉讼程序，加快了多数人纠纷的解决，尤其是在环境保护诉讼、消费者保护诉讼、证券交易诉讼、反垄断诉讼等领域功效显著，使大陆法系的一些国家也开始积极研究集体诉讼，将其纳入诉讼中，适应社会发展的需要，如意大利、日本。　　　　(彭 伶)

jiya shang
挤压伤(crush injury) 体积和重量大的物体挤压人体所致的广泛性损伤。多见于地震、山崩或建筑物、矿井、山洞倒塌或狂风吹倒巨型广告牌、大树、电线杆等自然灾害,以及翻车交通事故、人群挤压等。挤压伤的损伤程度及范围与致伤物的体积、重量、质地、挤压部位、角度、接触范围以及受害者的体质、衣着等有密切关系。挤压伤的特点:①损伤分布广泛,头面、躯干、四肢均可多发性损伤。②损伤类型多样复杂,轻重不一,可有擦伤、皮下出血、挫伤、挫裂创、骨折、内脏破裂,甚至肢体断离。临床上常出现挤压综合征,导致肾功能衰竭而死亡。 (李宝珍)

jihua shengyu anjian
计划生育案件(lawsuit concerning birth control administration) 我国是人口大国,有计划地生育子女,这是我们国家的一项基本国策,也是社会主义婚姻家庭制度的一项重要原则。我国《婚姻法》规定,计划生育是夫妻双方应共同履行的义务。从广义上说,计划生育的内涵包括晚婚、晚育、合理间隔、少生、优生等内容。我国政府号召一对夫妻只生一个孩子,但人口稀少地区、少数民族地区,以及应予照顾的其他特殊情况除外。计划生育是全社会的共同责任,有计划地控制人口增长,有利于平衡劳动力供求,有利于改善和提高广大人民群众的物质文化生活,有利于调整积累和消费,有利于合理开发利用有限资源,保持生态的平衡;有利于保护妇女、儿童的健康,提高人口素质,从而促进国民经济发展,加速社会主义经济建设。

鉴于我国经济、文化的发展水平并不平衡,加之人口基数大,人口的年出生率以及人口增长的绝对值还是比较高的,在一些地区,特别是在人口占多数的广大农村地区,超计划生育问题还比较严重。就全国而言,计划生育虽然取得了很大成绩,但人口形势仍十分严峻,不容乐观。计划生育的宣传、教育和必要的措施,尚不能够放松。目前,我国各省、自治区、直辖市基本上都已经制定了计划生育的地方法规、规章,这是各地开展计划生育的基本法律依据,计划生育工作已逐步纳入了行政法制轨道。

计划生育工作中的经济制裁等内容,已经纳入我国《行政诉讼法》规定的受案范围之中。作为人民法院应当通过审判活动,积极支持计划生育行政机关依法行政,有效地控制人口发展,保障计划生育这一基本国策的贯彻实施。在处理这类案件时,要积极、慎重、稳妥地进行。当前要严格遵照最高人民法院所确定的受理范围去受案,即公民对计划生育行政机关作出的罚款、征收超生费(含社会扶育费)的行政处罚不服,可向人民法院提起行政诉讼。超出此范围的,一般不予受理。同时,要注意做好当事人的疏导和教育工作。对于当事人所诉的一些具体问题,人民法院虽不能受理,但可告知其通过其他途径加以解决。 (王振清)

jisuanji jilu
计算机记录(computer record) 运用计算机文字处理功能记录侦查活动,也是刑事记录技术的组成部分。国外有的刑事诉讼法中对此有明确规定。我国刑事诉讼法虽然对此未像视听资料那样作出明确规定,但由于电脑打字仍属于文字记录的范畴,是侦查笔录的一种特殊形式,应当是允许的。计算机记录主要适用于询问、讯问等侦查活动。计算机记录的程序要求与笔录相同。证人、被害人、犯罪嫌疑人应分别在询问或讯问笔录上签名或盖章,侦查人员应当在笔录上签名。 (张玉镶)

jiyi zhangai
记忆障碍(disturbance of memory) 人对以往的经验、知识的重现过程发生异常。表现为记忆增强、记忆减退和遗忘的记忆量的障碍;记忆错误、潜隐记忆和记忆恍惚的记忆质的障碍。在一般情况下,记忆异常提示有脑器质性病变或损害,另外有些因病态精神活动或心理因素干扰了记忆过程,也可有类似症状表现。在司法精神医学鉴定中,正确地判定被鉴定人有无记忆障碍,对疾病的诊断、评定责任能力、行为能力、鉴别伪装精神病者有重要意义。 (孙东东 吴正鑫)

jishu hetong jiufen zhongcai
技术合同纠纷仲裁(arbitration of dispute concerning technological contract) 仲裁的一种。技术合同当事人发生纠纷,根据双方的仲裁协议,提请仲裁机关对该纠纷进行裁决,该裁决对双方当事人具有约束力的一种制度。世界上多数国家未将技术合同纠纷仲裁与一般经济合同纠纷仲裁作实质性的区别,同样是由经济合同纠纷仲裁机构来负责处理。在中国,技术合同纠纷仲裁作为仲裁的一种,在法律上和实践中都将其与一般的经济合同纠纷仲裁作了区别。经济合同纠纷仲裁主要适用于因经济合同发生的争议,技术合同纠纷仲裁则适用于因技术合同发生的涉及技术开发、技术转让、技术咨询、技术服务等方面在民事权利和义务上产生的争议,经济合同纠纷的仲裁适用《经济合同法》,技术合同纠纷的仲裁主要适用《技术合同法》。不过,在中国技术合同仲裁制度的发展过程中,实行的是技术合同纠纷仲裁双轨制,即技术合同纠纷仲裁既可以由技术合同纠纷仲裁机构处理,也可以由经济合同纠纷仲裁机构处理,但从仲裁实践看,技术合同纠纷仲裁绝大多数是由技术合同仲裁机构负责。至1995年7月,在中国,适用于技术合同纠纷仲裁的争议主要包括:技术开发、技术转让、技术咨询、技术服务等合同争议及因价格酬金和使用费显失公平的技术合同纠纷。此外,其他合同中有关技术开发、技术转让、技术咨询和技术服务在民事权利义务关系中所发生的纠纷也可适用技术合同纠纷仲裁。负责技术合同纠纷仲裁的专门技术合同仲裁机构是设立于省级以上科学技术行政管理部门、省会城市、国务院批准的较大的市、计划单列市和经济特区的科学技术行政管理部门,以及全国性的科学技术社会团体或者工业行业协会中的技术合同仲裁机构。

技术合同仲裁机构审理技术合同纠纷在程序上主要适用《技术合同仲裁机构管理暂行规定》和《技术合同仲裁机构仲裁规则(试行)》。技术合同纠纷仲裁程序过程如下:当事人申请、仲裁机构对申请书进行审查,决定是否受理申请,仲裁机构对符合条件的申请予以受理,通知被诉人应诉或反诉,组成仲裁庭,对纠纷进行开庭审理。开庭审理的程序是:调查取证(对某些特殊的技术合同争议案件由仲裁机构委托有关机关对技术权利的有关问题作出结论),当事人愿意调解的,由仲裁庭主持调解,调解未达成协议的,由仲裁庭依法裁决。技术合同仲裁实行一裁终局制,裁决书送达当事人后即发生法律效力,义务人不履行义务的,当事人有权向人民法院申请执行,也可以通过作出裁决的仲裁机构请求人民法院执行。人民法院依据《民事诉讼法》第217条的规定,对仲裁决定不予执行的,当事人可以重新申请仲裁,也可以向人民法院起诉。

技术合同仲裁还实行仲裁监督制度,即根据《技术合同仲裁机构仲裁规则(试行)》第46条规定,"国家科学技术委员会技术合同仲裁委员会对各仲裁机构已经发生法律效力的仲裁决定,发现确有错误的,有权指令仲裁机构变更仲裁决定或者重新裁定。各仲裁机构对本机构已经发生法律效力的仲裁决定,认为确有错误,需要变更或者重新仲裁的,应当报请国家科学技术委员会技术合同仲裁委员会审批。"技术合同仲裁监督制度的实施,对保障仲裁裁决的合法性和权威性发挥了积极的作用。

(潘剑锋)

jicheng nengli
继承能力(competence to heirdom) 继承人对被继承人财产依法享有继承权利的法律行为资格。继承人无论有无民事行为能力,只要是法定继承人或遗嘱继承人,都有继承自己应得份额的遗产的资格。对无民事行为能力或限制民事行为能力的精神病人所继承的财产,由其监护人代理其管理,产权归被监护人所有。

(孙东东)

jiamai panli
迦卖判例(Cames) 法国国家行政法院于1895年6月21日作出的一个重要判例。该案原告迦卖是法国国营兵工厂的一名工人,在一次工伤事故中,他的手被机器轧碎。他向国家行政法院提起诉讼,要求获得国家赔偿。国家行政法院通过审理,最后满足了原告的要求,判决由法国政府向原告支付赔偿金。这一判例创立了法国行政法的下述原则:行政工作人员(包括国营企业的工人)在公务活动中受伤或死亡,国家对其负无过错赔偿责任。这一判例促进了法国行政赔偿制度的发展,并首开国家承担危险责任的先河。 (姜明安)

jiating shijian chengxu
家庭事件程序(procedure of family dispute) 法院对离婚之诉、撤销婚姻之诉、宣告婚姻无效之诉、确认当事人间婚姻存在与否的诉讼以及同居之诉进行审理、作出裁决的程序。家庭事件属于人事诉讼(见人事诉讼程序),家庭事件程序属于民事诉讼法的特别程序。由于家庭事件程序是处理有关人的身份关系的程序,所以,与民事诉讼的通常程序相比,家庭事件程序具有自己的特点。如在民事诉讼的通常程序中,以辩论原则为基础,以职权审理原则(见职权主义)为例外;而在家庭事件程序中,实行职权审理原则的范围非常广泛,辩论原则受到限制。另外,家庭事件程序还规定了法定代理人权限的限制、诉讼代理人(见民事诉讼代理人)的特别授权、禁止与其他诉讼合并、不得提起反诉、强制当事人本人到场、对缺席判决的排除或限制、检察官参与诉讼等。在我国,家庭事件主要是离婚以及确认婚姻关系案件。我国民事诉讼法对家庭事件未单列审理程序,只适用一般民事诉讼程序,但为适应案件的特点,在诉讼程序上作了特别规定,如离婚案件即使有诉讼代理人的,本人原则上仍应出庭,如因特殊情况确实无法出庭的,必须向法院提交表达本人意思的书面意见。再如对离婚案件应当进行调解等。

(万云芳)

jiachufen
假处分(advance enforcement) 为保全金钱债权以外的请求权能够得以实现而采取的保全措施。与假扣押制度并列,构成大陆法系国家财产保全的内容。假处分与假扣押的主要区别在于保全强制执行的请求的性质不同。假扣押限于金钱债权请求,假处分则是非金钱债权的请求,即请求的标的为特定物或其他行为,而非请求金钱给付。如果非金钱请求可以用金钱请求来替代,则债权人有权选择申请假处分或者假扣押。申请假处分必须符合一定条件:①有保全非金钱债权请求的请求;②有因现状变更,使当事人的权利难以实现或不能实现的可能,如债务人对请求的标的物作出事实或者法律上的处分,债务人已经或者将要逃避应为的一定行为等。假处分申请原则上应向本案管辖法院提出,但在紧急情况下,亦可向标的物所在地法院提出。实施假处分,可将标的物交付保管人保管,或者命令、禁止债务人为一定行为,特别是禁止对土地或者已登记的船舶进行让与、设置负担或抵押。只有在特殊情况下,可以因债务人提供担保而撤销假处分。本案管辖法院有权撤销标的物所在地法院作出的假处分裁定。如果假处分不合法给债务人造成损失的,应当由申请人负责赔偿。

(王彩虹)

jia kouya

假扣押(attachment) 财产保全措施之一。主要规定于大陆法系诸国的民事诉讼立法中。指为保证债权人金钱上的请求或可变为金钱请求的请求能够得到实际执行,而责令扣押债务人的财产,禁止其处分的法律措施。假扣押必须由申请人向法院提出申请,申请假扣押应符合以下条件:①须由债权人以书面或口头形式提出申请。②已经起诉的,应向受诉法院提出假扣押申请,尚未起诉的,可以向本案管辖法院或者假扣押标的物所在地的法院提出假扣押申请。③必须是为了保全金钱请求或者可变为金钱请求之请求能够得到强制执行。所谓金钱请求,指请求权是以给付金钱为标的的债权请求;所谓可变为金钱请求之请求,指请求权虽非以给付金钱为标的的,但可以用给付金钱来替代,比如债务人不履行应为之义务时,不论本来的债之标的是什么,债权人均可以请求金钱上的损害赔偿。④必须有日后不能强制执行或难以强制执行的情况,比如债务人有转移、毁损、隐匿财产的可能性等情况。作出假扣押裁定一般不需经过言词辩论,法院接受申请人提出的假扣押申请后,应当进行审查,对不符合条件的,裁定驳回;对符合条件的,裁定进行假扣押,也可要求申请人提供担保后再作出假扣押的裁定。假扣押通常采取查封、冻结财产的方法,目的在于禁止债务人处分其财产,阻止其转移财产的所有权。债务人在有下列情形发生时,可以申请撤销假扣押裁定:①债务人提供担保或者将请求的标的物提存;②假扣押的原因消灭或者变更,如债务已清偿,判决否认了债权人的请求等;③债权人不在一定期间内起诉。此外,债权人亦可自愿撤销假扣押的裁定。如果因假扣押的错误或者债权人在一定期间内不起诉而给债务人造成的损失,债权人应负赔偿责任。

(王彩虹)

jia kouya zhi zhixing

假扣押之执行(execution of attachment) 根据假扣押之裁定而进行的执行。假扣押之执行一般应于裁定送达后立即开始,也可与裁定送达同时进行。假扣押之执行不是根据债权人的申请,而是由法院依职权决定。假扣押采用查封、扣押、冻结等方法进行。假扣押执行后收取的金钱和依分配程序应分给各债权人的份额,应予提存。对于假扣押的动产,如其价值可能减少或者需花费过多的保管费用时,执行法院可依职权或者依债权人、债务人的申请,进行拍卖。拍卖所得金钱,应予提存。假扣押之执行,执行法院可适用强制执行法的有关规定。

(王彩虹)

jiashi chengxu

假释程序(procedure of parole) 对被判处有期徒刑、无期徒刑的罪犯予以假释的方式、步骤和手续。根据我国《刑事诉讼法》的规定,被判处有期徒刑、无期徒刑的罪犯,在执行期间确有悔改或者立功表现,应当依法予以假释的时候,由执行机关提出建议书,报请人民法院审核裁定。假释的审核裁定权限、程序与减刑相同(见减刑程序)。

对于人民法院裁定假释的罪犯,监狱等刑罚执行机关应当按期假释并发给释放证明书。对于被假释的罪犯,由其居住地的公安机关予以监督。被假释的罪犯,在假释考验期限内没有再犯新罪或者没有发现在判决宣告前还有其他罪没有判决的,就认为原判刑罚已经执行完毕,公安机关应当向本人宣布并通知原裁定假释的人民法院和原关押罪犯的刑罚执行机关,无需另办释放手续。被假释的罪犯,如果在假释考验期限内再犯新罪或者发现在判决宣告以前还有其他罪没有判决的,应由审理新罪的人民法院撤销假释,把前罪没有执行的刑罚和后罪新判的刑罚,按照数罪并罚的原则决定应当执行的刑罚及刑期,并送刑罚执行机关执行。被假释的罪犯,在假释期间有违反法律、行政法规和公安机关有关假释的监督管理规定的行为,尚未构成犯罪的,公安机关可以向人民法院提出撤销假释的建议,人民法院应当自收到撤销假释建议书之日起1个月内予以审核裁定。人民法院裁定撤销假释的,由公安机关将罪犯送交原刑罚执行机关,执行未执行完的刑罚。

(黄 永)

jiasi

假死(apparent death) ❶人体机能极度微弱,心跳和呼吸似乎停止,用一般的临床检验方法(如听诊、触诊等)已不能测出的生命状态。从外表上假死与死亡一样,但实际上循环和呼吸仍然存在,如果能进行及时的抢救,往往能使之复苏,恢复正常生命机能,有的自身能度过假死期逐渐恢复健康。过去民间传说的"起死回生"实际上是假死的复苏。若缺乏精确细致的检查,有时会把假死误认为真死,以致造成严重后果。因此,人死亡后,一般在短时间内不得殓埋、火化、解剖或施行防腐处理,有时需采用特殊检查方法。假死常见于各种机械性窒息(如缢死、勒死、溺死等)、中毒(安眠药、麻醉药、一氧化碳等)、电击伤、寒冷昏睡、日射病、热射病、强烈精神刺激等。癫痫发作、大出血或剧烈呕吐、腹泻引起的失水酸中毒、糖尿病昏迷或尿毒症者偶有发生。

❷精神医学中的假死是癔病性意识障碍发作的一种形式,俗称气死病。患者在情绪矛盾作用下突然倒地,并出现数秒钟的呼吸心跳停止,面色青紫或苍白,四肢变冷、感觉消失等类似于死亡的征象。不治自愈,精神活动恢复正常,但可有复发。这种状态是患者情绪矛盾和自身人格因素综合作用的轻度心理功能障碍,不属人体重伤或轻伤之列。参见癔病。 (李宝珍 孙东东)

jia zhixing zhi xuangao
假执行之宣告(declaration of interlocutory enforcement) 大陆法系国家诉讼制度之一。在判决确定前法院作出赋予该判决执行效力的宣告。一般来说,判决必须在确定以后方可执行,但是判决从作出到确定需要一定期间,败诉一方当事人可以利用上诉手段延缓判决的确定,并可能在判决确定前隐匿或者处分自己的财产,造成判决确定后胜诉方的权利无法得到实现。为保护胜诉方当事人的利益,在必要时,法院可赋予未确定的判决以执行力,即判决在确定前即可据以执行,其执行力与确定判决的执行力相同。只有对具有给付内容的判决可以宣告假执行,假执行可以由法院依职权宣告,也可根据申请人的申请宣告。当事人申请假执行,应在言词辩论终结前提出。宣告假执行的判决,可记载于判决主文中,构成判决的一部分,由法院一同宣告,亦可在判决后用补充判决宣告。当事人对于假执行之宣告可以依照对于判决的一般原则提出上诉,但宣告假执行的判决并不因此丧失执行力。如果本案判决或假执行宣告本身经上诉后被上诉法院废弃或者变更的,在废弃或者变更范围内,假执行宣告丧失其效力。被申请人有权要求申请人返还已为的给付,并赔偿由此造成的损失。裁定一般不待其确定即可执行,不存在假执行之宣告,但对于具有裁定性质的支付命令,可例外宣告假执行。 (王彩虹)

jiajiexing jingshenbing
嫁接性精神病(propfschizophrenia) 见精神发育迟滞。

jianfaxing jiukuang
间发性酒狂(dipsomania) 癫痫性情感障碍发作时,即在病理性心境恶劣状态下,患者意识清醒,情感低沉、焦虑、苦闷、恐惧、忧郁,为了摆脱这种难忍的心境而借酒消愁,狂饮大醉。这种醉酒的性质属复杂性醉酒。在此状态下,醉酒者实施危害行为,应评为限制责任能力。 (孙东东)

jianjie shenli yuanze
间接审理原则(principle of indirect hearing) 直接审理原则的对称。法院根据当事人的主张或证据调查的笔记进行审理的原则。根据间接审理原则,法院只依照书面审理(见书面审),而不直接面对当事人,因此,在案件审理过程中,如果裁判官有变更时,更换后的新裁判官,根据书面审理即可,当事人的陈述、辩论等不必重新进行。间接审理原则的优点是诉讼经济,能加快审理速度,提高诉讼效益,节省人力、物力、财力,减轻法院的负担。但是,采取间接审理原则,不直接接触当事人,因而直接得到事实真相的机会较少。在德国,最初并没有间接审理原则的规定,直到1915年的《减轻法院负担条例》第一次规定了书面程序。现行德国民事诉讼法中书面程序的使用,一是由当事人合意使用,二是由法官依职权命令使用。如《德国民事诉讼法》第128条规定:"……(二)法院在得到双方当事人同意后,可以不经言词辩论而为裁判……(三)关于财产权的请求的诉讼,如果不必律师代理诉讼,而诉讼标的价额在起诉时未超过500马克,并且当事人一方由于距离遥远或由于其他重要原因而不能到法院出庭时,法院可以依职权命令以书面进行辩论。"我国民事诉讼法未规定间接审理原则。人民法院适用一审程序对案件进行审理时,必须采用直接审理原则,即使是二审程序某些不开庭审理的案件,也必须是经过阅卷和调查,询问当事人,案件事实确已核对清楚后,客观上不需要开庭审理的,才可以径行裁判,因此,二审程序中的不开庭审理也并非间接审理原则的体现。 (万云芳)

jianjie songda
间接送达(indirect service) 送达方式的一种,直接送达的对称。指公安、司法机关在无法将诉讼文书直接交送受送达人或其代收人时而采取的送达方式。此种送达方式从广义上理解,可以把除直接送达外的一切送达方式都称为间接送达。主要有以下几种方式:①将诉讼文书交由受送达人或其代收人同住的成年家属、单位负责人等,由他们代为转交。②受送达人拒绝接收诉讼文件的,送达人在见证人在场的情况下将诉讼文件留在受送达人住所并注明情况即视为送达（见留置送达）。③受送达人不在本地的，通过邮寄送达。④受送达人下落不明或用其他方法无法送达的，通过新闻媒介公告，公告期满即视为送达。⑤受送达人是军人的，通过其所在部队团以上单位的政治机关转交送达。⑥受送达人被限制或剥夺人身自由的，由监所或劳教场所转交送达。⑦受送达人不在中华人民共和国境内居住的，根据有关国际条约和法律的规定送达。　　　　　　　　　　　　　（朱一心）

jianjie zhengju

间接证据（indirect evidence）　"直接证据"的对称。不能单独地、直接地证明案件主要事实，而需要与其他证据相结合才能证明案件主要事实的证据。在英美法上也称作情况证据。直接证据和间接证据是证据学理论对诉讼证据所进行的分类之一。这种分类的依据是诉讼证据与案件主要事实之间的证明关系不同。刑事诉讼中常见的间接证据有：证明犯罪嫌疑人、被告人有犯罪动机的证据，证明犯罪嫌疑人、被告人具备实施犯罪行为条件的证据，犯罪嫌疑人、被告人在犯罪现场留下的物品和痕迹，以及犯罪行为侵犯的对象，证明犯罪嫌疑人、被告人职业、身份、体貌特征、平时表现的证据等。单个的间接证据只能证明案件事实的局部，而不能证明案件的主要事实。但间接证据在诉讼中也具有不可忽视的作用。间接证据在刑事诉讼中的作用主要有：①可为寻找直接证据提供线索。间接证据往往是侦查、调查方向的先导。②可借以获取直接证据，并鉴别印证直接证据。③间接证据是鉴别直接证据真伪的有力手段。④在没有直接证据的情况下，具备一定条件，可以完全依靠间接证据定案。依靠间接证据定案，需要多个间接证据的结合。在这一证明过程中，必须运用逻辑推理才能把单个间接证据所反映的案件事实的片断连结成案件事实的整体。为了避免错误，在完全依靠间接证据定案时，必须严格遵守下列规则：①所有的间接证据必须查证属实；②间接证据必须与案件事实有客观联系，必须结合其他间接证据查明这种关系；③间接证据之间必须形成一个完整的证明体系；④间接证据之间，间接证据与案件事实之间必须协调一致。如果存在矛盾，必须得到合理排除；⑤间接证据形成的证明体系足以排除其他可能性。

（熊秋红　于爱红）

jianxiexing jingshenbing

间歇性精神病（intermittent psychosis）　法律学用语。泛指各种在精神障碍进程中有明显缓解界限的精神疾患。患者在缓解期精神活动正常，如躁狂抑郁性精神病、癫痫性精神障碍等精神病均属此类。按照《中华人民共和国刑法》第18条的规定，精神病人在间歇期实施危害行为应承担完全法律责任。　　（孙东东）

janzhi lüshi

兼职律师（part-time lawyer）　与专职律师相对，指取得律师资格和律师执业证书但又不脱离本职工作而兼执律师业务的人。担任兼职律师，首先必须符合律师执业条件，即依法经过律师资格考试或其他考核批准，获得律师资格，并取得律师执业证书；其次，必须在某一律师事务所从事律师业务，而不能以个人名义承办律师业务。根据《中华人民共和国律师法》的有关规定，国家机关的现职工作人员不得兼任执业律师。

（陈瑞华）

jianhuren

监护人（guardian）　依法对无民事行为能力人或者限制行为能力人的人身、财产及其他合法权益负有保护责任的人。根据《中华人民共和国民法通则》的规定，未成年人的父母是未成年人的监护人。未成年人的父母已经死亡或者没有监护能力的，由下列人员中有监护能力的人担任监护人：①祖父母、外祖父母；②兄姐；③关系密切的其他亲属、朋友愿意承担监护责任，经未成年人的父、母的所在单位或者未成年人住所地的居民委员会、村民委员会同意的。无民事行为能力或者限制民事行为能力的精神病人，由下列人员担任监护人：①配偶；②父母；③成年子女；④其他近亲属；⑤关系密切的其他亲属、朋友愿意承担监护责任，经精神病人的所在单位或者住所地的居民委员会、村民委员会同意的。为充分保障当事人的合法权益，中国刑事诉讼法允许那些无诉讼行为能力的当事人的监护人通过特定的方式协助其行使诉讼权利，承担诉讼义务。例如，犯罪嫌疑人、被告人可以委托其监护人作为辩护人，公诉案件的被害人、自诉人以及附带民事诉讼的当事人（原告人和被告人）可以委托其监护人作为诉讼代理人。同时，在刑事诉讼中，当事人的监护人还可以作为其法定代理人参加诉讼活动。　　（陈瑞华）

jianshi juzhu

监视居住（live under surveillance）　人民法院、人民检察院和公安机关对未被逮捕的犯罪嫌疑人、被告人，责令其不得擅自离开住所或指定的居所，依法对其人身自由加以限制并对其实行监管的一种强制措施。我国《刑事诉讼法》规定：人民法院、人民检察院和公安机关对于有下列情形之一的犯罪嫌疑人、被告人，可以监视居住：①可能判处管制、拘役或者独立适用附加刑的;②可能判处有期徒刑以上刑罚,采取取保候审、监视居住不致发生社会危险性的(第51条)。取保候审、监视居住由公安机关执行。被监视居住的犯罪嫌疑人、被告人应当遵守以下规定:①未经执行机关批准不得离开住处,无固定住处的,未经批准不得离开指定的居所;②未经执行机关批准不得会见他人;③在传讯的时候及时到案;④不得以任何形式干扰证人作证;⑤不得毁灭、伪造证据或者串供。被监视居住的犯罪嫌疑人、被告人违反前款规定,情节严重的,予以逮捕(第57条)。人民法院、人民检察院和公安机关对犯罪嫌疑人、被告人取保候审最长不得超过12个月,监视居住最长不得超过6个月。在监视居住期间,不得中断对案件的侦查、起诉和审理。对于发现不应当追究刑事责任或者取保候审、监视居住期限届满的,应当及时解除取保候审、监视居住。解除取保候审、监视居住,应当及时通知被取保候审、监视居住人和有关单位(第58条)。

(黄 永)

jianshi juzhu juedingshu

监视居住决定书(written decision to live under surveillance) 人民法院、人民检察院、公安机关依法决定对犯罪嫌疑人、被告人采取监视居住的强制措施时所制作的法律文书。监视居住决定书是制式文书,制作机关一般只须填写有关事项即可。其内容包括:首部、正文、尾部三部分。首部,填写制作机关名称、文书编号,文书编号应依次写明制作机关的简称、年度及序号。正文包括被决定监视居住的犯罪嫌疑人、被告人的姓名、案由;决定监视居住的法律依据;执行单位名称及决定事项。尾部应注明制作日期并加盖制作机关印章。监视居住决定书应向被监视居住的犯罪嫌疑人、被告人宣告,由被监视居住人在宣告后签名并填写宣告的时间,宣告人员也应在其上签名。

(黄 永)

jianwai zhixing

监外执行(serving sentence outside the prison under surveillance) 被判处有期徒刑或者拘役的罪犯,由于出现了法定情形,不适宜在监狱或其他刑罚执行机关执行刑罚时,暂时变更执行场所的执行方法。根据我国《刑事诉讼法》的规定,对于被判处有期徒刑或者拘役的罪犯,有下列情形之一的,可以暂予监外执行:①有严重疾病需要保外就医的;②怀孕或者正在哺乳自己婴儿的妇女。除上述情形外,对于被判处有期徒刑、拘役,生活不能自理,适用暂予监外执行不致危害社会的罪犯,可以暂予监外执行。对于适用保外就医可能有社会危险性的罪犯,或者自伤自残的罪犯,不得保外就医(第214条)。

人民法院在宣布判决的同时决定暂予监外执行的,应当制作暂予监外执行决定书,载明罪犯基本情况,判决确定的罪名及刑罚,决定暂予监外执行的原因、依据等,并抄送人民检察院和罪犯居住地的公安机关。执行机关在判决执行过程中发现需要暂予监外执行的,由监狱或者未成年犯管教所提出书面意见,需要保外就医的,还须具有省级人民政府指定的医院开具的证明文件,报省、自治区、直辖市的监狱管理机关审批。批准机关应将暂予监外执行决定通知公安机关、原判人民法院,并抄送人民检察院。在看守所或拘役所服役的罪犯需要暂予监外执行的,应由看守所或拘役所提出书面意见,经主管的县级以上公安机关审查决定,并通知原判人民法院,抄送人民检察院。人民检察院认为暂予监外执行不当的,应当自接到通知之日起1个月内将书面意见送交批准暂予监外执行的机关,批准暂予监外执行的机关接到人民检察院的书面意见后,应当立即对该决定进行重新核查。

对于暂予监外执行的罪犯,由居住地公安机关执行,执行机关应当对其严格管理监督,基层组织或者罪犯的原所在单位应当协助进行监督。必要时,公安机关可以指派专人进行监督。暂予监外执行仍是对原判刑罚的执行,监外执行的时间应计入刑期。暂予监外执行的罪犯疾病痊愈、中止怀孕、哺乳期满或者生活已能够自理,以及执行机关发现被保外就医的罪犯不符合保外就医条件或者罪犯严重违反有关保外就医规定而刑期未满的,负责监外执行的公安机关应及时通知监狱或者其他刑罚执行机关,及时将罪犯收监执行;执行期满的,不再收监,由原关押监狱或者其他刑罚执行机关办理释放手续。罪犯在监外执行期间死亡的,公安机关应当及时通知监狱或者其他刑罚执行机关。

(黄 永)

jianyu jingshenbing

监狱精神病(prison psychosis) 原苏联司法精神病学用语。见反应性精神病。

jianmo

缄默(mutism) 精神病患者长时间(成天成月)不说一句话,对任何人的提问均毫无反应,但并无声带与发音器官的疾病,亦无失语症,而是精神运动性抑制或言语运动区皮质的功能性抑制。此时的情感反应可与其内心体验不一致。见于精神分裂症紧张型、反应性精神病、抑郁性木僵以及癔病等。在司法精神医学鉴定中,对缄默者须特别注意鉴别诊断,以区别伪装精神病者。

(孙东东 吴正鑫)

jianxing chengxu

减刑程序（procedure for reduce of sentence） 对被判处管制、拘役、有期徒刑、无期徒刑的罪犯予以减刑时所采取的步骤和办理的手续。根据我国《刑事诉讼法》规定，罪犯应当减刑时，应由刑罚执行机关提出建议书，报请人民法院审核裁定。原判处的刑罚不同，有权审核裁定的人民法院也不同。对于被判处无期徒刑的罪犯的减刑，应当由罪犯所在监狱、未成年犯管教所提出建议书，经省、自治区、直辖市的司法厅（局）审查同意后，报请当地高级人民法院审核裁定；对于被判处有期徒刑的罪犯的减刑，应当由监狱、未成年犯管教所提出建议书，报请当地中级人民法院审核裁定；对于被判处一年以下有期徒刑或者交付执行时余刑在一年以下有期徒刑的罪犯的减刑，由看守所提出建议书，经当地县级以上公安机关审查同意后，分别报请当地中级人民法院或基层人民法院审核裁定；对于被判处拘役的罪犯的减刑，由拘役所提出建议书，经当地县级公安机关审查同意后，报请当地基层人民法院审核裁定；对于被判处管制的罪犯的减刑，由执行管制的公安机关提出建议书，报请当地基层人民法院裁定；对于被宣告缓刑的罪犯，在缓刑考验期内需要予以减刑的，应由公安机关会同负责考察罪犯的所在单位或基层组织提出书面意见，经当地县级公安机关审查同意后，报请当地人民法院审核裁定。被判处死刑缓期二年执行的罪犯的减刑，是一种特殊的减刑程序，《刑事诉讼法》第210条对此作了专门规定（见死刑缓期执行判决的执行程序）。

人民法院审理减刑案件，应当组成合议庭进行，并在收到减刑建议书之日起1个月内作出审核裁定，直接向罪犯宣布，也可以委托罪犯服刑地的人民法院或执行机关代为宣告，并将裁定书副本抄送人民检察院。人民检察院认为人民法院的减刑裁定不当的，应当在收到裁定书副本后20日以内，向人民法院提出书面纠正意见。人民法院应当在收到纠正意见后1个月以内重新组成合议庭进行审理，作出最终裁定。（黄　永）

jian chuang

剪创（stab wound） 用剪刀的刃部和尖端作用于人体组织所致的创伤。因受伤部位和使用剪刀的方式不同，可形成不同形态的创伤。即剪破创、刺剪创和剪断创三种。①剪破创。又称夹剪创，是剪刀以垂直方向或倾斜角度夹剪组织，造成局部组织的断离。剪破创多见于颈部，有时也发生在胸、腹、面、腕等部位，浅者只剪破皮肤，深者可剪破肌肉和器官，如气管、食道、血管等。如果剪刀与人体组织垂直夹剪时创口呈直线形，上下缘有一个微小的突起。倾斜夹剪时创口呈"V"形或"∧"形，并形成与夹角大小相应的皮瓣。②刺剪创。是用分开的两爿剪股同时刺入组织内夹剪，或剪刀的一爿刺入组织后再与另一爿相夹时形成的创伤。如果两爿同时刺入组织夹剪，则创口呈成对瓜子形或"S"形。如果一爿剪刀刺入组织与另一爿相夹时，则创口一端钝圆，一端锐利。③剪断创。用剪刀将人体的突出部位（如乳头、手指、鼻尖、耳垂、阴茎等）剪断。剪断创面近似切创或砍创，但在创面上留有合剪时形成的突起嵴。剪破创多见于自杀，刺剪创和剪断创多见于他杀。

（李宝珍）

jian cai

检材（material to be examined） 委托进行专门技术检验或鉴定的物证材料，包括自身即具有证据价值的物品或物质，以及承载具有证据价值的痕迹、文字或图像的载体。检材的提取、保管、包装、送检，应遵循无污染、无破坏、无变质及不得更换的原则，并具有检验所需要的量。在检验、鉴定过程中，亦应遵守尽量不破坏或消耗检材的原则；对检材进行物理检验或化学检验，要标明取材部位，并作详细记录。有些检验手段必须消耗检材的，要注意留存，以备复核检验；检材过少而无法留存的，应在征得送检单位同意后，在委托检验登记表中注明。在检验、鉴定结束后，应将检验报告或鉴定书连同剩余的检材发还送检单位。对有研究价值而需留作标本的检材，可在征得送检单位同意后留存并妥善保管。送检单位对检验后发还的检材亦应妥善保管，待案件审理终结、判决生效之后，再酌情处理。

（蓝绍江）

jiancha

检查（inspection） 亦即人身检查。侦查机关的侦查人员为了确定被害人、犯罪嫌疑人的某些特征、伤害情况或者生理状态，依法对其身体进行检验、查寻的诉讼活动。检查的目的在于了解犯罪手段、情节、危害情况，鉴别案件的真伪和性质，判断犯罪工具的类别，核对案件的证据，以便更有力地揭露、证实、惩罚犯罪，保护公民的合法权益。侦查人员进行检查，必须持有人民检察院或者公安机关的证明文件。在必要的时候，可以指派或者聘请具有专门知识的人，在侦查人员的主持下进行检查。对于强奸案件中的被害人，一般不得进行生殖器官的检查；需要检查的，应征得被害人和家人或者亲属的同意，经地（市）公安处（局）长批准，在指定的医院由女医师或者女法医检查。对于被害人不能强制检查，确需检查而被害人拒绝的，应当说服教育。犯罪嫌疑人如果拒绝检查，侦查人员认为必要的时候，可以强制检查。检查妇女的身体，应当由女工作人员或者医师进行。检查的情况应当写成笔录,由参加检查的人和见证人签名或者盖章。人民检察院审查案件的时候,对公安机关的检查,认为需要复查时,可以要求公安机关复查,并且可以派检察人员参加。

(项振华)

jianchazhang

检察长(chief procurator) 我国人民检察院领导人的称谓。根据《中华人民共和国人民检察院组织法》和《中华人民共和国检察官法》的规定,各级人民检察院设检察长1人,副检察长若干人,检察长实行选举制。最高人民检察院检察长由全国人民代表大会选举和罢免;地方各级人民检察院检察长由地方各级人民代表大会选举和罢免(省级人民检察院分院的检察长由于该级不设国家权力机关,由省级人民检察院检察长提请省级人民代表大会常务委员会任免),并须报上一级人民检察院检察长提请该级人民代表大会常务委员会批准。副检察长实行任命制。最高人民检察院副检察长,由最高人民检察院检察长提请全国人民代表大会常务委员会任免;地方各级人民检察院副检察长,由本院检察长提请本级人民代表大会常务委员会任免(省级人民检察院分院副检察长由省级人民检察院检察长提请省级人民代表大会常务委员会任免)。

　　检察长的职责包括两个方面。作为检察机关的领导人,主要职责是:①组织领导全院干警和所属下级检察机关贯彻执行党和国家的政策、法律和上级人民检察院的指示、决定。②全面了解和掌握各项检察业务工作情况,及时解决工作中的问题,纠正错误的处理决定。③主持召开检察委员会会议,讨论决定重大案件和其他重大事项。④根据法律规定的权限和标准,任免、考核干部。如法律规定,对于不具备法定条件或者违反法定程序被选举为人民检察院检察长的,上一级人民检察院检察长有权提请该级人民代表大会常务委员会不批准;最高人民检察院和省、自治区、直辖市人民检察院检察长可以建议本级人民代表大会常务委员会撤换下级人民检察院检察长、副检察长和检察委员会委员的职务(《中华人民共和国检察官法》第15条、第16条)。作为检察官,检察长还应当履行检察官的职责,亲自办案。如以国家公诉人的身份,出席法庭,支持公诉,并且监督审判活动是否合法;直接参加案件的侦查工作等等。这也是检察长正确有效地行使对检察工作的领导权的必要条件和保证。

(王存厚)

jiancha jiandu yuanze

检察监督原则(principle of procuratorial supervision) 《中华人民共和国民事诉讼法》基本原则之一。人民检察院是国家法律监督机关,有权监督国家法律的贯彻实施。对民事实体法和程序法贯彻实施的监督,是民事上的检察监督。民事上的检察监督与其他方面的检察监督一样,有其特定的范围和形式,对民事法律贯彻实施的监督范围和程式,是由民事法律规定的,因此在民事上的检察监督,是按照民事法律的规定,依法实行监督。我国《民事诉讼法》第14条规定:"人民检察院有权对民事审判活动实行法律监督。"第185条至188条规定人民检察院以抗诉的方式对人民法院生效的裁判实行监督。民事诉讼法规定的检察监督的范围和程式,构成我国民事诉讼上的检察监督原则。

　　检察监督原则属于国家干预原则的一个方面,与法院监督的原则(亦称司法监督原则),共同构成国家干预原则。司法监督原则主要作用于当事人在诉讼上的处分行为,检察监督原则则主要作用于法院对民事案件的审判行为,二者在制约与协调中发挥国家干预的作用。制约性决定于法院与检察机关各自职能的独立性,协调性表现为维护国家法律正确实施的一致性。

　　我国《民事诉讼法》中检察监督的特点,一是范围的有限性,二是方式的单一性。人民检察院只是对人民法院的审判活动实行法律监督,而不对诉讼活动实行法律监督。人民检察院对人民法院审判活动实行法律监督,在程序上只有对生效的裁判可依法提出抗诉,而无其他的监督方式。但是,法院的审判活动与当事人的诉讼活动是在同一程序中进行的,法院的审判活动是否有不符合法律之处,一般是在其运用审判程序制度的过程中才便于了解,因此,检察监督仅限于对审判活动实行法律监督,并且只是单一形式的事后监督,不能说没有可完善之处。检察监督机制应属于民事诉讼法律机制的组成部分,它同法院的审判机制和当事人的诉讼机制有机的结合,统一运行,构成完善的民事诉讼程序法律机制。

(刘家兴)

jiancha jiguan

检察机关(procuratorial organ) 行使检察权的国家机关。由于社会制度、国家形式以及历史传统不同,世界各国检察机关的组织形式、职权范围及其在国家机构体系中的地位也各有特点。

　　在西方国家中,法国的检察机关起源较早,并在大陆法系国家中较有代表性。它起源于中世纪时期代表国王利益参与民事诉讼的"国王代理人"。13世纪中叶,代理人的职权进一步扩展到刑事领域,即代表国王接受对犯罪的告发,进行侦查、起诉,在法庭上支持控诉,并监督法院的审判。至17世纪路易十四(1645~1715)时期,定名为总检察官,下设检察官于各级法院。法国资产阶级革命胜利后,继承了封建君主专制时期建立起来的检察制度。1808年的《法国刑事诉法典》全面规定了检察机关的地位和职权,确立了法国检察机关的基本体制。从总体上讲,法国的检察系统隶属于政府的司法部,担当着行政权制约司法权的角色。在各级法院中,除治安法院外,均设检察官。最高法院设总检察长1人、检察官若干人;上诉法院设首席检察官1人、检察官若干人;初级法院设检察官1人。总检察长和所有检察官均由总统根据司法部长的推荐任命。总检察长直接对司法部长负责。法国检察系统实行"垂直领导"的原则,下级检察官必须执行上级检察官的命令,各级检察官必须执行总检察长的命令。检察官依照法律独立执行职务,不受任何干涉。检察官的主要职权是:①监督、指挥侦查;②提起、支持公诉;③对不当裁判提出上诉、申请复审;④监督判决、裁定的执行;⑤监督、参与某些民事诉讼、行政诉讼。此外,还具有某些司法行政职能,如对法官进行考核、监督;对监狱的管理活动进行监督;对无行为能力的人提供保护;以及批准出版报刊,批准私立学校的创立等等。法国的检察制度随着法国大革命的影响而传播,大陆法系国家如德国、比利时、意大利、日本等国的检察制度都是效仿法国模式建立的。但是,日本在第二次世界大战后,改"审检合署"为"审检分立",即检察机构不再附设于法院之内,而是设置独立的检察机关——检察厅。检察厅的设置与法院相对应,分为四级,即最高检察厅、高等检察厅、地方检察厅和区检察厅。检察系统仍隶属于法务省,但有相对的独立性,法务大臣只对检察厅进行一般的监督,具体案件的调查处理,由总检察长指挥进行,所有检察官都有独立负责的职权。检察官分为五级:总检察长、副总检察长、检察长、检察官和副检察官。前三者,由内阁任命,天皇批准;其他,按国家公务员规章任免。英美国家检察机关的组织,与以法国为代表的大陆法系国家相比,有同有异。英美国家的检察机关,从总体上讲,也属于行政系统。英国的总检察长由首相在下议院议员中提名推荐,由英王任命。他是女王和政府的首席法律顾问,并且是政府负责财政律师部的部长,保证国家的税收入库,领导出庭律师(barrister)协会。美国联邦总检察长、副总检察长,同时是联邦司法部部长、副部长。联邦总检察长为内阁成员,由总统征得参议院同意任命,其主要职责是为总统提供法律咨询,向政府各部门提供法律建议,负责监督和办理涉及美国政府的民事案件,监督、指导联邦检察机关的工作。英美国家检察机关本身的组织形式和领导关系不像大陆法系那样统一和集中。美国的检察机关分为联邦检察机关和各州的检察机关两套系统。联邦检察机关与各州检察机关没有隶属关系;各州检察机关的组织形式、职权范围和产生方式也不一样,有任命的,也有选举的,英国在20世纪80年代以前,一直没有建立起全国统一的检察机构,直至1985年,英国议会通过《检察法》,才开始形成全国统一的检察系统。

俄国十月社会主义革命胜利后,根据列宁关于"法制应当是统一的"思想,建立起社会主义类型的检察机关。苏联的检察机关与西方国家相比,有三个显著的特点:第一,检察机关在国家机构体系中既不属于行政系统,也不设在法院,而是直接隶属于国家最高权力机关——最高苏维埃及其主席团。就法律地位而言,与政府、法院平行。第二,检察系统实行高度集中统一的"垂直领导"体制。苏联总检察长由苏联最高苏维埃任命并对其负责和报告工作。各级检察长由总检察长直接任命或批准任命。检察机关独立行使职权,不受任何地方机关的干涉,下级服从上级,所有检察机关统一服从总检察长的领导和指挥。第三,除指挥侦查、提起公诉、司法监督等传统检察职能外,苏联检察机关还具有"一般监督"的职能,即对政府机关、经济组织、社会团体和公职人员是否严格执行和遵守法律,实行监督,对于违法的决议、命令和措施,有权提出抗议。苏联检察制度的这些特点,曾为东欧和亚洲大多数社会主义国家所效仿或借鉴。苏联解体后,俄罗斯联邦国家杜马于1995年10月18日通过了《俄罗斯联邦检察院法》。该法规定:俄罗斯联邦检察院是代表俄罗斯联邦对俄罗斯现行法律执行情况进行监督的联邦机关统一的集中体系。俄罗斯联邦检察院由联邦总检察院、联邦主体的检察院和相当于该级别的其他检察院、市、区检察院和相当于该级别的其他检察院组成。联邦总检察长由俄罗斯联邦会议联邦委员会根据总统的提名任免,以下各级检察长均由总检察长任免。总检察长向俄罗斯联邦会议两院和总统报告工作,下级检察长对上一级检察长和联邦总检察长负责。检察院的职权主要是:①对联邦各部、联邦主体的代表(立法)机关和执行机关、地方自治机关、军事管理机关、监察机关及其公职人员执法情况和所发布的命令是否合法的监督;②对人和公民权利和自由遵守情况的监督;③对实施侦查、初步调查和预审活动的机关执法情况的监督;④对执行刑罚和其他强制措施的机关以及羁押、拘留场所执法情况的监督;⑤以国家公诉人的身份,参加法院的案件审理和对非法的、没有根据的法院判决、裁定提出抗诉等。就组织形式、领导体制和职权范围而言,可以说俄罗斯联邦的检察机关基本上仍沿袭了前苏联的体制(以上见赵军:《俄罗斯联邦检察院法》一文,载《外国法制信息》1997年第1期)。

在中国,近现代意义上的检察机关,始建于清朝末年。光绪三十二年(公元1906年)、三十三年(公元1907年)和宣统元年(公元1909年)先后颁布了《大理院审判编制法》、《高等以下各级审判厅试办章程》和

《法院编制法》等法律,效仿大陆法系国家"审检合署"的体制,规定在各级审判衙门内分别设置专门的检察机构,其职权为"搜查处分",提起公诉,监督审判及裁判之执行等。中华民国时期,北洋政府和国民政府继续沿袭"审检合署"的体制。国民政府1932年10月颁布的《法院组织法》规定,最高法院内设检察署,署设检察长;其他各级法院设检察官若干人,以一人为首席检察官。检察官之职权为"实行侦查、提起公诉、实行公诉、协助自诉、担当自诉及指挥刑事裁判之执行"等。现在台湾省的检察体制,自1980年实行司法体制改革以后有如下变化:①实行"审检分隶"。过去法院和设置在法院之内的检察机构,除最高法院隶属于司法院外,地方各级法院及整个检察系统均隶属于行政院之司法行政部(现改称法务部)。改革后,检察机构虽仍设置于法院之内,但各级法院改隶于司法院,而检察系统则仍隶属于行政院之法务部,即分别隶属于司法、行政两院,形成"审检合署"与"审检分隶"并行的检察体制。②地方各级法院改设检察处。过去除最高法院设检察署外,其他各级法院只设检察官若干人。改革后,地方各级法院改设检察处。③检察官除原有的检察职权外,还享有对律师公会的指挥、监督权。律师公会违反法令或律师公会章程的,检察官有权提出警告或撤换其决议;律师违反《律师法》或违背律师公会章程应付惩戒者,检察官有权送请律师惩戒委员会处理。另外,根据现行《民法》的规定,检察官具有对法人的监督权,因法人的目的或其行为有违反法律、公共秩序或善良风俗者,检察官可以请求法院予以解散(以上台湾司法改革材料分别引自王桂五主编:《中华人民共和国检察制度研究》,法律出版社出版;朱勇、李青编著:《台湾司法制度》,时事出版社出版)。

中华人民共和国的检察机关是伴随着中华人民共和国的成立而诞生的,是运用列宁关于检察机关的职权是维护国家法制的统一的思想,结合中国的实际情况而建立起来的社会主义类型的法律监督机关(见人民检察院)。

(王存厚)

jiancha jiandu zaishen
检察监督再审(procuratorial-initiated retrial of a case after a final judgment was rendered) 人民检察院发现人民法院已经发生法律效力的判决、裁定,符合法定再审情形的,依照审判监督程序向人民法院提起抗诉,引起人民法院对案件的再行审理。它是基于检察监督权而设立的再审制度,与审判监督再审、当事人的申请再审一起组成我国的再审制度。

抗诉的事实和理由 人民检察院对已经生效的判决、裁定提起抗诉,必须具有法定的事实和理由。根据我国民事诉讼法的规定,在下列情况下,人民检察院可以提起抗诉,即原判决、裁定认定事实的主要证据不足的;原判决、裁定适用法律确有错误的;人民法院违反法定程序,可能影响案件正确判决、裁定的;审判人员在审理该案件时有贪污受贿、徇私舞弊、枉法裁判行为的。

抗诉的程序 根据我国民事诉讼法的规定,最高人民检察院对各级人民法院已经发生法律效力的判决、裁定,上级人民检察院对下级人民法院已经发生法律效力的判决、裁定,可以提出抗诉。地方各级人民检察院对同级人民法院已经发生法律效力的判决、裁定,不得直接提出抗诉,只能提请上级检察院提出抗诉。因此,人民检察院对人民法院已经发生法律效力的判决、裁定的监督,原则上是自上而下的监督。

对抗诉案件的再审 人民法院对人民检察院提出抗诉的案件,应当进行再审。人民检察院按照再审程序提出抗诉,应向与其同级的人民法院提出,并由同级人民法院进行再审。人民法院对抗诉案件进行再审时,提出抗诉的人民检察院应当派员出席法庭。人民法院对抗诉案件进行再审时,也应另行组成合议庭进行审理。

(万云芳)

jianchaquan
检察权(procuratorial power) 检察机关依法对犯罪行为进行追诉、对执法行为是否合法进行监督的权力。国家权力的组成部分。在我国,此项权力由人民检察院统一行使。根据我国宪法和有关法律的规定,人民检察院的检察权主要包括以下职权:①对特定案件的侦查权。刑事案件,一般由公安机关负责侦查。但法律特别规定,贪污贿赂犯罪,渎职犯罪,以及国家机关工作人员利用职权实施的侵犯公民人身权利、民主权利的犯罪,如非法拘禁、刑讯逼供、报复陷害、非法搜查等,则由人民检察院负责侦查。②侦查监督权。即对公安机关及其他依法享有侦查权的机关的侦查活动是否合法实行监督的权力,包括人民检察院认为公安机关应当立案侦查而不立案侦查的,有权通知公安机关立案侦查。③批准或决定逮捕权。批准逮捕是指公安机关或其他依法享有侦查权的机关在侦查过程中认为需要逮捕犯罪嫌疑人时,必须提请人民检察院审查批准;决定逮捕是指人民检察院在侦查或审查起诉过程中,认为需要逮捕犯罪嫌疑人时自行决定逮捕。④提起公诉和支持公诉权。无论是人民检察院自行侦查的案件或者公安机关及其他依法享有侦查权的机关侦查终结的案件,凡是需要提起公诉的,一律由人民检察院向人民法院提起公诉,其他任何组织和个人都无公诉权;人民法院审理公诉案件,除依法可以适用简易程序的以外,人民检察院都应当派员以国家公诉人的身份出席法庭支持公诉;适用简易程序的案件,人民检察院认为必要时，也可以派员出席法庭。⑤刑事审判监督权。包括对人民法院审理案件违反法律规定的诉讼程序的，有权提出纠正意见；对未生效的判决、裁定，认为有错误，有权依照第二审程序提出抗诉；对已生效的判决、裁定，发现有错误的，有权依照审判监督程序提出抗诉等。⑥刑事执行监督权。即对刑事判决、裁定的执行实行监督的权力，包括对监狱和其他执行机关执行刑罚的活动是否合法，实行监督；对人民法院的减刑、假释裁定，认为不当的，有权提出纠正意见等。⑦民事、行政审判监督权。人民检察院的民事、行政审判监督权与刑事审判监督权有所不同。根据《中华人民共和国民事诉讼法》和《中华人民共和国行政诉讼法》的规定，人民检察院的民事、行政审判监督是指对人民法院已经发生法律效力的判决、裁定，发现确为错误时，有权按照审判监督程序提出抗诉。以上各项又可以概括为两项基本职权：一是刑事追诉权，包括侦查权，批准、决定逮捕权，提起公诉、支持公诉权，其核心是公诉权；一是司法监督权，即对侦查机关、审判机关和执行机关的执法行为是否合法，实行监督，其中包括对民事、行政审判活动的法律监督。这两项基本职权是密切联系、相辅相成的，其根本任务是保证国家的法律能够得到严格的遵守和统一正确的执行，以维护法制的权威。

(王存厚)

jiancha renyuan
检察人员（procuratorial personnel） 我国人民检察院中依法行使检察权或直接参与一定检察活动的人员，包括检察官、书记员、司法警察等。法律上所称检察人员不等同于在检察机关中工作的人员，不包括行政事务人员、科研技术人员等。

检察官 检察人员的主体部分。为了加强检察官队伍建设，保障人民检察院实施法律监督，正确行使检察权，第八届全国人民代表大会常务委员会第十二次会议，于1995年2月28日审议通过了《中华人民共和国检察官法》。这是建国以来颁布的第一部关于检察官制度的专门法律，对检察官的职责、条件、权利、义务、任免、等级、考核、培训、奖惩、福利等作了全面、系统的规定。根据该法规定，检察官包括各级人民检察院的检察长、副检察长、检察委员会委员、检察员和助理检察员，分为十二级；最高人民检察院检察长为首席大检察官，二至十二级依次分为大检察官、高级检察官、检察官。检察官等级的确定，以检察官所任职务、德才表现、业务水平、检察工作实绩和工作年限为依据。检察官的条件是：①具有中华人民共和国国籍；②年满23岁；③拥护中华人民共和国宪法；④有良好的政治、业务素质和良好的品行；⑤身体健康；⑥高等院校法律专业毕业或者高等院校非法律专业毕业具有法律专业知识，工作满二年的；或者获得法律专业学士学位，工作满一年的；获得法律专业硕士学位、法律专业博士学位的，可以不受上述工作年限的限制。曾因犯罪受过刑事处罚的，曾被开除公职的，不得担任检察官。对检察官的考核，由所在人民检察院组织实施，考核内容包括：检察工作实绩，思想品德，检察业务和法学理论水平，工作态度和工作作风。考核结果分为：优秀、称职、不称职三个等次，对优秀的应当给予奖励；对在年度考核中，连续两年确定为不称职的，予以辞退。检察官有下列行为之一的，应当给予处分，构成犯罪的，依法追究刑事责任：①散布有损国家声誉的言论，参加非法组织，参加旨在反对国家的集会、游行、示威等活动，参加罢工；②贪污受贿；③徇私枉法；④刑讯逼供；⑤隐瞒证据或者伪造证据；⑥泄露国家秘密或者检察工作秘密；⑦滥用职权，侵犯公民、法人或其他组织的合法权益；⑧玩忽职守，造成错案或者给当事人造成严重损失；⑨故意拖延办案，贻误工作；⑩利用职权为自己或者他人谋取私利；⑪从事营利性的经营活动；⑫私自会见当事人及其代理人，接受当事人及其代理人的请客送礼；⑬其他违法乱纪的行为。对检察官的处分分为：警告、记过、记大过、降级、撤职、开除；受撤职处分的，同时降低工资和等级。为了保障检察官履行职责，该法规定：①应当为检察官履行职责提供必要的工作条件；②非因法定事由、非经法定程序，不受撤职、降职、辞退或者其他处分；③检察官的人身、财产和住所安全受法律保护；④检察官有参加培训、提出控告、申诉、辞职的权利；⑤检察官的工资实行定期增资制度；经考核确定为优秀、称职的，可以按照规定晋升工资；有特殊贡献的，可以按照规定提前晋升工资；⑥检察官享受国家规定的检察津贴、地区津贴、其他津贴以及保险和福利待遇；⑦检察官退休后，享受国家规定的养老金和其他待遇。

书记员 辅助检察官执行职务，依法参与一定的检察活动的检察人员。《中华人民共和国人民检察院组织法》规定，书记员的职责是"办理案件的记录工作和有关事项"，书记员由各级人民检察院检察长任免（第27条）。书记员的管理办法，由最高人民检察院制定（《检察官法》第51条）。

司法警察 为了贯彻执行《人民检察院组织法》关于各级人民检察院可以设司法警察的规定，1984年7月17日，最高人民检察院发布了《中华人民共和国人民检察院司法警察工作试行条例》，指出"人民检察院的司法警察，属武警性质的国家司法行政力量，是人民检察院行使检察权，参与检察活动的法定成员。"司法警察的条件是：坚持四项基本原则，拥护党的方针、政策；热爱法警工作，受过法律专业训练，懂得法律基础知识，熟悉刑事诉讼程序；会使用武器和械具；作风正派,身体健康,五官端正;具有高中以上文化程度,年龄18岁至35岁,男性身高1.7米以上,女性身高1.6米以上。司法警察的主要任务是:提解、押送、遣送、提讯人犯,传唤当事人,依法执行搜查和其他法制措施,送达法律文书和保卫机关安全以及领导交办的其他工作。

(王存厚)

jiancha weiyuanhui
检察委员会(procuratorial committee) 我国各级人民检察院设立的对检察工作实行集体领导的组织。《中华人民共和国人民检察院组织法》第5条第2款规定:"各级人民检察院设立检察委员会。检察委员会实行民主集中制,在检察长的主持下,讨论决定重大案件和其他重大问题。如果检察长在重大问题上不同意多数人的决定,可以报请本级人民代表大会常务委员会决定。"为了贯彻执行《人民检察院组织法》的上述规定,最高人民检察院于1980年2月21日制定了《人民检察院检察委员会组织条例》,对检察委员会的组成、任务等有关事项作出具体规定,并报全国人民代表大会常务委员会备案。根据该条例的规定,各级人民检察院检察委员会委员名额分别为:最高人民检察院13~19人;省级人民检察院9~15人;省级人民检察院分院7~11人;县级人民检察院5~9人。检察委员会主要讨论决定下列事项:①讨论如何贯彻执行党和国家的方针、政策和人民代表大会及其常务委员会的决定、命令;②讨论决定重大和疑难案件的处理;③制定检察业务工作的规章、制度;④检查、总结工作和其他重要事项。检察委员会决定的事项,以人民检察院或检察长的名义发布执行。检察委员会议决事项实行合议制,如果检察长不同意多数委员的意见,可以报请本级人民代表大会常务委员会决定,并同时报告上一级人民检察院。必要时,可以邀请有关部门负责人列席检察委员会会议。多年来的检察工作实践表明,检察委员会制度对于加强检察机关的集体领导,保证决策的正确性,以及接受国家权力机关的监督等方面,发挥了积极的作用,应当予以坚持并不断加以完善。

(王存厚)

jianchayuan
检察员(procurator) 我国人民检察院组织系统中除检察长、副检察长、检察委员会委员以外,具备检察官条件,能够依法独立行使检察权的检察人员。《中华人民共和国检察官法》规定,检察官包括人民检察院的检察长、副检察长、检察委员会委员、检察员和助理检察员。检察员必须具备检察官的条件:①具有中华人民共和国国籍;②年满23岁;③拥护中华人民共和国宪法;④有良好的政治、业务素质和良好的品行;⑤身体健康;⑥高等院校法律专业毕业或者高等院校非法律专业毕业具有法律专业知识,工作满二年的;或者获得法律专业学士学位,工作满一年的;获得法律专业硕士学位、法律专业博士学位的,可以不受上述工作年限的限制。具备上述条件,初任检察员的,还必须通过最高人民检察院检察官考评委员会组织的全国统一考试。各级人民检察院的检察员由本院检察长提请本级人民代表大会常务委员会任免。

具备检察官的条件,但不能独立执行检察官职务的,为助理检察员。担任助理检察员,须通过最高人民检察院检察官考评委员会组织的全国统一考试,由本院检察长任命。经检察长批准,助理检察员可以代行检察员职务(《人民检察院组织法》第27条)。 (王存厚)

jiancha zhidu
检察制度(procuratorial system) 规定检察机关的组织体制、职权范围和办案程序的法律制度以及为贯彻执行法律制度而制定的业务工作制度的总和。属于广义的司法制度的组成部分。按所调整的对象的不同,检察制度可分为组织制度和程序制度两大部分。组织制度主要包括:①检察机关在整个国家机构体系中的地位及其性质、任务、职权范围和组织活动的基本原则等;②检察机关的组织体系、领导体制及其内部机构设置和业务分工等;③检察人员的构成、职责、条件、任免、权利和义务以及考核、培训、奖罚、待遇等。程序制度主要指检察机关办理案件和进行法律监督应当遵守的诉讼程序和行为准则以及与有关司法机关和诉讼参与人之间的权利义务关系。我国检察制度的主要法律渊源,首先是《中华人民共和国宪法》;其次是《中华人民共和国人民检察院组织法》、《中华人民共和国检察官法》以及刑事诉讼法、民事诉讼法、行政诉讼法等法律;再次是最高人民检察院有关的司法解释和其他规范性文件。

(王存厚)

jianju
检举(accusation) 亦即举报。除被害人以外的单位和个人发现有犯罪事实或者犯罪嫌疑人,向司法机关揭发或者报告的诉讼行为。检举犯罪是任何单位和个人的权利,也是他们的义务。检举是司法机关立案的最主要、最普遍的材料来源之一。在刑事诉讼中,了解案情的检举人一般以证人的身份参与诉讼。司法机关对于检举应当接受。对于不属于自己管辖的,应当移送主管机关处理,并且通知检举人。检举可以用书面或者口头提出。接受口头检举的工作人员,应当写成笔录,经宣读无误后,由检举人签名或者盖章。接受检举的工作人员应当向检举人说明诬告应负的法律责任。只要不是捏造事实、伪造证据，即使检举的事实有出入，甚至是错告，都要和诬告严格加以区别。司法机关应当保障检举人及其近亲属的安全。检举人不愿公开自己姓名和检举行为的，应当为他保守秘密。司法机关对于检举，应当按照管辖范围进行审查，以决定立案与否。

(项振华)

jianyan baogao
检验报告 (expertise report) 如实记录对人体或检材技术检验结果、并不需再据以作出判断性结论的法律文书。如尸体检验报告、活体检验报告、物证分析(或检验)报告、毒物检验报告等。检验报告的内容包括送检单位、送检时间、送检材料和数量、送检要求、采取的检验方法、检验获得的结果；附以数据、图谱或图像照片；最后可以提供分析性意见。检验报告是对检验所见的客观记录，它不需要提供嫌疑样本进行对照，因而也不对嫌疑客体进行认定或否定，而由侦查和审判人员根据检验结果去自己作出判断。

(蓝绍江)

jianyi chengxu
简易程序 (summary procedure) 审理轻微刑事案件所适用的简便易行的诉讼程序。在我国，简易程序是一审程序中与普通程序并存的一种独立的诉讼程序，是普通程序的简化，是为适应简单民事案件的客观情况、贯彻诉讼经济原则而建立的程序，是我国人民司法的优良传统和成功经验的总结。简易程序方便当事人进行诉讼，也便利于人民法院办案，有利于提高办案效率。

简易程序的适用范围 包括适用简易程序的法院和适用简易程序的案件两方面。首先，在我国，只有基层人民法院及其派出法庭才能适用简易程序，中级人民法院、高级人民法院以及最高人民法院均不得适用简易程序。其次，根据程序与案件的适应性，只有简单的民事案件即事实清楚、情节简单、争议不大的民事案件才能适用简易程序，而一般、重大或复杂的民事案件则不得适用简易程序。因此，它是基层人民法院及其派出法庭审理简单的民事案件所适用的程序。

简易程序的特点 ①起诉方式的随意性。原告起诉时，可以根据自己的意志选择起诉方式，既可以采用口头方式，也可以采用书面方式。②起诉、受理和应诉、答辩的同步性。在简易程序中，双方当事人可以同时到基层法院或其派出法庭，请求解决纠纷，基层法院或其派出法庭可以即时审查、即时受理，被告也可以即时答辩，而这在普通程序中是不允许的。③审理时间的灵活性。在简易程序中，基层法院及其派出法庭受理案件后，根据实际情况，可以当即审理，也可以另定日期审理。④传唤方式的简便性和灵活性。在简易程序中，人民法院可以用简便的方式随时传唤当事人和通知其他诉讼参与人。⑤审判组织的单一性。根据审判组织与案件的适应性，适用简易程序审理简单的民事案件，不能有陪审员参加，也无需采用合议制，只由审判员一人独任审判。⑥庭审程序的简化性。适用简易程序审理民事案件，不受开庭审理各阶段先后顺序的限制，也不受各阶段内部先后顺序的限制，人民法院可以将开庭审理的不同阶段结合在一起进行。⑦审理期限的简短性。适用简易程序审理民事案件，审理期限为3个月，即应在立案之日起3个月内审结。

简易程序与其他程序的关系 简易程序是普通程序的简化，是审理民事诉讼案件的一种独立的程序，它不依附或从属于某一程序。但是，对于简易程序中未规定的，应适用普通程序的有关规定。同时，在法院适用简易程序审理民事案件的过程中，发现案件属于一般、重大或复杂的民事案件时，应改用普通程序审理。案件适用简易程序之后，也有可能引起二审程序或再审程序的发生。

在现代，由于诉讼案件的增多，诸多国家着眼于诉讼程序的简化，都有简易程序的规定，但其内容不尽相同。如德国专门有《简易诉讼程序法》，日本民事诉讼法中专有"关于简易法院诉讼程序的特则"一章。

英国的简易程序主要是治安法院审判简易罪所适用的程序，但也可用于处理可诉罪的案件。依照简易程序，庭审开始以后，应将控告的内容告知被告人，让他答辩。如果被告人表示认罪，则法庭可以不经听证，只由起诉方扼要陈述控告的犯罪事实，然后法官讯问被告人有无异议，就可对被告人定罪。如果被告人作无罪答辩，法庭则应听证审理。

美国的简易审判由独任法官负责。法官主持庭审应听取诉讼双方的提证和辩论，然后进行判决。但在实践中，绝大多数案件，在被告人出庭，法庭告诉他被指控的罪行和有权答辩以后，如果他作有罪答辩，法庭即可不经听证和辩论，而直接作出判决。

法国的简易程序是违警罪法院审理违警罪案件所适用的程序。根据法国刑事诉讼法的规定，检察院对案件选用简易诉讼程序时，应当将起诉卷宗和公诉书交违警罪法庭审判官，审判官不须事先进行审理，应即作出刑事裁定，或是释放被告人或是判处罚金。刑事裁定中不必说明理由。

在日本，简易程序是简易法院审理案件所适用的程序。简易法院对于属其管辖的案件，按照简易程序处理，应当有检察官提出的作出简易命令的请求。简易法院认为该案件适宜按简易程序处理时，在开庭审理前，就可用简易命令处50元以下罚金或罚款。

我国1996年修正后的现行《刑事诉讼法》中也增设了简易程序(见第一审程序)。　　(万云芳　汪建成)

jianzhengren
见证人(eyewitness)　❶受司法机关邀请，依法到场对特定侦查行为进行观察、监督的人。见证人在被司法机关邀请参加刑事诉讼活动之前一般并不了解案件情况，他参与侦查行为的目的在于对侦查行为进行监督，并就该侦查行为的真实性和合法性提供确定的证明，以确保侦查行为产生使人无可怀疑的法律效果。根据中国刑事诉讼法的规定，侦查人员勘验、检查与犯罪有关的场所、物品、人身和尸体，搜查犯罪嫌疑人以及可能隐藏罪犯或犯罪证据的人的身体、物品、住处和其他有关的地方，或者扣押可用以证明犯罪嫌疑人有罪或者无罪的各种物品和文件时，必须邀请见证人到场，并由其在侦查人员当场所作的笔录上签名或者盖章。在法庭审判过程中，如果当事人、辩护人、诉讼代理人对上述侦查行为的合法性或真实性提出合理的怀疑，法庭可以通知见证人作为证人出庭作证。

❷本身与事件无任何关系，同特殊原因与事件具有了一定的关联，证明某种法律行为的合法性、有效性的人。见证人可分为实体法意义上的见证人和程序法意义上的见证人两种。实体法意义上的见证人是指根据法律的规定或当事人的约定，证明某种法律行为为合法有效的无利害关系人。见证人的见证行为作为该法律行为成立的形式要件。例如《中华人民共和国继承法》规定："代书遗嘱应当有两个以上见证人在场见证"。"以录音形式成立的遗嘱，应当有两个以上见证人在场见证。"实体法上的见证人在转入诉讼程序时，就变成了证人(见证人)，就其所知案情提供证人证言。诉讼法意义上的见证人是指在诉讼程序中，司法机关在进行勘验、检查、搜查、扣押、送达法律文书、强制执行生效法律文书等诉讼活动时临时邀请到场作证的人，其实质是一种特殊的证人。

与普通证人相比，见证人有以下四个特征：①见证人必须与事件本身无任何利害关系。例如《中华人民共和国继承法》规定：继承人、受遗赠人，与继承人、受遗赠人有利害关系的人不能作为遗嘱见证人。证人只要其为了解事件情况的人，无论与案件有无利害关系，均有义务就其所知事实提供证人证言。②见证人有能力上的限制。见证人只能是完全行为能力人，无行为能力人或限制行为能力人不得做见证人。对证人的限制仅限定不能辨别是非，不能正确表达意志的人不能作为证人，无行为能力人或限制行为能力人也可以成为证人。③见证人具有指定性和可替代性。见证人并无法定义务，因此在见证人不愿意或其他原因不能见证时，可指定他人替代，但实体法意义上的见证人在转入诉讼程序后，变成了证人便具有不可替代性。证人因其是特定的了解案件真实情况的人，因此具有人身不可替代性和不可指定性，并且作证是一项法定义务，凡是了解案情的人均有义务向司法机关做如实陈述，并要承担做假证和伪证的法律后果。④见证人对事件的合法性、有效性进行作证，起到的是一种社会监督职能的作用，用以监督实体事件的合法性、有效性和程序法上的合法、有效性及公正性。证人则是提供案件真实情况，起到向司法机关提供证人证言以尽快查明案件事实、保障诉讼顺利进行的作用。

　　(陈瑞华　丛青茹)

jianding
鉴定(expert evaluation)　公安司法机关为了查明案情，指派或聘请有专门知识的人对案件中某些专门性问题进行检验、分析、判断的诉讼活动。在刑事诉讼中，通常进行的鉴定有法医鉴定(确定死者死亡的原因、时间，死者或伤者的伤害情况等)、司法精神病鉴定(确定当事人、证人是否患有精神病、属何种精神病)、刑事科学技术鉴定(主要是对指掌纹、脚印、痕迹、字迹、枪弹等进行同一认定)、一般技术鉴定(对案件中涉及到的工业、农业、交通运输业、建筑业等方面的专门技术问题进行鉴定)和会计鉴定(确定账目、簿册、报表是否真实地反映了有关的经济活动，是否符合会计制度)。鉴定人进行鉴定后，应当写出鉴定结论并且签名。我国《刑事诉讼法》规定：对人身伤害的医学鉴定有争议需要重新鉴定或者对精神病的医学鉴定，由省级人民政府指定的医院进行。鉴定人进行鉴定后，应当写出鉴定结论，并且由鉴定人签名，医院加盖公章。侦查机关应当将用作证据的鉴定结论告知犯罪嫌疑人、被害人。如果他们提出申请，可以补充鉴定或者重新鉴定。在法庭审理过程中，当事人和辩护人、诉讼代理人有权申请重新鉴定。鉴定人故意作虚假鉴定的，应当承担法律责任。

　　(熊秋红)

jianding jielun
鉴定结论(conclusion of expert evaluation)　又称"鉴定意见"。公安司法机关为了解决案件中的某些专门性问题，指派或聘请具有这方面专门知识和技能的人，进行鉴定后所做的结论。《刑事诉讼法》规定，鉴定结论是证据的一种。鉴定结论具有如下特点：①它具有特定的书面形式；②它是一种意见证据；③它仅限于解决案件所涉及的科学技术问题，而非就法律问题提供意见。鉴定结论在诉讼中的作用表现在以下几个方面：①只有经过鉴定，某些物品或痕迹才能发挥物证的作用。如犯罪现场提取的指纹和血迹,只有经过鉴定比较,才能证明案情。②鉴定结论是确定死亡原因、伤害的轻重程度、事故原因、当事人的生理和精神状态等专门性问题的主要依据。对于这些问题,司法人员仅凭常识、经验和直接观察是难以得出结论的。③鉴定结论具有科学性和定量分析的特点,它是审查和鉴别其他证据的重要手段。鉴定结论虽然是依据法律规定所进行的科学活动的结果,但由于鉴定对象的复杂性、鉴定人知识条件的局限性等因素影响,因此,鉴定结论仍有可能发生错误。对鉴定结论只有经过认真审查、核实,才能作为定案的根据。

民事诉讼中常见的鉴定有:法医学鉴定、司法精神病鉴定、会计鉴定、有关技术鉴定等等。鉴定人的诉讼权利是:了解鉴定所需要的案件材料;在必要时询问当事人、证人;请求给付鉴定费,其中包括实际花销和劳务报酬。鉴定人的诉讼义务是:依照法院要求,按时地、真实地出具书面鉴定结论并签字盖章;应法院的传唤出庭回答有关询问和质证;妥善保管提交鉴定的物品和资料。

鉴定结论作为一种独立的证据形式,同证人证言有本质的区别。首先鉴定人与证人不同,证人是案件事实的耳闻目睹者,具有不可替代的人身性,其参加诉讼的条件是了解案件的有关情况。鉴定人是在诉讼开始后才接触案件事实的,他参加诉讼的案件是具有某种专业知识并且受到法院的委托或聘请,具有这种专业知识的其他人也可以作为鉴定人,因此他并非不可替代。其次,鉴定结论也不同于证人证言。证人证言是证人对自己所见所闻的案件事实的客观回忆和描述,不允许证人加进任何自己的分析、推测等主观活动。而鉴定结论则是鉴定人利用自己的专业知识,对某些专业性问题进行检验、分析后而得出结论性的意见,恰恰离不开主观意识活动。　　(于爱红　熊秋红)

jiandingquan
鉴定权(expertise authority)　法律赋予专门机关对案件中有关事项进行检验和鉴定的权力。为了保证鉴定活动的公正、客观和法律严肃性,对同案件有关的各种物证、书证、人身的检验和鉴定,只能由法律授权的司法机关,或根据司法机关的委托而实施,其他任何机关、团体、个人都不得擅自从事司法鉴定活动。在我国司法实践中,县级以上公安机关、检察机关和法院设有刑事技术研究所、技术室(科)或司法鉴定研究所或司法鉴定室,是享有鉴定权的法定机关。它们出具的鉴定书,加盖技术鉴定专用章,方具有诉讼中的法律效力。当某些特殊的专业技术问题,需要委托、聘请其他部门的专业人员予以鉴定时,应由公安机关、检察机关、法院出具委托书,该部门的专业人员仅就委托的事项享有鉴定权。　　(蓝绍江)

jiandingren
鉴定人(expert)　受侦查机关或司法机关的委托、聘请或指派,运用专门的知识和技术,对案件中的有关物品、文件、痕迹、人身或尸体进行检验,并提出判断意见的诉讼参与人。根据我国现行《刑事诉讼法》的有关规定,鉴定人经公安机关、检察机关或人民法院指派或聘请而产生,当事人无权直接聘请鉴定人,但有权向司法机关申请补充鉴定或者重新鉴定。鉴定人的产生必须具备三个条件:①在案件中涉及到某些专门性的事项,必须运用专门的技术手段予以检验和鉴定;②鉴定人必须具备相应的专业技术知识、设备;③有侦查或司法机关的委聘或指派,并履行正式委托和办理法律手续。在我国司法实践中,鉴定人主要包括两类:①专门司法鉴定机关中的专业技术人员,如公安机关、检察机关和法院中的指纹专家、痕迹检验专家、文件检验专家、刑事物证化验专家、法医等。②由司法机关聘请、委托的其他部门的专家,如医院的医生、科研院所的专业技术人员等。

鉴定人享有下列权利:①了解有关案情、查阅有关案卷,必要时可以参加勘验和侦查实验;②有权要求补充送检材料和样本,了解检材和样本提取和保管运送过程;③根据检材和样本条件,修改和补充鉴定项目与要求;④在不具备鉴定条件时有权拒绝接受委托;⑤独立从事鉴定活动,不受非法干涉。鉴定人应履行下列义务:①对接受委托的案件,应及时检验,提出鉴定意见;②应当公正客观地进行检验和鉴定,不得作虚假鉴定;③应妥善保管送检材料,鉴定后及时发还委托单位,倘必须消耗检材时,应事先通知送检单位并作说明;④根据审判工作需要和法院要求,出庭就鉴定中的有关专门问题予以说明和解释。鉴定人应坚持实事求是原则,必须依法办事,遵守鉴定纪律,严格遵守操作规程,保守案件秘密。鉴定人就案件专门问题向司法机关提供的分析判断意见是一种独立的法定证据,即鉴定结论。凡本人是本案的当事人或者是当事人的近亲属的,本人或者其近亲属与案件有利害关系的,担任过本案的侦查人员、证人、辩护人、诉讼代理人的,或者与本案当事人有其他关系,可能影响公正鉴定的,不能充当鉴定人。遇有上述情形之一的,鉴定人应当申请回避,当事人及其法定代理人也有权要求其回避;鉴定人的回避由侦查或司法机关的负责人决定。　　(蓝绍江　陈瑞华)

jiandingshu
鉴定书(expertise report)　记录刑事技术鉴定的

检验过程与结论的法律文书,是鉴定结论的表达载体。如:指纹鉴定、笔迹鉴定、相貌鉴定、声纹鉴定等。鉴定书的内容包括绪论、检验、论证、结论四个部分:①绪论,是预备检验内容的记载,主要包括收检日期、送检单位和送检人、简要案情、检材和样本的名称、种类和数量,提取、包装、保管和运送情况,送检的目的和要求。②检验,是分别检验和比较检验的方法、过程及所见的记载;应按照先检材后样本的次序,分别表述检验所见的形态、色质、大小、检验或实验的方法、步骤、手段,获得的数据、图像等;然后再表述在检材和样本比较中发现的异同。③论证,是对综合评断过程的记录,包括对检验所见的符合特征的评断和差异点的评断与分析,论述将要得出结论的科学依据。④结论,要简明地表述在检验和评断基础上所做出的鉴定结论。鉴定书的文字要简明精炼、论述清楚、结论明确、论证一致。所附照片、图表应真实清晰,特征标示明显。鉴定书最后由鉴定人和复核人签名,注明技术职称,加盖"刑事技术鉴定专用章"。鉴定书应连同检验剩余检材交原送检单位,刑事技术部门保留副本。在案件审理阶段,如有必要时,鉴定人应按法庭要求出庭,就检验和鉴定中的有关问题作出说明。

(蓝绍江)

jianding zhengren

鉴定证人(witness of making expert evaluation before filing a case) 大陆法系国家刑事诉讼法规定的一种证人。在司法机关受理案件之前,曾对案件中的专门性事项,运用其专门性知识和技能,进行检验和判断的人。例如,刑事案件发生后,曾对被害人受伤情况进行检查、诊断和治疗的医生。鉴定证人与鉴定人具有相同之处,他们均是对案件中涉及的某些专门性问题进行检查和判断的人。但是鉴定证人又不同于鉴定人,因为鉴定证人在诉讼之外形成,具有不可替代性;而鉴定人为司法机关指派或聘请,具有可替代性。大陆法系国家的鉴定证人也不同于英美法系国家的专家证人。英美法系国家的证据法未区分证人与鉴定人,将鉴定证人从鉴定人中划分出来,纳入证人的范围。

(熊秋红)

jiaocha xunwen

交叉询问(crossexamination) 英美法系国家刑事诉讼中法庭审理时询问证人的一种程序。由一方当事人对另一方当事人提请传唤的证人进行询问,以检验其证言的真实性,从其口中获得有利于本方的证据或达到其他目的。通常询问的范围限制在直接询问所涉及的事项。在交叉询问中允许进行诱导询问。无从依交叉询问程序调查的证据,如传闻证据,原则上不具有证据效力。

(熊秋红)

jiaohu susong

交互诉讼(interpleader) 两人或两人以上分别就同一债权或财产对债务人或财产持有人提出相互对立的权利主张,债务人或财产持有人在不知谁为正当权利人的情况下,为避免双重或多重给付而提起的诉讼。交互诉讼原为英国法上的一种诉讼形式,后为美国法借鉴。根据英格兰法,如果财产持有人对其财产没有利益要求,但其他人主张相应的利益要求时,在法院同意的情况下,其他人可以提出利益主张。这一程序是根据衡平法上的补救方法而设立,后来也为普通法所接受和采纳。这种程序本身没有任何条件限制。但它不能独立地作为一项权利主张。在内容上主要涉及债务、货币、货物或者在法律规定的范围内对行为方式的选择。早在19世纪,这一诉讼形式就为美国各州立法所采纳,但美国联邦法律直到1917年才开始运用。交互诉讼的显著特点在于它融合了共同诉讼、确认之诉及第三人等多种诉讼制度。债务人或财产持有人为避免双重或多重给付,可以在形式上充当原告人,对全体主张权利人提起诉讼,或者在被诉的情况下,申请法院传唤其余主张权利人出庭参加诉讼。同时,他还有权要求中止或终结在不同法院进行的就同一债务或财产向他提出的几个诉讼,要求合并审理。债务人或财产持有人在把金钱或财产转交法院处理后,经法院许可,可以脱离诉讼,完全解脱责任。而主张权利人则继续在诉讼中提出证据证明自己的主张。交互诉讼的适用范围有日益扩大的趋势,主要适用于保险补偿金的分割纠纷。

(彭 伶)

jiaoti renge

交替人格(alternating personality) 同一个人在不同时间内,表现出两种完全不同的个性特征和相应的内心体验,而且这两种个性特征交替出现。交替人格分为病理性和非病理性两种。病理性交替人格见于精神分裂症和癫痫性精神障碍者。这类患者由于病理性精神障碍,其主观上不能察觉自己的交替人格表现,而且坚信不疑。非病理性交替人格主要见于各类职业迷信传播者和各种骗子。在司法实践和司法精神医学鉴定中,对非病理性交替人格者须认真甄别。

(孙东东)

jiaotong gongju zhishang

交通工具致伤(traffic injury) 各种车辆在行驶过程中所致的人体损伤。多数是交通事故和自杀。但也有驾车杀人,或用其他手段杀人后伪装交通事故或自杀的。交通工具致伤常见的是:①撞击伤。车辆撞击人体时,常由车辆的突出部位(如保险杠、货厢前部),在人体被撞部位造成表皮剥脱、皮下出血、挫伤、挫裂创,甚至骨折和内脏破裂。②摔跌伤。行人被高速行驶车辆直接撞倒或撞击一段距离后摔倒都能形成摔跌伤。头部着地可发生头皮挫裂伤。严重时颅骨凹陷性骨折、粉碎性骨折及脑损伤。③辗压伤。汽车轮胎直接压过人体,体表常有紫红色的与轮胎花纹一致的皮下出血,衣裤上留有轮胎花纹的印痕。由于橡皮轮胎质软有弹性,若辗压在软组织丰富的部位,体表可无明显损伤,但体内损伤十分严重,常有骨折和内脏破裂。有的辗压处皮肤与深部组织大面积分离,形成剥皮创。此外,在辗压过程中,由于肢体极度牵拉扭转,在未直接作用的远端部位,如颈部、腋窝、腹股沟等处出现与皮纹线方向一致的浅表性裂创,称伸展创。火车辗压人体可造成肢体断离。

在交通事故中,司乘人员亦可能因急刹车或车辆颠翻而造成撞击伤、挤压伤或因颈部过度伸展或过度屈曲,使颈部软组织牵拉、扭转及压迫,造成颈部肌肉韧带、颈椎、椎间盘甚至脑和脑干损伤,即挥鞭样损伤。有时还有乘员被摔出车厢,造成严重的摔跌伤。

(李宝珍)

jiaolü

焦虑(anxiety) 患者由于对自身状况或周围环境作出过分的估计,或无任何原因导致其情感活动处于烦躁不安的不愉快状态。同时可伴有心悸、出汗、面红、四肢发冷以及胃肠功能紊乱等植物神经功能障碍等症状。患者为了摆脱这种不愉快的情感状态,可实施出走、酗酒、自伤,甚至扰乱社会秩序等行为。焦虑可见于神经官能症、更年期综合征、精神分裂症、脑器质性精神障碍等多种精神障碍。在司法精神医学鉴定中,对于因焦虑而涉及法律问题的行为人,应在对其焦虑症状定性的基础上,确定其有关的法律能力。

(孙东东)

jiaomo hunzhuo

角膜混浊(turbidity of the cornea) 人死后,角膜粘多糖水合作用受阻,或角膜内皮剥脱防水侵入,使角膜含水量增加,继而使实质层的胶原纤维膨胀,排列紊乱,加之角膜本身自溶,因而角膜透明度下降而发生混浊,严重时不能透视瞳孔。因为角膜混浊随着时间的推移而逐渐加重,所以根据角膜混浊程度,可以推测死亡时间。一般情况下,死后6~12小时开始角膜轻度混浊,18~24小时角膜中度混浊,仍可透视瞳孔,48小时以后角膜严重混浊并与晶体相连,不能透视瞳孔。三天后有眼睑覆盖的部分角膜肿胀,有乳白色斑块形成,其余部分则干燥,变棕黄色。角膜混浊的速度与环境温度有关,环境温度愈高,角膜混浊愈快。反之,尸体在冷藏条件下,角膜混浊的速度显著减慢。在气温极其寒冷的地区,死后24小时内,角膜仍透明清晰;24~72小时,角膜轻度混浊;3~6天,角膜混浊或高度混浊。

(李宝珍)

jiaoyin kanyan

脚印勘验(inspection of foot print) 形象痕迹勘验的一种。对现场脚印的勘察、检验。可以为判断案情和犯罪人形态、步行姿势及进入和逃离现场的路线、速度、负重方式等提供依据;可以为追缉犯罪人提供踪源;可以为认定犯罪人的人身或其所穿之鞋、袜提供依据。

现场脚印的发现 寻找和发现犯罪人脚印,首先要了解发案前后曾进入或到过现场的有关人员所穿鞋子的种类,观察或提取有关人员的脚印样本,以便在寻找、发现中随时加以澄清和排除,突出重点,寻找和发现犯罪人遗留的脚印。寻找、发现脚印的顺序,应根据案件的性质和现场的情况,抓住重点,由外围向中心或由中心向外围,从室外向室内或由室内向室外从下而上地观察,并注意做到边发现、边作标记加以保护,防止人为的或自然力的破坏。一般应特别注意从犯罪现场的出入口,犯罪活动的中心部位,犯罪人踩踏、攀登过的客体上,犯罪人作案前后来去的路线上及藏身的地点,被害人的脚印旁以及犯罪人掩埋尸体和隐藏赃物的场所去发现。根据脚印的种类、形成脚印的物质和承受脚印的客体不同,常用的发现方法有:①目察法。适用于立体脚印和有色平面脚印。具体办法是:白天,在自然光线下,利用逆光或侧光观察发现。室内的脚印因反差弱,在自然光线下往往看不清,可将门、窗遮挡,采用人造光观察发现;夜晚,可使用一定的照明设备配光观察。②物理染色法。适用于无色汗液赤脚印。③静电显现法。适用于显现不易见的粉尘脚印。其原理是通过带电荷的黑聚氯乙烯软片或黑色聚氯乙烯板吸附脚印上粉尘,增强反差而达到显现效果。④化学显现法。适用于显现无色汗液赤脚印。

现场脚印的固定提取 对于发现的脚印通常采取以下方法加以固定提取:①拍照。应严格按照刑事照相的方法进行。拍照单个脚印,应在脚印旁放比例尺。②提取留有脚印的原物。对于遗留在小件物品上的平面脚印,可将留有脚印的实物一并提取。如系贵重物品,需经批准并征得物主同意,办理提取手续后,方可提取。③复印。适用于粉尘平面脚印。其方法是用黑色聚氯乙烯软片或板显现脚印后,用硬纸夹或白色塑料薄膜覆盖固定。④制作石膏模型。适用于采取泥土地上、粉尘上、雪地上以及积水中的立体的脚印。

现场脚印的记录 对于现场上发现的脚印,在提取前,要进行测量并加以记录。①记录的内容:脚印遗留的位置和分布的情况及脚尖指向的方向;脚印与周围环境的关系;脚印的种类、数量;脚印形成的条件和可能影响特征的客观情况;脚印中的附着物;固定、采取和处理脚印的情况。②记录的方法:照相记录、绘图示意和文字描述三种。绘图示意和文字描述应注意准确、简明地标明脚印的长短、宽窄和脚印之间的距离,脚印和其他客体之间距离。照相记录需在脚印旁放置比例尺。遇有成趟脚印时,需用直线分段拍照法拍下其中连续四个以上比较清晰的脚印。

(张玉镶　张新威)

jieshou xuexiao jiaoyu nengli

接受学校教育能力（capacity to be school education） 公民在专门的教育机构中接受文化知识及技能训练的资格。按照《中华人民共和国义务教育法》的规定,中国现行普及性的学校教育体制为九年制义务教育。即凡年满6周岁的儿童,不分性别、民族、种族,应当入学校接受规定年限的义务教育。包括患有精神病或智能低下等疾病或缺陷的学龄儿童,接受九年义务教育的权利不能被剥夺。若因精神活动异常,无法适应学校教育者,则应先行系统的医疗,待其康复后,再度入学或复学。少数如盲、聋、哑和弱智学龄儿童,无法接受一般学校教育,则应接受专门的特殊教育。对那些精神症状严重、且无法治愈的患有精神病的学龄儿童,确实不能接受学校教育者,也应由其监护人对其进行必要的社会教育。九年义务教育之后的普通高中、职业高中、中等专业技术教育、中等技工教育以及各类高等教育已不再是普及教育,不是人人都能享受的。为了合理的利用有限的教育资源,确保受教育者的质量,就要求受教育者在德、智、体诸方面具备相应学校教育的条件。对已确诊为患有诸如精神分裂症、癫痫性精神障碍等精神症状严重、病程冗长、预后不良的精神病学生,由校方依照政府教育行政管理机关的有关规定,终止其学籍,是十分必要的。而对诸如患有神经官能症、反应性精神病、暂短性精神障碍、轻度情感性精神病,部分症状性精神障碍以及部分脑器质性精神障碍等症状轻微、或病程短暂、预后良好以及无复发倾向的精神障碍的在校学生,经系统治疗痊愈后,可由所在学校依照政府教育行政管理机关的有关规定,恢复其学籍。

(孙东东)

jieshu shenxun

结束审讯（ending of interrogation） 见侦查终结。

jieshu xianchang kancha

结束现场勘查（ending crime scene investigation） 现场勘查的最后一道工序。是对现场勘查的全部活动进行全面地检查、总结。直接影响着勘查的质量和整个侦查破案工作的开展。结束勘查必须具备的条件是:①现场主要情况已经查明和研究清楚;②侦查的范围、重点和应采取的侦查措施已经确定;③各项法律手续已经完备。结束勘查前,侦查人员应遵照这三个条件对现场勘查活动进行一次认真的检查、复核,发现不足之处,要及时补正。必要时,还可以对现场进行复验、复查。

(张玉镶)

jiejue touzi zhengyi guoji zhongxin

解决投资争议国际中心（International Center for Settlement of Investment Dispute） 简称ICSID。1966年10月4日根据《关于解决各国和其他国家的国民之间投资争端公约》设立的为解决国际投资争议具体提供调解与仲裁便利的常设国际仲裁机构。它隶属于世界银行,地址在美国华盛顿,主要由行政理事会、秘书处、调解人小组和仲裁人小组构成。行政理事会的委员由各缔约国委派代表1人组成,理事会主席由世界银行总裁担任,理事会的职能是通过中心的有关条例和规则等。秘书处设秘书长1人、副秘书长1人或数人,并配备若干工作人员。秘书长的主要职能是负责登记调解或仲裁的请求,并认证中心的仲裁裁决。调解人小组和仲裁人小组实际是中心保留的两份名册,每一缔约国可以向各小组指派4人,行政理事会主席得向各小组指派10人。当事人可以从名单中选择人员组成调解委员会或仲裁庭。中心实际上是一个具有秘书处性质的机构,它本身并不直接参加调解或仲裁,调解与仲裁的具体程序由依照公约规定组成的特别调解委员会或仲裁庭进行。但中心还具有与其他常设仲裁机构不同之处,即它具有完全的独立法律人格,它具有缔结契约、取得和处理动产和不动产及起诉、应诉的法律能力。中心在各缔约国领土内享有公约所规定的豁免权和特权,如中心及其财产享有豁免一切法律诉讼的权利。中心的资产、财务和收入以及公约许可的业务活动和交易,免除一切捐税。中心管辖缔约国和另一缔约国国民之间因投资而产生的任何法律争议且经双方同意提交中心的案件,当双方同意后,任何一方不得单方面撤回同意。因此,不同国家的个人或法人之间、国家政府之间、一个国家同本国国民间或不受外国控制的本国法人间发生的投资争议不属于中心的管辖范围。中心在公约规定的范围内受理有关的争议，不仅能为解决国际投资争议提供便利，而且还有助于在世界范围内尤其在发展中国家内改善投资环境，通过增进投资者与东道国之间相互信任的气氛，推动私人资本的国际流动。目前已有八十多个国家加入了公约，因此中心的成员国也随之增多，人们对中心的国际地位和潜在作用也日益领悟并加以利用。

(阎丽萍)

jiejue touzi zhengyi guoji zhongxin tiaojie he zhongcai chengxu guize

《解决投资争议国际中心调解和仲裁程序规则》(International Centre for the Settlement of Investment Disputes Rules of Procedure for the Institution of Conciliation and Arbitration Proceedings) 为解决国家和他国国民间的投资争议，世界复兴开发银行倡导、制定并通过《关于解决各国和其他国家国民之间的投资争端公约》，1965年3月18日提交各国政府，1966年10月14日正式生效。据此成立解决投资争端国际中心，是专设于世界银行主要办事处的国际调解和仲裁机构。中国政府代表1990年2月9日在华盛顿签署该公约，全国人大常委会于1992年7月1日决定批准。该国际中心所制定的规则分共用规则和仲裁规则两部分。

共用规则 共9条，规定应以法定语文向本中心秘书长请求调解或仲裁，附当事人名称、住所和国籍，明示合同当事人已同意接受管辖以及提供涉案资料，认可的调解员或仲裁员人数及其委任方式，经秘书长收到付款后登记通知对方，并提供本中心调解员名单或仲裁员名单。又规定本中心各法定语文具有同等效力。

仲裁规则 共八章56条。

第1章仲裁庭组成12条。规定申请人要求仲裁后10日内提出单数仲裁员及其委任方法。同一国籍仲裁员不得占多数。原调解员不得成为仲裁员。被申请人在20日内接受或提出反对建议。申请人在20日内表态。60日内未达成，则据本公约由申请人提出与其不同国籍的两名仲裁员，指定一名为仲裁员，推荐另一名为首席仲裁员。被申请人提出与其不同国籍的一名仲裁员，同意对方的首席仲裁员或另提。申请人对此表态。90日内未组成，由本中心行政委员会主席30日内咨询当事人后委任。当事人不同意则另行委任。接受委任的仲裁员应签署声明无不当事由，说明与当事人关系，保证公正、公平、保密审理。仲裁员无能或辞职，应按原方式补缺，并可重新审理。

第2章仲裁庭运作6条。规定仲裁员接受委任，视为仲裁庭组成。在60日内开庭，会期首次由首席仲裁员或秘书长决定，以后由仲裁庭决定，并预先通知。首席仲裁员主持审理。多数成员出席有效，并按多数原则裁决。缺席视为反对。首席缺位由秘书长指定其他成员代行。仲裁庭可作私下商议。当事人可由顾问或律师代理。

第3章一般程序10条。规定仲裁庭自行决定审理方式，可对资料性和无争议事实先行审理，并考虑友好解决有关争议。英语、法语、西班牙语均为法定语言，由当事人任择。选择两种语言时，文件归档任择一种，附翻译。裁决应用两种语言，具同等效力。任何文件资料应含正本或多于仲裁员人数两份的副本。裁决前所提交文件得以纠正。仲裁时限由仲裁庭或经授权的首席决定。知违未遵守规则不尽快提出异议，视为弃权。仲裁庭可决定仲裁费用的负担或分担。当事人和秘书长应告诉仲裁庭各有关费用。

第4章书面和开庭审理10条。规定仲裁分书面和开庭程序。在书面程序中，申请人备忘录应申明有关事实及适用法律和法理；被申请人备忘录应作答，承认、否认或补充有关事实及适用法律和法理。仲裁庭开庭应对当事人、其代理人、证人和专家提问、质疑，并要求解释。当事人提交证据，应经秘书长送达仲裁庭和对方。当事人未履行举证义务应记录在案。举证和有关开支应作为仲裁费用。证人、专家应宣誓陈述全部真相或坚信事实。

第5章特殊程序7条。规定仲裁庭应当事人请求可建议临时保全措施，但不得妨害当事人寻求司法保全的权利。当事人可提出附带、额外索赔或反诉。但反诉不得迟于备忘录提出，仲裁庭应对此作出决定。当事人缺席，另一方可要求缺席裁决，仲裁庭应予宽限，缺席不视为认可。当事人和解，可中止仲裁，在裁决中记录。当事人要求中止，另一方应限期作答，无反对视为同意。反对时，则仲裁继续。当事人6个月内未采取仲裁行动视为中止。

第6章裁决4条。规定裁决应在审理结束60日内作出，可宽限30日。裁决说明当事人名称及其代理，仲裁庭成员及其认定，开庭日期地点、所认定事实及其理由以及仲裁费用等内容。仲裁员同意应签署，亦可反对。秘书长应尽快认证原件归档，副本送达当事人。发送日为裁决日。裁决内容保密，但本中心可说明仲裁庭所适用的法律原则。裁决45日内当事人可要求补充或更正，但要说明理由。

第7章裁决的解释、修改和撤销6条。规定要求解释应提供详情，要求修改应提供证据。仲裁庭未适当组成、越权、贪污、违背程序、裁决未说明理由，才能要求撤销。要求修改应在新事实发现90日内而且在裁决3年内提出，要求撤销应在裁决或发现贪污的120日内提出。

第8章1条,规定本中心法定语言版本具有同等效力。

(宋小庄)

jiepou shiti guize
《解剖尸体规则》(Rule of Autopsy) 为促进医学科学事业的发展并保障人身合法权利,维护社会公德与习俗,保证尸体解剖工作的严肃性,1979年9月10日由中华人民共和国卫生部(79)卫教字第1329号文件公布的规范性文件。对解剖人员、尸体解剖对象、程序、规则等作出了明确规定。它是从事尸体解剖所必须遵守的行政规章。其中第2条指出,法医尸体解剖限于各级人民法院、人民检察院、公安机关及医学院校附设的法医(科室)施行。符合下列条件者应进行法医解剖:①涉及刑事案,必须经尸体解剖始能判明死因和无名尸体需查明死因及性质者。②急死或突然死亡,有他杀或自杀嫌疑者。③因工、农业中毒或烈性传染病死亡涉及法律问题的尸体。

(李宝珍)

jieduan zonghezheng
戒断综合征(abstinence syndrome) 长期使用精神活性物质(如各种毒品、香烟、酒、各种麻醉药物)的人,在突然停用或减用之时出现的各种精神障碍(如焦虑、抑郁、失眠、谵妄)和身体功能紊乱(如流涕、流涎、恶心腹泻、肌肉酸痛、震颤抽搐等)症状。重新使用精神活性物质可使戒断综合征迅速消失。

(孙东东 吴正鑫)

jinshu duwu zhongdu
金属毒物中毒(metallic poison poisoning) 含有毒性的金属化合物进入有机体内引起的中毒。常见的金属毒物为含砷、汞、钡、硒、镉、铬等元素的化合物。

砷化合物的种类很多,几乎均有毒性。常见的无机砷化合物有三氧化二砷(砒霜、信石)、砷化氢、亚砷酸钠、砷酸钙、砷酸铝、雄黄、雌黄等;有机砷化合物有福美砷、福美甲砷,均为农业杀菌剂。砷化物中毒主要由三氧化二砷引起,该物质易获得,并且无嗅无味,混入面粉中不易发觉,常见于投毒案中。砷化物的毒性是由于砷对体内酶蛋白的巯基具有特殊的亲和力,可和许多含巯基的酶结合,使其失去活力而影响细胞的正常代谢,导致细胞的死亡。此外,砷化物对粘膜有刺激作用,直接损害毛细血管,使其麻痹扩张、增加渗透性,并可引起肝、肾变性或坏死。砒霜易于从粘膜吸收,也能从皮肤吸收。吸收后主要沉着于毛发、指甲、骨、甲状腺、肝和胃等脏器中。砒霜在体内大部分变为砷酸,经尿及粪便排出,汗液及其他分泌液亦排出少量。服后2~8小时可出现于尿中,排泄很慢,可延续8~9日。急性砷中毒症状为腹痛、腹泻、大便水样,有时带血,严重者酷似霍乱。当极大量砷进入体内时,出现中枢神经系统麻痹症状,发生四肢疼痛性痉挛,意识模糊、谵妄、昏迷。慢性中毒除有一般神经衰弱症状外,多见皮肤粘膜病变与多发性神经类等。砒霜口服中毒量为0.005~0.05克,致死量为0.1~0.2克。

常见引起汞中毒的有金属汞、氯化汞、硝酸汞等。金属汞俗称水银,氯化汞及硝酸汞是常用的分析试剂,氯化汞还可用作消毒防腐剂,两者毒性大,易于获得,自杀、误服和他杀均可遇到。常见引起中毒的有机汞,有乙酸苯汞和氯化乙基汞等。汞被吸收后,易与蛋白质中的巯基、氨基、羧基、羟基、磷酰基等牢固结合而抑制多种酶的活性,使组织细胞发生各种营养不良性变化,甚至坏死,汞作用于近端肾小管细胞的线粒体和胞浆中的微粒体,使肾组织中很多酶受抑制,而使肾脏遭到严重损害。金属汞毒性较小,但汞蒸气剧毒。急性汞中毒可出现剧烈腹泻、呕吐、口腔粘膜肿胀、糜烂、吐出物和大便带血,尿中带血。金属汞吸入生物体内可产生慢性中毒,可出现口腔炎、齿龈炎。氯化汞和硝酸汞毒性大,致死量为0.3~0.5克。氯化亚汞毒性较小,仅为氯化汞的1/10。

钡化合物的毒性与溶解度有关,水溶性及酸溶性钡盐均剧毒,水及酸中不溶或难溶的钡盐为无毒或毒性低微。常见引起中毒的钡化合物为氯化钡、碳酸钡、硝酸钡等。这些化合物通常为白色粉末、无嗅、无味,混入面粉、食盐中不易发觉,多见于误食和投毒。钡是一种肌肉毒,对人体各部骨骼肌、平滑肌、心肌等肌肉组织有过度刺激和兴奋作用,可引起心动过速、心肌麻痹致死。氯化钡成人口服中毒量为0.2~0.5克,致死量为0.8~4克。碳酸钡的致死量为2~4克。中毒表现为恶心、呕吐、腹泻、四肢抽搐、心律失常。尸斑暗红,尸僵硬等。

金属毒物进入人体内后,大部分与体内蛋白质结合成难解离的金属蛋白化合物,须进行有机质破坏,使金属毒物以盐的形式游离出来。检验方法有原子吸收分光光度法、可见分光光度法、报谱法等。

(王彦吉)

jinji daibu
紧急逮捕(emergency arrest) 《日本刑事诉讼法》规定的在紧急情况下无需出示逮捕证而逮捕犯罪嫌疑人的强制措施。根据《日本刑事诉讼法》的规定,检察官、检察事务官或司法警察职员在有充分理由怀疑犯罪嫌疑人犯有符合于死刑、无期徒刑或最高刑为3年以上拘役或监禁之罪,而情况紧急来不及请求审判官签发逮捕证时,可以在告知理由后将犯罪嫌疑人逮捕。但逮捕后应立即请求审判官签发逮捕证(第210条)。

(黄 永)

jinzhang zonghezheng

紧张综合征（getatonic syndrome） 以全身肌肉张力增高为突出特点的一组症状。包括紧张性兴奋和紧张性木僵两种状态。多在意识清晰状态下出现对周围环境和自身状态的感知障碍、行为紊乱、冲动、伤人、自杀等。行为的后果十分严重，而患者此时对自己的行为不能辨认正确与否，也不能控制。见于精神分裂症、紧张型躁狂抑郁性精神病之抑郁状态，反应性精神病、脑器质性疾病伴发的精神障碍等精神疾患。

（孙东东　吴正鑫）

jinzhi feifa fanyun mazui yaopin he jingshen yaowu gongyue

《禁止非法贩运麻醉药品和精神药物公约》（Convention for the Suppression of Unlawful Trafficking of Narcotic Drugs and Psychotropic Drugs） 1988年12月19日，联合国专门会议上通过的一项国际公约。本公约共34条，132款，就国际间非法贩运麻醉药物和精神药物的司法管辖、处罚、缔约国间以及与国际专门组织间的合作与协调，做出了明确的规定，要求缔约国履行。中华人民共和国第七届全国人民代表大会常务委员会第九次会议于1989年9月4日通过决定，批准中华人民共和国加入本公约，同时声明不受本公约第32条第2款和第3款的约束，即当因此发生争执，并不能通过争议双方协调解决时，不受公约规定的交由国际法院裁决的约束。（孙东东）

jinzhi kuxing he qita canren burendao huo youru renge de daiyu huo chufa gongyue

《禁止酷刑和其他残忍、不人道或有辱人格的待遇或处罚公约》（Convention Against Torture and Other Cruel, Inhuman or Degrading Treatment of Punishment） 联合国为了在全世界更有效地开展反对酷刑和其他残忍、不人道或有辱人格的待遇或处罚的斗争而制定的国际公约，共33条。联合国大会于1984年12月10日以第39/46号决议通过，并开放供签署、批准和加入。我国于1988年9月批准加入。

该公约首先对"酷刑"作了界定，即："'酷刑'是指为了向某人或第三人取得情报或供状，为了他或第三者所作或涉嫌的行为对他加以处罚，或为了恐吓或威胁他或第三者，或为了基于任何一种歧视的任何理由，蓄意使某人在肉体或精神上遭受剧烈疼痛或痛苦的任何行为，而这种疼痛或痛苦是由公职人员或以官方身份行使职权的其他人所造成或在其唆使、同意或默许下造成的。纯因法律制裁而引起或法律制裁所固有或附带的疼痛或痛苦不包括在内"。

该公约规定："每一缔约国应采取有效的立法、行政、司法或其他措施，防止在其管辖的任何领土内出现酷刑的行为"。"任何特殊情况，不论为战争状态、战争威胁、国内政局动荡或任何其他社会紧急状态，均不得援引为施行酷刑的理由"。"上级官员或政府当局的命令不得援引为施行酷刑的理由"。"每一缔约国应保证将一切酷刑行为定为刑事罪行。该项规定也应适用于施行酷刑的企图以及任何人合谋或参与酷刑的行为"。

该公约规定："每一缔约国应保证在可能参与拘留、审讯或处理遭到任何形式的逮捕、扣押或监禁的人的民事或军事执法人员、医务人员、公职人员及其他人员的训练中，充分列入关于禁止酷刑的教育和资料"。

该公约还规定："每一缔约国应经常有系统地审查对在其管辖的领土内遭到任何形式的逮捕、扣押或监禁的人进行审讯的规则、指示、方法和惯例以及对他们的拘留和待遇的安排，以避免发生任何酷刑事件"。

该公约进一步规定："每一缔约国应确保在有适当理由认为在其管辖的任何领土内已发生酷刑行为时，其主管当局立即进行公正的调查"。"每一缔约国应确保凡声称在其管辖的任何领土内遭到酷刑的个人有权向该国主管当局申诉，并由该国主管当局对其案件进行迅速而公正的审查。应采取步骤确保申诉人和证人不因提出申诉或提供证据而遭受任何虐待或恐吓"。"每一缔约国应在其法律体制内确保酷刑受害者得到补偿"。

该公约明确规定："每一缔约国应确保在任何诉讼程序中，不得援引任何业经确定系以酷刑取得的口供为证据，但这类口供可用作被控施用酷行者刑讯逼供的证据"。

该公约规定："应设立禁止酷刑委员会（以下简称委员会）"，"委员会由具有崇高道德地位和公认在人权领域具有专长的10名专家组成，他们应以个人身份任职"。此外，该公约还对委员会的职权、任期和产生办法，如何批准或加入该公约以及该公约的生效等问题作了具体规定。

（程味秋）

jinzhi ling

禁止令（prohibition） 英美等普通法国家法院运用的一种公法救济手段。这种令状用于上级法院命令下级法院或法院命令行政机关不得作出或停止作出某种违法或越权的行为。禁止令既可单独使用，也可作为调卷令的附属令状与之配合使用：法院通过调卷令对被审查的行为进行审查后，认为相应行为存在违法、越权情形时，可随之发布禁止令，命令行为机关停止相应行为的进行。

（姜明安）

jinzhichan shijian chengxu
禁治产事件程序（proceedings for declaration of incapacity） 非讼程序之一。公民患有精神病或精神耗损，如意志力很差的老年人、聋人、哑人、盲人，或者公民浪费、酗酒或吸毒致使自己或家庭陷入困境，申请人向法院提出宣告该公民为禁治产人的申请，法院进行审理后，作出禁治产宣告并禁止该公民亲自处理自己的财产或应申请人的请求作出禁治产撤销的程序。禁治产事件属于非讼事件，但因规定在民事诉讼法中，故被某些国家称为"形式上的民事诉讼"。禁治产事件程序是某些西方国家为保护患有精神病以及精神耗弱者、浪费、酗酒、吸毒者的利益，维护社会交易秩序而设立的一种特别程序。它通过宣告精神病患者、精神耗弱者、浪费者、酗酒者、吸毒者为禁治产人，对其行为能力加以限制，同时为其设立监护人，以预防禁治产人对他人私权的侵害或者他人对禁治产人私权的侵害，从而维护民事流转秩序。禁治产的宣告和撤销都必须依申请人的申请而进行。在德国，对于精神病患者和精神耗弱者的禁治产宣告和撤销，除了其配偶、亲属或负有照管责任的法定代理人可以提出申请外，上级州法院的检察官也可以提出申请。而对于浪费者、酗酒者、吸毒者的禁治产宣告，检察院不得参与。除了应禁治产人的配偶、亲属或负有照管责任的法定代理人可以提出申请外，市镇或与之有同等地位的团体、慈善团体在各州法律有明确规定的情况下，也可以作为申请人提出申请。我国没有规定禁治产事件程序，但是，在民事诉讼法规定的特别程序中，设立了认定公民无行为能力或限制行为能力案件审理程序，与其具有类似的功能。

（万云芳）

jingji hetong jiufen zhongcai
经济合同纠纷仲裁（arbitration of dispute under economic contract） 经济合同当事人因经济合同发生争议，经一方当事人提出申请，由经济合同仲裁机关依法进行审理并作出裁决以解决争议的一种制度。广义包括国内经济合同纠纷仲裁和国际经济合同纠纷仲裁（见国际经济贸易仲裁），狭义仅指国内经济合同纠纷仲裁。经济合同纠纷仲裁制度的历史发展，在中国大致经历了五个阶段：第一阶段是先裁后审阶段，自中华人民共和国成立初期到60年代初期实行这一制度。所谓先裁后审，是指社会组织之间的经济合同纠纷必须先向有关机关提出仲裁，对仲裁不服的，方可向人民法院起诉，即仲裁是诉讼的必经程序。第二阶段是只裁不审阶段。自60年代初期到70年代末实行这一制度。所谓只裁不审，是指社会组织之间的经济合同纠纷只能向有关机关提出仲裁，不能向人民法院提起诉讼，即仲裁成为解决社会组织（主要是国有企业）之间经济合同纠纷的最终方式。第三阶段是二裁二审阶段，自70年代末至80年代初实行这一制度。所谓二裁二审，是指经济合同纠纷发生后，当事人一方可以向对方所在地的县（市、区）级工商行政管理机关申请仲裁，如果一方不服裁决，可以在规定期限内向上一级即省辖市（地区）和直辖市管理合同的机关申请复议，由其作出裁决。如果当事人不服二级裁决，可向人民法院起诉，在诉讼阶段实行两审终审。第四阶段是一裁二审阶段，自1981年9月至1993年9月实行这一制度。所谓一裁两审，是指经济合同纠纷的当事人因经济合同发生纠纷，可以向仲裁机关申请仲裁，经仲裁机关裁决，当事人不服的，可以在规定期限内向人民法院起诉，进入诉讼程序，实行两审终审。此外，这一时期的经济合同纠纷的解决，在制度上发生了变化，即经济合同纠纷，当事人既可以向仲裁机关申请仲裁，也可以直接向人民法院起诉，仲裁已不是诉讼的必经程序。第五阶段是或裁或审阶段，自1993年3月至今实行这一制度。所谓或裁或审，是指经济合同纠纷发生后，当事人既可以选择仲裁，也可以选择诉讼，但只可两者选其一，即当事人若选择了仲裁，仲裁机构所作的裁决书对其就有终局的法律效力，当事人不得再就该纠纷提起诉讼。1993年9月全国人大常委会通过的《中华人民共和国经济合同法》确立了这一制度，1994年8月颁布的《中华人民共和国仲裁法》进一步肯定了这一制度。1995年9月1日以后，经济合同纠纷的仲裁按《中华人民共和国仲裁法》的有关规定来进行。因此，1995年9月1日之前经济合同纠纷仲裁中所实行的管辖制度，合同行政管理机关对仲裁的管理制度等都将被新的有关制度所取代。

根据《中华人民共和国仲裁法》的规定，经济合同纠纷仲裁与其他经济、民事纠纷仲裁一样，实行协议仲裁（当事人自愿）、或裁或审、一裁终局等制度，其仲裁程序的主要内容包括：申请与受理、受理仲裁申请后的准备工作、仲裁庭的组成、开庭审理和裁决等几个主要阶段。在仲裁过程中，贯彻执行合议制度、回避制度、调解制度、保全制度等，经当事人协议不开庭的仲裁案件，仲裁庭可以进行书面审理。当事人在仲裁中享有的主要权利有：申请人放弃或者变更仲裁请求的权利，被申请人承认或者反驳仲裁请求以及提出反请求的权利，仲裁当事人申请回避、委托仲裁代理人、请求调解、进行和解、申请财产保全的权利。裁决生效后，权利人在义务人不履行义务时，还有权向人民法院申请强制执行。仲裁当事人承担的主要义务有：向仲裁庭提供有关的证据材料，交纳仲裁费用，按时到庭参加开庭，遵守庭审纪律，履行仲裁庭裁决等。

（潘剑锋）

jing xingzheng fuyi de qisu qixian
经行政复议的起诉期限(time limit to implead for cases administratively reconsidered) 行政管理相对人不服行政复议机关的处理决定向法院提起行政诉讼的时间要求。超过了法定的起诉期限,相对人便丧失了请求法院依诉讼程序强制义务人履行义务的权利。我国《行政诉讼法》第38条第2款规定:"申请人不服复议决定的,可以在收到复议决定书之日起15日内向人民法院提起诉讼。复议机关逾期不作出决定的,申请人可以在复议期满之日起15日内向人民法院提起诉讼。法律另有规定的除外。"据此规定,经行政复议案件的起诉期限包括一般起诉期限和特殊起诉期限。一般起诉期限为15日,即申请人不服复议决定的,可以在收到复议决定书之日起15日内向人民法院提起诉讼。复议机关逾期不作出决定的,申请人可以在复议期满之日起15日内向人民法院提起诉讼。所谓复议机关逾期不作出决定,是指复议机关超过了法律法规规定的复议期限仍不作出决定。根据《行政诉讼法》第38条的规定,一般复议期限为60日,即复议机关应当在收到复议申请书之日起60日内作出决定,但法律、法规另有规定的除外,如《民用爆炸物品管理条例》、《测量标志保护条例》、《烟草专卖条例》、《治安管理处罚条例》、《风景名胜区管理条例》、《城乡集市贸易管理办法》、《枪支管理办法》、《居民身份证条例实施细则》等规定复议期限为5日;《麻醉药品管理办法》规定复议期限为10日;《海关法》、《进出口关税条例》等规定复议期限为15日;《价格管理条例》、《城乡个体工商户管理暂行条例》、《国营企业成本管理条例》、《投机倒把行政处罚条例》、《关于审计工作的规定》以及有关税务征管的大部分法规等规定复议期限为30日;《海关行政处罚实施细则》、《中外合资经营企业所得税法实施细则》、《个人所得税法施行细则》、《外国企业所得税法施行细则》等规定复议期限为90日。法律、法规规定的特殊起诉期限主要有以下三种情况:①起诉期限为5日。如《治安管理处罚条例》第39条规定,被处罚人或者被侵害人不服复议裁决,可以在接到通知后5日内向当地人民法院提起诉讼。②起诉期限为30日。如《森林法》第39条规定,当事人对林业管理部门的罚款决定不服的,可以在接到罚款通知之日起1个月内,向人民法院起诉。此外,《海关法》、《土地管理法》、《渔业法》、《矿产资源法》等都有类似的规定。③起诉期限为3个月。如《专利法》第42条第2款规定,发明专利的申请人对专利复审委员会驳回复审请求的决定不服的,可以在收到通知之日起3个月内向人民法院起诉。对于一般起诉期限与特殊起诉期限,应当优先适用特殊起诉期限的规定;无特殊起诉期限的,适用一般起诉期限的规定。 (谭 兵)

jingying zizhuquan anjian
经营自主权案件(lawsuit concerning right to independent business operation) 公民、法人或其他组织认为行政机关和行政机关工作人员的具体行政行为(见可诉性行政行为)侵犯其法定经营自主权,依法向人民法院提出起诉,经人民法院审查,符合法定条件,准予立案处理的行政案件。经营自主权是国家通过法律、法规赋予企业的一项重要经济权利。企业经营自主权的核心是企业要面向市场,自主经营。它的主要表现形式包括企业在遵从国家计划,接受国家管理的前提下,有权采取灵活的经营方式,自主安排自己的产、供、销活动;有权自行支配自留资金;有权依照规定任免、聘用和选举企业领导;有权建立企业用工制度和奖励机制;有权在国家允许范围内确定企业产品的价格及生产规模等,其内容十分广泛。

企业经营自主权是企业依法享有的重要权利,应该受到法律保护。在我国建立社会主义市场经济体制的进程中,切实保障企业经营自主权,使其能以独立的法人资格自主经营的权利,平等地参与市场竞争,显得尤为重要。因此,我国《行政诉讼法》在第11条中规定,行政管理相对人认为行政机关侵犯企业经营自主权的,可以依法提起行政诉讼。这一规定,对于保护经营自主权,避免行政机关对企业的不法行政侵害,提供了一种司法监督和保障的有效手段。

经营自主权的主体包括全民所有制企业、集体所有制企业、私营企业、个体工商户、中外合资企业、中外合作企业、外国独资企业等。由于这些主体在所有制性质上有所不同,因此在享有的经营自主权内容方面也互有区别。《全民所有制工业企业法》第2条规定:"对国家授予其经营管理的财产享有占有、使用和依法处分的权利。"该法第22条至第34条还明确规定了全民所有制企业在产、供、销和人、财、物等方面的经营管理自主权。《关于城镇集体所有制经济若干政策问题的暂行规定》第9条中规定:"在国家法律、政策和计划许可的范围内,享有如下各项自主权:灵活安排生产和经营活动,自行支配和使用企业的生产资料和自有资金,采购原材料和销售产品;购置和租赁固定资本;出租或有偿转让闲置多余的固定资金;根据实际需要,经过考核,聘用或录用职工;决定对职工的奖惩、解聘或辞退。"《私营企业暂行条例》第21条规定:"在生产经营活动中享有下列权利:①核准登记的名称在规定的范围内享有专用权;②在核准登记的范围内自主经营;③决定企业的机构设置,招用或者辞退职工;④决定企业的工资制度和利润分配形式;⑤按照国家价格管理规定,制定企业的商品价格和收费标准;⑥订立合同;⑦申请专利,注册商标。"国家对中外合资、中外合作、外国独资等"三资"企业,同样明确地规定了其所应享

有的自主经营权利。　　　　　　（王振清）

jingban jianyan

精斑检验（examination of seminal stain）　为确定检材是否为精斑，以及鉴定精斑遗留者的血型而进行的法医学检验。精斑检验是性犯罪或嫌疑性犯罪案件中最重要的法医学检验项目。检验步骤分为：①肉眼观察。精斑浓厚时呈灰白色糨糊状斑迹，触之有硬感，用放大镜观察可见鳞状小片。②预备试验。鉴定被检的斑痕有无精斑存在的可能。阴性结果可否定精斑的存在，阳性结果可能是精斑。常用的方法有：紫外线检验，阳性者有白色荧光；酸性磷酸酶试验，阳性者呈樱红色；碘一碘化钾试验，阳性者出现结晶。③确证试验。鉴定被检验的斑痕是否肯定是精斑，最好的方法是对可疑斑痕涂片染色，然后在显微镜下观察，见到精子肯定为精斑。还可以应用抗人血清沉淀反应、抗P_{30}酶联免疫检验、对流免疫电泳检验等，其中一项呈阳性反应即可确证为人精斑。④精斑的血型测定。精斑中含有血型物质，凡属于分泌型的人，可以用吸收试验、解离试验、混和凝集试验等方法测定精斑的A、B、H血型。但非分泌型和O型的反应结果难以区别，故应作抗H血清凝集反应，便于确定所属血型。有些精斑为混合斑，单用上述方法检验所得结果，不一定是精斑的血型。例如，罪犯是A型分泌型，被害人是B型分泌型，则混合斑的血型可能是AB型，而不是罪犯的血型。对于这类混合斑的血型测定，应先用电泳法分离精斑和阴道分泌物，然后分别测定精斑和阴道分泌物的血型，这样才能作为认定或否定罪犯的依据。当精斑血型与嫌疑人不同时，可排除嫌疑。当精斑血型与嫌疑人相同时，则不排除嫌疑。近几年开展了精斑DNA指纹图谱检验，可以认定罪犯个体，但对检材要求有多量精子，该试验试剂也十分昂贵，难以普及推广。对微量的精斑检材应用PCR技术也有很高的识别能力。　　　　　　　　　　　　（李宝珍）

jingshenbing

精神病（mental disorder, psychosis, insanity）　医学、法学以及社会一般观念对精神病一词有不同的理解。医学认为由于各种原因引起精神活动障碍已达到丧失自制力、不能应付日常事务或不能与现实环境保持良好接触的精神障碍为精神病。法学中所称的精神病为各种原因导致的以心理活动障碍为主要表现的疾病，如精神分裂症、躁狂抑郁性精神病、脑器质性精神障碍等重性精神障碍以及精神发育迟滞、神经官能症和人格障碍等轻度心理障碍。司法精神医学所称的精神病应为法学意义上的精神病。　　（孙东东）

jingshenbing buquan huanjieqi

精神病不全缓解期（stage of a incomplete remission come on psychosis）　各种精神病的精神症状在经过治疗后或随着病程的发展，已趋向缓解，但仍留有一些症状，甚至是严重的病理性症状。在此阶段，精神病人实施涉及其法律能力的行为，应视具体病症诊断、行为类型等具体情况，评定其法律能力。
　　　　　　　　　　　　　　　　　（孙东东）

jingshenbing fabingqi

精神病发病期（stage of a disease come on psychosis）　精神病人的各种精神症状正在发作中，症状表现明显。虽然精神症状可有轻重缓急的程度不同，但无缓解或痊愈。　　　　　　　　（孙东东）

jingshenbing huanjieqi

精神病缓解期（stage of a remission come on psychosis）　又称精神病间歇期。各种精神病的精神症状在经过治疗后消失或不治自愈，病人的精神状态完全恢复正常。但不能确定痊愈，在中断治疗或因其他因素可随时复发。精神病人在精神病缓解期实施涉及其法律能力的行为，应承担完全法律责任。
　　　　　　　　　　　　　　　　　（孙东东）

jingshenbing jianxieqi

精神病间歇期（stage of a intermittent come on psychosis）　见精神病缓解期。

jingshenbingren

精神病人（mentally ill person, psychopath）　泛指以各种精神活动异常为表现特征的精神障碍患者。部分医学工作者认为精神病人仅指那些精神活动异常达到一定程度的重症患者、严重智能障碍者、严重精神障碍者，不包括神经官能症、轻度精神发育迟滞、人格障碍以及性心理障碍等轻度精神异常者。刑法、民法等法律规定所称的精神病人应为前者。已经达到严重干扰日常行为的，被称为重性精神病，如精神分裂症、躁狂抑郁性精神病、偏执性精神病、反应性精神病等。　　　　　　　　　　　　　　　（孙东东）

jingshen bingren wugao

精神病人诬告（the lodge a false accusation against of psychopath）　精神病人由于幻觉、妄想或智能低下等病理性精神活动的驱使，以虚构的内容或对客观现实歪曲的认知作为"事实"，向司法机关或有关机构控告他人。对控告人指控的内容,虽经司法机关或有关机构查无实据,并确认为诬告,在向控告人说明后,控告人仍对控告内容坚信不疑,继续控告。因此给被控告人的生活、工作和名誉造成损失,甚至控告人可对被控告人、司法机关或有关机构实施严重的危害行为。在司法精神医学鉴定中,对于控告人出于幻觉、妄想、智能低下等病理性动机驱使的诬告行为应评定为无刑事责任能力。若控告人虽患有精神病,但其实施诬告行为是出于符合精神正常人的报复、嫉妒等现实动机驱使,或者夹有病理性动机,则应根据其行为动机的性质、动机与行为的关系、对自己实施诬告行为的自制能力等要件综合分析,评定为完全责任能力或限制责任能力。 (孙东东)

jingshen bingren ziwo wugao
精神病人自我诬告(the lodge a false accusation against by ego of psychopath) 部分患有躁狂抑郁性精神病、精神分裂症、癔病等精神障碍者,受罪恶妄想、思维逻辑障碍或潜意识中的"自我惩罚"等自责自罪观念的驱使,给自己罗列罪名、虚构犯罪情节,到司法机关或有关机构自首,要求上述机关对自己严惩的行为。患者甚至可因此而实施自伤、自杀、扩大性自杀或间接性自杀等恶性危害行为。 (孙东东)

jingshen yixue
精神医学(psychopathology) 又称精神病学。研究各种以精神障碍突出表现疾病的病因、发病机理、临床表现、发展规律、诊断治病方法以及预防措施的一门临床医学的分支学科。精神医学与其他单纯生物医学学科有着本质的区别。即精神医学是以生物医学、心理学、社会学、哲学等多学科为基础的,其研究方法也是以心理学方法为主。而其他单纯生物医学学科则是以物理、化学和生物学的形态学为基础,其研究方法是以实验方法为主。根据精神医学研究的对象不同,可将其分为儿童精神医学、老年精神医学、一般临床精神医学、司法精神医学、社会精神医学、战时精神医学、联络精神医学、基础精神医学、精神药理学、精神病病因学、精神病诊断学、精神病治疗学以及精神卫生学等专门学科。 (孙东东)

jingshen bingxue
精神病学(psychopathology) 见精神医学。

jingshenbing zisha
精神病自杀(suicide) 自杀是自行结束自己生命活动的行为。它是人在心理失衡状态下的一种过激行为。精神病人因受病理性精神活动的干扰,与社会格格不入,自杀率高于社会人群30~40倍,行为方式残忍,且往往是一次不成,反复多次,难以抑制。有些抑郁症、精神分裂症患者,在幻觉、妄想等病理性精神活动支配下,自责自罪、悲观厌世,或躲避"迫害",千方百计寻求一死。有的在自杀前"不忍心"让自己的亲人继续留在世上受"熬煎",故先将自己的亲人杀死,再行自杀,这就是所谓扩大性自杀。另有些人在病理性动机驱使下,为了达到由国家司法机关"判处"自己"死刑"而实现自杀的目的,先杀害他人,构成"故意杀人罪",然后到司法机关报案,或让他人当场抓获。对自己的杀人行为供认不讳,而且坚决否认自己有精神病史,要求司法机关尽快判处自己死刑。这种自杀行为为间接性自杀。实施扩大性自杀的间接性自杀行为者,从表面看对自己的行为具有辨认能力,但实质是在妄想等病理性动机驱使下实施的危害行为,主观上已丧失了对自己行为的性质、后果的辨认以及行为的启动、进程、幅度和终止的控制能力。因此,在司法精神医学鉴定中,应评定无刑事责任能力。还有少数人因人格缺陷合并精神创伤,或因幻觉、妄想等病理性精神症状,使其与所处的社会环境不相容,甚至与社会发生冲突。通过爆破、投毒、驾驶肇事,甚至使用武器等恶性暴力手段,结束自己的生命和解除自己与社会的冲突。这种自杀行为被特称之为毁灭性自杀。在司法精神医学鉴定中,鉴定人应根据被鉴定人实施危害行为时的精神状态的诊断、行为动机等多方面的材料,综合分析评定其对自己行为的辨认和控制能力。对确因病理性精神症状导致的毁灭性自杀可判定为无刑事责任能力,其他动机所致的毁灭性自杀行为均应承担完全刑事责任。

自杀是一个极其复杂的社会问题,导致自杀的原因也很多,在司法实践和司法精神医学鉴定中,对有关自杀动机的鉴定,须全面分析行为人的背景资料,作出慎重的评定。 (孙东东)

jingshenbing zonghezheng
精神病综合征(psychiatric syndrome) 在精神病人的精神状态中,精神症状不是孤立地出现,而是由某些症状组合的形式表现出来。这些精神症状并非无规律的组合,而是具有一定的内部联系或某种意义上的关连性,而且还可以同时或先后地出现和消失。在临床精神病中,有许多不同的综合征,有的精神疾病可以有它所特有的综合征。这些特征性的症状对认识、诊断精神疾病有至关重要的意义。 (孙东东 吴正鑫)

jingshen cuoluan zhuangtai
精神错乱状态(amemtia) 精神疾患症状,表现为言语、思维极不连贯,偶见片断性的幻觉和妄想,行为紊乱,奔跑、毁物、自伤、伤人,完全丧失定向力和自知力,对其行为也丧失了辨认或控制能力。症状的持续时间可数周至数月。见于伴发严重感染、中毒性的精神障碍。此症状是司法精神医学鉴定中判定行为人无责任能力的医学要件之一。

(孙东东 吴正鑫)

jingshen fayu chizhi
精神发育迟滞(mental retardation) 又称精神发育不全、精神薄弱、精神低能或精神残缺等,由先天性或疾病因素引起的精神发育受阻。表现为智力低下和社会适应能力欠缺。智商测查低于70分(见智能障碍)。精神发育迟滞系非进行性发展病程,而且多数人随着年龄增长以及经过适当的训练,其社会生活能力可有一定程度的改善。根据智能低下表现的程度,参照智力商数标准,可将精神发育迟滞分为四个等级,即:①轻度精神发育迟滞。这种人没有明显的言语障碍,抽象逻辑思维困难,情感反应较为丰富,但不深刻,意志行为缺乏主动性。学校学习成绩差,一般不能进入高小阶段就辍学。智商测查50~70分。经过强化训练,可以掌握必要的生活技能。②中度精神发育迟滞。患者心身发育都较差,言语功能明显不全,发音不清晰,词汇量贫乏,抽象逻辑思维不能;情感反应肤浅,能辨别亲疏,易激惹;意志行为笨拙;本能欲望亢进,可有性冲动行为;学校学习困难。经过专门的强化训练后,能学会一些最基本的生活技能。智商测查35~49分。③重度精神发育迟滞。这种人多合并有躯体畸形和神经系统障碍,故早期就被发现。患者言语功能严重缺损,无法与他人交流;不能接受学校教育;生活不能自理;情绪反应不实际;能有主动避险的意向,但行为的结果无效。智商测查20~34分。④极重度精神发育迟滞。这种患者出生后多因合并严重的躯体疾病而早年死亡。患者全部精神活动功能极差,没有语言功能和思维功能,没有反应其内心体验的情感活动,没有意志行为活动,仅有如食欲等最原始的意向要求。智商测查低于20分。

精神发育迟滞的病人,由于智能低下,社会适应能力差,当外界环境发生变化时,轻度精神发育迟滞和部分中度精神发育迟滞者,在智能低下的基础上,出现类癔病、反应性精神病以及类精神分裂症样的精神障碍表现。其中以类精神分裂症样表现为严重。病人可在此状态下实施严重的危害行为。经环境改变或适当治疗,病理性精神症状可完全缓解,但智能低下依然如故。对于这种智能低下伴发类精神分裂症样的表现,特称之为"嫁接性精神病"。

精神发育迟滞者易与社会环境发生冲突,甚至实施严重的危害社会行为。行为的动机幼稚,后果与起因不相称;不选择或不严格选择作案条件,手段拙笨,缺乏自我保护;行为类型以暴力伤害、杀人、毁物等不需经过大脑细致考虑的行为为主;单独作案,且以累犯为多。在司法精神医学鉴定中,对此类患者实施危害行为责任能力的鉴定,应根据行为人的智能水平、行为动机等分析评定。轻度精神发育迟滞者一般都能正常或较为正常地生活在社会上,能够凭借自己的智能辨别是非,行为的动机也多是为了满足现实需要。因此,这些人在现实动机驱使下实施危害行为的,应评定为完全刑事责任能力。少数人因智能低下,控制自己行为的能力减弱,应评定为限制刑事责任能力。作证能力、受审能力和服刑能力一般不因此而受到影响。中度精神发育迟滞病人的社会适应能力明显减弱,因智能低下影响其对自己行为是与非的判断能力。为了满足其低能的心理需要,可有针对性地实施包括危害行为在内的意志行为,行为的结果往往与行为的初始动机不相适应。对此应评定为限制刑事责任能力或无刑事责任能力。作证能力、受审能力和服刑能力一般也不具备。

在司法实践中,常遇到轻中度精神发育迟滞女性患者的性自卫能力鉴定问题。首先应在确定智能等级的基础上,分析考查患者对性行为的性质、后果的认识能力和其对性行为的启动、进程、幅度、终止的控制能力,以确定其性自卫能力。一般认为,智商低于60分者,就应视为严重的痴呆者,便不具备性自卫能力。

对有关嫁接性精神病人的刑事法律能力的评定,应根据被鉴定人的具体智能状况、精神症状表现,综合精神发育迟滞和精神分裂症的有关刑事法律能力的评定原则评定。

精神发育迟滞者涉及民事法律问题最多的是婚姻能力问题。一般情况下,轻度精神发育迟滞者,如无明显的遗传证据,其本人社会适应能力良好,能够就婚姻问题作出与内在意思一致的表示,双方自愿、达到法定婚龄,可以登记结婚。而对有明确的遗传证据轻度精神发育迟滞者、中度精神发育迟滞者,因其社会生活能力差,本着优生优育和对其本人负责、对社会负责的原则,应视为医学上认为不能结婚疾病的患者,一定要结婚的,应先行必要的避孕或绝育措施。

智商在70分以下的精神发育迟滞者应属免服兵役之列。

重度和极重度精神发育迟滞者,全身心的发育低下,无法适应社会生活,因此,这些人基本不涉及法律问题。一旦涉及则应评定为完全丧失刑事和民事责任能力。

(孙东东)

jingshen fenlie zheng
精神分裂症(schizophrenia) 一种病因不明、以人格改变为突出表现的最严重、最常见的慢性精神病。精神分裂症的病因目前尚不清楚,经过长期观察统计发现,精神分裂症的发病与遗传因素、人格因素、社会环境因素、心理因素以及生理因素等多种因素的综合作用有关。精神分裂症患者的绝大多数发病年龄在15～35岁之间。发病缓慢,具体发病时间不详。精神分裂症发病的早期症状以敏感多疑、失眠、注意力不集中、不完全性的幻觉和妄想以及自知力缺损等边缘性症状为主。随着时间的推移,精神分裂症的特征性症状逐渐出现,包括：思维松弛和破裂、逻辑倒错、象征性思维、原发性妄想等思维障碍；情感淡漠、矛盾情感、情感倒错以及病理性激情等情感障碍；高级意向要求贫乏、生活懒散、意向倒错、紧张综合征以及各种荒诞离奇、冲动、伤人、毁物等意志行为障碍；自知力缺损；假性幻觉等等。精神分裂症在临床上分为9型,即:偏执型、青春型、紧张型、单纯型、未分化型、残留型、衰退型、假性神经官能症型、假性变态人格型。其中以前5型最为常见。精神分裂症病程冗长,可伴随终生。经过治疗精神症状可基本缓解,但在患者精神活动中或多或少残留一些症状。精神分裂症的自然转归是以患者的全部精神活动衰退、逐渐痴呆为结局。

精神分裂症患者由于病理性精神活动的干扰,使其与现实环境格格不入,在妄想、幻觉等病理性动机的驱使下,易与社会发生冲突,实施危害行为。其中以杀人、伤害、纵火、毁物、扰乱社会秩序等暴力性行为为多。他们在作案时往往缺乏现实动机和目的,或动机怪诞；行为突然,缺乏预谋；行为类型以暴力为主,手段残忍,后果严重；受害人多为患者的亲人；自我保护性差,对作案时间、地点、场所不作选择。在司法精神医学鉴定中,对精神分裂症病人的刑事责任能力的评定极为复杂。无刑事责任能力、限制刑事责任能力和完全刑事责任能力三种情况均存在,须具体情况具体分析,绝对不能以诊断定责任。患者如果确定是在幻觉、妄想等病理性精神活动驱使下实施的危害行为,应评定为无刑事责任能力。如果患者的行为动机中有现实需要的成分,精神症状并未完全导致其主观上对自己行为的辨认或控制能力的丧失,应评定为限制刑事责任能力。有些病人虽然患有精神分裂症,但处于缓解期,实施危害行为的目的完全是为了满足其现实需要,则应评定为完全刑事责任能力。对已被判定为无刑事责任能力的精神分裂症患者,自然也就不存在受审能力和服刑能力问题,应依照《刑法》第18条的规定,对其予以监护医疗。对于被判定为限制刑事责任能力或完全刑事责任能力的精神分裂症患者的受审能力问题,须考查他(她)是否理解刑事诉讼的意义,是否能够依靠自己的精神活动行使法律赋予的权利和履行法定的义务。若有(包括在用药物维持下的)上述能力,则具备受审能力,否则无受审能力。精神分裂症患者一般都无服刑能力。

精神分裂症病人没有刑事责任能力不等于就没有民事行为能力。在某一具体民事活动中丧失了行为能力,不等于所有的民事活动都不能参加。评定一个患有精神分裂症的公民是否具有民事行为能力,必须分析其病理性精神活动对其所参加的民事活动的主观态度的干扰程度,即意思和意思表示的完整性。如患者意思表示反映了其真实需要,自我保护能力完好,具备对自己行为的辨认能力,应评定为有行为能力。否则为无行为能力。介于二者之间的,应评定为限制民事行为能力。精神分裂症患者涉及的其他法律能力,应视具体情况做出相应的评定。

(孙东东)

jingshen huoxing wuzhi suozhi jingshen zhang'ai
精神活性物质所致精神障碍(mental disorder associated with intoxication) 当人体摄入所谓精神活性物质后而引起的精神障碍。精神活性物质是作用于中枢神经、能影响精神活动,并有依赖性的物质。主要包括：鸦片类(海洛因、鸦片、吗啡、杜冷丁、可待因、美散酮、镇痛剂等),巴比妥类(巴比妥类药物、眠尔通、安眠酮等),酒精(各种含有乙醇的酒类和饮料),大麻类(印度大麻、北美大麻、四氢大麻酚),苯丙胺类(苯丙胺、右旋苯丙胺、盐酸脱氧麻黄碱等),可卡因类(可卡因叶、可卡因),卡塔类(卡塔叶及其制剂),致幻剂类(ZSD-25及其制剂、南美仙人掌毒碱、色胺类等),有机溶剂类(各种挥发性的有机溶剂)。不论何种精神活性物质,只要被人体摄入,便可改变人的精神活动,如产生欣快感、消除焦虑或苦闷、镇静安眠、精神兴奋、幻觉以及其他一些奇特的内心体验。长期使用,可导致躯体和精神对其的依赖,一旦停止使用,即可出现戒断症状。此类精神障碍者使用精神活性物质的目的,多为寻求特殊的内心体验,故这种精神障碍的性质为自限性精神障碍。当其行为涉及法律问题时,应评定为完全责任能力。个别因医源性或其他原因被动使用精神活性物质,并出现精神障碍者,可视具体情况免除或限制其有关责任能力。

(孙东东)

jingshenshanghai
精神伤害(mental injury) 公民的躯体或精神健康,因受到他人以物理、化学、生物或心理等手段的非法侵害,导致精神活动障碍,并影响正常的生活、工作、学习以及人际关系等社会生活能力。在司法精神医学鉴定中,根据受害人精神障碍的诊断与伤害行为的因果关系、当时伤情与预后转归,将精神伤害的损伤程度分为重度精神伤害和轻度精神伤害。对于某一具体精神伤害案件的精神伤害程度的评定,鉴定人须坚持实事求是、具体伤情具体分析的原则,在受害人精神障碍的诊断定性基础上,根据精神伤害的当时伤情以及伤害的后果和结局,全面分析,综合评定。（孙东东）

jingshenbing weishengfa
精神病卫生法（law of mental health） 又称精神保健法。为了保障精神病人的合法权益不受侵犯,促进精神病人的医疗与康复,加强对精神病人的社会管理,而制定的专门法规。其主要内容包括精神病人在法律事务中的地位,有关法律行为能力与责任能力;精神病人及其监护人在社会生活中应承担的义务和享有的权利;加强对精神病的预防、医疗、康复、教学和科研工作;规范和协调精神卫生机构自身的工作以及与其他有关部门工作的关系;指导社会各界的精神卫生工作;普及精神卫生知识,提高全民精神卫生水平和人口素质;对违反国家精神卫生政策行为的处罚等事宜。目前世界上大多数国家和地区都制定和颁布了精神卫生法。我国从1985年开始也着手起草精神卫生法,但目前尚未颁布实施。（孙东东）

jingshen yundong xing xingfen
精神运动性兴奋（psychomotor excitement） 人的认识、情感和意志行为过程的亢奋状态。其表现可为全身性的,也可为局部性的;有以躯体随意活动增多为特征的,也有以言语增多为突出表现的。不同的精神疾患,其兴奋的表现形式不尽相同,即:①躁狂性兴奋。以思维奔逸,言语多、快而且夸大,情感高涨多变,意志行为增多,行为轻浮,胡写乱画,滥买滥赠等精神障碍为突出表现的兴奋状态。患者的思维、情感、意志行为相互协调,且不脱离现实,症状表现与其内心体验一致。见于躁狂抑郁性精神之躁狂状态。②紧张性兴奋。突然发作并突然终止的冲动暴力、思维荒谬、乱喊乱叫以及行为违拗等症状表现。患者思维、情感、意志行为不协调,脱离现实。其症状表现与内心体验不一致。由于这种兴奋状态突然发生和突然终止,发作前无征兆,使他人难以防范。紧张性兴奋是精神分裂症紧张型的特征性症状,多与紧张性木僵交替出现。③青春性兴奋。精神分裂症青春型的特征性症状。患者以奇特幼稚行为为突出表现,如挤眉弄眼、作怪相、扮鬼脸、蹬高而歌、弃衣而走、喜怒无常等。精神症状荒谬杂乱,引不起周围人的共鸣。④器质性兴奋。各种脑器质性精神障碍者,在意识障碍状态下,表现出各种无目的的冲动、烦躁、刻板等精神障碍。

精神运动性兴奋是重性精神障碍的严重症状,是精神病人危害社会的作为,而患者本人却因病理性精神活动的干扰,其主观上对自己的兴奋行为缺乏辨认和控制能力。在司法精神医学鉴定中,精神运动性兴奋是判定无或限制刑事责任能力的医学要件。
（孙东东）

jingshen zhang'ai
精神障碍（mentales） 各种心理活动异常的总称。见精神病。

jingshen zhengzhuang
精神症状（psychic symptom） 人脑的功能或结构障碍在精神活动中的异常表现。是诊断与鉴定精神病的重要依据。无论是从医学、法学、心理学、社会学任何一个角度研究精神病问题都必须先从精神症状入手。根据精神症状的性质,可划分为精神病性症状、神经症性症状和边缘性症状三大类。

精神病性症状 表现为脱离现实环境的异常精神活动,而患者本人主观上不能正确地评价自己的精神活动与现实环境的矛盾,不能自觉主动地通过现实环境来验证和修正自己的精神活动。它是各种重性精神病的标志;在临床和司法精神医学鉴定中,是诊断、确定精神病的依据。

神经症性症状 是人脑功能障碍在精神活动中轻度异常的表现。神经症性症状的内容不脱离现实环境。患者本人对自己的精神状态充分地了解,能够自觉主动地通过现实环境来验证和修正自己的精神活动,使自己与现实环境保持良好的接触。这种症状见于各种轻度精神障碍,如神经官能症等。在司法精神医学鉴定中,是鉴定精神障碍的性质,评定刑事责任能力及民事行为能力的一个基本医学要件。

边缘性精神症状 多为精神病性症状的早期表现。患者的精神活动既与客观环境保持着部分联系,又存在着程度不同的矛盾。患者主观上对自己的精神状态不能完整地客观评价,不能主动自觉地通过现实环境准确地验证和修正自己的精神活动。在司法精神医学鉴定中,它往往是评定限制刑事责任能力或民事行为能力的一个条件。

在临床精神科和司法精神医学鉴定中,为了研究和描述的方便,通常将精神症状按照人的心理过程分为认识过程障碍、情感过程障碍、意志行为障碍、意识障碍、人格障碍。（孙东东）

jingcha
警察（police） 武装性质的国家治安行政力量。中华人民共和国警察属于人民,是人民民主专政的重要工具之一。1995年5月28日第八届全国人民代表大会常务委员会第十二次会议通过了《中华人民共和国人民警察法》。1957年6月25日公布的《中华人民共和国人民警察条例》同时废止。人民警察的任务是维护国家安全，维护社会治安秩序，保护公民的人身安全、人身自由和合法财产，保护公共财产，预防、制止和惩治违法犯罪活动。人民警察包括公安机关、国家安全机关、监狱、劳动教养管理机关的人民警察和人民法院、人民检察院的司法警察。人民警察必须依靠人民的支持，保持同人民的密切联系，倾听人民的意见和建议，接受人民的监督，维护人民的利益，全心全意为人民服务；必须以宪法和法律为活动准则，忠于职守，清正廉洁，纪律严明，服从命令，严格执法。人民警察依法执行职务，受法律保护。人民警察依法实行警衔制度。只有年满18岁，拥护中华人民共和国宪法、有良好的政治业务素质和良好的品行、身体健康、具有高中毕业以上文化程度、自愿从事人民警察、未曾因犯罪受过刑事处罚、未曾被开除公职的公民，才能担任人民警察。

（项振华）

jingquan

警犬（police dog） 警用工作犬的简称。由警察机关经专门选种、繁育和训练后，用于执行警务任务的特种犬。犬具有极优良的视、听、嗅觉，它对气味的分辨能力高于人类数万倍；犬的四肢强健、牙齿锐利，具有很强的攻击、威慑力；犬对人又具有很强的依附性，易于训练和控制。正是由于犬有这些特性，各国警察机关都选择优良品种进行繁育，并从幼犬开始进行8～10个月严格训练，用于执行如下警务任务：①追踪罪犯。在犯罪现场选准罪犯遗留物、触摸物或足迹作为嗅源（底踪），令警犬依照人体气味沿罪犯行走路线追踪，可以判明罪犯来去路线、寻找新的痕迹物证，甚至可以直接追至罪犯藏身之处，迅速捕捉破案。②鉴别物证。用警犬对在犯罪现场提取的嗅源和受审查嫌疑人的气味进行嗅认，以鉴别是否相同，为侦查破案提供依据；亦可鉴别几个遗留物证是否为同一人所留。③搜索。利用警犬对气味的敏感鉴别力，搜索犯罪赃证、凶器；还可以搜查毒品、爆炸物及武器，以及时发现和制止犯罪。④押解、看守。利用警犬的扑咬威慑力和忠于主人的特性，令其配合押解与看守罪犯任务。⑤巡逻防暴。在执行巡逻盘查或制止暴力犯罪中，使用警犬震慑和扑咬顽抗之敌，制服罪犯，保护警力。⑥警卫，守护重点警卫场所，防止不法分子侵害，并可以及时发现武器、爆炸物等危险品。警犬是警察机关预防、发现、打击犯罪及完成安全保卫任务的得力工具。1890年，比利时的警察机关就开始将警犬用于侦查工作；随后，警犬即受到世界各国警察机关的重视，纷纷繁育良种犬用于警务。我国警犬工作也已有几十年历史，我们自己繁育的良种犬已跻身世界先进行列。在实际工作中，对警犬的使用有严格规定，不得随意滥用，必须履行审批手续。

（蓝绍江）

jingquan xue

警犬学（technique of patrol dog） 专门研究警犬的繁殖、饲养管理、训练使用、疾病防治等内容的科学。其基本内容包括：①绪论。主要论述警犬工作的性质、任务、方针等。警犬工作是公安保卫等机关用于侦查破案、安全保卫的一项专门技术手段。任务是追踪犯罪人线索，进行气味鉴定，搜索物证，搜查毒品、爆炸物，搜捕犯罪嫌疑人，巡逻、警戒，堵截犯罪分子，以及要害部位的安全警卫。发展警犬工作的方针是坚持普及与提高相结合。②警犬的繁殖。主要阐述警犬的交配、选种等内容。我国大力开展警犬的繁殖工作，除公安部各警犬基地、研究所和省、自治区、直辖市公安厅、局警犬大队担负警犬繁殖任务外，有条件的地、市公安机关也积极地进行警犬繁殖。还可以同养犬专业户合作，开展民间繁殖。警犬的繁殖必须选好种犬，应纯种和杂交相结合，注意保持纯种谱系。选择具有共同优点的种犬进行交配，不准采用近亲繁殖，不得选用双方有相同缺点的种犬交配，不准用老龄犬配老龄犬，严禁用未发育成熟的犬交配。③警犬的饲养管理。主要论述警犬饲养管理的单位与标准。警犬的饲养管理应由专业干部、技术工人担任，实行标准化、科学化，根据警犬的不同发育阶段和用途，采取相应的饲养管理方法。培养警犬对复杂生活环境的适应性，防止放任自流。警犬必须有坚固的专用犬舍，饲料供应有规定的标准，需要经常保持犬身、犬舍和环境的清洁，坚持警犬的每天散放和运动制度。运输警犬必须由专人押运，保证安全，防止发生事故。建立警犬档案，全国警犬应统一编号，统一打耳号，填写警犬档案、警犬登记卡片，实行分级管理。④警犬的训练。主要论述警犬训练的单位和标准。在公安系统，警犬的训练由公安部所属警犬基地、专业学校，省及自治区、直辖市和地、市公安机关警犬大队负责。受训的警犬必须经过严格选择，训练的科目与要求按警犬教材规范进行。训练后的警犬应进行考核，要求体壮胆大，服从性好，必须具有一种以上使用科目的稳定能力。⑤警犬的使用。论述警犬使用的权限、程序与条件等。公安机关使用警犬需经县公安局长以上的领导批准。在情况紧急时，可由主管案件侦察的刑侦科（队）长掌握，先使用后报告，并尽可能与其他技术手段密切配合。现场使用警犬时，训练员必须参加现场勘查，直接听取案情介绍，参与案情分析。使用警犬进行嗅觉作业，必须保护好嗅源。投入使用的警犬仍应坚持经常训练，并定期进行追踪、鉴别、搜毒、搜爆、搜索、巡逻、警戒的作业能力鉴定。使用警犬必须具备基本条件，凡能得出明确结论的都应写出书面材料等。⑥警犬训练员。警犬训练员是专业技术人员，必须经过专业学校或专业训练班学习，并取得成绩合格证书。要热爱警犬工作，严守职业道德。公安系统的警犬训练员是人民警察，享受刑事警察待遇。⑦畜牧兽医与犬病防治。畜牧技术人员的职责主要是熟悉警犬的饲养管理和繁殖业务；了解和掌握本地区、本部门的优良犬种的情况，提出选种、选配方案；负责对警犬饲料配制、改革，以及警犬饲养管理、繁殖技术的指导普及工作；负责对警犬进行健康检查，疾病预防与治疗，以及普及兽医技术等工作。警犬的健康检查，每年至少普查两次。定期给警犬检疫，注射疫苗。病犬的护理工作在兽医的指导下进行，由犬的主人或专职人员担任。⑧科学研究与装备。警犬研究所、警犬基地、警犬队和警犬专业工作人员都要积极进行警犬专业技术的研究，建立警犬专业技术情报工作。担负搜捕、围歼任务的警犬训练员，要配备轻武器和钢盔、防弹衣等防护装具。警犬队应配备与任务相适应的警犬专用交通工具、通讯和现场勘查器材。⑨警犬工作的组织领导。各级公安机关是警犬工作的领导机关。公安部各警犬基地、研究所担负专业干部培养和业务指导。各省、自治区、直辖市和地、市公安机关建立警犬队，领导本地区的警犬工作，并进行业务指导。县公安局配警犬，担负现场使用任务。 （刘克鑫）

jinghe guanxia

竞合管辖（concurrent jurisdiction） 数法院对同一案件均有管辖权，而由其中一个法院审判。一个案件出现几个同级人民法院都有管辖权的情况有：①犯罪行为预备地与犯罪行为实施地不在同一法院管辖区内。②犯罪行为实施地与犯罪结果发生地不在同一辖区内。③同一犯罪人在不同地区犯同一罪行。出现该种情况，按照我国《刑事诉讼法》第25条的规定："几个同级人民法院都有权管辖的案件，由最初受理的人民法院审判，在必要的时候，可以移送主要犯罪地的人民法院审判。"此类案件法律规定由最初受理的人民法院管辖，是由于最初受理的人民法院已进行了一定的工作，从而有利于及时、顺利审理结案，同时也是为了防止相互推诿延误审判。法律又规定在必要时移送主要犯罪地人民法院审判是为了便于法院全面查清案件事实。同级人民法院之间的移送可自行进行，但对于因案件竞合引起的在人民法院之间发生的管辖权争议时，需报争议法院的共同上级人民法院裁定具体管辖的法院。 （朱一心）

jingzhengren xingzheng anjian

竞争人行政案件（competitor's administrative case） 美国等西方国家的一种新型的行政诉讼案件，指在经济活动中相互竞争的个人、组织，对行政机关不公平对待相对人，给其中一部分相对人以优于另一部分相对人待遇，而使另一部分相对人的竞争地位和利益受到不利影响的行为不服所提起的行政诉讼。此类案件起始于20世纪40年代。 （姜明安）

jingtai zuoyong henji

静态作用痕迹（still state traces） 在痕迹的形成过程中，造型体与承受体双方的接触部位始终保持不变（相对静止状态），这样形成的一种"镜向"反映形象，被称为"静态接触作用痕迹"，亦简称"静态作用痕迹"。所谓静态，仅指两类客体接触面的相对位置关系而言，至于两客体在力的作用下产生同向同步的位移，其接触面并不改变，因而并不影响静态痕迹的形成。例如，脚踩在松软的土地上，在压陷的过程中，鞋底及接触的地面局部均同步向下位移，形成的立体鞋印仍为静态接触作用痕迹。静态痕迹形成的机理是造型体施加于承受体的荷载方向同法线方向一致，在承受体局部产生法向应力，造成局部的印压状态。这样的痕迹可以直观地反映出造型体接触部位表面结构特征，只是与造型体呈凹凸啮合。静态痕迹可分为立体的与平面的两种。静态痕迹的形状、大小、内部花纹图案类型反映了造型体外表形态结构的种类；而痕迹边缘和内部若干细节特征的形状、大小、位置与分布，反映了造型体外表形态结构的个性特征，可以作为同一认定的依据。静态作用痕迹检验一般采用特征直接对照及特征标示方法，有时也采用若干特征的连线比较、影像重叠或拼接方法。 （蓝绍江）

jiuwen shi

纠问式（inquisitional system） 法官主动追究犯罪，被告人是刑事诉讼客体，控诉职能与审判职能均集于法官一身的一种刑事诉讼形式。纠问式盛行于封建专制时期。纠问式的主要特点有：①法官主动追究犯罪。在纠问式盛行的时代，法官或拥有司法权的官吏认为可能存在有犯罪事实时，即使没有受害人告诉，也会依照其职权主动予以追究，主动进行揭露犯罪、证实犯罪和给犯罪分子以惩罚的活动。②被告人是不享有诉讼权利的刑事诉讼客体，是拷问的主要对象。③法官集审判权与追诉权于一身。在纠问式诉讼形式下，总的讲，侦查权、起诉权和审判权之间没有明确界限，控诉职能与审判职能之间也没有严格区分。所有这些权力和职能，一般是集中在法官身上。法官既负责审判,也负责侦查、起诉,既负责执行审判职能,也负责执行控诉职能。④始终同野蛮的刑讯紧紧地联系在一起,密不可分。纠问式诉讼的历史也就是一部野蛮刑讯的历史,一部拷问的历史。刑讯是法官获取证据的主要方法,也是法官审理案件的主要方法。⑤诉讼的进行一般不公开,也不存在可以相互辩论的程序。当事人、特别是被告人在法庭上的主要活动,就是回答法官的审问。在法庭审判过程中,一般不存在可以由当事人双方相互进行言词辩论的程序。 （王国枢）

jiuzheng weifa tongzhishu
纠正违法通知书(notice to rectify illegal act) 作为国家法律监督机关的人民检察院针对已发现的侦查机关、审判机关、狱政机关、劳动教养机关在刑事诉讼活动中的违法情况,提出纠正、消除违法行为及其后果的法律文书。纠正违法通知书由首部、案件名称、违法事实和法律根据以及纠正意见、尾部四部分组成。根据有关法律规定,被监督机关在接到检察机关的纠正违法通知书后,应当采取纠正、消除违法行为的措施,并将纠正情况通知人民检察院。纠正违法通知书是检察机关实现其法律监督职能的重要形式,可以有效地维护法律的正确实施。 （王 新）

jiutiao fangzhen
九条方针(nine policy) 抗日战争时期,中共中央在1943年8月作出的《关于审查干部的决定》中提出的审查干部的方针。其内容是:①首长负责;②自己动手;③领导骨干与广大群众相结合;④一般号召与个别指导相结合;⑤调查研究;⑥分清是非轻重;⑦争取失足者;⑧培养干部;⑨教育群众。九条方针对于当时延安整党审干运动的健康顺利进行,产生了重要指导作用;它所包含的重证据,重调查研究,严禁逼供信以及依靠群众、区别对待等思想,对中华人民共和国成立后的刑事诉讼立法和刑事司法工作产生了重大的影响。 （陈瑞华）

jiujing zhongduxing huanjuezheng
酒精中毒性幻觉症(alcoholic hallucinosis) 见酒癖。

jiujing zhongduxing wangxiangzheng
酒精中毒性妄想症(alcoholic delusion) 见酒癖。

jiupi
酒癖(alcoholophilia) 又称慢性酒精中毒(chronic alcoholism)。在饮酒长达几年至几十年后出现的多种躯体和精神的障碍。这种中毒是一个进行性的发展过程,可分为四个阶段,即:①无节制饮酒期。有些人为了追求快乐或应酬,长期饮酒,饮酒量越来越大,次数越来越频,逐渐达到了无节制的地步。但在此阶段若有人劝说或阻止其饮酒,可以完全戒酒。②中毒前驱期。在酗酒相当长的一般时间后,嗜酒者逐渐出现遗忘和人格改变。这种人虽然明知酗酒不光彩,而且闭口不提自己酗酒或矢口否认,但却偷偷摸摸地喝酒。其对家庭、社会的责任感越来越差,道德堕落,为了喝到酒可不择手段。③中毒期。嗜酒者已对酒精产生依赖,一旦中断饮酒,便可出现戒断症状。人格变态,强词夺理,厚颜无耻,甚至偷拿财物换酒喝。智能减退,生活懒散,思维贫乏,反应迟钝,注意力涣散,记忆力减退,高级意向要求丧失。在戒断状态下,可有冲动、伤人、自伤、自杀行为。自知力完整,承认因自己的饮酒行为给家庭、社会带来了危害,但无悔改行动。④合并症期。随着中毒的加深,躯体的一些重要器官发生中毒性的病理改变。特别是肝、脑、心、肾器质性损害最为明显。

在慢性酒精中毒基础上,嗜酒者的精神活动中可出现:①酒精中毒性幻觉症。患者意识清醒,突然出现大量的幻觉,为此惊恐万分,呼救,甚至冲动伤人、自杀。持续时间数周至半年。②酒精中毒性妄想症。患者因嗜酒而导致家庭不和睦、社会谴责,在此基础上,产生以嫉妒、被害内容为主的妄想症状,并可合并冲动、伤人等攻击行为。妄想内容固定,可持续数年不变。经必要的抗精神病药物治疗,能完全缓解。③震颤谵妄。在慢性酒清中毒基础上急性发作的一类严重的精神障碍。患者发作时意识模糊,定向力障碍,有大量的错觉、幻觉,内容恐怖,为此患者兴奋躁动、紧张呼喊、冲动伤人,全身肌肉震颤。这种状态一般持续三五日,以深睡告终。清醒后完全遗忘。④柯萨柯夫综合征。在慢性酒精中毒的晚期,患者出现严重的记忆缺失、定向障碍、虚构、欣快。这种状态的出现,提示脑组织发生器质性病变。

多数慢性酒精中毒者,自知力完整,对自己酗酒以及实施的危害行为有完整的辨认和控制能力。因此,在司法精神医学鉴定中,不能免除其有关责任能力。少数合并病理性精神障碍者,可适当减免其责任能力,并为其设立监护人。 （孙东东）

jiudi ban'an
就地办案(hearing cases on the spot) 我国民事诉讼法规定的审判方式之一。指审判人员在审理民事案件时深入到案件发生地或者当事人住所地对案件进行审理,包括就地起诉、受理,就地调查收集证据,就地询问,就地开庭和就地宣判。就地办案与巡回审理都是我国审判工作的优良传统,也是我国民事诉讼法的一项特色。由人民法院派出法庭深入到群众中办案,打破了几千年来打官司只能"民就官",而不能"官就民"的陈规陋习,不仅便利人民群众进行诉讼,便利法院调查审理,对提高办案效率、保证办案质量、扩大法制宣传的影响也起到积极作用。就地办案不仅适用于一审程序,《民事诉讼法》第152条第2款规定,第二审人民法院审理上诉案件,可以在本院进行,也可以到案件发生地或者原审人民法院所在地进行。 （王彩虹）

jiudi zhengfa
就地正法（execute the criminal on the spot） 旧时对抓获的罪犯不经审判和核准立即执行死刑的一种制度。是封建统治者为残酷镇压劳动人民的反抗而采取的措施,即先斩后奏。如清朝统治者为了镇压太平天国运动的需要,于咸丰三年（公元1853年）,清政府下令地方督抚对抓获的罪犯可以立即处死而不须报请皇帝批准。这一制度后来虽然被限制使用,但一直沿用到清朝灭亡。北洋政府、国民党政府虽然未明文规定这一制度,但实际上也采用这种方式屠杀革命者,镇压革命运动。 （黄 永）

jiuye nengli
就业能力（employment capacity） 公民依法享有劳动就业权利和履行义务的资格。劳动就业是公民的一项基本权利和义务,并为宪法所规定和保护。精神病人与其他正常公民一样,有同等的劳动就业权利和义务。有些精神病人因精神障碍暂时丧失了劳动能力,但经医疗康复后,可再行劳动就业。对于诸如公安、司法、科研、国防、公交、化工、电力、航天、航空、铁路、航海等有严格条件限制的行业,应根据国家有关规定和行业特点录用人员,而不应过分强调维护精神病人的合法权益而降低录用标准。对在业人员因精神病而丧失劳动能力者,则应由原服务单位按照国家劳动保护规定予以医疗,不能随意剥夺其在业的权利和义务。有些在业的精神病人,因受病理性精神活动的影响,生活懒散,缺乏高级意向要求;或病理性意志增强,热衷于幻觉、妄想等病理性的荒谬事务,对本职工作却丧失了应有的负责态度,违反劳动纪律,甚至破坏本单位的正常工作秩序;有的人还可在病理性精神活动驱使下,随便提出辞职申请。对此类人员应首先确认是否为真正的精神病人,一旦确认,应对其采取必要的监护医疗措施,而不应以简单的违反劳动纪律处理;对其辞职行为也应视为无效行为。劳动人事争议仲裁机构和人民法院,在认为有必要时,可委托或聘请司法精神医学鉴定专家,就争议当事人的精神健康状态和劳动就业能力或辞职行为能力进行司法精神医学鉴定,为解决争议提供依据。 （孙东东）

jiu zhongguo de minshi susong fagui
旧中国的民事诉讼法规（civil procedure laws of China before 1949） 长期以来,旧中国的法律由于传统观念的影响,一直呈现出诸法合体、民刑不分的特点。直到20世纪初,即从清末开始,随着西方文化尤其是法律观念的渗透,法律改革引起了政府的关注,开始出现了诸法分离的新的立法格局,民事诉讼法律在这一时期也得以独立存在并逐步发展。有关的法典、法规主要有:《民事诉讼律草案》、《民事诉讼律》、《民事诉讼条例》、《民事诉讼执行规则》、《中华民国民事诉讼法》等。

《民事诉讼律草案》 中国法制史上的第一部独立的民事诉讼法,它是清朝末年修订法律的成果之一。1902年,作为清末"预备立宪"、法制变革的重要组成部分,在修律大臣沈家本、伍廷芳的主持下,由日本法学家松冈正义协助起草,1911年1月完成。该草案分4编22章800条,第一编为审判衙门,第二编为当事人,第三编为通常诉讼程序,第四编为特别诉讼程序。主要模仿日本、德国的民事诉讼法,采用了"当事人主义"、"法院不干涉主义"、"辩论主义"等原则。但该草案未来得及正式颁行,清政府就被推翻了。

《民事诉讼律》 我国第一部正式颁行的民事诉讼法。1921年3月2日由广州军政府颁布,它是依据《中华民国临时约法》制定的,其篇章内容、结构完全以清末的《民事诉讼律草案》为蓝本,只作了一些必要的删改。即删除了"皇族"的字样,并将"大臣"改为"特任官",将"衙门"改为"法院"或"公署",将"法部"改为"司法部",将"判语"改为"主文",将"官吏"改为"官员",将"控诉"改为"控告"。整个法律分为法院、当事人、通常诉讼程序、特别诉讼程序4编。《民事诉讼律》于1921年5月2日正式施行,它只在广州军政府管辖的区域内有效。

《民事诉讼条例》 北洋政府正式颁布的民事诉讼法。1921年7月22日北洋政府颁布了修正后的《民事诉讼律草案》,同年11月14日更名为《民事诉讼条例》。该条例分为6编,第一编总则,第二编第一审程序,第三编上诉审程序,第四编控告程序,第五编再审程序,第六编特别诉讼程序。自此,与广州军政府的《民事诉讼律》一起形成了两部民事诉讼法在全国并行的局面。直到国民党建立统一政权后,于1935年2月1日公布了国民党政府的《民事诉讼法》,才结束了这一状况。

《民事诉讼执行规则》 旧中国第一部比较完善的民事执行法规。1920年8月3日北洋政府为了统一执行规则和办法,正式颁布了该规则。共分为6章,第一章为总则,第二章为动产执行,第三章为不动产执行,第四章为其他之执行,第五章为假扣押、假处分及假执行,第六章为附则。1933年5月22日,又公布了《补订民事执行办法》对其加以补充。其后,国民党政府于1940年1月19日公布了《强制执行法》将其取代。

《中华民国民事诉讼法》 国民党政府以大清《民事诉讼律草案》和北洋政府的《民事诉讼条例》为基础,修改制定的民事诉讼法,先后于1930年2月26日和1931年2月13日两次公布。1935年2月1日又公布了新的《民事诉讼法》,该法分为9编12章636条。第一编总则,含法院、当事人、诉讼费用和诉讼程序4章,第二编第一审程序,含通常程序、简易程序2章,第三编上诉程序,含第二审程序、第三审程序2章,第四编控告程序,第五编再审程序,第六编督促程序,第七编保全程序,第八编公示催告程序,第九编人事程序,含婚姻事件程序、亲子关系事件程序、禁治产事件程序、宣告死亡事件程序4章。该法于1945年12月又作了修正。台湾地区现行的民事诉讼法只是在此基础上作了几次修改、补充,基本体例结构并无大变化。在大陆范围内,随着1949年中共中央颁布的《关于废除国民党的六法全书与确立解放区的司法原则的指示》的公布,这部民事诉讼法同国民党的其他法律一同被废止了。

(阎丽萍)

jubu

拘捕(capture, arrest) 司法实践中对逮捕的一种叫法,见逮捕。

juchuan

拘传(summon for detention) 强制刑事犯罪嫌疑人、被告人和民事被告人到案接受讯问的强制措施。在刑事诉讼中,司法机关对未被羁押的犯罪嫌疑人和被告人经合法传唤无正当理由而不到案的,或虽未经传唤但情况紧急的,可以采取拘传措施强制其到案;在民事诉讼中,审判机关对经合法传唤无正当理由而拒不到庭的被告,可以拘传强制其到庭。实行拘传须出示拘传票(见拘传通知书)。拘传是最轻的一种强制措施。

中华人民共和国的刑事诉讼法和民事诉讼法都有拘传的具体规定。现行《刑事诉讼法》第50条规定:"人民法院、人民检察院和公安机关根据案件情况,对犯罪嫌疑人、被告人可以拘传"。第92条第2款又规定:拘传持续的时间最长不得超过12小时。不得以连续拘传的形式变相拘禁犯罪嫌疑人。根据上述规定和《刑事诉讼法》第4条、第225条的规定,我国的人民检察院、公安机关、国家安全机关、军队保卫部门和监狱,在刑事案件的侦查中有权对犯罪嫌疑人实行依法拘传。但是,由于监狱只对罪犯在监狱内犯罪的案件进行侦查,案犯本身处于羁押之中,故不需采取拘传措施。执行拘传的人不得少于2人,对抗拒拘传的可以使用戒具强制其到案。

英、美、法、德、日等国的刑事诉讼法也有关于拘传的规定,但其拘传不仅适用于被告人,也适用于经依法传唤,无正当理由拒不作证的证人,如日本的拘提。

(文盛堂 黄永)

juchuan tongzhishu

拘传通知书(notice of summon for detention) 又称拘票或拘传票。司法机关强制被拘传人到案的诉讼文书。各国刑事诉讼法均规定拘传犯罪嫌疑人、被告人等应用拘传票,在拘传票上必须写明被拘传人姓名、罪名或案由、拘传的原因、应押到的场所等。拘传票应由签发官员签名或盖章。我国《刑事诉讼法》第81条规定了送达传票、通知书的具体要求。在侦查中有权签发拘传通知书的机关有人民检察院、公安机关、国家安全机关、军队保卫部门和监狱(实践中监狱侦查的案件一般不需要采取拘传措施,因而也不需要签发拘传通知书)。在侦查实践中,有的机关制作拘传证而不另用拘传通知书。如人民检察院使用填空式的拘传证一纸两联,其中一联为存根。拘传证的主要内容有:检察机关的名称、文书标题、字号、被拘传人姓名、性别、出生年月、民族、住址、被拘传原因、批准人、执行人、填发人、填发时间等。这些内容大都载入存根联,而正联内容则重点写明拘传的法律根据、执行拘传人员姓名、被拘传人姓名、签发拘传证的检察长姓名、时期及院印等。拘传证正联向被拘传人宣布后附卷。

(文盛堂)

jujin fanying

拘禁反应(reaction after in custody) 见反应性精神病。

juliu

拘留(detention) 公安机关在侦查过程中,遇有紧急情况时,对现行犯或重大嫌疑分子所采取的临时限制其人身自由的强制措施。我国《刑事诉讼法》规定:公安机关对于现行犯或者重大嫌疑分子,如果有下列情形之一的,可以先行拘留:①正在预备犯罪、实行犯罪或者在犯罪后即时被发觉的;②被害人或者在场亲眼看见的人指认他犯罪的;③在身边或者住处发现有犯罪证据的;④犯罪后企图自杀、逃跑或者在逃的;⑤有毁灭、伪造证据或者串供可能的;⑥不讲真实姓名、住址,身份不明的;⑦有流窜作案、多次作案、结伙作案重大嫌疑的(第61条)。

公安机关依法享有拘留权,另外,依据我国《刑事诉讼法》的规定,人民检察院直接受理的案件,符合本法第61条第4、5项规定的情形,需要拘留犯罪嫌疑人的,由人民检察院作出决定,由公安机关执行。公安机关执行拘留时,应持有经县级以上公安机关负责人签发的拘留证,并将拘留证向被拘留人出示,宣布对其实行拘留。被拘留的人应在拘留证上签名并按手印。拒绝签名和按手印的,执行拘留的人应当予以注明。拘留后,除有碍侦查或者无法通知的情形以外,公安机关应在24小时以内把拘留的原因和羁押的处所通知被拘留人的家属或者他的所在单位。公安机关应当在依法拘留后的24小时内对被拘留人进行讯问,发现不应当拘留的,应当立即释放,并发给释放证明。对于需要逮捕但在拘留期限内无法收集到证据证明其有犯罪事实的,应依法改用取保候审或监视居住等强制措施。公安机关对被拘留的人,认为依法需要逮捕的,应在3日以内提请人民检察院审查批准。在特殊情况下,提请审查批准的时间可以延长1日至4日;对于流窜作案、多次作案、结伙作案的重大嫌疑分子,提请审查批准的时间可以延长至30日。人民检察院在接到公安机关提请批准逮捕书后,应当在7日以内审查完毕,根据情况分别作出批准逮捕或不批准逮捕的决定。对于批准逮捕的决定,公安机关应当立即执行,并且将执行情况及时通知人民检察院。对于人民检察院不批准逮捕的,公安机关一经接到通知,应立即释放被拘留人。对于需要继续侦查,并且符合采取取保候审或者监视居住措施条件的,应依法变更强制措施。公安机关在异地执行拘留时,还应当通知被拘留人所在地的公安机关。

刑事拘留与行政拘留具有明显的区别:①法律性质不同。刑事拘留是刑事诉讼中的保证性措施,本身不具有惩罚性;行政拘留是治安管理处罚,实质上是一种制裁,具有惩罚性。②适用于对象不同。刑事拘留适用于刑事诉讼中的现行犯或者重大嫌疑分子,是被追究刑事责任的对象;行政拘留仅适用于一般违法行为人。③羁押期限不同。一般刑事拘留不超过14天,对流窜作案、多次作案、结伙作案的重大嫌疑分子的拘留期限不超过37日;行政拘留期限最长为15日。④适用目的不同。刑事拘留的适用目的是保证刑事诉讼活动顺利进行,行政拘留的目的是惩罚和教育一般违法行为人。

刑事拘留与司法拘留,即民事拘留(见对妨害民事诉讼的强制措施)也有区别:①适用对象不同。刑事拘留只适用于现行犯或重大嫌疑分子,民事拘留适用于实施了妨害民事诉讼秩序行为的当事人、诉讼参与人以及案外人。②与判决关系不同。刑事拘留的羁押期限可以折抵刑期,民事拘留仅仅是一种惩戒,不得因被民事拘留而要求减轻或者免除判决应负的义务。③有权采用的机关不同。刑事拘留由公安机关和人民检察院决定,由公安机关执行。民事拘留由人民法院决定,由人民法院的司法警察执行,交公安机关的看守所看管。④期限不同。刑事拘留的羁押期限已如前述,民事拘留期限最长为15日。

(黄 永)

juliu tongzhishu

拘留通知书(notice of detention) 人民检察院、公安机关在对犯罪嫌疑人采取拘留措施后,通知被拘留人家属或者其所在单位时所制作的法律文书。拘留通知书应在首部写明制作文书的机关名称、文书名称、文书编号,文书编号依次写明制作机关的简称、办案部门简称、年度及序号。正文写明被通知的家属或单位名称,犯罪嫌疑人姓名、案由、被拘留的时间及羁押处所等。并应在尾部注明制作日期,加盖制作机关印章。拘留通知书送达后,被拘留人的家属或其所在单位的收件人应在送达回证上签字并证明送达日期。

(黄 永)

juti

拘提(force somebody before court) 一些外国的刑事诉讼法规定的强制被告人或者证人到一定的处所接受讯问或者作证的一种措施,与我国的拘传相似。如《日本刑事诉讼法》规定,对于没有一定住所以及没有正当理由不接受传唤,或者可能不接受传唤的被告人,法院可以拘提。不接受传唤的证人,也可以拘提。拘提时应制作拘提票并向被拘提人出示。除非有法定的理由决定羁押被拘提人并经法院签发羁押票,法院应当在24小时内释放被拘提人。

(黄 永)

jubao ren

举报人(informer) 向司法机关检举、揭发犯罪嫌疑人的犯罪事实或者犯罪嫌疑人线索的当事人以外的其他知情人,包括法人和自然人。这里所指的法人和自然人,包括当事人以外的知情的单位和个人。举报人与报案人的主要区别是:报案人既包括与案件无直接牵连的任何单位和个人,又包括本案当事人中的被害人;而举报人则是指案件当事人以外的知情人,包括单位和个人。举报人的特点是对案件的有关事实或犯罪嫌疑人线索知情,但又不是案件的当事人。

(文盛堂)

juzheng zeren

举证责任【刑诉】(burden of producing evidence) 关于举证责任的涵义和性质,在诉讼证据理论中有各种不同的观点。一种观点认为,举证责任就是证明责任,是证明责任的习惯用语,指被告人是否有罪应当由谁提出证据并加以证实的责任。另一种观点认为,举证责任与证明责任是不同层次的用语,各有不同的涵义。从英文原文来看,Burden of proof(一般译为证明责任)与 Burden of producing evidence(一般译为举证责任或提出证据的责任)是不同的概念。在英国《布莱克法律词典》外文中,对前者的说明是,必须确凿地证明诉讼双方之间对其要点有争议的一个或数个事实的责任,这种责任要求一方当事人运用证据的优势,用清楚而有说服力的、能够排除一切合理怀疑的证明去肯定某一事实的存在或不存在。对后者的说明是,诉讼一方当事人有义务提出充分的证据,以避免就有争议的问题对他们作出不利的裁决。如果一方当事人已提出充分证据使案件事实表面看起来已确凿无疑,即使这些证据还不足以使审判人员对这些需要查明的事实产生确信,该当事人也已履行了举证责任。再一种观点认为,举证责任的原意是指当事人对有利于自己的主张,有向法院举出证据加以证明的责任,否则,将受到不利于己的裁判。这种传统意义上的举证责任,其主体是当事人,其中不仅有个人,也包括作为当事人执行控诉职能的国家机关。是否履行举证责任,是与自己的主张能否得到法院肯定的诉讼后果直接相联系的。第四种观点认为,在我国,举证责任是指某些当事人对刑事诉讼中应予认定的案件事实有提供证据证明的责任,否则,将承担自己的主张不能成立的风险。它包括在证明责任之中,但其主体仅限于某些当事人,而不包括司法机关。负有举证责任的当事人没有提供足够的证据或因提供的证据有疑问,就将招致于己不利的裁判或其主张不能成立的风险。

关于举证责任的性质,更是众说纷纭,主要有:①权利说,认为举证责任是承担者的权利。②义务说,认为举证责任是承担者的义务。③权利义务说,认为举证责任既是承担者的权利,又是他的义务,具有两重性。④效果说,认为举证责任的承担者是否举证,将产生不同的效果,即与是否招致不利于己的裁判相联系。⑤负担说,认为举证责任的原义就是举证负担,是法律使其负担者应提供证据证明其主张,以免不能依其主张而裁判。

举证责任的分担与诉讼程序的性质、形式紧密相联。在古代弹劾式诉讼中,只有有了控告,刑事诉讼才能开始,所以当时的举证责任主要由控诉人承担,被告人在某些情况下也负有举证责任。后来罗马法对举证责任的分担,有"谁主张,谁证明"的原则性规定,即举证责任由提出主张的人承担,消极否定的人不承担举证责任。在纠问式诉讼中,行使国家司法权的官吏,集审判职能和控诉职能于一身,既有权审判,又有权追诉和刑讯,被告人只是被追究、拷问的对象,所以被告人应负举证责任。如果被害人自行提起控诉,他作为原告人也负有举证责任。

在近现代的资本主义国家,关于刑事诉讼中举证责任的分担,英美法系和大陆法系的规定不完全相同。英美法系国家因实行彻底的当事人主义,提出控诉的被害人或检察机关对主张的事实,应负举证责任。被告人一般不负举证责任,但在某些例外情况下,则应负举证责任。如被告人认为自己的杀人罪行是在无责任能力的情况下实施的,反驳法律推定有罪的,引用成文法规定的例外,但书为自己辩护的等。大陆法系国家实行职权主义,执行控诉职能的检察机关和可以自行控诉的被害人,对其控诉的犯罪事实应负举证责任。被告人不负任何举证责任。法官审判案件依据自己的职权可以决定调查范围,主动收集证据,不受当事人所提证据的约束,不是消极的仲裁者。

在我国,认为举证责任即证明责任的,承担证明责任的司法机关、自诉人和巨额财产来源不明罪的犯罪嫌疑人、被告人,当然就有举证责任。认为举证责任只是某些当事人有提供证据进行证明的,举证责任的主体就只限于某些当事人。具体地讲,自诉案件的自诉人对其自诉应负举证责任,巨额财产来源不明罪的犯罪嫌疑人、被告人对其财产来源负有举证责任。其他犯罪嫌疑人、被告人均不负举证责任。　　(陈一云)

juzheng zeren

举证责任【民诉】(burden of proof) 在民事诉讼中,当事人对其主张的事实,提出证据加以证明其真实性、合法性的责任。举证责任在民事诉讼中占有非常重要的地位,当事人进行诉讼活动,必须依据一定的事实,并且需要提出证据加以证明其诉讼活动所依据的事实和理由。举证责任这一制度的确立,一方面可以使人民法院确认案件事实有据可依,使当事人的合法权益得到及时的确认和保护;另一方面也有利于人民法院查明案情,正确适用法律,解决当事人之间的纠纷,保证诉讼的顺利进行。因此举证责任制度是当事人申请司法救济的基础,是法院作出公正裁断的基石。

关于举证责任的性质,多年来一直众说纷纭,有人主张举证责任是一种权利,有人主张举证责任是一种义务,有人主张举证责任既是一种权利,又是一种义务。举证责任很大程度上依赖于实体法律关系。主张者主张在实体法上享有权利,有权在诉讼中举证以证明其实体权利的真实性、合法性,请求法院予以恢复或补救受侵害的权利,是一种实体诉权在程序上的表现,称程序诉权,是当事人的一项重要的诉讼权利。另一方面举证责任是一种危险负担而非义务。作为法律义务而言,应由法律明确规定,应具备法定行为后果,即具有法律强制性;义务必须履行,如不履行,则要承担一定的法律制裁后果。举证责任作为在诉讼中的危险负担,可以履行,也可以不履行,当事人并不因此不履行行为而有碍公共秩序并受到法律制裁,我国法律中也未明文规定举证责任是一种义务,当事人不履行举证责任的后果仅仅是要承受法院不依其主张作出裁判的危险。因此说举证责任的性质应是一种权利和危险负担。

举证责任从动态上讲是当事人的一项诉讼活动,从静态上讲是一种责任分担形式,通过动态的举证责任的转移实现其静态的责任分担,静态的举证责任的分担有一定的原则。根据《中华人民共和国民事诉讼法》规定,"当事人对自己提出的主张,有责任提供证据。"也就是通常所说的"谁主张,谁举证"原则。这一原则脱胎于罗马法的"原告负举证责任"原则。但由于全部由原告负举证责任对原告明显不利,因此依据公平原则,将举证责任分担发展成为主张权利的人有责任提供证据予以证明其权利为真实、合法原则。

根据举证主体和案件性质的不同,举证责任也不尽相同。原告、有独立请求权的第三人(见诉讼中的第三人)、共同诉讼人、诉讼代表人有权、有责任就自己提出的独立的主张事实提供证据并加以证明,无独立请求权的第三人(见诉讼中的第三人)为保护自己的合法权益,有权、有责任提供证据予以证明。举证责任的分担有例外情况:①举证责任倒置。这种情况下,原告不承担举证责任,被告对原告主张持否定意见的,承担举证责任。②免证事实的存在。根据最高人民法院《关于适用〈中华人民共和国民事诉讼法〉若干问题的意见》第75条规定,有下列事实,当事人无需举证:一方当事人对另一方当事人陈述的案件事实和提出的诉讼请求,明确表示承认的;众所周知的事实和自然规律及定理;根据法律规定或已知事实,能推定出的另一事实;已为人民法院发生法律效力的裁判所确定的事实;已为有效公证书所证明的事实。③法院调查取证。我国《民事诉讼法》第64条第2款规定:"当事人及其诉讼代理人因客观原因不能自行收集的证据,或者人民法院认为审理案件需要的证据,人民法院应当调查收集。"例如一些公文书是当事人力不能及的,案件中的专门性问题需要鉴定、勘验的,当事人无法举证的情况下,由人民法院调查、收集证据。

举证责任的范围限度应当为:凡是当事人主张有关的一切事实都在举证责任范围之内,即主张所依据的事实以及主张所依据的事实依据的事实。从另一角度,即从证明对象的角度来说,待证事实的范围一般包括当事人主张的实体法意义上的事实,程序法意义上的事实和证据事实。实体法上的事实往往是双方争论的焦点,这类法律事实直接涉及到法律关系的状态、权利的大小、有无以及由谁享有权利,由谁承担义务等问题而成为主要的待证事实。诉讼上的法律事实关系到诉讼能否顺利、公正、合法地进行,裁判是否公正、有效、合法等问题而成为待证事实。证据事实是用来证明案件真实情况的,要求本身必须真实可靠,因此当证据事实受到怀疑或发生争议时,也需要有其他证据证明其真实可靠性而成为待证事实。

举证责任可分为提供证据责任和证明责任两层含义,并且证明责任应为举证责任的侧重点。当事人提供证据并不能达到其诉讼目的,更重要的是运用证据来证明待证事实,证明其主张的合法、合理,使法院依其主张为裁判,这才是其进行诉讼的本意。

举证责任有一定的要求:一是对证据的要求。证据对诉讼的胜败起至关重要的作用,提供的证据必须与案件事实有联系,对证明案件事实起重要作用,即应具有证据能力和证明力。证据材料应尽量提供原件,证据材料的复印件,提供人拒不提供原件或原件线索,没有其他材料可以印证,对方当事人又不予承认的,在诉讼中不能作为认定事实的依据。二是对举证责任在时间上的要求,举证责任的履行是当事人的一项诉讼活动,因此应有一定的时间限制,以保障诉讼顺利、及时地进行。人民法院对当事人一时不能提交证据的,根据具体情况,指定其在合理期限内提交。(丛青茹)

juzheng zeren daozhi
举证责任倒置(reversion of burden of proof)
在诉讼中特定情形下,原告不必举证,即可认为主张事实之真实,如若被告要推翻这一主张则必须承担举证责任,提出证据加以证明其反驳事实,即将本属于原告的举证责任转移给被告方。举证责任一般实行的是"谁主张,谁举证"原则,但在某些特定情形下,适用这一原则,就会发生很大困难,甚至不能保证对案件处理的公正性和平等性。特定情形是指原负有举证责任的一方处于明显不利地位,例如:证据在对方当事人的知识范围或控制内,往往很难或无法对自己的主张事实承担举证责任,这种举证上的困难,往往使原告的主张事实得不到法庭确认,最终导致其合法权益得不到应有的法律保护,另一方侵害人却可以因此逃避法律责任。相反,案件事实被告最清楚,并且他有举证能力。在双方举证能力相差悬殊的情况下,法律为了保护受害人的利益,维护社会公正,有必要对此种情况实行举证责任倒置,由本来负有举证责任的一方当事人的相对方承担对案件实质性事实的举证责任。

举证责任倒置是一种举证责任分担的例外情况,因此必须有法律上的明文规定才能适用,当事人和人民法院不得任意适用。最高人民法院《关于适用〈中华人民共和国民事诉讼法〉若干问题的意见》第74条规定:在诉讼中当事人对自己提出的主张,有责任提供证据。但在下列侵权诉讼中,对原告提出的侵权事实,被告否认的,由被告负责举证:①因产品制造方法发明专利引起的专利侵权诉讼;②高度危险作业致人损害的侵权诉讼;③因环境污染引起的损害赔偿诉讼;④建筑物或者其他设施以及建筑物上的搁置物、悬挂物发生倒塌、脱落、坠落致人损害的侵权诉讼;⑤饲养动物致人损害的侵权诉讼;⑥有关法律规定由被告承担举证责任的。以上诉讼①~⑤是《中华人民共和国民法通则》中规定的推定过错或无过错责任案件,只要有损害事实的存在,被告就应承担赔偿责任,只有在被告人能证明自己没有过错或由于受害人自己过错或第三人过错造成损害的,才不承担民事责任。其他法律规定由被告举证的,例如《中华人民共和国民法通则》规定的产品责任案件,行政侵权案件,国务院发布的《医疗事故处理办法》中规定的医疗过失致人损害案件,均属于举证责任倒置案件。 (丛青茹)

ju'e caichan laiyuan buming anjian zhencha

巨额财产来源不明案件侦查(investigation of case involving a huge amount of property with unidentified sources) 检察机关在办理巨额财产来源不明案件过程中,依照法律进行的专门调查工作和有关的强制性措施。巨额财产来源不明案件是指我国《刑法》第395条第1款所规定的巨额财产来源不明罪,即国家工作人员的财产或者支出明显超过合法收入,差额巨大,本人又不能说明其来源是合法的案件。巨额财产来源不明案件侦查的重点及方法:①核实犯罪嫌疑人是否符合刑法总则规定的"国家工作人员"的主体资格。②核查犯罪嫌疑人拥有的财产或支出是否明显超过合法收入。核查的主要方法是先对犯罪嫌疑人的合法收入,主要包括工资、奖金、贷款、稿酬、馈赠、合法继承遗产、其他合法收入,进行全面合理的登记核算,再按犯罪嫌疑人拥有的财产或支出数额减去其合法收入,求出其差额部分的准确数额。③责令犯罪嫌疑人说明巨额财产的来源,并进行逐一核查,如果查明其来源于贪污、受贿、挪用公款等犯罪所得,则应撤销本案而按其所犯之罪立案侦查;如果侦查既不能认定是其他犯罪所得,又查不清其合法来源,则应按本罪处理。④巧妙收集反侦查证据用以揭露和印证犯罪。本案中"本人不能说明其来源"是有意隐瞒事实真相、拒不说明财产的真实来源。这种主观心理状态往往表现为反侦查的客观行为,如有意编造谎言给侦查人员乱列"财产来源"清单;或依托亲友主动代为充当"馈赠者"、"债权人"等;或通过电话、电报、书信、口头要求等方式暗中指使他人伪造"来源"的证据等。对上述各种反侦查行为可以采用多种有效的侦查措施和手段巧妙地收集和固定证据,以确证其差额财产来源的非法性。⑤发现犯罪嫌疑人的财产有藏匿、转移等迹象时,应迅即依法搜查、扣押、查封、冻结账户等。⑥对犯罪嫌疑人供述其财产来源于拾得物、漂流物、埋藏物或其他无主财产的,应认真调查核实真假。如查证属实,一般应撤销本案,按《民法通则》的有关规定处理,但如果数额巨大依法应追究刑事责任的,按刑法规定的侵占罪处理;如果查无实据,则仍应按巨额财产来源不明罪处理。⑦对查明犯罪嫌疑人拥有的巨额财产确系接受他人馈赠或受委托代为他人保管的,则应进一步查清赠与人、委托人的财产来源是否合法。如果对方财产来源合法,赠与和保管行为亦为合法的,则不构成犯罪,应撤销案件;如果对方的财产源于犯罪所得,而受赠人、代管财产人不知情的,则应撤销案件,但将其财产以赃款赃物收缴并追究对方所犯之罪的刑事责任;如果明知是赃款赃物而予以接受和代为保管的,则应撤销巨额财产来源不明罪而以窝赃罪立案侦查;如果查明事前与对方有共谋、事后以受赠或代管为名匿赃的,则应按对方所犯之罪的共犯立案侦查。⑧对巨额财产的一部分查明是其他犯罪所得,而另一部分无法查明其来源的,则按所犯其他之罪和本罪数罪并罚处理。 (文盛堂)

jujue bianhu

拒绝辩护(refusal of defence) 在我国刑事诉讼中有两种含义:①被告人拒绝辩护人继续为他进行辩护。我国《刑事诉讼法》规定:在审判过程中,被告人可以拒绝辩护人继续为他辩护,也可以另行委托辩护人辩护(第39条)。拒绝辩护是被告人的一项诉讼权利,人民法院应当准许。②担任辩护人的律师或其他公民拒绝继续为被告人进行辩护。《中华人民共和国律师法》规定:律师接受委托后,无正当理由的,不得拒绝辩护或者代理,但委托事项违法,委托人利用律师提供的服务从事违法活动或者委托人隐瞒事实的,律师有权拒绝辩护或者代理(第29条第2款)。对于律师拒绝辩护是否须经法院审查准许的问题,学术界观点不同。有的学者认为,律师拒绝辩护应经法院审查准许。人民法院准许的,应当决定延期审理,以保证被告人能有充足的时间另行委托辩护人。另一些学者认为:律师拒绝辩护是《律师法》赋予的一项权利,其行使无须经人民法院的审查准许。 (黄永)

jujue zuozheng quan

拒绝作证权(right of refusing to be a witness)

刑事诉讼中非诉讼当事人作为证人时享有的一项权利。证人对可能使本人或其法定的亲属或他人受到刑事追诉或有罪判决的证言,可以拒绝提供。确立拒绝作证权的意义在于:有利于禁止主管官员使用强制手段取得证人证言,有利于保障人权;易于消除证人提供证言后可能使本人或其法定亲属承担法律后果的顾虑,从而能够毫无保留地作证,有利于查明案件事实真相;有利于维护证人的家庭关系和亲属关系;有利于保守职业秘密、国家和公共机密。

正当行使拒绝作证权的要求:①由于个人原因的权利主体是刑事诉讼中的证人,受权利保护的人,有些国家除本人外,还有其配偶,与证人曾经是或现在是直系亲属、直系姻亲、旁系三亲等内有血缘关系或在二亲等内有姻亲关系的人,以及法律规定的其他人员。由于职务原因的权利主体有神职人员、辩护人、律师、财会师、医师、药剂师、助产士、传媒工作人员等。公务员、法官、参议院或众议院议员等人在符合法律特别规定的情形下也享有拒绝作证权。②实质要求证言涉及的事实必须有使证人本人或法律规定的他人受到刑事追诉或有罪判决的危险。具有已逾追诉时效、被告人已被宣告无罪等情形的,不得主张并行使拒绝作证权。在民事诉讼、行政程序、美国的大陪审团调查程序或立法机关的听证等程序中,不得主张并行使此项权利。③程序要求。英美等国要求证人应适时地主动主张特权。证人在被询问可能使其受到刑事追诉或有罪判决的当时,就应当主张特权,否则视为放弃特权,从而必须回答提问。所提的问题是否可能使回答的证人受到刑事追诉或有罪判决,由法官断定。判断的标准是,证人的证言是不利于己的证据锁链中的一环,存在合理的可能性,而不要求必须证明其有罪。

(王以真)

jujie

具结(to make a written declaration)　证人依法定程序向司法机关出具保证文书,保证据实作证,如作伪证,愿承担法律责任。我国台湾地区的刑事诉讼法规定:证人有具结的义务,证人除有法定免除具结之原因外,不论在侦查中或审判中,均需具结。证人具结的效力与证人宣誓相同。凡证人之陈述,如未经具结者,不足采为判决之基础,仅能供事实上之参考;证人如于具结后,而为虚伪之陈述,则依刑法伪证罪科判;证人无正当理由而拒绝具结,将科处罚款。具结的程序如下:①具结应于询问前为之。但应否具结有疑义者,得命于询问后为之。②证人具结前,应告以具结之义务,及伪证之处罚。③具结应于结文内记载"当据实陈述,决无匿饰增减"等语。其于询问后具结者,结文内应记载"系据实陈述,并无匿饰增减"等语。④结文应命证人朗读,证人不能朗读者,应命书记官朗读,于必要时,并说明其意义,命证人签名、盖章或按指印。出现下列情况之一时,证人可以免除具结:①未满16岁者;②因精神障碍,不解具结之意义及效果者;③与本案有共犯,或有藏匿犯人,及湮灭证据、伪证、赃物各罪之关系或嫌疑者;④证人与被告或自诉人有特殊之亲密关系,或因陈述足使证人自己或与其有上述关系之人受刑事追诉或处罚,证人不拒绝作证时;⑤为被告或自诉人之受雇人,或同居人者。我国刑事诉讼中的证人在作证前,司法人员告知证人应当如实地提供证据、证言和有意作伪证或者隐匿罪证要负的法律责任,证人表示认诺,这也具有具结的意义。提供书面证言时,证人一般也在最后写上具结的内容。

(熊秋红)

jueding

决定【民诉】(decision)　法院就诉讼上的问题和关系诉讼的问题所作出的判定。所谓诉讼上的问题是指适用判决、裁定和命令解决之外的诉讼上需要解决的问题,诉的合并、诉的分离、延期审理以及当事人申请回避;所谓关系诉讼的问题是指不是诉讼程序本身进行中遇到的但却会影响诉讼程序的进程的问题,如对妨害民事诉讼行为的处理(见对妨害民事诉讼的强制措施)。决定是法院行使法律赋予的民事案件中的处分权的结果。法院的处分权是保证法院在诉讼中的审判权和诉讼指挥权实现的一项重要权能,是赋予法院在诉讼过程中及时处理某些特殊问题和紧急情况的一项带有强制性和司法行政性质的权力,从而保证法院审判权和诉讼指挥权的顺行行使,保证诉讼的顺利进行。决定是法院实现其职能的一种特定方式,也是法院法律文书的一种特殊形式。

决定的适用范围,取决于法律的规定,同时也体现出法院在民事诉讼中处分权的大小。没有处分权不利于法院审判权和诉讼指挥权的行使,但处分权范围过大也会助长法院在诉讼中的专断。在我国民事诉讼中,适用决定解决的问题主要包括:对当事人申请回避的处理;对妨害民事诉讼行为是否采取及采取何种强制措施;各法院的审判委员会对本院的生效裁判认为应当再审的处理;对当事人申请顺延诉讼期间的处理;以及对诉讼费用缓交、减交或免交的处理。

决定的效力不同于判决和裁定。通常情况下,决定一经作出,立即发生法律效力。对决定不存在上诉问题。有的决定法律允许申请复议一次,但复议期间,不停止决定的执行。决定的效力主要表现为强制性,对决定没有选择性。和判决、裁定相比,决定还表现为解决问题的迫切性和及时性。决定所涉及的问题得到解决,决定的效力就自然丧失。

(俞灵雨)

jueding

决定【刑诉】(determination) 公安机关、人民检察院和人民法院在刑事诉讼过程中,依法处理某些问题所作的结论。根据我国《刑事诉讼法》的规定,公安机关和人民检察院既可以用决定解决诉讼程序问题(如对侦查人员、检察人员是否回避所作的决定),又可以用决定解决案件的实体问题(如撤销案件的决定,人民检察院对被告人作出不起诉的决定)。对公安机关、人民检察院的决定,哪些可以要求复议,什么人可以要求复议,刑事诉讼法一般都有规定。人民法院则只能用决定解决诉讼程序问题,如解决审判人员是否回避,当事人和辩护人在法庭审理过程中申请通知新的证人到庭、调取新的物证、重新鉴定或者勘验,是否同意等问题。对人民法院作出的决定,不能提出上诉或者抗诉,只有法律明确规定,才可以申请复议。公安机关、人民检察院和人民法院的决定,一般需要制作决定书,写明对该程序问题或者实体问题的处理意见。如果用口头形式宣布,应当记录在卷。

(汪建成)

jueding daibu tongzhishu

决定逮捕通知书(arrest notice) 1996年3月17日修正后的《刑事诉讼法》实施以前,人民检察院对直接受理的案件的犯罪嫌疑人决定逮捕时,为通知公安机关执行逮捕所制作的文书。自1997年1月1日新的《刑事诉讼法》施行起,已由执行逮捕通知书所代替。

(黄永)

jundui baowei jiguan

军队保卫机关(military security organ) 中国人民解放军建制内执行侦查、预审、起诉和安全保卫工作任务的机关,是军队各级政治机关的职能部门。我军历来十分重视军队保卫工作。中国人民解放军的保卫工作机关,创立于建军之初。1927年7月,领导南昌起义的中国共产党前敌委员会,曾设立政治保卫处,及时发现并惩处了混入起义军的奸细和叛变分子,这是我军历史上最早的专职保卫工作机构。1932年1月以后,中华苏维埃中央革命军事委员会决定,在红军所属各军团、军中设立国家政治保卫局,师、团设特派员,实行垂直领导,执行"侦查、拘捕、镇压及消灭反革命组织"的任务。抗日战争时期,师以上单位政治机关设立锄奸部,旅设锄奸科,团、营及独立支队设特派员,负责对敌特和混入军队的破坏抗日分子进行侦查、预审,对危害严重者送交军法处惩处。从解放战争开始,团以上部队政治机关分别设保卫部、处、科、股等保卫工作机构,有效地巩固和纯洁了部队,保障了解放战争的顺利进行。中华人民共和国成立后,中央人民政府公安部组建了武装保卫局,领导军队保卫工作。1950年4月,武装保卫局改称保卫部,成为总政治部领导全军保卫工作的职能部门。之后,全军各级保卫部门的名称也相继调整,在大军区和兵团级单位政治部设保卫部,军、师、团级单位政治机关分别设保卫处、科、股。1958年以后,军队保卫工作的职能作用受到削弱,1961年1月至1962年5月军队保、检、法机关合署办公。"文化大革命"10年,军队保卫工作处于混乱状态,侵犯了一些军人的人身自由和民主权利,制造了一些冤假错案。党的十一届三中全会,纠正了林彪、"四人帮"极左路线的流毒和影响,军队保卫工作也进入了新的历史发展时期。1985年6月,随着军队建设指导思想的转变,军队减少员额100万,并大规模地调整了军队组织编制,军队保卫工作机关在精简整编中,撤销了团一级政治机关的保卫股,改设保卫干事若干人。

军队保卫工作机关的基本职能是:①基层保卫工作。贯彻预防为主,综合治理的方针,落实保卫工作制度和措施,教育全体军人遵纪守法,提高警惕,防止敌人打进来,防止个别人被敌人拉出去,防止人民内部矛盾转化为敌我矛盾,预防各类刑事犯罪案件的发生。②侦查工作。依照法律规定,对军内反革命案件和其他刑事案件行使侦查权,及时发现、打击和预防间谍、特务、反革命分子及其他刑事犯罪分子的破坏活动,与军事法院、军事检察院分工负责、互相配合、互相制约,共同进行军队刑事诉讼活动。③警卫工作。担负军队指挥机关、要害部门和军队重大活动的安全警卫工作,防止发生任何形式的破坏活动。同时,军队保卫机关还负责军队内部案犯的看守以及劳改、劳教工作,开展军队刑事科学技术研究工作,上级保卫机关负责对下级保卫干部实施培训指导。

军队保卫工作自创建之初就坚定不移地贯彻我党关于政治工作的方针、政策。中华人民共和国成立后,在保卫工作中坚持以毛泽东关于人民民主专政,正确区分和处理两类不同性质矛盾的学说为指针。党的十一届三中全会以来,军队保卫工作进入了一个新的历史发展时期。军队保卫工作以《中华人民共和国宪法》等法律、法规为依据,在党委和政治机关领导下,贯彻执行"党委领导,首长负责,保卫工作和一般工作相结合,专门机关和广大群众相结合"的工作路线,有效地防范和打击了间谍特务、危害国家安全分子和其他犯罪分子的破坏活动,充分地发挥了保护军人的民主权利和合法利益,维护军队的稳定的职能作用。

(蒲硕棣)

junshi fayuan

军事法院(military court) 中国在人民解放军中设立的行使国家赋予的军事审判权的机关,是属于军队建制并纳入国家统一审判体系的专门人民法院。我军的军事审判机关，始建于土地革命战争时期。在中国革命的不同历史时期有不同的名称。1931年9月，鄂豫皖苏维埃政府颁布《革命军事法庭暂行条例》，规定在红军部队师以上机关，地方各县军区指挥部及军事委员会公会之下，设立革命军事法庭。1932年2月，中华苏维埃中央执行委员会颁布了《中华苏维埃共和国军事裁判所暂行组织条例》，命令红军的革命军事法庭改称军事裁判所，审理红军中的刑事案件。抗日战争时期，军事裁判所改称军法处。1939年，八路军政治部颁布了《第八路军军法处工作条例草案》，要求在各师、旅、军区、军分区及后方留守处政治部内设立军法处，同时规定了各级军法处的职权、诉讼程序等具体内容。中华人民共和国诞生之初，仍延用军法处这一名称。1954年1月，中央军委批准成立中国人民解放军军事法庭，统一管理全军的审判工作。同年11月1日，中国人民解放军军事法庭更名为中国人民解放军军事法院。1955年8月，根据《中华人民共和国宪法》和《中华人民共和国人民法院组织法》的规定，全军各级军法处一律改称军事法院，纳入国家审判机关的体系。1956年12月，中国人民解放军军事法院改称中华人民共和国最高人民法院军事审判庭。1961年1月～1962年9月，军队保卫部门、检察院、法院三机构合署办公。1965年5月，中共中央批准恢复中国人民解放军军事法院建制。"文化大革命"期间，各级军事法院于1969年12月被取消。1978年1月，中央军委在颁发的《关于军队编制体制的调整方案》中，决定恢复中国人民解放军军事法院和各大军区、海军、空军、解放军总直属队军事法院。1979年11月，中央军委批准恢复海军舰队、军区空军和陆军军级单位的军事法院。

军事法院的职权和任务，是依照法律审判军职人员的刑事案件和根据法律规定由它管辖的其他案件，惩办危害国家安全和军事利益的刑事犯罪分子及其他刑事犯罪分子，保卫人民民主专政制度，维护社会主义法制和军队秩序，保护军人和其他公民的合法权益；保障我军革命化，现代化、正规化建设的顺利进行，巩固国防和提高部队战斗力，宣传社会主义法制，教育军职人员忠于祖国，严守职责，自觉地遵守国家宪法、法律和军事法规，与一切违法犯罪行为作斗争。

根据《中华人民共和国宪法》、《中华人民共和国人民法院组织法》以及军队的有关规定，军事法院分三级设置，即中国人民解放军军事法院，各大军区、海军、空军、解放军总直属队军事法院，海军舰队、军区空军、陆军军级单位军事法院。中国人民解放军军事法院，是国家在人民解放军中设立的最高审判机关，受中华人民共和国中央军事委员会和中国人民解放军总政治部领导，审判工作受中华人民共和国最高人民法院监督。中国人民解放军军事法院对全军各级法院的审判业务实施监督、指导，领导和管理军事法院系统的司法行政工作，并根据《中华人民共和国人民法院组织法》、《中华人民共和国刑事诉讼法》和中央军委发布的《关于逮捕、起诉和审判权限的规定》，负责审判下列案件：①中国人民解放军军事检察院起诉的被告人原为正师职、技术5级、文职干部正局级以上的犯罪案件。②不服下一级军事法院的判决、裁定的上诉案件。③下一级军事法院移送审判的第一审刑事案件。④最高人民法院指定审判的刑事案件。⑤中国人民解放军军事检察院起诉的涉外刑事案件。⑥复核下一级军事法院判处的死刑案件，并依法在最高人民法院的授权下核准其中部分死刑案件；核准下一级军事法院判处的死刑缓期二年执行的案件。⑦审核下级军事法院依法适用类推的案件。⑧审判按照审判监督程序提起的再审案件。⑨直接受理被告人为正师职、技术5级、文职干部正局级以上人员的告诉才处理的和不需要侦查的轻微刑事案件。⑩直接受理军人违反职责罪中的遗弃伤员罪和虐待俘虏罪案件。其他各级军事法院对本级政治机关负责，其审判工作受上级军事法院监督，各大军区、海军、空军和总直属队军事法院审判被告人为副师职和团职人员的第一审刑事案件，拟处死刑的第一审案件，不服下级军事法院判决或裁定上诉或抗诉的案件，解放军军事法院授权或者指定审判的案件。军(兵团)级单位的军事法院审判被告人为正营职以下人员的拟判处无期徒刑以下刑罚的第一审刑事案件，上级法院授权或指定审判的第一审案件。军队刑事案件审判级别管辖与刑事诉讼法规定的级别管辖有所不同：第一，以犯罪军人的职务级别为决定管辖权的首要依据。第二，军(兵团)级单位军事法院有权审判危害国家安全的案件以及拟处无期徒刑的案件。第三，涉外案件由中国人民解放军军事法院审判。

军事法院的审判人员由现役军官担任。中国人民解放军军事法院院长由最高人民法院院长提请全国人民代表大会常务委员会任免；中国人民解放军军事法院副院长、庭长、审判员和其他人员，各大军区、海军、空军、解放军总直属及以下的军事法院院长、副院长、审判员和其他人员，按照军队干部任免权限任免。各级军事法院设立审判委员会，审判委员会委员由院长提请本级政治机关任免。院长主持审判委员会会议，讨论重大或疑难案件，总结审判经验或其他有关审判工作的问题。

军事法院在审判工作中，贯彻刑事诉讼法规定的一系列司法原则和制度，与军队保卫机关、检察机关互相配合、互相制约，准确有效地执行国家法律。

(蒲硕棣)

junshi jianchayuan

军事检察院（military procuratorate） 中国在人民解放军中设立的行使国家赋予的法律监督权的机关，是属于军队建制并纳入国家统一检察体系的专门人民检察院。我军的军事检察机关，始建于土地革命战争时期。1932年2月，中华苏维埃共和国中央执行委员会颁布的《中华苏维埃共和国军事裁判所暂行组织条例》规定，中央革命军事委员会之下设立高级军事检察所。抗日战争时期，根据《第八路军军法处工作条例（草案）》，各级军法处编设军事检察员。解放战争时期，未设置军事检察机关，也没有专职检察干部，办案需要时，由有关首长在军法处中临时指定人员代行检察员职责，承办侦查和起诉工作。中华人民共和国成立后，依据《中华人民共和国宪法》和《中华人民共和国人民检察院组织法》，1955年9月组建了中华人民共和国最高人民检察院军事检察院。同时陆续在部队中组建了各级军事检察院，逐步形成了最高人民检察院军事检察院，各大军区、兵团、军、师级单位检察院的军事检察体系。1957年撤销了步兵师的军事检察院。1961年1月至1962年9月，军队保卫部门、法院和检察院实行合署办公。1965年5月，最高人民检察院军事检察院改称中国人民解放军军事检察院。1969年12月，军事检察院建制被撤销。1978年12月，总参谋部、总政治部发出通知，决定重新设置中国人民解放军军事检察院。自1979年1月中国人民解放军军事检察院开始办公，至当年底，各大单位军事检察院相继重建并开始办公。

军事检察院的职权和任务 是依法行使检察权，揭发危害国家军事利益和破坏军队建设的犯罪分子，维护国家法制，保护军队的纯洁统一，维护军队和军人的合法权益，保卫国家的社会主义建设事业和军队革命化、现代化、正规化建设的顺利进行，保障部队的战斗力。同时，通过其自身活动，教育全体军人严格遵守宪法和法律，认真履行职责，同一切违法犯罪行为作斗争。

军事检察院的机构设置 根据《中华人民共和国宪法》、《中华人民共和国人民检察院组织法》以及军队的有关规定，分三级设置，即中国人民解放军军事检察院，各大军区、海军、空军和解放军总直属队军事检察院，海军舰队、军区空军和陆军军级单位军事检察院。中国人民解放军军事检察院，是国家在人民解放军中设立的最高检察机关，受中华人民共和国中央军事委员会和中国人民解放军总政治部领导，检察工作受中华人民共和国最高人民检察院监督。其他各级军事检察院在本级政治机关和上级军事检察院领导下进行工作。各检察院由检察委员会实行集体领导，对重大案件按照少数服从多数原则作出处理决定。

军事检察院的职责 中国人民解放军军事检察院，领导全军军事检察工作；按照法定权限，对总政保卫部移送的犯罪案件进行审查，决定是否逮捕、起诉；对直接受理的案件进行立案、侦查，决定是否逮捕、起诉；对中国人民解放军军事法院开庭审理的一、二审案件出庭支持公诉；对保卫部门的侦查活动，军事法院的审判活动以及看守、劳改、劳教工作实施监督；受理控告、申诉案件；参与部队的法制教育和犯罪预防工作。中国人民解放军军事检察院管辖：①对保卫部门移送的正师职、技术5级、文职干部正局级以上人员犯罪案件，涉外案件的审查批捕、审查起诉；②办理向中国人民解放军军事法院提起抗诉的案件；③对中国人民解放军军事法院将罪犯交付执行死刑的活动实行临场监督；④审批下级军事检察院提请延长羁押期限的案件；⑤侦查正师职、技术5级、文职干部正局级以上人员的贪污、贿赂、渎职、侵犯公民民主权利的案件；⑥办理最高人民检察院交办的案件等。各军区、海军、空军军事检察院管辖所属副师职、技术6级、文职干部副局级以下人员的犯罪案件，陆军军级单位军事检察院和海军舰队、军区空军军事检察院管辖所属副团职、技术9级、文职干部副处级以下人员的犯罪案件；解放军总直属队军事检察院管辖驻京各军事单位的战士至副师职和技术6级、文职干部副局级以下人员和在编职工的犯罪案件。

军事检察院的检察人员由现役军官担任。中国人民解放军军事检察院检察长由最高人民检察院检察长提请全国人民代表大会常务委员会任免，副检察长由最高人民检察院检查长审查同意，按军队干部任免权限任免；其他各级军事检察院检察长经上一级军事检察院检察长同意后，按军队干部任免权限任免。军事检察院检察员和工作人员，须经本级检察院检察长同意，按军队干部任免权限任免。　　　　（蒲硕棣）

K

kaduo panli
卡多判例（Cadot） 法国国家行政法院在1892年12月13日作出的一个重要判例。原告卡多是法国马赛市水源与道路公司的主任工程师。1798年马赛市取消了主任工程师这一职位，卡多向政府提出申诉，请求损害赔偿，但政府拒绝受理他的申诉和赔偿请求。卡多转而向普通法院起诉。普通法院认为，卡多与马赛市签订的合同不具备民事合同的特征，普通法院无权管辖。于是，卡多又向地方行政法院起诉，但地方行政法院也声称无权受理，认为他起诉的理由不是基于中断执行公共工程合同。卡多无奈，即向内政部长提出申诉，内政部长答复，市政府拒绝受理，他无权对此裁决。卡多最后诉诸国家行政法院，国家行政法院认为，内政部长不受理和裁决此种申诉是正确的，当事人可直接向行政法院起诉而无需经过部长先行裁决。法国在此判例以前，当事人不服行政决定时，必须先申请有关的部长予以裁决，然后才可提起行政诉讼。自此判例以后，行政争议解决的部长前置程序被废除，当事人不服行政决定，不必先经部长裁决，可直接向行政法院提起行政诉讼。　　　　　　　　　（姜明安）

kaiting gonggao
开庭公告（announcement of court session） 人民法院对于决定公开审判的案件，在开庭前的一定时间内所张贴的通告。其主要作用是使关心此案的公民和新闻记者能够按时到法庭旁听和采访。因此公告应写明将予公开审判的案件的案由、被告人姓名和开庭的时间、地点。　　　　　　　　　　　（汪建成）

kaiting shenli
开庭审理（hold hearing in an open court session） 亦称法庭审理。在审判人员的主持下，在当事人和其他诉讼参与人的参加下，依照民事诉讼法规定的形式和顺序，查明案件事实，分清是非责任，对案件作出处理决定所进行的审理活动。开庭审理是在各民事诉讼法律关系主体的参加下进行的，因而是会合性的诉讼活动。在庭审中，审判人员对案件行使审判权，当事人及其他诉讼参与人行使一系列相应的诉讼权利，因而庭审又集中体现了审判程序与诉讼程序的有机结合。开庭审理的任务是全面审查证据，查明案情，分清是非，适用法律，解决争议，保护当事人的合法权益，因此开庭审理是法院审理案件的中心环节，各国都将开庭审理作为诉讼程序中的重要阶段加以规定。

我国《民事诉讼法》规定，按照第一审普通程序和简易程序审理的案件，必须进行开庭审理；按照二审程序及审判监督程序审理的案件，也应当以开庭审理为原则，不开庭而径行裁判为例外情况。人民法院对民事案件经过审查决定开庭审理后，应当确定审判庭的组成人员、开庭时间、开庭地点，并将有关的诉讼文书送达诉讼参与人。开庭审理的活动由审判长或独任审判员主持，在当事人及其他诉讼参与人的参加下，经过法庭调查、法庭辩论、合议庭评议等诉讼活动，查明案情，分清是非，对案件作出正确的裁判。开庭审理的民事案件，除涉及国家秘密、个人隐私或法律另有规定的以外，一律公开进行。开庭审理的地点，可以在受诉法院内进行，也可以在其他适当地点进行，法院可以根据需要，派出法庭，巡回审理，就地办案。开庭审理必须按照法定的程序进行，审判长或独任审判员负责主持开庭审理的活动，诉讼参与人发言、发问、陈述和辩论，都须经审判长许可。审判长应注意保障所有诉讼参与人依法享有的诉讼权利。在遇有法律规定的情形时，开庭审理可以延期进行（见延期审理）。书记员应当将开庭审理的全部活动记入笔录，由审判人员、书记员和当事人阅读无误后，签名或盖章。　　（王彩虹）

kaiting tongzhishu
开庭通知书（notice of court session） 人民法院在开庭前一定时间内，向人民检察院和当事人以外的其他诉讼参与人送达的要求准时到庭的诉讼文书。其中应写明案由、开庭的时间和地点，请其准时出席法庭进行何种诉讼活动等内容。根据我国《刑事诉讼法》第151条的规定，开庭通知书至迟应在开庭3日以前送达。开庭通知书经合法送达，即对受送达者产生法律上的约束力，他们有义务按照通知书中所指明的时间、地点出席法庭审理，不得无故缺席。　　（汪建成）

kanyan
勘验（inquisition） 侦查机关的侦查人员对与犯罪有关的场所、物品、尸体进行勘查、检验，发现、收集和固定物证的诉讼活动。勘验是发现、收集和研究犯罪和犯罪人的痕迹和物品，获取侦查线索和罪证的重要手段。根据对象的不同，勘验可以分为现场勘验、物证检验、尸体检验三种。任何单位和个人都有义务保护犯罪现场，并且立即通知公安机关派员勘验。侦查人员对于与犯罪有关的场所、物品、尸体应当进行勘验。执行勘验时，必须持有人民检察院或者公安机关的证明文件。在必要的时候，可以指派或者聘请具有专门知识的人，在侦查人员的主持下进行勘验。侦查人员勘验，还应当邀请与案件无利害关系的公民作为见证人参加。对于死因不明的尸体，公安机关有权决定解剖，并且通知死者家属到场。勘验的情况应当写成笔录，由参加勘验的人和见证人签名或者盖章。人民检察院审查案件的时候，对公安机关的勘验，认为可能有错误需复验时，可以要求公安机关复验，并且可以派检察人员参加。　　　　　　　　　　　　　（项振华）

kanyan bilu

勘验笔录（record of inspection）　❶诉讼笔录的一种。司法人员对与犯罪有关的场所、物品、尸体进行勘查、检验后所作的记录。《刑事诉讼法》第 42 条将勘验笔录规定为刑事证据的种类之一。勘验的对象是与犯罪有关的场所、物品、尸体，目的在于收集物证、书证，全面了解犯罪现场的情况。勘验笔录就其内容可分为现场勘验笔录、物体检验笔录、尸体检验笔录。勘验笔录的形式包括文字记载，绘制的图样、照片，复制的模型材料和录音录像等。勘验笔录应依法定程序制作。勘验笔录一般来说是客观性较强的证据。但是，由于犯罪分子可能伪造、破坏现场以及制作笔录的人员可能业务素质欠佳等原因，勘验笔录有时也会不准确。因此，对待勘验笔录，应同对待其他证据一样，必须认真进行审查。只有经过审查，判断其内容确实可靠，能够证明案件的真实情况，才能作为定案的根据。
❷法院对与案件有关的现场或物品进行勘察和检验的行为，称为勘验；勘验人员对被勘验的现场或物品所作的记录，称为勘验笔录。勘验活动主要是针对某些不易或不可能送交到法院的与案件有关的现场、物品进行文字记录、绘图、拍照等，如对环境污染现场的拍照，对争议中的山林、土地、房屋进行实地测量、绘图等；或者针对易腐易磨的物品，如水果、蔬菜等，对其数量、质量、重量、规格等进行记录，待日后审理之时作为证明案件事实的证据。法院进行勘验活动必须遵守法定程序，勘验人员在勘验之前首先要出示证件，并邀请当地基层组织或当事人所在单位派人参加，作为见证人。法院应当通知当事人或者其成年家属到场，但拒不到场的，不影响勘验的正常进行。勘验笔录应由勘验人、当事人或被邀请的见证人签名或盖章。　　　（熊秋红　于爱红）

kanchuang

砍创（chop wound）　挥动一定重量的锐器（如斧刃、菜刀、柴刀、屠刀等）砍击人体所致的创伤。多见于他杀，形成部位以头部最多，颈部次之，四肢和躯干更次之。砍创多数呈梭形，比切创宽而深。一端着力时成楔形，创口较短。偏击斜砍时，形成瓣状创口或剥去一块皮肉或颅骨。砍创常常造成骨折现象，若凶器刃口较薄，砍击骨质时，会造成刃口缺损或卷刃，刃口部脱落的断片有时嵌入骨质内，这对凶器的同一认定有十分重要的意义。　　　　　　　　　　　（李宝珍）

kanshousuo

看守所（house of detention）　羁押依法被逮捕、刑事拘留的人犯的机关。被判处有期徒刑 1 年以下，或者余刑在 1 年以下，不便送往劳动改造场所执行的罪犯，也可以由看守所监管。1990 年 3 月 17 日，中华人民共和国国务院令第 52 号发布了《中华人民共和国看守所条例》。看守所的任务是依据国家法律对被羁押的人犯实行武装警戒看守，保障安全；对人犯进行教育；管理人犯的生活和卫生；保障侦查、起诉和审判工作的顺利进行。看守所监管人犯，必须坚持严密警戒看管与教育相结合的方针，坚持依法管理、严格管理、科学管理和文明管理，保障人犯的合法权益。严禁打骂、体罚、虐待人犯。看守所以县级以上的行政区域为单位设置，由本级公安机关管辖。省、自治区、直辖市国家安全厅（局）根据需要，可以设置看守所。铁道、交通、林业、民航等系统相当于县级以上的公安机关，可以设置看守所。看守所对人犯的武装警戒和扣押由中国人民武装警察部队的武警担任。看守所的监管活动受人民检察院的法律监督。　　　　　（项振华）

kanggao

抗告（appeal on procedure error）　❶当事人及其他诉讼关系人，对未确定之裁定，向上级法院声明不服，要求予以变更或者撤销者，谓之抗告。所谓其他诉讼关系人，是指除当事人之外受裁定拘束之人。未确定之裁定，是指法律规定可以提出抗告而在抗告期之内的裁定。对已确定之裁定，如声明不服，可以申请再审，而不能提出抗告。抗告是抗告人向上级法院提出告诉，不同于当事人向原审法院提出之异议，也不同于当事人向原审法院申请对裁定的更正或者补充。管辖或者受理抗告之法院，谓之抗告法院。不服抗告法院之裁定，再向上级法院提出抗告者，谓之再抗告。哪些裁判可抗告，在设置抗告程序的不同民事诉讼法中，其具体规定不尽相同。有的作原则规定，如德国规定，在法律规定的情况下，或者对未经言词辩论而驳回有关程序申请的裁判，可以抗告。有的作列举规定，如日本规定：关于对未经言词辩论的申请，法院以裁定或者命令驳回的；对于不得以裁定或者命令进行裁判的事项，法院以裁定或者命令决定的；当事人不服受命法官、受托法官的裁判，向受诉法院声明异议，受诉法院对其异议所作的裁判，当事人不服的。具有这三种情形之一的，均可抗告。国民党政府民事诉讼法规定，抗告应具有合法要件与有效要件，前者指法律允许抗告，并在法定期限内按法定程序提出的；后者指提出抗告的裁定，必须是对抗告人不利的，并且裁定是不当的。提出抗告期间，不同的民事诉讼法规定不同，但有两个共同之点，一是期间较短，甚至有即时抗告之规定；一是均适用法定的不变期间。

我国民事诉讼法未设立抗告制度，亦无抗告程序，对可以上诉的裁定，当事人不服的可以在10日的法定期间内，依法向上一级人民法院提出上诉。不同于抗告之处在于，与不服判决一样统称上诉，可以上诉的裁定只有当事人能提出。

❷当事人不服原审法院的裁定，提请上级法院重新审理的诉讼活动。某些西方国家（如德国）和中华民国时期的法律，把当事人不服原审法院的裁定而提请上级法院重新裁定叫抗告，把当事人不服原审法院判决而提请上级法院重新审理叫上诉。我国刑事诉讼法将上述两种情况统称为上诉。 （刘家兴　刘广三）

kanggao chengxu
抗告程序（procedure for appeal on procedural error） 当事人对于不经言词辩论而驳回有关程序的申请的裁定或命令，向上级法院提起抗告，上级法院对抗告案件进行审理的程序。属于上诉程序的一种。抗告法院对抗告案件进行调查和审理后，认为抗告不合法的，即予以驳回；如果抗告确有理由，则发回原法院或者抗告法院自行更正被抗告的裁定或命令。关于法院对自己所为的裁判在受到即时抗告后是否有权予以变更的问题，各国的规定不同。德国民事诉讼法规定无权变更，这种规定受到某些学者的非难。他们认为，既然对即时抗告规定有抗告期间，在当事人提起抗告后，原裁定即不确定。对未确定的裁定，应该许可原法院予以变更。日本民事诉讼法虽然采取了即时抗告制度，但却取消了对变更权的限制，即原法院认为抗告有理由时，有权更正该裁定。 （万云芳）

kangsu
抗诉（protest） 检察机关认为原审法院的判决、裁定确有错误，依照法定程序提请上级法院或同级法院重新审理的诉讼活动。有权提起抗诉的，通常为特定的国家机关或其工作人员。西方国家刑事诉讼法一般对此与上诉不加区别，将由检察官提出的重审要求也称为上诉。前苏联刑事诉讼法规定，检察长有权提出抗议（即抗诉）。我国刑事诉讼中的抗诉是人民检察院行使职权的诉讼活动，包括第二审程序的抗诉和审判监督程序的抗诉。

第二审程序的抗诉　是地方各级人民检察院认为同级人民法院的一审裁判确有错误时，提请上一级人民法院进行第二次审判或重新审判的活动。第二审程序抗诉的主体是地方各级人民检察院。无论对被告人有利或不利的错误判决、裁定，人民检察院都应当提起抗诉。与上诉的效力相同，抗诉的效力首先阻断第一审刑事判决、裁定生效的自然进程，同时导致第二审程序的开始。与上诉不同，抗诉必须有抗诉的理由。地方各级人民检察院认为同级人民法院的一审裁判确有错误时，才应当向上一级人民法院提出抗诉，而且要经过上一级人民检察院审查同意后生效。所谓确有错误，是检察院对第一审判决、裁定所持的否定性评价，而且，应当有事实或者法律的依据来支持这一评价。抗诉的期限与上诉期限相同，即对判决的抗诉期限为10日，对裁定为5日。抗诉必须制作抗诉书，抗诉书应通过原审人民法院提交，同时还必须将抗诉书抄送上一级人民检察院。上级人民检察院如果认为抗诉不当，可直接向同级人民法院撤回下级人民检察院的这一抗诉，并且将撤回抗诉的情况通知下级人民检察院。

审判监督程序的抗诉　最高人民检察院对各级人民法院已经发生法律效力的判决和裁定，上级人民检察院对下级人民法院已经发生法律效力的判决和裁定，如果发现确有错误，有权按照审判监督程序向同级人民法院提出抗诉。人民检察院抗诉的案件，接受抗诉的人民法院应当组成合议庭重新审理，对于原判决事实不清楚或者证据不足的，可以指令下级人民法院再审（见指令再审）。 （刘广三）

kangsuquan
抗诉权（right to protest） 法律赋予检察机关在认为同级法院或者下级法院的裁判确有错误时，依法提起抗诉的诉讼权利。我国刑事诉讼法规定的抗诉权是人民检察院依法实行法律监督权利的体现，包括第二审程序的抗诉权和审判监督程序的抗诉权。第二审程序的抗诉权是地方各级人民检察院认为同级人民法院的一审裁判确有错误时，依法提请上一级人民法院进行第二次审判或者重新审判的权利。审判监督程序的抗诉权是最高人民检察院对各级人民法院已经发生法律效力的判决和裁定，上级人民检察院对下级人民法院已经发生法律效力的判决和裁定，如果发现确有错误，依法按照审判监督程序向同级人民法院提出抗诉的权利。抗诉权只能由人民检察院享有，其他任何机关、团体和个人都无权向人民法院提出抗诉。

（刘广三）

kangsushu

抗诉书（protest document） 检察机关认为原审法院的判决、裁定确有错误,提请上级或同级法院撤销、变更原审判决或裁定而提出的诉讼文书。根据我国刑事诉讼法的有关规定,抗诉只能采用书面形式,口头抗诉无效。抗诉书的内容主要包括:①原审法院的名称,被提起抗诉的原审案件的编号和案由;②被告人简要的犯罪事实和原审判决、裁定的情况;③抗诉的理由（事实和证据）;④根据事实和法律提出的处理意见;⑤提请予以重审或再审的法院名称;⑥抗诉机关的印章,抗诉的年月日。依照第二审程序提起的抗诉,人民检察院应当在法定的抗诉期限内通过原审人民法院提出抗诉书,并且将抗诉书抄送上一级人民检察院。原审人民法院应当将抗诉书连同案卷、证据移送上一级人民法院,并且将抗诉书副本送交当事人。法律没有规定原审人民法院向上一级人民法院移送案卷材料和向当事人送达抗诉书副本的期限,在具体适用中,可比照刑事诉讼法的有关规定,以抗诉期限届满后3日以内移送和送达为妥。依照审判监督程序提起的抗诉,其抗诉书应提交同级人民法院,并抄送原审人民法院。

（刘广三）

kaowen

拷问（use torture to coerce a statement） 又称"拷讯"、"拷鞫"。中国古代的刑讯。秦以后各代都有拷问制度的规定,其中唐律中的规定较为具体、全面。《唐律疏议·断狱》规定:①诸应讯囚者,必先以情审查辞理,反复参验,尤未能决,事须讯问者,立案同判,然后拷讯。违者杖六十。②诸拷囚不得过三度,总数不得过所犯之数。若拷过三度及杖外以他法拷掠者,杖一百;杖过数者,反坐所剩;以故致死者,徒二年。③拷囚部位和刑具必须依据法律的规定。不如法者,笞三十;以故致死者,徒二年。④拷囚限满不承认,取保释放,同时反拷原告。⑤对下列人不允许拷问:在应议、请、减之列的;年七十以上、十五以下及废疾的;怀孕妇女及产后未满百日的;罪已身有疮、病未痊愈的;犯罪已经赦免,仍须追究的,如会赦移乡,会赦免死尤流,及盗诈枉法须退赃等。古代办案将被告人的口供作为最重要的证据,而拷问是获取被告人口供的主要方法。合法的和非法的拷问造成了严重的恶果,导致大量冤假错案的产生。拷问是古代司法制度落后、野蛮的重要标志。

（熊秋红）

kecai zhengju

可采证据（admissible evidence） 又称可受容许证据。与当事人之间发生争执的事实有关联的,不属于证据排障规则范围之内,可以用来作为定案依据的证据。可采证据是英美证据制度对具有一定资格的证据的一种称谓,相当于大陆法系的具有证据能力的证据。所有的可采证据都具有与争执点相关联的特点,但并不是所有的与争执点有关的证据都是可采的。证据被排除有两个原因:第一,是因为与争执点无关,即不具备相关性;第二,证据虽然具备了相关性,对案件实质性问题具有证明作用,但由于排除规则的作用而被认为是不可靠的或不予采纳的。这两种情况下的证据均称为不可采证据。证据是否具有可采性,成为可采证据,是一个法律问题,由法官作出裁断,判断的标准就是"优势证明",法官在衡量证据本身的价值时,如果认为采用这项证据产生的不良后果大大超过其证明价值的,则为不可采证据。法官认为证据是不可采的,即当庭予以排除。

（丛青茹）

kesuxing xingzheng xingwei

可诉性行政行为（judicially reviewable agency actions） 依照行政诉讼法的规定,可以提起行政诉讼的具体行政行为。行政诉讼是行政行为的一种救济手段,同时也是对行政权的法律监督和制约。但是,并非行政机关所有的具体行政行为都可以成为行政诉讼审查的对象。之所以如此,是出于三种基本考虑:①因行政权的行使而产生的某些行政行为本身不具有法院裁决的性质;②行政诉讼是一种民主制度,这种诉讼的开展必然要受到一定条件的制约,这就使一些行政行为目前还不能由人民法院通过诉讼去进行审查;③一些行政行为因其某些特点所决定,不受人民法院审查。以致行政行为不都是可诉性行政行为。换言之,行政诉讼具有特定主管的性质。

我国《行政诉讼法》第11条、第12条采取列举、概括加排除的方式,明确规定了人民法院对产生争议行政行为的受理范围和不予受理的事项。归纳起来,可诉性行政行为主要有如下几类:①行政处罚行为。行政处罚是行政主体对违反行政法律规范,但不构成犯罪的公民、法人或其他组织的惩戒性制裁。行政处罚大致可以分成五类,即申戒罚、财产罚、能力罚、义务罚和人身罚。②行政强制措施。行政强制措施是行政主体依职权采取强制手段,从而迫使当事人履行其在行政法上应尽义务的行为。行政强制措施一般可以分为两种,一种是对人身自由采取的行政强制措施,另一种是对财产采取的行政强制措施。③行政许可行为。行政许可行为是行政主体应公民、法人或组织的请求,赋予特定公民、法人或组织某种权利或某种资格的行为,经常表现为颁发许可证和执照的行为。④要求公民、法人或其他组织履行义务的行为,如征税、征兵、征调行为等。⑤不履行法定职责的行为。行政主体依法承担着一定的职责,这也是法律赋予行政机关的一种义务。行政主体不予履行或消极待之,都是不履行法定职责的行为,如不依法发给当事人抚恤金;申请行政机关履行保护人身权、财产权的法定职责,行政机关拒绝履行或不予答复,等等。⑥确权行为。确权行为是行政主体确认财产或智力成果的所有权、使用权归属的行为。⑦行政主体侵犯公民、法人、组织其他人身权、财产权的行为。上述行政行为,如果涉及到公民、法人、组织的人身权、财产权,或单行法律、法规规定属于可以起诉的行政行为,同时又不在《行政诉讼法》第12条规定的排除之列,就应系属于可诉性行政行为。

(王振清)

kehua anfan

刻画案犯(figure out the criminal) 案发后依据现有材料对犯罪人的个人条件进行合乎逻辑的分析与判断。通常称之为给犯罪嫌疑人"画像"。在刻画犯罪嫌疑人前,侦查人员应尽可能多地掌握有关案件的材料,特别是报案或举报的一切材料、事主和被害人及一切知情人提供的情况、现场上遗留的痕迹和物品等。在此基础上,依据材料分析作案人在进行犯罪时必须具备的特定条件,把符合条件的列为侦查对象,在侦查调查中确定犯罪嫌疑人。这些必备条件通常是指:时间和地点条件;作案人与事主和被害人之间的因果关系;作案人与现场客体物及赃款赃物的关系;案情材料与作案人的人身形象、生活嗜好的联系;犯罪工具、手段及现场遗留物与作案人的文化程度、职业技能的内在联系;案情特点与作案人的心理特征等。(文盛堂)

kenniya fayuan tixi he xingshi susong

肯尼亚法院体系和刑事诉讼(court system and criminal procedure of Kenya) 肯尼亚法院体系由上诉法院、高等法院、领薪治安法官法院、区治安法院以及与领薪治安法官法院同级的穆斯林法院组成。各级法院的组成、受案范围以及职权均不相同。①上诉法院。上诉法院成立于1979年,由总统任命的首席大法官和2名以上大法官组成,受理不服高等法院裁判中法律问题的案件,不受理事实问题,对不服量刑的上诉案件一般也不予受理,其裁判对所有下级法院有约束力。②高等法院。高等法院由首席大法官和11名以上法官组成,拥有上诉审权和初审权,有权受理申诉案件,有权调卷并审查下级法院任何程序的诉讼,对下级法院进行监管。③领薪治安法官法院。该法院是区治安法院的上级法院,拥有上诉审权和初审权。有权管辖其他法院无权受理的民、刑案件和不服区治安法院裁判上诉到该院的上诉案件。④区治安法院。该法院的基层法院分为三级,受理法律规定的刑事和民事案件。⑤卡迪氏法院。卡迪氏法院是专门的穆斯林法院,其级别相当于领薪治安法官法院,专门受理穆斯林当事人涉及穆斯林法的个人身份、婚姻、继承等案件。除列入法院系统的正式法院外,还有一些准司法机构(裁判庭)受理需要尽快解决的申诉案件,这些机构遵照自然公正规则处理并裁判案件,有别于法院审理程序。

肯尼亚刑事诉讼法典制定于1931年8月7日,吸收了英国刑事诉讼法的内容,又保留了印度刑事诉讼法典的某些制度。根据肯尼亚法律规定,刑事诉讼一般应遵守以下原则:①无罪推定原则;②公正、公开审判原则;③法律不溯及既往原则;④一事不再理原则;⑤提供证据合法原则等。刑事诉讼中,被告人享有较广泛的权利,如除被指控故意杀人罪或叛国罪,任何被告人享有保释权,被告享有自行辩护权及法律代理人协助辩护权,被告人享有不得强迫其自证其罪的权利以及上诉权等。刑事诉讼一般要经过以下几个阶段:①庭前程序。庭前程序包括逮捕、保释、提起诉讼三个环节。一切刑事案件以政府名义提起诉讼。②审判程序。法庭审判程序可分为治安法院的审判程序和高等法院的审判程序。高等法院审判庭没有陪审团参加,由专职法官和3名参审员组成。③上诉与复审程序。不服一级或二级治安法院判决者,可直接向高等法院上诉,不服三级治安法院判决者,由总检察长向领薪治安法官法院提起上诉,然后再从该法院向高等法院上诉。不服高等法院上诉审裁决中法律问题者,可向上诉法院上诉。高等法院有权调卷并审查下级法院的案卷材料,任何上一级法院均有权审查下一级法院刑事诉讼的案卷材料。

(丛青茹)

konggao

控告(charge) 被害人或者被害人的法定代理人、近亲属(见当事人的近亲属)对侵犯其人身、财产权利的犯罪事实或者犯罪嫌疑人,向司法机关控诉、告发,并要求追究行为人刑事责任的诉讼行为。控告是司法机关立案的最主要、最普通的材料来源之一。在司法机关决定立案后,控告人即成为诉讼参与人,以公诉案件的被害人或者自诉案件的自诉人的身份参加诉讼。司法机关对于控告,应当接受。对于不属于自己管辖的,应当移送主管机关处理,并且通知控告人。控告可以用书面或者口头提出。接受口头控告的工作人员,应当写成笔录,经宣读无误后,由控告人签名或者盖章。接受控告的工作人员,应当向控告人说明诬告应负的法律责任。只要不是捏造事实、伪造证据,即使控告的事实有出入,甚至是错告,也要和诬告严格加以区别。司法机关应当保障控告人及其近亲属的安全。控告人不愿公开自己姓名和控告行为的,应当为他保守秘密。司法机关对于控告,按照管辖范围进行审查,决定立案与否。司法机关不予立案的,应将不立案的原因通知控告人。控告人不服,可以申请复议,认为公安机关对应当立案侦查的案件而不立案侦查的,有权向人民检察院提出,人民检察院应当要求公安机关说明不立案的理由。人民检察院认为公安机关不立案的理由不能成立的,应当通知公安机关立案,公安机关接到通知后应当立案。

(项振华)

konggaoren

控告人(provocator) 向司法机关告诉犯罪嫌疑人及其犯罪事实并要求追究其刑事责任的被害人。控告人主要是刑事案件的被害人,同时也包括基于被害人而延扩的特定关系人,即:①合法权益受到犯罪行为侵犯的法人和非法人单位;②被害人中的自然人本人或其法定代理人,包括父母、养父母、监护人和负有保护责任的机关、团体的代表;③被害人的近亲属,即夫、妻、父、母、子、女、同胞兄弟姊妹;④被害人及其近亲属的诉讼代理人,包括被害人及其法定代理人或者近亲属委托代为参加诉讼的人。控告是为保护被害人的权益而向司法机关提出指控和要求查处犯罪嫌疑人的诉讼行为。如果司法机关决定对控告材料不予立案的,应将其原因通知控告人。控告人如果不服,可以申请复议。

(文盛堂)

kongsu shen

控诉审(instance of complaint) 大陆法系国家审理不服一审终局判决的控诉案件的程序。在德、日等大陆法系国家,上诉包括控诉、上告和抗告。对第一审终局判决的上诉,称为控诉;对第二审终局判决的上诉,称为上告;而对裁定或命令的上诉,则称为抗告。

控诉的要件 首先,控诉必须针对第一审终局判决提起。但是,并非所有的第一审终局判决都可提起控诉,如《德国民事诉讼法》第511条第1款规定:"关于财产权的请求的诉讼,声明不服的标的的价额不超过700德国马克的,不许提起控诉。"第512条第1款规定:"关于财产权的请求的诉讼,第一审法院认为土地管辖错误的,不得根据此点提起控诉。"第513条也规定:"①受缺席判决宣告的当事人,对于缺席判决,不得以控诉声明不服。②对于本来不许声明异议的缺席判决,只在以并未迟误为理由时,才能提起控诉。其次,必须是合格的控诉人才能提起控诉。在日本,控诉人包括第一审判决中的当事人、参加人、第三人及婚姻事件的检察官。再次,控诉必须在一定的期间内提起。"《德国民事诉讼法》第516条规定:"控诉期间为1个月;此期间为不变期间,自完全形式的判决书送达时开始,但至迟应于判决宣告后满5个月时开始。"《日本民事诉讼法》第366条规定:"控诉应当从判决送达之日起两周内提起。但无妨于在该期间前所提起控诉的效力。"

提起控诉的效力 表现在两个方面:一是停止原判决的确定,即一审判决不能发生法律效力;二是移审的效力,即提起控诉以后,案件便脱离第一审法院,而系属于控诉审法院。

控诉权的放弃与控诉的撤回 当事人可以放弃控诉权。放弃控诉权发生在提起控诉之前的,应当向第一审法院申请进行;放弃控诉权发生在提起控诉之后的,应当向控诉法院申请进行。控诉提起后,控诉人可以撤回控诉。同时,被控诉人在自己的控诉权消灭后、言词辩论终结前,仍可以提起附带控诉。

控诉审的审理与判决 德国和日本民事诉讼法都规定,控诉审原则上准用第一审程序的规定。在日本,对控诉或附带控诉,对判决声明不服当否,必须经过言词辩论;而对于明显不合法的控诉,则可以不经言词辩论而判决驳回。在日本,控诉审的终局判决分为驳回控诉、撤销原判决、控诉法院自判、发回一审法院审理等。

(万云芳)

kongsu zhengju

控诉证据(evidence for the prosecution) "辩护证据"的对称。又称为"攻击证据"或"不利于犯罪嫌疑人、被告人的证据"。将证据区分为控诉证据和辩护证据,是以肯定或者否定犯罪事实,犯罪嫌疑人、被告人是否有罪,以及犯罪情节轻重为标准划分的。控诉证据是能够证明犯罪事实存在,犯罪嫌疑人、被告人有罪或罪重的证据。这种证据是控告犯罪嫌疑人、被告人有罪和法院制作有罪判决或从重处以刑罚的根据。辩护证据是否定犯罪事实存在、否定犯罪嫌疑人、被告人有罪或减轻犯罪嫌疑人、被告人罪责的证据。这种证据主要是犯罪嫌疑人、被告人和他的辩护人反驳控诉和法院制作无罪判决或从轻、减轻、免除刑罚的根据。划分控诉证据与辩护证据,是为了使司法人员在工作中客观全面地收集和判断对犯罪嫌疑人、被告人有利或不利的证据,避免犯主观片面、偏听偏信的错误。

(熊秋红)

kongzhi zangwu

控制赃物(control of stolen goods) 侦查破案过程中采取有效方法防止犯罪嫌疑人变卖或转移所持有的赃物的一种侦查措施。通常适用于侦破盗窃、抢劫、诈骗、走私、贩毒、贪污、贿赂等案件。往往与现场勘查、通缉、通报等侦查措施同时采用。当侦查机关一旦判明犯罪嫌疑人持有赃物时，即要迅速与犯罪嫌疑人可能前去销赃的部门联系控制事宜或对可能转移赃物的场所进行监控，或者派专人进行个别布置。应重点控制的范围通常是：收购部门；修理行业；变卖点、委托行、集贸市场、旧货市场等；金融机构的金银、外币兑换处；宾馆、饭店、居楼等；车站、码头、机场、商店以及其他人流量大的场所等。为了便于识别和查获赃物，应将赃物名称、数量、号码、体积、价值、成色等具体特征告知协助监控的部门和有关人员。在控制方法上，根据案件具体性质和赃物的情形，可发动行业职工进行协查控制；可以组织治安保卫人员进行严密的社会控制；可以依靠治安、工商等职能机关加强公开行政管理控制；可以布置秘密力量加强交易场所的控制等等。根据需要还可组织专门力量对有关场所进行秘密控制。对可疑物品进行仔细检查，注意识别变态赃物，必要时可提交失主或有关人辨认。应注意查明出售赃物的是犯罪嫌疑人还是受其委托、指使的其他人。还应注意持赃人是否另约地点销赃或转移赃款赃物，是否倒换赃物等等。要加强阵地控制，有针对性地采取有效布控、监控措施。

（文盛堂）

kougong

口供（oral statement of suspect and defendant）"犯罪嫌疑人、被告人供述和辩解"的简称。见犯罪嫌疑人、被告人供述和辩解。

kouyin

口淫（orality）用口腔进行性活动。包括含阳、吸阳、舔阴等。若以此方法取代正常的两性活动，而获得性心理的满足，则为性心理障碍。此行为若构成危害他人身心健康，应承担完全法律责任。

（孙东东）

kouya

扣押（detention）侦查机关的侦查人员对在勘验、搜查中发现的可用以证明犯罪嫌疑人有罪或者无罪的各种物品和文件，依法予以扣留的诉讼活动。扣留的目的是为了取得和保全物证、书证。扣押是侦查措施的一种，只有侦查机关以及侦查人员才有权行使。扣押的物品、文件必须可以用来证明犯罪嫌疑人有罪或者无罪，与案件无关的物品、文件，不得扣押。但是如果发现违禁物品，虽然与案件无关，也应扣押，并交有关部门处理。侦查人员认为需要扣押犯罪嫌疑人的邮件、电报的，经公安机关或者人民检察院批准，即可通知邮电机关将有关邮件、电报检交扣押。这是因为扣押邮件、电报直接限制了公民的通讯自由，所以刑事诉讼法对此作了严格的限制。对于扣押的物品、文件，应当会同在场见证人和被扣押物品持有人查点清楚，当场开列清单，一式二份，由侦查人员、见证人和持有人签名或者盖章，一份交给持有人，另一份附卷备查。物品持有人在逃或者拒绝签字的，应当在扣押清单上注明，不影响扣押的执行。扣押的物品、文件要妥善保管或者封存，不得使用或者毁损。如果是易溶、易腐、不宜保存的物品，应当拍照或者制成复制品；如果是大型物品，可以在拍照、笔录后查封，或者令持有人妥善保管；如果是武器、弹药或者易燃、易爆物品，应当拍照，笔录后交有关部门处理；如果是秘密文件，应当记下文件名称、号码后退还原发文单位。对于扣押的物品、文件、邮件、电报，经查明确实与案件无关的，应当在3日以内解除扣押，退还原主或者原邮电机关，并核对扣押清单，清退注销，由收件人签名盖章。

（项振华）

kouya wupin qingdan

扣押物品清单（disposal list of abandum）侦查人员在侦查过程中扣押用以证明犯罪嫌疑人有罪或者无罪的各种物品和文件时当场开列的扣押凭证。国外的刑事诉讼法往往对扣押清单有明确规定，如南斯拉夫的刑事诉讼法规定，扣押被告的物品，要发给他扣押的收据。如果临时扣押可用作书证文件时，要开列清单。我国《刑事诉讼法》第115条规定："对于扣押的物品和文件，应当会同在场见证人和被扣押物品持有人查点清楚，当场开列清单一式二份，由侦查人员、见证人和持有人签名或者盖章，一份交给持有人，另一份附卷备查。"根据我国法律的规定，侦查机关在侦查过程中发现的可以证明犯罪嫌疑人有罪或者无罪的各种物品和文件，包括有犯罪痕迹的物件和工具、违禁品（如枪支、弹药、毒品、淫秽书画及视听资料、爆炸品等等），以及可供查清案件的一切物品和文件，都应当扣押。扣押时应会同在场见证人和被扣押物品持有人查点清楚，当场开列扣押物品清单一式二份，由侦查人员、见证人和持有人签名或盖章，一份交给持有人，另一份附卷备查。在侦查实践中，如果持有人及其家属在逃或拒绝签名，不影响扣押的进行，但应在扣押物品清单上注明。扣押物品清单通常为表格式，包括编号、物品名称、数量、单位、特征、备注等项目，并有扣押人、见证人、原物品保管人签名或盖章和页数及日期。填制扣押物品清单时必须对物品逐件编号，详细写明物品的名称、特征、牌号、型号、数量、质量、成色、完好程度等。如系国家机密文件，在扣押物品清单上只写代号不写内容。

（文盛堂）

kouya wuzheng shuzheng
扣押物证、书证(seizure of the material evidence and the documentary evidence) 侦查机关在侦查过程中依法收取和扣留与案件有关的物品或文件的活动。一般与搜查或勘验、检查活动同时进行。是一种强制性侦查行为。扣押的目的是为了扩大侦查线索和获取证据,从世界的通例来看,一般凡具有搜查权就同时具有扣押权。各国刑事诉讼法和有关法律都对扣押有所规定。如德国的新刑事诉讼法典第1编第8章对扣押标的物、交出之义务、官方文书、不得扣押之物品、命令扣押等作了全面而具体的规定。《法国刑事诉讼法》第97条规定,在侦查过程中,预审法官有权扣押货币、金条、汇票或存款。当上述财物保存无助于查明事实或保护当事人权益时,预审法官可委托法院书记官将它们存入寄存托付办公室或法国银行。《南斯拉夫诉讼法》第211条、第212条规定,对于发现可能作为证据的物品可以当即实行暂时扣押。在扣押物品时,要写明是从哪里找到的。如果临时扣押可用作书证文件时,要开列清单等等。

我国《刑事诉讼法》第114条规定:"在勘验、搜查中发现的可用以证明犯罪嫌疑人有罪或者无罪的各种物品和文件,应当扣押;与案件无关的物品、文件,不得扣押。"因此,在侦查过程中,凡发现可以作为证据的各种物品、文件均应及时依法扣押。根据法律的规定和司法实践的惯例,扣押物证、书证的程序和要求是:①无论在勘验、检查或搜查中,还是在讯问犯罪嫌疑人或进行其他侦查活动过程中发现与案件有关的物品、文件及各种资料等,均应即时扣押。如果发现违禁品,无论与案件是否有关也应及时扣押并送有关部门处理。对不能立即证明是否与案件有关,但侦查人员认为可疑的也可以扣押。对应扣押之物,如持有人、保管人无理拒绝交付或抗拒扣押的,应强制扣押。②扣押时应会同在场见证人和被扣押物品持有人逐一查点清楚,当场开列清单。③侦查机关对扣押的物品、文件,要妥善保管或封存,不得使用或毁损。对不便提取的可现场加封妥善保存;对不能加封的责成专人负责保管;对易燃易爆等危险品应按其专门管理的有关规定放置保管。④对扣押的物品、文件,经查明确实与案件无关的非违禁品,应在3日以内解除扣押,退还原主,以保护犯罪嫌疑人或其他人对合法财产的所有权。(文盛堂)

kouya youjian dianbao
扣押邮件、电报(seized postal matter and telegram) 侦查人员依法通知邮电机关将犯罪嫌疑人的邮件、电报检交扣押。在刑事案件中,邮件、电报是一种特殊类型的重要书证,外国刑事诉讼法一般都对扣押邮件、电报和信件作了具体规定。如《德国刑事诉讼法典》第99条规定:"(邮件扣押)准许在邮局、电报局扣押寄交被指控人的信件、邮件以及电报;在所属地点,对有事实可以推定是由被指控人寄发的,向他转交的并且其内容对于侦查具有意义的信件、邮件和电报,同样准许扣押。"该法第100条接着规定:"对于扣押只有法官有权命令,在延误就有危险时检察院也有权命令。"《奥地利刑事诉讼法》第146条至第169条规定,被告人因故意犯有应处1年以上监禁的犯罪行为而且已在押,或因该犯罪行为对其发出传票或逮捕令,预审法官就可以扣押由被告发出或寄给他的电报、信件或其他邮递品,并要求邮局或电报局和其他官方机构递送这些物件。这些机构根据检察官的要求也有义务扣押这些邮递品,直到法院作出决定。但是,预审法官的决定若在3日内未宣布,则不再推迟寄送这些物件。被扣押的邮件只能由预审法官检查,并应取得被告人的同意。如被告人不同意,只要情况允许,预审法官应及时请求参议室批准(未经被告同意而需检查、没收邮件时,应事先请求参议室批准,但情况紧急除外)。拆封邮件时应作笔录,但不得损坏封印,应保护好封皮和地址。扣押决定应立即通知被告,最多不超过24小时,如被告不在,应通知其家属。应将扣押的文件和电报的正本或副本全部或摘要地送达被告人或收件人,但只限于在告知其内容对于调查工作无不利影响的情况下才这样做。被告不在时通知其一名家属;被告无家属的如果预审法官认为符合寄信人的利益,应将文件寄还本人;如信件或电报必须存档,须通知本人邮件已被扣押。如果认为扣押的邮件无检查的必要,应立即送还收件人或者送还邮政机构。

我国《刑事诉讼法》第116条规定:"侦查人员认为需要扣押犯罪嫌疑人的邮件、电报的时候,经公安机关或者人民检察院批准,即可通知邮电机关将有关的邮件、电报检交扣押。"该条第2款又规定:"不需要继续扣押的时候,应即通知邮电机关。"根据我国法律的规定,扣押邮件、电报的程序和要求是:①侦查人员认为需要扣押犯罪嫌疑人的邮件、电报时,应经公安机关或人民检察院批准,填写"决定扣押邮件、电报通知书",通知邮电机关执行。②被扣押的邮件、电报必须是:犯罪嫌疑人寄发的或其收寄的;寄给他人转交犯罪嫌疑人的或寄给犯罪嫌疑人转交他人的。③侦查机关认为不需要继续扣押的时候,按原批准程序办理批准手续,填写"停止扣押邮件、电报通知书",通知邮电机关。④根据我国《刑事诉讼法》第118条的规定,对于扣押的物品、文件、邮件、电报或者冻结的存款、汇款,经查明确实与案件无关的,应当在3日以内解除扣押、冻结,退还原主或者原邮电机关。(文盛堂)

kouya youjian dianbao tongzhishu
扣押邮件、电报通知书（notice of seized postal matter and telegram） 侦查机关依照法律的规定通知邮电机关检交扣押犯罪嫌疑人的邮件、电报的法律文书，也叫决定扣押邮件、电报通知书。关于扣押邮件、电报的手续，各国法律规定不尽一致，有的以扣押令的形式通知邮电机关，有的以决定扣押通知书的形式通知邮电机关。我国《刑事诉讼法》第116条第1款规定："侦查人员认为需要扣押犯罪嫌疑人的邮件、电报的时候，经公安机关或人民检察院批准，即可通知邮电机关将有关的邮件、电报检交扣押。"因此，我国侦查机关在扣押犯罪嫌疑人的邮件、电报时，依法采用扣押通知书的形式通知邮电机关协助执行扣押。通知书为填空式，主要内容有：①作出扣押决定的侦查机关的名称及文书标题；②编号；③扣押的法律根据；④扣押的起始时间；⑤与扣押的邮件、电报有关的犯罪嫌疑人的姓名、性别、住址、职业、工作单位等；⑥邮件、电报检交扣押后转送何处；⑦通知书送达邮电机关的名称；⑧日期；⑨侦查机关的公章。通知书的副本应附卷备查。

（文盛堂）

kuaijishi shiwusuo
会计师事务所（accounting office） 经主管财政机关批准成立，由注册会计师组成，办理会计服务、会计咨询业务的事业单位。1986年10月29日财政部发布的《会计师事务所管理暂行办法》规定：各地成立会计师事务所，须报经所在省、自治区、直辖市财政厅（局）批准，并报财政部备案；不属于省、自治区、直辖市管理的会计师事务所，须报经财政部批准。申请成立会计师事务所应当由筹组单位向主管财政机关提出报告，申明成立理由以及机构名称、组织形式、办事地点、业务范围、注册资金等，并附送组织章程和担任注册会计师人员的申请注册材料。主管财政机关收到成立会计师事务所的报告后，应于2个月内决定批准或不批准，对批准成立的，应发给批准证书，并同时对符合注册会计师条件的人员予以审批。会计师事务所成立后，应当从批准之日起1个月内向当地工商行政管理机关办理登记。经批准的会计师事务所，必须依法独立承办注册会计师业务，实行独立核算，自负盈亏，依法纳税，必须接受主管财政机关或其授权的财政机关的管理与监督。会计师事务所对下列事项，应当向主管财政机关报告：章程的修改；主要负责人和注册会计师的变动；重要的内部工作制度、管理制度、财务制度和人员培训制度；年度工作计划；总结和年度财务收支报告；注册会计师违反工作规则的重大事项。会计师事务所可以根据工作需要，设立分支机构，其分支机构有两种：一是非独立法人的分支机构，二是具有独立法人资格的分支机构。经批准成立的会计师事务所，都必须依法承办注册会计师业务，承办的业务可以跨行政区域。在我国，注册会计师不能以个人名义承办业务，必须由会计师事务所统一委托。会计师事务所注册资金不得少于30万元，至少要有5名注册会计师；可以由注册会计师合伙设立，债务由合伙人按出资比例或者协议承担，合伙人对会计师事务所承担连带责任。

注册会计师是依法取得会计师证书并接受委托，从事审计和会计咨询、会计服务业务的执业人员。注册会计师执行业务，应加入会计师事务所。具有高等专科以上学历，或者具有会计或者相关专业中级以上技术职称的中国公民，可以申请参加注册会计师全国统一考试（具有会计或者相关专业高级技术职称的人员，可以免试部分科目），经考试成绩合格并从事审计业务工作2年以上的可向省、自治区、直辖市注册会计师协会申请注册，并发给国务院财政部门统一制定的注册会计师证书。注册会计师主要承办：①审查企业会计报表，出具审计报告；②验证企业资本，出具验资报告；③办理企业合并、分立、清算事宜中的审计业务，出具有关的报告；④法律、行政法规规定的其他审计业务。注册会计师依法执行审计业务出具的报告，具有证明力。注册会计师可以承办会计咨询、会计服务业务。注册会计师根据需要可以查阅委托人的有关会计资料和文件，查看委托人的业务现场和设施，要求委托人提供其他必要的协助。注册会计师与委托人有利害关系的，应当回避；委托人亦有权要求回避。注册会计师对在执行业务中知悉的商业秘密，负有保密义务。根据1993年10月31日第八届全国人民代表大会常务委员会第四次会议通过的《中华人民共和国注册会计师法》第20条规定，注册会计师执行审计业务，遇有下列情形之一的，应当拒绝出具有关报告：①委托人示意其作不实或者不当证明的；②委托人故意不提供有关会计资料和文件的；③因委托人有其他不合理要求，致使注册会计师出具的报告不能对财务会计的重要事项作出正确表述的。注册会计师执行审计业务，必须按照执业准则、规则确定的工作程序出具报告。根据该法第21条的规定，注册会计师执行审计业务出具报告时，不得有下列行为：①明知委托人对重要事项的财务会计处理与国家有关规定相抵触，而不予指明；②明知委托人的财务会计处理会直接损害报告使用人或者其他利害关系人的利益，而予以隐瞒或者作不实的报告；③明知委托人的财务会计处理会导致报告使用人或者其他利害关系人产生重大误解，而不予指明；④明知委托人的会计报表的重要事项有其他不实的内容，而不予指明。注册会计师在执行审计业务期间不得买卖被审计单位的股票、债券；不得索取、收受委托合同约定以外的酬金或者其他财物，或者利用执业之便，谋取其他不正当的利益；不得同时在两个或两个以上的会计师事务所执行业务；不得对其能力进行广告宣传以招揽业务。

（柴景秀）

kuaiji ziliao kanyan
会计资料勘验（inspection of accounting data） 刑事勘验技术的组成部分。是由司法机关按照法律规定的手续对与违法犯罪有关的经济活动的事实及其形成的记载进行的勘察、检验。主要用于经济犯罪案件的侦查。会计资料勘验的依据是记载会计财务活动的文件、票据、报表、平衡表、记账单、决算表等以及从这些资料得出的有关各企业、团体、机关和个人之间的财务核算。会计资料勘验的任务是发现、确定在财务活动中发生的违法犯罪的事实情节和违法犯罪行为所涉及的财物数额，查明与违法犯罪有关的财物的来源和去向，寻找和检验违法犯罪活动在会计资料中留下的痕迹，认定某一特定的犯罪嫌疑人是否为这些痕迹的遗留人。会计资料勘验应按照刑事案件的性质，依照法律规定的管辖范围，分别由公安、检察等侦查机关具有会计专门知识的侦查人员实施，或聘请具有会计专门知识的人在侦查人员的主持下实施。会计资料勘验分为账目勘验、实物盘点勘验和会计文书勘验三部分。账目勘验是指对会计账目进行的清查和检验。主要内容是：①核对账目与单据是否相同。主要是：单据的内容是否真实，数量、金额有无涂改、伪造或计算上的错误；单据记录的经济活动内容是否符合财会制度的规定，填写的项目是否齐全，是否符合规定的手续；单据上有无有关责任人的签名、印章，字迹、印文是否伪造；单据是否原始凭证，单据记载的数量、金额与相应账目是否一致。②核对各种账目之间是否相符。主要是：总账（总分类账）与明细账（明细分类账）是否一致；被审查的账目同与之存在经济往来关系的对方账目记载是否一致；查对银行往来账目与开户银行的相应账目是否相符；存取款日期及支票的种类、号码、金额是否一致；款项的来源、用途是否一致；有关支票、收付款的单据是否真实，是否符合手续，有无涂改或伪造。③核对库存现金与现金账目上的记载是否相符。

实物盘点勘验是指对库存的实物进行清点和检验。内容是：核对库存实物与账目记载是否相符；库存物品的名称、数量、规格、金额是否与账目相一致；进库、出库单是否真实，有无涂改、变造或伪造。

会计文书勘验是指采用文书检验的手段和方法，对账目勘验和实物盘点中发现的可疑会计文书或物品进行技术检验。主要内容是对可疑的字迹、签名、印章、印文进行检验，确认其是否经过篡改、变造和伪造；对库存的可疑实物进行规格、质量、性能和技术指标、参数等的检验和认证，依照账目记载，确定其真实性。

（杨明辉　张新威）

kuiyinpi
窥淫癖（voyeurism）　以窥视异性裸露的身体达到性心理满足的性变态。多见于20~40岁的男性。这种人为了窥视异性裸露的身体，可以不择手段。当被发现，遭到社会的谴责后可在其内心中有痛苦和悔恨的体验，但不易控制而复犯。窥淫癖者在实施窥淫行为时，意识清醒，对行为的方法和地点深思熟虑，其主观上对自己的行为有充分的辨认和控制能力，因此，应承担完全法律责任。

（孙东东）

L

languang zhaoxiang
蓝光照相(blue light photography) 以单色蓝光为激发光源的一种物证检验照相方法。任何物质在受外界光能激发下所产生的荧光波长总是大于激发光波长。所以，要获得可见的荧光，以显现潜在痕迹或区分外观相似的不同物质，必须用短波光线作为激发光源。通常所用的紫外线具有这种良好特性；但蓝光波长亦较短，约为460nm，也具有很强的激发能，可以激发多种物质发出可见荧光，而且可以激发产生不可见的红外荧光。同时，由于获得蓝光所需设备及操作比较简便，因此，在物证检验照相中被广泛应用。

蓝光照相主要适用于：①显现被销蚀的字迹；②鉴别被涂改或添加的字迹；③显现密写的字迹；④发现和拍摄由矿物油或胶水等物质形成的痕迹；⑤拍摄潜在的手印；⑥区分、鉴别不同成分的物质；⑦发现和鉴别血迹、精斑等法医物证。目前，我国刑事技术部门多采用国产2206蓝光检验灯作为蓝光源，它以硫酸铜水溶液作为滤光液，可产生460nm强蓝色光。在拍照时，摄影镜头前应附加黄滤色镜或红外滤色镜，阻止反射的蓝光及紫外线的干扰，只让被激发的荧光透过镜头在底片成像。还要选用高感光度胶片，缩短曝光时间。全部操作应在暗室条件下进行。

(蓝绍江)

laodong nengli jianding
劳动能力鉴定(the identification of working ability) 判断被鉴定人进行生产劳动（包括体力劳动和脑力劳动）的能力。劳动能力分一般性劳动能力和职业性劳动能力。一般性劳动能力是指为日常生活所需的单纯性劳动，如端坐、站立、行走、穿衣、洗漱、进餐、大小便、写字、保持环境卫生等，即依靠自己的体力和脑力所进行的自我服务性劳动。职业性劳动能力，是指一切需要专门知识的劳动能力。

劳动能力丧失及其分类 劳动能力丧失又称劳动能力障碍，是劳动者对所从事的工作不相适应。劳动能力丧失，轻者丧失职业性劳动能力，重者则丧失任何劳动能力，甚至生活不能自理。劳动能力丧失有两种分类原则：①按劳动能力丧失持续的时间分，有暂时性丧失劳动能力和永久性丧失劳动能力。暂时性丧失劳动能力，即因伤和病损害了某些器官，造成功能障碍，但痊愈后功能就恢复。如四肢的某一骨骨折后，暂时失去功能，但骨折愈合后，可恢复原有功能。永久性丧失劳动能力，即机体功能受到严重障碍，尽管经过治疗，无法完全治愈，而呈顽固性、持久性，如外伤后截肢。②按劳动能力丧失程度分，有完全丧失劳动能力、大部分丧失劳动能力和部分丧失劳动能力。完全丧失劳动能力，即不仅不能从事任何职业性劳动，而且生活完全不能自理，如外伤截瘫，脑外伤后痴呆等。大部分丧失劳动能力，即丧失任何职业性劳动能力，而生活尚可以自理，如双目失明，部分丧失劳动能力，即不适于在一般的工作条件下从事原来的职业劳动，但可从事无损于健康的轻工作，如脑震荡留有后遗症。

鉴定对象 只对永久性劳动能力丧失程度进行鉴定。主要是为交通事故、工伤事故、职业病以及殴斗所致的伤害作鉴定。由于战争所致的伤残或由于先天性缺陷或某种疾病而影响劳动能力，不属于法医学鉴定的范围。

鉴定规则 鉴定时应先收集有关伤、病的全部资料，包括病历及一切检验报告单以及调查材料等。同时对被鉴定者进行体格检查以及必要的实验室检查和特殊检查。有的还要聘请有关专家会诊。必须对曾否有某种伤或病，伤或病是否痊愈，是否需要继续治疗和休养，对劳动能力是否有影响及劳动能力丧失的程度作出鉴定。如劳动能力已经丧失，再治疗已无效时，应提出不必治疗或疗养，对应否再安装假肢，配义眼或做整容手术等也应向承办单位提出具体意见，供有关部门处理时参考。鉴定时按百分率估计法的评定标准进行计算。

(李宝珍)

laodong zhengyi zhongcai
劳动争议仲裁(arbitration of labour dispute) 国内仲裁的一种。劳动关系的双方当事人因劳动关系发生争议，由劳动仲裁委员会依劳动法和有关程序规则作出裁决，以解决劳动争议的一种制度。劳动争议仲裁的主要任务，是通过仲裁，解决企业、事业单位与职工因劳动关系而发生的争议，以维护正常的生产经营和工作秩序。因劳动争议与一般的经济纠纷不同，劳动争议仲裁与一般经济纠纷仲裁也有所不同，其主要特点是：①劳动争议的仲裁机构是劳动争议仲裁委员会，该委员会由法定部门和代表组成。在中国，根据劳动法规定，劳动争议仲裁委员会的组成是由劳动行政主管部门的代表、同级工会的代表、用人单位的代表组成，仲裁委员会的主任由劳动行政主管部门的负责人担任。仲裁员由仲裁委员会从劳动行政主管部门或者政府其他有关部门的人员、工会工作者、专家学者或者律师中聘任，具体案件的仲裁员由仲裁委员会负责指定，而不是由当事人指定。②劳动争议仲裁实行地域管辖原则。在中国，劳动争议仲裁的管辖按照行政区域划分，由县、市、市辖区的仲裁委员会管辖本辖区内发生的劳动争议。③劳动争议仲裁程序是当事人向人民法院起诉的前置程序。即劳动争议发生后，只有经过劳动争议仲裁程序由仲裁委员会作出裁决后，若当事人不服仲裁裁决，方可向人民法院起诉，人民法院不受理未经仲裁部门仲裁的劳动争议案件。④劳动争议仲裁只需一方当事人愿意仲裁即可申请仲裁，而无需双方当事人签订仲裁协议。即劳动争议发生后，任何一方当事人都可以直接向仲裁委员会申请仲裁，而无需征得对方当事人的同意。⑤劳动争议仲裁实行一裁二审制，即劳动争议由仲裁委员会裁决后，一方当事人不服的，可以向法院起诉，进入审判程序。

在中国，劳动争议仲裁应当遵循下列基本原则：①平等原则。即劳动争议双方在仲裁中的法律地位平等。②调解原则。即调解是仲裁的必经程序。③及时、合法原则。及时即仲裁应当尽快进行，依劳动法规定，仲裁裁决一般应在收到仲裁申请的 60 日内作出；合法即仲裁要依法进行，仲裁裁决须符合法律规定。④回避原则。即具有法定事由的仲裁员不得参加某一具体争议的审理，以保证仲裁的公正性。⑤一次裁决原则，即仲裁委员会作出裁决后，当事人不得再向上级仲裁委员会申请再仲裁，而只能向人民法院起诉。

在中国，劳动争议仲裁的程序是：①申请。劳动争议发生后，争议双方可以请求本单位劳动争议调解委员会调解，也可以直接向有管辖权的仲裁委员会申请仲裁，申请仲裁应得符合下列条件：a. 当事人必须是劳动法律关系中的一方与另一方；b. 有管辖权的仲裁机构是双方当事人所在的企业所在地或者劳动者工资关系所在地的劳动争议仲裁委员会；c. 要求解决的争议应当是：因履行劳动合同和集体合同发生的争议，因企业开除、除名、辞退职工和职工辞退、自动离职发生的争议，因执行国家有关工资、保险、福利、培训、劳动保护的规定发生的争议以及其他有关的劳动争议；d. 申请人应当向仲裁委员会提交内容与格式均符合要求的仲裁申请书。②受理。仲裁委员会应当在收到当事人申请书之日起 7 日内作出受理或不受理的决定。决定受理的，应当在决定之日起 7 日内将申请书副本送达被诉人和通知其应诉，并依法组成仲裁庭；决定不受理的，应当通知申请人并说明不受理的理由。③仲裁庭开庭审理。仲裁庭应当在开庭前 4 日通知双方当事人开庭时间、地点。开庭的具体程序以及当事人在仲裁过程中所享有的诉讼权利和承担的诉讼义务与一般的经济仲裁的相关情况基本相同（见经济合同纠纷仲裁）。④仲裁裁决。仲裁庭可以对仲裁进行调解，调解未达成协议的，由仲裁庭作出裁决。裁决应制作裁决书，并送达双方当事人。当事人对裁决不服的，自收到裁决书之日起 15 天内可以向人民法院起诉；逾期不起诉的，裁决书即发生法律效力。当事人不履行裁决书所确定的义务的，另一方当事人可以向人民法院申请强制执行。至 1995 年 8 月，中国劳动争议仲裁委员会解决劳动争议所适用的有关法律主要是：1993 年 7 月国务院颁布的《企业劳动争议处理条例》和 1994 年 7 月第八届全国人大常委会颁布的《中华人民共和国劳动法》。

（潘剑锋）

laonianxing jingshen zhang'ai
老年性精神障碍（senile psychosis） 又称老年性精神病，发生在老年期，即 60 岁以后。由脑萎缩、脑血管疾病、脑变性等大脑衰老性病变所致的一类精神障碍。患者早期以记忆减退为首发症状，继而出现焦虑、抑郁、易激动，以及有悖伦理道德的人格改变，实施一些与其身份、地位、修养和经济状况不相符合的行为，如小偷小摸、触摸陌生异性、当众裸露生殖器、与儿童争抢食物等。随着年龄增长，病程快速发展、恶化，3～5 年内患者便不能自理生活，呈痴呆状。躯体检查可见神经系统器质性病变的体征。此类精神障碍目前尚无治疗措施，最终以痴呆为结局。上述症状体征若出现于老年期以前，则称之为早老性痴呆。在司法精神医学鉴定中，对确系此类患者实施危害行为，应评定为无责任能力。民事行为能力也应评定为完全丧失。

（孙东东）

leisi
勒死（strangulation by ligature） 又称绞死。用手或其他机械作用，收紧围绕在颈部的绳套而引起的窒息死亡。勒死多为他杀，也有自杀，偶有意外勒死。勒死的机制与缢死类同，也是绳索压迫呼吸道引起呼吸障碍，压迫颈部血管引起脑循环障碍，刺激迷走神经和颈动脉窦引起反射性心跳停止而死亡。所不同的只是勒绳压力较小，呼吸道和颈动脉压闭不完全，所以窒息过程较长，死亡较缓慢，尸体窒息征象明显。但若因刺激迷走神经或颈动脉窦引起的反射性心跳骤停者，死亡迅速，无窒息征象。

尸表除具备机械性窒息的一般征象（见机械性窒息尸体征象）外，还有：①勒死索沟。即勒绳压迫颈部皮肤所遗留的沟状痕迹，简称勒沟。勒沟是勒死的最重要特征。勒沟的位置可分布在颈项的任何位置，他杀时还可以在下颌部或面部。典型的勒沟位于甲状软骨及其下方，呈水平状，无提空中断（除提勒外）。除自杀时在绳套下放衬垫物或他杀时慌忙中把发辫、衣领、围巾、口罩等物勒进绳套，一般情况下勒沟的深浅一致。这是与缢沟的主要区别。在勒沟的上下缘和勒沟间皮嵴上有出血点，这是生前勒沟的特征。②颜面窒息征象明显。由于勒死窒息过程较长，故颜面青紫肿胀明显，眼结合膜出血也明显，颜面、颈部皮肤和牙龈粘膜常有出血点。舌常微露于齿列外并伴有咬伤。③常有挣扎搏斗伤。勒死多为他杀，由于被害人挣扎抵抗，常常在头、颈、项、口、鼻、颜面、胸、腹、背、四肢造成擦伤和皮下出血。有时手中抓有罪犯的衣片、钮扣、头发。指甲缝内嵌有罪犯的皮肉、血迹等。

尸体内部除具有机械性窒息的一般征象（见机械性窒息尸体征象）外，颈部皮下组织、肌肉组织、甲状腺、扁桃体及舌根部可有明显出血。有时可见甲状软骨、环状软骨骨折和出血。多见于老年勒死者。

(李宝珍)

leiji si
雷击死〔death from lightning〕 雷电穿过人体而导致的死亡。

雷击死的主要机制 ①电流直接作用。雷击是巨大的放电现象，其电压可达 10^9 伏特，电流高达数万安培，放电时的电量可达 100 库仑，放电时间仅 0.01—0.1 秒。所以雷击后受害者立即休克或生命中枢麻痹而死亡。②高热烧死。闪电火花所致的空气超高热可达 17000～28000℃，所以受害者可烧伤休克死亡。③空气冲击波致损伤而死。闪电的高热使周围空气剧烈膨胀，从而形成强大的冲击波，使机体造成严重的机械性损伤，如颅骨粉碎，内脏破裂，皮肤广泛性撕裂，体腔开放等损伤致死。

尸表征象 机体受雷击损伤的差异很大，体表可有很广泛而严重的损伤，也可以没有体表损伤。常见如下征象：①雷击花纹。在躯干或四肢上出现红褐色树枝状花纹。这是由于人体受雷电打击，皮下血管麻痹扩张所致。雷击花纹是雷击伤的证据，但雷击花纹可在 24 小时内消失，而且并非所有雷击死都出现雷击花纹。②雷电烧伤。轻者毛发烧焦，重者皮肤烧焦，衣服烧毁。身上携带的金属物品如耳环、项链、金属钮扣、皮带扣、表链、钥匙等可溶化变形。③机械性损伤。衣服破损质地变脆，皮肤撕裂，多处骨折，内脏破裂，体腔开放以及头顶、足跟等处形成大血肿等现象。④身上携带的铁制品可能磁化。

内部征象 与窒息的一般征象相似，各器官充血、积血，尤其是角膜下点状出血，心室腔内血液不凝，急性心肌断裂等。雷击最易击中头部，可引起明显的头皮下出血，颅骨骨折，硬脑膜和蛛网膜下出血。脑组织发生弥漫性点状出血，尤其是延髓。

雷击死的鉴定 雷击死均属自然灾害事件。一般多发生在雷雨季节，现场常在旷野里，大树下，高墙上，较高的土堆上，或无避雷设备的高楼或电器旁。有时有房屋、树木摧毁及牲畜、家禽伤亡现象。往往还有目击者。根据现场及尸体现象，作出判断是比较容易的。在大多数情况下，死因明确，并无争议，不需要进行法医学检验。

(李宝珍)

lei wangxiangxing huanxiang zonghezheng
类妄想性幻想综合征〔fancy syndrome of similar delusion〕 在拘禁条件下较为多见的一种特殊的反应状态。类似妄想，但与妄想的区别就在于它不稳定，可暂时被说服。内容往往反映被拘禁者的某种思想、愿望、期待和想象。这种类妄想性幻想一般以想象夸大的超价观念作为基础。见于反应性精神病、变态人格等。

(孙东东 吴正鑫)

li'an
立案〔fileing a case, putting on record〕 ❶ 侦查机关对报案、控告、举报、自首的材料或者人民法院对自诉人的起诉进行审查后认为有犯罪事实需要追究刑事责任时，依法决定交付侦查或审理的诉讼活动。原苏联称立案为提起刑事案件。英国、美国、日本等国家的刑事诉讼法未把立案规定为一个独立的诉讼阶段。我国《刑事诉讼法》第 83 条规定："公安机关或者人民检察院发现犯罪事实或者犯罪嫌疑人，应当按照管辖范围，立案侦查。"第 86 条又规定："人民法院、人民检察院或者公安机关对于报案、控告、举报和自首的材料，应当按照管辖范围，迅速进行审查，认为有犯罪事实需要追究刑事责任的时候，应当立案"。在我国《刑事诉讼法》的第 2 编第 1 章中，把"立案"作为专章规定，故立案是我国刑事诉讼过程中的一个独立阶段，是刑事诉讼的开始，只有当这一法定的诉讼程序完成后，才能对公诉案件进行侦查和对自诉案件进行审理。

立案的任务和立案机关 立案的具体任务在于审查报案、控告、举报和自首等材料中是否确有需要追究刑事责任的犯罪事实存在或发生，以决定应否立案追诉。根据我国现行《刑事诉讼法》的规定，立案机关包括人民法院、人民检察院或者公案机关。国家安全机关受理危害国家安全的刑事案件，军队保卫机关受理军队内部发生的刑事案件，监狱受理罪犯在监狱内犯罪的案件。

立案的材料来源 主要有：①国家机关、武装部队、群众团体、企事业单位和基层群众自治组织等的报案和举报；②被害人和其他公民的报案、控告和举报；③犯罪人的自首；④司法机关直接发现和获取的材料；⑤上级机关交办的案件线索材料；⑥有关机关移送的案件材料。

立案的条件　我国《刑事诉讼法》规定，司法机关"认为有犯罪事实需要追究刑事责任的时候，应当立案；认为没有犯罪事实，或者犯罪事实显著轻微，不需要追究刑事责任的时候，不予立案"。据此，立案应当具备两个法定条件：①有犯罪事实。即有可靠材料证明客观上确有危害社会的犯罪行为已经发生或正在发生。②需要追究刑事责任。主要指必须排除我国《刑事诉讼法》第15条规定不追究刑事责任的6种情形，即情节显著轻微、危害不大，不认为是犯罪的；犯罪已过追诉时效期限的；经特赦令免除刑罚的；依照刑法告诉才处理的犯罪，没有告诉或者撤回告诉的；犯罪嫌疑人、被告人死亡的；其他法律规定免予追究刑事责任的。若有上列6种情形之一的，就是不需要追究刑事责任的案件，故不得立案。

立案的程序　大体分为：①收集和接受材料。侦查机关发现犯罪事实或犯罪嫌疑人时，应当主动迅速收集材料和一切与犯罪有关的线索，必要时还应对犯罪嫌疑人先采取紧急措施；对于投案、控告、举报和自首的材料，应当积极接受，对不属于自己管辖的，移送主管机关处理，并通知被害人、控告人、举报人和自首人；对不属于自己管辖而又必须采取紧急措施的，先采取紧急措施后移送主管机关。接受口头报案、控告、举报时应当写成笔录，经宣读无误后，由报案人、控告人、举报人签名或盖章，并向控告人、举报人说明诬告应负的法律责任。司法机关应保障报案人、控告人、举报人及其近亲属的安全，如果他们不愿公开自己的姓名和报案、控告、举报行为，应当为他们保密。②审查立案材料。其目的在于初步判明是否确有犯罪事实需要追究刑事责任。审查方法主要是调查询问，可以委托主管机关或其他有关机关对某些问题进行调查，也可以将应补查的问题交原告发人补充调查，还可以由司法机关派人专门调查。对一般调查难以弄清能否立案的事实时，司法机关可先采用一些勘验、检查、鉴定等侦查措施，在紧急情况下也可依法先行拘留犯罪嫌疑人。但非特殊需要时，立案前的审查不宜采用任何侦查措施。③决定立案。司法机关认为有犯罪事实存在并需要追究刑事责任的，即应立案。立案应由办案人员写出立案的书面报告，经本机关负责人审查批准后，填写立案决定书，以标志刑事案件正式成立。

立案的法律文书　主要有：①立案报告，亦称立案报告书。其内容主要包括：案件发现情况及立案的材料来源；现场勘查情况或主要犯罪事实；调查情况及案情分析；提请立案和据以立案的法律依据；侦查计划和侦查方向等。②立案决定书。其主要内容有：案由；立案时间；犯罪嫌疑人情况；立案材料来源；立案的事实及法律根据；立案的机关等。

立案的监督　我国刑事诉讼法对立案的监督作了两个方面的规定：一方面立案管辖的机关对不予立案的，应将不立案的原因通知控告人，"控告人如果不服，可以申请复议"（第86条）；另一方面人民检察院认为公安机关应立案而不立案或被害人认为公安机关应立案而不立案向人民检察院提出的，"人民检察院认为公安机关不立案理由不能成立的，应当通知公安机关立案，公安机关接到通知后应当立案"（第87条）。严格遵守和执行法定的立案程序，是健全社会主义法制的需要。立案机关对于报案、控告、举报、自首，都应当接受。人民法院应当依法受理自诉案件。

❷人民法院、人民检察院或者公安机关对于报案、控告、举报和自首的材料，按照管辖范围进行审查后，认为有犯罪事实需要追究刑事责任时作出的将案件交付侦查或审判的一种刑事诉讼的处理决定。

（文盛堂　项振华）

li'an guanxia

立案管辖（jurisdiction for filing a case）　又称职能管辖。指公安机关、人民检察院和人民法院等机关之间按职能划分的立案受理刑事案件的权限范围。立案管辖体现了公安司法机关进行刑事诉讼应当分工负责、互相配合、互相制约的原则。确立立案管辖的因素，一是各个机关的职能。公安机关是国家治安保卫机关，人民检察院是国家法律监督机关，人民法院是国家审判机关，它们的职能不同，立案管辖也应有侧重。二是案件的性质。不同性质的案件归由不同机关管辖。对立案管辖，我国《刑事诉讼法》作了如下规定：①公安机关立案侦查除了其他机关直接受理之外的大部分刑事案件。②国家安全机关立案侦查危害国家安全的刑事案件。③军队保卫部门依法立案侦查军队内部的刑事案件。④监狱依法立案侦查罪犯在监狱内犯罪的案件。⑤人民检察院直接立案侦查的案件主要是国家工作人员利用职务犯罪的案件。包括：贪污贿赂犯罪案件；国家工作人员的渎职犯罪案件；国家机关工作人员利用职权实施的侵犯公民人身权利和民主权利的犯罪案件；经省级以上人民检察院决定，需由人民检察院直接受理的国家机关工作人员利用职权实施的其他重大的犯罪案件。⑥人民法院直接受理自诉案件。包括：告诉才处理的案件；被害人有证据证明的轻微的刑事案件；被害人有证据证明对被告人侵犯自己人身、财产权利的行为应当依法追究刑事责任，而公安机关或人民检察院不予追究被告人刑事责任的案件。

（朱一心）

liti henji
立体痕迹（three-dimensional traces） 与"平面痕迹"相对。三维形象痕迹，为痕迹主要类别之一。由于承受体在与留痕的造型客体接触作用的局部发生永久性塑性形变或断裂而形成的具有三维特征的反映形象。如脚踩在松软土地上留下的立体足迹。立体痕迹能更全面地反映造型体三度空间的表面形态结构特征，在刑事侦查和司法实践中具有更高的证据价值。立体痕迹的形成需要三个先决条件：①留痕物体的硬度和强度必须明显大于承受物体的硬度和强度。②承受物体必须具有可塑性质，才能保留因机械力作用而产生的变形。③作用力必须达到足够的强度。立体痕迹依据作用力的不同方式和由此造成的形态差别而分成两大类，即静态接触作用下的凹陷状印压痕迹和动态接触作用下的线状痕迹。

（蓝绍江）

lihai guanxiren
利害关系人（an interested party in the case） 在民事诉讼中，以自己的名义参加诉讼，并在诉讼中享有权利、承担义务，受法院裁判拘束的人。简言之，利害关系人即诉讼中与案件有利害关系者。这里的利害关系必须是法律上的利害关系，它是以实体法律关系存在为前提的。在实体法律关系受到侵害或发生争议，有权以自己的名义提起诉讼或应诉或参加诉讼以维护自己的实体权益，并最终受法院裁判拘束的人才成为案件的利害关系人。这种实体法律关系既是法院确定当事人在诉讼中的地位的依据，又是法院作出实体判决的依据。利害关系人在狭义上包括原告和被告，广义上除原告和被告之外，还包括共同诉讼人和诉讼中的第三人、诉讼代表人。案件的利害关系人才是正当当事人，非利害关系人起诉、应诉或参加诉讼，就会引起当事人的更换；应当参加诉讼的利害关系人没有参加诉讼，就会引起当事人的追加。

（阎丽萍）

liandai guanxia
连带管辖（joint jurisdiction） 又称共同管辖或管辖的合并。指对两个或者两个以上互有关联而又不属于同一个人民法院管辖的案件，合并由一个人民法院审判。这是为了便于查明案件事实和正确适用法律而将有联系的案件并案审理的一种审判管辖的变通方法。属于连带管辖可以合并的情况大致有：①一人犯数罪的。②数人犯数罪或数人基于同一犯罪目的，而共同犯罪的。③刑事被告人向自诉人提出反诉，经法院立案受理的。确定连带管辖将案件合并审判时，通常是：①普通人民法院与专门人民法院之间发生合并管辖时，案件一般由专门法院审判；②下级人民法院与上级人民法院之间发生合并管辖时，案件一般由上级人民法院审判；③一人犯数罪，数人犯一罪或数人犯数罪、并案审理时，在级别管辖上适用由低向高合并；④共同犯罪的被告人，即使在不同地区被破获，一般也应合并审理，在级别管辖和地域管辖上适用从犯随主犯归属管辖。

（朱一心）

lianxu zibai
连续自白（consecutive confession） 有两种理解：①犯罪嫌疑人、被告人在肉体受折磨或精神受压制的情况下作出非任意自白之后，另外所作的"任意"自白，后一种自白即为连续自白。非任意自白是不适格的证据，不得采用；与非任意自白相关联、受其影响所作出的连续自白属"毒树之果"，也应予以排除。②犯罪嫌疑人、被告人就指控犯罪事实的全部或其主要部分所作的明确承认自己有犯罪行为的连续性陈述。在刑事诉讼中，犯罪嫌疑人、被告人自认有罪，司法人员可以要其对犯罪始末作出连续性陈述。犯罪嫌疑人、被告人也可以书面形式提供连续性陈述。犯罪嫌疑人、被告人对于犯罪经过进行连续性陈述，有利于司法机关鉴别自白的真伪，从中发现事实真相。

（熊秋红）

lianhe tiaojie
联合调解（joint mediation） 在涉外法律关系中，双方当事人通过友好协商无法解决争端，而由双方当事人同意的两个国家的仲裁机构或有关机构共同组成调解委员会来调解该纠纷的一种制度。该制度是由中国国际经济贸易仲裁委员会所创立的。联合调解制度有如下几个基本特征：一是发生争议的双方当事人同意一国仲裁机构联合另一国仲裁机构或其他机构进行调解；二是主持调解者是两个国家的仲裁机构或有关机构。依此制度，双方当事人在调解人的主持下进行协商，若达成协议，则双方可签订和解协议，若达不成协议，则由双方当事人根据原来的仲裁协议所约定的内容来解决争端。联合调解不同于国际上有关仲裁机构所进行的调解，它一般只适用于中国国际经济贸易仲裁委员会与有关外国仲裁机构或有关机构联合解决当事人之间的纠纷，国际上其他仲裁机构目前并未设立该制度。联合调解也不同于中国国际经济贸易仲裁委员会在仲裁过程中所进行的仲裁调解。联合调解不是仲裁程序所包含的内容，调解不成，当事人得另行申请仲裁；调解成功，当事人达成协议，均以和解协议的形式来表现。而仲裁调解则是仲裁程序的一部分，调解不成,仲裁庭对案件继续审理,调解成功,当事人既可以达成和解协议并由申诉人申请撤销案件,也可以由仲裁庭根据和解协议的内容制作裁决书来结束仲裁。在联合调解中,由双方当事人所同意的两个仲裁机构指派人数相同的仲裁员参加,主持调解的仲裁员的主要作用在于促使当事人双方充分理解对方的意见,为双方当事人达成和解协议打下基础,但对争端应如何解决,当事人应如何处分实体权利不发表意见,调解不成,则由当事人依仲裁协议将争议提交仲裁协议所确定的仲裁机构进行仲裁。

(潘剑锋)

lianheguo guoji maoyifa weiyuanhui zhongcai guize

《联合国国际贸易法委员会仲裁规则》(United Nations Commission on International Trade Law Arbitration Rules) 1976年12月15日联合国大会31/98号决议通过,促请秘书长广为传播,在国际商事纠纷中广泛采用。联合国国际贸易法委员会据1966年12月17日大会决议于1967年10月成立,致力于协调国际贸易法领域内国际组织的活动,草拟新的国际公约,促使更多国家加入。1973年重点制订统一仲裁规则,但不设仲裁机构。本规则分4节,共41条。

第1节绪则,含适用范围、期限、通知、代表及助手等4条。规定本规则对国际商事仲裁的适用。当事人不能免除法律适用时,法律规定优先。收到通知日视为送达,第2日起算,期间假期照算,期末则假期顺延。仲裁通知应含仲裁要求、当事人名称住所、仲裁条款或协议、争议事项、涉及金额、索赔要求、仲裁员人数、委任机构等事项。委派代表或助手亦应通知对方。

第2节仲裁庭,含仲裁员人数、委任、质疑及替换、重新审理等10条。规定独任庭时,双方各向对方提供一名或多名仲裁员或仲裁机构名称磋商决定,30日内未有协议时,由议定委任机构或海牙永久仲裁庭秘书长委书三人庭时,双方各委任一名,该二名仲裁员委任第三名首席。未能委任时,按独任庭程序委任。仲裁员对公正性或独立性不利事由,委任前应向委任方公开,委任后应向双方公开,任一方可书面质疑,并通知对方。仲裁员可请辞。双方同意可替换仲裁员,不同意时由委任方或委任机构决定。仲裁员死亡或辞职,依委任程序;无力履职,依质疑程序。独任仲裁员或首席被替换应重新审理,其他仲裁员被替换,由仲裁庭决定是否重审。

第3节仲裁程序,含一般规定、仲裁地点、语言、索赔、辩解、出庭、管辖权、书面通知、期间、证据、保全、专家、失误、估值、放弃权利等16条。规定仲裁庭公平对待当事人。当事人要求,仲裁庭应开庭审理,传召证人,否则可书面审理。除有协议外,仲裁庭就便决定仲裁地点。仲裁语言应征得双方同意,其他语文文件应含译本。索赔应含当事人名称住所、事由、救济要求,并附支持文件。辩解应告复索赔各点,并附支持文件,还可提反诉。双方亦可作出更正、补充,但不得超越仲裁范围。仲裁庭决定管辖权,仲裁条款或协议及合同的有效性。合同无效或失效不影响内含仲裁条款。质疑管辖权应不迟于辩解或答复反诉。仲裁庭可要求当事人提供更多证据或说明。提出索赔或辩解不得超过45日,但仲裁庭可予延长。提出主张方有限期举证责任。开庭应事先通知,传召证人应提早15日,并安排翻译。审理不公开。仲裁庭应决定证据的可接受性、相关性、实质性及其重要性。当事人要求,仲裁庭可作中期裁决保全;当事人也可要求司法保全。仲裁庭可听取专家意见,当事人应向专家提供资料,并可审议专家意见。限期内未提出索赔视为终止,未提出辩解则继续。当事人未出席不影响审理。未举证时,仲裁庭可据现有证据裁决。双方无法举证视为审理结束,但仲裁庭可自行或应要求恢复审理。对不符合本规则的行为不尽快提出质疑,视为放弃权利。

第4节裁决,含议决、裁决方式、效力、适用法律、争议解决、终止理由、裁决解释、更正、补充、费用、保证金等11条。规定仲裁庭以简单多数议决。首席可决定程序问题,仲裁庭可作修正。仲裁庭有权作出有约束力的中期、临时或部分书面裁决。裁决应含理由、签署、日期、地点,缺署应说明理由。裁决非经当事人同意不得公开。仲裁地法对裁决有登记要求应遵从。适用法律由当事人选择,未有协议则据冲突法决定。当事人同意,适用法律又允许时,裁决可据调解或公允良善原则作出,否则据合同和行规决定。当事人和解,仲裁终止。仲裁庭可应要求记录和解条件,但不说明理由。继续仲裁不必要、不可能时,仲裁终止,当事人有正当理由除外。裁决30日内,当事人可要求仲裁庭45日内书面解释,30日内更正计误或字误,60日内补充裁决。裁决应含仲裁庭、仲裁员费用、差旅开支、专家助手支出、证人作证费、胜诉方法定代表人和助手费(若仲裁庭认为合理)、委任机构及海牙永久仲裁庭秘书长费用等仲裁收费。仲裁庭费用应据争议额、复杂性、时间及有关因素合理决定。委任机构收费可按标准或商议决定。仲裁费用原则上由败诉方承担。仲裁庭可据案情决定仲裁收费或胜诉方费用的分担。仲裁解释、更正和补充不另收费。仲裁庭与仲裁机构商定可要求提供仲裁收费保证金或额外保证金。保证金30日内未交时,仲裁庭可催促,否则搁置或终止仲裁。裁决后,仲裁庭应提供账目,退还余款。

(宋小庄)

lianheguo guoji shangshi zhongcai shifanfa
《联合国国际商事仲裁示范法》(United Nations Commission on International Trade Law Model on International Commercial Arbitration) 1985年6月21日联合国国际贸易法委员会通过。本法分8章共36条。

第1章一般性规定,含适用范围、释义、信函送达、放弃反对权利、法院干预、法院和当局的协助监督等6条。规定本法适用于当事人住所在不同国家,据仲裁协议提交的国际商事仲裁,但受仲裁所在国法律和有关条约的约束,信函收到日视为送达。对不符合仲裁协议的行为在限期内不提出异议,视为放弃权利。除本法允许外,法院或其他当局不得干预仲裁。

第2章仲裁协议,含仲裁协议、提起诉讼、法院保全等3条。规定仲裁协议可采用书面形式,构成或不构成合同的一部分。除仲裁协议无效、失效或无法履行外,法院不得受理有关争议。法院决定受理前,仲裁可继续。仲裁期间或之前,法院可批准保金。

第3章仲裁庭组成,含人数、委任、质疑及其程序、未履职、替换等6条。规定除有协议外,仲裁庭由三名仲裁员组成,当事人各委一名,两名仲裁员再委第三名。30日内未委出,由法院或其他当局委任,不得上诉。委任应考虑仲裁员的独立性和公正性。仲裁员不因国籍受排斥,但第三名仲裁员国籍应与当事人有别。仲裁员应向当事人透露引起合理怀疑其独立性和公正性事由。除有协议外,质疑仲裁员应在知道事由15日内书面向仲裁庭提出。未采纳时,当事人15日内可要求法院或其他当局审裁。仲裁员未履职,可辞职,或由当事人协议或一方要求法院或其他当局终止委任。

第4章管辖,含仲裁庭的管辖、中期裁决等2条。规定管辖权,包括仲裁协议的存在或有效性,由仲裁庭决定。合同无效或失效不影响仲裁条款。质疑管辖权应在事发后尽快或不迟于被申请人答辩时提出,申请仲裁庭决定。对决定不满时,当事人可在30日内要求法院决定。未决定前,仲裁可继续。除有协议外,仲裁庭应当事人要求,可采取中期保金措施,并要求提出方提供适当的担保。

第5章仲裁行为,含公平对待、决定程序、仲裁地、仲裁开始、语言、索赔和辩解、开庭及书面审理、当事人、专家、法院协助等10条。规定对当事人应公平对待,予充分机会陈述案情。当事人有权决定程序。无协议时,仲裁庭可对程序问题,包括证据的可接受性、相关性、实质性和重要性作出决定。当事人有权选择仲裁地点和语言,未选择时,仲裁庭可考虑案情和便利作出决定。除有协议外,收到要求仲裁之日视为仲裁开始。书证应译成相应语文。在协议或仲裁庭决定期限内,申请人应提出争议焦点,救济措施,并举证;被申请人应提出辩解。当事人可以在限期内修正、补充索赔或辩解。仲裁庭决定开庭与否,应征得当事人同意。当事人应予仲裁庭检视文件和有关财产的充分机会。申请人未按期提交文件,仲裁终止;被申请人未按期辩解,仲裁可继续。任一方未出庭或举证,仲裁可继续,并作出裁决。仲裁庭可委托专家提交报告,参与仲裁。仲裁庭或当事人可请求法院协助取证。

第6章仲裁裁决和终止,含适用法律、合议庭决定、和解、格式内容、仲裁终止、更正解释及补充等6条。规定仲裁适用法律为实体法,非冲突法。当事人无选择时,仲裁庭应以公允、善良、和解态度,据冲突法决定适用法律。裁决采用多数原则。经授权,首席仲裁员可决定程序问题。当事人和解,经要求而仲裁庭又不反对时,仲裁终止。仲裁庭应据双方协议作有说明理由的裁决,经多数仲裁员签署,并注明未署名理由、日期、地点,当事人各执一份。当事人在30日内可要求更正,解释裁决。仲裁庭在30日内应主动或按要求更正、解释,并在60日内作出补充裁决。

第7条裁决撤销,仅一条。第8章裁决承认和执行,含承认和执行、拒绝的理由等2条。规定提出方在3个月内证实:①仲裁协议无效或当事人无行为能力;②未获适当通知或未能陈述案情;③超越仲裁范围;④未按协议组成仲裁庭或进行仲裁,或法院认为:①争议不能由仲裁解决;②违反公共政策,则仲裁裁决可由法院撤销,法院也可允许仲裁重审。又规定,当事人应有权向有管辖权法院请求承认和执行仲裁裁决。拒绝执行方证实仲裁裁决未生效或被仲裁所在地法院撤销或搁置,或具有上述撤销仲裁裁决的任何理由,或法院认为:①争议不得由仲裁解决;②承认和执行仲裁裁决违反公共政策,则法院可拒绝承认和执行仲裁裁决。

本法由联合国国际贸易法委员会为促进国际商事仲裁的顺利进行而制定,各国倘据此制定其本国仲裁法,则可避免或减少法律适用可能带来的争议。

(宋小庄)

lianheguo jindushu
联合国禁毒署(United Nations Commission on Suppression of Illikit Drugs) 联合国总秘书处负责禁毒事务的主管部门。根据联合国宪章的规定成立。拥有一个全球性的工作网络,在各面临严重毒品问题的国家设有办事处。其主要职能是:代表联合国秘书长履行有关国际公约和联合国大会决议所赋予的涉及国际禁毒事务方面的职责,负责监督各方的执行情况,确保充分发挥各职能部门的职责;向联合国麻醉品委员会提供秘书和后勤服务,并根据有关国际公约的规定,向国际麻醉品管制局提供秘书和后勤服务;向联合国大会和经社理事会以及其他联合国司职委员会和国际会议提供禁毒事务方面的服务；在执行国际禁毒公约方面向联合国成员国提出建议，并依据公约规定向各成员国提供援助；负责制订和执行全球性的禁毒技术合作项目；在减少非法麻醉品和精神药物的生产、制造、贩运和滥用等领域，协助各国政府制订和执行国家级、亚区域级和地区级的禁毒政策和计划；与学术和研究机构保持联系，随时掌握禁毒事务的最新动向和发展情况。

（杨凤瑞）

lianheguo mazuipin weiyuanhui
联合国麻醉品委员会（United Nations Commission on Narcotic Drugs） 联合国系统中负责所有麻醉品和精神药物事务的政策制定机构。是根据联合国宪章第68条规定，联合国经社理事会为履行其负责经济、社会、文化、教育、卫生和有关事务的职责，于1946年设立的各种司职委员会之一。委员会的职责是：分析全球麻醉品滥用形势，提出加强国际麻醉品管制的建议；协助联合国经社理事会监督有关国际禁毒公约和条约的执行情况；审议联合国系统内禁毒行动计划的执行和发展情况；就联合国禁毒署的工作给予政策性指导和监督；根据联合国禁毒署执行主任的建议，审议和批准联合国禁毒署的经费预算和禁毒基金会的行政和管理预算，不包括联合国正常项目下的预算。

联合国麻醉品委员会的成员由联合国经社理事会每五年一次选举产生。1946年为15个成员国，1961年为21个成员国，1966年为24个成员国，1972年为30个成员国，1983年为40个成员国，自1991年起增加到53个成员国。

联合国麻醉品委员会有五个附属机构，分别是：近中东非法麻醉品贩运及有关事务分委员会，亚太地区缉毒执法负责官员会议，非洲缉毒执法负责官员会议，拉丁美洲及加勒比地区缉毒执法负责官员会议和欧洲缉毒执法负责官员会议。

（杨凤瑞）

lianheguo shaonian sifa zuidi xiandu biaozhun guize beijing guize
《联合国少年司法最低限度标准规则（北京规则）》（United Nations Standard Minimum Rules for the Administration of Juvenile Justice, The Beijing Rules） 联合国制定的有关少年司法和照管少年的最低限度标准的国际法律文件。1984年5月14日至18日，在北京举行的区域间筹备会议最后确定了该规则条文，然后提交1985年8月26日至9月6日在意大利米兰召开的第七届联合国预防犯罪和罪犯待遇大会，并且在第七届大会上获得一致通过，而且决议将该规则称为"北京规则"，后经同年联合国大会批准。北京规则由六部分组成，共30条规则。

关于基本观点，北京规则规定："会员国应努力按照其总的利益来促进少年及其家庭的福利"。"会员国应尽力创造条件确保少年能在社会上过有意义的生活，并在其一生中最易沾染不良行为的时期使其成长和受教育的过程尽可能不受犯罪和不法行为的影响"。

关于规则的范围和采用的定义，北京规则规定："下列最低限度标准规则应公平适用于少年罪犯，不应有任何区别"，"会员国应在符合本国法律制度和法律概念的情况下应用下列定义：①少年系指按照各国法律制度，对其违法行为可以不同于成年人的方式进行处理的儿童或少年人；②违法行为系指按照各国法律制度可依法律加以惩处的任何行为（行为或不行为）；③少年犯系指被指控犯有违法行为或被判定犯有违法行为的儿童或少年人"。

关于刑事责任年龄，北京规则规定："该年龄的起点不应规定得太低，应考虑到情绪和心智成熟的实际情况"。

关于少年司法的目的，北京规则规定："少年司法制度应强调少年的幸福，并应确保对少年犯作出的任何反应均应与罪犯和违法行为情况相称"。

关于少年的权利，北京规则规定："在诉讼的各个阶段，应保证基本程序方面的保障措施，诸如假定无罪、指控罪状通知本人的权利、保持缄默的权利、请律师的权利、要求父母或监护人在场的权利、与证人对质和盘诘证人的权利和向上级机关上诉的权利"。北京规则还规定"应在各个阶段尊重少年犯享有隐私的权利，以避免由于不适当的宣传或加以点名而对其造成伤害"。

关于调查和检控，北京规则规定："一俟逮捕就应立即将少年犯被捕之事通知其父母或监护人"，"法官或其他主管人员或主管机关应不加拖延地考虑释放问题"。"审前拘留应仅作为万不得已的手段使用，而且时间尽可能短"。

关于审判和处置，北京规则规定："在整个诉讼程序中，少年应有权由一名法律顾问代表"。"主管当局的处置应遵循下列原则：①采取的反应不仅应与犯罪的情况相称，而且应与少年的情况和需要以及社会的需要相称；②只有在经过审慎考虑之后才可对少年的人身自由加以限制并应尽可能保持在最低限度；③除非判决少年犯有涉及对他人行使暴力的严重行为，或屡犯其他严重罪行，并且不能对其采取其他合适的对策，否则不得剥夺其人身自由"。"少年犯任何罪行不得判以死刑"。"主管当局有权随时撤销诉讼"。"把少年投入监禁机关始终应是万不得已的处置办法，其期限应是尽可能最短的必要时间"。"对少年罪犯的档案应该严格保密,不得让第三方利用"。"少年罪犯的档案不得在其后的成人诉讼中加以引用"。北京规则还对非监禁待遇和监禁待遇作了详细的规定。(程味秋)

lianlaopi
恋老癖(geronlophilia) 以老年人为性行为对象的变态行为。既可发生同性的鸡奸行为,也可发生异性之间的两性行为。因此,应评定行为人具有完全法律能力。
(孙东东)

lianshipi
恋尸癖(necrophilia) 又称奸尸。一种奇特的性心理障碍。性行为的对象不是活人,而是女性尸体。这一行为严重危害社会道德,行为人应承担完全法律责任。
(孙东东)

lianshoupi
恋兽癖(zoophilia) 又称兽奸或奸兽。一种奇特的性心理障碍。性行为的对象为家畜等动物。见于少数男性精神发育迟滞者和极少数游牧生活的青年男性。
(孙东东)

liantongpi
恋童癖(pedophilia) 多为中年以上的男性。其特征是将自己性行为的对象指向儿童。行为结果给儿童的身心造成严重摧残。这种人为完全法律能力人。性对象是女童的,应按强奸幼女罪处理;若是男童的,则应按侵犯公民人身权利罪处理。
(孙东东)

lianwupi
恋物癖(fetishism) 以接触和收藏异性的穿着物品或佩带物品而引起性兴奋的性变态症状。以男性为多。他们不能去爱一个完整的人,而是对异性的穿着、佩带物品特别是对异性穿用的贴身物品有极大的兴趣。他们为了得到这些物品,不择手段,因而触犯刑律。在司法精神医学鉴定中应评定为完全刑事责任能力。
(孙东东)

liangji
两剂(pleadings) 原告的起诉状和被告的答辩状的合称。两剂之称始于西周。《周礼·秋官·司寇》:"以两剂禁民狱,入钧金,三日乃致于朝,然后听之。"汉代郑玄《注》:"剂,今券书也。使狱者各齐券书,既两券书,……不券书,不入金,则是亦自服不直者也。"在西周,必须要用诉状,司法机关才会受理,并且西周要求原被告双方都必须有诉状或申诉状,这被视为公平的表现。与此不同的是,现代法律一般只要求原告提交起诉状,至于被告是否提交答辩状,不影响司法机关对案件的审理。
(万云芳)

liangshen zhongshen
两审终审(the second instance is the final instance) 中国刑事诉讼法的基本原则之一。其含义是,地方各级人民法院受理的案件,必须经过两级法院审判才告终结;第二审法院作出的判决和裁定,为发生法律效力的终审判决或裁定。实行两审终审的案件必须同时具备以下三项条件:①由地方各级人民法院按第一审程序受理和审判。在我国的四级法院中,高级人民法院、中级人民法院和基层人民法院属于地方各级人民法院。最高人民法院是我国最高审判机关,它所作出的一审判决或裁定,是发生法律效力的终审判决或裁定。②不属于死刑案件。对死刑案件的裁判,即使经过第二审程序加以确定,还必须按照死刑复核程序进行核准后,才能生效。③经过上诉或抗诉。对于地方各级人民法院按照第一审程序作出的判决或裁定,必须有当事人的合法上诉或检察机关的合法抗诉,其上一级人民法院才能按照第二审程序进行审判。实行两审终审原则,有利于上级法院对下级法院的审判过程和结果进行监督,维护法律的尊严和当事人的合法权益;有利于当事人适当扩大其参与范围,充分行使诉讼权利。另外,相对有些国家实行的三审终审制而言,实行两审终审原则,还有助于减少当事人的讼累,节省国家司法资源,提高诉讼活动的经济效益。
(陈瑞华)

liangshen zhongshen zhidu
两审终审制度(system of the court of second instance being that of last instance) 一个民事案件,经过两个审级法院运用一审和二审程序进行了审判,即宣告审判终结的制度。两审终审制度是案件的审级制度,案件在地方各级人民法院作为一审审结后,还可以经过第二个审级的审判,第二个审级为案件的最后审级。案件的审级制度决定于国家的司法制度,有些国家实行两审终审制,有些国家实行三级三审制(见三级三审制度)。当今民事诉讼立法基于诉讼的经济,或者迫于案件增多的压力,大多采用两级审理的制度。中华人民共和国建立前和建立初期,曾实行过三级三审制,其后为适应我国地域辽阔,有些地方交通不便的客观情况,以及根据便民利民和诉讼经济的要求,一直采用两审终审的制度。民事案件的两审终审制是一项原则性的制度。并非所有的民事案件都要经过两个审级的审判方能终结，根据我国《民事诉讼法》的规定，适用一般程序审理的案件实行两审终审制，而适用特别程序审理的案件，不需要有第二个审级的审判，则实行一审终审。

两审终审制的构成主要包括三个方面的内容：一是两个审级不同的程序；二是两个审级不同的裁判；三是两个审级之间的衔接。两个审级分别适用第一审程序和第二审程序，不同审级的程序有其不同的内容和功能。在我国，第一审诉讼程序是普通程序和简易程序，是对诉讼案件实行全面审理的程序，第二审程序是诉讼案件的上诉审程序，是对当事人上诉请求的有关事实和法律问题继续审理的程序。两个审级的法院均依法分别作出裁判，但审级不同，裁判的名称和效力不同，如一审可作出不予受理、驳回起诉等裁定，可作出部分判决、全部判决，二审可作出不服一审裁定上诉的裁定，将案件发回重审的裁定，可作出驳回上诉的判决、终审判决。可上诉的一审裁定和一审判决，在上诉期内不发生效力，而二审裁判一经送达即发生法律效力。两个审级之间的衔接既表现在程序上的衔接，如裁判的上诉期间和上诉方式、诉讼文书的送交和诉讼案卷的移送，又表现在二审法院以一定的裁判方式对第一审法院审判的监督。两个审级程序的协调，两级法院审判职能的配合，构成完整的两审终审制度。

（刘家兴）

liangxing jixing

两性畸形（hermaphroditism） 又称两性人、阴阳人、雌雄人等。同一个身体的性器官有两性的表现。两性畸形是由于胚胎期生殖器官发育受到障碍而引起。两性畸形在幼年时很少引起注意，往往由医生检查时才发现。大多数是性成熟以后，在集体生活中因行为和体态（排尿、生活方式、情感、性格、乳房外形、胡须等）与众不同，始生疑问。此种人成年后决定结婚或离婚时需要鉴定性别，涉及权利和义务或参加体育比赛时也需要鉴定性别。两性畸形分真两性畸形和假两性畸形两类。

真两性畸形（真两性人） 是指同一人具有男女两性的性腺，既有男性的睾丸，又有女性的卵巢。外生殖器的形态可为男性，也可为女性，偶有两性具备。此种畸形极为少见，外形不易鉴别，必须经过性腺组织的切片检查，判定其为睾丸和卵巢两种组织，才能确定为两性畸形。由于解剖结构的不同，真两性畸形有以下三种情况：①两侧性复性两性人（双侧型）。即左右两侧各有一个睾丸和一个卵巢，或两侧都有睾丸和卵巢组织的卵睾体。②偏侧性复性两性人（单侧型）。即一侧兼有睾丸和卵巢或卵睾体，而他侧只有睾丸或卵巢。③两侧性单性两性人（交叉型）。即一侧有睾丸，而他侧有卵巢。④偏侧性复性两性人（未定型）。即一侧有睾丸和卵巢或卵睾体，而他侧无性腺。

假两性畸形（假两性人） 指身体上只有一种性腺，即只有男性的睾丸或女性的卵巢，而外生殖器却类似异性。假两性畸形比真两性畸形多见，生殖腺发育不良，第二性征异常，常被作为异性养育，因此举动、行为、精神状态也很像异性。假两性畸形有性交能力而无生殖能力。假两性畸形按解剖结构的不同，有以下两种情况：①男性假两性人（男性女性化）。即实为男性，只具有睾丸，但外生殖器与女性相似。阴茎短小犹如女性的阴蒂，尿道下裂似阴道口，阴囊分开如同女性大阴唇，且睾丸不下降而停留于腹腔内或腹股沟内，整个外形很像女性。或体内尚有女性生殖器官残迹，如子宫、阴道等。第二性征表现为女性化，乳房较大，喉结不明显，声音音调较高，但无月经。此种人往往被误认为女性，并按女性生活和结婚而引起法律纠纷。②女性假两性人（女性男性化）。即实为女性，只有卵巢，但外生殖器酷似男性。阴蒂肥大如阴茎，阴唇肥厚很像阴囊，并有卵巢下垂于大阴唇内似男性睾丸，使其外形很像男性。第二性征表现为男性化，声音粗大低沉，生长胡须等。

对两性畸形进行性别确认时，重点检查外生殖器的状态及第二性征。第二性征发育完全的比较容易确定。同时可用口腔粘膜涂片作性染色体和核型检查。一般经上述各项检查可鉴别性别。个别有特殊需要的（疑为真两性畸形），可剖腹作性腺组织检查。除两性畸形外，最近首见湖北竹山报道，发现"无性腺人"。

（李宝珍）

liangzao

两造（both parties） 原告和被告的合称。两造之称始于我国西周，意思是指争议的双方当事人。《周礼·秋官·大司寇》："以两造禁民讼，人束矢于朝，然后听之。"《注》："造，至也。使讼者两至"。在西周，除了"命夫命妇不躬坐狱讼"以外，两造具备是审判的基本条件。《尚书·吕刑》："两造具备，师听五辞。"随后，两造之名演绎成双方当事人的称谓。

（万云芳）

liangzao shenli zhuyi

两造审理主义（doctrine of bilateral hearing） 亦称双方审理主义，一造审理主义的对称。法院审理案件、作出裁判，应以双方当事人提出的主张和证据为基础，而不是以一方当事人提出的主张和证据为基础。两造审理主义与当事人本人诉讼原则联系紧密。在罗马法中，以两造审理主义为原则，采"绝对对审"的制度。两造审理主义要求双方当事人必须亲自到庭参加诉讼，而不得委托他人代为参加诉讼。同时，如果一方当事人不到庭，法院即停止对案件的审理。两造审理主义的优点是容易弄清案件事实真相,从而作出公正合理的裁判。现代各国民事诉讼一般以两造审理主义为原则,以一造审理主义为例外。如在日本,判决程序原则上采用双方审理主义,裁定和命令原则上采用一方审理主义。在德国,判决的双方当事人的辩论为基础,但是,如果一方当事人在言词辩论期日不到场时,法院可以依到场当事人的声请,依其一造辩论而为判决。我国民事诉讼法赋予双方当事人平等的诉讼权利。双方当事人对自己提出的主张,都有责任提供证据。人民法院审理案件,应听取双方当事人的陈述和辩论,对双方当事人提供的证据,应当全面客观地核实,同时,将双方当事人提供的证据,会同其他证据一并进行审查,以辨明证据的真伪及其证明力,从而准确地查明案件事实。即使是被告经合法传唤无正当理由拒不到庭时,也要分别情况对待。对于必须到庭的被告,经人民法院两次合法传唤无正当理由拒不到庭时,可以采取拘传的方式迫使其到庭,以便查明案件真实情况;对于不是必须到庭的被告,经人民法院合法传唤无正当理由拒不到庭的,可以缺席判决,但是,即使缺席判决,也是以查明的事实作为判决的基础,而不是仅仅依原告一方提供的事实材料作为判决的基础。

(万云芳)

liangxing budang

量刑不当(inappropriate punishment) 法院对犯罪分子裁量决定刑罚时,偏离法律规定,在解决对犯罪分子是否判处刑罚,判处何种刑罚以及刑期长短等问题上不适当。量刑不当通常包括以下几种情况:①未严格依照刑法总则和其他有关法律规定中关于刑事责任及加重、从重、从轻、减轻或者免除处罚的规定,在决定刑罚的轻重及是否免除刑罚上不适当;②未严格以刑法分则及其他有关条文对犯罪规定的法定刑为依据,在法定的量刑幅度之外判处刑罚;③未严格依照刑法总则有关刑罚方法、刑罚制度的适用规定执行。人民法院在第二审程序、死刑复核程序、类推判决的核准程序和审判监督程序中,认为原判决量刑不当的,应当改判。

(刘广三)

liehou zhaiquan

劣后债权(inferior creditors' claims) 优先债权的对称。只有在一般破产债权得到清偿后才有机会得到清偿的债权。该概念在日本破产法中有使用。劣后债权仍属破产债权,它在一般破产债权得到清偿后有受偿的可能,此点与完全无受偿机会的不属于破产债权的除斥债权有所区别。劣后债权因其要在一般的破产债权实现以后才有机会得到清偿,而劣后债权主要是因一般破产债权因债务人无力清偿或未及时清偿而形成的衍生的债权,因此其在实践中很少有得到清偿。日本破产法中所列举的劣后债权主要有:①破产宣告后,各应得到清偿的破产债权因债务人未及清偿而产生的利息;②因破产宣告后债务人不履行义务而产生的违约金;③债权人参加破产程序的费用;④罚款、罚金等。

(潘剑锋)

linchang taolun

临场讨论(on-the-spot discussion) 见现场讨论。

linchuang fayixue

临床法医学(clinical forensic medicine) 应用临床医学以及相关学科的理论和方法,研究并解决涉及法律问题的人身伤害、残废、劳动能力、诈病(诈伤)、造作病(造作伤)、征候、性功能、性犯罪及亲子关系等的一门科学,是法医学的分支学科。其检验对象是涉及诉讼的有关人员,如被害人、被告人、原告人及相关的其他人员。临床法医学检验和鉴定的内容包括:①伤害案件中的损伤原因、损伤性质、致伤工具、损伤时间、损伤程度以及劳动能力丧失的程度。②性机能状态,如性交不能、生育不能、两性畸形、妊娠、分娩、坠胎等,以及性犯罪,如强奸、近亲相奸、猥亵行为等。③亲子鉴定。此外,有时还有对年龄和性别的鉴定,医疗纠纷的分析,诈病及造作病的鉴定等。鉴定人员以临床法医工作者为主,必要时请临床经验丰富的医师共同鉴定。检验妇女身体需由女工作人员或医师进行。临床法医学的诊断必须根据客观体征和各种辅助检验,如化验、X光、超声波、心电图、脑电、肌电图、CT等结果为依据。亲子鉴定时还需根据血型鉴定或DNA图谱或PER试验报告为依据。有时需经临床观察后方能作出明确诊断。

(李宝珍)

linchuang siwangqi

临床死亡期(clinic death) 濒死期进一步发展的死亡阶段。此时中枢神经系统的抑制过程已扩散到皮层下部和脑干,尤其延髓处于深度的抑制状态。表现为心跳和呼吸停止,用于临床检验的各种神经反射消失。临床上就是根据这三个体征来诊断死亡的,故称临床死亡期。此期作为统一整体的人体虽然已死亡,但机体组织内微弱的代谢仍在进行,细胞没有真正死亡,因而依然有复苏的可能。在临床死亡过程中,血液循环停止后,大脑耐受缺氧的时间通常为5~6分钟。此时若能采取有效的方法及时抢救,如人工呼吸、氧气吸入、心脏按摩、使用心搏器、动脉输血等紧急措施,有的心肺功能就能恢复。若临床死亡过久,脑遭受缺氧损害严重,致脑机能发展到不可逆性破坏,临床死亡期即告结束。个体临床死亡期的长短不同,一般情况下,濒死期长者,临床死亡期短;濒死期短者,临床死亡期长。在低温条件下,尤其是头部降温脑耗氧量减少,临床死亡期可以大大延长,可达一小时或更长。由于此期人体的细胞及某些器官还保持着一定的生活机能,还进行着微弱的新陈代谢,所以有时可作器官移植的供体或进行组织培养。有的组织器官对刺激还能发生一定的反应,这种反应叫超生反应,超生反应对推断死亡时间有一定的意义。

(李宝珍)

linzhong chenshu

临终陈述(dying declaration) 英美证据法中的概念。临近死亡之人所作的与待证事实有关的陈述。由于临终陈述须经他人向法庭转述,故属传闻证据。原则上法庭不采纳传闻证据,但临终陈述可以作排除传闻证据规则的例外而被法庭采纳。因为法律推定,临死之人是不会说谎的。采纳临终陈述要求符合以下几个条件:①陈述必须是临死之人在死亡来临之际作出的,并且陈述者当时已意识到自己濒临死亡;②陈述的内容是关于他受伤害情况、直接死因以及加害者有关情况的说明;③一般限制在对谋杀案的审判之中,其他案件如临终陈述有利于被告人,也可以被采纳。

(熊秋红)

liuxingxing naojisuimoyan

流行性脑脊髓膜炎(epidemic cerebrospinal meningitis) 又称流行性脑膜炎(简称流脑)。为常见的化脓性脑膜炎,是脑膜炎双球菌所致的急性感染,主要侵犯脑膜。任何年龄都能发生,以15岁以下的儿童发病最多,占发病率的80%。该病普及全世界各国,都于冬末开始,春天盛行,主要是呼吸道飞沫传染。普通型流脑都有头痛、发热、喷射性呕吐、颈项强直等典型症状,一般都能得到诊治。而暴发性流脑即华—弗氏综合征,因病原毒素引起全身微循环障碍,很快导致严重休克而死亡。临床表现为畏寒高热、头痛、呕吐。接着脸色苍白,口唇青紫,四肢厥冷,脉搏微弱,血压下降,呼吸急促,颈项强直,频繁抽搐。全身有出血点,并迅速增加,融合成大片出血斑。很快进入深昏迷,可于几小时内死亡。尸体解剖可见:脑膜有炎症、水肿。多数内脏尤其是双侧肾上腺出血坏死。

(李宝珍)

liuxingxing yixing naoyan

流行性乙型脑炎(epidemic encephalitis B) 简称乙脑。由嗜神经性乙型脑炎病毒引起的急性感染,以脑实质的广泛性急性炎症为主,尤以大脑皮质、中脑、脑桥、底节和延髓较重。本病是通过蚊虫为媒介而传染的,多见于10岁以下的儿童,尤以2~7岁的儿童发病率最高。七、八、九三个月是本病的流行季节,起病较急,没有前驱症状即出现剧烈头痛,高热,呕吐,昏迷,反复抽风及颈项强直等脑膜刺激症状。暴发型乙脑可在短时间内,因脑压增高,导致海马钩回疝或小脑扁桃体疝而死亡,少数病例可在24小时内因休克和呼吸衰竭而死亡。尸体解剖可见:大脑和脑膜充血、水肿和出血。脑的各部分出现大小不等的软化灶。

(李宝珍)

liuzhi songda

留置送达(lien service) 送达的方式之一。指受送达人或其代收人拒绝接受诉讼文书时,公安司法机关将诉讼文书留在受送达人的住处,并在送达回证上注明情况即视为送达的方式。采用留署送达必须要符合一定条件:①必须是受送达人或者其指定的代收人拒绝接受诉讼文书。②采取留置送达必须有见证人到场。见证人可以是邻居、亲友、同事,也可以是基层组织的代表,例如居委会、村委会的工作人员等。③被留置送达的文件必须是准予留置送达的诉讼文书。人民法院在向受送达人送交自诉案件调解书或刑事附带民事诉讼调解书时,如受送达人拒收,应视为反悔,不能适用留置送达。留置送达,应在送达回证上注明受送达人拒收的事由和日期,并由送达人、见证人签名或盖章。留置的日期即视为送达的日期。其法律效力与其他送达方式相同。

留置送达是针对一种特殊情况而规定的特殊的送达方式,因其具有很大的强制性,因此适用起来必须遵守严格的法定条件和程序。适用留置送达的法定条件是,受送达人或者其同住的成年亲属拒绝签收法律文书;具体程序是,送达人邀请受送达人住所所在地的基层组织或者受送达人所在单位的代表到场作见证人,说明情况,在送达回证上记明拒收事由和日期,由送达人、见证人签名或盖章,然后把法律文书留在受送达人的住所。留置送达与直接送达具有同等法律效力。法律规定留置送达的目的主要是防止当事人借故拒收送达的法律文书,影响诉讼的正常进行。但必须注意的是,如果要送达的法律文书是调解协议,则不能适用留置送达。因为对于调解协议,当事人在送达之前都可以反悔,拒收就是反悔的表示,因而不能采用强制性的留置送达。

(何畏 朱一心)

luyinpi

露阴癖(exhibitionism) 见裸露癖。

lugu furong

颅骨复容（restoration of facial features） 根据头面部各点软组织厚度的统计平均数,将可塑性材料,粘附在按无名颅骨特征复制的石膏标本上,采用造形艺术的手法,恢复其生前容貌,进行个人识别的一种方法。人的相貌是由颅骨和附着的软组织构成。相貌的基本轮廓、各部位的形状、大小、比例关系等特征,主要取决于颅骨。而颅骨的变化不大,面部软组织的厚度虽然随年龄、性别、胖瘦等因素有变化,但其变化有一定规律。因此,颅骨复容又作为死者亲属、朋友辨认的基础。方法是首先确定颅骨的性别、年龄和面部特征,然后从测定数据中查出相同性别、年龄组的各侧点(测量部位,正中面部有发际、眉间、鼻根、鼻梁、上唇根、人中、颏唇沟、颏隆凸、下颌体下缘;侧面部有眉心、眶下缘中点、下颌咬肌前缘、颧弓突出处、咬肌中心处、下颌角等)的平均厚度,按照颅骨形态即额结节、眉弓、眼眶、犁状孔、牙齿、上下颌的形状,采用塑像的方法,在复制的石膏颅骨标本上填补塑性材料,充当软组织,恢复死者的面貌。颅骨复容可以在未获得或无法获得可疑死者生前照片的条件下进行。复容后让熟悉可疑死者的亲属和朋友进行相貌辨认。如果有可疑死者生前照片,事先不看,等复容完毕后,再与照片比对,进行个人识别。复容的质量取决于颅骨是否完整,各测点的位计数据是否精确,以及雕塑工艺水平的高低。根据目前的研究水平,只能达到大体上的相似,而面貌的细节特征,如眼、口、鼻、耳的形状特征及胡须分布,有无酒窝、皱纹、疣痣、疤痕等无法正确塑造出来。尤其是死者生前的表情和神态也是无法反映出来的。

（李宝珍）

luxiang chonghe

颅像重合（photographic superimposition） 将无名颅骨和失踪者生前的近期照片进行影像重合比较,以确定二者是否同一的一种鉴定方法。对无名尸体进行认定时,如无名尸体与失踪者的性别、年龄、身高、血型等完全一致,而且无名尸体的颅骨完整,又有失踪者生前的近期照片,就可以进行颅像重合检验。因为一个人的颅骨形状、犁状孔的大小、眼眶之间的距离、颅骨的宽窄、颧骨的高低、下颌的长短等,不管是生前还是死后都是相对稳定的,这是能够进行颅像重合的基本条件。方法是先将失踪者生前头部照片制成负片,再把颅骨放置在与失踪者头部照片相同的角度和距离上,拍摄成负片,然后将两种负片重合。观察颅骨特征与软组织相应部位,是否重合,其轮廓是否相称。如果两者确系一人,则重合照片清晰,轮廓相称,额高、下颌缘、颧骨都一致。口、鼻、眼与颅骨的齿列、鼻中隔、眼眶完全吻合。如果两者不是一人,则重合照片不清晰,五官部位不相称。利用这种方法作个人识别,否定价值大于肯定价值。作肯定结论时,需结合案情和其他辅助检验,进行综合分析研究,才能确定。除照相技术外,还可以采用录像重叠技术进行颅像重合,即用两台摄像机,分别录死者照片与颅骨(放置在与相片相同角度和相同距离上)的图像,通过特技信号发生器,将两个图像重叠在一个荧光屏上,然后拍成照片,可达到同样效果。

（李宝珍）

luxiang bianren

录像辨认（identification by video） 见犯罪嫌疑人辨认。

lüxingxing jingshenbing

旅行性精神病（traveling psychosis） 又称衰竭性精神障碍。在身体极度疲劳和精神高度紧张状态下出现的一种严重的短暂性精神障碍。精神症状轻者可有嗜睡、意识恍惚、焦虑不安、对自身以及周围环境的不真实感;严重的可有意识朦胧、谵妄、幻觉、妄想、思维不连贯、惊恐以及自伤、自杀、伤人、毁物等冲动行为。持续时间多在数小时至数周。一般经过充分休息、补充水分和饮食以及必要的对症治疗可完全缓解,预后良好。这种精神障碍以长途旅行的旅客中较为多见,特别是初次乘火车出远门者,在列车严重超负、车厢内空气污浊、车上餐饮食品供应不足以及车内秩序不良的状态下,连续较长时间乘车易发生此类精神障碍。在司法精神医学鉴定中,对旅行性精神病患者在精神障碍状态下实施危害行为,一般评定为无刑事责任能力;部分行为人实施危害行为的动机中含有其一定的现实需要成分,其主观上未完全丧失对自己行为的辨认和控制能力,应评定为限制刑事责任能力。

（孙东东）

lüshi

律师（lawyer） 依法取得律师执业证书,为社会提供法律服务的执业人员。其职责是为公民、法人或者其他组织提供法律帮助,维护委托人的合法权益,维护国家法律的正确实施。律师主要从事以下业务:①接受公民、法人和其他组织的聘请,担任法律顾问;②接受民事案件、行政案件当事人的委托,担任代理人、参加诉讼;③接受刑事案件犯罪嫌疑人的聘请,代理申诉、控告,申请取保候审,接受犯罪嫌疑人、被告人的委托或者人民法院的指定,担任辩护人,接受自诉案件自诉人、公诉案件被害人或者其近亲属的委托,担任代理人,参加诉讼;④代理各类诉讼案件的申诉;⑤接受当事人的委托,参加调解、仲裁活动;⑥接受非诉讼法律事务当事人的委托,提供法律服务;⑦解答有关法律的询问、代写诉讼文书和有关法律事务的其他文书。根据中国律师法的规定,律师执业必须遵守宪法和法律,恪守律师职业道德和执业纪律,接受国家、社会和当事人的监督。律师依法执业受法律保护。律师参加诉讼活动,可依法收集、查阅与本案有关的材料,同被限制人身自由的人会见和通信,出席法庭,参与诉讼,以及享有法律规定的其他权利。律师承办法律事务,经有关单位或者个人同意,可以进行调查;律师在执业活动中的人身权利不受侵犯。同时,律师应当保守在执业活动中知悉的国家秘密和当事人的商业秘密,不得泄露当事人的隐私,无正当理由不得拒绝辩护或者代理。

律师的起源即可追溯到古罗马共和时期出现的诉讼"保护人"或"代言人"制度。到了古罗马帝制时期,皇帝以诏令的形式确认了诉讼代理制度的合法性,并对其进行了一定的完善。在中世纪的欧洲,各国大多实行纠问式诉讼制度,被告人不享有辩护权,律师制度当然没有产生的基础。但是在有些国家,教会法院的审判仍允许神职人员为特定的人担任辩护人。12世纪以后,法国禁止神职人员在世俗法院担任辩护人,而代之以受过法律教育,经过律师宣誓、登记注册的律师。17世纪,法国成立了律师公会。英国律师制度的发展与法国有相似之处。13世纪,神职人员开始被禁止参加诉讼活动。从16世纪开始,英国律师分为出庭律师和事务律师两大类,形成独具特色的律师分层制度。进入20世纪以来,西方各国的律师制度得到前所未有的发展,律师的数量不断增多,素质不断增强,业务范围日益扩大,律师的执业分工也越来越细,律师执业机构不断得到完善。律师已经成为各国法律制度赖以维持的重要支柱之一。

中国的律师制度始于中华民国建立以后。1912年,中华民国北京政府制定《律师暂行条例》和《律师登录暂行章程》,建立了律师制度。1927年,南京国民政府修订公布了《律师章程》,1941年又制定了《律师法》,成立了律师公会。中华人民共和国成立以后,在50年代中期开始重建律师制度。由于各种原因,自1957年起的20多年时间里,律师制度在中国实际上处于废除的状态。70年代末期,随着"文化大革命"的结束和拨乱反正的开始,律师制度开始得到恢复,并得到迅速的发展。1980年,《中华人民共和国律师暂行条例》的公布,为中国律师制度的发展和完善奠定了法律基础。到1995年底,中国律师的队伍已得到较大的壮大,律师的业务范围得到扩大,实践中出现了大量与市场经济相适应的律师执业机构。1996年5月,《中华人民共和国律师法》颁布,对中国律师制度进行了较大的改革,明确了律师"为社会提供法律服务的执业人员"的性质,健全了律师的职业道德规范,为律师制度的进一步发展奠定了坚实的基础。　　　　(陈瑞华)

lǜshifa

律师法(lawyer law)　调整和规范律师执业活动的法律。各国由于实行不同的律师制度,其律师法的内容也各不相同。但是,各国的律师法一般都对律师的职责、律师资格取得的方式及执业条件、律师的管理体制、律师的工作机构、律师的业务范围、律师的权利和义务、律师违反职业道德和执业纪律所应承担的法律责任等问题作出了规定。　　　　(陈瑞华)

lǜshi shiwusuo

律师事务所(lawyer office)　中国律师执行职务的工作机构。根据中国律师法的有关规定,律师事务所是律师的法定执业机构。律师承办业务,由律师事务所统一接受委托,与委托人签订书面委托合同,按照国家规定向当事人统一收取费用并如实入账。律师事务所可分为三种:一是国办律师事务所,即由国家出资设立,依法自主开展律师业务,以律师事务所的全部资产对其债务承担责任;二是合作律师事务所,即由律师共同出资设立,以该律师事务所的全部资产对其债务承担责任;三是合伙律师事务所,即由若干名律师作为合伙人出资设立,合伙人对律师事务所的全部债务承担无限责任和连带责任。律师事务所应当具备三个条件:①有自己的名称、住所和章程;②有10万元以上的资产;③有符合律师法规定的律师。申请设立律师事务所,必须经省、自治区、直辖市以上人民政府司法行政部门审核,并颁发律师事务所执业证书。　　　　(陈瑞华)

lǜshi xiehui

律师协会(bar association)　由律师组成的自律性社会团体,一般承担着保障律师合法权益、解决律师在执业过程中发生的争端、督促律师遵守职业道德以及对违反职业道德或有关法律的律师进行惩戒等职责。由于各国的律师制度不同,其律师团体在设立、组成、职能甚至名称等方面也各有特点。例如在美国,律师团体有全美律师协会、州律师协会、市律师协会、妇女律师协会等,还有各种专门性的律师协会。全美律师协会(亦称美国法律家协会)是律师、法官以及法学教师等自发组织的团体,为法律工作者的全国性组织。美国的律师协会权力较大,它们制定取得律师资格的条件,规定律师职业道德准则,制定律师收费标准,对违反职业道德的律师进行调查并向法院提起纪律制裁的诉讼,等等。在法国,没有成立全国性的律师组织,各地以大审法院所在地为中心设立本地区的律师公会。这种设立于法院之内的律师公会有权制定有关章程和规章，审查申请人的律师资格，并对违反法律和执业规范的律师独立地实施惩戒。

在中国，律师协会是社会团体法人，为律师的自律性组织。律师协会共有中华全国律师协会，省、自治区、直辖市设立的律师协会以及设区的市根据需要设立的律师协会等三级。中华全国律师协会是全国性的律师组织，全国的律师以及各个地方律师协会均为其会员。该会的组织机构有：全国会员代表大会、理事会和常务理事会。律师协会的章程由全国会员代表大会制定。根据中国律师法的有关规定，律师协会的主要职责有：①保障律师依法执业，维护律师的合法权益；②总结、交流律师工作的经验；③组织律师业务培训；④进行律师职业道德和执业纪律的教育、检查和监督；⑤组织律师开展对外交流；⑥调解律师执业活动中发生的纠纷；⑦法律规定的其他职责。此外，律师协会有权按照章程对律师进行奖励或者处分。

(陈瑞华)

lüshi yewu

律师业务（professional work of lawyer） 法律明确规定的律师的职业活动范围。根据中国律师法的有关规定，律师可以从事以下业务：①接受公民、法人和其他组织的聘请，担任法律顾问；②接受民事案件、行政案件当事人的委托，担任代理人，参加诉讼；③接受刑事案件犯罪嫌疑人的聘请，为其提供法律咨询，代理申诉、控告，申请取保候审，接受犯罪嫌疑人、被告人的委托或者人民法院的指定，担任辩护人，接受自诉案件自诉人、公诉案件被害人或者其近亲属的委托，担任代理人，参加诉讼；④代理各类行政案件的申诉；⑤接受当事人的委托，参加调解、仲裁活动；⑥接受非诉讼法律事务当事人的委托，提供法律服务；⑦解答有关法律的询问，代写诉讼文书和有关法律事务的文书。

(陈瑞华)

lüshi zhiwu

律师职务（professional title of lawyer） 根据律师工作的性质和工作需要设置的专业职务，属于中国科技专业职务的一种。律师职务由高到低依次为：一级律师、二级律师、三级律师、四级律师和律师助理，其中一级和二级律师为高级职务，三级律师为中级职务，四级律师和律师助理为初级职务。在1987年以前，律师职务依国家行政干部形式设置。1987年司法部发布的《律师职务试行条例》建立了律师职务系列，将律师纳入专业技术人员的范围，实行根据实际工作需要设置，有明确职责、任职条件和任期，并根据各级职务应具备的专业知识和技术水平评定的专业技术职务制度。

(陈瑞华)

lüshi zhiye daode

律师职业道德（professional morality of lawyer） 律师在执业过程中应遵循的职业行为准则。通常以律师义务或律师戒律的形式规定在律师法或律师组织的章程之中。律师职业道德主要旨在调整律师在执业过程中与委托人、与法院、与同行、与对方当事人之间的法律关系，确保律师严格依法开展业务，维护整个律师职业的良好信誉。与一般的道德规范相比，律师职业道德的规范性和约束性更强。律师一旦违反了职业道德规范，除了要受到社会舆论的谴责以外，还会受到由律师组织实施的纪律处分或惩戒。

各国的律师制度尽管存在一定的差别，但大都确立了一些基本的律师职业道德规范，这些规范包括四个部分：①律师执业活动的基本原则。律师应精通法律，认真、诚实地执行职务，注重信誉，同时应保持职业尊严，不做任何有损于律师名誉的事，并且在执业过程中保持其独立性。②律师处理与其委托人关系的规则。首先，律师应忠诚于委托人的合法权益，认真为其提供法律帮助。为此，在无正当理由的情况下，律师不得拒绝为委托人提供法律帮助；律师应提供称职的法律服务，不能接受自己没有能力完成的业务；律师一旦接受委托，即应为委托人提供高效优质的法律服务；律师应严格保守其在执行职务过程中了解到的委托人的秘密，在未经委托人同意的情况下，不得泄露或公开；律师不得进行其他对委托人不利的活动。其次，律师应在其执业过程中保持正直的品格。为此，律师不得接受与其正在承办的案件利益相反的另一案件，不得同时为诉讼利益相反的当事人双方提供帮助；律师的收费应当合理，不得随意提高收费标准；律师不得有意获取与当事人利益相抵触的所有权、占有权、有价证券或其他不正当的利益；律师在执业过程中不得向当事人任意索要财物。③律师处理与同行关系的规则。律师对同行应予以尊重，不得怠慢、诽谤；律师应避免以直接或间接的方式与同行抢生意；未经对方当事人的诉讼代理人同意，律师不得直接与对方当事人进行接触；律师应按规定交纳会费，承担一定的财务上的义务。④律师处理与法院关系的规则。各国法律一般都承认律师在法庭审判中享有言论豁免权，但同时也要求律师在法庭上应注意礼貌和克制，对法官表示尊重，维护法庭的尊严，严禁以拖延诉讼为目的进行攻击或防御，严禁对法官使用侮辱或诽谤性的言词或者采取其他蔑视法庭的行为。同时，律师不得向法院作虚假的陈述，不得向法庭提供其明知为虚假的证据，不得在法庭内外实施可能有碍公正审判的行为,等等。

在中国,律师职业道德通常以律师法律义务的形式得到法律的确立。1980 年制定,1982 年 1 月 1 日起施行的《中华人民共和国律师暂行条例》首次规定了律师的法律义务。1990 年 11 月,司法部发布了一部名为《律师十要十不准》的律师守则,进一步明确了律师在执业过程中所应遵循的行为准则。1996 年修正《中华人民共和国刑事诉讼法》和同年颁布的《中华人民共和国律师法》对律师的职业道德规范又作出了较为系统的规定。根据上述法律、法规的有关规定,中国律师的职业道德规范主要包括下列方面:①律师在执业活动中应根据事实和法律,维护委托人的合法权益,这既是律师的主要职责,也是律师在其执业过程中所应遵循的基本行为准则。②律师处理与委托人关系的规则。律师应认真办案,尽职尽责,以其优质高效的服务维护委托人的合法权益,不得敷衍推诿,损害当事人的利益;律师应保守其在执业活动中知悉的当事人的秘密,不得泄露当事人的隐私;律师接受委托后,无正当理由的,不得拒绝辩护或者代理;律师不得私自接受委托,私自向当事人收取费用,收受委托人的财物,不得利用便利牟取当事人争议的权益或者接受对方当事人的财物;律师不得同时在两个律师事务所执业,不得在同一案件中为双方当事人提供法律帮助;律师应为当事人精打细算,尽量节省费用支出,禁止铺张浪费、挥霍当事人财物。③律师处理与法院及其他裁判机构关系的规则。律师必须尊重法官和仲裁人,维护诉讼和仲裁活动秩序,按时出庭参加诉讼、仲裁;律师不得提供虚假证据,隐瞒事实,不得唆使证人作伪证;律师不得违反规定会见法官、检察官、仲裁员,或者向其请客送礼、行贿,或者指使、诱导当事人行贿;律师必须按照法律规定和法院的指定,承担法律援助义务,尽职尽责,为受援人提供法律服务。④律师处理与同行关系的规则。律师不得以抬高自己,诋毁其他律师或者支付介绍费等不正当手段争揽业务;律师不得妨碍对方当事人合法取得证据,等等。律师违反有关职业道德规范的,省、自治区、直辖市的司法行政部门根据其情节轻重,可对其作出下列处罚:警告;停业 3 个月以上 1 年以下;没收非法所得;吊销律师执业证书。对于违反职业道德情节特别严重而构成犯罪的律师,司法机关有权追究刑事责任。　　(陈瑞华)

lüshi zhidu
律师制度(the counsel system)　调整和规范律师执业活动的法律制度。由于各国的法律制度及其法律传统不同,其律师制度也存在着程度不同的差异。但是,各国的律师制度一般均确立在专门的律师法或者其他法律之中,包括律师的职责、律师资格、律师业务、律师的权利和义务、律师的自治组织、对律师的惩戒等基本内容。　　(陈瑞华)

luanlun
乱伦(commit incest)　母子、父女以及兄弟姐妹之间的性行为。这种行为违反正常的伦理道德,一旦涉及法律问题,行为人应承担完全法律责任。　　(孙东东)

lundun guoji zhongcaiyuan
伦敦国际仲裁院(London Court of International Arbitration)　英国常设仲裁机构,1892 年成立,是国际社会成立最早的常设仲裁机构之一。该仲裁院受理各种商业争议,特别以解决国际海事案件为特长,在国际社会具有广泛的影响。提交该院仲裁的案件,既可由双方当事人授权,也可由法院转交。当事人可以根据仲裁员名单选择仲裁员,备选仲裁员的确定强调其专业技术知识甚于法律知识,1978 年还设立了由 30 多个国家具有丰富仲裁经验组成的"伦敦国际仲裁员名单"供当事人选择。如果当事人未就仲裁员人选达成协议,则由仲裁加以指定。如果当事人分属于不同国籍,独任仲裁员或首席仲裁员必须由一名中立国国籍的人在担任。仲裁庭依仲裁院的仲裁规则进行仲裁程序,1981 年制定的《伦敦国际仲裁院仲裁规则》规定当事人除依照仲裁院的仲裁规则进行仲裁程序外,还可选择《联合国国际贸易法委员会仲裁规则》规定的仲裁程序。仲裁庭进行实质性裁决,其准据法是依照英国法。英国法院对仲裁院的仲裁享有监督权和复审权,如法院有权撤销行为失当的仲裁员并有权撤销仲裁协议等。因而,司法干预对仲裁影响较大。目前,伦敦国际仲裁院是国际社会中解决商事争议的重要仲裁机构之一。　　(阎丽萍)

lundun zhongcaiyuan zhongcai guize
《伦敦仲裁院仲裁规则》(London Court of Arbitration - Arabitration Rules)　1985 年 1 月 1 日生效。适用于向伦敦仲裁院提交的任何仲裁。

第 1 条仲裁要求和第 2 条回应。规定申请应向本院注册员书面提出,附当事人名称、住所、合同副本、争议事项、索赔要求、有关仲裁建议、指定仲裁员和费用,副本交对方。收件日为仲裁开始。收件 30 日内,被申请人应向注册员承认或否认全部或部分索赔,提出反诉、有关仲裁建议和指定仲裁员,副本交对方。未及时回应视为放弃指定仲裁员,但不丧失否认索赔或提出反诉的权利。

第 3 条仲裁庭和第 4 条与当事人联络。规定仲裁庭由独立而公正的仲裁员组成。仲裁员应事先向当事人提交资历,并申明无妨碍仲裁事由。收到回应的尽快时间内或被申请人收件30日内,本院应组成独任庭或三人庭。当事人不同国籍时,独任或首席仲裁员国籍不得与当事人相同,首席仲裁员或当事人指定的仲裁员由本院委任。仲裁员不宜出任、死亡、拒绝委任或失职时,本院30日内委任新仲裁员。仲裁庭组成或知道事由15日内,当事人可书面质疑仲裁员,对方15日内表示异议或该仲裁员不自辞时,由本院决定。适用法律许可时,本院终局决定法律适用,不必说明理由。仲裁庭组成前,当事人与仲裁员联络应经注册员。注册员与一方联络,副本应致另一方。当事人与注册员联络,副本应致对方和各仲裁员。

第5条审理方式和第6条文件提交。双方对仲裁程序应达成协议,否则仲裁庭有酌情权。询问当事人后,首席仲裁员可单独决定程序。仲裁庭组成30日内,申请人应向注册员详述事由、所涉法律和救济要求,被申请人40日内应向注册员承认或否认事由、所涉法律和提出反诉,申请人40日内应作答,被申请人40日内再作答。经此仲裁方可审理。

第7条仲裁地、第8条仲裁语言和第9条当事人代表。规定仲裁地由当事人选择,否则为伦敦或由仲裁庭另定。审理地点就便,但裁决应在仲裁地作出。仲裁语言由仲裁协议决定,不同文本文件应含译件。经授权,当事人可由律师或他人代表。

第10条开庭、第11条证人和第12条专家意见。规定除双方同意书面审理外,仲裁庭应开庭审理,并决定开庭时间、地点,由注册员通知双方。除双方同意外,审理不公开。当事人应提供证人身份和所证事项,仲裁庭有权认同、拒绝或限制。证人可由当事人或代表律师盘问,仲裁庭也可提问。证人可书面或口头作证。证人不出庭,由仲裁庭决定采信与否。受适用法律限制,仲裁庭可事先约见证人。仲裁庭可委任专家提供意见,要求当事人提供资料,专家可参与审理,并接受盘问。

第13条仲裁庭额外职权,第14条管辖权和第15条按金与担保。规定除受双方协议和适用法律限制外,仲裁庭有权决定适用法律,纠正合同,批准与合同有关人士参与仲裁,允许当事人修正索赔或反诉,缩短或延长时限,询问并检查当事人财产,以及要求保全并提交文件,当事人应予配合。仲裁庭有权决定管辖权,合同失效不影响仲裁协议。当事人对管辖权的质疑应不迟于回应提出。经本院确认,仲裁庭可按收费表取费并决定取费方式。按金应计利息。当事人应提供争议标的的担保。

第16条裁决,第17条更正或适当补充和第18条费用。规定裁决应书面作出,由仲裁员签署、注明日期和理由。裁决采用多数原则,无多数由首席决定。独任或首席仲裁员应向本院送达裁决,副本致当事人。裁决金额、货币类别和利率由仲裁庭决定,不同争议可分开裁决。当事人和解时,仲裁庭可据此裁决或经本院确认终止仲裁。当事人应及时执行,并放弃诉讼权利。裁决具终局性,自裁决之日生效。裁决30日内,当事人可通知注册员要求更正或补充裁决,仲裁庭30日内应更正失误,并在60日内作适当补充。裁决应说明全部仲裁费用及其分担。仲裁庭有权决定一方律师和有关费用由另一方承担。放弃、搁置或终止仲裁的费用,由双方共同承担。

第20条一般规则。说明本院或仲裁员对依本规则的仲裁行为或不作为不承担责任,但仲裁员应对故意的非法行为负责。本院或仲裁员没有陈述仲裁过程或向法院作证的义务。对不遵守本规则的行为,当事人不及时提出,视为放弃权利。对本规则未言明事项,本院和仲裁庭应据其精神确保裁决的执行。(宋小庄)

luoji daocuo

逻辑倒错(paralogism) 精神病患者表现出明显的推理错误。如在没有前提的条件下作出结论;或概念转换,凭空设置前提;还可以因果倒置等;以致前提与结论缺乏应有的逻辑关系,使人对其思维内容无法理解。例如一个病人解释为什么不吃肉食时说:因为人是动物,肉类是动物的尸体,人不能吃自己的尸体,所以我不能吃肉。该病人在逻辑思维过程中进行了概念的转换。该症为精神分裂症的特征性症状,在司法精神医学鉴定中此症常常是构成行为人无责任能力的医学要件之一。
(孙东东 吴正鑫)

luolupi

裸露癖(exhibitionism) 多见于二十岁左右的青年男性的一种性心理障碍。行为人在偏僻场所或黑暗角落处守候,当有异性走近时,突然暴露自己的全身或外生殖器,有的还同时伴有手淫。只要引起对方惊骇,就迅速离去,不向对方实施其他不轨行为。裸露癖者实施裸露行为时意识清醒,事先选择行为方式和地点,实施行为后主动逃逸。因其主观上对自己的行为具有完整的辨认和控制能力,应评定为完全责任能力。少数人在实施裸露行为时,不选择地点,事先有强烈的焦虑体验,对此类人在处理上可适当从轻。裸露行为若首发于中年以后,应先诊断排除重性精神病或脑器质性疾病。
(孙东东)

M

mazui fenxi
麻醉分析(narcoanalysis) 借助药物使精神病人或者司法精神医学被鉴定人进入催眠状态,以进行心理分析、诊断和治疗的一种精神医学方法。通常向人体内注射异戊巴比妥、硫喷妥钠等麻醉药物,使其进入催眠状态,松弛大脑主动抑制能力,再通过启发、引导和鼓励,使其暴露内心真实体验。在临床精神科,主要用于诊断和治疗癔病,强迫性神经官能症等轻度的心理功能障碍和处于缄默状态等不合作病人的鉴别诊断。在司法精神医学鉴定中,为区别真伪精神病人提供依据。麻醉分析是精神医学的一种诊断和治疗措施。实施此项技术,必须在严格的安全监护下进行,其结论仅供精神医学诊断和鉴别参考,不能作为定案的证据。
(孙东东)

mazuiji kuang
麻醉剂狂(narcomania) 又称麻醉药物依赖。因长期使用鸦片类强镇痛剂导致的强依赖状态。用药者已不是因医疗的需要,而是为了满足其身体和精神上的药物反应体验。长期使用,还可有慢性中毒症状,如情感低落、意志消沉、孤僻、自私、说谎、丧失社会道德义务感等。为了获得药物,不顾社会规范,甚至触犯法律,铤而走险。停药后即可出现戒断症状。麻醉剂狂为自限性精神障碍,应承担完全法律责任。
(孙东东)

mazui yaopin guanli banfa
《麻醉药品管理办法》(Management Rules of Narcotic Drugs) 为了严格管理成瘾性麻醉药品的种植、生产、加工、储运、贸易、销售,防止滥用,保障社会安定,严惩违法行为,由中华人民共和国国务院根据《中华人民共和国药品管理法》制定的一项药政管理专门性法规。于1987年11月28日由国务院发布并实施。
(孙东东)

maxiwu shenpan fangshi
马锡五审判方式(the trial fashion of MaXiwu) 抗日战争时期陕甘宁边区司法工作者马锡五以马克思主义为指导,结合边区的实际情况所创造的一套办案方法。其主要特点是:①深入基层,调查研究,依靠群众,判明案情。一切从实际出发,深入到群众中收集各种证据,而不是仅坐听当事人举证,实事求是地查明案情,使案件能够得到切实解决。②就地审理,不拘形式。审判人员随时可以受理民事案件,起诉方式简单,诉讼程序简便,审理不需严格按照固定程式进行,审理方法也多采用座谈式,而非"坐堂式"。③实行判决与调解相结合的原则。曾先后提出"调解为主,审判为辅"的八字方针和"依靠群众,调查研究,调解为主"的十二字方针,对促进边区群众的团结起到积极作用。④原则性与灵活性相结合。既严格依法办案,又注意当地群众的生活习惯及特点,处理案件做到合情合理。

马锡五审判方式注重案件的实体公正,在程序上则相对灵活。这种审判方式是群众路线在审判制度上的集中体现,适应了当时解放区的实际情况,在陕甘宁边区和其他抗日根据地得到广泛的推广应用,受到边区群众的拥护。运用这种审判方式,公平合理地解决了大量长期纠缠不清的疑难案件,纠正了一些错案,减轻了人民群众的讼累,因此马锡五审判方式成为我国审判制度中的一项优良传统。其中的巡回审理、就地办案制度、审判与调解相结合制度等内容,被现行的民事诉讼法确立下来,成为我国民事诉讼制度的重要组成部分。
(王彩虹)

maike nuodun faan
《麦克·诺顿法案》(Mac Naughton Act) 英国有关精神病人实施危害行为的一项判例法案。1843年,一个名叫麦克·诺顿(Mac Naughton)的英国普通公民,误将当时执政的保守党内阁首相罗勃特·皮尔(Robert Peel)的私人秘书当成首相枪杀。法庭一审以政治谋杀罪判处麦克死刑。而麦克则以自己刺杀首相是因为以皮尔为首的保守党在监视和迫害他,杀死皮尔是为了拯救英国为理由,为自己辩护,不服判决,提出上诉。再审时,12名精神病学医生出庭作证,提出麦克是精神病人,而且其是在精神错乱状态下行凶。因此,法庭再审陪审团宣判麦克无罪,将其送往专门精神病院监护医疗。法院的判决激起了公众的不满。国会上院对此案展开了激烈的辩论。女王维多利亚(Victoria)对此案的审理也十分关注,并提出她不能理解首相为什么要领导一个政党来迫害一个普通公民。从整个案情看,她也认为麦克是精神病人,于是,女王在认真听取了法官对此案审理过程的介绍和对有关问题的解释后,发出评询,为麦克开释罪责,免除死刑。随后,英国法院的15名法官会同有关方面人士,对女王、国会以及公众就麦克案件所提出的一系列质疑,以法律规则的形式作了详细的解答,释文便是《麦克·诺顿法案》。

该法案的核心内容为:①所有的人均被推定为精

神活动是正常的,并且有足够的理智和充分的理由对自己的犯罪行为承担责任,除非向陪审团证实相反的情况。②要确立以精神错乱为理由的辩护,必须清楚证实被告行为是处于理智缺损、精神病态,以至不知道自己行为的性质,或即使知道自己行为的性质,但不明白自己的行为是错误的。③在精神错乱的幻觉影响下实施行为的人,如果在行为时明知是不应实施的行为,而且该行为在当时是违反国家法律的行为,他(她)应受处罚。④被告如患妄想症,他(她)应负的责任要取决于涉及罪行的妄想性质,即他(她)在责任问题上的处境和妄想、幻觉的情况具有真实的处境一样。⑤如果犯罪事实没有争议,被告的责任纯属科学问题,医务人员在审讯前虽然没有见过被告,但在审讯和询问证人期间,他(她)始终在场,他(她)就可以对被告犯罪时的精神状态发表意见。

该法案随即便在英国本土及其殖民地、英联邦国家和美国实施。

该法案是现代司法精神医学史上首次以法律形式规定精神病人实施危害行为刑事责任能力及其司法精神医学鉴定原则的法案。百多年来,经过司法实践的检验,该法案虽存在着较大的局限性,但其基本思想都为世界上大多数国家所肯定,并且在各国的刑事立法中加以引用和延伸。

(孙东东)

manbing
瞒病(conceal psychosis) 一些患有抑郁症、偏执型精神分裂症以及偏执性精神病等精神障碍者,对自己的精神状态缺乏正确认识,否认自己有精神病或者显示自知力完好的病态表现。这些精神障碍者随时都有在病理动机的驱使下,实施危害社会行为的可能,并且由于行为人长期"隐瞒"自己的精神症状,未引起周围人充分注意,导致行为的结果极为严重。 (孙东东)

manyoupi
漫游癖(dromomania) 又称漫游狂、漫游自动症。一般在精神刺激的作用下,突然发生外出游逛的冲动。行为受情感冲动的驱使,无思想斗争过程,自己无法克制。在漫游过程中自我保护良好。 (孙东东)

manyou zidong zheng
漫游自动症(ambulatory automatism) 意识朦胧状态的一种特殊表现,它以不具有幻觉、妄想和情绪改变为临床特征,病人在意识障碍中可执行某种无目的性的,且与当时处境不相适应的,甚至没有意义的动作。此种现象都是突然发生、持续时间短暂,突然消失,清醒后不能回忆。在睡眠中出现的,称为梦游症;在非睡眠状态下出现的,为神游症。主要见于癫痫、癔病、反应性精神病和颅脑损伤后伴发的精神障碍。由于此症发生在意识障碍的背景下,患者的心理活动已没有清醒的意识状态作保障,因而丧失了对其行为的辨认和控制能力。在司法精神医学鉴定中,此症状可作为构成行为人无责任能力的医学要件。

(孙东东 吴正鑫)

maofa jianyan
毛发检验(examination of hair) 为确定检材是否人的毛发,以及鉴定毛发遗留者的血型、性别、职业、年龄等而进行的法医学检验。在杀人、强奸及伤害等案件的现场上常有脱落的毛发存在。通过毛发检验,可以确定毛发与犯罪行为的关系,有助于侦查和追缉罪犯。检验步骤分为:①毛发的确定。鉴定检材是否为毛发。一般情况下,用肉眼就能区别毛发和其他纤维。必要时可制片镜检,毛发可见毛小皮、皮质、髓质三层结构,即可认定。②人毛与兽毛的区别。鉴定被检验的毛发是否人毛。从外表看人毛长而柔软,一般为一种颜色;兽毛短而硬,有时一根毛上有数种颜色;更可靠的方法是在显微镜下观察,人毛与兽毛在结构上有很大区别:人毛小皮层菲薄,皮质层发达,髓质层发育不良;兽毛小皮层较厚,皮质层发育不良,髓质层发育良好。③毛发部位的确定。鉴定被检验的毛发是头发,还是胡须,还是阴毛等。通常按毛发的长短、粗细、颜色、附着物等就可以进行区别。必要时可将毛发制成横断面标本,在显微镜下观察其横断面的形态、髓质的结构等。如头发横断面呈圆形或椭圆形,髓质位于中心,常出现间断和缺如。胡须横断面呈三角形,髓质粗大、色浓、很少间断。阴毛横断面呈椭圆形或肾形,髓质多连贯,常常偏心。④毛发的血型测定。鉴定被检验的毛发属何种血型。因毛发中含有血型的物质,故可利用它鉴定其所属血型。常用的方法有解离试验和混合凝集试验(与血痕血型检验同)。⑤毛发的性别鉴定。鉴定被检验的毛发属男人的还是女人的。根据毛根鞘上皮细胞或毛根皮质细胞的y染色质或x染色质的检出率,可确定毛发遗留者的性别。⑥毛发的职业推断。推断被检验的毛发遗留者的职业。根据毛发的附着物,如石炭、面粉、铁粉、煤屑、棉絮、颜料、木屑、油漆等可推测毛发遗留者的职业。⑦毛发的年龄估计。估计被检验的毛发遗留者的年龄。婴儿和幼儿毛发较细弱,多无髓质,色素含量少,随着年龄的增长而逐渐变粗,色素增多变黑,至青春期固定。但至老年期,色素减少,空泡增加,毛发逐渐变白。

此外,有时还要判断毛发是自然脱落的还是暴力拔掉的。用显微检查即可判明。毛发如系自然脱落,其毛根干燥,毛球细胞角化使毛球萎缩呈棍棒状。而暴力拔下的毛发，一般有湿润的毛根，其周围有毛囊附着，呈蒜头状。毛发损伤的性质，主要决定于致伤物的种类。头部受锐器切伤或砍伤时，被切断的头发断端平滑、整齐。受钝器打击时，头发断端呈锯齿形。头部受枪弹伤时，头发被烧焦断裂，有时可在头发上留有火药颗粒和黑色烟灰。烧伤头发变脆，卷曲，并形成许多空泡。

(李宝珍)

meiguo fayuan zuzhi tixi
美国法院组织体系(organization of the court system in the United States of America) 美国法院系统实行"双轨制"(dualsystem)，即联邦法院系统和州法院系统，这是自成体系、互不隶属的两套法院系统。

联邦法院 1789年美国首届国会制定了《司法法》(Judiciary Act)，规定联邦法院分为最高法院、上诉法院和地区法院三级及其管辖和程序。

联邦地区法院(District court)，是一般民事、刑事案件的一审法院。国会根据人口、面积和工作量，确定各地区的界限，诉讼当事人就近应诉。地区法院审理的大部分案件是发生在该地区、并且违反联邦法律的案件。审理案件一般是法官独任，重大案件则由3名法官组成合议庭并召集陪审团审理。不服地区法院的裁决，可以上诉到联邦上诉法院，涉及法律违宪案件的判决，可以向联邦最高法院提出上诉，是否受理，由最高法院决定。

联邦上诉法院(Court of appeal)，亦称巡回上诉法院，1891年建立。美国将全国划分为12个独立的司法巡回区，每个巡回区设一个上诉法院，受理对本巡回区内联邦地区法院的判决不服的上诉案件，对联邦系统专门法院判决不服的上诉案件，以及对某些具有部分司法权的行政部门的裁决不服的上诉案件。上诉法院审理案件时通常由3名法官合议，重大案件由全体法官合议。

联邦最高法院(Supreme Court)，是美国最高审级，1789年9月建立，设于首都。美国国会有权确定最高法院的法官人数，经过多次变化，几经增减，于1869年固定为9名，直到现在，其中一名为首席大法官，除负责全院审判工作，还负责全院行政工作。最高法院的开庭期是从每年10月的第一个星期一开始，通常大约持续到翌年6月底。审理案件时不分庭，原则上全体法官参加，而法定人数为6人。作出判决时法官的多数意见即作为判例，并编入《美国最高法院判例汇编》，对联邦和州的各级法院具有约束力；如果法官双方的票数相等，则维持原判，这种判决不能成为判例。最高法院受理的初审案件很少，主要是受理上诉案件，即审理涉及联邦宪法和法律有重大法律意义的案件。美国最高法院还具有"司法审查权"(power of judicialreview)，即通过所受理的案件，在判决中宣布国会、行政部门或州政府某项法令违反宪法而使之无效的权力。

美国联邦系统还设有管辖特定种类案件的民刑事案件的专门法院，与联邦地区法院同级的有关税法院和税务法院。与联邦上诉法院同级的有索赔法院和关税与专利权上诉法院。

各州法院 美国各州法院系统是独立的，在设置和名称上极不一致，多数州设三级法院，按基层法院、上诉法院和最高法院的模式设置，少数州设两级法院。惟独纽约州的法院名称特殊，该州初审法院称最高法院，中级上诉法院称最高法院的上诉庭，最高审级称上诉法院。

(程味秋)

meiguo lianbang diaochaju
美国联邦调查局(Federal Bureau of Investigation of U.S.A) 美国调查全国范围内任何违反联邦法律的犯罪案件的联邦执法机关。成立于1908年。1993年改组设10个业务处，在全国各地设55个办事机关。联邦调查局隶属于司法部，是政府的行政机构之一，其机构建设、财政经费来源等由美国政府负责。它的主要职责是调查有关叛国、阴谋、间谍、破坏活动、贪污贿赂等方面的案件，包括搜集证据、拘捕人犯，以保护美国的国内安全。联邦调查局在行使侦查和调查职能时，向总检察长或地区检察官负责并报告工作；它在侦查犯罪案件中享有查阅档案、文件，法院记录、决议，有关保密材料，传讯、讯问证人，给证人以豁免权，提起诉讼等广泛的权力。进入20世纪70年代以来，联邦调查局在侦查各类公职人员犯罪方面发挥越来越重要的作用，尤其是承担了绝大部分贪污犯罪的侦查工作，是美国主要的反贪污执法机关。

联邦调查局的管辖范围 联邦调查局的调查范围很广，它所管辖的贪污案件包括任何政府官员在内的此类案件。美国有1300万名联邦、州及地方一级公务员，不管贪污官员属于联邦、州或地方，也不管他由何种机关选举、任命或雇用，一切滥用职权管员的行为均属它管辖之列。当然，联邦调查局调查的大多数案件，州或地方的执法部门也有相似或相关的管辖权。联邦调查局与地方的执法机构都有对贪污案件的调查权。若州或地方有能力展开必要的调查，联邦调查局就不再涉入此案。但因各联邦法律比州法律涉及面更宽、更强有力、处罚更严厉，而地方执法部门往往缺乏资金和技术手段，法律又禁止地方运用电子监测、秘密侦查等手段，加之又隶属于地方政府，故地方执法机关调查地方官员贪污案件十分困难，难以展开独立和公正的调查。联邦调查局独立于地方的政治体制之外，在侦查中能够保持决策的客观公正，且具备必需的侦查技术手段，故在多数情况下地方执法机关欢迎联邦调查局加入他们的调查。在案件许可的情况下，联邦调查局与州和地方执法机关联手侦查贪污案件，尤其在大城市。现已建立联合侦查网络，进行重大调查活动或秘密行动，不仅协调了管辖权限，也实现了资金与技术上的互补。

联邦调查局的侦查手段　联邦调查局对于公众的指控必须立即进行全面调查，调查工作应基于对现有情报的全面分析和对案件性质的认真判断，且征得本局一位高级官员许可才能进行"初查"。联邦调查局把整个案件都当大案来处理，贪污案件一直是侦查工作的重点。联邦调查局经常使用的行之有效的基本手段有以下方式：①询问。这是最基本的侦查方法。②监视。在户外设许多监视点，为侦查获取线索。③查阅卷宗。④计算机技术。⑤内线人物。⑥录音录像技术。⑦电子笔记录器。秘密手段及电子监测手段只有在例外情况下才能使用，联邦调查局总部对此把关很严，必须经过严格的审批程序。

(文盛堂)

meiguo lüshi zhidu
美国律师制度（lawyer system in the United States of America）　美国是世界上律师最多的国家，1990 年达 77 万余名，其中私人开业的占 68%，受雇于私人企业的占 10%，在政府机构中工作的占 9%，在司法界工作的占 4%，在其他机构（如法律援助组织、公设辩护人组织、贸易协会等）工作的占 4%，其他占 5%。

关于律师资格。在美国受过法学教育是取得律师资格的首要条件，自学、函授学习或在律师事务所接受训练，都不能取代在法学院受教育的学历。其次，在哪一个州当律师，还需通过该州的律师资格考试。

关于律师组织。美国的律师组织很多，其中最大最有影响的是美国律师协会（American Bar Association，简称 ABA），1878 年在纽约成立。它的宗旨是发展法律科学，促进执法、立法和判决的统一。该协会负责律师的业务提高和交流，律师的行为和纪律。现有 20 余万会员。1990 年，美国律师协会号召成立了法学院教育协会。1920 年律师协会规定，凡申请取得律师资格的人，必须从合乎标准的法学院毕业方可报考。这些法学院则必须接受美国律师协会的考察和鉴定，即对课程设置、法学图书馆建设、教学设备以及教授师资等的标准和要求进行考察和鉴定。凡符合标准经协会批准的法学院的毕业生，可在全美任何一个州参加律师资格考试，否则只能在学校所在之州应试。其他的律师组织还有：全国律师协会，成立于 1925 年，这是一个代表黑人和黑人律师的组织；全国妇女律师协会，成立于 20 世纪初，它主要关注妇女问题；联邦律师协会，主要由受雇于联邦政府的律师组成；美国诉讼律师协会，主要由个人伤害案、工人请求赔偿案中任申诉代理人的律师组成；全国法律援助和辩护人协会，主要由刑事辩护律师组成。

(程味秋)

meiguo sifa shencha
美国司法审查（judicial review of administrative action）　美国联邦法院或州法院应有利害关系的行政相对人的请求，审查行政行为的合法性并作出裁决，为受到不法行政行为侵害的相对人提供救济的法律制度。美国司法审查具有下述特点：①司法审查职能由审理刑民事案件的普通法院统一行使。美国既不设法国式的行政法院，也不设我国式的行政审判庭。②司法审查的客体是一定的行政行为：包括法律规定可受司法审查的行为以及被行政机关最终确定，当事人在法院得不到其他充分救济的行为。这也就是说，美国司法审查的对象既不是所有行政行为，也不是仅限于法律规定可受审查的行为，司法审查的范围和排除司法审查的情况均既由法律规定，又由判例确定。③司法审查的申请人的范围较广泛，包括因行政行为而致使其权利受到不法侵害的人，以及受到有关行政行为不利影响或损害的人。"不利影响或损害"可以作很广泛的解释，故相对人对某种行政行为不服，只要其利益与行政行为有一定的联系，均可向法院起诉，诉诸司法审查。④美国司法审查的程序基本适用民事诉讼程序规则。美国联邦行政程序法和司法审查法均不是专门的行政诉讼程序法典，这些法律只是对于司法审查诉讼管辖及程序的某些特殊性问题作出了规定。凡法律未有特别规定者，均适用普通民事诉讼同样的程序规则。

(姜明安)

meiguo sifa shencha de biaozhun
美国司法审查的标准（standards of judicial review of agency action）　美国法院审查评判行政行为合法性的要件。根据美国行政程序法的规定，美国司法审查的标准有下述 6 项：①是否违法。法院对行政行为的审查，首先审查其是否违法。"违法"包括实质的违法和程序的违法。"实质的违法"指行政行为的内容违反调整该行政行为的特定法律或有关法律的规定。例如，税法规定了某种产品税的税率，税务机关超过税法规定的税率征税。"程序的违法"指实施行政行为的程序违反了行政程序法或特定法律关于特定行政行为的程序规定。例如，行政机构作出拒绝发给相对人许可证的决定或对相对人科处行政处罚没有事前给予相对人以听证的机会；行政机构举行听证，事前没有就听证的时间、地点、法律根据、管辖权及听证所涉及的法律问题和事实问题给予相对人以通知,或虽然予以通知,但没有及时给予通知等等。②是否侵犯宪法权利。《联邦行政程序法》第706条规定,行政行为如与宪法规定的权利、权力、特权与赦免相抵触,则应宣布其为非法,予以撤销。宪法权利包括公民的选举权、人身自由权、言论自由权、正当程序权,公民取得各种福利权、取得人身保护权、缓刑、赦免权,公民在刑事案件中不得自证其罪,非经同案二人证明或经本人自首,不受叛国罪裁判;受同一犯罪处分的不得令其受两次生命或身体上的危险等。③是否越权。越权无效是行政法的基本原则之一。美国最高法院指出:"如果国会通过一项法律,授权行政机关从事某种政府活动,这些行政机关的权力应以所授之权为限"。如果行政机关能够超越法定权限,任意行事,就会导致专制,造成对人民权利的威胁。因此,对于行政机关越权行为,法院必须加以干预,司法审查必须以是否越权作为一个标准。④是否滥用自由裁量权。美国《联邦行政程序法》规定行政机构自由裁量的行为排除司法审查,同时又规定行政机构如果滥用自由裁量权,其行为则应被撤销。因此,自由裁量权是否被滥用成为了司法审查的标准之一。然而行政机构什么样的行为构成滥用自由裁量权呢?根据司法实践,一般将具有下述要素的行为归为滥用自由裁量权的行为:第一,目的不当。根据法律,行政机构虽然有自由裁量作出某种行为的权力,但是行政机构如果为了不正当的目的而行使这种权力,即是滥用自由裁量权。第二,专断和反复无常。法律赋予行政机构自由裁量权,并不等于让行政机构不顾及任何自然正义和社会公正的原则,任意所为。行政机构在行使自由裁量权时,如果任意专断,反复无常,即构成"滥用",成为撤销的根据。第三,考虑了不相关的因素和未考虑相关的因素,行政机关在作决定时考虑了不相关的因素或未考虑相关的因素也构成滥用自由裁量权。第四,不作为和迟延。行政机关不作为和拖拉迟延,如对许可证申请不予答复,对应该制定的规章或确定的标准不予制定和确立,对应裁决的争议不予裁定,或无限制地拖延等也属滥用自由裁量权的行为。⑤是否没有事实根据。美国法院一般不审查事实问题,但是并非对完全没有证据佐证的事实也不闻不问。《联邦行政程序法》规定,对于完全没有事实根据的行政决定应在撤销之列。⑥是否没有"可定案证据"。《联邦行政程序法》对法律要求依行政案卷审查的案件,规定了比审查其他案件更大的审查强度:即不仅要审查其有无事实根据,而且要审查其有无"可定案证据"(substantial evidence)。经过正式听证程序所作的行政裁决即使有一定的证据佐证,但如缺乏"可定案证据",亦应被撤销。　　　　　　(姜明安)

美国刑事诉讼法(the criminal procedure law of the U.S.A.) 美国实行判例法,但是成文法自成体系。联邦宪法中规定了约17项当事人的诉讼权利和诉讼原则。联邦编纂的《司法法典》中包含了刑事诉讼的规定,此外,还制定了《联邦地区法院刑事诉讼规则》、《联邦上诉程序规则》、《美国最高法院规则》、《美国司法官审理轻微犯罪程序规则》等法规。许多州宪法仿效联邦宪法也规定了诉讼权利和原则,并制定了用于本州的刑事诉讼法规。

诉讼权利和诉讼原则 联邦宪法明文规定的诉讼权利和原则有:不受非法拘留、监禁和搜身权,不受非法搜查、扣押权,受大陪审团审查公诉和陪审团审判(见陪审制),公开审判,迅速审判,被告知被控罪行的性质和理由,获得律师帮助(见辩护权),质问对方证人(见交叉询问),获得有利于被告的证据,不得强迫证人和被告人自证其罪(见拒绝作证权、免予自证有罪权),不得处以过多保释金,不得处以过重罚金,不得处以酷刑和非常刑,法律平等保护,一事不再理以及法律正当程序(见正当程序)。除宪法外,法律还规定被疑人、被告人享有保释权等。依据联邦宪法和《联邦地区法院刑事诉讼规则》第1条的规定,美国刑事诉讼法的目的和宗旨可以归纳为:保障人权,保证审判公正、合理处罚、程序简易和耗费适当。

侦查 侦查工作主要由联邦和各州、市、县等地方政府的侦查机关负责。联邦同州政府侦查机关没有行政隶属关系,在管辖范围上基本有分工。美国许多高等院校也设警察机构,通常也称"警察局",其成员称"校园警察",负责侦查发生在本校的犯罪行为。高等院校所设的警察机构,由本校领导,独立于地方和州的侦查机构,属于民间性质的侦查力量。联邦最高法院通过一系列判例,对于侦查官员实施的侦查行为,提出了以保障个人权利为中心的合法性的具体要求。

告知权利 官员在讯问犯罪嫌疑人或实施逮捕前,必须告知其享有的诉讼权利,如沉默权、律师帮助权等。对嫌疑人应当告知而未告知权利的侦查行为,则属违法。对已被关押的嫌疑人讯问时,应有律师在场,嫌疑人因不知自己有此权利,致使在讯问时律师不在场时,讯问属违法。

逮捕 联邦官员逮捕非现行重罪嫌疑人,一般应在事前获得许可证。逮捕证应由中立的、公正的联邦司法官在审查控诉书或宣誓申请书后,认为逮捕该人有可成立的理由时予以签署。有效的许可证是逮捕的合法依据,执行程序符合要求也是合法逮捕的要件之一。逮捕证的有效性和执行的合法性同时具备,则逮捕为合法。事前未获许可证而需逮捕某重罪嫌疑人时,执行逮捕的官员,根据情形,认为该人已经实施重罪存在可成立的理由时，所进行的无证逮捕是合法的。所谓可成立的理由，联邦最高法院的经典解释是，执行官了解到的事实、情况和可信的材料，足以使一般谨慎的人有理由认为某人已经或正在实施犯罪(签署逮捕证时)，或在某特定地点或特定人那里可能发现财物(签署搜查证时)，就是存在可成立理由。所谓一般谨慎的人，指未受法律专业训练的普通人。在同样情形下，一般的"普通人"也会认为被捕人已经实施犯罪，或被搜查的物品会在特定地点搜到的，就是存在逮捕或搜查的可成立理由。

搜查 官员进行的搜查原则上应事前获得许可证。有证搜查必须同时具备搜查证的有效性和执行的合法性。无证搜查只适用于合法逮捕附带的搜查，被告人自愿表示同意搜查，及存在紧急情况等特别因素时的搜查。

非法逮捕、搜查的后果 以非法逮捕或搜查取得的证据，一般由被告律师向法庭提出排除起诉方证据的申请后，经证明确为侦查官员以非法手段获得的，则法庭应予排除，不得作为认定被告人犯有指控罪行的事实依据(见排除规则)。

审判前程序 一件重罪案件从侦查到法庭审讯前，可能经历初次到案、预审、提起诉讼、提审各诉讼程序。

初次到案 逮捕后，一般于逮捕时起6小时内，即将被捕人押送至法院的司法官处。司法官应告知被捕人已处于被控犯有罪行的处境及其享有的诉讼权利。对轻罪控诉的案件，司法官应在此阶段讯问被控人是否答复控诉。被控人作认罪答辩的，即可结案并终止诉讼；作无罪答辩的，则诉讼继续进行。重罪控诉的案件，司法官一般不在初次到案阶段要求被控人答复控诉，因为重罪案件要经过预审或大陪审团审查的程序。

预审 美国约有一半州不实行大陪审团制，这些州的重罪控诉案件必须预审。预审一般由法院司法官主持，主要由控诉方提供足够的证据以证明重罪控诉具有可成立的理由。被控方没有义务但有权利出示证据。双方都可对对方证人进行交叉询问。实践中被控方通常不出示证据，而是尽量了解控诉方掌握的证据以便提出有利于本方的各种申请，如以控诉证据不充分为理由要求撤销诉讼。司法官通过预审认定控诉方的证据不足以支持该重罪控诉具有可成立理由的，撤销原重罪控诉，或改为轻罪控诉，或撤销案件，释放被捕人。司法官认定控诉方的证据足以支持该重罪控诉存在可成立理由的，则重罪控诉成立。

提起诉讼 是以向有管辖权的法院呈交刑事控诉状为起点。刑事控诉状有公诉书和起诉书等形式。公诉书(indictment)是经大陪审团审查决定起诉后制作的控诉状。起诉书(information)是检察事务所的检察官决定并制作的控诉状。有些州，对某些罪允许以控告书(complaint)起诉。《联邦地区法院刑事诉讼规则》规定，联邦刑事诉讼中，对可能判处死刑的犯罪起诉，应用公诉书。对可能判处1年以上监禁或劳役的犯罪起诉，应用公诉书，被告人放弃依公诉书起诉的，也可依起诉书起诉。对其他犯罪的起诉，公诉书或起诉书皆可。许多州对可能判处6个月以上、1年以下的轻罪和某些微罪，由检察官提起诉讼。检察官在提交起诉后，被告人应被告知被起诉的罪行，以便为辩护作准备。

提审 法院在收到公诉书或起诉书后应迅速、及时地主持提审程序。提审是在司法官主持的公开庭上进行。首先，讯问被告人姓名、身份等个人情况，然后，检察官宣读公诉书或起诉书。被告人有疑问时，司法官应当解释。司法官在告知被告人享有的诉讼权利后，被告人可就指控的罪行任意作出认罪答辩、无罪答辩或既不辩护也不认罪的答辩。在联邦诉讼中，被告人作认罪答辩时，法官确信被告人懂得认罪答辩的意义和后果，记录有明确记载时，认罪答辩才有效。法官还可要求检察官提供其他有罪证据，以印证认罪答辩的可信性。实践中，法官根据提审时被告人自愿作出的认罪答辩就可作出有罪判决，诉讼即为终止。

审判程序 美国刑事初审程序有三种方式：

第一种方式：法官以独任或合议方式进行法庭审判。庭审正式开始后，书记官宣读公诉书或起诉书。然后法官问被告人作何答辩，被告人作认罪答辩时，一般当庭可以结案，诉讼终止。作无罪答辩的，庭审继续进行。检察官作开始陈述，扼要说明指控的罪行、准备证明哪几个问题、提供几位证人等。被告律师可以在此时作开始陈述。调查程序开始时，起诉方提供的初步证据显然不能支持其指控的罪行的，法官可依职权或依被告方申请作出无罪的直接裁决(a directed verdict)，宣告后立即释放被告人。初审程序就此终结。起诉方提供的初步证据能够支持其指控的罪行时，法庭进一步调查证据。证据都由双方当事人提供。证人一般通过回答本方和对方当事人及其律师的询问以证明或反证案情事实。询问证人的顺序是，首先询问起诉方证人，然后询问被告方证人。被告方不传唤证人到庭的，询问起诉方证人后，证明活动就结束。各方证人先由本方主询问，后由对方反询问。这种交叉询问一般可以进行两轮，第二轮称为再次主询问和再次反询问。提问题的方式和范围应符合要求。调查证据结束后一般即进入法庭辩论。多数实行的辩论顺序是，起诉方首先陈述，被告律师然后反驳，最后起诉方针对其反驳进行陈述。双方在言词中不得明示被告人有罪或无罪的个人评述性意见。辩论结束后，法官进行评议或个人判断证明被告人有罪是否存在合理疑点，没有合理疑点的,判决有罪;存在合理疑点的,判决无罪。合议审判的,在法官评议后,首席法官指定一名法官或本人根据一致意见或多数意见的判决结果及理由制作判决书。有异议的法官可以书面形式阐明自己对判决结果的意见及理由。量刑,先由缓刑官或假释官在进行判决前调查后提出建议,最终由法官决定。判决必须公开宣告。

第二种方式:陪审团参加庭审。其程序与法官庭审的程序大致相同,不同点在于:法官在庭审正式开始前,应告知陪审团在法庭上的职责,应遵守的证据与诉讼规则;在辩论结束后,法官又应对陪审团就适用于本案的法律问题进行指导;然后,陪审团全体成员退出法庭,进入评议室秘密评议,法官不得参加。评议过程中遇有法律问题可通过法警传递给法官。评议结果由陪审团主席在法庭当众宣读,简单宣告裁断有罪或无罪。该陪审团在本案的任务就此完成(见陪审制)。

第三种方式:控辩双方经谈判达成协议的,可不经正当法律程序作出有罪判决。检察官与被告律师,不经法庭调查与辩论,在法官不在场的情形下,就被告人的罪名与刑罚进行磋商,达成一致意见后,呈交法院。法官经过询问,知悉被告人是自愿放弃法庭审理并接受这种谈判方式而认罪时,即可不经正当法律程序作出有罪判决。美国称这种谈判方式为辩诉交易(plea bargining)。全国约90%以上刑事案件通过辩诉交易结案。

上诉程序 美国的上诉包含上级法院对下级法院及上诉审法院对有关行政机关裁决的复审。联邦的一般案件,两审终审;法律规定的案件,不服上诉法院二审裁决的,可向联邦最高法院上诉。多数州实行两审终审,有的州实行三审终审。符合法律规定的情形,经过州最高法院审理的案件还可向联邦最高法院提出上诉或复审。上诉审一般不进行事实审而是法律审。对陪审团的裁断不得提出上诉,只能对初审法官适用法律的错误提出上诉。刑事诉讼的被告人享有绝对的上诉权。除个别州,检察官一般没有上诉权。联邦立法允许联邦政府对撤销大陪审团公诉的决定提起上诉。

(王以真)

meiguo xingshi zhengjufa
美国刑事证据法(criminal evidence law of the U.S.A.) 美国证据法由联邦和各州制定法和判例法构成。1954年联邦制定了《证据统一规则》。1957年又通过了适用于联邦诉讼的《联邦法院和司法官证据规则》,以后不断修改完善。有些州(如加利福尼亚州)也制定了适用于本州的证据法规,内容比联邦的证据规则更加全面、详尽。美国证据法的一个特点是兼容民事诉讼和刑事诉讼的证据制度和原则,其中许多规定共同适用于民事和刑事诉讼,有些则仅适用于民事或刑事诉讼。

依据美国证据的制定法和判例法,刑事证据规则基本上包含:证据的相关性和证据的可采性;不需证明和必须证明的问题和事实;证明责任和证明程度;证人资格、分类、询问证人的程序,对证人证言可信性的判断;书证的范围及判断;采用证据及排除证据的各项规则(见排除规则);由于特权而免予作证(见特权规则)、拒绝作证(见拒绝作证权)的各项规则等内容。

证据的相关性与可采性 美国证据法中最基本的一项原则是,法庭认定案件事实所依据的证据必须具有相关性与可采性。相关证据一般可以采用,不相关的证据一般不得采用。但是联邦或州宪法、制定法的有关规定及有关的判例法有相反规定者除外。法律规定,相关证据是对于案件待征事实具有证明其更多可能或更少可能存在的倾向的证据。而这种事实对于判明案件是举足轻重的。这条规定的立法精神是,凡是合乎逻辑的有证明力的证据都是相关证据,而一项证据同本案待证明的问题之间只需存在最低限度的逻辑相关性。所谓"举足轻重的事实",在刑事诉讼中就是被告人有罪或无罪的事实。任何有助于证明被告人有罪或无罪事实的真实性的证据,就是相关证据,即使只是链条中的一环。

证明 在刑事诉讼中,除了司法认知和确定性推定(见推定)不需要证明外,凡是需要证明的事实,必须经法庭证实才能认定它的存在与否。必须证明的事实有实体和程序两方面的事实。实体方面的事实是依刑法规定每个指控罪行的每项必要要件,以加重刑罚为目的指控被告人有前科的事实。实施犯罪时被告人是否在现场的事实及被告人独知的某些事实等。

根据无罪推定原则,证明被告人有罪的责任在起诉方,被告方没有证明自己无罪的义务。这是刑事诉讼证明责任的一项基本原则。起诉方对指控的每个罪行必要要件的证明,必须达到排除合理疑点的程度,否则法庭不能认定被告人有罪。被告方只要提出一个足以构成合理疑点的问题并有充分证据予以支持,而起诉方的证明又不能排除这个合理疑点时,法庭就得宣告被告人无罪。

被告方为了本方利益作出不在犯罪现场的辩护时,应承担"提供证据的责任"。被告方在主张时提供的证据只要有充分性,不在犯罪现场的事实即成立。

被告方主张行为时精神失常的,也应承担"提供证据的责任",以证明其失常状态的事实。其证明程度有三种不同观点:①证明失常要能排除合理疑点,则失常存在。②优势证明,即某一事实存在的可能性略大于不存在的可能性的证明。失常的可能性略大于正常时,失常事实成立,则被告人不负刑事责任;反之,正常的可能性略大于失常时，则正常事实成立。③证明被告人行为时精神正常排除合理疑点时，精神正常事实成立。

被告方在双方殴打案件中作自卫辩护时表明，在殴打前对方曾恐吓他因而心灵上对自己的安全产生恐惧感。有无恐惧感是被告人独知的事实，应当承担"提供证据的责任"。对于出于自卫的证明程度，美国法院有优势证明或必须令陪审团满意等不同要求。

被告方主张的不在犯罪现场精神失常或自卫的事实成立时，起诉方即负有反证的责任。对被告人行为时在犯罪现场、精神正常、殴打非出于自卫的证明，要排除一切合理疑点才能反驳被告方主张的事实。

对于刑事诉讼有些程序方面事实（如认罪供述的自愿性、逮捕或搜查的合法性等）有争议时，必须证明。如被告方提出搜查超越搜查证指定的范围而请求法庭排除这项搜查物作为证据时，被告方承担证明责任。被告方对无证搜查的合法性提出质疑时，起诉方承担证明其合法性的责任。上述两种证明只需达到优越证明的程度。

言词、书面、物体证据及其采用 立法没有系统排列证据的种类，一般重点规定证人的资格、询问证人的程序、证人的可信性和证人的特权以及品格证据（见品格证据及其规则）、意见证据（见意见证据及其规则）和传闻证据。立法对书证有所规定，但涉及物证很少。司法实践使用物证比较普遍，判例法对采证及使用限定较多。

证人证言 美国刑事诉讼中的证人分为普通证人和专家证人。诉讼中争议的一般事实问题由普通证人提供一般性证言。争议的问题涉及某领域的专门知识，如医学、科技、市场价格等，非经专家说明陪审团不能理解这项证据或判断这个争议问题的，必须由该领域的专家证人提供证言。

关于证人的资格，立法原则规定每个人都有资格作证，但有特别规定者除外。实践中对证人资格的基本要求是：证人必须具有明示自己意思并使法官和陪审团理解的能力；证人理解其说真话的义务，理解作证前的宣誓是为了保证证言的真实性；证人必须就其亲自了解的事实作证。儿童能否作证人，法律没有硬性规定。法官认为具有观察、记忆和谈话能力的儿童，都可以作证人。意志受损害的人，法官认为具有谈话并理解说真话义务的能力的，也可以作证人。一方当事人对他方证人的资格有异议时，可以在宣誓前对其询问，这种询问称为"预先审查"。专家证人的资格，由提供该证人的当事人说明其专家资格，然后法官认定是否是适格的专家证人。

为了保证证言的可信性，可以对证人质疑。质疑证人可以使用证人自己提供的事实或其他证人、记录等外部证据进行。质疑的理由有不公正估计的可能，曾被判重罪，信誉不好，先前的陈述与现在的证言不一致，由于证人记忆力和感觉能力差而怀疑证人是否感知其作证的事实等。对曾被质疑的证人，其当事人可以力求恢复其信誉。

适格的、可信的证人在法庭上宣誓后所提供的其亲自了解的与争议事实相关的证言，经交叉询问后，一般可以作为证据。但是传闻证据、意见证据、品格证据，除非符合规定，否则不得作为证据。

刑事诉讼被告人宣誓后的陈述也被视为证人的证言。被告人自愿作出的有效的认罪供述，可以作为惟一的定罪证据，非自愿的认罪供述，不得采用。

书证 必须与诉讼争议的问题相关，方得采用。相关的书证在采用前必须证实其真实性。在文件上签名并自愿证明这份文件真实性的人是最佳证明人（见最佳证据及其规则）。目睹制作的人是仅次于最佳证人的证明人。熟悉笔迹的人、专家证人都是证明书证真实性的有效证人。直接证据或情况证据都可用以证明书证的真实性。对已经确认政府机构盖公章的文件、经公证人签字的文件，因推定其真实性而不需证明。如果被告人怀疑其真实性并且证明其为伪造的文件时，不得用作证据。

受特权保护的书证及忽视宪法权利情形下制作的文件，不得用作证据。如被告人与律师密谈及其犯罪事实被偷录的录音，几次要求会见律师但遭拒绝情形下，嫌疑人向侦查官交待罪行的记录，都不可用作证据。

物证 通常被认为是最可信的一种证据，在使用物证直接证明争议事实时，只需出示相关的物证并在正当识别后即可采用。美国采用物证的最重要的一项规则，就是取得物证的手段的合法性，非法取得的物证原则上应予排除。

（王以真）

meiguo xingzheng caipan
美国行政裁判（administrative adjudication in USA） 美国行政机构根据行政程序法规定的审判式听证程序对特定争议或特定事项作出裁决的活动。广义的行政裁判包括行政机构采用各种法定的或非法定的、正式的或非正式的程序作出行政裁决的活动。在实践中，美国行政机构的大多数决定都是通过非正式裁判程序作出的。依正式裁判程序，即审判式听证程序作出的行政决定只是行政机构所作决定中的一小部分。但是这一小部分行政决定涉及的均是直接和严重影响相对人权益的事项。如行政处罚、驱逐出境或禁止入境，拒绝颁发许可证或吊销已颁发的许可证，限制工资和物价，减少社会福利项目，降低社会救济标准等等。由于有关这些事项的行政决定直接和严重涉及相对人权益,故法律对之规定严格的正式裁判程序。

美国的行政裁判具有下述特征:①行政裁判的主体是相应主管行政机构。在美国,行政裁判权完全由相应的主管行政机构行使。法律授权一定行政机构管理某项行政事务,该机构通常同时具有制定调节相应管理领域事务政策、规章和就相应领域事务或争议作出裁决的权力。②行政裁判的客体是涉及行政管理相对人权益的事项和争议。如行政机构决定修一条公路,盖一座大楼,建一座公园,如果影响到特定人的利益,均要事先举行审判式听证,在为利害关系人提供陈述意见、提出证据和进行辩论的机会后才能正式作出裁决。③行政裁判的申请人是其权益已受到行政行为影响或可能受到影响的行政管理相对人。他们可以是行政决定的直接对象——个人、企业或其他组织,也可以是行政决定的间接对象——消费者、竞争人、环境受益人等,只要其权益受到或可能受到行政决定的影响,均有权请求行政机构为之举行审判式听证,就其提出的异议作出裁决。④行政裁判的程序是审判式听证程序。这种程序具有普通司法的基本特征:两造对抗、言词辩论、公开审理、依审讯记录案卷作出裁决,反对单方面接触和偏见等,从而有利于保证裁决的准确和公正,同时这种程序又不及普通司法正式、严格,手续较为简便,证据要求较为宽泛,从而可以避免时间和金钱的过分耗费。⑤行政裁判的合法性和公正性要接受司法审查的检验和保障。对于行政机构通过审判式听证程序作出的裁决,当事人不服,通常都可以诉诸法院,请求法院进行司法审查,由法院对行政机构的裁判活动及其结果作出最终评价。 (姜明安)

meiguo xingzheng susong
美国行政诉讼(administrative proceedings in USA) 美国行政机关就涉及行政相对人权益的有关问题,依行政程序法或其他有关法律规定的程序作出裁决的活动(见美国行政裁判)。美国"行政诉讼"的概念不同于我国"行政诉讼"的概念。美国法律用语中与我国"行政诉讼"一词含意相近的词是"司法审查"(见美国司法审查),即法院应行政相对人的申请,依法审查行政机关行政行为的合法性,并对之作出相应的裁决。但美国司法审查也不完全等同于我国的行政诉讼,在美国,既没有相应于我国人民法院行政审判庭的专门行政审判机构,也没有与我国行政诉讼法相对应的专门调整行政审判的统一行政诉讼程序法典。而且,美国的司法审查与行政裁判有着极密切的联系,司法审查是建立在广泛、完善的行政裁判制度的基础之上的。美国行政机关内设有专司行政裁判职能的类似于法院法官的行政法官(administrative law judge)。美国行政裁判适用的是类似于法院司法程序的准司法程序(quasi-judicial procedure)。美国的行政案件或与行政管理有关的案件,绝大多数都经过行政机构的行政裁判。因此,美国行政诉讼制度是一种既有别于欧洲大陆行政诉讼制度,又有别于我国行政诉讼制度的另一种模式的行政诉讼制度。 (姜明安)

meiguo zhongcai xiehui
美国仲裁协会(American Arbitration Association) 美国非营利的综合性民间常设仲裁机构,1926年成立。总部设在纽约,并在全国30多个城市设有分会和办事机构。该协会受全国各行业和各社会集团所选出的董事会领导,并由精通仲裁和法律的专职人员管理,能提供完善的行政和服务设施。它备有人数众多的由各行业专家组成的仲裁员名单供当事人选择。受理的仲裁案件包括美国国内当事人及外国当事人提交的除法律和公共政策禁止仲裁外的各种争议,每年处理约1.9万多件仲裁案件,是世界上最大的处理有关争议的民间仲裁机构。

美国仲裁协会依照自己制定的《美国仲裁协会商事仲裁规则》和有关纺织业、建筑业、谷物、专利、汽车事故索赔等行业的专业仲裁规则进行仲裁,但同时也允许双方当事人合意选择依照《联合国国际贸易法委员会仲裁规则》规定的程序进行仲裁。仲裁员的选择不受国籍限制,当事人可以自由选定任一国籍的仲裁员。如果当事人一方是美国以外的当事人或法人,则独任仲裁员或仲裁庭的首席仲裁员应由不同于双方当事人国籍的人担任。仲裁中实体法的法律适用是依据双方当事人的合意选择,如果双方当事人未就法律适用问题达成协议,则自动选择仲裁地的法律作为仲裁的实体法依据;如果双方当事人就仲裁地有异议,通常由该仲裁协会指定其在纽约市的分支机构依纽约市现行的法律对有关案件进行仲裁审理并作出实质性裁决。美国仲裁协会注重发展同其他国家仲裁机构或商业组织之间的业务联系,它同世界许多国家的仲裁机构或商会订有双边协定。中美两国仲裁机构也建立了业务联系,并通过联合调解成功地解决了两国经济贸易中的争议案件。 (阎丽萍)

meiguo zhongcai xiehui zhongcai guize
《美国仲裁协会仲裁规则》(American Arbitration Association International Arbitration Rules) 1991年3月1日生效,本规则旨在提供有高效管理的仲裁服务,世界许多仲裁机构均与美国仲裁协会有合作协议。当事人选择该协会仲裁应有仲裁合同,在合同中应写明据本仲裁规则仲裁,所设想仲裁员(1人、3人或多人)、仲裁地(城市和/或国家)和仲裁语言。本会鼓励当事人直接与本会接触。当事人有委任仲裁员的广泛选择权,可有由本会委任,双方各委一名、再由他们委出第三名等方式。当事人可要求本会提供仲裁员名单或建议组成仲裁庭的其他方式,也可考虑调停或调解。

《美国仲裁协会仲裁规则》共 40 条。正文第 1 条规定当事人对本规则可作调整,适用法律优于本规则,本会承担仲裁行政管理之职。除本条外,正文分三部分。

第一部分仲裁开始,含仲裁通知、索赔、反诉和索赔修正等 3 条。规定申请人应书面通知本会行政员和被申请人,附仲裁需求、当事人名称住所、仲裁条款或协议、争议所涉合同、索赔、补偿需求、仲裁员人数、地点及语言。收到通知之日视为仲裁开始。申请人 45 日内应答辩或反诉,并回应申请人其他建议。仲裁期间,双方均可作修改、补充,但不得超越协议范围。

第二部分仲裁庭,含仲裁员及其委任、质疑、替换等 11 条。规定无协议时,除行政员认为三人庭更合适外,采独任庭。双方协议指定仲裁员后通知行政员,仲裁开始 60 日内无法产生,由行政员应当事人要求作出委任,并指定首席仲裁员。被委任仲裁员国籍应与当事人有别。仲裁员应公正而独立,事先向行政员透露可能影响履职事由,委任后向当事人和行政员透露该事由及其详情。委任仲裁员 15 日内,当事人可向行政员提出质疑,并说明理由。行政员应通知另一方,另一方同意时该仲裁员应退出,另一方不同意或该仲裁员不退出时,由行政员决定。行政员支持质疑、仲裁员退出或死亡时,应予替代。三人庭中一名仲裁员未参与仲裁,其他两名可决定是否继续仲裁。

第三部分一般条款,含仲裁代理人、仲裁地点、语言、管辖、仲裁方式、期限、通知、证据、审理、临时性的保全措施、专家、延误、审毕、放弃规则、裁决、适用法律、终止原因、解释或更正、费用、保证金、保密、免责、规则的解释等。规定当事人可由代理人代表。仲裁地先由行政员提出,经 60 日协商,由仲裁庭确定。仲裁语言应与仲裁协议一致,非该语文文件应附译本。仲裁庭有权传召证人,检视证物或文件,并决定管辖权和合同有效性。索赔的仲裁应在仲裁开始 45 日内确定,反诉的仲裁应在提出后 45 日内确定。仲裁方式由仲裁庭决定。通知和文件应以空邮送达,传真、电传、电报亦可采纳。收件次日起算,期间节假日计算在内,期末则顺延。提出主张者有举证之责。当事人应提供文件和证据。开庭应提前 30 日通知。开庭 15 日前,当事人应提供证人姓名住所、主要证词、语言,行政员应安排翻译和记录。仲裁可不公开,盘问方式,证据的可接受性、相关性、实质性和重要性,由仲裁庭决定。

应当事人请求,仲裁庭可作出临时性保全措施,当事人也可请求司法保全,仲裁庭可委任专家提交专项报告,当事人可作书面或口头质询。被申请人限期未答,未出庭,未举证又无适当理由,不影响仲裁。申请人未出庭、未举证,则审理结束。应当事人要求或仲裁庭认为必要,可恢复审理。对违反本规则的行为未及时提出反对,视为放弃权利。裁决采取多数原则,经当事人或仲裁员授权,首席仲裁员可决定程序问题。裁决不公开,具终局性,有约束力,应及时履行。裁决应说明理由,经多数仲裁员签署,注明时、地。

仲裁庭可作出终局裁决或部分裁决。裁决适用双方指定的实体法,并考虑合同和行规。除双方同意外,仲裁庭不得强调和解或以公允良善裁决。当事人和解,仲裁终止。应当事人要求,仲裁庭可作记录,但不说明理由。仲裁不必要或不可能时,则终止。裁决 30 日内,当事人可要求解释裁决、正误或补充裁决,仲裁庭认为适当应在 30 日内达成。

裁决应含仲裁费用及其分担,包括仲裁员、专家、行政员费用,胜诉方合理承担律师费。仲裁员收费依案情而定,在仲裁开始前确定。当事人不同意,则由行政员决定。行政员可要求申请人预交仲裁保证金。30 日未交,可通知被申请人预交。不交时,则仲裁搁置或终止。裁决后保证金余额应退还当事人。仲裁员不得泄露仲裁内容。仲裁员或行政员的仲裁行为或不作为免受追究。本规则由行政员负责解释。

美国仲裁协会行政收费表

索赔或反诉金额	收费
＜$10,000	$300
$10,000~$25,000	3%
$25,000~$50,000	$750+超过 25,000 的 3%
$50,000~$100,000	$1250+超过 50,000 的 1%
$100,000~$500,000	$1750+超过 100,000 的 0.5%
$500,000~$5,000,000	$3750 + 超过 500,000 的 0.25%
$5,000,000~$50,000,000	$15,000 + 超过 5,000,000 的 0.1%
＞$50,000,000	$60,000

(宋小庄)

mensi

闷死(suffocation) 也称捂死。用手或其他柔软物体(如被褥、枕头、衣服、毛巾等)捂压口鼻腔而引起的窒息死亡。闷死绝大多数为他杀,死者多为婴幼儿和年迈体弱的老人或处于昏迷、醉酒以及其他丧失抵抗能力的人。闷死也见于意外事故,如哺乳时入睡母亲的乳房压闭婴儿的口鼻腔;婴幼儿口鼻腔被衣、被等物盖住,或翻身后处于俯卧位时口鼻紧压枕、被等物而闷死;癫痫发作者或醉酒者突然跌到,俯卧于柔软物体上(如棉花、被褥、谷物、沙堆等)也能导致闷死。闷死的机制很单纯,是因呼吸道被关闭,导致气体交换障碍而窒息死亡。尸体除具有机械性窒息的一般征象(见机械性窒息尸体征象)外,无特殊的征象。有的可见口鼻歪斜或被压扁的痕迹,或口鼻腔周围有表皮剥脱。有的口唇及口腔粘膜有破损,严重者牙齿松动或脱落。有的口鼻周围粘附有棉、毛、化纤纤维等遗留物。但各尸体情况都不一样,这与作案方式、施力轻重以及受害者有无挣扎抵抗等有密切关系。

(李宝珍)

menglong zhuangtai
朦胧状态(twilight state) 精神病患者意识范围缩小,同时伴有意识清晰度下降的现象。在朦胧状态下,患者感知不清晰、联想抑制、理解判断能力缺乏,不能确切了解周围情况,能回答简单问题,自理简单生活,自动完成习惯动作,表情茫然迷惘,或有焦虑、恐惧、暴怒与狂喜等体验,也可有失去辨认和控制能力的冲动行为发生。症状可突然发生,历时数分钟至数日又突然终止其所经历事情,多遗忘。常见于癫痫和癔病。在司法精神医学鉴定中,此症状可构成影响行为人责任能力的医学要件。

(孙东东 吴正鑫)

mengyixing jingshenbing
梦呓性精神病(oneirophrenia) 一种呈急性或亚急性发作以梦境样的意识障碍为突出表现的精神症状。发作时定向力不清,对周围事物有虚幻感,有错觉,记忆减退。患者在意识障碍状态下,受错觉等病理性精神活动的驱使,可实施危害社会行为,并造成严重后果。此时,患者主观上对自己的行为已丧失了辨认和控制能力,因此在司法精神医学鉴定中,应评定为无刑事责任能力。其他法律能力,则应视患者的具体情况而定。

(孙东东)

mimi bianren
秘密辨认(secret identification) 侦查人员安排辨认人在供辨认人或供辨认物的持有人不察觉的情况下进行的辨认。一般是在侦查中发现嫌疑人或嫌疑物后采用,有时也用于寻找辨认犯罪场所或在有关场所寻查辨认作案人。对犯罪嫌疑人的秘密辨认应把辨认人安排在既隐蔽又便于观察的地点。对嫌疑物的秘密辨认应事先把该物品从侦查对象或其持有人处秘密取来,辨认后再秘密放回原处。对犯罪场所的秘密辨认应在一定形式的伪装或掩护下进行。秘密辨认无须请见证人参加,也不用制作正式的辨认笔录。秘密辨认的结果仅供侦查人员参考,不能作为诉讼证据使用。如果需要将该结果用作证据,则应重新组织公开辨认。

(张玉镶)

miansu panjue
免诉判决(exonerative judgment) 我国台湾省刑事诉讼法规定的法院在遇有特定情形,认为不应对该刑事案件起诉所作的一种判决。应当作出免诉判决的情形有:①案件已有确定判决的;②已过追诉时效的;③曾经大赦者;④犯罪后的法律已废止其刑罚的。

(汪建成)

mianxing panjue
免刑判决(exempt from punishment of judgement) 有罪判决的一种,相对于科刑判决(见有罪判决)而言。指对被告人的行为虽然构成犯罪,但具备刑法规定的不需要判处刑罚或应当免除刑罚的情形的案件所作出的一种处理决定。免刑判决,在主文中应首先明确被告人有罪,所犯何罪,然后写明免除刑罚。我国台湾省《刑法》第61条规定,为免刑判决前,并得斟酌情形经告诉人或自诉人同意,命被告为下列各款之情事:①向被害人道歉;②立悔过书;③向被害人支付相当数额的抚慰金,以上三种情形,均应记载于判决书内,抚慰金之支付并得为民事强制执行名义。

(汪建成)

mianyu qisu
免予起诉(exempt from prosecution) 我国刑事诉讼法原来规定的一项诉讼制度,现已废除。其基本含义是:人民检察院对于公安机关、国家安全机关侦查终结移送起诉或者免予起诉的案件,或者自行侦查终结的案件进行审查以后,认为被告人的行为虽已构成犯罪,但是依照刑法规定不需要判处刑罚或者可以免除刑罚,决定不将被告人交付人民法院审判的一项诉讼活动。

历史发展 免予起诉制度是我国独创的一项具有中国特色的刑事诉讼制度,是适应我国同犯罪分子作斗争的需要产生的。1954年制定的《人民检察院组织法》中没有明确规定。1956年4月25日,第一届全国人民代表大会常务委员会第三十四次会议正式通过了《关于处理在押日本侵略中国战争犯罪分子的决定》,规定:"对于次要的或者悔罪表现较好的日本战争犯罪分子,可以从宽处理,免予起诉。"这是我国立法机关第一次对免予起诉作出的规定。根据这一规定,最高人民检察院连续三次对1017名日本战犯中符合条件的354名作了免予起诉处理。此后,全国各地检察机关根据这一决定的精神,仿照最高人民检察院处理日本战犯的做法,对内部肃反活动中清理出来的一批次要的或者悔罪表现较好的犯罪分子,作了免予起诉处理。在总结这些实践经验的基础上,最高人民检察院和最高人民法院分别在《关于审查批捕、审查起诉、出庭公诉工作的试行规定〈修改搞〉》和《刑、民事案件审判程序总结》等文件中,将免予起诉作为一项诉讼制度规定下来。1979年第五届全国人民代表大会第二次会议通过的《刑事诉讼法》又专门对免予起诉的法定条件、宣布程序、公安机关要求复议和提请上一级人民检察院复核的程序以及被告人、被害人申诉程序等作出了规定,从而以立法的形式正式确认免予起诉为我国刑事诉讼中的一项制度。免予起诉制度自从实行以来,在同犯罪分子作斗争中曾经发挥了一定的作用,但由于在理论和实践中存在许多难以解决的问题,第八届全国人民代表大会第四次会议在1996年3月17日通过的《关于修改〈中华人民共和国刑事诉讼法〉的决定》中,最终取消了这项诉讼制度。

适用条件 免予起诉就其法律性质而言,是法律赋予检察机关终结刑事案件的权力。被免予起诉的被告人虽未经法院审判,但一经作出免予起诉处理,他就具有犯罪分子的身份,而且导致刑事诉讼程序的终结。关于免予起诉的适用案件,原来的《刑事诉讼法》第101条专门作了规定,必须同时具备以下三个条件:第一,犯罪事实清楚。免予起诉是人民检察院对被告人进行的实体处理,所以,凡作出免予起诉处理的案件,都必须是犯罪事实和情节清楚,证据确实、充分,认定性质和罪名准确;第二,触犯刑律,已构成犯罪。免予起诉的前提是被告人的行为已构成犯罪,本应追究刑事责任,但由于具有不需要或者可以免除刑罚的条件,才可以作出免予起诉决定。对于不构成犯罪,或者虽构成犯罪,但依法不应当追究刑事责任的案件,就不能作免予起诉处理;第三,具有不需要判处刑罚或者可以免除刑罚的情节。这是决定对被告人是否免予起诉的必要条件。根据刑法的有关规定,不需要判处刑罚或者可以免除刑罚的情节主要有:①在我国领域外犯罪,依法应负刑事责任,但在外国已经受过刑罚处罚的;②又聋又哑的人或者盲人犯罪的;③正当防卫超过限度的;④紧急避险超过限度的;⑤预备犯罪的;⑥中止犯罪的;⑦在犯罪中起次要作用或辅助作用的从犯;⑧被胁迫、被诱骗参加犯罪的;⑨犯罪较轻并自首的,或者犯罪虽然较重,但在犯罪后自首并有立功表现的。

存废之争 关于免予起诉制度,法学界和司法界褒贬不一,争论激烈。归纳起来,主要有"保留说"与"废除说"两种互相对立的意见:

保留说 认为免予起诉是我国刑事诉讼中的一项创举,符合刑事诉讼的内在规律,即使存在某些不足,也不应把这些问题归咎于免予起诉制度本身。其主要理由有:①免予起诉是检察机关公诉权不可分割的组成部分,不存在侵犯法院审判权的问题;②免予起诉制度具有中国特色,是长期司法实践经验的总结,体现了我国对犯罪分子实行"区别对待"、"惩办与宽大相结合"的刑事政策,在实践中发挥了巨大的威力;③免予起诉制度不违反我国刑事诉讼中公安、检察、法院三机关互相制约的原则;④免予起诉并未完全漠视和剥夺被告人的辩护权和申诉权。

废除说 认为尽管免予起诉制度在历史上曾发挥过极积的作用,但由于它自身存在某些缺陷,因而无论从诉讼理论上分析,还是从司法实践中存在的问题上看,都应当予以废除。其主要理由如下:①免予起诉违背了现代诉讼控诉权与审判权相分离的原则。检察机关未经审判而对被告人是否有罪作出终结性的司法处理,事实上侵犯了法院的审判权,违背了宪法关于审判权由法院统一行使的原则;②免予起诉侵犯了被告人的合法权益。由于案件在未经审判之前就作出有罪的处理,使被告人失去委托辩护人为他进行辩护的权利。同时,免予起诉一经决定立即生效,这在事实上剥夺了被告人依法享有的上诉权;③实行免予起诉制度,事实上将部分刑事案件的侦查、控诉和裁判三项权力集中于检察机关一身,缺乏有效的监督制约机制,违反了宪法关于公检法三机关互相配合、互相制约的原则,使案件的处理质量得不到保证;④免予起诉在实际执行中存在大量的问题,例如任意放宽或缩小适用免予起诉的范围,将免予起诉作为解决疑难案件或照顾关系"下台阶"的良方;检察机关自侦案件的免诉比率过高等。这些问题不单纯是检察人员有法不依、执法不严或违法乱纪造成的,而是这一制度自身存在缺陷和弊端。

通过比较,可见上述两种观点针锋相对,难以统一。我国立法机关在修改《刑事诉讼法》时,考虑到免予起诉制度自身存在着难以克服的弊端,从健全社会主义法制的角度出发,决定将免予起诉制度予以废除。这是我国刑事诉讼制度的一项重大改革。 (王 新)

mianyu qisu juedingshu
免予起诉决定书(decision to exempt from prosecution) 原来适用于我国刑事诉讼中审查起诉程序的一种法律文书。指人民检察院对公安机关、国家安全机关侦查终结移送起诉或者免予起诉的案件,或者自行侦查终结的案件,作出免予起诉的决定时所制作的文书。依据原来《刑事诉讼法》的有关规定,人民检察院决定免予起诉的案件,应当制作免予起诉决定书。免予起诉决定书的内容,基本上与起诉书相同,但结论部分应写明免予起诉的理由和根据;注明如不服本决定,可在7日内向本院申诉;如有物证、赃物、违禁物品或扣押的财物等,应当写明如何处理。免予起诉决定书应由检察长署名,并公开宣布,送交被告人及其所在单位;对于公安机关移送起诉的案件,应送达公安机关;有被害人的案件还应送交被害人。如果被告人或被害人不服决定书，可在接到决定书后7日内，向人民检察院提出申诉，人民检察院应当复查，并将复查结果通知被告人或被害人。倘若公安机关认为免予起诉决定书有错误的时候，可以要求复议，如果意见不被接受，可以向上一级人民检察院提请复核。由于现行《刑事诉讼法》取消了免予起诉制度，免予起诉决定书也就相应废止。

（王　新）

mianyu qisu yijianshu
免予起诉意见书（an opinion recommending exemption from prosecution） 公安机关依法将侦查终结的案件，移送人民检察院，要求对被告人免予起诉而制作的诉讼文件。公安机关对案件侦查终结后，对于被告人犯罪事实清楚，证据确实、充分，依法不需要判处刑罚或可以免除刑罚的，应当制作免予起诉意见书，连同案卷材料、证据一并移送同级人民检察院审查决定。根据1996年3月17日第八届全国人民代表大会第四次会议《关于修改〈中华人民共和国刑事诉讼法〉的决定》，修正后的《刑事诉讼法》已经取消了免予起诉，免予起诉意见书亦随之废止。　（项振华）

mianyu xingshi chufa
免予刑事处罚（exempt from criminal punishment） 法院对于被告人犯罪情节轻微，不需要判处刑罚的案件所作的处理决定，实质上与免刑判决相同。但根据我国新《刑法》第37条的规定，在作出免予刑事处罚的裁判的同时，可以根据案件的不同情况，予以训诫或者责令具结悔过、赔礼道歉、赔偿损失，或者由主管部门予以行政处罚或者行政处分。　（汪建成）

mianyu zizheng youzui quan
免予自证有罪权（privilege against self-incrimination） 刑事诉讼中被告人享有的一项特权。被告人认为就某件事项作出供述或陈述会证明自己有罪时，有权拒绝回答对方当事人的质询，甚至侦查官、检察官及法官的讯问。法官、检察官和侦查官不得强迫被告人作不利于己的供述。免予自证有罪权也可称为不受强迫自证其罪权。英美将免予自证有罪权列入特权规则之一。

有人认为，免予自证有罪权是以无罪推定为理论基础的。依据无罪推定原则，证明被告人有罪的责任在控诉方，被告人、被疑人一般没有证明自己无罪的义务，更没有供述自己罪行的法律责任。为了贯彻这一原则，许多国家的法律赋予被告人、被疑人以特权使之免受被迫供述罪行。赋予被告人以免予自证有罪权是刑事诉讼法保障人权的一种具体体现。它企图禁止政府官员或法官使用强制等非法手段取得被告人的认罪供述，从而保障被告人认罪供述的自愿性及官员取得认罪供述手段的合法性。

为了维护被告人的免予自证有罪权，英国1215年《大宪章》早就禁止强迫作证。在判例法和成文法中也有相应规定。美国独立后，在联邦宪法中就已明文规定。第二次世界大战后的日本国宪法也予以专门规定。美国宪法修正案第5条规定，人民"不得被强迫在任何刑事案件中自证其罪"；日本国宪法第38条规定，不得强制任何人作不利于己的供述。美国加利福尼亚证据规则的相应规定更为具体，依据美国联邦宪法和加利福尼亚州宪法，刑事诉讼的被告人享有不作为证人被传唤及不予作证的特权。《德国刑事诉讼法典》第136条a具体列举了在讯问被控诉人时禁止使用的方法。

有些国家对权利主体在行使这项权利时提出了诉讼要求和后果。如美国虽然赋予刑事诉讼的被告人在法庭上有权拒绝回答不利于己的提问，但是也规定，被告人一旦辩解或反驳，即视为放弃免予自证有罪权，则必须承担回答与控诉有关的一切问题的义务。美、英对于使用非法或不正当手段所作的认罪供述，在法庭上一概排除。日本法律规定对于非出于自由意志的认罪供述，不得作为证据。德国刑事诉讼法规定，使用了法律禁止的方法，获得的认罪供述，即使被控诉人同意，也不得采用。各国关于以非法手段取得的证据必须排除的规则，是对被告人行使免受强迫自证有罪权的有效保障。

近年来，英、美对免予自证有罪权的适用呈逐渐削弱的趋势。如英国1984年《警察与刑事证据法》允许对保持沉默的嫌疑人进行讯问，从而影响免予自证有罪权的行使。美国20世纪80年代某些判例裁决中指出被告人对被控数个罪行中的第一个罪行放弃了免予自证权，作了认罪供述，则构成对所有被控罪行免予自证权的放弃。　（王以真）

minshangshi waiguo panjue chengren yuzhixing gongyue
《民商事外国判决承认与执行公约》（海牙，1971）（Convention on the Recognition and Enforcement of Foreign Judgments in Civil and Commercial Matters 1971） 1971年2月1日在海牙国际私法会议上制定的一项司法协助公约。公约有6章33条。主要规定了缔约国相互承认和执行民事或商事判决的条件和程序。请求承认和执行的判决应具备以下条件：①判决是由根据公约的规定被认为有管辖权的法院作出的；②判决在原审国不能再作为普通上诉审对象。此外,为在被请求国得到执行,判决应该在请求国是可以执行的。在下列情况下可以拒绝承认或执行判决:①承认或执行的判决与被请求国的公共政策明显不相容,或者判决是在与法律的正当程序不相容的诉讼中作出的,或者是在未给予任何一方当事人足够的机会以使其公平地陈述其意见的情况下作出的;②判决是在诉讼中以欺诈的方式取得的;③相同当事人之间,基于同样的事实以及具有同一目的诉讼;a.正在被请求国法院审理中或这些诉讼是首先被提起的;b.被请求国法院已经作出判决;c.已在另一缔约国作出判决,而该判决已具备在被请求国予以承认和执行的必要条件。

该公约于1983年生效,批准国只有荷兰、葡萄牙、塞浦路斯。但该公约在促进国际私法的统一方面所作的努力和贡献却在国际社会产生了很大的影响。

(阎丽萍)

minshi jiufen
民事纠纷(civil dispute) 公民、法人和其他组织之间,因民事权利义务关系发生的纠纷。人们在社会生活中要从事各种各样的活动,发生各种各样的社会关系,这些活动和关系受各种不同的法律规范所调整。当民事实体法律调整的财产关系和与财产相联系的人身关系受到破坏,或者法律调整失当,平等主体之间的利益失去平衡,所发生的一定冲突与矛盾,就形成一定的民事纠纷。随着社会的发展,人们的经济交往和人员往来的增多,以及人身权益、家庭关系的发展变化,这种社会关系渐趋多种化和复杂化,相应的冲突与矛盾增多,民事纠纷也呈现多样化与复杂化。消除这种冲突与矛盾需要第二次法律调整,即解决民事纠纷,恢复正常的民事权益关系,求得平等主体之间利益的平衡。对此,法律调整方式有和解、调解、仲裁、诉讼等制度。运用何种方式解决民事纠纷,一是取决于纠纷的情况,如纠纷是否简单,其冲突是否激烈,涉及面是否广泛;一是取决于当事人的意志,即选择何种方式解决纠纷。在民事纠纷中,不论纠纷的情况如何,当事人的意志怎样,双方当事人之间既存在对抗的一面,又存在协调的一面,因此不论以何种方式解决民事纠纷,均在于当事人之间减少和消除对抗性,利用和增加协调性。

(刘家兴)

minshi panjue
民事判决(civil judgement) 行使审判权的法院通过对民事案件的审理,就查明和认定的案件事实,正确适用法律,并就当事人之间的实体权利义务关系作出判断的结论性意见。判决行为是法院最主要的裁判行为,是法院以国家赋予的审判权为基础所进行的行为。在诉讼当事人及其他诉讼参与人的参加下,法院依照法定程序对民事案件进行审理,并在查明案件事实的基础上,对当事人之间争议的实体权利义务关系运用法律作出认定和结论,形成判决。这种判决结论是一种强制性结论,它对当事人、社会和作出判决的法院都会产生相应的拘束力(见判决的效力),因而判决具有权威性和相对稳定性;同时,判决是在法院对案件进行一系列审理活动的基础上,就案件的实质性问题作出的结论性意见,是法院的审理活动和当事人的诉讼活动所追求的终局结果,因而判决又是法院结案的一种主要方式。从不同的角度和标准,对判决进行分类,可将判决分为以下几种类型:

诉讼事件判决和非诉讼事件判决 根据判决所解决的问题的不同,可分为诉讼事件判决和非讼事件判决。诉讼事件判决是为解决当事人之间的民事权益争议,确认实体权利义务关系而作出的判决;非诉讼事件判决是为确认申请人请求认定的法律事实而作出的判决。依我国现行民事诉讼法规定的普通程序、简易程序审理的案件所形成的判决就是诉讼事件判决,依照特别程序,所作出的判决,如认定公民无行为能力的判决、认定财产无主的判决等均为非诉讼事件判决。

确认判决、变更判决和给付判决 根据判决的内容划分,可分为确认判决、变更判决和给付判决。确认判决是对当事人之间的某种法律关系存在或不存在作出确认或对当事人提出的某种事实状态作出确认的判决。如诉讼案件中确认当事人之间存在扶养关系的判决,非诉讼事件中确认财产无主的判决。变更判决是对当事人之间现存的某种法律关系作出变更或消灭的判决,如离婚判决。给付判决是确认当事人之间存在实体权利义务关系并责令义务人履行一定义务的判决。义务人如果不履行判决所认定的义务,给付判决可成为执行根据。

对席判决和缺席判决 根据当事人出庭参加审理的情况,判决可分为对席判决和缺席判决。对席判决是在双方当事人都出席法庭审理、参加法庭辩论的情况下,法院根据通过辩论认定的事实,适用法律而作出的判决。缺席判决是在一方当事人未参加法庭审理,进行辩论的情况下,作出的认定未到场的一方当事人败诉的判决(见缺席判决)。

舍弃判决和认诺判决 根据当事人行使处分权的情况,可分为舍弃判决和认诺判决。舍弃判决是法院基于原告(或反诉原告)在言辞辩论中舍弃诉讼的请求,而认定其败诉的判决,原告舍弃诉讼即原告认为自己的请求没有理由。认诺判决是法院根据被告对原告诉讼请求的认诺而作出的认定被告败诉的判决,被告认诺即被告承认原告的诉讼请求有理由。舍弃和认诺都是当事人行使处分权的表示。因此舍弃判决和认诺判决是案件的实体判决,与案件的确定判决具有同等效力。在德国、日本的民事诉讼法中对此都有较详细的规定。

一部判决和全部判决 根据判决是终结诉讼的一部分还是全部,可分为一部判决和全部判决。全部判决是案件全部审理完毕后,法院对当事人之间的所有争议依法作出的判决。一部判决又称部分判决,是法院就与案件的部分争议有关的事实查清后,就部分事实加以认定,并适用法律作出的判决。一部判决通常适用于当事人提出多项诉讼请求或涉及几个诉的合并的案件,判决的部分事实应具有相对独立性。部分判决是终局性判决。但部分判决作出后,案件的审理并没有全部结束,而全部判决作出后即意味着案件审理程序结束。我国现行民事诉讼法对此规定,人民法院审理案件,其中一部分事实已经清楚,可以就该部分先行判决。

中间判决和终局判决 根据作出判决的时间不同,可分为中间判决和终局判决。中间判决是诉讼进行中,法院就有关本案各种独立攻击或防御方法或诉讼程序上发生的争点(见中间争点),作为终局判决的预备,预先作出断定的判决。终局判决是法院经过法庭调查、辩论依次完成诉讼程序各个阶段任务后,对案件事实及当事人之间的权利义务关系作出的判断。终局判决作出后,诉讼程序即告结束,而中间判决作出后,诉讼程序并不因此而结束。是否为中间判决,由法院依职权决定,当事人无权申请。中间判决作出后,对作出该判决的法院有拘束力,在为终局判决时,必须以中间判决为基础。中间判决对当事人有一定的拘束力,即当事人不得就已经中间判决确定的事项,在同一诉讼中再行提出攻击或防御方法,但当事人可以以中间判决所判断之攻击或防御方法为诉讼标的另行起诉。并且对于中间判决不能独立上诉,只能随其后的终局判决一并声明不服,接受上诉法院的审判。在德国、日本的民事诉讼法中规定,允许作出中间判决,我国现行民事诉讼法没有中间判决的规定。

生效判决和未生效判决 根据判决效力的不同,可分为生效判决和未生效判决。生效判决又称确定判决,是指已经发生法律效力的判决,对当事人、社会和法院都具有拘束力。未生效判决又称不确定判决,是判决内容已经确定但还不具有法律效力的判决。我国民事诉讼中的生效判决包括第一审人民法院作出的当事人不上诉的判决及第二审人民法院作出的终审判决、最高人民法院作出的判决以及依特别程序作出的判决。而地方各级人民法院作出的准于上诉且上诉期未满的一审判决都是未生效判决。 (俞灵雨)

minshi shenpanquan

民事审判权(judicial power in civil cases) 在民事诉讼中,对民事案件进行审理并做出裁判的权力。审判权是国家权力的重要组成部分,它是由特定的国家机关——法院依法代表国家行使的权力。法院进行民事审判活动的过程就是行使民事审判权的过程,而这一过程的结果必然会体现出国家法律的精神,体现出国家对某项特定的民事法律关系所持的态度。在我国,民事审判权统一由人民法院行使,其他任何机关、团体或公民个人无权行使审判权,也无权干涉人民法院的审判活动。但人民法院行使民事审判权,必须遵守国家制定的民事实体法律和民事诉讼法,并接受法律监督机关——人民检察院对民事审判活动的法律监督(见检察监督原则)。人民法院行使民事审判权所适用的对象只能是民事纠纷案件和法律规定可以通过民事审判程序解决的特殊类型的案件。

民事审判权的功能,即民事审判权的确立和行使在社会生活中所产生的作用和效果,其一表现为保障当事人双方平等地享有诉讼权利和承担诉讼义务并顺利地从事诉讼活动。人民法院民事审判权的行使是通过民事诉讼实现的,在民事诉讼过程中,人民法院居于主导性地位。它在民事诉讼中的各项行为对民事诉讼平等原则的实现,对民事诉讼进程的推进起着决定性的作用。其二表现为保障当事人合法权益的实现。民事诉讼的目的是通过国家的司法审判活动,对当事人之间争议的民事实体权利义务关系予以确认,以保障当事人合法权益的实现。在具体的民事诉讼中,法院审判权的行使,既制约着诉讼程序的进程,更决定着诉讼结果的形成。法院依法对案件进行审理并做出裁判,必然会反映出对当事人之间实体权利义务的确认程度及当事人实体权益的保障程度。其三表现为保障国家有关法律制度的贯彻执行。民事审判权行使的过程就是民事诉讼的过程,也是法院依法进行审判活动的过程。在整个过程中首先是要求法院必须依法进行各项活动,依法制作各项裁判,依法对各种违法行为加以纠正和制裁,从而保证国家有关法律、法规的贯彻实施,维护国家法律的尊严。因此,民事审判权由法院独立、统一行使,决不意味着法院享有了高于其他国家机关的特权,而是意味着法院具有了一项通过自己的审判行为体现国家法律的精神,依法维护公民实体权益的不可推卸的职责。 (阎丽萍)

minshi shuzhuang

民事书状(civil pleadings) 民事诉讼当事人向法院申请、声明、陈述之文书。书状是诉讼文书,当事人向法院提交书状是诉讼行为。法律明文规定某诉讼行为应以书面进行的,当事人则应以书面方式进行,否则,该行为不发生应有之效力。法律明文规定原则上应以书面方式进行,但具有特定情形可以口头(言词)进行的诉讼行为,只有在特定情形下才能口头进行。法律规定可以书面或在口头进行的诉讼行为,当事人进行该行为时可以自由选择。法律无明文规定以何种方式进行的诉讼行为,当事人可以书面的方式进行,也可以口头的方式进行,但后者以法院接受为限。民事书状,以当事人在文书中意思表示的内容不同,可以分为陈述性的书状。申请性的书状和声明性的书状。陈述性的书状主要是向法院陈述一定事实和理由之书状,其目的在于使自己的主张得以成立,如原告的起诉状、被告的答辩状,上诉人的上诉书状,被上诉人的答辩书状。申请性书状主要是请求法院为一定职权行为之文书,其目的在于维护自己的权益或者防止对自己利益的损害,如申请财产保全的申请文书、申请先予执行的申请文书。声明性的书状主要是对某种情形具有异议的文书,如以书面的方式对管辖提出异议,申请回避,对法院的裁定或决定申请复议之文书。 (刘家兴)

minshi sifa shenji
民事司法审计(**judicial audit of civil**) 根据民事诉讼法的规定,民事、经济案件管辖的司法机关,当案件涉及财务会计核算问题时,对当事人的经济行为、经营活动和会计事项进行审查的法律行为。民事司法审计的任务,是为案件的处理提供准确可靠的证据,正确认定当事人的权利和义务以及应当承担的法律责任,达到正确适用法律的目的。民事司法审计对经济纠纷案件的正确处理,有着重要作用。在经济生活中货款的结算,标的物的交付,票据、单证的交换,必然形成大量的数据,这些数据依法应作为会计凭证,民事司法审计将通过审查这些会计凭证、账簿、报表而取得相关证据,作为处理民事、经济案件的事实根据。特别在民事、经济和行政案件的执行程序中,个别当事人隐匿、转移财产,造成执行困难。司法审计可以审查有关当事人的财务账目、会计凭证和会计报表,证实当事人陈述的真伪。对在法律文书发生法律效力后隐藏、转移财产造成人民法院无法执行的,对有履行能力而拒不执行人民法院发生法律效力的判决书、裁决书、调解书、支付令的,依照《民事诉讼法》第102条第1款第6项的规定予以罚款、拘留。对有能力执行而拒不执行法院的判决、裁定,情节严重的依照《刑法》第313条处3年以下有期徒刑、拘役或罚金。这样必将对解决执行难的问题和改善执法环境起到应有作用。在破产程序中司法审计更有其重要作用。有的破产企业为抽逃资金故意坑害债权人,转移财产,掩饰罪责,伪造、变造账簿及财会凭证,篡改报表、单据等。通过司法审计能有效地发现其不法行为,对维护正常破产程序、保障司法公正具有重大意义。 (柴景秀)

minshi susong
民事诉讼(**civil action**) 按照通说,是指人民法院在民事诉讼当事人及其他诉讼参与人的参加下,审理民事案件(包括经济案件、海事和海商案件,下同)和解决民事纠纷的活动,以及由这些活动所发生的关系,即"活动和关系说"。有的学者持"程序制度说",认为通说从动态和形式上揭示了民事诉讼的含义,具有其合理性,但是,不论法院的活动、当事人及其他诉讼参与人的活动,还是他们在活动中所发生的关系,都是按照一定的程序制度来进行和发生的,是履行一定程序的活动,是在一定制度下发生的关系。诉讼是运用一定的程序制度解决纠纷,诉讼中当事人与法院的关系是请求司法保护与被保护的关系。因此,民事诉讼是当事人请求人民法院保护民事正当权利和合法权益的程序制度。此外,还有"官司说",即民事诉讼就是打民事官司;"行为说",即民事诉讼是当事人诉讼行为和人民法院审判行为的综合。

民事诉讼的发生及其根据 正常的民事关系受到破坏或者民事权利义务关系发生纠纷,诉诸法院司法解决,是民事诉讼发生的原因。人民法院的民事审判权和法律赋予当事人的民事诉权是民事诉讼的根据。发生民事纠纷不诉诸法院解决,不发生民事诉讼;虽将纠纷诉诸法院解决,但不享有诉权,民事诉讼就没有根据。

民事诉讼的内容及其特点 人民法院和当事人及其他诉讼参与人,通过履行法定程序行使诉讼权利和履行诉讼义务,是民事诉讼内容的表现形式。当事人之间的实体权利义务之争和人民法院认定案件事实并作出判断,是民事诉讼内容的实质。民事诉讼区别于其他诉讼的特点,一是诉讼标的的特定性,即只能是民事法律关系;二是当事人处分行为的重要性,即当事人对诉讼的开始、进行、终了起着重要作用;三是法院客观公正审判行为的协调性,即法院可依法充分协调平等主体之间的利益关系。

民事诉讼的功能 以科学和系列的诉讼机制,调整被破坏和扭曲的正常的民事关系;在贯彻和维护民事法律制度中发扬社会主义民主,并增强社会的诉讼意识;通过保障合法、制裁违法,消除社会冲突和矛盾,平衡平等主体之间的利益,稳定和发展正常的民事关系。 (刘家兴)

minshi susong dailiren
民事诉讼代理人(**representative in civil procedure**) 民事诉讼中,以当事人的名义,在一定的权限范围内,代为诉讼行为或接受诉讼行为的人。诉讼代理人进行代理活动的权限范围称为代理权限,取决于法律直接规定、法院指定或当事人及法定代理人的委托授权。诉讼代理人必须以当事人的名义,在代理权限范围内进行代理活动,是现代民事诉讼代理制度的基本特征和要求。

诉讼代理制度是在近代随着社会经济的发展,适应法律关系日益繁杂的需要而逐步发展完善的,并且也带动了律师制度的形成发展。民事诉讼本应由当事人亲自进行,但由于客观上存在着无诉讼行为能力(见民事诉讼行为能力)的当事人,或即使当事人具有诉讼行为能力,但其精力、时间有限或对日益增多的法律、法规了解有限,因而就产生了由他人代理民事诉讼的需要,通过他人特别是律师代理诉讼,不仅能弥补当事人的不足,而且有助于当事人更好地利用法律武器保护自己的合法权益。诉讼代理人与案件没有任何法律上的利害关系,他在代理权限范围内进行的诉讼行为的法律后果由被代理的当事人承担,诉讼代理人参加诉讼的目的就是维护被代理人的合法权益。

诉讼代理人按其代理权产生的原因不同,可分为法定代理人、指定代理人和委任代理人。法定代理人是为保护无诉讼行为能力当事人的合法权益而设立的,它与被代理人之间必存在亲权或监护权关系,其代理权的产生基于法律直接规定;指定代理人适用于无诉讼行为能力的当事人没有法定代理人或法定代理人无法行使代理权的情形;委任代理人是基于当事人或法定代理人的委托进行代理活动的人,是民事诉讼中最常用的代理制度。但各国民事诉讼法对委任代理人的资格各有不同规定,在采律师诉讼主义(见强制律师主义)的国家,规定必须以律师担任诉讼代理人;在采当事人诉讼主义(见强制律师主义)的国家,规定应由当事人或其法定代理人自为诉讼行为。

诉讼代理人是民事诉讼中重要的诉讼参加人,诉讼代理制度是民事诉讼法律制度的重要组成部分。但对于诉讼代理人的规定各国在立法体例上的做法各有不同,一种是诉讼代理包括法定代理、指定代理和委托代理,在当事人规定之外,专章单独加以规定;一种是将委任代理与法定代理、指定代理分别列章节加以规定;还有是将法定代理列入当事人规定之中,诉讼代理人仅指委任代理人,将诉讼代理人与辅佐人列专章规定。在《中华人民共和国民事诉讼法》中,是在诉讼参加人一章将当事人与诉讼代理人分别规定的,诉讼代理人包括法定代理人和委托代理人,对指定代理人没有在法律中作出规定。 (阎丽萍)

minshi susong dangshiren

民事诉讼当事人(parties to civil action) 因民事实体权利义务关系受到侵害或与他人发生争执,以自己的名义进行诉讼,并受法院裁判拘束的利害关系人。当事人是构成民事诉讼的基本要素,是民事诉讼法律关系的主体,当事人的行为对诉讼进程有着重大影响。当事人制度作为民事诉讼制度的重要组成部分,其内容主要由当事人的资格、当事人的权利义务以及当事人的地位构成。当事人资格是进入民事诉讼过程,成为诉讼主体的能力和条件,诉讼权利能力(见民事诉讼权利能力)是确定具有当事人资格的惟一条件,有诉讼权利能力的人就有资格成为民事诉讼的当事人。与之相联系的是诉讼行为能力(见民事诉讼行为能力),即民事诉讼当事人能够亲自进行诉讼活动,以自己的行为承担诉讼义务,享有诉讼权利的能力。当事人在民事诉讼中享有充分的诉讼权利并承担相应的诉讼义务,这是由民事诉讼的法律制度所决定的,也是当事人得以进行诉讼活动,完成具体诉讼行为的依据和基础。当事人在诉讼中享有什么样的诉讼权利,承担什么样的诉讼义务又因其在具体诉讼中的诉讼地位不同而不同。当事人参加民事诉讼是基于与案件存在着某种法律上的利害关系,有利害关系的人应当参加诉讼而没有参加诉讼或参加诉讼的人与案件不存在利害关系,就会引起当事人的追加或更换(见当事人的更换)。具体案件不同,当事人与案件的利害关系不同,而这种利害关系的差异归根到底是因当事人与其发生争执的实体法律关系即诉讼标的的关系不同所决定的。当事人与诉讼标的的关系不同,其在诉讼中的法律地位也各有不同,针对这种差异的存在,诉讼中相应形成了不同的诉讼形式:既有单一的原告与被告相对抗的诉讼形式,又有当事人一方或双方在两人以上因共同利益关系与他人发生争执的共同诉讼形式,以及因涉及第三方利益而引起的诉讼中的第三人参加诉讼的诉讼形式,还有因众多当事人的实体权益受到侵害而形成的诉讼代表人进行诉讼的诉讼形式。因此,从广义而言,民事诉讼当事人包括原告和被告、共同诉讼人、诉讼中的第三人、诉讼代表人。法院对民事案件行使审判权,正确确定当事人的诉讼地位,是进一步确认当事人之间实体权利义务关系,作出公正裁判,正确行使审判权的前提。

民事诉讼当事人在不同的诉讼程序中具有不同的称谓:在一审程序中,称为原告和被告(广义上还包括共同原告,共同被告;有独立请求权的第三人,无独立请求权的第三人,诉讼代表人);在二审程序中,称为上诉人和被上诉人;在再审程序(见审判监督与申请再审程序)中,称为再审原告和再审被告。 (阎丽萍)

minshi susongfa

民事诉讼法(law of civil procedure) 现代国家

重要的基本法之一。它是法院审判民事诉讼案件和非诉讼案件,为当事人之权益提供司法保护的法律。民事诉讼法有狭义与广义之分,前者仅指国家最高权力机关颁布的关于民事诉讼的专门性法律。后者除前者之外,还包括宪法和其他法律以及某些规范性文件中有关民事审判权和当事人行使民事诉权的依据;是法院、当事人及其他诉讼参与人进行民事诉讼活动所必须遵循的准则。民事诉讼法是与刑事诉讼法和行政诉讼法并列的三大程序法之一,它由系列的层次性的民事程序制度构成其完整的体系。

中世纪以前,系诸法合体,民刑不分,程序法与实体法不分,无独立之民事诉讼法。世界上第一部民事诉讼法是1806年的法国民事诉讼法典(见法国民事诉讼法)。其后意大利于1865年,德国于1877年相继颁布了各自的民事诉讼法典。中国于1910年起草《大清民事诉讼律草案》,经1921年修订为《民事诉讼条例》,1932年再经修订为《中华民国民事诉讼法》。中华人民共和国成立后,于1982年3月8日颁布了《中华人民共和国民事诉讼法(试行)》并于同年10月1日起试行,后经修改为《中华人民共和国民事诉讼法》,于1991年4月9日颁布并于同日起施行。《中华人民共和国民事诉讼法》共分4编29章270条。第一编总则,第二编审判程序,第三编执行程序,第四编涉外民事诉讼程序的特别规定。

民事诉讼法系民事程序法,与民事实体法和其他民事程序法之间,既有区别又有联系。民事实体法是确定民事实体权利义务关系,调整平等主体之间民事权益的法律,而民事诉讼法是确定诉讼权利义务关系,调整法院与当事人及其他诉讼参与人之间民事诉讼法律关系的法律。其他民事程序法,如仲裁、破产、调解、公证等法律制度,是除民事诉讼之外,确认民事事实、解决民事争议,以维护和保障当事人民事权益的民事程序性的法律制度。民事诉讼法和其他民事程序法,同属于民事程序法律制度系列,它们之间有些原则是相同的,有些程序是相通的。民事诉讼法和其他民事程序法律制度,以各自不同的程式保证国家民事实体法的贯彻实施,维护国家法制和当事人的权益。

(刘家兴)

minshi susongfa gongyue
《民事诉讼法公约》(Convention on Civil Procedure law) 1896年海牙国际私法会议上制定的最早的司法协助国际公约,也称《民事诉讼程序公约》。1905年、1954年作了两次修改,修改后的条约共有条文33条。该公约主要规定了:①司法协助是指送达法律文书或代办对方法院委托的调查或询问;②域外送达法律文书可采用外交途径送达或领事送达方式;③在收取诉讼担保金方面不得予以歧视;④对贫民提供无偿司法救济。此后,1954年《民事诉讼程序公约》第1至第7条关于送达的规定被1965年的《关于向国外送达民事或商事司法文书和司法外文书公约》所取代;公约的第8条至第16条被1970年的《关于在民商事案件中从国外提取证据公约》所取代;公约的第17条至第26条被1980年的《对涉外民事诉讼提供便利公约》所取代。

(阎丽萍)

minshi susong falüguanxi
民事诉讼法律关系(legal relationships in civil action) 诉讼法律关系之一种,民事诉讼法学的基本理论之一。民事诉讼法规定的人民法院和当事人(见民事诉讼当事人)及其他诉讼参与人之间的诉讼权利义务关系。同其他法律关系一样,由民事诉讼法律关系的主体、客体和内容三要素所构成。

民事诉讼法律关系的特点 当事人及其他诉讼参与人分别与人民法院发生诉讼法律关系,人民法院在诉讼活动中始终居于指导地位,因而这种法律关系是以人民法院为主导的法律关系,人民法院代表国家对民事案件行使审判权,按照审判程序制度行使诉讼权利,履行诉讼义务以实现其职能,因此这种法律关系具有一定的权力性;人民法院为一方,分别和不同的当事人及其他不同的诉讼参与人发生的诉讼法律关系,是呈扇形状的诸多诉讼法律关系,这诸多的诉讼法律关系既是各自分立的,又是存在于同一诉讼活动中的,因此这种法律关系具有分立性和统一性;民事诉讼法律关系是以系列的法定程序形式表现的,履行法定程序就是行使诉讼权利、履行诉讼义务,而系列的法定程序是有层次的、渐进的,因此这种法律关系具有层次性和渐进性;民事诉讼法律关系主体不同,法定的诉讼权利义务不同,行使诉讼权利和履行诉讼义务的作用也不尽相同,因此这种法律关系具有多功能性。

民事诉讼法律关系的主体 根据民事诉讼法的规定,享有诉讼权利和承担诉讼义务者均系民事诉讼法律关系的主体。包括人民法院当事人、诉讼代表人及其他诉讼参与人,当事人中以其不同形式分为:一个原告对一个被告形式的当事人;当事人一方或者双方为二人以上一同起诉、应诉的共同诉讼人;代表众多当事人一方进行诉讼的诉讼代表人;以及参加他人之间诉讼的第三人(见诉讼中的第三人)。民事诉讼代理人以其代理权发生的原因不同,分为法定代理人、委托代理人、指定代理人。其他诉讼参与人包括证人、鉴定人、翻译人员。不同主体参加诉讼的原因不同,诉讼中的地位不同,诉讼权利义务不同,在诉讼上行为的法律意义也不同。人民法院是诉讼的指挥者,案件的裁判者,按照审判程序行使诉讼权利,履行诉讼义务,而成为诉讼法律关系的主体。当事人是实体权利义务的利害关系人,他们为维护自己的民事权益参加诉讼,按照诉讼程序行使诉讼权利,履行诉讼义务,是诉讼法律关系的主体。诉讼代理人代理当事人进行诉讼,除代理当事人某些诉讼行为、代为行使诉讼权利和履行诉讼义务外,也享有一定的诉讼权利和承担一定的诉讼义务,而成为诉讼法律关系的主体。证人、鉴定人、翻译人员参与诉讼,为揭示案情和诉讼的进行提供条件,法律上规定了与其地位相适应的诉讼权利义务,因而他们也是民事诉讼法律关系的主体。基于审判程序和诉讼程序是构成民事诉讼法律关系的主要机制,人民法院与不同称谓当事人之间的诉讼法律关系在诸多的诉讼法律关系中起着主要的作用,因而人民法院和当事人是民事诉讼法律关系的主要的主体。

民事诉讼法律关系的客体 系诉讼权利义务指向的对象。根据诸多诉讼法律关系既是分立的,又是统一的;分立与统一相结合的特点,不同主体之间诉讼权利义务指向的对象既有不同点,也有共同点。按照通说,人民法院与当事人之间的诉讼法律关系的客体,是案件的事实和对实体权利的请求;人民法院与证人、鉴定人、翻译人员之间诉讼法律关系的客体,仅是案件的事实。其理由是:人民法院的诉讼权利义务作用于查明案情和作出裁判,当事人的诉讼权利义务作用于证明案件的事实和提出司法保护的请求;证人、鉴定人、翻译人员的诉讼权利义务,只是为帮助人民法院查明案件事实,有助于诉讼的进行,而不具其他意义。但是,民事诉讼法律关系的客体问题,历来在国内外的理论界存在不同的看法,是一个可作进一步探讨的问题。

民事诉讼法律关系的内容 系诉讼法律关系主体之间的诉讼权利义务。不同的诉讼法律关系有其不同或者不尽相同的诉讼权利义务,这在我国民事诉讼法中都一一作了规定。法律上赋予主体的诉讼权利,是规定有权怎样或者可以怎样;要求主体承担的诉讼义务,则是规定应当怎样或者必须怎样。人民法院的诉讼权利义务是以审判职权和职责为基础的,是用于指挥诉讼,审判案件,保障诉讼的正常进行。当事人的诉讼权利是以诉权为基础的,是用于维护自己的合法权益,其诉讼义务是在于维护诉讼的正常进行,以解决发生的民事纠纷。诉讼代理人的诉讼权利义务,因基于代理权参加诉讼,原则上与当事人的诉讼权利义务一致,所不同的主要是用于维护被代理人的合法权益,而不是维护自己的利益。证人、鉴定人的诉讼权利义务是基于公民维护国家法制产生的,其作用在于实事求是地客观地揭示案件的事实。在诸多的诉讼法律关系主体之间,其诉讼权利义务不一定是对应的,即一方的诉讼权利不一定就是另一方的诉讼义务,一方的诉讼义务不一定就是另一方的诉讼权利,因此他们之间权利义务关系主要是协调关系,而不是对等关系。

民事诉讼法律关系的价值 其重要价值在于:正确确定这种法律关系有利于正确调整人民法院在处理民事案件,解决民事纠纷中与当事人和其他诉讼参与人之间的社会关系;周密确定这种法律关系有助于设置协调的诉讼法律机制;认真研究这种法律关系有助于正确理解和掌握诉讼程序制度,也有助于提高诉讼法学水平,以推进诉讼法学的发展;正确运用这种法律关系有助于人民法院依法办案,提高办案质量,也有助于当事人及其他诉讼参与人依法办事,增强诉讼意识。

(刘家兴)

minshi susong faxue
民事诉讼法学(science of civil procedure law) 法学的分支学科,诉讼法学之一种。以民事诉讼法律制度和民事诉讼实践之客观规律为研究对象的学科。民事诉讼法学以民事诉讼法律制度为依托,又为健全和完善民事诉讼法律制度服务,这是民事诉讼法学建立的基础和存在的价值。民事诉讼实践以民事诉讼法律制度为依据,接受民事诉讼理论的指导,又为民事诉讼法律制度和理论的发展提供条件,这是民事诉讼法学探索的环境和活力。揭示民事诉讼法律制度的机理和民事诉讼实践活动的客观规律,是民事诉讼法学的任务。因此,民事诉讼法学以此二者为研究对象。

民事诉讼法学研究民事诉讼法律制度,一是阐明现行民事诉讼法的立法指导思想、基本原理,以及各项制度建立的基础、包含的内容和具有的功能。二是剖析现行民事诉讼法的体系结构,不同编章的地位和相互关系、审判程序和诉讼程序的构成及其二者的协调程度。三是揭示现行民事诉讼法产生的历史渊源、客观环境、立法的依据以及立法者的意旨。四是考察现行民事诉讼法在实践中的适应性和适应度,以及原则性规定的掌握情况和灵活性规定的适用技巧。五是评价现行民事诉讼立法具有的科学性和某些方面的局限性,以及程序制度运用的客观效应性。六是了解和掌握广义上属于民事诉讼法律制度的诸多立法规范,了解其内容和要求,掌握其立法精神,明确与狭义民事诉讼法律制度统一协调的关系。七是考察古今中外民事诉讼法律制度的发展变化,探求其发展规律,着眼于发展范围,了解现代民事诉讼法律制度在相互渗透中的发展变化趋势。

民事诉讼法学研究民事诉讼实践,一是要了解现行民事诉讼法律制度虽来自于实践,但不等于完全符合现实的客观需要,因为立法不可能对实践中的情况和问题都一一作出规定,只能以典型的、一般的实践情况为基础,所以诉讼法律制度与诉讼实践必然存在一定的差距。二是要了解诉讼和审判实践虽然是丰实的,具体的,但又不能简单地等同于程序制度,只有对普遍行之有效的,反映客观规律的经验,才能形成一定的理论,设定为一定的规范,因此民事诉讼法学是研究实践,而不是简单地反映实践。三是要了解实践中的情况和问题,既是多样、复杂的,又是有变化、发展的,多样性并不都具有代表性,复杂性并不排除一定的规律性,事物总是在变化中发展的,研究实践应该是注意代表性,探求规律性,着眼变化、发展的基因和趋势。四是要以民事诉讼法律制度的机理去观察和分析实践,才能在纷繁复杂的实践中,正确区分哪些是贯彻诉讼法律制度的良好效应,哪些是偏离诉讼法律制度发生的现象,并揭示其后者的原因,进而从学理上为其提供具体的对策。

民事诉讼法学以现行民事诉讼法为依托,以现时诉讼实践为基础,以民事诉讼法律制度机理和发展变化的规律与趋势为中心,发现和研究深层次的问题,在司法与立法之间发挥中介和桥梁作用,提出系统的理论意见,为提高民事诉讼法律制度的素质和民事诉讼立法的科学性,为增强民事诉讼法律制度拟制和解决社会冲突的有效性服务。

我国民事诉讼法学的发展大致经历了三个大的阶段。第一个阶段是自清末变法,模仿欧洲开始,至中华人民共和国成立。这段时期的民事诉讼法学,主要是外国民事诉讼法律制度和民事诉讼理论的引进,特别是德、日民事诉讼法律制度和民事诉讼的理论,在当时,不论是在立法体例、内容上,还是在一些民事诉讼的有关论著中,都有其充分的反映。此外,由于当时是半封建的社会,在立法和理论中自然也反映了一些封建的哲理。但这段时期,毕竟在中国建立了民事诉讼法学,使民事诉讼法学成为了法学中独立的分支学科,并在一定程度上吸收和介绍了当时外国的一些新的诉讼理论。第二个阶段是新中国建立至改革开放之前。新中国建立初期,一方面在总结人民革命根据地和解放区司法经验的基础上,开始建立自己的民事诉讼法学,另一方面对原苏联的民事诉讼法学实行了大量的移植,以致形成了这样的格局:在民事诉讼法学理论界,相当一部分人对苏联的民事诉讼理论坚信不移,以苏联民事诉讼新的理论观点来构想我国民事诉讼法学的发展和内容;在民事诉讼实务界,主要是运用人民司法已有的经验,并不断加以总结,前后有1956年颁布的《关于各级人民法院民事案件审判程序总结》和1979年制定的《人民法院审判民事案件程序制度的规定》。这一时期除翻译出版了苏联的一些民事诉讼教材和著述外,也有一些民事诉讼法学论文和著作问世,当时人们努力的目标是借助苏联的理论,结合我国的实际,建立具有中国特色的民事诉讼法学,但由于历史的原因,中断了较长时间,构想并未实现。第三个阶段是20世纪70年代末至1991年《中华人民共和国民事诉讼法》的颁布施行。这个阶段可分为前后两段,前段为我国民事诉讼法学重新起步,后段为我国民事诉讼法学逐渐成熟。前段我国民事诉讼法学主要是系统总结人民司法的经验,并认真加以提炼,同时广泛参考一些国家的理论研究成果,逐步建立自己的民事诉讼法学。随着1982年《中华人民共和国民事诉讼法(试行)》的形成和颁布,我国民事诉讼法学获得了空前发展,普及性的民事诉讼法学读物及不同层次的民事诉讼法学教材大量出版发行,还发表了一大批民事诉讼专题性的论文。后段一方面是系统总结"试行法"试行的经验,发现新情况,研究新问题,另一方面是一些民事诉讼理论工作者开始转向民事诉讼理论的深化研究,比如反思传统民事诉讼理论中的某些基本概念、基本观点、基本程式的确切性、合理性和适用性;探讨民事诉讼法律制度与我国改革开放客观需要的适应性,完善程序制度的必要性以及设立某些程序制度的科学性。因而这段民事诉讼法学研究的深入,既取得了一些专题性的研究成果,又取得了国家重点项目的科研成果,从而为我国进一步完善民事诉讼立法和开展民事诉讼理论研究奠定了基础。1991年颁布的《中华人民共和国民事诉讼法》就吸收了其中大量的研究成果,民事诉讼法学的研究也因而有了新的视野。

随着《中华人民共和国民事诉讼法》的颁行,我国民事诉讼法学的研究又进入了一个新的阶段。其主要的特点是:①某些观念的更新。这不仅表现在民事诉讼法学教材中某些概念、观点、论述有所更新,而且表现在某些专题论文中的理论观点和思维方式具有一定的新颖性。②某些视野的拓宽。比如过去少为人注意的有关法哲学、法社会学、法经济学的一些原理,已开始引入对民事诉讼实践进行分析。③对诉讼价值取向的重视。比如民事诉讼对社会冲突的调整问题,诉讼程序的公正问题,诉讼效益的问题,在一些论著中已提到应有的地位。④对某些问题讨论的深入。比如对诉讼中的调解问题,虽一致认为应该加强,但如何健全和完善调解制度,如何规范调解行为,近些年来在有些文章中和会议上进行了深入的讨论。比如对诉与诉权的问题,在一定范围内,以文章和著述的形式表示了不同的观点,使前些年开始议论的这一问题,近几年来获得了较深入的探讨。⑤对某些老、大、难问题的剖析。比如执行难是一个长期难于解决的大问题,大家都非常重视,曾经被列入国家科研项目,不少论著进行了有益的分析,提出了一些解决的办法,近些年有些新的论著进而对执行难的成因进行了系统剖析。比如关于诉讼机制中的监督问题,是一个长期讨论而又未获得认真解决的问题,近些年来有些文章对其原因从不同侧面进行了剖析。对某些问题的系统剖析,既是研究的成果,又为进一步开展研究打下了基础。

以《中华人民共和国民事诉讼法》为标志,以高质量的民事诉讼科研著作和高层次的民事诉讼法学教材为载体的民事诉讼法学,在我国已具有相当规模和水平,并在当代世界民事诉讼法学理论的领域中具有重要的地位。当然,我国民事诉讼法学的发展,与社会主义建设的客观需要,和马克思主义民事诉讼法学理论的要求等还有相当的距离。同时,也未达到学者们的理想境界。因此,尚须在我国法制建设和经济发展中,为我国民事诉讼法学的进一步发展和繁荣作出不懈的努力。

(刘家兴)

minshi susong quanli nengli

民事诉讼权利能力(capacity of being a party) 法律赋予公民、法人或其他组织在民事诉讼中享有诉讼权利、承担诉讼义务,以自己的名义起诉或应诉的能力,又称当事人能力。换言之,有诉讼权利能力者有资格成为民事诉讼的当事人,诉讼权利能力是确认民事诉讼当事人资格的惟一条件。

民事诉讼权利能力是由一国的诉讼法所赋予的。一般情况下,民事诉讼权利能力与民事实体权利能力是一致的。自然人的诉讼权利能力始于出生,终于死亡;法人的诉讼权利能力始于法人成立,终于法人消灭,如法人撤销、合并、解散等情况。这是因民事诉讼作为保护民事实体权益的法律手段这一基本功能所决定的。但是民事诉讼又具有其独立性,民事诉讼权利能力毕竟不同于民事实体权利能力,前者是作为民事诉讼当事人的资格,后者则是作为民事活动主体的资格。因而,在一定情况下,对于没有民事实体权利能力的,法律上仍赋予其民事诉讼主体的资格,如非法人团体,使其得以在民事诉讼中充当当事人,从而使民事纠纷得以有效地加以解决。

外国人、外国企业和组织的民事诉讼权利能力,依国际间公认的国民待遇原则,与本国公民、法人和组织予以同等对待。如《中华人民共和国民事诉讼法》规定"外国人、无国籍人、外国企业和组织在人民法院起诉、应诉,同中华人民共和国公民、法人和其他组织有同等的诉讼权利义务。外国法院对中华人民共和国公民、法人和其他组织的民事诉讼权利加以限制的,中华人民共和国人民法院对该国公民、企业和组织的民事诉讼权利,实行对等原则"。

(阎丽萍)

mishi susong shoufei banfa shixing

《民事诉讼收费办法(试行)》(Procedures for Payment of Litigation Costs, tentative version) 中华人民共和国成立以来,首次规定在全国范围内试行民事诉讼费用制度的规范性文件。它是由最高人民法院依照《中华人民共和国民事诉讼法(试行)》制定的,1984年8月30日最高人民法院审判委员会第203次会议通过。该办法具体规定了民事诉讼费用的征收标准和负担原则:①当事人进行民事诉讼和经济纠纷诉讼,应当依法交纳的诉讼费用包括案件受理费和实际支付的费用。案件受理费依照规定的标准交纳;实际支付的费用包括鉴定费、勘验费、公告费、证人的误工补贴和旅车费以及人民法院认为应当由当事人支付的费用,按照支出的情况交付。②案件受理费征收标准:离婚案件每件收10元至50元,其涉及财产分割的,不另收费。其他非财产案件每件收5元至20元。财产案件按照争议财产的价额或金额收费:不满1000元的,每件收30元;超过1000元至5万元的,其超过部分按1%收费;超过5万元至50万元的,其超过部分按0.6%收费;超过50万元至100万元的,其超过部分按0.3%收费;超过100万元至500万元的,其超过部分按0.2%收费;超过500万元的,其超过部分均按0.1%收费。财产案件受理费按起诉的请求数额计算,请求数额与实际不符的,由人民法院核定。③诉讼费用的负担:案件审理终结,诉讼费用由败诉的当事人负担;当事人部分胜诉部分败诉的,由人民法院决定双方负担;共同诉讼的当事人败诉时,由人民法院根据他们的人数和他们各自对诉讼标的的利害关系,决定诉讼费用的分担;离婚案件诉讼费用的负担,由人民法院根据案情和当事人的情况决定之;经人民法院调解达成协议的案件,诉讼费用的负担由双方当事人协商解决;撤诉的案件,受理费和财产案件的其他诉讼费用,由原告负担。④诉讼费用的免交、缓交和减交。追索赡养费、扶养费、抚育费、抚恤金和劳动报酬的案件,依照民事诉讼法规定的特别程序审理的案件,人民法院依照审判监督程序再审、提审的案件以及人民法院认为应当免交诉讼费用的案件免交诉讼费用;自然人交纳诉讼费用确有困难,申请缓交、减交或免交的,由人民法院审查决定。⑤涉外案件诉讼费用的征收遵循同等原则和对等原则。外国人、无国籍人、外国企业和组织在人民法院进行诉讼,应当对诉讼费用提供担保。该收费办法试行至1989年6月29日,为最高人民法院审判委员会第411次会议正式通过的《人民法院诉讼收费办法》所取代。

(阎丽萍)

minshi susong xingwei nengli

民事诉讼行为能力(capacity to bring an action）又称诉讼能力。当事人亲自进行民事诉讼活动,并通过自己的行为行使诉讼权利、履行诉讼义务的能力。具有民事诉讼权利能力的当事人只有同时又具有诉讼行为能力,才能亲自参加诉讼,独立行使诉讼权利,承担诉讼义务,其行为才产生诉讼法上之效力。

民事诉讼行为能力与民事行为能力有着密切的关系。有民事行为能力者,有民事诉讼行为能力;无民事行为能力或限制民事行为能力者无民事诉讼行为能力。根据我国《民法通则》的规定,18周岁以上的公民是成年人,具有完全民事行为能力;16周岁以上不满18周岁的公民,以自己的劳动收入为主要生活来源的,视为有完全民事诉讼行为能力人。有完全民事行为能力人有诉讼行为能力。10周岁以上的未成年人和不能完全辨认自己行为的精神病人是限制民事行为能力人;不满10周岁的未成年人和不能辨认自己行为的精神病人是无行为能力人。他们在诉讼中都不具有诉讼行为能力,无法在诉讼中独立行使诉讼权利和履行诉讼义务,应由其法定代理人或指定代理人代为进行诉讼。法人和其他组织依法成立即具有民事行为能力;因而也具有民事诉讼行为能力;并且诉讼行为能力的取得或消灭与诉讼权利能力的取得或消灭是一致的。但是法人和其他组织的诉讼行为能力需要通过具体人的行为来体现,法人的法定代表人和其他组织的代表人或主要负责人即为法人或其他组织诉讼行为能力的体现者,他们在诉讼中所为的一切诉讼行为即视为法人或其他组织的行为。

外国人、无国籍人和外国法人的民事诉讼行为能力与其民事行为能力是一致的。外国人在我国进行民事诉讼活动,其民事行为能力依其本国法,如依其本国法律为无民事行为能力,而依我国法律为有民事行为能力,应当认定为有民事行为能力。其诉讼行为能力也与此相适应。无国籍人的民事行为能力依其定居国法律,如未定居的,适用其住所国法律。外国法人的民事行为能力依其注册登记国法律确认。有民事行为能力者即享有民事诉讼行为能力。

具有民事诉讼行为能力的当事人才能在民事诉讼中为有效的诉讼行为,没有诉讼行为能力的人所为的诉讼行为无效。

（阎丽萍）

minshi susong zhengju
民事诉讼证据（civil evidence） 在民事诉讼活动中,能够用来证明案件真实情况的一切事实材料。民事诉讼证据是民事诉讼的核心内容,从诉讼开始到诉讼结束,一切诉讼活动都是围绕证据的提供、收集、证明、审查判断展开的。当事人之间因民事权益发生纠纷诉诸法院,请求法院作出有利于自己的判决以保护其合法利益,因此当事人必须提供证据并证明自己主张的合法性、合理性,据以请求法院确认其主张,从这个角度来讲,民事诉讼证据是当事人用以证明自己的诉讼请求或诉讼答辩的重要手段;人民法院担负的任务是根据事实和法律,查明事实,分清是非责任,正确适用法律,确认民事权利义务关系,保护当事人的合法利益,制裁民事违法行为,完成这一任务,其前提条件是必须掌握充分的证据和事实材料,从这个角度来讲,民事诉讼证据是人民法院查明案件事实,正确及时地解决民事案件的根本保证,是处理一切民事案件的立足点和根本点。

民事诉讼证据有三个基本特征:①客观性。即用来证明案件事实的事实材料必须是客观真实存在的,不以人的意志为转移的事实材料,这是诉讼证据的本质特征。由于民事诉讼的纠纷事实总是发生在诉讼之前,在时间上具有不可逆转性。引起民事法律关系发生、变更或消灭的事实和民事权益受侵害的事实都不可避免地留下一定的痕迹或记录,这些事实能重新再现纠纷的过程和状态,因此人民法院在解决当事人之间的争端时,以这些客观事实为依据,据以判断原告的主张是否符合法律规定和事实,被告的答辩以及其他诉讼参加人的陈述有无客观依据,谁应当享有权利,谁应当承担义务。②并联性,即相关性。是指作为民事诉讼证据的证据事实必须与待证的案件事实有内在的联系。这一特点包括两层含义:第一,证据事实与案件事实存在客观联系,也就是具有实质性的特点。第二,证据事实必须能够据以证明案件真实情况,即具有证明性的特点。并不是所有的与案件事实有关联的事实都可以作为证据,只有与争执点有关,能证明案件真实情况的才能作为证据。③合法性。这一特征在英美法系中称为可采性,是指依据法律需求和法律程序取得的证据才能作为民事诉讼证据。合法性有两层含义:第一,民事诉讼证据取得的方式或手段必须合法,即符合一定的法律程序;第二,如果实体法对某些法律行为在形式要件上有特殊规定的,证明这些法律行为成立与否,必须提供具备该法律形式的证据材料,即必须符合法律要求。以上三个特点必须同时具备,才能作为民事诉讼证据。

民事诉讼证据有学理分类和法律分类之分。根据《中华人民共和国民事诉讼法》,证据分为:①书证;②物证;③视听资料;④证人证言;⑤当事人陈述;⑥鉴定结论;⑦勘验笔录。学理上根据不同的标准将证据分为:①本证、反证;②直接证据、间接证据;③言词证据、实物证据（见物证）;④主证、旁证;⑤通常证据、辅助证据;⑥原始证据、派生证据等。

（丛青茹）

minshi susong zhi su
民事诉讼之诉（civil action） 按请求说,是当事人向法院提出保护实体权益的请求。按制度说,是民事程序法和实体法共同规定的保护民事权益的制度。请求说与制度说,是对诉的两种不同认识,也对诉有两种不同的概念。按请求说,任何公民、法人和其他组织享有的民事合法权益,受到侵犯或者发生争议时,他们可以依照民事诉讼法和民事实体法的规定,向法院提出保护实体权益的请求。按照此说,诉包含两个方面的涵义,即程序意义上的诉和实体意义上的诉,前者是当事人依照诉讼法的规定,向法院提出的司法保护请求,后者是当事人依照实体法的规定,向法院提出的实体权利请求,没有前者不可能实现后者,没有后者不可能引起诉讼程序的开始,即使进行了诉讼也没有任何实际意义,因此二者缺一不可。按制度说,实体法规定,权利主体的民事权益受到侵犯或者民事权利义务关系发生争执,在什么情况下和多长期限内可以向法院起诉,提请司法解决;程序法规定,具备哪些条件可以向法院起诉,按照哪些程序和方式进行诉讼活动,在诉讼活动中发生什么样的法律关系与法律后果。实体法和程序法这些规定的总和,即构成法律上的制度。诉的制度由实体法和程序法分别规定,而又统一构成,其原因有三:第一,当事人的民事权利由实体法规定,当事人之间的权利义务关系由实体法调整,实体法上调整的权利义务关系发生矛盾和冲突,诉诸法院解决,客观上除已有当事人之间的民事权利义务关系之外,又发生了当事人与法院之间的诉讼权利义务关系,这两种权利义务关系反映两种不同的社会关系,只能由实体法和程序法分别作出规定。第二,法院查明案情要按照程序法的规定,而作出裁判则要按照实体法的规定。因此从这两个方面法律规定诉的制度,是解决民事纠纷的需要。第三,国家既赋予权利主体以实体权利,当其在权利上发生争执时,就要确定相应的解决办法,赋予诉讼上的权利以解决纠纷,因此诉的制度由两方面的法律作出规定,既反映了立法体制上的配合和协调,实体法与程序法的密切关系,又体现了国家对此所表示的统一意志。

诉的表现 按照请求说,认为诉主要表现为当事人的起诉、反诉、上诉、再审之诉、执行异议之诉,因为在提起这些诉之中当事人都有其自己的请求。按照制度说,认为诉是法律制度,这项制度在实践中的贯彻和运用,首先表现为原告的起诉,提出诉讼请求,继而表现为被告的应诉,反驳原告的诉讼请求。原告起诉提出诉讼请求,是运用诉的制度维护自己的合法权益,被告应诉反驳原告的诉讼请求,仍然是运用诉的制度维护自己的合法权益,双方都以诉的制度为依据进行各种诉讼活动,双方的诉讼活动都受诉的制度的制约,诉的制度与审判制度一样,它贯彻于诉讼的全过程,从诉讼的开始直至诉讼的结束,全部的诉讼活动都以诉的制度为基础,都是在诉的制度的指导下进行的,诉的制度为双方当事人的全部的诉讼活动提供了保障。

诉与诉讼、起诉 诉与诉讼既有联系又有区别。诉是国家规定的法律制度,诉讼是双方当事人在法院的主持下,履行诉讼程序,解决民事权益纠纷。诉的制度是当事人进行诉讼的前提,是诉讼程序的基础,诉讼是诉的制度在实践中的运用,是当事人进行活动的程序和方式。诉与起诉既有联系又有区别。诉是全面保护双方当事人合法权益的法律制度,起诉只是原告向法院提起诉讼。起诉必须符合诉的制度的规定,诉的制度则决定了当事人的起诉是否成立。

诉的要素、种类 在诉的实践中,要构成一个独立的诉,必须具备一定的因素。对此,有当事人、诉讼标的、诉讼理由等三个要素之说,也有诉讼标的与诉讼理由二要素之说。根据当事人诉讼的目的和内容为标准,可以将诸多的独立的诉划分为三种,即确认之诉、给付之诉、变更之诉。

(刘家兴)

minsu xinnian
民俗信念(folk belief) 在民间流传的一些文化层次较低的迷信观念。如世俗迷信、封建迷信的部分宗教迷信等。这些迷信观念从形式上看酷似精神病人的妄想,但实质上是民间共存的一种超价观念。

(孙东东)

mingling
命令(order) 法院在民事诉讼程序中,为保证诉讼的顺利进行或对某种权利的保护,对特殊问题所作的断定。命令是法院基于审判权和诉讼指挥权作出的法律文书。命令的适用范围取决于各国民事诉讼法的具体规定。按照我国民事诉讼法的规定,命令主要适用于下列情况:①支付令。支付令是在督促程序中,法院根据债权人的申请,对以金钱、有价证券为标的的债务,在审查债权人提供的事实证据基础上,对符合法定条件的,不经开庭审理询问债务人,即可作出要求债务人清偿债务的命令。债务人应自接到支付令之时起15日内清偿债务或向法院提出书面异议。如果在15日内债务人既未履行债务又未提出书面异议的,债权人可以支付令为根据向法院申请强制执行。因此,支付令是一种附条件的判决书。但对支付令不能提出上诉。②搜查令和扣押令。搜查令是在执行程序中,如果义务人有履行义务的能力,但又拒不履行法律文书的义务并隐匿财产时,法院发出的对义务人及其住所或财产隐匿地进行搜查的命令。搜查令由法院院长签发,法院执行人员即可根据搜查令进行搜查。搜查令是法院进行搜查,从而保障执行工作进行的依据。扣押令是执行程序中,在义务人拒不履行判决中规定的义务的情况下,法院发布的扣押义务人财物的命令。发布扣押令的目的,是促使义务人履行义务,如果扣押义务人的财物后,义务人仍不履行义务的,可将扣押的财物变卖或拍卖。扣押是执行措施之一,一般情况下,依扣押令扣押义务人的财物,义务人即丧失了对该项财物的占有和使用权。但在海事和海商案件中,对船舶和航空器的扣押,其目的主要是禁止被扣押的船舶和航空器逃跑和转移,并不排除义务人的占有权。③解除财产保全的命令,在民事诉讼中,财产保全分为诉前财产保全和诉讼中财产保全两种情况,如果采取诉前保全措施后申请人没有按照法定期间向法院起诉,或者诉讼中财产保全后义务人提供担保的,法院均以命令的方式解除财产保全措施。

命令虽然是法院基于审判权和诉讼指挥权作出的,但它不同于判决和裁定。命令解决的问题对裁定和判决有一定的补充,同时命令更表现为解决问题的及时性和强制性。

(俞灵雨)

moni huaxiang

摹拟画像(portraiture) 运用绘画的原理和方法将目睹人或事主口述的作案人的体貌特征形象化地反映出来。其主要方法是:①特征描述法。根据现场目睹者回忆的作案人的形象、主要特征,用画像的方法描绘出来,再请事主、目睹者反复识别修改,直至与作案人体貌相似为止,以供发通缉令、通报使用,发动群众和有关单位缉获。②幻灯接合法。把若干人的相貌各部分的特征,按照不同的类型分别制成幻灯片,案件发生后根据事主、证人等提供的作案人的相貌特征,选择相似的部位拼接成特定的作案人的面貌,再拍成照片,供侦缉时参考。③计算机模拟显示法。运用现代计算机的特殊功能,将上述特征描述法和幻灯接合法的优点综合起来,由电子技术专家精心设计编制出作案人的模拟显示图像,以供缉捕犯罪嫌疑人使用。

(文盛堂)

mocapi

摩擦癖(frotterism) 以在拥挤场合下用自己的生殖器摩擦异性的躯体或触摸异性的躯体而得到性心理满足为特征的行为。这种人几乎都是男性。在摩擦生殖器时,其阴茎可有勃起和射精。摩擦癖者往往多次被抓获,但经批评教育、刑事处罚后,效果甚微。这种人在实施危害行为时意识清醒,有预谋地实施摩擦行为。其主观上对自己的行为有完整的辨认和控制能力,应承担完全刑事责任。

(孙东东)

moshu siwei

魔术思维(magic thinking) 精神病患者相信自己的思想、意念、语言和行为可以以某种方式对抗或阻止因自然规律产生的结果并能诱发新的特殊结局的发生。如患者认为自己通过练气功,成了包治百病的"神医";认为通过与天对话,可以延长白天的时间。见于精神分裂症、部分强迫性神经官能症和气功性偏执犯等。

(孙东东)

mujiang

木僵(stupor) 精神运动性抑制的一种严重的症状,表现为运动的完全抑制,全身肌张力增高或减低。肌张力增高的,在肢体被动运动时阻力增加,被动运动停止,则肢体就固定在当时的位置,出现"空气枕头"。四肢可任意摆放在某种位置,如同泥塑蜡铸一样,呈蜡样屈曲。肌张力减低的患者则表现为卧床不动,肢体可以任意搬动而毫无阻力,如放置于空中,试者放手之后,患者肢体则如自由落体下坠,毫无阻力。木僵症常见于精神分裂症、抑郁症与反应性精神病,亦可见于器质性精神病中。患者从木僵状态缓解,常立即转为精神运动性兴奋,实施冲动、危害行为。在临床精神医学和司法精神医学鉴定中,常见患者从木僵缓解层立即转为实施危害行为的表现。

(孙东东 吴正鑫)

muduren

目睹人(eye witness,witness) 亲眼看到犯罪行为的人。又称目击人或目击者。通常是指在杀人、伤害、抢劫、抢夺等现行刑事犯罪现场目睹犯罪活动的人,也包括在犯罪现场之外和犯罪前后目睹犯罪人预备犯罪、掩盖犯罪、毁证匿赃、逃离现场等与犯罪有直接关系的活动的人。目睹人所亲眼看到的可能是犯罪的全过程的事实,也可能是犯罪的部分过程和事实,还可能是犯罪的有关片断、情节等。目睹人有的同时又是案件的报案人、当事人、事主,由于他亲眼看到犯罪发生过程中的事实或有关情况,是案件的极其重要的证人。

(文盛堂)

N

neibu xingzheng xingwei
内部行政行为(internal administrative action) 行政机关作用于行政系统内部或者本行政机关内部的行政行为。内部行政行为不以公民、法人或其他组织为管理对象,也不涉及公民、法人和其他组织的权利、义务,明显地区别于进行社会管理的外部行政行为,通常包括行政机关内部的人事管理、财务管理、工作规划、工作程序、机构设置以及行政机关之间相互关系等内容。内部行政行为有两个突出特征:①仅涉及行政机关自身运转,属于内部关系的协调和调整,它的效力只涉及行政机关自身和行政机关工作人员,不直接影响外部当事人的权利、义务。②所行使的是内部权限,这种权限对行政系统外部不具有法律效力。由于内部权限的行使所引起的内部纠纷,应由该机关、该机关的上级机关或负责内部管理的职能部门加以调整解决。行政机关外部行政的范围,即对社会的管理,远比内部行政广泛,是行政活动的主要的、基本的形式,也是行政法学所要研究的核心内容。从根本上讲,外部行政是行政机关设立、行政职权赋予的主要考虑。但是外部行政的有效进行,又起源于内部行政。在一定意义上,也受制于内部行政,从二者之间关系看,内部行政与外部行政相互关联、相互制约,而且也并非一成不变。

我国《行政诉讼法》在第12条第3项中规定:"行政机关对行政机关工作人员的奖惩、任免等决定",人民法院不作为行政案件予以受理。很显然,这种"奖惩、任免等决定"特指的是行政机关的内部行政行为,不属于人民法院行政诉讼受案范围。行政机关工作人员对这类决定不服产生的争议,应当向该行政机关或其上一级行政机关或监察、人事机关提出处理。需要注意的是,在司法实践中,要严格审查和区分行政机关内部与外部行政行为的界限,防止简单地将可诉性行政行为划入内部行政行为,避免将内部行政行为任意地加以扩大。 (王振清)

neixin quexin
内心确信(inner conviction) 见自由心证。

neiyuanxing jingshenbing
内源性精神病(endogenous psychosis) 又称内因性精神病。病因不明。发病时意识清醒、智能正常、无自知力、表现复杂多样的精神病性症状。躯体检查无明显异常所见。在临床精神科和司法精神医学鉴定中,内源性精神病最为常见,特别是以精神分裂症、躁狂抑郁性精神病、偏执性精神病为多。 (孙东东)

nashui ren xingzheng anjian
纳税人行政案件(taxpayer's administrative case) 美国等西方国家的一种新型的行政诉讼案件,指纳税人对行政机关作出的非法、不适当使用公共资金的行为不服而向法院提起的行政诉讼。在过去,西方国家的法院不受理这类案件,认为一位普通的纳税人作为成千上万纳税人的一员,他对于公共资金的利益是微不足道的,因此不具有资格对违法、不当使用公共资金的行为提起诉讼。到20世纪60年代,西方国家法院改变了这一看法,开始受理"纳税人案件"。 (姜明安)

naochuxue
脑出血(cerebral hemorrhage) 又称脑中风。由于颅内动脉壁变性畸形而破裂,大量血液渗入脑实质内,引起昏迷和偏瘫。本病多见于50岁以上的人。最常见的病因是高血压和动脉硬化,占脑出血总数的2/3以上,其次是颅内动脉瘤和脑血管畸形等。多数发生于情绪激动或过度劳累时,由于激动或劳累使血压升高,血压超过病变动脉壁耐受限度,动脉即破裂,血液流入脑实质。脑出血不仅破坏局部脑组织,还使脑压升高,导致脑疝,所以常引起猝死。脑出血常发生于大脑中动脉的内囊支,即豆纹动脉出血,称大脑出血。此外还有脑桥出血和小脑出血。临床表现:①大脑出血。病人突然剧烈头痛、脑晕、呕吐、偏瘫,口角歪斜,失语,短时间内意识丧失而进入昏迷状态。约50%的病人在发病的急性期死亡,有的在几小时内死亡。②脑桥出血。病人突然昏迷,高热,瞳孔极度缩小,四肢瘫痪,至末期瞳孔散大,对光反射消失,四肢强直,呼吸不规则,循环衰竭而死亡。③小脑出血。病人突然感到一侧后枕部疼痛,剧烈眩晕,频繁呕吐,步态不稳,出现颈项强直和一侧肢体共济失调。病情迅速加重而昏迷,可因呼吸骤停而急死。

尸体解剖所见:大脑出血死者硬脑膜张力大,硬脑膜下腔几乎消失,脑肿胀尤以出血一侧最为明显。出血区呈暗红色,周围组织受挤压向外推移,并有出血点。脑桥出血死者脑桥中央有大块出血区,混有新鲜凝血块。小脑出血死者多在一侧小脑半球的深部和蚓部见有出血，有时溃入第四脑室，常继发脑室和蛛网膜下腔出血。

(李宝珍)

nao qizhixing jingshen zhang'ai
脑器质性精神障碍（brain organic psychosis） 由颅脑损伤或病变导致的一类精神障碍。其共有症状为意识障碍、遗忘或痴呆。精神障碍的病程随原发病的病程变化而变化，预后较差。此类患者实施危害行为的多为不明动机，手段凶狠，以冲动、伤人、毁物等暴力行为为主。在司法精神医学鉴定中，对可疑此类病的患者，首先应明确诊断，在确诊是脑器质性疾病患者后，再分析精神障碍表现是否为脑器质性疾病的继发表现，分析判断精神障碍对其辨认或控制自己行为的能力的干扰程度，精神障碍与行为的关系等，评定其刑事责任能力或民事行为能力以及其他法律能力。

(孙东东)

nao siwang
脑死亡（brain death） 由于脑功能完全的、不可逆转的停止而导致的机体死亡。脑死亡可发生于脑组织的严重损伤、出血、炎症、肿瘤及其他原因引起的脑水肿、脑压迫或脑疝；也可继发于心肺功能障碍或停止之后。脑死亡与心脏死、呼吸死本质上的区别，在于脑死亡无复苏的可能，而心脏死、呼吸死在脑神经细胞未达到不可逆性改变之前，存在复苏的可能。脑死亡的诊断标准主要有：不可逆的深度昏迷，脑反射全部消失，脑电图活动停止，脑循环停止。常用的确定脑死亡的检验方法有脑电图、脑血管造影、脑超声波探查、变温试验和眼球震颤电流图、颈静脉氧分压差测定和脑脊液乳酸测定等。目前世界上有些国家，如芬兰、比利时、荷兰、丹麦、挪威等国先后接受了脑死亡的概念。有的还通过立法制定了脑死亡的诊断标准，认为脑死亡的诊断一经确定，即可宣布死亡，根据遗嘱或器官捐献法案，可摘取其器官供移植。

(李宝珍)

nitan roushi
泥炭鞣尸（tanned cadanen in peat togs） 又称软尸。尸体长期在酸性的环境中，腐败停止，形成骨质脱钙，皮肤鞣化，体积缩小的软尸。泥炭鞣尸绝大多数在酸性的泥沼中形成，因为酸性的环境使腐败菌不能生存，并使骨质脱钙变软。由于骨质脱钙变软，尸体可任意曲折，甚至全身可以卷起。同时，体积缩小，重量减轻，皮肤色暗致密鞣化，肌肉和内脏脱水，蛋白质逐渐溶解。这种软尸如不触动，可保存数百年甚至千年不腐败，有时可将生前损伤保存下来，这对死后多年追究其死因，可提供参考依据。有的指纹和掌纹还很清晰，但泥炭鞣尸极其罕见。

(李宝珍)

nisi
溺死（drowning） 俗称淹死。因水或其他液体被吸入呼吸道阻滞气体交换而引起的窒息死亡。水以及油、酒、尿、羊水等任何液体只要淹没口鼻，被吸入一定量就能溺死。溺死多发生于江、河、湖、塘、海、游泳池中，也可见于水稻田边、水坑、阴沟、水缸、水桶、浴盆、粪池中。溺死多见于灾害或意外事故，自杀次之，他杀较少。在实际工作中，常遇到罪犯用其他手段杀人后将其投入水中伪装溺死。

溺死的机制 典型的溺死是由于溺液进入呼吸道和肺，破坏了肺内的气体交换，导致窒息死亡。但是某些对神经刺激特别敏感的人，入水后吸入溺液很少，由于鼻腔、咽部、喉头部的黏膜受到冷水的刺激，可引起反射性心跳停止而死亡，这种情况下的死亡过程非常迅速，称水中休克。还有一些人由于冷水刺激喉头发生声门痉挛而窒息死亡，或体内有潜在性疾病，入水后突然发病而急死，称水中猝死。后两种情况的死亡，溺液并未进入呼吸道或未进入呼吸道深部，故无溺死征象。关于溺死的机制，还有一种说法是溺液通过肺泡进入血液循环后，引起体液电解质紊乱，导致缺氧和酸中毒而死亡。

溺死过程 全身淹没水中时，其溺死过程大致如下：①前驱期。人落水后，由于皮肤感觉神经受冷水的刺激，引起反射性的吸气运动，溺液进入口腔且被咽下，即出现本能性的呼吸暂停。此期大约1分钟左右。②呼吸困难期。由于体内缺氧和二氧化碳蓄积，刺激呼吸中枢，引起深而急促的呼吸运动。溺液也随之吸入肺内，造成肺泡的损伤。同时由于溺液对喉头的刺激作用，引起反射性剧烈咳嗽，并咳出泡沫状液体。此期先是吸气性呼吸促迫，接着呼气性呼吸促迫，呼出泡沫样液体。此期大约1～2.5分钟。③意识丧失期。由于机体高度缺氧，意识逐渐丧失，大量溺液吸入呼吸道深部，出现全身痉挛，反射消失，大小便失禁，瞳孔散大。此期大约持续几秒钟至几十秒钟。④呼吸暂停期。由于呼吸中枢高度的兴奋转为保护性抑制，使呼吸运动暂时停止，意识完全丧失，瞳孔高度散大，状如假死。此期大约持续1分钟。⑤终末呼吸期。呼吸中枢再次受缺氧的刺激，又发生数次深吸气性的呼吸运动，并继续吸水，经1分钟左右呼吸停止，但心脏搏动尚可维持数分钟。典型的溺死经过时间一般是5～7分钟，体弱、疲劳、精神紧张者会明显缩短。如果一开始就发生肌肉痉挛或外伤，则死亡过程更短。体质强壮，尤其是经过水上锻炼的人可以多次浮出水面再次吸氧，溺死各期均延长。

尸表征象 除具有机械性窒息的一般征象（见机

械性窒息尸体征象)外，还具有溺死的特殊征象。①口鼻部有蕈形泡沫。溺死尸体从水中打捞上来，如果还没有腐败，则绝大多数尸体的口鼻腔及周围有大量的白色泡沫样粘液，泡沫细小均匀，形如新鲜的蘑菇。如果在溺死过程中强烈地呛咳，会导致气管、支气管黏膜以及肺泡破裂出血，则泡沫呈淡红色。蕈形泡沫极为稳定，不易破灭，抹去后如压迫胸腹部或搬动、翻转尸体时，又会大量溢出。蕈形泡沫是生前溺死的生活反应，春秋季节能保持2～3天，冬季能保持3～5天，夏季约1天就消失了。②手中抓有异物。人落水后，由于挣扎，两手乱抓，常可将水草、泥沙、树枝或其他物品抓在手中。有的尸体手中紧握落水前所携带的手帕、拐杖、雨伞、包裹、绳索等物而不脱落。这是生前溺死的重要征象。③尸体温度较低。从江、河、湖、海中打捞出来的溺死尸体，较陆上死者的尸温低，这是由于水温较地面温度低所致。④尸斑出现缓慢，颜色浅淡。水中尸体常随水流漂动翻滚，体位不定，加之水对皮肤的压力及毛细血管受凉水刺激后发生收缩，影响血液坠积，因此尸斑出现缓慢。由于水温一般较低，血液内遗留的氧合血红蛋白不易分解，同时水中所含氧气可以渗透到皮肤毛细血管内，形成氧合血红蛋白，故溺死尸体的尸斑颜色不像其他窒息死那样深，而呈淡红色。但死后不久抛入水中的尸体同样有这些现象。⑤皮肤的变化。机体入水后皮肤受凉水刺激，毛细血管收缩而呈苍白色。皮肤受凉水刺激以后，立毛肌收缩，毛囊隆起，汗毛竖起，故皮肤呈鸡皮样改变，以两臂和两腿外侧最为明显。富于弹性的皮肤，受凉水刺激以后，发生强烈地收缩，使之缩小并出现皱褶，如男性尸体的阴囊、阴茎，女性尸体的乳房和大阴唇。但以上现象并非是溺死者所特有，死后不久的尸体投入水中也可出现。

内部征象 ①呼吸道内有溺液。喉头、气管、支气管及细支气管黏膜充血、水肿、管腔内充满溺液和夹杂在溺液中的异物，如泥沙、水草和浮游生物等。②水性肺气肿和溺死斑。由于大量溺液吸入肺泡，使肺脏明显增大，表面滑润，边缘钝圆，触之如海绵，表面有明显的肋压痕。肺切面有泡沫状液体流出，用显微镜观察常发现硅藻、微小泥砂及植物碎片等异物。在两肺明显水肿的同时，还有气肿区，这种现象称水性气肿，以青壮年溺死者较为明显。由于溺液浸入肺泡，使肺泡壁扩张破裂，出血并溶血，在肺浆膜下有大小不等之淡红色出血斑点，称溺死斑。③消化道内有溺液，在溺死过程中，溺液可随吞咽运动进入胃内，由于胃肠蠕动作用可使溺液进入十二指肠。死后入水者，虽然也可有少量溺液压入胃内，但只能止于幽门，不会进入十二指肠。④左右心血成分有差异。肺内的溺液经肺泡毛细血管和肺静脉进入左心，左心血液被溺液稀释，故左右心腔血液的黏度、比重、红细胞数、血红蛋白含量、电解质都有差异。⑤脏器内有硅藻。生前溺死者吸入肺内的溺液，经肺循环到左心，然后随血流分布到全身。因此溺液中的硅藻也能进入心、肺、肝、肾、脾以及骨髓、牙齿中。在脏器中检到硅藻是生前溺死的重要依据。⑥颈、胸、腹、背各肌肉出血。在溺死过程中，有时由于挣扎和肌肉痉挛，可使胸锁乳突肌、斜方肌、胸大肌、背阔肌等出现点状、条状或片状出血。

尸体在水中的变化 ①皮肤浸软现象。不管是生前溺死还是死后入水，尸体长期浸泡在水中，水分进入皮肤，使角质层松软膨胀，呈白色皱缩状，称皮肤浸软现象，在手足角质层较厚的部位更为明显。手指、足扯需2小时，手掌、足底约24小时，手背、足背约两昼夜。时间长了还可以使手足部皮肤完全脱落下来，呈手套状或脚套状。②尸体在水中的浮沉。在溺死过程中，因吸入大量溺液，尸体的比重比水的比重大，所以尸体沉于水底。以后随着尸体发生腐败，产生大量的腐败气体，尸体比重逐渐减小，故慢慢浮出水面。男性尸体浮起呈俯卧位，女性尸体浮起呈仰卧位，这与骨盆的重心有关，但身系重物者例外。　　(李宝珍)

niusong

扭送（seize and deliveration） 公民将现行犯和其他有法定情形的犯罪嫌疑人抓获并立即强制送交公安机关、人民检察院、人民法院处理的行为。扭送并不是一种由司法机关采取的强制措施，而是法律赋予公民同刑事犯罪作斗争的一种手段，体现了我国刑事诉讼依靠群众、实行专门机关与广大群众相结合的原则。我国《刑事诉讼法》第63条规定："对于有下列情形的人，任何公民都可以立即扭送公安机关、人民检察院或者人民法院处理：①正在实行犯罪或者在犯罪后即时被发觉的；②通缉在案的；③越狱逃跑的；④正在被追捕的。"公安机关、人民检察院、人民法院对被扭送的人，都应当接受并立即讯问。对于不属于自己管辖的，应在受理后移送依法享有管辖权的机关；对于不属于自己管辖，但应当采取紧急措施的，应当先采取紧急措施，然后移送有管辖权的机关。如果发现不够逮捕、拘留条件(见逮捕、拘留)的，应当释放。

"扭送"是我国《刑事诉讼法》独有的规定，但外国刑事诉讼法也有与"扭送"类似的规定。如《日本刑事诉讼法》规定，任何人没有逮捕证或者审判官的命令，都可以逮捕现行犯，然后迅速送交规定的人员。英美的刑事诉讼中，允许公民对正在实施犯罪的人或者有根据地怀疑其实施了可捕罪的，可以实施无证逮捕。　　(黄　永)

niulunbao shenpan

纽伦堡审判（Nuremberg Trial） 欧洲国际军事法

庭在德国纽伦堡对第二次世界大战中德国首要战犯的审判。纽伦堡审判依据的国际文件是英、美、苏、法四国根据1943年10月30日莫斯科宣言,于1945年8月8日在伦敦签署的《控诉和惩处欧洲轴心国主要战犯的协定》及其附件《欧洲国际军事法庭宪章》。澳大利亚等19国随后加入了这一协定。

按照宪章规定,英、美、苏、法各派1名法官组成国际军事法庭负责审判,各派1名检察官组成检察起诉委员会负责起诉。检察起诉委员会指控戈林等24人犯有策划、准备、发动并进行侵略战争、破坏和平罪,违反人道罪;指控纳粹党的领导机构、纳粹党卫军等为犯罪组织。法庭依据《国际军事法庭程序规则》,于1945年11月20日至1946年10月1日进行了审理。24名被告人中1人自杀、1人丧失行为能力,其余22人受审。通过庭审403次,询问起诉、辩护双方的证人,讯问19名被告人,审理了大量书面证词和数千件书面证据以及控诉方提供的物证,判决12名被告人绞死,7人无期或有期徒刑,3人无罪,并宣告纳粹党领导机构、秘密警察和党卫军为犯罪组织。苏联法官对于判处3人无罪、赫斯无期徒刑而非死刑以及对德国内阁、参谋本部和国防军最高统帅部未宣告为犯罪组织提出异议。除戈林服毒自杀外,对其他被告人的有罪判决均按时执行。

(王以真)

nongyao zhongdu

农药中毒(pesticide poisoning) 农药是防治农、林、牧业的病、虫、草、鼠害,促进植物生长的药剂,也是城乡消灭蚊蝇及老鼠的常用药。由于农药广泛使用而易于获得,其中大部分对人、畜有毒,有的毒性还比较大,因此农药中毒常有发生。农药的种类很多,我国各地常用的不下百余种。易与人们接触、毒性较强的农药有:①有机磷类,常见的有敌敌畏、敌百虫、磷胺、对硫磷、乐果等;②有机氯类,常见的为六六六和滴滴涕;新品种有艾什剂、氯杀芬、氯丹等;③有机汞类,如赛力散和西力生等;④含氟农药,无机氟农药中主要是氢氟酸及氟硅酸盐类,有机氟农药主要是氟乙酰胺和氟代醋酸等;⑤拟除虫菊酯类农药,常见的有溴氰菊酯、氰戊菊酯、氯氰菊酯等;⑥氨苯甲酸酯类农药,常见的有呋喃丹、叶蝉散、西维因等。

有机磷农药对人、畜毒性较高,可经消化道、呼吸道、皮肤及黏膜吸收中毒。其毒作用主要是抑制了胆碱酯酶的活性,致使体内乙酰胆碱不能分解成乙酸及胆碱而积蓄起来,使神经发生过度兴奋,进而转入抑制和衰竭。由于毒物侵入途径不同,症状发生的顺序往往有所不同。经呼吸道吸入毒物引起中毒时,较快出现视力障碍和呼吸困难等症状;经皮肤中毒,大部分在4~6小时开始出现症状,中毒部位肌肉的纤维性颤动,随时间的延长而加剧,呼吸困难不明显,瞳孔不一定缩小。口服中毒时,首先出现胃肠症状,一般在服后十几分钟至半小时即出现中毒症状。轻度中毒者:头痛、头晕、恶心、呕吐、无力、多汗、视力模糊;中度中毒者,还表现流涎、大汗、肌肉震颤、瞳孔缩小、胸闷、轻度呼吸困难、精神恍惚、步态蹒跚;重度者,全身发绀、口吐白沫、昏迷、肺水肿、高热、抽搐、大小便失禁、呼吸麻痹,1~4小时内即可死亡。有机磷农药中毒中,他杀、自杀、误用均有发生。有投入食物、饮料、药物中毒的,也有注射中毒的。有用来灭头发和衣物上的虱子时使用不当中毒,有的用盛装有机磷的瓶子、箱子装食物造成中毒。有机磷投毒案也很多,投毒手段各种各样,如将有机磷(如敌百虫)塞入阴道,投入滴流瓶中等。

有机氯农药是侵犯神经系统和实质性器官的毒物,对肝脏有较大的损害。可通过呼吸道、消化道和未受损伤的皮肤侵入体内。轻度中毒时,可有眩晕、头痛、恶心、疲乏、食欲不振、出汗、失眠、轻度肌肉抽搐等症状;急性中毒可有抽搐、痉挛、视力障碍、呼吸困难、失去知觉等症状。该农药进入人体的量达10~15毫克/公斤时,即可引起严重中毒。

有机汞农药是效果良好的拌种杀菌剂。吸入有机汞农药的蒸气或粉尘时可引起慢性中毒。食用污染的粮食,药量大时,可出现急性或亚急性中毒,剂量小时也有慢性中毒的事例。中毒症状为头昏、头痛、食欲减退、口渴多尿、乏力、四肢麻木。重者卧床不起,上下肢瘫痪、消瘦、昏迷。潜伏期为两周到两个月。

含氟农药包括无机氟农药和有机氟农药。无机氟化物进入人体后,能与体内钙质发生作用,生成难溶性氟化钙而沉积于骨骼、牙齿及部分脏器中。由于体内钙离子的减少,影响中枢神经系统和心脏正常活动而引起一系列的中毒症状。最初全身发痒、口涎痰多、恶心、呕吐,先吐黏液样物,后吐血样物质,同时发生剧烈腹痛、泻血样便,严重时发生痉挛,最后因心脏和呼吸麻痹而死亡。氟乙酰胺为有机氟农药,毒性剧烈,可通过消化道、皮肤、呼吸三种途径引起中毒。但主要是通过消化道。侵入机体后,主要作用于中枢神经系统、消化系统、心血管系统和糖代谢过程等。一般潜伏期为0.5~2小时,也有延至15小时或更长时间的。中毒症状有头痛、呕吐、痉挛、呼吸衰竭、神志不清、大小便失禁等。成人口服致死量为0.1~0.5克。氟乙酰胺投毒往往不易被发现,因此中毒死亡多发生于投毒他杀。

拟除虫菊酯是一类以天然除虫菊酯的化学结构为基础,人工合成的除虫菊素类药物的杀虫剂。具有对害虫毒效高、对高等动物毒性低,对植物无药害、无残留、不污染环境的特点。大量口服可引起呕吐、恶心、呼吸急促、血压降低、脉搏迟缓,接着出现高血压和心博加快。神经系统先出现短时期反应迟钝,然后高度兴奋,严重的产生震颤、惊厥等症状。该类农药对大白鼠的 LD_5 为数百至数千毫克/公斤。

氨基甲酸酯类农药是近些年替代有机磷和有机氯农药的杀虫剂。由于有机磷和有机氯农药的残留缺陷及农作物害虫的抗药性增加,该类农药的使用不断扩大,用于投毒、服毒或误服等中毒情况逐渐增多。该类农药按毒性由大到小顺序是:呋喃丹、天多虫、残杀威、叶蝉散、天杀威、巴沙、灭除威、西维因、速天威。其中毒症状与有机磷相似,只是程度比有机磷轻,若中毒不重,一般能慢慢缓解。毒性较低的氨基甲酸酯具有一时性的麻醉作用,剂量大时可出现深度麻醉,严重呼吸困难。

农药中毒检验首先要解决的是从各种各样的检材中提取和净化微量的农药,以便进行分析测定。无机农药可按一般无机毒物如金属毒物、水溶性毒物等的处理方法进行,有的还可直接检出。有机农药多需采取有机溶剂提取的方法。提取后,如果质多,还必须进行净化,使微量农药与干扰测定的杂质分离。采用的净化方法有液—液分配净化法、吸附柱净化法、磺化净化法、吹蒸净化法、薄层净化法等。农药的定性定量分析方法有气相色谱法、液相色谱法、薄层色谱法、气质联用法等。

(王彦吉)

nuoyong gongkuan anjian zhencha
挪用公款案件侦查(investigation of misappropriation of state funds case) 检察机关在办理挪用公款案件中,依照法律进行的专门调查工作和有关的强制性措施。挪用公款案件,是指我国《刑法》第384条所规定的挪用公款罪,即国家工作人员利用职务上的便利,挪用公款归个人使用,进行非法活动的,或者挪用公款数额较大、进行营利活动的,或者挪用公款数额较大、超过3个月未还的案件。

挪用公款案件的侦查重点 包括:①查清挪用公款的手段即作案方法;②查清作案时间及公款被挪用的时间;③查清被挪用公款的用途,即是用于非法活动还是营利活动或用于个人购物等;④查清公款的性质,尤其要查明是否属于法定的国家特定款物。

侦查的方法 主要是清查会计资料,其基本做法是:①通过核查账簿、凭证、账务处理的方法等,查清有无为掩盖挪用公款而制作虚假凭证或造假账据;②通过核查现金账、实物账的余额与实有库存现金、实物是否相符,如有差额即账面上有账外无或账面大账外小,应进一步查清差额数据,查明顶库或弄平账面的方法和手段;③通过核查虚设的会计科目,查明伪造债权债务关系的过程、手段,挪用公款的实际情况,即挪用次数、时间、数额、行为人作案手段、被挪用公款公物的去向;④通过与涉案单位核对账证,调查询问知情人等,查明犯罪嫌疑人弄虚作假的事实;⑤通过核查每次挪用的时间、数额、用途以及账务处理过程、情节和手段,查明用后次挪用抵偿前次挪用的多次挪用行为,连续计算挪用时间。除上之外,还应及时讯问犯罪嫌疑人、询问证人,必要时,进行搜查、扣押、查封涉案物,弄清犯罪嫌疑人的偿还能力和有无归还公款公物的打算,以及挪用人与使用人是否同一主体。如不是同一主体,则应进一步查明二者的共谋情节及各自的作案行为,按共同犯罪处理。如果挪用人不知使用人将公款用于非法活动的,则按挪用公款归个人使用或进行营利活动处理。

(文盛堂)

ou a shanghui tiaojie zhongcai ji pingjia guize
《欧阿商会调解、仲裁及评价规则》(Euro-Arab Chambers of Commerce Rules of Conciliation, Arbitration and Expertise) 1982年6月1日欧阿商会在巴黎正式通过，1983年1月10日生效。本规则含前言和正文。前言包含阿一比一卢商会，法一阿商会，阿一希商会，意一阿商会，阿一葡商会，阿一瑞（士）商会等成员。本规则1981年6月11日在突尼斯原则通过。为解决国际商事纠纷的方便，欧洲或阿拉伯及其他国家的个人或法人在与阿拉伯国家签订合同时应明示适用本规则。

本规则正文含三部分。第一部分欧阿商会调解、仲裁及评价组织制度，含两节。第1节组织机构6条，规定欧阿商会含高级仲裁会、联合商会仲裁会、大会、秘书处、注册处。仲裁会的组成、运作对阿和非阿成员均等和对等，其成员具有独立性，不受官方指派，并由委员会选举产生。各联合仲裁会由6名或12名成员组成，阿拉伯和非阿拉伯人各半，任期3年，每年替换1/3，由各董事会选举，退休后仍可当选。高级仲裁会由各仲裁会两名成员组成，阿拉伯和非阿人士各半，任期3年，每年替换1/3。全体会议包括各国际商会仲裁会和高级仲裁会全体成员。两年一次。秘书处/注册处任期3年，由各欧阿商会主席和秘书长会议委任，总部设在巴黎。第2节职权5条，规定高级仲裁会有本规则授予的和需当事人同意的职权，有权决定争议范围，作出评价，并决定各仲裁会和本身职权。各联合会有本规则授予的和需当事人同意的职权。全体会议有权议定本规则的修改。秘书长/注册长主持秘书处工作，为高级仲裁会会议提供服务，并指导各仲裁会秘书处工作。调解程序由各联合商会掌握，未设商会，所在国当事人可自行选择，并由该商会秘书处通知秘书长/注册长组织调解的结果。

第二部分程序，含三节。第1节调解7条，规定申请调解应向秘书处/注册处提出，附文件和费用，由秘书处/注册处转送有管辖权的商会秘书长，转告对方是否愿意调解。若愿意调解，应限期提交有关文件和费用。若拒绝，则视为调解失败，退还申请人费用。各商会主席可委任调解员或组成调解庭。调解失败，当事人可要求仲裁或诉讼。调解员对调解有保密义务。第2节仲裁8条，规定申请仲裁应向秘书处/注册处提出，附当事人名称、住所、争议情况、仲裁庭人数、委任仲裁员及仲裁协议和合同文本，转送有管辖权的仲裁会秘书长，要求被申请人答复委任仲裁员事宜。双方依次各有30日准备有关仲裁资料。除协议独任庭外，应为三人庭。双方各委一名，第三名为首席仲裁员，由双方协议或仲裁会指定。对仲裁员的第一次质疑不必说明理由，由仲裁会决定。仲裁开始后，只有仲裁会有权决定对独任或首席仲裁员的质疑。仲裁程序依本规则或由当事人选择。当事人不选择时，仲裁员可采取温和、便宜和最终解决原则，提交仲裁，意为放弃诉讼。当事人拒绝合作，不妨碍审理和裁决。当事人和解应以裁决确认。仲裁庭按多数原则。无多数时，首席仲裁员以仲裁庭的名义裁决，并据仲裁地法由秘书长/注册长存档。当事人可据仲裁地法强制履行。当事人协议按《联合国国际贸易委员会仲裁规则》仲裁时，据本规则组成的仲裁庭应根据该规则和本规则仲裁，当事人未言明该规则时，据本规则组成的仲裁庭应据合同规则和本规则仲裁。第3节评价2条，规定对调解协议和仲裁裁决，当事人可请求秘书长/注册长指定调查员调查和委任专家评价。评价报告应说明理由，但并不在原裁决中吸收。对仲裁庭和当事人的合同义务无约束力。调解、仲裁和评价行政费据工时、案情和其他因素计算。调解员、仲裁员和专家收费据资历计算，由仲裁会或商会与高级仲裁会协商决定收费标准。当事人同意，亦可按争议额比率收费，差旅、住宿、秘书、翻译和其他服务费用另计。申请时应提交保证金，调解或仲裁开始后，当事人对有关开支承担连带责任。

第三部分一般性和过渡性规定，含3条，规定通讯据收条或挂号作实，电传经确认或随后挂号件作实。法语、阿拉伯语和英语均为法定语言，具同等效力。对本规则内容，应由仲裁庭或当事人提交高级仲裁会解释。译件应由秘书长/注册长存档，并提交高级仲裁会。高级仲裁会应提醒各仲裁会译件的歧义。本规则生效前，法—阿商会、阿—瑞（士）商会仲裁规则继续有效，但本规则优于其他规则。本规则适用于在欧共体成员国设办事处的欧洲联合商会采用。　　（宋小庄）

P

paichu guize
排除规则(rules of excluding illegal evidence) 在某些西方国家刑事诉讼中,向法庭提供的与争议事实相关的证据,一般可以采用为定案的事实根据。但是符合法律规定应予排除时,相关证据就不得用作定罪的根据。凡是相关证据应予排除的原则可以统称为排除规则或法则。排除规则主要有:英、美、日本等国的传闻规则(见传闻证据),英、美等国的品格证据及其规则和意见证据及其规则,英、美、德和日本等国对侵犯特权(见特权规则)而取得的证据以及美、日等国对法律实施官员的非法手段取得的证据的排除规则(见非法取得证据的排除规则及其例外)等。 (王以真)

paisheng zhengju
派生证据(secondary evidence) 也称传闻证据。学理上对证据的一种分类,与原始证据相对。从原始证据复制、传抄、传述而来的证据,例如合同书的复印件、抄件,物证的照片,证人对自己从他人处听来的情况的复述等等。派生证据由于经过了若干中间环节的辗转传播,容易出现差错和失实,也易被伪造,可靠程度较之原始证据要低。在英美法上,除法定例外情况外,禁止提供和采用传闻证据。我国民事诉讼法并不禁止把派生证据作为定案依据,但目前尚未具体规定运用派生证据的规则。对该问题尚待在司法实践中进行总结和在立法上进行完善。 (于爱红)

pangong
攀供(to implicate somebody in a crime) 犯罪嫌疑人、被告人陈述的内容之一。有两种理解:①犯罪嫌疑人、被告人在供述或辩解时故意凭空牵扯他人、诬陷他人的行为。②犯罪嫌疑人、被告人在被讯问时检举他人的犯罪行为,如提出他被指控的犯罪行为系他人所为或者还有他人参加。按第①种理解,攀供永远是虚假的,犯罪嫌疑人、被告人攀供的动机是为了推诿罪责、报复他人、企图欺骗司法人员以便取得从宽处理或者在逼供、诱供情况下胡编乱咬等;按第②种理解,攀供有可能是真实的,也有可能是虚假的。犯罪嫌疑人、被告人攀供的内容可能与其被追究的罪责有关,也有可能与其被追究的罪责无关。司法人员对犯罪嫌疑人、被告人的攀供,要慎重对待。 (熊秋红)

panjue
判决(judgment,sentence) 法院行使国家审判权解决案件实体问题所作的决定。刑事判决则是法院就审理的刑事案件,根据法庭审理所查明的事实、证据和有关法律规定,对被告人是否犯罪、犯了什么罪、应否处以刑罚和处以什么刑罚所作的处理决定。

刑事判决可以依据不同的标准分类。依据是否确定被告人有罪,分为有罪判决和无罪判决。有罪判决是确认被告人的行为已经构成犯罪的处理决定。无罪判决则是确认被告人的行为不构成犯罪,或者不能证明被告人实施了被指控的罪行的处理决定。有罪判决又可以根据对被告人是否处以刑罚,分为科刑判决和免刑判决。科刑判决是认定被告人的行为已经构成犯罪,并给予刑事处罚的处理决定。免刑判决则是认定被告人的行为已经构成犯罪,但是因为具备法定的不需要判处刑罚或者可以免除刑罚的情节,因而不给予刑事处罚的处理决定。依照法院审判案件所适用的不同程序,判决又可分为一审判决、二审判决等。

刑事判决只能由人民法院作出,是人民法院适用刑法处理犯罪问题的结论,一经宣告,对作出该判决的法院有拘束力,非依法定程序不得撤销或者变更其内容。判决经公开宣告后,就标志着处理该案件所适用的审判程序已结束。刑事判决应当制作判决书,于公开宣判后送达当事人和提起公诉的人民检察院。地方各级人民法院的一审判决,在法定期限内允许上诉、抗诉,如逾法定期限而没有上诉、抗诉就发生法律效力。二审判决和最高人民法院的一审判决都是终审判决,于宣告或者合法送达后,发生法律效力。判处死刑的判决,还需依照死刑复核程序核准以后,才能发生法律效力。判决发生法律效力后,产生以下法律后果:①除了发现确有错误,按照审判监督程序予以纠正外,不得变更或者撤销。②已经判决解决的问题,人民检察院和被害人不得作为刑事案件再行起诉,人民法院不能作为新案受理和裁判。③应当行使国家的强制力,将判决所适用的刑罚等内容付诸实现,即具有执行力。 (汪建成)

panjue de jipanli
判决的既判力(unchangeableness of judgment) 判决实质上的确定力,指判决一经生效,当事人和检察机关不得对该判决已处理的问题再行起诉,法院也不得作为另一案件受理和作出与生效裁判相抵触的另一判决。如果当事人和检察机关就同一案件另行起诉时,法院应当驳回起诉。判决的既判力是"一事不再理"原则的体现,可以防止对同一案件作出互相矛盾的判决,有利于维护生效判决的稳定性和严肃性。

(汪建成)

panjue de jushuli
判决的拘束力(binding force of judgement) 又称判决的羁束力。指判决经宣告或者送达后,对作出判决的法院和判决所涉及的人,有拘束其行为的效力,可以支配他们为一定行为或不为一定行为。对作出判决的法院来说,除了发现其确有错误,可以按照审判监督程序纠正外,不得自行撤销或者变更、补充。对判决所涉及的人来说,当判决确定后,即具有强制执行的效力,他们应按判决的内容为一定行为(如缴纳判处的罚金),或者不得为与判决内容相抵触的行为(如抗拒判决的执行)。

(汪建成)

panjue de neirong
判决的内容(content of judgement) 判决的组成部分和包括事项。法院的判决通常是以书面形式表现的,即判决书。判决书是法院重要的法律文书。判决书应包含的内容即判决的内容。一般而言,判决书的内容由哪些部分组成及格式如何,在一国之内应是固定的、统一的。根据我国现行民事诉讼法的规定,我国法院制作的判决书必须包含以下的内容:①开头部分。包括案由、诉讼请求、争议的事实和理由。案由是案件形成的原因,是法院根据当事人之间争议的性质确定的;诉讼请求是当事人的主张;争议的事实和理由是当事人在起诉状和答辩状中陈述的主要事实和理由。这部分内容应反映出案件的基本概貌。如果是二审判决则应写明的是上诉请求和理由。②判决认定的事实、理由和适用的法律依据。这是判决的正文部分,是判决书中最重要的部分。这部分内容要表述清楚法院认定的事实是哪些,适用的实体法和程序法是什么。这部分内容是判断判决是否正确的重要根据。③判决的结果和诉讼费用的负担。这是判决的主文部分,是法院根据案情依法对当事人争议的法律关系作出的结论,即确认当事人各自享有的权利和义务的具体内容以及诉讼费用的承担情况。它直接反映当事人胜诉或败诉的具体状况。如果是二审判决,这部分内容则说明是驳回上诉,维持原判还是撤销原判或者是改判。④上诉期间和上诉审法院。上诉期间是民事诉讼法规定的不服判决的上诉期,上诉法院是一审法院的上一级法院。判决中应写明:如不服本判决,可于接到判决书之次日起15日内,向本院提出上诉状,上诉于某人民法院。如果是二审判决则不需要这部分内容,只需表明:本判决为终审判决,不得上诉。

判决书除具备上述四部分内容外,一般还应有首部和尾部。首部在第一部分内容之前,应写明人民法院的全称、判决书的种类、案件年号和编号,当事人和代理人的状况;尾部在第四部分之后,应写明制作判决书的日期(年、月、日)、审判员、书记员署名,并加盖法院印章。

(俞灵雨)

panjue de quedingli
判决的确定力(fixation of judgment) 判决确定时所产生的一种法律效力,包括两方面的内容:①形式上的确定力,指法院判决确定即发生法律效力后,享有上诉权的人不得通过上诉的方法,请求将该判决撤销或者变更。②实质上的确定力,即判决的既判力(释义另见判决的既判力条)。

(汪建成)

panjue de xiaoli
判决的效力(legal effect of judgement) 法院的生效判决在法律上的效力。判决的效力表现为判决的拘束力、既判力及执行力三个方面。

判决的拘束力 指判决对人的支配力,即具有确定主体应当为一定行为或不为一定行为的效力。判决的拘束力具体体现为判决对当事人之拘束力、对法院之拘束力和对社会之拘束力。对当事人之拘束力是指判决一经确定,当事人必须按照判决的内容享有权利和承担义务,否则就应承担相应的法律后果。对法院之拘束力是指判决一经确定,法院非经法定程序不得随意改变判决的内容。对社会之拘束力是指判决一经确定,任何单位和个人都不得无视判决的存在,都应维护生效判决;有义务协助执行判决的单位和个人应当协助法院执行判决,同时任何单位和个人无权变更或干涉、阻碍判决的执行。

判决的既判力 指判决在法律上的确定力,即法院判决在程序法上的效力,只有终局判决才有既判力。既判力的概念渊于罗马法中"既判的事实,应当视为真实"的法律观念,在现代大陆法系国家的民事诉讼法中也占有重要地位。既判力对当事人而言,是指终局判决既已对作为诉讼标的法律关系作出了断定,当事人就不得再以该法律关系为诉讼标的重新起诉。并且在其他诉讼中所为的攻击方法或防御方法也不得与该确定判决的内容相抵触。否则,法院就应当以违反一事不再理的原则为理由,驳回当事人的诉讼。就法院而言,是指法院不得作出与以前确定判决中确定的法律关系相抵触的新的判决。确认判决具有既判力的意义在于防止就同一问题和同一诉讼标的重复裁判或作出相互矛盾的判决。判决的既判力除及于法院、当事人之外，还及于在诉讼系属后当事人的继承人、作为当事人或其继承人的间接占有人而占有系争物的人，以及代他人而为原告或被告者，如遗产管理人、破产财产管理人等。

判决之执行力 指判决的内容可以通过强制执行得以实现的效力。判决确定后，如果义务人不按判决确定的内容履行义务，权利人可以请求法院依照执行程序采取强制措施，以实现法律文书的内容。只有具有给付内容的判决才具有执行力，其他判决如变更判决、确认判决则不具有执行力。给付判决中确定的给付内容如果违背社会公序良俗的，或者是法律上不能为的事项的，也不具有执行力。 （俞灵雨）

panjue gengzheng

判决更正（correction of a judgement） 法院制作的判决出现误写、误算等技术性错误时，以裁定的形式予以修正。一般而言，判决一经宣告或送达，即不得任意撤销或变更。但是，如果判决中出现了误写当事人姓名、住址等情况或误写数字或计算错误等明显的技术性错误时，无论错误的责任在谁，也无论何时发现的错误，随时都应以裁定方式对错误之处予以更正。判决更正，既可依当事人申请，也可由法院依职权为之。对于判决的更正在德国、日本以及我国台湾地区的民事诉讼法中都有具体的规定。如德国民事诉讼法规定："①判决中如有误写、误算或类似的显然错误，法院得依职权随时更正之。②更正，可不经言词辩论裁判之。宣示更正的裁定，应在判决书及其正本中附记之。③对于驳回更正申请的裁定，不得上诉。对于宣示更正的裁定，可以提起即时抗告。"判决更正实质上不会涉及当事人实体权利义务的变更，因而它不同于判决之补充。我国现行民事诉讼法中对判决更正问题没有如此详细的规定，但在裁定的适用范围中规定，裁定可适用于补正判决书中的笔误，对于这一裁定，当事人无权上诉。 （俞灵雨）

panjue zhi buchong

判决之补充（supplement to a judgment） 法院作出的终局判决，其主文部分（见民事判决）有遗漏时，以判决的形式对此加以补充。一般情况下，判决应当准确无误，但是如果已经宣布的判决中，出现了对当事人提出的某一诉讼请求没有予以答复，或给付判决（见民事判决）中，义务人应给付的数额没有写明或诉讼费用由谁负担没有明确等遗漏时，法院应以补充判决加以补救。对于补充判决如何作出，是依当事人申请还是依法院职权为之，补充判决当事人能否上诉，各国的规定和实践各不相同。德国民事诉讼法中规定的较为详细：如果当事人一方依最初提出的或以后更正的事实所主张的主请求或附带请求的全部或一部，或者在裁判时的费用的全部或一部有脱漏时，可以依申请作出追加裁判对原判决加以补充；请求为追加裁判，应在原判决送达后两周的期间内，提出书状申请之；申请后，应即指定言词辩论期日，在为该期日而传唤申请人的对方当事人时，应同时送达提出申请的书状并且对于追加裁判当事人可以提起上诉。日本以及我国台湾地区的民事诉讼法中也有类似的规定。我国现行《民事诉讼法》中没有规定判决之补充问题，但在实践中，对于判决中出现了经过法院审理和合议庭评议决定的某项权利义务未列入判决结果或义务人应在何时以何种方式履行义务，未在判决书中具体加以规定等遗漏时，作出判决的法院可以依当事人的申请或依职权作出补充判决。补充判决不改变原判决的内容，因而不是判决的变更。 （俞灵雨）

panzui

判罪（conviction） 一般指刑事诉讼程序终结，法庭宣告被告人有罪之诉讼行为。但在英美法系的刑事诉讼中，判罪特指陪审团对被告所作有罪之认定，即陪审团在听取法庭调查以后，以投票的方式认定犯罪事实。英美法中"判罪"一词上述含义之例外是：①前案判罪，被告主张"一事不再理"时得援用之；②简易判罪，由承审法官单独为之，不经陪审团之投票认定。 （汪建成）

pangzheng

旁证（collateral evidence） 在证据体系中起印证、加强其他证据作用的证据。有三种相对的意义：①对主要证据而言，补强证据可称为旁证。因为主要证据能够独立证明案件主要事实，而补强证据则可用来加强主要证据的可靠性和证明力。②对直接证据而言，间接证据可称为旁证。间接证据不能直接证明案件主要事实，但它能使证明案件主要事实的直接证据得到印证和加强，使其证明力得到加强。③对当事人的陈述而言，能够印证、加强当事人的陈述的其他证据，可称为旁证。 （熊秋红）

peishentuan

陪审团（jury） 陪审制度的一种组织形式。由一定数量的陪审员组成参加对案件事实审理并作出裁决的集体。陪审团始建于英国，盛行于普通法系国家，有大陪审团与小陪审团之分。大、小陪审团的组成人数各国不尽相同，一般大陪审团由12—23名陪审员组成，小陪审团由9—12名陪审员组成。大陪审团决定重罪案件提起诉讼，小陪审团负责审理案件事实和作出裁决。陪审团裁决采取多数表决制，不要求必须一致通过，如果陪审团意见分歧太大，或者不能形成多数意见时，可在解散陪审团后，另行组成陪审团重新进行审理。现在有的国家（如美国）仍保留大、小陪审团，有些国家（如英、法、奥地利等国）已无大陪审团，只有小陪审团。

从陪审团的发展变化看，第一，原有大、小陪审团的一些国家，后来多已取消大陪审团，而只保留小陪审团，反映了这些国家陪审制度的变革，表明大陪审团的任务在刑事案件中的不适应性。第二，即使在仍保留大陪审团的美国，虽然联邦系统的法院受理重罪案件，必须经大陪审团决定起诉，但各州法院则有所不同，有的是由法官根据案件情况决定是否必须经大陪审团审查，即并非都要经大陪审团审查后方能起诉，这反映了在运用大陪审团上的灵活性，以及对起诉决定的变化。第三，陪审团的组成人数，有减少的主张，即不一定恪守12人的历史传统，如美国有的州某些案件可由6人组成陪审团，有的州陪审团组成的规模则取决于双方当事人的协议。事实上，目前在美国的许多法院，对民事案件由6人组成陪审团审理的相当普遍，这不仅反映了陪审团的规模有缩小的趋势，而且反映了当事人在陪审制度中具有了一定的权能。陪审团是陪审制度的组织形式，也是诉讼制度的表现形式，它将随着陪审制度和诉讼制度的发展变化而发展变化。

（刘家兴）

peishenyuan de yuxian zhenbie chengxu

陪审员的预先甄别程序（voir dire） 美国诉讼法中对候选陪审员的预先审查程序。对候选陪审员进行审查的目的，是为了保证案件能得到公正的处理。通过审查，确定该人是否能够成为正式陪审员参加案件的审理。在陪审员的预先甄别程序中，法官或者律师要对候选陪审员的背景、同案件当事人的关系、对案件的了解程度以及对审理中可能出现的某些事实的态度等进行询问，以确定该人是否能够作为公正的陪审员对案件事实作出不偏不倚的裁决。如果认为某人无法做到公正地处理案件，则可以借助回避程序，取消其陪审员的资格。如果法官或律师认为某一陪审员可能因为有成见而无法对案件作出公正的独立的判断，则可以提出异议。

（万云芳）

peishenzhi

陪审制（jury system） 在古代审判制度的基础上发展起来的具有民主性的一项司法制度，其目的在于防止法官的独断专横，保证公正审判和维护被告人的正当权利。陪审制从表现形式上大致可分为混合陪审式和陪审团式两种。①混合庭。又称参审制，施行于德国等国。在法庭审理过程中，陪审团以审判组织成员的身份参加到以法官为首的审判组织中，与法官共同认定事实和适用法律，与法官享有平等的评议权和表决权。②陪审团制。陪审团又可分为大陪审团和小陪审团。大陪审团的职责主要在于在庭审前审查检察官对被告人提出的重罪罪证是否充分，以决定是否允许提起公诉。由于大陪审团对案件的认定上难以突破检察官或警察已作出的结论，其审查起诉的作用难以发挥，如英国等实行这一制度的国家已先后废除了大陪审团制。但美国仍保留这一制度，联邦和约半数的州对重罪起诉必须由大陪审团审查决定。大陪审团通常由16至23名成员组成，在检察官提交公诉书草案或罪行控诉状后，大陪审团秘密调查证据，有权传唤、询问证人和拟对其指控的嫌疑人。在调查证据后进行评议表决，作出"受理此诉状"或"此诉状不予受理"的决定。大陪审团认为证据不足以支持重罪控诉的，但能证明嫌疑人犯有轻罪或缴罪的，可以指令检察官向主管法院提出相应的起诉。现在所称陪审团一般是指小陪审团，其职责是参与案件审理，对被告人有罪或无罪作出裁断，分割审判权。在英国，只有刑事法院审理案件时必须召集陪审团，美国联邦宪法中规定一切刑事案件均享有由陪审团审裁的权利。实际上，陪审团审裁程序主要适用于重罪案件及可能判处6个月以上监禁的轻罪案件。小陪审团一般由12人组成，为了保证审判公正，确立了考察与回避制度。在庭审过程中，陪审团听取双方当事人当庭辩论，据此进行评议。由于陪审团成员不懂法律，由法官在评议前就本案涉及的法律问题予以指导。评议秘密进行，每个陪审团成员就被告有罪或无罪作出表决。此表决必须符合法律的规定，一般情况下要求陪审员全体成员必须一致同意，但英国法律规定，如果陪审团成员意见不一，在延长时间内仍未达成一致意见时，可以做出多数裁断（不少于10人）；美国许多州法律只要求多数同意的裁断即为有效。如果多数裁断在合理时间内也无法作出，由法官宣告解散陪审团，另组陪审团重新审理。对于陪审团正确适用法律作出的裁判，法官必须接受，但法官认为陪审团错误理解并适用法律的，可以在再次指导后指令陪审团重新评议、裁断。

（丛青茹）

peishen zhidu

陪审制度（jury system） 国家审判机关吸收非职业司法人员为陪审官或者陪审员参加对民、刑事案件审判的制度。该制度起源于古希腊和古罗马等国家。古希腊最早出现的是公民陪审法院，古罗马最初由最高裁判官从元老院的贵族、骑士及富裕奴隶主中挑选陪审官组成陪审法院。其后欧洲大陆曾有过部落民众法庭、陪审法庭、由法官和陪审官共同组成的舍芬庭等形式,有的国家进而发展成为大、小陪审团的陪审制度。大陪审团的任务是决定重罪案件提起诉讼,小陪审团的职权是听取辩论、审查证据,并就案件的事实作出裁断。现在大多数资本主义国家在刑事诉讼中,陪审制度都只适用于少数重罪的案件,在民事诉讼中,则以争议金额或者价额的大小决定其是否适用陪审制。

十月革命后,原苏联及一些东欧国家建立了社会主义的陪审制度,由人民选举的陪审员和审判员以同等的权利对案件进行审判。中国在清代以前无法定的陪审制度。国民党政府于1929年曾颁布过关于政治案件的陪审暂行法,后于1931年加以废止。人民政权早在第二次国内革命战争时期,中华苏维埃中央执行委员会颁布的《中华苏维埃共和国裁判部暂行组织及裁判条例》中,就具体规定了陪审制度,其后各革命根据地和解放区普遍推行了陪审制度,当时除反革命案件外,一般民事和刑事案件均实行陪审制。中华人民共和国成立后,1951年颁布的《中华人民共和国人民法院暂行组织条例》、1954年颁布的《中华人民共和国宪法》和《中华人民共和国人民法院组织法》,都规定了陪审制度。除简单的民事案件和轻微的刑事案件外,由审判员和陪审员共同组成合议庭审判案件。后来根据实行陪审制的实际情况,1982年颁布的《中华人民共和国民事诉讼法(试行)》和1983年修改后的《人民法院组织法》有关条款规定,人民法院审判第一审案件,由审判员组成合议庭或者由审判员和人民陪审员组成合议庭,简单的民事案件、轻微的刑事案件和法律另有规定的案件,可以由审判员一人独任审判。 (刘家兴)

pizhun daibu juedingshu
批准逮捕决定书(written decision of approving an arrest) 人民检察院对公安机关及其他依法具有侦查权的机关的《提请批准逮捕书》及卷宗进行审查以后,认为符合逮捕条件(见逮捕),批准逮捕犯罪嫌疑人时所制作的法律文书。《批准逮捕决定书》为四联填充式文书,各联的格式、填充内容不完全相同。正本内容包括:①首部。制作文书的人民检察院名称;文书名称;文书编号,即" 检 批捕〔〕号,"空格依次填写人民检察院简称、具体办案部门简称、年度及序号。②正文。送达单位,即提请批准逮捕的机关名称;提请批准逮捕书的时间、文书编号及犯罪嫌疑人的姓名;人民检察院的审查意见;法律根据;决定事项,即"决定批准逮捕犯罪嫌疑人×××,请依法立即执行,并将执行情况3日内通知本院。"③尾部。注明填发文书的年、月、日,加盖印章。存根和副本除在文书名称下加注"存根"、"副本"字样外,内容与正本相同。《批准逮捕决定书》送达后,公安机关应立即执行,并填写《执行批准逮捕决定书(回执)》,退回人民检察院附卷。 (黄 永)

pixia chuxue
皮下出血(subcutanceous hemorrhage) 闭合性损伤之一,指人体受外力作用,使真皮和皮下血管破裂,血液在周围组织聚积而在皮肤表面呈现的紫红色斑或肿块。皮下出血的范围与受伤部位的组织结构有很大关系,如头顶部、肩背部组织结构较致密,出血范围一般较小,而眼眶、会阴部组织结构疏松,则出血后易扩散,会形成较大的出血区。皮下出血是生前损伤的特征。皮下出血的形态能反映出致伤物接触面的形态。如棍棒打击痕、轮胎辗轧痕、牙齿咬痕等。皮下出血是一种机体生活反应,它是判断生前伤抑或死后伤的重要依据。皮下出血的颜色是随着血红蛋白的分解吸收而不断发生变化的,所以根据皮下出血的颜色变化,还可推断受伤的时间。一般新鲜的皮下出血呈暗红色,1至3天后变紫红并稍带蓝色,5至6天后变成绿色或黄绿色,8至9天后以黄色为主,两周以后颜色逐渐消退。 (李宝珍)

pianzhenguang zhaoxiang
偏振光照相(polarized light photography) 偏振光是只在某一方向上振动的光波。不同的物质具有不同的起偏和退偏性质;在普通光或偏振光的照射下,不同物质的反射光会出现不同的偏振方向,从而改变物质表面的亮度分布。利用光的偏振特性,在物证照相中可以消除或减弱有害的干扰,增强有用的细节特征(见附图)。偏振光照相需要配以偏振镜。偏振镜是人工方法制作的多晶体薄膜,多晶体按一定的方向排列;当光波振动方向与晶体排列方向一致时,即可通过,当光波振动方向与晶体排列方向垂直时,即被完全阻止。在拍照时,转动偏振镜即可调节通过偏振镜片的光线,控制亮度分布,达到所需的拍摄效果。照相时,加在照相机镜头前的偏振镜称为检偏镜;加在光源前的偏振镜称为起偏镜。

偏振光照相的形式有三种:①用普通光照射物证表面,在镜头前加检偏镜,通过调整拍摄光轴角度和转动偏振镜,改变物面的亮度分布。②在光源前加起偏镜,用偏振光照射物证表面,通过调整光源的位置和转动起偏镜调整物面亮度分布,达到所需效果。③在摄影镜头前和光源前皆加偏振镜,通过检偏与起偏的双调整,可以达到最理想的效果。在使用偏振镜时,要增加感光时间,增加时间的倍数就是偏振镜的因数。偏振光照相在物证照相中的作用:①消除物证表面的反射光斑;②消除物证在玻璃、镜面上的倒影、重影或虚像;③增强微弱痕迹与背景之间的反差,突出痕迹形象;④用于物证脱影照相;⑤作为一种独立的检验手段,检验皮肤损伤,鉴别在普通光下外观相似的不同物质(主要是晶体、纤维、透明或半透明的玻璃、塑料等);并可以对物证进行偏光显微检验,以鉴别异同。

附图:偏振光摄影与普通照相效果对比

左:普通照相出现强反光
右:加用偏振镜后的效果

(蓝绍江)

pianzhixing renge zhangai
偏执型人格障碍(**paranoid personality**) 人格障碍之一种。表现为固执、敏感多疑、心胸狭隘、嫉妒心强、易触怒,自我评价过高,有野心,遇有挫折便归咎于别人或客观因素,可有某些超价观念。平时办事死板,缺乏幽默。一旦与社会发生冲突,便可出现报复社会行为。

(孙东东)

pianzhixing jingshenbing
偏执性精神病(**paranoid disorder**) 又称妄想性精神病。一类病因不明,中年发病,以系统的、持久的和内容固定的妄想为主要症状的精神病。一般不伴有幻觉等其他病理性精神症状。患者智能良好,无自知力,躯体检查无异常所见。病人在妄想的驱使下,反复控诉、跟踪、攻击他人。病人的精神症状逻辑严谨,不泛化;病程冗长,可伴随终生,但不导致精神衰退或人格缺损。在日常生活中,只要不涉及病人的妄想内容,病人的精神活动可表现为完全正常。在临床精神医学中,根据偏执性精神病的妄想症状程度,发病年龄和相对病因,分为偏执狂、偏执状态、更年期偏执狂(见更年期精神障碍)和感应性精神病。在司法精神医学鉴定中,偏执性精神病患者确因妄想驱使实施危害行为或不恰当的意思表示,则应评定为无刑事责任能力或无民事行为能力。否则其法律能力不受影响。(孙东东)

piaoju susong
票据诉讼(**commercial paper litigation**) 基于票据法,为解决票据纠纷而提起的诉讼。指为了满足票据债权人的利益,及时获得执行名义,以简易迅速的方法审理债权人、债务人争议的诉讼。根据票据诉讼的内容和具体程序上的不同,票据诉讼可分为两大类,即票据权利诉讼和票据权利恢复诉讼。票据权利诉讼指票据权利人因票据上权利的行使而与债务人发生的争议,为行使票据金额的请求权及相关的法定利息的赔偿请求权而提起的诉讼。票据权利恢复诉讼指在票据权利人因丧失对票据的占有而不能依票据证明其权利,不能依通常的票据权利行使方式行使票据权利时,为确认其票据权利、恢复对其票据权利的行使而提起的诉讼。票据诉讼为特别诉讼。票据诉讼的诉讼标的是票据上记明的金钱支付请求权及其法定利息的损害赔偿的请求权。当事人应在诉状中表明以票据诉讼的方式起诉,当事人对票据诉讼判决不服时,不得提起上诉,只能申请异议,但有时为了争端的最终解决,基于当事人的申请,可将案件转入通常诉讼程序。现德国和日本的票据诉讼只包括汇票和本票两种,将支票诉讼独立出来。

(彭伶)

pinge zhengju jiqi guize
品格证据及其规则(**moral character evidence and its rules**) 证明某些诉讼参与人品格的证据,被称为品格证据。品格证据通常与案件没有关联,不能用来证明某人在某种具体的情况下一定实施了某种行为,根据品格证据规则,原则上不具有可采性。但品格证据规则也有一些例外情况,在以下几种情况下,品格证据是可采证据:①品格本身就是犯罪、主张和辩护的要件之一的;②被告人提供其品格良好的证据,起诉方反驳这一证明或被告人过去曾经定罪的事实成为控告的组成部分;③被告人提供被害人品格特征的证据,起诉方反驳被告这一证明或提出被害人生性安分的证据,用以证明被告人先发起进攻的事实;④证明证人诚实与否的证据。上述品格证据虽然是可采的,但是也有一定的限制,第②、③种情况只适用于刑事诉讼,而不适用于民事诉讼;起诉方只有在被告人提供品格良好的证据后才能予以反驳。起诉方反驳被告方证明的方法主要是通过名誉证言或意见证言的形式进行的,在质问时,可以利用反询问方法驳倒对方的证明。品格证据一般情况下对系争事实而言是不可采证据,但是这些证据可以用作其他目的,如证明其动机、可能性、意图、有准备、计划、有亲身体验、身份以及有无出错和出现事故的记录等事项。

(丛青茹)

pingmian henji
平面痕迹(**plane mark**) 与"立体痕迹"相对,犯罪遗留痕迹的类别之一。承受体在同留痕的造型体接触的局部,由于表面附着物质的相互转移而形成的二维反映形象。例如,在玻璃平面上形成的汗液加层手印、鞋底踩在地板上形成的灰尘加层足迹。根据形成平面痕迹时两种接触客体附着物质的转移方向不同,可以分成两种:①平面加层痕迹。指在形成痕迹的两个客体相互接触过程中,原在造型体表面附着的物质转移到承受体表面而形成的反映形象。在加层痕迹中,附着物增加的部位即是造型体表面凸起的特征,如在灰汗混合加层手印中,灰汗纹线即为皮肤表面乳突线印痕。加层痕迹又依据转移物质的色调分为有色痕迹和无色痕迹。②平面减层痕迹。指在形成痕迹的两个客体相互接触过程中,原在承受体表面附着的物质转移到留痕的造型体上,从而在承受体上留下一种"负印迹"。在减层痕迹中,附着物减少的部位为造型体表面凸起的特征。如在积满灰尘的玻璃平面上,手指触摸后将部分灰尘粘走,灰尘粘走的部位成为减层的皮肤乳突线印迹。

平面痕迹的清晰程度除了受痕迹形成的三个基本要素(见痕迹)的影响之外,在很大程度上要受附着物质自身性质的影响:①介质的粘附性强,形成的痕迹则清晰,而且保留性能强;②介质的颗粒越细、痕迹反映造型体细节特征越完整清晰;粒度较大的附着介质往往因不能很细腻地反映造型体细节特征而使痕迹价值降低;③易挥发或易扩散的介质不能稳定地保持痕迹的初始形态,往往使痕迹失去鉴定价值。平面痕迹在刑事犯罪现场上的出现率很高,它对于侦查和审判都具有重要的证据价值。对于现场平面痕迹的固定和提取,一般采用拍照和复印的方法;对于那些无色、潜在的平面痕迹则应先采取适宜的理、化显现手段。

(蓝绍江)

pingyi
评议(deliberation) 法庭审判中的一个阶段。指合议庭组成人员对案件应当如何判决共同进行分析研究、讨论和形成决议。评议是在被告人最后陈述完毕,审判长宣布休庭后进行。合议庭进行评议,必须以法庭审理的情况作基础,充分注意控诉和辩护双方的意见,认真研究案件事实是否已查清,如何正确适用法律。通过评议,应当根据法庭调查已经查明的事实、证据,以刑法的规定为准绳,确定被告人的行为是否构成犯罪;已经构成犯罪的,是什么犯罪性质和具体罪名;是否要给予刑事处罚;是否应加重、从重或者从轻、减轻处罚;处以什么刑罚;附带民事诉讼怎样解决等。对上述问题应当形成处理决议。合议庭评议一律秘密进行,在审判长主持下,由其组成人员共同商讨案件的一切问题。在有分歧意见时,应当少数服从多数,但少数人的意见应当写入评议笔录。评议完毕,即应对案件作出判决。如果评议中发现案件的主要事实尚未查清或主要证据还不够充分,影响作出判决的,应当恢复法庭调查或者决定延期审理。

(汪建成)

pingyi bilu
评议笔录(record of deliberation) 对合议庭进行评议的全过程所作的文字记载。它的内容包括:案由;评议的起止时间和地点;合议庭成员和担任记录的书记员的姓名;合议庭成员对本案的事实和法律问题发表的意见;合议庭评议所形成的处理决议和判决的内容等。如果此决议是通过投票形成的,还要说明投票表决的情况。评议笔录是人民法院制作判决书的依据,也是今后对案件进行复查和处理所必须审查的重要的案卷材料。因此,制作评议笔录应当客观、全面、准确、清楚地反映评议过程的全貌。评议笔录的结尾处应由合议庭成员逐一签名。

(汪建成)

pingyi mimi
评议秘密(to deliberate confidentially) 见评议。

po'an
破案(solve a case) 查出刑事案件的真相。在刑事侦查学上,特指案情已经查清、取得了确凿证据后,适时依法对犯罪嫌疑人实施拘留、逮捕或其他强制措施的活动。破案前,一定要对案件的各种证据进行反复审核。如果发现各种证据之间存在着矛盾,就要对相互矛盾的证据重新审查,决不能急于破案而忽略对证据的核实查证。只有在获得了确实证据,查明了犯罪嫌疑人是谁,证明案件的主要犯罪事实是该犯罪嫌疑人所为,即破案的条件已完全成熟,才可制定出具体的破案计划报侦查部门的负责人批准适时破案。同时还要办理各项必要的法律手续,做好破案的各项物质准备,如通讯工具、交通工具、拘传或拘捕犯罪嫌疑人的戒具、审讯及羁押场所等。破案后,应及时报告侦查部门负责人,并要在法定时限之内及时讯问犯罪嫌疑人。通过审讯,进一步查清全案的犯罪事实和情节,并依法作出不同处理。对重大复杂案件还应写出破案总结。

(文盛堂)

po'anhou chuli
破案后处理(disposal after solving a case) 破案之后侦查人员应及时妥善处理的有关侦查的未尽事宜。主要有:通知被拘捕人的家属;考虑对犯罪嫌疑人住处是否查封或监视;追缴和发还赃款赃物或准备上交国库;整理材料档案等。对于侦查过程中发现的与本案无关的可疑线索,如果在当时未来得及查清的,在破案后应积极组织力量进行追查，有的应及时转交有关部门调查处理；对侦查中确定的嫌疑对象，曾经通知其所在地区和单位进行过工作的，经过查证已排除嫌疑的，应通知有关地区和单位销毁材料，消除影响。

（文盛堂）

po'an jihua
破案计划（plan for solving a case） 破案之前制定的破案行动方案和规划。内容主要有：①案件侦查的结果，包括对犯罪事实和犯罪嫌疑人的认定；已经收集、调取的证据等。②破案的理由和根据。③决定予以传讯或拘捕的犯罪嫌疑人的姓名、职业、住址等。④侦查力量的组织和分工。⑤物质准备，如警戒装备、车辆、戒具、通讯工具、视听技术器材等。⑥破案的方法和步骤，如进行拘传、拘捕及其方法和程序，进行搜查及其方法步骤等。⑦破案后的处理，如讯问、通知家属等。

（文盛堂）

po'an shiji
破案时机（occasion for solving a case） 在具备破案条件的前提下，根据本案或有关另案侦查工作的需要选择的恰当的破案时间。一般说来，凡本案的性质已经肯定、主要问题已查清或有证据证明有犯罪事实，证据又确实的，就应当破案。但如果破案会影响另一案件的侦查时，只要侦查部门能完全控制侦查对象的行动，也可决定缓破。如果部分犯罪事实已经查实，但全案情况尚未查清，在犯罪嫌疑人确有逃跑、自杀或进行现行破坏活动可能时，也可提前破案。对重大预谋案件只要确证其具有犯罪的预备作为即应破案。对另有长期打算的案件也可暂不破案。

（文盛堂）

po'an tiaojian
破案条件（conditions for solving a case） 破案所必须具备的基本要求或标准。破案必须具备的基本条件有两个：①证据条件。即要有证明有犯罪事实的确实证据，该证据还必须能证明犯罪行为是犯罪嫌疑人所实施的。②事实条件。即已查清犯罪事实是犯罪嫌疑人实施的单一犯罪行为的事实或数个犯罪行为中的一个犯罪事实，能查明全案犯罪事实则更好。只有具备了以上两个基本条件之后，才可以决定破案。对于全案犯罪事实只查清其中一部分或其主要犯罪事实即破案的，破案之后应抓紧及时查清全案犯罪事实。

（文盛堂）

pochan
破产（bankruptcy） 债务人无法以其清偿能力对全部债权人清偿债务，依债务人或债权人申请，法院将债务人的全部财产依一定程序在全部债权人中进行公平分配的法律制度。破产制度的性质，学理上有三种观点：第一种观点认为破产制度属诉讼制度，其论据是：债权人申请破产宣告，相当于诉讼上的申请财产保全，申请破产的目的，与诉讼请求的目的是类似的。第二种观点认为破产制度是非讼制度，其论据是：破产申请是由债权人或债务人以申请人的身份提出；破产程序中由债权人会议来讨论决定债权债务关系如何处理；在破产程序中有有关的破产管理人参加，上述这些特点都反映出破产制度与诉讼制度不同，而与非讼制度类似。第三种观点认为破产制度既非诉讼制度，也非非讼制度，而是一种特殊的程序制度，其论据是：破产制度既有类似诉讼制度的地方，也有类似非讼制度的地方，而且还有一些既不同于诉讼制度也不同于非讼制度的特点。

破产制度的适用范围，各国立法例上表现不同：采商人破产主义的国家，如法国、比利时、意大利等，破产制度是在商法典中设立，破产只对商人适用，而不具商人身份的民事主体不适用破产制度；采一般破产主义的国家，如德国、英国，破产制度适用于一般的人，而不仅仅限于商人，立法上也以独立的法典形式来表现。在中国，依破产法和民事诉讼法的规定，破产制度适用于国有企业、集体企业、私营企业、合资企业、独资企业以及其他具有法人身份的单位，非法人团体、公民个人不适用破产制度。

破产制度由破产申请、破产和解、破产宣告、破产清偿等一系列具体的程序制度构成。破产的功能主要有：在债务人资不抵债时，使债务人的资产公平地在全体债权人中进行分配，保证债权清偿的公正性，保障债权人的债权在最大限度内得到满足，赋予债务人在经济上重新再起的机会，防止社会经济秩序的混乱。

（潘剑锋）

pochan anjian
破产案件（bankruptcy case） 债务人经济困难，无力清偿到期债务，债权人或债务人向法院申请，请求在法律上宣告债务人破产的事件。破产案件的形成，得具备下列两个基本条件：第一，债务人经济上发生困难，无力清偿若干个债权人的到期债务，债务人处于一种资不抵债或支付不能的状态；第二，债权人或债务人向有管辖权的法院提出了破产申请。破产案件的审理适用破产程序：债权人或债务人向债务人所在地法院提出破产申请，破产法院受理案件后，依法定程序主持成立破产管理组织（如债权人会议、清算组织、监察组织等），由债权人会议讨论是否实现破产和解。破产案件审理期间，由清算组接管破产人的资产管理权和代表破产人进行必要的民事活动。破产人具备了破产条件的,由法院宣告破产人破产,破产财产依法定清偿顺序在债权人中进行公平分配。破产案件因债权人与债务人达成和解协议而中止审理,因破产和解协议所约定的和解条件成就或破产宣告后破产清偿程序进行完毕而审理终结。　　　　　　　　　　(潘剑锋)

pochan caichan

破产财产(bankruptcy estate)　破产宣告时至破产程序终结期间,为破产企业(通过破产管理人)所支配并用于对债权人的债权进行清偿的财产。破产财产是债权人通过破产程序接受清偿的物质基础,它的范围的确定直接关系到破产人和债权人的切身利益,因此,各国立法都对破产财产的范围作了限定。在外国立法例中,关于破产财产范围的限定,主要有两种基本模式:膨胀主义和固定主义。膨胀主义认为,破产财产不仅包括破产人在破产宣告时所有的全部财产,而且还包括破产宣告后破产程序终结前破产人所取得的财产。即破产宣告不以破产人被宣告破产时所拥有的财产为限,破产宣告后至破产程序终结前,破产人以其劳动所得的收益,他人赠与破产人的财产,破产人因继承而取得的财产以及以其他方式取得的财产,都属于破产财产,膨胀主义模式将破产宣告后至破产程序终结前破产人所取得的财产列入破产财产,其依据主要是:第一,有利于债权人的债权得到更充分的清偿;第二,可以防止破产人浪费或隐匿所取得的财产;第三,能够避免对破产人实行强制执行或者再施破产程序,并节省破产费用;第四,在实行破产免责主义的情况下,膨胀主义模式的确立,有利于对破产人和债权人利益保护的均衡性。法国、意大利、奥地利、西班牙、瑞典、丹麦、挪威以及南美洲的一些国家的破产立法采取了膨胀主义模式。

固定主义则认为,破产财产只限于破产人在宣告破产时破产人所有的全部财产,而不包括破产宣告后破产人所取得的财产。固定主义将破产财产严格限定于破产宣告时破产人所拥有的财产,其依据主要有:第一,有利于破产程序目的的实现。破产程序设置的主要目的之一是使符合破产条件的债务人及时被宣告破产,并将其财产迅速在债权人中公平分配。将破产财产限定于破产宣告时破产人所拥有的财产,能及时实现上述目的。第二,有助于破产人和债权人达成和解。破产财产以宣告破产时破产人所拥有的财产为限,一方面,债权人可因此利用和解获得比破产分配较多的利益。另一方面,破产人因破产宣告后所取得的财产不为破产财产,而有信心在破产后再创事业,从而有利于双方达成和解。第三,有利于公平对待破产宣告之前和破产宣告之后的新旧债权人,即破产宣告之前存在的债权人的债权从破产宣告破产时所有的财产中清偿,破产宣告之后的债权人的债权从破产人宣告破产后新取得的财产中清偿。第四,有利于鼓励债务人自己申请破产。德国、日本、美国在破产立法中采取了固定主义模式。

在中国,依据《中华人民共和国企业破产法(试行)》、《中华人民共和国民事诉讼法》等有关破产立法的规定,破产财产的范围包括:①破产宣告时非国有企业所有的全部财产或者国有企业所经营管理的全部财产,包括企业所有或企业经营管理的固定资产、流动资金、专项基金、无形资产等;②破产企业在破产宣告后至破产程序终结前取得的财产,包括因破产企业的债务人清偿债务而取得的财产,因继续履行合同所取得的财产,因破产宣告前的投资所取得的利益,因破产产生的孳息,因继续破产企业的营业而取得的财产,等等;③应当由破产企业行使的财产权利,包括应当由破产企业行使的物权、债权、证券权利,破产企业享有的商标权、著作权、专利权,破产企业的投资收益权利,等等都属于破产财产。国家明令禁止强制执行的财产,如武器弹药不得列入破产财产。中国的破产立法中关于破产财产的限定从形式上看,接近于膨胀主义模式,但由于目前破产法律只适用于各类企业法人,而企业法人破产时即丧失了法人资格,因此膨胀主义的立法对法人实际上无多大意义。　　　　　(潘剑锋)

pochan chengxu

破产程序(procedure of bankruptcy)　债务人不能清偿到期债务,人民法院受理当事人的申请后,将债务人的财产公平分配给债权人的特定的审理程序。

　　破产程序的特点　①在我国,破产制度由两部分组成。一部分是《中华人民共和国企业破产法(试行)》的规定,另一部分是《中华人民共和国民事诉讼法》中的企业法人破产还债程序。两部分各有自己的适用范围,也各有自己的特点。②适用范围有限。在我国,破产程序只适用于全民企业、具有法人资格的集体企业、联营企业、私营企业以及设在我国领域内的三资企业。不是法人的企业、个体工商户、农村承包经营户、个人合伙及自然人均不适用破产程序。并且,即使是适用破产程序的国有企业,也作了一定限制,即国有企业因经营管理不善造成严重亏损、不能清偿到期债务的,才宣告其破产。对于政策性亏损或其他原因导致的亏损,均不能宣告破产。对于公用企业和与国计民生有重大关系的企业,政府有关部门可以给予资助或者采取其他措施帮助清偿债务,此种情况下,也不适用破产宣告。③注意破产预防与拯救,即在保护债权人利益的同时,注意给债务人经济复兴的机会。这就是我国的和解与整顿制度。④在宣告企业破产的同时,注意追究破产责任。⑤尊重企业职工的意愿,保护破产企

业职工的权益。

破产案件的审理 根据法律的规定，债权人和债务人都有权申请企业破产。法院对申请经过审查后，认为申请符合条件的，即立案受理，并在规定期限内通知债权人、债务人，发布公告。债权人应在法定期限内申报债权，逾期未申报的，视为自动放弃债权。债权人可以组成债权人会议，讨论通过破产财产的处理和分配方案或者和解协议。同时，国有企业的上级主管机关、非国有企业的债权人或被申请破产的企业可以申请和解和整顿。对具备破产宣告条件的，人民法院即应作出破产宣告的裁定，同时，自宣告企业破产之日起15日内成立清算组，对破产企业的财产进行清理、估价和处理。在进行破产清偿时，应按法定的清偿顺序进行，即在优先拨付破产费用后，按下列顺序清偿：①破产企业所欠职工工资和劳动保险费用；②破产企业所欠税款；③破产债权。破产财产分配完毕，破产程序即告终结。　　　　　　　　　　（万云芳）

pochan faze
破产罚则（bankruptcy penalty rule） 国家法律对负有有关责任的破产人或有关人员给予一定行政处罚或刑事处罚的规定。破产罚则适用的情况有两类：一类是适用于在特定的期间内，实施了妨害公正清偿的行为而严重损害了债权人利益或严重妨碍了破产程序顺利进行的有关责任人员。例如，《中华人民共和国企业破产法（试行）》规定，在人民法院受理破产案件前6个月至破产宣告之日的期间内，破产企业实施了下列行为之一的，除宣告其行为无效外，对破产企业的法定代表人或直接责任人员给予行政处分：①隐匿、私分或者无偿转让财产；②非正常压价出售财产；③对原来没有财产担保的债务提供财产担保；④对未到期的债务提前清偿；⑤放弃自己的债权。破产企业的法定代表人或直接责任人员的行为构成犯罪的，依法追究刑事责任。在中国，对破产犯罪只在破产法中作了原则性规定，未列具体的罪名，刑法典中也未对破产犯罪作具体的规定，对破产犯罪的处罚适用刑法中对相关犯罪的处罚的规定。世界上的许多国家（如德国、法国、瑞士、奥地利等）则在刑法典中专门对破产犯罪作了具体规定，破产犯罪的罪名主要有：①过怠破产罪；②诈欺破产罪；③诈欺和解罪；④破产贿赂罪，等等。破产罚则适用的另一类情况是对企业破产负有一定责任的破产企业法定代表人、上级主管部门的领导人。例如，中国《企业破产法（试行）》规定，破产企业的法定代表人和破产企业的上级主管部门的领导人，因玩忽职守造成企业破产，致使国家财产遭受重大损失的，依照《中华人民共和国刑法》的有关规定追究刑事责任。波兰、南斯拉夫等国的立法例中也有类似的规定。　　　　　　（潘剑锋）

pochan guanliren
破产管理人（bankruptcy trustee） 破产宣告后依一定法定程序产生的、负责破产财产的保管、清理、估价、变卖、分配的职能机关。破产管理人的产生，从各国立法例上看，主要有三种形式：①法院指定。即破产管理人由谁担任、由多少人担任，均由法院决定，债权人会议无权干涉，若有异议，只能向法院提出，但破产管理人的最终确定，决定权在法院。法国、日本、意大利等国实行该种法律制度。②债权人会议选任，即由债权人通过召开债权人会议来选任破产管理人。美国、加拿大、瑞典等国实行该种法律制度。③债权人会议选任或法定权力机关指定，即破产管理人既可以由债权人会议选任，也可以由法律中规定的权力机关指定。例如，英国破产法规定，破产管理人由债权人会议选任，债权人会议也可以授权检查委员会选任，选任的破产管理人应由英国贸易部任命；债权人会议在破产宣告后4周内未选出破产管理人的，则由英国贸易部任命；债权人会议可以另选破产管理人取代贸易部直接任命的破产管理人，但新选出的破产管理人仍需经过贸易部的任命。从各国立法例和破产实践来看，可以被指定或选任为破产管理人的人主要有：律师、会计师、审计师、破产企业的主管部门的职员及相关的专业人士。破产管理人的主要职责是：①接管破产人的破产财产；②在一定条件下继续破产人的生产经营活动；③决定破产人未履行完毕的合同是否继续履行或解除；④保管、清理、变价和分配破产财产；⑤参加有关破产财产的诉讼或仲裁；⑥向法院报告工作。此外，破产管理人还进行一些必要的民事活动或辅助活动，如聘请工作人员为破产管理人进行辅助工作，必要时请求法院召开债权人会议协商有关破产事宜，在破产财产不足以支付破产费用时向法院申请终结破产程序，等等。破产管理人执行职务时接受法院和债权人会议的监督，破产管理人的报酬从破产财产中优先支付。中国法律中未使用破产管理人这一概念，《企业破产法（试行）》和《民事诉讼法》中规定的"清算组织"与破产管理人制度类似（见破产清算组织）。　　　　　　　　　　（潘剑锋）

pochan hejie
破产和解（composition with creditors in bankruptcy） 债务人不能清偿债务时，为避免受破产宣告或破产分配，经与债权人会议协商，就中止破产程序、缓期偿还债务或减免偿还债务以清理债权债务关系问题达成相互的谅解。确立破产和解制度的目的主要在于中止破产程序，给债务人以复苏的机会，以利于那些濒临破产的债务人经过一定的努力得以不被宣告破而继续生存,并使债权人的债权相对得到最大程度的满足。

破产和解制度的形成可溯源于破产法之外的和解制度。在中世纪后期,法国、英国等国家在民法、商法中设立了和解制度,债务人可以利用这些制度来防止破产程序的发生。1883年英国将和解制度引入了破产程序,将破产和解作为破产宣告的前置程序,即在破产宣告前,债务人应与债权人会议协商,如果债务人与债权人会议达成了和解协议,可免受破产宣告。英国的这些做法对英美法系国家影响很大,美国、加拿大、澳大利亚等国的破产法中,都实行了破产和解前置主义。而在大陆法系国家,立法例中采用的是和解与破产相分离主义,即制定单独的和解法,适用于破产申请之前债务人与债权人会议就清偿债务问题进行协商的活动。如日本1922年的和议法、德国1935年的和解法、韩国1962年的和议法等。这些国家除了制定有单独的和解法外,在破产程序中也有关于破产和解的内容,如德国破产法中的"强制和解"制度,日本破产法中的"强制和议"制度等。但是这类制度只适用于破产宣告后破产财产分配前,与破产前置主义适用的时间及功能都有所不同,它们对和解法起着补充作用。我国是在企业破产法中规定了破产和解制度,具体规定为:债权人申请破产,债务人请求和解,应当在人民法院受理破产案件后3个月内提出。

破产和解程序:和解的申请应当由债务人或破产人向法院以书面的形式提出,并同时向债权人会议提交和解协议草案,和解申请经法院审查后,同意申请和解的,由债权人会议对和解协议草案进行讨论。通过和解协议草案,应当由出席债权人会议的有表决权的债权人过半数表示同意,且其所代表的债权额应占全部无财产担保债权额的2/3以上。和解协议草案通过后即形成和解协议。和解协议的主要内容应当包括:债权人的基本情况,债权数额;债务人的基本情况,债务人的财产状况,债务人承认的债务数额;债权人同意减免的债务数额;债务人清偿债务的数额和期限;债权人和债务人对上述内容的认可意见。和解协议应报请法院认可。法院裁定认可和解协议的,破产和解成立,和解协议发生效力,并产生如下法律后果:破产程序中止(如中国)或破产程序终结(如德国、日本、英国等);债务人依和解协议内容履行义务;债权人依和解协议行使权利。若债务人未按规定履行和解协议,则经法院裁定废止和解协议,恢复破产程序或进行破产分配。

中国的破产和解制度与英美法系国家和大陆法系国家相比,还有自己的特点,即破产和解与破产整顿密切相联,在国有企业破产中,和解是整顿的前提,整顿是和解得以实现的手段。如果债权人申请宣告国有企业法人破产的,债务人的上级主管部门在人民法院受理破产案件后3个月内,可以申请对破产企业进行整顿;整顿申请提出后,债务人应当向债权人会议提交和解协议草案;债权人会议与债务人达成和解协议的,经人民法院裁定认可后,发布公告,中止破产程序;债务人进行整顿的期限为两年,整顿情况应当定期向债权人会议报告;债务人经过整顿,能够执行和解协议的,由人民法院终结破产程序;债务人在整顿期间不能执行和解协议,或者财务状况继续恶化,或者实施严重损害债权人利益的行为,由人民法院终结整顿,宣告债务人破产;债务人整顿期满,不能执行和解协议,由人民法院宣告债务人破产。　　(潘剑锋)

pochan jiuji
破产救济(bankruptcy relief) 对因企业被宣告破产而失业的职工或企业濒临破产在法定整顿期间被精简的职工进行救济的一种福利政策。该制度起源于16世纪末的英国,伴随着近代资本主义经济危机的发展变化而日趋完善。目前,在一些经济比较发达的国家(如日本、美国、德国)和一些社会福利较发达的国家(如瑞典、挪威、丹麦),破产救济制度实行得比较全面。破产救济作为一种福利制度,其设立的意义主要在于救济失业工人、满足失业工人的基本生活需求,以稳定社会秩序。破产救济一般是通过设立破产救济基金,向失业工人发放救济金或对待业工人进行转业培训来实行救济的。失业工人领取救济金一般应符合下列条件:①失业是因企业破产或濒临破产而裁员造成的;②失业职工未达退休年龄,合乎一般的就业条件;③失业前一年工作满一定期限(如有些国家规定150天);④已向政府有关部门申请了失业救济登记;⑤领取救济金不得超过一定期限(如有的国家规定救济期限为两年)。此外,因罢工或劳资纠纷而失业的不能领取破产救济金。目前,中国也有类似于破产救济的制度。根据1986年7月12日国务院发布的《国营企业职工待业保险暂行规定》,被宣告破产的破产企业职工或在法定整顿期间被企业精简的职工,在待业期间内可领取救济金。失业前工龄已满5年的职工可以享受2年的救济,待业的第一年每月可领取本人原标准工资的60%至75%的救济金,第二年每月可领取本人原标准工资的50%的救济金;失业前工龄未满5年的职工可以享受一年的救济,救济金标准为本人原标准工资的60%至75%。破产救济因下列情况的出现而停止:①享受失业救济的法定期限届满;②失业职工重新就业;③被救济者无正当理由而两次以上不接受有关部门介绍就业;④被救济者在享受救济期间被劳动教养或被处以刑罚。　　(潘剑锋)

pochan jiuji jijin
破产救济基金(fund of bankruptcy relief) 对因企业被宣告破产而失业的工人或濒临破产的企业在法定整顿期间被精简的职工进行救济的专项基金，为失业救济金之一，主要用于失业津贴和失业保险。破产救济基金的资金来源一般是在职职工、企业交纳及政府的财政补贴。在中国，根据1986年国务院发布的《国营企业职工待业保险暂行规定》，破产救济基金来源于企业交纳（企业工资总额的1%）、银行利息和政府补贴。该资金由破产企业或濒临破产的企业所在地的劳动主管部门所属的劳动服务部门负责管理，该资金主要用于下列情况：①待业救济。失业职工按在职期间的工资的一定比例领取救济金。②失业补助。失业职工的医疗费、死亡丧葬补助费、家庭生活困难补助费等。③被宣告破产的企业或在整顿期间濒临破产企业的离休、退休职工的离休金、退休金。④失业职工的转业培训所需资金。
(潘剑锋)

pochan mianze zhuyi
破产免责主义(doctrine of bankruptcy discharge) 债务人被宣告破产，债权人经破产清偿程序就破产财产进行分配后，其债权未能受清偿部分，在一定条件下，因破产程序的终结而无权再请求债务人予以清偿，即债务人被宣告破产，因破产程序的终结而免除其清偿债权人经破产程序而未受清偿的债权的义务。目前世界上许多国家都将破产免责主义作为破产程序终结的效力之一在法律中予以规定。但在具体制度的运用上，各国法律的规定又有所不同，多数国家的法律规定，破产人在破产后享有免责权益是有条件的；有的国家法律规定，破产人必须是诚实的，且在破产程序中已清偿了50%以上的债务，方可批准破产人获得免责的申请，如英国；有的国家法律则规定，破产人获得免责的利益，应当由法院作出裁定，否则，破产人得对未清偿的债务负全部清偿的责任，如日本；有的国家法律对破产免责的适用所规定的条件很宽，只要破产人没有欺诈的故意，而不论其在破产程序中清偿了多少比例的债务，均可以申请获得免责的利益，如美国。在中国，破产法中没有明确规定是否适用破产免责主义，但从法律规定的破产效力上看，破产免责主义在中国是适用的。《中华人民共和国企业破产法（试行）》规定：企业被宣告破产后，经破产清偿程序，破产企业的财产分配完毕，破产企业对债权人未受清偿的部分债权，一律不再负清偿的义务。
(潘剑锋)

pochan nengli
破产能力(ability of bankruptcy) 法律确定的破产人参与破产诉讼活动的法律资格，即享有破产能力者，可作为破产人参与破产诉讼活动，无破产能力者，则不可作为破产人。世界上相当多数国家在理论上和立法例上均将破产程序视为民事诉讼中的一个特别程序，因此，破产能力的有无与民事诉讼当事人有无诉讼权利能力(即当事人能力)相一致，凡是具有民事诉讼当事人权利能力的人即具有破产能力，在实行一般破产主义的国家(如德国、英国)，即采取该立法例。在实行商人破产主义的国家(如法国)，因破产法只适用于商人而对非商人不适用，故在这些国家，只有商人具有破产能力，而非商人均无破产能力。采取一般破产主义的国家，虽然在立法上确认商人与非商人均有破产能力，但在司法实践中和破产理论上，则认为国家行政管理机构(如政府各部门)，实际上无破产能力，因为这些机构参与破产诉讼活动，有可能导致政府的消亡或国家行政管理上的混乱。在中国，依《中华人民共和国企业破产法(试行)》和《中华人民共和国民事诉讼法》的有关规定，只有企业法人可参与破产诉讼活动，非企业法人则不适用破产法律制度，即只有企业法人具有破产能力，其他法人(如事业法人)、个体工商户、农村承包经营户、个人合伙等均无破产能力，公民个人(即自然人)也不具有破产能力。
(潘剑锋)

pochan puji zhuyi
破产普及主义(general eligibiliyty to bankruptcy) 主张破产宣告的效力及于域外的一种立法原则，与破产属地主义相对应。破产普及主义主张内国法院所作的破产宣告的效力，不仅适用于破产人内国的财产，而且及于破产人位于国外的财产，与破产人的财产有关的利害关系人，不论是公民、法人还是外国人、无国籍人，均受内国法院破产宣告的约束。破产普及主义所主张破产效力的广泛约束力，体现了"一人一破产"的观念，使得债务人的全部财产都能用以偿还债权人的债务，这就为债权人提供了更多的受偿保障，有可能为债权人带来更多的实际利益。但是，在现实生活中，世界各国主权独立，内国法院的破产宣告的效力实际上难以在国外发生效力，破产普及主义的主张缺乏现实基础。因此，虽然有些国家(如英国、法国、比利时)极力主张推行破产普及主义，但是，世界上多数国家在立法上不予采用，而是采用破产属地主义，即主张内国法院的破产宣告的效力只适用于破产人在内国的财产，而不适用于破产人在国外的财产。中国破产法律制度采用的是破产属地主义。
(潘剑锋)

pochan qingchang

破产清偿（**bankruptcy distribution**） 债务人被宣告破产后偿还债务的一种制度。即破产人破产后，由破产管理人将可供清偿破产债权的破产财产在破产债权人中依法定程序进行分配。破产清偿由破产管理人依法定程序进行，其主要特征有：①用于破产清偿的财产必须是破产财产而且是可供于偿还破产债权人的财产。不属于破产财产的他人财产，经破产取回权人、别除权人、破产抵消权人行使权利以及用于支付破产费用的财产，均不可作为破产清偿的财产用于破产清偿。②接受破产清偿的债权人是破产债权人。有财产担保的债权人未放弃优先受偿权利的，可不依破产程序优先受偿；有破产抵消权的债权人，行使抵消权不依破产程序而使债权受抵消清偿；接受破产费用的人可在破产清偿前优先得到支付。上述这些人均不是破产清偿接受的主体。③破产清偿一般情况下由破产管理人负责执行，由法院负责监督。破产清偿一般是根据破产管理人所制作并经债权人会议通过的破产财产分配表来实行的。破产财产分配表由破产管理人根据公平原则来制作，制作出来的分配表必须提交债权人会议讨论，由债权人会议讨论通过，债权人会议讨论未通过的，法院可以根据案件的实际情况作出裁定。经债权人会议通过或法院裁定的分配表由破产管理人负责执行。④破产清偿需按法定顺序进行。目前，多数国家的破产法都对破产清偿顺序作了规定。如德国破产法规定，破产清偿的顺序为：a. 延迟支付的破产开始前或破产人死亡前6个月至1年内应支付的受雇工人的工资报酬，失业补偿金；破产企业代理人的佣金报酬、养老金、社会保险金、联邦机构征收的捐税、滞纳金；b. 以充实国库财产为目的而征收的捐税；c. 与教会或学校有关的债权；d. 用于医生、兽医、药剂师、助产士、护士开支的医疗费、护理费、医药费等；e. 依照法律规定，破产人的子女及其他由他担任监护人的未成年人基于抚养关系而主张的请求权。《中华人民共和国企业破产法（试行）》第37条规定："破产财产优先拨付破产费用后，按照下列顺序清偿：a. 破产企业所欠职工工资和劳动保险费用；b. 破产企业所欠税款；c. 破产债权。"各国法律中之所以要规定清偿顺序，目的是为了在破产清偿过程中保证社会公益的优先实现以及各债权人的公平受偿。破产管理人执行破产清偿时，应依法定清偿顺序进行，上一顺位的请求权得以满足后，下一顺位的请求权才能够清偿；可供分配的财产不足以清偿同一顺位所有请求权的，按比例进行清偿。所有可供清偿的财产分配完毕，破产清偿即告完结。清偿程序终结后，债权人的请求权未得到满足的，在实行破产免责主义的国家，该请求权则不再受法律保护，即该请求权在法律上已无意义，破产人此后无清偿该请求权的法律义务；但在实行破产非免责主义的国家，该请求权在破产人今后具有清偿能力时仍可得到满足。

（潘剑锋）

pochan qingsuan zuzhi

破产清算组织（**liquidation organization**） 中国破产法中设立的与外国立法例中破产管理人类似的一个概念，指由人民法院指定成立，在破产宣告后接管破产企业，负责保管、清理、变价和分配破产财产的专门机构。设立破产清算组织的意义主要在于有效地对破产财产进行管理，维护债权人和债务人双方的合法利益，并保证清偿的公正性和合理性。根据《中华人民共和国企业破产法（试行）》的规定，人民法院应当自宣告破产之日起15日内成立清算组。清算组成员由人民法院从企业上级主管部门、政府财政部门等有关部门和专业人员中指定。清算组可以聘请必要的工作人员。清算组的职能主要有下列几项：①接管破产企业。该职能的行使主要表现为：接受破产企业提交的有关企业财产状况的说明书、债权债务清册、账册、文书、资料、印章；接受破产企业的债务人或财产所有人所清偿的债务或交付的财产；决定是否继续履行破产企业未履行的合同，等等。②对破产企业的财产进行清理、估价和处理。③提出破产财产的分配方案和执行分配方案。分配方案经债权人会议通过并经法院裁定批准后，由清算组负责该方案的执行。④破产财产分配完毕或破产财产不足以支付破产费用，提请人民法院终结破产程序。⑤破产程序终结后，向破产企业原登记机构办理注销登记。清算组织执行职务时，接受人民法院和债权人会议的监督，其报酬从破产财产中优先支付。清算组织因破产程序终结，破产企业注销登记完毕或破产企业与债权人会议达成和解协议而解散。

（潘剑锋）

pochan shenqing

破产申请（**bankruptcy petition**） 在债务人无力清偿到期债务时，债权人或债务人向有管辖权的法院提出宣告债务人破产的请求。从世界各国的立法情况看，不同国家的法律对破产申请的条件规定略有不同：有的规定破产申请的条件是债务人"支付不能"或"停止支付"；有的规定是债务人"资不抵债"；中国的企业破产法中则规定有"企业法人因严重亏损，无力清偿到期债务……"及国有企业作为债务人申请破产的，得经其上级主管部门同意等申请破产条件的内容。尽管各国在立法上对破产申请的条件表现上略有不同，但核心内容均为债务人不能清偿已到期的债务。因此，可以认为债务人不能清偿已到期的债务，是破产申请的基本条件。破产申请既可由债权人也可由债务人向有管辖权的法院(通常为债务人所在地的法院)提出。

债权人申请破产 因直接关系到自己的切身利益,由债权人向法院申请债务人破产的情况在破产实践中十分普遍,各国立法均将债权人申请破产作为一种破产程序开始的形式要件之一。作为破产申请人的债权人须具备下列两个条件:第一,债权人是对被申请人享有现实债权的法人或自然人;第二,债权人对被申请人享有的债权已到清偿期,而有事实证明被申请人无力全部清偿。根据中国有关法律的规定及最高人民法院的司法解释,债权人提出破产申请,得以书面形式,申请书得记明下列内容:①债权人的名称或姓名、住所,法定代表人的姓名、职务。②债务人的名称、住所,法定代表人的姓名、职务、住所。③债权的种类、数额。货币债权,应记明货币的数额。实物债权,应记明实物的名称、数量、质量与价值等。④债权的性质,即债权有无财产担保。⑤债权发生的根据及证明材料。⑥债务人到期不能清偿债务的事实及证明材料。破产申请往往是由一个债权人提出,其他债权人是否在其后再提出破产申请或参加破产申请,中国法律对此无明确规定,依日本国破产法规定,对其他债权人要求参加破产申请的,可直接适用民事诉讼法中的有关共同诉讼的规定,此种作法,在不少国家立法中都有体现。债权人提出破产申请后,债权消灭时效中断。

债务人申请破产 债务人对自己是否有能力清偿已到期的债务较其他人更为清楚,其申请破产在一定意义上讲有利其从沉重的债务中得到解脱,以便日后有机会重振企业。因此,各国立法也赋予债务人申请破产的权利。作为破产申请人的债务人,其自身应当符合下列条件:第一,其资产状况已处于资不抵债或支付不能的状态;第二,是可以适用破产制度实现破产的法律主体,如在法国必须是商人,在中国必须是企业法人。此外,在有些国家,法律还规定,债务人申请破产的,还应具备另外一些条件,如中国企业破产法规定,债务人如为全民所有制企业,其申请破产,应当经其上级主管部门同意。根据中国有关法律的规定及最高人民法院的司法解释,债务人提出破产申请,应当以书面形式并向法院提供下列材料:①企业亏损情况的说明;②企业的会计报表;③企业财产状况明细表及财产的处所;④债务清册和债权清册。

法院对破产申请的审查与受理 无论是债权人还是债务人提出的破产申请,均由法院在一定期限内对申请进行审查,经审查认为申请人的申请不具备形式要件的,裁定不予受理;不具备实质要件的,裁定驳回申请;申请人申请符合法定条件的,立案受理。受理破产申请产生的法律后果是:①与破产财产相联系的个案审理,应当中止诉讼程序;②与破产程序相冲突的民事执行程序中止;③债务人实施的与破产还债相矛盾的个别清偿行为无效。

(潘剑锋)

pochan xuangao
破产宣告(adjudication of bankruptcy) 法院确认并宣布债务人已经不能清偿到期债务的司法行为。法院宣告债务人破产,以债务人具有法定的破产原因为根据。法定的破产原因一般有下列几类:①债务人资不抵债,无力清偿已到期的债务;②破产申请后,债权人会议与债务人未达成和解协议;③和解协议达成后,债务人拒绝履行和解协议或者其财产状况继续恶化使和解协议无法或不可以履行;④和解协议履行期间,债务人有恶意损害全体债权人合法利益的行为,如转移财产、隐匿财产、私分财产、非正常压价出售财产等等。因破产的具体情形是法院认定债务人和宣告债务人破产的条件,所以各国立法例中对此都作了规定。根据《中华人民共和国企业破产法(试行)》的规定,有下列情形之一的,由人民法院裁定宣告企业破产:①企业因经营管理不善造成严重亏损,不能清偿到期债务的(第3条);②企业在整顿期间,因具有该法第21条规定的情形之一而终结整顿的;③企业整顿期满,债务人不能按照和解协议清偿债务的。该法在相关条文中还规定有下列情形之一的,不予宣告破产:①债务人为公用企业和与国计民生有重大关系的企业,政府有关部门给予资助或者采取其他措施帮助清偿债务的;②债务人取得担保,自破产申请之日起6个月内清偿债务的。上述两种情形的存在可排除破产宣告的实施。

宣告破产标志着破产程序进入了实质性阶段。法院对于符合破产条件的债务人应作出裁定宣告其破产。破产宣告的裁定应是书面形式的,其内容主要包括:①破产人的基本情况,即名称、地址、法定代表人等;②破产宣告的理由和根据,即申请人提出的请求、根据,法院认定的事实,法院宣告债务人破产所适用的法律;③破产宣告的结论,即法院宣告债务人破产的结论;④破产宣告后相关工作的安排,即如何成立破产清算组织、债权人如何重新申报债权等;⑤裁定的日期、审判人员署名、人民法院印章。法院裁定作出后,应当公开宣告。破产宣告的裁定不允许上诉。债权人或债务人对裁定有异议的,可以向作出裁定的原审人民法院申请复议,复议期间,不停止破产宣告裁定的执行。美国、英国、德国、日本等国破产法则在不同程度上规定,允许债权人、破产人或利害关系人对破产宣告裁定提出上诉或抗告。如《日本破产法》第112条规定:"对于破产程序之裁判,除本法有特别规定者外,利害关系人可以即时抗告。有裁判公告时,抗告期间为自公告之日起两周。"

破产宣告的法律效力,主要表现为:①对破产人财产权利的限制。即破产人因破产宣告丧失对其财产的管理处分权,破产财产交由破产管理人统一管理,破产人、债权人、债务人以及第三人的相关行为均应向破产管理人报告。②对破产人行为的溯及力,即破产宣告的效力溯及破产宣告前相当期间内债务人的行为而使之归于无效的效力。英国、法国、加拿大等国家的破产法对破产宣告的这一效力在立法中予以了确认。《中华人民共和国企业破产法(试行)》第35条规定:"人民法院受理破产案件前6个月至破产宣告之日的期间内,破产企业的下列行为无效:隐匿、私分或者无偿转让财产;非正常压价出售财产;对原来没有财产担保的债务提供财产担保;对未到期的债务提前清偿;放弃自己的债权。"而德国、日本等大陆法系国家的破产立法则不承认破产宣告对破产人的行为具有溯及力。③破产人未履行的合同,由破产管理人决定解除或继续履行。破产管理人决定解除合同,合同另一方当事人因合同解除受到损害的,损害赔偿额可以作为破产债权。④债权人的债权依法得以实现。破产宣告前有担保债权的债权人,破产宣告后享有别除权,其债权从破产财产中优先清偿,无担保债权人的债权通过破产分配程序实现。⑤破产人的相关人员自由受到限制。具体为:居住限制,即未经法院许可不得擅自离开居住地;资格限制,破产人或破产企业的法定代表人在破产宣告后的一定期限内不能担任一定的公职或从事某类职业,如不能担任律师、公证人、会计师、法人理事、监护人等。并且要承担一定的义务,如向破产管理人和债权人会议说明资产、负债状况等有关事项的义务。许多国家的破产立法对此都有明确的规定。我国破产法的规定是,要求破产企业的法定代表人不得擅离职守。⑥破产宣告的域外效力。破产宣告是否及于破产人的域外财产,各国的破产立法规定各不相同,基本可分为两类:一类是破产宣告不及于破产人的域外财产,只具有域内效力,称为破产宣告的属地主义;一类是破产宣告及于破产人的域外财产,破产宣告具有域外效力,称为破产宣告的普及主义。

(阎丽萍)

pochan yuanyin

破产原因(cause of bankruptcy) 又称破产界限。法律规定的法院确认债务人进入破产程序或法院确认债务人处于破产状态并宣告其破产的事由。各国关于破产原因的立法规定有所差别,从立法例的类型上看,主要有两种形式:一是例举式,如英国、美国均采取此种形式。一是概括式,大陆法系国家多采取此种形式。所谓例举式,即法律明文规定债务人各种构成破产的具体原因,如英国1914年的破产法第1条所列举的破产原因有8种,美国1898年的破产法第3条所列举的破产原因有5种。债务人若具有法律列举的破产原因,就可以被宣告破产。所谓概括式,即法律将各种具体的破产原因概括为一种或若干种抽象的情形,如"停止支付"、"支付不能"、"资不抵债"等。如德国的破产法,日本的破产法,均将债务人不能清偿债权人的债务作为一般的破产原因,以债务人的债务超过其资产作为特殊情形的破产原因,而将债务人对债权人停止支付视为不能清偿或推定为不能清偿。法国商法则将债务人对债权人停止支付作为商人被宣告破产的惟一的破产原因。在中国,依《中华人民共和国企业破产法(试行)》和《中华人民共和国民事诉讼法》的有关规定,中国企业法人的破产原因是作为债务人的企业不能清偿已到期的债务,即不能清偿为破产原因。所谓不能清偿是指债务人缺乏清偿能力,对已经到期的债务,持续地不能予以偿还的客观状态,停止支付或资不抵债,实际上只是不能清偿的不同的表现形式,因此,不能清偿实际上是最本质的破产原因。破产原因一旦形成,会产生一定的法律后果,但因各国破产法律制度不同,破产原因出现后所产生的法律后果也有所不同。在大陆法系国家,如果破产申请人提出破产申请,法院一旦受理申请,确认破产原因存在,随即便宣告破产人破产,因此,在这些国家,进入破产程序后,破产原因一经确认,即可宣告破产人破产,而在中国,破产原因形成,一般只作为破产申请的条件之一,即破产原因经确认,通常只引起破产程序的开始,是否会进而引起宣告破产,往往还取决于债权人与债务人是否能达成和解协议及债务人整顿的结果。

(潘剑锋)

pochan zeren

破产责任(responsibility for bankruptcy) 国有破产企业法定代表人或该企业的上级主管部门的领导人对致使企业破产所应承担的行政责任或刑事责任。《中华人民共和国企业破产法(试行)》规定,破产企业的法定代表人和破产企业的上级主管部门的领导人,因玩忽职守造成企业破产,致使国家财产遭受重大损失的,依照《中华人民共和国刑法》的有关规定追究刑事责任。法律中设立破产责任的目的,是通过制裁导致企业破产的行为的主要责任者,来增强企业法定代表人和上级主管部门领导人的责任感。根据中国法律的规定,破产责任的承担符合下列几个要件:①主体是国有企业中的破产企业的法定代表人或其上级主管部门的领导人。一般员工或非国有企业的法定代表人不能作为破产责任的承担者。②责任者对导致企业破产有玩忽职守的行为。③企业破产致使国家财产遭受了较大或重大的损失。破产责任的承担形式有二:一是行政处罚,如撤职、开除公职等;二是刑事处罚,即处以刑罚。原东欧的一些社会主义国家的破产法律制度中有有关破产责任的规定。如波兰的《关于改善国营企业的经营及其破产的法律》中规定,企业厂长或经理因没有按要求完成本法规定的职责而导致企业破产，该厂长或经理将被撤职，并负有物质上的责任，除非法院确认他对企业破产的原因不承担责任。南斯拉夫1980年生效的《联合劳动组织的财务整顿与清算法》也确定机关负责人对企业破产要承担法律和行政文件中规定的责任。在资本主义国家的破产法中，尚未见到有关破产责任的规定。　　　　　　　（潘剑锋）

pochan zhaiquan
破产债权(claims by creditors in the bankruptcy proceedings)　在破产宣告前成立的、对破产人享有的并且可以依破产程序从破产财产分配中受偿的债权。

　　破产债权的基本特征　①破产债权是针对破产人的一种财产上的请求权。换言之，破产债权应当是债权人对破产人提出的请求权，这种请求权可以用财产予以满足。②破产债权一般成立于破产宣告前，即破产债权发生的原因一般应存在于破产宣告前，而不论该债权在破产宣告时是否已经生效。如未到履行期限的债权、附期限债权、附条件债权等均属破产债权。某些债权因其特殊性，法律规定其虽在破产宣告后成立，但也属于破产债权，如票据付款人的追索权、破产管理人解除合同所发生的损害赔偿请求权。③破产债权是能予以强制执行的债权，即不能予以强制执行的债权不作为破产债权，如基于不法原因产生的债权（如赌债）、可撤销的债权、无效的债权等，均不能作为破产债权。

　　破产债权的范围　各国立法例对此有不同的规定。根据《中华人民共和国企业破产法（试行）》及最高人民法院的有关司法解释，下列债权属于破产债权：破产宣告前成立的无财产担保的债权；破产宣告前成立的放弃优先受偿权利的有财产担保的债权；破产宣告时未到期的债权视为已到期债权（但是应当减去未到期的利息）；有财产担保的债权超过担保物价款部分的债权；代替债务人清偿债务后的保证人的求偿权；破产管理人解除合同的损害赔偿请求权；因合伙关系而产生的债权；因票据关系产生的债权等等。破产债权依破产程序清偿（见破产清偿）。但下列债权不属于破产债权的范围：债权人参加破产程序的费用；破产宣告后的债权利息；因破产宣告不能履约所产生的违约金和滞纳金；未执行的罚金或罚款等等。有些国家的立法中将破产债权分为优先破产债权、普通破产债权和劣后破产债权，如日本。优先破产债权可先于一般破产债权受偿，而劣后破产债权则得在一般破产债权受偿后才有机会受偿（见优先债权、劣后债权）。我国破产法对破产债权没有作如上划分，只规定了破产债权的清偿顺序及同一顺序的破产债权依比例平均受偿的原则。　　　　　　　　　　　　　　（潘剑锋）

pochan zhaiquan biao
破产债权表(list of creditors' claims)　由破产管理人或法院依法定格式制作的记载有破产债权相关内容的表格。主要内容包括：债权人的姓名、地址、债权数额及产生的原因或根据，有优先受偿权的债权内容，有别除权的债权人不能依担保标的物完全受偿的债权额，等等。债权表通常情况下由破产管理人或法院根据各债权人申报的债权材料及债务人提交的债务清册进行制作。由破产管理人制作的债权表，所列债权数额及债权是否存在，均依据债权人提交的债权材料或债务人提出的债务清册，破产管理人因无权审查债权是否确实存在或债权数额确实数目而不可减列或变动债权数额。如果债权人对债权表中所列的债权内容有异议，可向债权人会议提出异议，并由法院对异议作出裁定。由法院制作的债权表通常也应提交债权人会议讨论，经讨论决定确认的债权内容，由法院书记员作成笔录，以此作为债权表内容最终确定的根据。经债权人会议通过的债权表经法院确认后，与法院生效判决具有同等的法律效力。中国破产法中未具体规定破产债权表制度，但在实务中有类似破产债权表制度的实践活动。　　　　　　　　　　（潘剑锋）

pochan zhengdun
破产整顿(bankruptcy reorganization)　中国企业破产法中特有的规定由债权人申请宣告国有企业法人破产时，债务人与债权人达成的和解协议生效后，由债务人的上级主管部门负责主持并采取相关措施，力求和解协议能够得到执行以避免债务人被宣告破产的法律制度。

　　破产整顿只适用于由债权人提出申请宣告国有企业法人破产的案件。债务人为非国有企业的法人、组织以及债务人虽然是国有企业，但破产申请由债务人自己提出的，均不适用破产整顿。破产整顿以债务人的上级主管机关同意对作为债务人的企业进行整顿，债务人与债权人会议达成了和解协议为前提条件。在人民法院受理了破产案件3个月内，债务人如果与债权人会议达成了和解协议，则导致破产程序中止，债务人开始整顿。破产整顿由债务人的上级主管部门负责主持，整顿工作按破产整顿方案进行。破产整顿方案由债务人及其上级主管部门提出并经职工代表大会讨论通过，该方案的主要内容应当包括：企业达到破产界限的情况报告，对企业达到破产界限的原因的分析，调整或组建企业新的领导班子的计划，改善企业经营管理的有效措施，使企业扭亏为盈的具体办法，整顿的期限及整顿要实现的目标。依法律规定，整顿期限最长不超过2年。在整顿过程中，债务人应当定期向债权人会议汇报企业整顿的进展情况，并听取债权人会议的意见。整顿进行的结果有两个：一是整顿达到了预期的目的，在此情况下，整顿正常终结，和解协议得到圆满执行，破产程序因此而终止；一是整顿未达到预期的目的，在此情况下，法院裁定恢复破产程序。此外，如果在整顿过程中，出现了下列情况：①债务人不执行和解协议；②债务人财务状况继续恶化；③债务人实施了严重损害债权人利益的行为，如隐匿、私分或无偿转让财产、非正常压价出售财产、对原来没有财产担保的债务提供财产担保、对未到期的债务提前清偿、放弃自己的债权等等，法院应当根据债权人的申请依法裁定终结整顿，继续破产程序。

破产整顿的目的是为了挽救濒临破产的国有企业，给其以复苏恢复活力的机会。该制度是与和解制度密切联系在一起的：和解是整顿的前提，整顿是和解成立的结果，并是和解目的得以实现的主要手段。破产整顿与和解制度为避免债务人被宣告破产共同发挥作用。

（潘剑锋）

pochan zhidu

破产制度（system of bankruptcy） 在企业资不抵债不能履行到期债务的情况下，用以调整债权债务关系和解决债务清偿问题的法律制度。破产制度是基于商品生产和市场经济下企业优胜劣汰的客观规律，企业存在严重亏损和无法清偿债务的客观事实，而建立的一项独特制度。其内容既包括民事的，如债权债务的确认，又包括刑事的，如企业的法定代表人的犯罪行为要受刑事处罚；既有实体的，如对债权债务的清理清偿，又有程序的，如和解程序和宣告破产及其之后的系列程序。但是，破产制度主要是和解与破产两个阶段的程序制度，主要是解决特定情况下债权债务问题的制度，因而它属于民事程序制度的系列，是民事程序制度中的独特制度。其独特性在于，它处理债权债务问题，但不是解决债权债务之争，而不同于一般诉讼程序制度；它确认破产的客观事实，但要实现清偿方案，而不同于非讼的特别程序制度（见特别程序）；它的清偿分配方案要付之执行，但执行的只是法院加以确认的方案，不是法院的裁判，而不同于法律文书的执行程序制度。因此，破产制度是兼有诉讼、非讼、执行某些表现形式而又具有其特点的独特的程序制度。破产制度的功能在于，运用和解，调整债权债务关系，改善企业经营管理，增强企业活力；宣告破产防止债务人财产的耗损，保护权利人的利益；通过清理清偿使债权人获得公平受偿，从而结束债权债务关系，消除社会经济运行和发展中的阻梗状态。

破产制度在不同的国家其适用范围不尽相同。从对人的范围看，在采取商人破产主义的国家，仅适用于商人；在采取一般破产主义的国家，不仅适用于商人，对自然人、法人也适用。我国破产制度只适用于国有企业和非国有的企业法人。从对财产的范围看，采取普及主义的国家，企业在国内和国外的财产均属于破产财产；采取属地主义的国家，破产财产仅限于企业在国内的财产；兼采普及主义和属地主义的国家，企业在国内的财产以及在国外的动产属于破产财产，而在国外的不动产不属于破产财产之内。我国破产制度采取属地主义，破产财产限于企业在我国领域内的财产，不及于企业在国外的财产，但外国法院破产宣告及于债务人在我国领域内的财产的，我国法院的破产宣告也可以及于债务人在该国的财产。

（刘家兴）

putong chengxu

普通程序（common procedure） 人民法院审理第一审民事诉讼案件通常所适用的诉讼程序，属于我国民事诉讼程序的有机组成部分。在一审程序中，除了简单的民事诉讼案件适用简易程序审理外，其他的民事诉讼案件均应依照普通程序进行审理。普通程序在民事诉讼程序中，处于十分重要的地位，起着其他程序所无法替代的作用。

普通程序的特点 首先，普通程序是民事诉讼程序中体系最完整、最系统、内容最充实、最完备的一种程序。普通程序囊括了从当事人起诉到一审法院作出判决的基本方式、步骤和程序，同时对诉讼程序中的基本制度和具体制度作了专门的规定，如起诉和受理制度、庭审制度、裁判制度、诉讼中止和终止制度。普通程序科学安排了程序排列的层次性和渐进性，使得程序之间紧密连接，制度之间互有联系。其次，普通程序是独立的诉讼程序。普通程序从收案到结案有自己独立的程序制度，同时，适用普通程序审理案件，除了贯彻民事诉讼法的基本原则和适用总则编的基本制度外，不需要适用其他程序的有关规定，它是独立运行的诉讼程序。再次，普通程序是整个民事诉讼程序的基础，其本身具有广泛的适用性。在我国，诉讼程序有普通程序、简易程序、二审程序、审判监督与申请再审程序。这些程序皆以普通程序为基础，如简易程序是普通程序的简化，同时，简易程序没有规定的，仍应适用普通程序的有关规定。另外，在适用简易程序对案件审理的过程中，发现案件属于非简单的民事诉讼案件，则应终结简易程序，改用普通程序审理。再如，二审程序是一审终结后的续审程序，它只就自己的特点在程序上作出了规定，对于二审程序中未规定的，可以适用普通程序的有关规定。再如，审判监督与申请再审程序，主要是对案件提起再审作了规定。案件再审时按照一审程序审理的,自应适用普通程序;再审时按照二审程序审理。二审程序中未规定的,也应适用普通程序的有关规定。在我国,由于不存在一个单独的程序通则的规定,而普通程序又规定得最完整、最系统,成为整个民事诉讼程序的基础,因而,实际上,普通程序起到了一个程序通则的作用。

普通程序的审判组织 人民法院依照普通程序对案件进行审理时,必须依法组成合议庭进行。根据我国《民事诉讼法》的规定,合议庭有两种组成方式,一是由审判员组成合议庭,一是由审判员和陪审员共同组成合议庭。不论组成方式如何,合议庭的人员都必须是单数。

普通程序的审理期限 根据我国《民事诉讼法》的规定,人民法院适用普通程序审理案件,应在立案之日起6个月内审理终结。有特殊情况需要延长的,报请院长批准,批准所延的期限,最长不得超过6个月。在上述期限尚未审理终结、还需延长的,由受诉法院报请上级法院批准。至于延长多长时间,则由上级法院决定。

(万云芳)

putong shuzheng

普通书证(normal documentary evidence) 又称一般书证。根据法律的要求,只需记载明确的思想内容或明确的意思表示,而无需采用一定的形式、经过一定程序制作的书证。例如普通的未经公证或鉴证的书面合同。普通书证与特定书证相对称,特定书证是指根据法律规定或当事人约定,完成某种法律行为必须采用特定的书面形式,用以证明这些法律行为有效的特定书面材料即是特定书证。比如公证、鉴证、注册、登记等。普通书证在一般情况下没有统一的内容和格式,其证据力相对来讲比较弱。特定书证由于必须具备一定的格式和要求,其证据力相对来说比普通书证要强。

(丛青茹)

putong zuijiu

普通醉酒(general intoxication) 又称寻常醉酒或生理性醉酒。短时间内过量饮酒后出现的急性醉酒状态。醉酒者的精神活动表现为随着饮酒量的增多,由兴奋转为抑制,最后可导致饮酒者呼吸、心跳停止而死亡。普通醉酒持续的时间多在数小时至一日。清醒后精神活动完全恢复正常,而对醉酒过程中的事物不能回忆。在普通醉酒过程中,大脑的自控能力逐渐减弱,醉酒者可对周围实施危害行为,甚至可造成严重的危害结果。这种人在每次饮酒前和饮酒中,都对自己的行为有充分的辨认能力,对自己酗酒行为的后果也有充分的预见性。只要主观上稍加努力,便可完全控制自己不出现醉酒,这种醉酒属于自限性精神障碍范畴。醉酒者在此状态下实施危害行为,应承担完全刑事责任。

(孙东东)

Q

qijian

期间(time period) ❶从某一时间起至另一时间止的一段时间,如某日至某日,某月某日至某月某日等。刑事诉讼期间是指法律规定的人民法院、人民检察院和公安机关,以及当事人和其他诉讼参与人进行某种诉讼活动所必须遵守的时间期限。法定期间有两种:一是公、检、法机关在执行刑事诉讼职能时应当遵守的期限,如关于对犯罪行为的追诉时效,关于对犯罪嫌疑人、被告人拘留、审查批准逮捕和羁押的期限,关于一审、二审的审判期限以及关于执行死刑命令交付执行的期限等。二是当事人和其他诉讼参与人在一定期限内,应当或可以为某种诉讼行为的期限,如自诉人和被告人上诉的期限,被害人和被害人提出申诉的期限等。除了法定的期间,还有指定的期日。期日是司法机关与诉讼参与人会合进行某种诉讼行为的时间,是一个特定的单位时间,如某日某时,某月某日等。期间与刑事诉讼法和刑事诉讼主体、其他诉讼参与人的一定的诉讼行为及其权利义务相联系,关系到刑事诉讼活动能否及时、顺利进行,当事人的合法权益能否得到保障,以及能否依法办事、正确处理案件等重要问题。超过一定的时限,会产生一定的法律后果。

❷人民法院和诉讼参与人实施诉讼行为的期限和日期。广义的诉讼期间包括期限和期日,狭义的诉讼期间仅指期限。期限和期日的含义不同。期限指的是一段时间,是法院或者诉讼参与人单独实施某种诉讼行为的时限;期日指的是某一天,是法院与诉讼参与人会合进行诉讼行为的具体日期。期限开始时,不一定立即开始实施某种诉讼行为,只要在该期限内实施均有效;而期日到来时,则必须马上开始实施某种诉讼行为。期限有法律规定和法院指定两种,期日一般由法院指定。虽然期限和期日都属期间范畴,但由于期日均由法院指定,法律上并不需要作强制性规定,因此世界上多数国家的法律并未对期日作专门规定,我国的民事诉讼法也是如此。因此,这里的期间只指期限,是狭义上的期间。设立期间制度的意义,一方面在于保障纠纷得以及时的解决,避免争议的法律关系无限期地处于不稳定状态;另一方面,可以使法院协调各方诉讼参与人的诉讼行为,指挥诉讼有秩序地顺利进行。此外,期间制度也有利于保护诉讼参与人,尤其是当事人的合法权益,保证他们有合理的期限实施诉讼行为。

期间有法定期间和指定期间两种。期间的计算,以时、日、月、年为单位。期间开始时的时、日不计算在内。期间的届满日为期间的最后一天,如最后一天是法定节假日的,以节假日后的第一天为期间的届满日。这里所说的节假日必须是国家规定的休息日,如国庆节、元旦及每周的双日休息日等;而其他诸如厂休日等各单位自定的休息日不在此列。以月计算的,应按公历开始月的某日至期满月的相当开始日的前一日为期满之日。计算期间时,应将诉讼文书传送的在途时间除去,即诉讼文书在期间届满前交邮的,不算过期。诉讼文书的交邮日期,应以邮局加盖的邮戳上的日期为准。

期间可能因当事人在法定期间或者指定期间内没有进行应为的诉讼行为而耽误。当事人在诉讼期间内进行特定的诉讼行为,本来是为维护自己的合法权益,而耽误了期限则意味着丧失了某种权利。如当事人在一审判决宣判后的法定期间没有提起上诉,则丧失上诉的权利。而如果法律规定因误期应负一定责任的,当事人还应承担一定责任。如当事人在接到已生效的判决后未在指定期间内履行给付金钱义务的,应当加倍支付迟延履行期间的债务利息。但是如果期间的耽误并非当事人的责任,而是基于不可抗拒的事由或者其他正当理由,在障碍消除后的法定期间内,可以向法院申请顺延期间。对当事人恢复诉讼行为的申请是否准许,由人民法院裁定。只有经人民法院裁定同意之后才能发生法律效力,引起诉讼期间的恢复;如果认为当事人所提申请不属于不能抗拒的原因或其他正当理由,则裁定予以驳回。 (何 晨 朱一心)

qijian de jisuan

期间的计算(count length) 计算刑事诉讼期间时应当遵循的规则。依据有关法律规定有如下规则:①我国刑事诉讼期间的计算计量单位有时、日、月三种,不包括开始的时和日,以月计算的应按公历开始月的某日至期满月的相当开始日的前一日为期满之日。②期间届满之日如果是法定节假日的,应当顺延至节假日后的第一个工作日。③对于法定期间的计算,不包括路途上的时间。④通过邮寄的上诉状或者其他文件,应以当地交邮局盖印邮戳的时间为标准,而不能以邮件到达的时间为标准。换言之,在期满前已经交邮的,尽管到达司法机关时已过了法定期限,也不算过期。⑤在侦查期间,发现犯罪嫌疑人另有重要罪行,重新计算侦查羁押期限。⑥公安机关或者人民检察院补充侦查完毕移送人民检察院或人民法院后,人民检察院或者人民法院重新计算审查起诉或者审理期限。第二审人民法院发回原审人民法院重新审判的案件,原审人民法院从收到发回案件之日起，重新计算审理期限。⑦人民检察院和人民法院改变管辖的公诉案件，从改变后的办案机关收到案件之日起计算办案期限。⑧对犯罪嫌疑人作精神病鉴定的期间，不计入办案期限。　　　　　　　　　　　　（朱一心）

qiri
期日（date）　法院与当事人及其他诉讼参与人会合进行诉讼行为的日期，如开庭审理日、判决宣告日等。期日一般由法院预先决定，并按规定的方式通知当事人及其他诉讼参与人。但适用简易程序审理案件时，法院决定的期日由审判员以简便的方式通知。期日是与期限相对应的，一般由法院依职权决定。期日一经指定，一般不应更改，但如果有重要理由，也可由法院变更或者延展。变更是指在期日到来前，决定取消原定期日，而另定新期日。延展是指期日到来后，原定的诉讼行为没有实施或者尚未完成，由法院另定实施或者完成该诉讼行为的期日。前者如当事人因临时生病或其他不可避免的障碍而不能按时出庭，法院可变更开庭日期。后者如因当事人申请回避而不能开始审理或者已开庭审理因尚需补充证据而不能终结审理，则法院可决定延展期日。期日的变更或延展，除法律有规定的外，由审判长或者独任审判员决定，并予以宣告。

不在所确定的期日到场，往往产生一定的法律后果。和期间相比，期日具有以下特点：①期日是一个特定的单位时间，是在法定期间内所确定的进行某一诉讼活动的具体日期。②期日是公安司法机关和诉讼参与人共同进行某项刑事诉讼活动的时间，遇有重大理由时，可以变更或者延展。③期日只规定开始的时间，不规定终止的时间，以诉讼行为的实际完毕为结束。严格遵守期日，对于保证刑事诉讼活动及时和顺利进行，提高办案效率，使当事人及其他诉讼参与人免遭讼累，加强执法的统一性和严肃性，有重要的意义。

（何　畏　朱一心）

qita susong feiyong
其他诉讼费用（other expense and costs in litigation）　民事诉讼当事人在进行诉讼过程中实际需要支出的并依法律规定应当向法院交纳的费用，亦可称实际支出费用。它和案件受理费共同构成诉讼费用，所不同的是其他诉讼费用的数额在诉讼进行之前是无法确定的，它只能根据案件的实际需要和支出情况加以计算确定。依照最高人民法院制定的《人民法院诉讼收费办法》，我国诉讼费用中的其他诉讼费用包括以下几部分：

（1）勘验费、鉴定费、公告费、翻译费（当地通用的民族语言、文字除外）。勘验费是法院在民事诉讼中根据诉讼的需要，对与案件有关的现场、物品进行勘验时支出的费用。鉴定费是法院在民事诉讼中，根据诉讼的需要，聘请专门机关、专门人员对与案件有关的标的物、书证或物证进行科学鉴定所支出的费用。公告费是法院进行公告寻找、传唤当事人，公告送达诉讼文书，公告破产事宜，公示催告中进行公告所支出的费用。翻译费是法院在民事诉讼中为不通晓当地语言文字的当事人或外国当事人提供翻译所支出的费用。

（2）证人、鉴定人、翻译人员出庭的交通费用、住宿费、生活费和误工补贴费。

（3）采取诉讼保全措施过程中实际支出的费用。

（4）执行法律文书过程中实际支出的费用。

（5）人民法院认为应当由当事人负担的其他诉讼费用。

其他诉讼费用的数额按实际支出的情况确定。它既可以在诉讼开始前由法院按案件的情况决定让当事人预交，也可以先由法院垫付，在案件审理或执行终结后由当事人支付。但最终其他诉讼费用的负担和案件受理费一样，都是以"败诉方当事人负担"为原则。

（阎丽萍）

qisu
起诉（prosecution）　法定的机关或个人针对犯罪嫌疑人所犯的犯罪行为，依照法律规定向有管辖权的法院提出控告，请求法院对其进行实体审判，予以刑事惩罚的一种诉讼活动或程序。起诉的成立以提起诉讼的机关或个人享有起诉权为前提，无起诉权的机关或个人提起的诉讼不能产生预期的法律效果；起诉以请求法院对犯罪嫌疑人的犯罪行为进行实体审判，并追究其刑事责任为目的，因此，起诉只能向有审判权的法院提出，如果向其他机关提出，也不能产生预期的法律效果。同时，从效力上看，起诉是审判的前提和基础，是任何审判发生都不可缺少的诉讼条件。如果未经合法有效的起诉，法院就不能对刑事案件进行审判，也不能对任何人适用刑罚。比较世界各国关于刑事案件起诉的具体程序，不仅不同法系的国家之间有区别，即使是同一法系的国家之间也有差异。但是，从起诉的方式上看，基本上可以分为两种：一种是公诉，另一种是自诉，在我国，实行公诉（见提起公诉）和自诉两种起诉方式并存，以公诉为主、自诉为辅的起诉制度。（王　新）

qisu bianyi zhuyi
起诉便宜主义（doctrine of prosecuting discretion）　又称为起诉裁定原则，与起诉法定主义相对。

其基本含义是，检察机关在追诉犯罪过程中拥有一定的自由裁量权，对于具备法定追诉条件的刑事案件，可以斟酌各方面的情况，在认为对犯罪人不起诉更为适宜时，可以作出不起诉的决定。这种决定一旦生效，即相当于对被追诉人的无罪判定。

起诉便宜主义的产生晚于起诉法定主义，它不是对后者的完全取代，而只是一种必要的补充。大陆法系国家之所以要采纳这一原则，主要是基于提高诉讼活动的经济效益的考虑，同时也与"社会防卫论"这一刑罚目的论的广泛传播有关。《德国刑事诉讼法典》第153条至第154条明确列举了检察官不起诉决定的具体适用场合。《日本刑事诉讼法典》第248条规定："根据犯人的性格、年龄及境遇、犯罪的轻重及犯罪后的情况，没有必要起诉时，可以不提起公诉。"从各国刑事诉讼法有关规定来看，起诉便宜主义主要适用于以下几种情况：①轻微案件；②无关紧要的附属行为；③少年犯罪案件；④"附条件考验"意义上的情况。在最后一种情况下，检察官对具备追诉条件的犯罪，斟酌犯罪者个人情况，可予以暂缓起诉（起诉犹豫），这是一种附条件的不起诉，如果被宣告缓予起诉的人具备起诉的法定条件，仍可以起诉。

（陈瑞华）

qisu fading zhuyi
起诉法定主义（principle of legal prosecution）
与起诉便宜主义相对。大陆法系各国在刑事诉讼法中确立的原则之一。其基本含义是：检察机关负有追诉犯罪的法律义务，对于已有足够事实根据的犯罪行为应当向法院提起公诉，而无权自行处理。《德国刑事诉讼法典》第152条第2款及《意大利宪法》第112条均明确规定了这一原则。

起诉法定主义是从刑事诉讼中的国家追诉原则（见国家追诉主义）和不告不理原则衍生出来的。因为刑事追诉既然由国家专门机构依其职权进行，而追诉权与审判权又分别由检察机关和法院负责行使，那么检察机关负有追诉犯罪的义务就属于当然的结果。实行起诉法定主义，可以强化检察机关在追诉犯罪过程中的责任意识，加强法院对刑事追诉活动的司法控制，限制检察官在起诉方面的自由裁量权和处分权，避免因检察官不起诉而使那些符合法定条件的犯罪行为得不到公正的惩罚。但是，绝对地坚持起诉法定主义，对一切符合犯罪构成要件的行为不分情节轻重和影响大小而一律提起公诉，也会带来一些消极的后果。如法院工作负担增加，案件大量积压且久拖不决，影响法院集中司法资源审判那些重大刑事案件，有违诉讼经济原则。因此，一些西方学者又提出了起诉便宜原则（见起诉便宜主义），并被一些国家的刑事诉讼立法所采纳。但起诉便宜主义并不是对起诉法定主义的单纯取代，而是以后者为主，前者对其进行必要的补充。同时，各国立法部门为调和在改革和设计本国的刑事起诉制度时，均要对上述两个原则加以考虑和权衡。

为确保起诉法定主义的适当实施，大陆法系各国均建立了一些旨在限制检察官自由裁量权的制度。如德国刑事诉讼法规定，对检察官所作的不起诉决定，法院经依法审查认为其不合法或不适当的，有权强制检察官提起公诉。日本法律也确立了准用起诉制度和检察审查会制度，使检察官的不起诉决定受到法院和民众的审查和制约。

（陈瑞华）

qisu he shouli
起诉和受理【民诉】（sue and hear） 起诉是指当事人以一定的民事权益争议，依法向人民法院提起诉讼，受理是指人民法院依法接受对案件的审理。起诉和受理，是指依法提起的诉讼，才能获得人民法院的受理，人民法院依法予以受理，起诉才能成立。起诉是当事人行使诉权的诉讼行为，受理是人民法院决定立案审理的职权行为。二者结合，诉讼才能成立，诉讼程序才能开始。其结合点是我国《民事诉讼法》第108条所规定的起诉条件。符合起诉条件的，经法院审查，予以受理。

起诉的条件 亦称起诉的要件，具体包括以下几个方面：①原告是与本案有直接利害关系的公民、法人和其他组织。这是对行使起诉权人的资格要求，也是起诉人获得原告称谓的条件。②有明确的被告。这是明确有争议法律关系相对方，以确定诉讼标的及相对方的诉讼地位。③有具体的诉讼请求和事实、理由。根据法律关系提出诉讼请求，以确定诉的性质；指出法律关系发生、变更、消灭的事实、理由，以及发生纠纷的事实和具有的理由，以证明其诉讼请求。④属于人民法院受理民事诉讼的范围和受诉人民法院管辖。这是解决争议的主管和诉讼的管辖，即所诉之事项只能是法院主管的事项，向其起诉之法院必须是对该诉讼有管辖权的法院。四个要件必须同时具备，缺一不可。如其有欠缺，受诉法院有权责令原告限期补正。

起诉方式 起诉应以书面为之，这是原则，这是基于起诉的必要性和法律的严肃性所确定的。起诉的必要性，一是原告要求司法保护之必要性，二是法院审查起诉之必要性，三是供对方应诉答辩之必要性。法律的严肃性，一是起诉发生诉讼法律关系，二是确定原、被告的诉讼地位，三是确定该争议由该法院审判。但是，有原则也可以有例外，公民书写诉状确有困难的，可以口头起诉，由受诉法院制成笔录，并告知对方当事人。依民事诉讼法的规定，适用普通程序的以书面起诉为原则，口头起诉为例外；适用简易程序审理的，可以口头起诉。

（刘家兴）

qisu longduan zhuyi
起诉垄断主义（principle of monopoly prosecution） 日本刑事诉讼法确立的诉讼原则之一。又称为起诉独占主义。其基本含义是：对于一切刑事案件，不论其性质以及所涉及的罪行的轻重程度如何，一律由检察机构代表国家提起公诉。在这一原则的影响下，日本刑事诉讼法没有建立自诉制度，被害人或者其他公民个人无权向法院提起刑事诉讼。同时，提起公诉是检察机关专属的权力，其他任何国家机关均无权行使这一权力。实行检察官的起诉垄断主义，可以确保检察官统一、公平地行使公诉权，避免刑事诉讼的提起受到公民个人感情或者地方情况的左右。这是彻底贯彻国家追诉主义的基本保证。　　　（陈瑞华）

qisushu
起诉书【刑诉】（bill of prosecution） 人民检察院认为犯罪嫌疑人的犯罪事实已查清，证据确实、充分，依法应当追究刑事责任，决定代表国家向同级人民法院对犯罪嫌疑人提起诉讼，要求对犯罪嫌疑人判处刑罚所制作的法律文书。起诉书是检察机关以国家公诉人的名义制作的，因而通常又称为公诉书。在刑事诉讼中，起诉书是检察机关的重要司法文书，是侦查工作的概括性总结，是人民法院对犯罪嫌疑人进行审判的依据，不仅关系到犯罪嫌疑人的切身利益、辩护人的辩护以及法院审理的基本范围，而且体现着刑事诉讼的公诉性质和法律文书的强制性、严肃性，因此，检察机关必须认真制作起诉书，忠实于事实真相和国家法律，对案情既不能扩大，也不能缩小，更不能隐瞒事实真相或曲解法律。而且，对于起诉书的制作，要求做到文字通顺明确，叙述事实清楚，说理充分，运用法律准确，结论与罪行一致。根据司法实践的经验总结，起诉书的内容主要有以下几部分：犯罪嫌疑人的基本情况；犯罪事实和证据；起诉的理由和法律依据；附注。起诉书由检察长或承办的检察员署名，正本和副本都应加盖人民检察院的印章。　　　　　　　（王　新）

qisu yijianshu
起诉意见书（an opinion recommending prosecution） 除人民检察院以外的依法享有侦查权的机关将侦查终结的案件，移送同级人民检察院，要求对犯罪嫌疑人提起公诉而制作的诉讼文件。制作起诉意见书的机关包括公安机关、国家安全机关以及依法行使侦查权的军队保卫部门、监狱等。制作起诉意见书的条件是犯罪事实清楚，证据确实、充分，对犯罪嫌疑人应当追究刑事责任的案件。起诉意见书的内容大致有四个部分：①标题和犯罪嫌疑人身份、地址、基本情况等；②犯罪嫌疑人的犯罪事实；③起诉意见的理由、法律根据；④附注，包括被羁押的犯罪嫌疑人的羁押处所、附送预审卷宗、证据清单。如果有刑事附带民事诉讼的，应当在起诉意见书上注明。　（项振华）

qisu yu shouli
起诉与受理【行政诉讼】（impleading and acceptance） 行政诉讼一审程序中的第一个诉讼阶段，也是必经阶段。

起诉　行政诉讼中的起诉，是指公民、法人或其他组织认为行政机关的具体行政行为(见可诉性行政行为)侵犯其合法权益，而请求法院行使国家审判权，依法予以保护的诉讼行为。起诉是宪法和法律赋予当事人的一项重要权利，任何单位和个人不得剥夺。起诉具有以下特点：①它是原告单方的诉讼行为；②它是原告对法院所为的诉讼行为；③它是原告针对被告所为的诉讼行为；④它是引起行政诉讼第一审程序发生的诉讼行为。起诉必须符合一定的条件(见行政诉讼起诉条件)。关于起诉的方式，根据我国《行政诉讼法》规定，只能采用书面起诉方式，即原告应当向法院递交起诉状。起诉状的内容一般包括：①当事人的基本情况；②诉讼请求和所根据的事实与理由；③证据和证据来源，证人姓名和住址；④受诉法院的名称和起诉的时间，并由原告签名或者盖章。原告在向法院递交起诉状时，应当按照被告的人数一并递交起诉状副本。关于起诉的程序问题，主要涉及原告提起行政诉讼前应否经过行政复议程序。根据《行政诉讼法》规定，在处理起诉与行政复议的关系上，我国的做法是以当事人自由选择为原则，以复议前置为例外(见行政诉讼与行政复议)。关于起诉的期限，根据《行政诉讼法》规定，因原告的起诉是否经过行政复议程序而有所不同(见行政诉讼起诉期限)。

受理　行政诉讼中的受理，是指人民法院对原告的起诉进行审查后，认为符合法律规定的起诉条件，决定立案审理的诉讼行为。受理与起诉不同，它是法院单方的诉讼行为。只有原告的起诉行为与法院的受理行为相结合，行政诉讼审判程序才能开始。法院在决定是否受理行政案件前，必须对原告的起诉进行审查，然后根据不同情况作出不同处理。法院一旦受理原告的起诉，便标志着法院与当事人和其他诉讼参与人之间发生了诉讼法律关系，标志着行政诉讼审判程序的开始，并将产生一系列的法律后果(见行政诉讼的受理)。　（谭　兵）

qisuzhuang
起诉状【民诉】（complaint） 简称诉状，诉讼文书之一种。原告向人民法院递交之起诉书状。民事权利义务关系人,以一定的法律关系为诉讼标的,向人民法院提起诉讼,除法律另有规定外,一律应递交起诉书状。其意义在于:①原告将争议诉诸法院,要求通过诉讼的方式,求得法院作出有利于自己的裁判。②通过诉状的内容,反映原告的诉讼请求和有必要进行诉讼的事实、理由。③法院通过对诉状内容的审查,作出对起诉是否受理之意思表示。④起诉一经受理,即发生诉讼之法律关系。

起诉状的内容由法律规定应记明的事项所构成。我国《民事诉讼法》第110条规定之内容有三:①当事人的姓名、性别、年龄、民族、职业、工作单位和住所,法人或者其他组织的名称、住所和法定代表人或者主要负责人的姓名、职务。当事人包括原告和被告。其他组织的主要负责人,是指它的代表人或者管理人。②诉讼请求和所根据的事实与理由。这既是起诉的要件之一,也是诉状的实质内容,双方当事人围绕此项内容展开诉讼活动,人民法院也以此为基点展开审判活动。③证据和证据来源,证人姓名和住所。证据既是证明案件事实的根据,也是证明原告主张的事实是否存在,以及起诉可否成立之根据。此外,起诉状还应写明受诉法院的全称和起诉的年、月、日。由起诉人签名或者盖章。其内容有欠缺的应即时补正,并按被告的人数提交相应数的起诉状副本。

原告以口诉的方式起诉,由法院指定人员记入笔录,其笔录虽不同于起诉状的形式,但具有起诉状所包括之内容,因此与递交之起诉状具有同等意义。原告之口诉笔录,法院可以制成抄件送达被告,或者将其主要内容口头告知被告。

起诉状既是原告向法院提起诉讼之诉讼文书,又是对被告提出诉讼请求的诉讼文书。原告提交起诉状副本,由法院送达被告,一是完成起诉之程序,二是被告应诉、参加诉讼以行使其权利之根据。 (刘家兴)

qisuzhuang yiben zhuyi
起诉状一本主义(principle of only bill of prosecution)
又译为惟起诉书主义,与卷宗移送主义相对。指检察官在提起公诉时,只向有管辖权的法院提交具有法定格式的起诉书,表明控诉主张,而不得同时移送可能使审判人员对案件产生预断的其他文书和证据,也不得引用这些文书和证据的内容。它是英美法系各国和日本当事人主义诉讼在起诉方式方面的重要特点。起诉状一本主义的作用是:①切断了侦查程序与审判程序的直接联系,将控诉方的主张和举证分为两项独立的活动,防止法官或陪审官根据控诉方预先提交的卷宗材料形成对被告人不利的预断;②使法官或陪审官尽可能不接触那些不具有法定证据能力的证

据,防止其因受非法证据的影响而做出错误的判断。
(陈瑞华)

qiti duwu zhongdu
气体毒物中毒(gaseous poison poisoning)
气体毒物进人有机体内引起机体损害甚至危及生命造成死亡的过程。常温、常压下为气体的毒物称为气体毒物。常见的气体毒物中毒有一氧化碳中毒、液化石油气、天然气中毒和硫化氢中毒等。

一氧化碳中毒 一氧化碳为含碳物质不完全燃烧时产生的气体,中毒极为常见。有用煤气进行谋杀的案例,也有将人害死后伪造被害人一氧化碳中毒致死现场的案例。一氧化碳进入肺泡与毛细管内的红血球接触而使血红蛋白转变成碳氧血红蛋白。一氧化碳与血红蛋白的结合力比氧与血红蛋白的结合力大250~300倍,因此严重地损害了肺泡与毛细管间的氧气交换,从而引起缺氧,以致发生中枢神经系统中毒。中毒后的症状主要是恶心、疲乏、心跳加快、血压上升、呼吸加快、四肢无力,共济失调。此时如及时抢救吸入新鲜空气后,症状迅速消失。重度一氧化碳中毒者(血中一氧化碳浓度约50%以上),除出现上述症状外,意识逐渐丧失,大小便失禁,脉搏、呼吸增快。有时出现间歇性抽搐,最后进入昏迷,呼吸衰竭而死亡。空气中一氧化碳浓度为0.8%~1.5%时,吸入30~60分钟可导致死亡。血中一氧化碳致死浓度平均为55%~60%。尸斑、血液和内脏均呈樱红色,尤其以肌肉樱红色更明显。

液化石油气、天然气中毒 液化石油气和天然气为城市居民广泛使用的燃气,其中毒事故时有发生,以意外事故和自杀多见,偶有谋杀中毒。有人认为液化石油气中毒死亡是由于缺氧及作为其成分的烃类气体具有麻醉作用,抑制了呼吸中枢,使呼吸麻痹,发生窒息。也有人认为液化石油气对人的有害作用仅仅是当其成为吸人气体的成分后,使氧气含量减少,造成吸人者缺氧、窒息,严重时引起死亡。轻度中毒者表现为头痛、头晕、乏力、恶心、呕吐、步态不稳,重度中毒者意识丧失、昏倒、小便失禁、呼气急促或抑制,甚至反射性呼吸停止。清醒后往往可出现精神症状,如烦躁不安、幻觉、谵妄等。尸体解剖可见明显的窒息症状。

硫化氢中毒 硫化氢是毒性非常大的气体,化工生产中凡使用含硫原料的过程几乎都有硫化氢产生,石油开采和炼制过程中也有硫化氢放出,火灾中往往产生多种有害气体,硫化氢也常是其中之一。粪池和阴沟也产生硫化氢。硫化氢中毒多见于意外事故。硫化氢吸收后与氧化型细胞色素氧化酶作用,抑制酶的活性,使组织细胞内窒息。硫化氢还能直接刺激嗅神经末梢、呼吸道粘膜神经末梢、颈动脉窦和主动脉体化

学感受器,引起呼吸中枢抑制,出现呼吸麻痹,产生"闪电式"死亡。吸入的空气中硫化氢含量达0.06%较长时间后可使人致死,吸入的空气中硫化氢如达百分之几可立即昏倒,迅速死亡。轻度、中度中毒出现眼部刺激症状,如羞明、流泪、视物模糊、刺痛等;出现呼吸系统症状,如呛咳、胸闷、呼吸困难等;还有头痛、头晕、意识模糊、乏力等神经系统症状及恶心、呕吐等。重度中毒出现神态模糊、昏迷、心悸、谵妄、痉挛、大小便失禁以及犹如遭电击一样,因呼吸麻痹而迅速死亡。中毒后死亡较慢者尸体解剖可见化学性肺炎、中毒性肺水肿、脑水肿、心、肝、肾损害等。

从检材中分离气体毒物可用扩散法、抽吸法和顶空法,有时也可用蒸馏法。一氧化碳中毒常不用分离,直接取血进行碳氧血红蛋白检验;石油液化气及天然气可用气相色谱法进行定性定量检验;硫化氢可用化学法及仪器分析方法检验。 （王彦吉）

qiwei jianbie
气味鉴别（smell identification） 利用警犬或仪器对来自各种物品的气味进行认同或区分的过程,是司法鉴定的类别之一。不同物质的化学成分不同,它们挥发出来的气体含有不同的分子。譬如人的汗液含有30余种无机和有机物质,由于人摄入食物结构和身体代谢能力的差异,身体散发的汗液气味是不同的,灵敏的嗅觉可以加以区分。警犬的嗅觉极灵敏,因此可用于气味鉴别。它可以鉴别犯罪现场提取的物品或痕迹是否为某嫌疑人遗留;也可以鉴别几个物证是否为同一人所遗留。用警犬进行气味鉴别有严格的规则:①提交鉴别的检材(嗅源)和样本(鉴别物)必须未曾同其他人物品接触混放,气味未被污染。②要选择几个与案件无关人员的物品作为"配物",一同参与鉴别,供警犬识别。③鉴别要在专门的鉴别室进行,将检材、样本和配物分别装在专用无味鉴别罐中,置于被鉴别位置。④鉴别中不得对警犬进行诱导。⑤以一犬反复几次鉴别和几犬分别鉴别相互印证,以便客观准确地作出结论。除了警犬鉴别外,目前还有一种被称为"电子鼻"、"电子警犬"的气味鉴别仪,它是通过对气体成分的分析,鉴别异同。气味鉴别主要用于追踪、搜扑和辨别罪犯,鉴别结果应出具"气味鉴别意见书"。 （蓝绍江）

qianlian guanxia
牵连管辖【刑诉】（involve jurisdiction） 又称联带管辖。是指数法院之间相争牵连案件,合并由一法院管辖进行审判。牵连管辖的案件有主观牵连和客观牵连之分。主观牵连指一人犯数罪的案件,数法院均有管辖权而导致相牵连;客观牵连指数人犯一罪或数人犯数罪的案件,数法院均有管辖权而导致相牵连。由于案件相牵连而导致合并由一个法院审判。合并管辖的原则通常是:在级别管辖上适用由低向高合并;在地域管辖上适用从犯随主犯;在罪行上,适用次罪随主罪;在法院属性上,适用普通法院随专门法院。我国现行法律对因牵连案件而产生牵连管辖权的规定比较原则。我国《刑事诉讼法》第25条规定:"几个同级人民法院都有权管辖的案件,由最初受理的人民法院审判。在必要的时候,可以移送主要犯罪地的人民法院审判。"此外,最高人民法院审判委员会第867次会议通过的《关于执行〈中华人民共和国刑事诉讼法〉若干问题的解释(试行)》第6条规定:"一人犯数罪、共同犯罪和其他需要并案审理的案件,只要其中一人或者一罪属于上级人民法院管辖的,全案由上级人民法院管辖"。

牵连管辖还体现在公、检、法的立案管辖上。最高人民检察院1997年1月15日发布的《人民检察院实施〈中华人民共和国刑事诉讼法〉规则(试行)》第11条规定:"人民检察院在侦查直接受理的案件过程中,发现犯罪嫌疑人的其他犯罪,可以并案侦查"。 （朱一心）

qianlian guanxia
牵连管辖【涉外民诉】（connected jurisdiction） 在涉外民事诉讼中,根据诉讼与法院所在地的牵连关系确定对案件的管辖法院。在一定范围内,能起到拓宽内国法院对涉外民事案件的管辖权,方便当事人起诉的作用。牵连管辖实质上是涉外民事诉讼中的特殊地域管辖。在中国现行民事诉讼法中对牵连管辖作了规定:因合同纠纷或其他财产权益纠纷,对在中华人民共和国领域内没有住所的被告提起诉讼,如果合同在中华人民共和国领域内签订或者履行,或者诉讼标的物在中华人民共和国领域内,或者被告在中华人民共和国领域内有可供扣押的财产,或者在中华人民共和国领域内设有代表机构,可以由合同签订地、合同履行地、诉讼标的物所在地、可供扣押财产所在地、侵权行为地或者代表机构所在地人民法院管辖。我国涉外民事诉讼中牵连管辖的特点是:第一,被告在中国领域内没有住所,不问其国籍如何;第二,诉讼是因合同纠纷或其他财产纠纷引起的;第三,诉讼与我国法院有一定的牵连关系,则赋予与争议有实际联系的地点的法院对该案件的管辖权。

外国民事诉讼法或国际私法,对于被告在一国境内无住所情况下发生的合同纠纷或财产纠纷也规定了本国法院管辖的不同条件。如《德国民事诉讼法》第23条规定,对于在国内无住所的人,因财产上的请求而提起的诉讼,该项财产或诉讼中请求标的位于某一法院辖区时,该法院有管辖权。如为债权时,以债务人的住所地视为财产所在地。如该债权有担保物时,以担保物所在地视为财产所在地。《日本民事诉讼法典》第8条规定,"对在日本无住所或住所不明的被告,可以在他有可供扣押的财产所在地法院起诉"。在美国,被告的财产如经申请扣押后,也可以成为财产所在地法院对财产所有人行使管辖权的根据。《瑞士联邦国际私法草案》第112条规定,被告如果在瑞士既没有分公司、代理处或其他机构,又没有住所或习惯居所的,若诉讼涉及合同之债,合同履行地的瑞士法院可以行使管辖权。 (阎丽萍)

qianke

前科(record of previous crime) 曾被法院认定有罪并被判处过刑罚。一般说来,凡是曾被法院依法定罪并被判处刑罚的人均是有前科的人。但对此也有几种不同意见。一种意见认为,构成前科的条件是曾被法院判处有期徒刑以上刑罚,且已执行完毕的人;另一种意见认为,前科的认定,应以受自由刑之全部或一部之执行为其必要条件。还有一种意见认为,受有罪宣告即可构成前科事实。前苏联、捷克、朝鲜民主主义人民共和国、阿尔巴尼亚等国刑法均规定了前科制度,其构成前科的条件是,被法院认定有罪并被判处过刑罚;德国、英国等国过去也持此主张,但后来新立法有所变化,例如德国1925年以后的诸刑法草案,1948年的《英国刑事审判法》以及1961年的《日本刑法修正草案》关于前科的认定,均倾向于其罪无须必被科刑或执行,仅有受有罪宣告之确定判决即足矣。

前科对被判刑人来说,一方面会引起一些民法上或行政性质的法律后果,例如,按照前苏联有关法律规定,有侵占、盗窃和其他出于贪利动机的财产上的犯罪前科的人,就不会被录用从事与物质财富有关的工作;有任何犯罪前科的人,不能被接受参加律师协会;在某些情况下,有前科的人在选择居住地点时受限制。另一方面,前科会引起许多刑法上的后果。例如,有前科就是被认定为累犯的必要条件。在前苏联,构成特别危险的累犯必须有一定次数前科;在德国、法国、英国、瑞典、美国等国,有一定次数的前科才能构成习惯犯,予以较重的处罚。前科可作为定罪的情节(如刑法分则条文的罪状作了明文规定),或可作为加重情节予以考虑。在前苏联,当判处剥夺自由确定采取什么种类的管束时,也要考虑前科。许多国家还规定了前科消灭或撤销的制度,以促使犯罪人改过自新。 (汪建成)

qianzhi taipan

前置胎盘(placenta previa) 胎盘附着在子宫体的下段或直接覆盖子宫颈内口(正常的胎盘应附着在子宫体上段),位置低于胎儿的先露部。前置胎盘是引起晚期妊娠出血的主要原因。如处理不及时或处理不当,往往能使产妇和胎儿急死。本病以产妇为多见。在妊娠晚期或临产时,由于子宫体上部肌肉收缩和缩腹,子宫体下部逐渐伸展,但附着于子宫下段或子宫颈口上的胎盘不能相应地扩张,故前置部分的胎盘由其附着处剥离,引起出血。初起时出血量不多,剥离处血液凝固,流血可暂时停止。如果子宫继续收缩,则流血反复发生,且一次比一次厉害。少数病人第一次出血就很多,并往往发生于不自觉中。有时患者半夜醒来已睡在血泊中,这种情况往往来不及抢救,遂因大出血引起休克而急死。尸体解剖可见:阴道内充满血液和凝血块。子宫下部的内膜粗糙不平,质地软时有壁内出血,肌肉组织菲薄,有时发生撕裂。各内脏呈贫血状态。 (李宝珍)

qian shouyin

潜手印(latent fingerprint) 因成痕介质与承痕客体表面无明显色泽反差,而难以肉眼直接观察到的现场遗留手印。常见的有汗液物质或透明油质形成的无色手印,在深色客体表面形成的血手印等。对于潜手印应当根据成痕介质的特性,采取相应的技术处理,使其形成与承痕体表面色泽的明显反差,再进行拍照和固定、提取(见手印显现)。 (蓝绍江)

qianzai henji

潜在痕迹(latent mark) 由于形成痕迹的介质物同载体之间没有足够的色泽反差,因而难以直接观察到的一类特殊的平面痕迹。没有足够色泽反差的原因有两种:一是介质物自身无色透明,如汗液物质形成的手印;二是介质物的颜色与载体的颜色相同或相近,如在红色客体表面遗留的血手印。对犯罪现场上遗留潜在痕迹的寻找和发现,是犯罪现场勘查的重要任务。寻找潜在痕迹应当根据犯罪性质、罪犯出入道、罪犯翻动触摸现场物品等具体情节进行逻辑分析,确定重点部位。发现潜在痕迹应当根据形成痕迹的介质物的性质及载体的性质,采取恰当的显现手段,增强痕迹与载体间的反差。常用的显现手段包括光学处理、物理着色、化学显色等几类,它是犯罪痕迹学研究的重要内容。 (蓝绍江)

qiangdan henji jianyan

枪弹痕迹检验(firearm cartridge mark examination) 运用痕迹学的同一认定理论和弹道科学知识,研究射击后枪支机件在弹壳、弹头上所形成的痕迹,分析案件性质、确定发射枪种和认定发射枪支的过程。是为法庭提供科学证据的重要技术手段。枪弹痕迹检验一般按下述步骤进行：

预备检验 根据侦查或司法机关的委托，查验检材品种、数量、质量、有无缺损、是否需要补充或重新收集；审核鉴定要求是否合理、有无条件，是否需要补充检材；检验送检的枪支、弹头、弹壳等物证表面是否附着痕迹（指印、掌印、血迹）及其他残留物渣，并进行拍照和记录；对弹头、弹壳上的灰尘、锈蚀进行清理，对送检枪支机件的完整、缺损、性能、枪号及子弹的制式进行外观检查。同时，应了解案情，查明痕迹、物证的形成和提取，以及送检过程，必要时可到案件现场再次勘验，然后准备检验仪器。

分别检验 检验现场弹头、弹壳和样本。对现场弹头的检验首先要区别枪种特征。在弹头上的枪支种类特征主要有：①阳线痕迹数量；②阳线痕迹宽度、旋向、缠角；③阳线的磨损程度；④主次棱线的分布情况。在弹壳上的枪支种类特征主要有：①击针位置、形状、大小，有无舌痕以及击针的固定方式；②弹底窝表面状态；③枪机前表面的加工类型；④拉壳钩的痕迹位置、形状、宽度；⑤抛壳挺痕迹的位置、形状、大小以及与拉壳钩痕迹的相对位置；⑥抛壳口痕和弹膛指示杆痕的位置、形状、大小、深浅等。根据弹头、弹壳的口径、形状、大小、重量等特征可以对不匹配嫌疑枪进行排除。在发现和寻找痕迹特征时应注意下述几个环节：①区别枪支生产加工过程和使用中的特征。一般情况下，枪支生产加工的特征反映在枪弹上的痕迹细小，分布面大；使用擦拭形成的特征出现无规律，比较粗大。②从应出现痕迹特征的位置和相互关系来印证特征的有无，区别是否发射时形成的特征。

检验嫌疑枪支，制作实验样本 首先，查明送检枪支能否正常发射，机件是否完整，有否调换、改制，枪号有否被锉，枪管内是否出现锈斑，有否异味，嫌疑枪支与送检现场弹头、弹壳是否相匹配。对枪身、弹匣上的手印、毛发、碎屑等予以拍照、记录，取下保存并送交检验。其次，用嫌疑枪支发射子弹，取得供比对用的实验样本弹头和弹壳，是检验工作的重要环节。实验射击时要尽量模拟现场发射条件，使用与现场同一材质的子弹，发射至少三至四次，以保证理想的样本。射击室是发射实验子弹的重要场所，室内应备有"抓弹器"以获取完整弹头痕迹样本。如发现枪支号码被锉可采用特殊化学方法显现恢复。

比较检验 主要是指现场弹头、弹壳上的痕迹特征与样本弹头、弹壳上的痕迹特征进行比对，或者上述两者自身之间进行比对的检验过程。这是枪弹痕迹检验中最关键的步骤，它能为鉴定结论提供科学论据。目前比对检验的方法主要有：①对照比较法。将现场弹头、弹壳上的痕迹同样本弹头、弹壳上的相同部位痕迹并列观察，发现、确定并标示两者特征出现的位置、大小、间距分布关系等的符合或差异情况。这种方法适用于弹底窝、击针、抛壳挺、抛壳口等位置痕迹形态方面的检验。②接合比对法。这是一种普遍使用的方法，检验时将现场痕迹与样本痕迹的凹凸线条左右相对接合在一个水平面上观察符合点或差异点。可在比较显微镜下进行接合检验，也可分别将两者放大同倍照片进行左右或上下对接检验。它适用于弹头上的膛线痕迹，初生线条状痕迹，弹底窝上的线条痕迹，弧形条痕迹，弹膛内壁的擦划痕迹以及拉壳钩、抛壳挺、抛壳口等某个部位上细小线条状痕迹特征等的检验。接合比对时须将两者线条放在同一水平面，否则凹凸线条会变形；两者痕迹放置方向应一致、放大倍数应相同、光照角度和灯光亮度应一致；光照方向应与凹凸线条接近垂直，以便增强立体感。③重叠比对法。这种方法常用于比对具有一定面积、形态，边沿轮廓较清楚，局部具有明显特点的痕迹特征。将现场弹头和弹壳痕迹与射击样本痕迹，通过比对重影仪叠合或拍照成两张透明负片或透明正片，使两者特征重叠，以便观察其形状、位置、数量、大小等的吻合程度。④组合比对法。射击弹头、弹壳上的痕迹特征，一般分布在多个平面上。因此，不能各自孤立地单个比对某一处特征，必须综合所有特征进行组合比对，才能作出正确的结论。⑤自动识别法。检验时通过计算机自动提取和比对现场痕迹与样本痕迹的特征点，并作出概率性结论。该方法是实现枪弹痕迹检验自动化和标准化的新途径。

综合评断 对现场和样本痕迹进行比对检验后，需对特征的吻合与差异进行综合评断，从而得出鉴定结论。①枪弹痕迹鉴定的认定结论必须要有以下的根据：现场射击的弹头、弹壳适用于送检的嫌疑枪支，且弹头、弹壳的形态结构和形成的痕迹特征反映正常；现场和样本弹头、弹壳上的种类特征相符；在枪支种类特征相符的基础上，主要的细节特征相符合；现场和样本弹头、弹壳上的某些痕迹特征出现非本质的差异可以得到科学合理的解释；根据符合点的稳定性和特定性，确认上述特征组合，不可能在其他枪支或样本上重复出现。②枪弹痕迹鉴定的否定结论可能是现场弹壳、弹头不适用于送检嫌疑的枪支种类；或者是痕迹的种类特征或细节特征具有无法解释的明显本质差异。

对射击残留物的检验是枪弹痕迹检验的重要组成部分。检验残留物的目的是判明案件性质，确定射击距离等。通过检验嫌疑人手上的残留物，可确定该人是否握枪进行过射击；对孔洞周围有无残留物的检测，可以确认是否为弹孔，根据射入口周围残留物扩散形态，可判断射击距离等。

（张玉洁）

qiangdan kanyan
枪弹勘验(inspection of cartridge marks) 刑事勘验技术的组成部分。运用专门技术方法对与犯罪有关的枪支、弹药及其射击痕迹的勘察、检验。又称司法弹道检验。枪的种类很多,按枪支机动性能分为自动枪和非自动枪。按枪管内膛构造分为滑膛枪和线膛枪。滑膛枪管内系光滑的圆管;线膛枪,又称来复线枪,其枪管内壁刻有几条旋转式的凹凸膛线。按枪管口径大小分为小口径枪(口径为5.6毫米)、中口径枪(口径为7毫米至9毫米)和大口径枪(口径为9.3毫米至12.7毫米)。线膛枪管口径以凸线的内圆直径为计测标准。计算单位,各国不尽相同。中、日、德、苏等国以毫米为单位,英、美等国以英寸为单位。滑膛枪管口径用号码表示。号数越大,表明其口径越小。各种枪支组成的部件大致相同。如步枪和冲锋枪的结构都由枪管、机匣、枪机、复进机、弹仓、击射机、瞄准器、枪托等部件组成。手枪都是由枪管、套筒、套筒座、弹仓、击发机、击锤及瞄准器组成。枪支使用的子弹除某些猎用枪支使用霰弹外,其他大都使用单一子弹。单一子弹按用途可分为穿甲、燃烧、曳光等特殊子弹和普通子弹。普通子弹的外形和口径不一,其基本构造都是由弹头、弹壳、火药和底火等四部分组成。猎枪的霰弹构造与单一子弹构造相似,其所用弹头系不同大小的钢珠或铁砂,与火药分层装入弹壳。

枪弹射击痕迹主要有:①发射痕迹。子弹发射过程中在弹头和弹壳上形成的痕迹。弹头上的痕迹是弹头驶过枪管的一瞬间,在其表面因与枪管内壁磨擦留下反映枪管内壁某些凹凸特点的动态痕迹,即膛线枪反映枪管凸膛线表面结构特点,如膛线的数目、宽度、倾角和旋转方向等;滑膛枪反映枪管内壁上的凸凹特征。弹壳上的痕迹是发射过程中枪支有关机件在弹壳上造成的,通常位于弹壳底部和弹壳帽的边缘,有弹匣摩擦痕迹、枪机底部擦痕、撞针痕迹、枪膛痕迹、排除器痕迹等。根据射击弹头和弹壳上的痕迹可以认定现场上发现的射击弹头和弹壳是否某嫌疑枪支所发射。②弹着痕迹。枪弹发射后,弹头飞离枪口射向目标,在被射击的物体或人体上所形成的痕迹。主要有弹孔和弹头擦痕。飞行弹头击中目的物所形成的孔洞,称为弹孔。弹头能量和目的物的物理特性,决定弹孔是否贯穿。如果弹头能量足以克服目的物的全部阻力,即可形成穿透弹孔,否则,即形成未穿透弹孔,即盲孔。如果力量太小,则仅在弹着点造成一定的撞击痕迹。弹头未能完全击中物体,只擦边而过,或者被击中物体的外形和硬度适于使弹头改变其前进方向时,便不可能形成弹孔,而只形成弹头擦痕。根据弹孔和弹头擦痕可以推断弹头的直径、射击距离和方向及发射枪支种类等情况。枪弹射击后,除形成发射痕迹和弹着痕迹外,还会产生某些附带物质,如在枪膛和枪管内会留下弹药燃烧后的灰烬和气味,在弹着点周围会产生烧焦、烟垢、火药粉粒等。根据射击附带物质可以推断被检验枪支最后一次实弹发射的时间及射击距离等情况。

对于勘验中发现的子弹、弹头和弹壳、弹头和弹壳上的发射痕迹、目的物上的弹着痕迹等,均应先用照相、绘图和笔录的方法记录,然后分别加以提取。提取子弹、弹头及弹壳时,应按顺序编号。对各种射击附带物质可采用复印提取方法。对于肉眼难以观察的射击附带物质可用红外线照相和荧光显现照相加以固定,然后刮取其微粒物质,供以后进行理化检验。遇有枪支时,应先检验上面是否有手印或其他痕迹,同时对枪支进行安全检查后,方可提取。对于提取的各项枪弹物证,均要用妥善的方法包装,防止在运送和保管中损坏其痕迹特征。

(张玉镶)

qiangdan shang
枪弹伤(gunshot wound) 枪弹射击人体所致的损伤。典型的枪弹伤,有射入口、射创管和射出口。①射入口。弹头射入人体时形成的创口。射入口组织缺损,不能合拢,皮肤内翻。在射入口的周围有1~2毫米的环状表皮剥脱,称挫伤轮或冲撞轮,由弹头顶压皮肤并旋转前进时挫压组织形成。在挫伤轮的内缘有污黑色的轮状痕迹,称擦拭轮或污垢轮,它由弹头披甲表面沾附的铁锈、油垢、灰尘以及火药残留物形成。若贯穿衣服时亦可见于衣服的破口处。在近距离射击时,射入口周围可附有未燃烧完的火药颗粒和烟晕。距离越近射击附着物越密、面积越小,故对判断射击距离有重要意义。如果贴近射击时,还可见到枪口印痕。射入口的大小和形态与射击距离、射击方向有很大关系。远距离射击时,创口呈圆形(垂直射击)或椭圆形(斜向射击),由于弹头穿过皮肤以后,牵张的皮肤又回缩,故射入口直径常小于弹头直径。接触射击或近距离射击时,由于高温、高压的爆炸气体冲撞创口,使创口周围皮肤损伤,故射入口中央组织缺损较大,边缘呈星芒状或"十"字状撕裂。②射创管。弹头穿过人体组织形成的创道。通常呈直线形,其方向与射击方向一致。但如遇骨骼,常可改变方向而形成曲折射创管。在射创管的射入口端,常有随弹头带入的衣服碎片及烟灰火药等异物,在射出口端常有骨或脏器组织碎片。③射出口。进入人体的弹头在穿出体外时所形成的创口。射出口的形状不规则,多呈裂隙状。创口边缘外翻,局部组织无缺损能合拢在一起。创口周围无挫伤轮、擦拭轮和射击附带痕迹。射出口的大小与射击距离有一定关系。一般远距离射击时,射出口大于射入口,尤其是弹头变形或弹头穿过骨质而形成骨质碎片时,可使创口撕裂扩大呈星芒状。近距离射击时,因高温高压气体冲击力大,严重破坏了射入口的组织,而弹头进入机体后能量明显减少,射出口小于射入口。稍远距离射击时,射出口与射入口大致相同。

由于枪支种类、弹头质地、弹药成分、射击距离、射击角度、受击部位不同,可形成不同的枪弹伤。大致有以下几种:①贯通枪弹创。弹头活力较大时,可穿透人体,形成射入口、射创管和射出口。②盲管枪弹创。当弹头活力较小时,弹头射入人体内,但无穿透能力,停留在组织内,仅有射入口和射创管,而无射出口。③回旋枪弹创。弹头在体内遇到骨质,改变了前进的方向,形成弯折的射创管。④擦过枪弹伤。弹头以切线方向从皮肤组织表面擦划而过,深者可将皮肤和皮下组织犁成一条深沟,射创管外露。⑤反跳枪弹伤。子弹在飞行途中与坚硬物体(如砖石、钢铁)相撞,改变飞行方向形成跳弹。跳弹击中人体时便形成反跳枪弹伤。由于跳弹动能较弱,一般造成损伤较轻。⑥炸裂枪弹创。活力极大的弹头射入头颅时,会产生巨大的炸裂作用,使头皮,颅骨和脑组织造成严重的破坏。⑦空弹枪弹伤。使用空仓弹或不装弹丸的气枪接触人体射击,高压气体有时也可穿透人体组织造成创伤。⑧霰弹伤。猎枪发射霰弹,有密集或分散的多个射入口,呈圆锥形分散,即中心密集,四周分散,一般无射出口。

(李宝珍)

qiangguan koujing
枪管口径(firearms caliber) 枪管内径的大小。有膛线的枪管口径是以二条相对阳线之间的距离大小来计算的;膛线为奇数的则以一端的阳膛线通过圆心到另一端阴线之间的距离来度量。无膛线的平滑枪管则测量枪管内径的大小即可。为便于检验时区分枪管口径的大小,将其分为三类:①小口径枪支。通常指6.5毫米以下口径的枪支,如 3 毫米、4.25 毫米、4.7毫米、5 毫米(以上均为微口径)、5.56(5.6)毫米、或6.35毫米、6.5毫米的等等。我国小口径步枪的口径为5.6毫米。②中口径枪支。一般指 7 毫米至 11 毫米之间的枪支,如 7 毫米、7.62 毫米、7.63 毫米、7.65毫米、7.657毫米、7.7毫米、8毫米、8.5毫米、9毫米、10毫米、10.35 毫米、10.6 毫米等等。我国"五一"、"五四"、"六四"、"七七"式手枪,"五四"式、"五〇"式、"五六"式冲锋枪,"五六"式步枪、"六三"式步枪、"五三"式步枪和"五六"式轻机枪的口径均为 7.62 毫米;"公安"式手枪口径为 7.65 毫米;"五九"式手枪口径为 9 毫米。③大口径枪支。一般指 11 毫米至 14.5毫米的枪支,如 11 毫米、11.15 毫米、11.25 毫米、11.43 毫米、11.45 毫米、12 毫米、12.7 毫米、14.5 毫米等等。枪管口径超过12毫米的通常是高射机枪。

散弹猎枪是以"号"来区分口径大小的,号数越大,枪管口径越小,反之,枪管口径就越大。例如,12 号猎枪的口径是用一磅铅制成 12 个同样大小的圆形弹丸,每个弹丸的直径大小就是枪管口径的大小。我国常用10 号猎枪的口径为 19.69 毫米、12 号猎枪的口径为18.52 毫米、16 号猎枪的口径为 16.81 毫米、20 号猎枪的口径为 15.62 毫米、28 号猎枪的口径为 13.97 毫米、67 号猎枪的口径为 10.41 毫米。

枪支口径大小的计算单位,中国、日本、前苏联、德国等都采用毫米制,而英美等国家是使用英寸制。如已知毫米数可除以 25.4,便得出英寸数,若得知英寸数乘以 25.4,便得出毫米数。掌握枪支口径对判断发射枪支种类具有重要实践意义。

(张玉洁)

qiangzhi dengji
枪支登记(firearms registration) 又称枪支档案登记。依据《中华人民共和国枪支管理办法》,对各种军用枪支的登记,由公安机关的侦查部门负责。利用登记的枪支资料档案,可以查明在案件现场发现和提取的枪弹为何种枪弹,以及枪弹痕迹为何种枪支所遗留,查找枪支的使用者和射击人;可以查明从社会上收缴和从犯罪嫌疑分子手中缴获的枪弹为何种枪弹,并可以将制作成的射击痕迹样本同案件现场遗留的枪弹痕迹进行比对,认定射击枪支。枪支登记的主要内容是:枪支的型号、号码、生产批号、出厂日期、生产企业名称;枪支的配发、使用和保管单位的名称和保管人姓名;枪支机件的特殊标记和痕迹特征;通过射击实验制作的痕迹样本、模型等。枪支登记以枪为单位制作卡片,一枪一卡,归档存储,也可输入电脑储存。

(张玉镶)

qiangzhi gebuwei mingcheng
枪支各部位名称(every parts name of firearm)
枪支、子弹各部件及部位的定名。枪支的机件很多,构造比较复杂,一般由枪管、枪机、枪机匣三个部分组成:①枪管部分。枪管的内表面叫枪膛,分为弹膛、坡膛、线膛三个区域。枪管后部称弹膛,是子弹待发时所在部位;枪管中部称坡膛,前有膛线后连弹膛;枪管前部称线膛,其内壁有若干膛线,可直接与弹头发生作用形成膛线痕迹。②枪机部分。它主要由闭锁器、击锤、抛壳口、指示杆、保险钮等机件所组成。闭锁器包括弹底窝、击针、拉壳钩、推弹突笋等。后膛面即闭锁器的前切面,称弹底窝;弹底窝中心部位的针状机件,称击针;略突于弹底窝的钩爪,称拉壳钩;弹底窝下部的突起装置,称推弹突笋,又称拨弹机。位于击针正后方的击发部件,称击锤。枪机上为排弹壳专设的洞孔,称排壳口或排壳孔。位于击针正上方与击针垂直的针状机件称指示杆或信号销。弹膛压弹杆,阻挡击锤打击击针的安全装置称保险钮。③枪机匣部分。它一般有抛壳挺、弹匣、弹仓等机件,在弹底窝左侧或右侧不明显的突起装置,称排壳挺,又称排除器;专供盛放子弹的部件,称弹匣,又称弹仓。

子弹由弹头、弹壳、发射药和底火四个部分组成。枪弹装配时,弹壳口部的点铆圆窝,称口部铆点,弹壳口部的焊点称口部焊点,弹壳口部的卷口和流口称口部折印,弹壳口部的紧口处称口部紧印,弹壳底火室口部的点铆或环铆印称底部铆印。弹壳底面压制的工厂、年代代号总称为弹底标记。弹头的圆柱部分称圆柱部,又称弧形部。弹头圆柱部上的环槽称紧口沟,又称辊沟。弹头的颈部称导引部。弹头圆柱部下的锥形部分称尾锥部。弹头在弹壳内所在的空间称弹室。除弹室之外的弹壳内部空间称药室。弹壳底部容纳底火的空间称底火室。 (张玉洁)

qiangzhi tongyi rending
枪支同一认定(firearms identification) 根据对枪弹发射痕迹的检验查明受审查的嫌疑枪支与要寻找的作案枪支是否同一的过程。经过对现场提取的弹头、弹壳痕迹和以嫌疑枪支发射取得的实验样本弹头、弹壳痕迹的比较检验,在确定发射枪种一致的前提下,两者痕迹的细节特征和特征组合吻合一致,并且少数特征差异点能得到科学合理的解释而得出同一认定结论,才是可靠的、科学的。同一认定结论须以鉴定书的形式向侦查及审判机关提供。

枪支机件在形态上的特定性是客观存在的,它是枪支同一认定的基础。各种枪械的结构、形状、性能等在设计、生产中已经定型。这些共同的特点,形成了种类特征;这些种类特征的组合,构成了同种类枪支的共同性,成为区别不同枪种的依据。细节特征是枪支本身独有的特征,它是在设计、生产已经定型的基础上,由于加工工艺中存在的细微偏差,或是使用保管过程中的擦拭、磨损、腐蚀等等形成的独有特点;这些细节特征的组合构成了枪支本身的特定性,成为与其他任何枪支相区别的依据。所谓特定性就是任何枪支之间都存在的绝对差别,不存在两支完全一样的枪支。特定性是由被检验客体外表结构形态特征所决定的。根据现有加工水平,绝不会制造出在任何方面都无差异的两支同样的枪;又因对枪支保管、使用和维修等因素的影响,使其失去某些原有特征,进而补充了可以区别同类枪支的新特征。这些先后出现的特征组合,不可能在另一枪支上重复再现这种特定性是同一认定的基础,而枪支机件形态结构上的相对稳定性是同一认定的基本条件。在自然界,从生物到非生物都不是永恒的、不变的,运动是绝对的。但在一切运动和发展过程中,都有相对的静止和暂时的平衡。人们就是利用物质的这一相对稳定性,认识和区别客体。枪支经过使用会不断被磨损,使表面结构形态逐渐发生变化,但只要它不发生质的改变,仍然会保留许多特征不被破坏,使其与自身同一而区别于其他任何枪支。

枪械的主要部件及弹头、弹壳都是金属材料制成的,因其所使用的金属材料种类不同,它们的硬度也有区别,枪械部件的金属材料比弹头、弹壳的硬度大,因此,弹头、弹壳在与枪械相互作用时,就可以反映出枪支部件本身的结构形状及其表面形态。发射过程在弹头、弹壳上形成的痕迹反映了形成痕迹的机件表面形态的特定性和相对稳定性。根据统计,弹头上的痕迹特征在同一枪支射击几百发子弹之内基本不会产生变化;而弹壳上的痕迹特征的统计结果也达到了这个数字。弹头、弹壳上的痕迹特征形成之后,在正常情况下,其变化也是很缓慢的,它的相对稳定性,为分析认识弹头和弹壳的痕迹特征提供了良好的条件。由于枪弹痕迹形成的条件复杂、情况各异,所以在检验痕迹时,必须要研究和掌握枪械、枪弹的构造特点、状况、性能及金属材料的物理属性,火药的品种、质量、数量,射击的条件和环境,被击物体的状况及属性等等,只有如此才能掌握痕迹变化的客观规律,才可能对痕迹特征的表现有科学的、客观的分析和认识,从而得出准确的结论。

刑事技术中的同一认定分为"物的同一认定"和"人的同一认定",发射枪支的同一认定就属于前者,要确认的是发射枪支自身的同一,绝不是发射痕迹与发射枪支的同一,也不是现场发射痕迹与实验样本痕迹的同一。通过对现场发射痕迹与实验样本痕迹的分析、比较,其目的是认定两者的造型客体枪支是否同一。被认定的枪支可能就是用于作案的枪支,该枪一般是从嫌疑人处提取的,该人可能是枪支持有人和使用人,也可能是持有人的枪支曾被别人用于犯罪现场作案,或者是窃取他人的枪支做案后放在家中。枪弹痕迹鉴定不能直接认定人身,它仅认定了嫌疑枪支与犯罪事件的联系。要查明持枪犯罪人,还必须确认该枪支与一定人的联系,要查明被认定的枪支为谁所有,曾被何人使用。枪支持有者和使用枪支的作案人,可能是同一个人,也可能分别为两个人。 (张玉洁)

qiang zhi zhongshu panbie
枪支种属判别(kinds distinguishing of firearm) 根据现场遗留的弹头、弹壳的形状、大小及痕迹特点确定发射枪支种类的过程。它是枪弹痕迹检验中认定发射枪支的第一步。任何一种制式枪支的结构与其发射的枪弹结构和形状都必须是相互匹配的。只有配用枪支的枪弹才能正常击发,它要求枪、弹的口径、弹头外形、弹壳外形、长短,弹壳定位部的形状,弹壳钩槽的结构等都须完全吻合。所以,根据所掌握的国内外各种弹种的结构资料以及配用枪支范围就可以正确分析发射枪种范围。这种分析方法称为"按弹种结构特点,定义枪支种类。"例如:五一式7.62毫米手枪弹,共配用六种枪支,即五一式手枪、五四式手枪、五〇式冲锋枪、五四式冲锋枪、七九式和八五式轻型冲锋枪。

在初步检验中,可以根据对现场弹头、弹壳大小、形状、重量的测定,判定匹配枪种的范围。然而每种枪弹所匹配的不同种类枪支的结构、形态又有差别,因而在枪弹上形成的痕迹特征不同。因此,可进一步根据遗留痕迹的分布和形态特点,确认具体发射枪种。如五一式手枪弹匹配六种枪支,六四式手枪弹可匹配三种枪支,五六式步枪弹可匹配三种枪支。但这几种枪支的击针、抛壳挺、抛壳孔内膛等结构不同,在发射过程中会形成不同的痕迹(见附表)。

附表1:五一式手枪弹与配用枪支种类及弹壳痕迹特征的区别

单位:mm

痕迹特征\枪种	五一式手枪	五四式手枪	五〇式冲锋枪	五四式冲锋枪	七九式轻型冲锋枪	八五式轻型冲锋枪
击针痕迹	圆形,12时位有舌痕	圆形,12时位有舌痕	圆形,直径2无舌痕	圆形直径4无舌痕	平整	半球形无舌痕
拉壳钩痕迹	3时位宽3.5	3时位宽3.5	12时位宽5.5	2~3时位宽4	1~3时位宽5	1~3时位宽3.5
抛壳挺痕迹	8时位三角形	8时位三角形	6时位"八"、"一"形	8~9时位半圆形	8~9时位巨形	8时位似圆形
抛壳口痕迹	距壳底8~15处有条状痕迹	距壳底8~15处有条状痕迹	距壳底14~17处有碰撞痕迹	距壳底15~18处有碰撞痕迹	距壳底14~18处有短斜线痕迹	距壳底17~21处有菱形、扁唇形痕迹

附表2:六四式手枪弹与配用枪支种类及弹壳痕迹特征区别

单位:mm

痕迹特征\枪种	六四式手枪	七七式手枪	公安式手枪
指示杆痕迹	有	无	有

续表

痕迹特征\枪种	六四式手枪	七七式手枪	公安式手枪
击针痕迹	锥形,直径1.6,深度1.2~1.6	锥形,直径1.6,深度1.2~1.6	锥形,直径1.6,深度1.2~1.6
抛壳挺痕迹	长方形 8~9时位	三角形 7~8时位	长方形 8~9时位
弹膛内壁痕迹	壳体上有螺旋形槽	壳体中部有环形凸槽	无
拉壳钩痕迹	方形,宽5.5毫米 2~3时位	三角形,宽3毫米 左右,2~3时位	方形,宽3毫米 2~3时位

附表3:五六式步枪弹与配用枪支种类及弹壳痕迹特征的区别

痕迹特征\枪种	五六式半自动步枪	五六式冲锋枪	六三式自动步枪
抛壳挺痕迹形状、位置	三角形 9时位	方圆形 8时位	三角形 7~8时位
拉壳钩痕迹位置及大小	2时位,宽约8毫米	2时位,宽约7毫米	2时位,宽约8毫米
抛壳口痕迹距壳底面高度	宽3.3毫米 10~15毫米	宽2毫米 19~25毫米	宽2毫米 9~26毫米
抛壳口痕迹形状	横或斜细线,较短小	舟底状或横条状痕迹纹线多右倾	点状或短线,痕迹纹线多右倾
弹壳烟熏痕	整个弹壳烟熏痕迹较重	弹壳口烟熏较重,壳体无烟熏痕迹或量少	壳口和壳体均有较浓的烟熏痕迹

(张玉洁)

qiangjian

强奸(rape) 男子违背妇女的意志,采用暴力、胁迫、利诱、欺骗、药物催眠或其他手段,使其不敢或不能抵抗,强行婚姻以外的性交行为。对不满14周岁的幼女,或意识丧失及无行为能力的妇女,不论本人是否同意,而实施奸淫者均为强奸。性交的生理概念,是指阴茎插入阴道内,并达到射精,两个过程才算完整的性交。但我国对强奸的法律学解释,则不强调上述两个过程,只要阴茎与前庭接触,不论是否射精或处女膜是否破裂,均已构成强奸。

强奸的手段大体有下列3种:①施加各种暴力的

强奸。一般情况下,一个男人对一个健康的妇女是不能达到强奸的目的的。然而在双方体力悬殊,如女方患病体力衰弱,或几个男人轮奸一个女人等情况下,以及由于强奸者的突然袭击,如采用扼颈、勒颈、捂压口鼻部、捆绑、打击头部等方法,使被害者失去抵抗能力,则可以达到强奸的目的。②利用无力抵抗的强奸。趁妇女在昏迷中,或患有精神病不能分辨行为是非的情况下,或使用各种麻醉药、催眠药以及灌酒等手段使被害人陷入不能抗拒的状态,以达到强奸的目的。③进行威胁逼迫的强奸。利用各种手段,如用凶器恐吓,或揭发隐私,或破坏名誉,或利用权势等心理上的胁逼,使妇女忍辱屈服而达到强奸的目的。

强奸的后果通常有以下几种:①幼女被强奸后,轻者发生阴道炎、尿道炎,即局部红肿,疼痛,排尿困难,重的可造成会阴撕裂伤,甚至阴道直肠瘘,有的可因大出血或继发感染而死亡。②被害人常因抵抗搏斗造成颜面、颈部、手腕、大腿内侧、外阴等部位损伤。有的罪犯为阻止被害人呼喊和抗拒,往往打击被害人头部、捂嘴、扼、勒颈部等暴力手段,致使被害人发生脑震荡、休克或窒息、昏迷,甚至死亡。有的罪犯把被害人阴道撕裂,若得不到及时治疗,会引起盆腔炎,甚至败血症而死亡。有的被害人本身有潜在性疾病,在被强奸时可发生猝死。③如用麻醉药、安眠药等征服被害人,有时使用过量而引起麻醉药、安眠药中毒而死亡。④性成熟的妇女被奸后,可能导致妊娠。⑤有的妇女被奸后,因身心受到严重摧残,精神受到极度刺激,会导致精神失常或精神病,还可能因此而自杀。⑥有的被感染性病,如艾滋病、梅毒、淋病等。

对于疑强奸案的鉴定应尽早进行,如延误时间,则可能创伤已愈合,衣裤斑迹已洗净,物证已丧失,导致鉴定工作的困难。首先要了解案情,弄清被害时间、地点、环境、作案方法,并进行现场勘验,寻找挣扎搏斗的痕迹及有关物证。对人身的检查,应包括对被害人和犯罪嫌疑人两方面的检查。检查被害人应着重检查有无被强奸的征象:①生殖器的损伤。已婚或经过多次性交后的妇女,被奸后的生殖器可无改变。未婚者(不包括有性生活史)被奸后如立即检查,可见外阴红肿,处女膜破裂,裂口多位于膜的下半部,即4~5点和7~8点之间,两侧对称而且完全破裂。破裂口有凝血块附着或有渗血,有触痛和分泌物。在个别情况下,由于处女膜肥厚,伸展性强,被奸后处女膜可能不破,应结合具体情况综合分析。幼女阴道甚为狭小,成人阴茎难以插入,故被奸后处女膜多不发生破裂。但如强行插入,则不但发生破裂,甚至发生阴道、会阴、肛门广泛撕裂。②提取法医物证。在阴道内检出精液是曾经性交的可靠证据,取材的时间越早越好,强奸后12小时内取材的检出率较高。但如被害人被奸后在阴道内未检到精液,应注意收集被害人外阴部、大腿内侧、衣裤及周围物品,如被褥、草席、地板等处的可疑精斑。如发现毛发和血痕应进行血型测定。有条件的可用精斑或毛发、血迹做DNA指纹图谱或PCR多个位点的测定,与犯罪嫌疑人的DNA指纹图比对。③自卫抵抗伤。罪犯为达到强奸的目的,常对被害人施加暴力,因而在被害人身上会留下相应的损伤。较常见的是背部、臀部、肩部、肘部的擦伤和压痕,颈部的扼痕、口鼻部的捂压痕,大腿内侧、乳房、胸腹、外阴的抓伤。但是用恐吓、威胁、麻醉等作案手段强奸者,被害人不敢或未加抵抗,则在被害人身上可无任何损伤,所以被害人身上如无损伤,不等于可以排除被强奸的事实。④其他被奸迹象。如罪犯患有性病,被害人会被感染与罪犯同样的性病,但必须排除被害人家属或同室人传染。犯罪嫌疑人的检查,需要检查其身上有无损伤。常见的损伤为抓伤和咬伤,部位都在颜面部、肩部、手部、胸部和外阴部。还要检查衣裤上有无血痕、毛发,并测定其血型是否与被害人相同;检查其阴毛的颜色、粗细、长短及卷曲情况等,以便与强奸现场及被害人身上发现的阴毛进行比对;检查其阴茎龟头有无损伤。最可靠的是提取犯罪嫌疑人的口腔粘膜上皮细胞或精液或血液或毛发进行DNA分析,与现场遗留的精斑、毛发、血痕等比对,就可以肯定或否定罪犯。

(李宝珍)

强奸案件侦查(investigation of rape case) 公安机关在办理强奸案件过程中,依照法律进行的专门调查工作和有关的强制性措施。强奸案件的犯罪人作案时间多为傍晚或夜间;发案地点多在偏僻地段和场所;作案成员多为青壮年,尤其是轮奸妇女的作案成员,青年所占比例更大;团伙作案突出,特别是违法犯罪的青少年,常常纠合成团伙进行强奸、轮奸和流氓猥亵等犯罪活动;作案手法多种多样,常见的方式有:闯入室内、诱骗入室、尾随守候、迎面拦截、诱骗上车、预伏突袭、冒充身份、恫吓敲诈、化装蒙面、利用职务、假意谈情说爱、持械威逼、麻醉致昏、要挟隐私等;作案多有习惯性,有在同一地区或附近地区连续作案的可能性;被害人与犯罪人都有正面接触,对犯罪人的体貌特征、讲话口音、说话内容等一般留有一定的印象;被害人通常都有反抗;犯罪人一般会在现场留下脚印、唾液、精斑、毛发、压痕、衣物及附属物、生活用品和凶器等痕迹和物品。

强奸案件的侦查方法主要有:①详细询问受害人,及时勘验现场。询问中主要了解被害人与犯罪分子相遇的时间、地点;犯罪人的来去路线和方向;犯罪的人数、体貌特征；使用的作案工具，实施犯罪的过程；被抢走的物品等。勘验时，以实施犯罪的地点和犯罪人来去路线为重点，仔细寻找其遗留下的各种痕迹物品，以备鉴定。②正确认定案情性质，确定侦查方向。侦查人员对于报案人的陈述，既要认真听取，又要注意陈述的具体情节与现场的实际情况是否相符。发现矛盾，要抓紧查证，弄清真相。③深入调查访问，发现犯罪嫌疑线索。侦破强奸案件，除需详细询问被害人外，还应对知情人和周围群众进行深入调查访问。着重了解：案件发生时，是否听到或看到可疑人员和可疑情况；被害人的思想品德、生活作风如何；当地的社会治安情况和人员来往情况等。④组织被害人、目击者进行秘密辨认。由于被害人对犯罪分子的体貌特征记忆较深，侦查范围相对较小，可以带领受害人、目击者进行秘密辨认。通常可采用定点观察辨认、巡回查找辨认，辨认衣服物品或照片，以及对重点嫌疑对象进行辨认。⑤根据案件的不同特点，积极采取相应的侦查措施。针对强奸案件具有连续作案的特点，有条件的可布置并案侦查。有些犯罪分子的作案时间和地点具有一定的规律性，可采取巡逻守候的方法抓获现行犯罪人。有些犯罪人在强奸犯罪的同时还进行抢劫犯罪，可从控制赃物入手，发现犯罪人。有些在作案时受伤，可通过控制外伤入手，抓获犯罪人。有些犯罪分子在现场遗留毛发、精斑、血迹等物证或某些特殊物品，可通过检验鉴定，证实犯罪。对于那些既强奸，又进行抢劫、诈骗等多种犯罪活动的犯罪人，可从收容、拘留、逮捕的违法犯罪人员中发现线索。

　　侦查强奸案件应注意的问题主要是：①询问被害人应由女侦查员进行。对被害人采取保护性措施时，必须有女侦查员参加。②检查被害人身体，要由女法医或女医生进行。③公布案情时，不得公布强奸发生时的详细情节，更不得公布被害人姓名及其个人情况。④进行侦查实验时，禁止一切足以造成危害或者侮辱人格和有伤风化的行为。⑤组织被害人寻找辨认犯罪分子或约定地点与犯罪分子接头时，要严密保护被害人的安全。⑥在巡逻抓获现行犯时，禁止采用色相引诱的方式。⑦要审慎地甄别案件的真伪。

（傅政华）

qiangpo guannian
强迫观念（obsessive idea） 某一种观念持久地重复出现在病人脑中且障碍其正常思维的病态。病人明知是不必要，但不由自主，控制不了，常为此感到强烈苦恼，积极求治，有的人因此自伤，自杀。见于强迫性神经病。这类人具有不可摆脱的强迫症状，但对其行为的辨认或控制能力干扰不大。所以一般也不因此使行为人的责任能力或行为能力受到影响。

（孙东东　吴正鑫）

qiangpoxing renge zhangai
强迫型人格障碍（obsessive-compulsive personality） 人格障碍之一种。这种人苛求自己十全十美，总有不完善感和不完全感，疑虑固执，缺乏果断和毅力，办事反复核对，过分追求精确，生活习惯固定、程式化，情感性苦恼，思维总是处于紧张状态，想得多，干得少。当与社会发生矛盾时，易发生强迫性或恐怖性神经官能症。

（孙东东）

qiangzhi bianhu
强制辩护（mandatory advocacy） 法院对没有委托辩护人，但法律规定应当为其指定辩护人的被告人指定律师为其辩护，维护其合法权益的诉讼行为。强制辩护目的在于克服被告人因生理障碍或年龄限制而不能充分行使辩护权的缺陷，或者增强可能被剥夺生命被告人的防御能力，维护其合法权益。强制辩护是指在法定情形下，为被告人指定辩护作为人民法院应当履行的义务而言的，不是指强制被告人接受法院为其指定的辩护人。我国《刑事诉讼法》规定，被告人是盲、聋、哑、未成年人或者被告人可能被判处死刑而没有委托辩护人的，人民法院应当指定承担法律援助义务的律师为其提供辩护（第34条第2、3款）。上述情况下，法院如果没有为被告人指定辩护人即开庭审判，则严重违反诉讼程序，二审法院应当据此撤销原判，将案件发回重新审判。

（黄永）

qiangzhi cuoshi
强制措施（coercive measures） 在刑事诉讼过程中，司法机关为了保障侦查、审判活动的顺利进行，依法对犯罪嫌疑人、被告人所采取的暂时限制或者剥夺其人身自由的各种法定强制方法。

　　沿革　为了保证有效地追究和惩罚犯罪分子，任何类型的刑事诉讼都必须规定强制措施。强制措施在古罗马就已被采用。公元前5世纪的《十二铜表法》第1表中，就有押送和拘捕被告人的规定。中国战国时期李悝制定的《法经》中"捕法"一篇，是我国有关逮捕等强制措施见于法律文献的最早规定，其后历代法典中都有"捕亡"篇或类似的规定强制措施的篇章。

　　资产阶级革命时期，针对封建专制统治阶级在刑事诉讼中滥施逮捕，任意侵犯人权的情况，资产阶级主张只有根据法律才能对公民的人身自由加以限制，不得任意逮捕或拘禁，并在宪法中作了相应的规定。如英国1679年颁布的《人身保护法》规定：非依法院签发的载明缘由的逮捕证，不得逮捕羁押；已依法逮捕者，应视里程远近，定期移送法院审理；经被捕人或其代理人申请，法院可签发"人身保护状"，着令逮捕机关或人员申述理由。法国1789年《人权宣言》规定:"除非在法律所规定的情况下并按照法律所指示的手续、不得控告、逮捕或拘留任何人"(第7条)。1791年生效的《美国宪法修正案》规定:"人民有保护其身体、住所、文件与财产的权利,不受无理拘捕、搜索与扣押,此为不可侵犯的权利。除非可能之理由,以宣誓或代誓宣言确保,并详载指定搜索之地、拘捕之人或押收之物外,不得颁发搜索证、拘票或扣押状"(第4条)。以后,各国在其制定的刑事诉讼法典中,都对采取限制人身自由的强制措施作了明确具体的规定。在没有制定专门的刑事诉讼法典的国家,也以单行法或诉讼规则的形式作了具体的规定。

在我国,中华民国时期,国民党政府的刑事诉讼法典对强制措施虽然作了规定,但在司法实践中完全置法律于不顾,任意滥捕滥抓,严重侵犯了公民的人身、自由权利。中华人民共和国成立后,在实践中逐步健全了刑事诉讼中的强制措施。1954年《宪法》规定:"公民的人身自由不受侵犯,任何公民,非经人民法院决定或者人民检察院批准,不受逮捕。"同年12月公布实施的《中华人民共和国逮捕拘留条例》,对逮捕、拘留人犯的条件,决定、批准和执行逮捕与行使拘留权的机关,执行逮捕、拘留的程序,对被逮捕、拘留人犯的取保候审,对违法逮捕、拘留者的查究,以及其他事项,都作了规定。1979年2月,该条例经过修改后公布实施,其内容更有利于同犯罪作斗争和保护公民的人身、自由权利。同年7月制定的《中华人民共和国刑事诉讼法》,以《条例》的主要内容为基础并予以补充完善,设专章规定了强制措施。1982年《宪法》除重申"中华人民共和国公民的人身自由不受侵犯。任何公民非经人民检察院批准或者决定或者人民法院决定,并由公安机关执行,不受逮捕"外,还进一步规定:"禁止非法拘禁或以其他方法非法剥夺或者限制公民的人身自由,禁止非法搜查公民的身体。"1996年3月17日第八届全国人民代表大会第四次会议通过的《关于修改〈中华人民共和国刑事诉讼法〉的决定》对我国刑事诉讼中的强制措施作了进一步修改和完善,规定了拘传持续的时间,明确了取保候审的方式和被监视居住人在监视居住期间应遵守的规定,废除了收容审查在刑事诉讼中的应用,放宽了拘留、逮捕的条件和羁押期限,使我国的刑事诉讼强制措施更加科学化。

种类 我国《刑事诉讼法》规定的强制措施有拘传、取保候审、监视居住、拘留和逮捕五种,形成一个由轻到重、层次分明、互相衔接的体系,能够适应刑事诉讼的情况及变化,有效地保障刑事诉讼的顺利进行。外国刑事诉讼法中强制措施的种类,则有同有异。

特点 强制措施具有以下几个特点:①对象的特定性。刑事强制措施只能适用于犯罪嫌疑人、被告人,对其他诉讼参与人则不能适用。②强制性。以国家强制力作后盾,是公安司法机关行使刑事司法权的表现,犯罪嫌疑人、被告人必须服从,其人身自由必然受到不同程度的限制或剥夺。③保障性。强制措施是为了使诉讼活动顺利进行而采取的保障措施,不是一种处罚,在侦查、起诉、审判程序中均可采取。④暂时性。强制措施本身是有期限的,期限届满或人民法院作出实体判决、裁定后,就应解除强制措施。即使期限未满,也要根据案件情况的变化和需要及时变更强制措施。

适用原则 强制措施的适用应当遵循以下原则:①合法性原则。强制措施只能由公安机关、人民检察院和人民法院按照法律规定的条件、程序和期限适用。②必要性原则。强制措施并非在每一案件中都必须采取,只是为了防止妨碍、逃避诉讼而有必要时才可采取。③相当性原则。又称比例性原则,指采取强制措施的种类、力度要与犯罪嫌疑人、被告人的人身危险性程度相适应。④适时变更或解除原则。

与刑罚的区别 强制措施在形式上与刑罚有相似之处,但二者也有明显的区别:①法律性质和目的不同。强制措施是为了保障刑事诉讼顺利进行,防止犯罪嫌疑人、被告人发生社会危害性,不具有惩罚的目的而只具有诉讼性;刑罚是为了惩罚和改造犯罪分子,警戒社会上可能犯罪的人,具有实体性。②法律依据不同。强制措施是依据《中华人民共和国刑事诉讼法》,而刑罚是依据《中华人民共和国刑法》。③适用的对象不同。强制措施适用于刑事责任尚未确定的犯罪嫌疑人、被告人,刑罚适用于已经人民法院判决确定了刑事责任的罪犯。④有权采用的机关不同。公安机关、人民检察院、人民法院均有权决定是否对犯罪嫌疑人、被告人采取强制措施;而刑罚依法只有人民法院才有权判处。

与民事诉讼强制措施的区别 刑事强制措施与民事诉讼中的强制措施(见对妨害民事诉讼的强制措施)虽然都是法定的强制方法,都是为了保障诉讼活动的顺利进行,但两者具有重大区别:①适用的对象不同。前者仅适用于刑事诉讼中的犯罪嫌疑人、被告人;后者不仅适用于民事诉讼参与人,而且适用于其他人。②适用条件不同。前者的适用条件由《刑事诉讼法》分别作了规定(见拘役、取保候审、监视居住、拘留、逮捕);后者的适用,必须是有人故意实施了妨碍民事诉讼的行为。③强制方法和有权采用的机关不同。前者已如前述,后者的强制方法为拘传、训诫、具结悔过、罚款、拘留五种,只能由人民法院采用。 (黄 永)

qiangzhi lüxing panjue

强制履行判决(**court judgment commanding agency to perform duties**) 人民法院判决被诉行政

机关履行法定职责的判决。《行政诉讼法》第54条第1款第3项规定："被告不履行或者拖延履行法定职责的,判决其在一定期限内履行"。这就是强制履行判决的法律依据。强制履行判决在性质上属于给付判决的一种。所谓给付判决,是指在确定当事人之间存在行政法律关系的前提下,判令负有义务的当事人履行一定义务的判决。强制履行判决除了具有其他判决所共同具有的拘束力和既判力之外,尚具有较强的执行力。人民法院判决被告履行法定职责,应明确指出所履行职责的内容和履行期限。强制履行判决一经生效,被诉行政机关必须按判决所确定的内容和履行期限履行职责,否则,原告可申请人民法院或由人民法院依职权按《行政诉讼法》第65条第1款第3项的有关规定处理。

根据我国《行政诉讼法》和有关法律法规的规定,适用强制履行判决必须具备以下条件:①有关当事人、各行政主管机关提出了合法申请,要求行政机关作出一定的行政行为,并且这种申请符合法律规定的条件与形式。②被告对相对人依法负有履行职责的义务。即依当事人之间存在的行政法律关系,作为被告的行政机关有依法行使职权,对作为原告的相对人负有作出他所需求的具体行政行为的义务。③被告具有不履行或者拖延履行法定职责的行为存在,而不履行或拖延履行没有合法的理由,或者不是法律上所承认、规定的理由。不履行,又称拒绝履行,即行政机关以默示的或明示的方式否定合法申请人的申请,其行为形式仍然是作为。无理拒绝通常有以下几种表现形式:拒绝而不说明理由或根本就没有理由;拒绝虽附有"理由",但该"理由"不是法律、法规等所承认或规定的理由;拒绝虽有一定理由,但尚不足以构成作出拒绝行政决定的根据;表面上同意,但为相对人设定所不能接受的履行条件或相对人根本无法具备的条件等等。拖延履行,是指行政主体在合理的时间内不履行其行政法上的义务,不对相对人的申请作出明确的答复。这种违法形式具有如下特征:对当事人所申请的事项,行政机关有义务给予答复;对于申请没有作出同意或不同意、批准或不批准的行政决定,其行为方式是不作为;法律、法规对此并无明确的期限规定(如有期限规定而超越期限,属于违反法定程序);行政主体有足够的时间来履行应当履行的义务;行政主体明显地超越决定该事项的必须具有的充足时间;这种拖延在法律上和事实上都没有理由,不能合理合法地说明拖延的原因,即拖延无正当理由。拖延履行有以下表现形式:在合理的期间内对当事人的申请不予理睬或漠不关心;对当事人的申请持模棱两可的态度;无理推脱,推脱虽持有理由,但理由不正当或不充分;附条件地迅速处理,而该条件是相对人无法接受的或与法相违的,等等。认定是否无理拖延需要注意以下几点:行政主体的主观状态如何不影响无理拖延的成立,即是说,无论拖延者出于什么动机(索取贿赂或害怕得罪等),或无特别动机(如漠不关心等),也无论行政主体是直接故意还是间接故意,法律上都推定为无理拖延;原告必须证明行政主体所负的法定义务是为它所规定的义务,不是为公众所规定的义务,即这种义务必须是特定的;必须准确地确定行政主体履行该职责的合理时间,合理时间没有一个固定的标准,需要根据应决事项难易程度、行政主体的客观条件、处理这类事项的惯用时间、是否有意志以外的原因等因素,进行综合判断。 (江必新)

qiangzhi lüshi zhuyi
强制律师主义（mandatory representative by a lawyer in litigation） 在民事诉讼中,当事人只能委托受诉法院许可的律师担任诉讼代理人代理诉讼,也称律师诉讼主义,这是大陆法系中的一些国家以日本和德国为代表所奉行的诉讼原则。《德国民事诉讼法》规定:"在州法院及其一切上级审法院,当事人都必须由受诉法院所许可的律师作为诉讼代理人代行诉讼。"并规定,"受诉法院命令须由律师代为诉讼,而当事人没有可以代理他的律师,以致他无从伸张权利或防卫权利时,受诉法院可以依当事人的申请在该审级中指定律师以保卫其权利。"《日本民事诉讼法》也规定:"除根据法令可以做裁判上行为的代理人外,如果不是律师就不可以做诉讼代理人。但在简易法院,得到准许,可以由非律师做诉讼代理人。"律师受过专门训练,熟谙法律并具有诉讼经验,因而由律师代理诉讼能更好地为当事人提供法律帮助,更好地保护当事人的权益并有助于防止法院的专横。但当事人委托律师必须支付报酬,这样会使一些经济状况不佳的当事人难以承受,甚至无力支持诉讼。

与强制律师主义相对的是当事人诉讼主义,即民事讼应由当事人或其法定代理人自为诉讼行为。这样当事人无须支付律师报酬,并得亲自参与诉讼,但因其缺乏诉讼经验,不熟悉法律,有时容易出现保护自己实体权益不当的后果。 (阎丽萍)

qiangjie anjian zhencha
抢劫案件侦查（investigation of robbery case） 公安机关在办理抢劫案件过程中,依照法律进行的专门调查工作和有关的强制性措施。抢劫案件,是指我国《刑法》第263条规定的抢劫罪,即以非法占有为目的,当场使用暴力、胁迫或者其他方法,强行立即获取公私财物的案件。抢劫案件的犯罪成员多是违法犯罪的青壮年,且日趋低龄化。犯罪人胆大妄为,特别是抢劫集团,不仅进行抢劫,有时还兼行强奸、杀人等其他犯罪活动。犯罪人为了迅速作案,逃避侦查,多在实施犯罪前预谋策划,进行充分准备。无论是入室抢劫,还是拦路抢劫,犯罪人通常采取公开侵袭的方式,或使用暴力,或采用其他方法抢劫被害者财物。犯罪人为了避免与被害人正面接触时间过长,给被害人留下较深印象,多为快速作案,迅速逃离。犯罪人采用的作案手法多样,常见的有:闯入、诱骗、冒称、拦截、尾随、预伏、化装等。此外还有以色相勾引、麻醉致昏、劝酒灌醉等方式。抢劫犯罪,特别是入室抢劫,常留下各种痕迹,可供勘验。此外,犯罪人在实施犯罪时常遭到被害人不同程度的反抗,使犯罪人在现场留下物品,或者身体受伤。抢劫的财物在使用、转移、销售的过程中有可能暴露出来,因而有赃可查。抢劫案件侦查的主要方法:

询问被害人 通常应了解:①被抢劫的时间、地点和经过;②抢匪来去的方向,进出犯罪地点的方法;③抢匪的人数、大约年龄、衣着打扮和衣貌特征、口音、方言特点和动作习惯;④抢匪是否对被害人施用暴力,是否持有作案工具,作案工具的种类、式样,以及使用作案工具的经过;⑤被抢劫的财物是事主的、公家的还是别人寄存的,财物的名称、数量、价值、颜色和固有特征,存放地点,抢匪是指名索要某种财物,还是无目的地乱翻,遇到什么拿什么;⑥被害人是否进行过抵抗,在抢匪身上和衣服上可能留下什么痕迹。

认真勘验抢劫现场 通常做法是:①拦路抢劫现场勘验。重点是:首先,要在抢劫地点上仔细寻找犯罪人遗留的足迹和各种物品,如钮扣、刀子、棍棒、口罩、帽子、烟头等,并注意从这些物品上发现手印。另外,还要按照犯罪人来、去路线进行勘验,注意寻找足迹、交通工具痕迹和其他痕迹、物品。如果发现赃物隐藏的地方,估计犯罪人会来提取时,应布置力量守候,以便当场抓获。②进入抢劫现场勘验。重点是:首先,要查明犯罪人进入现场的方法,如是诱骗被害人开门,然后威胁索要财物,还是破坏门窗闯人室内行抢。对于后者,要寻找出入口,注意发现入口处的门、窗是否被破坏、利用什么工具破坏的,其技术的熟练程度如何,有无破坏工具痕迹和足迹,并要在其附近显现手印。另外,要仔细寻找各种犯罪遗留物,在犯罪人翻动和触摸过的物体上发现手印。如果犯罪人使用暴力,被害人受伤,就要寻找血迹,并记载其数量、形状和位置,犯罪人若对事主进行捆绑,则要查明绳索的来源,检验绳扣结成的形状、种类等。为了查清犯罪经过情况,使被害人便于回忆,在现场勘验时,可以让被害人在场,及时提供有关情况。

侦缉犯罪人,控制赃物 在现场勘查过程中,如果发现抢匪逃离不远,则应根据逃跑方向,发动群众并通知有关部门设防堵截。如果在现场上发现犯罪分子的脚印和遗留物,可进行步法追踪,必要时可以使用警犬追踪。当抢匪已逃离本地区时,应将犯罪人的面貌特征、口音、衣着打扮及携带物品等及时通报有关地区协助查缉。抢匪在作案以后,一般都急于销赃,因此,应及时将被抢走物品的名称和特征记号等通知可能前往销赃的部门和行业,注意查获赃物和犯罪分子。

深入调查摸底,发现嫌疑人 一般对下列几种人应着重进行审查:①与犯罪分子年龄、相貌特征、口音、衣着、身材等相似的人;②历史上有过抢劫犯罪活动,虽经处理,至今仍有犯罪嫌疑的人;③无固定职业,经济来源不明,形迹可疑并具有作案条件的人;④曾向有关人员透露过采用类似手段作案,至今未受处理的人;⑤有类似赃款、赃物或凶器及现场遗留物的可疑人。

搜集证据,认定犯罪人 对已发现的嫌疑对象,要了解其历史情况、现实表现、经济收支和社会关系,结合案情,审查其有无作案动机、作案时间及是否到过现场;组织事主或知情人对犯罪嫌疑人、可疑的工具或物品进行辨认;设法取得嫌疑人的手印、脚印或交通工具痕迹样本与现场痕迹进行比对鉴定;查明嫌疑人是否持有或曾持有被抢走的钱、物;对于重大犯罪嫌疑人,还应布置力量,严密监视控制,以获取罪证,及时破案。

(张玉镶 傅政华)

qiechuang

切创(incised wound) 利用各种刀具(如小刀、剃刀、刀片、菜刀、屠刀等)或具有锐利边缘的坚硬物体(如玻璃片、薄铁片)直接切割人体组织所致的创伤。切创的创口都呈梭形哆开,合拢时呈线状。创口的大小与受损部位的肌纤维走向有很大关系。若创口的长轴与肌纤维走向一致时,创口哆开很小,呈裂隙状;若创口的长轴与肌纤维走向垂直时,由于被切断的肌纤维收缩,使创口哆开很大,似有组织缺损;若创口长轴与肌纤维走向呈斜形切开时,创口受肌纤维牵引呈菱形。如刀的刃口较钝或出现卷边时,创缘可不整,呈锯齿状。如果在某一部位反复多次切割,可形成鱼尾状切痕,即试刀痕,自杀切创常有此现象。创腔内一般不留有凶器的断片,骨折少见,有时骨质有线状切痕。切创在自杀中常见,在法医实践中以切颈最多见,此外还有切桡动脉、股动脉。在他杀案中也以切颈为多见,被害人在自卫时,手及臂也可形成切创,称为"抵抗伤",意外事故较少见。

(李宝珍)

qinzi jianding

亲子鉴定(paternity test) 又称亲权鉴定。应用医学、生物遗传学的理论和技术,对有争议的父母与子女间亲缘关系进行的科学鉴别。亲子鉴定涉及社会、家庭生活及法律诸多方面,如:①怀疑医院产房调错婴儿;②因灾荒、战争、时局动乱而失散的家庭人员认亲;③被拐骗儿童的认领;④怀疑婚外生育,确定子女抚养责任及财产继承权;⑤弃婴需认定父母亲;⑥强奸致孕需确定罪犯;⑦移民需要亲缘证明等。

亲子鉴定主要根据遗传规律。人的遗传性状是由基因决定的,子代所有的基因都来自亲代,所以子代和亲代表现了许多相似的形态特征和生理特征。亲子鉴定主要从以下几个方面进行:①根据血型检验。血型的遗传不受外界因素的影响,所以以往的亲子鉴定主要是利用血型遗传规律来判断亲子关系。目前已知的红细胞抗原系统有25个,约有400多种抗原,还有一个高频率组和一个低频率组。血清型和红细胞酶型均有20多个系统。白细胞抗原系统有7个位点,有124种抗原。血小板有7个系统。而且新的血型系统还在不断地发现,呈现复杂遗传多态现象。最常用的血型鉴定是红细胞血型。红细胞血型中最常用的是ABO式血型,其次是MN式血型,再其次是Se、Rh血型,还可用血清型和红细胞酶型的血型鉴定。如果检验结果表明无遗传关系,可作否定亲子关系的结论。但如果检验结果不违背遗传关系,则不能肯定亲子关系。因为红细胞血型、血清型及红细胞酶型的血型相同者多,此时可将这些血型系统的检测结果,计算亲子关系概率,如达到肯定值(等于或大于99.73%)可肯定为亲子关系。近年来白细胞(HLA)血型检验的应用,已改变了过去认为血型检验只能作为亲权否定而不能作为亲权认定的概念。因为白细胞血型是迄今为止最复杂的一个人类遗传系统,124种抗原互相排列组合,就形成了几十亿种血型,除了卵孪生子女外,几乎没有白细胞相同的人。但白细胞血型测定尚处于研究阶段,还不能普及应用。②根据DNA(脱氧核糖核酸)多态性。DNA指纹图及PCR多位点测定均可直接肯定或否定亲子关系。实践证明,此技术不仅为亲子鉴定提供了一种准确、可靠的新手段,而且可应用于流产的胚胎组织、绒毛膜组织以及石蜡固定的人体组织块,尤其有利于确定强奸致孕的罪犯。所以我国已有不少技术设备条件好的科研单位,应用该技术进行亲子鉴定。③根据相貌特征的比对。相貌体态的特征受遗传控制,但同时也受环境影响,各个阶段也有差异。在亲子鉴定方面受年龄、环境影响较小的有头、额、面、口、鼻、耳、眼、眉毛的形态,毛发、皮肤及虹膜的颜色,一般在发育之后比对较准确。④皮肤纹理的检查。在胎儿3~5个月形成的皮肤纹理,其后一生不变。亲代与子代以及兄弟姐妹的皮肤纹理有一定的相似性,这些相似性是遗传获得的,在亲子鉴定中有一定的价值。⑤根据某些先天性畸形和遗传性疾病,会不同程度地遗传给子女,如多指(趾)、并指(趾)、短指(趾)、狐臭、血友病、多发性骨疣、先天性成骨不全、家属性息肉等。如果父母与子女有相同的畸形或遗传性疾病,可作为亲子鉴定有力的参考。此外,对于有争议的父母的生殖能力、受孕和分娩期的计算也是鉴定时必要的依据。(李宝珍)

qinzi shijian chengxu
亲子事件程序(filiation proceedings) 当事人向法院提出申请,要求确认亲子关系或亲权关系存在或者不存在,法院对该类案件进行审理的程序。亲子事件属于人事诉讼(见人事诉讼程序),亲子事件程序属于特别程序。由于亲子事件是关于人的身份上权利义务关系的诉讼,因此,在诉讼程序上,亲子事件有自己的特点。如诉讼代理人(见民事诉讼代理人)的特别授权、禁止与其他诉讼合并,强制当事人本人到场,对缺席判决的排除或限制,实行职权审理原则(见职权主义),辩论原则受到限制等。由于亲子事件程序的诸多特点,所以,有的国家便把包括亲子事件程序在内的人事诉讼从民事诉讼法中单列出来,另定法律,如日本在民事诉讼法之外,单独制定有《人事诉讼程序法》。当然,有些国家还是把亲子事件程序规定在民事诉讼法中,如德国。 (万云芳)

qingzhuangnian jisi zonghezheng
青壮年急死综合征(sudden manhood death syndrome,SMDS) 不能发现致死性病理变化的青壮年急死。多数病例具有下述特征:①多为青壮年(20~40岁);②多为男性(有统计男女比例为11:1);③多死于睡眠中;④生前身体健康,发育良好;⑤死亡迅速,多为即时死;⑥死前无明显诱因;⑦发病以4~7月份多见;⑧尸检不能发现足以说明死因的病理变化,既无中毒证据,又无其他死因。死亡发生的时间以凌晨2~4时最多见,发病时患者突然惊叫或大声呻吟或呼噜几声,随即四肢痉挛抽搐,呼吸困难,陷入昏迷状态,推之不应,迅速死亡。死后可见颈静脉怒张,指甲和口唇青紫,尸斑出现早而浓,尸僵出现早而强。尸体解剖可见:心及大血管内血液呈暗紫红色流动状,各内脏明显淤血,常见浆膜下和粘膜下有点状出血,心肌纤维断裂,肺水肿等。

青壮年急死综合征的死因至今尚未明确,大多数学者认为是突发性心功能不全引起的猝死,也有人认为是中枢性呼吸麻痹所致,或迷走神经兴奋所致。总之,此综合征猝死的原因和机理有待进一步研究。 (李宝珍)

qinggan baofa
情感爆发(emotional outburst) 一种直接在精神因素作用下发生的情感障碍。具体表现为突然发作、哭笑无常、叫喊吵骂等,可伴有冲动的行为。病人对周围环境的感知并无障碍,意识清晰,发作时间持续短暂,情感色彩异常浓厚。这类病人暗示性较高,自我保护良好,为癔病的特征性症状之一。在临床精神医学和司法精神医学鉴定中,此症具有诊断价值。

（孙东东　吴正鑫）

qinggan danmo
情感淡漠（apathy） 精神疾患者对外界环境刺激缺乏相应的情感反应,甚至对与切身利益相关的事物也无动于衷。病人面部表情冷淡呆板,内心体验极为贫乏,与周围环境失去情感上的联系。此症系精神分裂症的特征性症状。由于此症在疾病的早期出现,因此,在临床精神医学和司法精神医学鉴定中,具有特征性的诊断价值。

（孙东东　吴正鑫）

qinggan diluo
情感低落（depression） 各种抑郁症的典型症状。患者对一切都感到悲观失望,终日忧心忡忡,愁眉不展、唉声叹气,自感度日如年,生不如死。患者在此情感状态下,自责自罪,消极厌世,极易发生自杀行为。但患者的整个精神活动与周围环境并不脱节,能被周围人理解。

（孙东东）

qinggan gaozhang
情感高涨（elation） 躁狂抑郁性精神病,躁狂状态患者的特征性症状。患者的心情特别愉快,自我感觉良好,事事如意;表情兴高采烈,眉飞色舞;言语音调高亢,内容夸大。这种高涨的情感活动不稳定,易激动,稍有不顺,可致患者勃然大怒或悲哀,但转瞬即逝,迅速恢复原状。患者的这种情感活动与环境的统一性完好,能被周围人理解。患者在此情感状态下,行为轻浮,易发生扰乱治安等事件。

（孙东东）

qingganxing jingshenbing
情感性精神病（affective psychosis） 一类以情感高涨或情感低落以及焦虑等为主要特征,并伴有相应的感知觉、思维和意志行为障碍的精神病。患者发病时意识清醒,病前智能良好。此病病程为发作性,有明显的间歇。缓解期精神活动完全恢复正常。可反复发作多次,但不致人格缺损和精神衰退。此类病主要包括躁狂抑郁性精神病和更年期忧郁症(见更年期精神障碍)。

（孙东东）

qinggan zhangai
情感障碍（affective disturbance） 人们对客观事物的主观态度和相应的内心体验,即为情感。如喜、怒、哀、乐、爱、憎等体验和相应的表情反应便为情感活动。情感活动是人的心理活动的一个重要组成部分,是人进行精神活动与对外交流的一个窗口,正常的情感活动应当与认知过程、意志行为过程等心理活动协调一致,并且应具有明确的倾向性、稳定性、深刻性、效能性等特性。若大脑功能受到外来因素或身体内在因素的干扰或损害,使情感活动本身的规律受到破坏,从而失去了与认知意志行为等心理过程的协调,情感的倾向性、稳定性、深刻性、效能性减弱或丧失,即为情感障碍。表现为患者对客观事物的主观态度和内心体验出现夸张、混乱或减退等异常,并且这种异常可影响其他心理过程的正常运作。在临床精神医学和司法精神医学鉴定中,情感障碍是最常见的症状之一。

（孙东东　吴正鑫）

qingkuang zhengju
情况证据（circumstantial evidence） 亦称"间接证据"。英美证据法中的术语。间接反映待证事实或可据以推断出争议事实存在与否的证据,如行为人行为前后的表现,行为时所留下的迹象,被害人被害时的态度、语调、表情等事实情况。由于待证事实发生前后,外界往往有一定的反应,所以,待证事实前后状态可以按照一定的因果关系、逻辑关系、时间关系等推断待证事实。在无法取得直接证据时,可以收集情况证据,用推断的方法来认定案情。

（熊秋红）

qiongjin xingzheng jiuji yuanze
穷尽行政救济原则（exhaustion of administrative remedies） 美国司法审查的原则之一。其含意是:相对人对其所受的损害,在可能通过任何行政程序途径取得救济以前,不能取得司法救济。确定穷尽行政救济原则的理由是:①根据"分权"原则,应由行政机关处理的问题,不能由司法机关越俎代庖。②有利于行政管理的统一和连贯性。行政机关作出的决定即使不当和有错误之处,但在行政程序尚未完结前,它完全可以自己发现和纠正自己的不当或错误,故法院过早干预是不必要的。③有利于上级行政机关对下级行政机关的监督。上下级行政机关具有领导和监督关系。上级行政机关有权撤销或纠正下级行政机关不当或错误的决定,过早的进行司法审查就不利于上级行政机关行使这种监督权。④有利于行政机关首先运用自由裁量权和专门知识与技能解决其所主管的问题。

这一原则不同于初审权原则,初审权原则强调的是在司法审查开始时或司法审查过程中,遇到应由行政权解决的问题或需要用行政专门知识或技术解决的问题时,先由行政机关处理和作出结论,再行司法审查。而"穷尽"原则强调的是相对人在有可能取得行政救济以前不能取得司法救济。初审权原则既适用于由行政机关首先管辖的案件,又适用于由法院首先管辖的案件,穷尽原则仅适用于由行政机关首先管辖的案件。

对于行政救济来说,法律可以规定当事人的行政申诉权,行政规章也可以规定当事人的行政申诉权,凡是法律或行政规章规定了行政申诉途径的问题,当事人均必须先进行行政申诉,然后才可诉诸法院。有这样一个案例:原告向移民检查官申请入境,移民检查官拒绝其入境,他即诉诸法院,请求法院审查移民检查官的拒绝其入境的裁决,法院拒绝受理,因为根据法律,对移民检查官的裁决首先应向相应部长提出申诉。原告尚未穷尽行政救济,所以法院拒绝审查。

当然,行政救济原则的适用也有例外,这些例外主要包括:①问题纯属法律争议。因为法律问题属于法院的管辖权,适用穷尽原则会造成无意义的延误时间和耗费金钱。②行政行为所依据的法律违宪或行政行为本身违宪。有这么一个案例:一批大学生因参加反对越战的游行示威,被地方征兵当局重新确定征兵等级。他们向法院起诉,提出地方征兵当局给他们重新定级的行为侵犯了他们宪法第一条修正案规定的言论和集会自由的权利。法院受理了他们的诉讼,指出,一旦行使宪法第一条修正案规定的权利存在严重的威胁就应当放弃适用穷尽原则。③行政行为不适当地延误。如果行政机关故意拖延,对相对人迟迟不予行政救济,以致可能造成相对人不可弥补的损害,法院可以不适用穷尽原则而直接给予司法救济。④行政机关毫无诚意给予相对人以行政救济,从而显然会使将进行的行政程序无效果,或将作出的裁决肯定会对相对人不利。如果法院认定有这种情况,也可不适用穷尽原则。⑤问题涉及刑事处罚。有这么一个案例:原告被美国政府控告犯有故意不报到入伍罪。他直接向法院起诉,提出根据法律规定,一家之中有一个或一个以上子女阵亡,幸存的独子可免服兵役,他即属于这种情况。因此,地方征兵当局征集他人伍是不当的。政府方面反驳说,他尚未提起行政申诉,因而未穷尽行政救济,法院应拒绝审查。但法院以问题涉及刑事处罚而驳回了政府的抗辩。⑥行政机关无管辖权。如果行政机关对所争议的问题无管辖权,也不适用穷尽原则。

(姜明安)

qiufan daiyu zuidi xiandu biaozhun guize
《囚犯待遇最低限度标准规则》(Standard Minimum Rules for the Treatment of Prisoners) 联合国制定的有关服刑囚犯和监狱管理的最低限度标准的国际法律文件。1955年8月22日至9月3日,在瑞士日内瓦召开的第一届联合国预防犯罪和罪犯待遇大会上通过,并由联合国经济及社会理事会于1957年7月31日核准。该规则由序言和一般适用的规则、对特种囚犯的规则两部分共95条组成。

该规则第一部分规定监所的一般管理,适用于各类囚犯,包括未经审讯或已经判罪,法官下令采取"保安措施"或改造措施的囚犯。在基本原则中规定:"下列规则应予公正执行。不应基于种族、肤色、性别、语言、宗教、政见或其他主张、国籍或社会出身、财产、出生或其他身份而加以歧视。另一方面,必须尊重囚犯所属群体的宗教信仰和道德标准"。第一部分还对登记、按类隔离、住宿、个人卫生、衣服和被褥、饮食、体操和运动、医疗、纪律和惩处、戒具、囚犯应获资料及提出申诉、同外界的接触、书籍、宗教,囚犯财产的保管,死亡、疾病、移送等通知,囚犯的迁移,监所人事和检查等均作了具体规定。

该规则第二部分规定:"判处监禁或剥夺自由的类似措施的目的和理由毕竟在保护社会、避免受犯罪之害。惟有利用监禁期间在可能范围内确保犯人返回社会时不仅愿意而且能够遵守法律、自食其力,才能达到这个目的"。"监所应该利用适当可用的改造、教育、道德、精神和其他方面的力量及各种协助,并设法按照囚犯所需的个别待遇来运用这些力量和协助"。该规则规定应对囚犯进行分类和施以个别待遇。"监狱劳动不得具有折磨性质。""监所内工作组织与方法应尽量接近监所外类似工作的组织和方法,使囚犯对正常职业生活情况有所准备"。"监所应同样遵守保护自由工人而订定的安全及卫生上的防护办法"。"对囚犯的工作,应订立公平报酬的制度"。该规则还规定:"从囚犯判刑开始便应考虑他出狱后的前途,并应鼓励和协助他维系或建立同监所外个人或机构间的关系,以促进他家庭的最大利益和他自己恢复正常生活的最大利益"。关于"未经审讯的囚犯",该规则规定是"受刑事控告而被逮捕或监禁、由警察拘留或监狱监禁但尚未经审讯和判刑的人","未经判罪的囚犯视同无罪,并应受到如此待遇","未经审讯的囚犯应同已经判罪的囚犯隔离","未经审讯的囚犯为了准备辩护,而社会上又有义务提供法律援助,应准申请此项援助,并准会见律师,以便商讨辩护","警察或监所官员对于囚犯和律师间的会谈,可用目光监视,但不得在可以听见谈话的距离以内"。

(程味秋)

qumo jishu
驱魔技术(exorcism) 巫师、神汉等迷信职业者,假借咒语、祈祷、发功等为人"祛邪免灾"的骗人活动。常发生于驱鬼治病等迷信活动中。这种迷信活动的结果往往造成受害人躯体及精神伤害,甚至死亡。驱魔与精神分裂症病人的妄想症状十分相似，但其实质上不是病理性的精神活动，一旦涉及法律事务，应承担完全责任。　　　　　　　　　　　　　　（孙东东）

quti jibing banfa jingshen zhangai
躯体疾病伴发精神障碍（somalopsychosis） 又称症状性精神病。由各种躯体疾病引起的脑功能紊乱，表现为精神活动异常。这种精神障碍实质上是原发躯体疾病症状表现的一个组成部分，精神症状的发生、发展和转归与原发疾病基本一致。精神症状具体表现主要为意识障碍、错觉、幻觉、妄想、智能障碍、情感障碍和意志行为障碍等。在司法精神医学鉴定中，对行为人各种法律能力的鉴定，应根据患者所患躯体疾病的性质、表现、精神障碍的特征、行为动机等各方面的资料综合分析、区别对待。　　　　（孙东东）

qubao houshen
取保候审（obtain a guaranter and await trial out of custody） 人民法院、人民检察院和公安机关对未被逮捕的犯罪嫌疑人、被告人，为防止其逃避侦查、起诉和审判，责令其提出保证人或交纳保证金，并出具保证书，保证随传随到的一种强制方法。被羁押的犯罪嫌疑人、被告人及其法定代理人、近亲属（见当事人的近亲属）也有权申请取保候审。根据我国《刑事诉讼法》的规定，人民法院、人民检察院和公安机关对于有下列情形之一的犯罪嫌疑人、被告人，可以取保候审：①可能判处管制、拘役或者独立适用附加刑的；②可能判处有期徒刑以上刑罚，采取取保候审不致发生社会危险性的（第51条）。取保候审的执行机关是公安机关。司法实践中，通常由基层公安机关及其派出机构执行。

根据我国《刑事诉讼法》的规定，取保候审有保证人制度和保证金制度两种形式，又称人保和财物保。被羁押的犯罪嫌疑人、被告人申请取保候审，或者人民法院、人民检察院和公安机关决定采取取保候审的，应当责令提出保证人或交纳保证金（第53条），否则不能采取取保候审措施。被取保候审的犯罪嫌疑人、被告人在取保候审期间，应当遵守以下规定：①未经执行机关批准不得离开所居住的市、县；②在传讯的时候及时到案；③不得以任何形式干扰证人作证；④不得毁灭、伪造证据或者串供。被取保候审的犯罪嫌疑人、被告人违反上述规定，已交纳保证金的，没收保证金，并且区别情形，责令犯罪嫌疑人、被告人具结悔过，重新交纳保证金、提出保证人或者监视居住、予以逮捕。犯罪嫌疑人、被告人在取保候审期间未违反上述规定的，取保候审结束的时候，应当退还保证金（第56条）。人民法院、人民检察院和公安机关对犯罪嫌疑人、被告人取保候审最长不得超过12个月。在取保候审期间，不得中断对案件的侦查、起诉和审理。对于发现不应当追究刑事责任或者取保候审期限届满的，应当及时解除取保候审。解除取保候审，应当及时通知被取保候审人和有关单位（第58条）。　　　　　　　（黄永）

qubao houshen juedingshu
取保候审决定书（written decision to obtain a guarantor and await trial out of custody） 人民法院、人民检察院、公安机关依法对犯罪嫌疑人、被告人决定采用取保候审的强制措施时所制作的法律文书。取保候审决定书是制式文书，人民法院、人民检察院、公安机关所制作的取保候审决定书的格式彼此略有不同。取保候审决定书一般由首部、正文、尾部及附项构成。首部包括制作文书的机关名称、文书名称及编号；正文应写明被取保候审的犯罪嫌疑人、被告人的姓名、涉嫌或被控犯罪的性质、制作文书的法律依据、担保方式、执行机关及犯罪嫌疑人在取保候审期间应遵守的规定。担保方式一项，如采取保证人取保的，应填写保证人姓名，采取财产保时，应写明保证金的数额，采取两种方式的，全部填上。取保候审决定书尾部应写明制作时间并加盖制作机关印章。取保候审决定书应向被取保候审的犯罪嫌疑人、被告人宣布，并同时宣布《刑事诉讼法》第56条关于被取保候审人在取保候审期间应当遵守的事项的规定，犯罪嫌疑人、被告人应在取保候审决定书上签名并填写宣布的时间。宣布取保候审决定书的审判、检察或公安人员也应在决定书上签名。　　　　　　　　　　　（黄永）

quhuiquan
取回权（right to take back） 破产管理人占有不属于破产财产的他人财产，该财产的权利人所享有的可以不依破产程序直接对该财产行使权力而取回该财产的权利。这种权利产生的基础，主要是实体法上所确定的所有权制度，从这种意义讲，取回权实际上也就是所有权制度在破产制度中的一种表现形式。取回权的主要特征有下列几个：第一，取回权是财产所有人从破产企业内将属于自己的财产取回的权利。财产所有人取回的是自己的财产，而不是属于破产企业的财产，此点与别除权有区别。第二，取回权是一项可以不依破产程序而从破产企业内取回财产的权利。因取回权行使的结果是财产所有人请求破产人进行清偿，取回权不属破产债权，因而取回权可以不依破产程序而行使。第三，取回权的基础是所有权制度，其行使须以属财产所有人所有的财产在破产人进入破产程序后该财产仍然存在为前提条件,如果该财产已经灭失,财产所有权人的取回权也就因此而转化为赔偿请求权而成为破产债权。

学理上一般将取回权分为一般取回权和特别取回权两种。一般取回权是指财产权利人以所有权制度为根据,而从破产企业内取回自己财产的权利。特别取回权则是根据民法中的公平原则,在破产制度中为出卖人在买受人受破产宣告时在一定条件下有权取回自己出卖标的物的权利,其具体内容为:如果出卖人已将出卖物发送,买受人尚未收到,也未付清货款而受破产宣告的,出卖人可以解除买卖合同而取回自己的出卖物的权利。在中国,破产法中未明确使用取回权的概念,但《中华人民共和国企业破产法(试行)》第29条规定的内容实际上也就是取回权制度。

取回权由取回权人向破产管理人行使,符合法定条件的取回权行使的法律结果是:属于取回权人的财产由破产管理人从破产企业内交付给取回权人;误将取回权财产列入破产财产的,应将该财产从破产财产中减除。若取回权人与破产管理人因取回权是否存在而发生争议,可以由取回权人向法院起诉,由法院确认有争议财产的所有权的归属后,再确定取回权是否存在。

(潘剑锋)

quanbu gaipan
全部改判(reversal) 一部改判的对称。上诉审法院对上诉案件进行审理后,撤销原审判决,全部另行改判。在我国,上诉审法院对上诉案件进行审理后,原判决适用法律错误的,依法改判;原审判决认定事实错误,或者认定事实不清、证据不足,裁定撤销原判决,发回原审人民法院重审(见发回重审),或者查清后改判,即二审法院原则上应发回重审,只是在可以查清事实的情况下予以改判。原判决的情形不同,上诉审法院改判的处理也不同,依法改判可能变更原判决的一部分,也可能变更原判决的全部,后者即为全部改判。

(万云芳)

quanguo gongan gongzuo huiyi
全国公安工作会议(National Working Meeting of public Security) 公安系统的全国性专业会议。1951年5月10日至16日在北京举行的全国公安工作会议决定,镇压反革命的工作要采取谨慎收缩的方针,并集中精力处理积案。1958年6月24日至8月16日在京举行的全国公安工作会议决定:从1959年春节开始,将每年春节的第一个月作为全国公安部门的"爱民月"。1961年3月举行的全国公安工作会议通过了《加强公安政治工作的决议》。1971年2月在京举行的全国公安工作会议上,周恩来总理指出:文化大革命前17年,公安工作是毛泽东革命路线占主导地位的。1977年12月1日至1978年1月15日在京举行的全国公安工作会议,提出了新时期公安战线的方针、任务。1988年4月19日至4月29日在京举行的全国公安工作会议,提出了综合治理、积极治安的方针。

(文盛堂)

quanguo jiancha gongzuo huiyi
全国检察工作会议(National Procuratorial Working Meeting) 检察系统全国性专业会议。1954年3月17日至4月10日由最高检察署在北京召开的会议,规定在第一个五年计划时期内有计划、有步骤地把全国各级人民检察署的组织和工作系统地建立和健全起来。1956年3月15日至4月1日在京举行的全国检察工作会议确定,要在两年之内把检察机关的组织和工作全面健全起来,以适应社会主义事业的发展和人民民主法制建设的需要。1958年6月23日至8月18日由最高人民检察院在京召开的全国检察工作会议,进一步明确检察工作要运用法律武器,通过加强对敌人的专政,为总路线的顺利实现而保证一个安全的环境。1960年2月16日至26日在京召开的会议讨论了当前形势和对敌斗争的方针、政策、任务,号召积极正确地发挥检察机关的作用。1976年12月16日至27日召开的会议讨论了检察机关新时期的方针、任务,提出修改人民检察院组织法的建议。1988年3月召开的会议指出,检察机关要积极地进行检察体制改革,增强法律监督职能,建立完备的领导体制和工作制度,强调保证依法独立行使检察权,指出要进一步全面开展各项检察业务,坚持不懈地打击经济犯罪和其他刑事犯罪,更好地为改革开放服务。1992年5月4日至9日,最高人民检察院在北京召开了第九次全国检察会议。会议的主要任务是:以邓小平同志视察南方重要谈话和中央政治局全体会议精神为指导,总结1988年第七届全国人民代表大会第一次会议和第八次全国检察工作会议四年来的工作,研究建设有中国特色的社会主义检察制度应遵循的原则;提出在加快改革、扩大开放的新形势下法制建设和检察工作的任务;讨论修改《惩治贪污贿赂法》(第十稿)和《检察官条例》(第十八稿)。1996年7月7日至12日在北京召开了第十次全国检察工作会议,与会代表认真讨论了《检察工作"九五"计划和2010年远景目标纲要》和《人民检察院实施刑事诉讼法细则》。

(文盛堂)

quanguo zhengfa gongzuo huiyi
全国政法工作会议(National Working Meeting

of Politics and Law） 政法系统全国性专业会议。1982年7月10日至24日由中共中央政法委员会在北京举行的会议强调：新时期的政法工作的主要任务是健全社会主义的民主和法制，加强人民民主专政，保卫和促进以经济建设为中心的社会主义现代化建设。1986年2月21日至3月4日在北京举行的会议，认真讨论了邓小平关于"一手抓建设，一手抓法制"的指示，强调要进一步加强民主与法制建设，严厉打击严重刑事犯罪和经济犯罪活动，坚决取缔和制止各种社会丑恶现象，在社会治安已经取得明显好转的基础上，实现社会治安的稳定好转。1997年12月23日至25日，全国政法工作会议在北京举行。25日下午，党和国家领导人江泽民、李鹏在北京人民大会堂出席会议并讲话。会议对今后一个时期的政法工作作了部署，对维护社会稳定的各项措施、社会治安综合治理的基层工作、队伍建设的整改工作、政法工作的各项保障措施等问题如何落实提出了要求，并强调要抓紧制定《警察法》、《检察官法》、《法官法》和《监狱法》的配套措施，落实法律规定的各项管理制度，用法律保证严格执法，使队伍建设走上法制化、规范化轨道。 （文盛堂）

quanqiu xingdong gangling
《全球行动纲领》（Global Guideline） 由于国际社会面临着十分严重的吸毒以及麻醉药物和精神药物非法种植、生产、加工、分销和贩运问题，各国无法单独对付这一类全球性违法犯罪问题，因此，联合国1990年2月第十七届特别会议针对上述国际问题，通过国际社会团结协作，采取集体行动的一项具体实施文件。全文共3章8节100条。文件将每年6月26日定为禁止麻醉品滥用和非法贩运国际日，以增进民众对该项斗争的认识。 （孙东东）

quanli baohu qingqiuquanshuo
权利保护请求权说（doctrine of petition to redress） 20世纪初期开始，为大陆法系有些国家采取的诉权学说。该学说认为，诉权是指私人对国家司法机关要求为判决保护权利之权，亦即依民事诉讼法保护之判决请求权。该说认为，私人要求保护，能使其诉权成立，必须具有保护的要件。其要件有三：一是有保护之必要；二是要当事人适格；三是具有作为诉讼标的之法律关系，当事人具备多项要件，即可依其诉之声明，受到有利于自己的判决。该学说所谓之权利保护，是指对私人权利的保护，即对实体法上之权利保护；所谓请求权，是指请求为判决之权。私人的权利请求依判决为之保护，故又称诉权为判决请求权，其诉权成立之要件又被称之为请求权之要件。权利保护请求说，是在诉权公法说之后发展起来的一种学说，它既注意了对私权的保护，又吸收了诉权公法说中具体诉权说之部分内容，而成为诉权判决保护之请求权的学说。这种学说对其后有关诉权的一些论述具有一定的影响，如在许多的诉权理论中，总是将诉权与请求判决、有利于己之判决，或者胜诉权等相联系。 （刘家兴）

quanli faan
权利法案（Bill of Rights） ❶英国议会1689年10月颁布的《权利法案》。该法案扩大了国会的权力，限制了王权，确立了英国君主立宪政体的一些宪法性原则。主要内容为：国王未经国会同意不得废止法律或停止法律之实施；不得征收金钱；不得征募或维持常备军；臣民有向国王请愿的权利；议员在国会内有演说、辩论或议事的自由；不得对臣民采用残酷的刑罚；不得设立审理宗教事务的钦差法庭等。

❷美国宪法的第一次修正案（即前十条修正案），于1791年12月25日经批准，被称为"权利法案"。它虽然仿效了英国的《权利法案》，规定了对公民权利的保障，如"人民的人身、住宅、文件和财产不受无理搜查和扣押的权利，不得侵犯"；但是更侧重诉讼权利的保障，如"无论何人，除根据大陪审团的报告和公诉书，不得以死罪或其他重罪案受审"，"任何人都不得因同一犯罪行为而两次遭受生命或身体的危险"；"不得在任何刑事案件中被迫自证其罪"；"不依正当法律程序，不得被剥夺生命、自由或财产"；"在一切刑事诉讼中，被告有权享有：由犯罪行为发生地的州和地区的公正陪审团予以迅速和公开的审理；被告知控告的性质和原因；同反对他的证人对质；以强制程序取得对其有利的证人，并取得律师帮助为其辩护"等。 （程味秋）

quanxian chongtu fating
权限冲突法庭（tribunaux des conflits） 法国为解决行政法院与普通法院之间管辖冲突、判决冲突而设立的专门机构。法国普通法院系统和行政法院系统并存，必然发生权限上的争议。有时行政法院会认为普通法院管辖了该属于它管辖的案件，而普通法院则认为相应案件理所当然地应归自己管。有时又可能出现普通法院和行政法院都认为自己没有管辖权的情形。在此情况下，为了解决这些争议，便要求有第三方机构来决定相应案件由谁管辖。1872年5月24日的法律规定，建立一个由最高法院和国家行政法院（见法国国家行政法院）双方同等代表组成的权限争议法庭，以裁决两个系统法院之间的争议。

权限争议法庭具有仲裁法院的性质，由9名正式法官组成，最高法院和国家行政法院各选3名法官，由以上6名法官再推选2名正式法官,2名候补法官。法官名额的分配,两法院系统相等。法官任期3年,可以连选连任,司法部长为法庭的当然主席,但他很少出席法庭,通常只在每届法庭开始时参加典礼,以及在法庭表决票数相等时才投最后一票。9名正式法官以秘密投票方式,选举其中一人为副主席,领导法庭的工作。除法官外,法庭另设有一个检察处,由2名正式政府官员,2名候补政府专员组成,由政府每年任命。政府专员对案件的判决提出自己的观点,不受政府的拘束。

法庭活动的程序,不受民事诉讼活动的拘束。书记处接受案件后,分配一名法官作为报告员,负责调查案件,提出判决意见。报告员的书面报告必须送交政府专员。政府专员就案件进行调查研究后提出判决意见。报告员和政府专员不能属于同一法院系统。案件庭审的法定人数为5名法官,法庭根据报告员的书面报告、律师的诉状和政府专员的口头结论作出决定。庭审后的讨论秘密进行。判决必须说明理由,送司法部长一份副本,后者负责判决的执行。

权限争议法庭虽然只判决具体案件的管辖权,但其影响却超过一个具体案件。因为确定某个案件是否属于行政法院管辖,实际上是划分行政审判的权限和确定行政法的适用范围。而且权限争议法庭在解决一个具体案件的管辖权时,可能确定一个一般性的规则,成为行政法的原则。权限争议法庭的判例也是行政法的一个渊源。

权限争议法庭的职权有两个方面,一为解决两个系统法院之间的权限争议,二为解决两个系统法院之间的判决的冲突。两个法院系统之间的判决冲突,是指在没有管辖权争议的情况下,普通法院和行政法院都有确定的判决,而且互相冲突,因而当事人得不到司法救济,这时由权限争议法庭对案件本身进行判决。

(姜明安　牟信勇)

quexi panjue
缺席判决【民诉】(default judgement)　法院在一方当事人未出席法庭审理的情况下作出的判决。是相对于对席判决而言的。缺席判决在各国法律中均有规定,但具体适用的情况不尽相同。德国民事诉讼法规定:原告于言词辩论期日不到场,应依申请为缺席判决,驳回原告之诉。被告在言词辩论期日不到场,原告申请为缺席判决时,原告所为关于事实的言词陈述,视为得到被告的自认。同时规定,言词辩论期日里,当事人一方未到场,对方当事人可以不申请为缺席判决,而申请依现存的记录为裁判;如果案情已充分明白,能为此种裁判时,应准许其申请。可见,当事人一方在言词辩论期日不到场,并非绝对遭致败诉的判决。此外,德国民事诉讼法还对不许为缺席裁判的情况做了规定,到场的当事人,对于法院应依职权调查的事项,不能提出必要的证明;对未到场的当事人,未能适当地特别是未能及时地传唤;对未到场的当事人,未能及时地把以言词陈述的事实或申请以书状通知之,等等。对于驳回请求为缺席判决的申请的裁定,可以提起即时抗告。受缺席判决宣示的当事人,可以对判决声明异议。我国民事诉讼法则规定得相对简便,原告经传票传唤,无正当理由拒不到庭或未经法庭许可中途退庭,被告提出反诉的,可以缺席判决;被告经传票传唤,无正当理由拒不到庭的,或者未经法庭许可中途退庭的,可以缺席判决。这种缺席判决意味着缺席的一方当事人败诉。

我国台湾地区民事诉讼法则对于一方当事人不参加法庭审理的情况,作如下处置:言词辩论期日当事人之一造不到场者,得依当事人之声请,由其一造辩论而为判决;不到场之当事人经再传而仍不到场者,并得依职权由一造辩论而为判决。一造辩论判决虽然也是在一方当事人不参加法庭言词辩论情况下作出的判决,但与前述缺席判决并不完全相同:其一,一造辩论判决首先应基于到场一方当事人的申请法院始得为之,法院一般不依职权作出一造辩论判决。其二,一造辩论判决并非必然判决不到场的当事人败诉。因为到场的当事人对法院依职权调查的事项须能为必要之证明,是为一造辩论判决的必要条件之一;而且言词辩论期日以前已为辩论或证据调查,或未到场之有准备书状之陈述者,为一造辩论判决时应斟酌之,未到场人以前声明之证据,其必要者,并应调查之。其三,言词辩论期日被告不到场,原告既不申请延展期日,又不申请一造辩论判决者,若诉讼已达于可为裁判之程度,审判长可依法行使阐明权,向原告发问或晓谕,令其叙明,其愿另定期日辩论,不申请由其一造辩论而为判决者,应予延展辩论期日,若拒绝叙明者,则视同不到场,并依法视为合意停止诉讼程序。

(俞灵雨)

quexi panjue
缺席判决【刑诉】(judgment of default)　法院对于刑事被告人未到庭参加法庭审理所作的判决。是与出席判决(或称到庭判决)相对而言的一种判决。世界各主要国家的刑事诉讼法对在什么情况下可以缺席判决,规定不尽相同。

英国的缺席判决适用于按简易程序审理的案件,在传票已经发出的情况下,治安法官如确认该传票在审理期日前已送达被告人,而被告人在审理期日不到庭,或者被告人先已到庭就控告作过答辩,而在延期审理时未到庭,都可对案件进行缺席审理判决。此外,1957年英国法律规定了一种通过邮寄信件表示认罪而不到庭受审,治安法官即可据以作出有罪判决,这也是缺席判决的一种情形。

在法国,缺席判决适用于审判轻罪和违警罪的案件,重罪法庭审理案件不能进行缺席判决。《法国刑事诉讼法典》还规定:某些轻罪或违警罪的被告人,可以写信给法庭庭长,要求缺席裁判;被告人对执行缺席判决在法定期限内提出异议时,全部判决应视无效。

《德国刑事诉讼法典》规定,对于可能被判处拘役、罚金、没收财产或者合并论处这些刑罚的被告人,如果他的住所不明或者是在国外,或者认为不可能或不适宜把他带到有管辖权的法院的时候,经检察官申请,可以缺席判决。但应在报纸上刊登传票,以公示传唤的方法,将审判的时间和地点通知缺席被告人。

《日本刑事诉讼法》对缺席判决也有严格的限制,明确规定:适用5000日元以下罚金或罚款的案件,以及法院认为被告人的到场对保护其权利无关重要时,准许不到场,可以在被告人于审判期日不到场时进行审判。其他案件,原则上被告人不到场就不能开庭,但是,当这些案件被羁押的被告人在审判期日已受到传唤,没有正当理由拒绝到场,而由监狱官吏带送有显著困难时,法院也可以在被告人不到场的情形下进行该期日的审判程序。

我国《刑事诉讼法》没有缺席判决的规定。在审判实践中,为了保障被告人行使其享有的诉讼权利,开庭审判时均要求被告人到场,没有缺席判决的情形。有的学者认为,根据《刑事诉讼法》第161条规定的精神,如果被告人违反法庭秩序,情节严重,被责令退出法庭的,法庭审理不中断,可以缺席判决,但宣判时退庭的被告人应当到场。

(汪建成)

queren zhi su
确认之诉(declaratory action) 诉的表现形式之一。当事人之间对某种法律关系是否已经成立或者现在是否存在,在一定事实或者条件问题上发生争议,诉诸法院要求作出确认判决之诉。任何法律关系的成立都有一定的事实或者条件,有些是法律规定的条件,有些是法律认可的事实,具备必要的事实或者条件,法律关系才能成立,否则,不能成立,法律关系则不存在。当事人以一定事实或者法律为依据,要求确认某种法律关系存在,如要求确认收养关系成立,或者要求确认某种法律关系不成立,如要求确认某合同无效。前者是要求肯定某种法律关系,后者是要求否定某种法律关系。要求肯定某种法律关系,目的在于肯定自己享有的实体权利,学理上对此称之为积极的确认之诉。要求否定某种法律关系,目的在于否定自己应承担的实体义务,学理上称之为消极的确认之诉。

确认之诉的主要特点是:提出确认的法律关系必须具有现实意义,如果法律关系已经结束,则不能作为确认之诉的诉讼标的;诉之目的只要求法院作出某种法律关系是存在或者不存在的确认判决,而不是要求法院作出具有什么实体权利或者免除什么具体义务的判决;确认之诉之争,不是基于某种法律关系行使权利或者履行义务之争。确认之诉是因民事关系的多样性和复杂性,以及主体认识上的差异性而发生的。其意义在于,使当事人可以借助法定程序,为其在法律关系中可能享有实体权利,或者为其可能不承担某种实体义务作出判定;使实际生活中某些平等主体之间法律上的关系不明确之状态,通过司法上之判定得以确定。确认之诉在实践中往往随之而来的是给付请求,即确认某种法律关系存在或者成立,一方当事人则主张权利。这种情况形成确认之诉与给付之诉并用,以确认之诉开始,以给付之诉结束。

(刘家兴)

R

ranliao

染料(dyes) 指能使纤维等物料坚牢着色的有机物质。染料种类繁多,根据来源可分为天然染料(如植物性染料、动物性染料和矿物性染料等)和合成染料(或人造染料)。按分子结构可分为偶氮染料、蒽醌染料、酞菁染料、芳甲烷染料、硝基染料等。按应用方法分为酸性染料、碱性染料、硫化染料、活性染料、分散性染料、直接染料等。染料具有颜色,但有颜色的物质不一定是染料。染料必需具有发色团和助色团。墨水中的染料还应具有磺酸基等水溶性基团。

天然染料是由动物、植物和矿物中获得的染料。根据来源可分为:①植物染料,从某些植物的根、茎、叶及果实中提取出来的染料,如从靛叶中提取的靛蓝(蓝色),从姜黄中提取的姜黄素(黄色),茜草中提取的茜素(红色)等;②动物染料,从动物躯体内提取的染料,如从胭脂虫中提取的胭脂红等;③矿物染料,从矿物的有色无机物中提取的染料,如铬黄、群青、锰棕等。因天然染料与人造染料相比存在许多缺点,如色谱不全、应用不便、牢度差等,除少数还在使用外,多数被淘汰。

合成染料,亦称"人造染料"。主要由煤焦油(或石油加工)分馏产品(如苯、萘、蒽、咔唑等)经化学加工而成,有时也称煤焦油染料。由于最早的若干种合成染料以苯胺为原料制成,所以又称作"苯胺染料"。与天然染料相比,合成染料种类多,色谱齐全,多数色彩鲜艳、耐洗耐晒等,且可大量生产。所以当前所谓染料几乎全部指合成染料。其染色制品是常见的司法鉴定物证检材之一。

按照应用方法可将染料分为:①酸性染料。是在酸性(或中性)介质中进行染色的染料。按化学结构可分为偶氮型、蒽醌型、三芳基甲烷型、酞菁型等染料;按染色时介质的不同,可分为强酸染料(也称酸性染料)、弱酸染料、中性染料和酸性络合染料。分子结构中含有亲水性基团,如磺酸—SO_3H、羧酸—$COOH$等,所以易溶于水。主要用于染着羊毛、蚕丝等动物纤维,也用于染着锦纶、维纶等化学纤维,以及皮革、毛皮、纸张等。通常对棉、麻等纤维素纤维无着色力。因介质不同,其色泽、坚牢度、染色方法等有一定差异。②碱性染料。指含有氨基或取代的氨基而能成盐或季铵盐的染料。因染色时,其部分染料以阳离子的形式与纤维结合,故又可称"阳离子染料"。阳离子染料是碱性染料的一部分,主要用于腈纶的染色,色彩鲜艳、牢度较好。碱性染料主要用于棉布的印花和羊毛、蚕丝、皮革、纸张、塑料等的染色。虽色泽鲜艳,但耐洗、耐晒、牢度较差。碱性染料对纤维素纤维本无亲和力,须用单子酸等媒染剂在纤维上打府,再染色,形成色淀而着色。现已很少用来染纺织品,多用于文教用品的制造,如墨水、复写纸、圆珠笔、铅笔和色淀等。一般习惯把老的品种称为"碱性染料",新品种称为阳离子染料。③硫化染料。指不溶于水的含硫染料。染色时,须先溶于硫化钠溶液中,使为纤维素纤维所吸着,再经氧化而显color。染品一般尚能耐洗、耐晒,但色泽不够鲜艳。常用的品种有硫化黑和硫化蓝等。④活性染料,也叫"反应性染料"。分子中含有化学性活泼的基团,能在水溶液中与棉、毛等纤维反应而形成共价键,具有较高的耐洗坚牢度。⑤分散性染料,是在水中的溶解度很小,须以分散性助剂使其成为极细的分散体而染色的染料。主要是蒽醌、偶氮和杂环等类型染料。适用于醋酸纤维、聚酯纤维、聚酰胺纤维等的染色。⑥直接染料。一般在含有电解质的水溶液中染色,是一种阴离子染料,主要用于植物纤维染色,主要为各种偶氮染料。

染料的种类繁多,性质各异,用途十分广泛。但作为物证的染料大多是固着在纺织纤维或纸张上,或作为墨水、印油、圆珠笔油、油墨的一种组织成分。一般经过浸提后用微量化学法、薄层色谱法、液相色谱法、紫外-可见吸收光谱法及荧光光谱法进行比对检验。

(王彦吉)

renbao

人保(personality-related bail) 又称保证人取保。指由犯罪嫌疑人、被告人提供的保证人向司法机关出具保证书,保证其不逃避或妨碍侦查、起诉、审判等,并随传随到,从而保释犯罪嫌疑人、被告人或对其采取取保候审措施的一种方式。根据我国《刑事诉讼法》规定,公安司法机关可以决定对犯罪嫌疑人、被告人采取强制措施,并责令其提供保证人,犯罪嫌疑人、被告人及其法定代理人或近亲属也可以提出保证人,申请取保候审。保证人必须符合下列条件:①与本案无牵连;②有能力履行保证义务;③享有政治权利,人身自由未受到限制;④有固定的住处和收入。对犯罪嫌疑人、被告人提出的保证人经审查同意后,应当要求保证人出具《保证书》,保证承担法律规定的义务。保证人应当履行的义务是:监督被保证人遵守《刑事诉讼法》第56条的规定(见取保候审);发现其可能发生或者已经发生违反该条规定的行为的,应当及时向执行机关报告。公安司法机关决定采取取保候审的,应当制作《取保候审决定书》,连同《保证书》同时送公安机关执行。执行机关应当向被取保候审的犯罪嫌疑人、被告人宣布《取保候审决定书》,并由保证人和被取保候审人在执行机关工作人员主持下履行对保手续,并告知保证人应当履行的义务和被保证人应当遵守的规定及违反规定应承担的法律责任,然后将被取保候审的犯罪嫌疑人、被告人交保证人领回。在取保候审期间,执行机关发现保证人没有履行保证义务,对被保证人违反《刑事诉讼法》第56条规定的行为未及时报告,应当及时通知决定机关。决定机关经审查属实的,可以对保证人处以罚款;构成犯罪的,依法追究保证人的刑事责任。犯罪嫌疑人、被告人在取保候审期间没有违反《刑事诉讼法》第56条规定的,取保候审结束时,应当通知保证人解除担保义务。 （黄 永）

renfan
人犯(defendant) 我国原《刑事诉讼法》对受到刑事追诉者的一种称谓,有的解释为是犯罪嫌疑人、被告人及罪犯的统称。在实践中,对已经法院生效判决确定有罪及刑事责任的人犯又称"已决犯",否则称"未决犯"。在法律上对不同诉讼阶段的刑事被追究者,不作具体区别统称为"人犯"是不科学的。自1997年1月1日实施修改后的《刑事诉讼法》起,已不再使用"人犯"一词,而根据不同的诉讼阶段,分别使用"犯罪嫌疑人"、"被告人"、"罪犯"等称谓。 （黄 永）

renfan bianren zhaoxiang
人犯辨认照相(photography for criminal identification) 辨认照相的一种。以记录、存储和便于日后识别人犯的外貌为目的,按照专门的规则,对被拘留、逮捕或受到其他刑事、治安处罚的人犯,以及被采取某些刑事强制措施的人员或犯罪嫌疑人的外貌特征进行的照相,是刑事诉讼中经常、广泛利用的简便技术手段之一,可为侦查、审判提供合格的照片资料,用以识别和认定人身。人犯辨认照相必须分别从正面和右侧面各拍照一张免冠照片。影像的大小一般规定为人体的1/7。拍照时,应令人犯端坐,两眼平视,两耳轮廓平均露出,头部和躯干位置端正,头发不得遮盖五官。应使用竖直标尺,以显示被照人的身长。人犯辨认照相通常是在进行刑事登记时,由拘留所、看守所或监狱负责实施。

"人犯"一词,自1997年1月1日实施修改后的《中华人民共和国刑事诉讼法》起,已不再使用,而根据不同的诉讼阶段,分别使用"犯罪嫌疑人"、"被告人"、"罪犯"等称谓。 （杨明辉 张新威）

renge jieti
人格解体(depersonalization) 自我意识障碍的一种形式。患者觉得自己是空虚的、不是属于自己的、没有生气的、不真实的或不存在了,或是将自己视为异己力量操纵的或是自动化的机体。这种体验称为人格解体。人格解体见于正常人的疲劳状态、神经症、抑郁症、精神分裂症与颞叶癫痫。 （孙东东 吴正鑫）

renge zhangai
人格障碍(personality disorders) 又称变态人格、病态人格。以一种持久的不良行为模式,使自己和社会蒙受损害,影响正常的人际关系和社会生活。根据人格倾向性的特征,可将异常的人格分为若干型。但人格障碍总的特征主要包括:一般都在青春期前就已表现出人格偏离正常,具体原因不详;成年的人格严重偏离正常,与他人及社会环境格格不入;情绪不稳定,易激动、冲动、感情用事、反复无常,对人冷酷无情,人际关系不融洽;行为的动机、目的不明确,行为易受情感冲动,易受偶然的触景性动机以及本能欲望驱使,缺乏目的性、计划性和完整性;自我控制能力差,对学习、工作和生活缺乏责任感和义务感,常发生超越社会伦理道德规范、扰乱他人生活或危害社会的事件,结果是损人不利己;恶性案件较少发生;没有意识的、感知觉的、思维的、记性的和智能的障碍;无自知力,虽屡受挫折,却不能主动地从中吸取教训。这种偏离常态的人格一旦形成就很难改变。但随着年龄的增长、体力逐渐下降、阅历丰富,可有所缓和。人格障碍矫正困难,伴随终生。由于人格障碍者无意识和病理性精神活动障碍,故在司法精神医学鉴定中,对人格障碍者的各种法律能力一般都不予免除。 （孙东东）

renmin tiaojie
人民调解(people's mediation) 群众性自治组织主持下解决民间纠纷的活动。在中国,人民调解是在人民调解委员会(见《人民调解委员会组织条例》)的主持下,依照国家法律、政策、社会主义道德,对民间纠纷,通过说服教育的方法,使双方当事人在互谅互让的基础上达成协议、解决争端。它是群众自我教育、自我监督、自我约束的好形式。人民调解属民间调解,它既不同于法院行使审判权解决纠纷的审判活动,也不同于行政机关行使行政权处理行政问题的行政活动,而是民间的群众性组织解决民间纠纷的一种自治形式。它所适用的范围只限于一般的民事纠纷和轻微的刑事纠纷,如债务、赔偿、婚姻、赡养、扶养、抚养、继承、轻微伤害等纠纷。

人民调解的组织形式是人民调解委员会。人民调解委员会设置于居民委员会和村民委员会中，在基层人民政府和基层人民法院指导下进行工作。群众发生纠纷，人民调解委员会可以根据当事人的申请及时解决纠纷；当事人没有申请的，人民调解委员会也可以主动调解。人民调解委员会调解纠纷由人民调解委员会委员主持进行。一个纠纷可以由人民调解委员会委员一人或数人主持进行。跨地区、跨单位的纠纷，可以由有关的各方调解组织共同调解。人民调解委员会调解纠纷，可以邀请有关单位和个人参加，被邀请的单位和个人应当给予支持。人民调解委员会进行调解工作，要遵循人民调解原则，应当在查明事实、分清是非的基础上，充分说理，耐心疏导，消除隔阂，帮助当事人达成调解协议。通过调解当事人达成协议的，根据需要或者当事人的请求，人民调解委员会可以制作调解协议书。调解协议书应当有双方当事人和调解人员的签名，并加盖人民调解委员会的印章。对调解协议，当事人应当履行，但调解协议不具有执行力。经过调解，当事人未达成协议或达成协议后又反悔的，任何一方可以请求基层人民政府处理，也可以向人民法院起诉。基层人民法院对于人民调解委员会主持下达成的协议，符合法律、法规、规章和政策的，应当予以支持；违背法律、法规、规章和政策的，应当予以纠正。

人民调解工作的任务除了调解民间纠纷外，还包括提供法律帮助和进行法制宣传教育等方面。提供法律帮助，是指向群众和集体经济组织提供法律上的帮助，如进行法律咨询、代写有关法律文书、担任法律顾问等。进行法制宣传教育，通常有以下两种方式：一是通过具体纠纷的调解，向纠纷当事人及其他群众宣传国家法律、法规、政策，使他们知法守法；二是通过办报栏、宣传栏、演讲会等形式，结合形势发展的需要，有针对性地进行宣传教育。

人民调解因其具有群众性，调动了人民群众的自我管理、自我教育、自觉维护国家法制的积极性，它对于解决群众纠纷，进行法制宣传，防止矛盾激化，预防纠纷，减少诉讼，维护社会安定，增强群众团结等方面，发挥着重要的作用。

(潘剑锋)

renmin tiaojie chengxu
人民调解程序（procedure of people's mediation） 人民调解组织调解民间纠纷所适用的程序。人民调解程序是人民调解制度的一个重要组成部分，它对实现人民调解任务，贯彻人民调解方针，保证人民调解工作的正确性，具有十分重要的意义。人民调解原则也是通过具体的人民调解程序制度在人民调解工作中得以体现的。人民调解程序有广义与狭义之分，狭义的人民调解程序，仅指人民调解组织调解民间纠纷的工作程序；广义的人民调解程序，还包括基层人民政府和人民法院对人民调解进行监督的监督程序。1989年5月5日国务院第40次常务会议通过，1989年6月17日起施行的《人民调解委员会组织条例》，对人民调解程序虽未作明确的具体规定，但根据其规定的原则及对调解工作的要求，结合人民调解工作的实际，人民调解程序的内容大致为：人民调解的开始程序，人民调解进行的过程，人民调解的终结程序以及人民调解的监督程序。

人民调解通常情况下由双方当事人自愿请求人民调解组织进行调解而开始，人民调解组织主动进行调解的，也要征得当事人的同意。群众申请调解，只要是属于调解范围内的纠纷，人民调解组织都应当主持调解。人民调解组织主持调解，既可以由一个调解员独任调解，也可以由若干个调解员共同调解。调解员在调解中要遵循依法调解、当事人自愿以及调解不是进行诉讼的必经程序的调解原则（见人民调解原则）。调解的过程，既是向当事人进行说服教育、查明纠纷事实、分清是非责任的过程，也是向当事人进行法制宣传的过程。调解既可以面对面地进行，也可以背靠背地进行，但最终达成协议，必须双方当事人意思表示一致。调解过程中，当事人一方或双方表示不愿继续调解的或调解员经过努力最终确认不可能达成协议的，应当终结调解程序；经过调解双方当事人达成协议的，人民调解组织可以应当事人的请求制作调解书，调解书送达当事人后，调解程序归于终结。此外，在调解过程中，如果一方当事人就正在进行调解的纠纷向人民法院提起了诉讼，调解程序也归于终结。

人民调解组织主持调解的程序终结后，如果当事人未就纠纷达成协议的，任何一方当事人都有权决定选择其他的方式来解决纠纷，包括向人民法院提起诉讼；双方当事人达成了调解协议的，当事人应当履行调解协议，但当事人又翻悔的，也可以向人民法院提起诉讼。

基层人民政府对人民调解组织的管理，是由司法助理员（见《司法助理员工作暂行规则》）负责的。司法助理员对人民调解组织的管理是指导和监督性的，其工作程序目前法律、法规中无明确规定，在实践中通常表现为：定期或不定期地由司法助理员召集调解员开工作会议，由调解员向司法助理员汇报有关的调解工作情况，司法助理员在此过程中对调解工作进行指导和监督；对于某些疑难纠纷，根据人民调解组织的要求，司法助理员参与人民调解工作；司法助理员也可以主动地开展人民调解工作。

人民法院对人民调解工作负有监督的责任。其监督程序，法律、法规中没有作具体规定，在实践中通常表现为：听取人民调解组织对调解工作情况的汇报；对疑难纠纷，应人民调解组织的请求，人民法院可以派员对调解工作进行指导；当事人经人民调解组织调解达成协议后又翻悔并向人民法院起诉的，人民法院应当受理；对此类案件的审理如果进行法庭调解，法院可以邀请调解员参加协助调解；在审理此类案件中，人民法院如果发现人民调解组织制作的调解书有违背法律、法规的，应当作出决定书，撤销该调解书。

人民调解程序是人民调解制度中的一项很重要的制度，建立并完善人民调解程序，实现基层人民政府和人民法院对人民调解工作进行指导和监督的制度化、科学化，应该是国家法律、法规急需完成的任务。

(潘剑锋)

renmin tiaojie fangzhen
人民调解方针(guiding principles for people's mediation) 确定人民调解工作的方向，指导人民调解委员会(见《人民调解委员会组织条例》)工作的准则。中华人民共和国人民调解工作的方针是"调防结合，以防为主"。该方针是根据人民调解的性质、任务、作用而确定的，它对人民调解工作的开展发挥着重要的指导作用。"调防结合"，是要求人民调解工作既要解决纠纷，又要发挥防止纠纷的作用，调解纠纷与预防纠纷应当有机地结合起来，在调解纠纷中要防止纠纷的扩大，防止双方矛盾的进一步激化，达到治标又治本的目的。"以防为主"，是要求调解工作要将预防作为调解工作的重点，在防止纠纷与矛盾扩大化并将纠纷解决于萌芽状态下的同时，还要防止新的纠纷的发生。"调"与"防"两者在调解工作中都发挥着重要的作用，两者之间的有机结合，对提高人民调解工作的质量提供了有利的保障。全面贯彻"调防结合，以防为主"的方针，要求人民调解组织的工作人员要忠于职守，努力工作，尽职尽责，对纠纷案及时处理，同时还应当结合本地区的实际情况，掌握纠纷的新情况、新特点和纠纷发生的原因、规律，有针对性地做好宣传教育工作，并及时制定和落实必要的防范措施，防止纠纷的发生。

(潘剑锋)

renmin tiaojie weiyuanhui weiyuan
人民调解委员会委员(member of people's mediation commission) 人民调解委员会(见《人民调解委员会组织条例》)的成员，人民调解活动的主持者。人民调解委员会委员除由村民委员会成员或者居民委员会成员兼任的以外，由群众选举产生，每三年改选一次，可以连选连任。作为人民调解委员会委员的基本条件是：有民事行为能力，为人公正，联系群众，热心人民调解工作，并有一定法律知识和政策水平的成年公民。在多民族居住地区的人民调解委员会中，应当有人数较少的民族的人民调解委员会委员。人民调解委员会委员开展人民调解工作时，应当贯彻人民调解方针，遵循人民调解原则，并遵守下列人民调解委员会委员纪律：①不得徇私舞弊；②不得对当事人压制、打击报复；③不得侮辱、处罚当事人；④不得泄露当事人的隐私；⑤不得吃请受礼。人民调解委员会委员代表人民调解委员会调解民间纠纷，不收费，但村民委员会或者居民委员会可以根据情况，给予人民调解委员会委员适当补贴。各级人民政府对成绩显著的人民调解员应当给予表彰和奖励。人民调解委员会委员不能任职时，由原选举单位补选。人民调解委员会委员严重失职或者违法乱纪的，由原选举单位撤换。

(潘剑锋)

renmin tiaojie weiyuanhui zuzhi tiaoli
《人民调解委员会组织条例》(Regulations on People's Mediation Commission) 具体规定人民调解工作的规范性文件。它是司法部为适应我国经济发展的需要，进一步发挥人民调解委员会在综合治理、稳定社会秩序中的作用，在总结长期以来人民调解工作经验基础上起草制定，并于1989年6月17日由国务院正式发布施行的。它标志着我国人民调解工作的进一步制度化和法律化。其主要内容：①规定了人民调解委员会的性质和任务。人民调解委员会是建立在居民委员会和村民委员会的具有调解职能的群众性自治组织，其任务是调解民间纠纷，并通过调解工作宣传法律、法规、规章和政策，教育公民遵纪守法、尊重社会公德，并向村民委员会或者居民委员会反映民间纠纷和调解工作的情况。②规定了人民调解委员会的组织机构。人民调解委员会由3至9人组成，由委员们选出主任1人，必要时可以设副主任。人民调解委员会委员除由居民委员会成员或村民委员会成员兼任的以外，由群众选举产生，每三年改选一次，可以连选连任。为人公正，联系群众，热心人民调解工作，并有一定法律知识和政策水平的成年公民可以当选为人民调解委员。多民族居住的地区，少数民族委员应占适当比例。③规定了人民调解委员会的纪律。人民调解委员会委员不得徇私舞弊；不得对当事人压制、打击报复；不得侮辱、处罚当事人；不得泄露当事人的隐私；不得吃请受礼。④规定了人民调解委员会的工作原则。人民调解委员会调解民间纠纷，必须依照法律、法规、规章和政策进行调解；法律、法规、规章和政策没有规定的，依据社会公德进行调解；人民调解必须根据当事人的自愿并采取当事人申请和调解委员会主动调解相结合的工作方法；人民调解委员会的调解不是进行诉讼的必经程序；人民调解委员会要接受基层人民政府和基层人民法院的指导和监督。

(阎丽萍)

renmin tiaojie xieyi

人民调解协议（people's mediation agreement） 发生民间纠纷的双方当事人，在人民调解委员会（见《人民调解委员会组织条例》）的主持下所形成的解决纠纷的合意。是人民调解委员会调解民间纠纷的结果表现之一。人民调解协议因其是在人民调解委员会的主持下所形成，具有一定的社会见证性，而不同于当事人私下自己协商解决纠纷的和解协议；人民调解协议因其不具有法定约束力，而不同于具有法定约束力的法院所制作的诉讼调解协议。人民调解协议是在人民调解委员会的主持下双方当事人协商的结果，它的形成，应当遵循自愿合法原则，即调解协议是当事人自愿协商、并自愿接受协议内容的结果，调解协议的内容不违反国家的法律、法规。调解协议的内容，是根据人民调解委员会在调解纠纷过程中所作的调解笔录来制作的，其表现形式有二：一是在调解笔录的基础上归纳总结，在笔录的最后记载上调解协议的具体内容；二是根据需要或者当事人的请求，制作以调解协议为主要内容的调解协议书。调解协议书应当记明双方当事人的基本情况；双方当事人发生纠纷争议的事实；双方当事人经协商达成协议的具体内容。调解协议书应当有双方当事人和调解人员签名，并加盖人民调解委员会的印章。人民调解委员会主持下达成的调解协议，当事人应当履行。但当事人达成协议后又翻悔的，任何一方可以请求基层人民政府处理，也可以向人民法院起诉。基层人民法院对于人民调解委员会主持下达成的调解协议，凡符合法律、法规、规章和政策的，应予以支持；违背法律、法规和政策的，应予以纠正。

（潘剑锋）

renmin tiaojiexue

人民调解学（study of people's mediation） 研究人民调解制度和人民调解实践，探讨人民调解发展的客观规律性的学科。人民调解因其与诉讼调解均具有解决民间纠纷的功能，两者在工作原则和工作程序方面有某些相似之处，传统上把对人民调解的研究列入民事诉讼法学范畴。人民调解学成为一个独立的学科，始于20世纪80年代。中国1986年召开的全国首届人民调解理论讨论会上，一些学者正式提出了建立该学科的建议，得到了与会者的广泛赞同。此后，包括民事诉讼法学学者在内的法学界对此学科的建立都予以肯定。

人民调解学研究的范围主要是两大方面：一是对人民调解制度的研究；二是对人民调解实践的研究。对人民调解制度的研究，主要包括对人民调解组织形式和制度的研究，对人民调解管理体制制度的研究，对人民调解工作程序制度的研究，以及对如何协调好上述各种制度的研究。对人民调解制度的研究，主要目的是通过阐释人民调解制度的基本内容，探讨人民调解制度建立的根据，说明人民调解制度在社会生活中所发挥的作用，为进一步发展人民调解制度提供理论上的根据。对人民调解实践的研究，主要是包括对社会生活中贯彻执行人民调解制度的情况以及人民调解制度实践新发展情况的研究。这方面研究的目的，对完善人民调解制度是十分有益的。人民调解学除了对上述问题进行研究外，还研究人民调解制度与相关制度（如法院调解、民事诉讼）的关系，研究人民调解制度的历史发展情况，此外，还对外国的相类似的制度作比较研究。

作为一门新兴学科，人民调解学已初步建立起来，但还不尽完善。该学科的体系应如何建立，其基本内容主要是什么，学科的研究方法有哪些，在20世纪90年代，还是个没有得到相对统一认识的问题。

（潘剑锋）

renmin tiaojie yuanze

人民调解原则（principles of people's mediation） 在调解民间纠纷过程中起指导作用的准则。中国的人民调解原则，是以国家的法律为根据，结合人民调解工作的实践经验并综合人民调解的特点而制定。根据《人民调解委员会组织条例》第6条的规定，人民调解委员会的调解工作应当遵守以下原则：①依据法律、法规、规章和政策进行调解，法律、法规、规章和政策没有明确规定的，依据社会公德进行调解；②在双方当事人自愿平等的基础上进行调解；③尊重当事人的诉讼权利，不得因未经调解或者调解不成而阻止当事人向人民法院起诉。上述规定可以概括为：依法调解、当事人自愿和人民调解不是进行诉讼的必经程序三项原则。

依法调解原则 是社会主义法制对人民调解的基本要求，是维护群众合法权益的基本保障，也是人民调解制度得以存在和发展的根据所在。依法调解原则，要求人民调解组织调解民间纠纷，在是非责任的断定中，必须坚持符合国家有关法律、法规、规章和政策，遇有法律和政策无明文规定的情况，应依据社会主义道德规范。

当事人自愿原则 是根据人民调解制度的特点所决定的一项原则。人民调解组织是群众性的自治组织，它调解民间纠纷，是为群众排忧解难，发挥的是群众自己管理自己的作用，其前提就是群众自己愿意以此方式来解决纠纷。当事人自愿原则，是指群众发生了纠纷，是否愿意接受人民调解组织的调解，以及是否愿意达成调解协议，必须坚持当事人自愿。当事人是否愿意调解，由当事人自己选择，只有双方当事人都同意调解的,人民调解组织才能进行调解;人民调解组织主动主持调解的,应当征得当事人的同意;双方当事人通过人民调解组织的说服教育,是否达成调解协议,也应该尊重当事人的意愿。任何强迫或变相强迫当事人接受人民调解组织调解的做法,都是违背原则的,是不允许的。众多的人民调解实践也证明了调解工作只有在当事人自愿的基础上才能进行,达成的调解协议才有可能得到有效的执行。

人民调解不是进行诉讼的必经程序原则 这是国家法律或条例确定的协调人民调解与民事诉讼关系的原则,是为充分保障当事人行使诉讼权利而设立的原则。根据这一原则,群众发生纠纷,既可以请求人民调解组织进行调解,也可以直接到人民法院去起诉;人民调解组织主持了调解,当双方当事人未能就纠纷达成调解协议的,人民调解组织不得阻止任何一方当事人向人民法院起诉。

人民调解的上述三项原则,相互之间是有机结合的。当事人自愿接受调解,是人民调解组织进行调解的前提条件;依法调解,是人民调解得以生存和发展的保障;调解不是进行诉讼的必经程序,在一定程度上,也是调解必须当事人自愿,调解应当依法进行的具体表现。

(潘剑锋)

renmin fating

人民法庭(people's tribunal) 中国基层人民法院的组成部分。根据《中华人民共和国人民法院组织法》的规定,基层人民法院根据地区、人口和案件的情况,可以在所辖区域内设立若干人民法庭。人民法庭为基层人民法院的派出机构,它的判决和裁定以基层人民法院的名义作出。人民法庭一般设庭长、副庭长和审判员若干人,庭长由基层人民法院院长从本院审判员中选择,报本级人民代表大会常务委员会任命。人民法庭的主要任务是,审理由基层人民法院管辖的一般民事案件、轻微的刑事自诉案件、简易的经济纠纷案件和简易的行政案件;指导辖区内人民调解委员会的工作;进行法制宣传;处理群众来信,接待群众来访;办理基层人民法院交办的其他事项。 (陈瑞华)

renmin fayuan

人民法院(people's court) 中国国家审判机关的通称。根据《中华人民共和国宪法》(1982)和《中华人民共和国人民法院组织法》的规定,人民法院是代表国家统一行使审判权的专门审判机关。人民法院的任务是审判刑事案件、民事案件、经济案件和行政案件,并通过审判活动,惩办一切犯罪分子,解决各类诉讼纠纷,以保卫人民民主专政制度,维护社会主义法制和社会秩序,保护公有的和私有的合法财产,保护私营经济、外资和中外合资企业的合法利益,保护公民的人身权利、民主权利和其他权利,保障国家改革开放和社会主义建设事业的顺利进行。人民法院通过其全部活动,教育公民忠于祖国,自觉地遵守宪法和法律。

人民法院的体系和职权 人民法院的体系由最高人民法院、地方各级人民法院和专门人民法院构成。地方各级人民法院分为高级人民法院、中级人民法院和基层人民法院。专门人民法院有军事法院、海事法院和铁路运输法院。根据中国刑事诉讼法的规定,刑事案件一般由犯罪地的人民法院管辖,也可以由被告人居住地的人民法院管辖。除发生在特定领域里的刑事案件依法由专门人民法院管辖以外,第一审刑事案件依其性质和重大程度的不同,分别由基层、中级、高级和最高人民法院管辖。为保证刑事审判活动的正常进行,人民法院有权对被告人决定采取强制措施,可以进行勘验、检查、查封、扣押、鉴定等调查活动,有权对判决和裁定予以执行。

人民法院的审级制度 人民法院审判案件,实行两审终审制。对于地方各级人民法院第一审案件的判决和裁定,当事人不服或者检察机关认为有错误,可以依照法律规定的程序,向上一级人民法院上诉或抗诉。上级人民法院通过第二审程序作出的判决和裁定,第一审人民法院所作的判决和裁定,在上诉期限内当事人不上诉、检察机关不抗诉的,以及最高人民法院作出的第一审判决和裁定,都是发生法律效力的判决和裁定。但是,死刑案件,除最高人民法院判决的以外,应当报请最高人民法院或者高级人民法院核准。最高人民法院监督地方各级人民法院和专门人民法院的审判工作,上级人民法院监督下级人民法院的审判工作。最高人民法院对各级人民法院已经发生法律效力的判决和裁定,上级人民法院对下级人民法院发生法律效力的判决和裁定,如果发现确有错误,有权提审或者指令再审。

人民法院审判活动的基本原则和制度 人民法院进行审判活动应遵循下列原则:依法独立行使审判权,不受行政机关、社会团体和个人的干涉;审判案件时,以事实为根据,以法律为准绳,对于一切公民在适用法律上一律平等;保证各民族公民都有用本民族语言文字进行诉讼的权利;审判案件时公开进行;保证被告人获得有效的辩护。同时,人民法院审判案件,实行两审终审制、回避制、合议制、死刑复核制和审判监督制,并在整个刑事诉讼过程中与检察机关和公安机关分工负责,互相配合,互相制约,以保证准确、有效地执行法律。

人民法院的组织制度 各级人民法院由院长一

人、副院长、庭长、副庭长和审判员若干人组成，并设有审判委员会。法院内一般设有刑事审判庭、民事审判庭、经济审判庭、行政审判庭、执行庭和告诉申诉庭。各级人民法院院长由本级人民代表大会选举和罢免；副院长、庭长、副庭长和审判员由本级人民代表大会常务委员会任免。各级人民法院根据需要，设助理审判员，协助审判员进行工作。助理审判员由本级人民法院任命后，可以临时代行审判员的职务。各级人民法院审判第一审案件，由审判员组成合议庭或者由审判员和人民陪审员组成合议庭进行。人民陪审员经选举产生，或者被临时邀请参加审判活动。人民陪审员在法院执行审判职务期间，与审判员有同等的权利。

(陈瑞华)

renmin fayuan dui juti xingzheng xingwei de hefaxing jinxing shencha yuanze

人民法院对具体行政行为的合法性进行审查原则(the principle of reviewing the legality of concrete administrative action) 亦称对具体行政行为(见可诉性行政行为)的司法监督原则。行政诉讼法特有的基本原则。指人民法院审理行政案件是对具体行政行为是否合法进行审查。这一原则是基于行政诉讼如下的特殊性所确定的：第一，在行政诉讼中，双方当事人之间的争议，主要在于具体行政行为是否合法。具体行政行为合法，原告的诉讼请求不能成立；具体行政行为违法，只是在造成损害的情况下，才能涉及原告请求赔偿的问题，否则只是具体行政行为不能成立的问题。因此，具体行政行为就成为人民法院审查的对象。第二，人民法院审理行政案件，是维护和监督行政机关依法行使行政职权。具体行政行为是否依法行使行政职权，需要通过对案件的审理来确定，不论是维护依法行政，还是监督依法行政，都是人民法院审理行政案件的任务。第三，国家设立行政诉讼制度，是发扬社会主义民主，是从司法监督方面来保证行政法律、法规的正确贯彻执行。赋予公民、法人或其他组织对具体行政行为不服的依法起诉权，将具体行政行为是否合法的问题，通过法定程序加以审查，最后从司法上予以肯定或否定。因此，基于民主和法制的要求，人民法院审理行政案件应对具体行政行为进行审查。

人民法院对具体行政行为进行审查，一是审查其对公民、法人或其他组织具有的事实，认定是否真实、清楚；二是审查其在适用行政法律、法规上，或在参照有关规章上是否正确。对未经过复议的具体行政行为的审查是这样；对经过复议不论是否变更了的具体行政行为的审查亦如此；对在诉讼中行政机关变更了的具体行政行为的审查也是如此。审查贯穿于诉讼的全过程。审查的结果，是对具体行政行为是否合法作出判断，而不是对具体行政行为的合理性作出断定。

(刘家兴)

renmin fayuan shenli xingzheng anjian yi shishi wei genju yi falü wei zhunsheng yuanze

人民法院审理行政案件，以事实为根据，以法律为准绳原则(the principle of people's court hearing administrative case based on fact and taken law as the criterion) 行政诉讼法的基本原则之一。以事实为根据，以法律为准绳的原则，是我国的司法原则，也是行政司法中必要的重要原则。这一原则适用于审判行政案件，有其特定的内容：第一，行政案件的事实包括三个方面，一是公民、法人或其他组织提出的事实，即违法事实或合法请求的事实；二是行政机关及其工作人员提出的事实，即作出具体行政行为(见可诉性行政行为)所认定的事实；三是公民、法人或其他组织因具体行政行为侵犯其合法权益，所造成损害的事实。第二，上述三个方面的事实密切联系，第一个方面的事实是案件的基础事实。如这方面的事实是违法或不合法的，第二个方面的事实就可以成立，或至少部分可以成立。如这方面的事实不违法、请求的事实是合法的，而第二个方面的事实与其不一致，第二个方面的事实则不能成立，或至少部分不能成立。如第二个方面的事实不能成立，除具体行政行为未对公民、法人或其他组织造成损害外，第三个方面的事实就成立。第三，上述第一和第二两个方面的事实形成行政法律关系，如第三个方面的事实成立，则构成行政侵权关系。行政法律关系成立，侵权法律关系不成立，反之，行政法律关系不能成立，则侵权法律关系就可能成立。因此，在行政诉讼中，以事实为根据，首先是以公民、法人或其他组织具有的客观事实为根据，其次是以具体行政行为是否侵权，是否造成公民、法人或其他组织权益损害的客观事实为根据。第四，在审判行政案件时，以法律为准绳主要是适用行政规范的问题，因为行政上的规范有法律、法规，还有诸多的部门和地方性的规章，以何为准绳不在于作为当事人的行政机关提供的依据，而在于其作出的具体行政行为依据，符合法律规定的，当以法律为准；符合国务院法规、命令、决定的，也以此为准；具体行政行为是根据某种规章作出的，其规章与有关的法律、法规一致的，可以作参照的依据，否则，则不能以此为依据。

(刘家兴)

renmin fayuan yifa duli xingshi xingzheng shenpanquan yuanze

人民法院依法独立行使行政审判权原则(the

principle of the people's court exercises judicial authority over administrative cases independently） 行政诉讼法的基本原则之一。根据《宪法》第126条规定所确定的基本原则，其内容包括：依法进行审判，即实体方面依照行政法律、法规，程序方面依照行政诉讼法、法院组织法的有关规定，对行政案件进行审判，独立行使审判权，即一是只有人民法院才能对行政案件行使审判权；二是人民法院独立审判，而不是审判人员独立审判。同时，人民法院对案件独立行使审判权，不受任何行政机关、社会团体和个人的干涉。这一基本原则，亦可简称为人民法院依法对行政案件独立进行审判原则。

人民法院对行政案件依法独立进行审判有其特殊的意义：第一，行政法律、法规才能作为人民法院审判行政案件的依据，各行政部门和地方政府制定的规章，不是人民法院审判行政案件的依据，即使是符合行政法律、国务院行政法规规定的，人民法院在对行政案件的审判中也只是作为参照，这有助于人民法院严格依法办案，不受诸多行政规章规定的影响。第二，行政机关在行政管理活动中是行使国家职权的机关，但在行政诉讼中则是案件的当事人，人民法院依法独立审判，不受行政机关的干涉，这就不仅排除了其他行政机关的干涉，而且有利于排除作为当事人的行政机关以行使行政权力对审判的对抗。第三，作出具体行政行为（见可诉性行政行为）的行政机关负责人，或复议机关的负责人，作为当事人的代表人时，对行政案件审判发表的意见，只能被认为是当事人的意见，人民法院只能认为是当事人的陈述，而不能视为其对行政权的行使。这有助于排除行政机关对审判的干涉，即使有的审判人员听取行政机关负责人的个人意见，或接受其对审判的干涉，还可以依审判监督的法定程序予以审查和纠正，以保障法院对行政案件的依法独立审判。在我国目前行政法制尚不完善，有些行政规章与行政法律、法规尚不一致，以及有的行政机关负责人缺乏诉讼意识的情况下，只有确定人民法院依法独立审判，排除行政机关的干涉，才能保证人民法院正确、及时审理行政案件。

（刘家兴）

renmin jianchayuan

人民检察院（people's procuratorate） 中华人民共和国的检察机关。建国初期称"人民检察署"，1954年《宪法》改称人民检察院。我国的检察制度，是运用列宁关于社会主义法制必须统一，检察机关的职权是维护国家法制的统一的思想，结合我国的实际情况而建立起来的。我国历部宪法（除 1975 年《宪法》因受"文化大革命"极左思潮的影响实际上取消检察机关外）都确定，在国家机构体系中，人民检察院是由国家权力机关产生并对它负责的，与行政机关、审判机关地位平行的，专门的法律监督机关。

人民检察院的任务和职权 根据人民检察院是人民民主专政的社会主义国家的法律监督机关这一根本性质，1979 年修正后的《中华人民共和国人民检察院组织法》第 4 条规定了它在国家社会主义现代化建设时期的任务。这就是：通过行使检察权，打击敌人，惩罚犯罪，维护国家的统一和人民民主专政制度，维护社会秩序、生产秩序、工作秩序、教学科研秩序、人民群众生活秩序，保护社会主义全民所有的和劳动群众集体所有的财产，保护公民私人所有的财产，保护公民的人身权利、民主权利和其他权利，保卫社会主义现代化建设的顺利进行。同时，通过检察活动，教育公民忠于社会主义祖国，自觉地遵守宪法和法律，积极同违法行为作斗争。人民检察院的上述任务，主要通过行使下列各项检察职权实现：①对于叛国案、分裂国家案以及严重破坏国家的政策、法律、法令、政令统一实施的重大犯罪案件，行使检察权；②对于直接受理的刑事案件，进行侦查；③对于公安机关侦查的案件，进行审查，决定是否批准逮捕、起诉或者免予起诉；对于公安机关的侦查活动是否合法，实行监督；④对于刑事案件提起公诉、支持公诉；对于人民法院的审判活动是否合法，实行监督；⑤对于刑事案件判决、裁定的执行和监狱、看守所、劳动改造机关的活动是否合法，实行监督（以上见《人民检察院组织法》第 5 条，其中第 3 项中的"免予起诉"已被现行《刑事诉讼法》取消，改为不起诉；第 5 项中的"劳动改造机关"，按照《中华人民共和国监狱法》的规定，刑罚执行机关统一为监狱，不再有监狱与劳动改造机关的区分）；⑥对行政诉讼法实行法律监督（《中华人民共和国行政诉讼法》第 10 条）；⑦对民事审判活动实行法律监督（《中华人民共和国民事诉讼法》第 14 条）。对民事诉讼、行政诉讼的监督，在新中国成立初期的法律中曾规定为人民检察院的职权，但 1979 年修正后的《人民检察院组织法》规定，检察机关的法律监督只限于对刑事法律实施的监督，取消了对民事诉讼、行政诉讼的法律监督。1982 年的《中华人民共和国民事诉讼法（试行）》和 1989 年的《中华人民共和国行政诉讼法》又重新恢复了检察机关的这两项职权。此外，1954 年的《人民检察院组织法》曾规定了检察机关的"一般监督"职能：对于国务院所属各部门和地方国家机关发布的决议、命令和措施是否合法，实行监督；对于违法的决议、命令和措施，有权依法要求纠正或者提出抗议。鉴于对行政机关的行政立法行为是否符合宪法和法律的监督权，应属于国家权力机关的职权范围，因此，1979 年修正后的《人民检察院组织法》不再将"一般监督"列为检察机关的职权。

人民检察院行使职权的重要原则和制度 为了保证人民检察院任务的实现,《宪法》和《人民检察院组织法》规定了人民检察院行使职权的一些重要原则和制度:①人民检察院依照法律规定独立行使检察权,不受行政机关、社会团体和个人的干涉。②最高人民检察院领导地方各级人民检察院和专门人民检察院的工作,上级人民检察院领导下级人民检察院的工作。③最高人民检察院对全国人民代表大会和全国人民代表大会常务委员会负责。地方各级人民检察院对产生它的国家权力机关和上级人民检察院负责。④人民检察院办理刑事案件,应当与公安机关、人民法院分工负责,互相配合,互相制约,以保证准确有效地执行法律(以上见《宪法》第131条、第132条、第133条、第135条)。⑤检察长统一领导检察院的工作。检察委员会实行民主集中制,在检察长的主持下,讨论决定重大案件和其他重大问题。如果检察长在重大问题上不同意多数人的决定,可以报请本级人民代表大会常务委员会决定。⑥人民检察院在工作中必须坚持实事求是,贯彻执行群众路线,倾听群众意见,接受群众监督。⑦人民检察院办理案件,必须坚持调查研究,重证据不轻信口供,严禁逼供信。⑧人民检察院在工作中,应当正确区分和处理敌我矛盾和人民内部矛盾。⑨人民检察院的工作人员,必须忠实于事实真相,忠实于法律,忠实于社会主义事业,全心全意地为人民服务。⑩人民检察院行使检察权,对于任何公民,在运用法律上一律平等,不允许有任何特权(以上见《人民检察院组织法》第3条、第7条、第8条)。关于人民检察院的领导体制,1954年《宪法》和《人民检察院组织法》曾规定实行"垂直领导"的体制,即地方各级人民检察院只受上级人民检察院的领导,并且一律受最高人民检察院的统一领导。同时规定,地方各级人民检察院的检察长和其他检察人员分别由最高人民检察院提请全国人民代表大会常务委员会批准任免或者由最高人民检察院批准任免。但是,这种"垂直领导"的体制,在实践中并未实行。我国现行《宪法》和《人民检察院组织法》规定,地方各级人民检察院实行"双重领导"的体制,既对产生它的地方国家权力机关负责,又对上级人民检察院负责;地方各级人民检察院的检察长由本级人民代表大会选举和罢免,但须报上一级人民代表大会常务委员会批准。

人民检察院的设置和组织体系 我国的人民检察院,在组织上是一个以最高人民检察院为首,包括地方各级人民检察院和专门人民检察院在内的统一的、完整的体系。最高人民检察院是国家最高检察机关,统一领导地方各级人民检察院和专门人民检察院的工作。地方各级人民检察院按行政区域设置,分为三级:①省级人民检察院,包括省、自治区、直辖市人民检察院;②省级人民检察院分院和自治州、省辖市人民检察院;③县级人民检察院,包括县、市、自治县和市辖区人民检察院。专门人民检察院按业务系统设立,现有军事检察院和铁路运输检察院。此外,省一级人民检察院和县一级人民检察院,根据工作需要,提请本级人民代表大会常务委员会批准,可以在工矿区、农垦区、林区等区域设置人民检察院派出机构。人民检察院的组织体系参见附图。人民检察院的设置和级别的划分,还必须与人民法院的设置和级别相对应。因为人民检察院提起公诉、抗诉,必须遵守法律关于审判管辖和审判制度的规定,否则是无效的。提起公诉,必须由对该案件有一审管辖权的人民法院同级的人民检察院提出;对一审判决、裁定的抗诉,必须由与一审法院同级的人民检察院向上一级法院提出;审判监督程序的抗诉,必须由作出生效判决、裁定的人民法院的上级人民检察院向同级的人民法院提出。

附图:人民检察院组织体系表

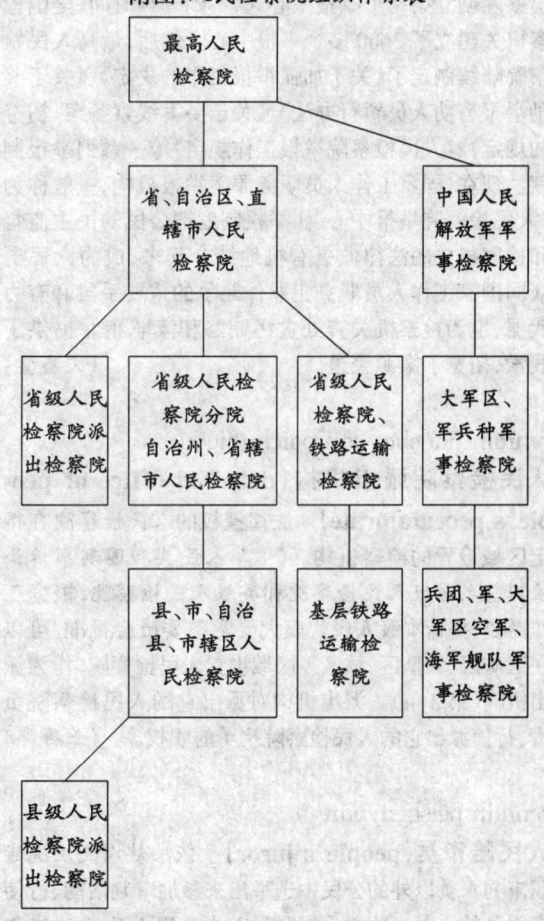

注:①省级人民检察院派出检察院的级别,根据实际需要确定;②县级人民检察院是基层检察院,它派出的检察院不是它的下级检察院。

(王存厚)

renmin jianchayuan jubao zhongxin

人民检察院举报中心(Informant Center of People's Procuratorate) 人民检察院专门受理人民群众举报国家工作人员贪污贿赂、侵权渎职等犯罪案件线索的机构。1988年3月8日,广东省深圳市人民检察院率先成立"经济罪案举报中心",使深圳市检察院的反贪污贿赂工作立即取得新的成果,当即在特区乃至全国引起轰动。3月28日,最高人民检察院指示:在广东省各级检察机关开展举报中心试点工作。6月14日中共中央在《关于必须保持廉洁的通知》中指出:在各级监察机关和检察机关设立举报中心,以及时揭露党和国家机关工作人员利用职务之便进行贿赂、贪污、偷税、抗税、挪用公款、出卖国家机密以及其他违法违纪行为。11月25日,最高人民检察院发布了《人民检察院举报工作若干规定(试行)》。自深圳市人民检察院创立第一个举报中心起,不到一年时间,全国检察机关建立了3600多个举报中心。尔后,最高人民检察院陆续制定了《关于加强举报工作的决定》、《关于奖励举报有功人员暂行办法》、《关于要案线索备案、初查的规定》、《人民检察院举报工作规定》等一系列举报制度。现在,国家工作人员职务罪案举报机构,一般称为"人民检察院举报中心"。举报制度把公民的民主监督和检察机关的法律监督有机地结合起来,成为人民群众同国家工作人员职务犯罪作斗争的重要手段和有力武器,也为检察机关查处贪污贿赂和渎职犯罪提供了线索,拓宽了案源渠道。 (文盛堂)

renmin jianchayuan paichu jigou

人民检察院派出机构(detached office of people's procuratorate) 法律授权的人民检察院在特定区域设置的检察机构。《中华人民共和国刑事诉讼法》规定,省级人民检察院和县级人民检察院,根据工作需要,提请本级人民代表大会常务委员会批准,可以在工矿区、农垦区、林区等区域设置人民检察院,作为派出机构(第2条)。派出机构对派出它的人民检察院负责,行使派出它的人民检察院授予的职权。 (王存厚)

renmin peishenyuan

人民陪审员(people's juror) 依法从人民法院专职审判人员以外的公民中选举出来参加审判活动、行使审判权的人员。根据《中华人民共和国人民法院组织法》的规定,人民法院在按照合议制审判案件时,由审判员组成合议庭或者由审判员和人民陪审员组成合议庭进行。有选举权和被选举权的年满23岁,而且没有被剥夺过政治权利的公民,可以被选举为人民陪审员。人民陪审员在人民法院执行职务期间,属于他所参加的合议庭的组成人员,同审判员有同等的权利。 (陈瑞华)

renmin peishenyuan canjia shenpan

人民陪审员参加审判(people's juror take part in adjudicating) 中国诉讼法的基本原则之一。其含义是,依法从司法人员以外的公民中选举出来的人作为人民陪审员与审判员一起参加法庭审理,制作司法裁判。这一原则是人民当家作主、参与国家管理的具体体现,是普通公民对法院审判工作进行有效监督的重要保证。根据我国人民法院组织法的规定,人民法院审判第一审案件,实行合议制的,由审判员组成合议庭或者由审判员和人民陪审员组成合议庭进行。任何公民成为人民陪审员都必须具备以下条件:①年满23岁;②有选举权和被选举权;③没有被剥夺过政治权利;④经过合法的选举。人民陪审员在法院执行职务期间,作为合议庭组成人员,与审判员拥有同样的权利。 (陈瑞华)

renshen baohufa

《人身保护法》(Habeas Corpus Act) 英国议会1679年制定的有关保护人身权利的法令。13世纪以前,英国的普通法就允许法院用令状的形式勒令释放被非法拘禁者。在成文法中,英国1215年颁布的《大宪章》(Magna Carta)中规定:"凡自由民除经其贵族依法判决或遵照国内法律之规定外,不得加以拘留、监禁、没收财产、褫夺其法律保护权,或加以放逐、伤害、搜索或逮捕"。此后,就用拉丁语 habeas corpus(人身保护)一词来表达上述内容。进入17世纪以后,斯图亚特王朝复辟,对新教徒和反王权派大加迫害。1679年5月,辉格党为限制英王查理二世的专横暴虐,拟订了《人身保护法》交国会讨论,并迫使查理二世签署。其主要内容为:非依法院签发的载明缘由的逮捕证,不得逮捕羁押;已依法逮捕者应视里程远近,定期移送法院审理;经被捕人或其代理人申请,法院可签发人身保护令,着令逮捕机关或人员申述逮捕理由,解送、保释或释放被捕人,违者可处罚金。但上述规定不适用于叛国犯和重罪犯,战争时期或遇紧急状况,得停止《人身保护法》的效力。1862年和1960年又作了进一步修改。现在,被拘禁人或其律师可向高等法院王座庭申请签发人身保护令,但需附送书面陈述,说明拘禁为何非法。高等法院王座庭如果拒绝签发,被拘禁人可向上议院提出上诉。其他英美法系国家的法律中也有类似的条款。由于目前英国广泛采用保释制度,人身保护状在实践中已较少运用。 (程味秋)

renshen baohuzhuang

人身保护状【行政诉讼】(habeas corpus) 普通法国家法院签发的命令,拘押人将被拘押人送交法庭,以对其拘押行为的合法性进行司法审查的一种令状。这种令状的功能在于保护公民的人身自由,防止公民的人身自由遭受非法侵犯。人身保护状起始于英国,其开始年代已难以考证,在1215年大宪章之前已有多种类似人身保护状的令状存在。中世纪时,这种令状曾被用来命令下级法院将案件移送皇家法院审查,到了亨利七世时期(1485~1509)发展到了近代形态。1640年议会正式制定《人身保护状法》,后多次修改完善,到现在共有条文20条。主要规定被拘押人或其代理人有权请求法官发出命令,将被拘押人在一定期限内送交法院,以审查其被拘押的理由,确定拘押行为的合法性。如不合法,则立即释放。由于人身保护状对于保护公民人身自由方面有重要作用,所以,美国等一些其他普通法国家也相继在有关法律中规定了这一制度。

(姜明安)

renshen baohuzhuang

人身保护状【刑事诉讼】(writ of habeas corpus) 又译"人身保护令"。英美法中由法院签发的保护人身自由不受侵犯的令状。如果被逮捕者认为警察、司法机关所采取的逮捕、拘禁措施不合法的,可向法院申请人身保护状,法院应当举行听证审理,由拘捕机关或人员说明拘捕理由。如法院认为拘捕不合法的,则签发人身保护状,命令释放或保释被拘捕者。13世纪以前,英国普通法中已有用令状形式勒令释放被非法拘禁者的情况;由于新兴资产阶级的努力,英国于1679年颁布的《人身保护法》(Habeas Corpus Act)第一次明确规定了人身保护状制度,规定:非依法院签发的逮捕令,不得逮捕羁押,已依法逮捕者应视里程远近,定期移送法院审理;经被捕人或其代理人申请,法院可签发人身保护状,命令逮捕机关或人员申述逮捕理由,释放或保释被捕人。英国人身保护状由高等法院王座庭签发,可适用于刑事和非刑事指控,但不适用于叛国罪和重罪犯,战争时期或遇紧急情况,可以停止《人身保护法》的效力。现由于广泛采用保释制度,人身保护状已很少适用。

(黄永)

renshen jiancha bilu

人身检查笔录(record of examining body) 记载被害人、犯罪嫌疑人、被告人身体检查结果的文书。在刑事诉讼中,为了确定被害人、犯罪嫌疑人、被告人的某些特征、伤害情况或者生理状态,可以对其人身进行检查。犯罪嫌疑人、被告人、被害人如果拒绝检查,司法人员认为必要的时候,可以强制检查。检查妇女的身体,由女工作人员或者女医师进行。检查的情况应当写成笔录,由参加检查的人和见证人签名或者盖章。人身检查笔录一般应包括:检查的时间、地点,检查人员的姓名、职务,被检查人员的姓名、职业、住址,检查的内容和检查所见等。如属于强制检查,也应在笔录中注明。

(熊秋红)

renshen soucha

人身搜查(search of body) 侦查人员为查找犯罪证据而依法对犯罪嫌疑人或可能隐藏犯罪证据的人的身体进行搜索、检查。在国外刑事诉讼的侦查活动中,人身搜查是比较常见的措施之一。在英国,执行逮捕的人有权对被逮捕者人身进行搜查以获得对于刑事控告具有重要意义的物品。如警察有合理根据认为被逮捕人随身带有证据或带有可能造成危险的物品,就可以对其人身进行搜查。而且,对在押人如他使用武力或其言行表露具有不安全因素有必要对他进行搜查时,也可以对其进行搜查。美国联邦国会1911年通过的《美国诉讼法典》遵循《人权法案》确定的原则规定:保障不受无根据的搜查和没收。1994年10月28日修改颁布、同年12月1日生效的《德国刑事诉讼法典》第102条规定:"(在嫌疑人处搜查)对具有犯罪行为的主犯、共犯嫌疑,或者具有庇护、藏匿犯人或者赃物罪嫌疑的人员,为了破获他,或者在推测进行搜查可能收集到证据材料的时候,可以搜查他的住房与其他房间以及他的人身和属于他的物品。"我国《刑事诉讼法》第2章第5节的有关条款规定:侦查人员可以对犯罪嫌疑人以及可能隐藏犯罪证据的人的人身进行搜查。在逮捕、拘留人犯时,应当对被拘捕的人进行人身搜查,遇有紧急情况可不另用搜查证。

人身搜查时要提高警惕,既要防止被搜查人逃跑、自杀,又要防止其行凶报复。人身搜查的一般方法是:配备一人或几人负责警戒和监视,由一个执行人员进行搜查。首先令被搜查人举起双手,从其背后自上而下、由外及里进行。先检查衣领、衣裤口袋、腰带、衣裤的贴边、夹层等部位,注意发现有关武器、匕首、毒药及其他可供行凶、自杀的物品、器具,然后对其全身从上到下仔细检查。搜查衣帽鞋袜时要重点检查夹层、补丁、卷边等地方,必要时可用X光透视检查。根据搜查的任务,有时还应松开妇女的发髻进行检查,对烫发者应对其头发进行仔细检查。对妇女的人身搜查只能由女工作人员在适当的处所进行,如有见证人,也必须是女性。身体的天然孔窍(如耳朵、肛门、鼻孔等)和贴附在身上的膏药、包扎的绷带、首饰等处应检查是否隐藏罪证,必要时可对身体的隐蔽部分进行仪器检查。对被搜查人随身所带的全部物品均应细心检查。进行

人身搜查时,如有必要还应请法医进行活体检查,以确定其是否有伤痕、血迹、精斑等。　　　　　(文盛堂)

renshi susong chengxu
人事诉讼程序(procedure of personal-relationship action) 某些国家规定的审理人事诉讼案件的程序,如德国、日本等。在规定有人事诉讼程序的国家,人事诉讼包括家庭事件(见家庭事件程序)、亲子事件(见亲子事件程序)以及抚养事件,人事诉讼程序即是审理上述三类案件的程序。人事诉讼与一般财产权的诉讼相比,二者存在显著的不同。首先,一般财产权的诉讼案件所适用的程序,属于通常诉讼程序;而人事诉讼是有关人的身份上权利义务关系的诉讼,其法律关系具有特殊性质,因而其适用的程序为特别程序。其次,由于一般财产权的法律关系,当事人可以自由处分,所以在诉讼程序上,基本上适用当事人处分主义(见处分原则);而人事诉讼是有关人的身份上权利义务关系的诉讼,这种权利义务关系不能完全由当事人自由处分,因而在诉讼程序上,不能完全适用当事人处分主义。如对于一般财产权的诉讼,如果原告不愿依照特别诉讼程序进行审理,还可以选择通常诉讼程序进行诉讼。但是人事诉讼的当事人便没有选择诉讼程序的权利。再次,人事诉讼程序在程序的进行上有诸多自己的特点。如法定代理人权限的限制、诉讼代理人(见民事诉讼代理人)的特别授权、强制当事人本人到场、禁止与其他诉讼合并、辩论原则的限制、实行职权审理原则(见职权主义)、检察官的干预、对缺席判决的排除或限制等。由于人事诉讼的诸多特点,所以,有的国家就把人事诉讼从民事诉讼法中分离出来,另定法律,如日本在民事诉讼法之外就单独规定有《人事诉讼程序法》和《家事审判法》。　　　(万云芳)

renti celiang dengji
人体测量登记(registration of body measurement) 1879 年由法国巴黎警察厅的阿尔封塞·贝蒂荣(Alphonse Bertillon 1853~1914)根据人体测量理论提出的。他认为人的骨骼各有不同,而且成年后不再变化,因而人体测量登记可用于鉴别人体异同的依据。人体测量登记规定了人体三大部位的 11 种测量标准:①躯干部:身长,坐高,臂展。②头部:头长,头宽,左耳长,右耳宽。③肢体:左前臂长,左足长,左中指长,左无名指长。贝蒂荣按以上标准把测量的尺码列成公式,制卡分类存查。此法于 1882 年底在巴黎监狱试行。1884 年贝蒂荣又在卡片中加记上人体面部特征。到 1885 年,人体测量登记成为法国监狱通用的人体识别法,巴黎成立了人体测量中央办公室。与姓名登记卡片相比,人体测量登记卡按公式储存、排列,在个体识别方面开始有了秩序。在法国的影响下,很多国家都采取了人体测量登记法,盛行一时。故一般公认为刑事登记真正形成一种制度,可以进行编目分类的,始于贝蒂荣的人体测量登记。后因犯罪问题日益严重,惯犯大量增加,加之其测量方法烦琐易误,计算数据难以准确,渐被放弃或作为其他登记的补充。直到 1914 年才被指纹登记法全面取代。

(张玉镶　张新威)

renti qingshang jianding biaozhun shixing
《人体轻伤鉴定标准(试行)》(The Standard for Identifying the Minor Injury on Human Body) 为给轻伤鉴定提供科学依据和统一标准,1990 年 4 月 2 日司法部、最高人民法院、最高人民检察院、公安部公布了《人体轻伤鉴定标准(试行)》。本标准是根据刑法有关规定,以医学的理论和技术为基础,结合法医学鉴定的实践经验制定的。标准共分 6 章 56 条。对头颈部损伤、肢体损伤、躯干部和会阴部分损伤以及其他损伤作了较详细而具体的描述和规定。虽然本标准还有待于进一步完善,但仍不失为具有很大参考价值的鉴定标准。　　　　　　　　　(李宝珍)

renti zhongshang jianding biaozhun
《人体重伤鉴定标准》(The Standard for Identifying the Major Injury on Human Body) 为给重伤鉴定提供科学依据和统一标准,1986 年 8 月 15 日司法部、最高人民法院、最高人民检察院、公安部公布了《人体重伤鉴定标准(试行)》。本标准是由司法部组织国内经验丰富的法医专家和有关临床医学专家,以刑法为准则,以医学的理论和技术为基础,结合法医学鉴定的实践经验制定的。经过几年的实践,根据各方面的意见,司法部又聘请了有关专家进行了修改和补充,于 1990 年 3 月 29 日重新发布了《人体重伤鉴定标准》。标准共分 8 章 96 条,并附加说明。对肢体残废、容貌毁坏、丧失听觉、丧失视觉、丧失其他器官功能以及其他对于人体健康的重大损失,作了比较详细而具体的描述和规定。　　　　　　　　　(李宝珍)

renzheng
人证(testimony of a person) 又称"言词证据"。表现为人的陈述的证据。刑事证据中的人证包括:证人证言,被害人陈述,犯罪嫌疑人、被告人供述和辩解,鉴定结论。人证是人用言词方式叙述他们所了解的与案件有关的情况,是客观见之于主观的东西。人证的真实性、准确性不仅受陈述者感受案件事实时的客观条件限制,而且还可能受陈述者与案件结局或与当事人的利害关系、陈述者的道德品质的影响。此外,陈述者的感受力、记忆力、判断力、表达能力以及对专门知识的掌握程度,也直接影响人证的证明力。司法人员在对人证进行审查判断时,应充分注意这些特点。　　(熊秋红)

rending caichan wuzhu'anjian shenli chengxu
认定财产无主案件审理程序(procedure for deciding property to be ownerless)　我国民事诉讼法规定的特别程序之一,即对于所有人不明或者所有人不存在的财产,人民法院根据申请人的申请,查明属实后,作出判决,宣布为无主财产,从而判归国家或者集体所有的案件,就是认定财产无主案件。法院审理该类案件所必须遵循的程序,即认定财产无主案件的审理程序。认定财产无主案件的成立条件是:第一,需要认定的财产必须是有形财产。第二,财产所有人确已消失或者财产所有人不明,权利的归属长期无法确定。第三,财产没有所有人或者所有人不明的,其持续状态须满一定期限。第四,须由申请人提出书面申请。

认定财产无主案件的审理程序是,法院接到申请人的申请后,应对其进行审查。经过审查,认为申请不符合条件的,裁定驳回申请;认为申请符合条件的,应当立案受理,并发出财产认领公告,公告期间为1年。公告期间内,如果有人对该项财产提出所有权请求,法院应对其请求进行审查。经过审查,认为该项请求成立,则作出判决,驳回认定财产无主的申请。公告期间届满,仍然无人认领或者申请认领的请求不能成立的,法院即应作出判决,认定该财产无主,视情况的不同分别收归国家或集体所有。判决送达后,立即发生法律效力。法院认定财产无主的判决,是以当时的一定事实为基础,从法律上作出推定,不能排除存在财产所有人或者继承人的可能性。因此,在法院判决认定财产无主后,当原财产所有人或继承人出现时,应其请求,法院即应作出新判决,撤销原判决。但是原财产所有人或继承人的请求必须在法定诉讼时效内提出,即必须从知道或者应当知道法院判决认定财产无主之日起,在2年内行使请求权,否则,其请求不予保护。　　(万云芳)

rending gongmin wu xingwei nengli huo xianzhi xingwei nengli anjian shenli chengxu
认定公民无行为能力或限制行为能力案件审理程序(procedure for cases concerning the affirmation of legal capacity of citizens)　我国民事诉讼法规定的特别程序之一。法院审理精神病人的近亲属或利害关系人,根据其精神病的程度申请法院认定该公民为无行为能力或限制行为能力人的案件,所必须遵循的程序。法律设立该项制度的目的,是为了保护精神病人的合法权益,维护民事流转秩序。认定公民无行为能力或限制行为能力案件成立的条件是:第一,必须有精神病人不能辨认或不能完全辨认自己行为的事实存在。第二,必须由精神病人的近亲属或者其他利害关系人提出书面申请。第三,申请认定公民无行为能力、限制行为能力的案件,由该公民住所地的基层法院管辖。

认定公民无行为能力或限制行为能力案件的审理程序是,法院接到申请人的申请,经审查认为申请不合法或者被申请人不具备认定为无行为能力或限制行为能力条件的,裁定驳回申请;申请手续完备、符合认定条件的,则应对案件进行审理。首先,法院应为该公民确定代理人。根据《民事诉讼法》的规定,由该公民的近亲属为代理人,但申请人除外。其次,必要时对被请求认定为无行为能力或限制行为能力的公民进行鉴定。申请人已提供鉴定结论的,法院应当对鉴定结论进行审查。再次,法院对案件进行审理、查清精神病人的实际情况后,认为该公民并未丧失行为能力,则应作出判决,驳回申请;认为该公民完全或部分丧失行为能力,应当作出判决,认定该公民无行为能力或限制行为能力。这种判决为终审判决,当事人不得提起上诉。公民被宣告无行为能力或限制行为能力后,应在其配偶、父母、成年子女、其他近亲属和关系密切的其他亲属、朋友中为其指定监护人。当被认定为无行为能力或限制行为能力的公民精神状况得到恢复,认定的原因消失时,法院即应根据该公民或其利害关系人的申请,作出新判决,撤销原判决,从法律上恢复该公民的行为能力。

认定公民无行为能力或限制行为能力案件审理程序,在很多国家都有规定,只不过名称不同,如德国称"禁治产事件程序"。　　(万云芳)

renzui dabian
认罪答辩(plea of guilty)　被告人在公开法庭上进行答辩的一种类型。指被告人承认被指控的罪行。根据美国各州和联邦法律的有关规定,审讯法官在传讯被告人时,应告知他对被指控的罪行进行答辩。答辩的情况主要有三种:无罪答辩、认罪答辩和不愿答辩,被告人可以任意选择其中的一种。被告人在作认罪答辩时,审讯法官必须讯问被告人本人是否懂得答辩的意义和后果。通过讯问,法官确信被告人懂得答辩的意义和后果,并且记录中有明确表示的,认罪答辩才有效。此外,法官通常还要求检察官提供其他有罪证据,以印证被告人认罪答辩的可信性。如果被告人承认对他的指控,并且这种认罪答辩又是在了解其行为的性质和法律后果的情况下作出的,法院即可不经正式审判,直接作出判决。在美国,认罪答辩与辩诉交易的联系十分紧密。检察官以减轻罪名、减少指控的条款或缩短刑期为条件,换取被告人作有罪答辩。可见,辩诉交易的前提是被告人作有罪答辩。 (王 新)

renyi bianhu
任意辩护(optional advocacy) 又称非强制辩护。指法律授权人民法院根据具体情况决定是否为被告人指定辩护人。任意辩护的案件,人民法院对是否指定辩护人具有自由裁量权,无论指定与否,都不违反法律规定。没有为被告人指定辩护人,也不影响法院开庭审判。我国《刑事诉讼法》规定,公诉人出庭公诉的案件,被告人因经济困难没有委托辩护人的,人民法院可以指定承担法律援助义务的律师为其提供辩护(第34条第1款)。在司法实践中,对共同犯罪部分被告人聘请了辩护人的案件,重大、疑难案件,外国人犯罪案件以及少数民族被告人不懂审判地通用语言、文字的案件,法院也可以为被告人指定辩护人。 (黄 永)

renyi huibi
任意回避(challenge for favor) 当然回避的对称。指审判人员、检察人员、侦查人员等法律明确规定应回避的人员,虽然并不具备法定的回避情形(见回避),但依据其他情况足以令人怀疑其可能会有失公正时而不继续参加刑事诉讼活动。当事人可以依法提出回避的申请,但应有事实为证,不得臆造、凭空怀疑。对当事人提出的申请,仍应依法定程序由法定的司法机关或司法人员判定。 (朱一心)

renshen gaoxueya zonghezheng
妊娠高血压综合征(edema-proteinuria-hypertension syndrome) 孕妇在妊娠20周之后,出现高血压、水肿及蛋白尿,发展到严重程度时,则发生抽搐、昏迷以至死亡。临床上把该病分为轻度、中度和重度。重度又分先兆子痫和子痫。子痫是最严重的征象,是指由先兆子痫进展到惊厥或昏迷阶段,往往会引起急死。子痫常常是由于先兆子痫未被发现,或未经治疗,或治疗无效发展而成。子痫可发生在分娩前、分娩时或分娩后24小时内,因而分别称为产前子痫、产时子痫及产后子痫。其中以产前子痫最多,约占50%以上,其次是产时子痫。子痫发作时,大部分患者有先兆子痫的症状,即除高血压、水肿、蛋白尿外,自觉头痛、眩晕、耳鸣、嗜睡、复视、视力减退等。每当抽搐之前头痛、眩晕、视觉障碍、上腹疼痛等症状加剧。但少数病例先兆子痫的征象未曾发现,直接发生反复抽搐以至昏迷。在发作过程中,血压显著升高,水肿严重,尿量极少,甚至无尿,体温升高,呼吸和脉搏加快。有时因延髓及其周围水肿和出血,引起呼吸中枢麻痹,或发生脑部大出血而注入脑室,立即死亡。尸体解剖可见:肝脏略肿大,包膜和切面有不规则的出血斑点;两侧肾脏肿大,皮质苍白而混浊,肾小球肿大,肾小管变性甚至坏死;脑水肿、出血、软化,心肌变质、出血、坏死,肺水肿、淤血,肾上腺出血、坏死。 (李宝珍)

riben fayuan zuzhi tixi
日本法院组织体系(organization of the court system in Japan) 日本称法院为裁判所。日本法院组织分为四级,各级法院都是民刑事案件兼理。

简易法院是日本的基层法院,1947年5月设立,其前身是区法院。它负责审理诉讼标的为30万日元以下的民事案件,法定刑为罚金以下或者案情比较简单的盗窃、侵占等刑事案件,审理案件实行独任制。现有简易法院575所。

地方法院负责审理诉讼标的为30万日元以上的民事案件,科处罚金以上的刑事案件以及不服简易法院判决的上诉案件。涉及死刑、无期徒刑、1年以上有期徒刑的案件和上诉案件,由法官和助理法官3人组成合议庭进行审理,其他案件由法官独任审理。现有地方法院50所,地方法院分院242所,分院的裁决与地方法院具有同等效力。

家庭法院于1949年设立,它与地方法院属同一审级。家庭法院负责审理和调解《家事审判法》所规定的案件,审理《少年法》所规定的少年保护案件。对16岁以上未成年人犯有严重罪行需要给予刑事处罚的,应移送检察厅起诉。现有家庭法院50所,分院242所。

高等法院负责审理对地方法院一审判决、家庭法院判决、简易法院刑事判决提出抗告的案件;审理对地方法院二审判决的上诉案件以及有关内乱罪的案件。高等法院审理案件由3名法官组成合议庭,但有关内乱罪的案件必须由5名法官组成合议庭。现有高等法院8所,分院6所。

最高法院为日本的最高审级,设于东京,由15名法官组成,其中一人为院长。最高法院负责审理上诉案件、非常上告案件、特别抗告案件和弹劾案件,它作出的判决均为终审判决。最高法院设一个大法庭和三个小法庭。大法庭主要审理违宪案件,小法庭主要审理上诉案件。大法庭由全体法官组成,小法庭由5名法官组成,但审理和判决案件时,大法庭的法定人数为9名法官,小法庭为3名法官。大法庭由院长任审判长,小法庭的审判长由小法庭自己决定。根据日本的法律规定,最高法院还有违宪审查权、法院规则制定权和司法行政管理权。 (程味秋)

riben guojia jingchating
日本国家警察厅（National Police Department of Japan） 日本的中央警察机构，直属于国家公安委员会。下设刑事侦查局、警备局。刑事侦查局是国家警察厅中最重要的机构，指挥、管理各级地方警察组织，包括全国范围内的都、道、府、县的警察署、派出所和警岗。是全国刑事侦查的领导、指挥机构。内设：①侦查一课。主管凶杀案件的侦查。②侦查二课。主管贪污案件、智能犯罪和违法选举案件的侦查。③国际刑事课。负责与国际刑警组织的联系与合作，同时又是该组织在日本的中心局。④鉴定课。主管刑事鉴定和管理犯罪人卡片档案与指纹档案。此外，还设有警备局，内设公安一课、公安二课、公安三课、外事课、调查课等职能部门，分别主管涉及国家安全的案件的侦查。 （张玉镶）

riben lüshi zhidu
日本律师制度（lawyer system in Japan） 1868年的明治维新以前，日本有"公事师"制度，公事师为诉讼关系人提供咨询，但不允许其在法庭上发言或进行其他诉讼行为。1872年最初承认了诉讼代理人制度。1876年制定代言人规则，确认诉讼代理人为专门职业，并实行资格考试。1880年公布的《治罪法》规定了刑事辩护。1893年制定《律师法》，将代言人改称为律师。第二次世界大战之前，尽管日本的律师制度有了很大的发展，但律师的地位仍比法官和检察官要低。二战期间，律师辩护被极大地削弱。战后，日本重新制定《律师法》，规定了现行的律师制度。

关于律师资格，根据日本法律的规定，律师的使命在于维护基本人权，伸张正义。凡经司法资格考试合格，并经司法见习生的学习结束，即具有律师资格，但受到监禁以上刑罚处罚的，由于弹劾被法院罢免的，由于受到处分律师被除名、代办人被禁止执行业务、会计师被取消登记、公务员被免职，自受处分起未满3年的，均不得具有律师资格。

日本的律师组织是律师会，在每个地方法院的辖区内设立，掌管律师的登记、执行纪律和惩戒等。日本律师联合会系指导和监督全国律师和律师会的机构，必要时要向最高法院作事务报告或者接受最高法院的委托调查。

从20世纪90年代以来，日本实行值班律师制度，即被逮捕或被羁押的被疑人或其亲属提出要求，值班律师迅速会见被疑人，并及时向其提供咨询。 （程味秋）

riben minshi susongfa
日本民事诉讼法（Civil Procedure Law of Japan） 最早的日本民事诉讼法典是1889年（明治二十三年）明治政府适应当时国内政治斗争和资本主义商品经济的需要制定的，该法典几乎照搬了1877年的德国民事诉讼法，并于1890年施行。1926年，由于受1895年奥地利民事诉讼法和1924年德国民事诉讼法中强化职权主义的影响，对该法典的第一编至第五编进行了大量的修改，于1929年正式实施，从而形成了现行日本民事诉讼程序的基本结构。修改前的民事诉讼法称为旧民事诉讼法。第二次世界大战之后，又先后于1948年、1964年对民事诉讼法做了部分修改，规定了违宪审查制度的上告、特别上告和特别抗告制度、变更判决制度及证人交叉询问制度，并制定了票据诉讼和支票诉讼制度。1979年、1989年的两次修改又分别将规定在原民事诉讼法第六编中的执行程序和诉讼保全独立出来，分别制定了强制执行法和民事保全法。

现行日本民事诉讼法分为九编，共有条文624条。第一编总则，规定了法院当事人、诉讼费用及诉讼程序等基本制度；第二编第一审程序，规定了起诉、辩论与准备、证据及关于简易法院程序的特别规定；第三编上诉审程序，规定了控诉、上告及抗告三种程序；第四编再审程序；第五编督促程序和第五编之二票据诉讼及支票诉讼的规定；第六编判决的确定及执行停止的规定；第七编公示催告程序；第八编仲裁程序。

日本民事诉讼法从结构体系到基本制度主要受大陆法系，尤其是德国民事诉讼法的影响，但同时又吸收了英美民事诉讼法中的一些诉讼制度和观念。因而在其构筑民事诉讼的基本结构、制定民事诉讼的各项制度中呈现出以当事人主义（日本学者称之为处分权主义）为主并辅之以职权主义的特征。以当事人主义为指导，日本的民事诉讼实际上主要是在通常诉讼程序中，当事人有权决定诉讼的开始、诉讼对象及诉讼终结。诉讼法明确规定，第一审程序和上诉程序，由当事人起诉或上诉而开始；当事人决定审判的对象和范围，法院对当事人未申请的事项不得作出判决；当事人可以撤回上诉；在通常情况下，诉讼因法院作出判决而终了，但是当事人在诉讼中可以放弃或承诺请求或者以和解等方式终了诉讼。并且规定在法庭审理过程中，当事人没有主张的主要事实，法院不能作为判决的基础。同时其立法又受职权主义的观念指导，因而规定，法院依职权进行传唤、送达并指定或变更期日；法院整理争点，指挥当事人进行辩论，可以限制、合并、分开辩论；法院决定是否进行准备程序；对延误时机的辩论是否采纳，法院依职权决定；法院依职权决定是否采纳当事人所申请的证据；法院有权试行和解。并规定，在依特别诉讼程序审理的案件中，法院可以不受当事人请求和陈述的限制，依职权调查证据，作出客观真实的判决。总观日本的民事诉讼法，如果以不同的诉讼程序，即通常诉讼程序和特别诉讼程序相比较,通常诉讼程序的设置主要是以当事人主义为指导的,特别诉讼程序的设置主要是以职权主义为指导的;如果从一个通常诉讼的全过程来看,在关于实体问题或决定实体问题的制度上,是以当事人主义为指导制定的,而有关具体程序问题的制度则以职权主义为指导确立。

自1990年以来,鉴于日本民事诉讼法已不完全适应日本目前社会和经济发展状况及目前的诉讼程序审理案件周期长、诉讼费用高等原因,日本法务省于1992年12月发表了《关于民事诉讼程序的研究事项》及《关于民事诉讼程序研究事项补充说明》,1993年12月又发表了《关于民事诉讼法程序纲要草案》,拟对现行民事诉讼法作大的修改,目前这项工作正在紧张进行之中。

(阎丽萍)

riben shangshi zhongcai xiehui
日本商事仲裁协会(Commercial Arbitration Association of Japan) 又称日本国际商事仲裁协会。日本常设非营利性仲裁机构之一。是日本工商联合会和其他一些大的工商组织于1950年共同建立的,主要处理国际贸易争议的仲裁机构,其宗旨是通过仲裁、调解或和解,解决经济贸易争议,促进日本国际贸易和国内工商业的发展。该仲裁机构的总营业所设在东京,在神户、名古屋、大阪和横滨设分营业所。其业务主要有:进行仲裁,解决争议;培训仲裁人员;与外国仲裁机构进行合作,参加国际会议,与外国仲裁机构订立仲裁协议等。该仲裁机构与20多个外国仲裁机构保持联系,并订有双边协议。它同中国国际经济贸易仲裁委员会订立的双边仲裁协议,约定两国当事人之间发生商事争议时,由被告所在国的仲裁机构仲裁。

日本商事仲裁协会解决国际贸易争议,适用1971年2月1日生效的日本商事仲裁协会《商事仲裁规则》进行仲裁。该仲裁规则规定了仲裁庭的组成、仲裁申请、仲裁员的指定、仲裁程序等内容。日本商事仲裁协会还备有一个有200多人的仲裁员名册,当事人可以从中指定仲裁员。但在指定仲裁员时实际未居住在日本的人不得担任仲裁员。

(阎丽萍)

riben tebie souchabu
日本特别搜查部(Department of Special Search of Japan) 日本地方检察机关内设的特别侦查机构,又称特别侦查部,简称特搜部。第二次世界大战后,日本的物资匮乏,社会经济秩序混乱。为此,1947年5月东京地方检察厅设立经济部,1947年11月又设立隐匿囤积案件搜查部,1948年8月设立税务部。1949年5月隐匿囤积案件搜查部改称为特别搜查部,到1952年1月,原税务部、经济部先后并入特搜部。1957年4月和1996年4月,大阪和名古屋地方检察厅也先后设立了特别搜查部。东京地方检察厅特搜部设有部长、副部长、检事、副检事、检察事务官等职位,下设5个部门:①特殊直告案件班。即受理直接举报案件及对举报自行侦查。②财经案件班。主要负责侦查处理偷漏税案、违反证券交易法案和违反禁止垄断法案,而这三类案件多是由东京国税局、证券交易监督委员会和公正交易委员会三个机构检举移送的。③机动班。负责对警视厅查办案件进行指挥和指导,并担负警视厅移交案件的继续侦查工作。④特别侦查事务课。办理证据的接收、保管和处置等事项。⑤特别侦查资料课。负责收集和整理资料;赴银行、证券公司侦查查证;分析、研究证物;跟踪、调查嫌疑犯行踪。检察事务官主要是熟悉银行、证券、税务、财会等专门知识的人员,他们协助检察官侦查。

特搜部对刑事案件的查处起主角作用,对所有犯罪案件都有侦查权。不仅如此,检察官对所有的罪案都有权指挥警官侦查。特搜部的主要职责是查处警察移送的案件和自行侦查案件。特搜部在查办案件范围上没有限制,同警察机关没有多少差别,但它实质上主要查处国会议员、内阁大臣以及都、道、府、县知事等政治家和官员重大经济犯罪案件。此外,对诸如违反税法、证券交易法和公平交易法等犯罪案件也自行侦查。特搜部在侦查贪污贿赂案件时的程序和手段是:①获取侦查线索。主要渠道有检举、控告;从侦查侵吞、渎职、欺诈、偷漏税等罪案中获得;从来信来访、新闻情报、报刊报道、议员的发言、打听传闻等途径获取线索。②秘密侦查。主要是秘密侦查嫌疑人的经历、职务权限、土地、建筑物、车辆、宝石、股票、债权、存款等资产,收支情况,收受金钱、礼品的来源、去向、贿赂性、有无不在现场的证明等事项,查验物证,听取有关人员的陈述,审查、分析、判断证据等。③实施强制侦查。制定周密的计划,尽量在大范围内对有关场所进行搜查,发现、扣押账簿、单据、笔记等证物。为了防止毁灭证据、逃跑、自杀等情形发生,一旦时机成熟迅即果断实施强制侦查,拘捕嫌疑犯,并通过审讯获取真实可靠的供述。

(文盛堂)

riben xingshi susongfa
日本刑事诉讼法(the criminal procedure law of Japan) 日本于明治十三年(公元1880年)颁布了《日本治罪法》。这部法典以1808年法国刑事诉讼法典为模式,采用国家追诉主义的原则,并且就禁止刑讯,不告不理等原则作了系统的规定。明治二十三年(公元1890年)改称"刑事诉讼法",共334条。到了大正十三年(公元1922年),日本又参照德国刑事诉讼法,制定颁布了《1922年刑事诉讼法》(又称"大正诉讼法"或"旧刑事诉讼法")。第二次世界大战后,日本刑事诉讼制度受美国法的影响很大,于1948年7月10日,经日本国会审议,通过了现行的《日本刑事诉讼法》(又称"新刑事诉讼法"),于1949年1月1日起生效施行。40余年来,除个别条文有所修正外,整部法典仍然有效。该法典共7编,506条,体系完整,内容详尽,且有《刑事诉讼规则》、《少年审判规则》等与之配套,可操作性强。在立法结构上,仍然保持大陆法系成文法的传统;在内容上,除原来以德国为主的职权主义原则和审问式模式外,在第二次世界大战后,又接受了以美国当事人主义原则和对抗式模式,使之成为兼容职权主义与当事人主义特征的混合体。这就是日本刑事诉讼的基本特色。

刑事诉讼法的目的 该法典第1条规定,刑事诉讼法的目的,是在维护公共福利与保障基本人权的同时,明确案件的事实真相,准确而迅速地适用刑事实体的法律和法令。立法者将维护公共福利、保障基本人权与明确案件事实真相、准确而迅速地适用刑法结合起来并予并列,说明两者缺一不可,不分高低,是有机的统一体。

辩护制度 辩护权的主体是犯罪被疑人和刑事被告人。被疑人在提起公诉前、被告人在提起公诉后随时有权选任辩护人。他们的法定代理人、保佐人、配偶、直系亲属及兄弟姐妹也有权独立选任辩护人。被告人由于贫穷等原因未能选任,并且被告人以外的人也未选任辩护人时,必须由被告人首先向法院请求,否则法院没有主动为其选任的义务。对于未成年、70岁以上、丧失听说能力或疑似心神丧失或心神耗弱的被告人,或有其他必要情形时,法院应依职权选任辩护人,不得令被告人自行辩护。

辩护人的资格,因选任人和法院级别的不同而各异。法院或审判长依职权选任的,必须是律师。自选的辩护人,案件由简易法院、家庭法院审理的,经法院许可,可以选任非律师。案件由地方法院审理的,必须在被告人已有律师时,经法院许可,才可另任非律师。

侦查 侦查开始的依据是告诉、告发、自首、行政警察发现有犯罪嫌疑及检察官主持的检验尸体后认定有犯罪嫌疑。侦查一般由检察事务官在检察官指挥下进行;检察官认为必要时可以自行侦查。检察官可以对司法警员作必要的一般指示或指挥,司法警员应当服从。

依据宪法和法律的规定,实行逮捕、羁押、搜查和没收等强制措施时必须持有许可证,日本称为令状主义。但现行犯或紧急情形者除外。查封、搜索、勘验等强制措施有必须或不须许可证两种情形。许可证由审判官根据检察官、检察事务官或司法警员的请求而签发。主管官员应当告知被疑人享有的法定权利,如被羁押人有选任辩护人权、被告知羁押理由权、陈述权、请求保释权,对羁押裁决不服时,有权请求法院撤销或变更原裁决等。羁押时应立即通知其辩护人。

在侦查阶段,被拘禁人的主要防御在于保障辩护人同被疑人会见和往来,对不当拘禁的裁决提出抗告,请求取消羁押或停止执行羁押等。辩护人经审判官许可,可以在法院阅览并抄写处分的材料;没有辩护人时,被告人、被疑人经审判官许可,也可以阅览处分材料。

侦查终结时,检察官有权决定起诉或不起诉,对被疑人所在不明的案件,可以中止侦查。对于决定不起诉的案件,必要时可以恢复侦查程序。

提起公诉 实行国家追诉主义和起诉的国家垄断主义(见起诉垄断主义)。犯罪被害人只有告诉权,告诉发生在公诉前,旨在促使检察机关提起公诉。是否提起公诉,由检察官独立决定。依据起诉便宜主义,检察官可以不提起公诉。

为了防止检察官作出不正确的不公诉决定,日本建立了检察审查制及准用起诉程序。检察审查制是通过检察审查会行使审查权。检察审查会设于各地方法院管辖区内,由选举产生的11名成员组成,在接到被害人或他人的申诉后进行审查并作出决定。对于公务员或特殊公务员滥用职权、实施强暴凌虐、收贿等犯罪的不起诉决定不服的,可依据准用起诉程序请求该检察官所属的检察厅所在地的地方法院将该案件交付法院审判。法院合议庭审理后,认为请求没有理由等法定情形的,不予受理;认为请求有理由时,应将案件交付有管辖权的地方法院审判。在作出交付法院的裁定后,该案件视为已经提起公诉。但非由检察官员而由法院指定的律师履行检察官员支持公诉的职务。

执行提起公诉必须实行起诉状一本主义。

法庭审判 日本称为公审。其主要程序如下:

公审前的准备阶段。法院认为必要时,可在公审期日外询问证人,被告人不在场时,应将证言要旨告知被告人并给与被告人询问该证人的机会。在对方当事人无异议时,经请求,可以将书证、物证预先给对方阅览。为使审判迅速进行,允许检察官和被告方在庭审前就起诉书上记载的诉因和刑法条文,或案件争执点进行讨论,但以不涉及可能对案件产生预先判断的情况为限。

庭审开始阶段。首先,检察官朗读起诉书,然后审判者告知被告人诉讼权利,并且给被告人及其辩护人陈述的机会。被告人就起诉书的诉因作有罪供述时,可以对被告人供述的有罪部分作出适用简易程序的裁定,但对可能被判处死刑、无期徒刑或最低刑为1年以上惩役或监禁的案件除外。

法庭调查证据。开始,由检察官说明根据证据能证明的事实。法院在听取双方意见后决定调查证据的范围、顺序和方法。调查证据有依请求和依职权两种情形。依请求询问证人,是在审判长指挥下,经请求,检察官、被告人或辩护人主动询问本方和对方证人。通过双方交叉询问以查明案件事实。检察官、被告人或辩护人请求询问证人等人证时,应预先给与对方知悉他们姓名、住所的机会。依请求调查书证或物证时,应预先给对方阅览的机会,但对方无异议时除外。法庭上一般由请求方出示并朗读,但审判长、陪席审判官或书记官也可出示并朗读。法院认为必要时,可依职权调查证据。询问证人时,审判长或陪席审判官首先询问,询问结束,检察官、被告人或辩护人在告知审判长后可以询问,依请求时,由曾请求的人首先询问。法院认为适当时,可以变更询问顺序。在调查证据时,法院应给予双方以争辩证据证明力的机会。检察官、被告方有权对调查的证据或审判长作出的处分声明异议,法院应对此作出裁定。

辩论 调查证据结束后,开始辩论。首先由检察官就事实和法律的适用陈述意见,然后被告人和辩护人陈述意见、进行辩护。法院认为适当时,依请求或依职权,可将辩论分开或合并或再开始已终结的辩论。

判决 有有罪判决、无罪判决、免除刑罚的判决、免诉的判决、公诉不受理的判决等。判决应在公审庭,通过宣告告知。在作有罪宣告时,必须指明应构成犯罪的事实、证据的标题及适用的法令。

上诉 日本的上诉审程序包括控诉、上告和抗告三种。控诉是指不服地方法院、家庭法院、简易法院的初审判决而向高等法院提起的上诉。提起控诉的理由主要有违反诉讼程序、错误认定事实、适用法律或量刑不当。控诉程序主要是调查控诉书内的事项,检察官与辩护人进行辩论,然后作出撤销、发回、移送或控诉审重新判决的判决。上告是以判决违反宪法或最高法院判例为理由对控诉审的判决、高等法院的初审或第二审判决向最高法院提起的上诉。审理上告案件时,对上告书记载的事项必须进行调查,也可依职权调查上告书未载入的事项。上告审作出撤销原判决的结论时,应将案件发回原审法院或移送其他法院,上告审法院也可以重新作出判决,对被告人或为被告人利益而提起的上告,不得判处重于原判决的刑罚。抗告是指对裁定和命令不服而提起的上诉,有向高等法院声明不服的一般抗告和向最高法院声明不服的特别抗告。一般抗告又分为即时抗告和通常抗告。　　(王以真)

ruiqishang

锐器伤(sharp instrument injury) 由锐器(具有锐利的刃口或尖端)作用于人体所致的损伤。在法医鉴定实践中常见的锐器是刀、斧、匕首、剪、玻璃等。锐器伤的基本形态是皮肤全层断离形成创。一般无表皮剥脱和皮下出血。创口大多呈梭形哆面,创口合拢时无组织缺损。创缘整齐,创角锐利,创壁平滑,创底规则,创腔内无组织间桥。受伤部位毛发被切断,断端整齐。根据锐器的种类和着力方式的不同,可将锐器伤分为切创、砍创、刺创、剪创四种。　　(李宝珍)

ruidian fayuan zuzhi tixi

瑞典法院组织体系(organization of the court system in Sweden) 瑞典的法院分为普通法院和行政法院两个系统,此外还有处理特种类型案件的专门法院。普通法院设有三级,即区法院、上诉法院和最高法院。区法院设在区一级,负责审理在该区发生的刑事案件。区法院审理案件时,法庭由1名专职法官和3名陪审员组成。如果审理可能被判处不低于2年徒刑的案件,法庭则应由1名专职法官和5名陪审员组成。轻微的刑事案件,如不能被判处比罚金或6个月徒刑更重的刑罚,则该案可由法官独任审理。现在共有97所区法院。上诉法院只受理自己同意许可上诉的案件。审理案件时,法庭由3名法官和2名陪审员或者4名法官和3名陪审员组成。如果没有理由判处罚金以外的刑罚,法庭就由3名专职法官组成。现有6所上诉法院。最高法院是全国的最高审级。最高法院有22名大法官,均由政府任命,其中3名在法律委员会内工作,该委员会负责对法律草案提出意见,其他大法官在民事庭和刑事庭工作。最高法院受理不服上诉法院判决的案件,但只受理最高法院同意许可上诉的案件。是否同意许可上诉,通常由1名大法官决定。最高法院审理较大的案件,由5名大法官组成合议庭,如果涉及法律意义的问题,合议庭由6名大法官组成。如果合议庭的意见与以前的判例冲突,则该案必须提交全体庭,即全体大法官都参加审理。　　(程味秋)

S

sanji sanshen zhidu

三级三审制度(system of the court of third instance being that of last instance) 审级制度之一。案件可以经过三级法院审理的制度。所谓三级三审，有以下几种：①有的国家设三级法院，各级法院由下向上接一审、二审、三审，依序形成三级三审的审级制度。②有些国家设四级法院，对案件也实行三级审理的制度，但法院级别与案件的审级制度并不一致；有的以最低级法院的上一级法院为案件的第一审法院，经再上一级法院的二审，然后到最高法院成为三审；而有的虽以最低级法院为第一审级法院，但某些特定的案件不都经过中间两级法院的依序审理，而是只经过中间的一级法院，即上诉法院的审理，即可到最高法院成为三审；有的规定有越级上告，案件经第一审后可以不经过二审，直接到第三个审级。因此，三级三审制，有的是审判机关的体制与案件的审级制度相一致的，而有的二者并非一致，但从案件的审级讲，只要由下向上有一审、二审、三审三个审级审理的，均应视为三级三审制。

案件的审级不同，审级的称谓也不同。第一个审级称为第一审或者初审，第二个审级一般称为上诉审，有的称为控诉审；第三个审级一般称为上告审，也有只称向最高法院上诉的，即不服第二审裁判的上诉。

实行三级三审制的国家，第三个审级审理的案件一般都由法律作出特别规定，并不是案件经过第二审理后都可以上告到第三审，比如民事案件，其判决只是在解释或者违背宪法或者涉及重要的法律问题时，才可以上告。第三个审级审理的案件只复查法律问题，而不审查事实问题，复核审查结果，有的制作判决，有的是将案件发回原审法院或者发交原审法院同级的另一法院重审。

中华民国时期国民党政府 1935 年颁行的《法院组织法》确定法院体制为地方法院、高等法院和最高法院等三级，实行三级三审制。对第二审判决只有以违背法律为理由才能上诉到第三审，作为第三审的最高法院对受理的案件，以第二审判决所认定的事实为基础，不再涉及案件事实，仅对法律问题作出判定。

（刘家兴）

sanmian guanxi shuo

三面关系说(doctrine of trilateral relationship) 民事诉讼法律关系理论的一种学说。该学说认为，民事诉讼法律关系存在于法院当事人之间，以及双方当事人之间，即法院与原告，法院与被告，原告与被告，三个方面都存在民事诉讼法律关系，成三角的形式。其主要的理由是，法院和双方当事人在同一诉讼活动中，各自在诉讼上都有一定的权利义务，各自行使权力和履行义务在诉讼上都有一定的意义，因而不能不承认他们三者之间都存在诉讼法律关系。这种学说，看来既重视了公法的意义，又注意了私法上的关系，曾为一部分学者所赞同。但是，它仍存在一面关系说和二面关系说中存在的问题。当事人之间民事实体法律关系与诉讼法律关系的重合，使两种不同性质的法律关系之关系不清，这是其一。其二，三角形的诉讼法律关系即使成立，三者处于平行的状态，其中则无主次之分。事实上任何一方当事人为诉讼行为或接受对方当事人的诉讼行为，都是通过法院进行的，否则就不是诉讼上的行为，也就不具有诉讼上的意义；当事人的诉讼行为通过法院进行，已纳入与法院的法律关系中，不存在当事人之间的诉讼法律关系。其三是忽视法院与证人、鉴定人之间的诉讼法律关系的存在，因此为许多学者所不采取。

（刘家兴）

sanshen chengxu

三审程序(procedure of third instance) 上一级法院根据上诉，对第二审案件进行再次审判时所应当遵循的步骤和方法。三审程序只存在于实行三审终审制的国家，我国现行的刑事诉讼法规定实行两审终审制，因此没有关于三审程序的规定。但在中华民国时期，南京国民党政府于 1932 年 10 月公布的《法院组织法》曾规定实行三审终审制。1942 年起，中国共产党领导的抗日民主根据地陕甘宁边区法院也曾实行三审终审制，至 1944 年 2 月，又改为两审终审制。在西方实行三审终审制的国家，二审程序与三审程序一般统称为上诉审程序。三审程序与二审程序在许多方面基本相同，如一般均由法官 3 人以上组成合议庭，都没有陪审团参加。法庭审理后，都可以分别作出维持原判，直接改判，撤销原判，发回原审法院重新审理的处理。但两者比较也有许多不同：①二审程序是从事实和适用法律两方面审查第一审判决是否正确，而三审程序则只审查原判决的法律适用问题。日本为了加以区别，将第二审称为上诉审，第三审称为上告审。②向二审法院提出上诉的理由，可以包括事实上的和法律上的两个方面，而向三审法院提出上诉的理由通常限于法律方面。如德国刑事诉讼法规定，对第二审判决上诉的惟一理由是判决违背法律。日本规定上告的理由为违反宪法或错误解释宪法以及作出违反判例的判断。③在二审法庭审理时,当事人、辩护人一般要到庭,法庭要调查事实,并由被告人、辩护人、检察官进行辩论,而在三审法庭审理时,没有调查事实的程序,因此一般实行书面审理。

(刘广三)

sanshen zhongshen
三审终审 (the third instance in the final instance)

一些国家法院实行的审判制度。基本含义是:一个诉讼案件在合法上诉或申请的情况下,经过三级法院的审判,才能作出生效的终审裁判。如德国、日本等即实行三审终审制(见三审程序、《德国刑事诉讼法典》、日本刑事诉讼法)。我国台湾省也实行三审终审制(见台湾法院组织体系)。

(陈瑞华)

sharen anjian zhencha
杀人案件侦查 (investigation of homicide case)

公安机关在办理杀人案件过程中,依照法律进行的专门调查工作和有关的强制性措施。杀人案件,主要是指我国《刑法》第232条所规定的故意杀人罪,即故意非法剥夺他人生命的案件。杀人致死、重伤的列为重大刑事案件;一次杀死杀伤多人或持枪杀人、杀人碎尸的,列为特大刑事案件。杀人案件的犯罪人在杀人前通常有一定的预谋准备过程,杀人后会在现场留下尸体、凶器和其他痕迹、物品,犯罪人与被害人之间事前多有矛盾冲突。侦查杀人案件的主要方法:

认真勘验尸体现场 一般应以尸体为中心,对场的每个部位和物体及其周围环境和凶犯进出现场的路线等全面仔细勘验,注意发现和提取:①凶犯的手印、脚印、破坏工具痕迹、交通工具痕迹;②被害人抵抗搏斗痕迹;③血迹;④尸体和衣着物品上的泥土、杂草和其他附着物;⑤犯罪人的杀人凶器和其他遗留物;⑥被害人遗留的物品。

细致地检验尸体 通常在侦查人员的主持下由法医进行。分为:①尸体外表检验。主要检验:衣着、尸表、尸体现象、尸体各部状况并捺印死者十指指纹和掌纹。②尸体解剖检验。主要做法:沿人体正中线作直线形切口,打开胸腔、腹腔,观察并取出各脏器逐个检查其性状。必要时,应将颅腔打开进行检验。对于有中毒征象的尸体,应提取足够数量的检材,供毒物化验用。

深入调查访问 访问的对象包括报案人、死者亲友、现场周围群众和其他知情人。应重点了解:①发现尸体的时间、地点和现场的原貌状况;②现场变动情况及原因;③死者的历史、政治态度、经济状况、社会关系、平日生活作风、有无私仇和奸情关系、死前的表现和行踪;④是否有人听到厮打、呼救声音或看到有人进出现场及其他可疑情况;⑤有关人员对案件的议论分析,有无嫌疑对象;⑥凶器及其他现场遗留物的用途及来源;⑦如果被害人尚未死亡,应立即组织抢救,并及时询问其遇害经过,与凶犯是否相识,凶犯的姓名、住址、外貌特征,使用什么交通工具,在搏斗中是否受伤等情况。

分析案情,划定侦查范围 分析案情一般应研究和解决:①死亡原因,区别他杀、自杀或意外事故,判明事件的性质;②行凶杀人时间、被害人死亡时间和凶犯杀人后在现场上逗留时间;③发现尸体的地点是否为杀人现场,确定杀人地点;④杀人的手段、工具、作案过程,凶犯与被害人当时所处的位置、距离和相互关系,判断杀人的方法和凶器;⑤凶犯与被害人是否熟识,是否有奸情、私仇及其他利害关系,判断凶犯的身份及杀人动机;⑥尸伤、移尸和财物损失等情况,推断凶犯人数。通过上述分析研究,在一般情况下,可以判明什么人具有作案的条件和因素,从而正确地划定出侦查的方向和范围。

发现嫌疑线索,审查嫌疑对象 在分析案情、划定侦查范围的基础上,应制定出侦查计划,组织力量深入群众调查摸底,找出嫌疑对象。对犯罪嫌疑人应重点审查:①有无杀人动机;②有无作案时间;③是否熟悉现场环境;④是否持有凶器和类似现场遗留物的物品;⑤身上是否带有伤痕、血迹和其他物证;⑥案件发生前后是否有反常行动。

全面收集证据,认定杀人凶犯 主要是:①提取嫌疑人在发案时穿戴的衣物、鞋帽,检查上面是否沾有血迹和其他有关附着物;②提取嫌疑人的毛发、血液、指印、脚印等,同现场发现的痕迹进行比对;③依法对嫌疑人的人身、住所及其他有关场所进行搜查;④组织被害人和知情人辨认嫌疑人、凶器和现场遗留物;⑤对重大嫌疑分子采取跟踪、守候和其他监控措施,防止其毁灭罪证、行凶、逃跑和自杀,必要时,应依法拘留和逮捕;⑥对已潜逃的凶犯和重大嫌疑对象,应及时采取通缉、通报或其他措施侦缉;⑦对谋财害命的案件,应根据被劫财物的具体特征,严密控制销赃、藏赃处所,以便发现赃物,缉拿犯罪人。

不知名尸体案件的侦破特点 通常采取的方法是:从死者随身携带的物品、证件中发现线索;组织现场周围的群众和有关人员辨认整容后的尸体;通报有关地区公安保卫机关协助查找;与报告失踪的人的特征进行比对;登报或印发认领广告。碎尸案件也属不知名尸体案件。侦查碎尸案件应注意:组织力量迅速搜寻隐藏在各处的尸块;对已发现的尸体残肢,迅速

进行法医检验;仔细检验包裹尸体的物品及附着物;寻找杀人第一现场,发现和提取与杀人有关的痕迹、物品;采取各种侦查措施,力图从多方面查明死者身份。

(张玉镶 傅政华)

shaying
杀婴（infanticide） 在分娩时或分娩后,将具备生活能力的新生儿用暴力致死的犯罪行为。被害对象多见于女婴及非婚新生儿。杀婴可分积极杀婴和消极杀婴两种:①积极杀婴多用扼、勒、溺、闷等机械性窒息的手段致死。尸体检验有机械性窒息的一般征象,同时有相应的暴力痕迹,如扼痕、勒沟、呼吸道内有溺液、口鼻腔有压痕等;有的用钝器或锐器造成机械性损伤致死,则尸体上有相应的钝器伤或锐器伤;少数用毒物注入体内致中毒而死,则尸体检验能检出毒物。②消极杀婴一般是胎儿娩出后故意不采取保护措施,任其冻死、饿死。也有剪断脐带不予结扎,或任胎盘、脐带与新生儿相连不予处理,导致失血而死亡。对于杀婴案件的法医学鉴定,必须确定婴儿是否具有生活能力,是否活产以及死亡原因。 (李宝珍)

shanyang nengli
赡养能力（compelence to raise one's parents） 子女或晚辈对父母或长辈在物质上和生活上通过扶助行为履行义务的能力。子女或晚辈赡养父母或长辈的扶助行为须以子女或晚辈所具备的必要的物质条件和心理条件为前提。其中心理条件应为赡养者能够自觉地理解赡养行为的法律意义,通过在物质上和生活上对被赡养者的扶助,作出自己履行赡养义务的意思表示。有些精神病人因病理性精神活动影响,生活懒散,高级意向要求缺乏,行为乖张,无法适应正常的社会生活,甚至可对自己的亲人实施危害行为,且其主观上对自己的行为无辨认能力,这些人即为无赡养行为能力人。否则,为完全赡养行为能力人或限制赡养行为能力人。 (孙东东)

shanggao
上告（appeal to court of third instance） 实行三级三审制度的某些国家,当事人不服第二审法院的判决,依法要求第三个审级的法院对案件进行审理,谓之上告。比如,日本设有简易、地方、高级、最高裁判厅（即法院）,实行三级三制。当事人不服地方裁判所的二审判决,可以依法向高等裁判所提出上告;当事人不服高等裁判所的判决,可以依法向最高裁判所提出上告。此外,根据越权上告的规定,当事人不服简易裁判所的一审判决,可以依法直接向高等裁判所提出上告;当事人不服地方裁判所的一审判决,可以依法直接向最高裁判所提出上告。对地方级裁判所作出的关于假扣押和假执行（见假执行之宣告）的判决,当事人不得提出上告。但是,假扣押和假执行的判决,是地方裁判所作为二审判决作出的,或者是高等裁判所作为一审、二审判决作出的,有违背宪法或者对宪法解释有错误的,当事人可以依法向最高裁判所提出特别上告。高等裁判所作为上告审所作的终局判决,有违背宪法或者对宪法解释有错误的,当事人可以依法向最高裁判所提出再上告。当事人提出上告的理由,只能是:判决违背宪法或者对宪法解释有错误（亦是特别上告和再上告之理由）;因明显违背法令,使判决受到影响的事项;判决是在不符合或者违背程序法有关规定的情形下作出的。 (刘家兴)

shanggo chengxu
上告程序（procedure for appeal to the court of third instance） 由于当事人不服第一审法院或第二审法院作出的判决,向上级法院提起上告,上级法院对上告案件进行审理的程序。属于上诉制度的组成部分。上告程序存在于某些大陆法系国家。

上告的种类 在德国,上告分为一般上告和飞跃上告,后者是指对于州法院所为的第一审终局判决,依照民事诉讼法的规定,越过控诉审,直接提起上告。在日本,上告分为普通上告和特别上告,后者是指对于以高等法院作为上告审所作的终局判决、以高等法院作为第二审或第一审所作的有关假扣押或假处分的终局判决或由地方法院作为第二审所作的终局判决,在判决对宪法的解释有错误或有其他违背宪法的事项时,向最高法院提起的上告。

可以上告的判决 在德国,关于财产权的请求的诉讼,上告价额超过4万德国马克的,才能提起上告。非财产权的请求的诉讼以及价额低于4万德国马克的财产权的诉讼,只有在高级州法院许可上告时,才可以提起上告。在日本,对于以高等法院作为第二审或第一审所作的终局判决可以向最高法院提起上告;对于以地方法院作为第二审所作的终局判决可以向高等法院提起上告;对于可以提起控诉但双方当事人协议保留提起上告的权利而不提起控诉的,可以越级提起上告。在德国和日本,对于有关假扣押或假处分所作的判决,均不得提起上告。在德国,对于在土地征用程序或在土地整理程序中关于预先占有土地的判决,也不准提起上告。

上告理由 分一般上告理由和绝对上告理由。绝对上告理由一般是指原审判决程序上违反了法律。对于一般上告理由,各国的规定不同。在德国,一般上告理由为判决违反联邦法律,或者违反了适用范围超过一个高级州法院辖区的法规。在日本，一般上告理由为判决有错误解释宪法或有其他违背宪法的事项，或使判决受到影响的事项是明显违背法令的事项。

上告期间 德国民事诉讼法规定的上告期间为1个月，从完全形式的判决书送达时开始，但至迟应在判决宣告后满5个月时开始。

上告审的审理 上告法院受理上告后，应在上告人声明不服的限度内进行调查。经过审理，针对不同情况，分别作出如下判决：驳回上告，撤销原判决，发回原审法院重审，自为裁判。

（万云芳）

shangsu
上诉【民诉】（appeal） 当事人不服一审法院的裁判，基于上诉权在法定期限内依照法定程序提请上一级法院对案件续行审理，以求改变或撤销下级法院裁判的诉讼行为。各国民事诉讼法对上诉的称谓不同，诸多国家一般通称上诉，而有些国家如德国和日本则称为控诉。控诉即对第一审终局判决的上诉。在我国，上诉只能针对第一审法院未生效的判决、裁定提起。合法的上诉才能引起法定的上诉程序，即只有合法的上诉人在法定的上诉期间内通过递交上诉状，才能引起上诉审程序的发生。当事人提起上诉后，其效力表现在两个方面：一是阻止原裁判发生法律效力，二是发生移审的效力，即案件脱离下级法院而转移、系属于上诉法院。

（万云芳）

shangsu
上诉【刑诉】（appeal） 诉讼案件的当事人不服原审法院的一审判决或裁定，在其发生法律效力以前，依照法定程序提请上级法院重新审判或者第二次审判的诉讼活动。上诉既是一项重要的审判制度，也是当事人的一项重要的诉讼权利。上诉制度最早可以追溯到公元前6世纪的古希腊雅典。那时如果当事人对议事会所作的判决不服，可以向陪审法院赫里埃（Heliaea）上诉，赫里埃的判决为终审判决。在古罗马的共和国时期，当事人对判决不服，可向民众大会百人团大会上诉；帝制时期，可上诉至皇帝。《十二铜表法》第九表第4条规定："对刑事判决不服的，有权上告。"这是世界法制史上保存最早的用文字记载的上诉条款。12世纪法兰西王国建立了正式的上诉制度，国王法院可以受理对任何领主法院的判决的上诉。13世纪在巴黎建立了最高法院巴利门（Parliament）。名义上是巴黎议会，实际上是最高法院。资产阶级革命胜利以后，均以法律的形式将上诉制度确定下来。英国资产阶级革命胜利以后，便设立了上诉制度，但是手续十分复杂。只有国王同意发出"纠正错判命令"时，不公正的判决才能被撤销；只有在法院审讯记录中，检查出错误时，上诉人才能取胜。直至1907年，国会才通过《刑事上诉法》，该法规定1908年在高等法院内设立一个刑事上诉法庭，受理对中央刑事法院、巡回法院和四季法院判决的申诉；并规定上诉有两种，即对宣告有罪的上诉和对判决的上诉。法国根据1799年6月27日的法令设立了上诉法院。上诉法院设有民庭和刑庭，受理初审法院民事刑事的上诉案件和不服基层法院判决的案件，并在巴黎设立最高法院。最高法院设民庭和刑庭，分别受理下级法院的上诉案件，它只审查原判适用的法律是否得当，诉讼程序是否合法，并不审理案件的事实。

在采取三审终审制的西方国家，第二审、第三审都为上诉审程序。如对第二审的判决不服，还可以再上诉。第二审主要审查第一审判决的事实是否准确，第三审只审查原判决的法律适用问题。因此，第二审又称为事实审，第三审又称法律审，为区别第二审和第三审，日本称前者为上诉审，后者为上告审。在实行两审终审制的国家，当事人只能对第一审裁判提出上诉。上诉必须由法定的具有上诉权的当事人或其他诉讼参与人提出。西方国家一般规定，当事人（包括检察官、被告人和自诉人）有上诉权。被告人的法定代理人、辩护人、保佐人在不违背被告人意愿的情况下，可以为他上诉。上诉必须在判决书、裁定书送达后的法定期限内提出，逾期即丧失上诉权。上诉案件一般由原审法院的上一级法院审理，有的国家（如美国）当事人以判决违背宪法的规定为理由，可以越级上诉到最高法院。

我国实行两审终审制，刑事诉讼法规定，被告人、自诉人和他们的法定代理人，不服地方各级人民法院第一审的判决、裁定，有权用书状或者口头向上一级人民法院上诉。被告人的辩护人和近亲属（见当事人的近亲属），经被告人同意，可以提出上诉。附带民事诉讼的当事人和他们的法定代理人，可以对地方各级人民法院第一审的判决、裁定中的附带民事诉讼部分，提出上诉。对被告人的上诉权，不得以任何借口加以剥夺。最高人民法院的第一审判决、裁定，是终审的判决、裁定，对其不能上诉。对判决的上诉期限为10日，对裁定的上诉期限为5日。上诉可以用书状或者口头方式，通过原审人民法院或者直接向上一级人民法院提出。刑事诉讼法对上诉的理由没有作限制性规定，上诉只要是在法定期限内由有上诉权的人提出的，就有效，就应当依第二审程序对案件进行审判。不论上诉人是否同时提出具体的理由，也不论其所提理由是否正确，都不影响上诉成立。对于上诉案件，上一级人民法院依法必须再次进行审理。

（刘广三）

shangsu bu jiaxing

上诉不加刑(in adjudicating a case appealed by a defendant, his criminal punishment may not be increased) 刑事诉讼制度中的一项原则,指对被告人一方提出上诉的或为被告人利益提起上诉的刑事案件,上诉审法院不得对被告人加重刑罚。其目的是为了保障被告人充分行使上诉权,以利及时纠正错判,保证对案件的正确处理。上诉不加刑原则最早见于1808年《法国刑事诉讼法典》。此后,其他一些大陆法系国家的刑事诉讼法中普遍规定了这一原则,如德国、日本等。前苏联1958年《苏联和各加盟共和国刑事诉讼纲要》中规定,依上诉程序审理案件时,法庭可以减轻第一审法院判处的刑罚,或者适用规定较轻罪行的法律,但无权加重刑罚或者适用规定较重罪行的法律。只有在检察长认为必须适用规定较重罪行的法律,或由于判刑过轻而提出抗议或受害人提出上诉的情况下,才能根据这些理由撤销刑事判决。英国《1968年刑事上诉法》也确定了上诉不加刑原则。

我国刑事诉讼法规定,第二审人民法院审判被告人或者他的法定代理人、辩护人、近亲属(见当事人的近亲属)上诉的案件,不得加重被告人的刑罚。但是人民检察院提出抗诉或者自诉人提出上诉的,不受这一规定的限制。在适用上诉不加刑原则过程中,要注意以下几个问题:①要正确理解上诉不加刑的本质含义:一是对原判的罪名或刑种不得加重;二是对原判的量刑幅度不得加重;三是对原判宣告的缓刑不得以改为实刑或延长缓刑考验期的方式来加重。②对共同犯罪的案件,只有部分被告人上诉的,二审法院应当全案审查,一并处理。在处理过程中,不仅对提出上诉的被告人不能加重刑罚,也不能对没有提出上诉的被告人加重刑罚,以避免因被告人没有提出上诉而遭到不利的后果。③对原判数罪并罚的案件,只有被告方单独上诉的,二审法院在改判时,也应适用上诉不加刑原则,既不能增加罪名与总和刑,也不能因此罪被否定或减轻处罚而加重对彼罪的处罚。④在被告方单独上诉的情况下,即使第二审法院发现一审判决对被告人判处的刑罚过轻,也不能变更原判决加重被告人的刑罚,也不能认为被告人行使上诉权即是认罪态度不好,而加重处罚。司法实践中,二审法院往往通过发回重审的方式或提起审判监督程序的方式来变相加重被告人的刑罚,这样做既不符合第二审人民法院关于处理上诉案件的规定,也与上诉不加刑原则相违背。 (刘广三)

shangsu qijian

上诉期间(time limit for appeal) 法律规定的当事人可以上诉的期限。除一审终审的案件以外,对于其他案件,法律皆有上诉期间的规定。法律规定上诉期间,一是与两审终审制度或三审终审制(见三级三审制度)等宗旨保持一致,二是充分保护当事人行使上诉权。各国民事诉讼法都有关于上诉期间的规定。在德国和日本,上诉期间分为控诉期间、上告期间和抗告期间。日本的控诉期间和上告期间均为两周,抗告期间为一周。德国的上诉期间较长,其控诉期间和上告期间均为一个月,抗告期间为两周。根据我国《民事诉讼法》的规定,当事人不服判决的上诉期为15日,不服裁定的上诉期为10日,从裁判送达之次日起算。在我国领域内没有住所的当事人,不服裁判的上诉期间为30日。当事人不能在30日内提起上诉的,可以申请延期,是否准许,由人民法院决定。上诉期间是法律规定的不变期间,非依法律规定,任何人不得随意延长或缩短。法律规定可以上诉的裁判,在上诉期间内属于未发生法律效力的裁判。裁判是否发生法律效力,在上诉期间内处于不确定状态。当事人在上诉期间内提起上诉,即结束与一审的诉讼法律关系,与二审的诉讼法律关系即行开始;当事人在上诉期间内未提起上诉,即丧失上诉权,诉讼即告结束,裁判即发生法律效力。 (万云芳)

shangsu quan

上诉权(right to appeal) 法律赋予当事人(在我国不包括当事人中的被害人和犯罪嫌疑人)及其法定代理人不服一审刑事裁判,依法提起上诉的诉讼权利。这是当事人诉讼权利的一个重要部分,对于刑事被告人来说,也是辩护权的一个重要方面。我国刑事诉讼法明文规定,对被告人的上诉权,不得以任何借口加以剥夺。在我国的刑事诉讼中,享有独立的上诉权的,只有被告人、自诉人、附带民事诉讼的当事人和他们的法定代理人。被告人的辩护人、近亲属(见当事人的近亲属),在取得被告人的同意后,有权提出上诉。如果被告人不同意上诉,辩护人或近亲属就无权提起上诉,就是说,他们享有有条件的上诉权。刑事被害人尽管也是当事人,但他们对一审刑事判决不服却并无上诉权。被害人及其法定代理人不服地方各级人民法院第一审的判决的,自收到判决书后5日以内,有权请求人民检察院提出抗诉。人民检察院自收到被害人及其法定代理人的请求后5日以内,应当作出是否抗诉的决定并且答复请求人。 (刘广三)

shangsuren

上诉人【民诉】(appellant) 被上诉人的对称。对一审法院的裁判不服,在法定期间内依照法定程序提请上一级法院对案件进行审理的人。上诉人与被上诉人的诉讼地位是由上诉行为确定的。各国民事诉讼法均把当事人作为上诉人,至于其他诉讼主体能否成为上诉人,不同国家规定有所不同。在日本,除了第一审判决的当事人外,从参加人、共同诉讼人、诉讼参加人及婚姻事件的检察官都可以作为控诉人。在我国,一审程序中的原告、被告、共同诉讼人、诉讼代表人、有独立请求权的第三人(见诉讼中的第三人),都享有上诉权,都可通过自己的上诉行为而成为上诉人。共同诉讼人因其种类不同,成为上诉人的情况亦不同。普通共同诉讼人,基于其诉讼行为的独立性,每个人都有权单独上诉,成为独立的上诉人。而必要共同诉讼人,基于其诉讼行为的统一性和一致性,其中一人上诉,只要经过其他共同诉讼人同意,则可以成为共同上诉人。无独立请求权的第三人是否可以成为上诉人,应视具体情况而定。在一审法院判令其承担实体义务的情况下,无独立请求权的第三人便有权提起上诉,成为上诉人。如一审法院未判其承担实体义务,参加之诉不成立,或者在参加之诉中不是义务的承担者,他参加诉讼仅仅是支持与其有法律关系的那一方当事人的主张,提供证据证明该当事人主张的合理性,一同反驳对方当事人的主张。他非本诉讼的当事人,不具有上诉权,不能成为上诉人。另外,上诉人与提起上诉的人是两个不同的概念。前者是指具有上诉权、为维护自己的利益而提起上诉的人,后者包括提起上诉的上诉人及代理上诉人提起上诉的人。二者并非时时同一。在上诉人自己亲自提起上诉的情况下,二者是同一的。但是,在其他情况下,如上诉人由其法定代理人或委托代理人代为提起上诉时,二者义是分离的。不过,只要符合法律规定,上诉人与代为提起上诉的人,其诉讼行为的法律后果是同等的。

(万云芳)

shangsuren

上诉人【刑诉】(appellant) 对原审法院的判决、裁定不服,依照法律规定有权向上一级法院提出上诉的诉讼当事人或其他具有上诉权的人。西方国家的刑事诉讼法一般规定,当事人(包括检察官、被告人和自诉人)有上诉权。被告人的法定代理人、辩护人、保佐人在不违背被告人意愿的情况下,可以为他上诉。我国刑事诉讼法规定,被告人、自诉人和他们的法定代理人,不服地方各级人民法院第一审的判决、裁定,有权用书状或者口头向上一级人民法院上诉。被告人的辩护人和近亲属(见当事人的近亲属),经被告人同意,可以提出上诉。附带民事诉讼的当事人和他们的法定代理人,可以对地方各级人民法院第一审的判决、裁定中的附带民事诉讼部分,提出上诉。 (刘广三)

shangsushen shenli

上诉审审理(appellate hearing review) 上诉审法院依照上诉审程序对上诉案件进行的审查和处理。

上诉审审理的性质 关于上诉审审理的性质,各国民事诉讼法的规定大致有重审、复审及续审之分。重审即离开一审法院的审理情况,对案件进行重新审理。复审指重复审理,即上诉审法院是对第一审审理的复核。续审指继续审理,即上诉审所要解决的是原审法院已经审理、但仍存在争议的问题。我国上诉审对上诉案件的审理,属于对案件的续审。

上诉审的审理范围 关于上诉审的审理范围,外国民事诉讼法的规定大致分为三类:一类是规定上诉审的审理范围不受上诉人上诉请求的限制,也不受原审法院裁判范围的限制。上诉审法院对上诉案件进行全面审查,既审查原审法院认定的事实是否清楚,也审查原审法院适用的法律是否正确,同时还审查原审法院的审理是否违反法定程序,如前苏联、保加利亚、蒙古等国家。第二类是规定上诉审法院审理的范围,仅以上诉状所指定的范围为限。如果上诉人只对原审判决的一部分上诉,上诉审法院只能就该部分判决认定的事实和适用的法律进行审理。如法国、日本、德国等国。第三类是规定上诉审的审理范围受上诉人的上诉请求的限制,但只审查原审裁判在适用法律上是否错误,如美国上诉审法院审理上诉案件,一般仅对原审法院判决在适用法律上是否有错误进行审查,案件的事实部分是以地区法院作为终审,上诉审法院一般不予审理。在我国,上诉审的审理范围以当事人的诉讼请求为基础,审查的内容是与上诉请求有关的事实和法律问题,即上诉审既是事实审,又是法律审,但审理的事实和法律是围绕着当事人的上诉请求进行的。

上诉审的审理方式 关于上诉审的审理方式,各国民事诉讼法的规定虽不尽相同,但一般是开庭审理,有的国家规定在某些情况下可以不经辩论对上诉进行审理(如《匈牙利民事诉讼法》第256条A)。在我国,上诉审法院审理上诉案件,原则上应采取开庭审理的方式,只有在特定情况下才能采取不开庭审理的方式,即只有经过阅卷和调查,询问当事人,在事实核对清楚后,客观上不需要开庭审理的,才可以不经开庭审理而进行判决。

上诉审的审理期限 一般对上诉审审理上诉案件的期限不作规定,但我国《民事诉讼法》对此作了规定,即上诉法院审理对判决的上诉案件,应当在上诉审立案之日起3个月内审结,有特殊情况需要延长的,由本院院长批准。上诉法院审理对裁定的上诉案件,应当在上诉审立案之日起30日内作出终审裁定。

(万云芳)

shangsu zhidu
上诉制度(system of appeal) 审级制度之一。当事人不服第一审法院裁判依法向第二审法院提起上诉,第二审法院依法对上诉案件进行审判的制度。上诉制度是基于当事人的上诉权和上级法院对下级法院审判上的监督权而建立的制度。上诉权包含两个方面的权能,一是要求上级法院变更或者撤销下级法院的裁判,一是要求上级法院重新确认上诉人与被上诉人之间的实体权利义务关系。正因为如此,相应的是上级法院对下级法院在上诉制度中的审判监督权也体现在两个方面,一是审查第一审裁判在认定事实上是否清楚,二是审查第一审裁判在适用法律上是否正确,然后根据不同情况作出不同裁判。

上诉制度的内容和形式 其内容包括上诉的提起和受理,上诉案件的审理,上诉案件的裁判等三个组成部分。其中对上诉案件的审理是上诉制度的核心,也是第二审法院审理上诉案件的基本职能。诸多国家对民事上诉案件,既是事实审又是法律审,即对上诉请求的事实和法律问题进行审理,但有些国家在第一审采取陪审团裁判事实之后,第二审法院则只对上诉的法律问题进行审理。上诉制度的形式,历来有重审制、复审制和续审制三种。重审制是第二审法院对上诉案件重新审理的制度,可以不考虑第一审对案件的审理。复审制是第二审法院对上诉案件进行复核审查的制度,一般是在第一审审理的证据资料基础上进行。续审制是在第二审对案件继续审理的制度,第一审审理过的事实在上诉中未提出异议的,第二审则不予审理。由于当今社会诉讼案件的增多,重审制的形式为现行民事诉讼立法所不取。

我国上诉制度的特点 ①第二审是对上诉案件的继续审理,但不同于有些国家的续审制,既以上诉请求为基点,又不受上诉请求的范围所限制,是对上诉请求的有关事实和适用法律进行审查。②上诉案件原则上是开庭审理,但在一定的前提、条件下也可以进行判决,这并不同于有些国家的书面审理(见书面审),不是仅就书面资料进行审理,而是要询问当事人,对事实要核对清楚。③在上诉制度中确立了审限制度,分别对判决和裁定的上诉规定了审结的期限,从而创建了上诉制度新的内容。 (刘家兴)

shangsuzhuang
上诉状(appeal petition) 诉讼案件中当事人不服原审法院的判决或裁定,在上诉期限内,请求上级法院撤销、变更原审判决或裁定而提出的诉讼文书,也称"上诉书"。其内容一般有:①上诉人的姓名、性别、年龄、住址等身份事项;②原审法院的名称,被提起上诉的原审案件的编号和案由;③不服原审判决或裁定的理由(事实和证据);④向上诉审法院提请重新审理的要求和目的;⑤上诉审法院名称;⑥上诉人签名或盖章,上诉的年、月、日。

上诉人提起上诉,一般应提交上诉状。但我国刑事诉讼法规定,当事人或者他们的法定代理人,也可以口头提出上诉。上诉状必须在法定的上诉期限内提出。不服判决的上诉期限为10日,不服裁定的上诉期限为5日,从接到判决书、裁定书的第二日起算。被告人、自诉人、附带民事诉讼的原告人或被告人上诉可以向原审人民法院提出上诉状,也可以直接向原审法院的上一级法院即第二审法院提出。通过原审人民法院提出上诉,原审人民法院应当在3日以内将上诉状连同案卷、证据移送上一级人民法院,同时还要将上诉状副本送交同级人民检察院和对方当事人。上诉人直接向第二审人民法院提出上诉的,第二审人民法院应当在3日以内将上诉状交原审人民法院,原审人民法院应当将上诉状副本送交同级人民检察院和对方当事人,并将全部案卷、证据材料报送上一级人民法院。 (刘广三)

shaosi
烧死(death from burning) 人体受到火焰、辐射热、灼热物体(如铁水、灼炭、电火花等)的高温作用引起的死亡。烧死绝大多数属灾害事故,自杀、他杀极少。在法医鉴定实践中,有时会遇到罪犯在杀人之后焚尸灭迹或伪造灾害烧死现场。

尸表征象 尸体有不同程度的烧伤,分为:①一度烧伤(红斑)。是烧伤中最轻的一种,仅伤及皮肤浅层,其特点是局部充血肿胀。②二度烧伤(水泡)。伤及真皮深层,皮肤出现水泡,水泡周围有明显的充血现象,泡内有大量蛋白质,可呈热凝固状,水泡破裂后露出发红的真皮。③三度烧伤(坏死)。伤及皮肤全层甚至皮下组织、肌肉、骨骼,烧伤组织凝固坏死,形成黄褐色痂皮,毛囊和汗腺坏死消失。④四度烧伤(炭化)。组织水分丧失,蛋白质凝固变成黑炭状,肌肉因高温作用可出现收缩,四肢屈曲,固定成拳击的姿势。

内部征象 ①呼吸道内有烟灰炭末附着和热综合征。烧死者在呼吸挣扎过程中,吸入火场内的烟尘,所以在口、鼻、咽、喉、气管、支气管内有烟灰炭末附着。同时在火场内吸入的灼热气体,刺激气管、支气管粘膜,引起粘膜充血、水肿及形成水泡甚至坏死。这种现象称呼吸道热综合征。②血液中有碳氧血红蛋白。火场内常因氧气不足而燃烧不完全,产生大量的一氧化碳。如果死者被烧时尚有呼吸能力,就可将一氧化碳吸入体内,并与血液中的血红蛋白结合,形成碳氧血红蛋白。③颅脑内有硬脑膜外血肿(又称死后血肿)。火烧头部时,由于火焰的高热作用,脑及硬脑膜发生凝固收缩,使硬脑膜与颅骨内板分离,形成一个空隙,同时硬脑膜上的血管破裂出血,血液聚积在空隙中,便形成了硬脑膜外血肿。此种血肿是死后形成的,所以又称死后血肿,对判断生前烧死无价值,也不能误认为是生前出血。④肺浆膜与壁层胸膜粘连。造成粘连的原因,其一是热作用使胸膜毛细血管扩张,通透性增高,使血浆和纤维蛋白元大量渗出;其二是烧伤时肺水肿的发生与大量血浆的丧失。

烧死的原因 比较复杂,一般可分原发性死因和继发性死因。原发性死因:①烧伤休克。高温直接作用于人体,使感觉神经末梢受到剧烈的刺激而发生剧痛,反射性地引起中枢神经系统功能障碍,导致休克死亡。②一氧化碳或其他有毒气体中毒。由于火场通风不良,燃烧不完全而产生大量一氧化碳,有时虽未烧及受害者,而吸入了大量一氧化碳即引起一氧化碳中毒而死亡。有时火场中的建筑材料、塑料制品或其他石油化学制品燃烧时,放出有毒气体使人中毒。继发性死因:①水和电解质紊乱。由于皮肤大面积烧伤,大量血浆从创面流失。同时由于烧伤后毛细血管扩张,通透性增加使血浆不断进入组织间隙,使体液丧失过多,水和电解质失去平衡,血液浓缩,血压下降,可导致继发性休克或酸中毒而死亡。②自身中毒。由于烧伤的坏死组织和分解产物被血液吸收,发生毒血症而死亡。③继发感染。大面积烧伤为细菌侵入打开门户,创面的血浆渗出是细菌生存的良好场所,所以很容易感染并发败血症、心内膜炎、肺炎及脓毒败血症而死亡。④窒息。火烧时由于吸入热空气、火焰、烟雾,会引起喉头和气管充血、水肿,分泌物增多或支气管痉挛,导致呼吸道阻塞,因窒息而死亡。

烧死的鉴定 ①判断是生前烧死还是死后焚尸。主要依据是有无局部或全身的生理反应。生前烧死者,烧伤处边缘和底部充血肿胀,烧伤水泡内体液含蛋白质和细胞成分,故呈混浊状;呼吸道内有烟灰炭末附着和热综合征及休克肺的一系列病变;火场通风不良的情况下,心脏和大血管内可检出碳氧血红蛋白。死后焚尸无上述现象。②自杀、他杀或灾害意外烧死的鉴别。无论是自杀、他杀或灾害意外烧死,尸体现象本身无明显区别。因此鉴别时应结合案情、现场情况及尸体上有无其他损伤、捆绑、药物中毒等现象,综合分析判断。灾害意外烧死,情节一般比较清楚,可按灾情予以认定,如森林着火,或伴油箱着火的交通事故,或因吸烟、点蜡烛、使用火柴、小孩儿玩火等失火。此种情况下,除火场上重物倒塌外,尸体上一般无其他损伤。自焚者极罕见,往往从头部浇以煤油、汽油或其他易燃液,然后点燃自焚。现场有明显的自杀迹象,多由于某种迷信、陋俗或对某事件表示抗议,往往身体上部烧伤较下部严重。他杀烧死也极少,一般先将被害人用其他手段致昏,或使其失去抵抗能力,然后引火焚烧致死。因此尸体上可发现暴力损伤或捆绑现象或体内能检出毒物。③个人识别。火场中同时发现多具尸体,或交通事故时多人同时遇难被烧死,均需一一进行个人识别,以便善后处理。严重的烧死尸体,身长和体重以及体表特征,对个人识别已不可靠,主要依据残存的牙齿、骨骼、脏器、怀孕状态等进行鉴定。死者携带的物品,如手表、戒指、金属饰品、皮带扣、钥匙、衣服残片、钮扣、拉链等,可为个人识别提供线索。

(李宝珍)

sheqi shangsuquan

舍弃上诉权(abandon right to appeal) 诉讼案件中享有上诉权的人对于尚未发生法律效力的法院判决,在法定期限内声明放弃上诉的权利。也称为上诉权之舍弃。中华民国时期南京国民党政府1935年公布的刑事诉讼法、民事诉讼法中均规定了这一程序。舍弃上诉权行为应于法院判决宣告后进行;未经宣告的,应在判决书送达后进行。当事人在判决宣告前表示放弃的,不发生舍弃上诉权的效力。舍弃行为应向法院提出,在宣告判决时,口头提出舍弃上诉权的,应记载于笔录中。在法定期限内未提出上诉者,也视为舍弃上诉权。舍弃上诉权为诉讼上的一方法律行为,不必经他方当事人同意,也无须法院准许,即发生法律效力。声明舍弃上诉权后,即产生丧失上诉权的法律后果,此后若再行提起上诉,其上诉即为非法,法院应以裁定驳回。有些国家还规定,在舍弃上诉权后,判决一经生效,不得要求提起再审程序。

我国刑事诉讼法对舍弃上诉权未作规定,审判实践中,被告人及其法定代理人在第一审人民法院宣告判决有罪和处罚的当时表示不上诉,而以后在法定的上诉期限内,改变了主意,提出上诉的,人民法院仍然承认其上诉有效。反之,宣判时提出上诉,但在法定的上诉期限内又撤回上诉,人民法院也可同意。

(刘广三)

shehui zuncong

社会遵从(in compliance with the society) 一些人在来自社会各方面强大的精神压力下,丧失了独立判断客观事物的能力,屈从他人或盲目从众并为此做出不当言行的现象。如:自我诬陷、随意陷害他人等。行为的结果害人害己。行为人的行为动机酷似精神病理性的妄想,但实质上是行为人由于人格缺陷或为了达到个人目的,在特定社会文化背景下产生的心理盲从现象,属自限性心理功能障碍。在司法精神医学鉴定中,对这种人所实施的危害行为,应评定为完全刑事责任能力。　　　　　　　　　（孙东东）

shewai gongzheng

涉外公证（foreign-related notarization）　公证机关依法对含有涉外因素的公证事项证明其真实性和合法性的活动。涉外因素的公证事项是指含有下列因素之一的公证事项:①公证当事人一方或双方是外国人、外国企业、外国组织或国籍不明的人;②公证对象是在中国域外发生或作成的;③依该申请公证作出的公证文书需发往中国域外使用。

在中国,法律上对涉外公证并未规定独立的公证程序,在通常情况下,涉外公证适用的是国内公证的公证程序,但因涉外公证具有某些特殊性,而使得涉外公证具有一些不同于国内公证的特点,这主要表现为:①申请人多数是外国人、外国企业、外国组织或无国籍人;②办理公证事项的公证机关是经司法部批准的有权办理涉外公证业务的公证处或中国驻外国的使、领馆;③公证书多数发往中国域外使用,在域外发生法律效力,故涉外公证书作出后,通常附有相应的外文译文,并办理外交认证手续。

根据中国的公证实践和国际惯例,中国公证机关办理的涉外公证的业务主要有:①涉外经济合同、民事协议或契约的公证;②涉外收养、继承、遗嘱、委托、赠与、财产分割、财产转让、担保等法律行为的公证;③发往域外使用的专利证书、商标注册证书、资信证书、营业证书、公司章程、资产负债表等法律文书的公证;④婚姻状况、身份、亲属关系、出生、死亡、生存、学历、经历、意外事件等法律事实的公证;⑤依当事人申请,根据国际惯例可以办理公证的其他公证事项的公证。

涉外公证因其不同的公证对象而具有不同的法律意义,或是用于民间往来,或是用于经济活动,或是用于办理有关手续,或是用于参加有关活动,或是用于取得有关财产或费用,等等。无论是哪种法律意义的产生,都取决于该类涉外公证证明的真实性和合法性及符合使用国的有关法律要求。

基于中国目前的现实情况,涉港、涉澳、涉台的公证事项,被视为准涉外公证事项,适用涉外公证的有关规定。　　　　　　　　　（潘剑锋）

shewai minshi susong

涉外民事诉讼（foreign-related civil lawsuit）　诉讼的主体、客体和内容具有涉外因素的民事诉讼。当事人一方或者双方是外国人、无国籍人、外国企业和组织,在我国进行民事诉讼,是主体方面含有涉外因素的民事诉讼。当事人争执的财产在国外,在我国进行诉讼后,法院的判决需要在外国执行的,是诉讼客体方面含有涉外因素的民事诉讼。当事人之间民事法律关系的发生、变更、消灭的法律事实存在于国外,而在我国进行的民事诉讼,是诉讼内容含有涉外因素的民事诉讼。凡具有这三种因素之一的诉讼,均是涉外民事诉讼。但是,涉外民事诉讼并非都是只具有一种涉外因素,有的涉外民事诉讼具有两种或者三种涉外因素。具有涉外因素的民事诉讼,在诉讼系属中称为涉外民事案件,为受诉法院审判的民事案件。

涉外民事诉讼的发生　在经济贸易发展的当今世界,不同国家和地区的个人、企业、组织之间,从事经济贸易活动中,以及人员的往来中,不可避免地会发生民事权益纠纷。这样的纠纷尽管在主体、客体和内容等方面有其不同的特点,但如诉诸司法解决,只能是在一国的法院起诉、应诉,进行诉讼活动,这种诉讼在受诉法院所在国即成为涉外的民事诉讼。我国与世界上许多国家和地区存在良好的经济贸易关系,经济贸易交往和人员往来频繁,涉外民事诉讼也逐渐增多,为正确及时处理涉外民事案件,我国《民事诉讼法》设专编作了特别规定。

涉外民事案件的法律适用　对涉外民事案件适用实体法,应依照我国法律的有关规定,以及我国参加或者缔结的国际条约的有关规定行事。在实践中,根据不同的争议,原则上可作这样划分:关于不动产所有权的争议,适用不动产所在国法律;因侵权行为所引起的赔偿争议,原则上适用行为地法律;因产品质量问题造成人身或者财产损害的争议,原则上适用产品生产者居住地法律;离婚争议,适用法院所在地法律;扶养争议,适用被扶养人本国或者居住国法律;关于遗产的争议、动产的分割,适用被继承人死亡时居所地法律。　　　　　　　　　（刘家兴）

shewai minshi susong chengxu

涉外民事诉讼程序（civil procedure for cases involving foreign element）　一个国家的法院对涉外民事案件的受理、审判或执行,以及当事人进行涉外民事诉讼活动所必须遵循的法定程序。诸多国家对涉外民事诉讼程序都有所规定,但立法体例不同,大致有以下三种:①民事诉讼法和涉外民事诉讼法同时并存,分别规范国内民事诉讼和涉外民事诉讼。②在以民事诉讼法作为规范涉外民事诉讼程序的一般法的同时,在其他法律中又对涉外民事诉讼程序作出特别规定,如瑞士、土耳其等国。③在民事诉讼法中对涉外民事诉讼程序作出特别规定,这又分两种情况:一是将特别规定的内容列入有关章节中,如将管辖的特别规定列入管辖中,德国、日本等国采取这种方式;二是在民事诉讼法中先作一般规定,后设专篇或专章,对涉外民事诉讼程序的一些特殊问题,集中起来加以规定,如我国采用的即是这种体制。

涉外民事诉讼程序的特点 ①涉外民事诉讼程序是针对涉外民事诉讼的某些特殊问题,在程序上作出的特别规定,它不是一套完整的、独立的程序。②涉外民事诉讼程序在法律适用上的复杂性。涉外民事诉讼程序规范涉及到三种,即法院地国家缔结或参加的国际条约中涉及涉外民事诉讼程序的规范,民事诉讼法中关于涉外民事诉讼程序的特别规定以及民事诉讼法中的一般规定。在适用顺序上,对于国际条约与民事诉讼法中的特别规定或一般规定不一致的,适用国际条约的规定;对于特别规定与一般规定不一致的,适用特别规定。③涉外民事诉讼程序的开放性和增容性,即涉外民事诉讼将随着我国缔结或参加的国际条约的不断增多而注入新内容。

涉外民事诉讼程序特别规定的具体内容 在涉外管辖方面,我国民事诉讼法规定了四种管辖制度,即牵连管辖、约定管辖、应诉管辖和专属管辖。在送达方面,规定了七种不同的送达方式,即依条约中规定的方式送达、通过外交途径送达、由我国驻外国使领馆代为送达、向受送达人委托的人送达、向受送达人设在我国的代表机构送达、向受送达人邮寄送达以及公告送达。在期间方面,主要有两个特点:一是期间较长,我国民事诉讼法规定的涉外民事诉讼的上诉期和答辩期为30日;二是当事人可以申请延长期间。在财产保全方面,涉外财产保全只能依当事人申请,并且不以提供担保为前提。当事人申请诉前保全、法院裁定准许后,申请人应当在30日内提起诉讼。在审理期限方面,只规定涉外诉讼的一审案件和二审案件不受一般民事案件一审和二审审理期限的限制。

(万云芳)

shewai minshi susong zhuquan yuanze
涉外民事诉讼主权原则(principle of sovereignty in foreign civil action) 涉外民事诉讼的原则之一。涉外民事诉讼是指当事人一方或双方为外国人、外国企业和组织,或者民事法律关系发生、变更、消灭的事实在国外,或者当事人争议的财产在国外的民事诉讼。涉外民事诉讼不同于非涉外民事诉讼,在其一般原则和具体的程序规定上,都应贯彻以维护国家主权为原则。比如,关于程序法的适用,体现主权国家独立行使司法权而适用法院地法,在我国适用我国民事诉讼法;关于国际条约的适用,只是法院地国家参加或者缔结的国际条约才对其发生效力,未参加的国际条约或者虽参加而持保留的条款,对其不发生效力,这是主权国家所持的原则。我国对自己缔结或参加的国际条约,除声明有保留的外,予以信守,而不是无条件地一般地承认和接受国际条约;关于司法豁免权,在一个主权国家,要根据其国家法律和其缔结、参加的国际条约的规定来决定。我国根据主权国家平等的原则,对驻我国享有外交特权与豁免的外国人、外国组织或国际组织提起民事诉讼,应当依照我国有关法律规定和我国缔结、参加的国际条约的规定办理。关于诉讼中适用的语言、文字,委托律师代理诉讼,均应尊重法院所在地国家在司法上的主权,在我国应适用我国通用的语言、文字,应委托我国律师为代理人。

(刘家兴)

shewai xingzheng susong
涉外行政诉讼(administrative litigation relating to foreign elements) 行政案件的当事人一方是外国人、无国籍人或外国组织的行政诉讼。也就是说,外国人、无国籍人或外国组织认为我国行政机关的具体行政行为侵犯其合法权益,依法向人民法院提起诉讼,由人民法院进行审理和裁决的活动。涉外行政诉讼与一般行政诉讼的根本区别在于,作为当事人一方的原告,只能是外国人、无国籍人或外国组织。在诉讼程序上,涉外行政诉讼与一般行政诉讼亦有一些不同。改革、开放以来,我国与世界各国的交往日益增多,越来越多的外国人、外国组织来到中国,开展经济、文化交流。这对于我们了解世界、发展经济都有重要意义。我国是主权国家,外国人在中国,受中国法律保护,同时也必须要遵从中国的法律,其中包括国家行政机关依法进行的各种管理活动。《中华人民共和国行政诉讼法》列专章规定了涉外行政诉讼,这对于合法、及时地处理涉外行政争议,维护国家主权,促进国家间友好交流,无疑会起到重要作用。

涉外行政诉讼要遵循如下原则:①适用我国法律原则。在我国领域内,任何人都必须遵守我国法律,行政诉讼活动同样必须适用我国行政诉讼法律的规定,这也是任何一个主权国家都要维护的基本准则。②行政诉讼权利对等原则。这一原则告诉我们,我国公民、组织在中华人民共和国领域外提起行政诉讼时,外国法院对他们的行政诉讼权利予以维护或加以限制的,我国的人民法院亦应对该国自然人、组织的行政诉讼权利给予相应的维护或加以对等的限制。③行政诉讼权利同等原则。外国人、外国组织在中华人民共和国提起行政诉讼,同中华人民共和国公民、组织有同等的诉讼权利和诉讼义务,人民法院对于提起行政诉讼的外国自然人、外国组织应一视同仁。对于他们的诉讼权利和诉讼义务不能任意扩大与限制。④适用有关国际条约原则。《中华人民共和国行政诉讼法》第72条规定："中华人民共和国缔结或者参加的国际条约同本法有不同规定的，适用国际条约的规定。中华人民共和国声明保留的条款除外。"国际条约是国家间的约定，作为一个主权国家，对它所缔结或参加的国际条约，应信守条约规定的义务，对于声明保留的条款，则没有遵守的义务，也不受其约束。⑤委托中国律师代理诉讼原则。《行政诉讼法》第73条规定："外国人、无国籍人、外国组织在中华人民共和国进行行政诉讼，委托律师代理诉讼的，应当委托中华人民共和国律师机构的律师。"该原则体现了我国独立行使司法权，不容许外国律师参与的原则。外国人、无国籍人、外国组织在我国法院进行行政诉讼，可亲自参加诉讼，也可委托律师代理诉讼。如委托律师代理诉讼，应当委托中华人民共和国律师机构的律师，不允许委托外国律师在中国代理行政诉讼，确需委托外国律师的，外国律师也只能协助中国律师进行诉讼。

外国自然人、外国组织在中华人民共和国进行行政诉讼，在程序上应适用我国的《行政诉讼法》，必要时可适用《民事诉讼法》，因为涉外程序中的有些规定，行政诉讼与民事诉讼是一致的。涉外行政诉讼程序有特别规定的，适用该规定，没有特别规定的，适用行政诉讼及民事诉讼法律规范中的有关规定。

人民法院审理涉外行政案件，应当使用中华人民共和国通用的语言、文字。外国自然人、外国组织要求提供翻译的，人民法院应当提供，翻译费用由有关外国当事人承担。

（王振清）

shewai xingzheng susong de qijian
涉外行政诉讼的期间（time limit in administrative litigation relating to foreign elements）期间是人民法院、当事人及其他诉讼参与人进行行政诉讼行为的期限。规定期间的目的，在于保证诉讼主体及时行使诉讼权利，履行诉讼义务，节省时间、人力和物力，使诉讼不迟延地顺利进行，使当事人之间的行政争议尽快得到解决。当事人在我国领域内居住的，自应适用我国法律中诉讼期间的一般规定。当事人在我国领域内没有住所的，为了使其行使诉讼权利或承担诉讼义务，保障诉讼活动的正常进行和人民法院裁判的执行，维护其合法权益，其上诉期间和答辩期间，应相对长一些。《行政诉讼法》对此没有明确规定。最高人民法院在《关于贯彻执行〈中华人民共和国行政诉讼法〉若干问题的意见（试行）》第113条中参照了我国《民事诉讼法》的有关规定，即在中华人民共和国领域内没有住所的当事人，不服第一审人民法院的判决、裁定的，有权在判决书、裁定书送达之日起30日内提起上诉。被上诉人在收到上诉状副本后，应当在30日内提出答辩状。当事人不能在法定期间提起上诉或者提出答辩状，申请延长的，是否准许，由人民法院决定。

（王振清）

shenbao quanli
申报权利（asserting rights） 票据或者其他事项的权利主张者，在法院公示催告期间，提出申请报案，谓之申报权利。申报权利是在申请人因所持票据被盗、遗失或者灭失的情况下，或者其他事项之权利不主张就有丧失危险的情况下，申请适用公示催告程序，通知和催促利害关系人前往报告权利的情况下所发生的。申请人的目的在于获得除权判决，以恢复或者确认其权利，申报人的目的在于要求终结公示催告程序，以维护其对票据或者在其他事项上合法取得的权利。申报人申报权利，不是对申请人主张权利，而是报告他合法取得权利的权利主张，报告的事实不是与申请人之间法律关系发生、变更、消灭的事实，或者双方发生争议的事实，而是报告其对票据或者对其他事项依法取得权利的事实。申报权利之后的情形不外有二：一是申报人主张的权利，与申请人要求恢复或者确认的权利，二者指向的标的不同；二是申请人被盗、遗失、灭失的票据正是申报人所持之票据，或者申请人所述之事项正是申报人所报之事项。属前者，法院作出除权判决，终结公示催告程序。属后者，法院裁决终结公示催告程序。法院裁决终结公示催告程序之后，申请人与申报人均可向有管辖权的法院起诉。

（刘家兴）

shenqing lüxing baohu caichanquan fading zhize anjian
申请履行保护财产权法定职责案件（lawsuit concerning application for agency protection of property） 公民、法人或其他组织申请行政机关履行保护财产权法定职责，行政机关拒绝履行或不予答复，如认为侵犯了自己的合法权益，该行政管理相对人可以向人民法院起诉，经审查，符合起诉条件，由人民法院立案处理的行政案件。财产权是指有直接财产内容的民事权利，它包括财产所有权、债权、继承权，与财产有关的使用权、经营权、承包经营权、采矿权、相邻权等等。我国《宪法》第12条规定："社会主义的公共财产神圣不可侵犯。国家保护社会主义的公共财产。禁止任何组织或者个人用任何手段侵占或者破坏国家的和集体的财产。"第13条规定："国家保护公民的合法的收入、储蓄、房屋和其他合法财产的所有权。国家依照法律规定保护公民的私有财产的继承权。"行政诉讼法上所指的财产权，主要是指我国宪法赋予公民、法人或其他组织的广泛的财产权。我国《行政诉讼法》第11条中规定,公民法人或其他组织申请行政机关履行保护财产权的法定职责,行政机关拒绝履行或者不予答复的,可以对该行政机关提起行政诉讼。这一规定,对于加强行政机关及其工作人员的责任感,促进行政机关依法履行应尽职责,从而保护公民、法人或其他组织的合法权益不受非法侵害,具有十分重要的作用。

我国的各级行政机关是人民政府的职能机构,以为人民服务为最高宗旨。依照法律、法规及规章的规定,各级行政机关都负有一定的职责,这种职责本身也是行政机关的法定义务。公民、法人或其他组织依法向负有这种职责义务的行政机关请求保护财产权益,行政机关对之予以拒绝或拖延不予答复,显然属于违法失职行为,它有可能导致申请人财产权益受到不应有的损害。故此,法律规定,人民法院要对这种情况通过诉讼实施法律监督。

法定职责是法律、法规等规范性文件所明确规定的。如果法律、法规等规范性文件没有明文规定,则不属于"法定职责"的范畴。

(王振清)

shenqing lüxing baohu renshenquan fading zhize anjian

申请履行保护人身权法定职责案件(lawsuit concerning application for agency protection of life) 公民、法人或其他组织申请行政机关履行保护人身权法定职责,行政机关拒绝履行或不予答复,如认为侵犯了自己合法权益,该行政管理相对人可以向人民法院起诉,经审查符合法定起诉条件,由人民法院立案处理的行政案件。人身权是与自然人的人身和法人或者其他组织实体不可分离的无直接财产内容的权利。人身权可分为人格权和身份权。人格权包括法律确认人身所固有的权利,如生命权、健康权、自由权、姓名权、肖像权等。身份权包括因具有一定地位、资格而产生的权益,如监护权、继承权、著作权、发明权等。人身权与自然人或法人或组织密切相连,除依法律规定的情况,人身权不能转让。人身权是一种重要的基本权利,受法律的严格保护。我国《行政诉讼法》在第11条中规定,公民、法人或其他组织申请行政机关履行保护人身权的法定职责,行政机关拒绝履行或者不予答复的,例如,被拐卖妇女或其亲属要求公安机关解救,公安机关依其职责本应抓紧查处,并及时解救出受害人,但公安机关却不予置理,依法可以对该行政机关提起行政诉讼。这项规定对于加强行政机关及其工作人员的责任感,保护公民、法人和其他组织的人身权免受非法侵害,会起到一定的促进作用。

我国各级行政机关都是为人民利益工作的,其最高宗旨是为人民服务。不同的行政机关具有不同的职责,其职责系由法律、法规及规章所确定。负有保护公民、法人或其他组织人身权法定职责的行政机关对当事人请求保护的申请给以拒绝或不予答复,显然属于违法失职的行为,它不仅有可能造成申请人的人身权损害发生,而且会在一定程度上助长违法者的嚣张气焰,破坏正常的社会秩序。故而,法律规定人民法院要对此实施法律监督。

这里应当注意,"保护人身权的法定职责",一定是法律、法规等规范性法律文件中明确规定某一行政机关所承负的行政职责。如果法律、法规等规范性法律文件没有明确作出规定,则不属于"法定职责"的范畴。

(王振清)

shenqing huibi

申请回避(withdrawal by petition) 案件当事人及其法定代理人认为审判人员、检察人员、侦查人员等具有法定回避情形(见回避),而向其所在机关提出申请,要求他们回避。申请回避权是当事人及其法定代理人的一项重要的诉讼权利。人民法院在开庭审判时,审判长应当告知当事人享有该项权利。公安司法机关有义务保证当事人及其法定代理人充分有效地行使这一权利。申请回避,应由有权作出决定的人员和组织作出是否回避的决定。我国《刑事诉讼法》第30条规定:"审判人员、检察人员、侦查人员的回避,应当分别由法院院长、检察长、公安机关负责人决定;法院院长的回避,由本院审判委员会决定,检察长和公安机关负责人的回避,由同级人民检察院检察委员会决定。司法、公安机关对申请回避作出的决定,应当告知申请回避的当事人。当事人及其法定代理人对驳回申请回避的决定,可以申请复议一次。

(朱一心)

shenqing yanchang xingzheng susong de qisu qixian

申请延长行政诉讼的起诉期限(time limit for cases applied to be extended) 耽误行政诉讼起诉期限的补救方法。行政管理相对人只有在法律规定的起诉期限内起诉,才能引起行政诉讼程序的发生,获得司法保护。但是,由于各种原因,在实践中耽误法定起诉期限的情况却时有发生,为了充分保护相对人的合法权益,法律规定了耽误起诉期限的补救方法。我国《行政诉讼法》第40条规定:"公民、法人或者其他组织因不可抗力或者其他特殊情况耽误法定期限的,在障碍消除后的10日内,可以申请延长期限,由人民法院决定。"据此规定,对于相对人耽误起诉期限的,可以通过申请延长起诉期限的方法获得补救。但申请延长起诉期限必须符合以下条件:①相对人耽误起诉期限是因不可抗力或者其他特殊情况所致。如果属于相对人主观上的原因故意或者过失耽误了起诉期限的,则不能申请延长起诉期限。所谓不可抗力,是指相对人无力克服或者无法预料的事由。如在起诉期限内,因突然发生地震、水灾或者战争,引起交通中断或者受诉法院不能受理案件而耽误了起诉期限。所谓"其他特殊情况",是指不可抗力以外的不属于相对人本人主观过错而耽误起诉期限的事由。如相对人因生重病或者发生交通事故而住院以及远在国外而无法在法定期限内行使起诉权等。②相对人的申请必须在障碍消除后10日内提出。超过此期限,即使属于不可抗力或者其他特殊情况,也不能申请延长起诉期限。人民法院应当对相对人要求延长起诉期限的申请进行审查,根据是否符合上述两个条件而决定应否同意延长起诉期限。　　(谭　兵)

shenqing zhixing xingzheng susong panjue qi xian

申请执行行政诉讼判决期限(time limit for applying court to enforce judgment)　生效的行政诉讼判决所确认的权利人请求法院强制义务人履行义务,实现其权利的时间要求。行政诉讼执行程序开始的方式有两种:一是当事人申请法院执行(简称申请执行);二是审判员移送执行员执行(简称移送执行)。申请执行,是指根据发生法律效力的行政判决书享有权利的一方当事人,在对方当事人逾期拒不履行行政判决书所确定的义务的情况下,请求人民法院强制其履行义务。申请执行是当事人的一项重要诉讼权利,但这项权利的行使必须符合一定的条件,其中包括应当遵守申请执行的期限。在行政诉讼中,申请执行行政诉讼判决包括两种情况:一是作为行政诉讼被告的行政机关不履行人民法院发生法律效力的行政判决,作为行政诉讼原告的公民、法人和其他组织可以向法院申请执行。它通常适用于行政机关的决定被法院判决撤销、变更,或者法院判决行政机关在一定期限内履行法定职责的情况。二是作为行政诉讼原告的公民、法人和其他组织不履行人民法院发生法律效力的行政判决,作为行政诉讼被告的行政机关可以向人民法院申请执行。它通常适用于行政机关的决定被法院判决维持的情况。当事人向人民法院申请执行行政诉讼判决的期限,行政诉讼法未作出规定,最高人民法院《关于贯彻执行〈中华人民共和国行政诉讼法〉若干问题的意见〈试行〉》第87条规定:"当事人向第一审人民法院申请执行生效判决、裁定的期限为3个月。申请执行的期限从法律文书规定期间的最后一日起计算。法律文书中没有规定履行期间的,从该法律文书生效之日起计算;逾期申请的,除有正当理由外,不予执行。"这一规定,与《民事诉讼法》规定的申请执行的期限有所不同。在民事诉讼中,申请执行的期限因当事人不同而不同:双方或者一方当事人是公民的,为1年;双方是法人或者其他组织的,为6个月。而在行政诉讼中,申请执行的期限则无此种区别,一律都是3个月。　　(谭　兵)

shensu

申诉(petition)　公民对有关自身或他人的权益问题,向有关国家机关申述理由,请求处理的行为。申诉按其性质可分为两类:一类是非诉讼性的申诉。这种申诉,主要是对党政机关的某些处理决定不服而提出的,因此处理这类申诉是一种行政行为。另一类是诉讼性的申诉,这种申诉,主要是对司法机关在诉讼过程中所作的处理决定不服而提起的,它是由诉讼事件而引起的,因此对这类申诉的处理是一种诉讼行为。

我国刑事诉讼法规定的申诉,按其对象的不同,又分为两种:一种是被害人和被不起诉人对人民检察院的不起诉决定不服而于7日以内提出的申诉,由人民检察院按照法律规定的程序进行复查处理。另一种是审判监督程序中的申诉,即当事人及其法定代理人、近亲属(见当事人的近亲属)对已经发生法律效力的判决或者裁定不服而向人民检察院或者人民法院提出的申诉。这种申诉不能停止判决、裁定的执行,也不直接和必然引起再审程序,但它是提起审判监督程序材料来源的主要方面,也是司法机关发现错判案件的主要途径。申诉可以采取口头或书面形式提出。申诉应当说明:①申诉人的姓名、性别、年龄、住址等各项身份事项以及与案件的关系;②原审法院的名称、被提起申诉的原审案件的编号和案由;③不服原审判决或裁定的理由(事实和证据);④提出申诉的要求和目的;⑤提出书面申诉书的申诉人,还应当在申诉书上签名或盖章,写明申诉的年、月、日。当事人及其法定代理人、近亲属的申诉符合下列情形之一的,人民法院应当重新审判:①有新的证据证明原判决、裁定认定的事实确有错误的;②据以定罪量刑的证据不确实、不充分或者证明案件事实的主要证据之间存在矛盾的;③原判决、裁定适用法律有错误的;④审判人员在审理该案件的时候有贪污受贿、徇私舞弊、枉法裁判行为的。　　(刘广三)

shenfen guanxi gongzheng
身份关系公证（notarization regarding identification） 公证机关依法证明某人的身份关系处于何种法律状态的活动。公证机关的业务之一。身份关系涉及面相当广，它既包括某个个人与他人之间发生的与人身有关的法律关系，如婚姻关系、父子关系、其他亲属关系等；也包括某个个人自身与身份相关的某一法律事实，如职业、技术职务、出生、死亡、生存、定居等。因此，身份关系公证，实际上包含的内容是十分广泛的，其中主要有：亲属关系公证、婚姻状况公证、出生公证、死亡公证、生存公证、定居公证、经历公证、学历公证、职位或技术职务公证等等。

办理身份关系公证的一般程序是：①当事人提出申请。由当事人向有管辖权的公正机关提出书面申请，并提交能够证明其需公证的身份关系的有关材料，如身份证、工作证、学历证书、技术职务证书、有关民政部门或人事部门出具的证明材料等等。②公证机关对材料予以审查。审查内容主要包括：当事人申请公证的身份关系是否客观、真实，有关证明材料是否合法有效。③出具身份关系公证书。公证机关对符合客观真实情况的身份关系予以证明，并向当事人出具公证书。

身份关系是一种很重要的法律事实，某一身份关系是否存在，往往直接关系到某人是否能取得某种权利或行使某种权利或者能否取得某一资格。因此，身份关系公证，对于保障当事人合法取得法律权益和依法行使法律权利具有十分重要的意义。（潘剑锋）

shenjing guannengzheng
神经官能症（neurosis） 简称神经症，又名精神神经症（psychoneurosis）。一组因内心矛盾引起大脑机能活动异常导致的轻度心理功能障碍之总称。神经官能症主要包括神经衰弱、焦虑性神经官能症、抑郁性神经官能症、强迫性神经官能症、恐怖性神经官能症、疑病性神经官能症、癔病等。各年龄组的人都可以患病，但以青中年人为多，女性患者多于男性。患者主诉多样，自觉症状繁多，而躯体和精神检查无病理性的体征。除少数癔病患者外，绝大多数患者发病时意识清醒、自知力完整、求治欲望迫切，无严重的行为紊乱。病程较长，但愈后良好，多有复发。由于这种病人的精神症状轻微，自知力完整，与现实环境协调一致，故大多数人很少因此而涉法律问题。

在司法审判工作中，可见一种特殊的神经官能症，即诉讼性神经官能症，或称索赔性神经官能症。这是一种在涉及索赔的诉讼活动中，表现出躯体不适、精神功能轻度异常、甚至缠诉的轻度心理功能症状，以期达到增加赔偿数额的目的。这类精神功能异常表现酷似故意伪装精神障碍，但实质上是在行为人自身人格缺损的基础上，其潜意识愿望的外在表现。一般只要案件审理终结，其异常的精神活动会自行消除。（孙东东）

shenmei huodong
神媒活动（spirit-medium-ship） 神汉、巫婆、术士等人通过暗示、"咒语"和手舞足蹈等影响他人精神活动的迷信传播行为。这种行为酷似精神障碍表现，但实质上是行为人为了达到某种目的而主动采取的一种主观上可逆可控的手段。行为人对自己的行为有充分的辨认和控制能力，应承担完全法律责任。（孙东东）

shenmin caipan
神明裁判（trial by ordeal） 简称神判。在司法中假借神意来分辨当事人之间的是非曲直或有罪无罪的审判方式。它盛行于欧洲的许多奴隶制国家，并延续到中世纪前期的封建制国家。

抽象的神意必须通过某种方式体现出来，才能为人们所感知，得到社会的认可。统治者则根据各民族的风俗习惯、历史传统等而确定了显示神意的方式，因而有各种各样的神明裁判方式，水审、火审、宣誓和决斗就是普遍采用的方式。如公元前18世纪古巴比伦王国颁布的《汉穆拉比法典》第2条规定："倘自由民控自由民犯巫蛊之罪而不能证实，则被控犯巫蛊之罪者应行至于河而投人之。倘被为河所占有，则控告者可以占领其房屋；倘河为之况白而被仍无恙，则控告者应被处死，投河者取得控告者之房屋。"14世纪古塞尔维亚的《商都法典》第152条关于火审的规定，其内容是：被告人认为自己清白，必须从教堂门口燃烧的火堆中用手取出烧红的铁，拿到祭坛上去。如果经过一段时间后，其手上的灼伤愈合了，他就被认为是无罪的，如果伤口溃烂，就可认定他是有罪的。

我国古代的狱讼，也有关于神明裁判的说法。如汉代学者王充在《论衡》中写道："儒者说云：'觟䚢者，一角之羊也，性知有罪。皋陶治狱，其罪疑者，令羊触之，有罪则触，无罪则不触。'"

神明裁判是宗教迷信在司法中的体现，是当时社会生产力低下，文化落后，人们敬畏超自然的神，而被统治者加以利用所确立的审判方式。这种唯心主义的审判方式当然不能保障查明案件的真实情况，实现司法公正，但也反映了古人对司法公正的追求。（陈一云）

shenshi zhengju zhidu
神示证据制度(the evidence system based on gods' inspiration) 司法人员根据神意的启示来判断诉讼证据的真伪和案件当事人之间的是非曲直或有罪无罪的证据制度。它是外国证据制度发展史上最早确立的一种证据制度,盛行于欧洲大陆的奴隶制国家和中世纪前期的封建制国家。根据神示证据制度来辨别证据特别是当事人陈述的真伪,并据以认定案件事实,裁判案件,从审判方式上讲,就是神明裁判。所以,神明裁判就是根据神示证据制度的种种规定对案件进行裁判的。神示证据制度是在把神奉为无所不知,神意即体现公平与正义的观念下,要求司法人员根据神意来解决当事人和证人陈述的真伪问题,并以此为基础裁判案件。实行神示证据制度的国家所确认的显示神意的方式,有对神宣誓;水、火考验(即水审、火审);司法决斗;卜筮;十字形证明等。神示证据制度以宗教迷信作基础,是反科学的。随着社会的发展,到封建君主专政时期,就为法令证据制度所取代。

我国奴隶制王朝实行的证据制度,强调"以五声听狱讼,求民情",比较重视与案情有关的客观材料,要求司法人员"惟察惟法",据证推断。虽然当时也有利用占卜方法来取舍证据的,如《尚书·洪范》中说:"稽疑择……作卜筮,三人占则从二人之言",但仅系个别借神意决疑难的情况,因而就整体来说,不属于神示证据制度之列。 (陈一云)

shencha panduan zhengju
审查判断证据(examine and ascertain the evidence) 侦查、检察、审判人员对收集的各种证据进行分析研究,鉴别其真伪,确定其与案件事实有无客观联系和证明力的大小,进而对案件事实作出结论的活动。审查判断证据既要对每一证据深入审查,确定其是否具有证据的本质属性和有多少证明作用,更要对全案证据进行综合考察,对比分析,查明它们之间有无矛盾,能否互相印证,是否彼此协调,根据它们能否对案件事实作出无可辩驳的惟一结论。在对证据进行逐个审查时,既要从其来源方面,查明它是如何形成的,是由谁提供或收集的,收集的方法是否正确、合法等,又要认真研究其内容,弄清它是否合理,有无矛盾,与案件事实有何客观联系,能证明哪些案件事实。在对全案证据进行综合审查判断时,既应重视发现矛盾和正确解决矛盾,防止为证据之间和证据与案件事实之间的表面一致、吻合所迷惑,又应研究能否根据它们对整个案件事实作出认定的结论,即作出认定犯罪结论的证据是否充分。在完全依据间接证据定案时,更要审查全案证据是否能构成完整的证明体系。

审查判断证据的原则或标准是划分不同证据制度的依据。在各国现行的证据制度中,一般都以自由心证作为法官审查判断证据的原则或标准,对证据的证明力,完全由法官根据自己的良知和理性自由地作出判断。在我国,对证据的审查判断,一直强调以辩证唯物主义认识论作指导,坚持实事求是的科学态度,作出的结论经得住检验,所以,审查判断证据的原则或标准,可简称之为"实事求是"或"实事求是的客观验证"。

审查判断证据是证明过程中的关键环节,因为收集归案的各种证据往往有真有假,与案件事实的联系更是各种各样,有多有少,有远有近,稍有不慎,就可能误断,导致对案件事实作出错误的结论。如果审查判断证据出了错误,收集证据阶段的工作就失去了应有的作用。因此,无论办理任何案件,对证据的审查判断,都必须深思熟虑,谨慎从事,严格遵循思维的规律,坚持具体情况具体分析,防止主观主义思想的影响。 (陈一云)

shencha pibu
审查批捕(review and approve the arrest of an offender) 审查批准逮捕犯罪嫌疑人的简称。根据我国《人民检察院组织法》和《刑事诉讼法》的规定,公安机关认为需要逮捕犯罪嫌疑人的时候,应当提请人民检察院审查批准。审查批捕是法律赋予人民检察院的一项专有职权,也是人民检察院对公安机关的侦查活动实行法律监督的一项重要内容。

人民检察院审查批捕的工作,由审查批捕的职能部门进行。一般由专人负责审查,经集体讨论,由检察长决定。重大案件,检察长应当提交检察委员会讨论决定。通过对案件的审查,人民检察院可以分别作出不同的决定。对于符合逮捕条件(见逮捕)的,应依法作出批准逮捕的决定。凡人民检察院批准逮捕的,公安机关应当依法立即执行,并应及时将执行情况通知批准逮捕的人民检察院。对于不构成犯罪,或虽构成犯罪但依法不应追究刑事责任的以及不需要采用逮捕措施的,人民检察院应当作出不批准逮捕的决定,并向公安机关说明理由。其中对于犯罪嫌疑人的犯罪事实不清或缺乏证据证明,需要补充侦查的,人民检察院应在作出不批准逮捕决定的同时作出补充侦查决定,通知公安机关。在办理审查批捕案件时,发现应当逮捕而公安机关未提请批准逮捕的犯罪嫌疑人,人民检察院应当建议公安机关提请批准逮捕;如果建议不被接受,并且认为公安机关不提请批准逮捕的理由不能成立的,人民检察院可以直接作出逮捕决定,交公安机关执行。在审查批捕工作中,人民检察院发现侦查人员的侦查活动有违法情况,应当通知侦查机关纠正,侦查机关应将纠正情况通知人民检察院。

人民检察院在审查批捕工作中,必要时可以提讯已被拘留的犯罪嫌疑人;但需要讯问未被采取强制措施的犯罪嫌疑人的,讯问前应当征求公安机关的意见。需要逮捕的犯罪嫌疑人如果是县级以上各级人民代表大会代表,还应经本级人民代表大会主席团或者常务委员会许可后,才能批准逮捕。 （黄 永）

shencha qisu
审查起诉(review and make a decision of prosecution) 人民检察院对侦查终结需要提起公诉的案件,进行全面审查,决定是否将犯罪嫌疑人交付人民法院审判的一项诉讼活动。审查起诉是检察机关在提起公诉阶段的重要活动,是对案件作出正确决定的前提和基础。根据《刑事诉讼法》第 137 条的规定,审查起诉的内容主要包括以下五个方面:①犯罪事实、情节是否清楚,证据是否确实、充分,犯罪性质和罪名的认定是否正确;②有无遗漏罪行和其他应当追究刑事责任的人;③是否属于不应追究刑事责任的;④有无附带民事诉讼;⑤侦查活动是否合法。上述五个方面是审查起诉的基本要求,每个刑事案件都必须查明这五个方面的问题,才能根据案件的不同情况,依法分别作出提起公诉或者不起诉的决定。对于需要补充侦查的案件,可以退回公安机关补充侦查,也可以自行侦查。人民检察院在审查起诉时,应当讯问犯罪嫌疑人,听取被害人和犯罪嫌疑人、被害人委托的人的意见。 （王 新）

shencha qisu qixian
审查起诉期限(time period for reviewing and making a decision of prosecution) 人民检察院对公安机关、国家安全机关侦查终结移送起诉的案件,或者自行侦查终结的案件,予以审查起诉,为审查起诉活动的法定期限。根据《刑事诉讼法》的有关规定,人民检察院对于公机关送移送起诉的案件,应当在 1 个月以内作出决定,重大、复杂的案件,可以延长半个月。人民检察院审查起诉的案件,若改变管辖,从改变后的人民检察院收到案件之日起计算审查起诉的期限。对于补充侦查的案件,审查起诉的期限应从补充侦查完毕移送检察机关之日起重新计算。为了保证审查起诉的顺利进行,防止久审不决,延长诉讼,人民检察院必须严格遵守审查起诉办案期限的规定,不能任意决定延长审查期限。 （王 新）

shenji fayuan
审计法院(auditing court) 某些国家设立的带有司法权的国家审计专门机构。世界上审计学派很多,有查账论、经济监督论、程序论等等,其中有的学者提出司法论,认为审计机关应是独立于立法机关和政府机关的司法机关,这能有效地对立法过程和政府活动实行监督。因此,世界有些国家采用司法模式成立既有司法权又拥有审计监督权的审计法院。例如早在 1891 年 2 月 24 日,巴西第一部共和国宪法就明确规定了审计法院的性质和职权。巴西联邦审计法院,作为国家最高审计机关,既不属于政府,也不属于议会,是一个独立的、具有司法权的审计机构。由审计法官组成合议庭;各审计法官均由议会批准,总统任命,实行终身制。联邦审计法院,设院长(即首席法官)1 人,副院长(副首席法官)1 人,两年选举一次,由 9 名审计法官轮流担任。下设秘书处,9 个专业审计处。在全国 23 个州都设有派出机构;现有工作人员 5000 人,其中院本部 3000 人,派驻在 23 个州的约 2000 人。各州、市审计机构,都按照本地方的法律,负责各自范围内的审计工作,联邦审计法院同它们不存在隶属关系。在审计法院内设有 9 名审计检察员,各审计处上报合议庭判决的案子,都要先经审计检察员审查,判决后审计检察员有权监督被审单位执行。联邦审计法院采用跟踪审计,如基建项目从招标开始就进行审计。步步跟踪,出其不意,使被审计单位在毫无准备的情况下,被迫接受审计。合议庭有权终止合同、追缴赃款,批准 30 天以内的扣留期。触犯刑律的要提交司法部门处理。这是一种无刑事审判权的司法模式。法国审计法院也属此类,所不同的是在审计法院之旁设立一个检察院,由检察长(级别相当于审计法院首席院长)领导,三名助手协助工作。检察长是政府任意挑选任命的,也不是法官,因此,不享有法官终身制特权,检察长可根据法院揭发的违反财会制度的情况,直接向财政预算纪律法院提起诉讼。如果上述违法行为构成犯罪事实,检察长可通过司法部长通知上诉法院的检察长提起公诉,追究当事人的刑事责任。突尼斯审计法院、阿尔及利亚审计法院、海地最高审计法院等属此类。

希腊审计法院,系具有刑事司法权的典型。该法院由宪法规定,是负责审理公共财政的国家最高行政法院。审计法院对由于失职、渎职造成的赤字可以作出有罪判决。它作出的有罪判决和任何其他法院所作出的判决一样,必须强制执行。意大利审计法院、西班牙审计法院也属此类。扎伊尔审计法院成立于 1987 年,虽然名称叫审计法院,实际并没有司法权。叙利亚审计法院、葡萄牙审计法院、摩洛哥审计法院、加蓬审计法院、比利时审计法院、古巴审计法院、土耳

其审计法院等类似。　　　　　　　（柴景秀）

shenli
审理（trial hearing） 从广义上讲，指法院运用国家审判权对民事案件的实体或程序问题作出处理的各项行为，包括从受理到作出裁判的全过程。从狭义上讲，仅指法院对案件进行开庭审理的行为。审理的主要任务是按照法定程序对案件进行审查，在查明案件事实的基础上根据有关法律规定对案件作出处理决定。审理是处理民事案件的必经阶段，也是国家审判权的集中体现。国家通过行使审判权，解决民事纠纷，确认民事权利义务关系，制裁民事违法行为，保护当事人的合法权益。

审理按其方式，可分为言词审（见言词审理）与书面审；按照其内容，可分为事实审与法律审；按照其形式，可分为公开审理与不公开审理（见公开审理）；按照审理的程序，可分为一审审理、二审审理及再审审理。

审理应当按照法定的程序进行。在有法定情形出现时，审理可能会延期进行（见延期审理），也可能中止（见诉讼中止）或者终结（见诉讼终结）。审理是法院活动的集中体现，关系到审判权的落实，因此各国民事诉讼法都对审理的程序及方式等进行明确的规定，以规范诉讼的进行，保证诉讼目的的实现。

（王彩虹）

shenli xingwei
审理行为（act of hearing） 人民法院在诉讼过程中为实施裁判行为而为的一系列准备性行为。审判行为之一种。法院对当事人之间争议的民事权利义务关系进行审查并加以确认的行为称为审判行为。审判行为建立的基础是国家赋予人民法院的审判权，其本质是一种国家行为；同时，审判行为在民事诉讼过程中实施，即行使一定的诉讼权利和履行一定的诉讼义务，对诉讼产生影响，因而又是一种诉讼行为。审判行为构成了民事诉讼程序的基本内容，在民事诉讼程序中起着决定性的作用。按照人民法院在民事诉讼中的职权加以划分，可以将审判行为分为三类：审理行为、调解行为和裁判行为。审理行为是实施裁判行为的前提，贯穿于整个诉讼过程中，是诉讼程序的主要内容之一。

审理行为可以分为两类：直接审理行为和间接审理行为。直接审理行为是人民法院直接围绕案件诉讼标的和案件事实所进行的行为。具体又包括以下几种：①审查行为，包括对案件是否符合立案条件进行审查；对当事人是否合格进行审查；对证据的真实性、关联性、合法性进行审查；对当事人的各种请求或申请进行审查等。②调查行为，即人民法院根据需要对案件事实所进行的各种调查及收集证据的行为，如进行鉴定或勘验。③通知或告知行为，即法院通知或告知当事人及其他诉讼参与人为某种诉讼行为或与案件有关的事项，通常用送达方式进行。间接审理行为是指那些虽不直接关系到案件实体或程序问题，却关系到诉讼能否顺利进行问题的行为。包括：对妨害民事诉讼的强制措施；证据保全；财产保全；先予执行；诉讼中止或诉讼终结的裁定等。

（王彩虹）

shenpan
审判（adjudication trial） 法院职能活动的统称。在刑事诉讼中，是指各级、各类法院以确定被告人犯罪事实是否存在及其大小和具体刑罚之有无及其范围为目的所进行的诉讼活动，是法院行使国家刑事审判权，对刑事案件进行审理和判决的合称。所谓审理，就是依法把案件证据和事实审查清楚；所谓判决，就是根据已经查清的证据和事实，依法确定被告人是否有罪，应否处以刑罚，对案件作出判决或者裁定。审理是判决或裁定的基础，判决或裁定则是审理后的结论。在我国，只有人民法院才能代表国家行使刑事审判权，其他任何机关、团体和个人都无权进行审判。法院的审判活动及其各项任务都是通过一定的组织形式实现和完成的。其组织形式，根据法律规定有两种：独任制和合议制，绝大部分刑事案件实行合议制。此外，疑难、复杂、重大的案件，合议庭认为难以作出决定的，可以交由审判委员会讨论决定。从审判的特点看，我国是属于职权主义的诉讼模式，即审理活动采取一种积极主动的姿态，审判的任务，是全面审查核对各种证据，查清案件的全部事实，并据此作出判决或裁定。在有些国家，尤其是英美法系的国家，法院的审判主要体现在判决上，审理的过程虽然要在法院（或曰法官）的参与和形式上的指导下进行，但提出证据，说明事实的工作要由控诉一方或辩护一方完成。在我国，刑事审判的任务是使犯罪分子受到应得的惩罚，保障无罪的人不受刑事处罚，以维护社会秩序，保护公民的人身权利、财产权利、民主权利和其他权利，保障社会主义建设事业的顺利进行。同时，通过审判活动，教育公民自觉地遵守法律，积极同犯罪行为作斗争。

（孙晓宁）

shenpanzhang
审判长（chief judge） 中国人民法院以合议的方式审判案件时，负责组织、主持法庭审判活动的合议庭成员。根据《中华人民共和国人民法院组织法》的规定,合议庭由院长或者庭长指定一人担任审判长;院长或庭长参加审判案件时,自己担任审判长。在法庭审判过程中,审判长的主要职责是,查明当事人是否到庭,宣布案由,宣布合议庭的组成人员,告知当事人的各项诉讼权利,主持法庭调查和法庭辩论,对违反法庭秩序的诉讼参与人予以警告制止、责令退出法庭或者追究刑事责任。

(陈瑞华)

shenpan gongkai

审判公开(open trial) 诉讼法的基本原则之一。基本含义是,法院对诉讼案件的审理和判决,除法律特别规定的以外,都应在法庭上公开进行,允许公民到法庭旁听,允许新闻记者采访和报道。审判公开有两项基本要求:一是审判过程的公开,即在判决宣告以前进行的法庭审判活动向社会公开;二是判决公开,即法庭应向社会公开宣告其判决的结论和理由。

审判公开原则在法律上的确立始于18世纪西方国家的司法改革时期。在中世纪的中后期,欧洲大陆法系国家实行的是纠问式的诉讼制度,法院审判采取书面、间接和秘密的方式。意大利启蒙思想家贝卡里亚(Cesare Bonesana Beccaria 1738~1794)曾针对这种秘密审判的弊端指出:"审判应当是公开的","以便社会舆论能够制止暴力和私欲"。资产阶级革命胜利以后,各国相继进行了宪政改革和司法改革,在宪法或法律上确立了审判公开原则。1791年通过的《美国宪法》第6条修正案规定:"在一切刑事诉讼中,被告人均享有……公正陪审团迅速公开审判的权利。"《德国法院组织法》第169条规定:"在审判法庭上进行的程序,包括宣布判决和判令,都应当公开进行。"《日本宪法》第82条规定:"法院的审理及判决应在公开的法庭上进行。"联合国《世界人权宣言(1948)》(Universal Declaration of Human Rights 1948)第11条、《公民权利和政治权利国际公约(1966)》(International Convenant on Civil and Political Rights 1966)第14条(1)则将获得由依法设立的独立、不偏不倚的法庭之公正、公开的审判作为被告人的一项基本权利。

审判公开原则在中国宪法和法律中也得到了确立。1982年《宪法》第125条规定:"人民法院审理案件,除法律规定的特别情况外,一律公开进行。"人民法院组织法、刑事诉讼法、民事诉讼法以及行政诉讼法对审判公开原则的贯彻实施规定了一系列的保障性规则。这些规则包括:①法院对公开审判的案件,先期公布案由、被告人的姓名、开庭的时间和地点,以便公民能够及时到庭旁听。定期宣告的案件,也预先向社会公告。②在法庭审判过程中,为社会公众旁听和新闻媒介进行报道提供条件和便利,如设置足够大的法庭,安置法庭上的必要设备,等等。③考虑到保护各种利益的需要,规定了法院公开审判的例外情况,但对此作出了明确限制。有关国家秘密和个人隐私的案件,以及被告人在审判时不满16岁的案件,一律不公开审理;在审理时被告人已满16岁但不满18岁的案件,一般也不公开审理。④无论对案件的审理是否公开进行,法院对任何案件的判决均应公开宣告。

实行审判公开原则,实质上是把除法庭休庭评议活动以外的审判全过程均公之于众,使法院对被告人判决结果的形成过程、判决结论及其理由为社会公众所了解,这有助于公众和新闻媒介对审判活动的监督和制约,确保其他各项诉讼原则和制度得到切实的贯彻和实施,从而维护审判过程的公正性和裁判结果的合理性,保证国家法律的正确实施。同时,实行这一原则,对于维护诉讼参与人的诉讼权利,实现法庭审判过程中的法律宣传教育任务,减少和预防犯罪,也有重要的意义。

(陈瑞华)

shenpan guanxia

审判管辖(trial jurisdiction) 我国刑事诉讼中的审判管辖是指普通人民法院之间在审判第一审刑事案件权限范围上的分工。审判管辖所确立的是人民法院组织系统内审判第一审刑事案件的分工。根据《刑事诉讼法》第19条至第27条的规定,我国刑事审判管辖可分为普通管辖和专门管辖,而普通管辖由级别管辖、地域管辖和指定管辖组成。①级别管辖是指各级人民法院即基层人民法院、中级人民法院、高级人民法院和最高人民法院在审判第一审刑事案件上的权限划分(见级别管辖)。级别管辖在审判管辖中处于核心地位。②地域管辖是指同级人民法院之间在审判第一审刑事案件权限上的划分。根据法律规定,确定地域管辖的原则有两个:一是以犯罪地人民法院管辖为主,被告人居住地人民法院管辖为辅的原则;二是以最初受理的人民法院审判为主,主要犯罪地人民法院审判为辅的原则(见地域管辖)。③指定管辖是指上级人民法院在管辖不明或管辖争议等特殊情况下,将某一案件指定由下级某一法院审判。它是级别管辖和地域管辖的一种变通规定,其实质是法律赋予上级人民法院在一定情况下变更或者确定案件管辖法院的机动权(见指定管辖)。但指定管辖不得违反级别管辖和地域管辖的规定。④专门管辖的全称是专门人民法院案件管辖,是指专门人民法院与普通人民法院之间,各类专门人民法院之间以及各专门人民法院系统内就第一审刑事案件受理范围的分工。目前我国正式的专门人民法院有军事法院、铁路运输法院、海事法院等,其中海事法院不办理刑事案件。专门法院专门审理该系统中的专职人员犯罪或者与该部门工作有关的犯罪案件(见专门管辖)。

(朱一心)

shenpan jiguan

审判机关(adjudication organ) 依法行使国家审判权的机关,通常称为法院、法庭或者裁判所。在中国,人民法院是国家的审判机关。见法院、人民法院。

(陈瑞华)

shenpanji

审判籍(judicial jurisdiction) 德国、日本等大陆法系国家及我国台湾地区的民事诉讼理论中所特有的一个概念。它将土地管辖(即地域管辖)制度中确定法院管辖权所依据的诉讼事件或当事人与法院所在区域的联系,称之为审判籍。有审判籍者,法院有权对该民事案件进行管辖并行使审判权;有审判籍者,当事人有义务接受法院的管辖,并享有进行诉讼的权利义务。因而,审判籍是确定民事案件与法院的管辖、审判隶属关系的依据。审判籍一般分为普通审判籍和特别审判籍。其中以当事人所在地与法院所在区域的联系为依据确定案件的管辖法院的,则称案件和当事人在该法院具有普通审判籍(有的称为一般审判籍)。普通审判籍一般是以被告所在地即被告之住所地、居所地,或法人的主要事务所或主要营业所所在地为依据来确定管辖法院的,通常称为"原告就被告"原则。以诉讼标的所在地与法院所在区域的联系为依据确定管辖法院的,则称案件和当事人在该法院具有特别审判籍(有的称特殊审判籍)。特别审判籍一般是以义务履行地、侵权行为地或诉讼标的物所在地为依据来确定管辖法院的。在适用上,特别审判籍具有优于普通审判籍的效力。可见,普通审判籍与特别审判籍和我国民事诉讼立法中的一般地域管辖与特殊地域管辖(见地域管辖)在法律原理上和确定标准上有一定的共通之处。

(阎丽萍)

shenpan jiandu

审判监督(adjudication supervision) 广义泛指对人民法院 审判工作的监督机制,既包括上级人民法院对下级人民法院审判工作的监督和对人民法院已经发生法律效力的判决、裁定的特别监督程序;也包括人民检察院作为国家的法律监督机关对人民法院的审判活动是否合法实行的法律监督;既包括对刑事审判的监督,也包括对民事、行政审判的监督。狭义仅指人民检察院对人民法院的刑事审判活动的监督。本条释文从狭义。刑事审判监督是人民检察院法律监督职能的重要组成部分,其任务是保证人民法院的审判活动能够准确、及时地查明犯罪事实,正确应用法律,惩罚犯罪分子,保障无罪的人不受刑事追究,同时保证充分发挥审判活动的法制教育功能。人民检察院进行刑事审判监督的主要法律依据是《中华人民共和国刑事诉讼法》和《中华人民共和国人民检察院组织法》以及有关的司法解释。根据监督内容和监督形式的不同,人民检察院的刑事审判监督可分为对法庭审理程序是否合法的监督和对判决、裁定是否正确的监督。

对法庭审理程序是否合法的监督主要包括以下内容:①管辖是否符合法律规定;②审判组织的组成是否合法,是否违反回避制度;③是否剥夺或限制了当事人和其他诉讼参与人法定的诉讼权利;④是否违反有关审判公开的规定;⑤是否违法适用简易程序和可以不开庭审理的规定;⑥是否遵守法定的审理期限;⑦其他违反法定程序并可能影响公正审判的行为。人民检察院对于发现的违反法律规定的诉讼程序的行为,可以通过口头或书面向人民法院提出纠正意见;如果违法行为可能影响审判的公正性的,应当依照法定程序对该案的判决、裁定提出抗诉。

对判决、裁定是否正确的监督包括对一审判决、裁定的监督和对已经发生法律效力的判决、裁定的监督。监督的法定形式是抗诉。根据法律和有关的司法解释,人民检察院认为人民法院的判决、裁定有下列情形之一的,应当提出抗诉,要求纠正:①在认定事实上有错误或据以定案的证据不确实、不充分或者主要证据之间存在着矛盾的;②在适用法律上有错误的;③审判人员有贪污受贿、徇私舞弊、枉法裁判行为的;④违反法律规定的诉讼程序,可能影响公正审判的。人民检察院对一审判决、裁定的抗诉,应当依照上诉程序提出,对已经发生法律效力的判决、裁定的抗诉,应当依照审判监督程序提出。两种抗诉在程序上的区别主要是:①前者须由与原审法院同级的人民检察院通过原审法院向上一级人民法院提出;后者须由作出已生效判决、裁定的人民法院的上级人民检察院向同级人民法院提出,也就是说,只有最高人民检察院和上级人民检察院才有权对已经发生法律效力的判决、裁定提出抗诉。②前者必须在法定期限内提出方为有效;后者的提出则没有法定的期限。人民检察院对判决、裁定的监督,不应局限于公诉案件,对自诉案件的判决、裁定是否正确,也负有监督的责任,发现确有错误的,也应当依法提出抗诉。人民检察院对判决、裁定提出抗诉时,应当同时将抗诉书副本及案件材料报送上一级人民检察院,上级人民检察院认为抗诉不当的,可以向同级人民法院撤回抗诉(指对一审判决、裁定的抗诉)或者指令下级人民检察院撤回抗诉(指对已经生效的判决、裁定的抗诉)。人民法院对人民检察院抗诉的案件,应当开庭审理,人民检察院应当派员出庭;人民检察院按照审判监督程序提出抗诉的案件,一般应当由接受抗诉的人民法院组成合议庭重新审理,只有原判决事实不清楚或者证据不足的,才可以指令下级人民法院再审。 （王存厚）

shenpan jiandu chengxu
审判监督程序（procedure for adjudication supervision） 司法机关对人民法院已经生效的刑事裁判进行审查,并将经过审查认为确有错误的案件由原审法院再审或原审法院的上级法院提审,以纠正错误判决或裁定的一种诉讼程序。当代世界各国对已生效的判决、裁定,发现错误进行重新审理和改判的程序,规定不一,做法各异,但大致可分为再审程序和监督程序两种。再审程序,是指发现确定裁判事实有错误而进行重新审理的程序。监督程序,是指发现确定裁判有违背法律的错误而依法予以纠正的程序。大陆法系国家在再审程序的概念使用上比较一致,但对于监督程序则在名称使用上极不统一。法国称之为"为维护法律申请复审",日本则称其为"非常上告",而德国则根本没有监督程序。英美法系国家没有设置大陆法系国家那样的再审程序,但是,这并不妨碍他们在诉讼程序之外采取其他补救措施,以纠正已经发生错误的裁判,这些措施主要有:人身保护状、调审令、自我质审令和履行职务令等。

从实质上说,审判监督程序是一种补救性程序,它是对已经生效的错误裁判的一种补救或纠正。已经发生法律效力的裁判具有普遍的约束力,一旦确立,便不得擅自更改,这是刑事诉讼中的一个基本法则,但是已经确立的裁判未必就是完全正确的,事实上,在多种因素的影响之下,有时甚至是错误的。为了维护法制的尊严,对于在认定事实或者适用法律上确有错误的判决、裁定,应当通过一定的法律程序予以纠正,以达到惩罚犯罪,保障无辜的人不受刑事追究,最终实现刑事诉讼的根本目的。

西方国家的刑事诉讼法中关于再审理由多采用明确列举的方式加以规定。有的国家只限于生效的判决在认定事实上有重大错误时才可以申请再审。例如,德国规定申请再审的理由有:原判决书经证明是假的或伪造的;原案的证人、鉴定人因作虚伪证言、鉴定结论而有罪的;参加判决的审判官、陪审员、预审员等因在该案中犯有渎职罪而影响原判决的;被判无罪的人又作出确信无疑的有罪自白的;发现了新事实或者新证据。有的国家规定在适用法律上有错误,也可以再审。关于提起再审程序的主体,各国均规定为特定的机关和公职人员。例如在前苏联,只有根据法律授权的检察长、法院院长和副院长的抗议,才可以依照审判监督程序进行复核。关于提出再审申请后是否停止原判决、裁定的执行,各国刑事诉讼法规定有所不同。如德国规定,不得因申请再审而停止判决的执行,但法院可命令延期执行或暂停执行。日本刑事诉讼法规定,请求再审没有停止执行刑罚的效力,但与管辖法院相应的检察官可以停止执行刑罚,法院在作出开始再审的裁定以后,也可以用裁定的方式停止刑罚的执行。前苏联刑事诉讼法规定,在案件依审判监督程序解决以前,有关的检察长和副检察长、法院院长和副院长有权中止已对其作出抗诉的判决、裁定和决定的执行。

我国《刑事诉讼法》对审判监督程序作了专章规定。提起审判监督程序的理由,是在"认定事实上或者在适用法律上确有错误"。对于具体理由,我国刑事诉讼法没有作列举式规定。从诉讼理论上分析,并结合司法实践的实际情况,所谓"确有错误"一般包括以下几个方面:一是认定事实上确有错误,包括:①作为判决、裁定根据的主要事实不清;案件的证据不确实、不充分,不足以证明主要犯罪事实或重大情节;②在证据不确实、不充分的情况下,据以认定的事实明显有错误;③证明案件主要事实的证据之间还存在着矛盾的情况下,认定的事实显然与案件的客观情况不符;④发现了原审判过程中没有掌握的事实或证据,足以证明原判决或裁定认定的事实是错误的。二是在适用法律上确有错误,包括:①不依据有关法律判处,这种错误主要发现在一些历史遗留的老案中;②应当适用某一法律条款,却没有适用该条款,而适用了另一条款;③应该适用的法律条款有的适用了,但有的却没有适用;④应当进行数罪并罚的案件,没有进行数罪并罚;⑤量刑畸轻畸重,重罪轻判或轻罪重判,对具有法定从重、从轻、减轻处罚情节的,没有依法从重、从轻或减轻处罚等。三是严重违反法律规定的刑事诉讼程序,影响判决或裁定的公正性。如没有依法组成合议庭或合议庭成员不合法定条件;非法剥夺了被告人的辩护权;依法应当回避的审判人员参加了审判;在诉讼过程中有刑讯逼供的情况;申诉人有证据证明审判人员在审理该案件的时候,有贪污受贿、徇私舞弊、枉法裁判行为等。

有权提起审判监督程序的机关和提起审判监督程序的方法是:①各级人民法院院长对本院已经发生法律效力的判决和裁定,如果发现在认定事实上或者在适用法律上确有错误,必须提交审判委员会处理,由审判委员会讨论决定是否对案件进行重新审判。审判委员会讨论决定再审的案件,可以先裁定撤销原判,然后另行判决,亦可在再审判决中撤销原判,另行改判。②最高人民法院对各级人民法院已经发生法律效力的判决和裁定,上级人民法院对下级人民法院已经发生法律效力的判决和裁定,如果发现确有错误,有权提审或者指令下级人民法院再审。③最高人民检察院对各级人民法院已经发生法律效力的判决和裁定,上级人民检察院对下级人民法院已经发生法律效力的判决和裁定,如果发现确有错误,有权按照审判监督程序向同级人民法院提出抗诉。一般是由上级人民检察院向它的同级人民法院提出抗诉,或者指示与作出原判决、裁定的人民法院相应的上一级人民检察院提出抗诉。人民检察院抗诉的案件,接受抗诉的人民法院应当组成合议庭重新审理,对于原判决事实不清楚或者证据不足的,可以指令下级人民法院再审。

此外,我国刑事诉讼法规定,当事人及其法定代理人、近亲属(见当事人的近亲属)的申诉符合下列情形之一的,人民法院应当重新审判:①有新的证据证明原判决、裁定认定的事实确有错误的;②据以定罪量刑的证据不确实、不充分或者证明案件事实的主要证据之间存在矛盾的;③原判决、裁定适用法律确有错误的;④审判人员在审理该案件的时候,有贪污受贿、徇私舞弊、枉法裁判行为的。但申诉不是必然引起审判监督程序的要件,也不能停止判决、裁定的执行。人民法院对申诉应当进行审查,认为有上述情形之一的,应决定重新审判;对不符合上述情形的申诉,应当说服申诉人息诉;对仍然坚持申诉的,应当书面通知驳回。

人民法院按照审判监督程序重新审判的案件,应当另行组成合议庭进行。如果原来是第一审案件,应当依照第一审程序进行审判,所作的判决、裁定,可以上诉、抗诉;如果原来是第二审案件,或者是上级人民法院提审的案件,应当依照第二审程序进行审判,所作的判决、裁定,是终审的判决、裁定。人民法院按照审判监督程序重新审判的案件,应当对原判决认定的事实和适用法律的情况进行全面审查。重新审判后应根据案件的不同情况,分别用裁定维持原判,驳回申诉或者抗诉;或者判决撤销原判,予以改判。 (刘广三)

shenpan jiandu yu shenqing zaishen chengxu
审判监督与申请再审程序(procedure for trial supervision and application for a retrial) 对已经发生法律效力的判决、裁定、调解,人民法院认为确有错误,当事人基于法定的事实和理由认为有错误,人民检察院发现存在应当再审的法定事实和理由,而由人民法院对案件再行审理的程序。见再审、审判监督再审、检察监督再审、再审之诉。

shenpan jiandu zaishen
审判监督再审(court-initiated retrial of a case after a final judgment was rendered) 法院和检察机关发现已经发生法律效力的判决、裁定确有错误,基于审判监督权对案件的再行审理。它是以审判监督权为基础而建立的再审制度。审判监督的再审,对再审的条件和理由只作原则性规定,不作具体列举,对提起再审的期限也不作强制性规定。在我国,审判监督再审与检察监督再审、基于当事人诉权的申请再审一起,共同组成了再审制度。

提起审判监督再审的条件 提起审判监督再审,必须具备三个条件:一是裁判已经发生法律效力,二是裁判确有错误,三是依职权提起再审。已经发生法律效力的裁判,包括地方各级人民法院作为第一审法院作出的依法可以上诉、但当事人未上诉的判决、裁定,作为第二审法院作出的终审判决、裁定以及最高人民法院作出的判决、裁定。裁判确有错误,是指裁判认定事实错误,或者适用法律错误,或者认定事实和适用法律皆有错误,而最终导致裁判错误。依职权提起再审,即提起审判监督再审之权属于法定的机关和公职人员。根据我国民事诉讼法的规定,各级人民法院院长对本院已经发生法律效力的判决、裁定,发现确有错误,认为需要再审的,应当提交审判委员会讨论决定;最高人民法院对地方各级人民法院已经发生法律效力的判决、裁定,上级人民法院对下级人民法院已经发生法律效力的判决、裁定,发现确有错误的,有权提审(见再审提审)或者指令下级人民法院再审(见指令再审)。

审判监督再审的程序 分为两类:一类是原审人民法院再审的程序,另一类是上级人民法院和最高人民法院提审或指令再审的程序。原审人民法院决定再审的,作出裁定,中止原裁判的执行,同时,另外组成合议庭,按照原审程序对案件进行审理,即确有错误的生效裁判原来是第一审法院作出的,再审时按照一审程序进行,审理后所作的裁判,属于未确定的裁判,当事人可以提起上诉;确有错误的生效裁判原来是第二审法院作出的,再审时按照二审程序进行审理,审理后所作的裁判,属于确定裁判,当事人不得提起上诉。上级法院和最高法院提审的案件,再审时一律按照二审程序审理,审理后作出的裁判,属于确定裁判,当事人不得提起上诉。 (万云芳)

shenpanquan
审判权(power to adjudicate) 法院依法审理、判决刑事案件、民事案件、经济案件和行政案件的权力。在我国,审判权统一由最高人民法院、地方各级人民法院和军事法院等专门人民法院行使。法院在国家主权范围内行使审判权,任何公民、法人、外国侨民的有关诉讼案件都必须由法院依法审判。人民法院依法独立行使审判权,不受行政机关、社会团体和个人的干涉。法院的审判工作坚持以事实为根据,以法律为准绳,对于一切公民在适用法律上一律平等。在我国,审判权由人民法院独立行使,而不是由某个审判人员独立行使,这与国外法官独立行使审判权有着重大的区别。法院行使审判权的组织有独任制、合议制和审判委员会。法院依审判权对各类案件所作出的判决与裁定,由国家的强制力保证执行。（孙晓宁）

shenpan renyuan
审判人员(adjudication personnel) 在审判机关行使审判权的国家工作人员的统称。在中国,审判人员包括人民法院的院长、副院长、庭长、副庭长、审判员和助理审判员。审判人员必须具有法律专业知识。根据《中华人民共和国人民法院组织法》的规定,有选举权和被选举权,而且没有被剥夺过政治权利的年满23岁的公民,可以被选举为人民法院院长,或者被任命为副院长、庭长、副庭长、审判员或者助理审判员。人民陪审员在人民法院执行职务期间属于他所参加的合议庭的组成人员,同审判员有同等的权利。

（陈瑞华）

shenpan weiyuanhui
审判委员会(judicial committee) 人民法院内部设立的对审判工作实行集体领导的组织,也是法院的审判组织之一。1950年颁布的《人民法庭组织通则》、1951年颁布的《中华人民共和国人民法院暂行组织条例》就规定设立审判委员会,以讨论、决定重大疑难案件。1954年和1979年颁布的《中华人民共和国人民法院组织法》也规定,各级人民法院设立审判委员会,实行民主集中制,其任务是"总结审判经验,讨论重大的或者疑难的案件和其他有关审判工作的问题。"1979年颁布的《中华人民共和国刑事诉讼法》规定:"凡是重大的或者疑难的案件,院长认为需要提交审判委员会讨论的,由院长提交审判委员会讨论决定。审判委员会的决定,合议庭应当执行。"1996年修正后的《刑事诉讼法》规定:"对于疑难、复杂、重大的案件,合议庭认为难以作出决定的,由合议庭提请院长决定提交审判委员会讨论决定。审判委员会的决定,合议庭应当执行。"显而易见,1996年修正后的刑事诉讼法对审判委员会在审理案件上的作用已作了某种程度的限制,体现了改变审判实践中长期存在的"审者不判,判者不审"这一状况的立法意图。

《刑事诉讼法》第205条规定:"各级人民法院院长对本院已经发生法律效力的判决和裁定,如果发现在认定事实上或者适用法律上确有错误,必须提交审判委员会处理。"根据这一规定,审判委员会对本院已经发生法律效力的判决和裁定,有权决定是否提起再审程序。

审判委员会由审判委员会委员组成。地方各级人民法院审判委员会委员,由院长提请本级人民代表大会常务委员会任免;最高人民法院审判委员会委员,由最高人民法院院长提请全国人民代表大会常务委员会任免。各级法院审判委员会会议由院长主持,本级人民检察院检察长可以列席。

（孙晓宁）

shenpanyuan
审判员(judge) 又称法官、审判官。中国各级人民法院中担任审判职务、依法行使审判权的人员。根据《中华人民共和国人民法院组织法》的规定,凡有选举权和被选举权,没有被剥夺政治权利的年满23岁的公民,可以被任命为审判员。审判员由本级人民代表大会常务委员会任免;在省、自治区内按地区设立的以及直辖市内设立的中级人民法院的审判员,由省、自治区、直辖市人民代表大会常务委员会任免。审判员依照法律的规定,可以独任审判案件(见独任庭)或者参加合议庭审判案件,经院长和庭长指定可以担任合议庭审判长。

（陈瑞华）

shenpan zhidu
审判制度(system of adjudication) 法院在审判刑事案件时应该遵守的规程和准则。具体有以下几种制度:①审判公开制度。是指除非法律另有规定,法院审判案件应当公开进行,除休庭评议这个程序是秘密进行的以外,其他审判程序,包括宣布开庭、法庭调查、法庭辩论、被告人最后陈述和宣告判决,均公开进行,不仅向当事人和其他诉讼参与人公开,而且向其他公民公开,向社会公开。②两审终审制。是指地方各级人民法院,按照第一审程序审理的案件,如果有合法的上诉和抗诉,该案件还要由其上一级法院按照第二审程序进行一次审判。第二审法院审理后所作出的判决或裁定,除死刑案件和类推案件外,是终审的判决或裁定。③回避制度。是指同案件有某种利害关系或其他特殊关系的侦查人员、检察人员、审判人员、鉴定人、翻译人员、书记员不得参与处理本案的一项诉讼制度。④死刑复核制度。是指法院在判处刑事被告人死刑(含死刑缓期二年执行)的案件中应遵循的特殊规定。其主要内容是,死刑立即执行的案件由最高人民法院核准后方能执行;死刑缓期二年执行的案件由高级人民法院核准后方能执行。⑤上诉不加刑制度。它是第二审法院在审理上诉案件时应遵守的一项制度。具体内容是:二审法院审理只有被告人一方提出上诉的案件,不得以任何理由加重被告人的刑罚。⑥辩护制度。是指被告人及其辩护人在刑事诉讼过程中,反驳指控,论证被告人、犯罪嫌疑人无罪、罪轻或者应予减轻、免除刑事责任以及从程序上保护被告人、犯罪嫌疑人的利益的一项制度。　　（孙晓宁）

shenpan zuzhi

审判组织（judical organization） 代表法院审判诉讼案件的组织形式。我国人民法院审判案件的组织形式有三种:独任制、合议制、审判委员会。独任制由审判员1人独任审判;合议制由审判员数人或审判员和人民陪审员数人共同组成合议庭审判;审判委员会由本院院长提请本级人民代表大会常务委员会任命的委员组成。人民法院审判第一审案件,除法律规定适用简易程序的案件可以由审判员1人独任审判以外,其他案件一律组成合议庭审判。基层人民法院和中级人民法院审理第一审刑事案件时,由审判员3人或审判员和人民陪审员共3人组成合议庭进行。高级人民法院和最高人民法院审判第一审案件,应当由审判员3人至7人或者由审判员和人民陪审员共3人至7人组成合议庭进行。人民法院审判上诉和抗诉案件,均由审判员3人至5人组成合议庭进行。最高人民法院、高级人民法院进行死刑复核,由审判员3人组成合议庭进行。合议庭由院长或者庭长指定审判员一人担任审判长,院长或庭长参加审判案件的时候,自己担任审判长。合议庭内部实行集体合议的制度,在决定审判问题时,实行少数服从多数的原则。审判委员会是法院对审判工作实行集体领导的组织。对于疑难、复杂、重大的案件,合议庭认为难以作出决定的,由合议庭提请院长决定提交审判委员会讨论决定。审判委员会的决定,合议庭应当执行。（孙晓宁）

shenwenshi

审问式（cinquisitorial system） 职权主义的别称。见职权主义。

shenxun bilu

审讯笔录（hearing record, interrogation record） 记载和固定审讯全部活动的诉讼文件。世界各国的刑事诉讼法对审讯笔录都有较详细具体的规定,对犯罪嫌疑人交代的罪行或无罪的辩解,一般要求用第一人称的形式记入笔录,有的要求逐字逐句记载,有的则可以摘录。笔录应交被审讯人阅读,或经其请求由审讯人宣读;被审讯人有权请求对笔录加以补充和修正,并记入笔录;在笔录上应说明其内容由被审讯人亲自读过或由审讯人向他宣读过,并通过被审讯人都签名,证明记载的供述是正确的。如果笔录有数页,有的国家还要求被审讯人在每页上分别签名证明。对笔录中所有的补充和修正之处,都必须由被审讯人签名（有的要求审讯人也要同时签名）加以认证。审讯笔录译成其他文字的,全部翻译文字和每页文字一般要求翻译人员和被审讯人都签名。如果被审讯人请求自写供词的应当允许,但有的国家规定要将其记入审讯笔录。笔录应当由被审讯人和审讯人签名,被审讯人拒不签名的应记入笔录由审讯人签名。随着科学技术手段的现代化和应用化的发展,越来越多的国家已在刑事诉讼法中规定采用速记机、其他机械工具、录音、视听记录等形式记载和固定审讯活动的内容和过程。如意大利1988年9月22日通过的《刑事诉讼法典》在第二编《诉讼行为》的第3章《诉讼行为的记载》中,用了整整一个专章共9条（第134条至142条）的篇幅规定了笔录的一般规则、程序和要求。关于记载的方式,规定诉讼行为通过笔录的方式加以记载。笔录以完整的或者摘要的形式制作,可使用速记机、其他机械工具或手记。摘要笔录可用录音记录。必要时也可采用视听记录方式。关于笔录的制作,规定由法官的助手制作。关于笔录的内容,要求注明地点、年、月、日,起止时间等。关于笔录的签署,要求制作者、法官、受问者在每页结尾处签名,不愿或不能签名的记入笔录。还规定:印有速记符号的记录带应在第2日以内整理成普通文字,记录带同诉讼文书附在一起。录音、视听记录由技术人员操作,由法官的助手领导。进行录音时在笔录中注明录制工作的起止时间。录音带、视听录像带以及整理出的记录应同诉讼文书附在一起。

我国《刑事诉讼法》第95条规定:"讯问笔录应当交犯罪嫌疑人核对,对于没有阅读能力的,应当向他宣读。如果记载有遗漏或者差错,犯罪嫌疑人可以提出补充或者改正。犯罪嫌疑人承认笔录没有错误后,应当签名或者盖章。侦查人员也应当在笔录上签名。犯罪嫌疑人请求自行书写供述的,应当准许。必要的时候,侦查人员也可以要犯罪嫌疑人亲笔书写供词。"根据本条规定,审讯犯罪嫌疑人时应当制作审讯笔录,制作审讯笔录应当做到:①笔录应当核对。可以交犯罪嫌疑人自己阅读,如其无阅读能力应当向他宣读。②如果记载有遗漏或差错,犯罪嫌疑人可以提出补充或者改正,在补充或者改正的地方,犯罪嫌疑人应当签名或盖章或按指印。③犯罪嫌疑人经阅读或听读审讯笔录确认无误后,应当签名或者盖章（审讯实践中常有按指印的）;侦查（预审）人员也应当在笔录上签名;审讯时依法有通晓聋、哑手势的人、翻译人、法定代理人参加或在场的,这些人也应当在笔录上签名或盖章。④犯罪嫌疑人要求以书面形式供述的时候,应当准许;必要时侦查人员也可以要求犯罪嫌疑人亲笔书写供词。所谓"必要的时候",主要指:犯罪嫌疑人有口齿不清、口吃、口腔或喉部患病发音困难或方言音重难以听清等情形的;需要对犯罪嫌疑人的笔迹进行对比和鉴定的;需要防止犯罪嫌疑人以记录有误为由翻供的。书面供述的,犯罪嫌疑人应当在书面供述上签名、盖章或按指印。在涂改之处应盖章或按指印。⑤审讯时进行录音录像的,一般也应当制作简要笔录,注明录音和视听记录的操作人员、起止时间等内容。⑥如果采用打印、速记、录音、视听记录的,原则上应及时整理成文字形式,并将上述各类记录带(纸)和整理的文字记录一并附卷。审讯笔录是对犯罪嫌疑人在被审讯过程中的思维活动借助语言工具表述的记录,制作时除必须符合法定规范外,还应做到:记录供词应当用第一人称;要严格按照犯罪嫌疑人供述的内容和语言的含义如实地记录,不能随意增减或曲解;针对犯罪嫌疑人答问时语意重复甚至语无伦次、前后颠倒的情况,记录时可在不失原意的前提下适当进行简缩,在保持其完整意义的基础上进行归纳和概要;笔录应当文通理顺、语言规范,不能含糊其词、模棱两可、含义不清;如果犯罪嫌疑人讲的是方言、土语,应加以说明,如果是关键性词语或易生歧义的词语,可专就该词语含义进行一次问、答并记入笔录;笔录的字迹要清楚易认。 (文盛堂)

审讯策略(tactics of interrogation) 审讯中为促使犯罪嫌疑人作真实陈述所采取的计谋和方法。主要有:

政策攻心 指在调查研究的基础上,通过政策教育追讯犯罪嫌疑人的罪行。对于分化瓦解敌人,促使犯罪嫌疑人交待罪行,有着重要作用。政策攻心的中心内容是向犯罪嫌疑人宣讲"惩办与宽大相结合"的政策,即首恶必办,胁从不问;坦白从宽,抗拒从严;立功折罪,立大功受奖。由于犯罪嫌疑人的社会经历、心理状态、性格特点、罪行轻重及走上犯罪道路的原因各不相同,他们在审讯中的思想情况十分复杂,而且在审讯过程中的不同阶段,会不断发展变化,故审讯中必须随时注意分析和掌握犯罪嫌疑人的思想动态,有的放矢地进行政策教育。要讲得全面,注意分寸,不言过其实,不脱离刑法规定的量刑幅度。要留有余地。要正确区分抗拒和正当辩解的界限。同时,要把政策教育与法制教育、形势教育、社会发展规律教育、唯物辩证法教育结合起来。要把审讯中的教育同家属亲友的规劝结合起来。还可以从已经处理的案件中,选择一些切合犯罪嫌疑人实际情况的从宽从严的典型案例,有针对性地进行教育,给犯罪嫌疑人指明出路。

利用矛盾 指利用犯罪嫌疑人口供中的矛盾,结合所掌握的证据材料追讯犯罪嫌疑人的罪行。可以动摇和瓦解犯罪嫌疑人的罪恶思想和顽固态度,迫使其不得不如实供认罪行。利用矛盾,首先要注意把矛盾抓准,即通过认真、细致地查阅犯罪嫌疑人每次口供中不合情理及与证据材料有出入的地方,并经过认真分析研究,调查核实,找出能够击中犯罪嫌疑人要害的矛盾。然后,利用这些矛盾追讯犯罪嫌疑人的罪行。对于共同犯罪的案件,可以利用同案犯之间的利害冲突和相互不信任,进行分化瓦解,重点突破。如果同案犯之间有攻守同盟,应分别审讯,抓住他们相互之间口供的矛盾和漏洞,适时予以揭露,各个击破。

迂回包抄 指审讯中有意识地绕过主要问题,从侧面追讯犯罪嫌疑人的罪行。可以麻痹犯罪嫌疑人,使他很容易回答,精神不致过分紧张,无意中谈出对案件有重要价值的情况,或者暴露一些可供利用的矛盾或破绽,为最后追问主要问题创造条件。使用这种审讯方法,事先一定要做好准备。要有计划有目的地提问。既要避免暴露审讯意图,又要使犯罪嫌疑人的供述不离开问题的中心。发问要具体,逻辑性要强,使犯罪嫌疑人只能做正面回答,没有更多思考的余地。当把与主要问题有关联的一些具体问题逐个问清楚之后,再选择适当时机,集中力量审主要问题,使犯罪嫌疑人陷入既无法回缩,又推脱不了的困境,只好老实交待罪行。此法常在案情复杂,掌握的证据材料又比较少时采用。

出示证据 指审讯中运用证据追讯犯罪嫌疑人的罪行,是揭穿犯罪嫌疑人的谎言和假供,瓦解其侥幸心理,迫使其老实交待的一种有效的方法。出示证据事先必须做好充分的准备工作。主要有:对准备出示的证据材料,要认真查证,仔细鉴别,慎重选择,不能使用没有经过查证核实、不确凿可靠的证据;要深入细致地分析研究犯罪嫌疑人不供的原因,以便有针对性地出示证据;要充分估计当出示证据时,犯罪嫌疑人可能提出的狡辩及准备好对付其狡辩的对策等。出示证据必须掌握有利时机。一般在犯罪嫌疑人存在严重侥幸心理,态度顽抗,气焰嚣张,拒不供认时;犯罪嫌疑人经政策攻心,思想开始动摇,但还在犹豫不决时;犯罪嫌疑人已开始交待罪行,但由于畏罪思想严重,又准备回缩时出示证据效果较好。出示证据的方法视犯罪嫌疑人的情况和证据的多少而定。一般是:从犯罪嫌疑人看,对于初犯、年岁较轻、社会经验较少的犯罪嫌疑人,适合采取开门见山、单刀直入的方法出示证据;对于社会经验丰富的犯罪嫌疑人,适合采取由浅入深,步步为营,连续出示证据,一鼓攻破的方法。从证据的多少看,证据充分、确凿的,适合采取正面出示证据方法;证据少,可以采取暗中点破的方法。出示证据无论采取何种方法，都要留有余地，只能向犯罪嫌疑人出示个别证据或证据的某一部分。对证据材料中的具体细节也不能全部暴露，某些带有关键性的情节，应予以保留，以查对犯罪嫌疑人的供述是否真实可靠。

(张玉镶)

shenxun fanzui xianyiren
审讯犯罪嫌疑人(interrogation of criminal suspects) 侦查人员为了证实犯罪和查明犯罪人而对犯罪嫌疑人进行面对面的审查讯问。包括侦查讯问和预审。我国修改前的《刑事诉讼法》"侦查"一章中称"讯问被告人"。讯问犯罪嫌疑人是一种十分重要的侦查行为，各国的刑事诉讼法都加以规定，只是其称谓不尽相同。多数国家叫讯问犯罪嫌疑人，但也有的叫讯问被疑人(如日本)、讯问被控告人(如法国)、讯问被指控人(如德国)、讯问被告人(如前南斯拉夫)等等。在一些国家的刑事诉讼法中，还将讯问犯罪嫌疑人规定在各种侦查行为之首。而在原东欧的社会主义国家和大陆法系国家的刑事诉讼法中，对讯问犯罪嫌疑人的规定比英美法系国家在程序上更为系统和具体。有的如罗马尼亚、南斯拉夫、奥地利等国家规定：首次讯问时应先讯问被告人的姓名、代名、出生日期及地点、工作单位、住址、国籍、民族、职业、文化程度、是否有前科和其他个人情况等。之后，再向被告人指出其所犯罪行、责令其利落地、详细地交代本人所犯的及与此有关的一切罪行。

在我国，审讯的方法自古有之，早在奴隶制时代就提出了刑讯这种最古老的司法原则。《礼记·月令》云："仲春之月……命有司省囹圄，去桎梏，毋掠肆，止狱讼。"由于我国古代实行侦审合一，对被审问者不仅用笞杖责打来逼供，而且对轻罪还以笞杖来处罚，故有"决断时之笞杖"与"讯问时之笞杖"之别(《读例存疑》卷一)。但从已知史籍记载来看，刑讯的制度始于秦朝，如《史记·李斯传》有"榜掠千余"的记载。《汉书·杜周传》中也有关于被告不服"以掠笞定义"的记载。《唐律》规定：审讯时应"审察辞理，反复参验"，拒不承认者，"然后拷讯"；但"拷囚不得过三度"、总数不得过二百，每次应相隔二十日。尔后的历代封建王朝的司法制度中对刑讯不仅相沿袭，而且往往还删掉唐律中限制性的规定，再加上肆意法外用刑，"往往见行杖之下，立毙人命"(中国第一历史档案馆藏清朝档案《朱批奏折·律例》45—52号，广东海关监督郑五赛奏)。辛亥革命以后，我国历史上第一个真正提出废除刑讯制度的孙中山先生代表临时政府正式宣布：不论何种案件，"一概不准刑讯"。我国历史上第一次真正实现废除刑讯的是新民主主义革命时期人民民主政权的法律制度。毛泽东在第二次全国苏维埃代表大会的工作报告中指出："苏维埃中央政府已经明令宣布废止肉刑，这亦是历史上的绝大改革。"当时实行重证据不轻信口供的原则，坚决废止肉刑，反对逼供信。中央执行委员会第6号训令规定："必须坚决废止肉刑，而采用搜索确实证据及各种有效方法。"对于就捕的人犯要禁止一切不人道的待遇，反对"逼供信"，提倡调查研究，以确实可靠的证据，作为定罪判刑的依据。抗日民主政权的法律制度中，诸多保障人权条例规定司法机关接受人犯应于24小时内侦讯；除司法、公安机关外，任何机关、部队、团体不得对任何人加以审问；对人犯不准侮辱人格、殴打及刑讯逼供。并在诉讼制度中规定了严禁刑讯逼供、重证据不轻信口供的原则，对于抵制野蛮刑讯的封建遗毒的影响、保证办案质量起了十分良好的作用。当时陕甘宁边区政府主席林伯渠在1941年5月政府工作报告中指出：由于重证据，禁刑讯，"三年来的审判，一般是适当的，很少有不服判决的事。甚至判处死刑的罪犯，也都承认自己是应该处死。"解放战争时期人民民主政权的法律制度中，陕甘宁边区宪法原则规定除司法机关、公安机关依法执行职权外，任何机关团体不得有逮捕审讯的行为。对犯罪人采取感化教育的政策。在司法制度方面，建立合法的传讯、拘捕等手续。各地政府重申：除公安和司法机关以外，禁止任何机关、团体、学校、工厂、商店有拘捕、审讯等行为，违者以侵犯人权论处。如国家性需要，必须进行传讯时，执行人员必须携带主管公安或司法机关的证件，否则，被传讯人可以拒绝。并重申解放区一直遵循的禁止肉刑，严禁乱打乱杀的基本政策和法制原则。中华人民共和国建立后，不仅从司法制度上彻底废止了刑讯制度，而且不断地健全和完善依法审讯的法制规范。尤其是1979年颁布并经1996年修正的刑事诉讼法均对讯问作了系统而具体的规定。修正后的《刑事诉讼法》第2章"侦查"中首先规定对经过侦查、有证据证明有犯罪事实的案件，应当进行预审，对收集、调取的证据材料予以核实。接着用了一个专节共6条(第91条至96条)，对"讯问犯罪嫌疑人"作了专门规定。

讯问犯罪嫌疑人的程序和要求 主要是：①讯问只能由侦查人员进行，而且讯问时侦查人员不得少于2人。②对不需要逮捕、拘留的犯罪嫌疑人，可以传唤到其所在市、县内的指定地点或者到他的住处进行讯问，但应出示人民检察院或者公安机关的证明文件。国家安全机关、军队保卫部门和监狱的侦查办案人员传讯时可以出示本机关的证明文件。传唤、拘传持续的时间最长不得超过12小时，不得以连续传唤、拘传的形式变相拘禁犯罪嫌疑人。③讯问时应首先讯问犯罪嫌疑人是否有犯罪行为，让他陈述有罪的情节或者无罪的辩解，然后向他提出问题。犯罪嫌疑人对侦查人员的提问，应当如实回答。但对与本案无关的问题，有拒绝回答的权利。司法实践中第一次讯问时要详细问明犯罪嫌疑人的个人简历、身份以及其他个人的基本情况，以防错捕错拘或问错对象。④讯问聋、哑犯罪嫌疑人时，应当有通晓聋、哑手势的人参加，并将这种情况记明笔录。⑤讯问不通晓当地语言的人、外国人，应有翻译人员为他们进行翻译。⑥讯问不满18岁的未成年人时可以通知其法定代理人到场。⑦讯问犯罪嫌疑人应制作讯问笔录，并交犯罪嫌疑人核对，如犯罪嫌疑人无阅读能力应向他宣读。犯罪嫌疑人可以对记载有遗漏或差错提出补充或者改正。犯罪嫌疑人承认笔录无误后应签名或盖章。侦查人员也应在笔录上签名。应准许犯罪嫌疑人请求自行书写供述或要求其亲笔书写供词。讯问时也可以进行录音或录像。⑧犯罪嫌疑人在第一次被讯问后或采取强制措施之日起，有聘请律师提供法律帮助的权利。但涉及国家机密的案件，犯罪嫌疑人聘请律师或律师会见在押的犯罪嫌疑人，应当经侦查机关批准。

讯问的对象 有三类：①被逮捕的犯罪嫌疑人。讯问的目的是对被捕嫌疑人的犯罪事实和罪责进行审查和落实。如果发现有法定不应逮捕的情况，应立即释放，发给释放证明。首次讯问被逮捕的犯罪嫌疑人必须在宣布逮捕后24小时以内进行。②依法被拘留的犯罪嫌疑人。对于被拘留的现行犯或重大嫌疑分子，应在宣布拘留后24小时以内进行讯问，根据拘留时所掌握的有关材料、线索和嫌疑情形，作进一步的查问证实。在发现不应当拘留的时候，必须立即释放，发给释放证明。对于需要逮捕而证据不足的，可以取保候审或者监视居住。对于认为需要逮捕的，应当在法定时限以内提请检察机关审查批准，检察机关自行侦查的案件由侦查部门移送审查批准逮捕的部门审查批准。③依法被传唤或拘传的犯罪嫌疑人。对不需要逮捕、拘留的犯罪嫌疑人，可以传唤到犯罪嫌疑人所在市、县内的指定地点或者到他的住处进行讯问；对经传唤不到的和必要时未经传唤的，可以拘传。传讯持续时间最长不得超过12小时，传讯时必须出示侦查机关的证明文件，不得以连续传唤、拘传的形式变相拘禁犯罪嫌疑人。

讯问犯罪嫌疑人的任务 主要有：①查证嫌疑人实施的犯罪事实，追讯嫌疑人是否有其他犯罪行为，发现和抓住疑点和线索查破积案。②发现同案犯和追查其他犯罪线索。如讯问主犯追从犯或讯问从犯查主犯，讯问盗窃犯罪嫌疑人追查销赃、窝赃犯罪嫌疑人，讯问行贿犯罪嫌疑人挖出受贿犯罪嫌疑人。③保障无罪的人不受刑事追究。即要通过讯问让犯罪嫌疑人陈述有罪的情节或无罪的辩解，全面地收集证据。经审讯、查证，属于错拘或错捕的，必须依法立即释放并做好善后工作。

（文盛堂）

生物碱中毒（alkaloid poisoning）

生物碱为一类含氮的碱性天然有机化合物，广泛存在于植物体内，大多数具有明显的生理活性，临床上有重要医疗价值。生物碱种类很多，常易于中毒的有烟碱、阿托品、士的宁、马钱子碱、钩吻碱、乌头碱、阿片类生物碱、奎宁等。此外，还有与生物碱相似的人工合成的杜冷丁、氯喹、伯氨喹等。它们除具有较强的生理作用外，亦具有较大的毒性，误服或超量服用可导致中毒或中毒致死。由于生物碱是一类复杂的化合物，各自毒理作用机理不同，多数生物碱中毒最终因呼吸中枢麻痹而死亡。

吗啡是阿片类中最主要的生物碱，白色结晶。常见是它的盐酸盐，为白色针状结晶。对中枢神经系统兼有兴奋和抑制两种作用。治疗量的吗啡具有镇痛、镇静和镇咳作用。大剂量可引起呼吸中枢麻痹而死亡。作用后极易成瘾，形成慢性中毒，是最主要的毒品之一。主要中毒症状为昏迷、瞳孔缩小、知觉消失、呼吸浅。口服致死量为 0.2～0.25 克，注射致死量为 0.1～0.13 克。海洛因是由吗啡经乙酰氯或醋酸酐处理制得的一种半合成麻醉药。生理作用与吗啡相似，但成瘾性比吗啡还强。

可卡因亦称"古柯碱"。为古柯树叶中含的一种生物碱。早期用于局部麻醉药，因毒性大，现只用于眼科表面麻醉。长期使用具有依赖成瘾性。小剂量接触具有兴奋和抑制作用，能产生幻觉、欣快，故此常被吸毒者使用。大剂量可引起中枢神经系统麻醉抑制，最后因呼吸中枢麻痹而死亡。中毒量为 0.1 克，致死量为 1.2 克。

士的宁亦称"番木鳖碱"，与马钱子碱共存于马钱子属的许多植物中。士的宁在医疗上应用范围很小，硝酸士的宁可作为脊髓及呼吸中枢兴奋剂，由于误服过量或调剂错误可引起意外中毒。现常用作化学试剂及杀鼠剂。口服致死量为 0.075～1.2 克，致死血浓度为 2 至 10 毫克/毫升。中毒症状主要为阵发性、强直性痉挛，发作时双目凝视、牙关紧闭、角弓反张。

钩吻生物碱是马钱科植物钩吻中所含的一类生物碱。钩吻又称断肠草、大茶叶、大茶药、胡蔓藤、大炮叶、黄滕根及吻荞等。全株皆有毒，以根和叶，特别是嫩叶毒性最大。有毒成分为钩吻生物碱。易由消化道吸收，是极强的神经毒。主要作用于呼吸中枢，可引起呼吸中枢麻痹而死亡。此外，尚能作用于迷走神经，直接刺激心肌，抑制脑及脊髓的运动神经。钩吻误食、自杀、他杀均有发生。3～5 片嫩叶即可致死，钩吻碱致死量为 0.15 - 0.3 克，钩吻茎 2～4 克，中毒症状为瞳孔极度散大、视力减退、复视,甚至失明。

乌头属毛茛科多年生草本植物,品种很多。植物全株都有毒性,其根毒性最强。有效成分主要为乌头碱。中毒多因服用未经炮制或炮制不佳的乌头或用药过量所致。也有用乌头自杀或他杀的案例。生川乌3~5克、生草乌3~5克、雪上一支蒿0.5~2克、乌头碱3~5毫克可致死。乌头生物碱毒性强,作用快。进入人体后主要作用于神经和心脏,使皮肤、粘膜感觉神经末梢麻痹、知觉丧失、心律失常、呼吸抑制,最后可发生心搏骤停及呼吸衰竭而死亡。中毒症状表现为口唇、舌、四肢、全身皮肤发麻,手足刺痛,蚁走感、冷感、胃烧灼疼、恶心、呕吐,腹泻干渴,不能吞咽,流涎等。同时出现头晕、眼花、言语困难、四肢软弱无力、心率初快继则缓慢,血压下降,心律不齐。重者呼吸抑制、突然抽搐、心力衰竭而死。死亡时间约4~6小时。

阿托品是茄科植物中所含主要的生物碱之一。存在于茄科植物颠茄、莨菪与曼陀罗的根、叶及种子中。常制成硫酸盐,临床上用于缓解胃肠等内脏绞痛、有机磷农药中毒解救等。本品属剧毒性毒物。急性中毒表现为中枢神经抑制,对抗乙酰胆碱的作用,造成心脏迷走神经麻痹,最终因呼吸抑制而死亡。成人中毒量为5~10毫克,致死量为80~130毫克。

烟碱,又称尼古丁,为烟草中主要的生物碱。无明显的医疗价值,主要用作农业杀虫剂。烟碱中毒多发生于自杀或他杀。为神经性毒剂,主要对中枢神经和植物神经系统的神经细胞和运动末梢具有双相作用,小剂量产生兴奋作用,大剂量则产生抑制麻痹作用。口服致死量为40~60毫克。口服中毒者表现胃区烧灼性疼痛、焦虑、激动、痉挛、呼吸衰褐及呼吸气烟草味。

奎宁生物碱为茜草科植物金鸡纳树或其他金鸡纳属植物的树皮中所含的一类生物碱。奎宁类药物是一种细胞原浆毒,对局部组织刺激性极强,可造成组织细胞坏死。对第八对脑神经具有损坏作用,造成耳鸣、听力减退、眩晕,对心肌亦有直接抑制作用,大剂量时可抑制中枢神经系统,造成昏迷、呼吸停止死亡。奎宁对子宫有增加节律性收缩作用,可引起子宫收缩。因此奎宁中毒多因私自堕胎而引起。奎宁类中毒症状表现为头痛、口渴、呕吐、耳鸣、眼花、怕光、出虚汗、抽搐、昏迷、呼吸麻痹死亡。一般死亡时间在服药后1~2小时内。

生物碱属于不挥发性有机毒物,可按碱性和两性不挥发性有机毒物提取方法提取。采用化学法,如碘化铋钾反应、显色反应、茚三酮反应、显微结晶反应及仪器分析法,如气相色谱、紫外光谱法等进行急性定量检验。

(王彦吉)

shengwuxue siwangqi

生物学死亡期(biological death) 又称细胞死亡或全体死亡。死亡过程的最后阶段。心跳和呼吸永远停止,各组织器官生理机能完全废绝。机体各部分的新陈代谢已达到不可逆转的停止状态,人体复苏已没有任何希望。最后,构成人体的最基本单位——细胞都发生死亡。由于各种细胞的代谢和缺氧的耐受性不同,所以各种细胞进入死亡的时间大不相同。脑组织的神经细胞对缺氧的耐受能力最低,故最先死亡,有时在临床死亡期或临床死亡期前就死亡,其次是心、肺、肾等脏器细胞,肢体细胞死亡最晚。进入生物学死亡期后,由于细胞死亡,摘出的器官已绝对不能再作移植用。

(李宝珍)

shengyu nengli

生育能力(competence to bear children) 在司法精神医学中特指精神病人是否具备生殖与养育儿女的资格。评定精神病人是否具备生育能力,须根据具体病例的实际情况,从遗传学、优生学、药理学、精神病学、社会学、伦理学和法学等多学科角度综合分析评定。对有确切遗传学证据或有明显遗传倾向的精神病患者,如:精神分裂症、精神发育迟滞、癫痫以及伴有精神障碍的遗传性代谢性疾病和先天性脑器质性疾病者;正在接受抗精神病药物治疗中的精神病患者,为了防止有生理缺陷或遗传疾病胎儿的降生,避免给社会、家庭和患者本人造成不必要的负担,上述情况者应属无生殖能力人。部分精神病人由于病理性精神活动的影响,缺乏对养育子女的责任和义务的辨认能力,甚至在病理性精神活动的支配下伤害自己的子女,因此这类精神病人应评定为无养育子女行为能力人。对一些如神经官能症等轻度精神障碍者,无明显遗传学证据或遗传倾向的精神病患者,已经治愈或以小剂量抗精神病药物维持治病的无遗传倾向的精神病患者,其主观上对养育子女的责任和义务具有完整的辨认能力,应视为有生育行为能力人。

(孙东东)

shengzhi buneng

生殖不能(agenesis) 由于先天或后天因素使繁殖后代的能力丧失,男、女均可发生。鉴定生殖能力的案件很少遇到,但在审理请求抚养费案件或强奸案件时,有时会遇到对男子生殖能力的鉴定。还有不能生育的妇女冒领他人的婴儿时,有时需要对该妇女进行生殖能力的鉴定。不论男子或女子性成熟以后,一直到更年期前,在正常情况下都有生殖能力。生殖不能的原因很复杂,男女双方都能引起。根据统计,男方占1/3,女方占2/3。

男性生殖不能 除缺乏性交能力外,主要有以下三种情况:①精子产生障碍。此种情况常见于先天性畸形,如无睾丸、隐睾丸或睾丸发育不全,以及酒精、吗啡、砷等引起的慢性中毒所致的无精子症。或由于睾丸炎及睾丸损伤,如手术、外伤、感染、X线或其他放射线照射,以及各种严重的慢性病和维生素A、E等缺乏所致的精子减少症、精子活力减退(精子畸形)和死精子等。此外,还有少数男子因免疫性因素,体内有对抗自身精子的抗体。②精子排出障碍。前列腺炎、精囊炎和尿道炎等会使精子排经尿道时变形或死亡。副睾及输精管结核或淋病感染可使输精管阻塞,妨碍精子排出。③精子与卵子接触受障碍。严重的尿道下裂,射出的精液流到阴道外面,会影响精子和卵子的接触。

女性生殖不能 女性生殖不能又称不孕症。主要有以下三种情况:①卵子形成障碍。先天性卵巢缺如和卵巢发育不全,根本不排卵。慢性卵巢炎、卵巢周围炎以及放射性损害等均能引起排卵障碍。②受精障碍。输卵管发育不全者,因管腔狭窄,使纤毛蠕动减弱,以致阻碍卵子的正常运行;输卵管炎使管腔内膜破坏,并使管腔积脓、积水,导致管腔闭塞,故精子与卵子不能相遇;子宫颈炎及颈管炎,使宫颈粘液变得粘稠,阻碍精子进入子宫腔;严重的阴道炎分泌大量的脓性分泌物,使阴道内酸度过高,可使精子迅速死亡;会阴严重撕裂,使阴道口张开,阴道壁脱出以及子宫颈严重外翻或撕裂,均导致精液不能潴留。此外,还有因免疫性因素,女子血液中产生对精子相应的抗体,可使精子发生凝集反应,使精子失去活动能力。③着床障碍。先天性子宫缺如,子宫发育不全、子宫内膜炎、子宫内膜结核、子宫粘膜下肌瘤等都影响受精卵着床。

(李宝珍)

shengwen jianding
声纹鉴定(voiceprint identification) 将未知人的语声和已知人的语声通过语图仪分别制成声纹图谱,再依据声纹图上的特征进行分析、比较和判断,确定二者是否出自同一人的一项专门技术。是近些年发展起来的语音识别的先进科学手段。

人的发声器官虽然相同,但它们在大小、形态及功能上实际存在个人差异。这些器官的微小差别会导致发声气流的改变,造成音质、音色的差别。人的发声习惯也有快有慢,用力有大有小,造成了音长、音强的差别。音质、音色、音长、音强在语言学中被称为语音"四要素",这些音素又可分解成90余种特征。这些特征表现了不同人声音的波长、频率、强度、节奏的个性特点。语图仪可以把声波变化转换成电讯号的强度、波长、频率、节奏变化,并把这些变化绘制成波谱图形,即为声纹图。人的发声具有特定性和稳定性。从理论上讲,它同指纹一样具有人身识别的作用,已经为越来越多的国家认可。1981年在美国密执安州成立了"国际声纹鉴定学会",旨在进一步完善声纹鉴定技术,加强推动、培训和宣传,使声纹鉴定成为世界公认的一种人身识别的科学方法。目前,许多国家都已把声纹鉴定作为辨认犯罪嫌疑人的重要手段。①在获得了犯罪人的语声录音资料时,可以通过收集嫌疑人的语声样本进行声纹鉴定,为认定或否定犯罪人提供证据。②在案件的侦讯或审理中,通过声纹鉴定可以审查录音证据材料的真伪。③通过对声纹图分析,判断说话人的性别、年龄、方言特征,为侦查工作提供线索。

目前应用的语图仪可以制作7种声纹图:宽带声纹、窄带声纹、振幅声纹、等高线声纹、时间波谱声纹、断面声纹(又分宽带和窄带两种)。前二种显示语声的频率与强度随时间推移的变化特征;中间三种显示语音强度或声压随时间变化的特征;断面声纹只显示某一时间点上声波强度和频率的特征。声纹鉴定中目前常用的是宽带声纹图,是用带宽为300Hz的带通滤波器分析出来的声纹。每一字的声纹前部乱纹是清辅音频谱,后部是元音频谱;元音频谱中由加强的纵线条构成的黑色横带为其振峰。其振峰的数量、走向及其频率是声纹分析的重要特征。送交声纹鉴定,需按鉴定要求条件采集检材语声和样本语声;可以通过录音采集,也可以令受审查人按指定内容直接对语图仪话筒讲话。鉴定人要先对检材和样本分别反复审听与记录,从中选择正常而清晰的语声段落,再进一步选取相同的字、词、句作为供比较的部分。然后用语图仪将选好的检材与样本制成声纹图。将检材与样本中相同字、词的声纹中的同类特征(如共振峰频率、走向和波形)进行比较,找出相同点和差异点,经过综合评断作出结论。送检时,要把录制检材和样本的环境状况、录制距离、录制方式、使用机器以及说话人在什么状态下录制语声等情况以详细记载提供给鉴定人,以便对差异点进行客观的分析评断。

声纹技术最先是为战争服务的。第二次世界大战后期,为了提高军事通讯效率的需要,美国电话电报公司的贝尔实验室研究发明了"音响光谱图像显示器",把声波用光谱图像加以显示。战争结束,研究中止。到了50、60年代,美国电话恐吓、绑票勒赎案件骤增,为了侦查工作需要,执法部门委托贝尔实验室恢复对声纹的研究。经过123人的"I、you、it"等词语的25000个声纹图进行5万多项鉴定分析,个人识别的准确率达97～99.65%。1962年,美国物理学家劳伦斯·克斯特发表了《声纹鉴定》一书。从1966年开始,贝尔实验室开始培训警官,推广应用这项技术。70年代,日本、联邦德国等国家相继开展了声纹鉴定。随着科学技术的发展,声纹鉴定技术也日益先进。目前,国际声纹鉴定并行两套系统:一是声纹自动识别系统,它以计算机支持,具备分析、储存、检索、鉴定多项功能,可以实现全自动分析,给出结论。但这种结论的准确性同专家设定的阈值有关。二是声纹的人工识别系统,它以语图仪支持,鉴定人直接观察和分析声纹,寻找特征,测量数据并进行比较评断。在声纹资料的存储技术上,已发展到激光光盘存储,一张光盘可以存储数百万人的声纹。我国声纹鉴定技术起步很晚,1988年中国刑警学院引进了从美国KAY公司的7800型语图仪,率先于全国成立了第一个声纹鉴定实验室。1990年公安部第二研究所也引进设备开展研究。目前,这两家研究机构均已将声纹鉴定用于办案。南京、上海等地公安机关也同有关部门合作,开展了声纹鉴定的研究与应用。 (蓝绍江)

shengchu tiji kanyan

牲畜蹄迹勘验(inspection of animal marks) 形象痕迹勘验的一种。对牲畜遗留的蹄印的勘察、检验。牲畜蹄迹,指各类家畜、役畜等动物在行走或奔跑、跳跃过程中留下的足印,是动物足蹄在承受客体(大多是地面)上遗留的痕迹,能够反映动物足蹄的大小、形状等外表结构形象特征。牲畜蹄迹分为足蹄印和蹄铁印,有立体蹄迹和平面蹄迹之分。平面蹄迹又可分为加层和减层平面蹄迹。多数牲畜蹄迹是动物正常行走、奔跑或跳跃时形成的,属于正常蹄迹;极少数为变形蹄迹。对牲畜蹄迹进行勘验,能确定动物的行走方向;根据蹄迹的形态和大小以及相关的动物学知识,可以判断动物的种类,排除人足印的可能性。成趟牲畜蹄迹对分析判断动物的种类、体型、数量和活动情况,具有一定价值。立体蹄印在牲畜蹄迹勘验中有重要意义。根据牲畜足蹄印的形状、大小及其接触面上的各种特征的大小、形态、位置等,可以对留下蹄迹的牲畜进行同一鉴定。蹄铁及其花纹和磨损状况留下的痕迹,也是牲畜蹄迹勘验常见的内容。提取和固定牲畜蹄迹通常采用照相和制模方法。

(张新威 杨明辉)

shengsu

胜诉(carry the case) 诉讼中的一方当事人得到有利于己方的判决。判决全部有利一方当事人的,为该当事人全部胜诉;只部分有利于一方当事人的,则为部分胜诉。在我国,胜诉与否常用于民事诉讼中。在刑事诉讼中,只有自诉案件和有附带民事诉讼时,才有一方当事人胜诉的问题。公诉案件不存在双方当事人,也就没有是否胜诉的问题。 (汪建成)

shengji renmin jianchayuan

省级人民检察院(provincial people's procuratorate) 我国省、自治区、直辖市一级的检察机关。其地位与省、自治区、直辖市人民政府、高级人民法院平行。省级人民检察院由本级国家权力机关产生,并对它负责,受它监督。同时,受最高人民检察院的领导,并对它负责。省级人民检察院检察长由本级人民代表大会选举和罢免,但须报最高人民检察院检察长提请全国人民代表大会常务委员会批准;副检察长、检察委员会委员、检察员,由检察长提请本级人民代表大会常务委员会任免。根据省级人民检察院在我国检察系统中所处的地位,它的任务包括两个方面。一方面是领导下级地方人民检察院、铁路运输检察院和派出检察院的工作,主要是:①制定所辖区域内检察工作的规划、计划;根据最高人民检察院的提示和要求,结合本区域的实际情况,向下级检察机关发出决策性的工作指示,布署工作任务。②检查、研究下级检察机关贯彻执行政策、法律的情况和问题,总结工作经验,进行业务指导。③根据最高人民检察院制定的检察工作条例、细则和制度,结合实际情况,规定具体实施办法;对下级人民检察院的请示,根据问题的性质,请示最高人民检察院答复或直接给予答复。④对下级人民检察院办理的重大、疑难或者遇到干扰、阻力的案件,给予必要的支持、协调和指导。⑤按照干部管理权限,管理、任免检察人员,培训检察干部。⑥定期、不定期地向本级人民代表大会及其常务委员会报告工作,请求审议、监督;定期、不定期地向最高人民检察院报告工作,请求指示。另一方面的任务是依法履行法律规定应由省级人民检察院行使的检察职权,主要是:①对属于检察机关直接受理的、全省(自治区、直辖市)性的大案、要案,直接立案、侦查。②对省、自治区、直辖市公安机关、国家安全机关侦查的案件,进行审查,决定是否批准逮捕、提起公诉或不起诉,并对其侦查活动是否合法,实行监督。③对依法应由高级人民法院管辖的第一审刑事案件,向高级人民法院提起公诉,支持公诉,并对审判活动是否合法,实行监督。④对下级人民法院已经发生法律效力的判决、裁定,认为确为错误并需要由自己提出抗诉的,按照审判监督程序提出抗诉。⑤依照《刑事诉讼法》第126条、第127条的规定,批准或者决定延长对犯罪嫌疑人的侦查羁押期限。⑥对本院或者下一级人民检察院不批准逮捕的决定、不起诉的决定,公安机关认为有错误,要求复议或提请复核的,进行审查,并作出处理决定。⑦对下一级人民检察院不起诉的决定，被害人不服，提出申诉的，进行复查，并作出复查决定，告知被害人。⑧接受单位和个人的控告、举报和申诉以及犯罪人的自首。省级人民检察院根据工作需要，可以参照最高人民检察院的业务机构(见最高人民检察院)分别设立相应的检察业务机构。但由于省级人民检察院与最高人民检察院在任务和职权范围上有很大差别，在机构设置上应相对精简为好，特别是在事业单位的设置上并不普遍。省级人民检察院根据工作需要，提请本级人民代表大会常务委员会批准，可以在工矿区、农垦区、林区等区域设置人民检察院，作为它的派出机构(见人民检察院派出机构)。

(王存厚)

shengji renmin jianchayuan fenyuan
省级人民检察院分院(branch of provincial people's procuratorate) 我国在省、自治区、直辖市内，按一定行政区域设立的检察机关。它不同于省级人民检察院的派出机构(见人民检察院派出机构)，而是介于省级人民检察院和县级人民检察院之间的一级地方人民检察院。其地位与该行政区域的行政机关和中级人民法院平行。由于地区一级不设国家权力机关，《中华人民共和国人民检察院组织法》规定，省级人民检察院分院检察长分别由省、自治区、直辖市人民代表大会选举和罢免，副检察长、检察委员会委员、检察员，分别由省、自治区、直辖市人民检察院检察长提请本级人民代表大会常务委员会任免。但1995年颁布的《中华人民共和国检察官法》改为在省、自治区内按地区设立的和在直辖市内设立的人民检察院分院检察长、副检察长、检察委员会委员和检察员由省、自治区、直辖市人民检察院检察长提请本级人民代表大会常务委员会任免。省级人民检察院分院的任务，除领导县级人民检察院的工作外，主要是依法履行法律规定应当由它行使的检察职权，包括：①对属于检察机关直接受理并由中级人民法院管辖的第一审刑事案件，立案、侦查。②对同级公安机关侦查的案件，进行审查，决定是否批准逮捕、提起公诉或不起诉，并对其侦查活动是否合法，实行监督。③对依法由中级人民法院管辖的第一审刑事案件，向中级人民法院提起公诉，支持公诉，并对审判活动是否合法，实行监督。④对县级人民法院已经发生法律效力的判决、裁定，认为确有错误的，按照审判监督程序提出抗诉；对中级人民法院发生法律效力的判决、裁定，发现确有错误的，提请上级人民检察院依照审判监督程序提出抗诉。⑤对于本院或者县级人民检察院不批准逮捕的决定、不起诉的决定，公安机关认为有错误要求复议或者提请复核的，进行审查，并作出处理决定⑥对县级人民检察院的不起诉决定，被害人不服，提出申诉的，进行复查，并作出复查决定，告知被害人。⑦对刑事判决、裁定的执行和监狱、看守所的活动是否合法，实行监督。⑧接受单位和个人的控告、举报和申诉以及犯罪人的自首。省级人民检察院分院根据工作需要，设立与上级人民检察院相应的检察业务机构，但应相对精简为宜。

自治州、省辖市人民检察院是与省级人民检察院分院同级的检察机关，也是介于省级人民检察院分院和县级人民检察院之间的一级地方人民检察院。它的任务和职权与省级人民检察院分院相同。区别在于自治州、省辖市人民检察院由本级国家权力机关产生，检察长由本级人民代表大会选举和罢免，副检察长、检察委员会委员、检察员由检察长提请本级人民代表大会常务委员会任免。检察长的任免，还须报省级人民检察院检察长提请省级人民代表大会常务委员会批准。

(王存厚)

shiban
尸斑(livor mortis) 人死后，血液由于本身的重力作用，沿着血管向尸体低下部位沉积，在皮肤表面呈现的有色斑痕。尸斑一般为暗紫红色，开始为云雾状小片，以后逐渐融合成大片。

尸斑的发展可分坠积期、扩散期和浸润期三个阶段。各阶段间无明显的界限，而有重叠情况。①坠积期。是尸斑发展的开始阶段，常出现于死后2～4小时，短则1～1.5小时，甚至30分钟就出现。长则6～8小时出现。此期是血液坠积于尸体低下的血管内，尚未扩散到血管外，所以称坠积期。其特点是尸斑不稳定，指压尸斑可暂时褪色，除去压迫，尸斑又重新出现。此时如将尸体翻转，则原尸斑逐渐消失，而在新的低下部位出现新的尸斑。若用刀切开尸斑处的皮肤及皮下组织，则有血液从被切开的血管中流出，并容易用水洗去或用纱布擦掉，擦后还能流出血滴。②扩散期。一般于死后12小时左右，短则8～10小时后发展到扩散期。大约在死后一昼夜即24小时左右发展到最高峰。此时组织液也向尸体低下部位坠积，并透过血管壁渗入血管，和血液混合而促进死后溶血，血浆被血红蛋白染成红色，并向血管外渗出，使原来的尸斑颜色变深，范围扩大，所以称扩散期。其特点是尸斑较稳定，指压尸斑不易褪色。如将尸体翻转，则原尸斑不易消失，在新的低下部位不易出现新的尸斑。若用刀切开尸斑处的皮肤和皮下组织，血管断面有血液缓缓涌出，组织中有血样液体流出，组织已染成红色，用纱布擦不掉。③浸润期。一般于死后第二昼夜发展到浸润期。持续时间较长，直到尸体明显腐败为止。此阶段血管内血红蛋白染色的液体，继续向血管外渗出扩散，并浸润到组织和细胞中，使组织细胞着色,所以称浸润期。其特点是尸斑稳定,即使用强力压迫,尸斑也不褪色。如将尸体翻转时,尸斑也不移动。若用刀切开尸斑处皮肤及皮下组织,切面呈均匀的淡红色,切断的血管无液体流出。

尸斑出现于尸体所在位置的低下部位未受压的地方。如尸体处于仰卧位时,尸斑见于枕部、项部、背部、腰部、臀部及四肢的后面。有些尸斑严重的,也可见于侧面,甚至上面的凹陷处(如锁骨上、下凹)。如尸体处于俯卧位时,则尸斑见于颜面、胸腹部及四肢的前面。如尸体处于悬位和直立位,则尸斑见于四肢的远端及下腹部。总之,越是低下部位尸斑越明显。

尸斑的颜色主要决定于血红蛋白及其衍生物的颜色。通常情况下,死后血液中氧合血红蛋白迅速转变为还原血红蛋白,故尸斑呈暗紫红色。在特殊情况下,尸斑的颜色有所不同。如一氧化碳中毒者,因血液中形成碳氧血红蛋白,尸斑呈鲜红色;氰化物中毒者,因氰离子破坏组织的摄氧能力,使血液中多量的氧不能被利用,血液中含有较多的氧合血红蛋白,尸斑呈鲜红色;冻死者因组织摄氧能力麻痹,氧的消耗减少,同时在低温下氧合血红蛋白不易释放出氧,使血液中含有较多的氧合血红蛋白,因此尸斑也呈鲜红色。某些毒物中毒时,使氧合血红蛋白变成各种变性血红蛋白。如氯酸钾和石炭酸中毒死者,尸斑呈咖啡色;亚硝酸中毒死者,尸斑呈蓝褐色;硝基苯中毒死者,尸斑呈蓝绿色;硫酸氢中毒死者,尸斑呈暗绿色。这些特殊的尸斑颜色,在临案检验中,可提示有中毒的可疑。

尸斑出现的快慢及强弱与死者生前的体质和死因以及死后尸体是否有外力压迫有关。若死者生前体质好又死于机械性窒息或急性中毒或猝死等情况,因死后血液不凝固,血液易坠积,所以尸斑出现早且程度强,呈暗紫红色,甚至在尸斑处有散存的出血点。若死前严重贫血、恶液质或急性大出血,则尸斑出现慢而弱,甚至可以不显现。在尸体低下部位并非都能见到尸斑,如受外力压迫处,毛细血管会受到压闭,则血液就不易坠积,故此处不会出现尸斑。例如仰卧尸体的肩胛部、臀部、小腿的后面,不但没有尸斑而且皮肤呈苍白色。

尸斑的法医学意义:①尸斑是确诊死亡的重要依据之一;②尸斑的分布情况可推断死亡时的体位及是否被人移动过;③依据尸斑发展的各阶段特点可以大致推断死后的经过时间;④尸斑的特殊颜色和强弱程度可作为分析死因的参考;⑤尸斑的特殊形态,能反映出物体接触面的形态。

(李宝珍)

shijiang

尸僵(rigor mortis) 人死后,肌肉系统经过短时间的驰缓后,逐渐僵直变硬,并使各关节呈固定状态。表现为口不能张开,颈不能弯,四肢不能伸屈。一般于死后1~3小时开始出现尸僵,最初仅见于部分肌肉,如咬肌、下颌肌、颈肌,然后经4~6小时逐渐波及全身,使各关节全部僵直,死后12~15小时发展到最高峰。其发展顺序有下降型和上升型两种。下降型由咬肌、下颌肌、颈肌开始,其次是颜面肌,以后为躯干、上肢及下肢。一氧化碳及其他某些毒物中毒而死的尸体,有时会出现上升型尸僵,即先从脚开始僵直,逐渐向上发展,但这种情况极为少见。尸僵的发生除骨骼肌外,心肌和平滑肌也发生强直现象。死后约30分钟,部分心肌可发生强直,7~8小时累及全部心肌,心肌健全者可持续24小时。由于左心室心肌发达,可将心室内血液挤向主动脉,因此左心室空虚。死后约1小时,胃肠平滑肌可出现强直,5小时左右达高峰,9小时左右缓解。

在尸僵未在全身形成之前(约死后6小时内),若用强力破坏形成的尸僵(尸僵克服),不久尸僵又会重新出现,但较弱。人为破坏越早,再次发生尸僵越强。但尸僵发展到全身以后,若用强力破坏形成的尸僵,则尸僵不会重新出现。尸僵经1~2昼夜或更长时间开始缓解,肌肉变软,关节稍可转动。经2~4昼夜,关节已容易转动。经3~7昼夜,尸僵可完全缓解。缓解的顺序与发生的顺序完全相同。

尸僵发生的早晚和强弱程度以及持续时间,受体内外各种因素的影响。外界因素主要是温度和湿度。环境温度较高、空气干燥时,尸僵发生早,持续时间短;环境温度低,空气潮湿时,尸僵发生晚,持续时间长。内在因素主要是年龄、体质和死因。肌肉发达的青壮年,死后尸僵出现迟而强,持续时间长。老年人肌肉衰弱,小儿肌肉发育不成熟,死后尸僵出现早而弱,持续时间短。士的宁中毒或破伤风死者,因死前发生痉挛,尸僵出现快而强。水肿、肌肉麻痹及磷中毒或蕈中毒死者,其肌肉有脂肪性营养不良时,尸僵发生慢而弱。

尸僵的法医学意义:①出现尸僵可确诊死亡;②根据尸僵固定的状态可以推断临死时的姿势;③根据尸僵形成变化的规律,可推断死后经过时间。

(李宝珍)

shila

尸蜡(adipocere) 尸体在潮湿和空气不足的环境中,腐败停止,脂肪组织皂化或氢化而形成灰色或污黄色的尸蜡状态。尸蜡常见于浸泡水中或埋葬湿土中的肥胖尸体,尤其是湿度高,水质硬的环境中。尸蜡呈灰色或污黄色,有酸臭味,用手触摸有"油腻感",可以压捏。暴露在空气中较久则脆而易碎,能燃烧,发黄色火焰。尸蜡先在皮下组织形成,而后扩散到其他脂肪组织。尸蜡现象较少见,整个尸体形成尸蜡更少见,多数是尸体局部形成尸蜡。常见于四肢、臀部、面部及妇女的乳房处。在条件适宜情况下,成年人尸体需1~1.5年形成尸蜡,新生儿只需6~7周就能形成尸蜡。肥胖者和小儿的尸体较易形成尸蜡。环境温度较高,尸蜡形成较快。尸蜡能保存某些基本外形和暴力痕迹,这对识别死者和揭露犯罪有一定意义。

(李宝珍)

shileng

尸冷(algor mortis) 人死后由于新陈代谢停止,不再产热但继续散热,尸体逐渐变冷的现象。尸冷首先出现在露出的部位及远离心脏的部位,如手(尤其指端)、足(尤其是趾端)和颜面(尤其是耳廓、鼻尖)。然后四肢、躯干,最后是腋窝。在最初数小时内,尸温下降较快,普通体格的成年人,在16~18℃的环境中,死后10小时内,大约平均每小时下降1℃。10小时以后尸温下降变慢,经24小时左右,尸温下降至与外界环境温度几乎相同。最后,往往由于尸体表面水分不断蒸发,从尸体表面吸收一定的蒸发热,尸表温度可降至周围环境温度以下2~3℃。

尸冷发展的快慢受外界环境及尸体本身因素的影响很大。外界环境主要是周围的温度和所穿衣服的厚薄。周围温度越高,尸冷发展越慢。如周围温度高达40℃则不发生尸冷。相反,冰雪中的尸体,经过半小时至一小时,即可完全冷却。穿棉衣或盖棉被的尸体较衣着单薄或裸体的尸体,尸冷发展得慢。尸体本身的因素主要是指年龄、机体营养状况和死因。成年强壮或肥胖者的尸体比小儿、老人或瘦弱者的尸体尸冷发展得慢。刚刚分娩的婴儿死后5小时,尸体温度即可下降至与周围环境相同的温度。急死及各种机械性窒息死者的尸冷发展较慢。某些病死尸体,在死后一定时间内,尸温不仅不下降,反而暂时上升,然后再下降。如脑膜炎、脑炎、猩红热、伤寒、败血症等死者,因病原体可使糖元分解作用增强而产生热量;日射病及脑延髓上部损伤致死者,由于临终前体温调节中枢功能障碍引起体温上升;破伤风、癫痫、脑膜炎、士的宁中毒死者,因死前较长时间的肌肉痉挛使体内产热增加。所以上述种种病死者,尸冷发展较慢。相反,慢性消耗性疾病、大出血、溺死、冻死、大面积烧伤等死者,尸冷发展较快。

法医学界一致公认,尸冷是推断死亡时间的重要参考之一。但评价时要考虑环境温度、衣着情况、年龄、体质、死因等情况,进行综合分析,以免失误。测定尸体温度应测直肠温度,因为直肠温度的下降与全尸温度下降比较一致。如果采用特别探测器的电子温度计,测量肝脏温度,测得数据更为准确。

(李宝珍)

shiti jianyan bilu

尸体检验笔录(record of inspecting dead body) 勘验笔录的一种,是对尸体检验情况的文字记载。在我国,验尸由司法人员组织进行,必须有法医参加。尸体检验笔录一般由参加尸体检验的法医制作。在尸体检验笔录中,除注明检验的时间、地点、参加检验的人员和见证人的姓名等事项外,主要应记载死者的衣着状况,尸体的外表现象,伤痕的形状、大小和位置,按印指纹、掌纹和提取血、尿、胃肠内物质的情况。对于无名尸体,还应记载其相貌、生理、病理特征,携带物品等的特征。尸体检验笔录有助于查明死者死因,致死的工具、手段和方法,死亡时间,进而为判断死亡性质,揭露、证实犯罪提供依据。

(熊秋红)

shiti jingluan

尸体痉挛(cadaveric spasm) 人死后,肌肉立即发生僵直,以僵硬状态保持着死亡时姿势的一种特殊的尸体现象。尸体痉挛多发生于死前精神高度紧张、激动、恐惧或剧痛及颅脑损伤等情况下,如溺死者手中握有水草和泥沙;自杀者手中握有致伤物;被杀者手中紧握有搏斗时抓住的物品等。尸体痉挛可以是局部的,也可以是全身的。局部尸体痉挛较多见,它能保存死者在生命最后时刻,身体局部某些肌群的收缩状态至尸体腐败时才缓解。尸体痉挛现象对于判明死者临死时的姿势和确定案件性质有重要意义。

(李宝珍)

shiti jubu ganzao

尸体局部干燥(loca desiecation) 人死后,体表水分不断蒸发,表皮较薄且湿润的部位,尤其是粘膜以及皮肤损伤处,干燥变硬,呈黄色或黄褐色的皮革样外观。局部干燥较为明显的是口唇粘膜,一般在死亡数小时以后口唇发暗,皱缩稍变硬。新生儿和婴儿的口唇粘膜尤其容易干燥,呈淡红褐色或淡黑色皮革样化,如同结痂。如果眼睛未闭上,露出的球结膜表面逐渐变混浊皱缩,呈三角形斑,并随死后时间延长而加重。其次是腹股沟的皱折处、男性的阴囊、女性的阴唇、婴儿颈部皱折处,也易形成皮革样化。生前损伤,如擦伤、索沟、扼痕等皮肤表皮剥脱或角质层缺损处,经一定时间也干燥变硬,呈黄褐色或暗褐色的皮革样化。死后造成的表皮损伤,虽然也形成皮革样化,但颜色比生前损伤处浅,且无出血等生活反应。局部干燥的发生和发展受外界条件的影响,在温度高、干燥的环境中,局部干燥发展得快。在温度低、潮

湿的环境中,局部干燥发展得慢。局部干燥对辨认伤痕有一定的意义。 （李宝珍）

shiti xianxiang
尸体现象（postmortem phenomena） 人死后,尸体发生的一系列有规律的变化。根据尸体现象可以确定死亡,估计死亡时间,有的还可以推断死亡原因以及死亡时的位置和姿势。尸体现象也可以破坏生前状态或某些损伤和病变。因此,正确认识各种尸体现象及其发展规律,在法医学检验中有重要意义。此外,因为尸体内外因素既可以加速尸体的变化,也可以减慢或终止其发生和发展。因此,在分析尸体现象的产生和评价其法医学意义时,必须充分考虑尸体内外因素的作用。

尸体现象可分早期尸体现象和晚期尸体现象两大类。早期尸体现象是指死后不久（通常情况下,约24小时内）,尸体未腐败前所发生的现象。包括肌肉松弛、尸冷、尸斑、尸体局部干燥、角膜混浊、尸僵、自溶等。晚期尸体现象是继早期尸体现象之后继续变化的结果。一般在死后第一昼夜或第2～3昼夜才明显。晚期尸体现象最常见的是腐败,只有在某些特殊条件下,尸体可不腐败而形成干尸、尸蜡、泥炭鞣尸等。尸体现象的发生和发展是一个连续的过程。早期尸体现象虽然发生在24小时以内,但这些现象并非在24小时后立即消失,而是继续发展,演变。同样,晚期尸体现象也并非在24小时后突然出现,而在死后不久就开始发生。例如腐败菌的繁殖,早在死后几小时就已逐渐开始,只是在24小时以后细菌的繁殖达到一定的程度,腐败现象才明显。 （李宝珍）

shiwu dengji
失物登记（lost goods registration） 对被盗窃、抢劫、诈骗或遗失的物品进行的登记。通常根据事主和财物保管人员的报失材料由辖区公安机关负责进行。它有助于查明赃物的来源和将失物归还失主。登记的项目主要包括:失物的名称、牌号、规格、式样、颜色、新旧程度、数量、体积、丢失的时间和地点及失主的姓名、住址等。登记时应特别注意物品的特别记号。失主如有与失物同类物品,在登记时可作为样品参考。失物登记与赃物登记往往是对应关系。在许多情况下,同一物品在此是失物登记,在彼则可能进行赃物登记。失物登记应以物品为单位,一物一卡进行登记,建立卡片档案,编码储存,以保证迅速查对。 （张玉镶）

shizongren dengji
失踪人登记（the missing registration） 利用卡片对失踪人进行登记,并建档储存。通常根据失踪人的家属、单位或其他有关人员的陈述,由其辖区公安机关负责进行,目的在于查明失踪人的下落和失踪事件的性质。登记的主要内容有:失踪人的性别、年龄、民族、住址、失踪时间、体貌特征和特别记号、衣着打扮、携带物品、平日交往、失踪前的行动表现等,还应在登记卡片上粘贴失踪人的最近半身免冠照片。 （张玉镶）

shinüekuang
施虐狂（sadism） 通过对异性肉体和精神施以侵害,造成对方极度的痛苦而获得性兴奋和性心理满足的变态行为,有的还伴有正常的性行为。在一些强奸杀人案中,行为人杀人的目的并非是为了灭口,而是通过残杀被害人而获得进一步的性心理的满足,即"色情杀人狂"（lust murder）。在司法精神医学鉴定中,因行为人意识清醒、自知力和定向力完整,其主观上对自己行为的性质、后果有充分的辨认和控制能力,应评定为完全责任能力。对于色情杀人狂,各国法律都规定按故意杀人罪处理,判处极刑。 （孙东东）

shizhi zhiwen dengji
十指指纹登记（fingerprint registration of ten fingers） 世界上大多数国家在进行指纹登记时采用的方法。其内容是:按照一定的排列次序,使用一定的器材,将特定的人的双手十个手指的指纹及双手手掌的掌纹以捺印方法加以记录,制成十指指纹登记卡片,并依照规定的方法进行分类、储存和查找、比对。

在我国,十指指纹登记是全国统一的登记制度,由公安机关统一管理。根据我国现行法律和相关法规的规定,进行十指指纹登记时应捺印指纹的对象是:①被依法刑事拘留、逮捕、判刑的刑事犯罪分子;②按照《刑事诉讼法》规定,被拘传、取保候审或者监视居住的犯罪嫌疑人;③被劳动教养和少年管教的人;④抓获有现行违法犯罪行为,经过审查,按照《刑法》或《治安管理处罚条例》规定,受到拘留以上处罚的人。

为使指纹登记的资料能够得到有效利用,进行十指指纹登记时,捺印的指纹、掌纹要清晰,影像密度和颜色要均匀;登录姓名卡片需按项填写完整;捺印后的卡片应按时送交管理部门,按照规定的方法,对十指指纹卡和姓名卡片加以分类、储存和保管。十指指纹的捺印和姓名卡片的登录工作一般由管辖案件的公安机关或所属的拘留所、看守所负责;有些属于检察院、法院直接管辖的案件,由检察院、法院负责捺印案犯指纹。对违法犯罪人员十指指纹卡片、姓名卡片的分析、储存、查对、通缉等项管理工作,由辖区的省、市、自治区公安厅(局)集中负责。

我国现行的十指指纹登记制度实行的十指指纹分析方法分为初步分析和二步分析两个步骤。初步分析是根据左、右手的纹型特征,以分数形式给出一个分析公式;而二步分析则以各个手指的纹线特征,给出二步分析公式,作为对初步分析公式的补充,借以扩大分类编号的体系。分类的依据是:①纹型及中心线的形式;②中心点与三角点之间的乳突线数;③三角追逐线终止点。通过指纹分析得到的分析公式,可供查找、比对和个人识别。指纹分至多少类,一般由指纹卡片的存有数量决定,过细的指纹分类会给检索带来困难。在进行指纹的查找和比对时,主要是在指纹纹型相同的条件下,依据细节特征对要查找的人进行是否同一个人的认定。

运用电子计算机对指纹图形进行图像的数值化处理这一新的检索识别技术已在许多国家得到应用,我国公安机关也已自行研制成功并应用了这种技术方法。与传统的人工分析、检索、比对方法相比,这种技术的优点是:可以大大降低人工劳动强度,减少人为误差,缩短分析、检索和比对时间,使工作效率和比对的准确性得到提高。不足之处是对捺印的指纹图像质量要求较高,对于某些捺印质量不高的指纹,不能用计算机设备自动标定特征点,必须加以人工干预。此外,在指纹自动识别的合理性方面也尚存不足,因而目前还需要由人工进行最终的比对鉴别。

(杨明辉 张新威)

shiwu da zhaoxiang

实物大照相(same ratio photography) 使底片上获得的影像与被摄实物同大(即1:1)的照相技术。它是在刑事照相中拍摄指印或其他微小物证时的常用方法。普通照相在底片上获得的都是缩小的影像。根据摄影光学中物与像的"共轭"关系,要获得较大的影像,必须缩短拍摄距离(物距 I),同时像距(I')必会相应延长。而常用拍摄物证的小型135相机的最大像距为50mm,其拍摄最小物距为500mm,此时物与像的大小比例为10:1(线性比例)。由于摄影镜头的分辨率(鉴别力)和胶片的分析力(解像力)具有一定的限度,当用底片高倍放大后,照片图像模糊粗糙,会损失物证的重要细微特征。从摄影成像公式 $y' = y \frac{f}{I-f}$ 推导,当物距 I = 像距 = 二倍焦距(2f)时,$\frac{f}{I-f} = 1$,此时像高 y' 与物高 y 相等:$y' = y$,即为实物大照相。在实践中采用的方法是:在镜头与机身之间加入与镜头焦距相等长度的近摄接圈,使像距延长是2f;此时即可在2f距离上拍摄物证,获得实物大影像。也可以采用在镜头与机身之间加近摄皮腔的方法进行实物大照相。进行实物大照相应使用镜头可以从机身上卸下的小型相机,而且比反光式取景系统的操作方便。加用近摄接圈或近摄皮腔后,由于像距延长,到达底片上的光照强度减弱,所以应当延长曝光时间。

延长后的曝光时间 = $\left(\frac{像距}{焦距}\right)^2 \times$ 原曝光时间,即是说,实物大照相时的曝光时间应将不加接圈时测得的曝光时间乘以4;如普通照相时的曝光时间为1/60秒,在同等照相条件下实物大照相曝光时间为1/15秒。

(蓝绍江)

shixi lüshi

实习律师(lawyer on probation) 又称见习律师,指依法取得律师资格之后,在律师事务所实习律师业务的人。根据《中华人民共和国律师法》的规定,获得律师资格的人要申请领取律师执业证书,必须在律师事务所实习满一年。担任实习律师是律师执业的法定条件之一。

(陈瑞华)

shizhi zhenshi

实质真实(substantial truth) 又称实体真实,与形式真实相对应。指法院裁判中所认定的犯罪事实,应当符合实际,是具有实质内容的真实情况。根据发现实质真实的要求,法官在认定犯罪事实时,既不受当事人表达的意思(如自白、承认等)的束缚,又不受制于法律关于某种证据具有何种证明力的规定,而只能基于自己调查证据的结果,是否确信已查明事实真相。法院裁判应当以发现的实质真实作基础,是资产阶级诉讼法学者在反对封建时期的法定证据制度时提出的。在法定证据制度下,法律对各种证据的证明力和如何取舍都有明确规定,法院裁判时必须按照法律的规定机械地计算证据的证明力,并在符合法律的要求时对案件事实予以认定。实践证明,法院据此而认定的案情,虽然符合法律的要求,但往往仅有真实的形式,而不符合案件的实际情况。所以,在诉讼理论中,将这种只要求符合法律的规定,而不管是否与实际相符的真实,称为形式真实。它是法定证据制度的证明标准,与诉讼应当达到不枉不纵的目的是相背离的。资产阶级诉讼法学者认为诉讼要发现实质真实,必须授权法官和陪审员可以按照自己的确信来判断证据,即发现实质真实应以自由心证原则作保障。资产阶级法学者所称颂的实质真实,虽然与形式真实有根本的区别,也不过是指法官和陪审员"主观信其为真实",是具有高度盖然性的真实,因为他们之中有人说,在裁判方面没有而且不可能有绝对的确实性,

只能满足于接近真实。　　　　　（陈一云）

shizhi zhenshi faxian zhuyi
实质真实发现主义（principle of substantive truth）　又称实体真实发现主义，与形式真实发现主义相对。大陆法系国家刑事诉讼法的原则之一。基本含义是：法院应当依靠其积极主动的司法调查，全面、自主地查明案件事实真相，不受当事人所提出的声明、证据的约束。根据其内容的不同，这一原则又有积极的实质真实发现主义和消极的实质真实发现主义之分。前者强调有罪必罚，对一切犯罪事实均应予以查清，从而使有罪者均受到定罪和刑事处罚；后者则强调应最大限度地避免误罚无辜者，即在不枉与不纵发生冲突时，以不枉作为优先的选择。与实质真实发现主义相反，形式真实发现主义则要求，法院在对构成裁判基础的事实的认定上，将当事人之间无争议的事实视为真实，或者只根据当事人提出的证据来认定争议事实的存在。一般认为，这一原则主要适用于大陆法系国家的民事诉讼中。　　（陈瑞华）

shidao jingmai quzhang polie chuxue
食道静脉曲张破裂出血（esophagus varicotomy rupture and bleeding）　食道静脉曲张是肝硬化最常见、最严重的并发症。由于门脉高压使食道静脉弯曲扩张。由于曲张的食道静脉管壁薄，又受门脉高压的影响，所以在食团通过时常被粗糙食物或异物（如骨片、鱼刺等）机械擦伤，或恶心呕吐时，都可能引起食道静脉破裂出血。一旦出血，很少自行停止，故常引起急死。临床上主要表现为大量呕血以及面色苍白，血压下降，四肢湿冷，晕厥等休克症状。如有大便则为黑便。尸体解剖可见：胃肠内充满血液，如血液在胃内滞留时间短，则呈暗红色。若滞留时间长，则呈咖啡色或褐色。大肠内有黑便。因出血后曲张的静脉腔已空虚，曲张的静脉丛已不明显，但有时在光镜下仍可见粘膜下有扩张的静脉。　　（李宝珍）

shilingguan daiwei songda
使领馆代为送达（service through embassy）　一国法院对于在本国境内没有住所的具有本国国籍的受送达人，委托本国驻受送达人所在国的使领馆将法律文书送交给受送达人。这是 1963 年《维也纳领事关系公约》中规定的送达方式。我国是该公约的参加国，因此我国民事诉讼法将使领馆代为送达规定为涉外民事诉讼送达的一种方式。如果受送达人是我国公民，其所在国也是《维也纳领事关系公约》的成员国，即可委托我国驻其所在国使领馆代为送达法律文书给受送达人。如果受送达人所在国是非公约成员国，但根据该国法律允许我国使领馆直接送达的，也可以委托我国驻该国的使领馆代为送达。使用这种方式送达法律文书便捷迅速，且不需要附外文文书。
　　　　　　　　　　　　　　　（何　畏）

shiyong woguo tongyong de yuyan wenzi yuanze
使用我国通用的语言文字原则（principle of using Chinese language in litigation）　我国涉外民事诉讼的原则之一。一个主权国家的司法机关审理涉外案件，使用本国通用的语言、文字，是其独立行使司法权的表现形式之一，其意义在于维护国家尊严，表明法院行使司法权的严肃性，任何人都应予以尊重，这在国际上也是各独立国家处理涉外案件通行的一条原则。《中华人民共和国民事诉讼法》第 240 条规定："人民法院审理涉外民事案件，应当使用中华人民共和国通用的语言、文字。当事人要求提供翻译的，可以提供，费用由当事人负担。"通用的语言、文字，是指我国通行适用的语言、文字，不得使用任何外国的或在国际通行的语言、文字；人民法院审理案件时的审理活动和当事人及其他诉讼参与人的诉讼活动，一律使用我国通行的语言；人民法院的判决书、裁定书、调解书，以及发布其他法律文书，一律使用我国通行的文字。外国人不论是诉讼的当事人，还是其他诉讼参与人，不懂或者不通晓中国通用的语言、文字，而要求提供翻译的，人民法院应当为其提供翻译。提供翻译是基于当事人的需要和请求，因而翻译的费用由当事人自己承担。　　（刘家兴）

shihou zhengju
事后证据（evidence after the fact）　相对"事前证据"及"当时证据"而言。以后果证明前因的证据。如犯罪发生之后在现场发现犯罪嫌疑人、被告人的足迹，犯罪嫌疑人、被告人有搬运、藏匿或处分赃物的行为等，这些可用以证明其实施了犯罪行为的事实，即为事后证据。　　　　　　　　　　（熊秋红）

shiqian zhengju
事前证据（evidence before the fact）　相对"当时证据"及"事后证据"而言。以前因证明后果的证据。在刑事诉讼中，假如犯罪嫌疑人、被告人实施了犯罪行为，那么，除非他为机会犯或偶发犯，否则他实施犯罪行为之前必然会出现犯意并进一步进行犯罪准备。以实施犯罪前的预备行为、犯罪嫌疑人、被告人的精神状态及其他相关情况作为判断犯罪嫌疑人、被告人有无犯罪事实之参考的证据，即为事前证据。
　　　　　　　　　　　　　　（熊秋红）

shishi jianding

事实鉴定(identification of the facts) 刑事鉴定技术组成部分。运用专门技术方法,对案件中有怀疑的事实的鉴别和确定。其目的在于确认有关事情的真实情况。主要有:①事实真假鉴定。在于确定案件中有怀疑的事实的真假问题。如对可疑货币、证券、商标、印章印文鉴定,诈伤诈病鉴定等均属此类鉴定。其鉴定结果,肯定为虚假事实的结论,可以直接证明被怀疑的某种事实存在;否定结论,则可以直接证明被怀疑的某种事实不存在。②事实有无鉴定。包括显示事实、恢复事实的鉴定。如对擦刮、消退、掩盖、添改、密写、损毁文书的鉴定等均属此类鉴定。其目的是通过鉴定证实事实的有与无。这种鉴定的肯定结论,表明通过鉴定发现了所要确定的事实,可以证明被怀疑的事实的存在;否定结论,表明在鉴定过程中未能发现被疑的情况,但不能排除被疑事实的不存在。因为无论主观方面的原因还是客观方面的原因,都可能导致实际上存在某种事实而不能显示或恢复的可能。③事实程度鉴定。通过鉴定确定案件中需要查明事实的危害程度或行为人责任能力的大小等,是刑事技术鉴定中一种常见的类型。例如,人体损伤程度鉴定、劳动力丧失程度鉴定、责任能力鉴定、事故中机器设备损坏程度鉴定等,都属于确定事实程度的鉴定。这类鉴定结论有严格的法定标准,结论的证明作用也不能超出法定的范围。④事实原因鉴定。鉴定人利用专门知识和检验手段,对案件中造成某种事实的结果或引起某种事实发生的原因所做出的判断。例如,死亡、爆炸、起火、事故等原因的鉴定。这种鉴定既要依据现场的物质现象,又要考察现场及其周围的环境,多数情况下,鉴定人要对现场实地进行查考、分析,亲自搜集有关资料。鉴定方法要采用技术检验、现场实验、对照比较等多种方法,最后通过综合评断作出概念性结论。该类鉴定结论只证明案件中某种事实产生的原因,至于其他问题需要通过侦查、调查确定。 (张玉镶)

shishishang de tuiding

事实上的推定(fatual presumption) 又称法院的推定或人的推定。指法官根据已知的事实,对待证事实进行推理所作出的结论。例如,法官确认某人是在秘密场所以很低的价格购买物品时,可推断其明知为赃物;法官确认某人隐匿证据时,可推断该证据的内容于他不利。在运用间接证据定案时,法官更要进行连续的推定。事实上的推定,是法官根据普通知识和实践经验,进行逻辑推理所作的结论,而不是依据法律的明确规定。法官作出何种事实上的推定,与其业务素质密切相连,因而就有可能发生错误。事实上的推定体现在法院的判决或裁定中,如果当事人认为有错误,可以通过提出上诉等方式要求纠正。一些学者认为,这种事实上的推定,对基于基础事实可作何种推断并无明确要求,完全由法官自由决断,而法官的推断又是对待证事实的确认而非假定,其法律后果与法律上的推定并不相同。为了防止用语上的混淆,有利于正确理解和适用推定的规定,应当对法官在办案中的逻辑推理,直接使用"推理"或"推断"一词。 (陈一云)

shishishang tuiding

事实上推定(presumption of facts) 又称诉讼上推定。在诉讼过程中,法官得以依据已明了的事实,根据两个事实之间的常态联系,合乎逻辑地推断待证事实的真伪。因其为司法人员根据逻辑经验所为,因此又称司法推定、逻辑推定,与法律推定相对称。法律推定是指立法者根据两个事实之间的常态联系,规定若某一事实存在,则另一事实存在或不存在。例如,宣告失踪、宣告死亡制度即为一种法律上的推定。法律推定可以改变举证责任的分担,导致举证责任的免除,并且司法人员必须遵守。事实推定是一种可反驳推定,由司法人员由基础事实推论出待证事实,对方当事人对推定事实否定的,可以提出反证予以推翻。反驳可以反驳基础事实也可以反驳推定事实。事实推定的前提基础事实必须明了、真实可靠,因此当事人一般对基础事实仍负举证责任。事实推定是司法人员依职权进行的诉讼活动,是一种常用的证明方法,由司法人员根据伦理和经验法则发挥主观能动性使用,其作用是增加司法人员中对案件事实的确信程度,客观上造成减轻或免除当事人举证责任的法律后果,并导致举证责任在一定范围内的转移。但事实推定具有不确定性,如果任由司法者自由使用,势必会导致司法混乱,因此对其范围和法律效果要加以严格的限制。 (丛青茹)

shishishen

事实审【刑诉】(trial of fact) 指古罗马普通诉讼程序的第二阶段,也称事实审理。其第一阶段是法律审。事实审是在法律审的基础上由承审员或仲裁人作出判决。法律审是由大法官依法审查当事人的诉案能否成立,原告的请求是否合法,被告有无抗辩,并根据原、被告的陈述作成程式书状。

在上诉审程序中,上级法院对案件重新作实体上的审理。在实行三审终审制的国家,第二审从认定事实和适用法律上审查第一审判决是否正确,第三审只审查原判适用法律是否正确,因此,第二审称为事实审,第三审称为法律审。这种上诉程序以法国、德国、日本最为典型。在事实审程序中,由法官3人以上组成合议庭。对审理范围,有的国家规定限于上诉部分。如上诉没有指明具体事项,就认为对全部判决内容不服。有的国家规定除上诉事项外,法院还可依职权调查其他有关事项。在审理时,当事人、辩护人一般要出庭,轻微犯罪被告人不需要出庭,可委托律师出庭。

(刘广三)

shishishen

事实审【民诉】(hearing including factual and legal issues) 与法律审相对。着重于审查案件事实的审判程序。在资本主义国家的民事诉讼法中,依是否审查案件事实为标准,将审判程序分为事实审与法律审。事实审首先要对案件事实是否清楚、证据是否确凿等有关案件的事实问题进行审查,在此基础上适用法律对案件作出裁判。法律审则仅就法律适用是否正确进行审查,不再就案件事实本身进行审理。事实审与法律审的区分主要适用于上诉审程序中。任何国家的民事诉讼程序,第一审都是事实审,重在对案件事实及有关证据进行审查,上诉审的审理范围则各有不同,即有事实审与法律审之区别。 (王彩虹)

shiwu lüshi

事务律师(solicitor) 与出庭律师相对,又称诉状律师、初级律师,英国两种主要开业律师中的一种。事务律师与出庭律师的职业划分始于16世纪,是英国律师制度的重要特点。事务律师的业务十分广泛,包括为委托人起草法律文件,解答法律方面的问题,担任法律顾问,承担不动产的转让、登记业务,等等。如遇到某些专门性问题,可请出庭律师提供意见和帮助。此外,事务律师还可在治安法院和郡法院代表当事人出庭陈述。 (陈瑞华)

shiwu guanxia

事物管辖(subject matter jurisdiction) 各级人民法院对刑事案件行使审判权的范围。事物管辖又有通常事物管辖和特别事物管辖之分。在我国,通常事物管辖也就是指级别管辖,即按照人民法院的级别来划分案件的管辖范围。特别事物管辖,是指不按照通常的级别管辖的划分,超越下级法院而直接进入上级法院或再上级法院管辖。我国《刑事诉讼法》第23条规定:"上级人民法院在必要的时候,可以审判下级人民法院管辖的第一审刑事案件;下级人民法院认为案情重大、复杂需要由上级人民法院审判的第一审刑事案件,可以请求移送上一级人民法院审判。"这可视为关于特别事物管辖的规定。 (朱一心)

shizhu

事主(the victim of crime) 某些刑事案件的被害人或其近亲属。如抢劫、盗窃、伤害等案件的被害人,杀人案件中死者的父、母、夫、妻、子女等近亲属。事主往往知晓一定的犯罪事实或与犯罪有关的情况,如盗窃案的事主最清楚财物的损失情况和失物数量、特征、价值等;强奸、诈骗、抢劫等案件的事主与犯罪人有过正面接触,不仅了解犯罪人作案情况,而且知晓犯罪人的外貌特征;因奸情、报复、灭口等原因而杀人的案件的事主,往往能根据自己或死者平时的政治、经济、工作、社交、品德、隐私等情况,判断犯罪嫌疑人是谁。因此,事主是侦查访问的重要对象。 (文盛堂)

shiting ziliao

视听资料【民诉】(audio-visual material) 民事诉讼证据的一种。以电磁、光电等手段所记载的,借助于一定的机器设备即可再现为可听、可视的声音、图像、数据的信息资料。常见的视听资料有录音、录像、计算机数据、电影胶片、各种扫描资料等。现代科学技术的发展使人们能够越来越广泛地将大量的资料信息存储在各种非纸张的媒体上,只要借助适当的设备,就可以将媒体上所载的信息客观地、逼真地再现出来。因此作为证据的视听资料在诉讼中的运用越来越广泛。我国民事诉讼法将视听资料作为一种独立的证据形式,英美法中视听资料属于物证的范畴。视听资料具有两个特点,一方面它们所具有的逼真性、生动性是书证、物证等其他证据所无法比拟的,但另一方面它们又易于被不留痕迹地篡改或伪造。这是影响到视听资料证明力的两个相互对立的特点。因此在审查和判断视听资料能否作为定案依据时,应当特别注意视听资料与案件其他证据的相互印证。

(于爱红)

shiting ziliao

视听资料【刑诉】(video and audio recording material) 又称音像资料。以录音、录像、电子计算机以及其他高科技设备所储存的信息证明案件真实情况的证据。视听资料作为一种诉讼证据,是现代科学技术迅速发展的产物。《刑事诉讼法》第42条将视听资料作为独立的证据种类之一。视听资料与其他证据种类相比,具有以下特点:①视听资料的形成、储存和再现,具有高度的准确性和逼真性;②视听资料有各种言词证据(见人证)都不具备的直感性;③视听资料具有物证、书证所不具备的动态连续性。视听资料具有客观性强、信息量丰富等优点,但又存在伪造方便且难以凭人的感观所发现之不足。因此,运用视听资料时,应附有制作者、制作时间、地点、对象、制作过程及设备有关情况的书面说明。对视听资料,必要时应当进行鉴定。对视听资料的审查判断,主要应从以下几个方面进行:①视听资料形成的时间、地点和周围环境;②视听资料的收集过程;③与视听资料有关的设备是否正常;④分析研究视听资料的内容。

(熊秋红)

shiwai soucha
室外搜查(outdoor search) 侦查人员为了收集犯罪证据、查获犯罪人而对可能隐藏犯罪嫌疑人、罪犯或者犯罪证据的有关露天场所等地方进行的搜索、检查。在国外的刑事诉讼法典中,也有对除人身、住宅之外的其他地方依法搜查的规定。如《法国刑事诉讼法》第94条规定,搜查的对象是任何有助于查明案件事实的物品和地点。第92条还规定,预审法官可前往任何地点以实现全部有效决定或实施搜查。预审法官应通知检察官,检察官可陪同前往。在日本,刑事诉讼法规定搜查可以对人犯的身体、物品、住所或其他场所进行。对人犯以外的人身、物品、住所或其他场所进行搜查,以足以认为有应予扣押物品存在的情况为限。德国现行刑事诉讼法典规定搜查对象包括有圈围的产业(第104条和第105条)、有前科人员的聚集点(第104条)、秘密赌场和麻醉品、武器非法交易所(第104条)、联邦军不对外开放的设施和设备站(第105条)等等。我国《刑事诉讼法》第109条规定:侦查人员可以依法对可能隐藏犯罪嫌疑人、罪犯或者犯罪证据的其他有关的地方进行搜查。这里"其他有关的地方"主要指犯罪嫌疑人以及涉案的人的身体、物品、住处以外与案件有关的地方,重点是指室外有关的露天场所,故亦称露天场所搜查。但它又不仅限于露天场所,还包括交通工具内、车站码头、机场、交易场所、圈围的产业、庭院、厕所、畜圈等处所,这些地方有些不是露天的,甚至包括一些任何人都可以自由出入的公共场所,而这些场所有的还在豪华建筑之内。只因它不属于特定人的居室、房舍而是不特定人的活动场所,故将其与法律意义上的"住宅、住处"相区别而划入"室外搜查"的范围,实质上不是"室外",更不是"露天场所"。当然,室外搜查大多是与案件有关的露天场所。对于人身搜查、住宅搜查的被搜查人的庭院、菜园、草堆等露天场所,往往与人身搜查、住宅搜查同时进行。尤其是对与被搜查人住宅相邻近的露天场所可疑地方的室外搜查,大多是住宅搜查的继续。

单独进行室外搜查时,应持有搜查证。在搜查开始前,要根据室外地面广阔、地形复杂等特点和具体环境,划定搜查范围。同时,要做好与住宅搜查基本相同的准备工作,制定分段或分片进行搜查的具体方案。然后根据需要设置警戒线,依法宣布搜查。

室外场地搜查在技术上通常采用螺旋式搜查法。采用这种方法时,搜查人员从划定搜查范围的外边缘向确定的中心点(或尸体、保险箱、其他类型的证据等位置)螺旋式地进行搜查。当搜查到中心点后,如有必要又可从中心点开始向外边缘进行反向搜查。还有一种技术方法叫做车轮式搜查法。它也是先确定一个中心点,将搜查人员集中在中心点上,然后从中心点开始向外围边缘同时进行搜查,即由中心点向四面八方的外围边缘成放射状形式地进行搜查。用这种方法搜查时离中心点越远,搜查人员相互间距离越大,如同自行车车轮的钢丝,在车轮中心轴处交汇在一起而离中轴越远间距越大,到车轮边缘车胎处则更大。因此,离开中心点后在搜查人员横向距离拉大时,必须互相交叉进行搜查,以保证所划定的区域都搜到。不管采用何种搜查法,对搜查范围以内的地面、卫生间、院墙、粪坑、水井、菜窖、杂物堆等等,均要仔细检查。如果搜查面积大地形很复杂,应深入调查走访当地群众,询问是否发现可疑人、物或处所,有重点地进行搜查。

室外搜查不能因任务重、搜查面大而马虎从事。在农村,有的犯罪嫌疑人或罪犯将赃款赃物用罐子密封后埋在地下,或隐藏于畜圈、柴草堆、住宅附近的洞穴或埋在粪坑下;有的将尸体埋在菜园地下深处;有的将作案工具、罪证等丢入粪坑、池塘、树林等地。在城市,隐藏犯罪嫌疑人、罪犯和罪证的大多是公园、公共场所、公共厕所等地。这些都是室外搜查应特别仔细检查之处。在搜查地面时,如果是砖块或水泥块地面,应注意是否有破损和新撬动痕迹,还可用锤敲击可疑地面与周围地面,听其是否有异于周围地面的空哑声音;如果是泥土地面,先观察其是否有新土痕迹,然后对可疑之处倒上一些水观其渗水快慢,还可与无疑之处同时作渗水速度对比检查,若有异常即掘地查验;如果是菜地、农作物耕地,应仔细观察蔬菜、禾苗生长情况,如发现某一部位与周围的生长情况不同或有其他异常现象,则应根据案情查看下面是否埋有尸体(杀人案)或赃物(经济罪案)。如发现犯罪嫌疑人或在逃案犯应即拘捕并进行人身搜查。搜查出的尸体、罪证应摄像或拍照,与案件有关的物品应依法扣押。

(文盛堂)

shiyong woguo minshi susongfa yuanze
适用我国民事诉讼法原则(principle of application of civil procedure law of the P.R.C.)

我国涉外民事诉讼的原则之一。凡在我国领域内进行民事诉讼,不问其当事人所属何国籍,均适用《中华人民共和国民事诉讼法》,即按照我国民事诉讼法的规定起诉、应诉,从事诉讼活动;我国人民法院因外国人、外国企业和组织向其起诉、应诉而取得对案件的管辖权;我国民事诉讼法规定专属管辖的案件任何外国法院均无权管辖;任何外国法院的判决、裁定,以及任何外国仲裁机构的仲裁裁决,非经我国人民法院依法审查并予以承认,在我国领域内不发生效力。此外,外国法有关诉讼问题与我国法律规定不一致的,也适用我国法律的规定,如外国法规定不能诉诸司法解决的争议,但我国法律规定可以向法院起诉的,适用我国法律规定;外国人在其本国无行为能力,不能亲自进行诉讼活动,但按我国法律规定视为有行为能力的,即可亲自参加诉讼。

在涉外民事诉讼中具体适用我国民事诉讼法时,应注意区分三个层次,一是涉外民事诉讼与非涉外民事诉讼一样,均应以民事诉讼法的基本原则为指导;二是涉外民事诉讼与非涉外民事诉讼有所不同,有其特定的一般原则,我国《民事诉讼法》第4编第24章规定的几项一般原则,在涉外民事诉讼中具有一般的指导意义;三是我国民事诉讼法对涉外民事诉讼在程序上有特别规定。对涉外民事案件应适用特别规定,无特别规定的,才可适用一般程序的规定。

一国公民、企业和组织在他国进行民事诉讼,适用他国民事诉讼法,是适用程序法的属地主义原则,这一原则是基于主权国家独立行使司法权力的原则建立的,是国际上通用的原则,在许多国际公约中都是加以肯定的。例如,1928年关于外国人地位的哈瓦那公约,其第2条中就明确规定,外国人一如本国公民,应受当地法院管辖,并服从当地法律。 (刘家兴)

shifang zhengmingshu

释放证明书(release certificate) 对被拘留或逮捕的人依法予以释放时发给的证明文书。《释放证明书》由公安机关在接到人民法院、人民检察院的《决定释放通知书》时填写并发给被释放者本人。其内容包括:被释放人的姓名、性别、年龄、住址,于何时被拘留或逮捕,决定释放的理由及对释放的证明等,并注明填发日期、加盖公安机关印章。根据我国《刑事诉讼法》规定,对于被羁押的犯罪嫌疑人、被告人,属于下列情形者,应予释放并发给释放证明书:①公安机关发现对被拘留、逮捕的人不应拘留、逮捕或拘留后提请人民检察院批准逮捕而未获批准的;②超过法定羁押期限而未采取其他强制措施的;③公安机关作出撤销案件决定,以及人民检察院作出撤销案件或不起诉决定的;④经人民法院判决宣告无罪或免除刑罚处罚

的。 (黄 永)

shiming

释明(prove the probability of a fact) 中华民国时期诉讼法中的用语。指当事人提出证据可以使法官相信待证事实大概如此,即产生低度确信的行为。释明与证明相对应。两者的区别在于:证明要求当事人提出的证据足以使法官对待证事实产生高度的确信,认为其确实如此;释明仅要求当事人提出的证据使法官对待证事实有低度的确信,认为其大概如此。作为释明对象的事实,以法律有特别规定为限,均属于诉讼程序上的特定事实。例如,国民党政府统治时期的刑事诉讼法和民事诉讼法规定,当事人声请推事回避,应对举出原因"释明之"。又如,当事人因迟误期间而声请回复原状的,应对迟误期间的原因"释明之"。释明可以使用的证据,以能即时调查者为限,如即时提出的证书和已到场可即时询问的证人等。这是因为应释明的事实需要立即解决,不宜拖延。

释明可以不必遵守形式上的证据程序,要求没有证明那样严格。书证以及证人、鉴定人所作的证明书、鉴定书也可用作释明。是否为可以即时调查的证据由法院裁断。我国法律未规定释明方法的适用。释明的方法一般适用于我国台湾地区、日本以及其他一些大陆法系国家。 (陈一云 丛青茹)

shouji zhengju

收集证据(collecting evidence) 司法机关在刑事诉讼过程中为了发现和提取能够证明案件真实情况的证据所进行的活动。它是证明过程的首要环节,是准确查明案件事实,正确处理案件的前提。为了保证司法机关顺利地进行这种活动,《刑事诉讼法》明确规定:"人民法院、人民检察院和公安机关有权向有关单位和个人收集、调取证据。有关单位和个人应当如实提供证据。"

根据《刑事诉讼法》的有关规定,司法机关收集证据,必须遵守以下原则:①严格依照法定程序进行,严禁刑讯逼供和以其他非法的方法收集证据。②依靠群众,保证一切与案件有关或了解案情的公民,有客观地充分地提供证据的条件。③全面收集能够证实犯罪嫌疑人、被告人有罪或者无罪、犯罪情节轻重的各种证据。④对涉及国家秘密的证据,应当保密。根据司法实践经验,收集证据应符合的基本要求是:①必须主动、及时。在发挥主动性方面,行使审判权的人民法院与人民检察院和公安机关又有区别,因为它主要是调查核实证据,仅在对证据有疑问时,才进行勘验等收集证据的活动。②应当有计划、有目的。③

必须深入、细致。④充分运用现代科学技术手段。

根据我国《律师法》、《刑事诉讼法》和《民事诉讼法》的有关规定,律师担任辩护人、诉讼代理人参加诉讼活动,也可以收集证据,但辩护律师向证人或者其他有关单位和个人收集与本案有关的材料,需取得他们的同意;如果是向被害人或者其近亲属、被害人所提供的证人收集,还应得到人民检察院或者人民法院的许可。

大陆法系国家与英美法系国家对法官可否主动收集证据有不同的规定。大陆法系国家的刑事诉讼法,因采用职权主义,法官在必要时可以主动收集证据。英美法系国家的刑事诉讼法,因采用彻底的当事人主义,认为收集和向法院提供证据,完全是当事人的责任,故法官不主动收集证据。　　　(陈一云)

shouyang guanxi gongzheng
收养关系公证(notarization of adoptive relationship) 公证机关根据收养当事人的申请,依法证明符合收养条件的人收养他人子女的行为及收养协议的真实性、合法性的活动。公证机关的业务之一。收养是一种变更人身关系的重要法律行为,收养关系的成立,得符合一定的条件。依据《中华人民共和国收养法》的规定,收养关系的成立得符合下列条件:第一,收养人须具备下列条件:①无子女,但是收养孤儿、残疾儿童,或华侨收养三代以内的同辈亲属子女,或继父母收养继子女除外。②年满35周岁,但收养孤儿、残疾儿童,或继父母收养继子女不受此限。无配偶的男性收养女性的,收养人与被收养人的年龄应当相差40周岁以上。③有抚养教育被收养人的能力。第二,送养人应当是孤儿的监护人、社会福利机构或有特殊困难无力抚养子女的生父母。第三,被收养人原则上应当是不满14周岁的下列未成年人:孤儿、查找不到生父母的弃婴或儿童、生父母有特殊困难无力抚养的子女,但法律另有规定的除外。收养关系的成立除了得符合上述实质条件外,还得符合法律规定的形式要件:要有收养当事人各方自愿签订的收养协议和民政部门予以登记。在下列两种情况下,公证是收养关系成立的要件,收养人或者送养人要求办理公证的和外国人在中华人民共和国内收养子女的。

在中国,依照有关法律规定,收养关系公证得符合下列程序:①当事人提出申请。由收养人、被收养人等亲自到收养人或被收养人住所地的公证处提出公证申请,并向公证机关提交办理公证所需提交的有关证明材料,如收养人、被收养人的身份证明,收养人、送养人的婚姻状况,收养人的职业及经济来源证明等等。②公证处予以审查。审查的重点是收养人、送养人、被收养人是否符合法定条件,收养当事人的意思表示是否是自愿、真实的,收养协议的内容是否合法,当事人提供的有关证明材料是否符合客观实际等等。③出具公证书。公证机关对符合法律规定的条件的收养关系予以确认,依法向当事人出具公证书。

收养关系经公证后,被收养关系的真实性合法性即得以确认,在须办理公证手续收养关系方能成立的情况下,收养关系经公证后得以成立,如《中华人民共和国收养法》第20条规定:"外国人在中华人民共和国收养子女……收养关系自公证证明之日起成立"。此外,收养关系经公证证明后,未经公证机关办理解除收养关系的公证,收养关系不得解除。　(潘剑锋)

shouyang nengli
收养能力(competence to adopt children) 公民领养他人子女为自己子女的行为主体资格。收养人必须是完全民事行为能力人,具备使被收养人心身正常发育的必要的物质条件和培养被收养人良好品行的教育条件。有些精神病人因受病理性精神活动影响,丧失了对自己行为的辨认能力,对社会和家庭缺乏应有的义务感,甚至对自己的亲人实施伤害行为,不可能对被收养人提供良好的、有利于被收养人心身健康的物质和精神条件,这部分人便属无收养行为能力人。对诸如神经官能症等轻度精神障碍者,能够良好地自理日常生活,清楚地理解收养子女所必备的条件和意义,并能依此付诸行动,这部分人收养子女的能力一般不应受到限制。　　　　　(孙东东)

shouwen
手纹(handprints) 手掌侧皮肤表面各种纹理图案的总称,包含乳突线花纹、屈肌纹和皱纹三部分。

乳突线花纹 在整个手掌侧皮肤表面生长着织密而排列有序的微凸纹线,称为"乳突线";由乳突线构成的各种花纹图案称"乳突线花纹"。乳突线在解剖学中被称为"嵴线";嵴线图案的生理解剖基础在于真皮表层结构。人的皮肤分为真皮和表皮两大层次,真皮表层密密地生长着两种乳头状突起——"神经乳头"和"血管乳头"。人体神经末梢伸入神经乳头,具有接收和传导外界刺激的功能;人体毛细血管伸入血管乳头,具有营养和代谢功能。乳头成对生长,并排列成多种多样的图案,是构成表皮乳突线花纹的基础。在真皮乳头层表面并与之相嵌接的是表皮的"生发层",该层细胞从真皮汲取营养,不断地分裂增殖向表皮补充,经过"颗粒层"、"透明层"逐渐角质化,在表皮的最表层形成厚厚的角质层,保护着内部组织不受外界侵害。对应真皮乳头层的突起结构形成表皮的乳突线花纹,它在手掌的不同区域又有不同的名称和特点:手指末端第三指节的乳突线花纹称"指纹",花纹结构最复杂(见指纹)。手指第一、二指节的乳突线花纹称"指节纹",图案简单,由平直或倾斜的纹线构成。在手掌部位的乳突线花纹称"掌纹",掌纹的花纹结构和纹线流向在手掌不同部位呈有规律的差异。乳突线花纹结构及细节特征具有"人各不同"的特性,百余年近代指纹学的理论与实践已经充分证明,世界上任何人的手指、手掌的乳突线花纹都是特定的,绝不会有两个人或两枚手指间的乳突线特征是完全相同的。而且人的皮肤乳突线花纹自胎儿时期生长定型,直到生、老、病、故,在皮肤完全腐败之前,特征不会发生明显变化;即使表皮损伤,只要不破坏真皮乳头层,仍可再生。由于乳突线花纹具有这些重要特性,使其成为个人识别的重要依据,在刑事案件侦查及司法实践中发挥着特殊重要作用,被世界各国法庭公认为"物证之首"。

屈肌纹 在手掌侧各屈伸活动部位的皮肤表面分别生长凹状沟纹,即称屈肌纹。各手指的屈肌纹均为三组,横向生长,按由腕侧至指尖方向排列,分别为第一、第二、第三屈肌纹。在手掌中心,一般生长有三组大屈肌纹,自腕向指根部排列,分别为第一、第二、第三屈肌纹。又分别称:"鱼际纹"、"近端横屈纹"和"远端横屈纹"。屈肌纹的位置、走向、细节组合特征同样具有稳定性,在手印的检验鉴定中可以作为乳突花纹特征的重要补充依据。

皮肤皱纹 生长于手掌表面的较表浅的皮肤纹理。皮下脂肪层厚的部位,皮肤丰满,皱纹较少;脂肪层薄的部位,皮肤皱纹较多。分布在手指皮肤表面的皱纹由纵行短直线组成;分布在掌心部位的皱纹呈纵、横及斜向等不规则状。无论何部位的皱纹排列均是不规则的,因而特定性很强;但随皮下脂肪层的增减及捺印条件的制约,其稳定性差。因而在手印的鉴定中仅做参考特征。

(蓝绍江)

shouyin
手淫(masturbation) 以手或其他物品作为自己性欲发泄的工具,使自己获得性兴奋或性满足的行为。在青少年时期,手淫是个人发泄性欲的正常途径,对其身心发育和健康没有什么影响。但若手淫次数过频,并对性生活冷漠,则为病态手淫。手淫一般不涉及法律问题。若手淫继发露阴癖、摩擦癖等性变态行为,则应承担完全责任。

(孙东东)

shouyin
手印(fingerprint) 人在用手按握其他物体时,掌侧皮肤留在承受物体表面上的反映形象。是在犯罪现场上常见而又最重要的痕迹物证之一。手印又可分为指印、指节印、手掌印。手印的各部位名称及测量方法如图示。手印依据在承受物体上的表现形式,可以分成立体的和平面的。平面手印又依据承受物体表面成痕介质的增减而分为加层手印和减层手印。依据介质的种类又分为汗液手印、血手印和油垢手印、灰尘手印。依据手印的色调反差还可分成有色(显在)手印和潜在手印。手印反映手掌外表形态结构的特征包括两大类:①皮肤表面乳突线花纹结构特征,包括指纹特征、指节纹特征、掌纹特征及相关的屈肌纹和皮肤纹特征;②手形特征,包括各手指、指节的长度、形状,手掌的长、宽度,手掌各部位的形状及周缘的形态等。乳突线花纹特征具有很强的特定性和稳定性,是人身识别的重要依据。手形特征也具有较强的特定性和稳定性,在一定条件下也可据以将不同个体进行区分。在刑事侦查实践中,根据现场手印的分布,判断犯罪分子在犯罪过程中的活动情节,根据手印形态特征可以推断为犯罪人何手何部位所遗留;在司法鉴定实践中,根据对手印的比较检验可以直接认定遗留手印的人,从而为指控犯罪提供客观证据。

(蓝绍江)

shouyin jianding
手印鉴定(handprint identification) 运用同一认定理论和形态比较方法,为查明两枚手印是否为同一人的同一手指所遗留而进行的比较检验与评断的过程,是痕迹鉴定的内容之一。手印鉴定的科学基础是手掌侧皮肤乳突线花纹结构及其他手掌形态的特定性与相对稳定性。手印鉴定的基本程序是:

分别检验 分别寻找和记录现场手印(检材)与嫌疑人的手印(样本)中稳定可靠的形态特征。它包括种类特征:基本纹型、纹线的流向和密度;细节特征:各种纹线细节特征的种类与形态、出现的位置与数量,皮肤屈肌纹、皱纹、伤疤、畸形等特征的位置、形状与大小。如果检验手型特征,应当首先测量手掌各部分的长度、宽度,观察一般形状;然后观察和记录指、掌各细节部位的形状和边缘形态。

比较检验 将分别检验发现与记录的检材与样本特征进行对照比较。先比较检材与样本的种类特征是否一致;在种类相符的前提下,比较二者细节特征的形态、出现位置及相互对应关系是否吻合。比较检验的基本方法有"特征对照法"和"几何图形法"。前种方法是将检材与样本中的细节特征依相同的顺序标示,进行并列比对;后种方法是依照一定的顺序分别将检材和样本上的相同特征用直线连结,分别构成几何图形进行比对。

综合评断 将在比较检验中发现的异同点进行综合分析。综合评断的第一步是分析论证在检验中发现的特征是否足以构成该手印的特定性,即它的总和已绝不可能在其他人的手印中完全再现;评断的第二步是论证被对照检验的两枚手印的符合点是否构成本质的相符(即同一人同一手的部位必然吻合),而检验中发现的某些差异点能否得到科学合理的解释。在综合评断的基础上做出是否同一的结论。世界上有些国家为了保证鉴定结论的准确性,对于手印中细节特征的最低符合量作了明确的规定,即要认定两枚手印为一人所遗留,其相吻合的细节特征必须达到某个最低量的标准,然而各国所确定的最低标准却差距很大,而且没有很科学的解释。我国在法律上对手印同一认定的特征吻合量并无明确规定,而是强调在实事求是原则指导下,对乳突线细节特征的质与量进行综合分析。质的分析是以某细节特征在乳突花纹中的出现率作为依据。根据我国辽宁省公安厅对1546人的十指指纹图像的计算机分析,指纹中"起点"与"分歧"特征的平均出现率为35.73%,"终点"与"结合"特征的平均出现率为43.96%,"短棒"特征的平均出现率为4.57%,"小点"特征的平均出现率为4.32%,"小勾"特征的平均出现率为1.76%,"小眼"特征的平均出现率为1.42%,"小桥"特征的平均出现率为0.60%。从这个分析结果看,在所有手印的细节特征中,特定性价值由高向低的排列顺序依次是:桥、眼、勾、点、棒、起点(分歧)、终点(结合)。排在前五位的特征即使在检验中出现量少,但同一认定的可靠性大;排在后二位的特征即使在检验中出现较多,仍须审慎地分析其所在部位、具体形态,并在足够量化基础上方可做出同一认定结论。

手印鉴定结论是一种重要的诉讼证据,它可以证明在犯罪现场上发现的手印是否为某人所遗留。但手印仍属间接证据,在认定某人犯罪时必须结合其他证据使用;如其他证据确能证明现场手印就是在实施犯罪过程中所形成,那么手印鉴定就成为认定犯罪人的重要证据。

(蓝绍江)

shouyin kanyan
手印勘验(inspection of hand print) 形象痕迹勘验的一种。对手指、掌面皮肤花纹留下的物质反映形象,即指印和掌印的勘察、检验。多用于现场勘验。可以为分析犯罪人犯罪过程,推断犯罪人数,刻画犯罪人人身特点,串联合并案件,查对前科,识别不知名尸体和分尸案身源,以及排除嫌疑人,认定犯罪人人身等提供依据。

人的手指、掌面布满了粗细不等的凹凸纹线,其中比较粗的、数量较少的凹线称屈肌线;比屈肌线稍细、数量较多的凹线称皱纹;数量最多、线条最细、排列均匀的凸线称乳突线;与乳突线并列的凹线称小犁沟。手印勘验的对象主要是人的手指、掌面的乳突线花纹留下的痕迹。

手指、掌面乳突线有弓形、箕形、环形、螺形、曲形和棒形六种形状。手指第一指节骨皮肤表面乳突线按一定的规则组成弓型纹(包括弧形弓和帐形弓)、箕型纹(包括正箕和反箕)、斗型纹(包括环形斗、螺形斗、双箕斗、囊形斗和杂形斗等)。弓型纹有两个纹线系统,即外围纹线系统和根基纹线系统。箕型纹和斗型纹有三种纹线系统,即内部花纹系统、外围纹线系统和根基纹线系统。三种纹线汇合的地方构成三角。手掌表面乳突线花纹按其分布的自然状态,由掌上部(食、中、环、小四指根部至第一屈肌线这个区域)、掌内侧部(拇指根部一侧至掌心这个区域)和掌外侧部(小指侧边沿至掌心这块区域)的乳突线所组成。手指、掌面的乳突线中,还有许多细节特征。按顺时针方向追迹乳突线时,凡较长纹线的起端称为起点,终端称为终点,一分为二之点称为分歧,合二为一之点称为结合;还有一些纹线互相联结,分别构成小勾、小桥、小眼等形态;一小部分纹线很短,呈棒状和点状。

手指、掌面乳突花纹具有四方面特性:①各种乳突花纹类型和乳突线的细节特征,构成了指、掌纹的特定性,不仅人各不同,而且指指相异;②指、掌纹形成于胎儿阶段,一经形成,其花纹类型和细节特征的总和,即具有极强的稳定性;③由于手指第一指节上的乳突线有规律地组成不同的花纹,所以指纹具有可分类性;④由于乳突线上有汗孔分泌汗液附在皮肤花纹上面,用手触摸物体极易留下手印,故其还有易反映性。

现场手印是附加在承受客体上的,有的是显在的(可见的),有的是潜在的(不易见的或不可见的),稍有不慎就会损坏和变化,甚至消失,因此,必须有步骤地采用科学的方法寻找、发现。首先要根据案件和现场的具体情况,向被害人或事主了解现场上各项物体发案前的存在状态以及发案前有无第三者出入现场而接触物体,然后分析犯罪人在实施犯罪行为过程中可能触摸或变动过什么物体,从而确定其可能留有手印的重点部位和重点物体。如果发案后现场原貌已有变动和破坏,应查清有关人员触摸或变动物体的情况,以便鉴别那些可能是犯罪人遗留的手印。

寻找和发现手印的重点部位是:犯罪人出入现场的路径,犯罪目的物所在处,现场上的犯罪使用物和有关遗留物,被变动过的物品,与其他痕迹相关联的部位,尸体、赃物所在地及其包装物,犯罪人藏身或隐蔽的地点等。

对于显在手印用肉眼直接观察即可发现。潜在手印则可根据其形成的物质、状态、承受体的属性,采用物理法、化学法、化学物理法进行显现,在显现手印时,为了获得最佳效果,可精心设计显现综合流程。设计显现综合流程应遵循的原则是:先无损显现,后有损显现;前一种显现方法是后一种显现方法的基础(或不影响后一种方法使用),后一种显现方法是前一种显现方法的补充及增强。根据上述原则,显现手印的一般流程是:配光显现;拍照;碘熏法或502胶法;粉末或化学溶剂法;荧光强化;荧光拍照。

对于现场勘验中发现、显现的手印应当加以记录。首先要对发现和显现的手印进行拍照固定。手印拍照要符合诉讼要求和技术要求。即要拍摄留有手印的承受体的方位,手印在承受体上的位置,还要拍摄手印的细目照片(一般应拍原大或按比例拍照)。然后对手印所在的具体位置、高度、指印的方向,手印相互间的关系,形成手印的物质,手印的种类(是立体的、还是平面的,如是平面的,则是加层的、还是减层的),手印所反映的纹型及其清晰度和完整程度,承受体的性质及其表面光滑程度,手印的数量以及提取的方法等加以详细记载,以便为进一步分析和检验手印提供必要的客观材料。提取现场手印可以采取胶纸粘取(适用粉末显现的手印)、静电吸附(适用粉尘手印)、制模(适用立体手印)和提取留有手印的实物(需征得事主同意)等方法加以提取。提取手印应客观、全面、细心、慎重,不能只提取清晰、完整的手印,随意舍弃模糊、残缺的手印。 (张玉镶)

shouyin xianxian
手印显现(fingerprint visualization) 对犯罪过程中遗留的潜手印采取的显色方法。手印显现应当根据形成手印的物质,有针对性地使用特效的理化方法。

对汗液物质形成的潜手印的显现 汗液中含水分99~99.4%,其他成分中的无机物质(包括20余种金属离子和4种无机酸根)占4.9~8.2‰,有机成分(氨基酸、乳酸、尿素、葡萄糖等)约占1~7‰。显现汗液手印的原理是根据汗液中无机与有机成分的特性,用物理或化学的方法使其着色或变色。具体方法可归纳为三大类:①利用新鲜汗液物质自身的粘附力着色。潜手印的部位是由汗液形成,新鲜汗液具有一定的"粘滞力",这种粘滞力可保持一定的时间。利用这种粘滞作用,将某些细小物质微粒附着于乳突线表面,即可将纹线显出。常用的方法有金属或非金属粉末显现法、碘熏法、烟熏法。它一般适用于遗留48小时以内的汗液手印。如遗留时间过久,汗液干涸,粘性降低,显现效果会下降,在显现前应采取其他技术处理方法激活表面粘性。采用粘附作用着色法时,应根据物体表面光滑程度和颜色选用不同的物质。如承受体表面光滑干燥,其自身对粉末粘附力弱,可选用粘附力强的轻金属粉末;如客体表面粗糙,本身对粉末粘滞力强,则应选用粘附力弱而浸透力较强的重金属粉末。烟熏或碘熏方法通常适用于纸张和本色木质表面。在选用显现剂颜色时要同承受客体表面有较大反差。②化学反应显色。某些化学试剂具有同汗液成分进行灵敏显色反应的作用,因而常被用做显现试剂。如硝酸银试剂同汗液中的氯离子反应呈深棕色;茚三酮试剂同汗液中的氨基酸反应,生成深蓝色沉淀物。由于汗液中的有效成分含量甚微,因而要求化学显色试剂应有高灵敏的特效性;而且配制的溶液一般只适用于渗水性承受客体表面。20世纪80年代中期,我国试验和推广了α—氰基丙烯酸乙酯薰显法。它是一种白色单体易挥发物质,在室温或略加热条件下挥发,其单体在汗液物质中的阴离子引发下聚合,形成白色沉淀物,从而把汗液纹线显现出来,并可再通过生物染色剂二次着色。③荧光显现法。利用汗液中的有机物质在紫外线或激光的激发下,能发出微弱荧光的原理,在不破坏检材的情况下,直接观察和拍照潜手印的荧光图像。还可以用荧光物质对潜手印进行前期处理,再激发二次荧光,可以增强荧光强度。荧光显现应在暗室条件下进行,拍照时应满足一定的条件。

对油质潜手印的显现 多数矿物油质对紫外线或激光均有较强荧光反应,因此可以使用荧光显现法。其次,我国刑事技术部门研制了专门的油手印显现粉末。此外,各地在实践中还探索了一些简便实用的方法,使手印纹线上的油质变色,从而改变反差,将潜手印显出。

对血手印的显现 目前常用的显现方法有两种,一是通过短波紫外线照射,激发血物质产生灰白色荧光,予以拍照;二是使用四甲基联苯胺与过氧化氢混合试剂显现,血中铁离子与过氧化氢反应,释放出生态氧,将联苯胺氧化成联苯胺兰,使乳突纹线呈蓝色。

显现潜手印的方法很多,但任何一种方法都只能适用于部分客体,必须在掌握显现原理的基础上区别具体条件而采用,并在综合互补上下功夫,才能增强显效。还有一些遗留在疑难客体上或由某些特殊物质形成的潜手印,仍是显现技术研究的课题。 (蓝绍江)

shouyin xianxian chengxu
手印显现程序(fingerprint visualization procedure) 为最大限度地提高潜手印显现效果,依照优势互补原则,综合运用各种显现手段对潜手印进行显现的科学工作方法。目前,对潜手印的显现方法很多(见手印显现),但由于形成手印的条件千差万别,一次性显现往往达不到理想效果,而有些方法对检材又具有破坏性,以致无法补救,使重要物证损坏。我国刑事科学技术工作者通过大量实验研究，逐渐摸索出一套优势互补的综合显现程序。潜手印各种显现方法的互补原则是：①前一种方法的使用不会影响后一种方法的效果，或前一种显现方法是后一种显现方法的前提与基础；②后一种显现方法应是对前一种方法的补充与效果增强；③无损显现方法在先，有损显现方法在后；④能达到直接拍照解决的，不再采取其他物理或化学显现方法。具体工作程序是：①先将潜手印置于自然光或人造光源下，通过调整光强及入射角度检查，如能观察清楚，即直接拍照提取。②在普通光线下观察不清的，在暗房条件下试用各种色光、紫外光或激光，配用不同的滤光镜进行荧光检验。许多物质在外界光能激发下都会产生荧光。不同物质，在不同波长的激发光激发下，依据"斯托克斯定律"发出不同波长范围的荧光；当选用滤光镜与荧光波长匹配时，即可拍摄下清晰的手印。③使用熏显法（如α—氰基丙烯酸乙酯），大部分手印可以显出，并增强了手印纹线的"粘滞力"，还可继续以碘熏或粉末法增强效果。④如熏显法效果仍不理想，可用化学试剂喷雾法增强显效。⑤对采用熏显法后不宜再使用化学显现方法的检材，可采用两种方法增效：一是真空镀膜；二是以生物染色剂（如罗丹明）处理后，进行二次荧光激发。通过这一套科学的显现程序，可以最大限度地提高显出率和显现质量。这项研究已经在我国刑事技术工作中发挥了重要作用，并引起我国主管机关的高度重视，对推动手印显现与检验工作的标准化起了积极作用。 （蓝绍江）

shouhou

守候（waiting for） 侦查过程中为破案的需要，侦查人员隐蔽在犯罪嫌疑人可能再次出现或必然经过的地点待机将其缉拿的一种侦查措施。守候要以侦查人员为主，根据需要可吸收被害人、证人等有关人员参加。守候要作好周密的部署，事先精心分工，进入守候地点后要灵活机动地充分利用地形、建筑物或其他设施严密分散隐蔽。以待有利时机缉拿犯罪嫌疑人和缴获赃物罪证。守候主要有：①寻查守候。侦查人员根据对具体案情的分析判断，在犯罪嫌疑人可能再次出现的地点进行寻查守候。②伏击守候。侦查人员预伏在犯罪嫌疑人可能再次进行某种犯罪的处所或地点，待其前来实施犯罪活动时当场将其缉捕归案。③拘捕守候。侦查人员持证守候，趁机拘捕犯罪嫌疑人。这往往是对于已经办理了拘留或逮捕手续的犯罪嫌疑人或重大犯罪嫌疑分子，执行拘捕的侦查人员出于策略方面的考虑，防止发生拒捕、逃跑、嫌疑人家属无理纠缠或不明真相的起哄闹事等意外情况的发生，持拘捕手续秘密地守候在拘捕对象必然经过的地点，乘有利时机将其拘捕归案。 （文盛堂）

shoumiquan

守秘权（right to secret） 因身份关系或特定职业关系而知悉他人秘密事实的某些人，有为他人保守秘密而拒绝作证的权利。这是资本主义国家普遍实行的一项证据规则。

因身份关系而享有的守秘权，主要是指基于婚姻关系而禁止泄露阴私的特权。根据英国1853年的一项法律规定，不能强迫夫或妻把婚姻关系存续期间对方告诉他（或她）的情况作为证言内容。在美国，关于在婚姻关系中禁止泄露阴私，则被法院认为是受益一方可以缓刑的特权。

根据职业关系在执行职务中所知悉的事实，享有守秘权的人包括律师、牧师、医生、记者等。律师被委托作辩护人时，因执行职务而得知的秘密，包括委托人所告知而不愿公开的，有权拒绝作证。律师的这项权利虽有利于他履行职责，但其目的则在于保护委托人，所以只有委托人才能放弃其守秘权。牧师对信徒们向其忏悔所谈的秘密情况，也有权在刑事诉讼中为他们保密。这一惯例法现已为美国许多州的立法作了明确规定，而在英国的普通法中还无这一特权的规定。对记者的守秘权，美国的一些州已制定专门法规，允许他们就消息的来源拒绝作证。

英美法系的拒绝作证权与欧洲大陆法系国家的拒绝作证权还有以下的区别，即在大陆法系国家，只要被保护的人不同意泄露他的秘密，知悉该秘密的人就可以拒绝作证；而在英美法系国家，享有守秘权的人不管是否愿意作证，都只可引用其特权，而他们是否必须作证则由法官决定。 （陈一云）

shouxi zhongcaiyuan

首席仲裁员（chief arbitrator, chief arbitration judge） 又称仲裁庭主席。在采取合议方式进行仲裁审理时仲裁庭的主持者。首席仲裁员的产生，一般都是以指定的方式，具体方式各仲裁机构的做法有所不同，主要有以下三种：其一，由当事人共同指定首席仲裁员。根据美国仲裁协会仲裁规则，当事人共同指定数名仲裁员时，其中一人应为首席仲裁员。其二，由仲裁员共同指定首席仲裁员。此种做法在相当多的仲裁机构中实行，比如，联合国国际贸易法委员会仲裁规则、国际商会调解和仲裁规则都规定，双方当事人各自指定一名仲裁员参加仲裁庭，第三名仲裁员则由该两名仲裁员共同指定，该第三名仲裁员即为首席仲裁员。其三，由仲裁机构指定首席仲裁员。此种做法已成为首席仲裁员产生的一种重要的方式，斯德哥尔摩商会仲裁院规则、伦敦国际仲裁院仲裁规则，确定的都是这一方式。

首席仲裁员的主要职责是主持仲裁案件的审理，在仲裁开庭时，指挥庭审的进行。在对案件的实体问题进行裁决时，各仲裁机构的规则规定的首席仲裁员的表决权与其他仲裁员相同，即首席仲裁员与各个仲裁员均只有一票表决权，裁决表决时实行少数服从多数。但是，如果仲裁裁决过程中，仲裁庭形不成多数意见时应如何处理，各仲裁机构的规则所确定的解决方法不同。国际商会调解和仲裁规则、斯德哥尔摩商会仲裁规则、伦敦国际仲裁院仲裁规则规定，如果形不成多数意见，仲裁裁决以首席仲裁员的意见作出，但根据联合国国际贸易法委员会仲裁规则和美国仲裁协会仲裁规则的规定，仲裁裁决必须有多数仲裁员签字后方能生效。由此可见，在一些仲裁机构中，首席仲裁员的裁决权完全等同于其他仲裁员，而在另外一些仲裁机构中，首席仲裁员则享有在一定条件下较一般仲裁员更权威的裁决表决权。

(潘剑锋)

shouhui anjian zhencha

受贿案件侦查（investigation of taking bribes case） 检察机关在办理受贿案件过程中，依照法律进行的专门调查工作和有关的强制性措施。受贿案件，主要是指我国《刑法》第385条至第393条所规定的受贿罪，即利用职务或职业之便收受他人财物的渎职行为，是贿赂案件的主要组成部分。我国《刑法》第163条所规定的公司、企业人员受贿罪，按刑法修订后的管理分工，由公安机关负责侦查。受贿案件发案的重点领域是党政机关、司法机关、行政执法机关、经济管理部门，尤其是金融、证券、建筑、土地批租、房产房管、期货商贸外贸（包括有外贸经营自主权的企业）、交通运输、技术市场、公益公用事业管理以及其他垄断性或专管专营性较强的部门和行业；作案的形式和手段日趋多样化，通常以极其秘密的方式和精心伪装后进行作案，受贿人又以职务便利为掩护将为请托人的谋利活动夹杂于正常履行职责之中，使整个作案过程难为外人所知且不易泄露案情；往往与贪污、挪用公款、行贿、走私、巨额财产来源不明、隐瞒境外存款不报、赌博嫖娼等案件交织一体、盘根错节、一人多案、复杂难查；作案人不仅利用智能、现代化技术和信息进行作案，而且利用其智能、技术和信息千方百计地归避法律，进行反侦查活动，具有很强的顽抗性和对抗侦查的能力；案件的侦查往往以发现犯罪嫌疑人开始，而不是从发现明确的犯罪后果开始。

受贿案件的立案 涉及的主要事项有：①接受报案、控告、举报和自首等。②审查受案材料。经对受案材料综合分析，其中有涉嫌犯罪金额较大的，或犯罪后果严重的，或犯罪嫌疑人职务较高的，应及时确定由有管辖权的侦查机关负责处理。③初查受贿线索。初查受贿线索应秘密进行。经初查，认为有犯罪事实需要追究刑事责任的，应提请检察长批准立案侦查；认为没有犯罪事实或事实不清、证据不足的，或有《刑事诉讼法》第15条规定情形之一的，也应提请检察长批准不予立案。④决定立案侦查。经检察长批准决定立案侦查的，应当制作立案决定书。立案决定书应当写明犯罪嫌疑人的基本情况、案件来源、举报的主要犯罪事实、经审查认定的主要犯罪事实和决定立案的法律依据。

受贿案件的侦查谋略 常用的有：①针对个案的薄弱环节选准突破口。如被索贿人、行贿人、法人（单位）行贿的知情人、介绍贿赂人、其他涉案人及其知情家属等，都是可供选择的突破口。②先扫外围后攻堡垒。如对一些地位高、职权大的犯罪嫌疑人通常先突破知情或涉案的司机、秘书、姘妇、财会人员甚至亲友、亲属等人后，再运用已掌握的大量证据和有关线索迫使其就范。③声东击西，以查此案掩查彼案等方法灵活迂回觅取证据。④与行政执法机关或其他司法机关联合调查取证。⑤欲擒故纵、懈怠嫌疑人，相机取证，寻找新的突破口。⑥统一指挥、异地联侦，综合运用侦查措施和手段侦查受贿大案要案。

受贿案件侦查中的科学技术 主要有：①凡涉及专门性的问题尽可能依法进行科学技术鉴定，以获取科技证据或用科技固定证据。如对涉案账务依法进行司法会计鉴定；对贿赂物品可依法进行产品或商品鉴定；对与贿赂有关的劣质建筑可依法进行工程技术鉴定；对涉及受贿的物质可依法进行物证技术鉴定等。②运用视听技术收集、固定证据。

受贿案件侦查中查账的重点 除应用侦查贪污案件相同的方法检查涉案的会计资料外，还要注重检查下列账务：①以代购物品为名的涉案物；②以试用为名的涉案物；③以降价销售为名的涉案物；④行贿方单位的账务，重点审查"小金库"的账务。

受贿案件侦查中的搜查、查封和扣押 基本要求与侦查贪污案件相同。要特别注意的是：①搜查前要做好充分准备和周密部署，一旦搜查受阻，应果断地依法强行搜查，并对妨害搜查者及时依法强行带离搜查现场，如情节恶劣构成妨害公务犯罪的应依法追究其刑事责任。②查封动产种类物时，要注明型号、品名、产地、成色、完好程度以及有关编号等内容。③扣押邮件、电报、信件等书证时要注意查明其内容的时效性；扣押债券、股票、国库券之类的计息证券时，应注明证券的发放时间、编号或其计息标准和方法等；扣押金、银首饰、珍邮、古玩、高档字画等贵重物品时，要尽可能注明其所具有的各种特征和标记，当时无法鉴别真伪或质量和价值的，应当场予以密封，并加密封标记注明封标编号。处理密封的扣押品时应会同物品原持有人、见证人验明无误后开封依法处理。

受贿案件侦查中的追赃 要做到：以快制胜，严防转移赃款赃物。比如对犯罪嫌疑人已交代赃款赃物去向的要迅即追查，以防同案人或其亲属再转移；对犯罪嫌疑人的财产及赃款购置物品和转移或存入银行的赃款，要及时依法查封、扣押、冻结，防止知情人、家属进行变卖转移或提取造成追赃的新困难；对可能藏匿、转移赃款赃物的处所，要依法突击性地搜查扣押。

受贿案件侦查的侦查讯问 与贪污案件侦查讯问大体相同。但受贿是智力与职权恶性融合的犯罪，受贿人反审讯的对抗心理极其顽固。因此，讯问时切忌简单核实，要充分运用审讯策略，捕捉战机，突破口供和深挖犯罪。　　　　　　（张玉镶 文盛堂）

shouli

受理（accepting the case） 人民法院或者人民检察院、公安机关、国家安全机关根据刑事诉讼法规定的管辖范围，对有犯罪事实需要追究刑事责任的刑事案件，决定开庭审判或者立案进行侦查的诉讼活动。我国刑事诉讼法原则规定了人民法院、人民检察院、公安机关以及国家安全机关在受理刑事案件上的分工（见立案管辖）。　　　　　　　　（项振华）

shounüekuang

受虐狂（masochism） 以受到他人对自己身体加害而产生的痛苦，来获得性心理满足的变态症状。在司法实践中，这种人主要见于状态型被害人，如一些娼妓。这种人，性自卫及其他方面的自卫能力完好。（孙东东）

shou peishentuan peishen zhi quan

受陪审团陪审之权（right to jury trial） 英美刑事诉讼中的一个概念。指法律规定的任何刑事被告人有要求陪审团对案件事实进行审理的权利。现代各国刑事诉讼普遍设立陪审制度，但与大陆法系的混合陪审制相对应，陪审团陪审制，则是英美刑事诉讼的特色。在美国，这项权利是由联邦宪法或各州宪法规定的，因此剥夺被告受陪审团陪审之权，构成违宪。受陪审团陪审之权的两个例外是：①在辩诉交易中，如果被告在起诉程序中作认罪答辩，则不经陪审团审理，法官可直接作出判决；②对某些轻罪案件，实行简易程序时，可不经陪审而径行判决，但是哥伦比亚特区最高法院在柯兹一案（District of Columbia v. Colts）中，确定：过失驾车肇祸，危害生命、财产之安全，恶性重大，不能视为轻罪，被告应享有受陪审团陪审之权。（汪建成）

shujiyuan

书记员（clerk） 中国各级人民法院和人民检察院内担任记录工作，并协助审判人员、检察人员进行有关工作的工作人员。属于司法辅助人员之一。书记员除负责保管证据、整理卷宗、处理文书以及在审查起诉和法庭审判中进行记录以外，还协助审判人员和检察人员进行调查证据、开庭准备工作等。人民法院的书记员由各级法院院长任命，人民检察院的书记员由各级检察机关的检察长任命。（陈瑞华）

shumian shen

书面审（hearing without trial） 言词审理的对称。法院审理民事案件时，仅根据书面材料对案件进行审理和裁判，而不传唤当事人和其他诉讼参与人到庭进行开庭审理。当事人和其他诉讼参与人实施的一切诉讼行为和提供的诉讼材料，以及法院进行调查、询问等审判行为，均采取书面的方式。书面审主要盛行于西欧中世纪时期，在封建教会审判和领主审判制度中，诉讼一般都在秘密状态下进行，不为公众所知，法庭审理也不采取集中开庭的形式，而是与各当事人、诉讼参与人分别用书面形式进行接触，书面审正是这种秘密审判的直接产物。资产阶级革命时期，秘密审判制度受到资产阶级革命家和思想家的激烈抨击，公开审判成为资产阶级司法制度中的一项重要原则，言词审理也因此成为开庭审理的必要形式并逐渐上升为民事诉讼中的一项基本原则，书面审被取而代之。但是，书面审只在一审程序中被禁止使用，在上诉审程序中，上级法院仍然可以用书面审方式审理上诉案件。大陆法系许多国家的民事诉讼法规定，第三审程序采取书面审理，法院根据当事人的书状及原审法院的案卷材料作出裁判。英美法系国家的上诉审程序则根据具体情况采取开庭审理或书面审。我国实行两审终审制度，第二审不采取书面审的方式。我国《民事诉讼法》第152条规定：第二审人民法院对上诉案件，应当组成合议庭，开庭审理。经过阅卷和调查，询问当事人，在事实核对清楚后，合议庭认为不需要开庭审理的，也可以径行判决、裁定。但径行裁判要求询问当事人，不同于书面审理。（王彩虹）

shuzheng

书证【民诉】（documentary evidence） 也称书面证据，民事诉讼证据的一种。以文字、符号、图案等所表述的思想、内容证明案件事实的证据。由于诸多法律的民事法律关系都通过制作书面文件而发生、变更或消灭，因此在民事诉讼中，书证是一种最常见的和最普遍的诉讼证据。常见的书证有合同书、票据、单据、来往函件、图纸等等。书证的种类繁多，而不同的书证往往具备不同的证明力。为了指导书证的提供、收集和审查判断，我国民事诉讼法学理论对书证从不同角度进行了分类。根据书证所反映的内容是否产生一定的法律后果，可以将书证划分为处分性书证和报道性书证。根据实体法对书证形式的要求，可以将书证划分为普通形式书证和特定形式书证。根据制作书证的主体，可以将书证划分为单位制作的书证和个人制作的书证。按照多数国家的法律原则，向法庭提交的应当是书证的原件，只有当原件已毁损、灭失，难以取得等原因而确实无法提供时，才允许提供副本或复印件。根据我国《民事诉讼法》第68条规定，书证应当提交原件，提交原件确有困难的，可以提交复制品、照片、副本、节录本。 (于爱红)

shuzheng

书证【刑诉】（documentary evidence） 在诉讼之外形成的、以文字、符号、图画等记载的内容和表达的思想来证明案件事实的书面文件和其他物品。书证以一定的物质材料为载体，反映书证内容的文字、符号、图画可以记载在纸张布帛、金石竹木和其他物体上。书证的制作，可以是笔写、打印、雕刻等。一个记载着文字、符号、图画的物品，如果不是以其记载的内容，而是以其外部形态来证明案件事实，该物品就不是书证而是物证。一个物品不仅能以其记载的内容证明案件事实，也能以其外部形态证明案件事实，该物品则既是物证，又是书证。刑事诉讼中常见的书证有：反动标语、传单，投寄敌特组织的信件，贪污案件中的账本、单据，诬告案件中的诬告信件等。书证可以按不同的标准进行分类，如按制作主体的不同分为公文书证和非公文书证；按内容的不同分为处分性书证和报道性书证；按制作形式的不同分为普通形式的书证和特殊形式的书证；按用途的不同分为原本、正本、副本、节录本；对书证的审查判断主要从以下几个方面进行：①是否伪造，有无涂改，是原件还是抄件；②是在什么情况下制作的，制作人是否受到威胁或欺骗；③思想内容与案件事实有无联系。 (熊秋红)

shuaijiexing jingshen zhangai

衰竭性精神障碍（exhaustion psychosis） 见旅行性精神病。

shuangchong renge

双重人格（double personality） 自我意识障碍的一种表现形式。属于双重定向的一个特殊方面，即同一个人具有两种完全不同的内心体验，而这两种体验在实际生活中是不相容的。如某精神分裂症患者觉得自己是工人，又是神仙，并在生活中有双重的意思表达。见于精神分裂症，以及与迷信、宗教、气功有关的精神疾病。 (孙东东 吴正鑫)

shuirongxing duwu zhongdu

水溶性毒物中毒（water soluble poison poisoning） 强酸、强碱、亚硝酸盐、氧化物、氯酸盐、溴化物、苯酸盐等含有有毒的阴离子的水溶性毒物侵入人体，造成机体损害甚至死亡的过程。

工业生产中最常使用的强酸为硫酸、硝酸和盐酸，最常使用的强碱为氢氧化钠和氢氧化钾。这些毒物腐蚀性强，用于投毒谋杀不易，中毒一般发生于自杀，偶有误服引起。犯罪分子用于泼浇，使受害人毁容、严重伤害也较常见。强酸的毒性主要是氢离子的毒性，高浓度的氢离子能使接触部位的蛋白质凝固，产生强烈的刺激和腐蚀作用，使组织坏死，严重时可引起受损器官穿孔。硫酸造成坏死呈黑褐色，浓盐酸坏死为灰白色，硝酸呈黄色。口服都能损害胃粘膜，发生吐血、便血、穿孔或梗阻，或因腹痛而致虚脱或衰弱而死。还可由于溃疡的斑痕引起消化道狭窄及肾功能障碍。致死量：浓硫酸4毫升、浓盐酸10－15毫升、浓硝酸8－10毫升。强碱中毒主要是氢氧离子对组织的作用，使蛋白质溶解、组织液化坏死。血中过多的氢氧离子造成代谢障碍而严重中毒。口服者可出现剧烈腹痛、恶心、呕吐，呕吐物为红褐色粘液体，并夹有坏死的粘膜碎片，可有腹泻和血便。浓强碱（95％）的致死量为5～10克。

亚硝酸盐主要有亚硝酸钠和亚硝酸钾，外观与食盐或面碱相似，容易使人误食中毒死亡，也有用于投毒的。有些叶类蔬菜含有硝酸盐，由于腐烂、煮食不当，消化不良等原因，硝酸盐还原为亚硝酸盐，而造成中毒。某些地区的饮用水中常含有硝酸盐，用此水烧菜做饭时长时间盖盖焖煮也会还原出亚硝酸盐。亚硝酸盐类对人、畜有剧毒性。进入体内的亚硝酸根离子能迅速地使血红蛋白氧化成正铁血红蛋白而失去抗氧功能，造成机体缺氧而窒息死亡。主要症状开始是头晕、头痛、恶心、嘴唇发紫，接着意识消失，呼吸浅表、抽搐、最后窒息死亡。严重者从口唇发紫后，经半小时即可死亡。

常见引起中毒的无机氟化物主要是氟化钠和氟硅酸钠。无机氟农药、氟化物进入人体后，能与体内钙作用，生成难溶性氟化钙而沉积于骨骼、牙齿及部分脏器中。由于体内钙离子减少，影响中枢神经系统和心脏正常活动而引起一系列中毒症状。起初全身发痒、口涎增多、恶心、呕吐，先吐粘液样物，后吐血样物质，同时发生剧烈腹痛、泻血样便，严重时发生痉挛,最后因心脏和呼吸麻痹而死。氟化钠对皮肤和粘膜有刺激作用,引起皮肤和粘膜发炎。长期接触和使用能引起慢性中毒。氟化钠中毒量为16毫克。氟硅酸钠毒性附于氟化钠,致死量为4克。

水溶性毒物常采用水浸法、透析法及超过滤法分离,也可用沉淀蛋白法分离。氟化物性质比较特殊,可用蒸馏法、扩散法及破坏有机质法分离。该类毒物可用化学方法进行定性检验,用分子光谱、电化学方法及色谱法进行定量测定。

(王彦吉)

sifa dandaoxue
司法弹道学(judicial bullistics) 司法弹道学又称验枪学或枪弹痕迹学。研究检验射击弹头、弹壳上以及弹着点痕迹,对有关枪支进行同一认定的专门学科。是刑事技术的一个组成部分,是一项专门的侦查技术手段。它的任务是根据枪械、枪弹的构造原理和性能,运用痕迹检验的专业技术,通过涉枪案件的现场勘查,在发现和提取痕迹物证的基础上,分析案情,确定案件性质,认定发射枪支,为侦察破案和揭露证实犯罪提供线索和证据。司法弹道学所涉及的学科极为广泛,主要有轻武器、外弹道学、内弹道学、物理学、化学、数学、痕迹学等学科。它运用上述学科的有关理论和方法,研究枪支、子弹的基本构造与性能;射击弹道原理;射击过程及枪弹痕迹形成的机理;枪弹痕迹特征及变化规律;枪弹痕迹与犯罪事件的联系等。司法弹道学的主要内容包括:①弹头上的射击痕迹检验;②弹壳上的射击痕迹检验;③着弹点痕迹的检验;④射击过程中附带射击痕迹的检验;⑤射击外弹道的分析判断;⑥有关枪弹档案的建设与管理;⑦有关枪械的检验,查明枪支机件是否完整或更换,能否正常发射及是否发射过,是否改制过;现场子弹与枪支是否匹配;⑧其他有关枪械的检验问题,如枪、弹的识别,杀伤力的断定,枪械机件的完整状态,被挫掉枪械号码恢复等等。司法弹道学在侦查与司法实践中的作用主要有:①通过对有关枪支、子弹进行检验,确定发射枪械的种类或认定发射枪械,为侦破案件提供证据。②通过现场弹头、弹壳的检验,将数起涉枪案件进行并案,为侦破案件提供线索。③分析现场弹头、弹壳上的射击痕迹和射击附带痕迹的特点,结合现场情况,推断射击方向、角度、距离等,以分析和确定案件性质,缩小侦查范围。④通过对枪击案件现场的勘验查明孔洞是否为枪弹射击形成;分析射击时间、顺序及子弹出入口,研究发射枪支本身所具有的特点,如新旧程度等。⑤发现、固定、提取枪弹痕迹物证,为法庭提供证据。

验枪技术在我国很早就已开始运用。早在公元220~280年间的三国时期就有对于持弹弓发射的弹丸进行比对并确定两者不同的记载。宋理宗淳祐七年(公元1247年)宋慈所著《洗冤集录》中曾有这样的记载:"受鸟枪伤者,有枪眼可验。及至骨者,亦可复验。惟肛腹空凹之处,日久腐烂,无迹可验,须将棺内腐烂等物一并淘洗。如手枪伤,必有枪子。又恐尸亲仵作,怀挟枪子,混入图害,务须严防。"1259年,我国安徽寿县发明了用粗竹筒制成管形突火枪。欧洲和阿拉伯国家于14世纪发明和使用原始步枪,即火绳枪。17世纪末,德、法等国出现了来复线枪。后经英国发明击锤枪等演进后直至1892年奥地利教授格罗斯博士(Hans Gross 1847~1915)在《犯罪侦察》(Cimina Investigation)一书中,将发火武器的构造、应用及鉴定方法等撰写为专篇,被公认为司法弹道学的奠基人。1915年,美国的魏特(Waite)和格来威尔(Gravelle)发明了比较显微镜之后,将其应用于侦破谋杀案,根据现场弹头、弹壳上的痕迹认定了发射枪支,从此开创了司法弹道学同一认定的历史。我国于1864年开始仿制德国11毫米"毛瑟"前膛枪和13毫米"林明顿"边针后膛枪,1884年又改制成8毫米快射枪,这也是我国出现最早的连发枪。从20世纪初至解放前夕亦能仿制美国、德国、比利时的各种枪支。建国后已由仿造苏联等国枪支逐步研制出各类枪械。随着科学的发展和先进技术设备的引进,验枪技术已逐步发展为现今的司法弹道学。

(张玉洁)

sifa kuaiji jianding
司法会计鉴定(judicial accounting expert) 国家侦查或审判机关在办理涉及经济活动的案件中,依法聘请或委托具有会计专门知识的人员,对与案件有关的会计核算资料的真实性与合法性进行审查并作出判断的过程。目前,我国尚未设专门的司法会计鉴定机构,承担这项专门业务的机构主要是会计、审计师事务所,也有的法院或检察院设有司法会计人员。司法会计鉴定审查的全部会计核算资料包括:涉案的原始凭证、记账凭证、会计账簿、会计报表、财务报告及其他相关资料。司法会计鉴定结论是依法处理经济犯罪、经济纠纷诉讼及有关民商或行政案件的重要证据之一。

司法会计鉴定的程序包括,委托鉴定、鉴定准备、鉴定实施和鉴定终结。①委托鉴定,即司法会计鉴定的提起。司法机关受理案件之后,在调查或审查证据中涉及到财务会计某专业性问题时,将有关会计核算资料委托(或聘请)会计师或审计师事务所进行会计鉴定。1993年10月31日第八届全国人民代表大会常务委员会第4次会议通过的《中华人民共和国注册会计师法》第16条规定:"注册会计师承办业务,由其所在的会计师事务所统一受理并与委托人签订委托合同。"委托方提出要约邀请,提出会计鉴定的目的、要求、完成的时间、提供材料目录。受托方认为有能力完成会计鉴定,以明示方式表示接受,双方协商正式签订《会计鉴定委托合同书》。合同应具备以下条款:签约各方主体全称、住所、电讯、邮政编码、决定代表人姓名、职务、代理人的姓名、职务;委托会计鉴定的具体事项、要求;提供材料的期限和材料目录;完成会计鉴定(交付鉴定书的)的时间、地点、交付方式;费用数额,支付费用的时间与方式;违约责任;委托合同生效日期;双方盖章(公章、法人章)。附件:委托方提供的案情介绍。在诉讼过程中发现与案件有关的财务方面问题,需要通过司法会计鉴定解决时,承办该案的司法人员或诉讼当事人提出请求,经有关负责人批准,签发《司法会计鉴定聘书》。专业人员接受聘请后即取得了鉴定资格,从而在诉讼中取得了一定的法律地位,享有一定的权利和承担一定的义务。《司法会计鉴定聘书》的格式(参考格式见附图),在我国尚未统一,名称也不一致,但应具备以下基本内容:受聘人的姓名、职务、所在单位;当事人的姓名及其单位(即被鉴定人的姓名和单位);案情简介及鉴定事项(指鉴定哪些问题);鉴定要求(时间、质量的要求);附送材料及数量(应列清单);鉴定费用及支付办法、支付时间;承办案件的司法人员姓名、单位、职务、签发日期;回避规定条件;单位公章及主管人名章。②鉴定准备。专业人员在接受了司法机关委托或聘请后,根据鉴定工作的需要,尽快熟悉案情,明确鉴定目的,查验提交鉴定的资料是否齐全,通知有关部门补充有关资料,拟定鉴定工作计划。③鉴定实施。按照会计学的原理和方法,对提交鉴定的全部资料进行客观公正的审核、验证、对照、盘点、质值、估价、计量。④鉴定终结。根据鉴定过程中所发现的客观事实,对委托机关提出的要求做出明确答复,并将结论以鉴定的形式提交委托机关。

司法会计鉴定应遵守下列原则:①合法性原则。司法会计鉴定必须依法进行。首先,主体应当合法,即鉴定人必须具有法律规定的条件,并经司法机关委托或者聘请。其次,客体合法,即鉴定的对象只能是司法机关立案以后,认为应该进行会计鉴定的财务会计方面的问题。再次,手段合法,即鉴定采用的方法和手段必须符合程序法和财会法的有关规定,技术数据的计量、计算要符合技术规范。②客观公正原则。忠实于客观事实真相,实事求是地反映事物的本来面目,不受任何机关、团体或个人意志左右。③保密原则。在案件未依法公开前,鉴定人、司法人员和知情人不得外泄鉴定结果和结论。④准确原则。即保证鉴定的结果和结论准确可靠,符合当时的科学发展水平。

司法会计鉴定方法有:①调查核实法。根据司法会计鉴定对象的特点,调查核实对方科目的真实性,确认事实是否存在,数字是否正确。②账证核对法。根据司法会计对象(核算资料),利用原始凭证、记账凭证,对照验证账簿是否数字相符、摘要内容是否一致。③账物盘点法。按照账面额数与实物核对,俗称盘点。④账账、账表、账证对照法,总分类账与二级账和明细分类账是否相符、账簿与会计报表及记账凭证是否一致。⑤追踪法。对会计事项以其发生的顺序和不同地点、场合跟踪调查。⑥平衡法。利用会计学的平衡原理进行试算检验。⑦外查法。利用商务对应关系法则,对贸易对方进行量和质的核对。

司法会计鉴定的法律依据,主要是《刑事诉讼法》第119条、《行政诉讼法》第35条、《民事诉讼法》第72条的规定。司法会计鉴定结论,是鉴定人员对送鉴定材料进行检验、评判后,对案件事实真相作出肯定、否定的结果,它是鉴定人工作结果的体现,鉴定结论对案件的查处关系重大,要求必须及时、准确、全面、客观和公正。

目前,在我国司法实践中,涉及经济犯罪的案件、民事和行政诉讼案件,因种种原因,聘请或者委托进行司法会计鉴定的尚属少数;加之,司法会计鉴定主要是运用审计手段和方法,所以有的学者建议把司法会计改为司法审计。实际上在司法工作人员中,有不少具有审计业务知识的人才出现,司法业务知识和审计业务知识居于一身的不乏其人,今后司法人员自身承担司法审计业务的可能性不断扩大,这是一种发展趋势。

(柴景秀)

附图:司法会计鉴定聘书
参考格式:鉴定聘书存根××××字第××××号××市(县)人民检察院(法院公安局)司法会计鉴定聘书
受聘人姓名:　　职务:
所在单位:
案情简介及鉴定事项:
案由及鉴定事项:
当事人姓名:　　单位:
鉴定要求:　附送材料:　鉴定费用:　支付日期:
鉴定费及支付日期:　经办人姓名:　职务:
年　月　日
批准人:　　年　月　日
主管×××长批示

sifa kuaiji jianding dangan guanli
司法会计鉴定档案管理(file management of judicial accounting expert)　会计师事务所对其

承办的会计鉴定中所涉及的财务会计核算资料,审验过程中形成的数据、依据、计算程序、公式、记录、说明、备注等资料应当妥为保管和建立备查的制度。司法会计鉴定档案,应有专人负责保管,作到安全有序、使用方便,并应建立严格的借阅、登记制度,严防丢失。根据财政部的规定,会计档案保存分永久和定期两种:定期分为3年、5年、10年、15年、25年五种。司法会计鉴定档案与案件有不可分割的联系,因此,应参考追诉时效和诉讼时效的有关规定并兼顾审级,确定其保存期。刑事案件的司法会计鉴定档案的保存期:最高人民法院和高级人民法院一审的案件应永久保存;中级人民法院一审的案件,应保存20年以上;基层人民法院审理的案件应保存15年以上。涉及民事与行政案件的司法会计鉴定档案,应保存2年以上5年以下。司法会计鉴定档案的保管,对司法公正和维护法律的尊严具有重要意义。我国《民事诉讼法》和《刑事诉讼法》都规定各级人民法院发现本院或者下级人民法院已经发生法律效力的判决和裁定确有错误,有权重审、提审或者指令再审。民事案件的当事人、刑事案件的当事人及其法定代理人、近亲属,对已经发生法律效力的判决、裁定发现有错误可以申请再审。如果这些案件涉及到会计鉴定问题,那么会计鉴定档案的保管就发挥着重要的作用。 (柴景秀)

sifa kuaiji jianding falü guanxi
司法会计鉴定法律关系(law relation of judicial accounting expert) 会计主体和案件管辖的司法机关在会计鉴定活动中形成的具有法律意义的特殊的权利义务关系。它由三部分组成:①法律关系的主体,即权利和义务的承担者。每一法律关系的构成,至少有两个以上主体参与,享有权利的一方称为权利人(权利主体),承担义务的一方为义务人(义务主体)。司法会计鉴定法律关系的权利主体,为管辖案件的司法机关和被委托或者被聘请承担会计鉴定的会计师事务所。义务主体为司法会计鉴定后,最终承担法律后果的人,包括被鉴定单位、犯罪嫌疑人、被告人、当事人。②法律关系的客体,即主体间的权利和义务指向的对象,主要指行为,即会计活动。③法律关系的内容,是会计鉴定法律规范所确定的权利和义务。司法会计鉴定的权利,主要是调查权、检验权、强制权。其义务主要是忠于事实、忠于法律、自动履行。

司法会计鉴定法律关系的变更或消灭。变更指法律关系主体、客体及权利义务关系的改变。主要发生在以下四种场合:①案件管辖的移送。②犯罪嫌疑人、被告人、当事人改变或者追加、减少,使案件法律关系主体发生变动。③构成会计鉴定法律关系的事实的变化。④法律规范的修改、变化,引起会计鉴定法律适用的改变。法律关系的消灭,指法律关系主体、客体及权利义务关系的终止。发生在会计鉴定的终结、案件被撤诉、撤销或者终结执行等情况下。

(柴景秀)

sifa kuaiji jianding fuhe
司法会计鉴定复核(check of judicial accounting expert) 犯罪嫌疑人、被告人、被害人或其他当事人认为会计鉴定结论与事实不符,申请要求复查鉴定,并经有管辖权的司法机关同意重新聘请或者委托审计师事务所委派具有高级审计师技术职务的人,对原会计鉴定进行复验审查的法律行为。依据《刑事诉讼法》第121条的规定,"侦查机关应当将用作证据的鉴定结论告知犯罪嫌疑人、被害人。如果犯罪嫌疑人、被害人提出申请,可以补充鉴定或者重新鉴定。"《民事诉讼法》第125条规定:"当事人在法庭上可以提出新的证据。当事人经法庭许可,可以向证人、鉴定人、勘验人发问。当事人要求重新进行调查、鉴定或者勘验的,是否准许,由人民法院决定。"《行政诉讼法》对当事人申请重新或者补充鉴定未作具体规定,但根据第4条和第31条第1款第6项和第2款的规定精神,当事人有权对会计鉴定申请复核。

会计鉴定复核程序 ①申请是会计鉴定复核必经程序,没有申请人的申请,复核程序不能开始。有资格申请复核的人应是会计鉴定法律关系中的义务主体,即涉及案件的犯罪嫌疑人、被告人及其他当事人。申请应以书面形式向案件管辖的司法机关提出,在提交申请书的同时,应书面提出证据或者证据线索,申请人对所提供的证据和证据线索负法律责任。②审批。司法会计鉴定义务主体提出复核申请后,案件管辖的司法机关办案人员应认真细致审查,对应作复核鉴定的立即批复,并聘请或者委托审计师事务所,委托高级审计师复核。对不批准的,应及时通知申请人。案件管辖的司法机关或办案人员,应实事求是确保司法公正,对应获批准复核而未批准造成错案的应承担法律责任。对于批准复核的,应向复核承办人介绍有关情况,提供相关证据,提供原鉴定结论正本的同时,以书面形式提出审核要求和任务,并承担对工作要求和任务交待不清的责任。③审核。被聘请或者被委托的审计师事务所承办人,应及时准确地完成案件管辖司法机关委办的工作任务,如有问题应提前声明,提前解决。复核承办人应对复核结论的及时性、准确性负责。④复审终结报告。会计鉴定复核人员经过审查验证后,应对原会计鉴定作出评价,写成书面报告,加盖单位及承办人名章及骑缝印,交原聘请或委托的司法机关签收。复审终结报告语言应明确,不得似是而非,模棱两可,构词概念清晰准确。复核结论确认后应予论证并举出证据。对原会计鉴定书应制成副本作为依据存查，正本归还原提交的司法机关。

对司法会计鉴定的会审 当案情特别复杂，虽经复核鉴定仍有争议而不能完全确信；或者因其他原因不能以单纯会计手段作出结论而必须借助于政策、法律方面的专家参与作出正确判断时，可由承办案件的司法机关报请主管上级批准，邀请有关方面高层次的专业人员对提交鉴定的资料进行集体审核与研究，形成最有权威的鉴定意见，此即"会审"制度。会审是承办案件的司法机关认为案件定性不确切，报请主管上级批准实施的法律行为。参加会审的人员应是政策、法律方面的专家、教授或副教授、研究员和副研究员。会审后应由承办案件的司法机关整理成书面报告，呈主管机关批复。

（柴景秀）

sifa kuaiji jianding guanxia
司法会计鉴定管辖（jurisdiction of judicial accounting expert） 根据诉讼法的管辖规定，依法行使侦查及审判权的司法机关，在案件涉及财务会计方面的问题需要进行会计鉴定时，有权聘请或者委托会计师事务所进行会计鉴定的法律资格。这种管辖的内容包括：①该司法机关具有对案件的管辖权（包括级别管辖、地域管辖、专属管辖）；②被委托的会计师事务所必须与案件管辖司法机关属同一个行政区域。

司法会计鉴定管辖，是20世纪末出现的新的法学专用术语，国外诸多法学论著均无考迹。中国共产党十一届三中全会以来，我国法制建设得到发长足发展，部门法学相应增加。《司法审计学》被列为法律本科生选修课后，众多学者潜心钻研，对司法会计鉴定管辖问题的研究也成果卓著。司法会计鉴定管辖的重要意义，首先是维护诉讼法制集中统一及其权威性；其次是确保司法公正，免受各种关系干扰，保证执法廉洁；其三是便利司法机关与鉴定人员的工作联系。司法会计鉴定管辖被确定后，无正当理由不得任意改变。正当理由一般认为：①鉴定人伪造、变造证据，对鉴定事实故意歪曲。②业务水平不能胜任所委托的会计鉴定工作任务。③意外事件，如患病、责任事故、不可抗力等。

遇到司法机关移送管辖案件，被聘请或者被委托的鉴定单位仍应完成鉴定任务，鉴定终结后，立即送交原委托或聘请的司法机关。各会计师事务所之间不能自行移送或者转接司法会计鉴定。当事人无权对会计鉴定管辖提出异议。

（柴景秀）

sifa kuaiji jiandingren
司法会计鉴定人（expert of judicial accounting） 司法会计鉴定的主体。由司法机关委托或者聘请的，对案件中有关财务会计问题进行检查、验证、鉴别和评判，作出书面结论的人。司法会计鉴定人的选择是司法会计鉴定中最重要的一个问题，关系到所提供的证据是否及时、准确，案件处理是否正确。因此，司法机关在选择会计鉴定人时应注意以下几点：第一，鉴定人必须有良好的职业道德，能依法办事，不徇私情，认真负责。第二，鉴定人应具有会计、审计专业知识。司法会计鉴定是一项技术性很强的工作，一般性会计鉴定可由会计师担任；对于较复杂的会计鉴定应聘请高级会计师担任。第三，鉴定人应具有一定法律知识。

司法会计鉴定人的权利：①有权了解案情、查阅鉴定所需的案卷材料。②有权就鉴定涉及的有关事实依法询问当事人、证人。③有权向委托鉴定的司法机关提出补充提供会计鉴定所需要的材料。④对阻止、干扰鉴定工作和打击报复的人，有权请求依照刑法追究其刑事责任。⑤因提供的材料不全，不足以作出鉴定结论或者不能胜任鉴定的，有权不接受委托。报送鉴定材料失实或者数字不符，有权调取有关材料核对。⑥对故意提供虚假会计鉴定材料，有权拒绝并向委托的司法机关的上级报告。

司法会计鉴定人员的义务：①对会计鉴定结论的真实性、准确性负法律责任。②按要求时间完成鉴定任务，写出书面结论交委托或者聘请的司法机关。③严守案件机密，不得泄露案件鉴定情况。④委托或者聘请的司法机关认为会计鉴定书不完备，结论不明确时，鉴定人有义务补正或者重新鉴定。⑤被鉴定案件的犯罪嫌疑人、被告人或者其他当事人是鉴定人的亲属，或者有利害关系和其他关系可能影响鉴定结论时，应主动回避。⑥对送鉴定的材料、数据应妥为保管，认真作好立档或者归还工作。

司法会计鉴定人承担的法律责任：我国《刑法》第305条规定，鉴定人对与案件有重要关系的情节，故意作虚假证明、鉴定、记录、翻译，意图陷害他人或者隐匿罪证的，处3年以下有期徒刑或者拘役；情节严重的，处3年以上7年以下有期徒刑。《刑事诉讼法》第120条规定，鉴定人故意作虚假鉴定的，应当承担法律责任。司法会计鉴定人员应严格遵守工作纪律，不准吃请，不徇私枉法，不营私舞弊。不得私自询问犯罪嫌疑人、被告人或者当事人和证人。司法会计鉴定材料不得带离鉴定场所，不得给无关人员查看，严防材料丢失。严格材料传送交接，严格执行签认制度。

（柴景秀）

sifa kuaiji jianding shixian
司法会计鉴定时限（time limit of judicial ac-

counting expert) 司法会计鉴定期日内的一定时间要求。期日开始与截止时间有严格规定，并有广义、狭义之分。广义司法会计鉴定时限，从立案之日起到案件判决之日截止。狭义的司法会计鉴定时限，从管辖案件的司法机关聘请或者委托会计师事务所指定会计鉴定人并达成书面协定后开始，终止时间按协定执行。违反司法会计鉴定时限应承担法律责任，包括：①违反广义开始时限，应承担侵权责任；违反广义终止时限，应承担无效责任并赔偿损失。②违反狭义开始时限，应承担侵权和赔偿责任，违反狭义终止时限的，应承担违约赔偿责任。时限责任应根据事实确定。聘请或者委托人未按时提供会计鉴定材料、数据或者应补充的材料，应承担责任；提供的材料和数据不合会计鉴定要求而影响时限的，应承担责任。会计鉴定人因自身原因（不含意外）影响时限应承担责任。

时限与期限不同，后者属于独立的法律事实，依法可对法律行为的效力起限制作用，前者则为单纯的时间界线，仅能从属于期限发生法律意义。时限与时效也不同，后者是一定的事实状态持续地经过一定时间，从而将导致一定法律后果的制度。时效不包括当事人的意志，当事人不得协议延长和缩短。而狭义的时限可以在案件审限内经当事人协定延长或缩短。

(柴景秀)

sifa kuaiji jiandingshu
司法会计鉴定书（expertise report of judicial accounting) 鉴定人根据司法机关的聘请或者委托对司法机关提供的或者收集到的会计核算凭证、报表、账簿，依法进行查验评审后，对有关事实真相作出判断结论的书面体现。它是鉴定人向聘请或者委托机关提供的具有证明力的法律文书。鉴定书应当作到事实确认准确、具体、公正、客观，用语明确、严谨、通俗易懂。

鉴定书内容结构包括：①序言。记载送鉴定单位的名称、办案人员姓名、送鉴定的时间、鉴定的目的和要求。②案情摘要。载明司法机关办案人员提供的案件情况。③审验方式与方法。叙明鉴定实用的专业方法、原理、公式、准则、规程。④证明确认事实。是司法鉴定书重要组成部分，它载明经鉴定所确认的事实及根据，准确地书写量词和名词，涵义清晰明确，理由充分有力。⑤结论。根据司法会计鉴定的目的和要求，回答案件所需要解决的问题。⑥尾部。接受鉴定单位名称、地址、通讯电话、鉴定人职称并载明鉴定终结日期，署名盖章，正、附件各页间加盖骑缝印记。

司法会计鉴定书在诉讼程序中是重要的书证之一。鉴定人在鉴定工作结束后，应及时将其送交聘请或委托的司法机关并办理文件签认手续。司法会计鉴定所用的基础资料、数据应装订成册长期保存备查。

司法会计鉴定书制作的要求：①以事实为根据，一事一证，每一法律事实被确认后，必须有证据予以证明，必要时应加批注、解释和说明。②直接证据为主，间接证据为辅，建立完整的证据系统，排除一切疑点和可能。③利用间接证据认定事实，必须坚持充分可靠、确凿。各证据间关系紧密，无任何缺口，各证据形成完整链条。④推定确认案件事实应严格遵守客观法则，对已经证实的事实进行认真审查核实。所援用的公理法则必须列明，最后用逻辑形式证明。⑤态度明确肯定，不似是而非。⑥鉴定所依据的材料必须真实、合法、有效。

附：《司法会计鉴定书》参考格式
司法会计鉴定书 （第1页）

委托或聘请单位名称		联系人	
通讯地址			
电话		邮政编码	
会计鉴定目的			
会计鉴定要求			
要求完成鉴定时间			
案件情况摘要介绍			
提供会计鉴定材料			

（骑缝章）

会计鉴定采用的手段和方法 （第2页）

（骑缝章）

确认事实陈述 （第n页）

（骑缝章）

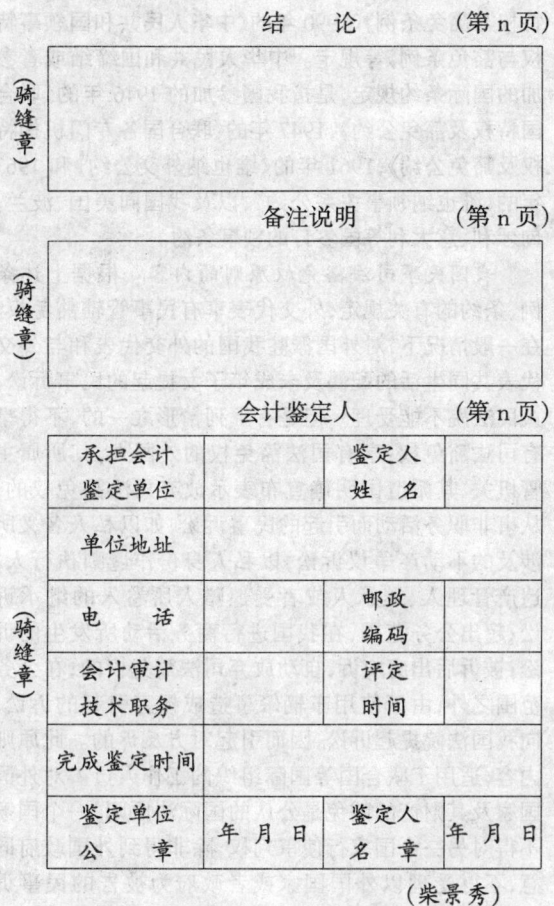

(柴景秀)

sifa kuaiji jianding shu de biangeng yu wuxiao
司法会计鉴定书的变更与无效（expertise report of judicial accounting modify and invalid） 所谓变更,即在司法会计鉴定书已送交案件管辖的司法机关,而案件尚未作出最终处理时,鉴定机关或鉴定人发现会计鉴定有错误,以书面形式向原聘请或者委托的司法机关申请,要求更正会计鉴定结论的行为。司法会计鉴定变更申请书应写明变更的理由并附有关证据材料。案件管辖的司法机关审查属实后,应准许其更正,同时提出要求,限时完成。会计鉴定人被准许更正后,应快速准确完成更正任务,并以书面形式,将更正的问题和有关证据、数据附后,送交案件管辖的司法机关签收。

无效,是指会计鉴定违反程序法或实体法的规定,导致会计鉴定书不能作为定案的证据,使其失去法律意义。引起无效的原因有:①司法会计鉴定人员故意弄虚作假、歪曲事实、伪造鉴定结论;②会计鉴定超过时限;③会计鉴定所依据的政策、法律修改或废止。无效的法律后果是:①刑事责任。我国《刑法》第305条规定:"在刑事诉讼中,证人、鉴定人、记录人、翻译人对与案件有重要关系的情节,故意作虚假证明、鉴定、记录、翻译,意图陷害他人或者隐匿罪证的,处3年以下有期徒刑或者拘役;情节严重的,处3年以上7年以下有期徒刑。"②民事责任。《民法通则》第111条规定:"当事人一方不履行合同义务或者履行合同义务不符合约定条件的,另一方有权要求履行或者采取补救措施,并有权要求赔偿损失。"第106条也规定:"公民、法人违反合同或者不履行其他义务的,应当承担民事责任。"

(柴景秀)

sifa kuaiji jianding ziliao
司法会计鉴定资料（judicial accounting expert data） 经司法机关收集和确认,并送交会计师事务所委托鉴定的会计文书和数据,包括记录会计实体的经济业务与财务活动的账表、报单、凭证、票据、信函、文件及合同等。按会计要素分以下六类:第一,资产类,包括流动资产、长期投资、固定资产、无形资产、递延资产和其他资产等核算资料。第二,负债类,包括短期借款、应付票据,应付账款、预收账类、应付工资、福利费、应交税金、应付利润、其他应交款、预提费用、长期借款等核算资料。第三,所有者权益类,包括实收资本、资本公积、盈余公积、本年利润、利润分配等核算资料。第四,收入类,包括基本业务收入、其他业务收入等核算资料。第五,费用类,包括直接费用、间接费用、期间费用等核算资料。第六,利润类,包括产品成本计算和营业利润,投资净收益、营业外收支净额等核算资料。

司法会计鉴定资料的提取,应依法进行。应由有案件管辖权的司法机关,根据案件情况需要,利用侦查或者调取证据方式查获或提取。提取或返还时均应列表,逐项清点并经双方签字认可。被调取的文件资料如有缺欠应事先以书面形式声明并作好备注,经双方签字确认。司法机关办案人员应根据案件侦查、审判及诉讼的需要,对提交会计鉴定的资料、数据进行筛选初审:①提取的核算资料、数据必须与案件有关联;②能够证明行为人的行为事实,具有证明力;③能够充分准确地证实证明对象。

(柴景秀)

sifa kuaijixue
司法会计学（judicial accounting） 运用会计学的原理与方法,研究经济犯罪和经济纠纷中财务活动的特殊规律及涉及财务审计、鉴定的原则、程序、方法和手段,为侦查和审判工作提供可靠证据的应用学科。司法会计学主要任务是通过查账、复核、对照、还原、验证、清查、盘点、审核凭证报表等手段,综合分析研究整个会计过程,从中发现违法犯罪活动事实,揭露犯罪手段；或查明经济纠纷的原因及法律责任，以保证司法公正，及时有效地惩治犯罪，维护国家正常经济秩序，保障社会经济健康发展。

司法会计学的基本原理包括商务对应关系法则、会计平衡理论、勾稽关系、复式记账法、会计循环原则及证据学和诉讼法学基本理论。其逻辑表达公式为：会计事项＋法律调整＝法律后果。法律事实＋法律调整＝法律后果的变形。司法会计学是一门年轻的应用型边缘学科。它是会计理论与证据法学、诉讼法学理论结合的产物，是会计学原理与方法在司法实践中应用的结晶，它又是在司法实践中发现、收集及审核证据的重要技术手段，是司法鉴定的重要组成部分。它是顺利实现诉讼活动和实现各实体法律目的的重要保障。

司法会计学作为一门专门学科来研究的时间并不久远。在国外，20世纪50年代，原苏联一些法律院校开设有"司法会计"课程，美国一些法学院也把"司法会计业务"作为博士生的课程。在我国，50年代一些法律院校也有开设"司法会计"课程的。1983年，司法部规定：法律事业本科应开设《司法会计学》选修课。1985年司法部组织编写高等学校经济法系列教材时，把《司法会计学》列入编写计划。1992年6月法学教材编辑部谢次昌主编的《司法会计学概要》问世；1996年3月，司法部法学教材编辑部顾洪涛主编的《司法会计基础教程》与读者见面，从而使司法会计学的研究有了新的发展。

（柴景秀）

sifa huomianquan yuanze

司法豁免权原则（principle of judicial immunity） 亦称司法豁免原则。国际民事和刑事诉讼的基本原则，包括外交代表司法豁免和国家、国际组织司法豁免。外交代表司法豁免指一国、国际组织派驻在他国的外交代表免除驻在国的民事和刑事的管辖。刑事司法豁免权是完全的，即外交代表不受驻在国的司法管辖。民事司法豁免权是有限制的、不完全的。国家司法豁免，指一国的国家行为和国家财产不受另一国法院的管辖。如一国法院受理以另一国家为被告的诉讼案件，除非得到后者的同意；另一国家可以作为原告向一国法院起诉，在其起诉的情况下，一国法院可以受理被告提出的反诉；对另一国家在一国法院为败诉的判决，非经其国同意不得强制执行。

我国民事司法豁免权原则的依据 《中华人民共和国民事诉讼法》第239条规定："对享有外交特权与豁免的外国人、外国组织或者国际组织提起的民事诉讼，应当依照中华人民共和国有关法律和中华人民共和国缔结或者参加的国际条约的规定办理。"这条中指的法律规定是指1986年的《中华人民共和国外交特权与豁免条例》、1990年的《中华人民共和国领事特权与豁免条例》等规定。中华人民共和国缔结或者参加的国际条约规定，是指我国参加的1946年的《联合国特权及豁免公约》，1947年的《联合国各专门机构特权及豁免公约》，1961年的《维也纳外交公约》和1963年的《维也纳领事关系公约》，以及我国同美国、波兰、匈牙利、意大利等国签订的领事条约。

我国民事司法豁免权原则的内容 根据上述条例、条约的有关规定，外交代表享有民事管辖豁免权。在一般情况下，对外国派驻我国的外交代表和与外交代表共同生活的配偶及未成年子女提起的民事诉讼，人民法院不能受理。但是有下列情形之一的，不得享有司法豁免权：享有司法豁免权的外国人，其所属主管机关、其派遣国明确宣布表示放弃司法豁免权的；从事非职务活动而引起的民事诉讼，如以私人名义所涉及的不动产争议诉讼，以私人身份作遗嘱执行人、遗产管理人、继承人或者受遗赠人所卷入的继承诉讼；超出公务范围，在我国进行商务活动所发生的诉讼；被诉后出庭应诉，自动放弃司法豁免权的；在公务范围之外，由于使用车辆肇事造成损害引起的诉讼；向我国法院提起诉讼，因而引起对方反诉的。此原则内容，适用于联合国等国际组织的工作人员。对外国国家及其财产的豁免是公认的国际法原则，一个国家不得对另一个国家行使审判权，除非得到外国政府同意，不得受理以外国国家或者政府为被告的民事诉讼，即使外国政府同意应诉，如被判决败诉，亦非经其同意，不得对其财产采取强制执行。

司法豁免的相应对待 根据主权国家平等原则，如外国给予我国派驻该国的外交、领事人员的司法豁免权，低于我国给予该国驻我国的外交、领事人员的司法豁免权，或者否定我国政府及国家财产享有司法豁免权的，我国法院有权按照对等原则作相应的对待。

sifa jiandingxue

司法鉴定学（science of judicial expertise） 研究运用专门的知识和科学技术手段，对诉讼中的物证、书证或人身证据进行检验，查明与案件有关的事实，并作出判断性结论的一门应用科学。从广义讲，它包括痕迹鉴定、文书鉴定、法医鉴定、犯罪遗留物鉴定、气味鉴定、声纹鉴定、司法会计鉴定、司法精神病鉴定等；它们又分别构成相对独立的学科。司法鉴定学的任务是：①研究各种犯罪结果和遗留物证的形成、变化规律及个性特征，寻找其发现、提取及检验的科学方法，正确地作出判断，为法庭提供认定案件事实的证据；②根据司法实践的需要，不断引进最新的科学技术成果，扩展鉴定范围，完善检验方法，为司法工作提供新的证据和新的鉴定手段；③研究司法鉴定的法律程序及管理制度,使之更好地为实现法律目的服务。司法鉴定应当由专门的鉴定机关或受司法机关委托、聘请的专门技术人员进行。司法鉴定学又称法庭科学,它是随着近代自然科学技术的发展和文明司法制度的确立而诞生的新兴法律学科。 (蓝绍江)

sifa jingshen yixue jianding
司法精神医学鉴定(authentication of judicial psychiatric) 又称司法精神病学鉴定、精神病司法鉴定、精神病司法医学鉴定。具备司法精神医学专业理论知识和实践经验的精神病科主治医师以上或主检法医师以上职称的专业人员,接受司法机关或有关机构的委托或聘请,运用司法精神医学的理论和方法,对案件中有关当事人的精神健康状态和相关法律能力等专门问题,进行分析、评断,为司法机关或有关机构查清事实,提供证据的过程。司法精神医学鉴定是一种诉讼行为,其法律依据是《刑事诉讼法》、《民事诉讼法》以及《行政诉讼法》等有关法律、法规规定。

根据需要鉴定的案件类型,可将司法精神医学鉴定分为刑事司法精神医学鉴定、民事司法精神医学鉴定和行政司法精神医学鉴定;根据鉴定人人数的多寡,分为专家个人鉴定和集体鉴定;按照鉴定场所的不同,又可分为门诊鉴定、住院鉴定和会诊鉴定;根据被鉴定人是否到场,又分为直接鉴定、间接鉴定或缺席鉴定。具体鉴定的形式选择由鉴定人与委托或聘请鉴定机构的送鉴定人根据案件的具体情况协商决定。

鉴定人在完成一项具体鉴定案件后,须以书面形式将鉴定结论提供给委托鉴定的机构,即出具《鉴定书》。鉴定书是一种证据的载体,其内容应当包括鉴定案件编号、委托鉴定机构名称、委托鉴定时间、鉴定目的和要求、鉴定日期、鉴定场所、鉴定时在场人、案情摘要、被鉴定人一般情况、被鉴定人个人社会生活背景材料的调查、对被鉴定人躯体和精神检查的阳性和阴性体征、分析意见、鉴定结论以及鉴定人签名并加盖鉴定机构鉴定业务专用章等项目。

司法精神医学鉴定结论作为证据,除具备一般证据的共性外,还具有其特殊性,即内容的科学性与形式的法律性相统一。其中内容的科学性包括鉴定人须凭借自己的专业知识、经验、技能,运用科学的方法进行鉴定;鉴定人独立运作;鉴定结论的内容须对被鉴定人的精神状态以及相关的法律能力予以明确的说明,但不能对整个案件予以法律评价。形式的法律性为鉴定人必须是受司法机关委托、聘请或指派的自然人;鉴定程序符合法律规定;鉴定结论符合法定的形式。

司法精神医学鉴定结论作为证据材料,虽然可以直接影响司法机关的审判工作,但它对司法审判工作却无约束力。委托鉴定机构在收到鉴定书后,须对鉴定结论进行审查,以决定是否采信。若委托鉴定机构对鉴定结论持有异议,既可向原鉴定机构、鉴定人提出质询,也可另行委托其他鉴定人或原鉴定人重新鉴定。鉴定结论一旦被采信,即产生法律后果。

(孙东东)

sifa jingcha
司法警察(bailiff) 简称"法警"。在中国审判机关和检察机关中执行特定任务的警察。属于司法辅助人员之一。根据《中华人民共和国人民法院组织法》和《中华人民共和国人民检察院组织法》的规定,各级人民法院和各级人民检察院根据需要可以设司法警察若干人。司法警察的主要任务是,押解犯罪嫌疑人、被告人或已决犯,维护法庭秩序,执行或者协助执行员执行已发生法律效力的判决、裁定或者决定,执行搜查、拘传和送达诉讼文书,等等。 (陈瑞华)

sifa juedou
司法决斗(judicial combat) 双方当事人在法官面前进行搏斗,以其胜败来确定他们陈述的真伪,以及谁是谁非或谁是犯罪人。这种决斗不是一般的使用武力,因为它的胜败被认为是神意的显示,因而可以决定诉讼的结局。司法决斗曾为中世纪欧洲各国的刑、民事诉讼所采用。它一般是在双方当事人的陈述互相矛盾,法官不能明辨是非时采用。凡在决斗中获胜的,就被认为是上帝使其获胜,证明其陈述真实,是有理或无罪的,战败的一方则相反。在英国,民事案件的当事人是未成年人、妇女和60岁以上的,可以拒绝亲自决斗而雇佣一个决斗者。关于决斗的方式和程序,一些国家的习惯法也有规定。决斗前,双方要先对神宣誓。如果一方在宣誓时神情恍惚,读错了誓词,就认为已显示了神意,法官即可据此认定他无理或有罪,而不进行决斗。有的国家规定决斗时可以休息三次。有的国家规定决斗双方在社会地位上应属于一个等级,双方当事人是封建领主或绅士的,可以使用剑和盾决斗;如果是农民或市民,就只能用木棍决斗。 (陈一云)

sifa renzhi
司法认知(judicial notice) 又称审判上的认知。指法官和陪审员在审判过程中,对于与案件有关的某些事实,不需当事人等举证证明就可予以认定。这些作为司法认知对象的事实,则属于勿庸举证的事实之列。作为司法认知的事实,主要有:①众所周知的事实,包括历史上的重大事件,地理上的名山大川在何处、四季更替、水往低处流等自然现象,常见物品的一般用途,法定的度量衡标准,当地的风俗习惯等。当然,众所周知是指具有一般知识经验的人都知道,而且对某些事实的了解,不仅受时间推移的影响,还会因地区的不同而有差异,所以又具有相对性。众所周知的事实其存在既无疑问,法官和陪审员作为当地社会的成员,也必然知道,准许其认知,就可提高工作效率。②职务上已知的事实,指法官和陪审员因执行司法职务而得知的各种事实,包括在本诉讼中得知的和在其他诉讼中知道的,如关于本诉讼中某诉讼文件已于何时依法送达,另一诉讼案件的生效判决所认定的事实,以及国家机构的设置和地方政权的区域划分等。此外,有些学者认为,司法认知的对象,除事实以外,还应包括法律,因适用法律是法官的职责。

对属于司法认知的事实,不管当事人双方有无争执,法院均可不用证明而认定其是否真实,并据以对案件作出裁判。合议庭成员对某种事实是否为众所周知或者系职务上已知的,如有不同意见,应依多数人的意见决定是否予以司法认知。 (陈一云)

sifa sheying

司法摄影(judicial photography) 根据司法活动的需要,以摄影的方法记录已发生的事实,发现、固定和检验有关证据的专门技术手段。主要应用于对刑事犯罪案件的侦查和审理(见刑事照相);在处理重大事故和某些民事案件中也起重要作用。 (蓝绍江)

sifa shenji

司法审计(judicial audit) 案件管辖的司法机关根据案情的需要,采用审计手段对有关会计事项进行审查。目的在于发现犯罪、证实犯罪和惩办犯罪,准确公正地确认当事人的权利、义务和应承担的法律责任。我国目前尚未见单独设置的司法审计实体,多数在检察机关内部设有专门小组,负责这项工作。也有的司法机关不设小组,在有这方面业务时,委托或者聘请审计师事务所办理。后一种作法在侦查阶段是不适合的,案件的机密容易泄露,不利于对案件的查处。

司法审计程序 案件管辖的司法机关,根据诉讼法的规定,结合案件情况的需要,依法将审计项目编制成审计计划,自行或者委托、聘请审计师实施审计行为。审计程序在1994年8月31日第八届全国人民代表大会常务委员会第九次会议通过的《中华人民共和国审计法》第5章有明确规定。司法审计除了要遵守上述法律规定外,还应遵守诉讼法的有关规定。审计程序主要分以下三个阶段:第一,准备阶段。这个阶段主要工作是编制审计方案,选择或者决定审计人员、案件承办人,确定司法审计项目,提出司法审计工作任务和目的要求。将有关案件材料和相关证据送交负责审计的工作人员,并向其介绍案件情况。第二,实施阶段。主要是对审计事项采用审计手段进行技术查验分析,对照有关法律规定,正确认定审计事实。第三,终结报告阶段。《审计报告》是审计人员对审计事项实施审计后,就审计工作情况和审计结果向聘请或者委托的司法机关或者案件负责人提出的书面文件。根据国家审计署(1996)342号发布的《审计报告编审准则》第4条规定,审计报告包括下列基本要素:①标题;②主送单位;③审计报告的内容;④审计组长签名;⑤报告日期。

审计方法 审计人员为了完成审计任务,实现审计目标所采取的各种措施和手段。正确运用审计方法,对刑事诉讼、民事诉讼、行政诉讼具有重要意义。关于审计方法有多种说法:一说将审计方法分为两大类,即基本方法和技术方法;另一种是传统方法说,即"审计查账法",包括"审计抽样法、调查法、分析法"等(见邢俊芳主编:《审计学辞典》,人民出版社1991年版,第344页)。司法审计方法与行政审计方法不完全一致。司法审计具有很强的针对性,是案件中所涉及的财务会计问题。审计项目比较明确,一般采用"审计查账法",即对会计凭证、会计账簿、会计报表进行审查。按审查技术可划分为:审阅法、复核法、核对法、核实法、比较法、调节法、调整法等;按审查次序划分为:顺查法、直查法等;按审查规模分为:调查法、抽查法、直接验证法、系统基础法等(见侯文鑑主编:《审计辞海》,辽宁出版社1992年版,第134页)。司法审计对于特殊疑难问题则采用平衡、试算、分解、综合、调查、检验、化验、鉴定、对质、辨认、质询等方法。

司法审计结论 是担任审计的人员对司法机关提供的各种凭证、账簿、报表、单据等会计核算资料,进行审查后,依据有关法律、法规,公正、准确地作出客观评价。国家审计署于1996年12月11日发布《审计事项评价准则》(1997年1月1日起施行)。该《准则》共18条,对审计事项的真实性评价,审计事项的合法性评价作了专门规定。

司法审计是一新兴领域,在国内这种模式尚不多见,但是主张具有司法权的审计体制的学者不断增多,有关论著文章也逐渐增多。国外采用司法审计模式的国家约占11%左右,也呈增长走势。采用司法审计模式的国家均设有审判庭,独立审查有关账目,并作出最终判决。如土耳其1862年建立审计法院(The Count of Acconnts, Turkey),设有8个分院(审判机构),26个职能审计小组(专门负责实施审计和检查)。土耳其法院的行政和审判机构由审计法分院、分院理事会、上诉委员会和总议会组成,每个分院视同独立的

审计法院,对有侵害责任的作出最终判决。（柴景秀）

sifa shenji baogao
司法审计报告(judicial audit report) 承担司法审计的人员,根据审计项目(审计事项)及其工作任务要求,对审计客体实施审查后,作出客观公正评价的书面文件。审计报告体裁主要有四种,即叙述式审计报告,条文式审计报告,表格式审计报告和综合式审计报告。司法审计报告内容包括标题、送审及主送单位、审计的原因、内容、方式、时间,被审计客体、对象有关情况和案件情况,审计叙述、法律依据、结论、完成日期等,装订成册加盖骑缝印后签字盖章。

司法审计报告,目前尚未有统一的格式,多数采用第一种叙述式形式,而且是与司法会计鉴定通用,其结构分为五部分:①序言部分:叙述送检单位、法人名称及送检时间,被检单位、法人名称,所送会计资料,委托要求、写明什么案件、进行哪方面的鉴定及检查。②检验部分:根据送检资料,当事人怎么处理的就怎么记载,全部记述事实。③论证部分:根据检验所见会计事实,依据会计制度规定要求,会计技术处理进行论证。④结论部分:主要根据论证结合送检要求,写出最后结果。⑤结尾:主要记述检定单位、法人及完成时间、签名盖章。

根据我国审计法律的规定,审计报告送达之日起10日内无异议,即生效,审计决定送达之日起生效。司法审计报告生效后产生证明力和证据力。主要有:①合法的审计报告(书)在刑事案件中具有证据的效力,可作刑罚的依据,审计报告中数额的认定,手段和事实情节的认定可作量刑的参考。②在刑事侦查预审工作中,可作为案件处理的依据,对构成犯罪的提起公诉,交付审判,对不构成犯罪的可以建议行政处理或者给予经济处罚。③在民事和行政诉讼中可作为认定各方当事人权利、义务的依据。（柴景秀）

sifa shenji dang'an
司法审计档案(file of judicial audit) 案件管辖的司法机关,或者聘请、委托的审计事务所,依法对犯罪嫌疑人、被告人和当事人的会计事项,审查验证时形成的文件、证据、数据、单证、会计凭证、报表、账簿(影印件)及审计报告、审计依据等,经整理编排装订成册,编号并制成目录交档案室保管的全部审计工作底稿。审计档案是国家档案的重要组成部分,是审计活动的各种信息资料的储存与真实记录,可帮助总结提高审计工作并为案件分析提供科学依据,对预防犯罪有着重要作用。

按照国家规定,审计档案实行统一领导分级管理的原则。国家审计署主管全国审计档案工作,同时接受国家档案行政管理部门的指导和监督;地方各级审计机关的审计档案工作,接受上级审计机关和同级档案行政管理部门的指导和监督。审计署和省、自治区、直辖市审计机关设档案管理机构,市(地)级审计机关设专职档案人员,县级审计机关设专职或兼职档案管理人员。审计档案管理人员应严格履行职责,认真贯彻执行国家档案管理规定,建立健全工作制度,组织监督审计文件资料及时立卷归档。按照有关规定,做好审计档案的收集、整理、保管、编辑、统计工作,为审计工作提供系统完整的研究资料。按照《审计机关审计档案工作的规定》,审计档案的建立,实行谁审计谁立卷,审结卷形成定期归档的责任制度;应归档的文件材料包括:①审计通知书、审计意见书、审计决定、审计建议书、移送处理书等审计公文;②审计证据、审计工作底稿、审计报告及审计报告征求意见书;③审计工作方案、审定审计报告的会议纪要、检查记录等;④有关审计项目、报告、批复、批示、复函等文件及与审计项目有关的旁证材料等。

司法机关根据案件的需要,自行审计形成的档案资料应自行归卷存档。（柴景秀）

sifa shenji falü guanxi
司法审计法律关系(law relation of judicial audit) 由诉讼法、审计法所规定和调整的,以法定权利和义务为内容的,具有国家强制性的一种特殊的社会关系。它是由审计人、被审计人和审计委托(授权)人三方面构成的关系。任何法律关系均必须具备三个要素,即主体、客体和内容。司法审计法律关系的主体,亦称权利主体,是指在诉讼法和审计法律关系中,依法享有权利和承担义务的组织和自然人,亦即诉讼法和审计法律关系中的参加者和当事人,并具有权利能力和行为能力,具有法律规定的享有权力和承担义务的资格,具备行使权利和履行义务的能力。司法审计法律关系的客体,即诉讼法、审计法律关系中主体之间权利和义务所指向的对象,主要有经济行为、财政收支和财务收入。司法审计法律关系的内容:即诉讼法和审计法律关系中具体的权利和义务,指依法享有权利和承担义务的权利能力和行为能力。司法审计法律关系参加人之间,不是平等主体之间的关系,审计人和被审计人法律地位是不同的。审计法律关系的对象,即审计事项,主要载体为账表、凭证、票据、信、函、合同等。（柴景秀）

sifa shenji guanxia
司法审计管辖(jurisdiction of judicial audit)

依照程序法的规定,案件管辖的司法机关,根据审计法及其实施条例的规定,将需要审计的案件,委聘有管辖权的审计机构进行审计的法律行为。司法审计管辖,是案件管辖和审计监督管辖的统一。先产生案件管辖,后产生审计管辖。当案件管辖的司法机关办案人员自行进行审计查证时,不发生审计管辖问题。我国审计监督实行级别管辖,即依照审计法及其实施条例的规定,对本级政府各部门(含直属单位)和下级政府实施审计监督。国务院和县级以上地方人民政府设立审计机关。 (柴景秀)

sifa shenji renyuan
司法审计人员(judicial auditor) 依照法律规定,或者经授权委托(聘请)取得审计监督权的人。担任司法审计人员必须同时具备会计、审计知识和法律知识。

根据我国审计法和其他有关法律规定,审计人员应具备以下资格:①具有高等专科以上学校毕业的学历,或者具有会计或者相关专业中级以上技术职称,参加注册会计师全国统一考试成绩合格,并从事审计业务2年以上。②应在一个合法审计机构注册任职。③熟悉有关法律、法规和政策,具有调查研究,综合分析和文字表达能力。④具有客观公正、实事求是、廉洁奉公、严谨认真的工作作风。

司法审计人员的权力,是审计人员完成审计职能的保障,根据审计法及其实施条例的规定主要有:①审计机关有权要求被审计单位按照规定和审计机关的要求报送财政收支、财务收支有关材料,其中包括被审计单位在银行和金融机构设立账户的情况,财务收支全部凭证、报表资料;有权检查会计账簿、报表及各种单证。②审计机关进行审计时,有权就有关审计事项的有关问题,向有关单位和个人进行调查,并取得证明材料。有关单位和个人应当支持协助工作,如实反映情况并提供有关证明材料。③审计机关查询被审计单位在金融机构的各项存款,并取得证明材料,有关金融机构应当予以协助,并提供和出具证明材料。④审计机关认为被审计单位可能转移、隐匿、篡改、毁弃会计凭证、会计账簿、会计报表及其他与财政收支、财务收支有关资料的,有权采取取证措施;必要时经审计机关负责人批准,有权暂时封存被审计单位与违反国家规定的财政收入或者财务收支有关的账册资料。⑤审计机关对被审计单位正在进行的违反国家规定的财政收支、财务收支行为,有权制止;制止无效时,经县以上审计机关负责人批准,通知财政部门和有关主管部门,暂停拨付与违反国家规定的财政收支、财务收支行为直接有关的款项,已经拨付的暂停使用。审计机关认为被审计单位所执行的上级主管部门有关财政收支、财务收支的规定与法律、法规相抵触的,有权建议有关主管部门纠正;有关主管部门不予纠正的,提请有权处理的机关依法查处。⑥审计机关发现被审计单位转移、隐匿违法取得资产的,有权制止,或者提请人民政府或有关主管部门制止,或者申请人民法院采取财产保全措施。⑦审计机关有权向政府有关部门通报或者向社会公布审计结果(保密的除外);对拒绝或者拖延提供有关资料的,或者拒绝阻碍检查的,审计机关有权责令改正,并可以通报批评,给予警告,拒不改正的,依法追究责任。⑧审计机关对被审计单位拒绝或者拖延提供与审计事项有关资料的,或者拒绝、阻碍检查的,可处5万元以下罚款;对直接责任人员建议有关部门给予行政处分或者纪律处分,构成犯罪的依法追究刑事责任。对被审计单位违反国家规定的财务收入行为有权责令改正,给予警告、通报、批评,有违法所得的,处以违法所得1倍以上5倍以下的罚款;没有违法所得的,处以5万元以下罚款。

根据审计法及其实施条例的规定,司法审计人员的义务主要有:①审计人员与被审计单位有关人员或者审计事项有利害关系的,应当回避。②审计人员对在执行职务中知悉的国家秘密和被审计单位的商业秘密,负有保密义务。③对办理的审计事项、审计调查事项、审计复议事项和审计应诉事项应建立档案。④严格遵守法律规定,保证所出报告合法、公正、准确。⑤审计人员不得滥用职权、徇私舞弊、玩忽职守,构成犯罪的应负刑事责任。⑥审计人员对编制的审计工作底稿的真实性负责;遵守廉政、勤政规定和审计工作纪律。 (柴景秀)

sifa shenji shixian
司法审计时限(time limit of judicial audit) 审计期日内的法定时间界限。根据审计法及其实施条例的规定,对审计事项实施审计后,审计报告应在10日内提出;被审计单位自收到审计报告起10日内提出书面意见,10日内未提出书面意见的视同无异议。根据国家审计基本准则的规定,审计决定或审计意见,审计报告送达之日起生效。司法机关根据案件的需要,应当与委聘审计的单位和审计人员协商确定交付审计报告的期限,超过期限应承担后果责任。 (柴景秀)

sifa shenjixue
司法审计学(judicial auditing) 研究司法机关在运用会计审计方法查明案情活动中的原理、原则、方法、职能及其发展规律的一门新兴学科。它的任务是为审计技术在经济犯罪的侦查、预审、审判或民事、行政诉讼中,查明事实,准确认定当事人的权利义务提供理论依据，总结审计技术服务于司法实践的经验和新成果；推动司法审计在司法实践中不断完善和发展。它主要研究：①经济犯罪与会计事项、会计核算的联系和规律性，揭示犯罪手段，提供证据，寻求防治措施；②民事、行政诉讼当事人向法庭提供会计记录的真实性，确保司法裁判公正。司法审计主要采用查账、查证、核对、分析、汇总、清点、平衡等手段，发现和证实违法犯罪事实，取得审判案件所需要的证据和数据。司法审计要素是构成司法审计活动的必要条件，包括：①司法审计目的。它是案件管辖的司法机关运用审计手段所要发现或者查明的问题。②审计主体，即对案件有管辖权的司法机关。③审计对象，是被审计的具体的经济活动以及记载这些活动的账簿、表册、合同、报告、凭证等有关资料。

司法审计应当遵循的基本原则，包括：①权威性原则。被审计的单位和个人，必须接受审计调查或审计监督，司法审计具有法律强制性，审计结论有法律效力。②公正性原则。司法审计人员必须客观地反映事实真相，重事实重证据。③独立性原则。司法审计人员在执行职务时不受任何人所左右和干扰。④合法性原则，又称依法性原则。司法审计活动包括调查、取证均应由二人以上进行，必须遵守程序法和实体法的有关规定。司法审计的会计事项、会计核算资料应与案件有关联。⑤保密性原则。司法审计是在保密情况下进行的，有关审计情况、数据、资料不得向无关人员泄露。

司法审计与行政审计不同，后者是国家实行的审计监督制度，是根据法律设立的审计机关对政府机关的财政收支、国有金融机构和企事业单位的财务收支进行的审计监督。司法审计则是司法机关根据案件的需要进行的审计活动。其特点：①实施的人员多数是兼职的，是法律和审计专业知识的结合。②突发突击性比较强，时限要求严格。③具有针对性，针对具体案件或线索而寻找佐证。④没有审计周期，第一次审计与第二次审计没有关联。

目前审计模式存在三种类型：一是司法型模式；二是立法型模式；三是行政型模式。在实践中，行政型模式居多，司法型模式次之。

（柴景秀）

sifa shenji ziliao

司法审计资料（judicial audit data） 司法审计人员开展审计工作时所依据的基础资料。广义的内涵包括与审计活动有关的一切文字资料。狭义的内涵仅指可作为审计依据的各种书面记录、文件、报告和数据等，主要包括：审计计划和工作方案、被审计单位的情况、审计工作记录、调查记录、审计法律依据、审计项目文书、证据、账册、凭证、报表、有关票据、单证等。审计材料的收集，必须客观公正、实事求是；审计材料与审计事项具有相关性，审计材料必须能充分证明审计事项的性质和情节；审计材料的取得必须合法。司法审计资料必须归档管理，保证完整适用。

（柴景秀）

sifa xiezhu

司法协助（judicial assistance） 不同国家的法院之间，根据自己国家缔结或者参加的国际条约，或者按照互惠原则，在司法上相互协助，代为一定诉讼上的行为。包括一般司法协助，对外国法院裁判的承认和执行，对国外仲裁裁决的承认和执行。但是，司法协助既是不同国家法院之间的协助，又是一国法院之司法行为，因此除以自己国家缔结或者参加的国际条约的存在，或者有互惠关系存在为前提外，主权国家对司法协助还规定有一定的条件、原则和进行的程序。我国是独立的主权国家，根据我国缔结和参加的国际条约，以及与一些国家和地区建立的互惠关系，我国人民法院按照我国民事诉讼法的有关规定，在国际上开展了广泛的司法协助。

一般司法协助 系一国法院接受他国法院的委托，代为一定的诉讼行为，在诉讼上所给予的协助。其内容是代为送达文书，调查取证以及其他诉讼行为。我国法院为外国法院代为一定诉讼行为，其前提是有条约或者互惠关系的存在，其原则是请求司法协助的事项不得有损于我国的主权、安全或者社会公共利益，否则不予执行。请求和提供司法协助，按条约规定的途径进行；外国驻我国领使馆可以向该国公民送达文书和调查取证，但不得违反我国法律，并不得采取强制措施，未经我国主管机关准许，任何外国机关或者个人不得在我国领域内送达文书、调查取证。外国法院请求我国法院提供司法协助的请求书及其所附文件，应当附有中文译本或者国际条约规定的其他文字文本。我国法院提供司法协助，依照我国法律规定的程序进行。外国法院请求采用特殊方式的，也可以按照其请求的特殊方式进行，但请求采用的特殊方式不得违反我国法律。

对外国法院裁判的承认和执行 根据我国《民事诉讼法》第267条和第268条的规定，外国法院作出的发生法律效力的判决、裁定，需要我国人民法院承认和执行的，其申请和请求的提出，有两种渠道、两个条件、一个前提和两个原则。两种渠道：一是可以由当事人向我国有管辖权的中级人民法院提出申请；一是也可以由外国法院请求我国法院予以承认和执行。两个条件：一是外国法院的裁判必须是发生法律效力的裁判；一是需要在我国生效的，或者既需要在我国领域内生效，又需要我国执行的。一个前提是，外国法院向我国法院提出请求,该法院所在国必须与我国有条约规定,或者存在互惠关系,我国法院只能根据条约规定或者按照互惠的原则接受请求。两个原则是,承认与执行外国法院的裁判,不违反中华人民共和国法律的基本原则,不违反我国国家主权、安全、社会公共利益的原则。不具备上述前提、条件,不符合上述原则的,我国人民法院不予承认和执行。

对国外仲裁裁决的承认和执行 根据我国《民事诉讼法》第269条的规定,国外仲裁机构的裁决,需要我国法院承认和执行的,应当由当事人直接向被执行人住所地或者其财产所在地的中级人民法院申请,人民法院应当按照我国缔结或者参加的国际条约,或者按照互惠原则办理。我国是1958年《关于承认和执行外国仲裁裁决公约》的参加国,对在该条约成员国领土内作出的仲裁裁决,按照该公约的规定承认和执行。对于在非缔约国领土内作出的仲裁裁决,需要在我国法院承认和执行的,人民法院应当按照互惠原则办理。

我国法院需要外国法院提供司法协助,可以根据我国缔结或者参加的国际条约,或者按照互惠原则,依照我国民事诉讼法的有关规定进行。即可以请求外国法院代为送达文书、调查取证以及进行其他诉讼行为;人民法院作出的发生法律效力的判决、裁定,如果被执行人或者其财产不在我国领域内,当事人申请执行的,除当事人直接向有管辖权的外国法院申请承认和执行外,也可以由人民法院请求外国法院承认和执行。请求外国法院司法协助的请求书及其所附文件,应当附有该国文字译本或者国际条约规定的其他文字文本。我国涉外仲裁机构作出的发生法律效力的仲裁裁决,需要在外国法院申请承认和执行的,由当事人直接向有管辖权的外国法院申请承认和执行。

(刘家兴)

sifa xingwei qingqiu shuo
司法行为请求说(doctrine of petition to judicial action) 近代有些学者的一种诉权学说。该说认为,诉权是对于国家司法机关,要求其适用实体法的司法行为之权利。因是司法机关适用实体法之司法行为,所以诉权是"公法"上之权利,而不是"私法"上之个人权利。是请求司法机关依据程序法之规定进行审理,运用实体法之规定作出判决的权利,而不是当事人对于司法机关,要求作出有利自己判决的权利。作出对何方有利的判决,那是司法机关运用国家司法权的结果,而并非当事人的诉权发生作用之结果。根据这种学说,诉权可简称之为请求司法机关为司法行为之权。至于要求适用实体法之权则认为是"公法"之权,或者说是"公法"所派生之权。按照这种学说,诉权只是"公法"上之请求权,请求为司法行为之权,如果请求不成立,司法机关不为司法行为,则无诉权可说。该学说承认诉权之"公法"性质,是无疑义的。但将诉权局限于为司法行为之请求权,而不承认当事人之其他权利,为许多学者所不取。因此,它在诸多诉权学说中不占多大地位,在现代的诉权理论中,这种学说之论述也不多见。

(刘家兴)

sifa zhuliyuan gongzuo zanxing guize
《司法助理员工作暂行规则》(Interim Provision on the Working of Judical Assistant) 1981年11月由中华人民共和国司法部制定并公布的规定司法助理员工作的规范性文件。该规则共6条,主要规定了:①司法助理员的性质和设置。司法助理员是我国乡(镇)、街道办事处的司法行政工作人员,在乡(镇)、街道办事处和县(区)司法局的领导和基层人民法院的指导下进行工作。②司法助理员的工作职责:管理人民调解委员会工作;指导检查民间调解工作,参与调解疑难纠纷,接受、处理有关人民调解工作的来信、来访;结合实际需要,进行有关的政策、法律、法令和道德风尚的宣传教育;调查研究本辖区内发生纠纷的原因、特点和规律并提出防止纠纷的办法;了解并向上级报告群众对现行法律、法令和司法工作的意见和要求;在工作中,应严格执行登记制度、会议制度、评比制度、回访制度和请示报告制度。③司法助理员的纪律:司法助理员不得私立章法;不得限制当事人的诉讼权利;不得对当事人施行或变相施行处罚;不得吃请受礼、徇私舞弊;不得利用职权,打击报复;不得泄露当事人的隐私。

(阎丽萍)

sifen famo caiwu anjian zhencha
私分罚没财物案件侦查(investigation of distributing fines and confiscated property of one's own accord case) 检察机关在办理私分罚没财物案件过程中,依照法律进行的专门调查工作和有关的强制性措施。私分罚没财物案件是指我国《刑法》第396条第2款所规定的司法机关、行政执法机关违反国家规定,将应当上缴国家的罚没财物以单位名义集体私分给个人,且数额较大的案件。私分罚没财物案件侦查的方法和重点是:

查明私分罚没财物单位的性质及其职责 侦查中要根据有关的法律,如有关的组织法等,来核实发案单位是否属于国家司法机关或行政执法机关;要根据有关法律规定查明该发案单位的特定职责及国家法律和政策对其职责的廉洁性规定;查明国家对发案机关享有的罚没权及罚没财物所有权的具体规定。

查明违反国家规定私分罚没财物而且数额较大

的事实 在侦查是否违反国家规定时,要注意核实是否违反法律和行政法规,是否违反国务院规定的行政措施、发布的决定和命令。否则就不具备私分罚没财物案件所要求的违反国家规定的要件。在侦查集体私分行为时,一是要查明是否集体私分。如果是少数人秘密私分并在账面做假,就不是私分罚没财物案件,应查明其是否共同贪污。如果是截留应上缴的罚没财物用于单位购置固定资产,则不应认为是私分。二是要查明私分的是否是罚没财物。如果私分的不是罚没款物而是单位的国有款物,可能构成私分国有资产罪而不能以私分罚没财物罪处理。如果私分的是罚没款物,要找被处罚的单位和公民询问被处罚的情况,尤其是查明被处罚的事由、性质、财物名称、数量、时间、地点、实施处罚的具体单位等,还要调取或复制被处罚的凭证(通常是罚没收据)及处罚通知等一切有关书证。如果是单位被处罚的还要调取或复制有关会计凭证资料和账务记载资料,要将被处罚的情况与发案单位的罚没凭证存根、罚没收入及上缴国库的情况逐笔核对。如果发案单位账面收入与上缴平衡,或收与缴及金额平衡,但不存在私分罚没财物的事实的案件,就应着重侦查罚没收入不入账或账外有账的情况,特别要调查是否有罚没财物给白条、不给收据或给不符合规定的收据的情况。侦查中,还要对发案单位的私分情况分别调查询问有关领导和员工,讯问直接负责的主管人员和其他直接责任人员。必要时,还可委托有关机关对某些问题进行专项调查、鉴定或邀请其协助侦查,如可以委托审计机关对发案单位的罚没账务进行审计检查或审计鉴定。

侦查本案犯罪直接责任人 应了解发案单位领导的工作分工情况,财务工作的分工及责任范围、职权、职责等情况,调查询问有关私分罚没财物行为的起始过程及有关研究、批准或决定的记录、手续等等。还要查明私分的经手人员及经办过程、账务处理、财物分发等情况及书证,从多方面查证私分活动的直接负责的主管人员和其他直接责任人员所应承担的罪责。

查明私分活动的主观故意 重点要查证司法机关或行政执法机关明知是应当上缴国家的罚没财物而不予上缴,并以单位名义集体私分给个人。而且要查明这是一种集体的故意,并非某个自然人的故意。侦查中要注重搜集有关研究讨论私分的会议记录或领导批准意见,没有书证或无法收集书证的,应向一切有关人员收集证言。如果被私分的是单位的国有资产与罚没财物的混合款物,则应将非罚没财物部分另行立案,以私分国有资产案进行侦查,然后数罪并罚。

(文盛堂)

sifen guoyou zichan anjian zhencha
私分国有资产案件侦查(investigation of distributing state funds of one's own accord case) 检察机关在办理私分国有资产案件过程中,依照法律进行的专门调查工作和有关的强制性措施。私分国有资产案件,是指我国《刑法》第 396 条第 1 款所规定的国有单位违反国家规定将国有资产集体私分给个人且数额较大的案件。

私分国有资产案件的侦查重点 包括:①被私分的款物是否属于国家所有;②款物的来源;③是否违反国家规定并以集体名义私分给个人;④私分款物总数及分得款物的人数与数额;⑤对私分行为直接负责的主要人员及直接责任人员。

私分国有资产案件的侦查方法 主要有:①通过发案单位或其上级主管部门、工商登记机关调查核实该单位是否属国有性质,查明其主体资格。②通过查核发案单位的会计资料,查明犯罪对象的性质与来源,如被私分的款物是否属于国有资产,其来源是截留应上交国家的资金,还是单位收入不入账或虚报国有资产的消耗、损耗等。③根据需要可以邀请有关机关协助调查,还可聘请有关机关及专业技术人员进行鉴定。如涉及私分应上交国家的税金的案件,可与税务机关联手调查,或进行有关的鉴定;涉及其他国有资产的,可请国有资产管理机关联合调查或进行所有权鉴定等。④深入发案单位调查核实私分的名义、数额、份数及份额。⑤对单位职工进行法制教育,鼓励主动退出私分所得的款物。⑥综合运用侦查措施,如突击搜查、重点检查单位的小金库,查封、扣押涉案账据,及时对其主管人员或责任人员进行讯问,查证取赃、侦审结合。

(文盛堂)

siren zhuisu zhuyi
私人追诉主义(principle of private prosecution) 对犯罪行为的追诉权由被害人或者其他公民个人负责行使的诉讼原则。见国家追诉主义。

siwei benyi
思维奔逸(flight of ideas) 精神病患者的思维联想过程异常迅速,新的概念不断涌现,内容特别丰富。表现为口若悬河、滔滔不绝,一个主题未说完,另一个主题又出现。此刻,在患者的主观体验中有一种好似舌头在与思维赛跑的紧迫感。由于舌头总是落后于思维,所以患者的语言也总是片断、遗漏,并且可出现上下句间音韵或意义的联系,这种人虽然思维异常敏捷,结论也不荒谬,但内容往往很肤浅,寓意极不深刻,给人以缺乏深思熟虑或信口开河之轻率感。病人的思维受外界影响引起频繁的主题转换,所以一个思维主题不能贯穿始终,表达缺乏客观效果。这种人因思维联想过程过快,致使其对自己行为的控制能力减弱或丧失,特别是对语言的控制能力明显减弱或丧失。因此容易出现错误言论。此症状主要见于躁狂抑郁性精神病的躁狂状态,也可见于急性醉酒。

(孙东东 吴正鑫)

siwei chihuan
思维迟缓(slowness in thinking) 又称思维抑制。患者思路阻塞,思考问题困难。病人可表现为语言明显减少,并且仅有的语言也很简短,语速缓慢、语音低沉;对概念的描述常需要很长时间,而且吞吞吐吐,难以出口,经他人再三提问才能勉强给以简单的回答。患者主观上有"脑子变迟钝"的体验,为此十分苦恼和着急,甚至可因此自杀。但是智力无损,一般常识与判断理解能力是良好的。见于躁狂抑郁性精神病的抑郁状态。

(孙东东 吴正鑫)

siwei pinfa
思维贫乏(poverty of thought) 精神分裂症的基本症状之一。患者语量虽不少,但内容空洞无物,无法与他人交流。在司法精神医学鉴定中,思维贫乏是鉴别伪装精神病的一项重要指标。

(孙东东)

siwei songchi he polie
思维松弛和破裂(asyrdetin thinking and splitting of thought) 思维松弛指病人意识清醒,思维活动结构松散,缺乏有机的联系,每句话都通顺,结构完整,意义可以理解,而整段谈话或写作没有中心思想,上下文联系松散,往往谈了半天,不知道患者要表达什么思想,见于精神分裂症的早期。随着病程的进展,可能化为思维破裂。思维破裂指患者在意识清醒状态下,联想断裂,前后无内在意义上的连贯性和应有的逻辑性,表达呈词汇与语句的机械性堆砌,看不出其表达的目的性,找不到其思维过程的趋向,因此病人的言语和书写的文字正常人无法听懂或者看懂其含义,完全无法进行交流。此症状是思维松弛进行性加重的结果。思维松弛和思维破裂都是精神分裂症的特征性症状,也是诈病者无法伪装的特殊症状,在临床精神医学和司法精神医学鉴定中,具有极其重要的诊断意义。

(孙东东 吴正鑫)

siwei yunji
思维云集(dressure of thought) 又称强制性思维。病患者的思潮不受其本人意愿的支配,强制性地大量涌入脑内。若详细地记录其思维内容,便出现概念数目有限,有些是重复涌现的,不同于联想加速的观念飘忽。这些杂乱的思潮往往突然发生、突然消失,可引起病人的焦虑、恐惧,甚至可导致冲动、自伤、伤人、毁物。见于精神分裂症和脑器质性精神障碍。在司法鉴定中,此症状可构成削弱行为人对自己行为控制能力的医学要件之一。

(孙东东 吴正鑫)

siwei zhang'ai
思维障碍(disturbance of thought) 由于某些外部的或躯体内在的因素影响,人脑的正常活动规律受到干扰,使人脑对客观事物的分析、比较、综合、抽象、概括以及运用推理、判断间接反应事物本质的过程受阻。在此状态下,人的思维活动丧失了正常人应具备的具体性、目的性、实际性、实践性和逻辑性等思维活动的特性,出现偏离常人的判断和推理,思维的结果常常是荒谬离奇,阻碍患者与他人进行社会交流。根据思维障碍的具体表现,可分为:①思维形式障碍。思维联想活动的速度、量、连贯性、逻辑以及其他思维活动形式等思维过程的障碍。②思维内容障碍。思维活动的内容以妄想、强迫观念、超价观念、魔术思维等为主导的思维障碍。思维障碍是驱使精神病人实施危害行为的最主要原因之一,也是司法精神医学鉴定中,判定行为人有关法律能力存在与否的必要医学要件之一。

(孙东东)

sidegeermo shanghui zhongcaiyuan
斯德哥尔摩商会仲裁院(Court of Arbitration of Stockholm Chamber of Commerce) 瑞典从属于斯德哥尔摩商会的一个全国性仲裁机构,1917年成立。该仲裁院设有3人组成的委员会,任期3年,由商会执行委员会任命;其中主席1人,由对解决商业争议或工业争议有经验的法官担任,2名委员分别由执行律师和在工业界享有声誉的人担任;每个委员还配有1名与其资格相同的副职;委员会形成决定以多数票意见为准,未形成多数时,由主席投票决定。委员会的决定是最终决定,商会无权变更。当事人申请仲裁应提交书面申请及求偿所根据的合同副本,合同中没有仲裁条款的,还要提交仲裁协议副本。申请仲裁的当事人既可以是瑞典本国人或与瑞典本国人发生争议的外国人,也可以是与瑞典无关的国际商事争议案件的任何国当事人。由于瑞典的中立国地位及其完备灵活的仲裁制度,使其逐步发展成为国际商事仲裁的中心,其仲裁的公正性得到了国际社会普遍的认同和赞誉。我国当事人在涉外经济合同中选择第三国仲裁机构时,一般也优先考虑该仲裁院。

1976年斯德哥尔摩商会重新制定了《斯德哥尔摩商会仲裁规则》，并于同年10月1日生效。该仲裁院受理的仲裁案件，当事人可以决定仲裁庭的人数和仲裁员人选，且不受国籍限制，但独任仲裁员和首席仲裁员必须由仲裁院指定与案件无利害关系的人担任。仲裁庭进行仲裁，既可以适用斯德哥尔摩商会仲裁院的规则，也可以适用当事人选定的仲裁程序规则。实体法的适用也可以由当事人自由选定，如果当事人没有选定的，由仲裁员按照与案件有最密切联系的原则选择所适用的法律。仲裁裁决是终局性的，当事人有异议的，可依瑞典仲裁法在收到裁决书正本或经证明的副本60天内向法院提起诉讼。 （阎丽萍）

sidegeermo shanghui zhongcaiyuan guize
《斯德哥尔摩商会仲裁院规则》（The Arbitration Institution of the Stockholm Chamber of Commerce Arbitration Rules） 1988年1月1日生效。本规则分组织结构和仲裁规则两部分。

第一部分组织结构，含4条。规定本仲裁院为本商会内处理仲裁的机构，据本规则或本院接纳的其他规则（《联合国国际贸易法委员会仲裁规则》）协助解决争议，协助其他争议的仲裁，并提供有关仲裁资料。本院由3人组成董事会，任期3年，其决定具终局性，本商会不得复议。本院设秘书处，由秘书长领导。

第二部分仲裁规则，分五节，共30条。仲裁庭组成一节规定，仲裁庭一般为三人庭。当事人协议独任庭时，该仲裁员由本院决定。此外，双方各委等量仲裁员，首席仲裁员由本院委任。双方同意，各仲裁员可全由本院委任。仲裁员死亡，由原委任方替换。仲裁员辞职或解聘，由本院咨询原委任方后委任。限期内未委出，由本院委任。待聘仲裁员应向委任方透露影响公正或独立性事由，仍得委任，则向对方和其他仲裁员透露。仲裁员意识到有可令资格取消事由，应立即通知当事人和其他仲裁员。对仲裁员的质疑应以书面提出，并通知本院；对方知道其他仲裁员亦有同类事由，知道事由30日内未提出质疑，视为放弃。本院咨询当事人和其他仲裁员后可解聘缺乏资质的仲裁员。

提起仲裁一节规定，申请人应向本院要求仲裁，附当事人名称、住所、争议事项、索赔及其事由，仲裁协议及所委任仲裁员。本院显无管辖权应驳回，否则应转告被申请人。被申请人应答辩，委任仲裁员，并可质疑仲裁协议及提起反诉。该答辩应交申请人。被申请人不回应不影响仲裁。本院可要求当事人提供详情。申请人未提出，本院可以解除仲裁；被申请人未提出，仲裁可继续进行。本院可决定保证金及其支付方式和用途。保证金可均分，也可由一方承担，一方未支付，本院可要求另一方支付。不交时，则仲裁或部分取消或搁置。本院可决定仲裁地点。支付保证金后，争议提交仲裁庭。

仲裁程序一节规定，符合仲裁协议、本规则及当事人意愿时，仲裁庭可以决定仲裁方式。仲裁庭应公正、合理、尽速仲裁，给各方机会陈情。三人庭的首席仲裁员有权决定仲裁程序问题。除当事人协议外，仲裁语言由仲裁庭决定。索赔应含救济措施和支持证据。答辩、索赔应明确表态，并举证。反诉应有理由。当事人可补充索赔、答辩或反诉。仲裁庭应决定审理日期、期间和方式。替换仲裁员时，新仲裁庭可以决定是否重审。提出人有举证责任。仲裁庭可决定证据接受性，可委任专家表示意见。当事人不出庭或不服从仲裁庭要求，不影响仲裁。对不符合仲裁协议或本规则的行为在合理期限内未提出质疑视为放弃权利。表决采取多数原则，无多数以首席意见为准。

裁决一节规定，仲裁庭应在提交仲裁1年内在仲裁地作出裁决，本院可予延长。当事人要求时，仲裁庭可分开裁决；一方反对时，分开裁决应有特殊理由。当事人承认部分索赔，仲裁庭可就此分开裁决。裁决应提出理由，经签署。仲裁员可在裁决中表示异议。裁决应决定付费分担。除另有协议外，败诉方应付费，包括对方开支。裁决前仲裁终止，仲裁庭应决定当事人付费。提交仲裁庭前仲裁终止，由本院决定费用。仲裁庭可收裁决费用。仲裁员收费应合理，考虑耗时、案情、争议额和其他情况。裁决计误或字误应由仲裁庭更正。收到裁决30日内当事人可要求仲裁庭应对裁决未涉问题作出解释，并给当事人陈述观点的机会。

杂项一节规定，据本院有关规则决定费用。仲裁庭应向本院提交裁决、书面指令及各会议记录副本，1988年1月1日前的仲裁可适用以前的规则。本规则含附件，还规定仲裁保证金及付款的原则。 （宋小庄）

situ jiate moshi
斯图加特模式（Stuttgarter Model） 前联邦德国的一种诉讼程序理论，以20世纪70年代韦因可夫（Weirkauff）及波埃（Bauer）两人的著作为基础发展而成。其特点在于探讨诉讼中书面程序与口头程序各自的特点以及在哪个阶段最能发挥作用，然后分别加以适用，而不是将书面程序与口头程序对立起来。斯图加特模式将诉讼分为两个阶段：书面准备程序与主辩论程序。书面准备程序指为言词辩论作书面准备的程序，这种程序比通常诉讼程序中的书面准备程序有所发展。它一般包括以下几个阶段：①原告起诉和向被告送达起诉书，被告选择律师并通知法院，以及在法定期间内提交答辩状，原告对被告答辩状的再答辩。②将案卷交法院院长，由院长指定汇报法官，做好主辩论的准备工作。③法官作出调查证据的裁定，对当事人、证人进行询问，必要时举行"中间听审"以调查证据。④主辩论前几天，再次查阅案卷，明确辩论日的工作布置。书面程序的优点在于期间是事先规定的，所做工作在任何地点都能进行，便于法官操作；另外对书面材料可以作深入分析，能为主辩论程序作好准备。

主辩论程序在一定程度上可与刑事诉讼中的审理相比，即裁判尽可能在一次言词辩论中作出，也即所谓"集中原则"。主言词辩论以听取当事人发言开始，然后法官退庭进行临时讨论，并作出以有充分理由为依据的判决草案。若当事人不能接受该草案，则直接进入调查证据阶段，对所有证据进行调查并由律师参与调查，然后法官退庭作第二次中间讨论并写出结束讼争的判决草案。判决草案当庭宣读并由律师作最后发言，法院往往根据律师的发言修改草案并将判决确定下来。

前联邦德国在一些民庭试用斯图加特模式审理案件收效很大，结案率上升，和解率也明显提高。1976年的简易化修正法在很大程度上受到了斯图加特模式的影响。斯图加特模式的经验表明，经过良好的准备能加强言词辩论的集中和收到更好的效果。

(王彩虹)

siwang

死亡（death） 生命活动的终止，也即机体新陈代谢的完全终止。新陈代谢是机体内外的物质交换以及物质在机体内的一系列变化过程，它是维持正常生命活动的基础。当新陈代谢正常时，人体内部各器官的活动相互协调，机体与外界保持动态的平衡。当新陈代谢紊乱时，则表示某器官功能失调，失去了生理平衡，此时机体就有病。当新陈代谢完全停止，生命活动就结束，机体就死亡。传统的死亡标志是心跳和呼吸不可逆转的停止，并以心跳停止和呼吸停止发生的先后，分为心脏死和呼吸死。由于医学科学的发展，机械心肺复苏技术的有效应用，使心跳和呼吸停止的人可借此而得到完全的复苏。同时也可以对一些大脑和脑干功能丧失而致心跳和呼吸停止者，用呼吸机、心搏器来维持其心跳和呼吸。由此可见，心跳和呼吸停止，并不表明必然死亡，相反，心肺功能得到人工维持者，并不意味着必然存活。因此，医学界又提出了脑死亡的概念（见脑死亡）。

(李宝珍)

siwang guocheng

死亡过程（course of death） 生命活动停止所经过的程序。人的死亡在一般情况下并不是瞬息即逝的现象，而有一个渐进的发展过程。根据人体内各系统和组织对代谢的需求程度，其死亡速度不尽相同。首先受影响的是中枢神经系统的高级部位，其次是皮层下中枢，而后延髓各中枢的机能停止，使心跳和呼吸由不规则而逐渐停止。死亡的过程可分濒死期、临床死亡期和生物学死亡期。

(李宝珍)

sixing fuhe chengxu

死刑复核程序（procedure for review of death sentences） 我国刑事诉讼法规定的，有核准权的人民法院对已经判处被告人死刑（包括判处死刑缓期二年执行）的案件，依照法律规定的程序再次进行审查，决定是否核准死刑的一种特别审判程序。换言之，判处死刑的案件，即令过了法定的上诉、抗诉期限而未提起上诉、抗诉或者提起上诉、抗诉经过两审终审后，仍不发生法律效力，只有依法再经最高人民法院或高级人民法院核准后，才发生法律效力，方可交付执行。这种对死刑案件审查核准的程序就是死刑复核程序，它是我国刑事诉讼中的特别程序。死刑复核程序是统一理解和执行死刑适用标准最重要的程序保障。有核准权的人民法院通过死刑复核程序，可以全面审查死刑判决、裁定在认定事实和适用法律上是否正确，及时发现和纠正死刑判决和裁定的错误，以保证正确地适用死刑，防止错杀、枉杀，保障公民的人身权利。

对死刑案件进行一定形式的复核，在我国具有悠久的历史。早在三国时期的北魏，就有死刑复核制度的雏形。据《魏书·刑罚志》记载："当死者，部案奏闻。以死不可复生，惧监官不能平，狱成皆呈，帝亲临问，无异辞怨言乃决之。诸州囚之大辟，皆先之谳报，乃施行。"至隋唐时期，不但法律上作了较为明确的规定，而且设置了专门的复核机关。明、清两代，除十恶不赦的死刑立决案件外，对其他秋后处决的案件，则要经过秋审或者朝审。秋审是审核地方各省所判的秋后处处决案件；朝审是审核刑部及京城附近所判的秋后处决案件。除死刑复核制度以外，在我国历史上还存在死刑判决确定后、行刑前进行的死刑复奏制度。死刑复奏专指向皇帝奏准，这项制度始于隋朝，据《隋书·刑法志》记载："开皇十五年（公元595年）制，死罪者，三奏而后决。"其后的封建朝代都沿袭了死刑复奏制度，只是在复奏的次数上有所改变。

在我国的人民司法工作中，第二次国内革命战争时期的革命根据地就创立了死刑复核制度。1932年6月9日中华苏维埃共和国中央执行委员会颁布的《中华苏维埃共和国裁判部暂行组织及裁判条例》中规定：判决死刑的案件，应报上级机关批准。抗日战争与第三次国内革命战争时期,各抗日民主根据地和解放区均有类似规定,除战争紧急情况外,死刑需经上级机关复核。中华人民共和国成立以后,1954年颁布的《中华人民共和国人民法院组织法》及其他有关的法律、法令,对于死刑复核制度都作了明文规定。1979年通过的《中华人民共和国刑事诉讼法》把死刑复核程序单列一章,合理地把死刑、死刑缓期二年执行的复核权分别交由最高人民法院和高级人民法院行使,并较为详细地规定了核准的具体程序和步骤。至此,我国刑事诉讼中特有的死刑复核制度已基本完备地建立起来。1983年9月2日修改后的《中华人民共和国人民法院组织法》第13条规定:"死刑案件除由最高人民法院判决的以外,应当报请最高人民法院核准。杀人、强奸、抢劫、爆炸以及其他严重危害公共安全和社会治安判处死刑的案件的核准权,最高人民法院在必要的时候,得授权省、自治区、直辖市的高级人民法院行使。"据此,最高人民法院于同年9月7日又颁布了授权高级人民法院核准部分死刑案件的决定。1996年3月17日通过的现行《刑事诉讼法》第199条明文规定:"死刑由最高人民法院核准"。这就再次将死刑立即执行案件的核准权收归最高人民法院行使。

根据我国刑事诉讼法的规定,死刑复核程序又分为判处死刑立即执行案件的复核程序和判处死刑缓期二年执行的案件的复核程序。判处死刑立即执行的案件,必须由最高人民法院核准,其程序为:中级人民法院判处死刑的第一审案件,被告人不上诉的,应当由高级人民法院复核后,报请最高人民法院核准;高级人民法院不同意判处死刑的,可以提审或者发回重新审判。高级人民法院判处死刑的第一审案件被告人不上诉的和判处死刑的第二审案件,都应当报请最高人民法院核准,判处死刑缓期二年执行的案件,由高级人民法院核准,其程序为:中级人民法院一审判处死刑缓期二年执行的案件,被告人不上诉、人民检察院不抗诉的,应报请高级人民法院核准;被告人上诉或人民检察院提起抗诉的,高级人民法院应当先组成合议庭,按照第二审程序对案件进行审判,然后再另行组成合议庭,依死刑复核程序对案件进行复核;高级人民法院审结的第一审死缓案件,在过了上诉、抗诉期限后当事人未提出上诉、人民检察院也未提出抗诉的,高级人民法院也应当另行组成合议庭依死刑复核程序对案件进行复核。

最高人民法院复核死刑案件,高级人民法院复核死刑缓期执行的案件,应当由审判员3人组成合议庭进行。复核时,不同意判处死刑或死刑缓期执行的,可以提审后直接改判,或者裁定撤销原判,发回重新审判。一般来说,提审后改判的判决为终审判决。但是高级人民法院对死缓案件进行复核后,认为不应当判处死缓而应当判处死刑立即执行的,提审后改判的判决则相当于一审判决,应当允许被告人上诉至最高人民法院,即使被告人不上诉,也应当在法定的上诉期满后,将死刑案件报请最高人民法院核准。

(刘广三)

sixing hezhunquan
死刑核准权(power to approve the death sentences) 对判处死刑的案件进行审查核准的权力。中华人民共和国建立以来,死刑核准权限曾有数次上收和下放的变化。1954年颁布的《中华人民共和国人民法院组织法》规定,死刑由最高人民法院或高级人民法院核准。1957年第一届全国人民代表大会第四次会议决议指出:今后一切死刑案件,都由最高人民法院判决或核准。"文化大革命"期间,死刑核准权一度下放给省、自治区、直辖市。1979年五届全国人大二次会议通过的《中华人民共和国刑事诉讼法》规定:死刑由最高人民法院核准。1981年五届全国人大常委会第十九次会议所作的《关于死刑案件核准问题的决定》规定:在1981年至1983年内对犯有杀人、抢劫、强奸、爆炸、放火、投毒、决水和破坏交通、电力等设备的罪行,由省、自治区、直辖市高级人民法院终审判处死刑的,或者由中级人民法院一审判处死刑,被告人不上诉,经高级人民法院核准的,以及高级人民法院一审判决死刑,被告人不上诉,都不必报最高人民法院核准;对反革命犯和贪污犯等判处死刑的仍由最高人民法院核准。1983年9月1日,六届全国人大二次会议作了关于修改《中华人民共和国人民法院组织法》的决定,指出:死刑案件除由最高人民法院判决的以外,应当报请最高人民法院核准,杀人、强奸、抢劫、爆炸以及其他严重危害公共安全和社会治安判处死刑的案件的核准权,最高人民法院在必要的时候,得授权省、自治区、直辖市的高级人民法院行使。据此,最高人民法院于同年9月7日又颁布了授权高级人民法院核准部分死刑案件的决定,其内容是:在当前严厉打击刑事犯罪活动期间,为了及时严惩严重危害公共安全和社会治安的罪大恶极的刑事犯罪分子,除由最高人民法院判决的死刑案件外,各地对反革命案件和贪污等严重经济犯罪案件判处死刑的,仍应由高级人民法院复核同意后报最高人民法院核准,对杀人、强奸、抢劫、爆炸以及其他严重危害社会治安的犯罪分子判处死刑的案件的核准权,最高人民法院依法授予省、自治区、直辖市高级人民法院和解放军军事法院行使。1996年3月修改后的现行《刑事诉讼法》明文规定:"死刑由最高人民法院核准"(第199条)。1997年3月修改后的现行《刑法》也明文规定:"死刑除依法由最高人民法院判决的以外,都应当报请最高

人民法院核准"(第48条)。这就再次将死刑案件的核准权收归最高人民法院行使。 （刘广三）

死刑缓期执行案件核准权（power to approve cases of sentence of death with a two-year suspension of execution） 对判处死刑缓期二年执行案件进行审查核准的权力。在我国刑事诉讼法发展史上，相当长的时期内，死缓案件的核准权包括在死刑立即执行案件的核准权内。在有关的法律、法规中，死缓案件的核准权均未明确，都是以死刑案件的核准的名义，见之于法条之中。当时的立法思想认为，死缓虽不立即执行死刑，但属于死刑的范畴，都是死刑刑种，故此，没有必要单列死缓核准权，称死刑核准权当然包括了死刑立即执行和死缓的核准权。但是，司法实践证明，凡由高级人民法院判处或审核的"死缓"罪犯，在缓刑执行期间，绝大部分由于没有故意犯罪或表现较好而被减为无期徒刑或长期徒刑；另一部分在缓刑执行期间，故意犯罪，查证属实，需要改判死刑立即执行时，高级人民法院仍须报请最高人民法院核准，这样把原判死缓的案件也报送最高人民法院就显得不必要了。因此，1958年5月29日最高人民法院发出了关于高级人民法院判处或审核的死缓案件不再报送本院复核的通知，指出："为了减少可省的手续，便于各地及时处理案件，本院决定自即日起，凡由高级人民法院判处或审核的死缓案件，一律不再报送本院复核。"自此，死刑立即执行的核准权同死缓核准权正式分离。1979年通过的《刑法》和《刑事诉讼法》以及现行《刑法》和《刑事诉讼法》均用法律的形式肯定了这一做法。现行《刑法》第48条规定："死刑除依法由最高人民法院判决的以外，都应当报请最高人民法院核准。死刑缓期执行的，可以由高级人民法院判决或者核准。"现行《刑事诉讼法》第201条规定："中级人民法院判处死刑缓期二年执行的案件，由高级人民法院核准。"上述规定说明，对判处死缓的案件行使核准权的，是各省、自治区、直辖市的高级人民法院和解放军军事法院。 （刘广三）

死刑缓期执行判决的执行程序（procedure for execution of death sentence with reprieve） 将判处死刑同时宣告缓期二年执行的判决，交付执行必须遵守的法定程序。根据我国现行《刑事诉讼法》的规定，对于判处死刑缓期二年执行的罪犯，交付执行的人民法院应当制作刑事执行通知书，连同人民检察院的起诉书副本、人民法院的判决书、结案登记表及时送达羁押该罪犯的公安机关，公安机关应自收到执行通知书等法律文书之日起1个月内将罪犯送交监狱执行刑罚。罪犯收监后，刑罚执行机关应在5日内通知罪犯家属，告知所犯罪名、刑期及执行的地址等。被判处死刑缓期二年执行的罪犯，在死刑缓期执行期间，如果没有故意犯罪，死刑缓期执行期满，应当予以减刑。减刑由执行机关提出书面意见，报经省、自治区、直辖市司法厅（局）的监狱管理机关审核后，报请高级人民法院裁定；在死刑缓期二年执行期间，罪犯如果故意犯罪，经查证属实的，应当执行死刑。其具体程序是：对罪犯所犯新罪，由监狱进行侦查，并在侦查终结后移送人民检察院提起公诉，由服刑地的中级人民法院依法审判。在认定构成故意犯罪的判决、裁定生效后，应由高级人民法院报请最高人民法院核准执行死刑，并由最高人民法院院长签发执行死刑命令，交付罪犯服刑地的中级人民法院按执行死刑的程序执行。 （黄永）

死刑判决的执行程序（procedure for execution of death sentence） 将最高人民法院判决或者核准的死刑立即执行的判决交付执行必须遵守的法定程序。根据我国现行《刑事诉讼法》的规定，首先，应当由最高人民法院院长签发执行死刑命令，才能交付执行。没有接到执行死刑命令的，不得交付执行。下级人民法院接到最高人民法院执行死刑的命令后，应当在7日以内交付执行，但是发现有下列情形之一的，应当停止执行，并且立即报告最高人民法院，由最高人民法院作出裁定：①在执行前发现判决可能有错误的；②在执行前罪犯揭发重大犯罪事实或者有其他重大立功表现，可能需要改判的；③罪犯正在怀孕。其中第①项、第②项停止执行的原因消失后，必须报请最高人民法院院长再签发执行死刑的命令才能执行；由于第③项原因停止执行的，应当报请最高人民法院依法改判。人民法院在交付执行死刑前，应当通知同级人民检察院派员临场监督。死刑采用枪决或者注射等方法执行，可以在刑场或者指定的羁押场所内执行。指挥执行的审判人员对罪犯应验明正身，讯问有无遗言、信札，然后交付执行人员执行死刑。在执行前，如果发现可能有错误，应当暂停执行，报请最高人民法院裁定。执行死刑应当公布，但不应示众。执行死刑后，指挥执行的审判人员、临场监督的检察人员和法医应当验尸，以确定罪犯已经死亡。在场书记员应当将执行死刑情况写成执行死刑笔录，附上执行死刑情况的照片存卷。交付执行的人民法院应当将执行死刑情况逐级上报最高人民法院。交付执行的人民法院还应当通知罪犯家属。 （黄永）

songda

送达【民诉】(service of process) 由法院按照法律规定的方式和程序,把法律文书送交给当事人及其他诉讼参与人的行为。送达人必须是法院,受送达人是当事人和其他诉讼参与人。当事人之间或法院与法院之间相互传送法律文书的行为,都不是诉讼上的送达,不受民事诉讼法有关规定的约束。送达还必须按照法律明文规定的方式和程序进行,否则就不是有效的送达,不产生送达的法律效力。送达的内容是各种法律文书,如传票、起诉状副本、判决书、上诉状副本等。送达是法院的职权行为,是法院组织诉讼、协调各方当事人诉讼活动的方式之一。作为诉讼上的一种制度,送达的意义在于:通过送达,法院能组织和协调诉讼活动,以保障诉讼的正常、有序进行;通过送达,当事人和其他诉讼参与人明了各自在诉讼中应为的诉讼行为,有利于他们自觉遵守法律的有关规定;通过送达,还可以保障当事人和其他诉讼参与人及时得到与己有关诉讼上的通知和信息,以确保当事人和其他诉讼参与人依法行使诉讼权利和履行诉讼义务。

送达在法律上的后果主要有以下几种:①能使某一诉讼期间开始起算。如答辩期间自起诉状副本送达被告之次日开始起算;上诉期间自一审判决书送达当事人之次日开始起算。②能产生或者终止一定的诉讼法律关系。如将起诉状副本送达被告,就产生了法院与被告人之间的诉讼法律关系;二审判决一经送达,二审法院与当事人之间的诉讼法律关系即告结束。③是某些法律文书发生法律效力的条件。如二审判决书、调解书的送达,是它们生效的前提条件。④当事人如无正当理由拒绝实施已送达的法律文书所指定的诉讼行为,将产生程序上的法律后果。如原告经传票传呼,在指定期日无正当理由拒不到庭的,将被视为撤诉。

(何 畏)

songda

送达【刑诉】(service) 人民法院、人民检察院、公安机关、国家安全机关将依法制作的诉讼文件(见诉讼文书),按照法定程序送交有关机关、企业事业单位、团体和公民个人的一种诉讼活动。需要送达的诉讼文件包括传票、通知书、起诉书、免予起诉决定书、不起诉决定书、判决书、裁定书等等。送达是刑事诉讼不可缺少的重要组成部分。依法制作的诉讼文件只有及时送达,才会发生其应有的法律效力,保证诉讼的顺利进行,保证当事人及其他诉讼参与人的合法诉讼权利。送达是一种法律行为,必须遵守一定的法定期限。例如按照我国《刑事诉讼法》的规定,人民法院至迟应在开庭前3日将传票送达当事人,将开庭通知书送达人民检察院和辩护人及其他诉讼参与人。

送达的方式一般有直接送达、间接送达、留置送达、委托送达、公告送达等。直接送达又称当面送达,是送达中最常用的基本方式,即将依法送达的诉讼文件交由收件人本人签收。收件人在收到诉讼文件后,应当在送达回证上签名或盖章,并写明收件时间。间接送达又称代收送达,指送达时收件人本人不在,为保证送达及时,送达人依法可以将诉讼文件交给他的成年家属或者所在单位的负责人代收。其与本人签收有同样的效力。留置送达是指收件人或代收人拒绝接受诉讼文件或拒绝签字盖章的,送达人依法可以邀请他的邻居或其他见证人到场,说明情况,将文件留在他的住处,在送达回证上说明拒绝的事由、送达的日期,由送达人签名,即认为已经送达。公告送达是指送达人将诉讼文件通过新闻媒介公诸于众,经过法定期间,即视为送达的方式。此外,在司法实践中,人民法院在自己送达有困难时,可以委托收件人当地的司法机关代为送达,还可以通过邮寄的方式送达。凡是依法送达的诉讼文件,一经送达就发生法律效力。

(朱一心)

songda huizheng

送达回证(certificate of service) 又称送达证、送达证书。是司法机关制作的用以证明诉讼文书已经送达的一种诉讼文书。人民法院送达诉讼文书必须有送达回证,由受送达人、代收人注明收到文书的日期,并签名盖章,附卷保存。送达回证所记载的内容包括:进行送达的司法机关的名称;应受送达人或者代收人;送达的诉讼文书;送达处所及送达时间;送达方式;应受送达人或代收人、受托送达人、见证人以及送达人签名盖章。送达回证的性质是证明诉讼文书已送达的文书凭证。它对当事人和其他诉讼参与人以及有关单位和个人行使诉讼权利,履行诉讼义务,计算诉讼期限起着重要作用。直接送达的,受送达人及其成年家属,受送达人向人民法院指定的代收人在送达回证上签收的日期为送达日期。留置送达的,在送达回证上要注明受送达人拒收的事由和日期。邮寄送达的,以受送达人在挂号回执上注明的收件日期为送达日期,挂号回执要附在送达回证上。域外邮寄送达的,自邮寄之日起满6个月送达回证没有退回,但根据各种情况足以认定已经送达的,期间届满5日视为送达,并将情况与原因在送达回证上注明。

(朱一心)

soucha

搜查(search) 侦查机关的侦查人员为了收集犯罪

证据、查获犯罪人,依法对犯罪嫌疑人以及可能隐藏犯罪人或者犯罪证据的人身、物品、住处和其他有关的地方进行搜索、检查的诉讼活动。搜查是一种强制性的侦查行为。我国《刑事诉讼法》第109条规定:"为了收集犯罪证据、查获犯罪人,侦查人员可以对犯罪嫌疑人以及可能隐藏罪犯或者犯罪证据的人的身体、物品、住处和其他有关的地方进行搜查。"这一规定表明:搜查的对象不仅仅限于犯罪嫌疑人,如果认为其他人可能隐藏罪证或犯罪人时,也可以进行搜查;搜查的范围不仅仅限于被搜查人的住处,也包括被搜查人的身体、物品和其他有关的地方。在多数情况下,搜查是在逮捕、拘留犯罪嫌疑人、被告人时进行,有时也在逮捕、拘留前、后进行。对不需要采取逮捕、拘留措施的刑事案件,根据侦查、审理的需要也可以进行搜查。

搜查是一种强制性的侦查行为,它直接涉及到公民的人身自由和住宅不受非法侵犯的基本权利。在国外的刑事诉讼制度中对搜查的规定较为详细。在有些国家,有权进行搜查的官员的范围较为广泛,如日本刑事诉讼法规定,警察官、司法警察、特别司法警察(在森林、铁道执行职务的)都有搜查权。检察官、检察事务官认为有必要时,自己有权搜查罪犯,并有权指挥司法警察协助搜查。甚至规定检察官及检察事务官认为有搜查必要时,有权在管辖区域外执行职务。英国法律规定,搜查是要搜查到赃物和捕获到隐藏起来的逃犯,搜查经过伪造的文件或用于伪造文件的工具、伪造的货币或伪造货币的工具等等。在美国,执行逮捕的警官经法院同意有权搜查任何经合法逮捕并置于监护下的公民,并有权搜查犯罪的赃物、作案工具等。法国刑事诉讼法规定,搜查是为了查明案件事实,其对象是任何有助于查明案件事实的物品和地点。奥地利刑事诉讼法规定,进行住宅和人身搜查,应避免不必要的围观及任何不是绝对不可避免的纠缠和阻碍,应尽可能保护被搜查人的声誉和不扩散与调查目的无关的私人秘密,举止应适宜,有礼貌。

在我国封建社会,中央国家机关设置从属于行政的司法机关,地方则司法行政不分。在办理刑事案件中,审判机关兼有侦查职能,为了搜集证据、了解案情,广泛采用搜查抄家的手段。行使搜查权的主体也很混乱。清末从日本引入现代检察制度和警察制度以后,便主要由检察和警察机关行使搜查权,但审判衙门也握有一定的搜查权。中华民国时期,1932年10月28日南京国民党政府颁布的《法院组织法》在关于检察官职权方面规定:"实行搜查处分,提起公诉,实行公诉,并监督判决之执行。"在抗日民主政权时期,陕甘宁边区和其他抗日根据地政权的施政纲领中,都规定了保障人权的法律原则,规定除司法、公安机关以外,任何机关、部队、团体不得非法侵入、搜查任何人的住宅。在人民民主政权时期,建立了合法的搜查手续,各地政府重申:除公安和司法机关以外,禁止任何机关、团体、学校、工厂、商店有搜查行为,违者以侵犯人权论处。如因案情需要,必须搜查住宅时,执行人员必须携带主管公安或司法机关的证件,否则,被搜查人可以拒绝。我国现行《宪法》第37条规定:"中华人民共和国公民的人身自由不受侵犯。……禁止非法搜查公民的身体。"第39条又规定:"中华人民共和国公民的住宅不受侵犯。禁止非法搜查或者非法侵入公民的住宅。"因此,搜查时必须有足够的理由和法律依据,不能随意搜查。在侦查阶段,有权决定搜查的机关是人民检察院、公安机关、国家安全机关、军队保卫部门和监狱,并由侦查人员负责进行,其他任何人不得以任何借口对人身和住宅进行搜查。否则,应追究其非法搜查的刑事责任。

搜查应由两名以上的侦查人员负责进行。通常在以下几种情况下应当进行搜查:①在拘留、逮捕人犯的同时,进行搜查;②在侦查过程中,经批准,对重大嫌疑人传讯的同时,进行搜查;③在审讯过程中,犯罪嫌疑人供出隐藏赃物或罪证的处所,应立即进行搜查;④通过秘密侦查手段发现重要犯罪证据时,应迅速进行公开搜查。无论在何种情况下搜查,事前必须认真做好搜查准备,诸如明确搜查的目的和任务、收集被搜查人的材料、了解被搜查处所的周围环境、确定搜查的参加人、制定搜查方案、做好搜查时所需的物质准备等。搜查开始时,必须向被搜查人出示搜查证。但在执行逮捕、拘留的时候,遇有紧急情况不另用搜查证也可以进行搜查。在进行搜查时,应当有被搜查人或者他的家属、邻居或者其他见证人在场。如到被搜查人的工作单位进行搜查,应请所在单位的代表到场。搜查应耐心细致、一丝不苟,不放过任何隐蔽之处。搜查妇女身体应由女工作人员进行。为防止隐匿或毁灭罪证,搜查时对被搜查人及其家属应安排专人监视。为了保证搜查的顺利进行,根据需要还可在搜查处所的周围设置武装警戒,甚至封锁某些有可能转移罪证或罪犯逃跑的通道。搜查的情况应写成笔录,由侦查人员和被搜查人或者他的家属、邻居或者其他见证人签名或者盖章。如果被搜查人或者他的家属在逃或者拒绝签名、盖章,应当在笔录上注明。搜查中发现的可以用以证明犯罪嫌疑人有罪或者无罪的各种物品和文件,应当扣押。我国《刑事诉讼法》第110条规定:"任何单位和个人,有义务按照人民检察院和公安机关的要求,交出可以证明犯罪嫌疑人有罪或者无罪的物证、书证、视听资料。"对于个人保存的物证、书证、视听资料,如不交出,人民检察院和公安机关可以强制索取。对于国家机关、企事业单位保存的物证、书证、视听资料，侦查机关可以要求他们提供。如原物证、书证、视听资料确实有合法规定不便交出的，可以复制副本。

搜查的任务是发现和收集与案件有关的证据，查缉犯罪人。由于案件性质不同，搜查的重点和方案也不一样，应结合具体案情具体确定。搜查主要分为人身搜查、住宅搜查、室外搜查等；根据需要可以进行单项搜查，也可以进行多项搜查；可以分别搜查，也可以同时进行各项搜查。 （文盛堂　项振华）

soucha bilu
搜查笔录（record of search）　侦查人员制作的记载侦查机关搜查活动的诉讼文件。搜查笔录起着反映搜查活动的真实性和合法性的作用。搜查笔录一般由文字和图像构成，内容包括：执行搜查单位，执行人员，批准机关，搜查时间、地点，搜查过程，搜查结果，制作笔录人意见，签名，备注等。我国《刑事诉讼法》第113条规定，搜查的情况应当写成笔录，由侦查人员、被搜查人或者他的家属、邻居或者其他见证人签名或者盖章。如果被搜查人或者他的家属在逃或者拒绝签名、盖章的，应当在笔录上注明。 （项振华）

soucha jilu
搜查记录（search record）　记载搜查活动的过程和固定搜查过程中得到的情况的一种证据。亦称搜查笔录。由于搜查笔录是一种证据，各国都比较重视。曾有的国家在刑事诉讼法中专门作出详细具体的规定，要求具有一般笔录的内容外，还增加一些特别的内容。如注明收取或移交保管的物品和文件是由被搜查人自愿交出的还是强制收取的，是在什么地方和什么情况下出现的；记明被搜查人或其他人在企图毁灭或隐藏物品和文件或破坏秩序时的事实、侦查员采取了什么办法等等。我国《刑事诉讼法》第113条规定："搜查的情况应当写成笔录，由侦查人员和被搜查人或者他的家属、邻居或者其他见证人签名或者盖章。如果被搜人或者他的家属在逃或者拒绝签名、盖章，应当在笔录上注明。"搜查记录往往与扣押搜查获取物证、书证时使用的《扣押物品清单》配合使用，如果记录中反映搜查扣押的某些重要物证、书证，应与扣押清单中的记载相符。搜查记(笔)录通常为填空式，其主要内容有：①制作搜查记录的机关名称（应与执行搜查的机关一致）；②搜查活动全过程的起止时间；③搜查机关执行搜查任务的人员姓名；④搜查活动所依据的《搜查证》的时间、签发机关及编号（无证搜查的可注明拘捕证的有关内容及其紧急情况）；⑤证人情况；⑥被搜查人的住址和姓名及搜查的对象（人身、住处等）；⑦搜查的简要情况；⑧被搜查人对搜查的意见；⑨本记录的副本（扣押物品清单）一式几份；⑩搜查人、见证人、被搜查人（家属）签名或盖章；⑪日期。此外，必要时对搜查活动还应进行同步录像、摄像或拍照。 （文盛堂）

souchazheng
搜查证（search warrant, document of search）　刑事诉讼中执行搜查的法律凭证。在执行搜查时，搜查人员应向被搜查人及其家属或有关场所的负责人出示搜查证。持证搜查，在一般情况下是世界各国刑事诉讼法规定的通例。侦查过程中的搜查，应由侦查人员持搜查证（令）进行。英国规定警察官员执行搜查时要持有治安法官发布的搜查令。日本规定侦查犯罪案件的搜查要根据审判官签发的命令文件进行。罗马尼亚规定搜查一般应有检察长的批准才能进行。当然，在持证搜查的原则上，各国也有例外，如英国《1968年火器法》第47条、《1971年滥用药品法》第23条等制定法规定，在某些有限的情况下警官有权进行无证搜查。《奥地利刑事诉讼法》第140条、第141条规定，在紧急情况下，可以按照其他法定人员和治安机关的官员发布命令进行住宅搜查（原则上应由法官发布搜查令）；在极其特殊的情况下，治安机关的官员可以在没有法院法官发布命令的情况下进行。如果对某人发出了传票或拘捕令，或者某人的行为被公开追赶或公开呐喊而怀疑实施了犯罪行为，或携带有表示其参与此种行为的物品，也可以由治安机关根据自己的权力进行住宅搜查。在美国适用无证搜查的情形有：①合法逮捕附带的搜查；②被告人自愿表示同意搜查；③存在特别因素的情形，包括紧急状态，搜查车辆，对危险嫌疑犯的"趁热追击"之即时追捕的搜查，对官方扣留物品的搜查，邮政搜查，边境搜查。还有的国家法律规定，如果检察官或法官亲自进行搜查，可以不用搜查证进行搜查。

我国法律对侦查过程中的持证搜查原则和无证搜查的例外，都作出了明确具体的规定。如我国《刑事诉讼法》第111条第1款规定："进行搜查，必须向被搜查人出示搜查证。"第2款又规定："在执行逮捕、拘留的时候，遇有紧急情况，不另用搜查证也可以进行搜查。"在司法实践中，《搜查证》由执行搜查任务的侦查机关的负责人签发，在执行搜查时通常是向被搜查人或其家属出示《搜查证》。搜查证为填空式，一纸两联，一联是存根备查，一联是执行搜查时的凭证，制作时应分别按要求填写。如果要同时对几个地点进行搜查，应把几个地点都在证上写明，或分别按不同地点开具几份搜查证。要注意写清姓名、地点，向被搜查人宣布，出示搜查证后，应令被搜查人或其家属按要求在正联下方写明"本证已于某年某月某日某时某分向我宣布",并签名或盖章。被搜查人或其家属不在现场或拒绝签名的,应在搜查证上注明。搜查证使用后应入卷。公安机关的搜查证主要内容包括:机关名称;证件名称;编号;搜查的法律根据,持证侦查人员的姓名、被搜查人住处、姓名、搜查的对象等;局长及局机关印章;日期;宣布时间及被搜查人或家属签名或盖章。检察机关的搜查证除机关名称、检察长签名或盖章和加盖院印外,其他内容与公安机关的搜查证基本相同,但尺寸规格比公安机关的搜查证要大一些。

(文盛堂)

sousuo

搜索(search) ❶侦查人员为了查获犯罪人、收集与犯罪有关的物证,对有关地方进行紧急搜查的侦查活动。搜索是搜查的一种手段。搜索除了应当遵守搜查的一般性法律规定外,还应当根据地形、时间等特点,运用科学技术手段,依靠群众布置具体方法。侦查人员还应当采用勘验、检查以及人身搜查、物品搜查等其他侦查手段配合搜索。

❷中华民国时期国民党政府刑事诉讼法概念之一。特定机关为了发现被告、物证、可没收的物品,对特定场所、身体、物体强制搜查寻索的活动。搜索的机关,侦查中是指检察官,审判中指法院或者法官。根据对象的不同,搜索可分为:住宅搜索、身体搜索、物体搜索。住宅搜索又称为处所搜索。刑事诉讼法对搜索的程序还作了规定。

(项振华)

sulishi shanghui zhongcaiyuan

苏黎世商会仲裁院(Court of Arbitration of the Zurich Chamber of Commerce) 瑞士的一个全国性的常设仲裁机构。它于1911年成立,下属于苏黎世商会。主要受理瑞士境内的商业和工业企业之间的争议案件及涉外商事案件,同时也受理其他国家的当事人提交的国际商事案件。该仲裁院进行仲裁的依据是1977年1月1日生效的《瑞士联邦苏黎世商会调解与仲裁规则》。当事人提请仲裁应依照仲裁协议,如无有效的仲裁协议,双方当事人可以书面形式请求苏黎世商会仲裁院对他们之间的争议进行仲裁,并声明将遵守调解与仲裁规则的有关规定。仲裁庭主席或独任仲裁员由商会会长从商会理事会人员或其他适当人选中指定,如由3名仲裁员组成仲裁庭,当事人有约定的,可由双方各指定一名仲裁员。审查仲裁申请是否符合条件、协助组织仲裁庭、收取保证金、收受及送达有关文件等具体事务是由商会秘书处负责的。仲裁庭进行仲裁,依照该调解与仲裁规则进行,进行裁决所依据的实体法依照双方当事人合意选择的法律或依当事人的授权按公平原则作出;在当事人未作选择的情况下则依据瑞士国际私法规则规定的实体法或与当事人有关的国际公约所确定的实体法作出终局性裁决。在正式裁决作出前,仲裁庭或仲裁员应同当事人讨论其审议结果,以便双方当事人在此基础上以协议解决纠纷。如果达不成协议,应在双方当事人不在场的情况下,通过评议作出裁决。仲裁裁决与法院判决具有同等效力。

目前,随着国际间经济贸易往来的不断加强,作为永久性中立国——瑞士的常设仲裁机构,苏黎世商会仲裁院越来越为众多的国家和当事人作为解决相互间争议的选择目标,因而苏黎世商会仲裁院在国际商事仲裁机构中的地位也日益重要。

(阎丽萍)

su de fenli

诉的分离(separation of action) 将当事人基于不同法律关系提起的不同之诉或者法院合并审理的不同之诉,分离开来进行审理,谓之诉的分离。诉的分离相对于诉的合并,是对合并之诉的调整,即对不能合并或者不宜合并的独立之诉加以分离,使其各自符合法律的规定,达到诉讼的目的。比如:①原告甲对被告乙提起两个不同法律关系的独立之诉,但这两个法律关系在事实上和法律上并无联系,而且在适用程序上也有所不同,则应予以分离。②原告起诉之后,被告对其提起反诉,反诉之诉与起诉之诉无客观牵连关系,反诉之诉讼请求对本诉之诉讼请求并无抵消、并吞之可能,即使法院已将二诉合并审理,亦应加以分离。③本诉讼的一方当事人对第三人(见诉讼中的第三人)提起参加之诉,但参加之诉的诉讼标的与本诉讼之诉讼标的不存在法律上的联系,不能合并审理,应予分离。④甲、乙、丙三人分别对丁提起诉讼,他们与丁之间的诉讼标的是同种类的,如合并审理是普通的共同诉讼(见共同诉讼人),但法院将其合并审理,事先未经三个原告同意,合并审理中原告有异议或者法院发现程序上并不简便,对此种情形下的诉之合并,则应予以分离。

(刘家兴)

su de hebing

诉的合并(joinder of actions) 将两个以上独立之诉,合并于同一诉讼程序进行。诉的合并有诉的主体合并(亦称主观合并)和诉的客体合并(亦称客观合并)。凡当事人之一方或者双方是二人以上,一同进行诉讼的,即为诉的主体合并。如共同诉讼人之诉讼和诉讼代表人之诉讼,都是二人或者多人一同进行诉讼。凡两个以上的诉讼标的合并在同一诉讼程序中进行审理的,即为诉的客体合并。如原告基于不同的法律关系对被告提起两个独立之诉;在原告的起诉之诉成立后,被告对原告提起的反诉之诉;第三人(见诉讼中第三人)对本诉讼的双方当事人所提起的参加之诉;本诉讼的一方当事人对第三人所提起的参加之诉;诉讼代表人代表其他当事人所提起的众多之诉。这些独立之诉都是合并在同一诉讼程序之中进行的。将不同诉讼标的之诉加以合并,有的是基于法律的规定,如必要共同诉讼之诉的合并,诉讼代表人诉讼之诉的合并;有的是基于当事人的申请或者法院依职权决定,如普通共同诉讼人一同起诉之诉的合并;本诉讼的一方当事人对第三人提起参加之诉与本诉讼之诉的合并;第三人对本诉讼的双方当事人提起参加之诉与本诉讼之诉的合并。

将各自独立之诉加以合并,其基本因素有三:①诉讼主体对诉讼标的之权利、义务具有共同性、同类性、相同性。如必要共同诉讼人对诉讼标的的权利、义务是共同的,普通共同诉讼人与对方当事人之间的诉讼标的是同种类的,诉讼代表人及其所代表的其他当事人与对方当事人之间的诉讼标的是相同的。②不同的诉讼标的之间存在一定的牵连性、关联性、一致性,如反诉之诉的诉讼标的与本诉之诉的诉讼标的相牵连,参加之诉的诉讼标的与本诉之诉的诉讼标的相关联,诉讼代表人诉讼之一方众多诉讼标的的指向相一致。③诉讼程序的同一性、合并诉讼的可取性,如不同之诉可以适用同一种诉讼程序。合并诉讼可减少诉讼程式,符合诉讼经济之取向,避免法院在认定相关事实和适用有关法律上产生失误。 (刘家兴)

suquan

诉权(rights of action) 由诉的法律制度所确定的,赋予当事人进行诉讼的基本权利。国家法律在确立诉的法律制度的同时,就确定了诉讼,即赋予民事法律关系主体在其权益受到侵犯,或者权利义务关系发生争执时,具有进行诉讼的权能。法律是确定权利义务的根据,实体法律确定在什么情况下有权提起诉讼,程序法确定具备什么条件有权进行诉讼,二者统一于诉的法律制度之中,而称为诉权。诉权既是法律赋予当事人诉讼的基本权利,是当事人进行诉讼活动的根据,就只有符合法律规定者才享有诉权,否则就不享有诉权。享有诉权的人,有权依法提出自己的诉讼主张;有权向法院陈述案情,并证明其在案件中所具有之事实;有权依法获得司法上的实质保护;有权要求法院依法纠正有错误的裁判。诸项内容相互联系,统一构成当事人进行诉讼的基本权利。

诉权的主要功能 诉权在诉讼中之主要功能有三:①保护性功能。诉的制度是国家保护当事人正当权利和合法权益的法律制度,当事人运用诉的制度,行使诉权,以维护其合法权益,这既是当事人进行诉讼之目的,又是诉权之社会功能。诉权的保护性在于,保护民事关系和活动的正常规律性,以及民事关系和活动发生矛盾之后加以调整的强制性。②对抗性功能。诉讼是双方当事人之间不同诉讼主张的对抗,其对抗的权能就是诉权。双方当事人各自运用诉权,在请求与反请求的对抗之中,充分进行辩驳,以维护自己的主张。诉权的对抗性,一是基于双方当事人权利地位的平等性,二是基于全面揭示案情的必要性。③制约性功能。程序法律制度既有以审判权为基础的程序制度,又有以诉权为基础的程序制度,二者协调配合,统一构成科学的程序机制。协调是为了配合,配合就需要协调。在协调机制中,一是运用审判程序制度对贯彻诉讼程序制度进行制约,一是运用诉讼程序制度对贯彻审判程序制度加以制约。这里制约性体现诉权的权能性,即诉权对审判权的作为性,其意义在于保证程序机制的正确运行,使案件获得公正的审判。

诉权与诉讼权利 二者既有密切联系,但又有区别。其联系是:诉权是当事人诉讼权利的基础,当事人的诉讼权利是诉权的具体表现形式;享有诉权的人行使诉讼权利,发生诉讼上之效力,不享有诉权的人即使行使了某些诉讼权利,其诉讼行为也无效。其区别是:诉讼权利是程序法上规定的从事诉讼活动的系列权利,诉权是程序法和实体法统一规定的进行诉讼的基本权能;诉讼权利是一切诉讼参与者都具有,而诉权仅为有诉讼权利能力者所享有;诉讼权利在诉讼中是层次性、阶段性的权利,诉权在诉讼中自始至终是统一性的权能。

诉权与诉讼程序 诉权是建立诉讼程序的基础,诉讼程序是当事人行使诉权的条件。民事权益受到侵犯的人,行使诉权,按照诉讼程序提起诉讼,提出诉讼请求;被认为侵犯其民事权益的人,按照诉讼程序参加诉讼,提出答辩,反驳对方的诉讼请求,也是行使诉权。法律对双方当事人持之以平,双方当事人具有平等的权利地位,双方都按照一定的诉讼程序进行诉讼活动,这就是双方当事人以诉讼程序所提供之条件,行使其诉权。当民事权利义务关系发生争执时,有利害关系的双方当事人都有权提起诉讼,各自都可能有自己的主张而提出诉讼请求,只要是合格的当事人,不论是谁起诉谁应诉,都是运用法定的诉讼程序行使其诉权。因此,在诉讼中,凡具有诉讼权利能力,履行诉讼程序的人都具有诉权,不论是原告还是被告。同时,当事人履行诉讼程序,是行使诉讼权利和履行诉讼义务。诉讼程序规范诉讼活动的全过程,作为诉讼程序和诉讼权利基础的诉权,也自然存在于诉讼的全过程。正因为诉权存在于诉讼的全过程,才使不同阶段的诉讼程序之间相互连接,而具有连续性。正因为诉权贯穿诉讼全过程,才能与审判权贯彻诉讼全过程相适应,才能使诉讼程序与审判程序密切配合,构成协调一致的诉讼法律机制。　　(刘家兴)

suquan gongfa shuo
诉权公法说(doctrine of public power) 继诉权私法说之后发展起来的一种学说。该说认为,诉权是人民对于国家享有的"公法"上的权利。该学说又有抽象诉权说和具体诉权说之分。前者指诉权是以起诉而求得诉讼开始之权利,或者将其称之为诉讼实施的权能,即请求法院为合法之审理,是一种纯粹诉讼法上的权利,因此任何人都应无条件地享有诉权。但该说的反对者认为,对诉权的这种界定与起诉自由权有相同涵义,与诉讼权利能力的概念等同,并仅视为公法上之权利,与实体权利脱节,无多大实际效果,对此继之而起的是具体诉权说。该说认为,诉权是指以起诉要求具体内容,并求得有利于自己判决的权利。该说的基本点是,诉权为公法性质之权利,但它是以实体权利为基础,因而是私人请求国家为有利己判决之权利。具体诉权说不同于诉权私法说,它虽主张以实体权利为基础,但并非是原告对被告在"私法"上的请求,而是原告向法院在"公法"上的请求。但该学说的异议者认为,求得有利于自己判决的权利,原告和被告都可能享有,主要是谁具有保护要件,因此这种学说后来为权利保护说吸收。诉权公法说,在历史上第一次揭示了诉权的公法性质,其中具体诉权说是19世纪后期以来,在一些国家比较流行的诉权学说。　　(刘家兴)

suquan sifa shuo
诉权私法说(doctrine of private right) 亦称实体诉权说,为最早的诉权学说。该说认为,诉权是基于"私法"所产生之权利,是"私权"的产物,为"私法"上请求权的作用或者效果。诉权私法的观点,最早形成于罗马法时期,后为一些学者发展成为诉权学说。主张该学说的人视诉权具有实体法上债的本质属性,在诉讼发生之前,在债的法律关系中已有胚胎,在提起诉讼后,便形成债的真正表现形式。根据这种学说,诉权是在民事权利受到侵犯后,权利人所取得的一种特殊权利,起诉是原告行使私权的方法。该学说19世纪初开始,盛行于德国普通法时代。后来,在19世纪的后半期,由于"公法"学的发展,对该学说提出了两个难于解释的问题,一个是在诉讼上有公法关系的存在,诉讼是原告向法院起诉而生,并非只是向被告的实体权利请求;二是在消极的确认之诉中,原告并未主张何种私权上之请求权。同时,根据这种学说,原告起诉时必然具有实体权利的存在,进行诉讼之主观指向只是承担实体义务的主体,只是行使实体权利。该学说后来为人们所不取,至19世纪后期完全被诉权公法说所代替。　　(刘家兴)

susong biaodi
诉讼标的(subject matter of a litigation) 双方当事人之间因民事权益发生争议,要求法院作出裁判的法律关系。不论属于民事财产权益的法律关系,还是属于民事非财产权益的法律关系,只要是发生争议而又要求法院作出裁判的,均可成为民事诉讼之诉讼标的,当事人之间的民事法律关系未发生争议,或者虽发生争议而不诉诸司法解决,未涉诉的,只是民事法律关系或者是存在争议的民事法律关系,而不是诉讼标的。民事法律关系因涉诉而成诉讼标的的,一般是对民事法律关系之关系发生争议,比如法律关系是否存在或者是否成立,要求行使什么权利或者履行什么义务,但有的并非是对法律关系的关系之争,而是应否解除某种法律关系发生争议,比如应否解除婚姻关系、亲子关系的争议。

诉讼标的不同于执行标的,执行标的是指执行的对象,即依法律的规定和法院的指令,可以强制执行的财物和行为。诉讼标的也不同于民事法律关系的标的,民事法律关系的标的是指民事权利义务指向的对象,而诉讼标的只是指民事法律关系。诉讼标的不同于标的物,标的物是实体权利义务的载体,在财产争议中是财物。凡民事诉讼都有诉讼标的,但并不是都有标的物。例如因身份关系发生争议的诉讼,就只有诉讼标的而没有标的物。法院审判民事案件,对双方当事人之间所争议的法律关系进行审理并对其权利义务关系作出裁判,而对标的物只是权利义务关系明确后确认其归属。比如,双方当事人为买卖一批木材,因发生争议而引起诉讼,一方认为对方未按期支付全部货款,因而其中一部分木材不属对方所有,而对方则认为虽未按期交齐货款,但所买的是这批木材而不是其中之一部分,因此应全部归其所有。此诉讼之诉讼标的为买卖关系,而木材则是此诉讼之标的物。

任何一个诉讼标的都可以构成一个案件,但不是任何一个案件只有一个诉讼标的,有些案件只有一个诉讼标的,而有些案件则有两个或者三个诉讼标的。比如,原告对被告既提起买卖货物交付之诉,又提起偿还贷款之诉,这就是两个诉讼标的,如果被告又对原告提出反诉,那么,这一个案件就有三个诉讼标的。正确确认诉讼标的是正确认定案件的基础,不同诉讼标的决定案件的不同性质、审理的对象、裁判的范围。不同的诉讼标的,有的还决定管辖法院的划分,比如有的不属于一般地域管辖,而属于特殊地域管辖(见地域管辖);有的属于专门法院管辖,而不属于普通法院管辖。诉讼标的只存在于诉讼案件之中,非讼案件因无双方当事人之争,是申请法院以裁判确认事实,而不是以裁判解决纠纷,因此无诉讼标的之说。

诉讼标的一词,在我国开始使用较晚,实行诸法合一,实体与程序不分时,对此无明确的界定。在清末《民事诉讼律草案》中只有"诉讼物"的记载,在大理院判例中有"系争物"、"系争标的"之称。直至国民党政府颁布的民事诉讼法,才正式采用"诉讼标的"这一专用名词。近些年理论界有所谓"新诉讼标的说",即诉讼标的是当事人起诉时请求法院裁判的事项和范围,当事人在同一法律关系中未主张的事项和未涉及的范围不能纳入诉讼标的之内,而将诉讼标的是当事人之间的权利义务关系或者争议的法律关系之说,称之为"旧诉讼标的说"。所谓新旧诉讼标的之分,不在于以新的诉讼标的理论来代替旧的诉讼标的理论,而在于不同的民事诉讼立法的不同原则。所谓新诉讼标的理论,它是"私权自治"理论,法院不干预私权的处分,受诉法院只对当事人之请求作出裁判的原则,在诉讼标的上的进一步反映。将当事人之间发生争议要求法院作出裁判的法律关系视为诉讼标的,则是基于对案件进行全面审理,受诉法院不受当事人诉讼请求限制的原则,而对诉讼标的所作的界定。这与原来将诉讼标的简单视为权利义务关系或者法律关系相比,是将其规范化和科学化。二者依托的原则不同,无所谓新旧诉讼标的的理论之说。

(刘家兴)

susong biaodi zhi hengding

诉讼标的之恒定(subject matter of an action cannot be alerted at will) 当事人以一定法律关系为基础的争议诉诸法院,发生诉讼系属,其法律关系不得随意变更,谓之诉讼标的之恒定。民事诉讼之诉讼标的恒定,其理由有三:①诉讼标的是双方当事人进行诉讼活动的基础,如随意变更,诉讼就难于正常进行。②诉讼标的不同,诉的性质不同,法院对案件的审理和裁判也不同,如随意变更诉讼标的,不利于法院的审判活动。③诉讼标的恒定与管辖恒定密切相关,诉讼标的变更,有的可能发生管辖法院的变更,增多诉讼程式,不利于诉讼经济。我国民事诉讼立法本着便利当事人进行诉讼与便利人民法院审判的两便原则,只规定了原告可以变更诉讼请求,而未赋予变更诉讼标的之权利,自然法律上也未规定变更诉讼标的之程序和方式。有些民事诉讼立法基于"私权自治"、当事人自由处分的原则,虽然主张诉讼标的应于恒定,但对当事人变更诉讼标的并不禁止,当原告变更诉讼标的时,有的是要求当事人另行起诉,重新履行起诉程序。有的是在向被告送达起诉状之后,必须取得被告之同意。其理由是:诉讼标的之变更是以另一个诉讼标的来代替已系属之诉讼标的,只能按新的诉讼来处理;因一定诉讼标的之诉讼是在双方当事人之间进行,原告变更诉讼标的,势必对被告的防御产生不利的影响,其变更自应有被告之同意。

(刘家兴)

susong canyuren

诉讼参与人(participant in criminal proceeding) 侦查人员、检察人员和审判人员以外的所有参加诉讼活动成为刑事诉讼法律关系主体的人员。在刑事诉讼过程中,所有诉讼参与人都是诉讼法律关系的主体,享有与其诉讼地位相适应的诉讼权利,同时也承担相应的诉讼义务。审判机关、检察机关、公安机关在刑事诉讼的各个阶段均应当尊重诉讼参与人的诉讼主体地位,保障诉讼参与人依法享有的诉讼权利。根据中国刑事诉讼法的规定,诉讼参与人包括当事人、法定代理人、诉讼代理人、辩护人、证人、鉴定人和翻译人员。其中当事人是刑事诉讼的主要参加者,是必不可少的诉讼参与人。当事人包括被害人、自诉人、犯罪嫌疑人、被告人、附带民事诉讼的当事人,他们与案件事实和诉讼结局有着直接的利害关系,处于原告或被告的诉讼地位。而其他诉讼参与人则一般与案件结果没有直接的利害关系,他们或者协助某一方当事人履行辩护或控诉职能(如被告人的辩护人、被害人和自诉人的诉讼代理人等),或者对某一无诉讼行为能力或限制行为能力的当事人的权益负有监督和保护责任(如当事人的法定代理人),或者为审判机关、检察机关、公安机关提供可用以查明案件事实真相的证据材料(如证人、鉴定人),或者为刑事诉讼的顺利进行提供服务(如翻译人员)。因此,当事人和其他诉讼参与人在刑事诉讼中具有不同的诉讼地位,所享有的诉讼权利也各不相同(见当事人)。

(陈瑞华)

susong daibiaoren

诉讼代表人(litigation representative) 中国现行民事诉讼法中,为解决群体性纠纷而设立的当事人制度,称为诉讼代表人制度。依此制度,在群体性纠纷的诉讼中,既作为诉讼当事人又代表他人进行诉讼的人,即为诉讼代表人。

诉讼代表人制度是在吸收世界各国不同的解决群体性纠纷的法律制度基础上形成的。群体性纠纷是对现代社会经济发展过程中,日益增多的诉讼主体人数众多的各类民事纠纷、经济纠纷的统称。英、美等国是以集团诉讼制度来解决这类纠纷的。集团诉讼的主要特点是将众多的具有共同利害关系的人视为一个拟制的集团,由集团成员选出一人或数人代表他们起诉或应诉,法院作出的判决对全体集团成员均发生效力。德国采取的则是团体诉讼制度。团体诉讼是指为一定目的而组成的社会团体,在其成员或其保护人的民事权益受到侵害时,以团体的名义提起和进行诉讼,法院判决对团体的成员或团体的保护人具有实质上的拘束力。团体诉讼只能在特定的领域适用,并且是以一定的社会团体存在为前提的。

诉讼代表人制度吸收了各国立法的长处,并根据群体性纠纷中的不同情况规定了两种情形下的诉讼代表人制度:一种是当事人一方人数众多的共同诉讼,可以由当事人推选代表人进行诉讼。另一种是诉讼标的是同一种类、当事人一方人数众多,在起诉时人数尚未确定的,人民法院可以发出公告,说明案件情况和诉讼请求,通知权利人在一定期间向人民法院登记。向人民法院登记的权利人可以推选代表人进行诉讼;推选不出代表人的,人民法院可以与参加登记的权利人商定代表人。在上述两种情况下,诉讼代表人的诉讼行为均对其所代表的当事人发生效力,但代表人变更、放弃诉讼请求或承认对方当事人的诉讼请求,进行和解,必须经被代表的当事人同意,体现为对被代表当事人权益维护的重视。法院裁判的效力,在第一种代表人诉讼中,由于当事人人数确定,既对参加诉讼的当事人有拘束力,也对未参加诉讼的当事人有拘束力。在第二种人数未确定的代表人诉讼中,对参加登记的全体权利人发生效力,未参加登记的权利人在诉讼时效期间,以相同事实和理由提起诉讼的,可适用该裁判。

诉讼代表人制度是当事人制度的组成部分。诉讼代表人不同于诉讼代理人(见民事诉讼代理人),它既以自己的名义参加诉讼,和案件有直接的利害关系,同时又作为其他当事人的代表参加诉讼,具有维护他所代表的当事人利益的职能。诉讼代表人在诉讼中可以委托诉讼代理人,协助其进行诉讼。

适用诉讼代表人制度解决群体性纠纷,有利于提高诉讼效益,保证法律适用的统一性,从而更完善地保护当事人的民事权益。 （阎丽萍）

susong daili
诉讼代理（act as process agent） 律师业务的一种,指律师在接受公民、法人和其他组织的委托以后,以被委托人的名义代为进行各种诉讼行为的业务活动。诉讼代理包括刑事诉讼代理(见诉讼代理人)、民事诉讼代理(见民事诉讼代理人)和行政诉讼代理(见行政诉讼的其他参与人)三种。 （陈瑞华）

susong dailiren
诉讼代理人（process attorney） 在刑事诉讼中接受被害人、自诉人、附带民事诉讼的当事人(原告人和被告人)及其近亲属(见当事人的近亲属)的委托,依法代表被代理人进行诉讼行为的诉讼参与人。上述当事人与诉讼代理人之间所发生的委托或代理关系是一种民事上的委任代理关系。因为从实体上看,他们之间不仅要发生民事法律关系,而且要发生他们与司法机关之间的诉讼法律关系;从程序上看,这种法律关系的成立不仅要有委托者和被委托者意思表示的一致,而且委托者要依法向司法机关提交授权委托书。诉讼代理人的代理权是由被代理人所赋予的,他只能以被代理人的名义,并在其授权范围内代被代理人进行诉讼行为,而不能进行那些法律要求必须由被代理人亲自实施的诉讼行为。根据中国刑事诉讼法和律师法的规定,有资格担任诉讼代理人的必须是律师、人民团体或被代理人所在单位推荐的人或者被代理人的监护人或近亲属,但是正在被执行刑罚或依法被剥夺、限制人身自由的人,不得担任诉讼代理人。公诉案件的被害人及其法定代理人或近亲属、附带民事诉讼的当事人及其法定代理人,自案件移送审查起诉之日起,有权委托诉讼代理人。自诉案件的自诉人及其法定代理人、附带民事诉讼的当事人及其法定代理人有权随时委托诉讼代理人。 （陈瑞华）

susong danbao
诉讼担保（assurance of litigation） 一方当事人承担不因自己的行为,致使对方当事人在诉讼中遭受损失的保证,谓之诉讼担保。诉讼担保是诉讼法上为保障当事人的权益而设立的一项保护性制度。其意义在于,如一方当事人有不当或者错误的行为,致使对方因此而遭受损失时,对方当事人可依其担保获得赔偿。诉讼上之担保有财产保全中的担保,执行裁判中的担保和诉讼费用之担保。财产保全中的担保,有诉讼开始前的担保和诉讼开始之后的担保。执行裁判中的担保,有先予执行裁定的担保和判决执行的担保(见执行担保)。诉讼费用之担保,是指应当负担诉讼费用之当事人,保证其确实履行其义务之担保。诉讼费用之担保在两种情况下适用,一是原告在法院所在地的国家或者地区无住所、事务所、营业所;一是如被告有胜诉之希望,对其在诉讼上支出之费用,有难以求得赔偿之可能的,可申请法院责令原告提供担保。我国《民事诉讼法》中无诉讼费用担保之规定。财产保全中的担保和执行裁判中的担保,其担保的具体形式,我国《民事诉讼法》未作列举式的规定,但担保的主要形式有银行担保、保证人担保、现金担保、实物担保。运用何种形式担保,可视具体情况而定,以对方当事人同意和法院许可为原则。　　(刘家兴)

susong feiyong
诉讼费用（expenses in litigation, litigation costs and expenses）　当事人进行民事诉讼应当交纳和支付的费用。诉讼费用制度是民事诉讼制度的一项重要内容。由当事人承担合理的民事诉讼费用是基于民事诉讼特有的性质所决定的。民事诉讼是发生权利义务纠纷的当事人,借助国家的力量解决纠纷,维护自己实体权益的一种方式。这一方式的选择是出于当事人的意愿(不告不理),而不是国家的强制,而诉讼程序的进行,必然伴之一定的物质耗费,如果由当事人合理负担诉讼费用,既可减少国家的开支,为解决民事纠纷提供物质保障,又可以防止当事人滥用诉权,减少不必要的诉讼。世界各国都建立有自己的诉讼费用制度。我国正式在全国范围内确立统一的诉讼费用制度,是以1984年8月30日最高人民法院审判委员会第203次会议通过的《民事诉讼收费办法(试行)》为标志。此后,经过几年试行,最高人民法院在总结经验的基础上,又于1989年6月29日正式通过了《人民法院诉讼收费办法》,对诉讼费用的征收范围、标准、负担原则,法院对诉讼费用的裁决,以及诉讼费用的缓交、减交、免交办法和诉讼费用的交纳与管理等内容作了规定,从而形成了我国现行的民事诉讼费用制度。各国诉讼费用制度的具体内容虽然不完全相同,但一般均包括下列三方面的制度,即:诉讼费用的种类、诉讼费用的负担和诉讼费用的缓交、减交、免交。

　　诉讼费用的种类　即诉讼费用由哪几部分费用组成。从诉讼费用形成的原因划分,任何国家的诉讼费用都由当事人应当交纳的费用和实际支付的费用两部分组成。①当事人应当交纳的费用,是民事诉讼当事人在法院进行诉讼必须交付的费用,这部分费用是因当事人为诉讼行为而必须对国家负担的,有的国家因此称为国家规费,我国民事诉讼中称为案件受理费,它实际上具有国家税收的性质。这部分费用具体的征收标准由各国自己规定,我国是按案件的性质规定收费标准的,财产案件按比例征收,非财产案件按件征收。②实际支付的费用,是民事诉讼当事人在诉讼进行过程中,实际付出的费用。它是为完成诉讼所必需的某项工作必须支付的费用。如需要进行公告,就要支付公告费;需要进行鉴定,就要支付鉴定费。对于实际支付的费用,各国规定的范围各不相同,如德国,由于其采取强制律师主义,实际支付费用除包含有法院审理案件所支出的费用,证人、鉴定人、勘验人、翻译的费用外,还包含了律师费。而美国主要包含法院审理案件所支出的费用及证人、鉴定人、勘验人和翻译的费用。我国的具体规定与上述两种情况都不完全相同(见其他诉讼费用)。总体上,我国诉讼费用制度和外国相比,具有收费标准低、收费种类少、收费范围窄的特点。

　　诉讼费用的负担　即诉讼费用在案件审理和执行终结时,最终由谁承担及如何承担。对此问题的争论和讨论是世界范围的,观念也各异。但在目前各国关于诉讼费用的立法中,都采用的是同一原则,即"诉讼费用由败诉的当事人负担",并在这一原则指导下,对具体诉讼中出现不同情况时的诉讼费用负担办法都作了较为详细的规定(见诉讼费用的负担)。

　　诉讼费用的缓交、减交和免交　即对于依法应当交纳诉讼费用的当事人,因其经济上确有困难,无力负担或暂时无力负担或无力全部负担诉讼费用时,允许其免交、缓交或减交诉讼费用,以保障当事人的实体权益不会因其经济上的困难而无法寻求司法保护。这是在诉讼费用制度中为当事人提供的一种法律上的救助。国外称之为"诉讼费用救助"。各国民事诉讼中,都有关于提供诉讼费用救助的规定。我国的《人民法院诉讼收费办法》,没有采用诉讼费用救助这一概念,但具体规定了诉讼费用缓交、减交、免交的情况。当事人交纳诉讼费用确有困难的,可以依照规定向人民法院申请缓交、减交或者免交;依照民事诉讼法规定的特别程序审理的案件和按照审判监督程序进行提审(见再审提审)和再审的案件不交纳诉讼费用。　　(阎丽萍)

susong feiyong de fudan
诉讼费用的负担（burden of litigation expenses and costs）　民事诉讼终结和执行终结时,诉讼费用即案件受理费和实际支出的费用最终由何方当事人承担和如何承担。由于民事案件的发生是由于败诉的当事人不履行法定义务或违反法定义务造成的,因此由于诉讼而交纳的案件受理费和其他支出的费用,应当由败诉的当事人负担。诉讼费用由败诉的当事人负担在世界各国立法中普遍都作为诉讼费用负担的基本原则。在我国,诉讼费用由败诉人负担也是诉讼费用负担的一般原则。在具体案件中,根据当事人责任的不同,诉讼费用的承担又有以下几种情形:①按比例分担。即当事人部分胜诉、部分败诉的,诉讼费用由法院按照双方当事人责任的大小,确定负担比例。②当事人协商负担。经法院调解达成协议的案件,诉讼费用由双方协商分担,协商不成的,由法院决定。③原告负担。撤诉的案件,案件受理费由原告负担,减半收取,其他诉讼费用,按实际支出收取。驳回起诉的案件,案件受理费由起诉的当事人负担。④当事人自行负担。由于当事人不正当的诉讼行为所支出的诉讼费用,由该当事人自行负担。⑤由法院决定负担。离婚案件诉讼费用的负担,由法院决定。

一审法院判决作出后,当事人提起上诉的,二审法院按照第一审诉讼费用的标准收取上诉案件的诉讼费用,诉讼费用最终的负担原则也是由败诉的当事人负担,但在具体案件中也存在一些特殊情形:①上诉人负担。第二审法院驳回上诉、维持原判的案件,诉讼费用由上诉人负担。双方当事人都上诉的,由双方负担。上诉人撤回上诉的,诉讼费用由上诉人负担。②二审法院对第一审判决作了改判的,除了根据败诉人负担诉讼费用的原则和改判结果确定当事人对第二审诉讼费用的负担外,还应当相应地改变第一审法院对诉讼费用负担的决定。③双方协商负担。二审法院审理上诉案件,经调解达成协议的,第一审和第二审诉讼费用的负担,由双方协商解决;协商不成的,由第二审法院决定。④发回重审案件诉讼费用的负担。第二审法院发回原审法院重审的案件,上诉人预交的上诉费不予退回,原审法院根据重审结果确定原一、二审诉讼费用的负担。原审法院判决后,当事人再行上诉的,免交上诉案件受理费。

再审案件诉讼费用的负担。依审判监督程序进行再审的案件不交纳诉讼费用。经再审认为原判确有错误,依法改判的案件,法院应当根据诉讼费用的负担原则,对诉讼费用一并进行改判。 (阎丽萍)

susong feiyong zhidu
诉讼费用制度(rules on litigation costs and expenses) 确定在民事诉讼中应当缴纳和实际支出之费用的制度,是贯彻民事诉讼程序制度中的一项保障制度。该制度是基于民事诉讼当事人为解决民事纠纷,维护民事权益,在诉讼中财力方面必然有所消耗而建立的。该制度是由诉讼费用的种类、诉讼费用的负担、诉讼费用的缓、减、免三个部分所组成。诉讼费用的种类有案件受理费、诉讼中实际支出费、申请执行费、执行中实际支出费。案件的受理费和申请执行费是向国家缴纳的费用,用于办案开支,具有国家税收的性质。诉讼和执行中的实际费用是诉讼活动和执行活动中,必要的和合理的开支,前者按规定的标准事先交纳,后者按实际的支出数目计算。诉讼费用由败诉的一方当事人负担,部分败诉、部分胜诉的,以其各自责任的大小比例分担,这是诉讼费用负担的原则,但也有例外,如调解结案的诉讼费用负担的原则是由双方当事人协商决定,离婚案件的诉讼费用负担由法院决定。诉讼费用的缓、减、免,因当事人的情况、案件性质不同而不同,当事人交纳诉讼费用确有困难的,可以按照规定向法院申请缓交、减交、免交;有些案件,如适用特别程序审理的案件、适用审判监督程序审理的案件,以及人民法院裁定不予受理的案件和刑事附带民事诉讼的案件,按照规定免交诉讼费用。诉讼费用制度的作用在于,促使当事人自觉遵守法律,防止滥诉,减少某些争议诉诸法院,减少国家财政支出,增强群众法制观念,促进市场经济机制的正确运行。

我国现行的诉讼费用制度是20世纪80年代初建立起来的,与其他国家的诉讼费用制度比较,具有这样几个特点:第一,收取案件受理费采取低标准,而且规定了一定幅度,在经济不够发达地区还可以按规定的下限征收;第二,收费范围比较窄,规定有些案件不征收诉讼费用,有些费用不计入诉讼费之中,如律师酬金、送达人的费用等;第三,当事人如确有困难,应缴纳的费用,经法院决定,可以减交、缓交,甚至可以免交,以保证其行使诉权。 (刘家兴)

susong gaozhi
诉讼告知(information of litigation) 大陆法系国家民事诉讼法中的一项制度。指在民事诉讼中,当事人的一方将其诉讼告知与诉讼有利害关系的第三人(见诉讼中的第三人)。设此制度的目的在于,使被告知人可辅助此方当事人参加诉讼,为有益于此方当事人之事,因为,如果此方当事人败诉,即涉及与被告知人在法律上的利害关系。这一制度的程序内容主要有:①诉讼告知只能在诉讼系属中进行,诉讼未开始或者诉讼已结束,均不得为诉讼告知;②是否进行告知是当事人的权利,由当事人自己决定,如为告知,应向法院提交书状,表明告知的理由,由法院送达第三人和对方当事人;③诉讼告知的本身只是事实报告,使第三人知道诉讼系属并有参加诉讼的机会,使对方当事人知道有告知诉讼之事实;④被告知的第三人是否参加诉讼,是否再向他人告知,则有决定的自由,但被告知后不参加诉讼或者不按时参加诉讼,视为可行参加诉讼的行为,受参加诉讼之拘束,本诉讼的裁判对共同参加诉讼的诉讼参与人具有效力,不得对本诉讼的裁判提出异议。诉讼告知制度中的第三人相似我国第三人制度中的无独立请求权的第三人(见诉讼中的第三人),所不同者主要是,法院不依职权告知,受告知者可再向他人告知。 (刘家兴)

susong jizhi
诉讼机制(mechanism of litigation) 诉讼程序制度的构成、体系及用于解决社会冲突和矛盾的机理。在法制社会中，不同的社会关系受不同的法律调整，当某些社会关系中发生冲突和矛盾时，在其冲突和矛盾中便存在不同程度的不法、违法、犯罪的行为。为对某些社会冲突和矛盾实施抑制、调和或者强制排除，保证社会生活进行、运转的法律秩序，在一定范围内和一定程度上就需要运用一定的诉讼机制。因社会冲突和矛盾的性质不同，相应的诉讼机制就不同，有民事的、刑事的、行政的。不同的诉讼机制有其不同的构成及体系，有其对社会关系冲突和矛盾调节的机理。比如，民事诉讼机制，由诸多的民事诉讼程序制度所构成。不同的程序制度之间既有其相对的独立性，又有其内在联系的统一性；既有其不同的功能，又有其共同的作用。民事诉讼机制所以能用于解决民事纠纷，保障民事权益，维护正常的民事关系，在于其构成的合理性、体系的完整性，以及适应客观需要的科学性。

机制的内在关系包括程序与制度的关系和制度与制度的关系。前者的关系是，制度决定程序，程序反映制度。有一定的制度一般就有系列的程序，以系列的程序体现其制度，比如庭审制度是以系列的庭审程序体现的，庭审程序的完善表示庭审制度的健全，庭审制度的健全必然要求庭审程序的完善。后者的关系是，前后衔接，彼此协调，统一一致，其中基本的制度起着主导的作用，一般的制度发挥配合作用，如当事人制度是基本制度，而诉讼代理制度则是与其配合的一般制度。

机制的外在关系，即程序制度与客观实际的关系。实质是在解决社会冲突和矛盾中，程序制度具有的效应，其中既有运用程序制度的技巧，也有探索运用机制和充实机制的原理。

诉讼机制总是包含权力和权利两个方面的内容，权力和权利不是同等的，但二者是协调的。 （刘家兴）

susong jiuzhu

诉讼救助（relief of action） 对无经济能力进行诉讼的人，具备一定条件的，准其暂免某种费用而进行诉讼。这是大陆法系在民事诉讼中适用的一项制度，其目的在于使无经济负担能力的人可以进行诉讼，以维护其私权上的利益。但是，暂免既是暂时的，又是有条件和范围的。例如，申请暂免者必具有胜诉的希望，显然无胜诉希望的就不予救助。暂免的范围包括：暂免审判费用，暂免提供诉讼费用的担保，暂行免付送达人应收的费用及垫款，暂行免付法院为受救助人选任律师代理诉讼的酬金。暂免即暂行免付之意，并非免除诉讼费用的负担，在裁判作出后应负担诉讼费用者，仍应承担诉讼费用之义务。诉讼救助制度，对某些费用实行暂免，而不实行减交或者免交，是基于民事诉讼的有偿主义，所谓救助实质上是对诉讼的救助，使诉讼得以开始和进行，诉讼结束后依判决，仍由当事人承担诉讼费用的义务。我国民事诉讼中诉讼费用的缓、减、免，与此有根本的区别。根据人民法院《民事诉讼收费办法（试行）》第27条规定，"当事人交纳诉讼费用确有困难的，可以向人民法院申请缓交、减交或者免交。是否缓、减、免，由人民法院审查决定"。"缓"是指当事人申请暂缓。"减"是减少一部分，"免"可免一部分，也可免全部。缓、减、免是为保障确有经济困难的当事人行使诉讼权利，经人民法院决定减、免的诉讼费用，当事人即不再承担交纳的义务，或者只承担交纳部分费用的义务，不同于诉讼救助制度中的暂免或暂行免付。

（刘家兴）

susong nengli

诉讼能力（procedural capacity） 公民参与诉讼活动的主体资格。在诉讼活动中的原告人、被告人、证人、犯罪嫌疑人、受害人以及部分服刑人员，其主观上能够理解自己在诉讼活动中所处的地位、依法享有的权利和应承担的义务、全部诉讼过程以及各项诉讼事宜的意义；能够在诉讼活动中独立并恰当地行使法律赋予的权利和承担法律规定的义务，意思表达清楚、自我保护完好；能够清楚地辨别客观事实的是非及自我精神状态，从而取得参与诉讼活动的资格。精神病人由于病理性精神活动的干扰，不能完整地理解自己在诉讼活动中所处的地位，不能独立地行使法律赋予的权利和承担法律规定的义务，或不能完整地表达意思和缺乏自我保护，或不能清楚地辨别客观事实的是非以及自我精神状态，便不具备参与诉讼活动的资格，即无诉讼能力。

对于刑事诉讼中因患有精神病而丧失诉讼能力的犯罪嫌疑人，应先采取必要的医疗措施，待其精神症状缓解后恢复诉讼。对于民事诉讼中的当事人被认定无诉讼能力后，则须由其监护人或委托代理人代其参加诉讼活动。诉讼能力与刑事责任能力和民事行为能力有着质的差别，不能因无诉讼能力而认定行为人无责任能力或行为能力。

（孙东东）

susong qingqiu

诉讼请求（claims） 一方当事人运用诉讼的方式，通过法院对另一方当事人提出实体权利的请求。一方当事人对另一方当事人提出实体权利的请求，不是运用诉讼的方式，不是通过法院提出的，不是诉讼请求。诉讼请求既是当事人起诉要件的内容，又是当事人进行诉讼所希望达到的目的,如果起诉没有诉讼请求,不仅原告起诉不能成立,而且进行诉讼也毫无实质意义。诉讼请求一般是在原告起诉时在诉状中提出,如甲向法院起诉对相对方乙提出诉讼请求;乙在应诉后,向法院提出反诉,对甲提出诉讼请求;甲乙之间的诉讼开始后,丙依法以甲乙二人为被告向法院提起参加之诉,所提出的独立的诉讼请求,或者乙依法以丁为被告向法院要求判令丁承担实体义务,对丁提出的诉讼请求。这些都是在本诉讼或者参加诉讼之中,居于原告地位的一方当事人对被告一方当事人提出的诉讼请求。

基于民事诉讼双方当事人权利地位平等的原则,在诉讼中,被告对原告提出诉讼请求不仅在理论上是允许的,而且在实践中也是常见的。比如,原告与被告因买卖关系发生纠纷进行诉讼,原告要求被告交付所欠之货款,被告以货物不符合合同规定的规格、质量为理由,要求原告赔偿其因此而造成的损失,这就是被告提出的诉讼请求。原告与被告提出的诉讼请求,都是当事人提出的诉讼请求,只不过后者属于反请求之请求,在程序上不是以诉状的形式提出的,实践中法院也不要求其另具诉状而已。诉讼请求既是一方当事人对对方当事人提出的实体权利的请求,根据依法处分的原则(见处分原则),一方当事人可以变更诉讼请求,另一方当事人可以承认诉讼请求。变更诉讼请求既可增加诉讼请求,也可以减少诉讼请求,还可以变换另一种请求,如原告要求退货,可变换为要求赔偿因货物不合格对其所造成的损失。

(刘家兴)

susong quanli

诉讼权利(right of litigation) 诉讼义务的对称。凡诉讼法律关系的主体,不论是在诉讼上具有一定职能的国家机关,诉讼中的当事人,还是其他诉讼参与人,依照诉讼法的规定,在诉讼上所享有的程序性的权利,统称为诉讼权利。诉讼权利既是诉讼法的主要内容,又是诉讼活动的主要规范,它以程序的系列性、阶段性、渐进性表现其完整性、适应性、连续性,它以诉讼活动的开始而行使,以诉讼活动的完结而终止,它寓于诉讼程序之中,表现于法律规定"可以"怎样或者"有权"怎样之上。不同的诉讼法规定的诉讼权利不尽相同,不同主体的不同诉讼权利有其建立的不同基础和不同的作用。

民事诉讼权利建立的基础 民事诉讼法律关系主体(见民事诉讼法律关系)不同,其诉讼权利的基础不同。人民法院的诉讼权利是基于民事审判职权建立的,是审判职能在指挥诉讼和审判案件中的特定化和具体化。人民检察院对人民法院审判活动实行法律监督的诉讼权利,是基于法律监督权建立的,是法律监督权在民事诉讼中的特定化和具体化。各种不同名称当事人的诉讼权利,是基于诉权建立的,各种不同的诉讼权利是诉权在不同诉讼阶段和诉讼环节中的具体表现。其他诉讼参与人的诉讼权利,只是为进行诉讼的需要而建立的,其本身无权能的基础。

民事诉讼权利的意义 在民事诉讼中,人民法院的诉讼权利在于完成民事诉讼法的任务,人民检察院的诉讼权利在于监督对民事案件的正确审判,各种不同名称当事人的诉讼权利在于维护其民事实体权利和正当利益。《中华人民共和国民事诉讼法》对当事人的诉讼权利作了全面、系统的规定,主要表现在:请求司法保护的权利,不论是公民、法人和其他组织,也不论是外国人、外国企业和组织,都可依法提起民事诉讼;代理诉讼的权利,任何当事人都可依法委托诉讼代理人;申请回避、提供证据、进行辩论、提起上诉、申请再审等,以求得公正审判的权利;进行和解、请求调解,以处分实体权利的权利;申请执行,以实现其民事权益的权利。

(刘家兴)

susong quanli chengdan

诉讼权利承担(assumption of rights in a lawsuit) 民事诉讼过程中,由于特定原因使原参加诉讼当事人的诉讼权利义务转移于他人,并由他人承继原诉讼当事人的诉讼地位继续进行诉讼的情形。简言之,即诉讼权利义务的转移。但这种转移是基于特定原因——主体实体权利的转移而引起的,并且原实体权利承受主体已不存在,因而相应地其诉讼地位、诉讼权利义务也应移转于新的主体。主要情形如:在诉讼进行中,一方当事人死亡,其继承人继承其遗产,因而相应地承担其诉讼权利义务;一方当事人的诉讼争议财产出卖或赠与给他人,他人作为买主或受赠人也应承担其诉讼权利义务;作为诉讼当事人一方的法人与他人合并,由合并后的法人承担原法人的诉讼地位;作为诉讼当事人一方的法人分立,分立后的新的若干法人则承担原法人的诉讼权利义务;如果作为诉讼当事人一方的法人被主管机关撤销,则其诉讼权利由主管机关承担。诉讼权利承担可能发生在诉讼的任何阶段和任何程序中,诉讼权利承担发生后,原参加诉讼当事人所实施的诉讼行为对承担诉讼权利的当事人有约束力,已进行的诉讼行为有效,诉讼程序继续进行而不需重新开始。

(阎丽萍)

susong shang chengren

诉讼上承认(judicial admission) 指在诉讼进行过程中,一方当事人就对方主张的不利于自己的事实所作的承认其真实性的陈述。即一方当事人对另一方当事人不利于自己的事实在诉讼上承认其为真实的。这种陈述,不包括承认对方的请求在内,承认相对方请求称为认诺。诉讼上承认有六个特征:①诉讼上承认的性质是当事人处分权的具体表现,一般原则是根据当事人的意愿自由行使。②诉讼上承认时间限定在诉讼进行过程中。③诉讼上承认的主体可以是当事人,也可以是诉讼代理人,但诉讼代理人作出承认时须经特别授权。④诉讼上承认的对象以一定的具体的案件事实为限,不包括对方的诉讼请求在内。例如承认相对方权利的有无,所依据的法规、法则、法律解释等。⑤诉讼上承认的方式必须是当事人明确肯定的意思表示,当事人对不利于自己的案件事实表示沉默或不置可否,不能视为承认。⑥诉讼上承认的效力,人民法院对诉讼上的承认,依法进行审查判断,确认后,可以免除对方当事人即主张人的举证责任,法院与当事人应受承认的约束。

当事人于诉讼上承认后,不得任意变更和撤销,但能证明下列情况的除外:①诉讼上承认出于错误,并且与事实不符;②诉讼上承认是受他人胁迫、欺诈所为;③对方当事人同意撤销或变更;④诉讼代理人未经当事人同意而代为自认;⑤诉讼上承认的结果导致当事人放弃某种不能放弃的权利。另外,诉讼上承认的法律效果仅在于免除了对方当事人的举证责任,并不必然导致败诉的结果。 (丛青茹)

susong shang de falü shishi
诉讼上的法律事实(facts affecting the relationship in lawsuit) 能够引起民事诉讼法律关系发生、变更或消灭的事实。根据是否以行为人的意志为转移,可分为法律行为和事件。事件是指不依诉讼主体的意志为转移而引起民事诉讼法律关系发生、变更或消灭的客观事实,又称法律事件或诉讼事件,例如自然人的死亡、诉讼期限已过等。法律行为又称诉讼行为,是指诉讼主体有意识的行为从而引起民事诉讼法律关系发生、变更或消灭,比如原告起诉、撤诉,被告应诉、反诉等行为。在实践中,多数的民事诉讼法律关系的发生、变更和消灭是由诉讼行为引起的。根据不同的标准又可将法律行为分为合法的诉讼行为、违法的诉讼行为;积极行为、消极行为;作为、不作为;法院的诉讼行为和诉讼参加人、诉讼参与人的诉讼行为等。其中法院的诉讼行为是法院行使法律赋予的审判职能的行为,可分为审理行为和裁决行为。与法院的诉讼行为相比,诉讼中当事人的行为一般具有任意性、可撤销性和期限性等特点。 (丛青茹)

susong wai chengren
诉讼外承认(extra judicial admission) 在诉讼程序外,一方当事人就对方当事人所主张的案件事实,承认其真实性的陈述。诉讼外的承认,一般以谈话或通信的方式进行,这种承认不具有法律上的效力,不能免除对方当事人的举证责任。但是这种承认可以作为一种证据,用诉讼中能采纳的证据方法予以证明,其依据是诉讼外承认不利于自己的事实,除非情况属实,不然很难想象一个人会作不利于自己的陈述。如果诉讼外表示承认的一方当事人在诉讼中确认了诉讼外承认,诉讼外承认便转为诉讼上承认,经法院查实后,可产生免除对方当事人举证责任的法律后果。诉讼外承认可以是口头的,也可以是书面的;可以明示表示,也可以默示表示。 (丛青茹)

susong wenshu
诉讼文书(document of action) 又称诉讼文件。公安、司法机关及诉讼参与人为进行诉讼而制作的各种文书材料的总称。诉讼文书记载公安司法机关及诉讼参与人的诉讼活动及其形成的各种诉讼关系,它不仅可以反映案件情况,还可以反映诉讼过程和结果,因此它具有重要的法律意义。依法严肃、认真地制作诉讼文书,对保证诉讼的顺利进行,提高诉讼质量是十分重要的。制作诉讼文书应按照法定的格式,否则该文书无效,该诉讼行为亦无效。诉讼文书的内容必须完整、概念必须准确,文字要简洁明了。应送达的诉讼文书要按法定程序送达,只有依法送达才具有法律赋予的效力。诉讼文书按照制作主体的不同,可以分为专门机关制作的诉讼文书和当事人及其他有关诉讼参与人制作的诉讼文书。专门机关制作的诉讼文书按不同的制作机关划分,可以分为公安机关制作的诉讼文书,主要有立案报告、拘传证、取保候审决定书、监视居住决定书、拘留证、提请批准逮捕书等;检察机关制作的诉讼文书,主要有批准逮捕决定书、不起诉决定书、起诉书、公诉词等;人民法院制作的诉讼文书,主要有判决书、裁定书等。当事人及其他有关诉讼参与人制作的诉讼文书主要有诉状、口诉状、辩护词等。 (朱一心)

susong xishu
诉讼系属(under action) 亦称诉讼拘束。当事人向法院提起诉讼,经法院受理后至诉讼终结之间诉讼上发生的拘束。诉讼系属的法律意义:①当事人恒定,即不得随意变更当事人,依法变更的当事人受诉讼拘束;②管辖法院恒定,即起诉时对该诉讼有管辖权(见管辖)的法院,自始至终具有管辖权;③起诉之事件不得更行起诉,即不得重复起诉或者向另一法院起诉;④可引起反诉之诉,即被告在诉讼系属中可提出反诉;⑤可引起参加之诉,即有独立请求权的第三人就本诉讼的存在,可提起独立的参加之诉,无独立请求权的第三人(见诉讼中的第三人)就本诉讼的存在,可参加到当事人一方进行诉讼;⑥诉讼标的恒定,即不论本诉、反诉、参加之诉,其诉讼标的不得随意变更。诉讼前的证据保全和财产保全,不在诉讼系属之中,但用于诉讼时则为诉讼系属。诉讼系属因诉讼的终结而结束,其结束之事由是:①撤诉,包括当事人获准撤诉和和解成立撤诉;②因调解成立而结束诉讼;③原告死亡,没有继承人,或者继承人放弃诉讼权利的;④被告死亡,没有遗产,也没有承担义务的人的;⑤离婚案件一方当事人死亡的;⑥追索赡养费、扶养费、抚育费以及解除收养关系案件的一方当事人死亡的;⑦法院判决发生法律效力的。　　(刘家兴)

susong xingwei
诉讼行为(act of litigation)　在诉讼上具有一定法律意义的一切行为。诉讼行为是由诉讼法规定的,以履行诉讼程序的方式进行的,所以它是程序上的行为。履行一定的程序,或者是行使一定的诉讼权利,或者是履行一定的诉讼义务,所以诉讼行为是引起诉讼法律关系发生、变更和消灭的原因。诉讼行为因行为者不同,分为法院的诉讼行为。当事人及其他诉讼参与人的诉讼行为。法院的诉讼行为,分为裁判上的行为与裁判外的行为,前者如对案件的审理,对案件事实的认定,以及适用法律作出裁判的行为;后者如收集诉讼材料,指挥诉讼,送达诉讼文书,制作诉讼笔录的行为。当事人的诉讼行为,分为请求司法保护的行为与维护实体权限的行为,前者如起诉、应诉、请求财产保全、证据保全,提出上诉,申请再审的行为。后者如提供证据,进行辩论,请求调解的行为。诉讼代理人在其代理权的范围内,代理被代理人的诉讼行为。证人、鉴定人向法院提供案件事实,揭示案情的诉讼行为。诉讼法律关系主体除为诉讼行为外,还有接受诉讼行为的行为,如法院接受当事人的诉状、答辩状的诉讼行为,当事人及其诉讼代理人接受法院诉讼文书送达的诉讼行为。为诉讼行为和接受诉讼行为,均属诉讼上的行为。　　(刘家兴)

susong xingwei de xiaci
诉讼行为的瑕疵(defects in the act litigation)　诉讼行为在形式上或者在内容上,存在与法律规定的有效要件不完全相符合之处,视为诉讼行为的瑕疵。诉讼行为的瑕疵具有两个基本特征:一是行为本身是合法的,其实质是诉讼行为;二是行为的表现形式或者具有的内容不完全符合法律规定的要求。有瑕疵的诉讼行为,原则上不具有诉讼上的法律效力,但是如果通过补正能消除其瑕疵,该诉讼行为即取得法律效力。如当事人向法院提交有效之诉状,要有具体的诉讼请求和事实、理由,如果其中只有诉讼请求,而无事实或者理由,诉状在内容上不完全符合起诉的法定条件,即可视为起诉这一诉讼行为在内容上有瑕疵。又如当事人在起诉状中记明委托某律师为其诉讼代理人,但是未向法院提交授权委托书。在此,起诉是成立的,委托某律师代为诉讼也是合法的,因无授权委托书,在形式上不完全,即视为委托代理人这一诉讼行为有瑕疵。根据法律规定,起诉状中无事实或者理由,不完全符合法律规定的起诉要件,起诉不能成立;委托诉讼代理人,未提交授权委托书,授权行为无效。但是,如果当事人补充了诉状的事实、理由,及时向法院提交了授权委托书,就应视为取消了上述在内容上、形式上的不完全之处,其起诉行为、委托行为即取得诉讼上的法律效力。　　(刘家兴)

susong xingwei nengli
诉讼行为能力(capacity to action)　诉讼法律关系主体以其独立的意志,依法实施有效诉讼行为的能力。诉讼行为能力是诉讼主体独立进行刑事诉讼行为的资格。诉讼主体如果不具备这种能力,就不了解诉讼活动的法律意义和后果,也不能正确行使诉讼权利和履行诉讼义务。诉讼行为能力与一般的民事行为能力不同,因为法律主体在民事上分有行为能力、无行为能力和限制行为能力三种,而在诉讼中则仅分有诉讼行为能力和无诉讼行为能力两种。具有民事行为能力者一般具备诉讼行为能力,而无民事行为能力及民事上属限制行为能力的人,则均没有诉讼行为能力。刑事诉讼行为能力以诉讼权利能力为基础。一般而言,一个成年公民、法人或者非法人团体要具有独立进行诉讼行为的能力,就必须首先具备享有诉讼权利、承担诉讼义务的资格,即诉讼权利能力。但是,精神病患者和不能辨别是非、不能正确表达的公民,尽管可能具有诉讼权利能力,却没有独立进行有效诉讼行为的能力,而应由其法定代理人代为诉讼行为。当然,能够辨别是非和正确表达的未成年人仍然具有诉讼行为能力,但为了充分保护未成年诉讼参与人的合法权益,法律允许其法定代理人依法协助其进行诉讼行为。　　(陈瑞华)

susongxing shenjing guannengzheng
诉讼性神经官能症(neurosis of action)　又称

做索赔性神经官能症。见神经官能症。

susong yiwu
诉讼义务(duty of litigation) 诉讼权利的对称。系诉讼法律关系主体在诉讼上应承担的义务。凡诉讼法律关系的主体,不论是在诉讼上具有一定职能的国家机关,还是各种不同名称的当事人及其他诉讼参与人,既享有诉讼法所赋予的权利,也承担诉讼法所规定的义务,没有只享有诉讼权利而不承担诉讼义务的主体,即使是在诉讼上具有一定职能的国家机关,行使职权应享有与其相适应的诉讼权利,履行职责也应承担与其相适应的诉讼义务。诉讼法上规定诉讼权利的同时,还要规定诉讼义务,是因为程序机制构成的要求和协调诉讼活动的需要,如果只规定诉讼权利而不规定诉讼义务,或者应当规定的诉讼义务而未规定,程序机制的构成就缺乏科学性,在实际运行中就不可能有合理的协调性。诉讼上的义务与权利既非对等的,也非完全对应的,一方主体的义务并非就是另一方主体的权利。在民事诉讼中,法院的诉讼义务主要是为完成民事诉讼法的任务而履行其职责。当事人的诉讼义务主要是正确行使诉讼权利,遵守诉讼程序,服从法院的正确指挥,尊重对方当事人及其他诉讼参与人的诉讼权利,履行发生法律效力的法律文书确定的义务。任何诉讼法律关系的主体承担诉讼义务,都是为了保障诉讼的正常进行,保证其充分行使诉讼权利。
(刘家兴)

susong zhihuiquan
诉讼指挥权(power to direct a trial) 法院对民事诉讼活动的指导和控制的权力,它是民事审判权的相关权力之一。体现了法院在民事诉讼过程中的地位及其与当事人和其他诉讼参与人的关系。在我国民事诉讼中,人民法院是代表国家行使审判权的机关,它在民事诉讼中居于主导性地位,对民事诉讼的进行和进程的推进起着决定性作用,即人民法院享有诉讼指挥权。具体表现为:①决定案件的受理。民事诉讼是以不告不理为原则的,但仅有当事人起诉的行为并不能引起民事诉讼,起诉行为只有得到法院依法确认,即对起诉决定受理后才能引起诉讼程序的发生,也只有法院决定受理案件,诉讼程序才有推进的可能。②确定有关诉讼参加人参加诉讼。正确确定当事人的诉讼地位,确保应当参加诉讼的当事人参加诉讼,以保证诉讼的顺利进行和纠纷的彻底解决。在具体诉讼中,人民法院行使诉讼指挥权的具体行为有:通知被告应诉和在法定期限内提供答辩状;确定诉讼中的第三人并通知其参加诉讼;追加共同诉讼人参加诉讼;与案件的利害关系人商定诉讼代表人并确定参加诉讼的诉讼代表人;更换当事人。③指挥诉讼程序按法定程序和方式进行,以保证诉讼程序的合法性。具体行为有:决定案件是否公开审理;确定开庭的时间和地点,并按法定期限通知当事人和进行公告;决定在开庭过程中的休庭和继续开庭;主持进行法庭调查和法庭辩论;④指挥诉讼参加人和其他诉讼参与人依法行使诉讼权利,履行诉讼义务,以保证诉讼参加人和其他诉讼参与人诉讼权利的充分行使和诉讼活动的顺利进行,具体行为有:告知当事人在诉讼中享有的诉讼权利;向当事人和其他诉讼参与人送达诉讼文书和法律文书,对当事人的有关诉讼活动的期限予以指定。法院在诉讼过程中,享有的诉讼指挥权不同,决定了法院在诉讼中地位的不同,因而也导致了不同诉讼模式的形成。
(阎丽萍)

susong zhong de disanren
诉讼中的第三人(third party in litigation) 对他人之间的诉讼标的有独立的请求权,或者虽无独立的请求权,但案件的处理结果与其有法律上的利害关系,因而参加到他人之间已经开始的民事诉讼中去,以维护自己合法权益的人。诉讼中的第三人参加诉讼的依据是对他人之间争议的诉讼标的有独立的请求权,或案件的处理结果同他有法律上的利害关系。参加诉讼的目的在于维护自己的合法权益。并且诉讼中的第三人只能是参加到他人之间已经开始的诉讼中去。

第三人制度是民事诉讼中一项重要的制度,各国民事诉讼法尽管采用的概念、具体规定有所不同,但都允许正在进行诉讼的原告和被告之外的第三方,在特定情况下参加诉讼,以维护其合法权益。参加诉讼的特定情况:一是参加诉讼者对他人之间正在进行的诉讼的诉讼标的有独立的请求权,我国民事诉讼理论称之为有独立请求权的第三人,而德国、日本的民事诉讼法称之为主参加人;另一种情况是参加诉讼者对他人之间的诉讼标的没有独立的请求权,但案件的处理结果与他有法律上的利害关系,我国民事诉讼理论称之为无独立请求权的第三人,德国、日本以及我国台湾地区的民事诉讼法称之为从参加人(或辅助参加人)。

有独立请求权的第三人参加诉讼,处于原告的诉讼地位,享有原告的诉讼权利,承担原告的诉讼义务。因为有独立请求权的第三人是以实体权利人的资格提出独立的诉讼请求,它既不同意正在进行诉讼的原告的主张,也不同意被告的主张,而是将原告和被告都置于被告地位,提起了一个新的诉讼。原告和被告已进行的诉讼称为本诉讼,第三人与本诉讼当事人之间的诉讼称为参加诉讼。本诉讼与参加诉讼合并审理有利于彻底解决纠纷，全面保护各方当事人的利益。在此应注意，本诉讼的原告和被告在参加诉讼中并不构成共同被告，这是我国民事诉讼理论与德国、日本和台湾地区对有关问题认识的一个区别所在。德国、日本和台湾地区均认为有独立请求权的第三人参加诉讼是以本诉讼的原告和被告作为共同被告。特别是《日本民事诉讼法》明确规定："对他人之间的诉讼标的全部或一部，为自己请求的人，可以于其诉讼系属中，以当事人双方为共同被告向受诉法院提起诉讼"。并将其参加诉讼规定在共同诉讼一节。

无独立请求权的第三人参加诉讼，对于本诉讼的诉讼标的没有直接的利害关系，但与案件的处理结果有法律上的利害关系，即无独立请求权的第三人与本诉讼中的一方当事人之间存在着一个实体法律关系，该法律关系中实体权利的行使和义务的履行状况会对本诉讼的诉讼标的发生影响。也就是说本诉讼中与无独立请求权的第三人有关系的一方当事人如果败诉，最终可能导致第三人对此承担责任。因此，无独立请求权的第三人在诉讼中必然支持与其有法律关系的那一方当事人的主张，他在诉讼中提供证据，进行辩论客观上会有利于与其有法律关系的那一方当事人，但主观上最终是为了维护自己的利益，免除自己的责任。在无独立请求权的第三人参加的诉讼中，存在着两个诉讼（见民事诉讼之诉），一个是原告与被告之间的本诉讼；另一个是无独立请求权第三人与原告或被告某一方之间的参加诉讼。因此，对无独立请求权的第三人的诉讼地位应加以区别：在本诉讼中，它不是诉讼当事人，而在参加诉讼中，他是当事人并处于被告的地位，享有当事人的诉讼权利，承担当事人的诉讼义务。但是对于上诉权的行使，无独立请求权的第三人只有在一审法院判决其承担责任的情况下，才有权提起上诉。

无论是有独立请求权的第三人还是无独立请求权的第三人，参加诉讼都必须在本诉讼开始之后，受诉法院对本诉讼作出判决之前提出。诉讼中的第三人参加诉讼既可以由本人申请参加，也可以由法院依职权通知其参加，无独立请求权的第三人还可以由与其有法律关系的一方当事人向法院申请，要求其参加诉讼。

（阎丽萍）

susong zhongzhi

诉讼中止（stay of proceeding, suspension of litigation） 在诉讼进行中，由于发生某种特定原因，使诉讼程序暂时停止。诉讼程序从开始到结束，一般是持续进行的，但当某种特定情况发生时，诉讼难以持续进行，需要暂时予以停止，因此民事诉讼法规定了诉讼中止制度。根据我国《民事诉讼法》的规定，有下列情形之一的，中止诉讼：①一方当事人死亡，需要等待继承人表明是否参加诉讼的；②一方当事人丧失诉讼行为能力（见民事诉讼行为能力），尚未确定法定代理人的；③作为一方当事人的法人或者其他组织终止，尚未确定权利义务承受人的；④一方当事人因不可抗拒的事由，不能参加诉讼的；⑤本案必须以另一案的审理结果为依据，而另一案尚未审结的；⑥其他应当中止诉讼的情形。中止诉讼由法院作出裁定。中止诉讼期间，当事人应停止本案的一切诉讼行为，人民法院除需采取紧急措施外，也应停止对本案的审理。中止诉讼的原因消除后，由当事人申请或者法院依职权主动恢复诉讼程序。诉讼程序恢复后，中止诉讼的裁定视为失效。恢复诉讼程序，是诉讼程序的继续进行，而不是诉讼程序的重新开始，诉讼中止前所进行的诉讼行为在诉讼程序恢复后继续有效。

（王彩虹）

susong zhongjie

诉讼终结（termination of litigation） 在诉讼进行中，由于出现了特定情形，使诉讼程序不能继续进行下去，或者继续进行已失去意义，因而结束诉讼程序的制度。根据我国《民事诉讼法》的规定，有下列情形之一的，终结诉讼：①原告死亡，没有继承人，或者继承人放弃诉讼权利的；②被告死亡，没有遗产，也没有应当承担义务的人的；③离婚案件一方当事人死亡的；④追索赡养费、扶养费、抚育费以及解除收养关系案件的一方当事人死亡的。终结诉讼由人民法院作出裁定，自裁定书送达之日起终结诉讼。对该裁定，当事人不得声明不服，不得提出上诉或申请复议。诉讼终结，只是结束诉讼程序。人民法院不能在终结诉讼的裁定中对当事人之间的实体权利义务关系作出处理，也不能在裁定书上确定死亡一方当事人财产的法律归属。诉讼终结与诉讼中止的区别在于：人民法院一旦作出诉讼终结的裁定，诉讼程序即宣告结束，以后也不能再恢复诉讼程序；而作出诉讼中止的裁定后，诉讼程序只是暂时停止，如果诉讼中止的原因消除，还可以恢复诉讼程序。

（王彩虹）

susong zhuti

诉讼主体（subject of litigation） 可作广义与狭义之分。前者指在诉讼中具有一定职能的国家机关以及与诉讼结果有直接利害关系的人，后者仅指与诉讼结果有直接利害关系的人。在民事诉讼中，广义的诉讼主体包括对民事案件行使审判职能的人民法院，对民事审判活动实行法律监督的人民检察院,以及各种不同的当事人,而狭义的诉讼主体是各种不同的当事人,即单一原告和被告的当事人、共同诉讼人、诉讼代表人和诉讼中的第三人。共同诉讼人中分为必要共同诉讼人和普通共同诉讼人。诉讼代表人中分为当事人一方人数确定的众多当事人的诉讼代表人和当事人一方人数起诉时尚未确定的众多当事人的诉讼代表人。诉讼中的第三人分为有独立请求权的第三人,无独立请求权的第三人。

广义解释的根据是:在民事诉讼中,不论是人民法院、人民检察院,还是各种不同的当事人,他们行使诉讼权利、履行诉讼义务对诉讼的开始、推移和终了都起着重要的或者决定的作用,因而他们都是诉讼主体。狭义解释的根据是:诉讼是因双方当事人民事权益发生争议而引起的,诉讼是在双方当事人之间进行,诉讼的结果及于双方当事人,因而民事诉讼的当事人是民事诉讼的主体。

诉讼主体与诉讼法律关系主体二者既有联系,又有区别。诉讼法律关系主体(见民事诉讼法律关系)是指依照民事诉讼法律规定,诉讼权利义务的享有者和承担者,其范围较为广泛,除具有一定职能的国家机关和各种不同的当事人之外,还包括参加诉讼的民事诉讼代理人、证人、鉴定人和翻译人员。其中具有一定职能的国家机关和各种不同的当事人,对诉讼起着重要作用,因而既是诉讼主体又是诉讼法律关系主体。其他诉讼参与人,只是协助诉讼的进行,是诉讼法律关系主体,而不是诉讼主体。因此,二者的联系表现为两种主体身份的统一,二者的区别决定于在诉讼中的不同作用。
(刘家兴)

su zhi shengming

诉之声明(statement of claim) 原告起诉时要求法院对其与被告之间的法律关系,在什么范围内作出具有什么内容的判决之声明。比如,原告与被告因买卖法律关系发生纠纷,原告要求法院就其买卖合同中的约定,判决被告支付价款若干元,违约金若干元之声明。法院一般只能就原告的声明范围和内容作出给付判决,不得就其未声明的范围和内容进行审理和作出判决,否则即构成上诉的理由。诉之声明以起诉状的形式表明,是起诉状的核心组成部分,如诉状中之声明不明确或者不完全,法院有权要求当事人加以说明或者补充;如声明请求给付之项目需要计算的,可以保留声明之范围,待有清算报告后加以明确。诉之声明是基于私权自治,法院审判不得超出当事人主张范围的原则于起诉制度中所确定的内容。

我国民事诉讼法规定的起诉条件中,虽然也要求要有具体的诉讼请求,但是与诉之声明有所不同。第一,当事人起诉有具体的诉讼请求,是明确当事人的诉讼主张和起诉是否成立,而不决定法院审判的范围,人民法院审判民事案件不受当事人诉讼请求的限制。第二,当事人起诉时的具体诉讼请求,是与其具体的事实、理由密切联系的,一定的诉讼请求是基于一定的事实、理由提出的,而不是单凭当事人起诉时自己的主张。
(刘家兴)

suzhuang

诉状(petition) 又称起诉状,有民事诉状和刑事诉状之分。刑事诉状是指自诉案件的自诉人直接向人民法院提起诉讼,控告被告人的犯罪行为,要求追究其刑事责任所递交的书状。它是自诉人行使起诉权以维护合法权益的诉讼文件,和人民检察院的起诉书具有相同的性质和作用。其不同之处仅仅是,诉状是以个人的名义向法院提起诉讼,即"告状"的书面形式,而起诉书是人民检察院代表国家向法院提起公诉的书面形式,所以又称公诉书。诉状可以由自诉人自行撰写,也可以委托他人代写。诉状应写明下列事项:①自诉人和被告人的姓名、性别、年龄、民族、籍贯、职业、工作单位和住址,自诉人或被告人有数人的,应分别写明每个人的上述情况;②指控被告人实施的犯罪事实;③向人民法院提出的诉讼请求和理由;④有附带民事诉讼的,应写明具体的民事赔偿请求;⑤本案的证据及其来源,证人的姓名和住址。随诉状递交的物证、书证,应注明其件数。诉状最后还应有自诉人的签名或者盖章。自诉人向人民法院递交诉状时,应同时按照被告人人数提交诉状副本。
(汪建成)

suliao

塑料(plastics) 组成为高分子化合物的具有可塑性的材料。多数以合成树脂为基本成分,通常含有辅助物料,如填料、增塑剂、色料、稳定剂、润滑剂等。根据受热后的性能变化可分为热塑性塑料和热固性塑料;根据组分的性质可分为纤维素塑料、蛋白质塑料和合成树脂塑料。塑料通常具有质轻、绝缘、耐磨擦、耐腐蚀、易加工、美观等特点,其制品种类繁多,用途广泛。按应用可分为:①工业制品,如电机、仪表、电线电缆、汽车等塑料用品;②建筑制品,如地板、天花板、瓷砖、隔音板等;③农业制品,如塑料薄膜、水桶、簸箕等;④日用制品,如雨衣、凉鞋、洗衣板、包装袋等。塑料品种很多,性能各异,常见的塑料有:

聚乙烯(PE) 由乙烯单体聚合而成,按其合成方法不同分为高压聚乙烯、低压聚乙烯和中压聚乙烯。高压聚乙烯是在高温高压下制得,分子结构中含有较多支链，密度较小，又称低密度聚乙烯。高压聚乙烯质地柔软，无毒，吸水性好，电绝缘性好，因此广泛用作工农业用薄膜、食品包装袋、电线电缆绝缘层等。低压聚乙烯是在常压或略加压力及催化作用下制得，分子结构中很少有支链，密度较大，又称高密度聚乙烯。它的强度、硬度均较高，适宜于制做绳子、单丝、打包带、电缆绝缘层及化工设备等。中压聚乙烯又称中密度聚乙烯，性能与低压聚乙烯相似。

聚氯乙烯（PVC） 由氯乙烯单体聚合而成。其产量仅次于聚乙烯塑料。根据用途不同可在聚氯乙烯塑料中加入不同的助剂，使其制品呈现不同的性能。通常根据聚氯乙烯树脂中加入的增塑剂量的不同将其制品分为硬制品、软制品和糊状制品等三类。硬制品中不含增塑剂，可制成各种板材、化工设备和零件等；软制品中加入大约 30%～40% 的增塑剂，主要制成薄膜，如农业使用和工业品包装用薄膜等，也用于电缆被覆层等；糊状聚氯乙烯制品是将 PVC 与增塑剂、稳定剂等调成糊状，主要用于制造人造革或作涂料用等。

聚丙烯（PP） 由丙烯单体聚合而成，是塑料中较新的一种，但发展很快。聚丙烯外观似聚乙烯，但比聚乙烯更透明、更轻，常温下不溶于有机溶剂，在较高温度下能溶于芳烃和卤烃，除强氯化剂（如浓硝酸、铬酸和硫酸混合物等）能腐蚀它外，对其他化学试剂都很稳定。聚丙烯总产量的三分之一用于合成纤维，三分之二用作塑料。作为塑料，它适用性强，可制成瓶子、薄膜（如食品、药品包装袋等）、编织袋等。

聚苯乙烯（PS） 由苯乙烯单体聚合而成。由于其具有高透明度、廉价、刚性、绝缘性、印刷性及易成型等优点，广泛用于轻工制品、装潢和包装材料中，如瓶盖头、各种容器、定向薄膜、各种仪表外壳、灯罩等。聚苯乙烯泡沫塑料可用于绝热材料。

聚甲基丙烯酸甲酯（PMMA） 俗称有机玻璃，由甲基丙烯酸甲酯聚合而成。其表面硬度较低，与硬物接触易产生划痕。稀无机酸、油、脂和弱碱对其无腐蚀作用，而强碱如氢氯化钠对它有腐蚀。能溶于丙酮、芳烃、氯化烃等有机溶剂中。其耐热性不好，使用温度为 80℃，玻璃化温度为 104℃，分解温度为 170℃。由于具有优异的透明性，可用来制造各种光学玻璃、电视屏幕等；同时在 PMMA 中加入有机着色剂可制成日用装饰品，如钮扣、发夹等。

聚四氟乙烯（PTFE，F_4） 由四氟乙烯单体聚合而成。外观为乳白色蜡状，光滑不粘，摩擦特征与冰相似，比重较大，是塑料中比重最大的。它具有极其优异的综合性能，如极强的耐化学腐蚀性，其耐化学腐蚀性甚至超过贵金属，几乎任何浓度的强酸、强碱和强氧化剂，包括"王水"等，在高、低温下都对它无腐蚀作用，人称"塑料之王"。到目前为止，只发现熔融碱金属（或其氨溶液）、三氟化氯及氟元素在高温高压下对它起作用。此外，不受氧或紫外光的作用，不吸水、耐气候性很好，不燃烧，具有耐高、低温等优良的性能。由于其优异的性能，因而被广泛用于电子工业、化学工业等诸方面。可用来制造各种耐化学腐蚀的机械零件（薄壁烧杯等）；用于制造耐磨材料（各种垫圈等）；还可用作电绝缘材料等。

酚醛塑料（RF） 由酚类化合物和醛类化合物缩聚而成。其聚合物为酚醛树脂，加入填充剂等助剂而制得的塑料为酚醛塑料。是热固塑料最主要的品种。主要类型有模压塑料（俗称电木）、层压塑料、泡沫塑料等，此外还可用其树脂制造涂料、粘合剂等。酚醛树脂按反应条件不同，分为酸法及碱法酚醛树脂。酸法酚醛树脂的塑料，具有耐化学酸、不燃、耐用、尺寸稳定、不易变形等特点，但在日光下易变色，因此一般制品均为深色，广泛用于电器零件（如开关灯头等）、保险丝板、瓶盖和钮扣等等；碱法酚醛树脂可制成层压塑料，其应用也很广泛。

塑料检材的检验 塑料检材可能遗留在各类不同的现场上，如爆炸现场、杀人现场、偷盗及火灾现场等。除烧焦外，其检材都保留原塑料的性能和特点，特别是它的基本结构不会发生变化。尽管部分塑料在爆炸或火灾现场上其外表发生变化，如边缘发生熔融、卷曲，甚至碳化，但除去烧焦部分仍保留原物的性质、特点及主要结构，因而可利用这一特点，根据塑料的不同结构和性质而进行检验。塑料检材由于存在环境不同，可能会附着各种物质或检材附着在某一客体上，难以发现，有时塑料受力作用会变薄拉长等，应注意寻找，有时可借助放大镜采取。塑料检材可通过外观观察、荧光检验、比重测定等溶解试验、熔点测定等初检手段确定塑料的类别，然后可通过微量化学法，如燃烧试验、热裂解试验、显色试验或仪器分析法，如红外及裂解红外光谱法、裂解气相色谱法、善热法等进行进一步检验。

（王彦吉）

sunshang chengdu jianding
损伤程度鉴定（identification of injury degree）法医鉴定人按照法律的有关规定，应用法医学专业知识，对损伤进行检验，以事实为依据，对损伤的严重程度作出的评断。评定损伤程度，主要以损伤当时的伤势情况为准，同时考虑损伤的后果或者结局，全面分析，综合评定，即包括损伤当时的原发性病变，与损伤有直接关系的并发症和进行性病变，以及损伤引起的后遗症。不能主要以治疗后果为转移，既不能以治疗有效而减轻损伤程度的评定，也不能因治疗不及时或医疗处理失误,甚至因个人特异体质使病情加重,而加重损伤程度的评定。实践中尽管遇到可以致命的损伤,若能得到及时有效的治疗,病人就可以转危为安,致命性损伤可以转化为非致命伤,使病情缓解,甚至可以完全恢复健康。相反不严重的损伤,若延误了治疗或处理不当或特异体质,可使病情加重,甚至死亡。根据我国法律的要求,非致命伤根据损伤程度分为重伤、轻伤和轻微伤三大类(见《人体重伤鉴定标准》、《人体轻伤鉴定标准(试行)》)。

(李宝珍)

sunshang shenghuo fanying
损伤生活反应(living reaction of injury) 活体受外力作用后发生的某些特殊征象。法医学依靠生活反应来鉴别生前伤与死后伤。生活反应的征象分为全身和局部两个方面。

全身性生活反应 ①循环系统。人体受伤后,因大量出血使皮肤、粘膜呈苍白色,肝、脾等内脏含血量减少,重量减轻,全身呈贫血状。有时心脏和血管可出现空气栓塞、组织栓塞、脂肪栓塞及泥沙等。肾脏受伤时,血液可随输尿管排至膀胱内或出现血尿。②呼吸系统。咽部受伤或切颈或颅底骨折,血液可被吸入气管、支气管,甚至肺泡内,在肺部形成多个血液吸入岛。③消化系统。若口、咽、喉受伤后,血液等异物会吞咽到胃内,进一步还能移行到肠内,受伤后生存越久,下行越远(有时排黑便)。

局部生活反应 ①出血。生前形成的皮肤擦伤伴有血管破裂时,会形成血痂;皮下及组织间出血会形成血凝块,出血量多时会形成血肿。伤及大动脉时,发生喷射状大出血,流出的血液不久就凝固。浸润在组织中的血液不易被水冲净。②创口。生前形成的创口,受伤的皮肤、肌肉、血管、肌腱等会发生收缩,所以创口哆开很大,创缘卷缩。③炎症反应。机体受伤后若未立即死亡,创口周围有发红、肿胀等炎症反应。时间越长,反应越明显。镜检可见受伤部位毛细血管扩张,血管周围水肿,白血球浸润。④酶活性变化。生前伤的创缘有三磷酸腺苷酶、酯酶、氨基酰酶等的活性降低而其外围酶活性增高的现象。

生活反应在法医尸体检验中具有重要意义,根据有无生活反应可以判断生前伤或死后伤,从而分清案件性质。

(李宝珍)

suopeixing shenjing guannengzheng
索赔性神经官能症(claims neurosis) 又称诉讼性神经官能症。见神经官能症。

T

taiwan fawubu diaochaju
台湾法务部调查局（Investigation Bereau of Law Affairs in Taiwan） 台湾地区的特定事项专门调查监督机构。设有局长1人，简任（文官二等，特任以下，荐任以上），综理局务；副局长2人，简任，助理局务。局下分第一、二、三、四、五、六处，各司其职。根据1956年行政院规定法务部调查局共有11项职权：①内乱事项；②外患事项；③泄露"国家"机密事项；④妨害"国家"总动员事项；⑤贪污渎职事项；⑥肃清烟毒事项；⑦妨害"国币"事项；⑧妨害战时交通设备及器材防护事项；⑨违反电信管理事项；⑩上级机关特交之调查保防事项；⑪漏税查缉事项。1989年台湾当局在法务部调查局下增设"肃贪处"，以"整饬政风、严惩贪污弊端"，并由调查局副局长兼任肃贪处处长以示提高该处级别，处下设5个科。调查局还设台北、台中、台东、台西4个地区机动工作组，办理特定贪污渎职案例和机动支援各调查处办理重大贪污渎职案件。各调查站也可根据需要再增设肃贪组、科。因此，肃贪成为调查局的重点工作，而肃贪的重点又在与民众接触机会最多的司法、警政、税务、环保、工商登记、建筑管理、市政等机构。各调查站加强对各单位的巨额采购、重大工程进行了解，从中挖掘贪污线索。肃贪处的主要任务是：肃贪工作的决策、推动、督导及考核；政风调查；防止贪污渎职；贪污渎职的侦办及有关资料的搜集、统计、分析和运用等。在设立肃贪处的1989年，法务部还与内务部联合成立"检肃农渔会选举风气小组"，旨在防止金钱和暴力介入当时台湾地区贿选和暴力愈演愈烈地介入农渔会选举的激烈竞争。

（文盛堂）

taiwan fayuan zuzhi tixi
台湾法院组织体系（court system of Taiwan） 目前我国台湾地区现行的法院组织分为三级：地方法院、高等法院和最高法院。各级法院审判民事、刑事诉讼案件并依照法律规定管辖非讼事件。

地方法院 在县或市设立，区域狭小的县、市，在几个县、市设立一个地方法院；区域辽阔的县、市，设立地方法院分院。地方法院管辖民事、刑事第一审诉讼案件（法律另有规定者不在此限）和非讼案件。地方法院设院长一人，由推事兼任，掌管全院行政事务。拥有六名以上推事的地方法院，可分设民事庭、刑事庭，各庭设庭长一人。地方法院分院设院长一人，由推事兼任，掌管分院行政事务；如分院仅有一名推事，则不设院长，由推事兼任行政事务。地方法院院长可以派本院推事兼行分院推事之职务。地方法院分院管辖的范围与地方法院相同。

高等法院 在省或特别区域设立。台北市及其他"行政院"辖市也可以设立高等法院，区域辽阔的市或特别区域，设立高等法院分院。高等法院管辖以下案件：①关于内乱、外患及妨碍对外交往的刑事第一审诉讼案件；②不服地方法院及其分院第一审判决而上诉的民事、刑事诉讼案件；③不服地方法院及其分院裁定而抗告的案件。高等法院设院长一人，由简任推事兼任，掌管全院行政事务，并监督所属行政事务。高等法院分设民事庭、刑事庭，其庭数根据案件的多少而定。各庭设庭长一人。高等法院分院管辖的范围与高等法院相同。

最高法院 设在台北，管辖以下案件：①不服高等法院及其分院第一审判决而上诉的刑事诉讼案件；②不服高等法院及其分院第二审判决而上诉的民事、刑事诉讼案件；③非常上诉案件。最高法院设院长一人，掌管全院行政事务，并兼任推事。最高法院分设民事庭、刑事庭，其庭数根据案件的多少而定。各庭设庭长一人。最高法院各庭审理案件，关于法律上的见解与本庭或他庭判决先例不同时，应由院长呈由司法院院长召集变更判例会议决定。

（熊秋红）

taiwan jiancha jiguan zuzhi tixi
台湾检察机关组织体系（procuratorate system of Taiwan） 台湾检察机关是设于法院之内的独立的等级制机构。在最高法院设有检察署，其中有检察官若干人，以一人为检察长。在高等法院、地方法院及其分院设有检察处，其中有检察官若干人，以一人为首席检察官。如果仅有一名检察官，则不设首席检察官。拥有六名检察官的检察机关，实行分组办事，每组以一人为主任检察官，监督该组事务。检察官拥有以下职权：①实施侦查、提起公诉、实行公诉、协助自诉、担任自诉及指挥刑事裁判之执行；②其他法令所定职务之执行。检察官在其所配置的法院管辖区域内执行职务，但遇有紧急情形时，不在此限。检察官对于法院，独立行使其职权。检察官职务一体。检察官服从监督长官的命令。检察长及首席检察官可以亲自处理所属检察官之事务，并可以将所属检察官的事务，交由所属其他检察官处理。

（熊秋红）

taiwan lüshifa
台湾律师法（lawyer law of Taiwan）
目前在我国台湾地区适用的律师法规。1941年1月1日南京国民党政府颁布《律师法》并于同日施行，后于1945年、1948年、1949年以及台湾当局于1962年、1971年、1973年、1982年、1984年多次修订沿用。该法共51条，主要内容如下：

律师资格 取得律师资格，原则上要通过律师资格考试。但以下人员可通过考核取得律师资格：①曾任推事或检察官者；②曾在公立或经立案之私立大学、独立学院法律学系毕业，而在公立或经立案之私立大学、独立学院任教授2年、副教授3年、讲师5年，讲授主要法律科目2年以上者；③曾在公立或经立案之私立大学、独立学院法律学系毕业，而任荐任司法行政官，办理民刑事案件4年以上，成绩优良者；④曾在公立或经立案之私立大学、独立学院法律学系毕业或经军法官考试及格，而任相当于荐任职军法官4年以上者。受到一定法律处分的人和无行为能力人，不得充任律师。外国人可以通过律师考试并经法务部批准，取得台湾律师资格。

律师登录 律师登录是律师到相应法院执行职务的必经程序。律师可以向两个地方法院及其直接之上级高等法院或分院申请登录；高等法院分院、地方法院应将登录之律师陈报高等法院，同时通知同院检察处；高等法院接受前项陈报后，应连同本院登录之律师转报最高法院及通知同院检察处，并由高等法院检察处按月转报法务部。

律师公会 是台湾律师的行业组织，律师非加入律师公会，不得执行职务。律师公会分为二级：地方公会和台湾律师公会联合会。律师公会应订立章程。律师公会违反法令或律师公会章程，社会行政主管机关可分别施以警告、撤销其决议、整顿、解散等处分。

律师事务所 是律师的工作机构。律师应当在执行职务的地方法院所在地设立事务所，并报法院及检察处。但同一地方法院管辖区域内，不得设两个以上的事务所，并不得在任何地区另设任何类似名目的机构。

律师的义务 律师的义务大体可分为对于司法机关的义务、对于当事人的义务和其他义务三类。对于司法机关的义务包括：①律师非经释明有正当理由，不得辞法院所命之职务；②遵守侦查或法庭程序；③不得有蒙蔽或欺诈之行为。对于当事人的义务包括：①忠实执行职务；②非有正当理由，不得终止其契约；③急忽职务，应负赔偿责任；④不得有蒙蔽或欺诱之行为；⑤不得受让当事人间系争之权利；⑥不得为显无理由之起诉、上诉或抗告；⑦不得收受额外酬金。其他义务有：①不得承办曾因某种身份参与之事件；②不得有损及本人名誉或信用之行为；③不得刊登恐吓启事；④不得挑唆或招揽诉讼；⑤不得兼任公务员；⑥不得兼营商业；⑦不得与司法人员作不正当的往还酬应。

律师惩戒 律师违反律师法的有关规定，或有犯罪行为应追究刑事责任的，或有违背律师公会章程的行为，且情节重大者，应对该律师予以惩戒。律师惩戒机关为律师惩戒委员会和律师惩戒复审委员会。惩戒的提起有两种方式：①高等法院或其分院或地方法院检察处依职权送请惩戒；②律师公会通过决议，申请所在地方法院检察处送请惩戒。惩戒处分有警告、申诫、停止执行职务2月以上2年以下、除名等四种。

（熊秋红）

taiwan xingshi susongfa
台湾刑事诉讼法（criminal procedure law of Taiwan）
目前在我国台湾地区适用的刑事诉讼法规。1935年1月1日南京国民党政府颁布了《中华民国刑事诉讼法》，并于同年7月1日施行。后于1945年以及台湾当局于1967年、1968年、1982年、1990年多次修订沿用。该法由9编，共512条组成，分别是：总则、第一审、上诉、抗告、再审、非常上诉、简易程序、执行、附带民事诉讼。从法律形式上看，台湾刑事诉讼法基本上属于大陆法系，但同时又具备英美法系的某些特征。台湾刑事诉讼法遵循审检分立、不告不理、实质真实、自由心证、公开审判、直接、言词辩论等原则。该法的主要内容如下：

总则 对刑事诉讼法的适用范围、法院的管辖、回避制度、辩护制度、强制处分措施、证据制度等，作了具体的或原则性的规定。其中较为重要的规定有：①实施刑事诉讼程序的公务员，就该管辖案件，应于被告有利及不利之情形一并注意。被告可以请求前项公务员为有利于己之必要处分。②检察官、自诉人及被告人均为刑事诉讼之当事人。③被告人可以随时选任辩护人；罪行较重的案件，被告人未经选任辩护人的，指定公设辩护人为其辩护；对某些罪行较重的案件，还采用强制辩护制度。④刑事诉讼中对人的强制处分包括：传唤、拘提、通缉、逮捕、羁押；对物的强制处分包括搜索和扣押。⑤无证据不得推定犯罪事实；证据的证明力由法院自由判断，被告人自白，非出于强暴、胁迫、利诱、欺诈、违法羁押或者其他不正当之方法，且与事实相符者，才能作为证据；证人的个人意见或推测之词，不得作为证据；被告的自白，不得作为有罪判决的惟一证据。

侦查 是侦查机关调查人犯及搜集一切犯罪证据，以决定有无犯罪嫌疑及应否提起公诉的准备程序。检察官是侦查犯罪的主体机关，司法警察官及司法警察是侦查犯罪的辅助机关。检察官因告诉、告发、自首、请求或其他事由，得知有犯罪嫌疑，应立即开始侦查。实施侦查非有必要，不得先行传讯被告人。侦查以不公开为原则，但被告或犯罪嫌疑人的辩护人可在检察官、司法警察官或司法警察讯问该被告或犯罪嫌疑人时在场。检察官实施侦查，必要时可请有关机关或军民协助。

起诉 采取国家追诉主义与私人追诉主义相结合的做法。检察官依侦查所得之证据，足认被告有犯罪嫌疑者，应提起公诉；犯罪之被害人得提起自诉。原则上，所有的刑事案件，不论其犯罪性质与罪行轻重，检察官都可以提起公诉，自诉人也都可以提起自诉。对于公诉案件，奉行以起诉法定主义为主，起诉便宜主义为辅的原则。检察官起诉时，应将卷宗及物证一并交送法院。

第一审审判 法院于审判期日前，应先实施准备程序，包括指定受命法官、补正诉讼行为的法定程式、指定辩护人、调查证据、传唤被告或其代理人、通告检察官、辩护人、辅助人等。法庭审判程序如下：①朗读案由与开始审判期日；②向被告讯问；③检察官陈述起诉之要旨；④就被诉事实讯问被告；⑤调查证据；⑥辩论；⑦被告最后之陈述；⑧宣告辩论终结并定期宣判。轻微犯罪案件，依被告在侦查中的自白或其他现存证据，已足以认定其犯罪事实的，由检察官提出申请，第一审法院可依简易程序处刑。简易判决应科之刑为拘役、罚金。

上诉和抗告 由于审判采用三级三审制，因此，上诉分为第二审上诉和第三审上诉。关于上诉权的规定大致如下：①诉讼的当事人享有上诉权；②被告的法定代理人、配偶，可为被告的利益，独立上诉；③被告原审之代理人或辩护人，在不与被告明示的意思相反的情况下，也可提出上诉；④自诉案件中的检察官可以独立提出上诉；⑤告诉人或被害人可请求检察官上诉；⑥宣告死刑或无期徒刑的案件，应当依职权移送上诉。上诉人对未确定之第一审判决认定事实或适用法律不服，均可提出上诉。原审法院接受上诉书状后，除有应裁定驳回之情形外，应当迅速将该案卷及证物送交第二审法院。第二审法院审理上诉案件，基本适用第一审审判的规定，但法庭调查仅限于上诉部分。上诉权人不服高等法院未确定的第二审或第一审判决，可以违背法令为理由，上诉至最高法院，请求以判决撤销或变更。第三审为法律审，以不经辩论书面审理为原则，并且不适用强制辩护的规定。第二审判决和第三审判决均有两种：①驳回上诉；②撤销原判决而自为判决或发回原审法院更审。

当事人、证人、鉴定人、翻译人及其他非当事人不服原审法院或地方法院适用简易程序所作出未确定之裁定，可以请求直接上级法院或管辖第二审之地方法院合议庭以裁定形式予以撤销或变更。抗告期间一般为5日。抗告原则上无停止执行裁判之效力。

再审和非常上诉 检察官、受判决人及其法定代理人或配偶、自诉人等对于确定之判决，可以认定事实不当为由，请求原审法院重新审判。申请再审分为为受判决人利益申请再审和为受判决人之不利益申请再审，二者的条件和期间不同。申请再审，无停止刑罚执行之效力。开始再审之裁定确定后，法院应依其审级之通常程序，重新审判。最高法院检察署检察总长，对于已确定之判决，可以违反法令为理由，请求最高法院予以撤销或变更。审判非常上诉案件，不须经言词辩论。最高法院如认为非常上诉有理，应分别作出以下判决：①原判决违背法令的，将其违背法令的部分撤销。如原判决对于被告并无不利，仅将原判决违背法令之部分撤销即可，不必另行判决；如判决对于被告不利，应就该案件另行判决。②诉讼程序违反法令的，经提起非常上诉后，应撤销其违背法令部分之程序。

（熊秋红）

taidu zhengju

态度证据（demeanor evidence） 英美证据法中的概念。指证人或利害关系人作证时的言行、面部表情等。如证人作证时声调的高低、眼神、表情、姿势、回答提问时镇定自若或犹豫不决、显得坦率还是鬼鬼祟祟等事实，均属态度证据。态度证据可作为判断证言可靠性之参考。

（熊秋红）

tanwu anjian zhencha

贪污案件侦查（investigation of corruption case） 检察机关在办理贪污案件过程中，依照法律进行的专门调查工作和有关的强制性措施。贪污案件，是指我国《刑法》第382条、第383条所规定的贪污罪，即国家工作人员利用职务上的便利，侵吞、窃取、骗取或者以其他手段非法占有公共财物的案件。贪污案件的犯罪主体有一定的专业知识和充裕的犯罪时间；在其罪行被揭露前，以某种合法身份作为掩护，有的长时间持续作案；犯罪人经手的业务往往和许多部门有这样那样的联系，部门内部外部牵连甚多；贪污案件往往和挪用公款、行贿、受贿、诈骗、走私等违法犯罪活动盘根错节地交织在一起，往往多罪一体、一案多人、一人多案、大案套小案、此案连彼案、一案牵数案；案件的侦查往往以发现犯罪嫌疑人开始，而不是从发现明确的犯罪后果开始。

贪污案件的受理与立案 人民检察机关受理贪污案件，除自己在办理其他案件过程中发现的外，有机关、团体、企事业单位的控告、报案、举报，有党纪、政纪、执法机关的移送,有群众举报、知情人报案,有犯罪人的自首、同案犯的揭发等。受案时因情况尚不清楚,很难确定是否符合立案条件,故要有一个立案前的审查阶段,即初查阶段。经初查,一般在具备以下条件时,经检察长批准,即可立案:①犯罪嫌疑人的身份符合法定贪污罪特殊主体的条件;②嫌疑人非法将公共财物占为己有的行为利用了职务上的便利;③非法获取的财物达到一定数量,一般要求达到案发时贪污犯罪数额的起刑点以上;④依法律规定应追究其刑事责任。

保全和控制有关涉案资料 立案后侦查的首要任务。控制和保全的证据及涉案资料包括作案工具、痕迹、书证、物证、赃款赃物和涉案会计账簿、凭证、报表、统计资料、合同、协议、电报、书信、记录等。通常是在对犯罪嫌疑人进行传讯或采取强制措施的同时,不失时机地对可能隐匿证据、转移赃款赃物的地点及犯罪嫌疑人的人身、住所、办公场所进行搜查,查封、扣押有关证据资料和赃款赃物。对查封、扣押的证据和涉案资料,应由专人专管,严防失窃和流散。

清查会计资料、核实款物 证实贪污犯罪的最有力的措施。在侦查人员的组织、主持下,由熟悉财会业务,具有一定经验和工作能力且与本案无利害关系的会计师或其他专职会计人员进行。清查的内容:①账目与单据(原始凭证,记账凭证)是否相符。②总账目与明细账目、本单位账目与经济往来单位账目、本单位往来账目与开户银行账目是否相符。③库存现金与现金账目是否相符。④库存实物与有关账目是否相符。清查的技术方法有:核查法、审阅法、普查法、抽查法、顺查法、逆查法、盘查法、询查法、外查法等。

适时进行搜查、扣押 侦查贪污案件常用的措施。搜查的时机要因案而定。在一般情况下,应事先做好准备,根据已知案情周密部署后相机进行搜查。搜查行动要注重突击性和保密性,以免让贪污嫌疑人及其家属或其他涉案人闻风而事先转移赃、证。搜查顺序应先难后易、先重点目标后一般目标,如发现赃款赃物已经转移或可能原地藏匿,要立即扩大搜查范围或进行突击性重复搜查。搜查时要注视在场嫌疑人或其家属的心理活动状态,通过听其言、观其行、察其神,寻觅、捕捉和判断新的搜查目标、线索和方向。搜查要认真仔细,不放过任何蛛丝马迹。在高度注重搜查赃款赃物的同时,对一切能以其内容证明贪污事实的书证要尽力搜索。同时要教育、鼓励在场的被搜查人或其家属主动交出一切涉案赃、证。扣押在多数情况下是伴随搜查而进行的,也有在勘验和其他应急情况下进行扣押的。扣押要审查判断拟扣押物品和文件能否起到证明犯罪嫌疑人有罪或无罪的作用,对无此作用与案无关的不要扣押,但一时难以判断其是否与案件有关的应当扣押审查。扣押要依法进行、手续完备,对贵重物品和与案件关系重大的物品、文件等,要详细注明其名称、型号、编号或号码、成色、质数量、完好程度、特征等,有的要当被扣押人面密封后专管。搜查、扣押要采取笔录、拍照或摄像进行记录,并联系整个案情进行细致分析,以从中发现破绽。

进行技术鉴定 主要有:①司法会计鉴定。对涉案账目、票据、凭证是否违反财务、金融管理制度,是否有舞弊情况及如何舞弊等问题作出结论。②文书鉴定。对于账册中有伪造、涂改嫌疑单据,进行图章印文、纸张及墨水等鉴定。必要时,还应进行笔迹鉴定。

讯问犯罪嫌疑人 讯问要及时进行,在讯问前要全面熟悉已知案情和犯罪嫌疑人的特点,并制定出讯问提纲。要采用科学的策略方法依法讯问。主要围绕犯罪嫌疑人的业务活动,查清其全部贪污犯罪活动的事实,贪污财物的数额及其犯罪同伙,并对其贪占的款、物严加追缴。

(张玉镶 文盛堂)

tanwu xiangguan zuixing diquxing yantaohui
贪污相关罪行地区性研讨会(Regional Research forum on Crime Related to Corruption) 香港廉政公署主办的亚洲太平洋地区反贪污机构及其他有关机构为加强相互侦查合作,打击贪污和相关罪行的区域性研讨会。由于不同司法管辖区的法律差异、官僚作风以及漠视态度等种种限制,往往阻挠了跨地域的刑事调查工作。为了将这些限制的不良影响减至最低程度,促使大家持着共同目标,齐心协力打击贪污,香港廉政公署于1992年9月底主办首届贪污相关罪行地区性研讨会。参加会议的主要是亚洲太平洋地区一些国家和司法管辖区的反贪污机构及其他相关机构的应邀代表。与会者一致认为研讨会具有相当价值。为实践彼此进一步合作的目标,香港廉政公署后来继续每年举办这项研讨会。

第二届研讨会于1994年举行。会议强调亚太地区反贪污机构及其他有关机构需要增加互相协助,为跨境侦查涉外贪污贿赂罪案提供帮助。第三届研讨会于1995年举行。与会代表均认同司法与法律上对地区间跨境反贪侦查合作有限制,于是萌起"地区资讯统筹中心"的概念,用作处理各执法事项,以求达到加强相互合作,打击贪污和相关罪行的目标。第四届研讨会于1996年举行。会上各代表达到共识,导致"地区资讯统筹中心"成立,并由香港廉政公署负责运作。

第五届贪污相关罪行地区性研讨会于1997年11月中旬在香港廉政公署执行处总部举行,这是在香港回归后成为中华人民共和国的特别行政区以来举办的首次贪污相关罪行地区性研讨会。研讨会的主题是:"加强地区性合作"。主要探讨地区性反贪策略、反贪应采取的积极进取态度和协办精神、资讯科技及其对贪污调查之影响,以及国际间在刑事侦查上相互合作等问题。参加本次研讨会的有澳洲、文莱、日本、韩国、新加坡、加拿大、美国、中国等 16 个司法管辖区的 23 个反贪侦查机构及相关机构的代表 37 人。中国最高人民检察院反贪污贿赂总局侦查指挥中心及广东、上海检察机关的共 6 位代表应邀参加了研讨会。香港廉政公署廉政专员任关佩英女士在本次研讨会开始时致开幕演说词。在研讨会开始时的第一次全体会议上,中国代表首先以"反贪污中的国际合作"为题作为第一个主讲者从反贪污国际合作的必要性、反贪污中进行国际合作的依据和强化反贪国际合作的途径三个方面进行阐述。本次研讨会由六个单元组成,每个单元开始时由主讲嘉宾发表演说,其后分三个组就讲题作进一步研习,经讨论后所得的结果由小组选出代表在全体大会上作简要报告。研讨的主要专题有地区性反贪策略;如何在调查、预防、教育方面互相协调反贪工作;如何运用线人与卧底人员;资讯科技如何影响和检控刑事犯罪;电脑犯罪的法律问题;信用卡诈骗案及贪污;个案研究;资产追查及扣押犯罪得益;国际间在刑事调查上的相互合作与协办等。 (文盛堂)

tanheshi

弹劾式(accusatorial system) 一种不告不理,当事人双方地位平等并且可以相互辩论,法院处于消极仲裁者地位的刑事诉讼形式。奴隶社会和封建社会初期的刑事诉讼形式,一般都是弹劾式。弹劾式的主要特点有:①不告不理。没有受害人的告诉,法官不会对案件进行审理。是否提起刑事诉讼,取决于受害人自己,而不是取决于法官。②控诉与审判有明确分工。法官只负责审判,控诉由受害人负责。③法官在审判中处于被动的、消极仲裁者的地位。法官只听取当事人双方的陈述,审查双方提供的证据,认定案件事实和对案件作出裁决。在开庭审理前,法官一般不作任何调查。在审理过程中,法官一般也不主动传唤证人或者强制某一方当事人提供证据。④当事人双方诉讼地位平等并享有同等的诉讼权利。⑤审判一般是公开的,是通过当事人双方的口头陈述和相互辩论的方式进行的。 (王国枢)

tebie caiding

特别裁定(special verdict) 英国诉讼中陪审团的一种处理决定,又译为"特殊裁断"。指陪审团只对他们所探寻的事实已经得到证明予以肯定,然后把这些事实交给法庭去作出法律上的结论。在英国,这种裁定多见于民事诉讼中,刑事诉讼中很少使用。《苏俄刑事诉讼法典》第 321 条也有特别裁定的规定,但其内容和性质与英国的特别裁定不同。它是用来消除企业、机关、团体、公职人员工作中的缺点,以及与实施犯罪的原因和条件有关的一些缺点的方法,应当在具有法定根据时,与刑事判决同时作出。收到特别裁定的企业、机关、团体、公职人员必须在一个月内将采取的措施通知法院。这种特别裁定类似于我国刑事诉讼中的司法建议。 (汪建成)

tebie chengxu

特别程序(special procedure) 特定案件的审判程序。人民法院审理某些特殊类型的非民事权益冲突案件所适用的程序。相对于诉讼程序,它系非讼程序;相对于单一的独立程序,它系几种独立程序并合的程序。特别程序只适用于某些特定案件,这些案件分为两类:一类是选民资格案件(见选民资格案件审理程序),另一类是非讼案件。非讼案件又包括宣告公民失踪案件、宣告公民死亡案件(见宣告失踪、宣告死亡案件审理程序)、认定公民无行为能力或限制行为能力案件(见认定公民无行为能力或限制行为能力案件审理程序)、认定财产无主案件(见认定财产无主案件审理程序)。只有上述案件才能适用特别程序。

特别程序的特点 ①依照特别程序审理的案件,不涉及权益之争,也不是解决双方当事人之间的民事权益冲突,而是申请人请求法院对某项法律事实是否存在或者某种民事权利存在的实际情况加以确定和判定。②依照特别程序审理的案件,一般不存在利害关系对立的双方当事人,而只有一方当事人即起诉人或申请人。并且,他们不一定与案件有直接利害关系,只要法律允许,其他人同样可以提起特别程序。③特别程序是解决某些特殊类型案件程序的总称,它不像普通程序和简易程序那样具有普遍的适用意义。特别程序由几个审理具体案件的具体程序组成,每一种特殊案件就有一个特定的程序,这些特定的程序统称特别程序,但彼此之间却各自独立,不能互相代替。在审理每一种具体案件时,必须严格依法适用相应的具体程序。④依照特别程序审理选民资格案件以及重大、疑难的非讼案件时,应采用合议制,而审理简单或一般非讼案件时,采用独任制即可。⑤依照特别程序审理的案件,实行一审终审制,即只要经过法院一次审理并作出裁判,程序即告终结,判决送达后即发生法律效力,当事人不得提出上诉。⑥依照特别程序审理的案件,一律免交案件受理费。⑦依照特别程序审理的案件,判决发生法律效力后,出现新事实、新情况的,由原审法院依照特别程序的规定,撤销原判决,作出新判决,而不能按照审判监督程序提出再审。⑧适用特别程序审理的案件,应当在立案之日起 30 日内或公告期满后

30日内审结,有特殊情况需要延长的,由本院院长批准。但选民资格案件必须在选举日前审结,否则,就失去了审理此类案件的实际意义。

特别程序与通常程序的联系 这种联系表现在:第一,依照特别程序审理的案件,特别程序有规定的,适用特别程序的规定,特别程序没有规定的,适用我国民事诉讼法和其他法律的有关规定。第二,适用特别程序审理的案件,法院在审理过程中,发现案件属于民事权益的争议,即应裁定终结特别程序,告知利害关系人按照普通程序或者简易程序的规定,向有管辖权的法院另行起诉。

很多国家都有特别程序的规定。如在德国,适用特别程序审理的案件分为两类:一类是为了案件的简易迅速进行而设立的程序,如证书诉讼、票据诉讼、督促程序等;另一类是由于法律关系具有特殊性质需要,特别处理而设立的程序,如家庭事件程序、亲子事件程序、抚养事件程序、禁治产事件程序等。 （万云芳）

tebie fating

特别法庭（special tribunal） 为审判特别重大的案件而设立的审判法庭,特别法庭属于临时性的审判机构,一般在其特定的审判任务完成以后,即被撤销。例如,1980年9月29日,全国人民代表大会常务委员会决定成立最高人民法院特别法庭,审判林彪、江青反革命集团主犯,并且设立了两个审判庭,任命了特别法庭的庭长、副庭长、审判员以及审判庭审判长。1981年3月6日,全国人民代表大会常务委员会鉴于最高人民法院特别法庭的任务已经完成,决定予以撤销。特别法庭审判案件,基本上按照刑事诉讼法的规定进行,但在具体的环节上根据案件的特点以及特别法庭的使命作出了一些特殊的处理,如不实行回避制度和陪审制度,对被告人的诉讼权利作出了一些限制,等等。特别法庭所作的判决,为终审的判决,一经宣判即发生法律效力。 （陈瑞华）

tebie jianchating

特别检察厅（special procuratorial office） 我国最高人民检察院为检察全国性的特别重大刑事案件而设立的临时性专门机构。案件检察工作结束后,即予撤销。新中国成立以来,最高人民检察院设立特别检察厅的情况,只有一次。1980年9月25日第五届全国人民代表大会常务委员会第十五次会议决定成立最高人民检察院特别检察厅,对林彪、江青反革命集团案进行检察起诉。特别检察厅由厅长1人,副厅长2人,检察员21人组成。最高人民检察院检察长黄火青兼任厅长,最高人民检察院副检察长喻屏、中国人民解放军总政治部副主任史进前任副厅长。同年11月5日,最高人民检察院特别检察厅对江青、张春桥等10名主犯提起公诉,并出席法庭支持公诉。1981年1月25日,最高人民法院特别法庭宣告判决。1981年3月3日,第五届全国人民代表大会常务委员会第十七次会议认为,最高人民检察院特别检察厅的任务已经完成,决定予以撤销。 （王存厚）

tebie shangsu

特别上诉（special appeal） 有的民事诉讼法中所规定的上诉形式之一。有些争议不得以通常上诉解决,但可通过特别上诉程序加以解决,依照特别的上诉程序提出的上诉,相对于通常的上诉,而称为特别上诉。例如,《罗马尼亚民事诉讼法》除规定了一般上诉程序外,还规定有特别上诉程序,其特别上诉程序包括上诉的争议、判决的复核、上诉监督等三个部分。对上诉的争议,实际上是上诉制度的补充。判决的复核,是基于当事人的申请,对判决的复查。上诉监督,是共和国总检察长和最高法院院长对法院的工作,行使其监督权的程序。因三者适用上诉程序,但又有其特点,而列入特别上诉程序一编。特别上诉是对上诉争议的上诉。上诉争议是不得通过一般上诉程序提出的争议,如一审法院不作裁定无法上诉的争议,不具有撤销判决理由的某些审理程序上的争议。前者上诉争议的理由是:一审法院开庭审案之日未按法定程序传唤当事人;判决是由那些违背了职权的人作出的。后者上诉争议的理由是:对上诉案件的处理错误是用了错误的证据材料;在驳回上诉或者同意部分上诉时,忽略了当事人要求撤销判决之理由。上诉争议提出的时间是在判决开始执行之前,至最后一项执行执行完毕前,均为有效。 （刘家兴）

teda xingshi anjian

特大刑事案件（specially important criminal case） 犯罪情节特别恶劣、后果特别严重或犯罪数额特别巨大的刑事案件。特大刑事案件就是指特别重大的刑事犯罪案件,在法条中的标志通常是"危害特别严重"、"情节特别恶劣"、"后果特别严重"、"数额特别巨大"等。当然,法条中有这类用语的不一定都划入特大刑事案件范围,但列入特大刑事案件范围的,大多在其法条中有此类用语。特大刑事案件的划定程序及权限与重大刑事案件相同。

公安机关管辖的特大刑事案件主要有:①一次杀死、杀伤数人或杀人碎尸的;②持枪杀人、持枪抢劫、持枪强奸妇女的;③抢劫公私财物1000元以上的;④爆炸、放火、决水、投毒致死数人,直接损失万元以上,毁坏粮食、棉花万斤以上,或者中断交通、生产造成巨大损失的;⑤盗窃、诈骗、抢夺公私财物万元以上、粮食5000斤以上的;⑥盗窃国家珍贵文物,或者盗窃财物中夹有国家绝密文件的;⑦盗窃、抢劫、抢夺枪支的;⑧轮奸妇女或者在公众场合结伙侮辱摧残妇女的;⑨以印制的方法伪造国家货币,或者贩运伪造的国家货币的;⑩非法制造、贩卖、运输鸦片5000克以上,海洛因50克以上的;或武装贩运、走私毒品的;或制造、贩卖、运输毒品,并以暴力抗拒检查或拒捕的;或组织或参与国际贩毒集团、制造、贩卖、运输毒品的;或私种罂粟等毒品原植物2.5万株(相当于生鸦片100两)以上的(第10类中各情形的数量"以上"均含本数);⑪跨越省、市、自治区的重大犯罪集团;⑫使外宾遭受人身伤害,或者财物损失较大的;⑬外国人进行刑事犯罪活动,情节严重的;⑭省、市、自治区公安机关认为需要列为特别重大案件的。

检察机关管辖的特大刑事案件主要有:①个人贪污数额在3万元以上的;②个人贪污粮食在10万公斤以上的;③个人受贿在2万元以上的;④重大责任事故致人死亡10人以上,或者直接经济损失在50万元以上的;⑤因侵犯公民民主权利、人身权利而致死1人以上的,或者影响极为恶劣的;⑥私拆、隐匿、毁弃邮件、电报窃取财物价值1万元以上的;⑦地级以上干部犯罪的,等等。

在管辖和管理上,除按照上述规定外,还提出了一些特别的要求,如公安机关规定:涉及几个省、自治区、直辖市的特别重大案件,由公安部组织侦查,或者指定一个省、自治区、直辖市公安机关为主组织联合侦查。特别重大刑事案件,省、自治区、直辖市公安机关应当及时报告公安部。最高人民检察院规定:特别重大的案件由立案的检察院逐级报最高人民检察院备案;涉及几个省、自治区、直辖市的特别重大案件,必要时由最高人民检察院进行检查指导,组织协调侦查,或参与案件的侦查、起诉工作。　　　　　　　　(文盛堂)

tequan guize

特权规则(privilege rules) 英美证据制度中适用拒绝作证特权各项规则的总称。各国刑事诉讼中的证人都具有可强迫性。了解案件情况的人一般都有作证的义务,对不愿作证的人,可以强制其作证,甚至可以按藐视法庭罪论处。但是对享有特权的人就不得作为证人对其传唤或者强制其作证。英美以外的有些国家如德国、日本,允许证人在法律规定的情形下享有拒绝作证权,但是没有特权规则这一统称。

英美根据多年的判例法形成了适用于各种情形拒绝作证的一系列规则。凡符合这些规则而拒绝作证的,均受法律保护。这些特权规则逐渐被立法所采纳,成为成文证据法中的一个组成部分,如英国1984年《警察与刑事证据法》、美国加利福尼亚州证据规则等。

确立特权规则的目的,早期仅是为了维护婚姻关系及律师对当事人的忠诚关系。因而当时只有配偶特权及当事人与律师特权。现代则是为了保护特定私人间秘密谈话与通讯内容的守秘权及国家、公共的机密和利益。有些国家在某个时期以维护国家、公共利益和司法公正为重时,赋予私人特权就少。英国早先习惯法赋予夫妻在刑事诉讼中享有配偶特权,至1984年《警察与刑事证据法》已予以取消。英国现行法律只限定私人在以下两种情形下享有特权:作证后会使自己受到刑事追诉者以及律师与其当事人之间有关职务上的秘密谈话和通讯。涉及国家或公务机密的事项,证人有权拒绝提供。

美国尽管也考虑国家和公共利益,但是赋予个人作证方面特权的范围比较广泛。美国联邦宪法第5条修正案规定公民"不得被迫在任何刑事案件中自证其罪"。加利福尼亚州证据法规规定,刑事诉讼的被告人享有不当作证人被传唤并且不作证的特权;任何人有权拒绝揭露会使自己受到刑事追诉的任何事项。此外,加利福尼亚证据法还规定:①刑事诉讼中被告人有权制止配偶提供不利于其的证明,成文法另有规定者除外;②当事人有权拒绝揭示并制止任何人揭示其与律师间有关法律业务的秘密谈话与通讯内容,但以符合法律规定为限;③患者,不论是否本案的当事人,有权拒绝揭示其与医生有关疾病和治疗的谈话内容;④忏悔者有权拒绝揭示并制止他人揭示其与教士关于忏悔内容的秘密交谈;⑤性攻击的被害人有权拒绝揭示并制止他人揭示其与顾问的秘密交谈;⑥官方材料、政治选举、贸易秘密、告发人的身份、病历等法律规定不得揭示的情形,都享有拒绝揭示的特权。享有特权的人、被授权的人,为了行使权利,必须在诉讼中适时地主张特权,否则视为弃权。特权也可以明示放弃。

特权规则与可采性规则密切相关。享有特权的人,在诉讼中已经适时地主张特权的,则提供不利于被告人的证据,法庭不得采用为定罪的事实依据。反之,享有特权的人,在诉讼中没有主张特权,或是明示弃权的,则提供不利于被告人的证据,法庭可以采用为定罪的事实依据。　　　　　　　　　　　　　　(王以真)

tiqi gongsu

提起公诉(presenting public prosecution) 人民检察院对公安机关、国家安全机关侦查终结移送起诉的案件,或者自行侦查终结的案件,经过审查认为犯罪嫌疑人的犯罪事实已经查清,证据确实、充分,依法应当追究刑事责任,按照审判管辖的规定,将犯罪嫌疑人交付有关人民法院审判的一项诉讼活动。在我国,提起公诉是与自诉相对应的一种起诉形式。根据我国《刑事诉讼法》的规定，提起公诉有广义和狭义之分。广义的提起公诉是指刑事案件侦查终结以后，人民法院审判之前的整个诉讼活动，即由人民检察院审查案件和决定是否提起公诉所进行的一系列活动所构成的起诉阶段。狭义的提起公诉是指人民检察院审查起诉后依法作出的提起公诉决定，并代表国家提请人民法院对犯罪嫌疑人进行审判的诉讼程序。

提起公诉是法律赋予人民检察院的一项重要职权，其他任何机关、团体、企事业单位和个人，都无权行使公诉权。按照刑事诉讼法的有关规定，除了自诉案件可以由被害人或者他的法定代理人直接向人民法院提起诉讼以外，其他一切刑事案件都必须由人民检察院提起公诉，人民法院才能进行审判。依据《刑事诉讼法》第141条，人民检察院提起公诉的案件，必须具备以下三个条件：第一，犯罪事实已经查清。这里是指全部犯罪嫌疑人实施犯罪的具体时间、地点、动机、目的、手段、过程、后果等事实情节都已经查清，不得遗漏犯罪事实和应当追究刑事责任的犯罪嫌疑人，这是提起公诉的前提条件。第二，证据确实、充分。犯罪事实是案件的基础，而证据又是犯罪事实的基础。如果认定犯罪事实、情节没有证据，或者证据不确实、不充分，案件就建立在一种不稳定的基础上，就不能作出起诉决定。第三，依法应当追究犯罪嫌疑人的刑事责任，这是提起公诉的法律标准。如果犯罪嫌疑人的行为不构成犯罪，或者虽然构成犯罪，但依法不需要给予刑罚处罚或者具有依法不应当追究刑事责任的情形，就不能提起公诉。以上三个条件密切联系，是提起公诉的前提和标准，缺一不可。这是我国长期司法实践的总结，不允许任何"变通"或者折扣。只有严格依照这三个条件提起公诉，才能保证起诉工作的质量，才能保证国家检察权的正确行使。

提起公诉是处于侦查和审判之间的一个诉讼阶段，是我国刑事诉讼中的一道重要程序，在整个刑事诉讼程序中起着承前启后的特殊作用。人民检察院通过审查起诉，可以全面审查案件事实和证据，对侦查活动是否合法，法律手续是否完备实行监督；通过审查起诉，决定是否对犯罪嫌疑人提起公诉，为审判工作创造良好的条件，同时使那些不被提起公诉的犯罪嫌疑人不再受到刑事追究。因而，提起公诉既是对侦查工作的总结，又是审判工作的准备，将公安、检察、法院三机关的诉讼活动有机地联结起来，从而形成了一个完整的刑事诉讼体系，这对于刑事诉讼的发展和结局，对于保证完成刑事诉讼的任务，均具有重要的意义。　　（王　新）

tiqi xingshi anjian
提起刑事案件（initiation of criminal case）　苏俄刑事诉讼法概念之一。指检察机关对于一切已实施的和应受惩罚的犯罪行为应当提起追究刑事责任（苏俄《刑事诉讼法典》第9条）。提起刑事案件的司法机关是苏俄各级检察署。提起刑事案件的根据主要包括：①公民、各级联合组织和团体的检举；②政府机关和公职人员的通知；③犯罪人的自首；④检察长的指示；⑤调查机关、侦查员或法院的直接决定（苏俄《刑事诉讼法典》第91条）。提起刑事案件的条件有二：其一，必须存在已经实施的犯罪行为；其二，该犯罪行为应受到刑事处罚。对于不具备提起刑事案件条件的，检察署检察长决定不提起刑事案件。提起刑事案件是刑事诉讼的必经程序，是审判程序的基础。

我国1954年制定的《人民检察院组织法》以及其后的司法实践中曾使用这一概念，如该法第10条规定："人民检察院发现并且确认有犯罪事实的时候，应当提起刑事案件，依照法律规定的程序进行侦查或者交给公安机关进行侦查"。1979年制定的《人民检察院组织法》和《刑事诉讼法》均不再使用这一概念，而改用"立案"。　　（项振华）

tiqing pizhun daibushu
提请批准逮捕书（application for approval of arrest）　公安机关提请人民检察院批准逮捕犯罪嫌疑人时所制作的法律文书。我国《刑事诉讼法》第66条规定：公安机关要求逮捕犯罪嫌疑人的时候，应当写出《提请批准逮捕书》，连同案卷材料、证据一并移送同级人民检察院审查批准。《提请批准逮捕书》应写明以下三方面内容：①提请批准逮捕的犯罪嫌疑人的基本情况，包括姓名、年龄、性别、籍贯、民族、职业、住址及简历，如果有前科或因违法犯罪被拘禁过，应写明时间、地点及原因；已先行拘留的，应写明拘留的时间及羁押处所。多个人犯的，按其在共同犯罪中的地位逐一写明。②提请批准逮捕的犯罪嫌疑人涉嫌犯罪的事实，应该根据已查清的案情和证据写明时间、地点、动机、目的、手段、经过和造成的危害。③提请批准逮捕的理由和法律根据，包括《刑法》的具体条款，涉嫌罪名以及提请批准逮捕所依据的《刑事诉讼法》具体条款。

　　（黄　永）

tishen
提审（bring sb. before the cout remove case for trial）　❶司法机关从看押场所提讯被羁押的犯罪嫌疑人、被告人，如人民法院审判员在开庭审判前在看守所对被告人进行的审讯。

❷西方国家和国民党政府的提审制度所规定的提审，指法院将其他机关逮捕、拘禁的人员提归自己处理。

❸指上级人民法院依法将下级法院受理的或作了错误裁判的案件提归自己审判。根据我国刑事诉讼法的规定，有三种情形：一是改变级别管辖的提审。上级人民法院在必要时，可以审判下级人民法院管辖的第一审案件，司法实践中将此称为提审，提审后应当依第一审程序进行审判。二是死刑复核程序的提审。最高人民法院复核死刑案件和高级人民法院复核死刑缓期二年执行的案件，如果不同意判处死刑或死刑缓期执行的，可以提审，然后直接改判，或者裁定撤销原判，发回重新审判。一般来说，这种提审案件，应依第二审程序进行审判，所作的判决、裁定，是终审的判决、裁定。但是高级人民法院对死缓案件进行复核后，认为不应当判处死缓而应当判处死刑立即执行的，提审后改判的判决则相当于一审判决，应当允许被告人上诉至最高人民法院，即使被告人不上诉，也应当在法定的上诉期满后，将死刑案件报请最高人民法院核准。三是审判监督程序的提审。最高人民法院对地方各级人民法院已经发生法律效力的判决和裁定，上级人民法院对下级人民法院已经发生法律效力的判决和裁定，发现确有错误时有权提审。这种提审案件，应依第二审程序进行审判，所作的判决、裁定，是终审的判决、裁定。

（刘广三）

tishenzheng
提审证（inquest warrant） 公安机关预审员提讯被羁押的犯罪嫌疑人时所持的凭证。在提讯时，由预审员在《提审证》上填写提讯时间并交给看守所，待讯问完毕后把被羁押人交还看守所时取回，并由看守所的监管人员在上填写送回看守所的时间。 （黄 永）

tiaojieshu
调解书（mediation agreement approved by court） 法院的法律文书之一。法院在民事诉讼中制作的反映当事人调解协议内容的法律文书。调解原则是中国民事诉讼法中一项特有的基本原则，它要求人民法院在审理民事案件的过程中，应当进行调解工作，经过调解达成协议的，应当制作调解书。调解未达成协议或调解书送达前一方翻悔的，人民法院应当及时判决。因此，调解达成协议终结诉讼是法院结案的一种形式，调解书也是法院行使审判权的结果。调解书应具备诉讼请求、案件事实和调解结果三部分内容，并且由审判员、书记员署名，加盖人民法院印章。一般情况下，调解达成协议都应当依法制作调解书，但是对于调解和好的离婚案件，调解维持收养关系的案件，能够即时履行的案件，以及其他不需要制作调解书的案件，法院不需要制作调解书。对于不需要制作调解书的调解协议，应当记入笔录，由双方当事人、审判员、书记员签名或盖章后，即具有法律效力。调解书自双方当事人签收后，即具有与生效判决书同等的法律效力。调解书送达后，终结诉讼，当事人不得以同一事实和理由再行起诉；调解书确定了当事人之间的实体权利义务关系，当事人应依调解书享有权利和履行义务；有义务的当事人如果不自动履行调解书的，权利人有权请求法院强制执行。但是，调解书毕竟体现了当事人处分自己权利的意愿，调解书送达前，当事人有权翻悔，调解书一经送达发生法律效力，当事人就不得对之提起上诉。

此外，在解决民事纠纷中还有仲裁调解书和人民调解书。仲裁调解书是仲裁机关在仲裁过程中，根据仲裁双方达成的仲裁协议制作的法律文书。按照仲裁调解书享有权利的当事人，在义务人不履行仲裁调解书的情况下，可以请求法院强制执行。人民调解书是人民调解委员会根据双方当事人达成的调解协议（见人民调解协议）制作的文书。人民调解书不具有法律效力。 （俞灵雨）

tiaojie xingwei
调解行为（act of mediation） 由人民法院的审判人员主持双方当事人就争议的事项进行协商，并通过说服教育促使双方相互谅解达成协议的行为。调解是我国民事诉讼法规定的人民法院职务上的一项权能，除我国外，只有少数国家或地区的民事诉讼法规定法院有权对当事人的争议进行调解。调解作为我国民事诉讼法的一项基本原则和人民法院审理民事案件的重要方式，具有广泛的适用性。凡属于民事权利义务争议而引起的民事案件，无论按照普通程序、简易程序、二审程序还是审判监督程序进行审理，均可适用调解。依特别程序、督促程序、公示催告程序及破产还债程序（见破产程序）审理的案件，由于不属于民事权利义务争议，不适用调解。调解不是当事人单纯的和解，而是人民法院审理案件、解决纠纷的手段和方式，所以调解行为也是人民法院审判行为的一种。

调解行为与审判行为中的另外两种——审理行为和裁判行为相比，有着明显的区别：其一，调解行为的目的是追求民事纠纷的非裁判解决，依当事人相互谅解，达成调解协议，而不是裁判行为的前提和为裁判作准备。其二，调解行为是一种说理行为，通过对当事人进行说服教育使之达成调解协议，不具有任何强制性。其三，调解行为的对象是特定的，只限于双方当事人。其四，调解行为的结果是否发生效力，依当事人双方的意志决定，当事人在签收调解书之前翻悔的，调解协议就不发生效力，而裁判行为的效力则不以当事人意志为转移。

法院的调解行为包括以下几个方面：①主持调解。调解在审判人员的主持下进行。②对双方当事人进行说服教育工作，促使双方相互谅解。③必要时可提出解决争议的办法供双方协商。④对双方达成的协议制作调解书。法院进行调解时应遵循自愿和合法的原则，调解协议达成后，一般应制作调解书，由审判员、书记员签名并加盖人民法院的印章。调解书经双方当事人签收后，即发生与生效判决相同的法律效力。调解未达成协议或者调解书送达之前一方当事人翻悔的，法院应当及时进行审判，不应久调不决。（王彩虹）

tiaojie yuanze
调解原则（principle of mediation in litigation）
《中华人民共和国民事诉讼法》的基本原则之一。调解是对双方当事人发生的争议予以调停、求得解决的一种方式。调解有诉讼中的调解和诉讼外的调解之分，诉讼外的调解有行政机关的调解与人民调解之别。诉讼中的调解亦称法院调解，是指在法院审判人员的主持下，双方当事人对争议的问题进行协商，或者经过协商，在相互谅解的基础上达成调解协议，以结束诉讼的制度。在我国，诉讼中的调解，不受民事诉讼的审级（见两审终审制度）和阶段的限制，只要双方当事人愿意调解即可进行调解，只要双方当事人达成的调解协议合法或者不违背法律的规定，除依法可以不制作调解书外，人民法院即可以调解书的形式结束诉讼，而成为诉讼上的一项原则。我国民事诉讼中的调解原则包含两个方面的内容，即自愿和合法。自愿是尊重当事人处分权利的意志，合法是维护法律的公正性，当事人不自愿的不得强迫调解，调解协议不合法的不能成立，自愿、合法二者必须同时具备，因此我国诉讼中的调解原则，又称为自愿和合法调解原则。为贯彻这一基本原则，我国《民事诉讼法》对调解作了专章规定，并在不同的诉讼程序中还作了相应的规定。

调解在许多国家的民事诉讼立法中都有所规定。1790年8月，法国在立法中对调解有所规定，1806年又在其《民事诉讼法典》中第一部第二编将调解作为第一章。其后许多民事诉讼立法根据其不同情况，也规定了不同的调解的范围和方式。中国北洋政府1923年颁布的《民事诉讼条例》，只规定了和解，未规定调解，但1945年12月26日国民党政府颁布的《民事诉讼法》在简易诉讼中规定了调解的基础和范围、程序，在诉讼程序中对调解也作了一定规定。我国人民政权十分重视诉讼中的调解，新中国建立前，在抗日战争时期，边区政府普遍采用调解的方式解决民事纠纷，许多地区实行了以"调解为主"的民事审判工作方针。中华人民共和国建立后，1982年3月8日颁布的《中华人民共和国民事诉讼法（试行）》，确定"着重调解"为基本原则之一，在普通程序一章中专节规定了调解，调解适用于诉讼的全过程。

调解原则是基于民事法律关系的特点和民事诉讼的价值取向而建立的。民事法律关系是平等主体之间的民事权利义务关系，当事人对其权利可以自由支配。民事诉讼价值取向之一是诉讼经济，即节省时间和费用。因此诸多民事诉讼案件，在保证公正的前提下，适宜用调解的方式加以解决。（刘家兴）

tielu yunshu fayuan
铁路运输法院（railway transportation court）
中国在铁路运输部门设立的专门人民法院。铁路运输法院主要负责审判铁路运输系统发生的刑事案件以及与铁路运输有关的经济纠纷案件。在中国，铁路运输法院共有两级：一是在各铁路局所在地设立的铁路运输中级法院，二是在铁路分局所在地设立的铁路运输基层法院。对于铁路运输基层法院所作的判决和裁定，当事人不服或者铁路运输检察机关认为确有错误的，可以向铁路运输中级法院提出上诉或者抗诉。铁路运输中级法院的审判工作由所在地的省、自治区、直辖市高级人民法院监督，对铁路运输中级法院所作判决和裁定的上诉和抗诉案件，由省、自治区、直辖市高级人民法院受理和审判。（陈瑞华）

tielu yunshu jianchayuan
铁路运输检察院（railway transportation procuratorate）
我国在铁路运输系统设立的专门人民检察院。始建于20世纪50年代初期，1957年被撤销，80年代初重建。重建后的铁路运输检察院的设置，在1987年以前分为三级：全国铁路运输检察院（设在铁道部），铁路运输检察分院（设在铁路局），基层铁路运输检察院（设在铁路分局）。1987年4月15日，最高人民法院和最高人民检察院联合发出关于撤销铁路运输高级法院和全国铁路运输检察院的通知。根据该通知，全国铁路运输检察院撤销后，铁路运输检察分院改由省级人民检察院领导，并在最高人民检察院设铁路运输检察厅，对各级铁路运输检察院进行业务指导，基层铁路运输检察院的建制不变。

铁路运输检察院的案件管辖范围与铁路运输法院、铁路公安机关相一致，即发生在铁路系统内和客运列车、货运列车上的刑事案件以及发生在铁路沿线与铁路运输有关的刑事案件。铁路运输检察院依法行使下列各项检察职权：①对法律规定由铁路运输检察机关直接受理的案件，立案、侦查。②对铁路公安机关侦查的案件，进行审查，决定是否批准逮捕、提出公诉或不起诉，并对其侦查活动是否合法，实行监督。③对管辖范围的刑事案件,根据审判管辖的规定,向铁路运输法院提出公诉、支持公诉,并对审判活动是否合法,实行监督。④对铁路运输法院已经发生法律效力的判决、裁定,认为确有错误的,按照审判监督程序提出抗诉。⑤对刑事判决、裁定的执行是否合法,实行监督。⑥接受单位和个人的控告、举报和申诉以及犯罪人的自首。

(王存厚)

tingzhang

庭长(president of adjudication division) 中国各级人民法院内设置的分管诉讼案件的审判、执行工作的审判庭的领导人。各级人民法院一般均设有刑事审判庭、民事审判庭、行政审判庭、告诉申诉庭和执行庭,各个审判庭由庭长、副庭长和审判员组成,庭长负责领导本审判庭的审判工作及日常行政事务,副庭长协助庭长工作。

(陈瑞华)

tingshen bilu

庭审笔录(record of trial) 又称法庭笔录。在开庭审理过程中,由书记员当庭制作的记载审判人员、当事人及其他诉讼参与人的主要诉讼活动的记录。由于开庭审理采取言词审理的形式,法院的审理活动和当事人的诉讼活动过程都难以留存,因此需要用庭审笔录加以记载,以弥补言词审理的缺陷。庭审笔录必须真实、准确、清楚和详尽地反映法庭审理的全部活动,不得歪曲或篡改。庭审笔录完成后,应当当庭宣读,也可以告知当事人和其他诉讼参与人当庭或者在庭审后5日内阅读。当事人和其他诉讼参与人认为庭审笔录对自己的陈述记录有遗漏或者差错的,有权申请补正。法庭根据实际情况进行处理后,由审判人员、书记员、当事人和其他诉讼参与人签名或者盖章。当事人和其他诉讼参与人拒绝签名盖章的,应记明情况附卷。庭审笔录是一项重要的法律文书,反映了开庭审理的全部过程,它是检查法院审判工作质量的重要依据之一,是人民检察院和上级人民法院对民事审判工作实行法律监督和审判监督的重要材料,也是上诉审和再审人民法院审理民事案件的重要依据。

(王彩虹)

tingshen zhidu

庭审制度(rules on court rearing) 亦称法庭审理制度。以法庭的形式,按照法定程序和法庭规则,对案件进行审理的制度。现代意义上的庭审制度是基于民主和法制原则建立的,以审判组织为主导,审理活动与诉讼活动密切结合的基本制度。它是法院对案件行使审判权,对诉讼行使指挥权的集中体现,也是当事人行使诉讼权利,双方对抗形式的集中体现。它是法院审判民事案件的中心环节,案件审理前的一切准备是为了对案件的开庭审理,审理后的裁判及诉讼资料以法庭审理的内容和笔录为依据。它也是当事人及其他诉讼参与人进行诉讼活动的中心环节,当事人及其他诉讼参与人会合于法庭,一切证据揭示于法庭,辩论与质证集中于法庭。因此,庭审制度不仅是一个国家诉讼形式的表现,也是一个国家司法制度的基本形象。

庭审制度的内容不是表现为由哪几项或者由哪些方面所构成,而是由不同阶段的程序所构成,由其阶段的层次性和连续性构成制度的完整性。庭审制度分为开庭的准备阶段、法庭调查阶段、法庭辩论阶段、评议和宣判阶段。不同阶段有其不同的程序和任务,以完成阶段的程序实现其阶段的任务。比如,开庭前的准备阶段,完成传唤当事人及其他诉讼参与人,公开审理的进行公告,查点到庭人员等程序,为正式开庭做好准备;法庭调查阶段,通过当事人及其代理人的依序陈述、证人作证、出示物证、宣读鉴定结论和勘验笔录等程序,以实现其案件的事实全部揭示于法庭;法庭辩论阶段是在法庭调查的基础上,经双方当事人及其代理人就有争议的事实和法律问题,按法定程序依序发言和答辩,以及相互辩论,澄清事实,分辨是非,以实现当事人所主张事实的证明和法院查明案件事实的任务;评议和宣判阶段是合议庭认定案件事实,适用法律作出判决的阶段,判决一经宣告,案件的审判即告结束。上述几个阶段密切联系,不仅不能省略其中任何一个阶段,而且只有完成了上一个阶段才能转入下一个阶段。

庭审制度的功能:第一,集法庭组成人员、当事人及其他诉讼参与人于同一空间、时间,按照同一系列法定程序进行审理活动和诉讼活动。第二,充分体现民主和法制原则。既能使当事人充分行使系列的诉讼权利和履行诉讼义务,也能使法庭认真行使审判职权和履行审判职责。第三,揭示案件客观真实的事实,保证审判的客观公正。第四,保障公开审判,发挥公开审判的社会效应。

(刘家兴)

tingzhi kouya youjian dianbao tongzhishu

停止扣押邮件、电报通知书(ending notice of seized postal matter and telegram) 侦查机关依照法律的规定通知邮电机关解除扣押犯罪嫌疑人的邮件、电报的法律文书。各国刑事诉讼法关于对邮件、电报、信件、包裹、钱款邮汇票等经依法扣押后的解除及返还,有的要求法官以裁定的形式决定;有的要由公诉人以附理由命令的形式决定;也有的按原决定扣押的程序来决定。我国《刑事诉讼法》第116条第2款规定:"不需要继续扣押的时候,应即通知邮电机关。"第118条又规定:对于扣押的物品、文件、邮件、电报、或者冻结的存款、汇款,经查明确实与案件无关的,应当在3日以内解除扣押、冻结,退还原主或者原邮电机关。因此,停止、解除扣押邮件、电报的原因,一是不需要继续扣押;二是已查明与案件无关。凡具有这两种原因之一的,即应由原决定扣押的侦查机关填制《停止扣押邮件、电报通知书》,通知邮电机关解除扣押。《停止扣押邮件、电报通知书》的格式是填空式,其主要内容包括:①制作通知书的侦查机关的名称;②文书的标题;③编号;④原扣押通知的时间;⑤与被扣押的邮件、电报有关的犯罪嫌疑人姓名、性别、住址、职业、工作单位等;⑥停止扣押的原因;⑦通知书送达的邮电机关;⑧日期;⑨侦查机关的公章。《停止扣押邮件、电报通知书》的副本应附卷备查。　　　　（文盛堂）

tongbao
通报（circulating a notice）　公安机关通告有关案件情况的活动。通常以书面文件的形式发到有关地区的公安机关内部,不对外张贴。是公安机关为了侦查犯罪、互通情报、互相配合协查的一种重要措施。

通报的类型。按通报的内容范围,分为:①案情通报。适用于流窜犯罪案件、多次犯罪案件和结伙犯罪案件的侦查。通报的内容包括:案件发生的时间,犯罪人的个人特点,犯罪的手段和方法,赃物的种类、数量和特征,有条件的,还可以附犯罪嫌疑人的照片、犯罪痕迹及其他物证照片。②赃物通报。适用于重大盗窃、抢劫、诈骗等有赃物的案件的侦查。通报的内容除了写明主要案情外,要特别写明赃物的种类、数量、牌号、型号、特征及特殊记号。③不知名尸体通报。适用于命案侦查。通报的内容:发现尸体的时间、地点,死者的性别、身高和推断的年龄,死者的体貌特征,特别是面部的特征及随身携带的物品的种类、数量及其特征,并附经过整容的死者照片及死者随身物品的照片。④失踪人通报。适用于杀人或拐卖人口案件的侦查。通报的内容:失踪人的姓名、性别、年龄、职业、籍贯、体貌特征、衣着、生理缺陷、精神状态及失踪的时间、地点,并附失踪人的近期照片。⑤犯罪嫌疑人通报。适用于各类案件的侦查。通报的情况有两种:其一是在侦查中,犯罪嫌疑人潜逃,但因尚未确定对其逮捕,不宜使用通缉措施的;其二是侦查中抓获的犯罪嫌疑人,尚未查明其确实身份的。通报的内容:前者应写明犯罪嫌疑人的姓名、性别、年龄、口音、体貌特征,涉嫌什么案件,主要犯罪活动、手段和携带的物品等。后者应写明其自称的姓名、年龄、籍贯、口音、体貌特征,涉嫌什么案件,抓获的时间及主要犯罪活动、手段和携带的物品等。犯罪嫌疑人通报,属于第一种情况的,有条件的应附犯罪嫌疑人照片和指印;属于第二种情况的,必须附嫌疑人的照片和指印。

通报的发布　只能由县级(含县级)以上公安机关发布。发往有关省、自治区、直辖市的通报,由省级公安机关发布。跨省流窜犯罪的案件,境内外勾结走私、贩毒、盗卖文物、伪造货币等重大案件,境外黑社会组织和犯罪分子渗入活动的案件,境外对我国进行走私、贩毒、伪造货币等犯罪组织、集团的案件,需要通报的,由公安部发布通报。

通报的要求　主要是:①通报作为公安机关内部的协查文书,内容应简明、准确,特征描述要规范、具体,所附照片要清晰、逼真,要注明通报的文号、联系方式、联系人等,以便有关单位联系与回复。②通报的时间性很强,为不贻误战机,应及时发出。③通报发出后,如发现新的重要情况,或者情况发生了变化,或者原来的情况有误,应及时发补充通报或更正通报。④通报的问题一经查清,则要及时撤销原通报。撤销通报应由原发布机关发布撤销,并注明原通报的日期、编号,以便查对。⑤有关单位接到通报后,应认真协查,及时回复。各单位应有专人负责通报的管理。⑥通报的内容要保密,不得使用明码电报传送通报的内容。接报单位也不得扩散通报的内容。如果发布单位认为有必要向群众公布通报中的某些内容,应将公布的范围和要求写清楚。　　　　（张玉镶）

tongguo waijiao tujing songda
通过外交途径送达（service through diplomatic channel）　一国法院通过外交途径将法律文书送交给住在他国的当事人。这是涉外民事诉讼中最正规的送达方式。一般在送达法院所在国和受送达人所在国之间无司法协助协议的情况下采用。各国的外交途径送达,通常是一国法院将需要送达的法律文书交给本国外交机关,由本国外交机关转交给受送达人所在国驻本国的外交机构,再由其转送该国的外交机关,然后由该国外交机关将法律文书转交给该国对受送达人有管辖权的法院,最后由法院将该法律文书送交给受送达人。1986年中华人民共和国最高人民法院、外交部、司法部《关于我国法院和外国法院通过外交途径相互委托送达法律文书若干问题的通知》,对通过外交途径送达法律文书规定了具体程序和要求:①要求送达的法律文书须经省、自治区、直辖市高级人民法院审查,由外交部领事司负责转送。②须准确注明受送达人的姓名、性别、年龄、国籍及其在国外的详细外交地址,并将该案的基本情况函告外交部领事司。③须附有送达委托书,即委托对方向何法院送达,如果对方法院名称不明,可以委托受送达人所在地区的主要法院。委托书和所送达的法律文书应附有该国文字,或该国同意使用的第三国文字的文本。如该国对委托书和法律文书要求公证、认证的,应协同外交部领事司办理。

（何 昼）

tongji

通 缉（order the arrest of a criminal at large） 公安机关、人民检察院在侦查过程中通令缉拿应当逮捕而在逃的犯罪嫌疑人归案的一种紧急侦查措施。其目的是为了请求各机关、团体和全体公民协助侦查机关缉获被通缉的犯罪嫌疑人。其方法是用书面形式或报纸发布通告缉拿犯罪嫌疑人或刑事被告人。是各国都采用的一种重要侦查措施。如《奥地利刑事诉讼法》第461条规定,在逃跑者居住地点不详的情况下,对某种犯罪行为或者故意实施并应处以1年以上监禁的违法行为具有重大嫌疑时,方可对其发布通缉令。通缉令只能由法院发布。若实施上述犯罪行为而被捕者从看守所或监狱逃跑时,也需发布通缉令。德国统一后的新《刑事诉讼法》第131条规定通缉的对象是在逃的或者匿藏的被指控人、潜逃或者逃避看守的被逮捕人。我国《刑事诉讼法》第123条规定:"应当逮捕的犯罪嫌疑人如果在逃,公安机关可以发布通缉令,采取有效措施,追捕归案。"该条第2款又规定:"各级公安机关在自己管辖的地区以内,可以直接发布通缉令;超出自己管辖的地区,应当报请有权决定的上级机关发布。"人民检察院侦查直接受理的案件有权决定通缉犯罪嫌疑人。但在司法实践中由于检察机关警力不足,而且机构设置不如公安机关面广,故在对犯罪嫌疑人作出通缉决定后即通知公安机关发布通缉令,采取有效措施缉拿犯罪嫌疑人归案。

　　通缉的对象　指应逮捕而在逃的犯罪嫌疑人,如有的是经过侦查有证据证明有犯罪事实应当逮捕而在执行拘捕前畏罪潜逃的;有的是已经拘捕又乘隙逃跑的;有的是应当逮捕因故改用监视居住、取保候审期间逃跑的;也有的是在刑罚执行期间逃跑的。通缉对象仅限于应当逮捕的在逃犯罪嫌疑人,对有刑事违法行为尚不够逮捕条件的人和未经侦查机关决定拘捕的犯罪嫌疑人,尽管其在逃跑也不能采用通缉措施。

　　通缉的程序　主要是:①县以上公安机关在本辖区内直接发布通缉令;②跨县、区通缉的,由地区公安处、市公安局发布通缉令;③跨地区、跨市通缉的,由省、自治区、直辖市公安厅（局）发布通缉令;④跨省或在全国通缉的由公安部发布通缉令。

　　通缉的要求　主要是:通缉令应当明确、具体,写明案件性质、被通缉人的姓名、性别、年龄、籍贯、特征（外貌、行动、语言）等,有被通缉人照片的,应当附有照片。通缉令发出后,可以根据情况,补发通报,必须注明原通缉令的编号和日期。各级公安机关接到通缉令后应及时组织力量、周密部署、积极查缉;任何公民都有权利和责任将被通缉人扭送公安机关、人民检察院或人民法院处理;一旦查获被通缉人,应在原发布范围内撤销通缉令。

（文盛堂　项振华）

tongji ling

通缉令（wanted order, order for arrest）　公安机关发布的追捕罪该逮捕而在逃的犯罪嫌疑人或在押脱逃的犯罪嫌疑人、被告人归案的命令。在国外也有的称"通缉书"。通缉令是采取有效措施将被通缉人追捕归案的法律根据。发布通缉令也是通缉的主要形式。因此,各国对发布通缉令一般都有具体规定。有的要求在发布通缉令时还要绘制被通缉人的模拟画像,画像的说明要十分详细。有的规定通缉令可在报刊上公布。《德国刑事诉讼法》第131条规定:检察院、法院可以依据逮捕令、安置令发布通缉令。在被逮捕人潜逃或者逃避看守的情况时警察部门也可以发布通缉令。通缉令应写明被通缉人,尽可能地描述他的特征。被通缉人所涉嫌的行为、实施行为的地点与时间,也应当写明。奥地利的法律规定通缉令只能由法官发布。我国《刑事诉讼法》第123条规定:公安机关可以在自己的辖区内发布通缉令。通缉令的内容要具体、简练、明确、使人看后一目了然,便于协助查缉。主要应写明案件性质、被通缉人姓名、性别、年龄、籍贯、住址、衣着、逃跑时衣着、体貌特征和简要案情,并附上被通缉人照片。如无照片,更应详述其外貌特征,如身高、体型、脸型、发型、面部特征以及外露的斑痣、疤痕、畸形、残疾、特殊姿势和语调等等,作具体描述,以供识别。如被通缉人携带武器逃跑的,还应对枪支种类、型号、子弹数量等加以说明。通缉令中应注明与发出通缉令单位的联系办法。通缉令发布后又发现新的重要情况时可再补发通缉令。

（文盛堂）

tongdeng yuanze

同等原则（national treatment）　《中华人民共和国民事诉讼法》基本原则之一,是与"对等原则"相应的诉讼原则。一国公民在另一国进行民事诉讼,只要遵守受诉法院国家的法律,就能根据该国法律的规定,同等地享有诉讼权利,承担诉讼义务,受诉法院就应该对他和本国人一样,给予同等对待。我国《民事诉讼法》第5条第1款规定:外国人、无国籍人、外国企业和组织在人民法院起诉、应诉,同中华人民共和国公民、法人和其他组织有同等的诉讼权利义务。任何外国人,包括外国籍人、无国籍人、国籍不明的人,外国企业和组织,他们是民事权利的享有者或者义务的承担者,作为民事诉讼的当事人,只要遵守我国法律的规定,在诉讼上就不加任何限制,与我国公民、法人和其他组织作为民事诉讼当事人一样看待，享有同等的诉讼权利，承担同等的诉讼义务，这就是我国民事诉讼法所确立的同等原则。

一国公民在他国诉讼，他国法律赋予其"国民待遇"，不因其是外国人在适用法律上有所不同，既不能限制其某些诉讼权利，也不能扩大其承担某些诉讼义务。这是国家间基于平等互惠关系，普遍持有的诉讼原则，也是国际上平等互惠原则在诉讼上的体现。我国承认外国人、外国企业和组织在我国人民法院起诉、应诉，与我国公民、法人和其他组织有同等的诉讼权利义务，正是基于国际间的平等互惠原则，发展与外国的友好往来，独立行使司法权，正确处理涉外案件当事人的诉讼权利义务关系。

同等原则与当事人诉讼权利平等原则，二者既是各自独立的诉讼原则，在某些涉外诉讼中又是具有一定联系的诉讼原则。比如一方当事人是中国公民、法人和其他组织，而另一方当事人是外国人、外国企业和组织，后者的诉讼权利是在与前者诉讼权利同等的原则下，与前者实现平等的，所以同等才能平等，而平等又应是诉讼权利义务的同等。

（刘家兴）

tongxinglian

同性恋（homosexuality） 最常见的一种性心理障碍。以同性作为性恋的对象，为达到满足心理的需要，实施各种超出同性之间友爱的情感交流和行为。同性恋双方在陷入多种情欲活动中，除不能发生两性之间的性交外，其他形式的"性"接触均可发生。这类人从幼年起即可表现出一些爱扮异性角色、爱与异性玩、爱穿异性服装，以及有异性语腔和体态等性别认同转换的倾向。青春期后，开始对同性爱慕、好感，而对异性不感兴趣，甚至厌恶。随着年龄增长，成年以后同性恋倾向逐渐加重、固定。

在正常青年人中，有相当一部分人在一定时期内对同性有好感，但一旦有与异性接触的机会，便可开始异性恋的生活。这类人基本上是异性恋者，只是在一些特殊环境下，如失恋或与异性隔绝才显现同性恋倾向。这种同性恋倾向的性质为境遇性同性恋。

在一对同性恋者中，其中一方是主动的，另一方是被动的。主动的一方实质上是真正的同性恋者，不能适应异性恋的两性生活，这类人称为主动性同性恋、素质性同性恋或实质性同性恋。被动的一方多为境遇性同性恋，一旦找到异性伴侣，便可开始正常的两性生活，故被动的一方也称为被动性同性恋、相对性同性恋或精神性同性恋。同性恋者可伴有其他性心理障碍表现，如异装癖、恋物癖等。

在司法精神医学鉴定中，由于同性恋者意识清醒，自知力完整，行为动机明确、现实，因此，当同性恋者的变态性行为涉及法律问题时，应评定为完全法律能力。

（孙东东）

tongyi jianding

同一鉴定（identification） 刑事鉴定技术的组成部分。运用专门技术方法，通过检验供同一鉴定客体，确定被同一鉴定客体是否同一。同一鉴定所讲的同一，是有其特定的含义的，它指的是被同一鉴定客体自身在其发生质变前的相对稳定阶段，在总的方面，在特性方面，仍然是它自己本身。被同一鉴定客体有两个：一个是被寻找客体，一个是受审查客体。同一鉴定就是要解决这二者是否为同一个客体的问题。由于同一个客体是不可能以两种面貌同时呈现在鉴定人员面前的，所以要进行比较，鉴别客体是否同一，还必须有供同一鉴定客体。供同一鉴定客体也有两个：一个是现场物证材料，一个是嫌疑样本材料。前者是被寻找客体在现场遗留的物质反映形象，后者是为了鉴定需要，特意从受审查客体那里取得的物质反映形象。同一鉴定的过程就是通过对现场物证材料和嫌疑样本材料的分别检验、比较检验和综合评断，确定受审查客体是否就是被寻找客体的过程。亦即通过检验供同一鉴定客体，确定被同一鉴定客体是否同一的过程。

同一鉴定按被同一鉴定客体的物质反映形象分为：①根据客体外表结构的物质反映形象进行的同一鉴定，是同一鉴定的主要内容。它是根据造型体在承受体上所留下的能够反映造型体外表结构特征的形象痕迹进行的。其目的是鉴定造型体的同一。比如，根据手印鉴定遗留手印的人的同一；根据鞋印鉴定造型鞋子的同一；根据破坏工具痕迹鉴定造型工具的同一等。②根据客体断离的物质反映形象进行的同一鉴定。这种同一鉴定比较少见。它是根据客体的断离线（或面）以及固有的和附加的特征进行的。其目的是鉴定被断离的物的各个部分原来是否同属于一个整体。比如，对断裂的刀刃、锯断的木头、拆卸的机器零件等进行的各断裂部分是否原同属一个整体的鉴定，都是这种鉴定。③根据客体（人）动作习惯的物质反映和表现进行的同一鉴定。人的任何一种动作习惯都是人体的有关器官在大脑的指挥下，通过一个动作的反复进行而逐渐形成的动力定型所决定的。由于大脑皮层动力定型在形成过程中每个人的主客观因素的不同，而显现出人各不同的特性；又由于其一经形成，就难于改变，而具有相对稳定性。因此，根据人的大脑皮层动力定型所决定的动作习惯的物质反映和表现是可以进行人的同一鉴定的。目前，能够据以进行同一鉴定的只有笔迹（人的书写习惯的物质反映和表现），根据步法（人的行走习惯的物质反映和表现）进行同一鉴定的问题正在研究。

进行各种同一鉴定，必须制作鉴定书。鉴定书是表述鉴定结论的法律文书。鉴定书的内容一般包括绪论、检验、论证和结论四部分。绪论部分主要写明送检单位，送检人，送检时间，简要案情，检材的名称、种类、数量、提取方法、包装运输等情况以及鉴定的要求。检验部分应写明检验的基本进程，检验所用的技术方法及检验所见等。论证部分应写明对检验所见的分析、评断，说明作出结论的依据。结论部分应写明通过鉴定所得出的结论。鉴定结论无论是肯定的还是否定的，都应使用确定的语气。对于推断性结论，不出具鉴定书，但可出具分析意见书。同一鉴定作为一种审查案件专门性问题的方法，侦查、审判人员在诉讼中都可以运用，但只有依法指派或聘请的鉴定人运用同一鉴定的理论和方法作出的结论，才称为鉴定结论，具有证据意义。

（张玉镶）

tongyi rending

同一认定（identification） 通过发现、比较和评断在不同时间、空间出现的两个客体的特征，确认二者是否同一的检验或证明过程。它是在刑事侦查与司法鉴定中经常遇到的理论与实践问题。例如：把犯罪分子作案时在现场遗留的手印同他后来作为重大嫌疑人接受审查时的手印样本进行比较，查明二枚手印是否为同一人所留。又如：当受害人对犯罪嫌疑人进行辨认时，他实际上是将站在自己面前的嫌疑人同留在自己记忆中的犯罪人进行声、貌比较，以确定嫌疑人是否即犯罪人。同一认定的实质是建立在同一律逻辑思维基础上的认识过程；在这个过程中，比较和鉴别是必不可少的手段，没有比较鉴别就不可能作出判断，比较是同一认定过程的核心。在同一认定过程中，又绝不是若干特征的机械对照，而是在对所发现的若干特征进行综合评断的基础上，认识和比较客体的内在属性，它是由感性、局部向理性、整体升华的过程。同一认定必须具有明确的目的性，就是解决被比较客体是否同一问题。这种目的性贯穿于比较和判断的全过程。虽然有时未必能确切作出是否同一的结论，那只能是主观认识能力或客观条件限制的结果；凡不具备同一认定明确目的的一切检验与证明活动，不能称为同一认定。同一认定的对象是被比较的具体客体（既包括人，也包括物和具体事件），而绝不是独立于本体以外的映象，更不是映象与客体间的同一认定。

同一认定的基础和条件 同一认定是人的主观认识活动，主观认识只有符合客观规律时才是正确的。物质世界的客观规律就是同一认定的科学基础。①被比较客体的同一性是同一认定的客观基础。同一性是所有客体都普遍具备的一种属性，它是客体自身在质的方面的规定性。世界上一切实在的客体都具有多方面的客观属性，而每个方面的客观属性又表现为若干特征的量的集合。若干特征从质与量的组合就决定了所有客体多态性特点：任何一个具体的、实在的客体，其全部特征的总和都只能自己与自己相等同，而与自身以外的任何其他客体之间存在这样或那样的区别。客观事物的这种特殊性，被称为自身的"同一性"。同一性是个性存在的表现与证明，它是我们将一个个相似客体加以区分的客观物质基础。同一性在某一具体客体上的体现就是它的特定性，特定性外观为若干特征的集合。由于每个特征形成条件存在差异，它在同类客体上的重现率也就不同。形成某一特征的条件的随机成分越大，满足这些条件的个性越强，那么该特征在同类其他客体上的重现率越低，因而它的特定性越强。在同一认定中，我们只有把观察到的各种特征从形成条件和在同类其他客体上的重现率充分加以考察评断，才能真正抓住被比较客体的特定性，准确地做出结论。②被比较客体的相对稳定性是同一认定的基本条件。一切客体都处在无休止的运动变化之中，但这种变化是从量到质的积累过程；在变化尚处在简单的量变阶段时，客体自身的重大特性并不发生质的改变。客体在一定时间内保持自身重大特性不发生质变的能力，称为相对稳定性。这种稳定性是我们识别客体、达到同一认定目的的最基本条件。不同客体的稳定能力是不同的，即使同一客体在不同属性范畴内或不同的发展阶段上，其稳定性表现程度也不同。如人的指纹形成于胎儿时期，此后在人的一生中其结构形态基本不变；而人的相貌、步法、书写习惯等在少年时期的稳定性较差，成年以后的稳定性较强。只有具有较强稳定性的客体，从刑事案件发生到对嫌疑客体审查这段时间内不发生重大变化，我们才有可能进行以同一认定为目的的鉴别。这是在同一认定中必须考虑的因素。有些物证会因检验时间延续，客体自身发生重大变化而失去同一认定价值。③承受体的反映能力是同一认定的保证条件。同一认定是在同一客体出现在不同时间和空间上而进行的比较和鉴别，因而对被认定客体本身特征的认识及对其特性的比较，常离不开它们的反映形象，如指纹留下的印痕、书写留下的笔迹等。这些反映形象必然遗留在某个承受客体上；承受体只有清晰、完整、真实地反映并保存了被反映客体的基本特征，才能供人们进行比较和鉴别，反之就不具备同一认定的客观条件。承受体的这种反映能力，取决于自身硬度、塑性、表面光洁度及稳定性等诸多因素。譬如指纹印痕遗留在表面很粗糙的客体上，细节特征遭到破坏，就无法进行同一认定。④同一认定主体的认识能力是同一认定的主观条件。从本质上说，同一认定是人的主观对客观事物特性的认识活动。因此，同一认定除了受客观条件的制约之外,还要受到人的主观认识能力的限制;而人的认识能力受社会科学技术水平、个人专业知识水平和实践经验的制约。任何客体都具有足以同其他客体相区别的特征,但不同客体间的区别不能为人们认识时,个体识别和区分就不可能实现。

同一认定的双重任务 由于被审查的客体自身的同一性中,既包含了它同自身以外其他任何客体的绝对区别,也包含了它自身在发展过程中产生的变异;这就是说,"同一性"本身具有"排他性"和"变异性",所以,同一认定也就具有双重任务:①以认识同一客体的排他性为目标,把客体自身的同一与不同客体间的相似严格加以区分。世界上,同种类客体之间存在着许多相一致的特征,因而构成了若干"相似"客体。相似是大量的,而同一则只能是自身一个。同一客体特征的吻合是本质的、明确的、大量的,而相似客体间特征的吻合是非本质的、模糊的、部分的。在同一认定中,我们要对比较中发现的符合特征与差异点进行整体的综合分析与评断。对于符合特征的评断要考虑到符合特征的足够的量,又要分析这些特征的特定价值,从质与量的结合上判断所有符合特征的集合已不可能在其以外的任何客体上完全重复再现。在这个评断过程中,可以运用数学中联合排除率的方法,也就是每一项吻合特征排除相似客体的排除率分别为 P_1、P_2、……P_n(其 n 项吻合),那么 n 项吻合特征的联合排除率为 $P = 1-(1-P_1)、(1-P_2)……(1-P_n)$。联合排除率的值越接近于 1(100%),则排除其他相似客体的可靠性越大。②以认识同一客体的变异性为目标,合理地解释差异点的形成。任何客体在发展过程中,或在形成反映形象的过程中,其自身的一些特征会发生变化;通过比较,总会存在这样或那样的差异点。同一认定要对已发现的差异点产生原因进行科学的分析,作出合乎逻辑的解释。同一客体自身的差异,只要不超过质变的界限,可以在自身的发展变化中或形成反映形象过程中找到原因,而绝不应同事物发展的客观规律相矛盾,它并不影响作出同一认定结论。评断和解释差异点,实质上是从辩证的角度看待事物的同一性;对差异点必须予以解释,是同一认定科学性的体现,也是法院严肃性的要求。同一认定的双重任务不是相互割裂、相互孤立的,而是互相交叉的统一整体;对符合点的评断与对差异点的评断是相互交替进行和互相印证的过程。

同一认定的类型 在刑事侦查过程中,同一认定是收集和审查证据的重要手段。无论在物证检验中,还是在寻找和认定犯罪人的侦查过程中,凡是通过特征比较手段查明被比较客体是否同一的过程,就属于同一认定的范畴。按照这一过程所采取的不同形式划分,侦查中的同一认定基本上包括三种类型:①鉴定型同一认定。发生在刑事物证检验工作中,它是以同一认定为目的,对案件中发现的痕迹、物证进行的科学检验过程。在这个过程中,鉴定行为的主体是经法律授权并具有专门知识的科学技术人员;鉴定行为的客体是与刑事案件相关的物质或物质痕迹。目前,鉴定型同一认定主要是通过各种遗留痕迹的检验来进行,如形象痕迹、动作习惯痕迹(含书写笔迹)、整体分离痕迹,它们都是以形态比较作为主要手段。此外,利用警犬所进行的气味鉴别,也属同一认定的范畴。随着科学技术的发展,人们对客观物质世界的认识更加深化,同一认定的范围将会扩大,如 DNA 技术的检验,从法医物证范畴增加了新的同一认定项目;目前在一些国家应用的声纹鉴定技术,已能根据人的声音进行人的同一认定。②辨认型同一认定。辨认是一种侦查措施,是辨认主体通过感知——回忆——再认等一系列心理活动,对两次感知的客体进行比较和判别的过程。它同鉴定型同一认定的区别在于:(a)主体不同。鉴定型同一认定的主体是同案件无关并具有专门知识的人员;辨认型同一认定的主体则是案件中的证人或受害人。鉴定人可以更换,而辨认人是不允许替换的。(b)同一认定的方式与方法不同。鉴定型同一认定是通过客观实在的物质的反映形象进行比较,采用物理的、化学的、形态学的、生物学的等科学技术方法;而辨认型同一认定是通过被辨认客体的形态与留在辨认人头脑中的记忆表象的比较,是通过心理活动来完成的。(c)两种同一认定的所属范畴不同。鉴定型同一认定属于刑事技术范畴,它的结论属于客观的间接证据;辨认型同一认定属于侦查措施范畴,它的结论是主观的证言材料或陈述材料,其中相当一部分属于直接证据。在实践中根据辨认对象的不同,可以划分为人身辨认、物品辨认和场所辨认三种。③查证型同一认定。通过调查的方式,将被比较事物证为同一的过程。这是一种特殊形式的同一认定,被认定同一的对象既可能是人,也可能是物,还可能是某个事件。在这个证为同一的过程中,所依据的特征主要是时间和空间。时间和空间是物质存在的基本条件,任何客观事物在一定的时间内必定占有一定的空间。时间是不可逆转、不可重复的,那么时间与空间的结合也就是特定的。处于同一时间但不同空间的事物绝不是同一事物;同一事物也绝不会在同一时间内占据两个空间。我们可以通过调查的方式查明被比较的两个客体是否同一。这种时、空观念上的同一和同一认定,在开展刑事侦查工作中是十分重要的。这种调查——证明活动,具有同一认定的本质特征——比较与鉴别。即通过调查分别获得被比较客体的时间、空间特征,再在比较的基础上判明时、空特征的异同,得出是否同一的结论。

同一认定的一般程序和方法 刑事侦查中的同一认定,既是人的主观对客观的认识过程,又是严肃而慎重的证明活动,它除了要遵循国家法律规定的有关程序和要求外,还要依照人的认识规律,分步骤由浅入深、由表及里地进行,这就是同一认定的一般程序和方法,它主要包括四个阶段:①同一认定前的准备(预备阶段),要为同一认定做好物质的和思想的准备。但不同类型的同一认定所要完成的工作也不尽相同。鉴定型同一认定按照公安部1950年5月颁布的《刑事技术鉴定规则》的要求,准备工作包括四项:(a)查验委托公函,审查送检是否合乎法定检验范围及法律手续是否完备。(b)了解案情,重点搞清送检的痕迹物证在现场的遗留位置、形成过程及可能产生的变化,以便在鉴定中正确地进行评断。(c)查验检材的数量和质量,是否具备同一认定的条件,是否需要修正或补充检验内容。(d)查验样本,是否符合比对的要求,是否具备足够的特征,是否需要补充样本。在这些审查工作完毕后,进行受理登记和准备检验器材。辨认型同一认定在准备阶段也应完成四项工作:(a)确定辨认人。辨认人必须是了解被辨认对象特征并且具有辨认能力的人;当符合辨认条件的人有数人时,必须分别实施辨认,以确保结论的客观真实。(b)确定被辨认对象和挑选混杂的人或物。被辨认对象应当是在侦查工作基础上具备一定嫌疑根据的人或物;为了保证辨认的严肃性和客观性,应选择外观形态相似的若干对象予以混杂。(c)拟定辨认计划。包括辨认的目的、主持人、辨认人、被辨认对象、辨认方式、辨认的时间、地点及条件。(d)选择和创造辨认条件,必须尽可能符合发案时的条件。调查型同一认定的准备主要包括根据需要选定调查对象、拟定调查提纲、确定调查方式、目的及具体步骤。②特征的发现与识别阶段(分别检验或调查阶段)。主要任务是分别去认识被比较客体的特征,取得基本的感性认识,为下一步的比较和鉴别作准备。在鉴定型同一认定中,要通过专门的技术手段对检材和样本分别检验和发现,记录其特征,并认真分析,达到对特定性的认识。在辨认型同一认定中,应该由主持人先询问辨认人,了解和描述被辨认客体的重要特征,为正确地分析和评断辨认结果打下基础;辨认人在接受询问时应积极回忆寻找客体的特征,加深印象,以便在后来的辨认比较中准确地从若干混杂客体中发现要寻找的目标。在调查型同一认定中,应当分别单纯询问若干知情人,了解同一认定对象的时、空特征及涉及到的人、物或具体情节,为下一步的分析比较和判断打基础。在这个阶段中,对被比较客体特征的发现和识别,包括了直接观察的方法、特征显现的方法、特征测量的方法、仪器分析的方法、模拟实验的方法、调查询问的方法等。③特征的比较与鉴别阶段。它是同一认定中最主要的环节,是将已了解认识到的特征相互对照,从中发现差异与符合点,为最后评断做准备。在鉴定型同一认定中,这个过程就是比较检验。所谓比较是被寻找客体与受审查客体特定性的比较,而不是若干特征的机械对照。在辨认型同一认定中,包括辨认人一方的主要比较和主持人一方的辅助比较,它们都是在头脑中将正在受审查客体的特征同留在记忆中的客体的特征进行对照,从而鉴别出异同。在查证型同一认定中,由调查人对从几个不同见证人那里获得的证据材料,进行理性的分析对照,比较他们反映的时空特征及其他有关特征是否相符。④综合评断。是在比较的基础上对已发现的差异点和符合点进行综合分析的过程,达到去伪存真、作出正确的判断。对差异点的评断,必须认真分析它产生的原因和环境,是否与客体自身发展变化的规律相矛盾。分析差异产生的因果关系,可以通过三种方法进行:(a)论证法。直接用已为科学证实的、为大家所公认的客观事物发生发展规律去解释差异产生的原因。(b)排除法。列举出差异产生的全部可能性,然后根据案件中的实际情况去排除那些不可能的因果联系,最后不能排除的即为差异产生的原因。(c)实验法。通过满足发案时的条件进行模拟实验,观察已发现的差异点是否会再现,从而解释差异产生的原因。对符合特征的评断,要从分析符合点的稳定性和特定性两方面入手,将全部稳定可靠的特征总和起来分析,看其是否能将客体特定化,最后做出是否同一的结论。

对同一认定结论的审查评断 同一认定结论(从狭义讲指鉴定结论,从广义讲还包括辨认记录和调查询问笔录)是重要的诉讼证据。这类证据以人对客观事物的规律特点的认识活动作为基础,它既可能受到客观条件的限制,也可能受到主观条件的影响,从而出现某些偏差。所以,在运用同一认定结论作定案的依据时,应当遵照我国刑事诉讼法的要求"经过查证属实"。对同一认定结论的审查应当从三个方面进行:①对主体方面的审查。同一认定主体是指依照法律规定有权进行侦查、辨认或检验的机构或人员。主体的法律地位和主观能力直接影响同一认定结论的合法性和科学性。对主体方面的审查包括资格、能力、条件三项内容:(a)主体的资格审查。这种资格来自两个方面:一是案件事实本身赋予的资格,这是指犯罪事件的被害人、事主或目击者。他们或是亲身遭受犯罪行为的侵害,或是亲自目睹犯罪过程,了解犯罪人或有关物品的特征,因而具有证人的资格,可以在辨认活动中作为同一认定的主体,证明这些被认定的人或物同案件事实之间的联系。二是法律授权获得的资格,这是指侦查人员和物证检验人员。依照我国刑事诉讼法的有关规定,对刑事案件的侦查权、勘验权、鉴定权,由法律授予专门机关中的专门人员；依照管辖规定，公安机关、检察机关、法院分别行使职权。这类因法律授权而获得资格的同一认定主体，如果出现法定回避的情况，他所具有的资格可以暂时放弃或丧失。(b)主体认识能力的审查。应当从主体的专业知识水平、专业工作经历和经验、技术职务、观察、记忆与分辨能力、个人情绪等方面进行综合考察与分析。当诉讼过程中发现认定结论的某些疑点，或同其他证据存在矛盾时，就需考虑同一认定主体的实际水平和能力对结论可信度的影响。在辨认型同一认定中，尤其要考虑到辨认人在辨认时的精神状态、表述能力、记忆的准确性等主观因素的影响。(c)对主体物质条件的审查。在收集、检验证据，做出同一认定结论时，需要一定的客观物质条件，如仪器设备、实验条件，以便充分显示物证自身具有的特殊属性，并能借以对相似客体进行比较与鉴别。对于辨认、实验等手段进行同一认定的条件的审查，应当从辨认或实验的环境、条件及方法是否符合法律要求及操作规则方面加以考察。如辨认中是否坚持了混杂辨认原则；实验时的条件是否同发案时的条件一致；是否有诱导、伪造、恐吓等违法情节。②对客体方面的审查。同一认定的客体方面包括被认定的对象及它们的反映形象。对客体方面的审查，就是从被认定对象的特定性及认定的客观依据上综合审查结论的科学性。包括：(a)是否具备同一认定条件。首先要审查作为认定结论依据的那些特征是否真实可靠。在物征鉴定中，所选取的特征是不是被认定客体自身固有特征，是否清晰准确；在辨认型认定中，先要审查辨认人对被辨认对象特征的记忆和描述是否确切肯定，有无含混不清或他人诱导因素。其次要审查所依据的特征从质和量两个方面是否构成特定性，足以将被认定对象同其他相似客体相互区分。第三要审查所依据的特征是否具有足够的稳定性，了解从发案到接受审查相隔多长时间，在这段时间内，被认定对象或其反映形象是否会发生变化，以至丧失同一认定条件。(b)在同一认定过程中发现的差异点有哪些？是否都做出了科学的解释？能否获得科学的解释？已经做出的解释是否符合对象与条件，是否有理有据；必要时还应有实践结果作为解释的论据。(c)同一认定结论与论据有无内在联系或矛盾，论据是否充分，根据已确定的论据能否合乎逻辑地证明结论的真实。这种从论据到结论的推理应当符合有关学科的基本理论。③审查同一认定结论同其他证据间的关系。在认定案件事实和认定犯罪人时，同一认定结论并不是惟一的证据，而是证据链条中的一个环节，它同其他证据互相印证、互为补充，共同构成完整的证据体系。因此，在运用同一认定结论时必须对照其他证据，审查相互有无矛盾：(a)首先要明确认定结论证明的内容是什么。如通过辨认认定的对象是人，但所证明的事实可能是指认犯罪，也可能是同犯罪事件的其他某种联系；指纹鉴定认定人，也仅仅是证明该人在犯罪现场上的某种活动。认定的对象和证明的内容是两个不同的概念，把这些对象和内容真正搞清楚，才能确定同一认定结论在证据体系中的地位与作用。(b)审查认定结论所证明的内容同犯罪事实及犯罪人的联系。这种联系是多种多样的，有必然联系，也有或然联系，有直接联系，也有间接联系。要运用因果分析的方法，合乎逻辑地从同一认定结论推导出案件中某个事实的客观存在。(c)审查同一认定结论证明内容同其他证据之间的关系。如果同一认定结论同其他证据所证明事实是一致的，它们互相起着补充的作用；如果二者所证明事实相悖或部分矛盾，就需要采取复核手段排除虚假，或进行更细致的调查，挖掘尚未查清的其他曲折情节。在同一认定结论同其他证据之间的矛盾尚未获得充分合理的解释时，不能草率定案。总之，对同一认定结论不能不加分析地盲目信从；只有从主体、客体及与其他证据的关系等几个方面进行全面审核无误之后，才能作为定罪量刑的证据使用。

同一认定在刑事侦查中的意义 在刑事侦查工作中，通过同一认定这种手段，揭示了人与痕迹、物与痕迹、人与行为、嫌疑人与被查找人、尸体与失踪人、物与物、人与犯罪、场所与犯罪以及物与人之间的客观联系，为侦查乃至审判工作提供了科学的证据。①揭示某人同犯罪现场遗留痕迹的联系，从而证明该人在犯罪现场上的活动过程。如通过手印鉴定确认犯罪现场某物体上的手印系某人所遗留，那就充分证明该人曾触摸或移动过现场物体；如果没有充分可信理由解释他在现场的这些活动，那么他就具备犯罪重大嫌疑。②揭示某物品同犯罪现场遗留痕迹的联系，从而证明该物品在犯罪活动中的作用。如通过工具痕迹检验，认定犯罪现场上的破坏工具痕迹系由某嫌疑工具所形成，也就证明该工具即作案工具。③揭示某人同犯罪行为之间的客观联系。如通过笔迹鉴定，认定危害国家安全匿名信上的字迹系某嫌疑人所书写，从而证明该人即实施了危害国家安全罪行为的人。④揭示某人的真实身份，为侦查工作提供范围和线索。如通过人像照片检验的方法，认定某人即是正在通缉的人犯或正在寻找的重大嫌疑人。⑤查明无名尸体与失踪人的联系，证明无名尸身源，为寻找线索和犯罪人提供范围和证据。例如通过指纹检验或颅像重合检验，均可以查明无名尸与失踪人是否同一。⑥揭示物与物之间的整体分离关系，证明二者是否原为同一整体。例如通过痕迹检验认定犯罪现场上残留的工具断片与某嫌疑工具的残缺部位吻合，也就证明了该工具为作案工具。⑦直接指认某人犯罪。例如通过被害人对嫌疑人的辨认、声纹鉴定及 DNA 检验所做的同一认定,都可以直接指认某人犯罪。⑧证明某场所同犯罪事件的关联性。例如根据受害人对发案现场的辨认,或根据受害人、目击人提供的线索进行调查,认定某场所为实施犯罪或预备犯罪的现场,从而确定或扩大了勘验范围,为进一步搜寻证据、分析案情创造了条件。⑨证明某一同犯罪相关的物证同某人的关系。这主要是采取物证辨认的方式,查明已发现的物证原为何人拥有或使用,从而缩小侦查范围、突出侦查对象。同一认定所证明的上述这些客观联系的性质与程度是有区别的,大部分仍属于间接证据的范畴。它需要同其他证据结合,构成认定犯罪的证据体系。

同一认定理论中的几种观点 自从 20 世纪 50 年代由前苏联犯罪对策学引进同一认定理论以来,我国学术界一直将其作为重要的基础理论进行研究。但由于研究的角度不同,理解上的差别,在同一认定的外延、认定对象及同一认定的类别等方面存在不同的观点。①在外延涵盖上的三种观点:(a) 狭义的同一认定观。认为同一认定理论仅仅是刑事物证检验的基础理论,甚至限定在物证检验的某个范围内。最具代表性的观点是把司法鉴定划分为 6 类,即:法医学鉴定、司法精神病学鉴定、司法物理学鉴定、司法化学鉴定、司法会计学鉴定、犯罪侦查学鉴定。持狭义观点的学者认为,同一认定理论仅仅是犯罪侦查学鉴定的理论基础与方法。认定与犯罪有关的人或物是否同一,是犯罪侦查学鉴定的基本特点,也是根本不同于其他各种司法鉴定的标志。犯罪侦查学鉴定主要包括痕迹鉴定、笔迹鉴定、人像照片鉴定等。有的学者更进一步指明:同一认定仅限于形象痕迹、断离痕迹、字迹等刑事技术领域。(b) 广义的同一认定观点。认为同一认定是一种判断型的认识活动,从这个基本点出发,整个刑事侦查过程就是一个大的同一认定过程,它是由若干小的、局部的、具体的人、物、事的同一认定构成的链条。刑事侦查活动以所要寻找的犯罪人为被寻找客体,以各个嫌疑人作为受审查客体,通过一系列局部的同一认定,最终要判断嫌疑人与犯罪人是否同一。因此说,同一认定理论是整个犯罪侦查学的基础理论。持这种观点的学者把侦查过程中的各种同一认定归纳为两大类:以物证检验技术为主的"鉴定型同一认定"和以其他各种侦查证明活动为主的"非鉴定型同一认定"。(c) 限定与发展的同一认定观。所谓"限定",指在内涵上对同一认定进行严格界定:凡是具有明确的同一认定目的(以查明被比较的两个客体是否同一为目的),并以特征——特性的比较作为基本手段的认识与鉴别活动,均属同一认定。同一认定有的是通过技术检验来进行的,有的是通过辨认识别去完成的,有的是通过对各种组成要件的调查比较实现的。同一认定是犯罪侦查活动的重要组成部分,但侦查活动并不仅仅是同一认定过程;在侦查活动中,不具有比较特征的证明活动是大量的;对犯罪人的最后认定,是一系列证明活动的结果。因此,同一认定理论是刑事侦查学的基本理论之一,但不是刑事侦查学的全部理论基础。所谓"发展",是指同一认定的范围将随着科学技术的发展而不断扩大;同一认定理论本身也在逐渐地由定性理论向定量理论发展。就像指纹,在近代指纹学建立之前,它并不能成为人身同一认定的有力手段;而通过人体细胞核中遗传基因(DNA)的分析来进行人身同一认定,是近 10 来年才实现的愿望。科学是迅速发展的,现在还做不到的事情,将来可能变为现实。任何理论都应具有超前的指导意义,没有理由把同一认定理论限制在狭小的圈子内。②在同一认定类别划分上的两种观点:(a) 同一认定两分类观点。这是一种从 20 世纪 50 年代延续下来的传统观点。这种观点把同一认定按照认定内容的特定意义,将其分成"种类同一认定"和"特定同一认定"。前者认定被比较的两个客体属于同一种属,但未必是同一客体;后者认定具体客体的同一。(b) 单一的同一认定观点。这种观点的基本出发点是:世界上同一的客体只能有一个,那就是它自己。同一认定就是具体的、特定的客体的认定,种类的认定与同一认定是两个根本不同的范畴。原来的所谓"种类同一认定"是与同一认定理论相悖的,应当改称"种类认定",可以作为同一认定的前提条件。③在认定对象上的不同观点。在同一认定过程中,把要寻找的客体(未知)和受审查客体(已知)共同称之为"被比较客体";在比较基础上认定同一的也是这两个客体,因而亦称之为"被认定同一客体"。认定的对象是什么,在这里是相当明确的。在比较的过程中,为了认识被比较客体的某些特性或特征,常常需要取得被比较客体的遗留痕迹(或其他反映形象),这只是提供比较的条件。因而,这种反映形象称为"供认定同一客体",但它不是认定对象。作为"供认定同一客体",可以根据需要制作若干个,而且可以互相替代,它们之间只有相似,不存在同一。然而有一部分人由于理解上的偏误,形成了一种不严谨的观点:"客体自身与其遗留痕迹的同一","某个客体两个遗留痕迹之间的同一",把被认定同一的客体转移至它的遗留痕迹。这显然是荒谬的,不仅在同一认定理论上不通,而且与证据理论相悖。

几十年来,同一认定理论伴随刑事侦查科学和刑事技术的发展也在不断发展。许多物证的检验向规范化、定量化、仪器化发展,计算机广泛应用,而同一认定还是一种模糊的定性理论,已经不适应当前刑侦科学的发展速度和水平。许多学者正在探讨同一认定理论与数学结合,用数理手段,定量研究解释同一认定中的若干模糊理论,使同一认定适应新科技的发展。

（蓝绍江）

tongyi chuanbo pengzhuang ruogan falü guiding de guoji gongyue

《统一船舶碰撞若干法律规定的国际公约》(1910)（International Convention for the Unification of Certain Rules of Law in Regard to Collisions between Vessels） 1910年9月在布鲁塞尔举行的第三次海洋法外交会议上签订的一项公约,以此确立了处理船舶碰撞损害赔偿责任的法律依据。公约共17条及1条附加条款。主要确定了船舶碰撞损害赔偿责任的如下负担原则:第一,碰撞出于意外与不可抗力或者碰撞原因不明时,损害由受害者自行承担;第二,碰撞出于一方船舶的过失,有过失的船舶负损害赔偿责任;第三,碰撞由两艘或两艘以上的船舶的过失所造成时,各船舶按其所犯过失程度的比例分担赔偿责任;无法确定各船舶的过失程度时,则平均分担;第四,对于人身伤亡的损害赔偿,各过失船舶负连带赔偿责任。此外,还规定,损害赔偿的请求时效为自事故发生之日起2年;但公约不适用于军用船舶或专门用于公务的政府船舶。

该公约主要取得了两方面的成果,一是废除了平分过失原则,确定了按过失比例承担赔偿责任的原则;二是废除了在碰撞责任方面关于过失问题的一切法律推定。但是对于船舶碰撞损害赔偿应遵循什么原则,如何赔偿及如何计算等问题,公约并没有作出统一规定,各国立法和实践中的做法也各不相同。

《统一船舶碰撞若干法律规定的国际公约》于1931年3月生效。条约的签字国有阿根廷、奥地利、比利时、巴西、智利、古巴、丹麦、法国、德国、英国、希腊、匈牙利、意大利、日本、墨西哥、荷兰、尼加拉瓜、挪威、葡萄牙、罗马尼亚、俄国、西班牙、瑞典、美国、乌拉圭。条约的加入国有阿根廷、澳大利亚、加拿大、爱沙尼亚、德国及其殖民地、英国及其某些殖民地及保护国、印度、意大利及其殖民地、拉脱维亚、新西兰、纽芬兰、波兰及但泽自由市、葡萄牙及其殖民地、西班牙、苏联、乌拉圭、南斯拉夫。中国没有加入这一公约。

（阎丽萍）

toushui kangshui anjian zhencha

偷税、抗税案件侦查（investigation evading and resisting taxes case） 公安机关在办理偷税、抗税案件过程中,依照法律进行的专门调查工作和有关的强制性措施。偷税罪,是指我国《刑法》第201条所规定的,依法纳税人不缴或少缴应纳税收达到一定数额或具备法定情节的行为。抗税罪,是指我国《刑法》第202条所规定的,依法纳税人以暴力、威胁方法拒不缴纳税收的行为。

偷税、抗税案件的特点 主要是:①在犯罪的主观故意方面,目的是为了小团体或人个的私利;②法律政策性强,如国家针对各行各业规定的税种税率和纳税细则等规定很多;③侦查的专业性强,要运用税收、会计专业知识和企业生产经营知识;④偷税的主要手段是采取各种欺骗、隐瞒方式逃避依法纳税,抗税的主要手段是公开以暴力、威胁的方法抗拒履行纳税义务。

偷税、抗税案件应查明的问题 ①犯罪嫌疑人是否有纳税或负责纳税的义务。②在主观故意方面是否具有逃避纳税的目的。③客观方面的表现有无违反税收法规的偷税、抗税行为。④犯罪嫌疑人的行为是否侵犯了国家的税收征管制度。

侦查偷税、抗税案件的方法 ①收集纳税资料。即向犯罪嫌疑人及其所在单位调取纳税资料,或由税务机关提供纳税资料。必须收集的纳税资料主要有纳税申报、纳税鉴定、纳税检查报告及记录、纳税缴款书、会计报表等等。②结合纳税资料分析案情。即根据国家税收政策、法规、会计制度的规定和纳税资料,进行综合分析,确定犯罪嫌疑人应缴纳的税种、征税的依据、纳税的环节、征收方式等,查明其违反会计制度的行为同影响国家税收的关系。③对有关的和涉案的会计资料、账簿、文件等要及时调取或查封。④清查账目。即根据经营、生产特点和财务会计性质以及应纳税种的特点,有针对性地清查与其纳税有关会计资料,从账簿、凭证上查找、核实与偷税、抗税事实之间的联系,提取能够证明偷税、抗税的基本情况和手段的书证材料,并提取违反税收法规的账证,核准数额及其占应纳税款的比例。⑤综合运用侦查措施。如对暴力抗税的现场进行勘查;对目睹抗税的证人及时询问;对抗税凶器等物证进行收缴;对涉案款物进行搜查、扣押;对涂改、伪造的账务进行查封;对无证无账的要对其全部生产、经营状况进行检查;必要时扣押、封存有关产品、商品;对转移资金或偷、抗税款的应冻结有关银行账户;对偷、抗税的书证应进行司法会计鉴定和税务鉴定;对偷、抗税的犯罪嫌疑人应当依法传唤或拘传;对犯罪后企图自杀、逃跑或在逃的,或有毁灭、伪造证据或串供可能的犯罪嫌疑人应当及时拘留,符合逮捕条件的应予逮捕。

（文盛堂）

toudu anjian zhencha

投毒案件侦查（investigation of spreading poisons case） 公安机关在办理投毒案件过程中,依照

法律进行的专门调查工作和有关的强制性措施。投毒案件，是指我国《刑法》第114条所规定的投毒罪，即故意投放毒物，危害公共安全的案件。投毒案件现场物证较多，一般可见中毒死亡的人、畜尸体或产生中毒反应的被害人及剩余或残留的有毒物质、盛毒器皿、包装物和被害人的呕吐物、排泄物等；犯罪分子事先购买毒物和包装毒物，选择投毒的时机、地点和方法，有的还预先向他人了解毒物的性能、剂量和用法，有的曾进行过投毒试验等；犯罪的动机多数是出于私仇、奸情、婚姻、恋爱、邻里纠纷等；犯罪分子大多具有使用毒物的知识和取得毒物的条件；作案手段诡秘多样，投放毒物的场所很多，如在公用的水井、水池、水缸中投毒，在出售的食品、饮料中投毒，在牲畜、禽类的饮水池、饲料中投毒等。侦查投毒案件的方法主要是：

抓紧现场访问 在实地勘验现场、检验尸体的同时，应抓紧对幸存被害者及其家属和有关人员进行访问，一般可在取得医务人员密切配合的情况下，与抢救同时进行。主要了解：①中毒的时间、地点；②生前(或中毒前)的进食、饮水情况及中毒的详细经过；③生前(或中毒前)服用过何种药物，这些药物的来源和用途；④当地常见的农药和有毒化学品的种类，被害人家中是否存有这些物质，其保管、使用情况如何；⑤中毒者平时的工作、生活作风、政治表现、家庭关系、邻里关系、社会关系如何，案发前有何可疑迹象等。

排查投毒线索 鉴于投毒案件因果关系比较明显，抓住作案人与被害者之间的利害冲突等因素，深入发动群众，调查摸底，即可发现投毒嫌疑人或嫌疑线索。一般做法是：①对造成多人伤亡的，应从敌视社会和有报复社会思想动机的人员中调查发现线索；②被害人夫妻关系不好，或者一方喜新厌旧的，应从婚恋、奸情等方面排查线索；③被害人与邻居、亲友、同事之间积怨较深的，应从私仇报复方面排查线索；④被害者是年老久病或者痴呆、残疾、患不治之症的，应从有遗弃杀人动机的人员中排查线索。

确定投毒时间 一般做法是：①从死者死亡时间、毒物种类、剂量和尸体现象判断投毒时间；②从被害人出现中毒症状的时间判断作案时间；③从被害人生前饮食的制作时间和其就餐时间推断等。

查明投毒地点 有的毒害案件投毒地点比较明显，容易查清，有的则比较复杂。一般方法是：①查清死者中毒前的活动情况，了解其曾去过哪些地方，同哪些人往来接触；②从粮食、食品、饮料等的加工、销售、储存和食用等几个方面入手，查明毒物来源，进而确定投毒地点；③通过对现场遗留的呕吐物、排泄物、剩余残渣以及有毒物质的包装物确定投毒地点。

审查投毒嫌疑人 通过调查摸底，在排出一般嫌疑人的基础上，确定重点嫌疑对象。方法是：①查清其有无作案动机和因果关系；②审查其有无毒物来源，设法查清其家中有无同类毒物，过去是否保管、使用或接触过此类毒物，最近是否曾向有关人或有关部门索取、购买或偷盗过此类毒物；③查清其是否具有作案时间，投毒时间内是否到过投毒地点；④查证现场痕迹和其他物证是否为其所留，如是其所留，可采取密取的方法，查清其衣兜、指甲或其他地方有无残留毒物或包装，如有剩余毒物，应采取公开搜查的方法提取，并送有关部门鉴定，以获取证据；⑤拘留或逮捕犯罪嫌疑人，加强审讯，认定犯罪。

(张玉镶　傅政华)

tushou shang

徒手伤(bare handed injury) 不使用任何物体，空手造成的损伤。包括指端所致的损伤、拳击伤、脚踢伤、掌击伤、咬伤、头撞伤等。徒手伤轻者可致表皮剥脱、皮下出血、挫伤或挫裂创，重者可致骨折、体腔内出血、内脏破裂甚至死亡。①指端所致的损伤。指端压迫身体表面可形成皮下出血，指甲压迫可形成半月形表皮剥脱。指端所致的损伤常见于颈部的扼痕。此外，抓伤和掐伤可遍及全身。②拳击伤。典型的拳击伤呈指尖大小的皮下出血斑，2～3个并列存在，中部较重边缘较轻，轮廓多不明显。以软组织较丰富的部位(如胸、背、两颊部)最典型。损伤程度与拳击力度和受伤部位有密切关系，严重时可引起内脏损伤和肋骨骨折或眼外伤。若拳击在某些敏感部位，如上腹部、喉头部、心前区可造成急性神经源性循环衰竭或心脏停搏。拳击伤多发生于殴斗、行凶、虐待等情况。③脚踢伤。一般在脚踢部位出现擦伤、挫伤、挫裂创，严重者可致骨折和内脏损伤。若伤及睾丸可引起疼痛性休克乃至死亡。脚踢伤多发在下肢、外阴部、下腹部和臀部。如受伤者体位低或呈坐位、蹲位、卧位，损伤可见于面、颈、胸、背、腰、臀及四肢各部。脚踢伤常见于殴斗、行凶和虐待等情况。④掌击伤。损伤部位多见于面部，可出现皮下充血，有时可出现手掌的轮廓。掌击伤很少致人死亡，但可造成鼓膜穿孔、外耳道出血，听力减退甚至丧失；高度近视眼者还可能发生视网膜剥离；个别可造成颅脑损伤甚至死亡。⑤咬伤。典型的咬伤在受伤部位形成两个对称的弧形皮下出血或挫裂创，能反映上下齿列咬合的特征。有时能将人体突出部位咬断，如口唇、鼻尖、耳廓、乳头、舌头、手指。咬伤部位常见手指、前臂、颈部、耳、鼻、肩等。⑥头撞伤。受伤部位以头面部、颈部、胸部和腹部为多见。可致挫伤、骨折和内脏破裂等程度不同的损伤。体表缺少特征性，凭检查所见难以判定头撞伤。因致伤者头部本身也可受伤，所以详细检查致伤者头部，尤其是顶部、枕部及两侧颞部，具有重要意义。

(李宝珍)

tuliao

涂料（paint） 旧称为油漆,当今涂料包括油漆和各种合成树脂漆。为涂施于物体表面能形成一层具有保护和装饰膜的一种工程材料。可用刷涂、喷涂、浸渍、热熔等方法施于木材、金属、皮革、塑料、纸张等许多种物体上。为一种混合物,以成膜物质为主要成分,以有机溶剂或其他试剂为稀释剂,并根据需要加入颜料、增韧剂、干燥剂、填料等成分。稀释剂挥发干燥后,形成的漆膜中即含有有机成分,又含有无机成分。犯罪现场常见的涂料有:①油脂漆,是以具有干燥极快的油制造的涂料。此种油多为动物油(如鱼油)或植物油(如桐油、亚麻仁油等)的干性油。其品种有清漆、厚漆、调和漆、防锈漆等。主要用于家具、金属、建筑物表面等。②天然树脂漆,以干性植物油与天然树脂加热炼制并加入颜料、催干剂、溶剂而成的一类油漆。天然树脂常用松香、虫胶及大漆。主要用于室内外普通木家具、门窗、板壁等。③酚醛树脂漆,以化学合成品酚醛树脂配以其他树脂和干性油调制而成。分为醇溶性酚醛树脂漆、改性酚醛树脂漆、油溶性纯酚醛树脂漆。主要用于木器、家具、机械、船舶等。此外还有醇酸树脂漆、硝基漆、沥青漆等。

刑事案件中遇到的涂料检材,多数是变化各异的微量碎片,因此在采取和包装过程中必须十分慎重。对于附着在较小客体(如作案工具、凶器、钮扣等)上的涂料碎片,最好用薄膜保护法固定后,连同客体一起采取,并用洁净的白纸或纸袋包装;对于容易直接采取下来的涂料碎片,可用非金属镊子夹取,如果是碎渣,可用胶纸粘取;对附着较牢固的涂料,可将载体一并采取;如果涂料为多层,应尽量保持原涂料的层次;取对照涂料样品时,应采取未受损伤或未受污染的区域。涂料的检验可采用外观检查法、微量化学法、红外光谱法、裂解气相色谱法、扫描电子显微镜法及原子发射光谱法等。

（王彦吉）

tuanti susong

团体诉讼（representative action） 见集体诉讼。

tuiding

推定（presumption） 在一些国家的实体法和程序法中都有使用而学者的见解颇有分歧的用语。主要的观点是:①指法律或法官根据已知的事实对未知事实所推论出的结论。法律根据某种事实推论出未知事实的,称为法律上的推定。法官从已知事实推论出未知事实的,称为事实上的推定或法院的推定或人的推定。②推定仅指法律上明确规定的,当确认某一事实存在时,应据以假定另一事实的存在,不需用证据进行证明。这种观点认为法官根据已知的事实,基于普通知识和实践经验,对未知事实的推断,不过是按照逻辑规则的推理,难免因人而异,出现错误,因此,应与推定这种假定相区别,以免混淆。

推定均涉及两种事实,其中据以作出推断的事实,称为基础事实;根据已得到确认的基础事实而应予假定其存在的事实,为推定的事实。法律上有关推定的规定,把两种事实之间的关系规范化,只要确认基础事实存在,就可据以认定推定的事实。例如有的国家规定,占有最近被盗窃的物品,推定占有人为盗窃者。在这一规定中,占有最近被盗物品的事实,就是基础事实,如果这一事实被确认,据以推断占有人为实施盗窃行为的盗窃者,即为推定的事实。

法律上关于推定的规定,使推定的事实可以根据确定的基础事实而予以认定,不需用证据进行证明,就减少了证明对象,有利于案件得到及时的处理。同时,还可使当事人合理分担举证责任,因为推定的事实,根据通常经验,有了基础事实就应当存在或者很可能发生,但要当事人提出证据来证明就很困难,而否定其存在者则举证较易。有了推定的规定,推定的事实对其有利的一方当事人,就免除了举证责任,对其不利的一方当事人,如要否定,则应负举证责任,这就合理地解决了当事人之间举证责任的分担。

司法机关根据法律上有关推定的规定,要认定存在推定的事实时,首先必须确认有基础事实。对这种基础事实,除可以直接认知的以外,应由主张该事实存在的当事人举证证明。如果基础事实未被认知或证明,推定的规定就不能适用。其次还必须以无相反证据能推翻为条件。法律上推定的事实,既是依据基础事实而假定其存在的,认为它于己不利的一方当事人,就可以争议、反驳并提出相应的证据来作为否定的客观依据。如果他提供的证据确实可靠,是以推翻推定的事实,就不能适用推定的规定。如果相反的证据不足以推翻推定的事实,司法机关就应依法确认假定的事实存在,并用作定案的根据。有的主张法律上的推定,有可争议的推定和不得争议的推定之分。认为不得争议的推定,不允许对其进行争议、反驳,只要作为推定根据的事实被确认,司法机关就应认定推定的事实。

（陈一云）

tuiding zhengju

推定证据（presumptive evidence） 又称为"初步证据"（prima facie evidence）。英美证据法中的术语。在被其他证据推翻之前,被视为真实的和充分的证据。即证据从表面上看是真实的,并且从法律上判断,它足以证明当事人有利于己的主张。假如它不被其他证据推翻,它的确实充分性将得以维持。推定证据是一种假如当事人未提出证据加以反驳，即认定提出推定证据的一方当事人的主张成立的证据。

(熊秋红)

tuihui buchong zhencha judingshu
退回补充侦查决定书（decision to return the case to the public security organ or the state security organ for supplementary investigation） 人民检察院在对公安机关、国家安全机关提请批准逮捕或移送起诉的案件进行审查后，认为需要补充侦查时，依法行使法律监督权，要求公安机关、国家安全机关补充侦查而制作的法律文书。根据我国法律的规定和司法实践经验，对于退回补充侦查的案件，人民检察院应当制作《退回补充侦查决定书》，写明退回补充侦查的理由和法律根据等内容，最好能拟出退查提纲，连同案卷材料一并退回公安机关或国家安全机关，进行补充侦查。公安机关、国家安全机关对于退回补充侦查的案件，应当按照《退回补充侦查决定书》提出的要求，采取相应的法律措施，在法定的期限内进行补充侦查。

(王新)

tuoying zhaoxiang
脱影照相（recording photography） 消除因光照产生投影的拍照方法，是物证照相中常用的方法之一。在拍照立体物证时，由于光照而产生的投影，会使物证边缘轮廓不清，一些细节特征被阴影干扰或掩盖，必须运用脱影技巧把投影消除。常用的脱影方法有：①散射光脱影。散射光又称漫射光，是经多次多向反射后无明显方向性的光线，它均匀且柔和，不会产生明显的投影。室外阴影部分或阴天时的光线为散射光，在室内可将人造光或窗子透射光反射至墙壁或天花板后再投射至物证表面，可以减小投影的干扰。②多向照相投影。在拍摄立体物证时，在不影响物体质感和立体感的前提下，采用双向或多向光照条件，各向照度基本均衡，可以消除或减弱投影。还可以采用环绕摄影镜头的环形灯配光，可取得脱影拍照效果。③悬空脱影。用透明玻璃将被摄物证托起，使下面有足够的空间，并衬以与物证有明显反差的衬底；当光线从一侧照射被摄物体时，投影透过玻璃投向斜下方并超出摄影物镜视野范围，拍摄的物证没有投影，且有悬空效果。这是物证脱影照相最简便而有效的方法。④透射光脱影。用乳白色或磨砂玻璃承托被摄物证，下面以均匀光线透射为背景光，通过逆光效果衬托被摄物轮廓而消除阴影。这也是脱影照相最常用的有效方法。脱影照相拍摄的物证轮廓清晰、特征明显，是拍照立体物证的重要方法。

(蓝绍江)

tuoyeban jianyan
唾液斑检验（examination of saliva stain） 为确定可疑斑痕是否为唾液斑，以及鉴定唾液斑遗留者的血型、性别而进行的法医学检验。常见的唾液斑检材有现场遗留的烟头、烟嘴、果核、瓜子壳、手帕、口罩、帖胶的邮票及信封等。检验的步骤分为：①确证试验。鉴定被检验的斑痕是不是唾液斑，常用的方法是淀粉酶消化试验，阳性结果表示含有唾液。还可将斑痕用盐水浸出，经离心后取残渣涂片染色后，用显微镜观察，如检见口腔粘膜上皮细胞，即可判断为唾液斑。②唾液斑血型测定。鉴定被检验的唾液斑属何种血型。唾液斑中含有丰富的血型物质，凡分泌型的人可用吸收试验、解离试验、中和试验、混合凝集试验测定唾液斑的血型。O型可用抗H测定，非分泌型可用抗Le^a血清证实。③唾液斑的性别检验。唾液中含有口腔粘膜上皮细胞，细胞内有性染色质，根据x、y染色质的检出率，即可确定其性别(方法与血痕检验相同)。

(李宝珍)

W

waiwei xianchang
外围现场（surrounding scene） 与中心现场相联系的周围有关地带和处所。例如，犯罪人进入某一作案地点前后停留或藏身的地点，来去的路线以及其他遗留有同犯罪有关的痕迹、物体的地点。犯罪人为了转移侦查视线，逃避惩罚，往往特别注意对中心现场进行破坏和伪装，而对外围现场则比较容易疏忽大意。故而，在现场勘验过程中，应根据每个案件的具体情况，正确划定勘验范围，既要重视勘验中心现场，也要注意勘验外围现场。特别是在中心现场遭到严重破坏或被犯罪人精心伪装的情况下，在外围现场上犯罪人往往遗留有重要的痕迹、物品，所以更应仔细地勘验外围现场。外围现场不是一个独立的现场，而是一个现场的外围部分。　　（张玉镶）

waiwie zuoyong henji
外围作用痕迹（peripheral traces） 在某一物体覆盖在另一承受物体的局部时，由于外界环境因素的作用而使承受体被覆盖周围发生变化，但在被覆盖部位却因保持了原来的面貌，形成了覆盖物体（造型体）的反映形象，这称作"局部外围作用痕迹"。形成外围痕迹的外界环境因素是多种多样的：有因环境异物飘落而形成的承受体表面附着物的增加，如在库房内堆放的货物，表面及周围飘落了灰尘，当货物被移走后，该货物的轮廓大小形成了痕迹留在原处。也有光、热或化学作用导致承受体表面颜色改变或破坏，如一件穿了很长时间的衣服，由于日照的光化学作用已然褪色，但在纽扣下面被遮盖的部位却保持了原来的颜色，显示出纽扣的形状和大小。外围痕迹的清晰程度同环境因素作用的强度和时间成正比，同造型体与承受体面的距离成反比。环境因素作用越强、作用时间越长，则形成的痕迹越清晰、立体感越强；两客体距离越近、接触越紧凑，则痕迹的清晰度越高。由于外围作用痕迹一般只能反映造型体的一般轮廓形状和大小，故其价值远不如局部机械力作用痕迹。根据外围作用痕迹可以对刑事案情进行分析判断，对造型体进行种类判别和认定，但一般不能作同一认定。　　（蓝绍江）

wanguo jinyanhui
万国禁烟会（International Association of Suppression on Narcotic Drugs） 禁止麻醉毒品的第一次多边国际会议。1909年2月1日，由中国、美国、英国、法国、德国、日本、荷兰、葡萄牙、俄罗斯和暹罗（今泰国）等十余个国家参加的禁止麻醉药品鸦片会议（又称万国禁烟会），在中国上海黄浦江畔一座新建成的汇中饭店召开。当时在中国，清政府所掀起的禁种、禁吸鸦片运动正在全国范围内深入进行。禁烟声势浩大，为此受到万国禁烟会的一致肯定，同时这也是万国禁烟会选择在中国召开的重要原因。万国禁烟会从1909年2月1日至20日，共召开了14次会议，交换了有关各国鸦片危害的情况，讨论了禁止种植、吸食和贩运鸦片的措施。这是世界近代史上有关各国禁止麻醉毒品的第一次多边国际会议。会议最后形成了9条决议，虽然这些决议对与会各国政府并不具有法律上的实际约束力，但它却反映了与会各国代表对禁止和消灭鸦片祸害所达成的共识，为在后来召开的海牙国际禁毒会议上制订正式的国际禁毒公约打下了良好的基础。时至今日，国际社会仍然把在上海召开的这次国际会议视为国际禁毒运动的重要里程碑。　　（杨凤瑞）

wangxiang
妄想（delusion） 精神病患者在病理性精神活动的基础上进行错误的判断和推理，从而得出荒谬的结论。尽管客观事实已经证明其某些想法与事实不符，而且也不能实现，但病人对自己的判断和推理却坚信不疑，难以纠正。早期的病人由于自我批判能力和现实检验能力基本完整，对自己异常的思维活动有一定的鉴别能力，因此异常思维活动对病人的影响也不太大。随着病情进行性的发展，这种异常的思维活动逐渐占据病人思维活动的大部甚至全部，并开始在病人的意志行为中表现出来。妄想按其产生可分为原发性和继发性妄想，按性质可分为形象性与推理性妄想；按结构可分为系统性与非系统性妄想，按具体内容又可分为关系妄想、被害妄想、夸大妄想、特殊意义妄想等等。

有些病人的妄想症状不很典型，发展极为缓慢、隐蔽，人格保持也相当完整，在一般情况下，只要不涉及其病理性的思维内容，很难被他人发现。但他们随时可能在其病理性思维活动的支配下，实施冲动、伤人、毁物等危害社会的行为。妄想症状主要见于精神分裂症、偏执性精神病、躁狂抑郁性精神病、更年期综合征、老年性精神障碍等精神疾患。在临床精神医学和司法精神医学鉴定中，妄想是最常见的并具有诊断意义的精神症状之一。患者的整个精神活动可因此而受到严重的干扰，丧失对自己的行为的辨认和控制能力。为了反抗异常思维的指挥或与之相适应,患者可实施种种危害社会的行为、自伤或自杀以及其他非真实意志表达的行为。所以这一症状也往往是构成行为人无责任能力或无行为能力的一项必不可少的医学要件。

(孙东东 吴正鑫)

wangxiangxing zhijue
妄想性知觉(delusional perception) 对当时感知的某些事物突然出现妄想性意义的理解。出现妄想性知觉时,患者感到周围的事物都意味着、预兆着即将发生尚未肯定的事件。如一个病人感到医院变成了监狱,医疗器械成了刑具,医生是看管人员等。另一个病人感到街上的情形都异样了,有某种事件即将发生;某人盯视了他一眼,突感是一个暗探;一姑娘瞟了他一眼,感到被其钟情等。在妄想性知觉中,对周围事物的知觉并无变化,只是这些事物有了特殊的意义。在妄想性知觉中,往往有周围人物误认与双重定向,即正确性定向与妄想性理解的定向。还可有妄想性情绪或妄想性心境,患者为一种焦虑、紧张或惊惶、疑惑的情绪所笼罩,因此而出现异常的行为,如挣扎、反抗的冲动行为,也可有诉讼行为等种种表现。妄想性知觉常见于精神分裂症,亦可见于癫痫朦胧状态或中毒性精神病。

(孙东东 吴正鑫)

weiniu
违拗(negativism) 精神病患者对所有外来吩咐的一种无意的、不由自主的对抗。被动性违拗表现为拒绝执行任何吩咐;主动性违拗则表现为反指令而行。见于心因性精神障碍、精神分裂症等。

(孙东东 吴正鑫)

weijixing renge zhangai
违纪型人格障碍(illegal personality disorder)
见悖德型人格障碍。

weiyue sunhai peichang zhi su
违约损害赔偿之诉(action for contract default damages) 英美契约法上的一种补救之诉。一方当事人违反契约,他方当事人请求给予损害赔偿之诉。一方当事人是部分违约,还是全部违约,在所不问,只要是有违约之事实,对方当事人即可以要求违约之损害赔偿。一方当事人之违约,是否造成对方当事人有实际上的损失,在起诉时也在所不问。双方当事人之间的契约即使已经解除,只要存在过违约事实,也可以提起此种之诉。违约损害赔偿之诉,不同于契约本身权利义务之争的诉,即不是因契约关系发生、变更、消灭之争或者是行使权利、履行义务事实之争的诉,而是违约事实之诉。此种诉之成立要件,主要是有违约事实。对这种违约损害之赔偿,并非以实际损失为原则,而是以求得补偿为原则,因此,其赔偿范围,一是因违约自然发生的损失,二是在双方订立契约时可以预见到的及合理情况下的损失。一方当事人的违约,并不一定就给对方当事人造成实际上的损失,这是实践中往往存在的客观事实,但这并不免除违约者的责任,违约者仍应给予对方当事人一定的金钱补偿,即使是支付少量的,也是表示对其违约的一种确认。

(刘家兴)

weichi panjue
维持判决(court judgment supporting agency action) 人民法院驳回当事人的诉讼请求,肯定具体行政行为合法、正确的判决。它是人民法院对被诉具体行政行为的肯定,是人民法院对原告一方诉讼请求的驳回,是人民法院对业已形成的特定行政法律关系的认可。肯定具体行政行为合法,从理论上说,可以采取不同的方式:维持具体行政行为的效力;宣布或者确认行政行为合法;驳回原告的诉讼请求等。这三种方式各有利弊。例如,维持具体行政行为的效力的方式表现出强烈的支持行政机关依法行政的色彩,但使行政机关丧失了在裁判后灵活处理的裁量权;驳回原告的诉讼请求的方式为行政机关在裁判后进一步调整具体行政行为的合理性留下余地,但这种裁判的指向局限于原告的诉讼请求,与行政诉讼以审查行政行为的合法性为中心环节的特征稍有不谐。这正是我国《行政诉讼法》选择维持方式的主要原因。

维持判决的效力 维持判决一经生效,即产生以下法律后果:原告须接受原行政决定的约束,承担败诉的法律后果,并对被诉行政行为不得重新争议(即重行起诉);对生效判决不服的,只能提起申诉;被告不得改变具体行政行为的内容,并依法促使其具体行政行为得到实施。

维持判决的条件 《行政诉讼法》第54条第1款第1项规定:"具体行政行为证据确凿,适用法律、法规正确,符合法定程序的,判决维持。"这是对维持判决的适用条件的集中概括。由此可知,人民法院只有在具体行政行为同时具备以下三个条件时,才能判决维持具体行政行为:①具体行政行为必须证据确凿。这里的"证据确凿",应理解为证据确实、充分并足以证明具体行政行为所依据的事实。行政诉讼中证明的标准与刑事诉讼中证明的标准应有所不同,它不要求消除一切合理疑点,而只要求举证责任承担者的证据占有优势。②具体行政行为必须适用法律、法规正确。这里的"适用法律、法规正确"需要作广义上的理解,而不能与第54条第1款第2项中的"适用法律、法规错误"等量齐观。"适用法律、法规正确"至少应包括以下内容：具体行政行为必须具有法律、法规所规定的事实要件，行政机关适用某条法律、法规，必须具备该条法律、法规所确定的事实要件，如果缺乏特定事实要件，就不能适用该条法律、法规；具体行政行为的内容，必须在法律、法规赋予该机关的权限范围之内，也就是说，被诉行政机关不得超越其职权范围；具体行政行为必须符合法律的目的、原则和精神，行政机关作出的具体行政行为不仅要在其权限范围之内，而且要正当地、合理地行使，不能有滥用职权或显失公正之虞；具体行政行为所适用的法律规范必须是现实有效的法律规范。已经废除的或尚未生效的法律、法规，除了有特别规定的以外，一般不得适用；具体行政行为在适用法律方面无技术性错误。所谓技术性错误，泛指因疏忽大意而造成文字上的错误。③具体行政行为必须符合法定程序。法定程序，是指法律、法规以及具有法律效力的行政规范性文件所确定的、特定的行政行为的完成所必须遵循的行政程序。行政程序是保证行政机关正确、有效地进行行政管理的操作规程，是保证行政机关依法行政的必要条件，行政机关应当严格遵守。行政机关只有依照法定程序为具体行政行为，其具体行政行为才能有效，人民法院才能维持其效力。 （江必新）

weichi yuanpan

维持原判（affirm original judgment） 上级法院依照法定程序经过审理，认为原审法院的判决正确，而予以维护的诉讼活动。维持原判一般发生在上诉审程序(包括第二审程序、三审程序)中。我国刑事诉讼法规定，第二审人民法院对不服第一审判决的上诉、抗诉案件，经过审理后，如认为原判决认定事实和适用法律正确、量刑适当的，应当裁定驳回上诉或者抗诉，维持原判。对不服第一审裁定的上诉或者抗诉，经过审查后，如认为原裁定认定事实和适用法律正确的，应当裁定驳回上诉或者抗诉，维持原裁定。上级法院在审判监督程序中，对原判决、裁定认定事实和适用法律正确、量刑适当的，应当裁定驳回申诉或者抗诉，维持原判。 （刘广三）

weizheng de zeren

伪证的责任（responsibility of giving false evidence or testimony） 在刑事诉讼中，证人、鉴定人、记录人、翻译人故意提供虚假证明，或者故意歪曲、篡改、隐匿证据所应承担的法律责任。我国《刑法》规定：在侦查、审判中，证人、鉴定人、记录人、翻译人对与案件有重要关系的情节，故意作虚假证明、鉴定、记录、翻译，意图陷害他人或者隐匿罪证的，要依法追究刑事责任。《刑事诉讼法》第45条第3款规定："凡是伪造证据、隐匿证据或者毁灭证据的，无论属于何方，必须受法律追究"；第47条规定："法庭查明证人有意作伪证或者隐匿罪证的时候，应当依法处理"。但只有对与案件有重要关系的情节故意作伪证的，才构成伪证罪。在国外，经过合法宣誓的证人、鉴定人提供虚伪证据的，也以伪证罪处罚。 （熊秋红）

weizhuang jingshenbing

伪装精神病（pseudo-insanity） 见诈病。

weiren dailiren

委任代理人（party-appointed representative） 又称委托代理人。在民事诉讼中，受当事人、法定代表人或法定代理人委托，代为进行诉讼的人。委任代理制度是民事诉讼中适用最普遍的制度。各国民事诉讼法中基本上都作了规定，特别是在实行强制律师主义的国家，如德国、日本，诉讼代理人仅指委任代理人。各国对委任代理人的规定尽管各有区别，但委任代理人皆具有以下特征：①委任代理人代理权的产生既不是基于法律规定，也不是基于法院指定，而是基于被代理人的委托，因此在代理人和被代理人之间存在着一种委托关系。②委任代理人的代理权限范围取之于被代理人的授权，委任代理人只能在代理权限范围内进行一切诉讼活动，即委任代理人在代理权限范围内为代理活动，其法律后果由被代理人承担，代理人越权代理的行为无效。③委任代理人代理诉讼，被代理人必须履行一定的手续，与代理人签订代理合同，并向法院提交授权委托书。授权委托书是委任代理人取得代理资格并确认代理权限的证明文书，经法院认可后，代理人与被代理人的委托关系才正式成立。

委任代理人的资格，在实行强制律师主义的日本和德国，只能由律师担任委任代理人。我国台湾地区虽不实行强制律师主义，律师和非律师均可被委任为诉讼代理人，但民事诉讼法又规定："非律师而为诉讼代理人者，法院得以裁定禁止之。"在中国民事诉讼法中，规定的较为广泛，律师、当事人的近亲属、有关的社会团体或者所在单位推荐的人和经人民法院许可的其他公民都可以被委托为诉讼代理人。

委任代理人的代理权限范围，各国法律规定并不相同。《德国民事诉讼法》规定：诉讼代理人接受诉讼委任后"有权为一切诉讼行为，包括在反诉、再审、强制执行中的诉讼行为；有权选任代理人及上诉审的代理人；有权进行和解、舍弃诉讼标的或认诺对方所提出的请求而终结诉讼；并有权领受对方所偿付的费用"。中国《民事诉讼法》的规定相对严格，委任代理人必须在被代理人授权范围内进行活动,"诉讼代理人代为承认、放弃、变更诉讼请求,进行和解,提起反诉或者上诉,必须有委托人的特别授权"。并且"离婚案件有诉讼代理人的,本人除不能表达意思的以外,仍应出庭;确因特殊情况无法出庭的,必须向人民法院提交书面意见"。对于委托代理权的取得,也有严格条件,"委托他人代为诉讼,必须向人民法院提交由委托人签名或盖章的授权委托书","授权委托书必须证明委托事项和权限"。"侨居在国外的中国公民从国外寄交或者托交的授权委托书,必须经中华人民共和国驻该国的使领馆证明;没有使领馆的,由与中华人民共和国有外交关系的第三国驻该国的使领馆证明,再转由中华人民共和国驻该国使领馆证明,或由当地的爱国华侨团体证明。"港、澳居民从香港、澳门提交人民法院的授权委托书,须办理以下证明手续:我驻港、澳的机构(包括新华社香港分社、澳门分社等单位)的工作人员,由他们所在机构出具证明;香港港九工会联合会、澳门工会联合会等社会团体的成员,由他们所在的团体出具证明;其他港、澳居民可由我国司法部委托的香港律师办理证明。

委托代理权成立后,如果诉讼代理人的代理权限变更或解除,被代理的当事人应当书面告知法院并由法院通知对方当事人。委托代理权在诉讼终结、委任代理人辞却委托或委托人解除委托,以及委任代理人死亡或丧失诉讼行为能力的情况下归于消失。

(阎丽萍)

weituo bianhu
委托辩护(advocate by mandate) 犯罪嫌疑人、被告人为维护自己的合法权益,依法委托律师或者其他公民协助其进行辩护。委托辩护人进行辩护是犯罪嫌疑人、被告人的一项基本诉讼权利。担任辩护人的,既可以是律师,也可以是其他公民(见辩护人)。犯罪嫌疑人、被告人委托辩护人的时间,各国规定也有不同(见辩护人)。在委托辩护中,辩护人是依据与犯罪嫌疑人、被告人签订的委托合同而行使辩护权的,没有法律明确规定的情形,不得拒绝辩护,辩护人拒绝继续履行辩护职责的,应当经法院审查批准。在诉讼过程中,被告人可以拒绝辩护人继续为他辩护,也可以另行委托辩护人辩护。

(黄 永)

weituo jianding
委托鉴定(committed identitication) 侦查或司法机关在办案中遇到需运用专门知识、技术才能加以确认的与定罪量刑相关的事实时,授权有关部门予以检验或鉴定的法律程序。委托鉴定的范围包括痕迹鉴定、笔迹鉴定、文书物证鉴定、法医鉴定、司法化学鉴定、司法物理学鉴定、司法精神病学鉴定、司法会计学鉴定、司法摄影检验、警犬气味鉴别等。委托鉴定应当由委托部门向鉴定部门出具鉴定委托书。委托书内容应包括委托(或送检)部门、案由、简要案情、提交检材和样本的名称及数量,要求鉴定或检验的目的与要求、委托日期。这是受理鉴定部门对有关人或物予以检验或鉴定的法律依据。司法鉴定部门接到委托后,应当查验委托公函;有权听取和询问有关案情,必要时可以要求调阅案卷或到现场复查勘验;查验送检材料是否齐全,来源是否可靠,是否具备鉴定要件;根据自己的技术条件决定是否接受委托,并对不合理的鉴定要求予以修正或补充。凡未经公安、检察、司法机关立案的和不具备检验鉴定条件的,可以拒绝接受委托;对提交的样本或其他材料不全的可以要求补充。决定接受委托后,应当由送检人填写《委托鉴定登记表》。如委托专门的司法鉴定机关以外的部门的专家予以鉴定时,一般使用鉴定聘请书。鉴定部门接受委托后,应当由领导指派有能力的专家予以鉴定,并对检材予以妥善保管。鉴定后,出具鉴定意见书,连同剩余检材发还委托单位。

(蓝绍江)

weituo songda
委托送达(service by the plaintiff's agent) 因直接送达确有困难的,受诉法院委托其他法院或者有关单位将法律文书转交给受送达人本人。委托送达是送达的一种特殊方式,分为以下两类:一类是由其他法院代为送达,主要适用于受送达人居住在外省市的情况,由于直接送达路途遥远,而委托送达人居住地的法院将法律文书送达给受送达人;另一类是转交送达,由有关单位代为转交给受送达人,主要适用以下几种特殊情况:①受送达人是军人的,由其所在部队团以上单位的政治机关转交;②受送达人被监禁的,由其所在监所或劳改单位转交;③受送达人被劳动教养的,由其所在劳教单位转交。代为送达的法院或者代为转交的单位收到法律文书后,必须立即交受送达人签收,受送达人在送达回证上的签收日期,即为送达日期。委托送达与直接送达具有同等的法律效力。

(何 畏)

weituo xingwei gongzheng
委托行为公证(notarization of act of delegation) 公证机关证明委托行为的真实性、合法性的活动。公证机关的业务之一。委托行为一般通过由委托人签发授权委托书或委托人与受托人签订委托合同来表现。因此,在公证实践中,委托行为公证的方式主要是授权委托书的公证和委托合同的公证。授权委托书的公证,是公证机关根据委托人的申请,依法证明委人的授权委托行为的真实性、合法性的活动。在该活动中，申请人是委托人，授权委托只是委托人单方面的意思表示，该委托书的作用只在于证明委托人有授权委托的意思表示，受托人是否接受委托则取决于受托人接到委托书后所作出的意思表示，若受托人表示不接受委托人的授权委托，则授权委托书不发生实际作用。因此，授权委托书的公证，只在于证明委托人授权委托的意思表示真实、合法，而不包括证明受托人接受了授权委托。委托合同公证，是公证机关依法证明委托人与受托人之间签订的委托协议的真实性、合法性的活动。在该活动中，申请人是委托人和受托人。委托合同是委托人与受托人双方所作出的意思表示，因此，委托合同公证，不仅证明委托人委托的意思表示真实、合法，而且证明受托人接受了委托人的委托。

委托行为公证由委托人住所地或委托行为发生地的公证机关管辖。因为委托行为是委托人的授权行为，是其对自己合法权利的处分，该行为应当由委托人亲自作出。因此，委托行为进行公证应当由委托人亲自到公证处提出申请，而不能委托他人代办。申办委托行为公证，申请人一般应当向公证机关提交下列材料：①公证申请表；②委托人的身份证明，如果是法人申请公证的，应提交法人资格证明、法人营业执照副本、法定代表人身份证明；③授权委托书或委托合同；④委托授权办理相关事宜的依据。如委托他人出卖物品的，委托人一般得提交其对该物品享有所有权的证明。

公证机关办理委托行为公证，一般应对下列事项进行审查：①委托人的身份和委托人是否有民事行为能力；②委托人的授权是否是委托人的自愿行为，其意思表示是否真实、合法；③委托授权是否符合法律规定；④授权委托书上的签名或盖章是否真实，等等。应当注意的是，根据国家有关法律的规定，某些法律行为必须当事人自己亲自实施，如收养行为必须由收养人和送养人亲自进行，结婚登记必须由男女双方亲自到登记机关办理，像这些行为，不得委托他人代为进行。公证机关经审查，认为委托人身份明确，授权行为真实、合法，授权依据可靠、合法，委托人有行为能力，委托书或委托内容不违反国家法律规定，即可出证证明。而对不符合公证要求的申请，则不予公证。

委托行为公证的作用，除了证明委托行为的真实性、合法性之外，根据国际惯例和国家的有关法律规定，民事主体进行某些法律行为的授权委托，必须经过公证，方能取得有关机构的认可。如居住在国外的外国人在中国进行民事诉讼，其授权委托书需由当地公证机关公证后，方能得到中国法院的承认；中国公民继承域外财产的，授权他人代为办理继承财产事宜，授权委托书也必须经公证机关公证后，方能得到外国的有关机关认可。就这方面意义上讲，委托行为的公证，是授权委托书发生法律效力的条件之一。　　　（潘剑锋）

weituo zhixing
委托执行（delegated enforcement） 民事执行中，因被申请执行人或被执行的财产在外地，有管辖权的执行法院委托外地的法院代为执行行为。受委托的法院即成为法律文书的实际执行法院。根据我国现行法律，委托执行应遵守下列程序：①委托执行时，委托法院必须向受托法院出具委托函及作为委托执行根据的法律文书。委托函应记明被执行人或被执行财产的状况，说明委托执行的内容和要求。②受托法院收到委托函件后，必须在15日内开始执行，不得拒绝。③执行完毕后，应当将执行情况、执行结果及时函告委托法院；在30日内未执行完毕的，也应当将执行的情况函告执行法院。④如果受托法院有收到委托函件之日起15日内不执行的，委托法院可以请求受托法院的上级法院指令受托法院执行。⑤受托法院只能按照委托执行的要求进行执行活动，不能对作为执行根据的法律文书进行实体审查，不能自行改变执行的内容。受托法院在执行过程中遇到需要执行中止、执行终结的情形或案外人提出执行异议，以及出现执行和解、执行担保等情况时，应当及时告知委托法院，由委托法院作出处理决定。委托执行制度的确立既体现了执行的需要，也体现了法院之间的协助关系，当事人无权对此提出异议，受托法院按照法律文书确定的内容予以执行，当事人应当服从受托法院的指挥，接受受托法院的决定。委托执行后，委托法院不应再自行到外地执行。　　　（阎丽萍）

weituo zhongguo lüshi daili susong yuanze
委托中国律师代理诉讼原则（principle of representation by the P. R. C. licensed lawyer） 我国涉外民事诉讼的原则之一。律师制度是一国司法制度的组成部分，律师是其本国赋予的法律上的资格。一国的司法制度只能适用于本国，而不能延伸于国外，一国的律师只能是本国的律师，而不能当然也是他国的律师。任何一个主权国家都不允许外国司法制度干涉其本国的司法事务，这是国际上的一条原则。我国是独立的主权国家，以自己的司法制度独立行使司法权，不受任何外国司法制度的影响，不承认自然人的双重国籍，不存在任何人既是外国律师，又具有中国律师的资格，不允许外国律师在我国法庭上以律师的资格从事诉讼活动。但是，外国人、外国企业和组织在我国进行民事诉讼，与我国公民、法人和其他组织一样，有权委托诉讼代理人代为诉讼，他们委托诉讼代理人代为诉讼,也同样应当按照我国法律的规定办事。《中华人民共和国民事诉讼法》第241条规定:"外国人、无国籍人、外国企业和组织在人民法院起诉、应诉,需要委托律师代理诉讼的,必须委托中华人民共和国的律师。"此原则包括两个前提、一个要求。两个前提,一个是外国人、无国籍人、外国企业和组织;一个是他们需要委托律师代理诉讼。一个要求是,必须委托我国律师。两个前提必须同时具备,才能要求其必须委托中国律师。

关于委托的程式,《中华人民共和国民事诉讼法》第242条规定:"在中华人民共和国领域内没有住所的外国人、无国籍人、外国企业和组织委托中华人民共和国律师或者其他人代理诉讼,从中华人民共和国领域外寄交或者托交的授权委托书,应当经所在国公证机关证明,并经中华人民共和国驻该国使领馆认证,或者履行中华人民共和国与该所在国订立的有关条约中规定的证明手续后,才具有效力。"本条规定的程式是一个范围,两种程序,一个效力。范围只适用于在我国领域内无住所的外国人、无国籍人、外国企业和组织委托代理人。一种程序是委托书应当先经过公证,证明其真实性,后加以认证,对其公证证明予以确认;一种程序是委托书根据当事人所在国与我国订立的有关条约的有关规定,履行证明手续。一定范围内的外国当事人履行了一定程序的授权委托书,才在我国具有效力,即我国法院才受理其授权委托书,承认其受托人具有委托代理人的资格。

(刘家兴)

weixie

猥亵(obseene, salacious) 用性交以外的各种下流动作对待异性,以满足性欲的行为。猥亵者多为男性,被害者多数为女孩,也有成年女性。例如男人强行对妇女拥抱、接吻或用手指和其他异物塞入阴道,或用其他手段玩弄女性生殖器和乳房,或在女孩大腿内摩擦阴茎,或以阴茎接触女性的身体。有的甚至对怀抱的婴儿进行猥亵行为。有时偶有成年女性玩弄男童的性器官,或者强迫男童刺激罪犯本人的性器官。这种损害公共道德的淫秽下流行为,不但伤风败俗,而且危害社会治安,有时导致自杀、伤害和杀人的罪行。对儿童进行猥亵行为,严重影响了儿童的身心健康,有时可导致道德堕落,也可以感染性病。猥亵行为的法医学鉴定是比较困难的,有时能见到罪犯或被害人生殖器红肿或伴有表皮剥脱,亦有时在被害人身体上遗留精液物质。

(李宝珍)

weijing renmin fayuan yifa panjue bude dingzui yuanze

未经人民法院依法判决不得定罪原则(not to convict anyone without the adjudication under law of the people's court) 中国刑事诉讼法的基本原则之一。其含义是,对任何公民确定有罪的惟一法律根据是人民法院依法作出的生效判决,其他任何机关、团体和个人均无权将一个人从法律上确定为罪犯。同时,人民法院在制作刑事判决时必须严格遵守刑法和刑事诉讼法的规定,经过正当、合法的诉讼程序,否则,即使是人民法院也无权确定任何人有罪。

根据中国宪法、人民法院组织法及刑事诉讼法的规定,人民法院是国家专门的审判机关,拥有对刑事案件进行审理和制作裁判的权力,对公民的定罪权是其审判权的必要组成部分。定罪权由人民法院统一行使,本是宪法和法律的基本要求。但是,由于历史的原因,中国曾长期实行一种特有的免予起诉制度。人民检察院在审查起诉过程中,对于那些行为已构成犯罪,但依照刑法不需要判处刑罚或者免除刑罚的被告人,可以从法律上确定有罪,但不再向法院提起公诉。这种免予起诉决定一旦作出,被告人、被害人等均无权获得请求法院对该案件进行审判的机会。1996年修正的《中华人民共和国刑事诉讼法》第12条明确规定:"未经人民法院依法判决,对任何人都不得确定有罪。"这就使人民法院统一行使定罪权有了法律上的根据,也为废除免予起诉制度提供了法律基础。根据该法的规定,人民检察院对刑事案件进行审查起诉以后,只能作出两种决定:提起公诉和不起诉,而无权对任何人定罪。

未经人民法院依法判决不得定罪原则不仅要求将定罪权赋予人民法院统一行使,而且吸收了无罪推定原则的精神。这可以从修正后的刑事诉讼法的其他规定体现出来:①受刑事追诉者在人民法院依法作出生效判决以前,不得被称为"人犯"或者"罪犯",而具有两种法定的诉讼身份:在人民检察院提起公诉以前,称为"犯罪嫌疑人";在人民检察院提起公诉以后,则称为"被告人"。这两种诉讼身份都意味着涉嫌犯罪的人在整个刑事诉讼过程中从法律上不处于有罪公民的地位,而具有诉讼主体的地位。这就为犯罪嫌疑人、被告人享有并行使一系列基本的诉讼权利提供了法律基础。②作为公诉人的检察官负有提出证据证明起诉书列明的控诉主张的责任。在法庭审判过程中,检察官在提出和展示控诉证据方面承担主要责任,他要讯问被告人,主动询问自己提出的证人、鉴定人、被害人,主动请求法庭出示物证,宣读书证,播放视听资料,并且对辩护人提出的证据进行质证和辩论。这表明检察官承担主要的举证责任。③人民法院在审判过程中发现据以证明被告人有罪的证据不足、事实不清的,应作出无罪判决。这显然确立了作为无罪推定基本要求的

"疑罪从无"或"罪疑作有利于被告人的解释"的原则（见无罪推定）。

(陈瑞华)

weijuefan
未决犯(prisoner awaiting trial) 已决犯的对称。指受到司法机关的刑事指控或刑事审判，但人民法院尚未作出生效裁判确定其是否有罪及刑事责任的人犯。已经法院生效判决确定有罪及刑事责任的人犯，则称"已决犯"。1996年修正后的《中华人民共和国刑事诉讼法》已不再使用"人犯"一词，对受到司法机关刑事追诉和审判者，根据诉讼阶段的不同，分别使用犯罪嫌疑人、被告人的称谓。

(黄 永)

wei shierzhichang kuiyang chuankong ji dachu xue
胃、十二指肠溃疡穿孔及大出血(gastric duodenal ulcer perforation and massive haemorrhage) 胃或十二指肠的粘膜由于某局部表皮坏死脱落而形成的缺损，在某些情况下可发生穿孔或大出血。胃、十二指肠溃疡如果没有并发症，寿命可以与正常人一样，发作时有腹痛、恶心、呕吐、嗳气反酸等症状。造成急死的主要原因是溃疡穿孔和溃疡出血。其中有10%～15%的病人，以前无症状，出现并发症才是初发症状。①胃、十二指肠溃疡穿孔并发症。男性远较女性多，男女之比约20:1，以青壮年为多见，常在饱食后发作。当病变侵及肌层及浆膜层，可以突然穿孔，引起急性化脓性腹膜炎，出现剧烈腹痛、腹肌紧张等腹膜刺激症状，但少数病人根本无穿孔的典型过程，可因腹膜刺激性休克而突然死亡。尸体解剖可见：腹腔内仅有少量胃内容而炎症改变不显著，胃或十二指肠有溃疡，已穿孔。②胃、十二指肠溃疡大出血。常常在情绪不好或过度疲劳，或饮食不当的情况下诱发溃疡活动，使溃疡底部的大血管被侵蚀而破裂出血。若动脉壁已发生硬化，则缺乏收缩能力，出血往往更严重。病人感到眩晕、虚弱、头痛、出汗、口渴、气促，以至虚脱。此时面色苍白、四肢厥冷、脉搏频弱、血压下降。出血前常有溃疡病发作病史、腹痛加剧。但也有事先毫无症状，突然大出血休克而死亡。尸体解剖可见：胃内有大量血液，显著扩张；胃或十二指肠有溃疡，并见破溃的血管。

(李宝珍)

wenjian cailiao
文件材料(document materials) 能制成文件的所有物质的总称，包括纸张、墨水、油墨、墨汁及印油等。

纸张是纤维材料经过加工处理后，相互紧密地交织在一起的纤维薄层。所采用的纤维材料，主要是植物性的纤维，如木材、棉、麻、竹、草等，有时是动物性的、矿物性的或合成纤维。纸张可单独用纤维原料制成，但为了满足各种需要，通常加入一些填料、胶料和染料等，以增加其机械强度、光滑度、透明度和颜色。尤其像书写纸类必须有对墨水的吸收力，不扩散等。一般规定纸张的每平方米重量在200克以下，厚度在500微米以内，超重超厚皆为纸板。纸张是重要的文化用品，是常见的物证检材之一。纸张检验主要是对纸张外观形态（检材的大小、形状、数量、颜色、荧光颜色和纸病等）、物理性能（纸张平滑度、白透、不透明度、施胶度、网痕、毯痕、定量、厚度等）、纸张组成（纤维及制浆方法、胶料、色料、填料和漂白剂等）、附着物（主要有油痕、尘土、烟丝等）的检验。通常采用观察法、染色法、显微镜荧光观察法，纸色谱或薄层色谱法、化学定性分析法和仪器分析法等。复写纸是纸张的一种，供抄写或打字复写用的加工纸，由薄而柔韧的纸与浆料层构成，浆料层又是由色料、蜡和油脂等成分配制而成，有单面层和双面层之分，按颜色可分为红色、蓝色、紫色和黑色等，通常由辊筒涂布机以热熔法将涂料涂布于原纸而成。复写纸笔划附近通常有片状污染痕迹。手写复写纸字迹对纸张无渗透力，只是覆盖在纸张表面，字迹边缘发虚，易被擦掉。通常采用外观观察、溶解法、显色法、色谱法及光谱法进行鉴别。

墨水是用来表现文字或符号等具有一定颜色的液体。根据应用可分为一般书写墨水，如染料墨水、鞣酸铁墨水等和特种用途墨水，如绘图墨水、复印墨水、打字机墨水等。主要成分为色料、防腐剂、粘稠剂和水等。染料墨水也叫彩色墨水，根据颜色可分为纯蓝墨水、蓝黑墨水、红墨水、绿墨水和黑墨水等。常用的染料有酸性墨水蓝、直接湖蓝5B、酸性红G等。具有色泽鲜艳、色谱齐全，但易褪色等特点。主要用于书写信件和练习等用。碳素墨水是以炭黑为色料，水溶性酚醛树脂、甘油或乙二醇为粘稠剂，苯酚或甲醛为防腐剂等成分配制而成的一种常见的书写墨水，具有耐日晒、耐化学腐蚀、色泽坚牢、不褪不变等特点，用于书写永久性保存的文件、账目和档案等材料。墨水的检验方法有外观观察法、溶解法、薄层色谱法、液相色谱法、紫外及可见吸收光谱法、荧光光谱法及电子显微镜法等。

油墨是由色料（颜料或染料）、连结料、填充料和附加料等按一定比例混合，经反复研磨、轧制成的复杂胶体。根据用途可分复印油墨、印刷油墨、复写纸油墨和圆珠笔油墨。圆珠笔油墨是一种用于书写的油墨，具有颗粒小（直径小于0.1微米）、粒度均匀，形成的墨迹具有耐晒、耐水、干性好，但耐有机溶剂差等特点。有蓝色、红色、紫色、黑色等。根据溶解性可分为油溶性和醇溶性两种。油溶性油墨由油溶性染料和油类，如油酸、酯胶、蓖麻油为溶剂配制而成,用于普通圆珠笔芯;醇溶性油墨以三乙醇胺、苯甲醇、树脂等为溶剂,用于高级圆珠笔芯。圆珠笔油墨可采用外观观察法、薄层色谱法、液相色谱法等进行检验。

印泥是由颜料、蓖麻油和防腐剂等成分配制而成的油溶性文化用品。常见组成有大红粉、中铬黄、陶土、牛脂、蓖麻油、乙萘酚、石炭酸和艾绒等。色泽稳定,适用于字面较细致的印章。印油也叫打印墨水,是由染料和粘稠剂制成的水溶性液体,常见的有红、蓝、紫三种颜色。常用的染料有碱性红、碱性蓝、碱性紫、酸性G大红和酸性红等。常用的粘稠剂有甘油和乙醇等。常用外观观察、颜色反应、薄层色谱、紫外—可见光谱、荧光光谱、液相色谱法等进行检验。

墨汁是一种供书写或绘画用的黑色粘性液体,含有色料、防腐剂、粘稠剂三种组合,主要成分有炭黑、骨胶、碳酸钠和苯酚等。适于用毛笔书写、绘画,具有耐酸、耐碱、耐光、稳定性强等特性。墨迹较薄,有光泽,纸张易出现皱纹(薄纸更明显),有臭味。磨墨为固体块状,墨锭经过研磨而成墨液,常用油烟或其他炭黑作色料,皮胶或骨胶等胶水作粘糊剂,冰片或麝香等作香料配制而成,用于书写和绘画,与墨汁相比,墨透较厚,纸张不易出现皱纹、无臭味、有光泽,与酸碱作用无变化,与宁西特林作用显蓝紫色,与χ—氰基丙烯酸乙酯(即"502"胶水)作用生成白色沉淀。此外还可用电子显微镜,红外光谱法等进行检验。

色痕是一切带有物质的颜色施于另一物质而形成的具有颜色的痕迹,可分为墨水、墨汁、圆珠笔油墨、印泥、印油、铅笔等色痕,是常见的司法鉴定微量物证,检材不同,采用不同的检验方法。

(王彦吉)

wenjian jianyan

文件检验(document examination) 亦称"文书检验"。在诉讼活动中,运用客观、科学的技术方法,查明有关的文字、图形、音像等证据资料同案件事实的联系,揭示其证据意义,为查明案情和正确适用法律提供证据的专门工作。是司法鉴定体系中的重要组成部分。文件检验的具体对象包括:①书写字迹;②各种印刷和复制文字或图形;③各种印章、印文;④制作文件的物质材料(纸张、墨水、油墨、糨糊等);⑤语音资料等。常用的检验手段可分四类:①形态比较法,主要用于笔迹鉴定、人相貌鉴定、伪造货币票证的鉴定等。②测量统计法,主要用于印刷文件检验、印章印文检验以及票证货币的检验等。③理化检验法,主要用于对不易见文字图形的显现和检验,如对被销蚀文字、褪色字迹、压痕文字、被掩盖或涂抹文字、金属上被挫掉的钢印等的检验。④仪器分析法,主要用于对文件物质材料的定性和定量分析及语音识别技术等。

文件检验在实践中可分为两大体系:①书法检验,包括笔迹鉴定和书面语言特征分析。它是通过手写文字中的书写习惯特征和语言表达中的方言、土语及用词组句中的个性特征,对书写人进行认定或否定的技术。②文件技术检验,是借助专门的工具、设备或实验手段,对印刷文件、隐形文字、图形印文、伪造票证、音像资料、人像照片以及形成文件的物质材料进行分析检验,认定作案工具,揭露作案手段,划定侦查范围,提供侦查线索;亦可对作案人进行识别。

文件检验在司法鉴定中是比较成熟、相对独立、可以自成体系的学科。我国各级公安、司法机关设有专门的文件检验机构或专职技术人员。专门高等院校中设有文件检验专业,高等法学院、系开设文件检验课程。广大理论和实践工作者编著有专用的教材和专著;中国刑事科学技术协会设有文件检验专业委员会。

(蓝绍江)

wenshu kanyan

文书勘验(inspection of documents) 刑事勘验技术的组成部分。运用专门理论和方法,对与犯罪有关的各种文字材料的勘察、检验。主要包括:

书写文字勘验 指对借助于书写工具写的字的检验,亦称笔迹检验。主要检验书法特征、文字布局特征和语词特征。书法特征是指书写人书写文字符号的动作习惯的反映和表现。主要有:书法水平、字形、字体、字的写法、笔画顺序、结构搭配、运笔规律、标点符号及其他符号的写法等方面的特征。文字布局特征是指文字符号在书写材料上安排的形式和分布状况。主要有:字序和字行、字行的形态、字间与行间的间隔、字行与格线的关系、字行与页边的关系、分段与缩头、程式语的安排位置、固定词组的写法和搭配关系等特征。语词特征是指文字符号在书写材料上表现出来的用词造句方面的习惯。主要有:掌握的词汇的数量和范围、运用文言词、古旧词、方言词、行业语、专业术语、外来词、熟语、标点符号、体裁及句子形式、虚词、程式语和不规范的构词等方面的特征。上述三方面的习惯特点,构成了书写人的书写习惯的特定性和相对稳定性。即使书写人企图歪曲自己的书写习惯,也难于全部改变。

打印和铅印文字勘验 对于打印文字,主要检验文字所反映的打字机运动机构的间距、分格距离、铅字类型、铅字笔画的残缺、弯曲、磨损等细节特征,以及文字行间距离、混合字、模糊字和双影字等。检验打印文字,可以辨别打印文书是否伪造及为认定伪造的文书是用哪一部打字机打印的提供依据。对于铅印文字,主要检验文字所反映的铅字的字体、型号、铅字笔画的细节特征。检验铅印文字,可以判明文书是否伪造、变造,还可以查明铅印文字的出处,为侦查提供线索。

印刷图案符号勘验 其任务是通过检验票证、证件上的图案符号,鉴别有关票证、证件的真伪。主要检验版面内容、印刷版型、图案及文字的结构、暗记特征以及票面、证件的大小、形状和剪切线的位置等。检验时,要注意票证、证件在使用过程中可能发生的变化、漏版以及在印刷过程中产生的其他缺点,不要机械比对,要考虑到其中各种可能发生的变化。

图章印文勘验 指对与犯罪有关的公、私图章印文的检验。图章印文是各种文书、证件真实性的一个重要凭据。图章印文检验的任务,就是通过对印文的检验,鉴别图章印文是否伪造及伪造的方法,为侦查提供证据。印文是否伪造,一般通过对印文仔细观察检验,即可查明。在比较复杂的情况下,应向有关单位或个人索取真印文样本进行比对鉴别。在侦查犯罪中,有时还需要用物理方法和化学方法显现模糊难辨的印文,以判明印文盖印的时间、地点,为侦查提供方向。

对于发现的各种文书,应先用照相、绘图和笔录的方法记录,在提取、包装和运送的过程中,应细致谨慎,避免损坏,不能任意添加记号或折叠、揉搓和粘贴,并注意保护文书上可能留下的手印及其他斑迹。必要时,可以对文书物质材料,如所用纸张、墨水、颜料、糨糊的种类进行检验。

(张玉镶)

wenshu wuzheng jianyan

文书物证检验(documents inspection of evidence) 对制作文书的各种物质材料的检验,如纸张、墨水、油墨、印油、糨糊、胶水等材料的检验。检验这些物质材料,可以根据其成分、理化性质、外观或显微形态等,确定其种属。其意义在于:①为侦查工作提供线索或范围;②鉴别从嫌疑人处收集的物质材料是否同检材相同,为认定或排除嫌疑提供证据;③在某些特定条件下可以认定文书物证的同一,为认定作案人提供有力的证据。文书物证检验主要采取比较分析的方法,即将检材物证与可疑物质样本进行相同方法的分析、比较,确定二者异同。检验方法主要包括:①物理检验法。通过物理仪器测定厚度、色泽、光密度、比重、折射以及荧光现象等,对物质材料进行无损检验。②形态分析法。借助显微镜观察物证的纤维结构或颗粒结构的形态、大小、排列是否一致。③化学检验法。利用某些化学试剂对物证的特定反应或反应链,确定物证的种属。但这种方法易消耗检材。④薄层分析法。用层吸的原理和技术确定物证中某些组分是否存在,并进行比较确定异同。⑤仪器分析法。主要有光谱分析、色谱分析、扫描电镜能谱分析等,对物证材料进行定性定量比较。

(蓝绍江)

wenti ertong

问题儿童(problem child) 又称儿童品行障碍。在儿童品行上经常出现缺点,并已达到与社会要求相悖的程度。早期常以哭闹作为要挟的手段来达到自己的目的。随着年龄的增长,常粗暴地扰乱他人、不服管教、不遵守纪律,有攻击和反抗行为;做事怠惰,不负责任,无耐心,常与其他小朋友争闹,打骂、欺负同伴。再严重者,则惯于说谎、偷窃、逃学、出走,甚至流窜。学习成绩低劣,可有多次留级。导致这种儿童品行障碍的原因包括民族文化、家庭教育、社会环境等多方面的因素。问题儿童一旦形成,便给家庭和社会带来危害。对于问题儿童的矫正,应从多方面综合作用,除说服、教育、诱导外,必要时,应对严重危害社会者予以强制措施。

(孙东东)

wubing tuiding

无病推定(presumption of not mental disorder) 特指在司法精神医学鉴定中,鉴定人对被鉴定人的精神状态首先应当推断为正常,且具有完全刑事责任能力或民事行为能力,除非有确凿的证据证明被鉴定人确实患有精神病并且因此而影响其主观上对自己行为的辨认或控制能力时,方可作出有病以及限制其相应法律能力的鉴定结论之一种司法精神医学鉴定思维模式。

无病推定原则是一种反驳性的法律推定。在近代法律体系和司法精神医学理论体系中,这一原则最早以法律的形式提供,见于1843年英格兰法院的法官就英国上议院针对在审理英国公民麦克·诺顿(MacNaghten)刺杀首相的案件中,以麦克·诺顿患有精神病为由而宣判无罪一案所提出的质询,以规则的形式做出的解释——《麦克·诺顿规则》,即"在考察犯罪的行为能力以及为此而接受审判和承担法律责任的能力方面,所有人均被推定为理智健全和有充分的理由对犯罪行为承担责任。除非有充足的证据能够推翻精神正常的推定,证实被告人缺乏理智,不了解自己行为的性质"。百多年来,虽然有关精神病人的立法不断出台,但这一规则一直在英美法系国家中适用,而且推广至民事等所有法律部门中。在其他国家的刑事立法中,这一规则的基本精神也普遍被吸收和引申。

在司法精神医学鉴定中施行无病推定原则,对维护当事人的合法权益,防止精神病诊断的扩大化,查明案件事实,分清责权利以及定罪量刑,维护社会安定,均具有理论和实际意义。

(孙东东)

wu heli huaiyi

无合理怀疑(beyond reasonable doubt) 英美证

据法和证据理论中的用语。无合理怀疑的证明,一般被认为是刑事诉讼法中的证明标准,指负有举证责任的控诉人,对其控告被告人的犯罪事实,必须被无合理怀疑地证明,即其证明必须达到使法官和陪审员能够排除合理怀疑的程度。英美诉讼法学者一般认为,这一证明标准与民事诉讼中的证明标准,即概然性占优势的证明是有区别的,因为概然性占优势的证明,是指一方当事人与另一方当事人对作为自己主张新根据的事实的证明,谁占有优势,存在的可能性更大,法官和陪审员就应肯定谁的主张。所以,刑事案件的证明标准高于民事案件的证明标准,即两者要求的证明程度是有差异的。

对"无合理怀疑"这一用语,英美许多法院的判例中曾作过说明,一个英国大法官在米勒诉国家保险与恤金部部长一案的说明,就具有代表性。他说:"无合理怀疑,并非意味着毫无怀疑,……如果证据对某人非常不利,有利的可能性甚微,则这点可能性亦可由判决'当然,它是可能的,但一点也不确实的'所消除了。案件可以无合理怀疑地予以证明。但是,未达到无合理怀疑的充分程度便不足以证明。"英美法系国家虽然不少法官和诉讼法学者认为"无合理怀疑"这一用语空洞、抽象,应予改变,有的并提出了可用"确实感到"、"被彻底说服"来代替,但现在仍然在普遍使用。

以无合理怀疑作为刑事案件的证明标准,是以人们很难查明案件的真实情况作基础的,《牛津法律大辞典》在《证据》这一词条中谈到证明所要达到的标准问题时就曾讲到:"如果法院要求所调查的事实必须确凿地予以证实,几乎没有几个案件被认为是证实了的","因而,在民事案件和刑事案件中,证据必须在不同程度上证实其可能性,而无需证实其确定性。"(光明日报出版社 1988 年中文版,第 316 页)可见,无合理怀疑所要求的证明程度,仍然是一种概然性,只不过它应超过合理怀疑,较民事案件的要求为高而已。

根据无合理怀疑的证明要求,控诉人对其控告的犯罪事实,既应提供必要的证据,又要据此进行论证,排除合理怀疑,使法官和陪审员信服。法官和陪审员对于指控是否已被无合理怀疑地证明,则基于自己的生活经验和认识能力自行决断。　　　　(陈一云)

wuyin huibi

无因回避(peremptory challenge)　有因回避的对称。英美刑事诉讼制度中回避的一种形式。指申请回避的人在提出陪审员回避时无需说明任何理由。有权享有要求无因回避的只有被告人及其律师。对被告人及其律师提出的无因回避的要求,法院不得以任何理由拒绝,否则审判会因程序不合法而无效。但是,他们要求陪审员回避的人数有法定的限制,被告人一方可以要求 7 名陪审员无因回避,有多名被告人的,每一被告人都可要求 7 名陪审员无因回避。1988 年,英国的无因回避制度被取消。　　　　　　(朱一心)

wuzheng daibu

无证逮捕(arrest without warrant)　与"有证逮捕"相对而言。英美刑事诉讼中司法人员或者其他公民在没有法定司法机关签发的逮捕证的条件下所实施的逮捕。英国 1967 年《刑法条例》规定,无证逮捕的对象有:①犯有可捕罪的人,或者有合理根据怀疑已经犯了可捕罪的人;②正在犯某种可捕罪的人,或者有合理根据怀疑正在犯某种可捕罪的人;③正在实施破坏治安行动的人,或者有合理证据确信可能重新实施此项行为的人。在美国,警察在下列情况下可以实施无证逮捕:①罪行属于轻罪,且犯罪时警察"身临现场",亲自感知正在发生犯罪的;②警察有正当的理由相信某人已经或者正在进行犯重罪的行为。按照大多数州的法律规定,公民对他在场时实施重罪活动的人也有权进行无证逮捕。　　　　　　　　　　(黄　永)

wuzui bianhu

无罪辩护(advocacy of innocence)　犯罪嫌疑人、被告人及其辩护人进行的否认犯罪指控,论证其没有犯罪,不应受到刑罚处罚的辩护。无罪辩护一般有以下几种:犯罪嫌疑人、被告人没有实施所指控的犯罪或者犯罪嫌疑人、被告人的行为不具备所指控犯罪的构成要件;犯罪嫌疑人、被告人未达到刑事责任年龄或没有刑事责任能力;犯罪嫌疑人、被告人的行为具有法律规定的违法阻却事由,如正当防卫、紧急避险等不具有刑事违法性,不构成犯罪;犯罪嫌疑人、被告人的犯罪超过法定追诉时效,不应受到刑事指控等。无罪辩护一旦成立,公安机关、检察机关应作出撤销案件或不起诉决定,人民法院应作出无罪判决并立即释放被羁押的犯罪嫌疑人、被告人或解除相应的强制措施。

(黄　永)

wuzui panjue

无罪判决(no guilt of judgment)　判决的一种,相对于有罪判决而言。根据我国《刑事诉讼法》的有关规定,人民法院针对下述三种情形之一而作出的处理决定均属无罪判决:①已有充分、确实的证据证明被告人的行为不构成犯罪的;②没有充分、确实的证据证明被告人的行为构成犯罪的;③情节显著轻微、危害不大,不认为是犯罪的;④其他法律规定免予追究刑事责任的。对第①、③、④种情况在叙述理由后直接作出无罪判决,对第②种情况则应作出证据不足、指控的犯罪不能成立的无罪判决。无罪判决应当在判决书的主文部分明确宣告被告人无罪。我国台湾省刑事诉讼法规定,对于因未满14岁或心神丧失而其行为不罚,认为有谕知保安处分之必要者,应在宣告无罪的同时,谕知保安处分及其期间。

(汪建成)

wuzui tuiding

无罪推定(presumption of innocence) 亦译无罪假定。指任何人,在法院尚未对其作出有罪判决以前,应当被视为无罪的人。国际社会和许多国家视其为刑事诉讼法中保障人权的一项基本原则。

无罪推定是由著名的意大利法学家贝卡利亚(Cesare Bonesana Beccaria 1738~1794)在1764年的名著《论犯罪与刑罚》关于《反对拷打》一节中率先提出的。"在没有作出有罪判决以前,任何人都不能被称为罪犯。而且在没有肯定他违反了遵守它就要保证给予保护的条件以前,社会不能使被告人失去社会的保护。因此,只有强权才能给予法官这样的权力:当对某公民是否有罪还存在着疑问时,就惩罚他。在犯罪行为已得到证明或没有得到证明之间进行抉择,这已不是新的抉择了。如果犯罪行为已得到证明,可以根据这个罪判处法律规定的刑罚,那么拷打是无益的,因为犯人的招供是多余的。如果犯罪行为没有得到证明,那就不应折磨无罪的人,因为任何人,当他的罪行没有得到证明的时候,根据法律他应当被看做是无罪的人"。后人公认这段名言就是无罪推定原则的最早明确表述。

对于这段名言的精神应当完整地理解。首先,对于受到司法当局怀疑犯了罪的人,甚至已经受到刑事指控的人,在法院尚未对其作出有罪判决以前,根据法律应当视其为无罪的人。这一论点指明了犯罪嫌疑人和被告人是无罪的法律地位。因此,司法机关、社会公众不能将嫌疑人或被告人视为罪犯,更不能按罪犯加以对待。这一论点是无罪推定思想的核心和精髓,以下几点是由其派生的。其次,犯罪嫌疑人和被告人实施的行为没有违反社会保护条件的,国家和社会就不能使其丧失社会对其的保护。换言之,他(或她)们仍然享有社会保护的权利,如劳动权、工作权、生活权、甚至受社会尊重的权利,等等。第三,司法官员对嫌疑人或被告人实施的拷打行为,是强权统治在司法中的体现,应当加以反对。第四,司法官员拷打被告人的目的是为了取得被告人承认自己有罪的口供,从而依此加以定罪。贝卡利亚在反对拷打的同时,提倡法官应当通过证明活动以认定被告人是否有罪。假如被告人的有罪事实已经得到证明,那么实施暴力以强迫被告人认罪就是多余的了。第五,通过证明,对某人是否有罪还存在疑问时,法院不得判处有罪并处以刑罚,而应按无罪的人予以释放。

贝卡利亚提出无罪推定,旨在当时历史条件下反对将未被定罪的人当做罪犯对待,反对封建司法的刑讯逼供等。随着国际社会和各国人民对"保障人权"、"司法民主"呼声的日益高涨,许多国家的法学理论和立法从无罪推定原则中引申出一些证明规则和诉讼权利。如被告人享有辩护权、沉默权及不受强迫自证有罪权;证明被告人有罪的责任由控诉方承担,被告人没有证明本人无罪的义务;为要推翻无罪假定这一命题,控诉方的有罪证明必须排除一切合理疑点,存有任一疑点,法庭必须判决无罪。有些学者还认为保释制度也是以无罪推定为理论依据的。

在贝卡利亚提出无罪推定约20余年后,法国率先在1789年通过的《人权和公民权利宣言》中规定:"任何人在其未被宣告有罪之前,应当被假定为无罪的人。"随着资产阶级革命的扩展,愈来愈多的资本主义国家接受了无罪推定原则,有的则在宪法、刑事诉讼法中得以体现。20世纪中叶以来,国际社会赋予无罪推定以保障人权的新意,并在1948年12月10日联合国大会通过的《世界人权宣言》(Universal Declaration of Human Rights)及1966年签订并在以后生效的《公民权利和政治权利国际公约》(International Covenant on Civil and Political Rights)中予以明文规定。这两项国际文件规定的内容基本一致,都将无罪推定界定为:受刑事控告之人,未经依法确定有罪以前,应假定其无罪。可以认为,无罪推定已经成为国际公认的保障人权基本原则之一。

作为社会主义国家的前苏联,在1958年通过的《苏联和各加盟共和国刑事诉讼纲要》中规定:"非经法院判决,任何人不能被定为犯罪人并受到刑事惩罚。"有人解释这就是无罪推定。实际上这项条款着眼于限定:只有法院才有权判处某人为有罪的人并处以刑罚,非经法院判处有罪,任何人都不能被定为有罪的人,而未指明法院判决有罪前被告人是无罪人的法律地位,与贝卡利亚所谓的无罪推定尚有差距。前苏联在1973年批准了联合国大会通过的《公民权利和政治权利国际公约》后,在1978年6月16日苏联最高法院全体会议的决议中指出:"被告人(受审人)在其罪责未依法定程序被证明并被已发生法律效力的判决确定以前,被视为无罪。"这项决议的内容既符合贝卡利亚无罪推定的精神,又与国际文件的相关规定接轨。

我国在1979年通过的《刑事诉讼法》中只字未提无罪推定。理论界对无罪推定的含义及我国是否可以并应该推行无罪推定原则争议很大。根据1996年3月17日《关于修改〈中华人民共和国刑事诉讼法〉的决定》修正后的《刑事诉讼法》第12条"未经人民法院依法判决,对任何人都不得确定有罪"的规定与前苏联1958年《刑事诉讼纲要》的相应规定相似。与修改前的《刑事诉讼法》相比,有一定进步,但尚不是贝卡利亚及以后国际文件所指出的含义上的无罪推定。此外,修改后的《刑事诉讼法》增加的第 162 条第 3 项规定:"证据不足,不能认定被告人有罪的,应当作出证据不足、指控的犯罪不能成立的无罪判决。"这是"疑罪从无"思想的反映,符合贝卡利亚的无罪推定思想内容的一部分,而不是全部。 　　(王以真)

wuzui zhengju
无罪证据(evidence of innocence) 有罪证据的对称。见有罪证据。

wupin bianren
物品辨认(identification of object) 对侦查中查获的有关物品的辨认。包括犯罪使用物辨认、赃物辨认和现场遗留物辨认。一般是通过被害人、失主对有关物品进行直接辨认。如果不具备直接辨认的条件,可将物品拍成照片进行辨认。目的在于确认物品的持有者,或确定物品的生产、使用单位及销售范围,以发现嫌疑线索和查明有关案情。物品辨认应遵守侦查辨认规则并制作辨认笔录。 　　(张玉镶)

wuti jianyan bilu
物体检验笔录(record of inspecting thing) 勘验笔录的一种。对物体检验情况的文字记载。司法人员对于与犯罪有关的物品应当进行检验,检验的情况应当写成笔录。笔录中应记载:物品的来源及检验的时间、地点;物品的特征,如物品的材料、形状、尺寸、体积、重量、颜色、位置等。必要时,可绘图或拍照附于笔录内。笔录应当由参加检验的人和见证人签名或者盖章。 　　(熊秋红)

wuzheng
物证【刑诉】(material evidence) 有广、狭两义之分。①狭义的物证,指以其外部特征、存在场所和物质属性证明案件事实的实物和痕迹。物证的表现形式多种多样,在刑事诉讼中常见的有:犯罪分子实施犯罪的工具,犯罪过程中留下的实物和痕迹,犯罪行为侵犯的客体物,以及其他可供揭露犯罪和查获犯罪人的物品,如凶器、血衣、现场的指纹、赃款赃物等。物证是刑事诉讼中广泛使用的一种证据。物证具有较强的客观性、稳定性,但物证可能被伪造,又容易与疑似的物品相混淆,与案件事实之间的联系也不易辨明。因此,对物证应认真进行审查判断。审查物证可以通过直观识别、辨认、鉴定等方法进行,并应联系案内其他证据分析对照。②广义的物证,"实物证据"的简称,与"人证"相对应。指表现为客观存在的物体的证据,包括:狭义的物证,书证,视听资料,勘验、检查笔录。 　　(熊秋红)

wuzheng
物证【民诉】(real evidence) 民事诉讼证据的一种。有狭义和广义之分。狭义的物证指以有形物品本身的外形、特征、质量等证明案件事实的证据,如债物质量纠纷中买卖标的物、致人伤害的工具、遗产分割纠纷中的遗产,等等。与它相对应的概念是言词证据和书证。与言词证据的区别在于表现形式不同,与书证的区别在于书证是以其所表述的内容证明案件事实,而其内容是需要通过阅读才能被了解的;物证则以本身的客观形态证明案件事实,这种形态是通过直观的观察或特定的专业鉴定而被了解的。广义的物证指表现为实物形态的一切证据,包括书证在内,因此也称作实物证据。我国民事诉讼法中所使用的物证是就其狭义的意义而言的。物证应当提交原物,提交原物确有困难的,可以提交复制品或照片。 　　(于爱红)

wuzheng yu wuzheng fenxi
物证与物证分析(evidence and evidence analysis) **物证** 能证明案件真实情况的一切物质。任何一种物质都有可能成为物证,但能作为物证的物质必须与案件有关,即必须与案件有着内在的联系。

物证的分类 物证来源广泛,种类繁多,按物证的物质特性可将物证分为:①痕迹物证。指罪犯在实施犯罪时,所形成的反映形象痕迹、整体分离痕迹、动作习惯痕迹及转化形象痕迹等。如指纹、足迹、工具痕迹、枪弹痕迹等。②文书物证。指与犯罪有关的笔迹、文件、照片等。③法医物证。指能证明案件真实情况的与人体有关的各种物质。如唾液、血液、毛发、精斑等。④毒物物证。指能够以较小剂量引起中毒,并与案件有关的物质。如有机磷、氰化物、农药等。⑤化验物证。指除上述之外的与案件有关的一切物质。通常按其来源分为:工业产品,如炸药、油脂、纤维、纸张、色料、粘合剂、塑料、涂料、橡胶、金属、玻璃、陶瓷、白灰等;农产品,动植物油、粮食、食品、蔬菜、水果等;自然物质,木屑、杂草、花粉、泥土、羽毛、贝壳、鳞片、微小生物等。

微量物证 物证的一种特殊形式,指能证明案件真实情况的一切量小体微的物质。量小体微是指所获得的物证检材绝对量小及未被污染的纯净检材细微,以至于用肉眼难以发现,必须采用特殊的手段和方法才能发现和采取。对其进行检验时,必须采用微量及超微量方法即高灵敏度的现代化分析仪器。随着科学技术的发展,犯罪分子作案手段日趋智能化、专业化和复杂化,一些显而易见的常规物证往往被破坏和销毁，从而使微量物证在刑事案件的侦破中越来越显示其重要性。与常规物证相比，微量物证有其自身的特点。主要表现为：①出现的几率高。由于微量物证细微、量少、易遗留在犯罪现场或从犯罪现场带走，且不易被销毁。②不易被发现、采取。微量物证常常混杂于其他物体中，或附着于其他物体上，必须采用像放大镜、特殊光源等方法去发现，用专门的工具采取。③易被污染、丢失。在采取或送检中稍有不慎就会造成污染或丢失。④必须采用高灵敏度的微量分析和先进的仪器，才能提供可靠、准确的信息。⑤不是以完整物的形式存在，而是以破碎和分离性的形式存在，因此不反映完整物的形象。在实际工作中，不能孤立地看待微量物证，要与现场勘察、案情及其他证据结合，综合进行分析。

物证形成的方式 物证的形成是由物质转变成物证的过程。通常有两种形成的方式：一是物质的重复再现，另一种是物质的转移。①物质的重复再现是指物质在发生运动中再现自身特征于其他物体的属性。印刷品、印章等的形成是其自身特征在印刷或押印过程中在承受客体上的重复再现。由于射击距离不同，射击残留物在所承受的客体上显现出一定的特征分布规律。客体所具有的反复多次再现的属性，为物证分析提供了可能。②物质的转移是指物证在形成过程中，物质的一部分向其他物体的转移。如果在物证形成过程中，物质仅做机械运动，并未发生化学变化，则称物理转移。物质从整体分离而形成的转移叫分离，如撬压使被撬物表面油漆分离而转移，纤维以衣物上分离而转移；由物质微粒（分子原子或离子）的热运动所产生的物质迁移叫扩散，如爆炸现场的烟雾向四周的扩散，字迹的墨水在纸张中的扩散等。化学转移是指物证在形成过程中发生了化学反应，即通过化学反应改变了物质的化学组成、性质和特征而形成的物证。如炸药爆炸而形成的气体和气体产物；燃烧使物质变成灰烬等，各种化学反应都可形成物证。

因为物证与犯罪案件有着内在的联系，具体表现在与时间的联系、空间的联系、与犯罪人的联系、犯罪行为的联系，因此它是了解和正确认定案件事实的基础。通过物证分析，可为案件的侦破提供线索、缩小范围，为证实犯罪提供依据。

物证分析 指对物证的搜寻、发现、采取、包装、送检和检验鉴定的一系列活动过程。包括现场勘查和物证检验两个阶段。现场勘查的主要任务之一就是获取物证，并根据其外观特征，收集与案件有关的比对样本，将物证检材和嫌疑样本送到专门机构进行检验鉴定。此后，具有专门知识的人根据要求运用各种技术手段进行分析研究，确定其物质特性及两者是否相同或同一，用司法文书的形式制作成鉴定书。这一过程称作物证检验。

物证检验的任务 主要包括以下几个方面：①物证种类属性的认定：在现场上发现的物证检材，有时难以确定其为何种何类物质，通过检验解决其种类属性问题。如现场上发现油痕，是动植物及矿物油中的哪一类？如果是植物油，是豆油、花生油还是菜子油、香油等中的哪一种？种类属性的认定实质上是对物证检材的主要成分或由其反映出的共性进行检验，是物证检验的主要任务之一。这类检验可不需比对样本。②确定物证检材和嫌疑样本是否相同。将现场上得到的物证检材和嫌疑样本在相同条件下，同时进行检验，根据它们反映的特性进行比较，以确定两者的异同。这一检验过程叫比对检验。如将现场被撬物上的油漆与嫌疑工具上附着的油漆进行比对检验，认定两者是否相同。这种比对检验的优点在于不必更详细地了解物证检材的组分和组成，采用平行分析的方法，即消除了系统误差，又可得到更多的信息，简单、有效。③确定物证检材和嫌疑样本是否"同一"，即同一认定。所谓"同一"是指同一个物质，自身与自身的同一，既不是相似，也不是同种类。如果实际上是两个不同的物质，就谈不上同一。此类检验的目的在于解决两个问题：一是解决物证检材与嫌疑人的关系；二是解决物与物的关系。这一工作是在前两项基础之上进行的。如纸张物证，通过对检材和样本的纸浆的检验可认定它们的种类属性，要确定两者是否同一，还要对纸张的胶料、色料、填料进行检验，必要时还要对制浆方法及一些物理参数进行研究，甚至一些特殊的纸病也要识别。

此外，有时需通过物证检验来确定事实；识别物证检材的真伪，确定某种行为是否存在。如通过对有价证券、印章的检验确定其是否伪造；通过对支票、单据的检验确定其是否有涂改、销蚀等。有时通过检验来查明某一事件或某一现象形成的原因，通过检验给予科学的解释，如爆炸起因、火灾原因、死因、交通肇事的原因等的检验。

物证检验程序 物证的一般检验程序是：①先无损后有损——在检验中先选用不损坏检材的方法，再进行有损分析。无损检验目前多为物理方法，主要是对检材的表面形貌进行观测，这也是微量物证检验的发展趋势。②先有机后无机——用有机成分检验方法对检材的有机成分先进行检验，尔后再进行无机成分检测。因为有机试剂沸点低，挥发快，提取、净化等过程省时。③从小到大，由简到繁——检材的用量应从小着手，检验方法简单的在先。

物证检验方法 物证检验要确定物证检材的形貌、特征、组分和组成，常用的方法有外观观察法、显微法、微量化学法、仪器分析法等。

外观观察法是借助感官或简单的器材,如放大镜、显微镜、比重计、厚度计等对物证检材进行形态、表面结构、色泽、大小、气味、厚度、重量、硬度、透明度、荧光和附着物进行观察和比对检验。如纺织物颜色的观察,不同种类油脂气味的识别,橡胶硬度的测定,纸病及印刷特征的观测,不同色痕在紫外灯下的荧光等。其意义在于否定嫌疑、缩小检验范围,具有排除、筛选和指向的作用,且不损坏检材,保持其原始形貌。

显微法是利用各种放大镜和显微镜所进行的检验,主要用于观察细微物质的外部形象结构和内部结构特征。放大镜和显微镜是获得微小物体或物体细微部分的放大影像,以便观察、分析的仪器。在司法鉴定领域常用的有生物显微镜、立体显微镜、比较显微镜、偏光显微镜、荧光显微镜、金相显微镜、红外、紫外显微镜和非光学显微镜(如电子显微镜)等。光学显微镜的种类虽然很多,但结构、原理基本相同。光学系统主要由物镜、目镜、聚光器、光源等组成。电子显微镜是用电子流代替光照光线,用电子源代替光源,以特殊的电极和磁极(电子透镜)代替光学显微镜的聚光镜、物镜和目镜的显微放大仪。放大率可达10~18万倍,最高可达25万倍。

微量化学法是利用化学反应进行检验的方法。物证检验中常用的有:①燃烧法。观察被检物质在接近火焰、接触火焰和离开火焰的过程中,其状态的变化,以及火焰、烟的颜色、气味、燃烧的速度等,从而判定物证检材的种类属性。多用于炸药、油脂、塑料、橡胶及纤维等的初检。②染色法。物证检材对不同的染色剂具有选择性而形成不同的颜色。根据着染的情况进行鉴别。多用于无色或浅色纤维、塑料及胶水等物质的区别。方法简单、快速。③酸碱法。像墨水、油墨、印泥、印油等检材,遇酸碱后,其中的某些成分(染料等)进行离子化反应而形成不同的颜色。在与标准物品比对的情况下,也可进行种类属性的认定。④呈色法。将检材中的成分与某些试剂发生反应,生成具有特殊的颜色化合物,从而进行鉴别和含量测定。该类反应可在溶液中进行,也可在滤纸或薄层板上进行。是物证检验中最常用的方法之一。如炸药、油脂、涂料、粘合剂、色痕、金属、粉尘等物证检材的定性分析。对一些无机离子,因反应产物稳定,可根据反应后溶液颜色的深浅(浓度大小),采用比色方法进行定量或半定量分析。⑤沉淀法。物证检材与某些试剂反应,以微溶化合物的形式沉淀出来,以此作为鉴别的依据。沉淀按其物理性质不同分为晶形沉淀、无定形沉淀和凝乳状沉淀。产生晶形沉淀的反应最好在载玻片上进行,以便同时用显微镜观察晶形;后两种反应最好在锥形试管中进行,现象明显、易观察。⑥气室法。物证检材与某些试剂反应,产物为气体。这类反应选择性高、干扰少,可以利用原始试液直接进行。如硝铵炸药中的铵离子在强碱的作用下,加热便有氨气产生,故可检验。

仪器分析法是利用现代化分析仪器进行定性定量分析的方法。根据检测原理可分为:①色谱法。是一种分离分析技术,对物证检材的混合成分既能分离又能分析测定。薄层色谱法因其设备简单、操作方便,应用十分广泛,如炸药、油脂、色痕、纤维上的染料、橡胶等的物证检验。气相色谱法主要用于各种有机物,尤其是易于挥发的物质,如石油产品、有机炸药等的定性定量分析。裂解气相色谱法是气相色谱的一个特殊应用。也叫热降解气相色谱。即对某些高分子化合物的检材,如油漆、重油、粘合剂、纤维、橡胶、塑料等,在一定温度下进行瞬间高温裂解,使其成为易挥发的低分子碎片。对这些裂解产物进行气相色谱分析,所得的色谱图即裂解色谱图。与已知裂解样品的裂解图对比,可进行定性。高效液相色谱可用于分析能被溶剂提取而制成溶液状态的物证检材,如炸药、油脂、色痕、染料、粘合剂、塑料制品中的有关成分等。②光谱法。原子发射光谱法在物证检验中多用于油漆、颜料、纸张、墨水、矿物、泥土、灰尘、金属、射击残留物、爆炸物、玻璃等的定性鉴别,而原子吸收光谱法则主要对上述检材中的金属元素进行定量分析。红外吸收光谱最重要和最广泛的用途是对有机化合物进行定性和结构分析,如天然或合成有机化合物、油脂、染料、橡胶、塑料、纤维、粘合剂等,检材无论是气体、液体还是固体,通常都可进行检验。检验范围广,结果准确。紫外光谱法多用于墨水、纤维上染料的检验。荧光光谱法多用于矿物油、植物油、墨水、圆珠笔油及橡胶、部分染料的检测。③离子选择电极是物证检验中最为常见的一种电化学分析方法,是对无机炸药硝酸铵、硝酸钾、氯酸钾及一些低价离子F^-、Cl^-、Na^+、Ga^{2+}等进行定量分析的最简便、最廉价的检测手段。中子活化分析多用于纸张中填料、玻璃、油漆等物证检材的检验。热分析是测量物质的物理性质,通常为质量、温度、热量及声学、电学、光学、磁学等性质与温度关系的一种技术。主要用于无机物、有机物及高聚物的检验,如金属、土壤、煤、纤维、油脂、橡胶等。是一种快速、简便、有效的测试方法。只是检材用量较大。

(王彦吉)

wuzheng zhaoxiang

物证照相(photography for material evidence)
刑事照相的一种。用照相的方法记录有关物证结构形态。是刑事鉴定的手段之一,也是记录鉴定结果的一项重要方法。分为物证记录照相和物证检验照相两种。

物证记录照相 以记录物证的外表结构形态特征为目的的照相。它是客观、真实地记录和反映物证形态特征及其与周围物体、环境关系的手段。其遵循的原则和采用的方法,有些与现场细目照相有相同之处。所不同的是:现场细目照相记录的是案件现场发现的痕迹、物品,而物证记录照相记录的痕迹、物品可以是从案件现场提取的,也可以是从其他地点(如嫌疑人处)获取的。现场细目照相只能在案件现场进行,不能人为选择或设置拍照条件和环境,而物证记录照相可以在实验室进行,能够利用一些专用设备或特殊光源,改变拍照条件和环境。物证记录照相通常采用的方法有:①翻拍。把平面物品复制成照片,分为全色翻拍、分色翻拍和彩色翻拍。②脱影照相。又称无投影照相。是一种能够消除被拍物体阴影的照相方法。通常采取底片涂红法、散射光脱影法、黑衬脱影法、透射光脱影法、环形照明脱影法、脱影灯箱脱影法和偏振脱影法。③倍率照相。选择不同的象距与物距之比,使影像与原物形成不同的大小比率关系拍照方法。包括近距(低倍)照相、等距(原大)照相、微距(直接扩大)照相和显微照相。④对具有连续性的痕迹(如连续的足迹),应采用连续拍照法,反映痕迹的内在规律。物证记录照相是提取和固定物证的简便而通用的手段,具有真实和形象的特点,又可长期保存及方便传递交流,因此被广泛应用。

物证检验照相 采用光学技术显现物证上某些不易被肉眼所能观察到的物质和特征为目的的照相。是为显示人眼看不见或看不清的痕迹、物证的性质或特征,为司法鉴定提供条件,或直接对物证进行比较、鉴别的一系列专门的照相方法。它是物证检验的重要手段之一,被广泛应用于痕迹检验、文件检验、法医物证检验、现场遗留物的物理检验等。通常采用的方法有:①加强反差照相。利用光照角度或感光材料的某些特性,使被照物表面存在的细微花纹的明暗对比得到加强,从而突出其形态特征后,再用照相方法加以记录。②分色照相和伪彩色照相。选择可见光中的不同波长成分照射被拍物,利用物体对不同色光反射、吸收特性的差异,通过光源、滤色镜和感光材料的有机配合,改变物体的光谱成分,使其某一部分色光被阻止,在感光片上不能感光或减弱感光,同时使另一部分色光通过,在感光片上感光或加强感光,从而显示和增强影像的颜色、花纹、层次、细小痕迹和物质的细微差别。采用这种方法拍照时,如果选用黑白感光材料,得到的是黑白分色照片;如果选用彩色感光材料,则得到伪彩色照片。③特殊光照相。其原理和方法同分色照相、伪彩色照相完全相同,只是用某些特殊光源(如红外线、紫外线等)代替了可见分色光,用这种方法也能得到黑白或伪彩色照片。④荧光显现照相。在拍照前用一定的化学物质对被拍物表面进行处理,然后选用前述的可见分色光或特殊光作照明和激发光源,使被拍物表面上的潜在痕迹、特征产生荧光,从而达到显现和增强影像的目的。⑤近距摄影。利用物与像的共轭原理,通过延长像距、缩短物距,从而使成像扩大,以清晰地显示物证细节特征。又分为实物大照相和直接扩大照相。实物大照相的条件是物距与像距相等,且都等于2倍镜头焦距;此时,像与物同大。拍照指印或单个字迹时常用此方法。直接扩大照相的条件是延长像距至2倍焦距以外,即可缩短物距至2倍焦距以内,此时像比物大,可以拍摄更微小的痕迹物证。⑥显微照相。将摄影装置与显微镜结合,可以拍摄肉眼难以分辨的微小物证,如汗孔、纤维、细胞、金相组织等。⑦反差摄影。通过配光调整,增强痕迹物证细小凹凸特征的明暗对比,以清晰地显示物证表面的微小凹凸形态。根据凹凸程度和检验工作需要,一般采用侧光或平射光拍照方法。如拍照刻划字迹、纸张上的压痕文字、工具擦划线痕等。⑧蓝光照相。通过蓝色光线激发物质荧光,可以显示隐性痕迹或区分物质的异同。除上述物证检验照相手段外,还可以运用照相技术记录物证检验的过程与结果,显示物证的异同特征。如颅像重合照相、文检及痕检中的影像重叠检验技术等。

(蓝绍江 杨明辉 张新威)

wuzhi sunshi

物质损失(material losses) 指可以用数学方法估量或计算的有形物质损耗或经济损失。根据我国《刑事诉讼法》的有关规定,被害人由于被告人的犯罪行为而遭受物质损失的,在刑事诉讼过程中,有权提起刑事附带民事诉讼。可以提起刑事附带民事诉讼的物质损失与犯罪行为之间必须存在刑法上的因果关系。这种物质损失主要是:①被告人的犯罪行为已给被害人造成钱财、物品的直接损失,如被盗窃或抢劫的钱粮物品,因伤残治疗的费用、误工损失等;②被告人的犯罪行为造成被害人将来必然要遭受的间接经济损失,如因伤残导致劳动力部分或全部丧失而必然要减少的劳动收入。这种损失应严格限制在必然可得利益范围之内,不包括可能得到或须努力争取并付出一定代价才可获得的利益。非物质损失,如人格、名誉、民主权利或精神损失,不能作为刑事附带民事诉讼的赔偿范围,这些损失可以通过民事诉讼程序另行解决。

(黄 永)

wudao xunwen

误导询问(misleading examination) 侦查人员在询问证人或者被害人、审判人员在询问证人时,常有暗示证人或者被害人应如何回答询问内容的一种错误的询问方式。询问证人或者被害人时,应当让他就其所了解的案件情况作全面陈述。询问工作人员就其陈述不清、前后矛盾或者与案件无关的情况下,可以提出明确、易懂的问题,让其补充说明,但不得进行误导询问。因为误导询问往往容易使证人的证言或者被害人的陈述失去客观性、真实性,不利于正确认定案件事实。

(项振华)

xijuhuaxing renge zhang'ai
戏剧化型人格障碍(histrionic personality disorder) 见癔病型人格障碍。

xizheng shishi
系争事实(facts in question) 英美证据法中的专业术语。在民事诉讼中,原告、被告之间发生争议的事实。在民事诉讼中,原告提出诉讼请求,以及所依据的事实和理由,被告在答辩中对此提出异议,从而使诉讼请求所依据的事实和理由的一部或全部成为双方争执的焦点。被告与答辩中承认原告的诉讼请求、事实和理由或没有提出异议的那一部分事实和理由不能成为系争事实。在英国法中,只允许提供证据证明系争事实以及与系争事实有关的事实,与系争事实无关的事实不得作为被证明对象。法官根据当事人提供的证据,对系争事实做出裁判。在刑事诉讼中,系争事实是指在起诉书中肯定的而被被告人否定的事实。 (丛青茹)

xianxing jifu
先行给付(advance performance) 1982年颁行的《中华人民共和国民事诉讼法(试行)》中规定的一种制度。人民法院在作出判决前,或者在判决生效前,经原告申请,或者由人民法院依职权裁定要求被告预先给付部分金钱或财物的制度。适用先行给付应具备以下条件:①原告提出的诉讼必须具有给付内容;②案件限于追索赡养费、扶养费、抚育费、抚恤金、劳动报酬等与人身权有关的案件;③采取先行给付为原告维持生产或生活所必需。人民法院采取先行给付应当作出书面裁定,当事人对裁定不服的,可以向作出裁定的人民法院申请复议一次,复议期间,不停止先行给付裁定的执行。判决发生效力后,对于已经先行给付的金钱或财物,应当计算在判决确定给付的数额内。1991年《中华人民共和国民事诉讼法》颁布后,这一制度被先予执行制度所取代。 (王彩虹)

xianxing kouya
先行扣押(advance distrainment) 财产保全措施之一。人民法院为避免利害关系人的合法权益受到难以弥补的损害,或者为了保证将来的民事判决能够得到实际执行而对另一方利害关系人、当事人的财产或争执标的物采取强制扣留的措施。外国民事诉讼法中称为假扣押。它一般是在遇到当事人、利害关系人有可能进行某种不当行为(如隐匿、毁损、转移争执标的物),或者遇到某种客观原因(如气候恶劣,易使争执标的物变质、灭失)等情况下采取的。采取先行扣押措施,目的在于禁止当事人、利害关系人处分或转移财产,保证财产价值不受减损,以保护另一方利害关系人的合法权益免遭难以弥补的损害,或者保证将来的生效判决能够得到实际执行。适宜先行扣押的财产一般是便于移动和保管的财产,不宜长期保存的扣押财产,可由法院变卖后保存其价款。扣押不转移财产所有权,扣押的财产由法院或者法院委托的单位、个人保管,保管费用由被申请人负担。采取先行扣押措施应当由人民法院作出裁定,执行员负责执行,书记员协助,必要时应有司法警察参加。执行扣押时,被申请人是公民的,应当通知被申请人或其成年家属到场,其工作单位或者财产所在地的基层组织也应派人参加。被申请人是法人或者其他组织的,应当通知其法定代表人或者主要负责人到场,拒不到场的,不影响执行扣押。对被扣押的财产,法院应造具清单,由在场人签名或者盖章后,交被申请人一份。适用先行扣押措施,必须符合财产保全的全部要件。 (王彩虹)

xianyu zhixing
先予执行(advance enforcement) 人民法院对一定范围内的给付之诉,在作出判决之前,为解决原告的生活困难或者为维持其生产的正常进行,裁定被告预先向原告给付一定数额的款项或特定物,并立即交付执行的制度。先予执行是为及时、切实地保护当事人的合法权益而设定的一项诉讼制度,具有预决性、执行性、程序性等特性。首先,先予执行是在判决确定之前实现了未来判决中确认的部分实体权利,对于以后的判决来说具有预决的意义。其次,先予执行需要被告预先作必要的给付,并适用有关执行程序的规定,因此具有执行的性质。再次,先予执行虽涉及当事人的实体权利义务问题,但先予执行的裁定并不能最终确定当事人的实体权利义务关系,实体权利义务仍然需要以判决或者调解方式来确定,因而先予执行仍属程序性的制度。

先予执行的适用,必须以具备法定条件为前提,并且要对义务人的利益加以适当考虑。并非一切给付之诉都可以适用先予执行。根据《民事诉讼法》的规定,先予执行仅适用于下列案件:①追索赡养费、扶养费、抚育费、抚恤金、医疗费用的;②追索劳动报酬的;③因情况紧急需要先予执行的。人民法院裁定先予执行,应符合下列条件：①当事人之间权利义务关系明确、肯定，并且不存在对等给付的义务；②情况紧迫，不先予执行将严重影响申请人的生活或生产经营的(如生产所急需的图纸、资料、设备等)；③被申请人有履行能力；④须由当事人提出申请，当事人不申请的，人民法院不依职权裁定先予执行。对当事人提出的申请，人民法院审查后认为符合先予执行范围和条件的，裁定先予执行；认为不符合先予执行适用范围和条件的，驳回申请。人民法院认为有必要时，可以责令申请人提供担保，申请人不提供担保的，驳回申请。当事人对先予执行的裁定不服，不得提起上诉，但可向作出裁定的人民法院申请复议一次，复议期间不停止裁定的执行。复议撤销先予执行裁定的，应适用执行回转制度，将已执行的财产返还被申请人。采取先予执行措施后，在作出判决时，应当对已先予执行的款项或者特定物进行明确记载，并从被告应给付的总额中予以扣除。如果案件经过审理，判决申请人败诉的，申请人应返还已被执行的财产，并应当赔偿被申请人因先予执行遭受的财产损失。

(王彩虹)

xianwei

纤维(fiber) 天然的或人工合成的柔韧和微细的丝状高分子物质。具有相当的长度、细度、强度、弹性和吸湿性等。不溶于水。多数为有机物质，少数是无机物质，多用于纺织等。根据来源可分为天然纤维和化学纤维两大类。

天然纤维是指由天然物质制成的纤维。多数是有机高分子化合物，少数为无机物。按原料的来源可分为：①动物纤维。是动物的毛或分泌物，其主要成分是一种复杂的蛋白质。常见的动物纤维有：羊毛、兔毛、牛毛(均属毛类)等；蓖麻蚕丝、桑蚕丝、柞蚕丝(归属丝类)等。易受碱侵蚀，但有一定的耐酸能力。由于天然纤维穿着舒适、透气、保暖等，是人们喜爱的高级纺织工业的原料。②植物纤维。是由植物的茎、籽、叶、皮等加工制成的纤维，主要成分是一种高分子化合物纤维素。由植物叶子获得的纤维主要有剑麻等，由皮获得的有大麻、黄麻等，由茎获得的是木材纤维和竹纤维，由籽获得的主要是棉。不同的品种纤维素的含量及组分不同，棉的纤维素含量较高(90%以上)，木材含量较低(通常为40%～60%)。易受酸的侵蚀，但有一定的耐碱能力。作为纺织原料的纤维主要是棉纤维和麻纤维，造纸用的主要是木材纤维、草纤维等。③矿物纤维。即天然形成的无机纤维，主要成分是硅酸盐类，如石棉纤维等。

化学纤维，简称"化纤"，指由天然的或合成的高分子化合物经化学加工制成的纤维总称。通常将高分子化合物制成溶液或溶体，从喷丝头细孔中压出，再经凝固而成纤维。根据原料可分为人造纤维和合成纤维及无机纤维三大类。①人造纤维是用某些天然高分子化合物或其衍生物做原料而制成的纤维。重要品种有粘胶纤维、醋酸纤维、铜氨纤维等。②合成纤维是用煤、石油、天然气和农副产品中的低分子有机化合物为原料，经化学聚合制成高分子化合物，再经加工处理制得的化学纤维的总称。根据化学组成可分为聚酰胺纤维(尼龙、锦纶等)、聚酯纤维(涤纶、的确良等)、聚丙烯腈纤维(腈纶)、聚氯乙烯纤维(氯纶)、聚丙烯纤维(丙纶)和聚乙烯醇缩甲醛纤维(维纶)等。还可根据大分子主链组成分为碳链纤维(如聚氯乙烯纤维、聚丙烯腈纤维、聚丙烯纤维和聚乙烯醇缩甲醛纤维等)和杂链纤维(如聚酰胺纤维和聚酯纤维等)。合成纤维强度较好、吸湿率较小、不易染色。其制品及与棉、毛等混纺制品是人们生活中主要的衣料来源。③无机纤维是由无机材料经高温加热熔融而制成的纤维。分为玻璃纤维和金属纤维，具有耐高温、耐光、化学性质稳定等特点。

由棉、毛和化学纤维等各种纤维制成的衣着或使用的成品称纤维制品。通常包括织物及由织物加工而成的各种物品。根据用料和加工方法，可分为三类：①由纱线(或纤维)等一次加工而成的制品，如线、布、绳、带及针织品等；②由布料经剪裁缝制的制品，如衣服、裤子、大衣等；③纤维织物与有关合成高分子材料粘合而成的制品，如人造革等。根据用途可分为衣着用纤维制品、家用纤维制品和工农业用纤维制品等。

纤维及其制品与人们的生活息息相关，在犯罪现场上与案件有关的，来源于纺织品、针织品、纱、线、绳索等制品上的纺织纤维屡见不鲜，如在交通肇事、盗窃、强奸等现场上经常可收集到遗留下的纤维。通过纤维检验确定纤维种类，与嫌疑人处提取的纤维是否同一等，对案件侦破起着重要的作用。

纤维检验是一种综合检验，包括纤维检验、资料检验、组织结构检验、表面形态检验及痕迹形态检验等。根据检验后检材破坏情况，可分为有损分析和无损分析。通常采用的方法有燃烧法、溶剂溶解法、显色法、比重法、生物显微镜法、偏振光显微镜法、薄层层析法及红外光谱法、扫描电子显微镜法、X射线分析法、裂解气相色谱法、荧光分析法、紫外光谱法、差热分析法等。现场上提取的纤维及其制品是多种多样的，应根据检验要求和检材量的大小，确定行之有效的方法，以达到鉴别目的。

(王彦吉)

xianwei zhaoxiang

显微照相(microphotography) 将摄影装置与显微镜结合，拍摄微小物体或痕迹影像的专业摄影方法。它可以将人眼看不见或分辨不清的细微物质或特征扩大显示，为技术检验提供真实、直观的图像资料，或直接进行细小物症的比较检验,为鉴定结论提供直观依据。显微照相的基本原理是二次成像,从被摄物证反射(或透射)的光线通过显微镜物镜后,在目镜的焦距以外、2倍焦距以内形成一个扩大的实像;该实像经目镜二次扩大,在目镜的2倍焦距以外形成再次扩大的影像,由底片记录下来。显微照相的放大倍数 = $\frac{物镜倍数 \times 目镜倍数 \times 像距(mm)}{250(mm)}$。显微照相的放大倍率可以从几倍到上千倍,如果采用特殊的显微装置,如金相显微镜、电子显微镜等,还可以获得更大倍率的扩大图像,而且图像清晰。它适用于拍摄工具痕迹、枪弹痕迹、汗孔特征、文字中的笔画交叉特征、各种织物或纸张的纤维、金相组织、物质碎屑、毛发等许多微小物证,是物证照相的重要手段。

(蓝绍江)

xianji renmin jianchayuan

县级人民检察院(people's procuratorate at county level) 我国县、市、自治县和市辖区一级的检察机关。其地位与县、市、自治县和市辖区人民政府、基层人民法院平行。县级人民检察院由本级国家权力机关产生,并对它负责,受它监督。同时,受最高人民检察院和上级人民检察院的领导。县级人民检察院检察长由本级人民代表大会选举和罢免,但须经上一级人民检察院检察长提请该级人民代表大会常务委员会批准;副检察长、检察委员会委员、检察员,由本院检察长提请本级人民代表大会常务委员会任免。县级人民检察院是基层检察机关,与群众的联系最密切,承办案件的数量最多。因此,加强县级人民检察院的建设,提高县级人民检察院干警队伍的素质,对于提高检察工作的整体水平具有十分重要的意义。县级人民检察院的任务是在上级人民检察院的领导下,依法履行法律规定应当由它行使的各项检察职权。①对属于检察机关直接受理并可以由基层人民法院一审管辖的刑事案件,立案、侦查。②对同级公安机关侦查的案件,进行审查,决定是否批准逮捕、提起公诉或不起诉,并对其侦查活动是否合法,实行监督。③对依法由基层人民法院管辖的第一审刑事案件,向基层人民法院提起公诉,支持公诉,并监督审判活动是否合法。④对基层人民法院已经发生法律效力的判决、裁定,发现确有错误的,报请上一级人民检察院按照审判监督程序提出抗诉。⑤对本院不批准逮捕的决定、不起诉的决定,公安机关认为有错误要求复议的,进行审查,并作出处理决定。⑥对刑事判决、裁定的执行和监狱、看守所的活动是否合法,实行监督。⑦接受单位和个人的控告、举报和申诉以及犯罪人的自首。县级人民检察院根据工作需要,设立与上级人民检察院相应的检察业务机构,但应相对较为精简,经提请本级人民代表大会常务委员会批准,可以在工矿区、农垦区、林区等区域设置人民检察院,作为派出机构(见人民检察院派出机构)。

(王存厚)

xianchang bili shiyi jiehetu

现场比例、示意结合图(combined map of scale and sign in crime scene) 此法多适用于范围比较大的露天现场。一般作法是:将现场中心部分按比例绘制;现场周围环境不按比例绘制。现场上较大的物体按比例绘制;较小的物体不按比例绘制,而用符号加以表示。

(张玉镶)

xianchang bilitu

现场比例图(scale map of crime sclne) 是将现场的大小,现场上有关物体和痕迹以及它们之间的相互关系,按一定的比例缩小绘画在图纸上。例如要在图纸上画出5米长的距离,可以拿1厘米当作1米来缩小,5米的长度在图纸上只要画5厘米就行了,即图纸上的距离只是实际距离的1%。这种缩小后的直线长度与现场实际距离之比,称为现场图的比例。运用比例法,必须在图上画出比例尺。比例尺的表示方式通常有:①文字式。在图上用文字直接写成。如在现场图上注明:"图上1厘米相当于现场实测30米"。②数学式。在图上用数字直接表示。例如图上1厘米代表实际距离10米(即1000厘米),则可以写成"一千分之一",或"1:1000",或"$\frac{1}{1000}$"。③线段式。文字式和数学式比例尺在实际使用上如感不便,则可以用线段式比例尺来表示。即在图上画一条线段,并注明1厘米代表实际距离多少米。现场图的比例可以根据现场范围及有关客体物的大小,灵活确定。根据需要,亦可将现场上较小的物体和痕迹,按一定的比例放大绘画在图纸上。

(张玉镶)

xianchang celiang

现场测量(measurement at the scene) 刑事测量的主要内容。测定记录现场情况的重要方法之一。现场测量是一种综合性的测量,包括:①现场方位测量。主要在于测定现场在周围环境中的位置。基本要求将现场所在地点及周围可以用作方位标志的地形、地物测量清楚。测量结果常用示意平面图表示。也可以将地区、单位行政图的有关部分拍照或复印下来,结合现场测量情况改制成现场方位图。②现场全貌测量。主要在于测定现场本身的全面情况。测量时,要按现场的范围界限,以现场中心为重点,将整个现场内部的主要物体和痕迹测量清楚。露天现场全貌测量结果,一般用比例示意结合平面图表示,即现场中心按比例测绘,现场外围不按比例测绘。常采用射线法(亦称坐标法)、前方交会法(亦称直线交叉法)、闭合导线网法和图解三角网法测绘。室内现场全貌测量结果,必须用比例平面图表示,一般是先绘制地面平面图,根据需要亦可绘制展开图,即将室内四面的墙壁及墙壁上的有关物品、痕迹按相同的比例,沿墙根线联接在地面平面图的四周,天花板可用上法联结在一面墙壁的上沿线上。一般用纵横坐标法测绘。③现场局部测量。主要在于测定现场某一部分的有关物体和痕迹的分布位置及相互关系。测定结果一般用比例平面图表示。根据需要,也可测绘透视图。常采用纵横坐标法、圆弧交会法测绘。范围较大的场所,亦可用射线法测绘。④现场细目测量。亦称现场特写。主要测定现场上有关痕迹、物品、尸体的形状、大小、长度等。测量结果用比例平面图表示。根据需要,亦可绘制透视图。上述各种测量结果要写入现场勘验笔录。测绘的各种平面图,要标明图的方向,填写图例说明,示意图要注明有关距离和物品、痕迹的尺寸,比例图要注明缩小(或放大)的比例,最后写上案名、图名、绘图单位和日期,并由绘图人签名或者盖章。

(张玉镶)

xianchang fangwen
现场访问(crime scene interview) 现场勘查的组成部分。侦查人员深入出事地点,向了解案件有关情况的人进行调查询问的活动。其目的是使事主和现场周围的有关群众能够客观全面地提供出他们所知道的案件的有关情况,以便从中发现侦查的线索和证据,推动侦查工作的进展。现场访问应查询的问题,因访问对象的不同而有所区别。①访问报案人和最早发现案件的人应查询的问题。主要是:发现出事的时间、地点;发现出事的详细经过;发现出事时现场的状态如何,有无变动,变动的原因是什么,以及变动后的状态如何等等。②访问事主和事件的目睹人应查询的问题。主要是:事件发生、发现的时间;事件发生、发现的详细经过;有关行为人的情况,如行为人的人数、年龄、体态、相貌、口音、衣着等具体特征,特别要注意询问行为人有什么特别记号,如斑痕、伤疤、瘊痣、纹身、麻脸、独眼、秃顶、镶牙、断手、断腿、口吃等,以及行为人所使用的凶器、交通工具等;有关财物的损毁、损失情况,特别要注意询问有关失物的种类、数量、价值、体积、重量、式样、新旧程度、平时保管使用情况,以及失物的特别特征等;有无怀疑对象,怀疑的根据是什么,被怀疑对象的特征是什么等。③访问事主的家属、亲友应查询的问题。主要是:被害事主平时的生活规律、工作情况、交往人员情况,以及出事前后的言行表现等;有无怀疑对象,根据是什么。④访问现场周围知情群众应查询的问题。主要是:在出事当时或出事前后看到或听到过一些什么情况,如是否看到可疑人,是否听到某种异常声响或喊叫、呼救的声音以及其他可疑迹象等;有关被害事主及其家属、亲友的政治态度、工作表现、道德品质、生活作风、经济状况、平时来往人员等方面的情况;对事件的看法以及别人对事件的舆论和反映;当地的敌情、社情和其他可疑情况。现场访问必须严格地按照我国刑事诉讼法规定的询问证人和被害人的程序进行,必须根据访问对象的情况采取适当的方式、方法进行询问,必须制作正式的询问笔录。(张玉镶)

xianchang fenxi
现场分析(crime scene analysis) 见现场讨论。

xianchang huitu
现场绘图(crime scene sketch) 根据勘验、检查所见的现场状态所绘制的图。主要由图号、图题、指向标(即指针符号)、比例尺符号、图线、图形、图例符号、注记和签证等部分构成。是通过测绘、表示和复制的方法,对客观存在着的犯罪现场状态的固定。包括现场平面图、现场立面图、现场展开图和现场透视图四种。现场图能够把现场的位置,周围的环境,现场的全貌,现场上与犯罪有关的痕迹、物体的状态以及它们之间的相互关系等准确、完整而又形象地表示出来。利用现场图表示现场现象的显著优点是:形象具体、简明生动、通俗易懂、一目了然,给人以明确深刻的印象。所以现场图是现场勘验记录的一种很好的形式。

(张玉镶)

xianchang jijiu
现场急救(on-the-spot emergency treatment) 在保护和勘查杀人、投毒、爆炸、放火等案件现场的过程中,遇有人命危急和其他险情时,所采取的紧急措施。一般包括:①急救人命。保护或勘查人命案现场时,遇有人命危急,应立即采取措施,进行急救。急救人命,既适用于被害人,也适用于受伤的犯罪分子。一般做法是指定专人进行现场急救或送往附近的医院进行抢救。但要注意尽量使现场少受破坏,并要标明受伤人的原来位置和姿势以及有关物品的本来状态等。对于有生命危险的被害人,要在急救的同时抓紧询问与案件有关的重要情况。特别是强奸杀人、抢劫杀人等案件更要抓紧询问,想方设法让被害人提供凶手的情况。事实表明,被害人在没有完全失去知觉之前,可以为侦查破案提供重要的线索。对于受伤害的犯罪分子也要设法救活,这既符合革命人道主义的原则,也便于澄清案情和扩大线索。但应严密监视,防止发生其他意外。②排除险情。勘查爆炸、放火、触电等案件现场时,遇有爆炸物品、危险建筑物或正在蔓延燃烧的火苗、拉断的电线等,应当立即组织力量,排除险情,避免继续造成灾害。在排除险情时,要尽量使现场变动的范围缩小,并记明现场变动的情况,在扑灭火情时,还要注意观察、记明最先冒烟的地点、烟雾和火焰的颜色,当时的风向和火势等情况,以便在现场勘查的过程中分析研究。③排除交通障碍。发生在铁路道轨内、城市的交通要道和城镇繁华地区街道上的杀人、自杀或破坏案件现场,应采取有效措施,迅速将尸体和有关物品移到安全地方,排除交通障碍。同时要详细记录变动情况,以便勘查时分析研究。有的案件,如果客观情况允许,也可以将现场暂时封锁起来,待把现场中心和现场其他情况拍照后,再将尸体和有关物品移出进行勘验。

(张玉镶)

xianchang kancha

现场勘查(crime scene investigation) 对发生犯罪事件的地点及其他遗留有与该事件有关的痕迹、物品的处所的查考。包括现场勘验、现场访问、现场讨论三方面内容。通常由侦查人员负责进行。必要时,可以指派或聘请具有专门知识的人,在侦查人员的主持下进行。执行现场勘查,必须持有勘查证;必须邀请两名与案件无关、为人公正的普通公民作为现场实地勘验的见证人;必须正确地组织领导;遇有某些紧急情况时,必须采取应急措施,如急救人命、排除险情、排除交通障碍、搜查、扭送、追缉堵截犯罪人、控制赃物等;参加勘查的一切人员必须服从统一指挥,严格遵守现场勘查纪律。现场勘查的任务是:判明事件的性质,决定立案侦查或不立案侦查;发现、收取与犯罪有关的痕迹和物品;了解和研究罪犯实施犯罪的情况;判断犯罪人的个人特点,确定侦查范围。现场勘查必须制作记录,其中有现场勘验记录、现场访问记录和采取各项紧急措施的记录。现场实地勘验和现场访问结束后,勘查的指挥人员要就地召开临场会议(见证人不得参加),对事件的性质、案情及应采取的措施进行讨论。现场勘查结束时,要对现场是否需要继续保存或部分保存提出处理意见,并对提取的有关痕迹、物品妥善包装、加封、运送。对于提取的有关物品,应给事主出具收据。

(张玉镶)

xianchang kancha hou chuli

现场勘查后处理(disposal after the crime scene investigation) 现场勘查结束以后,侦查人员对与现场勘查有关的事务的安排、处置。主要包括:①撤销现场保护。即通知事主对现场进行妥善处理。重要物品要向事主当面点清。杀人现场可以让死者的家属、亲友将尸体火化或掩埋,如果没有亲属,可以由公安机关协同民政部门或死者生前所在单位负责处理。②运送有关痕迹、物品。即对于提取的有关痕迹、物品,要妥善包装、加封和运送,防止损坏和丢失。如果现场上有些物品需要提取,应当给物主开具收据;如果是贵重物品和内部机密文件,应当由县公安局长、城市刑事侦查处、(科)队长以上干部批准后,才能提取。③处理监视和扭送的人犯。即对于在现场保护和现场勘查过程中所监视的重大犯罪嫌疑人和群众扭送的犯罪嫌疑人,应依法进行适当的处理。需要对其人身、住宅进行搜查时,应严格按照我国刑事诉讼法的有关规定办理。

(张玉镶)

xianchang kanyan

现场勘验(crime scene investigation) 现场勘查的组成部分。侦查人员依法对犯罪现场实地的勘查、检验。同现场访问同时进行。是勘查任何犯罪现场都必须采取的一项最基本的专门措施,可以为分析案情提供依据;为揭发犯罪提供证据;为追堵罪犯提供踪源;为现场访问提供方向;为技术鉴定提供条件。按法律规定,现场勘验只能由侦查人员负责进行,必要时,可以指派和聘请具有专门知识的人在侦查人员的主持下进行勘验;侦查人员执行勘验、检查,必须持有侦查机关的证明文件;必须邀请两名见证人到场见证;对于死因不明的尸体,请示公安局长批准,可以进行解剖,并通知死者家属到场;为了确定被害人、被告人的某些特征、伤害情况或者生理状态,可以对人体进行检查;为了查明案情,必要时,经公安局长批准,可以进行侦查实验。

现场勘验的步骤:①视察现场和划定勘验范围。主要是通过对现场周围和现场中心巡视观察,弄清现场的方位、现场周围的环境和现场中心的大体情况,弄清犯罪分子进入和逃离现场的路线,并在此基础上划定出勘验的范围。②确定勘验顺序。可视现场具体情况,从中心向外围,由外围向中心;分片分段,沿着犯罪分子作案时的来去路线,沿着地形、地物的界限,从现场入口处开始;从明显取的痕迹、物体开始;选择条件比较好、遗留痕迹、物品比较多的一处现场开始;从容易遭到破坏的地方开始;分工同时对几处现场勘验等。③进入现场观察现场状态。一般先派一两名有经验的侦查员进入现场仔细观察,划出一条可供进出现场的路线,然后让其他勘查人员沿着指定的路线进入现场,观察案件发生、发现时的现场状态,同时将现场全貌和现场周围环境分别拍成现场全貌照片和方位照片,把现场本来状态固定下来。④初步勘验和详细勘验。初步勘验(亦称静的勘验),指侦查人员不改变现场客体状态所进行的观察检验,对于发现的具有证价值的痕迹、物品,要立即拍照固定,并把它的状态详细记载下来。详细勘验(亦称动的勘验),指侦查人员利用各种光照角度和技术手段改变现场客体的位置和状态所进行的勘验,主要是寻找和发现各种细小的、不易见的痕迹、物体,研究每个痕迹、物体形成的原因及其与犯罪行为的关系,固定和收取有关痕迹、物体。初步勘验和详细勘验是勘验每一个或每一组痕迹、物品时两个紧密衔接的工作过程,对现场上的某一物体或部位进行初步勘验之后,接着就进行详细勘验,不是对整个现场进行勘验的两个截然分开的阶段。⑤现场复验和临场实验。经过初步勘验和详细勘验,有些问题搞不清楚时,应反复进行勘验或临场实验,以确定现场某一现象是在什么情况下形成的,是否与犯罪有关。

对于现场勘验所见,要用照相、绘图和笔录的方法加以记录。现场勘验笔录要将保护现场时发现的情况,进行勘验时发现和提取的各种物证情况,拍照的内容、数量,以及绘制现场图的种类和数量等,准确、具体地记载清楚,并由参加勘验的人员和见证人签名或盖章。勘验过程中,如果进行了尸体检验、活体检验、侦查实验、人身搜查等,应单独制作笔录,并由主持人、参加人、见证人签名或盖章,并将检验或实验、搜查的情况扼要地记入现场勘验笔录中。多次勘验现场或检验尸体时,每次均应制作补充笔录。如果一案有多处现场时,应分别制作勘验笔录。现场图、现场照片、物证照片应作为笔录的附件,一并列入卷宗。

(张玉镶)

现场勘验笔录(record of crime scene investigation)

勘验笔录的一种。司法人员对刑事犯罪现场勘验活动的文字记载。记载内容由导言、叙事和结尾三部分构成。

导言部分 主要记载:①接到报案的时间,报案人的姓名、住址、工作单位、职业以及案件的发生、发现的时间、地点和经过情况;②侦查人员到达现场的时间;③保护现场人员的姓名、职业,保护现场过程中发现的情况及其所采取的措施;④现场勘验人员的姓名、职务和具体分工情况;⑤在场见证人的姓名、职业和住址;⑥勘验的范围和顺序;⑦勘验开始和结束的时间,以及勘验当时的温度、光线等天气情况。

叙事部分 主要记载:①现场的方位,即现场的具体地点及其周围环境情况。如现场在什么市(县)、区、街道(乡、村)、门牌号码,以及四周的围墙、院落、道路、沟渠、江河、湖塘、山丘、稻田、菜地、建筑物等情况,对现场周围环境中的有关地形、地物,可用"东西南北"或"前后左右"等词加以描述,并注明该地形、地物距中心现场的距离。②现场的全貌,即现场的具体范围和状态,如现场周围的具体界线,现场出入口,被侵害的客体(比如尸体、被撬的箱柜等)的分布状态及其相互关系,以及现场变动和变化的情况。③现场的中心,即出事中心地点的状态,这是现场勘验笔录的重点,一定要写得详细具体,如杀人案件现场,应注明尸体的位置、姿势、性别、年龄、衣着及其附着物、伤痕、尸体周围的血迹及其特征和凶器的种类等情况。④现场的细目,包括现场的遗留物和痕迹情况,即在现场各处发现的犯罪痕迹及其他物证(如凶器、血迹、精斑、毛发、粪便等)的数量及其特征。⑤现场勘验所见的一切反常现象。

结尾部分 主要记载:①采取痕迹及其他物证的名称和数量,包括提取物证、书证、视听资料的名称和数量;②拍照现场照片的种类和数量;③绘制现场图的种类和数量;④一切在场人员的有关声明;⑤现场勘验人员签名或盖章;⑥见证人签名或盖章;⑦笔录制作的日期;⑧笔录制作人签名或盖章。

现场勘验笔录只能由侦查人员制作;笔录的记载顺序应同实地勘验的顺序相一致,以防因记载紊乱而遗漏或重复;笔录的用语必须明确、肯定,不能使用"旁边"、"附近"、"不远"、"较近"、"不大"、"较小"、"估计"、"大约"等模棱两可、含混不清的语词;笔录必须简明扼要,重点突出;勘验中如果进行了尸体检验、侦查实验、人身搜查等,应单独制作笔录,并由主持人、检验人、见证人签名或盖章,但对上述有关检验应在勘验笔录中加以扼要记载;凡是多次勘验的现场,每次勘验均应制作笔录。对同一现场先后多次进行勘验时,第一次以后的各次勘验均应制作补充笔录。如果一案有多处现场的,应分别制作勘验笔录。

现场勘验笔录可以提供了解现场情况的资料,为研究案情提供依据。由于现场勘验笔录是对犯罪现场情况的真实记载,所以它是证明犯罪情况的有力证据之一。又由于笔录是保密的,所以这种证据对于鉴别证人证言、被害人陈述、犯罪嫌疑人口供的真假,核实案件情况,具有其他证据所不能替代的诉讼价值。

(张玉镶 熊秋红)

现场立面图(threedemensional map of crime scene)

将现场物体垂直面上的情况按平行投影的方法表示在图纸上,是站起来的平面图。凡需画立面图的物体,都有垂直于地面的面。比如现场上房屋就有八个立面,即内侧和外侧的四壁。现场立面图的基本要求是将有关立面上的物品,犯罪痕迹和其他物证的位置、形状、大小等按照一定比例投影到图纸上。如现场墙壁上有喷溅的血迹、挖的孔洞、攀登的痕迹等时,就可以用立面图来表示。运用立面图表示现场情

况，根据案情的需要，可以画出一面、二面或三面、四面等。　　　　　　　　　　　　　　　　（张玉镶）

xianchang luxiang
现场录像（on-the-spot video recording）　是以录像磁带记录现场勘验情况的一种手段。这种记录手段比文字笔录、现场图、现场照相更加形象、直观。能全面、客观地记录犯罪现场的状况，能如实地记录现场勘查人员的实地勘验情况，记录的事实和情况具有连贯性和完整性。由于录像资料可以在电视屏幕上反复播放，需要详细研究现场个别部位时，还可放慢速度获得慢镜头画面，甚至还可进行静态显示，进而得到固定画面。

　　现场录像的内容，通常由两部分组成：一部分是反映现场勘查人员的组成。包括现场勘查的指挥员、侦查员、技术员以及现场勘查见证人等。这部分内容是现场录像不可缺少的组成部分，可编排在整个录像的开始部分，也可编排在结尾部分。对现场勘查人员的录像，通常先用中镜头，将现场全体勘查人员、见证人收入画面，之后转入近镜头分别将每个人员录入。现场录像人员，通常情况下，应将其姓名、职务等录入结尾部分。另一部分是现场及其勘查部分，应当包括现场方位录像、现场全貌录像、现场重点部位和现场细目录像。现场方位的录像点一般应选择在距离现场较远、较高的位置，以便能将现场所在地理位置以及现场周围的环境录入同一幅画面。为达到这一效果，一般要选择短焦广角镜头录制。现场全貌录像，通常是由现场方位的远镜头画面，推出现场的具体位置之后，转入现场全貌画面。现场全貌录像的摄像点，一般是选择在现场中心点，其高度可按一般人身体高度，距地面一米六七左右，以中镜头回转摄录。如果现场中心点无录像条件，也可根据实地情况，以现场中心为中心进行环绕摄录。此种录像，多采用中镜头，有时也用远镜头。现场重点部位的录像点应选择在无物体遮挡处，其画面应由现场全貌录像画面推出，录像方式多采用中镜头。现场细目录像，较之其他录像复杂，技术要求较高。现场细目录像画面必须从现场重点部位录像画面推出，由重点部位的中镜头，变为近镜头的细目画面。在此之后，应按现场勘验的步骤，将其初步勘验和细目勘验的内容收录到画面中。现场细目应置于所录客体的中心，以避免变形，进而保证准确、客观地反映犯罪痕迹及其他物证的形状、大小和其他特征。为了更准确地表现各个痕迹物品的大小，在录制时，可在所录物证的旁边放比例尺。细目录像，多采用近镜头。

　　在结束现场录像之前，应将勘验过程中所发现和提取的各种痕迹和其他特征，以分镜头方式再现。现场录像的伴音，一种是与录像同步录音，即利用录像机的话筒或外接话筒，在录像的同时，将现场勘查人员的语音录入磁带。另一种是在录像结束后，进行配音。这种后期配音，是对所录画面的口语解说。（张玉镶）

xianchang pingmiantu
现场平面图（crime scene plane map）　将现场按垂直投影的方法表示在图纸上。是最常见的一种现场图。主要特点是：现场地形按一定的比例缩小表示在图纸上；现场上的物品都采用符号或注记表示；表示在图上的是现场上主要的、同犯罪有关的物品。现场平面图按其所表示的范围，分为：①现场方位平面图。主要是用来表示犯罪现场所处的地理位置及其与周围环境的关系。它的基本要求是：将现场及其周围的马路、围墙、篱笆、建筑物、林园、草地、水井、道路、沟渠、小桥等主要景物绘制清楚，并要特别注明出事地点、发现犯罪痕迹和其他物证的地点以及犯罪分子进出现场的路线等。②现场全貌平面图。主要是用来表示犯罪现场内部的情形。它的基本要求是：第一，将现场的具体范围绘制清楚。第二，标明犯罪分子进出现场的通道口。第三，注明与犯罪活动有关的物体、痕迹和其他物证的具体位置以及它们之间的相互关系。③现场局部平面图。主要是用来表示犯罪现场某一部分的详细情况。其基本要求是将该部位中与犯罪活动有关的物体、痕迹和其他物证的位置、形状、大小等按比例表示清楚，并注明它们之间的相互关系。　　　　（张玉镶）

xianchang shiyan
现场实验（crime scene experiment）　见侦查实验。

xianchang shiyitu
现场示意图（sign map of crime scene）　不按比例绘制的现场图。主要是在现场面积比较大时才采用。一般做法是：先将现场上的有关物体和痕迹的形状、位置以及它们之间的相互关系大致地绘画出来，然后用尺测、步测、目测等方法测距，最后在所画的对象旁和它们之间注明尺寸。示意法虽然不按比例绘制，也要注意把现场实物的大小、形状描画得当，不能把大物体画得很小，而把小的物体画得很大。（张玉镶）

xianchang sousuo
现场搜索（on-the-spot search）　见搜查。

xianchang taolun
现场讨论（crime scene discussion）　现场勘查的组成部分。侦查人员临场对案件的分析研究的活动，亦称临场讨论或现场分析。可以全面检查勘查的质量，客观地认识案情，准确地确定侦查范围，正确地部署侦查工作。现场讨论一般分汇集材料、个别分析和综合分析三步进行。汇集材料是按现场勘查的分工，通过勘查人员的汇报，把现场访问、现场实地勘验以及采取各种紧急措施所获取的材料，分门别类地汇集在一起。个别分析是对每类材料中的每一项材料进行单独考察，逐项认识，分析各项材料的可信度及与犯罪的具体关系。综合分析则首先是把所有的材料集中起来，作案件某一个方面或几个方面的分析，然后再把每一个情节有机地联系起来，形成一个统一的整体，作出全面的分析判断。主要有：①事件性质分析。目的在于研究判断现场上发生的究竟是一起犯罪案件，还是不幸事件，抑或是谎报假案，以决定是否立案侦查。例如，在有尸体的案件中，通常要分析是自杀还是他杀，抑或是意外事故；在盗窃、抢劫案件中，有时要分析是否监守自盗伪造现场，或出于其他动机谎报案件；在某些案件中，有时还要分析是否捏造假案等等。分析事件性质时，应仔细研究事主、被害人及其他证人的陈述是否合情合理；事件现场本身是否存在矛盾；现场周围群众对被害人或报案人的工作性质、政治倾向、工作作风、道德品质、性格特点、经济情况、家庭成员和社会关系等情况的反映。②案情分析。包括对作案的时间、地点、工具、手段、人数、过程、目的、动机等的分析判断。作案时间通常可根据报案人、目睹人、事主或其亲属、邻居的回忆和陈述；现场环境及人们生产、生活规律；现场痕迹、物品的状况；现场尸体外表（包括尸斑、尸僵、尸体腐败）情况及胃内食物消化程度等进行判断。作案地点可根据被害人和周围群众关于发案经过的陈述；犯罪人在实施犯罪时形成的各种痕迹；现场有无外来物质；现场丢失物品的状况等进行判断。作案工具和手段可根据工具痕迹的形状、大小、深度、凹凸纹路、痕迹中的附着物、痕迹边缘性状等进行判断。作案人数可根据犯罪人留下的手印、脚印；损失财物的体积、重量及数量；现场尸体伤痕类型和性状等进行判断。作案过程主要根据现场环境和犯罪人遗留的痕迹、物品进行判断。作案目的，即犯罪人实施犯罪行为所期望达到的结果，只存在于直接故意犯罪中，往往比较暴露，通常从犯罪的过程、手段及其所造成的结果即可判明。作案动机，即引发犯罪人实施犯罪行为的内心起因，也只存在于直接故意犯罪中，往往比较复杂、隐蔽，有的要通过审讯才能最后确定，现场讨论中，可根据作案的手段、现场痕迹分布状况、财物损失情况，以及被害人的生活作风、工作情况、社会关系等进行初步判断。③犯罪人情况分析。犯罪人情况主要包括犯罪人与被害人的关系，犯罪人是否熟悉现场内情，是惯犯还是偶犯，以及犯罪人的个人特点，如年龄、性别、身高、体态、职业特点等。主要根据现场痕迹、现场遗留物；作案工具、手段、过程；目睹人和被害人的陈述等进行判断。④侦查范围分析。目的在于推断犯罪人可能与什么地区、行业或单位有联系，可能潜藏在哪个地区、行业或单位。是现场讨论所要解决的中心问题。可根据对犯罪人情况的分析和犯罪人遗留在现场的各种痕迹、物品的来源加以确定。对现场讨论中作出的上述判断，要在以后侦查中查核。分析时有几种可能的，要作出几种可能的判断。判断要以客观材料为依据，要符合法律规定和有关理论学术方法，并一一查证，不能毫无根据地勉强作出某种结论。　　（张玉镶）

xianchang toushitu
现场透视图（transparent map of crime scene）　把多种平面通过透视变化组合在一起，表现现场物品的形状及其外表结构特征的图。可分为现场方位透视图、现场全貌透视图、现场局部透视图和现场细目（指现场个别痕迹、物品）透视图四种。现场透视图很少见，现场方位和现场全貌两种透视图则更少见。只有在某些特殊情况下，用上述几种图难以表示出现场的特殊环境和特殊情况时，才用透视图表示。比如发生在楼房室内的案件，有时需要表明现场上下左右几个空间的情况以及它们之间的相互关系，才绘制现场透视图。即使在这种情况下，也仅仅是用现场局部透视图和现场细目透视图来表示。除此之外，一般没有必要绘制现场透视图。　　（张玉镶）

xianchang yiliuwu dengji
现场遗留物登记（registration of the lost objects on the scene）　现场遗留物是行为人在实施某种行为时在现场留下的其自身携带的物质、物品。对现场遗留物进行登记，目的在于查找物品的遗留人或物主，查明事件的情况，并根据现场遗留物的种类、分布情况等，分析判断行为人或事主在事件发生前和发生过程中的活动及其他情况。现场遗留物登记的主要内容是：遗留物的种类、名称、数量；物品在现场中的遗留部位和原貌状况；物品的特征（如颜色、大小、形状、记号、重量等）；发现和提取的时间、地点和简要案情；现场遗留物登记以物品为单位，一物一卡进行登记，并附该物的原形情况照片和细目照片。　　（张玉镶）

xianchang zhankaitu
现场展开图（sfretch map of crime scene）　发生在室内或未加盖顶棚的围墙内的案件，为了同时反映墙壁和天花板上的痕迹、物品等情况，可以把四周的墙壁和天花板伸展开来，连同地面上的情况，以平面图的形式表示在一张图纸上。运用这种图，可以将上述现场的全貌表示清楚。所以，它又是现场全貌平面图的

一种特殊的形式。　　　　　　　　（张玉镶）

xianchang zhaoxiang
现场照相（scene photography）　刑事照相的一种。将现场勘验或检查发现的情况通过照相进行记录。是现场勘验或检查的手段之一，又是勘验、检查记录的重要组成部分。能够把现场上那些不便提取，或用文字、绘图难以表达，以及容易遭到自然或人为破坏的与案件有关联的场所、物品、痕迹、尸体等迅速、准确、完整、清晰地固定下来。

对于研究案情，印证案犯的供词，恢复和重现现场原貌，证实案犯作案等，有着重要作用。分为：①现场方位照相。反映整个现场和现场周围的环境，用以表明案件现场所处的位置及其与周围事物的联系。拍照的景物应包括现场周围环境的重要标志，通往现场的路径、街道及现场附近的地形、建筑物和其他物体。照片上要标示出现场所在的具体地点。②现场概览照相，又称现场全貌照相。是以现场中心和主要地段为主题的拍照，反映案件现场本身的状况。拍照时应记录整个现场范围内的情况，包括被侵犯客体的状况和痕迹、物品的分布状况。③现场中心照相。记录现场中心或主要勘验对象所在部位的情况。拍照时应反映现场痕迹、物品、文书、尸体等的状况和特点，以及主要勘验对象与邻近物体之间的相互位置和关系。④现场细目照相。记录和固定现场上发现的各种可能具有证据意义的痕迹、物品、尸体及其受伤的部位和伤势情况。拍照时一般采用特写摄影方式近距离拍照，通常还应在被拍照物体的一侧放置比例尺，用以显示被拍照对象的大小、形态和特征。

现场照相常采用的拍照方法有：①相向拍照。即从两个相对的地点向现场中心部位进行拍照，把现场的中心部分和相对的情况拍入两幅照片。②十字交叉拍照。即从四个不同的地点向现场的中心部位交叉拍照，把现场的中心部分及左右前后的情况拍入四幅照片中。③分段连续拍照。分为平行连续拍照和回转连续拍照两种。如果是狭长地形的现场，可采用平行连续拍照法，选择与被拍照客体有着相等距离的平行数点，分段拍照。如果是院落或环形现场，可采用回转连续拍照法，即将相机固定在现场一点，转动相机从不同角度分段拍照。将分段连续拍得的分段照片拼接成一幅完整的照片，即可反映现场的完整情况。上述三种拍照方法主要适用于现场方位照相、现场概览照相和现场中心照相。④比例拍照。主要适用于现场细目照相。即把带有长度刻度的分度尺放在被拍照对象的一侧，进行拍照。根据照片上显示的分度尺确定被拍照物体的实际尺寸。

无论采用上述何种方法进行现场拍照，为了把拍照对象的影像有区别地、明显清晰地、富有层次地表现出来，还必须根据拍照的时间、地点和对象，恰当地运用自然光和进行适当地人工配光。

（张新威　杨明辉）

xianchang zhuizong
现场追踪（crime scene pursuit hunt down the scene）　见追缉堵截。

xianshi dongji
现实动机（reality motivation）　行为人以生理的、心理的以及社会的现实需要作为其行为的内心驱动力量。行为人主观上对自身现实需要的性质和行为后果有明确的认识。若其行为触犯了国家刑律，则属犯罪动机。在司法精神医学鉴定中，现实动机是评定行为人是否具有刑事责任能力的必要条件之一。即行为人只要其实施危害行为的目的是为了满足其现实需要，其主观上对自己行为的性质和后果就具有完整的辨认能力。

（孙东东）

xianshi jianyan nengli
现实检验能力（real test capacity）　人自觉主动地通过现实环境来验证自己的精神活动并修正自己行为的能力。是区别神经病性症状和精神病性症状的一个重要标志。在临床精神科和司法精神医学鉴定工作中，现实检验能力是评定一个人精神状态有无异常以及是否影响其对自己行为的辨认与控制能力的必要依据。参见精神症状。

（孙东东）

xianxingfan
现行犯（active criminal）　正在预备犯罪、实行犯罪或者在犯罪后即时被发觉的犯罪人。根据我国《刑事诉讼法》第 61 条的规定，对于现行犯，公安机关可以先行拘留。该法第 63 条还规定，对于正在实行犯罪或者犯罪后即时被发觉的现行犯，任何公民都可以立即扭送公安机关、人民检察院或者人民法院处理。

（黄　永）

xianghu chengren he zhixing panjue de gongyue
《相互承认和执行判决的公约》（1968）（Convention on Jurisdiction and the Enforcement of Judgment in Civil and Commercial Matters 1968）　即欧洲经济共同体《关于民商事司法管辖权和判决执行公约》。1968 年 9 月 27 日欧洲经济共同体成员国在布鲁塞尔签订的旨在确保以简化的手续相

互承认和执行司法判决从而加强对共同体内居民的法律保护的公约。共8章68条,主要内容包括:

公约的适用范围 公约适用于民商事案件,且不问司法机构的性质,但自然人的身份和能力、配偶间的财产制度、遗嘱和继承,破产清偿协议和其他类似程序,以及社会保障、仲裁案件除外。

关于民商事案件的司法管辖权 在一缔约国内拥有住所的人,除公约另有规定外,不问国籍,均可在该国司法机构被诉。但在一缔约国境内拥有住所的人,在下列情况下,才可以在另一缔约国司法机构被诉:①适用公约特别管辖和保险案件的管辖、以及分期付款销售和分期偿还借贷案件的管辖的案件;②专属管辖的案件,包括对于不动产物权和不动产租赁合同的案件,不动产所在地缔约国的法官拥有专属管辖权;对于驻在一缔约国境内的社团或法人的有效、无效或解散问题以及各机构的决定,该国法官拥有专属管辖权;对于在公共登记中登记注册的有效性问题,登记地缔约国的法官拥有专属管辖权;对于专利、商标、设计、模型和其他要求备案或注册的权利的登记或有效性问题,要求备案或注册的缔约国法官、已实现备案或注册的缔约国法官或者备案或注册已基于国际公约被视为实现的缔约国法官拥有专属管辖权;对于判决执行问题,执行地缔约国的法官拥有专属管辖权。

判决的承认与执行 在公约所称的判决包括由一缔约国的司法机构做出的任何判决如命令、判决、裁定、执行令以及书记官对司法费用的决定。在一缔约国做出的判决在其他缔约国得到承认,无需必经某种程序。并且在任何情况下,外国判决不能成为实质性再审的对象。在下列情况下,判决不予承认:①如果承认判决,同被请求国的公共秩序相抵触;②如果没有向缺席的被告人正常地和适时地送达或通知司法请求,以使他能够提出自己的辩护;③如果判决同被请求国对相同当事人做出的判决相抵触;④如果原判国法官在为做出判决而就有关自然人身份和能力、配偶间的财产制度、遗嘱和继承问题表态时,违反了被请求国的国际私法规范,除非上述判决的结果与适用被请求国的国际私法规范将会产生相同的结果。此外,判决如果违反了公约关于保险案件的管辖、分期付款销售和分期偿还借贷的管辖及专属管辖等的规定,也同样不予承认。一国的司法当局在被请求承认另一缔约国做出的判决时,如果上述判决受到抗辩,可以暂缓承认程序。公约规定,在一缔约国做出的并在那里生效的判决,在经当事人申请而具备执行手续后,在另一缔约国执行。如果同意执行,作为执行对象的当事人可以在送达裁定后的一个月内提出异议。如果该当事人不居住在做出同意执行裁定的缔约国,该期限为两个月,自向该人或其住所送达裁定之日开始计算。

该公约于1973年2月1日生效,是目前适用范围较广的一个区域性国际私法公约。

(阎丽萍)

xianggang gaodeng fayuan tiaoli
《香港高等法院条例》(Hong Kong Supreme Court Ordinance) 香港被英国占领后,沿袭英国的司法制度,没有全面制定各级法院组织和职权的法律,而对各种法院制定相应的条例,如《高等法院条例》、《地方法院条例》、《裁判司署条例》、《土地审裁处条例》等。《高等法院条例》(1992)属香港法例第4章,分8节,含4个附例。

第1节绪目,含简题和释词2条。香港各条例均分章节,节不分条,或节下有分节,不再设条。第1节均为简题和释词,无一例外。

第2节高等法院,含高等法院、原讼庭的组成、上诉庭的组成、法官的委任、遵循先例原则、法官的代位、法官的专业资格、代法官的委任、代法官的职权等9条。本节主要规定高等法院的审判组织和法官资质。对法官的条件严格限制,明显倾向于从英联邦国家的法律人才中选用法官。

第3节管辖和职权,含原讼庭管辖权、海事管辖权、海事管辖权的行使、受案限制、对《莱茵河航行公约》无管辖权、海事管辖补充规定、上诉庭管辖权、民事案件的上诉、重新审理申请、执行法律和衡平法、救济裁决、动产扣押令、可扣押财产、动产扣押补充规定、债款扣押、禁止非法逮捕或拘押、禁止债务人离境、强制执行的效果、财产变卖、罚款、不交租丧失权利的救济、传票送达、租赁条款的解释和适用、履责令、诉讼中止令和调卷令、禁止作为令、司法复核、禁止令和接管官、人身保护、人身保护案的上诉、移送高等法院复审令、高院令的执行、未成年人的司法监护、缠诉案件等33条。本节采用列举法规定法院的管辖权和职权,法有禁文则法官受限制,法有明文则法官遵守。除本节外,法官的具体职权还见于法院规则委员会制定的《高等法院规则》。

第4节开庭和调配,含原讼庭的开庭和调配、假期、假期案件的审理、假期中期限的计算、独任庭、开庭和内庭审理、内庭法官的职权、陪审团、上诉庭的开庭、上诉刑事独任庭的职权、陪审团、上诉民事庭的组成、上诉独任庭的职权、任何法官与首席法官依法行使职权等13条。本节在说明高等法院由首席法官领导的同时,强调审判庭或法官的独立审判权。

第5节注册法官和其他官员,含高等法院注册官、注册官的职权、法警、对注册官的保护、注册官申请法院令等6条。香港高等法院兼具司法和司法行政的职能。司法行政权主要由注册官领导的注册处行使。法院规则通常也由担任法院规则委员会秘书的注册官和书记官负责起草。

第6节调查取证和有关程序，含诉讼前提交资料、要求提交资料权的扩大、补充规定、诉讼前职权、配偶互不指证特权的撤销、对皇室的适用。本节明确当事人的举证责任以及授予审判庭广泛的调查取证权。本节规定也适用于皇室，但审判庭以公众利益为由可不予适用，带有殖民主义色彩。

第7节杂项和补充规定，含诉状、非官守太平绅士、索赔利息、判决利息、藐视法庭案的上诉、高等法院封添、开支、民事案原诉庭和上诉庭费用、评估费、法院规则、法院规则委员会、遗产（不动产）诉讼程序、民事案举证和接受规则、禁止令和通知、中期付款令、人身伤害临时救济令、高等法院按金规则等17条。

第8节一般性规定，含原讼庭和上诉庭别称、前《高等法院条例》的过渡等2条。第7节和第8节比较散乱。高等法院规则委员会制定法院规则是很重要的职能，法院规则又是整个高等法院法规重要组成部分，但却归为杂项和补充规定，反映了有关条例的拼凑过程以及未能法典化的毛病。

除条例正文外，另有4个附例。附例A《高等法院规则》，含99个法庭令，具体规定了各项诉讼具体规则，篇幅远远超过本条例和其他附例之总和。附例B《高等法院诉讼基金规则》，规定由注册官管理法院收费、按金及各项财产，作出适当的投资，投资收益扣除基金行政费后，作为政府财政收入。附例C《高等法院（捕获）费用令》，适用于涉及因捕获物的诉讼。附例D《高等法院收费规定》，对在高等法院诉讼的各项收费标准明确规定，但又授权注册官可作减免或延期支付。

1840年英国占领香港，1844年即在香港设高等法院，并制定《高等法院条例》。现行的《高等法院条例》1975年制定，随后经23次修改。原第16条第1款规定:"在一切民事案件中，高等法院应适用普通法和衡平法，如同英格兰高等法院和上诉法院适用普通法和衡平法一样。"1987年修订时末句"如同英格兰……一样"删去了。原第17条还规定:"英格兰高等法院现行有效的程序规则在香港同样有效。"1987年修订时也删去了。

《中华人民共和国香港特别行政区基本法》第8条、第81条、第160条对保留与香港基本法不抵触的原有法律和司法体制作了明确规定。虽然香港立法局和高等法院规则委员会在中英联合声明签署后和香港基本法通过后曾多次对有关条例及其附则作出修订，但问题依在。仅仅采取把港督改为行政长官、按察司改为法官、英外交与联邦事务大臣改为中国外交部长、英皇室改为中国中央政府等文字措施，未必就不抵触。香港高等法院条例的起草比美国相应的法律和法规还要晦涩冗长，对日后采用中英双语制无疑是不容忽视的障碍。《高等法院规则》是一事一令的汇编，互见、重文、详简不一，甚至不协调的情况屡见不鲜，也有必要加以整理，使其法典化。香港主权回归后，有关的研究工作有必要加强。

（宋小庄）

xianggang pochan tiaoli

《香港破产条例》（Hong Kong Bankruptcy Ordinance） 《香港破产条例》(1992)是香港破产法律的重要组成部分。该条例属于香港条例第6章，共9节。第1节简题和释词，第2节从破产行为到还债程序，第3节财产管理，第4A节刑事破产，第4节破产管理官，第5节破产财产受托人，第6节法院管辖权和职权，第7节补充规定，第8节破产犯罪，第9节杂项，计161条，后含两个附表，第1表规定刑事破产令的适用，第2表规定破产管理局的组成。另有5个附属立法，对破产、破产格式、破产费用、债权人会议和债务证明等作了具体规定，此外，《香港公司条例》（香港条例第32章）第2节清算程序，分概述、由法院清算、自动清算、对任何清算都适用4个分节138条，第6节破产管理官和特别经理人11条，对股份有限公司、有限公司、无限公司的清算作了具体规定，亦构成香港的破产法律。

《破产条例》授予法庭、破产管理官和破产财产受托人严格控制债务人人身财产的职权，要求债务人出席债权人会议，提供所需资料，服从法官、破产管理官或特别经理人的合理指示，协助变卖破产财产。债务人未能履行有关义务时，将以藐视法庭治罪。

破产申请提出后，债务人若变卖、转移财产，或藏匿、销毁有关文件，或未经破产管理官批准转移超过港币50元资金，或在法院发出破产接管令后企图潜逃，或无正当理由不出庭接受公开质问，或具有法院认为应受惩罚的其他行为，则可被逮捕，并判处最高5年有期徒刑及扣押其账簿和财产。破产接管令发出后，债务人所有电文、信函、包裹应移交破产接管官或破产财产受托人处理。法庭可要求债务人及其配偶或其他人士提供有关债务人的资料，并派遣调查员到外地或外国进行调查。

《破产条例》强调，在未告诉贷款人自己破产的情况下，破产人不得借款超过港币100元;在未告诉贷款人已破产商号前，破产人不得以新商号借贷。破产人从事新业务，应在报上刊载其破产业务详情，否则均视为犯轻刑罪。

《破产条例》阐明，债务人破产时间从破产行为发生时起算。破产人实施一个以上破产行为，从提交破产申请前3个月的第一个破产行为起算。破产财产包括破产开始时至未解除破产期间债务人的所有财产，所继承的一切财产，债务人可以循民事诉讼途径追讨财产以及债务人所控制的财产。但债务人以受托人身份占有的财产不超过港币3000元用以维持个人家庭生活的财产不属于破产财产。

破产对破产人过去所作交易影响很大。法庭可据《破产条例》宣布未成年人交易作废,将交易所涉及财产扣押变卖,所得由法院保管14日后成为破产财产。破产人在破产前2年内的财产赠与转让协议,若无约因,破产财产受托人可予废除。对破产前2年以上10年以内的财产赠与或转让协议,受赠与人或受让人应证明当时债务人并非资不抵债,否则亦可作废,但因结婚在婚前所安排的财产协议不在此限。对未登记的账面债务转移,若无约因,破产财产受托人可予废除。破产申请提出6个月内,债务人对债权人带有欺诈性的优惠安排可被撤销,但在破产令颁布前不知道债务人有破产行为的交易除外。

《破产条例》要求债权人向破产财产受托人提供切实的债权证明,颁布破产令时存在的或在破产解除前产生的债权,均视为破产债权,但知道债务人有破产的行为仍作出借贷,不视为债权。破产财产受托人应估算债务总值,对估值不满的债权人可向法院提出。无法确估的债务不能成为破产债务。债权人不知道债务人有破产行为的债权债务关系可被撤销。

《破产条例》规定,破产人或破产管理官可申请解除破产。法庭根据破产管理官的报告确定破产人有无刑事犯罪、账目是否齐全、是否无力还债仍进行交易、生活是否奢侈、有无欺诈性优惠安排、能否偿还50%的债务等因素,拒绝或批准解除破产的申请,或决定延迟破产令的生效,或有条件解除破产。因债务人犯罪使受害人受到港币15万元以上人身伤害外损失,法庭可颁发刑事破产令,使受害人成为债权人。刑事破产令颁发日为破产行为日,债务人全部财产不足港币1万元,可按简易程序处理。

公司依法定程序解散,称为清算,分强迫清算和自愿清算两种。强迫清算的条件是:①公司特别决议要求法庭清算;②公司报告未送交公司注册官,或不举行法定会议;③公司成立1年未营业,或停业达1年;④公司无力还债;⑤法庭认为对公司清算是公平合理的。自愿清算的条件是:①公司组织章程规定营业期限届满或转业法定事由发生;②公司特别决议决定自动清算;③公司非常决议决定因负债不能继续营业,若公司有能力在12个月内清偿债务,则按股东自动清算程序进行。清算人由股东选出,不受债权人监督。若不能,则由债权人自动清算,清算人由债权人决定。在公司清算中,破产清算人称 liquidator, 而不称 trustee in Bankruptcy。

(宋小庄)

xianggang fayuan tixi he jiancha jigou
香港法院体系和检察机构(court system and procuratorate of Hong Kong) 原有法院体系 香港原有法院系统由审裁处、裁判司署(同级的有死因裁判法庭和儿童法庭)、地方法院、最高法院(包括原讼法院和上诉法庭)、英国枢密院司法委员会组成。

审裁处 是简易的专门法院,主要从事民事案件审理。现在香港设有4个审裁处:小额钱债审裁处、土地审裁处、劳资审裁处、色情物品审裁处。不服审裁处判决可向最高法院原诉法院上诉,其中不服土地审裁处判决的,可直接向上诉法院上诉。

裁判司署 香港受理轻微刑事案件的初级刑事法院,全港共有10所。刑事案件的诉讼程序都是从裁判司署开始的,不服裁判司署裁判的,可向最高法院原诉庭上诉。与之同级的还有死因裁判法庭和儿童法庭。死因裁判法庭专门负责调查非正常死亡者的死因以及死者的身份等事项。儿童法庭审理14~16岁和14岁以下儿童的检控案件,杀人罪除外。

地方法院 对部分民、刑案有初审权,仅对印花税额持有异议而上诉的案件有上诉审权。在刑事方面,主要审理除谋杀、误杀、强奸、持械抢劫等案件以外的其他较严重的刑事案件,所判刑期不超过7年。地方法院审理案件由法官独任审理,不设陪审团。

最高法院 由原讼法院(又称高等法院)和上诉法庭组成。原讼法院拥有一切刑、民案件的管辖权,兼有上诉审权和初审权。原讼法院有权受理不服审裁处和裁判司署的上诉案件。上诉法院在审级上是香港的最高法院。受理不服原讼法院、地方法院和土地审裁处裁决的案件,同时对其他法院提出的法律问题作出裁决。

英国枢密院司法委员会 香港法院体系的终审法院。受理本身具有自动上诉权利或经上诉法庭批准(限于民事案件)或由英国枢密院批准上诉的案件。

特别行政区法院体系 根据《中华人民共和国香港特别行政区基本法》的规定,香港特别行政区成立后,享有独立的司法权和终审权,其法院组织大体上与原有的相同。特别行政区设终审法院、高等法院、区域法院、裁判署法庭和其他专门法院。高等法院设上诉法庭和原讼法庭。其中高等法院相当于原有的最高法院,区域法院相当于原有的地方法院,裁判署法庭相当于原有的裁判司署,是除各专门法庭外的基层法院,各专门法庭相当于原有的审裁处。终审法院是香港级别最高的法院,受理对香港各级法院的最后一级上诉,其作出的判决是终审判决,不能再上诉到最高人民法院。

检察机构 香港没有单独的检察机关,负责领导和监督香港检察系统的机关是律政司署,设在行政机关系统内。律政司署除了具有检控职能外,还享有法律赋予的其他权力,主要职能还有为政府各部门提供必要的法律指导,代表政府进行诉讼,草拟成文法律等。律政司署由5个科和1个专职事务小组构成。由刑事检察科负责可控罪或其他严重犯罪的起诉，大部分地方法院及原讼法院审理的刑事案件均由该科检察官出任出控官，在裁判司署审理的案件，如涉及重要的法律问题，该科检察官也将出庭。根据《中华人民共和国香港特别行政区基本法》规定，特别行政区成立后，由律政司主管刑事检察工作，不受任何干涉。

（丛青茹）

xianggang gaodeng fayuan
香港高等法院（Supreme Court of Hong Kong） 香港第一座高等法院，1844年启用。高等法院又称最高法院（Supreme Court），目前含上诉庭和原讼庭两个部分。上诉庭原据《高等法院上诉条例》于1912年设立，在审级上是香港的最高法庭，上诉庭又称合议庭（Full Court）。原讼庭又称高等法院（High Court），是香港重大民、刑案件的一审法庭，在审级上低于上诉庭。现行《高等法院条例》（1992）规定了原讼庭和上诉庭的组织和职权。

高等法院原讼庭由首席法官、港督委任的法官及首席法官委任的代法官组成。上诉庭由首席法官及港督委任的法官组成。首席法官是上诉庭庭长，他可委任上诉庭法官作为上诉庭副庭长，副庭长有代位权。应首席法官要求，原讼庭法官可参与上诉庭的审理。上诉庭法官可按需要参与原讼庭的审理。高等法院法官职位依次为：首席法官（香港称首席按督司）、上诉庭副庭长、上诉庭法官（香港称按督司）、原讼庭法官（香港称按督司）和原讼庭代法官，不得逾越。同级法官依资历排名，港督可决定同级代法官排名。固法官缺位或案件需要，首席法官可在某案件中或某期间委任具有法官资格的人为代法官，代法官可履行法官的全部职责。

高等法院法官的资格：①曾在香港、英国、苏格兰、北爱尔兰或爱尔兰共和国等高等法院任讼务律师10年；②有资格在上述法院任讼务律师，具有讼务律师或事务律师资历不少于10年；③有资格在上述法院任讼务律师，并有在律政司署、海外司法机构、地方法院、裁判司署、法律援助处等有10年以上司法或法律行政资历；④曾在香港、英国、苏格兰、北爱尔兰及其他英联邦国家或爱尔兰共和国法院任10年事务律师，并在香港有2～5年司法或法律行政资历。

高等法院法官采用终身制、养廉制，其工资等级相当于港府司级官员。高等法院法官的任免具有维护港督权力和司法独立两重性，符合资格的法官由独立的司法人员叙用委员会向港督举荐。该委员会由首席法官任主席，成员有律政司、公务员叙用委员会主席及港督委任的3名人士，并据《司法人员叙用委员会条例》运作。法官免职也由港督委任3名法官组成审议庭向港督报告，并呈报英国枢密院考虑，反映了港督的主导权力。但高等法院法官至今尚无被免职的事例。法官在执行司法职能的任何行为不受法律追究，又体现了法官的独立性。

英国枢密院司法委员会具有英联邦各国的终审法院的地位，也是目前香港的终审法院。终审庭由英国最高法院5名大法官组成。在民事案件中，争议额较大的案件才可上诉，但不必事先批准，所涉案件也不限于法律争议。从理论上说，该委员会并非真正的法庭，它对案件事实不作审查，也不讨论原判决所适用法律或程序是否得当，而只表示多数成员意见，向女皇建议，据此颁发女王枢密院令，使意见生效。香港特别行政区成立后，根据《中华人民共和国香港特别行政区基本法》第19条规定，本区享有终审权，并设终审法院。根据1991年中英两国外交协议，香港终审法院也可提前设立。

（宋小庄）

xianggang gaodeng fayuan caipan
香港高等法院裁判（decision by Supreme Court of Hong Kong） 《香港高等法院规则》有关裁判的法庭令主要有：《裁决令》、《账目及质询令》和《裁判程序令》等。

《裁决令》规定，任何裁判若有格式应按此格式作出。计有：预定赔偿缺席判决、未预定赔偿缺席判决、财产扣押案缺席判决、收回土地使用权缺席判决、收回土地令、赔偿评估最后判决、简易判决、不设陪审的法官判决、设陪审的法官判决、决定初步争议事项的判决、预定赔偿判决等格式。该法庭令还规定，判决书应由审案法官或书记官签署封签，自判决书载明日期起有效，并在注册处归档。对扣押财产，若索赔人不具有所有权，审判庭仅能对赔偿作出判决。要求行为人履行一定行为或支付一定款项的判决，应载明履行期限。据当事人和解条件作出的裁判，视同审判庭裁判。审判庭在宣判的同时或稍后时间，应口头或书面说明理由，记录在案，在注册处归档，送达各当事人，并在高等法院图书馆存放，供公众查阅。对审判庭的裁判，当事人不在14日内请求变更，视为裁判生效。合议庭和裁判可任由一名法官有效作出。

《账目及质询令》规定，提出索赔的原告或提出反诉的被告应向审判庭请求指令，并附有关款项的证据，宣誓证实。审判庭可发出相应指令。当事人拖延时，审判庭可要求加快速度或由高等法院律师代办，由当事人付费。无行为能力人的账目应按审判庭的指令，由其监护人证实。

《裁判程序令》规定，对涉及遗产管理、信托或财产变卖案中的利害关系人，审判庭应据特定格式作出判决或指令，对利害关系人有约束力，如同当事人一样。

利害关系人可在1个月内提出免除、变更或增加判决的请求,亦可据审判庭通知出庭参与诉讼。对需作内庭处理的案件,如对账目质询,提出证据,起草协议,当事人或其律师参与内庭审理等事项,审判庭可做出指令,并有权修订该指令。对涉及遗产管理或信托等案,审判庭可指令在报纸上公告要求债权人和其他索赔人限其回应,审判庭指定的人或其亲属必须检查涉案财产债权人提出的索赔,表示该索赔是否有效,并在限期前7日宣誓陈述其发现及其理由。审判庭指定人外的有关人员或信托人必须参与被指定人的所作检查和宣誓。审判庭可指令继续调查,要求索赔人举证,允许其他索赔,并作出债权人索赔成立或不成立的决定。除清算遗产或审判庭另有指令外,任何债务应计利息,债权人有权获得有关债务的利息。遗产年息8%,自死亡后1年算起。由书记官审理的案件按同样程序进行。

(宋小庄)

xianggang gaodeng fayuan diaocha quzheng ji youguan chengxu

香港高等法院调查取证及有关程序(evidence collection and procedures of Supreme Court of Hong Kong) 《香港高等法院条例》(1992)第6节规定了调查取证及有关程序,授予高等法院审判庭在审理前和审理过程中的调查取证权主要有:①应当事人请求,指令人身伤害案件当事人或有关人员向法院及申请人的律师、医生或其他顾问提供任何涉案文件和资料;②应当事人请求,指令对财产诉讼所涉任何土地、动产或其他有形物进行检查、照相、化验、取样、保全或扣押;③对涉及知识产权案件,撤销夫妻互不指证的特权;④在不违反公益前提下制定程序性的法院规则,以实现调查取证之目的。

高等法院受理民事案件后,在审理前还要经过交换状词和交换文件等便于掌握案情的两个步骤。根据《高等法院规则》,在审理前,原、被告应分别提交申请书、应诉书及反诉状及反驳状等状词。状词必须包含所有涉案事由及有关细节。通过交换状词,审判庭和当事人可以了解争议焦点,有助于弄清是非曲直,节省审判庭审理时间,经过交换状词后,进入交换文件阶段。在该阶段,当事人应相互提供涉案文件。被告收到原告反驳状后,任一方当事人均应在28日内向对方书面详列拥有或曾拥有的涉案文件,包括对方可能已拥有的涉案文件。不论文件对何方有利,均应全部列出。涉案文件除文字记录外,还包括录音和录像材料。任何一方当事人均应告知对方全部涉案文件,并允许对方检视。对未列入的涉案文件,有证据方可向审判庭请求检视。

高等法院审判庭对民事诉讼没有自行调查取证的义务。审判庭掌握案情有赖于当事人提供的证据。经过交换状词和交换文件,审判庭在审理前对案情有基本判断。由于涉案基本事由也展现在当事人面前,当事人对案件结果也可能作出基本估计,便于促成双方和解,审判庭在审理过程中还可能应当事人请求进一步调查取证。

对案涉香港以外地区的调查取证,在香港主权回归以前,可借助扩大适用于香港的英国与其他国家缔结的双边司法协助协议。1970年海牙国际私法会议制定《民商案件国外调查取证公约》,英国1970年3月签字加入,1976年7月批准,1978年8月以枢密院令扩大适用于香港。对涉及该公约成员国(塞浦路斯、捷克斯洛伐克、丹麦、荷兰、法国、德国、以色列、意大利、卢森堡、比利时、挪威、葡萄牙、瑞典、美国、巴巴多斯、摩洛哥、新加坡、瑞士、西班牙等国)的民事诉讼,香港可根据该公约的规定,请求上述国家协助调查收集所需证据。

该公约规定,缔约国之间的调查取证,既可经某缔约国司法机关委托另一个缔约国司法机关调查取证,也可由某缔约国外交、领事或特派人员在另一国对其侨民(不必经所在国批准)调查取证,协助其所代表国家法院的诉讼。该公约还要求缔约国指定某个中央机构接受另一个缔约国司法机关的委托书或受理由外交、领事或特派人员直接调查取证的申请。

目前中国尚未参加该公约。由于香港的特殊地位,中国法院对涉港案件强调双方当事人提供证据,通知原、被告双方到庭,通过银行、海关、工商、外贸等部门核对证据,或请有关部门鉴定。1982年起中国司法部还委托经认可的香港律师代办:①在香港的法律行为、事实和文书的公证;②与内地公司、企业签订合同时港方公司的登记注册证、银行资信情况、公司纳税情况、银行担保以及委托代签经济合同委托书等的证明;③在内地法院参加婚姻、财产诉讼的港澳同胞的答辩书、意见书、委托书等有关材料的证明;④在内地法院参加经济合同诉讼的港方公司的法人登记注册证、委托书等证明;⑤香港同胞到内地申请收养子女等有关证明。

香港特别行政区成立后,中国内地法院对涉港案件到香港取证,或香港法院对涉内案件到中国内地取证,应比现在容易。但到底仍由香港律师公证,或由香港法院与中国内地各法院签订司法委托协议,或制定单一制国家内不同法域之间调查取证的统一法律,有待进一步探讨。

(宋小庄)

xianggang gaodeng fayuan dui anjian de shenli

香港高等法院对案件的审理(hearing of cases

by Supreme Court of Hong Kong)《香港高等法院规则》是《香港高等法院条例》的附例。《香港高等法院规则》由法庭令组成，其中有关案件审理的主要法庭令有:《审理地点和方式令》、《诉状令》、《审理程序令》、《书记官审理令》、《临时赔偿估值令》、《证据令》、《法庭调查员令》、《法庭专家令》、《宣誓令》等。

《审理地点和方式令》规定，审理地点由法院决定，审判庭可由独任庭、有陪审团的独立庭、有评估员的独立庭或书记官组成。不论是涉及事实还是涉及法律，还是部分涉及事实部分涉及法律，也不论由谁提起诉讼，审判庭可以决定审理次序和方式。对诉讼中的不同争议，审判庭可采用不同方式审理。对涉及伤害案，审判庭在确定赔偿额前，可先确定伤害责任。确定赔偿责任后，责任方可向对方书面提出承担责任的和解建议，并知会审判庭。在审理前，审判庭应先明确由陪审团决定的事实。有评估员参与的审理方式由审判庭决定。审判庭可认为无必要审理的争议，可予排除或作出其他适当的裁定。

《诉状令》规定，起诉限期由审判庭确定。原告未在限期内起诉，被告可要求撤诉。审判庭可作出相应的或其他适当的决定。审判庭应将案件归类并预估审理时间，首席法官有权重新归类，确定审理时间和期间。原告在请求开庭的24小时内应通知对方，当事人有义务提交有关诉讼的资料和文件。

《审理程序令》规定，对方不出庭，案件可撤销，但不妨碍日后恢复审理。任一方不出庭，案件可撤销，但缺席当事人7日前申请，审判庭可搁置裁判。审判庭认为符合公义时，可中止审理。陈述次序一般是:①原告陈词;②若被告此时不举证，则由原告举证后第二次陈词;③若被告此时提出证据，他可在原告举证后陈词、举证并作第二次陈词，再由原告回应;④有两名以上被告时，若他们此时不举证，他们可依姓氏顺序陈词，若他们此时举证，可依次陈词并举证;若一部分被告此时举证，另一部分不举证，则在原告回应举证的被告后，再由不举证的被告陈词;⑤被告有举证责任时，或有两名以上被告时，①、②、③次序仍有效;⑥任一方提出法律观点，另一方应回答。审判庭可自行或授权陪审团检视案发地点和有关物件，认定事实后裁判前，当事人死亡，不影响判决。审判庭对审判中出现的文件、物件均应收费。

《书记官审理令》规定，书记官可审理刑事案以外案件，并授予与法官相同的职权。审理程序在可能情况下与法官审理相同。

《临时赔偿估值令》规定，法官判决时未说明的赔偿应由书记官估值，在注册处归档。受益方应在期限内向书记官申请评估。当事人对本票可提出专家证据，但限于两名医生和一名专家，对一般赔偿估值适用于对人身伤害的临时赔偿，但该伤害应无继续恶化迹象，受害方在期限内又可提出进一步索赔。法官作出临时赔偿判决后，被告仍可向原告提出和解。

《证据令》规定，证人证言应经审判庭验证，作证前应宣誓。为省费高效，审判庭可根据具体情况要求当事人以书面证据替代出庭作证。经审判庭接纳和对方认可后，不得就该书面证据传召证人。在审理过程中，审判庭可规定举证方式，并限制专家证人人数，或限制任何图纸、相片、模型作为证据，但对证据的限制可作修订。涉及外国法律的证据应及时提出。提出书证方应事先通知对方。记录在案的传票、记录、诉求和文件应被接纳成为证据，传召证人应符合法定格式。传闻证据一般不被接受。

《法庭调查员令》规定，审判庭可要求证人在任何场所、任何人面前作证。香港以外证人可由法庭调查员按照当地法律取证。拒绝作证可视为藐视法庭。法庭调查员取证应预先通知，并考虑证人的方便，提出证人作证当事人应事先提供有关资料。经法庭调查员盘问的证人可接受诘问和复问。法庭调查员可传召更多的证人。拒绝作答应经审判庭认可。证人证言应作记录，向证人宣读，经签署归档。

《法庭专家令》规定，当事人可要求委任独立的专家作证，并向审判庭报告。法庭专家认为需进一步检验，应知会当事人及其律师安排，拒绝安排时，由审判庭决定。当事人对法庭专家可提出诘问。法庭专家费用应由当事人承担或分担。

《宣誓令》规定，宣誓应以第一人称表达，表明作证人姓名、职业、住所。宣誓书应编号。有完整誓词，注明日期，经宣誓人或监督人签署，交注册处归档。对不确的宣誓，审判庭有权删除、不得使用。在英联邦或其他国家的法官、官员或适当人面前作出的宣誓书，可在香港法庭使用。

(宋小庄)

xianggang gaodeng fayuan minshi susong cheng xu

香港高等法院民事诉讼程序(civil procedure of Supreme Court of Hong Kong) 香港高等法院民事诉讼程序分为法庭审理前各程序、审理程序、上诉程序、执行程序四个阶段。

法庭审理前各程序 民事诉讼当事人依法在香港法院起诉，称为入禀。不同性质的案件有不同的入禀程序，主要有诉愿和诉状两种。诉愿程序采用通知(Motion Petition)(《高等法院规则》附表A第13条、第38条格式)，适用于离婚、上诉等案;诉状式采用传讯(writ of summon)(《高等法院规则》附表A第1号格式)或传票(Originating Summon)(《高等法院规则》附表A第8号、第10号或第11号格式)。传讯适用于有事实争议的索赔等案,传票适用于法律争议或法律文件解释的案件。既有事实争议,又有法律争议或法律文件解释的案例,可采用传讯。

在诉愿程序中,提出方称为诉愿人,另一方称与诉人。诉愿人应向法院提交诉讼程序通知书、文件送达认收书及支持诉愿的有关文件。诉讼程序通知书和文件送达认收书有规定格式。诉愿人或其律师提交全部文件和入禀费,经法院注册官核对无误,登记编号,表示受理。诉愿书副本、诉讼程序通知书和文件送达认收书应由诉愿人安排专人或邮寄或委托法院或律师事务所送达。与诉人收到文书表示不同意,应在文件送达认收书内注明,不填交认收书视为弃权。诉愿人可作宣誓书,说明有关文件已经送达,请求审判庭进行审理。

在诉状程序中,起诉方称原告,对方称被告。多名被告依次称第一被告、第二被告等,原告亦然。原告应按规定格式发出诉状,详述起诉事由,提交诉讼程序通知书、文件送达认收书和入禀费,经法院注册官登记编号受理后,诉讼开始。在递状时或稍后指定期限内,原告还应制作申请书,详述案由诉求。由法院执达官将原告诉状副本及有关文件送达被告。被告收件后14月内登记诉状送达认收书,并在指定交回诉状和送达认收书期满14日内提交应诉书,还可提起反诉。被告未在期限内提交认收书或应诉书,原告可申请审判庭宣判被告败诉。原告反驳被告反诉书须在14日内送达被告。

审理程序 经审理前自行和解、交换状词和交换文件等程序仍未能息讼,诉愿人或原告可申请法院排期审理,由法院通知各方出庭。审理开始后,先由原告律师简要陈述案情,提出证据,原告律师传召原告证人,接受原告律师盘问。律师盘问证人时,不得引导证人作供。原告律师盘问完毕,由被告律师诘问原告证人,寻找证词漏洞,借以打击原告,支持被告的主张。证人必须回答被告律师所提的有关问题。被告律师诘问完毕,原告律师还可复问其证人,澄清被告律师诘问时引起的疑点。原告证人作证完毕,由被告律师简要说明答辩内容,提出证据,被告律师传召被告证人接受被告律师盘问,再由原告律师诘问,被告律师还可复问,其程序与盘问原告证人时相同。在盘问、诘问和复问证人过程中,审判庭发挥引导的作用。被告证人作证完毕后,先由被告律师作结案陈词,再由原告律师作结案陈词。原、被告律师列举、分析、批驳有关证人证言及法律观点,支持其当事人的主张,驳斥对方的主张和观点。

审判庭聆听完毕后,可即时或延期宣判。判词主要有两部分:所据事实和适用法律。自18世纪中叶以来,一般民事案件渐不采用陪审团,少数民诉案,如民事诽谤,才有陪审团。对诉愿式案件,以英皇敕令的方式宣告;对诉状式案件,则以法官判决书的方式宣判。

上诉程序 香港高等法院原讼庭可作为初审法院,也可作为上诉法院,也可将其受理的上诉案件移送高等法院上诉庭。对原讼庭的判决不服并有确切事由,当事人可在限期内向上诉庭提出上诉。上诉庭由3名法官组成合议庭审理上诉案件,不能取得一致意见时,多数法官的决定作为上诉庭裁决。

执行程序 败诉方拒不执行高等法院判决,胜诉方可向作出判决的法院请求执行,称为封票,由法院执达官扣押败诉人的财产。胜诉方应填写一份申请书和封票,说明执行理由,败诉方财产状况和胜诉方希望追付的金额。执行方式主要是扣押财产;无法扣押财产时,也可请求法院拘捕败诉方。法院审查胜诉方申请后,签发封票交执达官办事处执行。败诉方收票三周后,执达官带领封差作初步封票尝试,由封差持清单看守败诉方被扣押的财产。败诉方有5日宽限,到期仍推付,执达官可变卖被扣押财产,扣除执行费后,余款交法院。法院收款后14日通知胜诉人领款。败诉方无产可封,执达官应即时通知胜诉方,由胜诉方支付执行费用。胜诉方可根据新情况提出停止执行或拘捕败诉方的请求,但要负担被拘捕败诉方的膳宿费和法院规定的其他费用。

(宋小庄)

xianggang gaodeng fayuan shenpanting
香港高等法院审判庭(panel of Supreme Court of Hong Kong) 香港高等法院审判庭的开庭和调配由首席法官决定。法庭规则规定的开庭期有冬庭:1月4日至复活节前的星期四;春庭:复活节后的星期一至7月31日;秋庭:9月1日至12月23日。休庭期有暑假:8月1日至9月30日;圣诞节假:12月22日至翌年1月3日;复活节假:本节前星期四至本节后的星期一。除公众假期外,休庭期间,审判庭和法院注册处仍如常办公,审理刑事案、刑事上诉案、刑事附带民事诉讼案,以及法庭规则所列明的民事案件。

除《高等法院条例》或《高等法院规则》有规定外,所有案件都在内庭审理。首席法官可决定案件由独任庭、双人庭或多名法官组成的合议庭审理,经任一方申请,原讼庭又认为案涉诽谤、恶意起诉、非法禁锢或教唆,或法院规则规定的其他案件有陪审团外,一般民事案件不设陪审团。陪审团参与只有权认定事实,审判庭才有权适用法律。审判庭还可决定陪审团是否适合参与对某些文件的审查和科学调查。

高等法院上诉庭不但审理上诉案件、律政司提出复议的案件,也审理新案。对民事案件,上诉庭一般由不少于3名单数法官组成合议庭审理。参与原案审理的法官不得参与上诉案件的审理。上诉庭裁判采用多数原则。未获多数裁判时，以上诉庭庭长为准；但上诉庭未能作出新的裁判或修正原裁判时，原审裁判视为上诉庭仍由不少于3名法官组成，则视为合法组成。但个别民事案件，也可由独任庭或双人庭审理。

有陪审团参与审理民事案件时，审判庭可要求当事人预先交付本案一个5～9人的单数陪审团的费用。根据《香港陪审条例》，年龄在21至60岁，有一定英文程度的香港居民均可被挑选为陪审员，但行政局和立法局议员、公务员、医务、法律、教育等19种专业人士不必充任。政府隔若干年公布陪审员名单，法庭从该名册中注意抽签决定，除有特殊理由被审判庭接纳外，被选中者应参与陪审。

高等法院审判庭审理案件不受任何干预。任何个人和行政部门不得干涉审判庭独立审判。上级法院对下级法院、法院的行政领导对审判庭一般不予过问。下级法院审理的案件，经一定的诉讼程序上诉或移送到上级法院时，上级审判庭才能作出新的裁判。

高等法院法官享有司法豁免权，法官履行审判职责的行为不受法律追究。即使法官疏忽或越权，在审判中认定事实或适用法律有错误，法官不必负责。对当事人因此遭到的经济损失，法官也不负民事赔偿责任，但以法官确信自己有权作出忠实判决为前提。法官若故意枉法错判，则不享有司法豁免权。这是英美法系即普通法国家通常采用的有助于司法独立的原则。法官不必担心因工作失误被起诉，可以抗拒外界压力，依法办事，正当履行审判职责。

《中华人民共和国香港特别行政区基本法》第85条、第86条对香港法院原来实施的陪审制度、独立审判制度和司法豁免权制度给予保留。　　（宋小庄）

xianggang gaodeng fayuan susong feiyong
香港高等法院诉讼费用（court charges in Supreme Court of Hong Kong）　《香港高等法院条例》第52A条规定，高等法院审判庭有权决定民事诉讼和有关费用及其承担。第55条规定设高等法院规则委员会，该委员会据第54条可制定高等法院诉讼程序细则，包括费用和收费。《高等法院规则》内含《费用令》，规定当事人诉讼费用标准和责任。《高等法院收费规则》和《高等法院收费（捕获）令》则规定了高等法院的收费标准。

除无争议遗嘱或因捕获物引起诉讼外，《费用令》均适用。《费用令》规定，未经审判庭决定，任一方无权获得诉讼费用。《费用令》具体设定有权获得付费的条件。修正诉讼要求延期审理、变更登记文件等费用应由提出方承担。未按法院规则或审判庭决定承认或否认事实，则举证费用由未符合规定方承担。否认文件的存在，否认方有举证责任，并支付举证费用。撤销部分诉求或反诉，对方因应诉所招致费用由撤销方承担。原告接受和解，被告提出反诉招致费用由原告承担。索赔胜诉方有权要求对方支付因索赔所招致费用；索赔败诉方应支付对方因应付索赔所招致费用。

《费用令》规定，审判庭在任何诉讼阶段均可处理费用事项，明确其金额，由谁承担或分担。当事人或代表人行为不端或疏忽应承担对方因此招致费用。当事人律师误事，审判庭可指令当事人扣除律师费，并支付对方所招致费用，但应予该律师申辩的机会。有权索取费用方应在法院规则或审判庭指令的期限内提出，否则视为放弃权利。

《高等法院条例》第53条设评估员一职，《费用令》则具体规定评估书记官的职权。该评估官有权对高等法院任何诉讼阶段中任何有关事项所招致费用作出评估，发出证明文件并授权总司法文员行使该职权。为作恰当评估，该评估官可传问当事人，要求当事人举证，确定有关费用，或纠正收费的失误。不同案件的评估书记官要相互配合，以求一致。对未付费当事人，可冲销他应得付费。评估应以维护正义和当事人合法权益为原则，正确计算当事人合理招致的费用，当事人也有保障对方免受不必要诉讼开支的义务。

《费用令》有严格的评估程序。有权索取费用方应在限期内向评估书记官提出，并在随后2日内附齐有关资料，7日内送达对方。对方14日内可向评估书记官提出同等要求。提出方均应向法院提交按金。因撤销引起费用可由按金扣除。对费用评估在限期内不提出异议，评估书记官可予2日通知要求付费，解决争议。要求方未举证或未通知对方，则该申请可被撤销。对方未出席评估，不影响评费决定。当事人对评估不满可在14日内向原评估书记官复议，陈述理由，并向对方提供副本。对评估书记官的复议不满，当事人可向审判庭请求复议。审判庭可另请两名以上评估员（其中一名为原评估书记官）进行评估，并作出裁定。

《费用令》还详细列明评估标准。各有关文件按性质和页数计费，复印件亦按页计费，行政费、调查费、出庭费、证人费、专家费、翻译费、律师费等均分别收费。《高等法院收费规则》和《高等法院收费（捕获）令》，还另外具体规定了百余项高等法院收费标准。在香港高等法院进行诉讼，费用高昂，程序繁琐，无事不费，但要求失误方负担对方因此招致不必要的应诉费用，很有必要，可避免缠讼，提高诉讼效益。　　（宋小庄）

xianggang gaodeng fayuan zhiquan
香港高等法院职权（duty and power of Supreme Court of Hong Kong）　香港高等法院管辖香港一切民、刑案件。重大的刑事案件，如谋杀、强奸、抢劫、贩毒等刑期7年以上案件，或争议标的在12万元港币以上案件均由高等法院原讼庭作为一审法院。高等法院具有《高等法院条例》规定的海事和海商管辖权。在被告以香港为经常居住地或商业基地，诉讼原因在香港水域发生或有先例可援时，原讼庭对有关海事索赔及其他海商案件有管辖权。原讼庭亦可移送有关法院审理，但高等法院对经港督证实，据1868年《莱茵河航运公约》及其后修订公约提出的索赔或争议都没有管辖权。

高等法院上诉庭是香港目前最高审级的法院。由首席法官和上诉庭法官组成，审理原讼庭和地方法院移交的所有刑、民上诉案、被控藐视法庭的上诉案，对土地审裁处判决不服的上诉案以及其他应由上诉庭管辖的案件，并对其他较低等级法院提出的法律问题作出解释。但不受理对原讼庭延期审理，据有关条例或法庭规则作出的终局裁判，对离婚期限的判决，对有关费用的决定等的上诉以及对简易裁决案的上诉。

高等法院原讼庭和上诉庭应执行衡平法和普通法。衡平法和普通法冲突时，应优先采用衡平法。在不妨害必要的上诉程序前提下，尽可能使有关案件得到完整和最终的裁判，对要求颁布禁令或特殊履行的案件，高等法院原讼庭或上诉庭可作出救济判决取代。对外国法院或仲裁庭（包括外国）的还债裁决可根据债务人实际情况决定债务人提供保证金、支付利息、扣押财产等措施，亦可协助执行而变卖债务人财产，没收保证金，并施以罚款。

对企图离境的债务人，高等法院原讼庭可禁其离境。对半年未交租的承租人，可禁其进入有关房产。对诉讼中的标的物，原讼庭可采取保全措施，派人接管。对拒不执行原讼庭判决的当事人，原讼庭可强制其执行。经律政司申请，原讼庭可下令禁止缠讼，不论有无申请，原讼庭可对未成年人作出司法监护，对涉及知识产权及有关侵权案，原讼庭可撤销夫妻互不指证权利。

高等法院原讼庭有权要求太平绅士、裁判司署和地方法院法官或其他官员陈述案情，提供意见，以及有关禁止法人或自然人的无权作为。对不服裁判司署和地方法院判决的上诉，原讼庭可予撤销或更正，新判决的生效日期与原判决相同。

香港的司法复核权（司法审查）由高等法院行使。其主要内容有：①对下级法院下达调卷令，命令涉案档案移送本院审核，更正案卷的失误，中止下级法院的越权行为。②对行政部门显不公正或显失公平的具体行政行为，受害市民可向本院投诉，法院可作出该行政行为不适当的决定，使行政部门在公众舆论压力下，按照法院的意见行事。③对行政部门或管理机构的规章制度或附属条例进行审查，若与香港现行条例抵触，本院可命令停止执行该规章制度或附属条例。

香港强调司法独立，司法权由法院独立行使，但这种独立性是相对的。港督在一定程度上间接影响司法权。港督虽不能明令审判庭如何判决，但由于港督控制立法局的否决权，又可通过修例使审判庭按照反映港督意志的条件行事。港督还享有高等法院法官的任免权，港督的立场不能不对法官办案发生间接作用。根据《英宣判敕谕》的规定，港督也有一定的赦免权。

(宋小庄)

xianggang gaodeng fayuan zhuceguan he qita guanyuan
香港高等法院注册官和其他官员（registered officers of Supreme Court of Hong Kong） 根据《高等法院条例》的规定，香港高等法院设注册官、副注册官、助理注册官（又称为书记官）。注册官和书记官具有《高等法院条例》和《高等法院规则》授予的大致相同的职权，执达官和助理执达官的职权由《高等法院规则》决定。

高等法院注册处是高等法院的司法行政部门，由注册官领导，日常事务性工作由副注册官或助理注册官主持。向高等法院提交任何文件应在注册处登记，记录时间、日期、有关事项和事由。遇有疑问或困难时，注册官可向高等法院提出简便申请，请求解答或协助，注册官和书记官对未经授权的执达官的行为或不作为有诉讼豁免权。对执达官行使职权的行为，只要没有故意误导或隐瞒，也不受法律追究。

除由律政司署提起的刑事诉讼外，民事诉讼案可按照法院规则的规定或征得当事人同意由书记官审理，或由书记官审议并提交报告。该书记官具有与法官相同的职权，并以同样的程序审案。对书记官提交的报告，审判庭可全盘接受，作出变更或推翻时，有关案件应由审判庭审理。

对未作具体赔偿数额的判决，书记官可调查取证，作出估算，决定赔偿细节，并在注册处备案。但若该判决只是部分判决，其他相当诉讼仍在进行，则有关赔偿应由审判庭审估。对书记官的判决（如简易裁决、赔偿费用评估、案件事由或事实认定、扣押第三债务人保管的财产、破产或清算案等）不满，应在5日限期内提出。

香港高等法院兼有审判和司法行政双重职能。根据《高等法院条例》，高等法院内设《法院规则委员会》，由首席法官任主席，成员有首席法官委任的高等法院法官、首席法官委任的代表注册处的注册官或书记官、香港大律师公会指定的两名大律师、香港律师公会指定的两名律师、律政司或他委任的其他律政司署官员。该委员会会议的法定人数为5人，由注册官或书记官任秘书，并负责起草《高等法院规则》和有关文件。

该委员会享有广泛的诉讼程序和司法行政程序细则的制定权。有权制定不违反《高等法院条例》的高等法院具体诉讼程序、审理程序和习惯做法，包括辩护方法及有关事项。有权决定案件由地方法院或审裁处移送高等法院的程序，规约注册官、书记官和其他官员的职权，设定民事诉讼的诉讼费用标准和付费方式，仲裁执行费用，授权高等法院禁止民事诉讼中债务人离境，传讯债务人或有关职员出庭作证或作出逮捕，规定需由高等法院统一处理事项，决定由注册处保管文件向其他法院的移交或归还程序，制定司法训令、表格格式、禁令和调卷令等程序。此外，还包括无遗嘱的遗产继承诉讼程序，民事诉讼举证方式，审判庭对证据的酌情权，证人是否适宜作证的标准，禁止引证的条件，专家口头作证和报告程序，医疗证明提交，保障受益人程序，担保转让的登记，法院基金和财务的控制、转让、支出和分配等事项。

(宋小庄)

xianggang guoji shangshi zhongcai
香港国际商事仲裁(international commercial arbitration in Hong kong) 香港1963年颁布《仲裁条例》，照搬英国《仲裁法(1950)》。既允许法院随时行使复核权而使仲裁裁决无效，又允许当事人对仲裁裁决提出上诉。法院对仲裁裁决不但可作程序审查，而且可作实质审查，法院对仲裁的过分干预影响仲裁裁决的稳定性，无法适应国际商事仲裁的需要。英国《仲裁法(1979)》限制了法院对仲裁裁决作司法复核的范围。1980年香港成立法律改革委员会，研究香港《仲裁条例》的修改是其中一项工作。1982年香港立法局根据该委员会提交的《商事仲裁报告》的建议，通过了对原《仲裁条例》的重大修改。

香港《仲裁条例(1982)》分4节，共46条，含简题和释词、仲裁协议效力、仲裁员与公断员、证据及程序、费用与开支、仲裁执行、涉外仲裁执行等内容，并含有4个附件。该条例主要特点是：

第一，重视调解的作用。规定调解员可由当事人协议或由非当事人的第三方指定。第三方未能指定、协议期限内未能指定或争议发生后2个月内未能指定时，应双方申请，香港高等法院法官可指定一名调解员。3个月内或双方议定的更长时间内，未达成调解协议视为调解结束。调解不成时，可转为仲裁，原调解员可作为仲裁员。

第二，仲裁的合并简化。对两个或两个以上仲裁，高等法院法官认为各仲裁均基于同一法律问题或事实，或仲裁请求权利或救济方式相同，或有其他原因合并仲裁可省时或省钱时，可作为合并或同时仲裁，或一个接一个仲裁，或其中一个仲裁暂且中止，使其他任何仲裁结束后再行恢复。对合并仲裁，所有当事人均应达成协议，共同指定合并仲裁的仲裁员或公断员。未有协议时，由高等法院法官指定。

第三，强调仲裁的效率。除仲裁协议另有规定外，双人庭仲裁员不能取得一致意见时，公断员应取而代之作出裁决。三人庭意见不一致时，两名仲裁员的一致裁决有约束力。三名仲裁员意见不一致时，首席仲裁员的裁决有约束力。法院法官可成为仲裁员或公断员，但须经律政司批准。首席法官可限制在职法官担任仲裁职务不得超过12周。

第四，排除上诉协议。双方当事人可事先签订排除上诉协议，作为或不作为仲裁协议的一部分。排除上诉协议既可是全面性的，也可仅针对某个、某类、某争议的任何裁决。法院无权以仲裁之中事实或法律失误为理由撤销仲裁裁决。双方后来书面撤销排除上诉协议时，法院方可审理对仲裁裁决的上诉。没有排除上诉协议时，当事人可据《仲裁条例》向高等法院原讼庭提出上诉，由审判庭公开审理。对审判庭的决定，当事人不得再向高等法院上诉庭上诉。

第五，仲裁裁决的执行。根据仲裁协议由香港仲裁机构作出的仲裁裁决与司法判决具同等效力。法院认可时，可按与司法判决相同的方式执行，或转为司法判决执行，对香港以外国家或地区的仲裁裁决，该仲裁裁决必须：①据1923年由国联主持的《日内瓦仲裁条款议定书》所适用的仲裁裁决，而请求执行当事人所属国与英国有执行裁决互惠协议，或裁决在1927年《日内瓦关于执行外国仲裁裁决公约》的成员国境内作出的，而当事人又受日内瓦公约缔约国的司法管辖；②据1958年《联合国承认和执行外国仲裁公约》(纽约公约)，才能在香港请求强制执行。

香港国际仲裁中心于1985年成立，由不同国籍的商界和专业人士组成理事会管理，受理香港区内的商事纠纷和国际商事纠纷的仲裁，包括涉及中国合资经营企业以及其他经济合同的争议。对香港区内的商事仲裁，该中心根据香港《仲裁条例》和该中心制定的《本地仲裁规则》作出裁决。对国际商事仲裁，该中心采用《联合国国际贸易法委员会仲裁规则》作出裁决，除受理仲裁外，该中心还对仲裁及有关事项提供咨询，推荐仲裁员，并制定涉及区外和国际商事仲裁的格式条款。中国国际经济贸易委员会同意该委员会名单上的仲裁员参与香港国际仲裁中心的仲裁工作。

(宋小庄)

xianggang lianzheng gongshu
香港廉政公署(Hong Kong Independent Commission Against Corruption) 香港特别行政区独立的侦查贪污贿赂案件的机关。简称"廉政公署"或"廉署"。成立于香港回归中国之前。原称"香港总督特派廉政专员公署"。

廉政公署的宗旨及机构设置 廉政公署的宗旨是肃贪倡廉，反贪污贿赂，倡导正确的道德观念，提高每个公民的公民责任感。廉署的机构设置是：①廉政专员。负责管理及指挥廉政公署，依照总督的命令行事，只向总督负责。廉政专员、副廉政专员各设1人，均由总督委任，副廉政专员协助廉政专员工作。②公署下设廉政专员办事处、行政总部、执行处、防止贪污处、社区关系处。③处以下设科，由助理处长级官员主管。④科以下设组。除上述四级管理机构体制外，还设有廉政公署内部监察及辅助机构，即廉政公署事宜投诉委员会、贪污问题咨询委员会、审查贪污举报咨询委员会、防止贪污咨询委员会、社区关系市民咨询委员会。

廉政公署的职责和职权 主要是：①接受及考虑指控贪污行为的举报，并在其认为可行的范围内予以调查。②调查任何指控或涉嫌触犯廉政公署条例、防止贿赂条例或舞弊及非法行为条例规定的罪行及任何指称或涉嫌串谋触犯防止贿赂条例的罪行，以及政府雇员被指控或涉嫌因滥用职权而触犯勒索罪名的行为。③如廉政专员认为某政府雇员的行为与贪污有关或者导致贪污，即进行调查，并将结果向总督报告。④审查政府部门及公共机构的工作惯例程序，以便揭发贪污行为和设法将认为可能导致贪污行为的工作方法或程序进行修改。⑤就消除贪污方法给予指导、建议和协助。⑥向政府部门或公共机构的首长建议，在配合这些部门或机构有效地执行其职责的情况下，向他们提出更改不良的工作惯例或程序的建议，以尽量减少贪污的可能。⑦教育市民认识贪污的危害。⑧宣传和鼓励市民参加和支持反贪污的工作。

1997年7月1日香港回归中国后，依照《中华人民共和国香港特别行政区基本法》第57条规定，设立"香港特别行政区政府廉政公署"，仍简称"廉政公署"或"廉署"。其首长为廉政专员，由行政长官提名并报请中央人民政府任命，独立工作，直接对行政长官负责并汇报工作。特区政府廉政公署仍由廉政专员下属的执行处、防止贪污处和社区关系处三个专责部门负责对贪污案件的调查、预防和倡廉教育，另有一个行政总部负责署内的行政工作。在相互法律协助下，廉署还与澳洲、美国和法国等国签订双边协定，在逃犯移交方面，还与荷兰、加拿大、澳洲、马来西亚、菲律宾、美国、印尼和印度等国签订双边协定。 （文盛堂）

xianggang lüshi zhidu
香港律师制度（lawyer system in Hong Kong） 香港的律师制度是沿袭英国的律师制度建立的，主要由1964年制定、1981年修订的《香港律师业条例》规定。香港也有两种律师，即大律师（barrister）和律师（solicitor）。大律师又称顾问律师（counsel），必须取得法学学士学位并在香港大学法学院进修1年，或者考入伦敦四大法学院之一深造1年，经考试合格取得深造合格证书，并且要跟随1位有5年以上实践经验的大律师实习1年，才可申请为大律师。大律师不能与当事人直接接触，必须经由律师行、律政署或法律援助署转聘。大律师必须单独执业，不能以合伙的形式执业。大律师的行业组织是香港大律师公会（Bar of Hong Kong），公会的执行委员会负责监督大律师的事务。大律师要受到大律师公会行为守则的约束。凡执业满10年，并且获得公认成就的大律师，可以申请成为御用大律师（Queen's Counsel）。御用大律师通常处理更为复杂的案件，出庭时穿丝质法袍，并且必须由一名资历较浅的大律师陪同。现在香港有300余名执业的大律师。律师又称事务律师，必须是在香港大学法学院本科三年毕业，取得学士学位，然后再在法学院深造1年，经考试取得深造证书，并且在律师事务所实习18个月。律师可与市民接触，会见证人以及收集案件的证据，也可以合伙的形式执业。律师的行业组织是律师会（Law Society），负责维持律师的专业和道德标准，并查处市民对律师的投诉，对律师采取纪律处分。律师会的执行委员会还负责签发律师执业证书。现在香港有2000余名执业的本地律师。 （程味秋）

xianggang pochan chengxu
香港破产程序（procedure of bankruptcy of Hong Kong） 香港破产程序的依据是《破产条例（1992）》（香港条例第6章）和《公司条例（1984）》（香港条例第32章）第2节、第6节。前者规定了破产的一般程序。后者规定了根据现行公司条例成立并登记的股份有限公司、有限公司和无限公司以及根据1865年或1911年公司条例成立并登记的有限公司和无限公司的清算程序。

管辖及破产管理局 香港的破产清算程序涉及民事诉讼、信托和遗产管理等复杂的法律问题。香港的破产和清算案件由香港高等法院管辖。香港政府设破产管理局（Official Receiver's office），由律师及熟悉破产法的政府官员组成。他们有权出席破产和清算案件的审理，并提供意见。在法院颁布破产接管令后，由破产管理官（Official Receiver）接收和管理债务人的财产。

破产申请 破产申请可由债权人或债务人提出。债务人构成破产行为，债权人可向法院提出债务人破产的申请。破产行为指：①债务人向受托人（Trustee）作财产转让；②债务人向他人作欺诈性财产赠与；③债务人对部分债权人作欺诈性优惠安排；④因避债离开香港，隐匿或转移财产免受司法管辖；⑤债务人败诉，并由法庭执行扣押令等。债权人提出债务人破产申请的条件是：①所欠超期3个月的债务超过5000港币；②债务人在被申请破产前1年经常在香港居住；③破产行为在提交破产申请书前3个月发生。债权人提出债务人破产申请时应证实：①债务人有欠债事实；②债务人有破产行为；③破产申请书经已送达。债务人亦可向法院提出破产申请，表明无力还债，提交破产申请书。但若债务人在审理破产案时未能出庭，或遗失账册，或案情涉嫌欺诈或其他不当行为，法院可发出破产接管令。

破产接管令 法院在宪报宣布破产接管令后，破产管理官便成为债务人财产的接管人。任何债权人均不能私下从债务人处得到补偿，或向债务人提起民事诉讼。法院也可委任一个特别经理人(Special Manager)处理债务人的财产，该经理须向法院交纳保证金，提交有关账目。他也有权获酬。破产接管令宣布后，债务人须向破产管理官报告他自己在香港和香港以外的全部财产和债务、他的妻子的财产以及债务人托人管理的财产。法庭可进行公开质询，债务人在不能由律师陪同的情况下，接受法官、破产管理官和债权人的质询。

债权人会议 经公开质询后，破产管理官应尽快主持召开第一次债权人会议。债务人提出和解协议应经由破产管理官审阅，再交债权人会议考虑，占3/4无担保债务总值的半数债权人可接受债务人提出的和解协议。和解协议须经法院批准，对债务人和各债权人有约束力。否则，法庭应宣告债务人破产，并在宪报及至少两份认可的香港报纸上公告。

破产财产受托人、和解协议 宣告破产后，债权人会议可委托破产管理官或其他适当人为破产财产受托人(Trustee in Bankruptcy)，接管债务人在香港和香港以外的全部动产和不动产，作出变卖等适当处理，再分配给各债权人。非破产管理官的其他适当人士作为破产受托人时应交纳保证金。债权人可成立一个监察委员会，每月至少开会一次，按多数原则表决，监督破产财产受托人的工作。宣告破产后，债务人仍可提出和解协议，经占3/4无担保债务总值的半数债权人接受后，可呈报法庭批准。若债务人不履行，延误或不正当履行和解协议，或有欺诈行为时，法庭可宣告和解协议无效，宣告债务人破产。

破产财产 债权人应向破产财产受托人提交债权证明。除预留破产管理行政费外，破产人财产应优先偿还雇员欠薪和劳工赔偿，其次为税款，再次为有担保债务，余额由破产财产受托人尽快确定债权人分配。首次还债手续应在第一次债权人会议4个月内办理，并在不超过6个月内分配完毕。但通常可以延期。所欠配偶债务，偿还其他债权人后方可受理。6个月内未认领的破产财产拨入破产资产账项(Bankruptcy Estates Account)，5年内仍允许原债权人认领。期满无人认领财产归公。

不论债权人或债务人国籍，也不论债务人是否在香港，香港高等法院均有受案管辖权。已被外国法院宣告破产的债务人，香港法院仍可宣告其破产。破产人为外国公民并受该国管辖时，香港法院承认该国的破产宣告。该破产人在香港的动产由该国破产财产受托人管理，但不动产不随之转移，破产人在多国或地区被宣告破产，其财产按各有关国家或地区破产法律转移，香港法院承认最先有效原则。 （宋小庄）

xianggang xingshi susongfa
香港刑事诉讼法(the criminal procedure law of Hong Kong) 香港长年受英国法律文化影响，至今没有一部完整的刑事诉讼法典，但是有许多有关刑事诉讼和证据的单行法规。判例法对司法实践起着重要作用。香港在吸收英美等国刑事诉讼原则、制度的基础上，结合本地情况确定了一系列符合国际要求的刑事诉讼原则和制度。如司法独立，无罪推定，禁止非法逮捕与搜查，被告人获得律师帮助权，有罪证明必须无合理疑点，被告方不承担证明本方无罪的责任，不得强迫被告人作不利于己的供述，被告人享有沉默权、与其律师通讯的保密权，被告人在候审或上诉期间享有申请保释权，等等。

侦查 主要由警署官员或其他执法官员负责。搜查、逮捕一般应有许可证。只在符合法律规定的情形下无证可以搜捕。警署一般无权签署许可证(香港称为"警察手令")。但在法律特别规定时，如搜查色情场所时，有权签署许可证(香港称为"警察手令")。官员需进入嫌疑人、证人私人住宅、办公室、船只搜查时，必须由裁判官签署搜查证。通缉令向国际刑警组织请求通知各国警方注意可疑人等情形，一般由警官向裁判官面呈宣誓申请书，经裁判官签署后生效。对不按照传票指定的日期、时间到达法庭等情形，裁判官可自行签署拘捕证(香港称为"法庭手令")。

提起诉讼 根据罪行的严重程度和量刑的幅度实行不同的起诉方式。对最轻微的违法犯罪行为使用传票；裁判官有权审判但不适宜传票方式的案件，使用告发书。传票和告发书都由警署填写。裁判官无权审判的刑事案件，在移送至地方法院或经预审移送至高等法院的刑事案件，由裁判官制作公诉书。

传唤被告人 在提起诉讼后，应当及时传唤被告人，由主控官宣读指控的罪状。严重的刑事案件，起诉方应将有指控罪行的详细材料及证人证词送达被告人，以保证被告方准备辩护。

传讯 是在诉讼过程中为了解决案件非实体性的枝节问题进行的听审，如是否准予保释等。香港称为

"过堂聆讯"。

公诉程序 高等法院原讼庭和地方法院实行公诉程序。高等法院原讼庭受理的公诉案件,除非被告人在裁判法官处选择不预审,一般都经过裁判法官主持的预审,正式庭审时有陪审团参加。地方法院受理的公诉案件不需预审,庭审时没有陪审团参加。除上述两点区别外,庭审程序雷同。庭审开始后,被告人全部认罪的,庭审不继续;不认罪的,则依公诉程序进行庭审。法庭调查实行英美式交叉询问。但在询问证人期间的任何时候,主审大法官都有权向证人提问,提问的范围不受限制。询问证人结束后,双方辩论。辩论结束后,主审大法官对陪审团进行法律问题指导。然后,陪审团秘密评议作出裁断。裁断无罪的,立即释放被告人;宣告被告人有罪后,大法官制作判决书,然后公开宣告判决。

简易程序 有传票、控诉通知书及一般简易程序三种形式。违反某些条例的轻微罪案件适用传票、控诉通知书的简易程序,其他简易罪案件适用简易程序或公诉程序皆可(见英国刑事诉讼法),但选择简易程序的案件,被告人初次到庭时不认罪的,适用一般简易程序。主控官在首先开始陈述后,传唤本方证人,经过对证人的主询问和反询问,法庭断定控诉方提供的初步证据足以支持指控罪名成立时,继续庭审。否则立即释放被告人。庭审经过询问证人和辩论阶段,法官认定被告人有罪时,当庭只宣判罪名。事后,法官根据执法官员提供的调查报告及其他情况,按照法定刑和处罚权限作出判决。法官判决被告人无罪时,当庭即宣告释放被告人。

上诉 刑事诉讼中的上诉有一般上诉、复审及申请陈述三种形式:①一般上诉有不服裁判法院判决向高等法院上诉及不服地方法院判决向最高法院上诉庭上诉。②复审有原审法官自行审查和上诉审法院审查。③申请法官陈述有两种情形。一是任何一方当事人以适用法律有误或漠视法律规定的程序为理由,请原审法官书面陈述案情及判决理由。此申请遭拒绝后,申请人可向最高法院大法官申请颁发强制原审法官陈述的命令。原审法官接受申请后,应当拟制含有案情事实及判决理由的陈述书,并提交最高法院大法官。大法官在听取双方辩论后可以推翻原判决,驳回申请维持原判决,变更原判决,附加意见后发回原审法官,发回案件更换法官重审。大法官也可以不作决定,将案件移送上诉法庭判决。另一种申请法官陈述是由律政司对地方法院提出的,理由是对原法院因指控的罪行有不妥之点或认为无权审理而释放被告人不服,可在判决后7日内申请该地方法院法官陈述案情和判决理由。地方法院法官接受申请后,应当将陈述案情和判决理由的陈述书呈交上诉法庭。上诉法庭可以推翻原判决,驳回申请维持原判决,变更原判决,发回案件由另一个地方法院法官重新审判,或附加上诉法庭意见后将案件发回原法院重新审判。

(王以真)

xianggang xingshi zhencha zongbu
香港刑事侦查总部(Headquarters of Crimcnal Inrestigation of Hong Kong) 香港警务署下设的刑事侦查专门机构,共有刑事警察6000多人,由一名助理警务署长(Assistant Commissioner)担任刑事侦查工作的总指挥,下设一名总警司作为助手。刑事警察的力量分布在警察总部以及香港岛、东九龙、西九龙、南新界、北新界和水警六个警区。

在刑事侦查总部,又具体分为指挥中心、刑事情报科、商业罪案调查科、毒品调查科、黑社会及有组织犯罪调查科和技术支援科等。其中毒品调查科也负责反"洗钱"犯罪,黑社会及有组织犯罪调查科又负责相关的刑事犯罪情报的收集、分析和研究,负责其他案件如暴力案件的侦破与协调。技术支援科包括指纹鉴定、弹道及枪械鉴定、刑事犯罪档案、预防犯罪、国际刑警、犯罪数字统计、法医鉴定等业务部门。在各警区的刑侦部门直属警区领导,遇重大案件则通过警区向总部报告,并要求支援。在重大的执法行动中,刑警会得到警察机动部队的大力支援和协助。

在整个香港警察队伍中,刑警的力量举足轻重,因此对刑警的素质要求很高,通常都要经过严格的业务培养和训练。香港警察学校和刑事侦查学校是培养警察的重要基地。

自1985年香港与内地展开国际刑警业务交流以来,双方的刑事侦查部门一直保持着密切的互助与合作关系,1997年7月香港回归以后,这种互助与合作则更为密切。

(文盛堂)

xiang daishouren songda
向代收人送达(service upon a designated agent) 法院向当事人事先指定的代为接受送达法律文书的人送达法律文书。当事人指定送达代收人的,应事先向受诉法院申明。法律文书一经送达代收人签收,即与受送达人本人签收具有同等法律效力。送达代收人签收后,应将所送达的法律文书及时转交当事人,或通知其所送达法律文书的内容。

(何 畏)

xiangzhengxing siwei
象征性思维(symbolic of thought) 精神病患者典型的概念转换。往往将某一具体概念与另一抽象概念相混淆,用具体形象的概念来解释抽象的概念,内容离奇、可笑。例如走路只走左边,说这样就证明自己是左派；不睡36号床，说3字朝左，6字朝右，象征着夫妻离异。尽管此种思维障碍有概念的转换，但替换的概念之间，仍然存在着一些联系，或象形，或象意。是精神分裂症的特征性症状之一。　　（孙东东　吴正鑫）

xiangjiao
橡胶（rubber）　一种有机高分子弹性化合物。分子量都在几十万以上，有的甚至达到100万左右。可分为天然橡胶和合成橡胶两大类。天然橡胶为天然的高弹性高分子化合物，来源于橡胶树或橡胶草的胶乳，主要成分是橡胶烃（聚异戊二烯）、水分、树脂、蛋白质、糖类和无机盐类等。其制品通常经硫化处理，并加入填料和防老剂等。溶于苯、溶剂汽油、二硫化碳、三氯甲烷等，但不溶于乙醇和丙酮。溶解时先溶胀，然后逐渐形成粘性的胶体溶液，广泛用于轮胎、胶鞋、胶管、电线电缆等绝缘材料的制造。合成橡胶亦称"人造橡胶"，由单体经聚合反应而制成的高分子弹性体。根据化学结构有烯烃类、二烯烃类和元素有机类等。其中重要的有丁苯橡胶、丁腈橡胶、丁基橡胶、氯丁橡胶、聚硫橡胶、聚氨基甲酸酯橡胶、聚丙烯酸酯橡胶、硅橡胶、氟橡胶、顺式聚丁二烯橡胶、顺式聚异戊二烯橡胶和乙丙橡胶等。其性能因单体不同而不同，某些合成橡胶具有较天然橡胶优良的耐温、耐磨、耐老化、耐腐蚀或耐油等特性。

硫化橡胶也叫熟橡胶或橡皮。是胶料经硫化加工后的总称。硫化后胶内形成空间立体结构，具有较高的弹性、耐热性、抗张强度和在有机溶剂中的不溶解性等。

橡胶制品是生胶加工配合剂，如硫化剂、促进剂、防老剂、补强填充剂、增塑剂、着色剂、发泡剂、助促进剂等，经过塑炼、混炼、成型、硫化等工艺程序而制成的具有实用价值的物品，一般分为轮胎、带管、胶布、工业用品及其他（文体、医疗卫生、日用品）等五大类。

在刑事案件现场上，有时可获取到橡胶管带作为捆绑物的检材，胶布用品作为包装物或防雨物的检材，汽车急刹车时留下的轮胎擦痕、在现场出入口留下的胶鞋鞋底胶渣或蹭痕、在涂改证件上留下的橡胶渣及生活上的橡胶制品等。因为橡胶制品具有弹性，多数微量橡胶制品检材均呈块状或颗粒状从整体上分离下来或呈擦痕并易吸附泥土或油污。对于可见的大的橡胶制品检材，可用手戴手套拿取或用塑料夹子夹取，放入塑料袋中；对于橡胶擦痕、蹭蹬痕、急刹车痕一般借用放大镜用AC纸粘取，并固定在载玻片上或盒中。可以用电镜检验。对于橡胶可疑灰渣可以刷取或铲取到塑料袋中；如果发现工具或被害客体上有橡胶擦痕，或蹭蹬痕迹，可连同载体割取并固定在盒中送检。送检与提取过程中，注意不要被污染。

橡胶制品检验有外观检验法、燃烧法、热分解法、颜色反应、红外光谱法、裂解色谱法等，此外还可通过检验橡胶制品中的配合剂，如硫化剂、促进剂及橡胶制品中的无机成分来检验橡胶制品。　　（王彦吉）

xiaofeizhe xingzheng anjian
消费者行政案件（consumer's administrative case）　美国等西方国家的一种新型的行政诉讼案件，指公民以消费者利益为由对行政机关违法、不当影响生产、市场及自然资源、风景、历史文物等环境因素的行为提起的行政诉讼。此类案件起始于20世纪60年代。　　（姜明安）

xiaoji zhengju
消极证据（negative evidence）　"积极证据"的对称。见积极证据。

xiaohun zhuangtai
销魂状态（eostasy）　对麻醉品、酒精或致幻剂等药物的依赖者，在服用被依赖的药物后出现的一种飘然欲仙的特殊的喜悦情绪。也可见于部分慢性精神分裂症和部分躁狂症患者。　　（孙东东　吴正鑫）

xiaoyi yuanze
效益原则（principle of economic efficiency）　民事程序制度的重要价值原则之一。民事程序制度是解决民事权益纠纷，维护民事合法权益的制度，设计这种程序制度的取向，一是程序制度的公正性（见公正原则），保证通过程序制度的正确运用，使纠纷能获得公正解决，二是程序制度运行的效益性，保证其机制的合理运行，以获得较好的效益。民事程序制度的效益是多方面的，但主要的是将被扭曲了的民事法律关系尽快地恢复到正常状态，并在此过程中尽可能地减少人力、财力的耗费。因此，程序制度科学的简便性、程序机制运行的快捷性，投入人力、财力的合理性，这三者的统一，即成为程序制度的价值的效益原则。

效益原则的客观基础　效益原则是基于社会生活的需要和解决民事权益纠纷的要求而确立的一项原则。人们在社会生活中总需要有一个正常的经济秩序和社会秩序，在民事权益上发生纠纷，在一定程度上影响着某些经济和社会关系，需要尽快予以解决。纠纷的当事人不论出于精神上负担的考虑，还是出于经济上利益的考虑，都要求尽快解决纠纷。不论法院办理民事案件，还是仲裁机构办理仲裁案件，根据法律的要求和防止大量积案，也需要尽快解决纠纷。通过科学简便的程序，缩短运用程序机制的周期，节省人力、财力，是现代社会人们的普遍追求。特别是在市场经济与生活快节奏的社会里,效益原则更显其具有重要价值。

民事程序法律中效益原则的体现 我国《民事诉讼法》和《仲裁法》等立法,都注意了效益的价值取向,在其各自的系列程序中贯彻效益原则。如《民事诉讼法》在其任务中规定要保证人民法院及时审理民事案件;在调解原则中规定,调解不成的,应当及时判决;在诉讼主体中确立了诉讼代表人制度;在审判程序中规定了适用不同程序的合理审限;在诉讼费用上采取较低标准;在执行程序中规定了申请执行的期限等等。如《仲裁法》规定的保证公正、及时地仲裁经济纠纷;仲裁实行一裁终局的制度;受理仲裁的期限规定以及仲裁规则规定的案件审结期限等等,都是效益原则的具体体现。

效益与公正的关系 这是两个价值取向,既是各自独立的,又是相互关联的。公正之中要讲效益,否则缺少实际意义。效益应服从公正,否则就无实际意义。二者的适当结合既决定于科学的程序制度,又决定于实践中对程序制度的恰当运用。

(刘家兴)

xieyi guanxia

协议管辖(jurisdiction agreement) 又称合意管辖、约定管辖。民事案件的双方当事人。在纠纷发生之前或纠纷发生之后,通过协商达成一定协议以确定他们之间纠纷的管辖法院。协议管辖体现了民事诉讼中对当事人意愿的尊重和诉讼中的民主性,有利于活跃某些民事法律关系,有利于避免拖延诉讼。协议管辖起源于罗马法,这一管辖制度的确立是以"当事人意志自由"为理论依据的,当事人有权按照自己的意志决定争议应提交的法院。协议管辖在各国民事诉讼立法中得到了普遍认同。

协议管辖的种类 协议管辖以当事人意思表示的形式划分,可分为明示的协议管辖和默示的协议管辖两类。明示的协议管辖,是指双方当事人在纠纷发生之前或纠纷发生之后,在合同中或其他书面文件中明确约定将争议提交某个法院管辖。当事人之间的书面约定是法院行使管辖权的依据。默示的协议管辖,是指当事人之间并没有对管辖法院作出约定,但法院依照法律规定,通过当事人的行为可以推定出双方当事人就法院管辖达成合意,默示协议管辖,因此又称为推定的协议管辖或拟制的协议管辖。一般而言,各国普遍认可的默示协议管辖多是指原告向某一无法定管辖权的法院起诉后,被告没有提出该法院无管辖权的异议而是答辩应诉,接受了该法院对案件的审理,即视为被告默示了原告所选择的管辖法院。这种以被告的应诉行为作为衡量标志的管辖,多称为应诉管辖。

协议管辖适用的条件 一般包含以下几个方面:第一,协议管辖所约定的法院只能是第一审法院。案件的第二审法院或第三审法院是不可能通过协议约定的。第二,协议管辖不能违背级别管辖和专属管辖的规定。第三,协议管辖的形式要符合法律规定,明示的协议管辖只能采取书面形式,既可以双方签订书面的协议管辖合同,也可以在书面合同中约定协议管辖条款。默示的协议管辖则以被告的行为来确定。第四,协议管辖的适用范围要受法律规定的限制。各国民事诉讼法的规定各不相同。有的对协议管辖没有明确具体的限制,如日本、俄罗斯及我国台湾地区,协议管辖可适用于一切民事案件;有的如英国、德国则限于一定的范围,英国只对契约案件承认当事人的协议,德国则要求当事人以明示或默示合意管辖,以契约双方当事人是商人而又不属于《商法典》第4条所规定的手工业者或公法上的法人或公法上的财产时为限。我国现行《民事诉讼法》对协议管辖的适用在国内民事诉讼和涉外民事诉讼中分别作了规定,在国内民事诉讼中,只限于在合同纠纷中允许当事人以书面的协议在被告住所地、合同履行地、合同签订地、原告住所地、标的物所在地的法院中选择管辖。在涉外民事诉讼中,既规定了明示的协议管辖,即涉外合同纠纷案件和涉外财产权益纠纷案件的当事人,可以用书面协议选择与争议有实际联系的地点的法院管辖;也规定了应诉管辖,即涉外民事诉讼的被告对人民法院管辖不提出异议,并应诉答辩的,视为承认该法院为有管辖权的法院。

(阎丽萍)

xiedi changtai mosun tezheng jianyan

鞋底常态磨损特征检验(common weaving individualization examination of soles) 所谓"鞋底常态磨损特征",系指人在穿鞋正常行走和运动的过程中,由于较长时间有规律的重复磨耗,在鞋底上形成的磨损形态。鞋底的磨耗同人在行走中鞋底对地面的正压力分布直接相关,而这种正压力的分布又同人脚底的固有形态及走路习惯(步法)相对应。脚底形态和步法具有个人特征并相对稳定。所以,同一人穿用的几双鞋子,其鞋底常态磨损特征应当是相同的。通过对几双鞋子的常态磨损特征的分析比较,可以对穿用人是否同一进行鉴定。这就为鞋印检验开辟了一条新的渠道:在提取了犯罪现场上的足迹之后,如果搜集不到重大嫌疑人的可疑鞋子作比对样本,那么可以取其平时穿用的其他鞋子进行比较检验,查明犯罪现场足迹是否为该嫌疑人所遗留。这是我国痕迹检验技术中的一项新的检验手段。公安部在几个地区进行了大量的应用研究,并总结出一套把磨损特征检验与足迹中的压力公布和起落脚特征检验结合的实用方法,1986年开始在全国推广。

常态磨损特征检验,一般需要在检材足迹与送检鞋子磨损程度相近的情况下，对趾、跖、弓、踵四个区域和起、落脚部位的磨损形态及其之间的匹配关系进行综合比较与评断。在磨损程度相差较大的情况下，可令受审查的嫌疑人穿鞋行走，取其实验足迹样本或取其日常生活中遗留的平时样本，结合压力分布上起落脚特征予以综合分析和鉴别。常态磨损特征检验的优点是：①它是鞋底在足与地面作用力下反复磨耗形成的"积累特征"，是作用力特征的形象化，易于观察，提高可见性和可信度。②它既可用于立体足迹检验，也可用于平面足迹检验。但它也存在一定的局限：鞋底的磨损毕竟是行走力隔着鞋底与地面磨损作用的结果，不像赤足那样反映细节明显而细腻，具有一定的模糊性。在脚型相近、步法相近的两个人之间，磨损形态相似，检验和作结论时要慎重；在接受检验的两双鞋子穿用时间相差较大时，磨损程度不同会导致磨损形态的差异，此时单靠磨损的形态检验不能做出准确判断，因而往往要结合步法特征进行综合分析；同一人的平跟鞋与高跟鞋、软底鞋与硬底鞋的磨损会产生一定度的差异，在检验中要注意分析和正确解释。

（蓝绍江）

xiedi huawen dengji

鞋底花纹登记（sole print registration）　亦称鞋样登记。通常通过对市场上销售的各类成鞋及制鞋企业生产、加工、使用的鞋底的搜集，对鞋底花纹的类型和式样加以登记。利用登记的鞋底花纹资料，可以查明在案件现场发现和提取的鞋印属于何种鞋只所遗留，分析判断该鞋只的具体鞋种、尺码、确定其产地、销售范围和销售商家，并据此查找鞋只的购买人、穿用人，查清鞋印的遗留人。鞋底花纹登记的主要内容是：鞋底表面在加工、塑制过程中形成的图案、花纹、文字、商标、尺码数字等外观特征；鞋底的制作材料；鞋底的尺码大小和规格；鞋底生产、加工企业的名称和地址；使用该鞋底生产的成鞋种类，鞋只尺码大小的范围，制鞋企业的名称和地址。鞋底花纹登记的资料需按不同类别加以分类和储存。分类的方法有：按鞋底表面花纹式样可分为席状花纹、块状花纹、条状花纹、圆形花纹和其他特殊几何形状花纹五大类。按鞋底制作材料分为塑料底、橡胶底、皮底、布底和其他材料底。按成鞋鞋种分为皮鞋、布鞋、胶鞋、塑料鞋、编织鞋和其他材料鞋。鞋底花纹登记需制成登录卡片并附成鞋的外观照片和鞋底花纹式样照片，也可使用计算机建立鞋底花纹数据库。

（张玉镶）

xieyin

鞋印（shoeprints）　鞋底外表形态结构特征在承受客体表面形成的反映形象，是足迹的重要类别。根据鞋印中反映的形象特征可以对犯罪人在作案过程中穿用的鞋子进行同一认定，为侦查和审判活动中认定犯罪人提供鉴定结论。鞋印中的形象特征包括两大类：①鞋底加工制作过程中形成的结构形态特征。包括鞋底的长度和宽度、鞋底形状、基本结构和鞋底花纹图案。根据这些特征可以区分鞋的种类、大小及产地、产家，缩小侦查范围。我国已在全国实施了鞋底花纹建档管理与查询制度。有些手工制作的鞋底，其外表结构形态细节特征具有个性特点，如手工缝制鞋底的针脚特征、手工裁切鞋底的边缘花纹特征及整修特征等；它们在形成过程中具有较强的随机性和随意性，可以作为对鞋子进行同一认定的依据。②鞋底在穿用过程中形成的特征，包括鞋底的磨损及修补特征。由于穿用过程中受力特点及修补方式千差万别，所造成局部缺损的形状、大小、分布及其他附加特征具有很强的特定性，因而可以作为对留痕鞋子同一认定的可靠依据。在鞋底稍长时间穿用后，由正常行走运动而逐渐形成的鞋底磨损形态称为"常态磨损特征"，具有直接认定人身的意义（见鞋底常态磨损特征检验）。除了上述形象特征之外，在鞋印中还包含步法特征，是人在行走运动中的用力习惯在足迹中的反映；步法检验也是足迹检验的重要内容（见步法特征、步法检验）。（蓝绍江）

xinbaoyan

心包炎（pericarditis）　心包受到细菌感染而发生的炎性病变。心包炎有急性和慢性两种。能引起猝死的多见于急性渗出性心包炎，也有慢性缩窄性心包炎。急性心包炎多继发于其他疾病，最常见的有风湿热、结核病、化脓性细菌感染（如肺炎）、尿毒症等。急性心包炎可分纤维素性和渗出性两种。前者心包内无明显积液，后者心包内有较大量的积液。渗出液可为浆液性、出血性和化脓性。急性渗出性心包炎主要表现为发热、出汗、乏力、心前区疼痛以及明显的心脏压塞症状。有时可因心包内骤然大量渗液，迅速地障碍心脏搏动而引起急死。急性心包炎在炎症过后，常留下或多或少的疤痕和粘连，如果粘连不多，即慢性粘连性心包炎，在临床上无重要性。如果粘连广泛则引起慢性缩窄性心包炎，使心包失去弹性，明显地影响心脏收缩和舒张功能。当过度紧张或体力劳动时，可引起心脏停搏而死亡。尸体解剖可见：急性渗出性心包炎死者，心包内有大量积液；慢性缩窄性心包炎死者，心包粘连有疤痕。

（李宝珍）

xinjiyan

心肌炎（myocarditis）　心肌有局限性或弥漫性的

炎性病变。该病可在白喉、猩红热、伤寒等传染病过程中发生,其致病病原体有细菌、病毒、霉菌、寄生虫或立克次体,也可能是风湿性心脏病或化学药物以及心脏区过度放射照射等原因所致。心肌炎的症状可能出现于原发病的症状期,也可出现于原发病的恢复期。如在原发病的症状期出现,则临床表现常被原发病掩盖。大部分有心前区隐痛、心悸、软弱无力、恶心、头痛、食欲减退等。严重时可引起心源性休克或急性心力衰竭而突然死亡。尸体解剖可见:心肌非常松软,呈灰色或黄色,心腔扩大,尤以左室为甚。镜下可见局限性或弥漫性的炎性细菌侵润,心肌纤维有变性、坏死。有时心内膜和心外膜也出现炎性浸润。

(李宝珍)

xinjing
心境(mood) 个体在一段时间之内持续保持的某种情绪状态。心境的形式可以是某种外界刺激所引起的情绪反应继续所致,也可以是自身躯体各种状况的不自觉的反映。心境形成之后,一定时间内所有其他心理活动都将感染这种心境的情绪色彩。愉快心境之下,一切感到满意,不愉快的事也可一笑置之;愤怒心境之下,事事惹人生气,再加上一件不愉快的事便如火上加油,往往小题大作;悲哀心境之下,别人的欢笑也使他厌恶。精神医学临床的躁狂症、抑郁症、恐怖症与焦虑症,都是病态的心境。

(孙东东 吴正鑫)

xinjing elie
心境恶劣(dysthymia) 患者不明原因地突然出现情绪低沉、紧张、焦虑、不满等,而且易激惹、恐惧。患者可向他人提出各种要求或诉说不满。这种状态一般持续1~2日。患者为了摆脱这种情感状态,可盲目出走,或者酗酒——间发性酒狂。心境恶劣是癫痫精神运动性发作的一种表现。

(孙东东)

xinli mangcong
心理盲从(psychological follow blindly) 见异律性。

xinshen jibing
心身疾病(psychosomatic disorder) 由心理因素引起的躯体疾病或在躯体疾病的发生、发展过程中,心理因素起主导作用的疾病。如原发性高血压、结肠激惹综合征、消化性溃疡、哮喘等。这类患者以躯体症状为主,自知力完整,一般不涉及法律问题。但在一些有关法律关系鉴定的案件中,能够遇到。其时应根据患者的具体情况,予以评定。

(孙东东)

xinzangsi
心脏死(heart death) 心跳先于呼吸停止所引起的死亡。一般情况下,人体的死亡大都属心脏死。心脏死主要是心脏病变或功能障碍的结果,常见于心脏原发性疾病(如冠心病、心肌或心瓣膜病、心包积液、心脏传导系统疾病以及心律失常等)和心脏外伤。心跳停止多是渐进性的,先是心脏活动减弱或紊乱,继之跳动停止。也有心跳骤停的情况,这可发生于原发性心脏病,也可发生于心肌缺氧、酸中毒和其他外来刺激引起的迷走神经过度兴奋以及某些电击死等情况。

(李宝珍)

xin kuai
欣快(euphoria) 原指单纯情绪增高。病理性欣快症(pathological euphoria),一般指器质性精神障碍患者自觉良好、幸福,对其自身疾病无自知力,有浅薄的诙谐、戏谑行为。由于智力损害而使夸大的言行具有幼稚的性质。如有人在场时收藏别人的东西取乐,穿着滑稽以逗人取乐。主要见于精神分裂症青春型、精神发育迟滞以及脑器质性精神障碍者。

(孙东东 吴正鑫)

xinjiapuo fantanwu diaochaju
新加坡反贪污调查局(Investigation Berean Against Corruption of Singapore) 新加坡反贪污的专门侦查机关。成立于1952年。后由1960年颁布的《防止贪污法》(1985年修订)作了具体规定。是新加坡反贪污贿赂的最高机关,下设行政部、调查部、电脑咨询管理支援部等部门;其机构不受地方挟制,直接对总理负责;其官员不属公务员,地位、身份、权力有严格的法律保障,薪金高于其他部门职位的国家官员。局长及副局长必须由总理任命,并可根据具体情况任命若干局长助理和特别侦查员,未经总理批准和严格的法律程序不得免除这些人员的职务。局长只对总理负责,每一调查人员都持有经局长签署的委任证作为享有法律授权的依据。

调查局的主要职责和任务是:①负责调查任何被确定为或涉嫌触犯新加坡《防止贪污条例》的行为;②负责调查政府公务员所为的与贪污有关的不法行为和失职行为;③通过对贪污容易发生的部门进行监督、检查来防止贪污行为的发生,并且通过向有在管理漏洞的部门首长提出建议,以便建章堵漏,加强管理措施,预防贪污贿赂犯罪。总的来说是调查违法、侦查犯罪、预防发案。

新加坡的《防止贪污法》赋予反贪污调查局极大的特别职权。有:①特别调查权。除行使刑事诉讼法授予警方的调查权外,在执行重大任务时,经公共起诉人授权可以在任何适当的时间进入命令限定的银行检查所保存的簿据,并可拿走这类簿据中有关账目的复制品。②武力搜查权。反贪污调查局长可授权特别侦查员对确信有罪证的地方必要时可依靠武力进入进行搜查,夺取或扣押任何有关文件、物品。③逮捕权。任何调查局人员即使无逮捕证亦可逮捕依照本法与犯罪有关的任何人;对被逮捕人的物品只要有理由认为是赃物或罪证,都可进行搜查或没收。此外,还有获取财产性特权、不明财产检察权、跟踪监视权、要求所有公共或私营部门给予必要的配合权等法定的特殊职权,从而保障了反贪污侦查的高效性。

反贪污调查局经常检查政府机关有关部门的程序,堵塞漏洞;对容易发生贪污贿赂部门的公务员定期轮换并经常对这类部门进行突击性检查;每隔3至5年全面检查防止贪污贿赂措施的实施情况。通过严厉的执法活动促进了公务员队伍的持续高效廉洁性。

(文盛堂)

xinshou guoji tiaoyue yuanze
信守国际条约原则(principle of adherence to international treaties) 我国涉外民事诉讼的原则之一。指对我国参加或者缔结的国际条约,保持信誉予以遵守的原则。信守国际条约是国际关系中公认的一项原则,也是我国在国际交往中一贯尊重的原则。但任何主权国家不是无条件地一般地承认和接受国际条约,而是依其意志行事。

信守原则的内容 不论是双边的,还是多边的国际条约,凡经我国宣布参加的,或者是在我国参加订立的,我国遵守条约的规定,承担条约中规定的参加国的义务,在我国领域内具有效力;我国参加或者缔结的国际条约中某些规定与我国民事诉讼法的规定不同的,本着优先适用国际条约规定的原则,适用该条约的规定。

信守条约的排除 不是我国参加订立的或者明确宣布参加的国际条约,因我国不是该条约的成员国,不承担条约规定的任何义务,对我国不具有任何意义的拘束力;虽是我国参加订立的或者宣布参加的国际条约,我国对条约中某些条款已声明有保留的,保留的条款对我国无拘束力,在我国领域内不具有效力。

信守条约的举例 如1933年的《统一国际航空运输规则的公约》,1952年的《船舶碰撞中有关民事管辖权方面若干规则的国际公约》,1957年的《国际铁路货物联运协定》,1961年的《维也纳外交关系公约》,1963年的《维也纳领事关系公约》,1969年的《国际油污损害民事责任公约》,1977年的《统一船舶碰撞中有关民事管辖权、法律选择、判决的承认和执行方面若干规则的国际公约》,1982年的《联合国海洋法公约》等。《中华人民共和国民事诉讼法》第238条规定:"中华人民共和国缔结或者参加的国际条约同本法有不同规定的,适用该国际条约的规定,但中华人民共和国声明保留的条款除外。"

(刘家兴)

xingjing
刑警(criminal police) 又称为刑事警察。依法履行预防、制止和侦查违法犯罪活动的人民警察。是人民警察的一个警种,主要任务是负责刑事案件的侦查,依照《人民警察法》的规定,担任刑警应当具备的条件是年满18周岁,拥护中华人民共和国宪法,有良好的政治业务素质和良好的品行,身体健康,具有高中毕业以上的文化程度,自愿从事人民警察工作。但曾因犯罪受过刑事处罚的和曾被开除公职的不得担任人民警察。刑警在办理刑事案件的过程中,除依据《刑事诉讼法》享有侦查权外,另依据《人民警察法》的规定还享有特定的职权。如为侦查犯罪活动的需要,可以依法执行拘留、搜查、逮捕或者其他强制措施;为制止严重违法犯罪活动的需要,可依照国家有关规定使用警械;因履行职责的紧急需要,经出示相应证件,可以优先乘坐公共交通工具,遇交通阻碍时,优先通行等。刑警实行警察职务等级编制警衔。刑警的教育训练纳入公安院校序列。中国刑事警察学院是培养高级刑警和刑事科学技术专门人才的高等学校。中国人民公安大学及各省、自治区、直辖市公安厅、局所办的警察学院或警察学校均设有侦查专业,这些院校为刑警的职业教育提供了良好的服务,每年为国家培养了大批合格的刑警人员。

(刘克鑫)

xingjingdui
刑警队(criminal police team) 县、县级市以及城市区公安机关设立的刑事侦查的职能部门。刑警队是我国刑事侦查机关中的基层单位,负责辖区内发生的普通刑事案件的侦破工作,具体的职责是:①制订刑事侦查基层工作计划,总结工作;深入调查,及时报告刑事犯罪活动情况;结合辖区内刑事犯罪活动的具体情况,认真贯彻落实上级业务部门的工作部署和指示。②总结工作经验、教训,撰写专题报告或典型案件,及时向上级报告刑事犯罪活动中出现的新规律、新特点。③负责侦破刑事侦查部门管辖的案件,承办上级业务部门交办的案件;认真落实破案工作的岗位责任制。④加强隐蔽力量、调查控制犯罪嫌疑人、堵卡网点、控制流窜犯罪等基础业务建设。⑤及时准确地完成刑事基础统计调查、统计整理工作,按时提出统计报告。⑥认真做好刑事犯罪情报资料的收集、整理、卡片登记工作,加强刑事档案建设。⑦搞好刑事技术建设,不断提高勘查现场、检验鉴定、警犬等技术手段的工作水平,努力提高现场勘查率,痕迹、物品采获率和利用率。⑧指导基层派出所对一般刑事案件的调查,并负责向派出所干警进行侦查业务知识的教育。 （刘克鑫）

xingju

刑具（instrument of torture） 拘禁被囚者的身体和实施刑讯所使用的工具。在刑事诉讼中,为了防止被囚者逃跑、行凶或进行其他反抗活动,有时用器械束缚其身体。这些束缚人身体的器械被称为狱具。狱具与实施刑讯的工具合称为刑具。中国古代的狱具主要有桎梏（木制的束缚人手脚的工具）、锁（即银铛或镣,一种用铁环钩连而成的长索,系在人的脚上或颈脖上）、枷（又称校,加在人颈项上的木制器械）。狱具主要根据被囚者犯罪的轻重程度而决定其使用,或同时使用几种狱具,或只使用其中一种,或不戴狱具而"散禁"。对官僚贵族等有特权身份的人以及老少、废残、孕妇等宽容处理,不戴狱具,称为"颂系"。现代刑事诉讼中,通常使用的狱具是手铐。刑讯制度贯穿中国古代刑事司法制度的全部历史。历代法定的刑讯工具,最通行的是杖,清朝时通常用竹板,强奸人命案件,男子许用夹棍,女子许用拶指。刑讯现已为我国法律所严厉禁止。 （熊秋红）

xingshi anjian

刑事案件（criminal case） 触犯刑事法律被依法确定立案查处的案件。有多种含义：

　　最广义的刑事案件 指一切刑事违法而被侦查机关或审判机关立案的案件。既包括构成刑事犯罪应依法追究刑事责任的犯罪案件,又包括经侦查或调查其行为不符合犯罪构成要件的非罪案件,还包括刑事违法行为符合犯罪构成全部要件但属于依法不应追究刑事责任的和人民检察院决定不起诉的案件。

　　广义的刑事案件 指一切涉嫌犯罪的案件。包括国事罪案（诸如背叛国家、颠覆国家政权、叛逃、间谍、资敌等危害国家安全的犯罪案件）和普通刑事罪案（诸如杀人、放火、强奸、抢劫、诈骗、贪污、受贿等等除国事罪案以外的其他刑事案件）。

　　狭义的刑事案件 指除国事罪案之外的其他刑事案件,即普通刑事案件。包括危害公共安全、破坏社会主义市场经济秩序、侵犯公民人身权利和民主权利、侵犯财产、妨害社会管理秩序、危害国防利益、贪污贿赂、渎职和军人违反职责等方面的刑事案件。

　　最狭义的刑事案件 又有几种含义：①专指发生在社会治安领域的刑事案件,与经济犯罪案件相对称。自20世纪80年代以来,由于我国加强了对发生在经济领域的侵犯财产、破坏经济秩序、渎职谋私及其他各种牟利性、暴利性的犯罪的惩治,故约定俗成地将其统称为经济犯罪案件,而把发生在经济领域之外的、不是以经济利益为目的的、主要发生在社会治安领域的犯罪案件相对地称为刑事犯罪案件。②专指非职务性的刑事违法犯罪案件。自我国改革开放以来,为了推进廉政建设、强化反腐败斗争,加大了对贪污、贿赂、挪用公款、巨额财产来源不明、徇私舞弊、玩忽职守等等各种利用职务实施的犯罪的打击力度,故通常把利用职权或违背职责的刑事违法犯罪行为称为职务罪案,并有时又把与职务无关的非职务罪案称为刑事案件。③专指由公安机关和国家安全机关侦查的刑事案件。我国法律将人民法院直接受理的刑事案件称为自诉案件；法律又规定了人民检察院直接受理自行侦查刑事案件的情况,司法实践中习惯称之为自侦案件；对自诉案件和自侦案件以外的、由公安机关和国家安全机关管辖侦查的案件,通常又与自诉、自侦案件对称为刑事案件。

　　在以上四种含义之中,人们通常较多地在广义和狭义两种意义上使用刑事案件的概念,并以狭义的含义即普通刑事犯罪的意义上使用刑事案件的概念为最普遍。 （文盛堂）

xingshi anjian xianchang kancha guize

《刑事案件现场勘查规则》（Crime Scene Investigation Regulations） 公安部于1979年4月修订发布的关于刑事犯罪案件现场勘查工作的规范性文件。共10条31款。规定了现场勘查工作的任务与地位、现场保护的任务与措施、勘查的范围、现场勘查的权限、人员、指挥协调、勘查的基本程序、现场勘查记录的内容、现场处置及紧急措施、勘查人员的纪律等。是刑事侦查部门从事现场勘查工作的指导性文件。 （蓝绍江）

xingshi celiang

刑事测量（criminal measurement） 刑事记录技术的组成部分。运用测量学的原理和方法,根据侦查的特点和要求,通过直接测量,记录与犯罪有关的场所、痕迹和物品的专门技术。包括：线段长度测量、重量测量、比重测量和现场测量。多用于现场勘验和物证鉴定。主要任务是提供了解现场情况的资料、研究案情的依据和证明犯罪的证据。刑事测量结果应当场用照相、绘图和笔录加以固定记录。记录要客观,要以实际存在的与犯罪有关的客体的本来状态为依据,不能缩小,也不能扩大；叙事要全面,要把有关客体的一切有关情况全部记入，不能有遗漏；法律手续要完备，要有测量的侦查人员、聘请参加测量的其他专门人员、在场见证人签名或盖章，并注明测量的方法及测量的时间、地点。

（张玉镶）

xingshi dengji
刑事登记（criminal registration） 刑事记录技术的组成部分。依照统一的规则和程式对侦查犯罪有意义的客体所采取的详细记录的总称。可以为查明案情、揭露犯罪和查获犯罪人提供线索资料。近代刑事登记，按登记客体，分为犯罪人登记、指纹登记、不知名尸体登记、失踪人登记、失物登记、赃物登记、相貌登记等。在我国，各种刑事登记依法由公安机关统一实施和管理。从历史上看，奴隶社会和封建社会用断手、割耳、刺面（金印）作犯罪标记，实际上就是一种最野蛮、最原始的刑事登记。自18世纪以来，各种对犯罪人登记的新方法，在西方国家相继出现。其中有代表性的有姓名登记、人体测量登记和指纹登记。姓名登记起源于18世纪法国巴黎所实行的被判刑人简况登记。后来登记的内容又增添了人体特征、照片、以至手指捺印，并设置专门机构掌管此项业务，逐渐构成独立、完整的姓名登记办法，为许多国家仿效。人体测量登记是法国人 A. 贝蒂隆于1879年提出的，曾在欧美各国盛行一时。测量包括身长、坐高、臂展、头长、头宽、右耳长、右耳宽、左前臂长、左足长、左中指长、左无名指长等11项。指纹登记最早是19世纪末英国在其属地印度试行，1901年又在英国本土实行的"亨利式指纹法"。同一时期，德国也开始实行犯罪人指纹登记，称"汉堡式指纹法"。鉴于指纹登记有功效，奥、美、法、日、俄等国相继采用。到20世纪初期，指纹登记法取代了各国原来采用的人体测量登记法，沿用至今。我国自1909年起在上海、北京、天津等地，开始设置指纹登记。当时，各地多引进亨利式或汉堡式指纹法。中华人民共和国建立后，公安部根据中国人指纹纹型出现率，于1956年建立了统一的犯罪人指纹登记制度。与此同时，各地公安机关还根据需要，对不知名尸体，被盗财物，以及犯罪方法等，陆续建立了相应的登记制度。它们同指纹登记一道，在侦查犯罪中，发挥着重要作用。从20世纪60年代起，新兴的电子计算机技术进入刑事登记领域，一些国家的刑事登记部门将登记的内容输入计算机内，为快速查用有关登记内容，开辟了自动化的途径。

（张玉镶 杨明辉）

xingshi fudai minshi susong
刑事附带民事诉讼（supplementary civil action in criminal procedure） 公安司法机关在解决被告人刑事责任的同时，附带解决由遭受物质损失的被害人或者人民检察院提起的请求法院判令被告人对其犯罪行为造成的物质损害进行赔偿的诉讼。我国《刑事诉讼法》第77条规定："被害人由于被告人的犯罪行为而遭受物质损失的，在刑事诉讼过程中，有权提起附带民事诉讼。如果是国家财产、集体财产遭受损失的，人民检察院在提起公诉的时候，可以提起附带民事诉讼"。附带民事诉讼是一种特殊的民事诉讼，它以刑事诉讼的存在为前提，并且是由于被告人的犯罪行为给国家、集体或者被害人造成了物质损失需要赔偿时才能提起，其诉讼请求的范围只限于被告人的行为所造成的物质损失，包括犯罪行为造成的直接损失，以及因犯罪行为必然将要遭受的损失及必然减少的收入。精神损害不应包括在刑事附带民事诉讼的请求范围内。

附带民事诉讼的原告人，是在刑事诉讼中以自己的名义向司法机关提起附带民事诉讼的人，主要是被害人，即因被告人的犯罪行为而遭受物质损失的一切公民、法人和其他组织；被害人死亡或无行为能力的，由其近亲属（见当事人的近亲属）或法定代理人提起民事诉讼，如果是国家财产、集体财产遭受损失的，人民检察院在提起公诉时，可以提起附带民事诉讼，成为程序意义上的附带民事诉讼原告人。保险人对遭受财产损失的投保人支付了赔偿金的，可以作为原告人提起附带民事诉讼。附带民事诉讼的被告人，一般情况下即为刑事被告人本身，如果刑事被告人是未成年人或无民事行为能力人，则以其监护人为民事被告人；刑事被告人是限制民事行为能力人的，该刑事被告人与其监护人为共同被告人。机关、团体、企事业单位的工作人员执行职务中过失犯罪的，有关单位可为民事被告人。未被追究刑事责任的共同侵权人与刑事被告人可同时为共同民事被告人。

刑事附带民事诉讼，应当在刑事案件立案以后第一审判决宣告之前提起。提起附带民事诉讼一般应当提交附带民事诉状，书写诉状确有困难的，允许口头起诉。人民检察院在提起公诉时一并提起附带民事诉讼的，应当在起诉书中写明，不能以口头的方式提起。在侦查、审查起诉阶段，有权提起附带民事诉讼的人向公安机关、人民检察院提起赔偿请求，已经公安机关、人民检察院记录在案的，刑事案件起诉后，人民法院应当按附带民事诉讼案件受理。经公安机关、人民检察院调解，当事人双方达成协议并已给付，被害人又坚持提起附带民事诉讼的应予受理。

附带民事诉讼的审判，除刑事诉讼法有特殊规定的以外，应当遵照民事诉讼法规定的程序进行，即合并审理，刑主民从。我国《刑事诉讼法》第78条规定："附带民事诉讼应当同刑事案件一并审判，只有为了防止刑事案件审判的过分迟延，才可以在刑事案件审判后，由同一审判组织继续审理附带民事诉讼"。在审理案件的过程中，人民法院在必要的时候，可以采取财产保全措施，也可以根据民事原告人的申请，决定先予执行。由于按照民事诉讼程序进行审理，人民法院可以进行调解，当事人双方可以和解，民事原告人有权撤诉，被告人可以提起反诉。一审判决后，双方当事人和他们的法定代理人可以对一审判决的附带民事诉讼部分提出上诉，对附带民事诉讼部分的上诉不影响刑事判决部分的生效。但二审法院应当对第一审判决中的刑事和民事部分全面审查，审查后仅对附带民事诉讼部分作出终审判决。

（黄　永）

xingshi jishu
刑事技术（criminal technique）　又称刑事科学技术，狭义上还可称为刑事侦查技术或侦查技术。它是一整套以处理具有刑事诉讼意义的客体所使用的各项技术方法。它是根据刑事诉讼的特殊需要，在利用现代物理学、化学、医学、生物学等许多有关科学技术成就的基础上建立起来的，用来预防和揭露犯罪，发现、采取和检验与犯罪有关的物证，为侦查机关和法庭提供线索与证据的专门技术手段。它是将多方面自然科学应用于司法活动的特殊边缘学科。

刑事技术的特点　同一般的科学技术比较，具有四个显著特点：①具有特殊的工作主体和客体。从刑事技术工作任务的实质看，它是一种对刑事犯罪案件侦查与起诉的重要举证措施。按照我国刑事诉讼的规定，它只能由法律授权的侦查或司法机关或根据司法机关的委托而实施，其他任何机关、团体及个人都没有擅自运用刑事技术手段收集和检验刑事物证的义务和权力。而且它的工作客体必须是同犯罪行为相关联的物质与物质痕迹。对于主体与客体的特殊限制，由国家法律、法规予以明确。②具有特殊的目的和作用。刑事科学技术不直接为生产和经济建设服务，而是为侦查破案、打击刑事犯罪、维护社会秩序和法制服务；它的直接目的是为刑事诉讼提供证明犯罪、揭露犯罪的证据。这是它同其他自然科学技术的根本区别。刑事技术具有揭露和证实犯罪的作用，同时也是检验其他证据（如证人证言和被告人供诉）是否真实可靠的重要手段。③需要特殊的研究方法。刑事技术研究的对象繁杂，各种各样的物质、物体都有可能成为物证而需要刑事技术加以研究。要研究这些物证的形成、变化规律及个性特征，必然涉及方方面面的学科领域。因此它只能借用已有的自然科学的理论、技术手段和设备，来不断地发展和扩大自己研究的领域，引进和吸收各种先进技术为自己的特殊目的服务。基于这一特点，使它对全社会科学技术发展水平具有相当大的依赖性。在自然科学还没有发展到一定水平时，有许多物证是无法发现和加以利用的；而随着科学技术的发展，刑事技术也在发展，物证收集和检验的范围与深度在不断扩大。④刑事技术规范具有法定性。任何工作，尤其是科学技术工作都必须遵守必要的规范，但刑事技术的工作规范却是以法律、法规的形式加以强制性规定。因为它是刑事诉讼活动的组成部分，所以由刑事诉讼法律及由此产生的相应法规，将勘验、检查、鉴定的范围、权限、法律程序、操作顺序、回避制度及结论表达形式等都做出严格限定。这是保证正确使用这一手段，以发挥其打击犯罪与保护无辜的作用的必要措施。

刑事技术的任务　包括四项：①发现犯罪现场上的遗留痕迹物证，并查明其与犯罪事件的客观联系；②固定和提取犯罪物证，作为诉讼证据加以保全；③检验、鉴定各种犯罪物证，揭示其证明意义和证据价值；④根据侦查与司法实践不断提出的新课题，开展科学研究，开拓新的预防和揭露犯罪的手段。

刑事技术工作的范围　根据公安部1978年8月修订的《刑事科学技术工作细则》，刑事技术工作的范围包括：①刑事勘验技术。指对具有刑事诉讼意义的客体的状态、形成的原因及与犯罪的关系等的勘察、检验的专门技术。例如痕迹勘验、枪弹勘验、文书勘验、尸体勘验、犯罪遗留物勘验等技术。②刑事记录技术。指对具有刑事诉讼意义的特定的客体的位置、状态及特征客观、准确地记录、固定的专门技术。如刑事照相、刑事测量、刑事登记技术等。③刑事鉴定技术。指刑事诉讼中为了查明案情，就案件中某些专门性问题进行鉴别和确定的专门技术。如人或有形物同一鉴定、物质的种属鉴定、事实（包括事实的真假、有无、程度、原因等）鉴定技术。④指纹档案技术。包括：指纹捺印、归档管理、查询犯罪前科和查破现行案件。⑤警犬管理。包括：繁育、训练和追踪、搜捕、鉴别罪犯、罪证。⑥技术预防。包括研制和推广应用。⑦科学研究。

刑事技术手段和方法的使用需以符合法律规定的固定方式制作的文书形式加以表现。在使用刑事技术手段和方法的过程中，只有依照合法方式，在完成合法手续的条件下，所获得的结论才具有证据意义。在我国，刑事诉讼中对有关客体的勘验、记录，由侦查人员负责进行，必要时，可以指派或聘请具有专门知识的人，在侦查人员的主持下进行；对有关客体的鉴定，则依法交由国家的专门刑事鉴定部门解决，也可以根据需要聘请其他具有专门技术或知识的人，对某些问题进行鉴定。《中华人民共和国刑事诉讼法》规定，用作证据的鉴定结论，应当告知犯罪嫌疑人、被告人和被害人。如果犯罪嫌疑人、被告人和被害人提出补充或重新鉴定申请的，侦查、审判机关应当作出是否同意的决定。

刑事技术起源于何时,人们尚不清楚。但有理由相信,人类自有了法庭审讯以来,它就以非常原始的形式存在着。大约公元前18世纪的汉穆拉比法典就明确规定:法庭要搜集证据,仔细调查事件发生地点及周围环境中一切可能有关的事物,确定这些物件与事件的关系。在现存的文献中,可以找到许多有关古代中国、埃及和雅典利用物证进行审讯的记载。在公元6世纪的查士尼丁法典中,某些案件判例把证据解释为专家鉴定的意思。现代刑事技术的奠基人是科学侦查学派的始祖、普鲁士犯罪学教授汉斯·格罗斯以及瑞士洛桑大学教授莱斯和阿尔弗雷德·奈斯福罗。19世纪末至20世纪初,原始的试错法逐渐被包括使用非常专门化的仪器分析在内的现代科学方法所取代。20世纪30年代一系列专门鉴定技术的出现,标志着物证分析鉴定技术的诞生,形成了被称之为刑事技术的现代科学体系。20世纪50年代以来,西方国家出现了对刑事技术进行细化分类的学说,把刑事科学技术划分为两大门类:法医学和法庭科学。

(蓝绍江 张新威 杨明辉)

xingshi jishu jianding guize
《刑事技术鉴定规则》(Criminal Techology Expertise Regulations) 为贯彻实施《中华人民共和国刑事诉讼法》有关刑事案件勘验、检查、鉴定的规定,准确及时地进行刑事技术鉴定,以揭露犯罪,打击犯罪分子,保护公民合法权利,由公安部于1980年5月制定并颁布实施的规章。包括4章15条。第一章总则,规定了刑事技术鉴定的范围、鉴定机关和鉴定人、鉴定应遵循的原则和纪律。第二章受理鉴定,规定了受理鉴定应履行的法律程序。第三章鉴定,规定了实施鉴定的程序、物证留存制度、鉴定书的格式要求、复核鉴定或重新鉴定的程序等。第四章出庭,规定了鉴定人出庭的义务和权利。最后附有刑事技术鉴定专用章的使用范围和判断标准及鉴定书的格式。该规则的制定和颁布使刑事技术鉴定手段规范化,对于维护社会主义法制、增强依法打击刑事犯罪力度起了重要作用。

(蓝绍江)

xingshi kexue jishu gongzuo xize
《刑事科学技术工作细则》(Criminal Techonology Working Regulations) 公安部于1978年8月修订发布的关于刑事技术工作的规章。包括总则、现场勘查、物证检验、指纹档案、警犬管理、技术预防、科学研究、工作制度等8项,共30条。该细则明确了刑事科学技术工作的性质、任务、适用范围、工作机构、审批权限、基本工作方针和原则、主要的工作制度和纪律等内容。尤其明确地把警犬管理和技术预防纳入刑事科学技术工作的范畴,是公安机关开展刑事科学技术工作的指导性文件之一。

(蓝绍江)

xingshi sifa shenji
刑事司法审计(judicial audit of criminal) 根据刑事诉讼法及刑法的有关规定,刑事案件管辖的司法机关,对犯罪嫌疑人或者被告人所涉及的财务经济方面的犯罪行为进行审查、核实的法律行为。刑事司法审计的任务,是保证准确及时地查明犯罪嫌疑人或者被告人的经济犯罪事实,正确适用法律,保证案件事实清楚、定性准确,为案件的处理和量刑提供科学有效的证据。

(柴景秀)

xingshi sifa xiezhu yuanze
刑事司法协助原则(principle of mutual criminal judicial cooperation) 中国刑事诉讼法的基本原则之一。其含义是,根据中华人民共和国缔结或者参加的国际条约,或者按照互惠原则,中国司法机关与外国司法机关可以相互请求司法协助,代为司法行为。该原则有三方面的要求:①实施司法协助的主体是中国和外国的司法机关。在中国,司法机关通常指人民法院和人民检察院,外国的司法机关一般仅指法院。但该原则所要求的司法协助应当指中外双方法院和检察机关之间的协助。中国公安机关是行政机关,而非司法机关,它与外国警察机关之间的合作,主要通过国际刑警组织进行,有时也可以根据刑事司法协助的国际条约来进行。中国的司法部作为中国对外开展刑事司法协助的中央机关,则起着联系的作用。②实施司法协助的法律根据首先是中国与外国共同缔结或者参加的国际条约。中国已经批准签署或者参加的涉及刑事诉讼的国际条约主要有:《维也纳外交关系公约(1961)》、《维也纳领事关系公约(1963)》、《东京公约(1963)》、《海牙公约(1970)》、《蒙特利尔公约(1971)》、《反对劫持人质国际公约(1979)》、《防止及惩治灭绝种族罪公约(1948)》、《禁止并惩治种族隔离罪行国际公约(1973)》、《消除一切形式种族歧视国际公约(1965)》、《关于防止和惩处侵害应受国际保护人员包括外交代表的罪行的公约(1973)》等。此外,中国还先后与波兰、蒙古、罗马尼亚、俄罗斯、白俄罗斯、乌克兰、古巴、土耳其、哈萨克、希腊、埃及、加拿大等国分别签订了双边刑事司法协助条约或协定,与泰国签订了引渡条约。其次是中外双方根据互惠原则所达成的协议,即双方根据办理特定案件的需要,本着对等互惠原则,商定进行司法协助活动。③司法协助的内容主要有代为送达诉讼文书,代为调查取证,引渡犯罪嫌疑人以及其他双方认为需要互相代为实施的诉讼行为。

(陈瑞华)

xingshi susong
刑事诉讼(criminal procedure) 国家的司法机关在当事人及其他诉讼参与人的参加下,依法揭露犯罪、证实犯罪和给犯罪分子以惩罚的活动(行为)。也可以简述为国家司法机关办理刑事案件或者犯罪案件的活动(行为)。刑事诉讼通常也称刑事官司。对刑事诉讼的解释,具有代表性、也颇为流行的另一种说法是:刑事诉讼为国家行使刑罚权的程序。按照这种解释,刑事诉讼与刑事程序或刑事诉讼程序应当是同义词。事实上,刑事诉讼的内容不仅包含有程序上的权利、义务关系,而且包含有实体上的权利、义务关系。所以,刑事诉讼与刑事程序或刑事诉讼程序,应当是含义不同的概念。现在管理上对刑事诉讼的解释,一般均倾向于活动说或行为说。对刑事诉讼还有狭义和广义的不同解释。按照狭义的解释,刑事诉讼特指法院对犯罪案件的审判活动。按照广义的解释,刑事诉讼应当是指对犯罪案件的侦查、起诉、审判等活动的总称。明确狭义刑事诉讼和广义刑事诉讼的不同含义,有助于历史地、全面地认识刑事诉讼,正确地解释刑事诉讼中的若干理论问题和实际问题。就实质而言,刑事诉讼是一种国家活动,是国家为实现刑罚权、维护统治秩序而进行的专门活动。国家的性质不同,其刑事诉讼的性质也不同。就形式而言,不管什么样性质的国家,其刑事诉讼都具有某些相同的特征。我国的刑事诉讼有如下特征:①有国家司法机关参加,由国家司法机关负责主持进行并对案件作出处理决定。②有某种犯罪事实存在或者司法机关认为有需要追究刑事责任的某种犯罪事实存在。这是司法机关进行刑事诉讼的前提,没有这个前提,刑事诉讼就不会开始。③有当事人参加。我国的刑事诉讼有自诉和公诉(见提起公诉)之分。就自诉而言,自诉人和被告人的参加是刑事诉讼得以开始并能继续进行的必备条件。就公诉而言,没有当事人参加虽然也可以开始刑事诉讼,可以立案,可以进行勘验、搜查、询问证人等侦查活动,但是如果始终没有当事人参加,则刑事诉讼也不能依次继续进行,不能提起公诉和审判。④有其他诉讼参与人参加。是否有其他诉讼参与人参加并不影响刑事诉讼的进行,但从总的情况看,有其他诉讼参与人参加,也是刑事诉讼的一个不可缺少的条件。⑤依照有关的法律规定进行。刑事诉讼必须依照刑法和刑事诉讼法的规定进行。刑事诉讼的过程就是适用刑法和刑事诉讼法的过程。

(王国枢)

xingshi susong benzhi de lishi leixing
刑事诉讼本质的历史类型(the historical types of criminal procedure in essence) 以阶段实质为标准对刑事诉讼的分类。刑事诉讼本质的历史类型有:奴隶社会的刑事诉讼,封建社会的刑事诉讼,资本主义社会的刑事诉讼和社会主义社会的刑事诉讼。奴隶社会的刑事诉讼是人类最早出现的具有阶级色彩的刑事诉讼历史类型。这种刑事诉讼维护的是奴隶主阶级的利益和奴隶社会的统治秩序,镇压、惩罚的主要对象是广大的奴隶。奴隶不具有法律上的人格,不被当作人看待。大大小小的奴隶主都享有对奴隶的审判权,并且可以随意处置奴隶。封建社会的刑事诉讼维护的是封建地主阶级的特权和封建社会的统治秩序,镇压、惩罚的主要对象是广大的农民。我国封建社会虽然也曾出现过法不阿贵、刑无等级、王子犯法与庶民同罪等主张,但是,无论中国还是其他国家,实际上都从未真正实行过。资本主义社会的刑事诉讼维护的是资产阶级的利益和资本主义社会的统治秩序,镇压、惩罚的主要对象是广大的工人和其他劳动人民。资本主义社会虽然承认人人都具有法律上的人格,承认人人在法律面前一律平等等原则,但是,就实质而言,资本主义社会刑事诉讼所维护的,依然是剥削者的利益。社会主义社会的刑事诉讼维护的是广大人民群众的利益和社会主义社会的社会秩序,镇压、惩罚的对象是损害人民群众的利益、破坏社会主义事业的犯罪分子。社会主义刑事诉讼不仅在形式上承认人人具有法律上的人格和法律面前人人平等等原则,而且在实际上也力求真正做到,对所有公民的合法权益都能切实地给予维护。

(王国枢)

xingshi susong chengxu
刑事诉讼程序(criminal process) 刑事诉讼主体在进行刑事诉讼时形成的权利、义务关系和所采取的方式、方法等的总称。刑事诉讼程序也称刑事程序。刑事诉讼程序也常常被解释为刑事诉讼,认为刑事诉讼程序与刑事诉讼的含义是相同的。严格地讲,刑事诉讼程序并不等同于刑事诉讼(见刑事诉讼)。刑事诉讼程序除表现为刑事诉讼主体进行刑事诉讼时所采取的方式、方法等属于形式的范畴外,刑事诉讼程序,也有自身的内容。刑事诉讼主体之间在进行刑事诉讼时所形成的权利、义务关系,就是刑事诉讼程序自身的内容。

(王国枢)

xingshi susongfa
刑事诉讼法(criminal procedure law) 规定刑事诉讼程序,即规定刑事诉讼主体的权利、义务,刑事诉讼进行的方式、方法、次序、阶段等法律规范的总称。对刑事诉讼法的概念可以有狭义和广义的不同解释。对刑事诉讼法作狭义的解释，或者说狭义的刑事诉讼法，应当是指名称叫刑事诉讼法的专门法典，即不仅其内容是有关刑事诉讼程序的规定，而且其称谓也已表明了它所规定的内容的性质和范围，如《中华人民共和国刑事诉讼法》、《意大利刑事诉讼法典》等。对刑事诉讼法作广义的解释，或者说广义的刑事诉讼法，应当是指所有规定刑事诉讼程序的法律条文，它既包括专门的刑事诉讼法典，也包括其他法律中有关刑事诉讼程序的规定。刑事诉讼法规定刑事诉讼主体应享有的诉讼权利和应承担的诉讼义务，规定刑事诉讼主体进行诉讼应遵循的原则，应采取的方式、方法等，所以刑事诉讼法属于刑事程序法。我国的刑事诉讼法是社会主义类型的刑事诉讼法，它的主要特点是：以马克思列宁主义、毛泽东思想为指针制定；为实现惩罚犯罪，保护人民，保障国家安全和社会公共安全，维护社会主义社会秩序的目的服务；从实际出发，实事求是，依靠群众和便利群众；贯穿社会主义民主精神，反映社会主义法制要求。我国的专门刑事诉讼法典即《中华人民共和国刑事诉讼法》于1979年7月1日通过，7月7日公布，1980年1月1日开始施行。1996年3月17日第八届全国人民代表大会第四次会议通过了《关于修改〈中华人民共和国刑事诉讼法〉的决定》，根据这个决定修正后的《中华人民共和国刑事诉讼法》，于1997年1月1日开始施行。　　　　　　　　　（王国枢）

xingshi susongfa de mudi
刑事诉讼法的目的（the objectives of criminal procedure law） 制定和适用刑事诉讼法的出发点和追求的结果。修正后的《中华人民共和国刑事诉讼法》第1条中规定："为了保证刑法的正确实施，惩罚犯罪，保护人民，保障国家安全和社会公共安全，维护社会主义社会秩序"，就是我国刑事诉讼法的目的。学理上一般认为，刑事诉讼法的目的包括有两个方面，即：保障准确、及时地查明案件事实，惩罚犯罪和保障人权，特别是保障被告人的人权。对于这两个方面的关系，主要有以下几种主张：①保障准确、及时地查明案件事实，惩罚犯罪是主要的；②保障人权，特别是保障被告人的人权是主要的；③两个方面同等重要；④在一般情况下，两个方面同等重要，但在某种特殊情况下，可以把惩罚犯罪放在首位，或者将保障人权放在首位。另外，对保障人权的含义也有不同看法，主要观点有：①作为刑事诉讼法目的的保障人权，就是保障被告人的人权；②是指保障被告人和被害人的人权；③主要是指保障被告人的人权。对于被害人及其他参与诉讼活动的公民的人权，肯定也都应当给予保障，但是这里强调的，则是被告人的人权。　　　　　　　　　（王国枢）

xingshi susongfa de renwu
刑事诉讼法的任务（the tasks of criminal procedural law） 刑事诉讼法应当具有的功能和作用。1996年修正后的《中华人民共和国刑事诉讼法》第2条规定："中华人民共和国刑事诉讼法的任务，是保证准确、及时地查明犯罪事实，正确应用法律，惩罚犯罪分子，保障无罪的人不受刑事追究，教育公民自觉遵守法律，积极同犯罪行为作斗争，以维护社会主义法制，保护公民的人身权利、财产权利、民主权利和其他权利，保障社会主义建设事业的顺利进行。"对这条规定的解释，颇具代表性的观点有：①将这条规定的刑事诉讼法的任务分为直接任务、重要任务和目的三个方面；②将这条规定的刑事诉讼法的任务分为直接任务、重要任务和根本任务（总任务）三个方面；③认为直接任务（即保证准确、及时地查明犯罪事实，正确应用法律，惩罚犯罪分子，保障无罪的人不受刑事追究）和重要任务（即教育公民自觉遵守法律，积极同犯罪行为作斗争），是刑事诉讼法特有或特定的任务；而维护社会主义法制，维护公民的人身权利、财产权利、民主权利和其他权利，保障社会主义建设事业的顺利进行，则应是所有法律的共同任务或共同追求的目的。一般地讲，目的不同于任务，任务体现目的，目的决定任务。但在某种情况下，目的和任务也很难区分，就是说，它们的含义和内容有时会相互交叉、甚至重复。（王国枢）

xingshi susongfa de xiaoli
刑事诉讼法的效力（the effect of criminal procedure law） 指刑事诉讼法对人及在时间上和地域方面的效力。刑事诉讼法对人的效力，是指刑事诉讼法对哪些人适用。刑事诉讼法在时间上的效力，是指刑事诉讼法有效期间。刑事诉讼法在地域方面的效力，是指刑事诉讼法适用的空间范围，包括领土、领空、领水等。我国的刑事诉讼法适用于我国公民，同时对触犯我国刑法的外国人（含无国籍人）一般也必须适用。1996年修正后的《中华人民共和国刑事诉讼法》第16条规定："对于外国人犯罪应当追究刑事责任的，适用本法的规定。对于享有外交特权和豁免权的外国人犯罪应当追究刑事责任的，通过外交途径解决。"在时间效力上，我国的刑事诉讼法从施行之日起开始生效。1979年7月1日通过的《中华人民共和国刑事诉讼法》，自1980年1月1日起施行，其开始生效的时间应当是1980年1月1日。1996年3月17日通过的《关于修改〈中华人民共和国刑事诉讼法〉的决定》，自1997年1月1日起施行，因此，根据这个决定修正、增补的内容,应当从1997年1月1日起开始生效;仍然被保留的内容,当然继续有效;已被删除的内容,则应当停止适用,即其有效时间到1996年12月31日终止。在地域方面,我国刑事诉讼法在我国领土、领空、领水的范围内适用。在我国领域外的我国航空器、船舶、驻外使领馆等,属于我国领域的延伸,因此,发生在这些领域内的犯罪,同样应当由我国管辖,适用我国刑事诉讼法。对于发生在国际列车上的犯罪,按照我国与相关国家签订的有关协定确定管辖,没有协定的,由我国管辖,适用我国刑事诉讼法。 （王国枢）

xingshi susongfa de zhidao sixiang
刑事诉讼法的指导思想（the guiding priciples of criminal procedure law） 制定和执行刑事诉讼法的思想理论依据和指南。任何国家在制定和适用其刑事诉讼法时,都必然要遵循一定的指导思想,都必然要以能够集中体现立法者的意志和利益的某种理论为根据和指南。只是由于每个国家的具体情况不同,其刑事诉讼法的指导思想也会有所差异而已。我国刑事诉讼法的指导思想,在1980年1月1日开始实施的《中华人民共和国刑事诉讼法》里曾有明文规定,其内容是:"中华人民共和国刑事诉讼法,以马克思列宁主义、毛泽东思想为指针,以宪法为根据,结合我国各族人民实行无产阶级领导的、工农联盟为基础的人民民主专政即无产阶级专政的具体经验和打击敌人、保护人民的实际需要制定。"(1979年《刑事诉讼法》第1条)1996年3月17日第八届全国人民代表大会第四次会议通过的《关于修改〈中华人民共和国刑事诉讼法〉的决定》,将原指导思想条文的内容修改为:"为了保证刑法的正确实施,惩罚犯罪,保护人民,保障国家安全和社会公共安全,维护社会主义社会秩序,根据宪法,制定本法。"(1996年3月17日修正后的《刑事诉讼法》第1条)同时将第一编第一章的标题修改为"任务和基本原则"(原为"指导思想、任务和基本原则)。所以要作上述修改,主要是因为有关刑事诉讼法指导思想的内容,在国家的根本大法即宪法里已有明确规定,其他法律中不需要再重复规定。 （王国枢）

xingshi susong falü guanxi
刑事诉讼法律关系（criminal procedural legal relatives） 刑事诉讼法规定或调整的刑事诉讼主体之间的权利、义务关系,刑事诉讼法律关系不同于其他法律关系。刑事诉讼法律关系的主要特点,亦即有别于其他法律关系的主要之处是:①规定或调整刑事诉讼法律关系的法律是刑事诉讼法;②刑事诉讼法律关系的内容是刑事诉讼主体、客体和刑事诉讼主体的诉讼权利、诉讼义务。传统或狭义的刑事诉讼法律关系说,一般认为只有具备当事人双方和法院,才能形成刑事诉讼法律关系,即有所谓三面(原告、被告和法院)关系说和两面(当事人和法院)关系说。广义的刑事诉讼法律关系说,也是我们比较赞同的一种观点则认为,刑事诉讼是依法进行的活动,刑事诉讼过程就是适用法律的过程,所以刑事诉讼自始至终都存在法律关系。这种关系,在法院的审判阶段存在,在侦查机关的侦查阶段和公诉机关的审查起诉阶段也同样存在。具体到我国,就公诉案件讲,这种关系,不仅在审判阶段存在,在侦查和提起公诉等阶段也同样存在;不仅在人民法院、人民检察院、公安机关(含国家安全机关)同被告人、犯罪嫌疑人之间存在,而且在人民法院、人民检察院和公安机关之间,以及人民法院、人民检察院、公安机关同其他诉讼参与人之间也同样存在。任何自然人和法人,任何国家机关和公民个人,只要已经参加刑事诉讼活动,也就是已经置身于刑事诉讼法律关系之中,就都是刑事诉讼主体,不是刑事诉讼客体,都应当依法享有、依法行使诉讼权利,依法承担、履行诉讼义务。仅就这一点讲,对任何人都是一样,没有任何特殊。另外,可以把刑事诉讼法律关系分为基本刑事诉讼法律关系和非基本刑事诉讼法律关系。基本刑事诉讼法律关系是指法院同当事人之间的关系,或者指人民法院、人民检察院和公安机关彼此之间及它们同当事人、代理人、辩护人之间的关系。非基本刑事诉讼法律关系是指法院和当事人同参加刑事诉讼的其他人之间的关系,或者指人民法院、人民检察院、公安机关和当事人、代理人、辩护人同证人、鉴定人等之间及证人、鉴定人等彼此之间的关系。 （王国枢）

xingshi susong faxue
刑事诉讼法学（science of criminal procedure） 专门研究刑事诉讼法和刑事诉讼规律的一门学问。刑事诉讼法学的研究对象有四个方面:刑事诉讼法;刑事诉讼活动的实践经验;刑事诉讼的学说和理论;刑事诉讼规律。研究刑事诉讼法,包括研究制定刑事诉讼法时的指导思想、历史背景、社会条件,刑事诉讼法本身的体系、结构,刑事诉讼法律条文的内容、涵义、要求和彼此之间的关系。研究刑事诉讼活动的实践经验,包括研究刑事诉讼法制定前的刑事诉讼实践情况,刑事诉讼法实施后的新情况、新问题、新对策,以及在为解决新问题而采取的新对策中,哪些是可行的,是符合刑事诉讼法有关规定精神的,哪些是错误的,是违背刑事诉讼法有关规定的。另外,还包括研究那些虽然与现行刑事诉讼法的某些规定相抵触,应当予以纠正,但是从理论上和实际效果看,却可能是正确的,并且有可能成为将来修正刑事诉讼法有关规定依据的情况。研究刑事诉讼的学说和理论,既包括研究已经为人们所公认、争议不大的学说和理论,也包括研究尚不成熟、尚有较大争议的学说和理论。研究这些学说和理论的来龙去脉、观点、论据和意义,研究各种崭新的思路、见解、主张和道理。研究刑事诉讼规律,既要研究刑事诉讼规律的普遍性,也要研究刑事诉讼规律的特殊性。刑事诉讼法不等同于刑事诉讼规律,刑事诉讼活动的实践经验及刑事诉讼的学说、理论,也不等同于刑事诉讼规律。但是,刑事诉讼法及刑事诉讼的学说、理论和实践经验,都会不同程度的存在符合或者体现刑事诉讼规律的情况,也都有可能存在不符合、甚至违反刑事诉讼规律的情况。刑事诉讼法学作为一门学问,它的重要任务之一,就是应当不断地深入研究如何使刑事诉讼法,使刑事诉讼的学说、理论和实践,符合或者体现刑事诉讼规律。

关于刑事诉讼法学的著述,主要有以下几类:①释义,即对刑事诉讼法律条文的解释。其中也会涉及刑事诉讼的学说、理论和实践情况,但这不是主要的,主要的是对每项法律规定作出准确的、符合立法原意的解释。②对刑事诉讼法学的全面论述。此类论述一般表现为大专院校法律专业学生学习用教材,其内容主要是围绕刑事诉讼法律规定,对刑事诉讼法学的相关内容,即对与刑事诉讼法律规定密切相关的基本概念、基本知识和基本理论进行全面论述。③对刑事诉讼法学的某个或某些专门问题的研讨。这类研讨的表现形式是中、长篇著述和大量的学术论文。④对外国刑事诉讼法学的介绍与评述。包括比较全面地介绍与评述,也包括只对某个国家、某个地区或者某些国家、某些地区刑事程序的介绍与评述,以及对刑事程序中某个或某些问题的介绍与评述。⑤刑事诉讼法的比较研究。包括我国与其他国家和地区的刑事诉讼法的比较研究,以及其他国家和地区彼此之间的刑事诉讼法的比较研究。⑥对刑事诉讼法史的研究。主要是对我国的刑事诉讼法追本溯源,研究我国古代、近现代有关刑事诉讼程序、制度的规定和发展变化情况,其中包括对中华人民共和国成立前的新民主主义革命阶段不同时期刑事诉讼程序、制度演变情况的研究。⑦有关刑事程序、制度的译著。包括刑事诉讼教材、有关刑事程序、制度的论文和其他译著。

刑事诉讼法学是一门相当古老而又充满活力的学科。正因为它古老,所以它的许多理论都已相当成熟,它的基本体系和内容也已相对固定。但是,它也仍然充满活力。因为随着历史的发展变化,随着人们思想观念的不断更新和犯罪情况的日趋复杂,一些本已较为定型的理论会不断增加新的涵义,或者面临新的考验。如举证责任、无罪推定等理论,对于有组织的犯罪应当如何应用等,就有待于研究。同时其他一些领域也有许多新的课题需要进行探索。总之,刑事诉讼法学仍然处在发展中。新中国的刑事诉讼法学,1978年以后出现了一个比较迅速发展的时期。在这段期间内,法学理论研究人员和从事侦查、检察、审判、辩护等实际工作的人员,对《中华人民共和国刑事诉讼法》的一些规定及相关的理论问题,不断地展开研讨。迄今为止,已经涉及的问题主要有:①人民法院院长、庭长与审判委员会、合议庭、独任庭之间的相互关系。②人民法院、人民检察院依照法律规定独立行使审判权、检察权的原则。③我国刑事诉讼基本原则的体系和内容。刑事诉讼的基本原则与基本制度。法律对基本原则的规定与理论上对基本原则的概括。④刑事诉讼证据的基本特征或本质属性。⑤自由心证和审查判断证据的标准或原则。审查判断证据的标准或原则与证据制度。⑥刑事诉讼举证责任(证明责任)的分担。被告人的辩解、辩护与举证责任。辩护人的辩护与举证责任。人民法院的审判与举证责任。巨额财产来源不明案件的举证责任。⑦证据确实、充分与证明要求。证据确实、充分与"两个基本"即基本事实情节清楚、基本证据确实。⑧同案共同被告人供述的证明力。同案共同被告人之间能否互为证人。⑨用非法手段取得的证据的可采性。⑩无罪推定原则。⑪刑事诉讼法律关系。刑事诉讼的主体、客体。刑事诉讼的主体、客体与刑事诉讼法律关系的主体、客体。⑫辩护人的诉讼地位、权利和义务。辩护人参加诉讼的时间。辩护律师依法拒绝担任辩护人的权利。⑬人民检察院的法律监督职能与直接受理案件即自行侦查案件的范围。⑭免予起诉制度。⑮刑事诉讼历史类型(刑事诉讼的模式、结构或构造)。我国的法庭审判方式。⑯刑事诉讼的目的。刑事诉讼的目的与刑事诉讼法的任务。打击犯罪与保护人权。⑰刑事附带民事诉讼中的赔偿范围。⑱第二审案件的审理方式。检察人员在第二审法庭上的地位。上诉不加刑原则。⑲刑事申诉制度。审判监督程序开始的标志。⑳刑事诉讼中的特殊或特别程序。上述问题,虽然有的已经很难深入下去,但从总的情况看,还是处于继续深入研讨的过程中。1996年3月17日,第八届全国人民代表大会第四次会议通过了《关于修改〈中华人民共和国刑事诉讼法〉的决定》,对1979年7月1日第五届全国人民代表大会第二次会议通过的《中华人民共和国刑事诉讼法》进行了较大修改。修改或修正后的某些新规定,又为刑事诉讼法学的研究提供了新的课题。如对"未经人民法院依法判决,对任何人都不得确定有罪"(修正后的《刑事诉讼法》第12条)的规定的理解和执行;公诉案件被害人的诉讼地位、权利和义务;公诉案件被害人的举证责任;公诉案件被害人及其诉讼代理人同公诉人的关系等,就属于这类新课题,就都需要进行深入的研究。

(王国枢)

刑事诉讼方式(criminal procedural pattern)

刑事诉讼主体实施刑事诉讼行为时的状况或外在表现形式。如口头控告方式,书面控告方式,书面审理方式,开庭审理方式,言词辩论方式,等等。另外,也有将刑事诉讼方式等同于刑事诉讼形式的观点,认为刑事诉讼方式与刑事诉讼形式的涵义是相同的,刑事诉讼方式具体指的就是纠问式、弹劾式等。

(王国枢)

刑事诉讼阶段(the stages of criminal proceeding)

刑事诉讼中依次相互连接、又相互区别的不同程序或不同环节。刑事诉讼是依次进行的活动,在依次进行的过程中,要经过若干刑事诉讼阶段。这些刑事诉讼阶段是按照先后次序紧密地连接在一起,而在具体任务和完成具体任务的形式等方面又存在重要差异。整个刑事诉讼过程包括多少诉讼阶段,以及每个诉讼阶段的次序、具体任务和完成任务的形式等,法律均有规定。但是,在刑事诉讼实践中,并非每个刑事案件都必然会经过所有的刑事诉讼阶段。一个案件究竟会经过哪几个诉讼阶段,要了解每个案件的具体情况后才能断定。我国刑事诉讼中,就公诉案件而言,最大的刑事诉讼阶段是侦查、起诉(提起公诉)和审判,即侦查、起诉、审判三大程序。其中的审判阶段,还包含有第一审阶段(第一审程序)、第二审阶段(第二审程序)等。第一审阶段和第二审阶段中,又包含有开庭、法庭调查、法庭辩论等阶段。刑事诉讼阶段的划分及其发展变化,从一个侧面反映了刑事诉讼结构或模式的发展变化,反映了不同历史时代刑事诉讼的不同特色。

(王国枢)

刑事诉讼客体(criminal procedural object)

刑事诉讼主体的诉讼权利、义务指向的对象。刑事诉讼的客体不能是人,不能把人作为刑事诉讼主体的诉讼权利、义务指向的对象。刑事诉讼客体只能是物、事实或行为等。刑事诉讼客体是构成刑事诉讼法律关系必不可少的一个因素,明确刑事诉讼客体的内容,对完善刑事诉讼理论和指导刑事诉讼实践均有重要意义。关于刑事诉讼客体的内容,主要有被告人的刑事责任,刑事案件事实,刑罚权的有无及其范围等说法。这些说法并无本质区别,所指内容基本相同。

比较而言,刑事案件事实的范围更广一些,它不仅是主要刑事诉讼主体的诉讼权利、义务指向的对象,同时也是非主要刑事诉讼主体的诉讼权利、义务指向的对象。

(王国枢)

刑事诉讼历史类型(the historical types of criminal procedure)

对历史上存在过的和现代的刑事诉讼的分类。主要有两种分法,一种是以刑事诉讼的阶级实质为标准的划分,一种是以刑事诉讼的表面特征为标准的划分。以刑事诉讼的阶段实质为标准,可以将刑事诉讼分类为奴隶制的、封建制的、资本主义的和社会主义的刑事诉讼。以刑事诉讼的表面特征为标准,可以将刑事诉讼分类为弹劾式的、纠问式的和混合式的。前一种分类可以称为刑事诉讼本质的历史类型。后一种分类可以称为刑事诉讼形式的历史类型。总的讲,刑事诉讼本质的历史类型的沿革,是奴隶制——封建制——资本主义——社会主义这样一种规律;刑事诉讼形式的历史类型的沿革,是弹劾式——纠问式——混合式这样一种顺序。但是,具体到某一个国家,其刑事诉讼历史类型的沿革,却可能有例外的情况。如我国就没有经历过资本主义社会,没出现过资本主义的刑事诉讼历史类型。英国经历过封建社会,但英国刑事诉讼形式的历史类型的沿革,却没有普遍采用典型意义上的纠问式,而是从弹劾式直接演进为现代的刑事诉讼的历史类型,即混合式。刑事诉讼本质的历史类型与刑事诉讼形式的历史类型,一般是同步向前发展的,即奴隶社会的刑事诉讼形式一般是弹劾式,封建社会的刑事诉讼形式一般是纠问式,资本主义社会的刑事诉讼形式一般是混合式。但是,并不完全同步,因为历史上出现过、现在也仍然存在着没有完全同步向前发展的情形。如纠问式,主要是封建专制时期的刑事诉讼形式。除英国未普遍实行过纠问式外,还有些国家在封建社会初期,实行的也不是纠问式,而是弹劾式。又如从本质上讲,资本主义的刑事诉讼与社会主义的刑事诉讼是两种截然不同的历史类型。从形式上讲,资本主义的刑事诉讼与社会主义的刑事诉讼也存在重要差异。如刑事诉讼基本原则内容的差异,当事人范围的差异等。但是,资本主义的刑事诉讼形式与社会主义的刑事诉讼形式,也有许多相同和相近之处。如刑事诉讼过程都分为审判和审判前的追诉两大阶段,在审判阶段都实行不告不理原则、审判公开原则、被告人有权获得辩护原则等。所以,刑事诉讼本质的历史类型虽然已经发生了根本的变化,出现了社会主义的刑事诉讼,但是,与社会主义刑事诉讼相适应的刑事诉讼形式的历史类型,目前尚不能讲已经形成。另外,现代刑事诉讼形式虽然基本是混合式,但在这一类型中,还可以划分为三种不同的刑事诉讼形

式,即职权主义的混合式、当事人主义的混合式和介于这两者之间的混合式。　　　　　　（王国枢）

xingshi susong quanli
刑事诉讼权利（criminal procedural rights） 刑事诉讼主体依法实施一定诉讼行为的正当性和可能性。刑事诉讼权利与刑事诉讼义务相对应,二者联系密切,缺一不可。所有刑事诉讼主体都依法享有一定的诉讼权利,同时也都依法承担一定的诉讼义务。刑事诉讼主体依法享有的诉讼权利,同样是刑事诉讼法律关系内容的一个重要方面。刑事诉讼主体依法享有的诉讼权利是与其诉讼地位相适应的,诉讼地位不同,依法享有的诉讼权利也不相同。相对于人民法院、人民检察院、公安机关及侦查人员、检察人员、审判人员等刑事诉讼主体,其他刑事诉讼主体均属于诉讼参与人的范畴。作为诉讼参与人,他们都享有与其诉讼地位相适应的诉讼权利,如都有权使用本民族语言文字进行诉讼,都有权对侵犯公民诉讼权利和实施人身侮辱行为的审判人员、检察人员、侦查人员提出控告等。诉讼参与人又分为当事人和其他诉讼参与人两部分。作为当事人,除享有上述诉讼权利外,还享有与当事人地位相适应的诉讼权利,如申请回避权,参加法庭调查、辩论权等。当事人包括被害人、自诉人、犯罪嫌疑人、被告人、附带民事诉讼的当事人(原告人和被告人)。不同的当事人,还专门享有与其诉讼地位相适应的不同的诉讼权利。如自诉人有委托诉讼代理人的权利,有撤诉的权利;被告人有委托辩护人出席法庭为其进行辩护的权利;有在法庭辩论后作最后陈述的权利等。其他诉讼参与人是指法定代理人、诉讼代理人、辩护人、证人、鉴定人、翻译人员等。他们除享有作为诉讼参与人都享有的诉讼权利外,还各自享有与所处诉讼地位相适应的不同的诉讼权利。如法定代理人享有申请回避权,独立上诉权;辩护人依法享有同在押的犯罪嫌疑人、被告人会见和通信的权利等。

人民法院、人民检察院、公安机关及审判人员、检察人员、侦查人员等与当事人及其他诉讼参与人依法享有的诉讼权利,在性质上是有区别的,法律对行使权利的要求也是不一样的。人民法院、审判人员等依法享有的权利,对于当事人及其他诉讼参与人,它是权利;而对于法律,对于国家和人民,它是职责,是人民法院、审判人员等依法应尽的职责。当事人及其他诉讼参与人依法享有的诉讼权利,则不具有职责的性质。人民法院、审判人员等根据情况应当依法行使诉讼权利时,只能或者必须依法行使,而不能放弃,也无权放弃。如果放弃或不依法行使,应当属于失职,并应承担由此而产生的后果。当事人和其他诉讼参与人在依法行使诉讼权利时,则不存在这样的问题。他们固然可以行使依法享有的诉讼权利,但也完全可以不行使,可以放弃。　　　　　　（王国枢）

xingshi susong tiaojian
刑事诉讼条件（the conditions of criminal procedure） 刑事诉讼成立时必须具备的条件或前提。狭义地解释刑事诉讼条件,可以是专指起诉被法院受理、成为刑事案件时必须具备的条件。广义地解释刑事诉讼条件,可以既包括刑事诉讼的启动、继续进行和终结时必须具备的条件,也包括实施其他所有与刑事诉讼的启动、继续进行和终结相关的诉讼行为的合法性所必须具备的条件。如立案、侦查的条件,侦查终结的条件,提起公诉的条件,不起诉的条件,开庭审判的条件,延期审理的条件,以及回避的条件,拘留的条件,逮捕的条件等。另外,还可以将刑事诉讼条件区分为积极条件和消极条件,一般条件和个别条件,程序条件和实体条件。积极条件是指可以促使刑事诉讼启动、继续进行、终结和实施其他某种诉讼行为的条件。如认为有犯罪事实需要追究刑事责任的时候,应当立案等。消极条件是指可以阻止刑事诉讼的启动、继续进行、终结和实施其他某种诉讼行为的条件。如被告人已经死亡、犯罪已过追诉时效期限等。一般条件是指在一般情况下可以使刑事诉讼启动、继续进行、终结和可以实施某种诉讼行为的条件。如对于外国人犯罪应当追究刑事责任的,适用我国刑事诉讼法的规定等。个别条件是指在个别情况下影响刑事诉讼的启动、继续进行、终结和实施某种诉讼行为的条件。如对于享有外交特权和豁免权的外国人犯罪应当追究刑事责任的,通过外交途径解决等。程序条件是指刑事诉讼的启动、继续进行和终结等必须具备的刑事程序法规定的条件。实体条件是指刑事诉讼的启动、继续进行和终结等必须具备的刑事实体法,即刑法规定的条件。
　　　　　　（王国枢）

xingshi susong xingwei
刑事诉讼行为（criminal procedural acts） 刑事诉讼主体依照刑事诉讼法规定实施或进行的可以产生某种法律后果的行为或活动。刑事诉讼行为一般是指刑事诉讼主体实施或进行的某个具体诉讼行为或诉讼活动,如人民检察院和公安机关决定立案的行为或活动,当事人申请审判人员回避的行为或活动等。刑事诉讼行为体现刑事诉讼程序和组成刑事诉讼。刑事诉讼行为包括两大类,一类是行使刑事诉讼权利的行为,如自诉人依法撤回自诉的行为,被告人拒绝辩护律师继续为其辩护的行为等;一类是履行刑事诉讼义务的行为,如证人出庭作证的行为,辩护人提出有利于被告人的材料和意见的行为等。还可以将刑事诉讼行为分为作为和不作为。犯罪嫌疑人回答侦查人员提问的行为,被害人提起刑事附带民事诉讼的行为,被告人提出上诉的行为等,属于作为的刑事诉讼行为。自诉人经两次依法传唤无正当理由拒不到庭,被告人在法定期限内没有提出上诉等,属于不作为的刑事诉讼行为。

刑事诉讼行为应当具有合法性,即应当是法律所允许的行为,而不应当是法律所禁止的、违法犯罪的、可以酌情给予行为主体以某种处罚或可以加重某种处罚的行为。刑讯逼供的行为,作伪证的行为,违反法庭秩序的行为等,就不属于刑事诉讼行为。有些不作为的行为或不履行义务的行为,如自诉人经两次依法传唤无正当理由拒不到庭的行为等,虽然也不是法律所允许的,但如果只会影响诉讼或诉讼程序,而不能因此就给予行为主体以某种处罚或可以加重某种处罚时,仍应属于刑事诉讼行为的范畴。依照刑事诉讼法规定实施的刑事诉讼行为,都会产生相应的法律后果。这种法律后果通常指的是,可以使某项诉讼程序得以开始、中止、继续进行、终结或终止,可以使某种法律关系得以确立、变更或消灭等。不具有合法性的行为或不属于刑事诉讼行为的行为,也同样会产生相应的法律后果,只是这种后果的性质和内容与刑事诉讼行为后果的性质和内容有所不同而已。

(王国枢)

xingshi susong xingshi

刑事诉讼形式(criminal procedural form) 刑事诉讼的提起,法官和当事人在诉讼中的地位与相互关系,以及诉讼的方式、方法等的总称。刑事诉讼形式与刑事诉讼程序,在概念本身的涵义及所反映的客观事物的范围等方面,均极相似。但是,二者也有区别。刑事诉讼形式是相对于刑事诉讼本质内容的,刑事诉讼程序是相对于刑事诉讼实体问题的。刑事诉讼形式对刑事诉讼方式、方法的反映,一般是静态的。刑事诉讼程序对刑事诉讼方式、方法的反映,既是静态的,也是动态的。我国的刑事诉讼程序,在具备一定条件的前提下,首先从立案程序开始,然后进入侦查程序,再进入提起公诉程序和审判程序等等。而从刑事诉讼形式的角度讲,我国的刑事诉讼有自诉形式和公诉形式,有专门调查的形式和一般调查的形式,有提起公诉的形式和不起诉的形式,有公开审理的形式和不公开审理的形式等等。当然,刑事诉讼形式反映的这些内容,在刑事诉讼程序中同样会有所反映。另外,也可以认为刑事诉讼形式与刑事诉讼程序,在涵义和所反映的客观事物的范围等方面是完全相同的,只是表述不同、角度不同而已。认为二者完全相同时,无论是刑事诉讼形式还是刑事诉讼程序,都应当同时意味着既是相对于刑事实体问题的,也是相对于刑事诉讼本质内容的。

(王国枢)

xingshi susong xingshi de lishi leixing

刑事诉讼形式的历史类型(the historical types of criminal procedural forms) 以刑事诉讼的表面特征为标准对刑事诉讼所作的分类。刑事诉讼的表面特征是指刑事诉讼的提起,法官和当事人在刑事诉讼中的地位和相互关系,以及刑事诉讼的方式、方法等。以刑事诉讼的表面特征为标准,可以将刑事诉讼划分为弹劾式、纠问式和混合式。混合式又可以分为职权主义的混合式,当事人主义的混合式和介于当事人主义与职权主义之间的混合式。刑事诉讼的主体,刑事诉讼的提起方式,以及刑事诉讼的职能、阶段等,随着历史的不断向前发展,也都相应地有所变化。如古代的刑事诉讼中并没有专门的侦查和起诉机关,也没有像现代刑事诉讼那样的专门的侦查、起诉阶段等。但是,无论古代刑事诉讼形式的历史类型,还是现代刑事诉讼形式的历史类型,都毫无例外地是从某种角度,以某种标准为依据,将刑事诉讼全过程作为一个整体进行划分的结果,而不是只就刑事诉讼的某个阶段进行划分的结果。刑事诉讼形式的历史类型又称刑事诉讼模式类型,刑事诉讼结构类型或构造类型等。

(王国枢)

xingshi susong yiwu

刑事诉讼义务(criminal procedural duties) 刑事诉讼主体应当依法履行的责任,或者是要求刑事诉讼主体必须实施一定诉讼行为的一种法律责任。刑事诉讼义务是必须履行的。刑事诉讼主体如果不实施依法必须实施的诉讼行为,应当承担由此而产生的法律后果。刑事诉讼义务与刑事诉讼权利相对应。有某种刑事诉讼义务,也往往会有与之相对应的某种刑事诉讼权利。对于人民法院、人民检察院、公安机关和审判人员、检察人员、侦查人员等,他们依法应尽的诉讼义务,在许多方面与其享有的诉讼权利是一致的,如依法立案、侦查,依法审查起诉,依法开庭审判等。但是,在他们依法应尽的义务中,也有许多方面是与诉讼参与人的诉讼权利相对应的,是属于为保障有关诉讼参与人行使诉讼权利而应当履行的一种法律责任。如人民法院有义务保障被告人获得辩护;人民检察院审查案件,应当听取被害人和犯罪嫌疑人、被害人委托的人的意见;侦查人员讯问犯罪嫌疑人的笔录,应当交犯罪嫌疑人核对,对于没有阅读能力的,应当向他宣读,等等。在人民法院、人民检察院和公安机关之间,也有对某一方为刑事诉讼权利,而对另一方则为刑事诉讼义务的内容。如公安机关要求逮捕犯罪嫌疑人时，应当依法提请同级人民检察院审查批准；人民检察院对公安机关移送的案件决定不起诉时，应当将不起诉决定书送达公安机关，等等。当事人、证人等诉讼参与人应尽的诉讼义务，因各自在刑事诉讼中所处地位的不同而不同。如犯罪嫌疑人对侦查人员的提问，应当如实回答；证人应当如实地提供证言；辩护人应当根据事实和法律为犯罪嫌疑人、被告人进行辩护，等等。诉讼参与人应尽诉讼义务中也有彼此相同的内容，如在法庭审理过程中，诉讼参与人均应遵守法庭秩序等。另外，在诉讼参与人之间，也有对某一方为刑事诉讼权利，而对另一方则为刑事诉讼义务的内容。如鉴定人应当依法回答当事人的提问；辩护律师向证人收集与本案有关的材料，应当经证人同意，等等。 （王国枢）

刑事诉讼原则 (principle of criminal procedure)

xingshi susong yuanze

刑事诉讼法确立的对法院、检察机关和侦查机关进行刑事诉讼活动具有法定约束效力的基本行为准则。刑事诉讼原则具有以下特征：①由刑事诉讼法确立，具有法律规范的效力。一般情况下，刑事诉讼原则通过两种方式得到法律的确立：一是由刑事诉讼法通过明确的宣示性规定，将原则的内容和要求纳入法律规范的范围；二是设立一系列程序规则，使原则的内容和要求得到体现。无论采取何种立法形式，刑事诉讼原则都必须由具体的程序规则和制度加以体现和保障，否则就可能成为一种空洞的口号或宣言，难以发挥法律效力。②属于带有根本性的法律准则。刑事诉讼原则是包含着深刻的法律思想和诉讼原理，它们作为一个整体，体现着刑事诉讼活动的性质和目的，决定着刑事诉讼程序的基本结构。③对刑事诉讼活动具有普遍的指导意义。刑事诉讼原则的要求一般贯穿于诉讼活动的始终，或者对整个刑事诉讼活动有着重大的影响，并且对所有参加刑事诉讼的诉讼主体的行为均具有法律约束力。

从历史上看，刑事诉讼原则一般都经历过从政治原则和思想准则向宪法原则和诉讼原则的演变。早在17至18世纪，西方启蒙思想家们即针对当时不公正的司法制度所存在的种种弊端，从理论上提出了司法独立、无罪推定、自由心证、审判公开等刑事诉讼原则，并以此作为推动刑事司法改革的武器。到19世纪，欧洲大陆法系各国相继进行并完成了刑事诉讼制度的改革，并在其颁布的刑事诉讼法典中确立了一系列体现新的法律价值和法学理论的刑事诉讼原则。发展到今天，这些原则已形成了一个较为完整的体系。根据西方学者普遍接受的观点，大陆法系国家刑事诉讼法确立的基本原则可分为四个部分：一是指导整个刑事诉讼活动的原则，包括：①法治国家程序原则；②法定法官原则；③控辩双方平等对抗原则；④无罪推定原则；⑤不得强迫任何人自我归罪原则；⑥一事不再理原则；⑦强制措施的严厉程度与所涉及的罪行轻重程度相适应原则，等等。二是对检察机关和司法警察的追诉活动具有指导与规范作用的原则，包括：①控审分离原则(见不告不理)；②国家追诉原则(见国家追诉主义)；③职权原则(见起诉法定主义)；④起诉裁量原则(见起诉便宜主义)，等等。三是指导法庭审判活动的原则，包括：①实体真实原则(见实质真实发现主义)；②言词原则；③直接原则；④集中原则；⑤审判公开原则；⑥自由心证原则；⑦疑义有利于被告人原则(见无罪推定)，等等。四是调整和规范法院组织制度的原则，包括：①审判独立原则；②合议原则；③公众参与行使审判权原则，等等。

中国刑事诉讼的基本原则是由宪法、刑事诉讼法、人民法院组织法和人民检察院组织法规定的。宪法规定刑事诉讼的基本原则，表明了国家对刑事诉讼活动基本行为准则的确认。现行《中华人民共和国宪法》规定的刑事诉讼基本原则有：依靠群众原则(第27条)；独立行使审判权和检察权原则(第126、131条)；对一切公民在适用法律上一律平等原则(第33条)；审判公开原则(第125条)；被告人有权获得辩护原则(第125条)；有权使用本民族语言文字进行诉讼原则(第134条)；公安机关、检察机关和人民法院分工负责、互相配合、互相制约原则(第135条)。以宪法的规定为依据，《中华人民共和国人民法院组织法》和《中华人民共和国人民检察院组织法》从法院的审判以及检察机构的检察工作方面规定了对刑事诉讼同样适用的基本原则，如独立行使审判权和检察权原则；审判公开原则，等等。1979年通过的《中华人民共和国刑事诉讼法》对刑事诉讼的基本原则作出了更加具体、详细的规定。该法从第3条至第12条对规范公检法三机关刑事诉讼活动的基本行为准则作出了明确的规定，其内容除上述7项以外，还有下列几项：侦查权、检察权和审判权由专门机关行使原则；严格遵守法定程序原则；以事实为根据，以法律为准绳原则；两审终审原则；保障诉讼参与人诉讼权利原则；对属于法定不追究刑事责任情形的被告人不予追诉原则以及追究外国人刑事责任适用中国刑事诉讼法原则。1996年3月17日第八届全国人民代表大会第四次会议通过的《关于修改〈中华人民共和国刑事诉讼法〉的决定》又增设了三个刑事诉讼原则，即检察机关依法对刑事诉讼实施法律监督原则；未经人民法院依法判决不得定罪原则；以及刑事司法协助原则。

中国刑事诉讼的基本原则是在对中国刑事司法实践的经验和教训进行总结的基础上确立的，它们反映了中国刑事诉讼制度的特点，决定着中国刑事诉讼程序的基本结构模式。如依靠群众原则，分工负责、互相配合、互相制约原则，以及检察机关依法实施法律监督原则等，都是通过总结刑事司法活动的历史经验而规定在法律之中的。同时，这些基本原则的确立还充分吸收和借鉴了外国刑事诉讼的立法思想和司法经验，使其经过改造更加适应中国的具体国情。如独立行使审判权和检察权原则，对一切公民在适用法律上一律平等原则，以及未经人民法院依法审判，不得对任何人定罪原则等，都是直接从外国有关法律中吸收而来，而其具体内容又具有中国的特点。在中国刑事诉讼活动中，这些基本原则的作用主要表现为以下方面：①作为司法行为准则，指导和规范着各个诉讼主体的诉讼行为。无论是审判、检察、侦查人员，还是诉讼参与人，在实施任何刑事诉讼行为时都必须严格遵守这些基本原则的要求，他们的行为只要违背了刑事诉讼原则的要求，就会在诉讼过程中承受消极或不利的法律后果。对于审判、检察和公安机关而言，遵守这些基本原则是确保其实现刑事诉讼法的任务的基本保障。②作为立法活动准则，对刑事诉讼程序和制度的改革和设计起着指导作用。国家立法部门在刑事诉讼法中对一项基本原则的确立或废除，往往体现着一定的立法思想和价值理念在法律中得到体现，这会导致刑事诉讼制度发生重大的变化。相反，在刑事诉讼原则的体系总体上保持不变的情况下，刑事诉讼的具体规则的制度一般不会发生较大的改变。③作为基本法律原则，指导司法机关进行刑事诉讼规则的创制活动。国家最高司法机关在对刑事诉讼法进行司法解释时，可以根据某一刑事诉讼基本原则的要求和精神，使一些新的程序规则得到确立，以弥补现行刑事诉讼规则体系的缺陷，使刑事诉讼法更具有可操作性。 (陈瑞华)

xingshi susong zhineng
刑事诉讼职能（criminal procedural functions）
刑事诉讼主体因在诉讼中所处的地位，与案件事实的关系，以及法律规定的权利、义务而必然产生的职责和功能。刑事诉讼职能的基本内容或基本的刑事诉讼职能，应当是原告的控诉，被告的辩护和法官的审判。我国刑事诉讼的基本职能，即人民法院的审判，人民检察院和公安机关（含国家安全机关）的追诉（控诉）及律师的辩护，既有功能的意义，也有职责的意义。自诉人的自诉（控诉）和被告人的辩护，则只有功能的意义，而不具有职责的意义。自诉人、被告人可以行使其职能，也可以不行使其职能。刑事诉讼职能应当是法律所要求和允许的。不符合法律要求或者为法律所禁止的行为，不属于刑事诉讼职能的范畴。

刑事诉讼职能是一个理论上有争议的问题。对什么是刑事诉讼职能，刑事诉讼职能包括哪些内容等，在认识上均存在分歧。我国学术界目前对刑事诉讼职能的观点有：①三职能说，即刑事诉讼职能应当分为或包括控诉职能、辩护职能和审判职能；②四职能说，即应当分为或包括侦查职能、监督职能、辩护职能和审判职能；③五职能说，即应当分为或包括控诉职能、辩护职能、审判职能、监督职能和协助职能；④七职能说，即侦查职能、控诉职能、辩护职能、审判职能、执行职能、协助职能和监督职能。三职能说认为，属于诉讼职能的，只有控诉、辩护和审判，其余均不属于诉讼职能，或者即使属于诉讼职能，也不能与控诉、辩护、审判这三种职能并列。三职能中的控诉职能包含有侦查职能，即侦查应当属于广义的控诉。四职能说认为，我国的侦查、起诉和审判是彼此独立的三大诉讼阶段，在刑事诉讼法中均承担有重要责任，所以侦查职能不仅应当专门划分出来，而且应当与控诉、审判等职能并列。同时从我国的实际出发，应当将控诉职能改为监督职能，控诉职能应当包含在监督职能之中。五职能说则主张将监督职能单列，同时增加协助职能，即认为证人、鉴定人等在诉讼中有协助司法的职责和功能。七职能说认为，所有诉讼主体都有某种职能和功能，不同的诉讼主体有不同的诉讼职能，凡是特定的、其他职能无法包容、代替的，均应成为一种独立的职能。上述观点中，除三职能说外，均不完全适用于自诉案件。 (王国枢)

xingshi susong zhuti
刑事诉讼主体（criminal procedural subject）
依法进行或参加刑事诉讼，享有一定诉讼权利并承担一定诉讼义务的人。刑事诉讼主体包括：刑事诉讼当事人，其他诉讼参与人，以及刑事诉讼中的侦查人员、检察人员、审判人员和人民法院、人民检察院、公安机关等。可以把刑事诉讼主体区分为主要刑事诉讼主体和非主要刑事诉讼主体；或者基本刑事诉讼法律关系主体和非基本刑事诉讼法律关系主体。主要刑事诉讼主体或基本刑事诉讼法律关系主体，是形成基本刑事诉讼法律关系，使刑事诉讼能够开始、继续和终结的不可缺少的主体。非主要刑事诉讼主体或非基本刑事诉讼法律关系主体，是只能成为非基本刑事诉讼法律关系中的一方，对刑事诉讼的开始、继续和终结不具有决定性影响的主体。法院和当事人，无论过去还是现在，都一直属于主要刑事诉讼主体或基本刑事诉讼法律关系主体。此外，代理人（法定代理人、诉讼代理人）、辩护人及人民检察院和公安机关等，也应当属于主要刑事诉讼主体或基本刑事诉讼法律关系主体。证人、鉴定人等，则应属于非主要刑事诉讼主体或非基本刑事诉讼法律关系主体。对于刑事诉讼主体的区分，还有其他说法。如前苏联的学术界就有过将刑事诉讼主体分为四组的观点，即：国家机关——法院(审判员)、检察长、侦查员、调查机关为第一组；社会团体的代表(社会公诉人、社会辩护人等)为第二组；刑事被告人及其辩护人、受害人、民事原告人和民事被告人及他们的代理人、犯罪嫌疑人是第三组；证人、鉴定人、专家、翻译、见证人等是第四组。

刑事诉讼主体也就是刑事诉讼法律上的人格。只有具备法律上的人格，才能在刑事诉讼中享有权利，成为刑事诉讼主体，同时也只有在刑事诉讼主体之间才能形成刑事诉讼法律上的权利、义务关系。确认人人都具有法律上的人格，乃现代法律思想的一大特点，也是人类文明的一大进步。对刑事诉讼主体的概念、范围，只有从法律上的人格的角度去认识、界定，才更有意义。理论界关于应当将刑事诉讼主体与刑事诉讼法律关系主体严格区分开来的主张，固然也有其一定道理，但是，如果离开法律关系，离开法律上的人格来谈论和研讨刑事诉讼主体，有关刑事诉讼主体的涵义，明确刑事诉讼主体范围的实际意义等，则均应另作他论。

(王国枢)

xingshi xianchang zhaoxiang
刑事现场照相(criminal photography) 运用照相的方法，如实记录因犯罪行为所造成的现场变动情况、遗留的痕迹物证及其位置、特征，为分析研究案情、揭露和证实犯罪提供形象化证据资料的一种技术手段。现场拍摄的照片同现场勘验笔录、现场绘图共同构成现场勘验记录，是重要的刑事诉讼证据。现场照相按照由远及近、由外及内、由广及微的基本顺序，分为四个层次：

方位照相 主要表现犯罪现场的空间位置和环境，这对于确认犯罪地点和犯罪事实，分析犯罪过程具有重要意义。它要求：①拍照范围广。要把犯罪发生的地点连同相关联的周围环境反映在完整的画面中，说明犯罪现场在环境中的具体空间位置。为此可以选择较高的拍摄点，采用短焦距广视角摄影物镜拍照；或用回转连续拍照方法，通过照片拼接技术予以表现。②主次分明。突出犯罪现场的位置，使犯罪现场及相关的景物在画面中成为主题；必要时可在编排照片中再加标记。③标志醒目。通常选择一些永久性的建筑或物体作标志，可用调整拍摄角度的方法及反映现场与这些标志物的位置关系增强标志效果，有时也可以选择一些路标、里程碑或门牌作出补充标志。

概览照相 主要反映犯罪现场的范围、现场内物品概貌、犯罪侵害目标的位置与状态、同犯罪相关的痕迹物证的位置分布、罪犯的出入和经由路线等。它可以使办案人对犯罪现场有个整体、明确、形象的认识，并可作出恢复犯罪现场原始状态的参照。概览照相除选用短焦距大视角摄影物镜拍照外，还常根据具体环境采取以下拍照法，以一组照片表现完整的概貌：①相向拍照法。以被摄主体为中心，从相对的两个方向拍摄，以相对的两个侧面反映一个完整的现场。此法主要用于拍摄范围较小而且相对集中的室内现场。②十字交叉拍照法。以被摄主体为中心，从前后左右四个方向进行交叉拍摄，互相衔接，构成全貌。此法主要用于拍摄野外空旷、但中心突出的犯罪现场。③回转连续拍照法。在固定的拍摄位置上，通过摄影物镜的连续转动，将现场分段拍摄。但相邻两画面应有部分重叠，然后通过照片后期拼接构成完整的概貌。此法适于拍摄较大的室外现场或因受空间限制而无法概览现场全貌的情况下使用。④直线连续拍照法。通过相机相对于被摄景物的平行移动，把较长的现场分段拍摄，再进行照片的拼接。此法主要适用于拍摄狭长地段现场。

中心照相 反映犯罪现场主题部位及与周围痕迹、物证关系的近距离的照相方法，它是在概览照相基础上的局部突出。犯罪现场上的主题部位通常是指能直接反映犯罪性质、结果、手段与过程，对于证实犯罪具有重要意义的关键处所、物品或现象。例如杀人现场上的尸体及其周围血迹；纵火现场上的起火点；犯罪现场的出入口及相关痕迹等。现场中心照相是证实犯罪、研究犯罪情节的重要形象化证据资料，它要让办案人员了解犯罪行为的目的及造成的危害后果，判断犯罪的手段和过程，掌握痕迹物证遗留的部位及与犯罪的联系。中心照相应当保证被摄物形态及重要特征得到真实反映，同时要把周围关联的痕迹、物证摄入同一画面，反映它们之间的关系。中心照相应当配合现场勘查，在静态勘查和动态勘查两个阶段进行，例如在拍照尸体时，可先拍摄原始状态，然后配合法医检验翻动尸体后再拍摄背面状态。每起刑事案件的中心部位常不止一处，应通过中心照相分别拍摄记录，并通过概览照相把各中心部位联结成有机的整体。

细目照相 对在犯罪现场上发现的、具有证据价值的痕迹、物证所进行的特写拍照。它应当分别单独拍摄。细目照相的意义是：固定和提取现场证据；证明痕迹、物证来源的真实性。司法实践对细目照相有严格的要求：①必须客观地反映出痕迹、物证在现场上的具体位置和分布，为研究其形成过程、分析犯罪情节提供依据。②准确反映痕迹、物证的形态特征，不能产生影像变形。为此要求摄影物镜的光轴对准被摄物证中心并与物证平面垂直。③能精确反映出痕迹、物证的大小，一般是在与被摄物证同一水平面上加放明显的比例标尺，连同该比例尺同时拍照，在后期照片制作和检验时，能根据比例尺按要求倍率缩放或计算。④要保证痕迹、物证形象特征的清晰度和高分辨率。常用的细目照相方法有：阴影（反差）照相、脱影照相、透光照相、分色照相、原物大或直接扩大照相、荧光照相、显微照相等。必要时可以带回实验室进行操作。

现场照相作为现场记录的手段之一，具有笔录与绘图方法不可替代的作用与优点：①高度的概括性和客观性。它可以把现场全貌及各种物品无遗漏地反映在画面上，弥补人们在勘查现场时主观认识能力的局限性，固定和保留下现场的原始状态。②形象化。直观地把现场和物证原貌展示出来，给人以感性认识，并可以根据照片进行辨认。③迅速。可以在很短时间内完成现场记录和固定，随即可以对现场采取翻动或紧急处置。

(蓝绍江)

xingshi zhaoxiang

刑事照相（criminal photography） 即刑事司法摄影，为刑事记录技术的组成部分。是在刑事犯罪调查活动中，运用一般摄影的原理与方法，根据刑事侦查的特点和要求，记录犯罪事实，发现、固定和检验与犯罪有关的痕迹物证的一项专门技术。其宗旨是为揭露和证实犯罪保全和提供形象化的证据材料。

刑事照相的任务 ①固定犯罪现场状态，记录犯罪行为所造成的结果，为认定犯罪事实、分析犯罪情节提供直观的图像证据。例如拍摄犯罪现场的所有破坏与变动情况，反映物证在现场的位置及与犯罪行为的关联，构成勘验笔录的组成部分，向法庭提供形象的诉讼证据，并可作为侦查工作中研究案情的原始依据。②拍摄与犯罪有关的痕迹物证，反映物证的形态特征，为物证辨认和检验提供基础，为揭露犯罪、查明犯罪人提供证据。它是固定和提取现场痕迹的最基本手段之一。例如拍摄犯罪现场上的罪犯足迹、指印，作为重要的物证送交检验和提交法庭。③记录物证技术检验的过程和结果，为论证和审核鉴定结论提供比较和评断的根据。如在指纹鉴定书中，将现场指印与嫌疑人样本指印以同倍大照片并列，并分别标示出细节特征。④通过特种照相的方法显示某些不易见痕迹、物证的形态和特征，使其发挥证据价值或具备辨别与比较检验的可能。例如通过紫外线反射照相的方法显现已被消蚀或涂改的字迹；通过荧光照相的方法显现潜在的汗液手印。⑤作为检验手段鉴别物质或物品的异同。例如显微照相区分宏观相似的两种物质，红外线照相的方法区分外观相似而成分不同的两种物质。⑥作为存储和传递犯罪情报、信息的重要手段。例如以拍摄照片为基础建立起来的现场痕迹档案、枪弹痕迹档案、鞋底花丝纹档案、前科犯罪人像照片档案等。

刑事照相的内容分类 按照功能划分，刑事照相分为记录照相和检验照相。就侦查活动中的拍照对象而言，刑事照相包括三个方面：①刑事现场照相。全面、真实地记录刑事犯罪现场情况和发现的痕迹物证，作为现场勘验笔录的图象部分证明犯罪事实和痕迹物证与犯罪行为的客观联系。②刑事物证照相。按照拍摄目的又分为物证辨认照相和物证检验照相。前者以客观地反映物证的外表形态特征为目的，提供直观识别和辨认的图像资料。后者旨在显现或揭示物证的属性和潜在特征，以揭露伪造、证实犯罪或直接提供鉴别区分的依据。③人像辨认照相。按照一定的规则拍摄人的相貌特征，提供人身辨认的图像依据，以协助查清人犯、寻找无名尸身源。

刑事照相的基本要求 ①拍照的及时性。即对现场勘验或刑事检验的过程和结果迅速加以记录，力求真实、客观，不能人为地选择和设置拍照条件和拍照环境，不允许反映主观意图的加工和取舍、修饰，也不能受时间和场所的限制。②记录的准确性。为了清晰、完整地记录拍照客体及其特点，根据司法目的的要求，遵循科学的程序和规划，如现场照相应依循方位、概览、中心、细目的顺序；物证照相要按照垂直和比例的规则操作。③影像的真实性。作为一种记录和检验手段，拍照时必须真实、客观地反映被照客体及其特征的本来面目，不得进行任何艺术加工。④实施的合法性。作为侦查活动的一部分，拍照时必须依照法律规定，按照合法的程序和方式进行，否则提供的影像就不能成为侦查和审判的证据材料。

(蓝绍江 杨明辉 张新威)

xingshi zhencha

刑事侦察（criminal espionage） 见侦察。

xingshi zhencha

刑事侦查（criminal investigation） 刑事侦查学理上的用语。公安机关和人民检察院对已经确定立案的普通刑事犯罪案件依照法律进行的专门调查工作和有关的强制性措施。在我国，刑事犯罪有广义和狭义之分。广义泛指一切犯罪，狭义专指除危害国家安全犯罪以外的其他刑事犯罪，即普通刑事犯罪。依照法律规定，杀人、放火、抢劫、强奸、盗窃、走私、诈骗，以及伪造、倒卖票证，窝藏、包庇等刑事犯罪，均由公安机关的刑事侦查部门负责侦查。此外，公安机关的治安部门在处理治安案件中，内保和经保部门在处理治安灾害事故中，交通管理部门在处理交通肇事中，如发现行为入触犯刑法、构成犯罪、需要追究刑事责任的，也负责对案件进行专门性调查。各大机关、厂矿、科研或教学单位所设的治安保卫机构，可以在公安机关的授权与委托下，对本单位发生的刑事犯罪案件进行调查取证工作，配合公安机关完成侦查任务，但不得对犯罪嫌疑人采取强制性措施。人民检察院主要是对国家工作人员职务上的犯罪和侵犯公民民主权利的犯罪，如贪污、刑讯逼供、诬告陷害、破坏选举、报复陷害、非法搜查、渎职、非法拘禁、侵犯通信自由等刑事犯罪行使侦查权。对于国家机关工作人员利用职权实施的其他重大犯罪案件，需要由人民检察院直接受理的时候，经省级人民检察院决定，可以由人民检察院立案侦查。按法律规定，军队保卫部门对军内发生的刑事犯罪案件，监狱对罪犯在监狱内犯罪的案件行使侦查权。对于各种危害国家安全的犯罪的侦查，属于政治侦查的范围，主要由公安机关的政治保卫部门和国家安全机关负责侦查。刑事侦查与政治侦查由于斗争的对象不同，所采取的策略方法也必然有所区别。但是，总的原则、办案程序都是相同的，刑事诉讼法中所规定的各项专门调查工作和有关的强制性措施，对于政治侦查和刑事侦查都是适用的。侦查实践中，政治侦查和刑事侦查只是侦查机关内部的一种业务分工，两者总是紧密联系，不可能截然分开的。

刑事侦查的任务主要有：发现、固定和收取证据；查明犯罪事实，确定犯罪人；采取必要的强制性措施，如拘传、监视居住、取保候审、拘留、逮捕等，防止人犯逃避侦查、审判和继续进行犯罪；保障无罪的人不被追究刑事责任等。刑事侦查的指导原则是：依靠群众，实行专门侦查机关与广大群众相结合；实事求是，一切从实际出发；抓住战机，积极侦查，及时破案；正确执行政策，严格依法办案。刑事侦查是立案后的法律活动，一般按制定侦查计划，发现、审查犯罪嫌疑人，破案，预审和侦查终结等步骤进行。为了及时揭发犯罪、惩罚犯罪，并保障公民合法人身权利和财产权利不受侵犯，侦查应迅速进行，及时结束。对于一起具体案件的侦查，当犯罪事实已经查清，证据充分确凿，犯罪嫌疑人已经查获归案，各项法律手续已经齐全，或者已经查明行为人不构成犯罪，不需要继续进行侦查时，侦查即可终结。根据刑事诉讼法规定，由公安机关负责侦查的案件，结束侦查时，如已证实构成犯罪、应当追究刑事责任的，应当写出《起诉意见书》，连同案卷材料、证据，一并移送同级人民检察院审查决定。行为人没有犯罪，不应对其追究刑事责任的，应当撤销案件；已经逮捕的，应当立即释放，发给释放证明，并通知原批准逮捕的人民检察院。人民检察院自行立案侦查而告终结的案件，可直接作出提起公诉、不起诉或者撤销案件的决定。

（张玉镶）

xingshi zhencha jiguan
刑事侦查机关(organ of the criminal investigation) 泛指依法享有普通刑事犯罪案件侦查权的机关。狭义的刑事侦查机关主要是指公安机关，通常还特指公安机关中行使刑事诉讼法赋予的对普通刑事犯罪行使侦查权的业务部门。这些业务部门在体制上是各级公安机关的一个组成部分，在业务上接受上一级刑事侦查部门的指导。我国公安机关在长期的社会主义革命和社会主义建设中逐步建立起了一个完整的刑事侦查机构系统。主要机构的设置为：①公安部刑事侦查局。主管刑事案件侦查的业务部门。主要职责是指导全国公安机关的刑事侦查工作；研究犯罪情况，分析犯罪原因，预测犯罪趋势，制定犯罪对策及相关的防范措施；组织领导或直接指挥全国性重大案件的侦破和缉捕工作；掌握刑事立案、破案情况，通报犯罪线索；总结交流业务经验，检查监督侦查工作的执法情况等。②省、自治区、直辖市公安厅(局)刑事侦查处。它作为公安厅(局)的业务职能部门，直接对公安厅(局)长负责，管理和指导全省、自治区、直辖市的刑事侦查工作，在业务上接受公安部刑事侦查局的指导。一般设有秘书、对策研究、侦破指导、刑事技术、隐蔽力量、情报资料、值班指挥等部门。其职责主要是调查、汇集、研究、分析辖区刑事犯罪活动的情况、动向和规律，制订刑事侦查工作计划、规划，总结侦查工作，针对辖区刑事犯罪活动的具体情况，制订工作对策和措施，检查、参与、指导辖区重大、特大刑事案件的侦破，传达贯彻公安部或刑事侦查局业务方面的有关指示、通报等等。③省辖市公安局刑警大队，地区公安机关刑事侦查科。刑警大队是市公安局的侦查机构，直接担负着同辖区内刑事犯罪活动作斗争的任务，同时还负责对所属县、区刑事侦查部门的业务领导，在业务上接受省公安厅刑事侦查处的指导。一般设有秘书、政工、值班指挥以及对付不同刑事犯罪活动的刑事技术、管理秘密力量和犯罪情报资料的专业科、队。刑事侦查科是专署公安处的职能部门，协助省公安厅刑事侦查处对所属县(市)刑警队进行业务指导，除管辖权限外，其职责基本上与刑事侦查处的职责相同。④县、县级市以及城市区公安机关刑警队。刑警队是刑事侦查部门的基层单位，作为县(市、区)公安机关的职能部门，负责辖区内发生的普通刑事案件的侦破工作，同时承担刑事侦查工作其他基础业务建设的任务。刑警队接受市、地公安机关刑事侦查部门的业务领导，负责掌握辖区内刑事犯罪活动的情况及刑事案件的侦破工作；积极配合辖区外各级公安机关进行协查；建立秘密网点，开展情报搜集和建立刑事档案工作；做好调查统计，及时总结刑事侦查工作经验等。⑤铁路、交通、林业、民航部门的公安机关设相应的刑事侦查工作机构。它们担负规定范围内的侦查刑事犯罪的任务，接受本系统上级刑事侦查部门和所在单位公安机关的双重领导，同时要和所在地的刑事侦查部门搞好工作协作关系。

（张玉镶　刘克鑫）

xingshi zhencha renyuan

刑事侦查人员（criminal investigators） 公安机关和人民检察院中依法对刑事案件行使侦查权的人员。刑事侦查人员担负维护国家安全,维护社会治安秩序,保护公民的人身安全、人身自由和合法财产,保护公共财产,预防、制止和惩治违法犯罪活动的艰巨任务。根据《刑事诉讼法》的规定,刑事侦查人员在对刑事案件进行专门性调查的工作中,有权讯问犯罪嫌疑人,询问证人,对于与犯罪有关的场所、物品、人身、尸体进行勘验或者检查,对犯罪嫌疑人以及可能隐藏罪犯或者犯罪证据的人的身体、物品、住处和其他有关的地方进行搜查;有权扣押可用以证明犯罪嫌疑人有罪或者无罪的各种物品和文件;有权指派、聘请有专门知识的人对案件中某些专门性问题进行鉴定;有权发布通缉令,采取有效措施,将在逃的犯罪嫌疑人追捕归案;有权根据案件情况,依法对犯罪嫌疑人、被告人采取拘传、取保候审、监视居住;有权拘留犯罪嫌疑人和执行逮捕等。公安机关的刑事侦查人员作为人民警察,又享有《人民警察法》赋予的职权。如预防、制止和侦查违法犯罪活动;遇有拒捕、暴乱、越狱、抢夺枪支或者其他暴力行为的紧急情况,可依照国家有关规定使用武器等。刑事侦查人员在行使法律赋予的侦查权的同时,还必须履行法定的义务。必须严格遵守刑事诉讼法和其他法律有关侦查的规定;必须依照法定的程序收集能够证实犯罪嫌疑人、被告人有罪或无罪、犯罪情节轻重的各种证据;应当接受人民检察院的侦查监督;应当按照管辖范围立案侦查;应当为报案人、控告人、举报人保守秘密。依据《人民警察法》,刑事侦查人员还必须做到:秉公执法,办事公道;模范遵守社会公德;礼貌待人,文明执勤;尊重人民群众的风俗习惯。不得有下列行为:散布有损国家声誉的言论,参加非法组织,参加旨在反对国家的集会、游行、示威等活动,参加罢工;泄露国家秘密、警务工作秘密;弄虚作假,隐瞒案情,包庇、纵容违法犯罪活动;刑讯逼供或者体罚、虐待人犯;非法剥夺、限制他人人身自由,非法搜查他人的身体、物品、住所或场所;敲诈勒索或者索取、收受贿赂;殴打他人或者唆使他人打人,违法实施处罚或者收取费用;接受当事人及其代理人的请客送礼;从事营利性的经营活动或者受雇于任何个人或者组织;玩忽职守,不履行法定义务;其他违法乱纪行为。 （刘克鑫）

xingshi zhenchaxue

刑事侦察学（science of criminal reconnaissance） 研究公安机关揭露、证实和制止犯罪,查缉犯罪人的基本原理及措施策略、技术方法、组织体制等内容的一门学科。与刑事侦查学的概念的内涵与外延基本相同。不同的方面主要在于:①刑事侦察学是在公安系统院校开设的一门课程的名称。如1990年群众出版社出版的公安高等专科院校试用教材《刑事侦察学教程》,其主要内容是公安机关刑事侦察部门的业务,学科的名称与实际工作部门的名称相一致。刑事侦查学是普通高等院校开设的一门课程的名称,如北京大学出版社出版的《刑事侦查学》,司法部组织编写的高等院校法学教材《犯罪侦查学》,学科的名称与培养的目标相一致,面向的部门不仅是公安机关,还有国家安全机关和国家检察机关。②刑事侦察学强调的是侦察业务的机密性,如刑事侦察部门同刑事犯罪分子进行隐蔽斗争所采取的不可缺少的秘密侦察手段。刑事侦查学强调刑事侦查的法律依据,对于那些公安机关侦察部门采用的秘密侦察手段,不作为其学科内容的组成部分。 （张玉镶 刘克鑫）

xingshi zhenchaxue

刑事侦查学（criminalistics; science of criminal investigation） 研究侦查机关对刑事犯罪进行侦查活动时所采取的对策的学科。主要由侦查技术、侦查措施和侦查方法三部分构成。侦查技术包括:①侦查记录技术,如侦查照相,侦查录像,侦查录音,侦查测量,侦查登记等;②侦查勘验技术,如痕迹勘验,枪弹勘验,文书勘验,会计资料勘验,尸体勘验,以及有关的物质、物品勘验等;③侦查鉴定技术,主要有人或物的同一鉴定,物质的种属鉴定,有关事实的真假、有无、程度、原因的鉴定等。侦查措施包括:①侦查强制措施,如拘传、取保候审、监视居住、拘留、逮捕;②侦查紧急措施,如追缉堵截、跟踪、守候、通缉、通报、控制赃物、辨认等;③侦查常规措施,主要有勘验、检查、侦查实验、询问证人、被害人、讯问犯罪嫌疑人。侦查方法包括:①侦查一般方法,如侦查决策、发现和审查犯罪嫌疑人、破案、侦查终结等所采取的一般方法;②侦查特殊方法,如放火案件侦查方法、爆炸案件侦查方法、走私案件侦查方法、诈骗案件侦查方法、杀人案件侦查方法、强奸案件侦查方法、抢劫案件侦查方法、盗窃案件侦查方法、贩毒案件侦查方法、贪污案件侦查方法、贿赂案件侦查方法等。侦查技术、侦查措施和侦查方法这三部分是密切联系、不可分割、相辅相成的。侦查措施的运用,往往要涉及种种侦查技术。侦查方法的实施则必须综合运用侦查技术和侦查措施。

我国学术界和司法业务部门一般认为,刑事侦查学是法学体系中刑事法学的一个分支学科。又由于它广泛涉及法学以外的自然科学(如物理学、化学、生物学等)和其他社会科学(如语言学、心理学、逻辑学等)方面的技术和知识,所以有学者认为,刑事侦查学是法学与其他相关学科的交叉学科。也有学者认为,它应归于警察学体系。将刑事侦查学纳入法学体系，是基于刑事侦查学所研究的侦查技术、侦查措施和侦查方法是以实现刑法、刑事诉讼法的任务和规范为目的，又是直接以刑法、刑事诉讼法为依据的，刑事侦查学所研究的侦查活动不完全属于警察学所研究的警务活动。从本质上说，警察学（或公安学）也属于法学范畴，故而，将刑事侦查学直接归属于法学比归属于警察学更合理。

刑事侦查学作为一门科学是在近代资本主义国家逐渐建立起来的。近代资本主义国家在反对封建专制的斗争中，废除了纠问式诉讼程序和坐堂问案、刑讯逼供的办案方法，建立了辩论、无罪推定和法官自由心证等一系列新的诉讼制度和原则，将侦查列为刑事诉讼程序，载入法典，并在侦查实践中日益广泛地吸收运用资产阶级工业革命促进的诸如物理学、化学、生物学、医学等自然科学技术成就，随之，在学术上也出现了刑事侦查学。中国近代曾出版过有关刑事警察科学的著作。这些著作多限于侦查技术手段的介绍，还没有形成刑事侦查学的学科体系。中华人民共和国建立后，为了研究侦查犯罪的理论、技术、措施和方法，加强同刑事犯罪的斗争，在总结刑事侦查工作经验和学习外国先进技术的基础上，建立了刑事侦查学。在大学法律学系和高等政法院校，刑事侦查学是重要的课程之一。

（张玉镶）

xingshi zhengjuxue

刑事证据学（science of criminal evidence） 具有相对独立性的专门研究刑事诉讼中如何正确运用证据认定案件事实的法律学科。它研究的对象包括有关刑事证据的立法、各种证据制度的沿革、有关刑事证据的理论以及公安司法机关在刑事诉讼中运用证据的实践经验。

刑事证据学与刑事诉讼法学有最密切的联系。因为整个刑事诉讼活动都是围绕收集证据、审查判断证据展开的，所以刑事证据是刑事诉讼法学研究的重要对象之一。刑事证据学则是专门研究刑事证据的，是从刑事诉讼法学中分化出来的一个专门学科。它对于刑事证据的研究在广度和深度方面都要超出刑事诉讼法学所研究的范围和程度。诉讼证据学是专门研究诉讼过程中如何正确运用证据认定案件事实的法律学科，它由刑事证据学、民事证据学和行政诉讼证据学组成。所以，刑事证据学又是诉讼证据学的重要组成部分。刑事证据学与刑法学也有紧密的联系。刑法学以犯罪和刑罚作为研究对象，刑法学研究的犯罪构成要件是刑事证据学研究的证明对象的基本内容。刑事证据学与刑事侦查学也有一定交叉和联系。刑事侦查学以侦破刑事案件的技术手段和策略方法为研究对象，其中如何利用技术手段和策略方法发现、收集和检验证据是该学科所研究的主要问题之一，只是，两者研究刑事证据问题的角度、侧重点和范围不同。法医学为法医鉴定提供理论基础，而法医鉴定结论是证据的一种。所以，刑事证据学与法医学也有交叉的部分。

刑事证据学对刑事证据主要从以下几个角度加以研究：①认识论的角度。由于证据的收集、审查判断是对客观事实的认识过程，同认识论具有密不可分的联系，因此，只有以科学的认识论为指导，才能正确地阐明刑事证据学中的问题。②比较的角度。即对世界各国历史上的和现行的刑事证据制度进行比较研究。③分析阐释的角度。即对现行的刑事证据法的各种规定进行分析解释，阐明其含义和立法精神。上述各种角度，在刑事证据学的研究中不是孤立的、互相对立的，而是综合运用相辅相成的。

理论联系实际是刑事证据学研究中的根本方法。研究刑事证据问题，必须深入调查，全面、系统地总结司法实践经验，并据此检验立法的规定，修正理论和立法中的不足之处。研究历史上和国外的刑事证据制度，要与它们所处的具体的时代条件和历史环境相联系，才能正确认识这些证据制度的特点和产生、变化的原因。另外，在研究中还要注意运用逻辑学、心理学的知识和信息论、系统论等与现代科学技术紧密联系的思维方式和理论方法。

（熊秋红）

xingshi zhixing tongzhishu

刑事执行通知书（notice of criminal execution） 人民法院对被判处刑罚的罪犯，在裁判文书发生法律效力之后，根据所判刑罚交付相应刑罚执行机关或其他执行单位时所使用的通知类法律文书。刑事执行通知书必须写明制作法院的名称和案号，执行依据的裁判文书、刑种及刑期届满日期。刑事执行通知书一般是四联，第一联作为底稿存卷，第二联送达刑罚执行机关或其他执行单位，第三联是回执，由执行单位填好后加盖公章退回人民法院存卷，第四联交罪犯本人收执。送达刑事执行通知书时，必须附送作为执行根据的发生法律效力的裁判文书。

（黄永）

xingxun

刑讯（use torture to coerce a statement） 司法人员或者其他国家工作人员对犯罪嫌疑人、被告人或者证人施行肉体上的惩罚和折磨以逼取口供或陈述的行为。刑讯起源于奴隶制时代。在封建社会，刑讯普遍盛行，并成为法律规定的取证方法。资产阶级取得政权之后，世界各国先后从法律上废除了刑讯制度。我国法律严厉禁止刑讯行为。《刑事诉讼法》第43条规定:"严禁刑讯逼供和以威胁、引诱、欺骗以及其他非法的方法收集证据。"采用刑讯的方法收集证据,不仅严重侵犯了公民的人身权利,而且严重破坏了国家法制。用刑讯的方法取得证据之后又轻信这种证据,是造成冤假错案的主要原因之一。对于实施刑讯行为的司法人员,应当追究法律责任。司法人员应当加强法制观念,依法正确行使权力,杜绝刑讯逼供的行为。

(熊秋红)

xingxun bigong
刑讯逼供(**torture to coerce statement**) 审讯人员采用拷打等肉刑方法逼迫受审人承认和供述犯罪事实的行为。刑讯逼供是许多亚欧封建制国家诉讼制度的基本特征。在欧洲实行法定证据制度的封建专制王国,把被告人的自白作为完全的证据,刑讯则是获取被告人自白的合法手段。所以在审讯中实行刑讯逼供是一种普遍的现象。在我国,进入封建时期的秦王朝,对审讯时可以依律刑讯就有规定。考古发现的《睡虎地秦墓竹简》中记载的《治狱》中,"诘之极而数诋,更言不服,其律当笞掠者,乃笞掠",就是明证。秦汉时期的法律,虽然规定了对不认罪的被告人可以刑讯,但对刑讯的方法、工具等却未作具体规定,因而可以由司法官吏随意采用。经南北朝而至唐代,刑讯制度更加严密。唐律对于刑讯的条件、方法、工具、形式、用刑限度和违律拷讯者的责任等,都有具体规定。刑讯的对象主要是刑事被告人,但也可适用于控告人和证人,甚至民事当事人。在封建司法实践中,除"拷讯以法"者外,法外刑讯不仅禁而不绝,而且手段、刑具更加残忍、野蛮,给受刑者造成的痛苦,往往"十倍官刑"。刑讯逼供所造成的危害,往往是使受审人乱供乱攀,导致无辜者含冤受罚,有的甚至因不肯诬服而惨死杖下。

资产阶级革命在欧洲大陆各国取得政权后,都用自由心证证据制度取代了法定证据制度,禁止刑讯和强迫被告人招供。第二次世界大战后,日本于1948年7月10日公布的《刑事诉讼法》,在第319条还明确规定:"出于强制、拷问或胁迫的自白……都不得作为证据。"我国的辛亥革命推翻了清王朝,孙中山在就任南京临时政府的临时大总统后,曾颁令宣告:"不论行政司法官署,及何种案件,一概不准刑讯。……从前不法刑具,悉令焚毁。"但迄后的北洋政府和国民党政府时期,虽法律有不得刑讯的规定,而司法实践中的刑讯逼供情况,却是屡见不鲜。

人民司法工作从创立时起,就宣布废止肉刑,严禁刑讯逼供。新中国成立后,于1950年7月颁行的《人民法庭组织通则》就规定"严禁刑讯",以利于清除封建司法的恶劣影响。1979年制定的《中华人民共和国刑事诉讼法》第32条仍然明确规定"严禁刑讯逼供"。同年制定的《中华人民共和国刑法》第136条规定,国家工作人员对人犯实行刑讯逼供的,是一种犯罪行为,应负刑事责任。

(陈一云)

xingwei zhangai
行为障碍(**disturbance of behavior**) 人在病理动机、不明动机和病理性与现实性混合动机的驱使下产生的异常行为反应。在临床精神医学和司法精神医学鉴定中,行为障碍不仅多见,表现突出,而且对医疗、护理、患者本人的健康、安全,对周围环境、社会秩序等方面的影响和危害极大。具体表现为精神运动性兴奋、木僵、违拗、被动服从、刻板动作、模仿动作、作态、离奇行为、缄默、强迫动作、强制性动作及持续动作等。可见于各种精神障碍。

(孙东东 吴正鑫)

xingzheng anjian
行政案件(**administrative cases**) 也称行政诉讼案件。公民、法人或者其他组织认为国家行政机关的行政行为违法或不当,侵犯其合法权益时,依照《行政诉讼法》规定的程序提出起诉,由人民法院立案处理的行政纠纷案件。行政案件具有行政纠纷的全部属性,与行政纠纷相比,只是增加了一项程序,即由国家审判机关立案的程序。其具体表现为,当事人与国家行政机关产生行政纠纷,向国家审判机关提出起诉,请求解决该项纠纷,经国家审判机关依法审查,认为符合受案条件者,决定立案处理。故此,原行政纠纷转化为行政案件。行政案件可否构成,是行政诉讼法律制度的基础问题,是行政诉讼程序的起端,它决定着行政管理相对人能否享有诉权,国家审判机关是否取得对某一特定案件的审判权。因此,正确认识行政案件的属性,从而判定某一特定行政纠纷能否立案处理,是一个十分重要的法律问题。

根据我国《行政诉讼法》的规定,公民、法人或其他组织提起行政诉讼必须具备四个基本条件:①原告是认为具体行政行为(见可诉性行政行为)侵犯其合法权益的公民、法人或者其他组织;②有明确的被告;③有具体的诉讼请求和事实根据;④属于人民法院受案范围和受诉人民法院管辖。很显然,这四个基本条件也是人民法院审查起诉和受理行政案件的基本依据。人民法院依此审查,对于符合条件的予以受理,对于不符合条件的裁定不予受理或驳回起诉,从而判定行政案件是否成立。

在我国行政纠纷的立案处理中,除司法程序外,还有一种是行政程序,即行政机关对行政管理相对人不服本机关或下级行政机关的决定而申请复议的,依《中华人民共和国行政复议法》(九届全国人大常委会第九次会议于1999年4月29日通过,同年10月1日起施行)受理复议申请的程序。有学者认为这也是行政案件。但在我国司法实践中,行政案件一般特指人民法院立案处理的案件。行政复议机关立案处理的案件称为行政复议案件。

　　行政执行案件是行政案件范畴中的一种特殊类型。执行是在原有行政纠纷解决后或失去解决途径后,因一方当事人不履行生效的法律文书而开始的实现权利义务的程序。这种程序的运作,也应列为一种案件。对未经复议或起诉且已生效的行政决定、行政复议决定或已发生法律效力的行政判决、裁定,一方当事人拒不履行,另一方当事人可以申请人民法院强制执行;对公民、法人或其他组织不予履行的,根据有些法律、法规规定,也可由行政机关强制执行。因此,行政执行案件又可以分为两类,一类是法院受理的执行案件,另一类是行政机关直接承办的执行案件。尽管,行政执行案件缺乏行政案件的某些要件,但考虑到我国法院审、执分立的框架已经形成,目前程序法合一的现状体制以及法制建设发展的趋势,将人民法院立案处理的行政执行案件作为一种特殊类型的行政案件是适宜的。
　　　　　　　　　　　　　　　　(王振清)

xingzheng anjian zaishen buzhou
行政案件再审步骤(procedural step of judicial supervisory proceeding)　人民法院对行政案件进行再审的具体程序。它包括提起再审的程序和审理再审案件的程序两大部分。提起再审的程序,也即提起再审的具体方式。根据《行政诉讼法》第63条规定,提起再审的程序因提起再审的主体不同而有所不同,它包括三种情况:①本院院长提交审判委员会决定再审。也即各级人民法院院长对本院已经发生法律效力的行政判决、裁定,发现违反法律、法规规定认为需要再审的,应当提交本院审判委员会决定是否再审。这实际上是由法院院长与审判委员会共同行使审判监督权,也即再审的提起权由法院院长享有,再审的决定权由审判委员会享有。两者缺一不可,共同构成了对本院审理过的行政案件提起再审的完整程序。②上级人民法院提审。所谓提审,是指上级人民法院将下级人民法院所审理的案件的全部案卷材料调上来自己进行再审。它包括最高人民法院对地方各级人民法院审理过的案件的提审和上级人民法院对自己管辖的下级人民法院审理过的案件的提审两种情况。下级人民法院接到上级人民法院提审的通知后,应当尽快将案件材料报送上级人民法院进行再审,而不得拒绝。③上级人民法院指令下级人民法院再审。所谓指令再审,是指上级人民法院命令下级人民法院对某一案件进行再审。下级人民法院对上级人民法院的指令必须服从,并且应当将审理结果及时报告发出指令的上级人民法院。这种指令既可以由最高人民法院向地方各级人民法院发出,也可以由上级人民法院对其管辖的下级人民法院发出。需要注意的是,由第二审人民法院判决、裁定的案件,上级人民法院需要指令再审的,应当指令第二审人民法院再审,而不得指令第一审人民法院再审。

　　关于进行再审的程序,《行政诉讼法》未作出规定。参照《民事诉讼法》的规定和最高人民法院的有关司法解释,对行政案件进行再审的程序为:①裁定中止原判决的执行。即凡是按照审判监督程序决定再审的案件,均应作出裁定中止原判决的执行。裁定由院长署名,加盖人民法院印章。②另行组成合议庭。其含义有二:一是指再审案件的审判组织必须实行合议制,不能实行独任制;二是指原来参加过案件审理的审判人员不得再参加对案件的再审。③分别适用第一、二审程序审理。由于再审不像一审和二审那样是一个审级,因而对案件的再审只能根据不同情况分别适用第一审程序或者第二审程序。根据有关规定,发生法律效力的判决、裁定是由第一审法院作出的,按照第一审程序进行再审;发生法律效力的判决、裁定是由第二审法院作出的,按照第二审程序进行再审;上级人民法院按照审判监督程序提审的,按照第二审程序进行再审。按照第一审程序进行再审时,应当自决定再审的次日起6个月内审结,法院所作的判决、裁定,当事人可以上诉;按照第二审程序进行再审的,应当自决定再审的次日起3个月内审结,法院所作的判决、裁定是发生法律效力的判决、裁定。
　　　　　　　　　　　　　　　　(谭　兵)

xingzheng anjian zaishen tiaojian
行政案件再审条件(prerequisite to initiate judicial supervisory proceeding)　人民法院对行政案件进行再审的条件。根据我国《行政诉讼法》第63条规定,人民法院对行政案件进行再审的条件是:发现发生法律效力的判决、裁定违反法律、法规的规定。其含义有二:一是指行政案件的判决、裁定已经生效,对于未生效的行政判决、裁定不能进行再审,只能提起上诉。二是指发现生效的行政判决、裁定违反了法律、法规的规定。所谓生效的行政判决、裁定违反了法律、法规的规定,既包括违反了行政实体法的规定,又包括违反了行政诉讼法的规定。所谓"发现",在这里只是一种主观上的认定,而并非一定是客观存在的事实。至于这种"发现"是否真实,须待法院对案件进行再审后才能最后确定。在行政诉讼中,发现生效的裁判违反法律、法规规定的渠道主要包括:①人民法院自己主动发现;②通过人民检察院的抗诉发现;③通过当事人的申诉发现;④通过群众的举报发现;⑤通过新闻传媒的报道发现。

与民事诉讼中再审的条件相比,行政诉讼中再审的条件显得更为严格。在民事诉讼中,进行再审的条件是:发现生效的裁判确有错误。所谓"确有错误",既指在认定事实上确有错误,又指在适用法律上确有错误。也就是说,在民事诉讼中,不论是生效的裁判在认定事实上确有错误还是在适用法律上确有错误,均应当进行再审。而在行政诉讼中,进行再审的条件则只限于生效的裁判违反法律、法规规定,也即生效的裁判在适用法律上确有错误。因此,有人认为我国行政诉讼中的再审程序实际上是一种法律审查程序,而对事实不作审查。我国行政诉讼法关于进行再审条件的规定,是由行政案件的特殊性决定的,体现了对行政案件的再审进行严格限制的立法精神。但在学术界有人对此有不同看法,认为以事实为根据,以法律为准绳,是我国行政诉讼法的一项重要基本原则,如果人民法院对行政案件的再审不管案件认定事实的错误,而只管适用法律的错误,则违反了这一基本原则。因此主张,在行政诉讼再审程序中,仍应对案件认定事实和适用法律两个方面进行审查。 （谭兵）

xingzheng buchang anjian

行政补偿案件（adminstrative compensation law suit） 公民、法人或其他组织,认为行政机关的行政补偿决定或强制性补偿决定违反有关法律、法规的规定,依法向人民法院提出起诉,经审查符合法定条件,由人民法院立案处理的行政案件。行政补偿是行政机关及其工作人员在执行职务过程中,因合法的行政行为,给当事人造成人身或财产方面的损害,或者当事人因公共设施或为社会公益而遭受一定损害时,行政机关为弥补其损失,依法对其给予的经济补偿。例如,国家进行的征地拆迁,显然也会给当事者造成一定损害,但该行政行为合法,故而要对当事者给予一定的补偿。行政补偿与行政赔偿不同,二者间主要区别在于:①行政补偿是因合法行政行为而发生,行政赔偿的前提条件必须是违法行为;②行政补偿属于补救性行政行为,是行政机关的一种积极的义务,而行政赔偿则是因行政机关的违法而由国家承担的一种法律责任;③行政补偿的范围和方式一般仅限于对当事人受到的财产方面的损害予以经济弥补,行政赔偿的范围和方式则要宽泛得多。行政补偿费用的支付及其标准,须法律、法规具体作出规定,行政补偿亦应依法进行。我国目前尚无一部统一的补偿法。补偿方面的规定还仅仅是散见于一些法律、法规、规章,甚至于其他一些规范性文件之中。根据我国《行政诉讼法》的规定,对于因行政补偿引起的行政争议,当事人可以按照该法第11条第1款第8项的规定,即认为行政机关侵犯其他人身权、财产权而提起行政诉讼。行政补偿法律制度有助于提高行政效率,发挥政府的职能作用,也有利于保障公民、法人或其他组织的合法权益,从而有效地调整政府与有关当事人之间的关系。

这里有必要指出的是,行政机关的强制性补偿决定,这是司法实践中的常见问题,一些法律、法规中也有相应的规定。这种强制性补偿与一般意义上的行政补偿亦有差异。强制性补偿决定是行政机关以其单方性行为对平等主体之间的民事补偿问题作出的行政处理决定。这种决定一经生效即具有强制执行的效力,因此称之为强制补偿决定。例如,国务院发布的《城市房屋拆迁管理条例》第14条规定,拆迁人与被拆迁人对补偿形式和补偿金额等事项,经协商达不成协议的,由批准拆迁的房屋拆迁主管部门裁决。又如,《中华人民共和国专利法》第57条、第58条规定,取得实施强制许可的单位或者个人应当付给专利权人合理的使用费,其数额由双方商定;双方不能达成协议的,由专利局裁决。上述所列举的裁决,都属于强制性补偿决定。最高人民法院在《关于贯彻执行〈中华人民共和国行政诉讼法〉若干问题的意见(试行)》第5条规定:"公民、法人或者其他组织对行政机关依照职权作出的强制性补偿决定不服的,可以依法提起行政诉讼。" （王振清）

xingzheng caidingshu

行政裁定书（court ruling） 行政裁定的书面形式。我国《行政诉讼法》没有规定书面裁定的内容及格式,根据人民法院的行政审判实践,主要由以下几个部分组成:①首部。首部应明确地写出裁定的标题和案件的编号,即写明"某某人民法院行政裁定书"和"×年×字×号"以及当事人基本情况、诉讼代理人、案由等。②正文。正文主要由事实、理由、断定三部分组成。事实是案件在程序上发生的或者客观上出现的事实,也是需要加以解决的问题;理由是法律上确认需要作出一定断定的理由;断定是根据事实和依据法律作出的判断决定,它是人民法院对裁定事项的意思表示,是裁定的结论部分。③结尾。裁定书的结尾一般由审判员、书记员署名,但对案件决定再审的裁定书须由院长署名。任何种类的裁定书,均应加盖人民法院印章。如果法律规定对该种裁定可以上诉,在裁定书尾部应当记明上诉期间及上诉审法院。如系不得上诉的裁定,应记明"对本裁定不得提起上诉"的字样。如系终审裁定,应记明"本裁定为终审裁定"的字样。对任何裁定书,均应注明"本裁定正本与原本相符"。

（江必新）

xingzheng chufa anjian

行政处罚案件（law suit concerning administra-

tive punishment) 公民、法人或其他组织对行政机关和行政机关工作人员所作的行政处罚不服,认为该处罚违法或显失公正,依法向人民法院提起行政诉讼,经人民法院审查,符合法定条件,决定立案处理的行政案件。行政处罚是当主管行政机关认定公民、法人或者其他组织某种违反行政管理秩序的行为应予处罚时,由该行政机关代表国家并以国家的名义作出的一种法律制裁。至于何种违反行政法的行为应受处罚,要严格遵照《行政处罚法》的规定由法律、法规或者规章去作具体确认。当要作出某项行政处罚时,还必须依照《行政处罚法》所规定的程序去实施。

我国《行政处罚法》规定的行政处罚共有七种:警告;罚款;没收违法所得、没收非法财物;责令停产停业;暂扣或者吊销许可证、暂扣或者吊销执照;行政拘留;法律、行政法规规定的其他行政处罚。对于行政处罚的设定权限,法律作出了明确划分:①法律可以设定各种行政处罚,限制人身自由的行政处罚,只能由法律设定。②行政法规可以设定除限制人身自由以外的行政处罚。法律对违法行为如已作出行政处罚规定,行政法规只能在法律规定的行政处罚的行为、种类和幅度范围内作出具体规定。③地方性法规可以设定除限制人身自由、吊销企业营业执照以外的行政处罚。④国务院部、委制定的规章可以在法律、行政法规规定的给予行政处罚的行为、种类和幅度范围内作出具体规定。尚未制定法律、行政法规的,该部、委规章则可以设定警告和一定数量罚款的行政处罚。必要时,国务院还可以授权其直属机构作出处罚相应规定。⑤省、自治区、直辖市人民政府和省、自治区人民政府所在地的市人民政府以及经国务院批准的较大的市人民政府制定的规章可以在法律、法规规定的给予行政处罚的行为、种类和幅度的范围内作出具体规定。尚未制定法律、法规的,该地方人民政府规章则可以设定警告或者一定数量罚款的行政处罚。除上述规定外,其他规范性文件一律不得创设行政处罚。《行政处罚法》还规定,遇有下列情形之一的,由上级机关或者有关部门责令改正,并可以对直接负责的主管人员和其他直接责任人依法给予行政处分:①没有法定行政处罚依据的;②擅自改变行政处罚种类、幅度的;③违反法定的行政处罚程序的;④违反该法第18条关于委托处罚的规定的。

我国《行政诉讼法》在第11条中规定,人民法院受理公民、法人和其他组织对拘留、罚款、吊销许可证和执照、责令停产停业、没收财物等行政处罚不服提起的行政诉讼。当然,除上述列举的几种较为典型的行政处罚之外,只要公民、法人或其他组织对行政机关作出的任何一种行政处罚不服,认为侵犯了自己的合法权益,都可以依法提起行政诉讼。

人民法院在审理行政处罚案件时,不仅要审查处罚行为的合法性,还要审查其合理性。经过审理,如果认为行政处罚证据确实,适用法律、法规正确,符合法定程序,判决维持。如认为该行政处罚存在如下情形之一的,即可判决撤销或部分撤销,并可以判决行政机关重新作出具体行政行为:①主要证据不足的;②适用法律、法规错误的;③违反法定程序的;④超越职权的;⑤滥用职权的。根据《行政诉讼法》第54条第4项的规定,当人民法院认为行政处罚显失公正时,可以直接判决变更。这一规定,体现出人民法院在有限的范围内,对行政行为拥有判决变更的权力。 (王振清)

xingzheng fuyi qianzhi yuanze
行政复议前置原则(principle of exhausting administrative reconsideration) 法律所规定的处理行政诉讼与行政复议之间关系的一种方式,简称"复议前置原则"。它同行政诉讼与行政复议之选择原则相对应。从各国的规定看,在处理行政诉讼与行政复议的关系问题上,大致有两种不同的做法:一是实行复议前置原则,即行政复议是提起行政诉讼的必经程序。美国称此为"穷尽"原则,即在寻求司法救济之前必须穷尽一切行政救济手段。西德、瑞士、奥地利等国家也实行复议前置原则。二是实行复议选择原则,即行政管理相对人对所发生的行政争议,是申请行政复议还是提起行政诉讼,由其自由挑选(见行政诉讼与行政复议之选择原则)。我国《行政诉讼法》第37条规定:"对属于人民法院受案范围的行政案件,公民、法人或者其他组织可以先向上一级行政机关或者法律、法规规定的行政机关申请复议,对复议不服的,再向人民法院提起诉讼;也可以直接向人民法院提起诉讼。法律、法规规定应当先向行政机关申请复议,对复议不服再向人民法院提起诉讼的,依照法律、法规的规定。"据此规定,我国在处理行政诉讼与行政复议的关系问题上,是以复议选择原则为主,以复议前置原则为例外。所谓"例外",是指除了法律、法规另有规定的以外,其余的情况,均实行复议选择原则。目前,我国规定实行复议前置原则的法律、法规主要有:《治安管理处罚条例》(第39条)、《个人所得税法》(第13条)、《中外合资经营企业所得税法》(第15条)、《外国企业所得税法》(第16条)、《国营企业所得税条例》(第21条)、《国营企业调节税征收办法》(第17条)、《价格管理条例》(第32条)、《城乡个体工商户管理暂行条例》(第25条)等等。

在我国《行政诉讼法》的制定过程中,对如何处理行政诉讼与行政复议的关系问题,存在着两种不同意见。一种意见主张实行复议前置原则。主要理由是:实行复议前置原则,便于行政机关实行上、下级监督,有利于充分发挥行政机关在解决专业、技术性行政争议方面的优势,可以减轻法院的负担。另一种意见主张实行复议选择原则。主要理由是:实行复议选择原则,有利于发扬社会主义民主,保护当事人的诉讼权利,有利于保证案件的公正处理,可以简化程序,节省时间和费用,方便群众。《行政诉讼法》第37条的规定兼顾到了这两种意见,确立了以复议选择为主,以复议前置为例外的原则。

(谭 兵)

xingzheng jiguan shenqing zhixing
行政机关申请执行(application to enforce judgment by agency) 行政诉讼执行程序开始的方式之一,与行政机关依法执行相对应。在行政诉讼执行程序中,行政机关依法作为享有执行权的主体,对发生法律效力的行政判决、裁定及行政决定,既可以申请人民法院强制执行,也可以由自己依法强制执行。根据《行政诉讼法》规定,行政机关向人民法院申请执行,包括两种情况:一是向人民法院申请执行发生法律效力的行政判决、裁定;二是向人民法院申请执行发生法律效力的行政决定。行政机关向人民法院申请执行时,应当符合以下条件:①必须有执行的法律文书依据,即有发生法律效力并有执行内容的行政判决、裁定和行政决定。②必须是行政管理相对人逾期拒绝履行生效的行政判决、裁定和行政决定所确定的义务。③必须向有管辖权的人民法院提出申请。根据最高人民法院的有关规定,申请执行发生法律效力的行政判决、裁定的,向第一审人民法院提出;申请执行发生法律效力的行政决定的,向被执行人所在地的基层人民法院提出,基层人民法院认为需要中级人民法院执行的,可以报请中级人民法院决定。④必须遵守申请执行的法定期限。根据最高人民法院的有关规定,申请执行发生法律效力的行政判决、裁定的期限为3个月。申请执行的期限从法律文书规定期间的最后一日起计算。法律文书中没有规定履行期间的,从该法律文书生效之日起计算;逾期申请的,除有正当理由外,不予执行。申请执行发生法律效力的行政决定的,申请执行的期限为:自起诉期限届满之日起3个月内。逾期申请的,人民法院不予受理。⑤必须向人民法院提交申请执行书和有效的执行根据。申请执行书应当写明申请执行的理由和具体内容,以及被申请人的有关情况。所谓有效的执行根据,一是指作为执行根据的法律文书必须发生法律效力;二是指作为执行根据的法律文书必须具有执行的内容。根据最高人民法院的有关规定,法律规定由行政机关作最终裁决的具体行政行为,行政机关申请人民法院强制执行的,人民法院不予执行。

(谭 兵)

xingzheng jiguan yifa zhixing
行政机关依法执行(enforcement of judgment by agency) 行政执行程序开始的一种方式,与行政机关申请执行相对应。它也称行政强制执行,属于行政法研究的范畴。根据《行政诉讼法》规定,对人民法院发生法律效力的行政判决、裁定和行政机关的决定,行政机关既可以申请人民法院强制执行,也可以由自己依法强制执行。也就是说,行政机关不仅拥有申请执行权,自己也拥有执行权。行政机关依法执行的法律文书,既包括人民法院发生法律效力的行政判决和裁定,也包括发生法律效力的行政决定。所谓"依法",是指依照行政实体法和行政程序法。目前,我国尚无统一的行政强制执行法,授予有关行政机关享有行政强制执行权的规定散见于诸多的行政法律、法规之中。在不同的行政管理领域,法律授予行政机关的执行权是不相同的。行政机关依法执行发生法律效力的行政判决、裁定和行政决定,应符合以下条件:①必须有执行的根据,即行政判决、裁定和行政决定已经生效,并具有执行的内容。②行政管理相对人在规定的期限内拒绝履行法律文书确定的义务。③行政机关依照法律、法规的规定,对执行事项依法享有强制执行的权力和手段。目前,并不是所有的行政机关都拥有强制执行的手段,只有一部分行政机关拥有强制执行手段。如工商、税务等行政机关拥有强制划拨权;公安机关拥有罚款、拘留权;海关拥有没收保证金、变价抵缴权;卫生行政部门拥有食品、药品、疫病控制权等等。

行政机关的强制执行措施分为直接强制执行措施和间接强制执行措施两类。直接强制执行措施包括三种:一是对人的强制执行措施。如强行拘留、海关扣留、强行传唤、收容审查、强制治疗、强制戒毒、强制检查、强制征集等等。二是对行为的强制执行措施。如强制履行、强制退还、强制拆除、强制收税、强制检定、强制保险、强制许可、强制清除、强制限价出售、强制禁止销售、强制铲除等等。三是对财物的强制执行措施。如强制划拨、查封、扣押及拍卖变卖财产、强制销毁、强制扣缴、强制收购、强制扣留、强制扣除资产及财物抵押、贬值收购等等。间接强制执行分为两种:一是代执行。即当相对人所拒绝履行的义务为可代替的行为时,行政机关可以让他人代为完成该项行为,而由相对人负担所产生的费用。二是执行罚。即当相对人拒绝履行的义务为不可代替的行为时,行政机关可以对相对人给予金钱处罚,如按日处以罚款、加征滞纳金等,以迫使其履行义务。

(谭 兵)

xingzheng xiangduiren shenqing zhixing
行政相对人申请执行(application to enforce

judgment by private party） 行政诉讼中申请执行的一种方式，它与行政机关申请执行同为申请执行方式的组成部分。在行政诉讼中，执行程序开始的方式包括申请执行和移送执行两种。而申请执行又分为行政机关申请执行和行政管理相对人申请执行两种不同情况。行政管理相对人申请执行的法律文书，只限于人民法院发生法律效力的行政判决书和裁定书，比行政机关申请执行的法律文书的范围窄。根据最高人民法院的有关规定，行政管理相对人申请执行发生法律效力的行政判决、裁定，应当符合以下条件：①必须有执行的根据。即人民法院的行政判决书、裁定书和行政赔偿调解书已经生效并具有可执行性。②必须是行政机关逾期拒绝履行行政判决书、裁定书和行政赔偿调解书所确定的义务。③必须遵守申请执行的法定期限。申请执行的法定期限为 3 个月，从法律文书规定期间的最后一日起计算。法律文书中没有规定履行期间的，从该法律文书生效之日起计算；逾期申请时，除有正当理由外，不予执行。④必须向有管辖权的人民法院提出申请。有管辖权的人民法院为作出行政判决书、裁定书和行政赔偿调解书的第一审人民法院。⑤必须向人民法院提交申请执行书、据以执行的法律文书和其他必须提交的材料。申请执行书应当写明申请执行的理由和具体内容，以及被申请人拒不履行义务的有关情况。

（谭 兵）

xingzheng jiufen
行政纠纷（administrative dispute） 亦称行政争议。因国家行政机关及其工作人员行政管理而引起的行政法律关系主体间的纠纷。行政纠纷一般具有如下特征：①纠纷的双方，一方是为一定行为的行政机关，另一方是行政管理相对人。行政管理相对人包括公民、法人和其他组织。在一些情况下，行政纠纷的当事人不止是单一行政机关或单一行政管理相对人，而可能是多方的。②行政纠纷是在行政机关行使职权的过程中产生的。应当注意区别的是，当行政机关不是在行使职权，而是以民事主体身份在民事活动中与他人产生的纠纷，是民事纠纷，应通过民事法律加以调整，不属于行政纠纷。国家权力机关、监察机关、检察机关在对行政机关实施监督、检查过程中形成的纠纷，也不属于行政纠纷。③行政纠纷必须以一定的行政行为（包括不作为行为）作为基本前提。行政行为是国家行政机关根据国家授权，遵循一定的行政程序所为的法律行为。④行政纠纷的具体内容是行政行为的合法性和合理性。从根本上说，行政纠纷源于行政法律关系主体，即行政机关与行政管理相对人之间对行政行为的合法性与合理性产生争议。在行政纠纷解决之前，行政管理相对人的主张，还只是一种假定，往往要等到纠纷最终解决，才能最后得以确认。

从广义上说，行政纠纷包括三种情况：①行政机关与公民、法人和其他组织间因行政管理发生的纠纷。②行政机关与具有隶属关系的工作人员间因奖惩、任免等事项产生的纠纷。③不同行政机关之间就权限归属等问题引发的纠纷。我国《行政诉讼法》规定，应由人民法院受理并裁判的是第一种情况。行政机关依职权进行行政管理，与公民、法人或其他组织产生的某种纠纷，存在着一定的必然性。首先，行政机关工作人员在行政管理活动中，由于水平有高低，对法律、法规的理解、认识会有所不同，这就决定可能出现某些方面的失误，从而引起行政管理相对人不服，发生纠纷。其次，行政机关中个别工作人员的超越职权、滥用职权行为，也会招致行政管理相对人不服，从而产生纠纷。再次，行政管理相对人对行政行为的合法性、正确性未能理解，进而认为该行为侵犯了自己合法权益，同样会引起行政纠纷。

行政机关及其工作人员，应当将行政管理相对人因不服行政行为而带来的纠纷，看做是法律赋予其的一项权利，是一种完全正当的权利，不能认为是对行政机关的不尊重，从而积极地去解决纠纷。行政纠纷通常依靠行政复议与行政诉讼途径来加以调整和解决。

（王振清）

xingzheng panjueshu
行政判决书（administrative litigation judgment） 人民法院依照司法程序作出的决定当事人实体权利与义务的意思表示的书面形式。行政判决书的构成要素目前尚无具体规定，可以参照《民事诉讼法》的有关规定，结合行政诉讼的特点制作。第一审行政判决书应包括以下几个组成部分：①首部。首部的任务是描述该案的基本特征和基本情况。主要包括以下事项：一是标题及编号。行政判决书应标明作出判决的人民法院的名称、判决类别、案件的法院编号。二是所有诉讼参加人的基本情况。参加人是自然人的要写明其姓名、性别、年龄、民族、籍贯、职业、住址。参加人是机关或企事业单位团体的，应写明其全称，所在地，法定代表人的姓名及其所任职务、住址。有法定代理人、诉讼代理人的，应写明姓名、性别、籍贯、职业、住址。有第三人的，根据第三人系自然人还是组织分别按上述要求写明。三是案由。案由是该案的性质和内容的概括，应按诉讼请求的内容性质写出。例如"不服治安行政罚款处罚"、"申请核发卫生许可证"等。四是开庭审理时间、审判组织及审判方式。②正文。正文是判决书的核心内容。正文由诉讼请求、案件事实、判决理由和主文四层内容组成。在书写上，要求这四层内容上下连贯、前后呼应，具有紧密的内在联系，即案件事实扣紧诉讼请求,判决理由针对案件事实和判决主文,使问题、情况分析、结论连成一气,而不能上下脱节。诉讼请求这一部分要求简明扼要地记叙当事人的起诉、答辩、陈述的请求、理由和事实根据,把当事人争议焦点交待清楚,以便提出问题,使判决认定事实和判决理由有的放矢。叙述事实一般可以当事人之间法律关系产生和发展的自然顺序作为线索来描述,突出要解决问题的关键情节。这样便于把事情来龙去脉讲清楚。叙述事实的基本要求是:简明精炼,真实准确,脉络清晰,因果关系明白,既要具有概括性,又要将关键情节交待明确具体。判决理由部分包括两层内容,一是判决的道理,即通过说理分清责任,阐明人民法院的基本态度;二是判决所适用的实体法律。阐明法院的观点,重在事理分析,即根据已经查证认定的事实和证据,通过说理方法,对争议的问题作出正误判定、是非明辨的分析,引出必然的结论。引用法律要准确、具体。主文部分包括两项:对案件实体问题的处理决定和诉讼费的负担的决定。写主文必须做到准确、具体、完整。准确,即文字表达上要确切,不能模棱两可、含糊不清;具体,即不能过于原则、抽象,要有实在意义,能够执行;完整,即条文项目要彻底解决当事人之间的全部争议,不能漏判。③尾部。尾部在内容上依次包括五项:上诉期限、上诉审法院、提交上诉状及副本件数;合议庭组成人员署名;判决时间;注明"本件与原件核对无异"和书记员署名;加盖人民法院印章。

(江必新)

xingzheng panjue buyu zhixing de qingxing
行政判决不予执行的情形(refusal of enforcing judgment) 不具备行政诉讼判决执行条件,而被人民法院拒绝执行的情形。由于行政诉讼判决的执行是一项很严肃的诉讼活动,它直接涉及到当事人的切身利益,因此,要求判决的执行必须具备一定的条件,否则法院有权不予执行。行政诉讼判决不予执行的情况大体有:①行政诉讼判决尚未发生法律效力或者不具有执行的内容;②受理行政诉讼判决执行案件的人民法院依法对该执行案件无管辖权;③当事人申请执行超过了法定的申请期限(见申请执行行政诉讼判决期限);④据以执行的行政诉讼判决书明显存在错误或者已被撤销;⑤作为执行根据的行政判决书主文不明确,无法执行。

(谭兵)

xingzheng panjue zhixing cuoshi
行政判决执行措施(compulsory measures for enforcing judgment) 人民法院强制实现行政诉讼判决内容的具体方法和手段。也称行政诉讼中的执行措施。在行政诉讼中,由于当事人具有特殊性,一方是行使国家行政管理职能的国家行政机关,一方是作为行政管理相对人的公民、法人或其他组织,两者在行政法律关系中的地位不平等。因此,人民法院对双方当事人适用的执行措施也不一样。

适用于行政机关的执行措施 根据《行政诉讼法》第65条第3款规定,行政机关拒绝履行判决、裁定的,第一审人民法院可以采取以下措施:①对应当归还的罚款或者应当给付的赔偿金,通知银行从该行政机关的账户内划拨。这是针对行政机关应履行一定的金钱给付义务而采取的执行措施,它适用于行政诉讼判决确认行政机关应当归还罚款或者应当给付赔偿金的情况。②在规定期限内不履行的,从期满之日起,对该行政机关按日处50元至100元的罚款。这主要是针对行政机关应当履行或者完成一定行为的义务,而拒不作为所采取的执行措施。③向该行政机关的上一级行政机关或者监察、人事机关提出司法建议。接受司法建议的机关,根据有关规定处理,并将处理情况告知人民法院。这是行政诉讼中对行政机关的一种特殊执行措施。所谓司法建议,是指人民法院在案件审理和执行过程中,遇有与案件有关但又不属于自己的职权范围处理的问题时,而向有关单位或部门提出解决问题的建议。法律作此规定,是因为这些机关对下级或者同级行政机关负有监督之责,有权对违反政纪的行政工作人员给予行政处分。④拒不履行判决、裁定,情节严重构成犯罪的,依法追究主管人员和直接责任人员的刑事责任。所谓依法,一是指在定罪量刑上要依照刑法。我国现行《刑法》第313条规定:"对人民法院的判决、裁定有能力执行而拒不执行,情节严重的,处3年以下有期徒刑、拘役或者罚金。"二是指在诉讼程序上要依照刑事诉讼法。参照最高人民法院的有关司法解释,此种情况下追究刑事责任,可以由人民法院的刑事审判庭依法受理并予以判决。

适用于行政管理相对人的执行措施 行政管理相对人不履行行政诉讼判决时,人民法院可以对其适用哪些执行措施,我国《行政诉讼法》未作出规定。根据最高人民法院《关于贯彻执行〈中华人民共和国行政诉讼法〉若干问题的意见》(试行)》的规定,人民法院可以对行政管理相对人适用以下三项执行措施:①裁定冻结、划拨被执行人的存款,或者扣留、提取被执行人的劳动收入。人民法院采取此项执行措施时,应当发出协助执行通知书,被执行人所在单位、银行、信用合作社和其他有储蓄业务的单位必须办理。②裁定查封、扣押、冻结、拍卖、变卖被执行人的财产。人民法院采取此种执行措施时,应当注意以下问题:一是不得超出被执行人应当履行义务的范围;被执行人是公民的,应当保留被执行人及其所扶养家属的生活必需费用和生活必需品。二是对于查封、扣押的财产,执行员必须造具清单,由在场人签名或者盖章后,交被执行人一份。被执行人是公民的,也可以将清单交给他的成年家属一份。三是财产被查封、扣押后,执行员应当责令被执行人在指定期间内履行法律文书确定的义务。被执行人逾期不履行的,人民法院可以按规定交有关单位拍卖或者变卖被查封、扣押的财产。国家禁止自由买卖的物品,交有关单位按照国家规定的价格收购。③强制被执行人迁出房屋、退出土地或者强制被执行人拆除违章建筑。人民法院采取此种执行措施时,应当注意以下问题:一是要由院长签发公告,责令被执行人在指定的期间内履行。被执行人逾期不履行的,由执行员强制执行。二是强制执行时,被执行人是公民的,应当通知被执行人或者他的成年家属到场;被执行人是法人或者其他组织的,应当通知其法定代表人或者主要负责人到场。拒不到场的,不影响执行。被执行人是公民的,其工作单位或者房屋、土地所在地的基层组织应当派人参加。执行员应当将强制执行情况记入笔录,由在场人签名或者盖章。三是强制迁出房屋搬出的财物,由人民法院派人运至指定处所,交给被执行人。被执行人是公民的,也可以交给他的成年家属。因拒绝接收而造成的损失,由被执行人承担。

(谭 兵)

xingzheng panjue zhixing tiaojian
行政判决执行条件(prerequisite for enforcement of judgment) 通过行政诉讼执行程序强制实现行政诉讼判决内容的条件。行政诉讼判决不论是当事人申请执行还是审判员依职权移送执行员执行,都要符合以下条件:①应当有执行的法律文书依据。这是指作为执行根据的行政诉讼判决,一要发生法律效力,二要有执行的内容,也即具有可执行性。所谓可执行性,是指判决确认了一方当事人应当通过一定的方式向对方当事人履行义务,或者交付一定的财物和金钱,或者完成某种行为。②应当有执行的事实依据。所谓有执行的事实依据,是指在行政诉讼判决所规定的履行期间内,义务人有履行义务的能力而拒绝履行义务。也就是说,只有义务人没有在判决规定的履行期间内履行义务且又无正当理由的,才存在执行问题。③应当有引发执行程序的依据。所谓有引发执行程序的依据,是指行政诉讼执行程序不会自己发生,或者要有审判员移送执行员执行,或者要有当事人向法院申请执行,二者必居其一。当事人申请执行的,必须遵守申请执行的期限,并且在申请执行时向法院提交申请执行书、据以执行的法律文书和其他必须提交的材料。只有同时具备上述三个条件,才能通过行政诉讼执行程序强制实现行政诉讼判决的内容。 (谭 兵)

xingzheng panjue zhixing yuanze
行政判决执行原则(principles of enforcing judgment in administrative litigation) 指导行政诉讼执行活动正常进行的基本规则,也叫行政诉讼执行工作应当遵守的原则。它体现了行政诉讼执行程序立法的指导思想,是制定行政诉讼执行程序中具体条文的基础。根据《行政诉讼法》的规定和最高人民法院的有关司法解释,行政诉讼判决执行原则包括:①依法执行的原则。即整个行政诉讼执行活动必须遵守法律、法规的规定。其含义有三:一是指执行活动必须以发生法律效力的行政判决为依据;二是指执行活动必须依照法定程序进行;三是指执行活动必须依照法定方式进行。②强制与说服教育相结合的原则。这一原则是指执行工作既要采取强制手段,又要对被执行人做思想工作,并给予其自动履行义务的机会,促其自觉履行义务。实行这一原则,有利于减少执行工作的阻力,顺利完成执行任务。③兼顾被执行人利益的原则。它是指人民法院在采取执行措施保护权利人利益的同时,也要适当照顾被执行人的利益。例如,人民法院采取执行措施时,不得超出被执行人应当履行义务的范围;被执行人是公民的,应当保留被执行人及其所扶养家属的生活必需费用和生活必需品。④协助执行原则。它是指人民法院在执行工作中应当取得有关单位和个人的协助,把专门机关依法行使执行权与社会力量的支持配合有机地结合起来。例如,人民法院裁定冻结、划拨存款或者扣留、提取收入时,应当发出协助执行通知书,被执行人所在单位、银行、信用合作社和其他有储蓄业务的单位必须办理。 (谭 兵)

xingzheng panjue zhixing zhongzhi
行政判决执行中止(abatement of enforcement of judgment) 行政诉讼判决执行过程的暂时停止,也称执行中止。它是执行受阻的情况之一。人民法院中止执行应当作出书面裁定。裁定书应当写明中止执行的原因,由执行员、书记员署名,加盖人民法院印章。中止执行的裁定送达当事人后立即生效,当事人不得上诉。执行中止是由于执行过程中出现特殊情况而引起的,因此,执行中止的原因消除后应当立即恢复执行程序。恢复执行程序可以由执行员主动进行,也可以由当事人提出申请。恢复执行后,原来所进行的执行活动仍然有效。我国《行政诉讼法》对执行中止的原因没有作出规定。根据最高人民法院《关于贯彻执行〈中华人民共和国行政诉讼法〉若干问题的意见(试行)》的规定,执行中止的原因包括:①申请人表示可以延期执行的;②案外人对执行标的提出确有理由的异议的;③作为一方当事人的公民死亡,需要等待继承人继承权利或者承担义务的;④作为一方当事人的法人或者其他组织终止,尚未确定权利义务承受人的;⑤人民法院认为应当中止执行的其他情形。 （谭兵）

xingzheng panjue zhixing zhongjie
行政判决执行终结(termination of enforcement of judgment) 　行政诉讼判决执行过程的结束,也称执行终结。它是执行受阻的情况之一。执行终结与执行中止(见行政诉讼判决执行中止)的区别在于:后者是执行程序的暂时中断停止,以后还要恢复;前者是执行程序的永远结束,以后不再恢复。人民法院终结执行,应当作出书面裁定。裁定书应当写明终结执行的原因,由执行员、书记员署名,加盖人民法院印章。终结执行的裁定送达当事人后立即生效,当事人不得上诉。我国《行政诉讼法》对终结执行的原因没有作出规定。根据最高人民法院《关于贯彻执行〈中华人民共和国行政诉讼法〉若干问题的意见(试行)》的规定,执行终结的原因包括:①申请人撤销申请的;②据以执行的法律文书被撤销的;③作为被执行人的公民死亡,无遗产可供执行,又无义务承担人的;④追索抚恤金案件的权利人死亡的;⑤人民法院认为应当终结执行的其他情形。 （谭兵）

xingzheng peichang anjian
行政赔偿案件(administrative compensation law suit) 　国家行政机关及其工作人员违法行使职权,侵犯公民、法人或其他组织合法权益造成的损害,由国家承担的相应赔偿,称作行政赔偿。行政赔偿是国家责任的一种,其性质是国家赔偿。我国《行政诉讼法》和1995年1月1日正式施行的《国家赔偿法》均对行政赔偿作出了法律规定。公民、法人或其他组织如认为行政机关的具体行政行为(见可诉性行政行为)违法,侵犯了自己的合法权益,有权请求赔偿,经审查符合法定条件,由人民法院立案处理,从而形成行政赔偿案件。

行政赔偿的范围 　根据《国家赔偿法》第3条、第4条的规定,行政赔偿包括人身权方面损害的赔偿和财产权方面损害的赔偿。人身权损害赔偿有5项:①违法行政拘留或者违法采取限制公民人身自由的行政强制措施的;②非法拘禁或者以其他方法剥夺公民人身自由的;③以殴打、暴力行为或者教唆他人以殴打等暴力行为造成公民身体伤害或者死亡的;④违法使用武器、警械造成公民身体伤害或死亡的;⑤造成公民身体伤害或者死亡的其他违法行为。财产权损害赔偿有4项:①违法实施罚款、吊销许可证和执照、责令停产停业、没收财物等行政处罚的;②违法对财产采取查封、冻结等行政强制措施的;③违反国家规定征收财物、摊派费用的;④造成财产损害的其他违法行为。根据《国家赔偿法》第5条的规定,有3种情形,国家不承担行政赔偿责任:①行政机关工作人员与行使职权无关的个人行为。②因公民、法人或其他组织自己的行为致使损害发生的。③法律规定的其他情形。如果将《行政诉讼法》与《国家赔偿法》二者作比较,很明显,后者在行政赔偿范围方面要宽于前者。

行政赔偿的若干程序性规范 　①赔偿义务机关对经过依法确认有《国家赔偿法》第3条、第4条情形的,应当给予赔偿。这里特别要注意"依法确认"。从内容上说,依法确认是确认某行政机关违法侵权致害;从确认主体上说,是指行政机关、复议机关和人民法院。②赔偿请求人要求赔偿首先应向赔偿义务机关提出,也可以在行政复议或行政诉讼时一并提出赔偿请求。③遇有共同赔偿义务机关的情况时,赔偿请求人可以向其中任何一个赔偿义务机关提出赔偿请求,该机关应先予赔偿。赔偿后的各义务机关分担责任问题,由各个义务机关协商解决。如果人民法院受理了此种赔偿诉讼,可考虑追加诉讼被告来予以解决。④赔偿请求人根据所受到的不同损害,可以同时提出数项赔偿请求。⑤通常情况下,赔偿请求人提出赔偿请求应当递交书面申请,并按要求写明内容。如果请求人书写确有困难的,可以委托他人代书,也可以口头提出申请,记入相应笔录。⑥赔偿义务机关自接到申请之日起两个月内应予赔偿,逾期不赔或对赔偿数额有争议的,请求人可自期间届满之日起3个月内向人民法院起诉。⑦赔偿义务机关在对受侵害人赔偿后,有权对有故意或重大过失的工作人员予以追偿。⑧赔偿诉讼可以适用调解。对于赔偿请求人,《国家赔偿法》有几项具体规定:①受害的公民、法人和其他组织均可以作为赔偿请求人。②如果受害的公民死亡,其继承人和其他有扶养关系的亲属有权要求赔偿,从而成为赔偿请求人。③受害的法人单位或其他组织终止,承受其权利义务的法人单位或其他组织可以作为赔偿请求人提出赔偿要求。

赔偿的方式和计算标准 　关于赔偿的方式,我国《国家赔偿法》规定,国家赔偿以支付金钱为主要方式,能够返还财产或者恢复原状的,予以返还财产或者恢复原状。这三种国家赔偿方式,在实践中应区别情况来适用。通常情况下,对于财产侵害,首先应考虑返还财产(原物)和恢复原状,如财产已毁损、灭失或因其他原因无法返还,也无法恢复原状,可以同等质量的实物予以赔偿,没有质量相当的实物或当事人不接受这种赔偿,则仍需将被损害财产折合成人民币,以支付金钱的方式来赔偿。对于受害人因财产侵害而引起的其他损害以及非财产损害,一般应采用支付金钱的方式来赔偿。国家赔偿按照如下标准计算：①侵犯公民人身自由的，按照公民丧失人身自由的日数给予金钱赔偿。每日的赔偿额按国家上一年度全国职工日平均工资值来计算。②侵犯公民生命健康权，造成一般身体伤害的，应支付其医疗费以及误工减少的收入；身体致残的，根据造成部分或全部丧失劳动能力的实际情况，向受害公民支付医疗费及残疾赔偿金，部分丧失劳动能力的残疾赔偿金最高额为国家上一年度职工年平均工资的20倍，全部丧失劳动能力，除按上述规定赔偿外，对死者生前扶养的无劳动能力的人，应支付生活费。③侵犯公民、法人或其他组织财产权的一般按下述方法赔偿：处罚款、罚金、追缴、没收财产或者违反国家规定征收财物、摊派费用的，返还财产；查封、扣押、冻结财产的，予以解除，造成财产损坏或者灭失的，能恢复原状的要恢复原状，不能恢复则按损害程度支付赔偿金；吊销许可证和执照、责令停产、停业的，赔偿停产、停业期间必要的经常性费用开支；对财产权造成其他损害的，按直接经济损失给予赔偿。

行政赔偿的最终方式是通过人民法院的行政诉讼程序来加以解决，这与刑事赔偿和非刑事司法赔偿有明显区别。

（王振清）

xingzheng peichang susong

行政赔偿诉讼（administrative compensation litigation） 人民法院在诉讼参与人的参加下，依照法定程序，解决行政赔偿争议的活动。包括以下几个方面的内容：①行政赔偿诉讼的中心任务是解决行政赔偿争议。《行政诉讼法》第67条规定："公民、法人或者其他组织的合法权益受到行政机关或者行政机关工作人员作出的具体行政行为侵犯造成损害的，有权请求赔偿。公民、法人或者其他组织单独就损害赔偿提出请求，应当先由行政机关解决。对行政机关的处理不服，可以向人民法院提起诉讼。"这一规定赋予了行政管理相对人请求行政赔偿的诉权。行政赔偿争议是作为行政主体的行政机关与行政管理相对人对行政行为是否造成相对人的损害，以及作为行政主体的行政机关是否承担或怎样承担赔偿责任的争议。这种争议不同于行政行为争议。行政行为争议的内容是行政行为是否正确合法，而行政赔偿争议的内容是否造成损害，或如何承担赔偿责任。这种争议也不同于民事赔偿争议，民事赔偿争议是平等的法律主体之间的争议，而行政赔偿争议则是管理者与被管理者之间的争议。②解决行政赔偿争议的主持者是人民法院。根据行政诉讼法和国家赔偿法的规定，公民、法人或其他组织单独就损害赔偿提出请求的，应当先由行政机关解决，这就是说，行政机关也拥有一定限度的行政赔偿争议处理权。但这种处理只具有复议性质，而不是一种诉讼活动，因为解决行政赔偿争议的主体同时是赔偿主体或赔偿主体的上级机关，而人民法院是纯粹以第三者的立场来解决行政赔偿争议的，这是诉讼的必备要素。③人民法院解决行政赔偿争议必须依照国家赔偿法规定的程序进行。人民法院解决民事争议必须依照民事诉讼程序；解决行政行为合法性的争议必须适用行政诉讼程序；解决行政赔偿争议，应当适用国家赔偿法规定的程序。

行政赔偿诉讼与行政诉讼的区别与联系 诉讼的性质取决于它所要解决的争议的性质。而争议的性质通常由争议的主体与争议的内容所决定。行政赔偿争议，就争议的主体来说，它类似于行政行为争议；就争议的内容来说，它类似于民事争议。正是这种两重性产生了学说和制度上的多样性：有的国家采用民事诉讼程序；有的国家适用行政诉讼程序；另一些国家则采用独立的诉讼程序。当然，在采用民事诉讼程序或行政诉讼程序的国家，都有一些例外规定。行政赔偿诉讼与行政诉讼都是因具体行政行为引起的诉讼，都是以作为行政主体的行政机关为被告。但行政赔偿诉讼与行政诉讼又有一定的区别：行政诉讼审查的是行政行为的合法性，而行政赔偿诉讼审查的是行政行为是否造成损害后果；行政诉讼的裁判主要解决作为行政主体的行政机关是否对相对人承担赔偿责任的问题；行政诉讼只能依法裁判，而行政赔偿诉讼可以适用调解。

行政赔偿诉讼与行政诉讼具有一定的联系。行政赔偿诉讼必须以具体行政行为的违法性有无争议为前提，因此，在具体行政行为合法性尚未解决之前，如果该具体行政行为是可诉行为，相对人必须先提起行政诉讼，或者提起行政诉讼附带行政赔偿诉讼，但是，行政赔偿诉讼并非必须以行政诉讼为前提，行政管理相对人与行政机关对行政行为的违法性已无争议或者法律规定行政机关作终局裁决的案件，无需或不能以行政诉讼为前提。

行政赔偿诉讼与民事赔偿诉讼的区别与联系 行政赔偿诉讼与民事诉讼都可以解决损害赔偿问题。但二者又有所不同。民事赔偿诉讼因民事行为而引起，而行政赔偿诉讼因具体行政行为而引起；民事赔偿诉讼的被告是不特定的民事违法人，而行政诉讼的被告是特定的行使行政职权的行政机关；民事赔偿诉讼由民事违法人自己承担赔偿损失的责任，赔偿费用由自己负担，而行政赔偿诉讼不论是行政机关还是行政机关工作人员作出的具体行政行为，均由行政机关承担责任，且赔偿费用可以从各级财政列支。

提起行政赔偿诉讼的方式 根据《行政诉讼法》第67条及《国家赔偿法》第9条第2款规定，受害人请求行政赔偿，可以根据不同的情况，采取不同的方式：①

附带方式。如果行政管理相对人一方面要求法院撤销或变更具体行政行为，同时又要求行政机关承担赔偿责任，当事人可以提起行政诉讼附带行政赔偿诉讼。行政管理相对人可以在提起行政诉讼的同时一并提起行政赔偿诉讼，也可以在诉讼过程中提起行政赔偿诉讼。对于这两种不同性质的诉讼请求，人民法院应当并案审理。这样做的好处是节省人力、物力和时间，简化程序，方便当事人，方便人民法院办案，避免判决间的矛盾。因为对行政行为合法性的评价与侵权责任的大小、有无，有着内在的关联性，赔偿责任的确定不仅是合法性审查的逻辑结果，而且是行政争议的最终法律解决。②单独方式。根据《行政诉讼法》第67条及《国家赔偿法》第9条第2款的规定，受害人可以单独提出行政赔偿请求。单独提出行政赔偿诉讼通常适用于下述情况：作出具体行政行为的行政机关与相对人对行政行为的违法性已无争议，但行政赔偿问题达不成协议；具体行政行为已被复议机关撤销或变更，但复议机关未对行政赔偿问题作出裁决，或者受害人不服复议机关的裁决；具体行政行为为终局裁决机关所为，行政行为的合法性已不得争议，受害人对行政赔偿问题仍有异议；具体行政行为已为法院的判决确认为违法行为，判决发生法律效力之后，当事人提出了行政赔偿问题。

单独提出行政赔偿请求，应当先向赔偿义务机关提出。未经赔偿义务机关解决的，原则上不能诉诸法院。赔偿义务机关收到赔偿请求人的请求后，应当根据有关法律、法规的规定，结合损害的实际情况，提出处理办法，并在合理的时间内给予答复。请求人如果同意赔偿义务机关的处理，行政赔偿争议即告解决，不必也不能再向法院提起诉讼；请求人如果不同意赔偿义务机关的处理，可以在接到行政赔偿决定书之日起3个月内就行政赔偿问题向人民法院提起诉讼；如果赔偿义务机关在收到申请之日起2个月内不予赔偿，赔偿请求人可以自期间届满之日起3个月内直接向法院起诉。单独提起行政赔偿诉讼适用前置程序（即以赔偿义务机关先行处理为要件），主要是基于以下考虑：诉讼的目的在于解决争议，如果请求人不具体明确地向赔偿义务机关提出赔偿请求，就无法确定是否存在赔偿争议，可见前置程序有利赔偿争议的明朗化、特定化；前置程序可以使大量行政赔偿争议解决在行政程序之中，从而减少诉讼，减少人力、物力的投入，也可以使受害人尽快得到赔偿，使受害人的损失早日得到补救。

提起行政赔偿诉讼的条件 提起行政赔偿诉讼必须具备以下条件：①当事人必须合格。行政赔偿诉讼的原告必须是认为具体行政行为侵犯其合法权益并造成其损害的公民、法人或者其他组织以及法律规定可以提起行政赔偿诉讼的人（包括已经死亡的有权提起诉讼的公民的继承人；已经终止的、有权提起诉讼的法人或其他组织的承受单位）。行政诉讼的原告不一定能够成为行政赔偿诉讼的原告，例如，如果被诉行政行为没有给起诉人造成损害，起诉人也不认为造成损害，即使行政行为违法，该行政诉讼的原告也不能成为行政赔偿诉讼的原告。同样，行政赔偿诉讼的原告也未必是行政诉讼的原告。行政赔偿诉讼的被告必须是承担赔偿义务的机关，包括：作出致害具体行政行为的机关；作出致害具体行政行为的法律、法规授权的组织；委托他人或组织从事行政行为的机关或组织；为致害行政行为的机关撤销后，继续行使其职权的机关或组织。行政赔偿诉讼的被告通常是行政诉讼的被告，但并非必然是行政赔偿诉讼的被告；同样，行政诉讼的被告也不一定是行政赔偿诉讼的被告。②起诉的理由必须是认为具体行政行为违法侵犯了自己的合法权益并造了实际损害。如果不是具体行政行为造成起诉人的损害，而是行政机关以民事主体的身份从事的其他活动造成起诉人损害的，起诉人则不能提起行政赔偿诉讼，而只能提起民事赔偿诉讼；如果不是具体行政行为违法所造成的损害，而是基于行政机关的合法行为（如合法的征用土地行为）造成损失的，受损失人对补偿决定不服只能提起行政诉讼，而不能提起行政赔偿诉讼。具体行政行为是否违法并造成起诉人的损失，要待案件审理终结，才能得出答案。因此，受损害人只要认为具体行政行为造成其损害，即有理由向法院起诉。起诉理由之所以应成为一个起诉条件，旨在使起诉特定化，从而成为判断当事人胜诉或败诉的一个基本依据。③必须有明确、具体的诉讼请求，包括赔偿的方式、范围及数额。事实根据在这里是形式要件，不一定以真实为条件。当事人提供的事实是否可靠充分，有待于庭审确定，因此，不能以当事人提供的证据材料可能是虚假的而拒绝受理案件。④赔偿请求必须在法律规定的期限内提出。⑤属于人民法院的受案范围和受诉人民法院管辖。如果致害行政行为属于可诉性行政行为，那么，由该致害行政行为所引起的赔偿案件则属于人民法院的受案范围。如果致害行政行为不属于可诉性行政行为（如由行政机关作终局裁决的行为等），在赔偿诉讼不涉及该行政行为的合法性问题（即该行政行为的违法性质已经确定或已无争议）的情况下，根据国家赔偿法所确定的原则，人民法院有责任提供司法救济。行政赔偿诉讼必须向有管辖权的人民法院提出。行政赔偿诉讼的管辖原则上适用行政诉讼法的有关规定（见行政诉讼管辖）。

行政赔偿案件的审理 行政赔偿案件的审理，法律未作系统规定。原则上可适用行政诉讼程序，但以下事项必须例外：①赔偿诉讼可以调解。《行政诉讼法》第67条第3款规定："赔偿诉讼可以适用调解"。无论是行政机关还是人民法院，在处理赔偿问题的时候，可以适用调解的方式，受害人可以放弃、变更赔偿请求，行政机关可以根据受害人的请求，同当事人协商决定赔偿数额；人民法院可以在双方当事人之间做调解工作，促使他们相互谅解，达成赔偿协议。人民法院审理赔偿诉讼案件之所以可以适用调解，这是因为赔偿诉讼的原告可以放弃或处分请求赔偿的权利；被告在一定范围内在一定程度上有一定的自由裁量余地；原告一方处分自己的权利不会延续违法状态，相反有利于公共利益。同时，以调解方式解决赔偿争议，有利于当事人彻底解决争议，密切"官"民关系，促进安定团结，有利于人民法院提高办案效率。但《行政诉讼法》没有规定人民法院解决赔偿争议必须着重调解，也没有规定调解为必经程序。这主要是因为赔偿诉讼的被告是行政机关或被授权作出具体行政行为的组织，双方在行政法律关系中的地位可能影响调解的自愿原则的贯彻，还由于被告一方的处分权要受一定程度的限制（因为行政机关不能超过实际损失额进行赔偿，否则就是损公肥私）。由于行政赔偿争议的调解在很大程度上只能在实际损失额以下进行，因此，人民法院以调解的方式解决行政赔偿争议，必须坚持以下原则：调解必须在查明事实、分清是非的基础上进行；必须坚持双方当事人自愿的原则；必须符合法律、法规的规定，如果法律、法规明确规定了赔偿数额的范围，人民法院应在此范围内进行调解。总之，既不能搞"官官相护"，牺牲受害人的利益，也不能损害国家利益，损公肥私。②举证责任应合理分配。由于行政赔偿诉讼所要解决的中心问题不是具体行政行为的合法性问题，因此，《行政诉讼法》有关举证责任的规定不能适用于行政赔偿诉讼。又由于行政赔偿诉讼不同于民事赔偿诉讼，因而也不能机械地将民事诉讼的举证责任原则适用于行政赔偿诉讼。根据行政赔偿诉讼的特点，行政赔偿诉讼的举证责任可根据以下原则分担：有关损害事实的举证，应由原告承担举证责任。例如，财产受损害的，应提供财产受损具体状况的材料，包括物证、照片、证人证言以及证明财产原价值、修理费用的发货票等证明材料。人身受侵害的，应提供能证明伤情的医院诊断证明书、处方或医疗手册或病历复印件、医药费单据等；转院治疗的，应提供医院的转院证明；公安派出所指定医院治疗的，应提供派出所开具的证明。要求赔偿交通费的，应提供车、船票。要求赔偿误工工资的，应提供单位开具的已扣发工资的证明。要求赔偿护理费的，应提供批准专事护理的证明等等。有关行政行为的违法性举证责任，应根据不同情况确定：附带提出行政赔偿诉讼的，原告不承担行政行为违法的举证责任；单独提起的，原告应提供致害行政机关承认违法的材料以及有关国家机关确认该行政行为违法的法律文书。有关具体行政行为与损害事实之间的因果关系的举证责任原则上应由原告承担，即是说原告必须提供被告在何时何地实施了何种违法行为以及这种违法行为确系造成受害人损害结果的证明材料。但是，在混合原因或共同原因造成损害的情况下，应当由行政机关承担举证责任，证明其行政行为与损害事实没有关系。这种举证责任制度是现代法治国家侵权责任法通行的制度。

（江必新）

xingzheng fudai minshi susong

行政附带民事诉讼（civil litigation attached to administrative litigation） 人民法院在审理行政案件、解决行政争议的过程中，附带解决与本案有关的民事争议的活动。附带民事诉讼成立的前提条件是行政诉讼的成立。当事人在提起行政诉讼时附带提起民事诉讼，如行政诉讼的起诉被法院裁定不予受理，则所附带的民事诉讼也必然被法院裁定不予受理。如行政诉讼的起诉在起诉过程中被法院驳回，则所附带的民事诉讼也必然被法院驳回。但是，当事人在提起行政诉讼时附带提起民事诉讼，如附带的民事诉讼被法院裁定不予受理，行政诉讼仍可被法院受理；如附带民事诉讼在行政诉讼过程中被法院驳回，行政诉讼仍可继续进行。所要附带解决的民事争议与作为本案主体争议的行政争议相互联系，或者是行政争议因民事争议而发生，或者是民事争议因行政争议而发生，或者行政争议中夹杂着民事争议，或者民事争议后面隐含着行政争议，二者你中有我，我中有你，相互交叉或相互连结。如果民事争议与作为本案主体争议的行政争议没有联系，行政附带民事诉讼就不能成立。

　　行政诉讼附带民事诉讼的理论基础 附带诉讼的基本特征是将两种不同性质的诉讼纳入同一过程，是对数个不同性质的争议的一次性处理。附带诉讼的基础在于：在同一争讼中交织两种不同性质的法律关系，存在着两种性质不同，但又相互关联的诉讼请求。在现实生活中，民事关系和行政关系发生交叉的情况普遍存在。因此，当审理一个法律关系时，客观上需要理顺另一个法律关系。当代行政职能与司法职能的转变或转换，行政机关对民事生活的干预大大加强。例如，处理一些权益争议纠纷，处理一些赔偿事宜等等。行政机关对民事生活的干预，客观上使两种法律关系交织在一起，这就造成了这样一种可能；同一个当事人或数个当事人将会提出两个以上不同性质的诉讼请求。行政诉讼附带民事诉讼根植于两个基本原则：即诉讼经济原则和判决的确定性原则。根据诉讼经济原则，如果把两个案子放在一起审理，就能够节省人力、物力、财力的话，就应当把他们放在一起审理，除非把它们放在一起审理会适得其反。根据裁判的确定性原则，对有相互联系的两个案件应尽可能地放在一起审理，否则容易出现两个判决相互矛盾的状况，除非这两个案件关联性不大。把两个或两个以上的案件放在一起审理，如果这些案件属于同一种类的诉讼法律关系，则可以采取诉的合并（包括主体的合并和客体的合并）的方式；但是如果这两种诉分属于不同的诉讼系列，合并就发生了困难，因为只有"同类项"才能合并，于是只能采取"附带"的方式来解决。

行政诉讼附带民事诉讼的条件 人民法院将两个不同性质的诉讼请求放在一起审理需要同时具备以下几个条件：①行政诉讼案件能够成立。附带民事诉讼是依附于行政诉讼的，因此行政诉讼附带民事诉讼的提起必须以行政案件成立为前提，如果没有这个前提，要么民事诉讼也不能成立，要么只能形成单独的民事诉讼。②同一个行政行为引起了两种不同性质的争议。即行政机关行使职权的行为，一方面引起了当事人对其行政决定的不服；另一方面引起了新的民事争议或者对业已存在的民事争议发生了影响，从而引起了两种不同性质的争议。③两个分属于不同诉讼系列的诉讼请求具有内在的关联性，这种关联性通常表现在：同一个行为引起了行政和民事两种不同的争议，民事争议的解决有待于行政争议的解决。如果两个分属于不同诉讼系列的诉讼请求没有内在的关联性，把两个诉讼的当事人都传唤到庭，而案子只能一个一个地审，结果反而使当事人费时费力，也增加了法院的工作量，反而违背了诉讼经济原则。④有关联的民事诉讼请求须在行政诉讼的过程中提起。一般说来，行政诉讼中的附带民事诉讼的提起，只能在一方当事人提起行政诉讼之后，法院作出判决之前提出。因为在提起行政诉讼之前没有必需的前提，在法院作出判决之后提起，丧失了附带的意义。应当指出，具备了上述要件，并不意味着就具备了起诉的要件。只有当具备了行政诉讼的起诉条件，又具备了民事诉讼的起诉条件，法院才能受理附带民事诉讼。

行政诉讼附带民事诉讼的当事人 附带民事诉讼的原告、被告以及第三人都是附带民事诉讼的当事人。由于行政诉讼附带民事诉讼与刑事诉讼附带民事诉讼相比要复杂得多，故其当事人也较为复杂。在不同的"附带"类型中，当事人的地位及其关系不完全相同。通常有以下几种类型：①提起行政诉讼的一方，既是行政诉讼的原告，又是民事诉讼的原告；被诉行政机关既是行政诉讼的被告，又是民事诉讼的被告。②提起行政诉讼的一方为既是行政诉讼的原告，又是民事诉讼的原告，但附带民事诉讼的被告已不是原做出处理决定的机关，而是行政诉讼的第三人。③提起附带民事诉讼的一方不是提起行政诉讼的原告，而是行政诉讼的第三人，附带民事诉讼的被告是原行政诉讼的原告。④提起附带民事诉讼的一方是行政诉讼的第三人，而不是提起行政诉讼的原告，附带民事诉讼的被告亦是原行政诉讼的原告，附带民事诉讼的被告亦是原行政诉讼的被告。附带民事诉讼的原告还应当包括具有民事实体法请求权人的法定代理人，指定代理人，受其赡养、扶养、抚养的人，继承人等。附带民事诉讼的原告和被告，通常为原行政诉讼中的原告、被告或第三人。在附带的情况下，基本上每一个人都各兼有行政诉讼和民事诉讼中的一个当事人的角色，基本上都具有双重身份。由于行政诉讼的当事人与民事诉讼的当事人的法律地位并不完全一样，故当事人权利义务的确定，以及权利的行使、义务的履行应看当事人实际上是在从事哪一类诉讼活动。根据其具体活动来判断其扮演的角色（即是民事诉讼的当事人，还是行政诉讼的当事人），从而具体地确定其权利和义务。

行政诉讼附带民事诉讼的审理和判决 行政诉讼与民事诉讼在审理范围、审理方式、审理步骤方面都有一定的差异，应当尽可能注意各自的特点。附带民事诉讼应当同行政案件一并审判。因为只有这样才符合"附带"的宗旨。但是如果附带的民事诉讼特别复杂，为了防止行政案件的审判过分延迟，可以在行政案件的审判后，由同一审判组织继续审理附带民事诉讼。在一般情况下，实行一并审理，分别判决。而在特殊情况下，为了不使行政案件的审判超过法定期限，才可以"先行后民"。附带民事诉讼的审判，适用民事诉讼法的有关规定，当事人可以自行和解；原告可以撤回起诉；人民法院可以调解。自行和解，就是在人民法院作出判决前，双方当事人自行协调达成协议，结束诉讼。撤回诉讼是原告在人民法院宣告判决前提出撤回诉讼的请求，只要不违反国家法律，人民法院应当允许。调解就是在人民法院主持下对双方当事人进行说服教育，促使他们相互谅解，解决民事争议，调解达成协议的，由人民法院制作调解书，调解书同判决书具有同等的法律效力。行政诉讼附带民事案件的判决可一并制作"行政诉讼附带民事诉讼判决书。"如果是"先行后民"、"两案两判"，则仍可分别使用裁定书和判决书。在附带民事诉讼的判决未生效前，先期制作的行政案件的判决不必待民事判决生效后生效，因为不这样确定其效力，"先行后民"、"两案两判"就失去了意义。

一审判决后当事人不服的可能有三种情况：一是当事人对行政部分的裁决不服；二是当事人对附带民事部分的裁决不服；三是对两部分裁决都不服。当事人对行政部分不服，应由上一级法院的行政审判庭审理，如果民事部分已经生效，则应仅就行政部分进行审理，不应停止民事判决的执行；如果民事部分尚未生效，上级法院可裁定暂缓生效，待行政部分审理完毕之后，再确定其效力；如果上级法院发现有关民事部分的判决确有错误，可按照审判监督程序处理。如果当事人仅对附带民事部分裁决不服提出上诉，应由上一级法院的行政庭受理，不停止有关行政部分判决的执行。一般说来，不再对行政部分进行全案审理。如果发现确有错误，可以按照审判监督程序处理。如果当事人对两个部分的裁判都不服，可以仍然作为行政附带民事上诉案件由上一级法院的行政审判庭负责审理。上诉法院应对案件进行全案审理。

行政诉讼附带民事诉讼判决的执行 原则上行政诉讼附带民事诉讼的判决的执行应当两个部分同时进行，但也可具体情况具体对待。如果行政诉讼部分与民事诉讼部分并案审理、两案一判，应当分别依照民事诉讼执行程序和行政诉讼某些特别规定同时执行；如果先行后民两案两判，可以先执行行政部分，后执行民事部分；如果当事人对行政部分提出上诉，而对民事部分没有上诉，不宜对民事部分先行执行，而应待上诉法院就行政部分作出终审判决之后，再决定是否执行；如果当事人对行政部分没有提起上诉而对民事部分提出上诉，可以就行政部分先行执行，而不必等到上诉法院就民事部分作出终审判决之后再交付执行。因为行政案件的审理和执行关系到行政机关的工作效能，而行政部分的判决或裁定对民事部分的判决具有决定性的意义。行政诉讼附带民事诉讼判决原则上应由一审法院负责执行。但行政机关拥有强制执行手段，法院的判决又对其裁决作了肯定的判定（包括部分肯定）的，行政机关尚未执行或尚未执行完毕的，应由行政机关自己执行。

（江必新）

xingzheng qiangzhi cuoshi anjian
行政强制措施案件（lawsuit concerning administrative compulsory measures） 公民、法人或其他组织对行政机关所采取的行政强制措施不服，认为该措施违反法律规定，依法向人民法院提起行政诉讼，经人民法院审查，符合法定条件，准予立案处理的行政案件。行政强制措施是主管行政机关依法定职权并运用强制手段，迫使特定行政管理相对人履行某种法律义务或者限制其行使某种权利的具体行政行为（见可诉性行政行为）。行政强制措施包括：限制人身自由权，也称作"人身强制"，如劳动教养等；限制财产权，也称作"财产强制"，如查封、冻结、扣押等。行政强制措施是一种严厉的行政手段，这种手段的采用，会给行政管理相对人带来一定的影响和损害，因此并非任何行政机关都有权采取，只有那些经法律、法规明确授权的行政机关才可以依法实施。

行政管理相对人的人身自由权和财产权是宪法和法律赋予的两项基本权利，尤其是涉及到公民的人身自由这一问题，世界各国都有十分严格的限制条件。我国《行政诉讼法》在第11条第1款第2项中规定，公民、法人或其他组织对行政机关所采取的强制措施不服，有权向人民法院提起诉讼。这对于切实保障行政管理相对人的人身权、财产权免受不法行政行为的侵害，有着非常重要的作用。

应当明确，行政强制措施不同于行政处罚，尽管某些强制措施相似于处罚手段，也不排除某些强制措施带有一定的惩戒因素，但二者间存在着质的区别和法律后果的差异。首先，行政处罚是一种带有"结论"性的法律制裁。如某公民违反了《治安管理处罚条例》的规定，构成行政违法，在事实查清，确有证据的情况下，受到治安行政机关拘留处罚。而行政强制措施通常是未作"结论"之前所采取的一种行政手段，是为进一步行政处理所作的必要准备。如《海关法》第4条规定："海关有权检查进出境运输工具，查验进出境货物、物品；对违反本法或者其他有关法律、法规的，可以扣留。"很明显，这种"扣留"是为下一步作出处理所做的准备。因此，行政强制措施所体现的时常是行政机关的调查权和行政机关必要的防范。在法律后果方面，根据《行政诉讼法》的规定，对限制人身自由的行政强制措施不服而形成的行政案件，由被告所在地或者原告所在地的人民法院管辖，行政处罚案件则不然。此外，对行政强制措施案件，人民法院可以判决维持或撤销，但不能变更，而对行政处罚案件，在人民法院认定为显失公正时，可以直接判决变更。

（王振清）

xingzheng susong
行政诉讼（administrative litigation） 公民、法人或者其他组织认为行政机关和行政机关的工作人员的具体行政行为（见可诉性行政行为）侵犯其合法权益，请求人民法院予以司法保护的程序制度。公民、法人或者其他组织在行政法律、法规的范围内，与行政机关的关系是管理、保护和被管理、被保护的关系。这种关系是通过行政机关及其工作人员的一定具体行政行为引起的、为行政法调整的行政法律关系。具体行政行为是行政机关及其工作人员行使行政职权和履行行政职责的行为，在其依法行使行政职权和履行行政职责时，与公民、法人或者其他组织发生的行政法律关系，是正常的行政法律关系，不存在侵犯公民、法人或者其他组织的合法权益的问题。但是，如果行政机关及其工作人员的具体行政行为偏离了行政法律、法规的规范，有滥用职权的现象，就可能侵犯公民、法人或者其他组织的合法权益。公民、法人或其他组织认为行政机关及其工作人员的具体行政行为侵犯其合法权益时，有权依法请求救济，其救济途径一是行政的，一是司法的，前者主要为行政复议（见行政诉讼与行政复议),后者主要为行政诉讼,但二者并非截然分离,除法律另有规定外,不服行政复议决定的,依然可以提起行政诉讼。因此,行政诉讼发生的原因有二,一是行政机关及其工作人员具体行政行为的违法可能性,二是公民、法人或其他组织合法权益被侵犯的可能性,二者必须同时存在。

行政诉讼的实质和内容 行政诉讼制度是司法救济制度,即当行政机关的具体行政行为不论是应当作为而不作为,还是不应当作为而作为的行为,侵犯公民、法人或其他组织的合法权益时,在司法上为其提供救济的制度。这种救济制度是基于两个方面的因素而建立的,一方面具体行政行为是单方的职务行为,有些行政行为一旦作出就发生法律效力,有执行权的行政机关可同时予以执行,即使行政行为有错误,甚至明显违法,公民、法人或其他组织也无能为力,从而需要法律对其提供救济的途径;另一方面,公民、法人或其他组织的合法权益,受国家法律保护,当行政机关及其工作人员的具体行政行为侵犯了他们的合法权益时,他们需要寻求司法救济。所谓司法救济,是司法上予以补救之意,即对行政违法行为造成的后果的补救,对公民、法人或其他组织受到侵犯或有受侵犯危险的合法权益的恢复或保障。因此,行政诉讼的内容,虽然在表现形式上与其他诉讼相比,是人民法院和当事人及其他诉讼参与人(见行政诉讼的其他参与人),按照法定程序行使诉讼权利和履行诉讼义务,推移和终结诉讼,但其实质内容则是双方当事人之间对具体行政行为是否合法之争议,以及人民法院通过对具体行政行为的审查,对其合法性作出认定和裁判。

行政诉讼的特点和意义 行政诉讼不同于其他诉讼的特点,一是当事人一方的特定性,即一方只能是作为行政主体的行政机关或法律法规授权的组织。二是诉讼标的的双重性,即一为行政法律关系,一为损害赔偿的法律关系。由具体行政行为发生的行政法律关系争议是诉讼程序启动的前提,是否存在损害赔偿是诉讼程序终结时作出的认定。三是行政行为的可变更性,即在一审程序中,行政机关可以变更、撤销或部分撤销具体行政行为。四是人民法院审判的有限性,即人民法院通过对具体行政行为的审查,除法律有特别规定外,一般不作变更判决,只作维护、撤销、部分撤销、责令重新作出具体行政行为的判决。因此,行政诉讼的意义是:第一,双方当事人不是请求人民法院对权利义务关系作出裁判,也不是要求对某一方当事人进行制裁,而是要求确认具体行政行为是否合法,由具体行政行为发生的行政法律关系是否成立,具体行政行为是否侵犯了公民、法人或其他组织的合法权益。第二,将具体行政行为纳入司法审查,有利于促进行政法律、法规的健全与完善,有利于行政机关依法行政。第三,公民、法人或其他组织对行政法律关系之争议提起诉讼,有利于发扬社会主义民主,增强公民的法律意识。

(刘家兴)

xingzheng susong beigao
行政诉讼被告(defendant of administrative litigation) 其具体行政行为(见可诉性行政行为)为行政相对人所不服,被行政相对人依法向人民法院提起行政诉讼的行政机关或法律、法规授权的组织。根据《行政诉讼法》的有关规定,作为行政诉讼被告应具备以下条件:①在行政实体法律关系中,处于行政主体的地位,即依法享有行政职权,能对外以自己的名义作出影响行政相对人权利、义务的具体行政行为。行政机关非对外行使行政职权而是进行内部管理的时候,不具有行政主体的地位;行政机关非参与行政关系,实施行政行为,而是参与民事关系,实施民事行为时不具有行政主体的地位;行政机关非依法以自己名义作出具体行政行为而是受其他行政机关委托以其他行政机关名义作出具体行政行为时也不具有相应行政主体的地位。除行政机关在行政实体法律关系中处于行政主体地位以外,法律、法规授权行使一定行政职能的组织在其行使相应行政职权时,也具有行政主体的地位。因此,他们作出的具体行政行为被诉时,也能成为行政诉讼的被告。②被诉具体行政行为是相应行政机关或法律、法规授权的组织作出的。作为行政主体的行政机关或法律、法规授权的组织,虽然可以作行政诉讼的被告,但并不是任何时候都可以作被告。他们只有作出被诉具体行政行为时才能成为被告,如果相应具体行政行为不是该行政机关作出的(包括以复议决定改变原具体行政行为)而是其他行政机关或非行政机关作出的,他们就不能成为行政诉讼的被告。③被诉具体行政行为依行政诉讼法具有可诉性,即相应行为依法属于人民法院受案范围。(见行政诉讼受案范围)。作为行政主体的行政机关或法律、法规授权的组织,成为行政诉讼的被告,还必须以其具体行政行为属于人民法院受案范围能受司法审查为条件。如果起诉人所诉行为是法律排除司法审查的,那么,人民法院对相应案件就不会受理和通知被诉人应诉,行政诉讼从而不会进行,这样,起诉人也不可能转化成实际的行政诉讼原告,被诉人也不可能转化成实际的行政诉讼被告。④符合有关的法律、法规或司法解释的特别规定。法律、法规或司法解释如果对行政诉讼被告作出了某些特别规定,行政实体法律关系中的行政主体要转化成行政诉讼的被告还必须符合相应规定。如对行政机关的派出机构作出具体行政行为,行政机关与非行政机关的组织共同作出具体行政行为,行政机关作出具体行政行为后被撤销,复议机关收到复议申请后不作复议决定等情形下的行政诉讼被告问题,目前法律、法规、司法解释都已作出了相应规定。因此,相对人向人民法院提起行政诉讼,其所诉被告必须符合这些规定。

根据《行政诉讼法》及最高人民法院相应司法解释的有关规定,目前我国下述行政机关或法律、法规授权的组织可成为行政诉讼被告:①作出具体行政行为的行政机关。这类被告在行政诉讼中是最常见的,导致这类被告的情形有:相对人不服行政机关作出的具体行政行为,不经复议直接向法院起诉;相对人对相应具体行政行为不服,申请复议,复议机关维持原具体行政行为相对人仍不服向法院起诉;复议机关在复议期间内不作复议决定,相对人对原具体行政行为不服,向法院起诉。②复议机关。相对人不服行政机关或法律、法规授权的组织所作出的具体行政行为,申请复议,复议机关改变原具体行政行为,相对人仍不服,向法院起诉,复议机关为被告。③法律、法规授权的组织。相对人对法律、法规授权的组织所作出的具体行政行为不服,直接向法院起诉,或者先经复议,复议机关维持原具体行政行为,相对人仍不服。④相对人对行政机关委托的组织作出的具体行政行为不服,向法院起诉,委托的行政机关为被告。⑤派出行政机构的行政机关。相对人不服行政机关的派出机构所作出的具体行政行为,向人民法院起诉,派出该机构的行政机关为被告。⑥派出机构为被告。相对人不服行政机关的派出机构所作出的具体行政行为,如果法律、法规对该派出机构有授权,该派出机构为被告。⑦行使被撤销的行政机关的职权的机关。行政机关作出具体行政行为后被撤销,相对人对其作出的具体行政行为不服,向法院起诉,继续行使被撤销的行政机关的职权的行政机关为被告。⑧与非行政主体的组织共同作出具体行政行为的行政机关。相对人对行政机关与非行政主体的组织共同署名作出的处理决定不服,向人民法院起诉,该行政机关为被告(非行政主体的组织不能作被告,但可通知其作为第三人参加诉讼)。⑨共同作出具体行政行为的若干行政机关。相对人对两个或两个以上行政机关共同作出的具体行政行为不服,向法院起诉,相应行政机关为共同被告。

(姜明安)

xingzheng susong youguan anjian cailiao de yisong

行政诉讼有关案件材料的移送(transfer of relevant documents to authoritative organs) 行政诉讼法所规定的受诉法院在行政诉讼过程中发现有关事项应由其他部门或机关处理时,而依法移送案件材料的一种制度。它对于法院和其他国家机关各司其职,依法行使职权,维护社会主义法制的统一和尊严具有重要意义。根据我国《行政诉讼法》的规定,在行政诉讼中,涉及案件材料移送的包括以下三种情况:一是在确定管辖时的案件材料移送。《行政诉讼法》第21条规定:"人民法院发现受理的案件不属于自己管辖时,应当移送有管辖权的人民法院。"二是对妨害行政诉讼构成犯罪需要追究行为人刑事责任的案件材料的移送。《行政诉讼法》第49条规定,诉讼参与人或者其他人妨害行政诉讼构成犯罪的,应当依法追究刑事责任。关于追究行为人刑事责任的程序,参照最高人民法院《关于贯彻执行〈中华人民共和国民事诉讼法〉若干问题的意见》的有关规定,分为以下三种情况:①对于哄闹、冲击法庭,侮辱、诽谤、威胁、殴打审判人员,严重扰乱法庭秩序的人,应当追究有关人员刑事责任的,由审理该行政案件的组织直接予以判决;②对于拒不履行人民法院已经发生法律效力的判决、裁定,构成犯罪,需要追究有关人员刑事责任的,由人民法院刑事审判庭直接受理并予以判决;③对于其他妨害行政诉讼的行为以及非法拘禁他人或者非法私自扣押他人财产追索债务,应当追究有关人员刑事责任的,依照《刑事诉讼法》的规定办理。可见,在上述第②、③种情况下,均存在案件材料的移送问题。三是在法院审理行政案件中,认为行政机关主管人员、直接责任人员违反政纪或者构成犯罪,需要对其查处时,案件材料的移送。《行政诉讼法》第56条规定:"人民法院在审理行政案件中,认为行政机关主管人员、直接责任人员违反政纪的,应当将有关材料移送该行政机关或者其上一级行政机关或者监察、人事机关;认为有犯罪行为的,应当将有关材料移送公安、检察机关。"据此规定,此种情况案件材料的移送,应当符合以下要求:①移送案件材料的前提必须是法院在审理行政案件中,认为行政机关主管人员、直接责任人员违反政纪或者有犯罪行为;②需要查处的人员只限于行政机关的主管人员和直接责任人员两种;③查处的形式包括给予有关人员行政纪律处分和追究刑事责任;④接受案件移送,负责查处的机关包括:被诉行政机关、被诉行政机关的上一级行政机关、监察机关、人事机关、公安机关、检察机关。至于到底应当移送到何种机关查处,应当根据需要查处行为的性质和情节轻重以及这些机关的职权范围确定。需要注意的是,此种情况下所移送的案件材料,只限于"有关材料",而不是全部案件材料。所谓"有关材料",是指与查处直接有关的材料。

(谭 兵)

xingzheng susong bu tiaojie yuanze

行政诉讼不调解原则(principle of no intermediation in administrative litigation) 行政诉讼

的一项重要原则,为我国《行政诉讼法》第50条所规定。它是指人民法院审理行政案件既不能适用调解程序,又不能采用调解方式结案。民事诉讼中可以调解,行政诉讼中不能调解,这是由行政法律关系的性质和行政诉讼的特点所决定的。首先,调解一般是建立在双方当事人法律地位平等的基础上的,而行政诉讼中发生争议的双方在行政法律关系中的地位不是平等的,一方是管理者,一方是被管理者,缺乏调解的基础。其次,调解一般要涉及双方当事人对实体权利的处分,行政机关的职权(包括行使职权的范围、内容、方式等)都是法律事先规定的,行政机关只能依法行使,无权通过放弃、转让等形式予以处分,因而不能调解。第三,行政诉讼的中心问题是解决具体行政行为的正确性与合法性问题,它必须通过法院的审理来确认,以体现司法权对行政和行政权的监督与调控。如果允许采用调解方式解决行政争议,将使行政行为的正确性与合法性失去客观标准,并使法院对行政行为的司法监督与调控失去作用,从而导致依法行政原则的破坏和行政管理活动的混乱。

法院审理行政案件不得调解的原则早在《行政诉讼法》公布前就已被我国司法实践所确认。例如,最高人民法院[组]发(1985)25号通知规定:"人民法院审理经济行政案件不应进行调解。"最高人民法院1986年11月4日发布的《关于处理治安行政案件具体适用法律的若干问题的暂行规定》中指出:"人民法院只就公安机关的后一次裁决是否符合事实以及是否合法进行审查,依法分别作出维持或者撤销的裁定。"应当指出的是,贯彻行政诉讼不调解原则,并不排斥人民法院在行政案件的审理过程中对双方当事人进行法制宣传教育和思想疏导工作,使被告正确认识并主动纠正自己所作的错误的行政行为,使原告自觉接受行政机关的正确的行政处理决定。实践证明,这样做往往能收到较好的审判效果。同时,贯彻行政诉讼不调解原则也不排斥在行政赔偿诉讼中可以调解。我国《行政诉讼法》第67条第3款明确规定:"赔偿诉讼可以适用调解。"这是因为,行政赔偿诉讼不同于一般的行政诉讼,它不涉及对行政行为本身的正确性与合法性的争议,而只需解决赔偿问题,当事人有权对此进行处分。

行政诉讼不适用调解原则虽然已被我国立法所确认和被司法实践所采用,但在学术界也有人对这一原则提出异议,认为那种主张在行政诉讼中就是不能适用调解的观点,或者以行政机关不具有处分权为理由而拒绝调解的观点,从根本上讲是值得研究的,在各方面条件均已具备的情况下,在行政诉讼中适用调解的问题,不是绝对不能考虑的。

(谭 兵)

xingzheng susong de chesu
行政诉讼的撤诉(withdrawal of suit applied ty plaintiff) 行政诉讼原告放弃诉权(见行政诉讼中的诉权)的一种处分行为和行政诉讼法确立的一项重要诉讼制度,也称"撤回诉讼"或"诉之撤回"。指行政诉讼原告在法院立案后,放弃已经提起的诉讼,而不再要求法院解决他与被告之间的争议的一种意思表示。在行政诉讼中,撤诉不仅是原告行使处分权的一种体现,也是法院终结对案件审理的一种重要方式,准许原告撤诉,既可以免去法院对当事人之间的争议作出裁判,又可以免去执行程序的发生,从而减轻法院的负担和当事人的讼累,并有利于纠纷双方之间的团结。因此,法院对原告撤诉应当持积极的态度。

根据我国《行政诉讼法》第51条和第48条的规定,行政诉讼中的原告撤诉包括原告申请撤诉和视为原告申请撤诉两种。原告申请撤诉又分为原告主动申请撤诉和原告同意申请撤诉两种不同情况。原告主动申请撤诉应当具备的条件是:①申请人只能是原告及其法定代理人或者经原告特别授权的委托代理人;②必须是原告自愿申请;③必须不违反法律规定和不损害国家、集体及他人的利益;④撤诉申请必须在法院的判决或者裁定宣告前提出。原告同意申请撤诉,是指原告在被告撤销或者改变其所作的具体行政行为之后而谅解被告提出撤诉申请的诉讼行为。它与原告主动申请撤诉的一个主要不同之处在于,必须以被告撤销或者改变其所作的具体行政行为为前提。不论是原告主动申请撤诉还是原告同意申请撤诉,都必须由原告向法院提交申请书,并经法院审查后作出裁定批准。这是申请撤诉的程序要求,不能违反。视为原告申请撤诉,是指原告不履行特定的诉讼义务,人民法院按撤诉处理而终结诉讼的一种方式。视为原告申请撤诉与原告申请撤诉的不同之处在于:前者是原告对诉讼权利的消极处分,它适用于法律规定的特定情况;后者是原告对诉讼权利的积极处分,它主要取决于原告的意思。根据《行政诉讼法》第48条和其他有关规定,视为原告申请撤诉适用于以下两种情况:①原告经法院两次合法传唤,无正当理由拒不到庭的;②原告在法定期限内未交诉讼费,又不提出缓交申请的。视为原告申请撤诉亦应由法院作出裁定。不论是原告申请撤诉还是视为原告申请撤诉,一旦经法院作出裁定批准,都将产生一定的法律后果。原告撤诉在实体法上产生的后果是原告的诉讼请求不能实现。在程序法上产生的后果是:①终结诉讼程序,使诉讼法律关系归于消灭;②由原告负担诉讼费用。

关于原告撤诉后可否再起诉的问题,最高人民法院在《关于贯彻执行〈中华人民共和国行政诉讼法〉若干问题的意见(试行)》第61条中的规定是:"人民法院裁定准许原告撤诉，原告再起诉的，人民法院不予受理。"一些学者对此有不同看法，认为原告撤诉视同未起诉，应当允许原告再次起诉；原告的再次起诉只要未超过诉讼时效，法院应当受理。理由是：原告撤诉只是对诉讼权利的处分，并未变更或者消灭原告在实体法律关系中的地位，原告不因撤诉而丧失对本案的诉权，即他仍享有要求法院对其实体权利予以司法保护的权利。 (谭　兵)

xingzheng susong de shiwei shenqing chesu
行政诉讼的视为申请撤诉（withdrawal of suit deemed by the court） 与行政诉讼中原告撤诉相对应，同为行政诉讼原告撤诉的一种方式，也称"推定申请撤诉"或者"按撤诉处理"。指行政诉讼原告不履行特定的诉讼义务，人民法院按撤诉处理而终结诉讼的做法。视为原告申请撤诉与原告申请撤诉的不同之处在于：前者是原告对诉讼权利的消极处分，后者是原告对诉讼权利的积极处分。根据《行政诉讼法》第48条和其他有关规定，视为原告申请撤诉适用于下列两种情况：①原告经法院两次合法传唤，无正当理由拒不到庭的；②原告在法定期限内未交纳诉讼费，又不提出缓交申请的。视为原告申请撤诉应当由法院作出裁定。视为原告申请撤诉与原告主动申请撤诉产生同样的法律后果（见行政诉讼中原告撤诉）。 (谭　兵)

xingzheng susong canjiaren
行政诉讼参加人（participant of administrative litigation） 参加行政诉讼活动的行政诉讼当事人与行政诉讼代理人。

行政诉讼当事人 因行政争议而以自己名义到人民法院起诉、应诉和参加行政诉讼，并受人民法院判决、裁定约束的个人、组织，包括作为原告的公民、法人或其他组织以及作为被告的行政机关或法律、法规授权其行使一定行政职权的组织。行政诉讼当事人有广义和狭义之分。广义上的行政诉讼当事人包括行政诉讼原告、行政诉讼被告、行政诉讼共同诉讼人和行政诉讼第三人。狭义上的行政诉讼当事人仅指行政诉讼原告和行政诉讼被告。

行政诉讼代理人 在行政诉讼中，根据法律规定，或者根据人民法院的指定，或根据当事人、法定代理人的委托，以当事人的名义，在一定权限范围内代理当事人进行行政诉讼活动的人。行政诉讼代理人依诉讼代理权来源的不同可以分为两类：

行政诉讼法定代理人 根据法律规定代理未成年人、精神病人等无诉讼行为能力的人进行行政诉讼的人。享有法定代理权的人是被代理人的配偶、父母、子女、其他近亲属，或被代理人的其他监护人。法定代理人互相推诿代理责任的，由人民法院指定其中一人代为诉讼。行政诉讼法定代理人享有被代理人的诉讼权利，承担被代理人的诉讼义务，并能依法处分被代理人的实体权利，其依法实施的诉讼行为无需被代理人认可而视为被代理人的行为。法定代理人不同于法人或其他组织的法定代表人。前者代理的是无行为能力的自然人，后者代表的是既有权利能力，又有行为能力的法人、其他组织或行政机关。法定代表人是相应法人或其他组织、机关的主要行政负责人或其实际负责人（在行政正职负责人暂缺的情况下）。在各种法律关系中，法定代表人均可依据法律或法人章程的规定代表相应法人或其他组织、机关行使代表权，法定代理人只是在被代理人无行为能力时行使代理权，被代理人一旦恢复行为能力，即自己行使权利和实施相应法律行为。在诉讼中，作为原告的法人、组织和作为被告的行政机关，均必须(也只能)由法定代表人代表其作出意思表示，其委托代理人必须根据法定代表人的意思表示作出法律行为，而作为原告的个人(包括中国公民、外国人、无国籍人)通常由自己作出意思表示，只是在原告个人无行为能力的情况下，才能由其法定代理人代理其作出意思表示。委托代理人既可以根据原告本人(原告有行为能力时)的意思表示，也可以根据法定代理人(原告无行为能力时)的意思表示作出法律行为。

行政诉讼委托代理人 行政诉讼当事人或法定代理人委托其实施诉讼行为的人。行政诉讼委托代理人可以是律师、提起诉讼的公民的近亲属或者社会团体、所在单位推荐的人，以及经人民法院许可的其他公民。行政诉讼委托代理人的诉讼代理权限于被代理人授权范围之内，只能在被代理人授权范围内处分代理人的实体权利。行政诉讼当事人或其法定代理人委托诉讼代理人，应向人民法院提交授权委托书。委托书应载明委托事项和权限范围，并经人民法院审查同意。解除委托，应书面报告人民法院。社会团体接受委托时，该社会团体的法定代表人为委托诉讼代理人。社会团体的法定代表人征得委托人的同意，可以再指定该团体的成员作为诉讼代理人。在行政诉讼中，代理行政诉讼的律师，可以依照规定查阅本案的有关材料，可以向有关组织和公民调查、收集证据，但对涉及国家秘密和个人隐私的材料应依法保密。其他诉讼代理人经人民法院许可，也可查阅本案除涉及国家秘密和个人隐私以外的其他庭审材料。 (姜明安)

xingzheng susong chengxu
行政诉讼程序（procedure for administrative litigation） 国家解决行政争议的司法程序。它与行

政复议程序同属于救济性的法律制度，两者互相衔接，均不可缺少。但两者在性质和内容上又有区别：行政诉讼程序属于司法程序，程序较复杂；行政复议程序属于行政程序，程序较简便。行政诉讼程序与民事诉讼程序、刑事诉讼程序为三大并列的司法程序，但从产生的时间来看，刑事诉讼程序最早，民事诉讼程序次之，行政诉讼程序最晚。一般认为，行政诉讼程序是从民事诉讼程序中分离出来的，因而两者有不少相同或者相似之处。各国在处理行政诉讼程序与民事诉讼程序的关系问题上，有三种不同做法：一是不制定行政诉讼法，法院审理行政案件完全适用民事诉讼程序的规定，英、美两国即是如此；二是法院审理行政案件只适用行政诉讼法的规定，而与民事诉讼程序无关，法国即是如此；三是法院审理行政案件首先适用行政诉讼法的规定，行政诉讼法中无规定的，参照适用民事诉讼程序的有关规定，我国即是如此。最高人民法院在《关于贯彻执行〈中华人民共和国行政诉讼法〉若干问题的意见（试行）》中规定："人民法院审理行政案件，除依照行政诉讼法的规定外，对本规定没有规定的，可以参照民事诉讼的有关规定。"（第114条）由于行政诉讼法的主要内容是规定进行行政诉讼法的活动的方法、步骤等程序性问题，因此，行政诉讼程序一般被作为行政诉讼法的代称使用。但严格说来，两者不能等同，行政诉讼程序只是行政诉讼法的内容之一。

行政诉讼程序，通常包括行政诉讼审判程序和行政诉讼执行程序两大部分。根据我国《行政诉讼法》的规定，行政诉讼审判程序，有第一审程序、第二审程序和审判监督程序之分。应当指出的是，我国行政诉讼法第十章所规定的"涉外行政诉讼"不是一种独立的审判程序，而是针对涉外行政诉讼的特点所作的某些特殊规定。行政诉讼审判程序与行政诉讼执行程序既有区别，又有联系。其区别是：前者为解决争议，确认当事人之间权利义务关系的程序；后者为强制实现当事人之间权利义务关系的程序。其联系为：前者是后者发生的前提和基础，后者是前者的保障和继续。

（谭 兵）

行政诉讼当事人的权利和义务（rights and duties of both parties of administrative litigation） 行政诉讼原告、被告和第三人（见行政诉讼第三人）在行政诉讼法律关系中依法享有的诉讼权利和应承担的诉讼义务。根据《行政诉讼法》的规定，原告在行政诉讼法律关系中主要享有下述诉讼权利：①起诉权。原告有权提起行政诉讼，发生行政诉讼法律关系。当然，行政诉讼法律关系的实际发生还须取决于人民法院对起诉的受理，但没有原告的起诉，则行政诉讼法律关系不能发生。②委托诉讼代理人权。在行政诉讼中，原告有权委托律师、近亲属、社会团体或所在单位推荐的人，以及经人民法院许可的其他公民为诉讼代理人，代理其参加诉讼和实施有关诉讼行为。③提供证据和申请保全证据权。原告在起诉时和诉讼过程中，均有权向人民法院提供证据，以支持自己的诉讼请求。在认为某种证据有可能丧失或难以取得的情况下，有权申请人民法院采取保全措施以保全证据。④申请回避权。在行政诉讼中，原告如认为审判人员或书记员、翻译人员、鉴定人、勘验人与本案有利害关系，可能影响公正审判，有权申请相应人员回避。⑤辩论权。在行政诉讼中，原告在人民法院的主持下，有权与对方当事人进行辩论；通过对有关事实进行阐述，出示有关证据和对对方提出的事实、证据进行辩驳，论证自己的诉讼请求与根据，反驳对方为其所作具体行政行为进行的论证或辩解。⑥补充、变更诉讼请求权。原告在人民法院宣告判决或裁定前，有权申请增加诉讼请求，如原提出撤销具体行政行为请求，后补充要求赔偿。⑦申请查阅笔录权。原告在开庭审理后，有权申请查阅庭审笔录，如发现错误或遗漏，有权申请补正。⑧撤诉权。原告在人民法院宣告判决和裁定前，有权主动申请撤诉，或者在被告改变具体行政行为后同意其改变而撤诉。⑨申请保全财产和申请先予执行权。原告在行政诉讼过程中如认为可能因被告的行为或其他原因使其后的判决不能执行或难以执行时，有权向人民法院申请财产保全。原告在控告行政机关没有依法发给其抚恤金的案件中，有权在法院判决尚未作出前，申请人民法院裁定行政机关先予执行。⑩上诉权。原告对人民法院作出的第一审判决或裁定不服，有权依法向上一级人民法院提起上诉，请求再次进行审理，依法作出二审判决。⑪申请强制执行权。人民法院作出发生法律效力的判决或裁定后，如被告拒绝履行，原告有权申请人民法院依法强制执行。在行政诉讼法律关系中，原告的主要义务是依法行使诉权，遵守诉讼规则，服从法院指挥，自觉履行人民法院作出的发生法律效力的判决、裁定。

在行政诉讼法律关系中，被告享有与原告基本相同的诉讼权利，这些权利主要包括：委托诉讼代理人权，提供证据和申请保全证据权，申请回避权，辩论权，申请查阅、补正庭审笔录权，申请保全财产权，上诉权，申请强制执行权等。但原告享有的起诉权，补充或变更诉讼请求权，撤诉权，申请先予执行权等是原告特有的，被告不可能享有。被告也享有某些原告不享有而为被告特有的权利。这主要有两项：①在诉讼过程中变更原具体行政行为权。被告在人民法院宣告判决前（限于第一审程序），有权改变原作出的具体行政行为。此种改变原告如同意，可申请撤诉，但撤诉须获得法院准许。②强制执行法院判决裁定权。被告对于原告拒绝履行人民法院已经发生法律效力的判决裁定，不仅可以申请人民法院强制执行，而且自己有权依法强制执行。被告在行政诉讼法律关系中，也具有与原告基本相同的义务，但也有某些特有义务，如应诉的义务；提供作出具体行政行为的证据和所依据的规范性文件的义务；根据法院裁定，在行政诉讼过程中，停止被诉具体行政行为执行的义务；以及在相对人起诉要求发给其抚恤金的案件中根据法院裁定，先行给付的义务等。

在行政诉讼法律关系中，第三人具有当事人的地位，从而享有与当事人基本相同的权利义务。其中对于第三人较为重要的权利是：在诉讼过程中，有权提出与本案有关的诉讼请求，对人民法院的一审判决不服，有权提出上诉等。

(姜明安)

xingzheng susong de bianlun yuanze
行政诉讼的辩论原则(the principle of debating in administrative litigation) 行政诉讼法的基本原则之一。双方当事人就具体行政行为(见可诉性行政行为)是否合法问题，相互辩驳和论证。辩论贯穿于行政诉讼的全过程，双方当事人以此证明自己的主张成立，人民法院以此查明具体行政行为是否合法。辩论的中心是：作为当事人一方的公民、法人或其他组织，主要是就自己的行为、事实和某种请求不应受到某种处罚、制裁和处理进行辩论；其次是就作出具体行政行为的程序是否合法进行辩论。作为当事人一方的行政机关，主要是就对方的行为、事实应作出某种具体行政行为进行辩论；其次是就是否侵犯了对方的合法权益的辩论。双方当事人的辩争，集中到一点是具体行政行为合法与违法之争。辩论原则是一项特定化的民主原则，通过口头和书面两种方式的辩论，作为当事人一方的公民、法人或其他组织，不仅可以充分证明自己的主张，维护自己的合法权益，而且可以指出行政机关具体行政行为的违法性。作为当事人一方的行政机关，不仅通过辩论以维护其合法的具体行政行为，而且可体现行政管理的民主性，促进行政管理的法制化。因此，行政诉讼中的辩论原则，是在行政领域里发扬社会主义民主的一项重要的诉讼原则。

行政诉讼中辩论的特点是：首先，以现存的具体行政行为为对象，即辩论的对象的特定性。现存的具体行政行为，是指已经生效和付诸执行的具体行政行为。如果经过复议而变更、撤销了的原具体行政行为，就不宜对其再进行辩论，并不能对未生效的具体行政行为进行辩论。其次，在诉讼过程中，如行政机关对其具体行政行为作出了变更，双方当事人则只能就变更后的具体行政行为进行辩论，即辩论内容的可变性。这是因为行政机关可变更其具体行政行为，具体行政行为变更，辩论的内容亦随之而发生变化。第三，辩论的实质问题是具体行政行为是否违法和侵权，即辩论的有限性。对违法而又侵权的具体行政行为开展辩论，对公民、法人或其他组织的请求才具有赔偿意义，如果具体行政行为不违法，或虽有违法而不存在侵权问题，那是维持或撤销具体行政行为的问题，而不涉及行政赔偿责任的辩论问题。

(刘家兴)

xingzheng susong de caichan baoquan
行政诉讼的财产保全(saving of property in administrative litigation) 行政诉讼开始前或者原告起诉后，法院尚未作出判决之前，为了保证将来判决的实际执行，而由法院对当事人的财产或者案件中争议的标的物所采取的一种强制性的保护措施。财产保全的目的，在于限制当事人对财产或者案件争议标的物的处分，并防止由于自然原因而使其遭到灭失或毁损，以保证将来判决内容的实现。因此，财产保全对于维护当事人的合法权益，维护法院的审判权威具有重要作用。财产保全以其是在起诉前还是在起诉后实施为标准，分为诉前财产保全和诉讼中财产保全两种。我国《行政诉讼法》未对财产保全作出规定，参照《民事诉讼法》的有关规定和最高人民法院《关于贯彻执行〈中华人民共和国行政诉讼法〉若干问题的意见(试行)》的规定，行政诉讼中的财产保全应当遵守以下要求：①关于财产保全的适用范围。它适用于可能因当事人一方的行为或者其他原因，使判决不能执行或者难以执行的案件。②关于财产保全的开始和实施。财产保全的裁定一般根据当事人的申请作出，只有在必要时法院才依职权主动作出。法院接受当事人的申请后，对情况紧急的，必须在48小时内作出裁定；裁定采取财产保全措施的，应当立即开始执行。③关于财产保全的担保。人民法院采取财产保全措施，可以责令申请人提供担保；申请人不提供担保的，驳回申请。被申请财产保全的人提供担保的，人民法院应当解除财产保全。④关于财产保全的范围。财产保全限于诉讼请求所涉及的范围，或者与本案有关的财物。⑤关于财产保全的措施。财产保全采取查封、扣押、冻结或者法律规定的其他方法。⑥关于不服财产保全裁定的复议。当事人对财产保全裁定不服的，可以申请复议一次；复议期间不停止裁定的执行。⑦关于财产保全错误的补救。申请财产保全有错误的，申请人应当赔偿被申请人因财产保全所遭受的损失。⑧其他规定。在诉讼过程中，行政机关申请人民法院强制执行被诉具体行政行为的，人民法院不予执行。

(谭兵)

行政诉讼的先予执行(enforcement previous to the making of judgment)

人民法院在对某些行政案件作出判决之前,责令被告预先履行一定义务的一种制度。它也称先行给付。先予执行的实质,是让被告在法院尚未作出判决之前提前履行义务,其目的在于满足原告生活或者生产经营方面的急需。先予执行的适用,通常有案件范围的限制。适用先予执行的条件一般是:①当事人之间的权利义务关系明确;②不先予执行将会严重影响申请人的生活或者生产经营;③被申请人有履行能力。我国《行政诉讼法》未对先予执行制度作出规定,根据最高人民法院《关于贯彻执行〈中华人民共和国行政诉讼法〉若干问题的意见(试行)》的规定,行政诉讼中的先予执行,应当遵守以下要求:①先予执行只在控告行政机关没有依法发给抚恤金的案件中适用;②先予执行只根据当事人的申请适用;③法院适用先予执行时必须作出书面裁定;④当事人对先予执行裁定不服的,可以申请复议一次,复议期间不停止裁定的执行。

(谭 兵)

行政诉讼的公开审判制度(public trial system in administrative litigation)

行政诉讼法的基本制度之一。人民法院对行政案件依法予以公开审判的制度。这一制度是基于诉讼的民主原则建立的,是现代社会诉讼的一项共同制度,只不过在不同诉讼中有其不尽相同的内容和作用而已。行政诉讼中的公开审判制度,是依法予以公开的审判制度,公开制度涉及公开的含义、公开的范围和公开的程序。所谓公开是指对社会公开,即人民法院审理行政案件,允许群众旁听,允许新闻报道。人民法院审理行政案件,原则上都应公开,但涉及国家秘密、个人隐私和法律另有规定的除外,这是法定的公开范围。这里说的"法律另有规定",主要是指行政法律、法规中的规定,其次是行政诉讼法关于实行书面审理的规定。公开审理应以开庭审理为依托,书面审理是不开庭的审理,审理自然是不予公开的。公开的程序,一是公告程序,二是宣告程序。在法庭开庭审理之前,对公开审理的行政案件,依法进行公告,周知开庭审理的案件以及开庭的时间、地点。在判决制作后,不论对案件的审理是否是公开进行的,均应一律公开宣告。在行政诉讼中,贯彻公开审判制度,有其特殊意义,它不仅体现诉讼的民主性,有利于对社会进行行政法制方面的宣传教育,而且有助于人民法院对行政案件的审判,促进行政机关依法行政。

(刘家兴)

行政诉讼的管辖制度(jurisdictional system in administrative litigation)

行政诉讼法的基本制度之一。确定行政诉讼管辖权的划分和管辖种类的制度。确定管辖权的划分,一是确定不同级别法院对不同行政诉讼的管辖权限,二是确定同一级别的不同法院对不同行政诉讼的管辖权限。确定管辖的种类,是将不同的行政诉讼区分为不同的类别。管辖权限的划分决定于诉讼的性质和影响,管辖种类的区分决定于诉讼的种类和特点。管辖权限划分的合理性和管辖种类与诉讼的适应性,构成管辖制度的完整性。根据我国《行政诉讼法》的规定,各级人民法院对不同种类的不同行政诉讼具有管辖权,对此称为级别管辖(第13条至第16条);不同种类诉讼的管辖有地域管辖(第17条、第18条)、专属管辖(第19条)、选择管辖(第20条)、指定管辖(第22条)、案件的移送和移送管辖(第21条、第23条)。案件的移送是无管辖权的法院将案件移送给有管辖权的法院。移送管辖是原对案件有管辖权的法院基于一定的事由,将案件移送给原无管辖权的法院,而使其对案件有管辖权,即管辖权随案件的移送成立而转移的具体管辖制度。不同种类的管辖有其不同的含义、内容和作用,因而都是不同的具体管辖制度。

根据行政诉讼是对具体行政行为(见可诉性行政行为)是否合法之争的特点,其诉讼管辖必须以行为地为基点,因此地域管辖,特别是一般地域管辖就成为管辖制度的主要内容,究其原因,第一,行政行为所在地与诉讼的争议存在密切关系,即行政行为是行政机关在其辖区内的作为或不作为,不仅行为的发生地是行政机关的所在地,行为的结果地也是行政机关所在地,这就决定了应适用被告所在地的一般地域管辖。第二,当事人的举证责任与诉讼争议存在密切关系,即由具体行政行为发生的行政法律关系是否合法,由行政机关举证;而行为是否侵权由相对方当事人举证,二者证明的事实都存在于同一地区,因此应确定以当地的法院管辖,便于解决争议。第三,法院适用法律与行为地适用的规范有一定联系,即法院解决争议应考虑当地实施的法定规范,因为除行政法律、国务院的行政法规外,还有一些符合法律、法规规定的地方性法律规范,确认被诉具体行政行为是否合法时应予考虑。基于司法管辖与行政管辖区域一致的体制,行政诉讼应由当地法院管辖为宜。

(刘家兴)

行政诉讼的合并审理(amalgamation of cognizance in administrative litigation)

法院审理

行政案件的一种方式,分开审理的对称,也叫诉的合并。指法院将彼此有关联的几起行政案件合并到一个诉讼程序中进行审理并作出裁判。合并审理的目的在于简化诉讼程序,提高审判工作效率,防止对数个有关联的案件作出互相矛盾的裁判。由于合并审理实际上是把几个诉合并在一起审理,因此它在诉讼理论上又称为诉的合并。

诉的合并因其发生的根据不同,分为诉的主体合并和诉的客体合并两种。诉的主体合并是指诉讼当事人的合并,也即在一个案件中有三个以上的当事人。它是相对于一个原告对一个被告的单一之诉而说的。只要一个案件中有三个以上的当事人,就是诉的主体合并。在审判实践中发生诉的主体合并主要有以下三种情况:①必要共同诉讼引起的诉的主体合并。当事人一方或者双方各为二人以上,因同一具体行政行为而发生的行政诉讼,即为必要的共同诉讼。必要的共同诉讼是一种不可分之诉,法院必须合并审理并一同作出判决。②普通共同诉讼引起的诉的主体合并。当事人一方或者双方各为二人以上,因同样具体行政行为而发生的行政诉讼,法院决定合并审理时即为普通共同诉讼。这种案件是一种可分之诉,法院既可以合并审理,也可以分开审理。③第三人参加诉讼引起的诉的主体合并。第三人参加诉讼后使案件的当事人至少有三人以上,因而属于诉的主体合并。诉的客体合并是指诉讼请求的合并,也即在一个案件中存在着两个以上的诉讼请求。只要一个案件中有两个以上的诉讼请求要一起审理解决,就是诉的客体合并。在审判实践中发生诉的客体合并主要有以下两种情况:①因原告起诉时提出两个以上的诉讼请求而引起的诉的客体合并;②因原告在审理过程中增加诉讼请求而引起的诉的客体合并。

在审判实践中,除必须合并审理的案件外,其他的案件是否合并审理,主要取决于以下几个因素:①几起诉讼是否属于同一法院管辖;②几起诉讼可否适用同一种诉讼程序审理;③当事人是否同意合并审理;④合并审理可否达到简化程序,节省时间和费用,提高办案效率的目的。诉的合并应当在第一审程序中进行。同时,诉的合并仅是程序上的合并审理,基于每起诉讼的独立性,法院应当在分别对其审查的基础上才能一同作出裁判。行政诉讼的合并审理在审判实践中较为复杂,最高人民法院在《关于贯彻执行〈中华人民共和国行政诉讼法〉若干问题的意见(试行)》中,对以下几种情况是否合并审理作了规定:①当事人的一个行为同时违反两个或者两个以上法律、法规,如果不同的主管行政机关分别依据不同的法律、法规给予行政处罚,受处罚人均不服,向人民法院起诉的,人民法院可以合并审理。②行政机关就同一事实,对若干人分别作出行政处理决定,被处理的人不服,分别起诉到人民法院的,人民法院可以根据情况合并审理,也可以分案审理。③在诉讼过程中,被告又发现原告有新的违法行为,并对其进行了处理,如果原告不服新的处理决定,向人民法院提起诉讼的,人民法院可以另案处理,也可以合并审理。

(谭 兵)

xingzheng susong de heyi zhidu
行政诉讼的合议制度(collegiate system in administrative litigation) 行政诉讼法的基本制度之一。依法由审判员或由审判员和陪审员组成的审判集体,对案件进行审理,并通过审理作出裁判的制度。合议制是基于人民法院对行政案件行使审判权而确定的组织制度。其内容包括合议庭的组成、合议庭成员之间的相互关系、合议庭与本法院审判委员会的关系。其功能是代表人民法院依法审判行政案件,实现行政诉讼法的任务。

由3人以上单数的审判员组成合议庭,或由3人以上单数的审判员和陪审员组成合议庭,是行政诉讼审判组织的惟一形式。至于在第二审程序和再审程序中,合议庭是否只能由审判员组成,行政诉讼法未作明文规定,但按照最高人民法院关于贯彻执行《中华人民共和国行政诉讼法》若干问题的意见(第114条),参照关于贯彻执行《民事诉讼法》的有关规定之意见,可以认为行政诉讼第二审程序和再审程序中的审判组织只能由审判员组成合议庭。合议庭由审判长主持,成员之间有同等的权利义务,共同对案件的审判负责。合议庭与本法院审判委员会的关系,基于人民法院独立审判的原则,二者之间主要是监督与接受监督的关系。

(刘家兴)

xingzheng susong de huibi zhidu
行政诉讼的回避制度(challenge system in administrative litigation) 行政诉讼法基本制度之一。行政案件的审判人员及法律规定的其他人员,根据法定的事实和理由,退出和避开对案件的审理的制度。回避制度是基于法院审判案件客观公正的原则而建立的一项基本制度,也是保证案件得以公正审判的基本制度。其内容包括回避的事实和理由、回避的对象、回避的种类、回避的程序。回避的事实和理由有二,一是与本案有利害关系,二是有其他关系可能影响公正审判。所谓有利害关系是指有法律上的利害关系,根据自己不能给自己当法官的道理,当然应当回避。所谓其他关系是一个十分广泛的概念,可以说除法律上的关系外,包括一切事实上的社会关系,正因为如此,所以加了可能影响公正审判的条件,只要有可能影响公正审判的就应当回避，也只有存在有影响的才应当回避。回避的对象主要是审判人员，即审判员和陪审员，其次是法律规定的其他人员，即书记员、翻译人员、鉴定人、勘验人。

回避分自行回避与申请回避两种。前者是具有回避事由的人员向有权决定回避者提出请求回避，后者是当事人行政诉讼权利，申请有关人员回避。回避的程序，主要是申请回避的程序，即回避申请应于开庭时提出，回避事实得知在后的，也可以在法庭辩论终结前提出。申请的方式，可以是书面的，也可以是口头的，但无论以何种方式提出，均须说明申请回避的事实和理由。申请回避是当事人的一项重要诉讼权利，也是法定的一项重要程序，因此法律规定，对不同人的回避问题规定了不同层次的决定权。院长担任审判长的回避，由审判委员会决定，审判人员的回避，由院长决定；其他人员的回避，由审判长决定。对回避申请，通过审查，可能决定回避，也可能决定不回避。对不予回避的决定，当事人不服的，法律还赋予申请复议的权利，即当事人可以申请复议。对申请回避的审查和决定，以及设立复议的申请，其目的均在于保证回避制度的认真贯彻执行。　　　　　　　　　　　　（刘家兴）

xingzheng susong de jiancha jiandu yuanze
行政诉讼的检察监督原则（the principle of procuratorial supervision in administrative litigation）　行政诉讼法的基本原则之一。即人民检察院对行政诉讼实行法律监督的原则。这一原则是基于两个因素所确定的，一是行政诉讼中可能存在违法的情况。需要实行法律监督，一是检察机关是国家的法律监督机关，有权对任何诉讼实行法律监督。所谓检察监督，其含义有二，一是法律监督，二是依法监督。所谓法律监督，在这里是指对违法活动的监督，即对不按法定实体规则和法定程序从事审判活动和诉讼活动进行干预。所谓依法监督，在这里是指依照法定程序进行监督，即依照法定程序行使监督权，既不是超越程序的预防性监督，也不是脱离程序法进行监督。行政诉讼中的检察监督，按法律规定是对诉讼进行监督，因此它贯穿于诉讼的全过程，而成为一项基本原则。当然，有权实行监督并不是对行政诉讼都要监督，而是检察机关视案件情况行使监督权。

行政诉讼中的检察监督不同于其他诉讼中的检察监督，它有自己的侧重点，主要是对行政机关在诉讼活动中的监督。因为，第一，行政诉讼是对具体行政行为（见可诉性行政行为）发生争议的诉讼，具体行政行为是否合法，自然应由法院作出裁判，但作为当事人的行政机关是否接受依法对具体行政行为的司法审查，行政机关的工作人员在具体行政行为中是否有违法的事实，法院对具体行政行为是否进行了公正审判，这些正是监督的重点。第二，具体行政行为是行政机关的单方行为，双方的地位是不平等的，但在诉讼中双方的法律地位又是平等的，在解决对具体行政行为的争议时，作为当事人一方的行政机关是否尊重对方当事人的平等地位，这是监督其诉讼活动的一个重要内容。第三，在诉讼过程中，行政机关可以撤销、变更其具体行政行为，人民法院也可以撤销、部分撤销，以致变更某种行政处理行为，其中是否存在违法的行为，也是检察监督的重要内容。

在行政诉讼中贯彻检察监督原则，第一是要将检察监督适当引入诉讼机制，成为行政诉讼机制的有机组成部分。第二是要建立与审判和诉讼活动相协调的、必要的、可操作的程序。第三是要统一认识，了解检察监督对行政机关依法行政和对法院依法审判的重要意义和作用。第四是要在实践中主动协调和密切配合，保证对行政案件的审判质量。　　　　（刘家兴）

xingzheng susong de liangshen zhongshen zhidu
行政诉讼的两审终审制度（the system of two instances the first and the final in administrative litigation）　行政诉讼法的基本制度之一。行政诉讼通过两个审级法定程序的审理，即告终结的审判制度。这一制度是由国家的审级制度决定的。其内容是诉讼可以进行到两个审级，也只能到两个审级，即诉讼在第一个审级完成后，当事人有权依法提起上诉，使诉讼继续进行，并通过第二个审级予以最终完成。两审终审制的意义，一是保障当事人对一审裁判不服的上诉权，二是发挥二审法院对一审法院的审判监督权，二者集中到一点是保证对行政案件的审判质量。两审终审制是法律上设定的审级制度，至于具体到个案的诉讼是否到第二个审级，主要取决于当事人的意愿，只是在特定情况下，即诉讼未经过二审，在上级法院实行审判监督提审的情况下，诉讼才能进入第二个审级。

行政诉讼两个审级审理的对象和方式不尽相同。两个审级的审理，其审查的对象虽然都是行政机关的具体行政行为（见可诉性行政行为），但一审时具体行政行为是可变的，在二审时具体行政行为是不变的。一审的审理是开庭审理，原则上还是公开审理，而二审的审理，可以依法进行书面审理，当事人之间的诉讼活动在书面审理时亦可以书面方式进行。　（刘家兴）

xingzheng susong de quexi panjue
行政诉讼的缺席判决（judgment by default）对席判决的对称，法院作出判决的一种方式。所谓对席判决，是指法院在双方当事人都到庭陈述和辩论的情况下作出判决。所谓缺席判决，是指法院在只有一方当事人到庭（通常指原告）陈述和辩论的情况下作出判决。缺席判决是法律为不正当诉讼行为所设定的一种法律后果，也是法院对付那些藐视法庭，无故不到庭，企图阻止法庭判决的当事人的一种法律措施。它对于保证人民法院及时有效地行使审判权，维护正常的诉讼秩序和维护当事人的合法权益具有重要意义。因此，缺席判决为世界各国的诉讼立法所普遍采用。行政诉讼中的缺席判决与民事诉讼中的缺席判决相比，有两点不同：一是适用范围较窄。在民事诉讼中，原告经传票传唤，无正当理由拒不到庭，或者未经法庭许可中途退庭，被告反诉的，可以对原告适用缺席判决。而在行政诉讼中，由于被告不能对原告提起反诉，因而不存在被告反诉时对原告适用缺席判决的情况。二是行政诉讼中的缺席判决是法院制裁不到庭的被告的惟一措施。因为在民事诉讼中，法院对应到庭而不到庭的被告可以缺席判决，对必须到庭而拒不到庭的被告还可以拘传。在行政诉讼中，对不到庭的被告不能拘传，只能缺席判决。

根据《行政诉讼法》第48条的规定，对被告适用缺席判决，必须符合下列条件：①被告必须经过法院两次合法传唤。所谓合法传唤，是指人民法院采用书面方式正式传唤，即由法警或者书记员向被告送达传票，并有送达回证。而且，这种合法传唤必须在两次以上。②被告无正当理由拒不到庭。只有同时具备上述两个条件，才能对行政诉讼被告适用缺席判决。此外，根据最高人民法院《关于贯彻执行〈中华人民共和国行政诉讼法〉若干问题的意见（试行）》第60条规定，人民法院裁定不准许原告撤诉的案件，如果原告拒不到庭的，可以比照《行政诉讼法》第48条的规定缺席判决。应当注意的是，作出缺席判决必须严格遵守适用的法定条件，不得随意扩大适用范围。同时，缺席判决只能在案件事实已经全部查清的情况下才能适用。缺席判决与对席判决产生同样的法律效力，当事人对缺席判决不服的也可以上诉。　　　　　　　　　　　（谭　兵）

xingzheng susong de shouli
行政诉讼的受理（acceptance）　法院接受行政诉讼原告的起诉，决定立案审理的诉讼行为。它以原告的起诉为前提，对于行政诉讼程序的开始具有决定性的意义。根据《行政诉讼法》规定，法院在决定是否受理案件前，必须先对原告的起诉进行审查。审查起诉的内容主要包括：①原告的起诉是否符合《行政诉讼法》第二章关于受案范围的规定；②原告的起诉是否符合《行政诉讼法》第41条关于起诉条件的规定；③原告的起诉是否依法应当并已经经过行政复议；④原告的起诉是否符合《行政诉讼法》第38条第2款和第39条关于起诉期限的规定；⑤原告的起诉是否符合《行政诉讼法》第三章关于案件管辖的规定；⑥原告的起诉是否属于重复起诉。法院对原告起诉审查后，应分别不同情况处理：如果认为符合起诉条件，且起诉手续完备的，应当在7日内立案；如果认为符合起诉条件，但起诉手续尚有欠缺的，应当让原告及时补正后再立案；如果认为不符合起诉条件的，应当在7日内作出裁定不予受理。原告如果对法院不予受理的裁定不服的，可以在收到裁定书之日起10日内提出上诉。原告的起诉一旦被法院受理，即产生如下法律后果：①受诉法院依法取得了对本案的审判权，并排斥其他法院对本案的管辖；②原告和被告取得了本案当事人的资格，并相应地享有法律规定的诉讼权利和承担法律规定的诉讼义务；③禁止原告重复起诉，即原告不得就同一诉讼标的以同一诉讼理由再行起诉；④诉讼时效中断；⑤第一审的审结期限开始计算，即法院应当在立案之日起3个月内作出第一审行政判决，有特殊情况需要延长的，必须报经上级法院批准。　　　　　　　（谭　兵）

xingzheng susong de susong canjiaren zhidu
行政诉讼的诉讼参加人制度（the system of participant in administrative litigation）　行政诉讼的基本制度之一。确定行政诉讼当事人及其诉讼代理人资格和诉讼地位的制度。诉讼参加人制度是当事人制度和代理制度的总称。当事人制度是以诉权为基础的诉讼主体制度，代理人制度是以代理权为基础的当事人制度的辅助性制度。当事人制度包括当事人的资格、称谓、形式、诉讼权利义务、当事人的变更、追加，以及诉讼权利的承担等内容。当事人的资格是指当事人必须具有诉讼权利能力，否则不能作为当事人。当事人的称谓是指当事人的法律名称，即当事人在不同程序中有不同的称谓，在一审程序中称原告、被告，在二审程序中称上诉人、被上诉人，在执行程序中称申请执行人、被申请执行人。当事人的形式有单一的原告、被告，有必要的共同诉讼人、普通共同诉讼人（见行政诉讼共同诉讼人），有参加原告或被告一方进行诉讼的第三人（见行政诉讼第三人）。行政诉讼当事人的变更是指行政机关作为当事人的变更，因为相对方的当事人是具体行政行为（见可诉性行政行为）针对的特定公民、法人或其他组织，在诉讼上不发生变更的问题。当事人的追加可能发生在一方，也可能发生在双方，但只存在于必要共同诉讼中。诉讼权利的承担人，既有公民的亲属、法人或其他组织的权利承受人，也有继续行使原行政机关职权的行政机关。行政诉讼当事人制度的特点，一是当事人一方始终是行使行政职权的行政机关，而且在一审中是处于被告地位；二是在对行政法律关系的争议中，不存在第三人对此有独立请求权，三是作为当事人的行政机关在诉讼中不能对实体权利任意作出处分。

行政诉讼中的代理制度，包括法定代理和委任代理两项具体的代理制度，这与其他诉讼上的代理制度基本相同，所不同的是，作为行政机关当事人的代理人，在诉讼中不得自行向对方当事人和证人收集证据。

（刘家兴）

xingzheng susong de susong feiyong
行政诉讼的诉讼费用（legal fare in administrative litigation） 当事人进行行政诉讼依法应当交纳和交付的费用。我国《行政诉讼法》第 74 条规定："人民法院审理行政案件，应当收取诉讼费用，诉讼费用由败诉方承担，双方都有责任的由双方分担。收取诉讼费用的具体办法另行规定。"这是《行政诉讼法》所确立的收取行政诉讼费用的法律依据。最高人民法院于 1989 年在其制定的《人民法院诉讼收费办法》中，明确地作出了如何收费的规定，这一规定，属于最高人民法院作出的司法解释，各地各级人民法院均应遵照执行。我国行政诉讼费用的收取标准低、范围窄。人民法院在审理行政案件时，以便民为原则，尽量节省当事人的诉讼开支，对那些缴纳诉讼费用确实困难者，实行缓交、减交和免交，以保障其行使诉讼权利。很显然，我国的诉讼收费制度与一些资本主义国家的诉讼收费制度有着本质区别。

行政诉讼收取一定的诉讼费用，绝不仅仅是个经济问题，它有如下几点意义：①收取诉讼费用可以减少国家不必要的开支，减轻人民的不合理负担；②收取诉讼费用强化了违法行为和滥诉行为的法律后果，有利于增强当事人的法律意识，促进行政机关依法行政，避免毫无原则的滥诉现象；③收取诉讼费用有利于保障当事人依法行使诉讼权利，履行诉讼义务，对违法者具有一定的惩戒意义；④收取诉讼费用，可以在一定程度上减轻人民法院的案件负担，从而加强审判人员责任心，减少不正当费用的耗损；⑤收取诉讼费用有利于在国际交往中实现对等原则，维护国家主权和经济利益。

人民法院受理的行政案件，根据争议内容大体可划分为财产案件和非财产案件。财产案件是指被诉行政行为因涉及当事人财产权益而发生争议的案件。非财产案件，则是指被诉行政行为不涉及直接财产内容而发生争议的案件。非财产案件中较为典型的是涉及人身权而发生争议的案件。最高人民法院的规定中指出，在行政诉讼中，被诉具体行政行为有争议价额或金额的，当事人即应按财产案件收费标准预交诉讼费。诉讼费用的收取可分为两种，即案件受理费与实际支出费。案件受理费，是人民法院决定受理案件后，原告按照有关规定向人民法院预交的费用。实际支出费，是人民法院在诉讼活动中在合理范围内实际支出的费用，主要包括：勘验、鉴定、公告、翻译费；证人、鉴定人、翻译人员在人民法院决定日期出庭的交通费、住宿费、生活费及误工补贴费；复制庭审记录及法律文书的费用；采取诉讼保全措施的申请费和实际支出费；执行判决、裁定或调解协议中实际支出的费用；人民法院认为应由当事人负担的其他诉讼费用。人民法院收取实际支出费用时，要从节省当事人开支和保障当事人诉讼权利出发，从严掌握，禁止任意扩大收费范围，提高收费标准。根据有关规定，申请人向有管辖权的人民法院申请强制执行行政机关依据行政法律、法规作出的发生法律效力的行政决定，人民法院可以收取一定数额的费用用以必要的实际支出。

根据最高人民法院的规定，案件受理费的收费标准如下：①非财产案件受理费按件计收。即治安行政案件每件收 5 元至 30 元；专利行政案件每件收 50 元至 400 元；其他行政案件收 30 元至 100 元。②财产案件受理费，按争议财产的价额或者金额收费，争议财产的价额或者金额在 1000 元以上的，依超额递减费率计收。即超过 1000 元至 5 万元的，其超过部分按 4% 收费；超过 5 万元至 10 万元的，其超过部分按 3% 收费；超过 10 万元至 20 万元的，其超过部分按 2% 收费；超过 20 万元至 50 万元的，其超过部分按 1.5% 收费；超过 50 万元至 100 万元的，其超过部分按 1% 收费；超过 100 万元的，其超过部分均按 0.5% 收费。应当注意的是，所谓争议价额或金额只是指当事人所争执的部分，如某行政机关对某当事人罚款 1 万元，该当事人认为应受罚 5000 元，行政机关多罚了 5000 元。那么，争议金额即应为 5000 元，而不是 1 万元。

根据最高人民法院的规定，在实际支出费的收费方面，无论是一审还是二审，均应按规定的范围，以实际支出数额来收费，并且要注意严格掌握。在这一部分中的申请诉讼保全措施的收费，保全财产的金额或价额不满 1000 元的，每件收 30 元；超过 1000 元至 10 万元的部分，按 1% 收费；超过 10 万元的部分，按 0.5% 收费。

根据最高人民法院的规定，行政案件不应收取执行费，只能按规定收取人民法院用于实际支出的必要费用。但公证机关依法赋予强制执行效力的债权文书在申请执行时，行政机关申请执行其处理、处罚决定时，应收取申请执行费和执行中实际支出的费用。

诉讼费用原则上由败诉方负担。双方均有责任的由双方分担。其中，共同诉讼当事人败诉，由人民法院根据他们的人数及责任按比例来分担。第三人败诉时，亦应根据共同诉讼当事人的负担原则按比例分担。除此之外，依法可由人民法院调解的案件，诉讼费用可协商负担。执行案件的费用,原则上应由被执行人负担。上诉案件的诉讼费用负担,原则上应遵循一审原则执行。

(王振清)

xingzheng susong de tingshen zhidu
行政诉讼的庭审制度(court hearing system of administrative litigation) 行政诉讼的基本制度之一。确定行政诉讼法庭审理的形式和程序的制度。根据我国《行政诉讼法》的规定,法庭审理的形式,在一审是开庭审理,而且原则上公开进行,在二审,除法律规定可用书面审理的形式外,亦应比照一审的审理形式,采取开庭、公开审理。对于法庭审理的程序,行政诉讼法未作系统全面的规定,其原因是可以参照我国其他诉讼法,特别是《民事诉讼法》规定的程序进行,但就行政诉讼庭审的某些内容作了特别规定。例如,在开庭前的准备阶段,对诉讼文书的提交和送达期间规定较短,以利对行政案件的及时审理;对法庭的组成形式规定了必须采取合议制,以合议庭审理行政案件,排除独任制的形式,不简化法庭审理的程序,保证案件按程序的顺序进行;基于在行政诉讼中法庭审理结果不是确认双方当事人之间的权利义务关系,以及作为当事人一方的行政机关对行政实体权利无任意处分权的特点,规定人民法院审理行政案件,不适用调解,以排除法庭审理的调解程序;对行政诉讼的上诉案件,规定法院认为事实清楚的,可以实行书面审理,简化了二审法庭审理的程序。

行政诉讼庭审制度的特殊意义在于:贯彻双方当事人在诉讼上法律地位平等的原则,将行政法律关系中地位不平等的双方,使其在法庭上处于平等的地位,平等地依法行使诉讼权利和履行诉讼义务;有利于发扬社会主义民主,作为当事人一方的公民、法人或其他组织,能面对行使行政职权的行政机关,就具体行政行为是否合法和侵权,开展法庭辩论;有助于行政机关依法行政,行政机关的具体行政行为通过法庭调查和辩论的检验,不论是得以维持,还是被撤销,都可以从个案中总结执法的经验,从而提高工作人员的执法水平,增强依法行政的自觉性和责任感。

(刘家兴)

xingzheng susong de zhengju zhidu
行政诉讼的证据制度(evidence system of administrative litigation) 行政诉讼的基本制度之一。确定行政诉讼证据形式、举证责任、收集调取证据和证据保全的制度。行政诉讼证据制度,是基于解决具体行政行为(见可诉性行政行为)是否合法的争议而设立的。其功能在于揭示案件的客观真实情况,实现行政诉讼法所确定的任务。其特点有三:第一,证明形式的独特性。在证据种类中,有书证,物证,视听资料,证人证言,当事人的陈述,鉴定结论,勘验笔录、现场笔录等证明形式外,还有行政机关作出具体行政行为的依据,即有关的规范性文件。规范性文件不是事实,不同于其他反映客观事实的证据,但它是行政机关作出具体行政行为的依据,在审查具体行政行为是否合法时,则成为行为的根据。在行政诉讼中,因法院是在审查具体行政行为的合法性,不仅要证明客观事实的真实性,还要证明行政行为适用法律、法规的正确性。因此,行政机关提供的规范性文件,就成为证明具体行政行为的独特证明形式。第二,举证责任的特定性。在行政诉讼中,具体行政行为的合法性只能由作为当事人一方的行政机关通过提供证据来加以证明。因为,具体行政行为是单方的职权行为,是行政机关对相对方具有的事实认定和执行法律的行为,对事实的认定是否真实,适用法律是否正确,就只能由行政机关进行举证,相对方对此无证明责任。至于相对方的当事人,只是在具体行政行为违法而又对其造成侵害,请求行政赔偿时,才对其受害的事实承担举证责任。行政诉讼中的举证责任在同一法律关系中,一般不存在责任的分担和转移问题,是不同的当事人对不同的法律关系之争议承担举证责任。第三,对被告收集证据的限制性。行政机关在作出具体行政行为前,自己有权调查收集证据,以保证具体行政行为的正确性,但是在行政诉讼中则不得自行向原告和证人收集证据。这种限制性,一是基于行政行为的完成性,二是基于保持具体行政行为所具之事实的客观性。这是因为,在诉讼之前,行政机关已完成了自己的职权行为,作出了具体行政行为,在诉讼中不应再依职权收集调查证据来证明其认定的事实。同时,具体行政行为中对事实的认定是否清楚和正确已客观存在,以这样存在的客观事实,才能作为审查具体行政行为是否合法的根据。

(刘家兴)

xingzheng susong de zhixing zhidu
行政诉讼的执行制度(execution system of administrative litigation) 行政诉讼的基本制度之一。确定行政诉讼法律文书执行程序和措施的制度。行政诉讼的执行制度,是以法定的执行权为基础建立的制度。其内容涉及执行的根据,执行的机构,执行的程序和措施。其功能是实施法律文书,实现权利人的权利。行政诉讼中的执行与民事诉讼中的执行,在以物和行为为执行对象上有其共同点,因而这两种执行制度具有一定的共通性,但是行政诉讼中的执行制度又有如下特点:第一,在其建立的基础上,不仅有司法执行权,有的还有行政执行权。对于人民法院发生法律效力的裁判,作为当事人一方的公民、法人或其他组织拒不履行的,作为当事人一方的行政机关有执行权,也可以自己依法执行,不必一定要申请人民法院执行。由行政机关执行的,其根据虽然是人民法院的判决,但行使执行权的是行政机关,予以执行的程序是行政执行程序,因而在这种情况下的执行制度,是以行政执行权为基础所建立的制度。第二,在执行措施上,因执行机关不同,执行的程序不同,执行所采用的措施也不同。公民、法人或其他组织是被申请执行人,判决由行政机关执行的,执行应采用行政法律、法规所规定的强制措施;判决由人民法院执行的,执行时原则上采用《民事诉讼法》规定的强制执行措施。行政机关为被申请执行人的,判决只能由人民法院执行,执行时适用《行政诉讼法》规定的强制措施。第三,对行政机关强制执行采取的措施,法律作了特别规定。比如,行政机关在判决规定的期限内不履行义务的,从期满之日起,按日处以50元至100元的罚款;对拒不履行判决、裁定,情节严重构成犯罪的,依法追究主管人员和直接责任人员的刑事责任。第四,在执行制度中,确定司法建议是执行的特定措施。行政诉讼执行中的司法建议不同于其他情况下的司法建议,其特点有二:一是司法建议可向不同的机关提出;二是接受司法建议的机关,按有关规定对问题处理后,应将处理情况告知人民法院。

(刘家兴)

xingzheng susong zhong de su
行政诉讼中的诉(suit in administrative litigation) 诉是由行政法律、法规和行政诉讼法所确立的一项法律制度。行政法律、法规规定,行政机关的具体行政行为(见可诉性行政行为),如行政相对方不服,可以在法定期间内向人民法院起诉。行政诉讼法规定了人民法院受理行政案件的范围,公民、法人和其他组织不服具体行政行为提起诉讼的案件,以及双方当事人进行诉讼的程序。行政实体法和程序法的有关规定相结合,构成行政诉讼中的诉的制度。这种结合是原则意义上的结合,即保证行政机关依法行政和保障公民、法人和其他组织合法权益基础上的结合。行政机关依法行政,既要作出适当的具体行政行为以维护社会的公共利益,同时又不得侵犯行政相对方的合法权益。对具体行政行为发生争议,诉诸法院,形成诉讼,双方当事人都应用诉的制度从事诉讼活动,维护自己的主张,请求人民法院依法裁判。因此,行政诉讼中的诉,是保证行政机关依法行政和保障公民、法人和其他组织合法权益的法律制度。

行政诉讼中的诉,是民主性的法律制度。行政机关的具体行政行为是行使行政管理权的行为,与行为相对方的关系是管理与被管理的关系,二者的地位是不平等的。但是,因具体行政行为发生的关系是一种行政法律关系,而行政法律关系必须符合行政法律、法规的规定才能成立。如果具体行政行为违反行政法律、法规的规定,因而侵犯了行为相对方的合法权益,受损害的公民、法人和其他组织就有权依法要求人民法院进行审判,以求司法对其合法权益的保障。因此,行政诉讼中的诉,是基于行政管理的民主性,具体行政行为的可争议性,以及司法上的保障性而建立的,具有诉讼意义的民主性的法律制度。

行政诉讼中的诉,是司法性监督的法律制度。诉的制度是当事人将争议诉诸法院并进行诉讼活动的制度,民事诉讼中的诉是如此,行政诉讼中的诉也是如此。但是,行政诉讼中的诉,发生争议的是行政机关具体行政行为的合法性问题,是对具体行政行为的合法与违法之争,而不是一般的权利义务之争,这是其一。其二,行政机关的具体行政行为,是以权力确定相对方承担义务或接受制裁的行为,其行为是否合法,在诉讼中需要通过一系列的诉讼活动来加以证明,或证明为合法,或证明为违法,而不是证明某种权利存在或不存在。其三,双方当事人要求人民法院对争议作出裁判,在于确认具体行政行为为合法还是违法。行政诉讼中的诉,是当事人将具体行政行为是否合法提交司法监督审查的法律制度。

行政诉讼中的诉,是保护公民、法人和其他组织合法权益免受侵犯的法律制度。行政机关依法行政作出的具体行政行为,不仅不会侵犯行为相对方的合法权益,而且会更广泛地维护人民和社会的利益。但是,不是任何具体行政行为都是合法的,有的具体行政行为因某种主客观因素而违法,以致侵犯行为相对方的合法权益。这种情况不仅客观上是可能的,而且事实上也是存在的。当行政机关的具体行政行为违法,侵犯其相对方的合法权益时,受侵害者就要要求司法救济,法律上就要为其提供保护,使其能运用法律上的手段维护自己的合法权益,免受违法行政行为的侵害。因此,行政诉讼中的诉,正是基于这种客观需要建立的、为保护公民、法人和其他组织的合法权益免受侵犯的保护性的法律制度。

行政诉讼中的诉,是由特定形式的三要素构成的法律制度。一是特定的被告,即只能由作出具体行政行为的行政机关当被告。二是特定的诉讼标的,即由具体行政行为所发生的一定行政法律关系为诉讼标的。三是特定的诉讼理由,即只能以具体行政行为违法的事实和以违法行为侵犯合法权益的事实为理由。

(刘家兴)

xingzheng susong de susong qingqiu
行政诉讼的诉讼请求(petition of suit in administrative litigation) 基于一定的法律关系,当

事人的一方对对方在诉讼上提出的请求。诉讼请求既是原告起诉的必要条件，又是原告发动诉讼的目的。在行政诉讼中，原告的诉讼请求不同于民事诉讼中的诉讼请求，它不是要求法院判令对方履行什么实体义务，而是要求法院判决撤销或变更行政机关的具体行政行为，只是在具体行政行为违法而又造成其合法权益损害时，才请求行政机关予以赔偿。因此，行政诉讼中的诉讼请求，第一，以行政诉讼法规定的人民法院受案范围为前提，即只能是法律规定可诉的具体行政行为，对其不服，才能向法院起诉，也才能提出诉讼请求。至于《行政诉讼法》第11条最后一款规定"人民法院受理法律、法规规定可以提起诉讼的其他行政案件"，是指除前款八项规定之外的行政案件，行政诉讼法虽未如前款列出具体内容，但是如果行政法律、法规规定可以起诉的，其具体行政行为发生争议，当然也属于人民法院的受案范围。第二，以行政机关具体行政行为的违法和侵权为条件。行政机关的具体行政行为，包括作为与不作为。不应作为而作为的有违法，应该作为而不作为的也有违法，前者违法有可能侵犯行为相对方的合法权益，后者的违法也有可能侵犯行为相对方的合法权益，只不过前者的侵犯是积极性的，后者的侵犯是消极性的。只要具体行政行为存在违法和侵权的事实，对方当事人就可以提出诉讼请求，也只有在这样的条件下，原告才能在诉讼中提出诉讼请求。第三，以公民、法人或其他组织的合法权益可能或已经受到损害的客观事实为基础。诉讼请求属于诉讼中的权利请求，或者说是依法维护其权益的请求，这种请求是基于权益受到损害或可能受到损害而产生的，行政诉讼中的诉讼请求也是如此。在行政诉讼中，具体行政行为违法，原告只要求法院予以撤销的，其诉讼请求是被告不得为此种行为，防止自己的权益遭受侵犯；原告要求法院予以撤销并同时要求赔偿的，其诉讼请求是两种不相同的请求；原告要求法院判决被告履行某种行政行为的，诉讼请求是被告应为的行政行为；被告不作为行为对其已造成损失的，其诉讼请求则同时包括损害赔偿请求或仅为损害赔偿请求。　　　　(刘家兴)

xingzheng susong de suquan
行政诉讼的诉权(the right to sue in administative proceeding)　行政诉讼诉的法律制度(见行政诉讼中的诉)所确定的，赋予作出某些具体行政行为(见可诉性行政行为)的行政机关和行为相对方的公民、法人和其他组织，依法在人民法院进行诉讼的基本权能。诉权是诉讼权利的基础，诉讼权利是诉权的表现形式。诉权在诉讼的不同阶段和不同环节中的作用不同，表现的形式不同，而反映为一系列的诉讼权利。作为具体行政行为相对方的公民、法人和其他组织，依照行政法律、法规和行政诉讼法规定，对行政机关具体行政行为不服，有权提起诉讼的，享有诉权，在诉讼中具有一定的诉讼权利。作出具体行政行为的行政机关，在行为相对方依法起诉后，以应诉而享有诉权，在诉讼中也具有一系列的诉讼权利。双方当事人都以其诉权为基础，平等地依法享有诉讼权利。

但是，作为当事人的行政机关和作为当事人的公民、法人和其他组织，他们诉权的基础、内容、作用、意义是不同的。行政机关的诉权，是以行政管理职能为基础的，是行政管理权在诉讼上的特定化，是因行为相对方不服其具体行政行为诉诸法院后，而享有诉权。如果法律、法规未赋予行为相对方对具体行政行为提起诉讼的权利，或虽赋予提起诉讼的权利，行为相对方不提起诉讼，行政机关则不享有诉权，或不需要诉权。公民、法人和其他组织在行政诉讼中的诉权，是以其合法权益为基础的，因行政机关的具体行政行为侵犯其合法权益，而依法享有诉权。行政机关诉权的主要内容，一是以答辩权为中心的、证明其具体行政行为合法性的权能，其作用在于维护依法行政的行政管理权，其意义在于要求人民法院确认其具体行政行为的法律效力。公民、法人和其他组织诉权的主要内容，是以请求权为中心的、证明行政机关具体行政行为侵犯其合法权益的权能，其作用完全在于维护自己的合法权益，其意义在于使违法的具体行政行为得以撤销、变更，使行政机关因侵犯其合法权益的行为而承担法律上的责任。行政机关的诉权，主要表现为程序上的，在不承担赔偿责任的情况下，不具有实体意义。公民、法人和其他组织的诉权，既有程序意义，也有实体意义，具体行政行为成立，他应承担某种义务，或接受某种制裁，或某种请求被否定。具体行政行为不成立，他可免除某种义务，或免受某种制裁，或某种请求获得保护。

行政诉讼中的诉权，不同于在行政复议程序中的申辩权。行政机关作出具体行政行为，当行为相对方不服，依法申请复议机关复议时，作出具体行政行为的行政机关和行为相对方在复议程序中，都具有申辩权。申辩权是申诉和辩解之权，作出具体行政行为的行政机关运用申辩权证明行为相对方存在某种违法的事实或不具有获得准许和保护的事实，以维护自己执法行为的合法性和公正性。行为相对方的公民、法人或其他组织运用申辩权证明自己的行为或具有的事实是合法的，不应受到某种处分、承担某种义务，或应获得某种准许和保护，以此要求复议机关撤销、变更行政机关的具体行政行为，或要求行政机关为某种具体行政行为，以满足其某种请求，或保护其某种权利。如其合法权益已经受到具体行政行为的侵害，还可以同时要求予以赔偿。因此，作出具体行政行为的行政机关在行政复议中的申辩权，是在特定情况下行使行政管理权的继续。行为相对方的公民、法人和其他组织在行政复议中的申辩权,是在特定情况下行使法定的民主权,澄清自己的行为和客观事实,求得复议机关对其行为和事实的理解、谅解和宽容的权利。在行政诉讼中,情况则有所不同,行政管理机制已让位于诉讼机制,行政管理权已特定化为诉权,行政机关只能依法行使当事人的诉讼权利,即使在行政诉讼中行政机关可以变更、撤销具体行政行为,具有行政管理的特点,但这里可以是诉讼法规定的,这种行为是受诉讼机制制约的,是诉讼上的行为,而不同于行政上的管理行为。公民、法人和其他组织在诉讼中是具有平等地位的一方当事人,他们的诉权不同于在复议中的申辩权,即使在陈述中有申诉,在辩论中有辩解,也不同于申辩权,它只是行使诉讼权利的表现方式,是辩论中的申诉和辩解,是双方对抗中的申诉和辩解,是在于发挥诉权的对抗性和保护性的功能,是运用诉权以求法院作出公正裁判的诉讼权利。　　　　　　　　　　　　(刘家兴)

xingzheng susong diyu guanxia
行政诉讼地域管辖(territorial jurisdiction) 亦称区域管辖。确定同级各人民法院之间受理第一审行政案件的分工和权限。换言之,是根据人民法院所在的行政区划确定的管辖。它所要解决的问题,是第一审行政案件应由何地人民法院审理的问题。我国《行政诉讼法》规定的地域管辖,可以概括为一般地域管辖和特殊地域管辖。

一般地域管辖 这是按照最初作出具体行政行为(见可诉性行政行为)的行政机关所在地来确定管辖的法院。我国法律规定,公民、法人或其他组织认为行政机关的具体行政行为侵犯其合法权益,可以直接向人民法院提起诉讼,也可以由当事人先向有关行政机关申请复议,对复议机关所作的复议、裁决仍不服,再向人民法院提起诉讼。凡是未经复议直接向人民法院提起诉讼的,或是经过复议,复议裁决维持了最初具体行政行为,当事人向法院提起诉讼的,根据我国《行政诉讼法》第17条的规定,均应由最初作出具体行政行为的行政机关所在地人民法院管辖。《行政诉讼法》作如此规定,主要基于这样几种考虑:①便于双方当事人进行诉讼。就直接向人民法院起诉的情况而言,多数原告居住在作出具体行政行为的行政机关辖区内,被告就是该行政机关,由该辖区的人民法院管辖,不论对原告还是被告进行诉讼,都比较便利。②便于人民法院办案。人民法院在勘验现场,搜集、核实有关证据,以及迅速查明案情,及时判决案件和执行等方面都比较方便。③有利于各地人民法院均衡负担审判任务。④便于法律、法规的正确适用。我国各省、自治区、直辖市等单位的人民代表大会及其常务委员会有权制定地方性法规,我国各省、自治区、直辖市等单位的人民政府有权制定地方性规章。这些法规、规章仅在本行政区划内有效,若原告系本省、自治区、直辖市等单位以外的公民、法人或者其他组织,那么,由原告所在地人民法院审判这类案件,在适用法规和参照规章上就会有一定困难。

特殊地域管辖 根据特殊行政法律关系或特殊行政法律关系所指向的对象,来确定管辖法院。我国《行政诉讼法》规定的特殊地域管辖有如下三种:①经过复议的案件,复议机关改变原具体行政行为的,由原告选择由最初作出具体行政行为的行政机关所在地的人民法院。也就是说,最初作出具体行政行为的行政机关与复议行政机关不在一地的情况下,原告可选择两地人民法院中的任何一个提起诉讼,该法院也就取得了相应的管辖权。应当注意的是,复议机关改变原具体行政行为通常包括,改变了原具体行政行为所认定的事实;改变了原具体行政行为所适用的法律、法规或者规章;改变了原具体行政行为的处理结果等三种情况。②对限制人身自由的强制措施决定不服而提起的诉讼,由原告所在地或者被告所在地人民法院管辖。原告所在地一般是指原告住所地或者原告经常居住地。究竟向哪一个法院起诉,原告有选择权。上述两种特殊地域管辖,原告可以选择法院起诉,但如果原告向两个以上有管辖权的人民法院提起诉讼,根据《行政诉讼法》第20条的规定,由最先收到起诉状的人民法院管辖。③因不动产提起的行政诉讼,由不动产所在地人民法院管辖。因不动产提起的行政诉讼,是指当事人对房屋、土地等不动产的所有权、使用权发生行政争议,继而向人民法院提起的诉讼。根据《行政诉讼法》第19条的规定,此类诉讼只能由不动产所在地法院管辖,当事人无选择权。这样规定,便于人民法院调查、勘验,也利于人民法院判决、裁定的执行。　(王振清)

xingzheng susong disanren
行政诉讼第三人(third party of administrative litigation) 同被诉具体行政行为(见可诉性行政行为)有利害关系,在行政诉讼过程中申请参加诉讼或由人民法院通知参加诉讼的个人、法人或其他组织。根据《行政诉讼法》的规定,行政诉讼第三人应具备以下条件:①同被诉具体行政行为有利害关系,即有法律上的权利义务关系。任何个人、法人或其他组织如果与被诉具体行政行为没有法律上的权利义务关系,而只是具体行为发生时曾到过现场,亲眼见过或亲耳听到过具体行政行为发生的事实,或者只是与具体行政行为涉及的相对人有亲属关系、朋友关系或其他关系,均不具有行政诉讼第三人的资格。与被诉具体行政行为有利害关系不等于与诉讼结果有利害关系。与被诉具体行政行为有利害关系的人通常同时与诉讼结果有利害关系，但是与诉讼结果有利害关系的人不一定都与被诉具体行政行为有利害关系。仅与诉讼结果有利害关系而不与被诉具体行政行为有利害关系的个人、法人或其他组织不具有行政诉讼第三人的资格。②在行政实体法律关系中具有行政相对人的地位。这意味着，作为行政主体的行政机关或法律、法规授权的组织不能作为第三人参加行政诉讼，不具有行政诉讼第三人的资格。但行政机关或法律、法规授权的组织如果在特定行政实体法律关系中处于被管理者的地位，作为其他行政机关或法律、法规授权组织的管理相对人时，其就不仅可作第三人，而且可作行政诉讼的原告。有人主张，作为行政主体的行政机关，在一定的行政诉讼法律关系中也应赋予其第三人的资格，这样有利于行政诉讼目的的实现。例如，指示或批准下级行政机关作出某种具体行政行为的上级行政机关，其权限被另一行政机关侵越的被越权行政机关，作出具体行政行为前置行为或辅助行为的行政机关，就同一事项作出与被诉具体行政行为相冲突的另一具体行政行为的行政机关，等等，根据行政诉讼的需要，都可自行申请或由人民法院通知其作为第三人参加诉讼。这种主张虽然有一定道理，但《行政诉讼法》并未为之提供法律根据。③经本人申请或人民法院通知参加诉讼。第三人不同于原告。具有原告资格的人只有本人起诉才能成为实际原告。具有第三人资格的人，本人不申请，人民法院通知其参加诉讼也是其成为实际诉讼第三人的条件。第三人也不同于被告。作出具体行政行为的人只有被原告所诉和被人民法院通知应诉，才能成为实际被告。具有第三人资格的人，法院未通知其参加诉讼，其本人主动申请经法院同意后，亦可成为实际诉讼第三人。但是具有第三人资格的人，如果自己不申请参加诉讼，人民法院也未通知其参加诉讼，其即不能成为实际诉讼第三人和取得行政诉讼第三人的实际资格。

我国《行政诉讼法》和司法解释未对行政诉讼第三人的范围作出明确界定，实践中，可作为第三人参加行政诉讼的个人、法人或其他组织大致包括下述几类：①行政处罚的被处罚人。被处罚人作为第三人参加行政诉讼有两种情况：一是行政机关就同一违法事实处罚了两个以上共同违法的人，其中一部分被处罚人对处罚不服，向法院起诉，另一部分人可作为第三人参加诉讼；二是行政机关对违法行为人科处行政处罚后，被处罚人未起诉，其权益被被处罚人侵犯的受害人起诉。在这种情况下，被处罚人可作为第三人参加诉讼。②其权益被被处罚人侵犯的受害人。行政主体对违法行为人科处处罚后，被处罚人不服，向法院起诉，在这种情况下，其权益被被处罚人侵犯的受害人如未起诉，可

作为第三人参加诉讼。③其权益受具体行政行为影响的人。行政主体作出某种具体行政行为，如既影响直接相对人权益，又影响非直接相对人的其他人的权益，具体行政行为的直接相对人对之不服，向法院起诉，在这种情况下，其权益受具体行政行为影响的其他人可以作为第三人参加诉讼。④具体行政行为的直接相对人。除了行政处罚的被处罚人外，其他具体行政行为的直接相对人也可作为行政诉讼第三人。行政主体作出某种具体行政行为(如发放许可证、采取强制措施等)，如具体行政行为的直接相对人未起诉，其权益受到具体行政行为不利影响的人对之不服，提起诉讼，在这种情况下，具体行政行为的直接相对人可作为第三人参加诉讼。⑤行政裁决的一方当事人。行政机关依职权裁决双方当事人之间有关土地、矿产、森林等资源的所有权或使用权归属争议或有关行政赔偿、补偿争议，一方当事人不服，向法院提起行政诉讼，在这种情况下，另一方当事人可以作为第三人参加行政诉讼。⑥与行政机关共同作出具体行政行为的非行政机关组织。在行政机关与非行政机关共同署名作出某种具体行政行为时，如相对人不服，向法院提起行政诉讼，非行政机关因为不具有行政主体资格，不能作被告，只能由行政机关一方作被告。在这种情况下，如其共同作出的具体行政行为造成相对人人身或财产损害，需要进行赔偿，且非行政机关组织一方对之负有责任或可能负有责任，人民法院可通知其作为行政诉讼第三人参加诉讼。

(姜明安)

行政诉讼二审步骤（procedural steps for second instance trial in administrative litigation） 第二审法院审理行政上诉案件的具体程序。根据法律规定，第二审人民法院审理上诉案件，除适用第二审程序本身的规定外，可以适用第一审程序的有关规定。因此，法院审理第二审行政案件的具体程序与法院审理第一审行政案件的具体程序基本相同，包括审理前的准备和开庭审理两大阶段。审理前的准备阶段应当做的工作主要是：①依法组成合议庭。行政案件的二审一律实行合议制，合议庭只能由审判员组成。②在法定期限内分别向被上诉人和上诉人送达上诉状副本和答辩状副本。③阅卷、询问当事人和调查收集证据。④决定案件的审理方式。在阅卷和调查的基础上，应当决定是开庭审理还是书面审理(见行政诉讼二审形式)。如果确定开庭审理，应当通知当事人和其他诉讼参与人开庭的时间、地点。第二审行政案件的开庭审理与第一审行政案件的开庭审理程序基本相同，也包括开庭准备、法庭调查、法庭辩论、评议和宣判等阶段。

根据《行政诉讼法》的规定和最高人民法院的有关

司法解释,第二审人民法院审理行政上诉案件,必须全面审查第一审人民法院认定的事实是否清楚,适用的法律是否正确,有无违反法定程序,不受上诉范围的限制。第二审人民法院审理行政上诉案件的审结期限为两个月,即第二审人民法院应当在收到上诉状之日起两个月内作出终审判决。有特殊情况需要延长的,由高级人民法院批准;高级人民法院审理行政上诉案件需要延长的,由最高人民法院批准。第二审人民法院对行政上诉案件进行审理后,有四种处理结果:①驳回上诉,维持原判;②依法改判;③撤销原判,发回重审;④查清事实后改判。第二审人民法院的判决是终审判决,判决书送达后立即发生法律效力。其法律后果,一是当事人对同一案件不得再行起诉和上诉;二是当事人之间的权利义务关系得到最终确认;三是可以作为执行的根据,申请法院强制执行。　　　(谭　兵)

xingzheng susong ershen chengxu
行政诉讼二审程序(procedure for second instance trial)
第二审人民法院审理行政上诉案件所适用的程序。由于我国实行两审终审的审级制度,审判程序便有第一审程序(见行政诉讼一审程序)和第二审程序之分,第一审程序称为初审程序,第二审程序称为终审程序。行政诉讼二审程序是基于当事人的上诉引起的,因此它又称为上诉审程序。所谓上诉,是指当事人对地方各级人民法院未发生法律效力的第一审判决、裁定不服,而依法要求上一级人民法院对案件继续进行审理的一种诉讼行为。上诉与起诉一样,也是当事人依法享有的一项重要诉讼权利,但二者在提起的对象、条件、管辖法院和法律后果等方面均不相同。行政诉讼二审程序发生的根据有二:一是当事人的上诉权,二是上级法院对下级法院的审判监督权。因此,行政诉讼二审程序不是每个行政诉讼案件的必经程序,它能否发生,既取决于当事人是否提起上诉,又取决于第二审法院是否受理上诉。

行政诉讼二审程序就其性质而言,是第一审程序的继续,而不是另外审理一个新的行政案件。因此,当事人在行政诉讼一审程序中提出的诉讼资料在行政诉讼二审程序中仍然有效。同时,当事人在行政诉讼一审程序中未提出或者虽然提出但未曾使用过的诉讼资料,可以在行政诉讼二审程序中继续提出。行政诉讼一审程序是行政诉讼二审程序的前提和基础,行政诉讼二审程序是行政诉讼一审程序的继续和发展。但由于两者毕竟是各自独立的审判程序,因此它们存在不少区别,主要是:①发生的原因不同。行政诉讼一审程序因原告的起诉而发生;行政诉讼二审程序因当事人的上诉而发生。②审理的对象不同。在行政诉讼一审程序中,法院审理的对象是当事人之间发生的行政争议;在行政诉讼二审程序中,法院审理的对象除当事人之间的行政争议外,还包括第一审法院的裁判在认定事实和适用法律上是否正确。③提起的主体不同。在行政诉讼一审程序中,有权作为原告起诉的只限于行政管理相对人一方;在行政诉讼二审程序中,有权提起上诉的,既包括行政管理相对人,又包括行政机关。④适用程序的法院不同。适用行政诉讼一审程序审理案件的法院包括各级人民法院;适用行政诉讼二审程序审理案件的法院只限于中级以上人民法院。⑤案件的管辖不同。第一审行政案件依照法律的规定确定管辖法院;第二审行政案件均由第一审法院的上一级法院管辖。

与行政诉讼一审程序相比,行政诉讼二审程序有以下特点:①它以原审法院的裁判为基础;②合议庭只能由审判员组成;③可以实行书面审理;④案件的审结期限较短。由于行政诉讼第二程序以行政诉讼第一审程序为基础,它是针对第二审行政案件的特点规定的,因此,法院审理第二审行政案件时,应当首先适用第二审程序的规定;第二审程序中没有规定的,适用第一审程序的有关规定。《行政诉讼法》确立第二审程序的意义,一是可以使当事人实现上诉权,有效地维护当事人的合法权益;二是可以使上级法院实现对下级法院的审判监督权,确保案件的正确处理。　　　(谭　兵)

xingzheng susong ershen panjue
行政诉讼二审判决(court judgment made in second instance trial)
第二审人民法院运用第二审程序对案件所作的判决。第二审以第一审判决、裁定为审理对象,因此,第二审判决不仅要对行政诉讼当事人之间的行政争议所涉及的事实根据和法律依据作出结论,还要对第一审裁判的事实根据和法律依据作出结论。根据《行政诉讼法》的规定,第二审法院可以作出驳回上诉、变更原判决以及撤销原判发回重审的裁定三种判决。

驳回上诉的判决　根据《行政诉讼法》第61条第1款的规定:原判认定事实清楚,适用法律、法规正确的,判决驳回上诉,维持原判。维持原判是对原审人民法院判决的正确性和合法性的肯定,是对上诉人所提出的上诉理由的否定。这里所谓的认定事实清楚,是指一审法院的判决所依据的事实是清楚的。具体地说,只有在满足以下条件时,才能达到事实清楚的标准:一是原审人民法院的每一个判决事项都有相应的事实根据和理由所支持;二是每一个事实和理由都有足够的证据所佐证;三是每一个证据都是可定案证据。一审法院所认定的事实或判决所依据的事实,与争议行政行为所依据的事实可能是一致的,也可能是不一致的。原审法院认定事实是否清楚不取决于与行政行为所依据的事实是否一致。这里所谓适用法律、法规正确,泛指判决在非事实的其他方面的合法性。它至少应包括如下内容:判决的主文必须有《行政诉讼法》第54条所规定的相应的事实要件;判决的事项必须在人民法院的行政裁判权的范围以内;判决内容符合法律的目的,无滥用职权之虞;判决所适用的法律规范必须是现实有效的法律规范和是应当适用的法律规范;判决在适用法律方面无技术性错误;原审法院审理和裁判的过程没有违反法定程序,等等。维持判决的标准应当从严掌握,这是严肃执法的要求,切忌考虑上下级法院之间的关系而无原则地维持。

变更原判决 根据《行政诉讼法》第61条第2款的规定,原判认定事实清楚,但是适用法律、法规错误的,依法改判。这里的改判,是指第二审人民法院直接改变原审人民法院对争议的具体行政行为合法性的判定。因此,它不仅意味着上级人民法院对下级人民法院判决的部分或全部否定,而且意味着对争议的具体行政行为合法性的重新判定。二审人民法院的变更判决,是否能涉及行政机关的原裁决?这要视具体情况而定,如果复议裁决改变了原裁决,第二审人民法院的变更判决可以不涉及原裁决,如果复议裁决维持了原裁决的规定,则不仅应涉及而且要针对原裁决作出判决。第二审人民法院对争议的具体行政行为的合法性进行重新判定,应当受《行政诉讼法》第54条的规定的裁判权限的限制。即是说,仍应根据该条所设定的判定方式及相应条件,作出相应的判决。第二审法院的变更判决,原则上只能在以下两种情况下适用:①原判适用法律、法规错误。这里的适用法律、法规错误与前述适用法律法规正确不完全对应,不包括违反法定程序的情况。所谓适用法律、法规错误,从总体上说,是指人民法院在对具体行政行为作合法性判定时,适用了不应当适用的法律、法规及其他规范,没有适用应当适用的法律、法规或其他规范。具体表现主要有:第一,由于对事实的认定错误或对行为的定性错误而导致适用法律错误;第二,由于对法律概念、条文、原意精神及目的的理解或解释错误,而导致适用法律错误;第三,由于片面适用法律或忽略了相关法律或条款而导致适用法律错误;第四,由于疏忽了法律的适用效力而导致适用法律错误;第五,由于某些技术上的错误(如打印抄写错误)而导致适用法律错误。②原判决事实不清,二审直接查清了事实。根据我国《行政诉讼法》的规定,如果原判决认定事实不清,证据不足,原则上应当撤销原判,发回原审人民法院重审。但是,如果原判主要事实清楚,只是次要事实没有查清,或者仅仅是对事实的认定上发生了错误,二审人民法院从简化程序着眼,可以在直接查清事实后自行改判。

发回重审 根据《行政诉讼法》第61条第3款的规定,原判决认定事实不清,证据不足,或者由于违反法定程序可能影响案件正确判决的,裁定撤销原判,发回原审人民法院重审。撤销原判,发回重审只能在以下两种情形下适用:①原判决认定事实不清,证据不足。这里所谓认定事实不清,证据不足,是指原审人民法院确认争议的具体行政行为合法或不合法的事实根据不充分,缺乏基本的定案证据。而不是指争议的具体行政所依据的事实不清,证据不足。常见的事实不清、证据不足的表现主要有:没有充足的理由和事实根据否定原告的诉讼请求;认定行政行为合法缺乏必要的事实要件;确认行政行为违法没有足够的或确凿的事实根据;遗漏了当事人;对用来定案的直接证据没有进行核实;用作定案根据的间接证据没有形成一个完整的锁链;没有正确地运用举证责任规则,等等。②原审法院违反法定程序,可能影响正确判决。所谓违反法定程序,是指行政审判人员违反行政诉讼法和具有法律效力的相关的规范性文件所规定的审理行政案件的步骤、方式、形式、时间等规定的情形。例如,没有依法组成合议庭而采取独任审判;依法应当回避而没有回避;当事人不符合法律规定的条件;案件实际上由书记员承审,审判员只在判决书上署名;应当公开审理而不公开审理;在开庭审理中不给当事人平等辩论机会或者压制一方发表意见,等等。只有在既违反法定程序,同时又可能影响案件正确判决的情况下,二审法院才能以前述理由撤销一审法院的判决,发回原审人民法院重新审理。这里的可能影响正确判决。不能理解为是否真正影响了正确判决,而应理解为:原审法院违反的法定程序如此重要,以至于违反这一程序就有可能影响案件的正确判决。发回原审法院重新审理的案件,相当于对案件的一审,因此,当事人对于重审案件的裁定和判决可以上诉。

(江必新)

xingzheng susong ershen shumianshen
行政诉讼二审书面审(review of record as the form of reviewing second instance trial) 见行政诉讼二审形式。

xingzheng susong ershen xingshi
行政诉讼二审形式(forms of the final instance of administrative litigation) 法院审理第二审行政案件所采用的具体方式。我国《行政诉讼法》第59条规定:"人民法院审理上诉案件,认为事实清楚的,可以实行书面审理。"据此规定,行政诉讼二审形式,包括开庭审理和书面审理两种。所谓开庭审理,是指在法院审判人员主持下和当事人及其他诉讼参与人参加下,通过在法庭上对案件进行全面审查后作出裁判的一种审理方式。所谓书面审理,是指法院不传唤当事人和其他诉讼参与人到庭询问和进行辩论,而只根据原审法院报送的案卷材料和当事人向第二审法院提交的书面材料作出裁判的一种审理方式。根据《行政诉讼法》规定,人民法院审理第二审行政案件,应当以开庭审理为原则,书面审理为例外。也就是说,在一般情况下均应开庭审理,只有认为事实清楚的才可以进行书面审理。在这里,"事实清楚"是进行书面审理的前提条件。

行政诉讼二审形式与行政诉讼一审形式不同:法院审理第一审行政案件必须实行开庭审理;法院审理第二审行政案件可以有条件地实行书面审理。此外,行政诉讼二审形式与民事诉讼二审形式也不同:民事诉讼二审形式以开庭审理为原则,以进行判决、裁定为例外;行政诉讼二审形式以开庭审理为原则,以书面审理为例外。在这里,进行判决、裁定与书面审理是有区别的,即前者必须在进行调查和询问当事人,向他们核对案件事实后才能作出判决、裁定;后者则不必向当事人和其他诉讼参与人进行调查询问和核对案件事实,而只凭书面材料作出判决、裁定。法院审理第二审行政案件之所以实行有条件的书面审理,主要是基于两个方面的因素:一是行政机关在作出具体行政行为时,大多具有充分的事实根据,而进入诉讼后,又经过了第一审法院的全面审查,一般来说事实是清楚的,这就为第二审法院实行书面审理创造了条件。二是行政管理活动的特殊性要求法院应当尽快审结行政案件,如果行政案件能够及时结案,既有利于行政机关的行政管理活动,又有利于对行政管理相对人合法权益的保护。

(谭 兵)

xingzheng susongfa

行政诉讼法(administrative litigation law) 诉讼法之一。是人民法院处理行政案件,解决双方当事人之间对具体行政行为(见可诉性行政行为)是否合法之争的程序法。它通过确立一系列的原则和程序构成诉讼机制,通过诉讼机制的运行,保证人民法院对行政案件行使审判权,保障当事人及其他诉讼参与人(见行政诉讼的其他参与人)行使诉讼权利。行政诉讼法虽属于程序法,但它不同于民事诉讼法,更不同于刑事诉讼法,而是具有独特性的独立的程序法。

行政诉讼法是确定行政诉讼法律关系的程序法。行政机关行使国家行政管理权,对公民、法人或其他组织,依法作出具体行政行为,发生具有一定内容的行政法律关系。当公民、法人或其他组织对行政机关作出的具体行政行为不服,依法向人民法院提起诉讼,从诉讼开始到诉讼终结,就始终存在着行政诉讼法律关系,包括人民法院审判行政案件,与作出具体行政行为的行政机关之间,以及与具体行政行为相对方的公民、法人或其他组织之间所发生的法律关系。行政法律关系是行政法律、法规确定的实体权利义务关系,即公民、法人和其他组织,在有关法定条件下具有和获得保护的权利,在有关法定情形下应承担的法律义务,以及违反法定义务应接受制裁的关系。行政诉讼法律关系是行政诉讼法确定的诉讼权利义务关系,即作为当事人的公民、法人和其他组织,作为当事人的行政机关,与受诉人民法院在不同的诉讼阶段具有哪些不同的诉讼权利,应有什么不同的诉讼义务的关系。行政法律关系发生争议,诉诸法院之后,形成行政诉讼。在行政诉讼中,行政法律关系虽仍是行政机关与行为相对方之间的关系,但却成为双方之间争议的诉讼标的,行政法律关系是否成立,需要通过诉讼法律关系的作用来作出结论。因此,明确行政法律关系与行政诉讼法律关系的联系,以了解行政案件的性质、特点。明确行政诉讼法律关系与行政法律关系的区别,在于了解行政诉讼中的关系是行政诉讼法调整的社会关系,行政诉讼法是确定行政诉讼权利义务关系的程序法。

行政诉讼法是司法监督性的程序法。行政机关的行政管理,是依法行使职权和履行职责,所作出的具体行政行为应以一定的行政法律、法规为依据,遵照一定的法定程序和方式。但是,在客观实践中,并非一切具体行政行为都是合法的。具体行政行为的相对方如果对具体行政行为的合法性发生争议,通过行政复议程序未获得解决,依法可以诉诸法院,通过一定的法定程序解决,这样的法定程序就是行政诉讼法所确定的程序。行政诉讼程序就是继行政执法程序之后,或在行政复议之后,对具体行政行为从司法上进行审查并作出裁判的程序。审查具体行政行为的裁判,不论是予以维持、撤销,还是判决行政机关为一定具体行政行为,都只是程序上的监督,因此行政诉讼法是从司法上对具体行政行为予以监督的程序法。

行政诉讼法是司法救济性的程序法。行政机关的具体行政行为应当合法,如果违法,就有可能侵犯相对方的合法权益。当公民、法人或其他组织的合法权益因行政机关的具体行政行为受到侵犯,其救济的途径有二:一为申请行政复议,求得行政救济;二为依法提起行政诉讼,求得司法救济。除行政复议为最终裁决外,行政救济不成功的,还可依法请求司法救济。救济的方法就是通过行政诉讼,对具体行政行为予以全部或部分撤销,使公民、法人或其他组织的某种义务得以免除,或使之免受某种行政制裁,或使某种权利得以确认,如造成损害的,被害人可依法获得行政赔偿。因此,行政诉讼法是在具体行政行为违法的情形下,为公民、法人和其他组织提供司法救济的程序法。

行政诉讼法是维护依法行政的程序法。公民、法人或其他组织与行政机关因具体行政行为发生争议,进行行政诉讼,双方当事人之间并非仅为权利义务之争,而且包含着对具体行政行为的合法与违法之争。人民法院审判行政案件也并非单纯确认某方当事人享有什么权利,或承担什么义务,而且要确认行政机关的具体行政行为是否合法。因为,在行政法律关系中,行政机关应依法行政,人民法院维护和监督行政机关依法行政。行政机关具体行政行为合法的,法院裁判予以维持;行政机关具体行政行为违法的,法院裁判予以撤销。法院维持具体行政行为是维护行政机关依法行政,法院撤销具体行政行为,纠正行政机关的违法行为,也是维护行政机关依法行政。确认具体行政行为合法或违法,从而决定对具体行政行为是维持还是撤销,都是通过行政诉讼程序来完成的。因此,行政诉讼法是维护行政机关依法行政的程序法。

(刘家兴)

xingzheng susongfa de jiben yuanze
行政诉讼法的基本原则(fundamental principles of administrative litigation law) 行政诉讼法的基本准则。既是制定行政诉讼程序规范的基本准则,又是贯彻执行行政诉讼法律规范的基本准则。行政诉讼法的基本原则是基于行政诉讼法的任务确定的。为了实现行政诉讼法的任务,如何设计行政诉讼的机制及构成的科学体系,需要一定的基本原则作指导;为了正确运用行政诉讼法的程序制度,在实践中完成行政诉讼法的任务,也需要一定的基本原则作指导。因此,基本原则像主干线一样,将诸多的程序规范和程序制度连接起来,贯穿于整个行政诉讼法之中,像指针一样,自始至终,指导审判活动和诉讼活动的进行。

行政诉讼法的基本原则包括三个方面的内容:一是人民法院的审判原则,即人民法院依法独立行使行政审判权原则;人民法院审理行政案件,以事实为根据,以法律为准绳原则;人民法院对具体行政行为的合法性进行审查原则。二是当事人的诉讼原则,即当事人在行政诉讼中法律地位平等原则;当事人在行政诉讼中有权进行辩论原则(见行政诉讼的辩论原则)。此外,行政诉讼中使用民族语言、文字原则,既是当事人进行诉讼活动的原则,又是人民法院进行审理和发布法律文书适用的原则。三是法律监督原则,即人民检察院有权对行政诉讼实行法律监督原则(见行政诉讼的检察监督原则)。三个方面的原则,从审判、诉讼到监督,相互协调,密切配合,构成行政诉讼法的基本原则体系。

行政诉讼法的基本原则与其后面各章中的一般原则,如以行为地法院管辖原则(见行政诉讼地域管辖)、诉讼中具体行政行为不停止执行原则(见不停止被诉行政行为执行原则)、涉外行政诉讼中的信守国际条约原则,有所不同。一般原则只是对所在章的内容具有指导性和适用性,而基本原则则对各章的内容均具有指导性和适用性。行政诉讼法的某些基本原则与其他诉讼法的基本原则有的相同或相似,这是因为它们都是根据宪法制定的诉讼法,都是程序法,而有其共通性。但不同诉讼中,相同原则的作用不完全相同,相似原则的内容和作用亦有所不同,各自都有其特点。

(刘家兴)

xingzheng susongfa de jiben zhidu
行政诉讼法的基本制度(fundamental institutions of administrative litigation law) 在行政诉讼的不同情形和不同阶段起基干作用的制度。根据我国《行政诉讼法》的规定,其基本制度大体可分为三个部分:第一部分为审判程序方面的基本制度,如合议制度(见行政诉讼的合议制度)、回避制度(见行政诉讼的回避制度)、公开审判制度(见行政诉讼的公开审判制度)、两审终审制度(见行政诉讼的两审终审制度)。第二部分为诉讼程序方面的制度,如诉讼参加人制度(见行政诉讼的诉讼参加人制度)、证据制度(见行政诉讼的证据制度)。第三部分为执行程序方面的基本制度,如执行制度(见行政诉讼的执行制度)。此外,有些基本制度既是审判程序方面的基本制度,又是诉讼程序方面的基本制度,即二者结合的基本制度,如管辖制度(见行政诉讼的管辖制度)、庭审制度(见行政诉讼的庭审制度)。不同部分的基本制度,有其建立的不同基础,具有不同的内容和作用。审判程序方面的基本制度是以审判权为基础的制度,它由系列的审判程序所构成,在对案件的审判中发挥主要作用,实现法院的审判职能。诉讼程序方面的基本制度是以诉权为基础的制度,由系列的诉讼程序所构成,指导当事人的诉讼活动,推移诉讼的进行。执行程序方面的基本制度是以执行权为基础的制度,由系列的执行程序所构成,其作用在于实施具有执行力的法律文书,以实现权利人的权利。

基本制度的重要意义在于:第一,它是起基本作用的制度。如管辖权制度是基本制度,其又分级别管辖、地域管辖、指定管辖等具体制度,基本制度将这些具体的管辖制度系统化和相互协调。第二,基本制度是必不可少的制度。比如,没有行政诉讼的参加人制度,就没有行政诉讼;没有行政诉讼的证据制度,诉讼就无法进行;没有执行制度,具有执行力的法律文书就难以实施。第三,基本制度是设计系列程序的决定性制度。制度决定程序,程序反映制度,有什么制度,才有贯彻什么制度的程序。基本制度的健全,决定着具体制度和程序的健全与完善。行政诉讼法中基本制度的理论,与其他诉讼法中基本制度的理论是相通的,但不同诉讼法的任务与作用不同,相同或相似的基本制度,各自具有不同的特点,因而各有其不尽相同的内容。

(刘家兴)

xingzheng susong falü guanxi
行政诉讼法律关系(legal relations of administrative litigation) 人民法院与行政诉讼当事人、其他参加人、参与人之间以及行政诉讼当事人、其他参加人、参与人之间为进行行政诉讼、解决行政争议,根据行政诉讼法而发生的各种关系。行政诉讼法律关系的概念包括三层涵义:①行政诉讼法律关系指所有行政诉讼主体之间发生的关系,而非仅指人民法院与当事人之间的关系。行政诉讼法律关系主体包括人民法院、行政诉讼当事人、行政诉讼其他参加人(见行政诉讼参加人)、行政诉讼其他参与人。所有这些行政诉讼法律关系主体为解决相应行政争议而发生的各种关系均可为行政诉讼法律关系。②行政诉讼法律关系指行政诉讼法律关系主体依行政诉讼法律规范而发生的关系。在行政诉讼过程中,行政诉讼法律关系主体非依行政诉讼法律规范发生的关系不属行政诉讼法律关系。例如,行政诉讼原、被告(行政主体与行政相对人)在行政诉讼过程中根据行政实体法律规范而发生的关系不属行政诉讼法律关系,而属行政实体法律关系。③行政诉讼法律关系指行政诉讼法律关系主体为解决行政争议,进行行政诉讼而发生的关系。在行政诉讼过程中,行政诉讼法律关系主体非为解决行政争议也可能发生某些法律关系,例如,行政诉讼原、被告与行政诉讼第三人之间因某种民事权利义务而发生争议以及为解决此种争议而发生的关系即不是行政诉讼法律关系,而是民事关系或民事诉讼法律关系。此种关系如果与行政诉讼法律关系相关联,可以构成行政诉讼附带民事诉讼法律关系,即具有两种法律关系,而不是单一的行政诉讼法律关系或民事诉讼法律关系。

行政诉讼法律关系相对于行政实体法律关系具有如下特征:①行政诉讼法律关系是一种以人民法院为主导的三方关系。行政诉讼法律关系至少必须有三方主体——人民法院、原告和被告——参加。只有原、被告,没有法院,有争议而无处告,构不成诉讼;有法院和侵权机关而无原告,法院不告不理,构不成诉讼;有法院和原告而无被告,原告被侵权而不知侵权者为何人,法院无法裁判,同样构不成诉讼。在行政诉讼法律关系三方主体中,人民法院始终处于主导地位。原、被告之争,法院是否要受理,是否裁决,如何裁决,主动权均在法院。在整个诉讼过程中,原、被告以及所有诉讼参加人、参与人均须服从于法院,受法院指挥。而行政实体法律关系与此迥异,它是一种以行政主体为主导的双方主体——行政主体与行政管理相对人——之间的关系,无论是行政主体向行政管理相对人发布命令、实施监督、采取强制措施,还是相对人向行政主体申领许可证、抚恤金、索取有关信息资料等,行政主体都处于主导地位,相对人对行政主体的管理有依法服从的义务。在行政管理关系中,人民法院有时也会处于行政管理相对人的地位,例如法院建房申请规划部门批准,进口设备接受海关检查,在环境卫生方面受环卫部门监督等。在这些关系中,行政主体处于主导地位,人民法院要受行政主体管理,这显然不同于行政诉讼法律关系:人民法院处于主导地位,行政主体要接受人民法院指挥。②行政诉讼法律关系中,原、被告双方当事人地位平等。在行政诉讼中,原、被告双方当事人权利义务虽然不完全对应,但在法律地位上是平等的。这主要表现在:原告享有起诉权,被告享有答辩权,双方均有同等的权利和同样的机会向法院陈述案情,提供证据;双方均有权出席法庭辩论,反驳对方的论证、论据;双方都同样要服从法院指挥,其诉讼行为要受法院约束;双方都同样要服从法院判决、裁定,任何一方都不能将自己的意志强加于对方。而在行政实体法律关系中,行政主体与行政管理相对人的法律地位就完全不是这样:行政主体享有行政管理权,行政管理相对人对行政主体的管理具有服从的义务。相对人对行政主体的管理行为即使有异议,也必须先服从,然后再通过有关法律途径寻求救济。③行政诉讼法律关系的客体是行政主体的具体行政行为。行政诉讼法律关系是因行政争议而产生的,争议的实质是行政主体的具体行政行为是否合法,法院审理行政案件,所要审查的就是具体行政行为的合法性,所有行政诉讼法律关系主体为此而开展的一切诉讼活动都是为了判断、证明和最后确定具体行政行为是否合法。而行政实体法律关系的客体较行政诉讼法律关系的客体却要复杂得多,其有时为物,有时为行为,有时为精神财富,且其物、行为、精神财富有时在行政主体一方,有时在行政管理相对人一方,有时由甲方转入乙方,有时由乙方转入甲方。例如税收关系、土地征用关系、申领许可证关系、申领抚恤金关系等等,其客体均互不相同,不同于行政诉讼法律关系,客体只是行政主体的具体行政行为。④行政诉讼法律关系的内容是各诉讼法律关系主体的诉讼上的权利义务。行政诉讼法律关系是由各诉讼法律关系主体行使各种诉讼权利、履行各种诉讼义务构成的。虽然诉讼当事人行使诉讼权利、履行诉讼义务是为实现行政实体上的权利义务服务的,但当事人实体上的权利义务并非行政诉讼法律关系的内容本身。而且,行政诉讼法律关系的内容并不仅由当事人行使诉讼权利、履行诉讼义务构成,还包含人民法院行使行政裁判职权,其他诉讼参加人、参与人行使诉讼权利、履行诉讼义务,这些诉讼法律关系主体参加诉讼并无实体上的权利义务,并非为了实现本身实体上的权利义务而与其他主体形成诉讼法律关系。而行政实体法律关系的参加人都是法律关系的当事人，都具有实体上的权利、义务，行政法律关系主体实体上的权利义务构成行政实体法律关系的内容。虽然在行政诉讼过程中，行政诉讼法律关系有时会与行政实体法律关系交叉、重合，但二者的内容不同，可以使它们相互区分。法律关系主体权利义务的不同性质是区分不同种类法律关系的标准。

行政诉讼法律关系相对于民事诉讼法律关系，亦有其不同的特点：①在行政诉讼法律关系中，原、被告双方当事人是特定的，即原告只能是行政管理相对人，被告只能是作为行政主体的行政机关或法律、法规授权的组织。而在民事诉讼法律关系中，原、被告双方当事人没有此种特定性，任何公民、组织（包括国家机关）都既可以作原告，又可以作被告。②行政诉讼法律关系的客体是行政主体的具体行政行为，而民事诉讼法律关系的客体是双方当事人所争议的物、精神财富或行为。此种物、精神财富在诉讼前可能为任何一方当事人所占有，此种行为在诉讼前可能为任何当事人一方所为。很显然，它们不同于行政诉讼法律关系客体，恒定为行政主体的具体行政行为。③作为行政诉讼法律关系内容的诉讼权利义务也不完全同于民事诉讼法律关系中的权利义务。在行政诉讼法律关系中，当事人双方法律地位平等，权利义务却不完全对应，例如原告有起诉权，被告没有反诉权；原告对具体行政行为的违法不负举证责任，被告却要对具体行政行为的合法性负举证责任等，而在民事诉讼法律关系中，当事人双方不仅法律地位平等，权利义务也完全对应。

（姜明安）

xingzheng susong falü guanxi de guocheng
行政诉讼法律关系的过程（process of legal relation of administrative litigation） 行政诉讼法律关系发生、变更、消灭的阶段、步骤、顺序。行政诉讼法律关系因行政管理相对人向人民法院提起行政诉讼和人民法院的受理立案而发生。相对人的起诉和人民法院的受理立案行为是导致行政诉讼法律关系发生的法律事实。行政诉讼法律关系不可能直接因行政机关的行为或相对人的其他行为（如向其他国家机关的申诉控告行为）而发生，也不可能因某种事件的发生而发生。相对人提起行政诉讼，引起行政诉讼法律关系的发生，必须具有原告的资格，符合法定的起诉条件，而且必须提供起诉状。起诉状应包括下述内容：①原告与被告及其诉讼代理人的基本情况：包括原告个人的姓名、性别、年龄、民族、籍贯、职业、工业单位和住址等；原告和被告组织、机关的名称、所在地、法定代表人的姓名、职务等；诉讼代理人的姓名、性别、年龄、民族、籍贯、职业、工作单位和住址等；②诉讼请求以及所根据的事实和理由，包括行政争议的起因和经过，具体行政行为（见可诉性行政行为）的内容和形式，要求人民法院作出何种裁定、判决及其理由根据等；③证据和证据来源，包括有关证据材料的名称、出处（证据材料可作起诉状附件附起诉书之后），证人的姓名、住址等。人民法院接到起诉状后，应对起诉状进行审查，经审查如认为符合起诉条件，应在7日内立案受理；如认为不符合起诉条件，则应当在7日内作出不予受理的裁定。可见，作为行政诉讼法律关系的前提，相对人的起诉行为不能直接导致行政诉讼法律关系的发生，相对人的起诉只有在经人民法院审查立案受理之后才能引起行政诉讼法律关系，所以，相对人的起诉行为是和人民法院的立案受理行为共同构成行政诉讼法律关系发生的法律事实。

行政诉讼法律关系可能因诉讼主体的变更而变更，也可能因诉讼内容的变更而变更。行政诉讼主体变更的情况包括：①作为原告的公民死亡或丧失行为能力，改由其法定继承人或法定代理人继续进行诉讼；②作为原告的法人、其他组织终止，改由承受其权利的法人或其他组织继续进行诉讼；③作为被告的行政机关被撤销，改由继续使行其职权的机关继续进行诉讼；④人民法院在第一审程序中，征得原告同意后，追加或者变更被告；⑤行政诉讼过程中，与被诉具体行政行为有利害关系的公民、法人或其他组织申请作为第三人（见行政诉讼第三人）或者人民法院通知其作为第三人参加诉讼。行政诉讼的内容变更的情况包括：①诉讼客体变更。诉讼客体变更指诉讼过程中具体行政行为的变更。被告在人民法院宣告判决或裁定前（第一审程序中）可以改变被诉具体行政行为，这种改变可以导致两种结果：一是原告同意并申请撤诉，法院亦准许其撤诉，从而导致诉讼终结；二是原告不同意，或原告同意申请撤诉但法院不予准许，从而继续审理原具体行政行为。②诉讼请求变更。诉讼请求变更指原告在诉讼过程中补充或部分变更自己在起诉时提出的诉讼请求以及第三人在诉讼过程中提出与本案有关的诉讼请求。③诉讼理由变更。诉讼理由变更通常是指原告在诉讼过程中部分改变自己在起诉时提出的支持其诉讼请求的事实和法律根据，同时也包括人民法院在审理过程中，发现了当事人在起诉和答辩时未提出的新的事实和证据。

行政诉讼法律关系可以因下述法律事实出现而消灭：①人民法院对案件判决或裁定前，原告申请撤诉，并为人民法院所准许；②人民法院对案件判决或裁定前，被告改变其所作的具体行政行为，原告同意并申请撤诉，且为人民法院所准许；③作为原告的公民死亡，无近亲属继续进行诉讼或其近亲属放弃诉权，人民法院裁定终结诉讼;④作为原告的法人或其他组织终止后,无权利义务承受人继续进行诉讼,人民法院裁定终结诉讼;⑤作为原告的公民丧失诉讼行为能力,无法定代理人代其诉讼,人民法院裁定终结诉讼;⑥在案件审理过程中,原告无正当理由,经法院两次合法传唤拒不到庭,视为其申请撤诉,法院裁定予以准许(如法院不予准许,则诉讼继续进行,人民法院作缺席判决);⑦案件审理完毕,人民法院对案件作出终局判决、裁定。

(姜明安)

xingzheng susong falü guanxi keti
行政诉讼法律关系客体(object of legal relations of administrative litigation) 行政诉讼法律关系主体权利义务所指向的对象,即被诉具体行政行为。具体行政行为是导致行政相对人与行政主体行政争议的根源,而行政争议是行政诉讼的前提。没有行政相对人对行政主体具体行政行为表示不服和向人民法院提起诉讼,就不可能发生行政诉讼。行政诉讼的整个过程都是围绕解决行政争议进行的。从原告起诉,被告应诉,人民法院开庭审理,到人民法院作出判决、裁定,以及对判决、裁定的执行,即是行政争议进入法院和法院解决争议的过程。行政争议的起因是被告作出的具体行政行为,行政争议的产生始于原告认为具体行政行为侵犯其合法权益,行政争议的解决取决于法院审查、确认和对具体行政行为合法性作出裁决。对于合法的具体行政行为,即使原告认为造成了对他的权益的不利影响,人民法院亦予以维持;对于违法的具体行政行为,人民法院则予以撤销,并给予原告以相应的救济。

行政诉讼法律关系的客体不同于民事诉讼法律关系的客体。民事争议的起因可以是双方当事人任一方的行为或某种法律事实,法院解决民事争议通常要审查原、被告双方的行为,或双方争议的某种法律事实,而不是仅审查被告的行为,更不是仅限于审查被告行为的合法性。

(姜明安)

xingzheng susong falü guanxi zhuti
行政诉讼法律关系主体(subject of legal relations of administrative litigation) 主导和参加行政诉讼的各方。包括行政争议的审判机关——人民法院、行政诉讼当事人——原告和被告,行政诉讼第三人、行政诉讼代理人以及行政诉讼的其他参与人——证人、鉴定人、勘验人、翻译人员等。在所有行政诉讼法律关系主体中,人民法院、原告与被告是三方基本主体,其他主体均是围绕此三方基本主体参加或参与到行政诉讼法律关系中来的。

人民法院作为行政诉讼法律关系的基本主体,在整个行政诉讼过程中起主导作用。所有诉讼参加人、参与人的诉讼活动都在人民法院的指导下进行。在人民法院,分管行政审判业务的机构是行政审判庭。行政审判庭审理行政案件,组成合议庭进行。合议庭是具体行政案件的审判组织。在行政诉讼法律关系中,与诉讼当事人和其他诉讼法律关系主体直接打交道的是合议庭,合议庭代表人民法院直接行使行政审判权。但是合议庭不是行政法律关系的主体,行政审判庭也不是行政诉讼法律关系的主体,合议庭所实施的所有诉讼行为都是行政审判庭的行为,行政审判庭的行为则都应认为是人民法院的行为。只有人民法院,才是与行政诉讼当事人和其他诉讼法律关系主体相对应的以自己名义行使法律权利、承担法律义务的主体,具有行政诉讼法律关系主体的资格。行政审判庭及其合议庭只能以人民法院的名义行使审判权,代表人民法院与其他诉讼法律关系主体发生诉讼法律关系。

正因为合议庭不是行政诉讼法律关系的主体,所以合议庭审理行政案件要接受行政审判庭庭长、人民法院院长的指导和监督,接受法院审判委员会的领导和监督。合议庭承办重大疑难的行政案件,可通过院长提请审判委员会讨论,审判委员会也可经院长提议,讨论合议庭审理的重大疑难行政案件。合议庭审判的案件,其裁判已发生法律效力的,如果发现确有错误,审判委员会有权作出再审决定。有关审判问题,一经审判委员会讨论作出决定,合议庭必须遵照执行。根据《行政诉讼法》的规定,审理行政案件的合议庭由审判员组成,或者由审判员、陪审员组成。合议庭的成员,应当是三人以上的单数,合议庭评议案件,讨论和决定问题,实行少数服从多数的原则,以多数意见为合议庭的决定,少数意见允许保留,并如实记入笔录。合议庭依少数服从多数作出的决定,只要未为审判委员会加以否定或改变,即应视为人民法院对相应问题的决定。因此在行政诉讼法律关系中,由合议庭代表人民法院行使审判权利,履行审判义务。

在行政诉讼中,人民法院作为行政诉讼法律关系主体,主要享有下述权利(法律赋予的权限在法律关系中转化为权利):①受理权。人民法院对于原告的起诉,有权依法决定受理,也有权依法不予受理。对于人民法院依法不予受理的行政案件,原告的起诉不能导致行政诉讼法律关系的发生。②收集证据权。在行政诉讼中,人民法院有权要求当事人提供或者补充证据,有权向有关行政机关以及其他组织、公民调取证据。③审理权。人民法院依法享有对行政案件的审理权,通过开庭审理,听取双方当事人的陈述、辩论,听取证人的证词,阅读鉴定人、勘验人的鉴定、勘验笔录,对双方争议的是非曲直作出评价和判断。④指挥诉讼权。人民法院有权指挥整个诉讼活动的进行，从受理原告起诉，要求被告提供答辩状，决定开庭日期，决定是否停止具体行政行为的执行到组织和主持庭审，维持庭审秩序，保障判决、裁定的执行等。⑤判决、裁定、决定权。人民法院经过审理行政案件，有权依法作出判决：维持、撤销或变更具体行政行为，或者判决被告履行其应履行的法定职责。另外，在行政诉讼中，人民法院还有权就有关问题作出裁定和决定。例如，对是否停止对具体行政行为的执行作出裁定，对审判人员是否回避作出决定，等等。⑥排除诉讼障碍权。人民法院对于具有下述行为的诉讼参加人、参与人或其他人，有权根据情节予以训诫，责令具结悔过或处罚款（1000元以下）或拘留（15日以下）；对构成犯罪的依法追究刑事责任，以排除诉讼障碍：A. 有义务协助执行的人，对人民法院的协助执行通知书，无故推拖、拒绝或妨碍执行的；B. 伪造、隐藏或毁灭证据的；C. 指使、贿买、胁迫他人作伪证或者威胁、阻止证人作证的；D. 隐藏、转移、变卖、毁损已被查封、扣押、冻结的财产的；E. 以暴力、威胁或者其他方法阻碍人民法院工作人员执行职务或者扰乱人民法院工作秩序的；F. 对人民法院工作人员、诉讼参与人员、协助执行人侮辱、诽谤、诬陷、殴打或者打击报复的。⑦强制执行权。人民法院对拒不履行已经发生法律效力的判决、裁定的当事人，有权依法采取强制措施，强制当事人履行。⑧收取诉讼费用权。人民法院受理和审理行政案件，有权依法收取诉讼费。当事人诉讼费用的负担，由人民法院确定。

在行政诉讼法律关系中，人民法院的主要义务是依法正确行使行政审判权，保证行政诉讼当事人和其他诉讼法律关系主体诉讼权利、义务的实现，对行政争议作出及时、准确、公正的裁判，以实现行政诉讼的目的。

除了作为行政争议的审判机关的人民法院以外，行政诉讼法律关系的基本主体即为行政诉讼的原告和被告（见行政诉讼原告、行政诉讼被告）。整个行政诉讼法律关系均是围绕行政诉讼原、被告之间的行政争议而开展和进行的，行政诉讼法律关系发生、发展和消灭的过程即是原、被告之间行政争议向法院提起，为法院审判，从而最终被解决的过程。 （姜明安）

xingzheng susong faxue
行政诉讼法学（science of administrative proceeding law） 法学的分支学科之一。在性质上既可归属于行政法学，又可归属于诉讼法学，以行政诉讼法律制度和行政诉讼实践客观规律为研究对象。行政诉讼法学作为一门独立的学科，以行政诉讼法律制度为依托，随行政诉讼法律制度的建立而建立，随行政诉讼法律制度的发展而发展。研究行政诉讼法律制度的目的在于遵循其发展的客观规律，为健全和完善其诉讼程序制度服务。行政诉讼法学属应用性法学，以行政诉讼实践为基础，总结经验，揭示行政诉讼制度在实际运作中的协调性和适应性，为行政诉讼制度的发展提供理论指导。行政诉讼法学理论来源于实践，又指导和规范实践，行政诉讼实践既是行政诉讼法学理论的运用，又是对行政诉讼法律制度的检验。行政诉讼法学以行政诉讼法律制度为研究对象，在于以行政诉讼法学的一般原理探求程序制度的科学性和在实践中的适应性，提出系统的理论意见，在诉讼实践与诉讼制度建设之中发挥中介与桥梁作用。

行政诉讼法学研究行政诉讼法律制度，一是在于系统了解和掌握现行行政诉讼法立法的社会基础、客观条件、立法依据以及立法者的意旨，将现行行政诉讼法置于一定历史阶段、社会环境、客观需要来认识。二是在于系统理解和掌握行政诉讼法的立法指导思想、基本原理，以及各项具体制度建立的基础、包含的内容和具有的功能，正确认识行政诉讼法律制度与其他程序法律制度的共通性与独特性。三是揭示现行行政诉讼法的体系结构，把握整个行政审判程序和诉讼程序的框架和各部分的相互联系。四是结合实际考察现行行政诉讼法在实践中的适应性和适应度，在维护和监督依法行政，保护公民、法人和其他组织合法权益中的客观效应。五是结合行政法有关行政诉讼的规定和行政复议制度，研究行政诉讼法与行政管理行为的衔接性和协调性。六是考察中外行政诉讼法律制度的发展变化，探求其发展规律，了解现代社会行政诉讼法律制度发展的趋势。

行政诉讼法学研究行政诉讼实践，一是应了解现行行政诉讼法施行后行政案件总的情况，案件的类型，案件发生的原因，变化的趋势，进而探讨行政案件的发案规律。二是以行政诉讼法原理去观察行政诉讼的实践，发现不同的行政案件具有哪些不同的本质特点和外在表现形式，进而探讨现行的程序制度与不同类型案件的适应性和适应度。三是总结行政诉讼的实践经验，认真分析现行制度规范哪些是成功的，哪些尚有不足，探讨成功中的规律性，揭示不足中的差误性，对实践中存在的问题提出理论上的对策。

行政诉讼法学以现行行政诉讼法为依托，以诉讼实践为基础，以行政诉讼法律制度运作原理和发展变化的规律与趋势为中心，发现和研究深层次的问题，提出系统的理论意见，为实现行政诉讼的目的服务。这些既是行政诉讼法学的任务，也是行政诉讼法的价值。

行政诉讼法学作为一门独立的学科在我国建立较晚。中华人民共和国建立前，民国时期虽有很不完善的行政诉讼制度(全国仅有一个行政法院),但未形成真正的行政诉讼法学。新中国成立后,行政争议最初是由监察机关解决,监察机关被撤销后,则由各行政主管部门内的信访机构解决。因而既无独立的行政诉讼法律制度,也就未能建立独立的行政诉讼法学,有关行政诉讼的少量论述多见之于行政法学。1982年《中华人民共和国民事诉讼法(试行)》规定人民法院依法受理行政案件,是我国现行行政诉讼制度的开端。从此,人民法院审判了一批行政案件,积累了一些经验,为我国行政诉讼法的制定和行政诉讼法学的建立奠定了一定的基础。随着1989年《中华人民共和国行政诉讼法》的颁布,在我国开始建立独立的行政诉讼法学,一批行政诉讼法的普及读物和行政诉讼法学的教材、著作相继问世,并在数量与质量上逐年有所增加和提高。

我国行政诉讼法学虽然建立的时间不长,但发展较快,现在已有了一支中青年行政诉讼法学研究队伍,其中有些人已成为我国第一批行政诉讼法学专家,发表和出版了较高水平的论文和著作。但是,行政诉讼法学作为一门独立的学科,在我国毕竟形成较晚,加之人员不多,有些人又是将其作为第二研究方面,因此力量显得有些单薄。同时,在某些基本理论问题上尚待深入探讨,比如,行政诉讼法学是行政法学的组成部分,属于行政法学的分支学科,还是与民事诉讼法学、刑事诉讼法学并列的三大诉讼法学之一;行政诉讼法调整的社会关系是行政机关与行政相对人之间的关系,还是人民法院与当事人及其他诉讼参与人(见行政诉讼的其他参与人)之间的关系,或者是这些关系都属于行政诉讼法调整的范围;行政诉讼法的某些程序制度与民事诉讼法的某些程序制度有其相似和相同之处,但相似是不是就是内涵相同,相同是不是就是完全一样;行政机关作为行政诉讼的当事人,是否享有诉权,其诉权是行政职权的转化,还是就是行政管理权,等等。对诸如此类基本理论问题的探讨,无疑将推进我国行政诉讼法学的研究和发展。 (刘家兴)

xingzheng susong gongtong susongren

行政诉讼共同诉讼人(joint litigant of administrative litigation) 行政诉讼当事人一方或双方为二人以上因同一或同样具体行政行为(见可诉性行政行为)而发生的行政案件中的共同原告和共同被告。

共同诉讼 行政诉讼共同诉讼人是行政诉讼共同诉讼中的当事人。根据《行政诉讼法》的规定,当事人一方或者双方为二人以上,因同一具体行政行为发生的行政案件,人民法院认为可以合并审理的,为行政诉讼共同诉讼。可见,构成行政诉讼共同诉讼必须具备以下条件:①原告或被告的人数为二人以上或者原、被告人数均为二人以上;②诉讼标的是同一或同样的具体行政行为;③相应案件人民法院认为可以合并审理。行政诉讼标的为同一种类(非同一个标的)的案件,法院并非必须合并审理。只有法院认为合并审理既便于当事人进行诉讼,又有利于法院简化诉讼程序,节省时间和费用,并有利于法院作出正确、合理的判决时,法院才会决定合并审理。否则,即使是多个当事人因同样的具体行政行为而发生的行政案件,也不会构成共同诉讼。没有共同诉讼,也就不可能有共同诉讼人(共同原告和共同被告)。

共同原告 对同一具体行政行为或同样的具体行政行为不服而提起行政诉讼(为人民法院合并审理)的两个以上的个人、法人或其他组织。在实践中,共同原告主要有下述情形:①行政主体在同一行政处罚决定中对两个以上相对人给予处罚,这些被处罚人均不服而提起行政诉讼;②行政主体因同一事由对两个以上相对人采取行政强制措施,这些相对人均不服而提起行政诉讼;③行政主体对两个以上申请同样的许可证照的相对人均予拒绝或不予答复,这些申请人均不服而提起行政诉讼;④行政主体违法要求两个以上相对人履行某一相同义务,这些相对人均不服而提起行政诉讼;⑤行政主体对法人、组织及其负责人就同一事由作出同一处理决定,该法人、组织和他们的负责人均不服而提起行政诉讼;⑥治安行政处罚案件中,违法行为人侵害了两个以上个人、组织的权益,这些被害人均认为行政主体对违法者处罚过轻,就处罚决定向法院提起行政诉讼;或者被处罚人和被害人均对处罚决定不服,向法院提起行政诉讼;⑦发放抚恤金案件中,两个以上公民认为同一行政主体没有依法发给他们同一性质的抚恤金而提起行政诉讼;⑧行政主体没有依法履行某一法定职责,同时导致了两个以上相对人人身权、财产权的损害,这些被害人均不服而提起行政诉讼。

共同被告 共同作出被原告所诉的同一具体行政行为(为人民法院合并审理)的两个以上的行政机关或法律、法规授权的组织。在实践中,共同被告主要有下述情形:①两个以上不同部门的行政机关就其共同管辖的事项或分别涉及各自管辖范围的事项共同作出某一具体行政行为而被诉;②两个不同地域的行政机关就其共同管辖的事项或分别涉及各自管辖区域的事项共同作出某一具体行政行为而被诉;③上下级行政机关共同作出某一具体行政行为而被诉;④行政机关与法律、法规授权的组织共同作出某一具体行政行为而被诉;⑤两个以上法律、法规授权的组织共同作出某一具体行政行为而被诉。 (姜明安)

xingzheng susong guanxia

行政诉讼管辖(jurisdiction in administrative

litigation） 人民法院之间受理第一审行政案件的职权划分，即确定人民法院之间受理第一审行政案件的分工和权限。行政诉讼管辖具体可分为级别管辖（见行政诉讼级别管辖）、地域管辖（见行政诉讼地域管辖）、选择管辖（见行政诉讼选择管辖）、专属管辖（见行政诉讼专属管辖）、移送管辖（见行政诉讼移送管辖）和指定管辖（见行政诉讼指定管辖）。

确定行政诉讼的管辖，要充分考虑行政案件的种类、状态和性质，一般说来，要掌握如下一些原则：①便于原告诉讼。在行政法律关系中，被告行政机关属于管理者的主动地位，相对一方当事人则处于受管理的被动地位。为保障公民、法人或其他组织充分行使行政诉权，就要优先考虑便于原告参加诉讼。②各级各地人民法院之间要合理分工，这样会有利于各级各地人民法院均衡负担案件。③便于人民法院办案。这一原则的主要考虑不仅在于要方便人民法院查明案件事实，从而合法、及时地办理案件，而且要利于人民法院裁判的及时执行。④有利于司法的公正性。要防止行政机关利用职权对人民法院施加影响，以迫使人民法院作出有利于行政机关的司法裁判，从而保持司法公正。⑤原则性与灵活性相结合。行政诉讼管辖的事项比较复杂，仅靠法定管辖难以适应繁复多变的情况。因此，必须保留如指定管辖这样灵活处置的余地。

管辖权具有不可变性，除上级人民法院依法提审或指定其他法院管辖，或者在案件审理过程中出现了影响原审人民法院管辖权的法定事由，任何组织和个人都不得干预和变更人民法院的管辖权。

管辖权与审判权有着密切的关系，审判权是管辖权的基础，不属于人民法院行政审判范围的案件，显然也就不存在管辖权问题。管辖权则是审判权得以实现的前提，属于人民法院行政审判范围的案件，就必须要先解决在人民法院系统内，应由哪一级哪一个人民法院作一审审理的问题。否则，人民法院的行政审判权就无法得以实现。

明确地划分管辖权，具有十分重要的意义。它可以明确人民法院系统内部的分工；均衡各个人民法院的审判工作任务；便于公民、法人或者其他组织和行政机关行使诉讼权利；利于人民法院审理行政案件和自觉主动地接受同级人民代表大会及其常务委员会、检察院与人民群众的监督。

管辖只需对第一审人民法院加以确定，因为一审管辖明确，上诉审的管辖自然就是上一级人民法院，因此，不必再去专门规定第二审人民法院的管辖。

（王振清）

xingzheng susong guanxia yuanze
行政诉讼管辖原则（principles of jurisdiction in administrative litigation） 确定划分人民法院之间受理第一审行政案件分工要遵循的基本准则。人民法院依法行使行政审判权，是以正确执行管辖权为条件的。对某一具体案件管辖的确定，不仅涉及到人民法院系统内部的权限分工，涉及到当事人的利益，也会涉及到法律、法规的适用以及案件能否及时、顺利的审理。因此，确定管辖必须注意遵循这样一些基本准则：①行政诉讼管辖的便民原则；②行政诉讼管辖有利于法院审判原则；③行政诉讼管辖有利于执行原则；④行政诉讼管辖有利诉讼公正原则；⑤行政诉讼管辖有利于法院合理分工原则。

（王振清）

xingzheng susong guanxia de bianmin yuanze
行政诉讼管辖的便民原则（the principle of jurisdiction for convenience of litigants） 确定行政诉讼管辖的基本准则之一。这一原则首先表现为要便利原告起诉，这是要着重考虑的问题。在行政法律关系中，被告行政机关始终处于管理者的主动地位，原告方当事人则处于被管理的服从地位。为保障公民、法人或其他组织能够充分行使诉讼权利，在确定管辖时，当然要优先考虑便于原告参加诉讼。例如《行政诉讼法》在规定地域管辖（见行政诉讼地域管辖）时，除了要遵循原告就被告的一般原则外，还针对特殊情况，作了特殊规定。例如，在该法第18条中就规定："对限制人身自由的强制措施不服提起的诉讼，由被告所在地或者原告所在地人民法院管辖。"这种由原告选择管辖法院投诉的规定，充分体现了便利原告诉讼的原则。其次，行政诉讼管辖中的便民原则，也要体现便于被告的应诉。行政诉讼中，被告行政机关是当事人一方，在便利原告基础上，也要考虑便利被告方的应诉和履行诉讼义务。行政诉讼中一般地域管辖，就使被告行政机关可以较为方便地应诉。当然，还要考虑便利其他诉讼参与人参加行政诉讼活动。

（王振清）

xingzheng susong guanxia youliyu fayuan heli fengong yuanze
行政诉讼管辖有利于法院合理分工原则（the principle of jurisdiction conducive to reasonable allocation of caseload among courts） 确定行政诉讼管辖的基本准则之一。制定行政诉讼管辖应注意解决人民法院之间在受理案件上的合理分工和平均负担问题。因为不合理的分工，必然会导致部分法院案件堆积，部分法院又缺乏案源。这样，势必影响法院的威信，审判工作效率也难以得到提高。特别是旷日持久的诉讼，会使当事人合法权益不能及时得到有效救济，依法行政也难以得到及时的维护和监督。由于行政案件性质、复杂程度、影响大小不尽相同,确定管辖时,也应当考虑有关法院承担某类案件的实际可能性,例如,基层人民法院难以承担的重大行政案件,就应规定由中级人民法院、高级人民法院等来作第一审管辖。这样不仅可以提高效率,而且可以保证案件的审判质量。　　　　　　　　　　　　　　(王振清)

xingzheng susong guanxia youliyu fayuan shen pan yuanze

行政诉讼管辖有利于法院审判原则(the principle of jurisdiction conducive to judicial review) 确定行政诉讼管辖的基本准则之一。这一原则主要表现为,既要便于人民法院行使审判权,又要便于人民法院排除外来干扰。管辖的确定,不但要切实保证人民法院的审理、判决和执行职责的履行,也要注意排除对于人民法院审判活动的外界干扰,保证人民法院依法独立行使行政审判权。例如,我国《行政诉讼法》第17条规定:"行政案件由最初作出具体行政行为的行政机关所在地人民法院管辖。"如此规定,显然为人民法院的调查、取证、审判及执行提供了方便,使人民法院可以及时、充分地行使审判权。在级别管辖(见行政诉讼级别管辖)上,规定重大、复杂的行政案件由较高审级的人民法院管辖,也就是说,只有中级以上的人民法院才有权管辖这类案件。这样,既减轻了基层人民法院的部分负担,也有利于人民法院排除外界干扰,从而公正、准确地审理好行政案件。　(王振清)

xingzheng susong guanxia youliyu susong gong zheng yuanze

行政诉讼管辖有利于诉讼公正原则(the principle of jurisdiction conducive to fairness) 确定行政诉讼管辖的基本准则之一。诉讼公正是人民法院司法活动的核心,人民法院应通过自己的全部审判活动,确保公正执法。但是,在司法实践中,不可避免地会出现来自方方面面的干扰。在行政审判中,被告行政机关是拥有行政职权的政府部门。因此,在确定管辖时,要切实防止行政机关利用职权对人民法院施加压力,以迫使人民法院偏离公正轨道,无原则地作出对行政机关有利的判决和裁定。同时,要尽可能地利用管辖的法律规定排除来自行政机关的影响和干扰。在这方面,对较高级别的行政机关或较重大的行政案件,交由较高审级的人民法院审理是个有效的措施,在实践中的效果也比较好。我国《行政诉讼法》在规定管辖时,充分注意了这个问题,这对人民法院公正审理案件,是十分有益的。　　　　　　　(王振清)

xingzheng susong guanxia youliyu zhixing yuanze

行政诉讼管辖有利于执行原则(the principle of jurisdiction conducive to enforcement of judgment) 确定行政诉讼管辖的基本准则之一。根据我国法律规定,对于人民法院裁判的执行由第一审人民法院承担。很显然,行政诉讼的管辖与执行有着密不可分的联系。人民法院对案件正确、合法的裁判是重要的,它可以表明司法的公正性,但是能否使人民法院正确的裁判意图得以实现,则是更加重要的问题,而裁判意图的最终实现就要靠人民法院的有效执行。由于执行要涉及行政诉讼当事人的切身利益,特别是有可能涉及到行政机关的各种利益,故此执行困难是可以想见的。我国《行政诉讼法》在管辖的法律规定上,注意到了这一情况,将有利执行作为一个重要原则,这是十分必要的。例如,《行政诉讼法》规定,因不动产引发的行政诉讼,由不动产所在地人民法院作第一审管辖,对执行就十分有利。事实上,对高级别行政机关及重大行政案件交由较高审级人民法院作第一审管辖,也明显体现了利于对案件执行的基本考虑。
　　　　　　　　　　　　　　(王振清)

xingzheng susong jibie guanxia

行政诉讼级别管辖(jurisdiction by level of court) 上下级人民法院之间受理第一审行政案件的分工和权限,即确定上下级人民法院对不同性质、不同影响的各类行政案件的第一审管辖权。根据《人民法院组织法》的规定,我国人民法院共分为四级,即基层人民法院、中级人民法院、高级人民法院和最高人民法院。这四级人民法院都有权管辖一定范围的第一审行政案件。究竟哪一类行政案件由哪一级人民法院作第一审,就是级别管辖所要解决的问题。确定级别管辖的重要标准,是要看案件的性质、影响及复杂程度。我国《行政诉讼法》分别就四级人民法院管辖第一审行政案件的范围作了明确规定。

基层人民法院管辖的第一审案件 《行政诉讼法》第13条规定:"基层人民法院管辖第一审行政案件。"这一规定说明,除上级人民法院管辖的第一审行政案件外,行政案件一般都应由基层人民法院管辖。基层人民法院是我国审判机关中最基层单位,它遍布全国各个地区,多数情况下,基层人民法院所在地既是原告和被告所在地,又是行政行为和行政争议的发生地,将大量行政案件放在基层人民法院作为第一审,不仅便于当事人参加诉讼,也便于人民法院正确及时地处理行政争议。

中级人民法院管辖的第一审案件 《行政诉讼法》第14条规定,中级人民法院管辖下列第一审行政案件：①确认发明专利权的案件、海关处理的案件。确认发明专利权的机关是国家专利局，确认这种权利需要较高的专业知识水平，规定由中级人民法院管辖较为适宜。海关一般设置在大中城市，其行政业务种类较多，有的具有较强技术性，有的涉及对外贸易和科技文化交往，把海关行政案件放在中级人民法院审理，主要考虑到这种案件的复杂性，也符合便利当事人诉讼的原则。②对国务院各部门或者省、自治区、直辖市人民政府所作的具体行政行为（见可诉性行政行为）提起诉讼的案件。这类案件有两个基本特点，其一是被告行政机关的级别高，案件影响相对较大。其二是案件一般都较为复杂，有的还属于重大疑难案件，为了保证案件审判质量，减少可能产生的干扰，规定由中级人民法院管辖。应当注意的是，这一规定仅适用于上述部门或政府以自身名义作出的具体行政行为，其职能部门以自己名义所做的具体行政行为，不在此项规定之列。③本辖区内重大、复杂的案件。这是一种概括性规定，是相对于基层人民法院管辖的第一审案件而言的。本项规定弹性较大，如何掌握尚待不断摸索。实践中，凡是在本辖区内群众反映强烈、涉及众多人利益、行政处罚重或较为敏感的案件，都可以考虑作为重大、复杂案件由中级人民法院作为第一审。

高级人民法院管辖的第一审案件 高级人民法院是我国地方人民法院中最高一级的审判机关，包括省、自治区、直辖市高级人民法院。其主要任务是监督、指导地方各中级人民法院和基层人民法院的审判工作，不宜管辖过多的第一审案件。因此，《行政诉讼法》第15条规定："高级人民法院管辖本辖区内重大、复杂的第一审行政案件"。高级人民法院所管辖的第一审行政案件有两个特点：其一，案件的复杂程度要超过中级人民法院受理的案件；其二，案件的影响也应超过中级人民法院受理的案件。

最高人民法院管辖的第一审案件 最高人民法院是我国最高审判机关，主要任务是监督、指导全国各级人民法院的审判工作；作出关于适用法律、法规的批复、指示；对各级人民法院的适用法律、法规作出司法解释。因此，更不宜过多地受理第一审案件。我国《行政诉讼法》第16条规定："最高人民法院管辖全国范围内重大、复杂的第一审行政案件。"这类案件，主要是指对全国范围内的经济、政治生活都可能产生重大影响，全国范围内人民群众反映强烈，情况更为复杂的案件。应当注意，由最高人民法院作为第一审管辖的行政案件是一审终审，所作裁判文书在送达当事人后即行生效。

（王振清）

xingzheng susong juzheng zeren guize
行政诉讼举证责任规则（**rules for carrying the burdon of providing evidence in administrative litigation**） 行政诉讼当事人根据法律规定对行政争议的一定事实加以证明的责任规则。根据《行政诉讼法》的规定，行政诉讼举证责任规则为：被告对作出的具体行政行为（见可诉性行政行为）负有举证责任，其行为被诉后，他应当向法院提供其作出该具体行政行为的证据和所依据的规范性文件。行政诉讼因为是对具体行政行为合法性进行审查，而具体行政行为是由被告行政机关作出的，被告作出具体行政行为应该是基于有充分确凿的证据，没有充分确凿的证据即实施具体行政行为，其行为即为违法。所以，人民法院审查具体行政行为是否合法，必须审查具体行政行为是否有充分确凿的证据，而此种证据，毫无疑问应由被告提供，同时也只有被告才能提供。

关于被告对作出具体行政行为负举证责任的规则，有几个易于混淆的问题必须加以说明：①被告对作出的具体行政行为负举证责任不等于被告在行政诉讼中对一切事实负举证责任。诚然，行政诉讼的客体是具体行政行为，行政诉讼的基本任务是审查和确认具体行政行为的合法性，从这点上说，证明具体行政行为合法和提供具体行政行为合法的证据责任只能由被告行政机关承担。然而，在行政诉讼过程中，原告有时会提出具体行政行为违法和侵犯其合法权益的某些指控，例如，原告指控行政机关滥用职权，行政机关工作人员殴打辱骂了原告，行政机关损坏了原告的某种财产等。行政机关如对此加以否认，这时，原告就负有举证责任。相对人如提不出相应证据就要承担败诉的后果。②被告对作出的具体行政行为负举证责任并不与被告享有提供证据的权利相矛盾。被告提供证据的权利是被告为了反驳原告的指控，维护其具体行政行为的有效成立而向法院主动提供证据的法律上的可能性，法院有接受被告证据的义务。被告的举证责任是被告在行政诉讼中向法院提供证据证明具体行政行为合法的法律上的责任，法院在被告提供的证据不足以证明具体行政行为合法的情况下，有权责成其进一步提供证据，如被告不能提供或拒绝提供，即要承担败诉的后果。③被告对作出的具体行政行为负举证责任不同于原告和其他诉讼参加人、参与人或其他人提供证据的义务。根据我国法律规定，凡是掌握与案件有关的证据的个人、组织，无论是当事人还是其他诉讼参加人、参与人，在诉讼过程中均有义务向人民法院提供证据。但是此种提供证据的义务不同于举证责任，具有提供证据义务的人不一定与本案有利害关系，他们握有证据不提供，加以隐藏或毁灭所要承担的法律责任是接受训诫、罚款或具结悔过，或受到刑罚处罚。而承担举证责任的人，不能提供或拒绝提供证据证明自己主张的合法性、适当性，则是要承担败诉的后果。承举证责任的人必然负有提供证据的义务,负有提供证据义务的人却不一定负有举证责任。④被告对作出的具体行政行为负有举证责任是"谁主张,谁举证"的一般举证责任原则在行政诉讼中的特殊体现。举证责任的一般原则是谁主张,谁举证,行政诉讼的举证责任规则并不与这一规则冲突,因为行政诉讼主要是审查具体行政行为的合法性而不是审查原告行为的合法性,但是,无论是具体行政行为的合法或是原告行为的违法,都是被告的主张,被告之所以要给予原告行政处罚,对原告采取强制措施,或拒绝发给原告许可证、执照等,通常是认为原告行为违法或不合法。它不能证明,法院就推定原告行为合法,原告无须为自己的行为合法举证。在证明原告行为违法或不合法以后,还不等于被告就证明了具体行政行为合法,被告还要进一步提出具体行政行为合法的证据,被告如不能提供充分确凿的证据证明自己的行为合法,法院就推定被告的行为违法,原告无须为被告的行为违法举证。只有被告已提供了充分确凿的证据证明了自己的行为合法以后,原告还主张被告行为违法,例如提出被告滥用职权,其行为侵犯了其合法权益,这时才应由原告负举证责任。原告不能证明自己的主张,即要承担败诉的后果。所有这些,都并不违反"谁主张,谁举证"的原则,而恰恰是"谁主张,谁举证"原则的体现。⑤被告对作出的具体行政行为负举证责任应在一审庭审结束前实现。根据《行政诉讼法》的规定,被告在收到起诉状副本之日起10日内,即要向人民法院提交作出具体行政行为的有关材料,包括作出具体行政行为的证据。在一审庭审过程中,被告虽然不能自行向原告和证人收集证据,但仍可向人民法院补充提供证据。但是举证责任必须在一审庭审结束前完成。否则,人民法院无从对具体行政行为的合法性作出判断、评价和确定,被告在一审庭审结束前,提供不出或拒绝提供作出具体行政行为的证据,人民法院只能依法判决其败诉,撤销被告的具体行政行为。在二审过程中,被告即使能再提出证据,也不能推翻一审判决。因为,如果允许被告可以在一审中不提供证据而在二审中提供的话,就会使一审成为一场毫无意义的游戏,使司法审查失去严肃性,甚至会成为某些被告戏弄人民法院的手段。

(姜明安)

xingzheng susong panjue

行政诉讼判决(court judgment) 简称行政判决。人民法院以国家的名义,根据查明的事实和法律、法规的规定,依照法定程序对被诉行政行为的合法性及其相关的行政争议作出的具有强制性的决断。这一概念的基本内涵是:①行政判决是一种强制性的决断。运用国家强制力强制当事人服从某种法律关系是诉讼的基本要素之一。判决意味着"强制服从",其一经作出,无论对原告还是对被告行政机关,无论是对社会还是对法院自身,都产生相应的约束力。行政判决的这种属性使它与国家机关的一般文书区别开来。②行政判决是行使国家审判权的人民法院的意思表示,是以国家的名义作出的,是国家意志的体现。因此,行政判决是一种权威性判定,一经作出,非依法定程序不得改变。③行政判决是解决相对人与行政机关所争执的事项的结论。具体地说,它是对被诉行政行为是否正确合法的判定,是对当事人所争执的行政法上的权利义务关系的判定,是对行政违法责任的判定。这一点与行政诉讼中的其他判定形式相区别:行政诉讼中的裁定是对行政诉讼当事人的诉讼权利和诉讼义务的判定;行政诉讼中的决定是人民法院为维护诉讼秩序,保障诉讼正常进行而作出的判定。④行政判决的依据只能是事实和法律。行政判决只是对当事人的权利或义务进行确认,而不创设权利和义务。无论是原告的权利与义务还是被告行政机关的职权与职责,都只能由法律加以设定。法院的判决只是将客观的或抽象的权利(职权)和义务(职责)转变为主观的或具体的权利(职权)和义务(职责)。因此,只有合法的判决才是真正具有法律效力的判决,否则可以依照法定程序予以撤销。行政判决必须依照法定程序制作。行政判决必须以开庭审理或书面审理为基础,必须经合议庭成员集体评议,并按照少数服从多数的原则作出决断,由合议庭全体成员署名。必须经审判委员会讨论决定的案件,判决书根据审判委员会的决定制作。这一点区别于任何行政决定和行政诉讼中人民法院其他判定形式的制作。行政判决是国家审判机关对行政活动进行法律监督的基本形式,是人民法院最终解决行政争议的基本手段,是人民法院行使司法监督权的重要体现,是行政审判职能的集中体现,也是进行行政法制宣传教育的生动教材。因此,制作判决是一个严肃而庄重的工作,是人民法院行政审判工作的一个重要组成部分。

根据不同的标准,对行政判决可作如下分类:

维持判决、撤销判决、变更判决、强制履行判决 根据判决与行政行为的关系,行政判决可分为维持判决、撤销判决、变更判决、强制履行判决。维持判决,即维持被诉行政行为的判决;撤销判决,即撤销被诉行政行为的判决;变更判决是指变更被诉行政行为的判决;强制履行判决,即判令被诉行政机关履行一定义务的判决。这种分类是行政诉讼中行政判决的最为重要的分类。

全部判决与部分判决 根据判决所解决争议的范围,行政判决可分为全部判决与部分判决。全部判决是指人民法院在整个案件审理终结后,对当事人的全部争议和请求作出最后结论的判决。部分判决(又称一部判决)是人民法院就审理的案件中事实已经清楚的部分所作的判决,这种判决通常适用于诉讼内容较多,或者涉及合并审理的案件。先行判决的部分事实,必须具有相对的独立性。

对席判决与缺席判决 根据当事人双方是否全部出庭参加诉讼来划分,行政判决又分为对席判决与缺席判决。对席判决,是当事人双方都出庭参加诉讼的情况下,人民法院作出的判决,即建立在双方当事人质证、辩论基础上的判决;缺席判决是只有一方当事人出庭参加诉讼,另一方当事人经人民法院合法传唤,无正当理由拒不到庭,或者未经法院许可中途退庭的情况下,人民法院作出的判决。人民法院审理行政案件,应当尽可能地对席判决,只有在法定事由出现的情况下才能缺席判决。

肯定判决、否定判决与部分肯定部分否定判决 根据判决对原告一方诉讼请求的满足与否来划分,行政判决又分为肯定判决、否定判决、部分肯定部分否定判决。满足原告的诉讼请求的判决,亦即原告获得胜诉的判决为肯定判决;驳回原告的诉讼请求的判决,亦即原告败诉的判决为否定判决;部分满足原告诉讼请求,亦即原告部分胜诉、部分败诉的判决为部分肯定部分否定判决。

生效判决与未生效判决 根据判决是否发生法律效力来划分,行政判决可分为生效判决(又称确定判决)与未生效判决(又称未确定判决)。生效判决是指已经发生法律效力的判决,包括第一审人民法院作出的当事人在法定期间未上诉或上诉又撤诉的判决,第二审人民法院的终审判决,最高人民法院作出的所有判决。未生效判决,是指未发生法律效力的判决,主要是指第一审人民法院作出的准予上诉而上诉期限未满的判决。

一审判决与二审判决 根据作出判决的法院的审级来划分,行政判决又分为一审判决与二审判决。一审判决,是指人民法院适用第一审程序所作出的判决,以及在审判监督程序中适用一审程序对案件再行审理作出的判决。二审判决,是指人民法院适用第二审程序审理案件所作出的判决,以及在审判监督程序中适用二审程序对案件再行审理作出的判决。

终审判决与非终审判决 根据作出判决的法院在诉讼中的地位,以及当事人上诉的可能性划分,行政判决又分终审判决与非终审判决。终审判决是一经宣告或者在判决书送达后即发生法律效力,当事人对之不能提出上诉的判决。根据我国《行政诉讼法》,对第二审案件所作出的判决都是终审判决。最高人民法院对第一审案件所作出的判决也是终审判决。非终审判决是指第一审人民法院所作出的当事人对之可以提起上诉的判决。

(江必新)

xingzheng susong qita canyuren
行政诉讼其他参与人(other participants of administrative litigation) 除行政诉讼参加人以外的参与行政诉讼活动的人,包括证人、鉴定人、勘验人、翻译人员等。行政诉讼参与人包括行政诉讼参加人,但行政诉讼参加人与其他参与人不同,他们本身与诉讼案件有利害关系,他们参与行政诉讼是为了维护本身或其被代理人的权益。而行政诉讼其他参与人本身则与诉讼案件无利害关系,他们参与行政诉讼是为了帮助人民法院在审理案件中查明事实真相,获取证据和确定证据的真实性、证明力,保证审判的顺利进行,以使法院能对案件作出正确的判决。

(姜明安)

xingzheng susong qisu qixian
行政诉讼起诉期限(time limit to implead) 行政管理相对人不服行政机关的处理决定向法院提起行政诉讼的法定期间,也称诉讼时效。它是相对人行使诉权,请求司法保护的时间要求,超过了起诉的法定期限,相对人便丧失了请求法院依诉讼程序强制义务人履行义务的权利。法律规定起诉期限的目的,在于督促相对人及时行使权利,尽快解决争议,维护行政管理的正常秩序,促进社会稳定。根据我国《行政诉讼法》第38条第2款和第39条规定,行政诉讼的起诉期限,因是否经过行政复议而不同。经过行政复议的案件,起诉的期限为15日,自收到复议决定书之日起或者复议期满之日起计算。但法律另有规定的除外。依法不经行政复议而直接起诉的案件,起诉的期限为3个月,自知道作出具体行政行为之日起计算。但法律另有规定的除外。

(谭 兵)

xingzheng susong qisu tiaojian
行政诉讼起诉条件(conditions for impleading) 行政管理相对人行使诉权,请求司法保护必须具备的条件。根据《行政诉讼法》第41条规定,起诉必须符合下列四个条件:①原告是认为具体行政行为(见可诉性行政行为)侵犯其合法权益的公民、法人或者其他组织。这是指原告要合格。它包括三层含义:一是指原告必须是有诉讼权利能力者。因为有诉讼权利能力是成为合格原告的起码法律资格。二是指原告必须是与被诉具体行政行为有利害关系者。也即原告一般是某一行政法律关系中的管理相对人,因为只有该行政法律关系中的管理相对人才与被诉具体行政行为有直接利害关系。三是指原告必须是主观上认为具体行政行为侵犯其合法权益者。因为只有在这种情况下,原告才会对具体行政行为不服而诉诸法院。在行政诉讼中,合格的原告包括公民、法人和其他组织三种类型。

②有明确的被告。这是指原告起诉时必须指明哪个行政机关或者法律、法规授权的组织侵犯了其合法权益，对谁提起诉讼。如果被告不明确，法院就无法审理案件，解决纠纷。至于原告指明的被告是否合格则不必苛求，因为这是法院审查原告的起诉所要解决的问题，原告指明的被告不合格不影响原告行使起诉权。③有具体的诉讼请求和事实根据。所谓具体的诉讼请求，是指原告要求法院通过审判所要解决的具体问题，也即原告提起行政诉讼所要达到的目的。根据《行政诉讼法》的规定，原告的诉讼请求可以是请求法院撤销被告的具体行政行为，可以是请求法院判决被告重新作出具体行政行为，可以是请求法院判决被告履行某种法定职责，可以是请求法院判决变更被告某一显失公正的行政处罚行为，可以是请求法院判决被告赔偿某一具体行政行为所造成的损失，等等。原告在起诉时既可以提出一项诉讼请求，也可以同时提出几项诉讼请求。所谓事实根据，是指原告对被告提出诉讼请求的理由。它包括三个方面的内容：一是起诉的法律依据，包括程序法依据和实体法依据。二是案情事实，包括具体行政行为存在的事实和合法权益受到侵害的事实。而证明具体行政行为存在的事实，一般是以行政机关的书面处理决定书为依据的，如果行政机关作出具体行政行为时，不制作、不送达决定书的，原告只要证明该具体行政行为确实存在并符合其他起诉条件的，法院也应受理。三是证据事实，即证明这些案情事实存在的必要根据。④属于人民法院受案范围和受诉人民法院管辖。所谓属于人民法院受案范围，也即属于人民法院行使审判权的对象。只有符合《行政诉讼法》第 11 条规定范围的案件，原告才有权提起诉讼，法院才有权进行审理。此外，原告起诉的案件还必须是按照《行政诉讼法》第三章的规定，属于受诉法院管辖的案件。以上四个条件必须同时具备。这四个条件既是原告起诉的条件，也是法院受理案件的条件。只有具备这四个条件，原告才能起诉，法院才能立案审理。行政诉讼法对起诉条件的规定，为当事人行使诉权和法院行使审判权提供了客观标准，它对于方便群众诉讼和方便法院办案，防止原告滥用诉权，克服法院受理案件中的主观随意性，及时解决行政争议，保护公民、法人和其他组织的合法权益等方面具有重要意义。

(谭 兵)

xingzheng susong shewai songda

行政诉讼涉外送达（service in administrative litigation relating to foreign elements） 人民法院对在中华人民共和国领域外的外国人、无国籍人、外国组织送达行政诉讼法律文书的诉讼行为。根据我国民事诉讼法规定，对外国人、无国籍人、外国组织的诉讼法律文书送达应适用特别规定。案件涉及侨居外国的中国公民时，因具有涉外因素，也应适用涉外送达的特别规定。我国《行政诉讼法》对这类送达未做规定，应按民事法律规定办理。涉外送达通常采取如下方式：

通过外交途径送达 这是指人民法院将应送达的法律文书通过外交途径，送达给居住在我国领域以外的受送达人。根据 1986 年 8 月 14 日最高人民法院、外交部、司法部《关于我国法院和外国法院通过外交途径相互委托送达法律文书若干问题的通知》，我国人民法院通过外交途径送达法律文书须按下列程序办理：第一，要求送达的法律文书须经省、自治区、直辖市高级人民法院审查，由外交部领事司负责转递。第二，须准确注明受送达人的姓名、性别、年龄、国籍及其在国外的详细地址，并将该案的基本情况函告外交部领事司，以便转递。第三，须附有送达委托书，如果对方法院名称不明，可以委托当事人所在地区的主管法院代为送达。如果该国对委托书和法律文书有公证、认证等特殊要求的，将由外交部领事司逐案通知。

委托中国使、领馆代为送达 向居住在外国的中国籍当事人送达诉讼文书，不需要经过当事人所在国任何机关，而由我国的司法机关直接委托我国驻当事人所在国的使、领馆送达即可。用这种方式送达的法律文书，不必附外文译本。

邮寄送达 1964 年的海牙公约规定，在当地国家不反对的条件下，可以采取邮寄送达。因此，在涉外邮寄送达前，要了解有关情况，以当事人所在国的法律允许为前提。邮寄送达的，自邮寄之日起满 6 个月，送达回证没有退回的，视为送达。但根据各种情况可以认定已经送达的，期间届满之日视为送达。

按照司法协助协议送达 人民法院可以委托同我国有司法协助协议的当事人所在国的法院按协议规定送达。外国法院接受委托后，按照其本国法律规定的方法，完成代为送达的事项。如果协议规定，可以委托当事人所在国的其他官方机构代为送达的，也可以直接委托该机构代为送达。

当事人的诉讼代理人送达 一方当事人的诉讼代理人将需要送达的诉讼文书通过邮寄、书面递交等办法送交当事人。这种方式较为简便，尤其是在外国与我国尚没有外交关系的情况下，这种送达方式有一定的必要性。此种送达方式不属于代为送达，因为将诉讼文书送达当事人的诉讼代理人，与送达当事人本人具有同等法律效力。

向受送达人的代表机构或业务代办人送达 指人民法院将应送达法律文书，向受送达人在中华人民共和国领域内设立的代表机构或者有权接受送达的分支机构、业务代办人送达。

公告送达 向我国领域以外的当事人送达诉讼文书，原则上应采取上述方式，特殊情况下不能以上述方式送达的，可以用公告方式送达。公告应登载于能够在我国领域外发行的报纸上，使当事人有可能看到该公告，并按公告要求进行诉讼活动。涉外公告送达的送达期间，与国内公告送达不同，应自公告之日起满6个月，即视为送达。

（王振清）

xingzheng susong shouan fanwei
行政诉讼受案范围（scope of reviewable agency actions in administrative litigation） 亦称诉讼主管范围。人民法院在什么范围内对行政机关的具体行政行为（见可诉性行政行为）拥有受理、审判的权力。行政诉讼受案范围，规定了行政法律关系中的相对人，即公民、法人和其他组织的诉权范围，也决定了司法权对行政权监督和制约的程度，因而这是行政立法中的一个重要问题。

世界各个国家和地区对行政诉讼受案范围的法律表述不尽相同，归纳起来大抵有三种基本形式：①没有专门法律作统一规定。受案范围实际上是制定成文法的国家才有的概念。英、美等一些国家并无单一行政诉讼法，对于案件的受理，没有十分明确的界线，因此难以确切说明这类国家的受案范围问题。②概括式规定。由法律原则地规定一个概括性标准，凡与此原则标准相符合的行政案件，均可以提起行政诉讼。概括式规定的受案范围，一般较为宽泛。③列举式规定。将受案范围采用列举的方式加以规定。列举包括两种方式，第一种系法律列举，即由各单行法律、法规逐一列举受案内容。第二种则属于内容列举，即由统一的行政诉讼法在其法条中逐项列举出可受案内容。

我国《行政诉讼法》在其立法过程中，对受案范围的规定，遵循了三条原则：①从切实保障公民、法人和其他组织合法权益出发。在原《民事诉讼法》第3条第2款法律列举的基础上，适当扩大受案范围。②正确处理审判权与行政权的关系，人民法院既要依法受理和审判行政案件，又要不对行政机关在法律、法规规定范围内的行政行为进行干预，一般也不能以审判权取代行政权，以保障行政机关依法正常有效地实施管理。③鉴于我国目前实际情况，受案范围尚不宜规定过宽，只是在原受案范围基础上作了一定的扩大，并为今后逐步放宽受案范围保留灵活余地。

我国《行政诉讼法》对受案范围的规定在立法技术上吸取外国经验，同时结合我国实际，采取了概括、列举加排除的规定形式。首先概括地规定，公民、法人或者其他组织认为行政机关和行政机关工作人员的具体行政行为侵犯其合法权益，有权依照本法向人民法院提起诉讼。其后又对受案范围作出8项内容列举：①对拘留、罚款、吊销许可证和执照、责令停产停业、没收财物等行政处罚不服的；②对限制人身自由或者对财产的查封、扣押、冻结等行政强制措施不服的；③认为行政机关侵犯法律规定的经营自主权的；④认为符合法定条件申请行政机关颁发许可证和执照，行政机关拒绝颁发或者不予答复的；⑤申请行政机关履行保护人身权、财产权的法定职责，行政机关拒绝履行或者不予答复的；⑥认为行政机关没有依法发给抚恤金的；⑦认为行政机关违法要求履行义务的；⑧认为行政机关侵犯其他人身权、财产权的（以上规定，见《中华人民共和国行政诉讼法》第11条）。与此同时，该法还作出了法律列举，人民法院受理法律、法规规定可以提起诉讼的其他行政案件。由于在内容列举中已明确规定，对涉及人身权、财产权的行政案件人民法院都可以受案，因此，在法律列举中所作出的规定，无疑是人身权、财产权以外的有关规定。最后，又以排除方式规定，国防、外交等国家行为，行政法规、规章或者行政机关制定、发布的具有普遍约束力的决定、命令，行政机关对行政机关工作人员的奖惩、任免等决定，法律规定由行政机关最终裁决的具体行政行为，人民法院不得受理。

根据上述法律规定，受案范围内的行政行为大致可以划分成四种类型。第一类，权利性行政行为。即行政机关赋予或剥夺相对人某种权利的行政行为。相对人通过行政机关的行政行为可以获得的权利大体有3种：①使相对人可以直接为某种行为，例如相对人通过工商行政管理机关所颁发的营业执照，即可营业。②使相对人取得为某种行为的资格，例如相对人通过卫生行政管理机关取得医师的职称，使之具有了行医资格。但是若要实际行医，依法还需另经批准。③使相对人获得某种特殊权利，如相对人依法应通过行政机关获得的抚恤金、救济费等。第二类，义务性行政行为。即行政机关使相对人承担或免除一定义务的行政行为。使相对人承担义务大致有四种情况：承担一般性义务，如保密、完税、缴纳国家规费等。承担协助性义务，要求相对人协助行政机关工作的义务。承担技术性义务，法律将一些重大技术性要求规定为相对人的义务。承担处罚性义务，行政机关依法对违反行政法的相对人施以罚款，是行政行为中较为常见的一种，事实上，罚款就是要求相对人承担金钱给付的财产性义务。第三类，行政强制行为。行政强制包括行政机关对相对人人身、财产所采取的行政强制措施和对不履行行政法规定义务的相对人依法强制执行的行为。第四类，行政处罚行为。行政机关对于违反行政法律规范的相对人有权依法施以惩戒和制裁。行政处罚的设定源于法律、法规。处罚的种类可以分为申诫罚、财产罚、行为罚和人身罚四种。

（王振清）

xingzheng susong sifa shenji

行政诉讼司法审计（judicial audit of administrative action） 根据行政诉讼法和行政法律规定，行政案件管辖的司法机关，因案件处理涉及到当事人的财务会计方面相关问题，对其进行审查的法律行为。行政诉讼司法审计和行政审计不同，后者，是运用行政手段解决经济问题，通过审计权力维护社会经济秩序。而行政诉讼司法审计是运用司法权，对案件涉及的财务会计事项进行司法审查，对具体的行政行为是否合法进行审查。行政诉讼司法审计的任务是：①在涉税行政诉讼中，对财务、账务处理的合法性进行审查；对偷漏税事实进行核实，取得充分证据，对案件作出正确判断。②在财政活动行政诉讼中，对财政收支、财务收支、预算会计事项、专项基金和拨款进行司法审查，判断有无违法行为。③在行政诉讼中，对工商行政管理机关、质量监督机关、金融外汇管理机关、海关等具体行政行为的合法性进行审查，重点是涉讼当事人的会计凭证和有关单据，特别是走私案件、金融违法案件，大多数采用单据上作弊。因此加强审单，是做好这方面司法审计的重点。　　　　　　　　　（柴景秀）

xingzheng susong xuanze guanxia

行政诉讼选择管辖（alternative jurisdiction） 行政诉讼地域管辖的一种。指同一个诉讼几个法院均有管辖权，原告有权选择其中一个人民法院提起诉讼，该法院即取得对这一案件的管辖权。《行政诉讼法》第20条规定："两个以上人民法院都有管辖权的案件，原告可以选择其中一个人民法院提起诉讼。原告向两个以上有管辖权的人民法院提起诉讼的，由最先收到起诉状的人民法院管辖。"这一规定的主旨，是为了避免人民法院之间因管辖权而发生争执，或者在受理案件中的相互推诿。选择管辖的情况主要有三种：①经复议机关复议的案件，复议机关改变了原具体行政行为（见可诉性行政行为），复议机关又与原具体行政行为的作出机关不在同一地。②对限制人身自由的强制措施决定不服而提起的诉讼，原告所在地又与被告行政机关所在地不相一致。③两个以上不在同一人民法院管辖区内的行政机关共同作出一个具体行政行为而引发的行政案件。　　　　　　　　　（王振清）

xingzheng susong yishen buzhou

行政诉讼一审步骤（procedural steps for first instance trial in administrative litigation） 人民法院审理第一审行政案件的具体程序。它体现了行政诉讼活动的阶段性和依法性，对于规范审判人员和诉讼参与人的行为，全面贯彻执行行政诉讼法的各项基本原则和制度，维护法律的尊严，保障案件的公正审判等方面具有十分重要的作用。所谓行政诉讼活动的阶段性，是指法院审理第一审行政案件的过程分为若干阶段，每个阶段的任务各不相同，但互相衔接。一般说来，只有完成了前一阶段的任务后，下一个阶段才能开始。所谓行政诉讼活动的依法性，是指法院审理第一审行政案件是一种有组织、有目的，并将产生一定法律后果的活动。不论是法院还是诉讼参与人，都必须严格依照法律的规定参加案件的审理活动，否则便不会产生一定的法律后果，达不到诉讼的目的。根据我国《行政诉讼法》的规定，行政诉讼一审步骤按时间先后，包括起诉和受理、审理前的准备和开庭审理三大诉讼阶段。

　　起诉和受理 行政诉讼一审步骤（程序）中的第一个诉讼阶段，是其他诉讼阶段的基础和前提。由于行政诉讼实行"不告不理"的原则，如果没有原告的起诉，法院不会主动受理案件。只有原告的起诉行为和法院的受理行为相结合，行政诉讼一审步骤（程序）才能开始。

　　审理前的准备 指人民法院在受理案件后至开庭审理前所进行的各项准备活动。它是人民法院开庭审理案件前的必须步骤，是连接起诉和受理阶段与开庭审理阶段的桥梁，对于保证开庭审理的顺利进行具有重要意义。根据《行政诉讼法》的规定，这个阶段应当做的准备工作主要包括：①组成合议庭；②在法定期限内分别向被告和原告送达起诉状副本和答辩状副本；③审阅案卷材料，调查收集必要的证据；④更换和追加当事人；⑤解决案件是否合并审理的问题；⑥决定是否停止具体行政行为的执行；⑦根据需要确定证据保全措施；⑧决定是否进行财产保全和先予执行；⑨要求被告提供作出被诉具体行政行为的证据和所依据的规范性文件；⑩确定开庭审理的时间、地点和方式。

　　开庭审理 指在法院审判人员主持和当事人及其他诉讼参与人参加下，依照法定程序和方式，在法庭上对案件进行全面审查并作出裁判的诉讼活动。开庭审理是整个审判活动的重心，其特点是：①依照一定的方式和程序进行；②诉讼法律关系主体同时参加诉讼活动；③当事人可以充分行使诉讼权利；④全部诉讼活动采用言词方式进行。开庭审理的基本规则是：①一切证据材料必须经过法庭审查核实才能作为认定案件事实的根据；②当事人陈述意见的机会均等；③法官不得参加当事人一方辩论。开庭审理的程序依次为：①开庭准备；②法庭调查；③法庭辩论；④合议庭评议；⑤宣告判决。

　　行政诉讼一审步骤（程序）在依照上述三大诉讼阶段进行的过程中，有可能遇到一些特殊问题，如原告撤诉（见行政诉讼中原告撤诉）、缺席判决（见行政诉讼中的缺席判决)、延期审理、诉讼中止(见行政诉讼中止)、诉讼终结(见行政诉讼终结)等。对这些特殊问题,必须依照法律的规定处理。　　　　　　　　　(谭　兵)

xingzheng susong yishen chengxu
行政诉讼一审程序(procedure for first instance trial of administrative litigation)　第一审人民法院审理行政案件所适用的程序。它是法院对行政案件初次进行审理所适用的程序,又称初审程序。由于我国对行政案件的审理实行两审终审的制度,因此,行政案件的审理程序便有一审程序和二审程序之分。行政诉讼第一审程序基于原告的起诉和法院对案件的受理而发生,它是法院审理行政案件的必经程序,也是其他审理程序的前提和基础。因此,行政诉讼第一审程序在整个审理程序中占有十分重要的地位。与行政诉讼二审程序相比,行政诉讼一审程序的内容较完整,同时适用范围也较广泛。根据《行政诉讼法》关于级别管辖(见行政诉讼级别管辖)的规定,各级人民法院都要审理第一审行政案件。因此,适用行政诉讼第一审程序的法院,既包括基层人民法院,又包括中级人民法院、高级人民法院和最高人民法院。行政诉讼第一审程序与民事诉讼第一审程序有所不同。民事诉讼第一审程序根据所审理的案件不同,有普通程序与简易程序之分;而行政诉讼第一审程序则无此种区分。(谭　兵)

xingzheng susong yishen xingshi
行政诉讼一审形式(form of the first instance of administrative litigation)　法院审理第一审行政案件所采用的具体方式。法院采用什么方式行使审判权,对行政案件进行审理和作出裁判,取决于法律的规定,而一审与二审有所不同。行政诉讼一审形式涉及两个方面的问题:一是开庭审理还是书面审理。开庭审理又称法庭审理,它是指在法院审判人员主持下和当事人及其他诉讼参与人参加下,在法庭上对案件进行全面审查,并作出裁判的全部活动。书面审理,则是指法院审理行政案件时,不传唤当事人到庭询问和进行辩论,也不通知证人出庭作证,而是仅就当事人提供的书面材料进行审查并作出裁判的一种审理方式。根据《行政诉讼法》的规定,法院审理第一审行政案件必须一律开庭,只有第二审行政案件才可以采用书面审理方式进行审理。二是公开审理还是不公开审理。所谓公开审理(也称公开审判),是指人民法院审理案件除合议庭评议案件以外,一切审判活动都向群众和社会公开的制度。它具体包括三个方面的内容:①开庭前公告当事人姓名、案由和开庭的时间、地点;②开庭时允许群众旁听和允许新闻记者采访报道;③公开宣告判决。公开审判制度是社会主义民主在诉讼活动中的体现,它可以把审判活动置于群众的监督之下,从而有利于案件的公正处理和有利于扩大法制宣传效果。因此,公开审判制度是各国普遍确立的一项诉讼制度。根据《行政诉讼法》第45条的规定,在我国,人民法院审理行政案件,除涉及国家秘密、个人隐私和法律另有规定的以外,一律公开进行。也就是说,在我国行政诉讼中,公开审判是原则,不公开审判是例外。这里应当明确的是:开庭审理不一定是公开审理,公开审理则一定是开庭审理。　　　　　　　　　(谭　兵)

xingzheng susong yisong guanxia
行政诉讼移送管辖(transfer of jurisdiction to authorized court)　行政诉讼裁定管辖的一种。指人民法院将已受理的案件,移送给有管辖权的人民法院审理。我国《行政诉讼法》第21条规定:"人民法院发现受理的案件不属于自己管辖时,应当移送有管辖权的人民法院。受移送的人民法院不得自行移送。"根据这一规定,说明移送管辖的实质是无管辖权的人民法院在受理了不属于自己管辖的案件之后,所采取的一种纠正措施,并非管辖权的转移。移送管辖的成立条件有三个:①人民法院已经受理了案件。②移送的人民法院对该案件确无管辖权。③接受移送的人民法院对此案有管辖权。这三个条件,必须同时具备,移送管辖方能成立。

　　人民法院移送管辖应使用裁定。移送裁定对于接受移送的人民法院具有约束力,该人民法院既不能再行移送其他法院,也不能将案件退回移送法院。若移送确有错误或由本院审判确有困难,应向上级人民法院说明理由并报请指定管辖。移送管辖有两种情况,一是同级之间人民法院的移送管辖,这属于地域管辖(见行政诉讼地域管辖)的移送。二是上下级人民法院之间的移送管辖,这属于级别管辖(见行政诉讼级别管辖)的移送。《行政诉讼法》作出如此规定,解决了无管辖权的人民法院怎样处理已经受理的行政案件问题。
　　　　　　　　　　　　　　(王振清)

xingzheng susong yizhuan guanxia
行政诉讼移转管辖(transfer of jurisdiction)　又称行政诉讼管辖权的转移,属于行政诉讼裁定管辖的一种。指由上级人民法院决定或者同意,把有管辖权的案件,由下级人民法院移交上级人民法院,或者由上级人民法院移交下级人民法院。移转管辖的外在表现形式,是人民法院将自己管辖的第一审行政案件在上下级之间移交。我国《行政诉讼法》第23条规定:"上级人民法院有权审判下级人民法院管辖的第一审行政案件，也可以把自己管辖的第一审行政案件移交下级人民法院审判。下级人民法院对其管辖的第一审行政案件，认为需要由上级人民法院审判的，可以报请上级人民法院决定。"根据这一规定，移转管辖必须同时具备三个条件：①必须是人民法院已经受理的案件。②移交的法院对该案具有管辖权。③移交的人民法院与接受移交的人民法院之间有上下级审判监督关系。

移转管辖与移送管辖（见行政诉讼移送管辖），尽管都是将某一已受理的案件，由一个法院转到另一个法院审理，但二者在性质上却完全不同：①移转管辖是人民法院将自己管辖的某一案件，转给没有管辖权的人民法院审理；移送管辖则是人民法院将不属于自己管辖的案件，转给有管辖权的人民法院审理。②移转管辖是上下级人民法院之间的互转；移送管辖则是同级人民法院之间的移送。③移转管辖必须由上级人民法院决定或者同意；移送管辖却无须上级人民法院决定或者同意。④移转管辖主要用于调整级别管辖（见行政诉讼级别管辖）；移送管辖主要解决正确行使管辖权问题。

根据《行政诉讼法》的规定，移转管辖有以下两种情况：①上级人民法院有权审判下级人民法院管辖的第一审行政案件，也可以把自己管辖的第一审行政案件移交下级人民法院审判。上级人民法院向上提审或向下移审，不受级别管辖与地域管辖的限制，可以上提一级或几级，也可以下移一级或几级。②下级人民法院对其管辖的第一审行政案件，认为需要由上级人民法院审判的，可以报请上级人民法院审判。这主要是指一些重大、复杂、专业技术性强、存在一定干扰的案件，下级人民法院审判确有困难，需由上级人民法院审判。下级人民法院报请上级人民法院审判，应由上级人民法院最终决定，若不同意，该案仍应由报请的人民法院审判。

行政诉讼适用移转管辖，主要是由于行政案件情况复杂，各地差异较大，人民法院的实际情况也不尽相同。移转管辖体现了从实际出发，将管辖的原则性与灵活性相结合。

（王振清）

xingzheng susong yu xingzheng fuyi
行政诉讼与行政复议（administrative litigation and administrative reconsideration） 解决行政争议的两种法律制度，同为救济性的法律制度。对于什么是行政诉讼，不同的国家有着不同的理解。在我国，行政诉讼是指人民法院在双方当事人和其他诉讼参与人参加下，依法对公民、法人或者其他组织不服行政机关的具体行政行为（见可诉性行政行为）而引起的行政争议案件进行审理，并作出裁判的司法活动。行政诉讼就其本质而言，是对行政行为的一种司法监督。

行政复议是指行政机关就其主管的事项，根据相对人一方的请求，依照法律规定，对引起争议的行政决定再次进行审查，并依法作出决定的一种行政活动。它实际上是行政机关按照行政程序解决行政争议的代称，也被称为"行政审查"、"行政复查"、"行政复核"、"行政诉愿"等等。行政复议作为解决行政争议的一项重要法律制度，不但对于维护和监督行政机关依法行使职权，防止和纠正违法或不正当的具体行政行为，保护公民、法人和其他组织的合法权益等方面具有重要意义，而且与行政诉讼相比，在解决行政争议方面还具有以下特点：一是程序简便、灵活，费用较低；二是可以充分发挥行政裁判人员熟悉行政管理业务的专长；三是可以凭借行政系统的垂直领导关系，迅速调取证据，查明案情，解决行政争议。因此，行政复议制度与行政诉讼制度两者不能互相代替，而是应当互相结合，互相补充，充分发挥各自的优势。

由于行政复议与行政诉讼同为解决行政争议制度的组成部分，因而存在着某些相同点。但两者也有不少区别，主要是：①性质不同。行政复议属于行政活动；行政诉讼属于司法活动。②受理的机关不同。行政复议的受理机关为行政系统的行政机关或者专门复议机关；行政诉讼的受理机关为司法体系的人民法院。③提起的原因和审查的范围不同。行政复议以行政决定违法或者不当为提起原因，受理机关应就这两个方面进行审查；行政诉讼一般仅以行政决定违法为提起原因，受理机关一般也仅就此进行审查。④处理权限不同。行政复议机关处理行政争议，不仅可以撤销而且还可以变更原行政机关的处理决定；人民法院处理行政争议，原则上只能维持、撤销违法的行政决定或者要求行政机关重新作出处理决定，一般不能变更行政机关的决定，除非法律有特别规定。⑤效力不同。行政复议决定如果不是终局决定，当事人可以提起行政诉讼；法院的裁判具有最终解决争议的法律效力，当事人必须服从。

由于行政复议制度与行政诉讼制度在解决行政争议方面并行于世，因而产生了两者之间的关系问题。这种关系既包括横向的，又包括纵向的。行政诉讼与行政复议的横向关系，是指国家在解决行政争议的方式上，是实行单轨制救济方式，还是实行双轨制救济方式。所谓单轨制救济方式，是指相对人不服行政机关的处理决定时，只能通过行政复议或者行政诉讼方式获得救济，而不能同时采用这两种方式获得救济。所谓双轨制，是指相对人不服行政机关的处理决定时，可以采用行政复议和行政诉讼两种方式获得救济。我国在处理行政诉讼与行政复议的横向关系问题上，与世界上大多数国家一样，采用了双轨制救济模式，但也不排斥在少数情况下实行单轨制救济模式。行政诉讼与行政复议的纵向关系,是指行政诉讼与行政复议的承接关系,它涉及的是实行复议前置原则还是实行复议选择原则的问题。所谓复议前置原则,是指相对人对行政机关的处理决定不服,必须先经过行政复议程序,不服行政复议决定时才能诉讼到法院。所谓复议选择原则,是指相对人对行政机关的处理决定不服,既可以先申请行政复议,对行政复议决定不服再诉讼到法院,也可以不经行政复议程序而直接诉讼到法院。我国在处理行政诉讼与行政复议的纵向关系问题上,也与世界上大多数国家的做法一样,采用了复议选择原则,但也同时兼顾到了实行复议前置的有关法律、法规的规定,这在我国《行政诉讼法》第37条中得到了具体体现。根据我国《行政诉讼法》和其他法律、法规的规定,行政诉讼与行政复议之间的承接关系共包括以下四种情况:一是行政复议为行政诉讼的前置条件,即只有先经过行政复议程序,不服行政复议决定才能提起行政诉讼。这种情况可简称为"先复议,后诉讼"。二是不必经过行政复议程序而可以直接提起行政诉讼。这种情况可以简称为"不复议,只诉讼"。三是相对人可以在行政复议与行政诉讼之间自由选择解决争议的方式。这种情况可简称为"选择主义"。选择主义又分为两种情况:第一种情况为行政复议排斥行政诉讼,即凡是选择了行政复议程序的,行政复议决定为终局决定,不能再诉讼到法院;第二种情况为行政复议不排斥行政诉讼,即凡是选择了行政复议程序的,对行政复议决定不服时还可以诉讼到法院。四是行政复议决定为终局决定,相对人不得向法院提起行政诉讼。这种情况可简称为"只复议,不诉讼"。　　　　　(谭兵)

xingzheng susong yu xingzheng fuyi xuanze yuanze

行政诉讼与行政复议选择原则(principle of options between administrative reconderation and judicial review) 法律所规定的处理行政诉讼与行政复议之间关系的一种方式,简称"复议选择原则"。它同行政复议为诉讼之前置原则相对应。所谓复议选择原则,是指对于所发生的行政争议,是采用行政复议方式解决还是采用诉讼方式解决,完全由相对人自行决定,法律不加限制。目前,世界上大多数国家都实行复议选择原则。我国《行政诉讼法》第37条也肯定了复议选择原则,但同时也兼顾到了实行复议前置原则的法律、法规规定。也就是说,我国实行的是以复议选择为原则,以复议前置为例外的作法。这样规定,既有利于充分发扬社会主义民主、保护公民诉讼权利的行使,又正确处理了行政机关与司法机关之间的关系,有利于充分发挥行政机关在解决行政争议中的积极作用,比较适合我国的国情和现实状况。在《行政诉讼法》颁布之前,我国已有许多行政实体法律、法规确立了复议选择原则。根据这些行政实体法律、法规的规定,实行复议选择原则又分为两种情况:一是行政复议排斥行政诉讼。即凡是选择了行政复议的,就不能再诉讼到法院,行政复议决定为终局决定。例如,我国《公民出境入境管理办法》第15条、《外国人入境出境管理办法》第29条、《港口建设费征收办法》第13条的规定,就属于这种情况。二是行政复议不排斥行政诉讼。即凡是选择了行政复议的,相对人对行政复议决定不服时还可以诉讼到法院。例如,《中华人民共和国海关法》第53条、《中华人民共和国水法》第48条、《中华人民共和国河道管理条例》第46条的规定,就属于这种情况。　　　　　　　　　　(谭兵)

xingzheng susong yuangao

行政诉讼原告(plaintiff of administrative litigation) 依法向人民法院提起行政诉讼的个人、法人或其他组织。根据《行政诉讼法》的有关规定,作为行政诉讼的原告应具备下述主要条件:①在行政实体法律关系中处于行政管理相对人的地位,即其权益受到行政主体具体行政行为(见可诉性行政行为)的影响。行政管理相对人不仅包括具体行政行为的直接对象,如行政处罚的被处罚人,许可证的申请人等,也包括具体行政行为间接影响其权益的人,如行政机关免除或减轻对实施违法行为的某人的处罚,其权益被该违法行为侵害的人的利益即受到相应具体行政行为的间接影响;行政机关批准某公民建一工厂,与之相邻的居民楼的居民因此受到该工厂噪音污染的影响,等等。在行政实体法律关系中处于行政主体地位的行政机关或法律、法规授权的组织不具有行政诉讼原告资格。②认为具体行政行为侵犯其合法权益。行政实体法律关系中的个人、法人或其他组织要转化成行政诉讼法律关系中的原告,不仅要在原实体法律关系中具有行政管理相对人的地位,还必须认为行政主体的具体行政行为侵犯其合法权益。如果相应具体行政行为只是针对该个人、组织,而未对其合法权益造成侵害,或者侵害的不是该个人、组织本身的合法权益而是他人、社会或国家的利益,该个人、组织也不能具有行政诉讼原告的资格。③所诉具体行政行为属于人民法院的受案范围(见行政诉讼受案范围)。行政诉讼法律关系的客体是具体行政行为,但不是所有具体行政行为都是行政诉讼法律关系的客体。作为行政诉讼的法律关系客体的具体行政行为仅限于我国《行政诉讼法》第11条规定的范围,行政管理相对人只有就该范围内的具体行政行为提起诉讼,才能获得实际的原告资格。④起诉符合法定期限和其他法定条件。行政诉讼法规定了行政管理相对人直接向法院起诉的期限(3个月)和经复议再向法院起诉的期限(15日)。行政管理相对人只有在此期限内起诉,才能取得实际原告资格。否则,除非有法定例外情形,相对人即使有原告资格,也会因耽误法定期限而丧失此种资格。此外,法律、法规有时规定相对人提起行政诉讼必须先经行政复议,以行政复议作为行政诉讼的前置程序。对此,相对人必须满足此种条件,否则,其起诉会被法院所拒绝,不能取得实际原告资格。

在行政法律关系中,可能向人民法院提起行政诉讼,成为行政诉讼原告的行政管理相对人大致包括下述八类:①作为具体行政行为直接对象的个人、法人、决定的复议申请人。②行政管理相对人申请复议后,如对复议机关作出的复议决定不服,可以依法提起行政诉讼。③受到行政违法行为侵害的受害人。受害人对行政机关处理违法行为或未依法处理违法行为的不作为或不当作为不服,可依法提起行政诉讼。④其合法权益因具体行政行为受到不利影响的人。行政主体在实施具体行政行为时,损害了行为非直接对象的个人、组织的合法权益,这些间接相对人也可依法提起行政诉讼。⑤其合法权益因行政不作为而受到不利影响的人。行政主体不履行法定职责,导致了行政相对人合法权益的损害,该相对人可依法提起行政诉讼。⑥具有原告资格的公民死亡后,其近亲属(包括配偶、父母、子女、兄弟姐妹、祖父母、孙子女、外孙子女)可继而取得原告资格。⑦具有原告资格的法人或其他组织终止后,其权利承受者可继而取得原告资格。⑧同一具体行政行为致使若干相对人的权益受到不利影响,各相对人可取得共同原告资格。处于上述情形的行政相对人如处在具体行政法律关系中,与具体行政行为有了利害关系,且符合行政诉讼原告的前述条件,即可成为行政诉讼的实际原告。 (姜明安)

xingzheng susong zaishen chengxu
行政诉讼再审程序(procedure for judicial supervisory proceeding) 人民法院发现已经生效的行政判决、裁定违反法律、法规规定,依法对案件再次进行审理并作出裁判的程序。由于行政诉讼再审程序的发生以人民法院的审判监督权为基础,故它又称为审判监督程序。行政诉讼再审程序,主要包括提起再审的条件和程序、当事人的申诉和人民检察院的抗诉、再审案件的审理和裁判等内容。行政诉讼再审程序就其实质而言,是为了纠正法院已经发生法律效力的行政裁判中的错误而设立的一种审判上的补救制度,体现了实事求是,有错必纠的原则。因此,行政诉讼再审程序是一种特殊的审判程序,主要体现在:①它与审级制度无关,即它不是一个审级;②它审查的对象是已经生效的法院裁判;③它不因当事人的申请而开始,而由人民法院依职权提起。行政诉讼再审程序的确立,既可以维护法律的严肃性和法院裁判的稳定性,又可以保证法院裁判的正确性,维护当事人的合法权益。因此,它是我国行政诉讼中一项不可缺少的重要制度。

行政诉讼再审程序与行政诉讼二审程序都以保证法院裁判的正确性与合法性为目的,都是对已经审理过的行政案件再次进行审理的程序,两者有某些相似之处,但它们毕竟是性质不同各自独立的两种审判程序,因而其区别也是十分明显的。主要体现在:①提起的主体不同。前者为享有审判监督权的司法机关和公职人员;后者为第一审程序中的当事人。②审查的对象不同。前者为已经发生法律效力的判决和裁定;后者为尚未生效的判决和裁定。③提起的条件不同。前者为生效的裁判违反法律、法规规定;后者须具备法律规定的形式要件和实质要件。④提起的时间要求不同。前者无时间限制;后者需遵守提起上诉的法定期限。⑤审理的法院不同。前者审理的法院既包括原第一审法院,又包括各上级法院;后者审理的法院只限于原第一审法院的上一级法院。⑥裁判的效力不同。前者作出裁判后是否生效取决于所适用的程序;后者是终审判决、裁定,作出后即发生法律效力。行政诉讼再审程序与民事诉讼再审程序的一个主要不同之处,就是民事诉讼再审程序中规定了当事人申请再审的制度,而行政诉讼再审程序中没有规定当事人申请再审的制度,只规定了当事人可以提出申诉。当事人申请再审可以直接引起再审程序的发生,而当事人的申诉则不能直接引起再审程序的发生。我国《行政诉讼法》对再审程序的规定条文较简单,人民法院审理再审行政案件,再审程序中无规定的,适用其他审判程序的规定。 (谭兵)

xingzheng susong zhengju
行政诉讼证据(evidence in administrative litigation) 行政诉讼法律关系主体用以证明具体行政行为(见可诉性行政行为)是否合法和侵犯相对人合法权益的事实材料(包括书证、物证、视听资料、证人证言、当事人陈述、鉴定结论、勘验笔录、现场笔录)。行政诉讼证据作为证据,有着一般诉讼证据的某些共有特征,即证明的主体是诉讼法律关系的主体,证明的客体是诉讼的客体,证明的内容是案件中事实的真实情况,证明的手段是与证明客体相关联的各种事实材料。对于诉讼证据的共性,人们对其具体内容的看法并不完全一致。例如,①一些学者认为,诉讼证据证明的主体(证据的运用者)应包括所有诉讼法律关系的主体,即应包括诉讼当事人及其代理人,而另一些学者主张诉讼证据证明主体仅包括法院、检察院和公安机关。

②一些学者认为，诉讼证据是"用以证明"某种案件事实的手段。"用以证明"不等于"能够证明"，在人民法院通过法庭审理、辩论、质证和确认以前，证据只是诉讼当事人或其他诉讼参加人、参与人用来证明案件事实的手段，它本身的真实性尚有待审查确认；而有的学者认为，证据是"能够证明"案件事实的手段，在确认案件事实材料"能够证明"案件真实情况以前，不能称"证据"。③一些学者认为，证据的客观性是指证据是证明主体收集或提供的客观事实材料，而非证明主体对有关案件事实的推理判断。至于证明主体收集、提供的事实材料是否真实，尚有待庭审审查确认；证据的关联性、合法性是指证据外在的形式的关联性、合法性，即案件事实材料如果在外在形式上明显与案件无关，明显是违法取得的，法院开始即可拒绝作为证据接受，否则，即应先予接受，至于某种事实材料是否确实与案件相关，是否确实合法，则要待庭审审查确认，审查确认以前仍然是诉讼中的证据，审查确认以后则是定案证据，定案证据则不仅要求外在形式而且要求实质内容的客观性、关联性、合法性。而有的学者认为，证据的客观性、关联性、合法性是其固有的特征，不主张对诉讼中的证据和定案证据加以区分。我们认为，持第一种观点的学者的意见是可取的，而持第二种观点的意见则不足取。

行政诉讼证据作为证据，有着与一般证据相同的共性，但作为特种诉讼的证据，又有着它独有的特征，这种特征既有内容上的，又有形式上的。行政诉讼证据区别于其他诉讼证据，最重要的特征是其证明的内容不同。它所要证明的是具体行政行为是否合法和侵犯相对人的合法权益。因为行政诉讼所要解决的核心问题是要审查和确认具体行政行为是否合法，是否侵犯相对人的合法权益，从而被告要尽可能提供一切有关的事实材料，证明其所作出的具体行政行为是合法的。原告要尽可能提供一切有关的事实材料，证明被告所作出的具体行政行为是违法的，侵犯了其合法权益；人民法院则要尽可能运用原、被告提供的一切有关事实材料，以及通过鉴定、勘验和收集有关的事实材料，来审查判断确认具体行政行为的合法性和是否侵犯原告或第三人的合法权益。所有这些与具体行政行为合法性有关的事实材料都是行政诉讼的证据。民事诉讼证据和刑事诉讼证据证明的内容显然不同。民事诉讼证据所要证明的是双方当事人在民事法律关系中的某种行为或事实，刑事诉讼证据所要证明的是被告是否实施了某种犯罪或犯罪事实的情况。行政诉讼证据不仅在内容上完全不同于其他诉讼证据，而且在形式上也不完全同于其他诉讼证据。其区别主要有二：①行政诉讼证据主要来源于行政程序案卷。行政诉讼不同于其他诉讼，案件进入法院前通常都经过行政程序和行政复议程序。行政机关作出具体行政行为和进行行政复议都要以证据作为根据，行政行为和行政复议终结都要将所有有关的事实材料及其证据归入案卷，相对人提起行政诉讼后，行政机关应将整个案卷提交人民法院，行政程序案卷即是人民法院审理行政案件的主要证据来源。在某些西方国家，法院进行司法审查，仅限于对行政案卷的审查，法院拒绝接受当事人在行政案卷以外提供的任何证据。我国虽然不采用严格的"案卷主义"，但法院同样限制被告在行政诉讼过程中自行收集证据，反对先裁决后取证。对于原告，法律上虽无限制，但在法理上也应提倡其在行政程序中提供证据，反对其在行政程序中不拿出证据而在行政诉讼中再"后发制人"的作法。因此，行政诉讼证据应主要从行政程序案卷中取得，行政程序案卷应成为行政诉讼证据的主要来源。这种情况在民事诉讼、刑事诉讼中是不存在或基本不存在的。②文书证据，特别是规范性文件或非规范性文件证据在行政诉讼中占有主要地位。行政诉讼由于是对具体行政行为合法性的审查，而具体行政行为除了依据法律、法规、规章外，还大量地依据各种规范性文件和非规范性文件，如决定、命令、决议、指令、指示、批复、报告等。在审查具体行政行为的合法性时，这些规范性文件或非规范性文件往往起着重要的作用。规范性文件或非规范性文件在民事诉讼和刑事诉讼中有时也会起证据作用，但其地位远不及行政诉讼。

(姜明安)

行政诉讼证据保全规则（rules for preserving evidence in administrative litigation）

人民法院在行政诉讼过程中应诉讼参加人的申请或主动对可能灭失或以后难以取得的某种证据采取保护性措施的规则。根据《行政诉讼法》的规定，行政诉讼证据的保全规则主要包括以下两项：①在证据可能灭失或者以后难以取得的情况下，诉讼参加人有权向人民法院申请保全证据。根据这一规则，申请人提出证据保全申请的条件是：证据可能灭失或以后难以取得。所谓"可能灭失"，指证据可能变质、腐坏、毁灭、消失，证人可能死亡，案件现场可能发生变化等情形；所谓"以后难以取得"，指证据以后虽不致灭失，但如不及时取得，以后取得将发生严重困难，甚至成为不可能，如证据将被人带出国，将使用于某种生产工艺中，将为某新建筑物所覆盖，将被人转移、隐藏等情形。提出证据保全申请的申请人范围是：诉讼参加人，包括原告、被告、第三人、诉讼代理人。所有诉讼参加人在具备申请条件时均有权申请。实施保全措施的条件是：具备申请条件的诉讼参加人提出申请和人民法院作出准许保全的决定。申请人申请应有申请书，说明所申请保全的证据的内容及所存处所,以及申请保全的理由,人民法院如决定准许申请,保全措施则立即开始实施;如不准许,诉讼保全申请即被否认,保全措施不能实行。②在证据可能灭失或者以后难以取得的情况下,人民法院可主动采取保全措施。人民法院主动采取保全措施的条件基本同于诉讼参加人申请证据保全的条件,即必须是在证据可能灭失或者以后难以取得的情况下才能采取,但人民法院主动采取保全措施应持更慎重的态度。在一般情况下,诉讼参加人不申请,人民法院不宜立刻主动采取措施,而应提示和等待诉讼参加人提出申请后再决定采取措施,只有在较紧急的情况下,人民法院认为某种证据是行政诉讼的主要证据且时间上不允许等待诉讼参加人提出申请,否则该证据将会立即灭失或以后难以取得,人民法院才应立即主动采取保全措施。对此,《行政诉讼法》虽然没有作出明确的规定,但在实践中为了避免争议,更好地维护法院公正形象,法院在主动采取证据保全措施方面通常要比应申请而采取证据保全措施更慎重些,条件掌握更严格些。(姜明安)

xingzheng susong zhengju shencha guize
行政诉讼证据审查规则(rules for examining evidence in administrative litigation) 人民法院对所接受和收集的各种行政诉讼证据进行审查,确定其是否具有证明效力和可否作为相应案件定案证据的规则。根据《行政诉讼法》的规定和人民法院审查证据的实践,行政诉讼证据的审查通常遵循下述规则:①人民法院应按照法定程序,全面地、客观地审查、核实各种证据,辨别真伪,确定其效力。人民法院无论对于当事人提供的证据还是证人提供的证言、证物,还是自己主动调取和收集的证据,都不能直接加以采用作为定案证据,而应该全面客观地加以审查核实,辨别真伪,确定其证明的效力。人民法院对证据的审查通常包括四个方面:第一是审查证据的来源。不同来源的证据其可靠性、证明力存在着差别,从而对其审查的强度、审查的内容、审查的方法也应有所不同。因此,在对证据进行其他方面的审查之前,首先应审查证据的来源。第二是审查证据的内容。对证据内容的审查主要包括对证据真实性、关联性、证明力的审查,这是证据审查的重点。证据真实性审查是指辨别相应证据的真伪,去伪存真;证据关联性审查是指确定相应证据是否与本案有关,能否对相应具体行政行为是否合法予以证明;证据证明力审查是指确定相应证据是属直接证据还是间接证据,是属主要证据还是次要证据,其所具证明效力如何。第三是审查取得证据的方法。根据法治的要求,只有合法取得的证据才能为法院采用,作为定案的证据,非法获取的证据法院应拒绝接受、采用,不能作为定案证据。为此,法院审查证据必须审查证据取得的方法。在很多情况下,法院对证据取得方法的审查还会有助于法院对证据真实性的审查,虽然非法或不适当的方法所取得的证据不一定是不真实的,但有许多不真实的证据确实是以非法或不适当的方法获取或制造的。当然,这里应当指出,证据不管是否真实,只要是非法取得的,均不能作为定案证据,因为,法律不能使任何个人、组织从违法行为中获益。第四是审查各种证据相互之间的关系。作为定案证据的各种证据,它们之间应该是相互联系、相互协调一致,组成环环相扣的一个链条,从而对相应具体行政行为的合法性作出合乎逻辑的令人信服的证明。为此,法院必须对各种证据之间的关系加以审查,如果发现相互矛盾,相互冲突,就应该进一步查明问题的症结所在,如果发现其中存在虚假证据,就应该加以剔除,保证整个证据的真实性和协调一致。②证据应在法庭上出示,并由当事人互相质证,非经法庭出示和当事人质证的证据不得为法院采用作为定案证据。诉讼证据不同于一般证据,它是要对当事人之间的争议的问题予以证明,法院要据之对当事人之间的争议作出裁决的事实材料。对此种事实材料,必须与当事人双方见面,在法庭上出示,并经双方当事人辩论质证,法院才能确定其真伪,决定是否采用和作为定案证据。如果不是这样,法院片面接受和采用一方当事人提供的证据,或对自己收集调取的证据不向双方当事人出示,不将其从各种来源所取得的证据交双方当事人辩论、质证,法院就不能最大限度保证证据的真实性、可靠性,从而不可能最大限度地保证其所作裁判的正确性、公正性,当事人对法院的裁判就难以信服,人们就会对法院的公正形象产生怀疑。因此,证据必须经法庭出示和当事人质证的规则是非常重要的。③法院对涉及国家秘密和个人隐私的证据应当保密。可以和必须在不公开开庭时出示的,不得在公开开庭时出示。这一规则是各民主、法治国家的通例。法院对涉及国家秘密的证据保密是国家利益的需要,否则,将可能危及国家安全或损害国家声誉或其他重大利益。法院对涉及商业秘密的证据保密是保障公民和有关经济组织的经济权利,保障社会经济秩序和社会生产、交换活动正常进行的需要。法院对涉及个人隐私的证据保密是保障公民基本人权,尊重公民人格和荣誉的需要。有些案件,为了准确地查明事实、辨明是非,法院必须向当事人出示某种涉及需要向社会保密的证据,让当事人对之加以辩论质证。如果此种出示不会危害国家社会和当事人的个人利益,法院可以在不公开开庭时出示相应证据。无论如何,法院不应在公开开庭时出示涉及国家秘密、商业秘密和个人隐私的证据。④对经过公证程序证明的法律行为、法律事实和文书,人民法院应当作为证明相应待证事实的证据,除非有相反的证据足以推翻公证证明。公证的证明效力高于一般证据的证明效力,在诉讼过程中,人民法院对于经过公证程序证明的法律行为、法律事实和文书,通常可直接引用为证明相应待证事实的证据,而无需重新加以审查、鉴定或审核。当然,在诉讼中公证证据也需要在法庭上出示,与当事人见面,当事人如能提出相反证据足以推翻公证证据,相应公证证据则不得为法院采用作为定案证据。

(姜明安)

xingzheng susong zhengju shouji guize
行政诉讼证据收集规则(rules for collecting evidence in administrative litigation) 人民法院在行政诉讼中要求行政诉讼当事人提供证据或从有关机关、组织、个人处调取证据的规则。根据《行政诉讼法》的规定,行政诉讼证据的收集遵循下述规则:①人民法院在行政诉讼过程中有权要求当事人提供或补充证据。我国行政诉讼证据规则不实行绝对案卷主义,人民法院取得证据的主要来源虽然应该是行政程序案卷,但却不限于行政案卷,在行政诉讼过程中,人民法院仍然可以要求当事人提供或补充证据。这一规则的理由是:第一,原告在行政程序中向被告提供的证据,被告可能由于故意或过失未归入案卷;第二,原告在行政程序中可能由于某种客观原因,未能取得某种证据,或由于某种原因,没有有机会或不可能向行政机关提供;第三,被告可能在行政程序后因疏忽或故意遗漏证人提供的某些证据,未将之收入行政案卷;第四,被告在编制案卷和向人民法院提交案卷时,某种证据尚未在被告那里而存于他人处。根据我国法院办案实事求是的原则,在行政诉讼中,人民法院不应只是被动地接受当事人提供的证据,仅凭当事人提供的证据作出判决,而应在审理过程中主动提醒启发当事人,使其回忆可能忘记、遗漏的证据和要求当事人提供或补充证据。②在行政诉讼过程中,人民法院有权向有关行政机关以及其他组织、公民调取证据。人民法院在行政诉讼中不仅有权要求当事人提供或者补充证据,而且有权自己向有关行政机关以及其他组织、公民调取证据。确定这一规则的理由是:第一,行政机关作出某种具体行政行为,常常根据其上级机关的某种决定、决议、指令、指示或者下级机关的某种汇报、报告、请示或者其他行政机关信函、电话中提供的某种材料、事实、数据,而这些证据材料有可能未收入行政案卷,仍存在于相应行政机关处;第二,原告以外的其他组织、公民可能掌握案件的某种证据,但行政机关在作出具体行政行为时,可能因工作疏忽或故意未收集;第三,其他组织、公民也可能在行政程序中拒绝向行政机关提供某种证据。而所有这些证据对于确认具体行政行为的合法性都是极为重要的,所以,人民法院在行政诉讼中应自己予以收集、调取。但行政诉讼不同于民事诉讼或刑事诉讼,对人民法院自己收集证据应有所限制。人民法院在行政诉讼过程中收集调取的证据,如果是用以证明具体行政为合法的,这种证据应是被告在作出具体行政为时已考虑和采用过。如果被告在作出具体行政行为时根本没有考虑和采用过该证据,其行为是在没有证据或证据不足的情况下作出的,其行为已构成违法,人民法院如在事后再收集调取证据证明其行为的合法,那就违背了行政诉讼的目的。至于证明被告具体行政行为违法的证据,只要不是原告在行政程序中故意隐瞒的,不论被告在行政程序中是否已考虑和采用过,人民法院均可以并且应该收集和调取。因为这种证据如被告在行政程序中已考虑和采用过,正是审查和评判具体行政行为违法的依据;如被告在证明具体行政行为证据不足,从而证明具体行政行为是不合法的,故法院在被告未收集提供的情况下,应自己收集和调取。③被告及其代理人在诉讼过程中不得自行向原告和证人收集证据。行政诉讼确定这一证据规则的理由有三:第一,先取证再作出具体行政行为,是具体行政行为合法的前提,如果被告是在没有取得证据的条件下作出具体行政行为的,其具体行政行为已构成违法。在行政诉讼过程中再收集证据,即使其收集的证据是真实的和有证明力的,也不能使原违法的行为合法,法律不能允许被告及其代理人以事后收集的证据来证明原主要证据不足的具体行政行为的合法,以规避对其违法行为承担法律责任。第二,在行政管理中被告享有种种权力,能采取各种强制手段,如允许其在行政诉讼过程中自行向原告和证人进行收集证据,被告有可能利用其行政权力和强制手段,对原告和证人进行威逼、利诱,制造出假证据,或诱使原告和证人提供假证词,以在行政诉讼中掩盖其具体行政行为的违法情形。第三,如果被告在作出具体行政行为时考虑使用过的某种证据不存在于被告处,被告在应诉时无法提供,可以请求人民法院收集或征得人民法院同意后而加以收集,被告及其代理人没有自行收集的必要。

(姜明安)

xingzheng susong zhengju tigong guize
行政诉讼证据提供规则(rules for presenting evidence in administrative litigation) 行政诉讼当事人、其他参加人、参与人主动或应人民法院要求向法院提供证明案件情况的有关事实材料的规则。根据《行政诉讼法》和其他有关法律规定,行政诉讼法律关系主体提供证据的规则可归纳为下述四项:①行政诉讼当事人(原告、被告、第三人)均享有向人民法院主动提供证据的权利。这一规则《行政诉讼法》没有明确规定,引自《民事诉讼法》第50条,因为民事诉讼法规定的当事人的这一权利,完全适用于行政诉讼。行政诉讼当事人享有提供证据的权利是其他诉讼权利的保障,特别是实现其辩论权利的基础。无论是原告、第三人,还是被告,如果不能主动向法院提供证据,在行政诉讼中就会处于与对方当事人极不平等的地位,是很不合理的。另外,法院也只有允许和鼓励双方当事人积极主动地提供证据,才有利于自己迅速地查明案情,判断是非,确认具体行政行为(见可诉性行政行为)的合法性。诚然,行政诉讼证据主要来源于被告方的行政程序案卷,但行政程序案卷不可能完全不遗漏证据或包含某些虚假证据(这可能出于故意,也可能出于过失)。因此,保障原告和第三人在诉讼中向法院提供证据的权利有重要的意义。②知道案件情况,掌握案件有关证据材料的非被告行政机关和非原告的个人、组织有作证和提供证据的义务。行政诉讼由于其主要任务是审查被告行政机关具体行政行为的合法性,而实施具体行政行为的行政机关总是与其上下左右的行政机关有着密切的联系,这些行政机关通常了解具体行政行为作出的有关情况,掌握着这样或那样能证明被诉具体行政行为合法性的有关文件、材料。因此,要求这些行政机关作证和提供证据对于查明案件事实,确定具体行政行为的合法性有着特别重要的意义。而且,行政机关与人民法院一样,属于国家机关,为了协助法院实现其国家审判职能,履行作证和提供证据的义务是义不容辞的。至于了解案情和掌握案件有关证据的其他个人和组织,根据有关法律的规定,同样有出庭作证和向法院提供证据的义务。知情人拒绝作证和提供证据或者伪造、隐藏、毁灭证据的,均要承担法律责任,其他人指使、贿买、胁迫他人作伪证或者威胁、阻止证人作证的,同样要承担法律责任。③法定鉴定部门或由人民法院指定的鉴定部门有应人民法院要求,对有关专门问题进行鉴定和向人民法院提供鉴定结论的义务。这一规则与民事、刑事诉讼证据规则是基本相同的,其根据也基本相同。无论是刑事案件、民事案件,还是经济案件、行政案件,都有可能遇到某些专门性问题,需要具有专门技术的人员和专门技术设备的机构对之进行鉴定,提供鉴定结论,否则,法院无从对案件事实的性质和程度作出判断和认定。法定鉴定机构负有承担法院交给的鉴定任务,为之提供鉴定结论的法定义务,这是毋庸置疑的,其他非法定鉴定机构,受法院的委托,也有义务对相应问题进行鉴定,提供鉴定结论。这就像一般公民和组织有向法院作证和提供证据的义务一样。任何公民、组织机构既然享有国家为之提供的司法保护,就有义务协助国家司法机关行使司法职能,保证诉讼活动的顺利进行。诚然,行政诉讼证据这一规则的运用与民事诉讼也有一定的区别,行政诉讼因为在诉讼前通常都经过行政程序,在行政程序中,有关专门问题通常都经行政机关或经行政机关委托有关专门鉴定机构进行过鉴定,鉴定结论已附于行政案卷之中,对于行政案卷中所附的鉴定结论,人民法院经审理只要没有发现行政机关在鉴定过程中有违法舞弊情事,只要原告没有对鉴定结论提出有根据的异议,通常应予采纳,而不应再耗时费力花钱去重新鉴定。只有在其准确性受到有根据的怀疑时,人民法院才应对行政案卷中已有鉴定结论的专门问题重新鉴定。④被告对作出的具体行政行为负有举证责任(见行政诉讼举证责任规则)。这一证据规则是行政诉讼特有的,民事诉讼不存在这一规则。　　　(姜明安)

xingzheng susong zhixing chengxu
行政诉讼执行程序(**procedure for enforcing judgment**)　人民法院运用国家强制力量,强制义务人履行发生法律效力的行政判决、裁定和行政机关的行政决定的程序。它与行政诉讼审判程序同属于行政诉讼法定程序的组成部分。但行政诉讼执行程序与行政诉讼审判程序的性质和任务不同:行政诉讼审判程序是司法审查程序,其任务是通过对具体行政行为的合法性与正确性进行审查,使当事人之间的争议得以解决;行政诉讼执行程序是实现法律文书的程序,其任务是通过运用国家强制力量迫使义务人履行义务,保证法院裁判和行政决定内容的实现。但两者又有一定联系,即一般来说,行政诉讼审判程序是行政诉讼执行程序的前提和基础;行政诉讼执行程序是行政诉讼审判程序的继续和完成。行政诉讼执行程序的内容主要包括:执行组织和执行根据;执行案件的管辖;执行的原则和具体程序;执行措施。行政诉讼执行程序与民事诉讼执行程序相比,其特点为:一是执行程序当事人中有一方为国家行政机关;二是执行的对象较广泛,不仅包括财产和行为,还包括人身;三是对行政机关和行政管理相对人分别适用不同的执行措施。行政诉讼执行程序对于保证人民法院生效裁判和行政机关决定的实现,保护公民、法人和其他组织的合法权益,维护和监督行政机关依法行使职权,维护法律的尊严,教育公民自觉遵守法律等方面,具有十分重要的作用。

目前,对于如何界定行政诉讼执行程序的范围,学术界有不同看法。有人认为,行政机关执行人民法院发生法律效力的行政判决、裁定也属于行政诉讼执行程序的范围。我国《行政诉讼法》依照执行的主体和根据不同,规定了以下四种执行:①人民法院以行政判决、裁定为根据实施的执行;②人民法院以行政决定为根据实施的执行;③行政机关以行政判决、裁定为根据实施的执行;④行政机关以行政决定为根据实施的执行。一般认为,上述四种执行中的前两种执行。才属于行政诉讼执行程序的范畴,后两种执行应属于行政

法学研究的对象。　　　　　　　　　（谭　兵）

xingzheng susong zhiding guanxia

行政诉讼指定管辖（designated jurisdiction）　行政诉讼裁定管辖的一种。指上级人民法院以裁定的方式，指定某下级人民法院管辖某一行政案件。我国《行政诉讼法》第22条规定："有管辖权的人民法院由于特殊原因不能行使管辖权的，由上级人民法院指定管辖。人民法院对管辖权发生争议，由争议双方协商解决。协商不成的，报它们的共同上级人民法院指定管辖。"本条规定说明，只有在两种情形下，才有可能发生指定管辖。其一，由于特殊原因，不能行使管辖权的。这里所说的特殊原因一般是指：①由于水灾、地震等自然灾害，战争和意外事故等原因，致使有管辖权的人民法院无法审理的。②由于法律上规定的其他原因，如当事人申请回避，涉及该法院全部或大部分审判人员或法院所有领导人，致使有管辖权的人民法院无法审理的。当这些特殊原因存在时，上级人民法院就可以指定其他人民法院管辖某一具体案件，被指定的人民法院就取得了对该案的管辖权。其二，人民法院对管辖权产生争议，又协商不成的。这种争议的情况主要有：①原告向两个有管辖权的人民法院起诉，这两个法院又是同时收到起诉状。②行政区域变动期间发生的案件，造成几个法院均有管辖权或几个法院均无管辖权。对于这两种情况，都应报请它们共同的上级人民法院指定管辖。《行政诉讼法》的这一规定，减少了当事人的诉累，避免了拖延审理案件，有利于稳定行政法律关系。　　　　　　　　　　　　（王振清）

xingzheng susong zhong dangshiren falü diwei pingdeng yuanze

行政诉讼中当事人法律地位平等原则（the principle of equality of party's legal status in administrative litigation）　行政诉讼法的基本原则之一。在行政诉讼中双方当事人的诉讼地位是平等的，平等地享有诉讼权利与平等地承担诉讼义务。行政诉讼的双方当事人，在进入诉讼之前，一方是行使行政管理权的机关，一方是公民、法人或其他组织，前者行使行政管理权，其对后者作出的具体行政行为（见可诉性行政行为），不论是作为，还是不作为，都是单方的行政行为，在行政法律关系中是管理者和被管理者的关系，二者的法律地位是不平等的。即使在解决对具体行政行为的争议的行政复议程序中，二者的法律地位也不会发生变化。但是，因对具体行政行为发生争议而诉诸法院之后，情况就不同了。第一，诉讼上解决的问题主要是具体行政行为的合法性问题，而不是对公民、法人或其他组织某种行为或事实的处理问题。第二，行政机关作为当事人进入诉讼之后，在诉讼上行使的是诉权（见行政诉讼中的诉权），而不是行政管理权。诉权不同于行政管理权，它的表现形式是一系列的诉讼权利，因此作为当事人的行政机关，与相对方一样，都是按照法定程序行使诉讼权利。第三，诉讼活动是特定形式的法律行为，不同于行政管理行为，作为当事人的行政机关在诉讼上的行为，与对方当事人一样是诉讼行为，即行使诉讼权利，履行诉讼义务的行为，受行政诉讼法调整。第四，用以解决争议的诉讼机制，客观上是平衡运作的，它要求有平等地位的双方当事人与其相适应，要求双方当事人以同等的诉讼权利推移诉讼的进程。因此，在行政诉讼中，解决对具体行政行为的争议，客观上要求双方当事人居于平等的地位。

行政诉讼中，双方当事人的诉讼地位平等，其在于解决具体行政行为是否合法之争议，也在于人民法院依法对争议作出客观公正的判断，行政审判既不改变双方当事人在行政法律关系中的地位，更不是由人民法院代替行政机关行使行政权。至于行政赔偿问题，则是另一种法律关系，即侵权行为所发生的法律关系，为保障公民、法人和其他组织的合法权益，人民法院当然有权对其进行审理，并依法作出判断。（刘家兴）

xingzheng xusong zhong shiyong minzu yuyan wenzi yuanze

行政诉讼中使用民族语言文字原则（the principle of using national spoken and written language in administrative litigation）　行政诉讼法的基本原则之一。其内容是各民族的当事人有权使用本民族的语言、文字进行诉讼活动，以及人民法院在少数民族或多民族居住地应当使用通用的语言、文字进行审理和发布法律文书。这一原则是基于我国是一个多民族的国家的事实以及宪法关于各民族一律平等的原则所确定的。根据该原则，第一，各民族公民都有用本民族的语言、文字进行行政诉讼的权利，即可以用本民族的语言陈述案情、进行辩论，用本民族的文字书写诉讼文书和诉讼资料。第二，在少数民族聚居或多民族共同居住的地区，人民法院应当用当地民族通用的语言、文字进行审理和发布法律文书。所谓当地通用的语言、文字，有可能是当地某一民族的语言、文字，但不限制使用某一民族的语言、文字，以尊重当地共通的习惯为准。第三，在不同民族当事人之间的诉讼，有的当事人或其他诉讼参与人，事实上可能不通晓当地通用的语言、文字。对此，人民法院应当为其提供翻译，以便其进行诉讼。

使用民族语言文字原则的意义在于：第一，行政诉讼同其他诉讼一样,在诉讼上体现民族平等原则,各民族的当事人都可使用本民族的语言、文字从事诉讼活动,即使是通晓其他民族语言、文字的诉讼参与人,也可以在诉讼中使用本民族的语言、文字。第二,尊重当地习惯,使用当地通用的语言、文字,是对不同民族的诉讼参与人持之以平,使他们有同等的条件进行诉讼。第三,使用本民族的语言、文字或当地通用的语言、文字,有利于当事人充分行使诉讼权利,不致因语言、文字上的原因影响诉讼权利的行使。第四,要求人民法院使用当地民族通用的语言、文字审判案件和发布法律文书,以及为不通晓当地语言、文字的诉讼参与人提供翻译,为当事人使用语言、文字的权利和诉讼活动的进行,提供了方便和保证。 (刘家兴)

xingzheng susong zhong de caiding
行政诉讼中的裁定(adjudication made in administrative litigation) 人民法院在审理行政案件过程中,为解决本案的程序问题所作出的对诉讼参与人发生法律效果的审判行为。

裁定的特点 与判决相比,裁定具有以下特点:①裁定是人民法院解决程序问题的审判行为,是对程序问题作出的判定。按照行政诉讼法的规定,人民法院解决实体问题的审判行为是判决,解决程序问题的审判行为是裁定。所谓程序问题,有两方面的内容:一是在人民法院主持下,人民法院指挥当事人和其他诉讼参与人按照法定程序进行诉讼活动中所发生的问题;二是人民法院按照法定程序审理行政案件中所发生的问题。这些问题,在总体上是程序问题,但有时也涉及实体问题,不过解决所涉及的实体问题,只是人民法院为最终解决本案的实体问题,在程序上所采取的暂时性的或者一种应急性措施,但它不决定实体问题,即不最终设定实体权利义务关系。如在诉讼期间,经人民法院裁定停止具体行政行为的执行。这种裁定涉及实体问题,暂时停止行政相对人对行政义务的履行,实际上还是一个程序问题,为了正确处理行政案件,裁定停止对具体行政行为的执行。②裁定在诉讼的任何阶段都可以作出,在哪一个诉讼环节上出了问题,就及时作出裁定,解决所发生的程序问题。不必像判决一样,必须在经过开庭审理、言词辩论后,即在案件审理终结时作出。③由于裁定所解决的是程序问题,因而其法律依据是程序性规范。④裁定是一种非要式的审判行为,可以是书面的形式,也可以是口头的形式。通常人民法院指挥诉讼的裁定,由审判长、承办审判员口头作出;涉及当事人诉讼权利或对实体权利义务作出临时性、应急性措施的裁定,由合议庭以人民法院的名义书面作出。对于书面裁定,行政诉讼法或者其他法律也没有规定严格的定式。尽管在审判实践中,对书面裁定形成了一定的格式,这是为了工作上的便利,不是法律要求必备的形式。

裁定的效力 裁定是解决行政诉讼程序问题的审判行为,就其空间效力而言,一般来说,裁定只对案件当事人发生拘束力,对社会不发生拘束力。因为程序问题是在当事人进行诉讼和人民法院指挥诉讼中发生的,通常不涉及案件以外的人和事,所以,对社会不发生拘束力。在特殊情况下,如果裁定涉及到当事人以外的单位或个人,对所涉及的单位或个人发生相应的拘束力。如在诉讼中,停止执行具体行政行为的裁定,其内容要求银行停止划拨的,银行应停止划拨行为,不能再按具体行政行为的决定,从原告的账号中划拨款项给被告。就裁定的时间效力而言,因裁定的内容不同而不同。对于不准上诉的裁定,裁定一经宣布送达即发生法律效力。对于可以上诉的裁定,只有在法定上诉期间内当事人不上诉,裁定才发生法律效力。对于某些可以依法申请复议的裁定(如是否停止具体行政行为的执行)一经作出即发生法律效力,当事人申请复议不影响裁定的执行。作出裁定的人民法院,对已经宣告或送达的裁定,通常不能随意变更。根据行政诉讼法的规定,有的裁定可以上诉,有的裁定不允许上诉。对于允许上诉的裁定,原裁定法院一般不自行撤销或变更,当事人不服,可以通过上诉程序去救济。对于不允许上诉的裁定,当事人不服申请复议的,法院认为原裁定确有错误,可以自行撤销或变更。裁定是解决程序问题的,一般在诉讼期间有效,随着诉讼的结束,裁定的效力自行消失。如停止具体行政行为执行的裁定,一旦法院对案件宣告判决,即失去效力。但是,有的裁定具有独立性,不依附于诉讼而持续存在,即使诉讼结束,裁定的效力并不随之消失。如批准原告撤诉的裁定发生法律效力后,原告不能对同一被告、同一具体行政行为、同一事实和理由提起新的诉讼。

裁定的种类 按不同的标准,裁定可分为以下几种:①按裁定的形式,可分为口头裁定和书面裁定。口头裁定多为指挥诉讼的裁定,指挥当事人及其他诉讼参与人依法定程序进行诉讼,作出裁定的审判长、承办审判员如认为不当,得随时撤销或变更之。口头裁定通常在审理过程中,对程序事项较为简单而且必须立即作出决定的事项作出,如延期审理、一方当事人未到庭可进行审理、更换不符合条件的当事人、传唤未到庭的证人等。口头裁定须由书记员记入笔录。书面裁定或涉及当事人的诉讼权利,或涉及诉讼是否进行等。书面裁定一经宣告或者送达,不仅当事人受其约束,作出裁定的人民法院也受其约束,非依法定程序,不得自行撤销或变更。对不予受理或驳回起诉、诉讼期间停止具体行政行为的执行、补正判决的失误、采取诉讼保全措施、准予或不准撤诉、决定再审、撤销原判发回重审、指定管辖、移送管辖或转移管辖权等事项均应作出书面裁定。②按裁定的内容可分为：不受理的裁定、停止执行的裁定、撤销原判发回重审的裁定、中止或终结审理的裁定，以及决定再审的裁定等。

不受理的裁定 人民法院对原告提起的行政诉讼，经过审查，认为有下列情形之一的，应当于7日内作出不受理的裁定。作出不受理的裁定应具备以下条件：①原告起诉的事项为《行政诉讼法》第12条规定的事项，不属于人民法院主管的行政案件；②不符合起诉条件，无法补正或者原告不按所限期限补正的；③依照法律、法规规定应当经过复议的行政案件，原告未向复议机关申请复议的；④起诉超过法定期限的；⑤对人民法院正在审理或者审理终结的行政案件，又向人民法院提起诉讼的。有上述五种情形之一的，人民法院应当裁定不予受理。不受理的裁定认为原告的起诉不合法，不能立案审理，否定了原告的起诉行为。原告对不受理的裁定不服，有权在接到裁定后的法定期限内提起上诉，要求上级法院撤销原裁定，以保障其起诉权。

停止执行的裁定 《行政诉讼法》第44条在肯定不停止执行原则的同时，规定应停止执行的三种情形，即：原告申请停止执行；人民法院认为该具体行政行为的执行会造成难以弥补的损失，并且停止执行不损害社会公共利益的；法律、法规规定停止执行的，人民法院应裁定停止执行。

诉讼保全的裁定 根据行政审判实践，人民法院对于可能因当事人一方的行为或者其他原因，使判决不能执行或者难以执行的案件，可以根据对方当事人的申请，或者依职权作出诉讼保全的裁定。

先行给付的裁定 人民法院审理请求给付财物案件，在作出判决交付执行之前，因权利人难以或无法维持生活或工作，可裁定义务人先行给付一定款项或特定物，并立即交付执行。

补正判决书中的失误的裁定 如果判决书有错写、误算、用词不当、遗漏判决原意、文字表达超出判决原意的范围，正本与原本个别地方不符等失误，实践中通常以裁定加以补正。但如果是判决书遗漏部分诉讼请求、诉讼费用以及涉及当事人实体权利等内容，应作出补充判决，不得以裁定为之。

撤销原判发回重审裁定 这是上级法院审理上诉案件适用的一种裁定。上级法院认为原判认定事实不清，证据不足，或者由于违反法定程序可能影响案件正确判决的，裁定撤销原判，发回原审人民法院重新审理。上诉审法院驳回上诉，维持原判，是对原判决的确认，确认原判认定事实清楚，适用法律、法规正确，处理结果适用，驳回上诉，否定了上诉人的上诉请求，是解决实体问题的审判行为，应当适用判决。而撤销原判，或者由于原判认定事实不清，证据不足，或者由于违反法定程序可能影响案件的正确判决，这就是程序问题，撤销原判，发回重审，使原判自始不发生法律效力，对实体问题的上诉案法院未作肯定或否定的判决。因此，撤销原判，发回重审，是程序问题，应当适用裁定，不能适用判决。

中止、终结审理裁定 在行政诉讼进行中，由于发生了一些客观情况，使诉讼不能继续进行，中途停止诉讼的，称为中止诉讼。如在诉讼期间，一方当事人死亡，需要等待继承人或权利承受人参加诉讼；一方当事人因不可抗力之事由不能参加诉讼；本案的审理必须以另一案的审理结果为依据，而另一案尚未审理终结的，等等，都需要受诉人民法院作出裁定，中止诉讼程序，一俟妨碍诉讼进行的事由消失后，恢复已中止的诉讼程序。在行政诉讼中，由于发生特殊原因或者原告撤销诉讼，使诉讼无法继续进行，而应结束诉讼程序的，称为终结诉讼。如一方当事人死亡，没有继承人或权利承受人参加诉讼，或者原告撤销诉讼，等等，均可以终结审理，结束诉讼程序。原告撤诉是终结诉讼最常见的原因。《行政诉讼法》规定的撤诉有三种情形：一是原告自动申请撤诉；二是被告改变其所作的具体行政行为，原告同意并申请撤诉；三是经人民法院两次合法传唤，原告无正当理由拒不到庭，视为申请撤诉。前两种情况，是原告自愿申请撤诉的；后一种情况，是原告妨害诉讼秩序，拒不到庭，按撤诉处理的，带有强制性。前两种申请撤诉，由人民法院审查，认为合法的，作出准予撤诉的裁定；而视为撤诉的，则由人民法院作出按撤诉处理的裁定。

二审法院有关诉权的裁定 根据《行政诉讼法》的规定，当事人对驳回起诉或不受理的裁定，可以提起上诉。在审判实践中第二审人民法院对不服第一审人民法院裁定的上诉案件的处理，一律使用裁定。审理一审人民法院的裁定，二审人民法院可以不开庭审理。这是因为：一审裁定的内容是关于程序上的决定，并非对实体权利义务的确认；由于案件未被人民法院受理，还不能确定被诉人及其他关系人的法律地位。二审人民法院在对不服一审裁定的上诉案件的审查中，可以传唤上诉人，应当查明原审裁定所依据的事实，判断原审裁定是否正确，必要时，还应当主动调查与被诉裁定有关的事实和问题。二审人民法院经过审查，认为原审裁定所依据的事实清楚，适用法律正确，裁定驳回上诉；原审裁定根据的事实不清，适用法律错误，应当以裁定撤销原审裁定，并对是否受理的问题作出明确判定。二审裁定一经送达，即发生法律效力。如果驳回上诉，起诉人不得就同一理由、同一事件重起争议；如果撤销裁定，裁定书送达之日即是案件的受理之日。

决定再审的裁定 人民法院对行政案件的判决、裁定发生法律效力后发现违反法律、法规认为需要再审的，由本院院长提交审判委员会讨论决定是否再审。审判委员会决定再审的，由院长作出再审裁定，交行政审判庭另行组成合议庭依法再审。再审裁定作出后，开始再审程序，原判决、裁定的效力应予中止。人民检察院发现人民法院发生法律效力的判决、裁定违反法律、法规规定的，有权按照审判监督程序提出抗诉。对人民检察院提出抗诉的案件，只能作出依法再审的裁定，不能驳回，因为人民检察院的抗诉，是对人民法院的判决、裁定依法行使检察监督权，是检察权对审判权的一种制约方式。从程序上驳回检察机关对案件的抗诉，无异拒绝检察机关对人民法院审判工作的法律监督，显然不符合人民检察院是国家的法律监督机关和独立行使检察权的宪法规定。

此外，指定管辖、移送管辖或转移管辖权、延期审理、准予或不准予传唤证人到庭询问、定期勘验、决定审理是否继续进行、需要驳回强制执行申请和案外人对执行标的提出异议、中止或终结执行等场合，均应作出裁定。

(江必新)

xingzheng susong zhong de falü guifan chongtu
行政诉讼中的法律规范冲突（conflict of laws in administrative litigation） 指人民法院在审判行政案件的过程中，发现对同一法律事实或关系，有两个或两个以上的法律文件作出了不同规定，法院适用不同规定就会产生不同的裁判结果。

行政诉讼法律规范冲突的特点 行政诉讼中的法律规范冲突具有如下特点：①它是发生于我国领土范围内的法律适用上的冲突。任何一个国家的行政管理权原则上只能在其本国领土行使。依据我国法律、行政法规、地方性法规、规章作出的具体行政行为，其法律效力原则上只能及于我国领土范围之内。同样，外国国家（或国际组织）的行政行为也只能发生于本国。在民商法律冲突中，则主要表现为国与国之间的法律冲突。这是我国行政诉讼在法律适用上不同于其他部门法律适用冲突的特点。②它是行政诉讼中的法律适用冲突。在行政法律规范的适用中，行政机关作出具体行政行为要依据法律、行政法规、地方性法规、规章及一般规范性文件，由于各种法律文件的规定不尽相同，行政机关在行政程序中也存在法律冲突，在这种冲突中，发现法律规范冲突问题的主要是行政机关。而行政诉讼中的法律规范冲突，则是人民法院在审查具体行政行为的过程中发现的冲突。

行政诉讼法律规范冲突的成因 法律规范冲突发生的前提是各种法律文件，包括不同的法律、行政法规、地方性法规、自治条例和单行条例、规章、授权立法文件等，对相同的事项有着不同的规定。只要某一国家存在多个立法主体，立法主体之间的协调还存在某些问题，立法职权划分不明确，立法技术方面存在某些不足，公民、法人或者其他组织常跨两个以上行政区活动（客观连接因素），法律规范冲突就不可避免。

行政诉讼法律规范冲突的形式 法律规范冲突的表现是多种多样的。就冲突是否合法而言，存在着合法与不合法两种可能。合法的冲突，即法律允许的冲突，如特别法与普通法的冲突。违法的冲突，即一种法律规范的规定是合法、有效的，另一种法律规范的规定与该法律规范的精神相冲突。法院只能选择适用合法、有效的规定，对不合法的规定应否认其法律效力，不能作为裁判依据，例如行政法规与法律相冲突，只能以法律为依据。从理论上来说违法的冲突是不允许存在的，不仅法律适用上要排除，立法上也必须排除。就行政法规范的具体内容而言，有在制裁条件、手段、幅度、权限方面的冲突；有在特定对象承担义务的条件、数量、范围、性质方面的冲突；有在公民、法人和其他组织享受某种权利的条件、数量、范围、性质方面的冲突；有在扩大或缩小特定术语的内涵和外延方面引起的冲突等。

就规范形式而言，规范冲突有下述几种情况：①不同层级的法律规范的冲突。主要包括：行政法规与法律的冲突；地方性法规与法律的冲突；自治条例、单行条例与法律的冲突；规章与法律的冲突；地方性法规与行政法规的冲突；规章与行政法规的冲突；规章与地方性法规的冲突；较低级别的国家权力机关发布的地方性法规与较高级别的国家权力机关发布的地方性法规的冲突；下级人民政府发布的规章与上级人民政府发布的规章的冲突。②不同部门、不同地区法律文件中的法律规范的冲突。主要包括：各部、委规章之间的冲突；各地方国家权力机关地方性法规之间的冲突；各地方人民政府规章之间的冲突；各民族自治地方自治条例和单行条例之间的冲突等。③不同时期发布的法律文件中的法律规范冲突。主要包括：新法与旧法的冲突；特别法与普通法的冲突；单行法与法典的冲突等。④部门法律文件与地方法律文件的法律规范冲突。主要包括：部门规章与地方性法规的冲突；部门规章与地方规章的冲突等。除此之外，还有条约与法律、法规的冲突，最高人民法院的司法解释与法律、法规的冲突，以及其他法律规范的冲突。

(江必新)

xingzheng susong zhong de falü guifan chongtu xuanze shiyong guize
行政诉讼中的法律规范冲突选择适用规则（rules to resolve conflict of laws in administrative litigation） 人民法院在审查具体行政行为的合法性时，为解决法律规范冲突所采取的方法和所遵循的原则,由此决定选择适用相应的行政法律文件或具体行政法律规范条款,将相应的行政法律规范条款适用于特定的行政关系。选择适用规则由两部分组成:一是指出有两种或两种以上的行政法律规范相冲突;二是指出要适用何种行政法律规范。在行政诉讼中,人民法院是选择适用规则的适用主体。一般情况下,人民法院不能创制选择适用规则,人民法院应请求有权机关予以解决,或在遵循宪法所确认的法制统一原则下,选择适用相应的"法律规范"。正确规定和适用选择适用规则,排除违法的行政法律规范,适用合法的行政法律规范,可以有效地维护法制统一原则,维护宪法和法律的尊严;另一方面,还可以有效地改进和完善行政立法。

人民法院解决法律规范冲突,应遵循下述规则:①高层级法律文件的规范优于低层级法律文件的规范。在低层级法律文件的规范与高层级法律文件的规范发生冲突的情况下,人民法院原则上应优先适用高层级法律文件的法律规范。只有在高层级法律文件授权低层级法律文件作出与高层级法律文件的法律规范不同的法律规定时,人民法院才可优先适用与高层级法律规范相冲突的低层级法律规范。此外,民族自治地区的自治条例、单行条例中的法律规范与高层级法律文件的规范相冲突时,只要相应自治条例、单行条例经过法定权力机关批准,人民法院审理民族自治地方的行政案件,可适用相应自治条例、单行条例的法律规范。②新的法律文件的规范优于旧的法律文件的规范。在新旧法并存,新法与旧法不一致时,人民法院原则上应优先适用新法的法律规范。一般说来,调整同一问题的新法颁布实施后,相应旧法即同时失去效力。但是新旧法的所有法律规范有时并非完全调整同一问题,某些新法规范可能调整与旧法不同的问题。在这种情况下,新法颁布,旧法并不同时失效,而是新旧法并存。此外,有时新法颁布和实施时,某些原依旧法实施的事项或受旧法调整的问题尚未处理,此时是依旧法还是新法,也会发生法律规范冲突问题。对于第一种情况,调整同一问题有新旧两法同时存在时,人民法院原则上应优先适用新法,除非法律规定在某种特殊情况下适用旧法。对于第二种情况,新法颁布后旧的问题或旧的事项尚未处理,人民法院原则上应根据法律规范影响相对人利益的情况来确定法律规范的适用;如适用新法的法律规范更有利于相对人的利益,可使相对人受到较轻的处罚或承担较轻的义务,则适用新法;反之,如适用旧法的法律规范更有利于相对人利益时,则适用旧法。③特别法的规范优于普通法的规范。在特别法法律规范与普通法法律规范发生冲突时,人民法院适用法律的一般原则通常是特别法优于普通法,即优先适用特别法的法律规范。但是这一规则要求,特别法与普通法必须是同一个层级的法律文件,除非高层级的普通法法律文件授权低层级特别法法律文件以特别法修改其所确立的法律规范。否则,低层级法律效力的规范一旦与高层级法律效力的规范(无论是普通法,还是特别法规范)冲突,即失去法律效力。地方权力机关不得以特别法来修改国务院行政法规所确立的普通法律规范;国务院不得自行以特别法来修改最高国家权力机关制定的法律所确立的普通法律规范,等等。在低层级特别法律规范与高层级普通法律规范相冲突时,人民法院不应适用低层级的"特别法",而应适用高层级的普通法。④直接调整相应部门相应事项的法律规范优于非直接调整相应部门、相应事项的法律规范。人民法院在审查某一具体行政行为时,有时该行为可能受几个相同法律效力层级的法律规范调整。对于这种情况的法律规范冲突,人民法院原则上应优先适用直接调整相应执法部门相应事项的法律规范。除非直接调整相应执法部门相应事项的法律规范因故不具有法律效力。

随着国家法制的不断完备,法律、法规对有关法律规范冲突的解决会逐步确立相应的规则(如行为地规则、行政主体所在地规则、相对人所在地规则等),在这些规则确立之后,人民法院选择适用冲突法律规范首先应遵循相应的法定规则。只有在没有法定规则可循时,才应适用一般法理确定的规则。此外,根据《行政诉讼法》第53条第2款规定:"人民法院认为地方人民政府制定、发布的规章与国务院部、委制定、发布的规章不一致的,以及国务院部、委制定、发布的规章之间不一致的,由最高人民法院送请国务院作出解释或者裁决。"除了规章之间可能存在的不一致以外,人民法院在对具体行政行为进行司法审查时,有时还可能发现或认为法律之间存在不一致、行政法规之间存在不一致或地方性法规之间存在不一致等情况,如这些不一致不能适用上述规则得到解决,人民法院由于没有对于法律、法规的审查权,故应将相互冲突的法律、法规报请最高国家权力机关或最高国家行政机关作出解释。人民法院在审查具体行政行为时发现《行政诉讼法》第53条规定的规章之间不一致或其他法律规范冲突的情况,在由最高人民法院送请或报请全国人大常委会进行解释、裁决期间,可暂时中止行政诉讼,待其解释或裁决作出后,再恢复诉讼。

(江必新)

xingzheng susong zhong de jueding
行政诉讼中的决定(decision made by court in administrative litigation) 人民法院为了保证行政诉讼的顺利进行,就诉讼中发生的某些特殊事项所作的司法行为。

决定的特点 与判决和裁定相比,决定具有如下特点：①就决定所解决的问题而言，既不同于判决所解决的实体问题，也不同于裁定所解决的程序问题，而是解决诉讼过程中可能出现的特殊问题。②就决定的功能而言，它旨在保证案件的正常审理，保证诉讼程序的正常进行，或者为案件审理和正常的诉讼活动创造必要的条件。③就决定的效力而言，决定不是对案件的审判行为，不能依上诉程序提起上诉，当事人不服，只能申请复议。

决定的效力 决定是人民法院为迅速解决诉讼上或者涉及诉讼问题的司法行为，这种行为一经作出，当即发生效力，具有执行内容的，立即付诸执行。对影响当事人的权利的有关外部关系的决定，当事人可申请复议一次，但不因当事人申请复议而停止决定的执行和影响决定的效力。决定发生效力后，如果认为认定事实或者适用法律确有错误，只能由作出决定的人民法院撤销或变更，不能依审判监督程序进行再审，也不能通过上诉程序由上一级人民法院予以纠正。

决定的种类及适用范围 决定是人民法院在诉讼过程中，对某些特殊事项行使处分权的方式，具有司法行政权力的性质，凡未列入判决、裁定解决的问题，必要时就可以采用决定的方式解决。实践中，主要有以下几种：①有关回避事项的决定。当事人申请审判人员回避，依所申请回避的对象不同，由不同的组织或者人员作出是否回避的决定。院长担任审判长时的回避，由审判委员会决定；审判人员的回避，由院长决定；其他人员（即书记员、翻译人员、鉴定人、勘验人）的回避由审判长决定。②对妨害行政诉讼的行为采取强制措施的决定。予以训诫、责令具结悔过的，通常由审判长当庭作出口头决定，记入笔录即可；处罚款、拘留的，经院长批准，由合议庭作出书面决定；需要追究刑事责任的，由合议庭作出决定，移送有关单位依法追究其刑事责任。③有关诉讼期限事项的决定。公民、法人或者其他组织因不可抗力或者其他特殊情况耽误法定期限的，在障碍消除后的10日内，可以申请延长期限，由人民法院决定。此外，还有高级人民法院和最高人民法院关于是否延长审理期限的决定。④审判委员会对已生效的行政案件的裁判认为应当再审的决定。合议庭已经审结的行政案件，裁判发生法律效力后，发现违反法律、法规规定认为需要再审的，由院长提交审判委员会讨论决定是否再审。审判委员会决定再审的，院长应当按照审判委员会的决定作出开始再审的裁定。⑤审判委员会对重大疑难行政案件的处理决定。合议庭审理的重大、疑难的行政案件，经评议后，合议庭应报告院长，由院长提交审判委员会讨论决定。合议庭应遵照审判委员会的决定，制作判决，向当事人宣告、送达。⑥有关执行程序事项的决定。执行过程中，案外人对执行标的提出异议的，执行员进行审查，认为有理由的，报院长批准中止执行，由合议庭审查或由审判委员会作出决定。此外，行政机关拒绝履行判决、裁定的，人民法院可以从期满之日起，对该行政机关按日处50元至100元的罚款决定。

决定的形式 行政诉讼中的决定分为口头决定和书面决定两种形式。从审判实践来看，人民法院对妨害诉讼行为的人作出的罚款和拘留决定、对行政机关拒绝履行判决或裁定的罚款决定，应当采用书面形式，即决定书的形式。但人民法院对当事人申请回避作出的决定，可以采用口头或者书面的形式，实践中一般都采用口头形式。人民法院对妨害诉讼行为的人作出的训诫、责令具结悔过的决定，审判委员会对重大或疑难行政案件的处理决定，以及审判委员会对已生效的行政案件的裁判认为应当再审的决定，以及其他处理内部关系的决定，实践中通常仅制作笔录、记录在案。

根据人民法院的审判实践，行政诉讼中的决定书由首部、正文和尾部组成。①首部。首部应依次写明如下事项：人民法院的名称和决定书的种类，如"××人民法院拘留决定书"、"提前解除拘留决定书"、"罚款决定书"、"准予回避（或不准予回避）决定书"等；案号；当事人的称谓和自然状况，申请回避的人称"申请人"，被拘留的人称"被拘留人"，被罚款的人称"被罚款人"，并写明其姓名等自然状况。②正文。正文应写明如下事项：案由；作出决定所依据的事实和理由；适用的法律；决定的具体内容。制作处罚决定书，对被处罚人的违法行为的叙述必须真实、准确；事实、理由要写得简要明了；主文的表述要明确具体，给予罚款的，除写明数额外，还须写明交付的具体期限；给予拘留处罚的，要在决定的期限后，具体写明拘留的起止日期。人民法院的处罚决定不得超过法定罚款金额和拘留期限。③尾部。尾部应写明以下事项：告知决定的效力及救济途径，如写明"如不服本决定，可以申请复议。复议期间，不停止本案的审理"；处罚决定书应写明："如不服本决定，可以申请复议。复议期间，不停止决定的执行"。决定书要署名，是否准许回避的决定，由审判委员会决定的，署人民法院的名称；由院长或者审判长决定的，分别由院长或审判长署名。罚款和拘留，都必须经人民法院院长批准，因此，应由人民法院署名，并加盖人民法院的印章。

（江必新）

行政诉讼中法律规范的适用（application of law in administrative litigation） 人民法院审理行政案件，依据法律法规、参照规章或参考规范性文件，对具体行政行为的合法性进行审查、评价和作出裁判的活动。包括解决行政诉讼活动程序问题的法律规范适用和通过行政诉讼程序解决行政争议实体问题的法律规范适用两个方面。行政诉讼中法律规范的适用具有如下特点:解决诉讼程序问题不仅适用《中华人民共和国行政诉讼法》及最高人民法院的相应司法解释,而且适用各种行政管理法律、法规中有关行政诉讼程序方面的规范以及《中华人民共和国民事诉讼法》中与行政诉讼法及其原则不相抵触的法律规范;解决行政争议实体问题没有统一的法律或法典可供适用,而可能会涉及众多的法律、法规、规章或其他规范;解决行政争议的实体问题不仅涉及行政实体法,而且涉及行政程序法。

宪法的适用 宪法对具体行政行为的调整通常是抽象的、原则的。在一般情况下,它必须通过具体的法律、法规使之成为可直接适用和遵循的行为规范。行政机关实施具体行政行为,通常不直接适用宪法,而是直接适用具体的法律、法规。因此,人民法院审查具体行政行为,也只能直接以法律、法规为依据,而不直接以宪法为依据。但人民法院审查具体行政行为不直接以宪法为依据并不意味着人民法院的审查可以离开宪法,可以不考虑和顾及宪法的规定。宪法是国家的根本大法,具有最高的法律效力。任何国家机关、组织和个人都必须遵守宪法,行政机关实施行政行为当然亦不能违反宪法。人民法院审查行政机关具体行政行为的合法性,就包含着审查该行为的合宪性,因为法律、法规是对宪法的具体化。宪法虽然不是人民法院司法审查的直接标准,但它应该是司法审查的最高标准、最终标准。至于某一具体法律、法规是否符合宪法,人民法院不能作出发生法律效力的评价和判断,但人民法院在审查具体行政行为时,认为某一具体法律、法规有违宪情况,可以报请国家最高权力机关加以审查和确认。在某些个别情况下,一定的具体行政行为也可能没有直接的法律、法规根据,行政机关是根据有关行政管理文件作出的。对这种行为,人民法院审查时并不排除直接以宪法为根据,确定相应行为的合法性。

法律的适用 根据《行政诉讼法》第52条的规定,全国人民代表大会及其常务委员会制定的法律是人民法院审理行政案件的依据。对每一案件,法院必须首先依据法律的规定作出定性和处理,而不能拒绝适用。这是由我国的政权组织性质和国家结构性质所决定的。依照宪法规定,我国是人民民主专政的社会主义国家,国家的一切权力属于人民,人民行使权力的机关是全国人民代表大会和地方各级人民代表大会。全国人民代表大会和地方各级人民代表大会都由民主选举产生,对人民负责,受人民监督,国家行政机关、审判机关、检察机关都由人民代表大会产生,对它负责,受它监督。全国人民代表大会是国家最高权力机关,它的常设机构是常务委员会,人民主要是通过人民代表大会及其常务委员会制定的法律表达其意志。因此,在我国国家权力中,立法权是至高无上的,行政权和司法权从属于立法权。行政权和司法权的行使都必须服从立法机关制定的法律。因此,毫无疑问,人民法院审理行政案件,对具体行政行为是否合法进行审查时,应当优先适用法律。

刑法和民法的适用 刑法、民法能否成为审查具体行政行为合法性的依据?通说认为,当具体行政行为涉及到某些刑事或民事问题时,刑法或民法不仅可以而且应当成为审查具体行政行为合法性的依据。理由是:我国《行政诉讼法》第52条规定人民法院审理行政案件以法律和行政法规、地方性法规为依据,其中的"法律"理应包括刑法、民法。即是说,行政诉讼法并没有排除刑法和民法作为审查具体行政行为合法性的依据。刑法、民法都是我国的基本法,在我国法律体系中占有重要地位。对行政执法领域来说,除非法律有特殊规定,行政机关和行政机关工作人员都不得违反刑法和民法的规定。因此,依法行政包括遵守民法和刑法。

从行政执法活动的实际情况来看,有相当一部分具体行政行为必须以刑法、民法为依据。民政部门核发结婚证书、进行婚姻登记必须以婚姻法为依据;公安机关对构成犯罪未满14周岁的人决定收容教养必须以刑法为依据;环保部门、专利管理部门等相当一部分行政管理部门处理平等主体之间的民事争议(如赔偿争议)必须以《民法通则》为依据,等等。既然行政执法活动必须以刑法、民法为依据,那么人民法院审查有关的具体行政行为就必须以同一法律依据进行审查。不能设想,既要求行政机关在实施某些具体行政行为时遵守民法和刑法,又要求法院用其他另外一些法律对这些具体行政行为进行合法性审查。

人民法院在适用民法和刑法规范对具体行政行为进行合法性审查的时候,有两个问题需要注意:①不能随意扩大民法和刑法的适用范围。原则上,只有当行政执法活动必须依据或者必须注意到刑法或民法的有关规范时,人民法院才能依据刑法或民法的有关规范来对具体行政行为是否合法进行审查。人民法院在进行合法性审查的时候应当注意刑事司法行为、民事行为与行政行为的区别。行政机关的刑事司法行为,应受刑法和刑事诉讼法的规制;行政机关的民事行为应受民事法律规范的规制;行政机关的行政行为原则上受行政法的规制。行政行为只有在必须以刑法或民法为基础时才能受民法或刑法的规制。②在某些情况下,法律、法规对实施行政行为的行政机关只有概括授权,没有具体规定处理问题的原则、方式或程序,而这些行为的内容与民事行为的内容没有多大区别。在这种情况下,如果法律没有相反规定且适用民法无碍行政管理的目的实现,应当适用民法的有关规定进行审查。

民事诉讼法的适用　《中华人民共和国行政诉讼法》及最高人民法院的司法解释并非我国行政诉讼法的惟一法源。除了《中华人民共和国行政诉讼法》及最高人民法院的司法解释以外,《中华人民共和国民事诉讼法》的某些与行政诉讼法不相抵触的规范也是必须遵循的程序法律规范。行政诉讼制度是从民事诉讼制度中逐步分离、逐步独立和在民事诉讼制度基础上逐步发展起来的诉讼制度。英美法系国家在行政诉讼创立的初期,在程序上均适用民事诉讼法。一些国家即使有了独立的行政诉讼法典,还在某些方面、某些环节上适用民事诉讼法。由于我国行政诉讼法比较简略,对与民事诉讼相同或相似的程序大都未作详细规定,给司法实践带来一定困难。根据最高人民法院的司法解释,民事诉讼法与行政诉讼法不相抵触的部分可以适用于行政诉讼。

行政法规的适用　行政法规能够和应该作为司法审查的依据,其理由在于:①行政法规是由最高国家行政机关国务院发布的,因国务院直接由全国人民代表大会产生和对全国人民代表大会负责,故它制定的普遍性规范具有从属性立法的性质;②国务院的行政法规直接受全国人大常委会监督,全国人大常委会可以撤销国务院发布的同宪法、法律相抵触的行政法规,以保证行政法规与法律的一致性;③法律对具体行政行为的调整通常是抽象的、原则性的,在很多情况下必须通过行政法规将其具体化,人民法院审查具体行政行为,只有同时依据行政法规,才能确定相应行为的合法性。故《行政诉讼法》第52条规定,人民法院审理行政案件,以行政法规为依据。但是在我国,行政法规与法律不是同一效力等级的规范性文件,如果行政法规与宪法和法律相抵触,那么行政法规也应当是无效的。我们不能保证所有行政法规都与宪法和法律完全一致,也不能保证在我国不会出现行政法规与法律相抵触的问题。因此,对行政法规仍然存在一个合法性鉴别问题。

根据《宪法》有关规定,确认行政法规与宪法或法律相抵触的权力只能由全国人民代表大会常务委员会行使。因为只有它才具有法律解释权和撤销国务院制定的同宪法、法律相抵触的行政法规、决定和命令的权力。人民法院在审理行政案件的过程中,如果发现行政法规同宪法或法律相抵触,当事人一方或者双方提出异议,应当由最高人民法院报请全国人大常委会作出解释或者裁决。

地方性法规的适用　地方性法规是指由省、直辖市、自治区人民代表大会及其常务委员会和省、自治区人民政府所在地的市及经国务院批准的较大的市的人民代表大会及其常务委员会制定的规范性文件。根据《行政诉讼法》第52条的规定,地方性法规也是人民法院法律适用的依据。这是因为:①地方性法规制定的主体是地方权力机关。地方国家行政机关和地方司法机关都由地方国家权力机关产生,对它负责,受其监督。这一体制决定了地方行政机关制定规章或作出具体行政行为都必须遵守地方性法规。地方人民法院在行使审查权时尤其是行使司法审查权时,也必须遵守地方性法规。②有的法律授权地方性法规将其规定的原则具体化。人民法院对于依此种地方性法规为依据实施的具体行政行为,只能以地方性法规为依据进行审查和确定其合法性。③省、直辖市、自治区人民政府所在地的市及国务院批准的较大的市,在国家政治、经济建设中具有重要地位,又是改革和开放的前哨,在法律和行政法规制定之前,往往作为中央立法的试验基地,所以从国家经济建设和加快改革开放的需要出发,地方性法规作为审查具体行政行为合法性的依据是必要的。

我国《宪法》第5条第2款规定:"一切法律、行政法规和地方性法规都不得同宪法相抵触。"第100条规定:"省、直辖市的人民代表大会和它们的常务委员会,在不同宪法、法律、行政法规相抵触的前提下,可以制定地方性法规,报全国人民代表大会常务委员会备案。"根据上述规定精神,凡是与宪法、法律和行政法规相抵触的"地方性法规"是不具有法律效力的,人民法院就应不作为办案依据。如果当事人一方或者双方对地方性法规的合法性持有异议,应由最高人民法院送请有权确认的机关确认;认为可能与宪法或法律相抵触的,应当送请全国人民代表大会常务委员会确认;认为可能与行政法规相抵触的,应当送请国务院和全国人大常委会确认。

自治条例和单行条例的适用　行政诉讼法明确规定,人民法院审查民族自治地方行政机关实施的具体行政行为,应该以民族自治地方的自治条例和单行条例为依据。自治条例和单行条例与地方性法规是处于同一级别的法律规范。依照宪法和有关法律,自治区、自治州、自治县比一般行政区域单位享有更多的权力。民族自治地方除了必须遵守宪法之外,经全国人大常委会或省、自治区人大常委会批准,在必要时可变通法律和行政法规的某些规定,故人民法院对民族自治地方行政机关根据此种自治条例和单行条例实施的具体行政行为,有必要以自治条例和单行条例为依据进行审查。《中华人民共和国宪法》第116条规定:"民族自治地方的人民代表大会有权依照当地民族的政治、经济和文化的特点,制定自治条例和单行条例。自治区的自治条例和单行条例,报全国人民代表大会常务委员会批准后生效。自治州、自治县的自治条例和单行条例,报省或者自治区的人民代表大会常务委员会批准后生效,并报全国人民代表大会常务委员会备案。"根据本条规定的精神,人民法院在审理行政案件的过程中,如果发现自治条例或单行条例与宪法、法律或者行政法规相抵触,应当分别情况,作如下处理:如果发现自治条例或单行条例与宪法相抵触,应当由最高人民法院报请全国人大常委会作出解释或裁决;但是,如果当事人一方或双方提出异议认为相抵触的部分系根据宪法第116条的规定,依照当地民族的政治、经济和文化的特点而制定的,应由最高人民法院报请全国人大常委会作出解释或裁决;如果发现自治条例或者单行条例与行政法规相抵触,亦应依法由有权确认的机关确认是否属于《宪法》第116条所规定的情形。

行政规章的适用《行政诉讼法》第53条第1款规定:"人民法院审理行政案件,参照国务院部、委根据法律和国务院的行政法规、决定、命令制定、发布的规章以及省、自治区、直辖市和省、自治区的人民政府所在地的市和经国务院批准的较大的市的人民政府根据法律和国务院的行政法规制定、发布的规章。"所谓参照,是指行政规章从总体上说对人民法院不具有绝对的拘束力,但是,如果行政规章与法律、法规相符合,人民法院可以作为裁判的依据。换言之,如果行政规章具有法律效力(或者说如果人民法院不能否定其法律效力),人民法院要依据该规章的规定作出裁判。这是因为规章具有效力的先定性,但又没有绝对的拘束力。规章如果与法律和行政法规相抵触或者超越权限范围就不应具有拘束力;规章是法律和行政法规的产物,是我国社会主义法律体系的组成部分,但规章又不是法律自身,不能与法律、法规"平起平坐",合法的规章具有与法律相同的效力,不合法的规章就不具有法律效力;我们不能假定所有规章都是合法的,也就是说,规章具有不合法的可能性,所以不能预先设定所有规章都具有法律效力或者具有绝对的拘束力。

"参照"规章意味着"参酌之后决定是否依照"。也就是说,只有合法的规章才能作为人民法院审查具体行政行为合法性的依据。合法的规章必须同时具备以下条件:①特定规章的制定和发布必须有法律、法规依据。具体地说,部门规章必须根据法律和国务院的行政法规、决定、命令制定和发布;地方政府规章必须根据法律、国务院的行政法规、决定、命令或者地方法规制定。没有法律、法规依据的规章原则上不能认定为合法性规章,除非通过特别程序经有权机关认可。②规章的内容不得与更高层次的合法有效的规范相抵触,也不得与合法有效的同级规章相冲突。人民法院认为地方人民政府制定、发布的规章与部、委制定发布的规章不一致的,以及国务院部、委制定、发布的规章之间不一致的,由最高人民法院送请国务院作出解释或者裁决。③规章的制定与发布必须符合法定程序。只有同时具备以上三个条件的规章才能认为是合法的规章,也才能作为人民法院审查具体行政行为合法性的依据。

由于我国的行政法制尚不健全,相当一部分行政管理领域尚没有法律、法规调整,规章在实际行政管理活动中起着十分重要的作用,所谓"自主性规章"还占有相当比例。加之我国的委任立法制度尚不健全,在立法上长期以来奉行"先地方后中央,先低层次规范,后高层次规范"的原则,结果使相当一部分规章没有法律、法规依据。而且这些规章都不同程度地为行政机关自身创设了权力(如处罚权等),为相对人增加了义务。要改变这种状况还需要一个过程。因此,在行政机关还没有对规章进行完全的清理、调整,相应行政管理领域的法律、法规还没有出台之前,应当考虑一个过渡标准:如果规章创设的职权,或者为相对人增加的义务,或者对相对人权利的限制,是进行特定领域的行政管理活动所必需,而且所作的相应规定是合情合理的话,人民法院应当承认其效力,而不应简单地视为其无效。

行政规章既然存在合法或不合法两种可能性,法院在审查行政案件时就有选择适用的必要。也就是说,法院在决定某一规章可否作为裁判的依据时,一个必要的前提是,必须鉴别该行政规章是否合法。只有当确认或鉴别该规章是合法的,才能作为法院裁判的依据;不合法的,就不能作为依据。确认行政规章的合法性,必须解决两个问题:一个是确认主体即由谁来确认行政规章的合法性;二是通过什么程序和方式来确认行政规章的合法性。行政诉讼法既没有将抽象行政行为纳入行政诉讼范围,从而授予人民法院可以宣布行政规章无效的权力,也没有排斥人民法院直接确认行政规章合法性的权力,而是根据不同情况作出了不同的规定。人民法院如果认为地方人民政府制定、发布的规章与国务院部、委制定、发布的规章不一致的,以及国务院部、委制定、发布的规章之间不一致的,由最高人民法院送请国务院作出裁决或者解释。人民法院如果认为行政规章与法不符(即违反宪法、法律或法规),有权拒绝适用;如果认为行政规章符合宪法、法律或法规,有权作为裁判根据。这种"参照权"在事实上是一种"选择适用权",或者是一种"准确认权"。

"选择适用权"或"准确认权"与司法审查权虽然都包含有确认的意思,但两者有质的区别:①确认的前提不同。人民法院行使"选择适用权",只能在直接关系到具体案件的裁决的情况下,才能审查行政规章的合法性;而在具有司法审查权的情况下,法院则可以单独就行政规章的合法性进行审查。这就是说,在目前情况下,人民法院不能受理控告行政规章违法的案件,而只有在某一行政规章与认定被诉具体行政行为的合法性有关联的情况下,才有权判断某一行政规章的合法性。②确认的程度不同。凡是授予法院审查抽象行政行为的国家,一般都授予法院审查行政规范性文件是否合理的权力。例如,在美国,如果一部规章太专横或不合理,即便它所涉及的问题在行政机关的委任权之内,法院也可以宣布其无效。而我国法院对行政规章的"选择适用权"不包括对规章的合理性的审查。③确认的效力不同,在对行政规章具有司法审查权的情况下,法院可以宣布违法的行政规章无效,或者撤销违法的行政规章;而"选择适用权"中的确认的后果,只能是拒绝在有关的案件中适用违法的行政规章,或者将合法的行政规章作为裁判的依据。

行政诉讼法对确认行政规章是否合法的程序和方式没有作详细规定,应根据不同的情况采取不同的程序和方式:凡是法院和当事人双方对案件所涉及到的行政规章的合法性(包括合法或不合法)认识相同的,或者说没有异议,法院可以根据行政规章是否合法,直接决定是否作为裁判的依据。凡是当事人双方对案件所涉及到的行政规章的合法性(包括合法或不合法)持有异议,且比该行政规章层次高的地方性法规、行政法规和法律等对所争议的事项已有明确的规定,人民法院可以直接适用地方性法规、行政法规和法律等来进行裁判。凡当事人对行政规章的合法性持有异议,而又没有高层次的地方性法规、行政法规、法律等规范或者高层次的规范比较笼统、原则,需要有权机关认可或者需要判定该高层次的规范的机关作出解释的,人民法院应当中止案件的审理,分别情况作如下处理:需要省、自治区或直辖市人民代表大会常务委员会认可或解释的,应当通过所属的高级人民法院提请省、自治区或直辖市的人大常委会认可或解释;需要国务院认可或解释的,由最高人民法院送请国务院作出认可或解释;需要由全国人大常委会认可或解释的,由最高人民法院报请全国人大常委会作出认可或解释。待上述机关作出认可或不认可的决定或者作出解释后,恢复案件的审理。人民法院认为地方人民政府制定、发布的规章与国务院部、委制定、发布的规章不一致的,以及国务院部、委制定、发布的规章之间不一致的,由最高人民法院送请国务院作出解释或者裁决。

规章以下规范性文件的适用 我国行政诉讼法规定人民法院审理行政案件以法律、法规为依据,参照规章的规定,但对规章以下规范性文件如何适用未作详细规定。行政机关发布具有普遍约束力的规范性文件,是宪法、法律赋予特定行政机关的一项权力,由于这项权力的存在,就派生出行政机关依据这些规范性文件进行行政管理的权力。如果人民法院不论青红皂白,一概否定行政机关依据规章以下规范性文件作出的具体行政行为的效力,将会在事实上否定行政机关的上述权力,这不仅与宪法的规定不一致,而且不利于加强行政管理。如果行政机关所依据的规范性文件是合法有效的,人民法院就不能简单地以没有法律依据为由而撤销被诉行政行为。当然要弄清被诉行政行为所依据的规范性文件是否是合法有效的,就必须对该规范性文件进行合法性鉴别。如果规章以下规范性文件的内容完全是法律、法规或具有法律效力的规章的具体化,而没有超出法律、法规的授权范围,没有与更高层次的规范相抵触,人民法院应当将其作为审查具体行政行为是否合法的参考依据。如果规章以下规范性文件没有任何法律、法规或规章依据,但其内容没有限制相对人的权利,也没有增加相对人的义务或扩大行政机关的职权,同时在制定和发布主体、程序等方面也无可非议,内容与更高层次规范不相抵触,人民法院也应当将其作为参考依据。如果规章以下规范性文件在没有法律、法规根据的情况下增加了相对人的义务,剥夺或限制了相对人的权利,免除了特定人在法律上所应负的义务,或为特定人设定了权利,或者在制定发布主体上越权,内容上与更高层次的规范相抵触或在程序上违法,人民法院则不能将其作为审查具体行政行为合法性的依据。

行政性解释的适用 在行政审判过程中,当事人经常对一些法律概念理解不一致,从而成为案件争执的焦点,继而成为人民法院进行合法性审查的难点。在这类问题出现后,根据有关规定,人民法院要依法送请有权机关作出解释或裁决。法律、法规或规章授予特定的行政机关对特定的法律、法规或规章以解释权,人民法院原则上应当尊重这些解释。但是人民法院也不能无条件地将这些解释作为审查具体行政行为的依据,理由是:①从行政机关对法律、法规和规章进行解释的实际情况来看,绝大多数的解释是符合法律、法规或规章的精神实质的,但也确有随意解释的现象存在:有的因害怕本机关的下属行政机关败诉,而片面地作于己有利的解释;有的解释前后矛盾;有的解释大大超出法律、法规或规章的范围;有的解释明显与其他法律、法规相抵触。如果要求人民法院绝对地以这些解释为依据,势必造成法制不统一的状况,也会助长行政解释权的滥用。②法律、法规或规章赋予特定行政机关以解释权,只表明特定行政机关拥有解释特定法律、法规或规章的资格或可能性,而不意味着这种解释就具有绝对的法律效力。这种解释是否具有法律效力在本质上取决于这种解释是否真正符合法律、法规或规章的原意和精神。③对法律、法规和规章的解释应当遵循解释规则。如果对违反解释规则的解释也视为有效,将无法保证社会主义法制的统一。

行政机关的解释具备以下条件才能作为人民法院审查具体行政行为合法性的依据:①作出解释的机关

必须是有权机关,即解释主体必须合法,非法定解释主体的解释无效。②作出解释的程序必须合法。违反法定程序的解释不具有法律效力。③解释必须符合法律、法规或规章的原意和目的,不能超出法律、法规或规章所规定的范围,更不能与法律、法规或具有法律效力的规章相抵触。

人民法院能否独立地确认行政机关解释的效力呢?行政诉讼法对此没有明确规定。通说认为,如果对行政机关的解释的效力提出异议是基于权限或程序问题,人民法院可以直接作出判断;如果对行政机关的解释的效力提出异议是基于解释内容与法律、法规或规章的原意和目的不符或者是解释内容与法律、法规或规章相抵触的问题,人民法院应当按正常程序报请有权机关作出确认或裁决。 (江必新)

xingzheng susong zhongzhi
行政诉讼中止(abatement of action in administrative litigation) 正在进行的行政诉讼程序,因遇到某种无法克服或者难以避免的特殊情况,而暂时停止的一种诉讼制度。诉讼中止与延期审理的主要区别是:前者是将诉讼程序暂时停止,什么时候恢复一般来说无法确定,且停止诉讼程序的时间较长;后者只是推迟了开庭的时间,其他诉讼活动并不停止,一般能够确定下次开庭的时间,且推迟开庭的时间较短。中止诉讼时,人民法院应当作出裁定。中止诉讼的原因消除后,应当恢复诉讼程序。诉讼程序恢复后,当事人在诉讼中止前实施的诉讼行为仍然有效。我国《行政诉讼法》对诉讼中止没有作出规定。根据最高人民法院《关于贯彻执行〈中华人民共和国行政诉讼法〉若干问题的意见(试行)》的规定,在行政诉讼中,应当中止诉讼的情况包括:①原告死亡,需要等待其近亲属表明是否参加诉讼的;②原告丧失诉讼行为能力,尚未确定法定代理人的;③作为原告的法人或者其他组织终止,尚未确定权利义务承受人的;④一方当事人因不可抗力的事由,不能参加诉讼的;⑤其他应当中止诉讼的情形。 (谭 兵)

xingzheng susong zhongjie
行政诉讼终结(termination of action in administrative litigation) 在行政诉讼进行中由于遇到某种特殊情况,使诉讼程序无法继续进行或者无必要继续进行时,而结束诉讼程序,不再对案件进行审理的一种诉讼制度。诉讼终结与诉讼中止(见行政诉讼中止)的主要区别是:前者是彻底结束对案件的审理,以后不再恢复诉讼程序;后者只是诉讼程序的暂时中断,待障碍消除后还要恢复诉讼程序。终结诉讼时,人民法院应当作出裁定。裁定书一经送达即发生法律效力,当事人不得对此声明不服。诉讼终结的法律后果,一是法院不再对案件继续审理;二是原告不能基于同一理由就同一标的再行起诉。我国《行政诉讼法》对诉讼终结没有作出规定,根据最高人民法院《关于贯彻执行〈中华人民共和国行政诉讼法〉若干问题的意见(试行)》的规定,在行政诉讼中应当终结诉讼的情况包括:①原告死亡,需要等待其近亲属表明是否参加诉讼而中止诉讼,满3个月仍无人继续诉讼的;②原告丧失诉讼行为能力,尚未确定法定代理人而中止诉讼,满3个月仍无人继续诉讼的;③作为原告的法人或者其他组织终止,尚未确定权利义务承受人而中止诉讼,满3个月仍无人继续诉讼的。 (谭 兵)

xingzheng susong zhuanshu guanxia
行政诉讼专属管辖(exclusive jurisdiction) 也称专属地域管辖,行政诉讼地域管辖的一种。指以具体行政行为(见可诉性行政行为)所针对的对象所在地为标准来划分的一种特殊地域管辖。专属管辖的基本特征是,法律明文规定某一类行政案件,由某一地区的人民法院管辖,原告没有选择余地,其他人民法院也无权管辖,我国《行政诉讼法》第19条规定:"因不动产提起的行政诉讼,由不动产所在地人民法院管辖。"行政诉讼中的专属管辖,只适用于这种情况。不动产主要是指滩涂、草原、荒地、山岭以及其上的附着物,如土地上的建筑物等。原告提起此类行政诉讼,通常是对行政机关所作出的有关不动产的所有权、使用权的处理决定不服。人民法院受理这类案件后,一般都需要做现场勘察。因此,《行政诉讼法》作出专属管辖规定,对于受案人民法院正确、及时地处理案件,乃至判决后的有效执行,都具有十分重要的意义。 (王振清)

xingcheng zhi su
形成之诉(action regarding formalization) 传统上诉的种类之一。当事人请求法院作出形成判决,确认其形成权之存在,依形成判决使法律关系发生、变更、消灭之诉。传统上将民事诉讼中的诉分为给付之诉、确认之诉和形成之诉。形成之诉是请求形成判决之诉,因以形成判决能使法律关系之发生、变更或者消灭,而又称为权利变更之诉或者创设之诉。形成之诉因其形成的法律效果不同,又分为实体法上的形成之诉与程序法上的形成之诉。实体法上的形成之诉有将来形成效果的形成之诉,如撤销婚姻、撤销收养、终止收养、宣告停止侵权、分割共有物之诉;有溯及既往效果的形成之诉,如撤销侵害行为,宣告股东会议决议撤销,撤销认领子女之诉。程序法上的形成之诉是有关程序上法律效果变更之诉,如再审之诉、执行异议之诉、撤销除权判决之诉、撤销仲裁裁决之诉(见仲裁裁决)。形成之诉有别于给付之诉在于,形成判决一经确定,即直接形成法律上之效果,不同于给付判决有的还须附之以强制执行行为;有别于确认之诉在于,确认判决只是肯定或否定某种法律关系之成立,形成判决则可以引起法律关系之发生、变更或者消灭。 (刘家兴)

xingshi zhenshi
形式真实(formal truth) 见实质真实。

xingshi zhenshi faxian zhuyi
形式真实发现主义(principle of formal truth) 见实质真实发现主义。

xingshi zhengju zhidu
形式证据制度(statutory evidence) 又称法定证据制度。以证据的外部特征,在法律上预先规定证据的可靠性和证明力,要求法官按照预定的规则机械地确认案件事实的证据制度。形式证据制度盛行于欧洲中世纪,是适应欧洲中世纪封建国家的中央集权制,对付封建割据的需要而建立的一种证据制度。其主要特点是将证据预先确定为完全的和不完全的两类,其中不完全的又有多半完全与多半不完全两种。所谓完全的证据,主要指当事人在法庭上自认的事实根据,或者是在法官面前自白的证据,或者以严刑拷打取得供认的证据。这样形式的证据,是完全的不可质疑的证据。所谓不完全的证据,是指不符合其法律规定,不能作为认定事实的证据,如一个证人的证言不是完全的证据,两个证人证言相一致的才是完全的证据。当几个证人的证言不一致时,其采证规则是:男子的证言优于女子的证言;高贵人的证言优于普通人的证言;僧侣的证言优于俗人的证言,因此,其证据价值,取决于法律上所规定的标准,而不是决定于证据本身的证明力。

形式证据制度较之以前的神明裁判和司法决斗是一大进步,在证据制度的发展过程中具有一定的意义,在反对法官专横擅断上也起了一定的作用。但是,从形式上确定证据的价值不符合不同案件的具体情况,要求法官用形而上学的方法机械地去计算证据的多少和效力的大小,束缚了法官的理性,限制了法官根据不同案件的具体情况按科学的思维逻辑判断事实,结果在诉讼中所获得的是法律上的形式真实,而不是客观上的事实真实。随着18世纪末19世纪初资产阶级革命的兴起,诉讼制度的发展变革,形式证据制度逐渐被自由心证制度所代替,即逐渐由案件事实的审理者自由加以判断的制度所取代。中国古代的诉讼,由于基本上实行审判官的擅断,虽有某些形式证据的色彩,如三人以上证明即可定案,但未形成形式证据制度。
(刘家兴)

xingxiang henji
形象痕迹(formal vestige) 特指某一有形客体的外部形态结构特征在另一有形客体表面遗留的反映形象。例如:在走路过程中,人的鞋底大小、形状及花纹和磨损等特征在地面上留下的反映形象;手在握茶杯时,手指皮肤表面乳突线花纹在茶杯表面留下的反映形象。形象痕迹的本质是物质的映象,这一映象又是以一定的物质客体表面局部形变或媒介物质的增减作为基础的。它的产生是两物体表面直接接触作用的结果,在这个过程中必须具备"造型体"(留痕客体)、"承受体"(反映客体)和"作用力"三个基本要素。形象痕迹的检验,是依据承受体表面所留痕迹中反映出来的造型体的形态特征,对造型体进行分析、比较鉴别的过程。任何客观存在的物质客体,其形态都具有同其他任何客体相区别的特殊性,这个特殊性是由若干宏观与微观的形态特征组合构成的。人们认识了足够量的形态特征,就可以将该客体同其他客体加以区分。但是,在形象痕迹的检验实践中,造型体的形态特征必须具有相对的稳定性,在一定时间内,不发生重大变化;而承受体应当能清晰地反映造型体的细微形态结构并具有保持这个反映形象的能力。形象痕迹是刑事犯罪过程中普遍遗留的重要物证。在司法实践中,通过对痕迹中表现特征的分析及实证研究,判断留痕客体(人或物)的特点。根据对痕迹检验所作出的结论,为寻找和认定作案人和作案工具提供依据。痕迹鉴定结论是重要的法庭诉讼证据。
(蓝绍江)

xingxiang henji kanyan
形象痕迹勘验(inspection of formal vestige) 对造型体外表结构的物质反映形象的勘察、检验。不仅能为判断案情提供客观依据,而且还能为分析犯罪人身份及认定造型体种类,乃至对造型体(包括人和物)进行同一鉴定等提供准确的材料。

形象痕迹是一个客体,在另一个客体上形成的反映形象。鉴于两个客体在形成形象痕迹时的作用不同,故把前者称为造型体,后者称为承受体。造型体作用于承受体,使承受体表面形成与造型体接触面某些外表结构形态特征相适应的变化,就是形象痕迹。按形象痕迹形成的机理,可将其分为静态痕迹和动态痕迹;按形象痕迹存留形态,可将其分为立体痕迹和平面痕迹。当造型客体与承受客体相互接触时,承受客体受到垂直压力,其与造型客体接触面的相对位置保持不变，即形成静态痕迹，例如工具撬压痕迹、鞋底踩踏痕迹等。静态痕迹一般能真实反映造型客体接触面的形状、大小、花纹结构等外表形象特征。当造型客体与承受客体相互接触时，若其中一个沿着另一个的表面发生相对位移，即形成动态痕迹，如擦划痕迹、剪切痕迹、锯锉痕迹等。在动态痕迹中，造型客体接触面的外表结构特征是以变化了的形态反映出来的，接触面上的点状特征变成了线状特征，横线状特征变成了面状特征，块状特征变成了条状特征。原有特征变形后外沿伸长的方向与两个客体相对运动的方向相一致。

当造型客体与承受客体相接触，承受客体在造型客体的重力或垂直动力作用下，其接触面发生垂直于表面方向的形变，产生凹凸而形成痕迹，这类痕迹称为立体痕迹。立体痕迹的特点是：承受客体上遗留的凹凸形象与造型客体接触面上相应部位的凸凹形象特征刚好相反。当造型客体与承受客体相互接触时，若承受客体接触面因此而增加或是被带走了一层中介物质（如灰尘）形成反映造型客体接触面外表结构特征的形象痕迹，则这类痕迹称为平面痕迹。如果是增加一层中介物质而形成的，称为加层痕迹；如果是被带走一层中介物质而形成的，称为减层痕迹。

形象痕迹除无色汗液手印和赤脚印外，均为显性痕迹。形象痕迹勘验应遵循痕迹勘验的法定程序。对于各种形象痕迹，根据其形态、形成的物质、所在客体的属性，可采取物理方法、化学方法或化学物理方法加以发现、固定和提取。又由于形象痕迹对其造型体具有较好的反映性，其造型体具有特定性和相对稳定性，因而可以作为对其造型体进行同一鉴定的重要依据。

（张玉镶　张新威）

xingbie rentong zhangai
性别认同障碍（sexual identification）　父母或其他长辈由于无知或好奇以及其他心理目的，粗暴压制孩子的自然性别认同心理发展，不按孩子自然性别特征而人为地指定性别。如给男孩子起女孩子的名字，按女孩子打扮等，导致孩子心理上形成性别倒错。

（孙东东）

xing chengshu jianding
性成熟鉴定（certification of sexual maturity）　判断男女青年性的生理机能是否已达到成年的生理状态。在法医实践中常遇到的是性犯罪案件中13～16岁的少女被害人，需鉴定其是否已达到性成熟阶段。所以通常情况下，性成熟鉴定是指女性性成熟鉴定。女性性成熟的标志是：①有性交条件。外生殖器和阴道发育状况及其大小适合于性交，即外生殖器从幼稚型变为成人型，阴阜隆起，大阴唇变肥厚，小阴唇变大且有色素沉着，阴道的长度及直径增加，阴道粘膜变厚，出现皱襞。②具有受胎能力。稳定的月经周期与排卵才有受胎能力，这是性成熟的重要标志。③具有分娩能力。骨盆的大小和形状已适合胎儿经阴道娩出，此时骨盆的横径的发育大于前后径发育。④第二性征出现。如乳房膨隆，乳头突起，并有色素沉着，胸部、臀部乃阴阜皮下脂肪丰满，生长阴毛、腋毛。另外，第一双尖牙必须长全。男性性成熟的主要标志是具有性交能力和种子能力。主要表现生殖器官（睾丸、附睾及阴茎）和生殖器官附属腺体（精囊、前列腺及尿道腺）达到成人程度，并出现阴茎勃起和遗精现象。随同身体发育出现第二性征，如在耻骨、腋窝、上唇和下颌部等分别长出阴毛、腋毛和胡须，并有喉结隆起、嗓音变粗等现象。

（李宝珍）

xingjiao buneng
性交不能（impotence apareunia）　性器官缺陷或性机能障碍而不能进行正常性交。性交不能的鉴定主要见于夫妻一方在婚前隐瞒了性机能障碍，而婚后不能进行正常性生活，向法院提出离婚的案件。有时被告声称有性机能障碍，不能进行性交而否定强奸行为时，需要对被告人作性交不能的鉴定。此外，在伤害案件和工伤事故或亲子鉴定时，有时也涉及到性交不能的鉴定。男女任何一方都可以存在性交不能的情况。

男性性交不能是指阴茎不能插入阴道。病因较复杂，一般归纳为功能性和器质性原因两种。属于功能障碍所致的性交不能，即阴茎不能勃起，称阳痿。有以下几种情况：①大脑皮质机能紊乱。由于强烈情绪波动，如极度烦恼、忧郁太甚、惊恐不释，尤其是本身对性交厌恶、恐怖、羞耻等，能引起大脑皮质紊乱，导致勃起机能障碍。②脊髓中枢机能紊乱。由于不正常的性生活，如房事失度，长期手淫等造成脊髓中枢负担过重，导致全身机能衰竭。③中枢神经系统疾病。如大脑皮质发育不全，进行性麻痹、脊髓劳损、脊髓损伤、多发性硬化症、横断性麻痹、脊髓肿瘤等疾病，都会引起勃起中枢传导障碍，使阴茎不能勃起。④内分泌系统疾病。如双侧隐睾、睾丸发育不全等疾病所致的无性欲或性欲低下，阴茎不能勃起或勃起不坚，均造成性交不能。脑垂体、肾上腺皮质及甲状腺疾患，可以间接影响睾丸的正常机能，而造成性交不能。⑤某些疾病所致的全衰竭。如糖尿病、肾脏病和某些急性传染病引起全身衰竭可导致阳痿。⑥慢性中毒。如吗啡、烟碱、酒精、砷、铅、溴、碘、可卡因、尼古丁等引起的慢性中毒，会导致中毒性阳痿。属于器质性改变所致的性交不能，是指阴茎及其周围的异常或病变妨碍阴茎插入阴道。有以下两种情况：①阴茎异常或病变。如阴茎畸形（先天性缺陷、过大、过小)，阴茎海绵体疤痕所致的阴茎弯曲，阴茎肿瘤，阴茎发炎、损伤、溃疡等。②阴茎周围异常或病变。如巨大的阴囊疝或鞘膜积液，象皮病引起的阴囊肿胀，睾丸肿瘤，附睾肿瘤以及腹部过肥等。

女性性交不能是指阴道不能被勃起的阴茎插入或阴道缺如。原因有机械性障碍和神经性两类。属于机械障碍所致的性交不能，主要是由于阴道或其周围组织的异常或病变，使性交不能。有以下两种情况：①阴道异常或病变。常见于先天性畸形，如阴道缺如、阴道闭锁或狭窄，处女膜孔闭锁或异常肥厚以及大小阴唇粘连等。阴道肿瘤以及阴道外伤、灼伤、腐蚀伤所致的炎症、溃疡及疤痕等，使阴茎不能插入或插入引起剧烈的疼痛。②阴道周围异常或病变。如阴唇疝、象皮肿、子宫脱垂等疾病会妨碍性交。有些子宫颈炎、子宫内膜炎、输卵管炎、卵巢炎以及局限性腹膜炎或直肠子宫凹陷有炎性包块，在性交时极度疼痛。属于神经性性交不能，是指生殖器及周围组织无任何病变，但不能性交。即某些女子在性交时因恐怖、紧张、羞耻而反射性地发生阴道痉挛(阴道口及其周围的肌肉发生痉挛性收缩)，使阴茎不能插入，或插入后不能拔出(又称捕俘阴茎症)。(李宝珍)

xingxinli zhangai
性心理障碍(psychosexual disorder) 又称性变态、性倒错。以异常性作为取代正常的性生活来满足性冲动的变态心理。其特征是性欲的唤起、性行为对象的选择以及满足性欲的方式等有别于通常的性生活。在各种社会文化背景下，人的性欲望的满足，如果不通过两性通常的方式性交获得，就应认为是一种性变态。根据这一原则以及性冲动的唤起、指向性和行为方式，可划出同性恋、恋物癖、露阴癖、窥淫癖、摩擦癖等等若干类型的性心理障碍。性心理障碍形成的原因很复杂，一般认为与遗传、性教育、生活环境、社会文化背景等诸多因素有关。性心理障碍一旦形成，便相当稳定，矫治困难。

性心理障碍者实施性变态行为，其性质是违反社会道德规范的。这些人在实施变态性行为时，意识清醒，有预谋、有目的、动机明确；其主观上对自己的行为的性变、后果以及起动、过程、幅度和终止有充分的辨认和控制能力。因此，当性心理障碍者实施的性变态行为涉及法律问题时，应评定为完全法律能力人。(孙东东)

xingyisi
性缢死(sexual hanging) 由于性心理障碍导致的一种罕见的意外缢死。死者生前多为异装癖或裸体癖。以青年男性为主。他们躲在隐蔽处，模仿异性打扮或赤身裸体，通过缢吊缺氧，控制窒息程度的方法来达到性心理的满足。但结果却因失控而造成意外窒息死亡。在司法精神医学鉴定中，对此类案件的鉴定目的主要是自杀动机鉴定。应根据尸体征象和死者生前的背景材料做出恰当的评定。(孙东东)

xingyumei
性愚昧(sexual benighted) 缺乏对性生理、性心理、性道德及性行为的社会与法律后果的了解，仅注重感官满足的低级本能欲望。性愚昧是构成青少年、智能低下者和部分重性精神病患者实施性侵犯或性受害的主要原因之一。在司法精神医学鉴定中，应根据行为人实施性行为时或受性侵害时的精神状态、辨认能力以及对性行为的启动、过程、幅度、终止的控制能力，评定其刑事责任能力或性自卫能力。(孙东东)

xingzhixi
性窒息(sexual asphyxia) 性倒错行为的一种表现，指性心理变态者，为了满足性欲，采用窒息的方式进行反常的性行为，以增加性的快感，但因措施失误，意外地导致窒息死亡。性窒息的方式多种多样，最常见的是用各种绳索、长袜、围巾、布条等条状物缢吊，或用绳索缠绕身体，捆绑手足，最后勒颈；还有闭塞口鼻，或用塑料袋罩住头面部等。

性窒息多见于男性青少年，其中大多数人性格内向、孤僻。发现的性窒息者多数穿奇装异服，或穿女式花衣、女式内裤，戴乳罩，梳长发或扎长辫。有的还涂脂，描眉，擦口红等。阴茎常用手帕或布包裹，其上可见泄出的精液。尸体机械性窒息征象(见机械性窒息尸体征象)明显。死者所在的现场常在隐蔽僻静无人干扰的场所。如年久不用的房间、库房、厕所、浴室、地下室以及森林深处。现场平静无他人介入的迹象，有时可发现色情画报或色情书刊，自照的小镜子，妇女用品等。还可以发现以往多次进行类似的性窒息活动的痕迹及物证，如绳索磨擦的印痕，隐藏的吊钩、滑轮等。尸体前面的地面或物体上常有射出精液的痕迹。性窒息都是秘密进行的活动，家人和亲友往往提不出任何情况和线索。主要根据现场隐蔽、平静无他人介入，有反常的性行为表现，穿着打扮异常，机械性窒息征象明显等情况，综合分析判断。(李宝珍)

xiongxian linba tizhi
胸腺淋巴体质(status of thymicolymphatic) 轻微刺激即可引起猝死的一种特异体质。主要特征是胸腺及全身淋巴结增生肥大，两侧肾上腺萎缩。此外，主动脉及睾丸或卵巢发育不全，第二性征不显等。本病发生猝死主要见于青少年,其猝死机理尚不明确。曾有人提出由于肥大的胸腺压迫气管发生窒息而死亡。又有人提出肥大的胸腺压迫心脏,特别是在俯卧位时,心脏受压发生心律紊乱引起猝死。目前一般认为胸腺及淋巴组织增生,实际上是肾上腺皮质功能减退的表现;由于肾上腺皮质功能减退,机体抗感染及应激能力低下,可因轻微的疾病或刺激而导致猝死。但有不少学者持否定意见,认为不存在所谓胸腺淋巴体质。认为胸腺及淋巴增生肥大是正常的形态学变异,对急死无病理学意义。所以关于胸腺淋巴体质是否存在,能否构成猝死的原因,及其死亡机理,仍是医学界争论的问题之一。不过猝死实例中确实存在除胸腺肥大、全身淋巴结增生肥大外,没有发现任何致死性病理变化的情况。近年来,有人认为胸腺是免疫的中枢性淋巴器官胸腺肥大意味着免疫反应异常,可造成猝死。

(李宝珍)

xiuting
休庭(recess) 人民法院开庭审理案件过程中因遇有某种情形暂时停止法庭审理活动。应当休庭的情形主要有:①当事人申请回避,需要由院长或审判委员会审查处理的;②案情重大复杂,进行法庭审理的时间较长,审判人员、公诉人、诉讼参与人及旁听群众均需休息、用餐的;③被告人最后陈述完毕,合议庭进行评议。休庭要由审判长宣布。休庭后,案件的审判一般都要在开庭的期日继续进行。这就与另定期日开庭的延期审理不同。

(汪建成)

xugou
虚构(comfatulation) 记忆障碍的一种。患者用编造的事情或经历来填充由于遗忘而造成的记忆空缺。由于没有事实基础,故每次复述时内容都有变化,且易受暗示的影响。在实际生活中,患者由于其虚构的内容,可诬陷他人或自己。见于酒精中毒性精神障碍、脑器质性精神障碍及麻痹性痴呆等。

(孙东东 吴正鑫)

xuke zhengzhao anjian
许可证照案件(lawsuit concerning administrative licensing) 公民、法人或其他组织认为自己具备法定条件,申请行政机关颁发许可证和执照,因行政机关拒绝颁发或者不予答复,向人民法院提出起诉,经审查,符合法定条件,由人民法院立案处理的行政案件。颁发许可证或执照,是国家行政机关行政管理活动中的一项基本法律制度,它决定着公民、法人或其他组织能否从事某项活动,直接影响行政管理相对人的利益。因此,我国《行政诉讼法》第11条中规定,对行政管理相对人申请颁发许可证照,行政机关无论是作出拒绝的行政行为,还是采取不予答复的消极不作为行为,相对人都可以向人民法院提起行政诉讼,或请求撤销行政机关拒绝之行政行为,或请求判决行政机关履行法定职责。这一法律设定,对于监督和纠正行政机关以滥用职权或以消极方式侵害相对人合法权益,具有着重要意义。《行政诉讼法》中的这项规定显然包含了三层涵义:①原告主体必须是认为符合法定条件,应该发给许可证或执照而行政机关未予发给的公民、法人或其他组织;②必须是法律、法规等规范性法律文件规定由行政机关颁发的许可证和执照;③必须是行政机关拒绝颁发或不予答复的。

现实生活中,许可证和执照的种类繁多,《行政诉讼法》给予维护和监督的范围,当指法律、法规、规章明文规定由主管行政机关依权核发的许可证照。例如《中华人民共和国药品管理法》规定:"开办药品生产企业,必须由所在省、自治区、直辖市药品生产经营主管部门审查同意,经所在省、自治区、直辖市卫生行政部门审查批准,并发给"药品生产企业许可证"。

公民、法人或其他组织申请颁发许可证照,应当符合法定条件:①被申请机关应是依法有权颁发该证照的主管机关。如根据《渔业法》规定,从事内水、近海捕捞业,必须向渔业行政主管部门申请领取捕捞许可证。②申请人应在法定许可范围内提出申请。如《私营企业暂行条例》中规定,私营企业不得从事军工、金融业的生产经营,不得生产经营国家禁止生产经营的产品。很明显,私营企业是不能申请上述许可的。③申请人应具有相应的行为能力。如申请工商营业执照,须有符合国家规定的注册资金、组织章程、组织机构和经营场所、能独立承担民事法律责任等。④申请必须具备法定的形式要件。⑤必须符合法定的其他条件。如国家宏观调控经济政策和产业结构,有可能对一些许可会作必要的限制。

申请人认为符合上述条件,而遭到行政机关拒绝或不予答复时,可以提起行政诉讼,以寻求司法救济。人民法院在处理这类行政案件时,如确认申请人符合法定条件,可判决撤销行政机关拒绝颁发许可证照的行政行为,也可以对行政机关不予答复的行为判令其在一定期限内履行法定职责。

(王振清)

xuangao huanxing panjue de zhixing chengxu
宣告缓刑判决的执行程序(procedure for execution of sentence with reprieve) 将判处拘役、3年以下有期徒刑,同时宣告缓刑的判决,交付执行的法定程序。根据我国《刑事诉讼法》及最高人民法院有关司法解释的规定,判处拘役、3年以下有期徒刑同时宣告缓刑的判决生效以后,人民法院应制作执行通知书,将罪犯交付公安机关执行,由公安机关交所在单位或者基层组织予以考察。被宣告缓刑的罪犯,在缓刑考验期限内没有再犯新罪或者没有发现判决宣告前还有其他罪没有判决的,缓刑考验期满,原判刑罚就不再执行,并由公安机关公开予以宣告。在缓刑考验期限内犯新罪或者发现判决宣告前还有其他罪没有判决的,应当撤销缓刑,按照数罪并罚的有关规定决定应当执行的刑罚。

(黄 永)

宣告判决(announcement of judgemcnt) 简称宣判。指法院向当事人和到庭的旁听群众宣布对案件作出的判决。它是人民法院审理案件的一项必经程序,于评议作出判决后进行。根据我国《刑事诉讼法》的规定,不论公开审理的案件或不公开审理的案件,宣告判决应一律公开进行。宣告判决有当庭宣判和定期宣判两种方式。当庭宣判是在合议庭作出判决后,立即复庭宣告,可以只宣布判决要点和最后结论部分,但应当在5日以内将判决书送达当事人和提起公诉的人民检察院。定期宣判是对于不能当庭宣判的,另定日期宣判。在确定宣判日期后,应当公告宣判的时间和地点,并通知人民检察院、当事人和其他有关诉讼参与人。宣判时应当宣读判决书,并于宣判后立即将判决书送达当事人和提起公诉的人民检察院。除了最高人民法院的判决外,第一审法院于宣判时,审判人员必须告知当事人:如果对判决不服有权上诉,以及上诉的期限和上诉的法院。书记员应当制作宣判笔录,当事人、宣判人和书记员均应在宣判笔录上签名或者盖章。

(汪建成)

宣告失踪、宣告死亡案件审理程序(procedure for cases concerning the declaration of a person as missing or dead) 我国民事诉讼法规定的特别程序之一。公民离开自己的住所或经常居住地,去向不明、杳无音讯,持续达一定时间,经利害关系人申请,法院确认宣告失踪、死亡的事实存在的,即作出判决,从法律上推定该公民失踪或死亡的程序。

宣告失踪或死亡的条件 分为实质条件和形式条件。实质条件有三:第一,必须有公民下落不明的事实,即公民离开自己的住所或经常居住地,既无通讯联系,又不明其去向和归宿。第二,下落不明的时间,须持续满一定期间。宣告失踪案件,公民下落不明的时间须持续满2年。宣告死亡案件,下落不明的时间分为两种情形:一是通常情况下,下落不明的事实状态持续满4年;二是因意外事故下落不明的,下落不明的事实状态持续2年,或者因意外事故下落不明,有关机关证明其不可能生存的,不受4年或2年法定期间的限制。第三,须由下落不明人的利害关系人提出申请。形式要件有二:第一,利害关系人申请下落不明人失踪或死亡,必须向下落不明人住所地的基层法院提交申请书。第二,利害关系人须提出公安机关或者其他有关机关关于该公民下落不明的书面证明。

宣告失踪、死亡案件审理程序 利害关系人向法院申请宣告公民失踪或死亡的,法院经过审查,认为申请不符合法定条件的,即以裁定驳回申请;认为申请符合法定条件的,即应立案受理,并发出寻找下落不明人的公告。宣告失踪和宣告死亡案件的公告期不同。宣告失踪案件的公告期为3个月,宣告死亡案件的公告期则因下落不明的原因不同而有所不同。正常情况下宣告公民死亡或者因意外事故下落不明的,公告期间为1年;因意外事故下落不明、经有关机关证明其不可能生存的,宣告公民死亡的公告期间为3个月。在公告期间,查明该公民确切的下落或信息,申请宣告该公民失踪或死亡的事实不存在的,法院即应作出判决,驳回申请人的申请。如果查明该公民确已下落不明,存在失踪或死亡事实的,即应作出判决,宣告该公民失踪或死亡。驳回申请和宣告失踪、死亡的判决,一经宣判和送达,立即发生法律效力,任何人不得提起上诉。由于被宣告失踪或死亡的人仅仅是从法律上推定为失踪或死亡,因而,在宣告公民失踪或死亡后,如果被宣告失踪或死亡的人重新出现,或者有人确知其没有死亡的,经本人或利害关系人的申请,法院应当撤销对他的失踪或死亡宣告,作出新的判决,恢复被宣告失踪或死亡人的权利。

宣告失踪、死亡的法律后果 公民被宣告失踪后,其法律后果主要体现在失踪人的财产管理方面。根据我国民事立法的精神,失踪人的财产由其配偶、父母、成年子女或者关系密切的亲戚朋友代管。代管人应当尽职尽责,管理和保护好失踪人的全部财产。宣告失踪的判决被撤销后,财产代管人的职责终止,代管人应返还失踪人的财产及其收益。公民被宣告死亡后,原有的婚姻关系随之消灭,继承因此开始。宣告死亡的判决被撤销后,该公民有权请求返还宣告死亡后被他人取得的财产,但该公民因死亡宣告而消灭的人身关系,则应视具体情况而定,有条件恢复的,可以恢复。

世界各国立法中关于宣告死亡和宣告失踪的关系大致有两类情况:一类是只规定宣告失踪和宣告死亡的一种,另一类是同时规定宣告失踪和宣告死亡。后一类又分为两种情况:一种是把宣告失踪作为宣告死亡的必经程序,另一种则是宣告失踪和宣告死亡没有必然的联系。我国民事诉讼法采取的是第二类的第二种情况,即同时规定宣告失踪与宣告死亡,但二者是独立的两项制度,宣告失踪不是宣告死亡的必然阶段或必经程序。

(万云芳)

xuanpan bilu
宣判笔录(record of announcement of judgement) 对法庭宣告判决的活动所作的文字记载。其内容包括:宣告判决的时间、地点;出庭宣判的合议庭成员以及公诉人、当事人、辨护人和其他诉讼参与人的姓名;宣告判决的内容;当事人在宣判后是否表示上诉;宣判的种类,即是当庭宣判还是定期宣判,如果是定期宣判的,宣判后是否立即将判决书送达当事人和提起公诉的人民检察院。宣判笔录由书记员制作,当事人、宣判人和书记员均应在宣判笔录上签名或者盖章。

(汪建成)

xuanding dangshiren susong
选定当事人诉讼(action by selected parties) 日本和我国台湾省民事诉讼中的一种诉讼形式。是多数有共同利益且不设有代表人或管理人之非法人团体涉诉时,应选定其中一人或数人起诉、被诉,无须主体为当事人的诉讼。除被选定者外,其余之人脱离诉讼,以节省人力、物力及时间,使诉讼易于终结。选定当事人诉讼需具备以下要件:①具有当事人资格之一方人数众多。②该多数人对该诉讼有共同利益。③该多数人为不设有代表人或管理人之非法人团体。④须由多数人中一人或数人代表全体起诉或被诉。⑤须就特定诉讼事件选定当事人。若属将来可能提起之一般诉讼,则选定当事人应属无效。选定当事人,应由被选定人以外有共同利益之全体选定。经选定当事人后,若变换或增减被选定人,仍须由被选定人以外有共同利益之全体同意。被选定人死亡,其被选定人资格不产生继承问题。多数被选定人中若有人死亡,不影响诉讼程序的进行。被选定人可以委托诉讼代理人,其中一被选定人可以委托另一被选定人为诉讼代理人。

(彭伶)

xuanju quanli he beixuanju quanli nengli
选举权利和被选举权利能力(capacity for rights to be elective and elected) 公民充分理解和正确按自己意志行使选举权和被选举权的能力。选举权和被选举权是公民的基本政治权利,除被人民法院判处剥夺政治权利者外,公民的这一权利均不能被剥夺。但在现实生活中,有些精神病人和智能低下者,虽已达到法定年龄,却由于病理性精神活动的影响或智能低下,导致其丧失了对自己行为的性质和后果的辨认能力,不能理解自己在选举活动中所处的地位、享有的权利以及应承担的义务,不能就选举权利和被选举权利的意义作出正确的意思表达。这些人不具有行使选举权利与被选举权利的资格。按照《中华人民共和国全国人民代表大会和地方各级人民代表大会选举法》的规定,精神病人不能行使选举权利的,经选举委员会确认,不列入选民名单。对一些患有如神经官能症等轻度心理功能障碍者、轻度智能低下者、部分类型的人格障碍者,只要达到法定年龄、未被人民法院判处剥夺政治权利、能够对选举这一政治事务作出与其内在一致的意思表示,就不能剥夺其行使这一基本政治权利的资格。

(孙东东)

xuanmin zige anjian shenli chengxu
选民资格案件审理程序(procedure for cases concerning the voting eligibility) 我国民事诉讼法规定的特别程序之一。人民法院审理选民资格案件所必须遵循的程序。所谓选民资格案件,是指公民不服选举委员会对于选民资格的申诉所作出的处理决定,依法向选区所在地的基层人民法院提起诉讼的案件。人民法院对选民资格案件的审理程序,具有如下特点:①选民资格案件的起诉必须以选举委员会对选民资格的申诉处理作为前置程序。按照我国选举法的有关规定,公民对于选民资格有不同意见的,应先向选举委员会提出申诉,不能直接向法院起诉。选举委员会对申诉意见应在3日内作出处理决定,公民对选举委员会的处理决定不服的,才可以向法院提起诉讼。②选民资格案件的起诉人与通常程序中的原告不同,它可以是与特定选民资格有直接利害关系的公民,也可以是与特定选民资格无直接利害关系的公民。只要对选民资格有不同意见,具备诉讼权利能力和诉讼行为能力的任何公民,都可以作为起诉人提起诉讼。③选民资格案件的起诉时间有特殊的规定。起诉人必须在选举日的5日以前向选区所在地基层法院提起诉讼,以保证选民资格案件审理的实际意义。④法院受理选民资格案件后,应当确定开庭审理日期,并通知起诉人、选举委员会的代表及有关公民参加。这里的有关公民,是指案件涉及选民资格的公民。⑤选民资格案件不适用调解。因为选举权与被选举权是由法律规定的,某一公民是否具有选举权和被选举权,是否具有选民资格,只能依据法律的具体规定,不受个人意志的影响。⑥选民资格案件的审理实行合议制,并由审判员组成合议庭进行审理。⑦人民法院对选民资格案件的审理,必须在选举日前审结,把判决书送达选举委员会和起诉人,并通知有关公民,以便于有选举权的公民在选举日到来时,能够行使庄严的权利,同时也防止没有选举权的公民窃取选举权,玷污神圣的选举活动。⑧法院审理选民资格案件,适用特别程序的规定;特别程序没有规定的,适用普通程序的有关规定。

(万云芳)

xuanze guanxia
选择管辖(choice of jurisdiction) 民事诉讼原告在几个法院对其诉讼都有管辖权的情况下,选择向其中的一个法院起诉,从而由该法院作为案件的审理法院。选择管辖并非一项独立的确定诉讼管辖的制度,而是赋予了原告一项选择管辖法院的权利,也可以说是确立了在适用法定管辖制度中发生管辖权积极冲突时应采取的解决措施。选择管辖是两次共同管辖为前提的,只有在几个法院都有管辖权的情况下选择管辖才有必要和可能。选择管辖有助于防止因管辖不确定而拖延诉讼,造成对当事人合法权益的损害。在中国民事诉讼法中,对选择管辖作了如下的规定:两个以上人民法院都有管辖权的诉讼,原告可以向其中一个人民法院起诉。原告向两个以上有管辖权的人民法院起诉的,由最先立案的人民法院管辖。由于法定管辖的适用引起共同管辖的情况是不可避免会发生的,因此在各国民事诉讼法中都对选择管辖作了规定,但是基于对被告正当权益的保护,原告的这种选择权又不是毫无限制的。如《关于管辖权与法院判决执行的欧洲公约》第21条规定:"如果同一当事人并已在缔约国一方法院审理的同一案件,在另一缔约国法院起诉,后者应宣布自己无权管辖"。《关于船舶碰撞中民事管辖权方面若干规定的国际公约》第1条第3款规定:"请求人不得在未撤销原有诉讼前,而就同一事实对同一被告在另一管辖区域内提起诉讼。"这些规定有助于防止原告滥用选择管辖的权利,并避免导致对对方当事人正当权益的损害。

(阎丽萍)

xuehen chuxue buwei panduan
血痕出血部位判断(position of bleeding) 对被检血痕出自人体何处所进行的法医学鉴定。对于刑事案件中的血痕检验,有时需要确定出血部位,为侦查和审判提供线索和证据。血痕出血部位主要是根据血痕中的特殊细胞和其他成分来判断的。方法是取少许血痕经生理盐水或膨胀剂浸泡使血痕中的细胞成分复原后,涂片染色,在显微镜下观察非血液成分。鼻出血:可见纤毛柱状上皮细胞,有时可见鼻毛;胃出血:可见胃粘膜上皮细胞及口腔扁平上皮细胞,还有食物残渣,呈酸性;肺出血:可见呼吸道粘膜纤毛柱状上皮细胞,有时可发现结核杆菌;口腔出血:可见口腔扁平上皮细胞及唾液淀粉酶;阴道出血:可见阴道上皮细胞,偶尔可见阴道滴虫及包皮垢杆菌;月经血:可见子宫内膜细胞、宫颈鳞状上皮细胞、阴道上皮细胞及较多的纤维蛋白降解产物;内脏受伤出血:可见各脏器特有的细胞(如脑、肝、肾组织细胞)。

(李宝珍)

xuehen jianyan
血痕检验(examination of blood stain) 为确定检材是否为血痕,并鉴定血痕的种属、血型、性别、出血部位以及 DNA 指纹图谱等而进行的法医学检验。血痕检验是法医物证检验中最常见、最重要的项目,一般占法医物证检验的80%以上。检验的目的要解决是否为血痕;是人血还是动物血;是何种血型;有时还要检验是男人血还是女人血以及出血的部位;有条件的实验室可以认定个体。检验的顺序是:①肉眼观察。寻找可疑的斑痕,观察其颜色、形态、大小、部位。②预备试验。鉴定被检验的斑痕有无血痕存在的可能。阴性结果可否定血痕存在,阳性结果可能是血痕。③确证试验。鉴定被检验的斑痕是不是血痕。阳性结果可肯定是血痕,阴性结果时不能轻易否定为血痕。④种属试验。鉴定被检验血痕是人血还是动物血,如果不是人血,有时还要确定是何种动物血。阳性结果是人血,阴性结果是动物血。⑤血型测定。检验各种血型系统的表现型,最常用的是红细胞血型中的 ABO 式血型和 MN 式血型。有条件的还可以检验血清型和血清酶型、红细胞酶型、白细胞酶型等。⑥血痕性别和出血部位检验。这两项检验可根据案情而定。性别是根据血痕中白细胞的 X 或 Y 染色质的检出率来判断,出血部位是根据血痕中特殊细胞和其他成分来判断。⑦血痕 DNA 指纹图谱或 PCK 检验,用来区分个体,排除嫌疑或认定个人。

(李宝珍)

xuehen quezheng shiyan
血痕确证试验(confirmatory test for blood) 又称实性试验或定性试验。在血痕预备试验阳性反应的基础上进一步的检验。它以血红蛋白及其衍生物的存在来证明是否为血痕。该试验的特点是特异性强,灵敏度不高。由于特异性强,所以阳性反应可以肯定为血痕。又由于灵敏度不高(经过水洗、日晒、加热、腐败或混有杂质的血痕,就难以得出阳性反应),所以阴性反应仍不能否定有血,只能说明未发现血痕,仍需要使用特异性强的抗人血清或抗人血红蛋白血清,检验血痕的种属。因此,近年来在血痕检验中对该项试验已不受重视或予以省略。常用的血痕确证试验方法有血色原结晶试验、绿化血色素结晶试验、吸收光谱试验等。

(李宝珍)

血痕性别鉴定

血痕性别鉴定（determination of sex by blood stain） 为确定被检血痕为男性血还是女性血所进行的法医学鉴定。在人体细胞包括白细胞核中第23对染色体为性染色体，男性染色体为XY，女性为XX。Y染色体为男性体细胞特有。可以通过细胞学染色方法，检验血痕中白细胞的X或Y染色体检出率，来确定其性别。如Y染色体检出率占细胞核数的10%以上，为男性血痕；如X染色体检出率占细胞核数的10%以上，为女性血痕。也有测定血痕中性激素含量，计算男性激素与女性激素的比值来判断血痕性别。最近由于分子生物学的进展，可以提取血痕中的DNA与Y染色体探针进行分子杂交，根据是否出现杂交谱带判断血痕性别。以上几种方法均需要较多的血痕量，实际应用受到一定的限制。然而应用Y染色体特异DNA序列体外扩增技术，即多聚酶链反应（PCR技术），可以对微量血痕以及单个发松、少量精子、肌肉、骨片等进行性别鉴定。　　　　　　　（李宝珍）

血痕血型检验

血痕血型检验（grouping of blood stain） 对血痕进行血型物质的检验，识别血痕个体的来源。根据血型查明血痕与案件有无关系，或鉴别亲权关系。目前血型系统已有70多个，还有白细胞分型，可以分出的血型数目远远超过世界人口数目，理论上血型除同卵双胞胎外，没有两个血型完全相同的人。但由于可获得的血痕数量有限以及检测血型的试剂缺乏，目前我国仅能区分20多个系统的血型以及白细胞分型。最常用的是ABO式，其次是MN式。血型检验通常的方法有：

直接血凝试验 被检测的液体血与检验试剂（各种凝集素，如抗A、抗B、抗M、抗N）混合后，根据血细胞的凝集反应判定血型。与抗A血清凝集者为A型；与抗B血清凝集者为B型；与抗A、抗B血清均凝集者为AB型，均不凝集者为O型。与抗M血清凝集者为M型；与抗N血清凝集者为N型；两者均凝集者为MN型。此方法只适用于新鲜血液的血型检验，而不适合陈旧血痕的血型检验。

吸收试验 又称凝集抑制试验。被检验的血痕，分别与已知的抗A、抗B凝集素作用后，若凝集素被血痕中相应的凝集原吸收，则凝集素明显减少乃至消失，再加入相应的A、B型指示型红细胞时，则凝集反应明显减弱或不发生凝集，即凝集被抑制。根据这种间接的凝集反应可判断被检验血痕的血型。若抗A凝集原被吸收，与后来加入的A型指示型红细胞不凝集者为A型；若抗B凝集原被吸收，与后来加入的B型指示型红细胞不凝集者为B型；如果抗A、抗B都被吸收，与后来加入的A型、B型指示型红细胞均不凝集者为AB型；如果抗A、抗B都不减少，与后来加入的A型、B型指示型红细胞都凝集者为O型。本试验准确可靠，但试验时间长，所需的检材量较大，是常用的血型检验方法。

解离试验 又称吸收洗脱试验或吸收释放试验。血痕中含有的凝集原加入已知的抗A、抗B凝集素，在一定条件下(4℃)下，相应的凝集素被血痕中的凝集原吸附。这种与血痕结合状态的凝集素在55℃下，又能释放出来，呈游离形式存在，然后用已知的A和B指示型红细胞测定离解的凝集素，便可判断血痕的血型。若加A型红细胞凝集者为A型；若加B型红细胞凝集者为B型；若加A型、B型红细胞均凝集者为AB型；两者均不凝集者为O型。本试验灵敏度高，检材用量少，检验周期短，适用于微量血痕的血型测定，因此被广泛采用，但技术要求高。

混合凝集试验 又称双重结合试验。被检血痕中的凝集原加已知的抗A、抗B凝集素后会与相应的凝集素结合，洗去多余的凝集素，再加入相应的红细胞，在一定条件下会形成血痕—凝集素—红血胞为一体的结合体，即二次结合，在显微镜下可见红细胞粘附在血痕上。若加A型红细胞出现粘附现象为A型；加B型红细胞出现粘附现象为B型；加A型、B型红细胞均出现粘附现象为AB型；加A型、B型红细胞均不粘附为O型。本试验灵敏度高，检材用量少，可检出一条附有血痕的微纤维或单一细胞的血型，所需时间较短，但要求抗体效价高（256倍以上，最好是免疫性抗体）。

有时还需做血痕MN型、Rh型，血痕血清型，血痕红细胞酶型以及白细胞分型的测定。　　　（李宝珍）

血痕预备试验

血痕预备试验（preliminary test for blood） 又称筛选试验、试探试验或指向试验。对可疑血痕用化学方法进行的初步检验。该试验的特点是操作简便、灵敏度高、特异性差。由于灵敏度高（可达30～50万倍，仅有极微量的血痕，即可出现阳性反应），所以阴性反应即可否定血痕的存在，也就不必作其他试验了。又由于特异性差（对含有一些生物体液或氧化剂或新鲜植物汁等的斑痕均能引起不同程度的阳性反应），所以阳性反应仅提示可能含有血。预备试验的价值实际上在于否定血痕，可从大量检材中迅速筛选出，需要进一步检验的斑痕。常用的血痕预备试验有：联苯胺试验、联邻甲苯胺试验、四甲基联苯胺试验、氨基匹林试验、孔雀绿试验、酚酞试验、鲁米诺发光试验等。　　　　　　　（李宝珍）

xuehen zhongshu shiyan

血痕种属试验(test of blood taint genus) 对血痕进行的生物属性检验。当可疑斑痕确定为血痕后,必须确定血痕的种属来源,鉴别是人血还是动物血,有时还需鉴定为何种动物血。血痕种属试验是利用血清学抗原与抗体的沉淀反应及凝集反应,以及免疫酶反应进行的。阳性反应证明是人血,阴性反应则不能否定为人血,因为如果检材量少、陈旧或受热变性均难以检出,此时应采用灵敏度高的方法检验。常用的血痕种属试验是沉淀反应(包括环状沉淀反应、琼脂免疫扩散试验、对流免疫电泳等)。此外,还有凝集及凝集抑制试验(包括被动血凝试验、抗人球蛋白消耗试验、胶乳颗粒凝集试验)、酶联免疫吸附试验、金标记及荧光标记抗体试验、纤维蛋白溶解试验等。 (李宝珍)

xunhui fating

巡回法庭(court of assize) 定期或者不定期到一定地点开庭审理案件的司法组织形式。在中国,人民法院或者人民法庭定期或者不定期地派出审判人员,在其所辖区域内巡回流动,在案件发生地或者当事人所在地审判案件,这种巡回审判案件的审判组织,即称为巡回法庭。 (陈瑞华)

xunhuishenli

巡回审理(judges traveling from place to place to hear cases) 我国民事诉讼法规定的审判方式之一。指人民法院派出法庭,在本辖区内定期或不定期地巡回各地开庭审理民事案件。巡回审理是我国审判工作的优良传统之一,新民主主义革命时期,陕甘宁边区司法工作者马锡五首创这种方式,故又称"马锡五审判方式"。巡回审理便利了人民群众进行诉讼,减少了当事人的讼累,对于法院提高办案效率,保证办案质量亦有积极作用,因此《中华人民共和国民事诉讼法》规定,人民法院审理民事案件,根据需要进行巡回审理,就地办案。第一审人民法院派出法庭巡回审理时,除重大、疑难的案件外,适用简易程序。以立法的形式确认了这一制度在我国民事审判工作中的地位。 (王彩虹)

xunwen

询问(examination) 司法人员用口头的方式向证人、被害人、鉴定人调查了解案件情况的诉讼行为。询问是公安司法机关收集、审查判断证人证言、被害人陈述和审查鉴定结论的重要方法。根据我国《刑事诉讼法》的规定,询问证人应当个别进行;司法人员应当告知他应当如实地提供证据、证言和有意作伪证或者隐匿罪证要负的法律责任。询问不满18岁的证人,可以通知其法定代理人到场;询问证人,应当制作笔录,证人对证言笔录核对无误后,应当签名或者盖章。以上询问程序也适用于询问被害人。在法庭审理中,公诉人、当事人和辩护人、诉讼代理人经审判长许可,可以对证人、鉴定人发问;审判长认为发问的内容与案件无关的时候,应当制止;审判人员可以询问证人、鉴定人。 (熊秋红)

xunwen beihairen

询问被害人(inquire of victim) 侦查人员依照法定程序向被犯罪行为侵害的人以言词方式进行调查的活动。由于被害人与犯罪嫌疑人及其犯罪活动有直接接触和感受,故而及时依法询问被害人,对全面收集证据,查明案情,惩罚犯罪和保护被害人的合法权益,都是非常重要的。根据我国《刑事诉讼法》第100条的规定,询问被害人适用询问证人的规定。据此,询问证人的意义、任务、方法、程序、规则、对证人及其近亲属的保护等,都完全适用于询问被害人。在我国法律中,被害人既可以是证人,但又不完全等同于证人。被害人是刑事案件的当事人,而证人则是当事人以外的其他诉讼参与人;被害人可以由其法定代理人或者近亲属作为诉讼代理人参与诉讼,而证人不得委托他人代理参与诉讼;被害人对所控告的案件不予立案不服时享有申请复议权、申诉权和按自诉案起诉权,而证人不享有这些诉讼权利;被害人对其被犯罪所侵犯的财产有提起刑事附带民事诉讼的权利,而证人一般不存在上述问题,故也不享有这项权利。由于被害人与证人的诉讼地位不同,与案件及犯罪嫌疑人的关系也不同,故询问被害人时应特别关注的是:被害人直接受到犯罪的侵害,对犯罪事实及犯罪嫌疑人的情况通常要比证人知晓得更清楚、更直接、更多。但是,正因为他受到犯罪嫌疑人的直接侵害因而最痛恨犯罪嫌疑人,询问时往往激愤难平,难免在陈述中自觉不自觉地夸大情节,故被害人的陈述通常又比证人的证言客观性要差一些。询问被害人时还要告知他有提起附带民事诉讼的权利。鉴于被害人在询问时往往处于伤、残甚至生命垂危状态,故要特别注意及时治疗或抢救,并抓住一切可利用的机会和条件及时询问,如涉及被害人隐私的要严格为其保密。在询问的同时作好笔录和进行录音录像,使其更直观地证实犯罪。询问被害人笔录的制作方法,与制作询问证人笔录相同。

对被害人的陈述不能偏听偏信,必须从被害人与犯罪嫌疑人的关系、被害人报案控告的过程、被害人陈述的案件情节、案发时被害人的精神状态、被害人的一贯品行以及被害人陈述与其他证据能否相互印证等方面进行十分严肃慎重地分析评断,严防因被害人扩大

事实,错告或诬告而造成冤、假、错案。　　（张玉镶）

询问笔录（record of question）　司法人员询问证人、被害人所作的书面记录。询问笔录是固定证人证言、被害人陈述的重要形式。询问笔录应详尽如实地记载询问时间、地点,被询问人的姓名、性别、年龄、民族、籍贯、文化程度、职业、住址,询问人和记录人的姓名、职务,询问的内容和被询问人的陈述。询问笔录应当交证人、被害人核对,对于没有阅读能力的,应当向他宣读。如果记载有遗漏或者差错,证人、被害人可以提出补充或者改正。证人、被害人承认笔录没有错误后,应当签名或者盖章。询问人员也应当在笔录上签名。　　（熊秋红）

询问证人（inquire of witness）　侦查人员依照法定程序向了解案件真实情况的人以言词方式进行调查的活动。是侦查任何犯罪案件都必须采取的一种侦查措施。询问证人是一种广泛运用的侦查行为,各国刑事诉讼法都有规定。总的来说,大陆法系国家,尤其是法国、原联邦德国和前苏联规定得更为详细、具体。其主要内容如:①要求证人宣誓和如实陈述;②接到传唤后必须到庭或到场作证;③侦查时先问清证人的身份及其与当事人的关系;④就案件本身的情况询问时先让证人主动、自由陈述,然后提问;⑤询问时要作笔录;⑥有的国家把被害人当证人对待不另作规定。统一后的德国于1994年10月28日修改颁布、1994年12月1日生效之文本《德国刑事诉讼法典》,在第一编通则的第六章专门规定"证人"。该章从第48条至第53条大体规定了三个方面的程序:一是传唤证人及应传不到之后果。即无正当理由应传不到者要在承担其费用的同时科处秩序处罚或易科秩序拘留,也准许强制拘传并相应适用讯问被指控人"立即讯问"之程序;如再次应传不到可再次科处秩序处罚。二是对特殊证人的询问适用特殊程序。即询问联邦总统应在他的住所进行;询问议员和部长应分别在他们集会期间在集会处和政府成员办公地点进行。三是拒绝作证权的规定。从个人原因来讲主要是被指控人的订婚人、配偶、血亲或姻亲者有权拒绝作证;从职业原因讲主要是神职人员、被指控人的辩护人和律师、专利代理人、财会师、宣过誓的查账员、税务顾问和税务全权代表、医生、牙科医生、药剂师和助产士,对于在作为心灵感化人时和在行使职务时被信赖告知或者所知悉的事项,有权拒绝作证。

我国《刑事诉讼法》第二编第二章第三节专门规定"询问证人"。我国法律关于询问证人的规定与其他国家不尽相同。前述西方一些国家的法律明确规定有特定官员身份者有拒绝作证的特权或在作证程序上享有法定特权,某些人还可以以职务上、业务上的保密和亲属关系为由拒绝作证,这在一定程度上反映其伦理道德观念和特权观念。在我国,证人没有拒绝作证的权利。我国《刑事诉讼法》第48条明确规定:"凡是知道案件情况的人,都有作证的义务。"只是因"生理上、精神上有缺陷或者年幼,不能辨别是非、不能正确表达的人,不能作证人。"这充分表明我国立法坚持一切从实际出发、实事求是的原则和以客观事实为根据的求真务实精神。

在我国,根据刑事诉讼法的规定,询问证人只能由侦查人员负责进行;侦查人员不得少于2人;必须首先出示侦查机关的证明文件;一案有多个证人的,应当分别进行询问,不允许把几个证人集中在一起询问;要告知证人有意作伪证或者隐匿罪证要负的法律责任;证人不懂得侦查人员所使用的语言时,必须为证人邀请翻译,并告知翻译人员要如实翻译和作虚假翻译应负的法律责任;证人如果有顾虑,怕打击报复、怕负责任等,不愿或者不敢作证的,司法机关除作好耐心细致的思想工作外,应当保证证人及其近亲属的安全。侦查人员询问证人时,态度要和蔼诚恳、严肃认真、沉着耐心、实事求是。询问证人事先要做好准备工作。主要有:确定询问的范围和重点;了解证人的身份、职业、健康水平、生理状况、感知问题的能力、气质特点、性格特征、同被害事主和犯罪嫌疑人的关系、可能提供什么情况和能够证明什么问题等;拟定询问提纲（包括询问的目的要求、询问的问题、询问的方式等）;研究确定要询问的证人的先后顺序及询问的时间、地点等。为使证人的陈述完全、准确、谨慎,必须采取自由陈述法、广泛提问法、联想刺激法（包括接近联想、相似联想、对比联想和关系联想）、溯源提问法、质证提问法等科学询问法。证人的情况是极其复杂的,他们有各自的心理（包括生理心理和社会心理）特点,所以在对不同证人进行询问时,还必须根据每一个证人的特点进行询问。

询问证人必须依法制作正式笔录。笔录通常以问和答的形式由侦查人员制作。证人请求亲笔书写证言时,应当准许,并请证人当场书写。笔录的内容包括:询问的时间、地点;询问的侦查人员的姓名;证人的姓名、性别、年龄、职业、住址和工作单位;证人讲述的案件事实的详细情况、来源、感受案件情况时的条件、有谁了解情况等。笔录对于证人的陈述要按证人本人的语气记录,并尽可能做到逐句记述,不能做任何修饰、概括和更改。询问结束时,必须向证人宣读笔录,或由证人亲自阅读。如果证人请求补充和修改,应当允许,并让证人在补充、修改处捺手印或签名、盖章。基于证人阅览笔录的方式,在询问笔录的末尾以下列辞句结束较为妥当:"笔录已经本人阅读,记载无误",或者是"笔录已向我宣读,记载无误"。最后,由证人在笔录上逐页签字、盖章或捺手印,并注明年、月、日。侦查人员则在笔录的最后一页的末尾签字。如果还有其他人员(例如翻译人员等)参加,也一律在笔录的最后一页的末尾签字。

对证人证言必须经过审查评断和查对核实,认为真实可靠后,才能作为证据在诉讼中加以使用。

询问被害人,适用询问证人的规定。

(张玉镶 项振华)

xunwenzhengren bilu
询问证人笔录(record of inquire of witness) 以问与答的形式用文字对证人证言的记述。是分析案情,开展侦查的依据之一,也是破案和审判的重要证据材料。制作询问证人笔录必须:①两人询问,一人问,一人记。②对于证人的陈述要按他本人的语气记录,并且尽可能做到逐句记述,不能做任何修饰、概括和更改。③对于询问时的问和答,也应逐句记入笔录里,并且要反映出问与答的语气、态度。④询问结束,必须向证人宣读笔录,或由证人亲自阅读。如果证人请求补充和修改,应当允许,并让证人在补充、修改处捺手印或签名、盖章。⑤证人请求亲笔书写证言,应当允许。但必须事先认真询问,然后要求证人立即在询问地点书写。必要时,侦查人员可以把要他回答的问题列举出来,让他亲自书写。证人书写完毕后,应马上检查笔录里所写证言是否完全,若不完全,可以让他补充。⑥询问笔录应当顺序编号,并由证人逐页签名、盖章或捺手印。侦查人员则在笔录的最后一页的末尾签字。如果还有其他人员(例如翻译人员等)参加,也一律在笔录的最后一页的末尾签字。⑦对每一个证人的询问笔录,都必须单独制作,不允许把几个证人的证言写在同一份笔录里,更不允许只制作某一个证人的笔录,而让其他证人在该笔录上分别签名。⑧询问笔录正文里遗留下来的空白行、页,在证人签字以前,都应由侦查人员划线填满。⑨询问证人笔录的用纸必须合乎要求,字迹必须清晰、工整。⑩询问证人笔录必须用钢笔或毛笔书写,不能用铅笔或圆珠笔记录。上述10项要求,侦查人员必须严格遵守,不得破坏其中的任何一项。否则,询问笔录就会失去它应有的证据价值。

询问证人笔录的内容、格式,一般由开头、正文和结尾三部分组成。开头部分,主要写明:①笔录的名称:《询问证人笔录》。②询问的侦查人员的姓名。③询问何人以及询问的法律依据。④已向证人告知:如果拒绝提供证言和故意伪证应负的法律责任。如果有翻译人员或者其他人参加,应记明他们的姓名、工作单位、家庭住址,以及到场的原因。翻译人员还应在笔录上具结声明他将忠诚地履行自己的义务,如果故意弄虚作假应负的法律责任。正文部分,主要以问和答的形式记载:①证人的简况:姓名、性别、年龄或出生日期、国籍、民族、文化程度、工作单位、职业或职务、政治面目、家庭住址等。②证人关于案件事实的陈述:讲述案件事实的详细情况、来源、感受案件情况时的条件、有谁了解情况等。结尾部分,基于证人阅览笔录的方式不同,在询问笔录的末尾以下列辞句结束较为妥当:"笔录已经本人阅读,记载无误",或者是"笔录已向我宣读,记载无误"。

(张玉镶)

xunhuanxing renge zhangai
循环型人格障碍(lyclothymic personality) 又称情感型人格障碍。人格障碍之一种。以情感的增盛或低落变化为突出表现,包括情感低落型和循环型。情感增盛型:情感高涨、内心充满喜悦和希望,有不恰当的雄心壮志,精神振奋、热情,善交往,但情绪易急躁,不能正确地估计困难,做事虎头蛇尾,不能善始善终。情感低落型:情绪抑郁、悲观,遇事过高估计困难,精神不充沛,少言寡语,缺乏自信心,人际交往面窄。循环型:情感的增盛和抑郁交替出现,而且这种情感变化不受外界因素影响。循环型人格者在日常生活中很多,属正常人格,但若因此影响其社会生活,则为变态人格。

(孙东东)

xunwen
讯问(interrogation) 司法人员对犯罪嫌疑人、被告人发问,使其陈述案件情况的一种诉讼行为。讯问的目的是收集、审查犯罪嫌疑人、被告人供述和辩解,核实其他证据,以便查明案件的事实真相。《刑事诉讼法》对讯问犯罪嫌疑人、被告人的程序作了明确规定。侦查人员在讯问犯罪嫌疑人的时候,应当首先讯问犯罪嫌疑人是否有犯罪行为,让他陈述有罪的情节或者无罪的辩解,然后向他提出问题。犯罪嫌疑人对侦查人员的提问,应当如实回答。但对与本案无关的问题,有拒绝回答的权利。讯问聋、哑的犯罪嫌疑人,应当有通晓聋、哑手势的人参加,并且将这种情况记明笔录。在法庭审理中,公诉人可以讯问被告人;被害人、附带民事诉讼的原告人和辩护人、诉讼代理人,经审判长许可,可以向被告人发问;审判人员可以讯问被告人。

(熊秋红)

xunwenbilu
讯问笔录(interrogation record) 司法人员讯问

犯罪嫌疑人、被告人时依法制作的记载讯问情况的书面记录。司法人员讯问犯罪嫌疑人、被告人应当制作讯问笔录,以固定犯罪嫌疑人、被告人供述和辩解,并为以后审查判断证据提供便利。讯问笔录应记载:讯问的时间、地点,讯问人和被讯问人的姓名,提问和被讯问人的陈述等。《刑事诉讼法》第95条规定:讯问笔录应当交犯罪嫌疑人核对,对于没有阅读能力的,应当向他宣读。如果记载有遗漏或者差错,犯罪嫌疑人可以提出补充或者改正。犯罪嫌疑人承认笔录没有错误后,应当签名或者盖章。侦查人员也应当在笔录上签名。犯罪嫌疑人请求自行书写供述的,应当准许。必要的时候,侦查人员也可以要犯罪嫌疑人亲笔书写供词。

(熊秋红)

xunwen fanzui xianyiren
讯问犯罪嫌疑人(interrogate a suspect) 侦查机关的一项侦查手段,也是侦查、提起公诉阶段的一项必要程序,侦查人员或者检察人员通过对犯罪嫌疑人的审讯、责问,听取其口头对犯罪的陈述或者对无罪的辩解。由于犯罪嫌疑人与案件有直接利害关系,犯罪嫌疑人的供述和辩解又是非常重要的证据形式,因此讯问犯罪嫌疑人是一项十分复杂的工作,必须遵守刑事诉讼法的有关规定。

讯问工作必须有目的、有计划。讯问工作人员只能是侦查机关的侦查人员或者检察机关的检察人员。厂、矿企业的保卫组织受公安机关的委托可以行使讯问犯罪嫌疑人等部分侦查职权。讯问工作人员不得少于2人。对于不需要逮捕、拘留的犯罪嫌疑人,可以传唤到其所在市、县内的指定地点或者到他的住处进行讯问,但是应当出示人民检察院或者公安机关的证明文件。在讯问犯罪嫌疑人的时候,应当首先讯问犯罪嫌疑人是否有犯罪行为,让他陈述有罪的情节或者无罪的辩解,然后向他提出问题,查明其陈述不清、不足、有意隐瞒或者矛盾之处。犯罪嫌疑人对讯问工作人员的提问,应当如实回答。法律没有赋予犯罪嫌疑人沉默或者撒谎的权利。但是对与本案无关的问题,犯罪嫌疑人有拒绝回答的权利。共同犯罪的刑事案件中,有数个犯罪嫌疑人,应当分别讯问。讯问未成年的犯罪嫌疑人时,可以通知其法定代理人到场。讯问聋、哑的犯罪嫌疑人,应当有通晓聋、哑的手势的人参加,并且将这种情况记明笔录。为了保护被告人合法的诉讼权利,有利于犯罪嫌疑人如实陈述或者辩解,讯问时不得采用刑讯逼供、威胁、引诱或者欺骗、指名问供等非法手段。讯问犯罪嫌疑人应当制作笔录。讯问笔录应当交犯罪嫌疑人核对,对没有阅读能力的,应当向他宣读。如果笔录记载有遗漏或者差错的,犯罪嫌疑人可以提出补充或者改正。犯罪嫌疑人承认笔录没有错误的,应当在笔录上签名或者盖章。讯问工作人员也应当在笔录上签名。

(项振华)

yayin kanyan
牙印勘验（inspection of bite marks） 形象痕迹勘验的一种。主要指对现场人牙痕迹的勘察、检验。多用于强奸、杀人、抢劫等案件现场的勘验。牙印，通常指咬痕，是指牙齿在啮合肌的作用下，与承受客体相咬合而形成的牙齿印痕。它反映了牙齿的外表结构形象特征，是对留下牙印的人或动物进行同一鉴定的依据，具有个体识别和鉴定价值。健康成年人有32颗牙齿，每颗牙齿各有五个形态不同的牙冠面，即近中面、远中面、颊面、舌面和颞面。这些牙冠面组成多种牙齿排列型。据科学家推算，人类牙齿冠面特征完全相同的概率只有25亿分之一。除牙冠面的形态外，牙印勘验还可依据下列牙齿特征：牙齿的缺损情况；现存牙齿生长情况（位置、大小、形态、颜色、生长方向、扭转角度、牙冠面夹角）；牙齿的修复正畸情况（镶补、假牙、假牙套、假齿桥、填充物）；牙齿的磨损程度等进行。这些特征因人而异，能够成为人身识别的依据。作为一种有价值的痕迹，通过对人的牙印的勘验，能够分析和判断遗留者的年龄、性别、脸型，有时还能推断其职业和社会经济状况。

在侦查和审判中作为证据使用的牙印分为两大类。按照形成主体的不同，可分为：①侵害者在实施侵害行为的过程中，在客体上或被侵害者身体上遗留的牙印，称"侵害牙印"；②被侵害者为抵抗侵害，而在侵害者身体上遗留的牙印，称"防卫牙印"或"抵抗牙印"。牙印常常存留于人体表面，有时可从衣服、食品或其他物体上发现。由于牙印不经常出现在犯罪现场，其形成往往具有一定的偶然性，在勘验时需格外仔细。有时可根据案件的性质和现场综合情况，判断某一案件中是否有可能存留有牙印。牙印勘验需注意区分其遗留者的类别，如人或动物，男性或女性，成年或青少年。还应区别牙印的类型：是侵害牙印，还是防卫牙印或抵抗牙印。对于遗留在人体上的牙印，应根据牙印的形态、颜色和对人体组织造成的损伤程度，判断牙印的遗留时间。

照相是提取牙印最简便、最可靠的方法，红外和紫外反射照相的效果往往更佳。此外，也可以采用制模、描绘等方法提取牙印。X光照相、牙齿测量、牙弓曲度计算、牙印图像增强及静电复制、计算机自动分析等，也是牙印勘验中常用的技术方法。在发现和提取牙印的同时还应注意提取唾液，以便通过血清学检验，确定遗留人的血型或DNA图谱，帮助确定或排除嫌疑人。

（杨明辉 张新威）

yatai diqu daji guoji fanzui buzhangji huiyi
亚太地区打击国际犯罪部长级会议（minister meeting against international crime in Asia-Pacific Areas） 亚太国家和地区商讨打击国际犯罪集团的部长级会议，于1998年3月23日至25日在菲律宾首都马尼拉举行。与会部长们认为，亚洲太平洋地区将在未来数年从东南亚金融危机中复苏，而其经济、社会、政治的稳定性仍受到有组织犯罪活动的严重威胁。因此，有必要通过联合一致的国际行动有效地打击这些国际犯罪活动，以免影响亚太地区经济复苏的速度。本次会议是联合国加强全球范围对付国际犯罪努力的一部分。与会代表交流了在打击有组织犯罪集团方面的经验，并制定了一系列措施以保护各国商人和市民。会议结束时发表了关于预防有组织犯罪的《马尼拉宣言》。中国、朝鲜、韩国和中东国家的代表参加了会议。英国、法国、荷兰、俄罗斯、美国的代表以观察员身份出席会议。

（张玉镶）

yatai diqu xiqian wenti yantaohui
亚太地区洗钱问题研讨会（Forum on Black Money Problem in Asia-Pacific Areas） 亚洲太平洋地区各国及司法管辖区域共同商讨在本地区开展反洗钱的行动与合作的专题研讨会。针对越来越猖獗的洗钱活动，许多国家和法域，包括亚太地区的国家和法域，已经开始通过专门的立法加以防范和惩治，特别是将洗钱明文规定为犯罪。但单靠各法域的内部立法是远远不够的，还必须依靠法域间的相互合作和采取统一的防范措施。在这方面，洗钱问题金融行动组（缩写为FATF）的工作值得注意。该组织目前有26个位于亚洲、欧洲和北美洲的国家和法域以及两个国际组织（欧委会和海湾合作理事会）参加。近几年来，亚太地区也围绕洗钱问题举行过数次专题研讨会。1997年2月25日至27日，来自澳大利亚、孟加拉、文莱、中国（包括中国台北、香港、澳门）、斐济、印度、印度尼西亚、意大利、日本、柬埔寨、老挝、马来西亚、新西兰、巴基斯坦、葡萄牙、韩国、马尔代夫、菲律宾、新加坡、泰国、缅甸、英国、美国、瓦努阿图、越南等国家和法域的代表或观察员，以及来自亚洲开发银行、国际货币基金组织、东盟秘书处、证券机构国际组织、国际刑警组织、联合国预防犯罪和刑事司法处、联合国发展计划组织、世界海关组织、洗钱问题金融行动组的代表或观察员，聚会曼谷举行第四次亚太地区洗钱问题研讨会,共商在亚太地区开展反洗钱工作的行动与合作计划。

(文盛堂)

yanqi shenli

延期审理【刑诉】(postponement of the hearing) 法庭审理过程中,遇有足以影响法庭审理继续进行的情形时,法院决定另定日期再行开庭审理。延期审理的开庭时间,可以当庭告知,也可以另行通知。延期审理不应超过审结案件的办案期限(见一审期限)。根据我国《刑事诉讼法》第165条规定,遇有下列情形之一影响法庭审判继续进行的,可以延期审理:①需要通知新的证人到庭,调取新的物证,重新鉴定或者勘验的;②检察人员发现提起公诉的案件需要补充侦查,提出建议的;③由于当事人申请回避而不能进行审判的。在审判实践中,如果遇有下列几种情形,也可以延期审理:①被告人当庭拒绝辩护人继续为他辩护,要求另行委托辩护人或者由人民法院为他指定辩护人的;②在审理过程中,发现被告人因患病神志不清或者体力不能承受审问的;③人民检察院变更了起诉范围,指控被告人有新的罪行,被告人及其辩护人要求为辩护作准备的;④合议庭成员、书记员、公诉人、辩护人身体不适,不能继续进行审判的。需要延期审理时,合议庭应当作出决定宣布,并记入笔录。

(汪建成)

yanqi shenli

延期审理【民诉】(adjournment of hearing) 法院在已通知当事人及其他诉讼参与人和公告开庭审理日期后,或者在开庭审理中,由于出现法律规定的原因而另定日期对案件进行审理。延期审理出现在开庭审理阶段。开庭审理的几个阶段一般是连续进行的,但在特殊情况下需要间断时,就只能延期审理,因此民事诉讼法确定了延期审理制度。根据我国《民事诉讼法》的规定,有下列情形之一的,可以延期开庭审理:①必须到庭的当事人和其他诉讼参与人有正当理由没有到庭的;②当事人临时提出回避申请的;③需要通知新的证人到庭,调取新的证据,重新鉴定、勘验,或者需要补充调查的;④其他应当延期的情形。延期审理由人民法院根据诉讼当事人的申请或者依职权决定。延期审理不是诉讼程序的停止,更不是诉讼程序的终结,延期期间仍然要进行一定的诉讼行为。延期审理前已进行的诉讼行为,对延期后的开庭仍然有效。延期审理的日期能当庭确定的,应即时通知当事人和其他诉讼参与人;不能当庭确定的,可以在确定后另行通知。

(王彩虹)

yange zhengming

严格证明(strict proof) 资本主义国家和我国台湾地区诉讼理论中的概念,与"自由证明"相对应。按照该理论,两者为不同的证明方法,其区别在于因待证事实的不同对证明方法,法律是否有严格的限制规定。对待证事实必须根据客观的证据法规则进行证明的,称为严格的证明。对待证事实的证明,法律没有直接规定某种规则,可由法官自行裁量的,称为自由的证明。

严格证明与自由证明相比较,有以下主要的不同点:①在待证事实方面,依严格证明的证明对象,为犯罪事实是否存在和有关刑罚权范围的事实,即直接影响实体判决的事实;自由证明的证明对象,为诉讼程序中的事实。②在证据资料方面,严格证明对可以用作证明的资料,法律有严格的限制规定,如关于被告人自白证据力(见证明力)的限制、传闻证据证据力的限制等。自由证明可使用的证据资料,法律上未作限制,因而,对于无证据能力的,仍可用于证明程序法上的事实。③在进行法庭调查方面,可作严格证明的资料,只有在法庭上经过合法调查的程序,才能作为判断的基础。用作自由证明的证据,虽未经过法庭的合法调查,法官仍可用以证明程序上的事实。④在证明的效果方面,依严格证明所认定的事实,原则上足以拘束上级审法院,即它应尊重原审法院所认定的事实。依自由证明所认定的事实,原则上对上级审法院无拘束,即上级审法院对该程序上的事实,仍可作自由的证明。

严格证明与自由证明,是因作为证明对象的事实的不同,应在证明程度上有所不同而作的区分。各国立法的重点不同,其标准也不同。英美法系强调证据能力,就着重对证据能力在立法上加以限制,因而有种种证据可采性的规定。大陆法系的诉讼法采职权主义,重在调查证据的程序,因而把证据应否经过法庭上的调查程序,作为不同证明的主要标准。

按这一理论,对于应当严格证明的事实,称为严格事实。对于可以自由证明的事实,则称为自由事实。

(陈一云)

yanci bianlun zhuyi

言词辩论主义(principle of verbal debate) 见言词原则。

yanci shenli

言词审理(hearing by trial) 法院审理案件的一种形式,与书面审相对。法院审理案件时,应传唤当事人和其他诉讼参与人到庭,法院调查案情,审查证据,当事人和其他诉讼参与人在法庭上提供诉讼材料和进行辩论,必须采取口头方式,因此称言词审理。言词审理有利于法院全面审核证据,分清是非,因此有些国家将言词审理规定为诉讼法的基本原则,规定未经言词审理所得的诉讼材料不得作为裁判的基础(见言词原则)。但言词审理难以保留诉讼材料,因此需将言词审理的内容作成笔录,以便于法院裁判和留存。我国《民事诉讼法》未将言词审理规定为基本原则,但法院审理案件仍以言词审理为基本方式。 (王彩虹)

yanci shenli zhuyi
言词审理主义(principle of verbal trial) 见言词原则。

yanci yuanze
言词原则(principle of speech) ❶书面原则的对称。法院审理案件的一种形式。法院审理案件时,当事人在法庭上提供诉讼材料和进行辩论,必须采用言词形式,以口头辩论进行审理并以此为基础作出裁判。实行言词原则,有利于法院查明案件事实真相,使诉讼迅速进行。但是,实行言词原则,对保存和运用诉讼材料具有一定的局限性。现代各国的民事诉讼法,原则上都采用言词原则。如《日本民事诉讼法》规定,当事人对诉讼应在法院进行口头辩论。但同时规定,有的诉讼行为必须采用书面形式,如起诉、控诉、上告、再审等,必须用书面提起。在我国,除了简易程序可以口头提起诉讼外,其他程序须用诉状提起。法院开庭审理案件时,采用言词审理方式,但我国民事诉讼法并未将言词原则作为民事诉讼法的基本原则规定在内。

❷大陆法系国家刑事诉讼法的基本原则之一。又称为言词审理原则,与书面审理原则相对。其基本含义是,法庭审判活动的进行,应当以言词陈述和言词辩论的方式进行。该原则有两方面的要求:①参与法庭审判的诉讼各方均应以言词陈述的方式实施诉讼行为,所有未在法庭上以言词方式实施的诉讼行为,均视为未曾发生或者不具有法律效力。②在法庭上提出和调查证据均应以口头方式进行,任何未在法庭上通过口头陈述和口头辩论的证据和事实均不能作为法庭裁判的根据。实行这一原则的目的在于,确保法官、陪审员在法庭上直接听取控辩双方以口头方式所作的陈述和辩论,听取证人、鉴定人、被告人等以口头方式所作的有关案件事实的陈述,使其裁判结论直接形成于法庭审判过程之中,从而切断检察官的卷宗笔录与法官、陪审员裁判结论之间的必然联系。由于言词原则与直接原则均强调减少裁判者与案件原始事实之间的隔阂和中介物,使其接触和审查距离原始事实最近的证据,因此它们往往被统称为"直接的言词原则"。 (万云芳 陈瑞华)

yanyu shibie
言语识别(identification by speech) 又称"语言识别"或"语言分析"。运用语言学的有关知识,对案件中文字检材的书面语言特征进行分析,判断书写人的种属特征,为侦查工作提供线索和方向、范围的专门技术。文字,是人的思维和语言的书面表达形式。人的思维是有语言活动参与的,在用文字表达自己的思想时,往往会流露出自身的语言特点。人的语言习惯特点,又受文化、年龄、职业、生活环境、籍贯等诸因素的影响。所以,运用语言学的有关知识对文字检材中的语言特点进行分析,可以判断书写人的年龄、职业、文化程度、籍贯及生活地区等特征。但是,进行语言分析的文字检材或样本,必须是自述型材料,是自身思维语言的表达,而不是记录或誊写型材料。对书面语言的分析、判断,一般可从三个方面进行:

第一,书写人书面语言表达能力的分析判断。一个人的思想要通过书面语言表达出来,需要用词组句,还要考虑句与句、段落与段落间的逻辑结构,还要有一定的修饰润色。并不是所有的人都可以随心所欲而又简明地用文字表达自己的思维语言,它受文化程度、职业、生活经历、思维能力以及思维障碍等诸因素的制约。表达能力的高低应当从用字用词是否准确,句子是否简明通顺,句间及段落结构是否严谨,内在逻辑关系是否恰当,语言是否丰富生动等几个方面分析。

第二,分析方言特征,可以判断书写人的籍贯、长期生活地区等。通常从语音、词汇、语法等几个方面进行综合分析:①语音特征,主要从书面语言中无意出现的方言别字上反映出来。书面语言中的别字可以划分为两类:一类是含意相近的同音或近音字,往往由于书写人对词意理解有误而出现别字,这只能反映书写人的文化程度高低,与方言无关;另一类是发音相同相近(或声母相同,或韵母相同),而含意与正字绝无联系的别字,除了从方言发音角度解释外,没有其他合理解释。这是我们分析方言语音的重要依据。②方言词汇。不同地区的人群对同一事物有着不同的习惯称谓或习惯语言,诸如"红薯"(河南)、"白薯"(北京)、"地瓜"(辽宁)、"山芋"(天津)本为同一事物,不同地区有不同叫法。这是地区性方言词汇,也是我们分析书写人方言的重要依据。③方言性语法。我国地域辽阔,不同地区语言习惯中字、词之间搭配的语法习惯也具有差异,譬如词序、词的重叠习惯、语句表达方式等。④地区性异体字及地区性外来语词汇,也称方言异体字及方言外来语。它是某一地区人群长期交往中相互影响形成的习惯语、习惯字,难以改变。它在书面语言中可以作为分析书写人籍贯、长期生活地区的依据。

第三,分析年龄、职业等人身特征。如从规范简化字使用情况、草体异体字使用情况、错别字的多少、书面行款格式、口语化程度等分析书写人年龄、文化程度，从某些专业术语、特殊职业内常用词、字及符号的出现上分析书写人的职业等。

书面语言分析对侦查工作的意义很重要，但它却是一项复杂慎重的专业工作。除了应具备坚实的语言学基础之外，对各地、各行业语言特点应有较深的研究，并且需要有丰富的识别经验和综合分析判断能力。言语识别技术源于20世纪60年代初，我国公安侦察机关对书面语中的方言分析，当时常求助于语言字典专家、学者。此后从实践中逐步摸索积累知识，不断提高升华，逐渐形成了一门新的专业技术并编入文检教材内容。1985年2月由北京市公安局邱大任编著、群众出版社出版的《语言识别》一书，是我国第一部公开出版的文检技术专著。

(蓝绍江)

yanhaiguo guanxiaquan
沿海国管辖权（jurisdiction of the coastal state） 沿海国对毗连水域拥有的管辖权。该水域包括一国的内海、领海和历史性海湾，以及专属经济区、专属海区、毗连区、防止海洋污染区和大陆架。沿海国对其毗连水域行使管辖权是国际社会公认的一项原则。沿海国管辖权的主张产生于罗马法注释法学家，在当时主要是适应了罗马统治者向海洋扩展势力的需要。此后在资本主义时期，一些海上强国也以此作为理论基础，为其瓜分海洋霸权寻求理论依据。沿海国管辖权一般包括以下内容：①对在一国内海和港湾中的船舶上发生的民事、刑事案件行使管辖权；②行使1981年生效的、国际劳工会议通过的《商船航运最低标准公约》规定的"港口国家职能"，即对船舶的安全标准、船员雇佣条件和社会保障、福利待遇进行检查的权利；③行使对进入强制引航区的外国船舶实行强制引航的权利；④采取强制措施消除海上污染的权利。其中沿海国对其内海和港湾中的船舶上发生的民事、刑事案件行使管辖权是沿海国司法管辖权不可分割的组成部分，是沿海国法院的管辖权限范围，其诉讼程序适用的法律是沿海国的民事诉讼法、刑事诉讼法。

(阎丽萍)

yanliao
颜料（pigment） 不溶于使用介质（如油、水等）的有色或白色物质。根据来源可分为天然颜料（如矿物性颜料、植物性颜料）和合成颜料（如无机颜料、有机颜料）两类。部分不溶性的染料也可视为颜料，如还原染料、偶氮染料等。颜料具有相当的遮盖力、分散度和适当的着色力及鲜艳颜色，多数是无机物质。常见的有朱砂、红丹、铁蓝、铅白、钛白及酞菁颜料。主要用于油漆、油墨、橡胶、塑料、搪瓷等制品的着色。发光颜料是能发出荧光或磷光的颜料。荧光颜料是将荧光染料溶于合成树脂形成的固溶体经粉碎而得。它须在紫外线激发下才能发光，在黑暗中不能持续。常用于油漆、油墨、塑料等的着色和织物印花。磷光颜料经紫外线或日光激发发光后，在黑暗中能持续若干小时。它通常由钙、钡、锶、镉或锌的硫化物，加入微量的活化剂（如氯化铜、钴等）及助熔剂（如氯化钠等）后，经高温煅烧而成。常用于制造发光漆。以发光颜料制成的涂料用于涂刷航海、航空仪表及路标、防火设备和防空通道等作安全标志。其制品是常见的物证检材。通常采用X射线衍射法、荧光光谱法、可见-紫外光谱法、红外光谱法、裂解气相色谱法、原子吸收和发射光谱法进行鉴别。

(王彦吉)

yangshui shuansezheng
羊水栓塞症（amniotic fluid embolism） 在分娩过程中，羊水进入母体血液循环所引起的严重并发症。本病多见于青壮年，发病突然，病情危重。患者可在极短时间内死于休克和大出血。常常在胎盘早破，子宫收缩强，产程进展快，子宫有裂伤的情况下发生。羊水可以通过胎盘附着处的子宫壁静脉窦，或子宫颈内膜静脉的破口进入母体血循环，引起广泛的肺栓塞和肺血管扩张，并反射性地引起肺动脉和冠状动脉痉挛，导致循环衰竭。另外，羊水在血液中经过一系列的变化过程，会引起凝血机制障碍，导致大出血。典型的临床症状是突然胸闷，烦躁不安，呼吸困难，口唇和指甲青紫，血压下降，面色苍白，脉搏细弱，虚脱，迅速死亡。有的患者休克症状未立即出现，主要表现为阴道流血不止，呈暗红色，随着出血量增多，出现一系列休克症状。尸体解剖可见：两肺的肺小动脉和毛细血管扩张，管腔内充塞羊水的特殊成分。

(李宝珍)

yangben
样本（comparative samples） 在物证检验鉴定中，供与物证属性进行比较和鉴别使用的已知标准或参照物。样本自身并不具有证据意义，它可以根据检验工作的需要收集或通过实验获取。

样本可以按照不同的标准予以分类。按照样本所反映的属性分类：①形态比较样本，要能清晰完整地反应已知客体的外表形态特征。如嫌疑人的手印、鞋印、相貌照片；已知印章的印迹；涉嫌打字机打印的文件等。②功能比较样本，要能真实地反映人的技能、技巧或习惯特征。如嫌疑人的笔迹样本、步法样本、语声样本等。③物质属性样本，指已知来源或种类的物质，供与物证进行组分及理化性质的对照。如供比较用的纸张、油墨、涂料、炸药、土砂、金属等物质；从嫌疑人处提取的血液、精液、毛发等物质。在物质属性样本中还有一种"空白对照样本",即从与案件无关的部位提取的、不含检材物质的样本,如在爆炸现场附近没飘落爆炸残留物区域收集的粉尘样本;提取射击嫌疑人手部射击残留物的同时,在未被污染的身体部位提取的空白样本。按样本的形成条件分类:①自然样本。指嫌疑客体(人或物)在平时自然状态下遗留的样本,如嫌疑人平时书写的字迹、走路遗留的足迹、嫌疑打字机平时打印的文稿等。②实验样本。根据检验工作需要,在模拟物证形成的条件下,通过实验的方式获取的比对样本。如令嫌疑人在模拟犯罪现场地区条件下踩出的足迹、用送检的嫌疑工具在模拟现场条件下制作的工具痕迹样本等。按样本的遗留时间划分:①案前样本。在发案前由嫌疑客体形成的样本,主要为自然样本。②案后样本。在发案后形成的样本,既可能是实验样本,也可能是自然样本。③同期样本。指与物证形成时间相同或相近的遗留样本,如检验某人 10 年前的物证笔迹,应收集该人 10 年前的字迹样本进行对照;检验某人 10 年前的照片,也应取其同年代的照片作对照。④历时样本。指嫌疑客体在不同时期形成的系列样本,可以反映该客体的发展变化规律。

收集样本是供与物证进行比较对照,所以必须具备同物证的可比性:样本与物证应反映客体的相同部位和相同特征。如指纹应是同指同部位纹线的比较,笔迹应是相同相近字的比较,样本必须真实客观。收集样本的来源必须可靠,样本不能混淆、伪造,样本形成的条件应当同物证的形成条件相同或相近,能真实地反映受审客体的特性。收集或制作比对样本应当充分,以全面反映受审查客体特性或特征,供在比较检验中选择和相互对照。对样本的收集可以采取公开搜查、扣押或令嫌疑人在侦查人员监督下实验的方式;也可以根据需要采取秘密方式,但都需要履行法律程序,做好记录,以确证样本来源的真实可靠。 (蓝绍江)

yaowu yi lai
药物依赖(drug dependence) 又称药瘾(drug addiction)或药癖。从生理或心理上产生的对某种药物的难以抑制的需求,停用即可产生各种戒断症状。能够使人产生依赖的药物很多,不同的药物引起人体依赖的精神症状亦有不同。药物依赖者为了得到某种药物可不择手断,给其本人及社会造成不良后果。嗜药者由于长期依赖药物,脱离正常生活模式,在脱离用药环境和接受必要的戒断治疗后可完全缓解,但易复发。药物依赖多为自限性精神障碍,嗜药者本人应承担完全法律责任。参见精神活性物质所致精神障碍。 (孙东东)

yeshou ceyan guize
《"野兽测验"规则》("Wild Beast Tests" Rules) 1724 年英国法院颁布的世界上第一项判定精神病人刑事责任能力的规则。该规则的核心内容是:只有当某人并不比野兽更明白什么是善良和邪恶时,他对自己的行为才不负法律责任。1760 年英国法院又对这一规则进行了修正,将"善良"和"邪恶"改为"正确"和"错误"。这一规则在英国本土及其殖民地一直沿用至 1843 年《麦克·诺顿法案》的颁布实施才废止。 (孙东东)

yiban xingshi anjian
一般刑事案件(ordinary criminal case) 触犯国家刑律依法应当立案侦查的普通刑事案件。在国外通常称之为轻罪案件、简易罪案件或违警罪案件。我国刑事立法本身设有明确规定一般刑事案件的概念及其范围,但在有关司法解释和侦查实践中通常有特大刑事案件和重大刑事案件之划分及其标准,而除此之外的所有刑事案件则统称为一般刑事案件。因此,一般刑事案件的范围是达到刑事案件立案标准的除重大、特大刑事案件以外的所有刑事案件。这类案件的主要特征是:①在刑法条文中,叙述其罪状时一般不写明"情节"、"数额"、"后果"等方面的状况,或者写明"情节较轻"、"数额较大"、"尚未造成严重后果"等字样;②案件侦查终结后需要追究的,一般由检察机关向基层人民法院起诉;③根据其罪责,大多是判处法定 3 年以下有期徒刑、拘役、管制或附加刑;④在刑事立案标准及管理制度中未列人重大、特大案件范围的;⑤有的无须经过专门机关侦查而列为自诉案件。 (文盛堂)

yibu gaipan
一部改判(partial change of a judgement) 全部改判的对称。上诉审法院对上诉案件进行审理后,撤销原审判决的一部分,并对该部分另行判决。一部改判是在维持原判决正确部分的同时,改变原判决错误的部分。在我国,二审法院对上诉案件进行审理后,认为原审判决认定事实清楚,但适用法律有错误的,二审法院只对原判决适用法律部分予以改判,而对原判决认定事实部分,则予以维持,即一部改判;二审法院认为原审判决认定事实错误,或者认定事实不清、证据不足的,在某些情况下也可以在查清事实后改判。如果二审法院认定原审判决部分错误,则应作出一部改判。 (万云芳)

yiguoxing jingshen mohu
一过性精神模糊(transient confusion) 又称一

过性精神错乱。一种病因不明的暂短性精神障碍。急剧发病、严重意识障碍；同时伴有恐怖性错觉、幻觉和片断妄想以及强烈的惊恐反应和兴奋躁动、冲动伤人或毁物行为。持续时间数小时至数日，不治自愈，预后良好。对在此状态下行为人实施危害行为，应评定为无刑事责任能力。

(孙东东)

yijiuliuyi nian mazuipin danyi gongyue

《一九六一年麻醉品单一公约》（Unitary Convention for the Narcotic Drugs 1961） 为了人类的健康与福利，预防和消除麻醉品成瘾对于个人及社会之危害，防止麻醉品滥用，加强国际间的合作管制，由联合国于1961年制定的一项国际公约议定书。1972年3月25日联合国对此公约议定书进行了修正。公约全文共53条，159款，就大麻、古柯、鸦片、罂粟的植物和衍生物的生产和使用范围，储运和贸易管制，国际以及缔约国管制机构和管制措施、违约处罚等有关事项做了明确规定，要求缔约国严格遵守执行。该公约于1975年8月8日实施。中华人民共和国第六届全国人民代表大会常务委员会第十一次会议于1985年6月18日通过决议，中华人民共和国加入本公约，同时声明对该公约第48条第2款"任何此种争端倘不能依照第一项所规定的方式解决，应交由国际法院裁决"之规定持有保留。

(孙东东)

yijiuqiyi nian jingshen yaowu gongyue

《一九七一年精神药物公约》（Convention for the Psychotropic Drugs 1971） 为了人类的健康与福利，解决因滥用精神药物而引起的公共社会问题，预防并制止精神药物的滥用和非法产销，划清精神药物在临床医学与科学中的合理应用与滥用的界限，由联合国于1971年2月21日制定的一项国际公约。公约全文共33条，98款，对精神药物的范围、管制范围、管制机构、生产和使用管制措施、储运和贸易管制规定、违约处罚等事项做了明确规定，并要求缔约国严格遵守执行。中华人民共和国第六届全国人民代表大会常务委员会第十一次会议于1985年6月18日通过决议，中华人民共和国加入本公约，并同时声明对该公约第31条第2款持有保留，即"依照此种争端倘不能依照上开方式解决争端两方中的任何一国作此请求时，应提交国际法院裁决"。

(孙东东)

yimian guanxi shuo

一面关系说（doctrine of unilateral relationship） 民事诉讼法律关系理论的一种学说。该学说认为，民事诉讼法律关系只存在于双方当事人之间，当事人与法院之间不存在法律关系，法院在民事诉讼中只是处于双方当事人之间的"公正"地位。这种学说存在于民事诉讼法律关系理论的早期，是完全基于私权的理论提出的，因民事权利是私权利，诉讼上解决的是私权问题，因而诉讼上的法律关系只存在于双方当事人之间。这种学说无论在理论上，还是在实践中，都存在难以解释的问题。比如，双方当事人之间的实体法律关系与诉讼法律关系是什么关系？双方当事人之间因民事实体法律关系发生争议，诉诸法院解决，法院与他们之间如不存在法律关系，那么与他们之间是一种什么关系？法院的公正地位本身是要求对双方当事人持之以平，如果法院与当事人无法律上的关系，怎样表示对双方当事人是持之以平的，对解决他们之间的争议是客观公正的呢？双方当事人之间的争议诉诸法院之后，事实上法院既要指挥诉讼活动的进行，又要对争议作出判断，这不能不与当事人发生法律上的关系。如果法院不与当事人发生法律上的关系，就无从去指挥诉讼，也无从去解决当事人之间的争议。一面关系说忽视公法的意义，而不为人们所赞同。

(刘家兴)

yishen

一审（first instance） 案件的第一个审级，二审和三审（见三级三审制度）的对称。当事人因权利义务发生争执或者要求确认某项法律事实向法院起诉，而由受诉法院立案受理并对案件进行审理的审级制度。一审是以民事案件的审判权由人民法院行使，以及人民法院对民事纠纷的主管和管辖而建立的审级制度。在我国，一审程序包括普通程序、简易程序、特别程序、督促程序、公示催告程序和破产程序。人民法院审理第一审民事诉讼案件，除简单的民事案件外，都适用普通程序。适用普通程序的案件，法院应在立案之日起6个月内审理终结。有特殊情况需要延长的，报请院长批准，可以延长6个月，还需延长的，报请上级法院批准。适用普通程序审理后作出的判决，当事人不服的可以上诉。对于事实清楚、情节简单、争议不大的案件，人民法院可以适用简易程序进行审理。适用简易程序审理的案件，应在立案之日起3个月内审结。审理后作出的判决，当事人不服的可以上诉。特别程序是法院审理某些特殊类型的非民事权益冲突案件所适用的程序。除选民资格案件应在选举日前审结外，其他非讼案件均应在立案之日起30日内或公告期满后30日内审理终结，有特殊情况需要延长的，由本院院长批准。按照特别程序审理后作出的判决，当事人不得上诉。适用督促程序、公示催告程序、破产程序审理的特定案件，实行一审终审制。

(万云芳)

yishen anjian

一审案件(case of first instance) 第一个审级(见一审)审理的案件。人民法院依照管辖规定所受理的、依照一审程序审理并作出裁判的民事诉讼案件和非讼案件。不同国家管辖制度不同,受理一审案件的法院也不相同。许多国家通常是根据案件的性质以及诉讼标的价额来确定受理第一审案件的法院。如匈牙利民事诉讼法规定,诉讼价额不满30万福林的一审案件,由基层法院受理;诉讼价额超过30万福林的一审案件,由州法院受理。在我国,人民法院分为四级,即基层人民法院、中级人民法院、高级人民法院和最高人民法院。我国《民事诉讼法》根据案件的性质和影响的范围,明确划分了各级人民法院受理一审案件的范围。由于基层人民法院数量最多、分布最广,一般来说,案件发生地、争议财产所在地或者当事人所在地都在基层人民法院的辖区之内,因而大多数一审案件主要由基层人民法院受理,即除了法律规定由中级人民法院、高级人民法院和最高人民法院受理的一审民事案件外,其余一审案件均由基层人民法院受理。中级人民法院的职责主要是审理不服基层人民法院裁判的上诉案件,同时也受理一定范围的一审案件。中级人民法院受理的一审案件主要是重大涉外案件、在本辖区内有重大影响的案件以及最高人民法院确定由中级人民法院受理的案件。高级人民法院主要受理在本辖区内有重大影响的一审案件。最高人民法院主要受理在全国范围内有重大影响的一审案件以及最高人民法院认为应当由本院审理的一审案件。 (万云芳)

yishen caiding

一审裁定(ruling of first instance) 第一审人民法院在审理第一审民事案件的过程中,用以解决程序问题的断定,或者是对某些涉及实体问题而不解决实体问题的特殊断定。一审裁定是第一审人民法院基于诉讼指挥权而作出的,它在诉讼的任何阶段都可能作出。在表现形式上,一审裁定既可以是书面形式,也可以是口头形式。根据我国《民事诉讼法》的规定,一审裁定主要适用于下列事项:不予受理、对管辖权有异议、驳回起诉、财产保全和先予执行、准许或者不准许撤诉、中止或终止诉讼、补正判决书的失误、中止或终止执行、不予执行仲裁裁决、不予执行公证机关赋予强制执行效力的债权文书以及其他需要裁定解决的事项。由于一审裁定解决的问题不同、性质不同,因而其生效的时间也不同。对于不予受理、对管辖权有异议以及驳回起诉的裁定,法律规定可以上诉,上诉的期限为10天,超过上诉期限不上诉的,一审裁定即发生法律效力。其他一审裁定,均不准许上诉,一经宣告或送达,即发生法律效力。但是,对于财产保全和先予执行的裁定,虽不允许上诉,但可以依法申请复议一次,不过,复议期间不停止裁定的执行。一审裁定一般对社会无拘束力,而对当事人及其他诉讼参与人具有拘束力。一审裁定在法律上的效力,一般只存在于诉讼期间,但是,有些不具有独立性的裁定,如补正判决书失误的裁定,其效力并不因诉讼结束而消失,而是随判决效力的存在而存在。 (万云芳)

yishen chengxu

一审程序(procedure of first instance) 法院审理第一审案件所必须遵循的程序。见一审。

yishen panjue

一审判决(judgement of first instance) 第一审人民法院通过对一审案件的审理,查清事实,并根据事实,依据法律、法规的规定,对双方当事人之间的实体问题所作的结论性断定。一审判决是第一审人民法院基于民事审判权对一审案件所作的断定,它是一审人民法院与当事人活动的结果,是一审法院的结案方式之一,也是一审法院的一种法律文书。依据不同的标准,可以把一审判决分为不同的种类。如根据判决所解决问题的不同,可把一审判决分为诉讼案件的判决和非讼案件的判决;根据判决的性质和内容不同,可把一审判决分为给付判决、确认判决和变更判决;根据判决是终结诉讼的全部还是一部分,可把一审判决分为全部判决和一部判决;根据判决是在双方当事人出庭还是一方当事人出庭的情况下作出的,可把一审判决分为对席判决和缺席判决;根据判决是否发生法律效力,可把一审判决分为生效判决和未生效判决。一审判决通常可以上诉,不服一审判决提起上诉的期限为15天,从判决送达之日起算。当事人在上诉期间内提起上诉的,一审判决不发生法律效力;当事人在上诉期间内未提起上诉的,上诉期满后,一审判决即发生法律效力,从而使一审判决具有拘束力、既判力及执行力(见判决的效力)。但是,有的一审判决属于终审判决,如最高人民法院作出的一审判决以及人民法院依照特别程序对案件审理后作出的一审判决,均属于不得上诉的一审判决,判决送达后即发生法律效力。 (万云芳)

yishen qixian

一审期限(periods of first instance) 法律规定的一审法院从受理案件到宣告判决所应遵守的时间期限。根据我国《刑事诉讼法》第168条和第126条的规定,我国刑事诉讼中的一审期限包括下列内容:①人民法院审理公诉案件,应当在受理后一个月以内宣判,至迟不得超过一个半月。②交通十分不便的边远地区的重大复杂案件,重大的犯罪集团案件,流窜作案的重大复杂案件和犯罪涉及面广、取证困难的重大复杂案件,经省、自治区、直辖市高级人民法院批准或者决定,可以再延长一个月。③人民法院改变管辖的案件,从改变后的人民法院收到案件之日起计算审理期限。④人民检察院补充侦查的案件,补充侦查完毕移送人民法院后,人民法院重新计算审理期限。⑤人民法院审理自诉案件没有期限规定,但如果被告人已被羁押应参照公诉案件的一审期限进行。严格遵守一审期限的规定有利于提高工作效率,充分发挥法庭审判惩罚犯罪、震慑犯罪、保护人民群众合法权益的作用,有利于减少当事人和其他诉讼参与人的讼累。

(汪建成)

yishen zhongshen zhi

一审终审制(system of one trial without right to appeal) 案件经过一个审级法院的审理即告终结的制度,即第一审人民法院对案件审理并作出裁判后,当事人不得就此提起上诉,一审裁判宣告或送达后即发生法律效力。它是审级制度的一种,是两审终审制度的例外性补充。在我国,两审终审制是审级制度的基本制度,一审终审制只是一种例外规定,它只对某些特定的案件适用。根据我国《民事诉讼法》的规定,最高人民法院作为一审法院作出的裁判是终审裁判,当事人不得提起上诉。另外,人民法院依照特别程序对选民资格案件、宣告公民失踪案件、宣告公民死亡案件、认定公民无行为能力或限制行为能力案件、认定财产无主案件以及申请支付、公示催告和破产案件,都实行一审终审制。前一类案件实行一审终审,是由最高人民法院的级别决定的。后一类案件实行一审终审,是由案件的性质决定的。一审终审制与两审终审制甚至三审终审制相比,审级少,效率高,案件受到评价的机会也少。一审终审制只适用于某些不需两审终审的特定案件。

(万云芳)

yishi buzaili

一事不再理【民诉】(res judicata) 案件经过法院审理、作出判决并发生法律效力后,除法律另有规定外,当事人不得就判决认定的事项再行起诉,法院也不得就同一案件再行受理和审判。它来源于古罗马法,是一项古老的诉讼法原则。罗马共和国时期实行一审终审制,一事不再理便是与之相联系的一种原则。该原则在近代为世界各国所普遍继承和发展。如《德国民事诉讼法》第325条第1款规定:"确定判决的效力,其利与不利,及于当事人、在诉讼系属发生后当事人的承继人以及作为当事人或其承继人的间接占有人而占有系争物的人。"原《俄罗斯联邦社会主义共和国民事诉讼法典》第129条规定:"民事案件诉状的受理,如法院已就同样当事人、同样标的、同样案由的争议作出了判决,而且判决已经生效,或者法院已作出裁定接受原告人对诉讼的放弃,或批准当事人和解,审判员可拒绝受理诉状。"现代诉讼法中的一事不再理原则,与古罗马时期相比,已经发生了很大变化,并有了很大发展。首先,现代诉讼法中的一事不再理原则并不必然与一审终审制相联系,生效判决往往是经过了二审甚至三审才作出的。其次,一事不再理原则并非任何情况下绝对适用。现代各国大多规定有再审程序或审判监督程序,对于有错误的裁判,可以通过上述程序进行纠正,因而,克服了古罗马时期实行一事不再理原则所可能出现的错误裁判得不到纠正的缺点,使得在保持判决稳定性的同时,又能保证判决的正确性。

(万云芳)

yishi buzaili

一事不再理【刑诉】(non bis in idem) 对于法院已作出生效判决和裁定的行为,除法律另有规定外,不得再行追诉和审判。这里所说的生效判决和裁定,是指对被告人作出有罪或无罪判定的实体裁判,而不是指仅就程序事项所作的裁定(形式裁判)。

一事不再理原则产生于古罗马共和国时期的法律中。罗马法学家们认为,法院对案件的判决一经作出和生效,即产生了"既判力"(见判决的既判力),案件随之即成为"已决案";任何组织或个人均不得对同一案件再次进行审判。在中世纪欧洲各国实行的纠问式诉讼中,一事不再理原则遭到废弃。法院可以就那些已被审结的案件随时展开新的追诉和审判。在18至19世纪欧洲大陆各国进行的刑事司法改革中,一事不再理原则又重新得到确立。时至今日,这一原则已稳定地成为大陆法中的一项基本诉讼原则。如《德国基本法》第103条第3款规定:"任何人不得因同一行为而受一般刑法的几次判罪。"《日本宪法》第39条规定:"……对同一犯罪,不得重复追究其刑事上的责任。"英美法系也确立了一事不再理原则,但将其称为"不受双重危险"的原则(principle of no double jeoparty)。如《美国联邦宪法》第5条修正案规定:"……任何人不得因为同一犯罪而两次受到生命或身体上的危险。"一事不再理原则还被确立在联合国及其他国际组织通过的公约之中。如联合国《公民权利和政治权利国际公约(1996)》第14条第7款规定:"任何人依一国法律及刑事程序经终局判决判定有罪或无罪开释者,不得就同一罪名再予审判或科刑。"《美洲人权公约(1969)》第8条第4款也作出了相似的规定。

目前,各国法学界对于一事不再理原则的性质和意义问题有两种学说:一为"既判力说";二为"双重危险说"。前者为大陆法系学者所主张。他们秉承并发扬了罗马法学家的思想,认为一事不再理原则旨在增强法院实体判决的确定力,维护法院判决的稳定性和尊严,确保为法院判决所确定的法律秩序的安定性。后一种学说为英美学者所主张。他们较为强调一事不再理原则在保障公民人权方面的意义,认为这一原则的核心在于防止任何公民的生命、自由、财产等权益不因双重追诉和审判而受到多次威胁或危险。 (陈瑞华)

yiyuan suquanshuo
一元诉权说(doctrine of single source for right of action) 针对二元诉权说提出的一种诉权学说。该说主张者认为,诉权是当事人双方就其民事法律关系的争议而进行诉讼,实施诉讼行为,以维护其正当民事权益的权利。认为这一定义具有四个特征:①诉权是双方当事人的权利,原、被告均为诉权之主体;②诉权是基于实体法律关系的争议而由法律赋予的权利,实体法律关系的非正常状态是当事人取得诉权的事实基础;③诉权是进行诉讼、实施诉讼行为的权利,它通过诉讼过程由当事人行使一系列诉讼权利加以体现;④诉权是当事人用以维护自己正当民事权益的权利,维护这种正当权益是当事人行使诉权的目的所在。该说评析二元论诉权说的主要点是:它割裂了诉权内在因素的联系,程序意义和实体意义诉权二概念缺乏科学性。程序定义诉权,一是排斥了被告获得诉权,二是不反映起诉以外之其他诉讼权利,如提证权、辩论权、上诉权、处分权等。实体意义诉权,不应将胜诉权与民事权利等同,因为既不存在胜诉权之权,也不一定有民事权利就胜诉,如超过法定权利过分要求就不能胜诉。同时,权利通常是某项行为的法律根据,胜诉权属何种法律性质之权,其内容是什么,都不明确,也无法明确。 (刘家兴)

yizao fudan
一造负担(one party bearing the litigation cost) 由一方当事人负担诉讼费用。某些民事诉讼法采取的负担诉讼费用的方式之一。如旧中国1930年《民事诉讼法》第82条规定:"各当事人一部胜诉一部败诉者各负担其支出之诉讼费用,但法院得酌量情形命两造以比例分担或一造负担。"《德国民事诉讼法》第92条第2项规定:"如果对方当事人所多要求的部分在比例上极其微少,并且不致发生特殊费用,或者对方当事人的要求额是由法官的裁量所决定,或由鉴定人核定,或由相互计算所得出,此时,法院可以命当事人一方负担诉讼费用的全部。" (万云芳)

yizao shenli zhuyi
一造审理主义(doctrine of exparte hearing) 以一造当事人陈述和提供的材料为裁判基础的原则,与两造审理主义相对应,目的在于迅速审结案件。古罗马法和旧中国民事诉讼法都有一造审理主义与两造审理主义的区分。采取一造审理主义,法院是以一方当事人提供的材料为基础作出裁判的,因而剥夺了另一方防御和辩论的机会,往往容易使诉讼结果不公平。现代各国诉讼法一般规定以两造审理主义为原则,以一造审理主义为例外,判决程序原则上采用两造审理主义,而对裁定和命令原则上采用一造审理主义。我国民事诉讼法赋予双方当事人平等的诉讼地位和诉讼权利。人民法院在审理案件时,应听取双方当事人的陈述和辩论,并会同其他证据一并进行审查,以准确全面地查明案件事实。即使是被告经法庭合法传唤无正当理由拒不到庭、法院要缺席判决的情况下,也不是以原告一方当事人提供的材料作为裁判的基础,而是力求查明案件事实真相,以作出正确的裁判。 (万云芳)

yizhuo fanchang
衣着反常(strange clothing) 精神病患者不按季节和气候变化增减衣服,或身着奇装异服,与周围环境及自身身份极不协调的现象。以上的装束与患者的社会文化背景没有关系,系受病理性精神活动影响所致。见于精神分裂症和痴呆患者。 (孙东东 吴正鑫)

yiliao chacuo
医疗差错(medical mistakes) 医务人员在诊疗护理工作中,虽有医疗护理过失,但未造成病人死亡、残废、功能障碍,或及时纠正过失未造成不良后果。医疗差错根据后果可分严重医疗差错和一般医疗差错。严重医疗差错是指在医疗护理工作中,医务人员因责任或技术的过失,给病人造成一定的痛苦,延长了病程,但未造成死亡、残废或功能障碍等不良后果。如药物过量,造成药物中毒,幸及时发现,立即抢救,未造成不良后果。一般医疗差错是指在医疗护理工作中,医务人员虽有诊疗护理过失,但未给病人造成任何不良后果,既未增加病人痛苦,也未使病程延长。如把检验尿糖的化验单开成检验尿常规的化验单。化验报告单出来后,重开检验尿糖的化验单,未延误诊断和治疗。 (李宝珍)

yiliao jiufen
医疗纠纷(medical tangle) 医患双方对医疗后果及其原因或处理过程中发生认识上的分歧,须经行政机关或司法机关进行调解或裁决才能解决的纠纷。造成医疗纠纷的原因非常复杂,实践证明,有的与医疗事故有关,但有相当部分与医疗事故无关。所以医疗纠纷的发生,并不意味着发生了医疗事故,只是表示病人和家属一方对医护人员不满。若医护人员认真负责,竭尽全力,进行了治疗,但受当前医学科技发展水平所限,或限于当时当地的条件,无法按照现代水平,采取最合理的方法进行抢救,使病情发展到不可挽回的地步;或病人死于医护人员难以预料和防范的医疗意外和难以避免的并发症。这些情况引起的医疗纠纷,就与医疗事故无关。但可能由于病患者一方缺乏医学知识,误以为是医疗事故,要求追究责任,从而产生了纠纷。有时,病人及其家属不配合治疗,也会引起不良后果。这种情况医护人员和医疗单位本不承担任何责任。但病患者一方无理责难或提出某种不合理要求,也会产生纠纷。也有一些是由于医院管理制度不合理或医护人员服务态度不好,导致矛盾激化。不过在医疗纠纷中,确有一定数量的案件,是由于医护人员不负责任,玩忽职守,业务上不求上进,医学知识不足,技术水平不高等原因造成的医疗事故,给病人及其家属造成了危害。此外,还有个别的医务人员利用医疗工作机会,为达到其罪恶的目的,蓄意加害,致使病人死亡、残废或使病情加重,或对病人进行猥亵、凌辱、强奸,或非法应用麻醉药,以及非法行医,私卖假药骗财害命等行为,这些已不属于医疗事故,而属于刑事犯罪,应受法律惩处。因此,要公正、合理地处理医疗纠纷,保障病人和医护人员的合法权益,首先要判明产生医疗纠纷的原因及其性质。这需要通过专家鉴定的方法解决。如果通过鉴定查清并非医疗事故,则要保护医护人员的声誉,保证他们进行正常的医疗活动。如果属于医疗事故,要鉴别是何种性质的医疗事故,查明在诊断、治疗、护理等一系列医疗活动中有何错误。

进行医疗纠纷鉴定需做下述工作:①调查情况。必须了解病人的全部诊疗过程,调阅全部病历,包括门诊病历、住院病历、各种化验报告、X光片及X光报告、心电图报告、超声波报告、CT报告、病理切片报告以及各种特殊检查的报告。有时还需要查阅各种登记本和处方。此外,对病人(未死者)、家属、病人工作单位、医生、护士、科室负责人、同病房的病人等各有关人员详细调查。若事件涉及到几个医疗单位,必须一一调查。在运用这些材料时,必须保证真实可靠。应派专人保管有关的各种原始材料,特别要注意病历是否伪造、涂改、销毁、增添或调换。被调查的人员必须真实地反映情况。②法医学检验。对遗留有后遗症或残疾的病人,要请与纠纷无关的经验丰富的医生协同进行临床检验,分析造成不良后果的原因,与医护工作有何关系,并评定不良后果的程度。对死亡病例要进行全面细致的尸体检验,尸体检验应在死后48小时内进行,医疗单位或病人家属如拒绝进行尸体检验或拖延尸体检验的时间,影响了对死因的判断,由拒绝或拖延的一方负责。通过尸体检验,弄清疾病诊断和死亡原因。对怀疑中毒或药物治疗事故的尸体,需对胃内容物、血液、尿及有关物证(包括剩余药品、用过的容器、安瓿、注射器、针头、输液瓶、输液皮管等)进行毒物化验。③综合判断。根据调查材料、法医学检验情况,进行综合判断,作出符合医学科学原理的鉴定结论:伤残原因及程度或死亡原因;医务人员有无过失,属什么性质的过失;发生过失是否为引起伤残或死亡的惟一或主要原因;属于何等级的医疗事故;若不属于医疗事故,则要说明病人原有疾病的预后情况。 (李宝珍)

yiliao shigu
医疗事故(medical accidents) 在医疗护理工作中,因医护人员过失,直接造成病人死亡、残废或组织器官损伤导致功能障碍等不良后果。构成医疗事故,必须同时具备以下几个因素:①主体必须是医护人员。医护人员是指我国各级各类卫生技术人员,也包括卫生行政机关审查批准的允许个体开业的卫生技术人员,以及在医疗单位从事医疗管理、后勤服务等人员。②给病人造成的不良后果严重,包括死亡、残废、组织器官损伤导致的功能障碍。未达到这种程度的不良后果,属医疗差错,不能认定为医疗事故。③必须是医护人员在诊疗护理时的过失行为造成的不良后果。过失是指应当预见到自己的行为可能会发生不良后果,因疏忽大意没有预见以致发生了不良后果,或已经预见到自己的行为可能产生不良后果,而自信能够避免以致发生了不良后果。这与故意行为不同。④医护人员的过失行为与不良后果之间必须有直接的因果关系,不具有直接因果关系的,就不能认定为医疗事故,如医护人员虽有过失,但病人的死亡或残废或功能障碍,是属疾病本身的自然转归,则过失与不良后果之间就不是直接关系。

医疗事故根据发生的原因和性质不同,分责任事故和技术事故两类。责任事故是指医护人员因违反规章制度或诊疗护理常规所致的事故。常见的有以下几种情况:①根据现有的医疗条件和技术水平,对可以得到抢救的危重病人,片面强调制度、手续,而借故推诿、拒收,延误或丧失抢救时机,或不负责任地将危重病人转院、转科以致死亡。②检查病人不仔细,草率诊断,主观臆断,病人未得到合理的治疗,以致延误病情而造成不良后果。③经治医生技术水平低,缺乏经验,碰到疑难问题不请示上级医生,或不执行上级医生的正确指导,也不请人协商会诊,盲目蛮干,或上级医生对下级医生的请示漠不关心,不及时处理,终因诊疗不当而造成不良后果。④医护人员不仔细观察病人,甚至擅离职守,病情恶化时得不到及时处理而造成不良后果。⑤不严格执行消毒、隔离和无菌操作规程而造成感染或交叉感染。⑥由于工作疏忽,粗心大意,查对不严,交班不清,如药房工作人员发错药,辅助检查提供错误报告,血库配错血或护士打错针等造成不良后果。⑦由于医院领导、行政管理人员、后勤服务人员工作的失职,使药物、敷料、医疗器械、救护车、水、电、氧气等供应出故障而造成不良后果。技术事故是指医护人员主观上虽然认真负责、热情服务、关心病人,但因技术能力不及、经验不足,发生诊断、治疗、护理的错误所致的事故。所谓技术水平低,对各级医护人员应有不同的标准,即应根据职称、学历、年资及从事某专业的经验、当时当地的设备等具体情况来衡量。责任事故具有法律责任,而技术事故则着重于总结经验,吸取教训,由卫生部门自行解决。在医疗实践中,有些医疗事故很难严格确定纯属责任事故或纯属技术事故。往往技术水平低与不负责任的态度有关,而责任心不强又与技术水平低,诊疗时发现不了问题有关。因此,常常是责任原因和技术原因兼而有之。遇到这种情况,则根据其发生的主要原因,可分为以责任为主的医疗事故和以技术为主的医疗事故,供处理时参考。

医疗事故的责任者,涉及医生、护士、药剂人员、检验人员、各种辅助人员及管理人员。为确定医疗事故的责任者,必须分析医疗事故发生的原因,即哪个环节,哪个部门,哪个人发生了过失。常见的原因有:①诊断错误引起的医疗事故。②治疗不当引起的医疗事故。包括手术、麻醉、输血、输液、用药等各个环节的过失。③护理不周引起的医疗事故。包括护理人员疏于职守,因不能及时发现病情变化而得不到及时处理,以及护理操作有误等导致发生事故。医疗事故的原因涉及面很广,难以将复杂多样的医疗事故一一阐明,如放射性治疗引起的事故,辅助诊断(如胃镜检查、各种诊断性穿刺等)引起的事故,在本文中尚未归纳进去。

根据国务院1987年6月29日公布的《医疗事故处理办法》第2章第6条规定,按照医疗事故给病员直接造成损害的程度,医疗事故分为三级:一级医疗事故,造成病员死亡的;二级医疗事故,造成病员严重残废或者严重功能障碍的;三级医疗事故,造成病员残废或者功能障碍的。按照这个规定,省、地、县成立三级医疗事故技术鉴定委员会,负责医疗事故的鉴定。凡经鉴定确认为医疗事故的,应依事故等级和病员情况,因医疗单位一次性付给医疗事故补偿费;因医疗事故而增加的医疗费用,亦应由医疗单位支付。对医疗责任事故的直接责任者应视事故等级、情节、态度给予行政处分;情节严重、性质恶劣的要追究法律责任。

(李宝珍)

yiliao shigu chuli banfa
《医疗事故处理办法》(Disposing Methods of Medical Accidents) 为了正确处理医疗事故,保障病员和医护人员的合法权益,维护医疗单位的工作秩序,更好地发展医学事业,1987年6月29日国务院公布了《医疗事故处理办法》。本办法共分6章29条,对构成医疗事故的标准、医疗事故的分类与等级、医疗事故的处理程序、医疗事故的鉴定、医疗事故的处理及附则作了详细而具体的规定和说明。

(李宝珍)

yilaixing renge zhangai
依赖型人格障碍(dependent personality disorder) 人格障碍之一种。这种人在生活、工作中极度地依赖他人,虽然有较好的生活、工作能力,但因缺乏自信,不时需别人帮助。处事不果断,缺乏判断力,总是依靠别人为自己作出决策。

(孙东东)

yisong guanxia
移送管辖(transfer of cases) 民事诉讼中,案件的受诉法院不具有对案件的管辖权,从而将已受理的案件移送给有管辖权的法院。这是在对案件无管辖权的法院错误地行使了管辖权的情况下所采取的一项补救性措施。管辖权是法院行使审判权,对具体案件进行审理的前提;没有管辖权,对案件审理就失去了依据。因此案件的受诉法院,在依法不具有对案件管辖权的情况下,错误地行使了管辖权,就应当依法定程序作出裁定将案件移送给有管辖权的法院,以保证法院之间管辖权的正确行使,保证案件的公正审理。因此,移送管辖也是裁定管辖的一种,其实质是案件的移送。中国现行《民事诉讼法》第36条对移送管辖作了规定:人民法院发现受理的案件不属于本院管辖的,应当移送有管辖权的人民法院,受移送的人民法院应当受理。

移送管辖的适用应当具备以下的条件:第一,适用移送管辖的案件必须是已被法院受理的案件,案件未被法院受理仅在审查起诉阶段,如果法院发现自己对该案没有管辖权,只能裁定不予受理。第二,移送的法院对本案没有管辖权。案件属受诉法院管辖,是当事人起诉必备的条件之一,也是法院对案件行使审判权的前提。没有管辖权的法院错误地受理了案件,应当适用移送管辖。但是如果两个以上的法院对诉讼都有管辖权,先行立案的法院不得将案件移送给另一个有管辖权的法院。法院在立案前发现其他有管辖权的法院已先立案的,不得重复立案;立案后发现其他有管辖权的法院已先行立案的,应裁定将案件移送给先立案的法院。第三,受移送的法院必须是对案件有管辖权的法院,从而使移送管辖纠正法院行使管辖权错误的目的真正实现。这三个条件缺一不可。

适用移送管辖由移送法院作出裁定，该裁定对受诉法院具有约束力，受移送的法院应当受理，不得将案件再移送给其他有管辖权的法院，也不得将案件退回原移送法院；如果认为移送的案件依照规定不属于本法院管辖的，应当报请上级法院指定管辖，不得再自行移送，以避免案件反复移送，增加诉讼时日，影响对当事人权益的及时保护。同时依法对案件有管辖权的法院受理案件后，不得以行政区域变更或当事人所在地变更等为理由，将案件移送至变更后有管辖权的法院（见管辖恒定）。

(阎丽萍)

yisong zhixing

移送执行（transfer of enforcement） 法院的审判组织将其作出的需要执行的裁定书、判决书，依职权移送给执行组织，从而引起执行程序的开始。移送执行是我国民事诉讼法规定的发动执行程序的方式之一，它对当事人申请执行（见执行申请）起着补充作用。移送执行与当事人申请执行，在适用范围及具体程序上都有不同，移送执行的主体只能是人民法院的审判员，其他任何单位和个人，包括仲裁机关和公证机关，都无权向人民法院移送执行。移送执行的法律文书只能是人民法院制作的判决书、裁定书，实践中主要有：财产保全裁定和先予执行裁定；具有给付赡养费、扶养费、抚育费、抚恤金、医疗费和劳动报酬等内容的民事判决以及刑事附带民事判决；刑事判决、裁定中的财产部分；民事制裁决定书中的财产部分；罚款决定及民事判决、裁定、调解书中的诉讼费用部分。民事调解书及其他机关制作的法律文书，如仲裁裁决书及公证机关赋予强制执行效力的债权文书只能由申请执行人申请执行，不适用移送执行。移关执行是法院的职权行为，因此不受申请执行期限的限制。审判员移送执行，经有关负责人批准后，应当填写移送执行书，连同作为执行根据的法律文书一并移送给执行员。移送执行书应写明移送执行案件的编号、名称、需要执行的内容和具体要求以及债务人的有关情况等等，以利于执行。执行员接到移送执行书后应进行审查，符合条件的，应当向被执行人发出执行通知书，开始执行程序。

(阎丽萍)

yichan pochan

遗产破产（legacy going bankruptcy） 遗产不足清偿被继承人生前所欠的全部债务，由有关利害关系人提出申请，依一定程序将遗产在债权人中公平分配的一种制度。在通常情况下，遗产由被继承人的继承人依法继承，但若被继承人生前欠有债务，其死亡后应用其遗产进行清偿，若其遗产不足以清偿其全部债务时，将发生其遗产如何在若干个债权人之间公平分配的问题。遗产破产制度的设立，其目的就是为了保护全体债权人的合法利益。遗产破产一般得符合下列条件：①遗产不足以清偿被继承人生前所欠债务；②有若干个债权人的存在；③被继承人无继承人或者继承人放弃对遗产的继承。遗产破产可以由债权人、继承人或遗产管理人向有管辖权（通常为遗产所在地）的法院提出申请，由法院依法对申请及遗产进行审查。遗产破产宣告后，遗产按法定清偿顺序在债权人中进行分配，遗产分配完毕，遗产破产程序终结。中国破产法律制度只适用于法人或非法人团体，而不适用于自然人，法律中未设立遗产破产制度。

(潘剑锋)

yiwang

遗忘（amnesia） 记忆中相当数量的事件脱失。遗忘的规律是新近发生事物的记忆先受累，即近事遗忘，以后扩展到较远事物，即远事遗忘。造成遗忘的原因主要是各种原因所致的意识障碍和脑器质性疾病。根据遗忘发生的时间和与导致遗忘的关系，可将遗忘分为：①顺行性遗忘。记忆障碍发生于疾病、创伤之后，遗忘的内容也仅限于疾病、创伤发生后的经历。②逆行性遗忘。记忆障碍表现为不能回忆疾病、创伤发生前的经历。③阶段性遗忘，又称心因性遗忘。多由严重的精神创伤引起。患者对疾病或创伤之前的某一段具有特定意义的经历或具体事件完全遗忘，但经过暗示治疗后，可完全恢复正常。④进行性遗忘。随着年龄的增长或疾病的加重，记忆功能逐渐出现障碍直至完全丧失。由于遗忘的出现，提示脑部有病变，故在司法精神医学鉴定中，对遗忘现象的定性尤为重要。

(孙东东)

yizhu gongzheng

遗嘱公证（notarization of a will） 公证机关依法证明遗嘱人所立遗嘱的真实性和合法性的活动。公证机关常见的业务之一。遗嘱是遗嘱人生前对自己的财产或其他事务依法予以处分并在其死亡时发生法律效力的法律行为。遗嘱公证，对于保障遗嘱的真实、合法、有效，保障遗嘱人依法处分自己的财产或其他事务，保护遗嘱人、继承人或有关人员的合法利益，都具有十分重要的意义。

遗嘱公证的程序如下：①当事人申请。由遗嘱人亲自到公证处提出书面申请，若遗嘱人行动不便，可由公证机关派员到遗嘱人所在地去办理。②公证机关对遗嘱进行审查。为了保证遗嘱公证的客观真实性，许多国家的法律都规定了遗嘱公证由两名公证人员负责办理,特殊情况下由一名公证员办理的,应由一名与遗嘱人及遗嘱内容均无利害关系的见证人在场,见证人应在遗嘱和笔录上签名。公证人员办理遗嘱公证,应当对不同形式的遗嘱分别情况予以审查:对自书遗嘱,重点审查该遗嘱是否是遗嘱人亲自书写,遗嘱人是否在遗嘱上签名;对代书遗嘱,重点审查该遗嘱的设立,是否有两个无利害关系的见证人在场,代书人、见证人是否在遗嘱书上签字;对录音遗嘱,主要审查设立该遗嘱时是否有两名无利害关系的见证人在场,表达的内容是否准确、完整等等。对各类遗嘱的审查,都应该查明遗嘱人在立遗嘱时是否有行为能力,是否神志清楚,遗嘱是不是自愿作出,遗嘱人处分的权利是否属于遗嘱人个人的权利,遗嘱的内容是否合法,遗嘱执行人是否在遗嘱中指定,等等。③出具公证书。公证机关对内容和形式均符合法律条件的遗嘱,经审查后,依法证明遗嘱内容的真实性和合法性,并向当事人出具公证书。

遗嘱公证的法律效力主要体现在以下两个方面:①经公证的遗嘱较其他形式的遗嘱有更高的法律效力,即如果遗嘱人立有几种形式或先后几个遗嘱,通常情况下,以其最后所设立的遗嘱为有效遗嘱,但若几种形式遗嘱中有公证遗嘱的,以公证遗嘱为有效。②遗嘱公证后,遗嘱人要撤销或变更遗嘱的,应当到公证机关办理撤销与变更该遗嘱的手续,否则,不发生撤销与变更该遗嘱的法律效力。 (潘剑锋)

yizhu nengli
遗嘱能力(competence to testament) 公民在生前按照法定的方式,独立表达自己意志、处理自己的财产的民事法律行为主体资格。遗嘱行为主体资格的核心要件,是遗嘱人订立遗嘱的行为,是对自己财产的处分与其内在意志一致,而不是受胁迫或受欺骗。有许多精神病人和部分老年人,由于受病理性精神活动的影响或老年性精神衰退,缺乏对自己行为的性质与后果的辨认能力,不能就自己的切身利益作出正确的意志表达,缺乏自我保护意识,且易受他人的诱骗。因此,这类人的遗嘱能力必然受到限制。依照《中华人民共和国继承法》第22条的规定,无行为能力人或限制行为能力人所立的遗嘱无效。人民法院或公证机关在认为有必要时,可委托或聘请司法精神医学鉴定专家就遗嘱人的遗嘱能力问题进行司法精神医学鉴定。 (孙东东)

yi shishi wei genju yi falü wei zhunsheng
以事实为根据,以法律为准绳(principle of taking facts as the basis and the law as criterion) 《中华人民共和国刑事诉讼法》规定的基本原则之一。其含义是:公安机关、人民检察院、人民法院进行刑事诉讼,必须以案件的客观事实作为基础,并且严格遵循刑事实体法和刑事诉讼法的规定。这一原则具体包含以下要求:①公安司法机关在刑事诉讼中必须忠实于案件的事实真相,查明案件的客观真实情况,使其决定、裁定、判决建立在有确实、充分的证据加以证明案件事实的基础之上。为此,公安司法人员应当重证据,重调查研究,认定事实必须以查证属实的证据为根据,而不能以主观想象、推测或查无实据的材料为基础;同时,在调查证据时,应对一切与案件相关的事实、情节均予以查明。②公安司法机关在实施刑事诉讼行为以及就案件的程序问题和实体问题作出处理时,应当严格遵守刑事实体法和刑事诉讼法的规定,使其行为、决定、裁定、判决既具备实体合法性,又具备程序合法性。以事实为根据,以法律为准绳是不可分割的整体,它在刑事诉讼原则体系中居于核心地位。如果这一原则得不到切实的贯彻,那么不仅其他原则难以发挥作用,而且刑事诉讼法的任务也难以实现。 (陈瑞华)

yi wusheng ting yusong
以五声听狱讼(hearing lawsuit through five sense organs) 我国奴隶制和封建制历代王朝司法官吏审判刑、民事案件的基本原则和主要方式。《周礼·秋官·小司寇》中说,周朝的司法官吏是"以五声听狱讼,求民情。一曰辞听,二曰色听,三曰气听,四曰耳听,五曰目听"。"五听"的主要内容,是要求司法官吏在审理案件时,应当注意到场受审的当事人所言是否有理,讲话时的神色是否从容,气息是否平和,精神是否恍惚,眼睛是否有神,并以此来推断其陈述是否真实和案件情况。封建王朝的法律也有同样的规定,如《唐六典·刑部》规定:"凡察狱之官,先备五听。"《唐律疏议》的《断狱律》中并说,"依狱官令,察狱之官,先备五听,又验诸证信。"这是要求通过五听审查受审人供词的内容后,还需与其他证据相比较,进行检验,以分辨其真伪。这可以说是"以五声听狱讼"的发展。

以五声听狱讼的审判原则和方式,指出应当在审讯时注重受审人的陈述和观察其各种表现,留心其是否失常,虽有可取之处,但仅凭察言观色,依据受审人的表现来分辨其陈述的真伪和确定案件事实,就不可避免地出现主观随意性。所以,以五声听狱讼,实质上是一种主观唯心论的审判原则和方式。 (陈一云)

yilüxing
异律性(psychological follow blindly) 又称心理

盲从。有些人因人格缺陷、智能障碍或精神障碍,缺乏或削弱自我意识和自我控制能力,自己的精神活动受他人的导向性支配的一种奇特的心理现象。如催眠状态、社会遵从现象、宗教徒特殊精神状态、气功性精神障碍、封建迷信现象等。这些人在此状态下,可对社会实施严重的危害行为。在司法精神医学鉴定中,对非精神病理性因素引起的心理盲从,应认定为完全责任能力。确因如精神分裂症等病理因素引起的心理盲从,则视具体情状评定为无责任能力或限制责任能力。

(孙东东)

yizhuangpi
异装癖(transvestism) 以穿着异性服饰获得性心理满足的心理变态。这种人一般从儿童期就开始出现喜好穿着异性服装或打扮的倾向。常躲在隐蔽的地方着异性服装或打扮化妆,一旦被人发现,可有明显的恐惧,若此时受到家人或社会的引导和制止,这种倾向可缓解。若别人对此持无所谓态度,则这种倾向逐渐加重,形成癖好。这种嗜着异装的癖好持续时间长,矫正困难,往往干扰其正常的两性生活。

(孙东东)

yibianxing renge zhangai
易变型人格障碍(labile personality disorder) 又称易感型人格障碍。这类人表现出性情懒惰、不稳定,突然发作厌恶、憎恨、不安。为改变现状而出走、流浪、纵火、毁物以及酗酒等。在司法精神医学鉴定中,应评定为完全刑事责任能力。

(孙东东)

yixingpi
易性癖(transsexualism) 又称性别转换症。性心理或性别意识与其本身的生理解剖性别完全颠倒的变态现象。即一个性别生理解剖结构正常的人,坚信自己属于异性成员,并声称自己是异性。其本人有持续要求改变本身性别生理解剖特征以达到转换性别的强烈愿望,可不惜一切代价变性,如手术、电解等。易性癖者本能的性生活或性冲动极为贫乏,即使是与异性结婚,也难以唤起其正常的性欲。易性癖实质上是一种以顽固的性别转换妄想为表现特征的偏执性精神病。

(孙东东)

yidali xingshi jingcha zhongyangju
意大利刑事警察中央局(Central Bureau of the Criminal Police of Iealy) 意大利共和国最高刑事警察机关。又称国家警察局。隶属于内务部。下设中央行动处、反毒处、科技处等若干调查机构和其他机构。处以下又设若干科级机构,如科技处内设有法医和生物调查科等机构。中央行动处是国家警察的最高调查机构,其主要职能是:对国家警察各调查机构的调查活动进行协调和分析;保证刑事警察的调查活动协调一致;保障反犯罪手段在实施中合理使用;从事专业性的刑事活动;为国家警察各司法单位和地方警察局"流动队"提供后勤与技术支援。中央行动处由3个职能科和26个反有组织犯罪集团调查组组成。3个科的职能分工是:第一科主要负责对26个调查组的调查情况进行分析、督促和情报的处理;与反黑手党的全国性机构和其他专业性警察机构保持联系,传递情报;派遣专家和技术人员支援对有组织犯罪集团的调查活动。第二科负责主管国家警察其他调查机构和流动队就犯罪集团以外进行的调查活动制定方针、进行分析与督促、处理情报和提供支持。第三科的职能主要是:推动国家警察调查人员的培训进修;负责新科技手段的推广和在调查中使用的管理;管理资讯和后勤紧急通信技术并在这些方面支持国家各种司法警察机构。

在意大利的各省也设有警察局,它是内务部在各省的办公机构。省警察局主要负责管理公共安全、发放护照及外国人在意大利居留许可证等。它们隶属于省长,由一位相当于高级官员的警官领导,他通过视察组行使职能。在没有视察组的地方,通过市长及全国警察机构行使职能。

(文盛堂)

yidali jiancha jiguan
意大利检察机关(Procuratorial Organization of Italy) 意大利共和国主宰侦查、起诉和监督法律实施的司法机关。在现代欧洲国家制度中,意大利检察机关是独具特色的司法机关。它与法院平行设置,除设有驻特别法院,即审计法院和军事法院检察院外,主要设置在驻三个层次的普通法院:①驻一审法院(包括初审法院、普通法院、重罪法院和未成年人法院)的共和国检察院。其主要职能是:受理报案并审查和进行犯罪登记;决定对案件进行初步侦查;指挥司法警察开展侦查;向法官请求撤案或提起公诉并参与初步庭审、出席正式庭审公诉、向上诉法院上诉;决定开始执行刑罚。此外,对涉及公民法律地位认定的民事案件享有起诉权,并对涉及婚姻的案件享有参诉和上诉权。②驻上诉法院(包括普通上诉法院和重罪上诉法院)总检察院。其主要职能是:行使法定特殊情况下的越级管辖权,即遇辖区内共和国检察院对初步侦查案件拖滞不前或有必要由其他检察院配合侦查时可代为侦查起诉;对一审和二审判决提出抗诉;检举共和国检察官的违纪行为等等。③驻最高法院总检察院。其主要职能是:出席最高法院刑事和民事案件的审判,发挥其参事顾问作用;决定管辖争议侦查权的最终归属;由总检察长对检察官和审判官违法违纪行为向最高司法理事会提起纪律诉讼;保障法律的正确遵守和统一解释。检察机关的内设机构主要有3类:一类是检察官办公室。每位检察官配备3至4名行政合作者,属于院内固定工作人员。主要协助检察官收集文件、整理资料等,从事秘书性工作。第二类是书记处。由书记长主持工作,负责内部司法文书管理和其他一切文书资料的管理、全院财务管理和其他行政事务的管理等。第三类是司法警察处。不同警种的人员经本部门首长同意参加法律考试后经检察院审查可录用为司法警察。司法警察处主要由国家警察、宪兵和财经警察3个分处组成。全国所有检察官(包括各级检察长)的任职考试、选任、晋升、调动、纪律处分等均由总统任主席的最高司法理事会负责。三个层次的检察院没有等级依附或从属关系,院内检察长与检察官之间也无严格意义上的等级关系。

意大利检察机关是侦查的主宰者,对案件的直接侦查主要由共和国检察官进行。驻上诉法院检察院的检察官除行使越级管辖权的特定情形外,一般不直接侦查,根据意大利共和国刑事诉讼法第327条规定,检察官领导侦查工作并且直接调动司法警察。司法警察机构隶属于所在地检察院的领导人,司法警察的官员向执行任务地的共和国检察官负责,其警官和警员应当执行交给他们的任务。司法警察获得犯罪消息后应当立即主动阻止犯罪造成更严重的后果,为保护证据而采取一切必要的措施,并在48小时内以书面形式向检察官报告有关事实的基本情况和其他当时已获知的情况,说明证据来源和已开展的活动,同时移送有关材料。如情况紧急可先口头报告检察官,然后立即提交书面报告。在检察官未就侦查工作发布指示之前,司法警察收集一切有助于查清事实和确定犯罪人的材料。当检察官介入后,司法警察应听从检察官指挥。检察官可以亲自实施一切侦查行为,也可以借助司法警察实施侦查行为和专门委托的行为。司法警察在进行检察官托付的工作和一切为查清犯罪事实所必需进行的符合检察官指示的活动以及因后来发现的情况而需要进行的活动时,应当保护所了解的证据来源,及时将情况报告检察官。检察官在行使侦查职权时,还享有法定的强制权,如在必要时可以要求公安部队给予帮助,并且可以为确保侦查行为的进行作出一切必要的规定。

(文盛堂)

yidali fan heishoudang tiaochaju
意大利反黑手党调查局(Italian Investigation Bureau Against Mafia) 调查黑手党罪案的多部联合警察机构。黑手党起源于贫穷落后的西西里岛,意大利语称为"马菲亚"(音译),在西班牙统治时期的16世纪末开始出现。它早期主要是以暴力行动进行反抗以求生存的秘密团体,要求其成员严守秘密,违者处死;一人遇难,大家相助,提倡同舟共济、休戚与共的邦会精神。经过长期演变,后蜕变为进行贩毒、走私、抢劫等犯罪活动的恐怖组织,并随着移民的外流逐渐扩大到意大利、西欧和美洲等地,逐步发展成为一个具有无限经济权利的持股公司。在政治上,该组织虽然没有明确的纲领,但常常被政治集团所利用。在19世纪初曾被贝尼托·墨索里尼的法西斯集团利用。对于黑手党犯罪,在意大利的刑法中过去是以犯罪集团对待的。而1982年9月13日第646号法律第1条规定,在刑法典第416条"为犯罪而结成集团"的规定之后增加"第416条—2 黑手党型集团"的具体规定,并规定:"本条的规定也适用于卡莫拉和其他具有任何地方名称并且利用集团关系的恐吓力量以追求黑手党型集团的目的之集团。"1992年8月7日第356号法律第1条又增加刑法典"第416条—3 黑手党的政治选举交易"。根据增补后的刑法典规定,黑手党型集团的犯罪表现主要是三人或三人以上结为集团并利用其恐吓力量,从属和互隐条件进行犯罪活动,对经济活动、许可、批准、承包和公共服务实行直接或间接的经营或控制,以获取不正当的利益和好处;还表现为在选举中为自己或他人争取选票,甚至阻止或妨碍选民自由行使表决权等等。由于黑手党犯罪组织不断扩散,并利用市场提供的机会进行流动性与跨国性犯罪,各类警察组织在反黑手党犯罪斗争中需要进行情报传递和行动协调,因此而成立了反黑手党调查局。该局是管辖全国的多部联合警察机构。它将国家警察、宪兵部队、财经警察等多部警察机构联合起来,组建成一个专门性的管辖全国地域范围的情报协调机构,其主要功能是在对黑手党的调查取证中起情报作用。根据意大利监狱法第18条—2规定:反黑手党调查局的人员及其指派的司法警察官员有权探访监狱,并可以经司法部长或检察官批准,与囚犯或被收容人会面,以便获取有助于预防和打击黑手党有组织犯罪的情况。(文盛堂)

yidali fan heishoudang jianchaju
意大利反黑手党检察局(Italian Procuratorial Bureau Against Mafia) 侦查和起诉黑手党罪案的专门检察机构。意大利共和国1991年11月20日通过《对有组织犯罪集团罪行而进行的诉讼中协调调查工作》的第367号法令,决定设立区级反黑手党检察局和全国反黑手党检察总局。该机构的任务是打击黑手党型的有组织犯罪集团。根据刑法典和总统法令的规定,反黑手党检察局负责侦查起诉的罪案主要是黑手党型集团;掳人勒索;以非法贩卖麻醉品或精神药物为目的的集团;利用黑手党型集团的条件等实施的罪行;以干扰政治选举为目的的活动等。所谓黑手党型集团，其行为主要表现为参加、发起、领导、组织集团或武装集团；由集团参加者控制经济活动；从犯罪得到资助等等。

区级反黑手党检察局设在各地区首府的区级检察院内。全国共设 26 个区级反黑手党检察局，各局的管辖范围与所在的上诉法院的管辖区相同，都由具有特殊业务才干的检察官组成。其职能是负责处理一切在其所辖地区内有关黑手党和有组织犯罪的案件，旨在保证此类案件侦查工作的协调，对这些严重的犯罪进行有效打击。

全国反黑手党检察总局设在驻最高法院总检察院内。其主要职能是协调旨在有效地组织及处理就"黑手党罪行"而进行的各种调查取证的侦查活动。黑手党罪案的具体侦查活动是由区级反黑手党检察局负责的，但区级局管辖权有限制，而黑手党犯罪范围无限制，需要由总局协调，故总局负责协调意大利境内对黑手党和有组织犯罪的侦查活动。总局的这种侦查协调中心的任务由全国反黑手党检察长（亦称反黑手党总局长）和 20 位检察官执行。国家还为这 21 名检察官配备了二百多名合作者。局内组织设有 10 个处，即：4 个处分别管辖西西里岛、坎帕尼严大区、卡拉布里亚大区和普利亚大区黑手党与新黑手党案件的侦查事务。另有研究与文书资料处、国际事务处、技术资讯处、预防措施处、嫌疑行动侦查处、掳人勒索侦查处。全国反黑手党检察长及总局的检察官直接由最高司法理事会任命。总局有一套自成一体相对独立的组织制度。驻最高法院检察院可对总局进行一般性监督，但无权对其工作加以指导。全国反黑手党检察长只对驻最高法院总检察院总检察长通报反黑手党工作及其成果，以便总检察长能在每个司法年度之初应提交的关于司法管理报告通报反黑手党工作。全国反黑手党检察长在行使职责中依法可以使用反黑手党调查局（D.I.A）、国家警察（S.C.O—中央行动处—刑警中心）、宪兵（R.O.S—反犯罪组）、财经警察（S.C.I.C.O.—G.I.C.O.）并为上述机构进行反黑手党的调查取证活动制定方针。为了协调调查取证活动和保障该活动完整及时，并保证按功能准则使用各部各级的司法警察，全国反黑手党检察长对区级检察官负有督促的职责。为了履行法定职责，他有权为区级反黑手党检察官制定方针，解决协调侦查活动中的矛盾，召集有关区级检察官会议，解决协调侦查工作的分歧与冲突，必要时还可发布附带理由的命令，将处于初步侦查阶段的某些特定案件调由自己审理。在特殊情况下，他可以临时委派全国或区级反黑手党检察官采用灵活性和流动措施来保证侦查和诉讼的需要。为了协调侦查和追究黑手党罪行的刑事责任，他还可以调取并处理关于有组织集团的信息、情报和其他材料。总局的中央资料库有一百二十多名工作人员，与区级局资料库有联系，储存所有反黑手党调查档案，还有黑手党人的金融行动情况，他们笔记中的他人名字、拥有的武器，以及与其他黑手党人的联系情况等。通过仔细的分析处理，可以看出所有调查活动之间的联系，从资料库查到正在侦查的案件的有关情况。总局还负责为区级局提供资料、信息，或从其他局发现资料。由于黑手党犯罪具有跨国性，总局还与所有欧洲国家和其他很多国家检察机关有联系，互相交换信息情报。意大利监狱法还规定：国家反黑手党检察官有权在无需批准的情况下与囚犯和被收容人会面；其他经批准的会面若涉及与黑手党相关罪行有关的，还应通知国家反黑手党检察官。（文盛党）

yidali lüshi he jianchaguan fa
《意大利律师和检察官法》（Lawer and Prosecutor Law of Italy） 意大利现行的专门调整律师和检察官执业活动的法律。1933 年 11 月 27 日颁布，1934 年 1 月 22 日修订。该法共 101 条，分为九章，它们分别是：一般规定；职业名册和进行登记的条件；从名册上除名；律师和检察官的纪律；全国法律工作委员会；律师和检察官的报酬以及费用的支付；优待老战士为国家事业立功者的规定；关于与王国相联系的领域和意大利岛屿的规定；最后的过渡性规定。

一般规定 凡未在律师和检察官的职业名册上分别进行登记的人，不得获取律师或检察官的称号，也不得行使律师和检察官的职权。担任律师或者检察官职务的人不得同时从事公证人的职业，不得以本人或他人名义经商，不得具有任何有照管权的宗教司铎的身份，不得具有职业记者、银行经理、交易中间人或代理人、经纪人、彩票收款人、公共服务商业或公共供应的承包人、公共税务的征收人和受委托的税务经管人等身份，也一般不得从事任何由国家、省、市镇、公共慈善机构、意大利银行、骑士团、参议院、众议院或一切接受国家、省、市镇保护或监督的公共行政机构的财政支付报酬的职业。在律师名册上登记过的律师可以在所有上诉法院、法院和独任法官法庭中行使职权。在检察官名册上登记过的检察官可以在登记地所属管区的所有司法办公室以及对该管区拥有管辖权的行政法院中行使职权。律师和检察官在履行职务时应当保持其尊严和体面，言行与其崇高的司法职务相符合，并且应在从事律师和检察官职务之前进行宣誓：忠于意大利共和国及其元首，诚实信用地遵守国家法律，自觉地履行其职责和义务。律师和检察官在任何审判中均不负有就其因从事职业原因而了解到的情况进行作证的义务。对于律师和检察官的执业行为，其所在地法院的律师和检察官行业委员会有权进行法律监督和实施纪律约束权。

在职业名册上进行登记的条件 意大利的所有民事和刑事法院均设置一部律师名册和一部检察官名册，从事律师或检察官职业的人必须分别在这两部名册上进行登记。法院下设的律师和检察官行业委员会在每年的年初对这些名册进行审查，对不符合法定执业条件的律师和检察官进行除名。

在检察官名册上登记的人必须具备下列条件：①本人是意大利公民；②能够完全地行使民事权利；③行为正直无暇；④获得由一所大学授予或者确认的法学毕业文凭；⑤毕业后曾在一名检察官办公室至少连续工作2年，并且参加过上诉法院或者法院的开庭，完满有效地完成实习活动，或者在独任法官法庭提供过至少连续2年的法律服务；⑥通过国家专门为选拔检察官所举行的考试；⑦在申请登记地的法院驻地拥有住所。为选拔检察官而举办的考试具有国家考试的效力，它包括笔试和口试两部分：笔试的内容包括民法、商法、刑法、刑事诉讼法、民事诉讼法；口试的内容则包括民法、商法、刑法、行政法、公司法、工会法、金融法、民事诉讼法、刑事诉讼法。考试由司法部长决定在罗马的司法部内或者在上诉法院内举行。在前一种情况下，每项笔试的题目由司法部长任命的考试委员会拟定，该委员会包括6名法官、3名大学法律专业的教授以及6名由全国律师和检察官委员会指定的律师。通过这项考试的人应当在考试名次公布后的30日内向其居住地法院的律师和检察官行业委员会提出在检察官名册上登记的申请。该委员会在确认申请人具备法定条件后，对于不存在有关兼职的阻却原因的，就可以进行登记。

在律师名册上进行登记必须具备下列条件：①具备在检察官名册上进行登记所需的前四项条件；②优秀地从事检察官工作至少满6年，或者通过了国家专门举行的律师资格考试；③在登记地法院的管区拥有住所。国家律师资格考试每年在罗马举行。考试分笔试和口试两部分：笔试的内容包括民法和民事诉讼法、商法、刑法和刑事诉讼法、行政法；口试的内容包括罗马法、民法、商法、刑法、宪法、行政法、公司法、工会法、教会法、民事诉讼法和刑事诉讼法。律师资格考试委员会由司法部长任命，包括3名法官，1名大学法律专业的教授以及3名由全国法律工作委员会指派的律师。在律师名册上登记的申请应当向申请人居住地的律师和检察官行业委员会提出，并附带证明其具有法定条件的文件。委员会在确认申请人具备法定的条件后，只要不存在不得兼职的情况，就可以作出注册的决定。申请在最高法院、最高行政法院、审计法院以及高等公水法院从事法律服务的律师，还必须在一部由全国法律工作委员会掌管的特别名册上进行登记。

对律师和检察官的纪律处分 律师和检察官在履行职务时滥用职权、不履行职责或者实施其他不符合其职业地位和职业道德的行为，应当受到由保管其职业名册的行业委员会或者对被诉行为拥有管辖权的行业委员会依法作出的纪律处分。对于律师和检察官行业委员会成员的处分，由全国法律工作委员会实施。对律师和检察官的纪律处分分为下列几种：①警告；②记过；③暂停履行职务2个月以上1年以下；④从名册上除名；⑤从名册上开除。

全国法律工作委员会 在司法部内设立的全国法律工作委员会是律师和检察官的全国性领导机构。该委员会的职权有：接受地方律师和检察官行业委员会纪律处分的律师或检察官的申诉，对有关处分律师或检察官的纪律诉讼依法作出裁决，并且对其成员直接行使纪律处分权。对于该委员会的裁决，关系人和公诉人可以无管辖权、越权和违法为由，向最高法院的联合庭提出申诉。对于最高法院就法律问题所做的裁定，全国法律工作委员会必须服从。

律师和检察官的报酬以及费用的支付 全国法律工作委员会每两年确定一次律师和检察官在刑事案件和司法外问题上所得报酬和费用的标准。在确定这种标准时，该委员会要考虑诉讼标的的价值和受理该诉讼的机关的级别，在刑事审判中还必须考虑审判所花费的时间。律师在司法或司法外案件中向其当事人收取的报酬，除按照上述标准加以确定外，还必须考虑案件所涉及的问题的严重性等因素。检察官的报酬和其他费用按照专门的法律加以确定。但对于在特别司法机构面前以及在刑事诉讼中担任律师工作的检察官，应当按照律师的报酬标准向其支付报酬。 （陈瑞华）

yidali xingshi susong fadian
《意大利刑事诉讼法典》(The Criminal Procedure Code of Italy) 由意大利共和国议会通过、意大利共和国总统于1988年9月22日批准公布的现行刑事诉讼法典，1989年10月24日起正式生效。该法典共746条，分为两大部分，十一编，它们分别是：主体；诉讼行为；证据；防范措施；初期侦查和初步庭审；特别程序；审判；独任法官的审判；上诉；执行；与外国的司法关系。

制定和通过过程 在意大利历史上，该法典是被正式颁布实施的第四部刑事诉讼法典。1865年，刚刚实现了国家政治统一之后的意大利颁布了第一部刑事诉讼法典。这部法典以法国1808年刑事诉讼法典为蓝本，确立了由预审法官主持审判前的侦查程序的制度，确立了自由心证、无罪推定等诉讼原则，实行陪审制度。20世纪初，受当时盛行的自由主义政治哲学的影响，意大利曾对刑事诉讼法典作出过重大修改，并于1913年颁布了第二部刑事诉讼法典，扩大了被告人在审判前程序中的权利,使得被告人的诉讼地位有所改善。但是,随着法西斯政权的上台,意大利于1930年颁布了第三部刑事诉讼法典。这部法典将刑事诉讼程序分为侦查和审判两大阶段,前者由预审法官负责,后者则由审判法官负责。预审法官拥有极大的权力:他有权直接实施侦查,有权决定采取限制公民人身自由的强制措施,甚至可以决定是否对被告人提起公诉。被告人的辩护权在侦查阶段受到很大限制,他甚至不能了解侦查的情况。预审法官在侦查终结以后,会制作一份反映侦查情况的卷宗材料,移送给负责法庭审判的法官,后者就在上述卷宗的基础上制作判决,审判事实上流为一种形式。在意大利当时的政治生活中,这部具有浓厚纠问色彩的刑事诉讼法典实际上成为法西斯政权迫害人民的工具。随着法西斯政权的覆灭和第二次世界大战的结束,意大利开始实施一些重大的改革。1947年颁布的宪法明确规定了公民的各项基本权利,并确立了罪刑法定、无罪推定、司法独立等一系列现代司法原则。1955年意大利议会通过了改革刑事诉讼程序法案,对1930年法典作出了一些修改。为使1947年宪法确立的原则在刑事诉讼法典中得到贯彻,意大利宪法法院领导起改革刑事诉讼制度的运动,从1965年到1972年的八年时间里,通过一系列司法判例,逐渐提高了被告人及其辩护人在侦查阶段的诉讼地位。从20世纪60年代开始,意大利议会着手研究刑事诉讼法典的全面修改问题。但是70年代中后期犯罪活动的一度猖獗,使得修改工作不得不停顿下来。进入80年代以来,面对着司法警察滥用权力,公民基本权利受到任意限制,尤其是欧洲人权机构对意大利刑事司法中人权状况多次进行指责的现实,意大利出现了要求通过采纳英美法系对抗式诉讼程序来改革其刑事诉讼制度的强烈呼声。1987年,意大利议会发布了旨在确立新刑事诉讼法典整体框架的"授权立法法案",根据这一法案,议会下属的一个专门委员会经过一年多的工作,向议会提交了一份由它起草的刑事诉讼法典草案,并最终获得通过。1988年9月22日,意大利总统发布第447号总统令,批准颁布新的刑事诉讼法典。1989年10月24日,意大利刑事诉讼法典正式生效。

立法准则 在1987年发布的"授权立法法案"中,意大利议会对刑事诉讼法典的立法准则作出了明确的解释:①贯彻意大利宪法确立的各项原则;②按照欧洲人权公约和联合国公民权利和政治权利国际公约确立的人权保障标准,加强刑事诉讼中的权利保障;③采纳对抗式诉讼审判制度,以最大限度地简化诉讼程序;④在法庭审判中贯彻言词原则;⑤确保控诉方与辩护方在刑事诉讼的各个阶段受到平等的对待。根据这些准则,意大利刑事诉讼法典对对抗式诉讼制度作出了全面的移植和采纳:被告人在侦查阶段就拥有与控诉方相对抗的程序保障,控诉方的侦查卷宗不再被移送给审判法官,控辩双方对提出证据、调查案件事实负有主要责任,法庭必须在双方的言词对抗中形成其判决结论;该法典还确立了数种旨在提高诉讼效率的简易程序,赋予检察官和被告人通过进行一定程度上的协议或者交易,来自愿选择处理案件的诉讼程序。另一方面,根据该法典的规定,预审法官不再承担领导和实施侦查活动的职能,而主要负责对侦查活动实施法律监督,以及在侦查终结后对起诉进行审查,侦查职能现在主要由检察官负责。刑事诉讼程序也相应地划分为初期侦查、初步庭审和审判三个诉讼阶段。这些显示出意大利立法机关试图通过采纳对抗式诉讼制度来实现其加强人权保障和提高诉讼效率的立法宗旨。

初期侦查 初期侦查包括两个阶段,即由司法警察进行的初步侦查和由检察官领导的正式侦查。司法警察在发现犯罪发生或者接到发生犯罪的报告之后,应当在48小时之内进行初步侦查,包括勘验、检查犯罪现场、询问嫌疑人、询问证人、实施搜查、扣押和临时羁押等措施,但必须在48小时以内向检察官提出报告,并且将通过初步侦查所收集的材料移送给检察官。检察官要在专门的犯罪情况登记表中予以登记,从而开始正式侦查,即由检察官领导、指挥和监督司法警察进行收集证据、查获犯罪嫌疑人,以便为提起公诉做准备。对司法警察和检察官的侦查活动,预审法官可以进行法律监督。侦查期间一般为6个月,预审法官有权决定延长6个月。但侦查期间最长不能超过18个月。司法警察在下列情况下可以采取预防性羁押等防范措施:嫌疑人可能被判处3年以上的监禁或者无期监禁;嫌疑人可能妨碍侦查活动的进行;嫌疑人可能逃跑或者继续犯罪。采取预防性羁押必须由预审法官批准。如果嫌疑人遭受错误的羁押,可以向国家申请获得补偿。

在初期侦查阶段,司法警察在对嫌疑人进行第一次讯问时必须首先告知他有权保持沉默,有权委托律师并与其会面和通讯。如果嫌疑人没有委托律师,司法警察、检察官或者预审法官应当从当地律师协会拟定的提供无偿法律帮助的律师名单中为其指定。讯问时必须通知律师到场,否则嫌疑人所作的陈述不得作为证据。在司法警察实施搜查、扣押、查封等措施时,律师也有权在场。意大利刑事诉讼法典还确立了一种旨在使嫌疑人和检察官双方的证据及时得到保全的"附带证明"程序。嫌疑人和检察官有合理的理由证明某一证人在审判开始前可能会患重病、死亡,或者可能由于受贿、受到胁迫等原因而改变证言的内容,鉴定、侦查实验、辨认等活动因为某种紧急情况无法推迟和重复进行,而必须对有关证据立即加以收集和保全,就可以请求预审法官进行附带证明。附带证明秘密进行，但采取法庭审判的形式。在预审法官主持下，控辩双方同时到庭对有关证据进行交叉询问，以辨明证据的证明力。预审法官通过附带证明确认具有证据效力的证据在法庭审判中可以直接被采纳为定案的根据。

初步庭审 在侦查活动终结以后，检察官可以要求预审法官举行初步庭审。通过初步庭审，预审法官可对检察官的起诉是否具有正当的理由进行审查，以防止被告人受到无根据的起诉，同时作好开庭审判前的准备工作。初步庭审是一种快速、简易的审查程序，预审法官对检察官移送的案卷材料进行阅读后，召集检察官、被害人及其诉讼代理人、被告人及其辩护律师到庭，但一般不传唤证人参加。首先由检察官介绍初期侦查的结果和指控的证据材料，被害人及其诉讼代理人、被告人及其辩护律师依次发言，陈述自己各自的主张。预审法官可以对被告人进行讯问，必要时可以要求各方补充证据。初步庭审结束后，法官除了可以决定移送法院审判并发布审判令以外，还可以作出不追诉决定，控辩各方对此均可提出上诉。意大利刑事诉讼法典对检察官移送法院审判的案卷材料的范围作出了很大的限制，即除了移送有关可提起刑事诉讼和行使民事诉权的文书，关于由司法警察和检察官实施的不可重复进行的行为的笔录，以及不需要另地保存的与犯罪有关的物证或者物品等证据以外，其他证据一律由控辩各方在法庭审判时当庭提出。

审判 法庭审判采취对抗式的诉讼程序，但又保留了意大利原有诉讼制度的一些特点。参加法庭审判的当事人有三方：检察官、民事当事人及其律师、被告人及其律师。开庭后，首先由检察官、民事当事人及其律师和被告人及其律师作首次陈述，介绍各自的主张和证据。然后，依照上述顺序依次由各方证人出庭作证，提出证据的一方可对证人实施主询问，其他两方随即进行反询问。鉴定人也应出席法庭提出鉴定报告，当庭作出说明，并接受各方的交叉询问。在各方提出和调查证据程序结束以后，各方可按照上述顺序依次作终结陈述，并且可以相互反驳。被告人有权作最后陈述。但是，意大利的刑事审判并没有走向彻底的对抗式程序，因为审判法官并不是像英美法官那样充当消极的仲裁者，而是可以在主持庭审并对各方主张作出裁决的同时，自行调查新的证据，也可以要求当事人进一步就案件中的某一问题调查新证据，并指定日期提交法庭。这说明意大利仍保留了大陆法系审问式审判中法官主动调查证据的传统。

简易程序 意大利刑事诉讼法典确立了六种简易程序，使案件可根据所涉及的罪行的轻重程度、检察官所掌握的证据的充足程度以及控辩双方协商的结果，选择其中一种程序得到处理。①简易审判程序。在这一程序中，法官可以直接根据检察官的侦查卷宗材料对案件作出迅速的判决，而不再举行直接的法庭审判。如果被告人被判决有罪，法官可以将其法定刑期减少1/3。适用这一程序，必须征得检察官的同意，由被告人提出请求或者征得被告人同意。目前，这一程序可适用于除终身监禁以外的所有刑事案件中。②应当事人的请求适用刑罚程序。在这种程序中，检察官与辩护律师可以在审判前就对被告人的判刑问题进行协商，在达成协议后请求法官依此协议作出判决。意大利刑事诉讼法典对这种类似于美国辩诉交易的程序作出了以下限制：一是检察官与辩护律师不得就被告人的犯罪性质进行交易；二是限定最高减刑幅度为法定刑的1/3，而且最终判刑不得超过2年监禁；三是被告方可以在检察官不同意的情况下请求法官依法减刑1/3。③直接审判程序。这一程序在下列四种情况下使用：一是被告人在犯罪时被当场逮捕或者拘留；二是检察官掌握有充分的有罪证据并向法官提出了举行审判的要求；三是被告人在犯罪时被当场发现，但尚需作进一步调查；四是被告人对其犯罪事实作了彻底供认。在上述四种情况下，检察官可以越过初步庭审程序而直接将案件移送法院审判。④立即审判程序。在对犯罪情况作出登记后的90日内，如果检察官已收集到足以证明被告人有罪的证据，就可以要求预审法官直接将案件交付法院审判，而不再举行初步庭审。预审法官在5日内必须作出决定立即审判或者驳回请求的命令。⑤刑罚命令程序。刑罚命令是法官根据检察官的建议发布的对被告人适用罚金刑的命令。对于检察官的建议，被告人可以接受，也可以拒绝。这种程序适用的条件是案件轻微，被告人可能被判处罚金刑，而且被告人明确表示同意。检察官在不提出公诉的情况下直接建议对被告人判处死刑，法官在发布命令时要将被告人应当承受的法定罚金的数额减少50%。⑥独任法官的审判程序。根据《意大利刑事诉讼法典》第7条的规定，独任法官主要负责审判根据法律应当判处4年以下监禁刑或者应当单处或与上述监禁刑并处财产刑的犯罪。与普通审判相比，独任法官的审判适用较为简易的程序。

上诉 对于第一审法院所作的判决，被告人、检察官均有权向上级法院提起普通上诉。民事当事人可以就第一审判决中的民事部分提出上诉。上诉法院的审判公开进行，并且要对案件的事实和法律问题一并进行审查，但要局限在上诉理由的范围之内。在上诉审程序中，庭长或者由他指定的审判委员报告上诉的原因，法庭可以宣读并参考第一审程序中制作的法律文书，在必要时可以进行重新调查证据。在被告人单独提出上诉的情况下，上诉法院不得作出使被告人更为不利的判决。对于上诉法院所作的第二审判决，被告人、检察官有权向最高法院提起上诉。被告人、检察官也可以不经过普通上诉而对第一审判决直接向最高法院提起上诉。最高法院在上诉审程序中只就案件中的法律问题进行审查,并作出驳回上诉或者撤销原判的判决。

再审 在定罪判决或者刑罚命令已经发生法律效力以后,被判刑人或其近亲属、监护人、继承人以及生效判决宣告地上诉法院的检察长有权提出再审的要求,即使刑罚已经执行完毕或者已经消灭。但是,负责再审的法院只能作出对被判刑人有利的改判,即将有罪改判为无罪,将重罪改判为轻罪。对于通过再审程序所作的判决,再审申请人有权向最高法院提起上诉。

(陈瑞华)

yijian zhengju jiqi guize
意见证据及其规则(opinion evidence and its rules) 证人根据其感知的事实所作的意见或推断性的证言,被称为意见证据。意见证据既可以由普通证人提供,又可以由专家证人提供。根据意见证据规则,证人仅能就其直接接触到的事实提供证人证言,其提供的意见证据为不可采证据。其根据即在于证人的作用仅在于把感知的事实提交法院,从事实中得出何种结论的职能属于法院。但意见证据规则在适用时也有一些例外,在下列情况下,意见证据是可采证据:①与争执点有关的,本身作为一项事实的意见。②以印象为基础或依据的某些证人的意见。例如英国判例对下列事项采纳意见证据:汽车的速度、普通物品的价值等,这些情况下证人叙述的事实不能确切地感知,可以采纳以印象为依据的证人的意见证据。③根据其感知理智地得出的,并有助于认清本人其他证言,或有助于认定系争事实的意见或推断的普通证人的意见证据,普通证人的其他以推理作基础的意见证据是不被采纳的。④专家证人的意见。传唤专家证人的目的即在于由专家证人提供专门领域的事实的分析和判断意见,使没有这个领域专门知识的法官或陪审团清楚问题的症结,有利于分析、判断案情。专家证人可以依据审判中或审判前自己感受到或从别人处得知的事实或数据为基础得出结论性意见,此意见证据为可采证据,但这一证据对法院并没有强制的约束力。对于普通证人与专家证人提供的意见证据采用的规则不同,但二者的效力是相同的,当事人同样可以对专家证人进行反询问,表示不信任。

(丛青茹)

yishi zhangai
意识障碍(disturbance of consciousness) 精神病人对自身状态及自身环境缺乏清晰正确认识的现象。由于意识本身不是一种独立的心理过程,所以异常的意识活动反映为感知觉、注意力、定向力、思维活动、情绪情感活动、意志行为和记忆力等方面不同程度的损害。根据临床表现可具体分类为:①意识清晰度降低,包括嗜睡状态、意识混浊状态、昏睡状态和昏迷状态;②意识范围缩小,包括朦胧状态、漫游自动症;③意识内容障碍,包括谵妄状态、精神错乱状态、梦样状态以及自我意识障碍:即人格解体、交替人格、双重人格。意识清晰度是保障人进行正常心理活动并保持与周围环境正常接触的重要条件。在意识清晰度受损时,人的整个心理活动都会发生变化,不能正常地感知事物、定向障碍、分析综合困难、判断错误,对自己的行为丧失了辨认和控制能力,因而给自身或周围环境带来危害。在司法精神医学鉴定中,意识障碍是影响行为人责任能力和行为能力的一项重要医学要件。

(孙东东 吴正鑫)

yixiang daocuo
意向倒错(paralulia) 精神分裂症的特征性症状。表现为意向要求违背常理,其活动与行为荒谬离奇,不能被社会所接受。如自伤、自残,吃正常人不能吃的东西。这种行为一般都是在某种幻觉或妄想的支配下产生的,病人能对其离奇行为作出荒谬的解释。在临床精神医学和司法精神医学鉴定中具有诊断意义。

(孙东东 吴正鑫)

yizhi jianruo
意志减弱(abulta) 精神分裂症的早期特征性症状之一。患者表现为对生活毫无所求,对前途毫无打算,对工作、学习毫无责任心,对外界环境失去兴趣,日常生活懒于料理,静坐或嗜卧,很长时间不梳头理发,不洗澡更衣,一切行为都失去动力。

(孙东东 吴正鑫)

yizhi zeng qiang
意志增强(hyperbulia) 部分精神分裂症和偏执狂患者在病理性的思维、情感等精神活动支配下,集中一切力量,为达到常人认为是无意义或无价值的目的,付出行动。行为的结果往往是侵犯他人的合法权益或社会利益。在司法精神医学鉴定中,病理性意志增强是评定行为人对自己行为控制能力障碍的一个条件。

(孙东东)

yizhi zhangai
意志障碍(disturbance of volition) 病态的意志活动。意志是人们为了达到一定的目标而显示其自觉地克服所遇到的困难或阻力的能力,并且通过其言语和行动表现出来。正常的意志活动应具备指向性、目的性、坚强性、自觉性、果断性和自制性等特征。正常的意志活动能经得起现实的检验,否则便是病态的意志活动,即意志障碍。主要表现为意志增强或意志减弱、意志缺乏、意向倒错、矛盾意志以及"被强加"的意志行为等。可见于躁狂抑郁性精神病、精神分裂症等精神疾病。

(孙东东 吴正鑫)

yisi

缢死(death by hanging) 俗称吊死。利用自身体重的下垂作用,拉紧套在颈项部的绳套而引起的窒息死亡。偶有不用绳索而将颈部卡在树杈或其他条状物体上缢死者。缢死的姿势繁多,以两足悬位最常见。还有两足着地的站位,膝部着地的跪位,两腿弯曲的蹲位,臀部着地的坐位,躯干着地的卧位(有俯卧位和仰卧位两种)。缢死多见于自杀,他杀较少见,偶有意外缢死。

缢死的类型 ①按缢绳着力部位可分前位缢死(绳索着力部位在颈部的前方)、侧位缢死(绳索着力部位在颈部的左侧或右侧)和后位缢死(绳索着力部位在项部)。②按躯体是否悬空可分完全性缢死(躯体完全悬空,全身体重经缢绳压迫于颈项部)和不完全性缢死(部分肢体与地面或其他物体接触,仅有部分体重经缢绳而压迫于颈项部,如站位、蹲位、坐位、卧位等)。③两足悬空的前位缢死称典型缢死,典型以外的姿势和类型均称非典型缢死。

缢死的机制 通常是由于以下三种原因中的一种或数种原因造成的。①呼吸道被压。前位缢死时绳索压迫颈前部,迫使舌根向后上方挤压而紧贴于咽后壁,造成咽腔堵塞;侧位缢死时绳索直接压迫喉部及气管;后位缢死时绳索压迫颈椎,使颈椎前凸间接压迫气管。上述情况均能引起通气障碍而窒息死亡。②颈部血管被压。颈部受绳索压迫时,颈静脉、颈动脉甚至椎动脉均可受绳索压迫而闭塞,很快发生脑的血液循环障碍,大脑皮层因缺氧而被抑制,往往在1分钟内或当绳索紧压颈部时,意识即丧失。因血管受压的程度不同,会出现两种情况。第一种情况是颈动脉和颈静脉同时被压闭,使头部血液循环中断而引起脑贫血,致脑神经缺氧而意识丧失。此种情况多见于典型性缢死。第二种情况是颈静脉被压闭,而颈动脉尚未完全被压闭(因为动脉位置深,管壁厚,弹性好,而静脉位置浅,管壁薄,弹性差),此时颈动脉还有部分血液继续进入头部,而头部的血液不能经静脉回流入右心,而引起脑瘀血,使脑组织发生营养障碍及颅腔压增高,造成意识障碍。此种情况多见于非典型性缢死,尤其是侧位缢死。③颈部神经被压。颈部因绳索的牵引和压迫,可刺激迷走神经和颈动脉窦压力感受器,引起反射性心跳停止而死亡。有时喉上神经受刺激可引起反射性呼吸停止而死亡。此外,在绞刑处死时,受刑者身体突然坠落而悬空,其颈部因猛烈牵引而使2～3或3～4颈椎互相脱离,甚至颈椎骨碎裂,脊髓损伤而立即死亡。

尸表征象 除具备机械性窒息的一般尸表征象(见机械性窒息尸体征象)外,还有:①缢死索沟。即缢绳压迫颈部皮肤所遗留的沟状痕迹。缢沟是缢死最重要的特征,通常情况下它能反映出缢绳的位置、方向、数目、粗细、质地及花纹。缢沟绝大多数是斜形上升,水平的极少(卧位缢死的缢沟可以是水平状)。典型的缢沟呈马蹄形,下深上浅,最后消失,上口呈"八"字不交叉状,在绳结扣之下提空中断。缢沟的道数一般与缢绳绕颈的圈数相一致。但是有时一道绳索由于向上滑动可引起一轻一重的两道索沟,但两道索沟方向绝对一致。双股绳索如果重叠时,可以只形成一道索沟。所以检验时一定要结合现场或结合未取掉绳索的尸体照片来分析。缢沟的深度及颜色与绳索的粗细、质地,缢吊时间及姿势等因素有关。如布带、围巾、毛巾等软而宽的条状物形成的缢沟浅而宽,呈苍白色或淡黄色印痕,很少有表皮剥脱,称软索沟;麻绳、尼龙绳、电线等较细的硬质绳索所形成的缢沟深而窄,特别明显,表面伴有表皮剥脱,干燥后皮革样化明显,称硬索沟。缢吊时间越长,缢沟越深。双足悬空者缢沟深,肢体着地者缢沟浅。缢沟边缘或两条缢沟之间有细线状或点状的皮下出血现象,这是生前缢死的重要特征。②颜面苍白或发绀。前位缢死者颜面呈苍白色,因为颈动脉、颈静脉同时受压闭,头部血液循环立即中断,头部呈贫血状态所致。侧位缢死者颜面发绀,这是由于颈静脉被压闭而颈动脉尚未完全压闭,使头颅部瘀血,颅压升高所致。③尸斑分布在四肢远端。典型缢死者尸斑集中于两下肢和两前臂,尤其手足更明显。

内部征象 除具备机械性窒息的一般征象(见机械性窒息尸体征象)外,还有:①胸锁孔突肌和颈肌受压处有点状或片状出血,有时有肌纤维断裂。②颈动脉内膜常出现横形破裂并有内膜下出血。③舌骨大角及甲状软骨舌骨角有时发生骨折,骨折处周围软组织出血,多见于老年缢死者。

(李宝珍)

yibing

癔病(hysteria) 又称癔症或歇斯底里。由情绪矛盾引起的一种轻度心理功能障碍。多发于青壮年女性,急性或亚急性发病,症状以感觉和运动功能障碍或轻度的意识障碍为主,可出现多种常见疾病表现,但经仔细查体并无器质性病变基础。患者对自己的躯体功能障碍漠然处之,在意识范围缩小的同时,可伴有原始的情感反应。患者的症状有尽情夸张表现的倾向,并且易受自身体验或周围人的暗示而变化。但患者本人在发病时并不能清楚地意识到自己的精神状态。其精神症状的实质是潜意识中的某些愿望不自觉的外露。癔病病人的病前人格一般都具有一定的特征，即癔病型人格，如为人处事以我为中心；情感反应丰富、多变、易感情用事和趋向极端；暗示性高；富于幻想；行为夸张，富有表演色彩等。癔病呈发作性病程，持续时间短暂，可自行缓解，预后良好，但常反复发作。根据癔病发作时的症状表现，将癔病分为以下若干类型：

癔病性情感暴发 紧随情绪矛盾，即刻出现突然倒地、哭闹、喊叫、四肢抖动等心理活动障碍，但患者自我保护良好。

癔病性意识障碍 为癔病发作时最常见的异常表现，形式多种多样，如朦胧状态、神游症、梦游症、假死、木僵和双重人格等。但无器质性病变基础，持续时间短暂，不治自愈。患者在此状态下可有冲动、伤人、扰乱治安等危害行为，极个别人可实施杀人行为。

癔病性智能障碍 癔病发作以突然的智能活动障碍为特征性症状，甚至连最一般的生活能力也出现障碍。但与此同时，病人却可以从事一些高智商的活动。

癔病性精神错乱 在较强烈的情绪矛盾背景下，出现较为严重的意识障碍、幻觉、妄想等类精神病性症状，是癔病发作的最严重类型。患者在此状态下，自知力缺损，对自己的行为不能完整地辨认或控制，可实施冲动、伤人、杀人以及自伤行为。这种状态持续时间短暂，预后良好。

转换型癔病 以躯体功能障碍为主要症状的一种癔病发作类型。如躯体麻木、感觉缺失、肢体瘫痪、失明、失音、失聪、咽喉或腹中不适感、假死等。但经过详细的检查，无相应的器质性病变。这种心理障碍持续时间相对较长，躯体的软组织可因此而出现废用性萎缩，经过适当治疗可痊愈。

癔病性附体综合征 多发于文化落后地区或某种特定亚文化圈内。患者多为迷信思想严重，缺乏文化知识并人格缺陷的农村妇女。当遇有某些情绪矛盾后，即可出现口中说唱"鬼神附体"内容的言语，用"鬼神"的"声音"、"语气"提出某些平常不能提出的要求。当其要求被同意后，其附体的"鬼神"可自行消迹，精神活动完全恢复正常，但时有复发。

除上述常见的癔病发作类型外，还有其他一些不常见的类型。由于癔病系轻度心理功能障碍，多数病人自知力完好，涉及重大法律事务的案件较少。一般多为家庭纠纷、民事赔偿以及一般治安案件。极少数癔病性精神错乱状态、朦胧状态的病人，因意识障碍而影响对自己行为的辨认或控制能力，故在司法精神医学鉴定中，应视具体情况认定限制其刑事责任能力。对于转换型癔病、假死等癔病发作，在涉及民事赔偿的案件中，均不属"重伤"或"轻伤"范畴。在其他民事案件中，癔病一般不能作为影响行为人民事行为能力的医学条件。

（孙东东）

yibingxing renge zhangai

癔病型人格障碍（hysteric personality disorder） 又称戏剧化型人格障碍。这种人以自我为中心，期望别人的注意和赞赏，言行、情感夸张，情感肤浅多变、易激惹，感情用事，缺乏理智和自我克制能力；精神活动具有高度的暗示性和戏剧性，富有表演色彩；平时好幻想，并将幻想当成现实去努力。这种人格为幼稚型的缺陷人格，女性远远多于男性。当遇有情绪矛盾时，易诱发癔病。另外，由于这类人格的高暗示性，导致这种人成为各种迷信活动的积极参与者。

（孙东东）

yinshu yinhuapi

淫书淫画癖（dornography） 性心理变态之一种。根据自己的性幻想而撰写淫秽小说、日记，绘制淫秽图片等，自我欣赏或向外传播，以获得心理上的满足。这类人应承担完全法律责任。

（孙东东）

yinyupi

淫语癖（lalo-obsceneophilia） 又称电话淫语癖。主要见于少数青年男性。以通过打电话的方式，向女接线员说下流话而得到性心理的满足。行为人意识清醒，自知力和定向力完好，行为隐蔽，有预谋，自我保护能力完好。因此，应评定行为人具有完全法律能力。

（孙东东）

yinman jingwai cunkuan anjian zhencha

隐瞒境外存款案件侦查（investigation of concealing deposits abroad） 检察机关在办理隐瞒境外存款案件过程中，依照法律进行的专门调查工作和有关的强制性措施。隐瞒境外存款案件是指我国《刑法》第395条第2款所规定的隐瞒境外存款罪，即国家工作人员违反国家规定，故意隐瞒不报本人在境外的存款，数额较大的案件。侦查的重点及主要方法：①先内后外，即先查境内的隐瞒存款案件情况，搜集境内可能搜集的一切证据，然后再由内及外地查境外存款的情况。确需出境侦查取证的案件，应将在境内已查获的案情层层报最高人民检察院审查和负责联络。②查明作案人的全面情况，特别是有无法定国家工作人员身份，是否负有申报境外存款的法定义务，不申报的原因等等。只有主观上明知自己有申报义务、客观上又有按时申报的可能性的人才构成本罪。③查证境外存款的币种及数额，并按有关规定和比价换算成人民币数额。④如果发现境外存款的来源是贪污、受贿、走私或巨额财产来源不明的,应及时采取相应措施并案侦查。⑤根据个案的具体情况灵活地综合运用搜查、扣押、询问、讯问等法定侦查措施,尽可能获取有关书证(如境外银行存、取款的凭证等)及证言、口供,进而查明境外存款的时间、地点、数额、币种、余额及变化情况以及存款银行规定的查询制度,取款的具体手续和要求等。

(文盛堂)

yinzheng
印证(corroboration) 在诉讼中,司法人员对当事人提供的证据和法院自行收集的证据相互对照,进行综合分析判断,确定各项证据的真实性、合法性、关联性,并考察是否可以得出惟一结论的诉讼行为。印证是司法人员重要的诉讼活动之一,是审查判断证据的最基本方法。司法人员发挥主观能动性,在全面、客观的思想指导下,依据事实和法律,运用综合比较分析和逻辑分析等方法,一方面对各个证据的真实性、关联性、合法性进行判断,另一方面对全案证据进行分析判断,排除证据间存在的矛盾,确认证据之间的一致性。印证可以在同种类证据之间进行,也可针对不同种类的证据相互进行印证。证据通过印证,去伪存真,为查明案情事实提供方向和基础,并且只有全案的证据都得到彼此印证,形成一个完整的证据体系,所认定的事实才能确实可靠,才能作为定案的依据。

(丛青茹)

yingsu guanxia
应诉管辖(jurisdiction arising from the defendant's answer) 在民事诉讼中,如果原告向某个无法定管辖权的法院提起诉讼,而被告没有提出管辖异议并应诉答辩的,案件的受诉法院就会因此取得对案件的管辖权。这是一项体现尊重当事人意愿的管辖制度。尽管当事人之间没有任何关于管辖的协议,但法院可以根据被告的行为推定他对管辖表示同意,则事后被告不得以法院对本案无管辖权提出异议并主张判决无效。因此,应诉管辖也被视为是一种默示的协议管辖。在许多国家的民事诉讼法中都作了规定,只是不同国家对被告的行为(即何种行为视为应诉)规定不同。我国现行民事诉讼法在涉外民事诉讼法中,对应诉管辖作了如下规定:涉外民事诉讼的被告对人民法院管辖不提出异议,并应诉答辩的,视为承认该法院为有管辖权的法院。我国台湾地区的民事诉讼法则规定,原告向无管辖权之法院起诉,被告不抗辩法院无管辖权,而为本案之言词辩论者,以其法院为有管辖权之法院。德国民事诉讼法规定的更为明确,在第一审法院里,被告不主张管辖错误而进行本案的言词辩论时,也可以产生管辖权。但初级法院应在本案辩论前将此点向被告指出,并告以不责问而进行本案的辩论。

(阎丽萍)

yingguo fayuan zuzhi tixi
英国法院组织体系(organization of the court system in the United Kingdom) 英国的法院设置比较复杂,在历史上英国的高级法院超过10种,初级法院则为数更多。直到1873年至1876年,英国对法院体系加以改革,缩减合并了一些法院,才使英国初步建立起一个统一的法院体系。根据1971年英国议会制定的《法院法》(The Court Act),又有所调整,始形成如今的法院组织体系。英国法院的设置有如下特点:①基层法院按民、刑事分开设立;②刑事法院、高等法院和上诉法院,三者合称最高法院(supreme court),但并非独立的一级法院,也不是最高审级,上议院才是最高审级;③有的法院没有专门配属于它的法官,而是按照法律规定由一定等级的法官前往开庭;④上诉渠道较多,上诉形式复杂。英国法院的设置和职能如下:

郡法院 审理民事案件的法院。主要由巡回法官审理,一般不召集陪审团。对郡法院的判决不服,可上诉至上诉法院民事上诉庭。

治安法院 基层刑事管辖法院。现在96%的刑事案件是由治安法院审理的。治安法院开庭至少必须有两名治安法官,但领薪治安法官可以独任。治安法院审理案件不实行陪审制,审理公开,但未成年人案件和涉及国家机密的案件除外。判决以治安法官的多数票通过,如果票数相等,则另组合议庭重审。治安法院的职责有4项:①法律规定应由或可由治安法院以简易罪审决的案件,但治安法院所判处的刑罚不得超过6个月的监禁和5000英镑的罚金。②负责批准逮捕和搜查。③负责对可诉罪的预审。④对未成年人犯罪案件进行审理。

刑事法院 1972年设立,其前身是巡回法院和季度法庭。它是全国性的法院,对英格兰和威尔士各地发生的刑事案件有统一的管辖权,它在全国设立的固定地点开庭,而在伦敦奥贝利大厦开庭时,则称中央刑事法院。刑事法院没有自己固定的法官,而是由高等法院法官、巡回法官、记录法官或非本辖区且未参与预审的治安法官开庭。刑事法院是英国惟一实行陪审制的法院,对可诉罪案件的审理必须召集陪审团,否则,审判无效。刑事法院的职能是:受理经治安法院预审决定起诉的案件和验尸法院移送的案件,受理不服治安法院判决的上诉案件;此外,还受理业经治安法院定罪但未判刑而移送刑事法院判处刑罚的案件。

高等法院 1873年由原来的王座法院、衡平法院等多种法院合并而成。高等法院下设三个庭,即王座庭、大法官庭和家事庭。王座庭是三个庭之中最大的一个，有40余名高等法院法官，该庭对民事、刑事案件均具有管辖权，其他两个庭都只审理民事案件。高等法院的职能主要是行使上诉审和审判监督的职能，即受理有关治安法院和刑事法院以原审法院报核的方式提出的上诉，审理范围仅限于法律和程序问题，不涉及事实问题；以及通过各种申请，而后发布各种令状，起到审判监督的作用。不服高等法院的判决，还可以上诉到上议院。

上诉法院 上诉法院下设民事庭和刑事庭，分别受理民事、刑事上诉案件。上诉法院刑事庭由高等法院首席法官主持，该庭不受理初审案件，只受理上诉案件，即不服刑事法院裁决的上诉案件；在特定情况下，也受理由总检察长提交给它的案件。不服上诉法院刑事庭的判决，可以上诉到上议院，不过对此限制较严。

上诉院 英国的最高审级。只限于受理具有普遍意义的重大法律问题的上诉案件。通常在大法官的主持下，由常设上诉议员进行审理，审理时不阅卷，只听取双方律师的口头陈述，其裁决以上议院决议的形式作出。

此外，英国还有验尸法院和军事法院等。

（程味秋）

yingguo jiancha jiguan tixi
英国检察机关体系（organization of the prosecution system in the United Kindom） 英国在中央一级设有总检察长（Attorney General）和副总检察长（Solicitor General），领导法律事务部（Law Officers Department），即中央检察机关。各地的检察机关称作刑事检控署（Crown Prosecution Service，简称CPS），系根据《1985年犯罪起诉法》而建立的新体制。1985年以前，英国主要的检控任务由警察承担。1986年10月，首先在大伦敦市区建立刑事检控署，继而将英格兰和威尔士划分为31个区，每个区各建立一个刑事检控署。1993年4月1日，31个区又合并成13个较大的区，每个区由首席检控官和若干检控分署（Branch Crown Prosecutor）组成，现有110个检控分署。在伦敦和约克建有总部大楼。

总检察长的职责如下：①将各区首席检控官提交的履行职责的年度报告副本呈交议会，并予公布；②任命首席检控官和其他人事调动；③对首席检控官的工作进行监督，可以指定首席检控官向其汇报案件情况；④有权制定有关的条例，如要求警长向首席检控官提供、移送材料等内容的规定。

首席检察官的职责如下：①提起并进行刑事诉讼；②接管警察或他人提起诉讼的所有案件；③就有关刑事犯罪的一切事项向警察提出建议；④在接到法庭通知后，依照该法的特别规定在上诉程序中为起诉方出庭；⑤于每年4月4日后向总检察长报告履行职责的情况；向总检察长汇报他所指定的案件；⑥向有管辖权的法院移送案件材料；⑦向检控官发布业务准则，就一般原则（如应否提起或中止诉讼）进行指导；⑧有权任命一名初级律师或在政府机关任职的高级律师，担任起诉或接管诉讼活动；⑨具有中止诉讼权。

（程味秋）

yingguo jingcha jigou
英国警察机构（Police Organs of Great Britain） 由中央警务管理机关、地方警察机构和专门警察机构共同组成。内政部是英国的中央警务管理机关，具体负责警察事务的职能部门是警政司。内政部在全国建立了9支地区侦查队。侦查队由当地警察局中有丰富经验的侦探组成。9支地区侦查队在全国范围内的协调工作由全国警察局长联席会议负责。英国地方警察机构除大伦敦警察厅直属内政部领导外，其他警察局都接受内政部和地方警察局双重领导。各地方警察局一般设有刑事侦查处。刑事侦查处大部分侦探都派驻到各区负责本地区刑事案件的侦查工作。一般各区在每个警察署都有一支侦探队，每个警察分署都有一支侦探分队，许多警察所中还设有一个侦探组，有的巡区还固定有一名侦探与巡警共同工作。各区的侦探虽然都属于各地方警察局的刑事侦查处的编制，但在工作上主要受其所在单位行政长官的领导，刑事侦查处只负责业务指导和在形式上接受其工作报告。如果遇有疑难、复杂的刑事案件，由刑事侦查处本部的侦探负责侦查。专门警察机构，即专业化侦查队伍设在大伦敦警察厅的刑事侦查处，主要有凶杀侦缉队、盗窃侦缉队、集团犯罪侦缉队、诈骗侦缉队、危险毒品侦缉队、飞捕队、恐怖犯罪侦缉队、特警队等。这些专业化侦探队除向英国各地的警察机构提供侦查业务、技术人员、设备等帮助外，还负责大伦敦管区内重大案件和疑难案件的侦查。

（张玉镶）

yingguo lüshi zhidu
英国律师制度（lawyer system in the United Kingdom） 英国律师制度保留了许多历史上的传统，而且将律师分为两类，即初级律师（solicitor，又译事务律师）和高级律师（barrister，又译出庭律师）。这两种律师的产生各有其不同的起源。初级律师起源于代办人（attorney），即作为诉讼当事人的"替身"这种职能而出现；高级律师起源于辩护人（pleader）。在17世纪前后，二者的业务内容已有明确的区分，代办人的任务是在法院出庭、提出和收领文书、接受各种令状、交纳诉讼手续费等;辩护人的任务是运用辩论技术和法律知识来帮助他人。

初级律师是英国从事一般性法律事务的律师,为当事人提供法律咨询、制作法律文书(如订契约、立遗嘱等)、起草书信、调解纠纷以及办理转移不动产、组成公司等。初级律师不仅可以受聘于当事人,而且可以接受检察机关的委托,从事于追究犯罪的活动;至于代表当事人出庭陈述或辩护,仅限于在治安法院和郡法院。初级律师的资格要比高级律师为低,无一定的学历限制,但必须在初级律师协会登记为练习生,实习期4至5年,还必须通过规定的律师资格考试。英国现有7万名初级律师。

高级律师是在法庭上进行辩护的法律专家,法律修养较高,可以在除治安法院以外的任何法院出庭。但高级律师不能与当事人直接发生联系,而必须通过初级律师去接触当事人。高级律师的酬金也来自初级律师,而且高级律师不得登广告招揽业务,也不得从个人的好恶出发,拒绝初级律师的聘请。高级律师必须具备一定的资格,原则上必须在英国的大学取得法律学位,并且必须是伦敦四大律师公会的成员。英国现有6900名高级律师。

英国还有皇家大律师(Queen's Counsel, 简称QC)。这是英国律师界最高的头衔,平均每10名高级律师中,有一名获得这一头衔。

初级律师和高级律师都有各自的律师组织。初级律师的组织称初级律师协会(Law Society)。原为职业团体,始于18世纪,后发展为当今的初级律师组织。它自设学校,规定初级律师的练习生实习规则和考试办法,颁发初级律师开业执照。高级律师组织称高级律师公会(Barristers' Inn),原为学术团体,始于14世纪,后演变为高级律师组织,设在伦敦,掌管高级律师的训练、考核和执行纪律等事项。现共有四大律师公会(亦译四大律师学院,Inns of Court),即林肯律师公会(Lincoln's Inn)、格雷律师公会(Gray's Inn)、内殿律师公会(Inner Temple)和中殿律师公会(Middle Temple)。

(程味秋)

yingguo malihua jinling
英国马利华禁令(Mareva Injunction) 英国民事诉讼中实行的判决前保全债务人财产的一项程序制度。目的在于阻止被告在法院作出最终判决前处分其财产,以保证判决最终得以执行。马利华禁令是根据1975年英国的两个判决形成的,其名称来自于Mareva Comfania Nariera S. A. v. International Bulkcarriess S. A.案判决。其适用条件及申请程序则是在不同判例基础上逐步形成、完备的。1981年《最高法院规则》37(3)承认了这项判例法。

作出马利华禁令的条件是:①禁令既对居住在英国境外的被告适用,也对居住在英国境内的被告适用。②被告在英国境内有财产的,财产可以是任何种类,包括银行账户、保险所得等。适用禁令的目的是阻止被告转移或处分财产。③适用的原因是财产有灭失的危险或被告有违约的可能,如果拒绝作出禁令,原告胜诉的判决将无法执行。④原告应承诺对禁令引起的损失支付损害赔偿费用。如果禁令影响第三人,原告也要允诺承担对第三人造成的损失。⑤原告向法院提出申请。在紧急情况下可以在签发起诉令状之前,由一方当事人提出申请。原告申请马利华禁令,必须有坚实的可论证的请求依据,如原告应充分披露自己所知道的法官签发马利华禁令所需要的事实、请求的数额及被告反对其请求的事实与法律依据,并证明被告在法院辖区内有财产且在判决执行之前财产有被转移的风险。据此,法官可以推断如果拒绝发出禁令,原告的胜诉判决存在不能执行的危险。符合上述条件时,法院可以作出马利华禁令的裁定,命令被告在要求的数额限度内不得动用其财产。它是基于法院的自由裁量权作出的,上诉法院不得以自己行使自由裁量权将得出不同结论为理由干预原法院。法院如果认为马利华禁令不能达到目的时,有权作出辅助性裁定,如作出关于发现程序的裁定,以便发现被告财产的下落,但原告提出事实说明被告在英国有财产的义务并不因此免除。

马利华禁令是针对被告的,目的在于阻止其转移财产,但并不扣押该项财产;如果被告违反禁令将按藐视法院处理。如果被告的财产是在第三人占有或控制之中时,第三人明知禁令存在而违反时,也要受藐视法院法律的管辖。但法院在作出马利华禁令以保护原告利益的同时,对于与被告有关的第三人的利益也会予以适当的保护。并且原告取得禁令并不等于获得了对被告其他债权人的优先权,即被告如果需要支付其他债务又没有其他财产时,可以向法院申请改变禁令。马利华禁令制度与我国民事诉讼中的诉讼保全制度相类似。

(阎丽萍)

yingguo wangquan susongfa
《英国王权诉讼法》(The Crown Proceeding Act) 英国议会1947年通过的,规定有关英王侵权法律责任及诉讼程序的一项重要法律。该法于1948年起施行。在该法施行前,英王对其行为不承担法律责任。公民受到王国政府的侵害,只能通过权利请愿制度请求英王承担有关契约责任,对于英王的侵权行为,法院也只能以指定名义上被告的方法解决。1947年通过,1948年开始施行的王权诉讼法确定英王与一般公民一样,对其行为也要承担相应的法律责任。当然该法也赋予英王在公共行政关系中以一定的特权。

根据该法的规定，英王对于其公仆和代理人（包括王国政府及其公务员）在法定权限内进行的行为负有法律责任，法院可对之适用一般契约责任规则。但契约不能约束政府机关的自由裁量权，公民与政府的契约不能规定相应契约的履行要以议会的拨款为条件。而且，对于雇佣契约，英王有权随时终止其履行。该法豁免英王依法律和特权而实施的行为的责任，如国家行为、军事征用行为、战争损害行为以及军队成员的伤害行为、邮政传递和司法职务中导致损失的行为等。另外，该法还规定，英王不能作名义上的诉讼当事人，法院不能在民事诉讼中给英王发禁止令，不能责成英王实际负担义务和履行财产的交付。法院虽有权要求英王提供证据和回答当事人的书面提问，但英王也可以以保护公共利益为由拒绝提供证据和回答问题。

英国王权诉讼法只适用于作为政府首脑的英王，而不适用于私人资格的英王。对于英王私人的民事诉讼仍适用以前的法律。此外，英王公仆行使法律直接授予的权力的行为也不适用王权诉讼法，而适用一般法律责任规则（但王权诉讼法中有特别规定的除外）。在地域上，王权诉讼法只适用于联合王国，而不适用于海外领地。

(姜明安)

yingguo xingshi susongfa
英国刑事诉讼法（criminal procedure law in the United Kingdom） 英国的刑事诉讼法多系由议会通过的单行法律，没有统一的、结构严谨的法典，而且刑事实体法与程序法是交织在一起的，此外，实行"遵循先例"的原则，即上级法院的判决对下级法院具有约束力。有关刑事诉讼的单行法律，主要有：《1865年刑事程序法》、《1876年上诉管辖权法》、《1887年验尸官法》、《1952年治安法院法》、《1964年警察法》、《1966年刑事上诉法》、《1967年刑事审判法》、《1971年法院法》、《1974年陪审团法》、《1974年法律援助法》、《1976年保释法》、《1980年治安法院法》、《1985年犯罪起诉法》和《1991年刑事审判法》等等。

侦查 主要由警察机关进行。警察在侦查中有询问权、搜查权、扣押权和逮捕权。警察为了解案情和收集证据，可以询问任何人，不论是否为嫌疑人；除成文法中有特别规定的（如对恐怖主义分子）以外，被询问人可以拒绝回答，但不得作虚伪的回答或者有意提供引导警察犯错误的情报。警察不得对被询问人使用暴力或以暴力相威胁，也不能诱供或指名问供。搜查分有证搜查和无证搜查，前者由警察向治安法官提出书面申请，由治安法官批准，警察负责执行。在紧急情况下，只要警察合理怀疑某个人身或车辆内藏有凶器、作案工具或其他法律禁止拥有的物品时，可以进行无证搜查。搜查所得到的，可以认定与本案有关的证物，警察可以扣押，但当事人与律师之间有关本案和法律咨询的通信或通话录音，则不得扣押。英国的逮捕分有证逮捕和无证逮捕两种。逮捕证由治安法官签发，治安法官有权对以下三种情况签发逮捕证，即对犯可捕罪（arrestable offence）者，或者应依法处以监禁刑者，或者被告人的住址不明、发出传票不能有效保证被告人出庭者。逮捕证经治安法官签发以后，在英格兰和威尔士全境有效；经过当地警察局的背署，在苏格兰和北爱尔兰也有效。凡犯可捕罪，即无前科、犯了可能判处5年以上监禁的任何罪行，任何人可以无证逮捕正在实施或者有正当理由怀疑其正在实施可捕罪的人；此外，在特定情况下，警察或公民也可以进行无证逮捕，如屋主或其仆人可以逮捕夜间非法闯入者，任何人可逮捕夜间实施可诉罪者。警察在进行无证逮捕时，必须告知被捕人已被逮捕和逮捕原因。公民进行无证逮捕后，应尽快将被捕人送交警察局或治安法院，否则，应受非法拘禁罪和民事侵权的追诉。

保释 英国规定，被告人在诉讼的各个阶段，即自被告人受到羁押起，直至被定罪判刑后决定提起上诉等阶段，都存在保释（bail）的问题，而且警察局、治安法院、刑事法院都可以实行保释，但有下列情况的被告人无权获得保释：①被告人有可能逃匿的；②可能会重新犯罪的；③可能会威胁证人的；④曾被保释，但违反保释规定而未按时到庭受审。在批准保释时，一般对被告人附加一定的条件，如保释期内不再犯罪，不得影响证人，不得妨碍本案或其他案件的审判，也可以根据情况附加交出护照，在指定时日向警察局汇报，不得接触特定的人等条件。

起诉 在1986年以前，英国在传统上实行警察、检察官、商号、中央和地方各机关以及个人均可担当起诉人的制度，而大部分刑事案件是由警察担任起诉人。1985年5月英国议会制定的《犯罪起诉法》规定，自1986年1月1日起，警察在侦查终结后，认为证据充分应该起诉的案件，必须送新设立的刑事检察机关，由它决定是否向法院起诉。检察机关对案件审查以后，认为证明案件事实的证据充分，被告人有较大可能会被法院判处有罪，就可以决定起诉。同时，检察机关还要考虑该案是按简易程序还是正式程序审理，因为二者的起诉方式和审理程序有较大的不同。按简易程序审理，检察官只制作无一定格式的简易起诉书即可，有时甚至可以口头起诉；按正式起诉程序审理，检察官必须制作有严格格式的正式起诉书。起诉书如有缺陷可以修改，但应注明；定罪后起诉书则不能修改。

简易审判 由治安法院依照简易程序进行，除法律上规定的未成年人案件和涉及国家机密的案件，一律公开进行。简易审判时，被告人一般也须出庭。简易审判的程序如下：法庭传唤被告人到庭，讯问姓名、身份等无误后,向被告人说明控告的内容,并问被告人作何种答辩。如果被告人作认罪答辩,法庭则不再听证,可径行判决;如果被告人作无罪答辩,法庭应该听证审理,其程序是:①起诉人陈述;②起诉方证人作证,对证人进行主询问和交叉询问;③被告人或其律师如果愿意,可作陈述;④被告人如果愿意,可作证;⑤被告方证人作证,也要接受主询问和交叉询问;⑥起诉方如果愿意可提出反驳证据;⑦被告人如尚未陈述,这时可作陈述。双方还可要求作第二次陈述。被告人有最后陈述权。然后治安法官进行评议,判决以口头方式宣布,但任何一方提出上诉,则应制作书面判决。据截至英国1994年的统计,按简易程序审理的刑事案件,占英国全部刑事案件的96%。

预审 审查证据是否充分,是否符合起诉的条件,而不是确定被告人是否有罪。英国曾实行由大陪审团负责预审的制度,1933年取消大陪审团以后,凡是由刑事法院以正式起诉程序审理的案件,除经验尸法院移送的以外,一律要经过治安法院的预审,即由1名治安法官独任,也可由7名以内的治安法官组成合议庭进行。英国的预审有两种形式,书面预审和言词预审。预审结束,治安法官作出驳回起诉或者移送起诉的决定。如果决定移送起诉,交付正式审判,必须确定指控的内容,确定移送起诉的法院,还要决定对被告人予以保释或者关押,以及签发传证令,通知证人在指定的时日到庭作证,然后移送案卷。

正式审判 由刑事法院以正式起诉程序并召集陪审团进行审理。刑事法院的庭审一律公开,新闻媒介可以报道全部情况,但有关国家机密的案件不公开。正式审判的程序如下:①传讯被告人到庭,由书记官问明姓名、身份和出生年月,然后向其宣读起诉书,接着由被告人对起诉书进行答辩。被告人如果作认罪答辩,必须由被告人亲自向法庭作出,不得由其辩护律师代为答辩。法庭认为被告人所作的认罪答辩系完全出于自愿,就可以接受,不再召集陪审团,也不经听证和辩论,由法官直接进行判决。被告人如果作无罪答辩,法庭则应立即召集陪审团继续进行审理。②召集陪审团,经抽签和要求回避等法定程序后,组成12人的陪审团,宣誓进入陪审席。③起诉方陈述和提证,检察官或起诉方律师先作开庭陈述,即扼要列举起诉方准备证明的事实,然后由起诉方决定传唤的证人在法庭上逐个作证,接着由起诉方对本方证人进行主询问,再由被告方对该证人进行交叉询问,最后由起诉方进行再询问。④被告方陈述和提证,被告方准备提出证人时,辩护律师有权作开庭陈述,列举本方准备说明的事实;但是,若只由被告人作证,辩护律师则无此权利。被告人作证必须在本方其他证人之前。被告方的证人在法庭上作证,同样要接受本方的主询问和对方的交叉询问。⑤法庭辩论,双方在法庭上进行辩论,起诉方在辩论时可以对被告方提出的证据加以评论,但是不得对被告人的沉默或不提出任何证据加以评论。被告方除进行辩论外,被告人及其辩护律师有作最后陈述的权利。⑥法官作总结提示,主持庭审的法官要用通俗的语言就本案向陪审团作总结提示,其主要内容应包括下述各点:a.适用于所控之罪的法律;b.各种争议问题的举证责任属哪一方;c.不同证据所要求的证明可靠程度;d.哪些证据不可采。⑦陪审团退庭进行评议,然后仅就庭审中的事实,即被告人有罪还是无罪作出裁断。英国要求陪审团在两小时内作出12名陪审员一致同意的裁断。如果陪审团的意见不一致,延长两小时继续评议,还未达成一致,再给以时间要求作出至少10人同意的裁断。否则由法官宣布解散该陪审团,另组陪审团重新审理。⑧陪审团宣布裁断,裁断一经首席陪审员宣布,立即发生法律效力。如果宣布的是无罪裁断,立即释放被告人,案件即告终结;如果是有罪裁断,法官据此判处被告人刑罚。

上诉 被告人如果对判决有罪和量刑不服,可以提出上诉,但是起诉方不能就判决被告人无罪提出上诉,也不能就同一案件对被告人再次提出指控。由于英国的法院组织复杂,故上诉渠道较多,上诉形式也繁杂。被告人不服治安法院的判决,既可以向刑事法院,也可以向高等法院上诉,但二者程序不同。不服刑事法院判决的上诉,不论是对定罪还是对判刑或其他问题,可以向上诉法院刑事上诉庭上诉,但根据上诉内容的不同,其程序也不相同。不服上诉法院的判决,可以再上诉到上议院,但有两个条件,一是必须经上诉法院证明上诉内容涉及有普遍重大意义的法律问题,二是必须经上诉法院或上议院批准。

(程味秋)

yingguo xingzheng caipansuo
英国行政裁判所(administrative tribunals) 英国在行政系统设立的,但又相对独立于行政机关的解决各种特定争议的裁判机构。英国行政裁判所不同于欧洲大陆国家的行政法院,它是由各个时期解决各个方面不同问题的个别法律分别设立的。每当一个新的社会问题出现,议会即制定一个专门法律,并为此设立一个解决相应问题争议的专门裁判所。这样,裁判所越设越多。裁判所有着各种不同的形式和名称,如裁判所(tribunal)、仲裁人(arbitrator)、局(authority)、专员(commissioner)、署(board)、委员会(committee)、裁判员(adjudicator)、法庭(court)等,其性质和特征也各有区别:有的裁判所受行政的影响很小,几乎等于法院,甚至其名称也叫做"法庭",如地方估价法庭(local valuation court);有的裁判所受行政的影响较大,部长可通过受理当事人的不服上诉审查和改变其裁决。但是就大多数裁判所来说，它们对于行政的独立性很大，很少受行政的影响。当然也不完全等同于法院，其司法的严格性、地位的独立性不及法院。如果仅就其职能来说，裁判所可认为是整个司法的一部分。

英国行政裁判所具有下述特征：①裁判所的组织独立于行政机关。裁判所通常都是由议会法律直接创立的，行政机关不能根据自由裁量权任意创立裁判所。裁判所的主席和成员都只能在政府以外的人员中任命，有的裁判所主席由大法官直接任命，有的虽由部长、大臣任命，但也只能从大法官同意的名单中任命。裁判所的其他成员则由裁判所主席从大法官或部长、大臣批准的名单中任命。裁判所的主席通常必须具有法律资历：曾担任过律师或其他法律工作。裁判所的成员则通常为不同利益团体的代表担任，例如，工业伤害裁判所成员分别为雇主组织和工会组织的代表；农用土地裁判所的成员分别为土地所有者组织和承租者组织的代表。有些裁判所的成员则必须由专家担任，例如，社会保障裁判所、工业裁判所、土地裁判所、税收裁判所等由于经常要处理困难的法律问题，所以它们的成员通常有专职律师资历；社会保障裁判所、工业伤害裁判所、精神健康裁判所由于经常要处理涉及人身伤亡和确定人们身体健康状况的案件，所以它们的成员中通常包括合格的医师。至于专利上诉裁判所的成员，它们即是高等法院的法官。这种裁判所实质是高等法院的一个分庭，只是其名称叫做"裁判所"而已。裁判所设有一个文官出身的文书，但他不参与裁判，对裁判所成员作出裁决不施加任何影响。他的工作只是帮助当事人，告知当事人怎样申诉、怎样上诉、裁判怎样进行、有关法律文书怎样填写等。②裁判所独立办案，不受行政机关及其官员干预。裁判所虽然称为"行政裁判所"，但其行使职能并不受行政影响和干预。它们办理每一个案件都是独立审查，开庭听取双方当事人辩论、审查证据、查明案件事实，然后独立适用法律查明的事实，对案件独立作出裁决。它们作出裁决不需要请示部长或其他行政机关，部长也无权撤销或改变裁判所的裁决。当事人对裁决不服，通常也不是向部长或其他行政机关上诉，而是向专设的上诉裁判所或法院上诉。在个别情况下，当事人不服裁判所的裁决需要向部长上诉。但是部长并不亲自审理案件，而是由他任命的一个官员审理，并由该官员作出裁决建议。部长依审理官员的建议作出裁决。对部长的裁决不服，通常还可以就法律问题向法院上诉。③裁判所既管辖行政性案件，也管辖民事性案件。裁判所像法院一样，既受理行政机关作为一方当事人的行政性案件，也受理双方均为私人的民事性案件。例如，租金裁判所、工业伤害裁判所、农用土地裁判所、医疗裁判所均受理双方当事人均非行政机关的案件。④裁判所审理案件基本适用司法程序。裁判所虽然在组织上属于行政系统，但办理案件基本适用的是司法程序，而非行政程序。无论是受理案件，听取当事人辩论和陈述，审查和运用证据，还是适用法律，作出裁决，裁决说明理由等，都遵循与法院相同或基本相同的规则。⑤行政裁判较普通司法方便、迅速、价廉。裁判所虽然基本属于司法性质，但它相对于普通法院，又具有自己独特的特点。这些特点主要是：方便、费用低、迅速、手续简便和对于特殊领域具有专门知识。迅速解决纠纷、处理案件迅速，于现代经济的发展是非常必要的，所以裁判所处理案件特别受欢迎。

20世纪以来，行政裁判所已逐步形成为英国整个行政和司法机制的一个重要环节。一方面它与行政权的不断增长并行发展；另一方面，它愈益司法化，越来越靠近法院。现在，裁判所裁决涉及的几乎所有法律问题，当事人都可以向法院上诉。但是，裁判所仍然不是完全意义的法院，因为议会创立裁判所的目的，就是为了让它提供比普通法院更简便、迅速、廉价和为当事人更可接受的司法。如果让裁判所完全变成法院，它所能发挥的优势也就会随之丧失。当然，普通法院也不能为裁判所所代替，因为它能提供比裁判所更高质量的司法，尽管当事人要获得这种更高质量的司法要花费更高的代价。

(姜明安)

英国证据法（law of evidence in the United Kingdom）

英国的证据法是在大量判例的基础上逐步形成的，后来英国议会又通过一些有关证据的单行法律，如《1843年证据法》、《1898年刑事证据法》和《1984年警察与刑事证据法》等。英国法学家布莱克斯通（William Blackstone 1723~1780）认为，能够"为一方或另一方证实、澄清或查明确有争议的事实或争议之点的真相者，是证据"。证据法就是解决有关向法院提出事实的手段或方法问题。英国证据法规定了何种事实和材料可以作为证据，哪些事实需要用证据证明，哪些无需证明，谁负有提出证据证明有关事实的责任以及陪审团评议证据时应遵循的原则等。

关于证据的关联性和可采性 英国的证据理论认为，向法院提出的作为诉讼争议基础的事实，称为"争议事实"（facts in issue）。为使法院能够接受，证据必须既是有关联的，又是可采的。因此，证据首先必须具有关联性，即证据必须与案件的待证事实有关，能够证明案件的待证事实。英国法学家斯蒂芬（James Fitzjames Stephen 1829~1894）认为，关联性是"所应用的任何两项事实是如此互相关联着，即按照事物的通常进程，其中一项事实本身或与其他事实相联系，能大体证明另一事实在过去、现在或将来的存在或不存在"。为此，当事人提出的证据必须与他的主张和争议事实绝对有关，与案件无关的应予排除。证据的可采性是指证据必须为法律所容许，可用以证明案件的待证事实。法官确定什么事实可以援引，以认定被告人有罪或无罪，以及什么人、在什么情况下，如何向法院提供这些事实，即证据的可采性，这是英国证据法的中心问题。但是对于下述特定的证据而言，既有一般的原则，也有特殊的规定。如关于品格证据，这是指证明被告人平时品格好坏的证据。一般规则通常是无关联的，即不可采；但在以下情况下却具有可采性：①被告人提出自己品格优良，从而其品格成为争议问题时，起诉方可以提出其品格不良的证据加以反驳；②被告人曾被定罪的事实系控告的组成部分；③被告人提出无罪证据，在其接受交叉询问时，可以提及过去罪行及品格；④法官在判刑之前，可以调查和采纳有关其前科和品格的证据供判刑时一并考虑。关于证人的品格，视为与证言的可靠性有关的事实，在交叉询问时，可以询问有关他的名声、意向、前科或不轨行为。又如关于类似事件的证据，作为一般规则，被告人在其他场合的行为与当前场合的类似行为不具有关联性，也即不可采。但在下述情形下，类似行为具有可采性：①是本案所控罪行的本身或组成部分；②本案所犯之罪已经证实，则证明被告人在其他场合有关类似行为的证据可采，用以证明其犯罪意图、明知故犯或其他心理状态；③所控罪行只是一系列类似罪行之一，而被告人提出自己的行为是意外事故或事实错误等作为辩护理由时，类似行为的证据可以用来推翻其辩护。

关于非法获得的证据的排除问题　英国证据法规定，一个被告人非自愿作出的或被引诱出来的供认，是不能采纳的，目的是排除虚假自白。至于除自白以外的其他非法获得的证据，英国上议院在1979年的案例中认为，通过不正当方式获得的不利于被告人的证据事实，不能成为法官拒绝考虑这一事实的理由。法院关心的是审判中如何使用证据，而不是这些证据是怎样得来的。在英国，非法搜查、扣押所取得的证据，只要与待证事实相关联，原则上可不予排除，而对违法的警察官员，可另行提出控告。英国《1984年警察与刑事证据法》第78条规定，对非法取得的证据是否可采，法官要考虑所有的情况，包括用非法手段取得证据时的情况，如果法官认为，采用这一证据会影响到司法程序的公正性，则对该证据应予排除。

关于举证责任　又译证明责任（burden of proof），提出某种主张的人承担证明其主张的责任，即"谁主张谁证明"。这是英国证据法的一个基本原则。由于英国在刑事诉讼中实行无罪推定原则，因此，被告人在法庭上对所控之罪作无罪答辩时，起诉方就应负证明被告人有罪的责任，而被告人不负证明自己无罪的责任。但对这一原则也有例外，凡遇有下述情形之一的，举证责任就要转移，即由被告方负举证责任：①被告方提出被告人患有精神病或不适于受审；②某些成文法规定的应由被告人负举证责任的事实，如举证说明行为系经合法授权或持有执照等；③被告人主张其行为曾取得同意，由于意外事故或受胁迫、目的在于自卫等；④被告人拟推翻成文法对某些事实的推定，或者拟引用条文中的但书、例外或豁免。在刑事诉讼中，起诉人所提供的证据必须达到不存在任何合理怀疑（beyond reasonable doubt）的程度，即对起诉证据的标准，高于民事诉讼的证据标准；而对刑事被告人所提供的证据，只要求所证明的事实的盖然性（probability）与对方相等即可。

关于证据的种类　英国分为三种，即口头证据、书面证据和实物证据。口头证据是由证人提供的证据。一般而言，任何人都有出庭作证的资格和义务。法院可以向证人发出传票或传证令通知证人，如果证人无正当理由拒不到庭，可对其签发逮捕证或处以藐视法庭罪。刑事被告人和同案审理的共犯没有资格为起诉方作证，但在扰乱公共秩序案件的审理中是一种例外。配偶一般不能在诉讼中互为证人，但在重婚和遗弃案件中具有作证资格作为例外，在损害公共利益的案件中，配偶有作证的义务。书面证据可分为书面陈述、文件证据和证言笔录。书面陈述一般应当庭宣读，而且作书面陈述的证人除因病不能到庭或依法不宜出庭的少年儿童外，应到庭接受交叉询问。文件证据适用最佳证据规则，即用最好的、最直接的证据来证明一项事实，因而副本、抄本、影印件属第二手材料，为次要证据。实物证据是以物品的外部形态作为某种事实的表现形式的证据，包括送交法院检验的物品、现场勘验、当事人的身体外形和文件的外形特点。

关于传闻证据（hearsay evidence）　英国的判例认为，传闻证据只能用作佐证，因为它存在复述不准确或伪造的可能，同时又未接受交叉询问，禁止单独采用。但是也有不少例外，如在杀人案中，被杀者关于死亡原因的临终遗言，可以采纳；被告人在法庭外的自供，只有当起诉方能证明是被告人自愿作出的，才能采纳作为不利于被告人的证据；官方文件所包含的陈述，视为所述事实的可采证据以及某些商业和科学出版物、人口档案、洗礼证书、结婚证书等。

关于不在犯罪现场的证据　英国刑事诉讼中运用较多。这种证据只能由被告方提出，意在证明所控罪行发生之时，自己在某一特定地点而不在犯罪现场。英国法律规定，不在犯罪现场的证据最迟应在预审后7日内提出，并且必须用书面的形式将细节（包括证明人的姓名和地址）通知治安法官或起诉律师，否则在正式庭审时必须取得法官的许可才能提出。　　（程味秋）

婴幼儿急死综合征

yingyouer jisi zonghezheng

婴幼儿急死综合征（sudden infant death syndrome, SIDS） 不能发现致死性病理变化的婴幼儿急死。这种死亡，以前欧美称"摇篮死"。本病具有下列特征：①死者为发育良好的健康婴儿；②死亡年龄多见于生后2周至2岁，尤以4~7个月为最多见；③多死于晨3~10时，在睡眠中死去，有的在母亲或保姆怀抱中猝死；④多在冬春寒冷季节发生；⑤尸检不能发现致死性病理变化。尸体解剖可见：内脏器官充血，心、肺、胸腺有出血点。肺水肿，有的支气管及肺泡内有轻度炎症。

医学界对婴幼儿急死综合征已有较多研究，医学专家们提出了感染、心律失常、呼吸功能异常、过敏、免疫缺陷以及家属遗传因素等学说。目前逐渐趋向于众多因素的综合作用引起呼吸和循环衰竭所致。总之对猝死的原因和机理仍有待于进一步研究。 （李宝珍）

优先债权

youxian zhaiquan

优先债权（priority creditors' claims） 劣质债权的对称。可以先于一般债权得到清偿的债权。民法中有财产担保的债权，海商法中因共同债权人的利益而支付的费用，均属优先债权。在破产法中，能先于破产债权得到清偿的债权均属优先债权，如债权人对债务人所享有的有财产担保的债权、受理破产案件的法院所收取的诉讼费用、破产企业支付给清算组织的劳动报酬以及其他破产费用，均属于优先债权。只有优先债权得到清偿后，一般债权才有机会得到清偿。 （潘剑锋）

邮寄送达

youji songda

邮寄送达（service by mail） 直接送达确有困难，法院将所要送达的法律文书通过邮局挂号信寄给受送达人。邮寄送达是送达的一种特殊方式，主要适用于受送达人居住在外省市且住所地址清楚的情况。邮寄送达以受送达人在挂号信回执上注明的签收日期为送达日期。邮寄送达与直接送达具有同等法律效力。在涉外民事诉讼中采用邮寄送达方式送达，应当在受送达人所在国不反对的情况下适用。 （何 长）

油

you

油（oil） 油腻性及类似的液体物质的总称，通常分为植物油、动物油、矿物油、精油（香精油）等。植物油和动物油的主要成分是脂肪酸的甘油酯，故又称脂（肪）油或油脂。一般在常温时是液体的称作油，如豆油；是固体或半固体的称作脂，如可可脂。但两者之间并无严格的区别，如柏脂也称柏油，猪脂也称猪油。液态油可根据其在空气中的干燥情况分为干性油、半干性油和非干性油三类。除三甘油酯外，油脂中还含有少量游离脂肪酸、磷脂、甾醇、色素和维生素等。脂肪酸有饱和的，如月桂酸、软脂酸、硬脂酸等，有不饱和的，如油酸、亚油酸、亚麻酸等。油脂不溶于水，溶于有机溶剂，如烃类、䣳类、醚类和酯类等。在较高温度、有催化剂或有解脂酵素存在时，经水解而成脂肪酸和甘油；与钙、钾和钠的氢氧化物经皂化而成金属皂和甘油；并能进行许多其他的化学反应，如卤化、硫酸化、磺化、氧化、氢化、去氧、异物化、聚合、热解等。主要用途为食用，也广泛用于制造肥皂、脂肪酸、甘油、油漆、油墨、乳化剂、润滑剂等。制法约有压榨法、溶剂提取法、水代法和熬煮法等四类。所得油脂可按不同的需要，用脱磷脂、干燥、脱酸、脱臭、脱色等方法精制。矿物油指石油、页岩油和它们的产品，主要成分是碳氢化合物。大多数有挥发性，可以蒸馏或分馏，经加工可得汽油、煤油、润滑油等。精油实际上是一类特殊的植物油，但它们的主要成分是萜烯类，有挥发性和芳香气味，主要用于配制香料。油及油脂用途广泛，是常见的物证检材。

在纵火案、交通肇事以及盗窃案、杀人案等各类刑事案件中，经常会遇到附着在各种工具、器皿、衣物和人身等各类载体上的油渍斑痕，对这些油痕检材，要根据检材的特点和载体的不同情况，采用合适的方法对油痕检材进行采取、包装。织物上的油痕，在日光或紫外灯下观察后，用剪刀剪取；各种工具及塑料、橡胶、家具、水泥地面上的油痕，用镊子夹取脱脂棉，蘸石油醚或乙醚、苯、正乙烷、二硫化碳等有机溶剂擦取；浸入木质内的油痕，将浸油部分的载体一同带回；粘附油痕的引火物残片和容器碎片，及滴落在泥土上的油痕连同载体一并采取。上述油痕检材，最好用干净磨口玻璃瓶分别包装，防止挥发。无条件时可用塑料袋包装，扎紧袋口。对油痕检材可先观察其荧光、气味、斑迹等进行初检，然后用有机溶剂或水蒸汽蒸馏或吸附分离法提取检材中的油脂，用薄层色谱法、气相色谱法、液相色谱法、荧光光谱法、紫外光谱法等进行油脂检验。 （王彦吉）

有反必肃，有错必纠

youfan bisu youcuo bijiu

有反必肃，有错必纠（all counterrevolutionary elements must be cleared out, all errors must be corrected） 毛泽东在1957年2月发表的《关于正确处理人民内部矛盾的问题》一文中提出的肃反方针，后对中国刑事诉讼立法和刑事司法工作产生了一定的影响。基本含义是，只要有反革命分子，就必须予以清查和处理；如果在肃反工作中出现了错误，就必须予以纠正。这一方针对刑事诉讼活动的要求是，对一切犯罪

分子均应依法追究刑事责任,但对一切冤假错案,一经发现,即应依法予以纠正。 （陈瑞华）

youliyu fanzui xianyiren beigaoren de zhengju
有利于犯罪嫌疑人、被告人的证据（evidence favorable for suspect or defendant） 与"不利于犯罪嫌疑人、被告人的证据"、"控诉证据"或"攻击证据"相对。又称为"辩护证据"或"防御证据"。见控诉证据。

youshang fenghua
有伤风化（offending public morals） 对社会风俗、教化造成不良的影响。多指男女关系不正常。我国《刑事诉讼法》第108条规定,进行侦查实验,禁止一切有伤风化的行为。 （项振华）

youyin huibi
有因回避（challenge for cause） 无因回避的对称。英、美等国刑事诉讼制度中的一种回避形式。指申请回避的人在提出陪审员回避请求时必须说明理由。有因回避的法定原因有二类,一类属于当然回避的理由,例如陪审员的言行明显有偏颇;一类属于任意回避的理由,例如陪审员有受贿嫌疑可能不公正。有因回避可以对个别陪审员提出,也可以对全体陪审员提出,提出回避申请的人对回避理由负举证责任,由法官负责裁决。 （朱一心）

youzui panjue
有罪判决（guilt of judgment） 判决的一种,相对于无罪判决而言。指对被告人的行为已经充分、确实的证据证明为犯罪的案件所作的处理决定。根据是否对被告人处刑,有罪判决又可分为科刑判决和免刑判决两种。科刑判决,即对被告人判处刑罚的判决,在主文内写明刑罚(包括主刑和附加刑)的刑种和刑度;免刑判决的释义另见免刑判决。 （汪建成）

youzui tuiding
有罪推定（presumption of guilt） 无罪推定的对称。对被控犯罪的人,应作为实施犯罪的人对待,即使其犯罪嫌疑人无确实的证据证明,法官处断难明的,也应以有罪论处。它是封建专制国家的刑事诉讼中所推行的一项原则。在刑事诉讼中把被指控犯罪的人都看做是有罪的,为了获取证实其罪行的证据,就允许刑讯逼供,正如意大利著名刑法学家贝卡利亚（Cesare Bonesana Beccaria 1738~1794）所说:"法律准许我折磨你,因为你是有罪的。"所以法律上规定刑讯逼供是与有罪推定紧密相连的。根据有罪推定,被指控犯罪的人在无确实证据证明其实施了犯罪行为,法官思想上存有疑问的,在定案时仍要按其被控告的罪行论处。如我国《唐律》规定:"诸疑罪各依所犯以赎论",指出对疑罪应按被控罪行论处,同时又只能处以该罪的赎刑,以示从轻,就是有罪推定在定案时的体现。在中世纪的法国、德国,法官对刑事案件所作出的"存疑判决",实际上为变相的有罪判决,也是实行有罪推定的结果。在欧洲资产阶级革命夺取政权后,不少国家在立法上规定实行无罪推定原则,但同时又有一些例外的有罪推定的规定,如法国1810年《刑法典》第278条规定,没有固定住址和职业的人、乞丐和流浪者,如持有价值100法郎以上的物品,不能证明其来源的,应受惩罚。随着社会的发展,这种作为例外的有罪推定的规定,已更为少见了。 （陈一云）

youzui zhengju
有罪证据（evidence of guilt） 无罪证据的对称。将证据分为有罪证据和无罪证据,其根据在于证据的证明作用。凡是能够证明犯罪事实存在和犯罪嫌疑人、被告人实施了被指控的犯罪行为的证据,称为有罪证据;凡是能够否定犯罪事实存在,或者证明犯罪嫌疑人、被告人没有实施被指控的犯罪行为的证据,称为无罪证据。有罪证据既包括证明犯罪嫌疑人、被告人有从重处罚情节的证据,也包括证明犯罪嫌疑人、被告人有从轻、减轻或免除处罚情节的证据。《刑事诉讼法》第43条规定:"审判人员、检察人员、侦查人员必须依照法定程序,收集能够证实犯罪嫌疑人、被告人有罪或者无罪、犯罪情节轻重的各种证据。"《刑事诉讼法》第110条规定:"任何单位和个人,有义务按照人民检察院和公安机关的要求,交出可以证明犯罪嫌疑人有罪或者无罪的物证、书证、视听资料。"上述规定为有罪证据和无罪证据的分类提供了法律上的依据。这种分类对司法实践具有重要的指导意义。司法人员不仅在收集证据时必须注意有罪证据和无罪证据,在审查判断证据时也应判明每个证据证明有罪或无罪的属性,这样才能准确地查明案件事实,防止由于主观片面而导致冤假错案发生。 （熊秋红）

youdao xunwen
诱导询问（leading question） 向证人提出的引导或暗示其作出询问人所希望的或有利于发问人的回答的询问。一般而言,凡是能用"是"或"不是"回答的询问,被认为是诱导性询问。大体可分为下列三种情形:①虚伪诱导,即暗示证人使其故意作出与自己的记忆不同的陈述;②错觉诱导,即暗示证人使其发生错觉,以致作出与自己的记忆不同的陈述；③记忆诱导，即采用暗示的方式引起证人的记忆。英美法院在庭审中，禁止传唤证人的一方当事人及其律师进行直接询问时作诱导询问。禁止诱导的根据在于，证人易受暗示影响，从而导致证言不可靠。禁止诱导可在一定程度上防止询问人以不适当的方式干扰证人的正常陈述。如果出现诱导性提问，对方律师可以在证人回答该问题之前提出异议。但在以下情况下，允许进行诱导询问：①双方当事人无争议的、仅涉及证人本身的问题和预备性问题，如证人的姓名、住址、身份、身心状态等；②在交叉询问中允许进行诱导询问；③如果一方当事人传唤一名敌意证人作证，对方当事人可以向该证人提出诱导性问题。

（熊秋红）

yougong
诱供（inducement leading to confession） 司法人员讯问犯罪嫌疑人、被告人时，采取不正当的方法或手段，诱使犯罪嫌疑人、被告人按讯问者的意图、设想或推断进行陈述。诱供所获得的犯罪嫌疑人、被告人陈述，往往不符合案件的真实情况，如果据以认定案情，就会造成错案。因此，我国法律禁止司法人员进行诱供。《刑事诉讼法》第43条规定："审判人员、检察人员、侦查人员必须依照法定程序，收集能够证实犯罪嫌疑人、被告人有罪或无罪、犯罪情节轻重的各种证据。严禁刑讯逼供和以威胁、引诱、欺骗以及其他非法的方法收集证据。"实际执行中，应当把诱供同必要的提示或引导讯问区别开来。前者是采用利诱等不正当的方法进行讯问，示意被讯问者按照讯问者所希望的而非如实作出回答；后者是引导被讯问者向能够查明案件真实情况的方向据实陈述。

（熊秋红）

yuyan fenxiyi
语言分析仪（linguistically analytic machines） 运用电子学方法提取语音中的次声波用以测验是否说谎。亦称声析型测谎器。语言分析仪的功用与多极性测谎器相同，故通常将二者合称为测谎仪。不过，语言分析仪是20世纪70年代才发明的，是测谎仪中的后起之秀。与多极性测谎器相比，它操作更简便、使用更灵活，测验时无需与被测者的人体接触，而多极性测谎器则需要与被测者的人体直接接触。语言分析仪是用来测验并记录反应在不可闻声音的变化中的心理压力，这些差别是人耳听不到的。科学实验证明：人在说谎时，由于感到为难而引起语音中亚声频颤抖。所谓亚声频颤抖，就是人声音中的由肌肉微颤现象产生的次声波。这种叫做次声波的亚声频颤抖与心理压力反应有关，而与人的年龄、性别、语种无关。

语言分析仪测谎方法 主要是用电子学方法，把语音中的亚声频颤抖提取出来，记录附着在被检测者声音中的由肌肉微颤造成的次声波变化情况，从而测定被测试人是否说谎。在使用方法上，语言分析仪与被检测者没有任何身体上的接触，测验人员既可以事先用磁带录音，然后把磁带馈入仪器，也可以通过电话把录音送到仪器中。当面检测时，一般将被测者安坐在测谎室内的普通靠背椅上，再在他身上佩带一个话筒。由话筒将被检测者的声音接受下来，再转换成音频电流输送到分析系统，经过解析其中的次声波成分之后，便可用数据或图像等形式表现出来。

语言分析仪测谎程序 如同多极性测谎器的测试程序一样，在使用语言分析仪检测前应设计几组用于测验的问题（如侦查讯问提纲），每组问题中应掺杂三种类型，即除相关性问题和无关问题外，还要特别注意设计好控制性问题，这是与要调查的问题无直接关系但有相似性质的问题。有些人对于一切与犯罪或违法有关的问题都会表现出近似于说谎的生理反应，还有些人对于说谎的生理反应非常微小，控制性问题有利于识别这两种特殊体质的人。测验中将三种类型的问题穿插进行、交替提问，以利于比对鉴别。语言分析仪广泛涉及生理学、心理学、机械学、电子学等有关原理，同使用多极性测谎器一样要求测验人员具备高标准的素质、训练和经验，应掌握生理学、心理学、法律学、犯罪学、侦查学、机械学、电子学等方面的基础知识，并应了解生理变态和心理变态对测谎的影响。

语言分析仪的应用与争议 语言分析仪在发达国家广泛应用于法律实施、情报收集和商业活动等方面。在刑事司法领域，它与测谎器都被称为刑事心理技术。在审讯活动中，它不仅用于当场检测被讯问人陈述口供的真伪，还可以在审讯之后秘密地使用它对被审讯人口供的录音进行检测。美国生产的"MK—Ⅱ"型语言分析仪可以接受任何标准盒式录音，还可以与电话连接，能用以对任何形式的谈话、谈判和口头审查进行分析，在刑事司法中常用于对口供的分析、审查和判断。然而，同测谎器一样，语言分析仪在刑事司法应用中也是有争议的。持否定观点的人认为：人的思想问题是极其复杂的，人的心理活动和语言的真假与科学数据的图谱（包括声谱）不可能完全一致。因为受多种因素的影响，容易使图谱产生不稳定的特征，可能得到的是相反的结论。中国曾从试验的角度引进"MK—Ⅱ"型语言分析仪，经过一定数量的测试分析，发现其确有一定的科学性。但是，由于中国的刑事法律一直没有作出有关规定，故在刑事侦查中尚不能运用语言分析仪技术作为获取或鉴定证据的手段。（文盛堂）

yuyin bianren

语音辨认(identification by voice)　见犯罪嫌疑人辨认。

yushen

预审(pretrial, antecedent trial)　侦查人员为了对收集、调取的证据材料予以核实和全面澄清案情而以对犯罪嫌疑人进行审讯为主要内容的侦查活动。预审是一个外来词,它作为一项刑事诉讼活动最早是法国1808年颁布的《拿破仑刑事诉讼法典》确定的。尔后,各国的刑事诉讼法典也相继确定了预审制度,但其具体规定则各有不同,如有的规定由检察官预审,有的规定由法官预审,有的规定对重大犯罪案件由大陪审团预审。在美国,预审又称"预先听证"或"审查性审判",其主要目的是审查是否存在合理根据以支持对被告人提出的指控,以确定是否交付审判。预审在地区法院进行,检察官和被告人均应到庭,辩护律师也可出庭。证人要出庭作证,被告人可以对控方证人进行交叉询问。预审法官不得再主持本案的庭审,以防其独断。预审是被控以重罪的被告人的一项权利而非必经诉讼程序,凡经大陪审团审查决定起诉的一般不再预审。而英国规定,凡按正式起诉程序由刑事法院审理的案件,除法律另有规定外都要经过治安法院预审,又称起诉审。而法国规定初级预审就是由预审法官主持的正式审查,二级预审是上诉法院审查庭对初级预审进行的审查。

在我国,预审是公安机关在刑事诉讼的侦查阶段对犯罪嫌疑人就案件的证据和事实进行讯问和调查,为提起公诉和法庭审判作好预备工作。预审与侦查讯问大同小异。所谓大同,就是审查讯问犯罪嫌疑人时所遵循的法律根据、程序和要求等,大体相同;而所不同的是侦查讯问在预审之前,预审则是侦查讯问的继续;侦查讯问主要目的是挖掘犯罪重要线索、弥补和充实主要犯罪事实的证据材料,证实犯罪,扩大成果,及时发现和纠正侦查工作的缺点。而预审的主要目的是在侦查破案的基础上核实收集、调取的证据材料,进一步收集和审查证据,全面澄清案情,最后完成对案件的全部侦查任务。侦查讯问侧重于"问",预审则侧重于"审"。预审也要坚持侦查与审讯相结合,侦查是审讯的先导,审讯是侦查的继续,二者往往反复交叉进行。我国的刑事诉讼法对预审的规定没有当代西方国家那样的复杂形式,但内容方面很严密、科学和具体。整个侦查过程分为侦查和预审两大阶段。侦查阶段主要是收集证据、调取证据材料,一般不限制侦查对象的人身自由,各种侦查措施基本上是背着侦查对象秘密进行,不让其察觉,在初步判定犯罪嫌疑人、有证据证明有犯罪事实的时候,一般是在将犯罪嫌疑人缉拿归案时,并进行初次讯问即侦查讯问后,案件就立即转入预审阶段。预审阶段主要是在侦查破案的基础上进一步收集和审查证据,对收集和调取的证据材料予以核实,通常是在犯罪嫌疑人被依法限制人身自由的条件下进行公开的面对面的讯问。因为犯罪嫌疑人最清楚自己是否实施了犯罪行为以及其行为的动机、目的、方法、手段和经过情形等等。所以通过审讯犯罪嫌疑人和公开查证措施能解决秘密侦查阶段难以发现和证实的犯罪线索和事实,既可全面澄清案情、追查其他共同犯罪嫌疑人,又可听取犯罪嫌疑人的辩解,做到不错不漏、不枉不纵。预审的主要方式是讯问犯罪嫌疑人,其讯问的重点是对收集、调取的证据材料进行审查核实,故侦查学上常称这种讯问为"审讯"。这种预审中的审讯仍属于刑事诉讼的侦查阶段所进行的侦查活动,它同人民法院在审理中对被告人的审讯其性质是不同的。预审是侦查的继续和发展,又是对侦查的检验核实,它既对侦查工作质量起保障作用,又为起诉和审判工作奠定基础,只有通过预审工作才能完成全案的侦查任务。

我国刑事诉讼法规定的预审与外国的预审的差别是:①负责预审的机关不同,外国大多由基层法官主持预审。②预审在诉讼过程中所处的阶段有的不一样,如英美法系国家的预审一般是处于起诉之后庭审之前的阶段,而大陆法系国家有的是在初步侦查之后的阶段。③外国的预审除了审查起诉理由是否充足、起诉证据是否充分、起诉条件是否合法外,一般还审查决定被告人是否可以保释。我国的预审之所以规定在侦查阶段,因为还要运用侦查手段复核证据认定案件事实;还要通过预审进一步发现犯罪线索,扩大侦查成果。

经预审,如果案件的犯罪事实清楚,证据确实、充分,公安机关应当写出起诉意见书,连同案卷材料、证据一并移送同级人民检察院审查决定;如果发现不应对犯罪嫌疑人追究刑事责任的,应当撤销案件,犯罪嫌疑人被逮捕的,应当立即释放。　(文盛堂　项振华)

yushen jiguan

预审机关(organ of antecedent trial)　依照国家法律的规定,对经侦查查获的犯罪嫌疑人进行预审的机关,即对犯罪嫌疑人进行预先审查的机关。世界各国的法定预审机关不尽相同,多数国家尤其是英美法系国家的预审一般由基层法院负责。美国规定,对被控重罪的被告人通常要进行预审,预审一般由司法官主持。德国的新《刑事诉讼法》第115条规定,根据逮捕令逮捕被指控人后,应当不迟延地向管辖案件的法官解交。法官应不迟延地对被指控人就指控事项予以讯问。如在逮捕后第2天不能向管辖案件的法官解交时,应向最近的地方法院法官解交并由该法官予以讯问。而法国规定,在现行重罪案件中,预审法官尚未受理时,检察官可签发逮捕证以逮捕任何犯罪嫌疑人。检察官应立刻讯问交来的嫌疑人。凡是预审法官侦查的案件,其讯问的地点一般是到预审法庭。法国刑事侦查制度的基本特点是实行两级预审制,初级预审是预审法官主持的正式审查;二级预审是上诉法院审查庭对初级预审进行的审查。

我国《刑事诉讼法》第3条规定,预审由公安机关负责;第90条又规定:"公安机关经过侦查,对有证据证明有犯罪事实的案件,应当进行预审,对收集、调取的证据材料予以核实。"同时,又接着在第91条规定:"讯问犯罪嫌疑人必须由人民检察院或者公安机关的侦查人员负责进行。"第92条还规定传讯犯罪嫌疑人"应当出示人民检察院或者公安机关的证明文件"。有关预审的程序和要求都规定在刑事诉讼法的"侦查"一章中,该章的第131条规定:"人民检察院对直接受理的案件的侦查适用本章规定。"上述一系列规定都明确了检察机关也是主要预审机关之一。此外,根据《刑事诉讼法》第3条的规定,"法律特别规定的"机关也可以行使预审权。这里的所谓"法律特别规定的"是指《刑事诉讼法》第4条和第225条关于国家安全机关、军队保卫部门和监狱分别对其依法管辖的案件行使侦查权的规定,以及全国人大常委会《关于国家安全机关行使公安机关的侦查、拘留、预审和执行逮捕的职权的决定》、《关于中国人民解放军保卫部门对军队发生的刑事案件行使公安机关的侦查、拘留、预审和执行逮捕的职权的决定》和《监狱法》等3个法律的规定。据此,国家公安机关、军队保卫部门和监狱对其依法管辖的案件具有预审权。可见,我国的预审机关主要是指公安机关,而有法定预审权的机关则包括人民检察院、公安机关、国家安全机关、军队保卫部门和监狱共5个机关,除这5个法定预审机关以外,其他任何机关、团体和个人都无权行使预审权。 (文盛堂)

yushen xinlixue
预审心理学(psychology of preliminary interrogation) 研究预审活动中的预审人员、犯罪嫌疑人、被害人、证人等有关人员的心理现象及其规律的学科。预审学的一个重要组成部分。它以普通心理学理论为基础,研究的具体内容包括:①预审中有关人员的心理现象。如预审员的注意、思维、判断、意志、态度、能力、职业心理;犯罪嫌疑人的知觉、畏罪、侥幸、悔罪、坦白等心理;证人的生理状态、心理因素、思想觉悟、道德品质、与案件的利害关系等。②预审中各种行为的心理特点。如积极行为、消极行为的心理学依据和特征。③各种预审行为之间的心理影响。如预审员审讯与犯罪嫌疑人反审讯,预审员询问与证人拒证、伪证等行为的心理矛盾运动。④预审中的心理对策。如观察法、差异对证法、迂回讯问法、情感刺激法、理智刺激法、矛盾利用法。逮捕、搜查、询问和审讯中的心理策略和方法,对预审活动和供词的心理学评定,预审中的心理诊断和国外审讯方法(测谎器、麻醉、催眠、心理讯问等)。

预审心理学是一门有待发展的学科,有关预审心理的论证和运用是随着刑事司法活动的产生和发展而逐步完善的。我国早在周朝就有所谓"以五声听狱讼,求民情"之说,但不存在专门研究预审心理的理论。近代心理科学的建立,为预审心理的系统研究奠定了基础。最早对犯罪人在审讯中的心理学现象作初步研究的,是奥地利犯罪学家格罗斯(1847~1915),著有《预审推事手册》和《犯罪心理学》两本书。其后,英国的格拉斯培尔盖所著的《刑事程序心理学》和海尔维西所著的《心理学与发现犯罪的讯问技术》等书,亦探讨了审讯中的心理现象和心理学的审讯方法。我国在1980年以后,预审心理学获得了一定的发展,相继出版了一些预审心理学方面的专著。 (张玉镶 刘克鑫)

yushenxue
预审学(science of pretrial) 专门研究预审制度和预审活动的基本规律的学科。刑事侦查学的一个重要组成部分。预审是指侦查机关在刑事诉讼中,为查明案件事实真相,揭露和证实犯罪,依法对犯罪嫌疑人进行讯问和调查的活动。预审学的内容围绕预审而展开,其内容体系分为绪论、预审制度和预审活动的基本规律三个部分。

绪论主要包括预审学的研究对象、预审学与邻近学科的关系、预审学的理论基础、预审学的指导思想和预审学的研究方法等。

预审制度,指关于预审部门和人员在预审活动中应遵循的法律、法规和政策的总和。预审制度调整预审部门内部和与其有关的各方面的关系,对预审活动起着规范性的作用。主要包括:①预审制度的性质和任务。预审工作是侦查机关揭露和证实犯罪的一项专门工作,是侦查工作的主要组成部分,是侦查机关办理刑事案件的最后一道工序,是刑事诉讼程序中的一个重要环节。预审工作的任务是准确、及时地查明案件的全部事实真相;追清犯罪线索,查破积案,扩大战果;保障无罪的人不受刑事追究,对已被追究的要做好善后工作。②预审工作的方针和基本原则。预审工作的方针是实事求是,重证据,重调查研究,严禁逼供信。预审工作的基本原则是正确执行法律、严格依法办案;从案件实际出发,审讯和调查相结合;坚持群众观点、相信与依靠群众;坚持真理、修正错误等。③预审人员的素质和科学管理。预审人员是指侦查机关内依法对预审活动承担法律责任的侦查人员,包括预审员、助理预审员。预审人员在刑事诉讼的预审活动中有着十分重要的作用,是特定案件预审活动的主持者,是刑事诉讼的预审阶段法律效力的体现者、保障者,是保证预审办案质量和效率的决定因素。预审人员应具备一定的政治素质、文化素质和业务素质,依据刑事诉讼法的规定行使权力和承担法律责任。④预审程序。侦查机关在预审阶段,应依法受理案件,采取法定的强制措施,讯问犯罪嫌疑人,调查取证和预审终结。预审终结即为刑事诉讼程序中的侦查终结。侦查终结的案件,应当做到事实清楚,证据确实、充分,法律手续完备,定性定罪准确。公安机关侦查终结的案件,如果应当追究犯罪嫌疑人的刑事责任,则应写出起诉意见书,连同案卷材料、证据一并移送同级人民检察院审查决定。如果发现不应追究刑事责任的,应当撤销案件;已被逮捕的,应当立即释放,发给释放证明,并且通知原批准逮捕的人民检察院。如果是人民检察院自行侦查终结的案件,应由其自侦部门审查决定是否提起公诉。对发现不应追究刑事责任的,应撤销案件;已被逮捕的,应及时通知公安机关依法释放。

预审活动的基本规律,主要有:①在预审阶段正确运用法学、语言学、逻辑学等学科的基本原则和规律;②在预审阶段运用审讯方法和审讯策略的基本规律;③在预审阶段收集、判别、使用证据的特点和规律。在预审活动中掌握这些规律,有利于预审人员提高自己的工作水平。

(张玉镶 刘克鑫)

yushenyuan
预审员(examining justice, investigative magistrate) 在刑事案件的侦查中,承担审讯犯罪嫌疑人、对侦查所收集和调取的证明有犯罪事实的证据材料予以核实的侦查人员。预审是侦查的继续,预审员则是在侦查活动中分工承担预审任务的侦查人员。我国《刑事诉讼法》第3条规定:"对刑事案件的侦查、拘留、执行逮捕、预审,由公安机关负责。检察、批准逮捕、检察机关直接受理的案件的侦查、提起公诉,由人民检察院负责。审判由人民法院负责。除法律特别规定的以外,其他任何机关、团体和个人都无权行使这些权力。"这里虽然只规定了预审由公安机关负责,但同时又规定应包括"法律有特别规定的"机关,即《刑事诉讼法》第91条规定:"讯问犯罪嫌疑人必须由人民检察院或者公安机关的侦查人员负责进行。"还有第4条、第131条和第225条以及有关法律的特别规定:检察机关、国家安全机关、军队保卫部门和监狱分别对其法定管辖的刑事案件享有侦查权,因而也就享有其预审权。而凡有预审权的机关在侦查中承担预审任务的人员都可以称之为预审员。所不同的是,有的侦查机关专门设置了预审机构,配置了专门从事预审工作,执行预审的专职预审员,如公安机关曾是如此。而其他有侦查预审权的机关大多没有专门设置预审机构,也没有配备专职的预审员,有的是在统一调度的侦查队伍中由部分侦查员侧重于预审工作;有的是侦查预审一体化,即谁侦查谁预审;有的是侦查预审交替换人进行,即此案的侦查人员担任彼案的预审员,而彼案的侦查员担任此案的预审员。预审员由各级公安机关、国家安全机关、人民检察院任命。

(文盛堂 项振华)

yuanben
原本(original document) 又称底本。在诉讼中指公安司法人员依法制作的原始文书。是正本、副本的出处。原本由原制作人制作后签名盖章并交由有关负责人审查定稿,原本一般由制作单位随案存档,作为其他文本的原始凭据。

(朱一心)

yuangao he beigao
原告和被告(plaintiff and defendant) 民事诉讼当事人。在民事实体权益受到他人侵害或与他人发生争执时,以自己的名义向法院起诉寻求司法保护,从而引起民事诉讼程序发生的人,称为原告;被原告声称侵犯其民事实体权益或与其发生争执,被法院通知其应诉的人,称为被告。民事诉讼就是围绕着如何解决原告与被告之间的纠纷展开的。没有原告,诉讼无从开始;没有被告,诉讼也无法进行。原告和被告是构筑民事诉讼的不可或缺的主体,它们的诉讼行为对民事诉讼的开始、进行和终了有着重要的影响,尤其在采"当事人主义"的民事诉讼模式中,更具有决定性作用。原告与被告在民事诉讼中的实体利害关系是相对立的,一方之权利必以一方承担相应的义务来实现;但在民事诉讼中,原告与被告的诉讼地位则是平等的,双方平等地享有诉讼权利,平等地承担诉讼义务。当事人诉讼权利平等原则是现代民事诉讼立法的一个基本原则,也是民事诉讼中原告与被告地位有别于刑事诉讼和行政诉讼的一个基本特征。

原告与被告是在一审程序中基于起诉与被诉行为确认的,但这种地位并不是一成不变的,如果被告提起了反诉,在反诉之诉中原告与被告的地位就会发生对换。同时,由于原告与被告仅是在一审程序中基于起诉与被诉确认的称谓,在二审程序中,依上诉与被上诉则称为上诉人与被上诉人。因此原告与被告的称谓仅具有诉讼法上的意义,他们在民事诉讼中作为民事诉讼当事人必须具有诉讼权利能力(见民事诉讼权利能力),在具体案件中,他们必须是正当原告和正当被告(见正当事人),并且必然要受法院裁判的拘束;但在实体法律关系中,其实体权利义务的认定并不受原告或被告地位的制约,而归根到底要取决于谁的权益符合法律的规定,简言之,原告不等于胜诉方,被告也不等于败诉方。
（阎丽萍）

yuangao juzheng shuo
原告举证说（plaintiff's burden of proof） 罗马法时期关于举证责任分配的一项原则。在诉讼中,原告应当首先对自己主张的事实负举证责任,若原告不能尽到其举证责任时,即可判决被告胜诉。但被告并非绝对不负举证责任,当原告尽到自己的举证责任后,被告就必须以反证推翻原告的主张;被告提出抗辩,必须就其抗辩事实负举证责任。
（于爱红）

yuanshen
原审（original instance） 下级法院审理终结的案件,经上诉审程序或者其他法定程序移送上级法院时,该下级法院的审理称为原审。原来负责审判该案的法院称为原审法院,其所作出的判决称原审判决。在不同的审判程序中,原审所指不同,在第二审程序中,原审指第一审法院的审理;在审判监督程序、死刑复核程序中,原审可指原第一审或原第二审法院的审理。
（刘广三）

yuanshi zhengju
原始证据【刑诉】（original evidence） "传来证据"的对称。从案件事实的最初来源获得的证据,通称"第一手证据"。原始证据与传来证据是证据学理论对诉讼证据所进行的分类之一。这种分类的根据是证据是否直接来源于案件事实。原始证据包括:证人就自己耳闻目睹的与案件有关的事实所作的陈述;犯罪嫌疑人、被告人、被害人对自己所经历的有关事实所作的陈述;书证的原本、物证的原物、视听资料原件等。由于原始证据直接来源于案件事实,未经复制、传抄或转述,避免了在这一过程中产生的差错,因此,其证明力一般优于传来证据。研究原始证据的特点,对司法实践具有现实意义。司法人员必须尽可能地收集原始证据,在不可能收集到原始证据时,要尽可能收集最接近原始来源、复制、转述、传抄次数最少的传来证据。由于各种社会的和自然的原因,原始证据有时也可能不准确,甚至可能是虚假的,因此必须查证属实才能作为定案的根据。
（熊秋红）

yuanshi zhengju
原始证据【民诉】（original evidence） 学理上对证据的一种分类,与派生证据相对。证据理论上,根据证据的来源将证据划分为原始证据和派生证据。直接来源于案件事实,未经过中间环节传播的证据,为原始证据。如书证、物证的原件,证人对自己亲眼所见或亲耳所闻的案件事实所作的证言等等。原始证据是来源于案件事实的第一手材料,因其未经过复制、传抄、转述等过程,因而失真的可能性小,可靠程度高。各国法律都规定,在诉讼中,原则上只允许采用原始证据。我国《民事诉讼法》第68条规定:"书证应当提交原件。物证应当提交原物。提交原件或原物确有困难的,可以提交复制品、照片、副本、节录本。"可见,我国民事诉讼法的原则也是采用原始证据,但是并非因此而完全禁止采用派生证据;至于派生证据的证明力,我国民事诉讼法未作具体规定。对此,只能依靠司法人员在诉讼实践中根据具体案情的具体情况进行判断。
（于爱红）

yuanxing xianchang
原形现场（original scene） 现场形成以后到进行勘查之前,没有受到人为的或者较大外来因素破坏的现场。由于这类现场基本上保持了犯罪行为所造成的被侵害对象及其物质环境的客观变化情况,能够比较真实地反映出犯罪分子实施犯罪行为的目的、方法、手段、过程和结果,现场遗留的犯罪痕迹和其他物证较多、较完整,所以这类现场能够为侦查破案提供较多的线索和证据。
（张玉镶）

yuejingqi qian jinzhangzheng
月经期前紧张症（catatonia before menstrual period） 妇女在月经前近期内出现的焦急、紧张、易激惹、注意涣散、记忆下降、失眠、头痛、头晕等各种躯体和精神活动的障碍。月经期后自行缓解。在此状态下,患者可有冲动、伤人、毁物、自杀、自伤行为。但因其意识清醒,自控能力良好,故应评定为完全法律能力。
（孙东东）

yuequan daili
越权代理（unauthorized representative） 民事诉讼中,诉讼代理人超越诉讼代理权限所进行的代理活动。诉讼代理人应在代理权限范围内进行代理活动是诉讼代理制度的基本要求之一,这是由诉讼代理人的特点及诉讼地位决定的。诉讼代理人是诉讼参加人不是当事人,他参加诉讼的目的是维护被代理人的合法权益,他参加诉讼只能以当事人的名义而不是自己的名义,他进行诉讼活动所产生的法律后果应当由当事人承担。因此,为了更好地保护当事人的合法权益,防止诉讼代理人滥用代理权利,必然要求诉讼代理人在一定的代理权限范围内进行活动。如果诉讼代理人超越诉讼代理权限进行越权代理,相应的行为则为无效诉讼行为，对当事人不产生法律效力，除非这些行为取得了被代理的当事人的事后追认；如果因越权代理给被代理的当事人或他人造成损失的，诉讼代理人应承担相应的法律责任。

（阎丽萍）

yunshu gongju henji
运输工具痕迹（tire mark） 又称车辆痕迹。车辆轮胎或车体某部位形成的反映形象。车辆可能被罪犯用作运输工具，也可能是罪犯行为的侵害对象，在刑事案件和驾车肇事的事件中，都会在现场留下车辆痕迹。常见的有轮胎胎面花纹形成的痕迹，反映车体结构特征的痕迹以及某些脱落物，例如车灯碎片、涂层碎片和油滴等。检验车辆痕迹的目的在于：①根据痕迹中所反映的轮数、轨距、轮胎规格、胎面花纹结构特征，推断车辆牌名、型号。②利用车辆各部位遗留在现场的各种痕迹的细节特征，对遗留痕迹的车辆予以认定。③根据车辆在行驶过程中的碰撞、碾压、刹车痕迹或散落物分布形态等特征分析行进方向。④利用车辆的各种遗留物或附着物（例如车体上的血迹、胎面花纹中的填塞物等）判明罪犯和肇事者在现场上驾车活动过程和发生事故原因，为侦破案件、追究责任、查找有关车辆等提供依据。

由车辆轮胎在地面上形成的痕迹称为"胎面痕迹"。它主要反映轮胎表面的形态结构特点，根据此类痕迹检验可以对嫌疑车辆予以认定。检验中常加以利用的特征有：①胎面花纹特征，包括胎面宽度、花纹类型。不同种类的车辆配用外胎的胎面宽度和花纹类型各异。②胎面磨损特征。车辆在行驶过程中轮胎与地面磨擦，胎面受到磨损，使花纹凸面尺寸大小、凹沟深浅等发生变化，磨损严重的能使胎面花纹消失，甚至出现缺损或孔洞。这些特征是每个车轮轮胎所特有的，应当从它们出现的部位、形状、大小等方面进行检验。③轮胎修补特征。从修补的位置、补丁的形状、大小等方面进行观察研究，它是对轮胎进行同一认定的可靠依据。④轮胎损坏特征。轮胎长期使用可能在胎面上出现切口、裂缝、老化花纹等特征，利用价值较高。⑤轮胎附加特征。车辆在行驶过程中胎面上可能刺入尖锐物或在花纹沟槽间填塞有小石子、泥块、玻璃碴等。这些异物常伴随轮胎花纹在痕迹中留下印痕。有些轮胎在冬季装有防滑用品，也能在痕迹中得到反映。

反映车体结构的痕迹特征主要是：①车轮数量。如汽车有双轴和三轴之分，车轮数量分四、六、十等。马车有二轮、四轮之分，手推车有双轮、独轮之分。②车辆轨距。车辆的同一轴上左右两侧车轮之间的距离称轨距或轮距。不同类型车辆的轨距以及前后轮轨距是不同的，根据不同轨距可分析出各种类型的车体。③车辆轴距。同一车辆前后轴之间的距离为轴距。轴与轴之间的距离长短，可反映出车体大小和各种不同结构的车体。④其他痕迹特征。在作案或肇事过程中，车体某部位或部件由于撬压、撞击和摩擦作用，可能在车辆自身和其他承受客体上形成凹陷或线形痕迹。

（张玉洁）

yunshu gongju henji jianyan
运输工具痕迹检验（tire mark examination） 依据车体、轮胎和附属物特征的比较对照，查明现场遗留车辆痕迹是否为嫌疑车辆所形成的检验技术。车辆痕迹的检验过程和鉴定方法与其他痕迹的检验过程和鉴定方法基本相同，但也有其自身的特点。检验可疑车辆时除对外部进行详细观察、寻找痕迹外，对车内的残留物亦应认真搜寻。例如，车内行凶留有血迹；利用车辆运载盗窃赃物遗有脱落物或丢失物。对车辆痕迹的现场检验和实验室检验应当结合进行，重点包括：①制动擦带痕迹。车辆在紧急制动时常在路面上留有车轮形成的带状擦痕（刹车痕）。根据该擦带痕迹的长短、宽窄、虚实，判断轮胎规格、充气量、载重量、制动力大小等。②挫压痕迹。两车辆或车辆与其他物体相撞时，在被撞车辆、路面和其他物体上形成挫压痕迹。利用挫压痕迹所在位置判断碰撞点、撞击方向、撞击力大小，查明撞车原因。③轮胎痕迹。车辆行驶靠轮胎转动，在车辆经过地点或可能接触到的承受客体上遗留有轮胎痕迹。轮胎胎面花纹形象、磨损、修补等形态特征及其所在位置，可以作为认定车辆轮胎的依据。将轮胎表面或沟纹中的泥土、砂石等附着物质，同现场或有关可疑场所的同类物质进行定性、定量对照分析或形态检验，查明车辆是否经过某一特定地区，或帮助认定痕迹是否为该轮胎所遗留。④车体痕迹。车体常常是形成痕迹的造型客体，但也可能是保留痕迹的承受客体，除在被撞客体上寻找、利用有关车体形成的痕迹之外，还应在主撞的车体上发现、利用互相撞击形成的痕迹。⑤遗留物。遗留物是车辆肇事现场最常见的物证之一，检验各种遗留物是查找车辆的重要手段。检验痕迹和实物之前均应进行拍照和记录。在车辆痕迹检验中要及时掌握发案或肇事后，是否由于某种原因有调换轮胎、修理车体某部位的可能，以防做出错误的否定结论。

在检验车辆痕迹时精确测量是常用的重要手段：①测量胎面宽度。指测量轮胎面与承受客体接触形成的痕迹宽度。测量时应选择较平坦地面上的胎面痕迹，测量尺应与行走方向垂直。直线行驶的车辆，如前轮痕迹被后轮痕迹破坏时，只测量后轮痕迹。对转弯时遗留的痕迹可分别测量前后轮胎面。如充气不足的胎面痕迹可能加宽，测量时可按轮胎面痕迹的两侧边沿进行。如车辆空驶时胎面痕迹不完整可按胎面花纹结构的对称性和局部花纹的规律性,确定两侧边沿后再进行测量。②测量轨距。指测量两平行轮胎痕迹的中心线之间的距离。双轴车辆常因直线行驶,不易分别测得前后轮的轨距,可选择车辆转弯处,即前后轮分开的一段进行测量。③测量轴距。可在行驶、急刹车或急转弯情况下遗留痕迹中,测得轴与轴之间的距离。④测量轮径。首先应寻找出某个轮胎同一特征或附着物相邻两次印痕,测量该两个痕迹之间的距离,再除以3.1416即得到车轮直径的数据。⑤其他痕迹的测量。发现车体某部位留有被撞击的凹陷痕迹或擦划痕迹时,应测量痕迹的面积,痕迹中心点或两端点至地面的高度,并应通过测量确定车、物撞倒后触地时形成痕迹的所在部位。

　　检验车辆时可以根据车辆行驶过程遗留的碰撞、碾压痕迹或失落场分布形态等特征分析车辆的去向。判断方法有:①确定前后轮。转弯时前轮的摆动要大于后轮,前轮轨迹在后轮轨迹的外侧。②尘土或细砂的分布。由于车轮行驶时空气急速流动的作用,使轮胎痕迹两侧地面上的尘土、细砂等向后形成扇面。扇面展开的一端是车辆驶来方向。③被车轮压断的小树枝、草棍等,压断后张开端为车辆驶来方向;而衣服被碾压后形成的皱褶痕迹一般集中在车辆驶去方向。④粘附有泥土和雪的车轮驶上坚硬路面形成的锯齿痕迹,其齿尖指向车辆驶来方向。⑤车上滴落的液体物呈惊叹号状,其尖端指向车辆驶去方向。⑥车轮经过潮湿或污物的路面,再驶入干燥、清洁的路面时,可根据水渍污物向前特点,以及喷溅来判断车辆驶去方向。⑦刹车带痕迹重的一端为车辆驶去方向。⑧车轮通过石板等厚而平的物体时,在两侧出现车轮的断痕,其断痕较长的一侧是车辆驶去方向。⑨车辆爬坡时往往使前轮左右摆动,形成曲线形轮迹;下坡行驶轮迹呈直线形。

(张玉洁)

Z

zaizang
栽赃（frame somebody） 伪造证据、移栽赃物以陷害他人的行为。例如，在犯罪现场伪造他人的脚印、将赃物偷放于他人家中、模仿他人笔迹伪造文件等，均属栽赃行为。栽赃问题，自古有之。《秦简·法律答问》记载："可（何）谓'臧（赃）人'？'臧（赃）人'者，甲把其衣钱匿臧（藏）乙室，即告亡（失窃），欲令乙为盗之（表明乙是偷盗），而实弗盗之谓殴（也）。"赃人即栽赃。历代法律对栽赃陷害按照诬告罪处罚。

（熊秋红）

zai kanggao
再抗告（reappeal） 某些西方国家（如德国）和我国台湾省刑事诉讼法中规定的一种诉讼行为。抗告是当事人不服原审法院的裁定而提请上级法院重新裁定的行为。再抗告即当事人不服抗告法院所作的裁定而再次提出抗告。一般来说，既经抗告法院的裁定，就不许再行抗告，以免延滞诉讼的进行。但在下列情况下，因为对抗告人及其他关系人影响很大，所以法院允许其提起再抗告：①对于驳回上诉的裁定的抗告；②对于因为经过上诉期间，申请恢复原状的裁定的抗告；③对于依照刑法的有关规定变更其刑或变更其应执行之刑的裁定的抗告；④对于申请再审的裁定的抗告；⑤对于法院关于声明异议或异议的裁定的抗告；⑥证人、鉴定人、翻译人员及其他诉讼参与人对于所受的裁定的抗告。再抗告只出现在三审终审制的国家，但是如果属于不准上诉于第三审法院所作的裁定，也不能提起再抗告。

（刘广三）

zaishen
再审（retrial） 为纠正已经发生法律效力的错误判决、裁定，依照审判监督程序，对案件重新进行的审理。法院对已经审理终结的案件，依照再审程序（见审判监督与申请再审程序）对案件的再行审理，其目的是纠正已经发生法律效力但确属错误的判决或裁定。再审的特点是：①提起再审的主体必须是最高人民法院和上级人民法院、最高人民检察院和上级人民检察院或本院院长；②提起再审的客体是已经发生法律效力的第一审或第二审案件的判决或裁定；③提起再审的时间是判决或裁定生效以后，没有截止时间限制。再审是一项重要的诉讼程序制度，也是各国刑事诉讼法和民事诉讼法的重要组成部分。纵观各国的刑事诉讼法和民事诉讼法，对再审制度的规定大致可分为两类：一类是规定审判监督程序，即法定的机关和公职人员，基于法律赋予的审判监督权，对有错误的已经发生法律效力的裁判，提起再行审理。因为审判监督程序是以审判监督权为基础的，因此，一般对提起的期限不作强制性规定，对提起再审的条件和理由等也只作原则性规定。另一类是基于当事人诉权的再审，即当事人不服已经生效的裁判，向再审法院提起再审之诉，再审法院对案件再行审理。各国一般对再审的条件和理由、再审的范围以及提起再审的期限都作了具体的规定。

在我国，再审由三部分组成：一是基于审判监督权的再审，即各级人民法院院长发现本院已经发生法律效力的判决、裁定确有错误，提交审判委员会讨论决定再审；最高人民法院对地方各级人民法院已经发生法律效力的判决、裁定，上级人民法院对下级人民法院已经发生法律效力的判决、裁定，发现确有错误，予以提审（见再审提审）或者指令下级人民法院再审（见指令再审）。二是基于检察监督权的再审，即最高人民检察院对地方各级人民法院已经发生法律效力的判决、裁定，上级人民检察院对下级人民法院已经发生法律效力的判决、裁定，发现确有错误，有权提起抗诉，对于抗诉的案件，人民法院应当再审。三是基于当事人诉权的再审，即当事人对已经发生法律效力的判决、裁定，在存在法定再审的事实和理由的情况下，可以在判决、裁定发生法律效力后2年内提出再审。再审案件应由法院另行组成合议庭进行审理。原来是第一审审理终结的，再审时仍然按照一审程序进行，再审后作出的判决、裁定，当事人不服的仍然可以上诉；原来是第二审审理终结的，再审时按照二审程序进行，再审后作出的判决、裁定是终审的判决、裁定，当事人对此不得再行上诉。再审程序是司法机关实事求是办案和对当事人彻底负责精神的体现。

（万云芳 刘广三）

zaishen anjian
再审案件（cases under retrial） 已经审结而又再行审理的案件。对于裁判已经发生法律效力的案件，如果发现裁判确有错误，各级法院及其审判委员会、最高人民法院、上级人民法院基于审判监督权提起再审，检察院基于检察监督权提起抗诉再审，当事人基于诉权提起再审申请，由再审法院依照法定程序予以审理的案件，均属再审案件。人民法院对再审案件进行审理时，如果生效裁判是由第一审法院作出的，则按照一审程序审理，系第一审的再审案件。如果生效裁判是由第二审法院作出的，则按照二审程序审理，系第二审的再审案件。如果上级法院提审(见再审提审),不论生效裁判是一审作出的,还是二审作出的,均按二审程序对案件进行再审,则系提审的再审案件。(万云芳)

zaishen caipan

再审裁判(judgement and order of retrial) 再审法院按照再审程序(见审判监督与申请再审程序)对案件进行审理之后所作的裁判。人民法院按照再审程序审理的案件,如果发生法律效力的判决、裁定是由第一审法院作出的,则再审时按照一审程序审理,审理后作出的判决、裁定,是一审的再审裁判;如果发生法律效力的判决、裁定是由第二审法院作出的,则按照二审程序审理,审理后作出的判决、裁定,是二审的再审裁判;上级人民法院按照审判监督程序提审(见再审提审)的,按照二审程序审理,审理作出的判决、裁定是再审提审的判决、裁定。再审裁判是对案件再行审理之后所作的裁判,其内容可能与原裁判之内容部分或者全部不同,也可能与原裁判内容完全相同,前者为再审改判,后者为再审维持原判。其效力是:一审的再审裁判是可以依法上诉的裁判,二审的再审裁判和再审的提审裁判是终审裁判。(万云芳)

zaishen fayuan

再审法院(court of retrial) 对再审案件进行审理并作出裁判的法院。各国民事诉讼法都规定有再审程序(见审判监督与申请再审程序),自然也都有再审法院的规定。再审法院,除有的国家法律规定由原审法院的同级另一法院再审外,一般是由作出终局判决的法院为再审法院。如《日本民事诉讼法》第422条规定:"再审专属作出经声明不服的判决的法院管辖。对审级不同的法院就同一案件所作的判决,其再审的诉讼由上级法院合并管辖。"《德国民事诉讼法》第584条规定:"①再审之诉专属于作出一审判决的法院管辖;如果被声明不服的判决或数个被声明不服的判决中的一个,是州法院所作的判决,或者对于上告审所作的判决依第580条第1至第3项、第6项、第7项而声明不服时,再审之诉专属于该控诉法院管辖;如果对于上告审所作的判决依第579条、第580条第4项、第5项而声明不服时,再审之诉专属于该上告法院管辖。②对于执行命令提起再审之诉时,再审之诉专属于对该案件的裁判有管辖权的法院管辖。"根据我国《民事诉讼法》的规定,最高人民法院对地方各级人民法院已经发生法律效力的判决、裁定,上级人民法院对下级人民法院已经发生法律效力的判决、裁定,发现确有错误的,有权提审(见再审提审)或者指令下级人民法院再审(见指令再审)。同时,当事人对已经发生法律效力的判决、裁定,认为有错误的,可以向原审人民法院或者上一级人民法院申请再审。因此,在我国,任何一级法院都有可能成为再审法院。(万云芳)

zaishen tishen

再审提审(upward removed) 对下级法院已经审结、但裁判确有错误的案件,上级法院认为不宜由下级法院再行审理,而提归自己审判。提审制度是基于审判权由人民法院统一行使的原则以及上级法院对下级法院的审判活动具有审判监督权而设立的。提审制度既是再审制度的组成部分,也是再审制度的保障性制度,它可以排除各级法院意见的不一致或某种社会干扰,使案件得以公正审判,保证案件质量。在我国,最高人民法院对地方各级人民法院、上级人民法院对下级人民法院已经发生法律效力的判决、裁定,发现确有错误,有权提审或者指令下级法院再审(见指令再审)。提审主要发生在以下几种情况:①对已经审结的案件,如果裁判确有错误,就应当再审,但在司法实践中,对于有的裁判是否有错误,认识并不一致,对此,宜于由上级法院提审。②上下级法院之间并非领导与被领导的关系,因此,如有的案件,上级法院指令下级法院再审而下级法院不予再审时,上级法院亦可自己提审。③最高法院和上级法院对下级法院审结的案件,认为由自己进行再审为宜时,可予以提审,而不必指令下级法院再审。最高法院和上级法院对再审案件提审时,一律适用二审程序。提审后作出的判决、裁定,是终审判决、裁定,当事人不得对此提起上诉。(万云芳)

zaishen zhi su

再审之诉(action regarding retrial) 诉的表现形式之一。属形成之诉的一种。当事人对已确定之终局判决声明不服,根据再审之法定事实和理由,请求法院再开诉讼程序,以变更或者撤销原判决之诉。再审之诉在不同国家不同民事诉讼法中有不同的规定。但都是基于再审制度建立之诉,它是再审制度的重要组成部分。再审程序以再审之诉依法成立而启动,再审判决以再审之诉之结果而作出。再审之诉正因为是在判决确定之后,因当事人不服的特定情形下提出的,当事人的要求在于变更或者撤销原判决,因此它虽然属于诉的一种表现形式,但它不同于起诉之诉和上诉之诉。①它发生之直接原因不是当事人的民事权益受到他人侵害或者权利义务关系发生争议,也不是一审之诉继续以求得最终判决,而是不服法院对原诉之最终判决,以提起再审之诉,对原诉之诉进行补救之诉。②再审之诉成立之要件既不同于起诉之诉之要件,也不同于上诉之诉之要件,而是再审的法定事实和理由,即表现为确定的终局判决在程序上或者判决的基础上存在重大的瑕疵。③再审之诉的诉讼标的,虽仍以原诉讼之诉讼标的为基础,最终仍是解决双方当事人之间的权益之争,但在当事人之间的民事法律关系之外,还有诉讼法律关系上的请求权,即可以要求变更或者撤销确定判决之权利。

(刘家兴)

zaishen zhidu
再审制度(system of retrial) 民事审判制度之一。对已经发生法律效力的裁判,认为确有错误,或者存在法定的事实和理由,对案件重行审理的制度。再审制度既是独立的制度,又是补救性的制度,其独立性在于它有起动案件再审的要件,对案件再审有一定的特定程序,案件再审后可作出再审裁判;其补救性在于案件通过正常的审判途径审结后,发现原来审判活动或者诉讼活动中有失误,而通过对案件的再审予以补救。再审制度与其他审判制度既有共同点,又有不同点,其共同点在于都是以审判权为基础,保证案件公正审判的制度,其不同点在于它不是审级性的审判制度,主要不是解决民事权益纠纷,确认民事权利义务关系的制度,而是对已经确认的民事权利义务关系,通过对案件的再审,根据不同情况加以肯定或者予以改正的制度。任何国家法官的审判活动和当事人的诉讼活动,都不可能不发生任何失误,一旦失误,就应有一定的制度加以补救,其补救制度就是对案件再行审理的制度。

通过何种渠道或者以何种方式,对已经审结的案件再行审理,决定于国家的再审制度。不同国家的再审制度有其不同或者不尽相同的内容,从起动再审看,大致分为三种类型,一种是基于法定的机关和公职人员行使监督权,引起再审程序的发生,而对案件进行再审;一种是基于当事人行使诉权,以再审之诉引起再审程序的发生,而对案件进行再审;一种是既可以因法定机关和公职人员行使监督权,引起再审程序的发生,而对案件进行再审,也可以因当事人或者他人提出申请,而对案件进行再审。我国《民事诉讼法》规定,基于法院行使审判监督权、当事人行使申请再审权、检察院对民事审判行使法律监督权,引起审判监督与申请再审程序的发生,而对案件进行再审。从起动的时间看,基于监督权发动再审,一般不受时间的限制,而基于诉权的申请再审,各国都规定了一定的期限。从再审案件的范围看,哪些案件可以再审,一般在法律上未加以限制,但有的国家法律上有排除的规定,如有关婚姻案件和亲子案件(见亲子事件程序)不能再审。我国《民事诉讼法》规定,对判决解除婚姻关系的案件,不得申请再审。从再审对原判决的效力看,以引起再审的原因不同而有所不同。基于行使监督权引起的再审,一般是中止原判决的执行对案件进行再审。基于当事人申请的再审,有三种情况,即撤销原判决,中止原判决执行,不中止原判决执行,而对案件进行再审。我国《民事诉讼法》规定,因行使监督权引起的再审,裁定中止原判决的执行,因当事人申请而进行的再审,不停止判决、裁定的执行。

(刘家兴)

zanduanxing jingshen zhangai
暂短性精神障碍(temporary psychogenia) 又称例外状态(exceptional state)。一组病因不明的,以急剧发病、为时短暂的严重意识障碍并发暴怒和行为紊乱为特征的发作性精神障碍。这种精神障碍发作时,患者因意识障碍无法辨认和控制自己的行为,往往造成严重的后果。这类精神障碍突然发生,突然终止,历时数分钟至数小时,事后不能回忆,而且在人的一生中,只发作一次。具体发作类型包括病理性激情、病理性半醒状态、病理性醉酒和一过性精神模糊。由于这种暂短性精神障碍者实施危害行为时是在意识障碍状态下所为,其主观上丧失了对自己行为的辨认和控制能力,因此应评定为无刑事责任能力。

(孙东东)

zanshi daibu
暂时逮捕(emergency arrest) 德国刑事诉讼中在没有逮捕证时对犯罪嫌疑人实施的逮捕,是无证逮捕的一种。根据《德国刑事诉讼法典》的规定,在下列情况下,可以无逮捕证而进行逮捕:①对于被捉住或被追捕的现行犯,在有逃跑嫌疑或者身份不能立即确定时,虽没有审判官的命令,任何人都有权暂时逮捕;②对于非现行犯,存在发出逮捕令的前提条件,但会有延误时,检察官和警察局官员也有权暂时逮捕。对于被暂时逮捕的人,应迅速送交地区的地方长官进行讯问。

(黄 永)

zangwu dengji
赃物登记(stolen goods registration) 对从查获的犯罪嫌疑人的身上及其居住、活动或藏身的场所获取的赃物,或者有理由怀疑是犯罪嫌疑人抛弃的物品进行的登记。赃物登记有助于查明所寻找的失物和发现犯罪嫌疑人或其同伙的其他罪行。应建立卡片档案,按一定的顺序排列储存。登记的内容主要包括:赃物的名称、牌号、规格、式样、新旧程度、数量、来源、搜获的时间和地点、犯罪嫌疑人的姓名等。登记时应特别注意赃物的特别记号。赃物登记与失物登记往往是对应关系。在许多情况下,同一物品在此是赃物登记的客体,在彼则可能进行失物登记。赃物登记应以物品为单位,一物一卡进行登录。

(张玉镶)

zangqi sunshang
脏器损伤(viscera injury) 外力作用于人体引起内部器官的损伤。若钝器所致的脏器损伤，人体表面可无明显的伤痕。脏器损伤的程度与外力的大小，致伤物的形态，受力的部位，脏器的结构，原先有无病变及其内容物充盈程度等因素有密切关系。颅内器官损伤为法医学尸体解剖中常见的一种损伤，如脑出血(包括硬脑膜外出血、硬脑膜下出血、蛛网膜下出血、脑实质出血)、脑挫伤、脑裂伤、脑震荡及脑疝等。上述病变可单发，也可并发。肝、脾、心、肺、肾也易受损破裂，胃、肠、膀胱等在充盈条件下受外力作用也易破裂。
(李宝珍)

zaoxingti
造型体(objects of making prints) 痕迹形成三要素之一，指在痕迹形成过程中，将自身外部结构特征的反映形象遗留在其他物体上的客体。例如：形成手印的手指或手掌；形成鞋印的鞋底；形成枪弹发射痕迹的枪管和枪机等。(详见痕迹)。
(蓝绍江)

zaozuoshang
造作伤(artificial disease) 运用各种机械的、化学的或温热等方法故意伤害自己的身体，或授意别人代作损伤。造作伤者有的是为了制造假案掩盖真罪或骗取荣誉；有的是为了诬告陷害他人，企图勒索、报复。造作伤的特点：①损伤部位，多数是自残者两手能够达到的部位。②损伤形态，多是锐器伤，损伤分布较集中，间距小，排列整齐，方向一致，伤口深浅和长短较均匀，有的随体表生理弧度弯曲而弯曲，可有试刀症。③损伤程度，多数较表浅，轻微，没有危险性，不伤及重要的生命器官，也不毁容。④衣着特点，体表损伤相对应部位的衣服可能无破损，或破损的部位、形态可能与体表损伤不一致。⑤群体损伤或得病。自残者如能因造作伤或造作病，很顺利地达到欺骗的目的，有时他教别人自残。因此，在这个集团内，可能有数人出现同样的伤或病。⑥叙述损伤经过不符合客观规律。自残者为了骗取他人的信任，往往编出一套预先准备好的"受伤"经过，说得非常详细。如果反复细致询问时，就不免语言颠倒，前后矛盾。往往离开逻辑不能自圆其说，尤其与现场检验和损伤检验的结果不符。
(李宝珍)

zaokuang yiyuxing jingshenbing
躁狂抑郁性精神病(manic-depressive psychosis) 简称躁郁症。一种病因不明，以情感高涨或情感低落、思维奔逸或思维迟缓以及意志行为增多或减少为表现特征的情感性精神病。躁狂抑郁症的发病原因目前尚不明确，但经过长期观察统计发现，躁郁症的发病与遗传因素、患者病前人格特征因素、心理因素、社会环境因素等综合作用有关。躁郁症的发病年龄主要集中在15～30岁之间。发作时躁狂相与抑郁相循环往复发作或单相发作。有明显的发作间歇。在发作间歇期，患者的精神活动完全恢复正常。躁郁症病人在发病时意识清醒，病人智能良好，定向力准确，对自己的精神状态无自知力，不能主动通过现实环境来检验和修正自己的精神活动，躯体检查无异常所见。躁郁症的病人一生可反复发病多次，但均能完全缓解，而且不因此导致精神衰退。根据躁狂抑郁性精神病发病时的临床症状，可将其分为躁狂症和抑郁症。

躁狂症(mania) 也称躁狂抑郁性精神病躁狂型、躁狂相或躁狂状态。以情感高涨、思维奔逸和意志行为增多为主征。多急性或亚急性发病，多有精神因素为诱因，发病年龄相对较小。患者自我感觉良好，精力充沛，欢乐、戏谑、风趣，整日喜笑颜开；思维敏捷，口若悬河，出口成章，主动热情，好管闲事，终日忙碌，滥买滥赠，但办事虎头蛇尾。在此基础上可继发夸大妄想。患者的兴奋症状与客观环境协调，并能引起旁人的共鸣，但不稳定，且内容肤浅，举止轻浮夸张。本能欲望亢进，可实施性侵犯行为。患者在发病时对自己行为的性质和后果一般都具有辨认能力，但对行为的控制能力有不同程度的缺损。因此，易发生扰乱社会治安、冲动、伤人等危害行为。根据躁狂症起病和症状表现的轻重缓急，分为轻躁狂状态、急性躁狂、谵妄性躁狂和慢性躁狂四种类型。

抑郁症(depression) 也称躁狂抑郁性精神病抑郁型、抑郁相或抑郁状态。以情感低落、思维迟缓和意志行为减少为主征。发病相对缓慢。患者情感低落、郁郁寡欢、思维迟钝、缺少主动言语；活动少，懒于自理生活。在此背景下，继发自责自罪妄想，悲观厌世，极易发生自杀以及间接自杀或扩大性自杀。此时患者的内心体验与症状反应协调一致，不脱离现实。对自己行为辨认能力一般无明显缺损，但对自杀行为的控制能力丧失。抑郁症病人的症状表现在一天中可呈昼重夜轻的时相变化。根据抑郁症发病和症状的轻重缓急，可分为轻度抑郁、急性抑郁、木僵性抑郁和慢性抑郁四种类型。此外还有一种特殊类型，即隐匿性抑郁。这种抑郁症患者的抑郁症状不外露，甚至其情感活动表现出相对活跃，趁人不备，突然自杀。事后可在其生前的日记、书信以及遗嘱中发现自责自罪、悲观厌世的内心体验。

在司法精神医学鉴定中，对躁郁症患者在发病时实施的危害行为，视其精神症状对其主观上辨认或控制自己行为能力的干扰程度，可评定为限制刑事责任能力。对处于抑郁状态的患者，在自责自罪妄想支配下实施扩大性自杀或间接性自杀行为,其主观上已丧失了对自己行为辨认或控制能力,应评定为无刑事责任能力。对处于躁郁症发病期的病人有关民事行为能力的评定,则应根据其精神症状对其辨认自己行为能力的影响程度,评定为限制或无民事行为能力。对涉及死者自杀动机鉴定问题,应在详细查阅死者生前的日记、书信、遗嘱等有关资料,访问有关人员后做出慎重的结论。处于躁郁症缓解期的人的法律能力不应因既往有此病史而受到限制。

(孙东东)

责令退出法庭(enforce somebody to get out of court)

zeling tuichu fating

人民法院开庭审判案件过程中,对于违反法庭秩序的诉讼参与人和违反旁听纪律的旁听人员,指示司法警察将其带出法庭,不得参与和旁听法庭审判。采取这种措施的目的,是为了维护法庭秩序,保证法庭审判活动的正常进行。我国《刑事诉讼法》第161条规定:"在法庭审判过程中,如果诉讼参与人或者旁听人员违反法庭秩序,审判长应当警告制止。对不听制止的,可以强行带出法庭。"上述人员被带出法庭后,法庭审理活动并不中断,可以继续进行。在宣告判决时,对于已表示遵守法庭秩序的当事人,应当通知他们到场。

(汪建成)

诈病(simulation)

zhabing

身体健康的人无病装病或轻病诈称重病。诈病有的是为了逃避罪责、掩盖罪行,得以减刑或缓刑;有的是为了骗取不正当经济利益,或有其他不正当目的。诈病的特点是主诉多,过分夸大,无客观体征;症状混乱,前后矛盾;病情发展异常,不符合病程规律,有的顽固不愈,有的突然恢复。但经过医生详细检查,细心观察和认真分析,能鉴别疾病的真伪。不过诈病有时也不易识别,尤其是精神病、神经官能症以及某些功能障碍等。需经验丰富的专科医生,经长时间的观察分析才能作出正确的鉴定。

诈病的表现来自诈病者所具有的医学知识,过去患病的经验,或模仿他人的病症。诈病的形式是多种多样的,常见的有以下几种:①伪装精神病。如动作怪异,突然冲动,胡言乱语,情绪骚动,承认有病但拒绝检查和治疗。有的拒绝饮食或模仿木僵状态,但不能持久,往往突然恢复正常。经过仔细观察,症状离奇而不能归类。②伪装感觉障碍。如伪装肢体麻木,但对刺激有反应;伪装夜盲,天快黑时就跌跌撞撞,伪装双目失明,持杖而行或碰撞物体,但无人在场时可完全正常;伪装耳聋,听不见讲话,但当羞辱他时,脸部表情当即大变。③伪装运动障碍。如伪装肢体瘫痪,但肌张力正常,也无肌肉萎缩等征象;伪装两手震颤,但抖动很粗糙且无节律;伪装失音,不能讲话,只用手势或笔谈,但紧张情况下有时会脱口而出;伪装抽风,故意双目紧闭,手足乱舞,但意识清楚,且不能持久。④伪装内脏疾病。如伪装肺结核、胸膜炎,但化验和X光检查结果无异常;伪装急腹症,自称是阑尾炎、胆囊炎、胰腺炎等,手按时更剧,但腹肌无紧张,面色无改变;伪装气喘,但不能持久,脉搏正常,能平卧。有的用猪血炒干内服引起黑便,伪装消化道溃疡出血;有的尿内渗入蛋白或血液,伪装肾脏病;有的尿内渗入糖类,伪装糖尿病;有的用病人的尿、便冒名顶替送去化验,但症状体征与其他实验室检查结果不符。⑤伪装疼痛。如伪装头痛、胸痛、腰痛、关节痛、坐骨神经痛,常在人前呻吟,甚至不能动弹,但无人时或入睡后,一切症状全无,毫无痛苦表情。

对诈病的鉴定,应邀请有关专科医生协助,详细进行临床检验。对被检者所提供的过去的病历、医疗证明、化验单、X光照片、心电图、脑电图、CT报告等资料,应慎重地进行审核和详断,鉴别是否伪造、涂改或以他人的检验结果冒名顶替。在司法精神医学鉴定中,鉴定人只要熟悉各种精神障碍的基本特征,对被鉴定人做好耐心细致的观察和精神检查,综合分析与案件有关的各方面资料,便可做出正确的评断。

(李宝珍 孙东东)

诈骗案件侦查(investigation of cheating case)

zhapian anjian zhencha

公安机关在办理诈骗案件过程中,依照法律进行的专门调查工作和有关的强制性措施。诈骗案件,是指我国《刑法》第266条规定的诈骗罪,即以非法占有为目的,用虚构事实或者隐瞒真相的方法,骗取数额较大的公私财物的案件。诈骗案件的被骗对象与犯罪人有一段较长时间的正面接触,对犯罪人的体貌特征、方言土语、生活习惯和行骗方法等留有较深刻的印象;犯罪人可能无意中在事主面前暴露出身份、经历、同伙和行踪等重要情况;诈骗手法往往带有习惯性、流窜性、延续性;行骗过程中往往留下有关的书证、物证。诈骗案件侦查要点是:①详细询问,查明案情。首先需详细询问事主有关犯罪分子的情况和被骗经过,了解犯罪分子的年龄、衣着、口音、习惯动作、外貌特征,犯罪分子的人数、行骗手段、何时何地被骗,被骗财物的名称、产地、数量、价值、特征、暗记,有哪些物证、书证留在事主或有关人员手里等。②可带领事主在嫌疑人可能出没的地点和场所进行秘密寻找和辨认。由于被害人对犯罪分子的个体特征记忆较清晰,又有急于抓到犯罪分子的心理,采用这种方法有可能发现犯罪分子的下落及其新的活动情况。③印发通报查找。针对诈骗犯流窜作案的特点，将犯罪分子的年龄、体貌特征、衣着、口音、诈骗手法等印发通报，请求有关部门协助查找。④追缉堵截，捉拿嫌疑人。根据询问事主和知情人所提供的案犯特征、逃跑方向等情况，组织力量分赴案犯可能逃往藏匿的地方追缉，也可在重要道路、机场、车站、码头等处进行堵截。对案犯有可能落脚藏身的地点和销赃场所，应严密控制。⑤从犯罪人使用的工具、遗留物和骗得的赃物入手，进行调查，还可利用技术鉴定获取罪证，揭露和证实犯罪。⑥对于国际性的诈骗集团案件，要查明其在国内的成员情况，适时破案，并追缴被诈骗款项。必要时，还应依靠专门力量严密控制其动态，当案犯人境时及时抓获。对案情重大的，还可以通过国际刑警组织，请求协助查缉。

(张玉镶 傅政华)

zhaiquanren huiyi

债权人会议（meetings in bankruptcy） 破产程序中，依法院的通知或公告，由法院召集各对破产企业享有债权的债权人而组成的对有关破产事项进行决议的机构。债权人会议是代表全体债权人的共同意志，并尽力满足各债权人合法利益的一个临时性的组织，其成员为对破产企业享有债权的债权人，但有财产担保而又未声明放弃优先受偿权的债权人除外。

债权人会议的成立，为法院召集向法院申报了债权的债权人参加第一次债权人会议之时。根据《中华人民共和国企业破产法(试行)》第9条第1款的规定，"人民法院受理破产案件后，应当在10日内通知债务人并且发布公告。人民法院在收到债务人提交的债务清册后10日内，应当通知已知的债权人。公告和通知中应当规定第一次债权人会议召开的日期。"该法第14条规定："第一次债权人会议由人民法院召集，应当在债权申报期限届满后15日内召开。以后的债权人会议在人民法院或者会议主席认为必要时召开，也可以在清算组或者占无财产担保债权总额的1/4以上的债权人要求时召开。"由此可见，第一次债权人会议由人民法院召集并主持，在第一次债权人会议上，法院应当宣布债权人资格的审查结果，与债权人协商确定债权人会议主席，并向参加会议的债权人说明债权人会议的职权及债权人会议形成决议的法定程序和法律效力。此后的债权人会议即由债权人会议主席负责召集和主持。债权人会议主席应当由对破产企业享有无担保债权的债权人担任。在外国破产法立法例中，债权人会议除了由法院和债权人会议主席召集外，破产管理人或破产监察人也可以召集，如日本破产法、法国破产法等均有这方面的规定。

债权人会议主席召开债权人会议，应当在发出会议通知的3日之前报告人民法院，确定了会议日期后，应当在会议前7日(外地的债权人应当在20日前)将会议的时间、地点、内容、目的等事项通知债权人。有权出席债权人会议并享有表决权的人员为对破产企业享有无担保债权的债权人，债务人的法定代表人应当列席债权人会议，并有义务回答债权人在会议上提出的询问。破产企业的上级主管部门的代表、人民法院的审判员可以列席债权人会议。

债权人的职权，主要表现为对债权、债务、破产企业的破产财产的处分上。根据西方一些资本主义国家的破产法的规定，债权人的职权主要有：①要求法院撤换破产管理人；②选任、撤销破产监察人；③议决破产管理人管理破产财产的基本原则；④议决是否与债务人达成和解协议；⑤决定是否准许债务人继续经营；⑥确定破产财产的数额并决定破产财产的处理方法，等等。在中国，根据《中华人民共和国企业破产法(试行)》和《中华人民共和国民事诉讼法》的有关规定，债权人会议的职权有三项：第一，审查债权人申报的债权及其相关证明材料，确认债权的种类及数额。该职权的行使的作用在于，判定各债权人申报的债权是否与客观情况相符，各债权人的债权有无财产担保，债权数额的确切数字，从而为保证债权人的债权能得到公开清偿奠定基础。第二，讨论通过和解协议草案。和解协议草案的通过，是破产和解的必经程序。和解协议草案通常由债权人拟定，其主要内容涉及债务人与债权人就减免债务、延期清偿债务的期限、企业进行整顿的计划等关系到债权人切身利益的问题，如果债权人会议通过了和解协议草案，则债权人与债务人达成和解协议，和解成立。反之，债务人则得重新拟订和解协议草案提交债权人会议讨论，或和解失败，破产程序进入下一阶段。第三，讨论通过破产财产的处理和分配方案。破产企业一经宣告破产(见破产宣告)，即由清算组将预先制定好的破产财产的处理和分配方案提交债权人会议讨论，由各债权人就该方案提出修改或补充意见，最后形成的方案由债权人会议表决是否通过。

无财产担保债权的债权人依法在债权人会议中享有表决权。债权人会议行使职权时，依法由享有表决权的债权人表决是否形成有法律效力的决议。根据《企业破产法(试行)》和《民事诉讼法》的规定，债权人会议作出决议，通常得符合两个条件：一是半数以上的有表决权的债权人同意；二是同意决议的债权人其所代表的债权数额应占无财产担保债权总额的半数以上。而对通过和解协议草案的决议，法律的要求更为严格，它不仅要求要由出席债权人会议的半数以上的债权人通过，而且要求这些债权人所代表的债权数额必须占无财产担保债权总额的2/3以上。

债权人会议所通过的决议，对全体债权人均具有法律约束力，即无论在表决时是否同意决议的债权人，在决议通过后,均应依决议进行有关活动。若某一债权人认为债权人会议的决议违法,其可以在决议形成后的一定期限内(在中国为7日内),向法院提出申请,请求法院对决议进行审查。法院依法对决议是否违法进行审查,并相应作出驳回申请人申请的裁定或撤销债权人会议决议的裁定。债权人不得对驳回申请的裁定提出异议。法院在作出裁定以前,不应停止对决议的执行。

(潘剑锋)

zhanheji

粘合剂(adnesive) 又称胶粘剂、粘接剂。凡具有优良的粘合性能,在一定条件下可将两个相同的或不同的固体材料粘接在一起的物质统称为粘合剂。一般为高分子化合物。因其种类繁多,分类方法也很多。按照来源可分为天然粘合剂和人造粘合剂两类。天然粘合剂包括植物性(如淀粉、松香、大豆蛋白质等)和动物性(如牛皮胶、鱼胶等)两种;人造粘合剂包括树脂型、橡胶型、混合型及无机物等。在物证分析中主要按用途和原料成分将其分为糨糊和胶两大类。

糨糊 一种糊状粘合剂,主要分淀粉糨糊、糊精糨糊、化学糨糊三大类,其来源除市售的以外,还有家庭制作的各种淀粉糨糊。淀粉糨糊是由淀粉加水混合,经搅拌加热制成,主要成分是淀粉。淀粉是多糖类的一种,为右旋葡萄糖的聚合物,分为直链淀粉和支链淀粉两种。常见的淀粉有土豆、玉米、大米、糯米、小麦及高粱淀粉等。淀粉遇碘多呈蓝色,也有紫红色,这是淀粉的一个重要性质。糊精是淀粉的不完全水解产物,是无色或白色的无定形粉末,能溶解于冷水而形成粘稠的具有高粘合力的液体,不溶于乙醇和乙醚。糊精糨糊除糊精和水外,还加入一些添加剂以改善性能。加硼砂等碱性无机盐,可提高粘合力;加铬酸钠,酒石酸钠等有机酸盐,具有增塑作用;加亚硫酸钠,可除去糊精的特殊臭味等。主要用于纸张的上胶、纺织品的上浆、油墨的配制等。糊精遇碘显红棕色,与斐林试剂作用产生红色的氧化亚铜沉淀,与多伦试剂作用有银析出。化学糨糊主要是羧甲基纤维素糨糊。羧甲基纤维素简称CMC,为白色粉末,制备糨糊时,只需将干粉用冷水配制成4%~5%粘性溶液即可使用。由于它来源方便,用次棉纤维、棉籽即可加工而成,价格低廉,除在邮电部门广为应用外,在纺织、造纸工业等也都大量使用。该糨糊遇碘不显色,只有滴加氯化锌碘试剂时显紫红色,置显微镜下观察可见紫红色絮状物。

胶水 主要是由胶和一定量的水共热而形成的一种水溶性粘合剂。根据原料不同,胶水可分为动物胶水、植物胶水和化学胶水。①动物胶水是动物胶制成的粘合剂。动物胶为不纯的白明胶,由动物体内结缔组织的白色组织水解制成。根据来源可分为鱼胶、骨胶、皮胶、乳胶、明胶等。主要用于玻璃、陶瓷、金属、木材、纸张和皮革等的粘合。可利用碱性硫酸铜试验、鞣酸试验等氨基酸官能团的特异性反应检测动物胶的存在。②植物胶种类很多,如阿拉伯树胶、淀粉纤维素胶、松香胶、虫胶、生漆、丹宁等等。市售胶水中最常见的植物胶是阿拉伯树胶。阿拉伯树胶是由阿拉伯、非洲及澳大利亚等地生长的胶树所得树胶的总称。为白色至深红色硬脆固体,溶于甘油及水,不溶于有机溶剂。常以阿拉伯树胶与水制成25%~30%水溶性粘合剂。主要用于商标标签的粘贴、邮票上胶、光学镜片的粘结、食品包装的粘合等。阿拉伯树胶显酸性,能使蓝色石蕊试纸变红,加入碱式醋酸铅溶液,可出现白色絮状沉淀。松香,又称"熟松香"或"熟香",是植物胶的一种。由松树分泌的粘性物经干燥得到的透明玻璃状脆性物质。浅黄至黑色,一般颜色愈浅品质愈好,有特殊气味。主要成分为松香酸和松脂酸酐等不饱和化合物,含量随产地而异。不溶于水,溶于乙醇、乙醚、丙酮、苯、松节油、二硫化碳、油类和碱溶液中。用于肥皂、造纸、油漆、颜料、橡胶等的制造,可直接用有机溶剂溶解制成粘合剂,也可碱化后制成水溶性粘合剂。可直接粘合金属、纸绳等。与碘不显色,与浓磷酸共热,加醋酸苯胺后,显红色。③化学胶水是天然或人工合成的物质材料经化学方法加工制成的溶液型粘合剂。可分为无机化学胶水和有机化学胶水两种。无机粘合剂是由无机化合物组成的粘合剂。种类繁多,按化学结构分为单质、金属氧化物、无机盐等;按组成可分为硅酸盐、磷酸盐、硫酸盐和氧化镁等;按固化条件和固化方法可分为气干型、热熔型、水固型和反应型等,如水泥、石膏、硅酸钠等。主要用于建筑业及金属、玻璃、陶瓷等的粘合。鉴定工作主要是对其无机组成(阳离子和阴离子)及形态进行分析,常用微量化学法和仪器分析法。有机化学胶水又称合成胶水。主要有聚乙烯醇类、聚丙烯酰胺类。聚乙烯醇类胶水又因其醇解度的不同分为聚乙烯醇1788或1799。碘液试验中1788显红色,而1799显蓝色。

粘合剂种类繁多,来源广泛,据不完全统计,世界上现有粘合剂已达数千种,我国生产的粘合剂也有五百余种,八百多牌号,广泛地应用于工农业生产和人们的日常生活中,是常见物证之一。由于粘合剂多与客体粘接在一起,采取其检材时,最好连同载体一并采取。对未干的粘合剂可用玻璃棒或载玻片刮取,置有塞试管中。同时要采取空白检材和收集此时样本。

(王彦吉)

zhanwang zhuangtai

谵妄状态(delilium) 在意识清晰度下降的同时伴有大量的错觉和幻觉,其中尤以幻觉为多见。表现为注意障碍、记忆力下降、思维紊乱、理解困难，伴有躁动，可出现片断的妄想和强迫观念；定向力常丧失，自知力可部分保存；昼轻夜重而清晨比较清醒。一般持续时间为数小时至数日。见于各种伴有意识障碍的疾病。由于患者的精神活动丧失意识清晰的前提条件，因此，对其行为的辨认或控制则不同程度的丧失。在司法精神医学鉴定中，此症状为构成行为人无责任能力的一项医学要件。

（孙东东　吴正鑫）

zhaopian bianren
照片辨认（identification by photography）　见犯罪嫌疑人辨认。

zhencha
侦查（investigation）　❶刑事诉讼法上的用语。公安机关、人民检察院在办理刑事案件过程中，依照法律进行的专门调查工作和有关的强制性措施。我国《刑事诉讼法》第82条第1项对此有明确的规定。另外，我国《刑事诉讼法》第4条规定，国家安全机关办理危害国家安全的刑事案件，行使与公安机关相同的职权。第225条规定，军队内部发生的刑事案件由军队保卫部门行使侦查权，罪犯在监狱内犯罪的案件由监狱进行侦查。根据刑事诉讼法的有关规定，可以把侦查具体地理解为：①侦查是公安机关、人民检察院以及国家安全机关、军队保卫部门、监狱的专门职权。上述机关或部门依据刑事诉讼法的规定，对各自管辖的案件享有侦查的职权，而其他国家机关、社会团体、个人都无权行使这种职权。②侦查是刑事诉讼程序中的一个相对独立的阶段，与其他诉讼程序相比，其活动与行为具有一定的保密性。如不能透露案情，不允许群众旁听，勘验现场不让群众围观，不允许新闻媒介公开报道等。③侦查是专门性调查工作和有关的强制性措施的总称。根据我国刑事诉讼法的规定，专门性调查工作是指有侦查权的国家机关和部门在办理刑事案件过程中所采取的讯问犯罪嫌疑人、询问证人、勘验、检查、搜查、扣押物证书证、鉴定、通缉的统称。有关的强制性措施包括拘传、取保候审、监视居住、拘留和逮捕。④侦查是侦查机关严格依法进行并受法律监督的活动。侦查机关开展侦查工作，必须严格依法进行。侦查机关侦查终结后，应以事实为根据，以法律为准绳，对案件作出处理决定。上级侦查机关发现下级侦查机关的侦查活动违法或者不当的，应及时纠正。人民检察院作为国家的法律监督机关，有权对侦查机关的侦查活动进行监督。人民检查院对侦查的法律监督主要是通过审查批捕、审查起诉和退回补充侦查等程序活动，也可以通过"纠正违法通知"的方式来实现。

在人类历史上，西欧封建社会实行纠问式刑事诉讼，揭露和证实犯罪没有专门的侦查起诉机关。在中国封建社会，司法权基本上由行政机构来行使，在地方各级国家机构中，没有单独的审判机关，行政长官直接掌握司法权，并亲自审理刑事犯罪案件或由其下属辅助官吏代为审理案件。近代资产阶级国家实行立法、行政、司法三权分立原则，故在刑事诉讼中侦查职能和审判职能一般由侦查机关与审判机关分别行使。但是，侦查职能的行使各国的规定不尽相同，对侦查在刑事诉讼中的地位和重视程度也不一样。英美法系国家实行辩论主义，即当事人主义，故法律对侦查程序的内容规定较少；而大陆法系国家实行职权主义，极为重视侦查程序，故刑事诉讼法对侦查程序和侦查行为的内容规定得相当系统和具体。前苏联重视侦查程序，称其为预先侦查；英美法系国家的侦查机关主要是警察机关；大陆法系国家的侦查机关有警察机关、检察官和法官。前苏联主要是由警察机关和检察机关行使侦查职能。在国外刑事诉讼中，大多没有法定的立案程序，故一般将侦查视为刑事诉讼的开端，侦查是整个刑事诉讼的第一道重要程序。外国刑事诉讼中的侦查概念，是指有侦查权的机关、人员收集、审查证据，揭露犯罪事实，证实犯罪人，为起诉和审判作准备的诉讼活动。

❷刑事诉讼程序的一个阶段。指侦查机关对已经立案的刑事案件，依法进行专门调查和采取有关强制性措施，以收集、调取、核实案件证据材料，查明案情，确定是否提起公诉的诉讼程序阶段，是公诉案件的必经程序。对需要侦查的刑事案件，侦查阶段起着承上启下的作用，它解决立案后是否存在犯罪事实以及犯罪嫌疑人是否有罪等刑事案件的实质性问题，同时，它又是提起公诉和审判的基础和前提。侦查还在与犯罪作斗争、预防犯罪、进行社会治安综合治理等方面发挥作用。

根据我国《刑事诉讼法》的规定，为了保证侦查程序的开展，侦查不仅要遵守刑事诉讼的有关各项基本原则，遵守有关证据的各项原则，而且还必须遵守侦查工作本身的一些原则：专门机关与群众相结合的原则；迅速、及时、合法的原则；客观公正、全面细致、实事求是的原则；保守国家秘密的原则等。

侦查机关通过侦查，认为犯罪事实清楚，证据确实、充分，或者已查明证据不足，或者对犯罪嫌疑人不应当追究刑事责任的，即可终结侦查工作，根据不同情况，分别作出不同的处理决定（见侦查终结）。

（张玉镶　刘克鑫　项振华）

zhencha bianren
侦查辨认（investigative identification）　由侦查

人员组织的有关人员，根据对客体特征的辨别，做出判断，找出或认定曾经感知的那一个特定客体的活动。由县以上侦查机关负责人或主管部门的负责人决定。是同一认定的一种形式。目的在于收集、审查证据，证实与案件有关的事实情节，揭露和认定犯罪人。辨认可以从不同的角度分类：按辨认的主体分为被害人辨认、证人辨认和犯罪嫌疑人辨认；按辨认的对象分为人体辨认、物体辨认和场所辨认；按辨认形式分为公开辨认和秘密辨认。组织各种辨认，在辨认前均要向辨认人详细了解被辨认人或物的具体特征，以及在什么条件下看到被辨认的人或物的；要了解辨认人的感知能力、与被辨认人的关系；要确定辨认的顺序、时间、地点等。为了保证辨认的顺利进行，凡有犯罪嫌疑人、被告人或罪犯参加的辨认，应指派一定的人员担任辨认现场的警戒工作。辨认时要坚持混杂辨认；由几个辨认人对同一个对象进行辨认时，应分别单独进行；要严禁对辨认人进行暗示和诱导；对人或物的辨认必须邀请见证人。对不知名尸体需经过整容或拍成尸体照片，再组织辨认。辨认应制作笔录。辨认笔录应写明辨认的时间、地点、参加辨认的人员、被辨认的对象、辨认的结果、认定或否定的根据，并由参加辨认的人签名或盖章。使用辨认结果必须特别慎重，不能仅根据辨认结果就认定案情，确定犯罪人，更不能只根据被害人的指认，就决定抓人。对辨认结果必须认真审查，结合案内其他证据综合分析研究，加以甄别核实，确认辨认结果符合客观实际后，才能将其作为破案的一种证据使用。

（张玉镶）

zhencha bianren guize
侦查辨认规则（rules of investigative identification） 组织侦查辨认应遵守的规则。包括：①辨认前要详细询问辨认人。主要问清他所了解的辨认客体的情况和特征，即他是在什么条件下，怎样感知辨认客体的，这些客体有什么具体特征，并认真做好询问笔录，以便与辨认结果核对。②要让辨认人个别进行辨认。有两层含义两种情况：其一，当案件中有两个以上辨认人对同一个辨认客体进行辨认时，应该让他们分别单独进行，以免辨认人之间互相影响而失去辨认的客观性；其二，当案件中有两个以上辨认对象要同一个辨认人进行辨认时，也应让该辨认人分别进行，以免辨认对象之间互相干扰而影响辨认的专一性，在轮奸及合伙抢劫等共同犯罪案件中，这一点十分重要。③要将辨认的活人或物与相类似的人或物分别混杂进行辨认。在选择混杂客体时应以辨认客体的特征为依据。当辨认客体是人时，混杂客体的性别、年龄、身高、体态等应与之相同或相似。当辨认的是物体时，混杂客体的种类、形状、型号、颜色等应与之相同或相似。照片辨认、录音辨认和录像辨认也应遵循对象混杂的规则。混杂客体的数量不得少于3人（件），一般以5至7人（件）为宜。对不知名尸体和场所的辨认不适用混杂的规则。对犯罪嫌疑人的秘密辨认无法由侦查人员安排混杂客体，但是，由于辨认地点多为人们日常生活或工作的场所，所以辨认客体往往实际上处于自然混杂的状态中。④严禁对辨认人进行暗示和诱导。为保证辨认人独立自由地进行辨认，在辨认之前，侦查人员不能让辨认人事先看到辨认对象或知道辨认对象的情况；在辨认过程中，侦查人员可以帮助辨认人全面细致地观察客体的特征，也可以进行必要的解释，但必须保持客观的态度。如果侦查人员在组织辨认时有诱骗或暗示的行为，该辨认结果不得作为证据加以使用。为了保证自由辨认，也不能让被辨认人事先了解有关辨认人的情况，这一点在对犯罪嫌疑人的秘密辨认中尤为重要。⑤对人或物的公开辨认必须邀请两名与案件无关、为人公正的普通公民作为见证人到场见证，并且要制作正式的辨认笔录。

（张玉镶）

zhencha bianren jilu
侦查辨认记录（record of investigative identification） 用文字对辨认情况的记述。公开辨认应制作正式的辨认笔录，这种笔录可以作为诉讼证据使用；秘密辨认的结果也应记录下来，供侦查人员参考，如果需要用作诉讼证据，应组织公开辨认，以取得正式的辨认笔录。笔录的内容包括：①辨认的时间、地点和条件。②辨认人的姓名、性别、年龄、职业、住址。③辨认客体的情况。如被辨认人的姓名、性别、年龄、职业、住址；被辨认物的种类、型号、形状、数量等。④混杂客体的情况。如混杂的人员的姓名、性别、年龄、职业、住址；混杂物体的种类、型号、形状、数量等。⑤辨认的结果。如与辨认人曾经感知的那个客体同一、不同一或相似（应以辨认人自述的方式记录原话）。⑥有关人员签名或盖章。包括辨认人、供辨认人或供辨认物的持有人、见证人、担任混染客体的人，以及主持辨认的侦查人员等。除上之外，对于辨认客体的混杂情况和辨认同一的人、物或场所应分别拍照，附在笔录中。辨认笔录应力求客观、详细、准确。侦查人员事先询问辨认人的笔录可以和辨认笔录合并入卷，以便对照和研究。

（张玉镶）

zhencha cuoshi
侦查措施（investigative measures） 侦查机关在实施个别侦查行为时的部署和所采取的策略手段。侦查机关对刑事犯罪侦查过程中所实施的侦查行为，通常有勘验、检查、询问证人、询问被害人、侦查实验、搜查、扣押物证、书证、侦查、辨认、追缉堵截、通缉、控制赃物、审讯犯罪嫌疑人等。实施每一种侦查行为，都要完成一定的任务或达到一定的目的，因而必须相应地进行周密部署和采取必要的策略方法。诸如事先要做好充分的准备，制定出周密的计划，确定工作的范围、重点和顺序，采取有效的计谋和具体办法等。这些就都属于侦查措施。侦查措施的实施往往要涉及到种种刑事技术。例如勘验、检查，为了准确地发现、固定和提取有关痕迹和物品，就必须采取有关刑事勘验技术和刑事记录技术。

(张玉镶)

zhencha duixiang

侦查对象（investigative target） 具备实施犯罪行为的主观或者客观条件，应通过侦查手段进行重点审查的犯罪嫌疑人。侦查对象应当在全面分析研究侦查中所获得的线索及证据材料的基础上确定。列为侦查对象的条件通常有：①具备作案的时间、工具、某种技能或便利条件的；②具有犯罪的主观动机的；③在其住所或与之有关的其他场所发现有赃物或其他物证的；④由被害人、目睹人指认的，或体貌特征、动作习惯与已掌握的犯罪人特征相符的；⑤在发案前后有其他迹象表明可能实施犯罪行为的。对确定的侦查对象，应当采取有效措施加以控制；同时应有针对性地开展调查取证。在获取确凿证据后，即应选择时机采取破案措施。

(张玉镶)

zhencha fanwei

侦查范围（scope of investigation） 依据研究现场情况和初查情况推断犯罪人可能潜藏的地域和犯罪活动可能涉及的区域以确定收集、调取证据和查缉犯罪人的范围。是侦查计划和侦查方案的重要内容，也是临场讨论中所要解决的中心问题。确定侦查范围的前提条件和依据是，根据掌握的各种材料，分析推断出已发生的事件是犯罪事件还是假造的案件或不幸事故；如果是犯罪事件，则应分析推断出作案的时间、地点、工具、动机、目的方法、手段、人数及作案人的年龄、性别、身高、体态、相貌、衣着、职业爱好、与被害人的关系、是否熟悉现场情况等。

(文盛堂)

zhencha fangan

侦查方案（investigative scheme） 侦查具体案件的某种规划。侦查方案的实质就是侦查计划，但对于一些重大复杂的刑事案件在制订侦查计划时，往往要制订出几套侦破方案，然后根据具体案情优选排列为第一方案、第二方案、第三方案等。在实施侦查计划时，首先按第一方案进行侦查，其他方案备用。如能按第一方案侦破案件，其他方案就不再采用。如第一方案在实施中受阻无法按计划进行侦查，必须马上改用第二方案，如此类推。

(文盛堂)

zhencha fangfa

侦查方法（investigative methods） 有法定侦查权的机关为查明案情依法进行专门调查和采用有关强制措施的方法。是为侦查刑事案件进行的有关法律规定的活动中对侦查技术和侦查措施的综合运用。通常分为侦查一般方法和侦查特殊方法两大类。所谓侦查一般方法，是指侦查一切刑事案件普遍采用的带共性的侦查方法；而侦查特殊方法则是指侦查不同性质类型的刑事案件采用比较特定的或侧重采用的侦查方法。但是，侦查特殊方法的特殊性是相对而言的。如侦查贪污类案件所共用的侦查方法，相对一切刑事案件而言它是侦查特殊方法，而相对每一具体贪污个案而言它又是侦查贪污类案件的一般侦查方法。因此，侦查一般方法包含着侦查特殊方法，侦查特殊方法寓于侦查一般方法之中。

在古代奴隶制和封建制国家，刑事诉讼采用控告式和纠问式的形式。如古罗马共和时期的控告式，是由法官听取原、被告双方及其代理人的陈述和辩论，审查双方提出的证据，并按法官表决的多数票宣判。在法国，到13世纪中期路易九世以后才逐渐从控告式转为纠问式，审判机关采取秘密查探和公然拷打逼供的侦查方法，实行侦审一体。直到近代资产阶级国家实行"三权分立"原则后，才出现了行使侦查职能的侦查机关。英美法系国家的侦查主要由警察进行，而大陆法系国家则主要由检察官、警察、侦查法官进行。但各国的规定又不尽相同，有的由警察机关独立侦查，有的在检察官指挥下进行。英国主要由警察机关负责侦查，侦查方法包括讯问、搜查、逮捕(有证逮捕与无证逮捕)、保释、验尸等等。美国的侦查权由联邦和各州政府的侦查机关行使，还包括以"校园警察"为主的民间侦查力量也行使侦查职权。但联邦中央的侦查工作由检察长领导。法律对侦查方法未作系统详尽的规定，实践中主要采用验尸、勘验现场、辨认、采证、询问证人、讯问嫌疑人、窃听、搜查、扣押、逮捕等方法进行侦查。日本是由司法警察进行初次侦查，检察官进行补充侦查，必要时检察官自行侦查并指挥司法警察辅助侦查。其侦查方法主要是：①侦查的开端，包括验尸、告诉、告发、自首、职务询问；②被疑人人身的保全，包括逮捕、羁押；③收集证据，包括调查被疑人、对被疑人以外的人调查、搜索、扣押、勘验、鉴定、通缉、翻译、照相、窃听等等；④被疑人的防御活动，包括委托辩护人、抗告等；⑤侦查终结。《意大利刑事诉讼法》规定，初期侦查由检察官领导并可直接调动司法警察，侦查方法有勘验现场、讯问嫌疑人、询问证人、搜查、扣押、临时羁押等。正式侦查由检察官负责指挥司法警察进行，收集证据的方法是检查、勘验、搜查、扣押、谈话或通讯窃听，并可依法采用预防性羁押等措施。

我国古代没有专门的侦查机关，但据古籍记载，早在夏朝即有侦查方法。如《礼记》云："命理瞻伤察创，决狱讼，必端平。"郑玄注："理，治狱官也，有虞氏曰士，夏曰大理，周曰大司寇。"这就是说，早在夏王朝办理杀伤案件时要由法官"大理"亲自察验创伤。这种侦查方法开创了我国现代侦查杀人、伤害等案件中进行人身检查或法医鉴定的先河。在我国封建社会，为了搜集证据、了解案情、查实犯罪，往往也大量采用勘验现场、开棺验尸、讯问、私访、缉拿、羁押等侦查手段和强制措施，但刑讯逼供极为突出。中华人民共和国成立后，我国的侦查工作正式步入社会主义法制的轨道。在1979年7月1日第五届全国人民代表大会第二次会议上通过的《中华人民共和国刑事诉讼法》中，对我国的侦查方法作出了系统而又具体的规定，使侦查工作进一步法制化。1996年3月17日第八届全国人民代表大会第四次会议又通过了《关于修改〈中华人民共和国刑事诉讼法〉的决定》，在系统地修正我国刑事诉讼法典的同时，又进一步补充和完善了我国的侦查方法。

根据修改后的刑事诉讼法典的规定，我国侦查机关的专门调查工作的主要方法和措施包括：讯问犯罪嫌疑人；询问证人、被害人；勘验、检查；搜查；扣押物证、书证（包括视听资料）；查询、冻结犯罪嫌疑人的存款、汇款；鉴定；通缉；侦查实验；拘传；监视居住；取保候审；拘留；逮捕等。所谓侦查方法，就是在侦查工作中依法运用这些法定侦查措施的方法。因此，完整意义上的侦查方法，还应包括如何实施各种侦查措施以及实施侦查措施所必需的各种策略、技术、形式等等。如扣押邮件、电报应履行批准手续，制作法律文书，通知邮电机关检交扣押；询问证人应采取个别进行的策略；进行伤情鉴定要运用法医技术；通缉应采取发布通缉令的形式。而且，运用侦查方法具有严格的法定性。如侦查主体必须是依法享有刑事侦查权的人民检察院、公安机关、国家安全机关、军队保卫部门和监狱，其他任何国家机关、团体和个人都无权运用侦查方法进行侦查活动。又如，具体实施侦查措施时应遵循法定程序和要求，即有的要出示侦查机关的证明文件（如传唤、询问、勘验、检查等）；有的要求侦查人员不得少于二人（如讯问等）；有的规定除法律有特别规定外必须严格履行法律手续（如各种强制措施等）；有的应有与本案无关的见证人或与本案有关的人或其家属到场（如搜查、扣押、询问不满18岁的证人和被害人，解剖死因不明的尸体、勘验、检查等）；有的可以或应当指派或聘请有专门知识的人进行（如勘验、检查、鉴定等）；有的具有严格的时间或次数的限制（如传唤、拘传、取保候审、监视居住、拘留、逮捕等）；有的应由与被实施侦查措施对象性别相同的工作人员进行（如检查、搜查妇女的身体应由女工作人员进行）等等。运用具体侦查措施的方法还应结合具体案件的需要灵活机动地进行。有的措施要先后分别使用，如先拘留后逮捕；有的需要同时综合使用，如在拘留或逮捕时同步进行人身搜查、物品搜查、住处或其他有关场所搜查，并对有关物证、书证、视听资料进行扣押，及时对犯罪嫌疑人进行讯问等等。

(罗 辑)

侦查方向（the way for investigation）

侦查计划和侦查方案中提出和确定的侦查工作的目标。确定侦查方向必须初步判明案件性质，占有一定的案情资料，并把握好合适的时机，力争及时准确，然后根据侦查方向列出侦查任务和措施，积极有序地实施侦查。在刑事案件侦查开始时，往往只能确定大致的侦查方向，如杀人、放火、强奸等案件一般没有具体的查缉对象，而贪污、贿赂、挪用公款等职务犯罪案件一般没有具体明显的勘查现场，这时只能根据大致的侦查方向去进一步发现嫌疑线索并及时运用侦查方法加以查证。随着侦查工作的发展和不断对案情进行全面的分析判断，如发现侦查方向有误必须及时加以修正。对案情的分析判断越透彻、正确，对犯罪人条件的刻画越具体，越符合案件的客观实际，可确定和修正的侦查方向就越准确，侦查范围也就越小，因而对侦查工作也就越具有指导意义。

(文盛堂)

侦查访问（investigative interview）

侦查人员在办理案件过程中，为取得嫌疑线索和证据材料，依照法律规定所进行的专门查访活动。有广义和狭义之分。广义的侦查访问包括询问证人、询问被害人、询问尚未确定为犯罪嫌疑人的人。狭义的侦查访问则主要指访问不作为本案直接证人的有关知情人、提供侦查线索的人、发案单位或地区有关负责人、有关行业的专业人员等。侦查访问的基本方式可分为正面查访和侧面查访。正面查访，指侦查人员以公开身份出现，直接就某些与案件有关的情况询问事主、被害人、现场周围群众以及可能为侦查工作提供情况和线索的有关行业人员等等。有两种方式：①集体座谈。适用于需要集思广益、深入讨论、互相启发，从多方面汇集情况才能更好地解决问题的案件。②个别询问。凡涉及个人隐私、恩怨矛盾、利害冲突关系以及其他应排除外界干扰，保证被访问人自由陈述的确立，就应采用个别询问的方法。个别询问可以采取传唤和走访两种方式进行,即把被访问人传唤到侦查机关询问。传唤的方式具有法律的强制性,故而适用的对象通常是尚未确定为犯罪嫌疑人的人及其亲友或者那些不配与侦查机关合作的人。因传唤又属于正式询问,故必须依照法律规定进行。走访,即登门走访,可以密切同人民群众之间的关系,有利于深入了解事实真相,故应更多地采用。所谓侧面查访,指侦查人员在不暴露身份和意图的前提下,就案件中某些问题向有关人员进行的一种调查访问。

(文盛堂)

zhencha guanxia

侦查管辖(jurisdiction of investigation) 侦查机关对刑事案件行使侦查权的分工。根据我国《刑事诉讼法》的规定和有关的规范性文件,侦查管辖可分为职能管辖、级别管辖和地域管辖。①职能管辖。指享有不同侦查权的机关在立案侦查管辖上的分工。在我国现阶段,享有国家法律赋予侦查权的国家机关包括公安机关、国家安全机关、人民检察院、军队保卫部门和监狱。国家安全机关依照法律规定,办理危害国家安全的刑事案件。人民检察院依照法律规定,负责对贪污贿赂犯罪,国家工作人员的渎职犯罪,国家机关工作人员利用职权实施的非法拘禁、刑讯逼供、报复陷害、非法搜查等侵犯公民人身权利的犯罪以及侵犯公民民主权利的犯罪的案件立案侦查。对于国家机关工作人员利用职权实施的其他重大的犯罪案件,需要由人民检察院直接受理的时候,经省级以上人民检察院决定,可以由人民检察院立案侦查。军队保卫部门对军队内部发生的刑事案件行使侦查权。监狱负责对罪犯在监狱内犯罪的案件进行侦查。除国家安全机关、人民检察院、军队保卫部门以及监狱管辖的案件外,其他的刑事案件均由公安机关立案侦查。②级别管辖。指按照侦查机关的级别确定的侦查权限。公安部、国家安全部、最高人民检察院负责全国范围内重大刑事案件的立案侦查,省、自治区、直辖市的侦查机关负责各省、自治区、直辖市范围内的重大刑事案件的立案侦查,较大的市级侦查机关负责其辖区范围内的重大刑事案件的立案侦查,一般的刑事案件由基层(县、区级)侦查机关负责立案侦查。③地域管辖。指同级侦查机关之间按照其地域界线确定的管辖。刑事案件一般由犯罪地侦查机关负责立案侦查,如果犯罪嫌疑人居住地的侦查机关管辖更为适宜时,也可以由其居住地的侦查机关立案侦查。犯罪地包括犯罪预备地、犯罪实施地、犯罪结果地和销赃地等。

在侦查管辖中,公安机关管辖的刑事案件范围广、数量多。公安部对公安机关内部各业务部门刑事侦查的管辖范围做了明确的划分:经济文化保卫部门管辖本系统内部发生的刑事案件,如破坏交通设备案,破坏动力、燃料设备案,破坏通讯设备案,破坏珍贵文物案等。边防保卫部门管辖有关破坏边境管理的刑事案件,如破坏边境界碑案,偷越国(边)境案,违反国境卫生检疫案等。治安行政管理部门管辖扰乱和破坏社会治安秩序的刑事案件,如过失杀人案,违法狩猎案,私藏枪支、弹药案等。交通安全管理部门管辖交通肇事案。刑事侦查部门管辖一般刑事案件,具体包括杀人案、伤害案、抢劫案、投毒案、放火案、爆炸案、决水案、强奸案、盗窃案、诈骗案、抢夺案、敲诈勒索案,伪造国家货币案或贩运伪造的国家货币案、伪造有价证券案、伪造票证案,伪造公文、证件、印章案、非法经营案、走私案、拐卖人口案、制造贩运毒品案,非法制造、贩运枪支、弹药案、制造贩卖假药案、破坏生产案等。在刑事侦查部门管辖的刑事案件中,有些案件由两个部门分管,相互之间存在分工负责、密切配合、积极协助的关系。

(刘克鑫)

zhencha jiguan

侦查机关(organ of investigation) 享有国家法律赋予的侦查权,依法进行专门的调查工作和有关的强制性措施的特定司法机关。根据1996年3月17日第八届全国人民代表大会第四次会议修改通过的《中华人民共和国刑事诉讼法》,我国的侦查机关由公安机关、国家安全机关、人民检察院、军队保卫部门和监狱构成。上述机关依法所享有的侦查权是不同的。公安机关负责对刑事案件的侦查、拘留、执行逮捕、预审;国家安全机关办理危害国家安全的刑事案件,行使与公安机关相同的职权;人民检察院负责对贪污贿赂犯罪,国家工作人员的渎职犯罪,国家机关工作人员利用职权实施的非法拘禁、刑讯逼供、报复陷害、非法搜查等侵犯公民人身权利的犯罪以及侵犯公民民主权利的犯罪案件的侦查;军队保卫部门对军队内部发生的刑事案件行使侦查权;监狱负责对罪犯在监狱内犯罪的案件进行侦查。一个国家的侦查机关究竟由哪些机关构成,主要依该国法律的规定。如大陆法系的法国,警察机关和检察机关是主要的侦查机关,侦查权主要是由检察官、司法警察和预审法官行使,检察官监督并领导侦查工作,司法警察负责对违警罪案进行侦查,预审法官根据检察官的申请或指示对轻罪和重罪案件进行侦查。在日本,检察机关是主要的侦查机关,拥有单独的侦查权限,司法警察受检察官的指示或指挥,也可以对某些案件进行侦查。在英美法系的英国,警察机关是主要的侦查机关,依据其普通法和成文法而享有侦查权。美国的侦查机关主要是警察机关和检察机关,联邦中央的侦查工作由检察总长(司法部长)领导。俄罗斯的侦查机关包括检察机关、内务机关和国家安全机关。不同的国家有不同的法律规定，就构成了该国不同于其他国家的侦查机关。根据我国现行《刑事诉讼法》的规定，侦查机关进行侦查活动时，必须严格遵守刑事诉讼法及其他法律的有关规定，必须严格遵循刑事侦查的专业化的原则及规律。侦查机关的侦查活动受人民检察院的法律监督。　　（刘克鑫　项振华）

zhencha jiya qixian
侦查羁押期限（the period for holding a suspected offender in custody during investigation）　侦查机关在侦查中羁押犯罪嫌疑人的时间限制。侦查羁押期限不等于侦查期限。从概念上讲，侦查期限应指侦查机关从决定立案开始到侦查终结对案件作出处理决定止的时间限制。我国现行《刑事诉讼法》并未对此作出规定，而只是对犯罪嫌疑人在侦查中被羁押的期限作出了规定。根据《刑事诉讼法》的规定，对犯罪嫌疑人逮捕后的侦查羁押期限一般不得超过两个月，案情复杂、期限届满不能侦查终结的案件，可以经上一级人民检察院批准延长 1 个月（第 124 条）。下列案件延长 1 个月仍不能侦查终结的，经省、自治区、直辖市人民检察院批准或者决定，可以延长两个月：①交通十分不便的边远地区的重大复杂案件；②重大的犯罪集团案件；③流窜作案的重大复杂案件；④犯罪涉及面广，取证困难的重大复杂案件（第 126 条）。对犯罪嫌疑人可能判处 10 年有期徒刑以上刑罚的上述各类案件延长两个月仍不能侦查终结的，经省、自治区、直辖市人民检察院批准或者决定，可以再延长两个月（第 127 条）。因为特殊原因，在较长时间内不宜交付审判的特别重大复杂的案件，由最高人民检察院报请全国人民代表大会常务委员会批准延期审理（第 125 条）。在侦查期间，发现犯罪嫌疑人另有重要罪行的，自发现之日起重新计算侦查羁押期限。犯罪嫌疑人不讲真实姓名、住址，身份不明的，侦查羁押期限自查清其身份之日起计算（第 128 条）。刑事诉讼法对侦查期限的规定在于保障公民人身权利和提高办案效率。（项振华）

zhencha jihua
侦查计划（investigation plan）　对具体案件的侦查工作所作的规划。是侦查机关确定侦查的策略和步骤、部署侦查力量、选择侦查方法和手段及指导侦查活动的依据。可以保证证据的完备性、侦查的有序性，措施的协调性和查证的彻底性。侦查计划的内容，通常包括：①对案情的初步判断和开展侦查的方向、范围；②需要查明的主要问题；③查明每个具体问题所应采用的措施和方法；④完成各项具体任务的期限和要求；⑤侦查力量的组织、分工和使用；⑥必要的侦查制度、纪律及有关事项。对于预谋案件，还应提出加强控制和制止犯罪人进行现行破坏的有效措施，不让其阴谋得逞。在侦查过程中还应根据案情的发展修改原计划，以适应侦查进展的需要。制定侦查计划的要求，主要是：对各类案件侦查之前都应制定侦查计划；对情况复杂的重大刑事案件应及时提出详细的书面侦查计划，报请侦查机关的有关领导人批准；对于特别重大的刑事案件，在制定出总的侦破方案后，还应在侦查破案的各个主要阶段拟订出具体的工作计划；对存在几种可能性的案件，应将几种可能性的相应侦查措施都作出计划，以可能性最大的一种为重点，兼顾其他几种可能性小的方面，做到点面结合，统筹兼顾，周密部署。　（文盛堂）

zhencha jishu
侦查技术（investigative technique）　见刑事技术。

zhencha jiandu
侦查监督（supervision to investigation）　人民检察院对公安机关及其他依法享有侦查权的机关从立案到侦查终结的整个活动是否合法所进行的监督。我国现行《刑事诉讼法》第 8 条规定："人民检察院依法对刑事诉讼实行法律监督。"根据我国《刑事诉讼法》和《人民检察院组织法》的规定，侦查监督主要表现在以下几个方面：①审查立案。人民检察院认为公安机关对应当立案侦查的案件而不立案侦查的，或者被害人认为公安机关对应当立案侦查的案件而不立案侦查，向人民检察院提出的，人民检察院应当要求公安机关说明不立案的理由。人民检察院认为公安机关不立案的理由不能成立的，应当通知公安机关立案，并发出《通知立案决定书》，公安机关接到通知后应当立案。如果公安机关仍不予立案，可以援用《刑事诉讼法》第 18 条第 2 款的规定，经省级以上人民检察院决定，由人民检察院直接立案侦查，或者报告上一级人民检察院处理。②审查批捕。公安机关要求逮捕犯罪嫌疑人的时候，应当写出提请批准逮捕书，连同案卷材料、证据，一并移送同级人民检察院审查批准。必要的时候，人民检察院可以派人参加公安机关对于重大案件的讨论。③审查起诉。公安机关侦查终结的案件，应当做到犯罪事实清楚，证据确实、充分，并且写出起诉意见书，连同案卷材料、证据一并移送同级人民检察院审查决定。凡需要提起公诉的案件，一律由人民检察院审查决定。④退回补充侦查。人民检察院审查案件，可以要求公安机关提供法庭审判所必需的证据材料。人民检察院审查案件，对于需要补充侦查的，可以退回公安机关补充侦查，补充侦查以两次为限。对于补充侦查的案件，人民检察院仍然认为证据不足，不符合起诉条件的，可以作出不起诉的决定。

对于侦查活动中的违法行为，如对于被害人控告的犯罪事实和犯罪嫌疑人，公安机关应当立案侦查而不立案的；对犯罪嫌疑人实行刑讯逼供、诱供或者对被害人、证人以体罚、威胁、诱骗等非法手段获取证言、收集证据的；伪造、隐匿、销毁、调换和私自涂改证据的；徇私舞弊，放纵、包庇犯罪分子或者有意制造冤、假、错案的；在侦查活动中利用职权谋取非法利益的；违法采取、变更、撤销强制措施的；不应当撤案而撤案的；违反法定办案期限，超期羁押犯罪嫌疑人的；其他违反刑事诉讼法有关规定的行为等，情节较轻的，可以用口头方式要求纠正；情节较重的，应当发出《纠正违法通知书》，要求纠正。人民检察院指出纠正违法的意见不被接受的，应当报告上一级人民检察院处理。对于违法行为情节严重、构成犯罪的，应当立案侦查；如果不属于人民检察院直接受理的案件，应当移送有管辖权的机关处理。

侦查是刑事诉讼的一个重要阶段，正确地对侦查实行法律监督，对于保证国家法律正确、统一的实施，提高办案质量，准确、及时、合法地惩罚犯罪，防止冤、假、错、漏案件的发生，保护公民的合法权益不受侵犯等，都具有十分重要的意义。

（王存厚　刘克鑫）

zhencha juece
侦查决策（investigative policy decision）　侦查人员对未来的侦查实践的方向、目标、原则、措施、谋略、方法所作的决定。是侦查人员思维活动的一种表现，主要体现为从若干个预选方案中选择出来作为侦查行动纲领的最佳或满意的方案。从理论上可以进行以下分类：①按照侦查决策的对象性质，可以将其分为侦查战略决策、侦查战役决策和侦查战术决策。侦查战略决策是指被决定为指导侦查全局的计划和策略，是为抑制一定时期内在全国范围内存在着的某种犯罪现象所进行的侦查决策。侦查战役决策是指为实现一定的侦查战略目的，按照统一的侦查计划，在一定的方向上、一定的区域内和一定的时期内进行的一系列侦查活动的决策。侦查战术决策是指为侦破某一具体刑事案件所作的决策，解决的是日常侦查工作中需要解决的问题。②按照侦查决策后的结果，可以将其分为确定型侦查决策和非确定型侦查决策。确定型侦查决策是指所依据的各种犯罪信息是在完全确定掌握的条件下作出的侦查决策。每个侦查决策只有一个确定的结果，侦查人员在进行侦查决策之时能够准确预见。非确定型的侦查决策是指所依据的犯罪信息是在无法加以查实而客观形势又要求必须作出反映的侦查决策，由于这种侦查决策依据的犯罪信息中有不确定的成分，因此，可导致侦查决策后的结果也可能不确定，有时存在着一定的风险。③按照侦查决策的时机因素，可以将其分为随机侦查决策和非随机侦查决策。随机侦查决策是指侦查中存在着机遇性质的侦查决策。非随机侦查决策是指侦查中不存在着机遇性质的侦查决策。④按照侦查决策的规则程序，可以将其分为程序化侦查决策和非程序化侦查决策。程序化的侦查决策是指有固定的先后次序和共同遵守的制度或章程的侦查决策。这类侦查决策所解决的问题有反复的、再生的、经常的特点。非程序化的侦查决策是指不能依常规的程序和方法来进行的侦查决策。这类侦查决策所解决的问题具有疑难、罕见的特点。⑤按照侦查决策的产生方式，可以将其分为个人侦查决策和群体侦查决策。个人侦查决策是指在侦查中由负有指挥职权的个人直接确定的侦查决策。群体侦查决策是指利用会议的形式由集体讨论后而产生的侦查决策。此外，按照刑事案件的性质，可以将其分为杀人案件的侦查决策、抢劫案件的侦查决策、投毒案件的侦查决策、放火案件的侦查决策、强奸案件的侦查决策、盗窃案件的侦查决策、诈骗案件的侦查决策、危害国家安全犯罪案件的侦查决策、贪污案件的侦查决策等。

侦查决策是客观存在于刑事侦查工作中的。自从人类社会出现了犯罪，实际上就存在着侦查决策，只是这种决策的必要性未被人们所认识。直到社会发展到现阶段，随着决策科学的兴起，侦查决策的性质和作用才逐渐为侦查科学的理论研究者和实际工作中的侦查人员所共识。侦查决策是存在于刑事侦查中的侦查人员的不可缺少的用脑行为。侦查人员在办理案件过程中，在采取某种专门调查方法、某种强制措施之前，需要根据当时获取的所有犯罪信息和刑事诉讼法的有关规定，去进行不同程度的用脑活动。对于需要解决的简单问题，侦查人员只需简单地动脑想一想，便可以作出决定。但对需要解决的复杂问题，侦查人员就需要进行深思熟虑的考虑，然后才能慎重地做出侦查决策。无论是简单的用脑行为还是复杂的用脑行为，都属于侦查决策的过程和范畴。在这种意义上理解侦查决策的必要性，则侦查决策是侦查行为的前提和必要条件，是从侦查目标到侦查结果的媒介点。正确的侦查决策常常不是一次完成的，一般需要经过决策—执行—反馈—再决策—再执行—再反馈的循环往复的动态过程，才能够在不断修正原来决定的基础上形成一个完整正确的侦查决策，达到原定的侦查目的。在进行侦查决策的过程中，虽然不能保证每次决策不发生暂时性、局部性的失误，但应能够在下一次的决定中及时修正过来，调整其失误的成分，避免发生长时期的、全过程的失误。

(刘克鑫)

zhencha luxiang
侦查录像（video recording for investigation）用录像技术记录侦查活动过程，可以带来侦查记录工作的彻底变革。常规的侦查记录是用传统的文字形式记录侦查活动所见，作为案卷资料以备审查起诉和法庭质证。但是，文字记录往往受到记录人员的主观因素影响而出现错误或故意增删某些内容，加之文字形式受到诸方面条件限制，不可能将侦查活动的全部情况客观、完整、真实地详尽记录下来。而现代化的录像技术则完全可以克服这些缺陷，完美详尽地记录侦查活动。它除了具有录音技术的全部优点（本身包括录音技术，是录音和录像技术的高度统一形式）外，还具有录音和其他记录技术不可能具有的直观可视、音像合一的独特优点，尤其在记录搜查、拘捕犯罪嫌疑人、现场勘验、检查等侦查活动和记录被害人、证人、嫌疑人重伤或临终时的证言或口供最为便利。

录像记录通常由两部分组成：第一部分是反映侦查人员的组成及邀请的见证人，一般编排在整个录像的开始部分。第二部分是反映侦查活动过程。录制时，对于侦查所见的可疑痕迹、物品，在其旁边放比例尺后，由近及远摄录。

(张玉镶)

zhencha luyin
侦查录音（audio recording for investigation）各国法律有关侦查录音的规定。以普通法的英国为最典型。该国判例认为，警察在对嫌疑犯进行审讯时，使用录音手段记录审讯情况为合法。具体作法是，审讯开始前，警官当场拆封两盒磁带，让被告辨认是否为原装空白磁带，然后同时装入两部录音机，记录审讯的全过程。审讯结束，将其中的一盒取出，让被告辨认后密封，被告签名后入档，保存6年。在以后的法庭审判或者上诉审、再审时，如果被告对出示的另一盒供词发生异议，法官可以立即下令提取存档磁带，打开密封，当场播放，以此作证。1966年苏俄最高苏维埃主席团在修改刑事诉讼法的命令中，规定允许在讯问被告人、嫌疑人和询问被害人、见证人时使用录音。1968年在斯维尔德洛夫州内务局的侦查处，建立起了第一个电传打字录音中心，此后在全苏普遍建立起来。这种设备不仅把讲话内容一丝不差地录制下来，而且可以耦合使用连动打字机制作出相应的笔录来。由于字迹整齐，节约了参与办理案件的侦查人员、检察长、法官和律师的时间，提高了工作效率，同时刑事案件的文字工作水平也显著提高了。在确认录音同笔录的关系上，《阿尔巴尼亚共和国刑事诉讼法典》具有一定的代表性，它的第86条和第114条规定，录音是记录供词的辅助手段，用以补充笔录。关于使用录音记录审讯所适用的情况，原苏联法学家波鲁鲍夫认为，"录音基本上是用于记载下述供词：①未成年人的供词；②投案自首者的供词；③重病或重伤者的供词；④为执行个别委托而讯问的受讯问人的供词；⑤不可能被法庭传唤的人的供词；⑥侦查人员怀疑其精神正常性人的供词；⑦不精通审讯中所使用语言的人的供词；⑧当面对质的受讯问人的供词；⑨由一个侦查人员进行审讯的案件中的供词"。由于原苏联法律对使用录音手段的程序规定过于复杂，所以造成实践中使用率呈下降的趋势。法学家们呼吁，使用这种手段应当简化手续，而且法律不必规定得太具体，应该尽量采用新技术成果于诉讼之中，迅速改变法律相对保守和落后的现状，加强诉讼手段的革新，以适应发展变化着的形势。

运用录音手段记录预审过程，可以原原本本地保留原始的审讯对话，用以补充笔录的不足，防止在关键问题上因一字之差或一句记录不准确而出现错误，便于盲人被告或不识字的受讯问人听审自己的陈述，还有利于记录人员在审核笔录时，对记得不确切的地方进行重听对照，更有利于办案人员在分析案情时，激发回忆，发现新的犯罪线索。我国侦查人员使用录音作为纯粹的记录技术时，主要是详细记录讯问犯罪嫌疑人时的对话，以补充笔录的不足。为了保障讯问工作能够依法进行，防止逼供诱供、刑讯虐待的情况发生，预防进入审判阶段时犯罪嫌疑人制造假象、无理翻供，有必要采用录音的方式，将讯问全过程记录下来，作为备查资料。

(张玉镶)

zhencha luyin luxiang
侦查录音录像（audio and video recording for investigation）运用音像技术记录侦查活动，在国外尤其是发达国家较为盛行。我国现行《刑事诉讼法》第42条第2款将"视听资料"规定为七种证据之一，意味着录音录像技术在我国刑事诉讼活动中充当记录工具的法律地位的确立。音像记录比其他任何形式的记录在收集证据方面都要及时迅速，在核实其他证据方面也最为方便有效，尤其在再现案件情况的立体直观性方面更是任何其他记录方式无法比拟的。特别是有些证据如果用传统的文字记录既缺乏直观，又会因记录人员的书写技能差而使记录失真，照相记录又只能反映局部的、片面的、静止的情况时，音像记录技术则正是具有直观性、准确性和动态连续性等特点，完全可以克服上述缺陷，满足收集记录证据的要求，准确地再现证据和反映证据全貌。当然，音像记录技术也并非完美无缺，最大的美中不足是被伪造、变造的可能性较

其他形式的记录大。　　　　　　　（张玉镶）

zhencha luoji

侦查逻辑（investigation logic）　侦查人员在行使国家法律赋予的侦查权时所遵循的思维形式的规律。是从人类的思维的共同工具——形式逻辑而派生出来，与侦查实践紧密结合，主要起着启发侦查人员正确进行思维的作用。由于侦查逻辑不注重逻辑原理的系统介绍，而注重把逻辑原理渗透于侦查思维的各个具体环节，故有以下几个特征：①侦查逻辑的基本概念是罪名。侦查人员在对案件进行侦查之前，必须根据已经掌握的情况，确定案件是否成立，案件的性质如何，然后经领导批准立案，进而展开侦查工作。在这个侦查阶段，所运用的逻辑知识就是正确地确定罪名概念的内涵与外延，要区分罪与非罪、此罪与彼罪的界线。不能用罪名概念去反映一般违法行为、违纪行为，不能混淆不同罪名概念的本质区别。否则就可能造成定性不准的后果，由此而承担违法的法律责任。②侦查逻辑的常用判断是模态判断、选言判断和特征判断。侦查人员接到报案后，在现场勘查中必须对案情作出初步的判断，如是否构成犯罪、什么性质、罪犯情况如何等。这就需要进行模态判断，即对案件的性质、时间、地点、犯罪嫌疑人、犯罪经过与手段等情况进行可能性或必然性的判断。在分析案情时，侦查人员需要对犯罪某一事实进行多方面的推测，即进行选言判断。在寻找无名尸体、指纹鉴定、枪弹检验、文书检验等过程中，要运用特征对比的方法，进行特征判断，即根据侦查活动中的某一特定事物的特征进行对比判断。③侦查逻辑的推理分为侦查类比推理、侦查归纳推理和侦查演绎推理。并案侦查就是典型的侦查类比推理，是根据案件的某一特征而将其他尚未侦破的案件合并起来进行侦查，其思维形式的基础是形式逻辑上的类比推理。在侦查工作过程中，侦查人员为了提高侦查水平，常常要总结侦查经验，从若干案件中发现侦查实践中可共同遵守的规律，形成一般性的认识，这就需要运用归纳推理。在总结侦查经验时，常用的归纳推理有完全归纳法、简单枚举归纳法和科学归纳法。一个案件经过侦查，在获得了足够的证据、弄清了事实之后，即要确定犯罪嫌疑人的行为是否构成犯罪、构成什么罪等，依法写出诉讼文书，这就要运用由三个直言判断构成的演绎推理等。④侦查工作中遵循的逻辑规律有同一律、矛盾律、排中律、充足理由律。侦查工作虽然有其特殊性，但在侦查实践活动中，普通逻辑的基本规律是同样完全适用的，它要求侦查人员的思维在表现概念、判断时的自身同一；要表现判断的前后一贯，不自相矛盾；要表现在两个相互矛盾的思维形式之间排除中间的可能性；要表现在理由和推断之间有必然的联系。　　　　　　　　　　　　　　（刘克鑫）

zhencha luojixue

侦查逻辑学（investigative logic）　研究侦查人员在办理刑事案件过程中应遵循的思维形式及其规律的学科。侦查逻辑学不是形式逻辑的基本原理与侦查实践的简单拼合，而是以刑事侦查学和形式逻辑的基本原理相互渗透所产生的一门应用性的逻辑学。相对于经典逻辑而言，侦查逻辑学有以下特点：①侦查逻辑学着眼于经典逻辑在侦查实践中的运用。如介绍立案中的逻辑、确定侦查范围的逻辑方法、确定和否定嫌疑人的逻辑方法、甄别证据的逻辑方法、审讯中的逻辑问题、确定罪名的逻辑方法、总结侦查经验的逻辑方法、侦查思维中应遵守的逻辑规律等知识。其作用在于帮助侦查人员正确地运用逻辑知识，提高侦查水平。②侦查逻辑学不注重一般逻辑原理的系统介绍。逻辑学发展到今天，已经建立起了严谨的科学体系。如果照搬一般逻辑学的内容体系，就难以把逻辑原理渗透于侦查思维的各个具体环节上，就不能够重点介绍侦查这一特定的司法领域内的思维的形式与规律，更好地体现侦查逻辑学的实用性。③侦查逻辑学是一门比较新的学科。近年来，随着现代逻辑的发展，特别是应用逻辑的兴起，引起了人们对侦查逻辑的认识逐渐深入，相继出版了一些关于侦查逻辑方面的专著，丰富了侦查逻辑学的内容。　　　　　　（张玉镶　刘克鑫）

zhencha qiangzhi cuoshi

侦查强制措施（investigative coercive measure）　亦称强制处分。法定有侦查权的机关为了使犯罪嫌疑人接受审讯、保全证据及保证侦查顺利进行，在侦查进行中所采用的暂时限制其人身自由的强制方法。广义的侦查强制措施包括对人的强制措施和对物的强制措施。对人的侦查强制措施主要有拘传、拘留、逮捕等；对物的侦查强制措施主要有查封、扣押、冻结等等。狭义的侦查强制措施是指对人的强制措施。早在公元前450年已知的罗马法的最古成文法《十二表法》第1条、第2条中就有对被告人押送到案的"拘捕"的规定。资产阶级革命时期在反对封建专制斗争中曾提出了三个有名的宣言，即1688年英国的《权利宣言》、1776年美国的《独立宣言》、1789年法国的《人权宣言》。这些宣言都重点规定了人身自由的权利，反对任意逮捕或监禁，还在各国宪法中作了相应规定。如1787年《美利坚合众国宪法》第1条第9款规定了"人身保护状"制度。并在1789年通过、1791年生效的《权利法案》第4条中规定："人民有保护其身体、住所、文件与财产之权，不受无理搜索与扣押，此为不可侵犯之权。除有可能之理由、以宣誓或代誓宣言确保并详载指定搜索之地、拘捕之人或押收之物外,不得颁发搜查状、拘票或扣押状"。1791年法国制定第一部宪法时把《人权宣言》载入宪法序言,其中规定:"除非在法律规定的情况下,并且依照法律已经规定的程序外,任何人都不受控告、逮捕或拘留"。后来的《法兰西宪法》第66条规定:"不得任意拘留任何人。司法机关作为个人自由的保护人,保证依照法律规定的条件使此项原则获得遵守。"日本1946年公布、1947年施行的《宪法》第33条规定:"除作为现行犯被逮捕的情况外,任何人,除非根据有权限的司法官署发出的并载明构成逮捕理由的犯罪的命令状,不受逮捕。"各国根据宪法中的原则和依据,在刑事诉讼程序方面制定了对人的强制措施的具体规定,如英美法系国家的单行法或刑事诉讼规则中作出了具体规定;大陆法系国家和其他制定法典的国家都在刑事诉讼法典中作出了相应的具体规定。

各国共有的强制措施包括传唤、拘传、逮捕、羁押等。但这些强制措施不仅仅限于侦查阶段使用,审判机关为保全证据和保证审判及刑罚之执行,一般也可依法采用。强制措施的种类和内容各国在提法和具体规定上均有所差别。如意大利1988年9月22日通过的新的《意大利刑事诉讼法典》第四编专门规定"防范措施"。其中第一章规定的是"人身防范措施",具体强制措施有:禁止出国、向司法机关报到的义务、关于居住的禁令和义务、住地逮捕、预防性羁押、在治疗场所的预防性羁押。此外还规定了禁止性措施:暂停行使父母权、暂停行使公共职务或服务、暂时禁止从事特定的职业活动或经营活动。该法典第四编第二章又专门规定"对物的防范措施"。主要有保全性扣押和预防性扣押。德国1994年10月28日修改颁布、同年12月1日生效的《德国刑事诉讼法典》在第一编"通则"中第八章对"扣押"作了具体规定;第九章对"逮捕、暂时逮捕"和"暂时执业禁令"等作了具体规定;第十章对"传唤"、"拘传"等作了具体规定。在我国,公元前407年编纂的第一部比较完整的成文法典《法经》共6篇,其中第四篇就是"捕法",即关于拘捕人犯的规定。被誉为中华法系的典范的《唐律》分为12篇,其中有"捕亡律"专篇,就是规定关于逮捕罪犯和逃丁的法律。但在封建专制时代的刑事诉讼法中,对捕人的机关、条件和手续都没有明确的规定和限制,滥捕、滥押现象极为普遍。历代法律规定不仅可以羁押被告人,也可以羁押刑事案件的告诉人。如《明律·刑律·断狱》规定,被告未服罪,案情未弄清楚以前,不许放回告诉人。中华人民共和国成立后于1979年7月1日通过、1980年1月1日起施行的第一部刑事诉讼法典中,把对人的强制措施作为总则的第六章专章作了具体规定。其中规定有权采取强制措施的机关是公安机关、人民检察院和人民法院,如果作为侦查强制措施来采用时则仅限于公安机关和人民检察院。强制措施的种类包括拘传、取保候审、监视居住、逮捕、拘留。根据1996年3月17日八届全国人大四次会议《关于修改〈中华人民共和国刑事诉讼法〉的决定》修改后的我国刑事诉讼法典,仍把强制措施作为总则编第六章专章规定。该法规定有权采取强制措施的机关是人民法院、人民检察院、公安机关、国家安全机关、军队保卫部门和监狱。上述机关除人民法院外,均可依法在侦查进行中对犯罪嫌疑人采取强制措施。修改后的法典中强制措施种类仍为拘传、取保候审、监视居住、逮捕和拘留,但对采取强制措施的适用范围、条件、程序、时限和保障被强制人的诉讼权利等方面作了更为详尽的规定。此外,根据法律有关规定和我国长期的侦查实践,依法采取带有一定强制性的侦查措施还包括传唤、追缉堵截、通缉、控制赃物等。

(文盛堂)

侦查情报学(science of investigative information)

研究在同刑事犯罪作斗争中,如何有效地发现与搜集有关刑事犯罪的人、事、物方面的情况和线索,并对这些信息进行科学的分析研究,以及进行储存、管理和利用,从而为迅速及时地揭露犯罪、证实犯罪和缉获犯罪分子服务的一门科学。侦查情报学的研究对象主要是可作为侦查决策依据的犯罪信息。侦查情报学的内容体系分为侦查情报的来源、搜集、储存、检查、传递与管理等几个部分。侦查情报来源于刑事犯罪分子登记、刑事犯罪嫌疑分子登记、在逃人犯登记、现场痕迹与物品登记、失物特征登记、无主与可疑物品登记、不知名尸体及失踪人登记、刑事特情提供的线索登记、国外与境外犯罪分子及犯罪组织情况登记。侦查情报的搜集,是指侦查机关利用侦查手段和其他有效的方法,积极主动地寻找、发现犯罪信息和其他有助于揭露犯罪、证实犯罪的信息,并对这些信息进行分析与归纳,按照一定的规范进行登记填卡,形成比较系统的刑事犯罪情报资料的过程。侦查情报的储存是指将搜集的各种刑事情报资料加以分析、整理、分类、统一编码、储存管理的活动。侦查情报的检索是指侦查人员在大量情报中迅速、准确地查找出与使用部门需要相符合的、有参考价值的情报资料的活动。侦查情报的传递是指侦查机关采用一定的方法,通过一定的媒介将有意义的犯罪信息从某一地点移动到另一地点的过程。侦查情报的管理是指按照侦查情报工作特点和规律,制定符合这项工作发展的方针、政策、计划和规则,建立各种制度,合理地组织和最大限度地发挥刑事侦查部门的人力、物力、财力等各种资源的作用,使侦查情报工作计划化、合理化、规范化和现代化。

侦查情报学是一门年轻的学科，是刑事侦查学的重要组成部门。情报是一种信息，刑事侦查工作离不开犯罪信息，研究侦查情报学的重要意义在于，有利于提高侦查破案的水平，有利于加强犯罪预防工作，有利于预测犯罪趋势，为制定打击刑事犯罪活动的方针、政策和策略提供依据，有利于加强国内各地区之间的协作和国际刑警组织之间的合作，有助于打击流窜犯罪分子和国际刑事犯罪分子的活动。（张玉镶　刘克鑫）

zhenchaquan

侦查权（power of investigation）　国家赋予司法机关及其工作人员依法进行专门调查工作和有关的强制性措施的权力。侦查权与审判权、检察权，都是国家司法权力的重要组成部分。我国现行《刑事诉讼法》规定，侦查权由人民检察院、公安机关、国家安全机关、军队保卫部门、监狱等侦查机关及其侦查人员行使，其他任何机关、团体和个人都无权擅自行使这项权力。司法实践中，县直属以上的机关、团体、企事业单位的保卫部门，在公安机关指导下，有部分的侦查权。侦查权，不仅是国家法律赋予侦查机关的权力，而且也是侦查机关应尽的义务。侦查机关对于侦查权的行使，必须严格遵守刑事诉讼法和其他法律的有关规定，不得放弃。上述机关行使侦查权的权限和分工，见立案管辖。
（项振华）

zhencha renyuan

侦查人员（investigators）　公安机关、国家安全机关、人民检察院，以及军队保卫部门、监狱中依法享有侦查权，从事侦查工作的专门工作人员。主要包括：①公安机关的侦查人员。指依法侦查由公安机关管辖的刑事案件的人员。主要是刑事侦查（含预审）部门的人民警察。他们在本单位负责人的领导和授权下，负责对刑事案件的侦查、拘留、执行逮捕和预审，依法享有讯问犯罪嫌疑人、询问证人、勘验、检查、搜查、扣押物证或书证，鉴定，通缉和采取强制措施等职权。②国家安全机关的侦查人员。指国家安全机关中依法办理危害国家安全的刑事案件的人员。他们在本单位负责人的领导和授权下，在国家安全工作中依法行使侦查、拘留、预审和执行逮捕以及法律规定的其他职权。如有权查验中国公民或者境外人员的身份证明；有权向有关组织和人员调查、询问有关情况；有权进入有关场所或进入限制进入的有关地区、场所、单位；有权查看或者调阅有关的档案、资料、物品；有权优先乘坐公共交通工具；有权采取技术侦查措施；有权查验组织和个人的电子通信工具、器材等设备、设施等。③人民检察院的侦查人员。指人民检察院中对直接受理的刑事案件进行侦查的人员。他们同时是人民检察院的组成人员，在本单位负责人的领导和授权下，在对贪污贿赂犯罪、国家工作人员的渎职犯罪、国家机关工作人员利用职权实施的非法拘禁、刑讯逼供、报复陷害、非法搜查等侵犯公民人身权利的犯罪以及侵犯公民民主权利的犯罪等案件的侦查中，享有与公安机关的侦查人员相同的权限。

侦查人员进行侦查活动必须严格遵守法律规定和侦查工作的基本原则，收集能够证实犯罪嫌疑人有罪或者无罪、犯罪情节轻重的各种证据，严禁刑讯逼供和以威胁、引诱、欺骗以及其他非法的方法收集证据；必须保证一切与案件有关或者了解案情的公民，有客观地充分地提供证据的条件，并且除特殊情况下可以吸收其协助调查。侦查人员应当遵守回避制度。诉讼参与人对于侦查人员侵犯公民诉讼权利和人身侮辱的行为，有权提出控告。

侦查人员直接同刑事犯罪作斗争，任务艰巨复杂，政策性和专业性很强，故要求其具备很高的素质。在政治上必须坚持四项基本原则，树立全心全意为人民服务的思想，热爱本职工作，不计较个人得失，保持同人民群众的密切联系，倾听人民的意见和建议，接受人民的监督，维护人民的利益。在业务上必须以宪法和法律为活动准则，忠于职守，清正廉洁，纪律严明，服从命令，严格执法。必须懂得我国宪法、刑法、刑事诉讼法、逮捕拘留条例以及其他有关法规，正确掌握这些法律武器，有效地同刑事犯罪分子作斗争。在专业技能方面，必须学会勘查刑事犯罪现场，掌握侦查技术，射击技术，汽车、摩托车驾驶技术，有线、无线电通讯技术，擒拿格斗和警用戒具的使用方法等。在心理素质方面，必须具备敏锐的洞察力、较强的记忆力、敏捷的思维和丰富的联想力、顽强的意志力以及随机应变的能力和不良心理的克制能力。（刘克鑫　项振华）

zhencha renwu

侦查任务（investigative task）　侦查机关在办理案件过程中依法所承担的工作。根据我国《刑事诉讼法》的规定，侦查的主要任务可以归纳为以下几个方面：①查明犯罪事实。这是处理刑事案件的基础。公安机关、人民检察院和其他享有侦查权的机关或部门在办理案件过程中，首先需要查明构成犯罪案件的事实。通常在立案之后，要确认犯罪事实的存在，被侵犯（害）的人和物，犯罪的时间和地点，犯罪的手段和方法，犯罪的动机、目的和后果，犯罪人及其同伙实施犯罪行为时的年龄、精神状态等，最终达到侦破刑事案件的目的。为了完成这一项具体的任务，侦查人员就必须认真地勘验犯罪现场，详细询问被害人及其亲属，详细地询问有关证人，经过不断地专门性的调查工件，进而核实犯罪事实的存在,为侦破案件和依法追究犯罪人的刑事责任提供依据。②收集证据。这是全部侦查活动的中心环节。证明案件真实情况的一切事实,都是证据。经过查证属实的证据才能作为定案的根据。侦破案件必须有充分、确凿的证据。证据是澄清犯罪嫌疑、查明案件事实和情况、认定作案人的客观依据。没有证据就不能破案,更不能追究被审查人的法律责任。因此,侦查人员在侦查工作中必须依照法定程序,收集能够证实犯罪嫌疑人有罪或者无罪、犯罪情节轻重的各种证据。但不能以刑讯逼供和威胁、引诱、欺骗以及其他非法的方法收集证据。③采取必要的强制性措施,防止人犯逃避侦查、审判和继续进行犯罪活动,这是侦查工作的基本要求。侦查中所采取的强制性措施,通常有拘传、取保候审、监视居住、拘留、逮捕等几种。侦查机关在决定采取强制性措施时,应考虑犯罪嫌疑人罪行的轻重,人身危险性的大小,罪证是否充分确凿,以及是否有逃避侦查、审判或者继续犯罪的可能等具体情况。由于采用强制性措施直接关系到公民的人身权利和民主权利,因而必须持严肃、慎重态度。要防止随意捕人、拘人等滥用职权的违法行为。另外,在侦查中,如果案情有了发展变化,对于原先采取的强制性措施,应根据新的情况,分别予以撤销或变更。④保障无罪的人不被追究刑事责任。由于侦查犯罪的复杂性,在已逮捕、拘留或已采取其他强制性措施的人中,可能会有极少数是属于无罪的人。即使是被拘捕的有重大犯罪嫌疑的人,也存在着有罪和无罪两种可能性。故而在侦查中,特别是在审讯中,既要注意获取能够证明犯罪嫌疑人有罪的材料和口供,也要注意收集能够证明犯罪嫌疑人无罪的材料,认真听取犯罪嫌疑人无罪的辩解,认真检验核实侦查材料的真伪,注意发现侦查中的疏忽和错误,及时进行补救和纠正。经过查证,发现凡是不应该立案侦查的,应立即停止侦查;凡是属于错拘、错捕的,要依照法律规定,立即予以释放,并做好善后工作。

(张玉镶 刘克鑫)

zhencha shiyan

侦查实验(investigative test, investigative experiment) 侦查机关在侦查中为了确定与案件有关的某一事实或现象发生或存在的客观可能性,依法将该事实或现象参照案件原有条件重新加以演示的活动。可以在现场勘查和整个侦查(含预审)过程中使用,也可以在审查起诉和审判过程中使用。侦查实验是一种科学的侦查方法。通过实验,可以鉴别证人证言、被害人陈述、被告人口供是否真实可靠;审查辨认结果是否准确无误;审核对案件有关的各种说法或猜测的可靠程度等。根据我国现行《刑事诉讼法》第108条的规定,"为了查明案情,在必要的时候,经公安局长批准,可以进行侦查实验"。这里所说的"必要",是针对侦查实验应从严掌握来讲的。侦查实验必须在侦查人员的主持下进行;必须邀请两名与案件无关的人到场作见证人;在实验过程中,严格禁止一切足以造成危险、侮辱人格或者有伤风化的行为。

侦查实验的内容主要有:①感知可能性实验。即在一定条件下,某些现象通过感觉器官在人脑中直接反映的可能性实验。比如在一定环境中看见或听见的可能性实验,就属于此类实验。②行为可能性实验。即在一定条件下实施某种外在活动的可能性实验,包括行为能力可能性实验、行为过程可能性实验和行为结果可能性实验。行为能力可能性实验,即胜任某种外在活动主观条件的可能性实验。比如是否可能搬移重物,是否具有专门技能(如绘画、制图、驾驶汽车等)的实验。行为过程可能性实验,即从事某种外在活动所经过的顺序的可能性实验。比如在一定的条件下是否可能按照一定的顺序完成盗窃活动的实验。行为结果可能性实验,即实施某种外在活动所达到的最后结局的可能性实验。比如在一定条件下,某人是否可能将一重物从甲地搬到乙地;某人在一定的时间内是否可能从甲地步行到乙地的实验等。③自然力可能性实验。即在一定条件下某些现场不经人力干预,自由发展可能性的实验。比如这个草堆在一定条件下能否自燃的实验;在某一场所保存某些物品时,其重量能否发生自然损耗的实验等。

进行各种侦查实验,必须事先做好准备工作。主要有:仔细研究有关材料;详细询问事主、证人;制定侦查实验计划(包括实验的内容、目的、时间、地点及参加实验的人员等);准备好实验所必须的工具和物品等。侦查实验遵循的规则主要是:必须是为了检验、核实证据和查明案情,而且必须是在必要的时候,比如采取其他方法达不到目的时,才可以进行;如果是审查两个以上的人(包括证人、被害人、犯罪嫌疑人和被告人)的陈述中的同一个问题,实验应当分别进行;实验的执行者应当是普通社会人士,侦查人员和见证人不得充当实验的执行者;要尽可能在案件发生的原地进行,如果原地已不具备实验条件,可另选地点或在实验室进行;实验的时间、光线、风向、风速、气温、周围的音响等条件应同事件发生时的条件相近似;尽量使用原来的工具和物品实验,如果原物已损坏或需用原物进行比对鉴定时,应使用同类物品和工具;对同一情况应反复多次实验;实验可公开进行,对实验结果要保密等。

侦查实验常采用形式逻辑中探求因果联系的五种方法,即求同法、求异法、求同求异并用法、共变法和剩余法。为使侦查实验结果起到证据作用,从实验一开始,就应将实验的情况和结果用笔录、照相、绘图、录音、录像、制作模型等方法加以记录和固定。侦查实记录以笔录为主,用其他记录方法记录和固定的情况,应作为笔录的附件。笔录的内容包括:实验的时间、地点,参加人员的姓名、职业;实验的目的;实验的过程、次数;结束实验的时间等。实验结束时,应将笔录的内容向所有在场的人宣读,并经他们声明记载无误后,由主持实验的侦查人员、实施侦查实验的一切人员和在场见证人签名或盖章,并注明年、月、日。

(张玉镶 项振华)

zhencha shiyan jilu

侦查实验记录(record of investigative experiment) 用笔录、照相、录音、录像、制作模型等方法对侦查实验的情况和结果的固定。以笔录为主,用其他方法固定的实验情况和结果,应作为笔录的附件。笔录的结构内容一般有:①前言部分。应写明实验的法律依据;案件的基本情况;实验的内容和目的;实验的主持人、助手、执行者、见证人的简况;预先告之作虚假实验和证明应负的法律责任。②叙事部分。应写明实验的过程和结果,即在什么条件下,用何种方法和材料进行实验;各参加者的具体分工和所在位置;实验执行者做了些什么动作;实验的具体方法和次数;实验的条件有何种改变;每次实验的结果如何;对实验的进程和结果是怎样固定的等等。③结束部分。应写明实验的起止时间,曾经宣布过不许泄露实验的情况和结果;笔录已向所有在场的人宣读;实验的主持人、助手,实施这项行为的一切人员和在场见证人的声明和签名。侦查实验不可能将原来的事实或现象完全彻底地再现出来,它只能证明某一事实或现象发生或存在的可能性,而不是必然性,因而所得出的结果不可能与原来的完全一样。所以,任何侦查实验结果都不能单独作为侦查中认定或否定某一事实或现象的依据。只有在实验结果能够和其他证据相互印证时,这些结果才有可能成为认定案件某一事实或现象的根据。

(张玉镶)

zhencha siwei

侦查思维(investigative thinking) 侦查人员依据犯罪信息进行分析、综合、判断、推理,从而完成侦查认识活动的过程。常见的侦查思维形式主要有侦查逻辑思维、侦查辩证思维、侦查形象思维、侦查灵感思维、侦查社会思维等。除此之外,按照不同的标准,还可以对侦查思维的形式进行分类。如以侦查思维的方法为标准,可以将其分为直接侦查思维和间接侦查思维。直接侦查思维是指侦查人员凭借自己的经验来判断和分析侦查工作中的问题。间接侦查思维是指侦查人员借鉴他人的思维成果和方法去思维。以侦查思维的主体的数量为标准,可以将其分为个体侦查思维和群体侦查思维。个体侦查思维是指侦查人员个人在侦查中所进行的思维。群体侦查思维是指侦查人员在侦查中利用会议进行的集体性的思维。以侦查思维的程度为标准,可以分为片面侦查思维和全面侦查思维。片面侦查思维是指侦查人员从一个角度、一个方面去思维侦查中的问题。全面侦查思维是指侦查人员能够从多方位、多视角去思维侦查中的问题。以侦查思维的内容有无差异为标准,可以将其分为随和性侦查思维和独立性侦查思维。随和性侦查思维是指侦查人员的思维活动趋向于谋求一致,而没有自己独创性的侦查思维。独立性侦查思维是指侦查人员在侦查中有勇于探索的精神,敢于坚持自己意见的侦查思维。

(刘克鑫)

zhencha siweixue

侦查思维学(science of investigation thinking) 研究侦查思维的规律、方法及其应用的学科。其作用在于帮助侦查人员正确认识思维的规律和方法,提高在侦查实践中的思维能力。侦查思维学的主要内容分为:①侦查抽象思维。包括侦查逻辑思维和侦查辩证思维。侦查逻辑思维是指运用形式逻辑知识对侦查中的问题所进行的思维。侦查辩证思维是指运用辩证逻辑知识对侦查中的问题所进行的思维。它们有自己的独特规律,如侦查逻辑思维中必须遵循同一律、矛盾律(或称不矛盾律)、排中律以及充足理由律,在侦查辩证思维中必须遵循具体同一律、能动转化律、周期发展律等。②侦查形象思维。侦查实践中被经常运用。如在现场勘查、外貌识别等侦查行为中,需要在抽象思维的同时进行形象思维,即侦查人员以事物的形象作为思维的要素。这种思维的特点是"二维"的。③侦查灵感思维。一种纯主观的思维活动。它产生于大脑的概念系统、意象系统和经验系统的隐影的总和。故有"三维"的特点。侦查灵感无法在常规意识中显现,是侦查人员在侦查破案中一种潜意识的激发,一种突然涌现、瞬间即逝的思维过程。④侦查社会思维。这种思维不以个别侦查人员的思维形式以及规律为研究对象,而是以侦查人员的集合思维的规律和方法为研究对象,包括社会所创造出来的精神财富对于侦查人员的思维的影响,以及侦查人员的侦查实践对于侦查人员整体的思维的作用和贡献。

(张玉镶 刘克鑫)

zhencha teshu fangfa

侦查特殊方法(special investigative methods) 侦查中对特定的某一类案件依法采用相应的特殊侦查手段和措施。与侦查一般方法相对称。刑事案件种类繁多,每类案件都有不同的表现形式和特点,因此,在侦破方法上不仅要掌握刑事案件的普遍规律和侦查破案的一般方法，还要认真研究和总结各类刑事案件的不同特点和侦查破案的特殊方法。如杀人案件的侦查方法、强奸案件的侦查方法、贪污案件的侦查方法等，都是根据该类案件的特点采用的特殊侦查方法。它的特殊性在于与侦查其他类型案件方法上的相对区别性，它与侦查一般方法相联系，并体现出侦查的一般方法。

(文盛堂)

zhencha tuili
侦查推理（calculation of investigation） 在刑事侦查工作中，根据已知的事实按照事物之间普遍联系的规律，对犯罪案件事实进行推导并作出判断的一种思维形式。从形式逻辑的角度来看，刑事侦查工作从立案到结案，是一个不断调查研究与分析判断的过程，即表现为一个不断进行侦查推理的过程。侦查推理不同于一般的推理，主要侧重在研究未知的犯罪事实、犯罪证据和实施犯罪的人，侧重在某些类别的推理。侦查推理的种类一般分为侦查演绎推理、侦查归纳推理和侦查类比推理。①侦查演绎推理。根据刑事案件发生、发展的一般性规律推导出具体犯罪案件发生、发展的必然性过程或结果的一种推理方法。根据前提判断的不同类型分为三段论推理、关系推理、选言推理、假言推理和二难推理等。侦查演绎推理的方向是从一般到个别。②侦查归纳推理。即根据具体的犯罪案件发生、发展的客观事实推导出某类刑事案件的发生、发展规律的一种推理方法。侦查归纳推理的方向是从个别到一般，即从个别案件的侦查认识到某一类或所有案件的侦查认识。按考察个别、具体犯罪案件的完全程度，侦查归纳推理分为完全归纳推理和不完全归纳推理。刑事侦查中通常进行的并案侦查归纳推理、犯罪过程归纳推理，均属于不完全归纳推理的一种特殊形式。③侦查类比推理。根据个别案件的具体情况推导出其他案件可能存在相似的情况。侦查类比推理的方向是从个别到个别，即从个别侦查破案的认识到另一侦查破案的认识。侦查类比推理在侦查实践中被经常适用，有较大的或然性。侦查实践中所依据的同类属性的相似情节愈多，愈能够减少其或然性，但受其推理方向的制约，不可能完全排除一定的或然性。如侦查实验就是一种典型的侦查类比推理，它是用模拟和重演的方法，研究证实在某种条件下某一事件或事实能否发生或怎样发生而进行的一种侦查活动。侦查实验的各种条件与实际案情相似，其结论的可靠性就比较大；假如侦查实验的各种条件与实际案情不相似，其结论就不存在着可靠性。

(刘克鑫)

zhencha xinlixue
侦查心理学（investigation psychology） 研究侦查人员在侦查活动中的心理活动规律的学科。是侦查与心理学相结合而产生的一门应用分支学科。其研究对象主要是侦查人员的心理，包括侦查人员的认识活动、意向活动及其认识活动之间的相互影响关系，侦查人员的意志、动机和个性心理特征等。开展侦查心理学的研究，既有其理论方面的意义，也有其实际应用的价值。侦查心理学作为普通心理学的分支和应用学科，不仅有利于充实、促进刑事侦查学的发展，同时也能充实犯罪学、犯罪社会学、犯罪人类学、犯罪精神病学等门类学科的内容。侦查心理学作为与侦查实践紧密联系的科学，可帮助侦查人员自觉地调节自身在侦查过程中的心理活动，逐渐培养良好的心理品质，以及为侦查机关选拔和培养侦查人员提供心理分析依据等。侦查心理学是随着侦查实践的需要和心理学的兴起而产生的。追溯到我国的古代，只有一些关于侦查心理的论述。如西周的《周礼·秋官·小司寇》记载的"五听之说"，宋代郑克编的《折狱龟鉴》中所记载的"摸钟辨盗"，但无人对侦查心理进行较为系统的论述。到了近代，随着西方国家心理学的诞生和形成，逐渐有了专门系统的司法、侦查心理的理论研究。如现代心理学奠基人冯特所著《民族心理学》中的"法律篇"，以整卷的篇幅探讨了法律心理学的问题。我国直到20世纪70年代后期，在依法治国的客观历史背景下，首先在政法院校开设了法制心理学的课程。随后不久又出现了把心理学的原理应用于刑事侦查工作的学科体系——侦查心理学。该学科的内容体系主要分为三个部分：①绪论。主要论述侦查心理学的研究对象，侦查心理学与普通心理学的关系，侦查心理学与刑事侦查学的关系，侦查心理学的意义和作用，侦查心理学的研究方法，侦查心理学的发展简史等内容。②侦查中的客观心理现象。主要论述侦查中的感觉和知觉，侦查中注意的实质与功能，注意形成的规律，多余信息的排除，侦查中记忆的策略，侦查中的联想与回忆，侦查中的发现问题，侦查中的假设与推理，侦查中的定势等侦查思维问题，侦查中的定势与灵感，影响侦查人员情绪的因素等内容。③侦查中的主观心理现象。主要论述侦查人员的意志，侦查人员的意志形成过程，侦查人员意志的作用，侦查人员的动机，侦查人员的兴趣，侦查人员的气质，侦查人员的能力和侦查人员的性格等内容。

(张玉镶 刘克鑫)

zhencha xingwei
侦查行为（investigatory activity） 侦查机关的侦查人员根据法律赋予的侦查权，在办理刑事案件中进行侦查的方式、方法、措施、手段等的有意识的活动。侦查行为的主体是刑事诉讼中的侦查人员，侦查行为的对象是证明案件事实的证据、案件事实和犯罪嫌疑人。侦查行为是刑事侦查学中使用的一个概念，不是刑事诉讼法中的用语，学术上有广义和狭义两种不同的理解。狭义仅指侦查人员在办理刑事案件中符合刑事诉讼法规定的专门调查活动，内容包括讯问犯罪嫌疑人，询问证人和被害人，勘验和检查，搜查，扣押物证、书证，鉴定，通缉。广义指侦查人员在办理刑事案件中合法的专门调查行为与不合法的专门调查行为。合法的专门调查行为，如讯问犯罪嫌疑人，必须由人民检察院或者公安机关的侦查人员负责进行。讯问的时候，侦查人员不得少于2人。对于不需要逮捕、拘留的犯罪嫌疑人，可以传唤到犯罪嫌疑人所在市、县内的指定地点或者到他的住处进行讯问，但是应当出示人民检察院或者公安机关的证明文件。传唤、拘传持续时间最长不得超过12小时。不得以连续传唤、拘传的形式变相拘禁犯罪嫌疑人等。不合法的专门调查行为，如只有一个侦查人员对犯罪嫌疑人进行讯问，传唤、拘传时间持续超过12小时，用刑讯逼供和以威胁、引诱、欺骗以及其他非法的方法收集证据等。合法的专门调查行为，受法律保护，而不合法的专门调查行为，视具体情况给予相应的法律制裁。

(刘克鑫 项振华)

zhencha xunwen
侦查讯问(investigative interrogation) 侦查人员为侦破案件对现行犯或重大嫌疑分子所依法进行的讯问。在刑事侦查学上，侦查讯问是相对于预审而言的。我国刑事诉讼法将刑事侦查活动规定为"侦查"和"预审"两部分。公安机关也曾分设刑侦和预审两个部门来承担侦查刑事案件的工作。因此，习惯上将刑侦部门的讯问工作称为侦查讯问，将预审部门的讯问称为审讯。所以，侦查讯问是在预审前的侦查阶段侦查人员为了收集证据，追缴赃款赃物，揭露和证实犯罪，追捕同案犯等的需要而对犯罪嫌疑人进行的一种面对面的审查。它是每起刑事案件必经的重要侦查阶段和必用的侦查措施。侦查讯问的结果对破案工作的成败也极为重要。其讯问的程序要求等基本与审讯相同。

侦查讯问的对象主要有两大类：一类是现行犯、重大嫌疑分子或由公民扭送到司法机关的嫌疑人和自首人。对这类人的案件因情况紧急而来不及事先进行侦查，不可能掌握证明其有犯罪事实的材料或证据材料很残缺，故讯问的目的主要是证实犯罪。另一类主要是对被依法传讯或拘捕的犯罪嫌疑人拘捕后24小时内的初次讯问，即属于侦查讯问，如发现不应拘捕时应立即释放。被传讯的人，一是犯罪情节轻微、无需拘捕而传讯；二是犯罪嫌疑重大、但罪证需要进一步核实而传唤或拘传。如国家公职人员贪污、贿赂、挪用公款等罪案的犯罪嫌疑人，往往在控告、举报、报案中指出了犯罪嫌疑人是谁，但由于这类人利用职务之便假借"合法"的形式隐蔽、诡秘地进行犯罪活动，很难查清其犯罪事实，故在必要的时候，破案之前也要对犯罪嫌疑人进行侦查讯问。

侦查讯问的重点是查问犯罪嫌疑人是否有犯罪行为；发现与案件有关的、能证实犯罪有无和犯罪情节轻重的各种证据，一经发现要及时收集、调取；通过侦查讯问获取的口供中发现线索，及时进行查证；还要从侦查讯问的供述中发现并追缴赃款赃物。因此，侦查讯问往往与其他侦查活动同步进行或交叉进行，侦讯结合。如在侦查讯问的同时或讯问前后进行询问证人和被害人，或进行勘验、检查、搜查、扣押、鉴定、辨认、查询、冻结等等侦查措施，外侦内讯、侦讯配合、互相印证、相互补充、扩大线索、衔接协调，然后将侦讯情况进行综合分析研究，依法获取尽可能收集和调取的证据材料，及时破获案件。

侦查讯问对象的到案途径主要是：①当场抓获；②公民扭送；③侦查机关传讯；④依法拘捕(应在24小时内进行讯问)；⑤犯罪人自首；⑥侦查人员主动前往被讯问人处讯问。

(文盛堂)

zhencha yiban fangfa
侦查一般方法(general methods of investigaion) 人民检察院、公安机关、国家安全机关、军队保卫部门和监狱，在刑事案件的侦查过程中依法按照一定步骤普遍采用的专门调查和有关强制措施的方法。主要包括：①协助审查立案材料。即用某些侦查方法对特殊的犯罪嫌疑线索材料进行初步查对和核实，或对犯罪嫌疑人采取紧急措施，保障及时立案，为全面展开侦查奠定基础。②分析判断案情。根据对立案材料的仔细研究，及时对案情作出符合逻辑的分析判断，即对案件性质、罪与非罪和作案动机、时间、处所、工具、手段、过程、犯罪嫌疑人及其各种情况等等，作进一步分析推断。③制定侦查计划。在客观具体的事实资料和分析判断案情的基础上，根据侦查的一般规律和案件的特点制定切实可行的侦查计划。④发现和查证嫌疑线索。根据侦查计划确定的侦查最初任务，深入调查访问，发现嫌疑线索，结合其他案情尽速侦查，进一步查证嫌疑线索。⑤发现和查证犯罪嫌疑人。根据侦查初期发现和查证的嫌疑线索，展开对犯罪嫌疑人的发现和查证。⑥调查取证，认定犯罪嫌疑人。对经查证有作案时间和条件的重点嫌疑对象，从作案时间、作案因素、作案工具、作案行动表现和赃证物等方面，机动灵活地采用各种侦查手段收集证据，并对所有证据进行全面甄别、印证，用证据来认定犯罪嫌疑人。⑦灵活运用侦查措施和手段破案。在侦查的各个环节，根据案件本身的特点和实际需要有的放矢地灵活动用勘验、检查、侦查实验、询问证人、搜查、扣押、辨认、通缉、鉴定、讯问等手段和各种强制措施搜集证据，查明案情，适时破案。⑧侦查终结。经预审核实全案情况，提出是否起诉的意见或依法撤案，终结案件的侦查。

(文盛堂)

zhenchayuan
侦查员（investigator） 刑事诉讼中，侦查机关内部侦查人员的一种职务名称。侦查人员有多种职务，由低到高可以分为：侦查员、侦查股长、侦查科长、侦查处长、侦查局长等。侦查人员职务不同，但在侦查活动中，都以侦查人员的身份参加刑事诉讼，诉讼地位是平等的。

(项振华)

zhencha yuanze
侦查原则（principle of investigation） 侦查人员在整个侦查活动中必须遵循的基本行为准则。主要有：①依靠群众的原则。指在侦查活动中，要坚持实行群众路线。我国《刑事诉讼法》第6条规定，人民法院、人民检察院和公安机关进行刑事诉讼，必须依靠群众。表明了我国是人民民主专政的社会主义国家，司法机关的专职工作从根本上是保护广大人民利益的，而离开广大人民群众的支持，就不可能体现司法工作的人民民主性质。在侦查活动中，坚持实行群众路线，是我国刑事侦查工作的优良传统。早在1963年，公安部就将其列为刑事侦察方针的组成部分。实行群众路线，要求侦查人员在工作过程中必须牢固树立起依靠群众的观点，相信群众，依靠群众，自觉地贯彻群众路线。在侦查破案过程中，要坚持深入群众调查访问，积极地发动和组织广大人民群众同刑事犯罪作斗争，要同广大人民群众保持密切的联系，虚心倾听群众的意见，接受群众的监督。②实事求是的原则。指在侦查工作中，坚持一切从实际出发的辩证唯物主义的思想方法和工作方法。这一原则在刑事诉讼法中有多处表述。如《刑事诉讼法》第6条中有必须"以事实为根据，以法律为准绳"的规定，《刑事诉讼法》第44条中有"必须忠于事实真相"的规定，等等。坚持实事求是的原则，就要求在侦查过程中，侦查人员要树立实践是检验真理的惟一标准的观点，一定要全面查清与案件有关的一切情况，仔细地收集各种证据材料，要收集能够证实犯罪嫌疑人、有罪或者无罪、犯罪情节轻重的各种证据。对于一切作为定案根据的证据，都必须经过查证属实，不能轻信犯罪嫌疑人的口供。③依法侦查的原则。指刑事侦查活动必须严格依照刑事诉讼法的规定进行。侦查是刑事诉讼中立案后的第一个阶段，刑事诉讼法对侦查有明确的规定。如我国现行《刑事诉讼法》第89条规定：公安机关对已经立案的刑事案件，应当进行侦查，收集、调取犯罪嫌疑人有罪或者无罪、罪轻或者罪重的证据材料。对现行犯或者重大嫌疑分子可以依法先行拘留，对符合逮捕条件的犯罪嫌疑人，应当依法逮捕。第90条规定：公安机关经过侦查，对有证据证明有犯罪事实的案件，应当进行预审，对收集、调取的证据材料予以核实。这些法律条文的规定，是经过长期的历史经验才总结出来的行为规范，侦查人员必须领会其精神实质，严格依照该法律的规定办案。

(刘克鑫)

zhencha zhongjie
侦查终结（conclusion of investigation） 公安机关、人民检察院、国家安全机关、军队保卫部门和监狱等有法定侦查权的机关，对自己立案并经过一系列的侦查活动，认为犯罪事实清楚，证据确实、充分，或者已查明证据不足，或者对犯罪嫌疑人不应当追究刑事责任的，决定结束侦查并依法作出处理或者提出处理意见的诉讼活动。侦查终结是侦查程序的最后阶段，其主要任务就是侦查机关通过侦查活动查明案件的证据和事实，并依法作出处理或者提出处理意见。准确、合法、及时地终结侦查，对于全面总结、科学评价侦查工作和为起诉奠定良好基础，对于准确、及时追究犯罪人的刑事责任和保障无罪的人不受刑事追究，都具有非常重要的意义。在侦查工作中，一般分为侦查破案和审讯犯罪嫌疑人两个阶段。在犯罪事实和犯罪嫌疑人已经查清并取得充分证据的基础上，依法传讯犯罪嫌疑人，或者采取强制措施，将犯罪嫌疑人拘捕归案，是侦查工作中的第一个阶段，通常称为侦查破案。侦查破案之后，案件即转入审讯犯罪嫌疑人阶段。经过对犯罪嫌疑人审讯和调查之后，如果犯罪事实、犯罪情节已经查清，证据确实、充分，犯罪性质和罪名认定正确，法律手续完备无缺，即可结束审讯。审讯结束是侦查终结的标志。根据我国现行《刑事诉讼法》的规定，人民检察院侦查终结的案件，应当作出提起公诉、不起诉或者撤销案件的决定。公安机关侦查终结的案件，应当做到犯罪事实清楚，证据确实、充分，并且写出起诉意见书，连同案卷材料、证据一并移送同级人民检察院审查决定。在侦查过程中，发现不应对犯罪嫌疑人追究刑事责任的，应当撤销案件；犯罪嫌疑人已被逮捕的，应当立即释放，发给释放证明，并且通知原批准逮捕的人民检察院。

侦查机关必须在各种法定的侦查羁押期限内侦查终结。根据刑事诉讼法的规定，对犯罪嫌疑人逮捕后的侦查羁押期限不得超过2个月。案情复杂、期限届满不能终结的案件,可以经上一级人民检察院批准延长1个月。因为特殊原因,在较长时间内不宜交付审判的特别重大复杂的案件,由最高人民检察院报请全国人民代表大会常务委员会批准延期审理。对于交通十分不便的边远地区的重大复杂案件,重大的犯罪集团案件,流窜作案的重大复杂案件,犯罪涉及面广,取证困难的重大复杂案件,经省、自治区、直辖市人民检察院批准或者决定,可以延长2个月。对犯罪嫌疑人可有判处10年有期徒刑以上刑罚,依法延长期限届满,仍不能侦查终结的,经省、自治区、直辖市人民检察院批准或者决定,可以再延长2个月。在侦查期间,发现犯罪嫌疑人另有重要罪行的,自发现之日起依《刑事诉讼法》第124条的规定重新计算侦查羁押期限。犯罪嫌疑人不讲真实姓名、住址,身份不明的,侦查羁押期限自查清其身份之日起计算,但是不得停止对其犯罪行为的侦查取证。对于犯罪事实清楚,证据确实、充分的,也可以按其自报的姓名移送人民检察院审查起诉。

在国外的刑事诉讼法中,英美法系国家对警察机关进行的侦查如何终结问题规定得很少,而大陆法系国家则规定得多一些,原苏联则规定得相当详细具体。日本的法律规定,侦查终结时,检察官有决定起诉或不起诉的权限。司法警察官员结束侦查后,应当迅速把案件连同文书和证物一并移送检察官。从此侦查权转移于检察官。检察官对移送的案件和自行侦查的案件进行审查后,可以用裁定作出起诉或不起诉处分。统一后的德国新刑事诉讼法典第169条a规定:"〔侦查终结〕检察院考虑提起公诉的时候,应当在案卷中注明侦查已经终结。"第170条规定:"〔侦查程序终结〕(一)侦查结果提供了足够的提起公诉理由时,检察院应当向对案件有管辖权的法院递交起诉书提起公诉。(二)否则,检察院应当停止程序。停止程序时,检察院应向曾作为被指控人受过讯问或对他签发过逮捕令的被指控人作出通知;如果被指控人请求予以通知或者显然对于通知有特别利益的,同样适用此规定。"总之,根据各国刑事诉讼法的规定和综观其实际做法,侦查终结大体有三种情况或方式:一是移送起诉;二是终止侦查,也就是我国通常所说的撤销案件;三是中止侦查,即暂时停止侦查。对于起诉的案件,在英美国家,警察将侦查所获的全部案件材料连同文书移交给检察官或预审法官,侦查就告结束。对于终止侦查的形式,各国侦查实践中都采用,如法国的法律规定,若预审法官认定该事实不构成重罪、轻罪及违警罪,或尚未发现犯罪行为人,或指控被告人的根据不足者,应作出命令宣布此案停止进行。审判前拘留的被告人应予释放。中止侦查是由于出现某些情况而不得不暂时停止侦查,原苏联和东欧一些国家对此有具体规定,而西方资本主义国家对此一般不作专门规定。中止侦查的原因,如犯罪嫌疑人居留点不明或患有精神等重大疾病,未查明犯罪嫌疑人等。

(张玉镶 项振华)

zhencha zhuti

侦查主体(subject of investigation) 依据刑事诉讼法享有侦查权,对刑事案件实施侦查活动的人员。根据我国刑事诉讼法的规定,公安机关负责对刑事案件的侦查、拘留、执行逮捕、预审,人民检察院负责对直接受理的案件的侦查,国家安全机关在办理危害国家安全的刑事案件方面行使与公安机关相同的职权,军队保卫部门对军队内部发生的刑事案件行使侦查权,监狱负责对罪犯在监狱内犯罪的案件进行侦查。上述机关中享有侦查权的人员均是侦查主体。侦查主体在不同的社会制度下以及不同的国家,受当时的社会生产力和社会上层建筑的决定和影响,是不完全相同的。侦查主体是刑事侦查学上的一个概念,同时也是一个历史概念。它是人类进入阶级社会以后才存在的社会现象。当人类进入奴隶社会之后,侦查主体不是单独存在,而是附属于行政官或法官。如我国西周奴隶社会时期,它在确立贵族等级制度的同时,也建立了相应的司法官制。其中央司法长官称为"司寇",下设"士师"数人,负责京都及周围地区刑事案件的查问。西周的基层组织分为"乡"和"遂",由"乡士"和"遂士"分别负责地方狱讼的查断。春秋战国时期的"司武虎(暴)"、"司稽"、"禁暴(武虎)士"、"司隶"等都是执掌侦查职权的官吏。随着社会发展到封建制的历史阶段,侦查与审判的职能有了一定的分离,但在性质上仍然是依附于行政官或审判官。如我国秦汉时期建立了比较完整的封建官僚制度,在中央政权结构上,皇帝独揽国家大权,有权审理全国的一切案件,具体负责司法刑狱的组织则由中央、京师和地方三部分组成。秦朝的中央司法长官为廷尉,负责审理皇帝直接交办的案件和地方呈送的疑难案件;御使大夫具有一定的检察官职能,负责监察百官和调查官员违法案件;中尉作为朝廷任命的官员负责京师的治安和缉捕盗贼的工作,下设丞、侯、司马、千人等属官。京师的行政长官是内史,负责掌管京师的司法和治安。郡、县、乡、里四级地方行政机构相应地分设郡尉、县尉(丞)、游徼、里正(典)负责本级行政区域发生的刑事案件的侦查。唐宋时期形成了多重并列侦查体制。如宋代设有"巡检司"和"县尉司"两套侦查职能机构。"巡检司"是由朝廷派到地方捕捉盗贼的机构,"县尉司"主管辖区内的治安。明清时期侦查机构更趋庞杂,分工亦较专业化。明朝负责京师治安的有锦衣卫、五城兵马司以及皇帝随时委派的军队,府、州、县设有专事捕盗官。清朝的步兵统领衙门和五城兵马司均属侦查治安机构。社会发展到了资本主义阶段,由于经济的迅速发展,加速了人口城市化的进程,进而不可避免地导致了城市犯罪活动增加的新局面,警察型的侦查主体出现了。如1829年,英国国会通过了《大伦敦警察法》,授权内政大臣组建统一的大伦敦警察部队,并于1842年在大伦敦警察厅成立犯罪侦查处。与此同一历史时期,法国形成了以检察官为主、以司法警察和预审法官为辅的侦查主体制度。如1808年的《法国刑事诉讼法典》规定侦查职权属于检察官和司法警察。1959年法国的《刑事诉讼法典》进一步确立了侦查权、起诉权和审判权分别属于不同的司法机关的原则,这种由检察官领导、由警察实施的刑事侦查制度对世界上许多国家都产生过一定的影响。中国于19世纪末也开始效仿外国建立警察机构。从这一历史阶段开始,侦查职能已经完全从行政职能和审判职能中分离出来,警察已成为独立的最主要的侦查主体。

(张玉镶 刘克鑫)

zhencha
侦察(espionage, scout, inspect) 我国《刑事诉讼法》颁布以前公安工作中沿用的术语。原本是军事用语,其本义是指为了弄清敌情、地形及其他有关作战的情况而进行的军事活动。在我国历史上的公安工作中也用侦察,借指为了确定犯罪事实和犯罪人所进行的调查。1958年公安部组织编写的《刑事侦察工作讲义》将刑事侦察与军事侦察相对分离开来,使之成为公安工作的一个专用术语而得以广泛使用。修正前后的《中华人民共和国刑事诉讼法》均统一使用"侦查"这一专用术语,在此情况下,理论界和实践中对关于"侦查"与"侦察"的性质产生了争议,长期存在认识上的分歧。有的认为"侦察"是指公安机关、国家安全机关对具体犯罪案件破案前的调查控制工作,而破案后的预审则称之为"侦查"。有的认为"侦察"是公安机关和国家安全机关同特务、间谍等危害国家安全的犯罪分子和其他刑事犯罪分子作斗争时,根据宪法、法律,依照有关行政法规进行的调查研究和控制审查工作,而人民检察院对属于自己管辖的刑事案件的调查控制工作,则称之为"侦查"。有的还认为,"侦察"秘密程度很强,而"侦查"秘密程度较弱;"侦查"所收集的材料审查核实后,可以作为证据公开采信,而"侦察"收集的材料只是证据线索,必须进行转化后才能作为证据公开使用。上述观点均认为"侦察"是国家行政机关依据并为了执行宪法而实施行政权的一种活动,属于行政行为,侦察权的根据是行政权;而"侦查"是国家司法机关的司法行为,依据的是刑事诉讼法,侦查权的根据是司法权。大多数观点认为,既然刑事诉讼法把办理刑事案件中的专门调查工作和采取的强制性措施称为"侦查",就应该根据法律规定,将侦办刑事案件中的习惯用语"侦察"更改为法定用语"侦查"。而公安机关、国家安全机关在侦查中采取的限制人身权、财产权的措施,显然是不能引起行政诉讼的,因为根据刑事诉讼法及其他法律规定,公安(含国家安全)机关负有公安行政管理、侦查刑事案件的双重职权。从行使国家侦查权这个意义上说,它是司法机关的重要部门,其进行侦查活动时不以国家名义行使行政权力,这时的公安机关不具备行政主体资格。所以,公安机关只有在公安行政管理活动中采取行政强制措施时才具有行政主体资格,从而才能成为行政诉讼的被告。公安机关在侦查中采取的对人身权、财产权的控制和强制性措施不是行政行为,不能提起行政诉讼。对公发机关在侦查中采取的控制性和强制性措施不服,可依照《刑事诉讼法》和《人民检察院组织法》的有关规定寻求解决。而"侦察"用语必须严格限制在法律特定的范围内使用,如根据《国家安全法》第10条规定:国家安全机关因侦察危害国家安全行为的需要,根据国家有关规定,经过严格的批准手续,可以采取技术侦察措施。因此,公安、国家安全机关应在法定范围内使用"侦察"概念,不能将"侦察"与"侦查"随意混用,更不能在侦查过程中随意用侦察代替侦查。

(张玉镶)

zhentan
侦探(detective) 负责刑事案件的侦查破案的刑事警察。属于现代汉语中的非法律性词语,一般用在文学作品中和日常生活中。侦探一词的产生渊源于英国。早在1748年,英国人亨利·菲尔丁被任命为伦敦犯罪多发区——鲍街地区的治安法官。他上任后便在社会上雇用"耳目"为其收集情报和查缉罪犯。1750年,他创建了英国历史上第一支专门负责刑事侦查工作的队伍——鲍街侦缉队。由于该侦缉队成绩卓著,致使英国国会在1792年通过一项议案,要求伦敦及周围地区都按照鲍街治安法院的模式建立专业的犯罪侦察队伍。英国国会对刑事侦查工作进行的历史性变革,从而使专门负责侦破案件工作的人有了特定的称谓。受西方国家的影响,我国自清朝末期后,逐渐在汉语中产生了与英语detective的概念相一致的侦探一词。但这一词语不是法律上的用语,没有成为规范性文件上的用语。

(刘克鑫)

zhengti fenli henji
整体分离痕迹(traces of separating a whole) 完整的物体被分离成若干部分之后,相邻两部分之间能表明其原为一体的那些相互吻合的形态特征。例如,玻璃破碎之后,相邻的两碎片边缘互成凹凸吻合的形态。

在犯罪痕迹的检验中,根据被分离物体的性质,可以分为三种类型:①同质单体物,即由单一物质构成的整体物，如一张纸、一只杯、一条绳等。这些物体在外力作用下分离为若干部分后，相离两部分之间形成并保留能够相互吻合的分离缘，也可称"断离痕迹"。在实践中，剪切、拉伸、打击、扭转等几种不同的受力方式所形成的断离形态各有差异。根据这些形态特征，除了认定整体之外，还可以判断分离方式，判明作案手段。②同质合体物，即由相同质料制成的两个以上子体组合成的整体物，如螺栓和螺帽合成为一体，机器的各个部件组合为一个整体等。当这些子体被分离后，在原来相互吻接的部位保留下反映被分离部分轮廓形态的痕迹及其相互作用形成的压痕或线痕。这些痕迹反映了各个个体之间原来的对应关系，可作为认定整体同一的证据。③异质合体物，即由不同材料制成的各个子体组合成的整体物，如铁斧头和木斧柄合成为斧；铅质弹头与复铜钢质弹壳合成为子弹。这些物体在组合和分离的过程中，形成相互吻合的凹凸压印与擦划线痕，并可有不同物质间的相互转移。这些特征加上原有的形状、大小、压印或擦划，构成了整体分离痕迹特征。

上述三类客体自身性质与分离手段的差异导致痕迹形态与检验方法的不同。在刑事侦查中，根据分离的方法，可以分析判断犯罪情节及某些职业特点；可以根据痕迹检验认定整体关系，为破案提供重要证据。检验整体分离痕迹的程序和所利用的形态特征主要包括：①受检验的两部分从物质上是否相符合。如同质单体物的两部分在材质上、表面花纹结构、纤维排列方向等是否一致；合体物受检验两部分的相互附着物是否相符。②被检验的两部分的对应分离缘是否吻合，相互形成的凹凸压印痕或擦划痕是否吻合。整体分离痕迹的比较检验手段主要有：①特征直接对照比较，并可将被检验的两部分有关部位同倍拍照放大，用特征指示方法标出吻合点与差异点；②分离缘拼接法，即把被比较两部分的分离缘依照凹凸对应关系加以拼合，观察吻合情况和表面原有形态特征的衔接情况。

(蓝绍江)

zhengben
正本（authentic writing） 副本的对称。依法按照原本制作发给主受件人的诉讼文件（见诉讼文书）。正本出自原件，效力也等同于原件。正本须直接发给主受件人，如人民检察院提起公诉时，正本的起诉书移送给人民法院，副本则发给人民法院以外的其他须知文件内容的机关或个人。

(朱一心)

zhengdang chengxu
正当程序（due process） 《美国联邦宪法》确立的基本原则之一。基本含义是，未经正当的法律程序，任何人的生命、自由和财产均不受政府的剥夺。正当程序按其性质可分为两个方面，即实体上的正当程序（substantive due process）和程序上的正当程序（procedural due process）。前者是对联邦和各州政府部门立法权的一种限制，要求任何一项涉及剥夺公民生命、自由或财产的法律不能是不合理的、任意的或者反复无常的，而应当符合公平、正义、理性等基本理念。后者则涉及法律实施的方法和过程，要求国家用来解决纠纷的程序必须是公正的，即任何人在其生命、自由或财产被剥夺以前，必须有获得充分而有效的辩护的机会，能够及时获知控诉的性质和理由，获得由一个中立无偏的法庭的公正审判，等等。通常意义上的正当程序主要是指程序上的正当程序。

正当程序原则产生于英国古老的普通法之中，后在美国法中得到继承和发展。早在1215年，英格兰国王颁布的《大宪章》（Magna Carta）第39条即从法律上正式确立了这一原则："除非经由贵族法官的合法裁判或根据当地法律"，不得对任何自由人实施监禁、剥夺财产、流放、剥夺生命等措施。1355年，英国国王爱德华三世在其颁布的一项律令中明确要求："任何人，无论其身份、地位状况如何，未经正当法律程序，不得予以逮捕、监禁、没收财产……处死。"《美国联邦宪法》前10条修正案为受政府机构追究法律责任的人确立了一系列程序权利和保障，其中第5条修正案要求联邦司法机构：在对任何人的生命、自由或财产进行剥夺以前，必须遵循正当法律程序。该法第14条修正案则对各州司法机构提出了相同的要求。但是，正当程序原则在美国司法机构，尤其是各州司法机构中并没有得到较好的贯彻。进入20世纪60年代以来，美国联邦最高法院领导了被法律史学家称为"正当法律程序革命"的刑事司法改革，通过一系列著名的判例，将联邦宪法前10条修正案确立的被告人的各项权利保障，以正当法律程序的名义普遍适用于各州。目前，正当程序原则已成为英美司法制度的核心和基石之一。

正当程序原则的含义经历了长期的演变。起初，这一原则主要是指刑事诉讼必须采取正式的起诉方式并保证被告人接受陪审团裁判的权利，后来其适用范围得到扩大：任何人在其个人权益遭到国家剥夺时，应当享有被告知起诉内容和理由、陈述意见并得到倾听的权利。实际上，正当程序原则所表达和体现的基本观念就是程序正义。所谓程序正义，是指国家实施法律的过程本身必须符合正义的基本要求，即确保与案件结局有直接利害关系的人在其被国家机构追究法律责任以前，能够充分而富有意义地参与裁判的制作过程，与起诉者进行平等的理性对抗，对裁判者的结论产生积极有效的影响。程序正义所要求的是法律实施过程本身的公正，而不是裁判结论的正确；只要法律程序本身符合正义的标准，由这种程序所产生的结果也就被视为是公正、合理的。正因为正当程序原则要求国家机关在剥夺公民基本权益时必须严格遵守法律程序，它在英美法中成为保障公民基本人权的重要屏障。

与程序正义观念有着密切联系的正当程序原则在英美法中得以产生和发展，是由以下三个方面的因素所决定的：陪审团裁判以及作为其前提的对抗式诉讼结构；先例拘束原则；衡平法的发展。首先，在由一般民众组成的陪审团担任事实问题的裁判者的情况下，裁判结果是否客观真实无从检验，而只能由程序过程的公正来间接地支持结果的公正性和妥当性，使程序问题具有极其重大的意义。其次，作为法律适用原理的先例拘束原则，其前提在于当事人尽量发现并向法庭提出有利于自己的先例，并通过辩论说服法官予以采用。这样，辩论的技术和过程就具有主观重要的意义。最后，旨在为当事人提供法律救济的衡平法，必须由法官考虑各种事实情况，然后才能作出适当的决定。但保证结果正确的依然是程序。因此，裁判结果是否正确，并没有某种外在的客观标准，而在符合公正性、合理性标准的程序中产生的裁判结果则能够为人们所广泛接受。

（陈瑞华）

zhengdang dangshiren

正当当事人（proper parties） 在民事诉讼中，就特定诉讼标的具有直接利害关系的当事人，即对特定诉讼标的而言，享有实体权利和诉讼权利，承担实体义务和诉讼义务的当事人，也称当事人适格。正当的原告应当是基于特定法律关系而享有的实体权益受到他人侵害，或者与他人发生民事权利义务争议而提起诉讼，对诉讼标的有实施诉讼权能的人，大陆法系民事诉讼理论称之为积极的适格；正当的被告应当是侵犯了原告的民事权益或与原告发生权利义务争议，而对诉讼标的有实施诉讼之权能的人，大陆法系民事诉讼理论称之为消极的适格。正当当事人是一个具体诉讼得以成立的必要条件之一，否则就会发生当事人的更换。正当当事人与当事人诉讼权利能力（当事人能力）是两个不同层次的概念。当事人诉讼权利能力是从一般意义上确定一定主体通过民事诉讼保护自己实体权益的资格。正当当事人则是就特定诉讼而言对特定的诉讼标的享有权利和承担义务的当事人。一般而言，正当当事人必然具有抽象意义的当事人诉讼权利能力，而有诉讼权利能力的人却不一定能成为特定诉讼的正当当事人。

（阎丽萍）

zhengju

证据（evidence） 具有法律规定的表现形式，能够证明案件真实情况的一切事实。我国现行《刑事诉讼法》第42条规定：证明案件真实情况的一切事实，都是证据。这一规定表明，证据具有两个基本特征：①证据是客观存在的事实（可称之为证据的客观性），即所有刑事证据都是伴随着刑事案件的发生而在客观外界留下的物品、痕迹或在人们头脑中留下的映象，它们都是不以司法人员的主观意志为转移的客观存在的事实。但有一种观点认为，证据有主观性，也有客观性。证据的主观性表现在：它不是客观事实本身，而是客观事实在人的意识中的反映；它不是不以人的意志为转移，而是离不开人的主观意志，有正常思维能力是提供证据和充当证人必不可少的条件。证据的客观性表现在：它是过去的客观事实在思维中的再现，它以客观事实为基础。从总体上说，证据属于主观范畴。对这种观点，我国法学界的多数学者提出了不同的看法，认为，什么是证据和怎样运用证据是有区别的，前者是客观存在的事实，后者是人对客观事实的认识，不能将两者等同地看待。②证据是与案件事实有联系的事实（可称之为证据的相关性），即作为证据的事实与诉讼中应当予以证明的案件事实必须存在着客观的联系，能够反映一定的案件事实。在刑事诉讼中，只有同是否发生了犯罪、犯罪行为是否为犯罪嫌疑人、被告人所实施以及犯罪情节轻重等情况有客观联系的事实，才能成为证据。

关于刑事证据的基本特征问题，曾在我国法学界引起争论，争论的焦点是证据是否具有法律性（又称之为合法性）。一种观点认为，证据只具有客观性和相关性两个基本特征，即"两性论"。另一种观点认为，证据除了具有客观性和相关性两个基本特征之外，还具有法律性，即"三性论"。主张"三性论"者所持主要理由是：①证据必须具有法律规定的表现形式；②证据必须由法定人员依照法定程序和方法收集；③证据必须依法查证属实；④证据的法律性是证据具有客观性和相关性的有效保证。主张"两性论"者则认为，不能把证据的基本特征与证据的表现形式，以及对证据的收集和审查判断混为一谈。法律性不是证据本身的特征，它只是认定证据的诉讼程序问题。

证据在诉讼中有其特定的表现形式。我国《刑事诉讼法》根据证据的不同表现形式，将证据分为下列7种：①物证、书证；②证人证言；③被害人陈述；④犯罪嫌疑人、被告人供述和辩解；⑤鉴定结论；⑥勘验、检查笔录；⑦视听资料。

（熊秋红）

zhengju baoquan

证据保全(preservation of evidence) 在证据有毁损、灭失或以后难以取得的可能性的情况下,为了保证其证明效力,由法院采取一定的措施加以保护和固定,确保其真实性、客观性的诉讼活动。《中华人民共和国民事诉讼法》第74条规定:在证据可能灭失或者以后难以取得的情况下,诉讼参加人可以向人民法院申请保全证据,人民法院也可以主动采取保全措施。证据在诉讼中对证明案件的事实起至关重要的作用,保全证据的目的就在于确保证据的客观性、真实性,以便更清楚地证明案件事实,保证诉讼的顺利进行,使案件得到及时、公正的裁决。因此对法院、对当事人来说,保全证据都非常重要而且是必要的。证据保全应具备两个条件:①被保全的证据有毁损、灭失的现实可能性或以后不便、难以取得,有加以保全的必要性。②被保全的证据必须与案件事实有关联性,即对引起发生争执的民事法律关系的发生、变更、消灭的事实有证明作用。证据保全可分为由人民法院依职权主动进行和由诉讼参加人提出申请,由人民法院裁定证据保全两种情况。诉讼参加人申请证据保全应在诉讼开始后,进入调查阶段之前提出,一般情况下,法院不进行诉前证据保全,诉讼前证据保全由公证机关作出。申请证据保全应提交申请书,说明申请保全的理由和需要保全的证据等事项,经人民法院审查,认为有保全必要的,作出裁定,及时采取保全措施。保全措施一般有以下几种:①询问证人,取得证人证言,说明笔录;②对文书、物品进行拍照、录像、抄写,或用其他方法予以复制;③对证据进行鉴定或勘验,取得鉴定结论,制作勘验、检查笔录等。 (丛青茹)

zhengju cailiao

证据材料(evidence material) 又称证据资料。依照法定程序所得的可能成为证据的原始素材。例如证人证言、鉴定书、书证的内容、勘验笔录、图画、照片等。证据材料的取得通常有两个途径,一是由当事人提供,这是主要来源,一是由人民法院依职权自行调查收集。证据材料的特点在于根据其中的已知事实,用来推断待证事实的真伪和存在与否。证据材料与证据不同,证据材料为证据的最原始素材,可能真伪并存,并且不一定与案件具有关联性,因此不具有证据能力。证据是用来证明案件真实情况的材料,它必须是客观真实的。证据材料只有经司法人员查证属实,经当事人相互质证,与其他证据相互印证,并符合法定的证据形式,才能成为证据,作为认定案件事实的依据。通常所说的证据,一般是指证据材料而言的。 (丛青茹)

zhengju de kecaixing

证据的可采性(admissibility of evidence) 证据必须为法律所容许,可用以证明案件的待证事实。在法律上许可作证据,才可以提供调查,这是英美证据法中的一项基本法则。依某种法则应予排除的证据,即缺乏可采性。英美法系国家规定了一系列关于证据可采性的规则,如在一般情况下,传闻证据不得采纳;刑事案件中除非被告人先提出自己品格良好作为证据,法庭不得采纳品格证据(见品格证据及其规则);有关联的证言可能因证人无资格作证或拒绝作证而被排除;普通证人根据其感知的事实作出的意见或推断性证言,一般不得作为证据采用;法律实施官员违反宪法和法律的有关规定取得的证据,适用排除规则,等等。英美法系国家允许当事人提出他们认为适当的证据,如一方提出的证据不具有可采性,经对方提出异议,法官可予以制止。大陆法系国家立法上没有关于证据可采性的繁琐规则,证据是否可采,由法官自由裁断。但也有若干限制性规定,如非法取得的刑事被告人的供述不得作为证据采纳等。我国刑事诉讼立法对证据可采性问题也有所规定,如除《刑事诉讼法》第42条规定的证据种类外,其他材料不得用作证据;一切证据未经合法程序查证属实,不能作为定案的根据。

在英美证据法中,证据的可采性与相关性(见证据的相关性)是两个不同但又密切相关的概念。一般讲,只有相关证据才可能有可采性;不具有相关性的证据,根本不发生可采性的问题,所以,判断证据的可采性是以肯定证据的相关性为前提的。证据必须既具有相关性,又具有可采性。相关性基本上是逻辑问题,而可采性则属法律问题。证据是否可采,由法官和陪审员决定;不具有可采性的证据,应在排除之列,而且法庭可以拒绝提证。 (熊秋红)

zhengju de xiangguanxing

证据的相关性(relevancy of evidence) 又称"证据的关联性"。证据与案件事实存在着客观联系的属性。证据之所以能证明案件真实情况,是因为证据事实与所要证明的案件事实之间存在着客观联系,司法人员正是凭借这种客观联系,根据证据事实来证明案件事实。证据事实与案件事实的联系是多种多样的,有因果联系、非因果联系、条件上的联系、时间上的联系、空间上的联系、必然联系、偶然联系、直接联系、间接联系等。有的是从肯定方面与案件事实发生联系,如证人证明犯罪嫌疑人、被告人有作案时间;有的是从否定方面与案件事实发生联系,如证人证明犯罪嫌疑人、被告人不在犯罪现场。证据资料是否与案件事实有联系及有何种联系,这是审查判断证据必须查明的问题。与案件事实没有关联的证据资料,不能作为定案根据。在我国立法中,有某些关于证据相关性的原则性规定,如《刑事诉讼法》第42条第1款规定,证据必须是能够"证明案件真实情况"的事实;第156条规定,公诉人、当事人和辩护人、诉讼代理人经审判长许可,可以对证人、鉴定人发问。审判长认为发问的内容与案件无关的时候,应当制止。

在西方国家刑事诉讼中,证据的相关性是指证据必须与案件的待证事实有关,能够证明案件的待证事实。证据的相关性是英美法系国家证据法中的重要内容。立法要求当事人提出的证据必须与他的主张和争议事实绝对有关,与案件无关的应予排除,以限制法庭调查的范围,法庭采纳的证据必须具有相关性。大陆法系国家中也要求证据必须具有相关性。法官在组织法庭调查时,应明确指出待证事实,严格排除无关联的证据。

(熊秋红)

zhengju fenlei
证据分类(classification of evidence) 对证据根据其特点不同,从不同的角度、按不同的标准划分为不同类别。从理论上正确地进行证据分类,有助于了解各种证据的特点和作用,从而在诉讼中更好地加以运用。证据分类问题长期以来为国内外学者所注意。英国著名法学家边沁(Jeremy Bentham 1748~1832)在19世纪就曾对证据作过详细分类。证据的分类有许多种,其中意义较大的分类有:原始证据和传来证据;言词证据(见人证)和实物证据(见物证);直接证据和间接证据;控诉证据和辩护证据;有罪证据和无罪证据。对证据的分类,是从不同角度加以区分的。因此,同一个案件中的同一个证据,可能既是原始证据、有罪证据,又是实物证据、间接证据,如在犯罪现场直接查获的凶器。证据分类与证据种类既有区别又有联系。证据分类多采用两分法,而证据种类则采用多分法;证据分类是在理论上加以区分,证据种类则是在法律上加以规定。从广义上说,证据种类也是证据分类中的一种。

(熊秋红)

zhengju fenli zhuyi
证据分离主义(offer of evidence is limited to a certain peried of time in litigation) 证据法定主义的一种,相对于证据结合主义而言。在证据法定主义中,凡是当事人所进行的诉讼行为,必须依照法律规定的一定的顺序进行,否则其诉讼行为不发生法律效力。证据分离主义指的是法律明确规定当事人对主张事实的提出和主张事实所依据的证据的提出分成两个阶段,必须等主张事实陈述完毕后,才可以进行举证及开始调查。一经开始调查证据,便不得再进行事实上的陈述。证据结合主义指的是法律规定当事人主张事实的提出和证据的提出,必须在同时或同一阶段内提出,而不是分成两个阶段,因而证据结合主义又称同时提出主义。证据分离主义和证据结合主义同属于证据法定主义,采用这一原则,可以使诉讼阶段分明,顺序清楚,不致发生诉讼的混杂状态,有利于诉讼的顺利、迅速进行。但是另一方面由于证据分离主义严格强调顺序的不可逆性,有时也会难以获得更加全面的资料。

(丛青茹)

zhengju gongtong yuanze
证据共通原则(general principle of evidence) 法院调查证据的结果,适用于任何一方当事人,据以判断其所争事实的真伪。证据的共通原则同样适用于言词辩论,法院在作判决时,应斟酌调查证据的结果和所有言词辩论的全体意旨,依自由心证来判断当事人之间所争事实之真伪,据以作出判决。当事人对其所提出的有利于自己的事实负有举证责任,但是法院在审查证据和作出裁断时并不以此负有举证责任的当事人提出的证据为限,对方当事人提出的证据和法院依职权调查所得的证据,法院均可用来作为判断任何一方主张事实真伪的依据。所以任何一方当事人声明并提出的证据,对于双方当事人或共同诉讼人来说,不论其是否为必要的共同诉讼即诉讼标的是共同的,法院均可以用作判断其主张事实真伪的依据。凡调查证据,不论其种类如何,何人声明,或依职权调查所得的证据,都应就其调查结果加以斟酌,适用于双方当事人。

(丛青茹)

zhengju kecaixing faze
证据可采性法则(admissibility of evidence) 又称与争执点有关的证据事实的排除规则,是英美证据法中在确定证据与案件事实有关联的前提下,判断其是否可以作为认定案件事实的依据时所适用的规则。由于这些规则的作用,使得某些证据对案件实质性问题具有证明性,但仍被认为是不可靠的或不予采纳,不能向陪审团出示。证据可采性法则的真正用意是不信任陪审团有评价证据价值的充分能力。这些排除规则往往不适用于行政法院,因为法律认为行政法院在审定事实上是行家。一般情况下确立排除规则有以下几个依据:①由于不公正的偏见的危险大大超过其证明价值的;②由于混淆争议的问题的危险性大大超过其证明价值的;③由于使陪审团被引入歧途的危险性大大超过其证明价值的;④由于使评议过于拖延、浪费时间或没有必要出示补充证据的;⑤由于与为鼓励某种关系而支持秘密的政策相违背的;⑥违反某些宪法原则。

英美证据法上的证据可采性法则所排除的或是事实或是证明事实的某种证据方式。在英国证据法中排除事实的有两条规则:①不得否认(estoppel),这条规则禁止当事人主张或否认某一事实,其效力是使得与争执点有关的事实成为不可采纳的。不得否认规则有三种情况:一是因有记录而不得否认。记录一般是指法院记录,因而又称判决不得否认。二是蜡封文书不得否认。即普通法认为一方不得否认蜡封文书的真实性。三是因行为不得否认。即是指协议、陈述和过失行为不得否认。协议产生的不得否认是指当事人双方以某一事实状态的存在为基础订立的协议,各方均不得否认这一事实的存在。陈述产生的不得否认是指向他人作某一事实存在的陈述,后者据此事实行事,作陈述的人于诉讼中不得否认该事实的存在。过失产生的不得否认是指凡应对他人承担注意义务的人由于自己的过失使他人相信某一事实的存在并据此行事遭受损失时,有过失的一方不得否认该事实。②公正政策。一是政府特权。凡是证据所披露的事实有损于公共利益的就予以排除,主要是指书证。二是司法程序。对于高级法院的法官,不得强迫他就其所主持的诉讼程序中发生的事实提供证据,陪审员也不能就陪审团讨论经过提供证据,以保护司法的尊严。

英美证据法中共有的证据可采性法则主要有以下几个:①传闻规则。传闻规则是证据法上最重要的排除适用与争执点有关证据的规则。传闻证据是陈述人将非自己亲自感知所得的事实,用以证明争议事实的陈述。传闻规则所要解决的问题就是传闻是否可以作为证据被采用。传闻证据被认为是不可靠的,一般是因为证人重复别人的话可能听错或理解错误,所谓他人的话也可能是证人编造的,并且证人以外的人的陈述并没有经过宣誓,对方当事人也没有机会进行反询问,因而原则上传闻证据为不可采证据。但是传闻规则又规定了一些例外情况,法律之所以承认一些例外情况是因为如果适用这一规则,往往使主要争执点得不到证据。英国1968年《民事证据法》对传闻规则作了重要修改,其中规定在民事诉讼中第一手传闻是可以采纳的。诉讼程序中作证的人以外的人,如果其知道陈述所包含的事实,则其陈述为第一手陈述是可以被采纳的,如果其不知道其陈述所包含的事实,则其陈述为第二手传闻。关于第二手传闻在例外情况下也是可以采纳的。如已发生的事实;非正式自认;作出陈述后死亡的人的陈述;政府文件上的陈述;负有特定记录义务的人就亲自知道的人提供的信息材料所作的书面记录。在美国证据法中的例外主要有以下四种情况:不利于自己的陈述,其理论依据在于除非是真情,否则一个人不会作不利于自己的陈述,这种不利仅限于财产和经济利益;一方当事人在庭外的陈述,对方当事人指出此陈述以证明其陈述的内容;声称者在事件造成的情绪紧张的情况下对事件所作的陈述,英国证据法称已发生的事实;通常的职业或业务作业中以及交易中,在事故发生时或发生后所作的记录、入账、数据编制等。②特权规则。为了保护一定的利益和关系,法律赋予个人、法人组织和政府在诉讼中享有免除出庭作证和拒绝就特定事项提供证据,并可以制止他人揭示特权范围内的权利。一般情况下,教士与信徒、律师与当事人之间的保密通信受不得披露的保护。心理治疗医师同病人之间也产生特权,国家秘密、工商秘密也受特权保护,可以拒绝披露。③意见证据规则。④最佳证据规则。

(丛青茹)

zhengju laiyuan
证据来源(source of evidence) 有两种含义:①证据从何处发现和如何取得,如物证、书证、视听资料是从何处发现,由谁提供或收集,采用何种方式收集的;证人是如何得知案件情况的,是亲身感受还是从他人处得知。②表现证据事实的各种外部形式,即证据事实的"载体"。证据来源由法律加以规定。我国《刑事诉讼法》根据证据事实的外部表现形式,将证据分为物证、书证;证人证言;被害人陈述;犯罪嫌疑人、被告人供述和辩解;鉴定结论;勘验、检查笔录(见勘验笔录);视听资料等7种。证据事实只能从法律规定的来源中获取。

(熊秋红)

zhengjuli
证据力(weight of proof) 证据证明力的简称。见证明力。

zhengju nengli
证据能力(credibility of evidence) 亦称为证据资格或"证据的适格性"。当事人提供或人民法院依职权调查收集的证据材料,能够作为证据,用以证明案件事实的资格或能力,也就是可以容许或可被采用为证据的资格。凡是受容许的证据,即为有证据能力的证据,又可称为适格的证据。证据能力由法律规定,如英美证据法上对于证据资料哪些可以采纳,哪些不得采纳,哪些应当优先采纳,规定了一系列法律规则。证据能力与证据力是两个完全不同的概念。证据能力是从证据的形式方面去观察其在法律上有无证据资格,证据力是从证据的实质方面去考察其对于待证事实的证明作用和证明价值。证据必须先有证据能力,然后才涉及证据力问题。证据能力的有无是一个法律问题,由法官来判断。判断标准有三个：①证据材料是否客观真实；②证据材料是否与案件事实有关联性；③证据材料的取得方式是否合法，是否具备法定形式或要件。以上三点必须同时具备，证据才有证据能力。英美法系和大陆法系国家对证据能力作了一定的限制，有下列几种情形：①大陆法系中，不能依直接审理方式调查的证据，无证据能力；②当事人不是自由意志的陈述，无证据能力；③没有关联性的证据，无证据能力；④不具备法定方式或要件的证据，无证据能力；⑤以不正当方式取得的证据，丧失其信用性，无证据能力。

（丛青茹　熊秋红）

zhengju queshi chongfen
证据确实、充分（evidence is reliable and complete） 司法机关的定案结论。认为犯罪嫌疑人、被告人的行为已构成犯罪时，作为证明犯罪事实依据的证据必须具备的质和数量。我国《刑事诉讼法》第129条规定，公安机关侦查终结的案件，应当做到犯罪事实清楚，证据确实、充分，并且写出起诉意见书。第141条规定，人民检察院认为犯罪嫌疑人的犯罪事实已经查清，证据确实、充分，依法应当追究刑事责任的，应当作出起诉决定，按照审判管辖的规定，向人民法院提起公诉。第162条规定，第一审人民法院对案件事实清楚，证据确实、充分，依法律认定被告人有罪的，应当作出有罪判决。所以，证据确实、充分，是我国司法机关作出上述定案结论的法定要求，是判定其认定的犯罪事实是否真实的客观依据和标准。

证据确实是指作为定案根据的证据都是经过核查，具有证据本质属性的，即都是与案件事实有客观联系的事实。

证据充分包括以下要求：①犯罪事实、情节都有相应的证据能证明。②证据之间、证据与案件事实之间的矛盾，根据现有证据可以排除或者合理解决。③根据全案证据只能作出这一认定的结论，足以排除其他的可能性。这在完全依靠间接证据认定犯罪事实时尤其重要。上述三点要求是判定任何定罪结论的证据充分都不可缺少的。由于刑事案件多种多样，各不相同，其证明对象的范围各异，对一个具体案件来讲，要有多少证据才能达到充分的程度，就应根据该案应予证明的对象和已收集并经审查核实的证据联系起来综合考察，视其能否无可辩驳地证实犯罪事实、情节。

（陈一云）

zhengju tixi
证据体系（system of proof） 又称"证据锁链"。运用间接证据的一项重要规则。完全依靠间接证据定案时，案件事实均应有相应的间接证据予以证明，全部间接证据必须环环相扣，形成一个完整无缺的证明体系。因案内证据形似链条相接，故习称"证据锁链"。如果证据锁链中脱漏一环，就可能造成冤假错案。因此，完全依靠间接证据定案时，必须对全案证据进行综合审查判断，只有依据间接证据所形成的证明体系足以得出肯定的结论，并且这一结论具有排他性时，才能定案。

（熊秋红）

zhengju zhidu
证据制度【刑诉】（evidence system） 诉讼中有关证据的各项法律规范所构成的体系，为证据法的内容，证据学的主要研究对象。有关证据的诉讼规范，包括什么可以用作诉讼证据，证明对象的范围，对待证事实的证明程度，当事人向司法机关提供证据的责任，司法机关收集证据和审查判断证据应遵循的原则和可采用的方法、步骤等。现代各国立法对有关上述问题的规定，不仅繁简不同，而且内容上也多有差异，甚至存在根本的区别。

证据制度是一个国家司法制度的重要组成部分，是为维护一定的阶级统治服务的，因而在不同性质的国家，就有不同性质的证据制度。由于运用证据在于查明待证事实，为正确适用法律奠定基础，如何审查证据、对其作出准确的判断，就是整个证据制度中的一个关键环节。所以，在证据理论中，一般都将审查判断证据的原则作为划分不同证据制度的依据，并据此将亚欧许多国家历史上和现行的证据制度划分为神示证据制度、法定证据制度（或形式证据制度）、自由心证证据制度。

对我国古代和近代的证据制度是何种证据制度，学者有不同见解。有的认为，在奴隶主王朝时期，实行的是神示证据制度；在封建君主专制时期，实行的"也是一种形式证据制度"或"本质上是形式证据制度"；北洋政府和国民党政府统治时期的证据制度，是"口供主义的、刑讯逼供的证据制度和自由心证制度的混合体"或"形式证据与自由心证的大杂烩"。有的认为，这种混合型的证据制度吸取了历史上最野蛮的东西，而表面上都采用了资产阶级的民主形式。另一种观点认为，在我国奴隶主王朝时期的证据制度，要求"两造具备，师听五辞"，司法官吏应当用"察听五辞"的方法审查判断当事人陈述的真伪，并用作判决的主要根据。同时，对某些案件事实的认定，还应取得对该类案件有重要证明作用的书证或物证，而不能单凭供词。当时虽然有用占卜的方法来决定证据取舍和解决疑难的情况，但仅系个别的。因而，从总体上说，这种要求司法官吏"以五声听狱讼，求民情"，注意"察辞于差"，据证推断的证据制度，显然有别于欧陆古国实行的神示证据制度。我国封建王朝时期的证据制度,其主要内容为"罪从供定",以及讯囚和刑讯的规定,并要求司法官吏"先备五听,又验诸证信",对各种证据的真伪和作用,基本上由司法官吏斟情酌理,自由决断。法律明确规定证据效力和应据以定罪的形式主义证据规则,是极少的。所以,我国这个时期的证据制度,不能认为是形式证据制度。中华民国时期的证据制度,也是自由心证证据制度,因当时法律规定的证据规则,基本上与资本主义国家实行的自由心证证据制度相同。至于当时的司法实践,封建和法西斯的野蛮暴行盛行,本系司法中的违法情况,不应作为评定其证据制度类型的依据。

新中国的证据制度,是在废除国民党政权旧法统,继承人民司法工作的优良传统,不断总结新的实践经验而完善起来的。它是我国社会主义经济基础的上层建筑,其各项规则都是为了保证查明案件的真实情况,为正确适用实体法提供客观依据,以保护人民和国家的利益。它是社会主义类型的证据制度,具有以下主要特征:①证据必须是客观存在的事实;②查明案件的真实情况,是司法人员进行证明活动的目的;③坚持调查研究,重证据不轻信口供,只能以查证属实的证据作为认定事实的根据;④严禁刑讯逼供和以威胁等非法方法收集证据;⑤既注重司法机关的主导作用,又强调依靠群众,发挥当事人和知情人的积极作用。

对我国现行证据制度应当如何命名,学者意见纷纭,主要的有:①实事求是的证据制度;②以证求实或以证求是的证据制度;③循法求实的证据制度;④客观验证无疑的证据制度。　　　　　　　　(陈一云)

zhengju zhidu
证据制度【民诉】(evidence rules)　对民事案件的事实提供证据加以证明的制度,诉讼制度的基本制度之一。该制度是基于当事人的民事权益要求司法保护,需要证据证明其主张;人民法院审理民事案件,需要查明案件的事实作出裁判,而建立的一项制度。证据制度由证据的形式、证据的提供、证据的收集和保全,以及证据的审查和判断等内容所构成。不符合法定形式的证明材料不能进入诉讼,不提供一定事实依据不能起动诉讼程序,未提供证明其案件客观事实的证据诉讼主张不能成立,应收集和保全的证据而未收集和保全不可能获得全案的证据,未经审查、判断加以核实的证据不能作为判决的依据,因此上述内容的联系性与统一性构成证据制度的完整性。证据制度的基本功能首先在于全面揭示案件的客观事实,其次是在双方当事人提供本证和反证的对抗中维护其自己的主张,最后是使法院正确认定案件的事实作出公正的裁判。

当事人的举证与法院的查证　举证与查证是运用证据制度的中心环节,也是证据制度的核心内容。根据谁主张谁举证的原则,当事人对自己的主张不仅有提供证据的责任,而且有加以证明的责任,前者通称为行为责任,后者通称为结果责任。当事人应当提供证据的而未提供,或者提供的证据不能证明其主张的事实,则有承担败诉的风险。诉讼是因原告起诉而开始的,因此首先应由原告承担举证责任,这是一般的规则,但是法律规定某些特殊案件,如环境污染等案件,原告举证实有困难,则由被告首先承担举证责任,即举证责任的倒置而成为一般规则的例外。法院对当事人提供的证据,通过庭审的方式——加以审查核实,鉴别其真伪,判断其效力,并经过综合分析确认其案件的事实。举证与查证的完成是证据制度机制运行的完结。

我国民事证据制度的特点　我国人民法院审理民事案件,对案件的事实既不像有些国家那样由陪审团作出裁决,也不同于有些国家的法院限于当事人的举证,而是以当事人承担举证责任与必要时法院调查收集证据相结合的制度。因此,我国民事证据制度的特点是:第一,要求当事人承担举证责任,但不受举证范围的限制,根据案件的需要法院可调查收集证据;第二,法院调查收集证据,不依当事人的申请为前提,既可依当事人申请收集证据,也可依职权主动进行;第三,举证活动与查证活动相结合,法院可要求当事人提供有关证据,当事人可请求法院收集自己不能收集的证据,当事人提供的证据与法院调查收集的证据均应提交法庭辩论与质证。上述特点贯彻了我国民事审判实事求是的原则,体现了客观真实的价值取向,反映了适合我国国情的民事证据制度。　　(刘家兴)

zhengju zhonglei
证据种类(kinds of evidence)　法律上规定的各种诉讼证据的表现形式。我国《刑事诉讼法》所规定的证据表现形式有以下7种:①物证、书证;②证人证言;③被害人陈述;④犯罪嫌疑人、被告人供述和辩解;⑤鉴定结论;⑥勘验、检查笔录;⑦视听资料。凡不属于上述规定的事物,不能作为刑事诉讼证据。　　(熊秋红)

zhengju ziliao
证据资料(evidentiary material)　又称"证据材料"。收集或调查得到的可能作为证据使用的原始素材,如证人证言、犯罪嫌疑人、被告人供述和辩解、鉴定人的鉴定结论、物证、书证、勘验、检查的结果等。证据资料不一定都是证据。证据资料必须是客观事实的真实反映,并且与案件事实具有相关性,能据之证明案件

真实情况,才是诉讼证据。因此,证据资料必须经过查证属实,才能作为定案的根据。　　　　　　（熊秋红）

zhengming
证明（proof） 当事人提供证据和依据证据论证案件事实是否真实,以及司法机关收集证据、审查判断证据以查明案件真实情况的诉讼活动。当事人进行证明,在于论证有关的案件事实是否真实,使司法人员确信其主张的正确。司法机关进行证明,是为了准确地查明案件事实,为正确适用法律处理案件提供客观根据。

刑事诉讼中的证明是进行一系列活动的过程,涉及到证明对象、证明标准、证明责任、举证责任以及应当遵循的的程序等许多问题。为了保证取得确实、充分的证据,准确、及时地查明案件的真实情况,我国《刑事诉讼法》对证明问题作了一系列的规定,如根据第170条、第171条规定,自诉人应提出足够的证据来证明其指控的犯罪事实;第43条规定,审判人员、检察人员、侦查人员必须依照法定程序,收集能够证实犯罪嫌疑人、被告人有罪或者无罪、犯罪情节轻重的各种证据。严禁刑讯逼供和以威胁、引诱、欺骗以及其他非法的方法收集证据。第42条规定,法律规定的各种证据必须经过查证属实,才能作为定案的根据。《刑事诉讼法》有关证明的各项规定,反映了证明的实际需要,有利于达到证明的目的。　　　　　　　　（陈一云）

zhengming biaozhun
证明标准（standard of proof） 断定案件事实和其他待证事实已被证据证实的尺度或准则。司法机关办理刑事案件,要对有关的问题作出处理决定,必须以事实为根据,通过证明活动,使其得到证实。历史上曾实行过的证明标准有:神明裁判、法定(见法定证据制度)和自由心证。现在世界各国普遍实行的证明标准,仍然是自由心证或内心确信。对于证明标准问题,我国1979年通过的《中华人民共和国刑事诉讼法》和1996年修正后的《中华人民共和国刑事诉讼法》,均无明文规定,理论上也一直存在争议。已提出的主张有:实事求是,循法求实,法定确信,客观验证无疑等。
　　　　　　　　　　　　　　　　　（陈一云）

zhengming chengdu
证明程度（degree of proof） 又称证明要求。公安机关、人民检察院和人民法院运用证据证明案件事实应当达到的程度。根据我国刑事诉讼法的规定,公安机关、人民检察院和人民法院进行刑事诉讼,必须以事实为根据,准确地查明犯罪事实,这就是说,侦查人员、检察人员和审判人员通过证明活动,对犯罪事实所作出的认定,必须符合客观实际,是主观同客观的统一。

证明必须准确地查明犯罪事实,是能够达到的。因为只要有犯罪事实发生,必然作用于外界,遗留下反映犯罪过程的物品、痕迹,或者为某些人所感知。侦查、检察和审判人员在证明过程中,经过深入调查,取得了充分的证据,有了认定犯罪事实的客观根据,就可以对案件事实作出正确的结论。《刑事诉讼法》第129条规定,公安机关侦查终结的案件,应当作到犯罪事实清楚,证据确实、充分,并且写出起诉意见书。第141条规定,人民检察院认为犯罪嫌疑人的犯罪事实已经查清,证据确实、充分,依法应当追究刑事责任的,应当作出起诉决定。第162条规定,法院对于案件事实清楚,证据确实、充分,依据法律认定被告人有罪的,应当作出有罪判决。据此可见,公、检、法机关在结案时认定犯罪嫌疑人、被告人有罪的,法律对其证明程度的要求是相同的,而且"犯罪事实已经查情"、"案件事实清楚",都必须以"证据确实、充分"作根据。

资产阶级诉讼法学者认为,法院的证明活动应当以发现实质真实为目的,同时其中许多人又声称,证明要求达到的真实,只是"主观的真实",即法官"主观信其为真实",而"不能是客观的真实",因为"确信而达到没有丝毫可疑的程度是不可能的。"因此,他们认为,诉讼证明所要求达到的,不过是或强或弱的盖然性。
　　　　　　　　　　　　　　　　　（陈一云）

zhengming duixiang
证明对象（object of proof） 又称证明的标的或证明的客体或待证事实。对其涵义和范围,法学者有不同的观点。一种观点认为,证明对象是指刑事诉讼中需要用证据加以证明的案件事实,其范围包括:①犯罪构成要件诸事实,如犯罪行为是否确已发生,该行为是何人所实施,产生了什么危害后果,行为人是否有刑事责任能力,有无故意或过失,出于什么目的,该行为是在什么时间、地点,采用何种方法、手段实施的,等等。这是证明对象的核心部分,因为只有证明了这些问题,才能为正确解决罪与非罪、此罪与彼罪、重罪与轻罪奠定坚实的基础。②法定从重、加重和从轻、减轻或免除处罚的情节。这关系到能否正确适用刑罚,作到量刑适当。③排除行为违法性、可罚性的事实。前者为正当防卫、紧急避险等,后者如经特赦令免除刑罚的,告诉才处理的犯罪已撤回告诉等。④被告人的一贯表现和犯罪后的态度。这种观点认为,明确证明对象的范围,是为了正确地收集、调查证据,准确地查明案件的事实真相,提高办案效率,保证办案质量。因此,程序法事实和证据事实,都不应作为证明对象。因为程序法事实并非每个案件都会遇到，而且许多程序法事实都是属于不查自明或者可司法认知的。证据事实则是证明手段，虽然它们都要经过查证核实，要经过审查判断，才能确定其有无证明力和证明力的大小，但归根结底还是作为证明案件事实的手段，因而不应把证明手段与证明对象混为一谈。

另一种观点认为，证明对象是指刑事诉讼中需要用证据加以证明的事实情况，其范围不仅有实体法规定的对解决案件实体问题有法律意义的事实，即案件事实，还包括程序法事实和证据事实。因为程序法规定的事实，是解决程序问题的根据，有的需要经过证明才能确定，因而是证明对象。证据事实之所以是证明对象，因为任何证据都必须经过查证，判明其是否真实，而对其查证核实就是证明的过程。

一些台湾地区的法学者还认为，证明对象除实体法事实和程序法事实以外，还有特别经验法则和特别法规。前者是指基于专门知识和特别经验所形成的法则，如某毒品致人于死的数量等。后者主要是指外国法和地方制定的自治法规。

（陈一云）

zhengmingli

证明力（weight of proof） 又称"证据力"。证据对认定案件事实所具有的证明效力。证据的证明力取决于证据同案件事实的客观内在联系及其联系的紧密程度。一般说，同案件事实存在着直接的内在联系的证据，其证明力较强，如目睹犯罪事实的证人证言、被害人指认犯罪分子的陈述、犯罪嫌疑人、被告人的坦白。反之，其证明力较弱，如证明案件非主要事实的间接证据。在我国刑事诉讼中，对证据证明力之有无和强弱，法律上并没有也不允许预先作出具体明确的规定，需由司法人员依照职权通过调查研究予以审查判断。

（熊秋红）

zhengming zeren

证明责任【刑诉】（burden of proof） 我国诉讼法学者对刑事诉讼中的证明责任与举证责任是否为同一概念虽有不同观点（见举证责任），但对何种证明责任以及证明责任应由谁承担，又有大体相同的看法，即刑事诉讼中的证明责任，是指犯罪事实应当由谁收集、提供证据并加以证实的责任。收集、提供证据与运用证据证实犯罪事实，是证明责任不可分割的两部分。

在我国，刑事诉讼中的证明责任，其承担者因公诉案件与自诉案件而有所不同。在公诉案件中，证明责任由司法机关承担。根据刑事诉讼法的规定，公安机关、人民检察院和人民法院在诉讼中必须收集能够证实犯罪嫌疑人、被告人有罪或者无罪、犯罪情节轻重的各种证据；作出的定案结论认定犯罪嫌疑人、被告人有罪的，必须有确实、充分的证据能证实他实施了被指控的罪行。所以它们均有证明责任。公诉案件的被告人不承担证明自己无罪的责任，但法律另有规定的除外。根据现行法律的规定，现在的除外情况，就是国家工作人员的财产或支出明显超过合法收入，差额巨大的，必须说明其来源是合法的，即对其差额部分的来源负有证明责任，否则，将承担刑事责任。

在自诉案件中，自诉人应对控诉承担证明责任，即他应当提供足够的证据来证明被告人实施了所指控的罪行。如果缺乏罪证而又提不出补充证据，法院就应说服自诉人撤回自诉或者裁定驳回。人民法院受理自诉案件后，在审理过程中发现证据有疑问，需要调查核实的，可以进行勘验、检查、扣押、鉴定等活动，作出判决认定被告人有罪的，必须证据确实、充分。因此，人民法院也有证明责任。自诉案件的被告人对证明自己无罪的申辩则不承担证明责任。

我国台湾地区的法学者有将证明责任称为证据责任的，并认为它包括收集责任、调查责任和判断责任，依主体又可分为当事人责任和法院责任两种。有的美国学者认为，证明责任可以兼指举证责任和说服法院确信其主张的责任，也可以仅指其中一种责任。

（陈一云）

zhengming zeren

证明责任【民诉】（burden of proof） 在诉讼过程中，当事人提供证据以后，运用证据对待证事实进行论证，以使法院信其主张所依据的事实为真实、可靠，其主张事实的合法、合理，使得法院依其主张作出判决的责任。举证责任可分为提供证据责任和证明责任两个阶段，证明责任是提供证据责任的继续和完成。证明责任在民事诉讼中是当事人的责任，区别于刑事诉讼中主要是司法机关的责任。在民事诉讼中，当事人之间发生争执，对事实问题各执一端，互相对证，都期望法院作出有利于自己的裁决，但如果当事人仅能提出证据，而不能或放弃证明其主张，不能发生使法院确认其主张后果的话，就需承担败诉的危险。因此，证明责任要求当事人在提供证据的基础上，运用逻辑推理或其他证明方法，使法院确认其主张，并依其主张作出判决，只有这样才算真正地完成了举证责任。证明责任的内容一般包括两个方面：一方面是证明证据自身的关联性、真伪性的责任；另一方面是运用证据证明主张事实为真实、合法、合理的责任。证明责任要求通过当事人的证明活动，使得其主张事实能得出惟一、合理的结论。

（丛青茹）

zhengren

证人(witness) 在刑事诉讼过程中向司法机关提供自己所了解的案件情况的诉讼参与人。证人向司法机关所作的陈述是一种独立的法定证据,即证人证言。由于证人了解案件情况并被司法机关要求提供与案件有关的事实,因此他只能是特定的自然人,而不能被指定或代替,更不能是法人或非法人团体。同时,证人也不能是与案件有利害关系的当事人,否则他向司法机关所作的陈述将成为被害人陈述或者犯罪嫌疑人、被告人供述和辩解,而不是证人证言。

受其刑事司法传统以及所采取的对抗式诉讼制度的影响,西方国家的证据法对证人资格、证言效力、证人参加刑事诉讼的方式以及证人在诉讼中的权利、义务和责任等问题规定了一系列复杂的规则,如有关拒绝作证权的规则、传闻证据排除法则、证人出庭作证规则、交叉询问规则等(见英国证据法、美国刑事证据法)。

根据中国刑事诉讼法的有关规定,凡是知道案件情况的人,都有作证的义务,但生理上、精神上有缺陷或者年幼,不能辨别是非、不能正确表达的人,不能作为证人。根据这一规定,任何公民只要了解案件情况,不论其性别、职业、文化程度、宗教信仰、政治态度如何,与当事人有无利害关系,均有作为证人向司法机关作证的义务。但是,不能辨别是非、没有正确表达能力的精神病人和未成年人难以提供客观、准确的证言,因而不具备成为证人的资格。当然,间歇性的精神病人在精神正常的情况下,未成年人如果能够辨别是非、正确表达的,均可以成为证人。同时,审判人员、检察人员、侦查人员在自己承办的案件中不能作为证人,曾经在本案中担任过证人的,应当自行回避,当事人也有权申请其回避。

在刑事诉讼中,人民法院、人民检察院和公安机关负有保障证人及其近亲属安全的责任;对于那些威胁、侮辱、殴打证人或者对证人打击报复的人,依其情节轻重给予治安管理处罚或者追究刑事责任。同时,证人如果因作证而受到了经济损失,有权向有关司法机关申请补偿。证人在诉讼中的义务主要包括:①如实提供证言、证据。证人有意向司法机关作伪证或者隐匿罪证的,要负法律责任。②按时到场或出庭作证。在审判前阶段,证人在接到检察机关或者公安机关的通知以后,应当按时到场提供证言。在审判阶段,法庭有权通知证人出庭作证。无法定的正当理由,证人拒不到场或出庭的,应当承担法律责任。③遵守法庭纪律。在法庭审判过程中,证人违反法庭秩序,法庭依其情节轻重,可对其实施警告制止、强行带出法庭、罚款、拘留等司法处分,或者依法追究刑事责任。 (陈瑞华)

zhengren baohu

证人保护(witness safeguard) 专门机关对证人及其近亲属的人身安全的保护。我国《刑事诉讼法》第49条规定,人民法院、人民检察院和公安机关应当保障证人及其近亲属的安全。对证人及其近亲属进行威胁、侮辱、殴打或者打击报复,构成犯罪的,依法追究刑事责任;尚不够刑事处罚的,依法给予治安管理处罚。《中华人民共和国刑法》第307条规定,以暴力、威胁、贿买等方法阻止证人作证或者指使他人作伪证的,处3年以下有期徒刑或者拘役;情节严重的,处3年以上7年以下有期徒刑。第308条规定,对证人进行打击报复的,处3年以下有期徒刑或者拘役;情节严重的,处3年以上7年以下有期徒刑。第247条还规定,侦查人员使用暴力逼取证人证言的,处3年以下有期徒刑或者拘役,致证人伤残、死亡的,依照刑法关于伤害罪、杀人罪的规定论罪从重处罚,其法定最高刑为死刑。最高人民检察院在《关于执行刑事诉讼法的规则》中规定:人民检察院应当保证一切与案件有关或者了解案情的公民,有客观地充分地提供证据的条件,并为他们保守秘密。不得采用羁押、刑讯、威胁、引诱、欺骗以及其他非法方法获取证言。人民检察院应当保障证人及其近亲属的安全。对证人及其近亲属进行威胁、侮辱、殴打或者打击报复,构成犯罪的,依法追究刑事责任;尚不够刑事处罚的,应当移送公安机关给予治安管理处罚。法律和司法制度之所以对证人的保护规定得如此周密,是因为我国曾一度广泛存在证人怕遭打击报复甚至危及近亲属而不愿作证、不敢交出证物、拒绝提供证言、证据的现象。实践中暴力逼证和采用威胁、引诱、欺骗等非法方法取证和犯罪嫌疑人及其亲属对证人及其近亲属进行打击报复的现象时有发生,而侦查机关往往注重证人应当履行的义务,却忽视对证人及近亲属的安全保护。故在修正刑事诉讼法和修正刑法时,法学界和司法界都要求增加对证人保护的内容,司法机关还依照法律的规定制定保护证人的具体规则,所有这些对确保证人及其近亲属的安全,维护证人的合法权益,调动和激发证人依法作证的积极性,都具有重要意义。

(张玉镶)

zhengren nengli

证人能力(competence of witness) 又称作证能力。公民个人主观上能够辨别客观事实的是非,并能正确表达有关客观事实经过的能力。部分精神活动障碍者由于病理性精神活动的干扰或精神缺陷,不能对客观事实的是非曲直作出正确、恰当的评价,不能完整地客观地表达,不能正确地理解自己作为证人在诉讼活动中依法享有的权利和应承担的义务,即为无证人

能力人。　　　　　　　　　　　　（孙东东）

zhengren zhengyan

证人证言【民诉】（testimony of witnesses）　民事诉讼证据的一种。了解案件有关事实的人就自己所知道的情况向法庭所作的陈述。证人须具备两项资格：第一，了解案件的有关情况。凡是对案件事实有所了解的人，不论他与当事人有着何种关系，都可以出庭做证。证人对案件的了解可能是自己亲身耳闻目睹的原始证据，也可能是道听途说的传闻证据。原始证据和传闻证据在我国民事诉讼法上都可以作为证明案件事实的证据，而英美证据法则根据其传闻证据规则，原则上禁止将传闻的材料作为证据。第二，能够正确感知事物并正确表达自己的意志。正确感知事物和正确表达意志的能力，与人的年龄、智力、生理状态、精神状态、文化程度、语言表达能力等因素有密切的关系，如儿童的感知能力和表达能力都是有限的，残疾人的残疾会影响到他对某些事物的感知。证人证言应当是证人对自己所知道的情况的客观描述，证人的主观猜测或估计不属于证言的范畴。证人既可以通过口头方式，也可以通过书面方式提供证言。如实作证是证人的义务，几乎所有国家的法律都规定作伪证要承担法律责任。在判断证人证言的证明力时，应充分考虑到证人与案件及案件当事人的关系。
　　　　　　　　　　　　　　　　（于爱红）

zhengren zhengyan

证人证言【刑诉】（witness' testimony）　证人就自己所知道的案件情况向公安司法机关所作的陈述。我国《刑事诉讼法》第 48 条规定，凡是知道案件情况的人，都有作证的义务。生理上、精神上有缺陷或者年幼，不能辨别是非、不能正确表达的人，不能作证人。证人证言的内容，一般应当是自己亲眼见到或亲耳听到的情况。在英美证据法中，原则上禁止将传闻作为证据。我国立法没有规定传闻不能作为证据，因此证人证言的内容，既可以是证人亲身感知的，也可以是对他人所了解的案件情况的转述。转述他人所了解的案件情况，必须说明来源。在通常情况下，证人必须向司法机关口头陈述所了解的案件情况，必要时也可以依法提供书面证言。证人证言的主要特点是他有可能比较具体、直接、全面地反映案件情况，同时证人证言较易收集，是刑事诉讼中使用最广泛的证据之一。由于证人受主观、客观因素的影响，其所提供的证言可能真实、不完全真实或完全不真实。因此，收集、运用时必须注意对其来源、形成过程及内容，结合案件的情况及其他证据进行认真的审查，并在法庭上经过公诉人、被害人和被告人、辩护人双方询问、质证，经过查证属实以后，才能作为定案的根据。　　（熊秋红）

zhengren zige

证人资格（qualification of witness）　即证人能力。自然人能就其了解的案件事实向司法机关做出陈述的资格。在民事诉讼中，不论我国还是国外对证人资格一般没有过多的限定。在我国，证人资格的取得和享有一般要具备以下几个条件：①具有证人资格的人必须是自然人、法人，非法人团体不具有证人资格。证人所陈述的证人证言是案件事实作用于人的大脑产生的映象的描述，法人、非法人团体不具有这种思维能力，因此不具有证人资格。②只要是知道案情，能辨别是非，正确表达思想的人，都可作为证人，这也是确定证人资格的绝对条件。即使在生理上、精神上有缺陷或年幼的公民，只要这些缺陷和年龄幼小等因素不妨碍其辨别是非、正确表达，法律也不能排除其作证资格。③审判人员、书记员、鉴定人、勘验人、翻译人员不能同时充当本案的证人，以免先入为主，影响案件的正确处理。上述人如果了解案情，应以证人身份参加诉讼，不应在本案中担任上述职务。④民事诉讼中，代理人不得作本案证人，以保护当事人的利益。英美法系一般原则是所有的人在民事诉讼程序中都具有作证资格，都能被强迫作证，但也有一些例外，如未经宣誓的人。因感知能力、记忆能力、表达能力的欠缺而作证的人，其证言的效力受到影响，但不影响其证人资格。
　　　　　　　　　　　　　　　　（丛青茹）

zhengshu susong

证书诉讼（litigation based written document）　《德国民事诉讼法》中规定的一种特别诉讼程序。早在德国统一以前的普鲁士法中已存在，当时是略式诉讼的一种，其特点是：法官对案件不必进行充分的调查，只要依照原告的申请及提出的原因，就可以认为有理由而作出判决。原《联邦德国民事诉讼法》第 592 条规定，证书诉讼需具备的条件是：以支付一定金额或一定数量的他种代替物或有价证券为标的的请求，如果作为请求理由的全部必要事实可以用证书证明时，可以通过证书诉讼主张之。基于抵押、土地债务、定期土地债务或船舶抵押权而生的请求，视为以支付一定金额为标的的请求。当事人必须在诉状内表明以证书诉讼的方式起诉，并且，证书诉讼不准提起反诉，但原告起诉后，在言词辩论终结前，可以不经被告同意，放弃证书诉讼，使诉讼按通常诉讼程序进行。《日本民事诉讼法》曾有过"证书诉讼程序与票据诉讼程序"一编，1926 年修改时将此编全部删除，取消了这两种诉讼程序，后在 1964 年恢复了票据诉讼程序，但证书诉讼程序一直

未恢复。　　　　　　　　　　（彭　伶）

zhengyan jujuequan
证言拒绝权（testimonial privileges）　也称证言特免权。在诉讼过程中,证人就法律规定的特定事项享有的拒绝就其所知案件事实提供证人证言的权利。在通常情况下,证人有作证的义务,所有知情的人均应就其所知案件事实提供证人证言。证人在经合法通知到场后,对所知事实的询问有陈述的义务,无论其知道与否,均应作答,不得默不作答或拒绝陈述,否则属违反其义务,应受一定的制裁,只有在法律有明确规定的情况下,经法定程序,证人可以就特定事项拒绝提供证言。法律上规定证人享有这项权利,其由来及其得以延续,是出于维护特定关系和社会利益为目的的。法律上认为这些关系比当事人的个人利益和其他利益更值得保护,因而赋予个人、法人、组织以及政府在诉讼中享有拒绝提供证言的特权,享有特权的人可以免除出庭作证和就特定事项提供证明的义务,可以制止他人揭示特定范围内的事项。

关于证言拒绝权,许多国家和地区的法律都作了规定。我国台湾地区《民事诉讼法》出于人情或事实上的理由,规定在下列情况下,证人享有证言拒绝权:①因亲属关系而拒绝提供证言。证人为当事人的配偶、前配偶、未婚配偶,或四亲等以内血亲、三亲等以内姻亲或曾有此关系的,均可以拒绝提供证人证言。②因财产关系拒绝提供证言。证人所提供的证言,对于证人或与证人有上述关系的人,足可以发生财产上直接损害的,可以拒绝提供证人证言。此项规定是因为证人所为陈述,使自己或与自己有亲属关系的人造成直接的财产损害属违背人情,所以法律规定证人享有证言拒绝权,但是此项证言拒绝权,如果有特殊的事实或待证事实是他人所不能证明时,证人仍有证明的义务,不得拒绝作证。如同居或曾同居人的出生、死亡、婚姻或其他身份上的事项;因亲属关系产生的财产上的事项,即为诉讼标的的法律关系是基于亲属关系产生的,如继承权的承认、抛弃或有关夫妻财产契约或扶养的权利义务;作为法律行为的见证人而知悉其成立及其内容的。因这样的证人,其地位和设置的原意即对将来可能发生的纠纷进行作证,除他之外,很难求得其他确切的证据。③因证人所为证言,足以使证人或有第一种情况的人或有监护关系的人将受刑事追诉或蒙受耻辱的情况下,证人可以拒绝提供证言。④因职务上或业务上有保守秘密义务的证人在讯问时可拒绝提供证言,但如果其秘密责任已被免除的,则不得拒绝提供证言。⑤因技术上或职业上的秘密的要求,证人不得泄露其秘密的可以拒绝提供证言。证人拒绝提供证言,应陈述拒绝的事实、原因,并作出释明,由受诉法院在讯问到场当事人之后裁定其是否得当。

在美国《联邦证据规则》中规定教士与信徒之间,律师与当事人之间的保密通信受不得披露的保护,心理治疗医生与病人之间的关系也产生证言拒绝权。另外,国家秘密与工商企业的工商秘密亦受特权保护,可以拒绝披露。由于证言拒绝权是证人的一项权利,所以可以放弃,凡是能为自己主张特权的人都能表示放弃。

我国法律没有规定证人的证言拒绝权,证人有义务就其所知案情向法院作如实陈述。　　（丛青茹）

zhengzhi xuanyan
《政治宣言》（Declaration of Politics）　1990年2月联合国第十七届特别会议通过的关于国际合作取缔麻醉药品和精神药物的非法生产、供应、贩运和分销的决议。全文共20条,充分反应了联合国及其成员国在此问题上的基本政治态度。决议宣布1991年至2000年为联合国禁止麻醉品滥用十年。决议的具体实施措施,为联合国本届大会通过的《全球行动纲领》。
　　　　　　　　　　　　　　（孙东东）

zhichi gongsu
支持公诉（support public prosecution）　检察机关在法院开庭审判公诉案件时,派员以国家公诉人的身份出席法庭,支持依法追究犯罪的活动,它是提起公诉活动的继续。支持公诉是法律赋予人民检察院的一项重要职权,其他任何机关、团体等均无权行使,同时也是人民检察院在提起公诉后参加法庭审判活动所必须履行的法律义务。支持公诉的根本任务,在于通过在法庭审判中宣读起诉书、发表公诉词、参与法庭调查和法庭辩论,根据起诉书支持依法追究犯罪的诉讼活动。它对于揭露、证实和惩罚犯罪分子,监督人民法院依法审判,宣传法制,教育公民等均有重要的作用。同时,支持公诉又是对提起公诉阶段工作的回顾和总结,由此可以检验审查起诉工作的质量,保证做到不枉不纵,实事求是。　　　　　　　　　　（王　新）

zhichi qisu yuanze
支持起诉原则（principle of supporting individuals to bring an action）　《中华人民共和国民事诉讼法》基本原则之一。机关、社会团体、企业事业单位对损害国家、集体或者个人民事权益的行为,可以支持受损害的单位或者个人向人民法院起诉。民事主体的民事权益受到损害,可以由受损害者请求司法保护,向法院提起民事诉讼。但是某些民事主体民事权益受到损害之后,并不知道其权益受损害,或者虽知其权益受损害,而未起诉或者不敢起诉,机关、社会团体、企业事业单位以其自己的名义,支持受损害者向人民法院提起民事诉讼,是为支持起诉。支持起诉的条件是:必须有损害国家、集体或者个人民事权益侵权行为的客观事实;支持者只能是机关、社会团体、企业事业单位,并应以自己的名义出面支持,不得以个人名义或者任何个人支持他人起诉;必须是受损害者未向法院提起诉讼。这些事实和要件同时具备,而构成支持起诉原则。

支持起诉原则是在国家、集体、个人利益一致基础上而建立的有关诉讼的原则。机关、社会团体、企业事业单位可以支持受损害者起诉,这是在社会主义条件下发扬社会主义民主的一种方式。制止侵权行为,维护受损害者的民事合法权益,这是维护社会主义法制的原则。因此,支持起诉原则是民事诉讼法所确立的一项民主和法制原则。

支持起诉不同于代为起诉,不存在当事人的委托和授权。支持起诉原则不同于1923年《俄罗斯联邦民事诉讼法典》规定的社会干预原则。社会干预者是负有保护责任的机关、组织、公民,可以以自己的名义起诉,在诉讼上有特定的称谓,应履行一定的诉讼程序。支持起诉者不限于负有保护责任的机关、社会团体、企业事业单位,不得以公民个人名义予以支持;不以自己的名义提起诉讼;在诉讼上无特定的地位,无需履行诉讼上的程序。但二者在理论上有其共通性,在功能上对制止某些侵权行为的发生和维护社会主义法制,具有一定的作用。

(刘家兴)

zhipiao susong

支票诉讼(check litigation) 专指因支票纠纷提起的诉讼。德国和日本将支票诉讼从票据诉讼中独立出来,成为专门的诉讼形式,而在有的国家,支票诉讼隶属于票据诉讼。支票诉讼的诉讼标的,是支票上记明的金钱支付请求权及与之附带的按照法定利率请求损害赔偿的请求权。支票诉讼为特别诉讼,当事人应在诉状中表明以支票诉讼的方式起诉。关于支票诉讼不得提起反诉,除驳回诉讼的判决外,对支票诉讼的判决为终局判决,不得上诉。

(彭伶)

zhiqiguan feiyan

支气管肺炎(bronchopneumonia) 又称小叶性肺炎。是由肺炎双球菌引起的细支气管化脓性感染疾病。常为其他疾病的并发症,多见于婴幼儿。本病是婴幼儿猝死的主要原因。一般情况下,支气管肺炎在临床上有发热、咳嗽、呼吸粗糙等症状,可以得到临床诊治。但婴幼儿抵抗力弱,有时死前毫无症状,死亡时突然发生;有的有轻微症状,如咳嗽、喷涕、流涕,也有部分吐奶、轻泻等,未引起家长和保育员的注意,延误了治疗而死亡;有的发病急剧,症状迅猛发展,起病就出现高烧、昏迷等症状,因来不及抢救而突然死亡。死亡原因是因呼吸代偿不全引起的呼吸衰竭以及循环衰竭和中毒性休克。尸体解剖可见:两肺表面有散在性炎性病灶,以两肺下叶及背部为重,呈暗红色。病灶周围呈灰白色的气肿灶。病灶可融合扩大,有时可延及全肺。

(李宝珍)

zhijue zhangai

知觉障碍(disturbance of perception) 人脑对直接作用于人的感觉器官的客观事物整体属性的异常综合反应。是各类感觉相互联系和综合的障碍。在临床精神医学和司法精神医学鉴定中是最常见的一种症状。包括错觉、幻觉和感知觉综合障碍。可见于多种精神疾患,并且往往是导致精神病人实施危害行为的一个主要原因。

(孙东东 吴正鑫)

zhiqingren

知情人(person who knows the circumstances of crime, insider) 知晓案件情况的人。包括:知晓犯罪案件的全部事实和内情的人;只知晓案件部分事实或某些内情的人;只了解有关案件的某一事实或个别重要情节的人。知情人有向司法机关举报犯罪的权利和义务。侦查人员应当向知情人详细了解案情,知情人有义务向侦查人员如实提供自己所知的犯罪案件的内情。

(文盛堂)

zhishi chanquan nengli

知识产权能力(competence to technical property claim) 公民或法人对自己在科学、技术、文化艺术等领域内,从事智力活动所创造的精神财富依法享有权利的资格,如发明权、发现权、专利权、商标权、著作权和版权等资格。知识产权是身份权的一种,公民若要取得知识产权资格须通过相应的智力操作行为,而且须符合社会常规和法律规范。特别是专利权的获得,更应体现出法律的严格规范性。有些精神病人按照自己病理性的思维内容,"创造"、"发明"、"发现"出各种脱离现实的、荒谬的理论、仪器、设备、技术以及某种现象等,甚至还能勾画出结构"严密"的蓝图。但实际上这些"发明创造和发现"只是病人的妄想症状,根本无法用科学的方法验证,不具备创造性、新颖性和实用性的特征,与社会常规和法律规范相悖。因此,这些人不具备取得知识产权的能力。

(孙东东)

zhifa renyuan xingwei shouze

《执法人员行为守则》(Code of Conduct for Law Enforcement Officials) 联合国制定的包括行使警察权力,特别是行使逮捕或拘禁权力的所有司法人员应该遵守的国际法律文件。联合国大会于1979年12月17日通过。该行为守则共有8条。它规定:"执法人员无论何时均应执行法律赋予他们的任务,本着其专业所要求的高度责任感,为社会群体服务,保护人人不受非法行为的伤害"。"执法人员在执行任务时,应尊重并保护人的尊严,并且维护每个人的人权"。"执法人员只有在绝对必要时才能使用武力,而且不得超出执行职务所必需的范围"。"执法人员拥有的资料如有机密性质,应守机密,但任务执行或司法上绝对需要此项资料时不在此限"。该行为守则进一步规定:"执法人员不得施加、唆使或容许任何酷刑行为或其他残忍、不人道或有辱人格的待遇或处罚,也不得以上级命令或特殊情况,例如战争状态、战争威胁、国家安全的威胁、国内政局不稳定或任何其他公共紧急情况,作为施行酷刑或其他残忍、不人道或有辱人格的待遇或处罚的理由"。"执法人员应保证充分保护被拘留人的健康,特别是必要时应立即采取行动确保这些人获得医疗照顾"。该行为守则还规定:"执法人员不得有贪污行为,并应极力抗拒和反对一切贪污行为"。该条评注指出:"贪污的定义固然要由国家法律决定,但应理解贪污应包括个人在执行任务时或在与其任务有关的情况下,要求或接受礼物、许诺或酬劳,从而采取或不采取某种行动,或在采取或不采取某种行动后接受这些礼物、许诺、酬劳的一切行为"。该行为守则最后规定:"执法人员应尊重法律和本《守则》,并应尽力和极力抗拒触犯法律和本《守则》的任何行为。如执法人员有理由认为触犯本《守则》行为已经发生或将要发生,应向上级机关报告,并在必要时向赋有审查或补救权力的其他机构提出报告"。

(程味秋)

zhixing

执行(enforcement) 国家赋予执行权的机构和组织依照法定的程序,运用国家强制力促使义务人履行生效的法律文书所确定的义务,以实现权利人民事权利的活动,因而又称为民事执行。在广义上,执行还包括行政执行和刑事执行。

执行的特征 ①执行必须由国家赋予执行权的专门机关进行。执行权是国家权力的重要组成部分,是公力救济的依据和标志。为保证执行的有效性和严肃性,执行权只能赋予特定的机构和组织行使。在我国,执行权由法院独立行使,执行活动只能由法院进行,其他机关、团体无权从事任何执行活动。②执行的目的首先是通过促使义务人履行法律文书确定的义务,以实现权利人的民事权利;其次通过执行使受到侵害或发生争议的民事法律关系得到恢复和调整,以维持社会经济秩序和公共秩序。因此执行措施的规定及执行程序的设置既要有助于保护权利人的权利能够得到及时、全面的实现,同时又要有助于维护义务人的人格及合法利益。③执行必须以生效的法律为依据。生效的法律文书的基本内容就是确定当事人之间的权利义务关系,而这种表现为书面的权利义务在一定条件下只有借助执行机关的执行才能变成现实;同时,执行活动也只有根据一定的法律文书才能成为有目的的活动。在我国,可以借助执行实现的法律文书主要是法院制作的判决书、调解书和裁定书,以及仲裁机关的仲裁裁决书和经过公证赋予强制执行力的债权文书(见执行根据)。④执行是以负有义务的一方当事人拒不履行法律文书所确定的义务为前提的。确定的法律文书形成后并非必然要通过执行来实现,只有在义务人拒不履行法律文书确定的义务的情况下,才需要借助于执行机关的执行。当事人履行完全不同于执行,它是当事人自觉的实现法律文书内容的行为,不需要借助于外界的力量。⑤执行具有明显的强制性。执行是以国家强制力为后盾,通过采取一定的强制措施促使义务人履行义务的,强制措施构成执行程序中的基本内容。因此,执行常称为强制执行。但这种强制性只具有强迫义务人履行义务的功能,并不能保证权利人的权利一定会百分之百的得以实现。⑥执行必须依法进行。执行是特定的国家机关的活动,也是私力救济演进到公力救济的特有行为,只有从执行的开始、执行措施的采取到执行程序的结束等各项执行活动全部依照法律的规定进行,才能保证执行权行使的统一性和有效性。规范和调整执行活动以及执行活动中形成的各项关系的法律,构成执行程序制度的全部内容。各国都有自己关于执行程序制度的立法,只是体例各有不同,有的国家将执行程序规定于民事诉讼法之中,如德国、法国、前苏联等国;有的则制定了独立的强制执行法,如日本、奥地利、匈牙利等国以及我国的台湾地区。我国现行的执行制度采取的是在民事诉讼立法中专章规定执行程序的体例。

执行的类型 依不同的标准划分,执行可分为以下几种类型:

对人执行和对物执行 以执行标的为标准划分,可分为对人执行和对物执行。对物执行是指以义务人的财产为执行对象,通过采取查封、扣押等法律规定的不同执行措施,迫使义务人履行义务,也称为财产执行;对人执行是指以债务人的身体、名誉和自由等为执行标的，如通过拘留债务人，强制债务人劳动等措施来作为履行义务的方式，也称为人身执行。我国执行制度采取的是执行标的有限原则，即只能对债务人的财产进行执行，不能对其人身进行执行。

金钱执行和非金钱执行 以实现的请求权内容的不同，执行可分为金钱执行和非金钱执行。金钱执行是以请求给付一定数量金钱为目的所为的执行，金钱执行可对债务人的动产、不动产或其他财产采取执行措施；非金钱执行是指不以实现金钱债权为目的的执行，主要有关于物的交付请求权的执行和关于行为的请求权的执行。我国民事执行程序中关于强制迁出房屋或退出土地，交付法律文书指定的票证或财物以及办理有关财产权证照转移手续的执行都属于非金钱执行。

本执行和先予执行 按执行的效力划分，执行可分为本执行和先予执行。本执行是依确定的法律文书所为的执行；先予执行是在民事诉讼进行中，对于一定的权利义务关系明确，且权利人有紧急需要的民事案件，经当事人申请，裁定被申请人先履行一定的义务，待终局判决作出后，先予执行的部分应予说明。我国民事诉讼法规定了先予执行适用的范围和条件，国外将类似的制度称为假执行。

一般执行和个别执行 以债权人的范围划分，执行可分为一般执行与个别执行。一般执行是指为了使某一债务人的全体债权人的债权一次得到清偿，而对债务人的全部财产采取执行措施，如破产程序中的破产清偿。一般执行也称为概括执行。个别执行则是指为实现个别债权人的请求权而对债务人的部分财产采取执行措施。在民事执行中，就某一法律文书而为的执行即为个别执行，个别执行也称为单独执行。

直接执行、间接执行和代替执行 以执行的结果划分，可分为直接执行、间接执行和代替执行。直接执行是指执行机关的执行行为可以直接使权利人的请求内容得到实现，如法院变卖、拍卖义务人的财产可以直接实现权利人的金钱债权，法院强迫义务人退出土地，可以直接使权利人对物的交付请求得到实现。间接执行是指执行机关通过对义务人的处罚来迫使他履行义务。如对义务人进行罚款、拘留以强迫其为一定行为。罚款和拘留是对人执行，属于间接执行。代替执行是指执行机关命令第三方代替义务人履行义务，费用由义务人负担的执行。如加工承揽行为的执行，如义务人未完成加工行为，执行机关命令其他有加工能力的人完成该行为，加工费用由义务人负担，从而实现权利人的权利。我国关于民事执行程序的立法中对直接执行和代替执行都有规定，但没有规定间接执行的措施。

（阎丽萍）

zhixing biaodi

执行标的（subject matter of enforcement） 民事执行行为所指向的对象，又称为执行对象。执行标的是直接承受执行措施并通过承受执行措施使义务人履行法律文书所确定的义务的载体。它具有必须属于义务人所有或支配，并且必须属于法律允许强制执行范围的特点。纵观各国民事执行立法，执行标的可分为两类：一是财产（物），一是人身。

财产 是最常见的执行标的，以财产为执行标的的执行称为财产执行。民事法律关系可分为财产关系和人身关系。无论哪一类关系，其受到侵害后要求义务人承担的民事责任大多是和一定的财物相联系的，即通过经济补偿来实现的，如赔偿损失，支付违约金等等；而民事执行又是以具有给付内容的法律文书为执行根据的。因此，财产在各国执行立法中都是最普遍、最基本的执行标的。根据我国现行的民事诉讼法，财产作为我国民事执行的主要执行标的，它应当是义务人现有的或可取得的财产和法律文书明确指定应当交付的金钱、物品、有价证券等财物。国家禁止流通物，如国家所有的土地、矿藏及武器弹药或淫秽物品、鸦片等不能作为执行标的；被执行人及其所扶养家属的生活必需品也不能作为执行标的。

人身 人身作为执行标的，通常是以义务人的人身自由作为执行标的，即执行机关通过限制义务人的人身自由以迫使义务人履行义务，如拘留。以人的身体直接作为执行标的只是在非常特殊情况下并且是有法律的明文规定时才能适用。如我国台湾地区强制执行法所规定的：执行名义（即执行根据）规定债务人交出子女或被诱人的，可以将子女、被诱人直接交取交债权人。这是惟一以人的身体为执行标的的规定。此外，不得以人的身体之一部或全部为执行标的。通常所称对人执行一般是指以人身自由为执行标的的执行，国外的执行立法中大都对对人执行作了规定，但限于通过财产执行无法达到目的的情况下适用。我国目前在理论上和立法上均不允许对人执行。因此我国民事执行的执行标的主要是财物。

（阎丽萍）

zhixing chengxu

执行程序【刑诉】（procedure for execution） 刑事诉讼法及有关法律规定的将生效的判决、裁定付诸实施所遵循的步骤、手续和方法。我国《刑事诉讼法》第208条规定，判决和裁定在发生法律效力后执行。下列判决和裁定是发生法律效力的判决和裁定：①已过法定期限没有上诉、抗诉的判决和裁定；②终审的判决和裁定；③最高人民法院核准的死刑的判决和高级人民法院核准的死刑缓期二年执行的判决。执行程序是刑事诉讼的最后一个法定程序,是使判决、裁定的内容得以实现,解决执行中发生的问题的重要法律保障。根据我国《刑事诉讼法》的规定,对于不同内容的判决、裁定,分别由人民法院、公安机关和监狱执行。我国《刑事诉讼法》规定的执行程序有:死刑判决的执行程序;死刑缓期执行判决的执行程序;无期徒刑、有期徒刑或者拘役判决的执行程序;宣告缓刑判决的执行程序;管制、剥夺政治权利判决的执行程序;判处罚金、没收财产的判决的执行程序;宣告无罪和免除刑事处罚判决的执行程序;附带民事诉讼判决的执行程序。另外,对于在执行过程中发生或发现的需要变更或解决的问题或事项,我国《刑事诉讼法》也规定了相应的程序,如监外执行程序;减刑程序;假释程序;死刑缓期执行的减刑执行程序;错判或漏判处理程序;被执行罪犯的诉讼程序等。　　　　　　　（黄　永）

zhixing chengxu
执行程序【民诉】(procedure of enforcement of judgments)　人民法院负责执行工作的人员,采取一定的措施,使申请人提交或审判员移送的已经发生法律效力的判决书、裁定书、调解书以及其他具有民事执行效力的法律文书得以实施所必须遵循的程序。世界各国对执行程序的立法体例,大致可分为两类:一类是将执行程序规定在民事诉讼法中,如我国、德国等;另一类是将执行程序单独作为一部法律或法规,如日本分别有《民事诉讼法》和《民事执行法》,奥地利有《民事诉讼法》和《强制执行法》。执行程序有如下特点:第一,执行程序设立的基础是司法执行权;第二,设立执行程序的目的是通过国家强制力迫使义务人履行法律文书确定的义务;第三,执行程序是由诸多强制性措施构成的独特程序。

　　执行程序中进行执行的法院因作为执行根据的法律文书的不同而不同:人民法院制作的发生法律效力的民事判决书、裁定书、调解书,以及具有财产内容的刑事判决书、裁定书,由第一审人民法院执行;发生法律效力的支付令,由制作支付令的人民法院执行;仲裁机关制作的发生法律效力的裁决书,以及公证机关依法赋予强制执行效力的债权文书,依法由被执行人住所地或被执行的财产所在地人民法院执行。执行开始的方式有两种:一种是当事人申请执行,一种是审判组织移送执行。人民法院接到执行申请书或移送执行书后,应当向被执行人发出执行通知,责令其在指定的期间履行义务。逾期不履行的,由人民法院强制执行。我国《民事诉讼法》规定的强制措施有:查询、冻结、划拨被执行人的存款;扣留、提取被执行人的劳动收入;查封、扣押、冻结、拍卖、变卖被执行人的财产;强制迁出房屋或退出土地;强制完成法律文书指定的行为;强制交付法律文书指定的财物或票证。同时,我国《民事诉讼法》还规定了保障执行的措施,即对被执行人及其住所或者财产隐匿地进行搜查、责令支付延期利息或迟延履行金以及随时继续执行。当然,在执行过程中,由于某些特殊情况的出现,可以导致执行程序的暂时中断,或者无法进行,或者不必进行,如执行异议、执行和解、执行担保、执行中止以及执行终结等。执行完毕后,由于据以执行的判决书、裁定书或其他法律文书因确有错误而被依法撤销,即发生执行回转,对于已被执行的财产,人民法院应重新采取措施,使其恢复到执行开始前的状态。　　　　　　　　　（万云芳）

zhixing cuoshi
执行措施(enforcement measures)　执行机关依照法定程序执行生效法律文书时所采取的方法和手段,从而借此实现执行的目的。执行措施及适用程序的设定构成执行制度的主要内容,因而也是执行法和执行程序制度中必不可少的部分。执行措施必须依一定的法定程序进行,采取执行措施就是履行执行程序,执行程序的推进又是以执行措施的实施为标志的。执行措施内容的不同不仅体现出各国执行程序的不同,而且会体现出各国确立执行制度的指导原则和理论观念的不同。我国现行的民事执行制度确立了七项执行措施。

　　查询、冻结、划拨　在义务人未按执行通知履行法律文书确定的义务时,人民法院有权向银行、信用社和其他办理储蓄业务的单位查询被执行人的存款情况,有权冻结、划拨被执行人的存款。对义务人存款的执行是通过查询其存款情况,进而根据需要再决定冻结或划拨,这既是对义务人存款的执行措施,也是对义务人存款的执行程序。

　　扣留、提取　义务人如果未按执行通知履行法律文书确定的义务,人民法院有权扣留、提取义务人相应的收入。义务人的收入是指他应当获得而未获得的收入。人民法院对义务人的收入采取扣留或提取措施,应当作出裁定,并发出协助执行通知书,通知有关单位、银行、信用合作社或其他有储蓄业务的单位;提取、扣留义务人的收入,应当为义务人所扶养的家属保留必要的生活费用。

　　查封、扣押、冻结、变卖、拍卖　义务人未按执行通知履行法律文书所确定的义务,人民法院有权查封、扣押、冻结、拍卖、变卖其相当于应履行义务数额的财产。查封是对义务人的有关财产就地封存,不准其转移和处理;扣押是指将义务人的有关财产运送到有关场所加以扣留,不准义务人占有、使用或处分。采取查封、扣押措施,人民法院应当通知被执行人或其成年家属到场,并通知其工作单位或财产所在地的基层单位派人参加；被执行人是法人或其他组织的，应当通知其法定代表人或主要负责人到场。对查封、扣押的财产，执行员必须造具清单，由在场人签名或盖章后，交被执行人一份。冻结主要用于冻结资产、债权。拍卖是以公开竞价的方式由拍卖人主持叫卖，将查封、扣押的财产卖给出价最高者。执行中的拍卖只能由人民法院实施，并且拍卖后买受人对取得的拍卖物有原始取得的效力，可以对抗任何第三人的权利主张。变卖是指人民法院将查封、扣押的财产强制予以出卖，以实现财产换价的执行措施。采取拍卖、变卖措施时，应当保留义务人及其所扶养家属的生活必需品，并且拍卖、变卖的财产应当以义务人应履行的义务数额为限。

强制迁出房屋或退出土地　如果义务人未按执行通知履行法律文书确定的迁出房屋或退出土地义务，则由法院院长签发公告，责令义务人在指定期间迁出房屋或退出土地。如果义务人逾期仍不履行义务的，由执行员强制迁出房屋或退出土地。采取这一执行措施时，应当通知义务人及其成年家属，并要求其工作单位或房屋、土地所在地的基层组织派人参加。具体执行情况应当记入笔录，并由在场的义务人和参加人签名盖章。

强制办理有关财产权证照转移手续　作为执行根据的法律文书要求义务人办理有关财产权证照转移手续，义务人拒不履行的，人民法院可以强制其办理有关财产权证照转移手续。

强制完成特定的行为　作为执行根据的法律文书要求义务人完成特定的行为而义务人拒不履行的，人民法院应当强制其完成或委托他人完成，费用由义务人负担。

指令交付财物或票证　如果生效的法律文书确定义务人交付特定财物或票证，义务人拒不履行的，人民法院可以根据不同情况采取强制措施：一般是由执行员传唤双方当事人当面直接交付或通过执行员转交，由被交付人签收；如果是有关单位持有该项票证或财物时，人民法院应当发出协助执行通知书，由有关单位转交；如果是有关公民持有该项票证或财物时，由人民法院通知其交出，拒不交出的，强制执行。

上述七项执行措施是根据执行对象的不同分别加以规定的，人民法院在执行中，应根据不同的执行对象采取不同的执行措施。

（阎丽萍）

zhixing daibu tongzhishu
执行逮捕通知书（arrest notice）　人民检察院在办理直接受理侦查的案件过程中依法决定逮捕犯罪嫌疑人时，通知公安机关执行时所制作的法律文书。是公安机关据以填发《逮捕证》并对指定的犯罪嫌疑人执行逮捕的依据。《执行逮捕通知书》的内容包括：①首部。写明制作文书的人民检察院名称、文书名称、文书编号及送达机关，即执行逮捕机关的名称。②正文。写明犯罪嫌疑人姓名和涉嫌罪名，制作文书的法律依据、决定事项，即"本院决定予以逮捕，请你局依法执行"。③尾部。应注明制作文书日期并加盖院印。附项内应写明犯罪嫌疑人的基本情况，包括犯罪嫌疑人的姓名、性别、年龄、民族、籍贯、工作单位及职务、现住址、家属姓名及工作单位，以便于公安机关执行。每逮捕一名犯罪嫌疑人，应当制作一份《执行逮捕通知书》。

（黄　永）

zhixing danbao
执行担保（security provided for postponed enforcement）　执行过程中，被申请执行人或第三人（即担保人）为了保证生效法律文书得以实现而向法院提供的保证行为。即在执行中，如果被申请执行人向法院就自己的执行能力提供了担保人或担保财产，在生效的法律文书的执行已有可靠保证的情况下，法院可予暂缓强制执行，对义务人履行义务的期限予以延展。执行担保的条件是：①必须由被申请执行人提出申请。②担保的方式，可以是财产担保，也可以由第三人担保。以财产担保的，要提交保证书，由第三人担保的，要提交担保书。③申请执行担保必须征得申请执行人的同意。④必须经法院许可。执行担保成立的，法院可以决定暂缓执行或暂缓执行的期限。有担保期限的，暂缓执行的期限应与担保期限一致。决定暂缓执行后，已开始的执行行为停止，且不再为新的执行行为。在暂缓执行期间，如果被申请执行人或担保人对担保的财产有转移、灭失行为的，法院可以恢复强制执行。被申请人提供担保后，应在法院决定的暂缓执行期限内履行义务，逾期仍不履行的，法院有权执行被申请执行人的担保财产或担保人的财产。但执行担保人的财产只能在其提供担保的范围内进行。

执行担保是基于执行中客观存在着某些不宜或不能立即强制执行的情况而设立的一项有条件的暂缓执行制度。这一制度的设立既有利于保护被申请执行人的利益，防止和避免因强制执行对社会生产和经济造成不利影响，也有利于促使被申请执行人更好地履行义务，全面实现申请执行人的权利。因此，在我国现行民事诉讼法中作了如下规定：在执行中，被执行人向人民法院提供担保，并经申请执行人同意的，人民法院可以决定暂缓执行及暂缓执行的期限。被执行人逾期仍不履行的，人民法院有权执行被执行人的担保财产或担保人的财产。

（阎丽萍）

zhixing dangshiren

执行当事人（parties to the enforcement of a judgment） 执行程序的主体之一。在执行程序中，依照作为执行根据的法律文书应当享有权利或承担义务，并受执行机关执行行为约束的利害关系人。其中，依照作为执行根据的法律文书享有权利，并且通过执行程序能够使其权利得以实现者，称为执行权利人或申请执行人；依照作为执行根据的法律文书应当承担义务并且通过执行能够迫使其履行义务者，称为执行义务人或被申请执行人。执行权利人和执行义务人都是执行当事人，它们在执行程序中享有一定的权利，并承担一定的义务。依照我国现行民事诉讼法中关于执行程序的规定，无论是中国公民、法人或非法人团体，还是外国公民、无国籍人或外国企业和组织，只要他们在生效的法律文书中享有权利，并且义务人没有按照法律文书的要求自动履行义务，就可以行使申请执行权，从而成为执行程序中的一方当事人，即执行权利人；相应地，依照生效的法律文书应当承担义务却没有主动履行义务，因而被权利人要求在执行程序中履行义务的一方当事人，就成为执行程序的执行义务人。执行权利人在执行程序中享有申请执行、变更执行请求数额、自行和解、撤回执行申请等权利并承担遵守申请执行期限、遵守法定程序的义务；执行义务人在执行程序中享有要求法院保留其本人及受其扶养的家属的生活必需品的权利及维护自己正当权益的权利，同时承担按要求履行法律文书和遵守法定程序的义务。

一般情况下，执行程序中的执行权利人和义务人与作为执行根据的法律文书中的权利人和义务人是一致的，但是，因执行程序中出现一些特殊情况，也会引起执行当事人的变更。依照我国现行民事诉讼法中的有关规定和司法实践，引起执行权利人变更的情况主要是：①作为执行权利人的公民死亡，由其继承人继承其在执行程序中的权利；②作为执行权利人的法人或其他组织在执行程序中发生了合并或分立，由合并或分立后的法人或其他组织作为执行权利人；③作为执行权利人的法人或其他组织在执行程序中被解散、撤销或宣告破产的，由主管机关或人民法院组织成立的清算组织作为执行权利人。引起执行义务人变更的情况主要是：①作为执行义务人的公民死亡，其继承人没有放弃继承权的，其继承人变更为执行义务人，但继承人承担的义务以其继承财产的范围为限；②在执行程序中，作为被申请执行人的法人或其他组织合并、分立的，其权利义务由变更后的法人或其他组织承受，变更后的法人或其他组织即作为新的执行义务人。执行当事人的变更并不引起实体权利义务的变更。

（阎丽萍）

zhixing fayuan

执行法院（enforcement jurisdiction） 对某一生效的法律文书具体行使执行权，采取法定的执行措施进行执行的法院。在我国，执行权是法院的一项重要权能，它专属于法院行使。但是能否以某一具体的法律文书为依据实际采取执行措施则需要进一步明确法院对该法律文书是否具有执行管辖权。有执行管辖权的法院就是该法律文书的执行法院。如何确定法院的执行管辖权，即如何划分法院之间对执行案件的权限与分工，各国立法中采用的标准各不相同。我国现行民事诉讼法是以作为执行根据的法律文书的类别为标准，并同时以有利于及时有效地执行、有利于保护当事人的合法权益为原则确定执行法院的。具体分工如下：①人民法院制作的发生法律效力的民事判决书、裁定书、调解书，以及具有财产内容的刑事判决书、裁定书，其执行法院是第一审人民法院；②发生法律效力的支付令，其执行法院是制作支付令的人民法院；③其他机关制作的法律文书，主要是仲裁机关制作的发生法律效力的仲裁裁决书和调解书，以及公证机关依法赋予强制执行效力的债权文书，其执行法院是被执行人住所地或被执行财产所在地的人民法院；④涉外法律文书的执行法院，其中对涉外仲裁机构的仲裁裁决的执行及对国外仲裁机构裁决的承认与执行，其执行法院是被执行人住所或财产所在地中级人民法院；对外国法院作出的发生法律效力的判决、裁定，需要我国法院承认与执行的，其执行法院是我国有管辖权的中级人民法院，或者是依照有关的国际公约、条约所确定的法院。

（阎丽萍）

zhixing genju

执行根据（basis for enforcement） 具有执行权的执行机构进行执行活动所依据的法律文书。在大陆法系有的国家中称之为执行名义。进行执行活动必须有执行根据，并且作为执行根据的法律文书必须是发生法律效力并具有执行力的法律文书，否则执行便无从展开。执行根据在各国规定的范围不尽相同。在我国民事执行程序中，可以作为执行根据的法律文书主要有以下几种：(1)法院制作的生效的、具有给付内容的民事判决书、裁定书和调解书。(2)法院依督促程序发出的支付令。在督促程序中，债务人自收到法院依督促程序发出的支付令之日起15日内，不提出书面异议又不履行支付令的，支付令可以作为执行根据。(3)法院已生效的刑事判决书、裁定书中的财产部分。(4)仲裁机关的仲裁裁决书。仲裁裁决书的执行需通过法院进行，但是如果被申请执行人提出证据证明有下列情形之一，经法院审查核实，可以裁定不予执行：①当事人在合同中没有订有仲裁条款或者事后没有达成书面仲裁协议;②裁决的事项不属于仲裁协议的范围或者仲裁机构无权仲裁;③仲裁庭的组成或仲裁的程序违反法定程序;④认定事实的主要证据不足;⑤适用法律确有错误;⑥仲裁员在仲裁该案时有贪污受贿、徇私舞弊、枉法裁决行为;⑦在涉外仲裁中,被申请执行人没有得到指定仲裁员或者进行仲裁程序的通知,或者由于其他不属于被申请执行人负责的原因未能陈述意见;⑧涉外仲裁中,仲裁庭的组成或者仲裁的程序与仲裁规则不符。法院裁定不予执行后,该仲裁裁决即为无效裁决,当事人既可根据事后达成的书面仲裁协议重新申请仲裁,也可以直接向法院起诉。(5)公证机关制作的依法赋予执行效力的债权文书。即公证机关依照法定程序,对于追偿债款的文书,经过审查,认为事实清楚,双方并无争议,依法作出公证,所出具的证明该项追偿债款文书具有强制执行效力的文书。如果一方当事人不履行债权文书中的义务,另一方当事人可以申请法院执行,但是,法院发现公证债权文书确有错误时,即:①不是依法制作的;②债权文书不真实、不合法的;③超出规定范围的,可以裁定不予执行公证债权文书,并将裁定书送达当事人和公证机关。上述几种法律文书在义务人不履行义务时,权利人都可依法向法院申请执行,这些法律文书就成了法院的执行根据。

(阎丽萍)

zhixing hejie

执行和解(reconciliation in enforcement) 在民事执行过程中,双方当事人就执行标的的一部或全部,自愿协商达成如何执行的协议,从而结束执行程序。执行和解是当事人处分自己民事权利和诉讼权利的行为。执行和解应具备的条件是:①和解必须双方当事人完全自愿并且和解协议必须合法;②双方当事人必须具有诉讼行为能力,委托代理人代为执行和解的,必须有授权委托书明确授权;③执行和解应当在执行程序开始后、结束前进行;④和解协议的内容应当由书记员记入笔录,并由双方当事人签名盖章。

执行和解协议是双方当事人在执行中自行协商达成的。执行和解可以终结执行程序,但执行和解协议只能由当事人自动履行,不能由法院强制执行,并且执行和解协议不能撤销原生效的法律文书。因此,双方当事人达成和解协议后,如果一方当事人不履行和解协议的,另一方不能要求法院强制执行和解协议,但是可以申请恢复对原生效法律文书的执行。如果已部分履行和解协议的,已经履行的部分有效。如果和解协议已履行完毕,当事人又申请按原生效的法律文书执行的,法院不予接受。

执行和解制度有助于调动当事人在执行程序中的积极性,有助于推动执行进程。我国现行民事诉讼法对此作了规定:在执行中,双方当事人自行和解达成协议的,执行员应将协议内容记入笔录,由双方当事人签名或盖章;一方当事人不履行和解协议的,人民法院可以根据对方当事人的申请,恢复对原生效法律文书的执行。执行和解中,和解协议是表明执行当事人之间改变债务履行内容或方式的重要的协议文书,其主要内容应写明:债权人放弃的债权部分,或债务履行期限延长的约定,以及履行方式变更的意思表示。

(阎丽萍)

zhixing huizhuan

执行回转(revocation of enforcement based on an erroneous judgment) 执行完毕后,原据以执行的判决书、裁定书或其他法律文书因确有错误而被依法撤销,法院对已被执行财产重新采取执行措施,使其恢复至执行程序开始前的状态。执行回转是民事执行中的一项补救性制度,设立这一制度有利于纠正因执行根据错误而造成的执行失误,从而更好地保护当事人的合法权益。适用执行回转,应符合以下条件:①执行回转必须是原生效的法律文书已由法院依执行程序执行完毕,义务人按照原生效的法律文书已经全部或部分履行了义务。②必须具有对原作为执行根据的法律文书作出明确否定的新法律文书。③必须是根据新的法律文书已获得执行所得的人不存在取得财产权利的根据,却又拒绝返还其所得财产。如果新的法律文书形成后,获得财产的人已自动返还其所得,则不需执行回转。④执行回转实质是对已执行财产的再执行。因此执行回转的执行根据是法院作出的执行回转裁定。执行回转裁定是执行法院根据新的法律文书及原申请执行人已取得了执行财产却又拒绝返还的实际情况作出的责令取得财产人返还错误所得的法律文书。根据这一裁定,执行法院可以采取强制措施实现执行回转的目的。执行回转在符合上述条件的情况下发生,其法律后果是:原申请执行人因执行所取得的财产应返还原被执行人;所取得的财产原物存在的,应返还原物;如果原物无法返还的,应以同等数量和质量的种类物返还或予以折价赔偿。

我国现行民事诉讼法对执行回转制度作了如下规定:执行完毕后,据以执行的判决、裁定和其他法律文书确有错误,被人民法院撤销的,对已被执行的财产,人民法院应当作出裁定,责令取得财产的人返还;拒不返还的,强制执行。根据我国现行民事执行制度及仲裁、公证制度,目前执行回转主要适用于作为执行依据的判决、裁定和调解书被法院依审判监督程序撤销,而执行已经进行完毕的情况。其他法律文书如仲裁裁决书、公证债权文书及支付令依照现行制度在实践中还

不会出现执行回转的问题。　　　　（阎丽萍）

zhixing jiguan

执行机关（executing organ）　将已生效判决、裁定的内容付诸实施的机关。在我国，执行机关包括人民法院、公安机关和监狱。根据我国《刑事诉讼法》的规定，不同的判决、裁定，由不同的机关执行：①死刑立即执行的判决、无罪和免除刑事处罚的判决，判处罚金或没收财产的判决，由人民法院执行。在必要的时候，对判处罚金和没收财产的判决，人民法院可会同公安机关执行。②判处死刑缓期二年执行、无期徒刑、有期徒刑的判决，由人民法院交付监狱执行。③对判处无期徒刑、有期徒刑或者拘役的罪犯决定暂予监外执行的，由居住地公安机关执行。④对于被判处有期徒刑的罪犯，在被交付执行刑罚前，剩余刑期在1年以下的由看守所代为执行。⑤对于未成年犯应当在未成年犯管教所执行；⑥判处拘役的判决，由公安机关在拘役所执行。⑦判处徒刑、拘役宣告缓刑的判决，判处管制、剥夺政治权利的判决，由公安机关执行。　　　　（黄　永）

zhixing jiandu

执行监督（supervision to execution）　人民检察院对刑事判决、裁定的执行活动是否合法的监督。人民检察院的法律监督职能之一。刑事判决、裁定的执行有广狭二义。执行监督这一概念中的"执行"是广义的，不仅指人民法院将已生效的判决、裁定交付执行和在执行过程中变更执行（为减刑、假释）的活动，而且包括监狱等执行机关执行刑罚，惩罚和改造罪犯的活动。执行监督的任务是保证刑罚和法律规定的监管和教育改造罪犯的方针、政策和制度的正确执行和严格遵守，及时纠正违法行为，打击犯罪活动，维护监管改造秩序，促进文明管理和提高改造质量，将罪犯改造成为守法公民，以减少和预防犯罪。执行监督的主要法律依据是《中华人民共和国刑事诉讼法》、《中华人民共和国人民检察院组织法》和《中华人民共和国监狱法》以及其他有关的法律、法规和司法解释。

人民检察院执行监督的具体监督内容应根据判决、裁定的种类和不同的执行程序确定。对宣告被告人无罪或免除刑事处罚的判决，主要监督在押的被告人是否被立即释放。对判处死刑立即执行的判决，主要监督：①交付执行死刑的人民法院是否接到最高人民法院院长签发的执行死刑命令和是否在法定的期限内交付执行；②被交付执行死刑的罪犯是否为《刑事诉讼法》第211条规定的停止执行的情形，如果发现具有法定停止执行的情形，应建议人民法院停止执行；③因停止执行的原因消失恢复执行的，是否接到最高人民法院院长再签发的执行死刑命令；④执行死刑的场所、方法是否合法；⑤临场指挥执行的审判人员是否严格履行法定的执行程序；⑥执行死刑后，罪犯是否确已死亡。对判处死刑缓期二年执行的判决，主要监督：①罪犯符合法律规定的减刑条件的，是否依法减刑；②罪犯在服刑期间故意犯罪，应当执行死刑的，是否依法追究并报请最高人民法院核准。对判处无期徒刑、有期徒刑、拘役的判决，主要监督：①人民法院交付执行和执行机关收押罪犯是否遵守法定程序，有关的法律文书是否齐备；②执行的机关和场所是否合法（无期徒刑、有期徒刑由监狱执行，未成年犯应当在未成年犯管教所执行，余刑在1年以下的由看守所代为执行，拘役由公安机关执行）；③执行机关对罪犯的管理、惩罚和教育改造活动是否合法；④罪犯的人格尊严、人身安全和合法财产是否受到侵犯，提出的申诉、控告、检举是否得到及时处理；⑤对罪犯在服刑期间犯罪的，是否依法追究；⑥罪犯服刑期满，是否按期释放并发给释放证明书。对判处缓刑、管制、剥夺政治权利的判决，主要监督：①对罪犯的监督考察措施是否落实；②缓刑犯在缓刑考验期内再犯新罪的，是否依法处理；③被判处管制、剥夺政治权利的罪犯，执行期满，是否通知本人并向有关群众公开宣布解除管制或恢复政治权利。

减刑、假释和暂予监外执行，是在执行过程中对刑罚实际执行的刑期和执行方法的变更。人民检察院对执行变更是否合法实行监督的主要内容是：①罪犯是否具备法定的减刑、假释和暂予监外执行的条件；②减刑、假释的裁定和暂予监外执行的批准是否遵守法定的程序，有关的法律文书和证明文件是否齐备；③对被假释、暂予监外执行的罪犯的管理和监督措施是否落实；④暂予监外执行的情形消失后，罪犯刑期未满的或者被保外就医的罪犯严重违反有关保外就医的规定的，是否及时收监；⑤被假释的罪犯，在假释考验期内再犯新罪的，是否依法处理。

人民检察院对于执行监督中发现的违法行为，应当分别情况采取纠正违法的措施：①对于情节较轻的违法行为，可用口头方式向执行人员或执行机关的负责人提出纠正意见。②对于情节比较严重的违法行为，应当报检察长批准后，向执行机关发出《纠正违法通知书》；纠正违法的意见不被接受的，应当报告上一级人民检察院处理。③对于监狱管理人员的犯罪案件，属于检察机关管辖的，应当立案侦查；不属于检察机关直接受理的，应当通知有管辖权的机关立案侦查。④对于罪犯在监狱内犯罪的案件，应当通知监狱立案侦查。⑤认为对罪犯适用暂予监外执行不当的，应当在接到决定暂予监外执行的通知1个月以内，将书面意见送交批准暂予监外执行的机关（省、自治区、直辖市监狱管理机关），要求重新核查。⑥认为人民法院减刑、假释的裁定不当的,应当在收到裁定书副本后20日以内,向人民法院提出书面纠正意见,要求重新组成合议庭进行审理。⑦认为原判决、裁定确有错误的,应当依照审判监督程序提出抗诉。　　　　（王存厚）

zhixingling
执行令（mandamus） 英美等普通法国家法院运用的一种公法救济手段。这种令状用于上级法院命令下级法院或法院命令行政机关履行法定职责或义务。执行令既可单独使用,也可作为调卷令的附属令状与之配合使用。法院通过调卷令对被指控的行为进行审查后,认为相应行为存在某种瑕疵或违法情形时,可随之发布执行令,责成行为机关作出一定行为予以纠正。有时执行令还会与禁止令并用。　　　（姜明安）

zhixing shenqing
执行申请（application for enforcement） 发动执行程序的方式之一。即当事人向执行机关提出申请,请求通过执行程序实现生效法律文书的内容。当事人之间的民事权利义务确定后,权利人是否通过执行程序实现自己的权利,取决于他自己处分权的行使。因此,各国民事执行立法普遍规定了当事人申请执行发动执行程序的制度,但同时有的国家的立法中又结合以执行机关依职权而开始执行,表现出国家干预的作用。我国现行立法中规定:发生法律效力的民事判决、裁定,当事人必须履行,一方拒绝履行的,对方当事人可以向人民法院申请执行,也可以由审判员移送执行员执行;调解书和其他应当由人民法院执行的法律文书,当事人必须履行,一方拒绝履行的,对方当事人可以向人民法院申请执行。确立了以当事人申请执行为主,以法院移送执行为辅的发动执行程序的方式。申请执行时,申请执行人应向有执行管辖权的人民法院提交执行申请书和据以执行的法律文书。执行申请书应当写明:申请执行的事项和理由;被申请执行人拒不履行义务的事实和根据;需要执行的标的物名称、数量及所在地;被申请执行人的经济状况和可供执行的财产状况。申请执行应遵守申请执行的期限。双方或一方当事人是公民的,申请执行的期限为1年;双方是法人或者其他组织的,申请执行的期限为6个月。上述期限从法律文书规定履行期间的最后一日起计算,法律文书规定分期履行的,从规定的每次履行期间的最后一日起计算。法院的执行员接到申请执行书应当进行审查,符合条件的向被执行人发出执行通知书,责令其在指定的期间履行义务,逾期不履行的,强制执行。发出执行通知书即表示执行程序的开始;不符合条件的则驳回执行申请;对于仲裁裁决书和公证债权文书申请执行人申请执行,但被申请执行人提供证据证明上述法律文书符合不予执行的法定条件的,人民法院应裁定不予执行(见"执行根据")。　（阎丽萍）

zhixing sixing bilu
执行死刑笔录（record to execute death sentence） 负责执行死刑的人民法院,在执行罪犯死刑时,对执行现场及执行过程的有关情况所制作的文字记录。其内容包括:死刑罪犯的姓名、案由;执行时间、地点;指挥执行的审判人员、监督执行的检察人员及行刑人员的姓名;执行死刑的经过及执行前讯问死刑罪犯的情况,如有应当停止执行、暂停执行及执行中的异常情况应如实记录;罪犯死亡情况、死亡时间,最后由指挥执行的审判人员、临场监督的检察人员、法医、书记员分别签名。执行死刑笔录,应连同死刑罪犯执行前后的照片及执行现场的照片一起存卷。（黄　永）

zhixing sixing mingling
执行死刑命令（warrant to execute the sentence of death） 最高人民法院判处或者核准的死刑立即执行的判决生效后,由最高人民法院院长签发的、命令特定的下级人民法院将罪犯交付执行死刑的法律文书。本命令的撰写要保证内容准确无误、文字简洁、严肃。首部依次写明文书标题、案号和受文机关。正文写明已依法判处或者核准死刑的罪犯名称和罪名,命令受文机关在接到命令之日起7日以内,将罪犯验明正身,核对犯罪事实无误;讯问有无遗言、信札之后,交付执行死刑,并写明应当停止执行或者暂停执行的情况。尾部由院长署名,注明命令的日期并加盖院印。　（黄　永）

zhixing yiyi
执行异议（objection to enforcement） 在执行程序进行中,案外人对执行标的主张实体权利,并要求法院停止或变更执行的行为。执行异议的理由如果成立,法院应中止执行。这一制度是我国民事执行中,为保护案外人的实体权益,保护执行工作的正确性而设立的一项救济制度,是民事执行制度的重要组成部分。执行异议的提出应符合以下条件:①执行异议必须是执行程序已经开始并且正在进行的过程中提出。②执行异议只能由案外人提出。案外人是执行当事人以外的、认为强制执行损害其实体权利的利害关系人。执行当事人不能提起执行异议。③执行异议必须基于一定的事实和理由提出,并且应基于一定的事实和理由对执行标的主张实体权利。④执行异议一般应以书面形式提出,具体说明对执行标的主张权利的理由,并提供必要的证据。如果书写确有困难的,也可以口头提出，由书记员记录在案。对于执行异议，由执行员进行审查，这是必经程序。经审查，理由不成立的，予以驳回；理由成立的，由法院院长批准中止执行；如果发现判决、裁定确有错误，按照审判监督程序处理。

在执行过程中，如何尽力保障案外人的合法权益，避免执行工作的失误，在国外的民事执行制度中也规定了一定的救济办法。如《德国民事诉讼法》规定，对于判决所确定的请求权本身有异议时，债务人可以以诉的方式向第一审的受诉法院提起；第三人主张在强制执行的标的物上有阻止让与的权利时，可以向实施强制执行的地区的法院提起异议之诉。此外，在日本及我国台湾地区的强制执行法中都有类似的规定。国外规定的救济制度是执行异议之诉，其与我国执行异议制度的主要区别在于：执行异议之诉的提起并不只限于案外人，被执行人也可提起异议之诉；并且异议之诉的提起必然引起通常诉讼程序的发生，利害关系人或被执行人基于实体法律关系对执行标的提出自己的主张，从而引起法院依通常诉讼程序对案件再次进行审理，其目的在于排除强制执行行为。 (阎丽萍)

zhixing yiyi zhi su
执行异议之诉（action regarding objection to enforcement of a judgment） 诉的表现形式之一，形成之诉的一种。对确定强制执行之标的，利害关系人依据特定的事由或者权利，要求法院撤销强制执行处分的判决之诉。民事判决强制执行的标的，应是被申请执行人所有的和可供执行的财物或者一定的行为，如果超出其范围，利害关系人具有法律认可的事由或者具有的一定权利，就可以依法对执行提出异议。同时，为保证法院裁判及其强制执行的正确性，法律上也有必要设立执行异议之制度。所谓利害关系人，在不同的执行异议制度中有其不同的范围，有的指判决确定的义务人和第三人，有的仅指第三人，即判决之外的案外人。债务人提出执行异议之特定事由，主要是指债务人具有可以排除强制执行标的之事由，如债务人之基本生产工具和生活资料。第三人提出执行异议之权利，主要是指他对执行标的依法具有所有权或者抵押权等权利。执行异议之诉之诉讼主体，因提出异议之人不同而有所不同，债务人提出异议的，以对方当事人和自己为诉讼主体，第三人提出异议的，以债务人为被告。其诉讼标的是可否予以执行标的权利义务，以及可以请求排除或者撤销强制执行处分判决之权利。其诉讼理由是可以排除对标的强制执行之事实和权利。

我国民事诉讼法在执行程序中，确定了执行异议的制度。其内容是，执行过程中，案外人可以对执行标的提出异议；执行人员对异议应当按照法定程序进行审查。其效力是，异议的理由不成立的，法院依法予以驳回；异议的理由成立的，则有停止判决执行之效力。但是，我国民事诉讼法确定的执行异议制度中，并未将案外人提出的执行异议确定为独立的执行异议之诉，而是区别情况分别处理，法院裁判无错误的，实践中由执行人员依法处理，以减少法定程序，发现裁判确有错误的，按审判监督程序办理。 (刘家兴)

zhixing yuanze
执行原则（principles of enforcement） 对执行程序和具体的执行活动具有指导意义的准则。不同的国家有不同的执行程序，不同的执行程序反映出不同的执行制度，而不同的执行制度又是根据不同的指导原则确立的。同时，执行制度不同又会使具体的执行活动体现出不同的特点。执行原则既体现执行制度的精神实质，又体现执行活动的特点。在中国，执行的原则主要有下列几项：

必须以生效的法律文书为依据原则 执行必须有执行根据。没有执行根据，就无从开始执行。

强制执行与说服教育相结合原则 即要求法院执行人员既要进行说服教育工作，又要适时依法采取强制措施，实现法律文书的内容。法院执行是以负有义务的当事人拒不履行义务为前提的。法院在强制执行时，首先应当说服教育，促使义务人自动履行义务。如果义务人在对其说服教育后仍拒不履行义务，则应根据执行标的采取一定的执行措施，迫使其履行义务。没有强制执行做后盾，说服教育就不易奏效，法律文书中确定的权利就无法实现。强制执行与说服教育相结合，体现了我国民事执行的一个特点，在执行中既要调动当事人的积极性，同时又要体现法律的严肃性和权威性，从而保证执行活动的顺利进行。

执行标的有限原则 执行标的即执行对象。按照中国有关法律的规定，执行的对象只能是被申请执行人的财产或行为，不能对被执行人的人身采取强制措施，不能通过对义务人羁押或强制劳动来抵偿债务。这也是我国民事执行不同于其他国家的一个特点。

全面保护当事人合法权益原则 即在执行活动中，既要通过一定的执行措施迫使义务人履行义务，从而使权利人的权利得以实现，又要对义务人的利益给予保障。民事执行以实现法律文书，促使义务人履行义务为目的，但最终归根到底是为了恢复正常的法律关系，建立良好的法律秩序，维护社会的稳定和发展。因此，在执行中，既要尽力维护权利人的合法权利，同时又不能为了完成执行工作将被申请执行人置于无力继续生产或生活的境地，导致社会秩序的混乱。具体而言，法院在决定扣留、提取劳动收入时，应当保留被执行人及所供养家属的生活必需品；查封、扣押、冻结、变卖被执行人的财产，应当保留被执行人必要的生产工具和他本人及其所供养家属的生活必需品。同时，被执行人短时期内无偿付能力时，应裁定中止执行。这一原则体现了我国执行制度的性质。

  法院执行与协助执行相结合原则 在我国，民事执行的执行权只能由法院行使。一般情况下，执行工作由执行员主持并根据情况依法采取执行措施。但有时，执行工作的完成，法律文书确定的义务的实现还需要借助外界的力量，如通过银行查询、冻结或划拨被执行人的存款，通过有关单位或个人协助提取被申请执行人的劳动收入等，没有有关单位或个人的协助，执行措施就无法实施。因此，协助执行是执行制度的重要组成部分，协助执行也是有关单位或个人的一项义务。在执行过程中，如果需要有关单位或个人的协助，法院应发出协助执行通知书，写明需要协助执行的事项、完成期限和执行方法以及有关的法律文书，及时通知有关单位或个人。这一原则的确立有利于调动社会力量促进执行工作的进行。

（阎丽萍）

zhixing zhongzhi

执行中止（suspension of enforcement） 在执行程序中，由于出现了法律规定的导致执行程序不能继续进行的情形，执行法院决定暂时停止执行工作的制度。一般情形下，执行程序是持续进行的，直至采取执行措施，实现了法律文书确定的内容，才会宣告结束。但是如果某些情况的发生，使得执行程序的持续进行出现了困难时，就不得不暂时停止执行工作，待困难消除、情况变化后再继续执行。适用执行中止的情形，我国现行民事诉讼法规定为：①申请人表示可以延期执行。这是申请人行使处分权的行为之一，只要申请人的行为不损害他人的利益，人民法院可以中止执行。②案外人对执行的财产提出了确有理由的异议。案外人对执行的财产主张实体权利，即提出执行异议是对自己实体权利寻求救济的一种途径，如果其理由能够成立，则应中止执行，待所涉及财产的权利义务关系确定后再继续执行。③作为一方当事人的公民死亡，需要等待继承人继承权利或承担义务。④作为一方当事人的法人或其他组织终止，尚未确定权利义务承受人。作为执行当事人一方的法人或其他组织在执行程序中发生合并、分立或被撤销、宣告破产时，应依实体法的规定确定权利义务承受人，尚未确定的，应当中止执行。⑤人民法院认为应当中止执行的其他情形。中止执行是人民法院依据法律规定而作出的，一般以书面裁定的方式中止执行。裁定一经送达当事人后，立即发生法律效力。执行中止前进行的一切执行活动不因执行中止而失效。执行中止的原因消除后，执行程序可由当事人申请或人民法院依职权恢复，继续执行。

（阎丽萍）

zhixing zhongjie

执行终结（termination of enforcement） 在执行程序中，由于出现了法律规定的导致执行工作没有必要或没有可能继续进行的情形，执行法院决定结束执行程序的制度。通常情况下，执行程序是以实现了法律文书确定的内容而结束的，但由于执行程序中出现了某些特殊情况，使得执行程序再无可能或没有必要进行下去时，就应当由执行机关依法决定结束执行程序，以避免执行毫无结果地拖延下去。因此执行终结是执行程序的非正常结束。适用执行终结的情形，我国现行民事诉讼法规定为：①申请人撤销执行申请。表明申请人放弃了通过执行程序实现法律文书内容的权利。②据以执行的法律文书被撤销。法律文书是法院执行的根据，如果执行根据被撤销，执行程序就无法进行下去。③作为被执行人的公民死亡，无遗产可供执行，又无义务承担人。这种情形下，执行也没有可能进行下去，应终结执行。④追索赡养费、抚养费、抚育费案件的权利人死亡。赡养费、抚养费、抚育费的享用是与权利人的人身密切联系在一起的，即赡养费、抚养费和抚育费只能由权利人享用，不得继承或转让。权利人死亡后，该项民事权利也随之消灭，义务人履行的义务即失去了承受的对象，所以应执行终结。⑤作为被申请执行人的公民因生活困难无力偿还借款，无收入来源，又丧失劳动能力。在被申请执行人处于上述情形时，执行程序没有进行下去的可能性，因而终结执行。⑥人民法院认为应当终结执行的其他情形。执行终结的，人民法院应当作出书面裁定，执行终结的裁定送达当事人后立即生效，当事人不得上诉。执行终结的裁定生效后，执行程序即告结束，不存在将来恢复执行的问题。

（阎丽萍）

zhixing zuzhi

执行组织（enforcement organization） 具体行使执行权并实际从事执行工作的机构和人员，又称执行机构。在我国，它是设置于法院内部的，受法院院长领导的专门负责执行工作的职能机构。它与法院专门从事审判工作、行使审判职能的审判组织处于平等的地位。但二者的工作又是分立的，审执分立是设立执行组织的一个基本原则。依照民事诉讼法关于执行工作由执行员进行以及基层人民法院、中级人民法院根据需要可以设立执行机构的规定，目前，全国大部分地方各级法院都陆续建立专门的执行机构，名称一般为执行庭，还有些法院是设立了执行组。

  执行机构一般由执行员、书记员和司法警察组成，接受执行申请，负责办理执行案件。其中执行员是执行组织的主要成员，它代表法院行使执行权，从执行程序开始到结束的各项工作均由执行员组织进行或亲自进行。因此，执行员是执行工作的组织者和实施者。书记员负责记录，是执行活动和执行工作的记录者，同时还协助执行员办理有关执行工作事项。司法警察在必要时参加执行，受执行员指挥，维持执行秩序，协助实施执行措施，保证执行工作顺利进行。

根据我国现行民事执行制度，执行机构负责执行民事案件、经济案件、刑事案件中的财产部分以及行政案件、公证案件和仲裁案件的执行和委托执行及涉外协助执行。其在执行中的具体职权范围主要是：决定受理执行申请；为执行案件进行必要的调查；向被执行人发出执行通知书；决定对被执行人采取各项执行措施并具体实施执行措施；依据搜查令进行搜查；向有关单位发出协助执行通知书，以及通知有关单位或个人交出所持有的指定交付财物、票证；对执行异议进行审查；将当事人和解协议记入笔录；决定被执行人加倍支付延期履行期间的债务利息或支付迟延履行金；对保证人或持有指定交付财物、票证的人强制执行；决定暂缓执行、中止执行和终结执行。

(阎丽萍)

zhijie fawen

直接发问（direct examination） 亦称主询问。英美刑事诉讼中的一个概念，相对于反对讯问而言。指法庭调查过程中，控辩双方律师对本方所举出的证人进行的盘问，意在确定该证人证言的真实性及对案件的证明作用。我国刑事诉讼中，证人是由法庭传到法庭作证的，证人的身份由法庭核实，所以严格讲不存在直接发问。但对证人的提问也有两种形式，一种是控辩双方经审判长许可，对证人发问；另一种是控辩双方申请审判长对证人发问。因此有的学者将前者称为直接发问，将后者称为间接发问。在这里，直接发问又是相对于间接发问而言的。

(汪建成)

zhijie kuoda zhaoxiang

直接扩大照相（direct enlargement photography） 拍摄微小痕迹物证的重要照相手段之一。它是按照近距摄影原理，将被摄物证置于二倍镜头焦距以内、一倍焦距以外的位置上，可以在底片上获得比实物扩大的影像。根据摄影光学中物与像的"共轭"关系，在直接扩大照相中须将像距延长至二倍焦距以外：

$$像距 = 镜头焦距 \times (影像倍率 + 1)$$

如在使用50mm焦距的小型135相机时，要获得实物2倍大的影像，其像距 $= 50 \times (2+1) = 150$mm。由于机身原有像距为50mm，故应在摄影镜头与机身之间加入100mm长度的近摄接图；此时物距（拍摄距离）$= \dfrac{像距}{影像倍率} = \dfrac{150}{2} = 75$mm。由于像距延长，底片上的光照强度减弱，故应延长曝光时间（见实物大照相）。直接扩大照相可以使痕迹物证中的细微特征在影像中扩大，从而获得特别清晰的反映照片。

(蓝绍江)

zhijie shenli

直接审理（direct hearing） 间接审理的对称。基于直接审理原则确定的审理方式。审判组织面对当事人及其他诉讼参与人，对案件进行的审理。即当事人的辩论及证据调查等对案件审理的一系列活动，必须在法官和当事人都参加的情况下进行。直接审理的目的，是使法官能够直接了解当事人的陈述、证人证言以及案件的其他真实情况，从而为正确作出判决奠定坚实的基础。庭审是直接审理的典型体现。现代世界各国的第一审民事诉讼程序，都采用直接审理的方式。如日本民事诉讼法规定，当事人的声请、事实及法律上的陈述、关于诉讼行为结果的陈述以及证据调查等，原则上须在受诉法院进行，即原则上应直接审理。直接审理通常与公开审理、言词辩论相联系。它是审判民主化的体现，也是实现诉讼经济的途径之一。

(万云芳)

zhijie shenli yuanze

直接审理原则（principle of direct hearing） 间接审理原则的对称。法院与当事人直接见面对案件进行审理，当事人的辩论及证据调查等，必须在受诉法院面前进行。采用直接审理原则，可以使受诉法院直接听取当事人的陈述和辩论，直接了解证人证言以及案件真实情况，从而为作出正确的裁判奠定基础。采用直接审理原则时，如果裁判官有变更，则当事人的辩论必须重新进行。在日本，当事人的陈述、声请以及关于这些诉讼行为结果的陈述，必须在受诉法院进行，即采取直接审理原则；证据调查，原则上在受诉法院进行，即原则上采取直接审理原则。我国民事诉讼法中虽没有明确规定直接审理原则，但是，无论是一审程序还是二审程序，人民法院原则上都采用直接审理。

(万云芳)

zhijie songda

直接送达（direct service） 送达方式的一种。法院指派送达人员将诉讼文书当面送交给受送达人本人或者其指定的代收人。受送达人是公民个人的，应当由其本人亲自签收并签名或盖章；本人不在时，应当由他的同住成年亲属签收。受送达人是法人或其他组织的，应当由法人的法定代表人、其他组织的主要负责人，或者该法人组织负责收件的人签收。受送达人有诉讼代理人的，可以送交诉讼代理人签收；受送达人已向法院指定了代收人的，可以直接送交代收人签收。向上述列举的任何人的送达，都视为对受送达人本人的送达，他们在送达回证上签收的日期即为送达日期。直接送达，是法院送达法律文书的基本方式，凡是能够直接送达的，都应予以直接送达。直接送达是所有送达方式中最正规的一种方式，如没有特殊情况，公安司法机关应采取该种送达方式。　　　（何　畏　朱一心）

zhijie yuanze

直接原则（principle of direct trial） 大陆法系国家刑事诉讼法的基本原则之一。又称为直接审理原则，与间接审理原则相对。基本含义是，作为裁判者的法官和陪审员必须亲自接触案件的所有证据材料，将其在法庭审判中直接审查和采纳的证据作为裁判的基础。该原则有三方面的基本要求：①在场原则。作为裁判者的法官、陪审员必须亲自出席法庭审判，并且在精神上和体力上均有参与审判活动的能力。②直接采证原则。法官、陪审员必须亲自接触、审查证据，并且将其裁判结论建立在当庭采纳的证据基础上，而不能直接以检察官的卷宗笔录作为定案的根据。③采纳"最接近行为"的证据。除了法律明确规定的情况以外，法官、陪审员应当采纳距离案件的原始事实最近的证据，而不能采用远离原始事实的证据或者检察官卷宗中记载的证据复制品或者证言笔录。

直接原则是大陆法系国家在18～19世纪进行的刑事司法改革中得到确立的，它所取代的是纠问式诉讼实行的那种书面和间接式的审判方式。目前，它与审判公开原则、言词原则等一起，成为大陆法系国家刑事审判制度的基础。实行这一原则，可以切断检察机关的侦查卷宗笔录与法庭裁判结论之间的必然联系，尽量减少法官、陪审员与原始证据之间的隔阂和中介物，使他们尽可能通过亲自接触和审查证据来获得对案件事实的直接而新鲜的印象，从而保证裁判结论的合理性和客观性。但是，根据大陆法系国家刑事诉讼法典的普遍规定，直接原则有其特定的适用范围：①它一般只适用于初审法院就被告人是否有罪这一事实问题进行的审判活动中。初审法院就诉讼程序问题（如回避、管辖问题等）所进行的裁定活动，以及上诉审法院就案件法律问题所进行的审判活动（如第三审法院进行的法律审）则不适用这一原则。②它只适用于普通审判程序，而一般不适用于各种简易程序。③它只适用于一般的场合，而在一些法律明确规定的特殊情况下则不适用。例如，在证人因死亡、重病、距离法庭太远以及其他意外情况而无法按时出庭作证时，法官将其在审判前所作的书面证言笔录作为裁判的根据，或者委托当地法官代为调查和询问。

直接原则在中国刑事诉讼法中也得到一定的体现。修正后的《刑事诉讼法》第47条规定，证人证言必须在法庭上经过公诉人、被害人和被告人、辩护人双方讯问、质证，听取各方证人的证言并且经过查实以后，才能作为定案的根据。同法第156条规定，证人作证，审判人员应当告知他要如实地提供证言和有意作伪证或者隐匿罪证要负的法律责任。公诉人、当事人和辩护人、诉讼代理人经审判长许可，可以对证人、鉴定人发问。审判人员可以询问证人、鉴定人。同法第157条规定，公诉人、辩护人应当向法庭出示物证，让当事人辨认，对未到庭的证人的证言笔录、鉴定人的鉴定结论、勘验笔录和其他作为证据的文书，应当当庭宣读。审判人员应当听取公诉人、当事人和辩护人、诉讼代理人的意见。同时，第二审人民法院对于上诉案件，一般应当组成合议庭，开庭审理。但合议庭经过阅卷、讯问被告人以及听取其他各方的意见后，认为案件事实清楚的，也可以不开庭审理。　　　　　　　　　　（陈瑞华）

zhijie zhengju

直接证据【民诉】（direct evidence） 学理上对证据的一种分类，与间接证据相对。在证据理论上，根据单个证据的证明力，将证据划分为直接证据和间接证据。民事诉讼中，能够单独地、直接地证明待证事实的证据，为直接证据。这种证据与待证事实之间有内在的联系，因此可以很直接地证明待证事实的真实与否。例如对于当事人之间是否存在合法有效的合同法律关系这一待证事实，当事人之间所订立的书面合同就是直接证据，因为它可以单独地、直接地证明该待证事实。由于直接证据具有显而易见的优点，证明力直接而可靠，因此应当是重点收集的对象。　　　（于爱红）

zhijie zhengju

直接证据【刑诉】（direct evidence） "间接证据"的对称。能够单独地、直接地证明案件主要事实的证据。直接证据和间接证据是证据学理论对诉讼证据所进行的分类之一。这种分类的依据是诉讼证据与案件主要事实之间的证明关系不同。案件主要事实指的是犯罪嫌疑人、被告人是否实施了犯罪行为。刑事诉讼中的直接证据主要有：犯罪嫌疑人、被告人对自己是否实施犯罪的供认或辩解，被告人对同案被告人共同犯罪的供述，被害人和证人关于犯罪嫌疑人、被告人实施犯罪的陈述，以及证人所作的关于犯罪嫌疑人、被告人不在犯罪现场的证词。直接证据在诉讼中起着重要的作用。运用它证明案件主要事实，不需要复杂的推理过程。大多数的直接证据属于言词证据（即人证），由于各种原因，其内容可能虚假或不准确。司法人员对直接证据应认真查证，反复核实。即使有了直接证据，也不能仅以孤证定案。难以获取直接证据时，则应充分收集间接证据，运用间接证据定案。在司法实践中，绝大多数案件都是直接证据与间接证据并存，互相补充，相互印证，共同证明案件的真实情况。

（熊秋红）

zhiquan genju zhuichaling

职权根据追查令（quo warranto） 英美等普通法国家法院运用的一种公法救济手段。这种令状的功能在于防止公共权力被非法的组织或个人僭取，保护公民不受越权行为的侵害。在公法关系中，公民如对行使公共权力的人是否有资格行使公共权力（如选任的官员是否超过了任期，委任的官员是否超越了委任权限等）有疑问，可以请求法院发布此种令状，以对被指控的官员的资格进行审查。目前，这种令状在一些国家很少使用。在美国，联邦法院一般不再使用，但州法院仍然使用。在英国，这种令状已被阻止令（injunction）取代。

（姜明安）

zhiquan songda zhuyi

职权送达主义（service by court） 法院采取依职权决定进行送达法律文书的原则。国外民事诉讼法中关于送达的一项原则。与"当事人送达"相对。各国一般以职权送达为原则，当事人送达为例外。按照职权送达主义原则，送达人（或称送达机关）包括书记官、执行官、邮政机关等。涉外诉讼的送达可以委托外交机关及本国驻外国使领馆代为送达。

（何　畏）

zhiquan zhuyi

职权主义（inquisitorial system） 辩论主义的对称，又称审问式。法庭审理阶段诉讼的进行、证据的调查以法院为主，不受当事人意向或主张拘束的一种混合式诉讼形式。职权主义是相对于当事人主义的另一种具有代表性的混合式诉讼形式。不论当事人是否声明陈述，法院皆可依职权收集证据；不论当事人申请的范围如何，法院甚至可以超越当事人申请的范围进行裁判。德国、法国等大陆法系国家多实行职权主义。所谓职权主义，就是对德、法等大陆法系国家所采用的刑事诉讼形式的一种理论概括。职权主义不同于当事人主义的主要特点是：①法庭对证据的调查始终以法官为主进行。法官亲自审问被告人，询问证人，出示物证、书证，对各种证据进行查对核实。法庭调查什么证据以及按照怎样的顺序调查等，均由法官决定，而不受当事人的意向或者主张的约束。检察官和辩护律师在得到法官允许后虽然也可以向证人发问，也可以出示物证、书证，但是，检察官和辩护律师的这类活动一般不会成为法庭调查的主要内容。②强调实质真实。刑事诉讼过程的各主要诉讼阶段都以实质真实为追求目标。③实行全案移送制度，即检察官向法院起诉时，将全部案卷材料和证据连同起诉书一并移送法院，使法官在开庭审判前就能全面系统地了解指控的犯罪事实和证据情况。④对证据的能力或资格，除用刑讯等非法手段取得的口供应予排除外，一般没有形式规则的限制。

（王国枢　万云芳）

zhiquan zhuyi susong

职权主义诉讼（inquisitorial system） 当事人主义诉讼的对称。指不论当事人的意思表示如何，法院依职权主持诉讼的进行，体现了法院对诉讼的干预和控制。在民事诉讼中既有当事人主义诉讼，也有职权主义诉讼，一般是以当事人主义诉讼为主，职权主义诉讼为辅。当事人主义诉讼是指依当事人的意思表示实施诉讼行为的诉讼形式，起诉、撤诉、反诉、上诉、上告、抗告及和解等都是当事人主义诉讼的体现；送达、指定期日、裁定中止诉讼、裁定继续诉讼等则是职权主义诉讼的体现。

（彭　伶）

zhiwu guanxia

职务管辖（juriction by function of court） 按照各级法院的职责确定法院对民事案件管辖的范围。分为普通职务管辖和特别职务管辖。我国台湾民事诉讼法对职务管辖的规定最有代表性。普通职务管辖，也称审级管辖，是按照法院的审级次序确定不同审级的法院，适用不同的诉讼程序，管辖不同的案件。台湾法院分为地方法院、高等法院和最高法院三级，并实行三审终审制（见三级三审制度）。各级法院的管辖范围是：地方法院作为第一审法院审理所有的一审案件，适用的是一审程序；高等法院作为第二审法院，审理上诉案件，适用二审程序；最高法院作为第三审法院，审理三审案件，适用三审程序，诉讼按此次序依次进行。特别职务管辖则是根据案件的特殊性确定由特定审级的法院管辖，而不必恪守普通职务管辖的审级次序。如再审案件，依台湾民事诉讼法只能由原作出裁判的第二审法院管辖。职务管辖是划分地域管辖的基础。职务管辖具有法律上的强制性，当事人不能协议变更，法院也无权变更。

（阎丽萍）

zhiding bianhu

指定辩护（advocate by designation） 在法律规定的情况下，为维护被告人的合法权益，由法院为被告人指定辩护人，在审判阶段协助其行使辩护权。就辩护人的产生方式而言，指定辩护相对于委托辩护。我国《刑事诉讼法》规定的指定辩护主要有以下两种情形：①公诉人出庭公诉的案件，被告人因经济困难或者其他原因没有委托辩护人的，人民法院可以指定承担法律援助义务的律师为其提供辩护；②被告人是盲、聋、哑或者未成年人而没有委托辩护人的，人民法院应当指定承担法律援助义务的律师为其提供辩护。被告人可能被判处死刑而没有委托辩护人的，人民法院应当指定承担法律援助义务的律师为其提供辩护。依据指定辩护的法律规定对法院约束力的强弱，可将指定辩护分为强制辩护和任意辩护。

外国刑事诉讼法中也有关于指定辩护的规定。《法国刑事诉讼法典》规定，重罪法庭审理的案件，应当促使受审人选任一名辩护人协助辩护，受审人不自选辩护人时，庭长或其代表应当依职权为其指定一名辩护人；轻罪法庭审理的案件，被告人在讯问前没有选任辩护人时，如果需要有辩护人的协助，庭长应当为被告人指定一名辩护人。《德国刑事诉讼法典》规定，在具有法定的强制辩护的情况下，被告人需要辩护人帮助而没有辩护人的，就应当为其指定辩护人。

对于指定辩护人，被告人能否拒绝其辩护，学者观点不同。有的学者认为，人民法院已经履行了指定的义务，而拒绝辩护是被告人的一项权利，人民法院不得强迫被告人接受自己的指定，被告人拒绝被指定律师为其辩护的，人民法院应当另行指定辩护律师。如果被告人无理拒绝指定的，不影响开庭审判，但人民法院应将情况详细记录在案。有的学者认为，指定辩护是一种强制性规范，一经人民法院指定，被告不得拒绝被指定律师为其辩护，但可以请求法院另行指定其他辩护律师。 （黄 永）

zhiding dailiren
指定代理人（court-appointed representative）
在民事诉讼中，根据法院的指定或选任，代理无诉讼行为能力人进行诉讼的人，也称特别代理人。指定代理人是在无诉讼行为能力人没有法定代理人，或者法定代理人无法行使诉讼代理权的情况下而设定的诉讼代理制度。德国、日本和我国台湾地区民事诉讼法中都规定了指定代理制度。如《日本民事诉讼法》规定，在没有法定代理人的情况下，或法定代理人不能行使代理权的情况下，对未成年人或禁治产人为诉讼行为的人，可以释明由于迟延有受损害之虞的理由，向受诉法院的审判长声请选任特别代理人。《德国民事诉讼法》也规定，无诉讼能力的当事人在无法定代理人的情况下被诉时，如果迟延将发生危害时，受诉法院的审判长可以在当事人的法定代理人就任前，依申请为他选任特别代理人。台湾地区的民事诉讼法规定的更为全面："对于无诉讼能力人为诉讼行为，因其无法定代理人或其法定代理人不能行使代理权，恐致久延而受损害者，得申请受诉法院之审判长选任特别代理人。此种情形，应由欲起诉的原告向法院申请。""无诉讼能力人有为诉讼之必要而无法定代理人，或法定代理人不能行使代理权者，其亲属或利害关系人得申请受诉法院之审判长选任特别代理人。"并规定特别代理人的代理权限，原则上与法定代理人相同。但特别代理人仅在法定代理人或本人承当诉讼前，代理当事人为一定的诉讼行为，并且不得为舍弃、认诺、撤回或和解。

在《中华人民共和国民事诉讼法（试行）》中，有指定代理人的规定，即"没有法定代理人的，由人民法院指定代理人。"并且对指定代理人在诉讼中处分被代理人实体权利的行为并非一概持否定态度，而是根据指定代理人处分被代理人实体权利的行为是否损害被代理人合法权益的原则区别对待，如果指定代理人的处分行为合法且不损害当事人的合法权益，则承认其具有法律效力。但在1991年颁布的《中华人民共和国民事诉讼法》中删除了指定代理人的规定。 （阎丽萍）

zhiding guanxia
指定管辖【民诉】（designation of jurisdiction）
上级法院依法指定下级法院对某一案件行使管辖权的制度。指定管辖行为是上级法院的职权行为。指定管辖并不是一项独立的划分法院管辖权限的制度，而是通过上级法院的职权行为保障法定管辖制度的正确运用，更好地实现法院系统内部在确定案件管辖上的协调的制度。依照中国《民事诉讼法》的有关规定，指定管辖的适用主要有以下情况：第一，受移送的法院认为移送的案件依照法律规定不属于本院管辖的，依法报请上级法院指定管辖。第二，有管辖权的法院由于特殊原因不能行使管辖权的，由上级法院指定管辖。特殊原因既包括法律上的原因，如审判人员全部被依法申请回避或自行回避，无法对案件进行审理；也包括事实上的原因，如因战争、洪水、地震等不可抗力事件致使某一地区的法院无法行使管辖权。第三，法院之间发生了管辖争议，既可能是因管辖区域界限不明或行政区域变更而引起争执，也可能是对管辖的规定理解不同，互相推诿、扯皮引起管辖争议。管辖争议发生后，双方首先应协商解决，协商解决不成的，报请它们共同的上级法院指定管辖；如双方同属一个地、市辖区的基层人民法院，由该地、市的中级人民法院指定管辖；如双方同属一个省、自治区、直辖市的人民法院，由该省、自治区、直辖市的高级人民法院指定管辖；如双方为跨省、自治区、直辖市的人民法院，由最高人民法院指定管辖。对上级法院作出的指定管辖的裁定，受指定的下级法院应无条件服从，以保证案件及时得到审理。

德国民事诉讼法对指定管辖也作了规定，具体适用于：①本来有管辖权的法院在个别情况下，因法律上或事实上的障碍，法官不能行使职务；②由于各个法院管辖区域的境界关系，以致管辖该诉讼的法院不明确；③数人在各个法院有普通审判籍，作为有普通审判籍的共同诉讼人而被诉，但就该诉讼并无共同的特别审判籍；④不动产的审判籍提起诉讼，而不动产散在数个法院辖区之内；⑤数法院就一个诉讼，通过确定裁判均宣布其有管辖权；⑥数法院虽已通过确定裁判宣布无管辖权，而其中一法院就该诉讼有管辖权。在出现上述情况时，由直接上级法院指定管辖法院。并规定，对于申请指定管辖法院的裁判，可以不经过言词辩论。对于法院指定管辖的裁定，不得声明不服。从而防止出现因法院之间相互推诿或相互争夺案件管辖权而造成诉讼的贻误，有效地保护当事人的合法权益。 （阎丽萍）

zhiding guanxia

指定管辖【刑诉】（designative jurisdiction） 级别管辖和地域管辖的一种变通规定。指上级人民法院在管辖不明或管辖争议等特殊情况下，将某一案件指定由下级某一人民法院审判。指定管辖是管辖制度中原则性和灵活性相结合的反映，其实质是法律赋予上级人民法院在一定情况下变更和确定案件管辖法院的权力，以弥补立法的不足。根据我国《刑事诉讼法》第26条的规定，指定管辖有以下两种情形：①因管辖不明而发生争议需要指定管辖的。管辖不明既包括地区管辖不明又包括级别管辖不明。②因某种原因而需要指定管辖的。具体主要有以下几种情形：第一，有管辖权的几个同级人民法院因移送案件发生争议的；第二，有管辖权的人民法院由于特殊原因不能行使管辖权的；第三，无管辖权的人民法院错误管辖而需要移送有管辖权法院的；第四，上级人民法院认为由其他人民法院审判更有利于正确及时处理案件的。对于两个以上同级人民法院对管辖权发生争议的，首先应当协商解决，协商不成的，应当报请争议各方共同的上级人民法院指定管辖。 （朱一心）

zhiding qijian

指定期间（designated term） 期间的一种，与法定期间相对。根据案件审理的具体情况和需要，由法院决定诉讼参与人进行一定诉讼行为的期间。它不是由法律明文规定的，而是由法院依职权指定的。如法院指定当事人补正诉状的期间，限定当事人提供证据的期间等。指定期间的长短，应以既能方便当事人进行某项诉讼行为，又能防止滞延诉讼为限度，由法院根据具体情况确定。指定期间一经确定后，一般不应任意改变，但并非不可改变，如果审理案件中出现新情况，法院可撤销或变更已指定的期间。因此，指定期间是一种可变期间。 （何　畏）

zhiling zaishen

指令再审【刑诉】（direct to re-adjudicate） 上级法院指令下级法院对其已经发生法律效力的判决和裁定进行重新审判，是提起审判监督程序的方式之一。根据我国《刑事诉讼法》的规定，最高人民法院对各级人民法院已经发生法律效力的判决和裁定，上级人民法院对下级人民法院已经发生法律效力的判决和裁定，如果发现确有错误，有权提审或指令下级人民法院再审。指令再审是使已经审结的案件得以再行审理的程序和方式，它是基于审判权由人民法院统一行使的原则和上级法院对下级法院的审判监督权而设立的。司法实践中，上级人民法院对下级人民法院已经发生法律效力的判决和裁定，如果认为需要重新审判的，一般是指令原审人民法院负责处理，这样便于就地进行调查核实，开庭时也便于传唤当事人和其他诉讼参与人出庭。只是对那些属于重大、疑难案件，不宜再由原审人民法院审理，或者原判确有错误，而原审人民法院久拖不决或者未予妥善处理的，才指令原审法院的上一级人民法院予以再审；确有必要的，才由最高人民法院或者高级人民法院予以提审。因此，被指令再审的法院既可以是原审人民法院，也可以是原审人民法院的上一级法院，或者其他人民法院。 （刘广三）

zhiling zaishen

指令再审【民诉】（designated rehearing） 最高人民法院和上级人民法院指令下级人民法院对原已审结但裁判确有错误的案件再行审理。指令再审制度设立的基础，一是审判权由人民法院统一行使的原则，二是上级法院对下级法院的审判活动具有法律监督权。根据我国《民事诉讼法》的规定，最高人民法院对地方各级人民法院，上级人民法院对下级人民法院作出的已经发生法律效力的判决、裁定，如果发现确有错误，有权指令下级人民法院对案件再行审理。下级人民法院接到最高人民法院或上级人民法院的指令后，再审即应开始。审理后作出的裁判，应报送发出指令的最高人民法院或上级人民法院。这里指的下级人民法院，是指案件原来审结的法院，而上级人民法院则是原审法院的上一级或者两级法院。比如，案件原来是中级人民法院审结的，其上级法院即是高级人民法院；案件原来是基层人民法院审结的，其上级法院即是中级人民法院和高级人民法院。案件原来是一审法院审结的,被指令再审的法院是一审法院;案件原来是二审法院审结的,被指令再审的法院只能是二审法院。

(万云芳)

zhiming wengong
指名问供(interrogation of containing answer) 简称"指供",诱供的一种形式。司法人员根据某些未经核实的证据材料,主观地分析、推断犯罪嫌疑人、被告人可能犯有某种罪行,便在讯问中主动提出,诱使犯罪嫌疑人、被告人予以承认。例如,侦查人员在讯问被控犯有抢劫罪的犯罪嫌疑人时提问:"你是否同张某一起去抢劫的?""抢劫时你是否持刀威胁?"这样的提问就是指名问供。指名问供是一种非法的讯问方式,极易造成冤假错案,因而为法律所禁止。 (熊秋红)

zhiwen
指纹(fingerprints) 手指末端指节掌侧皮肤表面固有的乳突线构成的花纹图案。它由棒形、弓形、箕形、环形、螺形和曲形等六种基本纹线构成。依其构成花纹图案的形态,可以分成弓、箕、斗三大基本纹型;每个指纹还可划分内部花纹、外围线、根基线三个系统;在各条乳突线上又具有若干细节形态特征(见指纹特征)。指纹的形态特征具有"人各不同、终生不变、修复再生"三大基本特性,据百余年近代指纹学专家论证和实践验证,世界上绝不会出现两个形态结构完全相同的指纹,故而,指纹鉴定被世界各国公认为人身识别的最可靠依据。而且,指纹乳突线上分布着许多汗孔,不断分泌汗液。所以手指皮肤表面经常附着汗液物质或汗垢物质,容易在触摸物体时留下印痕,常成为犯罪现场上重要的遗留物证,在刑事侦查及诉讼活动中具有揭露犯罪和认定人身的价值,被人们誉为"物证之首"。在民事法律事务中,亦早已将捺印指印作为签订契约、证明身份的手段。目前,许多国家已在安全防范、现金支取、人身保险等业务活动中应用指纹。

指纹的应用历史可追溯至三千多年前。我国周朝时期即以捺印画押方式签订契约,时称"质剂"。秦代已有将指纹用于刑狱断案的记载。但由于当时科技发展水平的限制,对指纹的研究还较肤浅,目前只见到以纹型类别和纹线疏密进行种类区分的文字记录。自17世纪末,英国的一些医生和人类学家受中国应用指纹的启示,开始应用近代科学手段对指纹进行潜心研究。1879年,亨利·福尔茨(Henry Faulds 1834~1930)利用自己研究的指纹鉴别方法首次帮助日本警方查破盗窃案,并于1880年发表《识别罪犯的第一步》,阐述了指纹"人各不同、终生不变"的特性。1892年,弗朗西斯·高尔顿(Francis Galton 1822~1911)发表了《指纹学》专著,并提出了最初的指纹系统分类方法,从而诞生了近代意义上的指纹学。20世纪初,指纹的个人识别价值陆续得到了世界各国法庭的公认,并在警察部门内建立起指纹工作机构。1906年以后,我国青岛、天津、武汉等各大城市先后引进了西方的近代指纹技术和管理方法,正式把指纹技术作为侦破刑事案件的重要手段。中华人民共和国成立后,我国公安机关重建和完善了全国指纹工作机构,陆续培养了一大批指纹工作者。经过几十年实践和研究,赵向欣于1987年发表了专著《指纹学》(群众出版社出版),刘少聪于1982年发表了专著《新指纹学》(安徽人民出版社出版)。这是迄今为止,我国专家自己编撰和出版的最为完整的两部指纹学专著。 (蓝绍江)

zhiwen dengji
指纹登记(fingerprint registration) 刑事登记的主要内容。根据人手指皮肤表面乳突线花纹的纹理结构特征进行的一种登记。是现在世界各国普遍采取的人体登记的主要方法。分十指指纹登记、单指指纹登记、单联指指纹登记。利用指纹登记资料,可以查明被逮捕或被拘留的人犯有无违法犯罪的前科记录;查明被扣留的可疑人是否为被通缉的在逃罪犯或案件的重大嫌疑人;同案件现场发现的案犯遗留的指纹进行比对鉴定,直接查明案犯的身份;同不知名尸体的指纹进行比对,有时还可以查清死者身份。

指纹在被用于个人识别之前,古代社会曾经使用过多种方式作为犯罪标记。照相术的出现为辨认相貌创造了条件,但化装术又成了对付照相识别的有效手段。1887年法国人贝蒂荣发明的人体测量法集人体测量、特征描述和照相于一身,曾兴盛一时,但终因犯罪问题日益严重,惯犯大量增加,加之其测量方法烦琐,计算数据难于准确而被指纹术取而代之。这表明,指纹在识别个人方面确实优于其他方法。

指纹的利用源于中国。早在秦汉时代,我们的祖先在订立字据、契约时,就以加印指纹印作为人身凭证。到唐代,指纹已成为衙门问案的证据。美国芝加哥菲尔德博物馆现珍藏着两份古代中国的文书契约,专家确认它们写就于公元前200年。其中一份上有一个签名,签名上印有一枚朱红色指纹印。中国人应用指纹的传统方法传到周边国家,日本、朝鲜、印度、波斯等国也于公元5世纪至13世纪起,相继采纳了把指纹印作为人身凭证。

近代指纹学的形成,发生在上个世纪末期的欧洲。1860年,英国驻孟加拉殖民军团的威廉·赫舍尔发现,指纹有可能成为区别个人的工具。1880年,苏格兰人亨利·福尔兹在英国《自然》杂志上发表《识别犯罪的第一步》一文,首次提出:指纹"人各不同、终生不变",建议把指纹作为识别罪犯的依据。1892年,英国人类学家弗朗西斯·高尔顿在其专著《指纹学》一书中指出,虽然每个人的指纹各不相同,但指纹花纹图形的走向是有规律的,可以进行分类。同年,阿根廷拉普拉塔中央警察局的胡安·布塞蒂奇提出了用字母和数码代表不同手指、不同纹型的分类系统,称为"布塞蒂奇指纹分类系统"。1901年,英国派驻孟加拉的警察总监爱德华·亨利提出了一套科学地对指纹进行分类、归档和查找、比对的方法,称为"亨利式指纹分析法"。由于这种方法是在高尔顿研究基础上的改进,因而又称"高尔顿—亨利指纹分类系统"。该系统把指纹分为平拱、凸拱、挠环(正箕)、尺环(反箕)和螺纹五个型,分别以这五种纹型英文名称的第一个字母代表,并规定了内端和外端以及纹线计数法用来计数,以字母和数字组成指纹的分析公式。1903年,英国苏格兰正式起用亨利指纹法,进行个人识别,并作为侦查和审判的证据。同一时期,德国汉堡市也开始试行犯罪人指纹登记,1905年在德国全国采用,称"汉堡式指纹分析法"。此后不久,奥、美、法、日、俄等国相继采用,沿用至今。

指纹登记正式传入我国是在20世纪初。1909年上海英法工部局巡捕房开始设指印间(即指纹室)。但当时,各地警察机构采用的指纹分类法极不统一,南京、汉口等地的指纹室采用的是亨利式指纹法;北京、天津、沈阳等地的指纹室采用的是汉堡式指纹法。

我国现行的指纹登记是十指指纹登记,是中华人民共和国建立后,我国指纹工作者对旧中国应用过的各种指纹法进行了研究,在学习外国经验的基础上,结合中国人指纹类型出现的规律特点,于1956年制定的,由公安机关统一管理。登记的对象只限于被逮捕、拘留及采取其他强制性措施的犯罪嫌疑人和被收容、劳动教养及少管的违法人员。主要工作包括:捺印十指指纹,登录姓名卡片,进行指纹分析(包括初步分析和二步分析),储存登记卡片,配合侦查查对指纹卡片。随着侦查犯罪的需要,各地又陆续设立了单指指纹登记和单联指纹登记,在侦查中发挥了积极作用。自1990年起,北京和其他一些地方的公安机关在指纹登记工作中先后开始采用电子计算机代替人工方法储存和分析指纹资料,并开展了指纹图像的自动识别,使我国的指纹登记工作的水平跨上了新台阶。

(张玉镶　杨明辉)

zhiwen fenxi
指纹分析(fingerprints analysis) 在刑事侦查实践中利用指纹特征查找犯罪嫌疑人或查询犯罪前科的重要方法。包括现场分析与编码分析两种。

现场指纹分析 依据在犯罪现场上遗留指纹印痕的形状、纹线特征对指纹的手别和部位进行判断,对遗留痕迹的人进行分析,以协助侦查员分析案情和寻找嫌疑人。不同手指的指纹以及同一指纹的不同区域,其乳突纹线的流向、密度、弧度及细节特征均存在差异;遗留印痕也因拿握或触摸物体时动作的不同而表现出痕迹整体形状的差别。因此,根据这些特点可以结合现场具体环境、物体的形状与大小,分析判断遗留印痕为何手、何部位所形成,缩小查找比对范围。观察指纹印痕,左右手纹型的方向有一定规律,如弧型纹,若用一条直线将各条平行弧形线的最高点连结,这条直线向左倾斜,则一般为左手手指遗留;向右倾斜一般为右手手指遗留;在帐型纹指印中,若弧形线与根基线之间的支撑纹线向左倾斜,一般为右手手指所遗留;支撑纹线向右倾斜,一般为左手手指所遗留。箕型纹指印的箕口若转向左方,则一般为左手手指遗留;箕口朝向右方,则一般为右手手指遗留。环型斗指印中,若在中心环形线的长轴方向作一中轴线,中轴线向右倾斜者,一般为左手手指遗留;中轴线向左倾斜者,一般为右手手指遗留。在螺型斗指印中,中心螺形线呈逆时针方向旋转,一般为右手手指遗留;中心螺形线呈顺时针旋转,一般为左手手指遗留。双箕型或曲型纹指印取中心曲形线呈"S"方向的,一般为左手手指遗留;中心曲形线呈"Z"方向的,一般为右手手指遗留。指纹中心花纹以上的纹线弧度较大,而两侧纹线弧度较小;根基线基本上是平直的,而且纹线较疏。根据上述规律,可以较准确地判定现场遗留指印的手别和部位。此外,在侦查实践中,专业人员根据多年观察总结,可以通过遗留指印的面积、纹线粗细程度、密度、纹线边缘的光滑程度,以及整个指印的边缘轮廓形状、皮肤皱纹的数量和分布等,分析留痕人的性别、年龄阶段、体态等特征。

指纹编码分析 建立指纹管理档案是世界各国刑事侦查机关查询犯罪前科和查验现行案件的重要手段。指纹建档和归档首先要将指纹形态特征转换成数码代号,才能依次归类存储和查询。为此,从19世纪末开始,各国先后设计了不同的指纹分析编码方案,如1897年由英国高级警官爱德华·亨利(Edward Richard Henry 1850~1931)设计的《亨利式指纹分析法》,1905年由德国汉堡警察总监罗舍尔(Roscher)设计的《汉堡式指纹分析法》等。我国公安部曾于1956年组织专家修订并在全国推行了统一的《十指指纹分析编码方案》。该方案将十指指纹进行两步分析:一步分析是将不同手指上出现的斗型纹分别赋予数值代码(见附表1),然后将右手各指上出现的斗型纹的代码数值相加,总和再加1列为分子,左手各指出现的斗型纹的代码数值相加,总和再加1列为分母,合成一个人十指纹一步分析的分数代码式。一步分析分数从 $\frac{1}{1}$ 排列

至 $\frac{32}{32}$，共 1024 个数值，也就把捺印指纹档案先分成 1024 个档位。然后依照纹型和纹线数目进行分析。

附表1：各指斗型纹赋值代码表

	拇指	食指	中指	环指	小指	
右手	16	8	4	2	1	+1
左手	16	8	4	2	1	+1

二步分析编码：各指弓型纹均赋值为0；反箕型纹赋值为1；正箕型纹从指纹的中心点至指纹三角的"外角点"作连线，根据通过这条连线的纹线数目分别赋值为2～5；对斗型纹则从左外角沿"下部支流"向右外角"追迹"，"追迹线"延伸至右外角上方的，则从右外角点向中心作角平分线与"追迹线"相交，根据交点至外角点线段上通过纹线数目分别赋值为6～7；若"追迹线"延伸至右外角点或以下，则从右外角点向下作根基线的垂线与"追迹线"相交，依在交点至外角点间线段上通过纹线数目分别赋值为8～9（见附表2）。然后依照右手拇、食、中、环、小指序将各指代码排列为五位数分子，左手拇—小指序将各指代码排列为五位数分母，构成分子和分母各为五位数的分子式，从而把捺印的十指指纹分成从 $\frac{00000}{00000}$ 至 $\frac{99999}{99999}$ 的近百亿个档位，依次归档保存。

附表2：十指指纹二步分析赋值表

纹型	弓	箕　型				斗　型			
		反箕	正　箕			追迹在△上		追迹在△下	
线数			6条以下	7～10条	11～14条	15条以上	8条	7～10条	0～下3条	4条以上
赋值	0	1	2	3	4	5	6	7	8	9

当时，除了全国统一的十指指纹登记管理办法以外，各地对单指纹档案管理和联指纹档案管理都分别采用不同的分析编码方案。到20世纪80年代以后，指纹人工分析编码已经远远不能适应工作需要，我国开始借鉴发达国家60年代经验，开始研究计算机管理。1986年公安部与部分省市曾设计推行了一套适于计算机半自动化管理的人工分析编码方案，加快了查询速度，但仍存在人工编码的弊端。与此同时，公安部与北京大学、清华大学的科研部门加速了指纹自动识别技术的研究，并列入国家"八五"攻关项目。至90年代，人工编码技术已逐渐被计算机自动识别技术取代。

（蓝绍江）

zhiwen guanli

指纹管理（management of fingerprints） 各国警察或内务机关依法对刑事犯罪分子及刑事犯罪涉嫌人员实施的指纹捺印登记制度，是刑事登记制度的重要组成部分。包括指纹捺印、编码建档和案件查询三项内容。

指纹捺印 按照我国公安部规定，指纹捺印登记的人员包括：①被依法拘留、逮捕、判刑的危害国家安全和其他刑事犯罪分子；②按照《刑事诉讼法》第50条规定被拘传、取保候审或监视居住的犯罪嫌疑人、被告人；③被收容、劳动教养或少年管教的人员；④犯罪情节轻微，依《刑法》第37条规定免于刑事处罚的人员，以及因造谣惑众、煽动闹事、盗窃、诈骗、抢夺他人财物、私刻公章、伪造印件、证件及票证、进行流氓活动而受行政拘留处罚的人员。捺印工作由公安机关、人民检察院、人民法院依照案件管辖范围负责实施；包括十指指纹捺印和全手掌纹捺印。捺印时应进行姓名卡登记，包括姓名、性别、出生日期、民族、籍贯、职业、住址、案由、犯罪事实、登记机关和登记日期等内容。

编码建档 指纹捺印登记后由公安机关统一管理。我国指纹建档管理分为十指指纹档案管理、单指指纹档案管理和联指指纹档案管理，分别依照各自的分析编码规则，将指纹特征转换成数据代码，归类储存（见指纹分析）。

案件查询 指纹的案件查询包括前科查询、现场指纹查询和无名尸指纹查询三部分内容。前科查询是对正在接受审查的人员进行指纹捺印登记，通过指纹档案检索查明其是否曾进行过指纹登记和有无前科犯罪记录。现场指纹查询是将未破案件现场发现并提取的指纹进行分析编码，通过指纹档案检索查明有无登记，是帮助尽快破获案件的重要手段。无名尸指纹查询，是将身份不明的死亡人十指指纹捺印，通过档案检索，帮助查明无名尸身份。

我国公安部设指纹管理中心机构，管理全国犯罪人员指纹档案；各省（自治区、直辖市）设专门指纹管理机构，管理本省违法犯罪人员指纹档案。目前，在各大城市的公安机关也设有指纹管理机构。从实践运行效果看，指纹存储量越大，查询速度越快，发挥的效能越大。因此，采用大容量的指纹自动化识别系统，建立中心指纹数据库，是指纹管理的发展方向。

（蓝绍江）

zhiwen sanjiao

指纹三角（delta of the fingerprint） 见指纹外角点。

zhiwen tezheng

指纹特征（characteristics of fingerprints） 在

指纹检验中，借以将不同指纹相互鉴别、区分的那些乳突纹线形态。包括种类特征和细节特征两大类。

种类特征 主要指纹型（见指纹型）；其次包括纹线的流向、曲率和密度。在鉴别两枚指纹的纹型特征时，应当依照纹型分类由粗到细的顺序逐次进行。如两枚指纹都是斗型纹，应再进一步鉴别各属哪种斗型纹，以及中心花纹的方向、构成中心花纹的纹线数目。在鉴别两枚指纹的纹线流向和曲率时，应注意必须在相同部位间进行比较，并以单位横截面内通过纹线数目为依据。

细节特征 包括：①纹线的"起点"，从指纹印痕上观察，乳突纹线沿顺时针方向的起始端点；②纹线的"终点"，纹线印痕依顺时针方向的终止端点；③纹线的"分歧点"，纹线印痕依顺时针方向由一条分解成二条的分岔点；④纹线的"结合点"，纹线印痕依顺时针方向由二条合并为一条的结合点；⑤"小勾"，在一条流畅的纹线上分出一支短岔，形似勾状；⑥"小桥"，两条相邻的纹线之间有一短线连接，形同间桥；⑦"小棒"，又称短棒，在两条相邻的纹线之间夹入的平行短线，长度一般在1～5毫米之间；⑧"小点"，夹在两条并列乳突线间、长度在1毫米以下的点状线；⑨"小眼"，一条纹线分岔后又合并，构成小环状形态（见附图）。除了上述九种细节特征之外，还有皮肤的伤疤特征、屈肌线特征和皮肤皱纹特征，它们的所在位置、形状、大小及与邻近纹线交叉关系等亦是检验中利用的重要细节特征。

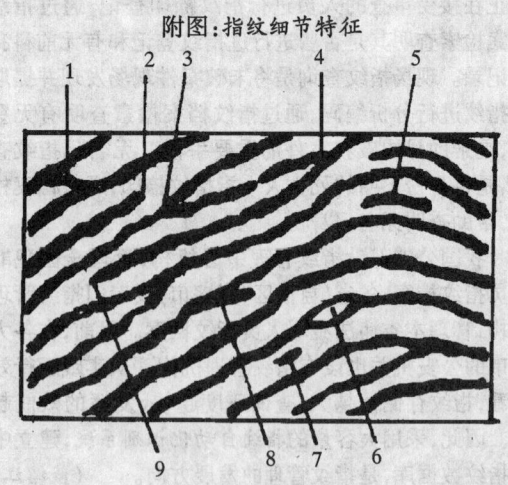

附图：指纹细节特征
1. 小桥 2. 终点 3. 分歧点 4. 结合点 5. 短棒
6. 小眼 7. 小点 8. 小勾 9. 起点

指纹的种类特征可以从纹型、类别上把不同的指纹进行初步区分和排除；凡纹型不符者，无须再进行细节特征的检验。指纹的细节特征具有很强的特定性，是指纹鉴定的主要依据。但是，在指纹遗留过程中，有时因作用力或承受体的影响，造成细节特征的某些变形，应在检验过程中注意分析和识别，排除假象干扰。

（蓝绍江）

zhiwen waijiaodian
指纹外角点（outer corner of fingerprint） 指纹的内部纹线、外围线和根基线三个系统汇合处构成的三角形态称为"指纹三角"，亦称"外角"。在指纹分析编码和检验中，常在指纹三角部位确定某一点作为计算纹线的起点或终点，称为"外角点"。最靠近三角的一条上行纹线，也即最邻近内部花纹系统的一条外围线称为"上部支流"；最靠近三角的一条下行纹线，也即最邻近内部花纹系统的一条根基线称为"下部支流"；上、下部支流相交点，确定与外角点；上、下部支流不相交的（分离外角），以其假想延长线的交点为外角点；分离外角内有点线或短棒的，以该点或该短线近中心侧端点为外角点。

（蓝绍江）

zhiwen wenxian xitong
指纹纹线系统（system of fingerprint ridges） 在指纹结构中，不同区域的纹线有其自己的规律，因而按纹线种类和所在区域划分成三个部分，称为三种纹线系统。中心区域由箕、环、螺、曲等各种较复杂形态的纹线构成，称为"中心花纹系统"，它是纹型区分的基础。在中心花纹的左、上、右三侧外围，由若干平行的弓形线包围，称为"外围线系统"。在中心花纹的下方邻近指节的部位，由若干横向较平直的乳突线构成，称为"根基线系统"。三个系统在指纹两侧汇合，构成"指纹三角"。箕型纹和斗型纹都具备完整的三个纹线系统，其中箕型纹三个系统汇合成一个指纹三角；斗型纹三个系统汇合成两个或两个以上三角；弓型纹只由外围线和根基线两个纹线系统构成，因而不会汇合成指纹三角。指纹纹线系统的划分有助于人们深入研究指纹结构规律，正确判断现场遗留指印的纹线部位及准确描述细节特征。

（蓝绍江）

zhiwen wenxing
指纹纹型（basic fingerprint patterns） 依照指纹中心乳突线构成的花纹形态，对指纹所进行的基本分类。在指纹鉴定中，通过对纹型的鉴别与区分，可排除大部分受审查的嫌疑客体，缩小侦查与检验的范围；在指纹档案管理中，纹型的归类和编码是建档存储工作的首要环节。目前通用的指纹分类法将指纹划分为弓、箕、斗三大基本纹型，每类基本纹型下又进一步划分为若干型：

弓型纹 由若干弓形线构成的外围系统与由若干

横平纹线构成的根基系统所组成的花纹结构。弓型纹又进一步划分为"弧型纹"与"帐型纹"。由于弓型纹不具备"中心花纹系统",所以不具备三个纹线系统汇合的"三角"形态。

箕型纹 中心花纹由箕形线构成的基本纹型。箕形线的"U"形弯转处称"箕头",两侧称"箕支",开口处称"箕口"。箕型纹的中心花纹内至少应有一条不折不断、并且在箕头和近三角侧箕支部分不与来自三角方向的纹线相连接。箕型纹具备完整的三个纹线系统(中心花纹、外围线、根基线),并在汇合处形成一个三角形态。箕型纹中心箕形线的箕口绝大多数朝向小指方向,称为"尺向箕"或"正箕型纹";少数箕型纹中心箕形线箕口朝向拇指侧,称为"桡向箕"或"反箕"型纹。在指纹的分析和检验中,还可依据中心箕形线内所含纹线数和箕形线形状,把箕型纹再分成空心箕、一线箕、二线箕、多线箕、叶形箕等。

斗型纹 中心花纹由一条以上的环形、螺形或曲形线构成的乳突花纹结构。斗型纹具有完整的三个纹线系统,并在两侧汇合成两个或两个以上指纹三角。在斗型纹的中心花纹中,也必须有至少一条完整的环、螺、曲形线,且在正对两侧三角的部位是不折不断、不与来自三角方向的其他纹线相连接。斗型纹依据中心花纹的种类又可划分为:环型斗、螺型斗、双箕斗、囊型斗、杂型斗等。

对指纹的基本纹型进行区分,由来已久。我国古代民间流传的"手相术"即把指纹分为斗和箕,并曾绘出龟型、罗型、偃月型等指纹图案。1900年,英国警官爱德华·亨利将指纹分成帐、弧、正箕、反箕、环螺等五类;1904年阿根廷警官沃塞蒂斯(Juan Vucetich 1858~1925)把指纹分成弓、内箕、外箕、环螺等四类。现为大多数国家通用的弓、箕、斗三大基本纹型的分类法是英国人类学家弗朗西斯·高尔顿于1892年在其专著《指纹学》和《指纹分析法》中提出来的(见附图)。

附图:指纹纹型

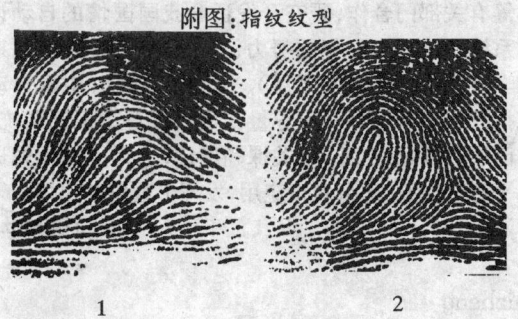

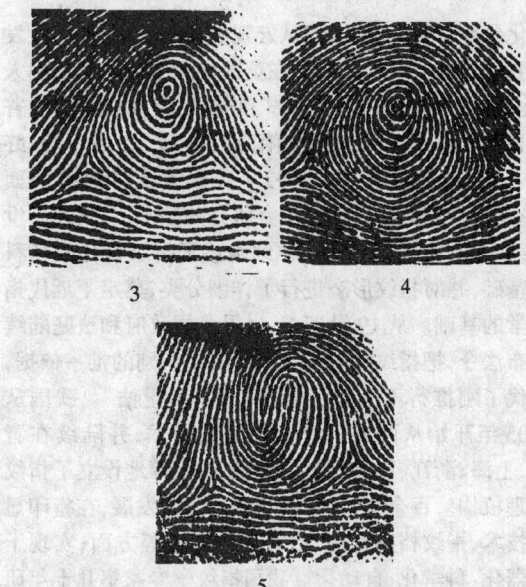

1.弓型 2.箕型 3.环型(斗) 4.螺型(斗)
5.曲型(斗)

人们在长期的观察研究中又逐渐发现,指纹的基本纹型受遗传影响较大,子女与双亲的指纹纹型常呈吻合或相近的趋势。此外,纹型的特殊畸变可能同某些先天性发育不全或疾病有关。因此,人类学、遗传学和疾病临床诊断也越来越重视指纹基本类型规律的研究和探索。

(蓝绍江)

zhiwenxue

指纹学(dactylography) 又称"手印学"。研究人手掌面皮肤凸起花纹结构特征及其发展变化规律的专门学科。在司法鉴定中用于个人识别,是司法鉴定学的重要分支。指纹具有"人各不同、终生不变"以及"触物留痕"的重要特征,因此根据对犯罪人遗留指纹印痕与受审查嫌疑人指纹印痕的比对检验,可以准确地认定或否定犯罪嫌疑人,被世界各国法庭公认为重要物证(见指纹)。在司法鉴定中,指纹学的研究内容主要包括三个部分。①遗留指印的发现和提取技术(见手印显现)。②指纹的检验、鉴定技术(见手印鉴定)。③指纹的档案管理(见指纹管理)。此外,还可以根据遗留指印的形态分析,判断其与犯罪行为的关系、手指(掌)的部位、留痕人的年龄、身高、性别、体态等特征,为侦查工作提供线索(见指纹分析)。

指纹应用于诉讼和契约已有二千余年的历史,但由于当时科学技术发展水平的制约,并没有形成真正意义上的指纹学。16世纪以后,随着近代光学仪器的发明、应用和解剖学的发展,西方一些医学、人类学、生理学学者对指纹的生理基础、基本特性、形态特征逐渐深化研究,对指纹的认识从宏观发展到微观,从感性发展到理性,到19世纪最先在英国应用于破案和鉴别人身。1880年英国医学专家亨利·福尔茨在《自然》科普周刊上发表文章,首次明确阐述了指纹"人各不同、终生不变"的基本特性。1892年英国人类学家弗朗西斯·高尔顿在数年显微镜观察研究的基础上,发表了世界第一部《指纹学》专著,详细阐述了指纹特性及其科学基础,并对指纹形态进行了详细分类,奠定了近代指纹学的基础。从19世纪末,世界各国政府和法庭陆续颁布法令,把指纹技术作为当时人身识别的惟一依据,取代了刚推行不久的贝蒂隆"人体测量法"。我国从1905年开始从西方引进近代指纹技术,并陆续在青岛、上海、浙江、广东、北京、天津、沈阳等地设立了指纹管理机构。百余年来,指纹学有了很大发展,在指印显现技术、指纹档案管理、指纹自动识别等方面,实现了仪器化、科学化、自动化。我国指纹学专家集几十年研究成果,于1982年出版了《新指纹学》(刘少聪,安徽人民出版社)、1987年出版了《指纹学》(赵向欣,群众出版社)两部系统的专著。

现代指纹学的研究,已经超出了司法鉴定范畴,医学界对指纹遗传性状及其同某些疾病的关系产生了浓厚兴趣,一门新兴的"指纹疾病诊断学"正在酝酿。

(蓝绍江)

zhiwen zhongxindian

指纹中心点(core points of fingerprint) 在指纹管理的分析编码技术中,根据纹线计数和确定平面座标系统的需要而规定的中心花纹的起点。在箕型纹中,中心点规定为中心箕形线的箕头顶点;若中心箕形线内包含有其他纹线时,如纹线数目为奇数,则取中间一条纹线的顶点为中心点;如纹线数目为偶数,则取中间一对纹线中远三角侧一根纹线的顶点为中心点。螺型斗纹的中心点确定为中心螺形线的起点;双箕型或曲型斗纹的中心点,取其箕斗朝上的花纹,按箕型纹定中心点的规则确定;环型斗纹取中心环形线的最高顶点为中心点,若中心环形线内包含有其他纹线的,则取中间一条纹线的顶点为中心点。

(蓝绍江)

zhiwen zidonghua shibie xitong

指纹自动化识别系统(automatic system of fingerprints recognition) 将电子计算机图像处理与识别技术应用于指纹分析、鉴定和管理的一种自动化操作系统。主要包括5个子系统:①图像输入系统。一般由图像扫描器或摄影装置构成,按照识别系统的设计要求将指纹图像传输进计算机的图像处理系统。②图像处理系统。是自动化识别的核心,它通过计算机的软件程序对指纹图像进行分析处理,并转换成数字信息。处理的一般程序是:先将指纹图像中的乳突纹线进行预处理,使纹线"细化"("骨骼化"),使纹线平滑清晰,并予以修正,消除"噪音"干扰;第二步确定指纹中心点,以中心点为原点建立平面坐标;第三步抽取骨骼化的纹线中的交叉点或端点作为特征,依据特征类别和在坐标中的位置予以赋值,并按一定顺序组成编码,从而将图像信息转换为数字信息。③存储系统。是自动识别系统的记忆部分,由若干磁盘组构成指纹库,存诸大量的指纹数字信息,并可根据指令调出。④比对查询系统。附有特征(数据)比对装置,将待查指纹的特征同库内存储的指纹信息进行检索,并对二者的相似程度进行评断。⑤输出系统。根据查询系统的检索和评断结果,将指纹库中与待查指纹相似度最高的指纹图像或编号输出,并可打印,供专家选择。自动识别系统的程序有如下述:捺印指纹图像输入待查指纹;纹线细化;消除噪音;抽取特征人工干预;建立坐标系;特征编码;库内检索输出;存储。

指纹自动化识别系统较传统的人工分析查询具有很大的优越性:①处理速度快,一般可在一分钟左右对一份十指指纹卡进行分析、编码并存入数据库。②查询速度高,可以在一秒钟内在库内检索查询数百枚指纹。③自动化程度高,不仅实现了输入图像的自动分析编码,而且完全实现查询自动化,将待查指纹输入之后,操作人员可以离开,系统自动查询完毕即输出结果。④精确度高,不受人为因素的干扰,并可对残缺不全、模糊不清的指纹进行图像增强或自动修复处理。⑤存储量大,一套较大容量的自动识别系统可以存储指纹300万枚以上。⑥便于建立自动查询和传输网络,实现异地信息共享。指纹自动化识别技术自20世纪60年代在一些技术先进国家开始研究,经过二十余年的努力,已在欧美、日本等大部分发达国家应用,并普及到银行、保安、保险、出入境管理等部门。我国公安机关自20世纪80年代初开始与北京大学、清华大学等有关部门合作,研究开发适合我国国情的自动识别系统。经过十几年的努力,"PU—AFiS"系统(北京大学自动化指纹识别系统)、"CAFiS"系统(中国自动化指纹识别系统)和《小容量微机指纹自动识别系统》均已通过国家"八五"攻关课题鉴定,达到了国际先进水平,并已经在部分省市应用,发挥了重要的作用。

(蓝绍江)

zhizheng

质证【民诉】(examination of evidence) 当事人在法庭审理阶段,就提出证据的关联性、合法性、真实性等问题互相诘问、质询的诉讼行为。《中华人民共和国民事诉讼法》第66条规定,证据应当在法庭上出示，并由当事人互相质证。质证的前提是当事人均声称他们对案件事实的陈述是真实可靠的，但他们之间的陈述存在着矛盾之处，经过当事人当庭对证人、勘验人、鉴定人进行质询、诘问或当事人之间互相诘问，以排除矛盾，得出有关案件事实的惟一正确结论。质证应当在庭审阶段进行，所有的证据都应当当庭对质，而不仅仅限于证人证言。对于不公开审理的案件的证据同样允许质证，但应当遵守保密原则。对于涉及国家秘密、商业秘密和个人隐私的证据应当保密，需要在法庭出示质证的，不得在公开开庭时出示并由当事人质证。质证采取口头形式进行，其过程、内容由书记员记入庭审笔录。质证是人民法院审查核实证据的方法之一，其目的是通过当事人的质证，排除疑点，解释疑义，确定证据的效力。证据只有经质证、查证属实后，才可作为定案的依据。质证的关键在于尽量保障证人出庭作证，并借鉴外国法庭交叉询问证人的方法。

(丛青茹)

zhizheng

质证【刑诉】(examining testimony) 在刑事审判的法庭调查阶段，公诉人、被害人、被告人和辩护人在法庭上以提问的方式审查核实证人证言的诉讼活动。《刑事诉讼法》第47条规定，证人证言必须在法庭上经过公诉人、被害人和被告人、辩护人双方讯问、质证，听取各方证人的证言并且经过查实以后，才能作为定案的根据。法庭查明证人有意作伪证或者隐匿罪证的时候，应当依法处理。质证是对证人证言进行核实查证的法定程序和重要方法。对控辩双方所提出的与证人证言有关的问题，证人有义务作出回答。关于提问是否与证人证言有关，应由审判长作出决定。质证包括控辩双方各自向己方传唤的证人提问和向对方传唤的证人提问。提问的方式有两种：一种是要求证人就某一具体问题作出回答；另一种是要求证人叙述某一具体事实。

(熊秋红)

zhimingshang

致命伤(a deadly injury) 与死亡有因果关系的损伤。致命伤分两种：①绝对致命伤。不论在任何情况下，对所有的人都足以致命的损伤。如头部炸裂，胸腹部压断等，这种损伤的后果是任何良好条件和措施都无法保存生命的。②条件致命伤，又称相对致命伤。指在一般条件下，损伤不足以致死，但在某些情况下，可导致死亡。根据条件的不同，分个体致命伤和偶然致命伤。个体致命伤是由于个体内在的因素，使损伤成为致命伤。如患血友病的人，受伤后因出血不止而死亡；胸腺淋巴体质的人，受轻微损伤就死亡。偶然致命伤是由于外在的因素，使损伤成为致命伤。即损伤后出现难以预料和防范的医疗意外，或损伤后未得到及时治疗或不恰当的治疗，而引起严重的并发症。如骨折引起脂肪栓塞而死亡；损伤后未及时采取有效的抗感染措施，导致败血症而死亡。

(李宝珍)

zhili shangshu

智力商数(intelligence quotient) 简称智商(IQ)。美国斯坦福大学教授特曼(L. M. Terman)在1916年修订而成的"斯坦福—比纳量表"(Stanford-Binet Scale)中，首次提出的一种评价智力高低的标准，即：

$$IQ = \frac{心理年龄(MA)}{实足年龄(CA)} \times 100$$

IQ值越高，智力状况就越好，这种智商表示法即为传统的比率智商(Ratio IQ)。这种比率智商虽然简单明了，易于普及，但准确性相对较低。目前使用的智商计算方法为离差智商(Deviation IQ)，即根据人群智能状况常态分配的现象，将某一具体测得的分数换算为标准分数，然后在均数为100，标准差为16的常态分配中去确定其具体位置。

无论通过何种方法测验智商，其得出的分值均为参考值，须进行信度和效度分析，特别是在司法精神医学鉴定中，由于被鉴定人的特殊处境，其主观心态极易受自身和外界因素的影响，干扰心理测验的结果。故在司法精神医学鉴定中，鉴定结论不能盲从于智能测验。

(孙东东)

zhineng zhangai

智能障碍(disturbance of intelligence) 智能(intelligence)是人认识客观事物并运用知识解决问题的能力。智能不是一个独立的心理过程，它是人的心理活动的总体体现。人的认识能力主要来源于先天遗传，而解决问题的能力则来源于后天的学习。因此，人与人之间的智能差异不仅取决于先天遗传，还取决于后天的学习和社会经历。衡量智能状况的标准是智力商数。根据智力商数不同，将人的智能状况分为若干等级，即：

智力商数	智能等级	占人口比例
140以上	天才智能	0.25%
120—140	非常智能	6.75%
110—120	超常智能	13%
90—110	平常智能	60%
80—90	愚笨	19%
70—80	缺陷	
70以下	低能	1%

智力商数低于90分者为智能障碍。根据智能障碍发生的时间，可将智能障碍分为先天性和后天性两种。先天性智能障碍特指在精神发育成熟以前，因各种原因导致的智能低下。这一类智能障碍又称之为精神发育迟滞。后天性智能低下则是在精神发育成熟以后，因各种原因导致的智能低下。如：颅脑损伤、疾病、退化等引起的智能低下。

根据智能障碍的性质，又将智能低下分为真性智能低下和假性智能低下。真性智能低下是由脑部疾病、创伤、中毒、缺氧等因素引起脑组织结构或功能障碍表现出的智能低下。这种智能障碍有脑部病变的基础，智能活动的变化随原发病变的变化而改变。但通常预后较差。假性智能低下是由心理因素引起的突发性的智能障碍。其表现较真性智能低下还严重。但同时患者又可实施一些与其精神因素无关的高智能活动。经过暗示治疗，其智能障碍可迅速缓解，精神活动完全恢复正常。假性智能障碍的常见类型有癔病样痴呆、刚塞氏综合征、童样痴呆。在司法精神医学鉴定中，假性智能障碍一般不能作为减免行为刑事责任能力或民事行为能力的依据。

由于智能障碍者社会生活能力低下，易与社会发生冲突，且其主观上又不能对自己行为的性质和后果完全辨认和控制，故真性智能障碍往往是判定行为人无或限制责任能力和行为能力等法律能力的必要条件。在日常生活中和司法实践中，智能低下常为伪装精神障碍者所模演。对此只要鉴定人及有关司法人员能够做到全面的了解被鉴定人的病历、病史等背景材料，细致地观察其行为，就能辨别其智能障碍的真伪。

(孙东东)

zhongdu

中毒(poisoning) 毒物进入有机体内，发生毒性作用，使组织细胞、生理功能遭受损害甚至危及生命，造成死亡的过程。中毒可由达到中毒剂量的毒物引起，也可由超过生理耐受量的食物或超过极限量的药物引起。中毒可表现为局部症状，也可表现为全身症状。由于中毒而造成机体新陈代谢中止，生命运动停止的现象称为中毒死亡。

根据毒物在体内产生中毒症状的快慢和症状发作的缓急可分为急性中毒、亚急性中毒和慢性中毒。急性中毒是指大量毒物在短时间内侵入人体或动物体，或少量极毒物质侵入生物体后，在几分钟或数小时内产生明显的中毒症状甚至死亡的现象。例如，成人一次服用氰化钾0.05～0.25克即可在5分钟内迅速死亡；成人一次口服30毫升50%浓度的敌敌畏乳油，约在2小时内出现恶心、呕吐、大汗及抽搐等中毒症状，重度中毒者一般在1～4小时内死亡。慢性中毒是指少量毒物经常逐渐地侵入人或动物机体，由于毒物的蓄积或反复作用，从第一次接触经数周、数月或数年后才逐渐出现中毒症状或死亡的现象。例如空气中铅的浓度达到0.05毫克/立方米时，长期接触几个月或几年后可发生中毒症状。慢性中毒往往早期中毒症状不明显，易被忽视。亚急性中毒是介于急性中毒和慢性中毒之间的一种中毒现象，亦称"短期中毒"。例如当饮用水中砷含量为1.55毫克/升或铅含量为0.3毫克/升时，经一段时间的饮用，可导致人或动物发生亚急性中毒。严格区分亚急性中毒是比较困难的。法庭毒物学中不经常应用这一名词。毒理学中应用较多。毒理学中常将动物和人多次反复染毒，于3个月至2年之间出现中毒症状称为亚急性中毒。

常见的中毒有职业中毒、食物中毒、药物中毒和农药中毒等。职业中毒也叫"工业中毒"，指人类因从事接触有毒化合物的工作，毒物与人体作用，破坏机体正常生理功能，引起功能性或器质性病变或危及生命的现象。引起工业中毒的原因较多，主要有以下几种：①意外事故，如毒气毒液容器爆炸、外泄、高聚物燃烧释放有毒烟气等。②生产环境污染，如含有毒蒸汽烟雾、粉尘等。③安全防护不够，生产者处于含毒量超出国家规定的标准环境中工作，或个人违反操作防护规定等。④长期接触有毒物，如生产有毒农药，分析人员长期接触有毒试剂等。

食物中毒也叫"食品中毒"或"饮食中毒"，指因进食或误食含有毒化合物的食品而引起的中毒反应。食品中毒多系急性中毒，特点是突然发生，中毒多为群体，中毒症状彼此相同，发病时间集中，有共同饮食史等。常见的食品中毒有：①微生物污染食物中毒；②食用有毒动植物中毒；③化学有毒物污染食物中毒；④食物投毒。

药物中毒是由于用药不当引起的中毒。常见的药物急性中毒有两个原因：①服用超过正常剂量的药物；②用错药物及服用不合格或变质的药物。农药中毒是由防治农林作物病虫害的药剂所引起的中毒。农药皆具有不同程度的毒性，使用、保管不当会造成人畜中毒。药物和农药常被用于自杀和他杀。

中毒实验是用来观察和检验毒物对活体动物毒性的实验，可分三种：①毒理学动物实验，用动物中毒实验阐述毒物的毒性、作用机理、剂量与中毒反应的关系等。②动物中毒实验，将已知毒物与动物接触，观察中毒症状、尸体解剖病变及体内的毒物分析。③毒物的动物检验，借助动物对毒物的特殊选择表现（中毒症状）和毒性来鉴定毒物的中毒，例如因士的宁中毒的青蛙前肢环抱，后肢伸直的强直痉挛。

(王彦吉)

zhongduxing xijunxing liji

中毒型细菌性痢疾(bacillary dysentery) 简称中毒型菌痢。痢疾杆菌引起的急性肠道传染病。本病终年都有发病,以夏秋两季最多见,大多数发生于2～7岁的儿童。中毒型菌痢是细菌性痢疾中最重的一种类型。由于细菌毒素的毒力作用,引起高度毒血症,可导致循环和呼吸衰弱而急死。患者起病急骤,可在腹痛、腹泻尚未出现时即有高热,精神异常萎靡,面色青灰,血压下降,四肢厥冷,呼吸微弱而表浅,抽搐,昏迷等症状。总之,是以高度毒血症、循环衰弱和中毒性脑炎为主要表现。而腹痛、腹泻、呕吐等消化道症状不一定严重。甚至死前未有腹痛、腹泻、呕吐等症状,故容易误诊而引起急死。尸体解剖可见:胃肠道炎症变化极轻,只见水肿、充血,很少有溃疡。大脑和脑干有弥漫性水肿,细胞浸润及点状出血。肾上腺皮质萎缩。

(李宝珍)

zhongguo faxuehui susong faxue yanjiuhui

中国法学会诉讼法学研究会(The Procedure Law Branch of China Law Society) 全国性的诉讼法学学术研究团体,隶属于中国法学会。1984年10月在四川省成都市成立,总部设在北京。该会设会长一人,副会长若干人,理事数十人,秘书长一人。下设刑事诉讼法学和民事诉讼法学两个专业委员会。该会的宗旨是:团结全国诉讼法学研究工作者和司法工作者,以及其他有志于诉讼法学研究的人员,坚持四项基本原则,坚持理论联系实际,贯彻执行"百花齐放、百家争鸣"的方针,开展诉讼法学理论研究,建立和发展具有中国特色的社会主义诉讼法学,为健全和完善刑事、民事和行政诉讼法律制度作出贡献。

中国法学会诉讼法学研究会成立以来,通过多种方式,组织、协调和推动进行了大量的学术活动,对中国诉讼法学理论的繁荣和发展,对中国诉讼法律制度的改革作出了重大贡献。该会的主要学术活动有:①组织召开了一系列全国性的诉讼法学学术会议。自1984年10月成立以来,该会每年组织召开一次诉讼法学年会,就诉讼法学中的重大和焦点问题展开研讨。例如,1986年11月在广州举行的学术研讨会,主题是"体制改革与诉讼法的完善和如何保证严格执行诉讼法"。1987年9月在南昌举行的学术研讨会,主题是"诉讼制度的健全与完善和证据制度的理论与实践"。1988年在安徽屯溪召开的学术研讨会,主题是"发展诉讼法理论,改革和完善诉讼制度",等等。②组织学者和司法部门的有关专家,对诉讼法学中的基本理论进行了研讨。例如,1990年在杭州举行的学术研讨会,对中国刑事证据制度的特征、刑事诉讼中的"分工负责、互相配合、互相制约"原则,民事诉讼中的代表人诉讼、财产保全及再审问题,以及行政诉讼中的受案范围、合法性审查、行政诉讼证据等问题进行了研讨。1992年在山东泰安召开的学术研讨会,就刑事诉讼中的人权保障、诉讼价值、诉讼目的以及诉讼结构等问题展开了讨论。1997年在广东深圳召开的学术研讨会,就实体法与程序法的关系以及刑事诉讼法的价值等理论问题进行了讨论。这种研讨对我国诉讼法学基本理论的深入发展起到了推动作用。③对中国刑事诉讼法的修改问题进行了广泛的探讨,并且直接促进了这一修改工作的完成。例如,1991年在宁夏银川召开的诉讼法学研讨会,讨论修改刑事诉讼法的必要性,并且提出了有关修改刑事诉讼法的具体意见。这次会议对国家立法部门就刑事诉讼法的修改问题列入其立法议事日程起到了一定推动作用。从1992年到1995年连续四年举行的诉讼法学年会,均对修改刑事诉讼法的具体意见和方案进行了研究,并且吸收国家立法和司法部门的专家直接参加会议,使学者的学术观点能够为立法部门所吸收。1996年在湖南湘潭举行的诉讼法学年会,还与立法、司法部门一起,就修正后的刑事诉讼法实施过程中可能出现的问题进行了研讨,在一定程度上推动了最高司法机关制定有关刑事诉讼法的司法解释的工作。④组织出版了一系列学术著作。该会在整理诉讼法学年会论文的基础上,先后编辑出版了《诉讼法学论丛(1985年刊)》、《诉讼法学论丛(1986—1987年刊)》、《刑事证据纵横谈》(1988年)、《刑事诉讼法的修改与完善》(1993年)等著作,对刑事诉讼法学的研究起到了推动作用。⑤积极促进对外学术交流,吸收国外诉讼法学研究成果。

(陈光中 陈瑞华)

zhongguo fayixuehui

中国法医学会(Academic Association of Legal Medicine of China) 中国法医工作和法医学研究的学术团体。成立于1985年。该学会主要是团结公安、检察、法院、司法行政、卫生、教育等系统的广大法医工作者和教学、科研人员,深入开展法医学学术活动,通过法医鉴定和法医勘验、检查等活动服务于法律,服务于侦查、审判工作,服务于社会。1997年3月13日至14日,中国法医学会在北京召开了第三次全国代表大会。到会的有来自全国各地的170多名代表,大会选举产生了新一届中国法医学会理事会。

(文盛堂)

zhongguo jianchaguan xiehui

中国检察官协会(Association of Chinese Procurator) 中国全国性的检察官组织。1996年7月12

日成立。作为代表检察官利益的社会团体,主要是广泛地团结全国各级人民检察院的检察官,充分发挥团体会员和个人会员的优势和特点,紧密结合检察工作实际,开展检察理论研究,提高检察官政治、业务素质和职业道德水平,宣传优秀检察官的事迹,反映检察官的意见和要求,维护检察官的合法权益,组织和促进同各国、各地区检察官的学术交流、业务合作与友好往来。在中国检察官协会成立大会上,审议通过了《中国检察官协会章程》,选举产生了第一届理事会和常务理事会。中国检察官协会是由中国检察学会更名成立的。

(文盛堂)

zhongguo xingshi kexue jishu xiehui

中国刑事科学技术协会(Forensic Science Association of China) 简称刑科协,英文译名缩写为FSAC。受中华人民共和国公安部领导。刑科协是依法成立的全国刑事科学技术部门和专业工作者的专业性群众团体,为独立的社团法人。中国刑科协的宗旨是:团结全国刑事科学技术工作者和社会各界有志于刑事科学技术研究、教学的专家学者,促进刑事科学技术的繁荣和发展,促进刑事科学技术的普及和推广,促进刑事科技人才的成长和提高,为打击和预防犯罪、保护人民利益服务,为保卫改革开放和经济建设作出贡献。中国刑事科学技术协会的任务是:开展调查研究,向有关部门提出刑事科学技术的中长期发展规划、技术政策、重大措施和立法方面的建议;组织刑事科学技术理论研讨会、学术报告会,推广科研成果,沟通科技信息,交流实践经验;承接执法机构的委托,组织专家对重大、疑难案件进行技术检验、复核鉴定,提供技术咨询服务;承接主管部门的委托,进行刑事科学技术项目的论证和科技成果的鉴定,评定专业技术职务,审查鉴定人员资格;举办技术培训班、讲习班,促进刑事技术人员的知识更新,提高队伍的业务素质;开展高新技术的课题研究和开发,组织刑事技术专用设备、防范技术器材的研制生产和产品营销活动;向执法人员宣传普及刑事科学技术知识,向广大群众宣传防范犯罪的措施;开展国际间刑事科学技术交流与合作,发展同国外刑事科学技术组织、团体和专家学者的友好交往,积极引进国外先进技术和成果;编辑出版会刊《中国刑事科学技术》和会报《刑科协通讯》。 (张玉镶)

zhonghua quanguo lüshi xiehui

中华全国律师协会(National Bar Association of China) 由中华人民共和国律师组成的全国性的社会团体,是律师的自律性组织。1986年7月7日成立。中华全国律师协会的组织机构有全国会员代表大会、理事会和常务理事会。全国会员代表大会每四年举行一次,代表由省、自治区、直辖市律师协会会员代表大会选举产生,任期四年,可连选连任。理事会由全国会员代表大会选出的理事组成。由理事会推举产生的会长、副会长、秘书长、副秘书长组成常务理事会。常务理事会下设办公室、研究室、会员管理部、律师业务部、宣传联络部等部门。根据中国律师法的有关规定,中华人民共和国律师均为该会会员,省、自治区、直辖市律师协会均为该会的团体会员。中华全国律师协会的宗旨是团结全国律师,不断完善律师队伍建设,维护法律正确实施,发展社会主义民主,健全社会主义法制。其主要职责是:①对律师进行政治思想、职业道德教育和法律知识培训,提高律师的政治素质和业务素质;②创办刊物,举行学术活动,交流律师工作经验;③支持律师工作,维护律师的合法权益;④举办有关的福利事业;⑤为律师提供业务信息服务;⑥向有关部门提供关于法制建设的建议;⑦联络各省、自治区、直辖市律师协会的工作;⑧开展国际间律师团体的相互交往。 (陈瑞华)

zhonghua renmin gongheguo daibu juliu tiaoli

《中华人民共和国逮捕拘留条例》(Arrest and Detention Regulations of the People's Republic of China) 原来适用于我国刑事诉讼活动中的一部关于逮捕和拘留的专门法律。1954年12月第一届全国人民代表大会常务委员会第三次会议通过,并于12月20日公布。1979年2月23日第五届全国人民代表大会常务委员会第六次会议通过修正的《中华人民共和国逮捕拘留条例》,于同日由全国人民代表大会常务委员会第一号令公布施行。1996年3月17日第八届全国人民代表大会第四次会议通过的《关于修改〈中华人民共和国刑事诉讼法〉的决定》规定,自1997年1月1日该《决定》施行之日起,《中华人民共和国逮捕拘留条例》即行废止。1979年通过的《逮捕拘留条例》是以宪法为依据,为了保卫社会主义制度,维护社会秩序,惩罚犯罪,保护公民的人身自由和住宅不受侵犯而制定,共15条。该《条例》对于适用逮捕、拘留的条件,决定、批准和执行逮捕的司法机关,决定和实施拘留的司法机关,适用逮捕和拘留的程序,以及在实施逮捕和拘留的过程中,同时进行搜查的程序等内容,作了具体而明确的规定。该《条例》自施行以来,对于保证司法机关依法进行刑事诉讼,维护公民的合法权益,均起到了重要的作用。 (王 新)

zhonghua renmin gongheguo gongzheng zanxing tiaoli

《中华人民共和国公证暂行条例》(Interim

Regulations of the People's Republic of China on Notarization》 1982年4月13日由中华人民共和国国务院正式颁布的第一部系统规定中国公证制度的法规,并自发布之日起实施。该条例的公布促进了我国公证工作的法律化、规范化和制度化,是我国建立和健全社会主义法制进程中的一件大事。其主要内容:

公证的性质和任务 公证是国家公证机关根据当事人的申请,依法证明法律行为、有法律意义的文书或事实的真实性、合法性,以保护公共财产,保护公民身份上、财产上的权利和合法权益,并通过公证活动教育公民遵守法律、维护社会主义法制。

公证的业务范围 证明合同(契约)、委托、遗嘱;证明继承权;证明财产赠与、分割;证明收养关系;证明亲属关系;证明身份、学历、经历;证明出生、婚姻状况、生存、死亡;证明文件上的签名、印鉴属实;证明文件的副本、节本、译本、影印本与原本相符;对于追偿债款、物品的文书,认为无疑义的,在该文书上证明有强制执行的效力;保全证据;保管遗嘱或其他文件;代当事人起草申请公证的文书;根据当事人的申请和国际惯例办理其他公证事务。

公证的组织领导 公证处是国家公证机关。直辖市、县(自治县,下同)、市设立公证处。经省、自治区、直辖市司法行政机关批准,市辖区也可设立公证处;公证处受司法行政机关领导;公证处之间没有隶属关系。

公证管辖 公证事务由申请人户籍所在地、法律行为或事实发生地的公证处管辖;涉及财产转移的公证事务由申请人户籍所在地或主要财产所在地的公证处管辖;申请办理同一公证事务的若干当事人的户籍所在地不在一个公证处辖区,或者财产所在地跨几个公证处辖区时,由当事人协商,可向其中任何一个公证处提出申请。如当事人不能达成协议,由有关公证处从便民出发协商管辖。

办理公证的程序 ①申请。当事人申请公证,应当亲自到公证处提出书面或口头申请。如果委托别人代理的,必须提出有代理权的证件。国家机关、团体、企业事业单位申请办理公证应当派代表到公证处,代表人应当提出有代表权的证件。当事人有申请公证员回避的权利。②审查。公证员必须审查当事人的身份和行使权利、履行义务的能力;审查当事人申请公证的事实和文书以及有关文件是否真实、合法。③调查取证。公证处对当事人提供的证明,认为不完备或有疑义时,有权通知当事人作必要的补充或者向有关单位、个人调查,索取有关证件和材料。④出证。公证员应当按照司法部规定或批准的格式制作公证文书。公证处对不真实、不合法的事实与文书应拒绝公证。公证文书办理完毕后,应留存一份附卷。根据当事人的需要,制作若干份副本连同正本发给当事人。⑤认证。当事人申请办理的公证文书如系发往国外使用的,除按本章程的程序办理外,还应送外交部或省、自治区、直辖市外事办公室和有关国家驻我国大使馆、领事馆认证。但文书使用另有规定或双方协议免除领事认证的除外。

(阎丽萍)

zhonghua renmin gongheguo lüshifa
《中华人民共和国律师法》(The Lawyer Law of the People's Republic of China) 1996年5月15日中华人民共和国第八届全国人民代表大会常务委员会第十九次会议通过的专门调整和规范律师执业活动的法律文件。该法规定了律师的职责、执业条件、业务范围、权利义务及法律责任,对律师事务所的设立、律师协会的性质和职责以及法律援助制度也作出了规定。《中华人民共和国律师法》的制定工作,早在20世纪70年代末中国恢复律师制度以来就已经开始。1980年8月第五届全国人民代表大会常务委员会第十五次会议通过的《中华人民共和国律师暂行条例》,确立了中国律师制度的基本框架和内容。为了与当时中国的政治、经济情况相适应,这部法律将律师定性为"国家法律工作者",将律师的工作机构定名为"法律顾问处",使律师的执业活动直接受到国家司法行政部门的领导和监督。从80年代以来,中国律师队伍有了很大的发展,出现了不占国家编制和经费、由律师自行合作或合伙设立的律师事务所。律师逐渐成为经国家司法行政部门批准颁发执业证书、从事法律服务工作的专业人员。1996年通过的《律师法》适应了这种变化,对中国律师制度作出了重大的改革。该法共八章53条,于1997年1月1日实施。

律师的性质和职责 根据《律师法》的规定,律师是依法取得律师执业证书,为社会提供法律服务的执业人员。这一对律师性质所作的明确规定,解决了一个长期困扰中国律师制度改革和发展的难题,为律师制度的改革奠定了基础。与律师的性质相适应,《律师法》确定了律师的职责:依照法律的规定为当事人提供法律服务,维护其合法权益,维护国家法律的正确实施。根据律师的这种性质和职责,《律师法》确立了律师在执业活动中应当遵循的基本原则:①律师执业必须遵守宪法和法律;②恪守律师职业道德和执业纪律;③以事实为根据,以法律为准绳;④接受国家、社会和当事人的监督;⑤律师依法执业受法律保护。

律师的执业条件 律师执业必须具备两个基本条件:一是取得律师资格,二是取得律师执业证书。中国律师法规定了两种取得律师资格的方式,即参加全国律师资格统一考试以及在符合法定条件情况下接受考核。在前一种情况下,申请取得律师资格的人必须具有高等院校法学专科以上学历或同等专业水平，或者具有高等院校其他专业本科以上学历，并且经律师资格全国统一考试合格，才能由国务院司法行政部门授予律师资格。在后一种情况下，申请取得律师资格的人必须具有高等院校法学本科以上学历，从事法律研究、教学等专业工作并具有高级职称或者具有同等专业水平，而且经国务院司法行政部门按照法定条件考核批准，才能授予律师资格。已经取得律师资格的人必须具有以下条件才能向司法行政部门领取执业证书：拥护中华人民共和国宪法，在律师事务所实习满一年，而且品行良好。《律师法》对于不颁发律师执业证书的情况作出了明确规定：①无民事行为能力或者限制民事行为能力的；②受过刑事处罚的，但过失犯罪的除外；③被开除公职或者被吊销律师执业证书的。同时，《律师法》还规定，国家机关的现职工作人员不得兼任执业律师，律师在担任各级人民代表大会常务委员会组成人员期间，不得执业。

律师事务所 根据《律师法》的规定，律师事务所是律师的执业机构，有三种组织形式：国家出资设立的律师事务所、合作律师事务所及合伙律师事务所。国家出资设立的律师事务所，依法自主开展律师业务，以该律师事务所的全部资产对其债务承担责任；合作律师事务所一般以该律师事务所的全部资产对其债务承担责任；合伙律师事务所一般则由合伙人对该律师事务所的债务承担无限责任和连带责任。律师事务所必须具备下列条件：①有自己的名称、住所和章程；②有10万元以上的资产；③有符合律师法规定的律师。申请设立律师事务所的，必须经省、自治区、直辖市以上的人民政府司法行政部门审核后颁发律师事务所执业证书。

执业律师的业务 根据中国律师法的规定，律师可以从事下列业务：①接受公民、法人和其他组织的聘请，担任法律顾问；②接受民事案件、行政案件当事人的委托，担任代理人；③接受刑事案件犯罪嫌疑人的聘请，为其提供法律咨询，代理申诉、控告，申请取保候审，接受犯罪嫌疑人、被告人的委托或者法院的指定，担任辩护人，接受自诉案件自诉人、公诉案件被害人及其近亲属的委托，担任代理人；④代理各类诉讼案件的申诉；⑤接受当事人的委托，参加调解、仲裁活动；⑥接受非诉讼法律事务当事人的委托，提供法律服务；⑦解答有关法律的询问、代写诉讼文书和有关法律事务的其他文书。

律师的权利和义务 为保证执业律师正常从事其法律业务，《律师法》规定了律师的下列权利：①律师参加诉讼活动，可依法收集、查阅与本案有关的材料，同被限制人身自由的人会见和通信，出席法庭审判，参与诉讼活动，行使法律规定的其他权利；②律师承办法律事务，经有关单位或者个人同意，可以向他们调查情况；③律师在执业活动中的人身权利不受侵犯。律师在拥有必要权利的同时，还必须承担下列法律义务：①律师接受当事人的委托担任辩护人或者代理人，无正当理由的，不得拒绝辩护或者代理，但委托事项违法，委托人利用律师提供的服务从事违法活动或者委托人隐瞒事实的，律师有权拒绝辩护或者代理；②律师应当保守在执业活动中知悉的国家秘密和当事人的商业秘密，不得泄露当事人的隐私；③律师不得在同一案件中，为双方当事人担任代理人；④律师在执业活动中不得有下列行为：私自接受委托，私自向委托人收取费用或接受委托人的财物；利用提供法律服务的便利牟取当事人争议的利益，或者接受对方当事人的财物；违反规定会见法官、检察官、仲裁员；向法官、检察官、仲裁员以及其他有关工作人员请客送礼或者行贿，或者指使、诱导当事人行贿；提供虚假证据、隐瞒事实以及威胁、利诱他人提供虚假证据、隐瞒事实以及妨碍对方当事人合法取得证据；扰乱法庭、仲裁庭秩序，干扰诉讼、仲裁活动的正常进行；⑤曾担任法官、检察官的律师，从法院、检察机关离任后两年内，不得担任诉讼代理人或者辩护人。

律师协会 根据《律师法》的规定，律师协会是社会团体法人，是律师的自律性组织。全国设立中华全国律师协会，省、自治区、直辖市设立地方律师协会，设区的市可以设立地方律师协会。律师必须加入所在地的地方律师协会。加入地方律师协会的律师同时是中华全国律师协会的会员。律师协会负有保障律师依法执业，维护律师合法权益的职责，也有权按照律师章程对律师给予奖励或处分。

法律责任 中国律师法对于违反律师职业道德和律师执业纪律的律师作出了追究法律责任的规定，律师的法律责任主要有以下几种：警告、停止执业3个月以上1年以下；有违法所得的，没收违法所得；吊销律师执业证书；构成犯罪的，依法追究刑事责任。前两种处分由省、自治区、直辖市以及设区的市的人民政府司法行政部门作出，后两种处分由省、自治区、直辖市人民政府司法行政部门作出。同时，对于有违反律师法行为的律师事务所，省、自治区、直辖市人民政府司法行政部门有权责令改正，没收违法所得，可以并处违法所得1倍以上5倍以下罚款；情节严重的，责令停业整顿或者吊销执业证书。另外，对于冒充律师从事法律服务，或者没有取得律师执业证书，为牟取经济利益从事诉讼代理或者辩护业务的，律师法也规定了追究法律责任的方式。

另外，中国律师法建立了法律援助制度。公民在赡养、工伤、刑事诉讼、请求国家赔偿和请求依法发给抚恤金等方面需要获得律师帮助，但是无力支付律师费用的,可以按照法律规定获得法律援助。《律师法》也建立了律师责任赔偿制度。律师违法执业或者因过错给当事人造成损失的,由其所在的律师事务所承担赔偿责任。律师事务所赔偿后,可以向有故意或者重大过失行为的律师追偿。 (陈瑞华)

zhonghua renmin gongheguo minshi susongfa shixing

《中华人民共和国民事诉讼法(试行)》(Civil Procedure Law of the People's Republic of China,Tentative Version)

中华人民共和国成立以来,首次颁布的单行民事诉讼法典。1982年3月8日,由中华人民共和国第五届全国人民代表大会常务委员会第二十二次会议审议通过并公布,1982年10月1日起试行,1991年4月9日停止适用。该法典保持了自新民主主义革命以来的人民司法传统并吸收了新中国成立以后人民法院民事审判工作的实践经验。同时,还借鉴了外国民事诉讼立法的有益内容,从而确立了人民法院审理民事案件的基本程序制度,以及当事人在民事诉讼中的诉讼权利、义务及其进行民事诉讼活动的程序规则。《民事诉讼法(试行)》的颁布填补了我国法律体系结构中的一项空白,也改变了民事诉讼无法可依的局面。

立法背景 自新中国成立至"文化大革命"结束,中国的民事诉讼立法一直相当薄弱。用于指导民事审判工作的是一些规范性文件,主要有:1956年最高人民法院发布的《关于各级人民法院民事审判工作经验总结》,1963年在第一次民事审判工作会议上,最高人民法院提出的《关于民事审判工作若干问题的意见》以及1979年第二次民事审判工作会议上,最高人民法院制定的《人民法院审判民事案件程序制度的规定》。这些文件曾经对人民法院的审判工作起了积极的指导和规范作用。但是,随着国家的拨乱反正和工作重点的转移,建立和健全社会主义法制以适应经济发展的要求已成为刻不容缓的事情,作为基本法律部门之一的民事诉讼法的制定被提上了议事日程。1979年9月,全国人民代表大会常务委员会法制委员会成立了民事诉讼法起草小组,开始了草拟民事诉讼法的工作。历时两年多,于1981年12月13日,第五届全国人民代表大会第四次会议原则批准了《中华人民共和国民事诉讼法(草案)》,再经修改后由全国人民代表大会常务委员会以试行的形式公布。从此,这部以保证人民法院查明事实,分清是非,正确适用法律,及时审理民事案件,确认民事权利义务关系,制裁民事违法行为,保护国家、集体和个人的合法权益,教育公民自觉遵守法律为基本任务的民事诉讼法,开始在中国经济发展和公民生活中发挥作用。

主要内容 《民事诉讼法(试行)》分为五编二十三章,共205条,规定了民事诉讼的基本制度和基本程序,主要内容如下:

基本原则 《民事诉讼法(试行)》以宪法为依据,确立了指导人民法院进行民事审判活动,当事人和其他诉讼参与人进行民事诉讼活动的基本原则,特别规定了民事诉讼中特有的原则:当事人诉讼权利平等原则;辩论原则;依法处分原则(见处分原则);着重调解原则(见调解原则);社会干预原则(见国家干预原则)。这些原则确定了我国民事诉讼的基本框架和特色。

诉讼管辖制度 诉讼管辖是民事诉讼制度的基本内容,是人民法院对民事案件行使审判权的前提。《民事诉讼法(试行)》以我国法院体系为依托,确立了级别管辖制度。级别管辖体现了对第一审民事案件的管辖权限划分,以基层法院为管辖民事案件的重点,同时由各级法院分级管辖的特点,并在此基础上进一步规定了一般地域管辖、特殊地域管辖(见地域管辖)和专属管辖制度,使法院之间的民事管辖权限具体化。

当事人制度 当事人是民事诉讼的重要主体。《民事诉讼法(试行)》规定了当事人在诉讼中的诉讼权利和诉讼义务并基于诉讼参加人与诉讼标的的不同法律关系,规定了诉讼中的第三人(包括有独立请求权的第三人、无独立请求权的第三人)和共同诉讼人在民事诉讼中的地位及诉讼权利和诉讼义务。

证据制度 《民事诉讼法(试行)》规定了民事诉讼证据类型为书证、物证、视听资料、证人证言、当事人陈述、勘验笔录和鉴定结论,并规定当事人对自己提出的主张,有责任提供证据;人民法院应当按照法定程序,全面地、客观地收集和调查证据。

程序制度 《民事诉讼法(试行)》规定的第一审民事诉讼程序包括普通程序、简易程序和特别程序。普通程序是人民法院审理民事案件通常所适用的程序,它分为起诉与受理、审理前的准备和开庭审理几个不同阶段,每个阶段依次进行。简易程序是基层人民法院及其派出法庭审理简单民事案件所适用的程序。特别程序是人民法院审理选民名单案件、宣告公民为无行为能力人或限制行为能力人案件、宣告公民失踪案件、宣告公民死亡案件和认定财产无主案件所适用的程序。第二审程序是人民法院审理上诉案件所适用的程序。第二审人民法院审理上诉案件既要审查原审法院认定的事实,又要审查原审法院适用的法律,不受当事人上诉范围和一审法院裁判范围的限制。审判监督程序是人民法院基于审判监督权,对已经发生法律效力的裁判发现确有错误,依法再行审理的程序。此外《民事诉讼法(试行)》还规定了执行程序,执行程序是人民法院行使司法执行权,实现法律文书内容的程序。

作为法院执行依据的法律文书既包括法院依法制作的判决、裁定,也包括仲裁机构制作的仲裁裁决书和经公证机关公证并赋予执行力的债权文书。

涉外民事诉讼的特别规定　《民事诉讼法(试行)》规定了人民法院审理具有涉外因素的民事案件在期间、送达、诉讼保全中要遵循特别规定,同时还规定了进行司法协助以及对外国法院的判决、裁定承认和执行中应遵循的原则和规则。

(阎丽萍)

zhonghua renmin gongheguo minshi susongfa
《中华人民共和国民事诉讼法》(Civil Procedure Law of the People's Republic of China)

中华人民共和国第一部正式颁布的民事诉讼法典。1991年4月9日起开始施行,并以此取代了《中华人民共和国民事诉讼法(试行)》。它的颁布,标志着我国民事诉讼立法进入了一个新阶段。

立法背景　《中华人民共和国民事诉讼法》是在《民事诉讼法(试行)》基础上,经过修改补充和完善后颁布的。《民事诉讼法(试行)》在实践中运行了九年多,对于解决各类经济纠纷、民事纠纷,促进经济发展发挥了重要的作用。但是这部法典是在我国法制建设恢复不久制定的,各方面的条件不完全成熟,并且当时的经济体制还是以计划经济为特征的,因而它不可避免地带有一定的历史局限性。随着我国经济体制的转轨,出现了许多前所未有的新情况、新问题,同时作为法律体系中的基本法律部门之一,长期以试行法的形式存在也不尽科学、合理。因此,从1988年起全国人大常委会法制工作委员会开始组织人员着手修改《民事诉讼法(试行)》。1991年提出了《中华人民共和国民事诉讼法(草案)》,并提交第七届全国人民代表大会第四次会议讨论通过。1991年4月9日正式颁布《中华人民共和国民事诉讼法》,并于同日开始施行,成为我国现行的民事诉讼法典。

主要内容和特点　《中华人民共和国民事诉讼法》分四编二十九章,共270条。第一编总则,规定了民事诉讼法的任务、适用范围和基本原则,以及管辖、审判组织、回避、诉讼参加人、证据、期间、送达、调解、财产保全和先予执行等制度,还规定了对妨害民事诉讼的强制措施和诉讼费用。第二编审判程序,规定了第一审普通程序、简易程序、二审程序、特别程序、审判监督程序以及督促程序、公示催告程序和企业法人破产还债程序(见破产程序)。第三编执行程序,规定了执行程序的一般规定,执行的申请和移送,执行措施以及执行中止和执行终结。第四编涉外民事诉讼程序的特别规定,规定了涉外民事诉讼的一般原则、管辖、送达和期间、财产保全、仲裁和司法协助。

现行民事诉讼法典和《民事诉讼法(试行)》相比较,无论在体例结构上还是具体内容上都作了较大的修改和补充,使之更加适应我国社会经济的发展需要和现代民事诉讼制度的发展趋势。新的民事诉讼法的变化主要表现在以下几个方面:

第一,更加注重对当事人诉讼权利的保护。为了更好地实现民事诉讼以充分保护当事人合法权益的这一功能,新的民事诉讼法作了如下的修改和补充:①民事诉讼法的任务规定为:保护当事人的诉讼权利,保证人民法院查明事实,分清是非,正确适用法律,及时审理民事案件,确认民事权利义务关系,制裁民事违法行为,保护当事人的合法权益,教育公民自觉遵守法律,维护社会秩序、经济秩序,保障社会主义建设事业顺利进行。将保护当事人的诉讼权利放在了民事诉讼法任务的首位,反映出立法的指导思想和观念的变化。②增加了对法院制约的规定,如关于移送管辖和指定管辖的规定进一步明确,以防止法院之间互相争夺管辖或互相推诿诉讼,损害当事人的正当权利;明确规定了对不予受理的裁定可以上诉,以保护当事人的起诉权;规定了一审程序、二审程序以及特别程序的审理期限,同时也缩短了实施某些诉讼行为的期限,以提高诉讼效率,减少不必要的耗费。③在财产保全中增加了诉前保全的规定,利害关系人因情况紧急,不立即申请财产保全将会使其合法权益受到难以弥补的损害的,可以在起诉前向人民法院申请采取财产保全措施。人民法院接受申请后,必须在48小时内作出裁定;裁定采取财产保全措施的,应当立即开始执行。既完善了财产保全制度,也有助于保护当事人的权益。④规定了诉讼代表人制度,方便了群体性纠纷的诉讼。

第二,增强了审理经济纠纷案件的适应性。随着我国社会主义市场经济的建立和发展,经济纠纷的数量和类型都有了新的增加和变化,民事诉讼的范围已不再仅仅限于传统的民事案件。因此,新的民事诉讼法为适应审理经济纠纷案件的需要,不仅在一些诉讼制度和审判制度上作了修改和补充,而且增加了一些新的审判程序。①在总则部分首先明确了民事诉讼法适用于人民法院审理公民之间、法人之间、其他组织之间以及他们相互之间因财产关系和人身关系提起的民事诉讼。②诉讼管辖部分作了较大的修改,增加了关于确定保险合同纠纷、票据纠纷诉讼的管辖法院的规定,并对合同纠纷规定了协议管辖制度,增加了管辖的灵活性。此外,在涉外民事诉讼的特别规定中,增加了关于牵连管辖、应诉管辖、专属管辖的规定。③增设了新的审判程序。具体有:督促程序、公示催告程序、企业法人破产还债程序,这些程序的设立增加了审判程序与经济纠纷案件的适应性,也增加了我国民事诉讼立法的完整性和科学性。④对执行程序部分作了较大的修改,强化了执行措施,并增加了对执行的保障性规定,在一定程度上有助于缓解民事案件特别是经济纠纷案件执行难的状况。

第三,进一步协调当事人和法院在诉讼中的关系,明确各自的地位和权能。在民事诉讼中,法院始终处于主导地位,它的任务是查明案情,分清是非,正确适用法律,从而确认当事人之间的民事权利义务关系。因而它不能取代当事人在诉讼中的作用,它对案件的查明必须和当事人对案件的证明结合起来。新的民事诉讼法对诉讼中最关键的部分——证据制度作了重大修改,明确规定,当事人对自己提出的主张,有责任提供证据;当事人及其诉讼代理人因客观原因不能自行收集证据的,或者人民法院认为审理案件需要证据的,人民法院应当调查收集。人民法院的主要职责应当是按照法定程序,全面地、客观地审查核实证据,从而改变了过去既要求当事人承担举证责任,又要求法院主动收集调查证据的制度。新的规定既有利于协调当事人和法院在诉讼中的关系,又有利于充分发挥它们在诉讼中的作用和功能。

《中华人民共和国民事诉讼法》的实施,既表明了我国民事诉讼程序制度正不断走向成熟和完善,也表明了民事诉讼法律在为经济发展服务方面的功能日益加强。

(阎丽萍)

zhonghua renmin gongheguo qiye pochanfa shixing
《中华人民共和国企业破产法(试行)》
(Bankruptcy Law of the People's Republic of China, on trial) 中华人民共和国成立以后颁布的第一部规定破产制度和破产程序的法律。1988年11月1日起在全国试行。该法是20世纪70年代末期我国经济体制改革之际,在探索计划经济如何向有计划的商品经济转轨过程中,为加快法制建设以适应经济改革的需要而制定的。1985年国务院企业破产法起草小组草拟了企业破产法纲要,经反复讨论,于1986年完成了《中华人民共和国企业破产法(草案)》,同年经第六届全国人民代表大会常务委员会第十七次会议和第十八次会议审议,于12月2日通过并公布。其立法宗旨是为了适应社会主义有计划的商品经济的发展和经济体制改革的需要,促进全民所有制企业自主经营,加强经济责任制和民主管理,改善经营状况,提高经济效益,保护债权人、债务人的合法权益。

《企业破产法(试行)》共六章43条。第一章总则;第二章破产申请的提出和受理;第三章债权人会议;第四章和解和整顿;第五章破产宣告和破产清算;第六章附则。其主要规定了:①适用范围。主体范围:《企业破产法(试行)》只适用于全民所有制企业法人;地域范围:我国人民法院宣告债务人破产,其效力不及于该企业法人在国外的财产,但外国宣告我国企业法人在外国的财产为破产财产,如其效力及于该企业法人在我国的财产,我国则根据对等原则,宣告破产之效力也及于该企业法人在该外国之财产。②破产申请的提出和受理。破产原因应当是企业因经营管理不善造成严重亏损,不能清偿到期债务;管辖法院是债务人所在地人民法院;债务人不能清偿到期债务,债权人可以申请宣告债务人破产。债务人经其上级主管部门同意可以申请宣告破产。人民法院受理破产案件后应当在10日内通知债务人并且发布公告。人民法院受理破产案件后,对债务人财产的其他执行程序必须中止;债务人对部分债权人的清偿无效,但是债务人正常生产经营所必需的除外。③债权人会议。所有债权人均为债权人会议成员。债权人会议成员享有表决权,但是有财产担保的债权人未放弃优先受偿权利的除外。债权人会议的职权是审查有关债权的证明材料,确认债权有无财产担保及其数额;讨论通过和解协议草案;讨论通过破产财产的处理和分配方案。④和解和整顿。企业由债权人申请破产的,在人民法院受理案件后3个月内,被申请破产的企业的上级主管部门可以申请对该企业进行整顿,整顿的期限不超过两年;整顿申请提出后,企业应当向债权人会议提出和解协议草案。和解协议应当规定企业清偿债务的期限;经过整顿,企业能够按照和解协议清偿债务的,人民法院应当终结对该企业的破产程序并予以公告;整顿期满,企业不能按照和解协议清偿债务的,人民法院应当宣告该企业破产并依法重新登记债权。⑤破产宣告和清算。宣告破产由人民法院依法做出裁定;破产财产由宣告破产时破产企业经营管理的全部财产,破产企业在破产宣告后至破产程序终结前所取得的财产以及应当由破产企业行使的其他财产权利构成;破产宣告前成立的无财产担保的债权和放弃优先受偿权利的有财产担保的债权为破产债权。破产财产优先拨付破产费用后,按破产企业所欠职工工资和劳动保险费用,破产企业所欠税款,按破产债权的排列顺序进行清偿;破产财产不足清偿同一顺序的清偿要求的,按照比例分配。破产财产分配完毕,由清算组提请人民法院终结破产程序;破产程序终结后,未得到清偿的债权不再清偿。

《中华人民共和国破产法(试行)》的颁布施行无疑是我国法制建设中的一大进步,但由于它产生于我国经济体制改革的模式尚未完全确定,社会主义市场经济尚未建立时期,因此它不可避免地带有时代局限性。

(阎丽萍)

zhonghua renmin gongheguo renmin fayuan zanxing zuzhi tiaoli
《中华人民共和国人民法院暂行组织条例》

(Interim People's Court Organization Act of the People's Republic of China) 中华人民共和国建立后颁布的第一个关于法院组织的法律。1951年9月3日中央人民政府委员会通过。该《条例》总结了解放区人民司法工作以及解放后近两年的人民法院工作的经验，对我国人民法院的组织体系和有关的制度作出了规定。该《条例》的主要内容有：①人民法院的设置。中华人民共和国人民法院设立三级：县级法院、省级法院和最高人民法院。最高人民法院在各大行政区或其他地区设立分院、分庭，使其在所辖区内执行最高人民法院的职能。②审级制度。人民法院基本上实行三级两审终审制，以县级法院为基本的第一审法院，省级法院为第二审法院，一般的案件为两审终审，但在特殊情况下也可三审或者一审终审。③人民法院的领导体制。各级人民法院为同级人民政府的组成部分，受同级人民政府委员会的领导和监督。但下级法院的审判工作受上级法院的领导和监督。④人民法院的组织机构。各级法院由院长、副院长、审判员组成；最高人民法院另设委员若干人，秘书长一人。法院内设刑事、民事审判庭和行政部门。省级法院的行政部门负责所在辖区的司法行政工作。⑤审判组织。县级和省级法院设立审判委员会，负责处理重要或者疑难的案件，并且在政策上和审判原则上进行指导。县级法院的案件一般由审判员一人审判，遇有重要或者疑难案件，可由审判员三人合议审判。省级法院和最高法院的案件一般由审判员三人合议审判，但省级法院对于无须合议审判的案件，可由审判员一人审判。⑥审判工作的基本原则。法院审判应实行人民陪审、就地调查、就地审判、巡回审判、公开审判、使用民族语言文字进行诉讼等原则。

(陈瑞华)

zhonghua renmin gongheguo renmin fayuan zuzhifa

《中华人民共和国人民法院组织法》(The People's Court Organizational Law of the People's Republic of China) 规范人民法院组织和活动的专门法律。1954年9月21日第一届全国人民代表大会第一次会议通过了第一部《中华人民共和国人民法院组织法》。1979年7月1日第五届全国人民代表大会第二次会议通过了修正的《中华人民共和国人民法院组织法》，并于1979年7月5日由全国人民代表大会常务委员会委员长第三号令公布，1980年1月1日起施行。这个法律分为三章：第一章是总则；第二章是人民法院的组织和职权；第三章是人民法院的审判人员和其他人员，共42条。1983年9月2日第六届全国人民代表大会常务委员会第二次会议通过了《关于修改〈中华人民共和国人民法院组织法〉的决定》，并于同日由中华人民共和国主席第五号令公布施行。经修订后的《中华人民共和国人民法院组织法》仍分三章，共40条。

第一章总则中，规定中华人民共和国人民法院是国家的审判机关；国家设立最高人民法院、地方各级人民法院(包括基层人民法院、中级人民法院、高级人民法院)以及军事法院等专门人民法院。这一章还规定了人民法院的任务以及人民法院进行审判工作所必须遵循的各项基本原则和制度，例如独立行使审判权原则，对公民适用法律一律平等原则，公民有权用本民族语言文字进行诉讼原则，审判公开原则，保障被告人的辩护权原则等；合议制(见合议庭)，审判委员会制，两审终审制，死刑复核制度(见死刑复核程序)，审判监督制度(见审判监督程序)以及回避制度等。在第二章人民法院的组织和职权中，具体规定了人民法院的组成，并明确规定了各级人民法院的内部机构的设置，划分了各级人民法院的审判管辖权。第三章人民法院的审判人员和其他人员中，规定了人民法院院长、副院长、庭长、副庭长、审判员和助理审判员的职权、任免程序；人民陪审员的产生、职权和待遇。同时还规定了书记员、执行员、法医、司法警察的设置。

(王 新)

zhonghua renmin gongheguo renmin jiancha yuan zuzhifa

《中华人民共和国人民检察院组织法》(The People's Procuratorate Organizational Law of the People's Republic of China) 规范人民检察院组织和活动的专门法律。1954年9月21日第一届全国人民代表大会第一次会议通过了第一部《中华人民共和国人民检察院组织法》。1979年7月1日第五届全国人民代表大会第二次会议通过了修正的《中华人民共和国人民检察院组织法》，并于1979年7月5日由全国人民代表大会常务委员会委员长第四号令公布，于1980年1月1日起施行。这个法律共三章28条。1983年9月2日第六届全国人民代表大会常务委员会第二次会议通过了《关于修改〈中华人民共和国人民检察院组织法〉的决定》，并于同日由中华人民共和国主席第六号令公布施行。经修订后的《中华人民共和国人民检察院组织法》仍分三章，共28条。

第一章总则中，明确规定了人民检察院的性质，即中华人民共和国人民检察院是国家的法律监督机关；国家设立最高人民检察院、地方各级人民检察院(包括省级人民检察院，省级人民检察院分院、自治州人民检察院，直辖市人民检察院，县级人民检察院)以及军事检察院等专门人民检察院；省一级人民检察院和县一级人民检察院，根据工作需要，可以在工矿区、农垦区、林区等区域设置人民检察院，作为派出机构。同时还规定，各级人民检察院行使下列职权：①对于叛国案、分裂国家案以及严重破坏国家的政策、法律、法令、政令统一实施的重大犯罪案件，行使检察权。②对于直接受理的刑事案件，进行侦查。③对于公安机关侦查的案件，进行审查，决定是否逮捕、起诉或者免于起诉；对于公安机关的侦查活动是否合法，实行监督。④对于刑事案件提起公诉，支持公诉；对于人民法院的审判活动是否合法，实行监督。⑤对于刑事案件判决、裁定的执行和监狱、看守所、劳动改造机关的活动是否合法，实行监督；而且规定了人民检察院在行使检察权时必须遵守的基本原则，例如坚持实事求是，贯彻执行群众路线，对一切公民在适用法律上一律平等，独立行使检察权等。另外，这一章还规定了检察机关的双重领导体制：最高人民检察院对全国人民代表大会和全国人民代表大会常务委员会负责并报告工作。地方各级人民检察院对本级人民代表大会和本级人民代表大会常务委员会负责并报告工作；最高人民检察院领导地方各级人民检察院和专门人民检察院的工作，上级人民检察院领导下级人民检察院的工作。在第二章人民检察院行使职权的程序中，具体规定了人民检察院在行使各项具体职权时应当遵循的程序。第三章人民检察院的机构设置和人员的任免中，具体规定了人民检察院内部组织机构的设置；各级人民检察院检察长、副检察长、检察委员会委员和检察员的任免程序，同时还规定了助理检察员、书记员、司法警察的设置。

(王　新)

zhonghua renmin gongheguo xingshi susongfa
《中华人民共和国刑事诉讼法》(Criminal Procedure Law of the People's Republic of China) 1979年7月1日由第五届全国人民代表大会第二次会议通过并公布，1980年1月1日起生效，后根据1996年3月17日第八届全国人民代表大会第四次会议通过的《关于修改〈中华人民共和国刑事诉讼法〉的决定》进行了修正。

制定和修改过程 《中华人民共和国刑事诉讼法》是在废除前国民党政府六法全书和法律制度之后，根据中国社会主义革命和建设的实际需要，总结新民主主义革命时期和新中国成立以后人民司法工作经验，并借鉴国外有关刑事诉讼原则和制度的基础上制定的。该法的制定工作早在20世纪50年代初期即已开始。1954年，中央人民政府法制委员会曾草拟出《中华人民共和国刑事诉讼条例（草案）》。1956年，最高人民法院受全国人民代表大会的委托，组成专门机构，开始刑事诉讼法的起草工作，于次年5月草拟出《中华人民共和国刑事诉讼法草案》（草稿）。后经征求各方面的意见在该"草稿"的基础上形成了《中华人民共和国刑事诉讼法》（初稿）。1962年6月，中央政法小组主持刑事诉讼法的起草工作，并于次年4月草拟出《中华人民共和国刑事诉讼法草案（初稿）》。后随着政治运动的开展，特别是"文化大革命"的开始，刑事诉讼法的制定工作与中国的法制建设进程一起陷入长期的停顿状态。1979年5月，在中国共产党第十三届全国代表大会第三次会议召开之后，全国人民代表大会法制委员会重新开始了刑事诉讼法的制定工作，在1963年"草案"的基础上，经过反复修改和补充，形成了刑事诉讼法的正式草案。该草案被提交第五届全国人民代表大会第二次会议审议，最终获得通过。中华人民共和国刑事诉讼法颁布实施以后，全国人民代表大会常务委员会根据社会治安的形势和实际的需要，从1983年开始，相继颁布了一些单行法律，对刑事诉讼法确立的陪审制度、审判组织制度、审判程序、办案期限、死刑复核程序等问题作出了一些修改和补充。进入20世纪90年代以后，随着中国改革开放的深入和社会主义市场经济的发展，刑事诉讼法的有些规定逐渐不能适应中国社会主义民主和法制建设的实际需要，刑事诉讼法在实施过程中也出现了一些问题，社会各界要求修改刑事诉讼法的呼声日益强烈。1993年，全国人民代表大会常务委员会下属的法制工作委员会正式将刑事诉讼法的修改工作列入立法的议事日程，并委托刑事诉讼法方面的专家起草刑事诉讼法修改建议稿。经过广泛的调查研究和征求意见工作，法制工作委员会在对修改建议稿进行多次修改和补充的基础上，于1995年12月草拟出《中华人民共和国刑事诉讼法修正案》（草案）。1996年3月，全国人民代表大会常务委员会在对该"草案"进行修改补充后形成了《中华人民共和国刑事诉讼法》（修改草案），并将其提交第八届全国人民代表大会第四次会议审议。同年3月17日，《全国人民代表大会关于修改〈中华人民共和国刑事诉讼法〉的决定》获得通过，并于1997年1月1日起生效。修改后的中国刑事诉讼法共四编十七章225条。

任务和基本原则 《中华人民共和国刑事诉讼法》确立了三个层面的任务：一是保证正确、及时查明犯罪事实，正确适用法律；二是惩罚犯罪分子，保障无罪的人不受刑事追究，教育公民自觉遵守法律，积极同犯罪行为作斗争；三是维护社会主义法制，保护公民的人身权利、财产权利、民主权利和其他权利，保障社会主义建设事业的顺利进行。前两个方面的任务实际上是国家进行刑事诉讼所要达到的直接目的，后一个方面的任务则是刑事诉讼的根本目的，它与国家建立法律制度的总目标是相一致的。为了保证上述任务的实现，刑事诉讼法确立了下列基本原则：①侦查权、检察权和审判权由专门机关依法行使。对刑事案件的侦查、拘留、执行逮捕、预审，由公安机关负责；检察、批准逮捕、检察机关直接受理案件的侦查、提起公诉，由人民检察院负责；审判由人民法院负责。其他任何机关、团体和个人都无权行使这些权力。公安机关、检察机关和人民法院进行刑事诉讼，必须严格遵守法律的规定。②人民法院和人民检察院依法独立行使职权。人民法院依照法律规定独立行使审判权，人民检察院依照法律规定独立行使检察权，不受行政机关、社会团体和个人的干涉。③依靠群众。人民法院、人民检察院和公安机关进行刑事诉讼，必须依靠群众，便利群众，接受群众的监督。④以事实为根据，以法律为准绳。公安机关、检察机关和人民法院进行刑事诉讼，必须依照法律程序收集和调查与案件有关的一切证据，查明案件的事实真相，正确适用法律。⑤对于一切公民在适用法律上一律平等（见对公民适用法律一律平等）。在法律面前不允许有任何特权。⑥人民法院、人民检察院和公安机关分工负责，互相配合，互相制约。这是为保证准确有效地执行法律，顺利完成刑事诉讼法的任务所必需的。⑦人民检察院依法对刑事诉讼实行法律监督（见法律监督原则）。作为国家法律监督机关，人民检察院有权对公安机关的侦查活动、人民法院的审判活动以及刑事裁判的执行活动是否合法进行法律监督，及时纠正违法行为，保证国家法律在刑事诉讼中的正确实施。⑧使用本民族语言文字进行诉讼。各民族公民都有用本民族语言文字进行诉讼的权利，人民法院、人民检察院和公安机关对于不通晓当地通用的语言文字的诉讼参与人，应当为他们翻译。在少数民族聚居或者多民族共同居住的地区，应当用当地通用的语言进行审讯，用当地通用的文字发布判决书、布告和其他文件。⑨两审终审。人民法院审判案件，实行两审终审制度，对于地方各级人民法院所作的第一审判决和裁定，当事人提起上诉、检察机关提出抗诉后，上一级法院应当进行第二次审判。第二审法院所作的判决和裁定是终审的判决和裁定，也就是发生法律效力的判决和裁定。但最高人民法院审判的第一审案件、核准死刑的案件（见死刑复核程序）以及对第一审法院的判决和裁定，当事人、检察机关未提出上诉或者抗诉的案件除外。⑩审判公开。法院审判案件，除有关国家秘密、个人隐私、被告人为未成年人的案件以外，一律应当公开审理。对于不公开审理的案件应当一律公开宣判。⑪被告人有权获得辩护。被告人除可以自行辩护以外，还可以委托律师、近亲属（见当事人的近亲属）及其他具有辩护人资格的人进行辩护。人民法院有义务保证被告人获得辩护权。⑫未经人民法院依法判决，对任何人都不得确定有罪（见未经人民法院依法判决不得定罪原则）。对任何公民予以定罪的权利是审判权的有机组成部分，要由人民法院统一行使。未经法院依法审判，其他任何机构都不得将一个公民予以定罪。⑬人民陪审员参与行使审判权（见人民陪审员参加审判）。各级人民法院审判第一审案件，除法律另有规定的以外，可以由审判员组成合议庭或者由审判员与人民陪审员组成合议庭进行。人民陪审员在行使审判权方面与审判员有同等的权力。⑭保障诉讼参与人依法享有的诉讼权利。诉讼参与人对审判人员、检察人员、侦查人员侵犯公民诉讼权利和人身侮辱的行为，有权提出控告。⑮在法定特殊情形下不追究刑事责任（见不能追究刑事责任的不予追诉）。根据中国刑事诉讼法的有关规定，在法律明确规定的特殊情形下，公安机关、检察机关和人民法院不追究刑事责任，已经追究的，应当撤销案件，或者不起诉，或者终止审理，或者宣告无罪。⑯对外国人犯罪案件适用中国刑事诉讼法的规定。但是，对于享有外交特权和豁免权的外国人犯罪应当追究刑事责任的，通过外交途径解决。⑰刑事司法协助（见刑事司法协助原则）。根据中华人民共和国缔结或者参加的国际条约，或者按照互惠原则，我国司法机关和外国司法机关可以相互请求刑事司法协助。

证据 证据是侦查人员、检察人员、审判人员依照法定程序收集和采纳的证明案件真实情况的一切事实。中国刑事诉讼法规定的证据有7种：①物证、书证；②证人证言；③被害人陈述；④犯罪嫌疑人、被告人供述和辩解；⑤鉴定结论；⑥勘验、检查笔录（见勘验笔录）；⑦视听资料。为保证刑法的正确实施，防止放纵犯罪或者冤枉无罪的人，侦查人员、检察人员、审判人员运用证据进行刑事诉讼必须遵循下列一般原则：依照法定程序收集证据，严禁刑讯逼供和以威胁、引诱、欺骗以及其他非法的方法收集证据；全面、客观地收集证据，既要收集能够证实犯罪嫌疑人、被告人有罪及罪重的证据，也要收集能够证明其无罪和罪轻的证据；忠实于事实真相，对一切证据都必须查证属实，才能作为定案的根据；对犯罪嫌疑人、被告人移送起诉、提起公诉以及判决有罪都必须做到事实清楚，证据确实、充分。同时，对一切案件的判处都要重证据，重调查研究，不轻信口供（见重证据不轻信口供）。只有被告人供述，没有其他证据的，不能认定被告人有罪和处以刑罚；没有被告人供述，证据确实、充分的，可以认定被告人有罪和处以刑罚。除生理上、精神上有缺陷或者年幼，不能辨别是非、不能正确表达的人以外，凡是知道案件情况的人，都有作证的义务。证人证言必须在法庭上经过公诉人、被害人和被告人、辩护人双方讯问、质证，听取各方证人的证言并且经过查实以后，才能作为定案的根据。

强制措施 为保证刑事诉讼活动的顺利进行，有效防止犯罪嫌疑人、被告人逃避侦查和审判，毁灭、伪造证据或者继续实施危害社会的行为等,人民法院、人民检察院和公安机关可依法强制对其人身自由实施暂时性的限制或剥夺措施。同时,为了防止这种措施遭到滥用,避免公民的人身自由受到任意的限制或剥夺,刑事诉讼法也有必要从适用程序上对这种措施作出适当的限制和约束。这是建立强制措施制度的基本宗旨。中国刑事诉讼法规定的强制措施有5种:拘传、取保候审、监视居住、拘留和逮捕。人民法院、人民检察院和公安机关根据案件情况,可以按照法定的程序和条件对犯罪嫌疑人、被告人拘传、取保候审或者监视居住。拘传持续的时间最长不得超过12小时,不得以连续拘传的形式变相拘禁。对于可能被判处管制、拘役或者独立适用附加刑或者可能被判处有期徒刑以上刑罚,采取取保候审、监视居住不致发生社会危险性的犯罪嫌疑人、被告人,可以采取取保候审或者监视居住。逮捕犯罪嫌疑人、被告人,必须由人民法院决定或者人民检察院批准或决定,由公安机关执行,同时符合下列条件:①有证据证明犯罪嫌疑人有犯罪事实;②犯罪嫌疑人、被告人可能被判处有期徒刑以上刑罚;③采取取保候审、监视居住等方法不足以防止发生社会危险性,而有逮捕的必要。对于符合刑事诉讼法规定的特定紧急情况下的现行犯或者重大嫌疑分子,公安机关和检察机关可以先行拘留。在法定的拘留期间内,公安机关可以向检察机关申请批准逮捕,检察机关对其自侦案件应作出逮捕或不逮捕的决定。

立案 立案是中国刑事诉讼的第一个阶段,立案的决定一旦作出,即标志着侦查或审判活动的正式开始。根据中国刑事诉讼法的规定,公安机关或者人民检察院在接到单位或个人的报案或举报、被害人的控告或者犯罪人的自首以后,经过审查发现有犯罪事实而且需要追究刑事责任的时候,应当作出立案的决定;认为没有犯罪事实或者案件符合刑事诉讼法规定的不追究刑事责任的情形的,可作出不立案的决定。对于公安机关所作的不立案决定,人民检察院有权要求其说明理由,认为理由不成立的,应当通知其立案,控告人也可以申请公安机关复议。

侦查 侦查是指公安机关、人民检察院依照法律规定,对已经立案的刑事案件进行的专门调查工作和有关的强制措施。侦查的目的在于通过收集、调取可证明犯罪嫌疑人有罪或者无罪、罪轻或者罪重的证据材料,查明犯罪事实,查获犯罪人。贪污贿赂犯罪,国家工作人员的渎职犯罪,国家机关工作人员利用职权实施的非法拘禁、刑讯逼供、报复陷害、非法搜查等侵犯公民人身权利的犯罪以及侵犯公民民主权利的犯罪,由人民检察院侦查。对于国家机关工作人员利用职权实施的其他重大犯罪案件,需要由检察机关直接受理的时候,经省级人民检察院决定,可以由人民检察院侦查。危害国家安全的案件由国家安全部门负责侦查;军队内部和监狱内犯罪案件,分别由军队保卫部门和监狱方面负责侦查。除此以外的其他刑事案件均由公安机关负责侦查。根据中国刑事诉讼法的规定,公安机关或者人民检察院在侦查过程中可以讯问犯罪嫌疑人。对于侦查人员的提问,犯罪嫌疑人必须如实回答,但对与本案无关的问题,有权拒绝回答。犯罪嫌疑人在被侦查机关第一次讯问后或者采取强制措施之日起,可以聘请律师为其提供法律咨询、代理申诉和控告、代为申请取保候审。受委托的律师有权了解犯罪嫌疑人涉嫌的罪名,会见在押的犯罪嫌疑人,向其了解有关案件的情况。律师会见在押的犯罪嫌疑人,侦查机关可以派人在场,如果案件涉及国家秘密,要经过侦查机关批准。为保证充分地收集证据,侦查机关还可以询问证人,对犯罪现场等实施勘验、检查,对有关公民的人身或者住所进行搜查,扣押书证和物证,对案件中的专门性问题进行鉴定,对逃避侦查和审判的犯罪嫌疑人通缉,等等。公安机关侦查终结的案件,应当做到犯罪事实清楚,证据确实、充分,并且写出起诉意见书,连同案卷材料、证据一并移送人民检察院审查起诉。在侦查过程中,发现不应对犯罪嫌疑人追究刑事责任的,公安机关应当撤销案件,检察机关应当作出不起诉或者撤销案件的决定。

起诉 中国刑事诉讼法实行国家追诉(见国家追诉主义)与私人追诉(见私人追诉主义)相结合的原则,自诉案件要由人民法院在受理自诉人提起的诉讼后,直接进行审理和作出裁判。自诉案件包括三种:①告诉才处理的案件;②被害人有证据证明的轻微刑事案件;③被害人有证据证明对被告人侵犯自己人身、财产权利的行为应当依法追究刑事责任,而公安机关或者人民检察院不予追究的案件。凡需要提起公诉的案件,一律由人民检察院审查决定。人民检察自收到移送审查起诉的案件材料之日起3日以内,应当告知犯罪嫌疑人有权委托辩护人。人民法院自受理自诉案件之日起3日以内,应当告知被告人有权委托辩护人。辩护人在人民检察院审查起诉阶段,可以查阅、摘抄、复制本案的诉讼文书、技术性鉴定材料,同在押的犯罪嫌疑人会见和通信。对于犯罪事实清楚,证据确实、充分的案件,人民检察院应当作出提起公诉的决定。在下列三种情况下,人民检察院可以作出不起诉的决定:一是退回公安机关补充侦查的案件,人民检察院仍认为证据不足,不符合起诉条件的;二是犯罪嫌疑人有《刑事诉讼法》第15条规定的不追究刑事责任的情形之一的;三是犯罪嫌疑人犯罪情节轻微,依照刑法规定不需要判处刑罚或者免除刑罚的。从法律后果上看,这三种不起诉都是从法律上对犯罪嫌疑人所作的无罪决定。为对人民检察院在起诉方面的自由裁量权进行适当的限制，刑事诉讼法对其不起诉决定规定了三种审查途径：首先，公安机关认为不起诉决定有错误时，可以要求复议，还可以向上一级检察机关申请复核；其次，被告人对检察机关所作的上述第三种不起诉决定，可以提起申诉；最后，被害人对不起诉决定不服的，可以向上一极检察机关申诉，在后者维持不起诉决定时还可以向人民法院起诉，被害人也可以不经过申诉，而直接向人民法院起诉。

第一审程序 在人民检察院提起公诉以后，人民法院有权对案件进行审查，对于起诉书有明确的指控犯罪事实并且附有证据目录、证人名单和主要证据复印件或者照片的，应当决定开庭审判。对于决定开庭审判的案件，人民法院应确定合议庭的组成人员，进行其他开庭前的准备工作。法庭审判开始以后，审判长应当查明当事人是否到庭，宣布案由，宣布合议庭组成人员、控辩双方及其他诉讼参与人的名单，告知当事人的诉讼权利。随后的法庭调查按照下列顺序进行：公诉人宣读起诉书，被告人、被害人分别就起诉书指控的犯罪进行陈述；公诉人讯问被告人以后，被害人、附带民事诉讼（见刑事附带民事诉讼）原告人和辩护人、诉讼代理人经审判长许可，向被告人发问；证人和鉴定人在审判长告知法律责任以后，接受公诉人、当事人和辩护人、诉讼代理人的发问；公诉人、辩护人向法庭出示物证，宣读未到庭的证人证言、鉴定结论、勘验笔录和其他作为证据的文书，公诉人、当事人和辩护人、诉讼代理人有权发表意见。在法庭调查过程中，控辩双方在提出证据和进行质证方面具有较大的主导性，但审判人员并不仅仅进行消极、被动的听审，他们仍对案件事实真相的查明负有责任，如他们可以补充讯问被告人，询问证人、鉴定人，在对证据有疑问时，还可以宣布休庭，对证据进行调查核实。法庭调查结束以后，经审判长许可，公诉人、当事人和辩护人、诉讼代理人可以对证据和案件情况发表意见，互相辩论。审判长宣布法庭辩论结束后，被告人有最后陈述的权利。随后合议庭休庭，进行秘密的评议，根据已经查明的事实、证据和有关的法律规定，当庭作出判决或者定期宣告判决。法院的判决主要有三种：①案件事实清楚，证据确实、充分，依据法律认定被告人有罪的，作出有罪判决；②依据法律认定被告人无罪的，作出无罪判决；③证据不足，不能认定被告人有罪的，作出无罪判决。

简易程序 对于依法可能判处3年以下有期徒刑、拘役、管制、单处罚金的公诉案件，事实清楚、证据充分，人民检察院建议或者同意适用简易程序的，人民法院可以适用简易程序。适用简易程序审理公诉案件，由审判员一人独任审判，检察机关可以不派员出席法庭，也可以不举行正式的法庭调查和法庭辩论。同时，对于告诉才处理的案件以及被害人有证据证明的轻微刑事案件，人民法院也可以按照简易程序进行审判。

第二审程序 对于人民法院所作的第一审判决和裁定，被告人、自诉人及其法定代理人有权向上一级法院上诉，被告人的辩护人和近亲属经被告人同意，也可以提出上诉，被害人可以依法请求同级人民检察院抗诉，检察院认为确有错误的，应当向上一级法院提出抗诉。接受上诉或者抗诉的第二审人民法院应当就第一审判决认定的事实和适用法律进行全面审查，不受上诉或者抗诉范围的限制。第二审法院对上诉案件，应当组成合议庭，开庭审理。合议庭经过阅卷、讯问被告人以及听取各方的意见，对事实清楚的，也可以不开庭审理。但是，对于人民检察院抗诉的案件，第二审法院应当开庭审理。对于被告人或者他的法定代理人、辩护人或者近亲属提出上诉的案件，第二审人民法院在判决时，不得加重被告人的刑罚(见上诉不加刑)。

死刑复核程序 为了严肃谨慎地处理死刑案件，从诉讼程序方面限制死刑的适用，刑事诉讼法建立了死刑复核程序。除最高人民法院依法授权由高级人民法院核准的死刑案件以外，中级人民法院判处死刑的第一审案件，被告人不上诉的，应当由高级人民法院复核后，报请最高人民法院核准。高级人民法院判处死刑的第一审案件被告人不上诉的，以及判处死刑的第二审案件，均应当报请最高人民法院核准。中级人民法院判处死刑缓期二年执行的案件，由高级人民法院核准。

审判监督程序 对于已经发生法律效力的判决、裁定确有错误的，人民法院依照审判监督程序进行重新审判。审判监督程序的提起有三种途径：一是当事人及其法定代理人、近亲属可以依法向人民法院或者人民检察院提出申诉，人民法院发现申诉符合法定情形的，应当重新审判；二是各级人民法院对本院或者下级法院已经发生法律效力的判决和裁定，发现在认定事实或适用法律上确有错误时，可依法提起再审程序；三是最高人民检察院对各级人民法院、上级人民检察院对下级人民法院已经发生法律效力的判决和裁定，发现确有错误时，可以向同级人民法院提出抗诉，接受这种抗诉的人民法院应当组成合议庭重新审判。

执行 判决和裁定发生法律效力以后，由人民法院依法交付监狱或者其他执行机关执行，判处罚金或没收财产的，由人民法院自己执行或会同公安机关执行。人民检察院有权对执行程序是否合法进行法律监督。

(陈光中 陈瑞华)

zhonghua renmin gongheguo xingzheng susongfa
《中华人民共和国行政诉讼法》(Administrative Litigation Law of People's Republic of China)

国家基本法之一,与刑事诉讼法、民事诉讼法并列为国家三大诉讼法。1989年4月4日第七届全国人民代表大会第二次会议通过,1990年10月1日起施行。该法分十一章,共75条。

第一章总则。包括三个方面的内容,一是立法目的和依据。二是行政诉讼法的基本原则,即依法起诉原则;人民法院依法独立行使行政审判权原则;人民法院审理行政案件,以事实为根据,以法律为准绳原则;人民法院对具体行政行为的合法性进行审查原则;行政诉讼中当事人法律地位平等原则;行政诉讼中使用民族语言、文字原则;行政诉讼的辩论原则;行政诉讼的检察监督原则。三是人民法院审理行政案件的基本制度,即依法实行合议、回避、公开审判和两审终审制度(见行政诉讼合议制度、行政诉讼回避制度、行政诉讼公开审判制度、行政诉讼两审终审制度)。总则是本法总的指导原则,是对本法的体系结构、具体内容以及具体适用具有普遍指导性和适用性的原则。第二章受案范围。规定哪些具体行政行为属于人民法院的受案范围,公民、法人和其他组织对哪些具体行政行为不服可以向人民法院起诉;哪些行政行为人民法院不受理,行政相对人不得对其提起诉讼。第三章管辖。确定以行为地管辖为原则,根据案件的不同情况,划分了级别管辖、移送管辖、管辖权的转移等内容。第四章诉讼参加人。包括规定当事人及诉讼代理人两个方面的内容。当事人中确定了谁为原告,谁为被告,以及共同诉讼人和第三人的制度。第五章证据。规定证据形式的种类、被告的举证责任、证据的保全,并对被告在诉讼过程中收集调查证据的问题作了限制性的规定。第六章起诉和受理。首先规定了申请复议与提起诉讼的关系,然后规定了起诉的要件,以及人民法院受理和不予受理的期限和程序。第七章审理和判决。包括审理和判决两大部分。审理部分有诉讼文书的送达、合议庭的组成及回避问题,妨害诉讼程序的行为和强制措施,审理案件的依据,以及在诉讼期间不停止具体行政行为执行的原则和停止执行的例外。本章还特别规定了人民法院审理行政案件,不适用调解。本章判决部分不仅规定了人民法院根据不同情况可分别作出的不同判决及人民法院立案受理后的审限,而且特别规定了对行政机关的主管人员、直接责任人员违纪、犯罪行为的追究程序。同时,由于本法对上诉程序和案件的再审程序未作专章规定,因此有关上诉和再审的规定(即第58条至第64条),一并列入本章之内。第八章执行。在确定任何一方当事人都必须履行法院裁判的原则下,分别规定了对公民、法人或其他组织不履行裁判的强制执行,以及对行政机关拒不履行裁判的强制执行措施。当公民、法人或其他组织拒不履行法院裁判时,一般由行政机关申请一审法院强制执行,行政机关依法享有执行权的,也可由行政机关依法强制执行。此外,本章还附带规定了公民、法人或其他组织对具体行政行为,在法定期限内不提起诉讼又不履行的,行政机关可申请人民法院执行,或依法强制执行。第九章侵权赔偿责任。首先确定公民、法人或其他组织,因行政机关或行政机关的工作人员的具体行政行为,侵犯其合法权益而造成损害的,有权请求赔偿。其次规定了赔偿请求的顺序、赔偿的义务机关及其对责任人员的追偿等内容。第十章涉外行政诉讼。规定外国人、无国籍人、外国组织在我国进行行政诉讼,除法律另有规定外,适用本法。并确定了与我国公民、组织有同等诉讼权利义务的原则,对诉讼权利的限制与外国法院对等的原则以及信守国际条约原则,委托我国律师代理原则。第十一章附则。确定了行政案件收取诉讼费用及诉讼费用的负担原则。

《中华人民共和国行政诉讼法》是新中国第一部行政诉讼法,它的制定是建设具有中国特色的社会主义,进一步发扬社会主义民主和健全社会主义法制的需要,是维护和监督行政机关依法行政的需要。该法充分反映了行政诉讼的主要特点,以其基本原则和系列的程序制度构成科学的体系,促进了行政诉讼机制的规范化和科学化,并相应促进了行政复议的统一化和规范化,以及司法处理行政案件的程序制度的具体化和科学化。在该法颁布之后,1990年10月29日,最高人民检察院第55次检察委员会通过并颁发了《最高人民检察院关于执行〈中华人民共和国行政诉讼法〉第六十四条的暂行规定》;1990年12月24日,国务院发布了《行政复议条例》;1991年5月29日,最高人民法院审判委员会第499次会议通过了《最高人民法院关于贯彻执行〈中华人民共和国行政诉讼法〉若干问题的意见(试行)》。1999年4月29日九届全国人大常委会第九次会议又通过了《中华人民共和国行政复议法》(本法已于1999年10月1日起施行)。这样,我国在解决具体行政行为的争议方面即形成了系列的程序规定,这对保证行政机关依法行政,保障公民、法人和其他组织的合法权益无疑具有重大意义。

(刘家兴)

zhonghua renmin gongheguo zhongcaifa
《中华人民共和国仲裁法》(Arbitration Law of the People's Republic of China) 中国第一部仲裁法。1994年8月31日第八届全国人民代表大会常务委员会第九次会议通过,中华人民共和国主席令第31号公布,自1995年9月1日起正式施行。《中华人民共和国仲裁法》(以下简称《仲裁法》)是为适应社会主义市场经济发展的需要,为公正、有效地解决各种经济纠纷,通过反复酝酿、多方征求意见,在认真总结我国多年仲裁实践和吸收国外有益经验基础上制定的。

分为八章,共80条。第一章总则。规定了仲裁立法的目的、仲裁范围和仲裁原则。第二章仲裁委员会和仲裁协会。规定了仲裁机构的设置、组成和仲裁员的条件以及仲裁协会的性质、任务。第三章仲裁协议。规定了仲裁协议的形式、内容和效力。第四章仲裁程序。规定了仲裁的申请和受理、仲裁庭的组成以及开庭和裁决各个阶段的具体程序和要求。第五章申请撤销裁决,规定了申请撤销仲裁裁决的法定情形和具体程序。第六章执行。规定了仲裁裁决的执行、不予执行和中止执行的条件。第七章涉外仲裁的特别规定。对涉外经济贸易、运输和海事中发生的纠纷仲裁中关于仲裁机构、仲裁中的证据保全及仲裁裁决的效力与执行以及仲裁规则作了特别规定。第八章附则。对仲裁时效、仲裁费用、劳动争议和农业集体经济组织内部的农业承包合同纠纷的仲裁、仲裁机构的重新组建以及仲裁法生效的时间作了说明。

新的《仲裁法》不仅体例安排合理,便于操作,而且在内容上体现了以下特点:第一,明确了仲裁的范围,实现了仲裁制度的统一。《仲裁法》明确规定仲裁适用于解决平等主体的公民、法人和其他组织之间发生的合同纠纷和其他财产权益纠纷。婚姻、收养、监护、扶养、继承纠纷和依法应当由行政机关处理的行政争议不能进行仲裁。明确了仲裁的范围和界限,改变了过去界限不明且各自为政的局面。第二,重建仲裁机构,保证仲裁的民间性。《仲裁法》规定,仲裁委员会可以在直辖市和省、自治区人民政府所在地的市设立,也可以根据需要在其他设区的市设立,不按行政区划层层设立。并且规定,仲裁委员会独立于行政机关,与行政机关没有隶属关系,仲裁委员会之间也没有隶属关系。从而在机构的设置上改变了以往国内仲裁机构设于国家行政机关之中的体制,保证了仲裁的民间性。第三,确立了仲裁协议和或裁或审、一裁终局的制度,体现了当事人意愿在仲裁中的决定性作用。《仲裁法》规定,当事人采取仲裁方式解决争议,应当双方自愿,达成仲裁协议。没有仲裁协议,一方申请仲裁的,仲裁委员会不予受理;当事人达成仲裁协议,一方向人民法院起诉的,人民法院不予受理,但仲裁协议无效的除外。仲裁实行一裁终局的制度。裁决作出后,当事人就同一纠纷再申请仲裁或者向人民法院起诉的,仲裁委员会或人民法院不予受理,从而在仲裁的基本制度中体现了仲裁充分尊重当事人意愿的特性。第四,明确了仲裁和法院的关系。《仲裁法》一方面确立了或裁或审的制度,明确了仲裁是与诉讼并存的解决当事人纠纷的途径之一,法院不得干预仲裁活动;另一方面又规定了法院对仲裁进行监督的途径,即法院有权依法定条件不予执行仲裁裁决和依法撤销仲裁裁决,以保证仲裁的公正、合法。

《仲裁法》的颁布施行是我国法制建设中的一件大事,它标志着我国仲裁立法和仲裁实践进入了一个新的发展阶段。

(阎丽萍)

zhonghua suwei'ai gongheguo caipanbu zanxing zuzhi ji caipan tiaoli
《中华苏维埃共和国裁判部暂行组织及裁判条例》(Interim Act of Organization and Judgment of the Judgment Ministry of the Soviet Republic of China)

1932年6月9日由中华苏维埃共和国中央执行委员会颁布的有关司法机关组织和诉讼程序的法律。该条例的立法宗旨是确保迅速建立革命秩序,加强革命法制,更加准确有效地打击敌人,保护人民,充分发挥司法机关在对敌斗争中的作用。条例共有六章41条,其主要内容有:①确立裁判部为法院未设立前的临时司法机关,暂时行使司法机关的一切职权,审理刑事、民事案件。②确定了裁判部的组织体系:城市、区、县、省各级政府内设裁判部或裁判科,下级裁判部直接隶属于上级裁判部,上级裁判部有委任和撤销下级裁判部部长及工作人员之权,各级裁判部要受同级政府主席团的指导。③审判实行合议制和陪审制。除简单或者不重要的案件可由裁判部长或裁判员一人审判以外,审判一般实行合议制,即由三人组成合议庭,裁判部长或裁判员为主审,其余二人为陪审员。陪审员由职工会、雇农工会、贫农团及其他群众团体选举产生。④实行公开审判。除涉及秘密的案件以外,所有案件的审判均应公开进行,但秘密审判的案件也应当公开宣布判决。⑤实行两审终审制。被告人在一审判决后的两星期内提起上诉。⑥实行辩护制。被告人为维护自己的利益,可派代表出庭辩护,但须经法庭许可。⑦实行回避制。与被告人有家属和亲戚关系或私人关系的人,不得担任审判员参与审判。⑧实行死刑批准制。凡判决死刑的案件,被告人即使不提出上诉,审判案件的裁判部也应当把判决书及该案件的全部卷宗送交上级裁判部批准。⑨建立检察员预审制和公诉制。除简单明了的案件以外,一切案件都必须由检察员预审。经过预审,检察员认为有犯罪的事实和证据,作出结论后,再交由法庭审判。检察员是代表国家的原告人,可在开庭审判时代表国家出庭告发。1934年4月,随着革命根据地斗争形势的变化,该《条例》被中华苏维埃共和国中央执行委员会颁布的《中华苏维埃共和国司法程序》所取代。

(陈瑞华)

zhonghua suwei'ai gongheguo sifa chengxu
《中华苏维埃共和国司法程序》(The Judicial Procedure of the Soviet Republic of China)

1934年4月8日由中华苏维埃共和国中央执行委员

会公布的有关处理反革命案件司法程序的法规。其主要立法宗旨是适应革命根据地斗争形势的需要，采取坚决、迅速、正确的办法，镇压反革命活动，保障革命民众的利益，巩固苏维埃政权。同时宣布废止1931年制定的《处理反革命案件和建立司法机关的暂行程序的训令》以及1932年6月制定的《中华苏维埃共和国裁判部暂行组织及裁判条例》中规定的司法程序。该法规共8条，主要内容有：①凡保卫局特派员、区裁判部、区肃反委员会、民警局、劳动法庭，均有捉拿反革命及其他应该捉拿的人犯的权力。②区裁判部、肃反委员会，有审讯和判决当地一切犯人的权力。在新区边区，在敌人进攻的地方，在反革命特别活动的地方，在某种工作的紧急动员时期，区裁判部、区肃反委员会，只要得到当地革命民众的拥护，对于反革命及豪绅地主之犯罪者，有经一级审判后直接执行死刑的权力。但执行后须报告上级处置。③省、县两级裁判部、肃反委员会，高初两级军事裁判所，均有捉拿、审讯、判决与执行判决一切犯人之权。④对于一切反革命案件，各级国家政治保卫局均有预审之权，预审后交法庭处置。但边区的地方保卫局和战线上的红军保卫局，对于敌人的侦探等，有权直接处置，不必经过裁判部。在严重的紧急反革命案件中，国家政治保卫局及其地方分局、红军分局、军区分局，有权采取紧急处置。⑤犯人不服一审判决，可以声明上诉。但在新区边区，在敌人进攻的地方，以及在其他紧急情况下，对于反革命案件及豪绅地主犯罪者，得剥夺其上诉权。⑥苏维埃法庭实行两审终审制，如果检察员认为两审后尚有不同意见，还可以向司法机关抗议，再审一次。⑦逮捕、审判、处罚各种犯人之权，只能由本法规定的机关行使，但在紧急情况下不在此限。

(陈瑞华)

zhongji renmin fayuan
中级人民法院（intermediate people's court）中国地方人民法院的组成部分之一，是按照行政区划设在地区一级的国家审判机构。根据其所在行政区域的不同，中级人民法院包括省、自治区所辖地区、市、自治州(盟)以及直辖市内所设立的中级人民法院。中级人民法院由院长一人、副院长、庭长、副庭长和审判员若干人组成，并设有审判委员会。中级人民法院一般设有刑事审判庭、民事审判庭、经济审判庭、行政审判庭、告诉申诉庭和执行庭。在市、自治州(盟)设立的中级人民法院的院长，由本级人民代表大会选举和罢免；副院长、庭长、副庭长、审判员和审判委员会委员由本级人民代表大会常务委员会任免。在省和自治区内按地区设立以及在直辖市内设立的中级人民法院的组成人员，则分别由省、自治区、直辖市人民代表大会常务委员会任免。中级人民法院管辖的第一审刑事案件主要有：危害国家安全的案件；可能判处无期徒刑、死刑的普通刑事案件；外国人犯罪的刑事案件。中级人民法院管辖的第一审民事案件则包括：涉外案件和在本辖区有重大影响的案件。中级人民法院还有权审判基层人民法院移送的第一审案件，对基层人民法院的判决和裁定不服而提出的上诉案件和抗诉案件，以及人民检察院依照审判监督程序提出的抗诉案件。对中级人民法院第一审案件的判决和裁定，当事人如果不服，检察机关如果认为确有错误，可依法向高级人民法院提起上诉或者抗诉。除死刑案件以外，中级人民法院所作的第二审判决和裁定，是终审的判决和裁定，一经宣判，即发生法律效力。中级人民法院负有监督基层人民法院审判工作的责任，对后者所作的已经发生法律效力的判决和裁定，如果发现确有错误，有权依照审判监督程序提审或者指令再审。

(陈瑞华)

zhongjian queren zhi su
中间确认之诉（interlocutory declaration）在诉讼进行中，此诉讼标的之判决应以另一法律关系是否成立为依据，对另一法律关系提请法院首先予以确认，确认该法律关系是否成立之诉，即为中间确认之诉。中间确认之诉是独立完整的确认之诉，冠以"中间"者，是因为此确认之诉是在其他诉讼进行中提起的，它是解决其他诉讼的中间环节，是解决其他诉讼中必须予以确认的诉讼。中间确认之诉既可以是原告提起，如原告要求被告交付一物品，这是给付之诉，诉讼进行中，原告又提请法院确认其对该物品的所有权，即原告提起的中间确认之诉；也可以是被告提起，如原告要求分割被告所占之遗产，此为给付之诉，但被告认为原告无继承权，提请法院对原告有无继承权作出确认，即被告提起的中间确认之诉。中间确认之诉，由原告提起的视为原告诉之追加，必须符合起诉要件；由被告提起的视为被告之反诉，必须符合反诉条件。但是，这种确认之诉专属于其他法院管辖，或者与已经进行之诉讼不属于同一程序进行的，则不得在诉讼进行中提起中间确认之诉。中间确认之诉既与已进行诉讼之诉有着密切关系，又是基于独立法律关系争议之诉，因此法院对其审理后，既可以对其先行判决，也可以将其与先开始的诉讼一同判决。

(刘家兴)

zhongjian zhengdian
中间争点（interlocutory issues）诉讼进行中，当事人就程序上所发生之争执点。比如，原告之起诉是否合法的争执点，诉有无变更或者是否应当允许其变更之争执点，代理人之代理权是否欠缺之争执点，某种证据能否进入诉讼之争执点，某方当事人、第三人应否提出一定诉讼文书之争执点。中间争点有的是单独提出的,有的是在双方当事人通常的对抗中提出的,但它与双方的对抗方法是相对独立的,其独立性则在于它属于程序性,如非程序性的争执点,是本案的争执点,而不是中间争执点。法院审判民事案件不仅应发现和解决本案件的争执点,而且也应注意和解决在程序上发生的中间争执点。解决程序上的争执点,不仅有利于诉讼的顺利进行,而且也有助于保证案件的审判质量。解决中间争执点的方式,可根据争执点的不同而不同,有的法律规定用裁定、决定,而有的法律规定应作出判决。中间争点达到可裁判的程度时,即可作出裁判。中间之争点与本案诉讼同时达到可裁判时,应一并作出判决。中间之争点达到可裁判程度,而本案诉讼尚未达到可裁判程度时,有的法律规定对应判决的中间之争点,法院得作出中间判决。　　(刘家兴)

zhongxin xianchang

中心现场(central scene)　犯罪分子实施主要作案活动的场所,或遗留犯罪物证较集中的地点。例如杀人犯行凶杀人的地点,藏匿尸体的地点等均可称为中心现场。又如盗窃犯进行撬窃的处所、藏赃的地点等,也可称为中心现场。在中心现场,犯罪人往往遗留比较多的痕迹和物体,是现场勘验的重点。中心现场不是一个独立的现场,而是一个现场的中心部分。　　(张玉镶)

zhongzhi susong

中止诉讼(discontinuation of action)　又称诉讼中止。指诉讼过程中,因出现了影响诉讼正常进行的情形而暂时停止进行诉讼,待该障碍消除之后再恢复诉讼程序。中止诉讼同延期审理的最大区别是,中止诉讼期间,办案的期间停止计算,因此中止诉讼的情形一般要比延期审理的情形严重。中止诉讼在各国民事诉讼法中多有规定,在刑事诉讼法中有明文规定的较少。《苏俄刑事诉讼法典》对中止诉讼的理由作了明文规定,即当受审人隐藏起来,以及受审人因患精神病或者其他重病而不可能出庭,可以由法庭裁定中止诉讼。作出中止诉讼裁定的法庭,得到医疗机关关于受审人病愈的报告或者得到侦缉隐藏的受审人的调查机关关于发现受审人的报告后,即恢复诉讼。《蒙古人民共和国刑事诉讼法典》也对中止侦查和中止法庭审理作了规定。我国《刑事诉讼法》没有中止诉讼的规定,但在司法实践中有中止诉讼的做法。1983年2月4日,最高人民法院在关于被告人在审理过程中患精神病应如何处理的《批复》中指出:"当事人在审判中精神病发作,应中止审理,决定精神病好转后恢复审理"。在1988年7月6日的另一件《批复》中指出:"取保候审的被告人在法院审理期间潜逃,人民法院应决定中止审理,俟被告人追捕归案后,再恢复审理。"　(汪建成)

zhongju xingzheng xingwei

终局行政行为(final administrative action)　法律规定,由行政机关作最终裁决,不得提起行政诉讼的具体行政行为。目前,我国法律规定由行政机关作最终裁决的具体行政行为有两种基本类型:其一,当事人在不服行政机关的行政决定时,只能向有关行政机关申请复议,而该复议决定即为最终裁决,不得向人民法院起诉。如《中华人民共和国商标法》就规定,申请注册商标,商标评审委员会有权作出终审决定。《中华人民共和国专利法》亦规定,专利复审委员会对申请人提出的关于实用新型和外观设计的复审请求所作出的决定为终局决定。其二,当事人在不服行政机关的行政决定时,具有选择权,即既可以向作出决定的行政机关的上一级机关申请复议,也可以直接向人民法院起诉,但是若选择了复议,该复议决定为最终裁决,不能再向人民法院提起诉讼。如《中华人民共和国外国人入境出境管理法》就规定,依该法受公安机关罚款或者拘留处罚的外国人,对处罚不服的,可以向上一级公安机关提出申诉,也可以直接向人民法院提起诉讼,如果选择了向上一级公安机关申诉,则申诉裁决即是最终裁决,不得再向人民法院提起诉讼。《中华人民共和国公民出境入境管理法》也有类似的法律规定。

　　法律之所以作出这样的特别规定,是由于行政管理范围广泛、复杂,有些具体行政行为的内容涉及到专门知识和专门技术,解决这类行政争议,需要有专门的专业技术知识,而往往这类专门人才是集中在某一专业行政机关,为此在一些特殊事项上由行政机关作出终局裁决,可以使争议能得到及时、顺利的解决,不影响行政效率。这种终局行政的规定,也是世界上一些国家的通例。

　　公民、法人或其他组织的起诉权是一项重要的诉讼权利,是寻求司法救济的前提条件,因此要特别注意,对起诉权除法律特别规定之外,任何组织和个人都无权剥夺。我国《行政诉讼法》在第12条第4项中规定,法律规定由行政机关最终裁决的具体行政行为,人民法院不予受理。这里所说的法律,特指全国人民代表大会及其常务委员会制定的法律。法规、规章不能设定最终裁决权,限制公民、法人或其他组织的起诉。部门的行政解释及行政机关制定的规范性文件更不能擅自确定所做行政行为是终局行政行为。　(王振清)

zhongshen caiding

终审裁定(final verdict)　法院对案件进行最后一

级审判时就程序问题或者部分实体问题所作出的裁定。实行两审终审制的国家,第二审为终审,第二审法院所作的裁定即为终审裁定。实行三审终审制的国家,第三审才是终审,第三审法院所作出的裁定才是终审裁定。对于终审裁定,当事人不得提出上诉,检察机关也不得依上诉审程序提出抗诉。我国实行两审终审制,第二审法院的裁定和最高人民法院的裁定,都是终审裁定。对终审裁定,任何机关、组织或个人均不得依上诉审程序提出上诉或者抗诉。 (刘广三)

zhongshen panjue

终审判决(final judgment) 法院对案件进行最后一级审判时就实体问题所作出的判决。实行两审终审制的国家,第二审为终审,第二审法院所作的判决即为终审判决。实行三审终审制的国家,第三审才是终审,第三审法院所作出的判决才是终审判决。对于终审判决,当事人不得提出上诉,检察机关也不得依上诉审程序提出抗诉。我国实行两审终审制,第二审人民法院作出的判决和最高人民法院作出的判决,都是终审判决。对终审判决,任何机关、组织或个人均不得依上诉审程序提出上诉或抗诉。 (刘广三)

zhongzhi susong

终止诉讼(abatement of action) 在诉讼过程中,因遇有某种情形使诉讼无法进行或者无须进行而结束诉讼程序。世界各国的民事诉讼法对此多有规定,刑事诉讼法则很少有终止诉讼的规定。根据《苏俄刑事诉讼法典》关于终止诉讼的规定,在侦查和审理过程中,具有法定的理由时,均应终止诉讼。侦查中终止诉讼的理由,主要是:不存在犯罪事件;行为缺乏犯罪构成;被告人死亡;时效已过;已尽一切可能收集补充证据,仍不能证明刑事被告人参加实施犯罪等。在审理过程中终止诉讼的情形是:①诉讼所针对的人在实施社会危害行为时尚未达到依法应负刑事责任的年龄;②受审人死亡;③对于受到控诉的受审人,已有发生法律效力的刑事判决或者已有终止诉讼的法院裁定或调查机关、侦查员、检察长的未经撤销的决定。但查明不存在犯罪事件、行为缺乏犯罪构成的,应当制作无罪判决,不能终止诉讼。如果是非依受害人的控诉不得提起诉讼的案件,当存在下述情况时,也应当终止诉讼:①缺乏受害人的控诉(但检察长被授权在缺乏控诉时提起诉讼的除外);②受害人没有正当理由而不到庭;③受害人同受审人和解。但法律明确规定不得因此而终止诉讼的除外。在侦查过程中终止诉讼,应当由侦查员作出说明理由的决定;在审理过程中终止诉讼,则由法庭裁定。我国《刑事诉讼法》中没有明确的终止诉讼的规定,但从诉讼理论上来说,公安、检察机关在侦查过程中依法作出的撤销案件的决定,人民检察院审查起诉过程中作出的不起诉决定,以及人民法院驳回自诉的裁定等都具有终止诉讼的效力。此外,根据《刑事诉讼法》第15条的规定,人民法院在审判过程中,发现下列情形之一的,可以作出终止审理的决定:①犯罪已过追诉时效期限的;②经特赦令免除刑罚的;③依照刑法告诉才处理的犯罪,没有告诉或者撤回告诉的;④犯罪嫌疑人、被告人死亡的。上述情形下的终止审理,实质上就是终止诉讼。 (汪建成)

zhonglei rending

种类认定(kind identification) 在物证检验过程中,对受检查客体和被寻找客体的种类属性是否相同所进行的比较和鉴别过程。种属特征是若干相似客体间存在的共性特征,它并不能将单独的个体加以区分,但这种共性特征的数量越多,种类限定的范围越小。它在刑事侦查与物证检验中的意义在于:①种类认定是同一认定的先决条件。同一认定过程首先从比较种属特征开始,在被比较客体种类相符的前提下,才有进行同一认定的必要与可能;当种属特征不符时,无须进行下一步更细微特征的比较检验,即可作出排除或否定的结论。例如,在指纹检验中,先从基本纹型的比较开始,当纹型一致时,进一步对接受检验的两枚指纹进行纹线细节特征的检验;若纹型不一致,即予以否定。②在侦查工作中,根据对现场物证的种类认定,可以限定收集、寻找受审查客体的范围,排除大部分嫌疑客体,提高侦查工作的效率。③在某些特定的范围或条件下,种类认定结论可以作为其他证据的重要补充。目前,技术检验手段对某些物证尚不能作出同一认定结论,只能是种类的认定,如血型鉴定、刑事化验手段对各种现场遗留物质的定性定量分析、毒物分析等。有些可以做同一认定检验的物证,如果受客观条件限制,也只能作出种类认定,如鞋印或指印残缺、模糊,无法作同一认定时。但种类认定对侦查和司法活动仍具有重要的证据价值,应当正确地加以运用,充分发挥其证明作用。 (蓝绍江)

zhongshu jianding

种属鉴定(identification of classification) 刑事鉴定技术的组成部分。运用专门技术方法对客体的种类属性进行鉴别和确定。鉴定的对象是同一鉴定对象之外的其他可能具有物证意义的客体。比如血迹、毛发、精斑、唾液、玻璃、油漆、纤维、爆炸物残痕等。种属鉴定的任务是确定某种物质为何物;两种物质的种类属性是否相同;被比较物质的本源是否相同等。种属鉴定的方法一般有：①物理学鉴定法。是为了确定有物证意义的某些物质的颜色、硬度、结构、比重、熔点、沸点、浓度、导电导热系数等物理属性，运用物理学的原理和方法进行的一种鉴定。其优点是速度快、灵敏度高、需要检材少（可在 200 纳克以下，1 纳克 = 10^{-9} 克），有利于进行微量和痕量分析，而且取样简便，无需对检材进行特殊制备。其具体鉴定所用方法是仪器分析法，通常有紫外线检验、红外线检验、X 光检验、蓝光检验、激光检验、气相色谱分析、液相色谱分析、原子吸收光谱分析、金相显微分析。此外，发射光谱分析、质谱分析、电子显微镜分析、中子活化分析等检验技术也在逐步应用。②化学鉴定法。是为了确定有物证意义的某些物质的成分、性质、含量和种类，运用化学分析的原理和方法进行的一种鉴定。常见的鉴定对象是毒物。当人体或动物有中毒现象或因中毒死亡，怀疑有毒害可能时，即可通过化学鉴定，确定体内是否含有毒物成分、毒物的种类及含量。各种细微物质，如墨迹、印泥、油迹、尘土、金属屑末、纤维、粘胶物质、爆炸物等，也可能成为化学鉴定的对象。刑事侦查中送请化学鉴定的物质，一般数量很少，往往必须进行微量、半微量以至痕量的检验。鉴定的具体方法除一般的定性分析和定量分析外，还采取仪器分析法，如气相色谱分析法、红外光谱分析法、紫外光谱分析法、原子吸收光谱分析法等。

根据各种方法所进行的种属鉴定必须制作鉴定书。种属鉴定的结论经过严格审查评断为科学可靠后，其肯定性结论，可以用来缩小侦查范围，其否定性结论，可以排除嫌疑。

（张玉镶）

zhongcai

仲裁（arbitration） 又称"公断"。各方当事人在争议发生前或争议发生后达成协议，自愿将争议提交给第三者进行裁决，并有义务履行该裁决的一种解决争议的方法。仲裁的本质特征是当事人意思自治，即各方当事人可以通过仲裁协议，自行约定仲裁事项、仲裁地点、仲裁机构、仲裁程序和仲裁所适用的法律等。

作为解决争议的一种方式，仲裁因其解决争议的第三者是由当事人各方自己约定的，而不同于通过国家法律确定由一定的法院解决争议的审判活动；因其争议的解决是由第三方来裁断，而不同于由各方当事人自己交涉解决争议的和解；因其裁决对当事人有法律约束力，而不同于由第三人作为调解人，协调各方当事人达成调解协议的调解。

仲裁在解决争议事项方面具有广泛的适用性。在解决国际问题方面，仲裁既可以用来解决国家与国家之间在公法问题上的争端，也可以用以解决对外经贸易往来中的国际商事纠纷。在解决国内问题方面，仲裁一般适用于当事人有权处分民事权利的各类民事纠纷，在某些情况下，还可以适用于劳动纠纷和农业承包合同纠纷的解决。

依不同的划分标准，可将仲裁划分为不同的种类。以仲裁是否有常设机构可以将仲裁划分为临时仲裁和机构仲裁；以仲裁裁决是否依据严格的法律规范可以将仲裁划分为依法仲裁和友谊仲裁；以仲裁所解决的争议是否有涉外因素可以将仲裁划分为国际仲裁和国内仲裁。不同种类的仲裁，因其不同特点的存在，而使与其相适应的仲裁制度在内容上而有所不同。

仲裁解决各类争议，是以仲裁机构与仲裁当事人通过履行仲裁程序和仲裁机构作出仲裁裁决来实现的。

（潘剑锋）

zhongcai baoquan

仲裁保全（preservation measures in arbitration） 在仲裁过程中，当事人请求对有关的财产采取强制性的措施，以保证仲裁庭将来所作的裁决得以执行的一种制度。采取保全措施得符合下列条件：①由当事人提出保全的申请。当事人不提出申请的，仲裁庭不得作出采取保全措施的决定。②申请仲裁保全要有正当的理由。在通常情况下，一般应当是存在由于一方当事人的行为或其他客观上的原因，有可能使将来仲裁庭的裁决不能执行或难以执行的情况。③申请人要提供担保，以保证申请人承担申请保全不当的责任，维护被申请人的合法权益。若不具备上述三个条件，仲裁庭均不接受申请。

仲裁保全的措施通常有查封、扣押、冻结等几种，这几种措施的适用具有两个特性：一是强制性，通常由司法机关负责实施保全措施。有关财产被采取保全措施后，当事人及其他人都不得对该财产再行处分。二是临时性，即这些措施的效力只适用于在仲裁中需采取保全措施的情况下，若需采取保全措施的情形已消除，如被申请人提供了担保，则保全措施解除。为了保护被申请人的利益，仲裁保全的范围应当限于与仲裁案件有关的财物，被保全的财产价额应当不超过仲裁请求的数额或与仲裁请求大致相当。

仲裁保全中采取保全措施的决定权是仲裁机关还是法院，世界各国有不同的做法。一些国家，如美国、日本，有权决定采取仲裁保全措施的机构是审理有关仲裁案件的仲裁庭；而在另外一些国家，如英国、瑞士，有权决定对仲裁案件采取保全措施的机构是享有司法权的有关法院。在中国，根据《中国国际经济贸易仲裁委员会仲裁规则》和《中国海事仲裁委员会仲裁规则》的规定，仲裁委员会可以根据当事人的申请和中国法律的有关规定，提请人民法院作出关于保全措施的决定。《中华人民共和国民事诉讼法》第258条规定："当事人申请采取财产保全的,中华人民共和国的涉外仲裁机构应当将当事人的申请,提交被申请人住所地或者财产所在地的中级人民法院裁定。"由此可见,在中国,提请人民法院下令采取保全措施的是仲裁委员会,但决定是否采取保全措施的则是有关的人民法院。

仲裁保全制度的设立,对于保护当事人的合法权益,保证仲裁机构的裁决得以实现具有重要的意义。

（潘剑锋）

zhongcai caijue
仲裁裁决（arbitration awards） 仲裁机构按照仲裁规则,根据查明的事实和认定的证据,对当事人提交仲裁的争议事项所作出的处理决定。按仲裁裁决的内容和效力来划分,仲裁裁决可分为中间裁决、部分裁决和最终裁决。中间裁决是在仲裁过程中的某一阶段,仲裁庭认为有必要或根据当事人的请求,仲裁庭对仲裁案件中的某个问题所作出的暂时性裁决,其目的是为了有利于进一步审理案件和作出最终裁决。部分裁决是在仲裁过程中,争议事项已部分审理清楚,仲裁庭在整个案件审结之前对该争议的某一个或几个问题所作出的终局性裁决,其目的是为了及时有效地保护当事人的合法权益或有利于案件其他问题的继续审理。最终裁决是在争议事项已全部查清,仲裁庭就当事人提交仲裁的全部事项所作出的终局性裁决。

世界上绝大多数的国家或仲裁机构在法律或仲裁规则中都要求仲裁裁决要以书面的形式作出,裁决书得由仲裁员签署,只有符合形式要件的仲裁书,才是有效的。仲裁裁决的内容通常包括案件的实体问题和程序问题。仲裁裁决书通常得说明下列情况:仲裁委员会的名称和仲裁员,申请人和被申请人的姓名和地址,仲裁协议和当事人的仲裁申请,争议事项的性质,书面审理或开庭审理的情况,裁决的理由及仲裁费用的负担等。

最终裁决通常应当在案件的最后一次开庭后的一定期限内作出。该期限的长短,有的仲裁机构是依法律或仲裁规则的规定,有的仲裁机构则允许由当事人依一定规则在协议中约定,个别国家的法律或仲裁机构的仲裁规则对此则没有具体要求。

仲裁裁决依仲裁庭多数仲裁员的意见作出,少数仲裁员的意见可以记录在案卷中。一些仲裁机构的仲裁规则还规定:若仲裁庭不能取得多数意见时,裁决依首席仲裁员的意见作出。

形式和内容符合要求的仲裁裁决是有效的仲裁裁决。仲裁裁决的效力,通常都是终局的,其产生的法律意义主要有以下几个方面:第一,仲裁协议所约定的仲裁事项被解决,仲裁协议失去效力;第二,仲裁机构、当事人及有关司法机关均应承认裁决的内容;第三,义务人未按仲裁裁决履行义务时,权利人可以根据仲裁裁决向法院申请强制执行。法院依照一定的法律规定或国际条约予以办理。

世界上大多数仲裁机构的仲裁规则都规定了仲裁裁决在某些特殊情况下可以更正或修正。仲裁裁决的更正是针对裁决书中计算错误、抄写或打印以及类似错误而采取的一种补救措施。仲裁裁决的修正是针对裁决书中陈述不清、词不达意以及类似不足而采取的一种补救措施。在某些情况下,仲裁裁决的修正,是通过仲裁机构对仲裁裁决书的解释来予以实现的。此外,若裁决书遗漏了仲裁申请的有关事项,当事人也可以要求追加裁决。对仲裁裁决的更正、修正、解释和追加,均构成原仲裁裁决的组成部分,与仲裁裁决具有相同的法律效力。

（潘剑锋）

zhongcai chengxu
仲裁程序（arbitration proceeding） 仲裁机构审理仲裁案件的具体步骤和要求,是仲裁机构、当事人和仲裁参与人进行仲裁活动必须遵守的行为规则。仲裁程序通常都由国家颁布的仲裁法或仲裁法规以及仲裁机构的仲裁规则加以规定。一般来说,国家法律或法规中对仲裁程序的规定比较原则,而仲裁机构的仲裁规则对仲裁程序的规定则比较具体。由于各国仲裁法律、法规及仲裁机构的仲裁规则不同,各国或各仲裁机构的仲裁程序也就不一样,但一些基本的步骤或要求则大体上是趋于一致的。目前,世界上还出现了不少国际性和地区性的仲裁程序规则,联合国国际贸易法委员会于1976年制定并经联大第三十届大会通过了一项内容比较详尽的仲裁规则,对国际商事仲裁的仲裁程序作了规定。我国目前的两大涉外仲裁机构——中国国际经济贸易仲裁委员会和中国海事仲裁委员会也制定有仲裁规则,对国际经济贸易仲裁和海事仲裁的程序作了比较全面的规定。仲裁程序基本包括如下几个阶段:

仲裁申请 签订有仲裁协议的当事人,在争议发生后,其中的一方向仲裁机构提出仲裁的请求。提出仲裁申请的一方叫申请人或申诉人,其对方称被申请人或被申诉方。仲裁申请得以书面的形式提出,其内容一般应当包括:①申请人和被申请人的姓名和地址;②申请人申请仲裁依据的仲裁协议;③申请人的要求及所依据的事实和证据;④在仲裁委员会仲裁员名册中指定一名仲裁员,或者委托仲裁委员会主席（主任）指定。申请人提交申请书时,一般得同时提交记载有仲裁协议内容的有关书面文件(如合同、仲裁协议)的原件或副本,并按被申请人的人数及仲裁员的人数提交申请书及有关材料的副本及按仲裁机构所确定的仲裁费用向仲裁机构预交仲裁费。仲裁申请若内容上和形式上合法、手续完备,仲裁机构审查后,即应受理。至此,仲裁程序正式开始。

答辩和反请求 仲裁委员会受理申请人申请后,应立即通知被申请人,并要求被申请人在收到申请书之日起一定期限内(在中国为20日),在仲裁委员会的仲裁员名册中指定一名仲裁员,或者委托仲裁委员会主席(主任)指定;被申请人还应当在收到申请书之日起一定期限内(在中国为45日),向仲裁委员会提交答辩书及有关证明文件。如果被申请人要提出反请求的,也应当在答辩期内向仲裁委员会提出请求申请,并预交反请求的仲裁费。

在仲裁的申请和答辩阶段,根据当事人的申请和法律的规定,仲裁机构认为需要对争议的财产或与争议有关的财产采取保全措施的,可以将当事人的申请移交法院,由法院采取财产保全措施。

仲裁庭的组成 仲裁案件由仲裁委员会的仲裁员组成仲裁庭来审理,仲裁庭的仲裁员通常是由双方当事人推举或由仲裁委员会指定。通常的做法是:由双方当事人在仲裁员名册中共同选定一名仲裁员或共同委托仲裁委员会指定一名仲裁员对案件实行独立审理;或是双方当事人各自在仲裁员名册中选定一名仲裁员,再由该两名仲裁员共同在仲裁员名册中推举一名首席仲裁员或当事人共同委托仲裁委员会主席(主任)再在仲裁员名册中指定一名首席仲裁员,组成仲裁庭,共同审理案件。世界各国对组成仲裁庭的人数规定不尽相同,多数国家要求仲裁庭的人数应当是奇数,个别国家则允许仲裁庭的人数可以是偶数。为了保证仲裁的公正性,世界上多数的仲裁规则中都规定了仲裁员的回避制,即仲裁员遇有规则所规定的情形(通常是仲裁员与案件有利害关系),仲裁员应当自行回避,当事人也可以在仲裁的一定阶段之前(通常是仲裁庭第一次开庭前)要求仲裁员回避。

仲裁庭审理 仲裁庭在审定证据和调查后,对案件进行实质审理,其方式通常有两种:口头审理和书面审理。口头审理通常是以开庭的形式,由双方当事人在庭上进行口头陈述和辩论。多数国家的仲裁机构原则上都采取口头审理的方式。书面审理则通常是在仲裁庭依当事人双方的申请或征得双方当事人的同意,不通过开庭审理的形式,由仲裁庭对双方当事人提供的申请书、答辩书及有关的材料和证据进行审理。开庭审理案件通常是在仲裁委员会所在地进行,但经仲裁委员会主席(主任)的批准,也可以在其他地点进行。开庭审理日期由仲裁庭与仲裁委员会商定,并在一定期限之前(在中国为开庭前30日)通知双方当事人。基于对当事人商业利益(如商业秘密、商业信誉)的考虑,仲裁审理原则上不公开进行,如果当事人要求公开审理的,则由仲裁庭决定是否公开审理。开庭时,当事人或其代理人无正当理由不到庭的,仲裁庭有权进行缺席审理和作出缺席裁决。

仲裁裁决 这是仲裁程序的最后一个阶段,由仲裁庭对双方当事人提交仲裁的事项依据法律作出处理。仲裁若是以合议的形式审理的,仲裁裁决的作出得先由各仲裁员对解决争议的裁决内容进行评议决定,以多数仲裁员的意见为仲裁裁决的意见,少数仲裁员的意见可以记录存档。仲裁裁决作出后,整个仲裁程序即告结束。

(潘剑锋)

zhongcai tiaojie

仲裁调解(mediation in arbitration) 仲裁过程中,经双方当事人同意或请求,在仲裁庭的主持下,双方当事人就争议进行协商或通过协商达成协议的活动。在中国,仲裁调解是仲裁程序的一部分,其基本特征是:①以双方当事人的同意或请求为前提条件;②在仲裁庭的仲裁员主持下进行;③调解达成协议须经双方当事人的同意。仲裁调解的程序基本上是:由当事人提出调解请求或由仲裁员征求双方当事人的同意,然后由仲裁庭的仲裁员主持调解。仲裁调解可以由仲裁庭全体仲裁员共同主持,也可以由仲裁庭委托一名或两名仲裁员主持。具体方式可以是由仲裁员主持双方当事人面对面协商,也可以是由仲裁员分别与双方当事人协商,或双方当事人在仲裁员提议下自己进行协商,还可以由仲裁员主持书面协商。经仲裁员主持调解,双方当事人达成协议的,由双方当事人签订和解协议或由仲裁庭以和解协议内容为根据制作裁决书。调解不成的,仲裁庭应当宣布结束调解,而对争议进行仲裁。为了保证调解不成不致对其后的仲裁发生不良影响,在仲裁实践中,中国国际经济贸易仲裁委员会实行一种做法,这就是如果调解不成,调解过程中无论是仲裁员还是当事人提出过的、承认过的和表示愿意接受的任何意见和建议,在争议继续进行仲裁时,仲裁员和当事人都不得引用,不得作为申辩、答辩或裁决的根据。仲裁调解在下列情形发生时终止:①双方当事人达成了和解协议;②一方当事人不愿继续进行调解,要求仲裁庭继续仲裁的;③主持调解的仲裁员认为调解已无成功可能的。仲裁调解有利于促使双方当事人保持良好的合作关系,能够提高仲裁庭办案的效率,调解中达成的和解协议,易于被当事人自动履行。

(潘剑锋)

zhongcai feiyong

仲裁费用(costs of the arbitration) 当事人向仲

裁庭交纳的用于支付仲裁员报酬、仲裁中的一些实际支出等方面的费用。世界各国及国际性的仲裁机构一般都要求当事人交纳仲裁费用。仲裁费用通常包括：仲裁员的报酬、鉴定费、勘验费、翻译费、证人误工补贴等。有的仲裁机构的程序规则中所确定的仲裁费还包括仲裁案件的受理费。仲裁费一般情况下由申诉人预交，仲裁庭如果认为被诉人应当预先交纳部分仲裁费的，也可以责令被诉人预交。仲裁案件的受理费和仲裁员的报酬，通常情况下是由仲裁规则确定的，其数额的大小，一般是依请求仲裁的事项所涉及到的争议标的额的大小来确定。有的仲裁机构仲裁员的报酬，是由仲裁员和当事人协商来确定，个别的仲裁机构仲裁员的报酬是由仲裁员自己决定，如果当事人对该仲裁员所决定的报酬有异议，可以向法院起诉请求确定仲裁员的报酬。仲裁中实际支出的费用，按实际支出的大小来确定。仲裁费用通常由败诉方承担，有的仲裁机构的仲裁规则（如英格兰）还确定，仲裁员或仲裁庭主席可以根据需要调整仲裁费的金额。 （潘剑锋）

zhongcai guanxia
仲裁管辖（arbitration jurisdiction） 指仲裁机关受理仲裁案件的分工和权限。仲裁管辖，对于当事人来说，是解决当事人在仲裁纠纷发生后应到哪个仲裁机构去进行仲裁的问题，对仲裁机关来说，是解决对某个具体的案件能否受理并进行裁决的问题。

仲裁管辖权是仲裁机构受理案件的权限。某个仲裁机构对某个案件是否可以受理和裁决，首先取决于该仲裁机构是否对该案件享有管辖权。关于仲裁管辖权的来源，具有代表性的学说主要有四种：一是当事人授权说，认为仲裁管辖权是当事人之间的协议，是当事人授权的结果；二是国家法律规定说，认为仲裁管辖权来源于国家法律的有关规定；三是商业需要说，认为仲裁管辖权来源于当事人之间商业往来的需要；四是混合说，认为仲裁管辖权既来源于当事人授权，但又得取决于国家法律的规定。就各国立法和各仲裁机构的仲裁规则及仲裁实践来看，仲裁管辖权的来源，主要取决于下列两个因素：①国家法律的规定。各国的仲裁立法，一般都对仲裁机构受理争议的范围作了规定，既允许一些纠纷通过仲裁机构仲裁解决，同时又限制一些纠纷由仲裁机构仲裁解决。例如，《中华人民共和国仲裁法》第2条规定，平等主体的公民、法人和其他组织之间发生的合同纠纷和其他财产权益纠纷，可以仲裁。第3条规定，婚姻、收养、监护、扶养、继承纠纷以及依法应当由行政机关处理的行政争议不能仲裁。其他有关国家的仲裁立法也有类似规定。②当事人的意愿。即仲裁机构受理仲裁案件得依据当事人的仲裁协议。例如，《中华人民共和国仲裁法》第4条规定，当事人采用仲裁方式解决纠纷，应当双方自愿，达成仲裁协议。没有仲裁协议，一方申请仲裁的，仲裁委员会不予受理。在仲裁实践中，仲裁机构受理仲裁案件以当事人之间的仲裁协议为前提条件，这已成为世界上各种仲裁机构的普遍做法。《中华人民共和国仲裁法》诞生之前，《中华人民共和国经济合同仲裁条例》所规定有关仲裁的地域管辖、级别管辖、指定管辖等做法，已被《仲裁法》明确否定。

仲裁管辖权由各仲裁机构行使，但具体到某个案件，某个仲裁机构是否有管辖权，则主要依据的是当事人之间的仲裁协议。若当事人对某个案件的仲裁管辖权有异议，则根据仲裁规则，可以在一定期限内提出抗辩。对当事人所提出的抗辩，在西方，多数仲裁机构的仲裁规则中都规定由仲裁庭或仲裁员来确定该案件是否由该仲裁庭或仲裁员行使管辖权；在中国，依仲裁法和有关仲裁机构的仲裁规则，对于管辖权的异议，可以由仲裁委员会来作出仲裁管辖权决定。对于仲裁庭、仲裁员或仲裁委员会所作出的仲裁管辖权的决定，当事人应当服从。 （潘剑锋）

zhongcai jiandu
仲裁监督（judicial supervision of arbitration） 仲裁机关、仲裁当事人、法院，依照法律、法规、条例的规定，在仲裁裁决书发生法律效力之后，发现该裁决书确有错误，而要求仲裁组织对仲裁争议事项重新予以仲裁或对仲裁裁决书不予执行的行为。仲裁监督的目的是为了保证纠正有错误的仲裁裁决书，维护当事人合法权益。因此，对仲裁裁决书实行监督，应当符合一定的条件。世界上多数国家的法律、法规一般都把仲裁监督权赋予法院，而且法院也只是在需对仲裁裁决书进行执行时方行使该职权，即通过对仲裁裁决书的审查来实行仲裁监督。大部分国家的法院对仲裁书的审查主要是形式意义上的，其审查的内容主要包括：①裁决是否是以有效的仲裁协议为依据作出；②裁决的内容是否超越了当事人协议所约定的仲裁范围；③仲裁员的资格和仲裁庭的组成是否合法；④仲裁程序是否合法；⑤裁决书是否符合法律规定或仲裁规则所要求的形式；⑥仲裁员在仲裁过程中有无受贿、徇私枉法的行为。有的国家还赋予法院对裁决书实体内容进行审查的权力，比如，根据中国的民事诉讼法的规定，法院还可以对仲裁书的裁决适用法律是否正确、认定事实的主要证据是否充分进行审查。法院通过对裁决书的审查，如果认定裁决书有上列情形的存在，即可以不予执行。在中国，仲裁曾实行过"两裁终裁制"和"一裁二审制"，在这两种制度下，仲裁庭作出的裁决生效后，如果当事人认为裁决文书在认定事实上存在错误或适用法律上存在错误或程序上确有错误，都可以向原仲裁机构或原仲裁机构的上一级仲裁机构申请复议,这种行为,也就是当事人对仲裁的监督。此外,按照当时的《经济合同仲裁委员会办案规则》的规定,各级经济合同仲裁委员会主任、副主任对仲裁委员会已经发生法律效力的仲裁文书,发现确有错误需要重新审理的,可以提交仲裁委员会讨论决定。上级仲裁机关发现下级仲裁机关已经发生法律效力的仲裁文书确有错误,有权撤销并指令重新处理,也有权直接处理。仲裁机构的上列行为,也就是所谓的仲裁机构内部的仲裁监督。从仲裁制度的发展趋势看,仲裁监督的贯彻主要是通过法院来进行的。

(潘剑锋)

zhongcai shenqing
仲裁申请(application for arbitration) 当事人因合同纠纷或其他财产权益纠纷,根据仲裁协议,请求仲裁机构对纠纷进行裁决的行为。仲裁程序始于仲裁申请,仲裁申请也是仲裁机构受理仲裁案件的前提。各国仲裁法和各仲裁机构对仲裁申请的提出,都作了内容基本相近的规定。根据《中华人民共和国仲裁法》和中国涉外仲裁机构的仲裁规则,仲裁申请的提出,应当符合如下条件:①有仲裁协议。②有具体的仲裁请求和事实、理由。事实是当事人支持仲裁请求的客观根据,理由是当事人支持仲裁请求的法律上的根据。③属于仲裁委员会的受理范围。根据《仲裁法》第2条、第3条的规定,当事人提出仲裁申请的纠纷,应当是平等主体的公民、法人和其他组织之间发生的合同纠纷和其他财产权益纠纷。婚姻、收养、监护、扶养、继承等与身份有关的纠纷,以及依法应当由行政机关处理的行政争议,不属于仲裁委员会的受理范围,不能申请仲裁。此外,仲裁申请还应当向仲裁协议中所确定的仲裁委员会提出。

仲裁申请除了得符合上述条件外,当事人提出申请时还应当履行下列手续或达到下列要求:①提交仲裁申请书,仲裁申请书应当写明申请人与被申请人的基本情况、仲裁请求、仲裁申请所依据的仲裁协议,请求的事实与理由。②提交仲裁申请所依据的事实的证明文件。依《中国国际经济贸易仲裁委员会仲裁规则》,该类证明文件应当一式5份,若被申请人为两人或两人以上的,得相应增加副本份数,即每增加若干人,在5份的基础上增加若干份。③指定或委托代为指定一名仲裁员。当事人可以在仲裁委员会仲裁员名册中指定一名仲裁员,也可以委托仲裁委员会代为指定一名仲裁员。④预交仲裁费。申请人应当根据仲裁委员会规定的仲裁费收费标准向仲裁委员会预交仲裁费。

仲裁申请提交仲裁委员会后,由负责仲裁日常事务的秘书局(处)对仲裁申请进行审查,审查的重点是仲裁申请是否符合仲裁条件,申请手续是否符合要求,对不符合仲裁条件的申请,通知当事人不予受理;对手续不完备的申请,要求当事人在一定期限内补正手续,当事人拒不补正手续的,仲裁委员会不予受理。仲裁申请符合条件、手续完备的,仲裁委员会应及时通知当事人受理该申请。

(潘剑锋)

zhongcaiting
仲裁庭(arbitration tribunal) 通过一定的程序产生的对仲裁案件进行审理和裁决的仲裁组织。仲裁庭具有如下几个基本特征:一是组成人员是由当事人选定或由仲裁机构代为指定,而非国家任命;二是仲裁庭的管辖权主要来自于当事人的协议,而非国家法律强制规定;三是仲裁庭独立审理案件,不受其他机构或人员的干涉。

仲裁庭由一名或若干名仲裁员组成。由1名仲裁员组成的仲裁庭是独任仲裁庭,由若干名仲裁员组成的仲裁庭是合议仲裁庭。独任仲裁庭通常是适用于简单的争议案件的仲裁,但是,在有些国家,如美、英等国,根据他们的有关仲裁规则,除了当事人另有约定,或者法院鉴于案件情况决定仲裁庭由3名仲裁员组成外,仲裁院将任命独任仲裁员对案件进行仲裁。在另外一些国家,如巴西、西班牙等国,根据他们的仲裁规则,是采用独任仲裁庭还是合议仲裁庭,则由当事人协议决定。

适用合议仲裁庭审理案件,其组成人员的数目应当是多少,各国仲裁规则要求不同。多数国家要求合议仲裁庭的人数应当是奇数,不得是偶数,目的是为了保证在合议仲裁庭形成决议时能少数服从多数,至于具体数目,则没有要求。少数国家允许合议庭的人数为偶数,如瑞典。在中国,《中国国际经济贸易仲裁委员会仲裁规则》对合议仲裁庭的人数作了具体要求,即合议仲裁庭由3名仲裁员组成。

组成仲裁庭的仲裁员,通常情况下是由双方当事人各指定人数相同的仲裁员与由仲裁机构指定的首席仲裁员共同组成。若当事人自己不指定仲裁员,可以委托仲裁机构代为指定,若当事人放弃指定仲裁员或超过指定仲裁员的期限,则由仲裁机构指定仲裁员。

仲裁庭的权限主要来自于当事人的协议,仲裁庭应当根据当事人的协议来履行职责,此点已为多数国家的立法和仲裁机构的仲裁规则所承认和接纳。仲裁庭在仲裁过程中享有广泛的权限,这些权限主要包括:在仲裁程序方面,仲裁庭有权决定审理的方式、确定开庭的时间、有权调查取证、有权决定是否调解及调解的方式、裁定仲裁费用的负担等;在实体权利方面,仲裁庭有权对争议作出裁决,若当事人没有就争议的处理应适用的法律进行过协商,仲裁庭还有权斟酌情况决定实体法律的适用。仲裁庭的主要职责在于:主持好仲裁开庭,充分听取双方的辩论意见,首席仲裁员或独任仲裁员应当在辩论终结时征询双方当事人的最后意见,在仲裁规则所确定的期限内对争议作出终局裁决。

(潘剑锋)

zhongcai weiyuanhui

仲裁委员会(arbitration commission) 在仲裁各类争议过程中,对具体的仲裁组织和仲裁员起着组织、领导、管理作用的组织机构。在有的国家把这类组织称为仲裁院,如瑞典的斯德哥尔摩商会仲裁院、韩国的韩国仲裁院;或称为仲裁协会,如日本的日本国际商事仲裁协会、美国的美国仲裁协会等。由于对仲裁的性质认识上的差异以及各国的经济制度和社会制度的不同,各国仲裁委员会的设置及设立程序都有所区别,有的仲裁机构是设置在商会中,如瑞典的斯德哥尔摩仲裁院,瑞士的苏黎世商会仲裁院,日本的国际商事仲裁协会;有的仲裁机构是独立设立的,如美国的仲裁协会;有的则既是行业协会内设立仲裁机构,又设立独立的仲裁机构,如英国就是既设有独立的伦敦国际仲裁院,同时在许多专业机构中又设有行业性的仲裁机构。仲裁机构的设立,有的无需政府的批准,如瑞典的斯德哥尔摩仲裁院的设立;有的得由政府批准,如日本国际商事仲裁协会就是由日本通商产业省批准成立的。

在中国,《中华人民共和国仲裁法》颁布之前,仲裁委员会的设立基本上是分门别类的,在处理涉外纠纷方面,分别设立有中国国际经济贸易仲裁委员会和中国海事仲裁委员会,在处理国内纠纷方面,则分别设有经济合同纠纷仲裁委员会、技术合同纠纷仲裁委员会、劳动争议仲裁委员会、房地产纠纷仲裁委员会等等,这些仲裁委员会多数都附属于某一行政部门,其设立大多数也都得经过有关行政部门的批准。《中华人民共和国仲裁法》的颁布,上述情形有了根本性的改变,根据《仲裁法》第10条的规定:"仲裁委员会可以在直辖市和省、自治区人民政府所在地的市设立,也可以根据需要在其他设区的市设立,不按行政区划层层设立。仲裁委员会由前款规定的市的人民政府组织有关部门和商会统一组建。设立仲裁委员会,应当经省、自治区、直辖市的司法行政部门登记。"这一规定表明,仲裁委员会应当统一组建,在行政部门内部不能设仲裁委员会,仲裁委员会的设立应当由省级司法行政部门登记。仲裁委员会设立的实质条件,依《仲裁法》第11条规定,"仲裁委员会应当具备下列条件:①有自己的名称、住所和章程;②有必要的财产;③有该委员会的组成人员;④有聘任的仲裁员。仲裁委员会的章程应当依照本法制定。"仲裁委员会的组成人员,依《仲裁法》第12条规定,"仲裁委员会由主任1人,副主任2至4人和委员7至11人组成。仲裁委员会的主任、副主任和委员由法律、经济贸易专家和有实际工作经验的人员担任。仲裁委员会的组成人员中,法律、经济贸易专家不得少于三分之二。"

在仲裁委员会中,除了主任、副主任(或主席、副主席)外,一般还设立有秘书局(处),负责处理仲裁委员会受理仲裁案件的日常事务,比如,受理案件、送达法律文书、协助仲裁员与当事人联系等等。一般而言,仲裁委员会还负责制定仲裁规则,供本机构审理仲裁案件时使用;设有仲裁员名册,供当事人指定仲裁员使用。仲裁委员会的工作除了仲裁、调解争议、组织、管理仲裁员队伍之外,有的还负责组织或参与国际、国内仲裁研讨会,与其他仲裁机构交流或合作,出版有关的刊物,介绍仲裁制度的发展情况和仲裁的实际经验。

目前,世界上比较著名的仲裁委员会(仲裁院、仲裁协会)主要有:瑞典的斯德哥尔摩仲裁院、美国仲裁协会、日本国际商事仲裁协会、英国的伦敦国际仲裁院、国际商会仲裁院以及中国的中国国际经济贸易仲裁委员会。

(潘剑锋)

zhongcai xieyi

仲裁协议(arbitration agreement) 当事人在争议发生前或争议发生后所达成的表示愿意将争议提交仲裁解决的一种协议。世界上多数国家的法律都规定仲裁协议必须以书面的形式作出方为有效,但也有个别国家允许当事人以口头的形式达成仲裁协议。书面的仲裁协议的表现形式主要有:在合同中设立的仲裁条款、当事人专门签订独立于合同之外的特别协议和以其他书面方式(如来往信件或电报、传真)的特别约定。

仲裁条款是指当事人在订立合同时,在合同中专门订立一个条款,约定将有关合同的争议提交仲裁解决。此种仲裁协议的形式在国际经济贸易活动中被广泛采用。《中华人民共和国合同法》(1999年3月15日九届全国人大二次会议通过,同年10月1日起施行)规定了当事人可以在合同中订立仲裁条款,约定争议发生时,将争议提交仲裁解决。如第128条规定,当事人可以通过和解或者调解解决合同争议。当事人不愿和解、调解或者和解、调解不成的,可以根据仲裁协议向仲裁机构申请仲裁。从世界上多数国家的立法来看,仲裁条款具有独立于合同的效力,即在主合同无效或终止时,仲裁条款所约定的内容仍然有效。但有的学者认为,如果主合同是无效的,该合同中所约定的仲裁条款自然也同时无效;还有的学者认为,仲裁条款在主合同无效时是否仍然有效,决定于该主合同变为无效的时间,如果导致合同无效的原因是发生于合同订立时，仲裁条款应当认为是无效的，否则，仲裁条款则是有效的。

当事人专门签订的独立于合同之外的特别协议，是指在争议发生前或争议发生后双方当事人达成的同意将争议提交仲裁的协议。与仲裁条款相比较，专门的仲裁协议的内容往往要更丰富一些。但无论是哪种形式的仲裁协议，其基本内容一般都应当包括：提交仲裁的事项、仲裁的地点、仲裁机构、仲裁规则、适用的法律以及仲裁裁决的效力等。

根据世界上多数国家的法律规定和仲裁实践，仲裁协议的法律效力主要表现在如下几个方面：一是对当事人而言，他们就仲裁协议所约定的争议，只能以仲裁的方式来解决；仲裁机构就仲裁事项所作出的裁决，当事人应当予以履行。二是对仲裁机构而言，它们有权对仲裁协议所约定的事项予以仲裁，仲裁协议是它们行使仲裁管辖权的惟一依据。三是对法院而言，仲裁协议排除了法院对协议仲裁的争议事项的诉讼管辖权。

(潘剑锋)

zhongcaiyuan
仲裁员(arbitrator) 具有一定资格，接受当事人选任或法定机构指定而行使对仲裁案件处理权的人员。作为仲裁员，一般应具备如下条件：具有完全的行为能力；品行端正，公正无私；未被法律剥夺担任公职。此外，有些国家法律还规定，仲裁员应具有某种专业技术职务，或通过国家的资格考试，有的国家则要求仲裁员得经一定机构或人员的任命。一些国家的法律对仲裁员的资格作了限制的规定，规定了某些人员不能担任仲裁员，如希腊和荷兰规定妇女不能担任仲裁员，阿根廷和荷兰规定法官不能担任仲裁员，意大利和瑞士则规定不具有本国国籍的人不能充任仲裁员，等等。

取得仲裁员资格的人员，一般列入某一仲裁机构的仲裁员名册中，以供当事人选任或有关机构指定参加某个具体仲裁案件的仲裁。在具体的仲裁案件中，仲裁员一般是由当事人在仲裁协议中指定，或在申请人提出仲裁申请、被申请人提交答辩时选任，如果当事人放弃指定仲裁员时，则由仲裁机构或法院负责指定。独任仲裁庭的仲裁员，通常由双方当事人协商确定，当事人协商不成的，由仲裁机构或法院指定。合议仲裁庭的仲裁员的人数一般是奇数(也有偶数的，如瑞士)。通常由3人组成的仲裁庭，一般是由双方当事人各自指定一名仲裁员，另一名仲裁员由双方当事人已指定的仲裁员共同推举产生或由仲裁机构指定。通常情况下，首席仲裁员也由这名仲裁员担任。为了保证仲裁的公正性，多数国家的法律都规定了仲裁员的回避制度，仲裁员适用回避的情形与法官适用回避的情形大致相同，包括：仲裁员本人是仲裁案件的利害关系人，仲裁员的近亲属是仲裁案件的利害关系人，其他有可能影响仲裁员作出公正仲裁的情形等。

仲裁员在仲裁中所享有的主要权力有：指挥当事人进行仲裁活动；对当事人、证人进行询问，对有关证据进行调查；处理仲裁过程中出现的有关程序问题；对仲裁事项作出裁决等等。仲裁员的权力可能因其死亡、辞职、被免除仲裁员资格或仲裁任务完成而终止。仲裁员即使是由当事人指定，他也并非是当事人的代理人，他应当站在公正的立场上处理争议事项，因此，仲裁员不可以私下里接受当事人给予的报酬，有的国家法律规定仲裁员受理案件后，不可以单独私自会见当事人。仲裁员进行仲裁工作，一般都可以获得报酬，该报酬通常情况下是由当事人支付的(见仲裁费用)。

(潘剑锋)

zhongcai zhidu
仲裁制度(arbitration system) 在社会发展过程中形成的以有关仲裁管理、仲裁程序、仲裁规则等为内容的仲裁体系。作为一种解决民事纠纷的制度，仲裁制度是随着社会商品经济的产生、发展而产生和发展起来的。早在古罗马时期，就已采用仲裁的方法来解决有关争议。有关国际性的商事仲裁，在13、14世纪的意大利就时有发生；在英国1347年的年鉴中，也有关于仲裁适用的记载。而仲裁制度的真正确立和迅速的发展，则是在资产阶级革命以后，即19世纪以后，许多资本主义国家为了解决劳资纠纷或商事纠纷，在国家法律中确立了仲裁的有关制度。例如，1802年，英国颁布的《学徒健康和道德法》，对劳资双方发生纠纷，可以协议仲裁的内容作了规定。1809年，法国颁布的《民事诉讼法典》对仲裁内容作了专篇规定。1877年，德国颁布的《民事诉讼法典》，设专篇对仲裁制度的有关内容作了比较系统的规定，如仲裁程序、仲裁员选任和回避、仲裁的效力等重要问题都在法律上作了明确规定。1887年，瑞典制定了有关仲裁制度的法律，并于1917年成立了斯德哥尔摩商会仲裁院，该仲裁院日后成为世界上最著名的仲裁机构之一。此外，英国于1889年制定了仲裁法。日本于1890年颁布的《民事诉讼法》对仲裁制度作了专篇规定，该部分内容一直沿用至今。美国于1925年根据纽约州1920年通过的纽约州仲裁法制定了《美利坚合众国统一仲裁法案》，该法案对美国各州仲裁制度的确立和适用具有指导性的作用。20世纪后，世界上许多国家或是通过专门立法，或是通过在民事诉讼法中设立专篇或专章，对仲裁制度作了规定。

在中国，传统上将仲裁称为公断。中华民国时期，于1912年颁布了《商事公断处章程》，次年颁布《商事公断处办事细则》，上列章程虽经几次修改，但基本内容一直沿用至中华人民共和国成立。中华人民共和国成立之后,中国政府首先建立了涉外仲裁制度,此后,又先后建立了劳动仲裁制度(见劳动争议仲裁)和经济合同仲裁制度(见经济合同纠纷仲裁)。1994年8月,八届全国人大常委会第九次会议通过了《中华人民共和国仲裁法》。

仲裁的管理制度是指仲裁的组织、管理、职能制度,该部分内容通常是在仲裁法中规定的。仲裁程序制度是指仲裁申请和受理仲裁申请、仲裁庭的组成、仲裁案件的开庭审理、取证、仲裁裁决的作出等制度。该部分内容、基本原则和制度由法律规定,具体的程序内容有的在仲裁规则中反映。仲裁规则制度是指在仲裁案件的审理过程中,仲裁机构、仲裁员及仲裁当事人应当遵循的行为规则,该部分内容,通常由仲裁委员会制定的仲裁规则予以确定。 (潘剑锋)

zhongda xingshi anjian
重大刑事案件(important criminal case) 犯罪情节和后果严重或者犯罪数额巨大的刑事案件。国外通常称为重罪案件。在我国刑法分则的法条中,常常出现"情节严重"、"情节恶劣"、"严重后果"、"重大损失"、"致人重伤、死亡"、"数额巨大"等字样,这往往是重大刑事案件的法定标志。但由于案件性质(案由、罪名)不同,重大刑事案件的具体标准也不尽相同,它通常由依法管辖该案的机关制定的刑事案件立案标准和管理制度来加以明确规定。比如公安机关管辖的重大刑事案件,应由发案地县(市)公安局、城市公安分局负责侦查,行署、市公安机关负责督促指导,并直接参与一部分重大案件的侦查工作;涉及几个县或者城市几个区的重大案件,由行署、市公安机关组织侦查;涉及几个地区(市)的重大案件,由省、自治区公安机关组织侦查,或者指定一个行署、市公安机关为主组织联合侦查;决定立案侦查的重大案件,应当拟定侦查工作方案;破案时,除填写破案报告表外,还应当提出破案报告;重大刑事案件的发案地公安机关应当及时报告上一级公安机关,重大危害国家安全的案件(即重大国事罪案),省、自治区、直辖市公安机关应当及时报告公安部。对于检察机关直接侦查的重大刑事案件,最高人民检察院在其管理制度中规定:重大案件由立案的检察院逐级报省、自治区、直辖市人民检察院备案;重大个案的侦查由检察分院和市检察院负责检查领导;涉及几个地(市)的重大案件,必要时由省、自治区人民检察院组织协调侦查、起诉工作;省级检察院应定期将辖区的重大案件汇总报告最高人民检察院。后来,为了加强对县处级以上干部犯罪的重大刑事案件的查处,最高检察院又规定对这类案件由上级检察机关下管一级,如地(市)人民检察院管辖县处级干部犯罪的案件,其他依此类推。 (文盛堂)

zhongda zeren shigu anjian zhencha
重大责任事故案件侦查(investigation of major liability accident case) 公安机关在办理重大责任事故案件过程中,依照法律进行的专门调查工作和有关的强制性措施。重大责任事故案件,是指我国《刑法》第134条所规定的重大责任事故罪,即工厂、矿山、林场、建筑企业或者其他企业、事业单位的职工,由于不服管理、违反规章制度,或者强令工人违章冒险作业,因而发生重大伤亡事故,造成严重后果的案件。重大责任事故案件的侦查方法:

及时进行现场勘查 侦查人员应尽可能会同有关专业技术人员携带勘查器材立即赶赴出事地点进行勘验、访问。其基本做法是:①到达现场后如果事态仍在蔓延,应立即采取紧急措施进行有效的控制。②对现场进行拍照或录像,同时了解事故发生的时间、地点、具体方位、范围、经过、结束时间等,还要了解是采用什么方法和措施控制事故的。如果中心现场不突出,应取事故最严重的地点分别拍照或录像。③提取现场一切与案件有关的物证,如引起失火的电器,引起瓦斯爆炸的矿灯等物体或痕迹,不便提取的也要拍照或录像,绘制现场图和制作勘验笔录。④要特别注意查明人身伤亡情况,查明死者身份、工作岗位、事故发生时所处位置,与事故的关系等。对受伤人员要立即采取救护措施,在不影响抢救生命的前提下,求得医生的配合及时询问事故发生的时间、起因、经过、责任人员等情况。⑤清点物质损失情况。⑥召开现场分析会,研究事故的原因。如有必要,可以复查现场,或聘有关专业技术人员进行鉴定或依法进行侦查实验。有关事故的情况和原因,应与劳动部门在现场的人员和发案单位及其主管部门负责人以及在场专业技术人员充分交换意见。

收集调取有关书证 重大责任事故案件的行为特征都是违反规章制度,因此,有关规章制度是证明案件性质的重要的直接书证,务必收集入卷。尤其是现代化生产分工精细,工艺复杂,劳动纪律、生产制度、操作规章等都很明确具体,而且各种规章制度大多汇集成册,也有的分散在发案单位或其主管单位的档案中,要一一收集或调取,有的也可以复制。然后根据规章制度确定犯罪嫌疑人违反其中的具体条款,详细记明入卷。

进行技术鉴定和侦查讯问、询问 侦查重大责任事故案件时,要注意充分运用刑事技术手段对事故原因及危害后果作出科学的认定。尤其是对于通过现场勘查和调查尚不能认定事故直接原因的,需要进行侦查实验或聘请专门技术人员进行鉴定。在侦查危害后果时也离不开科学技术鉴定,如对于造成人身伤亡后果的要进行法医鉴定,造成物质损害的要进行损毁程度及价值鉴定等。在此基础上,要依法进行侦查讯问,促使犯罪嫌疑人如实交待问题。同时还要进一步询问证人,核实案件事实细节。 　　(文盛堂)

zhongliang celiang
重量测量(measurement of weight) 刑事测量内容之一。对能够说明犯罪情况的某客体的重量的测定。被测物体的重量可由称重器直接称量求得。常用的称重器有:①台秤。适于测量较重的物品(2.5克至30千克)。其精度较低,满载时的相对误差为1%。②精密天平。适于测量为1、5、20、50、100、200、500克,而又需要较高测量精度的物品。为调整天平两臂的精确平衡,在其一臂的末端装有可沿螺杆移动的砝码。天平上有个离合装置,测量时把支点轴承从座架上托起。为了保证必要的精度,被测物的重量最好不要小于天平最大负载的1/10。③分析天平。用于精密称量工作。一般要求,200克的分析天平的灵敏度不低于0.4毫克,20克的分析天平的灵敏度不低于0.04毫克。使用分析天平,必须严格遵守说明书中的规定。用各种称重器称量的结果,在分析时,要考虑到量具的精度、读数的精度和测量的精度等因素。 　　(张玉镶)

zhong zhengju bu qingxin kougong
重证据不轻信口供(emphasis placed on evidence and credence not readily given to oral statement) 指司法机关处理刑事案件,必须重视收集一切符合客观实际的证据材料,以查证属实的证据作为认定案件事实的根据;对被告人的口供必须持特别审慎的态度,决不可轻易相信。它是我国刑事诉讼中运用证据的一项基本原则。

　　重证据不轻信口供,是毛泽东于1940年12月25日发表的《论政策》一文中首先提出的。由于它高度概括了司法机关办理刑事案件运用证据的正反经验,指明了对待各种证据,特别是被追究刑事责任的被告人的口供应持的科学态度,对保证准确查明案件真实情况具有指导作用,因而在司法工作中一直被强调。《中华人民共和国刑事诉讼法》第46条明确规定:"对一切案件的判处都要重证据,重调查研究,不轻信口供。"如果判决认定的事实"证据不足",依法就应撤销。

　　办理刑事案件要重证据,是因为司法人员认定案件事实,是主观对客观的反映。他们对案件的事实情况既没有亲见亲闻,又不能使之重现,只有依靠能反映案件真实情况的证据,才能获得正确的认识。要贯彻重证据不轻信口供的原则,司法人员必须首先树立牢固的证据观念,明确认定案件事实只能以证据作根据。据此,办理任何刑事案件,都要重视收集与案件有关的各种证据,包括能够证实犯罪嫌疑人、被告人有罪或者无罪以及犯罪情节轻重的各种证据。犯罪嫌疑人、被告人的供述和辩解(统称为口供)既是证据的一种,当然应当同样重视其收集,不能因"不轻信口供"而对其忽视。其次,对收集的各种证据,必须逐一审查,认真鉴别,因为收集归案的证据常常是正反对立,真假混杂的。司法人员只有勤于思考,自觉地运用科学的思维方法,对各种证据进行周密的分析,重视它们之间的矛盾,求得合理的解决,才能判明真伪及其与案件事实的联系,然后将查证核实的证据用作定案的根据。所以,重证据必然要求重视调查研究,善于具体情况具体分析,防止草率从事,轻信妄断。再次,对犯罪嫌疑人、被告人的口供,必须采取特别审慎的态度,决不能轻易相信。由于犯罪嫌疑人、被告人是被追究刑事责任的对象,与案件有直接的利害关系,其口供常常是虚假与真实成分并存,较之其他证据,其虚假的可能性更大,更为复杂。同时,司法人员对其承认和陈述犯罪情节的供述,又往往容易相信,以"供认不讳"为由,轻率地据以认定犯罪事实,这就很容易导致冤案。法律明确规定"不轻信口供",使之成为采用口供这种证据时必须遵循的准则,有利于加强对口供的深入审查,对其作出正确的判断。

　　《刑事诉讼法》第46条还进一步规定:"只有被告人供述,没有其他证据的,不能认定被告人有罪和处以刑罚;没有被告人供述,证据充分确实的,可以认定被告人有罪和处以刑罚。"这是重证据不轻信口供原则在定案上的要求,是这一原则的具体化,更有利于指导司法实践。 　　(陈一云)

zhouqixing jingshenbing
周期性精神病(periodic psychosis) 发作与缓解呈周期性变化的精神障碍疾患。如月经前期紧张症等。造成精神障碍呈周期发作的原因,一般为体内内分泌周期性失调所致。在司法精神医学鉴定中,对可疑周期性精神病人进行鉴定,首先须确认被鉴定人是否患有周期性精神病,再分析其精神症状与其所实施行为的关系,最后评定法律能力。 　　(孙东东)

zhuwangmo xiaqiang chuxue
蛛网膜下腔出血(suharachnoid hemorrhage) 软脑膜血管或蛛网膜下腔内的血管破裂,而使血液流入蛛网膜下腔所致的疾病。原发性蛛网膜下腔出血最常见的原因是先天性动脉瘤,其次为高血压、动脉粥样硬化引起的动脉破裂及脑动脉血管畸形。患者突然感到头痛、恶心、呕吐,伴有背痛、腿痛、烦躁不安、紧闭双目、怕光、怕声音、少语,拒搬动和检查。可有谵妄、惊厥,严重者很快陷入昏迷。检查时有颈项强直等明显的脑膜刺激征象。本病有15％的病人于24小时内死亡。有的无前驱症状而迅速陷入昏迷直至死亡。本病仅有少数可查到猝死的诱因,常见的诱因是头部受碰撞打击,跌跤,情绪激动等。多数发生在正常活动情况下,甚至完全安静状态,如休息时或睡眠中。尸体解剖可见:脑表面及脑底的蛛网膜下腔及脑沟内有血液,并有凝血块。　　　　　　　　　　　（李宝珍）

zhu canjiaren
主参加人（main participant） 见诉讼中的第三人。

zhu dongmailiu polie chuxue
主动脉瘤破裂出血（aortal tumor rupture and bleeding） 主动脉的某一部分因动脉壁的病变而向外突出,形成局限性的膨隆,在某些情况下会破裂出血而猝死。主动脉瘤形成的原因有:①动脉粥样硬化,导致动脉壁弹性差。②先天性结构薄弱、外伤等原因。③梅毒第三期,梅毒病变侵犯到主动脉。由于形成的原因不同,可分动脉粥样硬化性主动脉瘤、主动脉夹层动脉瘤和梅毒性主动脉瘤。患者以往无自觉症状,但在血压突然升高,或用力活动或受轻微外力时,主动脉瘤可发生破裂,引起致命性大出血而猝死。动脉粥样硬化性主动脉瘤,多见于腹主动脉,尤其是肾动脉以下部位。主动脉夹层动脉瘤,多起始于升主动脉,其次为主动脉弓。梅毒性主动脉瘤主要发生在主动脉弓以及升主动脉。临床表现因动脉瘤所在的部位而不同,如动脉瘤在主动脉根部、主动脉弓、胸主动脉部位,主要是胸闷,呼吸困难,心音不清等心力衰竭症状;如在腹主动脉部位,主要是腹痛,血压下降,出冷汗等休克症状。尸体解剖可见:心包或胸腔或腹膜后或腹腔积血,主动脉有囊状动脉瘤并有破裂;主动脉附壁有血栓形成。　　　　　　　　　　　（李宝珍）

zhuguan juzheng zeren
主观举证责任（subjective burden of proof） 民事诉讼理论中有关举证责任的学说之一。又称提供证据责任、形式举证责任或行为责任,与客观举证责任相对称。主观举证责任是指当事人为了避免败诉的结果,取得有利于自己的裁判,对自己主张的特定的、重要的事实负有提供证据,证明其主张为真实、合法的责任。客观举证责任是指当事人不履行或不能履行提供证据,证明其主张的行为责任,关于事实的存在与不存在到言词辩论终结时仍真伪不明时,当事人就要承担不利后果的责任。这一区分是民事诉讼理论的传统学说。1883年以前,举证责任均指的是主观举证责任。1883年,德国学者优里多斯·格拉查开始将举证责任区分为主观举证责任和客观举证责任。主观举证责任到现在为止仍为英美国家使用。客观举证责任经德国学者莱昂·哈德以及罗伯森的倡导,逐渐被人们所认识、注意。现在日本也采用的是主观举证责任和客观举证责任这一分类学说。　　　　　　　　（丛青茹）

zhuguan
主管（competent authority） 国家各机关的职权范围。在刑事诉讼中,主要是指公安机关、国家安全机关、人民检察院和人民法院的职权范围。确定主管,有利于划清各机关的职能,以便各司其职、各负其责,从而保障诉讼活动的顺利进行。根据我国《刑事诉讼法》以及其他法律的规定,上述国家机关的职权范围作如下划分:①公安机关负责大部分刑事案件的侦查以及对判处管制、剥夺政治权利、宣告缓刑、假释和暂予监外执行的罪犯的执行、监督和考察任务。②军队保卫部门负责对军队内部发生的刑事案件的侦查。③监狱负责对罪犯在监狱内犯罪的案件的侦查。④国家安全机关负责对危害国家安全的案件的侦查。⑤人民检察院负责检察、批准逮捕、对国家工作人员利用职务的犯罪案件的侦查以及提起公诉。⑥人民法院负责一切公诉案件的审判、自诉案件的调解和审判以及刑事附带民事诉讼的调解和审判。　　　　　　（朱一心）

zhuguan jiguan
主管机关（competent authorities） 依照法律规定的职权范围处理有关事务的国家机关。刑事诉讼中的主管机关,是指依照刑事诉讼法规定的管辖范围直接受理有关刑事案件的司法机关。自诉案件的主管机关是人民法院;贪污贿赂犯罪案件,国家工作人员的渎职犯罪案件,国家机关工作人员利用职权实施的非法拘禁、刑讯逼供、报复陷害、非法搜查等侵犯公民人身权利的犯罪案件以及侵犯公民民主权利的犯罪案件,经省级以上人民检察院决定的国家机关工作人员利用职务实施的其他重大的犯罪案件的主管机关是人民检察院;危害国家安全的刑事案件的主管机关是国家安全机关;其他刑事案件的主管机关是公安机关。司法机关对于报案、控告、举报、自首都应当接受,不属于自己管辖的,应当移送主管机关处理;必须事先采取紧急措施的,应当先采取紧急措施,然后移送主管机关。　　（项振华）

zhuti xianchang
主体现场（main scene） 犯罪分子实施主要犯罪行

为的处所。在主体现场上，犯罪行为人停留的时间较长，犯罪行为表现充分，如杀人案件中罪犯杀人的处所，盗窃案件中犯罪人行窃的处所等等。主体现场能比较集中地反映被侵害客体的具体状况，遗留的痕迹、物品及其他物证较多，犯罪信息密集。主体现场可以为侦查人员认识犯罪和揭露犯罪提供主要情况，如犯罪的动机、目的、手段、方法以及实施犯罪的过程等。因而应特别注意对主体现场的勘查。 （张玉镶）

zhuwen
主文（brief decision） 法院裁判的重要组成部分，即依据案件事实和法律规定，对案件应如何处理所作的结论。有罪判决的主文主要写明被告人所犯罪罪名，判处的刑罚（包括主刑、附加刑）或者免除刑罚；查获的赃款、赃物的处理。无罪判决的主文应写明被告人无罪。主文的写法应当简单明了，在主文内不得引用其他文件。判决书的主文必须同宣判的主文相符。 （汪建成）

zhuyao fanzui shishi
主要犯罪事实（main fact of crime） 对构成犯罪和罪责轻重具有决定性意义的犯罪事实，包括犯罪行为是何人实施的，犯罪的目的和采用的手段，造成的危害后果，在共同犯罪中所起的作用等事实。相对于这些主要犯罪事实的，则称之为次要的犯罪事实，如犯罪人实施犯罪行为的动机、时间，法定和可以酌定的从重、从轻、减轻或免除处罚的各种情节。由于主要犯罪事实是对被告人定罪量刑的基本依据，在刑事诉讼过程中就是调查研究的重点，对其作出认定的结论，必须要有确实、充分的证据。第二审人民法院审理上诉、抗诉案件后，如果认为原判决主要犯罪事实不清，就可撤销原判，发回原审人民法院重新审判。我国1979年制定的《刑事诉讼法》在逮捕条件的规定中，曾有"主要犯罪事实"的用语。1996年修正后的《刑事诉讼法》，虽无此用语，但各种犯罪事实在构成犯罪和决定罪责轻重中既有不同的作用，在诉讼实践中注意其主要与次要之别，对于准确定性和分清罪责轻重，仍然是必要的。 （陈一云）

zhuyao zhengju
主要证据（substantive evidence） 相对于"补强证据"而言。对案件主要事实起主要证明作用的证据。在刑事诉讼中，对"案件主要事实"通常有两种理解：①犯罪是否发生，是否为犯罪嫌疑人、被告人所为；②犯罪嫌疑人、被告人是否实施了犯罪行为。刑事诉讼中的主要证据常见的有被害人关于遭受犯罪行为侵害的陈述，犯罪嫌疑人、被告人的供述和辩解，目睹犯罪发生的证人所提供的证言等。由于主要证据对于认定案件主要事实关系重大，为了防止其虚伪，避免作出错误的判断，通常需要用补强证据增强其证明力。如《日本刑事诉讼法》第319条规定：被告人"自白是对自己不利的惟一证据时，不得认定被告有罪。"我国《刑事诉讼法》第46条规定："只有被告人供述，没有其他证据的，不能认定被告人有罪和处以刑罚。" （熊秋红）

zhuzheng
主证（substantive evidence） 有两种理解：①"本证"的另一种称谓。②主要证据的简称。见本证、主要证据。

zhuzhai soucha
住宅搜查（perquisite domestic） 侦查人员为了收集犯罪证据、查获犯罪人而对可能隐藏犯罪人或者犯罪证据的住处进行搜索、检查。亦称住处搜查。住处不仅包括长期住宅，而且包括短期和临时住处（如宾馆、饭店等），还包括其办公、工作处所。

各国法律关于住宅搜查的规定 在英国，只要得到法律的授权，警官就可以进入私人房间以取获证据或讯问屋内人员或者搜查该房屋和扣押证实罪行的证据。治安法官在有普通法或制定法的某项规定作依据时，即可发布房屋搜查证。国外的诉讼法典对住宅搜查的程序和规则大多有较具体的规定。例如，美国《联邦刑事诉讼规则》第41条规定，搜查应于白天执行，特殊情况除外。《法国刑事诉讼法》第59条规定，屋主未提要求或系法律规定除外，搜查及住宅搜查不得在早晨6时前或夜晚9时后进行。第96条又规定，搜查被告人以外的人的住所时，必须请屋主到场才有效。屋主不在场或拒绝到场者，应有两名血亲或姻亲到场，否则，应有两名证人在场。美国《纽约州刑事诉讼法》第690·50条规定，在搜查住宅和车辆过程中，如果搜查人的搜查遭到拒绝，可以强行搜查，必要时，可以用非致命的武力反击被搜查的人。如果警察合理认为采用致命的武力可以反击危及生命危险的阻击时，可以实施致命的武力。德国1994年底生效的新刑事诉讼法典，对住宅搜查作了一系列具体规定。例如，第103条规定："(在其他人员处搜查)①对其他人员，只有在为了破获被指控人、追踪犯罪行为线索或者扣押一定的物品，并且只能在依据事实可以推测所寻找的人员、线索或者物品就在应予搜查的房间里的时候，才准许予以搜查。为了破获具有实施了《刑法典》第129条a的或者该条所列之一的犯罪行为重大嫌疑的被指控人，在根据事实可以推断他正停留在某楼房内的时候，也准许对该楼房里的住房和其他房间进行搜查。②前款第一句的限制不对被指控人被破获的房间或者被追捕时他进入的房间适用。"第104条规定："(夜间搜查住宅)①在夜间，只能在追捕现行犯，或者在延误就有危险时或者在捉拿潜逃囚犯的时候，才允许对住房、办公房间和有围栏的产业进行搜查。②对在夜间任何人都可以出入的房间，或者根据警察掌握的情况是有前科人员的投宿、聚集点，是犯罪赃物贮藏室或者秘密赌场，是麻醉品、武器非法交易所或者秘密卖淫地点的房间，不适用前款的限制。"③从4月1日至9月30日，夜间是指晚上9时至凌晨4时的期间，从10月1日至3月31日，夜间是指晚上9时至凌晨6时的期间。"第105条规定："(命令；实施)①……②……③要在联邦军的办公楼房或者不对外开放的设施、设备站里搜查的时候，应当请求联邦军的上级组织部门进行搜查。请求部门有权搜查时参与。需要在仅由非军人的其他人员居住的房间里搜查时，不必请求。"我国刑事诉讼法规定：侦查人员可以对犯罪嫌疑人以及可能隐藏罪犯或者犯罪证据的人的住处进行搜查。搜查时应当有被搜查人或者他的家属、邻居或者其他见证人在场。

住宅搜查的方法　住宅常常是隐藏犯罪证据的处所，如犯罪工具、血衣、赃款赃物等各种预备犯罪和实行犯罪的物证，常常隐藏于住宅的各个角落。住宅内易于藏匿罪犯的地点和家具杂物较多，侦查人员必须掌握正确的搜查方法。

住宅搜查的方案　在住宅搜查中，应根据具体案情制定具体的搜查方案。如杀人案件的住宅搜查方案，要围绕寻觅、搜索杀人的凶器、毒药的包装、投毒或盛毒的用具、带有血痕的衣物、杀人碎尸时留下的碎骨、碎肉、血迹、毛发或有关书证等来制定搜查方案。如果是贪污、贿赂、侵占、挪用、盗窃、诈骗等经济罪案，就要围绕搜获有关账册、账单、转账或存取款凭证、文书信件，伪造或涂改证件、账据等用的药品与材料，赃款赃物及可疑股票、信用卡、存单存折、金银珠宝及首饰、高档贵重物品等来制定具体搜查方案。住宅搜查方案的主要内容包括：搜查的目的和任务，搜查的地点和方位，搜查的时间、力量部署和物质准备，搜查的重点和顺序，搜查注意事项等。

住宅搜查的准备　主要有：①对被搜查人的住宅情况及周围环境进行详细调查了解，根据搜查目的物的特点判断赃物、罪证或罪犯可能藏匿的地点；②确定参加搜查的人员及其具体分工；③准备必要的交通、通讯工具、运输工具、照明器材、探测金属物或血迹的器具、摄录视听设备；④准备防身自卫和警戒他人的武器、警具、戒具等；⑤延请两名见证人到场作证；⑥准备好有关的法律手续和所需的备用文书。

住宅搜查的技术方法　通常采用的主要技术方法是分区定位搜查法。这种技术方法主要是将应搜查的地方分为几个部分，由专人分别进行多部分的搜查。如搜查一间方形的房子，可将其用两条相互垂直的直线"十"划分为"田"字形的四个部分，然后指派专人分别对四个特定区域进行搜查。如果主持搜查的侦查人员认为有必要，当各区域部分搜查完毕后可调换人员或重新划分区域重新搜查。在司法实践中应结合住宅内部结构、搜查工作量的分布和搜查人员力量状况等综合考虑，灵活划分区域和部署力量。如搜查四室一厅的住宅，可将每一自然房间划分为一个区域。但若其中有一间大室且需要搜查的物品大多集中在此室，可将这一房间再进行二级分区定位。对于面积特别宽大的房间或厅堂等室内区域，还可采用条幅式搜查法进行搜查。其主要方法是由若干搜查人员（通常是2至3人）从应搜查区域的任意边沿一侧开始，沿着一条基线并排地来回搜查，直到搜查完所划定的区域的对面极限为止。如果需要重新搜查的，重新搜查时可以换边进行。如第一次是从东到西搜查，重新搜查可由南到北搜查。总之，住宅搜查应当根据住宅情况和周围的环境以及搜查的目的，综合分析，通盘研究，精心确定搜查的重点部位和具体搜查方法。对各类案件，在住宅搜查中都要特别留意发现隐藏罪犯和罪证的秘密处所，必要时应采用技术手段。如检查墙壁有无夹墙夹壁；检查地板时，要注意缝隙泥垢是否有被起动痕迹；检查箱柜抽屉时，应测量比较内外长度与深度，注意是否有夹层；检查新染过或浸泡待洗、已洗衣物、被单时，应查明原来的颜色，注意寻找是否遗留某种痕迹；搜查杀人碎尸时留下的痕迹，应着重检查地、壁、家具表面有无可疑斑点；搜索赃款赃物时，应特别注重隐蔽阴暗的角落，诸如米缸、枕心、床垫、沙发套内、镜盒夹层、竹帐竿的空心、便纸篓、马桶下、鸡窝内、粪坑下、牛棚、猪栏、羊圈、柴草堆、书籍、画幅等等，在一般人平常不大留意的地方要重点搜索寻觅。如发现搜查某一地点时被搜查人及其家属神态紧张，要特别仔细搜寻。

住宅搜查的顺序　一般应遵循：①按时到达搜查地点，及时在住宅周围布控岗哨，断绝内外联系；②进入住宅，向被搜查人出示搜查证；③向宅中人员宣布：留一名家属在场，其余人集中一处不准自由行动，并安排专人看管；④如发现应拘捕的人，及时向其出示拘捕证并立即对其进行人身搜查；⑤如果犯罪嫌疑人或罪犯已供认藏匿的赃证物品的具体处所，应令其指明或让在场的家属指明具体部位。

(文盛堂)

助理检察员(assistant procurator)　见检察员。

zhuli shenpanyuan
助理审判员（assistant judge） 中国各级人民法院中协助审判员审判诉讼案件的审判人员。根据《中华人民共和国人民法院组织法》的规定，各级人民法院根据需要可以设助理审判员，凡有选举权和被选举权的年满23岁，而且没有被剥夺过政治权利的公民，可以被任命为助理审判员。助理审判员协助审判员进行审判工作，可以临时代行审判员职务，可以独任审理案件（见独任庭）或者参加合议庭审理案件，在合议庭组成人员中没有审判员时，经院长或者庭长指定可以担任审判长。
（陈瑞华）

zhuyi zhangai
注意障碍（disturbance of attention） 在某一段时间内精神活动指向一定对象的心理过程发生异常。表现为注意增强或减退的注意强度障碍；注意狭窄或随境转移的注意广度障碍；注意涣散或注意固定的注意稳定度障碍以及注意迟钝的注意速度障碍等。由于注意本身不是一个独立的心理过程，而是通过其他心理过程反映出来，因此，注意的异常无明显的特异性。在临床精神医学和司法精神医学鉴定中，可作为判定精神异常程度的参考指标。
（孙东东 吴正鑫）

zhuanan zhencha
专案侦查（exemplary case investigation） 对案情复杂、危害大、涉及面广的重大刑事案件组织专门力量进行侦破。是同重大案件和重大犯罪嫌疑分子作斗争的手段，可以依法及时揭露和制止重大犯罪活动。需要实行专案侦查的主要有重大现行案件，团伙或集团犯罪案件，重大预谋案件。专案侦查是在重大刑事案件现场勘验的基础上和重大职务犯罪案件、经济犯罪案件初查的基础上，制定周密的侦查计划及侦查方案，集中优势力量，在统一指挥下，依法有效地进行的专门调查工作和运用各种侦查措施手段，专案专办。
（文盛堂）

zhuanjia zhengren
专家证人（expert witness） 在一定领域内具有专门的知识和技能，并运用其专门知识和技能对案件的事实问题进行观察、鉴别、作出判断，提供意见或证言的人。这是英美法系国家证据法中的称谓，相当于大陆法系国家的鉴定人。这种将鉴定人视为专家证人的做法是与英美法系国家实行的对抗式诉讼制度相联系的。根据这一制度，控辩双方均有权自行选定鉴定人就案件中的专门问题提供鉴定意见，并要求其作为专家证人在法庭审判过程中出庭作证，双方有权对专家证人和普通证人一样进行交叉询问。专家证人与普通证人相比有以下五个特征：①专家证人必须有一定的资格证明。即在一定领域内具有专门的知识和技能，并且应有能证明其作为该领域专家的证明。②专家证人必须与案件没有任何利害关系以保证其证人证言的公正性。③专家证人是案件发生、诉讼形成后了解案情的人，他可以向当事人和其他证人了解案情。证人只能是案件发生时了解案情的人。④专家证人证言是意见证据规则的例外情况，专家证人就其了解的案件事实，利用其专门知识和技能对案件事实进行推断，得出的结论性意见，可作为可采纳证据（见可采证据）。普通证人通常不得陈述个人意见，仅就事实做出陈述。⑤专家证人可以拒绝提供结论性的意见。普通证人作证是一项义务，一般情况下不得拒绝作证。法院不受专家证人证言的约束，当事人也可对其资格和技能提出质疑。
（陈瑞华 丛青茹）

zhuanli shenpanji
专利审判籍（patent jurisdiction） 法院审理专利纠纷案件的权限和分工。属于特殊地域管辖（见地域管辖）的范畴。由于专利诉讼专业性强，因而在法院管辖权限的划分和确定上不同于一般的民事纠纷案件。按照我国现行民事诉讼法和专利法的有关规定，对专利案件的审理，从法院的级别上划分，一般由中级人民法院管辖；从具体受诉法院上划分，专利案件因其类型的不同又分属于不同的中级人民法院。具体划分如下：关于是否应当授予发明专利的纠纷案件，关于宣告授予的发明专利无效或者维持发明专利权的纠纷案件，关于实施强制许可的纠纷案件，关于实施强制许可使用费的纠纷案件等只能由北京市中级人民法院管辖。关于专利申请公布后、专利权授予前使用发明、实用新型、外观设计的费用的纠纷案件，关于专利侵权的纠纷案件（包括假冒他人专利尚未构成犯罪的案件），关于转让专利申请权或者专利权的合同纠纷案件则分别由各省、自治区、直辖市人民政府所在地的中级人民法院作为第一审法院，各省、自治区、直辖市高级人民法院作为第二审法院。各省、自治区高级人民法院根据实际需要，经最高人民法院同意，可以指定本省、自治区内的开放城市或设有专利管理机关的较大城市的中级人民法院审理上述三类案件。目前，重庆市、青岛市中级人民法院已获准对上述三类案件行使管辖权。
（阎丽萍）

zhuanli susong
专利诉讼（patent litigation） 所有关于专利权争议的诉讼，包括因不服专利管理机关有关专利权的决定而提起的行政诉讼和因专利侵权纠纷和专利合同纠纷而提起的民事诉讼。专利诉讼是随着专利制度的发展而健全起来的,较之一般的民事诉讼,专利诉讼在司法管辖上有自身的特点。以美国为例,美国的专利制度始建于1790年,经过长期的发展形成了完备的体系,专利诉讼随之而不断增加。美国对专利案件的司法管辖形式有两种。一是专属的联邦司法管辖,二是联邦与州的司法管辖。由于联邦政府对专利法拥有立法和司法权,因此,只要涉及到专利权,联邦法院就对这些专利诉讼案享有专属的司法管辖权。但是同时,联邦专利法与相关的州法如工商秘密法、许可贸易法等并存,所以,有些专利纠纷案也可能会在州法院提起,如提成费、权利需求保护以外的产品纠纷、许可合同的无效等。在许可合同纠纷中,当被许可方违反合同规定,超出被许可使用技术的范围时,专利权人既可在联邦法院提起侵权之诉,也可在州法院依合同法提起违约之诉。此外,只需符合联邦司法管辖对当事人方或争议金额的需求,有关州法而引起的专利诉讼也可在联邦法院提起。在美国,专利诉讼的提起有两种:第一种是围绕是否授予专利,即发明是否具有专利性以及其他影响到获取专利的问题,专利申请人与专利商标局所发生的诉讼。对此,专利申请人有两种选择:①对申诉抵触委员会所作的决定不服时,可以提交到专利商标局局长处理,如再不服,可以向联邦巡回上诉法院提起上诉;②专利申请人在哥伦比亚地区法院对专利商标局局长提起的民事诉讼。第二种是专利批准之后所发生的诉讼。它是围绕专利是否被侵权、专利是否有效或不可实施而进行的诉讼,其间还有专利与反托拉斯法适用以及违反其他法律的有关诉讼。

根据我国法律规定,专利诉讼案件有七类:①关于是否应当授予发明专利的纠纷的案件;②关于宣告授予的发明专利无效或者维持发明专利权的纠纷的案件;③关于实施强制许可的纠纷的案件;④关于实施强制许可使用费的纠纷的案件;⑤关于专利申请公布后、专利权授予前使用发明、实用新型、外观设计的费用的纠纷案件;⑥关于专利侵权的纠纷的案件;⑦关于转让专利申请权或者专利权的合同纠纷的案件。专利诉讼的管辖与一般民事诉讼的管辖不同,上述专利案件的前四类均由北京市中级人民法院作为第一审法院,北京市高级人民法院作为第二审法院;其他几类案件,分别由各省、自治区、直辖市人民政府所在地的中级人民法院作为第一审法院,各省、自治区、直辖市高级人民法院作为第二审法院。各省、自治区高级人民法院根据实际需要,经最高人民法院同意,可以指定本区域内的开放城市或者设有专利管理机关的较大城市的中级人民法院作为受理上述后三类案件的第一审法院。

专利诉讼具有专业性强、耗费大、时间长的特点。如1976年美国波拉罗伊德公司指控伊斯曼·柯达公司复制了SX—70型一步摄影相机内胶片传递和显影的全套系统,侵犯了该公司的专利权。此案涉及到十件专利。波士顿联邦地方法院于1985年9月作出判决:柯达公司侵犯了其中七项专利,并下达禁令。柯达公司不服提出上诉。1986年1月联邦巡回上诉法院宣布维持初审判决。这场诉讼历时几年,双方所花诉讼费各在1000万至2000万美元之间。鉴于此,对于专利诉讼,目前比较提倡的解决办法是庭外和解或通过专利仲裁。

(彭 伶)

zhuanmen guanxia
专门管辖(special jurisdiction) 相对于普通管辖而言,又称特殊管辖。指专门人民法院之间,以及专门人民法院与普通人民法院之间对第一审刑事案件在受理范围上的分工。专门人民法院是按照各种专门业务机构的组织体系设置的审判机关,是我国人民法院组织体系中的重要组成部分。目前我国已建立的专门人民法院有军事法院、铁路运输法院、海事法院等,其中海事法院不具有刑事案件的管辖权。专门法院与普通法院的区别表现在两个方面:一是专门法院的设置是按照特有的组织系统建立的,而不是按照行政区域划分建立的;二是专门法院管辖的案件,是本组织系统中所发生的案件,不是一般的刑事案件。专门法院与普通法院尽管有区别,但专门法院也要依法行使审判权,同普通法院一样必须统一适用国家的法律,必须在最高人民法院的监督下行使审判权。

确立专门管辖的主要依据是:第一,犯罪行为侵犯的客体涉及专门的业务领域;第二,犯罪主体是专业人员;第三,犯罪地在专业系统管辖区域之内。这些刑事案件与某些专门业务有联系,涉及专门性、技术性问题,由普通法院审判不便,因此,设置专门人民法院负责对此类案件的审判。如军事法院管辖的是现役军人和军内在编职工的刑事犯罪案件。现役军人、军内在编职工和非军人共同犯罪的,分别由军事法院和地方人民法院管辖;涉及国家军事秘密的,全案由军事法院管辖。铁路运输法院所管辖的刑事案件,主要是危害和破坏铁路运输和生产,严重破坏火车和交通设施,在火车上实施的犯罪,违反铁路运输的规章制度造成重大事故或严重后果的案件等。

(朱一心)

zhuanmen jiguan yu guangda qunzhong xiangjiehe
专门机关与广大群众相结合(cooperation between judicial organs and masses) 《中华人民共和国刑事诉讼法》规定的基本原则之一。其含义是,公安机关、检察机关和人民法院进行刑事诉讼,必须坚持群众路线,调动群众主动参与的积极性,运用群众的力量和智慧,以便准确及时地查明案情,正确合法地处理案件。这一原则适用于刑事诉讼的整个过程。例如,公安司法机关在立案时应将群众的检举、揭发、控告作为重要的来源和根据;为全面客观地收集证据、查明案情,侦查人员应当保证一切与案件有关或了解案情的公民有充分提供证据的条件,在必要时可以吸收他们协助调查;在法庭审判过程中,法院一般应当允许广大群众参加旁听,并接受其监督,在必要时还要吸收公民作为人民陪审员,参与行使审判权,等等。但是,坚持这一原则并不等于代替、削弱公安司法机关的专门工作。根据我国刑事诉讼法,对刑事案件的侦查、拘留、预审,由公安机关负责;批准逮捕和检察(包括侦查)、提起公诉,由人民检察院负责;审判由人民法院负责,其他任何机关、团体和个人均无权行使这些权力。同时,专门机关有丰富的司法工作经验,并拥有为进行刑事诉讼所必须的专门技术设备和手段,这也是一般群众所不具备的。　　　　　　　　　　　(陈瑞华)

zhuanmen renmin fayuan

专门人民法院(special people's court)　中国在特定领域设立的审理特定案件的国家审判机关。专门人民法院主要有三种:军事法院、海事法院和铁路运输法院。与普通人民法院不同,专门人民法院不是按照行政区划设立,而是按照需要设立在特定的部门或者地区。专门人民法院的组织和职权由全国人民代表大会常务委员会在专门通过的法律中加以规定。
　　　　　　　　　　　(陈瑞华)

zhuanmen renmin jianchayuan

专门人民检察院(special people's procuratorate)　我国在特定部门或系统中设立的检察机关。相对于按行政区域设置的普通检察机关,即地方各级人民检察院而言。我国现有的专门人民检察院是军事检察院和铁路运输检察院。曾经设立过的水上运输检察院,20世纪80年代初已撤销。设立专门人民检察院的必要性主要有:①由于特定部门或系统的工作性质、活动领域的专业性和特殊性,发生在该部门或系统中的案件,统一由地方人民检察院管辖有一定困难,因而需要设置能够适应该部门或系统组织和活动特点的专门的检察机关;②根据"人民法院、人民检察院和公安机关办理刑事案件,应当分工负责,互相配合,互相制约,以保证准确有效地执行法律"的宪法原则,在特定部门或系统中,专门人民法院、专门人民检察院和相应的公安机关,应当同步设置,互相对应,不可残缺。各种专门人民检察院统一受最高人民检察院的领导,但它们相互之间以及与地方各级人民检察院之间没有隶属关系。例外情况是根据1987年4月15日最高人民法院和最高人民检察院联合发出的关于撤销铁路运输高级法院和全国铁路运输检察院的通知的规定,全国铁路运输检察院撤销后,铁路运输检察分院改由省级人民检察院领导(见铁路运输检察院)。专门人民检察院的特殊性,主要体现在案件的管辖范围上,即只受理发生在特定部门、特定地域的案件或犯罪嫌疑人具有特定身份的案件,但是对案件的处理,则必须统一适用和遵守国家的实体法和程序法。
　　　　　　　　　　　(王存厚)

zhuanzhi lüshi

专职律师(full-time lawyer)　与兼职律师相对,指依法取得律师资格和执业证书并在律师工作机构专门从事律师业务,以律师工作为职业的专业人员。专职律师是中国律师队伍中的骨干力量,发展专职律师是律师业务专业化的必然要求,也是中国律师制度发展的趋势。
　　　　　　　　　　　(陈瑞华)

zhuanshu guanxia

专属管辖(exclusive jurisdiction)　对有特殊性的案件由法定的专门机关负责立案侦查及审判的管辖制度。设置专属管辖制度,有利于某些涉及专门性、技术性或国家秘密的案件得到准确及时的处理。专属管辖有立案侦查的专属管辖和审判的专属管辖,审判的专属管辖也即是专门管辖。根据我国《刑事诉讼法》的规定,立案侦查的专属管辖有以下几类:①涉及危害国家安全的刑事案件由国家安全机关负责;②军队内部发生的刑事案件由军队保卫部门负责;③罪犯在监狱内犯罪的刑事案件由监狱负责。审判的专属管辖有以下两类:①军事法院管辖现役军人和军内在编职工的刑事犯罪案件的审判;②铁路运输法院管辖危害和破坏铁路运输和生产、严重破坏火车和交通设施,在火车上实施的犯罪等的刑事案件的审判。
　　　　　　　　　　　(朱一心)

zhuanweituo

转委托(sub-delegation)　民事诉讼中,委任代理人接受了当事人的委托之后,再委托他人代为诉讼,有的称为选任代理人。受转委托人称为转委托代理人,它仍是当事人的诉讼代理人,而不是原委任代理人的诉讼代理人。转委托代理人的诉讼行为的后果,仍由当事人承担。委任代理人接受被代理人的委托后,是否有权转委托,各国民事诉讼法规定不一。《德国民事诉讼法》规定:"诉讼代理人有权为一切诉讼行为,包括……有权选任代理人以及上诉审的代理人……"日本的民事诉讼法则规定,代理人的选任应有当事人的特别委托。我国台湾地区的民事诉讼法与日本的规定相同，没有当事人的特别授权，不得选任代理人，即转委托应有当事人的特别授权。中国民事诉讼法对转委托没有作明确规定，但基于委托代理关系是建立在被代理人和委托代理人相互信任和自愿基础上的，具有一定的人身特定性。因此在理论上和实践中，一般都认为不经被代理人的同意，代理人不得擅自再委托他人，只有经过被代理人同意的转委托才有效。　（阎丽萍）

zhuiji dujie
追缉堵截（pursuing and intercepting）为及时抓获逃犯而同时采取寻迹追捕和守候抓捕的紧急侦查措施。通常在现场勘查中采用，有时也适用于其他侦查活动中。20世纪80年代末以来，我国的经济犯罪嫌疑人携款潜逃的日趋增多，故也常常采用这种紧急追捕措施。所谓追缉，就是循着犯罪嫌疑人可能逃跑的方向组织力量进行追捕，或顺着其逃往的地区寻迹进行搜捕。所谓堵截，就是在犯罪嫌疑人逃跑时可能行经的关卡道口通知有关的车站、码头、机场、道口及当地司法机关进行守候抓捕或阻留。追缉和堵截两种紧急措施，往往同时采用，所以常常并提。

追缉堵截适用的范围　通常是查知现行犯或犯罪嫌疑人逃离现场不远，尚在继续逃窜中；或从现场留下的足迹和其他痕迹、物品等而发现其逃跑的方向；或者了解到其体貌特征及可能逃跑的方向和逃往的地区；或者其携带赃款赃物中有明显的特征或特定物，盘查时容易辨识；或被害人在反抗中给其留下明显外伤或血污等附着物；或知其作案后乘交通工具逃跑并知晓交通工具特征或能查证该航班号、车牌号等。上述适用范围，都必须以犯罪嫌疑人逃跑不久、不远或在不久前，在附近有人目睹逃跑已久的犯罪嫌疑人又出现为前提条件。但是，对于重大犯罪嫌疑人，即使逃跑了较长时间或逃离很远，在侦查中也应根据需要和可能组织力量进行追缉堵截。

追缉堵截的方法　通常采用：①包剿围捕法。在追捕中如果犯罪嫌疑人窜入楼群、钻进森林或庄稼地等类似情形的地方，应迅速抢占有利地形地物，将其包围起来进行围剿搜捕。对于持枪杀人、抢劫等暴力犯罪分子，更应迅速动员各方面的力量对其形成严密的包围圈，然后对其喊话，告知其被重重包围、宣传法制、令其缴械投降归案。对于顽固抵抗者，应先设计智捕、诱捕；如其继续行凶作恶而不听劝阻警告的，可依法就地击毙。②多路迂回法。如果发现犯罪嫌疑人采用拐弯兜圈伎俩、施展南逃北窜骗术潜逃，应采用中间直追、两侧迂回策应的方法进行追堵，防止其逃脱。③单路尾追法。按照犯罪嫌疑人逃跑的方向和路线跟踪其后，直接追捕缉拿犯罪嫌疑人。

追缉堵截应注意的事项　①侦查人员到达现场后应及时通过事主、被害人、目睹人等了解犯罪嫌疑人的基本情况和体貌特征、口音、衣着、发型等情况和携带物品、赃物的特征，了解其是否在搏斗中受伤或沾染血污、泥土、灰浆等附着物，根据足迹车痕等反映的特征对鞋的种类、车辆类型、犯罪嫌疑人身高等作出大致判断，寻找能识别犯罪嫌疑人或辨认赃物等的人参加追缉。如果被追缉的是已知的畏罪潜逃者，应带上照片，以便在追缉途中交群众识别，有条件的还应通过传真电传给有关的关卡道口，以便守候盘查时识别。②行动要特别迅速，并尽可能地利用现代化的交通和通讯工具配合行动，尽量不使逃犯获得喘息的时机。③要边追缉边向沿途行人群众探询，如果群众提供的可疑人在衣着上有差异应考虑其是否换装，如果可疑人在附近消失应考虑其近处有落脚点、隐蔽处所或从别的岔道逃窜。还要随时注意犯罪嫌疑人抛失的物品和留下的痕迹，在获取罪证的同时据以判明其逃跑的方向和路线。④在进行追缉时要充分利用步法追踪技术，顺着犯罪嫌疑人逃跑路线边追缉边搜索。在有条件的城镇要尽可能地使用电子监视技术跟踪，在城郊、农村、山区、林区尽可能使用警犬追踪搜捕。⑤对带有枪支或其他凶器的逃犯，要警惕其行凶拒捕或引爆爆炸物品，要精心部署周密的对策。⑥堵截犯罪嫌疑人要充分争取车站、码头、机场、旅店等单位的职工群众的密切配合，利用他们的工作便利盘查可疑人员。⑦对在追缉堵截中发现的可疑人员要文明盘查，注意方式方法和策略，尊重其人格，不得非法训斥、体罚、污辱，容许其申辩。一旦发现其属于犯罪后企图逃跑或者在逃的现行犯或重大嫌疑分子，立即依法将其先行拘留。　（文盛堂）

zhuiluoshang
坠落伤（injury by falling）又称高坠伤。人体从高处坠落于地面或其他物体上，由于冲撞、震荡而致全身性的损伤。坠落伤多见于自杀和意外事故，他杀较少。在法医实践中也遇到罪犯用其他手段杀人后，再将死者从高处抛下伪装自坠。坠落伤的损伤程度及范围与坠落者的年龄、体重、衣着、身体素质、着地接触部位、坠落高度、地面性质以及空间有无障碍物有密切关系。因此，每个坠落者的损伤程度和形态特征有很大差异。

坠落伤的一般特征：①体表损伤轻内部损伤重。坠落着地时由于力的冲击作用，内脏剧烈震荡和骨折断端的穿刺，往往造成多发性骨折和内脏多处破裂以及严重的内出血，但是体表损伤常表现较轻，仅有表皮剥脱、皮下出血或伴有挫裂创。如臀部着地者，体表损伤不明显，而骨盆、脊柱、肋骨、颅骨及各内脏均可有严重的损伤。②联合性损伤。一般情况下，坠落伤损伤的部位相当广泛，头、颈、胸、腹、背、四肢、体表、体内可同时发生多发性损伤。损伤程度差别很大，极其复杂。飞机失事时还可造成肢体断离。③体表损伤分布在一侧。身体表面损伤只发生在与地面接触的一侧；可发生擦伤和皮下出血，甚至挫裂创，而触地的对侧无损伤。但在坠落过程中，如遇到某种物体（如树杈、阳台、电线等）或在坠落后滚动，会在对侧部出现损伤，这种损伤称附加伤。④损伤部位以颅脑损伤占大多数。头部先着地时，可造成颅盖骨凹陷性骨折、粉碎性骨折，甚至颅脑崩裂。臀部先着地时，脊柱可与颅骨相撞，可形成枕骨大孔周围的环状骨折，甚至使脊柱穿入颅腔内。

此外，高坠还可造成衣服线脚多处裂开，衣扣脱落，皮带断裂，眼镜破碎，钢笔折断，手表损坏等现象。若坠落者衣服条纹粗糙，地面质地坚硬，着力点皮肤可见衣服条纹的印痕。某些坠落者尸体结合膜有出血，颈部软组织有片状的出血区，两肺表面有出血点。这是由于人体撞击地面时，受到强烈的反冲动，引起胸腹腔内压突然加大，发生小血管破裂所致。 (李宝珍)

zhun xianxingfan

准现行犯（quasi-active criminal） 我国台湾地区刑事诉讼理论上对特定情况下具有重大犯罪嫌疑而以现行犯论处的人的一种称谓。如被称呼为罪犯的人，因持有凶器、赃物或者其他物件或于身体、衣服等处露有犯罪痕迹，显然可能被怀疑为罪犯的人等。

(黄 永)

zixun

咨询（advice） 律师业务的一种。律师就公民、法人和其他组织提出的有关法律和法律事务方面的询问，依法作出解释、说明或者提供合法处理意见或建议的一种法律服务活动。提供法律咨询是律师的一项重要业务。

(陈瑞华)

zigong waiyun

子宫外孕（extrauterine pregnancy） 妊娠受精卵在子宫腔以外的母体组织停留下来，发育成长。子宫外孕的输卵管妊娠为最常见，占95%。其次，还有卵巢妊娠、腹腔妊娠和子宫颈管妊娠。由于输卵管的管腔很小，管壁薄，绒毛侵入肌层，常在妊娠2至3个月时，胎盘向管腔及浆膜膨出，输卵管发生自发性破裂。表现为下腹部剧痛、头昏、眼花、出冷汗、四肢厥冷、血压下降、昏迷等。如得不到及时抢救，可因大量内出血引起休克而死亡。尸体解剖可见：腹腔和盆腔内有大量积血。输卵管破裂，内有绒毛组织。各脏器呈急性贫血状。子宫内查不到绒毛或胎盘。 (李宝珍)

zimeichuan susong

姊妹船诉讼（sister action in rem） 姊妹船的对物诉讼。根据海商法，属于同一轮船公司的若干艘船舶，相互称为姊妹船。拥有海商请求权的债权人可以以一艘船的债务为由，向法院提出要求扣押该船所属公司的另一艘船清偿债务的诉讼，此即为姊妹船诉讼。1952年《关于扣押海运船舶的国际公约》规定，可以提起姊妹船诉讼的债务有14种，它们是：①船舶碰撞；②与船舶有关的人身伤亡；③海难救助；④船舶租赁或使用；⑤运输；⑥货物与行李的灭失或损失；⑦共同海损；⑧船舶抵押借款；⑨拖带；⑩引水；⑪供应为船舶营运或维护所需物品材料；⑫船舶建造、修理或装备，或船坞费用和税款；⑬船长、船员工资；⑭船长所支付的费用，包括托运人、承租人或代理人代表船舶或船主支付的费用。不得提起姊妹船诉讼的债务有三种：①对船舶的权利和所有权方面的争议；②船舶共有人之间对该船的所有权、占有权、营运或获利方面的争议；③船舶的抵押或质权。在姊妹船诉讼中，拥有海商请求权的债权人，必须在取得对人的管辖权的法院判决之后才能援引一般强制执行法对姊妹船强制执行。

(彭 伶)

ziwaixian zhaoxiang

紫外线照相（ultraviolet photography） 以紫外线作为照射光源的一种特殊照相技术，在司法实践中主要用于物证的发现和检验。紫外线是排列在可见光谱以外的一种不可见光，波长范围介于紫色光和X射线之间（约为400nm～1nm），其中400nm～200nm的近区紫外线是目前摄影应用范围。紫外线照相利用了紫外光的三种重要特性：①较强的光化学作用。它对摄影胶片中感光剂溴化银的分解作用要比可见光强得多，因此常同盲色片或分色片配合，取得理想的物证拍摄效果。②光激发光作用。紫外线可以激发多种物质产生荧光，例如不同的销蚀剂可在紫外线照射下发出白色、黄色或棕色荧光；矿物油也会在紫外线激发下发出荧光。③紫外线在许多物质上的反射、透射和吸收效果不同于可见光，例如普通光学玻璃可以透过普通光线而不能透过紫外线。将紫外线的上述特性应用到照相技术上，可以产生特殊的效果，显示出在可见光下看不到或辨不清的物质或痕迹。紫外线照相分为荧光照相和反射照相。

紫外荧光照相 是利用紫外线对某些物质的光激发光现象检验和拍摄痕迹物证的方法。光激发光是一种物理现象,它遵循"斯托克斯定律",即产生荧光的波长要长于激发光波长。所以,紫外线激发物质的荧光主要分布在可见光区域;紫外荧光照相在底片上摄取的是物证,被激发的可见光谱区的荧光图像,如拍摄汗液或油质形成的手印荧光图像,拍摄密写字迹或销蚀字迹的荧光图像等。紫外荧光照相的常用光源是辐射峰值在365nm(长波)和254nm(短波)的专用紫外线灯。拍摄时需在相机镜头前附加阻止紫外线而能透过可见光的滤光镜,如 UV 镜、黄色或黄绿色滤色镜等。应在暗室条件下进行操作,防止其他可见光干扰。对某些在紫外线下荧光微弱或不发荧光的痕迹,还可以预先用强荧光物质(如罗丹明系列试剂)处理,能取得满意的效果。

紫外反射照相 是利用不同物质对紫外线的特殊吸收、反射和透射能力,对痕迹物证进行显现、比较鉴别的照相方法。例如为消除普通玻璃上双面指印的相互干扰,采用紫外反射照相拍摄单面指印。反射照相在底片上记录的是被物证反射回来的不可见图像,因此必须阻止可见光进入摄影镜头,应在镜头前附加只能透过紫外线而阻止一切可见光的专用滤光镜,并使用由石英玻璃制造的专用紫外摄影镜头。紫外反射照相对光源要求不甚严格,含有丰富紫外线的日光灯、高压汞灯、蓝光灯、电子闪光灯和专用紫外线灯均可用。全部操作可在明室条件下进行。

在司法实践中,紫外线照相主要应用于:①发现和检验现场法医物证,如血迹、精斑。②发现和拍摄犯罪遗留痕迹,如潜在的手印。③发现和鉴别犯罪现场上的不同遗留物质,如涂料微粒、油渍、纤维、粉尘等。④在文件检验中显现并拍摄被涂抹、销蚀的或密写的字迹,鉴别货币或证券的真伪等。由于紫外线照相不污染、不损坏检材,目前已成为对物证无损检验的重要手段之一。

(蓝绍江)

zifaxing qixiong
自发性气胸(spontaneous pneumothorax) 非创伤引起的胸膜腔积气。一般是由于肺脏和脏层胸膜破裂,空气通过细小的裂空进入胸膜腔,导致肺脏萎缩。本病常并发于慢性肺部或支气管疾病,也可以发生于无明显疾病的健康者。起病常有一定的诱因,如进气、用力过度,剧烈咳嗽。特别是原有慢性支气管炎、支气管哮喘、肺气肿或肺结核者。如果破裂处的肺膜形成一个活瓣,吸气时裂口张开,呼气时裂口关闭,空气只能进入胸膜腔而无法排出,当胸腔压力逐渐升高可发生急死。患者突然胸痛,并向同侧的肩和臂放射,类似心绞痛,疼痛向上腹部放射,诱发急腹症,有气急窒息感。若伴有大量胸膜腔出血者,则有面色苍白,四肢厥冷,冷汗淋漓,脉搏细速,血压下降等休克症状。尸体解剖可见:胸腔积气,有时伴有积血,同侧肺萎缩。

(李宝珍)

ziren
自认(admissions) 又称"承认"。有三种理解:①仅适用于民事诉讼,指一方当事人(见民事诉讼当事人)对于对方当事人所主张的不利于己的事实予以承认或不提出异议。诉讼上自认的法律效力是使一方当事人所主张的事实当然成立,而无须举证证明,从而可以作为法院判决的基础。②在英美证据法中,除了民事案件以外,刑事案件也有自认的情形。自认不同于自白。自白必须是明确承认所指控的犯罪事实的全部;而自认仅是承认部分的案件事实,自认所承认的事实必须与其他事实一并考虑,才能推论被告人有罪。如被告人陈述他人犯罪,本人在场而未参与实施犯罪,此为自认而非自白;被告陈述曾实施了某种行为,但并无犯罪的故意,也属自认而非自白;被告人愿以金钱赔偿被害人的损失,也属自认而非自白。③广义的自认,适用于民事诉讼和刑事诉讼。在刑事诉讼中指犯罪嫌疑人、被告人对指控他的犯罪事实予以承认。根据自认在诉讼过程中作出或是在诉讼外作出,可将自认分为诉讼上的自认和诉讼外的自认;根据犯罪嫌疑人、被告人承认所指控的犯罪事实的全部或是部分,可将自认分为全部自认和部分自认。自白是自认中的一种,它是指犯罪嫌疑人、被告人就指控犯罪事实的全部或其主要部分明确自认有犯罪行为。自认一般以明示形式作出,不得因犯罪嫌疑人、被告人保持沉默而推定其自认。自认既可以言词形式表示,也可以从犯罪嫌疑人、被告人的行为中推断。

(熊秋红)

zirong
自溶(autolysis) 人死后,组织细胞受自身各种水解酶的作用,发生结构破坏,使组织软化、液化的现象。组织自溶过程与细菌无直接关系。但细菌产生的酶可加速细胞的自溶。自溶的特点是组织变软易脱落,细胞轮廓不清,形态消失。由于各种组织细胞中,酶的种类和数量不同,水解作用出现的时间和强度就不一致,所以不同组织的细胞,自溶发生的速度和程度不一致。在尸体表面多见于眼结合膜、口腔粘膜以及女性阴道粘膜脱落。内脏器官以脑、胰、肾上腺、胃、脾、肝等自溶较快。这种改变在新生儿和婴儿尸体上发生更早。自溶的速度和程度与环境温度、死因有关。夏天尸体自溶发生较快,死后数小时即开始自溶,冬天则较慢。室温高、衣着多的尸体,较室温低、衣着少或裸露尸体自溶发生快。尸体迅速冷却,可防止自溶产生或减轻自溶程度。猝死、中毒、机械性窒息等原因死亡的尸体,因尸温下降缓慢,为酶的作用提供了适宜的温度,加之这类尸体细胞组织中存在大量的活性酶,因此自溶发生快。而慢性消耗性疾病死亡者,因组织细胞中酶的合成减少,则自溶发生慢。　　　　　　　　　　　　　(李宝珍)

zishouren

自首人(confession) 作案后自动投案,如实交代罪行并接受审查和裁判的犯罪人。自首人交代的材料是我国刑事诉讼法规定的司法机关立案的材料来源之一。自首的主要形式是犯罪人直接向司法机关主动投案。此外,根据1984年4月16日最高人民法院、最高人民检察院、公安部联合制定的《关于当前处理自首和有关问题具体应用法律的解答》的规定,下列情形都是自动投案的行为:向所在单位、城乡基层组织或者其他有关负责人员投案的;因病、伤或者为了减轻犯罪后果而委托他人先代为投案的;或先以信、电投案的;罪行尚未被司法机关发觉,仅以形迹可疑被有关组织查询、教育后自动投案的;犯罪后逃跑,在通缉、追捕过程中自行投案的;经查实确已准备投案或在投案途中被公安机关捕获的。司法机关在接受犯罪人自首后,应按照对于报案、控告、举报的法定程序进行处理。对自首人可以依法从轻、减轻或免除处罚。　(文盛堂)

zisu

自诉(private prosecution) 刑事诉讼中相对公诉而言的一种起诉方式。犯罪行为的被害人以自己的名义直接向法院提出控告,要求法院追究被告人刑事责任的诉讼行为。世界各国的刑事诉讼法,除日本等少数国家实行"国家起诉垄断主义",只有检察官才有起诉权外,一般都规定公民个人对某些案件也有权提起诉讼,即可以自诉。根据我国《刑事诉讼法》的规定,可以由被害人自诉的,仅限于人民法院能够直接受理的案件,其范围包括:①告诉才处理的案件;②被害人有证据证明的轻微刑事案件;③被害人有证据证明对被告人侵犯自己人身、财产权利的行为应当依法追究刑事责任,而公安机关或者人民检察院不予追究被告人刑事责任的案件。自诉人通常是犯罪行为的被害人,被害人如果是未成年人的,由其法定代理人代为自诉。只有被害人因受到强制、威吓无法告诉的,其近亲属(见当事人的近亲属)才能提起诉讼,成为自诉人。

自诉可以采取书面或者口头两种形式。书面自诉应提交诉状,并按被告人的人数提交诉状副本。口头自诉的,人民法院应制作笔录,经自诉人核对无误后签名或者盖章。不管是书面自诉还是口头自诉,其内容均应包括:自诉人和被告人的姓名、性别、年龄、住址和其他身份事项;指控被告人的犯罪事实;能够证明犯罪的证据和证据来源;提出的诉讼请求等。自诉一经提出,人民法院就应当进行审查,根据其是否符合受理条件作不同的处理:①对于犯罪事实清楚,有足够证据的案件,应当开庭审判;②对于缺乏罪证的自诉案件,如果自诉人提不出补充证据,应当说服自诉人撤回自诉,或者裁定驳回;③对于超出了自诉案件的范围,应由人民检察院提起公诉的,应当移送有管辖权的人民检察院处理。　　　　　　　　　　　　　(汪建成)

zisuren

自诉人(private prosecutor) 自诉案件的原告人,即以个人名义直接向人民法院提起刑事诉讼,请求追究被告人刑事责任的刑事诉讼主体。自诉人在刑事诉讼中履行控诉职能,是作为控诉一方参加诉讼的当事人。刑事案件的被害人在下列三种情况下有权向人民法院提起自诉,从而成为自诉人:①属于告诉才处理的案件;②被害人有证据证明被告人犯有轻微的刑事罪行;③被害人有证据证明对被告人侵犯自己人身、财产权利的行为应当依法追究刑事责任,而公安机关或者人民检察院不予追究的。被害人如果是未成年人或者其他无诉讼行为能力的人,其法定代理人可以代为自诉;在告诉才处理的案件中,被害人由于受到强制、威吓而无法告诉的,其近亲属(见当事人的近亲属)也可以代为告诉。

自诉人除了享有当事人所共有的诉讼权利以外,还享有一些与其诉讼地位相适应的诉讼权利:有权在符合法律规定条件的情况下向人民法院提起刑事诉讼;有权在法院宣告判决前与被告人自行和解或撤回自诉;有权向法院提起刑事附带民事诉讼;有权对法院所作的一审未生效判决、裁定提起上诉,等等。但对于自己所提出的控诉,自诉人有义务接受法院的传唤,出庭应诉,并向法院提供或补充足够的证据,否则法院将驳回告诉或要求其撤诉。另外,人民法院对于告诉才处理的案件以及被害人起诉的有证据证明的轻微刑事案件可以适用简易程序,由审判员一人独任审判。在此情况下,自诉人所享有的诉讼权利将会受到较大的限制(见简易程序)。　　　　(陈瑞华)

ziwei nengli

自卫能力(competence of self-preservation) 当公民人身的各种合法权益受到他人的非法侵害时,受害人能够清楚意识到侵犯者行为的性质、手段和后果,了解自己的处境,主动通过躲避侵害、呼叫他人、挣扎反抗和正当防卫等措施来实现自我保护、抵御外来侵害的能力。包括多数精神病人在内的绝大多数人，良好的自卫能力将伴随其终身。部分精神病人由于病理性精神活动干扰，不能辨认或不能完全辨认自己将要或已经受到他人危害行为的侵害，不能主动抵抗外来的侵害，甚至由于本能的欲望亢进，而做出某种主动寻求迫害的姿态，给侵害者创造实施危害行为的条件。这些人便丧失了或部分丧失了抵抗外来侵害的自卫能力。在司法审判和司法精神医学鉴定工作中，涉及精神病人自卫能力的案件，主要是女性精神病人或智能障碍者受性侵犯的案件。在鉴定此类案件受害人性自卫能力时，应首先确定受害人的精神状态，再分析精神状态对其辨认性行为的性质、后果的能力，控制性行为的启动、进程、幅度、终止的能力的影响程度，而后客观地作出鉴定结论。

（孙东东）

ziwo lianxing renge zhangai
自我恋型人格障碍（narcissistic personality disorder） 人格障碍的一种。表现为过分地自我关心、自夸自尊，幻想自己有才学、有美貌、期待别人欣赏，总希望有人特别对待自己，不能接受别人的建议和批评。以极端的眼光看待别人，要么说好，要么就一无是处，人际关系不稳定。

（孙东东）

ziwo rentong zhangai
自我认同障碍（disorder of self-identification） 又称非妄想性自居观念。一些人因人格缺陷和对某一事物的极度企盼，经巫婆、神汉、术士等迷信传播者的暗示或"指导"，坚信自己经过"修炼"已具备某种才能或技术的非正常心理活动。如认为自己已掌握医疗技能，能给他人治疗疾病，并以此身份或角色在社会上活动。这些行为的结果会直接危害他人的身心健康、破坏国家管理秩序，严重者可构成犯罪。这些人在经过教育和必要的治疗后，都能认识到自己的错误。在司法精神医学鉴定中，对这些人所实施的危害行为，应评定为完全刑事责任能力。

（孙东东）

zixianxing jingshen zhangai
自限性精神障碍（self-restrictive psychonosema） 可由自己主观意志控制出现的精神障碍。如酒精中毒性精神障碍、药物依赖、麻醉品、毒品依赖以及气功所致精神障碍等。因这种人事先对自己的精神活动有充分的认识能力，对自己行为的后果也有充分的预见性，只要其主观上稍加努力，便可完全控制自己不出现精神活动障碍。故在司法精神医学鉴定中，即使被鉴定人精神症状很重，也应评定为完全法律能力。

（孙东东）

zixing huibi
自行回避（withdrawal of one's own accord） 审判人员、检察人员、侦查人员等在诉讼过程中遇有法定回避情形（见回避），自行主动要求不在案件中执行职务的制度。这种制度的实质是通过司法人员的职业自律和自我约束意识，消除可能导致案件得到不公正处理的可能性，使符合法定回避情形的司法人员自觉退出诉讼活动。审判、检察、侦查人员遇有法定的应当回避的情形而提出自行回避的，应当分别由法院院长、检察长、公安机关负责人决定是否回避。在要求未被批准和同意之前，自动要求回避者应暂离职务，但对侦查人员的自行回避要求作出决定前，侦查人员不能停止对案件的侦查。有关自行回避的情形无须向当事人及其法定代理人宣告。

（朱一心）

zixing zhencha
自行侦查（investigation by procuratorial） ❶指人民检察院按照立案管辖的范围，对属于自己直接受理的刑事案件进行的侦查活动。根据《刑事诉讼法》第18条的规定，贪污贿赂犯罪，国家工作人员的渎职犯罪，国家机关工作人员利用职权实施的非法拘禁、刑讯逼供、报复陷害、非法搜查等侵犯公民人身权利的犯罪以及侵犯公民民主权利的犯罪，由人民检察院立案侦查。对于国家机关工作人员利用职权实施的其他重大的犯罪案件，需要由人民检察院直接受理的时候，经省级以上人民检察院决定，也可以由人民检察院立案侦查。

❷指人民检察院对公安机关、国家安全机关移送起诉的案件进行审查以后，在原有侦查工作的基础上，就案件中个别的事实、情况自行进行补充侦查的一项诉讼活动。根据《刑事诉讼法》第140条的规定，人民检察院审查案件，对于需要补充侦查的，可以自行侦查。这表明人民检察院自行补充侦查，不仅是人民检察院的权力，也是人民检察院的职责。对于个别事实不清、证据不够齐全的案件，人民检察院能够自行补充侦查而没有必要将案件退回公安机关、国家安全机关时，人民检察院可以依据自己的实际侦查能力，自行进行补充侦查。对于自行补充侦查的案件，人民检察院应当在1个月以内补充侦查完毕。

（王新）

ziyou shunxu yuanze
自由顺序原则（principle of free sequence） 亦称自由顺序主义，法定顺序原则的对称。当事人在进行言词辩论时，可以自由进行各种诉讼行为，不必按法律规定的某种顺序进行，当事人事实上的主张与调查证据，可以混合交叉进行，当事人的主张和举证，也可以在诉讼的任何阶段提出。采用自由顺序原则,当事人可以在诉讼的任何时间提出诉讼资料,因而使裁判赖以产生的资料更加充分。但是,采用自由顺序原则,容易拖延诉讼程序。为了避免自由顺序原则发生的弊端,许多国家在规定自由顺序原则的同时,对自由顺序原则的实行也作了限制。如《日本民事诉讼法》第132条规定:"法院可以发出限制、分开及合并口头辩论的命令,或撤销该项命令。"第139条也规定:"当事人因故意或重大过失迟误时机所提出的攻击或防御方法,当认为因此致使终结诉讼延误时,法院可以依据声请或以职权作出驳回的裁定。关于意思不明确的攻击或防御方法,当事人不做必要的释明或于应做释明的期日不到场时,亦与前项同。"我国民事诉讼法规定的简易程序与自由顺序原则相似。

(万云芳)

ziyou xinzheng

自由心证(free evaluation of evidence) 审查判断证据的原则和制度,指法官和陪审员在诉讼中对各种证据的证明力的大小,以及对其如何取舍以认定案件事实,应根据法庭调查的结果在自己思想中所形成的心证,自由地作出决断。心证一词原为日文法律用语,日文又来自法文 I'intime conviction,为确信的意思,系法官和陪审员通过审查证据对有关的事实在思想中所形成的深信不疑的信念。在有的法律和法学著作中,称这一认识事物的思想状态为"内心确信"。

自由心证将判断证据的权力授权法官和陪审员根据自己的良心和理性自行决断,与法定证据制度是完全对立的。自由心证证据制度的建立则是资产阶级革命胜利的产物。法国资产阶级革命家、法学家杜波尔于1790年12月26日向法国宪法会议提出了诉讼的革新草案,建议废除法定证据制度,而由法官依据自己的内心确信去进行判断。宪法会议于1791年1月18日通过了杜波尔的草案,从而确立了诉讼中的自由心证原则。1808年《法国刑事诉讼法典》第342条对这一原则作了如下规定:"法律不要求陪审员报告他们建立确信的方法;法律不给他们预定一些规则,使他们必须按照这些规则来决定证据是不是完全和充分;法律所规定的是要他们集中精神,在自己良心的深处探求对于所提出的反对被告人的证据和被告人的辩护手段在自己的理性里发生了什么印象。法律不问他们说:'你们应当把多少证人所证明的每一事实认为是真实的';也不向他们说:'没有由某种笔录、某种文件、多少证人或多少罪证所证明的事实,不得视为是充分证实的'。法律只向他们提出一个能够概括其职务上的全部尺度的问题:'你们是真诚的确信么?'"这一规定不仅阐明了自由心证原则的内容,也指出了它同法定证据制度是截然相反的。此后,大陆法系亚欧各国的诉讼立法,都先后对自由心证原则作了明确规定,但都用语简洁,并一直沿用到现代。

自由心证原则的推崇者认为,这一原则以发现实质真实为目的,是防止犯罪分子逃脱法网和冤枉无辜的重要保障。但是,也有人指出这一原则"太尚自由,不讲尺度"必然造成法官"骋臆揣断",并不能保障发现实质真实。所以,一些国家后来制定的刑事诉讼法,在规定实行自由心证原则的同时,又加以一定的限制,如《日本刑事诉讼法》第319条规定,被告人出于强制、拷问或其他可以怀疑为并非出于自由意志的自白,不得作为证据;被告人自白是对其不利的惟一证据时,不得认定被告人有罪。

英国和其他英美法系国家的刑事诉讼法,由于实行当事人主义,并适应陪审裁判的要求,对证据能力或资格,有种种严格的限制规定,而对具有可采性证据的证明力,仍由法官和陪审员自由裁量。因此,对英美法系的证据制度,究竟是采用哪种判断证据的原则,就有以下的见解:①是实质的法定证据原则,以区别于大陆法系国家封建时期对证据的证明力作了明确规定的形式的法定证据原则;②也是形式的法定证据原则,因其规定了大量的形式主义证据规则,其中也有涉及证据证明力的,如原始证据被认为是最好的证据;③是法定证据与自由心证相结合的原则;④是自由心证原则,因从总体上说,英美法系国家的证据规则,主要是关于证据可采性的规定,而对证据的证明力则是授权法官和陪审员自由裁量。

(陈一云)

ziyou zhengming

自由证明(free proof) 见严格证明。

zizhen anjian

自侦案件(case under investigation by the prosecutorial organization itself) 由人民检察院自行立案侦查的案件。当代世界各国检察机关行使侦查职能的程度不尽相同,大体可分为自行侦查、指挥侦查和监督侦查等形式。有的国家检察机关同时拥有自行侦查、指挥侦查和监督侦查的职能,如日本检察机关拥有单独侦查犯罪案件的职权,但又通常只对警察机关的侦查实行指挥和监督。还有德国、意大利、美国(联邦检察官和州一级的检察官)、法国等国家的检察机关具有自行侦查职能。但有的检察机关只负责某些案件的侦查工作,如美国联邦法典第28篇中规定,总检察长有权侦查政府官员的犯罪行为并直接领导联邦调查局的工作。而有的国家对检察机关自行侦查案件的范围并没有具体限制,甚至对任何犯罪案件检察机关都可以自行侦查。如《日本检察厅法》第6条规定:"检察官对任何犯罪都可以侦查。"但检察官认为没有必要自行侦查时,则指挥司法警察职员进行侦查。

我国刑事诉讼法典对检察机关侦查案件的性质和范围作出了比较具体的规定。1979年7月1日第五届全国人民代表大会第二次会议通过、1980年1月1日起施行的《中华人民共和国刑事诉讼法》第13条第2款规定:"贪污罪、侵犯公民民主权利罪、渎职罪以及人民检察院认为需要自己直接受理的其他案件,由人民检察院立案侦查和决定是否提起公诉。"据此,1979年12月15日最高人民法院、最高人民检察院、公安部联合发出《关于执行刑事诉讼法规定的案件管辖范围的通知》,规定人民检察院直接受理立案侦查的刑事案件包括:①贪污案;②刑讯逼供案;③诬告陷害案;④破坏选举案;⑤非法拘禁案;⑥非法管制、搜查案;⑦报复陷害案;⑧非法剥夺宗教信仰自由案;⑨伪证陷害、隐匿罪证案;⑩侵犯通信自由案;⑪行贿、受贿案;⑫泄露国家机密案;⑬玩忽职守案;⑭重大责任事故案;⑮枉法追诉、包庇、裁判案;⑯体罚虐待人犯案;⑰私放罪犯案;⑱偷税、抗税案;⑲挪用救灾、抢险等款物案;⑳假冒商标案;㉑盗伐、滥伐森林案;㉒人民检察院认为需要自己直接受理的其他刑事案件。1986年3月27日,中国人民解放军总政治部保卫部、军事法院、军事检察院联合发出《关于惩治军人违反职责罪暂行条例所列案件的管辖范围的通知》,规定军事检察院直接受理下列刑事案件:①武器装备肇事案;②泄露、遗失军事机密案;③擅离职守或者疏忽职守案;④私放他人偷越国(边)境案;⑤虐待部属案;⑥违抗命令案;⑦假传军令案;⑧军事检察院认为需要自己直接受理的其他案件。1988年10月22日,最高人民法院、最高人民检察院、公安部又联合发出《关于全国人大常委会两个〈补充规定〉中有关几类案件管辖问题的通知》,规定挪用公款案、巨额财产来源不明案、隐瞒不报境外存款案由人民检察院立案侦查。1995年2月28日全国人大常委会《关于惩治违反公司法的犯罪的决定》通过后,最高人民检察院通知检察机关对该决定中规定的侵占罪、挪用资金罪和商业贿赂罪负责侦查。在司法实践中对个别自侦案件的管辖曾作过调整,如1985年5月13日公安部、最高人民检察院、最高人民法院联合通知,将盗伐滥伐森林案件改由公安机关管辖。

1996年3月17日八届全国人大四次会议决定修正刑事诉讼法,对检察机关的自侦案件作了新的规定,修正后的《刑事诉讼法》第18条第2款规定:"贪污贿赂犯罪,国家工作人员的渎职犯罪,国家机关工作人员利用职权实施的非法拘禁、刑讯逼供、报复陷害、非法搜查的侵犯公民人身权利的犯罪以及侵犯公民民主权利的犯罪,由人民检察院立案侦查。对于国家机关工作人员利用职权实施的其他重大的犯罪案件,需要由人民检察院直接受理的时候,经省级以上人民检察院决定,可以由人民检察院立案侦查。"1998年1月19日,最高人民法院、最高人民检察院、公安部、国家安全部、司法部、全国人大常委会法律工作委员会又联合作出《关于刑事诉讼法实施中若干问题的规定》,在第一个问题"管辖"中的第2条中规定,人民检察院管辖的"渎职犯罪",是指刑法分则第九章规定的渎职罪。另外,刑法分则第四章第248条规定的监管人员殴打、体罚、虐待被监管人罪,由人民检察院管辖。第3条规定,人民检察院管辖"贪污贿赂犯罪"案件,是指修订原刑法分则第八章规定的贪污贿赂罪和其他章节中明确规定按照刑法分则第八章贪污贿赂罪的规定定罪处罚的犯罪。

(文盛堂)

zizhili

自知力(insight) 又称内省力、洞悟力。指个体对其自身精神状态的认识能力。完整的自知力应当能正确地分析和判断既往与目前的自身状况和内心体验、自身有无精神疾病;能清楚地认识自己所患疾病的发生、发展的背景、过程;能区分开自己的精神活动哪些是正常、哪些是异常;能主动配合医生积极治疗;能在疾病痊愈后仍充分地认识到治疗的重要性。否则,便是自知力缺损或丧失。精神病患者在发病期自知力多缺乏。在临床精神医学和司法精神医学鉴定中,自知力的完整与否是区分神经病性疾病和精神病性疾病的一个重要指标。也是判定行为人的责任能力或行为能力等法律能力的不可缺少的医学要件之一;此外,对判别伪装精神疾病者也是一个主要的参考指标。

(孙东东 吴正鑫)

zizhizhou shengxiashi renmin jianchayuan

自治州、省辖市人民检察院(the people's procuratorate of autonomous prefecture, the people's procuratorate of the city under the jurisdiction of the provincial government) 见省级人民检察院分院。

zongjiaotu teshu jingshen zhuangtai

宗教徒特殊精神状态(particular mental state is believer of a religion) 一些虔诚的宗教信徒在实行宗教仪式活动时,在周围人与环境的暗示下,出现意识恍惚、幻听、幻视、幻觉的症状。如哭笑无常或看到虚幻的神灵并与之交流等。一般在宗教仪式结束后,上述表现可自行消失,精神活动完全恢复正常,少数人这一状态可持续数小时至数日,并因此而影响其正常生活。这种精神状态实质上是在特定的文化背景下,人为诱发的一次性轻度精神障碍,应属精神伤害范畴。这种状态也可见于癔症发作状态和修炼气功时。

(孙东东)

zonghuopi
纵火癖(pyromania) 又称纵火狂,病理性纵火。这类人呈发作性的不能控制自己的放火冲动。其纵火动机是为了满足放火时的内心愉快体验。被烧物质多为价廉的草木。放火后不逃逸,而在一旁观看,兴奋欢呼。在司法实践和日常生活中,有相当一部分纵火癖者是在躁狂抑郁性精神病躁狂状态发作时实施纵火行为的。在司法精神医学鉴定中,对单纯的纵火癖者实施的纵火行为,应评定为完全刑事责任能力,而对在躁狂抑郁性精神病之躁狂状态下继发的病理性纵火癖行为,应评定为限制刑事责任能力。(孙东东)

zousi anjian zhencha
走私案件侦查(investigation of smuggling case) 走私犯罪侦查部门在办理走私案件过程中,依照法律进行的专门调查工作和有关的强制性措施。走私,是指违反国家海关法规,逃避海关查验和监督,非法运输、邮寄、携带违禁货物,偷漏关税等行为。其范围包括私运货物进口或出口;起运、装卸、收受、窝藏、购买或代销走私物品等。走私案件,则是指违反海关法规进行走私,情节严重,达到立案标准的案件。

　走私犯罪在不同的历史时期有不同的形式和特点,并同社会风气和经济发展形势有密切的联系。其主要特点是:走私渠道多样性,组织形式集团性,走私与多种违法犯罪活动相交织,走私物品种类不断变化,走私手法日益狡猾等。针对这些特点,对走私案件的侦查应当:①加强情报工作,广辟线索来源。主要是加强境外、境内情报信息的收集;加强同有关部门的情报信息交换。②严密控制重点地区和私货市场。对于走私贩私的重点地区,特别是沿海地区,应加强控制。主要做法:加强海上边防巡逻缉私,在沿海沿边的渔民、边民中建立力量,配合巡逻缉私;在走私案件发案较多的沿海沿边城市,做好对特种行业和交易市场的控制,必要时进行清查;对外商和外国来华人员中的一些可疑分子涉足的部门和单位,布置秘密力量,进行调查控制。③运用各种手段进行侦查。主要是:组织力量开展调查了解;使用技术手段;运用各种特殊侦查方法和侦查技巧。④开展大协作。既要注意省、市、地区之间的协作,又要注意公安、边防、海关、工商等部门之间的协作,抓住进、贩、运、销四个环节开展侦查。

(傅政华)

zuji
足迹(footprints) 人在行走、站立或其他动作中,由足底留在承受客体上的反映形象。犯罪分子在实施犯罪过程中留下的足迹,是揭示犯罪情节、认定犯罪事实的重要物证。足迹可以分为鞋印、赤足印和袜印三类,还有立体足迹与平面足迹之分。提取和保全犯罪现场足迹时,应视足迹的不同种类和形成条件而采取不同的方法:对立体足迹,通常采用灌制模型法;对平面粉尘足迹,常采用静电吸附法。足迹检验中所要寻找和运用的特征主要包括两大类:①形象特征。它是足底表面形态结构特征的反映,例如:鞋底花纹和磨损特征,赤足脚型及乳突花纹特征等。②步法特征。是人在行走运动中,动作习惯规律通过作用力变化在足迹中的反映。根据步法特征检验可以对作案嫌疑人进行排除和认定。足迹是在犯罪现场上遗留率最高、而且往往是连续的痕迹,它对于侦查破案以及认定犯罪人具有重要意义:①根据犯罪现场上足迹的种类与分布,可以判断犯罪人数、犯罪活动途经路线和出入道,推断作案时间和全部犯罪过程。②根据足迹的大小、形态及用力方式,分析犯罪人的身高、年龄、性别、体态及某些职业特点,为侦查工作提供线索、划定范围。③依据现场足迹的方向和保留的人体气味,采取追踪措施,准确查明犯罪人的来去方向,循迹搜寻新的遗留物证,甚至可以直接追缉到犯罪人。④将现场足迹与重大嫌疑人的样本足迹进行比较检验,提供鉴定结论,作为揭露犯罪人的重要诉讼证据。

(蓝绍江)

zuji dinglianghua jianyan
足迹定量化检验(fixed quantity examination of footprint) 运用数学的理论与方法将足迹中形象化的特征数据化,并进行阈值判别。它是我国足迹检验技术从经验型、手工操作向科学化与仪器化发展的重要探索。足迹定量化检验的最初尝试始于河南省周口地区公安机关。从20世纪70年代后期,经过大量的步法统计,计算出同一人步法特征变化的阈值,进行不同人步法的区分。先后设计了"步幅特征级差检验法"、"步幅三角形级差检验法"、"步态特征级差检验法"、"T^2检验法"、"隶属度检验法"等。同时研制了"足迹高程测量仪"、"立体足迹多倍投影测图仪"、"足迹三维数据测量仪"等,用于精确测量立体足迹中各点的三维数据,通过数学计算和阈值判别进行定量化检验。1992年9月,王清举、韩均良、郑德才、吴珍林联合发表了《足迹步法定量化检验》专著。公安部刑事科学技术研究所还曾试验了立体赤足迹模型的"光栅检验法",通过1mm光栅和45°平行光投影,显示立体赤足迹模型压力分布的等高线图形(见附图),并输入计算机自动分析处理,以19个关键点的计算数据进行比较判别。我国痕迹检验专家除了在实用检验技术领域进行定量化探索之外,还运用仪器与数理方法,从定量化上对足迹检验基础理论进行了更深入的探讨,如通过测力平台和计算机假彩色编码技术,研究足迹在行走运动中压力分布的个人特性、稳定性及变化规律,这将为足迹人身识别的理论奠定更坚实的基础。

立体赤足迹模型压力分布等高线图

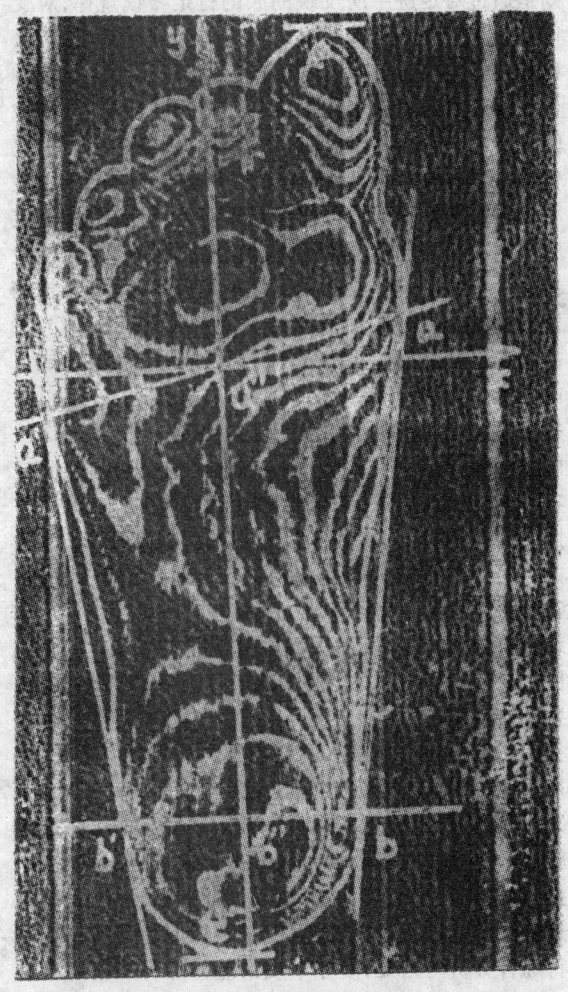

转引自公安部第二研究所和河南省公安厅1990年编写的内部教材《足迹定量检验》　　　（蓝绍江）

zuji dongli xingtai jianyan

足迹动力形态检验（examination of footprints-formal）　我国河北省雄县公安局在公安部的大力支持下,在原步法检验的基础上研究和发展起来的一种足迹检验新方法。它主要抓住行走时脚底支撑过程的七个支撑部位的压力特征,依先后顺序为:落脚、后跟、脚弓、前掌、趾掌间、趾（主要为踇趾）、起脚。首先划出七个部位的所谓"动力面（即重压区）"范围;又在每个动力面上找出前后方向上的两个最凸点,将此二点连接称为"动力方向"。然后以足迹的中心线为 y 轴,在 y 轴前 1/3 处做垂直于 y 轴的 x 轴,建立平面直角坐标。按平面坐标方法比较七个动力面的位置、面积大小和形状,再将各"动力方向"依次连接成曲折的"动力轨迹线",表示出在行走过程中,脚底作用力的转移规律特点,同受审查的嫌疑人进行比较。这种检验方法引入了动力方向和"轨迹线"的概念,把作用力的三要素（大小、方向、作用点）作为整体进行分析,因此具有突破性。但动力面的精确划定尚需靠丰富的经验,定量区分的界限还需严格论证和检验;而且目前对送检条件要求较苛刻,仍处于继续研究阶段,尚待进一步完善。目前,此种方法检验还只限于立体足迹。

（蓝绍江）

zuji fenxi

足迹分析（footprint analysis）　根据犯罪现场遗留足迹的形态,对留痕客体特征进行判断的技术。它是为刑事侦查工作提供线索、方向的重要手段。足迹分析的内容包括:①对鞋印形态特征分析。判断鞋子的大小、种类、花纹特征及磨损程度,为寻找作为罪证的鞋子提供依据。②对步法特征进行分析。通过对步长、步宽、步角的测量和起落脚及辗压特征的分析,判断作案人的走路姿势、习惯动作及是否负重、负重方式等,为发现和寻找嫌疑人提供线索。③对人身特征进行分析。通过足迹的大小、压力分布及步态特征的分析,判断作案人的身高、年龄、性别、体态及某些职业特点,为寻找嫌疑人划定范围。④对犯罪情节进行分析。根据足迹分布、形成后的变化、足迹与环境及其他物证的关系,判断作案人的作案时间、来去方向、在现场活动的过程,为研究和判断犯罪目的、犯罪人数、犯罪时间、犯罪心理提供依据。

（蓝绍江）

zuji gebuwei mingcheng

足迹各部位名称（every parts name of footprints）　在足迹检验中,根据文字表述的需要,对足迹各部位统一称谓。足迹的趾尖方向称为前部,后跟方向称为后部,内踝一侧称为内侧,外踝一侧称为外侧。趾区依解剖结构称为"第一趾区,第二趾区,第三、四、五趾区"。前掌部位依解剖结构从内向外称为第一至第五趾区。趾与掌之间的空白区称为"趾面区"或"趾节区"。前掌以后分别称为脚弓区和后跟区（踵区）。在足迹测量时,以一直线连结前掌最宽处中点和后跟最宽处中点,构成"足迹中心线"。中心线与足迹前后边缘相交，两交点间长度确定为足迹长。由足迹前掌最宽处中点作足迹中心线的垂线，交于足迹前掌内外缘，此二交点间距离为足迹前掌宽；由后跟最宽处中心点作足迹中心线的垂线，交于足迹后跟内外缘，二交点间距离为足迹后跟宽；从脚弓痕迹最窄处，垂直于中心线方向测量脚弓宽度为弓宽。对于赤足迹的测量，可以用直线连接第二趾球痕迹中心点与脚跟部中心点，即为足迹中心线；由第五趾跖连接处向足迹中心线作垂线，交于前掌内侧边缘，由此测量赤足印前掌宽度。

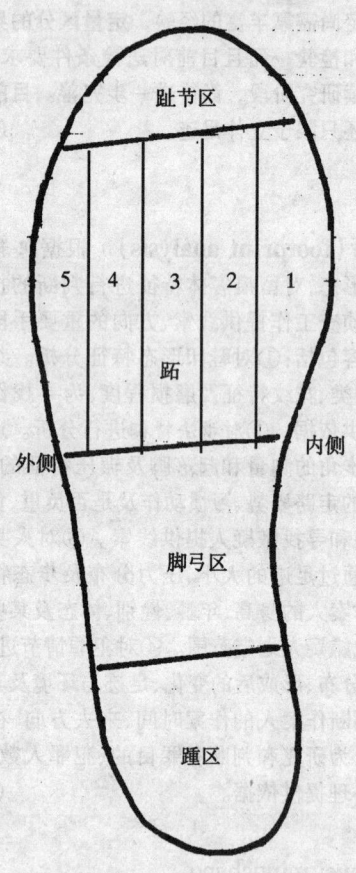

附图：足趾各部位名称

（蓝绍江）

zuji jianding

足迹鉴定（**footprint identification**） 痕迹鉴定之一。通过对足迹中所反映的形象特征与步法特征的分析、比较与评断，对遗留足迹的人或所穿着的鞋、袜进行同一认定的专门检验与鉴别过程。足迹鉴定可分为鞋印鉴定、赤足印鉴定、袜印鉴定及步法鉴定。鞋印鉴定通常是通过将送检的嫌疑人鞋或鞋印样本与犯罪现场遗留的鞋印进行形象特征比较，以确认送检的嫌疑鞋是否即犯罪人在实施犯罪时穿用的；也可以通过鞋印与鞋子上反映的常态磨损特征检验，对不同鞋子的穿用人是否为同一人作出判断。赤足印鉴定是通过赤足印（检材与样本）所反映的脚型与脚纹特征比较，直接对留痕人进行同一认定的过程。袜印鉴定既可以根据袜子的织物特征认定犯罪人穿的袜子，也可以根据袜印中反映的脚型特征进行人的同一认定。步法鉴定则是通过对足迹中所反映的人的行走习惯规律，对受审查的嫌疑人是否即留痕人予以排除或认定（见步法检验）。

足迹鉴定的基本程序应当包括预备检验、分别检验、比较检验和综合评断四个阶段。预备检验的主要任务是了解和熟悉足迹形成的环境、条件，查明现场检材与足迹样本的数量与质量是否符合鉴定要求，确定所需解决和可能解决的问题，确定检验手段，准备检验器材。分别检验阶段的主要任务是分别观察、寻找和发现检材与样本中所反映的足迹种类特征与细节特征。在这个过程中要认真分析现场条件对足迹形成可能产生的影响，排除假象干扰，确认准确、稳定的特征；并可模仿现场环境条件及犯罪人当时的动作，以送检的嫌疑鞋和受审查的人制作出供比较检验的实验样本。比较检验是对检材和样本中已发现的特征进行对照，查明异同点。常用的比较方法有：①测量法。测量两个足迹的特征的大小、位置及对应关系是否一致。②特征指示法。将已发现的足迹中的细节特征用指示线或符号予以标示，然后将检材与样本对照。③几何图形法。在同倍照片上将被比较足迹中的细节特征分别依次连结，构成特征图形，观察二者的图形是否相符。④重叠法。将被比较足迹分别拍成透明正片，或用透明赛璐珞片分别将被比较足迹中的特征描绘下来，然后进行重叠透光观察比较。⑤拼接法。将被比较的两足迹以同倍大照片在同部位裁切，然后交换拼接，观察比较特征吻合情况。最后的综合评断是在上述检验的基础上，对已发现的符合特征与差异特征进行综合分析与论证，使非本质的差异点得到科学合理的解释，最后得出鉴定结论。鉴定结论应当通过足迹鉴定书的形式表现，详细记载检验过程、做结论的根据，以及结论的内容，成为法庭诉讼证据。 （蓝绍江）

zuji tiqu

足迹提取（**footprints evidence collection**） 用适当的方法将犯罪现场上的遗留足迹取下并保存，以作为诉讼证据，是收集犯罪物证的重要手段之一。提取足迹应当依据现场足迹的类别和承受客体的性质采用相应方法。①提取立体足迹，一般采用石膏灌制模型的方法。将适量熟石膏粉与水按比例调制成稀糊状，缓缓注入立体足迹中，并可加筋予以加固，待石膏凝固后取下，将附着的泥土冲净即可晾干保存。遇有特别松散的粉尘地面，可先以固化液雾状喷撒，使足迹表面板结加固，再以石膏制模。对雪地上的立体足迹，亦应采取加固方法后，再以雪水或冰水调制石膏制模。②提取平面粉尘足迹，一般采用静电吸附法。以专用的足迹静电板轻轻覆盖足迹表面，再以"静电吸附器"电极（高压直流 7KV 以上）给静电板充电并适当加压，通过静电吸附作用将粉尘足迹吸附在静电板表面即可拍照保存。③照相法。对任何足迹，在采取其他提取措施前，均应先拍照。拍照时，镜头光轴与足迹平面中心垂直，保证不产生影像变形，并要在足迹旁与足迹同水平面上加放比例标尺，以备在照片上进行足迹测量。对于无法采取其他方法提取的足迹，照相方法是惟一可行和补救的手段。提取作为物证的足迹应当真实、清晰，应当由受过训练的刑事技术人员操作。 （蓝绍江）

zuwen
足纹（footprints） 也称"脚纹"。人脚掌皮肤表面乳突线构成的花纹结构。脚纹的生理基础及基本特性均同于手纹。但脚纹的纹线较手纹粗大，花纹图案较指纹简单。脚的踇趾乳突花纹多为箕型，少部分人会出现斗型纹或弓型纹；其他四趾多为弓型纹，很少出现其他纹型；在脚掌的第一跖区常出现面积较大的箕型纹或斗型纹；在踵区后部有少数人会出现箕型纹或斗型纹；脚掌其他部位主要由横行的平直乳突纹线构成。在犯罪现场上出现的赤足印中，如能反映出脚纹，则具有同手纹同样的重要证据价值；通过脚纹检验可以出具鉴定书，直接认定遗留足迹的人。 （蓝绍江）

zuzhiling
阻止令（injunction） 英美等普通法国家法院发布的一种制止非法侵权行为的令状。这种令状原属私法救济，现在也用于公法，可向行政机关发布。阻止令分积极的和消极的两类。积极的阻止令又称执行性阻止令，用于命令受令者履行法定义务，结束不作为状态；消极性阻止令用于命令受令者停止违法行为，结束对受害人权利的侵犯。这种令状行政机关和公民均可申请。行政机关可申请法院阻止公民的违法活动；公民可申请法院阻止行政机关的侵权行为。 （姜明安）

zuigao renmin fayuan
最高人民法院（The Supreme People's Court） 中国最高审判机关。根据《中华人民共和国人民法院组织法》的规定，最高人民法院由院长一人、副院长、庭长、副庭长和审判员组成，并设有审判委员会。最高人民法院一般设有刑事审判庭、民事审判庭、经济审判庭、行政审判庭、交通运输审判庭和告诉申诉庭，近年来又根据中国改革开放和建设社会主义市场经济的需要，新设立了知识产权审判庭等审判机构。最高人民法院院长由全国人民代表大会选举和罢免，副院长、庭长、副庭长、审判员和审判委员会委员，由全国人民代表大会常务委员会任免。最高人民法院向全国人民代表大会及其常务委员会负责并报告工作。最高人民法院审判的案件有：法律规定由它管辖的全国性重大刑事案件，在全国有重大影响的民事案件、经济案件和行政案件，以及它认为应当由自己审判的第一审案件；对高级人民法院、专门人民法院所作的判决和裁定提出上诉或者抗诉的案件以及最高人民检察院按照审判监督程序提出的抗诉案件。它还有权核准由中级人民法院和高级人民法院判决的死刑立即执行案件，有权对审判过程中应用法律的问题作出司法解释。最高人民法院对案件所作的第一审和第二审判决和裁定，都是终审的判决和裁定，一经宣判即发生法律效力。对于被告人因犯有杀人、强奸、抢劫、爆炸以及其他严重危害公共安全和社会治安的罪行而被判处死刑的案件，最高人民法院在必要的时候，可授权省、自治区、直辖市的高级人民法院行使核准权。最高人民法院有权监督地方各级人民法院和专门人民法院的审判工作，对于它们所作的已经发生法律效力的判决和裁定，如果发现确有错误，有权依照审判监督程序提审或者指令下级人民法院再审。 （陈瑞华）

zuigao renmin jianchashu shixing zuzhi tiaoli
《最高人民检察署试行组织条例》（The Proposed Organic Rules of the Supreme Procuratorial Office） 中华人民共和国建立后颁布的第一个有关检察制度的法律。1949 年 12 月 20 日经中央人民政府批准后实施。《条例》对最高人民检察署的任务、职权、人员组成、机构设置、会议制度等作了规定。根据《条例》的规定，最高人民检察署受中央人民政府委员会直接领导，直接行使并领导下级人民检察署行使下列职权：①检察全国各级政府及其公务人员和全国国民是否严格遵守《中国人民政治协商会议共同纲领》及人民政府的方针政策、法律和法令；②对各级司法机关之违法判决提起抗议；③对刑事案件实施侦查，提起公诉；④检察全国司法与公安机关犯人改造所及监所的违法措施；⑤对于全国社会与劳动人民利益有关的民事案件及一切行政诉讼，代表国家公益参与；⑥处理人民不服下级检察署不起诉处分而申请复议的案件。最高人民检察署设检察长一人，主持全署工作。最高人民检察署实行与检察委员会议相结合的检察长负责制，检察委员会会议以检察长为主席，负责决议有关检察工作的政策方针、重大案件及其他重要事项，并总结检察工作的经验。在检察委员会会议意见不一致时，取决于检察长。同时，根据该《条例》的规定，全国各级检察署均独立行使职权，不受地方机关的干涉，只服从最高人民检察署指挥，即在国家机构体系中实行垂直领导的体制。另外，《条例》还规定，在下级检察署尚未设立的地区，得暂委托该地区公安机关执行各项检察职权，但其必须直接受最高人民检察署的领导。

(陈瑞华)

zuigao renmin jianchayuan
最高人民检察院(The Supreme People's Procuratorate) 中华人民共和国的最高检察机关。设在首都——北京。《中华人民共和国宪法》第129条规定："中华人民共和国人民检察院是国家的法律监督机关。"第132条规定："最高人民检察院是最高检察机关。最高人民检察院领导地方各级人民检察院和专门人民检察院的工作，上级人民检察院领导下级人民检察院的工作。"最高人民检察院要对全国人民代表大会及其常务委员会负责并报告工作，地方各级人民检察院都要对产生它的国家权力机关和上级人民检察院负责，并接受它们的领导。最高人民检察院检察官每届任期同全国人民代表大会每届任期相同，连续任职不得超过两届。最高人民检察院成立于1949年10月，当时称最高人民检察署。1954年9月，第一届全国人民代表大会第一次会议通过了第一部《中华人民共和国宪法》、《中华人民共和国人民检察院组织法》，根据该部宪法和人民检察院组织法的规定，将各级人民检察署改为各级人民检察院。1975年1月17日第四届全国人民代表大会第一次会议修正通过了第二部《中华人民共和国宪法》，其第25条规定："检察机关的职权由各级公安机关行使。"从而，最高人民检察院到地方各级人民检察院及专门人民检察院均被撤销。1978年3月5日，第五届全国人民代表大会第一次会议通过了第三部《中华人民共和国宪法》，对检察机关的职权和领导关系等作了原则规定。同年恢复了人民检察院建制。1982年12月4日第五届全国人民代表大会第五次会议通过了第四部《中华人民共和国宪法》，确定：人民检察院是国家的法律监督机关，设立最高人民检察院、地方各级人民检察院和专门人民检察院。人民检察院依照法律规定独立行使检察权，不受行政机关、社会团体和个人的干涉。各级人民检察院由检察长一人、副检察长和检察员若干人组成。各级人民检察院设立检察委员会，实行民主集中制，在检察长的主持下讨论决定重大案件和其他重大问题。检察长统一领导检察院的工作。

根据国家法律规定，人民检察院依法行使以下职权：①对于叛国案、分裂国家案以及严重破坏国家的政策、法律、政令统一实施的重大犯罪案件，行使检察权。②对于直接受理的国家工作人员利用职权实施的犯罪案件，进行侦查。③对于公安机关、国家安全机关等侦查机关侦查的案件进行审查，决定是否逮捕、起诉或者不起诉，并对侦查机关的侦查活动是否合法实行监督。④对于刑事案件提起公诉、支持公诉；对于人民法院的刑事判决、裁定是否正确和审判活动是否合法实行监督。⑤对于监狱、看守所等执行机关执行刑罚的活动是否合法实行监督。⑥对于人民法院的民事审判活动实行法律监督，对人民法院已经发生法律效力的民事判决、裁定，发现违反法律、法规规定的，依法提出抗诉。⑦对于行政诉讼实行法律监督。对人民法院已经发生法律效力的判决、裁定发现违反法律、法规规定的，依法提出抗诉。

最高人民检察院及其他各级人民检察院按照法律规定和业务分工设置内部机构，分别承办侦查、审查逮捕、审查起诉等业务。①控告申诉检察部门、举报中心。承办受理、接待报案、控告和举报，接受犯罪人的自首；受理不服人民检察院不批准逮捕、不起诉、撤销案件及其他处理决定的申诉；受理不服人民法院已经发生法律效力的刑事判决、裁定的申诉；受理人民检察院负有赔偿义务的刑事赔偿案件等工作。②反贪污贿赂部门。承办对国家工作人员的贪污、贿赂、挪用公款等职务犯罪进行立案侦查等工作。③法纪检察部门。承办对国家工作人员的渎职犯罪和国家机关工作人员利用职权实施的非法拘禁、刑讯逼供、报复陷害、非法搜查、暴力取证、破坏选举等犯罪进行立案侦查等工作。④审查逮捕部门。承办对公安机关、国家安全机关和人民检察院侦查部门提请批准逮捕的案件审查决定是否逮捕，对公安机关、国家安全机关和人民检察院侦查部门提请延长侦查羁押期限的案件审查决定是否延长，对公安机关应当立案侦查而不立案，以及侦查活动是否合法实行监督等工作。⑤审查起诉部门。承办对公安机关、国家安全机关和人民检察院侦查部门移送起诉或不起诉的案件审查决定是否提起公诉或不起诉，出席法庭支持公诉，对人民法院的审判活动实行监督，对确有错误的刑事判决、裁定提出抗诉等工作。⑥监所检察部门。承办对刑事判决、裁定的执行和监管活动进行监督，直接立案侦查虐待被监管人罪、私放在押人员罪、失职致使在押人员脱逃罪和徇私舞弊减刑、假释、暂予监外执行罪案，对监外执行的罪犯和劳教人员又犯罪案件审查批捕、起诉等工作。⑦民事行政检察部门。承办对人民法院已经发生法律效力的民事、行政判决、裁定，发现确有错误或者违反法定程序，可能影响案件正确判决、裁定的，依法提出抗诉等工作。

⑧检察技术部门。承办对有关案件的现场进行勘验、收集、固定和提取与案件有关的痕迹物证并进行科学鉴定，对有关业务部门办理案件中涉及技术性问题的证据进行审查或鉴定等工作。⑨纪检监察部门。承办受理群众和社会各界对检察人员利用职权进行违法办案、越权办案、刑讯逼供、吃请受贿等违法违纪行为的举报和控告，并进行查处等工作。

最高人民检察院及地方各级人民检察院依法直接立案侦查下列案件：①贪污贿赂犯罪案件。包括：贪污案、挪用公款案、受贿案、单位受贿案、行贿案、对单位行贿案、介绍贿赂案、单位行贿案、巨额财产来源不明案、隐瞒境外存款案、私分国有资产案、私分罚没财物案。②渎职犯罪案件。包括：滥用职权案、玩忽职守案、国家机关工作人员徇私舞弊案、故意泄露国家秘密案、过失泄露国家秘密案、枉法追诉、裁判案、民事、行政枉法裁判案、私放在押人员案、失职致使在押人员脱逃案、徇私舞弊减刑、假释、暂予监外执行案、徇私舞弊不移交刑事案件案、滥用管理公司、证券职权案、徇私舞弊不征、少征税款案、徇私舞弊发售发票、抵扣税款、出口退税案、违法提供出口退税凭证案、国家机关工作人员签订、履行合同失职被骗案、违法发放林木采伐许可证案、环境监管失职案、传染病防治失职案、非法批准征用、占用土地案、非法低价出让国有土地使用权案、放纵走私案、商检徇私舞弊案、商检失职案、动植物检疫徇私舞弊案、动植物检疫失职案、放纵制售伪劣商品犯罪行为案、办理偷越国（边）境人员出入境证明案、放行偷越国（边）境人员案、不解救被拐卖、绑架妇女、儿童案、阻碍解救被拐卖、绑架妇女、儿童案、帮助犯罪分子逃避处罚案、招收公务员、学生徇私舞弊案、失职造成珍贵文物损毁、流失案。③国家机关工作人员利用职权实施的下列犯罪案件包括：非法拘禁案、非法搜查案、刑讯逼供案、暴力取证案、虐待被监管人案、报复陷害案、破坏选举案。④国家机关工作人员利用职权实施的其他重大的犯罪案件，需要由人民检察院直接受理的时候，经省级以上人民检察院决定，可以由人民检察院立案侦查。

根据《中华人民共和国检察官法》的规定，为了保障检察官依法行使检察权，国家实行检察官等级制度。根据检察官的职务编制的检察官等级，是表明检察官级别、身份的称号，是国家对检察官专业水平的确认。最高人民检察院主管检察官等级工作。根据《中华人民共和国检察官等级暂行规定》，检察官等级设四等十二级。①首席大检察官；②大检察官：一级、二级；③高级检察官：一级、二级、三级、四级；④检察官：一级、二级、三级、四级、五级。最高人民检察院的检察官在检察官职务编制中的等级为：检察长：首席大检察官；副检察长：一级大检察官至二级大检察官；检察委员会委员：二级大检察官至二级高级检察官；检察员：一级高级检察官至四级高级检察官；助理检察员：一级检察官至三级检察官。

最高人民检察院作为国家最高检察机关，其主要职责是：领导地方各级人民检察院和专门人民检察院的工作；对全国性的重大刑事案件行使检察权；对各级人民法院已经发生法律效力的判决和裁定，如发现确有错误，按照审判监督程序提出抗诉；依法对监管改造场所的活动实行监督；依法对民事诉讼、行政诉讼实行监督；对检察工作中具体应用法律的问题进行司法解释；制定检察工作条例、细则和规定；管理和规定各级人民检察院的人员编制。

最高人民检察院设办公厅、政治部、刑事检察厅、反贪污贿赂总局、法纪检察厅、监所检察厅、民事行政检察厅、控告申诉检察厅、最高人民检察院举报中心、铁路运输检察厅、检察技术局、法律政策研究室、监察局、干部教育训练局、外事局、计划财务装备局、机关事务管理局、老干部局等部门，并设有中国检察出版社、中国检察报社、中国检察理论研究所、中国检察技术科学研究所、国家检察官学院以及中国高级检察官培训中心等直属单位。　　　　　（文盛堂　王存厚）

zuigao renmin jianchayuan faji jianchating
最高人民检察院法纪检察厅（Prosecutorial Department for Dereliction of Duty and Infringement of Citizen's Right）　最高人民检察院反渎职犯罪的专门侦查机构。该机构除承担渎职案件的侦查外，还负责侦查监管人员殴打、体罚、虐待被监管人罪案。　　　　　　　　　　　　　（文盛堂）

zuigao renmin jianchayuan fantanwu huilu zongju
最高人民检察院反贪污贿赂总局（General Bureau of Anti Embezzlement and Bribery）　最高人民检察院反贪污贿赂犯罪的专门侦查机构。曾称经济检察厅、贪污贿赂检察厅。于1995年11月10日在北京宣告成立，各级检察机关反贪污贿赂局也先后成立。反贪污贿赂总局的主要职责是：①指导全国检察机关对贪污、贿赂、挪用公款、巨额财产来源不明、隐瞒境外存款不报、私分国有资产、私分罚没财产等案件的侦查、预审和预防等工作；②直接查办或参办、督办全国有影响的重、特大经济犯罪案件，组织、协调、指挥跨省、市、自治区的重、特大贪污贿赂等犯罪案件的侦查；③负责查办中央国家机关厅局级以上和地方副省级以上干部的贪污贿赂等犯罪案件；④会同有关部门承办涉外贪污贿赂等大案要案的个案协查及缉捕工作；⑤研究、分析全国贪污贿赂等犯罪的情况、趋势和对策;⑥承办下级人民检察院请示的贪污贿赂等犯罪疑难案件和有关工作问题;⑦研究、制定贪污贿赂检察业务工作细则、规定;⑧研究犯罪预防的对策和综合治理工作方针、方案;⑨负责最高人民检察院领导交办的其他事项。反贪污贿赂总局内设:两个特别侦查部,即特侦一部、特侦二部;侦查指挥中心;犯罪预防中心;办公室等机构。反贪污贿赂总局的成立,使我国检察机关惩治贪污贿赂犯罪工作步入了更加专门化、正规化的轨道,强化了职能,对全国的反贪污贿赂斗争起到了积极的推动作用。

(文盛堂)

zuigao renmin jianchayuan gean xiecha bangongshi

最高人民检察院个案协查办公室(case-auxiliary-inrestigation office of Supreme People's Procuratorate) 最高人民检察院职司涉港、澳地区贪污贿赂等案件个案协查事务的专门机构。简称"个案协查办"。成立于1990年,设在毗邻港、澳的广东省人民检察院。是内地检察机关办理涉香港、澳门地区案件的窗口和联系渠道。由于内地与港、澳地区法律有区别,涉港、澳的个案协查的政策性和法律性很强,需要归口最高人民检察院个案协查办公室统一管理。属该办公室管理的主要是法律规定检察机关直接立案侦查的贪污贿赂等类案件,办理协查的是涉港、澳地区有赴港、澳取证必要性的个案,如案情重大影响恶劣或经济损失严重的,或主要证人、重要书证等在港、澳地区,用约请、函调等方法无法达到侦查取证目的的案件。

(文盛堂)

zuigao renmin jianchayuan jishu kexue yanjiu suo

最高人民检察院技术科学研究所(Institute of Technique and Science of Supreme People's Procuratorate) 全国检察系统侦查技术的科研中心。1989年5月成立。该所是最高人民检察院直属事业单位,局级建制,属社会公益事业科研单位。成立该所的目的在于加强侦查技术的科学研究,强化办案的科学技术手段,充分发挥检察机关的法律监督作用,有效地同犯罪作斗争。它的主要任务是:承办最高人民检察院及下级人民检察院送交的有关专门性问题的鉴定;研究对付现代犯罪的技术方法和手段;解决现场勘查、鉴定的应用和理论问题;研究开发适应检察机关技术工作特点的仪器设备等。研究所内设有综合办公室、科技情报室、法医鉴定室、理化鉴定室、文件鉴定室、痕迹鉴定室、视听技术室、司法会计鉴定室等机构。根据科研和应用的需要,该所高级研究人员占科研人员总数1/3以上。同时聘请社会有关部门的专家、教授以及本系统有丰富实践经验和较高理论水平的高级技术人员为本所顾问,参加有关科研课题的研究,帮助解决疑难的专门性技术问题。

(文盛堂)

zuijia zhengju jiqi guize

最佳证据及其规则(best evidence and best evidence rules) 英国普通法上最古老的证据规则,其内容是指在诉讼中,一项事实必须提供最直接的事实证据予以证明。最佳证据一般针对书证领域而言,对于证明书证内容的真实性而言,其书面材料的原本是最佳的,副本是第二流的证据,原因在于原本的证明力强,对书证内容的理解准确,并且出示原本可以防止利用书证进行欺骗。根据最佳证据规则的要求,必须提出原本作为证明事实的依据,只有原本被证明无效时,才能提供副本。近年来,随着科学技术的发展,最佳证据规则不仅适用于手写的、打字的、印刷的书面材料,而且也适用于影印、摄像、机械或电子录音以及其他以数据处理方法记下的资料,还适用于普通照片、X光摄像、录像或电影。最佳证据规则是最古老的证据法规则,但是这一原则存在很多例外情况,使得其作用越来越小。在下列情况下,能证明文件内容的第二流证据也可以采纳为证据:①一方当事人未遵照对方出示书面材料的通知行事时,通知一方可提出副本作为证据;②原本遗失或灭失或被损坏(有充分理由证明),可采用副本,但举证一方恶意丢弃或损坏者除外;③原本在第三人控制之下,而该第三人有正当理由拒绝出示时,可采用副本;④出示原本事实上不可能或至少有极大的不方便的;⑤通过现行司法程序或途径无法取得原本的;⑥官方记录或法律授权记录存档并按要求业已存档的文件或任何形式的资料汇编。

(丛青茹)

zuifan timao dengji

罪犯体貌登记(registration of criminal appearance) 利用照片或利用描述外貌特征的方法对罪犯体貌进行登记,并建档储存。外貌特征包括人体静态特征和人体动态特征。人体静态特征是由人体解剖结构决定的外表形态,指整个肢体和头面部各部分的形态特征。人体动态特征是由人体职能形成的动作习惯,主要有行走姿势、讲话情态、动作表情、口音嗓音等。登记时应特别注意那些特别记号。利用描述外貌特征进行登记,也适用于某些已经知道姓名的潜逃的犯罪嫌疑人、被告人。对于那些犯罪后潜逃的不知道姓名的犯罪人,如强奸、抢劫、诈骗等案件的犯罪人,也可以根据被害人对犯罪人外貌特征的描述进行登记。

(张玉镶)

zuijiu

醉酒(intoxication) 即酒精中毒(alcoholism)。因过量或长期饮酒产生的躯体和精神的异常症状。根据醉酒发生的时间，分为：急性酒精中毒——次饮用超过本人耐受量的酒后，出现各种精神障碍或生理中毒症状；慢性酒精中毒——长期饮酒后出现的对酒精的依赖及人格与精神变态，并伴有体内脏器的器质性病变。一旦停止饮酒，可出现戒断症状。按照醉酒的性质，可将急性醉酒分为：普通醉酒、病理性醉酒、复杂性醉酒以及间发性酒狂。除病理性醉酒外，绝大多数醉酒都属自限性精神障碍，在司法精神医学鉴定中不属免除其法律责任。

（孙东东）

zuijiu shiyan

醉酒实验(experimentation of drunkenness) 在司法精神医学鉴定中，为了鉴别醉酒的性质，通过让被鉴定人在严密的监护条件下饮酒，再现醉酒过程的一种诊断方法。由于有关醉酒的定性完全是概念问题，不是一个饮酒量变的问题，而且醉酒实验都是在前次醉酒行为之后，饮酒者的身体、心理状态已发生改变，醉酒实验的结果并不能证明前次醉酒的性质。因此，大多数司法精神医学鉴定人不主张使用这一方法。

（孙东东）

zuozheng

佐证(corroborative evidence) "补强证据"的另一种称谓。见补强证据。

zuozheng bude zhongzhi

作证不得中止(giving testimony continuously) 证人提供证言时，司法人员应当让证人就其所了解的案件情况，进行连续陈述。证人陈述过程中，司法人员不得作片断或是非之询问，以免问答错误或断章取义，导致得出与证人所欲陈述之事实相反的结论。另一方面，打断证人的陈述进行询问，易使证人作虚假的回答；而令其就整个事实之始末进行连续陈述，证人如欲作虚假陈述，其中的破绽易被发现。证人陈述之后，为使其陈述明确或判断其真伪，可对证人进行适当的询问。德国刑事诉讼法、台湾刑事诉讼法对此作了明确规定。

（熊秋红）

zuozheng xuanshi

作证宣誓(oath of witness) 证人作证前或作证后宣誓如实作证的行为。西方国家的刑事诉讼立法普遍规定，证人作证要进行据实陈述的宣誓。宣誓分为附宗教的宣誓和无宗教的宣誓。证人原则上应当宣誓，在法定情形下，证人可以不经宣誓而作证，如证人属未成年人不能理解宣誓的意义，证人为被告人的近亲属等。证人宣誓一般在证人作证之前进行，如英、美、法、日等国均是。德国刑事诉讼法则规定，证人的宣誓应当在其被询问之后进行。证人宣誓应当个别进行，所宣读的誓词中有"我发誓"、"向上帝发誓"、"所述之言属实，并且无任何隐瞒"等语。作证宣誓旨在借助人们对上帝的忠诚和道德力量的约束以及违背自己的誓言将遭到惩罚的信念，以保证证言的客观真实性。

（熊秋红）

辞条汉字笔画索引

说 明

一、本索引供读者按辞条标题的汉字笔画查检辞条。
二、本索引辞条标题按第一字的笔画用 Word 程序排序。

一画

DNA 技术	(70)
X 光照相	(1)
《一九七一年精神药物公约》	(623)
《一九六一年麻醉品单一公约》	(623)
一元诉权说	(626)
一过性精神模糊	(622)
一事不再理【民诉】	(625)
一事不再理【刑诉】	(625)
一审判决	(624)
一审终审制	(625)
一审案件	(624)
一审期限	(624)
一审程序(见一审)	(624)
一审裁定	(624)
一审	(623)
一面关系说	(623)
一般刑事案件	(622)
一造负担	(626)
一造审理主义	(626)
一部改判	(622)

二画

《人民调解委员会组织条例》	(356)
《人体轻伤鉴定标准(试行)》	(364)
《人体重伤鉴定标准》	(364)
《人身保护法》	(362)
九条方针	(242)
二元诉权说	(100)
二审判决	(100)
二审案件	(99)
二审期限	(100)
二审程序(见二审)	(100)
二审裁定	(99)
二审	(99)
二面关系说	(99)
人民法庭	(358)
人民法院对具体行政行为的合法性进行审查原则	(359)
人民法院依法独立行使行政审判权原则	(359)
人民法院审理行政案件,以事实为根据,以法律为准绳原则	(359)
人民法院	(358)
人民调解方针	(356)
人民调解协议	(357)
人民调解委员会委员	(356)
人民调解学	(357)
人民调解原则	(357)
人民调解程序	(355)
人民调解	(354)
人民陪审员参加审判	(362)
人民陪审员	(362)
人民检察院举报中心	(362)
人民检察院派出机构	(362)
人民检察院	(360)
人犯辨认照相	(354)
人犯	(354)
人体测量登记	(364)
人证	(364)
人身保护状【刑事诉讼】	(363)
人身保护状【行政诉讼】	(363)
人身检查笔录	(363)
人身搜查	(363)
人事诉讼程序	(364)
人保	(353)
人格解体	(354)
人格障碍	(354)
儿童多动综合征	(99)
十指指纹登记	(403)

三画

- 万国禁烟会 (479)
- 三级三审制度 (371)
- 三审终审 (372)
- 三审程序 (371)
- 三面关系说 (371)
- 上告程序 (373)
- 上告 (373)
- 上诉【民诉】 (374)
- 上诉【刑诉】 (374)
- 上诉人【民诉】 (375)
- 上诉人【刑诉】 (376)
- 上诉不加刑 (375)
- 上诉权 (375)
- 上诉状 (377)
- 上诉制度 (377)
- 上诉审审理 (376)
- 上诉期间 (375)
- 口供(见犯罪嫌疑人、被告人供述和辩解) (259)
- 口淫 (259)
- 大叶性肺炎 (56)
- 大案要案 (56)
- 子宫外孕 (750)
- 尸体局部干燥 (402)
- 尸体现象 (403)
- 尸体痉挛 (402)
- 尸体检验笔录 (402)
- 尸冷 (402)
- 尸斑 (400)
- 尸蜡 (401)
- 尸僵 (401)
- 工具打击痕迹 (148)
- 工具剪切痕迹 (152)
- 工具痕迹的记录和提取 (149)
- 工具痕迹勘验 (152)
- 工具痕迹检验样本 (150)
- 工具痕迹鉴定 (151)
- 工具痕迹 (148)
- 工具擦压痕迹 (154)
- 工具擦划痕迹 (147)
- 干尸 (144)
- 干涉主义(见职权主义) (144)
- 马锡五审判方式 (280)

四画

- 不干涉主义(见当事人主义) (24)
- 不予受理 (29)
- 不公开审判(见审判公开) (25)
- 不在现场之主张 (29)
- 不利于犯罪嫌疑人、被告人的证据(见控诉证据) (26)
- 不利益自供 (26)
- 不告不理 (24)
- 不批准逮捕决定书 (27)
- 不批准逮捕的复议 (27)
- 不批准逮捕的复核 (27)
- 不更易原则 (25)
- 不间断原则 (25)
- 不明动机 (26)
- 不服要求履行义务案件 (24)
- 不枉不纵 (29)
- 不法行为能力 (24)
- 不知名尸体登记 (30)
- 不知名尸体辨认 (30)
- 不经行政复议的起诉期限 (26)
- 不待陈述的判决 (24)
- 不适当型人格障碍 (28)
- 不能抗拒的原因 (26)
- 不能提起行政诉讼的行为 (27)
- 不起诉 (27)
- 不停止被诉行政行为执行原则的例外 (29)
- 不停止被诉行政行为执行原则 (28)
- 专门人民法院 (748)
- 专门人民检察院 (748)
- 专门机关与广大群众相结合 (747)
- 专门管辖 (747)
- 专利诉讼 (746)
- 专利审判籍 (746)
- 专家证人 (746)
- 专案侦查 (746)
- 专职律师 (748)
- 专属管辖 (748)
- 中心现场 (732)
- 中止诉讼 (732)
- 中华全国律师协会 (718)
- 中级人民法院 (731)
- 中间争点 (731)
- 中间确认之诉 (731)
- 中国刑事科学技术协会 (718)

765

词条	页码	词条	页码
中国法医学会	(717)	公益原则	(158)
中国法学会诉讼法学研究会	(717)	内心确信(见自由心证)	(304)
中国检察官协会	(717)	内部行政行为	(304)
中毒型细菌性痢疾	(717)	内源性精神病	(304)
中毒	(716)	分色照相	(137)
书记员	(416)	分裂型人格障碍	(137)
书证【民诉】	(416)	分裂病型人格障碍	(137)
书证【刑诉】	(417)	分裂情感性精神病	(137)
书面审	(416)	切创	(344)
互诉	(199)	化妆品	(199)
从参加人(见诉讼中的第三人)	(51)	双重人格	(417)
从轻辩护	(51)	反对询问	(123)
公开审判制度	(156)	反应性精神病	(125)
公开审理	(156)	反社会型人格障碍(见悖德型人格障碍)	(124)
公开辨认	(156)	反证(见本证)	(126)
公正原则	(158)	反诉【民诉】	(124)
公民有权用本民族语言文字进行诉讼	(157)	反诉【刑诉】	(124)
公示催告程序	(157)	反驳证据	(123)
公安分局	(155)	反询问	(125)
公安机关负责人	(155)	反贪污贿赂侦查工作会议	(124)
公安派出所	(155)	反差照相	(123)
公安部刑事侦查局	(155)	反腐败国际	(123)
公安部物证鉴定中心	(155)	幻听	(199)
公安部经济犯罪侦查局	(154)	幻觉	(199)
公安部禁毒局	(154)	幻想性谎言(见病理性谎言)	(200)
公安部	(154)	开庭公告	(253)
公设辩护人	(157)	开庭审理	(253)
公判中心主义	(157)	开庭通知书	(253)
公告送达	(156)	心包炎	(519)
公证书	(163)	心肌炎	(519)
公证处	(160)	心身疾病	(520)
公证申请人	(162)	心脏死	(520)
公证申请书	(163)	心理盲从(见异律性)	(520)
公证权	(162)	心境恶劣	(520)
公证行为	(164)	心境	(520)
公证员助理	(165)	手印显现程序	(413)
公证员	(164)	手印显现	(413)
公证事项	(163)	手印勘验	(412)
公证费用	(161)	手印鉴定	(411)
公证原则	(158)	手印	(411)
公证效力	(163)	手纹	(410)
公证程序	(159)	手淫	(411)
公证管辖	(161)	支气管肺炎	(693)
公证	(159)	支持公诉	(692)
公诉人	(158)	支持起诉原则	(692)
公诉不可分	(158)	支票诉讼	(693)
公诉词	(158)	文书物证检验	(487)

文书勘验	(486)
文件材料	(485)
文件检验	(486)
无合理怀疑	(487)
无因回避	(488)
无证逮捕	(488)
无病推定	(487)
无罪判决	(488)
无罪证据(见有罪证据)	(490)
无罪推定	(489)
无罪辩护	(488)
日本民事诉讼法	(367)
日本刑事诉讼法	(368)
日本国家警察厅	(367)
日本法院组织体系	(366)
日本律师制度	(367)
日本特别搜查部	(368)
日本商事仲裁协会	(368)
月经期前紧张症	(653)
木僵	(303)
比例照相	(12)
比重测量	(12)
毛发检验	(281)
气体毒物中毒	(332)
气味鉴别	(333)
水溶性毒物中毒	(417)
火器伤(见枪弹伤、爆炸伤)	(204)
牙印勘验	(618)
见证人	(225)
计划生育案件	(212)
计算机记录	(212)
认定公民无行为能力或限制行为能力案件审理程序	(365)
认定财产无主案件审理程序	(365)
认罪答辩	(365)
车辆痕迹勘验	(38)
长度测量	(38)
长臂管辖	(38)
《中华人民共和国人民法院组织法》	(724)
《中华人民共和国人民法院暂行组织条例》	(723)
《中华人民共和国人民检察院组织法》	(724)
《中华人民共和国公证暂行条例》	(718)
《中华人民共和国民事诉讼法(试行)》	(721)
《中华人民共和国民事诉讼法》	(722)
《中华人民共和国仲裁法》	(729)
《中华人民共和国企业破产法(试行)》	(723)
《中华人民共和国刑事诉讼法》	(725)
《中华人民共和国行政诉讼法》	(728)
《中华人民共和国律师法》	(719)
《中华人民共和国逮捕拘留条例》	(718)
《中华苏维埃共和国司法程序》	(730)
《中华苏维埃共和国裁判部暂行组织及裁判条例》	(730)

五画

东京审判	(76)
主文	(744)
主动脉瘤破裂出血	(743)
主观举证责任	(743)
主体现场	(743)
主证(见本证、主要证据)	(744)
主参加人(见诉讼中的第三人)	(743)
主要犯罪事实	(744)
主要证据	(744)
主管机关	(743)
主管	(743)
代书	(56)
以五声听狱讼	(630)
以事实为根据,以法律为准绳	(630)
出走行为	(46)
出庭律师	(46)
北京大学司法鉴定中心	(8)
北京大学司法鉴定室	(8)
卡多判例	(253)
发回重审	(101)
发作性控制不良综合征(见爆发型人格障碍)	(101)
发现程序	(101)
古罗马的法律诉讼程序	(168)
古罗马的非常诉讼程序	(168)
古罗马的程式诉讼程序	(167)
可诉性行政行为	(256)
可采证据	(256)
台湾刑事诉讼法	(457)
台湾法务部调查局	(456)
台湾法院组织体系	(456)
台湾律师法	(457)
台湾检察机关组织体系	(456)
司法认知	(425)
司法会计学	(423)
司法会计鉴定人	(421)
司法会计鉴定书的变更与无效	(423)
司法会计鉴定书	(422)

767

司法会计鉴定时限	(421)
司法会计鉴定法律关系	(420)
司法会计鉴定复核	(420)
司法会计鉴定档案管理	(419)
司法会计鉴定资料	(423)
司法会计鉴定管辖	(421)
司法会计鉴定	(418)
司法决斗	(425)
司法协助	(429)
司法行为请求说	(430)
司法审计人员	(428)
司法审计报告	(427)
司法审计时限	(428)
司法审计学	(428)
司法审计法律关系	(427)
司法审计档案	(427)
司法审计资料	(429)
司法审计管辖	(427)
司法审计	(426)
司法弹道学	(418)
司法摄影	(426)
司法鉴定学	(424)
司法精神医学鉴定	(425)
司法豁免权原则	(424)
司法警察	(425)
处分原则	(47)
处理扣押物品清单	(48)
外围作用痕迹	(479)
外围现场	(479)
失物登记	(403)
失踪人登记	(403)
对人诉讼	(93)
对不能追究刑事责任的不予追诉	(90)
对公民适用法律一律平等	(92)
对日本战争罪犯的国内审判	(94)
对外国仲裁裁决的执行	(95)
对外国法院判决的执行	(95)
对行政机关不制作、不送达决定书具体行政行为的起诉	(96)
对行政机关未告知诉权的当事人的起诉期限的计算	(96)
对行政机关重新作出具体行政行为的起诉	(96)
对妨害民事诉讼的强制措施	(90)
对妨害行政诉讼行为的强制措施	(92)
对抗式(见当事人主义)	(93)
对林彪、江青反革命集团案件的审判	(93)
对物诉讼	(96)
对质权	(97)
对质	(97)
对等原则	(90)
巨额财产来源不明案件侦查	(248)
平面痕迹	(315)
打击伤	(55)
旧中国的民事诉讼法规	(243)
未决犯	(485)
未经人民法院依法判决不得定罪原则	(484)
本证	(11)
本诉讼	(11)
本诉	(11)
正本	(681)
正当当事人	(682)
正当程序	(681)
民事书状	(294)
民事司法审计	(295)
民事纠纷	(293)
民事判决	(293)
民事诉讼之诉	(301)
民事诉讼代理人	(295)
民事诉讼当事人	(296)
民事诉讼权利能力	(300)
民事诉讼行为能力	(300)
民事诉讼证据	(301)
民事诉讼法学	(298)
民事诉讼法律关系	(297)
民事诉讼法	(296)
民事诉讼	(295)
民事审判权	(294)
民俗信念	(302)
犯罪人	(126)
犯罪心理痕迹	(129)
犯罪对策学	(126)
犯罪侦查学	(130)
犯罪现场	(128)
犯罪线索	(128)
犯罪信息	(129)
犯罪案件	(126)
犯罪嫌疑人、被告人供述和辩解	(127)
犯罪嫌疑人辨认	(128)
犯罪嫌疑人	(127)
生物学死亡期	(397)
生物碱中毒	(396)
生育能力	(397)
生殖不能	(397)
申报权利	(381)

申诉	(383)
申请回避	(382)
申请延长行政诉讼的起诉期限	(382)
申请执行行政诉讼判决期限	(383)
申请履行保护人身权法定职责案件	(382)
申请履行保护财产权法定职责案件	(381)
电击死	(75)
白骨化	(4)
皮下出血	(314)
目睹人	(303)
立体痕迹	(267)
立案管辖	(266)
立案	(265)
纠正违法通知书	(242)
纠问式	(241)
讯问犯罪嫌疑人	(617)
讯问笔录	(616)
讯问	(616)
记忆障碍	(212)
边缘型人格障碍	(15)
《司法助理员工作暂行规则》	(430)
《囚犯待遇最低限度标准规则》	(347)
《民事诉讼收费办法（试行）》	(300)
《民事诉讼法公约》	(297)
《民商事外国判决承认与执行公约》（海牙，1971）	(292)

六画

亚太地区打击国际犯罪部长级会议	(618)
亚太地区洗钱问题研讨会	(618)
交叉询问	(227)
交互诉讼	(227)
交通工具致伤	(227)
交替人格	(227)
产后出血	(37)
产后精神病	(37)
仲裁申请	(738)
仲裁协议	(739)
仲裁员	(740)
仲裁制度	(740)
仲裁委员会	(739)
仲裁保全	(734)
仲裁庭	(738)
仲裁费用	(736)
仲裁监督	(737)
仲裁调解	(736)
仲裁程序	(735)
仲裁裁决	(735)
仲裁管辖	(737)
仲裁	(734)
任意回避	(366)
任意辩护	(366)
休庭	(609)
优先债权	(647)
会计师事务所	(261)
会计资料勘验	(262)
传来证据	(49)
传染性精神病（见感应性精神病）	(50)
传闻证据	(50)
传唤通知书	(49)
传唤	(48)
伦敦国际仲裁院	(278)
伪证的责任	(481)
伪装精神病（见诈病）	(481)
先予执行	(495)
先行扣押	(495)
先行给付	(495)
全国公安工作会议	(349)
全国政法工作会议	(349)
全国检察工作会议	(349)
全部改判	(349)
共同诉讼人	(166)
共同管辖【民事诉讼】	(166)
共同管辖【行政诉讼】	(166)
关联现场	(169)
再抗告	(656)
再审之诉	(657)
再审制度	(658)
再审法院	(657)
再审案件	(656)
再审提审	(657)
再审裁判	(657)
再审	(656)
军队保卫机关	(250)
军事法院	(250)
军事检察院	(252)
农药中毒	(307)
冲动行为	(45)
决定【民诉】	(249)
决定【刑诉】	(250)
决定逮捕通知书	(250)
刑讯逼供	(540)
刑讯	(539)

刑事司法协助原则	(525)	动态作用痕迹	(78)
刑事司法审计	(525)	动物毒素中毒	(78)
刑事执行通知书	(539)	协议管辖	(518)
刑事技术	(524)	印证	(640)
刑事证据学	(539)	合议制度	(195)
刑事诉讼义务	(532)	合议庭	(194)
刑事诉讼历史类型	(530)	合同公证	(194)
刑事诉讼方式	(530)	合同能力	(194)
刑事诉讼主体	(534)	合并管辖	(193)
刑事诉讼本质的历史类型	(526)	同一认定	(470)
刑事诉讼权利	(531)	同一鉴定	(469)
刑事诉讼行为	(531)	同性恋	(469)
刑事诉讼阶段	(530)	同等原则	(468)
刑事诉讼形式的历史类型	(532)	向代收人送达	(516)
刑事诉讼形式	(532)	回避制度	(201)
刑事诉讼条件	(531)	回避型人格障碍	(201)
刑事诉讼法学	(528)	回避	(201)
刑事诉讼法的目的	(527)	团体诉讼(见集体诉讼)	(477)
刑事诉讼法的任务	(527)	地域管辖【民诉】	(70)
刑事诉讼法的指导思想	(528)	地域管辖【刑诉】	(72)
刑事诉讼法的效力	(527)	场所辨认	(38)
刑事诉讼法律关系	(528)	多聚酶链反应	(97)
刑事诉讼法	(526)	妄想性知觉	(480)
刑事诉讼客体	(530)	妄想	(479)
刑事诉讼原则	(533)	守候	(414)
刑事诉讼职能	(534)	守秘权	(414)
刑事诉讼程序	(526)	巡回审理	(614)
刑事诉讼	(526)	巡回法庭	(614)
刑事附带民事诉讼	(523)	并案侦查	(21)
刑事侦查人员	(538)	延期审理【民诉】	(619)
刑事侦查机关	(537)	延期审理【刑诉】	(619)
刑事侦查学	(538)	异律性	(630)
刑事侦查	(536)	异装癖	(631)
刑事侦察(见侦察)	(536)	当时证据	(60)
刑事侦察学	(538)	当事人主义	(64)
刑事现场照相	(535)	当事人诉讼权利平等原则	(62)
刑事测量	(522)	当事人进行主义	(62)
刑事案件	(522)	当事人陈述	(61)
刑事登记	(523)	当事人制度	(63)
刑事照相	(536)	当事人的更换	(61)
刑具	(522)	当事人的近亲属	(62)
刑警队	(521)	当事人的追加	(62)
刑警	(521)	当事人恒定	(62)
创	(521)	当事人送达	(62)
劣后债权	(273)	当事人	(60)
动力定型	(78)	当然回避	(60)
动作习惯痕迹	(79)	戏剧化型人格障碍(见癔病型人格障碍)	(495)

词条	页码	词条	页码
成熟原则	(44)	杀婴	(373)
扣押邮件、电报通知书	(261)	权利法案	(350)
扣押邮件、电报	(260)	权利保护请求权说	(350)
扣押物证、书证	(260)	权限冲突法庭	(350)
扣押物品清单	(259)	死亡过程	(434)
扣押	(259)	死亡	(434)
执行中止	(703)	死刑判决的执行程序	(436)
执行令	(701)	死刑复核程序	(434)
执行申请	(701)	死刑核准权	(435)
执行回转	(699)	死刑缓期执行判决的执行程序	(436)
执行异议之诉	(702)	死刑缓期执行案件核准权	(436)
执行异议	(701)	汗孔检验	(193)
执行当事人	(698)	红外线照相	(198)
执行机关	(700)	纤维	(496)
执行死刑命令	(701)	级别管辖【民诉】	(208)
执行死刑笔录	(701)	级别管辖【刑诉】	(209)
执行和解	(699)	羊水栓塞症	(621)
执行担保	(697)	老年性精神障碍	(264)
执行法院	(698)	肌肉松弛	(207)
执行组织	(703)	自卫能力	(752)
执行终结	(703)	自认	(751)
执行标的	(695)	自发性气胸	(751)
执行原则	(702)	自由心证	(754)
执行根据	(698)	自由证明(见严格证明)	(754)
执行监督	(700)	自由顺序原则	(753)
执行措施	(696)	自行回避	(753)
执行逮捕通知书	(697)	自行侦查	(753)
执行程序【民诉】	(696)	自我认同障碍	(753)
执行程序【刑诉】	(695)	自我恋型人格障碍	(753)
执行	(694)	自诉人	(752)
收养关系公证	(410)	自诉	(752)
收养能力	(410)	自侦案件	(754)
收集证据	(409)	自治州、省辖市人民检察院(见省级人民检察院分院)	(755)
有反必肃,有错必纠	(647)	自知力	(755)
有伤风化	(648)	自限性精神障碍	(753)
有因回避	(648)	自首人	(752)
有利于犯罪嫌疑人,被告人的证据(见控诉证据)	(648)	自溶	(751)
有罪判决	(648)	血痕出血部位判断	(612)
有罪证据	(648)	血痕血型检验	(613)
有罪推定	(648)	血痕性别鉴定	(613)
机械性损伤致死	(205)	血痕种属试验	(614)
机械性损伤	(205)	血痕预备试验	(613)
机械性窒息尸体征象	(206)	血痕检验	(612)
机械性窒息过程	(206)	血痕确证试验	(612)
机械性窒息	(205)	行为障碍	(540)
杀人案件侦查	(372)	行政处罚案件	(542)

行政纠纷	（545）
行政机关申请执行	（544）
行政机关依法执行	（544）
行政相对人申请执行	（544）
行政判决不予执行的情形	（546）
行政判决书	（545）
行政判决执行中止	（547）
行政判决执行条件	（547）
行政判决执行终结	（548）
行政判决执行原则	（547）
行政判决执行措施	（546）
行政补偿案件	（542）
行政诉讼一审形式	（587）
行政诉讼一审步骤	（586）
行政诉讼一审程序	（587）
行政诉讼二审书面审（见行政诉讼二审形式）	（571）
行政诉讼二审判决	（570）
行政诉讼二审形式	（571）
行政诉讼二审步骤	（569）
行政诉讼二审程序	（570）
行政诉讼不调解原则	（555）
行政诉讼的撤诉	（556）
行政诉讼的视为申请撤诉	（557）
行政诉讼与行政复议选择原则	（589）
行政诉讼与行政复议	（588）
行政诉讼专属管辖	（605）
行政诉讼中止	（605）
行政诉讼中的决定	（599）
行政诉讼中的诉	（566）
行政诉讼中当事人法律地位平等原则	（595）
行政诉讼中使用民族语言文字原则	（595）
行政诉讼中法律规范的适用	（600）
行政诉讼中的法律规范冲突选择适用规则	（598）
行政诉讼中的法律规范冲突	（598）
行政诉讼中的裁定	（596）
行政诉讼司法审计	（586）
行政诉讼共同诉讼人	（578）
行政诉讼再审程序	（90）
行政诉讼地域管辖	（568）
行政诉讼当事人的权利和义务	（558）
行政诉讼执行程序	（594）
行政诉讼级别管辖	（580）
行政诉讼判决	（582）
行政诉讼证据收集规则	（593）
行政诉讼证据审查规则	（592）
行政诉讼证据保全规则	（591）
行政诉讼证据提供规则	（593）
行政诉讼证据	（590）
行政诉讼其他参与人	（583）
行政诉讼参加人	（557）
行政诉讼法学	（577）
行政诉讼法的基本制度	（573）
行政诉讼法的基本原则	（573）
行政诉讼法律关系主体	（576）
行政诉讼法律关系的过程	（575）
行政诉讼法律关系客体	（576）
行政诉讼法律关系	（574）
行政诉讼法	（572）
行政诉讼的公开审判制度	（560）
行政诉讼的合议制度	（561）
行政诉讼的合并审理	（560）
行政诉讼的回避制度	（561）
行政诉讼的执行制度	（565）
行政诉讼的两审终审制度	（562）
行政诉讼的证据制度	（565）
行政诉讼的诉权	（567）
行政诉讼的诉讼参加人制度	（563）
行政诉讼的诉讼费用	（564）
行政诉讼的诉讼请求	（566）
行政诉讼的财产保全	（559）
行政诉讼的先予执行	（560）
行政诉讼的受理	（563）
行政诉讼的庭审制度	（565）
行政诉讼的缺席判决	（562）
行政诉讼的检察监督原则	（562）
行政诉讼的管辖制度	（560）
行政诉讼的辩论原则	（559）
行政诉讼终结	（605）
行政诉讼举证责任规则	（581）
行政诉讼受案范围	（585）
行政诉讼指定管辖	（595）
行政诉讼选择管辖	（586）
行政诉讼原告	（589）
行政诉讼涉外送达	（584）
行政诉讼被告	（554）
行政诉讼有关案件材料的移送	（555）
行政诉讼起诉条件	（583）
行政诉讼起诉期限	（583）
行政诉讼移转管辖	（587）
行政诉讼移送管辖	（587）
行政诉讼第三人	（568）
行政诉讼程序	（557）
行政诉讼管辖有利于执行原则	（580）

行政诉讼管辖有利于诉讼公正原则	(580)
行政诉讼管辖有利于法院合理分工原则	(579)
行政诉讼管辖有利于法院审判原则	(580)
行政诉讼管辖的便民原则	(579)
行政诉讼管辖原则	(579)
行政诉讼管辖	(578)
行政诉讼	(553)
行政复议前置原则	(543)
行政案件再审条件	(541)
行政案件再审步骤	(541)
行政案件	(540)
行政强制措施案件	(553)
行政裁定书	(542)
行政赔偿诉讼	(549)
行政附带民事诉讼	(551)
行政赔偿案件	(548)
衣着反常	(626)
许可证照案件	(609)
问题儿童	(487)
防御机制	(131)
防御证据（见控诉证据）	(131)
《伦敦仲裁院仲裁规则》	(278)
《全球行动纲领》	(350)
《关于司法机关独立的基本原则》	(172)
《关于刑事案件办案期限的补充规定》	(173)
《关于向国外送达民事或商事司法文书和司法外文书公约》（海牙,1965）	(172)
《关于在民商事案件中从国外提取证据公约》	(174)
《关于扣押海运船舶的国际公约》(1952)	(174)
《关于承认和执行外国仲裁裁决公约》(1958)	(169)
《关于律师作用的基本原则》	(171)
《关于检察官作用的准则》	(170)
《刑事技术鉴定规则》	(525)
《刑事科学技术工作细则》	(525)
《刑事案件现场勘查规则》	(522)
《各级地方人民检察署组织通则》	(145)
《执法人员行为守则》	(694)

七画

两剂	(271)
两审终审制度	(271)
两审终审	(271)
两性畸形	(272)
两造审理主义	(272)
两造	(272)
严格证明	(619)
串供	(50)
乱伦	(278)
伯力审判	(22)
住宅搜查	(744)
佐证（见补强证据）	(763)
作证不得中止	(763)
作证宣誓	(763)
免予刑事处罚	(292)
免予自证有罪权	(292)
免予起诉决定书	(291)
免予起诉意见书	(292)
免予起诉	(290)
免刑判决	(290)
免诉判决	(290)
冻死	(80)
初审权原则	(46)
判决之补充	(312)
判决更正	(312)
判决的内容	(311)
判决的拘束力	(311)
判决的既判力	(310)
判决的效力	(311)
判决的确定力	(311)
判决	(310)
判罪	(312)
利害关系人	(267)
别除权	(20)
助理审判员	(746)
助理检察员（见检察员）	(745)
劳动争议仲裁	(263)
劳动能力鉴定	(263)
医疗纠纷	(626)
医疗事故	(627)
医疗差错	(626)
即时抗告	(210)
县级人民检察院	(497)
告发	(145)
告诉才处理	(145)
告诉不可分	(145)
告诉	(145)
坠落伤	(749)
声纹鉴定	(398)
妊娠高血压综合征	(366)
妨害民事诉讼行为的构成	(131)

773

妨害行政诉讼行为的构成	(132)
妨害行政诉讼行为	(131)
姊妹船诉讼	(750)
应诉管辖	(640)
形式证据制度	(606)
形式真实(见实质真实)	(606)
形式真实发现主义(见实质真实发现主义)	(606)
形成之诉	(605)
形象痕迹勘验	(606)
形象痕迹	(606)
戒断综合征	(231)
扭送	(306)
批准逮捕决定书	(314)
扼死	(98)
技术合同纠纷仲裁	(212)
投毒案件侦查	(475)
抗告程序	(255)
抗告	(254)
抗诉书	(256)
抗诉权	(255)
抗诉	(255)
抚养能力	(139)
抚恤金案件	(139)
抢劫案件侦查	(343)
报案人	(5)
报案	(5)
报请复核	(6)
报道性书证	(5)
拒绝作证权	(248)
拒绝辩护	(248)
改判	(144)
攻击证据(见控诉证据)	(165)
更年期精神障碍	(146)
更审	(146)
更新审理	(147)
更新辩论	(147)
步法追踪	(31)
步法特征	(31)
步法检验	(30)
步法	(30)
沉默权	(44)
泛精神病人论	(130)
社会遵从	(378)
私人追诉主义(见国家追诉主义)	(431)
私分国有资产案件侦查	(431)
私分罚没财物案件侦查	(430)
穷尽行政救济原则	(346)
系争事实	(495)
纳税人行政案件	(304)
纵火癖	(756)
纽伦堡审判	(306)
苏黎世商会仲裁院	(440)
补充侦查	(23)
补助证据	(24)
补强证据	(23)
角膜混浊	(228)
言词审理主义(见言词原则)	(620)
言词审理	(619)
言词原则	(620)
言词辩论主义(见言词原则)	(619)
言语识别	(620)
证人证言【民诉】	(691)
证人证言【刑诉】	(691)
证人保护	(690)
证人能力	(690)
证人资格	(691)
证人	(690)
证书诉讼	(691)
证言拒绝权	(692)
证明力	(689)
证明对象	(688)
证明责任【民诉】	(689)
证明责任【刑诉】	(689)
证明标准	(688)
证明程度	(688)
证明	(688)
证据力(见证明力)	(685)
证据分类	(684)
证据分离主义	(684)
证据可采性法则	(684)
证据共通原则	(684)
证据体系	(686)
证据材料	(683)
证据来源	(685)
证据制度【民诉】	(687)
证据制度【刑诉】	(686)
证据的可采性	(683)
证据的相关性	(683)
证据保全	(683)
证据种类	(687)
证据能力	(685)
证据资料	(687)
证据确实、充分	(686)

证据	(682)
评议秘密(见评议)	(316)
评议笔录	(316)
评议	(316)
诈病	(660)
诈骗案件侦查	(660)
诉之声明	(453)
诉权公法说	(442)
诉权私法说	(442)
诉权	(441)
诉讼上承认	(448)
诉讼上的法律事实	(449)
诉讼义务	(451)
诉讼中止	(452)
诉讼中的第三人	(451)
诉讼文书	(449)
诉讼主体	(452)
诉讼代表人	(443)
诉讼代理人	(444)
诉讼代理	(444)
诉讼外承认	(449)
诉讼机制	(446)
诉讼权利承担	(448)
诉讼权利	(448)
诉讼行为的瑕疵	(450)
诉讼行为能力	(450)
诉讼行为	(450)
诉讼告知	(446)
诉讼系属	(449)
诉讼参与人	(443)
诉讼性神经官能症(见神经官能症)	(450)
诉讼担保	(444)
诉讼终结	(452)
诉讼指挥权	(451)
诉讼标的之恒定	(443)
诉讼标的	(442)
诉讼费用制度	(446)
诉讼费用的负担	(445)
诉讼费用	(445)
诉讼能力	(447)
诉讼请求	(447)
诉讼救助	(447)
诉状	(453)
诉的分离	(440)
诉的合并	(440)
财产保全	(33)
财物保	(33)
赤足印	(45)
走私案件侦查	(756)
足纹	(759)
足迹分析	(757)
足迹动力形态检验	(757)
足迹各部位名称	(757)
足迹定量化检验	(756)
足迹提取	(758)
足迹鉴定	(758)
足迹	(756)
身份关系公证	(384)
运输工具痕迹检验	(654)
运输工具痕迹	(654)
违约损害赔偿之诉	(480)
违纪型人格障碍(见悖德型人格障碍)	(480)
违拗	(480)
连带管辖	(267)
连续自白	(267)
邮寄送达	(647)
间发性酒狂	(215)
间接证据	(216)
间接审理原则	(215)
间接送达	(215)
间歇性精神病	(216)
闷死	(289)
阻止令	(759)
附带上诉	(141)
附带民事诉讼的当事人	(140)
附带射击痕迹	(141)
驱魔枝术	(347)
驳回上诉	(23)
驳回抗告	(23)
《医疗事故处理办法》	(628)
《麦克·诺顿法案》	(280)

八画

事主	(407)
事务律师	(407)
事后证据	(405)
事实上的推定	(406)
事实上推定	(406)
事实审【民诉】	(407)
事实审【刑诉】	(406)
事实鉴定	(406)
事物管辖	(407)
事前证据	(405)

词条	页码	词条	页码
使用我国通用的语言文字原则	(405)	侦探	(680)
使领馆代为送达	(405)	侦察	(680)
供同一鉴定客体	(166)	其他诉讼费用	(329)
供述证据	(165)	具结	(249)
依赖型人格障碍	(628)	刺创	(51)
侦查一般方法	(677)	刻画案犯	(257)
侦查人员	(673)	单一之诉	(57)
侦查心理学	(676)	单次爆发控制障碍	(57)
侦查方向	(666)	单独询问	(57)
侦查方法	(665)	参加之诉	(36)
侦查方案	(665)	参加诉讼	(35)
侦查计划	(668)	取回权	(348)
侦查主体	(679)	取保候审决定书	(348)
侦查对象	(665)	取保候审	(348)
侦查讯问	(677)	周期性精神病	(742)
侦查任务	(673)	呼吸死	(199)
侦查决策	(669)	命令	(302)
侦查机关	(667)	固有之必要共同诉讼	(169)
侦查权	(673)	国际反贪污大会	(178)
侦查行为	(676)	国际刑事警察委员会	(186)
侦查访问	(666)	国际刑事警察组织	(186)
侦查员	(678)	国际刑警组织中国国家中心局	(185)
侦查技术(见刑事技术)	(668)	国际刑警组织反国际犯罪职能	(184)
侦查实验记录	(675)	国际刑警组织会员国	(185)
侦查实验	(674)	国际刑警组织全体大会	(185)
侦查录音录像	(670)	国际刑警组织国家中心局	(184)
侦查录音	(670)	国际侦查协助条件	(189)
侦查录像	(670)	国际侦查协助限制	(189)
侦查终结	(678)	国际侦查协助类型	(188)
侦查范围	(665)	国际侦查协助程序	(188)
侦查思维学	(675)	国际侦查协助	(188)
侦查思维	(675)	国际审计标准	(182)
侦查原则	(678)	国际审计准则	(183)
侦查特殊方法	(675)	国际经济贸易仲裁(见国际商事仲裁)	(180)
侦查监督	(668)	国际追捕	(189)
侦查情报学	(672)	国际通告	(183)
侦查推理	(676)	国际商会仲裁院	(182)
侦查措施	(664)	国际商事仲裁	(182)
侦查逻辑学	(671)	国际检察官联合会	(179)
侦查逻辑	(671)	国际麻醉品管制局	(180)
侦查强制措施	(671)	国际鉴定协会	(180)
侦查管辖	(667)	国际警察局长协会	(180)
侦查辨认记录	(664)	国家干预原则	(190)
侦查辨认规则	(664)	国家之父	(191)
侦查辨认	(663)	国家安全机关	(189)
侦查羁押期限	(668)	国家安全部	(189)
侦查	(663)	国家行为	(190)

国家追诉主义	(191)	性别认同障碍	(607)
国家禁毒委员会	(190)	性窒息	(608)
委任代理人	(481)	性愚昧	(608)
委托中国律师代理诉讼原则	(483)	性缢死	(608)
委托执行	(483)	承受体	(44)
委托行为公证	(482)	抵消权	(70)
委托送达	(482)	抽象行政行为	(45)
委托鉴定	(482)	拘传通知书	(244)
委托辩护	(482)	拘传	(244)
宗教徒特殊精神状态	(755)	拘捕(见逮捕)	(244)
定向力	(76)	拘留通知书	(245)
实习律师	(404)	拘留	(244)
实物大照相	(404)	拘提	(245)
实质真实发现主义	(405)	拘禁反应(见反应性精神病)	(244)
实质真实	(404)	放火案件侦查	(132)
审计法院	(386)	易性癖	(631)
审讯犯罪嫌疑人	(395)	易变型人格障碍	(631)
审讯笔录	(393)	服刑能力	(139)
审讯策略	(394)	服兵役能力	(138)
审问式(见职权主义)	(393)	枪支各部位名称	(337)
审判人员	(392)	枪支同一认定	(338)
审判公开	(388)	枪支种属判别	(338)
审判长	(387)	枪支登记	(337)
审判机关	(389)	枪弹伤	(336)
审判权	(391)	枪弹勘验	(336)
审判员	(392)	枪弹痕迹检验	(334)
审判制度	(392)	枪管口径	(337)
审判委员会	(392)	欣快	(520)
审判组织	(393)	油	(647)
审判监督与申请再审程序(见再审、审判监督再审、审判监督再审	(391)	沿海国管辖权	(621)
审判监督程序	(390)	法医人类学	(119)
审判监督	(389)	法医尸体检验	(119)
审判管辖	(388)	法医文证审查	(120)
审判籍	(389)	法医学个人识别	(121)
审判	(387)	法医学鉴定书	(122)
审查判断证据	(385)	法医学鉴定	(122)
审查批捕	(385)	法医学	(121)
审查起诉期限	(386)	法医放射学	(117)
审查起诉	(386)	法医物证学	(120)
审理行为	(387)	法医物证检验	(120)
审理	(387)	法医现场勘验	(120)
录像辨认(见犯罪嫌疑人辨认)	(275)	法医毒理学	(117)
态度证据	(458)	法医活体检验	(118)
性心理障碍	(608)	法医骨学	(118)
性交不能	(607)	法医病理学	(117)
性成熟鉴定	(607)	法医勘验	(119)
		法医鉴定人	(118)

法国上诉行政法院	(108)	现场比例、示意结合图	(497)
法国司法警察总局	(108)	现场比例图	(497)
法国民事诉讼法	(107)	现场平面图	(501)
法国地方行政法院	(104)	现场立面图	(500)
法国行政诉讼	(110)	现场示意图	(501)
法国行政法院撤销行政行为的标准	(110)	现场讨论	(501)
法国行政责任	(111)	现场访问	(498)
法国国家行政法院	(105)	现场实验(见侦查实验)	(501)
法国法院组织体系	(105)	现场录像	(501)
法国律师制度	(106)	现场急救	(498)
法国检察机关体系	(106)	现场测量	(497)
法定代表人	(102)	现场绘图	(498)
法定代理人【民诉】	(102)	现场追踪(见追缉堵截)	(503)
法定代理人【刑诉】	(103)	现场展开图	(502)
法定证据制度	(104)	现场透视图	(502)
法定顺序原则	(103)	现场勘查后处理	(499)
法定期间	(103)	现场勘查	(499)
法定管辖	(103)	现场勘验笔录	(500)
法齿学	(101)	现场勘验	(499)
法庭规则	(116)	现场搜索(见搜查)	(501)
法庭科学实验室	(116)	现场遗留物登记	(502)
法庭科学	(116)	现场照相	(503)
法庭笔录	(114)	现行犯	(503)
法庭调查	(115)	现实动机	(503)
法庭辩论	(115)	现实检验能力	(503)
法庭	(114)	直接发问	(704)
法律、法规另定的可诉行政案件	(111)	直接扩大照相	(704)
法律上的推定	(113)	直接证据【民诉】	(705)
法律审	(113)	直接证据【刑诉】	(705)
法律性精神错乱	(114)	直接审理原则	(704)
法律要件分类说	(114)	直接审理	(704)
法律监督原则	(112)	直接送达	(704)
法律监督职能	(112)	直接原则	(705)
法律顾问处	(111)	知识产权能力	(693)
法律顾问	(111)	知觉障碍	(693)
法院院长	(122)	知情人	(693)
法院	(122)	终止诉讼	(733)
泥炭鞣尸	(305)	终局行政行为	(732)
注意障碍	(746)	终审判决	(733)
物体检验笔录	(490)	终审裁定	(732)
物证【民诉】	(490)	经行政复议的起诉期限	(234)
物证【刑诉】	(490)	经济合同纠纷仲裁	(233)
物证与物证分析	(490)	经营自主权案件	(234)
物证照相	(492)	肤纹	(138)
物质损失	(493)	肯尼亚法院体系和刑事诉讼	(257)
物品辨认	(490)	肺动脉栓塞	(137)
现场分析(见现场讨论)	(498)	舍弃上诉权	(378)

英国马利华禁令	(642)
英国刑事诉讼法	(643)
英国行政裁判所	(644)
英国证据法	(645)
英国法院组织体系	(640)
英国律师制度	(641)
英国检察机关体系	(641)
英国警察机构	(641)
表皮剥脱	(20)
视听资料【民诉】	(407)
视听资料【刑诉】	(407)
诡辩症	(178)
询问证人笔录	(616)
询问证人	(615)
询问笔录	(615)
询问被害人	(614)
询问	(614)
责令退出法庭	(660)
败诉	(4)
质证【民诉】	(714)
质证【刑诉】	(715)
贩毒案件侦查	(130)
贪污相关罪行地区性研讨会	(459)
贪污案件侦查	(458)
转委托	(748)
迦卖判例	(213)
金属毒物中毒	(231)
青壮年急死综合征	(345)
非任意自白	(136)
非妄想性巫术观念	(136)
非诉讼代理	(136)
非典型冲动控制障碍	(133)
非法人团体	(134)
非法取得证据的排除规则及其例外	(133)
非法堕胎	(133)
非法搜索与扣押	(135)
非破产免责主义	(135)
非常上告	(132)
非常上诉(见非常上告)	(133)
非常审判庭	(133)
非常审判	(133)
非暴力死亡	(132)
《国际油污损害民事责任公约》	(187)
《国际复兴开发银行公约》	(179)
《国际商会调解与仲裁规则》	(181)
《欧阿商会调解、仲裁及评价规则》	(309)
《法国刑事诉讼法典》	(108)
《英国王权诉讼法》	(642)

九画

临场讨论(见现场讨论)	(273)
临床死亡期	(273)
临床法医学	(273)
临终陈述	(274)
举报人	(245)
举证责任【民诉】	(246)
举证责任【刑诉】	(246)
举证责任倒置	(247)
亲子事件程序	(345)
亲子鉴定	(344)
俄罗斯民事诉讼法	(98)
保全证据	(4)
保佐人	(5)
保释	(4)
保障执行措施	(4)
信守国际条约原则	(521)
冠状动脉性心脏病	(174)
前科	(334)
前置胎盘	(334)
勃朗戈判例	(23)
受虐狂	(416)
受贿案件侦查	(415)
受陪审团陪审之权	(416)
受理	(416)
变动现场	(15)
变更之诉	(16)
变更判决	(15)
咨询	(750)
品格证据及其规则	(315)
复议决定书	(142)
复杂性醉酒	(143)
复审程序	(142)
复核决定书	(142)
复核鉴定	(142)
宣判笔录	(611)
宣告失踪、宣告死亡案件审理程序	(610)
宣告判决	(610)
宣告缓刑判决的执行程序	(609)
室外搜查	(408)
庭长	(466)
庭审制度	(466)
庭审笔录	(466)
待证事实分类说	(56)

词条	页码	词条	页码
律师业务	(277)	毒物学与毒理学	(85)
律师协会	(276)	毒物的分析鉴定	(84)
律师事务所	(276)	毒物的分离提取	(83)
律师制度	(278)	毒物	(82)
律师法	(276)	毒品依赖	(82)
律师职业道德	(277)	毒品	(81)
律师职务	(277)	派生证据	(310)
律师	(275)	测谎器	(36)
思维云集	(432)	牲畜蹄迹勘验	(399)
思维迟缓	(432)	牵连管辖【刑诉】	(333)
思维奔逸	(431)	牵连管辖【涉外民诉】	(333)
思维松弛和破裂	(432)	独立行使审判权	(88)
思维贫乏	(432)	独立行使检察权	(88)
思维障碍	(432)	独立证据	(89)
急性出血性胰腺炎	(210)	独任庭	(89)
急性细菌性心内膜炎	(210)	省级人民检察院分院	(400)
急性喉阻塞	(210)	省级人民检察院	(399)
拷问	(256)	看守所	(254)
指令再审【民诉】	(708)	砍创	(254)
指令再审【刑诉】	(708)	神示证据制度	(385)
指名问供	(709)	神明裁判	(384)
指纹三角（见指纹外角点）	(711)	神经官能症	(384)
指纹中心点	(714)	神媒活动	(384)
指纹分析	(710)	种类认定	(733)
指纹外角点	(712)	种属鉴定	(733)
指纹自动化识别系统	(714)	类妄想性幻想综合征	(265)
指纹纹线系统	(712)	结束审讯（见侦查终结）	(229)
指纹纹型	(712)	结束现场勘查	(229)
指纹学	(713)	给付之诉	(146)
指纹特征	(711)	美国司法审查的标准	(283)
指纹登记	(709)	美国司法审查	(283)
指纹管理	(711)	美国仲裁协会	(288)
指纹	(709)	美国刑事证据法	(286)
指定代理人	(707)	美国刑事诉讼法	(284)
指定期间	(708)	美国行政诉讼	(288)
指定管辖【民诉】	(707)	美国行政裁判	(287)
指定管辖【刑诉】	(708)	美国法院组织体系	(282)
指定辩护	(706)	美国律师制度	(283)
挤压伤	(212)	美国联邦调查局	(282)
挥发性毒物中毒	(200)	胃、十二指肠溃疡穿孔及大出血	(485)
挪用公款案件侦查	(308)	胜诉	(399)
施虐狂	(403)	药物依赖	(622)
显微照相	(496)	语言分析仪	(649)
染料	(353)	语音辨认（见犯罪嫌疑人辨认）	(650)
查对证据	(37)	误导询问	(493)
毒性	(86)	诱导询问	(648)
毒物在体内的过程	(86)	诱供	(649)

追缉堵截……………………………………(749)	兼职律师……………………………………(216)
退回补充侦查决定书………………………(478)	准现行犯……………………………………(750)
送达【民诉】………………………………(437)	原本…………………………………………(652)
送达【刑诉】………………………………(437)	原告和被告…………………………………(652)
送达回证……………………………………(437)	原告举证说…………………………………(653)
适用我国民事诉讼法原则…………………(408)	原形现场……………………………………(653)
选民资格案件审理程序……………………(611)	原始证据【民诉】…………………………(653)
选定当事人诉讼……………………………(611)	原始证据【刑诉】…………………………(653)
选择管辖……………………………………(612)	原审…………………………………………(653)
选举权利和被选举权利能力………………(611)	哽死…………………………………………(147)
重大刑事案件………………………………(741)	家庭事件程序………………………………(213)
重大责任事故案件侦查……………………(741)	徒手伤………………………………………(476)
重证据不轻信口供…………………………(742)	恋尸癖………………………………………(271)
重量测量……………………………………(742)	恋老癖………………………………………(271)
重新计算期间…………………………………(45)	恋物癖………………………………………(271)
钝器伤…………………………………………(97)	恋兽癖………………………………………(271)
除权判决………………………………………(47)	恋童癖………………………………………(271)
食道静脉曲张破裂出血……………………(405)	悖德型人格障碍………………………………(8)
首席仲裁员…………………………………(414)	挫伤……………………………………………(53)
香港刑事诉讼法……………………………(515)	损伤生活反应………………………………(455)
香港刑事侦查总部…………………………(516)	损伤程度鉴定………………………………(454)
香港国际商事仲裁…………………………(513)	效益原则……………………………………(517)
香港法院体系和检察机构…………………(506)	旁证…………………………………………(312)
香港律师制度………………………………(514)	旅行性精神病………………………………(275)
香港破产程序………………………………(514)	样本…………………………………………(621)
香港高等法院对案件的审理………………(508)	栽赃…………………………………………(656)
香港高等法院民事诉讼程序………………(509)	案由……………………………………………(2)
香港高等法院诉讼费用……………………(511)	案件主要事实…………………………………(1)
香港高等法院审判庭………………………(510)	案件受理费……………………………………(1)
香港高等法院注册官和其他官员…………(512)	案情分析………………………………………(1)
香港高等法院调查取证及有关程序………(508)	流行性乙型脑炎……………………………(274)
香港高等法院职权…………………………(511)	流行性脑脊髓膜炎…………………………(274)
香港高等法院裁判…………………………(507)	海关总署走私犯罪侦查局…………………(192)
香港高等法院………………………………(507)	海事法院……………………………………(193)
香港廉政公署………………………………(513)	涂料…………………………………………(477)
骨折…………………………………………(169)	消极证据(见积极证据)……………………(517)
骨骼检验……………………………………(168)	消费者行政案件……………………………(517)
《政治宣言》………………………………(692)	涉外公证……………………………………(379)
《相互承认和执行判决的公约》(1968)……(503)	涉外民事诉讼主权原则……………………(380)
《统一船舶碰撞若干法律规定的国际公约》……(475)	涉外民事诉讼程序…………………………(379)
《美国仲裁协会仲裁规则》………………(288)	涉外民事诉讼………………………………(379)
《香港破产条例》…………………………(505)	涉外行政诉讼的期间………………………(381)
《香港高等法院条例》……………………(504)	涉外行政诉讼………………………………(380)
	烧死…………………………………………(377)

十画

	特大刑事案件………………………………(461)
	特权规则……………………………………(462)
债权人会议…………………………………(661)	特别上诉……………………………………(461)

特别法庭	(461)	竞合管辖	(241)
特别检察厅	(461)	笔录	(15)
特别程序	(460)	笔迹特征	(14)
特别裁定	(460)	笔迹检验样本	(13)
留置送达	(274)	笔迹鉴定	(13)
病态卑劣(见人格障碍)	(22)	笔迹	(12)
病理动机	(21)	索赔性神经官能症(见神经官能症)	(455)
病理性半醒状态	(22)	紧张综合征	(232)
病理性谎言	(22)	紧急逮捕	(231)
病理性赌博	(22)	继承能力	(213)
病理性醉酒	(22)	缺席判决【民诉】	(351)
病理性激情	(22)	缺席判决【刑诉】	(351)
监外执行	(217)	耽误期间	(58)
监护人	(216)	胸腺淋巴体质	(608)
监视居住决定书	(217)	脏器损伤	(659)
监视居住	(216)	脑出血	(304)
监狱精神病(见反应性精神病)	(217)	脑死亡	(305)
破产申请	(322)	脑器质性精神障碍	(305)
破产免责主义	(321)	致命伤	(715)
破产财产	(318)	荷兰法院组织体系	(195)
破产制度	(326)	衰竭性精神障碍(见旅行性精神病)	(417)
破产和解	(319)	被上诉人	(10)
破产责任	(324)	被动攻击型人格障碍	(9)
破产宣告	(324)	被动服从	(9)
破产罚则	(319)	被同一鉴定客体	(11)
破产债权表	(325)	被告人最后陈述	(9)
破产债权	(325)	被告人	(9)
破产原因	(324)	被害人对复议机关撤销治安处罚决定行为的起诉	(10)
破产案件	(317)		
破产能力	(321)	被害人陈述	(10)
破产救济基金	(321)	被害人	(9)
破产救济	(320)	调卷令	(76)
破产清偿	(322)	调解书	(464)
破产清算组织	(322)	调解行为	(464)
破产普及主义	(321)	调解原则	(465)
破产程序	(318)	贿赂案件侦查	(202)
破产管理人	(319)	赃物登记	(658)
破产整顿	(325)	起诉与受理【行政诉讼】	(331)
破产	(317)	起诉书【刑诉】	(331)
破案计划	(317)	起诉状【民诉】	(331)
破案后处理	(316)	起诉状一本主义	(332)
破案时机	(317)	起诉和受理【民诉】	(330)
破案条件	(317)	起诉垄断主义	(331)
破案	(316)	起诉法定主义	(330)
秘密辨认	(290)	起诉便宜主义	(329)
积极证据	(207)	起诉意见书	(331)
竞争人行政案件	(241)	起诉	(329)

通过外交途径送达 …………………… (467)
通报 ………………………………… (467)
通缉令 ……………………………… (468)
通缉 ………………………………… (468)
造作伤 ……………………………… (659)
造型体 ……………………………… (659)
部分上诉 …………………………… (32)
部分代理 …………………………… (32)
酒精中毒性幻觉症(见酒癖) ………… (242)
酒精中毒性妄想症(见酒癖) ………… (242)
酒癖 ………………………………… (242)
铁路运输法院 ……………………… (465)
铁路运输检察院 …………………… (465)
陪审团 ……………………………… (312)
陪审员的预先甄别程序 …………… (313)
陪审制度 …………………………… (313)
陪审制 ……………………………… (313)
预审心理学 ………………………… (651)
预审机关 …………………………… (650)
预审员 ……………………………… (652)
预审学 ……………………………… (651)
预审 ………………………………… (650)
高级人民法院 ……………………… (145)

十一画

假处分 ……………………………… (213)
假扣押之执行 ……………………… (214)
假扣押 ……………………………… (214)
假执行之宣告 ……………………… (215)
假死 ………………………………… (214)
假释程序 …………………………… (214)
偏执性精神病 ……………………… (315)
偏执型人格障碍 …………………… (315)
偏振光照相 ………………………… (314)
停止扣押邮件、电报通知书 ………… (466)
偷税、抗税案件侦查 ………………… (475)
减刑程序 …………………………… (218)
剪创 ………………………………… (218)
副本 ………………………………… (143)
勒死 ………………………………… (264)
勘验笔录 …………………………… (254)
勘验 ………………………………… (253)
唾液斑检验 ………………………… (478)
基层人民法院 ……………………… (207)
婚姻能力 …………………………… (203)
婴幼儿急死综合征 ………………… (647)

弹头发射痕迹 ……………………… (59)
弹壳发射痕迹 ……………………… (58)
弹劾式 ……………………………… (460)
弹着痕迹 …………………………… (60)
情况证据 …………………………… (346)
情感低落 …………………………… (346)
情感性精神病 ……………………… (346)
情感高涨 …………………………… (346)
情感淡漠 …………………………… (346)
情感障碍 …………………………… (346)
情感爆发 …………………………… (345)
排除规则 …………………………… (310)
接受学校教育能力 ………………… (229)
控告人 ……………………………… (258)
控告 ………………………………… (257)
控诉证据 …………………………… (258)
控诉审 ……………………………… (258)
控诉赃物 …………………………… (258)
推定证据 …………………………… (477)
推定 ………………………………… (477)
断离痕迹勘验 ……………………… (89)
梦呓性精神病 ……………………… (290)
检材 ………………………………… (218)
检举 ………………………………… (223)
检查 ………………………………… (218)
检验报告 …………………………… (224)
检察人员 …………………………… (222)
检察长 ……………………………… (219)
检察机关 …………………………… (219)
检察权 ……………………………… (221)
检察员 ……………………………… (223)
检察制度 …………………………… (223)
检察委员会 ………………………… (223)
检察监督再审 ……………………… (221)
检察监督原则 ……………………… (219)
淫书淫画癖 ………………………… (639)
淫语癖 ……………………………… (639)
混合动机 …………………………… (203)
混合式 ……………………………… (203)
渎职案件侦查 ……………………… (87)
猝死 ………………………………… (51)
痕迹勘验 …………………………… (197)
痕迹鉴定 …………………………… (196)
痕迹 ………………………………… (195)
盗窃案件侦查 ……………………… (64)
盗窃癖 ……………………………… (65)
票据诉讼 …………………………… (315)

783

移送执行	(629)	循环型人格障碍	(616)
移送管辖	(628)	提审证	(464)
第一审程序	(73)	提审	(463)
第一现场、第二现场	(74)	提请批准逮捕书	(463)
第二审程序	(72)	提起公诉	(462)
粘合剂	(662)	提起刑事案件	(463)
维持判决	(480)	搜查记录	(439)
维持原判	(481)	搜查证	(439)
职务管辖	(706)	搜查笔录	(439)
职权主义诉讼	(706)	搜查	(437)
职权主义	(706)	搜索	(440)
职权送达主义	(706)	斯图加特模式	(433)
职权根据追查令	(706)	斯德哥尔摩商会仲裁院	(432)
脚印勘验	(228)	普通书证	(327)
脱影照相	(478)	普通程序	(326)
菲律宾证据规则	(136)	普通醉酒	(327)
虚构	(609)	智力商数	(715)
谎言癖	(200)	智能障碍	(715)
象征性思维	(516)	暂时逮捕	(658)
躯体疾病伴发精神障碍	(348)	暂短性精神障碍	(658)
辅佐人	(139)	最佳证据及其规则	(762)
辅助证据	(139)	最高人民法院	(759)
逮捕	(57)	最高人民检察院个案协查办公室	(762)
逻辑倒错	(279)	最高人民检察院反贪污贿赂总局	(761)
隐瞒境外存款案件侦查	(639)	最高人民检察院技术科学研究所	(762)
颅骨复容	(275)	最高人民检察院法纪检察厅	(761)
颅像重合	(275)	最高人民检察院	(760)
麻醉分析	(280)	期日	(329)
麻醉剂狂	(280)	期间的计算	(328)
《"野兽测验"规则》	(622)	期间	(328)
《船舶碰撞中民事管辖权方面若干规则的国际公约》(1952)	(50)	焦虑	(228)
		猥亵	(484)
《麻醉药品管理办法》	(280)	确认之诉	(352)
		答辩状	(55)
		答辩	(54)

十二画

		答辩程序	(54)
就业能力	(243)	紫外线照相	(750)
就地办案	(242)	缄默	(217)
就地正法	(243)	联合国麻醉品委员会	(270)
强奸案件侦查	(340)	联合国禁毒署	(269)
强奸	(339)	联合调解	(267)
强制律师主义	(343)	蛛网膜下腔出血	(742)
强制措施	(341)	裁判中心主义	(35)
强制履行判决	(342)	裁判制度	(35)
强制辩护	(341)	裁判	(34)
强迫观念	(341)	裁定书	(34)
强迫型人格障碍	(341)	裁定	(33)

超价观念	(38)	禁治产事件程序	(233)
越权代理	(653)	窥淫癖	(262)
道德卑劣(见悖德型人格障碍)	(65)	简易程序	(224)
遗产破产	(629)	缠度与缠角	(37)
遗忘	(629)	缢死	(638)
遗嘱公证	(629)	罪犯体貌登记	(762)
遗嘱能力	(630)	蓝光照相	(263)
释放证明书	(409)	裸露癖	(279)
释明	(409)	《解决投资争议国际中心调解和仲裁程序规则》	(230)
量刑不当	(273)	解决投资争议国际中心	(229)
销魂状态	(517)	《解剖尸体规则》	(231)
锐器伤	(370)	鉴定人	(226)
集体诉讼	(210)	鉴定书	(226)
《斯德哥尔摩商会仲裁院规则》	(433)	鉴定权	(226)
《最高人民检察署试行组织条例》	(759)	鉴定证人	(227)
《联合国少年司法最低限度标准规则（北京规则）》	(270)	鉴定结论	(225)
《联合国国际贸易法委员会仲裁规则》	(268)	鉴定	(225)
《联合国国际商事仲裁示范法》	(269)	错告	(53)
		错构	(53)
		错觉	(53)
		雷击死	(265)

十三画

		《禁止非法贩运麻醉药品和精神药物公约》	(232)
催眠安定药中毒	(52)	《禁止酷刑和其他残忍、不人道或有辱人格的待遇或处罚公约》	(232)
塑料	(453)		
嫁接性精神病(见精神发育迟滞)	(215)		
意大利刑事警察中央局	(631)		

十四画

意大利检察机关	(631)		
意大利反黑手党调查局	(632)	摹拟画像	(303)
意大利反黑手党检察局	(632)	漫游自动症	(281)
《意大利刑事诉讼法典》	(634)	漫游癖	(281)
《意大利律师和检察官法》	(633)	管辖【民诉】	(175)
意见证据及其规则	(637)	管辖【刑诉】	(176)
意向倒错	(637)	管辖异议	(177)
意志减弱	(637)	管辖权的转移	(177)
意志障碍	(637)	管辖制度	(178)
意志增强	(637)	管辖的转移	(176)
意识障碍	(637)	管辖恒定	(177)
感应性精神病	(144)	精神分裂症	(237)
感知觉综合障碍	(144)	精神发育迟滞	(237)
感觉障碍	(144)	精神伤害	(238)
新加坡反贪污调查局	(520)	精神医学	(236)
概括裁定	(144)	精神运动性兴奋	(239)
溺死	(305)	精神活性物质所致精神障碍	(238)
照片辨认(见犯罪嫌疑人辨认)	(663)	精神病人自我诬告	(236)
瑞典法院组织体系	(370)	精神病人诬告	(235)
督促程序	(80)	精神病人	(235)
禁止令	(232)		

精神病卫生法	(239)
精神病不全缓解期	(235)
精神病发病期	(235)
精神病自杀	(236)
精神病间歇期(见精神病缓解期)	(235)
精神病学(见精神医学)	(236)
精神病综合征	(236)
精神病缓解期	(235)
精神病	(235)
精神症状	(239)
精神错乱状态	(236)
精神障碍(见精神病)	(239)
精斑检验	(235)
腐败	(140)
静态作用痕迹	(241)
《德国刑事诉讼法典》	(67)

十五画

德国民事诉讼法	(66)
德国刑事警察总局	(67)
德国法院组织	(65)
德国律师制度	(66)
德国检察院组织	(66)
摩擦癖	(303)
撤回自诉	(39)
撤回抗诉决定书	(38)
撤回起诉决定书	(39)
撤回起诉	(39)
撤诉	(39)
撤销免予起诉决定书	(40)
撤销判决	(40)
撤销除权判决之诉	(40)
撤销原判	(43)
撤销案件	(40)
撤销逮捕通知书	(40)
暴力死亡	(6)

十六画

橡胶	(517)
潜手印	(334)
潜在痕迹	(334)
澳门反贪公署	(2)
澳门司法警察局	(3)
澳门法院体系和检察机构	(2)
瞒病	(281)

谵妄状态	(662)
醉酒实验	(763)
醉酒	(763)
鞋印	(519)
鞋底花纹登记	(519)
鞋底常态磨损特征检验	(518)
颜料	(621)
整体分离痕迹	(680)
激光扫描颅骨面像复原	(207)
激光照相	(207)
激情危象(见单次爆发控制障碍)	(208)
激情	(208)
濒死期	(21)
衡平诉讼	(197)
辨认照相	(16)
辨认	(16)
辩论主义	(19)
辩论原则	(19)
辩护人	(18)
辩护律师(见律师、辩护人)	(19)
辩护权	(18)
辩护证据(见控诉证据)	(19)
辩护词	(18)
辩护	(17)
辩诉交易	(19)

十七画

朦胧状态	(290)
羁押	(208)
赡养能力	(373)

十八画

癔病型人格障碍	(693)
癔病	(638)
翻译人员	(123)
翻供	(122)

十九画

攀供	(310)
爆发型人格障碍	(6)
爆炸伤	(7)
爆炸物	(7)
爆炸案件侦查	(6)
警犬学	(240)

警犬 …………………………………………（240）
警察 …………………………………………（239）

二十画

躁狂抑郁性精神病 …………………………（659）

魔术思维 ……………………………………（303）

二十一画

癫痫 …………………………………………（74）
露阴癖 ………………………………………（274）

本卷编后记

一、本卷共收入辞条2063(按本卷各学科辞条数总计应为2139)条,其中:民事诉讼法学490条,刑事诉讼法学626条,行政诉讼法学179条,司法鉴定学554条,刑事侦查学290条。

二、本卷引用的法律、法规和其他文献、资料,一般截止于1997年12月底,有少量截止于1999年12月底。

三、按照本书《凡例》的一般性规定,学科之间的重复辞条,在各学科的分类目录中可分别列条,但在正文中只能有一个释文。本卷民事诉讼法学与刑事诉讼法学间有些重复辞条,名称虽同,但释文内容各有侧重,并非简单重复。对此类辞条,在正文中仍保留两篇释文,但在辞条名称之后分别标注【民诉】、【刑诉】字样,以资区别;或者将两篇释文改为同一辞条的两个义项,分别用阴文❶、❷标注,文末合署原撰稿人姓名。

2001年4月